NomosKommentar

Prof. Dr. Jürgen Meyer | Prof. Dr. Sven Hölscheidt [Hrsg.]

Charta der Grundrechte der Europäischen Union

5. Auflage

Prof. Dr. Norbert Bernsdorff, Richter am Bundessozialgericht a.D., Philipps-Universität Marburg | **Dr. Martin Borowsky**, Maître en droit (Aix-en-Provence), Richter am Landgericht Erfurt, Lehrbeauftragter an der Universität Erfurt | **Prof. Dr. Dr. h.c. mult. Albin Eser**, M.C.J. Direktor em. am Max-Planck-Institut für ausländisches und internationales Strafrecht, Freiburg | **Dr. Bettina Giesecke**, Verwaltung des Deutschen Bundestages, Berlin | **Prof. Dr. Sven Hölscheidt**, Verwaltung des Deutschen Bundestages, Freie Universität Berlin | **Dr. Tilman Hoppe**, LL.M., Verwaltung des Deutschen Bundestages, Berlin | **RA Dr. Bernd Hüpers**, Universität Rostock | **Prof. Dr. Dr. h.c. Michael Kubiciel**, Universität Augsburg | **Prof. Dr. Siegfried Magiera**, Deutsche Universität für Verwaltungswissenschaften Speyer | **Prof. Dr. Jürgen Meyer**, Delegierter des Deutschen Bundestages im Grundrechtekonvent und im Verfassungskonvent der Europäischen Union, Universität Freiburg | **Dr. Birgit Reese**, Verwaltung des Deutschen Bundestages, Berlin | **Dr. Kristin Rohleder**, Bundesministerium der Finanzen, Berlin | **PD Dr. Angela Schwerdtfeger**, Humboldt-Universität zu Berlin

Nomos | Stämpfli Verlag | facultas

Zitiervorschlag: Meyer/Hölscheidt/*Borowsky*, Art. 1 Rn. 1

Die Deutsche Nationalbibliothek verzeichnet diese Publikation in der Deutschen Nationalbibliografie; detaillierte bibliografische Daten sind im Internet über http://dnb.d-nb.de abrufbar.

ISBN 978-3-8487-5548-6 (Nomos Verlagsgesellschaft mbH & Co. KG, Baden-Baden)
ISBN 978-3-7089-1844-0 (facultas Verlag, Wien)
ISBN 978-3-7272-7785-6 (Stämpfli Verlag, Bern)

5. Auflage 2019

Vorwort zur fünften Auflage

Die Grundrechtecharta ist vor 17 Jahren verkündet worden und seit 10 Jahren in Kraft. Ihre Bedeutung ist stetig gewachsen. Das zeigt auch der Umfang dieses Kommentars, der sie von Anfang an begleitet hat. Die erste Auflage umfasste 2003 ca. 630 Seiten; 16 Jahre später macht die fünfte Auflage 400 Seiten mehr aus, und das in einem größeren Format. Gewachsen ist auch die Zahl der Bearbeiter: sie stieg von ursprünglich 7 auf nunmehr 13. Die Stofffülle hat es erforderlich gemacht, die Bearbeitungslast auf mehrere Schultern zu verteilen. Außerdem ist Sven Hölscheidt Mitherausgeber geworden.

Für die fünfte Auflage sind die Titel IV (Solidarität), VI (Justizielle Rechte) und VII (Allgemeine Bestimmungen über die Auslegung und Anwendung der Charta) vollständig neu bearbeitet worden. Diese Kommentierungen bilden einen Schwerpunkt der Neuauflage. Rechtsprechung und Literatur haben sich vor allem mit den sozialen Grundrechten und dem Anwendungsbereich der Charta beschäftigt.

Die Kommentierungen der Präambel und der übrigen Titel sind auf den neuesten Stand gebracht worden. Besondere Aufmerksamkeit dürften die Erläuterungen zu Artikel 8 der Charta finden, der den Schutz personenbezogener Daten regelt. Zum einen findet sich ein solches Grundrecht auf Datenschutz bekanntlich nicht ausdrücklich im Grundgesetz; zum anderen ist vor ungefähr einem Jahr die Datenschutzgrundverordnung in Kraft getreten, die sich an Artikel 8 der Charta messen lassen muss.

Die einzelnen Kommentierungen sind wieder gemäß der Grobgliederung strukturiert, die im Vorwort zur ersten Auflage erläutert wurde. Jeder Autor trägt die Verantwortung für seine Kommentierung und gibt ausschließlich seine persönliche Meinung wieder. Rechtsprechung und Literatur sind auf dem Stand vom Ende 2018, vereinzelt auch vom Anfang 2019.

Wir danken allen Autoren und der Nomos-Verlagsgesellschaft für die konstruktive Zusammenarbeit sowie Frau Dr. Tatjana Chionos, die das Abkürzungs- und Literaturverzeichnis bearbeitet hat.

Kirchzarten/Berlin, im März 2019

Jürgen Meyer/Sven Hölscheidt

Vorwort zur ersten Auflage

Die Charta der Grundrechte der Europäischen Union (kurz: Grundrechtecharta) wurde am 7. Dezember 2000 anlässlich des Gipfels der Staats- und Regierungschefs in Nizza feierlich verkündet. Sie war zuvor in etwa 9 Monaten von einem Konvent (häufig benannt nach dem Vorsitzenden: Herzog-Konvent), bestehend aus 62 Delegierten aus den Mitgliedsländern der Union, in 18 öffentlichen Sitzungen erarbeitet worden. Über die Rechtsverbindlichkeit der Charta konnte man sich in Nizza noch nicht einigen. Deshalb heißt es in den „Schlussfolgerungen", „die Frage der Tragweite der Charta" werde „zu einem späteren Zeitpunkt geprüft". Durch den Gipfel von Laeken wurde diese Aufgabe am 14./15. Dezember 2001 den 105 Delegierten aus 15 Mitgliedsländern und 13 Kandidatenländern übertragen, die sich am 28. Februar 2002 als Konvent zur Zukunft Europas (Giscard-Konvent) konstituiert haben und rechtzeitig vor der Regierungskonferenz 2004 Empfehlungen zum „Weg zu einer Verfassung für die europäischen Bürger" ausarbeiten sollen.

Ende Mai 2002 setzte das Präsidium des 2. Konvents mehrere Arbeitsgruppen zur Beratung zentraler Verfassungsfragen ein, darunter die Arbeitsgruppe II „Einbeziehung der Charta/Beitritt zur EMRK" unter dem Vorsitz des Kommissars António Vitorino. Im Schlussbericht vom 22. Oktober 2002 stellte die Arbeitsgruppe fest, dass alle Mitglieder (nach einigen Klarstellungen in den Allgemeinen Bestimmungen, Kapitel VII) nachdrücklich die Einbeziehung der Charta „in einer Form, die ihr rechtsverbindlichen Charakter und Verfassungsrang verleihen würde", unterstützen (oder – eine kleine Minderheit – „eine wohlwollende Prüfung einer solchen Einbeziehung nicht ausschließen" würden). Offen blieb lediglich, ob der Text der Charta an den Anfang der Verfassung bzw. des „Verfassungsvertrages" gestellt oder durch eine Bezugnahme in einem besonderen Artikel rechtsverbindlich gemacht werden sollte. Die Arbeitsgruppe empfahl außerdem, das „Element" der „Präambel auf alle Fälle im künftigen Rahmen eines Verfassungsvertrages beizubehalten". Der Schlussbericht wurde vom Plenum des Konvents (bei Vorbehalten lediglich hinsichtlich der Sinnhaftigkeit der vorgesehenen Klarstellungen in Kapitel VII) mit großer Zustimmung aufgenommen.

Deshalb ist davon auszugehen, dass die Grundrechtecharta ein wesentlicher Bestandteil der künftigen Verfassung der Europäischen Union sein wird. Damit hat der bereits im Frühjahr 2001 durch den damaligen Verlagsleiter der Nomos Verlagsgesellschaft, Herrn Dr. h.c. Volker Schwarz, an mich herangetragene Vorschlag, einen Kommentar zur Charta herauszugeben, zusätzliche Bedeutung und Aktualität gewonnen. Ich habe diese Aufgabe gerne übernommen und ausgeführt, weil ich als Delegierter des Deutschen Bundestages an der Ausarbeitung der Charta im 1. Konvent (Grundrechtekonvent) mitwirken durfte und mich in derselben Eigenschaft im 2. Konvent (Verfassungskonvent) für ihre Aufnahme in die künftige Verfassung einsetze. Nur so wird ganz deutlich, dass die Europäische Union nicht nur eine Wirtschafts- und Währungsgemeinschaft, sondern auch eine Wertegemeinschaft ist.

Die Vorüberlegungen zur Anlage des Kommentars führten zu dem Ergebnis, dass der Diskussion im Konvent für die historisch-genetische Auslegung der Charta besondere Bedeutung zukommen musste. In diesem Zusammenhang mag man sich an die ersten Kommentierungen des Bonner Grundgesetzes (z.B. durch den „Bonner Kommentar", Loseblattausgabe 1950ff. oder von Mangoldt, Das Bonner Grundgesetz, Handkommentar, 1. Aufl. 1953) erinnern, welche die Entstehungsgeschichte der einzelnen Artikel, wie sie sich vor allem in den Verhandlungen des Parlamentarischen Rates nachlesen ließ, für die Auslegung fruchtbar gemacht haben. Bei der Grundrechtecharta kommt hinzu, dass sie in 11 amtlichen Sprachfassungen vorliegt, so dass die Diskussion im Konvent auch zur Aufklärung von Übersetzungsfehlern oder von inhaltlichen Divergenzen zwischen den verschiedenen

Fassungen herangezogen werden kann. Deshalb ist es ein besonderes Verdienst der Nomos Verlagsgesellschaft, dass der außerordentlich informative Protokollband von Norbert Bernsdorff und Martin Borowsky, die für die deutschen Länder die Arbeit des 1. Konvents engagiert wissenschaftlich begleitet haben, bereits im Herbst 2002 erscheinen konnte. Auf diesen Band (Bernsdorff/Borowsky, Protokolle) wird in der Kommentierung insbesondere bei der Wiedergabe der „Diskussion im Grundrechtekonvent" durchgehend Bezug genommen.

Als Herausgeber habe ich mich natürlich besonders darüber gefreut, dass ich für die Kommentierung der einzelnen Kapitel der Charta Autoren gewinnen konnte, die entweder seit vielen Jahren durch Veröffentlichungen zu dem von ihnen zu bearbeitenden Themenkreis internationales Ansehen erworben haben oder durch die wissenschaftliche Begleitung des 1. oder 2. Konvents eine besondere Sachkompetenz besitzen. Mein persönlicher Dank gilt allen Mitautoren für eine stets kollegiale und sachengagierte Zusammenarbeit. Es versteht sich von selbst, dass jeder Autor für seine Kommentierung die wissenschaftliche Verantwortung trägt.

Zu Beginn der Arbeiten wurde mit allen Autoren eine gemeinsame Gliederung für die Kommentierung eines jeden Artikels vereinbart, nämlich:

I. Die Vorgaben (nach den Schlussfolgerungen des Europäischen Rates von Köln z.B. die Europäische Menschenrechtskonvention, die Europäische Sozialcharta und die gemeinsame Verfassungsüberlieferung)
II. Die Diskussion im Grundrechtekonvent
III. Kommentierung (unter Berücksichtigung der Erläuterungen des Konventspräsidiums, die aber nicht verbindlich sind)
IV. Literatur

Im Laufe der Arbeiten hat es sich als zweckmäßig erwiesen, dem jeweiligen Kapitel sowie der Präambel zur Vermeidung von Wiederholungen einige Vorbemerkungen voranzustellen.

Mein abschließender Dank gilt der Nomos Verlagsgesellschaft, vertreten durch die beiden Verlagsleiter, Herrn Dr. h.c. Schwarz und seinen Nachfolger Herrn Dr. Hoffmann, für die stets verständnis- und vertrauensvolle Zusammenarbeit. Für sorgfältige Lektoratsarbeit danke ich vor allem meiner Berliner Mitarbeiterin, Frau Assessorin Petra Marmann, und Frau Ariane Füner in der Nomos Verlagsgesellschaft.

Kirchzarten/Berlin, im Dezember 2002

Jürgen Meyer

Vorwort zur zweiten Auflage

Die erste Auflage hat trotz des noch ungewissen Schicksals des „Vertrages über eine Verfassung für Europa" eine sehr freundliche Aufnahme gefunden. Sie war schon nach zweieinviertel Jahren vergriffen.

Die zweite Auflage ist in allen Teilen überarbeitet und auf den Stand Juli 2005 gebracht worden. Dabei wurde der Kommentierung die Fassung der Grundrechtecharta (und der Erläuterungen) zugrunde gelegt, die sie nunmehr als Teil II des Verfassungsvertrages erhalten hat. Dieser ist am 29. Oktober 2004 von den Staats- und Regierungschefs sowie den Außenministern der 25 Mitglieds- und 3 Kandidatenländer unterzeichnet und am 16. Dezember 2004 im Amtsblatt der Europäischen Union (Reihe C Nr. 310) veröffentlicht worden. Bei Redaktionsschluss hatten 13 Mitgliedstaaten und damit bereits eine Mehrheit der EU-Bürgerschaft den Verfassungsvertrag angenommen. Nach den ablehnenden Referenden in Frankreich am 29. Mai und den Niederlanden am 1. Juni 2005 hat sich zwar der Europäische Rat am 16. Juni 2005 in Brüssel für eine „Denkpause" ausgesprochen. Danach haben aber Zypern, Malta und Luxemburg (durch Referendum) der Verfassung zugestimmt. Weitere Länder dürften folgen.

Unabhängig vom weiteren Fortgang des Ratifikationsverfahrens (vgl. dazu Artikel IV-447 des Verfassungsentwurfs) wird sich die Rechtsprechung zunehmend mit der Frage befassen müssen, inwieweit die einzelnen Artikel der Charta sich aus den „gemeinsamen Verfassungsüberlieferungen der Mitgliedstaaten als allgemeine Grundsätze des Gemeinschaftsrechts ergeben", also gem. Artikel 6 Abs. 2 EUV bereits geltendes Recht sind (zu entsprechenden Überlegungen im Rahmen der 60. Staatsrechtslehrertagung im Jahr 2000 in Leipzig vgl. die Nachweise bei Rengeling/Szczekalla, S. 32, Rn. 57 mit Fn. 152). Der Grundrechtekonvent war bekanntlich durch den Europäischen Rat von Köln am 4.6.1999 beauftragt worden, durch die zu erarbeitende Grundrechtecharta „die überragende Bedeutung der Grundrechte und ihre Tragweite für die Unionsbürger sichtbar zu machen". Die Erfüllung dieses Auftrages ist durch die feierliche Verkündung der Charta am 7.12.2000 in Nizza und durch die Unterzeichnung (auch) von Teil II der Verfassung am 29.10.2004 in Rom bestätigt worden. Die zu jedem Artikel unter „I. Die Vorgaben" gegebenen Informationen könnten die Diskussion über die schon jetzt gebotene Anwendung der Charta befruchten. Dass die Kommission sich bei ihren Gesetzesinitiativen strikt an die Grundrechtecharta gebunden fühlt, hat sie mehrfach und zuletzt in ihrer Mitteilung COM (2005) 172 festgestellt („Compliance with the Charter of Fundamental Rights in Commission legislative proposals – Methodology for systematic and rigorous monitoring").

Die seit der ersten Auflage veröffentlichte Rechtsprechung und Literatur wurden berücksichtigt, wobei allerdings wegen der außerordentlichen Materialfülle eine Auswahl unvermeidbar war. Die in der Substanz durchweg wenig bedeutsamen Änderungen des Chartatextes durch den Verfassungskonvent und die anschließende Regierungskonferenz wurden bei jedem Artikel unter „III. Kommentierung" erläutert. Auf die notwendige Berücksichtigung teilweise unterschiedlicher Textfassungen soll die Überschrift zu jedem Artikel hinweisen, die neben der ursprünglichen Artikelbezeichnung des Entwurfes des Grundrechtekonvents in Klammern die aktuelle Bezeichnung des Verfassungsentwurfes aufführt, also zum Beispiel: Artikel 1 (Art. II-61 EurVerf).

Für Freunde der historisch-genetischen Auslegung sei darauf hingewiesen, dass die Autoren Norbert Bernsdorff und Martin Borowsky ihrem bei Nomos erschienenen Protokollband über die Beratungen im Grundrechtekonvent im Eigenverlag eine 2-bändige Dokumentation der unveröffentlichten Arbeitsdokumente des Konvents hinzugefügt haben (Bernsdorff/Borowsky, Der Grundrechtekonvent – Unveröffentlichte Arbeitsdokumente, Band 1 und 2, Norbert Bernsdorff Verlag, Hannover 2003).

Mein Dank für vertrauensvolle und sachengagierte Zusammenarbeit gilt erneut allen Mitautoren und der Nomos Verlagsgesellschaft.

Kirchzarten/Berlin, im August 2005

Jürgen Meyer

Vorwort zur dritten Auflage

Am 1. Dezember 2009, fast genau 10 Jahre nach der Konstituierung des Grundrechtekonvents am 17. Dezember 1999, ist der Vertrag von Lissabon in Kraft getreten. Das gilt nach Artikel 6 Abs. 1 EUV auch für die Charta der Grundrechte der Europäischen Union vom 7. Dezember 2000 in der am 12. Dezember 2007 in Straßburg angepassten Fassung (ABl. C 303 vom 14.12.2007, S. 1). Danach sind die Charta der Grundrechte und die Verträge „rechtlich gleichrangig", übrigens eine Regelung, wie sie schon im Grundrechtekonvent diskutiert worden ist.

Dies und die Tatsache, dass auch die zweite Auflage inzwischen vergriffen ist, lassen allein schon eine dritte Auflage des Kommentars sinnvoll erscheinen. Wichtigster Grund ist aber die in den vergangenen Jahren erschienene, außerordentlich reichhaltige und kaum noch überschaubare Literatur zur Charta, die wieder eine Auswahl unvermeidbar macht.

Der jeweilige Abschnitt „I. Die Vorgaben" zur Kommentierung der Präambel und der einzelnen Artikel erstreckt sich nunmehr auf die Zeit bis zum Inkrafttreten der Charta am 1.12.2009, erfasst also insbesondere auch die Verfassungen der neuen Mitgliedstaaten. Literatur und Rechtsprechung konnten bis April 2010 berücksichtigt werden.

Für die Interpretation der Charta dürfte jedenfalls in der ersten Phase nach ihrem Inkrafttreten wie schon beim Bonner Grundgesetz (vgl. zu diesem Vorbild das Vorwort zur ersten Auflage) die historisch-genetische und die mit ihr eng verbundene teleologische Methode neben der wörtlich-grammatikalischen und der systematisch-kontextuellen Auslegung besonders hilfreich sein, zumal der vom Konvent erarbeitete Text in den Folgejahren nur geringfügig verändert worden ist. Deshalb enthält auch diese Auflage jeweils unter II. eine knappe Wiedergabe der „Diskussion im Grundrechtekonvent", wenn auch mit Kürzungen, soweit das sinnvoll erschien.

Ein Schwerpunkt der Kommentierung von Titel VII „Allgemeine Bestimmungen über die Auslegung und Anwendung der Charta" musste neben den drei neuen Absätzen 4 bis 6 von Artikel 52 der Bedeutung des Protokolls Nr. 30 zum Lissabonner Vertrag gelten, das die Anwendung der Charta auf Polen, das Vereinigte Königreich und nun auch Tschechien (vorgesehene Verbindlichkeit des Protokolls über die Anwendung der Charta auf die Tschechische Republik mit dem nächsten Beitrittsvertrag) betrifft.

Der lange Kampf um mehr Demokratie und um die Vertiefung der Europäischen Union als Wertegemeinschaft (vgl. dazu bereits meine Vorschläge für einen Grundrechtekonvent in der Bundestagsdebatte vom 22.6.1995, Plenarprotokoll 13/44, S. 3562, und den gleichzeitig vorgelegten Diskussionsentwurf einer „Europäischen Grundrechtecharta" in: SPD-Bundestagsfraktion (Hrsg.), Dokumente 1995, Brauchen wir eine „Charta der europäischen Grundrechte?", S. 57–62 c) hat mit dem Vertrag von Lissabon ein insgesamt erfreuliches Ergebnis gefunden. Der Weg zur „immer engeren Union" sollte fortgesetzt werden. Das Bekenntnis des Bundesverfassungsgerichts zum alten Denken in den Kategorien von Nationalstaat und Souveränität (statt zum Gedanken der geteilten Souveränität) in der umstrittenen Begründung seines Urteils zum Vertrag von Lissabon vom 30. Juni 2009 (NJW 2009, 2267, vgl. die Übersicht über die in- und ausländische Kritik bei Wessels/Gläser, Die Europapolitik in der wissenschaftlichen Debatte, in: Weidenfeld/Wessels (Hrsg.), Jahrbuch der Europäischen Integration 2009, S. 34–39) wird hoffentlich keine nachhaltige Wirkung haben.

Dem Verlag und den Mitautoren gilt erneut mein herzlicher Dank für gute Zusammenarbeit.

Kirchzarten/Berlin, im Juni 2010

Jürgen Meyer

Inhaltsverzeichnis

Titel III
Gleichheit

Titel IV
Solidarität

Titel V
Bürgerrechte

Titel VI
Justizielle Rechte

Titel VII
Allgemeine Bestimmungen über die Auslegung und Anwendung der Charta

Bearbeiterverzeichnis

Präambel	Prof. Dr. *Jürgen Meyer*
Titel I, Würde des Menschen	
Art. 1–5	Dr. *Martin Borowsky*
Titel II, Freiheiten	
Art. 6–19	Prof. Dr. *Norbert Bernsdorff*
Titel III, Gleichheit	
Art. 20–26	Prof. Dr. *Sven Hölscheidt*
Titel IV, Solidarität	
Art. 27–32	RA Dr. *Bernd Hüpers* und Dr. *Birgit Reese*
Art. 33–34	Dr. *Kristin Rohleder*
Art. 35	Dr. *Bettina Giesecke*
Art. 36	Dr. *Kristin Rohleder*
Art. 37	PD Dr. *Angela Schwerdtfeger*
Art. 38	Dr. *Bettina Giesecke*
Titel V, Bürgerrechte	
Art. 39–46	Prof. Dr. *Siegfried Magiera*
Titel VI, Justizielle Rechte	
Art. 47–50	Prof. Dr. Dr. h.c. mult. *Albin Eser* und Prof. Dr. Dr. h.c. *Michael Kubiciel*
Titel VII, Allgemeine Bestimmungen über die Auslegung und Anwendung der Charta	
Art. 51–52	PD Dr. *Angela Schwerdtfeger*
Art. 53–54	Dr. *Tilman Hoppe*, LL.M.

Abkürzungsverzeichnis

AdR	Europäischer Ausschuss der Regionen
AEMR	Allgemeine Erklärung der Menschenrechte
AFDI	Annuaire Français de Droit International (Zeitschrift)
AfP	Archiv für Presserecht (Zeitschrift)
AfrMRCh	Afrikanische Charta der Menschenrechte und der Rechte der Völker
AJDA	Actualités Juridiques de Droit Administratif (Zeitschrift)
ArabMRCh	Arabische Charta der Menschenrechte
ARSP	Archiv für Rechts- und Sozialphilosophie (Zeitschrift)
AStV	Ausschuss der Ständigen Vertreter
AuR	Arbeit und Recht (Zeitschrift)
AuS	Arbeit und Sozialpolitik (Zeitschrift)
AWD	Außenwirtschaftsdienst (Zeitschrift)
AW-Prax	Außenwirtschaftliche Praxis (Zeitschrift)
BRK	UN-Behindertenrechtskonvention
BuW	Betrieb und Wirtschaft (Zeitschrift)
BVA	Beratender Verbraucherausschuss
CDE	Cahiers de droit européen (Zeitschrift)
CMLRev	Common Market Law Review (Zeitschrift)
DCSI	Diritto comunitario e degli scambi internazionali (Zeitschrift)
DHA	Deutsches Handelsarchiv (Zeitschrift)
DRdA	Das Recht der Arbeit (Zeitschrift)
DRiZ	Deutsche Richterzeitung (Zeitschrift)
DS	Droit Social (Zeitschrift)
DUZ	Deutsche Universitätszeitung (Zeitschrift)
DWiR	Deutsche Zeitschrift für Wirtschaftsrecht (Zeitschrift)
EA	Europa-Archiv (Zeitschrift)
ECLR	European Competition Law Review (Zeitschrift)
EHRLR	European Human Rights Law Review (Zeitschrift)
ELRev.	European Law Review (Zeitschrift)
EPL	European Public Law (Zeitschrift)
ESC	Europäische Sozialcharta
Erkl. EP	Entschließung des Europäischen Parlaments vom 12. April 1989 zur Erklärung der Grundrechte und Grundfreiheiten
ETL	European Transport Law (Zeitschrift)
EurUP	Zeitschrift für Europäisches Umwelt- und Planungsrecht
EurW	Europäische Wirtschaft (Zeitschrift)
euvr	Zeitschrift für Europäisches Unternehmens- und Verbraucherrecht
EWS	Europäisches Wirtschafts- und Steuerrecht (Zeitschrift)
FPR	Familie Partnerschaft Recht (Zeitschrift)
ICLQ	International and Comparative Law Quarterly (Zeitschrift)
IIC	International Review of Industrial Property and Copyright Law (Zeitschrift)

IPbpR	Internationaler Pakt über bürgerliche und politische Rechte
IPwskR	Internationaler Pakt über wirtschaftliche, soziale und kulturelle Rechte
IWB	Internationale Wirtschaftsbriefe (Zeitschrift)
JBL	Journal of Business Law (Zeitschrift)
JCMS	Journal of Common Market Studies (Zeitschrift)
JCP	Jurisclasseur périodique, La semaine juridique (Zeitschrift)
JdEI	Jahrbuch der Europäischen Integration
JDI	Journal du Droit international (Zeitschrift)
JRP	Journal für Rechtspolitik (Zeitschrift)
JT	Journal des Tribunaux (Zeitschrift)
JurBüro	Juristisches Büro (Zeitschrift)
JWTL	Journal of World Trade Law (Zeitschrift)
KRK	UN-Kinderrechtskonvention (Übereinkommen über die Rechte des Kindes)
KSE	Kölner Schriften zum Europarecht (Zeitschrift)
LIEI	Legal Issues of European Integration (Zeitschrift)
MJ	Maastricht Journal of European and Comparative Law (Zeitschrift)
MLR	The Modern Law Review (Zeitschrift)
NDV	Nachrichtendienst des Deutschen Vereins für öffentliche und private Fürsorge (Zeitschrift)
NJB	Nederlands Juristenblad (Zeitschrift)
NuR	Natur und Recht (Zeitschrift)
ÖJT	Verhandlungen des österreichischen Juristentages
ÖZÖffR	Österreichische Zeitschrift für öffentliches Recht (Zeitschrift)
ÖZöRV	Österreichische Zeitschrift für öffentliches Recht und Völkerrecht (Zeitschrift)
ÖZW	Österreichische Zeitschrift für Wirtschaftsrecht (Zeitschrift)
PVS	Politische Vierteljahresschrift (Zeitschrift)
RAE	Revue des affaires européennes (Zeitschrift)
RBDI	Revue belge de droit international (Zeitschrift)
RdA	Recht der Arbeit (Zeitschrift)
RdE	Recht der Energiewirtschaft (Zeitschrift)
RdJB	Recht der Jugend und des Bildungswesens (Zeitschrift)
RdLH	Rechtsdienst der Lebenshilfe (Zeitschrift)
RdM	Recht der Medizin (Zeitschrift)
Rev.Europ.	Revue Européenne de Droit Public (Zeitschrift)
RFDA	Revue Française de Droit administratif (Zeitschrift)
RHDI	Revue Hellénique de Droit International (Zeitschrift)
RIDC	Revue Internationale de Droit Comparé (Zeitschrift)
Riv.dir.eur.	Rivista di diritto europeo (Zeitschrift)
Riv.dir.int.	Rivista di diritto internazionale (Zeitschrift)
RIW	Recht der Internationalen Wirtschaft (Zeitschrift)
RMC	Revue du Marché commun (Zeitschrift)

RMCUE	Revue du Marché commun et de l'Union européenne (Zeitschrift)
RMT	Rechtsgeleerd Magazijn Themis (Zeitschrift)
RMUE	Revue du Marché Unique Européen (Zeitschrift)
ROW	Recht in Ost und West (Zeitschrift)
RTDE	Revue trimestrielle du droit européen (Zeitschrift)
RUDH	Revue universelle des droits de l'homme (Zeitschrift)
SE	Societas Europea (Europäische Aktiengesellschaft)
SEW	Sociaal Economische Wetgeving (Zeitschrift)
SGb	Die Sozialgerichtsbarkeit (Zeitschrift)
StuW	Steuer und Wirtschaft (Zeitschrift)
SWI	Steuer & Wirtschaft International (Zeitschrift)
TVVS	Tijdschrift voor Vennootschappen (Zeitschrift)
UEC	Journal UEC, Europäische Zeitschrift für Prüfung und Beratung
UTR	Jahrbuch des Umwelt- und Technikrechts
UVR	Umsatz- und Verkehrssteuerrecht (Zeitschrift)
VN	Vereinte Nationen (Zeitschrift)
VRÜ	Verfassung und Recht in Übersee (Zeitschrift)
VSSR	Vierteljahresschrift für Sozialrecht (Zeitschrift)
VuR	Verbraucher und Recht (Zeitschrift)
WiVerw	Wirtschaft und Verwaltung (Zeitschrift)
WLR	The Weekly Law Reports (Zeitschrift)
WRP	Wettbewerb in Recht und Praxis (Zeitschrift)
WuW	Wirtschaft und Wettbewerb (Zeitschrift)
YEL	Yearbook of European Law
ZAP	Zeitschrift für die Anwaltspraxis
ZfS	Zentralblatt für Sozialversicherung, Sozialhilfe und Versorgung (Zeitschrift)
ZfV	Zeitschrift für Verkehrswissenschaft
ZfZ	Zeitschrift für Zölle und Verbrauchsteuern
ZIAS	Zeitschrift für internationales Arbeits- und Sozialrecht
ZSR	Zeitschrift für Sozialreform
ZTR	Zeitschrift für Tarifrecht
ZVgR	Zeitschrift für deutsches und internationales Vergaberecht
ZVP	Zeitschrift für Verbraucherpolitik
ZVS	Zeitschrift für Verkehrssicherheit

Für weitere verwendete Abkürzungen wird verwiesen auf das im Netz zugängliche Verzeichnis juristischer Abkürzungen des C.H.Beck-Verlags:

www.beck-shop.de/verzeichnis-juristischer-abkuerzungen/SucheAbkuerzung.aspx

Literaturverzeichnis

Arnim, Standort	Arnim, Dorothee von, Der Standort der EU-Grundrechtecharta in der Grundrechtsarchitektur Europas, 2006.
Barriga, Entstehung	Barriga, Stefan, Die Entstehung der Charta der Grundrechte der Europäischen Union, 2003.
BEHK/Bearb., EU	Bieber, Roland/Epiney, Astrid/Haag, Marcel/Kotzur, Markus, Die Europäische Union, 12. Aufl., 2018.
Bercusson, European Labour Law	Bercusson, Brian, European Labour Law and the EU Charter of Fundamental Rights, 2006.
Bernsdorff/Borowsky, Protokolle	Bernsdorff, Norbert/Borowsky, Martin, Die Charta der Grundrechte der Europäischen Union. Handreichungen und Sitzungsprotokolle, 2002.
Bernsdorff/Borowsky, Arbeitsdokumente	Bernsdorff, Norbert/Borowsky, Martin, Der Grundrechtekonvent. Unveröffentlichte Arbeitsdokumente, Bd. 1 und 2, 2003.
Beyer, Konvent	Beyer, Malte, Der Konvent zur Zukunft Europas, 2007.
BK/Bearb., GG	Kahl, Wolfgang/Waldhoff, Christian/Walter, Christian (Hrsg.), Bonner Kommentar zum Grundgesetz, Stand 2018.
Bifulco/Cartabia/Celotto/Bearb., L'europa dei diritti	Bifulco, Raffaele/Cartabia, Marta/Celotto, Alfonso, L'Europa dei diritti. Commento alla Carta dei diritti fondamentali dell'Unione Europea, 2001.
Bleckmann/Bearb., EuR	Bleckmann, Albert, Europarecht. Das Recht der Europäischen Union und der Europäischen Gemeinschaften, 6. Aufl., 1997.
Boecken/Düwell/Diller/Hanau/Bearb., Ges. Arbeitsrecht	Boecken, Winfried/Düwell, Franz Josef/Diller, Martin/Hanau, Hans, Gesamtes Arbeitsrecht, 2016.
Bogdandy/Bast/Bearb., Eur. Verfassungsrecht	Bogdandy, Armin von/Bast, Jürgen (Hrsg.), Europäisches Verfassungsrecht, 2. Aufl., 2009.
Braibant, Charte	Braibant, Guy, La Charte des droits fondamentaux de l'Union européenne, 2001.
Breitenmoser/Riemer/Seitz, Praxis des EuR	Breitenmoser, Stephan/Riemer, Boris/Seitz, Claudia, Praxis des Europarechts. Grundrechtsschutz, 2. Aufl., 2006.

Bürgin, Legitimität	Bürgin, Alexander, Die Legitimität der EU. Normative Standards als Verhandlungsressource im Verfassungskonvent, 2007.
Burgorgue-Larsen/Bearb., Charte	Burgorgue-Larsen, Laurence (Hrsg.), La Charte des droits fondamentaux saisie par les juges en Europe, 2017.
Burgorgue-Larsen/Levade/Picod/Bearb., Traité	Burgorgue-Larsen, Laurence/Levade, Anne/Picod, Fabrice (Hrsg.), Traité établissant une Constitution pour l'Europe. Commentaire article par article. Tome 2, Partie II: La Charte des droits fondamentaux de l'Union, 2005.
Calliess/Ruffert/Bearb., EUV/AEUV	Calliess, Christian/Ruffert, Matthias (Hrsg.), EUV/AEUV. Das Verfassungsrecht der Europäischen Union mit Europäischer Grundrechtecharta. Kommentar, 5. Aufl., 2016.
Cariat, Charte	Cariat, Nicolas, La Charte des droits fondamentaux et l'équilibre constitutionnel entre l'Union européenne et les États membres, 2016.
Chemnitzer Europastudien 7/Bearb., Constitutional Debate	Niedobitek, Matthias/Zemánek, Jiří (Hrsg.), Continuing the European Constitutional Debate, Chemnitzer Europastudien, Bd. 7, 2008.
Cozzi, Carta	Cozzi, Alessia-Ottavia, Diritti e principi sociali nella Carta dei diritti fondamentali dell'Unione europea. Profili costituzionali, 2017.
Dann/Rynkowski/Bearb., Unity	Dann, Philipp/Rynkowski, Michał (Hrsg.), The Unity of the European Constitution, 2006.
Dauses/Ludwigs/Bearb., Hdb EU-Wirtschaftsrecht	Dauses, Manfred (Begr.)/Ludwigs, Markus (Hrsg.), Handbuch des EU- Wirtschaftsrechts, Stand 2017.
Derra/Bearb., FS Meyer	Derra, Hans-Jörg (Hrsg.), Festschrift für Jürgen Meyer zum 70. Geburtstag, 2006.
Di Federico/Bearb., EU Charter	Di Federico, Giacomo (Hrsg.), The EU Charter of Fundamental Rights, 2011.
Dorfmann, Soziale GR	Dorfmann, Julia, Der Schutz der sozialen Grundrechte, 2006.
Dörr/Grote/Marauhn/Bearb., EMRK/GG	Dörr, Oliver/Grote, Rainer/Marauhn, Thilo (Hrsg.), EMRK/GG, Konkordanzkommentar zum europäischen und deutschen Grundrechtsschutz, 2. Aufl., 2013.

Dreier/Bearb., GG	Dreier, Horst (Hrsg.), Grundgesetz, Kommentar, Bd. I, 3. Aufl., 2013; Bd. II, 3. Aufl., 2015; Bd. III, 3. Aufl., 2018.
Dt. Bundestag, Charta	Deutscher Bundestag, Referat Öffentlichkeitsarbeit (Hrsg.), Die Charta der Grundrechte der Europäischen Union, Zur Sache 1/2001, 2001.
Dt. Bundestag, EU-Verfassungskonvent	Deutscher Bundestag, Referat Öffentlichkeitsarbeit (Hrsg.), Der Weg zum EU-Verfassungskonvent, Zur Sache 5/2002, 2002.
Dt. Bundestag, Verfassung für Europa	Deutscher Bundestag, Referat Öffentlichkeitsarbeit (Hrsg.), Eine Verfassung für Europa, Zur Sache 1/2003, 2004.
Ehlermann/Bieber/Haag/Bearb., HdbEuR	Ehlermann, Claus-Dieter/Bieber, Roland/Haag, Marcel (Hrsg.), Handbuch des Europäischen Rechts, Stand 2018.
Ehlers/Bearb., GR	Ehlers, Dirk (Hrsg.), Europäische Grundrechte und Grundfreiheiten, 4. Aufl., 2014.
Eriksen/Fossum/Menéndez/Bearb., Chartering of Europe	Eriksen, Erik Oddvar/Fossum, John Erik/Menéndez, Augustín José (Hrsg.), The Chartering of Europe, 2003.
Franzen/Gallner/Oetker/Bearb., Eur. Arbeitsrecht	Franzen, Martin/Gallner, Inken/Oetker, Hartmut, Kommentar zum europäischen Arbeitsrecht, 2. Aufl., 2018.
Frenz, Hdb EuR	Frenz, Walter, Handbuch Europarecht, Bd. 4, Europäische Grundrechte, 2009.
Frowein/Peukert/Bearb., EMRK	Frowein, Jochen Abraham/Peukert, Wolfgang, Europäische Menschenrechtskonvention, Kommentar, 3. Aufl., 2009.
Gehler/Bischof/Kühnhardt/Steininger/Bearb., European Constitution	Gehler, Michael/Bischof, Günter/Kühnhardt, Ludger/Steininger, Rolf (Hrsg.), Towards a European Constitution, 2005.
Geiger/Khan/Kotzur, EUV/AEUV	Geiger, Rudolf/Khan, Daniel-Erasmus/ Kotzur, Markus, EUV/AEUV. Vertrag über die Europäische Union und Vertrag über die Arbeitsweise der Europäischen Union, Kommentar, 6. Aufl., 2017.
Grabenwarter/Bearb., Grundrechteschutz	Grabenwarter, Christoph (Hrsg.), Europäischer Grundrechteschutz, 2014.
Grabenwarter/Pabel, EMRK	Grabenwarter, Christoph/Pabel, Katharina, Europäische Menschenrechtskonvention, 6. Aufl., 2016.

Grabitz/Hilf/Nettesheim/Bearb., EU	Grabitz, Eberhard/Hilf, Meinhard/Nettesheim, Martin (Hrsg.), Das Recht der Europäischen Union, EUV/AEUV, Stand 2018.
GSH/Bearb., EU	van der Groeben, Hans/Schwarze, Jürgen/Hatje, Armin (Hrsg.), Europäisches Unionsrecht, Kommentar, Bd. 1–4, 7. Aufl., 2015.
Häberle/Kotzur, Eur. Verfassungslehre	Häberle, Peter/Kotzur, Markus, Europäische Verfassungslehre, 8. Aufl., 2016.
Haltern, EuR	Haltern, Ulrich, Europarecht, 3. Aufl., Bd. I und II, 2017.
Haratsch/Koenig/Pechstein, EuR	Haratsch, Andreas/Koenig, Christian/Pechstein, Matthias, Europarecht, 11. Aufl., 2018.
Hatje/Nettesheim/Bearb., Grundrechtsschutz	Hatje, Armin/Nettesheim, Martin (Hrsg.), Grundrechtsschutz im Dreieck von nationalem, europäischem und internationalem Recht, EuR 2008, Beiheft 1.
Heiderhoff/Lohsse/Schulze/Bearb., EU-GR	Heiderhoff, Bettina/Lohsse, Sebastian/Schulze, Reiner (Hrsg.), EU-Grundrechte und Privatrecht, 2017.
Herdegen, EuR	Herdegen, Matthias, Europarecht, 20. Aufl., 2018.
Herzog/Bearb., Staatslexikon	Herzog, Roman (Hrsg.), Evangelisches Staatslexikon, 3. Aufl., 1987.
Herzog/Hobe/Bearb., EU	Herzog, Roman/Hobe, Stephan (Hrsg.), Die Europäische Union auf dem Weg zum verfassten Staatenverbund, 2004.
Heselhaus/Nowak/Bearb., Hdb Eur. GR	Heselhaus, F. Sebastian M./Nowak, Carsten (Hrsg.), Handbuch der Europäischen Grundrechte, 2006.
Heun/Honecker/Morlok/Wieland/Bearb., Staatslexikon	Heun, Werner/Honecker, Martin/Morlok, Martin/Wieland, Joachim (Hrsg.), Evangelisches Staatslexikon, 2006.
Heusel/Bearb., GRC	Heusel, Wolfgang (Hrsg.), Grundrechtecharta und Verfassungsentwicklung in der EU, Bd. 35, 2002.
Höreth/Janowski/Kühnhardt/Bearb., Eur. Verfassung	Höreth, Marcus/Janowski, Cordula/Kühnhardt, Ludger (Hrsg.), Die Europäische Verfassung, 2005.
Holoubek/Lienbacher/Bearb., GRC	Holoubek, Michael/Lienbacher, Georg (Hrsg.), Charta der Grundrechte der Europäischen Union. GRC-Kommentar, 2014.

Hummer/Bearb., Vertrag	Hummer, Waldemar (Hrsg.), Der Vertrag über eine Verfassung für Europa, 2007.
HbStR Bd./Bearb.	Isensee, Josef/Kirchhof, Paul (Hrsg.), Handbuch des Staatsrechts der Bundesrepublik Deutschland, Bd. I-XII, 3. Aufl., 2003–2014.
Iliopoulos-Strangas/Bearb., Soziale GR	Iliopoulos-Strangas, Julia (Hrsg.), Soziale Grundrechte in Europa nach Lissabon, 2010.
Jarass, EU-GR	Jarass, Hans D., Die EU-Grundrechte, 2005.
Jarass, GRC	Jarass, Hans D., Charta der Grundrechte der Europäischen Union, Kommentar, 3. Aufl., 2016.
Jarass/Pieroth/Bearb., GG	Jarass, Hans D./Pieroth, Bodo, Grundgesetz für die Bundesrepublik Deutschland, Kommentar, 15. Aufl., 2018.
Jopp/Matl/Bearb., Vertrag	Jopp, Mathias/Matl, Saskia (Hrsg.), Der Vertrag über eine Verfassung für Europa, 2005.
Kadelbach/Bearb., Eur. Verfassung	Kadelbach, Stefan (Hrsg.), Europäische Verfassung und direkte Demokratie, 2006.
Kahl/Raschauer/Storr/Bearb., Grundsatzfragen	Kahl, Arno/Raschauer, Nicolas/Storr, Stefan (Hrsg.), Grundsatzfragen der europäischen Grundrechtecharta, 2013.
Karpenstein/Mayer/Bearb., EMRK	Karpenstein, Ulrich/Mayer, Franz, EMRK. Konvention zum Schutz der Menschenrechte und Grundfreiheiten, Kommentar, 2. Aufl., 2015.
Knecht, GRC	Knecht, Matthias H., Die Charta der Grundrechte der Europäischen Union. Eine Würdigung der Entstehung und rechtsvergleichende grundrechtsdogmatische Analyse, 2005.
Kober, EU-Grundrechtsschutz	Kober, Martin, Der Grundrechtsschutz in der Europäischen Union, 2009.
Leiße/Bearb., EU	Leiße, Olaf (Hrsg.), Die Europäische Union nach dem Vertrag von Lissabon, 2010.
Lenz/Borchardt/Bearb., EU-Verträge	Lenz, Carl Otto/Borchardt, Klaus-Dieter (Hrsg.), EU-Verträge. Kommentar, 6. Aufl., 2012.
Mangas Martín, Carta	Mangas Martín, Araceli, La Carta de los derechos fundamentales de la Unión Europea, 2008.

Mangas Martín/Bearb., Carta Comentario	Mangas Martín, Araceli (Hrsg.), Carta de los Derechos Fundamentales de la Unión Europea. Comentario artículo por artículo, 2008.
von Mangoldt/Klein/Starck/Bearb., GG	Mangoldt, Hermann von/Klein, Friedrich/ Starck, Christian (Hrsg.), Kommentar zum Grundgesetz, 7. Aufl., 2018.
Mastroianni, Roberto/Pollicioni, Oreste, Carta Commentario	Mastroianni, Roberto/Pollicioni, Oreste (Hrsg.), Carta dei diritti fondamentali dell'Unione Europea, 2017.
Maunz/Dürig/Bearb., GG	Maunz, Theodor/Dürig, Günter u. a. (Hrsg.), Grundgesetz, Kommentar, Stand 2018.
Meyer, Jürgen/Engels, Markus, Charta	Die Charta der Grundrechte der Europäischen Union. Berichte und Dokumentation mit einer Einleitung, 2001.
Meyer-Ladewig/Nettesheim/von Raumer, EMRK	Meyer-Ladewig, Jens/Nettesheim, Martin/ Raumer, Stefan von, EMRK, Handkommentar, 4. Aufl., 2017.
Mock/Demuro/Bearb., Human Rights	Mock, William B.T./Demuro, Gianmario (Hrsg.), Human Rights in Europe, 2010.
von Münch/Kunig/Bearb., GG	Münch, Ingo von/Kunig, Philip (Hrsg.), Grundgesetz. Kommentar, 6. Aufl., 2012.
Niedobitek/Bearb., EuR-G	Niedobitek, Matthias (Hrsg.), Europarecht. Grundlagen der Union, 2014.
Oppermann/Classen/Nettesheim, EuR	Oppermann, Thomas/Classen, Dieter/ Nettesheim, Martin, Europarecht, 8. Aufl., 2018.
Pabel/Schmahl/Bearb., EMRK	Pabel, Katharina/Schmahl, Stefanie (Hrsg.), Internationaler Kommentar zur Europäischen Menschenrechtskonvention, Stand 2016.
Pechstein/Nowak/Häde/Bearb., Frankfurter Kommentar	Pechstein, Matthias/Nowak, Carsten/Häde, Ulrich (Hrsg.), Frankfurter Kommentar zu EUV, GRC und AEUV, Bd. I, 2017.
Peers/Hervey/Kenner/Ward/Bearb., EU Charter	Peers, Steve/Hervey, Tamara/Kenner, Jeff/ Ward, Angela (Hrsg.), The EU Charter of Fundamental Rights. A Commentary, 2014.
Peters/Altwicker, EMRK	Peters, Anne/Altwicker, Tilmann, Europäische Menschenrechtskonvention, 2. Aufl., 2012.
Petersen, Schutz sozialer GR	Petersen, Jan, Der Schutz sozialer Grundrechte in der Europäischen Union, 2005.
Philippi, Charta	Philippi, Nina, Die Charta der Grundrechte der Europäischen Union, 2002.

Picod/van Drooghenbroeck/Bearb., Charte	Picod, Fabrice/Van Drooghenbroeck, Sébastien (Hrsg.), Charte des droits fondamentaux de l'Union européenne, Commentaire article par article, 2018.
Rengeling/Szczekalla, GR in der EU	Rengeling, Hans-Werner/Szczekalla, Peter, Grundrechte in der Europäischen Union, 2004.
Sachs/Bearb., GG	Sachs, Michael (Hrsg.), Grundgesetz, Kommentar, 8. Aufl., 2018.
Sachs/Siekmann/Bearb., FS Stern	Sachs, Michael/Siekmann, Helmut (Hrsg.), Festschrift für Klaus Stern zum 80. Geburtstag, 2012.
Sagmeister, Grundsatznormen	Sagmeister, Holger M., Die Grundsatznormen in der Europäischen Grundrechtecharta, 2010.
Schilling, Menschenrechtsschutz	Schilling, Theodor, Internationaler Menschenrechtsschutz, 3. Aufl., 2016.
Schwarze/Bearb., Verfassungsentwurf	Schwarze, Jürgen (Hrsg.), Der Verfassungsentwurf des Europäischen Konvents, 2004.
Schwarze/Bearb., EU	Schwarze, Jürgen (Hrsg.), EU-Kommentar, 3. Aufl., 2012.
Schweitzer/Hummer/Obwexer, EuR	Schweitzer, Michael/Hummer, Waldemar/Obwexer, Walter, Europarecht, 9. Aufl., 2007.
Seidel, Hdb Grund- und Menschenrechte	Seidel, Gerd, Handbuch der Grund- und Menschenrechte auf staatlicher, europäischer und universeller Ebene, 1996.
Staatslexikon/*Bearb.*	Görres-Gesellschaft (Hrsg.), Staatslexikon, 7. Aufl., 1985–1993.
Stern/Becker/Bearb., GR	Stern, Klaus/Becker, Florian (Hrsg.), Grundrechte-Kommentar, 2. Aufl., 2016.
Stern/Sachs/Bearb., GRC	Stern, Klaus/Sachs, Michael (Hrsg.), Europäische Grundrechte-Charta, Kommentar, 2016.
Streinz, EuR	Streinz, Rudolf, Europarecht, 10. Aufl., 2016.
Streinz/Bearb., EUV/AEUV	Streinz, Rudolf (Hrsg.), EUV/AEUV, 3. Aufl., 2018.
Terhechte, Konstitutionalisierung	Terhechte, Jörg Philipp, Konstitutionalisierung und Normativität der europäischen Grundrechte, 2011.
Terhechte/Bearb., EU Verwaltungsrecht	Terhechte, Jörg Philipp (Hrsg.), Verwaltungsrecht der Europäischen Union, 2011.

Tettinger/Stern/Bearb., GRC — Tettinger, Peter J./Stern, Klaus (Hrsg.), Kölner Gemeinschaftskommentar zur Europäischen Grundrechte-Charta, 2006.

Timsit/Flogaitis/Bearb., EU Charter — Timsit, Gérard/Flogaitis, Spyridon (Hrsg.), The European Union's Charter of Fundamental Rights, 2002.

Tsatsos, Unionsgrundordnung — Tsatsos, Dimitris Th., Die Europäische Unionsgrundordnung, 2002.

Universität Warschau/Bearb., Treaty of Lisbon — Universität Warschau (Hrsg.), The Treaty of Lisbon, Selected Issues, 2012.

Vedder/Heintschel von Heinegg/Bearb., Unionsrecht — Vedder, Christoph/Heintschel von Heinegg, Wolff (Hrsg.), Europäisches Unionsrecht. EUV, AEUV, GRCh, EAGV, Handkommentar, 2. Aufl., 2018.

Villiger, EMRK — Villiger, Mark E., Handbuch der Europäischen Menschenrechtskonvention (EMRK) unter besonderer Berücksichtigung der schweizerischen Rechtslage, 2. Aufl., 1999.

Vitorino, Carta — Vitorino, António, Carta dos Direitos Fundamentais da Uniâo Europeia, 2002.

de Vries/Bernitz/Weatherili/Bearb., EU Charter — de Vries, Sybe/Bernitz, Ulf/Weatherill, Stephen (Hrsg.), The EU Charter of Fundamental Rights as a Binding Instrument, 2015.

Weidenfeld/Bearb., Lissabon — Weidenfeld, Werner (Hrsg.), Lissabon in der Analyse. Der Reformvertrag der Europäischen Union, 2008.

Weidenfeld/Wessels/Bearb., Jahrb. Eur. Integration 2009 — Weidenfeld, Werner/Wessels, Wolfgang (Hrsg.), Jahrbuch der Europäischen Integration 2009, 2010.

Winkler, EU GR — Winkler, Roland, Die Grundrechte der Europäischen Union, 2006.

Zuleeg/Bearb., Die neue Verfassung — Zuleeg, Manfred (Hrsg.), Die neue Verfassung der Europäischen Union, 2006.

Präambel

Die Völker Europas sind entschlossen, auf der Grundlage gemeinsamer Werte eine friedliche Zukunft zu teilen, indem sie sich zu einer immer engeren Union verbinden. [Abs. I]

In dem Bewusstsein ihres geistig-religiösen und sittlichen Erbes gründet sich die Union auf die unteilbaren und universellen Werte der Würde des Menschen, der Freiheit, der Gleichheit und der Solidarität. Sie beruht auf den Grundsätzen der Demokratie und der Rechtsstaatlichkeit. Sie stellt den Menschen in den Mittelpunkt ihres Handelns, indem sie die Unionsbürgerschaft und einen Raum der Freiheit, der Sicherheit und des Rechts begründet. [Abs. II]

Die Union trägt zur Erhaltung und zur Entwicklung dieser gemeinsamen Werte unter Achtung der Vielfalt der Kulturen und Traditionen der Völker Europas sowie der nationalen Identität der Mitgliedstaaten und der Organisation ihrer staatlichen Gewalt auf nationaler, regionaler und lokaler Ebene bei. Sie ist bestrebt, eine ausgewogene und nachhaltige Entwicklung zu fördern, und stellt den freien Personen-, Waren-, Dienstleistungs- und Kapitalverkehr sowie die Niederlassungsfreiheit sicher. [Abs. III]

Zu diesem Zweck ist es notwendig, angesichts der Weiterentwicklung der Gesellschaft, des sozialen Fortschritts und der wissenschaftlichen und technologischen Entwicklungen den Schutz der Grundrechte zu stärken, indem sie in einer Charta sichtbarer gemacht werden. [Abs. IV]

Diese Charta bekräftigt unter Achtung der Zuständigkeiten und Aufgaben der Union und des Subsidiaritätsprinzips die Rechte, die sich vor allem aus den gemeinsamen Verfassungstraditionen und den gemeinsamen internationalen Verpflichtungen der Mitgliedstaaten, aus der Europäischen Konvention zum Schutz der Menschenrechte und Grundfreiheiten, aus den von der Union und dem Europarat beschlossenen Sozialchartas sowie aus der Rechtsprechung des Gerichtshofs der Europäischen Union und des Europäischen Gerichtshofs für Menschenrechte ergeben. In diesem Zusammenhang erfolgt die Auslegung der Charta durch die Gerichte der Union und der Mitgliedstaaten unter gebührender Berücksichtigung der Erläuterungen, die unter der Leitung des Präsidiums des Konvents zur Ausarbeitung der Charta formuliert und unter der Verantwortung des Präsidiums des Europäischen Konvents aktualisiert wurden. [Abs. V]

Die Ausübung dieser Rechte ist mit Verantwortung und mit Pflichten sowohl gegenüber den Mitmenschen als auch gegenüber der menschlichen Gemeinschaft und den künftigen Generationen verbunden. [Abs. VI]

Daher erkennt die Union die nachstehend aufgeführten Rechte, Freiheiten und Grundsätze an. [Abs. VII]

Vorbemerkungen

Die Präambeln von Verfassungen und völkerrechtlichen Verträgen beschreiben die Überzeugungen und Werthaltungen sowie die Motivationslage, kurz das Selbstverständnis der Verfassunggeber bzw. der vertragschließenden Parteien. Sie enthalten häufig bekenntnisna- 1 he Willensbekundungen oder subjektive Wünsche und Hoffnungen. Insofern haben sie auch **Appellfunktion.** Präambeln spiegeln und stiften **Identität.** „Der demokratische Verfassungsstaat kann auf diese mehr gefühlsmäßigen Bindungen seiner Bürger an ihn, auf die Schaffung von Identifikationsmöglichkeiten für den Bürger und auf seine eigene Bindung an und Verantwortung vor höheren Instanzen und Zusammenhängen nicht verzichten."[1]

Wie bei nationalen Verfassungen, völkerrechtlichen Verträgen und insbesondere auch den bisherigen Verträgen zur Gründung und Fortentwicklung der Europäischen Gemeinschaften üblich, hat der Grundrechtekonvent dem Entwurf der Grundrechtecharta eine Präambel vorangestellt. Die Charta steht damit in der **Tradition** anderer **bedeutsamer Menschenrechtsdokumente** wie der Allgemeinen Erklärung der Menschenrechte, des Internationalen Paktes über bürgerliche und politische Rechte oder der Europäischen Menschenrechtskonvention. Eine Besonderheit bestand allerdings darin, dass dem Entwurf des Vertrages über eine Verfassung für Europa (EurVerf) auf Wunsch des Präsidiums des Verfassungskonvents und insbesondere seines Vorsitzenden Valerie Giscard d'Estaing eine „eigene" Präambel vorangestellt worden war, deren Fassung von der Regierungskonferenz noch einmal leicht verändert wurde. Daraus ergab sich das Problem eines einheitlichen Verfassungstextes mit **zwei Präambeln.** In der 2. Auflage dieses Kommentars wurde bei der Kommentierung der sieben Absätze der GRC-Präambel im Einzelnen geprüft, inwieweit die zweite Präambel Gedanken enthielt, „die allein eine überzeugende Begründung für die Existenz von zwei Präambeln sein könnten".[2] Dabei stellte sich heraus, dass die neue Präambel (Präambel Eur Verf) ganz überwiegend nur Wiederholungs- und Bekräftigungsfunktion, im besten Fall Klarstellungsfunktion hatte, an mehreren Stellen aber auch zu kritisieren war (z.B. Voranstellung der Staatsoberhäupter anstelle der Bürgerinnen und Bürger, Selbstlob des Verfassungskonvents, Nichterwähnung der Menschenwürde im ersten Absatz). Das Problem hat sich durch die an sich beklagenswerte „Zerlegung" des alten Verfassungsvertrages in die drei Teile EUV und AEUV sowie GRC[3] gelöst. Mit dem Projekt einer einheitlichen Kodifikation ist auch die „eigene" Präambel EurVerf untergegangen. Es bleibt nunmehr bei der Kommentierung der GRC-Präambel lediglich zu prüfen, inwieweit die gewissermaßen weiterlebende und nur um einen Erwägungsgrund in dem neuen Absatz II erweiterte Präambel EUV vom 7. 2. 1992[4] in der Fassung des Vertrages von Nizza[5] bei der Beantwortung von Auslegungsfragen (z. B. zur Bedeutung des „geistig-religiösen" Erbes) zu berücksichtigen ist. Dass die zwei nach dem Vertrag von Lissabon eigenständig nebeneinander stehenden Vertragsteile GRC und EUV jeweils eine eigene Präambel haben, kann nicht mehr als ungewöhnlich oder als besonderes Problem angesehen werden. Das gilt auch für die mit geringfügigen Ergänzungen aus der Präambel des EWG-Vertrages 1957 hervorgegangenen und primär die EU als Wirtschaftsgemeinschaft behandelnde Präambel des

---

1 *Häberle/Kotzur*, Eur. Verfassungslehre, S. 515, Rn. 773; vgl. auch *Häberle*, Präambeln im Text und Kontext von Verfassungen, in: FS Broemann 1982, S. 211–249; *GSH/Augsberg*, EU, Bd.1, Präambel GRC, Rn. 1–3; *Holoubek/Lienbacher*, GRC, Präambel, Rn. 10–16; *Otoo*, S. 3 f (Präambeln in der Rechtsgeschichte); *Pechstein/Nowak/Häde/Nowak*, Frankfurter Kommentar, S. 977; *Robbers*, Die Präambel der Verfassung für Europa – Ein Entwurf, in: FS Häberle 2004, S. 251; *Tettinger/Stern*, Europäische Grundrechte-Charta, Präambel A, S. 229 ff. (Rn. 10–17).

2 Vgl. *Meyer/Meyer*, 2. Aufl., Pr, Rn. 30 a, 37 a, 42 a, 44 a, 47 a, 50 a und 51 a.

3 Vgl. die Kritik von *Häberle/Kotzur*, Eur. Verfassungslehre, S. 444, Rn. 651: „Unübersichtlichkeit", „bürgerfernes Dickicht", „kaum lesbar".

4 ABl. C 306, S. 1.

5 Vgl. die Kommentierung von *Hilf/Pache* in Grabitz/Hilf, EUV, Präambel (23. EL Jan. 2004); *Streinz/Streinz*, EUV/AEUV, EUV Präambel, Rn. 1.

AEUV.[6] Zu beachten ist aber, dass wesentliche Elemente der GRC und auch ihrer Präambel nunmehr auch in „Titel I Gemeinsame Bestimmungen" EUV enthalten sind. So werden z. B. in Art. 2 EUV unter den „Werte(n), auf die sich die Union gründet", ausdrücklich auch Demokratie und Rechtsstaatlichkeit genannt (→ Rn. 9).

Der **Begriff** der Präambel, etymologisch rückführbar auf das klassisch-lateinische Verbum „prae-ambulare" (vorangehen) und das mittellateinische Lehnwort „praeambulum" (Vorspruch), bezeichnet eine feierliche, einstimmende Erklärung am Anfang einer Urkunde, z.B. einer Verfassungsurkunde oder eines völkerrechtlichen Vertrages.[7] Die aus intensiven und teilweise höchst kontroversen Diskussionen[8] hervorgegangenen sieben Absätze der Präambel sind formeller **Bestandteil des Chartatextes.** Auch wenn die Präambel wohl kaum als Rechtsquelle von EU-Grundrechten selbstständige Rechte und Pflichten begründen kann, ist ihre rechtliche Bedeutung als **Rechtserkenntnisquelle** unbestreitbar.[9] Bei Bestehen eines weiten Ermessensspielraums der Unionsorgane kann sie eine **ermessenslenkende Wirkung** entfalten und zur Bestimmung der Ziele oder Aufgaben der Union herangezogen werden.[10] 2

Als derzeit „höchste Verdichtungsstufe allen gemeineuropäischen Präambelrechts" ist die Präambel der Grundrechtecharta eine wichtige Grundlage für die sich entwickelnde europaverfassungsrechtliche **Präambeltheorie.**[11] Als „umsichtige Fortschreibung des Präambelrechts auf der europäischen Ebene"[12] überträgt sie zum einen die am nationalen Verfassungsrecht entwickelten Kategorien auf die europäische Ebene, etwa die Verwendung einer „bürgernahen Feiertagssprache" (z.B. die Berufung auf „die unteilbaren und universellen Werte" in Absatz II), die „Zeitdimension" (z.B. den Blick auf „eine friedliche Zukunft" durch eine sich immer enger verbindende Union in Absatz I) und die Betonung der „geistigen Fundierung" (z.B. die „Achtung der Vielfalt der Kulturen und Traditionen der Völker Europas" in Absatz III). Zum anderen enthält sie aber auch „innovative Prinzipien", die weit in die Zukunft greifen wollen (z.B. die „Solidarität" in Absatz II). 3

Für das Textverständnis von Interesse ist die übliche Praxis, die Präambel erst dann zu formulieren, wenn der Inhalt des Gesetzes- oder Verfassungstextes bereits im Wesentlichen feststeht. So wurde dem Herzog-Konvent vom Präsidium ein erster Gesamtentwurf der Präambel erst am 14. Juli 2000, also im letzten Drittel der Beratungen, vorgelegt.[13] Das könnte die Vermutung begründen, dass Präambeln in erster Linie der knappen und allgemeinverständlichen Zusammenfassung der wesentlichen Inhalte des anschließenden Textes dienen (**Zusammenfassungsfunktion**). Abgesehen von der Funktion als Auslegungshilfe (dazu → Rn. 2 und → Rn. 6), bleibt es aber notwendig, jeweils genau zu prüfen, ob die 4

6 Vgl. dazu die Kommentierung von Grabitz/Hilf/Nettesheim, Präambel AEUV, ua (über das rein Wirtschaftliche hinausgehend) Rn. 19 und 26 zur doppelten Betonung des Fernziels des Integrationsprozesses und Rn. 27 zur neuen neunten Erwägung der Bildungsdimension; ferner *Streinz/Streinz*, EUV/AEUV, Präambel AEUV, ua Rn. 12 und 145 zur Bezugnahme auf die Präambel in der Rechtsprechung von EuGH und BVerfG.

7 Vgl. *Kotzur*, Theorieelemente, S. 60 ff., m.w.N.

8 Vgl. unten II. Diskussion im Grundrechtekonvent.

9 Vgl. *GSH/Augsberg*, EU, Bd. 1, Präambel GRC, Rn. 2; *Jarass*, EU-Grundrechte, § 2 Rn. 3; ders., GRC, Präambel, Rn. 1, jeweils mwN; vgl. ferner unter Rn. 6.

10 Vgl. zutreffend zur EUV-Präambel *Hilf/Pache*, in Grabitz/Hilf/Nettesheim, Präambel EUV, Rn. 6; ähnlich *GSH/Kadelbach*, EU, Bd. 1, Präambel EUV, Rn. 4 (auch zu den in der Präambel niedergelegten „Rechtsprinzipien" als Bausteinen für die „Rechtsfortbildung").

11 *Häberle/Kotzur*, Eur. Verfassungslehre, S. 513 ff., 533.

12 *Häberle/Kotzur*, Eur. Verfassungslehre, S. 533, Rn. 804.

13 Näher dazu unten II. Diskussion im Grundrechtekonvent.

Präambel einen darüber hinausgehenden Mehrwert enthält, also einen **eigenständigen materiellen Gehalt** durch Regelungen, die nicht im folgenden Text auftauchen.[14]

5 In der Diskussion des Konvents vom 12. Mai 2000 über die Sinnhaftigkeit und den möglichen Inhalt einer Präambel hat Roman Herzog auf das spezielle Problem hingewiesen, dass das **Schicksal der Präambel** ungeklärt sei, wenn die Charta Bestandteil des EU-Vertragswerkes werde; dies „müsste wohl zu einer Streichung der Präambel führen".[15] Eine derartige Entwicklung hätte in der Tat eine nähere Beschäftigung mit der Präambel und ihre Kommentierung weitgehend überflüssig machen können. Insofern war aber wichtig, dass die Vorentscheidungen im 2. Konvent (Verfassungskonvent) im Oktober 2002 eine andere Richtung genommen haben. In den Abschlusssitzungen der Arbeitsgruppe II[16] haben u.a. die Delegierten, die bereits dem 1. Konvent angehört und an der Ausarbeitung der Präambel mitgewirkt hatten,[17] mit Nachdruck darauf hingewiesen, dass die Chartapräambel sich inhaltlich durchaus als Präambel einer künftigen Europäischen Verfassung eigne und es nicht sinnvoll sei, die in ihr enthaltenen Kompromisse wieder „aufzuschnüren" und den 2. Konvent, ganz abgesehen von seiner ohnehin umfangreichen und andersartigen Aufgabenstellung, zum Zensor der Arbeit des 1. Konvents zu machen. Das führte zu folgender Empfehlung im Schlussbericht der Arbeitsgruppe:[18]

„Die Präambel der Charta stellt nach Ansicht der Gruppe ein entscheidendes Element des allgemeinen Konsenses dar, der beim vorherigen Konvent über die Charta erzielt wurde. Die Gruppe empfiehlt daher, dieses Element auf alle Fälle im künftigen Rahmen eines Verfassungsvertrags beizubehalten. Die Gruppe erinnert auch daran, dass die Präambel der Charta Aussagen über das grundlegende Wesen der Union enthält, die weit über den Bereich der Grundrechte hinausgehen. Wie im Falle der gesamten Charta wird auch die konkrete Form der von der Gruppe empfohlenen „Einbeziehung der Präambel der Charta" in das Vertragswerk von der Gesamtstruktur des Vertrags abhängen, die vom Plenum festzulegen ist. Sollten also die Charta-Artikel direkt in den Verfassungsvertrag aufgenommen werden, sollte die Präambel der Charta als Präambel des Verfassungsvertrags verwendet werden. Wird die Charta hingegen als eigener Teil in den Verfassungsvertrag einbezogen oder stellt sie einen eigenen rechtsverbindlichen Rechtstext (z.B. in Form eines Protokolls) innerhalb des Verfassungsgefüges der Union dar, so könnte die Präambel der Charta unverändert mit dem übrigen Text der Charta verbunden bleiben; dies würde den Konvent natürlich nicht daran hindern, die Bestandteile der Charta-Präambel, die von allgemeiner Bedeutung sind, für die Abfassung der neuen Vertragspräambel heranzuziehen."

Nachdem diese Empfehlung im Schlussbericht der Arbeitsgruppe vom Konventsplenum in der Sitzung vom 28./29. Oktober 2002 zustimmend entgegengenommen worden war, stand praktisch fest, dass die vom Herzog-Konvent erarbeitete Präambel im Wesentlichen Bestand haben und allenfalls durch zusätzliche Elemente aus den Beratungen des Giscard-Konvents ergänzt werden würde.[19]

---

14 Zutreffend *Busse*, EuGRZ 2002, 573 (zur Präambel der Charta bejahend für die Grundsätze der Demokratie und der Rechtsstaatlichkeit).

15 Vgl. *Bernsdorff/Borowsky*, Protokolle, S. 245.

16 Vgl. dazu auch die Hinweise im zweiten Absatz des Vorwortes zur ersten Auflage.

17 Die Delegierten *Fayot* (LUX), *Meyer* (D) und *Vitorino* (Kommission).

18 CONV 354/02, WG II 16 vom 22.10.2002, S. 9.

19 Die von *Schröder*, JZ 2002, 849 ff., geforderte Überarbeitung der Charta einschließlich der Präambel war also nicht möglich, was allerdings die von *Schröder* geforderte Diskussion des "von der Charta errichteten Wertesystems" und dessen Akzeptanz keineswegs überflüssig macht. Zur Europäischen Union als „Rechts- und Wertegemeinschaft" vgl. *Kotzur*, in: Chemnitzer Europastudien 7, S. 187 ff.; *Meyer*, in: Burkhardt, S. 177–183; *Blumenwitz/Gornig/Murswiek/Rensmann*, Wertege-

Die praktisch wichtigste Funktion der Präambel dürfte darin bestehen, dass sie eine **Auslegungshilfe** für den nachfolgenden Text ist.[20] Sie benennt nicht nur Prinzipien, die der Konkretisierung und Aktualisierung bedürfen, sondern formuliert einen „übergeordneten Sinnzusammenhang", in dessen Rahmen die Einzelverbürgungen zu stellen sind; deshalb kann sich nicht zuletzt die **teleologische Auslegung** auf die in der Präambel genannten Ziele und Motive stützen.[21] Nach Art. 31 Nr. 2 der Wiener Vertragsrechtskonvention vom 23.5.1969 ist die Präambel bei der Auslegung völkerrechtlicher Verträge maßgeblich zu berücksichtigen.[22] Auch im deutschen Recht hat das Bundesverfassungsgericht Präambeln mehrfach als Teil von Rechtstexten zu deren Auslegung herangezogen.[23] 6

Es versteht sich von selbst, dass die praktische Bedeutung der Chartapräambel mit der **Rechtsverbindlichkeit der Grundrechtecharta** deutlich zugenommen hat, eine Entwicklung, die an sich schon vor dem 2. Konvent absehbar war, nachdem die Generalanwälte und das Straßburger Gericht erster Instanz sich in zahlreichen Rechtssachen auf die Charta bezogen hatten und nachdem sich die Auffassung immer mehr durchgesetzt hatte, dass die Charta als acquis communautaire bei den Beitrittsverhandlungen im Rahmen der Erweiterung der EU zu berücksichtigen sei.[24] Die Kommission hat auf das Inkrafttreten des Vertrages von Lissabon und damit auch der Grundrechtecharta am 1.12.2009 mit einer an die EU-Organe gerichteten Mitteilung zur Grundrechtsstrategie der Union reagiert.[25] Sie enthält eine bereits bei den Rechtsetzungsentwürfen der Kommissionsdienststellen zu beachtende Grundrechte-Checkliste.[26]

In seiner Grundsatzentscheidung vom 14.3.2012[27] hat der **Österreichische Verfassungsgerichtshof** festgestellt, dass seine bis zum 1.12.2009 geltende Rechtsprechung, wonach „das Unionsrecht (früher Gemeinschaftsrecht) keinen Maßstab für seine Rechtskontrolle"[28] bildete, nicht fortgeführt werden kann: „Diese zum Recht der Europäischen Union vor dem

---

meinschaft EU, S. 49–72 und *Blumenwitz/Gornig/Murswiek/Schmitz*, Wertegemeinschaft EU, S. 73–97 mwN.

20 Vgl. *Kotzur*, Theorieelemente, S. 105–109, mwN; *Levade*, in: Burgorgue-Larsen/Levade/Picod, Traité, S. 3; *Otoo*, S. 151 ff., 228; Pechstein/Nowak/Häde/Nowak, Frankfurter Kommentar, Präambel GRC, C, Rn. 27–29, S. 992ff.; *Streinz/Streinz*, EUV/AEUV, GR-Charta Präambel, Rn. 6; ferner *Dorf*, Zur Interpretation der Grundrechtecharta, JZ 2005, 126–132; *Rengeling/Szczekalla*, Grundrechte in der Europäischen Union, S. 13 ff. (Rn. 28, 31 bis 34), auch zur Funktion der "(auch normativen) Selbstvergewisserung des Gemeinwesens".

21 Vgl. *Kotzur*, a.a.O.; *Streinz/Streinz*, EUV/AEUV, GR-Charta Präambel, Rn. 5; *Tettinger/Stern*, Europäische Grundrechte-Charta, Präambel A, S. 231 (Rn. 16 f.); allgemein zur teleologischen Methode bei der Auslegung von Gemeinschaftsrecht *Oppermann/Classen/Nettesheim*, EuR, § 9, Rn. 176–181.

22 Vgl. *Canor*, S. 97 mwN.

23 Vgl. BVerfGE 36, 1 (17 f.) und 63, 343 f. (370) zur Auslegung des Grundgesetzes; BVerfGE 94, 297 ff. (313 ff.) zur "Gemeinsamen Erklärung" zum Einigungsvertrag vom 15.6.1990 zur Regelung offener Vermögensfragen. Zur „relativen" oder „abgestuften Normativität" von Präambelbestimmungen vgl. *Kotzur*, in: Chemnitzer Europastudien 7, S. 189 f.

24 Vgl. *Iber*, ZEuS 2002, 483–505; *Meyer*, in: Eser/Rabenstein, Neighbours in Law, 2001, S. 200 f.; zur Berücksichtigung der Charta durch Generalanwälte und EuG vgl. die Nachweise bei *Rengeling/Szczekalla*, Grundrechte in der Europäischen Uniom, S. 19 f. (Rn. 34), ferner a. a. O., S. 28 (Rn. 50) zur Berücksichtigung durch den Europäischen Gerichtshof für Menschenrechte und S. 30 (Rn. 54 und 55) zur tatsächlichen "Selbstbindung" von Kommission und Rat durch die "feierliche Proklamation" der Charta und zur Möglichkeit von sich entwickelndem Gewohnheitsrecht.

25 KOM (2010), 573 v. 19.10.2010, Strategie zur wirksamen Umsetzung der Grundrechte durch die Europäische Union.

26 Näher dazu *Wehlau/Lutzhöft*, EuZW 2012, 45–50.

27 Beschwerdesachen Fengije S. und Jie Z., VfGH-U 466/11–18 und U 1836/11–13, abgedruckt im 77. Band der Entscheidungssammlung VerfGH: VfFlg. 19632/2012.

28 Vgl. aaO, Rn. 24, mwN.

Inkrafttreten des Vertrages von Lissabon ergangene Rechtsprechung kann nicht auf die Grundrechte-Charta übertragen werden."[29] Zwar sei der Grundrechtsschutz „im Rahmen der allgemeinen Rechtsgrundsätze" schon früher für alle Organe, die Entscheidungen im Anwendungsbereich des Unionsrechts trafen, „beachtlich" gewesen. „Die Geltung eines detaillierten Katalogs von Rechten und Pflichten, wie ihn die Grundrechte-Charta enthält, ist aber nicht mit der Herleitung von Rechtspositionen aus allgemeinen Rechtsgrundsätzen vergleichbar. Die von der Grundrechts-Charta garantierten Rechte sind daher als verfassungsgesetzlich gewährleistete Rechte Prüfungsmaßstab in Verfahren vor dem Verfassungsgerichtshof."[30] An dieser Stelle kann nicht auf die für das Asylverfahren von zwei Flüchtlingen aus der Republik China relevanten Chartaartikel 51 Abs.I (Durchführung des Rechts der Europäischen Union), 18 (Asylrecht) und 47 Abs. II (ua Recht auf öffentliche Gerichtsverhandlung) näher eingegangen werden.[31] Es ist aber sicher davon auszugehen, dass die grundsätzlichen Erwägungen des VerfGH über Österreich hinaus auch die Verfassungsrechtsprechung anderer Mitgliedstaaten der EU beeinflussen werden. Dabei ist bedeutsam, dass das Wiener Gericht seine Entscheidung auch ausdrücklich auf die Präambel der Grundrechte-Charta stützt.[32] Allerdings sollte man sich auch angesichts dieser erfreulichen Entwicklung vor Überzeichnungen hüten. Zwar dürfte die Charta zur rechtlich verbindlichen Formulierung einer **Europäischen Werteordnung**[33] werden, deren Quintessenz in der Präambel zusammengefasst ist. Das rechtfertigt es aber nicht, die Präambel als Versuch zu bewerten, „erstmals das Europäische Menschenbild zu formulieren".[34] Denn, ganz abgesehen von der noch zu leistenden Auslegung des Begriffes des „geistig-religiösen und sittlichen Erbes" (→ Rn. 32), macht die Präambel selbstverständlich keine Aussage zu dem klassischen Menschenbildproblem der Willensfreiheit, also zu Determinismus oder Indeterminismus. Und der Gesetz- oder Verfassunggeber würde seine Grenzen überschreiten, wenn er versuchen wollte, „letzte Fragen" durch einen verbindlichen Machtspruch zu beantworten.

Jedoch ist mit der Grundrechtecharta in der Geschichte der Europäischen Verträge, beginnend mit dem EGKS-Vertrag 1951 (Bekenntnis zum Grundwert Frieden nach dem Schrecken zweier Weltkriege) und fortgeführt vor allem durch den EU-Vertrag 1992 (Bekenntnis zu vielen Grundwerten wie z.B. Freiheit, Demokratie, Gleichheit, Rechtsstaatlichkeit), ein Qualitätssprung in der **Entwicklung der Europäischen Union als Wertegemeinschaft** erreicht worden. Die gemeinsame Werteordnung und die daraus abgeleiteten Grundrechte wurden erstmals Inhalt einer vollständigen Kodifizierung. Die systematische Grundstruktur der Charta verdeutlicht das Zusammenwirken von Grundwerten (Titelüberschriften „Würde des Menschen", „Freiheiten" usw.) und Grundrechten. So wird insbesondere der Grundwert „Solidarität" in 12 Artikeln (Art. 27–38) ausdifferenziert und konkretisiert, und das „Muttergrundrecht" der Unantastbarkeit der Menschenwürde wird als oberster

29 Vgl. aaO, Rn. 25.
30 Vgl. aaO, Rn. 38.
31 Vgl. dazu unten die Kommentierung zu Art. 51, 18 und 47 GRC.
32 Vgl. aaO, Rn. 30; dazu unten die Kommentierung von Abs. V, S. 1 der Präambel, Rn. 45.
33 *Ola Zetterquist*, in: Di Federico, The EU Charter, S. 3, bezeichnet die Charta als „the first Bill of Rights developed explicitly for the European Union"; zur Notwendigkeit eines europäischen Grundrechtekataloges überzeugend *Rengeling*, Grundrechtsschutz, S. 168 ff.
34 So aber *Altmaier*, ZG 2001, 195 f., 207 f.; treffender *Leinen*, in: Heusel (Hrsg.), Grundrechtecharta, S. 51 ff.: „Visitenkarte für das europäischen Gesellschaftsmodell.".

Wert der EU anerkannt. Damit wird das Bekenntnis zur **Wertegemeinschaft** vom Begleitmotiv zum **Leitmotiv der Europäischen Union.**[35]

7 Wie andere Präambeln enthält auch die Chartapräambel Passagen, die weniger rechtliche als **politisch-programmatische Bedeutung** haben. Das muss ihrer Bedeutung als Zukunftsentwurf keinen Abbruch tun. Die einleitende Berufung auf „die Völker Europas" erinnert an das klassische „We the People" der US-Bundesverfassung von 1787, und das ist auch gewollt (dazu auch unten III, Rn. 26 ff., Kommentierung von Absatz I der Präambel). Begriffe wie „gemeinsame Werte und Beachtung der Vielfalt der Kulturen und Traditionen der Völker Europas" lassen sich in ihrer Sinnfülle wohl nur mit den Arbeitsmethoden der Kulturwissenschaften erschließen.[36] Mit dem Idealbild eines **Zukunftsentwurfes** verbindet sich nicht nur ein ethischer Anspruch, sondern dahinter stehen auch Hoffnungen, Wünsche und Utopien. Das Ideal tritt in ein Spannungsverhältnis zur als defizitär empfundenen Gegenwart und gibt ihr die Maßstäbe einer guten und möglicherweise nie ganz erreichbaren Ordnung vor.[37]

8 Wenn es zutrifft, dass die Grundrechtecharta nicht zuletzt durch ihre Sprache und inhaltliche Grundierung als „besonders geglückt, konzentriert und reichhaltig" zu bewerten ist,[38] so gilt das sicher in besonderem Maße für die Präambel, die vielleicht sogar zur Grundlage eines **„europäischen Verfassungspatriotismus"** werden könnte.[39] Die Allgemeinverständlichkeit der Sprache ist vor allem auf die **Konventsmethode** zurückzuführen, die durch die Öffentlichkeit der Konventssitzungen und durch einen steten kommunikativen Austausch zwischen den Delegierten des Konvents, mehrheitlich Parlamentariern, und der Zivilgesellschaft einerseits und dem Präsidium des Konvents andererseits gekennzeichnet ist.[40] So konnten keine schon durch ihre Sprache schwer verständlichen Texte etwa nach Art des Vertrages von Nizza entstehen. Die positiven Erfahrungen mit der Konventsidee haben maßgeblich dazu beigetragen, dass der Europäische Rat in Laeken sich im Dezember 2001 für die Einberufung eines zweiten Konvents zur Zukunft Europas entschieden hat. Von den 62 Delegierten des Herzog- Konvents gehörten 16 wiederum dem insgesamt 105 Delegierte aus 28 Ländern umfassenden Giscard-Konvent an.[41] Ihre Aufgabe war es nicht zuletzt, die Erfahrungen des 1. Konvents im 2. Konvent lebendig zu erhalten. Nach der erfolgreichen

---

35 Näher dazu *Meyer*, in: Burkhardt ua (Hrsg.), Scripta amicitiae, S. 177–183 („Vom Begleitmotiv zum Leitmotiv: Die Europäische Union als Wertegemeinschaft").

36 *Häberle/Kotzur*, Eur. Verfassungslehre, S. 528 ff., Rn. 794–800.

37 *Kotzur*, Theorieelemente, S. 114 f.

38 *Häberle/Kotzur*, Eur. Verfassungslehre, S. 530, Rn. 796.

39 Vgl. *Häberle/Kotzur*, Eur. Verfassungslehre, S. 533, Rn. 805; eher kritisch zu einem „höchst unspezifischen und unkonkreten postnationalen Internationalismus von Menschenrechten und Demokratie" *Dreier*, in: Rechtswissenschaft 2010, S. 32–34 m.w.N.

40 Vgl. zur Konventsmethode z.B. *Badura*, in: Schwarze (Hrsg.), Verfassungsentwurf, S. 439 ff.; *Beyer*, Der Konvent; *Borowsky*, DRiZ 2001, 275 ff., 277 f.; *Bossi*, in: Weidenfeld, 2001, S. 203 ff., 212–219; *Brok*, Der Konvent, integration 4/03, 338 ff.; *Dix*, integration 1/2001, 34 ff., 38–41; *Ehlers/Walter*, Grundrechte, § 1, 37; *Einem*, in: Derra, FS Meyer, S. 27 ff.; *Göler*, integration 2/2002, S. 99–103; *Göler/Marhold*, Die Konventsmethode, integration 4/03, 317 ff.; *Haltern*, Europarecht, S. 552 ff.; *Hölscheidt*, Auf dem Weg zur Europäischen Verfassung, S. 104–106; *Hummer*, EU-Grundrechtecharta, S. 37–45; *Ladenburger*, in: Schwarze (Hrsg.), Verfassungsentwurf, S. 397 ff.; *Landfried*, Das politische Europa, S. 280–303; *Leinen/Schönlau*, integration 1/2001, 26–30; *Maurer/Göler*, Die Konventsmethode; *Meyer/Hartleif*, ZParl. 2002, 368–376; *Sacerdoti*, The European Charter, The Columbia Journal of European Law 8/1/2002, p. 37 ff. (41 f.); *Schwarze/Knecht*, Präambel GRC, Rn. 10; *Tettinger/Stern/Bierr*, Europäische Grundrechte-Charta, B I 6 ff., 20; *Wessels*, integration 2/2002, S. 83–98.

41 Neben dem Vizepräsidenten *Dehaene* (B) und Kommissar *Vitorino* handelt es sich um die Europaabgeordneten *Bonde* (DK), *Duff* (GB), *Kaufmann* (D), *Kirkhope* (GB), *Maij-Weggen* (NL), *Méndez de*

Arbeit der beiden Konvente sieht Art. 48 Abs. 3 EUV nunmehr für das künftige ordentliche Verfahren der Vertragsänderung grundsätzlich die Einberufung eines Konvents „von Vertretern der nationalen Parlamente, der Staats- und Regierungschefs der Mitgliedstaaten, des Europäischen Parlaments und der Kommission" vor.

I. Vorgaben

9 Wichtigste Vorgabe für die Ausarbeitung der Präambel und für ihr Verständnis ist der auf sie folgende Verfassungstext. Das ergibt sich aus ihrer **Zusammenfassungsfunktion** (→ Rn. 4). Das mag auch der Grund sein, warum das Präsidium des Konvents der Präambel im Unterschied zu den 54 Artikeln der Grundrechtecharta keine „Erläuterungen" beigefügt hat: Während sich wesentliche Vorgaben der einzelnen Artikel z.B. in der EMRK, dem EG- oder EU-Vertrag (i.d.F. des Vertrages von Nizza) und in der Europäischen Sozialcharta nachweisen lassen, sollte die im letzten Drittel der Konventsberatungen entstandene Präambel maßgeblich aus dem Chartatext selbst heraus verstanden werden. Damit ist zwar noch nicht die Frage nach einem **eigenständigen materiellen Gehalt** der Präambel beantwortet. Immerhin tauchen die in ihr (in Absatz II) genannten „Grundsätze" der **Demokratie** und der **Rechtsstaatlichkeit** später nicht wieder auf.[42] Dabei sollte aber nicht übersehen werden, dass sie in Titel V (Bürgerrechte) und VI (Justizielle Rechte) mit wesentlichen Elementen inhaltlich vorausgesetzt und konkretisiert werden. Außerdem werden sie nunmehr ausdrücklich in Art. 2 EUV als „Werte" genannt, „auf die sich die Union gründet".[43]

10 Im Übrigen hatte sich der Konvent auch bei der Präambel an den Rahmen zu halten, der ihm durch das **Kölner Mandat** vorgegeben war. In den Schlussfolgerungen des Vorsitzes des Europäischen Rates in Köln vom 3. und 4. Juni 1999 heißt es dazu in dem als Anlage IV beigefügten Beschluss:

„Die Wahrung der Grundrechte ist ein Gründungsprinzip der Europäischen Union und unerlässliche Voraussetzung für ihre Legitimität. Die Verpflichtung der Union zur Achtung der Grundrechte hat der Europäische Gerichtshof in seiner Rechtsprechung bestätigt und ausgeformt. Im gegenwärtigen Entwicklungsstand der Union ist es erforderlich, eine Charta dieser Rechte zu erstellen, um die überragende Bedeutung der Grundrechte und ihre Tragweite für die Unionsbürger sichtbar zu verankern.

Nach Auffassung des Europäischen Rates soll diese Charta die Freiheits- und Gleichheitsrechte sowie die Verfahrensgrundrechte umfassen, wie sie in der Europäischen Konvention zum Schutz der Menschenrechte und Grundfreiheiten gewährleistet sind und wie sie sich aus den gemeinsamen Verfassungsüberlieferungen der Mitgliedstaaten als allgemeine Grundsätze des Gemeinschaftsrechts ergeben. Die Charta soll weiterhin die Grundrechte enthalten, die nur den Unionsbürgern zustehen. Bei der Ausarbeitung der Charta sind ferner wirtschaftliche und soziale Rechte zu berücksichtigen, wie sie in der Europäischen Sozialcharta und in der Gemeinschaftscharta der sozialen Grundrechte der Arbeitnehmer enthalten sind (Artikel 136 EGV), soweit sie nicht nur Ziele für das Handeln der Union begründen."

Vigo (E) und *Voggenhuber* (A) sowie die nationalen Abgeordneten *Azevedo* (P), *Cisneros* (E), *De Gucht* (B), *Einem* (A), *Fayot* (LUX), *Haenel* (F) und *Meyer* (D).

42 Vgl. dazu *Busse*, EuGRZ 2002, 573; *Tettinger/Stern*, Präambel A, S. 231 (Rn. 15).

43 Vgl. dazu *Schwarze*, EU, Art. 2 EUV, Rn. 1; zu Art. 2 EUV als (teilweiser) Nachfolgenorm zu Art. 6 EUV-Nizza vgl. auch *Heintschel von Heinegg*, in: Vedder/Heintschel von Heinegg, Unionsrecht, Art. 2 EUV, Rn. 2 ff.

Eine wichtige Quelle zur Ermittlung der im Kölner Mandat sowie in Art. 6 Abs. 2 EUV[44] genannten **allgemeinen Grundsätze des Gemeinschaftsrechts** sind neben der Rechtsprechung des Europäischen Gerichtshofs[45] vor allem dann, wenn es um die Erarbeitung einer Präambel und ihre Auslegung geht, die bereits vorliegenden Präambeln insbesondere des EUV sowie des Internationalen Paktes über bürgerliche und politische Rechte. Ein **Präambelvergleich,** der im Rahmen eines Kommentars nur fragmentarisch möglich ist, führt zu der Erkenntnis, dass die vorliegenden völkerrechtlichen Präambeln begrifflich und strukturell ein hohes Maß an – bei der Erarbeitung mitunter unbewussten – Übereinstimmungen aufweisen, was für das zugrunde liegende Vorverständnis und die spätere Interpretation von entscheidender Bedeutung sein kann.[46] Das europäische Präambelrecht erweist sich vielfach als „in Inhalten und Formen besonders konkordant, ja osmotisch".[47] 11

Die im Kölner Mandat ebenso wie in Art. 6 EUV genannten **gemeinsamen Verfassungsüberlieferungen der Mitgliedstaaten** sind in mehrfacher Hinsicht eine besonders wichtige Vorgabe für die Ausarbeitung und das Verständnis der Chartapräambel.[48] 12

Die „gemeinsame Verfassungsüberlieferung" wurde zum Ausgangspunkt für die Begründung vieler Anträge, die sich im Verlauf der Konventsberatungen durchsetzen konnten. Ein Antrag, der sich nur auf die jeweils eigene Verfassung eines Delegierten stützte, hatte von vornherein geringere Chancen als **Anträge mit verfassungsvergleichender Begründung** und dem damit einhergehenden Versuch nachzuweisen, dass die vorgeschlagene Regelung bereits Inhalt einer schon entstandenen oder sich zumindest entwickelnden gemeinsamen Verfassungsüberlieferung sei.[49] Sinnfälliger Ausdruck eines derartigen Argumentationsansatzes waren Anträge, die von mehreren Delegierten unterschiedlicher Rechtskreise gemeinsam gestellt wurden.[50] Das gilt auch für Anträge zur Präambel, etwa auf Aufnahme des Grundwertes „Solidarität" (Abs. II).[51]

Daraus folgt, dass die **Rechtsvergleichung als „fünfte" Auslegungsmethode**[52] allein schon aufgrund der mit der **Konventsmethode** (→ Rn. 8) verbundenen Entstehung der Charta für ihre Interpretation unverzichtbar ist. Nicht zuletzt führt ein Vergleich der **Präambeln der nationalen Verfassungen** zu einem tieferen Verständnis des kulturellen Kontextes und des 13

44 I.d.F. des Vertrages von Nizza, nunmehr Art. 6 Abs. 3 EUV.

45 Vgl. *GSH/Beutler,* EU, Art. 6 EUV, Rn. 4 f.; *Pechstein/Nowak/Häde/Pache*, Frankfurter Kommentar, S. 277 f., Rn. 43 und 44; *Streinz/Streinz*, EUV/AEUV, Art. 6 EUV, Rn. 24; je mwN.

46 Vgl. *Kotzur*, Theorieelemente, S. 60 ff.; zum Vergleich der Präambeln von EU- und EG-Vertrag sowie der Grundrechtecharta vgl. auch *Pernice*, in: Curtin/Griller/Perchal/de Witte, 2003, S. 2 ff., 16, mit dem Vorschlag, aus dem Vertrag von Nizza der Präambel lediglich den Gedanken hinzuzufügen, dass der Verfassungsvertrag auf dem Ende der Teilung des europäischen Kontinents aufbaut und eine neue Ordnung der Zusammenarbeit und fortdauernden Verständnisses der Bürger in einer erweiterten und enger zusammenwachsenden Europäischen Union zu begründen sucht (a.a.O., S. 14).

47 *Häberle/Kotzur,* Eur. Verfassungslehre, S. 518 ff., Rn. 780 ff.

48 Sehr instruktiv die von Tettinger/Stern mit einem Team von 15 Autoren vorgelegte Erläuterung der Verfassungen von 14 ausgewählten EU-Mitgliedstaaten als „Grundlagen der gemeinsamen Verfassungsüberlieferungen", s. Tettinger/Stern, Europäische Grundrechtecharta, S. 1–186.

49 Vgl. zu diesem Argumentationsmuster *Meyer/Engels*, ZRP 2000, 368 f.

50 Als Beispiel mag das "*Braibant/Meyer*-Papier" in Dokument CHARTE 4401/00 CONTRIB 258 zu Kapitel IV der Charta dienen; vgl. dazu *Bernsdorff/Borowsky*, Protokolle, S. 319–322 und 330, sowie *Meyer/Engels*, Charta der Grundrechte S. 7 ff., 25–29.

51 Vgl. dazu unten II.

52 *Häberle*, Verfassungslehre als Kulturwissenschaft, S. 164 ff., 463 f. und passim; *Tettinger/Stern/Weber*, Europäische Grundrechtecharta, S. 221 und 224.

Inhalts der Chartapräambel.[53] Allerdings stößt ein auf die Präambel beschränkter Verfassungsvergleich an natürliche Grenzen, weil etwa die Hälfte der inzwischen 27 EU-Mitgliedstaaten entweder auf eine der Verfassung vorangestellte Präambel ganz verzichtet[54] oder lediglich die für die Verfassung verantwortlichen Autoritäten vorangestellt hat.[55] Bemerkenswert ist immerhin, dass in fast allen vorliegenden **Präambeln** neben dem **Selbstbestimmungsrecht** des Volkes die Werte **Freiheit, Gerechtigkeit** und **Frieden** besonders betont werden.[56]

Dabei ist zu bedenken, dass sich die Europäische Union im Zeitpunkt der Aufnahme der Charta nebst Präambel in den Entwurf des Vertrages über eine Verfassung für Europa (EurVerf) um 10 neue Mitgliedstaaten erweitert hatte (Beitritt mit Wirkung zum 1.5.2004 vor der Einigung des Europäischen Rates über den Entwurf des Verfassungsvertrages am 17./18.6. in Brüssel und der Unterzeichnung am 29.10.2004 in Rom) und inzwischen mit **Bulgarien, Rumänien** und **Kroatien** 28 (nach dem Brexit nur noch 27) Mitgliedstaaten umfasst. Die Feststellung der gemeinsamen Verfassungsüberlieferungen der Mitgliedstaaten muss also nach der **Erweiterung der EU** auch die Verfassungen aller neuen Mitgliedsländer einbeziehen, die durch ihre Delegierten bereits im 2. Konvent als faktisch gleichberechtigte Vertreter der Bewerberländer[57] teilgenommen und über den Vorschlag, die Charta rechtsverbindlich zu machen, mit entschieden haben. Die Berücksichtigung der Verfassungen der neuen Mitgliedstaaten (und der jeweiligen Präambeln) eröffnet neue Perspektiven.[58] So könnte das Verständnis des „geistig-religiösen und sittlichen Erbes" in der deutschen Fassung der Präambel (Abs. II) durchaus durch den Gedanken der Präambel der polnischen Verfassung von 1997 bereichert werden, wonach Polen sowohl religiös gebundenen wie anderen Mitbürgern eine Heimat sein soll.[59]

53 Zur wechselseitigen Beeinflussung von nationalem und europäischem Verfassungsrecht vgl. auch *Schwarze*, Basler Juristische Mitteilungen 5/2001, 209 ff.

54 Belgien, Bulgarien, Finnland, Italien, Luxemburg, Malta, Niederlande, Österreich, Rumänien, Schweden und Zypern.

55 Dänemark (König, Reichstag und Volk mit Volksabstimmung) und Lettland (Volk durch freigewählte konstituierende Versammlung); zum Sonderfall Großbritannien vgl. den Human Rights Act 1998 und dazu *Tettinger/Stern/Horspool*, Europäische Grundrechte-Charta, S. 54 ff.

56 Das gilt auch für die am 1.7.2013 der EU beigetretenen Republik Kroatien, deren Verfassung vom 16.6.2010 in Abschnitt I die historischen Grundlagen seit der Gründung der kroatischen Fürstentümer im 7. Jahrhundert aufzählt und feststellt, dass die Republik Kroatien nach dem Heimatkrieg 1991–1995 aus freien Wahlen als souveräner und demokratischer Staat hervorgegangen ist. In diesem werden ua Gleichberechtigung, Freiheiten und Rechte der Menschen und Staatsbürger garantiert. In Abschnitt II, Artikel 3, folgt ua das Bekenntnis zur Friedfertigkeit als einem der höchsten Werte der Verfassungsordnung.

57 Der Ausschluss des Stimmrechts für die 39 Delegierten aus 13 Bewerberländern durch die Schlussfolgerungen von Laeken vom 14./15. Dezember 2001 für den Fall, dass sonst kein Konsens zustande käme, blieb rein theoretischer Natur. Denn der Verfassungskonvent hat darauf geachtet, dass die Delegierten aus den Bewerberländern in der Beratungspraxis gleich behandelt wurden. Sie hatten das Recht, im Plenum in ihrer Muttersprache zu reden, und sie waren durch einen von ihnen ausgewählten Delegierten (*Alojz Peterle*, Slowenien) im Präsidium vertreten.

58 Vgl. *Häberle/Kotzur*, Eur. Verfassungslehre, S. 534, Rn. 807.

59 Sowohl für „diejenigen, die an Gott als die Quelle der Wahrheit, Gerechtigkeit, des Guten und des Schönen glauben, als auch diejenigen, die diesen Glauben nicht teilen, sondern diese universellen Werte aus anderen Quellen ableiten". Vgl. zu entsprechenden Vorschlägen schon in der Diskussion des Herzog-Konvents unten II. Zur Kommentierung von Abs. II der Präambel unter Berücksichtigung der dem EUV vorangestellten Präambel s. unten III, Rn. 32 ff.

II. Diskussion im Grundrechtekonvent

Die folgende Schilderung der Präambeldiskussion im Grundrechtekonvent ist unvermeidbar skizzenhaft. Sie stützt sich im Wesentlichen auf den Protokollband von *Bernsdorff/Borowsky*. Zur Ergänzung empfiehlt es sich, die Seiten 199 f., 244 ff., 349 ff., 376, 380 ff. und 385 ff. des Protokollbandes nachzulesen. Die relativ kurze Beratung im 2. Konvent (Verfassungskonvent) im Anschluss an die zustimmende Entgegennahme des Schlussberichts der Arbeitsgruppe II „Einbeziehung der Charta/Beitritt zu EMRK" (vgl. dazu das Vorwort zur ersten Auflage) wird zu den Textpassagen referiert, bei denen der Entwurf des Grundrechtekonvents noch Änderungen erfahren hat (insbesondere Abs. V der Präambel). Dasselbe gilt für die Beratungen der Regierungskonferenz. 14

Der Grundrechtekonvent war sich von Anfang an darin einig, der von ihm zu entwerfenden Charta eine **Präambel** voranzustellen. Dabei dachte man zunächst an einen kurzen und knappen, mehr „einleitenden" Text, eine „Vorrede" zur allgemeinen Orientierung. Im Laufe der Beratungen erfuhr die Präambel, die sich „mosaikartig" nach und nach aus Einzelvorschlägen zusammensetzte, allerdings einige Ausweitungen. Dies beruhte einmal darauf, dass Bestimmungen, deren Aufnahme in die Charta selbst am Widerstand einer größeren Gruppe von Delegierten scheiterte, in die Präambel „verlagert" wurden, so z.B. der „Grundsatz der Demokratie". Weiter diente die Präambel zur „Entlastung" der Charta, was etwa bei dem Hinweis auf die Verantwortlichkeiten und Pflichten (Grundpflichten als Entsprechung zu den Grundrechten) der Bürger deutlich wurde. Dabei musste der Befürchtung begegnet werden, die Präambel könnte restriktiv wirken, d.h. die Bedeutung oder Rechtswirkung der Charta einschränken. In diesem Zusammenhang war auch Versuchen entgegenzutreten, die sozialen Rechte über die Präambel zu minimieren und zu „entsorgen". Darüber hinaus lehnte es der Konvent ab, die Menschenwürde – nur – als Wert in der Präambel anzusprechen und ihr damit den Charakter eines Grundrechtes zu nehmen.

Die Präambel entstand im Wechselspiel zwischen Präsidium und Konvent. Dabei unterzogen sich mehrere Delegierte der Mühe, selbst eine vollständige Präambel zu entwerfen. Die meisten Konventsmitglieder beschränkten sich allerdings auf Einzelanregungen und konkrete Verbesserungsvorschläge und gingen dabei vom jeweiligen Textvorschlag des Präsidiums aus. Dissens zeigte sich nur selten. Im Vordergrund der Beratungen standen eher Formulierungsfragen. Eine Ausnahme war die Frage, ob man in der Präambel auf das religiöse oder – enger – christliche Erbe Europas Bezug nehmen sollte. Der damit – erst gegen Ende der Beratungen – aufflammende Streit um die „religiöse Frage" drohte gar das gesamte Chartaprojekt zum Scheitern zu bringen.

Bereits der **„Diskussionsentwurf"** in Dokument CONTRIB 2 vom 6. Januar 2000, den Meyer (D) in Anlehnung an die am 12. April 1989 vom Europäischen Parlament verabschiedete „Erklärung der Grundrechte und Grundfreiheiten" und auf der Grundlage seines 1995 veröffentlichten Diskussionsentwurfs einer „Europäischen Grundrechtecharta"[60] erstellt hatte, enthielt eine ausformulierte, knappe Präambel: „In Anerkennung der gemeinsamen Verfassungstraditionen der Mitgliedstaaten, der Europäischen Konvention zum Schutze der Menschenrechte und Grundfreiheiten sowie der übrigen dem Grundrechtsschutz innerhalb der Union dienenden internationalen Erklärungen und Vertragswerke und der durch die Rechtsprechung des Gerichtshofes der Europäischen Gemeinschaften entwickelten Grundrechte und als weiterer Schritt zur Weiterentwicklung der Europäischen Gemeinschaft mit ihrem vorrangigen Ziel der Wirtschaftsintegration hin zur politischen 15

60 Vgl. oben Vorwort zur 3. Auflage dieses Kommentars; zur Entstehungsgeschichte der Charta vgl. auch *Tettinger/Stern/Mombaur*, Europäische Grundrechte-Charta, S. 213 f. (Rn. 3–10).

Union der Bürgerinnen und Bürger, gibt sich die Europäische Union auf der Grundlage des Bekenntnisses zur parlamentarischen Demokratie, Rechtsstaatlichkeit und Sozialstaatlichkeit die folgende Europäische Grundrechtscharta."

Einzelne Elemente dieses ersten Entwurfs (die Hervorhebung der gemeinsamen Verfassungstradition sowie der übrigen in Art. 6 EUV und im **Kölner Mandat** genannten Grundlagen, das Ziel der engeren – politischen – Union, das Bekenntnis zu Demokratie und Rechtstaatlichkeit) finden sich in der Schlussfassung der Präambel wieder.

Der Gedanke einer Präambel war im Verlauf der folgenden Diskussionen stets präsent, was auch die Eingaben aus der **Zivilgesellschaft** deutlich machten. So enthielt etwa der Chartaentwurf des Ständigen Forums der Zivilgesellschaft (Dokument CONTRIB 4 vom 20. Januar 2000) eine ausformulierte Präambel.

16 Was den Inhalt der avisierten Präambel betraf, nahm die Diskussion ihren Ausgang beim **Grundsatz der Demokratie**. Dieser Grundsatz sollte ursprünglich in der Charta selbst seinen Platz finden, wurde dann aber auf zahlreichen Widerspruch hin in die Präambel „verlagert". Mit Dokument CONVENT 17 vom 20. März 2000 unterbreitete das Präsidium seine Vorschläge zu den „Bürgerrechten". Artikel A enthielt nun folgenden „Grundsatz der Demokratie":

„1. Alle öffentliche Gewalt geht vom Volk aus. 2. Die Union und ihre Organe beruhen auf den Grundsätzen der Freiheit, der Demokratie, der Achtung der Menschenrechte und der Rechtsstaatlichkeit; diese Grundsätze sind allen Mitgliedstaaten gemeinsam. 3. Die Abgeordneten der Völker der in der Gemeinschaft (Union) vereinigten Staaten im Europäischen Parlament werden in allgemeiner, unmittelbarer, freier und geheimer Wahl gewählt."

Ein beigefügter „Kommentar" führte zu diesem Artikel unter anderem aus: „Absatz 1 enthält den Grundsatz der Demokratie, den der Gerichtshof insbesondere in seinem Urteil vom 29. Oktober 1980, Roquette frères/Rat, Rechtssache 138/79, Slg. S. 3333 festgeschrieben hat. Aus der Tatsache, daß alle öffentliche Gewalt vom Volk ausgeht, ergibt sich jedoch keineswegs, daß jede öffentliche Behörde gewählt sein muß, sie muß jedoch von einem Organ ernannt oder eingesetzt werden, das demokratischen Ursprungs ist. Absatz 2 gibt Artikel 6 Absatz 1 EUV wieder".

Auf der folgenden – sechsten – Konventssitzung am 27./28. März 2000 bestand weitgehend Einigkeit darüber, dass Artikel A – jedenfalls in seinen Absätzen 1 und 2 – nicht ein Grundrecht, sondern das **Verfassungsprinzip Demokratie** enthalte.[61]

Das Präsidium fasste den Diskussionsstand in Dokument CONVENT 28 vom 5. Mai 2000 dahingehend zusammen, dass der **Grundsatz der Demokratie** in der Charta gestrichen werde. Die angesichts der geschilderten Diskussion nicht ganz korrekte „Begründung" lautete: „In der Folge der Arbeiten des Konvents wurde beschlossen, die folgenden Elemente in die Präambel aufzunehmen: (1) Alle öffentliche Gewalt geht vom Volk aus. (2) Die Union und ihre Organe beruhen auf den Grundsätzen der Freiheit, der Demokratie, der Achtung der Menschenrechte und der Rechtsstaatlichkeit; diese Grundsätze sind allen Mitgliedstaaten gemeinsam."

17 Die folgende – zehnte – Konventssitzung am 11./12. Mai 2000 war ausdrücklich auch einem „Gedankenaustausch" über die **Präambel** und die **Struktur der Charta** gewidmet. Es

61 Zur Diskussion im Einzelnen siehe *Bernsdorff/Borowsky*, Protokolle, S. 199 f.

fand eine konstruktive und belebende Diskussion statt, bei der sich nahezu alle **Redner für eine Präambel** aussprachen.[62]

Ein Fragezeichen setzten lediglich *Duff* (GB), *Brauneder* (A) und *Voggenhuber* (A). *Duff* (GB) und *Brauneder* (A) zogen in Zweifel, ob überhaupt eine Präambel benötigt werde. Schließlich sollte die Charta so klar und deutlich formuliert sein, dass sie für sich selbst spreche. Wenn überhaupt, käme nur eine kurze und straffe Präambel in Betracht. *Voggenhuber* (A), der sich gegen das „Beschwörungsritual" einer Präambel wandte, sah – unterstützt von *Neisser* (A) – vor allem mit Blick auf die sozialen Rechte die Gefahr, dass die Präambel zu einer Abschwächung oder Relativierung der nachfolgenden Rechte instrumentalisiert werden könnte.

Als besonderes Problem nahm insbesondere *Herzog* das künftige Schicksal der Präambel in den Blick. *Herzog* wies darauf hin, dass dieses ungeklärt sei, wenn die Charta Bestandteil des EU-Vertragswerks werde. Dies müsste wohl zu einer Streichung der Präambel führen. Daher dürften etwa Begrenzungen der Grundrechte nicht nur in der Präambel vorgesehen werden; sie müssten sich auch im Text der Charta selbst wiederfinden.

Zu Gunsten einer Präambel wurden **mannigfache Gründe** genannt: Eine Präambel entspreche der Tradition (*Neisser* (A)), bekräftige gerade jetzt die europäische Identität im Hinblick auf die Osterweiterung der Union (*Braibant* (F); ähnlich *Haenel* (F)), verdeutliche das Hauptziel des Konvents, nämlich die bestehende Lücke im Rechtsschutz gegenüber der europäischen Hoheitsgewalt zu schließen (*Goldsmith* (GB)), und sei nicht zuletzt als Signal an die gesamte Welt gerichtet, nämlich als Einsatz für den weltweiten Schutz der Menschenrechte (*Papadimitriou* (GR)). *Altmaier* (D) wollte damit die europäische Identität stärken, während *Manzella* (IT) die Präambel als Zeichen gegen die neuen Formen der Unterdrückung, der Bedrohung und Beschneidung der Persönlichkeit ansah. Die Präambel könne Europa als „einzigartiges Modell der Supranationalität" deutlich machen.

Hinsichtlich des **Umfangs** der zu erarbeitenden Präambel sprach sich die breite Mehrheit für einen **kurzen und knappen Text** aus, ein Votum, dem sich *Herzog* anschloss.

Ausführlich wandte sich die Diskussion dem möglichen **Inhalt der Präambel** zu. Bereits im 18
Vorfeld der Konventssitzung hatten die drei Delegierten *Rodotà*, *Manzella* und *Paciotti* einen eigenen italienischen Formulierungsvorschlag (Dokument CONTRIB 175 vom 17. Mai 2000) für die Präambel in italienischer und englischer Sprache unterbreitet. Dabei handelte es sich nach dem Vorschlag *Meyers* (D) um den zweiten vollständigen Präambelentwurf, der dem Konvent vorlag. Für ihren Textvorschlag hatten die drei Autoren nach eigenem Bekunden die Beiträge von zahlreichen Konventskollegen erbeten und eingearbeitet.[63]

---

62 Zur Diskussion im Einzelnen siehe *Bernsdorff/Borowsky*, Protokolle, S. 244 ff.

63 Der – im Konvent allerdings nur am Rande diskutierte – Vorschlag lautete auf Englisch:
"THE EUROPEAN UNION
– considering that the safeguard of fundamental rights is one of its founding principles and the essential premise of its legitimacy;
– taking account of the need to enshrine, in a form which is visible, readable and accessible for all citizens, the fundamental rights informing its nature and actions, in accordance with the common constitutional traditions of its member States, since such rights constitute the general principles of European Community law;
– acknowledging the need to adopt autonomously a Charter of Fundamental Rights in conformity with the development of the Union and its identity and in logical and consistent continuity with the legal and moral framework established by the European Convention for the Protection of Human Rights and the Fundamental Freedoms (Rome, 1950);

Inhaltlich drohte – erstmalig – die **„religiöse Frage"** zum **Streitpunkt** zu werden.[64] Während *Altmaier* (D), *van Dam* (NL) und *Berthu* (F) auf die christlich-abendländische Tradition verwiesen, die das spezifisch europäische Menschenbild mit präge, warnten *van den Burg* (NL) und *Loncle* (F) unter Verweis auf die Universalität und Unteilbarkeit der Grundrechte vor religiösen Bezügen in der Präambel und vor der damit verbundenen „Ausschlussgefahr". Zurückhaltung zeigten auch *Lallemand* (B) und die skandinavischen Delegierten *Cederschiöld* (S) und *Nikula* (FN).

Während die Frage religiöser und transzendenter Bezüge letztlich ungeklärt blieb, zeichnete sich in der lebhaften Diskussion ein erster **Konsens zu den Strukturprinzipien und wesentlichen Gesichtspunkten** ab, welche die Präambel enthalten sollte.[65] Tendenziell wollte man an die **Formulierung des Artikels 6 EUV** anschließen, das **Subsidiaritätsprinzip** und daran anknüpfend die **Vielfalt der nationalen Traditionen** anerkennen und bekräftigen, die **Pflichten der Bürger** ansprechen und auf **internationale Verträge zum Schutz der Menschenrechte** verweisen.

Der nächste Schritt auf dem Weg zur Präambel war Dokument CONVENT 35 vom 25. Mai 2000, das die schriftlichen Änderungsvorschläge aus der Mitte des Konvents bündelte und die Vorschläge zum **Demokratieprinzip** unter dem Stichwort „Präambel" zusammenfasste (S. 12–24).

19 In der Diskussion wurde die Forderung erhoben, als weiteren Grundsatz die **„Solidarität"** aufzunehmen. Die deutsche EP-Delegierte *Kaufmann* schlug vor, den Terminus „Solidarität" als weiteren Grundsatz in die Präambel der Charta mit aufzunehmen – in Anlehnung an die Erklärung des EP vom 12. April 1989, in deren Präambel das Solidaritätsprinzip und die Sozialstaatlichkeit festgeschrieben seien. *Meyer* (D) – dieser zur Konkretisierung des in seinem Diskussionsentwurf vom 6. Januar 2000 enthaltenen Grundsatzes der Sozialstaatlichkeit (→ Rn. 15) – schlug zusammen mit *Berès* (F), *Leinen* (D), *Martin* (A) und *van den Burg* (NL) gleichfalls vor, das Solidarprinzip – und zudem die Gleichheit – in der Präambel oder in einem gesonderten Artikel zu berücksichtigen. Dieses Prinzip sei konstituierendes Prinzip einer jeden – auch nichtstaatlichen – Gemeinschaft. In Deutschland sei es implizit im Sozialstaatsprinzip des Grundgesetzes enthalten, in Frankreich in der verfassungsgeschichtlichen Verbindung der Begriffe „Solidarité" und „Fraternité", in der spanischen Verfassung in Artikel 2 und in der polnischen Verfassung in der Präambel. Dieser – erfolgreiche – Vorstoß entsprach dem bereits mit Dokument CONTRIB 144 vom 4. Mai 2000 unterbreiteten „3-Säulen-Modell" *Meyers* (D) zur Struktur der sozialen Rechte. Als

– aware that the fundamental rights and liberties of people are an essential prerequisite in order that women and men look at its actions with confidence;
– recalling that Europe witnessed dramatic mishaps and divisions whenever the respect for rights was neglected and the dignity of the human beings was violated;
– aware of the need to combine the rich tradition of the past with the opportunities of the modern times and to create the conditions for stronger common action and the acknowledgement of the several traditions present in Europe;
– recognising that the full respect for human dignity; equality and the rejection of any discrimination; solidarity amongst individuals, generations and peoples; access to and control of the new opportunities made available by the scientific and technological progress; peaceful coexistence and the acceptance of diversity are founding principles and values;
– approving the draft Charter submitted by the Convention composed of the delegates of the Heads of State or Government, members of the European Parliament and the national Parliaments, and the representative of the European Commission;
adopts the following CHARTER OF FUNDAMENTAL RIGHTS OF THE EUROPEAN UNION."

64 Siehe zu dieser Auseinandersetzung im Einzelnen *Bernsdorff/Borowsky*, Protokolle, S. 246.
65 Siehe hierzu *Bernsdorff/Borowsky*, Protokolle, S. 246 f.

erste „Säule" sollte nämlich – entweder in der Präambel oder in einem gesonderten Artikel – der Grundsatz der „Solidarität" eingeführt werden.[66] Damit werde neben der Freiheit, der Demokratie, der Achtung der Menschenrechte und der Rechtsstaatlichkeit eine zusätzliche Werteentscheidung getroffen, die allen Mitgliedstaaten gemeinsam sei. Schließlich gab es die Anregung, die Pflichten der Bürger zu betonen. So betonte *Dehousse* (B), dass es keine Rechte ohne Pflichten gebe.

Auf der Grundlage der vorangegangenen mündlichen und schriftlichen Diskussionsbeiträge und (Teil)Entwürfe erstellte das **Präsidium** mit Dokument CONVENT 43 vom 14. Juli 2000 einen ersten eigenen **Gesamtentwurf der Präambel**. Der Entwurf – ein Meilenstein auf dem Weg zur Endfassung der Präambel – hatte folgenden Wortlaut: 20

„Präambel

1. *Die Völker Europas haben untereinander eine immer engere Union geschaffen und teilen nunmehr dasselbe Schicksal.*
2. *Diese Union gründet sich auf die unteilbaren und universellen Grundsätze der Würde des Menschen, der Freiheit, der Gleichheit aller Personen, von Männern und Frauen, und der Solidarität. Sie beruht auf den Grundsätzen der Demokratie und der Rechtsstaatlichkeit.*
3. *Die Union trägt zur Entwicklung dieser gemeinsamen Werte bei und achtet dabei die Vielfalt der Kulturen und Traditionen der Völker Europas und die nationale Identität der Mitgliedstaaten sowie deren verfassungsmäßigen Aufbau auf nationaler, regionaler und lokaler Ebene.*
4. *Damit die Grundrechte in der Union dauerhaft geschützt und für jeden sichtbar werden, müssen sie in einer Charta der Grundrechte der Europäischen Union verankert werden.*
5. *Diese Charta bestätigt die Rechte, die sich vor allem aus den gemeinsamen Verfassungsgrundsätzen der Mitgliedstaaten, aus dem Vertrag über die Europäische Union und den Gemeinschaftsverträgen, der Europäischen Menschenrechtskonvention, aus den von der Gemeinschaft und dem Europarat beschlossenen Sozialchartas sowie der Rechtsprechung des Gerichtshofs der Europäischen Gemeinschaften und des Europäischen Gerichtshofs für Menschenrechte ergeben.*
6. *Sie paßt den Inhalt und die Tragweite dieser Rechte an die Entwicklung der Gesellschaft, an den sozialen Fortschritt und an die wissenschaftlichen und technologischen Entwicklungen an.*
7. *Der Genuß dieser Rechte ist mit Verantwortlichkeiten und Pflichten sowohl gegenüber den Mitmenschen als auch gegenüber der menschlichen Gemeinschaft verbunden.*
8. *Durch die Charta werden die in den Verträgen festgelegten Zuständigkeiten und Aufgaben der Gemeinschaft und der Europäischen Union weder vermehrt noch geändert. Bei der Anwendung des Rechts der Union garantieren die Organe und Einrichtungen der Union sowie die Mitgliedstaaten unter Wahrung des Subsidiaritätsprinzips für jede Person die nachstehend aufgeführten Rechte und Freiheiten."*

Dieser erste Präsidiumsentwurf war Anstoß für einige eigene Vorschläge oder detaillierte Änderungsvorschläge aus der Mitte des Konvents heraus. So unterbreitete zunächst *Goldsmith* (GB) mit Dokument CONTRIB 282 vom 20. Juli 2000 eine Präambelfassung, die nicht ganz ohne Einfluss auf die folgenden Beratungen blieb und – zumindest partiell – in

66 Zweite Säule sollte die Aufzählung sozialer Grundrechte in der Charta (vgl. Titel IV) und dritte Säule eine dynamische Klausel in den horizontalen Bestimmungen sein, die künftige Entwicklungen aufnehmen könnte (vgl. Art. 53), vgl. *Meyer/Engels*, ZRP 2000, 370 f.

die Endfassung der Präambel Eingang finden sollte.[67] *Melograni* (IT) und *Mombaur* (D) entwarfen eine Präambel, für die sie auch bei dem Entwurf von *Goldsmith* (GB) Anleihen machten.[68]

---

67 "Preamble
Whereas:
1. The Union is founded on the principles of liberty, democracy, respect for human rights and fundamental freedoms, and the rule of law – principles which are common to the Member States;
2. The four freedoms enshrined in the Treaties establishing the European Communities namely, freedom of movement of goods, persons, services and capital continue to be enjoyed by citizens and implemented by the institutions and Member States as fundamental rights in the Union;
3. The Union is also obliged to respect fundamental rights as guaranteed by the ECHR and as they result from constitutional traditions common to the Member States, as general principles of Community law;
4. The Union respects the Member States' national identities and the principle of subsidiarity;
5. All fundamental rights of the individual flow from the dignity of the person and the equality of each and every person before the law;
6. Enjoyment of these fundamental rights and freedoms entails responsibilities and duties, both towards other individuals and to society as a whole;
7. The Union recognises that, in addition to fundamental rights and freedoms, there are certain principles, especially in the field of social protection, which are common to all Member States. These are recognised in each Member State to the extent and in accordance with limitations appropriate in each Member State; its own national, regional and local identity; and the principle of subsidiarity;
8. At this stage in the Union's development there is a need to consolidate in a Charter the fundamental rights and freedoms applicable at Union level and the principles common to Member States to make them more visible to the union's citizens;
9. The Union's institutions and bodies (and the Member States when implementing community law) should respect these fundamental rights and freedoms and have due regard to those principles whilst respecting the principle of subsidiarity and the need, in accordance with the Community's overriding task in article 2 of the Treaty establishing the European Community. This task is to promote a harmonious, balanced and sustainable development of economic activities, a high level of employment and of social protection, equality between men and women, sustainable development and non-inflationary growth, a high degree of competitiveness and convergence of economic performance, a high level of protection and improvement of the quality of environment, the raising of the standard of living and quality of life, economic and social cohesion and solidarity among Member States;
10. Having regard to the constitutional traditions common to the Member States, the Community Treaties and the European Convention of Human Rights and drawing upon the Social Charters adopted by the Community and by the Council of Europe, as well as the jurisprudence of the Court of Justice of the European Communities and the European Court of Human Rights;
The Council, European Commission and European parliament proclaim in this Charter the following fundamental rights and freedoms and principles of social protection."

68 "Preamble
1. The European peoples share common challenges. For this reason they have created an ever-closer Union between them.
2. The Union ensures the diversity of its cultures, based on its traditions and on the roots of its religions and beliefs.
3. The Union is a community of democracy and law. It serves the dignity of the human being, the freedom and equality of all men and women as well as solidarity among each other.
4. The Union contributes to the development of the common values of its peoples. It respects the national identity of the Member States as well as their constitutional organisation at the national, regional and local levels.
5. (Lord Goldsmith) The four freedoms enshrined in the Treaties establishing the European Communities namely, freedom of movement of goods, persons, services and capital continue to be enjoyed by citizens and implemented by the institutions and Member States as fundamental rights.
6. (Lord Goldsmith) Enjoyment of fundamental rights and freedoms entails responsibilities and duties, both towards other individuals and to society as a whole.

Weitere schriftliche Vorschläge von Konventsmitgliedern sollten **Sonderanliegen** befördern, denen allerdings kein Erfolg beschieden war. So wollte *Cornillet* (F) mit einem Änderungsvorschlag die ihm besonders wichtigen Prinzipien der „liberté de conscience" und der „neutralité de l'action publique" in der Präambel verankert wissen, mit der Begründung: „Ces deux postulats fondent ce que les français appellent le ‚principe de laicité'. Ce terme, difficilement traduisible et parfois incompris et source d'ambiguité, doit néanmoins figurer dans son esprit dans le préambule. Il introduit en effet les notions de tolérance mutuelle et de distinction entre la ‚sphère publique' et la ‚sphère privée', distinction sans laquelle la diversité des cultures et des traditions des peuples européens serait être véritablement respectée." So schlug *Cornillet* (F) folgende Zweiteilung der Bestimmung im dritten Absatz des Präsidiumsentwurfs vor: „– Elle repose également sur les principes de démocratie et de l'Etat de droit et respecte l'identité nationale des Etats membres ainsi que leur organisation constitutionnelle au niveau national, régional et local. – Elle contribue au dévelopment de ces valeurs communes en respectant la diversité des cultures, les traditions des peuples européens et les principes de liberté de conscience et de neutralité de l'action publique". 21

Auf der – fünfzehnten – Konventssitzung am 17./18./19. Juli 2000 sollte der Konvent unter anderem die Prüfung der Struktur der Charta sowie der Präambel abschließen. Grundlage der Beratung waren hier zum einen der Präsidiumsentwurf in Dokument CONVENT 43 vom 14. Juli 2000, zum anderen die zwischenzeitlich vorgelegten Entwürfe einzelner Konventsmitglieder. Im Zuge der ausführlichen Diskussion zur Präambel stießen der **Präsidiumsentwurf** und einzelne Teile des Goldsmith- Entwurfs insgesamt gesehen auf **breite Zustimmung.**[69] **Die Diskutanten machten gleichwohl einige Änderungs- und Ergänzungsvorschläge,** die sich in der Präambel niederschlagen sollten. Im Einzelnen:

Während der mehrdeutige Begriff „Schicksal" in Ziffer 1 des Präsidiumsentwurfs auf Ablehnung stieß, wollten zahlreiche Delegierte, etwa *Berès* (F), *Meyer* (D), *Rodotà*, *Paciotti*, *Manzella* (IT) und *Voggenhuber* (A), den Charakter der Union als Wertegemeinschaft und Friedensordnung betonen.

Der Passus in Ziffer 2 Satz 1 „Würde des Menschen" missfiel *Berès* (F), die den Begriff „Menschen" durch den Terminus „Männer und Frauen" ersetzen wollte.

Haenel (F) regte an, in Ziffer 5 den Begriff „Verfassungsgrundsätzen" durch „Verfassungstraditionen" zu ersetzen. Andere Redner wie *Meyer* (D), *Kaufmann* (D), *Brax*, *Nikula* (FN) oder *Altmaier* (D) wünschten, die Aufzählung in Ziffer 5 um die Bezugnahme auf internationale Konventionen zum Schutze der Menschenrechte zu ergänzen, ein Anliegen, das sich erst später durchsetzen sollte.

Der etwa von *Meyer* (D), *Duff* (GB) oder *Brax* (FN) geäußerte Wunsch, den **Umweltschutz in der Präambel** zu verankern, sollte im folgenden Präsidiumsentwurf zweifach aufgegriffen werden, nämlich zum einen durch den Verweis auf das Ziel „ausgewogene und nach-

---

7. The rights and freedoms of the Charter are guaranteed with the application of the law of the Union by the authorities and institutions of the Union as well as by the Member States obeying the subsidiarity principle.

8. This Charter confirms the rights arising from the common constitutional traditions of the Member States, the Treaty of the European Union, the Community Treaties, the European Convention of Human Rights and its protocols, from the Social Charter agreed by the Community and the Council of Europe as well as from the jurisprudence of the Court of Justice of the European Communities and the European Court of Human Rights. The content and significance of these rights contribute to the development of society, to social progress and scientific and technological developments."

69 Zur Diskussion im Einzelnen siehe *Bernsdorff/Borowsky*, Protokolle, S. 349 ff.

haltige Entwicklung", zum anderen durch die Erwähnung der Verantwortlichkeiten und Pflichten auch gegenüber den künftigen Generationen.

Zahlreiche Diskutanten sprachen sich dafür aus, die Ziffer 8 des Präsidiumsentwurfs zu streichen, da es sich dabei um eine Querschnittsklausel handele, die (nur) in die horizontalen Bestimmungen und nicht in die Präambel gehöre. Dabei sollte das in Ziffer 8 aufgeführte **Subsidiaritätsprinzip** aber weiterhin in der Präambel Erwähnung finden.

Im Zuge der Diskussion griffen einige Delegierte – erfolglos – erneut die **„religiöse Frage"** auf. *Friedrich* (D) wollte die „christlich-jüdischen und humanistischen europäischen Wurzeln", *Hayes* (IR) die „geistigen Wurzeln der EU" und *Benaki- Psarouda* (GR) die „europäischen ideellen Grundlagen", vor allem die griechisch- römischen und christlichen Traditionen, in der Präambel berücksichtigt finden.

22 Der **erste Gesamtentwurf der Charta** in Dokument CONVENT 45 vom 28. Juli 2000 knüpfte hinsichtlich der **Präambel** an deren Vorentwurf in Dokument CONVENT 43 an, berücksichtigte aber zugleich die auf der Sitzung vom 17./18./19. Juli 2000 vorgebrachten Anliegen:

„Präambel

1. *Die Völker Europas haben untereinander eine immer engere Union begründet und beschlossen, auf der Grundlage gemeinsamer Werte eine friedliche Zukunft zu teilen.*
2. *Die Union gründet sich auf die unteilbaren und universellen Grundsätze der Würde der Männer und der Frauen, der Freiheit, der Gleichheit und der Solidarität; sie beruht auf dem Grundsatz der Demokratie und der Rechtsstaatlichkeit.*
3. *Die Union trägt zur Entwicklung dieser gemeinsamen Werte unter Achtung der Vielfalt der Kulturen und Traditionen der Völker Europas sowie der nationalen Identität der Mitgliedstaaten und der Organisation ihrer staatlichen Gewalt auf nationaler, regionaler und lokaler Ebene bei; sie stellt durch den freien Personen-, Waren-, Kapital- und Dienstleistungsverkehr eine ausgewogene und nachhaltige Entwicklung sicher.*
4. *Mit der Annahme dieser Charta möchte die Union die Grundrechte sichtbarer machen und dadurch ihren Schutz angesichts der Entwicklung der Gesellschaft, des sozialen Fortschritts und der wissenschaftlichen und technologischen Entwicklungen verstärken.*
5. *Diese Charta bekräftigt unter Achtung der Befugnisse und Aufgaben der Gemeinschaft und der Union und des Subsidiaritätsprinzips die Rechte, die sich vor allem aus den gemeinsamen Verfassungstraditionen der Mitgliedstaaten, aus dem Vertrag über die Europäische Union und aus den Gemeinschaftsverträgen, aus der Europäischen Konvention zum Schutz der Menschenrechte und Grundfreiheiten, aus den von der Gemeinschaft und dem Europarat beschlossenen Sozialchartas sowie aus der Rechtsprechung des Gerichtshofs der Europäischen Gemeinschaften und des Europäischen Gerichtshofs für Menschenrechte ergeben.*
6. *Die Inanspruchnahme dieser Rechte ist mit Verantwortlichkeiten und Pflichten sowohl gegenüber den Mitmenschen als auch gegenüber der menschlichen Gemeinschaft und den künftigen Generationen verbunden.*
7. *Daher sind jeder Person die nachstehend aufgeführten Rechte und Freiheiten garantiert."*

Die Konventsmitglieder konnten zu diesem ersten Gesamtentwurf der Charta (nur noch) „allgemeine Anmerkungen" einreichen, die ein **„document multilingue"** vom 7. September 2000 bündelte und die Grundlage für die abschließenden Beratungen des Konvents im Zuge der „dritten Lesung" waren. Die dabei schriftlich geäußerte vereinzelte Kritik an dem Text der Präambel, die allgemein als gelungen angesehen wurde, griffen die nationalen Parlamentarier auf der folgenden – sechzehnten – Konventssitzung am 11./12. September 2000 knapp auf.[70] Bemängelt wurde insbesondere die in Ziffer 3, 2. Halbsatz, vorgenommene Verknüpfung zwischen den Grundfreiheiten und dem Ziel einer ausgewogenen und nachhaltigen Entwicklung. *Gnauck* (D) regte an, dass die Eingangsformel der Präambel die christlichen und humanistischen Grundlagen Europas deutlich machen sollte. Das solle mit einem Hinweis auf Gott verbunden werden. Dabei könne man an die ausgewogene Einleitung der Verfassung der Republik Polen vom 2. April 1997 anknüpfen, die sowohl diejenigen anspreche, die an Gott glauben, als auch diejenigen, die diesen Glauben nicht teilen, sondern die universellen Werte aus anderen Quellen ableiten.

Aus der Sitzung der nicht öffentlich tagenden Delegation des Europäischen Parlaments war zu erfahren, dass es zu folgendem „deal" gekommen war:[71] Zum einen sollte die Aufnahme des Streikrechts in die Charta gefordert werden, ein Anliegen vor allem der Gewerkschaften und der „sozialistischen Familie" im Konvent. Im Gegenzug sollte zum anderen die Präambel in Absatz 2 dahingehend ergänzt werden, dass „die Union auf einem humanistischen, kulturellen und religiösen Erbe beruht", ein besonderes Anliegen *Friedrichs* (D), für das er die „christdemokratische Familie" im Konvent gewinnen konnte. So kam es in dem nächsten Gesamtentwurf der Charta zu der einleitenden Ergänzung des zweiten Absatzes „Ausgehend von ihrem kulturellen, humanistischen und religiösen Erbe".

Der **zweite Gesamtentwurf der Charta** in Dokument CONVENT 47 vom 14. September 2000 brachte erhebliche Ausweitungen im zweiten Absatz der Präambel und im dritten Absatz eine „Entkoppelung" von Grundfreiheiten und ausgewogener und nachhaltiger Entwicklung. Die übrigen Änderungen waren eher sprachlich-stilistischer Natur. Die Präambel lautete nun: 23

„Präambel

Die Völker Europas haben dadurch, dass sie untereinander eine immer engere Union begründet haben, beschlossen, auf der Grundlage gemeinsamer Werte eine friedliche Zukunft zu teilen.

Ausgehend von ihrem kulturellen, humanistischen und religiösen Erbe (im Französischen: „S'inspirant de son héritage culturel, humaniste et religieux,") gründet sich die Union auf die unteilbaren und universellen Grundsätze der Würde der Personen, der Freiheit, der Gleichheit und der Solidarität; sie beruht auf den Grundsätzen der Demokratie und der Rechtsstaatlichkeit. Sie stellt die Person in den Mittelpunkt ihres Handelns, indem sie die Unionsbürgerschaft etabliert und einen Raum der Freiheit, der Sicherheit und des Rechts eingerichtet hat.

Die Union trägt zur Entwicklung dieser gemeinsamen Werte unter Achtung der Vielfalt der Kulturen und Traditionen der Völker Europas sowie der nationalen Identität der Mitgliedstaaten und der Organisation ihrer staatlichen Gewalt auf nationaler, regionaler und lokaler Ebene bei; sie ist bestrebt, eine ausgewogene und nachhaltige Entwicklung zu fördern und stellt den freien Personen-, Waren-, Kapital- und Dienstleistungsverkehr sowie die Niederlassungsfreiheit sicher.

Mit der Annahme dieser Charta möchte die Union die Grundrechte sichtbarer machen und dadurch ihren Schutz angesichts der Entwicklung der Gesellschaft, des sozialen Fortschritts und der wissenschaftlichen und technologischen Entwicklungen verstärken.

70 Siehe hierzu *Bernsdorff/Borowsky*, Protokolle, S. 376.
71 Siehe auch *Bernsdorff/Borowsky*, Protokolle, S. 357.

Diese Charta bekräftigt unter Achtung der Befugnisse und Aufgaben der Gemeinschaft und der Union und des Subsidiaritätsprinzips die Rechte, die sich vor allem aus den gemeinsamen Verfassungstraditionen der Mitgliedstaaten, aus dem Vertrag über die Europäische Union und aus den Gemeinschaftsverträgen, aus der Europäischen Konvention zum Schutz der Menschenrechte und Grundfreiheiten, aus den von der Gemeinschaft und dem Europarat beschlossenen Sozialchartas sowie aus der Rechtsprechung des Gerichtshofs der Europäischen Gemeinschaften und des Europäischen Gerichtshofs für Menschenrechte ergeben.

Der Genuss dieser Rechte ist mit Verantwortlichkeiten und Pflichten sowohl gegenüber den Mitmenschen als auch gegenüber der menschlichen Gemeinschaft und den künftigen Generationen verbunden.

Daher werden jeder Person die nachstehend aufgeführten Rechte und Freiheiten zuerkannt."

24 In den letzten verbleibenden Wochen wurde noch eifrig am Präambeltext gefeilt. Das **„Corrigendum"** in Dokument CONVENT 47 COR 1 vom 20. September 2000 brachte lediglich eine „Berichtigung" des letzten Satzes mit sich: „Daher erkennt die Europäische Union die nachstehend aufgeführten Rechte und Freiheiten an."

Der vollständige Chartatext „nach Überarbeitung durch die Rechts- und Sprachsachverständigen" in Dokument CONVENT 47 REV 1 vom 21. September 2000 wies weitere Änderungen sprachlicher Natur auf:

„Präambel

Die Völker Europas haben beschlossen, auf der Grundlage gemeinsamer Werte eine friedliche Zukunft zu teilen, indem sie sich zu einer immer engeren Union verbinden.

Ausgehend von ihrem kulturellen, humanistischen und religiösen Erbe gründet sich die Union auf die unteilbaren und universellen Grundsätze der Würde des Menschen, der Freiheit, der Gleichheit und der Solidarität; sie beruht auf den Grundsätzen der Demokratie und der Rechtsstaatlichkeit. Sie stellt die Person in den Mittelpunkt ihres Handelns, indem sie die Unionsbürgerschaft begründet und einen Raum der Freiheit, der Sicherheit und des Rechts geschaffen hat.

Die Union trägt zur Entwicklung dieser gemeinsamen Werte unter Achtung der Vielfalt der Kulturen und Traditionen der Völker Europas sowie der nationalen Identität der Mitgliedstaaten und der Organisation ihrer staatlichen Gewalt auf nationaler, regionaler und lokaler Ebene bei; sie ist bestrebt, eine ausgewogene und nachhaltige Entwicklung zu fördern, und stellt den freien Personen-, Waren-, Dienstleistungs- und Kapitalverkehr sowie die Niederlassungsfreiheit sicher.

Mit der Annahme dieser Charta möchte die Union die Grundrechte sichtbarer machen und dadurch ihren Schutz angesichts der Entwicklung der Gesellschaft, des sozialen Fortschritts und der wissenschaftlichen und technologischen Entwicklungen verstärken.

Diese Charta bekräftigt unter Achtung der Zuständigkeiten und Aufgaben der Gemeinschaft und der Union und des Subsidiaritätsprinzips die Rechte, die sich vor allem aus den gemeinsamen Verfassungstraditionen der Mitgliedstaaten, aus dem Vertrag über die Europäische Union und aus den Gemeinschaftsverträgen, aus der Europäischen Konvention zum Schutz der Menschenrechte und Grundfreiheiten, aus den von der Gemeinschaft und dem Europarat beschlossenen Sozialchartas sowie aus der Rechtsprechung des Gerichts-

hofs der Europäischen Gemeinschaften und des Europäischen Gerichtshofs für Menschenrechte ergeben.

Der Genuss dieser Rechte ist mit Verantwortlichkeiten und Pflichten sowohl gegenüber den Mitmenschen als auch gegenüber der menschlichen Gemeinschaft und den künftigen Generationen verbunden.

Daher erkennt die Union die nachstehend aufgeführten Rechte und Freiheiten an."

Letzte Änderungen nahm das Präsidium mit dem zur Sitzung vom 26. September präsentierten Dokument CONVENT 47 REV 1 ADD 1 vom 25. September 2000 vor. Der Passus zur Präambel lautete:

Absatz 2: In dem Bewusstsein ihres geistigen und moralischen Erbes (im Französischen: „Consciente de son patrimoine spirituel et moral,") gründet sich die Union auf die unteilbaren und universellen Werte der Würde des Menschen ...

Absatz 3: Die Union trägt zur Erhaltung und zur Entwicklung dieser gemeinsamen Werte ...

Absatz 4: Zu diesem Zweck ist es notwendig, die Grundrechte in einer Charta sichtbarer zu machen, um ihren Schutz zu verstärken.

Absatz 5: ... die Rechte, die sich vor allem aus den gemeinsamen Verfassungstraditionen und den gemeinsamen internationalen Verpflichtungen der Mitgliedstaaten ...

Absatz 7: Daher erkennt die Union die nachstehend aufgeführten Rechte, Freiheiten und Grundsätze an."

Auf der Plenarsitzung am 26. September 2000 stellte *Braibant* (F) die wesentlichen Ände- 25
rungen vor.[72] Zunächst ging er auf die Polemik zur „religiösen Frage" ein. Für Frankreich und mehrere andere Länder („pas un match France contre reste de l'Europe") sei der ursprünglich vorgesehene Bezug auf das „religiöse Erbe" („héritage religieux") in der Präambel inakzeptabel gewesen, und zwar aus verfassungsrechtlichen Gründen.[73] Man habe sich daher einem Kompromissvorschlag der Delegation des Europäischen Parlaments angeschlossen. In der französischen Ausgangsfassung werde statt „héritage culturel, humaniste et religieux" der Ausdruck „patrimoine spirituel et moral" verwendet. Dabei inspiriere man sich an der Präambel des Vertrages zur Gründung des Europarates von 1949, die von „valeurs spirituelles et morales" spreche. Der gefundene Ausdruck könne kein Land schockieren, vor allem Frankreich nicht.

Braibant (F) fügte unvermittelt an, es gebe allerdings ein kleines **Übersetzungsproblem.** Im Deutschen solle „spirituel" – abweichend von dem ausliegenden Übersetzungsvorschlag in Dokument CONVENT 47 REV 1 ADD 1 – nicht mehr mit „geistig", sondern mit **„geistig-religiös"** übersetzt werden.

Hintergrund dieser Äußerungen war folgender Vorgang: *Friedrich* (D) hatte schon am Vortag von der Wahl des französischen Begriffs „spirituel" und der deutschen Übersetzung mit „geistig" erfahren und davon die von ihm geleitete Versammlung der „christdemokratischen Familie" informiert. Nach interner Abstimmung hatte er folgenden schriftlichen

72 Vgl. *Bernsdorff/Borowsky*, Protokolle, S. 385 f.

73 Dem entsprach eine Mitteilung des französischen Premierministers *Jospin* an den Konventsvorsitzenden, dass eine religiöse Bezugnahme in der Präambel für das säkular ausgerichtete Frankreich nicht akzeptabel sei (vgl. Bulletin Quotidien Europe Nr. 7797 vom 13.9.2000 und Nr. 7805 vom 23.9.2000). Zu den Gründen im Einzelnen vgl. nunmehr *Braibant*, La Charte des droits fondamentaux, S. 76 ff.

„Änderungsvorschlag zu Absatz 2 der Präambel aus dem Dokument Charte 4471/00" verfasst: „Textvorschlag: Neuer Text: In dem Bewußtsein ihres geistig-religiösen und moralischen Erbes gründet sich die Union auf die unteilbaren und universellen Werte der Würde des Menschen". Diesen Vorschlag hatte *Friedrich* (D) noch am Abend des 25. September 2000 dem Präsidium zukommen lassen.

Braibant (F) führte weiter aus, in Absatz 5 der Präambel sei auf mehrere Vorschläge aus den Gruppierungen der umfassende Passus „und den gemeinsamen internationalen Verpflichtungen" der Mitgliedstaaten hinzugekommen. Damit seien etwa auch die Konventionen der Internationalen Arbeitsorganisation (ILO) oder die UN- Kinderrechtskonvention erfasst. Im letzten – siebenten – Absatz der Präambel habe man „und Grundsätze" angefügt, um mit „Rechte, Freiheiten und Grundsätze" alle wesentlichen Kategorien der Charta abzudecken.

Während der **folgenden Debatte**[74] zeigten sich zahlreiche Redner zufrieden mit der gefundenen Kompromisslösung, d.h. der Verwendung des Begriffs „spirituel" in der französischen Ausgangsfassung. *Friedrich* (D) nahm seinerseits mit Freude „offiziell zur Kenntnis", dass nunmehr die deutsche Übersetzung von „spirituel" nach der Aussage von *Braibant* (F) mit „geistig-religiös" erfolgen solle. Im Übrigen wurde der deutschsprachige „Sonderweg" nur von einigen deutschsprachigen Delegierten thematisiert. So stellte *Kaufmann* (D) – unterstützt von *Leinen* (D) – fest, dass sich irgendeine religiöse Auslegung des französischen Begriffes „spirituel" verbiete.

Auf der abschließenden förmlichen Tagung des Konvents am 2. Oktober 2000 stimmten die Delegierten dem endgültigen Text des Gesamtentwurfs der Charta in Dokument CHARTE 4487/00 CONVENT 50[75] feierlich zu.[76]

III. Kommentierung

1. Absatz I der Präambel

„Die Völker Europas sind entschlossen, auf der Grundlage gemeinsamer Werte eine friedliche Zukunft zu teilen, indem sie sich zu einer immer engeren Union verbinden".

26 Bereits der vom Präsidium vorgelegte erste Gesamtentwurf der Charta vom 28. Juli 2000 enthielt alle wesentlichen Elemente des späteren 1. Absatzes der Präambel.[77] Daran änderten auch etliche Interventionen wohl deshalb nichts mehr,[78] weil sich der vorgeschlagene Text auf einen relativ breiten Bestand europäischen und nationalen Präambelrechts stützen konnte (→ Rn. 11). Das gilt zum einen für die den früheren europäischen Verträgen inhaltlich entsprechende und deren Präambeln aufnehmende und ergänzende[79] Präambel des

74 Vgl. *Bernsdorff/Borowsky*, Protokolle, S. 387 ff.

75 Vgl. auch *Schönlau*, in: Eriksen/Fossum/Menéndez, ARENA Report 8/2001, 127–154, mit dem Hinweis (a.a.O., S. 132), dass in der Abschlusssitzung lediglich 2 der 62 Delegierten dem Präsidium ihre Ablehnung der Charta mitgeteilt haben, nämlich die Europaabgeordneten *Berthu* (F) und *Bonde* (DK).

76 Vgl. *Bernsdorff/Borowsky*, Protokolle, S. 401 ff.; anzumerken ist, dass Abs. IV der Präambel noch nach der Tagung vom 2. Oktober redaktionell neu gestaltet worden ist.

77 Vgl. oben Rn. 22 im Unterschied zu Rn. 20 mit dem 1. Präambelentwurf des Präsidiums vom 14. Juli 2000.

78 Kritisch dazu *Schönlau*, in: Eriksen/Fossum/Menéndez, ARENA Report 8/2001, 143 f.

79 *Grabitz/Hilf/Nettesheim/Hilf/Terhechte*, EU, Präambel EUV, Rn. 3; *Stern/Tettinger*, Präambel A, Rn. 21 (S. 232), mit Hinweis auf den 5. Erwägungsgrund der Präambel EGKS-Vertrag: „Entschlossen, an der Stelle der jahrhundertealten Rivalitäten einen Zusammenschluss ihrer wesentlichen Interessen zu setzen, durch die Errichtung einer wirtschaftlichen Gemeinschaft den ersten Grundstein für

EU-Vertrages in der konsolidierten Fassung des Amsterdamer Vertrages,[80] wo sowohl der auf eine „neue Stufe“ zu hebende „Prozess der europäischen Integration“ (erster Erwägungsgrund) und der „Prozess der Schaffung einer immer engeren Union der Völker Europas“ (elfter Erwägungsgrund)[81] als auch das Bekenntnis zu gemeinsamen „Grundsätzen der Freiheit, Demokratie und der Achtung der Menschenrechte“ (dritter Erwägungsgrund)[82] und die Förderung von „Frieden, Sicherheit und Fortschritt in Europa“ (neunter Erwägungsgrund)[83] betont werden. Der Wille zur **Vertiefung der europäischen Integration** muss im Zusammenhang mit der erwarteten **Erweiterung der EU** gesehen werden;[84] ohne Vertiefung müsste die Erweiterung zu einer Gefahr für die Handlungsfähigkeit der Union werden.[85] Es gilt zum anderen für verschiedene Präambeln nationaler Verfassungen der EU-Mitgliedstaaten, in denen z.B. das „vereinte Europa“[86] oder der „Frieden der Welt“[87] oder auch Werte wie Gerechtigkeit und Freiheit[88] genannt werden. In manchen Präambeln,[89] aber auch in speziellen Artikeln mehrerer Verfassungen[90] wird eingangs festgestellt, dass die öffentliche Gewalt vom Volke ausgeht bzw. das Volk oberster Gesetzgeber ist.

27 Am Anfang der Präambel der Grundrechtecharta stehen die **Völker Europas**. Das ist ein bemerkenswerter Unterschied zu den Präambeln der bisherigen europäischen Verträge, die mit der Aufzählung der unterzeichnenden Staatsoberhäupter beginnen. Diese Betonung des Gedankens der **Volkssouveränität** erklärt sich auch dadurch, dass der Grundrechtekonvent zu etwa drei Vierteln aus gewählten Abgeordneten und nur zu etwa einem Viertel aus Regierungsvertretern bestand. Der gewählte Plural trägt der Tatsache Rechnung, dass bisher und zumindest auch in naher Zukunft nicht von „einem europäischen Volk“ gesprochen werden kann, oder mit anderen Worten: „Es gibt fortbestehende Nationen, aber es gibt keine Europäische Nation“.[91] Das dafür erforderliche Zusammengehörigkeitsgefühl kann sich nur nach und nach entwickeln. Es setzt zwar, wie das Beispiel der Schweiz zeigt, keine gemeinsame Sprache voraus, wohl aber, dass sich alle Volksangehörigen überhaupt sprachlich miteinander verständigen können.

An der Bezeichnung **Völker „Europas“** statt „der Mitgliedstaaten der Europäischen Union“ mag zu beanstanden sein, dass die EU auch in absehbarer Zeit nicht aus allen Völkern

eine weitere und vertiefte Gemeinschaft unter Völkern zu legen, die lange Zeit durch blutige Auseinandersetzungen entzweit waren ...“.

80 ABl. C 340 S. 145, Fassung vom 2. Oktober 1997.

81 Nunmehr dreizehnter Erwägungsgrund der EUV-Präambel i.d.F. des Vertrages von Lissabon, ABl. C 115 vom 9.5.2008; ähnlich nunmehr der erste Erwägungsgrund der AEUV-Präambel.

82 Nunmehr vierter Erwägungsgrund EUV-Präambel.

83 Nunmehr elfter Erwägungsgrund EUV-Präambel; vgl. auch zur Wahrung und Festigung von Frieden und Freiheit nunmehr den achten Erwägungsgrund der AEUV-Präambel.

84 Zutreffend *Grabitz/Hilf/Nettesheim/Hilf/Terhechte*, EU, Präambel EUV, Rn. 7 und 40 f.

85 Ebenso *Stern/Tettinger*, Präambel A, Rn. 22 (S. 232); *Otoo*, Die normative Wirkung, S. 47.

86 Deutschland; vgl. auch *Häberle/Kotzur*, Eur. Verfassungslehre, S. 147 ff., Rn. 147 ff., zur Typologie von Europaklauseln in europäischen Verfassungen.

87 Deutschland, Spanien (“Stärkung friedlicher Beziehungen zwischen allen Völkern der Erde”), Estland (Staat, der den “inneren und äußeren Frieden schützt”), etwas einschränkend Slowakei (“Interesse einer dauerhaften friedlichen Zusammenarbeit mit den übrigen demokratischen Staaten”).

88 Spanien, Irland (u.a. Gerechtigkeit sowie Würde und Freiheit des Individuums), Tschechische Republik (“im Geiste der unantastbaren Werte der Menschenwürde und Freiheit, als Vaterland gleichberechtigter, freier Bürger”).

89 Portugal, Spanien.

90 Z.B. Bulgarien, Art. 1 Abs. 2, Griechenland, Art. 1 Abs. 3, Italien, Art. 1, Österreich, Art. 1, Rumänien, Art. 2 Abs. 1, Schweden, § 1, Lettland, Art. 2.

91 *Herzog*, in: Herbert-Quandt-Stiftung, 2001, S. 44 ff. (S. 50); vgl. BVerfGE v. 30. 6. 2009, NJW 2009, 2277: „Keine eigenständige Volkssouveränität der Gesamtheit der Unionsbürger“.

Europas bestehen wird.[92] Selbst nach Aufnahme aller derzeitigen 3 Kandidatenländer würden noch Länder wie z.B. Island, Moldavien, Norwegen und die Schweiz fehlen. Aber abgesehen davon, dass die Präambel lediglich den Wortlaut des EU-Vertrages aufnimmt und an späteren Stellen offenbar synonym von Union und Europäischer Union spricht, sollte die Eingangsformel als Ausdruck der Offenheit der Europäischen Union für alle europäischen Völker verstanden werden.[93]

Die Tatsache, dass es noch kein europäisches Volk gibt, macht den theoretischen Streit, ob die **Europäische Union ein Staat** ist oder gar ein Superstaat werden könnte oder zu werden droht, an sich überflüssig. Denn nach der nach wie vor herrschenden klassischen Dreielementenlehre[94] bedürfte es dazu neben dem Staatsgebiet und der Staatsgewalt auch eines Staatsvolkes.

Eine ganz andere Frage ist es, ob die integrierte und vom Bundesverfassungsgericht[95] als „Staatenverbund" bezeichnete Staatengemeinschaft der EU eine **Verfassung** haben kann und auch benötigt. Versteht man unter Verfassung die elementaren Regeln, wofür und wie (der Staat oder) die Staatengemeinschaft handelt, hat die EU längst eine Verfassung, die allerdings weiterentwickelt werden muss. „Um die Gespenster der Vergangenheit endgültig zu bannen, bedarf die Union fester Verfassungsgrundlagen und Handlungsmöglichkeiten, wie sie von den Gründern der Europäischen Gemeinschaft seit den fünfziger Jahren mit Erfolg entwickelt worden sind".[96] Eine künftige Verfassung wird eine Synthese zwischen den beiden im Giscard-Konvent vertretenen Grundrichtungen der Intergouvernementalisten und der Integrationisten sein müssen, die als **„Föderation der Nationalstaaten"** charakterisiert werden kann.[97]

Der am 1.12.2009 in Kraft getretene **„Reformvertrag"** von Lissabon verzichtet bekanntlich auf die Verwendung des Begriffs „Verfassung", obwohl der EuGH in der Vergangenheit mehrfach den bestehenden europäischen Gemeinschaftsverträgen Verfassungsqualität zugesprochen hat.[98] Auch das Bundesverfassungsgericht hat schon 1967 gemeint, der EWG-Vertrag stelle „gewissermaßen die Verfassung dieser Gemeinschaft dar".[99] Eine Konse-

---

92 *Busse*, EuGRZ 2002, 569; ebenso *Knecht*, Die Charta, S. 141; *Schwarze/Knecht*, EU, Präambel GRC, Rn. 20; *Tettinger/Stern*, Europäische Grundrechtecharta, Präambel A, S. 233.

93 Ebenso *Otoo*, Die normative Wirkung, S. 45; zutreffend stellen *Häberle/Kotzur*, Eur. Verfassungslehre, S. 534, Rn. 806, fest, dass der Begriff "Europa" bzw. "Völker Europas" nirgends definiert ist, "er wird nur von den inneren Grundwerten her umschrieben, von den Bekenntnissen, Rechtsprinzipien, ja Glaubenssätzen her, von ihrer Geschichte und Zukunft aus"; vgl. auch *Hänsch*, Perspektiven, in: Leiße (Hrsg.), Die EU, S. 72: „Die Grenzen der Europäischen Union sind eine Wertfrage und eine politische Willensentscheidung" (gegen Aufnahme der Türkei).

94 Vgl. aber die Kritik bei *Häberle/Kotzur*, Eur. Verfassungslehre, S. 211 f., Rn. 262 (Kultur als viertes bzw. erstes Staatselement).

95 BVerfGE 89, 155 ff.; vgl. BVerfGE v. 30. 6. 2009, NJW 2009, 2273: „Vertragsunion souveräner Staaten".

96 *Oppermann*, EuR, 2. Aufl., Rn. 925; vgl. *Oppermann/Classen/Nettesheim/Oppermann*, EuR, 4. Aufl., S. 59: "Dem staatsrechtlichen Verfassungsverständnis steht seit langem ein internationaler Sprachgebrauch gegenüber, der die Grundordnung etablierter transnationaler Verbände ebenso als Verfassung versteht wie im Falle von Staaten" (mwN); vgl. auch *Oppermann*, Europäische Verfassung – ein Unwort? in: Hirsch FS, S. 149 ff.; *Pernice*, Theorie und Praxis, S. 61 ff. (71 ff.), zu den "Gründen für eine europäische Verfassung"; vgl. auch *Schiemann*, Anwaltsblatt 2007, 584 ff.; und *Schwarze*, Verfassungsordnung, S. 463 ff., 567 ff.

97 Vgl. *Johannes Rau*, Plädoyer für eine Europäische Verfassung, BullBReg Nr. 26 vom 8. 4. 2001 (Rede vor dem EP am 4. 4. 2001).

98 Vgl. die Nachweise bei *Schwarze*, Verfassungsentwurf, S. 15; vgl. auch *Borowsky*, Die Grundrechtecharta, in: Leiße (Hrsg.), Die EU, S. 152 f.

99 BVerfGE 22, 293 (296).

quenz des mit den negativen Referenden in Frankreich und den Niederlanden begründeten Abschiedes vom Verfassungsprojekt war neben der „Zerlegung" des vom Verfassungskonvents erarbeiteten Entwurfs einer EurVerf (→ Rn. 1) die bedauerliche, aber letztlich wirkungslose Streichung der „Symbol-Artikel" (Hymne, Flagge, Feiertag und Motto „In Vielfalt geeint").[100] Immerhin ist die Rechtsverbindlichkeit der hier zu kommentierenden GRC „ein Stück Konstitutionalisierung der EU".[101] Die vor allem von **britischer** Seite immer wieder erhobene Forderung, der GRC lediglich den Rechtsstatus einer politischen Erklärung („political declaration") und nicht eines rechtlich verbindlichen Textes („legally binding text") einzuräumen,[102] ist damit gescheitert, auch wenn ihre Konsequenz das bedauerliche Protokoll Nr. 30 zur Anwendung der Charta auf das Vereinigte Königreich und Polen sowie Tschechien ist.[103] Mit Recht stellen *Häberle/Kotzur* fest, dass die beiden neuen Verträge in vielen Teilen eine „Verfassung", genauer eine „Teilverfassung" sind[104] und dass die „evolutive Konstitutionalisierung" der EU und in der EU weitergeht.[105]

Die in Abs. I genannte **Grundlage gemeinsamer Werte** charakterisiert die Europäische Union als **Wertegemeinschaft,** wie sie bisher insbesondere durch Art. 6 und nunmehr auch Art. 2 EUV zum Ausdruck kommt und durch Art. 7 EUV mit Sanktionsmöglichkeiten versehen ist. „Europa lebt aus bestimmten inhaltlichen und prozessualen Grundwerten, die immer wieder – öffentlich – wiederholt, bestätigt und fortentwickelt werden müssen".[106] Diese Einsicht war auch in den Diskussionen des Herzog-Konvents immer wieder präsent.[107] Es liegt in der Natur einer verfassungsrechtlichen Werteordnung und entspricht den Erfahrungen der Grundrechtsjudikatur des Bundesverfassungsgerichts, dass eine derartige Ordnung über Jahrzehnte hinweg durch Richterrecht konkretisiert werden muss.[108] Mit diesem Vorbehalt und bei aller durchaus möglichen und notwendigen Einzelkritik bietet die in Abs. I der Präambel so bezeichnete Grundlage gemeinsamer Werte eine „insgesamt verlässliche Ausgangsbasis" als „ethisch fundiertes Leitbild für die Konturierung eines Europäischen Gesellschaftsmodells".[109] Wesentliche Elemente der gemeinsamen Werte sind den Überschriften der Titel I bis IV der GRC zu entnehmen: Würde des Menschen, Freiheit, Gleichheit und Solidarität. An die Stelle der weiteren Überschriften „Bürgerrechte" (Titel V) und „justizielle Rechte" (Titel VI) wären werthaltige Begriffe wie Demokratie (Bürgertum) und Gerechtigkeit (Rechtsstaatlichkeit) besser geeignet, um deutlich zu machen, dass die GRC den Versuch unternimmt, **Grundrechte aus Grundwerten** abzuleiten. 28

100 Vgl. die Kritik von *Häberle/Kotzur*, Eur. Verfassungslehre, S. 439, Rn. 645.
101 Zutreffend *Häberle/Kotzur*, Eur. Verfassungslehre, S. 446, Rn. 654.
102 Vgl. zB *Goldsmith*, in: *Heusel* (Hrsg.), Grundrechtecharta, S. 35 ff., 41.
103 Vgl. dazu Vorwort zur 3. Auflage und näher *Meyer/Borowsky*, 4. Aufl., Vorbem. Titel VII, Rn. 17, 18.
104 *Häberle/Kotzur*, Eur. Verfassungslehre, S. 442, Rn. 649.
105 *Häberle/Kotzur*, aaO, S. 942, Rn. 1504.
106 *Häberle*, Verfassungslehre, 7. Aufl., S. 181; vgl. auch *Borowsky*, Die Grundrechtecharta, in: Leiße (Hrsg.), Die EU, S. 147 ff. (155); *Meyer*, a.a.O., S. 66 ff.; ferner *ders.*, in: Universität Warschau, The Treaty, S. 63–65; *ders.* oben Rn. 6.
107 Vgl. dazu oben Rn. 14 ff. und *Häberle*, Die „Kultur des Friedens" (S. 150 ff. zum „Prinzip Frieden" in Verfassungspräambeln) sowie *Schönlau*, in: Eriksen/Fossum/Menéndez, ARENA Report 8/2001, S. 127 und 143 f.; die Kritik von *Schönlau*, dass "gemeinsame Werte" in Abs. 1 der Präambel vor den "universellen Werten" in Abs. 2 aufgeführt sind, verkennt, dass Letztere wegen ihrer Universalität auch zu den gemeinsamen Werten gehören.
108 Vgl. *Schröder*, JZ 2002, 852, mit der Mahnung, dass die Rechtsprechung im Einzelfall sorgfältig zu prüfen habe, wie sich objektiv-rechtliche Grundrechtsfunktionen mit Integrationszielen vertragen.
109 *Tettinger*, NJW 2001, 1010 ff., 1015.

29 Das Ziel der Völker Europas, auf der Grundlage gemeinsamer Werte eine **friedliche Zukunft** zu teilen, wird von einem der Autoren der Präambel geradezu als „droit à la paix" charakterisiert.[110] Zweifellos war der erste und vornehmste Zweck der europäischen Integration nach den Schrecken zweier Weltkriege die Schaffung eines dauerhaften Friedens in Europa.[111] „Eine Zukunft in Frieden" war die Triebfeder für den Aufbau eines gemeinsamen Europas. „Während des Ersten Weltkriegs kamen auf beiden Seiten täglich etwa 2000 Menschen ums Leben. 50 Millionen Todesopfer forderte der Zweite Weltkrieg. Millionen Menschen wurden deportiert und vernichtet. Ein Krieg zwischen Europäern, erklärte *Victor Hugo*, sei die schlimmste Art des Krieges, weil es sich um einen Bürgerkrieg handele. Frieden zu schaffen und zu erhalten bleibt deshalb die eigentliche Basis der EU. Von dieser Perspektive aus ist auch die angestrebte Erweiterung der EU nach Osten und nach Süden zu sehen. Die Kriege auf dem Balkan in den neunziger Jahren machten deutlich, wie gefährdet der Frieden in Europa sein kann".[112] Das Ziel der Union, den Frieden zu „fördern", wird durch Art. 3 Abs. 1 EUV ausdrücklich bekräftigt.[113]

Der in Deutschland während des Ratifikationsverfahrens zur Europäischen Verfassung in öffentlichen Debatten erhobene Vorwurf der „Militarisierung der EU" durch die künftige Verfassung erweist sich vor dem Hintergrund der Geschichte und bei seriöser Analyse des Verfassungstextes als haltlos. Der vielfach kritisierte Satz 3 von Art. 42 Abs. 3 EUV („Die Mitgliedstaaten verpflichten sich, ihre militärischen Fähigkeiten schrittweise zu verbessern") kann nur im inhaltlichen Zusammenhang mit dem vorangestellten Abs. 1 (Betonung der Aufgabe der „Konfliktverhütung" und der „zivilen" vor den militärischen Mitteln sowie der Übereinstimmung „mit den Grundsätzen der Charta der Vereinten Nationen") und dem nachfolgenden Abs. 7 (Beistandspflicht, die nur bei Beistandsfähigkeit erfüllt werden kann) richtig verstanden werden. Der **Grundgedanke der Friedenssicherung**, in klassischer Form entfaltet in *Immanuel Kants* „Zum ewigen Frieden", bleibt ein zentrales Motiv europäischer Integration.[114]

30 Die auf die Präambel des EG-Vertrages von 1957 zurückgehende Formel einer **immer engeren Union**[115] stellt die Grundrechtecharta in den Zusammenhang der europäischen Integration, die ihrerseits („indem") als **Mittel der Friedenssicherung** erkannt wird (dazu Rn. 29). Die ständige Weiterverwendung der Formel gibt Veranlassung zu der Frage, ob die Integration so nicht mehr oder weniger zwangsläufig eines Tages das Stadium eines

---

110 *Braibant*, La Charte des droits fondamentaux, S. 71 ff., 81; vgl. auch *Levade*, in: Burgorgue-Larsen/Levade/Picod, Traité, S. 8, zur doppelten Dimension des Friedens innerhalb der EU und des Weltfriedens („mission de promotion de la paix dans le monde").

111 *Busse*, EuGRZ 2002, 569; vgl. auch oben Rn. 6.

112 *Berger/Leinen/Martin/Schulz/Swoboda*, in: Fraktion der Sozialdemokratischen Partei Europas, Charta der Grundrechte der Europäischen Union, 2001, S. 9.

113 Vgl. dazu *Pechstein/Nowak/Häde/Müller-Graff*, Frankfurter Kommentar; S. 96; *Schwarze/Becker*, EU, Art. 3 EUV, Rn. 11.

114 Zutreffend *Kotzur*, in: Chemnitzer Europastudien 7, S. 196–198; *Streinz/Streinz*, EUV/EGV, GR-Charta Präambel Rn. 7; vgl. auch *Stern/Tettinger*, Europäische Grundrechtecharta, Präambel A, S. 232 (Rn. 21); vgl. auch *Otoo*, Die normative Wirkung, S. 46; zum Friedensziel in der Präambel EGKS s.o. Rn. 6; zur Bezugnahme des EGMR auf das in der Präambel der EMRK niedergelegte Ziel der Wiederherstellung des Friedens (in Bosnien-Herzegowina) vgl. *Mayer*, in: Karpenstein/Mayer, EMRK, Präambel, Rn. 7.

115 Vgl. Präambel des EGV vom 19.8.1957, BGBl II Nr. 23, S. 766, abgedruckt bei *Schwarze*, EU, S. 231: "In dem festen Willen, die Grundlagen für einen immer engeren Zusammenschluss der europäischen Völker zu schaffen" (erster Erwägungsgrund); ebenso nunmehr Präambel AEUV; vgl. auch *Stern/Tettinger*, a.a.O., mit Hinweis auf die Präambel des EGKS-Vertrags.

nicht gewollten Bundesstaates erreicht.[116] Abgesehen davon, dass die alte Unterscheidung zwischen Bundesstaat und Staatenbund der Komplexität der Europäischen Union nicht gerecht werden kann[117] und die Finalität Europas wohl in eine andere Richtung geht (→ Rn. 27),[118] sollte das Adverb „immer" nicht überinterpretiert werden (die französische Formulierung „sans cesse" geht mehr in Richtung eines Appells, nicht aufzuhören oder nachzulassen).[119]

Vergleicht man Abs. I der Präambel der Grundrechtecharta (unverändert gebliebener Text des Grundrechtekonvents) mit den entsprechenden Aussagen im EUV in der Fassung des Vertrages von Lissabon, stellt man zunächst einmal fest, dass die **Präambel EUV** in der konsolidierten Fassung des Amsterdamer Vertrages ein hohes Maß an inhaltlicher Übereinstimmung aufweist.[120] Das ist nicht verwunderlich, weil das dem Grundrechtekonvent bekannte europäische Präambelrecht eine wesentliche Grundlage seiner Arbeit war.[121] 31

Ein Unterschied zwischen beiden Präambeln besteht darin, dass der Präambel EUV, wie in früheren Verträgen und wohl auch aus protokollarischen Gründen, eine Aufzählung der Staatsoberhäupter vorangestellt bleibt, die ihrerseits die unterzeichnenden Regierungschefs und Außenminister „zu ihren Bevollmächtigten ernannt" haben. Eine Rechtfertigung dieser Eingangsformel lässt sich wohl auch daraus ableiten, dass die Präambel nicht von einem Konvent,[122] sondern im üblichen Verfahren der Regierungskonferenzen erarbeitet und modifiziert worden ist. Immerhin werden die **„Völker Europas"** (→ Rn. 27) als „Union der Völker Europas" im dreizehnten Erwägungsgrund der Präambel EUV ausdrücklich erwähnt.

„Titel I Gemeinsame Bestimmungen" EUV[123] übernimmt in Art. 2 Abs. 1 EUV von Art. 6 EUV-Nizza die Werte-Quadriga von Freiheit, Demokratie, Menschenrechten und Rechtsstaatlichkeit. Neu ist, dass die Menschenwürde ausdrücklich genannt und den anderen Werten vorangestellt wird. Hinzugefügt werden auch die Gleichheit und die Achtung der Rechte der Personen, die Minderheiten angehören.[124] Der Satz „Diese Werte sind allen Mitgliedstaaten... gemeinsam" wiederholt inhaltlich den Hinweis der Präambel GRC auf die **Grundlage gemeinsamer Werte**, die nunmehr durch Art. 2 EUV **bekräftigt** werden. Ähnlich der Präambel GRC (→ Rn. 6) hat Art. 2 EUV vor allem die Funktion als **Auslegungsleitlinie.**[125] Das Ziel der Förderung des **Friedens** wird in der Präambel (elfter Erwägungsgrund) und in Art. 3 EUV bekräftigt.

---

116 *Busse*, EuGRZ 2002, 569; vgl. auch BVerfGE v. 30. 6. 2009, NJW 2009, 2271: Der Eintritt in einen Bundesstaat wäre „allein dem unmittelbar erklärten Willen des Deutschen Volkes vorbehalten".

117 Vgl. *Oppermann/Classen/Nettesheim/Oppermann*, EuR, 4.Aufl., S. 60 ff.

118 Ebenso *Busse*, a.a.O. (Fn. 116).

119 Ebenso *Otoo*, Die normative Wirkung, S. 47 f.

120 Vgl. im Einzelnen oben, Rn. 26.

121 Vgl. auch *Heselhaus/Nowak/Nicolaysen*, Hdb Eur. GR § 1, 25–27, zur Entwicklung von der Einheitlichen Europäischen Akte bis zu Art. 6 EUV.

122 Zum Konventsverfahren vgl. oben Rn. 8.

123 Vgl. *Calliess/Ruffert/Calliess*, Verfassung, S. 4: „Präambel samt Teil I bilden das Fundament der Verfassung".

124 Vgl. zur Inhaltsbestimmung im Einzelnen *Calliess/Ruffert/Calliess*, a.a.O., S. 34 ff.; *Schwarze/Schwarze*, EU, Art. 2 EUV, Rn. 2 („Orientierungspunkte für die Auslegung der Unionsverträge"); *Streinz/Pechstein*, EUV/AEUV, Art. 2 EUV, Rn. 1–8.

125 Vgl. *Callies/Ruffert/Calliess*, a.a.O., S. 35: Auslegungsleitlinie und „Normenkontrollmaßstab"; vgl. auch *Kotzur*, in: Chemnitzer Europastudien 7, S. 192–196, zur „normativen Relevanz" und zum „Prinzipiencharakter" der Wert- und Zielbestimmungen in Art. 2 und 3 EUV; *Otoo*, Die normative

2. Absatz II der Präambel

„In dem Bewusstsein ihres geistig-religiösen und sittlichen Erbes gründet sich die Union auf die unteilbaren und universellen Werte der Würde des Menschen, der Freiheit, der Gleichheit und der Solidarität. Sie beruht auf den Grundsätzen der Demokratie und der Rechtsstaatlichkeit. Sie stellt den Menschen in den Mittelpunkt ihres Handelns, indem sie die Unionsbürgerschaft und einen Raum der Freiheit, der Sicherheit und des Rechts begründet".

32 Die im zweiten Absatz der Präambel genannten Werte und Grundsätze sind überwiegend bereits Elemente des europäischen Vertragsverfassungsrechts. So ist etwa in der Präambel des EU-Vertrags von 1997 hinzuweisen auf den dritten („in Bestätigung ihres Bekenntnisses zu den Grundsätzen der Freiheit, der Demokratie und der Achtung der Menschenrechte und Grundfreiheiten und der Rechtsstaatlichkeit") und fünften Erwägungsgrund („Solidarität"). Die invocatio dei gab es allerdings bis zum Beitritt Polens nur in Präambeln der nationalen Verfassungen von drei Mitgliedstaaten.[126]

33 Das Bewusstsein des **geistig-religiösen und sittlichen Erbes** war Gegenstand hochemotionaler Auseinandersetzungen in der Schlussphase des Konvents, insbesondere in der Gruppe der 16 Delegierten des Europäischen Parlaments.[127] Das bekannte und seither viel diskutierte[128] Ergebnis ist, dass an die Stelle des noch im vorletzten Entwurf hervorgehobenen kulturellen, humanistischen und „religiösen Erbes" (französisch „héritage culturel, humaniste et religieux") in der deutschen Fassung der Präambel nunmehr das „geistig-religiöse Erbe" getreten ist, während in den anderen Sprachfassungen die Religion nicht ausdrücklich erwähnt wird (französisch „patrimoine spirituel", englisch „spritual heritage", spanisch „património espiritual"). Die amtliche deutsche Fassung wird teils als „beachtliche Präzisierung",[129] teils aber auch als fehlerhafte Übersetzung[130] bewertet. Dabei kann in der Übersetzungsfrage nicht zweifelhaft sein, dass das französische Wort „spirituel" im Deutschen nicht einfach mit „spirituell" oder „geistig" übersetzt werden kann.[131] Auf der anderen Seite kann die Herausnahme von „religieux" (französisch) und „religious" (englisch) aus dem vorletzten Präambelentwurf nicht als irrelevant bezeichnet werden.[132]

Wirkung, S. 48; *Schwarze/Schwarze*, EU aaO; *Streinz/Pechstein*, EUV/AEUV, Art. 2 EUV, Rn. 8 (differenzierend zum Zusammenhang mit den Sanktionsmöglichkeiten nach Art. 7 EUV).

126 Deutschland, Griechenland und Irland; zu "Gottesklauseln" als "kulturträchtigem" Recht nationaler Verfassungen vgl. auch *Häberle/Kotzur*, Eur. Verfassungslehre, S. 517 f., Rn. 779; zur Präambel von Polen als neuem Mitgliedsland mit der invocatio dei in Alternativform vgl. oben Rn. 13.

127 Vgl. oben II. Rn. 24 und 25; sehr informativ auch *Schönlau*, in: Eriksen/Fossum/Menéndez, ARENA Report 8/2001, S. 144 ff.

128 Vgl. z.B. *Heinig*, Zeitschrift für evangelisches Kirchenrecht 46/2001, S. 440–461; *Otoo*, Die normative Wirkung, S. 48 f.; *Tanner*, EvKomm 5/91, S. 260–264; *Tettinger/Stern*, Europäische Grundrechte-Charta, Präambel A, S. 233 f. (Fn. 25–28); *Tettinger/Stern/Schambeck*, a.a.O., Präambel B, S. 241–248, jeweils m.w.N.

129 *Tettinger*, NJW 2001, 1011; ähnlich *Busse*, EuGRZ 2002, 567; vgl. auch *Schwarze/Schwarze*, Verfassungsentwurf, S. 498 f.: Akzeptabler Kompromiss.

130 Vgl. oben II. Rn. 25 zu entsprechenden Äußerungen der Delegierten *Kaufmann* (D) und *Leinen* (D).

131 In den englischen und französischen Wörterbüchern findet sich sowohl die Übersetzung mit "geistig" als auch mit "geistlich" (vgl. z.B. Langenscheidts Taschenwörterbücher; dasselbe gilt übrigens laut Duden für die Erläuterung des deutschen Wortes "spirituell"; ähnlich die Bedeutung des niederländischen "geestelijke").

132 Vgl. dazu den Hinweis von *Herzog*, in: Herbert-Quandt-Stiftung, 2001, S. 46, er habe zwei Tage gebraucht, bis er begriffen habe, dass das französische Wort "religieux" etwas ganz anderes bedeute als unser Wort religiös.

Letztlich handelt es sich aber keineswegs um eine bloße Übersetzungsfrage, die man den Sprachwissenschaftlern überlassen könnte. Denn europarechtlich ist von der Gültigkeit aller Sprachfassungen auszugehen. Nach der Rechtsprechung des EuGH verbietet die Notwendigkeit einer einheitlichen Auslegung und Anwendung aller amtlichen Texte jede isolierte Betrachtung von Vorschriften in einer ihrer Fassungen. Deshalb ist der Text bei – eventuell – unterschiedlichen Sprachfassungen nach dem wirklichen Willen ihres Urhebers und dem von diesem verfolgten Zweck im Lichte aller Sprachfassungen auszulegen.[133] Bei diesen Vorgaben dürfte sich das nonische Verfahren empfehlen,[134] indem zunächst festgestellt wird, welchen Inhalt die fraglichen Wörter jedenfalls nicht haben, um anschließend zu ihrem übereinstimmend gewollten positiven Inhalt vorzudringen.

Der Hinweis auf das geistig-religiöse Erbe kann nicht als Bekenntnis für eine bestimmte Religion, etwa das Christentum, als prägende Kraft des **christlichen Abendlandes** verstanden werden. Entsprechende Initiativen in der Frühphase des Konvents (→ Rn. 18) sind sehr bald aufgegeben worden, zumal sie mit dem unbestrittenen Grundrecht der Religionsfreiheit offensichtlich nicht vereinbar waren. Dasselbe gilt für den Versuch, einen Kanon mehrerer Religionen hervorzuheben, die dem christlichen Abendland zuzurechnen sind (z.B. Christentum und Judentum unter Ausschluss des Islam).[135] Denn, ganz abgesehen davon, dass auch der Islam die europäische Geschichte mitbestimmt hat und viele Millionen Angehörige des Islam schon vor eventuell noch bevorstehenden Erweiterungen in der Europäischen Union leben, müssen auch Atheisten oder Agnostiker als Träger des geistig-religiösen Erbes der Europäischen Union anerkannt werden, zumal dieser Begriff in den Schlussberatungen des Konvents auch das noch im vorletzten Entwurf erwähnte „kulturelle“ und „humanistische“ Erbe in sich aufgenommen hat. Der Verengung des geistigen Erbes allein auf Religionen oder auf bestimmte Religionen sollte auch die Wortverbindung „geistig-religiös“ entgegenstehen. Der offensichtliche Versuch einzelner Delegierter, insbesondere die **Türkei** frühzeitig aus der EU gewissermaßen verfassungsrechtlich „herauszudefinieren“, muss also als gescheitert behandelt werden.[136] Hinsichtlich der geistig-religiösen Tradition wird es bei künftigen Beitrittsentscheidungen also allein darauf ankommen, ob das jeweilige Kandidatenland die Werteordnung der Grundrechtecharta sowohl in seinen Gesetzen als auch in der rechtlichen und gesellschaftlichen Wirklichkeit anerkennt und umsetzt.[137] Einer Überbetonung der geistig-religiösen **Tradition** im Sinne einer Verpflichtung, dieses Erbe auch in Zukunft ohne wesentliche Veränderungen zu „konservieren“,

133 Vgl. z.B. EuGH-Stauder 29/69-Slg. 1969, 419; hingegen halten *Schwarze/Knecht*, EU, Präambel GRC, Rn. 23, wegen unterschiedlicher Gehalte der verschiedenen Sprachfassungen den gewählten Wortlaut für „europarechtswidrig“.

134 Zustimmend *Streinz/Streinz*, Präambel GRC, Rn. 9, Fn. 15.

135 Vgl. *Tettinger/Stern/Schambeck*, Europäische Grundrechtecharta, Präambel B, S. 246 f., zur Bedeutung der invocatio dei als Ausdruck des historischen Erbes Europas, das sich „neben dem bestimmenden Christentum auch auf das Judentum, die griechisch-römische Antike und die Aufklärung bezieht“.

136 Zustimmend *J. Limbach*, Rezension, EuR 2007, 683; ebenso *Breitenmoser/Riemer/Seitz*, Praxis des Europarechts, S. 302; gegen Festlegung der EU-Grenzen durch Präambel auch *Schwarze/Schwarze*, Verfassungsentwurf, S. 500.

137 Vgl. *Herzog*, in: Herbert-Quandt-Stiftung, 2001, S. 47, zur Grundrechtecharta als "Beichtspiegel" und zu akzeptierendem "Minimum" für Beitrittskandidaten: "Ich wäre, wenn ich türkischer Politiker wäre, sehr gut beraten, das genau zu lesen, und nicht nur zu lesen, sondern auch zu beherzigen;" vgl. ausdrücklich Art. 49 Abs. 1 EUV: „Jeder europäische Staat, der die in Art. 2 genannten Werte achtet und sich für ihre Förderung einsetzt, kann beantragen, Mitglied der Union zu werden“; vgl. auch *Häberle/Kotzur*, Eur. Verfassungslehre, S. 862 ff., Rn. 1369 f., zur offenen Frage, ob es einen "verfassungsstaatlichen Euro-Islam" geben wird.

steht schließlich entgegen, dass sich die Union auf die im zweiten Absatz der Präambel aufgezählten Werte „gründet", während sich auf das am Satzanfang genannte „Erbe" die schwächere Formulierung „im Bewusstsein" bezieht.

Positiv gewendet, begründet Absatz II der Präambel im Zusammenhang mit der Grundrechtecharta ein „allgemeines religiöses und weltanschauliches Neutralitätsgebot für die Europäische Union. Die Identifikation der Europäischen Union mit einer bestimmten Religion oder Weltanschauung ist ausgeschlossen, auch die Identifikation mit Atheismus oder Agnostizismus".[138] Das gilt auch deshalb, weil sich identische Verhaltenspflichten (z.B. die Verhaltenspflichten des Dekaloges oder die Friedenspflicht), die dem „sittlichen" Erbe entsprechen, aus den unterschiedlichen Religionen und Weltanschauungen ableiten lassen. Zum anderen lassen sich die bereits durch Artikel 9 EMRK garantierte Religions- und Weltanschauungsfreiheit problemlos ebenso in die Präambel „hineinlesen" wie die bekannte Erklärung zur Schlussakte des Vertrages von Amsterdam:

„Die Union achtet den Status, den Kirchen und religiöse Vereinigungen oder Gemeinschaften in den Mitgliedstaaten nach deren Rechtsvorschriften genießen, und lässt ihn unangetastet. Ebenso achtet die Union den Status von weltanschaulichen und nichtkonfessionellen Organisationen".

Beide Sätze dieser Erklärung gelten nunmehr[139] ausdrücklich und sogar verstärkt als Art. 17 Abs. 1[140] und 2[141] AEUV weiter, dessen Abs. 3 lautet:

„Die Union pflegt mit diesen Kirchen und Gemeinschaften in Anerkennung ihrer Identität und ihres besonderen Beitrags einen offenen, transparenten und regelmäßigen Dialog."

Aus dem „soft law"[142] der Erklärung ist also Primärrecht der EU geworden.[143]

Also achtet die EU auch die verfassungsrechtliche Stellung der Religionsgemeinschaften als Ausdruck der Identität der Mitgliedstaaten und ihrer Kulturen sowie als Teil „des gemeinsamen kulturellen Erbes".[144] Die Kontroverse um die Verwendung des Wortes „religiös" in der deutschen Textfassung[145] dürfte sich dadurch entspannt haben, dass die von der Regierungskonferenz formulierte Präambel EurVerf und nunmehr auch die Präambel EUV in ihrem neuen zweiten Erwägungsgrund (→ Rn. 37) ausdrücklich auch das Bekenntnis zum **religiösen** Erbe Europas enthalten.[146]

---

138 *Robbers*, in: FS Maurer, S. 425 ff., 431.

139 Art. 17 AEUV übernimmt wortwörtlich Art. I-52 EurVerf.

140 Der erste Satz endet nun statt „lässt ihn unangetastet": „beeinträchtigt ihn nicht" (Verschlechterungsverbot, das Verbesserungen zulässt).

141 Geachtet wird nur noch der Status von „weltanschaulichen Gemeinschaften", also nicht mehr von nichtkonfessionellen Organisationen.

142 *Häberle*, Verfassungslehre, 7. Aufl., S. 521.

143 *Liedhegener/Gerstenhauser*, in: Leiße (Hrsg.), Die EU, S. 160 ff. (173), sprechen im Zusammenhang mit dem Kirchenartikel 17 AEUV von einer „kooperativen Trennung von Staat und Religionsgemeinschaften"; vgl. auch *Stefan Muckel*, in: Sachs/Siekmann, Verfassungsstaat, S. 864 ff., mit dem Hinweis auf Art. 17 Abs. 3 AEUV als wichtiger Ergänzung der früheren Kirchenerklärung: „Die Union pflegt mit diesen Kirchen und Gemeinschaften in Anerkennung ihrer Identität und ihres besonderen Beitrags einen offenen, transparenten und regelmäßigen Dialog" (ebenso Art. 11 Abs. 2 EUV zum Dialog zwischen den Organen der EU und den repräsentativen Verbänden und der Zivilgesellschaft).

144 *Häberle/Kotzur*, Eur. Verfassungslehre, S. 854 ff. Rn. 1355 ff., mwN.

145 Und um die Korrektheit der Übersetzung von "spirituell" usw., vgl. dazu oben (Rn. 33).

146 Präambel EurVerf Abs. I: "Schöpfend aus dem kulturellen, religiösen und humanistischen Erbe Europas"; ähnlich schon der Text des Verfassungskonvents, der in Abs. II lediglich statt "Erbe" von "Überlieferungen" sprach. Zum Vergleich des Gottesbezuges in der Präambel des Grundgeset-

Die Überschrift für die im zweiten Absatz der Präambel aufgeführten Werte als **unteilbare und universelle Werte** wird vereinzelt als verzichtbar kritisiert.[147] Wohl zu Unrecht: Denn die etwas pathetisch anmutende Wortwahl gehört nicht nur zur „bürgernahen Feiertagssprache" von Präambeln (→ Rn. 3), sondern vermittelt auch bestimmte Inhalte. Der Anspruch, „universell" zu gelten, ist eine logisch schwer vermeidbare Qualität von Menschenrechten, die als solche in ihrer Geltung nicht an den Grenzen eines Staates oder eines Staatenverbundes wie der Europäischen Union enden.[148] Der Anspruch, „unteilbar" zu sein, beront nicht nur den besonderen Schutzwert,[149] sondern hat auch eine wichtige Funktion gegenüber den Versuchen, die aus Grundwerten und insbesondere der Solidarität abgeleiteten sozialen Grundrechte als angeblich zu kostspielige Leistungsrechte von den klassischen Freiheitsrechten abzuspalten und letztlich abzulehnen.[150] 34

Den besonders genannten **Werten der Würde des Menschen,** der **Freiheit**, der **Gleichheit** und der **Solidarität** sind die Titel I bis IV der Charta gewidmet. Sie werden dort in **Grundrechte transformiert** und dadurch gleichzeitig konkretisiert und ausdifferenziert. Insoweit ist an die **Zusammenfassungsfunktion** der Präambel zu erinnern (→ Rn. 4). Offenbar ist die Menschenwürde nicht zufällig an erster Stelle genannt und zum Leitgedanken und zur Überschrift des ersten Chartatitels gemacht worden. Der Begriff der Menschenwürde ist ein Grundpfeiler europäischer Identitätsentwicklung.[151] Unabhängig davon, ob man den Ursprung in der christlichen Betonung der Gottesebenbildlichkeit des Menschen[152] oder in einer Gemengelage antiker und humanistischer Traditionen sowie der Aufklärung sieht, ist sie ein Leitgedanke europäischer Philosophie- und Rechtsgeschichte.[153] Die **Solidarität** taucht zwar schon in der Präambel des EU-Vertrags auf, erhält aber durch die Grundrechtecharta einen ganz neuen Stellenwert. Die Bewertung des Solidaritätsgrundsatzes als „äußerst abstrakt" sowie als „Formelkompromiss"[154] verkennt seine Bedeutung für die Grundstruktur und den konkreten Inhalt der Charta: Durch die Präambel, Titel IV und die dynamische Klausel in Artikel 53 (z.B. revidierte Sozialcharta als „internationales Übereinkommen", das nach Inkrafttreten der künftigen Auslegung der Charta zugrunde zu legen ist) erhält die Solidarität den gleichen Rang wie Freiheit und Gleichheit.[155]

---

zes und einer Europäischen Verfassung vgl. auch *Mahrenholz*, JöR 2009, S. 61 ff. (69): „Anerkennung der Faktizität und Bedeutung religiösen Lebens in Europa"; zur Bedeutung der invocatio dei im Vertrag von Lissabon vgl. auch *Mangiameli*, in: Blanke/Mangiameli, TEU, Preamble, Rn. 30 ff., 36 (für unterschiedliche Gestaltungsmöglichkeiten durch Verfassungen der Mitgliedstaaten).

147 *Busse*, EuGRZ 2002, 570.

148 *Tomuschat*, in: Timsis/Flogaitis, The EU Charter, S. 162, sieht als Grundlage für die Arbeit des Konvents "a highly developed normative system as the reflection of commonly shared value judgements".

149 *Knecht*, Die Charta, S. 144 f.

150 Vgl. dazu *Meyer/Engels*, ZRP 2000, 368 ff.

151 Zur Vorgeschichte von Art. 1 GRC vgl. auch *Meyer*, Die Menschenwürde in der künftigen Verfassung, in: FS Renesse, S. 53 ff.

152 Genesis 1, 26.

153 Zur „Menschenwürde als Grundbedingung zivilisierter Staatlichkeit" vgl. unten *Borowsky*, Art. 1 Rn. 4 mwN.

154 *Busse*, EuGRZ 2002, 573.

155 Vgl. dazu näher unten (auch zur 3-Säulen-Theorie) die Kommentierung von Titel IV der Charta; *Häberle/Kotzur*, Eur. Verfassungslehre, S. 356 ff., Rn. 471 ff. sprechen unter Hinweis auf die Stichworte "Solidarität" und "Vielfalt der Kulturen" vom Beginn einer "Grundwerte-Charta"; grundlegend zur Solidarität als "Leitprinzip der Europäischen Union" *Piazolo*, Solidarität, z. B. S. 557 ff.; *Lais*, Das Solidaritätsprinzip im europäischen Verfassungsverbund; jeweils m.w.N.; vgl. auch *Meyer*, Erwartungen der EU-Mitgliedstaaten, in: Europa forum luzern (Hrsg.), Europa wie weiter? S. 46 ff. (50); zur Solidarität im Zusammenhang mit der aktuellen Finanz- und Währungskrise vgl. *Potacs*, EuR 2013, 133–145.

35 Die Grundsätze der Demokratie und der Rechtsstaatlichkeit haben zwar dadurch einen materiellen Eigengehalt, dass sie im Chartatext nicht wieder auftauchen.[156] Diese Feststellung relativiert sich aber in zweifacher Hinsicht. Zum einen werden wesentliche Elemente der beiden Grundsätze in den Titeln V (Bürgerrechte als Anwendungsbereich von Demokratie) und VI (Justizielle Rechte als Konsequenz von Rechtstaatlichkeit) ausformuliert.[157] Zum zweiten ist die Notwendigkeit, zur Konkretisierung (auch der Präambel EUV, zweiter und vierter Erwägungsgrund: Demokratie und Rechtsstaatlichkeit als universelle Werte bzw. „Grundsätze") und Weiterentwicklung z.B. auf Art. 6 Abs. 1 EUV-Nizza (nunmehr Art. 2 EUV) zurückzugreifen,[158] weitgehend entfallen. Denn es war eine der wichtigsten Aufgaben des zweiten Konvents, in seinem Verfassungsentwurf Vorschläge für mehr Demokratie etwa durch eine stärkere Rolle des Europäischen Parlaments[159] und durch eine neue „Rolle der nationalen Parlamente in Europa" (Erklärung von Nizza zur Zukunft der Union) zu entwickeln.[160] Mehr Rechtsstaatlichkeit dürfte die Europäische Union durch die schrittweise Stärkung des EuGH als dritter Gewalt[161] und durch den Beitritt zur Europäischen Menschenrechtskonvention[162] gewinnen. Die Grundrechtecharta und Absatz II ihrer Präambel (in Verbindung mit Art. 2 EUV) sollten aber durchaus ein ständiger Impuls für mehr Demokratie und Rechtsstaatlichkeit sein. So ist es durchaus erfreulich, dass nunmehr auch aus den Reihen des **Europäischen Parlaments** ein eigenes **Initiativrecht** statt des Initiativmonopols der Kommission im Gesetzgebungsverfahren gefordert wird.[163] Der entsprechende Vorschlag des Delegierten *Meyer* (D) in der Plenarsitzung des Verfassungskonvents vom 23. Mai 2002[164] wurde seinerzeit aus den Reihen der EP-Delegierten wegen der dann unvermeidbaren Einführung eines allgemeinen Initiativrechts und einer entsprechenden Aufwertung auch für den Rat noch abgelehnt.[165]

---

156 Zutreffend *Busse*, EuGRZ 2002, 573; zur Unterscheidung von Grundrechten und (z.B. Demokratie und Rechtsstaatlichkeit als) „Grundsätzen" (engl. „principle", franz. „principe") kann hier auf die Kommentierung unten von Art. 52 Abs. I S. 2 und V S. 1 GRC verwiesen werden. Dabei ist hervorzuheben, dass auch die „Grundsätze" verbindliches Recht enthalten, das aber durch seine „konstitutive Umsetzugsbedürftigkeit" gekennzeichnet ist. Sie verleihen deshalb „für sich allein dem Einzelnen kein subjektives Recht". Eins solches kann sich erst aus den Umsetzungsakten ergeben, zu denen die Union bzw. die Mitgliedstaaten verpflichtet sind. Zutreffend *Jarass*, GRC, Art. 52, Rn. 68–72; vgl. auch *GHS/Terhechte*, EU, Bd. I, Vorbem. GRC, Rn. 17; *Pechstein/Nowak/Häde/Pache*, Frankfurter Kommentar, Bd. I, S. 1698 ff., 1702 (auch für Heranziehung der Grundsätze zur Auslegung von Durchführungakten oder bei deren Rechtmäßigkeitsprüfung); je mwN.

157 Ebenso *Busse*, a.a.O.; *Streinz/Streinz*, EUV/AEUV, Präambel GRC, Rn. 5 und 10.

158 Vgl. die Kommentierung zu Demokratie und Rechtsstaatlichkeit bei *Schwarze/Stumpf*, EU, Art. 6 EU, Rn. 5 bzw. 7–11, 29 f.

159 Vgl. dazu z. B. Art. I-20 EurVerf. und nunmehr Art. 14 EUV, 223 ff. AEUV; vgl. auch *Oppermann*, Der Europäische Verfassungsvertrag, in: Derra, FS Meyer, S. 285: „Das Europäische Parlament ist der große Gewinner der Verfassung".

160 Vgl. dazu z. B. Art. I-11 Abs. 3 EurVerf und nunmehr Art. 5 EUV in Verbindung mit dem Protokoll Nr. 1über die Rolle der nationalen Parlamente in der Europäischen Union, und ausführlich *Meyer*, Demokratische Elemente im Europäischen Verfassungsprozess, S. 49–58.

161 Vgl. die erweiterte Zulassung der Nichtigkeitsklage gegen Rechtsakte mit Verordnungscharakter, Art. 263 Abs. 4 AEUV (Verzicht auf das Kriterium der „individuellen" Betroffenheit), dazu *Schwarze/Schwarze*, EU, Art. 263 AEUV, Rn. 1 und 50 ff.

162 Vgl. dazu Art. I-9 Abs. 2 EurVerf und nunmehr Art. 6 Abs. 2 EUV; dazu *J. Fischer*, Grundrechtsschutz, in: Derra, FS Meyer, S. 266; *Schwarze/Hatje*, EU, Art. 6 EUV, Rn. 10–14; Universität Warschau/Meyer, The Treaty, S. 63–66.

163 Vgl. *Leinen*, Das Europäische Parlament in: Leiße (Hrsg.), Die EU, S. 113.

164 Vgl. das Wortlautprotokoll des Redebeitrages, in: Dt. Bundestag, Eine Verfassung für Europa, Zur Sache 1/2003, S. 1132.

165 Dafür jetzt aber *Leinen*, a.a.O. (Fn. 163); ebenso *Meyer*, a.a.O. (Fn. 164).

Die vom Präsidium des Verfassungskonvents mit der Mehrheit der Regierungsvertreter zunächst abgelehnte und erst in der letzten Arbeitssitzung des Konvents mit Unterstützung der Parlamentsdelegierten und zahlreicher Vertreter der Zivilgesellschaft durchgesetzte **Bürgerinitiative,**[166] Art. 11 Abs. 4 EUV, soll die repräsentative Demokratie durch ein Element partizipatorischer Demokratie ergänzen. Dem entspricht eine möglichst unbürokratische Anwendung der Verfahren und Bedingungen für die Initiative in der gemäß Art. 24 Abs. 1 AEUV erlassenen Verordnung (EU) Nr. 211/2011 des Europäischen Parlaments und des Rats.[167] Das Instrument, mit dem eine Million EU-Bürger per Unterschrift die Kommission auffordern können, Vorschläge für Gesetzesinitiativen zu unterbreiten, sollte so mit Leben erfüllt werden.[168] Dadurch könnte schrittweise die für die demokratische Legitimation der EU unverzichtbare[169] europäische Öffentlichkeit entstehen und gestärkt werden. Erfreulicherweise hat im Frühjahr 2013 die Initiative „right 2 water" für die Anerkennung des Menschenrechts auf Wasser und sanitäre Grundversorgung und gegen die Privatisierung von Wasser als erste europäische Bürgerinitiative die erforderliche Zahl von Unterschriften aus 7 Ländern der EU erreicht.[170] Die Kommission hat daraufhin erklärt, das Wasser aus der geplanten Richtlinie zur Vergabe öffentlicher Aufträge herausnehmen zu wollen.[171]

Die in der Schlussphase der Konventsberatungen auf Initiative von Kommissar Vitorino in die Präambel aufgenommene Aufgabe, wonach der **Mensch im Mittelpunkt des Handelns der EU** steht, ist weniger neu oder gar revolutionär, als es auf den ersten Blick erscheinen mag.[172] Es handelt sich nämlich nicht um den Ausdruck eines anthropozentrischen Weltbildes, sondern um eine Variante der aus dem hohen Rang der Menschenwürde ableitbaren klassischen Aussage, dass der Staat für den Menschen und nicht umgekehrt der Mensch für den Staat existiert.[173] Damit soll wohl auch dem in der Öffentlichkeit verbrei- 36

166 Antrag *Meyer* (D) CONV 724/03 zu Art. I-46; näher dazu *J. Fischer*, Grundrechtsschutz, in: *Derra*, FS Meyer, S. 267; *Maurer/Vogel*, Die Europäische Bürgerinitiative, S. 5 ff. (9); vgl. auch *Leinen*, a.a.O., S. 100: „Quantensprung in den Beteiligungsmöglichkeiten der europäischen Bürger"; Universität Warschau/Meyer, The Treaty, S. 43 f.

167 VO Nr. 211/2011 des EP und des Rates v. 16.2.2011, Abl. 2011 Nr. L 65 S. 1; vgl. *Calliess/Ruffert/Ruffert*, Verfassung der Europäischen Union, S. 559 f. (Rn. 14–20), und die Empfehlungen von *Maurer/Vogel*, a.a.O.; vgl. auch *Leinen*, a.a.O., S. 111 f.: Für „klare, einfache und nutzerfreundliche Bedingungen".

168 Ebenso *Leinen/Schönlau*, Europas Demokratie verwirklichen, in: Derra, FS Meyer, S. 230.

169 Vgl. *Jürgen Habermas*, in: Eriksen/Fossum/Menéndez, The Chartering of Europe, S. 266 ff. (Creating a Public Sphere"); zur europäischen Öffentlichkeit als sozialem System vgl. *Mohr*, Grundrechte und Öffentlichkeit, S. 21 ff.

170 Näher dazu *Meyer*, euvr 2013, S. 57–60.

171 dpa-Meldung vom 21. Juni 2013; erfolgreich scheint auch die Europäische Bürgerinitiative „Stop Glyphosat" vom 6.2.2017 zu sein: Die Geheimhaltung von Industriestudien im Zulassungsverfahren wurde im Februar 2019 beendet, vgl. DER SPIEGEL v. 16.2.2019, S. 53.

172 Vgl. aber die Bedenken von *Schröder*, JZ 2002, S. 851, wonach der Aufgabenkatalog der EG/ EU bisher nicht auf den Grundrechtsschutz ziele, sondern das Fortschreiben der Integration die raison d'être des Unionshandelns sei, "auch wenn die Herstellung eines Gemeinsamen Marktes nicht mehr als abschließendes oder endgültiges Ziel der Integration gilt". Der Verfassungskonvent hat an dieser und anderen Stellen der Grundrechtecharta zur Angleichung an die anderen Sprachfassungen und zur Vermeidung von Missverständnissen den Begriff "Person" durch den Begriff "Mensch" ersetzt (vgl. den Überblick bei *Schwarze/Knecht*, EU, Präambel GRC, Rn. 17).

173 Zutreffend *Busse*, EuGRZ 2002, 570, mit Hinweis auf die entsprechende Formulierung in Art. 1 Abs. 1 des Herrenchiemsee-Entwurfes von 1948; vgl. auch *Meyer*, Human Dignity in the Future Constitution for Europe, S. 168–174; *Otoo*, Die normative Wirkung, S. 50 f.; *Tettinger/Stern*, Europäische Grundrechtecharta, Präambel A, S. 234 (Rn. 32).

teten Bild von der „Brüsseler Bürokratie“ als bürgerfernem Organisationsgebilde, das auf den einzelnen Menschen wenig Wert legt, entgegengewirkt werden.[174]

37 Die **Unionsbürgerschaft** wird als Instrument („indem“) beschrieben, die Person in den Mittelpunkt des Handelns der Union zu stellen. Ob dieser Erwähnung in der Präambel ein materieller Eigengehalt in dem Sinne zukommt, dass es eine Unionsbürgerschaft auch unabhängig vom bisherigen europäischen Primärrecht gibt, ist zweifelhaft.[175] Denn sie bleibt nach Art. 17 EG[176] und nunmehr Art. 20, Abs. 1 AEUV mit der Staatsangehörigkeit eines Mitgliedstaates verbunden und hat durch die Präambel EUV als „gemeinsame Unionsbürgerschaft für die Staatsangehörigen ihrer Länder“ (zehnter Erwägungsgrund) einen zusätzlichen Akzent erhalten: Sie geht über die nach den bisherigen Gemeinschaftsverträgen stehende „Marktbürgerschaft“ hinaus, ist aber noch weit entfernt von einer europäischen Staatsbürgerschaft.[177] In der Grundrechtecharta wird die Unionsbürgerschaft zur Unterscheidung zwischen Menschenrechten und (nur den Unionsbürgern zustehenden) Bürgerrechten[178] vorausgesetzt.

Die Weiterentwicklung war eine der Aufgaben des zweiten Konvents. In dem vom Präsidium im Oktober 2002 vorgelegten „Vorentwurf“ einer Verfassungsstruktur[179] war für einen „Titel II: Unionsbürgerschaft und Grundrechte“ ein spezieller Artikel 5 vorgesehen, zu dem es in einer „Kurzbeschreibung des Textes“ u.a. hieß:

„In diesem Artikel wird die Unionsbürgerschaft eingeführt und definiert: Jeder Staatsangehörige eines Mitgliedstaates ist Bürger der Union. Er besitzt eine doppelte Staatsbürgerschaft, die nationale Staatsbürgerschaft und die Unionsbürgerschaft, und benutzt beide nach Belieben und nach eigenem Gutdünken, wobei er die an beide jeweils geknüpften Rechte und Pflichten achtet“.

Daraus ist Art. I-10 EurVerf und nunmehr Art. 20 AEUV hervorgegangen, in dem allerdings von einer Benutzung von zwei Bürgerschaften nach Belieben oder gar einer doppelten „Staats“-Bürgerschaft richtigerweise nicht mehr die Rede ist.[180]

38 Auch der **Raum der Freiheit, der Sicherheit und des Rechts** soll dazu dienen („indem“), die Person in den Mittelpunkt des Handelns der Union zu stellen. Die Präambel knüpft an Art. 2 EUV-Nizza (vierter Spiegelstrich) an, wonach die Union sich als Ziel setzte: „die Erhaltung und Weiterentwicklung der Union als Raum der Freiheit, der Sicherheit und des Rechts, in dem in Verbindung mit geeigneten Maßnahmen in Bezug auf die Kontrollen an den Außengrenzen, das Asyl, die Einwanderung sowie die Verhütung und Bekämpfung der Kriminalität der freie Personenverkehr gewährleistet ist“.[181] Die Weiterentwicklung der polizeilichen und justiziellen Zusammenarbeit war ein zentrales Thema des zweiten Kon-

174 Ebenso *Busse*, a.a.O.

175 *Busse*, EuGRZ 2002, 574, hält das für vertretbar.

176 Vgl. dazu die Kommentierung bei *Schwarze/Hatje*, EU, S. 370 ff.

177 *Grabitz/Hilf/Hilf/Pache*, EU, Präambel EUV, Rn. 30; *Streinz/Streinz*, Präambel GRC, Rn. 10; *Tettinger/Stern*, Europäische Grundrechtecharta, Präambel A, S. 234 (Rn. 33).

178 Vgl. Titel V der Charta sowie einzelne Artikel, z.B. Art. 12 Abs. 2 (Vereinigungsfreiheit), 15 Abs. 2 (Niederlassungsfreiheit und Recht zu arbeiten).

179 CONV 369/02.

180 Vgl. Abs. 1 Satz 2: “Die Unionsbürgerschaft tritt zur nationalen Staatsangehörigkeit hinzu, ohne diese zu ersetzen.”

181 Vgl. dazu die Kommentierung bei *Streinz/Pechstein*, EUV/AEUV, Art. 2 EUV, Rn. 1–8; vgl. auch Art. 29 EUV-Nizza (polizeiliche und justizielle Zusammenarbeit in Strafsachen sowie Verhütung und Bekämpfung von Rassismus und Fremdenfeindlichkeit) und zu den Art. 29–42 (Titel VI EUV-Nizza) die Kommentierung bei *Schwarze*, EU, durch *M. Böse*, m.w.N.; vgl. auch *Meyer*, Die zukünftige Europäische Verfassung und das Strafrecht, S. 797 -806.

vents im Zusammenhang mit dem vorgesehenen Wegfall der Säulenstruktur der Union (hier: Vergemeinschaftung der dritten Säule). Erste Vorschläge sind von einer Arbeitsgruppe unter dem Vorsitz des früheren irischen Premierministers *John Bruton* erarbeitet worden.[182] Der Konvent und die folgende Regierungskonferenz hatten sich u. a. mit der Frage zu befassen, ob und gegebenenfalls wie den Interessen aller Bürger dienende Aufgaben wie ein besserer Rechtsschutz oder die Bekämpfung grenzüberschreitender Kriminalität oder die Kontrolle der EU-Außengrenzen künftig unter Einschränkung nationaler Souveränitätsrechte verstärkt von bestehenden (EuGH, Europol, OLAF, Eurojust) oder von neu einzurichtenden EU-Behörden (Europäische Staatsanwaltschaft, Europäischer Strafgerichtshof, Europäische Grenzpolizei, Europäische Asylbehörde, Europäische Einwanderungsbehörde) wahrgenommen werden sollten. Die daraus hervorgegangenen Bestimmungen können an dieser Stelle nicht im Einzelnen erläutert werden.[183] Die Nachfolgeregelung zu Art. 2 EUV-Nizza (vierter Spiegelstrich) ist Art. 3 Abs. 2 EUV, wo allerdings nicht mehr von „Weiterentwicklung" der Union gesprochen, sondern lediglich festgestellt wird: Die Union „bietet" ihren Bürgerinnen und Bürgern einen Raum der Freiheit, der Sicherheit und des Rechts – mit der Hinzufügung: „ohne Binnengrenzen".

Der Vergleich von Abs. II der Präambel der Grundrechtecharta (unverändert gebliebener Text des Grundrechtekonvents) mit den entsprechenden Passagen des EUV i.d.F. des Vertrages von Lissabon hat bereits an anderen Stellen ein hohes Maß an Übereinstimmung mit der **Präambel EUV** ergeben (→ Rn. 34 und → Rn. 36). Von besonderem Interesse ist der nach dem Wegfall der Präambel EurVerf (→ Rn. 1) hinzugekommene zweite Erwägungsgrund, der das Bekenntnis zum **religiösen** Erbe („schöpfend aus dem kulturellen, religiösen und humanistischen Erbe Europas") ausdrücklich übernimmt (→ Rn. 32). Allerdings ist die anschließende Behauptung etwas vollmundig, dass sich (allein?) aus diesem Erbe Europas („aus dem sich") „die unverletzlichen und unveräußerlichen Rechte des Menschen sowie Freiheit, Demokratie, Gleichheit und Rechtsstaatlichkeit als universelle Werte entwickelt haben".[184] **„Titel I Gemeinsame Bestimmungen" EUV** nennt in Art. 2 unter den Werten, auf die sich die Union gründet, u. a. Demokratie und Rechtsstaatlichkeit.[185] Art. 3 Abs. 1 EUV bekräftigt das Ziel der Friedensförderung. Die Unionsbürgerschaft als Konsequenz und Ergänzung der Staatsangehörigkeit eines Mitgliedstaates der Union wird in Art. 9 S. 2 und 3 EUV geregelt.[186] 39

3. Absatz III der Präambel

„Die Union trägt zur Erhaltung und zur Entwicklung dieser gemeinsamen Werte unter Achtung der Vielfalt der Kulturen und Traditionen der Völker Europas sowie der nationalen Identität der Mitgliedstaaten und der Organisation ihrer staatlichen Gewalt auf natio-

182 CONV 426/02.

183 Titel V, Art. 67–89 AEUV, Der Raum der Freiheit, der Sicherheit und des Rechts; Art. 3 Abs. 2 EUV; sehr instruktiv *Geiger*, Die Justizpolitik, in: *Derra*, FS Meyer, S. 339 ff.; *Monar*, Der Raum der Freiheit, integration 4/03, 536–549; Pernice, Die horizontale Dimension, in: *Derra*, FS Meyer, S. 359 ff.; *Sieber*, Die Zukunft des Europäischen Strafrechts, ZStW 121 (2009), 1 ff.; vgl. auch *Calliess/Ruffert/Suhr*, Verfassung der Europäischen Union, S. 500–519 (Rn. 1–51); *Schwarze/Herrnfeld* ua, EU, Art. 67 ff. AEUV; *Stern/Tettinger*, Europäische Grundrechtecharta, Präambel A, S. 234 f. (Rn. 34); *Streinz/Weiß/Satzger* ua, EUV/AEUV, Art. 67 ff. AEUV; *Vedder/Heintschel von Heinegg/Rosenau/Petrus*, Unionsrecht, Art. 67 ff. AEUV.

184 Vgl. nur *Schily*, Die Identität Europas, in: *Derra*, FS Meyer, S. 17 ff., mit dem Hinweis z.B. auf die arabischen Gelehrten Avicenna und Averroes und auf Entwicklungen in Japan und Indien.

185 Vgl. dazu *Calliess/Ruffert/Calliess*, EUV/AEUV, Art. 2 EUV, Rn. 20–22 und 25 f.; *Schwarze/Schwarze*, EU, Art. 2 EUV, Rn. 1; *Streinz/Pechstein*, EUV/AEUV, Art. 2 EUV, Rn. 4 und 6.

186 Vgl. Kommentierung von *Streinz/Magiera*, EUV/AEUV, Art. 9 EUV, Rn. 2–4 und 12.

naler, regionaler und lokaler Ebene bei. Sie ist bestrebt, eine ausgewogene und nachhaltige Entwicklung zu fördern und stellt den freien Personen-, Waren-, Dienstleistungs- und Kapitalverkehr sowie die Niederlassungsfreiheit sicher.“

40 Die Aussagen des dritten Absatzes der Präambel (unverändert in Teil II EurVerf übernommen) sind im Konvent ohne größere Kontroversen vereinbart und bislang auch in der Fachliteratur im Wesentlichen zustimmend aufgenommen worden.[187] Das dürfte daran liegen, dass wesentliche Teile bereits Gegenstand des europäischen Vertragsrechts und auch vieler nationaler Verfassungen der Mitgliedstaaten sind. Dieses wird in den zahlreichen kritisch-ungeduldigen Stellungnahmen gegenüber dem zweiten Konvent vor allem zum Umweltschutz (→ Rn. 43) übersehen, die offenbar auch in Unkenntnis der Grundrechtecharta und ihrer bevorstehenden Verbindlichkeit verfasst worden sind. Deshalb soll als Beispiel für die vom ersten Konvent zu beachtenden Vorgaben auf die Art. 2 (Nachhaltigkeit), 6 (Umweltschutz) und 174 (Umweltpolitik) EG sowie auf eine Reihe entsprechender Regelungen in den nationalen Verfassungen verwiesen werden.[188] Das Problem liegt auch hier offenbar weniger im geltenden Recht als in seiner Umsetzung.

41 Ein Schwerpunkt von Absatz III ist die Aussage, dass die Union zur Erhaltung und zur Entwicklung der (in Abs. I und II genannten) gemeinsamen Werte unter **Achtung der Vielfalt der Kulturen und Traditionen der Völker Europas sowie der nationalen Identität der Mitgliedstaaten** beiträgt. Der Gedanke der Vielfalt der Kulturen (sowie Religionen und Sprachen) wird in Art. 22 GRC wiederholt und vertieft.[189] Die Vielfalt der Kulturen und Traditionen lässt sich dabei nicht von der nationalen Identität trennen, sondern begründet diese mit. Als Beispiel mag die Feststellung genügen, dass das Opernwerk von Verdi „Teil der kulturellen bzw. nationalen Identität Italiens“ ist.[190] Insofern kann man von den europäischen „Kulturvölkern“[191] und von einem „Europa der kulturellen Vaterländer“[192] sprechen. Die Achtung der nationalen Identität ist ein Leitgedanke des europäischen Vertragsrechts, der in der Präambel EUV (sechster Erwägungsgrund) als „Wunsch“ der unterzeichnenden Staatsoberhäupter formuliert ist, „die Solidarität zwischen ihren Völkern un-

---

187 Vgl. nur *Schwarze/Knecht*, EU, Präambel GRC, Rn. 24 (auch zur Diskussion über die Doppelnatur der aufgezählten Grundfreiheiten als subjektive Rechte des Einzelnen und als Grundrechtsschranken); *Streinz/Streinz*, EUV/AEUV, Präambel GRC, S. 2691, Rn. 11; *Tettinger/Stern*, Europäische Grundrechtecharta, Präambel A, S. 235, Rn. 35–37, jeweils m.w.N.

188 Belgien (Art. 22: Schutz einer gesunden Umwelt), Bulgarien (Art. 15: Die Republik Bulgarien gewährleistet die Erhaltung und die Wiederherstellung der Umwelt, die Pflege der Vielfalt der lebenden Natur und die vernünftige Nutzung der Naturschätze und Ressourcen des Landes), Deutschland (Art. 20 a: Schutz der natürlichen Lebensgrundlagen), Finnland (Art. 20: Verantwortung für die Umwelt), Griechenland (Art. 24: Schutz der natürlichen und der kulturellen Umwelt), Italien (Art. 9: Landschaftsschutz), Niederlande (Art. 21: Schutz und Verbesserung der Umwelt), Portugal (Art. 66: Recht auf eine menschenwürdige, gesunde und ökologisch ausgewogene Umwelt und Pflicht, für ihre Erhaltung Sorge zu tragen), Spanien (Art. 45: Recht, eine der Entfaltung der Persönlichkeit förderliche Umwelt zu genießen, und Pflicht, sie zu erhalten); vgl. auch Lettland (Art. 115: Der Staat schützt das Recht eines jeden, in einer intakten Umwelt zu leben...), Litauen (Art. 53: The State and each person must protect the environment from harmful influences, ausgeführt in Art. 54), Polen (Art. 74: Der Umweltschutz ist die Pflicht der öffentlichen Gewalt), Rumänien (Art. 134: Schutz der Umwelt sowie Erhaltung des ökologischen Gleichgewichts).

189 Vgl. dazu unten die Kommentierung von *Hölscheidt*.

190 *Häberle/Kotzur*, Eur. Verfassungslehre, S. 530 (Fn. 45); Entsprechendes lässt sich von der Dichtung von Shakespeare für die britische Identität oder Goethes für die deutsche Identität usw. sagen.

191 BVerfGE 12, 1, 4.

192 *Häberle*, Verfassungslehre, 7. Aufl., S 246, unter Bezugnahme auf *Max Frisch*; vgl. auch *Häberle/Kotzur*, Eur. Verfassungslehre, S. 838 ff. (Europa als "kultureller Prozess").

ter Achtung ihrer Geschichte, ihrer Kultur und ihrer Traditionen zu stärken".[193] Damit ist auch das Spannungsverhältnis zum Ausdruck gebracht, das zwischen dem Bestreben nach Vertiefung und Intensivierung der Integration einerseits und der „Sorge vor der schleichenden Auszehrung der Staatlichkeit der Mitgliedstaaten andererseits" besteht und durch die Formel „Stärkung der Solidarität und Achtung der Eigenständigkeit" berücksichtigt werden soll.[194]

Die Erhaltung und Entwicklung der gemeinsamen Werte der Union geschieht unter Achtung der **Organisation ihrer staatlichen Gewalt auf nationaler, regionaler und lokaler Ebene.** Diese Aussage ist nicht nur ein Anwendungsfall der **Achtung der nationalen Identität,** sondern beinhaltet auch die – in öffentlichen Diskussionen häufig übersehene – Anerkennung der **Regionen**[195] sowie der **kommunalen Selbstverwaltung** dort, wo sie – wie etwa in Deutschland und Spanien – als Element nationaler Identität und als Anwendungsfall des Subsidiaritätsprinzips besteht.[196] Die Achtung der Organisation der staatlichen Gewalt auf (regionaler und) lokaler Ebene bedeutet umgekehrt aber auch, dass dort, wo es andere Strukturen gibt, diese ebenfalls zu achten sind. Die Präambel statuiert in Absatz III einen Bestandsschutz (z.B. auch für die Ablehnung kommunaler Selbstverwaltung im Vereinigten Königreich) für Vielfalt, der vor Einebnung durch Gleichmacherei schützt. 42

Das erst in der Schlussphase der Konventsberatungen in die Präambel aufgenommene (→ Rn. 21) Bestreben, eine ausgewogene und **nachhaltige Entwicklung** zu fördern, lässt sich auf Vorgaben des europäischen Vertragsrechts und nationalen Verfassungsrechts zurückführen (→ Rn. 38). Die Aufnahme in die Präambel hat eine doppelte Bedeutung. Zum einen wird dadurch in der Verbindung mit der Konkretisierung in Art. 37 der Grundrechtecharta der ein langfristiges und generationsübergreifendes Denken erfordernde[197] Grundsatz der Nachhaltigkeit gewissermaßen mit dem Rang europäischen Primärrechts ausgestattet. Zum anderen wird der Anwendungsbereich über den Bereich der Wirtschaftspolitik hinaus auf alle Politiken der Union erstreckt.[198] Das wird nicht zuletzt im Rahmen der Au- 43

---

193 Vgl. auch Art. 4 Abs. 2 EUV: "Die Union achtet die Gleichheit der Mitgliedstaaten vor den Verträgen und ihre jeweilige Identität..."; vgl. dazu *Streinz/Streinz*, EUV/AEUV, Art. 4 EUV, Rn. 14–16; *Schwarze/Hatje*, EU, Art. 4 EUV, Rn. 2–9.

194 *Grabitz/HilfNettesheim//Hilf/Terhechte*, EU Präambel EUV, Rn. 28 (zum identischen sechsten Erwägungsgrund Präambel EUV).

195 Vgl. dazu auch Art. 151 EG, jetzt 167 AEUV (Anhörung des Ausschusses der Regionen bei Fördermaßnahmen im Bereich der kulturellen Zusammenarbeit) und Art. 263 ff. EG, jetzt Art. 305 ff. AEUV (Ausschuss der Regionen als Beratungsgremium); vgl. auch *Calliess/Ruffert/Suhr*, EUV/AEUV, Art. 307 AEUV, Rn. 5 und 6 und *Schwarze/Hönle*, EU, Art. 307 AEUV, Rn. 1 und 2 zum Gedanken eines Europas der Regionen und der formalen Aufwertung des Ausschusses. Die Stärkung des politischen Einflusses des AdR dürfte wesentlich von der Durchsetzung klarer demokratischer Strukturen abhängen.

196 Ebenso *Tettinger*, NJW 2001, 1011; vgl. nunmehr auch Art. 4 Abs. 2 EUV zur Achtung der regionalen und kommunalen Selbstverwaltung als Ausdruck der nationalen Identität der Mitgliedstaaten; vgl. dazu *Calliess/Ruffert/Puttler*, EUV/AEUV, Art. 4 EUV, Rn. 18–20; *Schwarze/Hatje*, EU, Art. 4 EUV, Rn. 9.

197 Vgl. z.B. *Calliess'/Ruffert/Ruffert*, EUV/AEUV, Art. 3 EUV, Rn. 23; vgl. grundsätzlich zum europäischen Umweltverfassungsrecht *Häberle/Kotzur*, Eur. Verfassungslehre, Rn. 1371 ff.; vgl. auch *GSH/Augsberg*, EU, Präambel GRC, Rn. 8; *Pechstein/Nowak/Häde/Nowak*, Frankfurter Kommentar, Bd. I, S. 983 f. mwN.

198 Vgl. ausdrücklich in diesem Sinne Art. 37 Grundrechtecharta ("die Politik der Union") und dazu unten die Kommentierung von *Schwerdtfeger* zu Art. 37; vgl. auch Art. 7 AEUV zur Beachtung der Kohärenz der EU-Politik in den verschiedenen Bereichen (Kohärenzprinzip).

ßenbeziehungen neue und nicht einfach zu erfüllende Verpflichtungen der zuständigen Akteure begründen.[199]

44 Die anschließende Erwähnung des **freien Personen-, Waren-, Dienstleistungs- und Kapitalverkehrs** sowie der **Niederlassungsfreiheit** ist ein Bekenntnis zur EU-Wirtschaftsverfassung auf marktwirtschaftlichen Grundlagen.[200] Die „wirtschaftlichen Grundfreiheiten" des EGV (Art. 14, jetzt Art. 26 AEUV) gehören zu den objektiv-rechtlich verstandenen Gründungsprinzipien der europäischen Integration.[201] Sie haben eine Doppelnatur, da sie einerseits subjektive Rechte der Unionsbürger vermitteln, andererseits aber auch als Grundrechtsschranken wirken.[202] Die Ergänzung der bekannten vier wirtschaftlichen Grundfreiheiten um die Niederlassungsfreiheit soll wohl deutlich machen, dass dieser „als Freizügigkeit der Selbstständigen" (neben der Freiheit des Dienstleistungsverkehrs als vorübergehende Ausübung selbstständiger Tätigkeiten) besondere Bedeutung zukommt. Dadurch, dass der Grundsatz der Nachhaltigkeit und die wirtschaftlichen Grundfreiheiten in einem Satz (wenn auch nur mit „und") zusammengefasst sind, wird noch einmal unterstrichen, dass wirtschaftliche Entwicklung und die Berücksichtigung ökologischer Gesichtspunkte aus EU-europäischer Sicht zusammengehören.[203]

45 Vergleicht man Abs. III der Präambel (unverändert gebliebener Text des Grundrechtekonvents) mit den entsprechenden Bestandteilen des EUV i.d.F. des Vertrages von Lissabon, fällt bei der **Präambel EUV** der Blick auf den sechsten Erwägungsgrund. Dort wird der Wunsch der EU-Staatschefs ausgedrückt, „die Solidarität zwischen ihren Völkern unter Achtung ihrer Geschichte, ihrer Kultur und ihrer Traditionen zu stärken". Gemäß dem neunten Erwägungsgrund soll im Rahmen der Verwirklichung des Binnenmarktes sowie der „Stärkung" des Zusammenhalts und des Umweltschutzes der „wirtschaftliche und soziale Fortschritt" unter „Berücksichtigung des Grundsatzes der nachhaltigen Entwicklung" gefördert werden.

In **Titel I „Gemeinsame Bestimmungen" EUV** formuliert Art. 3 Abs. 3 EUV als Ziel neben der „sozialen Markwirtschaft" (→ Rn. 42) auch „ein hohes Maß an Umweltschutz und Verbesserung der Umweltqualität"; neben der Förderung der Solidarität zwischen den Mitgliedstaaten „wahrt" die Union „den Reichtum ihrer kulturellen und sprachlichen Vielfalt und sorgt für den Schutz und die Entwicklung des kulturellen Erbes Europas". Art. 4 Abs. 2 EUV lautet: „Die Union achtet die Gleichheit der Mitgliedstaaten vor den Verträgen und ihre jeweilige nationale Identität, die in ihren grundlegenden politischen und verfassungsmäßigen Strukturen einschließlich der regionalen und lokalen Selbstverwaltung zum

---

199 Vgl. *Busse*, EuGRZ 2002, 570 mit Fn. 105, mit Hinweis auf den Bericht des Ratsvorsitzenden "über die Einbeziehung der Umweltbelange" im Zuständigkeitsbereich des Rates "Allgemeine Angelegenheiten", der vom Europäischen Rat von Göteborg vom 15./16.6.2001 zur Kenntnis genommen wurde.

200 Vgl. Art. 3 Abs. 3 EUV zum Ziel einer „in hohem Maße wettbewerbsfähige(n) soziale(n) Marktwirtschaft".

201 Der freie Personen- und Dienstleistungsverkehr wird auch durch Art. 15 GRC in Verbindung mit der Schrankenregelung des Art. 52 Abs. 1 GRC garantiert, vgl. dazu unten die Kommwentierung von *Bernsdorff* zu Art. 15.

202 Vgl. *Calliess/Ruffert/Kluth*, Verfassung der Europäischen Union, S. 171–179, zur Freizügigkeit und ihren Einschränkungen (z.B. Rn. 31: Freizügigkeitsrichtlinie); *Schwarze/Knecht*, EU, Präambel GRC, S. 2204 (Rn. 24); *Tettinger/Stern*, Europäische Grundrechtecharta, Präambel A, S. 235 (Rn. 36).

203 Ähnlich *Busse*, EuGRZ 2002, 570.

Ausdruck kommt".[204] Auch für Abs. III der Präambel GRC[205] lässt sich also feststellen, dass sein Inhalt durch korrespondierende Aussagen innerhalb des Vertrages von Lissabon bestätigt und bekräftigt wird.

4. Absatz IV der Präambel

„Zu diesem Zweck ist es notwendig, angesichts der Weiterentwicklung der Gesellschaft, des sozialen Fortschritts und der wissenschaftlichen und technologischen Entwicklungen den Schutz der Grundrechte zu stärken, indem sie in einer Charta sichtbarer gemacht werden."

Dieser (unverändert im Vertrag von Lissabon übernommene) Absatz der Präambel lässt 46
sich am besten vor dem Hintergrund des dem Konvent durch den Europäischen Rat in Köln am 3./4. Juni 1999 erteilten Mandats (→ Rn. 10 ff.) und der dazu im Konvent geführten Diskussion verstehen. Im Kölner Mandat (Anhang IV der Schlussfolgerungen) heißt es ausdrücklich:

„Im gegenwärtigen Entwicklungsstand der Union ist es erforderlich, eine Charta dieser Rechte (gemeint: Grundrechte in der Bestätigung und Ausformung durch den EuGH) zu erstellen, um die überragende Bedeutung der Grundrechte und ihrer Tragweite für die Unionsbürger sichtbar zu verankern".

Damit war klar, dass die **Sichtbarmachung der geltenden Grundrechte**, d.h. ihre Zusammenfassung in einem verständlichen Dokument, einer bill of rights, eine wesentliche Aufgabe des Konvents war. In den ersten Diskussionen des Konvents wurde vor allem von dem britischen Delegierten *Goldsmith* immer wieder die Frage thematisiert, ob sich aus dieser Formulierung des Auftrags auch seine Grenzen ableiten ließen, was bei engster Betrachtung vor allem eine Festlegung des Konvents auf den Inhalt der EMRK und die dazu ergangene Rechtsprechung zur Folge gehabt hätte.[206] Sehr bald setzte sich die Auffassung durch, dass die Antwort auf diese Frage vom Europäischen Rat selbst gegeben worden war, der im zweiten Absatz seines Beschlusses (Anhang IV) ausgeführt hatte:

„Nach Auffassung des Europäischen Rats soll diese Charta die Freiheits- und Gleichheitsrechte sowie die Verfahrensgrundrechte umfassen, wie sie in der Europäischen Konvention zum Schutz der Menschenrechte und Grundfreiheiten gewährleistet sind und wie sie sich aus den gemeinsamen Verfassungsüberlieferungen der Mitgliedstaaten als allgemeine Grundsätze des Gemeinschaftsrechts ergeben. Die Charta soll weiterhin die Grundrechte enthalten, die nur den Unionsbürgern zustehen. Bei der Ausarbeitung der Charta sind ferner wirtschaftliche und soziale Rechte zu berücksichtigen, wie sie in der Europäischen Sozialcharta und in der Gemeinschaftscharta der sozialen Grundrechte der Arbeitnehmer enthalten sind (Artikel 136 EGV), soweit sie nicht nur Ziele für das Handeln der Union begründen".

Der letzte Satz war eine wesentliche Grundlage für den Konsens zu Titel IV der Charta (Solidarität). Das änderte aber nichts daran, dass der Konvent auf den ersten Blick relativ klare Vorgaben für die Quellen der von ihm zu formulierenden Freiheits- und Gleichheitsrechte erhalten hatte. Dem stand entgegen, dass der Verweis auf diese Quellen mit der dreifachen Verwendung der Worte „wie sie" (statt „die") und die bewertungsabhängige For-

---

204 Vgl. dazu *Calliess/Ruffert/Puttler*, EUV/AEUV, Art. 4 EUV, Rn. 1–22; *Schwarze/Hatje*, EU, Art. 4 EUV, Rn. 3–20; *Streinz/Streinz*, EUV/AEUV, Art. 4 EUV, Rn. 11–24.

205 Vgl. dieselbe Feststellung für Abs. I der Präambel oben, Rn. 30.

206 Vgl. zu dieser Diskussion *Bernsdorff/Borowsky*, Protokolle, z.B. S. 137 ff.

mel der „gemeinsamen Verfassungsüberlieferungen" dem Konvent gewisse Freiräume eröffnete. Letztere Argumentation spielte schließlich im Hinblick auf die in Abs. IV der Präambel angesprochene **Weiterentwicklung der Gesellschaft** mit ihren neuen Herausforderungen, auf die man nicht immer mit den alten Antworten reagieren könne, eine wichtige Rolle.

47 Die im Kölner Mandat geforderte Beachtung des **gegenwärtigen Entwicklungsstands der Union** wird durch Abs. IV der Präambel verdeutlicht und ausdifferenziert zur Berücksichtigung der **Weiterentwicklung der Gesellschaft, des sozialen Fortschritts und der wissenschaftlichen und technologischen Entwicklungen**, womit wohl nicht nur **neue Herausforderungen** durch gesellschaftliche und soziale Veränderungen, sondern auch mögliche Gefährdungen etwa durch Globalisierung und Digitalisierung angesprochen sind. Daraus folgt, dass die Aufgabe des Konvents zwar auch, aber eben nicht nur in der Sichtbarmachung bereits geltender Grundrechte bestehen konnte.[207] So erklärt sich, dass der Konvent sich z.B. als Antwort auf die wissenschaftlichen und technologischen Entwicklungen der Biotechnologie für ein Verbot des reproduktiven Klonens von Menschen entschieden hat.[208]

Absatz IV der Präambel ist vor diesem Hintergrund eine Offenlegung der Auslegung des Kölner Mandats, wie es der Konvent verstanden hat. Man könnte auch von dem Ergebnis einer Selbstvergewisserung und der Mitteilung des Vorverständnisses sprechen, mit dem der Konvent seine Arbeit ausgeführt hat. In diesem Sinne war Absatz IV die „Offenlegung einer offensiven Auslegung des Kölner Mandats".[209]

48 Diese Aussagen von Abs. IV der Chartapräambel werden durch die **Präambel EUV** mit der Feststellung bestätigt und unterstrichen, dass es bei der Verwirklichung einer immer engeren Union der Völker Europas um eine „neue Stufe" (Abs. I, ebenso Art. 1 Abs. 2 EUV) und um wirtschaftlichen und sozialen „Fortschritt" (Präambel EUV, Abs. IX, ähnlich Art. 3 Abs. 3 S. 3 EUV) geht. Zu den Zielen der Union heißt es in Art. 3 Abs. 3 EUV: Die Union sorgt für den Schutz und die „Entwicklung des kulturellen Erbes Europas".[210]

5. Absatz V der Präambel

„Diese Charta bekräftigt unter Achtung der Zuständigkeiten und Aufgaben der Union und des Subsidiaritätsprinzips die Rechte, die sich vor allem aus den gemeinsamen Verfassungstraditionen und den gemeinsamen internationalen Verpflichtungen der Mitgliedstaaten, aus der Europäischen Konvention zum Schutz der Menschenrechte und Grundfreiheiten, aus den von der Union und dem Europarat beschlossenen Sozialchartas sowie aus der Rechtsprechung des Gerichtshofs der Europäischen Union und des Europäischen Gerichtshofs für Menschenrechte ergeben. In diesem Zusammenhang erfolgt die Auslegung der Charta durch die Gerichte der Union und der Mitgliedstaaten unter gebührender Berücksichtigung der Erläuterungen, die unter der Leitung des Präsidiums des Konvents zur Ausarbeitung der Charta formuliert und unter der Verantwortung des Präsidiums des Europäischen Konvents aktualisiert wurden."

---

207 Zur "impulsgebenden" Dimension zahlreicher Artikel der Charta vgl. *Häberle*, Verfassungslehre, 7. Aufl., S. 159; vgl. auch *Jarass*, GRC, Präambel, Rn. 9.

208 Vgl. Art. 3 Abs. 2 GRC und dazu unten die Kommentierung von *Borowsky*.

209 Zutreffend *Tettinger/Stern*, Europäische Grundrechtecharta, Präambel A, S. 236 (Rn. 40).

210 Vgl. dazu *Pechstein/Nowak/Häde/Müller-Graff*, Frankfurter Kommentar, Bd. I, S. 102 ff.; *Calliess/Ruffert/Ruffert*, EUV/AEUV, Art. 3 EUV, Rn. 42.

In diesem Absatz der Präambel werden die **Quellen der Grundrechte** genannt, die in den sechs folgenden Titeln der Grundrechtecharta aufgelistet sind.[211] Dabei werden in Übereinstimmung mit dem **Kölner Mandat** (→ Rn. 10 und → Rn. 43) die **gemeinsamen Verfassungstraditionen** (→ Rn. 12) und die **Europäische Konvention zum Schutz der Menschenrechte und Grundfreiheiten** (→ Rn. 43) genannt, auf die auch in den Erläuterungen des Präsidiums zu den einzelnen Artikeln der Charta immer wieder hingewiesen wird. Unter dem Oberbegriff der von der Gemeinschaft und dem Europarat beschlossenen **Sozialchartas** werden die im Kölner Mandat noch einzeln aufgeführte „Europäische Sozialcharta" sowie die „Gemeinschaftscharta der sozialen Grundrechte der Arbeitnehmer" zusammengefasst, was Sinn macht, weil dazu künftig auch die revidierte Sozialcharta als „internationales Übereinkommen" im Sinne von Art. 53 GRC der Charta gehören könnte.[212] Dem entspricht, dass die Präambel in Ergänzung des Kölner Mandats allgemein und über den Sozialbereich hinausgehend die **gemeinsamen internationalen Verpflichtungen der Mitgliedstaaten** nennt, zu denen z.B. das „Übereinkommen des Europarates vom 28. Januar 1981 zum Schutz des Menschen bei der automatischen Verarbeitung personenbezogener Daten"[213] oder das „Übereinkommen über Menschenrechte und Biomedizin in Bezug auf das genetische Erbe"[214] gehört. Eine selbstverständliche und im Kölner Mandat wohl deshalb nicht ausdrücklich genannte Quelle sind der **Vertrag über die Europäische Union** und die sonstigen **Gemeinschaftsverträge.**[215] Ähnliches gilt hinsichtlich des wohl nur als Versehen erklärbaren Umstandes, dass von der **Rechtsprechung des Gerichtshofs der Europäischen Union und des Europäischen Gerichtshofs für Menschenrechte** im Kölner Mandat[216] nur Erstere genannt wurde. Die Erwähnung der Rechtsprechung beider Gerichtshöfe[217] ist nicht zuletzt deshalb wichtig, weil sie dazu beitragen soll, eine „prinzipiell divergierende Rechtsprechung" zwischen den Gerichten zu vermeiden.[218] Dieser Aspekt und die Beachtung der in Abs. V aufgeführten Rechtsquellen wird auch in der oben (→ Rn. 6) erläuterten Grundsatzentscheidung des **Österreichischen Verfassungsgerichtshofes** vom 14.3.2012 betont. 49

Abs. V der Präambel erfuhr während der Beratungen des Verfassungskonvents (und der anschließenden Regierungskonferenz) zwei eher unproblematische Änderungen. Der ursprüngliche Hinweis auf das geltende Vertragsrecht (Vertrag über die Europäische Union und Gemeinschaftsverträge) als Quellen auch von Grundrechten wurde gestrichen, weil mit Inkrafttreten der künftigen Verfassung das frühere Vertragsrecht aufgehoben werden sollte (Art. IV-437 EurVerf). Und gleichzeitig und aus demselben Grund erhielt der „Gerichtshof der Europäischen Gemeinschaften" (Präambel in der Fassung des Grundrechtekonvents) den neuen Namen „Gerichtshof der Europäischen Union" (vgl. Art. I-29 50

211 Die Aufzählung der „Bezugsquellen" ist nicht erschöpfend („vor allem"), vgl. *Streinz/Streinz*, EUV/AEUV, Grundrechtecharta, Präambel, S. 2691 (Rn. 13).
212 Zur dynamischen Klausel in Art. 53 GRC vgl. oben Rn. 33 und unten die Kommentierung zu Art. 53.
213 Ausdrücklich erwähnt in der "Erläuterung" zu Art. 8 GRC.
214 Ausdrücklich erwähnt in der "Erläuterung" zu Art. 21 GRC.
215 Insoweit könnte man darauf verweisen, dass in den "Schlussfolgerungen" von Köln die Zusammenfassung und Sichtbarmachung der "auf der Ebene der Union" geltenden Grundrechte in einer Charta gefordert wird.
216 Zu Anhang IV vgl. das vollständige Zitat oben Rn. 10; mit "Europäischer Gerichtshof" ist offenbar der EuGH in Luxemburg gemeint.
217 Vgl. dazu auch die zahlreichen Hinweise in den "Erläuterungen" des Präsidiums zur GRC.
218 Zutreffend *Busse*, EuGRZ 2002, 571, unter Hinweis auf die "EMRK-Sicherungsklausel" des Art. 52 Abs. 3 GRC (vgl. dazu auch unten die Kommentierung von *Schwerdtfeger* zu Art. 52, Abs. 3).

EurVerf und nunmehr Art. 13 EUV). Kurioserweise hat man bei der Formulierung des Vertrages von Lissabon und der „Zerlegung“ der EurVerf (→ Rn. 27) übersehen, dass der Hinweis auf die Gemeinschaftsverträge (EUV, AEUV, Euratom) nun wieder in Abs. V der Präambel hätte aufgenommen werden müssen. Das ist aber unschädlich, weil die Aufzählung der „Bezugsquellen“ in Abs. V nicht erschöpfend ist.[219]

Wesentlich schwieriger war die Diskussion über die rechtliche Bedeutung der „**Erläuterungen**“ zur Grundrechtecharta, die das Präsidium des Grundrechtekonvents der Charta ausdrücklich als unverbindliche[220] Auslegungshilfe beigefügt hatte. Nach der zustimmenden Aufnahme des Schlussberichtes der Arbeitsgruppe II „Einbeziehung der Charta/Beitritt zur EMRK“ vom 22. Oktober 2002[221] durch das Plenum des 2. Konvents (vgl. dazu das Vorwort zur ersten Auflage) waren insbesondere die Delegierten des britischen Premierministers, *Peter Hain* und seine Stellvertreterin *Baroness Scotland of Asthal* (mit verhaltener Unterstützung durch den Vorsitzenden *Valéry Giscard d'Estaing*, die sich in der vom Konvent immer wieder kritisierten selektiven Aufnahme einzelner Charta-Artikel in Teil I der Verfassung ausdrückte) nicht in der Lage, der vollständigen Aufnahme der Charta in die Verfassung zuzustimmen. Das wurde von der Klärung des rechtlichen Status der „Erläuterungen“ abhängig gemacht, die der britische Regierungsdelegierte *Peter Goldsmith* während des Grundrechtekonvents ohne Erfolg geradezu zu dem letztlich verbindlichen „Teil B“ der Charta hatte machen wollen.[222] Im Verfassungskonvent wurde nun die Aufwertung der „Erläuterungen“, die von keinem der beiden Konvente je angenommen oder auch nur beraten worden waren, zur Bedingung für die Aufnahme der Charta in die Verfassung (und zwar allenfalls als Teil II) gemacht.

Mit dieser Frage befasste sich im Anschluss an die Arbeitsgruppe II ein vom Präsidium einberufener „Redaktionsausschuss“, dem unter der Leitung des Kommissionsdelegierten *António Vitorino* die Konventsmitglieder bzw. -stellvertreter *Fayot* (Lux), *Meyer* (D) bzw. *Baroness Scotland* (UK) und *Rack* (EP-ÖS) angehörten.[223] Die später vom Verfassungskonvent angenommenen Ergänzungen der Charta, bei denen es sich durchweg um Klarstellungen, nicht aber um substantielle Änderungen handelte, gehen auf die Vorschläge des Ausschusses zurück.[224]

Hinsichtlich der „Erläuterungen“ einigte man sich nach der Präzisierung und Aktualisierung einzelner Erläuterungen auf die ergänzende Präambelformulierung, dass die Charta von den Gerichten der Union „unter gebührender Berücksichtigung“ der Erläuterungen „ausgelegt“ werden sollte. Diese sollten also keineswegs verbindlich werden. Vielmehr sollte durch die Präambel als Auslegungsinstrument auf die „Erläuterungen“ als „weiteres Auslegungsinstrument“ verwiesen werden. Die Vorstellung dieses Kompromissvorschlages in der Konventsitzung vom 12.6.2003, also wenige Wochen vor Beendigung des Konvents, fand zwar weitgehende Zustimmung.[225] Einzelne Delegierte kritisierten aber auch, dass man der „kleinen Minderheit“[226] der britischen Delegierten überhaupt entgegengekommen

219 Vgl. oben Fn. 232.
220 Official Journal 2000/C 364/01: “no legal value”.
221 CONV 354/02.
222 Vgl. *Bernsdorff/Borowsky*, Protokolle, z. B. S. 347 f., und *Meyer*, Neighbours in Law, S. 195.
223 Näher dazu *Ladenburger*, in: Schwarze, Der Verfassungsentwurf des Europäischen Konvents, S. 412 und 415 f.
224 Vgl. im Einzelnen zu den Erläuterungen (ABl. 2007 C 303/17) *Schwarze/Knecht*, EU, Präambel GRC, S. 2614 (Rn. 27).
225 Vgl. *Kiljunen*, The EU Constitution, S. 68 f., mit der Bewertung der Chartaergänzungen als “only minor technical alterations”; vgl. auch Dt. Bundestag, Eine Verfassung für Europa, S. 1184 f.
226 Schlussbericht der Arbeitsgruppe II, vgl. oben (Rn. 50).

war.[227] Die spätere Distanzierung des Vereinigten Königreichs von der GRC im Protokoll Nr. 30 zum Vertrag von Lissabon[228] mag von den Kritikern als Bestätigung ihrer Auffassung empfunden worden sein.

Die anschließende Regierungskonferenz hat dann nicht nur die Urheberschaft der „Erläuterungen" im endgültigen Abs. V der Präambel präziser festgehalten („unter der Leitung des Präsidiums des Konvents zur Ausarbeitung der Charta formuliert und unter der Verantwortung des Präsidiums des Europäischen Konvents aktualisiert"), sondern zusätzlich in Art. 52 Abs. 7 GRC wiederholt, dass die Erläuterungen, die als „Anleitung für die Auslegung der Charta" verfasst wurden, von der Rechtsprechung „gebührend zu berücksichtigen" sind.[229] Gebührende Berücksichtigung der Erläuterungen bei der Auslegung der in der Charta niedergelegten Rechte, Freiheiten und Grundsätze verlangt nunmehr auch Art. 6 Abs. I S. 3 EUV.

Das ändert aber nichts daran, dass die ohne Zweifel für die Auslegung der Charta nützlichen „Erläuterungen" nicht verbindlich sind.[230] Deshalb hat die Regierungskonferenz in Rom in ihrer Erklärung Nr. 12 die „nachstehend wiedergegebenen Erläuterungen" nur „zur Kenntnis" genommen und ausdrücklich festgestellt: „Diese Erläuterungen haben als solche keinen rechtlichen Status, stellen jedoch eine nützliche Interpretationshilfe dar, die dazu dient, die Bestimmungen der Charta zu verdeutlichen."

Die Erläuterungen dienen damit der „genetischen" Auslegung der Grundrechte, ebeno wie die Beratungen in beiden Konventen.[231] Diese sind wegen der mit der Konventsmethode verbundenen besonderen demokratischen Legitimation (→ Rn. 8) ebenfalls bei der Auslegung zu berücksichtigen.[232]

Die **Achtung der Zuständigkeiten und Aufgaben der Gemeinschaft und der Union** war eine der wichtigsten Leitlinien für die Arbeit des Konvents. Als Vorsitzender betonte *Roman Herzog* wiederholt mit allgemeiner Zustimmung, dass die Grundrechtecharta sich an die EU-Organe und an die Mitgliedstaaten nur bei der Umsetzung von Gemeinschaftsrecht richte; sie „könne und solle keine neuen Kompetenzen begründen und bestehende Aufgaben auch nicht erweitern".[233] Dem entspricht Art. 51 Abs. 2 GRC.[234] 51

Die Geltung des durch Art. 2 EU und 5 Abs. 2 EG (im Vertrag von Lissabon Art. 5 EUV) anerkannten **Subsidiaritätsprinzips** wurde bei der Erarbeitung der Charta stets vorausgesetzt. Dem entspricht, dass es nicht nur in der Präambel, sondern auch in dem wichtigen Titel VII der Charta in Art. 51 GRC ausdrücklich genannt wird.[235] Nach der bekannten Definition in Art. 5 Abs. 2 EG und nunmehr Art. 5 Abs. 3 EUV (Ergänzungen und Präzisie- 52

227 Vgl. ausführlich *Einem*, Die Quadratur der Sterne, S. 256–260; vgl. auch *Notz*, in: Weidenfeld, Die Europäische Verfassung, S. 61–63.

228 Vgl. dazu das Vorwort zur 3. Auflage dieses Kommentars.

229 Vgl. dazu unten die Kommentierung von *Schwerdtfeger* zu Art. 52 Abs. 7 GRC.

230 Ebenso *GSH/Augsberg*, EU, Bd. I, Präambel GRC, Rn. 14; *Jarass*, Präambel, Rn. 11 und Art. 52, Rn. 8; *Otoo*, Die normative Wirkung, S. 58; *Pechstein/Nowak/Häde/Nowak*, Frankfurter Kommenar, Bd: I, S. 989f. (Rn. 24); *Schwarze/Knecht*, EU, Präambel GRC, Rn. 27 (S. 2614); *Tettinger/Stern*, Europäische Grundrechtecharta, Präambel A, S. 236f. (Rn. 44 und 45): Gebührende Berücksichtigung" ist schwächer als „striktes Beachten"; a.A. wohl *Streinz/ Streinz*, EUV/AEUV, GR-Charta, Präambel, Vorbem. 9 („verbindliche Auslegungshilfe").

231 Zutreffend *Calliess/Ruffert/Kingreen*, EUV/AEUV, Art. 6 EUV, Rn. 11.

232 Vgl. bereits Vorwort zur ersten und dritten Auflage dieses Kommentars und ausführlich unten *Bernsdorff*, Vorbem. Titel II, Rn. 8.

233 *Bernsdorff/Borowsky*, Protokolle, S. 537.

234 Vgl. dazu unten die Kommentierung von *Schwerdtfeger* zu Art. 51 Abs. 2.

235 Zu Art. 51 Abs. 1 GRC vgl. unten die Kommentierung von *Schwerdtfeger*.

rungen im folgenden Zitat im Fettdruck) wird die Gemeinschaft in den Bereichen, die nicht in ihre ausschließliche Zuständigkeit fallen, „nur tätig, sofern und soweit die Ziele der in Betracht gezogenen Maßnahmen **von den** (statt: auf der Ebene der) Mitgliedstaaten **weder auf zentraler noch auf regionaler oder lokaler Ebene** ausreichend verwirklicht werden können, **sondern vielmehr** (statt: und daher) wegen ihres Umfangs oder ihrer Wirkungen auf Unionsebene **besser zu verwirklichen sind** (statt: erreicht werden können)." Die textlichen Veränderungen in Art. 5 Abs. 3 EUV sind entweder rein sprachlichere Natur (Unions- statt Gemeinschaftsebene, Verwirklichen statt Erreichen von Zielen) oder Präzisierungen (dreifache Abstufung der Ebene der Mitgliedstaaten, wohl mit Vorzug der jeweils tieferen Ebene) oder die Beseitigung einer missverständlichen Formulierung („sondern vielmehr" statt des wohl nicht kausal zu verstehenden "und daher"). Es handelt sich also um die Beseitigung von Unklarheiten und nicht um substanzielle Veränderungen.[236] Auf die inzwischen kaum noch überschaubare Literatur zum Subsidiaritätsprinzip kann an dieser Stelle nur verwiesen werden.[237] Wenn man davon ausgeht, dass Rechtsakte der EG bzw. EU, die gegen das Prinzip verstoßen, grundsätzlich nichtig sind,[238] ist es um so erstaunlicher, dass es trotz zahlreicher Versuche, das Prinzip näher zu definieren und operabel zu machen[239] und trotz der ständigen Klagen über Kompetenzverletzungen der Brüsseler Organe bisher keine entsprechende Judikatur des EuGH gibt.[240] Deshalb konnte es nicht zweifelhaft sein, dass die Erarbeitung von Regelungen zur besseren Anwendung und Kontrolle des Subsidiaritätsprinzips eine der wichtigsten Aufgaben eines Verfassungskonvents sein musste. Der Europäische Rat von Nizza hat konsequenterweise zwei Tage nach der feierlichen Verkündung der Grundrechtecharta am 7. Dezember 2000 in seiner „Erklärung für die Schlussakte der Konferenz zur Zukunft der Union"[241] einen bis zur Konferenz von Laeken im Dezember 2001 zu führenden Diskussionsprozess gefordert, der sich u.a. mit der Frage befassen sollte, „wie eine genauere, dem Subsidiaritätsprinzip entsprechende Abgrenzung der Zuständigkeiten zwischen der Europäischen Union und den Mitgliedstaaten geschaffen und ihre Einhaltung überwacht werden kann". Damit war ein wichtiges Element des späteren Mandats von Laeken für den zweiten Konvent vorgegeben.

Die vom zweiten Konvent eingesetzte „Arbeitsgruppe I Subsidiaritätsprinzip" hat in ihrem Schlussbericht vom 23. September 2002,[242] der vom Konventsplenum mit großer Zustimmung entgegengenommen worden ist, ein neuartiges Verfahren zur Überwachung der Anwendung des Subsidiaritätsprinzips vorgeschlagen, das nicht nur zur Änderung des EG- bzw. EU-Vertrags, sondern auch des Protokolls über die Anwendung der Grundsätze der Subsidiarität und der Verhältnismäßigkeit führt. Dabei geht es im Wesentlichen um ein „Frühwarnsystem", in dem die nationalen Parlamente ihre Bedenken gegen geplante Gesetzesinitiativen der Kommission frühzeitig einbringen und bei Nichtberücksichtigung ein

---

236 Vgl. ebenso *Calliess/Ruffert/Calliess*, Verfassung der Europäischen Union, S. 200 (Rn. 22), m.w.N.

237 Vgl. z.B. *Calliess/Ruffert/Calliess*, a.a.O., S. 198–207 (Rn. 17–37); *Schwarze/Lienbacher*, EU, Art. 5 EUV, Rn. 15–34; *Streinz/Streinz*, EUV/AEUV, Art. 5 EUV, Rn. 19–42; je mit Literaturübersicht.

238 *Streinz/Ehricke*, EUV/AEUV, Art. 263 AEUV, Rn. 3, und Art. 264 AEUV, Rn. 1–5.

239 Zu den Subsidiaritätsprüfungen und -berichten der Mitgliedstaaten und der Kommission vgl. *Schwarze/Lienbacher*, EU, Art. 5 EUV, Rn. 31 (auch zum wichtigen Zusammenhang mit dem ebenfalls in Art. 5 verankerten Verhältnismäßigkeitsgrundsatz).

240 Vgl. dazu *Schwarze/Lienbacher*, EU, aaO; vgl. zur historischen Entwicklung *Pechstein/Nowak/Häde/Pache*, Frankfurter Kommentar, Bd. I, S. 194–198 (Art. 5 EUV, Rn. 5–11); vgl. auch *GSH/Kadelbach*, EU, Art. 5 EUV, Rn. 44, zur Verlagerung des Schwerpunkts der Auseinandersetzung „ins Politische".

241 Anlage IV zu den Schlussfolgerungen von Nizza, abgedruckt bei *Bernsdorff/Borowsky*, Protokolle, S. 64.

242 CONV 286/02.

Klagerecht zum EuGH erhalten sollten.[243] Dieser Vorschlag, der den nationalen Parlamenten neue Einwirkungsmöglichkeiten und eine entsprechend gewachsene Verantwortung im Blick auf die europäische Gesetzgebung überträgt, ist als Art. 5 Abs. 3 EUV als wesentliche Neuerung am 1.12.2009 in Kraft getreten.[244]

Dabei dürfte zu berücksichtigen sein, dass die Frage, ob ein Ziel auf der Ebene bzw. einer der drei Stufen der Mitgliedstaaten „nicht ausreichend" erreicht werden kann (Erforderlichkeitskriterium) und ob es wegen des Umfangs oder der Wirkungen der in Betracht gezogenen Maßnahmen „besser auf Unionsebene" (Effizienzkriterium) erreicht werden kann, maßgeblich Gegenstand einer **politischen Bewertung** ist. Das war ein wesentliches Argument gegen die vereinzelt vorgeschlagene ex-ante-Prüfung durch den EuGH.

Es hat aber auch zur Folge, dass die durch das Klagerecht künftig herbeizuführende gerichtliche ex-post-Prüfung nur eine **Evidenzprüfung** sein kann, die nur bei „offensichtlich rechtsmissbräuchlichen Handlungen, die durch Gravität und Evidenz charakterisiert sind",[245] zur Feststellung der Nichtigkeit des Rechtsaktes führt. Nach ersten Erfahrungen mit dem Klagerecht wird es also kaum zu der gelegentlich befürchteten Flut von Klagen kommen.

Die Arbeitsgruppe des Verfassungskonvents ging davon aus, dass der EuGH über die vorgesehenen Subsidiaritätsklagen[246] entscheiden und selbst auch über die organisatorische Frage befinden sollte, ob beim Gerichtshof eine „Ad-hoc-Kammer für Fragen der Subsidiarität" eingerichtet wird. Die gelegentlich erhobene Forderung nach der Einrichtung eines „Kompetenzkonfliktgerichts" auf Gemeinschaftsebene[247] fand keine Unterstützung. Die Begründung, die Subsidiaritätsklausel setze „eine Betrachtung der Gegebenheiten in den einzelnen Mitgliedstaaten voraus", die dem EuGH „verwehrt" sei,[248] müsste ebenso gegen die von derselben Seite vorgeschlagene zusätzliche Subsidiaritätsprüfung durch das Bundesverfassungsgericht gelten. Denn der Maßstab des Effizienzkriteriums, die Beantwortung der Frage also, ob die nationale oder die Unionsebene ein Ziel „besser" erreichen kann, setzt einen Vergleich und damit die Betrachtung beider in Betracht kommenden Ebenen voraus.

Ein Vergleich von Abs. V mit der **Präambel EUV** ergibt, dass wesentliche Aussagen, insbesondere das Bekenntnis zum Subsidiaritätsprinzip (dreizehnter Erwägungsgrund), beiden 53

243 Vgl. im Einzelnen a.a.O., S. 4–9, und nunmehr Art. 5 Abs. 3 EUV in Verbindung mit dem Protokoll Nr. 2 über die Anwendung der Grundsätze der Subsidiarität und der Verhältnismäßigkeit; vgl. auch *Meyer*, Demokratische Elemente, S. 55 f.

244 Vgl. auch das Gesetz über die Ausweitung und Stärkung der Rechte des Bundestags und des Bundesrats in Angelegenheiten der Europäischen Union, Bundesrats-Drs. 713/09 v. 10. 9. 2009.

245 *Schwarze/Lienbacher*, EU, Art. 5 EG Rn. 34; vgl. auch *Calliess/Ruffert/Calliess*, Verfassung der Europäischen Union, S. 207 (Rn. 37): Wegen des Wortlauts („Umfang") „ist auf die Art, Größe und Schwere des jeweils zu lösenden Problems abzustellen sowie auf die Frage, ob mehrere oder alle Mitgliedstaaten spürbarer von ihm betroffen sind", ferner auf den sog. „europäischen Mehrwert" einer gemeinschaftlichen Regelung; ausführlich *GSH/Kadelbach*, EU, Bd. I, Art. 5 EUV, Rn. 25–48; *Pechstein/Nowak/Häde/Pache*, Frankfurter Kommentar, Bd. I, S. 245–251 (Art. 5 EUV, Rn. 139–160).

246 Vgl. jetzt Art. 8 des Protokolls Nr. 2 über die Anwendung der Grundsätze der Subsidiarität und der Verhältnismäßigkeit.

247 Vgl. zuletzt *Broß*, EuGRZ 2002, 574 ff., 577 und passim; vgl. jetzt aber Art. 257 AEUV zur Einrichtung beigeordneter Fachgerichte durch Europäisches Gesetz nach Anhörung oder auf Antrag des Gerichtshofs (Abs. 3: Rechtsmittel gegen Entscheidungen der Fachgerichte zum Gerichtshof der Europäischen Union); vgl. auch das Protokoll Nr. 3 zur Festlegung der Satzung des Gerichtshofs der Europäischen Union i.d.F. des Vertrags von Lissabon, ABl. C 115 v. 9. 5. 2008.

248 *Broß*, EuGRZ 2002, 577.

Präambeln gemeinsam ist. Die herausragende Bedeutung des Subsidiaritätsprinzips wird dadurch unterstrichen, dass **„Titel I Gemeinsame Bestimmungen"** EUV diesem Prinzip und den Grundsätzen der Verhältnismäßigkeit[249] den neuen Art. 5 EUV widmen.

6. Absatz VI der Präambel

„Die Ausübung dieser Rechte ist mit Verantwortung und mit Pflichten sowohl gegenüber den Mitmenschen als auch gegenüber der menschlichen Gemeinschaft und den künftigen Generationen verbunden".

54 Der enge Zusammenhang von **Rechten und Pflichten** bzw. entsprechend der Thematik der Grundrechtecharta von **Grundrechten und Grundpflichten** hat den Konvent immer wieder beschäftigt. Dabei war den Delegierten der Missbrauch der „Grundpflichten" in totalitären Staaten durchaus bewusst; dennoch kann, wie die Konventsdiskussion zeigt, der Gedanke einer „asymmetrischen Konnexgarantie" zu den Grundrechten nicht zuletzt dank klassischer philosophischer Vorgaben nicht völlig ausgeblendet werden.[250] Allerdings ging es in den Konventsdebatten nicht um die aus den Regeln des allgemeinen Völkerrechts bekannte Kategorie der **staatlichen Grundrechte und -pflichten,**[251] sondern um individuelle Grundpflichten als Kehrseite der Grundrechte. Das zeigt bereits der Formulierungsversuch im ersten Gesamtentwurf des Präsidiums.[252] Dabei konnte zwar auf die Struktur der jüngeren Verfassungen von Portugal (1976)[253] und Spanien (1978)[254] zurückgegriffen werden. Jedoch ist der Gedanke nicht in den in Betracht kommenden Chartaartikeln „durchdekliniert", sondern nur generalklauselartig in der Präambel angesprochen worden. Die damit gleichzeitig angesprochene Zulässigkeit von Schranken bei der Ausübung von Grundrechten[255] ist Gegenstand von Titel VII GRC.[256]

55 Der Begriff der **„Ausübung" der Grundrechte** taucht erst in der Schlussfassung der Präambel auf, nachdem vorher zunächst von „Inanspruchnahme" (→ Rn. 22) und danach (in Anlehnung an die Verfassung von Portugal) von „Genuss" (→ Rn. 23 und → Rn. 24) die Rede war. In der Sache änderte das nichts. Die „Ausübung" trägt lediglich der Tatsache Rechnung, dass Grundrechte, die auch mit Pflichten verbunden sind, kein „reiner Genuss" sind und sich die Pflichten auch ohne „Inanspruchnahme" der korrespondierenden Rechte ergeben können.

---

249 Vgl. dazu Art. 52 Abs. 1 GRC und unten die Kommentierung von *Schwerdtfeger* zu Art. 52.
250 Vgl. *Häberle/Kotzur*, Eur. Verfassungslehre, S. 618 ff., Rn. 937–941 m.w.N.
251 Vgl. z.B. das Verbot der Intervention als Konsequenz aus dem Anspruch auf Nichteinmischung in innere Angelegenheiten.
252 Vgl. oben II. Rn. 22 unter Ziffer 6: "Die Inanspruchnahme dieser Rechte ist mit Verantwortlichkeiten und Pflichten sowohl gegenüber den Mitmenschen als auch gegenüber der menschlichen Gemeinschaft und den künftigen Generationen verbunden".
253 Vgl. Teil I, Art. 12 ff. "Grundrechte und Grundpflichten" der Verfassung von Portugal, z.B. Art. 12: "Alle Bürger genießen die Rechte und unterliegen den Pflichten, die in der Verfassung festgelegt sind".
254 Vgl. Titel I der Verfassung von Spanien "Grundrechte und Grundpflichten", z.B. Art. 30 Abs. 1: "Die Spanier haben das Recht und die Pflicht, Spanien zu verteidigen".
255 Vgl. *Tettinger/Stern*, Europäische Grundrechtecharta, Präambel A, S. 237 (Rn. 47).
256 Art. 51 f. GRC, dazu unten die Kommentierung von *Schwerdtfeger* zu Art. 51 f.; vgl. auch *GSH/Augsberg*, EU, Bd. I, Präambel GRC, Rn. 15: Abs. VI enthält keine ergänzende Schrankenbestimmung; ebenso *Pechstein/Nowak/Häde/Nowak*, Frankfurter Kommentar, Bd. I, S. 990 (Präambel GRC, Rn. 25).

In dem Begriffspaar **Verantwortlichkeiten (nunmehr in Anlehnung an Art. 10 Abs. 2 EMRK: „Verantwortung")**[257] **und Pflichten** dürfte die Unterscheidung zwischen ethischen und rechtlichen Verbindlichkeiten anklingen, wobei Erstere sowohl gegenüber den Mitmenschen als auch gegenüber der **menschlichen Gesellschaft**[258] entstehen können. Die (ethischen) Pflichten gegenüber den **künftigen Generationen** sind ein bekannter Topos insbesondere in der Debatte über Nachhaltigkeit (→ Rn. 38 und → Rn. 41),[259] aber auch in eben diesem Zusammenhang über öffentliche Verschuldung und Haushaltsdisziplin.[260]

Der sechste Absatz der Präambel dürfte seine volle Wirkung erst nach und nach im Zuge 56
der Auslegung der einzelnen Chartaartikel durch Literatur und konkretisierende Rechtsprechung[261] entfalten. Die Zusammenschau von Grundrechten und Grundpflichten könnte die Diskussion über die (mittelbare) **Drittwirkung von Grundrechten** neu beleben.[262] Dabei wird zu beachten sein, dass bei der Interpretation eines jeden Grundrechts nicht nur die allgemeinen Schranken gemäß Art. 52 GRC,[263] sondern auch der sechste Absatz der Präambel im Auge zu behalten sind. Dadurch könnte z.B. bei der Inhaltsbestimmung des Rechts zu arbeiten[264] die in der spanischen Verfassung herausgestellte korrespondierende Pflicht[265] Bedeutung erlangen.

Der Gedanke, dass die Ausübung von Grundrechten auch mit Verantwortung und Pflich- 57
ten verbunden sein kann, wurde in der Präambel EurVerf dadurch aufgegriffen und wiederholt, dass in Abs. IV dem Hinweis auf die „Wahrung der Rechte des Einzelnen" die Formulierung „und im Bewusstsein ihrer Verantwortung gegenüber den künftigen Generationen" hinzugefügt ist. Nach dem Wegfall der Präambel (→ Rn. 1) hätte dieser Gedanke ohne weiteres in den neuen zweiten Erwägungsgrund der **Präambel EUV** eingebaut werden können. Das ist möglicherweise deshalb unterblieben, weil man der Auffassung war, dass die Verantwortung gegenüber künftigen Generationen gewissermaßen „themenneutral die gesamte Verfassung angeht".[266] Das hätte aber zumindest für die Verortung in „Titel I Gemeinsame Bestimmungen" EUV gesprochen.[267]

---

257 Vgl. *Tettinger/Stern*, a.a.O. (Fn. 255).
258 Zutreffend *Streinz/Streinz*, EUV/AEUV, GR-Charta, Präambel, Rn. 16; vgl. dazu auch oben Vorbemerkungen (Rn. 3) zur "bürgernahen Feiertagssprache" von Präambeln.
259 Vgl. auch *Rengeling/Szczekalla*, S. 23 ff. (Rn. 40).
260 Vgl. Art. 104 EG, jetzt Art. 126 AEUV.
261 Zur Präambel als Auslegungsinstrument vgl. oben Vorbemerkungen (Rn. 6).
262 Vgl. *Busse*, EuGRZ 2002, 571 (auch S. 572 zur Problematik einer "ebenenverschiedenen Drittwirkung", d.h. der Kollision zweier Grundrechte, die auf verschiedenen Ebenen verankert sind); ferner *Schmitz*, JZ 2001, 833 ff., 839 f., im Zusammenhang mit den von der Charta formulierten Schutzpflichten; generell zustimmend *Streinz/Streinz*, EUV/AEUV, GRC, Präambel Rn. 16, und *Schwarze/Knecht*, EU, Präambel GRC, Rn. 28, S. 2614.
263 Vgl. dazu unten die Kommentierung von *Schwerdtfeger* zu Art. 52 GRC; kritisch zur Schrankentechnik der Charta *Schmitz*, JZ 2001, 838.
264 Vgl. zu Art. 15 Abs. 1 GRC unten die Kommentierung von *Bernsdorff*.
265 Vgl. Art. 35 Abs. 1 der Verfassung von Spanien: "Alle Spanier haben die Pflicht zu arbeiten und das Recht auf Arbeit".
266 So *Tettinger/Stern*, Europäische Grundrechtecharta, Präambel A, S. 237 (Rn. 49).
267 Vgl. *Schwarze/Knecht*, EU, Präambel GRC, S. 2205, Rn. 28: Für Verortung in einem Grundsatzartikel des Vertragswerkes statt in der Präambel.

7. Absatz VII der Präambel

„Daher erkennt die Union die nachstehend aufgeführten Rechte, Freiheiten und Grundsätze an".

58 Die im Schlussabsatz der Präambel (Konventsentwurf unverändert übernommen) aufgeführte Begriffstrias Rechte, Freiheiten und **Grundsätze** geht hinsichtlich des dritten Begriffs auf den Versuch zurück, einerseits entsprechend dem **Kölner Mandat** die Formulierung bloßer **Ziele für das Handeln der Union** zu vermeiden,[268] andererseits aber durchaus mit einer gewissen Verbindlichkeit ausgestattete „Sammelbegriffe" zu verwenden, die als solche in der Charta ausdrücklich oder durch entsprechende Auslegung konkretisiert werden sollen.[269] Die Charta selbst nennt als derartige „Grundsätze" in der Präambel „Demokratie" und „Rechtsstaatlichkeit"[270] sowie in Art. 37 den „Grundsatz der nachhaltigen Entwicklung".[271]

Die Anerkennung der Rechte, Freiheiten und Grundsätze durch die Union wird mit der **Verbindlichkeit der Grundrechtecharta** zwar ihre volle Wirkung entfalten. Dabei darf aber nicht vergessen werden: „Das Recht für sich allein vermag nichts, wenn es von den Mächtigen und den Institutionen gesetzt, aber von den Menschen nicht verinnerlicht und nicht gelebt wird".[272] Es geht also auch weiterhin um Grundkonsens und Akzeptanz statt Beliebigkeit oder bloße Machtsprüche.

Die Differenzierung der einzelnen „Rechte" der Charta (insbesondere „Grundsätze" als Handlungsauftrag, Leitbild oder Programmsatz) bleibt eine Aufgabe von Rechtsprechung und Dogmatik.[273]

Art. 6 Abs. I S. 1 EUV wiederholt eingangs teilweise den Wortlaut von Abs. VII der Präambel: Die Union „erkennt die Rechte, Freiheiten und Grundsätze an", die in der Charta der Grundrechte der Europäischen Union vom 7. Dezember 2000 in der am 12. Dezember 2007 in Straßburg angepassten Fassung niedergelegt sind. Das bedeutet aber nicht, dass damit die voranstehenden Absätze der Präambel „ausgeschlossen" werden sollten.[274] Vielmehr verweist der folgende Halbsatz von Art. 6 Abs. I EUV hinsichtlich der rechtlichen Gleichrangigkeit der Charta mit den Verträgen auf die gesamte Charta einschließlich der Präambel. Die rechtliche Gleichrangigkeit kann insoweit aber nur mit der Präambel EUV (sowie der Präambel AEUV) bestehen. Die Bedeutung der Präambeln als Rechtserkenntniquellen ist unbestreitbar (→ Rn. 2).

59 Abs. VII wird in der **Präambel EUV** nicht ausdrücklich wiederholt. Die Anerkennung der in der Charta aufgeführten Rechte, Freiheiten und Grundrechte drückt sich inhaltlich aber z. B. darin aus, dass der neue zweite Erwägungsgrund von „unverletzlichen und unveräu-

---

268 Vgl. die Wiedergabe von Anhang IV der Kölner Schlussfolgerungen oben Rn. 10.

269 Vgl. dazu *Busse*, EuGRZ 2002, 571; *GSH/Augsberg*, EU, Bd. I, Präambel GRC, Rn. 16; *Pechstein/Nowak/Häde/Nowak*, Frankfurter Kommentar, Bd. I, S. 991 (Präambel GRC, Rn. 26); zur Unterscheidung von Grundrechten und "Grundsätzen" vgl. oben Fn. 169 m.w.N.; ebenso *Grabenwarter/Cremer*, Grundrechteschutz, § 1, Rn. 46 f. (S. 58).

270 Zur Kommentierung des zweiten Absatzes der Präambel vgl. oben Rn. 34.

271 Vgl. dazu unten die Kommentierung von *Schwerdtfeger* zu Art. 37 GRC.

272 *Siegfried Broß*, Grundrechte und Grundwerte in Europa, (nicht veröffentlichter) Vortrag am 28.11.2002 bei der Akademie des Bistums Mainz, S. 2 des Manuskripts.

273 Zutreffend *Streinz/Streinz*, GR-Charta Präambel, Rn. 20 sowie Vorbem. Rn. 17; kritisch zur Aufnahme von "Grundsätzen" in die Charta *Schwarze/Knecht*, EU, Präambel GRC, S. 2205, Rn. 29.

274 A.A. *Schorkopf*, in: Grabitz/Hilf/Nettesheim, Art. 6 EUV, Rn. 21.

ßerlichen“ Rechten spricht und Freiheit, Demokratie, Gleichheit und Rechtsstaatlichkeit als „universelle Werte“ bezeichnet.

Vergleicht man abschließend die Präambel der Grundrechtecharta mit der **Präambel EUV** und **„Titel I Gemeinsame Bestimmungen“ EUV**, stellt man fest, dass es in keinem wesentlichen Punkt inhaltliche Widersprüche gibt und dass der neue EUV nebst Präambel an vielen Stellen Bestätigungs- und Bekräftigungsaussagen enthält.[275] 60

IV. Literaturübersicht

Altmaier, Peter, Die Charta der Grundrechte der Europäischen Union, ZG 2001, 195; *Badura, Peter*, Das Konventsverfahren bei der Europäischen Verfassungsreform, in: Schwarze, Verfassungsentwurf, S. 439; *Beaud, Olivier/Lechevalier, Arnaud/Pernice, Ingolf/Strudel, Sylvie*, L'Europe en voie de Constitution, Brüssel 2004; *Berger, Maria/ Leinen, Jo/Martin, Hans-Peter/Schulz, Martin/Swoboda, Hannes*, in: Fraktion der Sozialdemokratischen Partei Europas (Hrsg.), Charta der Grundrechte der Europäischen Union, Brüssel 2001, S. 9; *Borowsky, Martin*, Wertegemeinschaft Europa, DRiZ 2001, 275; *ders.*, Die Grundrechtecharta als normatives Fundament der Europäischen Union, in: Leiße (Hrsg.), Die Eu, S. 147–159; *Bossi, Tania*, Die Grundrechtecharta – Wertekanon für die Europäische Union, in: Werner Weidenfeld (Hrsg.), Nizza in der Analyse, Gütersloh 2001, S. 203; *Braibant, Guy*, La Charte des droits fondamentaux de l'Union européenne, Paris 2001; *Brok, Elmar*, Der Konvent – eine Chance für die Europäische Verfassung, in: integration 4/03, S. 338–344; *Broß, Siegfried*, Überlegungen zum gegenwärtigen Stand des Europäischen Einigungsprozesses, EuGRZ 2002, 574; *Busse, Christian*, Eine kritische Würdigung der Präambel der Europäischen Grundrechtecharta, EuGRZ 2002, 559; *Deutscher Bundestag*, Referat Öffentlichkeitsarbeit (Hrsg.), Eine Verfassung für Europa – Der Europäische Konvent und der Deutsche Bundestag (mit einer Einleitung von Jürgen Meyer und Sylvia Hartleif), Zur Sache 1/2003, Berlin 2003; *Dix, Wolfgang*, Grundrechtecharta und Konvent – auf neuen Wegen zur Reform der EU, integration 1/2001, 34; *Dorf, Yvonne*, Zur Interpretation der Grundrechtecharta, JZ 2005, 126; *Dreier, Horst*, Der freiheitliche Verfassungsstaat als riskante Ordnung, in: Rechtswissenschaft 2010, S. 11; *Einem, Caspar*, Die Quadratur der Sterne – So schrieben wir Europas Verfassung, Wien 2004; *ders.*, Die Konventsmethode – Schlussfolgerungen nach zwei Erfahrungen, in: Derra (Hrsg.), FS Meyer, S. 27–48; *Everling, Ulrich*, Rechtsschutz in der Europäischen Union nach dem Vertrag von Lissabon, in: Schwarze, Jürgen/Hatje, Arnim (Hrsg.), Der Reformvertrag von Lissabon, EuR, Beiheft 1/2009, S. 71–86; *Fischer, Joseph*, Grundrechtsschutz – Demokratie – Transparenz, in: Derra (Hrsg.), FS Meyer, S. 263–270; *Geiger, Hansjörg*, Die Justizpolitik im EU-Verfassungsvertrag und die künftige Rechtspolitik, in: Derra (Hrsg.), FS Meyer, S. 339–357; *Göler, Daniel*, Der Gipfel von Laeken: Erste Etappe auf dem Weg zu einer europäischen Verfassung, in: integration 2/2002, S. 99; *Göler, Daniel/Marhold, Hartmut*, Die Konventsmethode, in: integration 4/03, S. 317–330; *Häberle, Peter*, Präambeln in Text und Kontext von Verfassungen, in: FS für Johannes Broemann, Berlin 1982, S. 211–249; *ders.*, Europäische Verfassungslehre, 7. Aufl., Baden-Baden 2011, zitiert: Verfassungslehre, 7. Aufl.; *ders.*, Verfassungslehre als Kulturwissenschaft, 2. Aufl., Baden-Baden 1998; *ders.*, Die „Kultur des Friedens“ – Thema der universalen Verfassungslehre, Berlin 2017; *Hänsch, Klaus*, Perspektiven der europäischen Integration, in: Leiße (Hrsg.), Die EU, S. 69–75; *Heinig, Hans Michael*, Die Religion, die Kirchen und die Europäische Grundrechtscharta, Zeitschrift für evangelisches Kirchenrecht 46/2001, 440; *Heit, Helmut*, Europäische Identifikationspolitik in der EU-Verfassungspräambel, Archiv für Rechts- und Sozialphilosophie 90 (2004), 4, S. 461; *Herzog, Roman*, Die Grundrechtscharta der Europäischen Union als Nukleus einer europäischen Verfassung?, in: Herbert-Quandt-Stiftung (Hrsg.), Europas Verfassung – eine Ordnung für die Zukunft der Union, Bad Homburg v. d. Höhe 2001, S. 44; *Heusel, W.*, Grundrechtecharta und Verfassungsentwicklung in der Europäischen Union, 2002; *Hölscheidt, Sven*, Auf dem Weg zur Europäischen Verfassung – Die institutionelle Reform Europas, in: Vorländer, Hans (Hrsg.), Politische Reform in der Demokratie, Baden-Baden 2005, S. 104; *Hummer, Waldemar*, Der Status der EU- Grundrechtecharta, Bonn 2002, S. 37; *Iber, Andrea*, Der Status der Grundrechtscharta im Gemeinschaftsrecht: Derzeitige Verbindlichkeit und Zukunftsperspektiven der Charta – insbesondere im Verfassungskonvent, ZEuS 2002, 483; Kaufmann, Sylvia-Yvonne (Hrsg.), Grundrechtecharta der Europäischen Union. Mitglieder und Beobachter des Konvents berichten, Bonn 2001; *Kiljunen, Kimmo*, The EU Constitution – A Finn at the Convention, Eduskunnan Kanslian Julkai: su 1/2004, Helsinki 2004; *Kotzur, Markus*, Theorieelemente des internationalen Menschenrechtsschutzes, Berlin 2001; *ders.*, Die Präambel, die Artikel zu den Werten und Zielen der Europäischen Uni-

275 Vgl. *Meyer/Meyer*, 4. Aufl. dieses Kommentars, Rn. 30 a, 37 a, 42 a, 44 a, 47 a, 50 a und 51 a.

on, in: Chemnitzer Europastudien 7, S. 187; *Ladenburger, Clemens*, Die Erarbeitung des Verfassungsentwurfs durch den Konvent, in: Schwarze, Verfassungsentwurf, S. 397; *Lais, Martina*, Das Solidaritätsprinzip im europäischen Verfassungsverbund, Saarbrücken 2007; *Landfried, Christine*, Das politische Europa, 2. Aufl., Baden-Baden 2005; *Leinen, Jo*, Das Europäische Parlament und der Vertrag von Lissabon, in: Leiße (Hrsg.), Die EU, 2010, S. 97–113; *Leinen, Jo/Schönlau, Justus*, Die Erarbeitung der EU-Grundrechtecharta im Konvent: nützliche Erfahrungen für die Zukunft Europas, integration 1/2001, 26; *dies.*, Europas Demokratie verwirklichen, in: Derra (Hrsg.), FS Meyer, S. 225–232; *Leutheusser-Schnarrenberger, Sabine*, Auf dem Weg zur Wertegemeinschaft, Zeitzeichen 12/2000, 15; *Liedhegener, Antonius/Gerstenhauer, Daniel*, Auf dem Weg zu einem kooperativen Verhältnis – Religion und die Vertiefung der Europäischen Union, in: Leiße (Hrsg.), Die EU, 2010, S. 160–175; *Limbach, Jutta*, Rezension der 2. Aufl. von J. Meyer (Hrsg.), Charta der Grundrechte der Europäischen Union, in: EuR 5/2007, S. 683–685; *Mahrenholz, Ernst Gottfried*, „Verantwortung vor Gott und den Menschen", JöR 57/2009, S. 61–70; *Maurer, Andreas/Göler, Daniel*, Die Konventsmethode in der Europäischen Union, Berlin 2004, S. 1–31; *Maurer, Andreas/Vogel, Stephan*, Die Europäische Bürgerinitiative, SWP-Studie, Berlin 2009; *Meyer, Jürgen*, The Charter of Fundamental Rights and the Convergence of Common Law and Civil Law, in: Eser, Albin/Rabenstein, Christiane (Hrsg.), Neighbours in Law, Freiburg i. Br. 2001, S. 200; *ders.*, Demokratische Elemente im europäischen Verfassungsprozess, in: Palmer, Christoph-E. (Hrsg.), Europa in guter Verfassung, Stuttgart 2004, S. 49; *ders.*, Der Entwurf eines Vertrags über eine Verfassung für Europa, in: Schwarze, Verfassungsentwurf, S. 431; *ders.*, Die Menschenwürde in der künftigen Verfassung der Europäischen Union, in: Bräcklein, Susanne/Meyer, Jürgen/Scherf, Henning (Hrsg.), Politisches Denken ist, Festschrift für Margot von Renesse, Frankfurt a. M. 2005, S. 53; *ders.*, Human Dignity in the Future Constitution for Europe, in: Windfuhr, Michael (Hrsg.), Beyond the Nation State – Human Rights in Times of Globalization, Uppsala 2005, S. 168; *ders.*, Erwartungen der EU-Mitgliedstaaten an ein Europa der Zukunft – die EU auf dem Weg zur Verfassung und zur EU-Bürgerschaft, in: europa forum luzern (Hrsg.), Europa wie weiter? Luzern 2005, S. 46–52; *ders.*, Die künftige Europäische Verfassung und das Strafrecht, in: Arnold, Jörg u. a. (Hrsg.), Menschengerechtes Strafrecht – Festschrift für Albin Eser zum 70. Geburtstag, München 2005, S. 797; *ders.*, Braucht die Europäische Union eine Verfassung? in: Leiße (Hrsg.), Die EU, 2010, S. 60–68; *ders.*, Verbraucherinteressen und Europäische Bürgerinitiative, in: euvr 2013, S. 57–60; *ders.*, Vom Begleitmotiv zum Leitmotiv: Die Europäische Union als Wertegemeinschaft, in: Burkhardt, Björn u.a. (Hrsg.), Scripta amicitiae, Freundschaftsgabe für Albin Eser zum 80. Geburtstag, Berlin 2015, S. 177 – 183; *Meyer, Jürgen/Engels, Markus*, Aufnahme von sozialen Grundrechten in die Europäische Grundrechtecharta?, ZRP 2000, 368; *Meyer, Jürgen/Hartleif, Sylvia*, Die Konventsidee, Zeitschrift für Parlamentsfragen 2/2002, 368; *Monar, Jörg*, Der Raum der Freiheit, der Sicherheit und des Rechts im Verfassungsentwurf des Konvents, in: integration 4/03, S. 536–549; *Oppermann, Thomas*, Der Europäische Verfassungsvertrag – Legenden und Tatsachen, in: Derra (Hrsg.), FS Meyer, S. 281–299; *ders.*, Europäische Verfassung – ein Unwort? in: Müller, Gerda/Osterloh, Eilert/Stein, Thorsten (Hrsg.), Festschrift für Günter Hirsch zum 65. Geburtstag, München 2008, S. 149–153; *Pernice, Ingolf*, The Charter of Fundamental Rights in the Constitution of the EU, in: Curtin/Griller/Perchal/de Witte (Hrsg.), The Emerging Constitution of the European Union, Wien 2003, S. 2; *ders.*, Die horizontale Dimension des Europäischen Verfassungsverbundes, in: Derra (Hrsg.), FS Meyer, S. 359–393; *ders.*, Theorie und Praxis des Europäischen Verfassungsverbundes, in: Calliess, Christian (Hrsg.), Verfassungswandel im europäischen Staaten- und Verfassungsverbund, Tübingen 2007, S. 61–92; *Piazolo, Michael*, Solidarität, Würzburg 2004; *Rengeling, Hans-Werner/Szczekalla, Peter*, Grundrechte in der Europäischen Union – Charta der Grundrechte und Allgemeine Rechtsgrundsätze, Köln 2004; *Robbers, Gerhard*, Religionsrechtliche Gehalte der Europäischen Grundrechtecharta, in: Staat, Kirche, Verwaltung, Festschrift für Hartmut Maurer zum 70. Geburtstag, München 2001, S. 425; *ders.*, Die Präambel der Verfassung für Europa: ein Entwurf, in: Blankenagel (Hrsg.), Liber Amicorum für Peter Häberle zum 70. Geburtstag (zit.: FS Häberle), Tübingen 2004, S. 381; *Sacerdoti, Giorgio*, The European Charter of Fundamental Rights: From a Nation-State Europe to a Citizens'Europe, in: The Columbia Journal of European Law, Vol. 8, No. 1/2002, p. 37–52; *Schiemann, Konrad*, Warum eine europäische Verfassung? Anwaltsblatt 2007, 584–587; *Schily, Otto*, Die Identität Europas und das Wertefundament der EU, in: Derra (Hrsg.), FS Meyer, S. 17–25; *Schönlau, Justus*, Drafting Europe's Value Foundation: Deliberation and Arm-Twisting in Formulating the Preamble to the EU Charter of Fundamental Rights, in: Eriksen, Erik Oddvar/Fossum, John Erik/Menéndez, Augustin José (eds.), The Chartering of Europe, ARENA Report 8/2001, S. 127; *Schmitz, Thomas*, Die EU-Grundrechtecharta aus grundrechtsdogmatischer und grundrechtstheoretischer Sicht, JZ 2001, 833; *Scholz, Rupert*, Die Verfassung der Europäischen Union, Zeitschrift für Gesetzgebung (ZG), Sonderheft 2002; *Schröder, Meinhard*, Wirkungen der Grundrechtscharta in der Europäischen Rechtsordnung, JZ 2002, 849; *Schwarze, Jürgen*, Das Zusammenwachsen von nationalem und europäischem Verfassungsrecht – Überlegungen zu den Voraussetzungen eines europäischen Verfassungsvertrages, Basler Juristische Mitteilungen 5/2001, 209; *ders.*, Die Entstehung einer europäischen Verfassungsordnung, Baden-Baden 2000; ders. (Hrsg.), Der Verfassungsentwurf des Europäischen Konvents, Baden-Baden 2004; *Sieber, Ulrich*, Die Zukunft des Europäischen Strafrechts, ZStW 121 (2009), S. 1–67; *Tanner, Klaus*, Gehört Gott in die Verfassung?, Evangelische Kommentare (Monatsschrift zum Zeitgeschehen in Kirche und Gesellschaft), 5/1991, 260; *Tettinger, Peter J.*, Die Charta der Grundrechte der Europäischen Union, NJW 2001, 1010; Weidenfeld, Werner (Hrsg.), Die Europäische Verfassung in der Analyse, Gütersloh 2005; *Wessels, Wolfgang*, Der Konvent: Modelle für eine innovative Integrationsmethode, integration 2/2002, S. 83.

Titel I Würde des Menschen

Vorbemerkungen

Der erste Titel steht unter dem alles überstrahlenden **Leitbegriff der unveräußerlichen Würde des Menschen,** die bereits von der Präambel der Charta als „unteilbarer und universeller Wert" angesprochen wird – damals ein **Novum für die Union.**[1] Eine „Erdung" erhält die Menschenwürde in den weiteren fundamentalen Rechten dieses Titels. Sie entfaltet sich an erster Stelle in dem Menschenrecht auf Leben, sodann in den klassischen Verboten der Todesstrafe, der Folter und der Sklaverei. Wesentliche biomedizinische Rechte und Grundsätze tragen neben dem Verbot des Menschenhandels zur aktuellen Abrundung bei. Die privilegierte Aufnahme dieser **fundamentalen Rechte und Grundsätze** in dem einleitenden Titel der Charta geht maßgeblich auf das Wirken von *Roman Herzog* und des französischen Regierungsvertreters im Grundrechtekonvent *Guy Braibant* zurück.[2] Das rechtliche Konzept der Menschenwürde verlangt die **fortwährende Exploration und Explikation,** wie sie der Grundrechtekonvent unternommen hat. Dieser Entfaltung vermag sich mittlerweile der EuGH zu widmen, da zunehmend **grundrechtsrelevante Sachverhalte** an ihn herangetragen werden, sei es zur Asylpolitik, zur justiziellen Zusammenarbeit in Strafsachen oder zu Fragen der sexuellen Orientierung.[3] 1

1 Zur aktuellen Bedeutung und Entfaltung der Menschenwürde auf Ebene der Union und in sämtlichen europäischen Staaten – zehn Jahre nach Inkrafttreten der Charta und knapp zwanzig Jahre nach ihrer Erarbeitung im Grundrechtekonvent – s. *Becchi/Mathis* (Hrsg.), Handbook of Human Dignity in Europe, 2019. Eine vorzügliche, kritisch würdigende Gegenüberstellung der bis 2014 ergangenen Rechtsprechung von EGMR und EuGH zu den grundlegenden Rechten findet sich bei *Grabenwarter/Breuer*, Grundrechteschutz, § 7 Fundamentalgarantien, S. 303 ff. S. auch den prägnanten Überblick zu den fundamentalen unionalen Rechten bei *Ehlers/Schorkopf*, GR, S. 581 ff. Eine umfassende, weiterhin wertvolle Exploration der Menschenwürde im Recht der Union unternimmt *Schwarzburg*, Menschenwürde, 2012. Eine nützliche Gesamtdarstellung zur damaligen europäischen Rechtslage findet sich in der Monographie von *Wallau*, Menschenwürde, 2010. S. auch – zur Konzeptualisierung der Menschenwürde – *Blömacher*, Menschenwürde, 2016, und rechtsvergleichend *Dupré*, Age of Dignity, 2015. Spezifisch zur EMRK s. *von Schwichow*, Menschenwürde, 2016. Die Genese des Menschenwürdekonzeptes im europäischen Recht und dessen philosophische Wurzeln stellt *Alting von Geusau*, Human Dignity, 2013, dar. Zu den maßgebenden deutschen Debatten seit 1949 s. *Baldus*, Kämpfe um die Menschenwürde, 2016. Zu Entscheidungen des EuGH, des EGMR und nationaler Gerichte zur europäischen Menschenwürde bzw. zum ersten Titel s. das Online-Tool **„Charterpedia"** der Grundrechteagentur (www.fra.europa.eu). Zu aktuellen Diskussionen und Entwicklungen s. www.verfassun gsblog.de, www.europeanlawblog.eu sowie www.blogdroiteuropéen.com. Ich danke meinem Freund *Rüdiger Bender* für viele anregende Gespräche und gemeinsame Seminare zur Menschenwürde und Erinnerungspolitik an der Universität Erfurt.

2 Die deliberativen Debatten zu den fundamentalen Rechten im ersten Titel zeigen exemplarisch Problemstellungen und Lösungen im „Grundrechtslaboratorium Brüssel" und werden daher in der folgenden Kommentierung ausführlich nachgezeichnet. S. zu den *travaux préparatoires* im Einzelnen *Bernsdorff/Borowsky*, Protokolle, S. 135 f., 142 ff., 147, 169 ff., 259 ff., 270 ff., 361 f., 380 ff., sowie *Barriga*, Entstehung, S. 70 ff., ferner *Panebianco*, Repertorio, 2001, S. 50 ff. Aufschlussreich sind auch die Einblicke, die der stellvertretende Konventsvorsitzende *Braibant* in seinem entstehungsgeschichtlich orientierten Kurzkommentar in das „Arkanum" des Konventspräsidiums gewährt; s. *Braibant*, Charte. Die – im ersten Titel nur geringfügigen – Veränderungen durch Verfassungskonvent und anschließende Regierungskonferenz beleuchtet *Brecht*, ZEuS 2005, 355 ff. Zum Grundrechtekonvent, der vom 17.12.1999 bis zum 2.10.2000 in Brüssel tagte, s. *Bernsdorff/Borowsky*, Protokolle, S. 46 ff., sowie *Schönlau*, Drafting, 2005, zu beiden Konventen s. *Klinger*, Konvent, 2007.

3 Grundlegend zum Flüchtlingsrecht EuGH – *C.K. ua*, C-578/16, ECLI:EU:C:2017:127, Urt. v. 16.2.2017, sowie EuGH (GK) – *M.P.*, Rs. C-353/16, ECLI:EU:C:2018:276, Urt. v. 24.4.2018, zu Haftsachen EuGH (GK) – *Aranyosi und Căldăraru*, Rs. C-404/15 und C-659/15, ECLI:EU:C:2016:198, Urt. v. 5.4.2016, und zur sexuellen Orientierung EuGH (GK) – *A., B. und C.*,

2 Verfassungskonvent und anschließende Regierungskonferenz nahmen an diesen Bestimmungen, die schließlich auf dem einhelligen Konsens des Grundrechtekonvents beruhten, keinerlei inhaltliche Änderungen vor.[4] Die auf unionaler Ebene neu entdeckte **Menschenwürde** fand – als **oberster Wert der Union** – Eingang in weitere Teile der Europäischen Verfassung, so ausdrücklich in Art. I-2 EurVerf und in Art. III-292 EurVerf,[5] nunmehr in den **Wertekanon des Art. 2 EUV** und die Handlungsmaximen des Art. 21 Abs. 1 EUV.[6] Die Rechtsakte des Sekundärrechts nehmen seit Proklamation der Charta am 7. Dezember 2000, erst recht seit ihrem Inkrafttreten zum 1. Dezember 2009 verstärkt auf die Menschenwürde Bezug, sei es als vorangestellter Erwägungsgrund („considérant Charte"), sei es im „verfügenden Teil".[7] Dies ist ein Beleg dafür, wie die Menschenwürde und ihre impliziten Gehalte zunehmend in Rechtstexten „ausbuchstabiert" werden. Ein wesentliches Ziel der Union ist es, diesen Wert zu fördern (Art. 3 Abs. 1 EUV). Hierzu gehört, dass sich die Union „bei ihrem Handeln auf internationaler Ebene von den Grundsätzen leiten (lässt), die für ihre eigene Entstehung, Entwicklung und Erweiterung maßgebend waren und denen sie auch weltweit zu stärkerer Geltung verhelfen will", darunter die Achtung der Menschenwürde (Art. 21 Abs. 1 S. 1 EUV).[8] Die Menschenwürde ist damit zu einem **Schlüsselbegriff der europäischen Wertegemeinschaft und Verfassungsordnung** aufgestiegen,[9] als vernünftiger Grund der europäischen Rechtsordnung im Ganzen.[10] Sie fordert ein „**Denken vom Menschen her**", zumal die Union „den Menschen in den Mittelpunkt ihres Han-

---

Rs. C-148/13 bis 150/13, ECLI:EU:C:2014:2406, Urt. v. 2.12.2014. Zur Bandbreite und Fülle der mittlerweile – bis Frühjahr 2019 – zur Menschenwürde ergangenen Entscheidungen aus Luxemburg s. *Borowsky*, Art. 1 Rn. 50.

4 Lediglich im deutschen Text gab es linguistische Korrekturen. Vor allem wurde der missverständliche Begriff „Person" in den Art. 2 und 3 durch „Mensch" ersetzt; s. *Brecht*, ZEuS 2005, 355 ff. Zu den durch die Verwendung von „Person" ausgelösten Befürchtungen s. *Borowsky*, Art. 2 Rn. 28 ff.

5 Zur weiteren Entwicklung im Verfassungskonvent s. *Karl*, Rolle, 2004, S. 34 ff.

6 *Peers/Hervey/Kenner/Ward/Dupré*, EU Charter, 01.03 („benchmark for the Union's commitment to human rights protection, both within the EU ... and outside the EU"). Wie *Koen Lenaerts* betont, vermittelt der Wertekanon des Art. 2 EUV einen eigenständigen Wertegehalt der Europäisierung, der durch die fortwährende Rückkopplung an den nationalen Wertebestand der Mitgliedstaaten verstärkt wird; s. *Lenaerts*, EuGRZ 2017, 639 ff. Zur unmittelbaren Wirkung des Art. 2 EUV und der Menschenwürde als objektives Rechtsprinzip s. EuGH (GK) – *K. und H.F.*, Rs. C-331/16 u. C-366/16, ECLI:EU:C:2018:296, Urt. v. 2.5.2018, Rn. 46 ff., sowie *Heselhaus*, Human Dignity in the EU, in: Becchi/Mathis (Hrsg.), Handbook of Human Dignity in Europe, 2019, S. 10 ff. S. auch Art. 7 Abs. 1 EUV.

7 S. die umfassende Auflistung bei *Picod/van Drooghenbroeck/Vial*, Charte, S. 47 f. Eine Recherche der einschlägigen Rechtstexte ermöglicht EUR-Lex (www.eur-lex.europa.eu). Kritisch zu einem Verschwimmen der Trennlinie zwischen primärem und sekundärem Unionsrecht *Grabenwarter/Breuer*, Grundrechteschutz, § 7 Fundamentalgarantien, Rn. 72, 103.

8 Vgl. EuGH (GK) – *Europäisches Parlament/Rat der Europäischen Union*, Rs. C-263/14, ECLI:EU:C:2016:435, Urt. v. 14.6.2016, Rn. 47 (Achtung der Menschenwürde auch im Bereich der GASP); EuG – *Front Polisario*, Rs. T-512/12, ECLI:EU:T:2015:953, Urt. v. 10.12.2015, Rn. 228 (Handelsabkommen mit Marokko muss die Menschenwürde und weitere Grundrechte der betroffenen Bevölkerung wahren). Exemplarisch nahm der „Lomé acquis" und nimmt das Abkommen von Cotonou mit den AKP-Staaten Bezug auf die Achtung und den Schutz der Menschenwürde.

9 S. nur EuGH (GK) – *Aranyosi und Căldăraru*, Rs. C-404/15 und C-659/15, ECLI:EU:C:2016:198, Urt. v. 5.4.2016, Rn. 87 („In den Art. 1 und 4 der Charta sowie in Art. 3 EMRK ist einer der Grundwerte der Union und ihrer Mitgliedstaaten verankert.").

10 *Heiner Bielefeldt* zeigt in einer Studie auf, dass „die Achtung der Menschenwürde den Stellenwert einer unhintergehbaren Prämisse aller moralischen und rechtlichen Verpflichtungen innehat. Sie bildet daher den vernünftigen Grund der Rechtsordnung im Ganzen. Insbesondere fundiert sie die Menschenrechte, in denen die Achtung der gleichen Würde jedes Menschen institutionelle Rückendeckung findet. Ohne Rückbezug auf die Menschenwürde ist ein angemessenes Verständnis der Menschenrechte letztlich nicht möglich." *Bielefeldt*, Menschenwürde, 2008, S. 5.

delns stellt", wie die Präambel betont. Es gilt, gerade der **Vulnerabilität** von Menschen gerecht zu werden.[11] Hintergrund sind die *bitter experiences* der europäischen Vergangenheit.[12] Hier begegnen sich philosophische Überlegungen und praktische Verletzungserfahrungen. „Europa ist auch die Heimat ... zweier Weltkriege und vieler Konzentrationslager" (*Ágnes Heller*).

Im Vergleich zur deutschen Verfassungsordnung lassen sich entgegen mancher Befürchtung **keinerlei Schutzdefizite** erkennen.[13] Die Menschenwürde wie die mit ihr eng verbundenen weiteren fundamentalen Rechte des Folter- und Sklavereiverbots gelten absolut und dürfen unter keinen Umständen eingeschränkt werden.[14] Im Unterschied zum deutschen Grundgesetz wird die Menschenwürdenorm in den Artikeln 2 bis 5 ausdifferenziert, Schutzwälle im Vorhof der Menschenwürde, was zugleich ein prioritäres Anknüpfen an die je einschlägige spezifische Schutzbestimmung ermöglicht.[15] Weiter hat der EuGH in der „landmark decision" *Brüstle v. Greenpeace* den Schutz des Embryos auf europäischer Ebene substantiell gestärkt.[16] Schließlich nimmt der Luxemburger Gerichtshof die Würde der besonders vulnerablen Betroffenen im Bereich des Flüchtlingsrechts wie bei Haftsachen in den Blick. An 3

11 Bei der „vulnerability" geht es um die Verletzbarkeit und Bedürftigkeit von Menschen. Umfassend zu diesem neuen philosophisch-juridischen Konzept *Masferrer/García-Sánchez* (Hrsg.), Human Dignity, 2016, und *Fineman/Grear* (Hrsg.), Vulnerability, 2013. Zur „Vulnerabilität" in der Rechtsprechung s. *Burgorgue-Larsen* (Hrsg.), La vulnérabilité saisie par les juges en Europe, 2014. Der EGMR macht das Konzept in wachsendem Maße fruchtbar; exemplarisch EGMR (GK), Urt. v. 31.1.2019, Nr. 18052/11, *Rooman*, Ziff. 143 („The Court has emphasised that persons in custody are in a vulnerable position and that the authorities are under a duty to protect them"), EGMR (GK), Urt. v. 31.1.2019, Nr. 78103/14, *Fernandez de Oliveira*, Ziff. 113 („As regards mentally ill persons, the Court has considered them to be particularly vulnerable"), EGMR, Urt. v. 24.7.2012, Nr. 41526/10, *Dordevic*, Ziff. 138 („effective protection, in particular, of children and other vulnerable persons"), und EGMR (GK), Urt. v. 21.1.2011, Nr. 30696/09, *M.S.S.*, Ziff. 232 („the Court must take into account that the applicant, being an asylum-seeker, was particularly vulnerable"). Der EuGH berücksichtigt eine besondere Vulnerabilität der Sache nach, so in EuGH – *Femarbel*, Rs. C-57/12, ECLI:EU:C:2013:517, Urt. v. 11.7.2013, Rn. 43 (Schutz alter Menschen), und verwendet – wie Generalanwälte – den Begriff immer häufiger. Dies gilt auch für das Sekundärrecht, s. etwa Art. 20 Abs. 3 der RL 2011/95/EU („Die Mitgliedstaaten berücksichtigen bei der Umsetzung dieses Kapitels die spezielle Situation von schutzbedürftigen Personen wie Minderjährigen, unbegleiteten Minderjährigen, Behinderten, älteren Menschen, Schwangeren, Alleinerziehenden mit minderjährigen Kindern, Opfern des Menschenhandels, Personen mit psychischen Störungen und Personen, die Folter, Vergewaltigung oder sonstige schwere Formen psychischer, physischer oder sexueller Gewalt erlitten haben.").

12 Jeder Triumphalismus verbietet sich daher. „Europa" war auch Auschwitz. S. auch *Joerges/Mahlmann/Preuss* (Hrsg.), Schmerzliche Erfahrungen, 2008.

13 Im Gegenteil: Während in Deutschland Relativierungen der Menschenwürde und des Folterverbots debattiert werden, betont die Charta deren Absolutheit. S. zur Kontroverse in Deutschland *Baldus*, Kämpfe, 2016, S. 237 ff., sowie *v. Bernstorff*, JZ 2013, 905 ff. S. auch *Schwarz*, Der Staat 2011, 533 ff.

14 S. EuGH (GK) – *Aranyosi und Căldăraru*, Rs. C-404/15 und C-659/15, ECLI:EU:C:2016:198, Urt. v. 5.4.2016, Rn. 85 („Das in Art. 4 der Charta aufgestellte Verbot unmenschlicher oder erniedrigender Strafe oder Behandlung hat absoluten Charakter, da es eng mit der Achtung der Würde des Menschen verbunden ist, auf die sich Art. 1 der Charta bezieht.").

15 S. etwa EuGH (GK) – *N.S. ua*, Rs. C-411/10 und C-493/10, ECLI:EU:C:2011:865, Urt. v. 21.12.2011, Rn. 109 ff., 114 (Anknüpfung an Art. 4); EuGH (GK) – *Abdida*, Rs. C-562/13, ECLI:EU:C:2014:2453, Urt. v. 18.12.2014, Rn. 42 ff. (Anknüpfung an Art. 19 Abs. 2 und 47); EuGH (GK) – *Gnandi*, Rs. C-181/16, ECLI:EU:C:2018:465, Urt. v. 19.6.2018, Rn. 53 ff. (Anknüpfung an Art. 18, 19 Abs. 2 und 47).

16 EuGH (GK) – *Brüstle*, Rs. C-34/10, ECLI:EU:C:2011:669, Urt. v. 18.10.2011, Rn. 35, mit einer Definition des Embryos als „jede menschliche Eizelle vom Stadium ihrer Befruchtung an". S. weiter EuGH (GK) – *International Stem Cell Corporation*, Rs. C-364/13, ECLI:EU:C:2014:2451, Urt. v. 18.12.2014, Rn. 24. Für die Einstufung als „menschlicher Embryo" kommt es stets auf die „inhä-

der „Bonität" dieser Rechtsprechung lässt sich bereits heute nicht mehr zweifeln. Künftig wird der EuGH, auch in Reaktion auf eine als „historisch" angesehene Entscheidung des Bundesverfassungsgerichts vom 15. Dezember 2015 („Europäischer Haftbefehl II"), das die in Art. 1 Abs. 1 GG verankerte Menschenwürde endgültig zum Bestandteil der „integrationsfesten" deutschen Verfassungsidentität erhoben hat,[17] seine Aufgabe als europäisches Grundrechtegericht verstärkt wahrnehmen. In seiner Leitentscheidung *Aranyosi und Căldăraru* vom 5. April 2016 hat der EuGH die Menschenwürde bereits prozedural umfassend abgesichert.[18] Es ist an der Zeit, an einem – hohen – **gemeinsamen europäischen Grundrechtsstandard** mitzuwirken und die Bestimmungen des ersten Titels der Charta sowie ihr noch nicht erkanntes oder ausgeschöpftes Potential – etwa im Arbeitsrecht, beim Datenschutz,[19] im Asyl- oder Strafrecht sowie bei Fragen der sexuellen Orientierung[20] – zu entfalten:[21] ***Bringing the Charter to Life.***[22]

---

rente Fähigkeit an, sich zu einem Menschen zu entwickeln" (Rn. 28 ff.). Für einen umfassenden Schutz des pränatalen Lebens vom Zeitpunkt der Befruchtung an *Müller-Terpitz*, Schutz, 2007.

17 BVerfG, Beschluss v. 15.12.2015, 2 BvR 2735/14, BVerfGE 140, 317 ff. S. zu diesem auch als „Solange III" oder „Identitätskontrolle I" bezeichneten Beschluss *Borowsky*, Art. 1 Rn. 47.

18 EuGH (GK) – *Aranyosi und Căldăraru*, Rs. C-404/15 und C-659/15, ECLI:EU:C:2016:198, Urt. v. 5.4.2016.

19 *Pechstein/Nowak/Häde/Frenz*, Frankfurter Kommentar, Art. 1 Rn. 9 ff., 60, hebt das – bisher vom EuGH nicht genutzte – Potential beim Datenschutz hervor. Zu den Verbindungslinien zwischen europäischem Datenschutz und Menschenwürde s. *Schwarzburg*, Menschenwürde, 2012, S. 91 ff. Die im Entstehen begriffene Charta der Digitalen Grundrechte der Europäischen Union betont den Zusammenhang in Art. 1, dessen derzeitige – Ende 2018 – Fassung lautet: „Die Würde des Menschen ist auch im digitalen Zeitalter unantastbar. Sie ist zu achten und zu schützen. Keine technische Entwicklung darf sie beeinträchtigen."

20 Als Felder für eine „expansive interpretation of dignity" spricht *Jones*, Liverpool Law Review 2012, 283 ff., das Asyl- wie Strafrecht sowie die sexuelle Orientierung an. Entsprechende würderelevante Sachverhalte gelangen verstärkt zum EuGH, so dass der Gerichtshof den Grund für eine genuin unionale Menschenwürde-Judikatur legen kann. Gerade die Diskriminierung von Menschen aufgrund ihrer sexuellen Orientierung wird in jüngerer Zeit als eine Verletzung der Menschenwürde begriffen. S. hierzu *Laverack*, EHRLR 2 (2019), 172, *Nowak*, Menschenwürde, 2018, S. 68, und *Finck*, ICON 2016, 26 ff. Grundlegend EuGH (GK) – *A., B. und C.*, Rs. C-148/13 bis 150/13, ECLI:EU:C:2014:2406, Urt. v. 2.12.2014. Zur einschlägigen Rechtsprechung des EGMR s. das auf der Webseite des Gerichtshofs veröffentlichte „Informationsblatt" „Fragen der sexuellen Orientierung" vom Juli 2014 (www.echr.coe.int). Zur „Ehe für alle" s. GA *Jääskinnen* in der Rs. C-147/08, Rn. 76, sowie *Lee*, Equality, 2010. Beispielhaft, auch ohne ausdrücklichen Bezug zur Menschenwürde, der Luxemburger Gerichtshof, EuGH (GK) – *Coman ua*, Rs. C-673/16, ECLI:EU:C:2018:385, Urt. v. 5.6.2018 (Aufenthaltsrecht für Partner aus gleichgeschlechtlicher Ehe), der Straßburger Gerichtshof, EGMR, Urt. v. 14.12.2017, Nr. 26431/12 ua, *Orlandi ua*, das spanische Verfassungsgericht, Urt. v. 6.11.2012, S.T.C. No. 198/2012, der Verfassungsgerichtshof von Südafrika, Urt. v. 1.12.2005, No CCT 60/04, 2006 (1) SA 524 (CC), und der Oberste Gerichtshof der USA, Urt. v. 26.6.2015, 135 S.Ct. 2584 (2015), 22.

21 Exemplarisch unternimmt dies der Leitfaden von *Joachim Stern*, Rechtsberatung für Asylsuchende: Völkerrecht, Unionsrecht und Grundrechtecharta, Verfassungsrecht, Wien 2012. Exemplarisch *Paul Tiedemann*, der nicht nur tiefschürfend zur Menschenwürde und zum Flüchtlingsrecht publiziert, sondern auch die in Deutschland erste Refugee Law Clinic in Gießen aufbaute. Die Europäische Kommission nimmt die Bestimmungen des ersten Titels ernst, wie ihre Jahresberichte über die Anwendung der Charta belegen (s. zuletzt COM(2018) 396 final). Allerdings zeigt sich auf nationaler Ebene noch „a sense of hesitancy". Eine praktische Hilfe zur besseren mitgliedstaatlichen Implementierung bietet das Handbuch der Grundrechteagentur aus 2018 „Applying the Charter of Fundamental Rights of the European Union in law and policymaking at national level", das auf der FRA Opinion – 4/2018 „Challenges and opportunities for the implementation of the Charter of Fundamental Rights" beruht (abrufbar über: fra.europa.eu).

22 „So many roads, so much at stake. So many dead ends, I'm at the edge of the lake. Sometimes I wonder what it's gonna take To find dignity" (*Bob Dylan*, Dignity, 1963).

Die Menschenwürde gilt universell. Dies geht einher mit einem von Partikularethiken zwar gespeisten, gleichwohl davon unabhängigen – Freiheit und Verantwortung betonenden – **offenen Menschenbild,** dessen Entfaltung ein unabgeschlossener und unabschließbarer Vorgang ist.[23] In diesem Prozess sind außereuropäische Stimmen von Gewicht, auch um eigene „blinde Flecken" zu erkennen und sowohl relativistische als auch eurozentrische Engführungen des Menschenwürdediskurses zu vermeiden. 4

Die Menschenwürde – als Ausgangs- wie Zielpunkt – vermag als **Konsensprinzip in der** sich abzeichnenden **europäischen Gesellschaft** zu dienen und zur Entwicklung eines europäischen Bewusstseins beizutragen.[24] Wohl auch angestoßen von der Charta wird gerade in den letzten Jahren im frankophonen wie angelsächsischen Raum eine – in Deutschland nach einer gewissen „Menschenwürde-Fatigue" (*Alexandra Kemmerer*) mittlerweile aufgegriffene[25] – intensive Diskussion zur *dignité humaine* und *human dignity* geführt.[26] Ausgehend von *Hill* und *Margalit* zeigt sich eine erstaunliche Fülle an philosophischen wie juridischen Explorationen des Würdebegriffs.[27] Der Würdetopos ist international im Aufwind,[28] ein erfolgreicher Prozess der Wertegeneralisierung. Nach *Ernst Blochs* „Prinzip Hoffnung" und *Hans Jonas'* „Prinzip Verantwortung" ist im Übergang vom zweiten zum dritten Jahrtausend die Menschenwürde als drittes „Prinzip" ins Zentrum der philosophi-

23 Bei der Frage nach dem „Menschenbild" handelt es sich im Anschluss an BVerfGE 4, 7, 15 f., offensichtlich um eine recht deutsche Thematik. S. aber Schlussanträge GA *Stix-Hackl*, Rs. C-36/02, Rn. 75. In ständiger Rechtsprechung judiziert das Bundesverfassungsgericht, dass das Grundgesetz die Spannung Individuum-Gemeinschaft im Sinne der Gemeinschaftsbezogenheit und Gemeinschaftsgebundenheit der Person entschieden habe, ohne dabei deren Eigenwert anzutasten. Skeptisch hinsichtlich des Nutzens des Menschenbild-Topos *Dreier/Dreier*, GG, Art. 1 I Rn. 167 f. („eher Trugbild als Leitbild"). Vgl. zum Menschenbild der EMRK *Bergmann*, Menschenbild, 1995, sowie *Ress*, Menschenbild, 2005, S. 309 ff., und zum Menschenbild im Gemeinschaftsrecht *Brenner*, Rahmenbedingungen, 1999, S. 19 ff. Umfassend *Auer*, Menschenbild, 2005. Ausgreifend *Häberle*, Menschenbild, 2008, und – zur dahinter stehenden „Bilderphilosophie" – *Häberle/Kotzur*, Eur. Verfassungslehre, S. 143 ff. Als weitere Annäherung s. *Gerl-Falkovitz* (Hrsg.), Menschenbilder, 2009.

24 Für *McCrudden*, EJIL 2008, 655, 679, 723, besteht der konsentierte Kerngehalt der Menschenwürde aus drei Elementen, einem ontologischen, einem relationalen und einem staatsbezogenen: „A basic minimum content of the meaning of human dignity can be discerned: that each human being possesses an intrinsic worth that should be respected, that some forms of conduct are inconsistent with respect for this intrinsic worth, and that the state exists for the individual not vice versa." Kritisch zur „Konsenssuche" *Baldus*, Kämpfe, 2016, S. 243 ff.

25 S. etwa *Grimm/Kemmerer/Möllers* (Hrsg.), Human Dignity, 2018. S. bereits das Sonderheft der Zeitschrift für Menschenrechte „Philosophie der Menschenwürde" aus 2010 (abrufbar unter: www.zeitschriftfuermenschenrechte.de). Zu den in Deutschland zuletzt geführten Metadebatten zur Menschenwürde s. *Baldus*, Kämpfe, 2016, S. 237 ff. Das Interesse hatte sich hiernach auf das Antidiskriminierungsrecht verlagert.

26 Vgl. nur *Girard/Hennette-Vauchez* (Hrsg.), Dignité, 2005; *Burgorgue-Larsen* (Hrsg.), Dignité, 2011; *Jones*, Liverpool Law Review 2012, 281; *Düwell ua* (Hrsg.), Handbook, 2014. Zur Diskussion in der angloamerikanischen Rechtsphilosophie s. *Gisbertz*, Menschenwürde, 2018.

27 S. nur *Thomas E. Hill*, Dignity and Practical Reason in Kant's Moral Theory, Ithaca 1992; *Avishai Margalit*, Politik der Würde: Über Achtung und Verachtung, 2. Aufl., Berlin 2018; *Seyla Benhabib*, Dignity in Adversity: Human Rights in Troubled Times, Malden 2011; *Ronald Dworkin*, Justice for Hedgehogs, Cambridge Mass. 2011; *George Kateb*, Human Dignity, Cambridge Mass. 2011; *Jeremy Waldron*, Dignity, Rank, and Rights, Oxford 2012; *Michael Rosen*, Dignity: Its History and Meaning, Cambridge Mass. 2012; *Christopher McCrudden* (Hrsg.), Understanding Human Dignity, Oxford 2013. Zum Hintergrund s. *Samuel Moyn*, The Secret History of Constitutional Dignity, 2012 (abrufbar unter: http://ssrn.com/abstract=2159248). S. weiter *Moyn*, Christian Human Rights, 2015.

28 Vgl. *v. Bernstorff*, JZ 2013, 905, 906. Für Deutschland s. etwa *Peter Bieri*, Eine Art zu leben: Über die Vielfalt menschlicher Würde, München 2013, sowie *Hans Joas*, Die Sakralität der Person. Eine neue Genealogie der Menschenrechte, Frankfurt aM 2013.

schen Debatte gerückt.[29] Auf dem besonders heiklen Feld der Bioethik könnte es als **„regulatives Prinzip“**[30] genutzt werden und auch sonst einen *overlapping consensus* ermöglichen.[31] Dabei dürfte es europaweit auf Zustimmung stoßen, die Würde des Menschen ausgehend von einem inklusiv gewendeten *Kant* zu verstehen: Sie verbietet es, jemanden, der menschliches Antlitz trägt, zum Objekt unionalen und staatlichen Handelns zu machen. Aufgrund und wegen seiner Würde darf der Mensch kein bloßes Mittel sein, um einen Zweck zu erreichen. Der Mensch darf niemals zu einer Sache erniedrigt werden.[32] Neben der damit naheliegenden Anwendung der **„Objektformel“** erscheint es konsensfähig, das unter anderem von *Dworkin* entwickelte Konzept einer **„equal dignity“** im europäischen Kontext fruchtbar zu machen,[33] wobei allerdings entsprechende Vorstöße im Grundrechtekonvent auf wenig Verständnis gestoßen waren.[34] Der Einzelne wird jedenfalls als menschliches Wesen ohne Rücksicht auf seine angeborenen oder erworbenen Eigenschaften, seine Leistungen und seinen sozialen Status geschützt – so der inklusive Ansatz des deutschen Bundesverfassungsgerichts,[35] das die objektive wie subjektive Dimension der Menschenwürde im Anschluss an die kantisch inspirierten Pionierarbeiten *Dürigs*[36] in jahrzehntelanger, dichter Rechtsprechung greifbar und damit operabel zu machen versucht hat.[37] Selbstverständlich verbietet sich ein unbesehener „Verfassungsexport“ der deutschen Menschenwürdekonzeptionen, die mittlerweile ohnehin immer mehr im Streit stehen.[38] Eine derartige „Einbahnstraße“ würde sich kaum als akzeptabel und zielführend erweisen.[39] Vielmehr

29 S. *Becchi*, Prinzip, 2016.

30 S. insbesondere *Knoepffler*, Menschenwürde, 2004, mit Blick auf die möglichen Konfliktfälle am Lebensanfang und -ende sowie bei gentechnischen Eingriffen am Menschen.

31 S. *Attucci*, Dialogue, 2004, S. 157 f.

32 *Mock/Demuro/Olivetti*, Human Rights, S. 10. Vgl. EuGH – *Niederlande/Parlament und Rat*, Rs. C-377/98, ECLI:EU:C:2001:523, Urt. v. 9.10.2001, Rn. 69 ff.

33 S. insbesondere Dworkins Alterswerk „Gerechtigkeit für Igel“, 2012. Dworkin wird von Generalanwälten immer wieder zitiert, s. etwa die Schlussanträge von *Poiares Maduro* vom 31.1.2008 in der Rs. C-303/06, Rn. 9 („Als absolutes Minimum bringt die Würde des Menschen mit sich, dass alle Menschen als gleichwertig anerkannt werden. Jemandes Leben ist aufgrund der bloßen Tatsache wertvoll, dass er ein Mensch ist, und kein Leben ist mehr oder weniger wert als ein anderes. Ronald Dworkin hat uns kürzlich daran erinnert, dass wir, selbst wenn wir tief gehende unterschiedliche Meinungen über Fragen der politischen Ethik, der Struktur von politischen Einrichtungen und des Funktionierens unserer demokratischen Staaten haben, trotzdem weiterhin eine Verpflichtung diesem fundamentalen Grundsatz gegenüber teilen.“).

34 S. *Borowsky*, Art. 1 Rn. 8.

35 BVerfGE 87, 209, 228, sowie ausführlich – zum „Lauschangriff“ – BVerfGE 109, 279, 311 ff.

36 *Dürig*, AöR 81 (1956), 117 ff. Kritisch zum Pioniercharakter Dürigs *Baldus*, Kämpfe, 2016, S. 74 ff. („Kompilation; alles andere ist nur Legende“).

37 Zusammenfassend in der Entscheidung zum Luftsicherheitsgesetz BVerfGE 115, 118, 121: „Art. 1 Abs. 1 GG schützt den einzelnen Menschen nicht nur vor Erniedrigung, Brandmarkung, Verfolgung, Ächtung und ähnlichen Handlungen durch Dritte oder durch den Staat selbst. Ausgehend von der Vorstellung des Grundgesetzgebers, dass es zum Wesen des Menschen gehört, in Freiheit sich selbst zu bestimmen und sich frei zu entfalten, und dass der Einzelne verlangen kann, in der Gemeinschaft grundsätzlich als gleichberechtigtes Glied mit Eigenwert anerkannt zu werden, schließt es die Verpflichtung zur Achtung und zum Schutz der Menschenwürde vielmehr generell aus, den Menschen zum bloßen Objekt des Staates zu machen.“

38 Vgl. *Dreier/Dreier*, GG, Art. 1 I, Fn. 166 mwN: „Zu beachten ist auch, daß sich Art. 1 GRCh nicht an der deutschen Grundrechtsdogmatik messen lassen muß, da diese im Vergleich mit den Rechtsordnungen der übrigen Mitgliedstaaten einen Sonderfall darstellt, der insofern für die Konturierung der unionsrechtlichen Menschenwürdegarantie nicht maßgeblich sein kann.“ *Blömacher*, Menschenwürde, 2016, S. 288 ff., zufolge besteht mittlerweile ein eigenständiges Konzept der Menschenwürde auf europäischer Ebene, das in Teilaspekten an das deutsche Konzept angelehnt ist.

39 Vgl. *Schulze-Fielitz*, Verfassungsvergleichung, 2004, S. 355 ff.; *Höfling*, Menschenwürde, 2005, S. 151 ff.

wird die **offene Gesellschaft der europäischen Verfassungsinterpreten**[40] – unter Aufdeckung der jeweiligen ethischen und religiösen Prägungen, Prämissen und Vorverständnisse – sich einer **europaverträglichen Menschenwürdedogmatik** annehmen dürfen.[41] Sonderwege einzelner Mitgliedstaaten, etwa im Bereich der Humangenetik, sollten dadurch allerdings nicht ausgeschlossen werden, da sonst eine Delegitimierung der Union zu befürchten wäre.[42] Nach Art. 4 Abs. 2 EUV hat die Union die nationale (Verfassungs)Identität zu achten, zu der in Deutschland die in Art. 1 GG verankerte und über die „Ewigkeitsklausel" in Art. 79 Abs. 3 GG gesicherte Menschenwürde gehört.

Bereits der Grundrechtekonvent wollte mit der Menschenwürde verdeutlichen, dass die **gesamte Rechtsordnung der Union um des Menschen willen da** ist.[43] Zugleich sollte die Menschenwürde als **„Recht, Rechte zu haben"** (*Hannah Arendt*) rechtsverbürgende Kraft mit anspruchsfreudiger Tendenz entfalten. Dabei standen den Konventsmitgliedern die Unrechtserfahrungen des „dunklen Kontinents" (*Mark Mazower*) und die *vieux démons* des nunmehr geeinten Europas vor Augen.[44] Das neue Europa bleibt seiner Vergangenheit immer verpflichtet. **Charta und europäische Verfassung gründen in Auschwitz, Buchenwald und Katyn.**[45] 5

Im Bewusstsein der **„bitter experiences" aus der europäischen Vergangenheit** ergab sich unter den Konventsmitgliedern Einigkeit über drei Grundaussagen,[46] die sich in der Charta manifestiert. Dabei handelte es sich um eine echte Übereinstimmung und nicht um einen bloßen „Pseudokonsens" über den wesentlichen Gehalt der Menschenwürde.[47] Zu diesem gemeinsamen Grundverständnis mag beigetragen haben, dass man sich der hohen Bedeutung und des **Ausnahmecharakters der Menschenwürde** bewusst war und sie als **Schutzwall gegen schwere Formen von Demütigung, Misshandlung, Diskriminierung, Ächtung und Verfolgung** verstanden wissen wollte.[48] Die *inherent dignity* soll einen für die hoheitliche 6

40 Vgl. zu deren Aufgaben *Häberle/Kotzur*, Eur. Verfassungslehre, S. 241 ff.

41 Angesichts der kulturellen und religiösen Besonderheiten der Mitgliedstaaten bietet sich die Entwicklung eines „pragmatischen Menschenwürdebegriffs" an, der eine alltagstaugliche Konkretisierung in der Verwaltungs- und Gerichtspraxis ermöglicht. In dieser Richtung *Wallau*, Menschenwürde, 2010, S. 304, *Schwarzburg*, Menschenwürde, 2012, S. 435 f., *Blömacher*, Menschenwürde, 2016, S. 296. Nach *Picod/van Drooghenbroeck/Vial*, Charte, S. 53, sollte von einer präzisen Definition abgesehen werden, um nicht in Widerspruch zu nationalen Konzepten zu treten.

42 Diese Möglichkeit eröffnet der EuGH in seiner *Omega*-Entscheidung, EuGH – *Omega*, Rs. C-36/02, ECLI:EU:C:2004:614, Urt. v. 14.10.2004. Die spezifische Ausprägung der Menschenwürde in Deutschland wäre als Teil der nationalen Verfassungsidentität iSd. Art. 4 Abs. 2 EUV zu achten, oder der EuGH übernimmt das deutsche Konzept, vgl. *Heselhaus*, Human Dignity in the EU, in: Becchi/Mathis (Hrsg.), Handbook of Human Dignity in Europe, 2019, S. 8. Vgl. BVerfG, Beschluss v. 15.12.2015, 2 BvR 2735/14.

43 S. auch *Heyde*, Article 1, S. 25.

44 Zum europäischen Gedächtnis siehe den Epilog „Erinnerungen aus dem Totenhaus. Ein Versuch über das moderne europäische Gedächtnis" in dem glänzenden Werk von *Tony Judt*: Die Geschichte Europas seit dem Zweiten Weltkrieg, München/Wien 2006.

45 S. auch *Mock/Demuro/Olivetti*, Human Rights, S. 4. Vgl. die Präambel der Allgemeinen Erklärung der Menschenrechte von 1948: „Akte(n) der Barbarei, die das Gewissen der Menschheit mit Empörung erfüllen", oder die Präambel der Charta der Vereinten Nationen aus 1945 („künftige Geschlechter vor der Geißel des Krieges zu bewahren, die zweimal zu unseren Lebzeiten unsagbares Leid über die Menschheit gebracht hat").

46 Dieser Konsens im Grundrechtekonvent spiegelt den Konsens in der deutschen Diskussion zu den Konturen der Menschenwürde wider; vgl. *Dreier/Dreier*, GG, Art. 1 I Rn. 60 ff. Zu der zugrunde liegenden Erinnerungspolitik s. *Joerges/Mahlmann/Preuß* (Hrsg.), Schmerzliche Erfahrungen, 2008.

47 Zur Gefahr eines bloßen Pseudokonsenses *Heselhaus/Nowak/Rixen*, Hdb Eur. GR, § 9 Rn. 1.

48 Hier drängt sich ebenso der Vergleich mit den Intentionen der Schöpfer des Grundgesetzes auf; s. hierzu *Dreier/Dreier*, GG, Art. 1 I Rn. 41.

Gewalt schlechthin **unantastbaren Kernbereich** gewährleisten und „outrages upon personal dignity" verhindern.[49] Es wird sich erweisen, ob diese Grundkonzeption einer künftigen Trivialisierung und Inflationierung entgegenwirken wird.[50] Zu den drei Grundaussagen im Einzelnen: Als **liberaler Grundsatz** wahrt und schützt die Menschenwürde die Subjektqualität des Menschen, dessen Individualität, Identität sowie physische, psychische und moralische Integrität zu respektieren sind. Diese freiheitliche Konzeption liegt dem Recht auf Leben (Art. 2), dem Recht auf körperliche und geistige Unversehrtheit (Art. 3) und dem Verbot der Folter und unmenschlicher oder erniedrigender Strafe oder Behandlung (Art. 4) zugrunde.[51] Als **egalitäres Prinzip** soll die Menschenwürde massiven Verletzungen des Gleichheitsgedankens – vor allem durch Sklaverei, Leibeigenschaft und Menschenhandel – vorkehren (Art. 5).[52] Schließlich weist die Menschenwürde eine **soziale Komponente** auf,[53] deren Erkenntnis zur Aufnahme sozialer Rechte und Grundsätze in der Charta beigetragen hat.[54] Freiheitliche, egalitäre und soziale Ausprägungen bezeugen so die **objektiv-rechtliche Seite der Menschenwürde.**

7 Der Mehrwert des ersten Titels besteht aber nicht zuletzt darin, dass zugleich der **Grundrechtscharakter der Menschenwürde** – wie im deutschen Verfassungsrecht[55] und etlichen weiteren Mitgliedstaaten – anerkannt wird. So weist Art. 1 einen Doppelcharakter auf, nämlich als objektive und in der Charta weiter entfaltete Grundnorm und als vornehmstes subjektives Recht. Diese Sichtweise hat sich der EuGH kurz nach der Proklamation der Charta im Jahr 2000 zu Eigen gemacht, allerdings ohne ausdrücklich auf die Charta zu rekurrieren.[56] Mittlerweile ist die Menschenwürde mit ihrem Doppelcharakter fester Bestandteil der Rechtsprechung des EuGH.[57] Zudem ist die Menschenwürdenorm im ersten Artikel der Charta eng verknüpft mit dem unmittelbar folgenden Menschenrecht auf Leben. Der **Schutz menschlichen Lebens ist zurückgebunden an die Menschenwürde:** „Wo

---

49 S. zu diesem aus dem humanitären Völkerrecht stammenden Begriff *Nowak*, Menschenwürde, 2018, S. 43 f.

50 Zu derartigen Tendenzen im deutschen Recht s. *Dreier/Dreier*, GG, Art. 1 I Rn. 47 ff. Der EuGH sah in der Pflicht, sich durch einen Anwalt vertreten zu lassen, keine Verletzung der Menschenwürde im Sinne von Art. 1 der Charta. EuGH – *Lambauer*, Rs. C-52/15, ECLI:EU:C:2015:549, Beschl. v. 3.9.2015, Rn. 17, 23.

51 S. zur Selbstbestimmung über höchstpersönliche Angelegenheiten oder über den eigenen Körper sowie am Lebensende *Schwarzburg*, Menschenwürde, 2012, S. 90 ff.

52 S. zu dem Gebot elementarer Gleichheit *Schwarzburg*, Menschenwürde, 2012, S. 121 ff. Vgl. auch Schlussanträge des GA *Cosmas* in der Rs. C-50/96, *Schröder*, ECLI:EU:C:1998:467, Rn. 80: „In einer Rechtsgemeinschaft, die die Menschenrechte achtet und schützt, gründet sich die Forderung nach gleichem Arbeitsentgelt für Männer und Frauen hauptsächlich auf die Grundsätze der Würde des Menschen und der Gleichheit von Männern und Frauen".

53 „Nichts mehr davon, ich bitt Euch. Zu essen gebt ihm, zu wohnen. Habt Ihr die Blöße bedeckt, gibt sich die Würde von selbst" (*Friedrich Schiller*).

54 Zur Gewährleistung eines Existenzminimums s. *Schwarzburg*, Menschenwürde, 2012, S. 135 ff. S. jetzt EuGH (GK) – *Alimanovic*, Rs. C-67/14, ECLI:EU:C:2015:597, Urt. v. 15.9.2015, Rn. 45.

55 Der Grundrechtscharakter der Menschenwürde ist allerdings auch im deutschen Recht durchaus streitig; s. nur die Gegenüberstellung bei *Dreier/Dreier*, GG, Art. 1 I Rn. 121 ff.

56 EuGH – *Niederlande/Parlament und Rat*, Rs. C-377/98, ECLI:EU:C:2001:523, Urt. v. 9.10.2001; EuGH – *Omega*, Rs. C-36/02, ECLI:EU:C:2004:614, Urt. v. 14.10.2004.

57 S. zum Grundrechtscharakter nur EuGH (GK) – *A., B. und C.*, Rs. C-148/13 bis 150/13, ECLI:EU:C:2014:2406, Urt. v. 2.12.2014, Rn. 53 („in Einklang ... mit den in der Charta garantierten Grundrechten wie dem in Art. 1 der Charta verankerten Recht auf Wahrung der Würde des Menschen"), und EuG – *Front Polisario*, Rs. T-512/12, ECLI:EU:T:2015:953, Urt. v. 10.12.2015, Rn. 228 („noch gegen deren Grundrechte verstoßen, insbesondere die Menschenwürde, das Recht auf Leben und das Recht auf Unversehrtheit (Art. 1 bis 3 der Charta der Grundrechte)").

menschliches Leben existiert, kommt ihm Menschenwürde zu".[58] Damit stellt sich die hoheitliche Aufgabe, die Unverfügbarkeit des menschlichen Lebens zu gewährleisten. Der Tendenz einer Entkoppelung von Würde- und Lebensschutz – etwa in der aktuellen Sterbehilfedebatte – ist entgegenzutreten.[59] Die Charta enthält nicht zuletzt das Potential, den **Schutz des Embryos und des Fötus** zu verstärken, deren Rechtsstellung auf internationaler Ebene,[60] aber auch im europäischen Kontext bisher ausgesprochen schwach ausgeprägt war,[61] nunmehr allerdings durch den EuGH substantiell verbessert wurde.[62] Hier sollten bei allem Streit und gerade mit Rücksicht darauf in Zukunft das **Vorsichtsprinzip** und die Maxime *In dubio pro embryone* gelten. Dies schließt einen – europaweit wohl eher konsensfähigen – abgestuften Lebensschutz allerdings nicht unbedingt aus, zumal weder protestantische noch jüdische Ethik dem entgegenstehen.

Diese Stichworte zeigen bereits, dass sich über die Reichweite der fundamentalen Rechte des Menschen *in concreto* nicht so rasch Einvernehmen herstellen lässt, wie man auf den ersten Blick annehmen könnte. So waren denn auch im **Grundrechtekonvent** gerade die Debatten zum ersten Titel von teilweise **heftigen Auseinandersetzungen** geprägt. Eng miteinander verwoben standen der Grundrechtscharakter der Menschenwürde sowie das Recht auf geistige Unversehrtheit und die biomedizinischen Bestimmungen im Streit. Angesichts der Kritik, die die Biomedizinkonvention des Europarates erfährt, und mit Blick auf die bisher vergeblichen Anläufe zu einem internationalen Verbot des Klonens erscheint es im Nachhinein erstaunlich, zu welchen substantiellen Ergebnissen der Grundrechtekonvent gelangt ist. Zumal sich der erste Titel für einen weiteren Konflikt anbot, nämlich zwischen denjenigen, die keinerlei Abweichungen von der EMRK zulassen wollten, und denjenigen, die die Autonomie des Unionsrechts herausstellten. 8

Letztlich behielt die starke Lobby des Europarates die Oberhand,[63] so dass es – wie bei den Freiheitsrechten im folgenden Titel und bei den justiziellen Rechten in Titel VI – zu einer **Inkorporation der EMRK** kam, die schließlich den gesamteuropäischen „ordre public" widerspiegelt. Der Grundrechtekonvent entschied sich für die inhaltliche Identität der Rechte in den Art. 2, 4 und 5 Abs. 1 und 2 mit den zugrunde liegenden Bestimmungen der EMRK, um so die **Kohärenz des Menschenrechtsschutzes** bestmöglich zu wahren und um neue *dividing lines* innerhalb des größeren Europa zu vermeiden. Dieser Schritt bewirkt über die Transfer- und Inkorporationsklausel des Art. 52 Abs. 3 S. 1, dass die **Rechtsprechung des Straßburger Gerichtshofs für Auslegung und Anwendung** dieser der EMRK entlehnten Rechte **maßgeblich** ist.[64] Hingegen kommt bei der Entfaltung der Menschenwür- 9

58 So das deutsche Bundesverfassungsgericht; s. BVerfGE 39, 1, 41.

59 Zu dieser Gefahr eindrücklich *Picker, Eduard*, Menschenwürde und Menschenleben. Das Auseinanderdriften zweier fundamentaler Werte als Ausdruck der wachsenden Relativierung des Menschen, Stuttgart 2002.

60 S. *Petersen*, ZaöRV 65 (2005), 447 ff.

61 S. zur bisherigen Rechtslage in Europa die ausführliche Studie von *Lozano*, Protection, 2001; s. auch EGMR (GK), Urt. v. 8.7.2004, Nr. 53924/00, *Vo*, Ziff. 84 („Auf europäischer Ebene... erste Schritte zu ihrem Schutz ... zu erkennen"). Zurückhaltend EGMR (GK), Urt. v. 27.8.2015, Nr. 46470/11, *Parrillo*, Ziff. 167. Kritisch hierzu *Picod/van Drooghenbroeck/Vanneste*, Charte, S. 87.

62 EuGH (GK) – *Brüstle*, Rs. C-34/10, ECLI:EU:C:2011:669, Urt. v. 18.10.2011. S. weiter EuGH (GK) – *International Stem Cell Corporation*, Rs. C-364/13, ECLI:EU:C:2014:2451, Urt. v. 18.12.2014.

63 Etliche Delegierte gehörten nämlich zugleich der Parlamentarischen Versammlung des Europarates an, und zwei ehemalige Generalsekretäre des Europarates, *Lalumière* und *Tarschys*, wirkten im Grundrechtekonvent mit. Dieser informelle „Freundeskreis" des Europarates übte beträchtlichen Einfluss aus, zumal er (nicht nur) in Großbritannien einen Verbündeten fand, das just dabei war, der EMRK quasi-verfassungsrechtlichen Rang einzuräumen.

64 S. *Borowsky* (Vorauflage), Art. 52 Rn. 30, 37. Vgl. *Schwerdtfeger*, Art. 52 Rn. 61.

denorm in Art. 1, des Rechts auf körperliche und geistige Unversehrtheit in Art. 3 Abs. 1, der biomedizinischen Rechte wie Grundsätze in Art. 3 Abs. 2 und des Verbots des Menschenhandels in Art. 5 Abs. 3 grundsätzlich die **Autonomie des Unionsrechts** zum Tragen. Da allerdings der Straßburger Gerichtshof mittlerweile wesentliche Teilelemente des Rechts auf Unversehrtheit über Art. 8 EMRK (Recht auf Achtung des Privat- und Familienlebens) schützt und zudem ein Verbot des Menschenhandels in Art. 4 Abs. 1 und 2 EMRK „hineinliest", ist seine einschlägige Rechtsprechung auch für das Unionsrecht maßgeblicher Ausgangspunkt und der stets einzuhaltende Mindeststandard.[65] Soweit den Rechten gemeinsame Verfassungsüberlieferungen der Mitgliedstaaten zugrunde liegen, erfolgt zudem eine „weiche" Rückbindung des EuGH an jene Traditionen, nämlich über die Auslegungsregel des Art. 52 Abs. 4.[66] Was bleibt an Autonomie?

10 Diese komplizierte Gemengelage zeigt eine wesentliche Problematik auf, die die gesamte Charta durchzieht, nämlich das fortbestehende **Spannungsverhältnis zwischen identitärer Ausrichtung an der EMRK und autonomer Grundrechtsentfaltung.** Wie soll etwa die in Art. 1 als Grundsatz und Grundrecht verankerte Menschenwürde auf Auslegung und Anwendung des Rechts auf Leben in Art. 2 ausstrahlen können, wenn sie in der EMRK nicht denselben Stellenwert besitzt? Ein anderes Beispiel: Wie soll das in Art. 3 als eigenständiges Grundrecht ausgestaltete Recht auf körperliche und geistige Unversehrtheit vom EuGH autonom entfaltet werden, wenn der Straßburger Gerichtshof seinerseits immer dichter zu vergleichbaren Teilbereichen des Art. 8 EMRK judiziert? Hier dürften mehrere Schritte Abhilfe schaffen und für die notwendige Kohärenz und Rechtssicherheit sorgen, nämlich zuvörderst die von den damaligen Präsidenten beider Gerichtshöfe angestrebte „parallele Interpretation" von Charta und EMRK,[67] weiter der bevorstehende, in Art. 6 Abs. 2 EUV geforderte Beitritt der Union zur EMRK und schließlich die Bereitschaft des Straßburger Gerichtshofs, die Menschenwürde als grundlegendes normatives Prinzip mit subjektiven Gehalten nachdrücklicher als bisher in seine Rechtsprechung zu integrieren.[68] Mittlerweile hat Straßburg, inspiriert von der Charta, das der EMRK bisher unbekannte Verbot des Menschenhandels in Art. 4 EMRK „hineingelesen" und die EMRK so modernisiert – ein wesentlicher Schritt zur Harmonisierung des Grundrechtsschutzes in Europa.[69] Allgemein bezieht sich der EGMR häufiger als früher auf die Menschenwürde, vor allem im Kontext des Folterverbots,[70] ist deren Achtung „the very essence" der Konvention, wie in der Entscheidung zur lebenslangen Freiheitsstrafe betont wurde.[71]

---

65 S. *Borowsky*, Art. 3 Rn. 35, 44, Art. 5 Rn. 1, 37 f.

66 S. *Borowsky* (Vorauflage), Art. 52 Rn. 44 ff. Vgl. *Schwerdtfeger*, Art. 52 Rn. 68 ff.

67 S. die „Joint communication" der damaligen Präsidenten *Costa* und *Skouris* vom 24.1.2011, abrufbar unter curia.europa.eu.

68 Zur bisherigen Rechtsprechung des EGMR s. *von Schwichow*, Menschenwürde, 2016, sowie *Blömacher*, Menschenwürde, 2016, S. 204 ff. S. auch die Auflistung relevanter Judikate bei *Grabenwarter/Breuer*, Grundrechteschutz, § 7 Fundamentalgarantien, S. 345 f.

69 EGMR, Urt. v. 7.1.2010, Nr. 25965/04, *Rantsev*. Vergleichbar hat der Straßburger Gerichtshof das in Art. 10 Abs. 2 enthaltene Recht zur Wehrdienstverweigerung in Art. 9 EMRK „hineingelesen": EGMR (GK), Urt. v. 7.7.2011, Nr. 23459/03, *Bayatyan*, befolgt in EGMR, Urt. v. 22.11.2011, Nr. 43965/04, *Erçep*.

70 Vgl. EGMR (GK), Urt. v. 13.12.2012, Nr. 39630/09, *El-Masri*, Ziff. 207, 248; EGMR, Urt. v. 7.7.2011, Nr. 20999/05, *Hellig* (Gewalt, die nicht wegen des Verhaltens eines Häftlings unbedingt notwendig ist, verletzt die menschliche Würde). S. zur Menschenwürdedogmatik auf EMRK-Ebene *von Schwichow*, Menschenwürde, 2016.

71 EGMR (GK), Urt. v. 9.7.2013, Nr. 66069/09 ua, *Vinter ua*, Ziff. 113. S. aktuell EGMR (GK), Urt. v. 31.1.2019, Nr. 78103/14, *Fernandez de Oliveira*, Ziff. 112 („the Court reiterates that the very essence of the Convention is respect for human dignity and human freedom"). S. bereits EGMR, Urt.

11 Der besondere Charakter der – heteronom oder autonom auszulegenden – fundamentalen Rechte und Grundsätze des ersten Titels besteht in ihrer **gesteigerten Schutzdimension.**[72] Was die Rechte anbetrifft, gelten die Menschenwürde (Art. 1) und die Verbote der Todesstrafe (Art. 2 Abs. 2), der Folter und unmenschlichen oder erniedrigenden Strafe oder Behandlung (Art. 4), der Sklaverei und Leibeigenschaft (Art. 5 Abs. 1) und des Menschenhandels (Art. 5 Abs. 3) einschränkungslos und absolut – **Tabuzonen**. Ein Eingriff in deren Schutzbereich bedeutet *eo ipso* die Verletzung. Diese Rechte sind auch **„notstandsfest"**, dh selbst wenn das „Leben der Nation", der Bestand der Union oder der Mitgliedstaaten durch Krieg oder einen anderen öffentlichen Notstand bedroht sein sollten, dürfte von Art. 1, Art. 2 Abs. 2, Art. 4 und Art. 5 Abs. 1 und 3 in keinem Fall abgewichen werden. Besonders stark ausgestaltet ist auch das Recht auf Leben (Art. 2 Abs. 1), das – anders als etwa im deutschen Grundgesetz – keinem Schrankenvorbehalt unterworfen ist, sondern nur eng auszulegende, in der EMRK detailliert aufgeführte Ausnahmeklauseln kennt, auch für den Fall rechtmäßiger Kriegshandlungen.[73] Etwas weniger stark ist das Verbot der Zwangs- oder Pflichtarbeit (Art. 5 Abs. 2), das einige durchaus weit zu definierende Ausnahmeklauseln oder „Negativdefinitionen" aufweist, während das Recht auf körperliche und geistige Unversehrtheit (Art. 3 Abs. 1) zwar der allgemeinen Einschränkungsklausel des Art. 52 Abs. 1 unterliegt, gleichwohl „iVm" Art. 1 und wohl Art. 8 Abs. 2 EMRK gesteigerten Schutz genießt. Schließlich nehmen auch die biomedizinischen Bestimmungen in Art. 3 Abs. 2 eine Sonderstellung ein. Es handelt sich bei den Verboten eugenischer Praktiken, des Organhandels und des reproduktiven Klonens von Menschen in Art. 3 Abs. 2 lit. b) bis d) um absolute und abwägungsresistente Verbote, während das Gebot des *informed consent* in Art. 3 Abs. 2 lit. a) zwar gesetzgeberischer Ausgestaltung offen steht, aber auch dies nur in sehr begrenztem Umfang. Allgemein gilt aufgrund der Aufnahme der fundamentalen Rechte im ersten Titel der Charta und der Ausstrahlungskraft von Art. 1, mithin der besonderen Nähe zur Menschenwürde: Selbst bei ausnahmsweiser Zulassung von Abwägungsprozessen, wie bei Art. 2 Abs. 1 (Recht auf Leben), Art. 3 Abs. 1 (Recht auf körperliche und geistige Unversehrtheit) und Art. 5 Abs. 2 (Verbot der Zwangs- oder Pflichtarbeit) hat die stets gebotene **Verhältnismäßigkeitsprüfung in besonders strenger Weise** zu erfolgen.

12 Die unionale Hoheitsgewalt und die Mitgliedstaaten, soweit sie Unionsrecht durchführen (Art. 51 Abs. 1), dürfen der Menschenwürde und den unmittelbar aus ihr fließenden elementaren Rechten und Grundsätzen nicht zuwiderhandeln. Sämtliche Politikbereiche in dem Mehrebenensystem der Union werden von dem **Rundumschutz** der Charta erfasst. Zudem ergeben sich gerade aus dem ersten Titel **weitreichende Förderungspflichten** gemäß Art. 51 Abs. 1 S. 2.[74] Den Jahresberichten der Kommission und der Grundrechteagentur über die unionale und mitgliedstaatliche Anwendung der Charta sind zahlreiche Politikbereiche und

v. 22.11.1995, Nr. 20190/92, *C.R.*, Ziff 42. S. auch *Schwarzburg*, Menschenwürde, 2012, S. 115 ff., *Wallau*, Menschenwürde, 2010, S. 108 ff.

72 S. hierzu *Heselhaus*, Human Dignity in the EU, in: Becchi/Mathis (Hrsg.), Handbook, 2019, S. 9 f., sowie - differenzierend - die ausgezeichnete Dissertation von *Bühler*, Einschränkung, 2005, S. 362 ff. Zur Schrankensystematik der fundamentalen Rechte s. weiter *Grabenwarter/Breuer*, Grundrechteschutz, § 7 Fundamentalgarantien, Rn. 32 ff.

73 Der Sache nach handelt es sich bei den in der EMRK aufgeführten „Negativdefinitionen" wohl um Rechtfertigungsgründe, so *Grabenwarter/Breuer*, Grundrechteschutz, § 7 Fundamentalgarantien, S. 320 m.w.N.

74 Gemäß Art. 51 Abs. 1 S. 2 haben die Organe, Einrichtungen und sonstigen Stellen der Union und, soweit an die Charta gebunden, die Mitgliedstaaten die Anwendung der Rechte und Grundsätze „zu fördern". Die Förderungspflicht der Union und der Mitgliedstaaten erstreckt sich sowohl auf die Rechte als auch die Grundsätze. S. *Schwerdtfeger*, Art. 51 Rn. 68.

auf den ersten Titel gestützte Aktivitäten zu entnehmen, von der Problematik des Einsatzes von Körperscannern an Flughäfen über Strategien gegen den grassierenden Menschenhandel bis hin zur menschenwürdigen Behandlung von Flüchtlingen.[75] Die Institutionen der Union sind seit Anbeginn mit der umfassenden Implementierung der Charta beschäftigt.[76] Auf mitgliedstaatlicher Ebene, in Politik, Verwaltung und Rechtsprechung, fehlt es bisher an vergleichbaren Bemühungen für das staatliche Handeln im Anwendungsbereich der Charta, dh bei der Durchführung des Rechts der Union (Art. 51 Abs. 1).[77] Hier besteht – auch angesichts zunehmender populistischer und demokratiegefährdender Strömungen – dringender Handlungsbedarf.[78] Im Übrigen stellen gerade die fundamentalen Bestimmungen einen Prüfungsmaßstab *par excellence* für das gesamte Handeln der Mitgliedstaaten – über den Anwendungsbereich der Charta hinaus (!) – zur Verfügung, soweit es um den **Prüf- und Sanktionsmechanismus des Art. 7 EUV** geht.[79] Hier kam dem bereits im September 2002 von der Kommission auf Ersuchen des Europäischen Parlaments eingesetzten, mittlerweile nicht mehr tätigen **EU-Netzwerk unabhängiger Sachverständiger für Grundrechte** eine wesentliche Aufgabe als „Frühwarnsystem" zu. Auf der Basis der Charta überwachte das Netzwerk die Menschenrechtslage in der Union wie den Mitgliedstaaten und hatte vor allem die Aufgabe, jährliche Berichte zur Grundrechtsentwicklung – im Lichte der einzelnen Garantien und Gewährleistungen der Charta[80] – vorzulegen.[81] Seit 2007 wird die Verwirklichung der Rechte, Freiheiten und Grundsätze der Charta der **Agentur der Europäischen Union für**

75 Die jährlichen Berichte der Europäischen Kommission (zuletzt – für das Jahr 2017 – COM(2018) 396 final) und der Grundrechteagentur in Wien sind themenorientiert. Fundgruben für praktische Anwendungsfälle sind die zu Grunde liegenden Commission Staff Working Documents, da sie die Implementierung der Charta Artikel für Artikel aufzeigen (s. zuletzt – für das Jahr 2017 – SWD(2018) 304 final). Sämtliche Dokumente sind über die jeweilige Webseite abrufbar (www.ec.europa.eu / www.fra.europa.eu).

76 S. zur Grundrechtspolitik der unionalen Institutionen die Studie aus 2016 „The Implementation of the Charter of Fundamental Rights in the EU institutional framework" (abrufbar über die Webseite des Europäischen Parlaments: www.europarl.europa.eu), weiter die Entschließung des EP vom 12.2.2019 zur Umsetzung der Charta im institutionellen Gefüge der EU (2017/2089(INI)). Maßgebend für die Europäische Kommission ist deren „Strategie zur wirksamen Umsetzung der Charta der Grundrechte durch die Europäische Union" von 2010 (KOM(2010) 573 endg. vom 19.10.2010), als Voraussetzung für eine „ehrgeizige Grundrechtspolitik". S. auch zur Rolle der Kommission *Borowsky* (Vorauflage), vor Titel VII Rn. 25 ff.

77 Zur Grundrechtsbindung der Mitgliedstaaten s. *Schwerdtfeger*, Art. 51 Rn. 36 ff. S. weiter die auf der Webseite des EuGH abrufbare Übersicht „Anwendungsbereich der Charta der Grundrechte der Europäischen Union" vom Dezember 2017 (www.curia.eu).

78 S. als Praxishilfe das Handbuch der Grundrechteagentur von 2018 „Applying the Charter of Fundamental Rights of the European Union in law and policymaking at national level" (abrufbar über: www.fra.europa.eu).

79 S. auch *Schwerdtfeger*, Art. 51 Rn. 85, und *Peers/Hervey/Kenner/Ward/Dupré*, EU Charter, 01.44. Sollte etwa die vor allem in Deutschland geführte akademische Debatte über eine Lockerung des absoluten Folterverbots in besonderen Ausnahmefällen eine Zuspitzung und „Verschärfung" in gerichtlichen Entscheidungen oder gar gesetzgeberischen Maßnahmen erfahren, wäre eine Prüfung geboten. Vgl. auch den besorgten Berliner Aufruf von 25 Verfassungsrechtlern zur Verteidigung des Folterverbots vom 20. Mai 2005, abgedruckt in EuGRZ 2005, 339 f. Zu Reformbestrebungen mit Blick auf das mängelbehaftete und schwerfällige Art. 7-Verfahren s. die Entschließung des Europäischen Parlaments vom 16. Februar 2017 (2014/2248(INI), Ziff. 41, 43, 44), mit der Forderung einer „systemischen Verletzungsklage" gegen Mitgliedstaaten und einer Chartabeschwerde für – von einer Maßnahme unmittelbar und persönlich betroffene – natürliche und juristische Personen.

80 Dabei griffen die Experten wegen deren besonderen Bedeutung auch auf die EMRK, die beiden internationalen Menschenrechtspakte von 1966 und die Übereinkommen der Internationalen Arbeitsorganisation zurück.

81 Die Sachverständigen legten etliche informative Berichte vor, erstmals für 2002 und zuletzt für 2005 – „Fundgruben" für praktische Anwendungsfälle der Charta in der Anfangszeit. Diese Berichte

Grundrechte in Wien anvertraut.[82] 2008 trat das Europäische Institut für Gleichstellungsfragen hinzu. Neben diesen Einrichtungen stehen der Europäische Bürgerbeauftragte, der Europäische Datenschutzbeauftragte und der Petitionsausschuss des Europäischen Parlaments – Akteure des stetig an Bedeutung gewinnenden **außergerichtlichen Grundrechtsschutzes** in der Union.[83] Damit zeichnet sich eine im Dienste der Menschen stehende unionale **„human rights policy"** ab.[84] An deren Implementierung nach innen wie außen ist das Europäische Parlament seit langem maßgeblich beteiligt.[85] Die Union ist auf dem Weg zu einer veritablen **„Kultur der Grundrechte"**.[86] Ein Lackmustest ist der Umgang mit **europäischen Minderheiten** wie die **Roma und Sinti**,[87] allgemein mit **Rassismus und Diskriminierung**.[88] Allerdings ist kein Mitgliedstaat vor Rückschlägen gefeit, wie die Beispiele Ungarns, Polens, Rumäniens und Bulgariens zeigen. Selbstverständliches ist nicht mehr selbstverständlich, die Idee der Menschenrechte wie ihr über die Jahrzehnte hinweg zunehmender Schutz werden europaweit in Frage gestellt.[89] Eine **„gruppenbezogene Menschenfeindlichkeit"** gewinnt an Boden. Der „Faszination für das Autoritäre" (*Koen Lenaerts*) muss daher immer wieder die Rechtlichkeit der Europäischen Union entgegen gehalten werden.[90] Vor diesem Hintergrund ist es geboten, zumindest die fundamentalen Rechte und Grundsätze in Titel I mit ihren starken Menschenwürdegehalten – über den für die Mitgliedstaaten begrenzten Anwendungsbereich der Charta (Art. 51 Abs. 1) hinaus – für das gesamte staatliche Handeln anwendbar zu machen, also auch bei rein **innerstaatlichen Sachverhalten**. Es dürfte zwar angesichts des zu erwartenden Widerstandes aus den Mitgliedstaaten unrealistisch sein, dass

---

sowie ein von den Experten erarbeiteter, weiterhin wertvoller Online-Kommentar zur Charta („Commentary of the Charter") aus Juni 2006 sind weiterhin abrufbar über: www.ec.europa.eu/justice/fundamental-rights/networkcommentaryfinal.en.

82 S. zur Grundrechteagentur *Schwerdtfeger*, Art. 51 Rn. 86. Zu ihrem reichhaltigen Wirken: www.fra.europa.eu.

83 S. hierzu *Eckhardt*, Akteure, 2010. S. weiter *Borowsky* (Vorauflage), vor Titel VII Rn. 6.

84 S. etwa die Verordnung (EG) Nr. 1889/2006 des Europäischen Parlaments und des Rates vom 2. Dezember 2006 zur Einführung eines Finanzierungsinstruments für die weltweite Förderung der Demokratie und der Menschenrechte.

85 S. aktuell die kritische Entschließung des Europäischen Parlaments vom 1. März 2018 zur Lage der Grundrechte in der Europäischen Union 2016 (2017/2125(INI)).

86 Zur vielfältigen „Landschaft des Grundrechtsschutzes" s. den Bericht der Grundrechteagentur aus 2013: „Grundrechte im Mehrebenensystem: Die Landschaft des Grundrechtsschutzes in der Europäischen Union" (www.fra.europa.eu).

87 S. EGMR (GK), Urt. v. 13.11.2007, Nr. 57325/00, *D.H.*, Ziff. 182: „As a result of their turbulent and constant uprooting the Roma have become a specific type of disadvantaged and vulnerable minority ... As the Court has noted in previous cases, they therefore require special protection". Zur einschlägigen Rechtsprechung des Straßburger Gerichtshofs zum Schutze von Roma und „fahrendem Volk" s. das auf dessen Webseite abrufbare, umfängliche „Factsheet" „Roma and Travellers" vom November 2018 (www.echr.coe.int). Zum „excessive and unjustified use of force during a police operation in a Roma community" s. aktuell EGMR, Urt. v. 16.10.2018, Nr. 5886/15, *Lingurar ua.* S. weiter EGMR, Urt. v. 11.12.2018, Nr. 655/16, *Lakatošová und Lakatoš* („racial violence is a particular affront to human dignity"). Zur in der Union mit rund sechs Millionen Menschen größten Minderheit, Roma und Sinti, s. die vielfältigen Informationen, Berichte und Studien auf der Webseite des Europarates (www.coe.int) sowie auf der Webseite der Grundrechteagentur (www.fra.europa.eu). S. auch APuZ 22–23/2011 (www.bpb.de).

88 S. aktuell die Studie der Grundrechteagentur „Being Black in the EU" vom November 2018 oder das „Handbook on European non-discrimination law – 2018 edition" (www.fra.europa.eu).

89 Vgl. *Nußberger*, JZ 2018, 845 ff.

90 Zum Grundwert der Rechtsstaatlichkeit s. EuGH (GK) – *Minister for Justice and Equality (Mängel des Justizsystems)*, Rs. C-216/18, ECLI:EU:C:2018:586, Urt. v. 25.7.2018, Rn. 47 ff. Zur reflektierten Verteidigung von Menschenrechten und Verfassungsstaat gegen populistische und andere Angriffe s. *Mahlmann*, Widerständige Gerechtigkeit, 2018. Zu aktuellen Entwicklungen und Diskussionen s. die Analysen und Kommentare auf www.verfassungsblog.de.

Art. 51 aufgehoben und die Charta in einen allumfassenden „Katalog der Rechte der Union“ umgewandelt wird, wie es das Europäische Parlament in einer Entschließung vom Februar 2017 gefordert hat.[91] Allerdings können sich die nationalen Rechtsordnungen selbst zur Charta hin öffnen und deren Rechte und Grundsätze **für sämtliches staatliches Handeln** fruchtbar machen. Eine solche Entwicklung und Ausstrahlungskraft deuten sich bereits in Österreich, Italien, Kroatien und weiteren Mitgliedstaaten an.[92] In Deutschland könnte die Charta über Art. 1 Abs. 2 GG in den „genuin deutschen“ Rechtsbestand hineinwirken.[93] So könnten zugleich „blinde Flecken“ und Fehlstellen in der deutschen Rechtsordnung erkannt und Mängel behoben werden, etwa durch Übernahme des Grundrechts auf mentale Selbstbestimmung in Art. 3 Abs. 1 zum Schutz der inneren Freiheit.[94]

13 Präambel und erster Titel der Charta dienen wie die Werteklausel in Art. 2 EUV der Selbstverständigung und Rückbesinnung der Europäer in normativer und ethischer Hinsicht.[95] Sie verdeutlichen als „ethisches Skript“ der Union den Wandel von der Wirtschafts- zur **Werte- und Grundrechtegemeinschaft,**[96] vom *homo oeconomicus* zum wertgebundenen Unionsbürger – *homo dignus*[97] – in besonderer Weise und bekräftigen den Wunsch, die „europäische Lebensweise“ zu wahren. Die seit der ersten Proklamation der Charta erschienene Literatur hatte diese Entwicklung vielfältig aufgegriffen,[98] und die Werterhetorik fand zunehmend Eingang in den offiziellen Diskurs der Union.[99] Darüber hinaus hatte sich bereits die niederländische Ratspräsidentschaft im zweiten Halbjahr 2004 der Thematik „The Politics of European Values“ angenommen.[100] Unter deutscher Ratspräsidentschaft kam im

---

91 Entschließung des Europäischen Parlaments vom 16. Februar 2017 zu möglichen Entwicklungen und Anpassungen der derzeitigen institutionellen Struktur der Europäischen Union (2014/2248(INI)), Ziff. 45. S. bereits die Rede der damaligen Justizkommissarin und Vize-Präsidentin der Europäischen Kommission *Viviane Reding*, "The EU and the Rule of Law – What next?", vom 4. September 2013, Ziffer 4, online abrufbar unter http://europa.eu/rapid/press-release_SPEECH-13-677_de.htm. Vgl. zu dieser aktuellen Diskussion von größter Tragweite *Borowsky* (Vorauflage), vor Titel VII Rn. 1 a.

92 Zu Österreich s. *Holoubek/Lienbacher/Fuchs/Segalla*, GRC, Art. 1 Rn. 39 f., zu Italien s. Suprema Corte di Cassazione, sentenza n. 2352, 2.2.2010, oder sentenza n. 41, 3.1.2013 (Charta als „Quelle freier Interpretation“ des nationalen Rechts), zu Kroatien s. Verfassungsgerichtshof Kroatiens, Rs. U-III-1095/2014, Urt. v. 21.9.2017 (Würde des Menschen durch Kroatiens Beitritt zur Union Bestandteil des Menschenrechtskatalogs der kroatischen Verfassung). Eine vergleichbare Ausstrahlungskraft entfaltet die Charta aber auch in Bulgarien, der Tschechischen Republik, Polen oder Slowenien. S. zur Charta als „Inspirationsquelle“ – jeweils unter Punkt II.2.c. – die Länderberichte in *Burgorgue-Larsen* (Hrsg.), La Charte des droits fondamentaux saisie par les juges en Europe, 2017.

93 S. *Jarass*, GRC, Art. 51 Rn. 30 a, *Borowsky* (Vorauflage), vor Titel VII Rn. 5 a, 30. Skeptisch *Schwerdtfeger*, Art. 51 Rn. 26.

94 S. *Borowsky*, Art. 3 Rn. 1, 34 ff.

95 S. zu den „europäischen Werten“ insbesondere *Mandry*, Wertegemeinschaft, 2009, sowie *Heit*, Werte, 2005, und *Frischhut*, ZaöRV 75 (2015), 531.

96 S. auch die Entschließung des EP vom 20.4.2004, abgedruckt in EuGRZ 2004, 442 ff. („Werte- und Grundrechtegemeinschaft“). S. aktuell das im Entstehen begriffene (Finanzierungs)Programm der Union „Rechte und Werte“ (VO-Vorschlag v. 30.5.2018, Dokument COM(2018) 383 final).

97 Die Wandlung vom *homo hierarchicus* zum *homo aequalis* und nunmehr zum *homo dignus* nimmt *Rodotà*, Vivere la democrazia, 2018, S. 47, in den Blick, einer der Väter der Charta. Der *homo dignus* ist angesichts der *conditio humana* zugleich *homo vulnerabilis*, s. hierzu *Masferrer/García-Sánchez* (Hrsg.), Human Dignity, 2016.

98 S. nur die folgenden Beiträge aus der Feder von Juristen: *Broß*, JZ 2003, 429 ff., *Calliess*, JZ 2004, 1033 ff., *Reimer*, ZG 2003, 208 ff.

99 Exemplarisch die Mitteilung der Kommission vom 20.10.2005 „Europäische Werte in der globalisierten Welt“ (KOM (2005) 525 endg.).

100 Informationen hierzu über www.nexus-institute.nl/ und über www.EU2004.nl („Europe. A beautiful idea?“). S. auch www.europeanvaluesstudy.eu.

ersten Halbjahr 2007 die **Berliner Erklärung** anlässlich des 50. Jahrestages der Unterzeichnung der Römischen Verträge hinzu.[101] Danach trat die Werterhetorik angesichts der 2008 ausgebrochenen Finanzkrise in den Hintergrund.[102] Dies ändert sich derzeit wieder, aufgrund der Flüchtlings- und Klimakrise und angesichts neuer humanitärer Herausforderungen, aber auch mit Blick auf populistische und autoritäre Anfechtungen. Der europäische Wertediskurs ist weiterhin ein Selbstversicherungsdiskurs, er wandelt sich allerdings in einen **Krisendiskurs.**[103] Die **Europäische Union** wird vor diesem Hintergrund zunehmend als verteidigungswertes **„ethisches Projekt"** wahrgenommen.[104] Auch der EuGH greift argumentativ auf die europäischen Werte zurück, etwa um die Einschränkung der Freizügigkeit von Kriegsverbrechern zu rechtfertigen,[105] oder um die Geltung des Grundsatzes gegenseitigen Vertrauens zu begründen:[106] „Das Unionsrecht beruht somit auf der grundlegenden Prämisse, dass jeder Mitgliedstaat mit allen anderen Mitgliedstaaten eine Reihe gemeinsamer Werte teilt – und anerkennt, dass sie sie mit ihm teilen –, auf die sich, wie es in Art. 2 EUV heißt, die Union gründet. Diese Prämisse impliziert und rechtfertigt die Existenz gegenseitigen Vertrauens zwischen den Mitgliedstaaten bei der Anerkennung dieser Werte und damit bei der Beachtung des Unionsrechts, mit dem sie umgesetzt werden."

Erste Umrisse einer „europäischen Wertepolitik", die mit dem Konzept der Menschenwürde ernst macht, zeichnen sich ab,[107] sei es durch die 2017 proklamierte Europäische Säule sozialer Rechte oder das neue Programm „Rechte und Werte".[108] Zum einen erfolgt eine Vertiefung und Systematisierung der Grundrechtsorientierung, zum anderen eine prozedurale Beteiligung im Sinne eines **„Empowerment"**.[109] Die Menschen sollen in die Lage versetzt werden, ein mündiges, selbst bestimmtes Leben zu führen und ihre Belange persönlich wie politisch zu artikulieren und zu vertreten.[110]

---

101 Auszugsweise lautet die Berliner Erklärung: „Wir Bürgerinnen und Bürger der Europäischen Union sind zu unserem Glück vereint ... Wir verwirklichen in der Europäischen Union unsere gemeinsamen Ideale: Für uns steht der Mensch im Mittelpunkt. Seine Würde ist unantastbar. Seine Rechte sind unveräußerlich. Frauen und Männer sind gleichberechtigt."

102 Allerdings fällt in diese Zeit die Aufnahme der europäischen Werte in das Vertragswerk durch den Vertrag von Lissabon (s. etwa Art. 2, 3, 21 EUV).

103 Vgl. *Voßkuhle*, Die Idee der Europäischen Wertegemeinschaft, 2018.

104 Zur ethischen Dimension der unionalen Rechtsordnung s. *Frischhut*, The Ethical Spirit of EU Law, 2019. S. weiter *Merkl/Koch* (Hrsg.), Die EU als ethisches Projekt im Spiegel ihrer Außen- und Sicherheitspolitik, 2018. Zur Rechtsprechung des EuGH zu den Werten Europas s. *Lenaerts*, EuGRZ 2017, 639.

105 EuGH (GK) – *K. und H.F.*, Rs. C-331/16 u. C-366/16, ECLI:EU:C:2018:296, Urt. v. 2.5.2018. Zur grundlegenden Bedeutung der gemeinsamen Werte s. auch EuGH (Plenum) – *Wightman ua*, Rs. C-621/18, ECLI:EU:C:2018:999, Urt. v. 10.12.2018, sowie EuGH (GK) – *Minister for Justice and Equality (Mängel des Justizsystems)*, Rs. C-216/18, ECLI:EU:C:2018:589, Urt. v. 25.7.2018, Rn. 35.

106 EuGH (GK) – *Achmea*, Rs. C-284/16, ECLI:EU:C:2018:158, Urt. v. 6.3.2018, Rn. 34.

107 S. bereits *Borowsky*, FAZ v. 17. Oktober 2003 (Nr. 241), S. 40 ("In letzter Minute"). Vgl. auch *Landfried*, Europa, 2005, wonach die demokratische Kommunikation über die Differenz Voraussetzung für eine effektive und gemeinwohlorientierte Politik in Europa ist.

108 Zu dem im Entstehen begriffenen EU-Programm „Rechte und Werte" s. Dokument COM(2018) 383 final.

109 Empowerment bedeutet, dass Menschen dazu ermächtigt werden, ihre Rechte selbst durchzusetzen und von jenen, die diese Rechte verletzen, Wiedergutmachung zu verlangen. *Manfred Nowak* betont, dass die fundamentalen Rechte vor Praktiken schützen, die auf die Entmenschlichung, Ausbeutung und Erniedrigung des Menschen als autonomes Subjekt mit freiem Willen abzielen. Diesen Praktiken sei die Ohnmacht und Wehrlosigkeit der Opfer gemeinsam, während die Menschenrechte auf deren „Empowerment" gerichtet seien. *Nowak*, Menschenwürde, 2018, S. 74 f.

110 Dieser Ansatz darf allerdings nicht zur Exklusion von Menschen führen, die – wie Säuglinge oder Menschen im Wachkoma – einem Empowerment nicht zugänglich sind und auf advokatorische

Dies spricht für eine starke, **unmittelbare Drittwirkung sämtlicher Rechte des ersten Titels.**[111] Menschenwürdeverletzungen durch Private müssen angemessen sanktioniert werden können. In erster Linie steht aber die Hoheitsgewalt in der Pflicht. Elementaren Schutz benötigen vor allem Häftlinge, geflüchtete Menschen und Personen, die wegen ihrer sexuellen Orientierung Diskriminierung erfahren. So nimmt es nicht wunder, dass der Straßburger und der Luxemburger Gerichtshof sowie nationale (Verfassungs)Gerichte zunehmend auf die Menschenwürde rekurrieren, ob es um die Vollstreckung eines europäischen Haftbefehls, um die Ausweisung von Flüchtlingen auf Lampedusa oder um dubiose Tests zur Verifizierung des Fluchtgrunds Homosexualität geht. Die **Erfahrung verletzter Menschenwürde** hat auch hier eine **„Entdeckungsfunktion"**.[112] Der EGMR hat in Erinnerung gerufen, dass auch außergewöhnliche Einwanderungswellen mit besonderen Belastungen den Staat nicht von seiner Verpflichtung befreien, zu garantieren, dass einer Person ihre Freiheit nur unter mit der Menschenwürde kompatiblen Bedingungen entzogen wird.[113] Es bedarf einer „tiefen Praxis" der Menschenwürde, um eine **Gesellschaft** anzustreben, in der man **„ohne Angst verschieden** sein kann" (*Th. W. Adorno*).[114]

14 Besondere Beachtung verdient ein mit der Wertedebatte zusammenhängender, bisher kaum in den Blick genommener kompetenzieller Aspekt.[115] Die **„ethische Hoheit"** wird zunehmend von den Mitgliedstaaten auf die europäische Ebene verlagert, und die Letztentscheidung auch in heiklen Fragen der Ethik und zu „Grenzlagen" wird in den nächsten Jahren und Jahrzehnten von den nationalen Verfassungsgerichten auf die Gerichtshöfe in Luxemburg und vor allem Straßburg übergehen.[116] Diese **Europäisierung ethischer Entscheidungen**, die durch die Charta wie die EMRK als *living instruments* noch verstärkt und beschleunigt, aber auch strukturiert und normativ eingehegt wird, ist bereits in der bisherigen Rechtsprechung der europäischen Gerichte angelegt.[117]

Vertretung angewiesen bleiben. Schließlich ist Ausgangspunkt stets die Verletzlichkeit des Individuums, vgl. *v. Bernstorff*, JZ 2013, 905 ff. Zum Konzept der Vulnerabilität s. Fn. 11.

111 Zur in der Normlogik angelegten Horizontalwirkung der Menschenwürde s. *Borowsky*, Art. 1 Rn. 43. Art. 3 Abs. 2 lit. b) (Verbot eugenischer Praktiken) dürfte allerdings keine Wirkung unter Privaten beizulegen sein. Der EuGH hat unmittelbare Wirkungen im Privatrechtsverkehr bereits bei den menschenwürdenahen Rechten aus Art. 21 und Art. 31 Abs. 2 anerkannt: EuGH (GK) – *Egenberger*, Rs. C-414/16, ECLI:EU:C:2018:257, Urt. v. 17.4.2018, Rn. 76 ff. (zu Art. 21 Abs. 1), bestätigt in EuGH (GK) – *Cresco*, Rs. C-193/17, ECLI:EU:C:2019:43, Urt. v. 22.1.2019, Rn. 76 ff., sowie EuGH (GK) – *Bauer ua*, Rs. C-569/16 und C-570/16, ECLI:EU:C:2018:871, Urt. v. 6.11.2018, Rn. 79 ff. (zu Art. 31 Abs. 2).

112 Auf diese Entdeckungsfunktion verweist Habermas, der die Menschenwürde zugleich als einen Seismographen ansieht, der anzeigt, was für eine demokratische Rechtsordnung konstitutiv ist, *Habermas*, Konzept der Menschenwürde, S. 18, 21.

113 EGMR (GK), Urt. v. 15.12.2016, Nr. 16483/12, *Khlaifia ua*. In vergleichbarer Weise hat das BVerfG 2012 betont, dass die Menschenwürde „migrationspolitisch nicht zu relativieren" ist, BVerfGE 132, 134 Rn. 95.

114 Zur Aktualität Adornos s. *Tilo Wesche*, Adorno. Eine Einführung, Ditzingen 2018.

115 S. näher *Bernsdorff/Borowsky*, DRiZ 2005, 188 f.

116 Das ungeschmälerte Letztentscheidungsrecht – im Verhältnis zum Bundesverfassungsgericht – auch in Fragen der Menschenwürde hat sich der EuGH (GK) durch seine Leitentscheidung *Aranyosi und Căldăraru*, Rs. C-404/15 und C-659/15, ECLI:EU:C:2016:198, Urt. v. 5.4.2016, gesichert. S. *Heiko Sauer*, Mit den eigenen Waffen geschlagen: Die Reaktion des EuGH auf den unbedingten Vorrang der Menschenwürde vor dem Unionsrecht nach dem BVerfG, VerfBlog, 2016/4/07 (www.verfassungsblog.de).

117 Zum Umgang von EGMR und EuGH mit ethisch-moralisch umstrittenen Fragen ausführlich *Grabenwarter/Breuer*, Grundrechteschutz, § 7 Fundamentalgarantien, Rn. 59 ff. Zur Rechtsprechung des EuGH zu den Werten Europas s. *Lenaerts*, EuGRZ 2017, 639 ff., und *Moser*, Von der Wirtschafts- zur Wertegemeinschaft?, 2020 (angekündigt), der als weltanschaulich sensible Bereiche

Bei schwerwiegenden **normativen Konflikten,**[118] etwa zum früher nahezu ausnahmslosen irischen Abtreibungsverbot,[119] zu den strengen deutschen Regelungen zur Embryonenforschung[120], zum besonderen Status der Kirchen in Deutschland oder aber zu dem Frankreich teuren Laizitätsprinzip,[121] kann das „Prä" allerdings ausnahmsweise den betroffenen Mitgliedstaaten verbleiben.[122] Unterschiedliche Regelungsmodelle sollten je nach nationaler „Pfadabhängigkeit" zulässig bleiben. Zur praktischen Bewältigung bietet sich die zur EMRK entwickelte **Doktrin der *margin of appreciation*** an, dank derer den Mitgliedstaaten Beurteilungs- und Ermessensspielräume, mithin hinreichend normative wie administrative Freiheit verbleiben.[123] Schon bisher lassen beide Gerichtshöfe das „Vorsichtsprinzip" walten, wie die Straßburger Entscheidung zur Frage des Lebensbeginns und Embryonenschutzes („Vo/Frankreich")[124] und die Luxemburger Entscheidung zum deutschen Verbot „gespielten Tötens" („Omega-Entscheidung")[125] vorbildlich gezeigt haben. Zum Verbot der In-vitro-Fertilisation mit Gameten dritter Personen hat der EGMR ausgeführt:[126] „Für die IVF mit Gameten Dritter spielen die Würde des Menschen, das Wohl der so gezeugten Kinder und die Verhinderung von Missbrauch (eugenische Auslese; Handel mit Eizellen und als Folge Ausbeutung von Frauen; gespaltene Mutterschaft) eine wichtige Rolle. Hierbei handelt es sich um schwierige gesellschaftliche und moralische Fragen, in denen es in Österreich 1999 keinen Konsens gab. Insofern hält sich das ... angegriffene Verbot der Eizellen- und Samenspende im Rahmen des Ermessensspielraums des Gesetzgebers."

Vielfalt und Kulturpluralismus sind konstituierende Elemente der im Entstehen begriffenen 15
europäischen Rechtskultur.[127] Einige **Konfliktfelder der Zukunft** kann man anhand der streitigen Debatten im Grundrechtekonvent – der „europäischen Wertegemeinschaft im

---

Prostitution, Glücksspiel, Abtreibung, sexuelle Orientierung und Antidiskriminierung in den Blick nimmt. S. etwa EuGH – *Grogan*, Rs. C-159/90, ECLI:EU:C:1991:378, Urt. v. 4.10.1991 (Abtreibung als Dienstleistung), und EuGH – *Tanja Kreil*, Rs. C-285/98, ECLI:EU:C:2000:2, Urt. v. 11.1.2000 (Dienst von Frauen mit der Waffe in der Bundeswehr). Zum Glücksspiel s. EuGH – *Schindler*, Rs. C-275/92, ECLI:EU:C:1994:119, Urt. v. 24.3.1994, zur Unterbindung des Drogentourismus s. EuGH – *Josemans*, Rs. C-137/09, ECLI:EU:C:2010:774, Urt. v. 16.12.2010, zur Nichtigerklärung der Marke „La Mafia" EuG – *La Mafia Franchises*, Rs. T-1/17, ECLI:EU:T:2018:146, Urt. v. 15.3.2018, Rn. 36. S. auch EuGH – *Kommission/Frankreich*, Rs. C-265/95, ECLI:EU:C:1997:595, Urt. v. 9.12.1997 (Gewaltsame Verhinderung der Einfuhr von Waren), und EuGH (GK) – *K.*, Rs. C-331/16, ECLI:EU:C:2018:296, Urt. v. 2.5.2018 (Beschränkung des Einreise- und Aufenthaltsrechts bei Kriegsverbrechen). Zum EGMR s. *Müller-Terpitz*, ArchVR 2013, 42 f., sowie – zu Fragen der menschlichen Reproduktion – *Koutnatzis/Weilert*, ArchVR 2013, 72 ff. S. etwa EGMR, Urt. v. 20.3.2007, Nr. 5410/03, *Tysiąc* (unterlassene Abtreibung).

118 Zu Wertkonflikten in der Union s. *Derra/Borowsky*, FS Meyer, S. 49.

119 Vgl. *Mehde*, KritV 2002, 438 ff., zum irischen Abtreibungsverbot. S. hierzu auch EGMR (GK), Urt. v. 16.12.2010, Nr. 25579/05, *A., B. und C.*, und bereits EuGH - *The Society for the Protection of Unborn Children Ireland Ltd*, Rs. C-159/90, ECLI:EU:C:1991:378, Urt. v. 4.10.1991.

120 S. *Dorf*, JZ 2005, 131 f., zum „therapeutischen Klonen".

121 S. nur die Entscheidung des französischen Verfassungsrats zur Europäischen Verfassung vom 19.11.2004, EuGRZ 2005, 45 ff.

122 Vgl. *Schwarzburg*, Menschenwürde, 2012, S. 379 ff.

123 *Grabenwarter/Pabel*, EMRK, S. 140 ff. Kritisch zur hier bemühten margin of appreciation-Doktrin *Koutnatzis/Weilert*, ArchVR 2013, 72 ff., sowie *Hwang*, EuR 2013, 307 ff. (unter Bezug auf das Inzest-Urteil des EGMR, Urt. v. 12.4.2012, Nr. 43547/08, *Stübing*).

124 EGMR (GK), Urt. v. 8.7.2004, Nr. 53924/00, *Vo*; bestätigt durch EGMR (GK), Urt. v. 10.4.2007, Nr. 6339/05, *Evans*. Vgl. auch EGMR (GK), Urt. v. 16.12.2010, Nr. 25579/05, *A., B. und C.* (zur Regelung der Abtreibung in Irland).

125 EuGH – *Omega*, Rs. C-36/02, ECLI:EU:C:2004:614, Urt. v. 14.10.2004. Zur „vielschichtigen Identität" Europas s. auch GA *Cruz Villalón* in der Rs. C-201/13, Rn. 86.

126 EGMR (GK), Urt. v. 3.11.2011, Nr. 57813/00, *S.H. ua*, Leitsatz Nr. 6.

127 Vgl. *Helleringer/Purnhagen* (Hrsg.), Culture, 2013.

Labor" – umreißen.[128] Zunächst stehen Ausmaß und Stellenwert der Solidarität und damit der sozialen Rechte in Frage. Sodann stellt sich angesichts zunehmender Rechtszersplitterung die Aufgabe, ein europaweit gültiges Leitbild von Ehe und Familie zu finden. Schließlich und vor allem stehen die drängenden Fragen der Biopolitik zur Klärung an. Die deliberativen Debatten im Grundrechtekonvent um den Beginn des menschlichen Lebens, um Euthanasie, Verbot des Klonens und „Homosexuellenehe" bestätigen nicht zuletzt den Befund von *Habermas*, dass der „karolingische Hintergrund der konservativen Gründergeneration", nämlich „die Berufung auf das christliche Abendland", „zerfallen" ist.[129] Die „schöpferischen Minderheiten" religiös gebundener Menschen werden gleichwohl wesentlich zu der künftig europaweit zu führenden Diskussion über ethische Grundsatzfragen beitragen können.[130] Diesen an außereuropäische Diskurse anschlussfähigen **Dialog in einem postsäkularen Europa** hatte auch die Europäische Gruppe für Ethik der Naturwissenschaften und der Neuen Technologien in ihrem dem Grundrechtekonvent vorgelegten Bericht vor Augen:[131]

„Pluralism, tolerance, and open dialogue about cultural and moral differences constitute therefore a distinctive sign of the European idea. Its implementation requires discussion among all parties in a civil society as a primary source of legitimisation of the rules, to be followed by all."

Literaturübersicht

Alting von Geusau, Christiaan W.J.M., Human Dignity and the Law in post-War Europe. Roots and reality of an ambiguous concept, Oisterwijk 2013; *Attucci, Claudia*, An institutional dialogue on common principles: reflections on the significance of the EU Charter of Fundamental Rights, in: Dobson, Lynn/Follesdal, Andreas (Hrsg.), Political Theory and the European Constitution, London 2004, S. 151; *Auer, Karl H.*, Das Menschenbild als rechtsethische Dimension der Jurisprudenz, Wien 2005; *Baldus, Manfred*, Kämpfe um die Menschenwürde. Die Debatten seit 1949, Berlin 2016; *Baumbach, Christine/Kunzmann, Peter* (Hrsg.), Würde – dignité – godnosc – dignity: Die Menschenwürde im internationalen Vergleich, München 2010; *Becchi, Paolo*, Das Prinzip Menschenwürde – eine Einführung, Berlin 2016; *Becchi, Paolo/Mathis, Klaus* (Hrsg.), Handbook of Human Dignity in Europe, Dordrecht ua 2019; *Bergmann, Jan Michael*, Das Menschenbild der Europäischen Menschenrechtskonvention, Baden-Baden 1995; *Bernsdorff, Norbert/Borowsky, Martin*, Grundrechte in Europa. Von der Grundrechtecharta zur Europäischen Verfassung, DRiZ 2005, 188; *Bielefeldt, Heiner*, Menschenwürde. Der Grund der Menschenrechte, 2008 (www.institut-fuer-menschenrechte.de); *Blömacher, Sabine*, Die Menschenwürde als Prinzip des deutschen und europäischen Rechts. Kohärenz der Konzepte?, Berlin 2016; *Borowsky, Martin*, Wertegemeinschaft Europa. Die Charta der Grundrechte der Europäischen Union zwischen politischer Proklamation und rechtlicher Verbindlichkeit – Ziele, Inhalte, Konfliktlinien, DRiZ 2001, 275; *ders.*, Wertkonflikte in der Europäischen Union. Eine Problemskizze, in: Derra, Hans-Jörg (Hrsg.): Freiheit, Sicherheit und Recht. Festschrift für Jürgen Meyer zum 70. Geburtstag, Baden-Baden 2006, S. 49; *ders.*, Die Grundrechtecharta als normatives Fundament der Europäischen Union, in: Leiße, Olaf (Hrsg.), Die Europäi-

128 S. bereits *Borowsky*, DRiZ 2001, 283 ff.

129 *Habermas*, Zeitdiagnosen, 2003, S. 227.

130 Zur theologischen Begründung und Fruchtbarmachung der Menschenwürde als „begründungsoffener" Begriff s. „Gott und die Würde des Menschen", Leipzig 2017, herausgegeben von der Bilateralen Arbeitsgruppe der Deutschen Bischofskonferenz und der Vereinigten Evangelisch-Lutherischen Kirche Deutschlands. Zur christlichen Grundierung Europas s. *Mandry*, Europa als Wertegemeinschaft, 2009, *Rompuy*, Christentum und Moderne, 2010, *Tettinger*, Christliche Werte in der europäischen Grundrechtediskussion, 2002, *Weiler*, Ein christliches Europa, 2004. Kritisch hierzu *Menéndez*, ELRev. 2005, 133, und *Meyer*, Die Identität Europas, 2004. S. auch *Hüttenhoff* (Hrsg.), Christliches Europa?, 2014. Zum historisch-philosophischen Hintergrund s. *Moyn*, Christian Human Rights, 2015, sowie *Alting von Geusau*, Human Dignity, 2013.

131 Dokument CHARTE 4370/00 CONTRIB 233 vom 15. Juni 2000, S. 4. S. auch die Website der European Group on Ethics in Science and New Technologies (EGE): www.ec.europa.eu/research/ege/index.cfm. Zum Multikulturalismus in Europa s. *Kastoryano* (Hrsg.), Identity, 2009.

sche Union nach dem Vertrag von Lissabon, Wiesbaden 2010, S. 147; *Brandhorst, Mario/Weber-Guskar, Eva* (Hrsg.), Menschenwürde. Eine philosophische Debatte über Dimensionen ihrer Kontingenz, Berlin 2017; *Brecht, Holger*, Änderungen an der EU-Grundrechtecharta, ZEuS 2005, 355; *Brenner, Michael*, Rahmenbedingungen des Menschenbildes im Gemeinschaftsrecht, in: Isensee, Josef/Lecheler, Helmut (Hrsg.), Freiheit und Eigentum (Festschrift Leisner), Berlin 1999, S. 19; *Broß, Siegfried*, Grundrechte und Grundwerte in Europa, JZ 2003, 429; *Bühler, Margit*, Einschränkung von Grundrechten nach der Europäischen Grundrechtecharta, Berlin 2005; *Burgorgue-Larsen, Laurence* (Hrsg.), La dignité saisi par les juges en Europe, Bruxelles 2010; *dies.* (Hrsg.), La vulnérabilité saisie par les juges en Europe, Paris 2014; *Calliess, Christian*, Europa als Wertegemeinschaft – Integration und Identität durch europäisches Verfassungsrecht?, JZ 2004, 1033; *Dorf, Yvonne*, Zur Interpretation der Grundrechtecharta, JZ 2005, 126; *Dupré, Catherine*, Dignity, Democracy, Civilisation, Liverpool Law Review 2012, 263; *dies.*, Human Dignity in Europe: A Foundational Constitutional Principle, European Public Law 2013, 319; *dies.*, The Age of Dignity: Human Rights and Constitutionalism in Europe, Oxford 2015; *Dürig, Günter*, Der Grundrechtssatz von der Menschenwürde, AöR 81 (1956), 117; *Düwell, Marcus*, Menschenwürde als Grundlage der Menschenrechte, zfmr 2010, 64; *Düwell, Marcus/Braarvig, Jens/Brownsword, Roger/ Mieth, Dietmar* (Hrsg.), Cambridge Handbook of Human Dignity, Cambridge 2014; *Eckhardt, Saskia*, Die Akteure des außergerichtlichen Grundrechtsschutzes in der Europäischen Union, Frankfurt am Main u.a. 2010; *Eichenhofer, Eberhard*, Soziale Menschenrechte im Völker-, europäischen und deutschen Recht, Tübingen 2012; *EU Network of Independent Experts on F undamental Rights*, Commentary of the Charter of Fundamental Rights of the European Union, Juni 2006 (Online-Kommentar, abrufbar unter: www.ec.europa.eu/justice/fundamental-rights/networkcommentaryfinal.en.); *Finck, Michèle*, The role of human dignity in gay rights adjudication and legislation: A comparative perspective, ICON 2016, 26; *Fineman, Martha Albertson/Grear, Anna* (Hrsg.), Vulnerability. Reflections on a New Ethical Foundation for Law and Politics, Farnham 2013; *Frischhut, Markus*, „EU“: Short for „Ethical“ Union? The Role of Ethics in European Union Law, ZaöRV 75 (2015), 531; *ders.*, The Ethical Spirit of EU Law, 2019; *Gerl-Falkovitz, Hanna-Barbara u.a.* (Hrsg.), Europäische Menschenbilder, Dresden 2009; *Girard, Charlotte/Hennette-Vauchez, Stéphanie* (Hrsg.), La dignité de la personne humaine. Recherche sur un processus de juridicisation, Paris 2005; *Gisbertz, Philipp*, Menschenwürde in der angloamerikanischen Rechtsphilosophie: Ein Vergleich zur kontinentaleuropäischen Begriffsbildung, Baden-Baden 2018; *Grimm, Dieter/Kemmerer, Alexandra/Möllers, Christoph* (Hrsg.), Human Dignity in Context, Baden-Baden 2018; *Habermas, Jürgen*, Zeitdiagnosen. Zwölf Essays, Frankfurt a.M. 2003; *ders.*, Das Konzept der Menschenwürde und die realistische Utopie der Menschenrechte, in: Habermas, Jürgen, Zur Verfassung Europas, Berlin 2011, S. 13; *Häberle, Peter*, Das Menschenbild im Verfassungsstaat, 4. Aufl., Berlin 2008; *Heit, Helmut* (Hrsg.), Die Werte Europas. Verfassungspatriotismus und Wertegemeinschaft in der EU?, Münster 2005; *Helleringer, Geneviève/Purnhagen, Kai* (Hrsg.), Towards a European Legal Culture, Baden-Baden 2013; *Höfling, Wolfram*, Menschenwürde und Integritätsschutz vor den Herausforderungen der Biomedizin, in: Stern, Klaus/Tettinger, Peter J. (Hrsg.), Die Europäische Grundrechte-Charta im wertenden Verfassungsvergleich, Berlin 2005, S. 151; *Hömig, Dieter*, Die Menschenwürdegarantie des Grundgesetzes in der Rechtsprechung der Bundesrepublik Deutschland, EuGRZ 2007, 633; *Hüttenhoff, Michael* (Hrsg.), Christliches Europa? Studien zu einem umstrittenen Konzept, Leipzig 2014; *Hwang, Shu-Perng*, Grundrechtsschutz unter der Voraussetzung des europäischen Grundkonsenses?, EuR 2013, 307; *Joas, Hans*, Die Sakralität der Person. Eine neue Genealogie der Menschenrechte, Frankfurt a.M. 2015; *Joerges, Christian/Mahlmann, Matthias/Preuß, Ulrich K.* (Hrsg.), „Schmerzliche Erfahrungen der Vergangenheit“ und der Prozess der Konstitutionalisierung Europas, Wiesbaden 2008; *Jones, Jackie*, Human Dignity in the EU Charter of Fundamental Rights and its Interpretation Before the European Court of Justice, Liverpool Law Review 2012, 281; *Karl, Wolfram*, Die Rolle der Menschenwürde in der EU-Verfassungsdebatte, in: Fischer, Michael (Hrsg.), Der Begriff der Menschenwürde. Definition, Belastbarkeit und Grenzen, Frankfurt a.M. 2004, S. 25; *Kastoryano, Riva* (Hrsg.), An Identity for Europe. The Relevance of Multiculturalism in EU Construction, New York 2009; *Kirste, Stephan/Gonzaga De Souza, Draiton/Sarlet, Ingo Wolfgang* (Hrsg.), Menschenwürde im 21. Jahrhundert. Untersuchungen zu den philosophischen, völker- und verfassungsrechtlichen Grundlagen in Brasilien, Deutschland und Österreich, Baden-Baden 2018; *Klinger, Hubert*, Der Konvent. Ein neues Institut des europäischen Verfassungsrechts, München 2007; *Knoeppfler, Nikolaus*, Würde und Freiheit. Vier Konzeptionen im Vergleich, Freiburg i.Br. 2018; *Landfried, Christine*, Das politische Europa. Differenz als Potential der Europäischen Union, 2. Aufl., Baden-Baden 2005; *Laverack, Peter L.*, The indignity of exclusion: LGBT rights, human dignity and the living tree of human rights, E.H.R.L.R. 2 (2019), 172; *Lee, Man Yee Karen*, Equality, Dignity, and Same-Sex Marriage. A Rights Disagreement in Democratic Societies, Leiden/Boston 2010; *Lenaerts, Koen*, Die Werte der Europäischen Union in der Rechtsprechung des Gerichtshofs der Europäischen Union: eine Annäherung, EuGRZ 2017, 239; *Leutheusser-Schnarrenberger, Sabine* (Hrsg.), Vom

Recht auf Menschenwürde. 60 Jahre Europäische Menschenrechtskonvention, Tübingen 2013; *Mahlmann, Matthias*, Grundrechtstheorien in Europa – kulturelle Bestimmtheit und universeller Gehalt, EuR 2011, 469; *ders.*, Widerständige Gerechtigkeit. Der Angriff auf Demokratie, Verfassungsstaat und Menschenrechte und die Gesellschaftstheorie des Rechts, Baden-Baden 2018; *Mandry, Christof*, Europa als Wertegemeinschaft. Eine theologisch-ethische Studie zum politischen Selbstverständnis der Europäischen Union, Baden-Baden 2009; *Masferrer, Aniceto/García-Sánchez, Emilio* (Hrsg.), Human Dignity of the Vulnerable in the Age of Rights, 2016; *McCrudden, Christopher*, Human Dignity and Judicial Interpretation of Human Rights, 19 European Journal of International Law (2008), 655 (abrufbar unter: http://ssrn.com/abstract=1162024); *Mehde, Veith*, Die europäische Wertegemeinschaft, Grundrechte und die irische Abtreibungsdebatte, KritV 2002, 438; *Menéndez, Agustín José*, A pious Europe? Why Europe should not define itself as Christian, ELRev. 2005, 133; *Merkl, Alexander/Koch, Bernhard* (Hrsg.), Die EU als ethisches Projekt im Spiegel ihrer Außen- und Sicherheitspolitik, Baden-Baden 2018; *Meyer, Thomas*, Die Identität Europas. Der EU eine Seele?, Frankfurt a.M. 2004; *Moser, Martin K.*, Von der Wirtschafts- zur Wertegemeinschaft? Zur Rechtsprechung des EuGH in weltanschaulich sensiblen Bereichen, Berlin 2020 (angekündigt); *Moyn, Samuel*, The Secret History of Constitutional Dignity, 2012 (abrufbar unter: http://ssrn.com/abstract=2159248); *ders.*, Christian Human Rights, Philadelphia 2015; *Müller-Terpitz, Ralf*, Assistierte Reproduktionsverfahren im Lichte der Europäischen Menschenrechtskonvention, ArchVR 2013, 42; *Niedobitek, Matthias* (Hrsg.), Die Europäische Union als Wertegemeinschaft, Berlin 2013; *Notz, Kristina*, Die Grundrechtscharta als Wertebasis der EU-Verfassung, in: Weidenfeld, Werner (Hrsg.), Die Europäische Verfassung in der Analyse, Gütersloh 2005, S. 59; *Nowak, Manfred*, Menschenwürde und Menschenrechte, Wien 2018; *Nußberger, Angelika*, Wenn Selbstverständliches nicht mehr selbstverständlich ist: Zum Status quo des Menschenrechtsschutzes in Europa, JZ 2018, 845; *Panebianco, Massimo* (Hrsg.), Repertorio della Carta dei diritti fondamentali dell'Unione europea. Annotato con i lavori preparatori e la giurisprudenza delle alte Corti europee e della Corte costituzionale italiana, Milano 2001; *Reimer, Franz*, Wertegemeinschaft durch Wertenormierung? Die Grundwerteklausel im europäischen Verfassungsvertrag, ZG 2003, 208; *Ress, Georg*, Menschenbild – Staatsbild – Gedanken zur Konzeption des Staates und zur Stellung des Menschen in der Europäischen Menschenrechtskonvention, in: Stern, Klaus/Grupp, Klaus (Hrsg.), Gedächtnisschrift für Joachim Burmeister, Heidelberg 2005, S. 309; *Rodotà, Stefano*, Vivere la democrazia, Bari-Roma 2018; *Rompuy, Herman van*, Christentum und Moderne: Werte für die Zukunft Europas, Kevelaer 2010; *Sandkühler, Hans Jörg*, Menschenwürde und Menschenrechte. Über die Verletzbarkeit und den Schutz der Menschen, Freiburg i. Br./München 2014; *Schmidt, Laura S.*, Der Schutz der Menschenwürde als „Fundament" der EU-Grundrechtscharta unter besonderer Berücksichtigung der Rechte auf Leben und Unversehrtheit, ZEuS 2002, 631; *Schönlau, Justus*, Drafting the EU Charter. Rights, Legitimacy and Process, Basingstoke 2005; *Schulze-Fielitz, Helmuth*, Verfassungsvergleichung als Einbahnstraße? Zum Beispiel der Menschenwürde in der biomedizinischen Forschung, in: Blankenagel, Alexander u.a. (Hrsg.), Verfassung im Diskurs der Welt (Liber Amicorum Häberle), Tübingen 2004, S. 355; *Schwarz, Michael*, Die Menschenwürde als Ende der europäischen Wertegemeinschaft? Eine realistische Perspektive auf das Schutzdefizit nach Art. 1 der Grundrechtecharta, Der Staat 2011, 533, *Schwarzburg, Katrin*, Die Menschenwürde im Recht der Europäischen Union, Baden-Baden 2012; *Sedmak, Clemens* (Hrsg.), Menschenwürde. Vom Selbstwert des Menschen, Darmstadt 2017; *Siebke, Mechtild-Maria*, Legitimation, Legitimität und europäische Menschenwürde. Ein Beitrag zur Diskussion über das europäische Recht auf Demokratie, Baden-Baden 2018; *Tettinger, Peter J.*, Christliche Werte in der europäischen Grundrechtediskussion, Köln 2002; *Thalmair, René*, Das Menschenbild des Homo Europaeus. Menschenbildaspekte im Vertrag über eine Verfassung für Europa, Frankfurt a.M. 2007; *von Bernstorff, Jochen*, Der Streit um die Menschenwürde im Grund- und Menschenrechtsschutz: Eine Verteidigung des Absoluten als Grenze und Auftrag, JZ 2013, 905; *von Schwichow, Lennart*, Die Menschenwürde in der EMRK: Mögliche Grundannahmen, ideologische Aufladung und rechtspolitische Perspektiven nach der Rechtsprechung des Europäischen Gerichtshofs für Menschenrechte, Tübingen 2016; *Voßkuhle, Andreas*, Die Idee der Europäischen Wertegemeinschaft, Köln 2018; *Wallau, Philipp*, Die Menschenwürde in der Grundrechtsordnung der Europäischen Union, Bonn 2010; *Weiler, J.H.H.*, Ein christliches Europa. Erkundungsgänge, Salzburg-München 2004; *Weninger, Michael H.*, Menschenrechte in der EU – Grundlage einer Wertegemeinschaft?, in: Gabriel, Ingeborg (Hrsg.), Politik und Theologie in Europa: Perspektiven ökumenischer Sozialethik, Ostfildern 2008, S. 128.

Zu aktuellen Diskussionen und Entwicklungen s. www.verfassungsblog.de, www.europeanlawblog.eu und www.blogdroiteuropéen.com. Zu ethischen Problemlagen s. die Webseite der European Group on Ethics in Science and New Technologies (EGE): www.ec.europa.eu/research/ege/index.cfm.

Artikel 1 Würde des Menschen

Die Würde des Menschen ist unantastbar. Sie ist zu achten und zu schützen.

I. Vorgaben

1 Die Charta enthält in ihrer Präambel und ihrem ersten Artikel ein herausgehobenes **Bekenntnis zur Menschenwürde als Wert, Grundsatz und Grundrecht.**[1] Damit verstärkt sie wesentlich die Rechtsstellung und den Rechtsschutz der in Europa lebenden Menschen: *Hominum causa omne ius constitutum.*[2] Zugleich wird die Charta der wachsenden Bedeutung der Menschenwürde als **Konsensprinzip in einer offenen europäischen Gesellschaft** gerecht. Der Grundrechtekonvent stellte die Würde des Menschen an den Anfang des Grundrechtskataloges, da sie nicht nur ein Grundrecht an sich ist, sondern das eigentliche Fundament aller weiteren Grundrechte bildet und zu deren Wesensgehalt gehört, wie die „Erläuterungen" zu Art. 1 zu Recht betonen. Als konkretes Vorbild diente den Delegierten Art. 1 Abs. 1 des deutschen Grundgesetzes,[3] dem auch der Wortlaut von Art. 1 erkennbar nachgebildet ist.

2 Eine Betrachtung der **internationalen Textstufenentwicklung zum Würdegedanken**[4] ergibt ein facettenreiches Bild, das noch der eingehenden Analyse harrt. Nationale Verfassungen wie internationale Bekundungen und Rechtstexte haben die Würde des Menschen im Wesentlichen erst nach dem 2. Weltkrieg in den Blick genommen[5] – eine parallele Entwicklung, der sich erstaunlicherweise ausgerechnet die EMRK verschlossen hat, in deren Text die Menschenwürde keine Erwähnung findet. Historischer Bezugspunkt waren die Verheerungen des Krieges und der Völkermord.[6] Mittlerweile häufen sich die ausdrücklichen Bezugnahmen auf die Menschenwürde, wofür auch ihre enge Verbindung zum Demokratie-

1 Dieses Bekenntnis knüpft an die Präambel der Charta der Vereinten Nationen von 1945 an: „Wir, die Völker der Vereinten Nationen – fest entschlossen ... unseren Glauben an die Grundrechte des Menschen, an Würde und Wert der menschlichen Persönlichkeit ... erneut zu bekräftigen".

2 *Mock/Demuro/Olivetti*, Human Rights, S. 3.

3 So auch *Barriga*, Entstehung, S. 70. S. weiter *Kober*, EU-Grundrechtsschutz, S. 98.

4 Instruktiv – spezifisch zur Menschenwürde – *Tiedemann*, Menschenwürde, 2012, S. 9 ff., sowie *Dreier/Dreier*, GG, Art. 1 I, Rn. 28 ff., jeweils zu den internationalen, supranationalen und rechtsvergleichenden Bezügen, sowie *Häberle*, in: HStR, Bd. I, 2004, § 22 Rn. 1 ff. S. auch *Mock/Demuro/Olivetti*, Human Rights, S. 6 f., sowie *Heyde*, Article 1, S. 23 f. S. weiter die Sammlung von *Weber*, Menschenrechte, 2004, in der neben den Bestimmungen des internationalen Rechts die nationalen Verfassungsbefunde aufbereitet sind.

5 Für die Zeit vorher s. *Moyn*, History, 2012, der auf den prägenden Einfluss katholischer Denker wie *Jacques Maritain* und der Enzyklika *Divini redemptoris* von 1937 hinweist.

6 Vgl. die Präambel der Allgemeinen Erklärung der Menschenrechte von 1948: „Akte(n) der Barbarei, die das Gewissen der Menschheit mit Empörung erfüllen". S. auch die Präambel der Verfassung des Freistaates Bayern von 1946: „Angesichts des Trümmerfeldes, zu dem eine Staats- und Gesellschaftsordnung ohne Gott, ohne Gewissen und ohne Achtung vor der Würde des Menschen die Überlebenden des zweiten Weltkrieges geführt hat". S. zur Reaktion von Landesverfassungen auf die „Würdemissachtung als Kennzeichen des Nationalsozialismus" und allgemein zur „Umkehr" *Baldus*, Kämpfe, 2016, S. 21 f., 29 ff. In Deutschland wurde die Shoah als Bezugspunkt allerdings schon bald ausgeblendet.

prinzip verantwortlich sein dürfte.[7] Südafrika ist hierfür exemplarisch. Standen naturrechtliche und katholische Konzepte am Anfang, dominieren heute von Kant geprägte Herleitungen und Grundlegungen.[8]

Man kann zwischen **allgemeinen Menschenwürdeklauseln** (*general clauses*) und solchen Bestimmungen unterscheiden, die die **Menschenwürde in spezifischen Bereichen** erwähnen (*special clauses*). Bei den *general clauses* wiederum gibt es „pure" oder „gemischte" Klauseln, dh zum einen Bestimmungen, die – wie Art. 1 der Charta – nur die Menschenwürde aufführen, zum anderen Regelungen, die – wie Art. 2 EUV – die Achtung der Menschenwürde mit anderen Grundwerten verknüpfen.[9]

Wenden wir den Blick zunächst den alten und dann den in jüngerer Zeit beigetretenen **Mitgliedstaaten der Union** zu.[10] Das **Konzept der Menschenwürde** ist **europaweit im Vordringen** begriffen, wie das neue, am 1. März 2000 in Kraft getretene finnische Grundgesetz und die Verfassungen der ost- und ostmitteleuropäischen Staaten zeigen. Allerdings ist der **normative Rang der Menschenwürde** im Einzelfall durchaus fraglich. Soweit ersichtlich, erkennen etwa die deutsche, polnische, slowakische, slowenische und ungarische Verfassungsordnung den Doppelcharakter der Menschenwürde als Grundsatz wie Grundrecht an, wobei dies nicht stets gesichert erscheint. Immerhin haben die meisten mitgliedstaatlichen Verfassungen die Menschenwürde wenigstens als Grundsatz positiv-rechtlich verankert. Dies trifft vor allem für diejenigen Rechtsordnungen zu, die auf menschenverachtende Regime zu reagieren hatten. Die konkreten Auswirkungen des Menschenwürdeprinzips erscheinen allerdings häufig noch offen und ungeklärt. Darüber hinaus steht der Rechtsnormcharakter der Menschenwürde bisweilen noch im Streit. Teilweise dürfte es sich nur um bloße Programmsätze, feierliche Bekundungen und andere rechtlich unverbindliche Bekenntnisse handeln. Schließlich finden sich in zahlreichen Verfassungstexten ausdrückliche Thematisierungen der Menschenwürde im Kontext spezifischer Lebensbereiche, ohne dass aus diesen Teilgehalten stets auf ein umfassendes Menschenwürdekonzept geschlossen werden könnte. Fraglich erscheint im Übrigen, ob bei aller emphatischen Betonung des Würdeschutzes und selbst bei Unantastbarkeitsklauseln daraus stets eine Absolutheit und Einschränkungslosigkeit wie im deutschen Recht gefolgert werden kann. Angesichts der möglichen Variationsbreite – ethisches Bekenntnis, rechtlich verbindlicher Grundsatz, einklagbares Grundrecht – und der aufgeworfenen schwierigen Fragen stellt sich die hier nicht zu leistende Aufgabe, in einem umfassenden Rechtsvergleich auch die Verfassungspraxis zur Menschenwürde aufzugreifen.[11]

---

7 S. im Kontext der Union *Siebke*, Legitimation, 2018, die ein Recht auf europäische Demokratie aus der europäischen Menschenwürde ableitet. Vgl. allgemein zum inneren Zusammenhang von Menschenwürde und pluralistischer Demokratie *Häberle*, Menschenwürde, 2005, S. 1163 ff., weiter *Dupré*, Liverpool Law Review 2012, 263 ff. S. auch EGMR, Urt. v. 4.12.2003, Nr. 35071/97, *Gündüz*, Ziff. 40 („tolerance and respect for the equal dignity of all human beings constitute the foundations of a democratic, pluralistic society.").

8 S. *Moyn*, History, 2012, S. 29 ff.

9 So die überzeugende Differenzierung bei *Mock/Demuro/Olivetti*, Human Rights, S. 6.

10 S. insbesondere *Becchi/Mathis* (Hrsg.), Handbook of Human Dignity in Europe, 2019. S. auch die rechtsvergleichende Analyse zum Konzept der Menschenwürde in den Mitgliedstaaten von GA *Stix-Hackl* in ihren Schlussanträgen in der Sache *Omega*, Rs. C-36/02, Rn. 74 ff. S. weiter den Überblick bei *Wallau*, Menschenwürde, 2010, S. 61 ff.

11 Dies unternimmt jetzt das Werk von *Becchi/Mathis* (Hrsg.), Handbook of Human Dignity in Europe, 2019. Ein wertvoller, auf die Zuarbeit der jeweiligen französischen Botschaften zurückgehender und sämtliche Mitgliedstaaten wie Beitrittskandidaten erfassender Überblick zur damaligen nationalen Rechtslage (Verfassung/Verfassungsgerichtsbarkeit/Gesetze) im Vergleich zur Charta findet sich bei *Bigaut*, Charte, 2002.

Im Folgenden mag eine **Textübersicht** mit manchen weiterführenden Hinweisen genügen. Die Gesamtschau der im Zeitpunkt der Ausarbeitung der Charta maßgeblichen fünfzehn mitgliedstaatlichen Verfassungen[12] zeigt eine **erstaunliche Regelungsdichte**. Art. 18 und 23 der **belgischen Verfassung** von 1994 regeln in Titel II „Die Belgier und ihre Rechte" – über Art. 191 erstreckt auf Ausländer – wesentliche Ausprägungen der Menschenwürde. Zum einen nimmt Art. 18 in den Blick, dass die Menschenwürde auch ein „Recht auf Rechte" sein kann: „Der bürgerliche Tod ist abgeschafft; er darf nicht wieder eingeführt werden". Zum anderen statuiert Art. 23 einleitend: „Jeder hat das Recht, ein menschenwürdiges Leben zu führen. Zu diesem Zweck gewährleistet das Gesetz ... die wirtschaftlichen, sozialen und kulturellen Rechte und bestimmt die Bedingungen für ihre Ausübung." Charakter und rechtliche Wirkung dieser Bestimmung erscheinen noch weitgehend ungeklärt.[13] Deutlich zu Tage tritt jedenfalls eine sozialstaatliche Ausrichtung. Während die **dänische Verfassung** aus dem Jahre 1953 zu diesem Thema schweigt, stellt das **deutsche Grundgesetz** von 1949 in Art. 1 Abs. 1 die bekannten Worte an den Anfang:[14] „Die Würde des Menschen ist unantastbar. Sie zu achten und zu schützen ist Verpflichtung aller staatlichen Gewalt". Dieser Bestimmung kommt ein Doppelcharakter zu. Die Menschenwürde ist nicht nur „tragendes Konstitutionsprinzip", das alle Bestimmungen des Grundgesetzes beherrscht. Vielmehr ist sie – nach herrschender Auffassung und Verfassungspraxis – auch ein Grundrecht. Das neue **Grundgesetz Finnlands** von 1999 enthält in Kapitel 1 „Grundlagen der Staatsordnung" bereits in § 1 Abs. 2 S. 2 folgendes Bekenntnis: „Die Verfassung sichert die Unverletzlichkeit der Menschenwürde und die Freiheit und Rechte des Individuums und fördert die Gerechtigkeit in der Gesellschaft." Thematisierungen der Menschenwürde finden sich sodann im Kapitel 2 „Grundrechte" an drei Stellen. Zunächst bestimmt § 7 Abs. 2: „Niemand darf zum Tode verurteilt, gefoltert oder im Übrigen in einer die Menschenwürde verletzenden Weise behandelt werden." § 9 Abs. 4 S. 2 ergänzt mit Blick auf den Status von Ausländern: „Ein Ausländer darf nicht des Landes verwiesen, ausgeliefert oder zurückgeschickt werden, wenn er dadurch von Todesstrafe, Folterung oder einer anderen die Menschenwürde verletzenden Behandlung bedroht wird." Schließlich stellt § 19 Abs. 1 das Recht auf soziale Sicherheit in den Kontext der Menschenwürde: „Jeder, der nicht in der Lage ist, sich den für ein menschenwürdiges Leben erforderlichen Unterhalt zu verdienen, hat das Recht auf notwendiges Auskommen und notwendige Fürsorge." In **Frankreich** ist die Menschenwürde als Verfassungsprinzip erst spät im Wege der Rechtsprechung „entdeckt" worden, bezeichnenderweise angesichts drängender biopolitischer Problemstellungen.[15] Der Conseil Constitutionnel stützte sich in seiner bahnbrechenden Entscheidung vom 27. Juli 1994[16] auf den einleitenden Satz der Präambel der Verfassung von 1946:[17] „Am Tage nach dem Siege, den die freien Völker über die Regime davongetragen haben, die versucht hatten, die menschliche Person zu unterjochen und zu entwürdigen, verkündet das französische Volk von neuem, dass jedes menschliche Wesen ohne Unterschied der Rasse, der Religion oder des Glaubens unveräußerliche und geheiligte Rechte besitzt." Aus diesem Text folgerte der Verfassungsrat: „Die Wahrung der Menschenwürde gegenüber

12 Die Verfassungen werden insbesondere nach der Textausgabe (Stand 1. Januar 2005) von *Kimmel/Kimmel*, Die Verfassungen der EU-Mitgliedstaaten, 2005, zitiert.

13 Vgl. die Konkretisierungsversuche von *Delpérée, Francis*, The Right to Human Dignity in Belgian Constitutional Law, in: Council of Europe, Principle, 1999, S. 57 ff.

14 Zum Hintergrund s. *Goos*, Freiheit, 2011. S. auch *Schwarzburg*, Menschenwürde, 2012, S. 44 ff.

15 S. zum Schutz der Menschenwürde in Frankreich *Schwarzburg*, Menschenwürde, 2012, S. 49 ff.

16 CC 94–343/344, RJC 592.

17 Diese Präambel war vom Verfassungsrat bereits 1971 zu einem konstituierenden Bestandteil der Verfassung von 1958 erklärt worden.

jeglicher Form der Unterjochung oder der Entwürdigung ist ein Grundsatz von Verfassungsrang". Damit kennt das französische Verfassungsrecht die Menschenwürde als „ungeschriebenen", in den Konturen allerdings noch unscharfen Grundsatz, der mittlerweile erhebliche Ausstrahlungswirkung für das gesamte französische Recht entfaltet und neben dem Gesetzgeber vor allem den Conseil d'État in ihren Entscheidungen leitet.[18] Das von *Simone Veil* geleitete „Comité de Réflexion sur le Préambule de la Constitution" schlug im Übrigen eine Ergänzung der Präambel um das Konzept der „égale dignité" vor.[19] Art. 2 Abs. 1 der **griechischen Verfassung** von 1975 – im I. Abschnitt „Staatsform" des Ersten Teils „Grundbestimmungen" – ordnet an: „Grundverpflichtung des Staates ist es, die Würde des Menschen zu achten und zu schützen." Eine erste Ausprägung findet sich im Zweiten Teil „Individuelle und soziale Rechte", nämlich – sehr weitgehend – in Art. 7 Abs. 2:[20] „Die Folter, irgendeine körperliche Misshandlung, Gesundheitsschädigung oder Ausübung psychologischen Zwanges sowie jede andere Verletzung der Würde des Menschen ist verboten und wird nach Maßgabe der Gesetze bestraft." An unvermuteter Stelle und in ungewohntem Kontext erscheint mit Art. 106 Abs. 2 in den Übergangs- und Schlussbestimmungen der griechischen Verfassung eine weitere Konkretisierung des Würdeprinzips: „Die private wirtschaftliche Initiative darf nicht zu Lasten der Freiheit und der Menschenwürde oder zum Schaden der Volkswirtschaft entfaltet werden." In der griechischen Lehre und Rechtsprechung ist strittig, ob die Menschenwürdegarantie nur eine staatliche Verpflichtung oder darüber hinaus ein Grundrecht darstellt.[21] Im „**Sonderfall Großbritannien**", wo keine Verfassungsurkunde existiert, ist die Menschenwürde als „legal value", mithin als „weiches" normatives Prinzip der Sache nach anerkannt.[22] Mittlerweile nehmen die englischen Richter zunehmend Bezug auf die ***human dignity***.[23] Die wohl früheste ausdrückliche Verankerung der Menschenwürde im Text einer noch geltenden Verfassung findet sich in der stark katholisch geprägten **Verfassung Irlands** von 1937.[24] In ihrer Präambel wird die Würde zusammen mit der Freiheit des Individuums als Ziel angesprochen: „Im Namen der Allerheiligsten Dreifaltigkeit, von der alle Autorität kommt und auf die, als unserem letzten Ziel, alle Handlungen sowohl der Menschen wie der Staaten ausgerichtet sein müssen, anerkennen Wir, das Volk von Irland, in Demut alle unsere Verpflichtungen gegenüber unserem göttlichen Herrn, Jesus Christus, der unseren Vätern durch Jahrhunderte der Heimsuchung hindurch beigestanden hat. In dankbarer Erinnerung an ihren heldenhaften und unermüdlichen Kampf um die Wiedererlangung der rechtmäßigen Unabhängigkeit unserer Nation und in dem Bestreben, unter gebührender Beachtung von Klugheit, Gerechtigkeit und Barmherzigkeit das allgemeine Wohl zu fördern, auf dass die Würde und Freiheit des Individuums gewährleistet, eine gerechte soziale Ordnung erreicht, die Einheit unseres Landes wiederhergestellt und Eintracht mit anderen Nationen begründet werde, nehmen wir diese Verfassung an, setzen sie in Kraft und geben sie uns." Art. 3 S. 1 der **italienischen**

18 S. etwa *Robert, Jacques*, The Principle of Human Dignity, in: Council of Europe, Principle, 1999, S. 43 ff., weiter *Braibant*, Charte, S. 88 f., grundlegend *Bioy*, Concept, 2002, umfassend *Gimeno-Cabrera*, Traitement, 2004.

19 S. den lesenswerten Abschlussbericht „Redécouvrir le Préambule de la Constitution" vom Dezember 2008, S. 85 ff. (im Internet abrufbar). S. auch *Schwarzburg*, Menschenwürde, 2012, S. 52 f.

20 In dieser offenen Aufzählung wird zu Recht der häufig vernachlässigte Schutz der Psyche in den Blick genommen, wie er in Art. 3 Abs. 1 der Charta verankert ist.

21 *Tettinger/Stern/Iliopoulos-Strangas*, GRC, A.IV. Rn. 13.

22 S. *Feldmann*, Public Law 1999, 682 ff. S. weiter *Schwarzburg*, Menschenwürde, 2012, S. 56 ff. Zur Menschenwürde in der angloamerikanischen Rechtsphilosophie s. *Gisbertz*, Menschenwürde, 2018.

23 S. die Hinweise bei *Dupré*, Liverpool Law Review 2012, 263, 268 ff.

24 Zum Hintergrund – sehr lesenswert – *Samuel Moyn*, The Secret History of Constitutional Dignity, 2012 (abrufbar unter: http://ssrn.com/abstract=2159248).

Verfassung aus dem Jahre 1947 stellt im Eingangskapitel „Grundlegende Rechtssätze“ Würde und Gleichheit in einen Zusammenhang: „Alle Staatsbürger haben die gleiche gesellschaftliche Würde und sind vor dem Gesetz ohne Unterschied des Geschlechtes, der Rasse, der Sprache, des Glaubens, der politischen Anschauungen, der persönlichen und sozialen Verhältnisse gleich.“ Ausdifferenzierungen der Menschenwürde zeigen sich sodann gleich an vier Stellen im Teil I „Rechte und Pflichten der Staatsbürger“. Den Auftakt macht Art. 27 S. 3: „Die verhängten Strafen dürfen nicht in einer menschenunwürdigen Behandlung bestehen und müssen die Erziehung und Besserung des Verurteilten zum Ziel haben.“ Art. 32 S. 3 und 4 haben dann die Heilbehandlung im Blick: „Niemand darf zu einer bestimmten Heilbehandlung gezwungen werden, es sei denn durch gesetzliche Verfügung. Das Gesetz darf in keinem Fall die durch die Würde der menschlichen Person gezogenen Grenzen verletzen.“ Art. 36 S. 1 wendet sich dem Arbeitsleben zu: „Der Arbeitnehmer hat Anspruch auf eine Umfang und Art der Arbeitsleistung entsprechende Entlohnung, die in jedem Fall für die Sicherung eines freien und menschenwürdigen Daseins für ihn selbst und seine Familie ausreichen muss.“ Schließlich spricht Art. 41 S. 1 davon, dass die privatwirtschaftliche Betätigung frei sei, und Satz 2 ergänzt: „Sie darf nicht im Widerspruch zum Allgemeinwohl stehen oder eine Beeinträchtigung der Sicherheit, der Freiheit oder der Menschenwürde des Einzelnen mit sich bringen.“ Der italienische Verfassungsgerichtshof sieht vor diesem Hintergrund die Menschenwürde als auslegungsrelevanten Verfassungswert an, der von sich aus das positive Recht durchdringt.[25] Die bereits aus dem Jahre 1868 stammende **luxemburgische Verfassung** spricht zwar nicht ausdrücklich von der Würde, sieht jedoch in Art. 11 Abs. 2 vor, dass der Staat die „Naturrechte der menschlichen Person“ gewährleiste. Die 1983 neu bekannt gemachte **niederländische Verfassung** von 1815 hingegen enthält – soweit ersichtlich – keinerlei Thematisierungen der Menschenwürde. Angesichts des aufgrund des Scheiterns des „Österreich-Konvents“ weiterhin zersplitterten, in verschiedenen Texten begründeten Grundrechtsschutzes in **Österreich** ist es schwierig, der Geltung von Menschenwürde und fundamentalen Rechten nachzugehen. In der österreichischen Rechtsordnung stellt die Menschenwürde nach der aktuellen Rechtsprechung jedenfalls einen ungeschriebenen „allgemeinen Wertungsgrundsatz“ dar.[26] Eine Ausprägung findet sich im Bundesverfassungsgesetz vom 29. November 1988 über den Schutz der persönlichen Freiheit, dessen Art. 1 Abs. 4 lautet: „Wer festgehalten oder angehalten wird, ist unter Achtung der Menschenwürde ... zu behandeln.“ Der Vorsitzende des **Österreich-Konvents** hat Anfang 2005 einen Verfassungsentwurf vorgelegt, dessen Grundrechtsverständnis von der Menschenwürde geprägt ist.[27] Die **portugiesische Verfassung** von 1976 nennt die Menschenwürde zwar an etlichen Stellen. In Portugal handelt es sich aber lediglich um ein bisher wenig zur Geltung gebrachtes „regulatives Prinzip“ und nicht um ein eigenes Grundrecht.[28] Bezeichnenderweise sind mehrere Anläufe, eine dem Art. 1 des deutschen Grundgesetzes vergleichbare Bestimmung dem Verfassungstext einzufügen, erfolglos geblieben. So verbleibt es bei Art. 1 der portugiesischen Verfassung in dem Eingangskapitel

25 S. das Urteil des Corte costituzionale vom 17.7.2000, auszugsweise abgedruckt in EuGRZ 2002, 613.

26 Vgl. VfGH, VfSlg 13.635/1993; OGH 10 Ob 501/94, JBl 1995, 46. S. auch *Augeneder*, Status, 2004, S. 91 ff. Weiter *Burger*, Verfassungsprinzip, 2002.

27 Der Verfassungsentwurf und weitere aufschlussreiche Materialien sind abrufbar unter: www.konvent.gv.at.

28 S. hierzu *Cardoso da Costa, José Manuel*, The Principle of Human Dignity in European Case-Law (Fehlbezeichnung!), in: Council of Europe, Principle, 1999, S. 50 ff.

„Grundsätzliche Bestimmungen“:[29] „Portugal ist eine souveräne Republik, die sich auf die Achtung der Menschenwürde und des Volkswillens gründet und deren Ziel die Errichtung einer freien, gerechten und solidarischen Gesellschaft ist.“ Mannigfache Nennung bringt dann Teil I „Grundrechte und Grundpflichten“. In dessen Kapitel II „Rechte, Freiheiten und Garantien“ fordert Art. 25 Abs. 2: „Niemand darf gefoltert oder einer grausamen, erniedrigenden oder menschenunwürdigen Behandlung oder Strafe ausgesetzt werden.“ Art. 26 wehrt sodann in zwei Absätzen den fortschrittsbedingten Gefährdungen der Menschenwürde. Art. 26 Abs. 2 ordnet an: „Wirksame Garantien gegen eine missbräuchliche oder eine gegen die menschliche Würde gerichtete Verwendung von Informationen über Personen und Familien werden durch Gesetz geschaffen.“ Art. 26 Abs. 3 ergänzt: „Das Gesetz garantiert die persönliche Würde und die genetische Identität der Persönlichkeit, insbesondere im Zusammenhang mit der Entwicklung und Verwendung von Technologien im Zusammenhang mit wissenschaftlichen Versuchen.“ Auch im Kapitel III „Wirtschaftliche, soziale und kulturelle Rechte und Pflichten“ finden sich mehrere Konkretisierungen. Zunächst statuiert Art. 59 Abs. 1 unter anderem: „Alle Arbeiter haben ungeachtet ihres Alters und Geschlechts, ihrer Rasse, Staatsangehörigkeit, ihrer Herkunft, ihres Bekenntnisses oder ihrer Weltanschauung das Recht: a) auf Bezahlung der Arbeit nach Quantität, Art und Qualität, wobei der Grundsatz gilt, dass für gleiche Arbeit gleicher Lohn zu zahlen ist, dergestalt, dass eine würdige Existenz gewährleistet wird; b) auf die Ausgestaltung der Arbeit unter sozial würdigen Bedingungen, so dass eine Selbstverwirklichung ermöglicht wird.“ Sodann stellt Art. 66 Abs. 1 die Würde in den Kontext des Umweltschutzes: „Jeder hat das Recht auf eine menschenwürdige, gesunde und ökologisch ausgewogene Umwelt und ist verpflichtet für ihre Erhaltung Sorge zu tragen.“ Schließlich bestimmt Art. 67 Abs. 2: „Zum Schutze der Familie obliegt dem Staat insbesondere: ... e) die unterstützte Schwangerschaft unter Berücksichtigung der Menschenwürde zu regeln.“ Die **schwedische Verfassung** von 1975 enthält in § 2 Abs. 1 S. 1 des Kapitels 1 „Grundlagen der Staatsform“ folgenden Passus: „Die öffentliche Gewalt ist mit Achtung vor dem gleichen Wert aller Menschen und vor der Freiheit und Würde des einzelnen Menschen auszuüben.“ Die aus dem Jahre 1978 stammende **Verfassung Spaniens**[30] schließlich, deren Präambel bereits den Willen der spanischen Nation verkündet, „den Fortschritt von Wirtschaft und Kultur zu fördern, um würdige Lebensverhältnisse für alle zu sichern“, formuliert in Art. 10 Abs. 1 im Titel I „Grundrechte und Grundpflichten“ den Grundsatz: „Die Würde des Menschen, die unverletzlichen Rechte, die ihr innewohnen, die freie Entfaltung der Persönlichkeit, die Achtung des Gesetzes und der Rechte anderer sind die Grundlagen der politischen Ordnung und des sozialen Friedens.“ Damit versteht die spanische Verfassung die Menschenwürde nicht als eigenständiges subjektives Recht.[31] Es folgen allerdings zwei Konkretisierungen. Zum einen bestimmt Art. 15 S. 1: „Jeder hat das Recht auf Leben und körperliche und moralische Unversehrtheit; niemand darf jemals der Folterung oder unmenschlichen und entwürdigenden Strafen oder Behandlungen ausgesetzt werden.“ Zum anderen statuiert Art. 47 S. 1: „Alle Spanier haben das Recht auf eine würdige und angemessene Wohnung.“

29 Hierbei darf nicht übersehen werden, dass die Achtung der Menschenwürde mit der Achtung des Volkswillens kollidieren kann. Schließlich gibt es auch eine Geschichte der „dark side of democracy“ (*Michael Mann*).

30 Zur Rechtsprechung des spanischen Verfassungsgerichts zum Würdeprinzip s. *Gimeno-Cabrera*, Traitement, 2004.

31 *Tettinger/Stern/Cruz Villalón*, GRC, A.XIII. Rn. 31.

Zahlreiche Positivierungen des Menschenwürdegedankens finden sich auch in den Verfassungstexten nahezu aller **Beitrittsländer**. Soweit ersichtlich stellen Malta und Zypern eine Ausnahme dar, während die neuen Verfassungsstrukturen in Osteuropa *expressis verbis* auf die Würde des Menschen hin ausgerichtet sind. Die Verfassungen neu aufgenommener Staaten zählen bereits bisher automatisch zu den Rechtserkenntnisquellen für Unionsgrundrechte als allgemeine Rechtsgrundsätze. Daran will die Charta nichts ändern, wie auch Art. 53 als Schutzverstärkungsklausel bekräftigt, so dass die **Verfassungsüberlieferungen neuer Mitgliedstaaten ebenbürtig bei der Auslegung und Anwendung ihrer Rechte und Freiheiten zu berücksichtigen** sind. Im Einzelnen: Die **bulgarische Verfassung** erhebt in ihrer Präambel „die Rechte der Persönlichkeit, ihre Würde und Sicherheit zum obersten Prinzip". Art. 4 Abs. 2 führt sodann aus: „Die Republik gewährleistet das Leben, die Würde und die Rechte der Persönlichkeit und schafft Voraussetzungen für eine freie Entfaltung des Menschen und der bürgerlichen Gesellschaft." Nach Art. 6 Abs. 1 werden die Menschen „frei und gleich hinsichtlich ihrer Würde und ihrer Rechte geboren." Die **estnische Verfassung** von 1992 sieht in ihrem II. Abschnitt „Grundrechte, Freiheiten und Pflichten" die Menschenwürde als Kontrollmaßstab und Entdeckungsprinzip zukünftiger Entwicklungen vor. § 10 lautet: „Die im vorliegenden Abschnitt aufgezählten Rechte, Freiheiten und Pflichten schließen keine anderen Rechte, Freiheiten und Pflichten aus, die sich aus dem Sinn der Verfassung ergeben oder mit ihr im Einklang stehen, sowie den Grundsätzen der Menschenwürde und des sozialen und demokratischen Rechtsstaats entsprechen." **Lettland** hat seine Verfassung von 1922 wieder in Kraft gesetzt und um einen Abschnitt über die Grundrechte ergänzt, dessen Art. 95 bestimmt:[32] „Der Staat schützt Ehre und Würde des Menschen. Folter oder eine andere grausame oder erniedrigende Behandlung von Menschen ist verboten. Niemand darf einer unmenschlichen oder herabsetzenden Strafe unterzogen werden." Interessant erscheinen die Auffächerung und sprachliche Differenzierung in Art. 21 der **litauischen Verfassung** von 1992: „The person of a human being shall be inviolable. The dignity of the human being shall be protected by law. It shall be prohibited to torture, injure a human being, degrade his dignity, treat him in a cruel manner, as well as to establish punishments of such kind. No human being may be subjected to scientific or medical experimentation without his knowledge and free consent thereto." Weitere Teilgehalte der Menschenwürde finden sich anschließend, zunächst in Art. 22 Abs. 4: „The law and the court shall protect everyone from arbitrary or unlawful interference in his private and family life, from encroachment upon his honour and dignity." Art. 25 Abs. 3 fährt fort: „Freedom to express convictions, as well as to obtain and impart information, may not be restricted other than by law, if it is necessary to protect the health, honour and dignity, private life, and morals of a human being, or to defend constitutional order." Als aufschlussreich und vorbildlich erweist sich auch hier die neue **polnische Verfassung** aus 1997. So endet ihre Präambel mit der Aufforderung: „Alle, die diese Verfassung zum Wohl der Dritten Republik anwenden werden, fordern wir auf, dabei die dem Menschen angeborene Würde, sein Recht auf Freiheit und seine Pflicht zur Solidarität mit anderen Menschen zu beachten, und diese Prinzipien als unverletzliche Grundlage der Republik Polen immer einzuhalten." Art. 30 statuiert sodann: „Die Würde des Menschen ist ihm angeboren und unveräußerlich. Sie bildet die Quelle der Freiheiten und Rechte des Menschen und des Staatsbürgers. Sie ist unverletzlich, ihre Beachtung und ihr Schutz ist Verpflichtung der öffentlichen Gewalt." Konkretisierungen finden sich in Art. 40 (Verbot auch der „demütigenden Behandlung oder Bestrafung") und in Art. 41 Abs. 4 mit dem Ge- 3

32 Dieser Rückgriff auf einen Begriff der Würde im Sinne des Denkens der Antike und Renaissance („dignitas") erscheint problematisch.

bot der menschenwürdigen Behandlung bei Freiheitsentzug. Den Grundrechtscharakter der Menschenwürde und ihre Notstandsfestigkeit unterstreicht schließlich Art. 233. Textlage und Verfassungsrechtsprechung belegen in Polen wohl die Rechtsnatur der Menschenwürde als Prinzip wie als Grundrecht.[33] Der rumänische Staat „ist ein sozialer und demokratischer Rechtsstaat, in dem die Würde des Menschen, die Rechte und Freiheiten der Bürger ... höchste Werte darstellen und garantiert sind", wie Art. 1 Abs. 3 der **rumänischen Verfassung** ausführt. Den Doppelcharakter der Menschenwürde dürfte auch die **slowakische Rechtsordnung** betonen, in dem „Zweiten Hauptstück. Grundrechte und Freiheiten" der Verfassung von 1992. Art. 12 Abs. 1 setzt ein mit den Worten: „Die Menschen sind frei und gleich in ihrer Würde und ihren Rechten. Die Grundrechte und -freiheiten sind unabdingbar, unveräußerlich, unverjährbar und unaufhebbar." Art. 19 Abs. 1 greift dies traditionalistisch und weit über den Kernbereich der Menschenwürde hinaus auf: „Jeder hat ein Recht auf Wahrung seiner menschlichen Würde, seiner persönlichen Ehre, seines guten Rufs und auf Schutz seines Namens." Bereits Art. 16 Abs. 1 gewährleistete die Unantastbarkeit der Person und ihrer Privatsphäre. Einen prozeduralen Aspekt der Menschenwürde stellt die **slowenische Verfassung** aus dem Jahre 1991 heraus, in Abs. 1 des über Art. 16 notstandsfest ausgestalteten Art. 21 mit der Überschrift „Schutz der Persönlichkeit und der Menschenwürde": „Die Achtung der Persönlichkeit und Menschenwürde in Strafverfahren und in allen anderen rechtlichen Verfahren, sowie während des Freiheitsentzuges und Strafvollzuges wird gewährleistet." Eine Subjektivierung findet dann auch hier über Art. 34 „Recht auf persönliche Würde und Sicherheit" statt: „Jedermann hat das Recht auf persönliche Würde und Sicherheit." Die **Tschechische Republik** weist die Eigenheit auf, dass ihre verfassungsmäßige Ordnung nicht nur aus der 1992 verabschiedeten Verfassung selbst, sondern auch aus der zeitgleich beschlossenen Charta der Grundrechte und -freiheiten gebildet wird (s. Art. 3, 112 Abs. 1 Verf.). Die Präambel der Verfassung drückt zunächst den Entschluss aus, „die Tschechische Republik im Geiste der unantastbaren Werte der Menschenwürde und Freiheit ... zu schützen und zu entfalten." Der Charta der Grundrechte und -freiheiten sind sodann eine objektive wie eine subjektive Facette der Menschenwürde zu entnehmen. Art. 1 in dem ersten Kapitel „Allgemeine Bestimmungen" erkennt an: „Die Menschen sind frei und gleich an Würde und Rechten. Die grundlegenden Rechte und Freiheiten sind unveräußerlich, unvergebbar, unverjährbar und unaufhebbar." In dem zweiten Kapitel „Menschenrechte und Grundfreiheiten" normiert dann Art. 10 Abs. 1: „Jedermann hat das Recht auf Erhaltung seiner Menschenwürde, seiner persönlichen Ehre, seines guten Rufes und auf den Schutz seines Namens." Besonderes Augenmerk verdient die Rechtslage in **Ungarn**, wo zunächst die kommunistische Verfassung von 1949 fortgalt, aber 1989 einer Totalrevision unterzogen wurde. Über deren – notstandsfest ausgestalteten (Art. 8 Abs. 4) – Art. 54 Abs. 1 hatte – ausgesprochen eng gezogen – „jeder Mensch ein angeborenes Recht auf Leben und Menschenwürde, um das niemand willkürlich gebracht werden darf." Das ungarische Verfassungsgericht, das zwischen einem kantischen Ansatz und dem Konzept *Dworkins* einer „equal dignity" changiert, hat auf dieser Grundlage das Recht auf Menschenwürde in zahlreichen Entscheidungen vor allem für einen „Import" fehlender Grundrechte fruchtbar gemacht und so den ungarischen Transformationsprozess wesentlich befördert.[34] Es versteht die Menschenwürdegarantie als veritables Grundrecht.[35] Das neue, am 1. Januar 2012 in Kraft getretene Grundgesetz Ungarns

33 S. *Lewaszkiewicz-Petrykowska, Biruta*, The principle of respect for human dignity, in: Council of Europe, Principle, 1999, S. 15 ff. Zurückhaltender *Banaszak/Jablonski*, Impulse, 2005, S. 169 ff.

34 S. die eingehende Rechtsprechungsanalyse von *Dupré, Catherine*, The Right to Human Dignity in Hungarian Constitutional Case-Law, in: Council of Europe, Principle, 1999, S. 68 ff.

35 *Tettinger/Stern/Sólyom*, GRC, A.XV. Rn. 8.

bekennt sich bereits in der umfangreichen Präambel dazu, dass die Würde des Menschen die Grundlage des menschlichen Seins ist. Artikel II Satz 1 enthält sodann – in Anlehnung an das deutsche Grundgesetz – das Bekenntnis „Die Würde des Menschen ist unantastbar. Jeder Mensch hat das Recht auf Leben und auf Menschenwürde, dem Leben der Leibesfrucht gebührt von der Empfängnis an Schutz." Es bleibt abzuwarten, wie die Gerichte Ungarns diese Bestimmungen auslegen werden. Vergleichbare Bestimmungen wie in den vorgestellten Verfassungen finden sich auch in den Verfassungen **Bulgariens** (Präambel, Art. 4 Abs. 2, Art. 6 Abs. 1, Art. 32 Abs. 1 Verf.) und **Rumäniens** (Art. 1 Abs. 3, Art. 30 Abs. 6 Verf.). Hier darf ein abschließender Hinweis auf die neue **Schweizer Bundesverfassung** nicht fehlen, deren Menschenwürdeartikel (Art. 7) zum Auftakt des Grundrechteteils wohl auch eine Doppelfunktion aufweist[36] und nüchtern bestimmt: „Die Menschenwürde ist zu achten und zu schützen." Der Verfassungsgerichtshof **Kroatiens** hat 2017 in einer bahnbrechenden Entscheidung – unter Berufung auf Titel I der Charta – judiziert, dass die in der Verfassung Kroatiens nicht ausdrücklich aufgeführte Würde des Menschen durch Kroatiens Beitritt zur Union Bestandteil des Menschenrechtskatalogs der kroatischen Verfassung geworden sei.[37]

Für die Auslegung des Art. 1 wird in erster Linie die zunehmend reichhaltige und dichte Rechtsprechung mitgliedstaatlicher Verfassungsgerichte zur Menschenwürde in ihren jeweiligen Verfassungsordnungen hilfreich sein, ohne dass dies die autonome Auslegung des Menschenwürdebegriffs im Unionsrecht berührte. Darüber hinaus stellen **gemeinsame internationale Verpflichtungen der Mitgliedstaaten** Erkenntnisquellen der vom EuGH unternommenen wertenden Rechtsvergleichung dar, wie sich aus der Erwägung Nr. 5 der Chartapräambel und aus Art. 53 als Schutzverstärkungsklausel ergibt. **Im Schutzsystem des Europarates** mehren sich die **Ansätze für eine eigenständige Rolle der Menschenwürde,**[38] was die einschlägige Literatur erst in jüngerer Zeit aufgegriffen hat.[39] Zwar wird die Menschenwürde in der EMRK selbst an keiner Stelle ausdrücklich erwähnt, eine erstaunliche und möglicherweise pragmatischen Gründen geschuldete Ausnahmeerscheinung der Nachkriegsentwicklung. Bei ihren Zusatzprotokollen und den weiteren Instrumenten des Europarates, vor allem zur Biomedizin und zu sozialen Rechten, zeichnet sich jedoch ein Wandel ab. So beruft sich der Vorspann zu dem im Jahr 2003 in Kraft getretenen Protokoll Nr. 13 zur Abschaffung der Todesstrafe auch in Kriegszeiten (ETS 187) auf die „inherent dignity of all human beings". Der **Straßburger Gerichtshof** bezieht sich seit geraumer Zeit in seiner Argumentation immer wieder auf die menschliche Würde, die vor allem dem Recht auf Leben sowie den Verboten von Folter oder unmenschlicher oder erniedrigender Behandlung, von Sklaverei, Zwangsarbeit und Menschenhandel zugrunde liegt.[40] In seiner 4

36 S. hierzu rechtsvergleichend *Schlauri*, Menschenwürde, 2000, S. 73 ff., sowie *Molinari*, Menschenwürde, 2018. S. auch *Becchi*, Prinzip, 2016.

37 Verfassungsgerichtshof Kroatiens, Rs. U-III-1095/2014, Urt. v. 21.9.2017 (Leibesvisitation bei einem zwölfjährigen Jungen durch einen Wachmann).

38 S. die Analysen von *Maurer*, Principe, 1999, weiter *Wallau*, Menschenwürde, 2010, S. 59 ff., S. 103 ff., *Schwarzburg*, Menschenwürde, 2012, S. 63 ff., und *Blömacher*, Menschenwürde, 2016, S. 185 ff.

39 S. jetzt *von Schwichow*, Menschenwürde, 2016, und *Buyse*, The Role of Human Dignity in the ECHR Case-Law, ECHR Blog 2016. Ausnahmen waren etwa *Frowein, Jochen A.*, Human Dignity in International Law, in: Kretzmer/Klein, Concept, 2002, S. 121 ff., und *Meyer-Ladewig*, NJW 2004, 981 ff. In der Kommentarliteratur zur EMRK findet sich die Menschenwürde allerdings weiterhin nur an wenigen Stellen.

40 Zur zunehmend dichten und mehrstufigen Rechtsprechung des EGMR zu diesen „core rights" s. bereits *Meyer-Ladewig*, NJW 2004, 981 ff., sowie *Calliess/Ruffert/Calliess*, EUV/AEUV, Art. 1 Rn. 33.

Leitentscheidung zur Sterbehilfe („Fall *Pretty*") heißt es etwa:[41] „Grundlage und durchgehendes Motiv der Konvention ist der Respekt vor der Würde des Menschen und vor seiner Freiheit." Danach hat das Gericht bestätigt, dass die Konvention „ihrem Wesen nach auf Achtung der Würde und der Freiheit des Menschen gerichtet ist",[42] und später hat es rassistische Gewalt als „particular affront to human dignity" verurteilt.[43] Nachdrücklich die Menschenwürde im Blick hat nunmehr das am 1. Dezember 1999 in Kraft getretene Übereinkommen des Europarates zum Schutz der Menschenrechte und der Menschenwürde im Hinblick auf die Anwendung von Biologie und Medizin.[44] Die **Biomedizinkonvention** betont die Menschenwürde gleich dreifach in ihrer Präambel und bekennt sich in Art. 1 Abs. 1 zu dem Ziel: „Die Vertragsparteien dieses Übereinkommens schützen die Würde und die Identität aller menschlichen Lebewesen und gewährleisten jedermann ohne Diskriminierung die Wahrung seiner Integrität sowie seiner sonstigen Grundrechte und Grundfreiheiten im Hinblick auf die Anwendung von Biologie und Medizin."

5 Auf **universeller Ebene** wird die Menschenwürde als **Grundbedingung zivilisierter Staatlichkeit** begriffen.[45] Es erscheint im Einzelfall oft ungeklärt, ob es sich dabei (bereits) um ein eigenständiges normatives Prinzip oder um ein bloß feierliches Bekenntnis eines universellen Wertes handelt. Es dürfte jedenfalls die Annahme gerechtfertigt sein, dass zumindest ein Kernbereich völkergewohnheitsrechtlich anerkannt und dem *ius cogens* zuzurechnen ist.[46] Eine **Fülle internationaler Rechtstexte**[47] spricht die Menschenwürde ausdrücklich an, mit zunehmender Tendenz. Die Bekenntnisse zur unverlierbaren Würde des Menschen hatten ursprünglich die Schrecken und Verbrechen im Zuge des 2. Weltkrieges vor Augen und dienten einer besseren Zukunft.[48] Bereits die Präambel der **Charta der Vereinten Nationen** vom 26. Juni 1945 enthält im Erschrecken über den Zivilisationsbruch das Bekenntnis: „Wir, die Völker der Vereinten Nationen – fest entschlossen ... unseren Glauben an die Grundrechte des Menschen, an Würde und Wert der menschlichen Persönlichkeit ... erneut zu bekräftigen."[49] Davon ausgehend trat die Menschenwürde ihren Siegeszug an und fand insbesondere Eingang in die drei wichtigsten Menschenrechtsdokumente der Vereinten Nationen, nämlich die Allgemeine Erklärung der Menschenrechte von 1948 und die beiden Internationalen Menschenrechtspakte von 1966, die zusammen die **International Bill of Rights** bilden. Die **Allgemeine Erklärung der Menschenrechte** (AEMR) vom 10. Dezember 1948 verankert – mit Blick auf die vorangegangenen „Akte der Barbarei" – den Grundsatz der Menschenwürde zunächst in ihrer Präambel:[50] „Da die Anerkennung der allen Mitglie-

---

Dabei stehen Art. 3 EMRK und Haftbedingungen im Vordergrund. Allerdings nimmt der EGMR die Würdebezüge auch weiterer Rechte in den Blick, etwa von Art. 8 EMRK, so jüngst EGMR, Urt. v. 10.1.2019, Nr. 65286/13 ua, *Khadija Ismayilova*, Ziff. 116.

41 EGMR, Urt. v. 29.4.2002, Nr. 2346/02, *Pretty*, Ziff. 65. S. auch EGMR, Urt. v. 11.7.2002, Nr. 28957/95, *Goodwin*, Ziff. 90.

42 EGMR, Urt. v. 12.6.2003, Nr. 35968/97, *Van Kück*, Ziff. 69.

43 EGMR (GK), Urt. v. 6.7.2005, Nr. 43577/98 ua, *Nachova ua*, Ziff. 145.

44 Abrufbar unter: http://conventions.coe.int.

45 S. *Seidel*, Hdb Grund- und Menschenrechte, S. 29 ff.; *Heyde*, Article 1, S. 23 f.

46 S. *Dreier/Dreier*, GG, Art. 1 I Rn. 30 mwN.

47 Diese Texte werden im Folgenden insbesondere nach der Ausgabe des von der Bundeszentrale für politische Bildung herausgegebenen Bandes „Menschenrechte. Dokumente und Deklarationen" aus dem Jahr 2004 zitiert.

48 *Heyde*, Article 1, S. 23.

49 Ein vergleichbares Bekenntnis enthält die Präambel der Charta der Unesco.

50 S. zum Würdekonzept der AEMR insbesondere *Dicke, Klaus*, The Founding Function of Human Dignity in the Universal Declaration of Human Rights, in: Kretzmer/Klein (Hrsg.), Concept, 2002, S. 111 ff.

dern der menschlichen Familie innewohnenden Würde und ihrer gleichen und unveräußerlichen Rechte die Grundlage der Freiheit, der Gerechtigkeit und des Friedens in der Welt bildet". Art. 1 AEMR fügt hinzu: „Alle Menschen sind frei und gleich an Würde und Rechten geboren. Sie sind mit Vernunft und Gewissen begabt und sollen einander im Geiste der Brüderlichkeit begegnen." Spezifische Ausprägungen der Menschenwürde finden sich sodann in den Art. 22 und 23 AEMR. Art. 22 AEMR statuiert: „Jedermann hat als Mitglied der Gesellschaft Recht auf soziale Sicherheit und hat Anspruch darauf, durch innerstaatliche Maßnahmen und internationale Zusammenarbeit unter Berücksichtigung der Organisation und der Hilfsmittel jedes Staates in den Genuss der für seine Würde und die freie Entwicklung seiner Persönlichkeit unentbehrlichen wirtschaftlichen, sozialen und kulturellen Rechte zu gelangen." Art. 23 Abs. 3 AEMR fügt an: „Jedermann, der arbeitet, hat das Recht auf gerechte und günstige Entlohnung, die ihm und seiner Familie eine der menschlichen Würde entsprechende Existenz sichert und die, wenn nötig, durch andere soziale Schutzmaßnahmen zu ergänzen ist." Die ursprünglich rechtlich unverbindliche AEMR ist mittlerweile zum Völkergewohnheitsrecht erstarkt. Eine erste sogleich verbindliche Garantie von Menschenrechten auf internationaler Ebene brachten die beiden Menschenrechtspakte vom 19. Dezember 1966 mit sich. Die Präambeln zum einen des **Internationalen Paktes über bürgerliche und politische Rechte** (IPbpR), zum anderen des **Internationalen Paktes über wirtschaftliche, soziale und kulturelle Rechte** (IPwskR), sprechen die Menschenwürde in ihren beiden ersten Absätzen gleichlautend an: „In der Erwägung, dass nach den in der Charta der Vereinten Nationen verkündeten Grundsätzen die Anerkennung der allen Mitgliedern der menschlichen Gesellschaft innewohnenden Würde und der Gleichheit und Unveräußerlichkeit ihrer Rechte die Grundlage von Freiheit, Gerechtigkeit und Frieden in der Welt bildet, in der Erkenntnis, dass sich diese Rechte aus der dem Menschen innewohnenden Würde herleiten". Art. 10 Abs. 1 IPbpR ergänzt: „Jeder, dem seine Freiheit entzogen ist, muss menschlich und mit Achtung vor der dem Menschen innewohnenden Würde behandelt werden." Art. 13 Abs. 1 S. 2 IPwskR bringt sodann eine ungewöhnliche Facette im Kontext des Rechts auf Bildung: „Sie (i.e. die Vertragsstaaten) stimmen überein, dass die Bildung auf die volle Entfaltung der menschlichen Persönlichkeit und des Bewusstseins ihrer Würde gerichtet sein und die Achtung vor den Menschenrechten und Grundfreiheiten stärken muss." Auf dieser Grundlage nehmen zahlreiche **spezielle Übereinkommen und Erklärungen** auf die Menschenwürde Bezug.[51] In ihrer **Millenniums-Erklärung** vom 8. September 2000 etwa erkannten die Staats- und Regierungschefs an, dass sie neben ihren eigenen Verantwortlichkeiten gegenüber ihrer jeweiligen Gesellschaft gemeinschaftlich dafür verantwortlich sind, weltweit die Grundsätze der Menschenwürde, der Gleichberechtigung und der Billigkeit zu wahren.

Der vorstehende Überblick hat deutlich gemacht, dass sich die jeweiligen Positivierungen der Menschenwürdegarantie spezifischen **historischen und ideologischen Rahmenbedingungen** verdanken, von der wohl erstmaligen Erwähnung in der katholisch geprägten irischen Verfassung von 1937 über die Präambel der Allgemeinen Erklärung der Menschenrechte von 1948 und die deutsche Unantastbarkeitsklausel aus 1949, die beide auf den vorangegangenen Terror antworteten, bis hin zur neuen Schweizerischen Bundesverfassung aus dem Jahr 2000, die auch die bioethischen Gefährdungslagen in den Blick nimmt.[52] Derartige Rahmenbedingungen oder Ausgangskonstellationen fehlten lange Zeit auf europäischer Ebene.[53] Daher nimmt es nicht wunder, dass das zur Zeit der Ausarbeitung der 6

51 Wegen der Einzelheiten s. Erstauflage.
52 *Tettinger/Stern/Höfling*, GRC, Art. 1 Rn. 6 ff.
53 Zur Entwicklung im europäischen Unionsrecht s. *Dreier/Dreier*, GG, Art. 1 I, Rn. 33 ff.

Charta geltende **Vertragswerk der Union** zur Menschenwürde schlicht schwieg. Die Würde als solche war damals an keiner Stelle aufgeführt oder thematisiert, auch nicht in den Präambeln, die sich hierfür angeboten hätten. Lediglich einige **Rechtsakte des Sekundärrechts** erwähnten die Menschenwürde,[54] etwa die Verordnung (EWG) Nr. 1612/68 zur Freizügigkeit der Arbeitnehmer im fünften Erwägungsgrund („Damit das Recht auf Freizügigkeit nach objektiven Maßstäben in Freiheit und Menschenwürde wahrgenommen werden kann"), oder Art. 12 der sog. Fernsehrichtlinie (89/552/EWG): „Die Fernsehwerbung darf nicht die Menschenwürde verletzen." Vor diesem Hintergrund war es durchaus ein Fortschritt gewesen, dass Art. 1 der – allerdings nicht rechtsverbindlichen – **Erklärung des Europäischen Parlaments über Grundrechte und Grundfreiheiten** vom 12. April 1989 wie das deutsche Grundgesetz formulierte: „Die Würde des Menschen ist unantastbar." Angestoßen durch die Charta, mehrten sich sodann die Bezugnahmen auf die Menschenwürde im Sekundärrecht. Durch die europäische Verfassung ist schließlich ein Werteartikel in das Vertragsrecht gelangt, der als ersten der Werte, auf die sich die Union gründet, die Achtung der Menschenwürde anführt (Art. 2 EUV). Eine vergleichbare Entwicklung lässt sich in der Rechtsprechung verfolgen.[55] Der **Luxemburger Gerichtshof** hatte einen Grundsatz oder gar ein Grundrecht der Menschenwürde mangels Gelegenheit und würderelevanter Sachverhalte lange Zeit nicht ausdrücklich anerkennen können.[56] Für diese Zurückhaltung wird eine Rolle gespielt haben, dass die Menschenwürde keine ausdrückliche Aufnahme in die EMRK gefunden hatte und dass maßgebliche Verfassungsordnungen von Mitgliedstaaten sie lange Zeit nicht kannten. Eine Anerkennung der Menschenwürde im Wege **wertender Rechtsvergleichung** – als allgemeiner Rechtsgrundsatz des Gemeinschaftsrechts – war dem EuGH somit erschwert.[57] Dies änderte sich nach der Proklamation der Charta im Dezember 2000. Der EuGH entfaltete nunmehr die Menschenwürde – in objektiver wie subjektiver Hinsicht – als allgemeinen Rechtsgrundsatz des Gemeinschaftsrechts, allerdings ohne auf die Charta ausdrücklich Bezug zu nehmen.[58] Erst seit ihrem Inkraftreten im Dezember 2009 stützt sich der EuGH explizit auf die Charta. Eine sicherlich von der – damals noch nicht rechtsverbindlichen – Charta inspirierte Wende brachte zunächst seine **Entscheidung** vom 9. Oktober 2001 **zur sog. Biopatent-Richtlinie,**[59] in der er ausdrücklich auf die Menschenwürde als Grundrecht erkannte, was in den nichtdeutschen Sprachfassungen deutlicher wird:[60] „Es obliegt dem Gerichtshof, im Rahmen der Kontrolle der Übereinstimmung

54 S. auch die Richtlinie 98/44/EG des Europäischen Parlaments und des Rates vom 6.7.1998 über den rechtlichen Schutz biotechnologischer Erfindungen, der das Menschenwürdeprinzip zu Grunde liegt.

55 S. *Frenz*, Hdb EuR, Rn. 817 ff.; *Calliess/Ruffert/Calliess*, EUV/AEUV, Art. 1 Rn. 26 ff.

56 Allerdings sprach der EuGH immer wieder von den „(Grund)Rechten der Person"; s. bereits EuGH – *Stauder*, Rs. C-29/69, ECLI:EU:C:1969:57, Urt. v. 12.11.1969. Darüber hinaus fand sich bereits in seiner „Transsexuellenentscheidung" der Passus „Achtung der Würde und der Freiheit": EuGH – *P./S. u. Cornwall County Council*, Rs. C-13/94, ECLI:EU:C:1996:170, Urt. v. 30.4.1996, Rn. 22. S. auch *Wallau*, Menschenwürde, 2010, S. 79 ff.

57 Grundlegend zur Entwicklung von Grundrechten als allgemeine Rechtsgrundsätze EuGH – *Stauder*, Rs. C-29/69, ECLI:EU:C:1969:57, Urt. v. 12.11.1969, Rn. 7. Auf diesem Wege darf der EuGH auch weiterhin – außerhalb der Charta – Grundrechte „entdecken" und herleiten, dh über die EMRK und die gemeinsamen Verfassungsüberlieferungen der Mitgliedstaaten, s. Art. 6 Abs. 3 EUV.

58 Zur Chronologie der Würderechtsprechung s. *Borowsky*, Art. 1 Rn. 48, zur Entwicklung der Rechtsprechung des EuGH bis zum Inkrafttreten der Charta im Dezember 2009 s. *Frenz*, Hdb EuR, Rn. 817 ff., *Picod/van Drooghenbroeck/Vial*, Charte, S. 44 ff. (zur „dignité humaine en tant que principe général du droit de l'Union"), sowie *Jones*, Liverpool Law Review 2012, 281 ff. S. auch *Blömacher*, Menschenwürde, 2016, S. 243 ff.

59 EuGH – *Niederlande/Parlament und Rat*, Rs. C-377/98, ECLI:EU:C:2001:523, Urt. v. 9.10.2001, Rn. 70.

60 Z.B. „fundamental right to human dignity" oder „droit fondamental à la dignité humaine".

der Handlungen der Organe mit den allgemeinen Grundsätzen des Gemeinschaftsrechts die Beachtung der Menschenwürde und des Grundrechts auf Unversehrtheit der Person sicherzustellen." In seinem **Urteil in der Sache „Omega"** vom 14. Oktober 2004 hat der EuGH später ergänzt, dass die Gemeinschaftsrechtsordnung unbestreitbar auf die Gewährleistung der Achtung der Menschenwürde als eines allgemeinen Rechtsgrundsatzes abziele.[61] Inhaltliche Festlegungen waren mit diesen und späteren Urteilen allerdings kaum verbunden, so dass für eine Konturierung der Menschenwürde als genuin europäischer Rechtsbegriff die künftige Rechtsprechung auf der Grundlage der rechtsverbindlichen Charta abzuwarten ist.

II. Diskussion im Grundrechtekonvent

7 Die **Menschenwürde** als oberster Wert, eigenständiges Grundrecht und Fundament aller weiteren Grundrechte fand **von Anfang an besondere Beachtung im Grundrechtekonvent.**[62] Bereits in seiner Antrittsrede am 17. Dezember 1999 betonte *Roman Herzog*, für den Konvent komme es darauf an, einen Grundrechtskatalog zu formulieren, der es ermögliche, einen am Menschen orientierten, für die Würde des Menschen eintretenden Geist in der Union zu verwirklichen.[63] Vielen Konventsmitgliedern standen bei der Umsetzung dieses Ziels die jeweiligen **historischen Erfahrungen gravierender Missachtung der Menschenwürde und europäischer Schuld** vor Augen, in den nationalsozialistischen Konzentrationslagern, dem Gulag, während der Kolonialkriege, im Sklavenhandel. Die Betonung des geistig-religiösen und sittlichen Erbes der Union in der Präambel verstellte nicht den Blick auf die *vieux démons* Europas, die über totalitäre Regime in Deutschland, seinen Vasallen, Italien, Griechenland, Spanien oder Portugal gewütet hatten – Länder, die nach Befreiung oder Revolution die Garantie der Menschenwürde ausdrücklich in ihren Verfassungen verankerten.

Die Menschenwürde ist aber nicht nur vergangenheitsbezogen, sondern auch in die Zukunft gerichtet. Ein weiteres, wesentliches Anliegen war es nämlich, den **aktuellen und künftigen Gefährdungen** des Menschen und seiner Würde, nämlich durch die **Bio- und Informationstechnologien**, entgegenzutreten. So argumentierten gerade diejenigen, die auf die ausführlichen Regelungen zur Medizin und Biologie in Art. 3 Abs. 2 verzichten wollten, dass sich hinreichender Schutz bereits aus der Menschenwürde ableiten lasse. Allgemein war das Bedürfnis greifbar, über die Menschenwürde hier einen Schutzwall zu errichten. Die Betonung der Menschenwürde vermochte im Übrigen einen gewissen Ausgleich zu dem die Charta prägenden Individualismus herzustellen.[64]

8 Die Auffassungen der Delegierten gingen vor allem zu der Frage auseinander, ob die Menschenwürde ein Grundrecht an sich bildet und damit in den Grundrechtekatalog selbst aufgenommen gehört, oder ein bloßes Rechtsprinzip oder gar nur unverbindliches Be-

---

61 EuGH – *Omega*, Rs. C-36/02, ECLI:EU:C:2004:614, Urt. v. 14.10.2004, Rn. 34.

62 S. auch die Überblicke – zur Diskussion spezifisch zur Menschenwürde – bei *Holoubek/Lienbacher/Fuchs/Segalla*, GRC, Art. 1 Rn. 1 ff., *Picod/van Drooghenbroeck/Vial*, Charte, S. 38 ff., *Frenz*, Hdb EuR, Rn. 813 ff., und *Wallau*, Menschenwürde, 2010, S. 54 ff., S. 129 f. Der Grundrechtekonvent tagte vom 17.12.1999 bis zum 2.10.2000.

63 *Bernsdorff/Borowsky*, Protokolle, S. 111.

64 Vgl. *Mock/Demuro/Olivetti*, Human Rights, S. 5. So hat die Menschenwürde bisweilen einen pflichtenverstärkenden Charakter oder eine die individuelle Autonomie einhegende Funktion. Allerdings war im Grundrechtekonvent zu keinem Zeitpunkt von einer gruppenbezogenen Würde oder gar der „Würde der Nation" die Rede. Stets blieb der einzelne, häufig vulnerable Mensch im Zentrum.

kenntnis, was dann eine Platzierung in der Präambel vorzugswürdig erscheinen ließ.[65] Der Konvent entschied sich unter dem Einfluss insbesondere *Herzogs* dazu, den **Grundrechtscharakter der Menschenwürde** zu betonen und diesem Grundrecht den prominentesten – ersten – Platz einzuräumen. Die Menschenwürde hatte daher durchgehend, von Anfang bis Ende der Beratungen, in Art. 1 ihren Platz, und die Formulierung orientierte sich an dem Grundrecht in Art. 1 Abs. 1 GG.

9 Der **Grundrechtekonvent trat allen Bestrebungen entgegen, die Bedeutung und den Stellenwert der Menschenwürde zu relativieren,** etwa durch ihre enge textliche Verknüpfung mit der Gleichheit oder Freiheit. So fand zum einen der wohl auf *Dworkin* zurückgehende und im angelsächsischen wie romanischen Rechtskreis im Vordringen befindliche Begriff einer „equal dignity" beziehungsweise „égale dignité" wenig Anklang.[66] Zum anderen übernahm man nicht den – von mehreren Konventsmitgliedern aus Furcht vor paternalistischen Bestrebungen unterstützten – Vorschlag der European Group on Ethics in Science and New Technologies, die Menschenwürde gleichrangig und gleichwertig zusammen mit der Freiheit zu nennen, dh beide unter der Überschrift „Dignity and freedom of the human person" miteinander zu verbinden:[67] „Everyone's dignity and freedom must be respected."

10 Auf der anderen Seite sahen die Delegierten durchaus die **enge Verbindung zwischen der Menschenwürde und den folgenden Bestimmungen.** So war insbesondere die Verknüpfung mit den weiteren fundamentalen Rechten in Titel I und mit den **sozialen Rechten** im Titel „Solidarität" augenfällig. Dies zeigten etwa die Beratungen zum Folterverbot oder zum Verbot des Menschenhandels. Im Hinblick auf die lange Zeit heftig umstrittenen sozialen Rechte diente der Topos der Menschenwürde gar einer ersten Befriedung, bevor mit dem „Braibant/Meyer"-Papier der Durchbruch gelang.[68] So schlug *Herzog* im Sommer 2000 vor, ein soziales Recht umso eher anzuerkennen und in die Charta aufzunehmen, je enger es mit der Menschenwürde verknüpft sei. Dieser Vorschlag ebnete den Weg zu einem ausgewogenen Kompromiss, zu dem weiter die Erkenntnis des vorrangigen Abwehrcharakters der sozialen Rechte und deren teilweise Ausgestaltung als Grundsätze beitrugen.

11 Die **Begründung für die Aufnahme der Menschenwürde in die Charta** changierte. Berief sich das Präsidium zunächst auf vorhandene gemeinsame Verfassungsgrundsätze der Mitgliedstaaten und auf Art. 1 der Erklärung des Europäischen Parlaments von 1989, so zog es bald nur noch die Präambel der Allgemeinen Erklärung der Menschenrechte heran. Dahinter mag auch die Erkenntnis gestanden haben, dass aus den damals – im Jahr 2000 – maßgeblichen gemeinsamen Verfassungsüberlieferungen der mehrheitlich gewünschte Grundrechtscharakter der Menschenwürde nicht abgeleitet werden konnte.

12 Der Anstoß, der Menschenwürde den ihr gebührenden prominenten Platz einzuräumen, ging vor allem von deutschen Delegierten aus. Bereits in dem „Diskussionsentwurf" einer Grundrechtscharta,[69] den *Jürgen Meyer* noch vor Beginn der Sacharbeit vorgelegt hatte, wurde die Übernahme des Art. 1 Abs. 1 S. 1 GG vorgeschlagen: „Die Würde des Menschen ist unantastbar." In der vom Präsidium des Konvents zum Auftakt der Arbeiten unterbreiteten „Liste der Rechte" in Dokument CHARTE 4112/2/00 REV 2 **BODY 4 vom 27. Januar 2000** weitete sich der Blick, und die Menschenwürde wurde in einen Zusammenhang

65 S. auch *Barriga*, Entstehung, S. 71.
66 S. auch *Braibant*, Charte, S. 90.
67 Dokument CHARTE 4370/00 CONTRIB 233 vom 15. Juni 2000, S. 11.
68 Dokument CHARTE 4401/00 CONTRIB 258 vom 4. Juli 2000. S. hierzu *Bernsdorff/Borowsky*, Protokolle, S. 49, 319 ff.
69 Dokument CHARTE 4102/00 CONTRIB 2 vom 6. Januar 2000.

mit den besonders heiklen Fragen der Bioethik und mit dem Verbot der Sklaverei und Zwangsarbeit gestellt: „Recht auf Achtung der Menschenwürde: dieses Recht betrifft insbesondere, jedoch nicht ausschließlich, Fragen der Bioethik, sowie das Verbot der Sklaverei und der Zwangsarbeit (Art. 4 EMRK, Art. 1 Erkl. EP 1989)."

Der erste Formulierungsvorschlag des Präsidiums in Dokument CHARTE 4123/1/00 REV 1 **CONVENT 5 vom 15. Februar 2000** griff sodann die Anregung von *Meyer* auf und berücksichtigte zudem den Kontext der Menschenwürde, wobei die bioethischen Fragen zunächst zum Recht auf Leben in Art. 2 verlagert wurden. Das Präsidium legte dem Konvent daher folgenden „Artikel 1. Die Würde des Menschen" zur Prüfung vor: „(1) Die Würde des Menschen ist unantastbar. (2) Niemand darf der Folter oder unmenschlicher oder erniedrigender Strafe oder Behandlung unterworfen werden. (3) Niemand darf gezwungen werden, Zwangs- oder Pflichtarbeit zu verrichten." In seinem **„Kommentar"** führte das Präsidium unter anderem aus: „Absatz 1 lehnt sich an die gemeinsamen Verfassungsgrundsätze der Mitgliedstaaten (sind anzugeben) und an Artikel 1 der Erklärung des Europäischen Parlaments von 1989 an." 13

Auf der folgenden – dritten – **Konventssitzung am 24./25. Februar 2000** befürworteten sämtliche Redner die Aufnahme der Menschenwürde in die Charta.[70] Für den Delegierten *Altmaier* (D) kam hier das europäische Menschenbild in unverwechselbarer Weise zum Ausdruck, während *Neisser* (A) die Menschenwürde als „Leuchtturm in einem Grundrechtsgebäude" ansah. Streitig blieb vor allem, ob die Unverletzlichkeit der Würde ein justiziables Recht ist und damit – so die ganz überwiegende Meinung – in Art. 1 gehörte, oder ob ein Hinweis darauf in der Präambel ausreichte, so etwa der britische Regierungsvertreter *Goldsmith*. Zahlreiche Diskussionsbeiträge sprachen sich dafür aus, der Menschenwürde einen gesonderten Artikel zu widmen und das Folterverbot wie das Verbot der Zwangsarbeit in getrennten Artikeln zu verankern. Dahinter stand nicht zuletzt die Sorge, dass ansonsten auf den Inhalt der Menschenwürde ein einschränkender Rückschluss gezogen werden könnte. 14

Die gewählte Formulierung „ist unantastbar" erschien im Übrigen nicht unproblematisch, enthielt sie *prima facie* eine – täglich widerlegte – Feststellung und keine Verpflichtung zu Achtung und Schutz. Dem wollte das Präsidium mit einer Umformulierung abhelfen, die den Rechtscharakter der Menschenwürde stärker herausstellen sollte. Art. 1 – mit der Überschrift „Würde des Menschen" – in Dokument CHARTE 4149/00 **CONVENT 13 vom 8. März 2000** lautete daher: „Die Würde des Menschen wird in jedem Fall geachtet und geschützt." Damit hatte sich zugleich die Forderung durchgesetzt, die Menschenwürde zu „isolieren" und die daraus abzuleitenden fundamentalen Rechte in getrennte Artikel aufzunehmen, so schließlich das Verbot der Folter in Art. 4 und das Verbot der Sklaverei und Zwangs- oder Pflichtarbeit in Art. 5. Die **„Begründung"** des Präsidiums zu seinem Artikelvorschlag war: „Dieser Artikel lehnt sich an die gemeinsamen Verfassungsgrundsätze der Mitgliedstaaten wie auch an Artikel 1 der Erklärung des Europäischen Parlaments von 1989 an. Es ist der Wunsch geäußert worden, dass dieser Artikel als Artikel 1 in die Charta aufgenommen wird, denn die Würde des Menschen ist ja das eigentliche Fundament der Grundrechte. Die Allgemeine Erklärung der Menschenrechte verankert diesen Grundsatz in ihrer Präambel: ... Die Achtung der Würde des Menschen stellt ein Mindesterfordernis dar, das allen anderen Rechten innewohnt, die nicht dazu verwendet werden dürfen, diese Würde zu beeinträchtigen." 15

70 *Bernsdorff/Borowsky*, Protokolle, S. 142 ff.

16 Das rasch nachfolgende „**Corrigendum**“ formulierte noch stärker:[71] „Die Würde des Menschen wird unter allen Umständen geachtet und geschützt.“ Damit sollte zugleich die allseits gewünschte Einschränkungslosigkeit der Menschenwürde herausgestellt werden. Die korrigierte Fassung griff wohl einen schriftlich unterbreiteten Formulierungsvorschlag des niederländischen Regierungsvertreters *Korthals Altes* vom 6. März 2000 auf:[72] „The right to human dignity shall be inviolable and must be respected under all circumstances.“

17 Bei der folgenden – fünften – **Sitzung am 20./21. März 2000** beschäftigte sich der Konvent nur knapp mit der Menschenwürde, wobei die Konfliktlinien wie während der dritten Sitzung verliefen.[73] Während der britische und spanische Regierungsvertreter, *Goldsmith* und *Rodriguez Bereijo*,[74] die Menschenwürde nicht für ein einklagbares Grundrecht hielten, betonte *Meyer* den Charakter der Menschenwürde als Muttergrundrecht, aus dem sich alle anderen Grundrechte ableiteten.

18 Mit Dokument **SN 2598/00 vom 27. April 2000**[75] erstellte das Konventssekretariat sodann einen Vermerk für das Präsidium, der „den vorgeschlagenen Änderungen und den unterbreiteten Bemerkungen Rechnung“ tragen wollte. Der „Textentwurf“ für Art. 1 mit der Überschrift „Würde des Menschen“ lautete: „Die Würde des Menschen ist stets zu achten und zu schützen. Alternativfassung (Quelle: Bemerkungen von Herrn Bereijo und der Europäischen Ethikkommission): Jeder hat das Recht auf die Achtung seiner Würde, seiner Rechte und seiner Freiheiten.“

19 Einen gewissen Rückschritt bedeutete sodann Dokument CHARTE 4284/00 **CONVENT 28 vom 5. Mai 2000**, das mit einer „abgespeckten“ Formulierung[76] aufwartete und – wohl in Anklang an den französischen Begriff „égale dignité“ – die Menschenwürde mit dem Gleichheitsgrundsatz koppelte. Art. 1 mit der Überschrift „Würde des Menschen“ lautete nun: „(1) Die Würde des Menschen ist zu achten und zu schützen. (2) Alle Menschen sind vor dem Gesetz gleich.“ Immerhin war die „**Begründung**“ zur Menschenwürde nun dezidierter als noch im März: „Dieser Artikel wird als Artikel 1 in die Charta aufgenommen, denn die Würde des Menschen ist ja das eigentliche Fundament der Grundrechte. Die allgemeine Erklärung der Menschenrechte verankert diesen Grundsatz in ihrer Präambel: ... Die Achtung der Würde des Menschen stellt ein Mindesterfordernis dar, das allen anderen Rechten innewohnt, die nicht dazu verwendet werden dürfen, diese Würde zu beeinträchtigen.“

20 Zu diesem neuen Formulierungsvorschlag des Präsidiums erfolgten aus dem Konvent heraus erheblich divergierende Änderungsvorschläge, die das Dokument CHARTE 4332/00 **CONVENT 35 vom 25. Mai 2000**[77] bündelte. Während mehrere, insbesondere italienische Delegierte eine weitgehende oder gänzliche Rückkehr zur Ursprungsfassung „Die Würde des Menschen ist unantastbar“ forderten, wünschten andere die Verlegung des Abs. 1 in die Präambel oder in einen „Vorspruch“, etwa *Tarschys* (S) oder *Goldsmith* (GB). Hinter der zweiten Position standen meist Vorbehalte gegenüber dem Grundrechtscharak-

---

71 Dokument CHARTE 4149/00 COR 1 CONVENT 13 vom 16. März 2000.
72 Dokument CHARTE 4145/00 CONTRIB 35 vom 8. März 2000.
73 *Bernsdorff/Borowsky*, Protokolle, S. 169 f.
74 S. auch sein schriftlicher Beitrag in Dokument CHARTE 4202/00 CONTRIB 83 vom 5. April 2000, S. 2.
75 Dieser interne und amtlich nicht veröffentlichte Vermerk ist abgedruckt bei *Bernsdorff/Borowsky*, Arbeitsdokumente, S. 113 ff.
76 Die Streichung von „unter allen Umständen“ hatte etwa *Friedrich* (D) schriftlich gefordert; s. Dokument CHARTE 4191/00 CONTRIB 74 vom 30. März 2000, S. 2.
77 S. auch *Bernsdorff/Borowsky*, Arbeitsdokumente, S. 165 ff.

ter der Menschenwürde. So legte *Tarschys* dar, dass „Würde" kein eigentliches Recht, sondern vielmehr eine grundlegende Überzeugung sei, von der jedes gesetzliche und politische Handeln durchdrungen sein müsse. Der spanische Regierungsvertreter *Rodriguez Bereijo* wollte die Menschenwürde zwar in Art. 1 belassen, sie jedoch bereits vom Wortlaut her als bloßen Grundsatz ausgestalten: „Die Achtung der unantastbaren Würde der Person und der ihr innewohnenden Rechte bildet das Fundament der rechtlichen, politischen und sozialen Ordnung der Europäischen Union". Manche Delegierte wollten von der Würde der „Person" und nicht des „Menschen" sprechen, oder die Menschenwürde mit der freien Entfaltung der Persönlichkeit oder allgemein der Freiheit verknüpfen.

Das Präsidium schenkte diesen Änderungsvorschlägen kein Gehör und hielt an seiner ge- 21
genüber der Unantastbarkeitsformel blasseren, allerdings auch „juristischeren" Fassung in Dokument CHARTE 4284/00 CONVENT 28 fest, wie sein „Kompromissvorschlag" in Dokument CHARTE 4333/00 **CONVENT 36 vom 4. Juni 2000** zeigte. Auch *Herzog* hatte in einem eigenen „Beitrag" mit Dokument CHARTE 4371/00 CONVENT 38 vom 15. Juni 2000 den Wortlaut „Die Würde des Menschen ist zu achten und zu schützen" beibehalten. Seine **„Erläuterung"** hierzu sollte später vom Präsidium übernommen werden: „Die Würde des Menschen ist das eigentliche Fundament der Grundrechte. Schon die Allgemeine Erklärung der Menschenrechte von 1948 verankert diesen Grundsatz daher in ihrer Präambel: ... Artikel 1 entfaltet dementsprechend insbesondere folgende Wirkungen: 1. Keines der in dieser Charta festgelegten Rechte darf dazu verwendet werden, die Würde eines anderen zu verletzen. 2. Die Würde des Menschen gehört zum Wesensgehalt der in dieser Charta festgelegten Rechte und darf daher nach Artikel 47 Satz 2 auch bei Einschränkungen eines Rechtes durch die Rechtsordnung nicht verletzt werden."

Das Präsidium und *Herzog* waren allerdings dazu bereit, den Gleichheitsgrundsatz von der 22
Menschenwürde „abzukoppeln" und den bisherigen Abs. 2 in einen eigenen Artikel zur Gleichheit vor dem Recht umzuwandeln. Dabei berief sich das Präsidium auf die Änderungsvorschläge von *Tarschys* (S), *Griffiths* (GB), *Korthals Altes* (NL) und *Berès* (F). Der schwedische Regierungsvertreter *Tarschys* hatte vorgeschlagen, Art. 1 Abs. 1 in die Präambel aufzunehmen und Art. 1 Abs. 2 (Gleichheit vor dem Gesetz) mit Art. 22 über Gleichheit und Nichtdiskriminierung zu verschmelzen. Das Mitglied des britischen Parlaments *Griffiths* hatte Art. 1 Abs. 2 streichen und die Gleichheit vor dem Gesetz in Art. 8 verlagern wollen. *Korthals Altes*, der einflussreiche niederländische Regierungsvertreter, hatte wie *Tarschys* den Vorschlag unterbreitet, Abs. 2 nach Art. 22 zu übertragen, in dessen Kontext er besser passe. Die französische EP-Parlamentarierin *Berès* hatte ihrerseits darauf hingewiesen, dass Gleichheit und Würde zwei unterschiedliche Konzepte seien, für die jeweils ein spezifischer Artikel erforderlich sei.

Auf der Grundlage des Beitrages von *Herzog* und des „Kompromissvorschlages" des Präsi- 23
diums begann die „zweite Lesung" zu sämtlichen Bestimmungen im Konvent. Die Aussprache zur Menschenwürde am 6. Juni 2000 offenbarte erneut den Dissens über die systematische Stellung der Vorschrift, während die vom Präsidium angeregte Aufspaltung in zwei Artikel – zur Menschenwürde wie zur Gleichheit vor dem Gesetz – im Wesentlichen auf Zustimmung traf.[78]

Der erste Gesamtentwurf der Charta in Dokument CHARTE 4422/00 **CONVENT 45** 24
vom 28. Juli 2000 griff den „Kompromissvorschlag" des Präsidiums auf, so dass Art. 1 mit der Überschrift „Würde des Menschen" schlicht lautete: „Die Würde des Menschen ist zu

78 *Bernsdorff/Borowsky*, Protokolle, S. 260 f.

achten und zu schützen." Die „Erläuterungen" des Präsidiums in Dokument CHARTE 4423/00 **CONVENT 46 vom 31. Juli 2000** verhielten sich weiterhin nicht zum Grundrechtscharakter der Bestimmung und führten lediglich – in Anlehnung an die Formulierungen *Herzogs* in Dokument CHARTE 4371/00 CONVENT 38 vom 15. Juni 2000 – aus: „Die Würde des Menschen ist das eigentliche Fundament der Grundrechte. Die Allgemeine Erklärung der Menschenrechte von 1948 verankert diesen Grundsatz in ihrer Präambel: ... Artikel 1 entfaltet dementsprechend insbesondere folgende Wirkungen: 1. Keines der in dieser Charta festgelegten Rechte darf dazu verwendet werden, die Würde eines anderen zu verletzen. 2. Die Würde des Menschen gehört zum Wesensgehalt der in dieser Charta festgelegten Rechte und darf daher auch bei Einschränkungen eines Rechtes nicht verletzt werden."

25 Einige der zu diesem ersten Gesamtentwurf nur noch zulässigen „allgemeinen Bemerkungen", die ein **„Document multilingue" vom 7. September 2000**[79] bündelte, forderten die Rückkehr zur Formulierung „Die Würde des Menschen ist unantastbar". Dies war zum Beispiel ein Anliegen von *Kaufmann* (D), *Manzella* (IT), *Paciotti* (IT) oder *Rodotà* (IT). Während der Koordinierungssitzung der Vertreter der nationalen Parlamente am 11. September 2000 wurde Art. 1 allerdings nur am Rande gestreift.[80] So betonte *Manzella*, dass er den Menschenwürdesatz für das „Muttergrundrecht" halte, von dem sich alle anderen Grundrechte ableiteten.

26 Mit dem zweiten Gesamtentwurf der Charta in Dokument CHARTE 4470/00 **CONVENT 47 vom 14. September 2000** führte das Präsidium die beiden bis dahin gefundenen Formulierungen zusammen, um so zum einen die fehlende Einschränkbarkeit und zum anderen den Rechtscharakter der Menschenwürde hervorzuheben. Art. 1 hatte nun folgenden Wortlaut: „Die Würde des Menschen ist unverletzlich. Sie ist zu achten und zu schützen." Der französische Begriff „inviolable" wurde sodann auf Intervention deutscher Mitglieder, etwa des Vertreters der deutschen Länder *Gnauck*, mit dem vertrauten Begriff „unantastbar" übersetzt, so dass es in Dokument CHARTE 4470/1/00 **REV 1 CONVENT 47 vom 21. September 2000** – endgültig – hieß: „Die Würde des Menschen ist unantastbar. Sie ist zu achten und zu schützen." Nunmehr sprachen auch die **„Erläuterungen"** des Präsidiums in Dokument CHARTE 4471/00 **CONVENT 48 vom 20. September 2000**[81] eingangs den Grundrechtscharakter der Menschenwürde an: „Die Würde des Menschen ist nicht nur ein Grundrecht an sich, sondern bildet das eigentliche Fundament der Grundrechte." Diese Formulierungen und Wertungen wurden von dem abschließenden **Konsens des Grundrechtekonvents** getragen. Mithin konnte der Beobachter des EuGH *Alber* in seiner Rede während der feierlichen Schlusssitzung am 2. Oktober 2000 zu Recht feststellen, dass es der Mensch ist, der im Mittelpunkt auch der europäischen Politik steht.[82] Nicht von ungefähr beginne die Charta mit der Würde des Menschen, aus der sich viele der weiteren Rechte ableiteten.

III. Kommentierung

27 Der Grundrechtekonvent hat mit der ausdrücklichen Verbürgung der Menschenwürde auf Ebene der Europäischen Union im Jahr 2000 **Neuland** betreten. In enger Orientierung am

79 Dieses amtlich nicht veröffentlichte wichtige Dokument findet sich abgedruckt bei *Bernsdorff/Borowsky*, Arbeitsdokumente, S. 1565 ff.
80 *Bernsdorff/Borowsky*, Protokolle, S. 361 f.
81 S. auch *Bernsdorff/Borowsky*, Arbeitsdokumente, S. 2003 ff.
82 Dokument CHARTE 4959/00 CONVENT 54 vom 20. Oktober 2000 (Annexe).

Willen dieses Konvents[83] lassen sich gleichwohl – über Entstehungsgeschichte, Herkunft und systematischen Zusammenhang der Norm – einige Hinweise für die Auslegung gewinnen.[84] Ausgehend von einem wohl weltweiten Grundkonsens zum Inhalt[85] stellt sich die Aufgabe, die Menschenwürde auf europäischer Ebene „operabel" zu machen.[86] Der Grundrechtekonvent hat – wie die oben dargestellte **Entstehungsgeschichte** zeigt – die Würde des Menschen bewusst nicht nur in die Präambel aufgenommen, sondern ihr den gebührenden ersten Artikel im „verfügenden Teil" der Charta vorbehalten. Dabei hat der Konvent gleichfalls bewusst davon abgesehen, in diesen Artikel weitere Rechte oder Grundsätze aufzunehmen, um jeden Ansatz für eine mögliche Relativierung zu vermeiden.[87] Da die „**Erläuterungen**" den vom Grundrechtekonvent letztlich erzielten Konsens getreu wiedergeben, stellen sie eine **maßgebende Auslegungshilfe** dar.[88] Darüber hinaus ist zu berücksichtigen, dass sich die Menschenwürdegarantie heute wesentlich aus den **gemeinsamen Verfassungsüberlieferungen der Mitgliedstaaten** ergibt.[89] Daher ist sie gemäß Art. 52 Abs. 4 im Einklang mit diesen Überlieferungen auszulegen.[90] Hier kann in erster Linie die in Jahrzehnten „gereifte" Rechtsprechung und Dogmatik des Bundesverfassungsgerichts[91] zu Art. 1 Abs. 1 der deutschen Verfassung herangezogen werden, diente diese Bestimmung doch als Vorbild und „Modell" für Art. 1.[92] Der Straßburger Gerichtshof zieht diese Rechtsprechung immer wieder als Orientierungshilfe heran,[93] was zur Amalgamierung der Rechtsschutzstandards in Europa beiträgt.[94] Von Bedeutung ist weiter die Verfassungsrechtsprechung vor allem derjenigen Mitgliedstaaten, die die Doppelnatur der Men-

83 Zur Bedeutung der Menschenwürde im folgenden Verfassungskonvent, der von Februar 2002 bis Juli 2003 in Brüssel tagte, s. die spezifischen Beiträge von *Karl*, Rolle, 2004, und *Meyer*, Menschenwürde, 2005.

84 Zur Vertiefung empfiehlt sich die vorzügliche Dissertation von *Katrin Schwarzburg*, Die Menschenwürde im Recht der Europäischen Union, 2012. Zur heutigen Bedeutung und Anwendung der Menschenwürde auf Ebene der Union sowie in 43 europäischen Staaten s. *Becchi/Mathis* (Hrsg.), Handbook of Human Dignity in Europe, 2019. Zu aktuellen Entwicklungen und Diskussionen s. www.verfassungsblog.de.

85 *McCrudden*, EJIL 2008, 655, 679, 723, beschreibt den konsentierten Kerngehalt der Menschenwürde so: „A basic minimum content of the meaning of human dignity can be discerned: that each human being possesses an intrinsic worth that should be respected, that some forms of conduct are inconsistent with respect for this intrinsic worth, and that the state exists for the individual not vice versa."

86 Es geht um die alltagstaugliche Konkretisierung eines „pragmatischen Menschenwürdebegriffs". Vgl. *Wallau*, Menschenwürde, 2010, S. 304, *Schwarzburg*, Menschenwürde, 2012, S. 435 f., und *Blömacher*, Menschenwürde, 2016, S. 296.

87 *Heyde*, Article 1, S. 25.

88 S. zum Status der „Erläuterungen" *Borowsky* (Vorauflage), Art. 52 Rn. 47 ff. S. auch *Schwerdtfeger*, Art. 52 Rn. 93 ff.

89 S. zum aktuellen Stand *Becchi/Mathis* (Hrsg.), Handbook of Human Dignity in Europe, 2019.

90 *Kober*, EU-Grundrechtsschutz, S. 98; vgl. *Ekardt/Kornack*, ZEuS 2010, 111, 123 ff.

91 S. zu den bereits damals über 30 einschlägigen Entscheidungen *Hömig*, EuGRZ 2007, 633 ff.; zusammenfassend *Heyde*, Article 1, S. 26 f., sowie *Holoubek/Lienbacher/Fuchs/Segalla*, GRC, Art. 1 Rn. 15 ff., 26, die als vom Gewährleistungsbereich der Menschenwürde typischerweise umfasste Problemkreise die Rechtsgleichheit, physische Integrität, persönliche Identität und Individualität sowie bestimmte soziale Garantien identifizieren.

92 So auch dezidiert *Jones*, Public Law 2004, 181 f. S. weiter *Wallau*, Menschenwürde, 2010, S. 299 ff., *Pechstein/Nowak/Häde/Frenz*, Frankfurter Kommentar, Art. 1 Rn. 5 f. Kritisch *Calliess/Ruffert/Calliess*, EUV/AEUV, Art. 1 Rn. 35, und *Heselhaus/Nowak/Rixen*, Hdb Eur. GR, § 9 Rn. 5.

93 EGMR, Urt. v. 20.12.2011, Nr. 18299/03 ua, *Finogenov ua*, Ziff. 137, 164, 231 (Verweis auf BVerfGE 115, 118); EGMR (GK), Urt. v. 9.7.2013, Nr. 66069/09 ua, *Vinter ua*, Ziff. 113 (Verweis auf BVerfGE 45, 187).

94 S. *Grabenwarter/Breuer*, Grundrechteschutz, § 7 Fundamentalgarantien, Rn. 3.

schenwürde anerkennen. Dabei wird man – wie stets bei der wertenden Rechtsvergleichung – über einen bloßen Minimalkonsens hinausgehen können. Es wird in Zukunft den europäischen Gerichtshöfen obliegen,[95] bei aller kulturellen Bedingtheit und zeitgebundenen Einbettung, einen **gemeineuropäischen Rechtsbegriff der Menschenwürde** herauszuarbeiten,[96] um die Menschenwürde – in europäischer Ausprägung und mit „distinctive European flavour"[97] – im Anwendungsbereich der Charta fruchtbar zu machen. Gerade Art. 1 bietet das Potenzial, die **Charta** – vergleichbar mit der EMRK[98] – zu einem **„living instrument"** werden zu lassen. *A la longue* muss die europäische Perspektive ihrerseits anschlussfähig an den, zur *human dignity* mittlerweile regen, internationalen Diskurs bleiben.[99]

28 Der Wortlaut von Art. 1 verdeutlicht, dass Union oder Mitgliedstaaten die Menschenwürde nicht etwa konstitutiv verleihen, sie sich vielmehr auf die Anerkennung der Unantastbarkeit der jedem Menschen „inherent dignity" beschränken.[100] Davon gingen auch beide Konvente aus. Es herrschte zunächst im Grundrechtekonvent durchgängig Einvernehmen darüber, die **Menschenwürde als obersten Wert** der Union aufzunehmen, wie auch der 2. Erwägungsgrund der Chartapräambel zeigt, der unter den unteilbaren und universellen Werten als erstes die Würde des Menschen nennt. Dieser Konsens setzte sich im Verfassungskonvent fort, der die Achtung der Menschenwürde in der „Werteklausel" des Art. I-2 EurVerf gleichfalls an den Beginn setzte, eine Errungenschaft, die sich mit dem Vertrag von Lissabon in Art. 2 EUV wieder findet. Die Garantie der Menschenwürde ist damit die wichtigste normative Entscheidung des europäischen Vertragswerks.[101] Darüber hinaus steht der **Rechtsnormcharakter des Art. 1** außer Zweifel.[102] Es handelt sich nicht nur um ein unverbindliches ethisches Bekenntnis oder um eine bloße feierliche Bekundung. Dies ergibt sich bereits, unabhängig von Entstehungsgeschichte und Rechtsvergleichung, aus der Stellung in dem „verfügenden Teil" der Charta, den die Präambel mit den Worten einleitet: „Daher erkennt die Union die nachstehend aufgeführten Rechte, Freiheiten und Grundsätze an". Grundrechte und/oder rechtlich verbindliche Grundsätze – *tertium non datur*. Etwas Anderes enthalten die Art. 1 bis 50 nicht, will man systemkonsequent bleiben, und durften diese Bestimmungen nach dem „Mandat" von Köln, das bloße Zielbestimmungen und Programmsätze gerade ausschließen wollte, auch nicht enthalten.[103] Als **oberster Wert** der Unionsrechtsordnung und **objektiv-rechtliche Grundsatznorm**[104] kommt die Menschenwürde in mehrfacher Beziehung zum Tragen.

95 *Ehlers/Schorkopf*, GR, S. 581, wonach die Rechtsprechung erster Ansatzpunkt für die Sichtung konkreter Gewährleistungsinhalte bleibt und es somit grundrechtsrelevanter Sachverhalte bedarf.

96 S. hierzu eingehend *Wallau*, Menschenwürde, 2010.

97 *Jones*, Public Law 2004, 187.

98 Zur dynamischen Interpretation der EMRK als „living instrument" oder „living tree" s. *Karpenstein/Mayer*, EMRK, Einleitung Rn. 47 f., sowie *Grabenwarter/Pabel*, EMRK, S. 38 f.

99 S. *Borowsky*, Vorbemerkungen Rn. 4.

100 *Mock/Demuro/Olivetti*, Human Rights, S. 7.

101 *Jarass*, EU-GR, S. 115; *Heyde*, Article 1, S. 25.

102 Die Menschenwürde gehört nunmehr zum „bloc de légalité communautaire", so *Edouard Dubout*, La dignité dans la jurisprudence de la Cour de justice des Communautés européennes, in: Burgorgue-Larsen (Hrsg), La dignité saisie par les juges en Europe, 2010, S. 79 ff., 105, der die Rechtsprechung des EuGH bis zum Inkrafttreten der Charta im Dezember 2009 umfassend darstellt.

103 Nach den „Schlussfolgerungen" des Europäischen Rates von Köln vom 3. und 4. Juni 1999, mit dem der Konvent zur Ausarbeitung der Charta ins Leben gerufen wurde, sollten nur Grundrechte in die Charta aufgenommen werden, auch „wirtschaftliche und soziale Rechte ... soweit sie nicht nur Ziele für das Handeln der Union begründen." Die Schlussfolgerungen sind abgedruckt in *Bernsdorff/Borowsky*, Protokolle, S. 59 f.

104 Aus Sicht der deutschen Dogmatik erscheint von Interesse, inwieweit hier eine Deckung mit der objektiv-rechtlichen Dimension der deutschen Grundrechte besteht.

Zunächst ist der **Grundsatz der Menschenwürde** aufgrund seiner Stellung an der Spitze der „Chartahierarchie" und im Lichte seiner Entstehungsgeschichte **maßgeblich für die Auslegung und Anwendung sämtlicher weiterer Rechte und Grundsätze.**[105] Die Verbürgung strahlt als „Grundnorm" auf die gesamte Charta aus, und jede Konfliktlösung hat ihre Maßgaben zu beachten. Insbesondere kommt eine extensive Auslegung und Verstärkung der mit der Menschenwürde besonders eng verknüpften Chartarechte und -grundsätze in Betracht.[106] Die Menschenwürde erweist sich hier auch als **„Recht, Rechte zu haben"** (*Hannah Arendt*). Dies ist bei den fundamentalen Garantien im ersten Titel oder für Art. 19 Abs. 2 evident, erscheint aber auch bei den sozialen Bestimmungen möglich und geboten. Gerade die **sozialen Rechte** sind eine Konsequenz der Gemeinschaftsbezogenheit des Menschen, die ihrerseits den Inhalt der Menschenwürde prägt.[107] Jedenfalls die sozialen Mindestgarantien wie das Recht auf Existenzminimum pflegen unmittelbar aus der Menschenwürde abgeleitet zu werden.[108] Weiter hat der Überblick zu den mitgliedstaatlichen Verfassungsordnungen gezeigt, dass mehrere Verfassungen die Menschenwürde gerade im Kontext von Sozialstaatlichkeit und Solidarität ausdrücklich thematisieren. Dieser Befund einer **„dignité sociale"** trifft auch auf die Charta selbst zu: So spricht Art. 25 das Recht älterer Menschen auf ein würdiges und unabhängiges Leben an, normiert Art. 31 Abs. 1 das Recht jeder Arbeitnehmerin und jedes Arbeitnehmers auf gesunde, sichere und würdige Arbeitsbedingungen,[109] und sichert Art. 34 Abs. 3 das Recht auf eine soziale Unterstützung und eine Unterstützung für die Wohnung, die allen, die nicht über ausreichende Mittel verfügen, ein menschenwürdiges Dasein sicherstellen sollen.[110] Gerade das Potenzial der sozialen Bestimmungen der Charta harrt noch der Exploration und Entfaltung, sei es im Sozial- oder Arbeitsrecht.[111] Aus der Menschenwürde wie aus Art. 51 Abs. 1 S. 2 ergibt sich die bisher verkannte Pflicht, die sozialen Rechte und Grundsätze in besonderer 29

105 *Streinz/Streinz*, EUV/AEUV, Art. 1 Rn. 5; *Jarass*, EU-GR, S. 116; *Jarass*, GRC, Art. 1 Rn. 4; *Schwarze/Voet van Vormizeele*, EU, Art. 1 Rn. 4; *Pechstein/Nowak/Häde/Frenz*, Frankfurter Kommentar, Art. 1 Rn. 16, 60; *Holoubek/Lienbacher/Fuchs/Segalla*, GRC, Art. 1 Rn. 21; *Frenz*, Hdb EuR, Rn. 873 ff.; *Wallau*, Menschenwürde, 2010, S. 167 ff.; *Schwarzburg*, Menschenwürde, 2012, S. 244 f.

106 Allgemein zu Menschenrechten, die einen besonderen Konnex zur Menschenwürde aufweisen, s. *Nowak*, Menschenwürde, 2018, S. 55 ff.

107 *Frenz*, Hdb EuR, Rn. 857, 874, *Pechstein/Nowak/Häde/Frenz*, Frankfurter Kommentar, Art. 1 Rn. 40 ff., 48 f.

108 So leitet das Bundesverfassungsgericht ein Grundrecht auf Gewährleistung eines menschenwürdigen Existenzminimums aus Art. 1 Abs. 1 GG in Verbindung mit dem Sozialstaatsprinzip des Art. 20 Abs. 1 GG ab: BVerfG, Urt. v. 9.2.2010, 1 BvL 1/09 ua. Zur restriktiven Rechtsprechung des EGMR s. *Frohwerk*, Soziale Not, 2012. S. etwa EGMR (GK), Urt. v. 21.1.2011, Nr. 30696/09, *M.S.S.*, dem folgend EuGH (GK) - *Jawo*, Rs. C-163/17, ECLI:EU:C:2019:218, Urt. v. 19.3.2019, Rn. 91 ff. (extreme materielle Not). Vgl. EuGH (GK) – *Alimanovic*, Rs. C-67/14, ECLI:EU:C:2015:597, Urt. v. 15.9.2015, Rn. 45, wonach „die überwiegende Funktion der ... Leistungen gerade darin besteht, das Minimum an Existenzmitteln zu gewährleisten, das erforderlich ist, um ein Leben zu führen, das der Menschenwürde entspricht".

109 S. zu Art. 31 die Schlussanträge von GA *Tanchev* in der Rs. C-214/16, Rn. 36, sowie *Heselhaus*, Human Dignity in the EU, in: Becchi/Mathis (Hrsg.), Handbook of Human Dignity in Europe, 2019, S. 20. Zum Recht, zu arbeiten und einen frei gewählten oder angenommenen Beruf auszuüben, in Art. 15 Abs. 1 s. GA *Bobek* in der Rs. C-190/16, Rn. 66 („Dieses auf der Menschenwürde fußende Recht stärkt die Entfaltung der persönlichen Wahlfreiheit und Eigenständigkeit.").

110 S. EuGH (GK) – *Kamberaj*, Rs. C-571/10, ECLI:EU:C:2012:233, Urt. v. 24.4.2012, Rn. 80, 92 (Wohngeld für einkommensschwache Mieter).

111 S. in diesem Zusammenhang das lesenswerte Werk von *Eberhard Eichenhofer*, Soziale Menschenrechte im Völker-, europäischen und deutschen Recht, Tübingen 2012. Nach *Nowak*, Menschenwürde, 2018, S. 49, spielt in Europa das Recht auf Würde am Arbeitsplatz, etwa in Art. 26 der Revidierten Europäischen Sozialcharta 1996, eine wichtige Rolle, vor allem als Schutz gegen sexuelle

Weise zu fördern. Darüber hinaus besteht ein enger Bezug zur **Gleichheit,**[112] auch wenn im Grundrechtekonvent die Aufnahme einer „equal dignity" scheiterte.[113] Gravierende Diskriminierungen verletzen zugleich die Menschenwürde der Betroffenen. Weiter ist zu bedenken, dass auch einige **Freiheitsrechte** in besonderer Weise auf der Menschenwürde beruhen und einen starken **Menschenwürdegehalt** aufweisen. Dies gilt zum einen für klassische Rechte wie die Verbürgung von Freiheit und Sicherheit (Art. 6), die Achtung eines Kernbereichs privater Lebensgestaltung (Art. 7), die Religionsfreiheit (Art. 10) oder das Recht auf Bildung (Art. 14), zum anderen für ein neues Recht wie den Datenschutz (Art. 8).[114] Schließlich sind gerade **strafprozessuale Rechte** eng mit der Menschenwürdegarantie verknüpft. Es gilt, künftig den Menschenwürdegehalt dieser Rechte herauszuarbeiten. Im Übrigen kann Art. 1 auf das **gesamte weitere Primärrecht** außerhalb der Charta sowie das **Sekundärrecht** ausstrahlen, dh die Auslegung des unionalen Vertragswerks lenken – ein bisher unerkanntes Potenzial.[115]

30 Auf der anderen Seite vermag der Grundsatz der Menschenwürde **begrenzend, einschränkend und einhegend** zu wirken und so zur „Zivilisierung des Kapitalismus" (*Jutta Limbach*), insbesondere aber zur Kontrolle der *Life Sciences* beizutragen, etwa zum Verbot von Keimbahninterventionen. Hier ist an einen übermäßigen Gebrauch von Freiheitsrechten zu denken, der die Würde anderer Menschen oder die gesamte Gattung bedroht. So weisen die „Erläuterungen" zu Art. 13 („Freiheit der Kunst und der Wissenschaft") *expressis verbis* darauf hin, dass die Ausübung dieses Rechts unter Wahrung von Art. 1 erfolge.[116] Dies alles entspricht der Intention des Grundrechtekonvents, über Art. 1 in Verbindung mit den biomedizinischen Bestimmungen in Art. 3 Abs. 2 dem Forschungsdrang und neoliberalen Tendenzen rechtliche Grenzen zu ziehen. Allerdings darf dieser Aspekt nicht zu einer verkürzten Sichtweise auf die Menschenwürde und zu ihrer bloßen Wahrnehmung als „Schranke" der Autonomie führen.

31 Bedenkenswert erscheint in diesem Zusammenhang, die **gattungsethische Bedeutung der Würde** zu prüfen,[117] insbesondere ob Art. 1 auch das von *Jürgen Habermas* – in Auseinandersetzung mit der „liberalen Eugenik" – in die Diskussion gebrachte „gattungsethische Selbstverständnis"[118] oder die Menschheit[119] schützt. Schwierige Fragen wirft der sog. Transhumanismus auf, mit dem durch biotechnische Optimierung des Menschen Gat-

---

Übergriffe. Ansatzpunkt in der Charta ist Art. 31 Abs. 1 („Recht auf gesunde, sichere und würdige Arbeitsbedingungen"). Weiterer Ansatzpunkt ist das öffentliche Dienstrecht der Union, dessen Regelungen immer häufiger auf die Menschenwürde Bezug nehmen, etwa zur Abwehr von Mobbing. S. auch die Entschließung des Europäischen Parlaments vom 11. September 2018 zu Maßnahmen zur Verhütung und Bekämpfung von Mobbing und sexueller Belästigung am Arbeitsplatz, in öffentlichen Räumen und im politischen Leben in der EU (2018/2055(INI)).

112 *Pechstein/Nowak/Häde/Frenz*, Frankfurter Kommentar, Art. 1 Rn. 33. Dem EGMR zufolge bildet die gleiche Würde aller Menschen die Grundlage einer demokratischen und pluralistischen Gesellschaft. EGMR, Urt. v. 4.12.2003, Nr. 35071/97, *Gündüz*, Ziff. 40.

113 *Borowsky*, Art. 1 Rn. 18.

114 *Frenz*, Hdb EuR, Rn. 873.

115 *Pechstein/Nowak/Häde/Frenz*, Frankfurter Kommentar, Art. 1 Rn. 18. S. jetzt EuGH – *Generalstaatsanwaltschaft (Conditions de détention en Hongrie)*, Rs. C-220/18, ECLI:EU:C:2018:589, Urt. v. 25.7.2018, Rn. 58.

116 S. auch *Bernsdorff*, Art. 13 Rn. 12, und *Holoubek/Lienbacher/Fuchs/Segalla*, GRC, Art. 1 Rn. 22.

117 Vgl. *Höfling*, Menschenwürde, 2005, S. 156; *Tettinger/Stern/Höfling*, GRC, Art. 1 Rn. 15.

118 *Habermas, Jürgen*, Die Zukunft der menschlichen Natur, Frankfurt aM 2001, S. 121.

119 *Mock/Demuro/Olivetti*, Human Rights, S. 9; *Mock/Demuro/Bifulco*, Human Rights, S. 24 f. S. zu einer „überindividuellen Würde" und deren Problematik vertiefend *Schwarzburg*, Menschenwürde, 2012, S. 213 f., 334 ff.

tungsgrenzen überschritten werden könnten. Für einen „Gattungsschutz“ durch Art. 1 gibt allerdings die Entstehungsgeschichte der Norm wenig her, und insgesamt dürfte die Skepsis bisher überwiegen.[120] Auf der anderen Seite überzeugt, dass es sich bei der Menschenwürde zumindest auch um einen **Kommunikationsbegriff** handelt, der **auf Inklusion angelegt** ist.[121]

Eng mit den aufgezeigten Begrenzungsaspekten verbunden ist der in den „Erläuterungen“ 32
zu Art. 1 angesprochene Umstand, dass **keines der in der Charta festgelegten Rechte dazu verwendet werden darf, die Würde eines anderen Menschen zu verletzen.**[122] Hier besteht – gewissermaßen „flankierend“ – ein enger Zusammenhang mit Art. 54, der den Missbrauch der Chartarechte verbietet.[123] So steht die **„Hassrede“** – *hate speech* – nicht oder nur sehr eingeschränkt unter dem Schutz von Art. 11.[124] Auf die Meinungsfreiheit vermag sich nicht zu berufen, wer die Menschenwürde und fundamentale Gleichheit aller Menschen leugnet und zum Hass anstachelt.[125] Jedwede schwerwiegende **Diskriminierung** wird hier sanktioniert. So hat der Straßburger Gerichtshof zu Recht die Diskriminierung aufgrund der sexuellen Orientierung der „Rassendiskriminierung“ gleichgestellt.[126] Die **Leugnung der Shoah** setzt die Würde der Verstorbenen herab.[127]

Im Übrigen kann die Würde des Menschen die **Einschränkung von Grundfreiheiten** des Binnenmarktes legitimieren, so des freien Dienstleistungsverkehrs beim Verbot von gewerblichen Spielen mit simulierter Tötung von Menschen („Omega“-Entscheidung).[128] Der EuGH hat in jener Entscheidung festgestellt, dass die spezifische Ausprägung der Menschenwürde in der deutschen Rechtsordnung ein legitimes zwingendes Erfordernis darstellen kann, das grundsätzlich dazu geeignet ist, eine Einschränkung von Grundfreiheiten zu rechtfertigen. Die Menschenwürde wirkt hier als **Schranke der Grundfreiheiten,**[129] wie allgemein die unionalen Grundrechte als eigenständiger Rechtfertigungsgrund für Ein-

---

120 S. nur *Dreier/Dreier*, GG, Art. 1 I Rn. 115 ff., und – zur Charta – *Mathieu*, Article II-61 Ziff. 9. Kritisch zu einem „entindividualisierten Grundrechtsschutz“ auch *Grabenwarter/Breuer*, Grundrechteschutz, § 7 Fundamentalgarantien, Rn. 91 ff.

121 *Tettinger/Stern/Höfling*, GRC, Art. 1 Rn. 15.

122 *Jarass*, EU-GR, S. 117; *Jarass*, GRC, Art. 1 Rn. 4.

123 S. *Hoppe*, Art. 54 Rn. 12.

124 S. auch die Schlussanträge von GA *Bot* in den Rs. C-244/10 und 245/10, Rn. 68. Eingehend *Struth*, Hassrede, 2019, die zum Ergebnis gelangt, dass demokratie- und menschenwürdefeindliche Äußerungen, auch wenn sie einen Grundrechtsmissbrauch darstellen, im Schutzbereich der Meinungsäußerungsfreiheit liegen und ihr Verbot einen rechtfertigungsbedürftigen Eingriff in das Grundrecht darstellt. Allerdings seien die Anforderungen an die Rechtfertigung eines solchen Eingriffs regelmäßig erfüllt.

125 Auch hier vermag sich der EuGH auf eine mittlerweile gefestigte Rechtsprechung des EGMR zu stützen. S. bereits EGMR, Urt. 4.12.2003, Nr. 35071/97, *Gündüz*, Ziff. 40 f.; EGMR, Urt. v. 16.7.2009, Nr. 15615/07, *Féret*, Ziff. 64, 73; EGMR, Urt. v. 17.12.2013, Nr. 27510/08, *Perincek*, Ziff. 46. Eindrücklich EGMR, Urt. v. 20.7.2017, Nr. 34367/14, *Belkacem*.

126 *Karpenstein/Mayer/Mensching*, EMRK, Art. 10 Rn. 80. EGMR, Urt. v. 9.2.2012, Nr. 1813/07, *Vejdeland*, Ziff. 55. Zur Diskriminierung transsexueller Menschen s. EuGH – *P./S.*, Rs. 13/94, ECLI:EU:C:1996:170, Urt. v. 30.4.1996, Rn. 22.

127 Die mit Geschichtsrevisionismus einhergehende Leugnung des Holocaust lässt „in den [bislang] betroffenen Staaten ausnahmslos eine antidemokratische und antisemitische Ideologie erkennen“, so EGMR (GK), Urt. v. 15.10.2015, Nr. 27510/08, *Perinçek*, Ziff. 243. S. weiter EGMR, Entsch. v. 13.12.2005, Nr. 7485/03, *Witzsch*. S. auch *Hoppe*, Art. 54 Rn. 32 f.

128 EuGH – *Omega*, Rs. C-36/02, ECLI:EU:C:2004:614, Urt. v. 14.10.2004. EuGH – *P./S.*, Rs. 13/94, ECLI:EU:C:1996:170, Urt. v. 30.4.1996, Rn. 22. S. auch *Pechstein/Nowak/Häde/Frenz*, Frankfurter Kommentar, Art. 1 Rn. 62.

129 So auch *Picod/van Drooghenbroeck/Vial*, Charte, S. 45 f., und *Heselhaus*, Human Dignity in the EU, in: Becchi/Mathis (Hrsg.), Handbook of Human Dignity in Europe, 2019, S. 11 (Begrenzung

schränkungen der Grundfreiheiten dienen können.[130] Darüber hinaus ist sie aber als **„Schranken-Schranke“** heranzuziehen, wenn ein Mitgliedstaat die Grundfreiheiten einschränkt.[131]

33 Schließlich ist die enge Verknüpfung der Menschenwürde mit der **Wesensgehaltsgarantie** in Art. 52 Abs. 1 S. 1 von Bedeutung, wie auch die „Erläuterungen“ betonen.[132] Die Würde des Menschen gehört zum Wesensgehalt der in der Charta verankerten Rechte und darf – als **„Menschenwürdekern“** – bei Einschränkungen eines Rechts nicht angetastet werden. Der Menschenwürdesatz trägt so dazu bei, der schwer fassbaren Garantie des Wesensgehalts Konturen zu geben.[133] Im Übrigen spricht der unantastbare und staatlicher Verfügung entzogene Menschenwürdekern wohl jedes (!) Chartarechts für ein **unionsverfassungsrechtliches Rückschrittsverbot**. Abschaffung oder Sinnentleerung der einmal anerkannten Grundrechte verbieten sich, und der Kern des menschenrechtlichen *acquis* der Union wird durch diese **„Ewigkeitsgarantie“** abgesichert.

34 Während der vorstehend entfaltete Grundsatzcharakter der Menschenwürde im Grundrechtekonvent von Anfang an unbestritten war, erwies es sich zunächst als schwierig, ihre gleichzeitige Eigenschaft als **eigenständiges Grundrecht** anzuerkennen. Im Konvent trafen zwei Denkschulen aufeinander.[134] Die Zurückhaltung der skeptischen Denkschule beruhte einmal darauf, dass zumindest damals hinreichend gemeinsame verfassungsrechtliche Traditionen der Mitgliedstaaten fehlten. Zudem erschien die Menschenwürde inhaltlich wenig konturiert, und die Folgen ihrer Anerkennung als Grundrecht galten – vor allem bei bioethischen Problemlagen – als nicht absehbar.[135] Gleichwohl gelang es *Roman Herzog* mit Hilfe weiterer Delegierter wie etwa *Jürgen Meyer*, den gesamten Konvent von der „Grundrechtstauglichkeit“ der Menschenwürde zu überzeugen. Daher betonen die „Erläuterungen“ den Grundrechtscharakter von Art. 1 zu Recht, noch dezidierter in der überarbeiteten Fassung. **Art. 1 enthält ein subjektives – einklagbares – Recht.**[136]

---

von Individualrechten). Vgl. EuGH (GK) – *K. und H.F.*, Rs. C-331/16 u. Rs. C-366/16, ECLI:EU:C:2018:296, Urt. v. 2.5.2018 (Beschränkung des Einreise- und Aufenthaltsrechts bei Kriegsverbrechen), sowie EuG – *La Mafia Franchises*, Rs. T-1/17, ECLI:EU:T:2018:146, Urt. v. 15.3.2018, Rn. 36.

130 Grundlegend zu den unionalen Grundrechten als Schranken der Grundfreiheiten EuGH – *Schmidberger*, Rs. C-112/00, ECLI:EU:C:2003:333, Urt. v. 12.6.2003, Rn. 65 ff. S. auch *Schwerdtfeger*, Art. 51 Rn. 48.

131 Grundlegend zu den unionalen Grundrechten als Schranken-Schranken EuGH – *ERT*, Rs. C-260/89, ECLI:EU:C:1991:254, Urt. v. 18.6.1991, Rn. 41 ff. S. auch *Schwerdtfeger*, Art. 51 Rn. 48.

132 S. zum Verhältnis von Wesensgehalt und Würdegehalt *Schwarzburg*, Menschenwürde, 2012, S. 245 ff.

133 S. hierzu *Borowsky* (Vorauflage), Art. 52 Rn. 23, 31, und *Schwerdtfeger*, Art. 52 Rn. 34.

134 Zu diesen „écoles de pensée“ s. auch *Vitorino*, Cour de justice, 2003, S. 115.

135 Vgl. auch die skeptische britische und österreichische „Außensicht“ auf die Menschenwürde, in der Entstehungszeit der Charta, bei *Feldmann*, Public Law 1999, 682 ff., 2000, 61 ff., und – sehr lesenswert – von *Kopetzki*, Aspekte, 2002, S. 39 ff. Zu den Gründen für eine stärkere Skepsis im angelsächsischen Raum s. *Gisbertz*, Menschenwürde, 2018. Allerdings hat sich die Menschenwürde – ausgehend vom Human Rights Act 1998 – mittlerweile als „core value of UK law“ etablieren können, wie *Daniel Bedford* in seinem Beitrag für das von *Becchi* und *Mathis* herausgegebene „Handbook of Human Dignity in Europe“ herausarbeitet. Zu den möglichen Auswirkungen des „Brexit“ s. *Dupré*, EHRLR 23 (2018), 101 ff.

136 Soweit ersichtlich, entspricht dies heute einhelliger Auffassung in der Literatur. S. nur *Jarass*, EU-GR, S. 116; *Jarass*, GRC, Art. 1 Rn. 2; *Kober*, EU-Grundrechtsschutz, S. 98 f.; *Heyde*, Article 1, S. 28; *Holoubek/Lienbacher/Fuchs/Segalla*, GRC, Art. 1 Rn. 20 mwN.

Diese **Genese** ist im Übrigen das stärkste Argument für den auch **subjektiven Charakter** des Art. 1, denn alle weiteren Auslegungskriterien helfen hier kaum weiter. Der Wortlaut ist neutral, wenn nicht eher objektiv gewendet,[137] die Charta enthält – auch im ersten Titel – bunt gemischt Rechte *und* Grundsätze, wobei auch nicht ausgeschlossen erscheint, dass ein bloßer „eherner" Grundsatz den Auftakt macht. Weiter dürfte die duale Konzeption der Menschenwürde in den Mitgliedstaaten zwar im Vordringen begriffen sein, aber möglicherweise noch nicht hinreichend substantiell im Sinne der hier über Art. 52 Abs. 4 gebotenen „wertenden Rechtsvergleichung".[138] Schließlich erscheint es aus mehreren Gründen problematisch, mit dem Bedürfnis nach einem Grundrecht der Menschenwürde als „Lückenfüller" zu argumentieren. Angesichts der außerordentlich ausdifferenzierten Charta, zumal im ersten Titel, sind kaum Lücken im Grundrechtsschutz ersichtlich. Soweit hier und da das Fehlen der **allgemeinen Handlungsfreiheit** moniert wird, vermag der EuGH anderweitig Abhilfe zu schaffen. So wird es ihm über die Öffnungsklausel des Art. 6 Abs. 3 EUV freistehen, die von ihm richterrechtlich bereits angedeutete allgemeine Handlungsfreiheit – über den Katalog der Charta hinaus – fortzuentwickeln, als allgemeinen Grundsatz des Unionsrechts. Der Gerichtshof setzt ohnehin den Grundsatz der Verhältnismäßigkeit als „allgemeine Handlungsschranke" bei sämtlichen Maßnahmen der Union und damit als wohl gleichwertigen Ersatz für die allgemeine Handlungsfreiheit ein.[139] Im Übrigen war es fester Wille des Grundrechtekonvents, die Menschenwürde gerade nicht als „passepartout" einem inflationären Gebrauch zu überlassen. 35

Auf der anderen Seite ist das Bedürfnis nicht von der Hand zu weisen, ein individuell einklagbares Grundrecht der Menschenwürde als *last resort* vorrätig zu halten – für Bedrohungslagen, die heute noch nicht einmal absehbar sind. Hier lässt sich an – künftig durch die rasante Entwicklung der Medizintechnik möglich werdende – manipulative Eingriffe in das Bewusstsein, den Geist und das Gehirn denken.[140] Zudem birgt ein reines, „blutleeres" Würdeprinzip die Gefahr, dass darüber das konkrete zu schützende Individuum, der einzelne Mensch, der doch der Chartapräambel zufolge gerade in den Mittelpunkt des Unionshandelns gestellt werden soll, aus dem Blick gerät. Weiter liegt der auf Verwirklichung drängenden Charta ohnehin eine **anspruchsfreundliche und grundrechtsoptimierende Tendenz** zugrunde. Einer solchen Anerkennung der grundrechtlichen Dimension der Menschenwürde steht im Übrigen nicht entgegen, dass sie bereits als Grundsatz fungiert. Ein Chartaartikel kann nämlich sowohl Elemente eines Rechts als auch eines Grundsatzes enthalten, so auch die „Erläuterungen" zu Art. 52 Abs. 5. Wie *Klaus Stern* für das deutsche Recht betont hat, bringt ein solcher **Doppelcharakter der Menschenwürdegarantie** „die Hauptzielsetzung der Grundrechte zum Ausdruck, sowohl die personal-individuelle Sphäre des Menschen zu sichern und sie im Eingriffsfall geltend machen zu können als auch ‚basis and foundation' des Staates zu sein."[141] Die Doppelfunktion der „europäisierten" Menschenwürde – als objektiv-rechtlicher Verfassungsgrundsatz wie individuelle Anspruchsnorm – wird im maßgeblichen Schrifttum nicht angezweifelt,[142] und der EuGH hat sie be- 36

---

137 Dies zeigen vor allem die englische („human dignity") und französische („dignité humaine") Sprachfassung.

138 S. *Borowsky* (Vorauflage), Art. 52 Rn. 44 ff. *Schwerdtfeger*, Art. 52 Rn. 70.

139 S. *Borowsky* (Vorauflage), Art. 52 Rn. 22 c. Vgl. *Schwerdtfeger*, Art. 52 Rn. 37 ff.

140 Zur gebotenen Entfaltung eines Grundrechts auf mentale Selbstbestimmung s. *Borowsky*, Art. 3 Rn. 1.

141 *Stern*, Dimension, 2004, S. 575.

142 S. nur *Vitorino*, Cour de justice, 2003, S. 115, *Mathieu*, Article II-61 Ziff. 3, *Jarass*, EU-GR, S. 116, *Streinz/Streinz*, EUV/AEUV, Art. 1 Rn. 4, *Tettinger/Stern/Höfling*, GRC, Art. 1 Rn. 14, *Schwarze/*

reits in seinen beiden ersten Leitentscheidungen zur Menschenwürde außer Streit gestellt.[143]

37 Als echtes Grundrecht „an sich" enthält die Menschenwürde eine Abwehr- und eine Schutzpflichtdimension,[144] für die Union wie – im Anwendungsbereich der Charta – die Mitgliedstaaten.[145] Gemäß Art. 1 ist die Würde des Menschen nicht nur „zu achten", sondern auch „zu schützen".[146] Ein **eigenständiger normativer Gehalt** dürfte allerdings angesichts der außerordentlichen, das deutsche Grundgesetz bei weitem übertreffenden Regelungsdichte der Charta nur **selten** in Betracht kommen.[147] Soweit nämlich hoheitliche Maßnahmen in den Schutzbereich spezifischer Grundrechte eingreifen, gehen diese vor und Art. 1 scheidet jedenfalls als isolierter oder zusätzlicher Prüfungsmaßstab aus.[148] Steht etwa in einem konkreten Fall im Lichte des Art. 4 fest, dass keine Folter oder unmenschliche oder erniedrigende Behandlung zu bejahen sind, kommen ein Rückgriff auf Art. 1 bzw. eine Verletzung der allgemeinen Menschenwürdegarantie nicht mehr in Betracht.[149] So werden die gravierendsten Formen der Menschenwürdeverletzung – als **bereichsspezifische Menschenwürdegarantien**[150] – bereits über Art. 2 bis 5 verboten, während sich im deutschen Grundgesetz weder ein ausdrückliches Verbot von Folter und unmenschlicher Strafen noch ein Verbot der Sklaverei oder Schutzvorschriften im Bereich der Biomedizin finden. Zudem haben auch weitere Grundrechte, die das Bundesverfassungsgericht – mangels ausdrücklicher Verbürgung in der deutschen Verfassung – auch aus Art. 1 Abs. 1 GG heraus entwickelt hat, wie das Grundrecht auf Datenschutz oder das Recht auf Existenzminimum, in der Charta ausdrücklich Aufnahme gefunden (s. Art. 8, 34 Abs. 3). Eine **Entwicklung neuer**, selbst der Charta unbekannter **Grundrechte** aus der unionalen Menschenwürde heraus ist allerdings künftig nicht ausgeschlossen.[151] Dies könnte etwa zu einem Recht auf

---

Voet van Vormizeele, EU, Art. 1 Rn. 4, *Mock/Demuro/Olivetti*, Human Rights, S. 10 f., *Winkler*, EU GR, S. 359, *Schwarz*, Der Staat 2011, 533, 546 f.

143 EuGH – *Niederlande/Parlament und Rat*, Rs. C-377/98, ECLI:EU:C:2001:523, Urt. v. 9.10.2001; EuGH – *Omega*, Rs. C-36/02, ECLI:EU:C:2004:614, Urt. v. 14.10.2004. Vgl. auch Schlussanträge GA *Stix-Hackl*, Rs. C-36/02, Rn. 91 („vergleichbar weitgehendes Verständnis ... wie es in Artikel 1 der Charta ... zum Ausdruck kommt").

144 Zur Schutzpflichtdimension s. *Jarass*, GRC, Art. 1 Rn. 11. Es geht hier unter anderem um Verhütung (*prevention*), Schutz (*protection*) und Verfolgung (*prosecution*). S. zur „positiven Schutzfunktion" auch GA *Trstenjak* in der Rs. C-411/10, Rn. 112.

145 S. etwa zum Einsatz von Frontex EuGH – *Zakaria*, Rs. C-23/12, ECLI:EU:C:2013:24, Urt. v. 17.1.2013, Rn. 40 („In diesem Zusammenhang ist daran zu erinnern, dass die Grenzbeamten ... insbesondere verpflichtet sind, ihre Aufgaben unter uneingeschränkter Wahrung der Menschenwürde durchzuführen.").

146 Gerade Art. 1 könnte dem EuGH dazu dienen, seine zur Schutzpflichtdimension von Grundrechten noch kaum vorhandene Rechtsprechung auszubauen. Zu den „positive obligations" in der Rechtsprechung von EGMR und EuGH eingehend *Grabenwarter/Breuer*, Grundrechteschutz, § 7 Fundamentalgarantien, Rn. 18 ff.

147 So auch *Streinz/Streinz*, EUV/AEUV, Art. 1 Rn. 5; *Jarass*, EU-GR, S. 117; *Jarass*, GRC, Art. 1 Rn. 5; *Schwarze/Voet van Vormizeele*, EU, Art. 1 Rn. 5; *Schwarzburg*, Menschenwürde, 2012, S. 247.

148 S. auch *Mock/Demuro/Olivetti*, Human Rights, S. 9 („subsidiary function"), und *Picod/van Drooghenbroeck/Vial*, Charte, S. 57. S. auch die Differenzierung bei *Tettinger/Stern/Höfling*, GRC, Art. 1 Rn. 18, der von einem je spezifischen Verhältnis der partiellen Subsidiarität und Spezialität ausgeht.

149 *Heyde*, Article 1, S. 29.

150 *Tettinger/Stern/Höfling*, GRC, Art. 1 Rn. 18.

151 Dem EuGH steht es zudem frei, neue Grundrechte – als allgemeine Grundsätze des Unionsrechts – über den nach Art. 6 Abs. 3 EUV weiterhin möglichen Weg einer wertenden Rechtsvergleichung zu gewinnen, etwa ein Grundrecht auf ein Bankkonto, ein Recht auf Trinkwasser, wie vor kurzem in Slowenien in die Verfassung aufgenommen, oder, wie in Finnland, ein Recht auf Internetzugang. Eines Rückgriffs auf die Menschenwürde in Art. 1 der Charta bedarf es dann nicht.

Verfahrenstransparenz oder Partizipation führen. Gleichwohl ist Zurückhaltung dabei geboten, solche Rechte, die nicht den Gefallen des Grundrechtekonvents gefunden haben, wie etwa ein Recht auf kulturelle Entfaltung oder auf Genuss von Kulturgütern oder ein Recht auf fairen Lohn, auf dem Umweg über die Menschenwürde zu garantieren. Es bedarf sorgfältiger Analyse, um aus Art. 1 eine eigenständige Rechtsposition abzuleiten, die nicht bereits von den folgenden Artikeln der Charta erfasst ist.[152] Nach alledem verbleibt – wie festgestellt – wohl kaum Raum für eine isolierte Anwendung des Grundrechts aus Art. 1. Allerdings erscheint es angesichts der Dignität dieser Bestimmung sinnvoll und geboten, Art. 1 **schutzverstärkend** zumindest solchen speziellen Grundrechten an die Seite zu stellen, die einen engen Bezug zur Menschenwürde haben. Daraus wird sich auch auf europäischer Ebene eine „in Verbindung mit“-Rechtsprechung entwickeln, wie sie das Bundesverfassungsgericht seit langem praktiziert.[153]

Im Übrigen ist die **Menschenwürde** als „Hauptgrundrecht“ mit höchstem Rang und **nicht als „Auffanggrundrecht“ konzipiert.**[154] Sie ist kein „Ersatz“ für die fehlende, vom Grundrechtekonvent aus kompetenziellen Gründen nicht in die Charta aufgenommene „allgemeine Handlungsfreiheit“.[155] Das Reiten im Walde, das Füttern von Tauben oder das Rauchen von Marihuana – um einige Beispiele aus der deutschen Rechtsprechung zu Art. 2 Abs. 1 GG als Auffangrecht zu nennen – könnten im Kontext der Charta mithin nicht über Art. 1 geschützt werden. Dies widerspräche nicht nur dem klaren Willen des Grundrechtekonvents, sondern auch der Verankerung der Menschenwürde im ersten Titel mit weiteren elementaren (!) Rechten des Menschen. Da die Menschenwürde **kein Substitut für die allgemeine Handlungsfreiheit** ist, kommt nicht jede noch so unbedeutende Betätigung, die nicht in den Schutzbereich eines spezifischen Chartarechtes fällt, in ihren Genuss. Dies dürfte zugleich der Gefahr entgegenwirken, dass die Menschenwürde in der Charta zur „kleinen Münze“ verkommt. 38

Zum näheren **Inhalt der Menschenwürde** und ihren exakten Konturen gab es in den Konventen verständlicherweise **keine Festlegungen**. Charta und europäisches Vertragswerk enthalten **keine Definition** der Menschenwürde, die wohl auch nicht – weder positiv noch negativ – möglich ist.[156] Im Übrigen wäre eine definitorische Einengung auch nicht wünschenswert, da so der explorative und innovative Charakter der Menschenwürde – etwa zur Entdeckung neuer Rechte – verloren gehen könnte.[157] Der auf unionaler Ebene autonom, zugleich aber im Einklang mit den gemeinsamen Verfassungsüberlieferungen der Mitgliedstaaten wie mit der Rechtsprechung des Straßburger Gerichtshofes zu den Menschenwürdegehalten der EMRK auszulegende und anzuwendende Begriff der Menschenwürde harrt noch der inhaltlichen Bestimmung und Entfaltung, insbesondere bei der Beschäftigung mit ethischen Streitfragen.[158] 39

Einige **Generalanwälte** haben sich in ihren Schlussanträgen bereits an einer **inhaltlichen Konturierung** versucht.[159] Der Entscheid des EuGH zur Biopatent-Richtlinie aus dem Jahre

152 *Heyde*, Article 1, S. 29.
153 S. BVerfG, 1 BvR 2378/98, Urt. v. 3.3.2004, BVerfGE 109, 279 („Großer Lauschangriff“).
154 *Tettinger/Stern/Höfling*, GRC, Art. 1 Rn. 18; *Streinz/Streinz*, EUV/AEUV, Art. 1 Rn. 5.
155 *Jarass*, EU-GR, S. 117; *Jarass*, GRC, Art. 1 Rn. 9; *Schwarze/Voet van Vormizeele*, EU, Art. 1 Rn. 5.
156 *Schwarze/Voet van Vormizeele*, EU, Art. 1 Rn. 6.
157 Nach *Picod/van Drooghenbroeck/Vial*, Charte, S. 53, sollte von einer präzisen Definition abgesehen werden, um nicht in Widerspruch zu nationalen Menschenwürdekonzepten zu treten.
158 Zu den möglichen ethischen Konfliktfeldern s. *Borowsky*, Vorbemerkungen Rn. 14 f.
159 Dies gilt vor allem für GA *Stix-Hackl* in der Rs. C-36/02, Rn. 74 ff., weiter für GA *Poiares Maduro* in der Rs. C-303/06, Rn. 8 ff., zudem für GA *Bot* in der Rs. C-145/09, Rn. 50 und 63, und in den verbundenen Rs. C-71/11 und C-99/11, Rn. 100.

2001 ist allerdings unergiebig,[160] und auch in der „Omega-Entscheidung"[161] aus 2004 hielt sich der Gerichtshof – zu Recht – bedeckt mit inhaltlichen Vorgaben. Die Menschenwürdegarantie ist nämlich insoweit einzigartig, als sie – anders als die folgenden Grundrechte – keine Schutzräume für bestimmte Lebensbereiche oder Betätigungen sichert, etwa Familie, Arbeitswelt, Kunst oder Religion, mithin nicht über einen ihr eigenen, spezifischen Schutzbereich verfügt, sondern das **gesamte Spektrum menschlichen Handelns und sämtliche Lebenswelten** umfasst.[162] Eine abstrakt-generelle Definition der Menschenwürde dürfte daher kaum möglich oder sinnvoll sein, so dass ihr **Bedeutungsgehalt von Fall zu Fall** und in einer Gesamtbetrachtung mit anderen Grundrechten und Grundnormen des Unionsrechts erschlossen werden muss.[163] Dabei lassen die Konkretisierungen der Menschenwürde durch die fundamentalen Rechte in Art. 2 bis 5 – im Wege systematischer Auslegung – Rückschlüsse auf die Auslegung des Art. 1 zu.[164]

Das Leitmotiv aller im ersten Titel enthaltenen absoluten Verbote besteht darin, gegenüber gravierenden Menschenrechtsverletzungen, insbesondere in Gefährdungslagen, ein „sanctuary" oder „no man's land" zu schaffen, gewissermaßen Tabuzonen.[165] Zu den **Tabuzonen** gehören einmal die Achtung und der Schutz der körperlichen und geistigen Integrität, weiter die Gewährleistung elementarer Rechtsgleichheit und schließlich die Sicherung elementarer Lebensgrundlagen.[166] Letztlich dürften **Evidenz oder Konsens** den Ausschlag geben.[167] Zunächst ist von der **Selbstevidenz des Unmenschlichen** angesichts des Zivilisations- und Gattungsbruchs auszugehen,[168] was eine **fallweise Konkretisierung** *ex negativo*, **vom Verletzungsvorgang her**, nahe legt.[169] Wo dies ausscheidet, wird in Zukunft europaweit um einen Konsens gerungen werden müssen. Ein schwieriges Unterfangen, denn die rechtsvergleichende Umschau dürfte bei aller Konvergenz der Verfassungen im Grundsätzlichen zur Genüge die **kulturelle Einbettung** der Menschenwürde in die jeweilige Verfas-

160 EuGH – *Niederlande/Parlament und Rat*, Rs. C-377/98, ECLI:EU:C:2001:523, Urt. v. 9.10.2001.

161 EuGH – *Omega*, Rs. C-36/02, ECLI:EU:C:2004:614, Urt. v. 14.10.2004.

162 *Tettinger/Stern/Höfling*, GRC, Art. 1 Rn. 17 (Menschenwürde als „modal ausgerichtete Generalklausel").

163 *Schwarze/Voet van Vormizeele*, EU, Art. 1 Rn. 6; *Vedder/Heintschel von Heinegg/Folz*, Europäischer Verfassungsvertrag, Art. II-61 Rn. 4; *Mock/Demuro/Olivetti*, Human Rights, S. 9.

164 *Mock/Demuro/Olivetti*, Human Rights, S. 8. Kritisch zum Topos der Konkretisierung *Schwarz*, Der Staat 2011, 533, 548 ff.

165 *Mock/Demuro/Olivetti*, Human Rights, S. 8 f.

166 *Tettinger/Stern/Höfling*, GRC, Art. 1 Rn. 20 ff.

167 Kritisch zu einer solchen Vorgehensweise *Schwarzburg*, Menschenwürde, 2012, S. 85 ff. Skeptisch zur „Konsenssuche" *Baldus*, Kämpfe, 2016, S. 243 ff.

168 „Wir mögen nicht wissen, was das absolute Gute, was die absolute Norm, ja auch nur, was der Mensch oder das Menschliche und die Humanität sei, aber was das Unmenschliche ist, das wissen wir sehr genau", so Adorno, zitiert nach *Tilo Wesche*, Adorno. Eine Einführung, Ditzingen 2018, S. 46.

169 *Schwarze/Voet van Vormizeele*, EU, Art. 1 Rn. 6 („negative Interpretationsmethode"). Grundlegend BVerfGE 30, 1, wonach sich nicht generell, „sondern immer nur in Ansehung des konkreten Falles" feststellen lässt, ob die Menschenwürde verletzt ist. Einen vergleichbaren Ansatz, die Menschenwürde über Beispiele ihrer Verletzung näher zu definieren, verfolgen auch *Nowak*, Menschenwürde, 2018, S. 55 ff., sowie *Kaufmann/Kuch/Neuhäuser/Webster* (Hrsg.), Humiliation, 2011. *Nowak* benennt auf S. 56 als typische Beispiele „poverty and starvation, genocide and ethnic cleansing, slavery, trafficking in human beings, torture, enforced disappearance and other forms of arbitrary detention, racism and similar forms of discrimination, colonialism and foreign occupation and domination. Powerlessness, humiliation and dehumanization are the essential dimensions of such attacks on human dignity."

sungsordnung aufgezeigt haben.[170] Dies gilt erst recht für die lebensweltliche Praxis. Während etwa in England „Tötungsspiele" oder „Ein Wochenende im KZ" als *disgusting* gelten, aber legale Geschäftsmodelle sind, erscheint dies in Deutschland undenkbar. Jedenfalls muss der Schutz der Menschenwürde durch einzelne Mitgliedstaaten nicht auf einer allen Mitgliedstaaten gemeinsamen Rechtsauffassung beruhen, um eine Einschränkung von Grundfreiheiten zu rechtfertigen, wie der EuGH in der *Omega*-Entscheidung ausdrücklich festgehalten hat.[171] In vergleichbarer Weise hat der EGMR in seiner Entscheidung zu der Tierschutzkampagne „Der Holocaust auf Ihrem Teller" auf die Besonderheiten der deutschen Geschichte abgehoben und den deutschen Gerichten zugestanden, jene Plakatkampagne als „Instrumentalisierung des Leidens" zu werten und zu untersagen.[172] Beim „Zwergenweitwurf" hat sich erst dank einer Resolution des Europäischen Parlaments und über deutsche wie französische Judikate ein auf die Menschenwürde gestütztes länderübergreifendes Verbot ergeben. Nach alledem ist im Folgenden nur eine vorsichtige Annäherung möglich.

Die auf **Inklusion** angelegte Menschenwürde zielt auf den – prinzipiell gleichen[173] – **sozialen Wert- und Achtungsanspruch**, der dem Menschen wegen seines Menschseins zukommt.[174] „Wo menschliches Leben existiert, kommt ihm Würde zu."[175] Die Zugehörigkeit zur menschlichen Gattung ist dabei nicht durch Merkmale wie etwa Vernunft, moralische Urteilsfähigkeit oder autonomes Handeln bestimmt. **Rechtsträger** ist jeder Mensch, dh jede **natürliche Person**, unabhängig von Alter, Einsichtsfähigkeit und Staatsangehörigkeit. Auch auf deren Eigenschaften, Leistungen oder gar sozialen Status kommt es nicht an.[176] Jeder Mensch muss als „gleichberechtigtes Glied mit Eigenwert anerkannt werden".[177] Im Übrigen gilt auch hier das **Vorsichts- und Inklusionsprinzip**: Auch Cyborgs, dh Mensch-Maschine-Verbindungen, biotechnologisch optimierten Menschen oder geklonten Menschen kommt Menschenwürde zu. Juristische Personen, Personenvereinigungen, Institutionen und Gruppen als solche können nicht Subjekt der Menschenwürde sein.[178] Dies gilt erst recht für Nationen.[179] Die unwürdige Behandlung einer ethnischen oder sozialen 40

170 Für das Bundesverfassungsgericht gehört die Menschenwürdegarantie in Art. 1 GG zur deutschen Verfassungsidentität. BVerfG, Beschluss v. 15.12.2015, 2 BvR 2735/14.

171 EuGH – *Omega*, Rs. C-36/02, ECLI:EU:C:2004:614, Urt. v. 14.10.2004, Rn. 34 ff.

172 EGMR, Urt. v. 8.11.2012, Nr. 43481/09, *Peta*. S. auch das lesenswerte Sondervotum zu jener Entscheidung, das ausdrücklich auf eine Konzeption der Menschenwürde im Sinne Kants abstellt (Ziff. 15: „Clearly, these human beings, not only Jewish but of all nationalities, in a concentration camp, are here treated as an instrument for the advancement of animal rights. If their image is so instrumentalised, little is left of their human dignity.").

173 *Jarass*, EU-GR, S. 117 f.

174 Vgl. BVerfGE 87, 209, 228. S. auch *Jarass*, GRC, Art. 1 Rn. 6.

175 BVerfGE 88, 203, 252. Dabei sollten auch bei biotechnischen Ersetzungen und Wiederherstellungen oder bei Ausweitungen und Optimierungen (Enhancement) menschlicher Fähigkeiten, etwa durch „Mensch-Maschine-Verbindungen" (z.B. „Cyborgs" als hybride Lebensformen), das Vorsichts- und Inklusionsprinzip gelten, ebenso wie bei einem „geklonten Menschen" („Klon").

176 *Schwarze/Voet van Vormizeele*, EU, Art. 1 Rn. 8.

177 So zum deutschen Recht BVerfGE 45, 187, 228.

178 *Pechstein/Nowak/Häde/Frenz*, Frankfurter Kommentar, Art. 1 Rn. 19; *Rengeling/Szczekalla*, GR in der EU, § 11 Rn. 576. In diese Richtung bereits EuGH – *Dell'Orto*, Rs. C-467/05, ECLI:EU:C:2007:395, Urt. v. 28.6.2007, Rn. 55 f.; EuGH – *Eredics und Sápi*, Rs. C-205/09, ECLI:EU:C:2010:623, Urt. v. 21.10.2010, Rn. 25 ff. S. auch EuGH – *DEB*, Rs. C-279/09, ECLI:EU:C:2010:811, Urt. v. 22.12.2010, Rn. 24. Vgl. aber GA *Bobek*, der in der Rs. C-194/16, Rn. 47 ff., ein Persönlichkeitsrecht für juristische Personen bejaht.

179 So schützt die Charta etwa nicht die in letzter Zeit viel beschworene „Würde der polnischen Nation".

Gruppe kann allerdings die Würde einzelner oder aller Mitglieder verletzen.[180] Keineswegs darf die Würde des einzelnen Menschen einer imaginierten „Würde“ einer Gruppe, einer Ethnie oder einer Nation untergeordnet werden.

41 Der **Beginn des menschlichen Lebens** und die Frage, ob der „**Nasciturus**“ selbst Träger und Subjekt des Grundrechts auf Menschenwürde ist oder aber – wegen fehlender eigener Grundrechtsfähigkeit – nur über deren objektive Seite geschützt wird, sind auf europäischer Ebene ebenso wenig geklärt und entschieden wie in den allermeisten Mitgliedstaaten.[181] Im Grundrechtekonvent umging man diese heiklen Fragen. Lediglich einige Mitglieder versuchten – vergeblich – Festlegungen in die eine oder andere Richtung, etwa *Dehousse* (B) mit der Anmerkung: „Bevor man von der Würde des Menschen sprechen kann, dh dass dieser zu achten ist, muss er geboren sein“. Vor diesem Hintergrund ist davon auszugehen, dass die europäischen Gerichtshöfe diese Fragen – soweit möglich – in der Praxis weiterhin meiden und zunächst dem Diskurs in den Mitgliedstaaten und der (Vor)Klärung durch die nationalen Verfassungsgerichte überlassen werden. Ein **Schutz ungeborenen Lebens** dürfte auf europäischer Ebene **zumindest auf objektiv-rechtlicher Basis** bestehen,[182] mit entsprechenden Schutzpflichten der europäischen Organe und Einrichtungen. Dem Embryo kommt so zumindest der objektive Gehalt der Menschenwürde zugute. Nunmehr hat der EuGH in einer vielbeachteten Leitentscheidung – *Brüstle/Greenpeace* – einen bedeutenden Impuls in Richtung eines absoluten und umfassenden Menschenwürdeschutzes frühen menschlichen Lebens gegeben.[183] In jenem Urteil vom 18. Oktober 2011 hat er – zumindest in patentrechtlicher Hinsicht, aber mit bereichsübergreifender Tendenz – den Beginn des menschlichen Lebens auf den frühestmöglichen Zeitpunkt, den der Befruchtung, festgelegt.[184]

Es ist bisher ungeklärt, ob und inwieweit sich der Schutz der Menschenwürde über den Tod hinaus erstreckt. Es erscheint möglich und sinnvoll, auf unionaler Ebene **postmortale Schutzwirkungen** zu bejahen,[185] zumal es hierfür auch in der Rechtsprechung des EGMR Ansatzpunkte gibt.[186]

180 *Pechstein/Nowak/Häde/Frenz*, Frankfurter Kommentar, Art. 1 Rn. 19. Es geht mithin stets um die Dignität des Individuums, nicht um eine Gruppendignität als solche.

181 Eingehend zum Schutz des Nasciturus – und für eine subjektive Berechtigung – *Frenz*, Hdb EuR, Rn. 825 ff., *Pechstein/Nowak/Häde/Frenz*, Frankfurter Kommentar, Art. 1 Rn. 20 ff. (unter Berufung auf die „interpretationsleitende Bedeutung“ der deutschen Verfassungsüberlieferung). S. auch *Ekardt/Kornack*, ZEuS 2010, 111, 123 ff.

182 Weitergehend – für eine subjektive Berechtigung des Nasciturus – *Frenz*, Hdb EuR Rn. 828, sowie *Tettinger/Stern/Höfling*, GRC, Art. 2 Rn. 21. S. auch *Müller-Terpitz*, Schutz, 2007, S. 469.

183 S. zu jener Entscheidung zur Biopatentrichtlinie *Schwarzburg*, Menschenwürde, 2012, S. 301 f.

184 EuGH (GK) – *Brüstle*, Rs. C-34/10, ECLI:EU:C:2011:669, Urt. v. 18.10.2011, Rn. 38: „Jede menschliche Eizelle vom Stadium ihrer Befruchtung an, jede unbefruchtete menschliche Eizelle, in die ein Zellkern aus einer ausgereiften menschlichen Zelle transplantiert worden ist, und jede unbefruchtete menschliche Eizelle, die durch Parthenogenese zur Teilung und Weiterentwicklung angeregt worden ist, ist ein „menschlicher Embryo“ im Sinne von Art. 6 Abs. 2 Buchst. c der Richtlinie.“ S. aber die wissenschaftliche und dem folgend juristische Fortentwicklung – zur Parthenogenese – in EuGH (GK) – *International Stem Cell Corporation*, Rs. C-364/13, ECLI:EU:C:2014:2451, Urt. v. 18.12.2014. Für die Einstufung als „menschlicher Embryo“ kommt es stets auf die „inhärente Fähigkeit an, sich zu einem Menschen zu entwickeln“ (Rn. 28 ff.).

185 Dafür *Pechstein/Nowak/Häde/Frenz*, Frankfurter Kommentar, Art. 1 Rn. 28. In dieser Richtung auch GA *Campos Sánchez-Bordona* in der Rs. C-342/17, Fn. 44.

186 EGMR, Urt. v. 13.1.2015, Nr. 61243/08, *Elberte* (heimliche Gewebeentnahme bei verstorbenem Unfallopfer). EGMR, Urt. v. 13.7.2006, Nr. 58757/00, *Jäggi*, Ziff. 39. S. aber EGMR, Urt. v. 27.2.2007, Nr. 56760/00 – *Akpinar und Altun*, Ziff. 82 („human quality is extinguished on de-

Die **„Unantastbarkeit" der Menschenwürde**[187] könnte auf Verständnisschwierigkeiten stoßen. In der Tat handelt es sich um eine faktische Aussage, die angesichts der massiven Verletzungen in der Rechtswirklichkeit täglich tausendfach widerlegt zu werden scheint, und nicht um einen Normbefehl, wie man ihn in einer Grundrechtecharta erwartete. Mit der „Unantastbarkeit" ist gemeint, dass die Menschenwürde keinem Menschen genommen werden kann, weder unter Folter noch in Sklaverei. Dies gilt auch und gerade für den von *Giorgio Agamben*[188] in den Blick gehobenen, von den Nationalsozialisten aufs äußerste „entwürdigten" „Muselmann" in Auschwitz. Verletzbar ist aber der Anspruch auf Achtung, der sich aus der Würde ergibt.[189] Dabei bedarf es einer gewissen Schwere des Eingriffs, vergleichbar mit dem Verbot der erniedrigenden Strafe oder Behandlung in Art. 4.[190] 42

Die Unantastbarkeit der Menschenwürde wird in zweifacher Weise gesichert. Art. 1 gewährt ein fundamentales Abwehrrecht gegenüber der Hoheitsgewalt und zugleich ein umfassendes Recht auf hoheitlichen Schutz gegenüber Eingriffen privater oder dritter Seite.[191] Darüber hinaus ist Art. 1 – wie zumindest die weiteren fundamentalen Rechte in der Charta (!) – aufgrund seines absoluten, zwingenden Charakters und seiner unbedingten Formulierung auf eine **unmittelbare Drittwirkung** angelegt, dh auf gewisse, im Einzelnen noch zu klärende horizontale Wirkungen in Privatrechtsverhältnissen.[192] Eine unmittelbare, starke Drittwirkung mit einer einklagbaren Grundrechtsbindung von Privaten entspricht der 43

---

ath and, therefore, the prohibition on ill-treatment is no longer applicable to corpses"). S. für Deutschland BVerfGE 30, 173 („Mephisto").

187 S. aus linguistischer Sicht *Tettinger/Stern/Burr*, GRC, B.I. Rn. 51.

188 *Giorgio Agamben*, Was von Auschwitz bleibt, Frankfurt aM 2003.

189 Vgl. BVerfGE 87, 209, 228.

190 *Jarass*, EU-GR, S. 119; *Jarass*, GRC, Art. 1 Rn. 9; *Pechstein/Nowak/Häde/Frenz*, Frankfurter Kommentar, Art. 1 Rn. 46. Zur Eingriffsschwelle bei Art. 4 s. *Borowsky*, Art. 4 Rn. 16.

191 *Mock/Demuro/Olivetti*, Human Rights, S. 10.

192 Für horizontale Wirkungen des Art. 1 *Picod/van Drooghenbroeck/Vial*, Charte, S. 60 f., sowie *Mock/Demuro/Olivetti*, Human Rights, S. 10, wohl auch *Peers/Hervey/Kenner/Ward/Dupré*, EU Charter, 01.38. Die absoluten Rechte wie etwa das Sklavereiverbot lassen aufgrund ihrer Einschränkungslosigkeit keinerlei Abwägungsprozesse zu, so dass eine unmittelbare Bindung Privater auch angemessen erscheint. Eine Ausnahme dürfte für Art. 3 Abs. 2 lit. b) gelten, dh beim nur „staatsgerichteten" Verbot eugenischer Praktiken, s. *Borowsky*, Art. 3 Rn. 45. In etlichen Mitgliedstaaten ist die Anerkennung unmittelbarer Wirkungen der Grundrechte unter Privaten weit fortgeschritten. S. auch – jeweils unter Punkt II.1.b. – die Länderberichte in *Burgorgue-Larsen* (Hrsg.), La Charte des droits fondamentaux saisie par les juges en Europe, 2017. Neue Wege zur Ausstrahlungswirkung des allgemeinen Gleichheitssatzes in das Zivilrecht – mit einer der Sache nach unmittelbaren Drittwirkung bei asymmetrischen Machtverhältnissen oder bei struktureller Ungleichheit – beschreitet jüngst auch das Bundesverfassungsgericht im Stadionverbotsfall, s. Beschluss v. 11.4.2018 (1 BvR 3080/09). Für eine unmittelbare Drittwirkung von Art. 1 Abs. 1 GG sprach sich im Übrigen geraume Zeit das Bundesarbeitsgericht aus: BAG, NJW 1957, 1688, 1690; s. auch BAGE 38, 69, 80 f. Vorbehalte gegenüber einer unmittelbaren Drittwirkung der Chartarechte zeigen sich in erster Linie von deutscher Seite, wobei durchaus für starke mittelbare Drittwirkungen eingetreten wird. S. etwa *Jarass*, GRC, Art. 1 Rn. 3, *Pechstein/Nowak/Häde/Frenz*, Frankfurter Kommentar, Art. 1 Rn. 14, *Ehlers/Ehlers*, GR, S. 553 f., und *Schwarzburg*, Menschenwürde, 2012, S. 320 ff. Zurückhaltend noch die Schlussanträge von GA *Bobek* in der Rs. C-193/17, Rn. 130 ff., und zuvor von GA *Trstenjak* in der Rs. C-282/10, Rn. 80 ff. Der Grundrechtekonvent ließ die Frage der Drittwirkung offen und überließ die Klärung der künftigen Rechtsprechung, s. *Borowsky* (Vorauflage), Art. 51 Rn. 31. Art. 51 trifft jedenfalls keine Vorentscheidung, s. *Schwerdtfeger*, Art. 51 Rn. 57, und aktuell EuGH (GK) – *Bauer ua*, Rs. C-569/16 und C-570/16, ECLI:EU:C:2018:871, Urt. v. 6.11.2018, Rn. 87 ff.

deutlichen Tendenz der jüngsten Rechtsprechung des EuGH.[193] Eine gerichtlich durchsetzbare Bindung von Privaten an die Menschenwürde trägt zugleich zum gebotenen **Empowerment** auf Seiten der Opfer von Menschenrechtsverletzungen bei.[194]

Zur **Abwehr- wie Schutzpflichtdimension** im Einzelnen: Die Europäische Union und die im Anwendungsbereich der Charta (Art. 51 Abs. 1)[195] agierenden Mitgliedstaaten müssen Eingriffe seitens ihrer Organe und Einrichtungen unterlassen, dh die **Menschenwürde achten.** Sie dürfen nicht selbst die Menschenwürde verletzen, indem sie die Subjektqualität der betroffenen Menschen in Abrede stellen,[196] sei es durch Erniedrigung, Demütigung, Brandmarkung, Ächtung oder Instrumentalisierung. Die Menschenwürde wird zudem durch Handlungen verletzt, die die prinzipielle Gleichheit aller Menschen in Frage stellen. Zu Recht sieht der EuGH gravierende Diskriminierungen als Verletzung der Menschenwürde an.[197] Rassistisch motivierte Diskriminierungen wie das *racial profiling* stellen regelmäßig einen Verstoß gegen die Menschenwürde dar.[198]

Darüber hinaus müssen die Hoheitsträger tätig werden, wenn die Menschenwürde von dritter Seite verletzt wird, dh sie müssen die **Menschenwürde schützen.** Art. 1 stellt so einen weiteren tragfähigen Ausgangspunkt für die Entwicklung von positiven Verpflichtungen oder **Schutzpflichten** im Recht der Union dar, neben dem Dogmatik-Transfer aus der

193 Der EuGH hat unmittelbare Grundrechtswirkungen im Privatrechtsverkehr jüngst bejaht bei den Diskriminierungsverboten in Art. 21 Abs. 1 und beim Anspruch auf bezahlten Jahresurlaub aus Art. 31 Abs. 2, s. EuGH (GK) – *Egenberger*, Rs. C-414/16, ECLI:EU:C:2018:257, Urt. v. 17.4.2018, Rn. 76 ff. (zu Art. 21 Abs. 1), bestätigt in EuGH (GK) – *Cresco*, Rs. C-193/17, ECLI:EU:C:2019:43, Urt. v. 22.1.2019, Rn. 76 ff., sowie EuGH (GK) – *Bauer ua*, Rs. C-569/16 und C-570/16, ECLI:EU:C:2018:871, Urt. v. 6.11.2018, Rn. 79 ff. („Folglich verleiht Art. 31 Abs. 2 der Charta schon für sich allein den Arbeitnehmern ein Recht, das sie in einem Rechtsstreit gegen ihren Arbeitgeber in einem vom Unionsrecht erfassten und daher in den Anwendungsbereich der Charta fallenden Sachverhalt als solches geltend machen können."). Ebenso zu Art. 31 Abs. 2 EuGH (GK) – *Max-Planck-Gesellschaft zur Förderung der Wissenschaften e.V./Shimizu*, Rs. C-684/16, ECLI:EU:C:2018:874, Urt. v. 6.11.2018. Beide Rechte stehen in einem engen Näheverhältnis zur Menschenwürde, so dass auch deren horizontale Geltung vom EuGH (an)erkannt werden dürfte. S. auch Schlussanträge des GA *Pitruzzella* vom 31.1.2019 in der Rs. C-55/18, Rn. 36 („Dieses Recht (ie Art. 31 Abs. 2) steht in unmittelbarem Zusammenhang mit der Achtung der Menschenwürde, die in Titel I der Charta allgemein geschützt ist."), und bereits des GA *Tanchev* in der Rechtssache C-214/16, Rn. 36.

194 Zum Empowerment s. *Borowsky*, Vorbemerkungen Rn. 13. Zum Empowerment gehört auch, dass ein effektiver gerichtlicher Rechtsschutz („remedy") bereitgestellt wird.

195 Zur Geltung der Charta für die Mitgliedstaaten „bei der Durchführung des Rechts der Union" – das „national life" der Charta – s. *Schwerdtfeger*, Art. 51 Rn. 36 ff. Zur reichhaltigen Rechtsprechung des EuGH zur mitgliedstaatlichen Bindung s. die auf seiner Webseite veröffentlichte „Thematische Übersicht" „Anwendungsbereich der Charta der Grundrechte der Europäischen Union" vom Dezember 2017 (www.curia.eu). Eine praktische Hilfestellung – mit einer „Checklist on the applicability of the Charter" – gibt das Handbuch der Grundrechteagentur „Applying the Charter of Fundamental Rights of the European Union in law and policymaking at national level" aus 2018 (www.fra.europa.eu).

196 BVerfGE 50, 166, 175; 87, 209, 228; 96, 375, 399.

197 EuGH – *P./S.*, Rs. 13/94, ECLI:EU:C:1996:170, Urt. v. 30.4.1996, Rn. 22. Vgl. EGMR (GK), Urt. v. 11.7.2002, Nr. 28957/95, *Goodwin*, und EGMR (Plenum), Urt. v. 17.10.1986, Nr. 9532/81, *Rees*. S. zur Rechtsprechung von EuGH und EGMR zur Diskriminierung Transsexueller *Schwarzburg*, Menschenwürde, 2012, S. 125 ff.

198 *Jarass*, EU-GR, S. 119; *Jarass*, GRC, Art. 1 Rn. 8. Vgl. zum *ethnic profiling* EGMR, Urt. v. 13.12.2005, Nr. 55762/00 ua, *Timishev*, Ziff. 53 ff.

EMRK.[199] Den zum Handeln aufgerufenen Hoheitsträgern kommt ein erheblicher Spielraum zu, was ihre legislativen, administrativen oder judikativen Schutzmaßnahmen betrifft.[200] Dabei empfiehlt sich auch hier ein behutsames Vorgehen: Wird in concreto mit paternalistischer Tendenz die Würde des Menschen gegen seine Autonomie ausgespielt oder muss die Unantastbarkeit der Menschenwürde auch gegen ihren Träger geltend gemacht werden?[201] Die Menschenwürde kann von ihrem Träger gegenüber Dritten geltend gemacht werden, aber auch von Dritten gegenüber dem einzelnen Individuum – ein im konkreten Einzelfall aufzulösendes Spannungsverhältnis.[202] Die Schutzpflichtdimension der Menschenwürde gebietet einen umfassenden staatlichen Schutz, insbesondere um Übergriffe Privater zu verhindern und angemessen zu sanktionieren, sei es in Gefängnissen, in Bürgerkriegssituationen oder bei der kommerziellen Vermarktung von Menschen.[203] Hier sollte die dichte Rechtsprechung des EGMR zu den Schutzpflichten aus dem Recht auf Leben, dem Folter- und dem Sklavereiverbot fruchtbar gemacht werden.[204]

Grundsatz und Grundrecht der Menschenwürde unterliegen keinerlei Restriktionen.[205] 44
Insbesondere scheidet eine Anwendung der allgemeinen Schrankenklausel in Art. 52 Abs. 1 aus,[206] die restriktiv zu interpretieren bzw. teleologisch zu reduzieren ist. Die **Menschenwürde** wird **absolut geschützt** und ist **keinen Abwägungsprozessen** unterworfen,[207] auch wenn der EuGH in der Rechtssache *Laval* in einem *Obiter Dictum* davon gesprochen hat, dass die Ausübung des Grundrechts der Menschenwürde „mit den Erfordernissen hinsichtlich der durch den Vertrag geschützten Rechte in Einklang gebracht werden und dem Ver-

199 Ausführlich zu den „positive obligations" *Grabenwarter/Breuer*, Grundrechteschutz, § 7 Fundamentalgarantien, Rn. 18 ff. Zu den Schutzpflichten im Recht der EMRK s. *Grabenwarter/Pabel*, EMRK, S. 157 ff.

200 AA *Pechstein/Nowak/Häde/Frenz*, Frankfurter Kommentar, Art. 1 Rn. 15.

201 Kritisch zu paternalistischen Bestrebungen *Grabenwarter/Breuer*, Grundrechteschutz, § 7 Fundamentalgarantien, Rn. 75 ff. S. zur damit einhergehenden Einwilligungsproblematik *Jarass*, EU-GR, S. 119.

202 So die Differenzierung bei *Girard/Hennette-Vauchez* (Hrsg.), Dignité, 2005, S. 17 ff.: „une qualité opposable par chaque homme à des tiers" und zugleich „une qualité opposable à l'homme par des tiers".

203 *Frenz*, Hdb EuR, Rn. 867 ff. Zu den Anforderungen an die Gesetzgebung – das legislative „Schutzprogramm" – s. EGMR, Urt. v. 8.11.2005, Nr. 34056/01, *Gongadze*.

204 *Borowsky*, Art. 2 Rn. 36 f., Art. 4 Rn. 20, Art. 5 Rn. 30, 35. Zu den Schutzpflichten im Recht der EMRK allgemein s. *Grabenwarter/Pabel*, EMRK, S. 157 ff.

205 Dies entspricht nahezu einhelliger Meinung: *Bühler*, Einschränkung, 2005, S. 367; *Jarass*, EU-GR, S. 119; *Jarass*, GRC, Art. 1 Rn. 12; *Schwarze/Voet van Vormizeele*, EU, Art. 1 Rn. 7; *Vedder/Heintschel von Heinegg/Folz*, Europäischer Verfassungsvertrag, Art. II-61 Rn. 4; *Streinz/Streinz*, EUV/AEUV, Art. 1 Rn. 6; *Tettinger/Stern/Höfling*, GRC, Art. 1 Rn. 31 f.; *Winkler*, EU GR, S. 363. Es gibt allerdings auch abweichende bzw. zwischen den Gehalten der Menschenwürde differenzierende Auffassungen. So nimmt *Teifke*, Prinzip, 2011, die Verwobenheit von Absolutheit und Relativität im Begriff der Menschenwürde, ihren Doppelcharakter als absolute Rechtsidee und als relativer Rechtsbegriff in den Blick. Für die „übliche Verhältnismäßigkeitsprüfung" auch bei den gemeinhin als absolut geltenden Rechten – wie Art. 1, 4 und 5 Abs. 1 der Charta – plädiert, ebenfalls ausgehend von Robert Alexy, *Borowski*, Absolute Rechte und Verhältnismäßigkeit, in: Kirste/Gonzaga De Souza/Sarlet (Hrsg.), Menschenwürde, 2018, S. 47 ff. Sein Argument, so könne die bekannte und bewährte Struktur der Verhältnismäßigkeit eine tragende Rolle spielen, greift auch *Peers/Hervey/Kenner/Ward/Dupré*, EU Charter, 01.39 ff., auf.

206 *Jarass*, GRC, Art. 1 Rn. 12.

207 S. zur absoluten Geltung nur *Lenaerts*, EuGRZ 2015, 353, 355 f., und *Schwarzburg*, Menschenwürde, 2012, S. 263 ff.

hältnismäßigkeitsgrundsatz entsprechen" müsse.[208] Immerhin sieht der EuGH das Grundrecht des Art. 4 – Folterverbot – auch nicht als einschränkbar, vielmehr als „absolut" an.[209]

Die **Einschränkungslosigkeit** ergibt sich zunächst aus dem einhelligen, konsensualen Willen des Grundrechtekonvents, den die „Erläuterungen" mit den Worten wiedergeben, die Menschenwürde gehöre zum Wesensgehalt der in der Charta verankerten Rechte und dürfe auch bei deren Einschränkung nicht angetastet werden. Darüber hinaus ist die Bestimmung durch den Begriff „unantastbar" bewusst so formuliert, dass sich jede Relativierung verbietet. Dies entspricht dem einschränkungslosen und „abwägungsresistenten" Charakter der als Vorbild herangezogenen Bestimmung des Art. 1 Abs. 1 der deutschen Verfassung.[210] Schließlich wäre es ein Systembruch, die der Menschenwürde inhärenten Verbote der Folter oder Sklaverei in den folgenden Art. 4 und 5 absolut und ausnahmslos auszugestalten, nicht jedoch das „Muttergrundrecht" (*Meyer*) in Art. 1. Entstehungsgeschichte, Wortlaut, Herkunft und systematischer Zusammenhang lassen keinen Raum für irgendwelche Interessenabwägungen.[211] Dabei ist allerdings zu beachten, dass die Würde des einen Menschen ihre Grenze in der Würde anderer Menschen findet, wobei Zurückhaltung geboten und der Grundsatz der Verhältnismäßigkeit strikt zu wahren ist.[212] Es handelt sich hier um den Fall einer **Grundrechtskollision.**[213] Wenn zum Beispiel dem Embryo ein eigenes Recht auf Achtung seiner Würde zuerkannt wird, was wünschenswert erscheint, darf nicht verkannt werden, dass auch die werdende Mutter ein Grundrecht auf Achtung ihrer eigenen Würde hat.

45 Die unionsrechtliche – absolute und uneinschränkbare – Gewährleistung der Menschenwürde dürfte *à la longue* deren Gehalt europäisieren und unitarisieren, bei aller Zurückhaltung des EuGH.[214] Schließlich enthält Art. 1 – ausgehend von der Verletzlichkeit des Individuums – einen verfassungsrechtlichen Auftrag an die Union zu absolut verstandenen Grenzziehungen.[215] Dieser Prozess sollte von der offenen Gesellschaft der europäischen Verfassungsinterpreten und allgemein durch europäische Diskursgemeinschaften intensiv begleitet werden.

---

208 EuGH – *Laval*, Rs. C-341/05, ECLI:EU:C:2007:809, Urt. v. 18.12.2007, Rn. 94. Vgl. EuGH – *Transport Workers*, Rs. C-438/05, ECLI:EU:C:2007:772, Urt. v. 11.12.2007, Rn. 46. S. hierzu *Schwarz*, Der Staat 2011, 533, 559 f., sowie *Schwarzburg*, Menschenwürde, 2012, S. 371 f., und *Jarass*, GRC, Art. 1 Rn. 13.

209 EuGH – *Schmidberger*, Rs. C-112/00, ECLI:EU:C:2003:333, Urt. v. 12.6.2003, Rn. 80; EuGH – *Y. und Z.*, Rs. C-71/11, ECLI:EU:C:2012:518, Urt. v. 5.9.2012, Rn. 8. S. auch EuGH (GK) – *Aranyosi und Căldăraru*, Rs. C-404/15 und C-659/15, ECLI:EU:C:2016:198, Urt. v. 5.4.2016, Rn. 85 („Das in Art. 4 der Charta aufgestellte Verbot unmenschlicher oder erniedrigender Strafe oder Behandlung hat absoluten Charakter, da es eng mit der Achtung der Würde des Menschen verbunden ist, auf die sich Art. 1 der Charta bezieht."). S. auch aktuell EuGH (GK) – *Minister for Justice and Equality (Mängel des Justizsystems)*, Rs. C-216/18, ECLI:EU:C:2018:586, Urt. v. 25.7.2018, Rn. 45.

210 S. etwa BVerfGE 109, 279 („Lauschangriff"), sowie *Hömig*, EuGRZ 2007, 633 ff.

211 *Schwarze/Voet van Vormizeele*, EU, Art. 1 Rn. 7; im Ergebnis ebenso *Mathieu*, Article II-61 Ziff. 8.

212 *Jarass*, EU-GR, S. 119; *Heyde*, Article 1, S. 29.

213 *Streinz/Streinz*, EUV/AEUV, Art. 1 Rn. 6; s. zu Würdekollisionen *Wallau*, Menschenwürde, 2010, S. 181 ff. AA *Winkler*, EU GR, S. 363 f.

214 S. zu dieser Problematik *Ehlers/Schorkopf*, GR, S. 586 f. Eine behutsame Anwendung des Art. 1 ist auch aufgrund seiner absoluten Geltung geboten, die jedweden Abwägungsprozess ausschließt, so *Picod/van Drooghenbroeck/Vial*, Charte, S. 57, und *Grabenwarter/Breuer*, Grundrechteschutz, § 7 Fundamentalgarantien, Rn. 103.

215 Vgl. zum deutschen Recht *v. Bernstorff*, JZ 2013, 905 ff.

Im Anwendungsbereich der Charta erscheinen mannigfache **praktische Entfaltungen der Menschenwürde** denkbar.[216] Für die Organe und Einrichtungen der Union könnte die Menschenwürde im Zusammenhang mit Fragen der **Forschungsförderung** noch an Bedeutung gewinnen. Dies gilt insbesondere für den Bereich der **Biomedizin,**[217] von der **Stammzellenforschung**[218] über Fragen der künstlichen Befruchtung[219] bis hin zu lebensverlängernden Maßnahmen,[220] wobei hier eine enge Verbindung zum Recht auf Leben in Art. 2 wie zum Recht auf körperliche und geistige Unversehrtheit in Art. 3 besteht. So nahm die **European Group on Ethics in Science and New Technologies** in ihren *Opinions* bereits vor der Charta mehrfach auf die Menschenwürde Bezug, von der Forderung, dass Forscher die Menschenwürde achten müssen, über die Feststellung, „human dignity serves as a basis for requirement of privacy, confidentiality and medical secrecy", bis hin zur Klarstellung, dass Doping im Sport die Würde des Athleten verletzen kann.[221] Im Lichte der Charta häufen sich naturgemäß derartige Bezugnahmen, zum Beispiel in der „Opinion on the ethical aspects of nanomedicine" vom 17. Januar 2007. Auch die **Rechtsakte der Union** nehmen die Menschenwürde verstärkt auf, in den Erwägungsgründen wie als Tatbestandsmerkmal im verfügenden Teil.[222] Der Unionsgesetzgeber entfaltet die Menschenwürde in zweifacher – direkter und indirekter – Weise:[223] In manchen Rechtsakten hat die Menschenwürde eine unmittelbar regelnde Funktion, etwa bei dem Gebot an die Grenzschutzbeamten, „ihre Aufgaben unter uneingeschränkter Wahrung der Menschenwürde" durchzuführen, oder bei der Pflicht der Mitgliedstaaten, das Opfer einer Straftat im nationalen Verfahren „mit der gebührenden Achtung seiner persönlichen Würde" zu behandeln. Bei anderen Rechtsakten ist die Menschenwürde hingegen auf weitere Konkretisierung angelegt, so in der Asyl-Richtlinie aus dem Jahr 2003, deren Ziel es ist, „die uneingeschränkte Wahrung der Menschenwürde zu gewährleisten und die Anwendung der Artikel 1 und 18 der Charta zu fördern." Schließlich könnte die Menschenwürde zum entscheidenden **Maßstab bei der Bekämpfung schwerer Straftaten und des Terrorismus** durch die Union werden.[224] Zwar bleibt auch im Falle operativer Maßnahmen durch Europol die Anwendung von Zwangsmaßnahmen ausschließlich den zuständigen einzelstaatlichen Behörden vorbehalten (Art. 88 Abs. 3 S. 2 AEUV). Gleichwohl erscheint eine Zurechnung zu Europol möglich, und in jedem Fall müssen die Organe, Einrichtungen und Stellen der Union präventive Maßnahmen zum Schutz der Menschenwürde ergreifen. Von herausgehobener Bedeutung ist die Menschenwürde auch im Falle von Kampfeinsätzen, nämlich bei der **Mobilisierung von militärischen Mitteln,** die der Union über die Solidaritätsklausel in Art. 222 AEUV von den Mitgliedstaaten bereitgestellt werden, um terroristische Bedrohungen abzuwenden.

216 Fundgruben für praktische Anwendungsfälle sind die jährlichen Commission Staff Working Documents (www.ec.europa.eu), da sie die Implementierung der Charta auf unionaler wie nationaler Ebene – Artikel für Artikel – beleuchten (s. zuletzt – für das Jahr 2017 – SWD(2018) 304 final). S. auch *Schwarze/Voet van Vormizeele*, EU, Art. 1 Rn. 6.

217 *Streinz/Streinz*, EUV/AEUV, Art. 1 Rn. 8.

218 *Frenz*, Hdb EuR, Rn. 825 ff.

219 *Frenz*, Hdb EuR, Rn. 836.

220 *Frenz*, Hdb EuR, Rn. 837 ff.

221 Die „Opinions" und „Statements" der „Europäischen Ethikkommission" (EGE) finden sich unter: www.ec.europa.eu/research/ege/index.cfm. In zahlreichen Beiträgen gibt es Bezüge zur Menschenwürde, aktuell in der Opinion „Future of Work, Future of Society" vom 19.12.2018, S. 57 ff.

222 *Ehlers/Schorkopf*, GR, S. 581, 585.

223 *Ehlers/Schorkopf*, GR, S. 585.

224 Zur Rechtsprechung des EGMR zu Antiterrormaßnahmen s. das auf der Webseite des Gerichtshofs veröffentlichte „Factsheet" „Terrorism and the European Convention on Human Rights" vom November 2018 (www.echr.coe.int).

Auch auf europäischer Ebene ist eine Terrorabwehr durch Flugzeugabschüsse mit der Menschenwürde unvereinbar.[225] Bereits heute von besonderer Praxisrelevanz ist die **Abwehr illegaler Einwanderung** durch die EU-Grenzschutzagentur FRONTEX,[226] die im Oktober 2005 ihre Arbeit aufgenommen hat, insbesondere beim Einsatz von Waffengewalt gegen Flüchtlingsboote.[227] Die Grenzbeamten müssen ihre Aufgaben unter uneingeschränkter Wahrung der Menschenwürde durchführen.[228] In der Tat haben Gesichtspunkte wie die Begrenzung illegaler Einwanderung im Lichte der Menschenwürde von Flüchtlingen oder Opfern des grassierenden Menschenhandels zurückzustehen.[229]

46 Ein besonderer Aspekt tritt hinzu: Der EuGH könnte die **Menschenwürde** dann **als Korrektiv** nutzen, wenn der EGMR in Straßburg Entscheidungen träfe, die mit dem Wertekonsens innerhalb der Union nicht vereinbar wären und unterhalb des gewünschten Schutzniveaus blieben, ein sehr unwahrscheinlicher Fall. Zwar ist die Rechtsprechung des EGMR maßgeblich, soweit der Grundrechtekonvent Rechte der EMRK entlehnt hat (Art. 52 Abs. 3 S. 1). Gleichwohl ist es nach Art. 52 Abs. 3 S. 2 und nach Art. 53 EMRK möglich und zulässig, dass das Recht der Union – hier über das dem Rechtsschutzsystem des Europarates bisher unbekannte Grundrecht der Menschenwürde – einen weiter gehenden Schutz gewährt.

47 Aufgrund des erreichten Integrationsstandes eignet sich die Menschenwürde zugleich dazu, wie in der deutschen Verfassungsordnung zum **„tragenden Konstitutionsprinzip" der Union** und zum **höchsten Rechtswert im Verfassungsverbund der Union** zu werden. Weiter spricht viel dafür, dass die der Rechtsordnung der Union wie dem Rechtsschutzsystem der EMRK lange Zeit unbekannte Menschenwürde von eminenter Bedeutung für die Zukunft des Grundrechtsschutzes in der Union sein und auf die gesamte Rechtsordnung ausstrahlen wird.[230]

Aus deutscher Sicht führt die Aufnahme der Menschenwürde – zusammen mit ihrer Ausdifferenzierung in den zahlreichen weiteren Grundrechten der Charta und mit dem unionsrechtlichen Rückschrittsverbot[231] – dazu, dass die Union dauerhaft einen dem Grundgesetz im Wesentlichen vergleichbaren Grundrechtsschutz gewährleistet, wie die sogenannte **„Struktursicherungsklausel" des Art. 23 Abs. 1 GG** verlangt.[232]

Mit seiner Entscheidung zum europäischen Haftbefehl vom 15. Dezember 2015 – **„Europäischer Haftbefehl II"** – hat das **Bundesverfassungsgericht** die in Art. 1 Abs. 1 GG verankerte **Menschenwürde,** und wohl den Menschenwürdekern weiterer grundgesetzlich gewährleisteter Rechte, zu einem nach Art. 23 Abs. 1 Satz 3 GG in Verbindung mit Art. 79 Abs. 3 GG **„integrationsfesten" Teil der deutschen Verfassungsidentität** erhoben und sich eine Prüfung der Implementierung von Unionsrecht anhand der „deutschen Menschenwür-

225 Vgl. BVerfG 115, 118 ff.; *Frenz*, Hdb EuR, Rn. 842 ff.
226 S. zu dieser zum Schutz der EU-Außengrenzen berufenen Agentur: www.frontex.europa.eu.
227 *Frenz*, Hdb EuR, Rn. 847 ff.
228 So Art. 6 der Verordnung (EG) Nr. 562/2006 (Schengener Grenzkodex); s. hierzu EuGH – *Zakaria*, Rs. C–23/12, ECLI:EU:C:2013:24, Urt. v. 17.1.2013, Rn. 40 („In diesem Zusammenhang ist daran zu erinnern, dass die Grenzbeamten nach Art. 6 der genannten Verordnung insbesondere verpflichtet sind, ihre Aufgaben unter uneingeschränkter Wahrung der Menschenwürde durchzuführen.").
229 *Frenz*, Hdb EuR, Rn. 850. S. auch das gemeinsam von der Kanzlei des EGMR und der EU-Grundrechteagentur herausgegebene „Handbuch zu den europarechtlichen Grundlagen im Bereich Asyl, Grenzen und Migration" aus 2013, abrufbar über: www.fra.europa.eu.
230 Vgl. *Jones*, Public Law 2004, 184 f.
231 *Borowsky*, Art. 1 Rn. 33.
232 Zu den Implikationen für Österreich s. *Holoubek/Lienbacher/Fuchs/Segalla*, GRC, Art. 1 Rn. 37 ff.

de" vorbehalten.[233] Dieser Identitätsvorbehalt bietet in Deutschland einen dauerhaften Schutz gegenüber einer unionalen „Herunterharmonisierung", die den grundrechtlichen Menschenwürdekern in Frage stellte.[234] Wenn es auch seither Bemühungen um eine Eingrenzung und Präzisierung des identitären Teils des deutschen Rechts gibt,[235] handelt es sich um ein deutliches Signal an den EuGH, seinerseits für einen verstärkten unionsrechtlichen Schutz der Menschenwürde – auch mit Blick auf den „Menschenwürdekern" sämtlicher Chartarechte (!) – zu sorgen, der dem deutschen Standard zumindest gleichkommt.

Der **EuGH** reagierte nur wenige Monate später mit seiner **Leitentscheidung Aranyosi und Căldăraru** vom 5. April 2016.[236] Er sicherte die Wahrung der „unionalen Menschenwürde" in Haftfällen durch **prozedurale Vorkehrungen** ab, mit unionsrechtlichen Aufklärungs- und Informationspflichten, selbst einer „Meldepflicht", um systemische Mängel in einem Mitgliedstaat rechtzeitig zu erkennen und zu beheben. Sämtliche nationale Gerichte stehen hier – als Unionsgerichte – in einer **Gewährleistungsverantwortung**, wobei sie das gesamte nationale Recht (!) im Lichte der unionalen Menschenwürde auszulegen und anzuwenden haben. Dies dürfte zugleich einen wirksamen materiellen Schutz der Menschenwürde und der weiteren fundamentalen Rechte und Grundsätze der Charta bewirken.

Der Luxemburger Gerichtshof wird sich vor diesem Hintergrund in Zukunft verstärkt der Menschenwürdethematik annehmen. Hierbei vermag er an einschlägige **Bestimmungen des Sekundärrechts** anzuknüpfen, die sich angesichts der unbegrenzten Wirkung der Men-

233 BVerfG, Beschluss v. 15.12.2015, 2 BvR 2735/14, BVerfGE 140, 317 ff. Bestätigend BVerfGE 142, 123, 194 - OMT. Mit diesem als „historisch" geltenden Beschluss - „Identitätskontrolle I" - hat das Bundesverfassungsgericht den in seiner Entscheidung zum Lissabon-Vertrag vom 30.6.2009 (2 BvE 2/08 ua) als Integrationsschranke postulierten „Identitätsvorbehalt" zum umfassenden Schutz der Menschenwürde aktiviert und sich für dessen Reichweite das „letzte Wort" vorbehalten, eine Aufweichung des unionalen Vorrangprinzips. S. hierzu *Hong, Mathias*, Human Dignity and Constitutional Identity: The Solange-III-Decision of the German Constitutional Court, VerfBlog, 2016/2/18 (www.verfassungsblog.de). Kritisch – „Grundrechtsinsularismus" – *Meyer, Frank*, Das BVerfG und der Europäische Haftbefehl – ein Gericht auf Identitätssuche (www.hrr-strafrecht.de/hrr/archiv/16-07/index.php?sz=7). *Van Ooyen*, Staatstheorie, 2018, sieht die „Solange-III"-Entscheidung als weiteren Beleg für die „Europafeindlichkeit" der Staatstheorie des Bundesverfassungsgerichts an. Zum Verhältnis der unionalen und mitgliedstaatlichen Grundrechte s. *Hoppe*, Art. 53 Rn. 29 ff.

234 Der Vorbehalt könnte zum Beispiel greifen, wenn eine unionale Vollharmonisierung erfolgte, mit der Leistungen an Asylbewerber unter dem vom BVerfG mit Urteil vom 18.7.2012 (BVerfGE 132, 134) anerkannten „menschenwürdigen Existenzminimum" blieben.

235 Wurde der in der Menschenwürdegarantie wurzelnde Schuldgrundsatz in der Ausgangsentscheidung vom 15.12.2015 als zur Verfassungsidentität gehörig angesehen, so hindert die Verwertung des Schweigens zum Nachteil eines Angeklagten die Auslieferung nicht, so BVerfG, Beschluss v. 6.9.2016, 2 BvR 890/16. Nur wenn der unmittelbar zur Menschenwürde gehörende Kerngehalt der Selbstbelastungsfreiheit berührt sei, liege eine Verletzung von Art. 1 GG vor. Weiterhin sieht das BVerfG (Beschluss v. 19.12.2017, 2 BvR 424/17) eine Nichtvorlage an den EuGH als Verletzung des grundrechtsgleichen Rechts auf den gesetzlichen Richter (Art. 101 Abs. 1 Satz 2 GG) an, wenn unionsrechtliche Fragen der weiteren Klärung bedürfen, so die konkreten Mindestanforderungen an Haftbedingungen. Jedenfalls ist der Gefahr einer Inflationierung des Menschenwürdebezuges entgegen zu treten, dh. Bestrebungen, deutsche Besonderheiten wie das kirchliche Arbeitsrecht unter Berufung auf einen angeblichen „Menschenwürdekern" integrationsfest zu machen.

236 EuGH (GK) – *Aranyosi und Căldăraru*, Rs. C-404/15 und C-659/15, ECLI:EU:C:2016:198, Urt. v. 5.4.2016. Hierzu *Heiko Sauer*, Mit den eigenen Waffen geschlagen: Die Reaktion des EuGH auf den unbedingten Vorrang der Menschenwürde vor dem Unionsrecht nach dem BVerfG, VerfBlog, 2016/4/07 (www.verfassungsblog.de).

schenwürde in zahlreichen Politikfeldern und Lebensbereichen finden.[237] Vor allem seit der feierlichen Proklamation der Charta im Dezember 2000 mehren sich die Bezugnahmen auf die Menschenwürde, ein Zeichen der Achtsamkeit auf unionaler Ebene. Allerdings ist der EuGH frei, das gesamte Primär- und Sekundärrecht im Lichte der Menschenwürde auszulegen und anzuwenden, dh unabhängig von spezifischen Bezugnahmen auf die Menschenwürde.[238]

48 In zeitlicher Hinsicht lassen sich **vier Phasen der „Würderechtsprechung"** unterscheiden.[239] In der ersten Phase – in den Jahrzehnten bis zur Erarbeitung und feierlichen Proklamation der Charta in Nizza am 7. Dezember 2000 – findet sich nur eine Handvoll Entscheidungen, die die Menschenwürde anführen, in der Regel unter Berufung auf die damals noch seltenen Erwähnungen der „(Menschen)Würde" im Sekundärrecht.[240] In der zweiten Phase, von der Proklamation der Charta bis zu ihrem Inkrafttreten am 1. Dezember 2009, erkennt der EuGH die Menschenwürde in zwei grundlegenden Entscheidungen an, als allgemeinen Rechtsgrundsatz des Gemeinschaftsrechts,[241] ohne ausdrücklich auf die damals noch nicht rechtsverbindliche Charta zu rekurrieren.[242] Die dritte Phase ab Inkrafttreten der Charta führt zu ersten ausdrücklichen Bezugnahmen auf Art. 1.[243] Allerdings wird bei würderelevanten Sachverhalten teilweise weiterhin auf die Menschenwürde als allgemeinen Rechtsgrundsatz verwiesen,[244] in anderen Fällen wird nur auf speziellere Normen wie Art. 4, Art. 19 Abs. 2 oder Art. 47 abgestellt.[245] Eine vierte Phase wird von der Entschei-

---

237 S. etwa *Peers/Hervey/Kenner/Ward/Dupré*, EU Charter, 01.01 f. Es handelt sich um Richtlinien und Verordnungen in unterschiedlichen Bereichen, etwa zur Freizügigkeit der Arbeitnehmer (RL 2004/38/EG), im audiovisuellen Bereich (RL 2007/65/EG), sodann verstärkt im Asyl- und Ausländerrecht (zB RL 2003/9/EG oder RL 2008/115/EG), vor allem aber in der Domäne der Biomedizin (s. bereits RL 98/44/EG über den rechtlichen Schutz biotechnologischer Erfindungen oder die Organtransplantations-RL 2010/45/EU). S. auch die Auflistung bei *Grabenwarter/Breuer*, Grundrechteschutz, § 7 Fundamentalgarantien, S. 303 f.

238 *Peers/Hervey/Kenner/Ward/Dupré*, EU Charter, 01.02.

239 S. zur chronologischen Entwicklung der Rechtsprechung auch *Picod/van Drooghenbroeck/Vial*, Charte, S. 41 ff. Die mögliche „Zäsurwirkung" der „Solange-III"-Entscheidung des Bundesverfassungsgerichts vom 15.12.2015 (2 BvR 2735/14) wird, soweit ersichtlich, bisher kaum in den Blick genommen.

240 Wohl die ersten Würdebezüge finden sich in der Rechtsprechung zur Freizügigkeit von Arbeitnehmern, unter Bezug auf Erwägungsgrund 5 der Richtlinie 1612/68/EG („Damit das Recht auf Freizügigkeit nach objektiven Maßstäben in Freiheit und Menschenwürde wahrgenommen werden kann..."); s. nur EuGH – *Michel S.*, Rs. C-76/72, ECLI:EU:C:1973:46, Urt. v. 11.4.1973, Rn. 12/15; EuGH – *Di Leo*, Rs. C-308/89, ECLI:EU:C:1990:400, Urt. v. 13.11.1990, Rn. 13; s. aktuell EuGH – *Hadj Ahmed*, Rs. C-45/12, ECLI:EU:C:2013:390, Urt. v. 13.6.2013, Rn. 44. Weiter erging in dieser ersten Phase eine bedeutende Entscheidung zum Antidiskriminierungsrecht: EuGH – *P./S.*, Rs. C-13/94, ECLI:EU:C:1996:170, Urt. v. 30.4.1996, Rn. 22.

241 Zu den allgemeinen Rechtsgrundsätzen des Gemeinschafts- bzw. Unionsrechts s. *Schwerdtfeger*, Art. 51 Rn. 39 f., 42, 64. Dieses Rechtsinstitut ist nicht mit den „Grundsätzen" iSd. Charta zu verwechseln.

242 EuGH – *Niederlande/Parlament und Rat*, Rs. C-377/98, ECLI:EU:C:2001:523, Urt. v. 9.10.2001, Rn. 70 ff.; EuGH – *Omega*, Rs. C-36/02, ECLI:EU:C:2004:614, Urt. v. 14.10.2004.

243 Exemplarisch EuGH – *Cimade und GISTI*, Rs. C-179/11, ECLI:EU:C:2012:594, Urt. v. 27.9.2012, Rn. 56.

244 Vor allem in den beiden bioethisch relevanten Urteilen EuGH (GK) – *Brüstle*, Rs. C-34/10, ECLI:EU:C:2011:669, Urt. v. 18.10.2011, Rn. 32 ff.; EuGH (GK) – *International Stem Cell Corporation*, Rs. C-364/13, ECLI:EU:C:2014:2451, Urt. v. 18.12.2014, Rn. 24.

245 EuGH (GK) – *N.S. ua*, Rs. C-411/10 und C-493/10, ECLI:EU:C:2011:865, Urt. v. 21.12.2011, Rn. 109 ff., 114 (Art. 4); EuGH (GK) – *Abdida*, Rs. C-562/13, ECLI:EU:C:2014:2453, Urt. v. 18.12.2014, Rn. 42 ff. (Art. 19 Abs. 2 und 47). S. aktuell EuGH (GK) – *Gnandi*, RS. C-181/16, ECLI:EU:C:2018:465, Urt. v. 19.6.2018, Rn. 53 ff. (Art. 18, 19 Abs. 2, 47).

dung des Bundesverfassungsgerichts vom 15. Dezember 2015 (2 BvR 2735/14) – „Europäischer Haftbefehl II" – eingeläutet. *Nolens volens* stehen nunmehr Art. 1 und der Menschenwürdekern sämtlicher Chartabestimmungen im Mittelpunkt, wobei der Gerichtshof zu Recht eine vorsichtige Herangehensweise pflegt.

Die **Bandbreite der unionalen Rechtsprechung**[246] reicht von bioethischen Problemlagen über soziale Fragen, die Abwehr von Homophobie und Diskriminierung, das Strafrecht und die Asylpolitik bis hin zu den auswärtigen Beziehungen der Union.[247] Diese Vielfalt ist zum einen dem **fragmentarischen Charakter des Unionsrechts** geschuldet. Zum anderen ist sie menschenwürdetypisch, ist diese doch auf keinen bestimmten Lebensbereich beschränkt. Inhaltlich vermag Luxemburg teilweise an eine reichhaltige Rechtsprechung des EGMR anzuknüpfen, etwa zu Haftverhältnissen und Auslieferungsbedingungen.[248] 49

Es ist schwierig, ein gemeinsames Band zu erkennen. Ein verbindendes Element dürfte die besondere **Vulnerabilität** der Betroffenen sein,[249] ob es sich um Embryos, Obdachlose, Mobbingopfer, Häftlinge, Flüchtlinge oder eine dem Terror ausgesetzte Bevölkerung handelt. Mit der Menschenwürdeverletzung geht häufig eine gravierende Diskriminierung einher. Bisweilen ist sie Ausfluss einer gruppenbezogenen Menschenfeindlichkeit.

Ein unionales rechtliches **Konzept der Menschenwürde** ist erst in Umrissen erkennbar.[250] 50 Dies erscheint unschädlich, handelt es sich ohnehin um ein „offenes Konzept", das auch Raum für mitgliedstaatliche Eigenwege und Ausprägungen lässt, wie die *Omega*-Entscheidung des EuGH vom 14. Oktober 2004 zeigt.[251] Eine themenbezogene Systematisierung mag Bausteine zu einer unionalen Menschenwürdedogmatik – im Sinne einer alltagstauglichen „thin theory" – beitragen, und zugleich „blinde Flecken" und Leerstellen erkennen lassen. Im Folgenden wird eine erste **Fallgruppenbildung**, ein *Mapping* anhand der Luxemburger Rechtsprechung unternommen.

---

246 Die Entscheidungen der Luxemburger Gerichte sind recherchierbar unter: www.curia.europa.eu. S. auch das Online-Tool der Grundrechteagentur: www.fra.europa/de/charterpedia.

247 Ein weiterer Anwendungsbereich ist das interne Dienstrecht der Union, das die Würde am Arbeitsplatz gegen Mobbing und sexuelle Belästigung aktiviert und einen „Anerkennungsraum" schafft. Grundlage ist hier vor allem Art. 12 a des EU-Personalstatuts (VO Nr. 31 (EWG) 11 (EAG)), der in Programmen wie „Dignity at work" umgesetzt wird; vgl. EuGH - O.Z., Rs. C-558/17, ECLI:EU:C:2019:289, Urt. v. 4.4.2019. Ein weiteres, bisher unter Würdegesichtspunkten nur wenig exploriertes Gebiet ist das Arbeitsrecht, etwa der Schutz vor unwürdigen Entlassungen.

248 Beispielhaft für einen solchen Rechtsprechungstransfer iSd. Art. 52 Abs. 3 ist die Entscheidung EuGH (GK) – *M.P.*, Rs. C-353/16, ECLI:EU:C:2018:276, Urt. v. 24.4.2018, Rn. 37 ff.

249 Zur Vulnerabilität – Verletzbarkeit und Bedürftigkeit – s. *Borowsky*, Vorbemerkungen Rn. 2. *Masferrer/García-Sánchez* (Hrsg.), Human Dignity, 2016. *Fineman/Grear* (Hrsg.), Vulnerability, 2013. *Burgorgue-Larsen* (Hrsg.), La vulnérabilité saisie par les juges en Europe, 2014. S. auch EuGH – *Femarbel*, Rs. C-57/12, ECLI:EU:C:2013:517, Urt. v. 11.7.2013, Rn. 43 („ausgeübten Tätigkeiten, die sich insbesondere... auf die Hilfe und Unterstützung für alte Menschen beziehen müssen, die dauerhaft oder vorübergehend aufgrund des völligen oder teilweisen Verlustes ihrer Selbständigkeit besonders hilfsbedürftig sind oder Gefahr laufen, marginalisiert zu werden. Es handelt sich mit anderen Worten um Tätigkeiten, die entscheidend dazu beitragen, das Grundrecht auf Schutz der Würde und Integrität des Menschen zu garantieren, und Ausfluss der Grundsätze des sozialen Zusammenhalts und der Solidarität sind.").

250 Eine inhaltliche Konturierung unternahmen GA *Stix-Hackl* in der Rs. C-36/02, Rn. 74 ff., weiter GA *Poiares Maduro* in der Rs. C-303/06, Rn. 8 ff., zudem GA *Bot* in der Rs. C-145/09, Rn. 50 und 63, und in den verbundenen Rs. C-71/11 und C-99/11, Rn. 100. Zur Schutzpflichtdimension der Menschenwürde s. GA *Trstenjak* in der Rs. C-411/10, Rn. 112. Zu ersten Ansätzen eines eigenständigen unionalen Konzeptes s. *Blömacher*, Menschenwürde, 2016, S. 292 ff., und *Schwarzburg*, Menschenwürde, 2012, S. 428 ff.

251 EuGH – *Omega*, Rs. C-36/02, ECLI:EU:C:2004:614, Urt. v. 14.10.2004. S. auch GA *Cruz Villalón* in der Rs. C-201/13, Rn. 86. S. weiter *Borowsky*, Vorbemerkungen Rn. 14.

Die ersten grundlegenden Entscheidungen mit einer ausdrücklichen Berufung auf die Menschenwürde traf der EuGH zu **biomedizinischen Weichenstellungen**. Zu Fragen der Patentierbarkeit von isolierten Bestandteilen des menschlichen Körpers und von Verfahren unter Verwendung menschlicher Embryonen fällte der Gerichtshof mit Urteil vom 9. Oktober 2001 in der Rechtssache *Niederlande/Parlament und Rat*, mit Urteil vom 18. Oktober 2011 in der Rechtssache *Brüstle* und mit Urteil vom 18. Dezember 2014 in der Rechtssache *International Stem Cell Corporation* vielbeachtete Entscheidungen.[252]

Die enge Verbindung zwischen der Menschenwürde und den **sozialen Rechten** zeigt das Judikat vom 15. September 2015 in der Rechtssache *Alimanovic* auf, wonach die Funktion von Sozialhilfe „darin besteht, das Minimum an Existenzmitteln zu gewährleisten, das erforderlich ist, um ein Leben zu führen, das der Menschenwürde entspricht."[253] Der soziale Mindestschutz steht auch Asylbewerbern in jedem Verfahrensabschnitt zu, wie das Urteil vom 27. September 2012 in der Rechtssache *Cimade und GISTI* deutlich macht:[254] „Im Übrigen stehen ... die allgemeine Systematik und der Zweck der Richtlinie 2003/9 wie auch die Wahrung der Grundrechte, insbesondere das Gebot nach Art. 1 der Charta, die Menschenwürde zu achten und zu schützen, dem entgegen, dass einem Asylbewerber, und sei es auch nur vorübergehend nach Einreichung eines Asylantrags und vor seiner tatsächlichen Überstellung in den zuständigen Mitgliedstaat, der mit den in dieser Richtlinie festgelegten Mindestnormen verbundene Schutz entzogen wird."

Asylbewerber stehen auch im Zentrum von aktuellen Rechtssprüchen zur **sexuellen Orientierung**.[255] Grundlegend ist die Entscheidung der Großen Kammer vom 2. Dezember 2014 in der Rechtssache *A., B. und C.* zur Prüfung des Fluchtgrundes der Homosexualität:[256] „Die Art und Weise, in der die zuständigen Behörden die Aussagen und Unterlagen oder

---

252 EuGH – *Niederlande/Parlament und Rat*, Rs. C-377/98, ECLI:EU:C:2001:523, Urt. v. 9.10.2001, Rn. 70 ff.; EuGH (GK) – *Brüstle*, Rs. C-34/10, ECLI:EU:C:2011:669, Urt. v. 18.10.2011, Rn. 32 ff.; EuGH (GK) – *International Stem Cell Corporation*, Rs. C-364/13, ECLI:EU:C:2014:2451, Urt. v. 18.12.2014, Rn. 24. Grundlage ist jeweils die sog. Biopatentrichtlinie 98/44/EG („Biotechnologie-Richtlinie").

253 EuGH – *Alimanovic*, Rs. C-67/14, ECLI:EU:C:2015:597, Urt. v. 15.9.2015, Rn. 45. S. weiter EuGH – *Femarbel*, Rs. C-57/12, ECLI:EU:C:2013:517, Urt. v. 11.7.2013, Rn. 43 (Definition der „sozialen Dienstleistungen" iSd. Richtlinie 2006/123/EG als „Tätigkeiten, die entscheidend dazu beitragen, das Grundrecht auf Schutz der Würde und Integrität des Menschen zu garantieren."). S. auch EuGH (GK) – *Kamberaj*, Rs. C-571/10, ECLI:EU:C:2012:233, Urt. v. 24.4.2012, Rn. 80, 92 (Wohngeld für einkommensschwache Mieter).

254 EuGH – *Cimade und GISTI*, Rs. C-179/11, ECLI:EU:C:2012:594, Urt. v. 27.9.2012, Rn. 56, bestätigt in EuGH – *Saciri und Dordevic*, Rs. C-79/13, ECLI:EU:C:2014:103, Urt. v. 27.2.2014, Rn. 35. S. aktuell, ohne Berufung auf die Menschenwürde, EuGH – *Ayubi*, Rs. C-713/17, ECLI:EU:C:2018:929, Urt. v. 21.11.2018 (Gleichstellung von Asylbewerbern mit Inländern beim Bezug von Sozialhilfe). Es wird sich zeigen, ob der EuGH – wie das Bundesverfassungsgericht mit Urteilen vom 9.2.2010 (1 BvL 1/09 ua) und vom 18.7.2012 (1 BvL 10/10 ua) – nicht nur das physische, sondern auch das soziokulturelle Existenzminimum gewährleistet.

255 Grundlegend – zur Diskriminierung Transsexueller – bereits EuGH – *P./S.*, Rs. C-13/94, ECLI:EU:C:1996:170, Urt. v. 30.4.1996, Rn. 22 („Würde eine solche Diskriminierung toleriert, so liefe dies darauf hinaus, daß gegenüber einer solchen Person gegen die Achtung der Würde und der Freiheit verstoßen würde, auf die sie Anspruch hat und die der Gerichtshof schützen muß."). Allgemein zum Verhältnis von Diskriminierung und Menschenwürde GA *Poiares Maduro* in der Rs. C-303/06, Rn. 6 ff., GA *Cruz Villalón* in der Rs. C-447/09, Rn. 31, sowie GA *Bot* in den verb. Rs. C-244/10 und C-245/10, Rn. 68, 77 und 84. Das Antidiskriminierungsrecht nimmt regelmäßig auf die Würde der Betroffenen Bezug, so die Richtlinie 2000/43/EG oder die Richtlinie 2000/78/EG, jeweils in Art. 2 Abs. 3.

256 EuGH (GK) – *A., B. und C.*, Rs. C-148/13 bis C-150/13, ECLI:EU:C:2014:2406, Urt. v. 2.12.2014, Rn. 52 ff. („keine Beweise der Art. ... dass der betreffende Asylbewerber homosexuelle Handlungen

sonstigen Beweise, auf die diese Anträge gestützt werden, prüfen, muss jedoch in Einklang ... mit den in der Charta garantierten Grundrechten wie dem in Art. 1 der Charta verankerten Recht auf Wahrung der Würde des Menschen und dem in Art. 7 der Charta garantierten Recht auf Achtung des Privat- und Familienlebens stehen." Die Ausdifferenzierung dieser Rechtsprechung im Lichte der Menschenwürde steht noch aus.[257]

Wegweisende Entscheidungen fällt der EuGH zum **europäischen Haftbefehl.**[258] Ausgangspunkt ist das Urteil in der Rechtssache *Aranyosi und Căldăraru* vom 5. April 2016.[259] Danach wird den „Behörden des Staates, in dessen Hoheitsgebiet eine Person inhaftiert ist, eine positive Verpflichtung auferlegt, sich zu vergewissern, dass jeder Häftling unter Bedingungen untergebracht ist, die die Wahrung der Menschenwürde gewährleisten, dass die Durchführungsmodalitäten der Maßnahme den Betroffenen keiner Bürde oder Last aussetzen, deren Intensität über das dem Freiheitsentzug unvermeidlich innewohnende Maß des Leidens hinausgeht, und dass nach Maßgabe der praktischen Erfordernisse der Inhaftierung Gesundheit und Wohlergehen des Häftlings in angemessener Weise sichergestellt werden."

Der EuGH sieht vor allem **prozedurale Sicherungen** – „Vorsichtsmaßnahmen" – vor, um eine Verletzung der Menschenwürde in den Haft- und Auslieferungsfällen zu verhindern, insbesondere durch Folter oder eine unmenschliche oder erniedrigende Behandlung oder durch Unterlaufen prozessualer Mindeststandards.[260] Dies ist auch das wesentliche Anliegen in **Asylfällen,** die vor den Gerichtshof gebracht werden.

---

vornimmt, sich „Tests" zum Nachweis seiner Homosexualität unterzieht oder auch Videoaufnahmen solcher Handlungen vorlegt."). Grundlegend zur Verfolgung wegen der sexuellen Orientierung, allerdings noch ohne Bezug auf die Menschenwürde, EuGH – *X., Y. und Z.*, Rs. C-199/12 bis C-201/12, ECLI:EU:C:2013:720, Urt. v. 7.11.2013. Vgl. auch GA *Bot* in den verb. Rs. C-71/11 und C-99/11, Rn. 100, wonach die Forderung, seinen Glauben zu verleugnen, um einer Verfolgung zu entgehen, als Selbstverleugnung der Menschenwürde zuwiderliefe. S. aktuell zu auf der Religion beruhenden Verfolgungsgründen EuGH – *Fathi*, Rs. C-56/17, ECLI:EU:C:2018:803, Urt. v. 4.10.2018.

257 Zur Einholung von Gutachten und zu psychologischen Tests zur Beurteilung der Furcht vor Verfolgung wegen der sexuellen Orientierung s. EuGH – *F.*, Rs. C-473/16, ECLI:EU:C:2018:36, Urt. v. 25.1.2018, wobei das Gericht eine zusätzliche Prüfung im Lichte der Menschenwürde ausdrücklich unterlässt (Rn. 70).

258 Von wesentlicher Bedeutung – auch im Verhältnis zum Bundesverfassungsgericht – wird es sein, dass der EuGH den „Menschenwürdekern" des materiellen und prozessualen unionalen Strafrechts herausarbeitet. Vgl. GA *Bot* in der Rs. C-145/09, Rn. 50 („Beachtung des Grundsatzes der Wiedereingliederungsfunktion der Strafe... untrennbar mit dem Begriff der Menschenwürde verbunden"). Ebenfalls zur Resozialisierung GA *Bot* in der Rs. C-247/17, Rn. 61. Art. 49 Abs. 1 („nulla poena sine lege") dürfte im Lichte der Menschenwürde ein absolutes, nicht einschränkbares Recht gewähren. S. zur Relevanz der Charta im Strafverfahren umfassend *Wanitschek*, Grundrechtecharta, 2018.

259 EuGH (GK) – *Aranyosi und Căldăraru*, Rs. C-404/15 und C-659/15, ECLI:EU:C:2016:198, Urt. v. 5.4.2016, Rn. 90. Bestätigt in EuGH (GK) – *Petruhhin*, Rs. C-182/15, ECLI:EU:C:2016:630, Urt. v. 6.9.2016, Rn. 56 ff., und EuGH – *Generalstaatsanwaltschaft (Conditions de détention en Hongrie)*, Rs. C-220/18, ECLI:EU:C:2018:589, Urt. v. 25.7.2018, Rn. 90. S. auch zu Haftbedingungen die Richtlinie 2013/33/EU, Erwägungsgründe 18 und 35, sowie aktuell die Rs. C-128/18 (*Dorobantu*).

260 Zur Vermeidung einer Verletzung von Art. 4 s. EuGH – *M.L.*, Rs. C-220/18, ECLI:EU:C:2018:589, Urt. v. 25.7.2018, Rn. 57 ff. Zur Wahrung des Rechts auf Zugang zu einem unabhängigen und unparteiischen Gericht gemäß Art. 47 s. EuGH (GK) – *Minister for Justice and Equality (Mängel des Justizsystems)*, Rs. C-216/18, ECLI:EU:C:2018:586, Urt. v. 25.7.2018, Rn. 47 ff. S. auch – zu möglichen Folgen des „Brexit" – EuGH – *R.O.*, Rs. C-327/18, ECLI:EU:C:2018:733, Urt. v. 19.9.2018.

Gerade im Bereich des **Flüchtlingsschutzes** und der **Asylpolitik** vermag der EuGH von zahlreichen sekundärrechtlichen Bestimmungen auszugehen, die auf die Menschenwürde Bezug nehmen.[261] Angesichts der Flüchtlingskrise nimmt es nicht Wunder, dass der Luxemburger Gerichtshof bereits mit etlichen Urteilen zur Stärkung der Menschenrechte von Flüchtlingen beitrug.[262] Insbesondere darf eine Überstellung eines Asylbewerbers im Rahmen des sog. Dublin-Systems nicht zu einer unmenschlichen oder erniedrigenden Behandlung iSd. Art. 4 führen.[263] Während der Aspekt der Menschenwürde nach Art. 1 zunächst kaum Beachtung fand,[264] hat sich dies mittlerweile geändert. Exemplarisch hierfür steht die – an das Urteil *Aranyosi und Căldăraru* anknüpfende – Entscheidung in der Rechtssache *C.K. ua* vom 16. Februar 2017:[265] „Das in Art. 4 der Charta aufgestellte Verbot unmenschlicher oder erniedrigender Strafe oder Behandlung ist dabei von fundamentaler Bedeutung, denn es hat absoluten Charakter, da es eng mit der Achtung der Würde des Menschen verbunden ist, auf die sich Art. 1 der Charta bezieht." Diese Rechtsprechungslinie hat die Große Kammer des Gerichtshofes in ihrer Entscheidung *M.P.* vom 24. April 2018 eindrucksvoll bestätigt.[266]

Beim **Schutz der europäischen Außengrenzen** sind die Grenzbeamten verpflichtet, „ihre Aufgaben unter uneingeschränkter Wahrung der Menschenwürde durchzuführen", wie der EuGH mit Urteil vom 17. Januar 2013 in der Rechtssache *Zakaria* betont hat.[267] Das Gebot, die Menschenwürde zu achten und zu schützen, gilt schließlich auch in den **Außenbeziehungen** (Art. 21 Abs. 1 EUV). Der EuGH hat dies für den Bereich der Gemeinsamen Außen- und Sicherheitspolitik (GASP) mit Urteil vom 14. Juni 2016 bekräftigt, wie bereits das EuG mit Entscheid vom 10. Dezember 2015 für den Abschluss eines Handelsabkommens mit Marokko („Polisario").[268]

---

261 S. vor allem Richtlinie 2003/9/EG („Aufnahmerichtlinie"), Erwägungsgründe 5 und 7; Richtlinie 2004/83/EG („Qualifikationsrichtlinie"), Erwägungsgrund 10; Richtlinie 2008/115/EG („Rückführungsrichtlinie"), Erwägungsgrund 2, Art. 8; Richtlinie 2011/95/EU („Qualifikationsrichtlinie"), Erwägungsgrund 16; Richtlinie 2013/32/EU (Asylverfahrens-Richtlinie), Erwägungsgrund 60; Richtlinie 2013/33/EU („Aufnahmerichtlinie"), Erwägungsgrund 35; Verordnung Nr. 604/2013/EU (Dublin-III-VO), Erwägungsgrund 24.

262 Ein „humanitäres Visum" schließt der EuGH (GK) – *X. und X.*, Rs. C-638/16, ECLI:EU:C:2017:173, Urt. v. 7.3.2017, allerdings aus, anders als GA *Mengozzi* – unter Berufung auf die Werte der Union und die Menschenwürde (Rn. 6, 137) – in seinen Schlussanträgen vom 7.2.2017. Restriktiv auch EuGH (GK) - *Jawo*, Rs. C-163/17, ECLI:EU:C:2019:218, Urt. v. 19.3.2019, Rn. 91 ff. (Schutz nur bei extremer materieller Not).

263 Dies ist unabhängig von systemischen Mängeln und Schwachstellen im Aufnahmestaat stets im Einzelfall anhand der individuellen Bedingungen zu prüfen, etwa bei Überstellung von schwer kranken Personen. Schließlich geht es um die Menschenwürde des konkreten Individuums.

264 In der Leitentscheidung EuGH (GK) – *N.S. ua*, Rs. C-411/10 und C-493/10, ECLI:EU:C:2011:865, Urt. v. 21.12.2011, Rn. 109 ff., 114, fehlte noch der ausdrückliche Bezug auf Art. 1. Dies gilt auch für EuGH (GK) – *Abdida*, Rs. C-562/13, ECLI:EU:C:2014:2453, Urt. v. 18.12.2014, Rn. 42 ff. Es steht zu vermuten, dass die Entscheidung des Bundesverfassungsgerichts vom 15.12.2015 (2 BvR 2735/14) zur Wende führte, dh zur expliziten Bezugnahme auf die Menschenwürde.

265 EuGH – *C.K. ua*, Rs. C-578/16, ECLI:EU:C:2017:127, Urt. v. 16.2.2017, Rn. 59. S. auch EuGH (GK) – *Ghezelbash*, Rs. C-63/15, ECLI:EU:C:2016:409, Urt. v. 7.6.2016, Rn. 34.

266 EuGH (GK) – *M.P.*, Rs. C-353/16, ECLI:EU:C:2018:276, Urt. v. 24.4.2018, Rn. 36. Die Große Kammer legt im Übrigen das Folterverbot in gleicher Weise wie der EGMR aus (Rn. 37 ff.), so dass ein Gleichklang der europäischen Rechtsprechung gewährleistet ist – ein weiterer Beleg für die Amalgamierung des Grundrechtsschutzes in Europa.

267 EuGH – *Zakaria*, Rs. C-23/12, ECLI:EU:C:2013:24, Urt. v. 17.1.2013, Rn. 40. S. auch Art. 7 Schengener Grenzkodex (Verordnung 2016/399/EU).

268 Vgl. EuGH (GK) – *Europäisches Parlament/Rat der Europäischen Union*, Rs. C-263/14, ECLI:EU:C:2016:435, Urt. v. 14.6.2016, Rn. 47, unter Bezugnahme auf Art. 21 Abs. 1 Unterabs. 1, Abs. 2 Buchst. b und Abs. 3, Art. 23 EUV; EuG – *Front Polisario*, Rs. T-512/12, ECLI:EU:T:2015:953, Urt.

51 Ein Desiderat besteht darin, den neuartigen **Gefährdungen der Menschenwürde im digitalen Zeitalter** angemessen zu begegnen.[269] Stichworte sind Big Data, Massenüberwachung, Machtkonzentration bei privaten Unternehmen, Einsatz von Algorithmen, Vorhersage und Steuerung menschlichen Verhaltens, künstliche Intelligenz, Robotik und Mensch-Maschine-Verschmelzung.[270] Der EuGH hat in den letzten Jahren bahnbrechende Urteile zum Datenschutz gefällt, dabei jedoch die Menschenwürde nicht erwähnt.[271]

Noch nicht hinreichend in den Blick genommen wurde die Menschenwürde zudem bei **Fragen der mentalen Selbstbestimmung.**[272] Hier geht es um Gefahrenlagen, die neue Neurotechnologien und Medizintechniken hervorrufen, etwa um manipulative Eingriffe in die mentale Sphäre oder das Gehirn und Bewusstsein anderer, oder um das Neuroenhancement zur Veränderung kognitiver Fähigkeiten oder emotionaler wie motivationaler Zustände.

52 Der Luxemburger Gerichtshof steht in der angebrochenen vierten Phase der Würderechtsprechung vor großen Herausforderungen und schwierigen Aufgaben, nicht zuletzt angesichts populistischer und rechtsstaatswidriger Tendenzen in Europa.[273] Seine Rechtsprechung steht im **Spannungsverhältnis divergierender Anliegen,** die zum Ausgleich zu bringen sind:

Einerseits soll der Gerichtshof die in Art. 2 EUV aufgeführten **Werte der Union** – nach innen wie außen – fördern und hierbei einen eigenen Wertegehalt der Europäisierung zu Tage treten lassen.[274] Auf der anderen Seite wird erwartet, dass er auf nationale Sonderwege, Pfadabhängigkeiten und Identitätsmerkmale die gebotene Rücksicht nimmt.[275]

---

v. 10.12.2015, Rn. 228 (Handelsabkommen mit Marokko muss die Menschenwürde und weitere Grundrechte der betroffenen Bevölkerung wahren). S. auch den „Lomé acquis" und das bis 2020 geltende Abkommen von Cotonou mit den AKP-Staaten mit Betonung von Menschenrechten und Menschenwürde. Zur Bedeutung von Art. 21 Abs. 1 EUV s. *Heselhaus*, Human Dignity in the EU, in: Becchi/Mathis (Hrsg.), Handbook of Human Dignity in Europe, 2019, S. 11 f.

269 S. aktuell die Bemühungen der Kommission um ethische Leitlinien zur Künstlichen Intelligenz (KI) („Draft Ethics Guidelines for trustworthy AI" vom 18.12.2018 mit einem „human-centric approach", abrufbar unter: www.ec.europa.eu). S. weiter die im Entstehen begriffene Charta der Digitalen Grundrechte der Europäischen Union, eine zivilgesellschaftliche Initiative.

270 Die European Group on Ethics in Science and New Technologies (EGE) befasst sich aktuell mit diesen Problemlagen, etwa in der „Erklärung zu künstlicher Intelligenz, Robotik und „autonomen" Systemen" vom März 2018, oder – zu den Gefahren in der Arbeitswelt – in der Opinion „Future of Work, Future of Society" vom 19.12.2018 (www.ec.europa.eu/research/ege/index.cfm). Mit der Menschenwürde nicht zu vereinbaren wäre wohl ein auf „Sterbebegleitung" programmierter Roboter.

271 EuGH (GK) – *Digital Rights Ireland und Seitlinger*, Rs. C-293/12 u. C-594/12, ECLI:EU:C:2014:238, Urt. v. 8.4.2014; EuGH – *Google Spain*, Rs. C-131/12, ECLI:EU:C:2014:317, Urt. v. 13.5.2014; EuGH (GK) – *Schrems*, Rs. C-362/14, ECLI:EU:C:2015:650, Urt. v. 6.10.2015. Zum Datenschutz als Desiderat s. auch *Borowsky*, Vorbemerkungen Rn. 3.

272 S. *Borowsky*, Art. 3 Rn. 1, 34.

273 S. *Borowsky*, Vorbemerkungen Rn. 12.

274 S. *Borowsky*, Vorbemerkungen Rn. 2, und *Lenaerts*, EuGRZ 2017, 639 ff. S. aktuell EuG – *La Mafia Franchises*, Rs. T-1/17, ECLI:EU:T:2018:146, Urt. v. 15.3.2018, Rn. 36, sowie EuGH (GK) – *K. und H.F.*, Rs. C-331/16 u. C-366/16, ECLI:EU:C:2018:296, Urt. v. 2.5.2018 (Beschränkung des Einreise- und Aufenthaltsrechts bei Kriegsverbrechen). Von zunehmender Bedeutung sind die Entscheidungen zum kirchlichen Arbeitsrecht und zum Religionsverfassungsrecht, aktuell EuGH – *I.R.*, Rs. C-68/17, ECLI:EU:C:2018:696, Urt. v. 11.9.2018.

275 S. *Borowsky*, Vorbemerkungen Rn. 4 und 14. S. weiter *Avbelj*, Human dignity and EU legal pluralism, in: Davies/Avbelj (Hrsg.), Research Handbook on Legal Pluralism and EU Law, 2018, S. 95 ff.

Bei seiner Grundrechtsrechtsprechung hat der Luxemburger Gerichtshof den **Gleichklang mit der Straßburger Rechtsprechung** zu suchen, wie es sich für die der EMRK entlehnten Rechte in Art. 2, 4 und 5 bereits aus der Transferklausel des Art. 52 Abs. 3 ergibt. Dies erlaubt insbesondere die integrale Übernahme der bewährten Straßburger Rechtsprechung zu „positive obligations".[276] Gleichzeitig sollte der EuGH aber ein eigenständiges und kohärentes – genuin unionales – Konzept für sämtliche fundamentalen Rechte im ersten Titel und darüber hinaus entwickeln.

Paternalistischen Versuchungen, die bei der Menschenwürde nicht fernliegen, soll Luxemburg widerstehen, und eine die Selbstbestimmung gefährdende Bevormundung vermeiden.[277] Zugleich gilt es aber, der teilweise extremen Verletzlichkeit und **besonderen Schutzbedürftigkeit vulnerabler Personen** gerecht zu werden,[278] etwa bei Abschiebehäftlingen, von geflüchteten Familien mit minderjährigen Kindern, von Menschen mit schwerer Behinderung oder mit Blick auf Prostituierte, die Opfer des Menschenhandels wurden. Ein Prüfstein ist der angemessene Umgang mit der **Einwilligungsproblematik.**[279]

Die Fülle an **sekundärrechtlichen Bezügen zur Menschenwürde** bietet die Gelegenheit, diese Bezüge aufzugreifen und praxisnah zu entfalten. Dabei stellt sich jedoch die schwierige Aufgabe, den Unterschied zwischen grundrechtlich Gebotenem und sekundärrechtlicher Konkretisierung herauszuarbeiten.[280]

Die Menschenwürde mag als „Recht auf Rechte" dazu dienen, neue Grundrechte zu „entdecken" oder den Schutzgehalt bereits anerkannter Rechte zu verstärken, etwa beim Datenschutz. Andererseits wird zu Recht vor einer „Vermenschenwürdigung" der Charta und einem **inflationären Gebrauch der Menschenwürde** gewarnt.[281]

Gerade die fundamentalen Rechte bieten sich dazu an, künftig eine **unmittelbare Drittwirkung** zu entfalten, so dass sich ein Betroffener hierauf in einem Privatrechtsstreit berufen

276 S. zu den „positive obligations" aus der EMRK, die mehr als die „Schutzpflichten" deutscher Provenienz umfassen, *Grabenwarter/Breuer*, Grundrechteschutz, § 7 Fundamentalgarantien, Rn. 18 ff. Zu den Schutzpflichten aus Art. 1 s. auch *Picod/van Drooghenbroeck/Vial*, Charte, S. 58 ff. Zum Verhältnis der beiden Rechtsschutzsysteme - Europarat und Europäische Union - s. die beiden Gutachten des EuGH vom 28.3.1996 (Gutachten 2/94) und vom 18.12.2014 (Gutachten 2/13). Zur Autonomie der Unionsrechtsordnung s. aktuell Gutachten vom 30.4.2019 (Gutachten 1/17, Rn. 110).

277 S. *Borowsky*, Art. 1 Rn. 43. *Grabenwarter/Breuer*, Grundrechteschutz, § 7 Fundamentalgarantien, Rn. 85 ff., 95 ff., 103. In diese Richtung auch *Picod/van Drooghenbroeck/Vial*, Charte, S. 57.

278 Zum Konzept der Vulnerabilität s. *Borowsky*, Vorbemerkungen Rn. 2.

279 Eine Einwilligung der Betroffenen beseitigt in der Regel die Menschenwürdeverletzung nicht, sie ist vielmehr unbeachtlich. So zu psychologischen Tests zur Verifizierung des Fluchtgrundes der Homosexualität EuGH – *F.*, Rs. C-473/16, ECLI:EU:C:2018:36, Urt. v. 25.1.2018, Rn. 53 („*de facto* unter dem Druck der Umstände"). S. bereits EuGH (GK) – *A., B. und C.*, Rs. C-148/13 bis C-150/13, ECLI:EU:C:2014:2406, Urt. v. 2.12.2014, Rn. 66. Eine „freiwillige" Selbstverleugnung, etwa das Verschweigen der sexuellen Orientierung oder des eigenen Glaubens, darf keinesfalls verlangt werden. Auch dem Wunsch einer zurückzuführenden Drittstaatsangehörigen, mit gewöhnlichen Gefangenen („Landsleuten") untergebracht zu werden und nicht gesondert, ist keineswegs nachzukommen, so EuGH (GK) – *Pham*, Rs. C-474/13, ECLI:EU:C:2014:2096, Urt. v. 17.7.2014, Rn. 22. S. zur Einwilligungsthematik auch *Jarass*, GRC, Art. 1 Rn. 10.

280 *Grabenwarter/Breuer*, Grundrechteschutz, § 7 Fundamentalgarantien, Rn. 72, 103.

281 Zu Recht ließ der EuGH daher die Berufung auf die Menschenwürde nicht zu, um sich gegen die Pflicht zur anwaltlichen Vertretung zu wehren: EuGH – *Lambauer*, Rs. C-52/15, ECLI:EU:C:2015:549, Beschl. v. 3.9.2015, Rn. 17, 23.

kann.[282] Diese im deutschen Rechtsraum ungewöhnliche horizontale Wirkung darf jedoch nicht dazu führen, dass entsprechende Judikate als „Angriff auf das nationale Privatrecht" erfahren werden.

Schließlich wird der EuGH – auch in Reaktion auf die „Solange-III-Rechtsprechung" des Bundesverfassungsgerichts – den **Menschenwürdekern** der Chartabestimmungen außerhalb des ersten Titels zu identifizieren haben, vor allem im strafprozessualen Bereich.[283] Dabei sollte er allerdings besondere Vorsicht walten lassen, um die weiteren Rechte – angesichts des absoluten Schutzes der Menschenwürde – nicht unnötig jedwedem Abwägungsprozess zu entziehen.

Nach alledem ist eine **vorsichtige Handhabung des Art. 1** geboten.[284] Eine behutsame alltagstaugliche Konkretisierung wird es den nationalen Gerichten – in ihrer Eigenschaft als Unionsgerichte – erleichtern, die unionale Menschenwürde zu entfalten: *Bringing dignity to life.*[285]

IV. Literaturübersicht

Augeneder, Silvia, Der Status der Menschenwürde im 20. Jahrhundert und heute am Beispiel Österreichs, in: Fischer, Michael (Hrsg.), Der Begriff der Menschenwürde. Definition, Belastbarkeit und Grenzen, Frankfurt a. M. 2004, S. 91; *Avbelj, Matej*, Human dignity and EU legal pluralism, in: Davies, Gareth/Avbelj, Matej (Hrsg.), Research Handbook on Legal Pluralism and EU Law, Cheltenham ua 2018, S. 95; *Banaszak, Boguslaw/Jablonski, Mariusz*, Impulse aus der Rechtsprechung des polnischen Verfassungsgerichtshofs zu den persönlichkeitsbezogenen Menschenrechten, in: Stern, Klaus/Tettinger, Peter J. (Hrsg.), Die Europäische Grundrechte-Charta im wertenden Verfassungsvergleich, Berlin 2005, S. 165; *Becchi, Paolo/Mathis, Klaus* (Hrsg.), Handbook of Human Dignity in Europe, Dordrecht ua 2019; *Bigaut, Christian*, La Charte des Droits Fondamentaux de l'Union Européenne, son intégration dans un traité constitutionnel: Quelles implications pour les citoyens européens?, Paris 2002; *Bioy, Xavier*, Le concept de personne humaine en droit public. Recherche sur le sujet des droits fondamentaux, Paris 2003; *Bühler, Margit*, Einschränkung von Grundrechten nach der Europäischen Grundrechtecharta, Berlin 2005; *Burger, Klaus*, Das Verfassungsprinzip der Menschenwürde in Österreich, Frankfurt a. M. u.a. 2002; *Calliess, Christian*, Die Menschenwürde im Recht der Europäischen Union, in: Gröschner, Rolf/Lembcke, Oliver W. (Hrsg.), Das Dogma der Unantastbarkeit, Tübingen 2009, S. 133; *Calmes, Sylvia*, Le droit au respect de l'être humain, in: Burgorgue-Larsen, Laurence (Hrsg.), La France face à la Charte des droits fondamentaux de l'Union européenne, Bruxelles 2005, S. 123; *Chassin, Catherine-Amélie*, La notion de dignité de la personne humaine dans la jurisprudence de la Cour de justice, in: Biad, Abdelwahab/Parisot, Valérie (Hrsg.), La Charte des droits fondamentaux de l'Union européenne. Bilan d'application,

282 S. hierzu *Borowsky*, Art. 1 Rn. 43. Der EuGH hat eine unmittelbare Drittwirkung im Privatrechtsverkehr jüngst bejaht bei Art. 21 Abs. 1 (Diskriminierungsverbote) und beim Anspruch auf bezahlten Jahresurlaub aus Art. 31 Abs. 2, s. EuGH (GK) – *Egenberger*, Rs. C-414/16, ECLI:EU:C:2018:257, Urt. v. 17.4.2018, Rn. 76 ff., sowie EuGH (GK) – *Bauer ua*, Rs. C-569/16 und C-570/16, ECLI:EU:C:2018:871, Urt. v. 6.11.2018, Rn. 79 ff. Beide Rechte stehen in einem Näheverhältnis zur Menschenwürde, so dass auch deren horizontale Geltung in naher Zukunft anerkannt werden dürfte. Für eine horizontale Wirkung des Art. 1 auch *Picod/van Drooghenbroeck/Vial*, Charte, S. 60 f.

283 Ausgangspunkt könnten solche fundamentale Verfahrensrechte sein, die – ebenso wie der Gutteil der Rechte im ersten Titel – absolute Geltung haben, dh unter keinerlei Umständen, auch nicht im Notstand (Art. 15 Abs. 2 EMRK), eingeschränkt werden dürfen, so Art. 7 EMRK bzw. nahezu der gesamte Art. 49 der Charta. Zur Entfaltung des Grundsatzes *nulla poena sine lege* s. aktuell EuGH (GK) – *M.A.S. und M.B.*, Rs. C-42/17, ECLI:EU:C:2017:936, Urt. v. 5.12.2017.

284 So auch *Grabenwarter/Breuer*, Grundrechteschutz, § 7 Fundamentalgarantien, Rn. 103, und *Picod/van Drooghenbroeck/Vial*, Charte, S. 57 f.

285 Dies führt etwa zu einem „humanistischen Verständnis" des Grundsatzes der gegenseitigen Anerkennung, wie GA *Mengozzi* in seinen Schlussanträgen in der Rs. C-42/11, Rn. 28, formuliert: „Somit muss ... bei der Anwendung des Grundsatzes der gegenseitigen Anerkennung ... die Wahrung der Grundrechte, wobei an erster Stelle die Würde des Verurteilten steht, oberstes Gebot sein."

Bruxelles 2018, S. 137; *Ciommo, Mario Di*, Dignità umana e Stato costituzionale, Firenze 2010; *Council of Europe* (Hrsg.), The Principle of Respect for Human Dignity, Strasbourg 1999; *Durand, Marine*, Das Menschenwürdekonzept im Rahmen der Europäischen Union, in: Baumbach, Christine/Kunzmann, Peter (Hrsg.), Würde – dignité – godnosc - dignity: Die Menschenwürde im internationalen Vergleich, München 2010, S. 143; *Eichenhofer, Eberhard*, Soziale Menschenrechte im Völker-, europäischen und deutschen Recht, Tübingen 2012; *Ekardt, Felix/Kornack, Daniel*, „Europäische" und „deutsche" Menschenwürde und die europäische Grundrechtsinterpretation, ZEuS 2010, 121; *Feldman, David*, Human Dignity as a Legal Value, Part I, Public Law 1999, 682, Part II, Public Law 2000, 61; *Frohwerk, Arno*, Soziale Not in der Rechtsprechung des EGMR, Tübingen 2012; *Gimeno-Cabrera, Véronique*, Le traitement jurisprudentiel du principe de dignité de la personne humaine dans la jurisprudence du Conseil constitutionnel français et du Tribunal constitutionnel espagnol, Paris 2004; *Girard, Charlotte/Hennette-Vauchez, Stéphanie* (Hrsg.), La dignité de la personne humaine. Recherche sur un processus de juridicisation, Paris 2005; *Goos, Christoph*, Innere Freiheit. Eine Rekonstruktion des grundgesetzlichen Würdebegriffs, Göttingen 2011; *Häberle, Peter*, Menschenwürde und pluralistische Demokratie – ihr innerer Zusammenhang, in: Bröhmer, Jürgen u.a. (Hrsg.), Internationale Gemeinschaft und Menschenrechte (Festschrift Georg Ress), Köln 2005, S. 1163; *Heyde, Wolfgang*, Article 1, in: EU Network of Independent Experts on Fundamental Rights, Commentary of the Charter of Fundamental Rights of the European Union, Juni 2006 (Online-Kommentar, abrufbar unter: www.ec.europa.eu/justice/fundamental-rights/networkcommentaryfinal.en.); *ders.*, Art. 1 Grundgesetz und die Garantie der Menschenwürde im Völkerrecht sowie im internationalen Vergleich, in: Verhandeln für den Frieden: liber amicorum Tono Eitel, Berlin 2003, S. 307; *Höfling, Wolfram*, Menschenwürde und Integritätsschutz vor den Herausforderungen der Biomedizin, in: Stern, Klaus/Tettinger, Peter J. (Hrsg.), Die Europäische Grundrechte-Charta im wertenden Verfassungsvergleich, Berlin 2005, S. 151; *Hömig, Dieter*, Die Menschenwürdegarantie des Grundgesetzes in der Rechtsprechung der Bundesrepublik Deutschland, EuGRZ 2007, 633; *Jones, Jackie*, „Common Constitutional Traditions": Can the Meaning of Human Dignity under German Law Guide the European Court of Justice?, Public Law 2004, 167; *Karl, Wolfram*, Die Rolle der Menschenwürde in der EU-Verfassungsdebatte, in: Fischer, Michael (Hrsg.), Der Begriff der Menschenwürde. Definition, Belastbarkeit und Grenzen, Frankfurt a.M. 2004, S. 25; *Kaufmann, Paulus/Kuch, Hannes/Neuhäuser, Christian/Webster, Elaine* (Hrsg.), Humiliation, Degradation, Dehumanization. Human Dignity Violated, Dordrecht ua 2011; *Kopetzki, Christian*, Grundrechtliche Aspekte der Biotechnologie am Beispiel des „therapeutischen Klonens", in: Kopetzki, Christian/Mayer, Heinz (Hrsg.), Biotechnologie und Recht, Wien 2002, S. 15; *Kretzmer, David/Klein, Eckart* (Hrsg.), The Concept of Human Dignity in Human Rights Discourse, The Hague u.a. 2002; *Lenaerts, Koen*, In Vielfalt geeint. Grundrechte als Basis des europäischen Integrationsprozesses, EuGRZ 2015, 353; *Marhaun, André*, Menschenwürde und Völkerrecht. Mensch, Gerechtigkeit, Frieden, Tübingen 2001; *Maurer, Béatrice*, Le principe de respect de la dignité humaine et la Convention européenne des droits de l'homme, Paris 1999; *Meyer, Jürgen*, Die Menschenwürde in der künftigen Verfassung der Europäischen Union, in: Bräcklein, Susann u.a. (Hrsg.), Politisches Denken ist (Festschrift Margot von Renesse), Frankfurt a. M. u.a. 2005, S. 53; *Meyer-Ladewig, Jens*, Menschenwürde und Europäische Menschenrechtskonvention, NJW 2004, 981; *Molinari, Eva*, Die Menschenwürde in der schweizerischen Bundesverfassung. Eine rechtsdogmatische und rechtsvergleichende Untersuchung der subjektiv-rechtlichen Grundrechtsfunktion, Zürich 2018; *Müller, Rudolf*, Anmerkungen zum Schutz der Menschenwürde in Österreich, in: Bammer, Armin (Hrsg.): Rechtsschutz gestern – heute – morgen, Wien 2008, S. 301; *Pavia, Marie-Luce/Revet, Thierry* (Hrsg.), La dignité de la personne humaine, Paris 1999; *Pereira-Menaut, Antonio-Carlos/Pereira-Sáez, María-Carolina*, Human Dignity and European Constitutionalism: Flatus Vocis or Ratio Decidendi?, in: Arnold, Rainer (Hrsg.), The Convergence of the Fundamental Rights Protection in Europe, Dordrecht 2016, S. 215; *Schlauri, Regula*, Ist die Menschenwürde Grundrecht oder Verfassungsprinzip? Eine rechtsvergleichende Sicht, in: Gächter, Thomas/Bertschi, Martin (Hrsg.), Neue Akzente in der „nachgeführten" Bundesverfassung, Zürich 2000, S. 73; *Schwarz, Michael*, Die Menschenwürde als Ende der europäischen Wertegemeinschaft? Eine realistische Perspektive auf das Schutzdefizit nach Art. 1 der Grundrechtecharta, Der Staat 2011, 533; *Shulztiner, Doron/Carmi, Guy E.*, Human Dignity in National Constitutions: Functions, Promises and Dangers, The American Journal of Comparative Law 62 (2014) 2, 461; *Stern, Klaus*, Die normative Dimension der Menschenwürdegarantie, in: Brenner, Michael u.a. (Hrsg.), Der Staat des Grundgesetzes – Kontinuität und Wandel (Festschrift Peter Badura), Tübingen 2004, S. 571; *Struth, Anna Katharina*, Hassrede und Freiheit der Meinungsäußerung. Der Schutzbereich der Meinungsäußerungsfreiheit in Fällen demokratiefeindlicher Äußerungen nach der Europäischen Menschenrechtskonvention, dem Grundgesetz und der Charta der Grundrechte der Europäischen Union, Berlin 2019; *Teifke, Nils*, Das Prinzip Menschenwürde, Tübingen 2011; *Tiedemann, Paul*, Menschenwürde als Rechtsbegriff. Eine philosophische Klärung, 3. Aufl., Berlin 2012; *Van Ooyen, Robert Chr.*, Die Staatstheorie des Bundesverfassungsgerichts und Europa. Von Solange über Maastricht und Lissabon zu Euro-Rettung, Europawahl und EU-Haftbefehl II, 7. Aufl., Baden-Baden 2018; *Vitorino, Antonio*, La Cour de justice et les droits fondamentaux depuis la proclamation de la Charte, in: Colneric, Ninon u.a. (Hrsg.), Une communauté de droit (Festschrift Gil Carlos Rodríguez Iglesias), Berlin 2003, S. 111; *Wallau, Philipp*, Die Menschenwürde in der Grundrechtsordnung der Europäischen Union, Bonn 2010; *Walter, Christian*, Menschenwürde im nationalen Recht, Europarecht und Völkerrecht, in: Bahr, Petra/Heinig, Hans Michael (Hrsg.), Menschenwürde in der säkularen Verfassungsordnung, Tübingen 2006, S. 127; *Wanitschek, Anna*, Die Grundrechtecharta der Europäischen Union im Strafverfahren. Anwendbarkeit und Rechtsfolgen, Wiesbaden 2018; *Weber, Albrecht*, Menschenrechte. Texte und Fallpraxis, München 2004.

Zu einschlägigen Entscheidungen des EuGH, des EGMR und nationaler Gerichte zu Art. 1 s. das laufend aktualisierte Online-Tool **„Charterpedia"** der Grundrechteagentur (www.fra.europa.eu). Zur Rechtsprechung des EGMR zu den fundamentalen Rechten s. die in englischer, französischer und teilweise deutscher Sprache auf der Webseite des Straßburger Gerichtshofes veröffentlichten und regelmäßig aktualisierten „Factsheets" und „Case-Law Guides" (www.echr.coe.int). Die Judikate des EuGH sind über www.curia.europa.eu/juris/recherche abrufbar, während die Urteile des EGMR über www.hudoc.echr.co e.int auffindbar sind. Ein von *Marten Breuer* betreutes Fundstellenverzeichnis zu deutschen Übersetzungen der in der Regel nur in englischer und/oder französischer Sprache veröffentlichten Entscheidungen des EGMR findet sich unter www.egmr.org.

Artikel 2 Recht auf Leben

(1) Jeder Mensch hat das Recht auf Leben.

(2) Niemand darf zur Todesstrafe verurteilt oder hingerichtet werden.

I. Vorgaben

Mit dem **Recht auf Leben** in Art. 2 Abs. 1 hat der Grundrechtekonvent ein erstes **fundamentales Menschenrecht** und einen grundlegenden Wert an die Seite der Menschenwürde gestellt.[1] Wie der Würdebegriff ist der Begriff des Lebens auf **Inklusion** angelegt, das Grundrecht daher weit auszulegen.[2] Es ist notwendige Voraussetzung für die Ausübung sämtlicher weiterer Grundrechte: Ohne Leben sind die anderen Grundrechte – bis auf die Aspekte des Menschenwürdeschutzes über den Tod hinaus – ohne Bedeutung.[3] Ergänzt hat der Konvent das Recht auf Leben im zweiten Absatz um ein ausdrückliches **Verbot der Todesstrafe.** In beiden Fällen wollten die Delegierten den **jeweiligen menschenrechtlichen *status quo* in Europa gewahrt** wissen. Trotz des abweichenden Wortlauts und starker Verkürzung sind daher die Rechte des Art. 2 inhaltlich identisch mit den einschlägigen Bestimmungen des Schutzsystems des Europarates.[4] Sie entsprechen Art. 2 Abs. 1 S. 1 EMRK und Art. 1 und 2 des Protokolls Nr. 6 zur EMRK und haben mithin deren Bedeutung und Tragweite (Art. 52 Abs. 3 S. 1).[5] Soweit sich die Rechtslage auf Seiten des Europarates wandelt, 1

1 Zum Leben als Recht und Wert aus interdisziplinärer Sicht s. *Yorke* (Hrsg.), Right to Life, 2010. S. weiter *Tomuschat/Lagrange/Oeter* (Hrsg.), Right to Life, 2010, sowie *Wicks*, Right to Life, 2010.

2 *Stern/Sachs/Höfling/Kempny*, GRC, Art. 2 Rn. 28 f.

3 *Schwarze/Voet van Vormizeele*, EU, Art. 2 Rn. 1; *Dörr/Grote/Marauhn/Alleweldt*, EMRK/GG, Kap. 10 Rn. 7. Vgl. BVerfGE 39, 1, 42 („vitale Basis der Menschenwürde und.. Voraussetzung aller anderen Grundrechte").

4 So auch *Schwarze/Voet van Vormizeele*, EU, Art. 2 Rn. 1; *Holoubek/Lienbacher/Breitenlechner/Segalla*, GRC, Art. 2 Rn. 3 f., 12.

5 S. hierzu *Borowsky* (Vorauflage), Art. 52 Rn. 29 ff., *Schwerdtfeger*, Art. 52 Rn. 52 ff.

dh der Grundrechtsschutz ausgebaut und erhöht wird, wie zuletzt mit dem Protokoll Nr. 13 zur EMRK vom 3. Mai 2002, das die Todesstrafe auch in Kriegszeiten abschafft, bewirkt dies automatisch einen erhöhten Schutz durch die insoweit „akzessorische“ Charta. Daher ist die **Union** heute *de facto* und *de jure* ein **todesstrafenfreier Raum,** ob in Friedens- oder Kriegszeiten.[6]

2 Ein Gutteil der **mitgliedstaatlichen Verfassungen** garantiert ausdrücklich das Recht auf Leben.[7] Es ergibt sich ein relativ homogenes Bild.[8] Eine **allgemeine Schutznorm** enthalten die Verfassungen Bulgariens (Art. 28), Deutschlands (Art. 2 Abs. 2), Estlands (§ 16), Finnlands (§ 7 Abs. 1), Griechenlands (Art. 5 Abs. 2), Kroatiens (Art. 21 S. 1), Lettlands (Art. 93), Litauens (Art. 19), Maltas (Art. 33), Polens (Art. 38), Portugals (Art. 24 Abs. 1), Rumäniens (Art. 22 Abs. 1), Sloweniens (Art. 17), Spaniens (Art. 15), Ungarns (Art. II S. 2 des neuen Grundgesetzes Ungarns) und Zyperns (Art. 7). Eine besondere **Schutzpflicht für das ungeborene Leben** bzw. dessen Schutzwürdigkeit erkennen zumindest vier Mitgliedstaaten – zusätzlich zum Recht auf Leben – ausdrücklich an, nämlich Irland (Art. 40 Abs. 3), die Slowakei (Art. 15 Abs. 1), Tschechien (Art. 6 Abs. 1 Charta) und neuerdings Ungarn (Art. II S. 2). Dem Lebensrecht als solchem wohnt allerdings nicht zwingend ein **Verbot der Todesstrafe** inne. Zahlreiche Verfassungen verbieten daher die Todesstrafe mit unterschiedlichen Formulierungen oder deklarieren sie schlicht für „abgeschafft“.[9]

3 Bei der Betrachtung der Verfassungslage darf nicht unberücksichtigt bleiben, dass die **EMRK** – als europäischer „ordre public“ – in mehreren Mitgliedstaaten die ihr gebührende besondere Dignität genießt. Insbesondere in solchen Staaten, deren Verfassungstexte keinen ausgefeilten Grundrechtekatalog aufweisen, dienen die EMRK und ihre Zusatzprotokolle – häufig extensiv ausgelegt – gewissermaßen **als „Ersatzverfassung“**. In Großbritannien wurde die EMRK mit dem am 2. Oktober 2000 in Kraft getretenen Human Rights Act in das britische Recht inkorporiert und findet dort – bei aller Parlamentssouveränität – vorbildlich Beachtung. Weitere Beispiele:[10] In Österreich wurde die Konvention in den Verfassungsrang gehoben, während sie in den meisten Mitgliedstaaten im Rang zwischen Verfassung und Gesetz stehen dürfte, so in Frankreich. In den Niederlanden geht man wohl von einem Vorrang der EMRK gegenüber sämtlichem nationalen Recht einschließlich des Verfassungsrechts aus. Daraus folgt, dass das Lebensrecht über die Geltung von Art. 2 EMRK auch in den Niederlanden (mehr als) Verfassungsrang hat, obwohl in der niederländischen Verfassungsurkunde ein derartiges Recht fehlt. Vor diesem Hintergrund kennen sämtliche Mitgliedstaaten der Union – ob über ihre Verfassungen oder die EMRK – das Lebensrecht wie das Verbot der Todesstrafe.

4 Die **EMRK enthielt** allerdings **ursprünglich – 1950 – kein absolutes Verbot der Todesstrafe,** was die zurückhaltende Rechtsprechung des Straßburger Gerichtshofs erklären mag.[11] Art. 2 Abs. 1 S. 2 EMRK stellte lediglich besondere Rechtfertigungsanforderungen auf, wo-

---

6 Hintergrundinformationen geben *Hensgen, Thomas/Janning, Birgit/Mansfeld, Michael*, Europa – Ein Kontinent ohne Todesstrafe?, in: Boulanger ua (Hrsg.), Aktualität, 2002, S. 269 ff.

7 S. – auch zum Fallrecht – *Mathieu*, Right to Life, 2006, S. 21 ff. S. zudem die Auflistung bei *Stern/Sachs/Höfling/Kempny*, GRC, Art. 2. Zur historischen Entwicklung *Dörr/Grote/Marauhn/Alleweldt*, EMRK/GG, Kap. 10 Rn. 1 ff.

8 S. weiter *Mock/Demuro/Olivetti*, Human Rights, S. 12 f.

9 Unter den Beitrittsländern findet sich die Abschaffung der Todesstrafe allerdings lediglich in den Verfassungen Kroatiens (Art. 21 S. 2), Rumäniens (Art. 22 Abs. 3), der Slowakei (Art. 15 Abs. 3), Sloweniens (Art. 17 S. 2) und Tschechiens (Art. 6 Abs. 3 Charta).

10 S. zum offenbar nicht ganz geklärten Status der EMRK in den Mitgliedstaaten etwa *Grabenwarter/Pabel*, EMRK, S. 15 ff.

11 Kritisch hierzu *Nowak*, Article 2, S. 31.

nach die Verhängung dieser Strafe unter Gesetzes- und Gerichtsvorbehalt stand und auf Verbrechen, mithin besonders schwere Straftaten, begrenzt wurde. Weitere Eingrenzungen, etwa hinsichtlich des Alters des Täters oder der Schwere des Verbrechens, sah die Konvention nicht vor. Art. 2 Abs. 1 EMRK mit der Überschrift „Recht auf Leben" lautet: „Das Recht jedes Menschen auf Leben wird gesetzlich geschützt. Niemand darf absichtlich getötet werden, außer durch Vollstreckung eines Todesurteils, das ein Gericht wegen eines Verbrechens verhängt hat, für das die Todesstrafe gesetzlich vorgesehen ist." Diese unbefriedigende Rechtslage änderte sich grundlegend mit dem **Protokoll Nr. 6 über die Abschaffung der Todesstrafe** vom 28. April 1983,[12] nachdem auch Frankreich die grausame Strafe nach langem Ringen durch die *loi Badinter* vom 30. September 1981 abgeschafft hatte.[13] Art. 1 des Protokolls Nr. 6 bestimmt: „Die Todesstrafe ist abgeschafft. Niemand darf zu dieser Strafe verurteilt oder hingerichtet werden." Allerdings hält Art. 2 dieses Protokolls noch eine „Hintertür" für die Todesstrafe in Kriegszeiten offen, die erst das **Protokoll Nr. 13 bezüglich der Abschaffung der Todesstrafe unter allen Umständen** vom 3. Mai 2002 schließt.[14] Man muss heute also **alle drei Regelungskomplexe** – EMRK wie Protokolle Nr. 6 und 13 – **zusammen lesen**, um daraus zu ersehen, dass die Todesstrafe in Europa endgültig der Vergangenheit angehört – ein jahrzehntelanger Entwicklungsprozess.[15]

Für die Auslegung und Anwendung des Art. 2 in der Charta wird in Zukunft die Recht- 5
sprechung des Straßburger Gerichtshofs zu jenen – inhaltlich identischen – Parallelbestimmungen in der EMRK und ihren zusätzlichen Protokollen von maßgebender Bedeutung sein. Dabei können **weitere gemeinsame internationale Verpflichtungen der Mitgliedstaaten** als Auslegungshilfe herangezogen werden (Erwägung Nr. 5 der Chartapräambel, Art. 53). Auf **universeller Ebene** wird das Recht auf Leben als „the supreme right" betrachtet, das die Hierarchie der grundlegenden Menschenrechte anführt.[16] Auch auf dieser Ebene war anfänglich nicht an ein Verbot der Todesstrafe gedacht. Dieses wurde der International Bill of Rights erst 1989 über ein Zusatzprotokoll eingefügt, das seinerseits wieder eine Ausnahme für Kapitalverbrechen militärischer Art zulässt. Die folgenden Textstufen zeigen die **Fortentwicklung des humanitären Rechts**. Den Auftakt machte die inzwischen gewohnheitsrechtlich geltende **Allgemeine Erklärung der Menschenrechte** vom 10. Dezember 1948, deren Art. 3 lautet: „Jedermann hat das Recht auf Leben, Freiheit und Sicherheit der Person." Der **Internationale Pakt über bürgerliche und politische Rechte** vom 19. Dezember 1966 erbrachte sodann eine komplexe Regelung. Dabei ließ er die Todesstrafe eng begrenzt noch zu, zielte aber letztlich auf ihre Abschaffung. Hier sei lediglich Art. 6 Abs. 1 zitiert, der das Recht auf Leben mit den Worten entfaltet: „Jeder Mensch hat ein angeborenes Recht auf Leben. Dieses Recht ist gesetzlich zu schützen. Niemand darf willkürlich seines Lebens beraubt werden." Den erwünschten Fortschritt wollte schließlich das **Zweite Fakultativprotokoll zum Pakt zur Abschaffung der Todesstrafe** vom 15. Dezember 1989

---

12 Zur Entstehungsgeschichte s. *Krüger, Hans Christian*, Protocol No. 6 to the European Convention on Human Rights, in: Council of Europe, Death Penalty, 2004, S. 87 ff.

13 Eindrucksvoll zum Hintergrund *Badinter*, Abolition, 2000.

14 Das Protokoll Nr. 13 zur EMRK „bezüglich der Abschaffung der Todesstrafe unter allen Umständen" ist abrufbar unter: http://conventions.coe.int.

15 Zur Entwicklung der Rechtsprechung des EGMR s. das „Factsheet" „Death penalty abolition" vom Oktober 2015 und das „Informationsblatt" „Abschaffung der Todesstrafe" vom Juli 2014 (www.echr.coe.int).

16 S. auch *Seidel*, Hdb Grund- und Menschenrechte, S. 16 ff. Dem EGMR zufolge bezeugt der völkerrechtliche Schutz, „dass das Recht auf Leben ein unveräußerliches Wesensmerkmal des Menschen ist und den obersten Rang in der Wertehierarchie der Menschenrechte einnimmt"; EGMR (GK), Urt. v. 22.3.2001, Nr. 34044/96 ua, *Streletz, Keßler u. Krenz*, Ziff. 94.

herbeiführen. Art. 1 bestimmt: „(1) Niemand, der der Hoheitsgewalt eines Vertragsstaats dieses Fakultativprotokolls untersteht, darf hingerichtet werden. (2) Jeder Vertragsstaat ergreift alle erforderlichen Maßnahmen, um die Todesstrafe in seinem Hoheitsbereich abzuschaffen." Art. 2 fügt allerdings einen möglichen Vorbehalt für Kriegszeiten hinzu, den von den ursprünglich 15 Mitgliedstaaten der Union lediglich Spanien erklärt hatte, was das Verhalten des spanischen Regierungsvertreters im Grundrechtekonvent erklären mag.

6 Im Unionsrecht ist zunächst auf die – unverbindliche – Erklärung des Europäischen Parlaments über Grundrechte und Grundfreiheiten vom 12. April 1989 hinzuweisen, die in Art. 2 S. 1 vorsah: „Jeder hat das Recht auf Leben, Freiheit und Sicherheit."[17] Für den **EuGH** ergab sich mangels grundrechtsrelevanter Sachverhalte bisher nicht die Gelegenheit, das von ihm implizit anerkannte Grundrecht auf Leben als solches auszulegen und anzuwenden.[18] Ein eigener unionsrechtlicher Zugang zur Thematik fehlt bisher.[19] Gleichwohl ist angesichts der vorgestellten Textstufen und einiger Andeutungen des Gerichtshofes davon auszugehen, dass das **Recht auf Leben seit jeher fester Bestandteil des Unionsrechtes** ist.

II. Diskussion im Grundrechtekonvent

7 Der Grundrechtekonvent war sich von Anfang an darin einig, dem **Recht auf Leben** einen **privilegierten Platz in der Charta** einzuräumen. Dabei sah er das Lebensrecht als wichtigstes der unmittelbar aus der Menschenwürde abzuleitenden fundamentalen Rechte an. In kluger Selbstbeschränkung schob die Versammlung alle mit dem Lebensrecht verbundenen klassischen und aktuellen Streitfragen – Status des Embryos, Euthanasie … – beiseite und entschied sich für die **strikte Wahrung des *status quo*.**[20] Dies galt auch für das Verbot der Todesstrafe, das man – wie üblich – mit dem Lebensrecht verknüpfte.

1. Absatz 1

8 Bei dem **Recht auf Leben** in Art. 2 Abs. 1 orientierte sich der Grundrechtekonvent von Anfang an eng an der EMRK. Im Zuge der Beratungen entschieden sich die Delegierten sogar für die inhaltliche **Identität des Chartarechts mit Art. 2 Abs. 1 S. 1 EMRK,** um so die Kohärenz des Menschenrechtsschutzes in Europa bestmöglich zu wahren. Der abschließende Konsens, nichts am *status quo* zu ändern, ermöglichte es zugleich, die bis dahin immer wieder aufflackernden Kontroversen zur Abtreibung oder Sterbehilfe auf sich beruhen zu lassen. Heftig **umstritten** blieb lange Zeit – wie bei allen der EMRK entlehnten Rechten – die **Art und Weise einer Begrenzung des Lebensrechts,** die allseits für notwendig erachtet wurde. Hier setzte sich die Auffassung durch, die Frage der Einschränkungen und „Negativdefinitionen" in einer Querschnittsklausel (Art. 52 Abs. 3) zu regeln. Die lebhafte Diskussion zum Recht auf Leben zeigte die folgenden Facetten:

9 Als erster näherte sich *Meyer* der Thematik an. In seinem „Diskussionsentwurf" in Dokument CHARTE 4102/00 **CONTRIB 2 vom 6. Januar 2000** unterbreitete er einen Art. 2 mit der

17 ABl. 1989 Nr. C 120/51.

18 *Ehlers/Schorkopf*, GR, S. 588; *Vedder/Heintschel von Heinegg/Folz*, Unionsrecht, Art. 2 Rn. 2; *Vedder/Heintschel von Heinegg/Folz*, Europäischer Verfassungsvertrag, Art. II-62 Rn. 2. S. aber EuGH – *Grogan*, Rs. C-159/90, ECLI:EU:C:1991:378, Urt. v. 4.10.1991; EuGH – *Schmidberger*, Rs. C-112/00, ECLI:EU:C:2003:333, Urt. v. 12.6.2003, Rn. 80; EuGH (GK) – *Brüstle*, Rs. C-34/10, ECLI:EU:C:2011:669, Urt. v. 18.10.2011. Vgl. *Pechstein/Nowak/Häde/Frenz*, Frankfurter Kommentar, Art. 2 Rn. 1 f.

19 *Holoubek/Lienbacher/Breitenlechner/Segalla*, GRC, Art. 2 Rn. 12.

20 So auch *Braibant*, Charte, S. 92.

Überschrift „Freiheitsrechte“, dessen Abs. 2 und 3 ein Folterverbot und das Recht auf freie Entfaltung der Persönlichkeit enthielten und dessen Abs. 1 S. 1 wie folgt lautete: „Jeder hat das Recht auf Leben, körperliche Unversehrtheit und Achtung seiner Würde im Sterben.“ In dem „Entwurf einer Grundrechtsliste“ in Dokument CHARTE 4112/2/00 REV 2 **BODY 4 vom 27. Januar 2000** wollte das Präsidium unter dem Topos „Recht auf Leben“ gleichfalls mehrere Rechte oder Themenkreise bedacht wissen: „Recht auf Leben, Verbot unmenschlicher und erniedrigender Behandlungen sowie der Folter, Problem der Todesstrafe.“

Im Zuge der folgenden – zweiten – **Konventssitzung am 1./2. Februar 2000** sprachen einige Delegierte unter Bezug auf die „Grundrechtsliste“ weitere Anliegen oder aber mögliche Konfliktquellen an.[21] So hielt der dänische EP-Delegierte *Bonde* die Frage der Abtreibung für konfliktträchtig, wollte der schwedische Parlamentarier *Magnusson* mangels Kompetenz der Union ganz auf das Recht auf Leben in der Charta verzichten, und nahm die finnische Abgeordnete *Brax* das Recht auf saubere Umwelt und Gesundheit als Bestandteil des Rechts auf Leben in den Blick. In seiner Zusammenfassung der Debatte betonte *Herzog*, dass die fundamentalen Werte und somit auch das Recht auf Leben in jedem Fall Eingang in die Charta finden müssten.[22] 10

Der erste Formulierungsvorschlag des Präsidiums in Dokument CHARTE 4123/1/00 REV 1 **CONVENT 5 vom 15. Februar 2000** nahm sodann nicht nur das Recht auf Leben und die Problematik der Todesstrafe auf, sondern bezog auch das Recht auf körperliche, psychische und genetische Unversehrtheit mit ein. Art. 2 mit der Überschrift „Recht auf Leben“ lautete: „(1) Jeder hat das Recht auf Leben. (2) Jeder hat das Recht auf körperliche, psychische und genetische Unversehrtheit. (3) Die Todesstrafe ist abgeschafft.“ Bei der – dritten – **Sitzung am 24./25. Februar 2000** blieb Art. 2 Abs. 1 weitgehend undiskutiert.[23] Der belgische Parlamentarier *Lallemand* problematisierte allerdings das „Jeder“ und forderte, dass das Recht auf Leben erst ab der Geburt gelten solle. 11

Das Präsidium ersetzte in seinem nächsten Vorschlag mit Dokument CHARTE 4149/00 **CONVENT 13 vom 8. März 2000** das „Jeder“ durch „Jede Person“ („Toute personne“), eine Änderung der französischen Ausgangsfassung und der deutschen Übersetzung, die später zu erheblichen Missverständnissen und Sorgen nicht nur im deutschsprachigen Raum führen sollte. Im englischen Text verblieb es hingegen bei „Everyone“. Weiter verband das Präsidium das Recht auf Leben nur noch mit dem Verbot der Todesstrafe, während das Recht auf Unversehrtheit einen eigenen Artikel, nämlich Art. 3, erhielt. Sowohl die nunmehr gewählte Formulierung des Rechts auf Leben als auch die – alleinige – Verknüpfung mit dem Verbot der Todesstrafe sollten bis zuletzt Bestand haben. Art. 2 mit dem Titel „Recht auf Leben“ lautete: „(1) Jede Person hat das Recht auf Leben. (2) Niemand darf zur Todesstrafe verurteilt oder hingerichtet werden.“ 12

Anlässlich der fünften **Sitzung des Konvents am 20./21. März 2000** konzentrierte sich die Diskussion auf den umstrittenen Begriff „Person“ bzw. – im französischen Ausgangstext – „personne“.[24] Während der spanische Regierungsvertreter *Rodriguez Bereijo* zur Vermeidung von Definitionsschwierigkeiten den einleitenden Begriff „Alle“ vorschlug, wollten *Lallemand* (B) und *Berès* (F) mit Blick auf die Möglichkeit der Abtreibung an „personne“ festhalten, wobei es sich für *Lallemand* nur um ein „être humain mis au monde“ handeln konnte. *Meyer* wies schlichtend und zur Vermeidung eines Grundsatzstreits darauf hin, 13

21 *Bernsdorff/Borowsky*, Protokolle, S. 126 ff.
22 *Bernsdorff/Borowsky*, Protokolle, S. 131.
23 *Bernsdorff/Borowsky*, Protokolle, S. 144.
24 *Bernsdorff/Borowsky*, Protokolle, S. 170 ff.

wenn man über den Begriff „Person“ streite, könne man schlecht ausblenden, dass es im englischen Text „everyone“ heiße.

14 Mit Dokument **SN 2598/00 vom 27. April 2000**[25] erstellte das Konventssekretariat sodann für das Präsidium einen internen Vermerk, der „den vorgeschlagenen Änderungen und den unterbreiteten Bemerkungen Rechnung“ tragen wollte. Der „Textentwurf“ für Art. 2 mit der Überschrift „Recht auf Leben“ lautete: „(1) Jede Person hat das Recht auf Leben. (Das Recht jeder Person auf Leben ist gesetzlich geschützt (Quelle: Lord Goldsmith)). (2) Niemand darf zur Todesstrafe verurteilt oder hingerichtet werden (außer in Kriegszeiten, sofern es das Strafrecht vorsieht).“

15 Dieselbe Artikelformulierung wie in Dokument CHARTE 4149/00 CONVENT 13 unterbreitete das Präsidium mit Dokument CHARTE 4284/00 **CONVENT 28 vom 5. Mai 2000**. Etliche schriftliche Änderungsvorschläge der Delegierten gingen ein, die das Dokument CHARTE 4332/00 **CONVENT 35 vom 25. Mai 2000**[26] bündelte. Zahlreich waren die Anregungen, die Formulierung an den Wortlaut der EMRK („Das Recht jedes Menschen auf Leben wird gesetzlich geschützt“) anzugleichen, um keine Auslegungsdifferenzen aufkommen zu lassen. Weiter wurde gefordert, die in der EMRK enthaltenen Ausnahmen ausdrücklich und nicht nur über eine allgemeine Verweisungsklausel einzubeziehen. So meinte der belgische Regierungsvertreter *Dehaene*, der grundlegende Charakter des Rechts auf Leben erfordere es, die möglichen Beschränkungen ausdrücklich in Art. 2 selbst aufzunehmen. Eine vergleichbare Forderung erhoben die österreichischen Delegierten *Einem* und *Holoubek*. Es sei wichtig, dass für den Bürger sofort sichtbar werde, dass das elementare Recht auf Leben nur unter spezifischen Bedingungen beschränkt werden könne. Manche Delegierte begehrten die Präzisierung, dass das Recht auf Leben bis zu dessen natürlichem Ende bestehe. Der Vertreter des französischen Senats *Haenel* begründete dies damit, dass es Eingriffe in das grundlegende Recht auf Leben, ungeachtet des Alters oder des Gesundheitszustands einer Person, unter keinem Vorwand geben dürfe. Der französische EP-Delegierte *Berthu* und der spanische Abgeordnete *Cisneros Laborda* wollten darüber hinaus die Ergänzung, dass jede Person bzw. jeder Mensch das Recht auf Leben von Beginn ihres oder seines Lebens bis zu ihrem oder seinem natürlichen Tod bzw. Ende habe. *Van Dam*, ein niederländischer Delegierter des EP, schlug schließlich die Ergänzung vor: „Dieses Recht wird von der Zeugung bis zum natürlichen Tod geschützt.“ Hinter derartigen Vorschlägen stand ersichtlich das Bestreben, dem Recht auf Leben Leitplanken zur Abtreibungs- und Euthanasieproblematik beizugeben.

16 Das Präsidium ließ all dies auf sich beruhen und unterbreitete hier keinen Kompromissvorschlag. Vielmehr hielt es an der einmal gefundenen Formulierung („Jede Person hat das Recht auf Leben“) fest. Diese vorsichtige Haltung des Präsidiums stieß in den beiden folgenden Sitzungen durchaus auf Kritik. In der – elften – **Sitzung am 5./6. Juni 2000** stand dabei der Wunsch mehrerer Delegierter im Vordergrund, den Wortlaut der Parallelbestimmung in der EMRK anzugleichen.[27] Die abweichende Formulierung in der Charta sei „zu absolut“, und alte Konflikte im Bereich des Schwangerschaftsabbruchs oder der Euthanasie könnten wieder aufbrechen oder verschärft werden. Gleichwohl entschied sich eine knappe Mehrheit der noch anwesenden Konventsmitglieder gegen eine zu enge Ausrichtung des Wortlauts an der EMRK, übrigens im Wege einer „indikativen“ Abstimmung,

25 Dieses amtlich nicht veröffentlichte Dokument ist abgedruckt bei *Bernsdorff/Borowsky*, Arbeitsdokumente, S. 113 ff.
26 S. auch *Bernsdorff/Borowsky*, Arbeitsdokumente, S. 165 ff.
27 *Bernsdorff/Borowsky*, Protokolle, S. 261.

was in dieser Sitzung bereits zum Eklat geführt hatte.[28] Auf der **Sitzung am 19./20. Juni 2000** knüpfte der Konvent an die vorangegangene Debatte an.[29] Die französische EP-Parlamentarierin *Berès* schlug die einschränkend gemeinte Formulierung vor: „Jede Person hat das Recht auf Achtung ihres Lebens". Das Leben sei nicht um jeden Preis zu schützen, und Sterbehilfe wie Abtreibungen sollten nicht verboten sein. Auf der anderen Seite begehrten der dänische Regierungsvertreter *Lehmann*, der irische Regierungsvertreter *O'Kennedy* und der schwedische Regierungsvertreter *Tarschys*, „Person" durch „Mensch" zu ersetzen, da diese Formulierung der Bedeutung des Rechts auf Leben besser gerecht werde. Dasselbe Anliegen griff später – im Zuge der sechzehnten **Sitzung am 11./12. September 2000** – noch einmal der Vertreter der deutschen Länder *Gnauck* auf.[30] In der Nennung der „Person" könne eine Einschränkung des Kreises der Grundrechtsträger erblickt werden. Der Lebensschutz dürfe jedoch keinesfalls verkürzt werden. Die Reaktion des Vorsitzes war, dass dies „basically a linguistic problem" sei.

Letztlich wurde Konsens darüber erzielt, dass an dem mit der EMRK geschaffenen *status quo* nichts geändert werden sollte. Aufgrund der inhaltlichen Identität mit der EMRK-Bestimmung vermochte das Präsidium auf der abweichenden, als prägnanter empfundenen Formulierung („Jede Person hat das Recht auf Leben") zu beharren, von dem ersten Gesamtentwurf der Charta in Dokument CHARTE 4422/00 CONVENT 45 vom 28. Juli 2000 über den zweiten Gesamtentwurf mit Dokument CHARTE 4470/00 CONVENT 47 vom 14. September 2000 bis hin zur Endfassung in Dokument CHARTE 4487/00 CONVENT 50 vom 28. September 2000. 17

2. Absatz 2

Die durchaus rege **Diskussion im Grundrechtekonvent zur Todesstrafe** zeigte zwei Schwerpunkte. Zum einen stellte sich die Frage, ob diese Thematik überhaupt in einer an die Union gerichteten Charta aufgegriffen werden sollte. Hier setzten sich rasch diejenigen Delegierten durch, die die **Signal- und Außenwirkung** des Verbots der Todesstrafe im Blick hatten – das Verbot als Botschaft und Bekenntnis, wie es der deutsche EP-Parlamentarier *Friedrich* formulierte.[31] Zum anderen gab es bewegte Debatten zur Frage, ob die – zu der Zeit – im Menschenrechtssystem des Europarates für Kriegszeiten noch vorgesehenen Ausnahmen vom Verbot der Todesstrafe beibehalten oder gestrichen gehörten.[32] Viele wollten über den damaligen *acquis* hinausgehen und die Todesstrafe innerhalb der Union ausnahmslos abgeschafft wissen. Sie scheiterten letztlich daran, dass der Wille zur Kongruenz zwischen dem Menschenrechtssystem des Europarates und dem Grundrechtsschutz der Union alles andere überragte. Zudem verteidigte der spanische Regierungsvertreter *Rodriguez Bereijo* vehement und beharrlich die Möglichkeit von Ausnahmen in Kriegszeiten. Daran war im Grundrechtekonvent kein Vorbeikommen. Zur **Diskussion im Einzelnen:** 18

Das Präsidium ging das Verbot der Todesstrafe – im Kontext des Rechts auf Leben – zunächst vorsichtig an. So fand sich in dem „Entwurf einer Grundrechtsliste" in Dokument 19

---

28 S. *Bernsdorff/Borowsky*, Protokolle, S. 260 f., *Barriga*, Entstehung, Fn. 90.
29 *Bernsdorff/Borowsky*, Protokolle, S. 271.
30 *Bernsdorff/Borowsky*, Protokolle, S. 361 f.
31 *Bernsdorff/Borowsky*, Protokolle, S. 171.
32 Vgl. *Tettinger/Stern/Höfling*, GRC, Art. 2 Rn. 37 f. Mit dem Inkrafttreten des 13. Zusatzprotokolls zur EMRK am 1. Juli 2003 ist klargestellt, dass die Todesstrafe unter keinen Umständen – auch nicht in Kriegszeiten – gerechtfertigt ist. Jedenfalls gilt dies seit dem Inkrafttreten für Polen zum 1. September 2014, womit das Zusatzprotokoll unionsweit gilt. Seither enthält auch die Charta ein absolutes und uneingeschränktes Verbot der Todesstrafe.

CHARTE 4112/2/00 REV 2 **BODY 4 vom 27. Januar 2000** unter dem Topos „Recht auf Leben" lediglich ein versteckter Hinweis auf das „Problem der Todesstrafe": „Recht auf Leben, Verbot unmenschlicher und erniedrigender Behandlungen sowie der Folter, Problem der Todesstrafe." In der folgenden – zweiten – **Konventssitzung am 1./2. Februar 2000** stimmte *Herzog* den Grundton an:[33] Man müsse die Arbeit umfassender sehen und zum Beispiel die Abschaffung der Todesstrafe in die Charta aufnehmen.

20 Mit einem Paukenschlag fuhr das Präsidium sodann fort, indem es in dem ersten Formulierungsvorschlag (Dokument CHARTE 4123/1/00 REV 1 **CONVENT 5 vom 15. Februar 2000**) in Art. 2 Abs. 3 statuierte: „Die Todesstrafe ist abgeschafft." In seinem ungewöhnlich ausführlichen „**Kommentar**" räumte das Präsidium ein, dass die Formulierung des Abs. 3 eine heikle Frage sei. Der „Kommentar" fuhr fort: „Einerseits haben alle Mitgliedstaaten das Protokoll Nr. 6 zur Europäischen Menschenrechtskonvention ratifiziert und wenden – wie in der Erklärung Nr. 1 der Konferenz in der Schlussakte des Amsterdamer Vertrags wiedergegeben – die Todesstrafe nicht an. Allerdings können die Gerichte der Union beim gegenwärtigen Stand natürlich auch niemanden zum Tode verurteilen. Die Abschaffung der Todesstrafe dürfte daher eher ein Ziel der Union sein, das sich insbesondere in der GASP niederschlägt, aber auch im Bereich der strafrechtlichen Zusammenarbeit (Titel VI EUV) eine Rolle spielen könnte. So kommt in der Erklärung des Rates von 1998 zur Todesstrafe zum Ausdruck, daß sich die Union für die weltweite Abschaffung der Todesstrafe einsetzt. Die hier vorliegende Formulierung entstammt dem Protokoll Nr. 6. Um nicht den Eindruck zu erwecken, daß die Union eine Strafe abschafft, die bereits in allen Mitgliedstaaten abgeschafft ist, könnte man auch nur den zweiten Satz aus dem Protokoll Nr. 6 übernehmen: „Niemand darf zur Todesstrafe verurteilt oder hingerichtet werden."

21 Auf der **Sitzung des Konvents am 24./25. Februar 2000** sprach sich die Mehrzahl der Delegierten – im Hinblick auf die „Außenwirkung" und als Bedingung für den Beitritt zur Union – für die Aufnahme des Verbots der Todesstrafe und dabei für die am Ende des „Kommentars" unterbreitete alternative Fassung aus.[34] Dem folgte das Präsidium in seinem nächsten – zweiten – Vorschlag mit Dokument CHARTE 4149/00 **CONVENT 13 vom 8. März 2000** – eine Lösung, die bis zuletzt Bestand haben sollte. Nunmehr lautete der einschlägige Art. 2 Abs. 2: „Niemand darf zur Todesstrafe verurteilt oder hingerichtet werden."

22 Während der folgenden – fünften – **Sitzung am 20./21. März 2000** beschäftigte die Delegierten vor allem die Frage, ob das Verbot der Todesstrafe ausnahmslos gelten sollte, so das besondere Anliegen etwa von *Meyer*, oder ob wie im damaligen System des Europarates Ausnahmen für den Kriegsfall zulässig bleiben sollten, wofür sich vor allem der spanische Regierungsvertreter *Rodriguez Bereijo* nachdrücklich verwendete.[35] Die Mehrheit der Diskutanten trat für die Kongruenz mit dem System der EMRK ein, wobei streitig und ungeklärt blieb, ob dessen Ausnahmeregelungen in die Chartabestimmung selbst aufgenommen werden sollten oder ob insoweit eine Verweisungsvorschrift ausreichte. Das Präsidiumsmitglied *Braibant* (F) forderte einen „renvoi intégral" im Wege einer horizontalen Vorschrift und nahm damit eine Lösung in den Blick, die später für alle der EMRK entlehnten Rechte gelten sollte:[36] Bei einem Text wie hier übernehme man die gesamte EMRK, einschließlich der

33 *Bernsdorff/Borowsky*, Protokolle, S. 131.
34 *Bernsdorff/Borowsky*, Protokolle, S. 145.
35 *Bernsdorff/Borowsky*, Protokolle, S. 170 ff.
36 *Bernsdorff/Borowsky*, Protokolle, S. 172.

Rechtsprechung des EGMR, nichts Anderes. Man füge nichts hinzu, man nehme nichts weg. Die EMRK lasse die Todesstrafe in Kriegszeiten zu. Dies wolle man nicht ändern.

Mit **Dokument SN 2598/00 vom 27. April 2000**[37] erstellte das Konventssekretariat einen internen Vorschlag, der „den vorgeschlagenen Änderungen und den unterbreiteten Bemerkungen Rechnung" tragen wollte. Der „Textentwurf" für Art. 2 Abs. 2 lautete: „Niemand darf zur Todesstrafe verurteilt oder hingerichtet werden (außer in Kriegszeiten, sofern es das Strafrecht vorsieht)." Im Vertrauen auf eine Lösung der Einschränkungsproblematik über die horizontalen Bestimmungen hielt das Präsidium in seinem nächsten Entwurf in Dokument CHARTE 4284/00 **CONVENT 28 vom 5. Mai 2000** an der gefundenen Formulierung („Niemand darf zur Todesstrafe verurteilt oder hingerichtet werden.") fest. 23

Zu diesem Präsidiumsentwurf gingen einige weit auseinander strebende Änderungsvorschläge ein, die das Dokument CHARTE 4332/00 **CONVENT 35 vom 25. Mai 2000**[38] bündelte. Von italienischer Seite (*Rodotà*, *Paciotti*, *Manzella*) kam der Vorschlag: „Keine Staatsgewalt darf Todesstrafen vorsehen, verhängen oder durchführen." Die italienischen Delegierten begründeten ihren Vorstoß damit, dass Ziel des Abs. 2 eine radikale Streichung der Todesstrafe aus den Rechtsordnungen der Union sei. Die vorgeschlagene Formulierung richte sich an den Gesetzgeber, den Richter oder die ausführende Verwaltungsbehörde. Der spanische Regierungsvertreter *Rodriguez Bereijo* wollte hingegen folgende Präzisierung der Ausnahmen vom Verbot der Todesstrafe erreichen: „Niemand darf zur Todesstrafe verurteilt oder hingerichtet werden; dies gilt vorbehaltlich etwaiger Bestimmungen, die im Militärstrafrecht für Kriegszeiten vorgesehen sind." Die österreichischen Delegierten *Einem* und *Holoubek* nahmen die entgegengesetzte Position ein, indem sie über das Schutzniveau des Protokolls Nr. 6 hinausgehen wollten: „Niemand darf zur Todesstrafe verurteilt oder hingerichtet werden. Eine Einschränkung dieses Rechts ist unzulässig." Der zusätzlich angefügte Satz 2 solle – in für den Bürger unmittelbar verständlicher Weise – deutlich machen, dass die Todesstrafe tatsächlich abgeschafft sei. Weiter führten die beiden Delegierten aus: „Die vorgeschlagene Fassung übernimmt grundsätzlich das Schutzniveau des 6. Zusatzprotokolls zur EMRK. Er [sic!] geht insoweit noch darüber hinaus, als auch „in Kriegszeiten oder bei unmittelbarer Kriegsgefahr" die Todesstrafe unzulässig ist. Angesichts des erreichten rechtsstaatlichen und demokratischen Standards in der Europäischen Union fehlt es an einer überzeugenden Begründung für die Todesstrafe überhaupt. Auch in Kriegszeiten ist sie nicht erforderlich. Die Gefahren, die mit dieser Form der Strafe verbunden sind, sind ungleich höher als ein allfälliger Nutzen für die Gesellschaft. Dies gilt auch in Kriegszeiten, weil gerade unter Ausnahmebedingungen die Gefahr unzulänglicher Verfahren und damit von Fehlurteilen besonders groß ist." 24

Das Präsidium gab weder in der einen noch in der anderen Richtung nach und hielt an seiner mit Dokument CHARTE 4284/00 CONVENT 28 unterbreiteten Formulierung fest. Auf den folgenden drei Sitzungen, die sich – allerdings nur noch am Rande – mit der Todesstrafe beschäftigten, dh den Sitzungen am 5./6. Juni 2000, am 19./20. Juni 2000 und am 11./12. September 2000, wurden lediglich die bekannten Argumente nochmals ausgetauscht.[39] *Herzog* betonte dabei, dass dem Willen, die Todesstrafe abzuschaffen, auch im Hinblick auf die Praxis in den USA durchaus deutlich Ausdruck verliehen werden solle.[40] Da sich aus diesen redundanten Debatten keine Änderungen ergaben, blieb die gewählte 25

37 Dieses amtlich nicht veröffentlichte Dokument ist abgedruckt bei *Bernsdorff/Borowsky*, Arbeitsdokumente, S. 113 ff.

38 S. auch *Bernsdorff/Borowsky*, Arbeitsdokumente, S. 165 ff.

39 *Bernsdorff/Borowsky*, Protokolle, S. 261, 271, 362.

40 *Bernsdorff/Borowsky*, Protokolle, S. 261.

Formulierung („Niemand darf zur Todesstrafe verurteilt oder hingerichtet werden.") über den ersten Gesamtentwurf der Charta in Dokument CHARTE 4422/00 CONVENT 45 vom 28. Juli 2000 und den zweiten Gesamtentwurf in Dokument CHARTE 4470/00 CONVENT 47 vom 14. September 2000 bis zur Endfassung in Dokument CHARTE 4487/00 CONVENT 50 vom 28. September 2000 erhalten.

III. Kommentierung

26 Der Überblick über die Rechtserkenntnisquellen hat deutlich gemacht, dass das **Recht auf Leben auf nationaler, europäischer und internationaler Ebene fest verankert** ist.[41] Weltweit geht die Tendenz zudem dahin, die Todesstrafe ausnahmslos abzuschaffen. Eine allgemeine Ächtung der Todesstrafe durch die Völkerrechtsgemeinschaft liegt im Bereich des Möglichen.[42] Dies spornte den Grundrechtekonvent dazu an, Lebensrecht wie Verbot der Todesstrafe als **zwei fundamentale subjektive Rechte**[43] in die Charta aufzunehmen. Dabei waren die Delegierten wie bei sämtlichen weiteren der EMRK entlehnten Rechten darauf bedacht, jede Divergenz mit dem Schutzsystem des Europarates zu vermeiden. Dahinter stand zum einen der Wunsch nach größtmöglicher Rechtssicherheit in den Mitgliedstaaten der Union, der eine unterschiedliche Auslegung vergleichbarer Rechte abträglich wäre. Zum anderen sollte die Charta zwar auf die Union zugeschnitten sein, jedoch keine neuen „dividing lines" innerhalb des größeren Europas ziehen – zwischen den Mitgliedstaaten der Union einerseits und den zahlreichen (noch) außerhalb der Union stehenden Mitgliedern des Europarates andererseits. Über die Transferklausel des Art. 52 Abs. 3 S. 1 ist **Art. 2 mit der Parallelbestimmung in Art. 2 EMRK inhaltlich identisch.**[44] Mithin ist für die Auslegung und Anwendung des Art. 2 die Rechtsprechung des Straßburger Gerichtshofs zu Art. 2 EMRK maßgebend. Während Straßburg eine reichhaltige Rechtsprechung entfaltet hat,[45] vermochte sich der EuGH mit Fragen des Lebensschutzes bisher – mangels an ihn herangetragener grundrechtsrelevanter Sachverhalte – nur am Rande zu beschäftigen.[46] An aktuellen Problemfeldern mangelt es

---

41 *Borowsky*, Art. 2 Rn. 2 ff. *Picod/van Drooghenbroeck/Tulkens*, Charte, S. 65, spricht von Konvergenz („convergence").

42 S. nur *Touzé* (Hrsg.), L'abolition, 2016.

43 *Holoubek/Lienbacher/Breitenlechner/Segalla*, GRC, Art. 2 Rn. 6. Abweichend *Jarass*, EU-GR, S. 120, demzufolge die Gewährleistung des Art. 2 ein einheitliches Grundrecht enthält, bei dem das Verbot der Todesstrafe eine Schranken-Schranke des Rechts auf Leben bildet. S. auch *Jarass*, GRC, Art. 2 Rn. 1, 13. In der Praxis dürfte dieser Meinungsstreit keine Bedeutung haben.

44 So auch *Ehlers/Schorkopf*, GR, S. 588, der von einer inhaltsgleichen Übernahme ausgeht; s. weiter *Holoubek/Lienbacher/Breitenlechner/Segalla*, GRC, Art. 2 Rn. 3 f., 12.

45 Zur ausdifferenzierten Rechtsprechung des EGMR zum Lebensrecht s. *Karpenstein/Mayer/Schübel-Pfister*, EMRK, S. 62 ff. Zu Leitentscheidungen und zur aktuellen Rechtsprechung des EGMR zu Art. 2 EMRK s. die in englischer, französischer und teilweise deutscher Sprache auf der Webseite des Straßburger Gerichtshofs veröffentlichten und regelmäßig aktualisierten „Factsheets" und „Case-Law Guides", insbesondere den „Guide on Article 2 of the European Convention on Human Rights. Right to life" vom 31.8.2018 (www.echr.coe.int).

46 Zu einschlägigen Entscheidungen des EuGH, des EGMR und nationaler Gerichte zu Art. 2 s. das Online-Tool **„Charterpedia"** der Grundrechteagentur (www.fra.europa.eu). Auch in den Führerscheinfällen geht der EuGH nicht auf die Relevanz des Rechts auf Leben ein; vgl. EuGH – *Akyüz*, Rs. C-467/10, ECLI:EU:C:2012:112, Urt. v. 1.3.2012, Rn. 37. Zum Sonderfall des der Dienstleistungsfreiheit unterfallenden ärztlichen Schwangerschaftsabbruchs s. EuGH – *Grogan*, Rs. C-159/90, ECLI:EU:C:1991:378, Urt. v. 4.10.1991. Das Recht auf Leben der betroffenen Bevölkerung ist jedenfalls bei Handelsabkommen zu beachten, s. EuG – *Front Polisario*, Rs. T-512/12, ECLI:EU:T:2015:953, Urt. v. 10.12.2015, Rn. 228. Zur möglichen Bedeutung von Art. 2 Abs. 1, 4 und 35 beim Zugang von Flüchtlingen zu ärztlicher Versorgung s. Schlussanträge des GA *Wathelet* in den verbundenen Rs. C-391/16, C-77/17, C-78/17, Rn. 134. Zur Arzneimittelwerbung s. Schlussanträge des GA *Jääskinen* in der Rs. C-249/09, Rn. 49 f.

nicht, wenn man an die – künftig europaweit zu führenden – Debatten zu „Sonderlagen“, insbesondere zur Abtreibung, Sterbehilfe oder Biotechnologie denkt.[47]

1. Absatz 1

Das **Recht auf Leben** steht **im Zentrum des grundrechtlichen Schutzsystems,**[48] als Voraussetzung aller weiteren Grundrechte. Ohne Leben, dh die biologisch-physische Existenz,[49] sind die anderen Grundrechte - bis auf Fortwirkungen des Menschenwürdeschutzes über das Lebensende hinaus - ohne Bedeutung.[50] Konsequenterweise hat der Grundrechtekonvent das Lebensrecht daher bereits in dem zweiten Artikel der Charta verankert. Die Ansiedlung im ersten Titel unter dem Leitbegriff der Menschenwürde und unmittelbar nach dem Grundrecht der Menschenwürde zeigt das Bestreben, jedem „Auseinanderdriften“ oder „Abkoppeln“ von Menschenwürde und Lebensrecht entgegenzutreten.[51] So hat der Grundrechtekonvent auch die Anregung der Europäischen Ethikkommission nicht aufgegriffen, zumindest im Kontext der Biomedizin – wie in den einschlägigen Übereinkommen üblich – auf die Erwähnung des Lebensrechts zu verzichten.[52] Die Menschenwürde in Art. 1, das Lebensrecht in Art. 2 Abs. 1 sowie das Recht auf körperliche und geistige Unversehrtheit und die biomedizinischen Rechte und Grundsätze in Art. 3 bilden eine untrennbare Einheit,[53] auch wenn ihr Schutz, wie bereits in den Vorbemerkungen zu diesem Titel dargelegt, im Einzelnen durchaus Abstufungen aufweist.[54] Zudem sind **sämtliche fundamentalen Rechte auf Inklusion angelegt** und bedürfen daher weiter Auslegung.[55] Das Schutzprogramm des ersten Titels kommt jedem zu, „der Menschenantlitz trägt“. 27

In diesem Zusammenhang ist zunächst zu klären, wer **Träger des Grundrechts auf Leben** ist. Bereits die Diskussion im Grundrechtekonvent war von Unklarheiten geprägt, die vor allem in Deutschland zu **Befürchtungen** und Ängsten interessierter Kreise führen sollten. Stein des Anstoßes war die – mittlerweile geänderte – **Verwendung von „Person“ anstelle des Begriffs „Mensch“** in der deutschen Fassung der proklamierten Charta.[56] Angesichts der im philosophischen und bioethischen Diskurs im Vordringen begriffenen Differenzierung zwischen (Nur)Menschen und Personen,[57] die auch normativ relevante Unterscheidungen mit sich bringen könnte, zeigten kirchliche Stellungnahmen, Äußerungen von Be- 28

---

47 Zu diesen Problemfeldern s. *Stern/Sachs/Höfling/Kempny*, GRC, Art. 2 Rn. 46 ff.

48 So wie Art. 2 EMRK als „Schlüsselnorm der EMRK“ angesehen wird, s. *Karpenstein/Mayer/Schübel-Pfister*, EMRK, Art. 2 Rn. 1 f. S. nur EGMR, Urt. v. 24.3.2011, Nr. 23458/02, *Giuliani und Gaggio*, Ziff. 174 („one of the basic values of the democratic societies“).

49 *Schwarze/Voet van Vormizeele*, EU, Art. 2 Rn. 5; *GSH/Augsberg*, EU, Art. 2 Rn. 3.

50 *Dörr/Grote/Marauhn/Alleweldt*, EMRK/GG, Kap. 10 Rn. 7.

51 S. zu derartigen Tendenzen und Bestrebungen *Picker*, Menschenwürde, 2002.

52 S. Dokument CHARTE 4370/00 CONTRIB 233 vom 15. Juni 2000, S. 13.

53 Zum Verhältnis des Art. 2 zu weiteren Chartarechten s. *Peers/Hervey/Kenner/Ward/Wicks*, EU Charter, 02.05 ff., und *Pechstein/Nowak/Häde/Frenz*, Frankfurter Kommentar, Art. 2 Rn. 65 ff.

54 *Borowsky*, Vorbemerkungen Rn. 11.

55 *Stern/Sachs/Höfling/Kempny*, GRC, Art. 2 Rn. 28 f.

56 S. auch *Holoubek/Lienbacher/Breitenlechner/Segalla*, GRC, Art. 2 Rn. 2; *GSH/Augsberg*, EU, Art. 2 Rn. 1; *Stern/Sachs/Höfling/Kempny*, GRC, Art. 2 Rn. 3 ff. S. zu den semantischen Divergenzen *Tettinger/Stern/Burr*, GRC, B.I. Rn. 9, sowie *Tettinger/Stern/Höfling*, GRC, Art. 2 Rn. 4. Die Verwendung des Begriffs „Person“ hat auch in anderen Mitgliedstaaten Diskussionen entfacht. So trat der spanische Regierungsvertreter *Rodriguez Bereijo* dafür ein, das Wort „Alle“ zu verwenden, um einen Konflikt in Bezug auf die Bestimmung des Begriffs „Person“, der in den einzelnen Staaten unterschiedlich ausgelegt werde, zu vermeiden (Änderungsvorschlag 35 in Dokument CHARTE 4332/00 CONVENT 35 vom 25. Mai 2000). Zur Diskussion in Italien s. *Mock/Demuro/Bifulco*, Human Rights, S. 20.

57 S. hierzu eingehend *Kipke*, Mensch, 2001.

hindertenverbänden und nicht zuletzt die Debatten zur Charta im Deutschen Bundestag erhebliche Verunsicherung. Das damit verbundene Anliegen – der Schutz der Menschenwürde gerade der Schwächsten in der Gesellschaft – ist sehr ernst zu nehmen. Könnte die Differenzierung nicht dazu führen, dass (Nur)Menschen im Wachkoma nach einem bestimmten Zeitraum die pflegerische Grundversorgung mit Nahrung und Flüssigkeit versagt wird? Dies bedeutete in der Konsequenz, dass man Menschen, die durchaus wieder ihr Bewusstsein erlangen könnten, verhungern ließe. Dürfen schwerstbehinderte Säuglinge mangels Personqualität nach der Geburt „liegengelassen", medizinische Maßnahmen verweigert werden? Der Philosoph *Thomas Sören Hoffmann* kleidete die Sorge in die Worte:[58] „Im Hintergrund mag zwar tatsächlich auch das aufrecht-feministische Bemühen des um politische Korrektheit ohnehin bemühten Textes stehen, so wenigen „men", „hommes" oder „uomini" wie möglich in Grundrechtsformulierungen über den Weg zu laufen. Wenn man aber bedenkt, daß in Fragen der Abtreibung, der Euthanasie und der Würde geistig Behinderter derzeit nichts so sehr im Fluß ist wie der Angelpunkt für die ethische und juridische Urteilsbildung, nämlich der Personbegriff, erhält die Gewährung etwa des Lebensrechts für „Personen" statt für Menschen einen beklemmenden Unterton."

29 Die mit der ursprünglichen Verwendung des Wortes „Person" verbundenen **Befürchtungen** dürften **nicht ganz unberechtigt** gewesen sein.[59] Allerdings spricht die Entstehungsgeschichte dafür, dass der Gebrauch von „Person" nicht einengend und ausgrenzend gemeint, sondern einem durchaus berechtigten **frauenpolitischen Anliegen** geschuldet war.[60] In der französischen Ausgangsfassung wählte man nämlich „personne", da das französische Wort für „Mensch", also „homme", zugleich „Mann" bedeutet und damit nicht geschlechtsneutral ist. Bei dem deutschen Wort „Person" handelte es sich schlicht um eine **missglückte Übersetzung aus dem Französischen.** Im Übrigen wurden damals noch die Worte „Mensch" und „Person" in der Charta changierend – „kreuz und quer" – und nicht immer stimmig verwendet, ohne dass ein schlüssiges Konzept oder irgendeine Differenzierungsabsicht erkennbar dahinter gestanden hätten. Dies galt nicht nur für die deutsche Sprachfassung. Eine restriktive Auslegung verbot sich zudem angesichts der Intention des Grundrechtekonvents, gerade den **schwachen und schutzbedürftigen Menschen** keinen abgesenkten menschenrechtlichen Schutzstandard zu gewähren, ihnen im Gegenteil zusätzliche Rechte an die Hand zu geben. Dies zeigen zum Beispiel die biomedizinischen Regelungen in Art. 3 Abs. 2, weiter die zahlreichen, mit Sicht auf die Unteilbarkeit der Grundrechte bewusst über die gesamte Charta verteilten sozialen Rechte und insbesondere die Rechte des Kindes, der älteren Menschen und der Menschen mit Behinderung (Art. 24, 25 und 26). Vorstöße einzelner Delegierter, das ungeborene Leben vom Schutz des Art. 2 ausdrücklich auszunehmen, blieben vor diesem Hintergrund erfolglos. Ein weiteres Argument: Es darf nicht außer Betracht bleiben, dass Art. 1 von der „Würde des Menschen", der „dignité humaine", der „human dignity" spricht. Damit wäre eine engere Auslegung des Wortes „Person" bei dem der Menschenwürde inhärenten, unmittelbar daraus sich ergebenden Lebensrecht kaum vereinbar. Schließlich ist allgemein zu bedenken, dass Art. 2 Abs. 1 mit Art. 2 Abs. 1 S. 1 EMRK identisch ist (Art. 52 Abs. 3 S. 1). Für die Auslegung wohl „führend" ist daher die Bestimmung der EMRK, von der der Grundrechtekonvent trotz unterschiedlichen Wortlauts keinesfalls abweichen wollte. Dies dürfte zur Folge haben, dass es auf die jeweilige deutsche Sprachfassung, ob nun „Person", „Mensch" oder „Jeder", ohnehin nicht ankommt. Maßgeblich sind dann nämlich allein die offiziellen und authentischen bzw. gleichermaßen verbindlichen Fassungen der

58 FAZ vom 8. Dezember 2000, Nr. 286, S. 44.
59 S. auch *Streinz/Streinz*, EUV/AEUV, Art. 2 Rn. 5; *Schwarze/Voet van Vormizeele*, EU, Art. 2 Rn. 4.
60 Noch deutlicher *Meyer/Engels*, Charta, 2001, S. 17 f.

EMRK in englischer und französischer Sprache.[61] Möglicherweise wird die Problematik dadurch aber nur verlagert.[62] Während nämlich mit der englischen Fassung („Everyone's right to life shall be protected by law.“) die befürchtete Engführung des Lebensrechts eher ausgeschlossen erscheint, lautet Art. 2 Abs. 1 S. 1 EMRK im Französischen: „Le droit de toute personne à la vie est protégé par la loi.“

Dank einer Intervention *Meyers* ist es gegen Ende des **Verfassungskonvents** gelungen, in der deutschen Fassung das unglückliche „Person“ hier und an etlichen weiteren Stellen durch „Mensch“ zu ersetzen, was im Zuge der Regierungskonferenz – mit Blick auf die Einbeziehung juristischer Personen – teilweise wieder geändert wurde.[63] Die übrigen Sprachfassungen blieben von diesen Veränderungen allerdings unberührt. Dies gilt etwa für die französische Version, die durchgängig von „personne“ spricht. Ein Unbehagen verbleibt,[64] das mit Blick auf vergleichbare Interpretationsfragen zur Biomedizinkonvention des Europarates noch verstärkt wird. 30

Auf europäischer Ebene ist bisher ungeklärt, ab wann der – möglicherweise gestufte – Lebensschutz jedes Menschen einsetzt.[65] Charta und europäisches Vertragswerk enthalten hierzu keinerlei Vorentscheidungen. Auch die europäischen Gerichtshöfe haben bisher jede Festlegung vermieden,[66] wobei dem EuGH zufolge das „**Menschwerdungspotential**“ maßgeblich ist.[67] Der **Status des Embryos** ist weiterhin **offen**, und die europäische Rechtslage birgt **erhebliches Konfliktpotential** in sich. Auch die Entscheidung des EuGH *Brüstle*, die zu patentrechtlichen Fragen erging, hat insoweit keine Klarheit gebracht, wenn auch der Schutz des ungeborenen Lebens substantiell gestärkt wurde.[68] Es erscheint problematisch, aus der aufgezeigten engen Verbindung des Lebensrechts in Art. 2 und der Menschenwürde in Art. 1 Argumente für einen mit dem deutschen Recht vergleichbaren Schutz des Embryos herzuleiten.[69] Die Frage der Reichweite des Lebensschutzes ist nämlich für beide Bestimmungen heftig umstritten, nicht anders als im nationalen Kontext. Der EGMR, der hier in Europa dereinst wohl das letzte Wort haben wird, wusste bisher jeder Festlegung auszuweichen, auch aus Respekt vor den nationalen demokratischen Prozessen und Diskursen.[70] Seine berechtigte Zurückhaltung zeigt besonders deutlich die vielbeachtete Entscheidung in dem Fall „Vo/Frankreich“ aus dem Jahr 2004, wonach angesichts des fehlenden Konsenses unter den europäischen Staaten die **Festlegung des Zeitpunkts, in dem das** 31

61 Der entsprechende Passus am Ende der EMRK lautet: „Geschehen zu Rom am 4. November 1950 in englischer und französischer Sprache, wobei jeder Wortlaut gleichermaßen verbindlich ist, in einer Urschrift, die im Archiv des Europarats hinterlegt wird.“

62 Vgl. *Streinz/Streinz*, EUV/AEUV, Art. 2 Rn. 5 („keine endgültige Klärung“); *Schwarze/Voet van Vormizeele*, EU, Art. 2 Rn. 4.

63 S. zu diesem Hin und Her eingehend *Brecht*, ZEuS 2005, 355.

64 Kritisch auch *Tettinger/Stern/Höfling*, GRC, Art. 2 Rn. 4 f.

65 Hierzu *Dörr/Grote/Marauhn/Alleweldt*, EMRK/GG, Kap. 10 Rn. 14 ff. Zur EMRK s. *Karpenstein/Mayer/Schübel-Pfister*, EMRK, Art. 2 Rn. 8 ff.

66 S. hierzu *Ehlers/Schorkopf*, GR, S. 588 f., wonach die Grundrechtslage in der Union seit dem Urteil des EuGH in der Rechtssache *Brüstle* einen Schritt weiter sein soll.

67 EuGH (GK) – *International Stem Cell Corporation*, Rs. C-364/13, ECLI:EU:C:2014:2451, Urt. v. 18.12.2014. Für die Einstufung als „menschlicher Embryo“ kommt es stets auf die „inhärente Fähigkeit an, sich zu einem Menschen zu entwickeln“ (Rn. 28 ff.).

68 EuGH (GK) – *Brüstle*, Rs. C-34/10, ECLI:EU:C:2011:669, Urt. v. 18.10.2011.

69 So aber *Mock/Demuro/Olivetti*, Human Rights, S. 15 ff., der für einen starken Schutz des Embryos eintritt.

70 *Karpenstein/Mayer/Schübel-Pfister*, EMRK, Art. 2 Rn. 8 ff. Die Menschenrechtskommission hat sich zur Zeit ihres Bestehens mehrfach – vorsichtig – dem zeitlichen Rahmen des Schutzes aus Art. 2 EMRK zugewandt, ohne jedoch eine abschließende Festlegung zu treffen. S. hierzu *Seidel*, Hdb Grund- und Menschenrechte, S. 8 f.

Recht auf Leben beginnt, in den **Beurteilungsspielraum der Mitgliedstaaten** fällt.[71] Daran hat Straßburg 2007 in dem Urteil „Evans“ festgehalten.[72] Es ist zu begrüßen, dass der EGMR die hier angesprochenen heiklen und höchst umstrittenen „issues“ den jeweils spezifischen ethischen Diskursen innerhalb der staatlich verfassten Gesellschaften und der (Vor)Klärung und normativen Durchdringung durch die nationalen Verfassungsgerichte und Gesetzgeber überlässt, da ein **europaweiter Konsens weit entfernt** erscheint.[73] Bei der, angesichts der heute durch Präimplantationsdiagnostik (PID) und Klonen aufgeworfenen Probleme als „klassisch“ zu bezeichnenden, **Abtreibungsproblematik** zum Beispiel reicht die Bandbreite von einem bis vor kurzem nahezu ausnahmslosen Abtreibungsverbot in Irland[74] bis hin zur weitgehenden Freigabe der Abtreibung etwa in den Niederlanden. Gemeinsame Wertmaßstäbe oder Standards fehlen, wie die Debatten im Grundrechtekonvent plastisch aufgezeigt haben. Die **„Wertegemeinschaft Europa“ stößt hier an ihre Grenzen.**[75] Eine europaweite Harmonisierung „von oben“ erscheint angesichts der unvereinbaren, ja unversöhnlichen Positionen zumindest derzeit weder möglich noch wünschenswert.[76] Nach alledem sollte die **„ethische Hoheit“** vorerst **bei den Mitgliedstaaten** verbleiben, eingedenk des Rates der Europäischen Ethikkommission in ihrer „Opinion on human embryo research“ vom 23. November 1998:[77] „The respect for different philosophical, moral or legal approaches and for diverse national cultures is essential to the building of Europe.“

32 Gleichwohl kommen auch die europäischen Gerichtshöfe nicht umhin, bisweilen ethisch diffizile Fragen zu entscheiden, wie die aktuelle **Euthanasiedebatte** zeigt.[78] In dem tragischen Fall *Pretty*[79] judizierte der EGMR im Jahr 2002, dass Art. 2 EMRK nicht zugleich die sog „negative Freiheit“, in diesem Fall die negative Freiheit, nicht zu leben, umfasst – im Unterschied zu anderen Freiheitsrechten wie der Vereinigungs- oder Religionsfreiheit. Die EMRK – und damit die Charta – gewährt **kein Recht auf Suizid oder auf aktive Sterbehilfe.**[80] Es steht den Mitgliedstaaten somit frei, die aktive Sterbehilfe („assisted suicide“) und jedwede Form einer Euthanasie ohne vorangehenden „informed consent“ (vgl. Art. 3 Abs. 2 lit. a)) strafrechtlich zu sanktionieren.[81] Das Recht auf Leben verpflichtet Behörden

---

71 EGMR (GK), Urt. v. 8.7.2004, Nr. 53924/00, *Vo*; kritisch hierzu *Ehlers/Uerpmann-Wittzack*, GR, S. 118 f., da der Schutzbereich des Lebensrechts zur Disposition der Mitgliedstaaten gestellt werde.

72 EGMR (GK), Urt. v. 10.4.2007, Nr. 6339/05, *Evans*, Ziff. 46.

73 Dabei verfolgt der EGMR einen „Prozeduralisierungsansatz“, wonach die jeweiligen rechtlichen Rahmenbedingungen jedenfalls klar, verbindlich und sorgfältig abgewogen sein müssen, s. *Karpenstein/Mayer/Schübel-Pfister*, EMRK, Art. 2 Rn. 14 b, unter Verweis auf EGMR, Urt. v. 30.10.2012, Nr. 57375/08, *P. und S.* (Regelungen zum Schwangerschaftsabbruch).

74 S. hierzu EuGH - *The Society for the Protection of Unborn Children Ireland Ltd*, Rs. C-159/90, ECLI:EU:C:1991:378, Urt. v. 4.10.1991, und EGMR (GK), Urt. v. 16.12.2010, Nr. 25579/05, *A., B. und C.* Eine Volksabstimmung lockerte jüngst das strikte irische Abtreibungsverbot.

75 Zu den Konvergenzen und Divergenzen beim Recht auf Leben in Europa s. *Mathieu, Bertrand*, Right to Life, 2006, S. 101 ff. S. weiter *Ehlers/Schorkopf*, GR, S. 589.

76 *Schwarze/Voet van Vormizeele*, EU, Art. 2 Rn. 5; in diese Richtung auch *Calliess/Ruffert/Calliess*, EUV/AEUV, Art. 1 Rn. 22, Art. 2 Rn. 12.

77 Abrufbar über die Webseite der European Group on Ethics in Science and New Technologies (EGE): https://ec.europa.eu/research/ege/index.cfm.

78 S. hierzu auch die Recommendation 1418 (1999) des Europarates „Protection of the human rights and dignity of the terminally ill and the dying“, zugleich Dokument CHARTE 4219/00 CONTRIB 94 vom 7. April 2000.

79 EGMR, Urt. v. 29.4.2002, Nr. 2346/02, *Pretty*. S. weiter EGMR, Urt. v. 20.1.2011, Nr. 31322/07, *Haas*; EGMR, Urt. v. 19.7.2012, Nr. 497/09, *Koch*; EGMR (GK), Urt. v. 20.9.2014, Nr. 67810/10, *Gross*; EGMR (GK), Urt. v. 5.6.2015, Nr. 46043/14, *Lambert ua*, Ziff. 144 ff.

80 S. zur Rechtsprechung des EGMR das „Factsheet“ „End of Life and the European Convention on Human Rights“ vom Januar 2018 (www.echr.coe.int).

81 *Nowak*, Article 2, S. 34.

jedenfalls, eine Person an einer Selbsttötung zu hindern, wenn sie die Entscheidung dazu nicht frei und in Kenntnis aller Umstände getroffen hat, so der EGMR in dem Urteil *Haas*.[82] Da hierüber kaum empirische Gewissheit zu erlangen ist, dürfte in der Regel eine Schutzpflicht bestehen. Eine Suizidverhinderung ist reversibel, ein erfolgreicher Suizid nicht. Diese Entscheidungen deuten zugleich darauf hin, dass die liberale Euthanasiegesetzgebung in den Niederlanden, in Belgien und seit 2009 auch in Luxemburg[83] einen Verstoß gegen das Lebensrecht in EMRK und Charta darstellen könnte.[84] Dies betrifft vor allem eine Sterbehilfe für Kinder, wie sie in Belgien seit 2014 möglich ist. Die Gefahr der „abschüssigen Bahn", auch als „slippery slope"-Argument bekannt, ist hier mit Händen zu greifen, wie *John Keown* überzeugend dargelegt hat,[85] wobei dies noch durch weiteres „fact finding" zu erhärten wäre. Die Schutzpflichtdimension des Rechts auf Leben soll jedweder Missbrauchsgefahr wehren, wie auch der EGMR betont.[86]

Der Grundrechtekonvent hat das Spannungsverhältnis zwischen Autonomie der Charta und Kohärenz des Rechtsschutzes in Europa dahingehend gelöst, dass er über die dynamische Klausel des Art. 52 Abs. 3 S. 1 nahezu alle Rechte der EMRK der Charta inkorporierte. Die **inhaltliche Identität** dieser Rechte führt dazu, dass die – bisherige und künftige – **Rechtsprechung des Straßburger Gerichtshofes für ihre Auslegung und Anwendung maßgeblich** ist.[87] Für die Interpretation des Lebensrechts in der Charta ergeben sich daher dank der zunehmend reichhaltigen und sich ausdifferenzierenden Rechtsprechung des EGMR zu Art. 2 Abs. 1 S. 1 EMRK[88] die **folgenden Leitlinien und Orientierungspunkte:**[89] 33

82 EGMR, Urt. v. 20.1.2011, Nr. 31322/07, *Haas*.

83 Das luxemburgische Gesetz „Loi sur l'euthanasie et l'assistance au suicide" trat am 17. März 2009 in Kraft.

84 Vgl. *Nowak*, Article 2, S. 34 f.

85 *Keown*, Euthanasia, 2002, s. auch *ders.*, Law, 2012, S. 275 ff.

86 EGMR, Urt. v. 20.1.2011, Nr. 31322/07, *Haas*: Die mit einem Rechtssystem, das die Beihilfe zum Selbstmord erleichtere, verbundene Missbrauchsgefahr dürfe nicht unterschätzt werden.

87 S. *Borowsky* (Vorauflage), Art. 52 Rn. 30, 37. Vgl. *Schwerdtfeger*, Art. 52 Rn. 61. Zur inhaltlichen Identität mit Art. 2 EMRK s. auch *Holoubek/Lienbacher/Breitenlechner/Segalla*, GRC, Art. 2 Rn. 3 f., 12.

88 S. den „Guide on Article 2 of the European Convention on Human Rights. Right to life" vom 31.8.2018, sowie das „Factsheet" „Right to life" vom Juni 2013 (www.echr.coe.int). S. etwa die **Leitentscheidungen**: EGMR (GK), Urt. v. 27.9.1995, Nr. 18984/91, *McCann ua* (Tötung vermeintlicher Terroristen bei Polizeieinsatz); EGMR, Urt. v. 9.10.1997, Nr. 25052/94, *Andronicou u. Constantinou* (Tötung bei Geiselbefreiung); EGMR, Urt. v. 9.6.1998, Nr. 23413/94, *L.C.B.* (Schutzpflicht gegenüber lebensgefährdenden Gesundheitsrisiken); EGMR (GK), Urt. v. 28.10.1998, Nr. 23452/94, *Osman* (Schutzpflicht bei Tötung durch Dritte); EGMR (GK), Urt. v. 20.5.1999, Nr. 21594/93, *Oğur* (Tötung durch Sicherheitskräfte); EGMR, Urt. v. 14.3.2002, Nr. 46477/99, *Edwards* (Tötung eines Strafgefangenen durch einen weiteren); EGMR, Urt. v. 29.4.2002, Nr. 2346/02, *Pretty* (Beihilfe zum Suizid); EGMR (GK), Urt. v. 8.7.2004, Nr. 53924/00, *Vo* (unabsichtliche Tötung eines Fötus); EGMR (GK), Urt. v. 20.12.2004, Nr. 50385/99, *Makaratzis* (exzessiver Waffengebrauch durch Polizisten); EGMR (GK), Urt. v. 10.4.2007, Nr. 6339/05, *Evans* (Schutz ungeborenen Lebens); EGMR (GK), Urt. v. 24.3.2010, Nr. 23458/02, *Giuliano u. Gaggio* (Einsatz von Schusswaffen bei einer Demonstration); EGMR (GK), Urt. v. 5.6.2015, Nr. 46043/14, *Lambert ua* (Abbruch künstlicher Ernährung). Die Entscheidungen des EGMR sind über die Datenbank HUDOC abrufbar: www.hudoc.echr.coe.int.

89 Zu einschlägigen Entscheidungen des EuGH, des EGMR und nationaler Gerichte zu Art. 2 s. das Online-Tool „**Charterpedia**" der Grundrechteagentur (www.fra.europa.eu). Zur Rechtsprechung des EGMR zu Art. 2 EMRK s. die in englischer, französischer und teilweise deutscher Sprache auf der Webseite des Straßburger Gerichtshofs veröffentlichten und regelmäßig aktualisierten „Factsheets" und „Case-Law Guides" (www.echr.coe.int).

34 Wie aufgezeigt, ist der **Schutzbereich des Lebensrechts** im Hinblick auf **Embryonen** auf europäischer Ebene noch weitgehend ungeklärt.[90] Allerdings gibt es keinen durchgreifenden Grund dafür, ungeborenes menschliches Leben aus dem Schutz der Charta von vornherein auszuklammern.[91] Es sollte ein angemessener Ausgleich der entgegenstehenden Interessen der Frau und des Fötus stattfinden.[92] Einigkeit besteht jedenfalls darüber, dass der Schutz des Lebens sich von der Geburt bis zum Tod erstreckt, wobei weithin auf den **Hirntod** abgestellt wird, dh den Ausfall des gesamten Gehirns.[93] Da die Menschenwürde auf Inklusion angelegt ist und auch geklontes menschliches Leben schutzwürdig, kommen einem geklonten Menschen Menschenwürde und Lebensrecht zu.[94]

Art. 2 hat **primär** eine **Abwehrrichtung**, darüber hinaus aber auch eine **wesentliche Schutzpflichtdimension.**[95] Dieses Grundrecht schützt mit anderen Worten vor willkürlichen Eingriffen in das menschliche Leben und zugleich vor seiner Schutzlosstellung, wobei beide Dimensionen eng miteinander verwoben sind. Mit Fragen der Lebensqualität oder der Lebensgestaltung hat diese Bestimmung dabei nichts zu tun.[96] Beides – Abwehrrecht wie Schutzpflichtdimension – sind gleichgewichtige und gleichwertige Bestandteile des Rechts auf Leben.[97] Der Straßburger Gerichtshof schreitet im Übrigen zu einer Vorverlagerung auf **lebensgefährdende Situationen** („near death situations").[98] So kann ein Vorfall, der nicht zum Tode führt, unter außergewöhnlichen Umständen eine Verletzung des Rechts auf Leben sein, wie etwa die Infizierung mit einer tödlichen Krankheit (AIDS).[99] Der Schutz des Art. 2 sollte allerdings nur zurückhaltend auf aktuelle oder potentielle Lebensgefährdungen vorverlagert werden, um nicht die Grenzen zu dem Verbot der Folter und unmenschlicher oder erniedrigender Behandlung nach Art. 4 zu verwischen.[100]

---

90 Der EGMR räumt den Mitgliedstaaten einen großzügigen Beurteilungsspielraum ein und hat bislang keine eindeutigen Festlegungen vorgenommen. Dies bedeutet zugleich, dass es zu keiner Absenkung der hohen deutschen Schutzstandards kommt, so *Karpenstein/Mayer/Schübel-Pfister*, EMRK, Art. 2 Rn. 2.

91 So für die EMRK *Ehlers/Uerpmann-Wittzack*, GR, S. 118; EGMR (GK), Urt. v. 8.7.2004, Nr. 53924/00, *Vo*, Ziff. 80. Für einen starken Schutz des Embryos *Frenz*, Hdb EuR, Rn. 881 ff. S. jetzt auch – schutzverstärkend – EuGH (GK) – *Brüstle*, Rs. C-34/10, ECLI:EU:C:2011:669, Urt. v. 18.10.2011, Rn. 38.

92 Vgl. EGMR, Urt. v. 5.9.2002, Nr. 50490/99, *Boso*.

93 *Schwarze/Voet van Vormizeele*, EU, Art. 2 Rn. 5. Eingehend zum Hirntod *Frenz*, Hdb EuR, Rn. 888. Kritisch zum – zunehmend problematisierten – Hirntodkonzept *Stern/Sachs/Höfling/Kempny*, GRC, Art. 2 Rn. 24 f.; *Tettinger/Stern/Höfling*, GRC, Art. 2 Rn. 24.

94 *Rengeling/Szczekalla*, GR in der EU, Rn. 577. AA *Pechstein/Nowak/Häde/Frenz*, Frankfurter Kommentar, Art. 1 Rn. 27, mit dem Argument, über durch Klonen entstandene menschliche Wesen sei zu wenig bekannt.

95 *Schwarze/Voet van Vormizeele*, EU, Art. 2 Rn. 6. Zu den – präventiven wie nachträglichen – Schutzpflichten aus Art. 2 EMRK eingehend *Karpenstein/Mayer/Schübel-Pfister*, EMRK, Art. 2 Rn. 30 ff.

96 EGMR, Urt. v. 29.4.2002, Nr. 2346/02, *Pretty*, Ziff. 39.

97 *Frenz*, Hdb EuR, Rn. 902.

98 S. *Karpenstein/Mayer/Schübel-Pfister*, EMRK, Art. 2 Rn. 18 f.; *Meyer-Ladewig/Nettesheim/Raumer*, EMRK, Art. 2 Rn. 4 f. S. etwa EGMR (GK), Urt. v. 20.12.2004, Nr. 50385/99, *Makaratzis*, Ziff. 49 ff. Zur bereits reichhaltigen Rechtsprechung des EGMR zu „near death situations" s. auch den „Guide on Article 2 of the European Convention on Human Rights. Right to life" vom 31.8.2018, S. 6 f. (www.echr.coe.int).

99 Vgl. EGMR, Urt. v. 5.3.2009, Nr. 77144/01 ua, *Colak u. Tsakiridis*. S. auch EGMR (GK), Urt. v. 27.6.2000, Nr. 22277/93, *Ilhan*, Ziff. 76 (lebensgefährlicher Schusswaffeneinsatz).

100 *Holoubek/Lienbacher/Breitenlechner/Segalla*, GRC, Art. 2 Rn. 18. Für die EMRK *Meyer-Ladewig/Nettesheim/Raumer*, EMRK, Art. 2 Rn. 5.

Als **Abwehrrecht** verbietet Art. 2 Abs. 1 Tötungen, die der unionalen oder – im Anwendungsbereich der Charta (Art. 51)[101] – der mitgliedstaatlichen Hoheitsgewalt zuzurechnen sind. Mannigfache **Verletzungshandlungen** kommen in Betracht, von der Vernachlässigung eines in hoheitlicher Aufsicht befindlichen Menschen, die zu seinem Tod führt, über die Verpflichtung zu lebensgefährlicher Tätigkeit bis hin zur staatlich praktizierten Euthanasie. Auch **Angehörige** und selbst Nichtregierungsorganisationen können – wie beim Folter- und Sklavereiverbot[102] – eine Verletzung des Lebensrechts geltend machen.[103] Im Vordergrund steht der **hoheitliche Schusswaffengebrauch**, der nur als *ultima ratio* des staatlichen Handelns zulässig sein kann.[104] Dabei kommt es nach ständiger Rechtsprechung nicht darauf an, ob der Tod beabsichtigt („finaler Todesschuss“) oder nur eine ungewollte Folge war. Ein Tötungsvorsatz ist mithin nicht erforderlich.[105] Im Vorfeld ist jeder unbedingt notwendige Einsatz von Gewalt vor allem bei Polizeieinsätzen so zu planen, vorzubereiten und auszuführen, dass das Risiko eines tödlichen Ausgangs auf ein Minimum reduziert wird.[106] Dieser **prozedurale Aspekt** wird vor allem bei der Terrorismusbekämpfung relevant.[107] Kommt es gleichwohl zu einer möglichen Verletzung des Rechts auf Leben, so ist eine offizielle und effektive Untersuchung des Vorfalls durchzuführen,[108] dh eine faktisch unabhängige, umfangreiche und öffentliche Ermittlung, die dazu geeignet ist, die Verursacher zu ermitteln und zur Verantwortung zu ziehen.[109] Von besonderem Interesse erscheint hier die Verbindungslinie zum Diskriminierungsverbot in Art. 14 EMRK. Aus Art. 2 iVm Art. 14 EMRK ergibt sich die **Pflicht zur diskriminierungsfreien Ermittlung und Verfolgung von Tötungen.**[110] Den Staat trifft dabei die Verpflichtung, „alle zumutbaren („reasonable“) Maßnahmen zu ergreifen, um rassistische Motive aufzudecken und um zu ermitteln, ob ethnischer Hass oder ethnische Vorurteile eine Rolle gespielt haben.“[111] Dies alles muss erst Recht für die Charta mit ihren vielfältigen Diskriminierungsverboten gelten. Im Falle des Todes im hoheitlichen Gewahrsam arbeitet der EGMR – wie in den Fällen der Folter[112] – aufgrund der gesteigerten Verantwortung der Hoheitsträger mit einer Beweiser- 35

101 Zur Geltung der Charta für die Mitgliedstaaten s. *Schwerdtfeger*, Art. 51 Rn. 36 ff. S. weiter die Übersicht „Anwendungsbereich der Charta der Grundrechte der Europäischen Union“ vom Dezember 2017 (www.curia.eu) und das Handbuch „Applying the Charter of Fundamental Rights of the European Union in law and policymaking at national level“ aus 2018 (www.fra.europa.eu).

102 *Borowsky*, Art. 4 Rn. 15.

103 *Meyer-Ladewig/Nettesheim/Raumer*, EMRK, Art. 2 Rn. 26. S. die tragischen Fälle EGMR (GK), Urt. v. 5.6.2015, Nr. 46043/14 ua, *Lambert ua*, Ziff. 91 ff., sowie EGMR (GK), Urt. v. 17.7.2014, Nr. 47848/08, *Centre de ressources juridiques au nom de Valentin Campanu*, Ziff. 96 f., s. hierzu *Picod/van Drooghenbroeck/Tulkens*, Charte, S. 69 f.

104 *Schwarze/Voet van Vormizeele*, EU, Art. 2 Rn. 6.

105 St. Rspr.; EGMR (GK), Urt. v. 20.5.1999, Nr. 21594/93, *Oğur*, Ziff. 78; EGMR (GK), Urt. v. 27.6.2000, Nr. 21986/93, *Salman*, Ziff. 98; EGMR, Urt. v. 24.3.2005, Nr. 21894/93, *Akkum ua*, Ziff. 237.

106 St. Rspr.; EGMR, Urt. v. 26.2.2004, Nr. 43577/98 ua, *Nachova ua*, Ziff. 95.

107 Eingehend zur Terrorismusbekämpfung *Picod/van Drooghenbroeck/Tulkens*, Charte, S. 73 ff. Zur einschlägigen Rechtsprechung des EGMR s. das auf seiner Webseite veröffentlichte „Factsheet“ „Terrorism and the European Convention on Human Rights“ vom November 2018 (www.echr.coe.int).

108 St. Rspr.; s. aktuell und detailliert zu den prozeduralen Pflichten EGMR (GK), Urt. v. 30.3.2016, Nr. 5878/08, *Armani da Silva*. S. bereits EGMR (GK), Urt. v. 26.2.2004, Nr. 43577/98 ua, *Nachova ua*, Ziff. 116.

109 St. Rspr.; EGMR (GK), Urt. v. 8.4.2004, Nr. 26307/95, *Tahsin Acar*, Ziff. 220 ff.

110 *Schwarze/Voet van Vormizeele*, EU, Art. 2 Rn. 6; *Jarass*, GRC, Art. 2 Rn. 12.

111 EGMR, Urt. v. 26.2.2004, Nr. 43577/98 ua, *Nachova ua*, Ziff. 158, bestätigt in EGMR (GK), Urt. v. 6.7.2005, Ziff. 160 f. S. auch *Thürer/Dold*, EuGRZ 2005, 1 ff.

112 *Borowsky*, Art. 4 Rn. 20.

leichterung oder gar **Beweislastumkehr.**[113] Ist eine Person bei ihrer Ingewahrsamnahme guter Gesundheit und kommt es zum Todesfall, so ist es eine Obliegenheit des betroffenen Staates, dies aufzuklären. Im Zweifel ist anzunehmen, dass die Gewahrsamsstelle für den Tod verantwortlich ist.[114]

36 **Kein Eingriff in den Schutzbereich** liegt vor bei rein **privatem Verhalten** oder bei **Naturereignissen,** die zum Tode führen.[115] Von Bedeutung ist dies etwa beim Schwangerschaftsabbruch oder bei der Tötung „überzähliger" Embryonen, soweit man überhaupt das ungeborene Leben vom Schutzbereich erfasst sieht. Eine andere Frage ist allerdings, ob in diesen Fällen nicht eine Pflicht der Union wie der Mitgliedstaaten besteht, sich schützend vor das ungeborene Leben zu stellen. Jedenfalls besteht eine Pflicht zum hinreichenden Schutz vor und bei Naturkatastrophen, auch in Gestalt von Informationspflichten.[116]

37 Art. 2 Abs. 1 erlegt der Hoheitsgewalt nämlich die Verpflichtung zum effektiven Schutz und zur umfassenden Förderung des Lebens auf,[117] wobei auch eine **unmittelbare Drittwirkung,** dh Geltung für Private, künftig durchaus nahe liegt.[118] Diese **Schutzpflichtdimension**[119] ist insbesondere dann angesprochen, wenn ein Tod nicht auf hoheitliches Verhalten zurückgeht, sondern auf privates Tun oder Unterlassen oder ein Naturereignis.[120] Art. 2 Abs. 1 entfaltet eine **doppelte – präventive und repressive – Schutzrichtung.** Zudem unterscheidet der EGMR allgemein zwischen **materiellen** und **verfahrensrechtlichen Schutzpflichten**[121] – ein dichtes und umfassendes Pflichtenprogramm. Zunächst und hauptsächlich muss der Staat das Leben allgemein dadurch schützen, dass er **gesetzliche Maßnahmen** ergreift und ein hinreichendes Regelwerk („regulatory framework") schafft, also Tötungshandlungen durch Private unter Strafe stellt (Pönalisierungspflicht) und verfolgt, dh zumindest ein gesetzlich sanktioniertes Tötungsverbot und die zu dessen Durchsetzung erforderlichen Polizeigesetze erlässt.[122] Dieser **strafrechtliche Schutz** muss jedenfalls **effektiv** sein und darf nicht nur auf dem Papier stehen,[123] weshalb den staatlichen Organen auch **Ermittlungspflichten** obliegen.[124] Umstritten sind die Grenzen, die die Rechtsordnung dem

---

113 *Ehlers/Uerpmann-Wittzack*, GR, S. 114; *Karpenstein/Mayer/Schübel-Pfister*, EMRK, Art. 2 Rn. 16; *Meyer-Ladewig/Nettesheim/Raumer*, EMRK, Art. 2 Rn. 36.

114 St. Rspr.; EGMR (GK), Urt. v. 27.6.2000, Nr. 21986/93, *Salman*, Ziff. 100–103; EGMR, Urt. v. 8.4.2004, Nr. 32457/96, *Özalp ua*, Ziff. 34.

115 *Schwarze/Voet van Vormizeele*, EU, Art. 2 Rn. 6.

116 *Picod/van Drooghenbroeck/Tulkens*, Charte, S. 72 f. EGMR, Urt. v. 28.2.2012, Nr. 17423/05, *Kolyadenko*, Ziff. 157 ff.; EGMR, Urt. v. 20.3.2008, Nr. 15339/02 ua, *Budayeva ua*; EGMR (GK), Urt. v. 30.11.2004, Nr. 48939/99, *Öneryildiz*, Ziff. 90.

117 St. Rspr.; EGMR (GK), Urt. v. 30.11.2004, Nr. 48939/99, *Öneryildiz*, Ziff. 71 (Explosion einer Müll-Deponie); EGMR (GK), Urt. v. 17.7.2014, Nr. 47848/08, *Centre de ressources juridiques au nom de Valentin Campanu*, Ziff. 130.

118 Zur unmittelbaren Drittwirkung der fundamentalen Rechte im ersten Titel s. *Borowsky*, Art. 1 Rn. 43. AA *Pechstein/Nowak/Häde/Frenz*, Frankfurter Kommentar, Art. 2 Rn. 8. S. auch die zurückhaltenden Schlussanträge von GA *Bobek* v. 25.7.2018 in der Rs. C-193/17, Rn. 130 ff. Vermittelnd *Jarass*, GRC, Art. 2 Rn. 3, Art. 51 Rn. 33 ff., 38.

119 Zur Schutzpflichtdimension s. auch *Stern/Sachs/Höfling/Kempny*, GRC, Art. 2 Rn. 32 ff.; *Jarass*, EU-GR, S. 125 f.; *Jarass*, GRC, Art. 2 Rn. 8; *Dörr/Grote/Marauhn/Alleweldt*, EMRK/GG, Kap. 10 Rn. 34; *Streinz/Streinz*, EUV/AEUV, Art. 2 Rn. 8.

120 *Ehlers/Uerpmann-Wittzack*, GR, S. 123.

121 *Holoubek/Lienbacher/Breitenlechner/Segalla*, GRC, Art. 2 Rn. 20 ff.

122 St. Rspr.; EGMR, Urt. v. 15.1.2004, Nr. 27699/95, *Tekdag*, Ziff. 79. S. hierzu *Nowak*, Article 2, S. 33.

123 St. Rspr.; EGMR, Urt. v. 15.1.2004, Nr. 27699/95, *Tekdag*, Ziff. 79.

124 S. hierzu *Altermann*, Ermittlungspflichten, 2006, weiter *Frenz*, Hdb EuR, Rn. 910 ff.

privaten Notwehrrecht zu setzen hat.[125] Jedenfalls muss der Staat dafür Sorge tragen, dass auch das Leben des Angreifers ausreichend geschützt wird – eine oft verkannte Schutzpflichtdimension von besonderer Bedeutung für das nationale materielle Strafrecht.[126] Diese repressive Seite der Schutzpflichten hat der EGMR herausgestellt, indem er verlangte, dass „der Staat hauptsächlich das Recht auf Leben durch wirksame strafrechtliche Vorschriften schützen muss, um vor Angriffen gegen eine Person abzuschrecken, Vorschriften, die durch ein Vollzugssystem zur Vorbeugung, Verhinderung und Bestrafung von Verstößen begleitet sein müssen."[127] Über derartige repressive Maßnahmen hinaus hält der EGMR auch **präventive Maßnahmen zum Schutz des Lebens** für geboten.[128] So darf ein Staat niemandem die notwendige medizinische Versorgung vorenthalten. Zugleich hat die Hoheitsgewalt dafür zu sorgen, dass im Gesundheitsbereich, ob privat oder öffentlich, die Rechte der Patienten gewahrt und Verstöße dagegen verfolgt und bestraft werden.[129] Allgemein sind bei konkreten Gefahren die entsprechenden Schutzmaßnahmen zu ergreifen.[130] Unter besonderen Umständen kann also die Verpflichtung bestehen, vorbeugende praktische Maßnahmen zu treffen, um eine Person zu schützen, deren Leben durch Straftaten bedroht ist.[131] Der Überblick zeigt, dass das Recht auf Leben auch eine gewichtige verfahrensrechtliche Komponente aufweist, ein Beispiel für den **Grundrechtsschutz durch Verfahren.**[132] Wie stets bei der Erfüllung von Schutzpflichten kommt der Union und den Mitgliedstaaten auch hier eine angemessene *margin of appreciation* zu, dh ein weiter Gestaltungsspielraum.[133]

Von zunehmendem Interesse sind die **hoheitlichen Schutzpflichten im Gesundheits-, Umwelt- und Verbraucherschutzrecht.**[134] So gilt es, die Menschen vor den Gefährdungen der modernen Zivilisation wie dem Verkehr oder der Atomenergie, allgemein vor gravierenden Umwelt- und Gesundheitsrisiken hinreichend zu schützen.[135] Stichworte wie Klimaveränderung und dadurch hervorgerufene Überschwemmungen, BSE oder Vogelgrippe legen nahe, dass dem Gesetzgeber bei den möglichen präventiven Maßnahmen ein erheblicher, weit gespannter **rechtspolitischer Gestaltungsspielraum** zukommt. Stets muss aber die effektive Durchführung der Gesetze und ihre Überwachung *in praxi* sichergestellt sein, insbesondere 38

125 S. hierzu *Jarass*, EU-GR, S. 126, sowie *Dörr/Grote/Marauhn/Alleweldt*, EMRK/GG, Kap. 10 Rn. 66 f.

126 S. *Ehlers/Uerpmann-Wittzack*, GR, S. 123.

127 EGMR, Urt. v. 8.11.2005, Nr. 34056/02, *Gongadze*, Ziff. 164.

128 Eingehend *Dörr/Grote/Marauhn/Alleweldt*, EMRK/GG, Kap. 10 Rn. 83 ff.

129 Vgl. EGMR, Urt. v. 20.9.2011, Nr. 27294/08, *Konczelska*.

130 St. Rspr.; EGMR, Urt. v. 30.3.2004, Nr. 25354/94, *Nuray Sen* (No. 2), Ziff. 180.

131 EGMR, Urt. v. 8.11.2005, Nr. 34056/02, *Gongadze*. Hierzu eingehend *Frenz*, Hdb EuR, Rn. 904 ff.

132 *Frenz*, Hdb EuR, Rn. 915. Zu den verfahrensrechtlichen Schutzwirkungen *Dörr/Grote/Marauhn/Alleweldt*, EMRK/GG, Kap. 10 Rn. 105 ff. Zu den „procedural obligations" s. auch den „Guide on Article 2 of the European Convention on Human Rights. Right to life" vom 31.8.2018, S. 28 ff. (www.echr.coe.int).

133 *Nowak*, Article 2, S. 33; *Stern/Sachs/Höfling/Kempny*, GRC, Art. 2 Rn. 33.

134 *Nowak*, Article 2, S. 35. Zur EMRK s. *Meyer-Ladewig/Nettesheim/Raumer*, EMRK, Art. 2 Rn. 7, 14, 16. Zum Gesundheitswesen s. *Picod/van Drooghenbroeck/Tulkens*, Charte, S. 71 f, sowie EGMR (GK), Urt. v. 17.1.2002, Nr. 32967/96, *Calvelli und Ciglio*, und EGMR (GK), Urt. v. 19.12.2017, Nr. 56080/13, *Lopes de Sousa Fernandes*.

135 Vgl. EGMR, Urt. v. 9.6.1998, Nr. 23413/94, *L.C.B.* (Leukämieerkrankung aufgrund von Atomversuchen); EGMR, Urt. v. 20.3.2008, Nr. 15339/02 ua, *Budayeva ua* (Schlammlawine); EGMR, Urt. v. 24.7.2014, Nr. 60908/11 ua, *Brincat ua* (Asbest am Arbeitsplatz). Zu den vom Schutz umfassten „Lebensgrundlagen" eingehend *Pechstein/Nowak/Häde/Frenz*, Frankfurter Kommentar, Art. 2 Rn. 18 ff.

beim Betrieb gefährlicher Anlagen.[136] Dazu gesellt sich die vom EGMR betonte Pflicht zu einer ausreichenden Information der Bevölkerung über Umweltrisiken.[137]

39 Die allgemeine Schrankenbestimmung des Art. 52 Abs. 1 kommt beim Recht auf Leben nicht zur Anwendung, da insoweit die Transferklausel des Art. 52 Abs. 3 S. 1 *lex specialis* ist.[138] Das **Recht auf Leben** wird – wie sein Pendant in der EMRK – **schrankenlos gewährleistet,** was seinem fundamentalen Charakter entspricht.[139] Allerdings gelten über die Transfer- und Inkorporationsklausel des Art. 52 Abs. 3 S. 1 auch die in Art. 2 Abs. 2 EMRK enthaltenen **„Negativdefinitionen" oder Ausnahmetatbestände** automatisch „als **Teil der Charta**", wie die „Erläuterungen" betonen. Mithin ist das unionale Recht auf Leben zwar – anders als die Regelung im deutschen Grundgesetz – schrankenlos, gleichwohl genießt es **keine absolute Geltung** wie die Menschenwürde in Art. 1 oder die Folter- und Sklavereiverbote der Charta.[140] Dies zeigt sich auch darin, dass das Recht auf Leben zwar grundsätzlich „notstandsfest" ist, wobei über Art. 52 Abs. 3 S. 1 die Notstandsklausel in Art. 15 EMRK zum Tragen kommt.[141] Wird jedoch das „Leben der Nation", dh der Bestand der Union oder der Mitgliedstaaten, durch Krieg oder einen anderen öffentlichen Notstand bedroht, darf „bei Todesfällen infolge rechtmäßiger Kriegshandlungen" von Art. 2 abgewichen werden (Art. 15 Abs. 2 EMRK).[142] Diese eng umgrenzte Befreiung könnte bei **Kampfeinsätzen der Union** zur Bekämpfung des Terrorismus, dh der Mobilisierung entsprechender militärischer Mittel (vgl. Art. 222 AEUV), oder im Verteidigungsfall relevant werden.[143]

Sämtliche fundamentalen Rechte der Charta wirken schutzverstärkend zusammen.[144] Dabei sind die am stärksten geschützten Rechte vorrangig zu prüfen und anzuwenden. Hieraus ergibt sich, dass bei bloßen Gefährdungslagen den Verboten in Art. 4 und Art. 5 Abs. 1

---

136 EGMR (GK), Urt. v. 30.11.2004, Nr. 48939/99, *Öneryildiz*, Ziff. 109 f.

137 St. Rspr.; EGMR (GK), Urt. v. 30.11.2004, Nr. 48939/99, *Öneryildiz*, Ziff. 89 f.

138 S. *Borowsky* (Vorauflage), Art. 52 Rn. 29; *Holoubek/Lienbacher/Breitenlechner/Segalla*, GRC, Art. 2 Rn. 25. Auch der EuGH geht davon aus, dass Art. 2 EMRK „keinerlei Beschränkung unterlieg(t)", EuGH – *Schmidberger*, Rs. C-112/00, ECLI:EU:C:2003:333, Urt. v. 12.6.2003, Rn. 80. AA etwa *Jarass*, EU-GR, S. 123, s. auch *Jarass*, GRC, Art. 2 Rn. 9. Ähnlich *Peers/Hervey/Kenner/Ward/Wicks*, EU Charter, 02.23, wonach Art. 52 Abs. 1 dann zusätzlich zur Anwendung kommen soll, wenn so ein höherer Lebensschutz als nach der EMRK erreicht wird. Dies hält *Wicks* allerdings nur über die Wesensgehaltsgarantie für denkbar. AA *Schwerdtfeger*, Art. 52 Rn. 63 (keine Verdrängung des Art. 51 Abs. 1).

139 *Calliess/Ruffert/Calliess*, EUV/AEUV, Art. 2 Rn. 20. Vgl. EuGH – *Schmidberger*, Rs. C-112/00, ECLI:EU:C:2003:333, Urt. v. 12.6.2003, Rn. 80.

140 *Nowak*, Article 2, S. 30.

141 S. EuGH (GK) – *Y. und Z.*, Rs. C-71/11, ECLI:EU:C:2012:518, Urt. v. 5.9.2012, Rn. 8 („Die Rechte, von denen gemäß Art. 15 Abs. 2 EMRK in keinem Fall abgewichen werden darf, sind in den Art. 2, 4, 5 Abs. 1 und 49 der Charta verankert."). Zu Art. 2 EMRK s. EGMR (GK), Urt. v. 27.9.1995, Nr. 18984/91, *McCann ua*, Ziff. 147, und EGMR (GK), Urt. v. 24.3.2011, Nr. 23458/02, *Giuliani und Gaggio*, Ziff. 174.

142 S. auch *Nowak*, Article 2, S. 32. Zur Voraussetzung rechtmäßiger Kriegshandlungen s. *Karpenstein/Mayer/Johann*, EMRK, Art. 15 Rn. 12. Allgemein zur Geltung der EMRK im Notstandsfall s. das „Factsheet" „Derogation in time of emergency" vom August 2018 sowie den „Guide on Article 15 of the European Convention on Human Rights – Derogation in time of emergency" vom 31. August 2018 (www.echr.coe.int).

143 Zu den schwierigen mit einer Aussetzung verbundenen Fragen s. *Peers/Hervey/Kenner/Ward/Wicks*, EU Charter, 02.25. Zusätzlich zu den strengen Voraussetzungen des Art. 15 EMRK müsste Art. 347 AEUV beachtet werden.

144 Zum möglichen Verhältnis des Lebensrechts zu anderen Normen s. auch *Pechstein/Nowak/Häde/Frenz*, Frankfurter Kommentar, Art. 2 Rn. 65 ff.; *Peers/Hervey/Kenner/Ward/Wicks*, EU Charter, 02.05 ff.; *Jarass*, GRC, Art. 2 Rn. 4.

und 3 – als absoluten Rechten – ein Vorrang zukommt, während Art. 3 gegenüber Art. 2 zurücktreten dürfte. In der Regel wird bei einschlägigen Sachverhalten ohnehin eine kumulative oder parallele Prüfung geboten sein, so dass etwa das Lebensrecht wie das Folterverbot als verletzt angesehen werden können, wie bei Folterhandlungen, die zum Tode geführt haben. Stets ist die interpretatorische Ausstrahlungskraft des Art. 1 – die Menschenwürde – im Blick zu behalten, was zu einer „in Verbindung mit"-Rechtsprechung führt.[145]

Die über Art. 52 Abs. 3 S. 1 in die Charta einbezogenen, abschließenden und eng auszulegenden **Ausnahmen des Art. 2 Abs. 2 EMRK** stellen klar, welche drei Situationen von vornherein nicht in den Schutzbereich des Rechts auf Leben fallen:[146] „Eine Tötung wird nicht als Verletzung dieses Artikels betrachtet, wenn sie durch eine Gewaltanwendung verursacht wird, die unbedingt erforderlich ist, um a) jemanden gegen rechtswidrige Gewalt zu verteidigen; b) jemanden rechtmäßig festzunehmen oder jemanden, dem die Freiheit rechtmäßig entzogen ist, an der Flucht zu hindern; c) einen Aufruhr oder Aufstand rechtmäßig niederzuschlagen". Der **Einsatz von Gewalt** muss mithin **„unbedingt erforderlich"** sein, um die jeweils aufgeführten Ziele – Verteidigung von Personen, Festnahme und Niederschlagung von Aufständen – zu verfolgen. Das qualifizierende „unbedingt" stellt dabei **gesteigerte Anforderungen an die Rechtfertigung**, wie der EGMR mehrfach herausgestellt hat.[147] Es bedarf stets einer strengen Prüfung der Verhältnismäßigkeit. Ein **gezielter Todesschuss** kommt nur in Betracht, um Leben zu retten oder schwere Schädigungen von Menschen zu vermeiden, während eine bloße Verteidigung von Sachwerten ausscheidet.[148] Auch wenn die Ausnahmeregelung nur materielle Anforderungen aufführt und keinen Gesetzesvorbehalt nennt, ist davon auszugehen, dass es einer **gesetzlichen Regelung** bedarf.[149] 40

Es bleibt abzuwarten, ob und inwieweit Art. 2 Abs. 1 innerhalb des **Anwendungsbereichs der Charta** zur Entfaltung kommen wird.[150] Seine **Abwehrrichtung** wird aktuell, sobald die Union eine eigene Polizei oder – als **Militärunion** – Streitkräfte unterhält, oder bei Kampfeinsätzen, etwa gegen Piraten, den Oberbefehl und damit die Verantwortung innehat, vor allem im Rahmen der **Gemeinsamen Sicherheits- und Verteidigungspolitik.**[151] Die EU ist weltweit in zahlreiche zivile und militärische Missionen involviert. Hier stellt sich die Frage des **territorialen Anwendungsbereichs der Charta,**[152] wobei eine Verantwortlichkeit „auf hoher See", bei Militäroperationen außerhalb Europas oder als Besatzungsmacht 41

145 *Borowsky*, Art. 1 Rn. 37.

146 *Schwarze/Voet van Vormizeele*, EU, Art. 2 Rn. 7. *Picod/van Drooghenbroeck/Tulkens*, Charte, S. 66, spricht von „clause d'exception". Man mag diese Ausnahmetatbestände auch einem weitgefassten Schrankenbegriff unterfallen lassen; s. auch *Jarass*, EU-GR, S. 123 („Einschränkungsgründe"), ebenso *Calliess/Ruffert/Calliess*, EUV/AEUV, Art. 2 Rn. 21. Auch dieser Meinungsstreit dürfte keine praktische Relevanz haben.

147 EGMR (GK), Urt. v. 20.5.1999, Nr. 21594/93, *Oğur*, Ziff. 78; EGMR (GK), Urt. v. 27.6.2000, Nr. 21986/93, *Salman*, Ziff. 98. S. auch *Jarass*, EU-GR, S. 124, und *Nowak*, Article 2, S. 32.

148 *Jarass*, EU-GR, S. 123; *Dörr/Grote/Marauhn/Alleweldt*, EMRK/GG, Kap. 10 Rn. 63; *Ehlers/Uerpmann-Wittzack*, GR, S. 122; *Pechstein/Nowak/Häde/Frenz*, Frankfurter Kommentar, Art. 2 Rn. 45.

149 EGMR (GK), Urt. v. 20.12.2004, Nr. 50385/99, *Makaratzis*; *Ehlers/Uerpmann-Wittzack*, GR, S. 122.

150 Zu möglichen Anwendungsfällen s. *Peers/Hervey/Kenner/Ward/Wicks*, EU Charter, 02.01. ff.; *Holoubek/Lienbacher/Breitenlechner/Segalla*, GRC, Art. 2 Rn. 22 f. Zurückhaltend *Vedder/Heintschel von Heinegg/Folz*, Unionsrecht, Art. 2 Rn. 5 („von untergeordneter Bedeutung"). Zu Problemfeldern s. *Tettinger/Stern/Höfling*, GRC, Art. 2 Rn. 46 ff.

151 Zur Geltung der Unionsgrundrechte bei militärischen Operationen der Union, etwa im Einsatz gegen Piraterie, s. *Fontaine*, Anwendbarkeit, 2018.

152 Eingehend *Fontaine*, Anwendbarkeit, 2018. S. auch *Lehnert*, Frontex, 2014, S. 186 ff., und *Mrozek*, Grenzschutz, 2013, S. 162 ff., 203 ff. Zum territorialen Geltungsbereich der EMRK s. *Karpenstein/Mayer/Schübel-Pfister*, EMRK, Art. 2 Rn. 23 f., sowie *Meyer-Ladewig/Nettesheim/Raumer*,

durchaus in Betracht kommt.[153] Dabei ist möglich und zulässig, dass die Charta räumlich weiter ausgreift als die EMRK,[154] auch wenn sich eine vollständige „Entterritorialisierung“ verbietet. Hinsichtlich dieser Entwicklungen ist Art. 2 Abs. 1 – wie das Folterverbot – **„auf Vorrat angelegt“**. Bereits in naher Zukunft könnte der Abwehrcharakter des Lebensrechts – wie das Folterverbot – mit Blick auf die **Bekämpfung schwerer Straftaten und des Terrorismus** zum Tragen kommen,[155] wie allgemein bei der justiziellen Zusammenarbeit in Strafsachen.[156] Zwar stellt Art. 88 Abs. 3 S. 2 AEUV klar, dass auch im Falle **operativer Maßnahmen durch Europol** die Anwendung von Zwangsmaßnahmen ausschließlich den zuständigen einzelstaatlichen Behörden vorbehalten bleibt. Gleichwohl bleibt eine Zurechnung zu Europol möglich, und in jedem Fall müssen die Organe, Einrichtungen und Stellen der Union präventive Maßnahmen zum Lebensschutz ergreifen. Relevanz hat das Lebensrecht ersichtlich auch im Falle von **Kampfeinsätzen,** dh bei der **Mobilisierung von militärischen Mitteln,** die der Union über die Solidaritätsklausel in Art. 222 AEUV von den Mitgliedstaaten bereitgestellt werden, um terroristische Bedrohungen abzuwenden. Zudem dürfen Union oder Mitgliedstaaten keine Terroristen „verschwinden lassen“.[157] Einen aktuellen Brennpunkt stellt die **Kontrolle der Außengrenzen der Union** dar („boat people“), insbesondere das Wirken von **FRONTEX.**[158] Weiter sind schon derzeit die aus dem Le-

---

EMRK, Art. 2 Rn. 1. Vgl. EGMR, Urt. v. 23.2.2012, Nr. 27765/09, *Hirsi Jamaa ua*, Ziff. 70 ff.; EGMR (GK), Urt. v. 7.7.2011, Nr. 55721/07, *Al Skeini*, Ziff. 30 ff.

153 *Peers/Hervey/Kenner/Ward/Wicks*, EU Charter, 02.18. Es bedarf jedenfalls hinreichender Bezüge zum Unionsrecht, etwa unionaler Regelungen, um den Anwendungsbereich der Charta iSd. Art. 51 zu eröffnen, so dass es nicht hinreicht, wenn Flüchtlinge in der Botschaft eines Mitgliedstaates einen Antrag auf humanitäre Visa oder Asyl stellen, so der EuGH – entgegen dem Votum des Generalanwalts *Mengozzi* – in einer aktuellen Entscheidung: EuGH (GK) – *X. und X.*, Rs. C-638/16, ECLI:EU:C:2017:173, Urt. v. 7.3.2017. Eine Entscheidung der Großen Kammer des EGMR zu einer vergleichbaren Problematik, dort zum räumlichen Anwendungsbereich der EMRK, steht bevor, in der Rechtssache Nr. 3599/18, *Nahhas und Hadri*.

154 Der englische High Court (Queen's Bench Division) lehnte dies noch ab, Urt. v. 29.11.2010, *Zagorski and Baze v. Secretary of State for Business*, (2010) EWHC 3110 („If the claimants were correct in their submission that the Charter recognises Convention Rights without the limitation imposed by art.1 ECHR, the result would be very radical indeed.“). Hierzu *Picod/van Drooghenbroeck/Tulkens*, Charte, S. 80.

155 Eingehend zu den rechtlichen Maßstäben der Terrorismusbekämpfung – zum Schutz vor Terrorakten und zum angemessenen Vorgehen gegen Terroristen – *Picod/van Drooghenbroeck/Tulkens*, Charte, S. 73 ff. Zur Verletzung der Schutzpflichten im Falle der Geiselnahme in der Schule von Beslan eindrücklich EGMR, Urt. v. 13.4.2017, Nr. 26562/07 ua, *Tagayeva ua.* S. auch zur Geiselnahme in einem Moskauer Theater EGMR, Urt. 20.12.2011, Nr. 18299/03 ua, *Finogenov ua.* Zur einschlägigen Rechtsprechung des EGMR s. das auf seiner Webseite veröffentlichte „Factsheet“ „Terrorism and the European Convention on Human Rights“ vom November 2018 (www.echr.coe.int). S. für die Union die neue Richtlinie zur Terrorismusbekämpfung vom 15.3.2017, Richtlinie (EU) 2017/541.

156 *Peers/Hervey/Kenner/Ward/Wicks*, EU Charter, 02.21.

157 Vgl. *Nowak*, Article 2, S. 32. Weiter müssen sich die Mitgliedstaaten unter Umständen die Folterhandlungen zurechnen lassen, die fremde Geheimdienste – wie die CIA – auf ihrem Territorium begehen. S. hierzu EGMR (GK), Urt. v. 13.12.2012, Nr. 39630/09, *El-Masri*; EGMR, Urt. v. 24.7.2014, Nr. 28761/11, *Al Nashiri*; EGMR, Urt. v. 31.5.2018, Nr. 46454/11, *Abu Zubaydah*; EGMR, Urt. v. 31.5.2018, Nr. 33234/12, *Al Nashiri*. S. zudem das auf der Webseite des EGMR abrufbare „Factsheet“ „Secret detention sites“ vom Oktober 2018 (www.echr.coe.int). S. auch das internationale Übereinkommen zum Schutz aller Personen vor dem Verschwindenlassen („enforced disappearance“) aus dem Jahr 2006.

158 Zu Frontex s. *Lehnert*, Frontex, 2014, sowie *Mrozek*, Grenzschutz, 2013. S. auch www.frontex.europa.eu.

bensrecht abzuleitenden, mit Blick auf den Binnenmarkt[159] bisher unterentwickelten **Schutzpflichten** bedeutsam – im Bereich des Umwelt- und Verbraucherschutzes (vgl. Art. 37, 38) oder zur Verstärkung und Flankierung der biomedizinischen Bestimmungen in Art. 3 Abs. 2. Eine Ausstrahlungswirkung gibt es auch beim **Gesundheitsschutz** (Art. 168 Abs. 1 AEUV), etwa wenn ärztliche Dienstleistungen in einem anderen Mitgliedstaat in Anspruch genommen werden.[160] Das Recht auf Leben vermag andererseits über die ihm inhärente Schutzpflichtdimension – vergleichbar mit der Menschenwürde – eine **Einschränkung von Grundfreiheiten** zu rechtfertigen. So dürfte ein Staat verhindern, dass Dienstleistungen in anderen Mitgliedstaaten unter Missachtung des Lebensrechts in Anspruch genommen werden, etwa Leistungen aktiver Sterbehilfe.[161] Ein letzter Gesichtspunkt: Eine **besondere Schutzpflicht** erwächst der Union und den Mitgliedstaaten aus der aktuellen Bedrohung der Menschenrechte und insbesondere des Rechts auf Leben durch den **Terrorismus.**[162] Insbesondere nach dem 11. September 2001 und später den Anschlägen in Madrid und London 2004 bzw. 2005 hat die Union – im Rahmen der Errichtung eines Raumes der Freiheit, der Sicherheit und des Rechts – ein ganzes Bündel an Schutzmaßnahmen ergriffen, die der Prävention, dem Schutz, der Verfolgung und der Abwehrbereitschaft dienen sollen.[163] Gerade die Terrorismusbekämpfung zeigt, dass abwehrrechtliche Ausprägung und Schutzpflichtdimension des Lebensrechts zu einem angemessenen Ausgleich zu bringen sind.

2. Absatz 2

„Die Folter ist bereits in dem Abgrund des Abschaums verschwunden, wo die Inquisition 42
schon liegt und wohin die Todesstrafe ihr bald folgen wird", schrieb *Victor Hugo* 1851 voller Optimismus. Heute herrscht **in Europa Konsens**, dass die **Todesstrafe „nicht mehr mit dem Niveau nationaler Gerechtigkeitsvorstellungen vereinbar** ist", wie der EGMR in seiner Leitentscheidung *Soering* festgehalten hat.[164] Eine Manifestation dieses Konsenses ist die Tatsache, dass im Juni 2001 ein erster Weltkongress gegen die Todesstrafe in Straßburg stattfand.[165] Die Abschlusserklärung fasst die **tieferen Gründe für den Kampf gegen die Todesstrafe** zusammen:[166] „Die Todesstrafe bedeutet den Triumph der Rache

---

159 S. auch zum Stichwort „Binnenmarkt und Lebensschutz" *Rengeling/Szczekalla*, GR in der EU, S. 376 f.

160 *Peers/Hervey/Kenner/Ward/Wicks*, EU Charter, 02.02. S. auch die Richtlinie 2011/24/EU des Europäischen Parlaments und des Rates vom 9. März 2011 über die Ausübung der Patientenrechte in der grenzüberschreitenden Gesundheitsversorgung. Zur möglichen Bedeutung von Art. 2 Abs. 1, 4 und 35 beim Zugang von Flüchtlingen zu ärztlicher Versorgung s. Schlussanträge des GA *Wathelet* in den verbundenen Rs. C-391/16, C-77/17, C-78/17, Rn. 134.

161 *Peers/Hervey/Kenner/Ward/Wicks*, EU Charter, 02.02. f. Zu der Verbindung des Lebensrechts mit den Grundfreiheiten s. *Frenz*, Hdb EuR, Rn. 895 ff.

162 *Nowak*, Article 2, S. 33.

163 Etliche Normen des Primärrechts beziehen sich auf die Verhütung und Bekämpfung des Terrorismus, so Art. 43 Abs. 1 EUV und Art. 75, 83 Abs. 1 und 88 Abs. 1 AEUV. Zu sekundärrechtlichen Akten s. die neue Richtlinie zur Terrorismusbekämpfung vom 15.3.2017 (EU) 2017/541. S. auch die Website „Zusammenfassungen der EU-Gesetzgebung": europa.eu/legislation_summaries/index_de.htm.

164 EGMR (Plenum), Urt. v. 7.7.1989, Nr. 14038/88, *Soering*. S. die Bekräftigung in den Urteilen EGMR, Urt. v. 15.3.2001, Nr. 58128/00, *Ismaili*; EGMR, Urt. v. 2.3.2010, Nr. 61498/08, *Al-Saadoon und Mufdhi*, Ziff. 120; EGMR, Urt. v. 24.7.2014, Nr. 28761/11, *Al Nashiri*, Ziff. 577.

165 Zu den aktuellen weltweiten Entwicklungen s. *Touzé* (Hrsg.), L'abolition, 2016. Ende Februar 2019 wurde in Brüssel der 7. Weltkongress gegen die Todesstrafe ausgerichtet.

166 S. auch aktuell die gemeinsame Erklärung des Europarates und der Europäischen Union vom 9. Oktober 2018 zum Europäischen Tag und Welttag gegen die Todesstrafe.

über die Gerechtigkeit und verletzt das erste Recht jedes Menschen, das Recht auf Leben. Die Todesstrafe hat nie Verbrechen verhindert. Sie stellt einen Akt der Folter dar und die äußerste grausame, unmenschliche und erniedrigende Behandlung. Eine Gesellschaft, die sich der Todesstrafe bedient, ermutigt symbolisch die Gewalt. Jede Gesellschaft, die die Würde ihrer Mitglieder achtet, muss sich bemühen, die Todesstrafe abzuschaffen."

43 Mit der ausdrücklichen Aufnahme des Verbots der Todesstrafe – als **eigenständiges Grundrecht**[167] bzw. tatbestandlich verselbständigter Aspekt des allgemeinen Lebensrechts[168] – partizipiert die Charta an der gemeinsamen Grundrechtskultur in Europa, und bringt sie ein wesentliches Element der europäischen Wertegemeinschaft zum Ausdruck. Unverkennbar ist die **enge Verknüpfung des Verbots mit der Menschenwürde,** die auch der Vorspann zum Protokoll Nr. 13 zur EMRK betont: „Convinced that everyone's right to life is a basic value in a democratic society and that the abolition of the death penalty is essential for the protection of this right and for the full recognition of the inherent dignity of all human beings". Art. 2 Abs. 2 steht zudem in direktem Zusammenhang mit Art. 19 Abs. 2, wonach niemand in einen Staat abgeschoben oder ausgewiesen oder an einen Staat ausgeliefert werden darf, in dem für sie oder ihn das ernsthafte Risiko der Todesstrafe besteht.[169] Die beiden *Öcalan*-Urteile des EGMR dürften in Zukunft vor allem in diesem Kontext ihre Bedeutung behalten.[170]

44 Der Grundrechtekonvent orientierte sich an dem **Schutzsystem der EMRK,**[171] von dem er auch hier nicht abweichen wollte. Allerdings verzichtete man auf den Passus des Protokolls Nr. 6 zur EMRK „Die Todesstrafe ist abgeschafft." Angesichts der Annahme, dass die Strafe bereits unionsweit abgeschafft ist, erschien diese Formulierung entbehrlich.

45 Eine Todesstrafe ist die staatliche Reaktion auf die Verwirklichung einer Straftat. Art. 2 Abs. 2 verbietet das **Verhängen und Vollstrecken der Todesstrafe** und deren **Wiedereinführung.**[172] Dieses individuelle Recht kommt natürlich vor allem Straftätern zu Gute. Das explizite **Hinrichtungsverbot** soll den Fall erfassen, dass jemand in einem Staat – vor dessen Beitritt zur Union – noch zur Todesstrafe verurteilt wird. Zu einer Exekution darf es sodann nicht mehr kommen. Dabei hatte der Grundrechtekonvent auch den Fall des in der Türkei ursprünglich zum Tode verurteilten *Öcalan* vor Augen.[173]

46 Bei dem Verbot in Art. 2 Abs. 2 handelt es sich um ein **absolutes und uneinschränkbares Grundrecht** jedes Menschen, nicht zur Todesstrafe verurteilt oder hingerichtet zu werden.[174] Mittlerweile gibt es **keine Ausnahmen in Kriegszeiten** oder bei unmittelbarer Kriegsgefahr mehr. Da das Protokoll Nr. 13 zur Abschaffung der Todesstrafe auch in Kriegszeiten 2003 in Kraft getreten ist, zudem Polen das Protokoll 2014 als letzter Mitgliedstaat der Union ratifiziert hat, gilt dieser Fortschritt – über die dynamische Transfer-

167 *Streinz/Streinz*, EUV/AEUV, Art. 2 Rn. 9; *Pechstein/Nowak/Häde/Frenz*, Frankfurter Kommentar, Art. 2 Rn. 31; *Calliess/Ruffert/Calliess*, EUV/AEUV, Art. 2 Rn. 27. A.A. *Jarass*, EU-GR, S. 125, und *GSH/Augsberg*, EU, Art. 2 Rn. 4 („Schranken-Schranke"); s. auch *Winkler*, EU GR, S. 372.

168 *Schwarze/Voet van Vormizeele*, EU, Art. 2 Rn. 8; *Tettinger/Stern/Höfling*, GRC, Art. 2 Rn. 36; *Pechstein/Nowak/Häde/Frenz*, Frankfurter Kommentar, Art. 2 Rn. 31 („lex specialis").

169 S. *Bernsdorff*, Art. 19 Rn. 19.

170 EGMR, Urt. v. 12.3.2003, Nr. 46221/99, *Öcalan*; EGMR (GK), Urt. v. 12.5.2005, *Öcalan*. Kritisch zur Rechtsprechung des EGMR *Nowak*, Article 2, S. 31.

171 Zur Entwicklung der Rechtsprechung des EGMR s. das „Factsheet" „Death penalty abolition" vom Oktober 2015 (www.echr.coe.int). S. die Leitentscheidung EGMR, Urt. v. 2.3.2010, Nr. 61498/08, *Al-Saadoon und Mufdhi*, Ziff. 120.

172 *Schwarze/Voet van Vormizeele*, EU, Art. 2 Rn. 8.

173 S. *Braibant*, Charte, S. 93. Die Türkei hat mittlerweile die Todesstrafe abgeschafft.

174 *Schwarze/Voet van Vormizeele*, EU, Art. 2 Rn. 8; *Streinz/Streinz*, EUV/AEUV, Art. 2 Rn. 9.

klausel des Art. 52 Abs. 3 S. 1 – zugleich für die Rechtsordnung der Union.[175] Das Verbot der Todesstrafe ist „notstandsfest". Europa befindet sich jetzt unumkehrbar im Zustand *beyond abolition.*

Gleichwohl liegt die **ursprüngliche und fortbestehende Relevanz von Art. 2 Abs. 2** auf der Hand. Eine Charta ohne Verbot der Todesstrafe hätte ein überaus negatives Signal ausgesendet und die politische Glaubwürdigkeit der Union aufs Spiel gesetzt, arbeitet sie doch auf die **weltweite Abschaffung der Todesstrafe** hin.[176] Dieses Politikziel erlangt in der Europarechtspraxis für die **allgemeinen Außenbeziehungen** und die **Gemeinsame Handelspolitik** eine besondere Bedeutung.[177] Dies dokumentiert eine Verordnung aus dem Jahr 2005, wonach die Ein- und Ausfuhr von solchen Ausrüstungsgegenständen grundsätzlich untersagt ist, die außer zur Vollstreckung der Todesstrafe oder zum Zwecke der Folter und anderer grausamer, unmenschlicher oder erniedrigender Behandlung oder Strafe praktisch nicht zu verwenden sind.[178] Zudem ergibt sich aus Art. 2 Abs. 2 ein umfassender Schutz gegen jede staatliche oder unionale Verhaltensweise, die eine Verurteilung und Vollstreckung von Todesstrafen außerhalb der Europäischen Union ermöglicht. Diese Bestimmung normiert somit – im Zusammenhang mit dem in Art. 19 Abs. 2 geregelten Verbot der Auslieferung und Abschiebung[179] – ein umfassendes **grundrechtliches Mitwirkungsverbot.**[180] Es verbietet sich auch, die Drogenpolitik von Ländern, in denen Drogendelikte mit der Todesstrafe geahndet werden können, im Wege einer Rechtshilfe oder durch andere Formen der Zusammenarbeit zu unterstützen. Im Übrigen sieht Art. 83 AEUV eine Kompetenz der Union zur Festlegung von Straftaten und Strafen in Bereichen besonders schwerer Kriminalität vor. Hier beansprucht Art. 2 Abs. 2 selbstverständlich uneingeschränkte Geltung.[181] 47

IV. Literaturübersicht

Altermann, Kolja, Ermittlungspflichten der Staaten aus der Europäischen Menschenrechtskonvention, Baden-Baden 2006; *Badinter, Robert*, L'Abolition, Paris 2000; *Boulanger, Christian/Heyes, Vera/Hanfling, Philip* (Hrsg.), Zur Aktualität der Todesstrafe. Interdisziplinäre und globale Perspektiven, 2. Aufl., Berlin 2002; *Brunet, Sylvia*, La question de l'euthanasie ou le droit de mourir dans la dignité, in: Biad, Abdelwahab/Parisot, Valérie (Hrsg.), La Charte des droits fondamentaux de l'Union européenne. Bilan d'application, Bruxelles 2018, S. 161; *Council of Europe* (Hrsg.), Death Penalty. Beyond Abolition, Strasbourg 2004; *ders.* (Hrsg.), Ethical eye: Euthanasia. Volume II – National and European Perspec-

175 *Vedder/Heintschel von Heinegg/Folz*, Unionsrecht, Art. 2 Rn. 3. S. bereits *Nowak*, Article 2, S. 32. Auf S. 35 leitet *Nowak* das absolute Verbot der Todesstrafe aus einer Gesamtschau her, dh der Verbindung von Art. 2 Abs. 2 mit Art. 1, 3, 4 und 19 Abs. 2 in Verbindung mit dem entsprechenden Politikziel („policy") der EU. Eine solche absolute Geltung auch für den Geltungsbereich der EMRK deutet der EGMR an: EGMR, Urt. v. 2.3.2010, Nr. 61498/08, *Al-Saadoon und Mufdhi*, Ziff. 120.

176 S. die Entschließung des Europäischen Parlaments vom 27. September 2007 zu einem weltweiten Moratorium für die Todesstrafe.

177 *Ehlers/Schorkopf*, GR, S. 590; *Pechstein/Nowak/Häde/Frenz*, Frankfurter Kommentar, Art. 2 Rn. 36, 59 f.

178 Verordnung (EG) Nr. 1236/2005 des Rates vom 27. Juni 2005 betreffend den Handel mit bestimmten Gütern, die zur Vollstreckung der Todesstrafe, zu Folter oder zu anderer grausamer, unmenschlicher oder erniedrigender Behandlung oder Strafe verwendet werden könnten.

179 Beide Verbote wirken schutzverstärkend zusammen. *Pechstein/Nowak/Häde/Frenz*, Frankfurter Kommentar, Art. 2 Rn. 25, sowie *Jarass*, GRC, Art. 2 Rn. 4, sehen Art. 19 Abs. 2 hingegen als speziellere Vorschrift an. In der Praxis dürfte dieser Meinungsstreit keine Relevanz haben.

180 *Schwarze/Voet van Vormizeele*, EU, Art. 2 Rn. 8; *GSH/Augsberg*, EU, Art. 2 Rn. 6; *Stern/Sachs/Höfling/Kempny*, GRC, Art. 2 Rn. 41. S. auch EGMR (GK), Urt. v. 23.3.2016, Nr. 43611/11, *F.G.*, Ziff. 110, sowie EGMR (GK), Urt. v. 24.7.2014, Nr. 28761/11, *Al Nashiri*, Ziff. 577.

181 *Vedder/Heintschel von Heinegg/Folz*, Unionsrecht, Art. 2 Rn. 6; *Vedder/Heintschel von Heinegg/Folz*, Europäischer Verfassungsvertrag, Art. II-62 Rn. 6.

tives, Strasbourg 2004; *Fontaine, Anna*, Die Anwendbarkeit und Durchsetzung der Unionsgrundrechte bei militärischen Operationen der Europäischen Union, Baden-Baden 2018; *Hood, Roger/Hoyle, Carolyn*, The Death Penalty: A Worldwide Perspective, 4. Aufl., Oxford 2008; *Keown, John*, Euthanasia, Ethics and Public Policy. An Argument against Legalisation, Cambridge 2002; *ders.*, The Law and Ethics of Medicine. Essays on the Inviolability of Human Life, Oxford 2012; *Kipke, Roland*, Mensch und Person. Der Begriff der Person in der Bioethik und die Frage nach dem Lebensrecht aller Menschen, Berlin 2001; *Leborgne, Anne/Virio-Barrial, D.*, La vie, défi juridique, ou l'identité bioéthique européenne/Das menschliche Leben als juristische Herausforderung oder die bioethische Identität Europas, in: Graf Vitzthum, Wolfgang/Pena, Marc (Hrsg.), L'identité de l'Europe – Die Identität Europas, Aix-en-Provence 2002, S. 393; *Lehnert, Matthias*, Frontex und operative Maßnahmen an den europäischen Außengrenzen. Verwaltungskooperation – materielle Rechtsgrundlagen – institutionelle Kontrolle, Baden-Baden 2014; *Mathieu, Bertrand*, La vie en droit constitutionnel comparé. Éléments de réflexions sur un droit incertain, Revue internationale de droit comparé 1998, 1031; *ders.*, The right to life in European constitutional and international case-law, Strasbourg 2006; *Meyer-Ladewig, Jens*, Der Europäische Gerichtshof für Menschenrechte und der Kampf gegen Terrorismus und Separatismus, NVwZ 2009, 1531; *Mrozek, Anna*, Grenzschutz als supranationale Aufgabe. Der Schutz der europäischen Außengrenzen unter der Beteiligung der Bundespolizei, Baden-Baden 2013; *Nowak, Manfred*, Article 2, in: EU Network of Independent Experts on Fundamental Rights, Commentary of the Charter of Fundamental Rights of the European Union, Juni 2006 (Online-Kommentar, abrufbar unter: www.ec.europa.eu/justice/fundamental-rights/networkcommentaryfinal.en); *Nussberger, Angelika*, Menschenrechtsschutz im Ausländerrecht, NVwZ 2013, 1305; *Oduncu, Fuat S./Eisenmenger, Wolfgang*, Euthanasie – Sterbehilfe – Sterbebegleitung. Eine kritische Bestandsaufnahme im internationalen Vergleich, MedR 2002, 327; *Peters, Anne*, Die Mißbilligung der Todesstrafe durch die Völkerrechtsgemeinschaft, EuGRZ 1999, 650; *Picker, Eduard*, Menschenwürde und Menschenleben. Das Auseinanderdriften zweier fundamentaler Werte als Ausdruck der wachsenden Relativierung des Menschen, Stuttgart 2002; *Ress, Georg*, Sterbehilfe als rechtliches Problem in Europa, in: Köck, Heribert Franz u.a. (Hrsg.), Europarecht im Zeitalter der Globalisierung (Festschrift Peter Fischer), Wien 2004, S. 435; *Sarat, Austin/Martschukat, Jürgen* (Hrsg.), Is the death penalty dying? European and American perspectives, Cambridge 2011; *Schabas, William A.*, The Abolition of the Death Penalty in International Law, 3. Aufl., Cambridge 2002; *Thürer, Daniel/Dold, Beat*, Rassismus und Rule of Law/Erstmalige Verurteilung wegen Rassendiskriminierung durch den Europäischen Gerichtshof für Menschenrechte, EuGRZ 2005, 1; *Tomuschat, Christian/Lagrange, Evelyne/Oeter, Stefan* (Hrsg.). The Right to Life, Leiden ua 2010; *Touzé, Sébastien* (Hrsg.), L'abolition universelle de la peine de mort, Paris 2016; *Tulkens, Francoise*, Le droit à la vie et le champ des obligations des Etats dans la jurisprudence récente de la Cour européenne des droits de l'homme, in: Condorelli, Luigi u.a. (Hrsg.), Libertés, justice, tolérance (Mélanges Gérard Cohen-Jonathan), Bruxelles 2004, S. 1605; *Wicks, Elizabeth*, The Right to Life and Conflicting Interests, Oxford 2010; *Yorke, Jon* (Hrsg.), The Right to Life and the Value of Life. Orientations in Law, Politics and Ethics, Farnham ua 2010.

Zu einschlägigen Entscheidungen des EuGH, des EGMR und nationaler Gerichte zu Art. 2 s. das Online-Tool „Charterpedia" der Grundrechteagentur (www.fra.europa.eu). Zu Leitentscheidungen und zur aktuellen Rechtsprechung des EGMR zu Art. 2 EMRK s. die in englischer, französischer und teilweise deutscher Sprache auf der Webseite des Straßburger Gerichtshofs veröffentlichten und regelmäßig aktualisierten „Factsheets" und „Case-Law Guides" (www.echr.coe.int). Die Judikate des EuGH sind über www.curia.europa.eu/juris/recherche abrufbar, während die Urteile des EGMR über www.hudoc.echr.coe.int auffindbar sind. Ein von *Marten Breuer* betreutes Fundstellenverzeichnis zu deutschen Übersetzungen der in der Regel nur in englischer und/oder französischer Sprache veröffentlichten Entscheidungen des EGMR findet sich unter www.egmr.org.

Artikel 3 Recht auf Unversehrtheit

(1) Jeder Mensch hat das Recht auf körperliche und geistige Unversehrtheit.

(2) Im Rahmen der Medizin und der Biologie muss insbesondere Folgendes beachtet werden:

a) die freie Einwilligung des Betroffenen nach vorheriger Aufklärung entsprechend den gesetzlich festgelegten Einzelheiten,

b) das Verbot eugenischer Praktiken, insbesondere derjenigen, welche die Selektion von Menschen zum Ziel haben,
c) das Verbot, den menschlichen Körper und Teile davon als solche zur Erzielung von Gewinnen zu nutzen,
d) das Verbot des reproduktiven Klonens von Menschen.

I. Vorgaben

Art. 3 begegnet Gefährdungen der körperlichen, geistigen und seelischen Integrität, wie sie insbesondere durch die rasanten Fortschritte der Gentechnologie und Biomedizin einschließlich der Reproduktionsmedizin hervorgerufen werden. Vor allem mit Blick auf die *Life Sciences* werden **grundlegende Fragen der Bioethik** angegangen, im Spannungsfeld von Menschenwürde, ethischem Pluralismus und neuen Technologien.[1] Art. 3 ist daher eine außerordentlich wichtige Ausprägung und Konkretisierung der Menschenwürde und dient dem umfassenden **Schutz der Identität und Persönlichkeit des Menschen.**[2] Von besonderer Bedeutung ist der in Deutschland noch zu wenig wahrgenommene grundrechtliche **Schutz der Psyche.**[3] Hier geht es vor dem Hintergrund neurowissenschaftlicher Erkenntnisse und angesichts neuer Formen der Intervention in Gehirn und Geist um die „Verrechtlichung" des menschlichen Geistes und die Entfaltung eines **Grundrechts auf mentale Selbstbestimmung.**[4] Dem Grundrechtekonvent war bewusst, sich über die EMRK hinaus, die keine entsprechende eigenständige und ausdrückliche Garantie kennt,[5] auf rechtspolitisch diffiziles und umstrittenes Terrain vorzuwagen, in dem es weltweit bisher nur wenige Wegmarken gibt. Bei aller Vorsicht überwog in diesem „laboratory of nations" gleichwohl das Bedürfnis, zum Schutz der hier besonders bedrohten Menschenwürde eine Vorreiterrolle zu übernehmen, nämlich durch ein weitgefasstes Grundrecht in Abs. 1 und insbesondere über die – keineswegs abschließenden – biomedizinischen Rechte und Grundsätze in Abs. 2. Da der Konvent das Recht auf Unversehrtheit in Art. 3 Abs. 1 weder dem Unionsrecht noch der EMRK unmittelbar entlehnt hat, greift die allgemeine Schrankenregelung des Art. 52 Abs. 1 ein.[6] Soweit Art. 3 Abs. 2 Grundsätze enthält, bedürfen diese der gesetzgeberischen Entfaltung und Konkretisierung (Art. 52 Abs. 5).[7] Zur **Herkunft der Grundsätze** führen die „Erläuterungen" aus, sie seien „bereits in dem im Rahmen des Europarates angenommenen Übereinkommen über Menschenrechte und Biomedizin (STE 164 und Zusatzprotokoll 1

1 *Mock/Demuro/Bifulco*, Human Rights, S. 20. S. auch zur weltweiten Diskussion um Menschenrechte und Bioethik *Murphy* (Hrsg.), Technologies, 2009.
2 *Mock/Demuro/Bifulco*, Human Rights, S. 19.
3 Vgl. *Knauer*, Schutz, 2013.
4 Vgl. *Bublitz*, RW 2011, 28 ff. S. auch zur Menschenwürde als innere, geistige Freiheit *Goos*, Innere Freiheit, 2011.
5 *Schwarze/Voet van Vormizeele*, EU, Art. 3 Rn. 1. Allerdings wird ein zunehmender Teil der Problemlagen im Rechtsschutzsystem des Europarates unter Art. 8 EMRK behandelt, da zum „Recht auf Achtung des Privat- und Familienlebens" auch die Selbstbestimmung über den eigenen Körper gehört. S. zur einschlägigen Rechtsprechung *Karpenstein/Mayer/Pätzold*, EMRK, Art. 8 Rn. 6 ff.
6 Allerdings ist zum einen – wegen der engen Verbindung zur Menschenwürde – eine besonders strenge Verhältnismäßigkeitsprüfung geboten. Zum anderen stellt die zunehmend dichte Rechtsprechung des EGMR zu Art. 8 EMRK einen europäischen Mindestschutz dar, der keineswegs unterschritten werden darf.
7 S. *Borowsky* (Vorauflage), Art. 52 Rn. 45 ff. Vgl. *Schwerdtfeger*, Art. 52 Rn. 75.

STE 168) enthalten". Weitere „Quellen" werden nicht benannt. Dies darf jedoch nicht verkennen lassen, dass neben der **Biomedizinkonvention** insbesondere die – unterhalb der Verfassungsebene ergangenen – **französischen Gesetze zur Bioethik** maßgeblichen Einfluss auf die Konventsarbeit hatten. Alle diese Regelungen sind Bausteine eines **gemeineuropäischen *ordre public* in der Biopolitik.**

2 Garantien zum Schutz der körperlichen und geistigen Unversehrtheit finden sich in zahlreichen **Verfassungen der** an der Ausarbeitung der Charta beteiligten **Mitgliedstaaten.** Ausgesprochen selten sind hingegen Regelungen, die bioethische Fragen normativ aufgreifen. Im Einzelnen:[8] Die **belgische Verfassung** nimmt neuerdings die Unversehrtheit speziell von Kindern mit Art. 22 *bis* in den Blick: „Jedes Kind hat ein Recht auf Achtung vor seiner moralischen, körperlichen, geistigen und sexuellen Unversehrtheit." Das **deutsche Grundgesetz** bestimmt in Art. 2 Abs. 2 S. 1 lapidar: „Jeder hat das Recht auf Leben und körperliche Unversehrtheit." Das **Grundgesetz Finnlands** kennt in § 7 eine komplexe Regelung, die die Unversehrtheit in den größeren Zusammenhang stellt: „Jeder hat das Recht auf Leben und persönliche Freiheit, Unversehrtheit und Sicherheit. Niemand darf zum Tode verurteilt, gefoltert oder im Übrigen in einer die Menschenwürde verletzenden Weise behandelt werden. In die persönliche Unversehrtheit darf nicht eingegriffen und niemandem die Freiheit willkürlich oder ohne einen durch Gesetz festgesetzten Grund beraubt werden." Die **griechische Verfassung** kennt seit 2001 mit Art. 5 Abs. 5 eine spezielle Schutznorm, als individuelles Abwehrrecht dem Staat gegenüber:[9] „Jeder hat das Recht auf den Schutz der Gesundheit und seiner genetischen Identität. Ein Gesetz regelt den diesbezüglichen Schutz der Person gegen biomedizinische Eingriffe." Den größeren Zusammenhang vor Augen hat sodann Art. 7 Abs. 2: „Die Folter, irgendeine körperliche Misshandlung, Gesundheitsschädigung oder Ausübung psychologischen Zwanges sowie jede andere Verletzung der Würde des Menschen ist verboten und wird nach Maßgabe der Gesetze bestraft." Im Kontext von Festnahmen stellt Art. 13 der **italienischen Verfassung** jede seelische oder körperliche Misshandlung festgenommener Personen unter Strafe. Unter dem Leitbegriff „Gesellschaftsethische Beziehungen" finden sich sodann in Art. 32 S. 3 und 4 die Bestimmungen: „Niemand darf zu einer bestimmten Heilbehandlung gezwungen werden, es sei denn durch gesetzliche Verfügung. Das Gesetz darf in keinem Falle die durch die Würde der menschlichen Person gesetzten Grenzen verletzen." Art. 11 der **niederländischen Verfassung** regelt: „Jeder hat, unbeschadet der Einschränkungen durch Gesetz oder kraft eines Gesetzes, das Recht auf körperliche Unversehrtheit." Ausführliche Schutzbestimmungen enthält die **portugiesische Verfassung.** Zunächst bestimmt Art. 25 Abs. 1: „Die geistige und körperliche Unversehrtheit des Menschen ist unverletzlich." Darüber hinaus stärkt diese Verfassung den Schutz vor aktuellen Gefährdungen, nämlich in Art. 26 Abs. 3: „Das Gesetz garantiert die persönliche Würde und die genetische Identität der Persönlichkeit, insbesondere im Zusammenhang mit der Entwicklung und Verwendung von Technologien im Zusammenhang mit wissenschaftlichen Versuchen." Zur flankierenden Sicherung ordnet Art. 32 Abs. 8 an: „Alle durch Folterung, Zwang, Angriff auf die körperliche oder geistige Unversehrtheit der Person ... erbrachten Beweise sind nichtig." Das zweite Kapitel der **schwedischen Verfassung** enthält in § 4 das Verbot der Todesstrafe und in § 5 den Schutz vor Körperstrafe, Folter und medizinischen Einwirkungen zur Aussageerzwingung oder -verhinderung. Sodann ergänzt § 6: „Jeder Staatsbürger ist dem Gemeinwesen gegenüber vor einem ihm aufgezwungenen körperlichen Eingriff auch in anderen Fällen als denjenigen, auf die sich §§ 4 und 5 beziehen, geschützt." Die **spanische Verfassung** kennt schließlich in Art. 15 S. 1 die Verbür-

8 S. auch *Vöneky/Wolfrum* (Hrsg.), Human Dignity, 2004.
9 *Tettinger/Stern/Iliopoulos-Strangas*, GRC, A.IV. Rn. 19.

gung: „Jeder hat das Recht auf Leben und körperliche und moralische Unversehrtheit; niemand darf jemals der Folterung oder unmenschlichen und entwürdigenden Strafen oder Behandlungen ausgesetzt werden."

Die mittlerweile aufgenommenen Staaten fügen weitere Textstufen hinzu. Während hier das Recht auf Unversehrtheit in den Hintergrund zu treten scheint,[10] ist die **Häufung bioethischer Schutznormen** auffällig. Exemplarisch für die besondere Sensibilität der Beitrittsländer sind die Bestimmungen in § 18 S. 2 der estnischen Verfassung („Niemand darf gegen seinen freien Willen medizinischen oder wissenschaftlichen Versuchen unterzogen werden.") und in Art. 21 S. 4 der Verfassung Litauens: „No human being may be subjected to scientific or medical experimentation without his knowledge and free consent thereto." Das neue Grundgesetz Ungarns enthält in Art. III Abs. 2 und 3 die umfassenden Regelungen: „Es ist verboten, an Menschen ohne ihre auf Informationen basierende, freiwillige Einwilligung medizinische oder wissenschaftliche Versuche durchzuführen. Praktiken, die eine gezielte genetische Veränderung der menschlichen Rasse bezwecken, die den menschlichen Körper und Teile davon zur Erzielung von Gewinnen nutzen sowie das Klonen des Menschen sind verboten." Vergleichbare Bestimmungen enthalten die Verfassungen Bulgariens (Art. 29 Abs. 2, 52 Abs. 4), Polens (Art. 39) und Sloweniens (Art. 18 S. 2).[11] 3

Für die Auslegung des Art. 3 sind in Zukunft weiter die **gemeinsamen internationalen Verpflichtungen der Mitgliedstaaten** zu beachten (Erwägung Nr. 5 der Chartapräambel, Art. 53).[12] Auf **europäischer Ebene** enthalten die EMRK oder ihre Zusatzprotokolle keine ausdrücklichen Regelungen zur körperlichen und geistigen Unversehrtheit oder zu bioethischen Fragestellungen. Diese Lücke schließt das **Übereinkommen zum Schutz der Menschenrechte und der Menschenwürde im Hinblick auf die Anwendung von Biologie und Medizin** vom 4. April 1997.[13] Diese Rahmenkonvention des Europarates will als völkerrechtlicher Vertrag lediglich einen Mindeststandard schaffen, gewissermaßen die *minima moralia* verankern. Sie erlaubt ausdrücklich, einen weiterreichenden Schutz durch nationales Recht zu gewährleisten. Bei der Konvention handelt es sich um die erste zwischenstaatliche Vereinbarung im Bereich der biomedizinischen Problematik, die allerdings nicht nur in Deutschland, das wie Österreich bisher weder unterzeichnet noch ratifiziert hat, heftig umstritten ist. Von wesentlicher Bedeutung sind weiter die bisher **vier Zusatzprotokolle zur Biomedizinkonvention**, zunächst das Zusatzprotokoll über das Verbot des Klonens von menschlichen Lebewesen vom 12. Januar 1998, sodann das Zusatzprotokoll bezüglich der Transplantation von menschlichen Organen und Gewebe vom 24. Januar 2002, weiter das Zusatzprotokoll betreffend biomedizinische Forschung vom 25. Januar 2005 und schließlich das zum 1. Juli 2018 in Kraft getretene Zusatzprotokoll betreffend der Gentests zu gesundheitlichen Zwecken vom 27. November 2008.[14] 4

10 S. aber Art. 22 Abs. 1 der rumänischen Verfassung („Recht auf physische und psychische Unversehrtheit").

11 S. weiter Art. 17 Abs. 1 S. 2 der türkischen Verfassung, sowie einschlägige Regelungen der neuen Schweizer Bundesverfassung, wie Art. 118 b (Forschung am Menschen), Art. 119 (Fortpflanzungsmedizin und Gentechnologie im Humanbereich), Art. 119 a (Transplantationsmedizin) und Art. 120 (Gentechnologie im Außerhumanbereich).

12 Zu den völkerrechtlichen wie europarechtlichen Grundlagen der Gen- und Biotechnologie s. *Lohninger*, Grundlagen, 2007, S. 128 ff., S. 234 ff.

13 Abrufbar unter: www.conventions.coe.int. S. auch *Nowak*, Article 3, S. 37, sowie *Laufs*, NJW 1997, 776 ff.

14 Diese Dokumente sind – mit zusätzlichen Informationen – abrufbar unter: www.conventions.coe.int. Deutschland hat bisher – Stand Dezember 2018 – weder die Biomedizinkonvention noch die vier

5 Auf **universeller Ebene** wird das Recht auf Schutz der persönlichen Integrität als bloße Kehrseite oder positiver Ausdruck des Folterverbots verstanden, so dass – anders als in manchen regionalen Menschenrechtsinstrumenten, die beide Seiten zum Ausdruck bringen – spezifische Regelungen zur Unversehrtheit fehlen.[15] Soweit ersichtlich, enthält bisher nur der **Internationale Pakt über bürgerliche und politische Rechte** vom 19. Dezember 1966 eine rechtsverbindliche Regelung mit „bioethischem Charakter". So bestimmt Art. 7: „Niemand darf der Folter oder grausamer, unmenschlicher oder erniedrigender Behandlung oder Strafe unterworfen werden. Insbesondere darf niemand ohne seine freiwillige Zustimmung medizinischen oder wissenschaftlichen Versuchen unterworfen werden." Neuerdings treten **drei Erklärungen der UNESCO zur Bioethik** hinzu, aus den Jahren 1997, 2003 und 2005, die zwar bisher rechtlich unverbindlich, dh wohl noch nicht zu Gewohnheitsrecht erstarkt sind, gleichwohl bei der Internationalisierung der Bioethik und ihres Rechtsrahmens große Bedeutung erlangen können.[16] Dies gilt für die „Allgemeine Erklärung über das menschliche Genom und die Menschenrechte" aus dem Jahr 1997 und insbesondere die „Allgemeine Erklärung über Bioethik und Menschenrechte" aus 2005, die ihren Ausgang von der Menschenwürde nimmt. Beachtung finden sollten zudem die ethischen Regeln des Weltärztebundes in der 1964 verabschiedeten, zuletzt im Oktober 2013 geänderten **Erklärung von Helsinki.**[17]

6 Der **EuGH** pflegte das Recht auf Unversehrtheit der Person dann heranzuziehen, wenn es um den Ersatz von Schäden aus Dienstunfällen Bediensteter der Gemeinschaft ging.[18] In seinem **Urteil zur Biotechnologie-Richtlinie** hat der Gerichtshof bestätigt, dass das Grundrecht auf Unversehrtheit Teil des Unionsrechts ist und im Bereich der Medizin und der Biologie die freie Einwilligung des Spenders und des Empfängers menschlicher Bestandteile nach vorheriger Aufklärung („in voller Kenntnis der Sachlage") umfasst, mithin ein **Recht auf unbeeinflusste Willensentscheidung** gewährt.[19]

II. Diskussion im Grundrechtekonvent

7 Während das Grundrecht in Art. 3 Abs. 1 nur bei einigen Regierungsvertretern auf Vorbehalte stieß, da es deren Rechtsordnung offenbar unbekannt war, standen – wie zu erwarten – die biomedizinischen Verbote in Art. 3 Abs. 2 im Mittelpunkt der hin und her wogenden Diskussionen.[20] Im Zuge der Beratungen schälte sich schließlich ein Kompromiss heraus, der ein Stück europäischer Identität verkörpert. Letztlich drückt die vom Grundrechtekonvent erreichte Gesamtregelung den **europaweit damals möglichen Konsens in bioethischen Fragen** aus.

1. Absatz 1

8 Die Entwicklungsgeschichte des Abs. 1 verlief relativ geradlinig. Es zeigte sich eine durchgängige Bereitschaft, den **Schutz der körperlichen und geistigen Unversehrtheit** in die Char-

Zusatzprotokolle unterzeichnet. Diese völkerrechtlichen Abkommen sind zwar in Kraft getreten, jedoch noch nicht für sämtliche Mitgliedstaaten der Union verbindlich.

15 *Nowak*, Article 3, S. 36.

16 Die Erklärungen der UNESCO sind, ebenso wie ein hilfreiches Bioethik-Kern-Curriculum, abrufbar über: www.unesco.de/bioethik.

17 Abrufbar unter: www.wma.net.

18 S. nur EuGH – *Lucaccioni*, Rs. C-257/98 P, ECLI:EU:C:1999:402, Urt. v. 9.9.1999.

19 EuGH – *Niederlande/Parlament und Rat*, Rs. C-377/98, ECLI:EU:C:2001:523, Urt. v. 9.10.2001, Rn. 70, 78, 79, 80.

20 S. auch *Frenz*, Hdb EuR, Rn. 925 ff. Zur Entstehungsgeschichte s. weiter *Holoubek/Lienbacher/Breitenlechner/Segalla*, GRC, Art. 3 Rn. 1 ff.

ta aufzunehmen. Allerdings stieß das Recht auf psychische bzw. geistige Unversehrtheit bisweilen auf Unverständnis, wie insbesondere die Schlussberatungen im Kreise der Regierungsvertreter zeigten. Auffällig ist, dass die **genetische Unversehrtheit** zu Beginn der Beratungen und später einmal Aufnahme fand, sich letztlich jedoch nicht durchsetzen konnte. Dies beruht wohl darauf, dass man den entsprechenden Gefährdungen im zweiten Absatz begegnete. Schon bald nämlich entschloss sich der Konvent dazu, das Recht auf Unversehrtheit mit solchen bio- und medizinethischen Rechten und Grundsätzen zu verknüpfen, die konsensfähig waren. Darüber hinausgehende Versuche, hier zudem ein Recht auf Umweltschutz zu verankern, waren hingegen nicht von Erfolg gekrönt. Zur Diskussion im Einzelnen:

Den Auftakt machte der „Diskussionsentwurf" *Meyers* in Dokument CHARTE 4102/00 9 **CONTRIB 2 vom 6. Januar 2000,** der in Art. 2 Abs. 1 S. 1 das Recht auf körperliche Unversehrtheit im Kontext der Freiheitsrechte vorsah: „Jeder hat das Recht auf Leben, körperliche Unversehrtheit und Achtung seiner Würde im Sterben." In dem „Entwurf einer Grundrechtsliste", den das Präsidium mit Dokument CHARTE 4112/2/00 REV 2 **BODY 4 vom 27. Januar 2000** zur vorläufigen Orientierung in den Konvent einbrachte, fand hingegen die Unversehrtheit nur indirekt Erwähnung, indem auch „Fragen der Bioethik" angesprochen waren.

Die Diskussion während der folgenden – zweiten – **Konventssitzung am 1./2. Februar** 10 **2000** ließ das Anliegen deutlich werden, die im Zusammenhang mit den Biotechnologien und der Gentechnik stehenden Rechte in der Charta zu berücksichtigen.[21] Dies motivierte das Präsidium dazu, das Recht auf Unversehrtheit in seinem ersten Entwurf in Dokument CHARTE 4123/1/00 REV 1 **CONVENT 5 vom 15. Februar 2000** – im Kontext des Rechts auf Leben – umfassend aufzugreifen. Art. 2 mit der Überschrift „Recht auf Leben" lautete: „(1) Jeder hat das Recht auf Leben. (2) Jeder hat das Recht auf körperliche, psychische und genetische Unversehrtheit. (3) Die Todesstrafe ist abgeschafft." Der **„Kommentar"** zum Recht auf Unversehrtheit betonte dessen bioethischen Bezug: „Absatz 2 behandelt bioethische Fragen. Es können weitere Punkte genannt werden, insbesondere die Zustimmung zu einer ärztlichen Behandlung, das Verbot des Klonens usw. ..., aber wäre ein allgemeiner Text, der stets an die Entwicklung des technischen Fortschritts angepasst wird, nicht besser?"

Auf der nächsten – dritten – **Konventssitzung am 24./25. Februar 2000** sorgte insbesonde- 11 re der Begriff „genetische Unversehrtheit" für Unruhe.[22] Während sich *Altmaier* (D), *Rack* (A) und *Brax* (FN) nachdrücklich für ein derartiges Recht einsetzten, sprachen sich etliche Delegierte für dessen Streichung aus, so etwa *Neisser* (A), *Fayot* (LUX), *Friedrich* (D), *Braibant* (F) und *Lallemand* (B). Ein Recht auf genetische Unversehrtheit sei zu unbestimmt und im Übrigen bereits im Recht auf körperliche Unversehrtheit enthalten.

Es nimmt angesichts dieser Mehrheitsverhältnisse nicht wunder, dass der folgende Präsidi- 12 umsentwurf auf die genetische Unversehrtheit verzichtete. Dokument CHARTE 4149/00 **CONVENT 13 vom 8. März 2000** brachte eine eigenständige, verknappte Regelung des Rechts auf Unversehrtheit – nunmehr jeder „Person" – mit sich, die zudem in einem neuen Abs. 2 um wesentliche bio- und medizinethische Bestimmungen erweitert wurde. Art. 3 Abs. 1 mit der Überschrift „Recht auf Unversehrtheit" hatte den Wortlaut: „Jede Person hat das Recht auf körperliche und psychische Unversehrtheit." Diese Formulierung stieß

21 *Bernsdorff/Borowsky*, Protokolle, S. 126 ff.
22 *Bernsdorff/Borowsky*, Protokolle, S. 135 f., 144 f.

auf einhellige Zustimmung, wie die fünfte **Sitzung des Konvents am 20./21. März 2000** deutlich machte.[23]

13 Mit Dokument **SN 2598/00 vom 27. April 2000**[24] erstellte das Konventssekretariat für das Präsidium eine Vorlage, die „den vorgeschlagenen Änderungen und den unterbreiteten Bemerkungen Rechnung" tragen wollte. Der „Textentwurf" für Art. 3 mit der Überschrift „Recht auf Unversehrtheit des Menschen" lautete in Abs. 1: „Jede Person hat das Recht auf körperliche und geistige Unversehrtheit (im Rahmen der Medizin und der Biologie (Quelle: Lord Goldsmith, der vorschlägt, Absatz 2 zu streichen und auf den Inhalt in der Begründung hinzuweisen; dies gilt ebenfalls für Herrn Bereijo und Herrn Gnauck)."

14 Dokument CHARTE 4284/00 **CONVENT 28 vom 5. Mai 2000** beschränkte sich auf die Kurzfassung: „Jede Person hat das Recht auf körperliche und geistige Unversehrtheit." Die hierzu aus der Mitte des Konvents eingehenden schriftlichen Änderungsvorschläge wurden in dem Dokument CHARTE 4332/00 **CONVENT 35 vom 25. Mai 2000**[25] gebündelt und in Dokument CHARTE 4360/00 CONVENT 37 vom 14. Juni 2000 – unvollständig – zusammengefasst. Die Bandbreite reichte von der Forderung *Goldsmiths* (GB), die gesamte Vorschrift zunächst zu streichen, über den Vorschlag, von der Achtung der Unversehrtheit zu sprechen, so der britische EP-Parlamentarier *Duff* und die italienischen Delegierten *Rodotà*, *Paciotti* und *Manzella*, bis hin zu der Anregung, die Adjektive „körperliche" und „geistige" zu streichen, da sich die schwedischen Sachverständigen über die genaue Bedeutung des Begriffs „geistige Unversehrtheit" nicht ganz im klaren seien, so der schwedische Regierungsvertreter *Tarschys*. Während der Vertreter des deutschen Bundesrates *Gnauck* ebenso wie *Friedrich* (D) den Begriff „seelische" für geeigneter als den vorgesehenen Begriff „geistige" hielten, schlugen die österreichischen Delegierten *Einem* und *Holoubek* vor, hier wie überall dort, wo nur natürliche Personen gemeint seien, von „Mensch" zu sprechen, und von „Person", wenn natürliche und juristische Personen gemeint seien. Von Erfolg gekrönt war allein der Vorschlag des deutschen Delegierten *Altmaier*, die zwischenzeitlich entfallene genetische Unversehrtheit angesichts ihres hohen Stellenwertes wieder aufzunehmen. Das Präsidium folgte seinem Vorschlag und kehrte mit dem „Kompromissvorschlag" in Dokument CHARTE 4333/00 **CONVENT 36 vom 4. Juni 2000** vorübergehend zur Ursprungsfassung zurück: „Jede Person hat das Recht auf körperliche, genetische und geistige Unversehrtheit."[26]

15 In der folgenden **Sitzung am 19./20. Juni 2000** räumte der Sitzungsleiter *Jansson* (FN) ein, das Präsidium habe um die Aufnahme der „genetischen Unversehrtheit" gerungen.[27] Die dadurch angestoßene Diskussion im Konvent ergab kein klares Meinungsbild. Gleichwohl zeigte sich das Präsidium fortan vorsichtig und fand mit dem ersten Gesamtentwurf der Charta in Dokument CHARTE 4422/00 **CONVENT 45 vom 28. Juli 2000** zu der knapperen, nunmehr endgültigen Fassung zurück: „Jede Person hat das Recht auf körperliche und geistige Unversehrtheit." Nach Abschluss des Grundrechtekonvents wurde in der deut-

---

23 *Bernsdorff/Borowsky*, Protokolle, S. 173 f. Lediglich der britische Regierungsvertreter *Goldsmith* zeigte sich zurückhaltend und warnte davor, dass die Formulierung weiter als beabsichtigt sei und zu einer Inkriminierung der Abtreibung führen könnte.

24 Dieses amtlich nicht veröffentlichte Dokument ist abgedruckt bei *Bernsdorff/Borowsky*, Arbeitsdokumente, S. 113 ff.

25 S. auch *Bernsdorff/Borowsky*, Arbeitsdokumente, S. 165 ff.

26 Eine derartige Fassung enthielt sodann auch der „Beitrag" *Herzogs* in Dokument CHARTE 4371/00 CONVENT 38 vom 15. Juni 2000.

27 *Bernsdorff/Borowsky*, Protokolle, S. 272 f.

schen Fassung – wie beim Recht auf Leben in Art. 2 – der Begriff „Person" durch den Begriff „Mensch" ersetzt.

2. Absatz 2

Der Grundrechtekonvent wollte den **Gefährdungen**, die die **Fortschritte in Medizin und Biologie** hervorrufen, mit einigen **wesentlichen Grundsätzen und Verboten** begegnen. Gegenwind kam vor allem aus Großbritannien, und auch die deutschen Länder zeigten sich zu Beginn skeptisch. Bei der Ausformulierung der Leitprinzipien orientierte man sich in erster Linie an der **Biomedizinkonvention des Europarates,** von der zumindest das Präsidium „nicht abweichen" wollte. Für die Diskussionen war kennzeichnend, dass sich die „Modernisten", die in der Vorschrift einen bedeutenden Mehrwert der Charta sahen, gegenüber den Skeptikern durchsetzten. Einige Entwicklungen verdienen besondere Beachtung: Das ursprünglich hier aufgenommene Verbot der Diskriminierung wegen der genetischen Merkmale fand später – richtigerweise – seinen Platz bei der Bestimmung zur Nichtdiskriminierung (Art. 21). Weiter wurde das zunächst schlichte Verbot eugenischer Praktiken durch einen einschränkenden Zusatz präzisiert. Darüber hinaus engte man das ursprünglich uneingeschränkte Verbot sämtlicher Formen des Klonens im Zuge der Konventsberatungen auf ein Verbot des besonders verwerflichen reproduktiven Klonens ein. Zur Debatte im Einzelnen:[28] 16

Die grundsätzliche Bändigung biomedizinischer Probleme stand von Anfang an auf der Tagesordnung des Grundrechtekonvents, wobei sich der französische Regierungsvertreter *Braibant* und der italienische Regierungsvertreter *Rodotà* als treibende Kraft erwiesen. Bereits der vom Präsidium zur vorläufigen Orientierung gedachte „Entwurf einer Grundrechtsliste" in Dokument CHARTE 4112/2/00 REV 2 **BODY 4 vom 27. Januar 2000** sprach – unter dem Topos der Menschenwürde – „Fragen der Bioethik" an: „Recht auf Achtung der Menschenwürde: dieses Recht betrifft insbesondere, jedoch nicht ausschließlich, Fragen der Bioethik, sowie das Verbot der Sklaverei und der Zwangsarbeit (Art. 4 EMRK, Art. 1 Erkl. EP 1989)." 17

Auf der folgenden – zweiten – **Sitzung des Konvents am 1./2. Februar 2000** zeigte sich deutlich der Wunsch, die „Fragen der Bioethik" zu vertiefen.[29] Während der Sitzung kam ein schriftlicher Beitrag *Braibants* vom 31. Januar 2000 zur Verteilung.[30] Darin regte der französische Regierungsvertreter an, eine allgemeine und konsensuale Formulierung zur Bioethik zu finden, die zeige, dass man diesen wichtigen Bereich berücksichtigt habe. 18

Das Präsidium griff dieses Anliegen auf und unterbreitete in Dokument CHARTE 4123/1/00 REV 1 **CONVENT 5 vom 15. Februar 2000** – ausnahmsweise – gleich zwei Entwürfe, nämlich eine knappe Formulierung sowie eine ausführliche „Alternativfassung" – beide umrahmt vom Recht auf Leben und dem Verbot der Todesstrafe. Art. 2 mit der Überschrift „Recht auf Leben" lautete zunächst: „(1) Jeder hat das Recht auf Leben. (2) Jeder hat das Recht auf körperliche, psychische und genetische Unversehrtheit. (3) Die Todesstrafe ist abgeschafft." Zur Veranschaulichung, wie eine Auflistung biomedizinischer Bestimmungen aussehen könnte, wurde sodann ein bunter Strauß an Grundsätzen mit der folgenden „Alternativfassung zu Absatz 2" präsentiert: „(2) Jeder hat das Recht auf körperliche, psychische und genetische Unversehrtheit. In der Medizin und Biologie müssen folgende Grundsätze beachtet werden: 19

28 Speziell zum Klonverbot s. auch *Kersten*, Klonen, 2004, S. 97 ff.
29 *Bernsdorff/Borowsky*, Protokolle, S. 126 ff.
30 Dokument CHARTE 4121/00 CONTRIB 17 vom 7. Februar 2000, S. 3 f.

- Ein Eingriff im Bereich der Gesundheit darf nur vorgenommen werden, wenn die betroffene Person aus freien Stücken nach vorheriger Aufklärung ihre Zustimmung dazu erteilt hat.
- Jede Form der Diskriminierung einer Person aufgrund ihres genetischen Erbguts ist verboten.
- Gentests dürfen nur zu medizinischen Zwecken oder zum Zwecke der medizinischen Forschung vorbehaltlich einer angemessenen genetischen Beratung vorgenommen werden. Ein Eingriff in das menschliche Genom darf nur zu Zwecken der Prävention, der Diagnose oder der Therapie und nur dann vorgenommen werden, wenn er nicht dazu dient, Änderungen des Genoms der Nachkommen herbeizuführen.
- Die medizinische Forschung muß die Würde des Menschen und den Grundsatz der freien Zustimmung nach vorheriger Aufklärung achten.
- Der menschliche Körper und Teile davon dürfen als solche nicht zur Erzielung von Gewinnen dienen.
- Die Entnahme von Organen eines lebenden Spenders zum Zwecke der Transplantation darf nur mit der freien Zustimmung des Spenders nach dessen vorheriger Aufklärung für therapeutische Zwecke vorgenommen werden, wenn es keine andere Behandlungsmöglichkeit gibt.
- Das Klonen von Menschen ist verboten."

In seinem „**Kommentar**" erläuterte das Präsidium zu beiden Fassungen: „Absatz 2 behandelt bioethische Fragen. Es können weitere Punkte genannt werden, insbesondere die Zustimmung zu einer ärztlichen Behandlung, das Verbot des Klonens usw. ..., aber wäre ein allgemeiner Text, der stets an die Entwicklung des technischen Fortschritts angepasst wird, nicht besser? Alternative 2 veranschaulicht, wie eine Liste von Rechten in diesem Bereich aussehen könnte. Diese Liste lehnt sich an das Übereinkommen des Europarats über Menschenrechte und Biomedizin an. Dieses Übereinkommen ist nicht in Kraft und wird entsprechend der Entwicklung der Techniken durch Protokolle ergänzt. Der Nachteil dieser Lösung liegt darin, dass der Text sehr viel umfangreicher wird und dass eine Liste vorliegt, die wegen der Entwicklung der Techniken im Bereich der Bioethik immer unvollständig bleiben wird."

20 Zu der vom Präsidium vorgeschlagenen Kurzfassung und detaillierten Alternativfassung entwickelte sich bei der nächsten – dritten – **Konventssitzung am 24./25. Februar 2000** eine rege Diskussion.[31] Dabei zeigte sich eine deutliche Präferenz für eine umfassende, wenn auch „bereinigte" Fassung, wobei die unterschiedlichsten Anliegen zu Tage traten. Nur wenige Delegierte sprachen sich für die Kurzfassung aus, so Kommissar *Vitorino*, der portugiesische Regierungsvertreter *Bacelar de Vasconcellos* und der niederländische Abgeordnete *Jurgens*. Die rasche Fortentwicklung, so *Bacelar de Vasconcellos*, könne von dem detaillierten Alternativvorschlag nicht erfasst werden. *Jurgens* zeigte Bedenken, weil sich die Alternativfassung an die Biomedizinkonvention anlehne, diese aber nicht von allen Mitgliedstaaten getragen werde. Dem entgegnete *Voggenhuber* (A), dies beruhe darauf, dass manche Staaten einen höheren Standard gewünscht und bereits im eigenen Land realisiert hätten.

21 Die facettenreiche Erörterung im Konvent zeigte letztlich, dass eine abschließende Liste, die mit jedem Fortschritt der Technik ergänzungsbedürftig wäre, vermieden werden sollte. Das Präsidium entschied sich daher – im Interesse der „Zukunftsoffenheit" – für eine beispielhafte Aufzählung, die zugleich eine Beschränkung auf ethische Essentialia ermöglichte.

31 *Bernsdorff/Borowsky*, Protokolle, S. 144 f.

Diese Trendwende zeigte der nächste Präsidiumsvorschlag in Dokument CHARTE 4149/00 **CONVENT 13 vom 8. März 2000**, dessen Art. 3 mit der Überschrift „Recht auf Unversehrtheit“ in nuce bereits alle Elemente der Endfassung enthielt: „(1) Jede Person hat das Recht auf körperliche und psychische Unversehrtheit. (2) Im Rahmen der Medizin und der Biologie müssen insbesondere folgende Grundsätze eingehalten werden:

- Verbot eugenischer Praktiken
- Achtung der Entscheidung des Patienten nach vorheriger Aufklärung
- Verbot, den menschlichen Körper und Teile davon zur Erzielung von Gewinnen zu nutzen
- Verbot des Klonens von Menschen.“

Die „**Begründung**“ wies darauf hin, dass diese Grundsätze im Übereinkommen über Menschenrechte und Biomedizin enthalten seien. Weiter hieß es: „Sie werden durch besondere, die Einwilligung betreffende Bestimmungen, die vor allem den Schutz einwilligungsunfähiger Personen regeln, sowie durch verschiedene Einschränkungen ergänzt. Die Charta will von diesen Bestimmungen nicht abweichen. Die Auflistung ist nicht erschöpfend, wodurch die Möglichkeit besteht, etwaigen Fortschritten auf diesem Gebiet Rechnung zu tragen.“

Die viel beachtete **Entschließung des Europäischen Parlaments** vom 16. März 2000[32] enthielt die „Erwägung, dass durch Entwicklungen wie zB in der Biotechnik oder in der Informationstechnologie neue Grundrechtskonflikte entstehen können und dass ein europäischer Grundrechtskonsens ein wichtiger Beitrag zur globalen Lösung des Problems ist“. Zugleich stellte das Europäische Parlament klar, dass es seine endgültige Zustimmung zur Charta in hohem Maße davon abhängig mache, dass die Charta „einen innovativen Charakter erhält, indem sie den Menschen in der Europäischen Union auch gegenüber neuen Grundrechtsbedrohungen, wie etwa im Bereich der Informations- und Biotechnologien, Rechtsschutz einräumt“. 22

Die folgende – fünfte – **Konventssitzung am 20./21. März 2000** war Schauplatz einer selten intensiven Debatte.[33] Einige Redner wollten ganz oder teilweise auf die aufgelisteten Grundsätze verzichten, etwa *Friedrich* (D), *Cederschiöld* (S) und *Griffiths* (GB). Als der britische Regierungsvertreter *Goldsmith* den Vorschlag des Präsidiums für unausgegoren hielt und begehrte, zunächst auf eine Regelung zu verzichten, zeigte sich der französische Regierungsvertreter *Braibant* verärgert. Wie *Braibant* verfocht eine breite Mehrheit im Konvent das Anliegen, den Bürger vor unkalkulierbaren und ethisch unvertretbaren Risiken der Biomedizin durch explizite Verbote zu schützen. Aus der Fülle der Redebeiträge seien hier einige herausgehoben: Nicht wenige Redner kritisierten die Verengung auf die Bereiche der Medizin und Biologie und forderten eine Ausweitung des Anwendungsbereiches der aufgeführten Grundsätze, so Kommissar *Vitorino* und die Regierungsvertreter *Rodotà* (IT) und *Braibant* (F), unterstützt von *Rack* (A) und *Berès* (F). Demgegenüber forderte der belgische Parlamentarier *Lallemand* – im Interesse der Forschungsfreiheit – eine Beschränkung auf wenige, abschließend aufgeführte Grundsätze. Während sich diese Anliegen nicht durchzusetzen vermochten, gingen andere Vorschläge, wenn auch nicht sogleich, in die Charta ein. So regte *Rack* (A) mit Unterstützung von *Mombaur* (D) und *Braibant* (F) an, der Grundsatz im zweiten Spiegelstrich mit der Achtung der Patiententenentscheidung sollte am Anfang der Aufzählung, aber nicht mittendrin stehen, da er von anderer Qualität sei als die übrigen drei Grundsätze. *Rodotà* (IT) vermisste im zweiten Spiegelstrich das grundlegende Erfordernis einer freien (!) Einwilligung der Person (!) in Eingriffe. Darüber 23

32 Dokument CHARTE 4199/00 CONTRIB 80 vom 5. April 2000, S. 4 ff.
33 *Bernsdorff/Borowsky*, Protokolle, S. 173 f.

hinaus forderte er zum Verbot des Klonens eine differenzierte Sichtweise, auch im Hinblick auf die „Gentherapie“.[34] Diesen Gedanken griff *Braibant* (F) in seiner Zusammenfassung der ausführlichen Debatte auf. Verboten werden sollten nur das reproduktive Klonen von Menschen und nicht die anderen Formen des Klonens, die für den medizinischen und wissenschaftlichen Fortschritt bedeutsam seien.

24 Mit Dokument **SN 2598/00 vom 27. April 2000**[35] legte das Konventssekretariat dem Präsidium einen aufschlussreichen Vorschlag vor, der „den vorgeschlagenen Änderungen und den unterbreiteten Bemerkungen Rechnung“ tragen wollte. Der „Textentwurf“ für Art. 3 Abs. 2 lautete: „Im Rahmen der Medizin und der Biologie müssen (insbesondere) folgende Grundsätze eingehalten werden:

- Verbot eugenischer Praktiken (eugenische Praktiken, die der Selektierung und Instrumentalisierung von Personen dienen, sind untersagt (Quelle: europäische Ethikkommission));
- Achtung der Entscheidung des Patienten nach vorheriger Aufklärung (es darf kein medizinischer Eingriff ohne die vorherige freie Zustimmung des Patienten nach entsprechender Aufklärung und unter Wahrung seiner Rechte vorgenommen werden (Quelle: europäische Ethikkommission));
- Verbot, den menschlichen Körper und Teile davon zur Erzielung von Gewinnen zu nutzen (jede Diskriminierung auf der Grundlage genetischer Merkmale einer Person, deren Ziel oder Ergebnis eine Verletzung ihrer Würde, ihrer Freiheit oder ihrer Rechte ist, ist verboten (Quelle: europäische Ethikkommission));
- Verbot des (reproduktiven) Klonens von Menschen.“

Die „**Begründung**“ hierzu lautete knapp: „Diese Grundsätze sind im Übereinkommen über Menschenrechte und Biomedizin enthalten. Die Charta will von diesen Bestimmungen nicht abweichen. Die Auflistung ist nicht erschöpfend, wodurch die Möglichkeit besteht, etwaigen Fortschritten auf diesem Gebiet Rechnung zu tragen.“

25 Mit Blick auf die vorherrschende Tendenz im Konvent beschränkte das Präsidium in Dokument CHARTE 4284/00 **CONVENT 28 vom 5. Mai 2000** das bisher umfassende Verbot des Klonens auf das Verbot des reproduktiven Klonens. Art. 3 Abs. 2 letzter Spiegelstrich lautete so: „Verbot des reproduktiven Klonens von Menschen.“

26 Von besonderer Bedeutung für die endgültige Gestalt der biomedizinischen Regelungen war der **Bericht der European Group on Ethics in Science and New Technologies (EGE)**,[36] den diese auf Anforderung *Prodis* vom 3. Februar 2000 offiziell unter dem 23. Mai 2000 in englischer Sprache vorlegte.[37] Die folgenden, ausführlich begründeten Anregungen und Änderungsvorschläge der unabhängigen Experten zu Art. 3 Abs. 2 sollten nämlich Berücksichtigung finden. Zunächst schlug die Ethikkommission vor, den Grundsatz des „informed consent“ voranzustellen und den Begriff „Person“ anstelle von „Patient“ zu verwenden, da es auch immer mehr gesunde Versuchspersonen gebe: „respect of the informed

34 S. zur Position *Rodotàs* im Einzelnen sein schriftlicher Beitrag in Dokument CHARTE 4187/00 CONTRIB 70 vom 28. März 2000.

35 Dieses amtlich nicht veröffentlichte Dokument ist abgedruckt bei *Bernsdorff/Borowsky*, Arbeitsdokumente, S. 113 ff. Aufschlussreich ist es auch darum, weil hier auf den Bericht der European Group on Ethics in Science and New Technologies (EGE) Bezug genommen wird, der offiziell erst unter dem 23. Mai 2000 erging und unter dem 15. Juni 2000 publiziert wurde.

36 European Group on Ethics in Science and New Technologies (EGE). Zu deren Wirken in der europäischen Biopolitik s. *Virt*, Biopolitik, S. 331 ff. S. auch die Webseite: www.ec.europa.eu/research/ege/index.cfm.

37 Dokument CHARTE 4370/00 CONTRIB 233 vom 15. Juni 2000.

consent of the person." Das Verbot eugenischer Praktiken wollte diese Kommission wie folgt präzisieren: „Eugenic practices aimed at organising the selection and the instrumentalisation of persons are prohibited." Das Gremium zog dabei das französische Gesetz zur Bioethik von 1994 als Inspirationsquelle heran, während es Beispiele für derartige eugenische Praktiken dem Statut des Internationalen Strafgerichtshofs vom 17. Juli 1998 entnahm. Bei der Frage des Klonens schließlich zeigte sich das Gremium gespalten und unterbreitete daher die Alternative: „(Option 1) Human reproductive cloning is prohibited. (Option 2) No mention of cloning."

Eine Fülle an schriftlichen Änderungsvorschlägen, die das Dokument CHARTE 4332/00 **CONVENT 35 vom 25. Mai 2000**[38] bündelte, ging zu Art. 3 Abs. 2 ein. Nach Auswertung der zahlreichen, erheblich divergierenden Anregungen und nach leichten „Schwankungen" entschied sich das Präsidium schließlich – in Dokument CHARTE 4360/00 **CONVENT 37 vom 14. Juni 2000** – für einen „Kompromissvorschlag", mit dem es „den Wortlaut von Absatz 2 präzisieren" wollte: „Im Rahmen der Medizin und der Biologie müssen insbesondere folgende Grundsätze eingehalten werden: 27

- Verbot eugenischer Praktiken, insbesondere derjenigen, welche die Auswahl und die Instrumentalisierung von Personen zum Ziel hat [sic!];
- freie Entscheidung des Patienten nach vorheriger Aufklärung;
- Verbot, den menschlichen Körper und Teile davon zur Erzielung von Gewinnen zu nutzen;
- Verbot des reproduktiven Klonens von Menschen."

Wie in dem vorangegangenen Dokument CHARTE 4333/00 CONVENT 36 vom 4. Juni 2000, das im Übrigen noch einen etwas anders lautenden „Kompromissvorschlag" enthalten hatte,[39] berief sich das Präsidium auf mehrere Änderungsvorschläge. Die italienischen Delegierten *Rodotà*, *Paciotti* und *Manzella* hatten unter anderem vorgeschlagen: „Ein medizinischer Eingriff darf nur mit vorheriger freier Zustimmung der betroffenen Person nach entsprechender Aufklärung und unter Wahrung ihrer Rechte vorgenommen werden. Eugenische Praktiken, die der Selektierung und Instrumentalisierung von Personen dienen, sind verboten." Mit diesem Text wollten sie den Stand der rechtlichen Entwicklung auf dem Gebiet der Bioethik zum Ausdruck bringen. Kommissar *Vitorino* hatte gleichfalls – unter Berufung auf Art. 5 Abs. 1 der Biomedizinkonvention – auf das Erfordernis „freier" Patientenentscheidung gedrängt und angeregt, den Begriff „eugenische Praktiken" zu präzisieren, beispielsweise indem darauf hingewiesen werde, dass sich dieser Begriff insbesondere auf die Selektion und die Instrumentalisierung von Menschen beziehe. Die französische EP-Delegierte *Berès* schließlich hatte die Formulierung unterbreitet: „Verbot eugenischer Praktiken, die auf die Selektion und die Instrumentalisierung des Menschen abzielen."

Dieser Kompromissvorschlag vermochte allerdings kaum zur „Befriedung" beizutragen. 28
Vielmehr sorgte der weiterhin stark umstrittene Art. 3 für die intensivste Debatte anlässlich der **Konventssitzung am 19./20. Juni 2000.**[40] Zunächst räumte *Jansson* (FN) ein, das Präsidium habe um die Ergänzung des Verbots eugenischer Praktiken – um den Passus „insbesondere derjenigen, welche die Auswahl und die Instrumentalisierung von Personen zum Ziel haben" – gerungen. Es entspann sich sodann eine Grundsatzdebatte darüber, ob Fragen der Bioethik in dem Artikel selbst überhaupt angesprochen werden sollten. Die Strei-

38 S. auch *Bernsdorff/Borowsky*, Arbeitsdokumente, S. 165 ff.

39 Siehe auch den „Beitrag" *Herzogs* in Dokument CHARTE 4371/00 CONVENT 38 vom 15. Juni 2000.

40 *Bernsdorff/Borowsky*, Protokolle, S. 272 ff.

chung des Abs. 2 begehrten vor allem britische Delegierte, aber auch der niederländische Regierungsvertreter *Korthals Altes*. Demgegenüber traten die meisten Redner dafür ein, die Verbote in Abs. 2 beizubehalten. Von der Vielzahl der dabei geäußerten Anliegen sollten zwei von Erfolg getragen sein. Zum einen stieß der für viele unverständliche Begriff „Instrumentalisierung" im ersten Spiegelstrich auf erhebliche Kritik, nicht zuletzt bei *Braibant* (F). Zum anderen machte *Berès* (F) – mit Unterstützung etwa von *Rodotà* (IT) – den Vorschlag, das Wort „Patient" durch „Person" zu ersetzen. Damit beziehe man nicht nur kranke, sondern auch gesunde Versuchspersonen in den Schutzbereich ein.

29 Der erste Gesamtentwurf der Charta in Dokument CHARTE 4422/00 **CONVENT 45 vom 28. Juli 2000** griff diese beiden Anliegen auf und brachte zugleich die ursprünglich von *Rack* (A) und der European Group on Ethics in Science and New Technologies (EGE) angeregte, sinnvollere Anordnung der Spiegelstriche mit sich. Art. 3 Abs. 2 lautete nun: „Im Rahmen der Medizin und der Biologie müssen insbesondere folgende Grundsätze eingehalten werden:

- freie Einwilligung der betroffenen Person nach vorheriger Aufklärung;
- Verbot eugenischer Praktiken, insbesondere derjenigen, welche die Auswahl von Personen zum Ziel haben;
- Verbot, den menschlichen Körper und Teile davon zur Erzielung von Gewinnen zu nutzen;
- Verbot des reproduktiven Klonens von Menschen."

Die „Erläuterung" hierzu in Dokument CHARTE 4423/00 **CONVENT 46 vom 31. Juli 2000** beschränkte sich erneut auf die knappe Feststellung: „Die Grundsätze dieses Artikels sind bereits im Übereinkommen über Menschenrechte und Biomedizin enthalten. Die Charta will von diesen Grundsätzen nicht abweichen."

30 Zu dem ersten Gesamtentwurf waren nur noch „allgemeine Bemerkungen" zugelassen, mit denen die Konventsmitglieder verbleibende, wesentliche Anliegen vorbringen konnten. So teilte etwa der Regierungsvertreter *Korthals Altes* mit, die niederländische Regierung bevorzuge die Streichung des gesamten Absatzes. Aus den weiteren in einem **„Document multilingue" vom 7. September 2000**[41] gebündelten Petita seien hier zwei Anliegen erwähnt, die sodann Berücksichtigung fanden. Erstens legten vor allem deutsche Delegierte Wert darauf, in dem dritten Spiegelstrich – im Einklang mit der Biomedizin-Konvention – den präzisierenden und einschränkenden Zusatz „als solche" mit aufzunehmen. Dies forderten etwa *Friedrich* (D), *Gnauck* (D), *Goldsmith* (GB) und *Herzog*. Darüber hinaus regten manche Konventsmitglieder an, in dem ersten Spiegelstrich auf die gesetzliche Ausgestaltung zu verweisen, so *Goldsmith* (GB; „subject to the limitations recognised by law") oder *O'Kennedy* (IR).

31 So lautete Art. 3 Abs. 2 in Dokument CHARTE 4470/1/00 REV 1 **CONVENT 47 vom 21. September 2000** bereits wie in der proklamierten Charta: „Im Rahmen der Medizin und der Biologie muss insbesondere Folgendes beachtet werden:

- die freie Einwilligung der betroffenen Person nach vorheriger Aufklärung entsprechend den gesetzlich festgelegten Modalitäten,
- das Verbot eugenischer Praktiken, insbesondere derjenigen, welche die Selektion von Personen zum Ziel haben,

41 Dieses amtlich nicht veröffentlichte Dokument ist abgedruckt bei *Bernsdorff/Borowsky*, Arbeitsdokumente, S. 1565 ff.

- das Verbot, den menschlichen Körper und Teile davon als solche zur Erzielung von Gewinnen zu nutzen,
- das Verbot des reproduktiven Klonens von Menschen."

Die „Erläuterung" in Dokument CHARTE 4471/00 **CONVENT 48 vom 20. September** 2000[42] war nunmehr weit ausführlicher als die vorangegangene „Erläuterung" in Dokument CHARTE 4423/00 CONVENT 46 vom 31. Juli 2000. Dabei wurde einmal im Hinblick auf verbleibende Vorbehalte und Unklarheiten die heikle Thematik des Klonens aufgegriffen. In der Sitzung des Konvents am 11./12. September 2000 hatten nämlich *Bowness* (GB) und *Manzella* (IT) unter Hinweis auf die Mehrheitsmeinung im Konvent nachdrücklich darauf bestanden, dass das therapeutische Klonen nicht ausgeschlossen werden dürfe.[43] Darüber hinaus bestand allgemein Klärungsbedarf zu den verbotenen „eugenischen Praktiken", so dass es sinnvoll erschien, dafür einige Beispiele zu geben. Die **„Erläuterung"** lautete mithin: „Die Grundsätze dieses Artikels sind bereits im Übereinkommen über Menschenrechte und Biomedizin enthalten. Die Charta will von diesen Grundsätzen nicht abweichen. Der Umstand, dass allein das reproduktive Klonen verboten ist, hindert den Gesetzgeber nicht daran, auch die anderen Formen des Klonens zu verbieten. Die anderen Formen des Klonens werden weder gestattet noch werden sie verboten. Durch den Hinweis auf eugenische Praktiken, insbesondere diejenigen, welche die Auswahl von Personen zum Ziel haben, soll die Möglichkeit erfasst werden, dass Selektionsprogramme organisiert und durchgeführt werden, die beispielsweise Sterilisierungskampagnen, erzwungene Schwangerschaften, die Pflicht, den Ehepartner in der gleichen Volksgruppe zu wählen, usw umfassen; derartige Handlungen werden in dem in Rom unterzeichneten Statut des Internationalen Strafgerichtshofs als internationale Verbrechen betrachtet." 32

III. Kommentierung

Art. 3 entstand – wie aufgezeigt – nach intensiven Beratungen im Grundrechtekonvent. Getragen von einem **verantwortungsethischen Impetus**, wollte die Versammlung zu den Bedrohungen der menschlichen Integrität durch die revolutionäre Entwicklung der Biomedizin nicht schweigen. Dies bringt die **Präambel der Charta** im vierten Absatz mit den Worten zum Ausdruck, dass es notwendig sei, auch angesichts der wissenschaftlichen und technologischen Entwicklungen den Schutz der Grundrechte zu stärken. Gleichzeitig ruft die Präambel im vorletzten Absatz die Verantwortung und die Pflichten sowohl gegenüber den Mitmenschen als auch gegenüber der menschlichen Gemeinschaft und den künftigen Generationen in Erinnerung. Vor diesem Hintergrund konnten eine **Verständigung über die „minima moralia"** gefunden und zugleich rechtsverbindliche Leitplanken errichtet werden.[44] Der Grund wird mit dem Recht auf körperliche und geistige Unversehrtheit in Art. 3 Abs. 1 gelegt. Der zweite Absatz bringt sodann – in einer nicht abschließenden Aufzählung – Ausprägungen in Form von weiteren subjektiven Rechten und konkretisierungsbedürftigen Grundsätzen.[45] Geschützt wird die **äußere wie die innere Integrität**, was der Einheitlichkeit von Körper, Seele und Geist entspricht und einem umfassenden Schutzkonzept folgt. Daher ist Art. 3 – als fundamentales Menschenrecht und als Konkretisierung der 33

42 S. auch *Bernsdorff/Borowsky*, Arbeitsdokumente, S. 2003 ff.
43 *Bernsdorff/Borowsky*, Protokolle, S. 361 f.
44 S. auch *Mock/Demuro/Bifulco*, Human Rights, S. 20, sowie *Tettinger/Stern/Höfling*, GRC, Art. 3 Rn. 2.
45 *Jarass*, EU-GR, S. 127, sieht Art. 3 als einheitliches Grundrecht an.

Menschenwürde in der Biomedizin[46] – weit auszulegen.[47] Ausgangspunkt ist auch hier die mittlerweile dichte Rechtsprechung, die der Straßburger Gerichtshof gerade in den letzten Jahren zu wesentlichen Teilbereichen und bioethischen Problemlagen entfaltet hat.[48] Dem EuGH steht es jedoch frei, das Schutzniveau der EMRK – ein Mindeststandard – zu überschreiten.

1. Absatz 1

34 Art. 3 Abs. 1 enthält ein materielles **Grundrecht auf körperliche und geistige Unversehrtheit,** das der EuGH bereits als **Teil des Unionsrechts** qualifiziert hat.[49] Seine Auslegung und Anwendung wird sich vor allem an der einschlägigen Rechtsprechung des Straßburger Gerichtshofes und weiter – über die Methode der wertenden Rechtsvergleichung[50] – an den entsprechenden Regelungen der mitgliedstaatlichen Verfassungen orientieren (vgl. Art. 52 Abs. 4). Der EGMR verankert das Selbstbestimmungsrecht über den eigenen Körper – in Ermangelung eines eigenständigen Grundrechts – beim Schutz des Privatlebens nach Art. 8 EMRK. Weiter darf gemäß Art. 7 der Biomedizinkonvention eine schwere psychische Störung – nach gesetzlich festzulegenden Schutzbedingungen – nur dann ohne Einwilligung des Kranken behandelt werden, wenn ansonsten ein ernster gesundheitlicher Schaden droht. Angesichts der raren internationalen Vorgaben und eingedenk der während der Konventsberatungen zu Tage getretenen Vorbehalte gilt es, das Bewusstsein für Sinn und Zweck der Vorschrift zu wecken und zu schärfen. So hatte der schwedische Regierungsvertreter *Tarschys* in seinen „Allgemeinen Bemerkungen" zu Dokument CHARTE 4422/00 CONVENT 45 vom 28. Juli 2000 ausgeführt:[51] „The concept of „mental integrity" remains a mystery to Swedish experts who cannot find it in either the Convention on Biomedicine and Human Rights or any other international instrument." Dies entspricht dem Diskussionsstand, wie er bis vor kurzem in Deutschland anzutreffen war, wo der **Schutz der Psyche** lange Zeit vernachlässigt wurde und es ein **Grundrecht auf mentale Selbstbestimmung** noch zu entdecken und auszudifferenzieren gilt.[52]

35 Dem **EuGH** kommt ein **erheblicher Auslegungsspielraum** zu, da er hier – anders als bei den integral der EMRK entlehnten Rechten wie etwa Art. 2 oder Art. 4 – nicht strikt an die

---

46 *Wallau*, Menschenwürde, 2010, S. 259 ff.

47 *Frenz*, Hdb EuR, Rn. 929.

48 Da in der EMRK ein eigenständiges Grundrecht auf körperliche und geistige Unversehrtheit fehlt, stützt sich der EGMR in erster Linie auf Art. 8 EMRK. Der dort verankerte Schutz des Privatlebens umfasst nämlich auch die Selbstbestimmung über den eigenen Körper. S. hierzu *Karpenstein/Mayer/Pätzold*, EMRK, Art. 8 Rn. 5 ff. Darüber hinaus betont der EGMR den Schutz der physischen und geistigen Integrität über das Verbot der Folter oder unmenschlicher oder erniedrigender Behandlung in Art. 3 EMRK. S. auch *Picod/van Drooghenbroeck/Vanneste*, Charte, S. 88 ff. Zu Leitentscheidungen und zur aktuellen Rechtsprechung des EGMR zu den Artikeln 3 und 8 EMRK s. die in englischer, französischer und teilweise deutscher Sprache auf der Webseite des Straßburger Gerichtshofs veröffentlichten und regelmäßig aktualisierten „Factsheets" und „Case-Law Guides" (www.echr.coe.int). So steht ein „Guide on Article 8 of the European Convention on Human Rights" vom 31. August 2018 zur Verfügung (S. 18 ff. zur „Pysical, psychological or moral integrity"). Auf der Webseite findet sich auch ein umfänglicher „Research Report" vom 20. Oktober 2016: „Bioethics and the case-law of the Court".

49 EuGH – *Niederlande/Parlament und Rat*, Rs. C-377/98, ECLI:EU:C:2001:523, Urt. v. 9.10.2001, Rn. 70, 78 ff.

50 Dies betont zu Recht *Heselhaus* in *Pechstein/Nowak/Häde/Heselhaus*, Frankfurter Kommentar, Art. 3 Rn. 11, 15.

51 *Bernsdorff/Borowsky*, Arbeitsdokumente, S. 1951.

52 Vgl. *Bublitz*, RW 2011, 28 ff. Zum gebotenen Schutz der Menschenwürde in der deutschen Rechtsordnung als „innere Freiheit" s. *Goos*, Innere Freiheit, 2011.

Rechtsprechung des Straßburger Gerichtshofs gebunden ist. Allerdings darf diese **Autonomie des Unionsrechts**[53] nicht dazu führen, dass Kohärenz und Rechtssicherheit bei Auslegung und Anwendung der fundamentalen Rechte in Frage gestellt werden. Daher muss die Judikatur des EGMR insoweit gebührende Berücksichtigung finden, als dieser das Konzept des „Privatlebens" in Art. 8 Abs. 1 EMRK so weit definiert, dass es die physische und psychische Integrität des Menschen umfasst.[54] Hier besteht zugleich eine Brücke zu Art. 7 der Charta, der Art. 8 EMRK entspricht und daher – über die Transferklausel des Art. 52 Abs. 3 – ebenso auszulegen ist. Das über Art. 8 EMRK gewährleistete Rechtsschutzniveau stellt für die Union einen nicht zu unterschreitenden Mindeststandard dar. Es liegt nahe, die einschlägige Rechtsprechung des EGMR zu Art. 8 EMRK künftig nicht (nur) bei Art. 7 zu berücksichtigen, vielmehr in Art. 3 „hineinzulesen". Zudem darf die – gleichfalls nach EMRK und Charta identische – Auslegung und Anwendung des Folterverbots nicht unterlaufen werden. Das Verbot der Folter oder unmenschlicher oder erniedrigender Strafe oder Behandlung in Art. 4 – die „negative" Seite des Integritätsschutzes – ist daher als *lex specialis* gegenüber Art. 3 Abs. 1 anzusehen.[55] In der Literatur wird nach alledem problematisiert, ob Art. 3 Abs. 1 den weiteren Rechten wie Art. 4 oder Art. 7 irgendetwas an substantiellem Schutz hinzufügt. Allerdings erscheine die Aufnahme des Rechts auf Unversehrtheit aus symbolischen und systematischen Gründen gerechtfertigt, stelle es doch eine Brücke oder „link" zwischen der unantastbaren Menschenwürde in Art. 1 und den biomedizinischen Bestimmungen in Art. 3 Abs. 2 sowie dem Folterverbot in Art. 4 dar.[56] Jedenfalls bringt die Ausgestaltung als selbständiges Grundrecht in unmittelbarer Nähe zur Menschenwürde einen erheblichen Mehrwert mit sich.[57] Angesichts der Neuheit der Regelung auf unionaler Ebene können im Folgenden nur einige **Hinweise zur Auslegung** des Art. 3 Abs. 1 gegeben werden, die über den gebotenen wertenden Verfassungsvergleich verfeinert werden müssen.

Träger des Grundrechts ist jede **natürliche Person**. Juristische Personen oder Personenvereinigungen sind – wie auch sonst im ersten Titel der Charta – nicht geschützt.[58] Inwieweit das **werdende Leben** selbst Grundrechtsträger ist oder nur Schutzpflichten der Union und 36

53 Die „portée autonome" von Art. 3 betont *Picod/van Drooghenbroeck/Vanneste*, Charte, S. 85 f.

54 St. Rspr.; EGMR, Urt. v. 24.7.2012, Nr. 41526/10, *Dordevic*, Ziff. 152 („The Court has previously held, in various contexts, that the concept of private life includes a person's psychological integrity."). S. etwa EGMR, Urt. v. 29.4.2002, Nr. 2346/02, *Pretty*, Ziff. 61; EGMR, Urt. v. 12.6.2003, Nr. 35968/97, *van Kück*, Ziff. 69; EGMR, Urt. v. 22.7.2003, Nr. 24209/94, *Y.F.*, Ziff. 33. Eingehend zum Schutz des Lebens und der Unversehrtheit im europäischen Recht *Maus*, Schutz, 2007. S. auch *Nowak*, Article 3, S. 36, und *Karpenstein/Mayer/Pätzold*, EMRK, Art. 8 Rn. 5 ff. S. auch EGMR, Urt. v. 3.11.2011, Nr. 57813/00, *S.H. ua* (zum Verbot der In-vitro-Fertilisation mit Gameten dritter Personen).

55 Der EGMR schützt die körperliche und geistige Unversehrtheit – ab einer gewissen Eingriffsschwelle – auch über Art. 3 EMRK. EGMR (GK), Urt. v. 11.7.2006, Nr. 54810/00, *Jalloh*, Ziff. 82 („Die Behörden haben gegen den Willen des Beschwerdeführers einen schwerwiegenden Eingriff in seine physische und psychische Unversehrtheit vorgenommen.").

56 *Nowak*, Article 3, S. 37.

57 *Vanneste* sieht einen vierfachen Mehrwert der gesamten Vorschrift, nämlich erstens eine Bindung auch von denjenigen Mitgliedstaaten, die wie Deutschland oder Österreich die Biomedizinkonvention und ihre Zusatzprotokolle (noch) nicht ratifiziert haben, an wesentliche biomedizinische Grundsätze, einhergehend mit einem entsprechenden europaweiten, bindenden Konsens, zweitens die Ausgestaltung als autonomes Recht mit Einschränkungsmöglichkeiten über Art. 52 Abs. 1 und somit nicht – wie das Folterverbot – als absolutes Recht, drittens ein möglicherweise weiterer Anwendungsbereich *ratione personae,* dh mit einer Geltung auch für ungeborenes Leben und künftige Generationen, und viertens das Näheverhältnis zur Menschenwürde, in deren Lichte die Auslegung zu erfolgen habe. S. *Picod/van Drooghenbroeck/Vanneste*, Charte, S. 85 ff.

58 *Schwarze/Voet van Vormizeele*, EU, Art. 3 Rn. 3.

der Mitgliedstaaten in Betracht kommen, bleibt der Judikatur des EuGH überlassen.[59] Der Gerichtshof wird hier zum einen den Einklang mit der Rechtsprechung des EGMR anstreben und zum anderen eine einheitliche Linie im Hinblick auf den gesamten Regelungskomplex des ersten Titels – Menschenwürde, Recht auf Leben, Recht auf Unversehrtheit und Folterverbot – finden. Denkbar erscheint auch eine je unterschiedliche Sichtweise *ratione personae*.[60] Da dem Menschen allein aufgrund seiner Existenz Würde zukommt, hängt der Schutz seiner körperlichen und geistigen Unversehrtheit weder von seinen physischen, psychischen noch von seinen geistigen Fähigkeiten und Eigenschaften ab[61] – eine Selbstverständlichkeit. Aus Art. 3 ergibt sich aufgrund seiner **engen Verbindung mit der Menschenwürde** nicht nur ein **Schutzanspruch,** sei es gegenüber Gefährdungen durch die Hoheitsgewalt oder auch Private, sondern zugleich ein **Selbstbestimmungsrecht über den eigenen Körper und Geist.**[62] Dies zeigt auch das in Art. 3 Abs. 2 lit. a) verankerte Gebot der freien Einwilligung des Betroffenen in Eingriffe. Art. 3 dient somit der **Autonomie des Menschen.**

37 **Schutzgut** des Art. 3 Abs. 1 ist die **körperliche und geistige Integrität.**[63] Auf eine exakte Abgrenzung dürfte es bei Grenzfällen nicht ankommen.[64] Die **körperliche Unversehrtheit** schützt vor allen Einwirkungen, die die menschliche Gesundheit im biologisch-physiologischen Sinne beeinträchtigen.[65] Dabei ist der Körper – wie der Mensch selbst – so zu respektieren wie er ist. Daher wird – selbstverständlich – auch ein kranker oder versehrter Körper vor Beeinträchtigungen geschützt.[66] Auch die **ärztliche Heilbehandlung** stellt einen Eingriff dar, der grundsätzlich der vorherigen freien Einwilligung bedarf, wie Art. 3 Abs. 2 lit. a) zeigt.[67] Die **geistige Integrität** erfasst in der Gesamtheit die kognitiven, kommunikativen und emotionalen Fähigkeiten eines Menschen.[68] Hier wird das **psychische und seelische Wohlbefinden** geschützt,[69] unabhängig davon, ob die Einwirkung zugleich zu körperlichen Schmerzen oder Beeinträchtigungen führt. Die geistige Unversehrtheit reicht erheblich weiter als die körperliche Unversehrtheit bzw. weist einen ihr eigenen Schutzbereich auf.[70] Die Charta gewährt damit einen **substantiell weiterreichenden Schutz als das deutsche Grundgesetz.**[71] Gleichwohl muss eine gewisse „Schwelle" überschritten sein, bloße Geringfügigkeiten bleiben hier ausgeklammert.[72] Art. 3 Abs. 1 dürfte auch nicht die sehr weitgehende Definition der Weltgesundheitsorganisation zugrunde liegen, wonach die Gesundheit als „Zustand des vollständigen körperlichen, geistigen und sozialen Wohlbefindens" definiert wird.[73] Wenn andererseits klinische Krankheitszustände gefordert werden, um den Schutzbereich zu eröffnen, verfehlt diese Engführung den Schutzzweck des Grund-

59 Insoweit ist allerdings zu berücksichtigen, dass das in Art. 3 Abs. 2 vierter Spiegelstrich angesprochene Klonen auch und gerade bei Ungeborenen möglich ist.
60 *Picod/van Drooghenbroeck/Vanneste*, Charte, S. 86, und *Nowak*, Article 3, S. 39, halten – anders als beim Recht auf Leben in Art. 2 – eine Geltung auch für ungeborenes Leben und künftige Generationen für möglich.
61 *Frenz*, Hdb EuR, Rn. 932; *Tettinger/Stern/Höfling*, GRC, Art. 3 Rn. 4.
62 So dezidiert *Frenz*, Hdb EuR, Rn. 928, 948 ff.; s. auch *Tettinger/Stern/Höfling*, GRC, Art. 3 Rn. 9.
63 Nach *Jarass*, EU-GR, S. 128, mit dem Unterfall der biomedizinischen Unversehrtheit in Abs. 2.
64 *Schwarze/Voet van Vormizeele*, EU, Art. 3 Rn. 3.
65 *Rengeling/Szczekalla*, GR in der EU, § 12 Rn. 615.
66 *Frenz*, Hdb EuR, Rn. 935; *Heselhaus/Nowak/Rixen*, Hdb Eur. GR, § 11 Rn. 5.
67 *Frenz*, Hdb EuR, Rn. 935.
68 *Heselhaus/Nowak/Rixen*, Hdb Eur. GR, § 11 Rn. 9.
69 *Schwarze/Voet van Vormizeele*, EU, Art. 3 Rn. 3.
70 *Heselhaus/Nowak/Rixen*, Hdb Eur. GR, § 11 Rn. 9; *Tettinger/Stern/Höfling*, GRC, Art. 3 Rn. 8; *Frenz*, Hdb EuR, Rn. 945.
71 *Frenz*, Hdb EuR, Rn. 947.
72 *Jarass*, EU-GR, S. 129.
73 *Frenz*, Hdb EuR, Rn. 939, 942. S. auch *Calliess/Ruffert/Calliess*, EUV/AEUV, Art. 3 Rn. 6.

rechts aus Art. 3 Abs. 1. Soweit in der Literatur zudem nur auf den Erhalt des beim jeweiligen Menschen vorhandenen Zustandes – den status quo – abgestellt wird,[74] erscheint dies mit Blick auf die staatlichen Schutzpflichten und den Gesundheitsschutz in Art. 35 ebenfalls zu kurz gegriffen.[75] Maßgeblich erscheint ein vertieftes **„Verständnis des Menschen als einer Einheit von Leib, Seele und Geist“**, das die Wechselwirkungen zwischen psychischen und physischen Gesundheitsstörungen in den Blick nimmt.[76]

Von besonderer Bedeutung ist – angesichts neuer Formen der Intervention in Gehirn und Geist und einer Verbreitung psychischer Störungen – der **Schutz der Psyche** durch die umfassende Entfaltung eines unionalen **Grundrechts auf mentale Selbstbestimmung.**[77] Es schützt vor „Einbrüchen“ in den geistig-seelischen Eigenraum. Als mögliche „Antastungen“ der inneren Freiheit des Menschen sind zunächst ein körperlicher und seelischer Überzeugungszwang, eine Indoktrination und Traumatisierung von Menschen und die Verfälschung des Persönlichkeitsbildes in den Blick zu nehmen.[78] Weitere **Angriffsformen auf die Psyche** treten hinzu: Stalking, Mobbing, psychische Folter und Zersetzung.[79] Bei schwerwiegenden Schikanen durch Dritte obliegt dem Staat gleichfalls eine Schutzpflicht. Dies gilt vor allem bei **sexueller Belästigung.**[80] Der Straßburger Gerichtshof sah Art. 8 EMRK vor einiger Zeit als verletzt an, weil ein Mensch mit Behinderung nicht hinreichend vor jahrelangem schikanösem Verhalten („harassment“) aus der Nachbarschaft heraus geschützt worden war:[81] „Under Article 8, States have in some circumstances a duty to protect the moral integrity of an individual from acts of other persons. The Court has also held that States have a positive obligation to ensure respect for human dignity and the quality of life in certain respects.“ Letztlich geht es darum, ein **Leben in Würde** führen und „ohne Angst verschieden sein“ (*Th. W. Adorno*) zu können. Noch nicht hinreichend gewürdigt sind Gefährdungen, die insbesondere **neue Neurotechnologien** und **Medizintechniken** hervorrufen.[82] Stichwortartig genannt seien manipulative Eingriffe in die mentale Sphäre oder das Gehirn und Bewusstsein anderer, etwa in Gestalt des Neuroimaging, weiter vor allem das **Neuroenhancement** zur Veränderung kognitiver Fähigkeiten oder emotionaler wie motivationaler Zustände. Hier gewährt Art. 3 Abs. 1 nicht nur ein Abwehrrecht und verbietet etwa die zwangsweise „Besserung“ von Gewalttätern. Vielmehr bestehen auch hier – wie bei den weiteren fundamentalen Rechten im ersten Titel – weitreichende hoheitliche **Schutzpflichten** präventiver wie repressiver Art. So sind Menschen mit implantierten Neuroprothesen, zum Beispiel *brain-computer interfaces*, vor externen Eingriffen Dritter (Cybercrime) zu schützen. Weiter bedarf es eines umfassenden Schutzes vor unfrei-

74 *Frenz*, Hdb EuR, Rn. 939; *Tettinger/Stern/Höfling*, GRC, Art. 3 Rn. 8; *Heselhaus/Nowak/Rixen*, Hdb Eur. GR, § 11 Rn. 11.

75 S. auch Art. 6 S. 2 a) („Schutz und Verbesserung der menschlichen Gesundheit“), Art. 168 Abs. 1, Art. 191 Abs. 1 AEUV.

76 Vgl. BVerfGE 56, 54, 74 f.

77 S. hierzu insbesondere *Bublitz*, RW 2011, 28 ff.

78 S. *Goos*, Innere Freiheit, 2011, S. 171 ff.

79 S. hierzu *Knauer*, Schutz, 2013.

80 S. aktuell die Entschließung des Europäischen Parlaments vom 11. September 2018 zu Maßnahmen zur Verhütung und Bekämpfung von Mobbing und sexueller Belästigung am Arbeitsplatz, in öffentlichen Räumen und im politischen Leben in der EU (2018/2055(INI)).

81 EGMR, Urt. v. 24.7.2012, Nr. 41526/10, *Dordevic*, Ziff. 152.

82 S. zur Thematik „Menschenwürde und neue Medizintechniken“ mehrere Beiträge in *Joerden/Hilgendorf/Thiele* (Hrsg.), Menschenwürde und Medizin, 2013. *Picod/van Drooghenbroeck/Vanneste*, Charte, S. 90, erwähnt im Übrigen die Herausforderungen durch Künstliche Intelligenz (KI). Was bleibt von der Autonomie des Menschen, wenn Entscheidungen zunehmend von KI übernommen werden?

willigen Manipulationen und Enhancements durch Eingriffe von außen. Schließlich dürften auch der Selbstmanipulation oder dem Selbstenhancement Grenzen zu setzen sein, zum Schutz einer Person vor sich selbst wie zum Schutz der Gesellschaft. Alle diese Grenzsetzungen bedürfen eines vertieften Diskurses auf nationaler wie unionaler Ebene. In diesem Zusammenhang bedarf es künftig einer **Dogmatik der unzulässigen psychischen Einwirkungen**. Dreh- und Angelpunkt wird dabei die Frage des *informed consent* sein, dem sich daher zu Recht Art. 3 Abs. 2 lit. a) widmet.

38 Der Schutz der körperlichen und geistigen Unversehrtheit ist nicht auf das Gebiet der Medizin und Biologie, also auf bioethische oder biomedizinische Fragestellungen, begrenzt. Eine derartige Engführung findet sich erst im zweiten Absatz. Wie erwähnt ist eine **weite Auslegung** geboten. Das Schutzgut der Unversehrtheit wird zunächst durch alle – nicht vom wirksam erklärten Willen des Grundrechtsträgers legitimierten – **Substanzschädigungen und Funktionsstörungen** sowie durch die Verursachung sonstiger pathologischer Zustände beeinträchtigt.[83] Es können mithin die Körpersubstanz oder die Körperfunktionen betroffen sein, sei es durch direkte oder indirekte Einwirkungen. Darüber hinaus ist der gesamte psychische Innenraum – als *forum internum* – mit seinen Erinnerungen und Emotionen vor Manipulationen und aufgedrängtem Enhancement zu schützen.[84] Die Beeinträchtigungen des Rechts auf körperliche und geistige Unversehrtheit durch die Hoheitsgewalt können die vielfältigsten Formen annehmen, wobei eine **qualifizierte Gefährdung** ausreicht.[85] Im Übrigen kommt es nicht auf Vorsatz oder Fahrlässigkeit des hoheitlichen Handelns an.[86] Zu denken ist hier einmal an totalitäre Praktiken,[87] wie die ungerechtfertigte Zwangseinweisung in psychiatrische Kliniken, die „Gehirnwäsche", die „Zersetzung" von Regimegegnern und die Verfälschung wie Zerstörung ihrer Biografien, weiter Verstümmelungen, aber auch Zwangssterilisationen oder Menschenversuche, wobei der Übergang zu den Bestimmungen in Abs. 2 wie zu dem Verbot der Folter oder unmenschlicher oder erniedrigender Behandlung in Art. 4 fließend ist.[88] Weitere Beispiele – aus der Praxis des Rechtsstaates – sind Zwangsbehandlungen, der Impfzwang oder strafprozessuale Eingriffe wie Blut- oder Liquorentnahmen.[89] Zu denken ist ferner an starke Lärmbelastungen oder Strahlen, die von einer öffentlichen Einrichtung oder Anlage ausgehen und zu Gesundheitsbeeinträchtigungen führen. Problematisch ist hier, inwieweit **rein psychische Beeinträchtigungen** von Art. 3 erfasst werden, etwa das Auslösen von Angstzuständen.[90]

39 Wie diese Beispiele zeigen, hat Art. 3 Abs. 1 zunächst den Charakter eines **Abwehrrechts gegen Eingriffe durch die Hoheitsgewalt**. Nach dem derzeitigen Integrationsstand dürfte dieser Aspekt vorerst nur begrenzte Wirkung entfalten, fehlt es doch an einem europäischen Strafvollzug oder Klinikwesen, den klassischen Bereichen mit Gefährdungslagen. Relevanz könnte das Grundrecht aber bei einer Rechtssetzung der Union im Bereich des **Gesundheitswesens** nach Art. 168 AEUV gewinnen. Zudem können **polizeiliche oder militärische Einsätze** von Union und Mitgliedstaaten zu gravierenden Eingriffen in das Schutzgut der körperlichen

83 *Schwarze/Voet van Vormizeele*, EU, Art. 3 Rn. 4; *Heselhaus/Nowak/Rixen*, Hdb Eur. GR, § 11 Rn. 27; *Tettinger/Stern/Höfling*, GRC, Art. 3 Rn. 10.

84 Zu diesem angesichts der rasanten Fortentwicklung der Neurotechnologien dringenden Desiderat s. *Bublitz*, RW 2011, 28, 64 ff.

85 *Rengeling/Szczekalla*, GR in der EU, § 12 Rn. 615.

86 *Heselhaus/Nowak/Rixen*, Hdb Eur. GR, § 11 Rn. 27; *Tettinger/Stern/Höfling*, GRC, Art. 3 Rn. 10.

87 S. *Braibant*, Charte, S. 95.

88 Zur unfreiwilligen Sterilisation einer Romafrau in einem öffentlichen Krankenhaus s. EGMR, Urt. v. 8.11.2011, Nr. 18968/07, *V.C.*

89 Zum – zulässigen – Impfzwang s. EGMR, Urt. v. 15.3.2012, Nr. 24429/03, *Solomakhin*.

90 *Frenz*, Hdb EuR, Rn. 943 ff.

und geistigen Unversehrtheit führen. Zwar bleibt auch im Falle operativer Maßnahmen durch **Europol** die Anwendung von Zwangsmaßnahmen ausschließlich den zuständigen einzelstaatlichen Behörden vorbehalten (Art. 88 Abs. 3 S. 2 AEUV). Gleichwohl erscheint eine Zurechnung zu Europol möglich, und in jedem Fall müssen die Organe, Einrichtungen und Stellen der Union präventive Maßnahmen zum Schutz der Integrität ergreifen. Dies gilt erst recht im Falle von Kampfeinsätzen, nämlich bei der **Mobilisierung von militärischen Mitteln**, die der Union über die Solidaritätsklausel in Art. 222 AEUV von den Mitgliedstaaten bereitgestellt werden, um terroristische Bedrohungen abzuwenden. Bereits heute von besonderer Praxisrelevanz sind die Maßstäbe des Art. 3 Abs. 1 bei der **Abwehr illegaler Einwanderung** durch die EU-Grenzschutzagentur Frontex,[91] die im Oktober 2005 ihre Arbeit aufgenommen hat, insbesondere beim gewaltsamen Vorgehen gegen Flüchtlingsboote.[92] Von wesentlicher Bedeutung ist schließlich die **Schutzpflichtdimension** des Art. 3 Abs. 1,[93] dh der **Schutz vor Gefährdungen der Unversehrtheit durch Privatpersonen** (Lärm,[94] Elektrosmog, gefährliche Tätigkeiten ...) **oder Naturereignisse.** Das Recht auf körperliche Unversehrtheit ist bereits ein klassischer Anwendungsfall für staatliche Schutzpflichten.[95] Dies wird künftig erst recht beim Schutz der geistigen Integrität gelten. Die Schutzpflicht wird bei Vorliegen einer Gefahr, aber auch schon im Falle von Risiken bei der Möglichkeit drohender schwerwiegender oder irreparabler Schäden ausgelöst.[96] Auch eine hinreichend konkrete Gefährdungslage kann als Beeinträchtigung qualifiziert werden.[97] Die Organe, Einrichtungen und sonstigen Stellen der Union und die Mitgliedstaaten sind – im Anwendungsbereich der Charta und im Rahmen ihrer jeweiligen Kompetenzen (Art. 51)[98] – verpflichtet, sich schützend vor das Rechtsgut der körperlichen und geistigen Integrität zu stellen und diese zu fördern. Bei der Wahl der spezifischen Schutzmaßnahmen kommt ihnen ein Spielraum zu.[99] Dabei besteht eine innere Verbindung zum **Gesundheitsschutz** in Art. 35, wonach ein hohes Gesundheitsschutzniveau sicherzustellen ist (s. auch Art. 6 S. 2 a), Art. 168 Abs. 1, Art. 191 Abs. 1 AEUV). Spezifisch sieht Art. 165 Abs. 2 letzter Spiegelstrich AEUV den „Schutz der körperlichen und seelischen Unversehrtheit der Sportler, insbesondere der jüngeren Sportler" vor. Das Grundrecht auf Unversehrtheit kann in diesem Zusammenhang Einschränkungen sonstiger Grundrechte legitimieren,[100] ebenso von Grundfreiheiten. Weiter kommt hier das aktuelle frauenpolitische Anliegen zum Zuge, den **Schutz vor Genitalverstümmelungen** zu verstärken, wobei auch Art. 4 einen solchen Schutz gewährt.[101] Zudem erlangt der in Art. 37 als Grundsatz angesprochene **Umweltschutz** durchaus Bedeutung. Aus Art. 3 Abs. 1 iVm Art. 37 ist zwar kein umfassendes Recht auf gesunde Umwelt abzuleiten, dessen Aufnahme im Übrigen im Entstehungsprozess scheiterte. Gleichwohl besteht zumindest mit Blick auf einzelne für die persönliche Unversehrtheit besonders wichtige Umweltaspekte eine Schutzpflicht, bei deren Erfüllung – wie bei den aus dem Recht auf Leben abzuleitenden Schutz-

---

91 S. zu dieser zum Schutz der EU-Außengrenzen berufenen Agentur: www.frontex.europa.eu/.
92 *Frenz*, Hdb EuR, Rn. 847 ff.
93 *Streinz/Streinz*, EUV/AEUV, Art. 3 Rn. 4; *Tettinger/Stern/Höfling*, GRC, Art. 3 Rn. 13 f.
94 Vgl. BVerfGE 56, 54, 73 f., 77; 79, 174, 201 f.; *Frenz*, Hdb EuR, Rn. 960.
95 *Frenz*, Hdb EuR, Rn. 958.
96 *Calliess/Ruffert/Calliess*, EUV/AEUV, Art. 3 Rn. 11.
97 *Tettinger/Stern/Höfling*, GRC, Art. 3 Rn. 10.
98 Zur Geltung der Charta für die Mitgliedstaaten s. *Schwerdtfeger*, Art. 51 Rn. 36 ff. S. weiter die Übersicht „Anwendungsbereich der Charta der Grundrechte der Europäischen Union" vom Dezember 2017 (www.curia.eu) und das Handbuch „Applying the Charter of Fundamental Rights of the European Union in law and policymaking at national level" aus 2018 (www.fra.europa.eu).
99 *Tettinger/Stern/Höfling*, GRC, Art. 3 Rn. 38.
100 *Vedder/Heintschel von Heinegg/Folz*, Europäischer Verfassungsvertrag, Art. II-63 Rn. 5.
101 Vgl. EGMR, Urt. v. 17.5.2011, Nr. 43408/08, *Izevbekhai ua*, Ziff. 73.

pflichten – den je kompetenten Instanzen allerdings ein **erheblicher Spielraum** eingeräumt ist. Soweit der EGMR den **Schutz gegen Umweltbelastungen** wie insbesondere Lärm auf Art. 8 EMRK gestützt hat, können und müssen auch diese Erkenntnisse auf Art. 3 übertragen werden.[102] Nach alledem wird aus Art. 3 Abs. 1 iVm Art. 37 zwar kein allgemeiner Schutz vor Klimawandel herzuleiten sein, wohl aber ein Schutz vor spezifischen und vorhersehbaren Umweltkatastrophen wie Tsunamis oder Dammbrüche und Überschwemmungen, und erst recht ein Schutz vor Lärm, Elektrosmog, Feinstaub oder gesundheitsgefährdenden Strahlungen. Dies erfordert in der Tat eine langfristig konzipierte Politik.[103] Mit Blick auf die Atomkraft und einen eventuellen europaweiten Ausstieg wird eine europäische Debatte zu führen sein. Allgemein ist der vom EGMR zunehmend betonte Aspekt der **Lebensqualität** zu beachten, der etwa zu einem Recht auf Zugang zu sauberem Wasser führen kann.[104] Art. 3 enthält nach alledem das Potential, sich zu einem **ökologischen Menschenrecht** zu entwickeln.

40 Mit Blick auf die **Einschränkungsmöglichkeiten** ist zu beachten, dass das selbständig ausgestaltete Recht auf körperliche und geistige Unversehrtheit weder der EMRK noch dem unionalen Vertragswerk unmittelbar entlehnt ist. Daher greift keine der beiden Transferklauseln des Art. 52 ein. Vielmehr ist die **allgemeine Schrankenbestimmung in Art. 52 Abs. 1** anzuwenden.[105] Danach muss jede Einschränkung oder Beeinträchtigung gesetzlich vorgesehen und verhältnismäßig sein sowie den Wesensgehalt des Rechts achten, wozu insbesondere die Menschenwürdegarantie in Art. 1 gehört.[106] Es darf aber nicht verkannt werden, dass wesentliche Teilbereiche des Rechts auf Unversehrtheit aufgrund einer sich zunehmend verdichtenden Rechtsprechung des Straßburger Gerichtshofs zugleich Art. 7 – dem Recht auf Achtung des Privatlebens – unterfallen, eine Bestimmung, die über die Transferklausel des Art. 52 Abs. 3 mit Art. 8 EMRK identisch ist und denselben Einschränkungsmöglichkeiten unterliegt. Mithin dürfte die spezifische Schrankenbestimmung des Art. 8 Abs. 2 EMRK zumindest dann zum Zuge kommen, wenn sie weitergehenden Schutz ermöglicht als die allgemeine Schrankenklausel des Art. 52 Abs. 1.[107] Aufgrund seiner Stellung mitten unter den fundamentalen Rechten kommt dem Recht auf Unversehrtheit in jedem Fall ein herausgehobener Status zu, was eine **besonders strenge Verhältnismäßigkeitsprüfung** nahe legt.[108] Weiter liegt eine **unmittelbare Drittwirkung** nahe, dh eine horizontale Wirkung *inter privatos* im Privatrechtsverkehr.[109]

---

102 *Jarass*, EU-GR, S. 131.

103 *Frenz*, Hdb EuR, Rn. 960.

104 Vgl. *Picod/van Drooghenbroeck/Vanneste*, Charte, S. 91.

105 *Vedder/Heintschel von Heinegg/Folz*, Europäischer Verfassungsvertrag, Art. II-63 Rn. 4; *Frenz*, Hdb EuR, Rn. 961; *Tettinger/Stern/Höfling*, GRC, Art. 3 Rn. 15; *Schwarze/Voet van Vormizeele*, EU, Art. 3 Rn. 5; *Jarass*, GRC, Art. 3 Rn. 11.

106 S. im Einzelnen *Borowsky* (Vorauflage), Art. 52 Rn. 18 ff. S. weiter *Schwerdtfeger*, Art. 52 Rn. 27 ff.

107 Jedenfalls darf der richterrechtliche Schutzstandard von Art. 8 EMRK - als Mindeststandard - nicht unterlaufen werden, so zu Recht *Heselhaus*, Human Dignity in the EU, in: Becchi/Mathis (Hrsg.), Handbook of Human Dignity in Europe, 2019, S. 14. Art. 8 Abs. 2 EMRK lautet: „Eine Behörde darf in die Ausübung dieses Rechts nur eingreifen, soweit der Eingriff gesetzlich vorgesehen und in einer demokratischen Gesellschaft notwendig ist für die nationale oder öffentliche Sicherheit, für das wirtschaftliche Wohl des Landes, zur Aufrechterhaltung der Ordnung, zur Verhütung von Straftaten, zum Schutz der Gesundheit oder der Moral oder zum Schutz der Rechte und Freiheiten anderer."

108 *Schwarze/Voet van Vormizeele*, EU, Art. 3 Rn. 5; *Frenz*, Hdb EuR, Rn. 961; *Heselhaus/Nowak/Rixen*, Hdb Eur. GR, § 11 Rn. 28; *Tettinger/Stern/Höfling*, GRC, Art. 3 Rn. 15; *Jarass*, GRC, Art. 3 Rn. 13.

109 Zur unmittelbaren Drittwirkung der Rechte des ersten Titels s. *Borowsky*, Art. 1 Rn. 43.

2. Absatz 2

Die „demonstrativ aufgezählten" **biomedizinischen Bestimmungen** in Art. 3 Abs. 2[110] – das Gebot informierter Einwilligung und die Verbote eugenischer Praktiken, des Organhandels und des reproduktiven Klonens – stehen in enger Beziehung zur Forschungsfreiheit (Art. 13), zum Gesundheitsschutz (Art. 35) und zum Umweltschutz (Art. 37), aber auch, wie bereits die Entstehungsgeschichte gezeigt hat, zum Verbot der Diskriminierung wegen der genetischen Merkmale (Art. 21 Abs. 1).[111] Es handelt sich wohl **in erster Linie** um **Grundsätze** im Sinne der Art. 51 Abs. 1 S. 2, 52 Abs. 5,[112] mit entsprechend eingeschränkter Justiziabilität.[113] Die Transferklausel des Art. 52 Abs. 3 S. 1 kommt bereits darum nicht zur Anwendung, weil die Art. 3 Abs. 2 teilweise zugrunde liegende Biomedizinkonvention nicht unmittelbar zur EMRK und deren Zusatzprotokollen gehört.[114] Der **normative Gehalt** der Regelungen in Art. 3 Abs. 2 ist allerdings **zweifelhaft**[115] und muss in Zukunft sorgfältig erschlossen werden. Gegen eine Ausgestaltung als subjektive Rechte steht zumindest teilweise der Rezeptions- und Begründungszusammenhang.[116] Für einen subjektiv-rechtlichen Charakter geben auch Entstehungsgeschichte und Wortlaut wenig her.[117] Allerdings lautete der Eingangspassus lange Zeit „Im Rahmen der Medizin und der Biologie müssen insbesondere folgende Grundsätze beachtet werden", während es seit dem Dokument CONVENT 47 vom 21. September 2000 heißt „Im Rahmen der Medizin und der Biologie muss insbesondere Folgendes beachtet werden." Dieser signifikante Wandel im Wortlaut des Eingangspassus zu Art. 3 Abs. 2 spricht zumindest dafür, dass man die künftige rechtliche Qualifizierung bewusst offenhalten wollte, auch wenn die „Erläuterungen" ihrerseits wieder den Begriff „Grundsätze" aufnehmen. Im Sinne einer Optimierung des Schutzes durch die Charta sollten künftig, soweit möglich, die **individualrechtlichen Bezüge** dieses Absatzes herausgearbeitet und befördert werden.[118] Hierfür spricht auch der überaus enge Bezug zur Menschenwürde in Art. 1, der noch prägnanter ist als bei Art. 3 Abs. 1.[119] Zudem fordert auch die Präambel in ihrem vierten Absatz, angesichts der wissenschaftlichen und technologischen Entwicklungen den Schutz der Grundrechte (!) zu stärken. Das Gebot und die drei Verbote in Art. 3 Abs. 2 dürften daher – wie die ihnen zugrunde liegende Menschenwürde in Art. 1 – einen **Doppelcharakter** aufweisen, dh **zugleich Grundsätze und Grundrechte** sein. Jedenfalls handelt es sich um biomedizinische Schutzstandards, die das Recht auf Unversehrtheit in Art. 3 Abs. 1 und insbesondere die Menschenwürde in Art. 1 konkretisieren, im Bereich der Gefahrenprävention wirken und zudem strafrechtlich abzusichern sind. Sie bedürfen der gesetzgeberischen Entfaltung und führen zu einem Gesetzge- 41

110 S. hierzu den Überblick bei *Heselhaus*, Human Dignity in the EU, in: Becchi/Mathis (Hrsg.), Handbook of Human Dignity in Europe, 2019, S. 14 ff. S. auch *Lohninger*, Grundlagen, 2007, S. 335 ff. Zu den zahlreichen Problembereichen in der Praxis s. den auf der Webseite des EGMR abrufbaren „Research Report" vom 20. Oktober 2016: „Bioethics and the case-law of the Court" (www.echr.coe.int).

111 *Nowak*, Article 3, S. 37.

112 *Kober*, EU-Grundrechtsschutz, S. 99 mwN; aA *Jarass*, EU-GR, S. 127, *Jarass*, GRC, Art. 3 Rn. 2 mwN. Zur Qualifizierung der biomedizinischen Regelungen s. auch *Grabenwarter/Breuer*, Grundrechteschutz, § 7 Fundamentalgarantien, Rn. 48 ff.

113 S. im Einzelnen *Borowsky* (Vorauflage), Art. 52 Rn. 45 ff., *Schwerdtfeger*, Art. 52 Rn. 72 ff.

114 S. auch *Mock/Demuro/Bifulco*, Human Rights, S. 21.

115 *Tettinger/Stern/Höfling*, GRC, Art. 3 Rn. 16.

116 So für das Klonverbot *Kersten*, Klonen, 2004, S. 92 f., mit Darstellung des Meinungsstandes zur Rechtsnatur des Art. 3 Abs. 2.

117 S. auch *Mock/Demuro/Bifulco*, Human Rights, S. 22.

118 Nach *Frenz*, Hdb EuR, Rn. 973, bilden die Verbote zugleich subjektive Rechte der Betroffenen, von den genannten Praktiken verschont zu bleiben.

119 *Frenz*, Hdb EuR, Rn. 964.

bungsauftrag.[120] Natürlich kommen die unmittelbar wirksamen Bestimmungen des Art. 3 Abs. 2 aber auch ohne entsprechende Konkretisierung zum Tragen.[121] Dabei gewährt die Charta – wie die Biomedizinkonvention – lediglich einen unabdingbaren unionalen **Mindestschutz.**[122] Die nationalen Rechte und das sonstige Recht der Union dürfen gemäß Art. 53 über diesen Minimalstandard hinausgehen. So bleiben etwa die aus der Menschenwürde in Art. 1 Abs. 1 GG abgeleiteten, strengen Regelungen des deutschen Embryonenschutzgesetzes hiervon unberührt.

42 Die Verbote in Art. 3 Abs. 2 wirken nicht nur als äußerste Grenze der Einschränkung des Grundrechts auf Unversehrtheit,[123] sondern zugleich als **Beschränkungen der Forschungsfreiheit** in Art. 13.[124] Sie zeigen der Medizin und Biologie Grenzen auf. Hier kommt die eher skeptische Sicht des Grundrechtekonvents, die er mit dem Europäischen Parlament teilte, zum Tragen. Allerdings sind die Verbote des Art. 3 Abs. 2 als Ausprägungen der Menschenwürde im Kontext der fundamentalen Rechte und nicht als spezifische Schranken der Forschungsfreiheit oder als Ausnahmen konzipiert. Somit gilt nicht der Auslegungsgrundsatz, wonach Ausnahmeregelungen eng zu interpretieren sind. Im Gegenteil sind die Regelungen in Art. 3 Abs. 2 – wie das Grundrecht in Art. 3 Abs. 1 – möglichst weit und umfassend auszulegen und anzuwenden. Diese **weite und optimierende Auslegung** mag sich zunächst – mit der gebotenen Vorsicht – an den Inspirationsquellen orientieren, dh zum einen an den einschlägigen Bestimmungen der **Biomedizinkonvention** und des ergänzenden **Klonprotokolls,**[125] zum anderen an den **französischen Regelungen zur Bioethik.**[126] Die autonome Entfaltung der unionalen biomedizinischen Rechte und Grundsätze wird in den nächsten Jahren und Jahrzehnten erfolgen. Derzeit mögen einige knappe Hinweise genügen, die sich in erster Linie auf die Entstehungsgeschichte der Vorschrift stützen.

43 **Geschützt** wird **jeder Mensch.** Dabei dürfte die Regelung des Art. 3 Abs. 2 auch den **Nasciturus** erfassen, wie Abs. 2 lit. b) und d) zeigen.[127] Ein Klonen ist nämlich auch von Ungeborenen oder Aborten möglich. Die Gesamtregelung ist **zukunftsoffen** konzipiert und enthält durch das „insbesondere" eine lediglich **beispielhafte, keineswegs abschließende Aufzählung.**[128] So erfasst sie weitere, nicht ausdrücklich angeführte gravierende Verletzungen der Menschenwürde wie zum Beispiel die Erzeugung von Mensch-Tier-Hybriden oder Chimären.[129] Vor allem finden über das „insbesondere" sämtliche Rechte und Grundsätze Eingang in das Schutzsystem der Charta, die bereits in die Biomedizinkonvention und ihre sukzessiven Zusatzprotokolle aufgenommen sind oder künftig darin aufgenommen werden.[130] Art. 3 Abs. 2 fungiert damit als **dynamische Transferklausel** oder Eingangstor für rechtliche Fortschritte. Dabei darf nicht verkannt werden, dass die Biomedizinkonvention

120 *Vedder/Heintschel von Heinegg/Folz*, Europäischer Verfassungsvertrag, Art. II-63 Rn. 6.
121 *Jarass*, EU-GR, S. 130.
122 *Streinz/Streinz*, EUV/AEUV, Art. 3 Rn. 5.
123 *Jarass*, GRC, Art. 3 Rn. 14.
124 *Vedder/Heintschel von Heinegg/Folz*, Europäischer Verfassungsvertrag, Art. II-63 Rn. 6; *Nowak*, Article 3, S. 37.
125 Zur bisher untergeordneten Bedeutung der Biomedizinkonvention im Recht der Union vgl. EuGH – *De Fruytier*, Rs. C-237/08, ECLI:EU:C:2010:316, Urt. v. 3.6.2010, Rn. 27. Für eine enge Auslegung der Bestimmungen des Art. 3 Abs. 2 aber *Heselhaus*, Human Dignity in the EU, in: Becchi/Mathis (Hrsg.), Handbook of Human Dignity in Europe, 2019, S. 15.
126 Zu den Einflüssen der französischen Regelungen zur Bioethik eingehend *Calmes*, Droit, S. 145 ff.
127 Vgl. *Nowak*, Article 3, S. 39.
128 A.A. *Frenz*, Hdb EuR, Rn. 902.
129 Rechtsvergleichend zu Chimären und Hybriden *Taupitz/Weschka* (Hrsg.), CHIMBRIDS, 2009. S. zu Mensch-Tier-Mischwesen auch *Schwarzburg*, Menschenwürde, 2012, S. 215 ff.
130 S. die Aufzählung zahlreicher weiterer Rechte und Grundsätze bei *Nowak*, Article 3, S. 38.

und ihre ergänzenden Protokolle ihrerseits nur ein absolutes Minimum an Schutznormen gewähren.[131] Bei den Bestimmungen in Art. 3 Abs. 2 lit. b) bis lit. d) handelt es sich um **absolute Verbote,** die als genuine Ausprägungen der Menschenwürde keinerlei Einschränkungen oder Ausnahmen unterliegen, vielmehr – wie die Verbote der Folter oder Sklaverei – strikt einzuhalten sind.[132] Auch soweit es sich nicht nur um Grundsätze, sondern zugleich subjektive Rechte handelt, bleibt es bei der Uneinschränkbarkeit. Insoweit wird der Anwendungsbereich der hier eigentlich eingreifenden allgemeinen Schrankenklausel in Art. 52 Abs. 1 – wie bei Art. 1 – teleologisch reduziert.[133] Bei dem Gebot in Art. 3 Abs. 2 lit. a) ist hingegen eine gesetzgeberische Ausgestaltung zulässig, mit zahlreichen Ausnahmeregelungen.[134] Bedeutung gewinnen diese Verbote vor allem für die **Forschungspolitik der Union** gemäß Art. 179 ff. AEUV, dh bei der Schaffung eines europäischen Raums der Forschung, sowie allgemein bei der Verwirklichung des Binnenmarktes.[135] Zugleich spricht viel dafür, dass die in Art. 3 Abs. 2 enthaltenen Verbote auch für die Mitgliedstaaten umfassende Geltung beanspruchen, unabhängig vom Anwendungsbereich der Charta. Zu den einzelnen Bestimmungen:

Der **erste Grundsatz** in Art. 3 Abs. 2 lit. a) spricht das **Gebot der freien Einwilligung** („informed consent", „consentement libre et éclairé") an – ein „principle at the very origin of modern biomedical ethics".[136] Inspirationsquelle war Art. 5 Abs. 1 der Biomedizinkonvention.[137] Im Übrigen ist das **Autonomieprinzip** auch der Straßburger Rechtsprechung bekannt, die es aus Art. 3 und vor allem Art. 8 EMRK herleitet.[138] Die mittlerweile dichte Rechtsprechung des EGMR stellt einen nicht zu unterschreitenden Mindeststandard dar.[139] Dieser erste Grundsatz hat auch im Unionsrecht einen weiten Anwendungsbereich, wie bereits die Ersetzung von „Patient" durch „Person" im Zuge der Beratungen des Grundrechtekonvents zeigte. Jedenfalls sollen auch gesunde Probanden geschützt werden, etwa bei Schönheitsoperationen.[140] **Für jeden Eingriff**[141] ist eine **Zustimmung in voller Kenntnis der Sachlage** erforderlich, wie der EuGH herausgestellt hat.[142] Mit dieser Konkretisierung des Selbstbestimmungsrechts über den eigenen Körper geht implizit das Verbot einher, medizinisch oder biologisch ohne Einwilligung einzugreifen.[143] Für den Betroffenen bedeutet dies 44

131 *Nowak*, Article 3, S. 38.
132 *Schwarze/Voet van Vormizeele*, EU, Art. 3 Rn. 6; *Frenz*, Hdb EuR, Rn. 974; *Jarass*, GRC, Art. 3 Rn. 14.
133 Anders wohl *Nowak*, Article 3, S. 41 f., der von der Anwendbarkeit des Art. 52 Abs. 1 ausgeht.
134 *Nowak*, Article 3, S. 39.
135 *Vedder/Heintschel von Heinegg/Folz*, Europäischer Verfassungsvertrag, Art. II-63 Rn. 6.
136 So die European Group on Ethics in Science and New Technologies (EGE) zu Beginn einer ausführlichen Würdigung des Grundsatzes; s. Dokument CHARTE 4370/00 CONTRIB 233 vom 15. Juni 2000, S. 14 f. Zum „informed consent" in Europa s. umfassend *Forgó*, Consent, 2014. S. weiter *Schwarzburg*, Menschenwürde, 2012, S. 102 ff.
137 *Mock/Demuro/Bifulco*, Human Rights, S. 23; *Picod/van Drooghenbroeck/Vanneste*, Charte, S. 92. Zur Auslegung wird man daher auch den „Erläuternden Bericht" zur Biomedizinkonvention vom Mai 1997 heranziehen können, der in deutscher Übersetzung über die Webseite des Europarates abrufbar ist (www.coe.int).
138 EGMR, Urt. v. 29.4.2002, Nr. 2346/02, *Pretty*, Ziff. 63.
139 Zu einschlägigen Entscheidungen s. *Picod/van Drooghenbroeck/Vanneste*, Charte, S. 92 ff. S. etwa EGMR, Urt. v. 8.11.2011, Nr. 18968/07, *V.C.*, Ziff. 119 (Sterilisierung einer Romni ohne vorherige Aufklärung als „gross disregard for her right to autonomy and choice as a patient").
140 *Jarass*, EU-GR, S. 129; *Jarass*, GRC, Art. 3 Rn. 9.
141 Dem „Erläuternden Bericht" zufolge werden Interventionen zwecks Prophylaxe, Diagnose, Therapie, Rehabilitation und Forschung erfasst (Pkt. 34).
142 EuGH – *Niederlande/Parlament und Rat*, Rs. C-377/98, ECLI:EU:C:2001:523, Urt. v. 9.10.2001, Rn. 78.
143 *Frenz*, Hdb EuR, Rn. 973.

das Recht, die anstehenden Entscheidungen auf der Grundlage umfassender Informationen selbstbestimmt zu treffen. Dies zeigt zugleich die **subjektiv-rechtliche Komponente der Bestimmung** auf, nämlich von ungewollten Eingriffen verschont zu bleiben. Irrationale und unvernünftige Entscheidungen sind zu akzeptieren, jedweder Paternalismus verbietet sich.[144] Von der Wirkung her handelt es sich bei Art. 3 Abs. 2 lit. a) um einen Rechtfertigungsgrund oder eine Schranken-Schranke bei Eingriffen in die körperliche oder geistige Integrität. In den weiteren Fällen des Art. 3 Abs. 2 lit. b) bis d) führt eine Einwilligung allerdings nicht zur Zulässigkeit.[145] Mit der zusätzlichen Klausel **„entsprechend den gesetzlich festgelegten Einzelheiten"** überlässt es die Charta dem jeweils kompetenten – unionalen oder mitgliedstaatlichen – Gesetzgeber, sämtliche Details zum „informed consent" zu regeln.[146] Dieser Spielraum gilt vor allem für die heiklen Probleme der Forschung an einwilligungsunfähigen Personen und der Verweigerung einer Heilbehandlung. Zumindest für die Union dürfte hier eine Orientierung an den einschlägigen Vertretungsregeln der Biomedizinkonvention, wie deren Art. 6 ff., 17 und 20, in Betracht kommen. Der Verweis auf den Gesetzgeber führt nicht etwa zu einer bloßen „Normhülle" ohne eigene Substanz, sondern betont lediglich das grundsatztypische Erfordernis gesetzgeberischer Konkretisierung. Art. 3 Abs. 2 lit. a) enthält insoweit einen **Gesetzgebungsauftrag zur näheren Ausgestaltung des Gebots.**[147] Dabei ist das Informationsverfahren so übersichtlich, präzise, klar und personalisiert wie möglich auszugestalten.[148]

Der **unionale Gesetzgeber** hat sich bereits mehrfach mit den **Informationsrechten von Patienten** und den damit verbundenen ethischen Fragen befasst, etwa in der Richtlinie 2001/20/EG zur Angleichung der Rechts- und Verwaltungsvorschriften der Mitgliedstaaten über die Anwendung der guten klinischen Praxis bei der Durchführung von klinischen Prüfungen mit Humanarzneimitteln, weiter in der Richtlinie 2001/83/EG zur Schaffung eines Gemeinschaftskodexes für Humanarzneimittel und schließlich mit der Richtlinie 2005/28/EG zur Festlegung von Grundsätzen und ausführlichen Leitlinien der guten klinischen Praxis für zur Anwendung beim Menschen bestimmte Prüfpräparate sowie von Anforderungen für die Erteilung einer Genehmigung zur Herstellung oder Einfuhr solcher Produkte. Mehrere „Guidelines" zu diversen Aspekten klinischer Prüfungen treten hinzu.[149] Eine im Vergleich zu den folgenden Verboten geringere Dignität des gemeineuropäischen Gebots des „informed consent" ist nicht erkennbar. Im Gegenteil handelt es sich um die zeitlich erste Schutzvorschrift im bioethischen Bereich – als „Prüfstein" des Medizin-

---

144 Kritisch zu paternalistischen Bestrebungen auch *Grabenwarter/Breuer*, Grundrechteschutz, § 7 Fundamentalgarantien, Rn. 75 ff. S. weiter EGMR, Nr. 302/02, Urt. v. 10.6.2010, *Jehovah's Witnesses*, Ziff. 136 („The freedom to accept or refuse specific medical treatment, or to select an alternative form of treatment, is vital to the principles of self-determination and personal autonomy... However, for this freedom to be meaningful, patients must have the right to make choices that accord with their own views and values, regardless of how irrational, unwise or imprudent such choices may appear to others.").

145 *Jarass*, Charta, Art. 3 Rn. 9.

146 *Schwarze/Voet van Vormizeele*, EU, Art. 3 Rn. 7.

147 *Frenz*, Hdb EuR, Rn. 965; *Heselhaus*, Human Dignity in the EU, in: Becchi/Mathis (Hrsg.), Handbook of Human Dignity in Europe, 2019, S. 15.

148 Der EGMR hat - im Lichte des Art. 8 EMRK - zur gesetzgeberischen Ausgestaltung gemeineuropäische Mindeststandards aufgestellt. EGMR, Urt. v. 24.6.2014, Nr. 4605/05, *Petrova*, Ziff. 96 f.; EGMR, Urt. v. 13.1.2015, Nr. 61243/08, *Elberte*, Ziff. 113. S. auch EGMR, Urt. v. 9.3.2004, Nr. 61827/00, *Glass*, Ziff. 82. Zur Zwangsbehandlung s. EGMR, Urt. v. 16.6.2005, Nr. 61603/00, *Storck*.

149 S. den aktuellen und umfassenden Überblick zu den mit dem „informed consent" verbundenen rechtlichen, ethischen und klinischen Fragen bei *Forgó*, Consent, 2014.

rechts ursprünglich gegen die nationalsozialistische Biopolitik und deren Menschenversuche gerichtet. Heute gilt es, dem **Selbstbestimmungsrecht des Menschen** bestmöglich Rechnung zu tragen, einem Herzstück der Menschenwürde.[150]

Besondere Schwierigkeiten bereitet die Reichweite des **Eugenikverbots** in Art. 3 Abs. 2 lit. b), zu dem die Biomedizinkonvention im Wesentlichen schweigt.[151] Es wurde vor allem auf Anraten der European Group on Ethics in Science and New Technologies (EGE) aufgenommen.[152] Geschichtlicher Hintergrund ist die „Rassenhygiene" der Nationalsozialisten. Die Eugenik gehörte aber auch in den demokratischen Gesellschaften lange Zeit zum wissenschaftlichen Mainstream und war in Gesellschaft und Kirche weithin akzeptiert. Das Eugenikverbot der Charta ist von den **französischen Gesetzen zur Bioethik** und insbesondere von Art. 16 des französischen Code Civil inspiriert.[153] Weiter können zur Auslegung auch **universelle Schutznormen** herangezogen werden, wie Art. 16 Abs. 1 der Allgemeinen Erklärung der Menschenrechte von 1948: „Heiratsfähige Frauen und Männer haben ohne Beschränkung auf Grund der Rasse, der Staatsangehörigkeit oder der Religion das Recht zu heiraten und eine Familie zu gründen." Aus diesen Textstufen und aus der Entstehungsgeschichte der Bestimmung lassen sich wesentliche Auslegungskriterien gewinnen. **Eugenische Praktiken** zielen letztlich darauf ab, die natürlichen Anlagen des Menschen zu steuern und zu verbessern. Der Mensch wird nicht so belassen, wie er ist und sich beim natürlichen Fortgang entwickelt.[154] Damit wird er entgegen der ihm zukommenden Würde nicht so geachtet, wie er ist.[155] Zudem erniedrigen Praktiken der „negativen Eugenik" wie etwa **Kontakt- und Heiratsverbote** die davon betroffenen Menschen. Vor derartigen Herabwürdigungen sind auch demokratische Rechtsstaaten nicht gefeit gewesen, wie **erzwungene Schwangerschaftsabbrüche** oder die häufig zu **Zwangssterilisierungen** führenden Sterilisierungspraktiken in der Schweiz und Sterilisationsgesetze in Skandinavien – als Auswüchse der jeweiligen Sozialpolitik – bis in die jüngere Vergangenheit zeigten. Aktuell erscheint vor allem die „reproduktive Freiheit" der Minderheit der Roma und Sinti gefährdet.[156] Diese Beispiele führen zu der starken **subjektiv-rechtlichen Dimension des Eugenikverbots:** Jeder Mensch hat einen einklagbaren Anspruch darauf, von eugenischen Praktiken verschont zu bleiben, ob es sich um Heiratsverbote, Zwangssterilisierungen oder Zwangskastrationen handelt.[157] 45

Zur Auslegung im Einzelnen: Man kann zunächst den Sinn des „insbesondere" in Frage stellen, weil eugenische Praktiken stets auf Selektion zielten.[158] Es ist allerdings möglich, dass manche Praktiken andere, möglicherweise billigenswerte Ziele verfolgen, und eine Selektion nur mittelbar bewirken, sie eben nicht „zum Ziel haben". Erfasst weiter das Euge-

150 *Frenz*, Hdb EuR, Rn. 853.

151 Vgl. *Barriga*, Entstehung, S. 75 f.

152 S. Dokument CHARTE 4370/00 CONTRIB 233 vom 15. Juni 2000.

153 Der entsprechende Passus in Art. 16.4 Code Civil lautet: „Toute pratique eugénique tendant à l'organisation de la sélection des personnes est interdite". S. *Braibant*, Charte, S. 97 f.

154 Zudem wird so die genetische Vielfalt nicht mehr erhalten, vgl. *Jarass*, GRC, Art. 3 Rn. 15.

155 *Frenz*, Hdb EuR, Rn. 966.

156 S. etwa – anlässlich einer unfreiwilligen Sterilisation – EGMR, Urt. v. 8.11.2011, Nr. 18968/07, *V.C.*, Ziff. 145: „The Court nevertheless considers it important to examine whether the respondent State complied with its positive obligation under Article 8 to secure through its legal system the rights guaranteed by that Article, by putting in place effective legal safeguards to protect the reproductive health of women of Roma origin in particular."

157 Derartige die Menschenwürde verletzende Praktiken sind abzugrenzen vom Inzestverbot, das gleichfalls einen eugenischen Hintergrund hat. Vgl. EGMR, Urt. v. 12.4.2012, Nr. 43547/08, *Stübing*, wobei der EGMR die eugenischen Aspekte nicht in den Blick genommen hat.

158 So die Kritik von *Hennette-Vauchez*, Article II-63 Ziff. 7.

nikverbot auch Maßnahmen der Pränatalmedizin? Die „**Erläuterungen**" geben einen Hinweis auf die Intention des Grundrechtekonvents: „Durch den Hinweis auf eugenische Praktiken, insbesondere diejenigen, welche die Selektion von Menschen zum Ziel haben, soll die Möglichkeit erfasst werden, dass Selektionsprogramme organisiert und durchgeführt werden, die beispielsweise Sterilisierungskampagnen, erzwungene Schwangerschaften, die Pflicht, den Ehepartner in der gleichen Volksgruppe zu wählen, usw umfassen; derartige Handlungen werden in dem am 17. Juli 1998 in Rom verabschiedeten Statut des Internationalen Strafgerichtshofs (siehe Artikel 7 Absatz 1 Buchstabe g) als internationale Verbrechen betrachtet." Daraus könnte sich zum einen ergeben, dass eugenische Praktiken erst ab einer gewissen Relevanzschwelle erfasst und verboten werden. Dies bedeutet aber nicht, dass Praktiken von ihrer Schwere her den Beispielsfällen in den „Erläuterungen" – „Verbrechen" – gleichkommen müssen.[159] Zum anderen dürften grundsätzlich nur **hoheitlich verordnete** oder zumindest geduldete „kollektive" **Zwangsmaßnahmen** erfasst sein, dh die „Eugenik von oben".[160] Allerdings ist es gerade bei einem Staatszerfall geboten, auch **nichtstaatliche Akteure wie Bürgerkriegsparteien** einzubeziehen. Ausschlaggebend dürfte nämlich nur das „Organisationsvermögen" zur Durchführung eugenischer Praktiken sein. Daher fallen „**ethnische Säuberungen**" wie während des jugoslawischen Bürgerkriegs unter das Verbot des Art. 3 Abs. 2 lit. b).[161] An dem in jedem Fall erforderlichen Element des Zwangs fehlt es bei **freiwilligen staatlichen Eugenik-Programmen**, wie auf Zypern zur Verhinderung der weiteren Ausbreitung der Thalassämie, einer vererbten Blutkrankheit. Allerdings ist hier in besonderer Weise auf die Freiwilligkeit und den „informed consent" im Sinne des Art. 3 Abs. 2 lit. a) zu achten. Erst recht fällt eine freiwillige und ausschließlich „**private Eugenik von unten**" nicht unter das Verbot;[162] eine Drittwirkung entfällt hier. Eine andere Sicht dürfte Gesetzgeber und Gerichte im Übrigen vor unüberwindbare Schwierigkeiten stellen, jedenfalls soweit man die Verbote des Art. 3 Abs. 2 über den in Art. 51 Abs. 1 bestimmten Anwendungsbereich der Charta hinaus auf das gesamte Handeln der Mitgliedstaaten erstreckt. Damit sind die umstrittenen Fragenkreise der ohne staatlichen Zwang vorgenommenen Abtreibung und Präimplantationsdiagnostik (PID) vom Anwendungsbereich dieses Verbots grundsätzlich ausgenommen.[163] Es darf aber nicht verkannt werden, dass Art. 3 Abs. 2 lit. b) auch und gerade die generationsübergreifende direkte Antastung („Optimierung") des menschlichen Genpools verbietet, etwa durch **Keimbahninterventionen**.[164] Sollten nämlich dem Willen des Konvents zufolge schon Prak-

---

159 *Nowak*, Article 3, S. 40.

160 S. *Braibant*, Charte, S. 98, *Jarass*, EU-GR, S. 131, *Jarass*, GRC, Art. 3 Rn. 15, und auch *Hennette-Vauchez*, Article II-63, Ziff. 9, unter Hinweis auf Art. 16.4 Code Civil, der von der „organisation" (!) der „sélection des personnes" spricht. Kritisch zu einer solchen Herleitung *Frenz*, Hdb EuR, Rn. 977 ff.

161 *Nowak*, Article 3, S. 40; *Picod/van Drooghenbroeck/Vanneste*, Charte, S. 97.

162 So auch *Heselhaus*, Human Dignity in the EU, in: Becchi/Mathis (Hrsg.), Handbook of Human Dignity in Europe, 2019, S. 16, und *Calliess/Ruffert/Calliess*, EUV/AEUV, Art. 3 Rn. 14. A.A. *Frenz*, Hdb EuR, Rn. 980; *Tettinger/Stern/Höfling*, GRC, Art. 3 Rn. 19.

163 *Dujmovits*, RdM 2001, 72, 77; *Müller-Terpitz*, Schutz, 2007, S. 472; *Calliess/Ruffert/Calliess*, EUV/AEUV, Art. 3 Rn. 14; *Jarass*, GRC, Art. 3 Rn. 15. Zur PID differenzierend *Frenz*, Hdb EuR, Rn. 979.

164 So zu Recht nachdrücklich *Tettinger/Stern/Höfling*, GRC, Art. 3 Rn. 19. S. bereits die Empfehlung der Parlamentarischen Versammlung des Europarates (Recommendation 934 (1982) on genetic engineering) zum „right to inherit a genetic pattern which has not been artificially changed". Die Biopatent-Richtlinie 98/44/EG fasst in Erwägungsgrund 40 zusammen: „Innerhalb der Gemeinschaft besteht Übereinstimmung darüber, daß die Keimbahnintervention am menschlichen Lebewesen und das Klonen von menschlichen Lebewesen gegen die öffentliche Ordnung und die guten Sitten verstoßen."

tiken erfasst werden, die nur indirekt die Fortentwicklung des menschlichen Genpools beeinflussen, so muss dies erst recht für direkte Eingriffe gelten.[165] Letztlich geht es um den **Schutz der genetischen Vielfalt.**[166] Für die Union gewinnt das Verbot Bedeutung bei der **Forschungsförderung,** vor allem im Kontext der Genforschung. Weiter wäre es der Union im Rahmen ihrer **Einwanderungspolitik** nach Art. 79 AEUV, dh bei der dort vorgesehenen „wirksamen Steuerung der Migrationsströme", verwehrt, unerwünschte Einwanderer aus bestimmten Ländern oder Ethnien fernzuhalten.

Das **Gewinnverbot** in Art. 3 Abs. 2 lit. c), das vor allem den verwerflichen **Handel mit menschlichen Organen** unterbinden soll,[167] ist von Art. 21 der Biomedizinkonvention[168] und von dem französischen Gesetz vom 29. Juli 1994 „relative au respect du corps humain" inspiriert, das in den Code Civil inkorporiert wurde. Zwei Bestimmungen des Code Civil dienten als Quelle,[169] nämlich zum einen Art. 16.1 („Le corps humain, ses éléments et ses produits ne peuvent faire l'objet d'un droit patrimonial") und zum anderen Art. 16.5 („Les conventions ayant pour effet de conférer une valeur patrimoniale au corps humain, à ses éléments ou à ses produits, sont nulles"). Der menschliche Körper oder Teile davon dürfen nicht zur Ware degradiert und zum Handelsobjekt gemacht werden. Eine entgeltliche „Leihmutterschaft" ist auch aus diesem Grunde wohl unzulässig.[170] Strikt und **absolut verboten** ist vor allem der **kommerzielle Organhandel,** auch ein Zwischenhandel, soweit darin Gewinne erzielt werden.[171] Von dem Verbot erfasst werden sämtliche Körperteile, auch Blut, Gewebe und Zellen. Dabei spielt es keine Rolle, dass dem kommerziellen Handel gegebenenfalls eine freiwillige unentgeltliche Spende zugrunde liegt. Insoweit begrenzt Art. 3 Abs. 2 lit. c) die von Art. 3 Abs. 1 und Abs. 2 lit. a) umfasste Selbstbestimmung.[172] Ansonsten bleiben freiwillige Organspenden selbstverständlich möglich, wobei es insbesondere bei Lebendorganspenden einheitlicher Mindeststandards in Europa bedarf.[173] 46

In den Grenzbereichen und unterhalb einer „Relevanzschwelle" sind gewisse **Ausnahmen** von dem strengen Verbot denkbar. So dürfte etwa der Verkauf von Haaren oder Fingernägeln grundsätzlich nicht verboten sein, zumal es sich um „abgestoßenes Gewebe" handelt und ein Verstoß gegen die Menschenwürde ausscheidet.[174] Mit Blick auf die weiteren offenen Fragen und Abgrenzungsprobleme bringt zunächst das Zusatzprotokoll zur Biomedi-

165 *Frenz*, Hdb EuR, Rn. 978.
166 *Mock/Demuro/Bifulco*, Human Rights, S. 23, der zugleich den Bezug zu Art. 13, 14 und 18 der Biomedizinkonvention herstellt.
167 S. zum Verbot der Kommerzialisierung des menschlichen Körpers *Schwarzburg*, Menschenwürde, 2012, S. 168 ff.
168 *Mock/Demuro/Bifulco*, Human Rights, S. 23. Zudem ist Art. 22 der Biomedizinkonvention von Bedeutung.
169 So *Braibant*, Charte, S. 98 f.
170 *Mock/Demuro/Bifulco*, Human Rights, S. 23; aA *Heselhaus*, Human Dignity in the EU, in: Becchi/Mathis (Hrsg.), Handbook of Human Dignity in Europe, 2019, S. 17. Auch die Menschenwürde der Leih- oder Ersatzmutter kann unter Umständen verletzt sein. Zudem besteht eine sachliche Nähe zum Verbot des Menschenhandels in Art. 5 Abs. 3 („Fortpflanzungsarbeit"). Zur Zulässigkeit eines nationalen Verbots der Leihmutterschaft s. EGMR (GK), Urt. v. 24.1.2017, Nr. 25358/12, *Paradiso und Campanelli*. Zur Rechtslage in Europa s. die rechtsvergleichende Studie „A comparative study on the regime of surrogacy in EU Member States" aus 2013 (www.europarl.europa.eu/thinktank). S. auch die Datenbank zur Reproduktionsmedizin www.meddb.mpicc.de.
171 *Frenz*, Hdb EuR, Rn. 977. Hier liegt eine unmittelbare Drittwirkung nahe, s. *Heselhaus*, Human Dignity in the EU, in: Becchi/Mathis (Hrsg.), Handbook of Human Dignity in Europe, 2019, S. 16.
172 *Frenz*, Hdb EuR, Rn. 982.
173 Vgl. *Ludwig*, Harmonisierung, 2013.
174 So der „Erläuternde Bericht" zur Biomedizinkonvention vom Mai 1997 (Pkt. 133), der in deutscher Übersetzung über die Webseite des Europarates abrufbar ist (www.coe.int).

zinkonvention bezüglich der Transplantation von menschlichen Organen und Gewebe vom 24. Januar 2002 einige Klärungen sowie Ausnahmetatbestände mit sich.[175] Eine Klarstellung führt auch Art. 12 der Geweberichtlinie herbei, wonach ein gewisser Aufwendungsersatz möglich ist.[176] Ein nicht als „Gewinn" oder „Entlohnung" zu qualifizierender bloßer **Aufwendungsersatz** ist daher **zulässig,**[177] wobei ein Missbrauch ausgeschlossen sein sollte.[178] Hervorzuheben ist abschließend, dass Art. 3 Abs. 2 lit. c) nicht den Handel mit und den Erwerb von Körperteilen als solchen verbietet, sondern nur „zur Erzielung von Gewinnen". Der Erwerb und Übergang von Eigentumsrechten dürfte mithin möglich sein.[179]

47 Das in Art. 3 Abs. 2 lit. d) aufgeführte **Verbot des reproduktiven Klonens von Menschen,** dh des besonders verwerflichen Erzeugens genetisch identischer menschlicher Lebewesen, bildet den Schlussstein.[180] Hier lehnte sich der Grundrechtekonvent an das in Art. 1 des Zusatzprotokolls zur Biomedizinkonvention verankerte Klonverbot an, das wohl gleichfalls nur das reproduktive Klonen untersagt. Aufgrund der spezifischen Regelung in Art. 3 Abs. 2 lit. d) ist die Reichweite der allgemeinen Menschenwürdegarantie in der Charta mit Blick auf das Klonen abschließend festgelegt. Es handelt sich um eine bereichsspezifische Begrenzung der europäischen Menschenwürdegarantie. Aus Art. 1 lässt sich daher **kein Verbot des Klonens generell** herleiten.[181] Für die Zulässigkeit oder Unzulässigkeit der Embryonenforschung geben Art. 1 und 3 der Charta wohl nichts her.[182] Strikt und **absolut verboten** ist auf europäischer Ebene allein die Herstellung menschlicher Individuen, die mit anderen lebenden oder toten Menschen genetisch identisch sind. **Für sonstige Formen des Klonens,** insbesondere das sogenannte „therapeutische" Klonen oder das Klonen zu Forschungszwecken, bedeutet dies **keine Vorentscheidung,** wie die „Erläuterungen" zu Recht betonen: „Die anderen Formen des Klonens werden von der Charta weder gestattet noch verboten. Sie hindert den Gesetzgeber also keineswegs daran, auch die anderen Formen des Klonens zu verbieten." Die entsprechende Wertediskussion und legislatorische Entscheidung werden in die einzelnen Mitgliedstaaten zurückverlagert,[183] denen es je nach Ausprägung der nationalen Menschenwürdegarantien obliegt oder freisteht, etwa das „therapeutische Klonen" – wie Deutschland – zu verbieten,[184] oder es unter bestimmten,

---

175 Abrufbar unter: www.conventions.coe.int.

176 Richtlinie Nr. 2004/23/EG des Europäischen Parlaments und des Rates vom 31. März 2004 zur Festlegung von Qualitäts- und Sicherheitsstandards für die Spende, Beschaffung, Testung, Verarbeitung, Konservierung, Lagerung und Verteilung von menschlichen Geweben und Zellen. S. auch Art. 13 der Richtlinie Nr. 2010/45/EU.

177 S. auch den „Erläuternden Bericht" zur Biomedizinkonvention vom Mai 1997 (www coe.int), wonach eine gerechte Entschädigung für entstandene Kosten oder Einkommensverluste (etwa infolge eines Krankenhausaufenthalts) unbedenklich ist (Pkt. 132). In diesem Sinne auch EuGH – *Humanplasma*, Rs. C-421/09, ECLI:EU:C:2010:760, Urt. v. 9.12.2010.

178 Zur Missbrauchsgefahr *Picod/van Drooghenbroeck/Vanneste*, Charte, S. 99.

179 *Nowak*, Article 3, S. 40; wohl einschränkend EuGH – *Niederlande/Parlament und Rat*, Rs. C-377/98, ECLI:EU:C:2001:523, Urt. v. 9.10.2001, Rn. 73. S. hierzu *Jarass*, GRC, Art. 3 Rn. 16.

180 Eingehend hierzu *Kersten*, Klonen, 2004, S. 90 ff. S. weiter *Schwarzburg*, Menschenwürde, 2012, S. 196 ff. Zur Haltung der European Group on Ethics in Science and New Technologies (EGE) s. *Nowak*, Article 3, S. 41. Zu schützen sind vor allem die Einzigartigkeit und Unverwechselbarkeit von Menschen.

181 S. zum Ganzen *Frenz*, Hdb EuR, Rn. 967 ff., 983 ff.

182 *Mock/Demuro/Bifulco*, Human Rights, S. 24. Rechtsvergleichend *Berger*, Embryonenschutz, 2007, S. 183 ff.

183 *Mock/Demuro/Bifulco*, Human Rights, S. 24. Zur Rechtslage in Europa s. die Datenbank zur Reproduktionsmedizin: www.meddb.mpicc.de.

184 S. hierzu *Taupitz*, NJW 2001, 3433 ff.

engen Voraussetzungen zuzulassen, wie es in Großbritannien der Fall war.[185] Im Übrigen kann auch der unionale Gesetzgeber über die verfassungsrechtlichen (Mindest)Vorgaben der Charta hinausgehen und seinerseits „andere Formen des Klonens" untersagen, was dann im Rahmen der europäischen Forschungspolitik und -förderung berücksichtigt werden müsste.

IV. Literaturübersicht

Albers, Marion, Biotechnologies and Human Dignity, in: Grimm, Dieter/Kemmerer, Alexandra/Möllers, Christoph (Hrsg.), Human Dignity in Context, Baden-Baden 2018, S. 509; *dies.* (Hrsg.), Bioethik, Biorecht, Biopolitik – eine Kontextualisierung, Baden-Baden 2016; *Andorno, Roberto*, La signification du concept de dignité humaine dans la bioéthique internationale, in: Baumbach, Christine/Kunzmann, Peter (Hrsg.), Würde – dignité – godnosc – dignity: Die Menschenwürde im internationalen Vergleich, München 2010, S. 143; *Bergé, Jean-Sylvestre*, Droit communautaire, biomédecine et biotechnologies: entre concordance et antinomie, RTDE 2002, 627; *Berger, Martin*, Embryonenschutz und Klonen beim Menschen, Frankfurt/Main 2007; *Bodendiek, Frank/Nowrot, Karsten*, Bioethik und Völkerrecht, Archiv des Völkerrechts 1999, 177; *Bublitz, Jan-Christoph*, Der (straf-)rechtliche Schutz der Psyche. Vom Körperverletzungstatbestand zum Grundrecht auf mentale Selbstbestimmung, RW 2011, 28; *Bubnoff, Eckhart v.*, Schwerpunkte strafrechtlicher Harmonisierung in Europa unter Berücksichtigung der Orientierungsvorgaben aus der Grundrechtscharta 2000, ZEuS 2001, 165; *Calliess, Christian/Meiser, Christian*, Menschenwürde und Biotechnologie: Die EG-Biopatentrichtlinie auf dem Prüfstand des europäischen Verfassungsrechts, JuS 2002, 426; *Calmes, Sylvia*, Le droit au respect de l'être humain, in: Burgorgue-Larsen, Laurence (Hrsg.), La France face à la Charte des droits fondamentaux de l'Union européenne, Bruxelles 2005, S. 123; *Caporale, Cinzia/Pavone, Ilja Richard* (Hrsg.), International Biolaw and Shared Ethical Principles: The Universal Declaration on Human Rights and Bioethics, London 2018; *Council of Europe* (Hrsg.), Ethical eye: cloning, Strasbourg 2002; *ders.*, Ethical eye: biomedical research, Strasbourg 2004; *ders.*, Biomedicine and human rights – The Oviedo Convention and its additional protocols, Strasbourg 2010; *Dujmovits, Elisabeth*, Die EU-Grundrechtscharta und das Medizinrecht, RdM 2001, 72; *Eser, Albin* (Hrsg.), Biomedizin und Menschenrechte. Die Menschenrechtskonvention des Europarates zur Biomedizin. Dokumentation und Kommentare, Frankfurt a.M. 1999; *Forgó, Nikolaus*, Informed Consent in Europe. Legal, Ethical and Clinical Perspectives, Baden-Baden 2014; *Frahm, Katharina/Gebauer, Jochen*, Patent auf Leben? – Der Luxemburger Gerichtshof und die Biopatent-Richtlinie, EuR 2002, 78; *Frewer, Andreas/Kolb, Stephan/Krása, Kerstin* (Hrsg.), Medizin, Ethik und Menschenrechte. Geschichte, Grundlagen, Praxis, Göttingen 2009; *Fülle, Franca*, Aktuelle Rechtsfragen der Bioethik im nationalen, europäischen und internationalen Vergleich, in: Mahler, Claudia/Weiß, Norman (Hrsg.), Menschenrechtsschutz im Spiegel von Wissenschaft und Praxis, Berlin 2004, S. 214; *Goos, Christoph*, Innere Freiheit. Eine Rekonstruktion des grundgesetzlichen Würdebegriffs, Göttingen 2011; *Gros Espiell, Héctor* (Hrsg.), Convention sur les droits de l'homme et la biomédecine. Analyses et commentaires, Paris 2010; *Guglielmetti, Mario*, La bioetica e la Carta dei diritti fondamentali dell'Unione Europea, in: Toniatti, Roberto (Hrsg.), Diritto, diritti, giurisdizione. La Carta dei diritti fondamentali dell'Unione Europea, Padova 2002, S. 159; *Habermas, Jürgen*, Die Zukunft der menschlichen Natur. Auf dem Weg zu einer liberalen Eugenik?, Frankfurt a.M. 2001; *Höfling, Wolfram*, Menschenwürde und Integritätsschutz vor den Herausforderungen der Biomedizin, in: Stern, Klaus/Tettinger, Peter J. (Hrsg.), Die Europäische Grundrechte-Charta im wertenden Verfassungsvergleich, Berlin 2005, S. 151; *Hörnle, Tatjana*, How to Define Human Dignity, and the Resulting Implications for Biotechnology, in: Grimm, Dieter/Kemmerer, Alexandra/Möllers, Christoph (Hrsg.), Human Dignity in Context, Baden-Baden 2018, S. 561; *Hoffmann, Bernd v./Schulz, Stefan*, Genrechtspolitik in Europa: Nationale Festungen oder europäische Konsense, in: Pichler, Johannes W. (Hrsg.), Embryonalstammzelltherapie versus „alternative" Stammzelltherapien, Wien 2002, S. 121; *Iliadou, Ekaterini*, Forschungsfreiheit und Embryonenschutz. Eine verfassungs- und europarechtliche Untersuchung der Forschung an Embryonen, Berlin 1999; *Joerden, Jan C./Moos, Thorsten/Wewetzer, Christa* (Hrsg.), Stammzellforschung in Europa. Religiöse, ethische und rechtliche Probleme, Frankfurt a.M. u.a. 2009; *Joerden, Jan C./Hilgendorf, Eric/Thiele, Felix* (Hrsg.), Menschenwürde und Medizin. Ein interdisziplinäres Handbuch, Berlin 2013; *Kamp, Ilka*, Die Europäische Bioethik-Konvention. Medizinische Versuche an einwilligungsunfähigen Menschen unter besonderer Berücksichtigung der Vorgaben im nationalen und internationalen Recht, Frankfurt a.M. 2000; *Kersten, Jens*, Das Klonen von Menschen. Eine verfassungs-, europa- und völkerrechtliche Kritik, Tübingen 2004; *Kiriakaki, Irini*, Der

185 S. hierzu *Berger*, Embryonenschutz 2007, S. 183 ff.

Schutz des Menschen und des Embryos in vitro in der medizinischen Forschung. Eine rechtsvergleichende Untersuchung des Menschenrechtsübereinkommens zur Biomedizin, des griechischen und des deutschen Rechts, Baden-Baden 2007; *Knauer, Florian*, Der Schutz der Psyche im Strafrecht, Tübingen 2013; *Knoepffler, Nikolaus*, Menschenwürde in der Bioethik, Berlin-Heidelberg 2004; *König, Peter*, Biomedizinkonvention des Europarats, EU und deutsches Organhandelsverbot, MedR 2005, 22; *Körtner, Ulrich H.J./Kopetzki, Christian* (Hrsg.), Stammzellforschung. Ethische und rechtliche Aspekte, Wien u.a. 2008; *Koutnatzis, Stylianos-Ioannis G./Weilert, A. Katarina*, Fragen der menschlichen Reproduktion vor dem EGMR – Zugleich eine kritische Würdigung der Lehre vom staatlichen Beurteilungsspielraum (Margin of Appreciation), ArchVR 2013, 72 ff.; *Lackermair, Markus*, Hybride und Chimären. Die Forschung an Mensch-Tier-Mischwesen aus verfassungsrechtlicher Sicht, Tübingen 2017; *Laufs, Adolf*, Das Menschenrechtsübereinkommen zur Biomedizin und das deutsche Recht, NJW 1997, 776; *Lohninger, Albin Christoph*, Interdisziplinäre, völker- und europarechtliche Grundlagen der Gen- und Biotechnologie, Wien, 2007; *Lozano, Rose-Marie*, La protection européenne des droits de l'homme dans le domaine de la biomédecine, Paris 2001; *Ludwig, Katharina*, Die Notwendigkeit der rechtlichen Harmonisierung der Lebendorganspende auf europäischer und internationaler Ebene, Baden-Baden 2013; *Mathieu, Bertrand*, Force et faiblesse des droits fondamentaux comme instruments du droit de la bioéthique: le principe de dignité et les interventions sur le génome humain (1), Revue du Droit Public 1999, 93; *ders.*, Génome humain et droits fondamentaux, Paris 2000; *ders.*, La bioéthique, matrice des droits d'un homme nouveau, in: Condorelli, Luigi u.a. (Hrsg.), Libertés, justice, tolérance (Mélanges Gérard Cohen-Jonathan), Bruxelles 2004, S. 1209; *Mathieu, Bertrand/Lenoir, Noelle*, Les normes internationales de la bioéthique, Paris, 2. Aufl. 2004; *Maus, Moritz*, Der grundrechtliche Schutz des Privaten im europäischen Recht, Frankfurt a. M. 2007; *Meiser, Christian*, Biopatentierung und Menschenwürde, Baden-Baden 2006; *Michalowski, Sabine*, Health Care Law, in: Peers, Steve/Ward, Angela (Hrsg.), The European Union Charter of Fundamental Rights, Oxford u.a. 2004, S. 287; *Müller-Terpitz, Ralf*, Der Schutz des pränatalen Lebens. Eine verfassungs-, völker- und gemeinschaftsrechtliche Statusbetrachtung an der Schwelle zum biomedizinischen Zeitalter, Tübingen 2007; *ders.*, Assistierte Reproduktionsverfahren im Lichte der Europäischen Menschenrechtskonvention, ArchVR 2013, 42; *Murphy, Sean D.*, Biotechnology and International Law, Harvard International Law Journal 2001, 47; *Murphy, Thérèse* (Hrsg.), New Technologies and Human Rights, Oxford 2009; *Nowak, Manfred*, Article 3, in: EU Network of Independent Experts on Fundamental Rights, Commentary of the Charter of Fundamental Rights of the European Union, Juni 2006 (Online-Kommentar, abrufbar unter: www.ec.europa.eu/justice/fundamental-rights/networkcommentaryfinal.en.); *Petersen, Niels*, The Legal Status of the Human Embryo *in vitro*: General Human Rights Instruments, ZaöRV 65 (2005), 447; *Rodotà, Stefano/Zatti, Paolo* (Hrsg.), Trattato di biodiritto, Milano 2010 ff.; *Schmidt, Ralf-Michael*, Die Grenzen der Patentierbarkeit humangenetischer Erfindungen. Eine rechtsvergleichende Analyse grund-, menschen- und patentrechtlicher Aspekte mit Blick auf einen gemeineuropäischen ‚ordre public', Baden-Baden 2009; *Schulz, Stefan F.*, Die Biomedizin im Europa- und Völkerrecht. Eine Einführung in internationale Instrumente, Prinzipien und Regelungen der Humangenetik, Trier 2002; *Smith, George P.*, Human Rights and Biomedicine, Den Haag u.a. 2000; *Solter, Davor u.a.* (Hrsg.), Embryo Research in Pluralistic Europe, Berlin 2003; *Steinweg, Nina*, Der universelle Schutz des menschlichen Embryos in vitro, Hamburg 2012; *Taupitz, Jochen*, Der rechtliche Rahmen des Klonens zu therapeutischen Zwecken, NJW 2001, 3433; *ders.*, Das Menschenrechtsübereinkommen zur Biomedizin des Europarates – taugliches Vorbild für eine weltweit geltende Regelung? The Convention on Human Rights and Biomedicine of the Council of Europe – a Suitable Model for World-wide Regulation?, Berlin-Heidelberg 2002; *ders.*, Biomedizinische Forschung zwischen Freiheit und Verantwortung. Der Entwurf eines Zusatzprotokolls über biomedizinische Forschung zum Menschenrechtsübereinkommen zur Biomedizin des Europarates, Berlin-Heidelberg 2002; *ders.* (Hrsg.), Kommerzialisierung des Körpers, Berlin u.a. 2007; *Taupitz, Jochen/Weschka, Marion* (Hrsg.), CHIMBRIDS – Chimeras and Hybrids in Comparative European and International Research: Scientific, Ethical, Philosophical and Legal Aspects, Dordrecht u.a. 2009; *Virt, Günter*, Die Biopolitik der Europäischen Union und die Möglichkeiten des theologischen Ethikers. Erfahrungen aus dem Europarat und der „European Group on Ethics in Sciences and New Technologies" (EGE) der Europäischen Union, in: Platzer, Johann/Zissler, Elisabeth (Hrsg.), Bioethik und Religion, Baden-Baden 2014, S. 331; *Vöneky, Silja/Wolfrum, Rüdiger* (Hrsg.), Human Dignity and Human Cloning, Leiden 2004; *Wallau, Philipp*, Die Menschenwürde in der Grundrechtsordnung der Europäischen Union, Bonn 2010; *Walt, Sibylle van der/Menke, Christoph* (Hrsg.), Die Unversehrtheit des Körpers. Geschichte und Theorie eines elementaren Menschenrechts, Frankfurt a.M. 2007; *Weiß, Wolfgang*, EU-Verfassungsvertrag und Biotechnologie, MedR 2005, 458; *Winiger, Bénédict u.a.* (Hrsg.), Ethik und Recht in der Bioethik, Baden-Baden 2013; *Zintler, Mathias*, Die Biotechnologierichtlinie, Frankfurt a. M. 2002.

Zu einschlägigen Entscheidungen des EuGH, des EGMR und nationaler Gerichte zu Art. 3 s. das ständig aktualisierte Online-Tool „**Charterpedia**" der Grundrechteagentur (www.fra.europa.eu). Zu Leitentscheidungen und zur aktuellen Rechtsprechung des EGMR zu Art. 8 EMRK und allgemein zu biomedizinischen Fragestellungen s. die in englischer, französischer und teilweise deutscher Sprache auf der Webseite des Straßburger Gerichtshofs veröffentlichten und regelmäßig aktualisierten „Factsheets" und „Case-Law Guides" (www.echr.coe.int). Auf der Webseite findet sich insbesondere ein umfänglicher „Research Report" vom 20. Oktober 2016: „Bioethics and the case-law of the Court". Die Judikate des EuGH sind über www.curia.europa.eu/juris/recherche abrufbar, während die Urteile des EGMR über www.hudoc.echr.coe.int auffindbar sind. Ein von *Marten Breuer* betreutes Fundstellenverzeichnis zu deutschen Übersetzungen der in der Regel nur in englischer und/oder französischer Sprache veröffentlichten Entscheidungen des EGMR findet sich unter www.egmr.org.

Artikel 4 Verbot der Folter und unmenschlicher oder erniedrigender Strafe oder Behandlung

Niemand darf der Folter oder unmenschlicher oder erniedrigender Strafe oder Behandlung unterworfen werden.

I. Vorgaben

1 Bei dem zum Schutz der Menschenwürde unabdingbaren **Verbot der Folter und unmenschlicher oder erniedrigender Strafe oder Behandlung** – einem weiteren „core right" – wollte der Grundrechtekonvent weder inhaltlich noch sprachlich von dem entsprechenden Verbot in der EMRK abweichen.[1] Die Transferklausel des Art. 52 Abs. 3 S. 1 findet Anwendung:[2] Das in **Art. 4** anerkannte fundamentale Recht ist **inhaltlich identisch mit dem gleichlautenden Art. 3 EMRK.** Die Auslegung des Art. 4 hat mithin „im Licht von Art. 3 EMRK" zu erfolgen, wie der EuGH betont.[3] Dies bedeutet zugleich, dass die Entscheidungen des Straßburger Gerichtshofes für Auslegung und Anwendung maßgeblich sind.[4] In ständiger Rechtsprechung erinnert der EGMR daran, dass „Art. 3 EMRK einen der Grundwerte der demokratischen Gesellschaft schützt. Die Konvention verbietet Folter und unmenschliche oder erniedrigende Strafe oder Behandlung uneingeschränkt, selbst unter den schwierigsten Bedingungen, wie bei der Bekämpfung des Terrorismus und des organisierten Verbrechens. Art. 3 EMRK lässt keine Einschränkungen zu ... und Art. 15 II EMRK erlaubt selbst im Falle einer allgemeinen Gefahr, die das Leben der Nation bedroht, keine Abweichung von Art. 3 EMRK."[5] Der EuGH judiziert zu Art. 4 ebenso deutlich. Darin komme einer der Grundwerte der Union und ihrer Mitgliedstaaten zum Ausdruck, der insofern absoluten

1 S. zum Folterverbot in der EMRK wie in der Charta *Schwarzburg*, Menschenwürde, 2012, S. 151 ff., sowie zur Rechtsprechung des EGMR *von Schwichow*, Menschenwürde, 2016, S. 27 ff.
2 EuGH (GK) – *M.P.*, Rs. C-353/16, ECLI:EU:C:2018:276, Urt. v. 24.4.2018, Rn. 37. S. auch *Borowsky* (Vorauflage), Art. 52 Rn. 30 ff.
3 EuGH (GK) – *M.P.*, Rs. C-353/16, ECLI:EU:C:2018:276, Urt. v. 24.4.2018, Rn. 43.
4 *Vedder/Heintschel von Heinegg/Folz*, Unionsrecht, Art. 4 Rn. 2; *Kjaerum*, Article 4, S. 43.
5 EGMR (GK), Urt. v. 28.7.1999, Nr. 25803/94, *Selmouni*, Ziff. 95; bekräftigt in EGMR, Nr. 22978/05, Urt. v. 30.6.2008, *Gäfgen*, Ziff. 63, sowie EGMR (GK), Urt. v. 1.6.2010, *Gäfgen*, Ziff. 107, zudem EGMR (GK), Urt. v. 13.12.2012, Nr. 39630/09, *El-Masri*, Ziff. 195, sowie EGMR, Urt. v. 28.9.2015, Nr. 23380/09, *Bouyid*, Ziff. 81.

Charakter habe, als dieser Grundwert eng mit der Achtung der Würde des Menschen verbunden sei, auf die sich Art. 1 der Charta beziehe.[6]

2 Kein Mitgliedstaat lässt Folter oder vergleichbare menschenverachtende Praktiken zu.[7] Dies entspricht einem menschenrechtlichen Grundkonsens.[8] Folter wird durchgängig als gravierende Verletzung der Menschenwürde begriffen und ausdrücklich oder zumindest implizit ausnahmslos verboten. Zahlreiche **mitgliedstaatliche Rechtsordnungen** kennen explizite (Teil)Regelungen, so die Verfassungen Deutschlands (Art. 104 Abs. 1 S. 2 GG),[9] Finnlands (§ 7 S. 2), Griechenlands (Art. 7 Abs. 2), Italiens (Art. 13 S. 5), Portugals (Art. 25 Abs. 2), Schwedens (Kap. 2 § 5) und Spaniens (Art. 15 S. 1).[10] Andere Staaten orientieren sich eng an der EMRK, wie Österreich, wo die EMRK Verfassungsrang genießt.[11] Das Leiden unter der kommunistischen Willkürherrschaft ließ die meisten **Beitrittsländer** gleichfalls ein Folterverbot in ihren Verfassungen festschreiben, so Bulgarien (Art. 29), Estland (§ 18 Abs. 1), Kroatien (Art. 23 Abs. 1), Lettland (Art. 95 S. 2, 3), Litauen (Art. 21 S. 3), Polen (Art. 40), Rumänien (Art. 22 Abs. 2), die Slowakei (Art. 16 Abs. 2), Slowenien (Art. 18), Tschechien (Art. 7 Abs. 2 Charta) und Ungarn (Art. III Abs. 1). Hinzu treten Zypern (Art. 8) und Malta (Art. 36 Abs. 1). Bisweilen ist das Folterverbot ausdrücklich notstandsfest ausgestaltet, wie in der kroatischen Verfassung (Art. 17 Abs. 3).

3 Für die Auslegung des Art. 4 ist die bisherige und künftige Rechtsprechung des EGMR zu Art. 3 EMRK maßgeblich. Dabei können auch weitere **gemeinsame internationale Verpflichtungen der Mitgliedstaaten** als Auslegungshilfe herangezogen werden (vgl. Erwägung Nr. 5 der Chartapräambel, Art. 53). Die internationale Gemeinschaft musste auf die Greuel und Barbarei der NS-Zeit reagieren.[12] Auf **universeller Ebene** besteht daher seit langem ein dichtes Netz an Schutzbestimmungen – *ius cogens*[13] – gegen die Folter.[14] Folter ist in Friedenszeiten durch den völkerrechtlichen Individualschutz und in Zeiten eines bewaffneten Konflikts durch das humanitäre Völkerrecht, nämlich alle vier Genfer Abkommen von 1949, verboten, strafbewehrt durch einen Straftatbestand im Völkerstrafrecht.[15] Bereits Art. 5 der gewohnheitsrechtlich erstarkten **Allgemeinen Erklärung der Menschenrechte** vom 10. Dezember 1948 statuiert:[16] „Niemand darf der Folter oder grausamer, unmenschlicher oder erniedrigender Behandlung oder Strafe unterworfen werden." Art. 7 des **Internationalen Paktes über bürgerliche und politische Rechte** vom 19. Dezember 1966 ergänzt das Folterverbot um eine medizinrechtliche Schutzklausel: „Niemand darf der Folter oder

---

6 EuGH (GK) – *M.P.*, Rs. C-353/16, ECLI:EU:C:2018:276, Urt. v. 24.4.2018, Rn. 36. S. in diesem Sinne bereits EuGH (GK) – *Aranyosi und Căldăraru*, Rs. C-404/15 und C-659/15, ECLI:EU:C:2016:198, Urt. v. 5.4.2016, Rn. 85 bis 87, und EuGH – *C.K. ua*, Rs. C-578/16, ECLI:EU:C:2017:127, Urt. v. 16.2.2017, Rn. 59.

7 S. auch die Übersicht bei *Stern/Sachs/Höfling/Kempny*, GRC, Art. 4, S. 168. Zur historischen Entwicklung *Dörr/Grote/Marauhn/Bank*, EMRK/GG, Kap. 11 Rn. 1 ff.

8 *Schwarze/Voet van Vormizeele*, EU, Art. 4 Rn. 1; *GSH/Augsberg*, EU, Art. 4 Rn. 2.

9 Zur Bedeutung des Folterverbots in Deutschland s. *Karpenstein/Mayer/Sinner*, EMRK, Art. 3 Rn. 3 f.

10 Für Einzelheiten s. *Mock/Demuro/Olivetti*, Human Rights, S. 26 f.

11 S. zur dichten Rechtsprechung österreichischer Gerichte zum Folterverbot *Tretter*, Kommentar, 2012.

12 *Picod/van Drooghenbroeck/Schabas*, Charte, S. 106.

13 *Picod/van Drooghenbroeck/Schabas*, Charte, S. 104.

14 Zum Folterverbot im Völkerrecht s. *Weilert*, Grundlagen, 2009, S. 8 ff., S. 55 ff. Zählungen kommen einschließlich nicht bindender Erklärungen auf 28 Instrumente; s. *Schilling*, Menschenrechtsschutz, S. 59.

15 *Pechstein/Nowak/Häde/Thiele*, Frankfurter Kommentar, Art. 4 Rn. 1.

16 Diese Bestimmung diente Art. 3 EMRK als Vorbild, ist allerdings durch das Verbot auch der grausamen Strafe oder Behandlung weiter gefasst.

grausamer, unmenschlicher oder erniedrigender Behandlung oder Strafe unterworfen werden. Insbesondere darf niemand ohne seine freiwillige Zustimmung medizinischen oder wissenschaftlichen Versuchen unterworfen werden." Den besonders heiklen Freiheitsentzug nimmt sodann Art. 10 Abs. 1 in den Blick: „Jeder, dem seine Freiheit entzogen ist, muss menschlich und mit Achtung vor der dem Menschen innewohnenden Würde behandelt werden." Vor dem Hintergrund dieser Regelungen kam es zu dem **Übereinkommen gegen Folter und andere grausame, unmenschliche oder erniedrigende Behandlung oder Strafe** vom 10. Dezember 1984 (CAT) und weiteren Spezifizierungen des Folterverbots, etwa in dem Übereinkommen über die Rechte des Kindes vom 20. November 1989 (Art. 37).[17] Regelungen im internationalen Strafrecht und humanitären Völkerrecht runden das Folterverbot ab. Die internationale Gemeinschaft ist zudem um die Schaffung wirksamer Durchsetzungsmechanismen bemüht, etwa mit dem UN-Ausschuss gegen Folter. Auf europäischer Ebene sieht das **Europäische Übereinkommen zur Verhütung von Folter und unmenschlicher oder erniedrigender Behandlung oder Strafe** vom 26. November 1987 einen in dieser Form wohl einzigartigen wirksamen präventiven Kontrollmechanismus zur Einhaltung des Folterverbots aus Art. 3 EMRK vor.[18] Aktuell erregen **Polizeigewalt** und Misshandlung von Strafgefangenen durch Gefängnispersonal Besorgnis,[19] ebenso wie der Umgang mit geflüchteten Menschen.[20]

Das **Unionsrecht** enthält keine vergleichbaren Verbote, und der EuGH hatte einen entsprechenden Schutz auch nur ansatzweise richterrechtlich entwickeln müssen. Der Schutzbereich des Folterverbots weist schließlich kaum Überschneidungen mit den Kompetenzen der Union auf; eine Gemeinschaftsrelevanz bestand bislang nicht. Daher wollten auch etliche Delegierte im Grundrechtekonvent auf ein Folterverbot in der Charta verzichten. Allerdings griff schon die rechtlich unverbindliche Erklärung des Europäischen Parlaments über Grundrechte und Grundfreiheiten vom 12. April 1989 das Folterverbot mit denselben Worten wie Art. 3 EMRK auf. Zudem war absehbar, dass das Folterverbot im Rahmen der Bekämpfung schwerer Straftaten wie des Terrorismus und im Strafvollzugs- und Aufenthaltsrecht Bedeutung erlangen würde.[21] Mittlerweile zählt der EuGH das Folterverbot zu den allgemeinen Rechtsgrundsätzen des Unionsrechts, deren Einhaltung er sichert.[22] Dabei geht er – wie der Straßburger Gerichtshof – von einer absoluten Geltung des Folterverbots aus.[23] Inzwischen greifen auch einige sekundärrechtliche Vorschriften oder Entschließungen des Europäischen Parlaments das Folterverbot und dessen Konsequenzen auf, etwa zur Handelspolitik oder zu den Haftbedingungen in der Union.[24] 4

17 S. hierzu *Tretter*, Kommentar, Art. 3 EMRK Rn. 2.

18 S. hierzu *Ehlers/Uerpmann-Wittzack*, GR, S. 116 f., sowie *Morgan/Evans*, Bekämpfung, 2003. Besondere Bedeutung hat hier das Besuchssystem des Committee for the Prevention of Torture (CPT).

19 Das Antifolter-Komitee des Europarates (CPT) fordert dringend energische Ermittlungen bei entsprechendem Verdacht; s. EuGRZ 2013, 642 f.

20 S. den Bericht „In Search of Dignity. Report on the human rights of migrants at Europe's borders" aus 2017 (abrufbar über www.ohchr.org). S. weiter die Studie der Grundrechteagentur „Migration to the EU: five persistent challenges" vom Februar 2018 (www.fra.europa.eu).

21 Vgl. *GSH/Augsberg*, EU, Art. 4 Rn. 2. S. auch *Schwarzburg*, Menschenwürde, S. 167 f.

22 EuGH (GK) - *Elgafaji*, Rs. C-465/07, ECLI:EU:C:2009:94, Urt. v. 17.2.2009, Rn. 28.

23 EuGH – *Schmidberger*, Rs. C-112/00, ECLI:EU:C:2003:333, Urt. v. 12.6.2003.

24 Verordnung (EG) Nr. 1236/2005 vom 27.6.2005 betreffend den Handel mit bestimmten Gütern, die zur Vollstreckung der Todesstrafe, zu Folter oder zu anderer grausamer, unmenschlicher oder erniedrigender Behandlung oder Strafe verwendet werden könnten, ABl. 2005, L 200/1. Entschließung des Europäischen Parlaments vom 15.12.2011 zu den Haftbedingungen in der EU (2011/2897(RSP)), ABl. 2013, C 168 E/82. Zu den Anforderungen der EMRK an die Haftbedingungen s. *Meyer-Ladewig/Nettesheim/Raumer*, EMRK, Art. 3 Rn. 26 ff.

II. Diskussion im Grundrechtekonvent

5 Der Grundrechtekonvent thematisierte das **Folterverbot** von Anbeginn an.[25] Dabei ließ er nicht den leisesten Zweifel daran aufkommen, dass dieses fundamentale Recht **absolut** gilt und **keinerlei Einschränkungen** unterliegt. Diskussionsbedarf gab es im Wesentlichen nur in zwei Richtungen: Auf der einen Seite wollten manche auf die Bestimmung ganz verzichten, da ihr keine Kompetenz der Union entspreche. Demgegenüber regten einige Delegierte an, den Wortlaut um das Verbot „grausamer" Strafen oder Behandlungen zu ergänzen, wie es insbesondere auf universeller Ebene gilt.[26] Dem lag im Übrigen ein nachdrückliches Begehren von Amnesty International und weiterer Menschenrechtsorganisationen zugrunde. Diese Forderung vermochte sich allein darum nicht durchzusetzen, weil man auch hier keinesfalls von der EMRK abweichen wollte, die ein explizites Verbot „grausamer Strafen" nun einmal nicht kennt. Dem alles überragenden Wunsch nach Kongruenz des Menschenrechtsschutzes in Europa wurde hier wie in anderen Fällen manches durchaus berechtigte Anliegen geopfert. Anzumerken bleibt noch, dass sich der Grundrechtekonvent darin einig war, hier ausnahmsweise den Wortlaut der EMRK unverändert zu übernehmen. Zur **Entwicklung der Diskussion** im Einzelnen:

6 Den Auftakt machte *Meyer* mit seinem „Diskussionsentwurf" in Dokument CHARTE 4102/00 **CONTRIB 2 vom 6. Januar 2000**, der eine umfassende Verbotsregelung vorsah: „Niemand darf gefoltert oder einer grausamen, erniedrigenden oder unmenschlichen Behandlung oder Strafe ausgesetzt werden." Das Präsidium zeigte sich in seinem „Entwurf einer Grundrechtsliste" in Dokument CHARTE 4112/2/00 REV 2 **BODY 4 vom 27. Januar 2000** zurückhaltender und sprach unter dem Topos „Recht auf Leben" die folgenden Punkte an: „Recht auf Leben, Verbot unmenschlicher und erniedrigender Behandlungen sowie der Folter, Verbot der Todesstrafe (Art. 2 EMRK, Art. 22 Erkl. EP 1989)".

7 Der erste ausformulierte Präsidiumsvorschlag in Dokument CHARTE 4123/1/00 REV 1 **CONVENT 5 vom 15. Februar 2000** bettete das wörtlich der EMRK entnommene Folterverbot zunächst in die Bestimmung zur Menschenwürde ein. Art. 1 mit der Überschrift „Die Würde des Menschen" statuierte: „(1) Die Würde des Menschen ist unantastbar. (2) Niemand darf der Folter oder unmenschlicher oder erniedrigender Strafe oder Behandlung unterworfen werden. (3) Niemand darf gezwungen werden, Zwangs- oder Pflichtarbeit zu verrichten."

8 Auf der folgenden – dritten – **Konventssitzung am 24./25. Februar 2000** sprachen sich viele Redner und zuletzt *Herzog* in Zusammenfassung der Debatte dafür aus, der Menschenwürde einen gesonderten Artikel zu widmen und das Folterverbot wie das Verbot der Zwangsarbeit in getrennten Artikeln zu verankern.[27] Der nächste Präsidiumsentwurf in Dokument CHARTE 4149/00 **CONVENT 13 vom 8. März 2000** griff dieses Anliegen auf und sah für das Folterverbot einen eigenen Artikel vor. Der neue Art. 4 mit dem Titel „Verbot der Folter und der unmenschlichen Behandlung" beließ es beim Wortlaut des Art. 3 EMRK, wie auch alle nachfolgenden Fassungen. Dazu gab es auf der nächsten **Konvents-**

---

25 Zur Diskussion im Grundrechtekonvent s. auch *Pechstein/Nowak/Häde/Thiele*, Frankfurter Kommentar, Art. 4 Rn. 2; *Stern/Sachs/Höfling/Kempny*, GRC, Art. 4 Rn. 1.

26 Während auf universeller Ebene auch eine „grausame" („cruel") Behandlung verboten ist, fehlt diese Variante auf europäischer Ebene, nämlich in der EMRK und dem folgend der Charta. S. *Picod/van Drooghenbroeck/Schabas*, Charte, S. 105.

27 *Bernsdorff/Borowsky*, Protokolle, S. 142 ff.

sitzung am 20./21. März 2000 keine nennenswerte Diskussion.[28] Allerdings wurde die Ergänzung um einen Ausweisungsschutz gefordert.[29]

Das interne Dokument **SN 2598/00 vom 27. April 2000**[30] griff dies auf: „Niemand darf der Folter oder unmenschlicher oder erniedrigender Strafe oder Behandlung unterworfen werden. (Er darf nicht in einen Staat ausgewiesen werden, in dem er durch die Todesstrafe, durch Folter oder durch andere unmenschliche Behandlungen bedroht ist (Quelle: Herr Nikula))." So fand sich das Prinzip des *non-refoulement* auch in Dokument CHARTE 4284/00 **CONVENT 28 vom 5. Mai 2000** wieder:[31] „Niemand darf der Folter oder unmenschlicher oder erniedrigender Strafe oder Behandlung unterworfen werden. Niemand darf in einen Staat ausgewiesen oder abgeschoben werden, in dem er durch die Todesstrafe, durch Folter oder durch andere unmenschliche Behandlungen bedroht ist." 9

Die dazu unterbreiteten Änderungsvorschläge[32] hielten sich in Grenzen. Die Delegierten wandten sich vor allem dem zweiten Satz zu, der sodann – dem Mehrheitswillen entsprechend – zunächst zum Asylrecht verlagert wurde und später, zusammen mit dem Verbot von Kollektivausweisungen, eine gesonderte Regelung in Art. 19 Abs. 2 fand. Zum ersten Satz – dem Folterverbot – kamen nur wenige Anregungen. Der niederländische EP-Parlamentarier *van Dam* sprach sich dafür aus, die Bestimmung zu streichen, da sie sich implizit bereits aus der Menschenwürde ableiten lasse. Demgegenüber schlugen die österreichischen Delegierten *Einem* und *Holoubek* vor, durch einen ergänzenden Satz 3 („Eine Einschränkung dieses Rechts ist unzulässig") deutlich zu machen, dass das elementare Recht keinerlei Einschränkungen unterliegt. 10

In seinem auf dieser Grundlage unterbreiteten „Kompromissvorschlag" in Dokument CHARTE 4333/00 **CONVENT 36 vom 4. Juni 2000** schlug das Präsidium lediglich vor, das *refoulement*-Verbot in den Artikel über das Asylrecht aufzunehmen. Während der folgenden **Sitzung am 19./20. Juni 2000** gab es zum Folterverbot so gut wie keine Diskussion mehr.[33] Hervorzuheben ist nur der Vorschlag von *Berès* (F), das Wort „grausamer" vor dem Wort „unmenschlicher" einzufügen. Sie griff damit ein besonderes Anliegen von Amnesty International auf:[34] „In order to fully reflect the prohibition as enshrined in Article 5 of the Universal Declaration of Human Rights and Article 7 of the ICCPR Amnesty International urges that this article should also include the prohibition of cruel treatment and punishment." 11

Das Präsidium trennte in der Folge – wie von vielen gewünscht – Folter- und Ausweisungsverbot. Art. 4 des ersten Gesamtentwurfs der Charta in Dokument CHARTE 4422/00 **CONVENT 45 vom 28. Juli 2000** hatte bereits Überschrift und Inhalt der Endfassung. Ein letzter Versuch auf der Sitzung vom 11./12. September 2000, doch noch die Aufnahme des Adjektivs „grausam" („cruel") zu erreichen, blieb erfolglos.[35] 12

28 *Bernsdorff/Borowsky*, Protokolle, S. 175.
29 So die finnischen Delegierten *Nikula* und *Brax*. S. Dokument CHARTE 4185/00 CONTRIB 68 vom 28. März 2000, S. 3.
30 Dieses amtlich nicht veröffentlichte Dokument ist abgedruckt bei *Bernsdorff/Borowsky*, Arbeitsdokumente, S. 113 ff.
31 Die „Begründung" für diese Ergänzung nahm Bezug auf die Rechtssache *Soering* des Straßburger Gerichtshofes. EGMR (Plenum), Urt. v. 7.7.1989, Nr. 14038/88, *Soering*.
32 S. Dokumente CHARTE 4332/00 CONVENT 35 vom 25. Mai 2000 und CHARTE 4360/00 CONVENT 37 vom 14. Juni 2000.
33 *Bernsdorff/Borowsky*, Protokolle, S. 274.
34 Dokument CHARTE 4331/00 CONTRIB 197 vom 30. Mai 2000.
35 *Bernsdorff/Borowsky*, Protokolle, S. 362.

III. Kommentierung

13 Folter ist die nicht mehr zu steigernde Form des Inhumanen.[36] Sie ist eine besonders verwerfliche Praxis, die auf die Entwürdigung und Erniedrigung des Menschen als autonomes Subjekt abzielt, ein Angriff auf den Kern der Menschenwürde.[37] Der Politik und Praxis des Schmerzes ist die Ohnmacht und Wehrlosigkeit der Opfer gemeinsam. Opfer systematischer Folter leben unter uns – „geschundene Körper, zerrissene Seelen". Sie kommen nicht nur aus außereuropäischen Staaten, die zu derartigen menschenverachtenden Praktiken zurückzugreifen pflegen, um die politische Opposition mundtot zu machen oder um unerwünschte Minderheiten und soziale Randgruppen – *vulnerable groups* – zu diskriminieren und zu erniedrigen. Die Zeiten des griechischen Obristenregimes, der Diktaturen Francos und Salazars oder des Algerienkrieges liegen noch nicht lange zurück. Immer wieder kommt es zudem zu vereinzelten, teilweise rassistisch motivierten **Übergriffen staatlicher Organe** in den Mitgliedstaaten der Union, insbesondere im Polizeigewahrsam, wie nicht zuletzt die regelmäßigen Verurteilungen durch den Straßburger Gerichtshof zeigen.[38] Dies und die **Signalwirkung und Appellfunktion** der Bestimmung, auch im Hinblick auf Beitrittskandidaten, rechtfertigten die Aufnahme eines ausdrücklichen Folterverbots unter den fundamentalen Rechten. Sein **Menschenwürdegehalt** springt ins Auge: Die Folter verletzt die Menschenwürde von Opfer wie Täter. Darüber hinaus besteht ein enger Zusammenhang mit dem in der Charta nicht verankerten Minderheitenschutz[39] und dem Verbot von Diskriminierungen, das der Grundrechtekonvent demgegenüber in den Art. 20 bis 23 entfaltet hat. Diskriminierungen, die in der Identität des Opfers begründet sind, führen häufig zu Folterungen und Misshandlungen. Wie bereits die Entstehungsgeschichte verdeutlicht, besteht zudem ein enger Zusammenhang zwischen Art. 4 und Art. 19 Abs. 2, der Abschiebungen, Ausweisungen und Auslieferungen an Staaten verbietet, in denen Betroffenen das ernsthafte Risiko der Folter oder einer anderen unmenschlichen oder erniedrigenden Strafe oder Behandlung droht.[40] Hierzu beginnt sich eine reichhaltige Rechtsprechung des Luxemburger Gerichtshofes zu entfalten, ebenso wie zum Europäischen Haftbefehl.[41]

---

36 *Tretter*, Kommentar, Art. 3 EMRK Rn. 1. Zur gegenwärtigen Folterpraxis s. *Nowak*, Folter, 2012. Zum Hintergrund s. *Harrasser/Macho/Wolf* (Hrsg.), Folter, 2007. Zur Geschichte der „peinlichen Befragung" s. das Standardwerk von *Peters*, Geschichte, 2003.

37 *Pechstein/Nowak/Häde/Thiele*, Frankfurter Kommentar, Art. 4 Rn. 5.

38 S. zur Folter in Staaten der „westlichen Wertegemeinschaft" das herausragende Werk von *Rejali*, Torture, 2009. Zu den wesentlichen Anwendungsbereichen des Folterverbots s. *Meyer-Ladewig/Nettesheim/Raumer*, EMRK, Art. 3 Rn. 26 ff. (Haft, Strafe, polizeiliche Maßnahmen, psychiatrische Behandlung und sonstige körperliche Eingriffe, Abschiebung oder Auslieferung eines Ausländers in einen Staat, in dem ihm eine unmenschliche oder erniedrigende Behandlung droht, Behandlung von Asylsuchenden).

39 S. *Hölscheidt*, Art. 22 Rn. 17.

40 Beide Verbote sind nebeneinander oder kumulativ anwendbar und wechselseitig schutzverstärkend. Eine andere Auffassung geht davon aus, dass Art. 19 Abs. 2 Vorrang hat, so *Jarass*, GRC, Art. 4 Rn. 4, dezidiert auch *Stern/Sachs/Höfling/Kempny*, GRC, Art. 4 Rn. 11.

41 Zum Europäischen Haftbefehl s. *Kromrey/Morgenstern*, ZIS 2/2017, 106 ff. Zu einschlägigen Entscheidungen des EuGH, des EGMR und nationaler Gerichte zu Art. 4 s. das ständig aktualisierte Online-Tool **„Charterpedia"** der Grundrechteagentur (www.fra.europa.eu). Zu Leitentscheidungen und zur aktuellen Rechtsprechung des EGMR zu Art. 3 EMRK s. die in englischer, französischer und teilweise deutscher Sprache auf der Webseite des Straßburger Gerichtshofs veröffentlichten und regelmäßig aktualisierten „Factsheets" und „Case-Law Guides", etwa „Ausweisung und Abschiebung" vom Januar 2012 oder „Dublin-Fälle" vom November 2014 (www.echr.coe.int).

Bei Art. 4 handelt es sich um ein **einheitliches Grundrecht,**[42] das über die Transferklausel des Art. 52 Abs. 3 S. 1 **mit der Parallelbestimmung in Art. 3 EMRK inhaltlich identisch** ist, dh unabhängig von dem hier ausnahmsweise übereinstimmenden Wortlaut.[43] Jede Rechtsprechungsdivergenz ist zu vermeiden. Für die Bestimmung des Schutzbereichs des Art. 4 ist daher die kaum noch überschaubare Rechtsprechung, die der **Straßburger Gerichtshof** zu Art. 3 EMRK entfalten musste,[44] maßgeblich.[45] Im Einzelnen: 14

Grundrechtsträger sind alle **natürlichen Personen.**[46] Dabei können sich auch **Angehörige** von Opfern selbst auf Art. 4 berufen, wenn die staatliche Aktivität sie über das Maß hinaus belastet, das unvermeidlich mit schweren Menschenrechtsverletzungen gegenüber Nahestehenden verbunden ist, und damit das Leid verstärkt.[47] Dies ist insbesondere der Fall, wenn ein Angehöriger in völliger Ungewissheit gehalten wird und sich damit die natürliche Sorge und Ungewissheit beim Verschwinden eines nahen Familienmitgliedes in fast nicht mehr erträglicher Weise steigert.[48] Die nach Art. 4 **verbotenen Maßnahmen** – drei Tatbestandsvarianten[49] – stehen in einem **Stufenverhältnis.**[50] Es handelt sich um unterschiedlich 15

42 *Streinz/Streinz*, EUV/AEUV, Art. 4 Rn. 2; *Jarass*, GRC, Art. 4 Rn. 1; *Calliess/Ruffert/Calliess*, EUV/AEUV, Art. 4 Rn. 7. Zur Abgrenzung gegenüber anderen Grundrechten s. *Jarass*, GRC, Art. 4 Rn. 4. Zur wegen desselben Schutzgutes – physische und psychische Integrität – diffizilen Abgrenzung zu Art. 3 Abs. 1 s. *Holoubek/Lienbacher/Kneihs/Lukan/Segalla*, GRC, Art. 4 Rn. 8: Art. 4 verbiete als *lex specialis* spezifisch solche Beeinträchtigungen, die in einer Erniedrigung, Demütigung oder gar Brechung des Opfers bestehen.

43 *Schwarze/Voet van Vormizeele*, EU, Art. 4 Rn. 3. S. auch EuGH (GK) - *M.P.*, Rs. C-353/16, ECLI:EU:C:2018:276, Urt. v. 24.4.2018.

44 Ausgewählte **Leitentscheidungen** sind: EGMR (Plenum), Urt. v. 18.1.1978, Nr. 5310/71, *Irland/Vereinigtes Königreich* (Misshandlung im Polizeigewahrsam); EGMR, Urt. v. 25.4.1978, Nr. 5856/72, *Tyrer* (körperliche Züchtigung als Mittel der Strafe); EGMR (Plenum), Urt. v. 7.7.1989, Nr. 14038/88, *Soering* (Auslieferungsverbot); EGMR (GK), Urt. v. 28.7.1999, Nr. 25803/94, *Selmouni* (Misshandlung im Polizeigewahrsam); EGMR, Urt. v. 3.4.2001, Nr. 27229/95, *Keenan* (Misshandlung eines Inhaftierten); EGMR, Urt. v. 12.3.2003, Nr. 46221/99, *Öcalan*, und EGMR (GK), Urt. v. 12.5.2005, *Öcalan* (Todesstrafe nach unfairem Verfahren); EGMR (GK), Urt. v. 4.7.2006, Nr. 59450/00, *Ramirez Sanchez* (Einzelhaft eines Terroristen); EGMR (GK), Urt. v. 11.7.2006, Nr. 54810/00, *Jalloh* (zwangsweise Verabreichung eines Brechmittels); EGMR, Urt. v. 30.6.2008, Nr. 22978/05, *Gäfgen*; EGMR (GK), Urt. v. 1.6.2010, *Gäfgen* (Androhung von Gewalt). S. die eingehenden Darstellungen bei *Karpenstein/Mayer/Sinner*, EMRK, S. 82 ff., *Meyer-Ladewig/Nettesheim/Raumer*, EMRK, S. 92 ff., *Grabenwarter/Pabel*, EMRK, S. 189 ff., und bei *Schilling*, Menschenrechtsschutz, S. 53 ff., sowie den prägnanten Überblick von *Ehlers/Uerpmann-Wittzack*, GR, S. 112 ff. Die Entscheidungen des EGMR sind über die Datenbank HUDOC abrufbar: www.hudoc.echr.coe.int. Siehe weiter die über die Webseite des Straßburger Gerichtshofes abrufbaren einschlägigen „Factsheets" (www.echr.coe.int).

45 *Calliess/Ruffert/Calliess*, EUV/AEUV, Art. 4 Rn. 6; *Burgorgue-Larsen/Levade/Picod/Schabas*, Traité, Article II-64 Ziff. 1; *Vedder/Heintschel von Heinegg/Folz*, Unionsrecht, Art. 4 Rn. 2; *Vedder/Heintschel von Heinegg/Folz*, Europäischer Verfassungsvertrag, Art. II-64 Rn. 2.

46 Der EGMR hat bisher offen gelassen, ob das Folterverbot auch dem Embryo zusteht. Ablehnend für die Charta *Holoubek/Lienbacher/Kneihs/Lukan/Segalla*, GRC, Art. 4 Rn. 4 (keine Geltung für das ungeborene Leben).

47 *Schwarze/Voet van Vormizeele*, EU, Art. 4 Rn. 3; *Dörr/Grote/Marauhn/Bank*, EMRK/GG, Kap. 11 Rn. 54; *Frenz*, Hdb EuR, Rn. 1011 f.; *Meyer-Ladewig/Nettesheim/Raumer*, EMRK, Art. 3 Rn. 84; *Karpenstein/Mayer/Sinner*, EMRK, Art. 3 Rn. 20 (mit Rechtsprechungsnachweisen). Der Angehörige ist damit selbst Opfer, vgl. *Holoubek/Lienbacher/Kneihs/Lukan/Segalla*, GRC, Art. 4 Rn. 6.

48 Vgl. EGMR, Urt. v. 8.11.2005, Nr. 34056/02, *Gongadze*, Ziff. 184. Ebenso bei der Schändung von Toten: EGMR, Urt. v. 27.2.2007, Nr. 56760/00, *Akpinar und Altun*.

49 *Pechstein/Nowak/Häde/Thiele*, Frankfurter Kommentar, Art. 4 Rn. 10. S. auch *Holoubek/Lienbacher/Kneihs/Lukan/Segalla*, GRC, Art. 4 Rn. 7 („Verbotsbereich" anstelle von „Schutzbereich").

50 *Mock/Demuro/Olivetti*, Human Rights, S. 30.

intensive Einwirkungen auf die physische und/oder psychische Integrität eines Menschen.[51] Am gravierendsten ist obenan die Folter, dann folgen in absteigender Linie die unmenschliche Behandlung oder Strafe, während die Erniedrigung die schwächste und unterste Stufe darstellt – ein **„Kontinuum von Eingriffen abnehmender Schwere"**.[52] Bisweilen wird auch das Bild „konzentrischer Rechtsbegriffe"[53] oder „konzentrischer Kreise"[54] verwandt, bei denen die Folter inmitten die intensivste Form bildet, während die erniedrigende Behandlung als am wenigsten gravierende am weitesten reicht.[55] Diese Differenzierung bedeutet keine unterschiedliche Wertigkeit oder Wirkkraft.[56] Vielmehr erfolgt die Unterscheidung offenbar, um vorsätzliche Misshandlungen, die sehr starke und grausame Leiden verursachen, als besonders schändlich zu brandmarken.[57]

Eine Legaldefinition der Folter wie der anderen Begriffe fehlt in der Charta wie in der EMRK. Unter Folter versteht der EGMR unmenschliche Methoden, die Leiden von besonderer Intensität und Grausamkeit verursachen.[58] Zur Konkretisierung dieses herkömmlichen Folterbegriffs und zur Abgrenzung gegenüber der unmenschlichen Behandlung zieht der EGMR normalerweise die **Definition der Folter** heran,[59] die das Übereinkommen der Vereinten Nationen gegen Folter und andere grausame, unmenschliche oder erniedrigende Behandlung oder Strafe vom 10. Dezember 1984 (CAT) in Art. 1 Abs. 1 enthält. Danach bezeichnet der Ausdruck Folter „jede Handlung, durch die einer Person vorsätzlich große körperliche oder seelische Schmerzen oder Leiden zugefügt werden, zum Beispiel um von ihr oder einem Dritten eine Aussage oder ein Geständnis zu erlangen, um sie für eine tatsächlich oder mutmaßlich von ihr oder einem Dritten begangene Tat zu bestrafen oder um sie oder einen Dritten einzuschüchtern oder zu nötigen, oder aus einem anderen, auf irgendeiner Art von Diskriminierung beruhenden Grund, wenn diese Schmerzen oder Leiden von einem Angehörigen des öffentlichen Dienstes oder einer anderen in amtlicher Eigenschaft handelnden Person, auf deren Veranlassung oder mit deren ausdrücklichem oder stillschweigendem Einverständnis verursacht werden." **Drei Kriterien** oder Aspekte erscheinen somit **maßgeblich,** um die Folter von der unmenschlichen oder erniedrigenden Behandlung abzugrenzen.[60] Zunächst muss eine **Beeinträchtigung,** dh die Zufügung von Schmer-

---

51 *Holoubek/Lienbacher/Kneihs/Lukan/Segalla*, GRC, Art. 4 Rn. 8, die auf die Intensität der Einwirkung, nicht des dadurch hervorgerufenen körperlichen oder seelischen Leides abstellen.

52 So *Schilling*, Menschenrechtsschutz, S. 53; s. auch *Tettinger/Stern/Höfling*, GRC, Art. 4 Rn. 8. Grundlegend EGMR (Plenum), Urt. v. 18.1.1978, Nr. 5310/71, *Irland/Vereinigtes Königreich* (Misshandlung im Polizeigewahrsam). Zur Orientierung am Schweregrad und zu Durchbrechungen des Schweregradkonzepts *Dörr/Grote/Marauhn/Bank*, EMRK/GG, Kap. 11 Rn. 16 ff.

53 *Frenz*, Hdb EuR, Rn. 991.

54 *Tettinger/Stern/Höfling*, GRC, Art. 4 Rn. 8.

55 Damit stellt Folter zugleich eine unmenschliche und erniedrigende Behandlung dar, während eine unmenschliche Behandlung zugleich als erniedrigend zu qualifizieren ist. Dies entsprach der Auffassung der – nicht mehr bestehenden – Europäischen Kommission für Menschenrechte (EKMR). S. hierzu *Pechstein/Nowak/Häde/Thiele*, Frankfurter Kommentar, Art. 4 Rn. 10. *Mock/Demuro/Olivetti*, Human Rights, S. 30.

56 Vgl. *GSH/Augsberg*, EU, Art. 4 Rn. 3 (graduelle, nicht kategoriale Unterschiede).

57 S. nur EGMR (GK), Urt. v. 28.7.1999, Nr. 25803/94, *Selmouni*, Ziff. 96; EGMR, Urt. v. 15.5.2008, Nr. 7178/03, *Dedovskiy ua*, Ziff. 84.

58 St. Rspr.; s. bereits EGMR (Plenum), Urt. v. 18.1.1978, Nr. 5310/71, *Irland/Vereinigtes Königreich*, Ziff. 167.

59 EGMR (GK), Urt. v. 27.6.2000, Nr. 21986/93, *Salman*, Ziff. 114; EGMR, Urt. v. 10.10.2000, Nr. 22947/93, *Akkoc*. Zur Entwicklung der Rechtsprechung s. *Prosenjak*, Folterbegriff, S. 38 ff., S. 81 ff.

60 S. *Ehlers/Uerpmann-Wittzack*, GR, S. 113; *Pechstein/Nowak/Häde/Thiele*, Frankfurter Kommentar, Art. 4 Rn. 12.

zen und Leid, eine **hohe Intensität** erreichen, um als Folter qualifiziert werden zu können.[61] Weiter muss ein **finales Element**, eine **Absicht** hinzutreten.[62] Der Folterer will auf den Willen des Gefolterten oder eines Dritten einwirken, um ein Geständnis zu erpressen oder um andere zu terrorisieren, zu verschrecken, zu verunsichern. Der im Einzelnen verfolgte **Zweck** selbst ist **ohne Bedeutung**, so dass die Spannbreite von der klassischen „Inquisitionsfolter" über die Präventions- oder Gefahrabwehrfolter bis hin zu unspezifischen Formen reicht.[63] Eine Folter scheidet also nicht etwa darum aus, weil durch die Misshandlung einer Person das Leben anderer Menschen gerettet werden soll. Eine „Rettungsfolter" ist und bleibt eine absolut verbotene Maßnahme.[64] Über das Element der Intentionalität hinaus ist drittens schließlich, jedenfalls soweit es um die abwehrrechtliche Seite des Folterverbots geht, eine **öffentliche Dimension** erforderlich, dh eine staatliche Beteiligung oder Duldung. Mit anderen Worten muss das Verhalten zumindest mittelbar einem Staat zugerechnet werden können.[65] Allerdings erscheint es angesichts des weltweit zu konstatierenden „Staatszerfalls" geboten, darüber hinaus die Folter durch **nichtstaatliche Akteure** – *non-governmental entities* – einzubeziehen, jedenfalls soweit diese in bestimmten Regionen staatsähnliche Macht ausüben.[66] Einen Sonderfall stellen die auf dem Gebiet von Mitgliedstaaten begangenen Folterhandlungen der CIA dar, die sich diese Mitgliedstaaten jedenfalls bei Kenntnis und Duldung zurechnen lassen müssen.[67] Im Kontext des Art. 19 lassen sich aus dem Folterverbot Abschiebungsverbote herleiten, wie es der EGMR bereits getan hat.[68] Da das Folterverbot absolut ist, gilt es im Übrigen unabhängig vom Verhalten des Opfers, so unerwünscht und gefährlich es sein mag.[69] Soweit es nicht um die Abwehrdimension des Folterverbots geht, vielmehr um dessen **Schutzpflichtdimension**, greift die Definition der UN-Antifolterkonvention (CAT) ohnehin zu kurz. Hier lässt auch der EGMR dem Staat nicht zurechenbare Gewalt ausreichen, dh Gefahrenlagen, die von Privaten ausgehen, um staatliche Schutzpflichten zu begründen.[70] Nach alledem und zusammenfassend könnte man die Abgrenzung der Folter zu den weniger intensiven Verletzungsarten so vornehmen, dass **Folter eine verschärfte Form absichtlicher unmenschlicher oder erniedrigender Behandlung oder Strafe** ist.[71]

Die **besondere Schwere der Misshandlung** oder Intensität des Leidens ergibt sich dabei aus den tatsächlichen Umständen des Einzelfalls.[72] Von Bedeutung sind Dauer, physische und

61 *Tettinger/Stern/Höfling*, GRC, Art. 4 Rn. 9. Unterhalb dieser Schwelle sollen Verletzungen der Menschenwürde durch die ergänzenden Verbote in Art. 4 verhindert werden.

62 EGMR (GK), Urt. v. 13.12.2012, Nr. 39630/09, *El-Masri*, Ziff. 197. S. auch *Burgorgue-Larsen/Levade/Picod/Schabas*, Traité, Article II-64 Ziff. 9; *Picod/van Drooghenbroeck/Schabas*, Charte, S. 108 f.; *Dörr/Grote/Marauhn/Bank*, EMRK/GG, Kap. 11 Rn. 26 f., 35. Bloße sadistische „Zwecke" oder eine spontan und nicht organisiert ausbrechende exzessive Gewaltanwendung dürften somit nicht von dem Begriff „Folter" erfasst sein. Kritisch hierzu *Holoubek/Lienbacher/Kneihs/Lukan/Segalla*, GRC, Art. 4 Rn. 8.

63 Vgl. *Jerouschek/Kölbel*, JZ 2003, 614. Zur Zweckgerichtetheit s. *Pechstein/Nowak/Häde/Thiele*, Frankfurter Kommentar, Art. 4 Rn. 15 m.w.N.

64 EGMR, Urt. v. 30.6.2008, Nr. 22978/05, *Gäfgen*, Ziff. 69, EGMR (GK), Urt. v. 1.6.2010, *Gäfgen*.

65 *Ehlers/Uerpmann-Wittzack*, GR, S. 113; *Calliess/Ruffert/Calliess*, EUV/AEUV, Art. 4 Rn. 14.

66 Vgl. EGMR, Urt. v. 17.12.1996, Nr. 25964/94, *Ahmed* (nicht-staatliche Akteure in Somalia).

67 EGMR (GK), Urt. v. 13.12.2012, Nr. 39630/09, *El-Masri*; EGMR, Urt. v. 24.7.2014, Nr. 28761/11, *Al Nashiri*.

68 S. auch *Frenz*, Hdb EuR, Rn. 1003.

69 Vgl. EGMR, Urt. v. 28.6.2011, Nr. 8319/07, Nr. 11449/07, *Sufi und Elmi*.

70 *Frenz*, Hdb EuR, Rn. 1001; *Heselhaus/Nowak/Bungenberg*, Hdb Eur. GR, § 12 Rn. 24.

71 So die UN-Erklärung gegen die Folter von 1975. S. auch *Mock/Demuro/Olivetti*, Human Rights, S. 28 f.

72 EGMR, Urt. v. 15.7.2002, Nr. 47095/99, *Kalashnikov*.

psychische Folgen, mitunter Geschlecht, Alter und Gesundheitszustand des Opfers.[73] Als Folter zu qualifizieren sind demnach gravierende Misshandlungen wie das Aufhängen an den Armen, die hinter dem Rücken zusammengebunden und anschließend gelähmt sind („palästinensisches Hängen"), die Vergewaltigung durch Polizeikräfte, vorgetäuschte Exekutionen, Elektroschocks, Schläge und Nahrungsmittelentzug, aber auch die bloße Androhung schwerer Verletzungen.[74] Nach der UN-Antifolterkonvention werden nämlich körperliche und seelische Schmerzen oder Leiden gleichgestellt. Daher kann auch **psychischer Druck** hinreichen, etwa die Drohung, dem Opfer selbst oder seinen Kindern massive Schmerzen zuzufügen.[75] Jedenfalls kann die Androhung von Folter gegenüber einer Person zumindest eine unmenschliche Behandlung darstellen.[76] Allgemein ist die mentale Dimension der Folter verstärkt in den Blick zu nehmen, und der **Schutz der Psyche** in einer Zusammenschau der Art. 3 und 4 zu verbessern.[77]

16 Die weiteren **Verbote der unmenschlichen oder erniedrigenden Behandlung oder Strafe** sollen Verletzungen der Menschenwürde unterhalb der Schwelle der Folter verhindern. Der EGMR nimmt hier im Übrigen auch Elemente der **Grausamkeit** mit auf,[78] so dass der geschilderte Streit im Grundrechtekonvent viel von seiner Schärfe verliert. Entscheidend für den Gerichtshof ist nur die Abgrenzung zwischen der Folter auf der einen und den sonstigen inkriminierten Maßnahmen andererseits, ob es sich nun um grausame, unmenschliche oder erniedrigende Misshandlungen handelt.[79] Eine trennscharfe Abgrenzung der jeweiligen Verletzungsformen erscheint daher weder möglich noch notwendig. Weiter ist es in der Regel unnötig, zwischen „Behandlung" und „Strafe" zu differenzieren, wobei „Behandlung" der weitere Begriff ist.[80] Im Einzelnen:

Eine **Behandlung oder Bestrafung** ist unter anderem dann als **unmenschlich** zu qualifizieren, wenn sie lange anhält und eine körperliche Schädigung oder intensive psychische oder physische Leiden hervorruft.[81] Dies ist etwa bei längerem Schlaf- oder Essenentzug oder allgemein bei unmenschlichen Haftbedingungen, etwa einer lange andauernden Isolationshaft, der Fall.[82] Die Todesstrafe als solche dürfte heute als unmenschliche und erniedrigende Strafe zu qualifizieren sein,[83] erst recht, wenn man auf die Begleitumstände wie zum Beispiel das *death row phenomenon* abstellt.[84] Anerkanntermaßen sind entehrende oder auf den Körper einwirkende **Strafen** wie die Prügelstrafe, ein Pranger, das Brandmarken,

---

73 EGMR, Urt. v. 16.12.2010, Nr. 25579/05, *A., B. und C.*, Ziff. 164; EGMR, Urt. v. 8.4.2010, Nr. 2947/04, *Lotarev*, Ziff. 79.

74 *Frenz*, Hdb EuR, Rn. 994; *Heselhaus/Nowak/Bungenberg*, Hdb Eur. GR, § 12 Rn. 22.

75 EGMR, Urt. v. 30.6.2008, Nr. 22978/05, *Gäfgen*; EGMR (GK), Urt. v. 1.6.2010, *Gäfgen*; EGMR, Urt. v. 10.10.2000, Nr. 22947/93 ua, *Akkoc.*

76 So die Wertung im Falle *Gäfgen*: EGMR, Urt. v. 30.6.2008, Nr. 22978/05, *Gäfgen*, Ziff. 66. S. auch *Stern/Sachs/Höfling/Kempny*, GRC, Art. 4 Rn. 9.

77 S. die Kritik von *Prosenjak*, Folterbegriff, 2011, S. 237, an der insoweit zu restriktiven Rechtsprechung des EGMR.

78 EGMR (Plenum), Urt. v. 18.1.1978, Nr. 5310/71, *Irland/Vereinigtes Königreich*, Ziff. 167; EGMR (GK), Urt. v. 28.7.1999, Nr. 25803/94, *Selmouni*, Ziff. 96; EGMR, Urt. v. 15.5.2008, Nr. 7178/03, *Dedovskiy ua*, Ziff. 84. S. hierzu *Picod/van Drooghenbroeck/Schabas*, Charte, S. 105.

79 *Burgorgue-Larsen/Levade/Picod/Schabas*, Traité, Article II-64 Ziff. 2.

80 *Kjaerum*, Article 4, S. 47.

81 St. Rspr.; EGMR (GK), Urt. v. 26.10.2000, Nr. 30210/96, *Kudla*; EGMR, Urt. v. 15.7.2002, Nr. 47095/99, *Kalashnikov*; EGMR (GK), Urt. v. 8.7.2004, Nr. 48787/99, *Ilascu ua*, Ziff. 425.

82 S. nur EGMR, Urt. v. 26.10.2006, Nr. 59696/00, *Khudobin*; EGMR, Urt. v. 10.1.2012, Nr. 42525/07, *Ananyev ua.*

83 EGMR, Urt. v. 2.3.2010, Nr. 61498/08, *Al-Saadoon und Mufdhi*, Ziff. 120.

84 S. hierzu *Frenz*, Hdb EuR, Rn. 1009, 1013. EGMR (Plenum), Urt. v. 7.7.1989, Nr. 14038/88, *Soering*; EGMR, Urt. v. 29.4.2003, Nr. 38812/97, *Poltoratskiy*.

Verstümmeln, Steinigen, Auspeitschen oder – in Verbindung mit Art. 3 Abs. 2[85] – auch Kastrieren und Sterilisieren verboten.[86] Soweit menschenunwürdige Strafen auf dem Prüfstand stehen, spielt es keine Rolle, ob diese von einem Strafgericht oder anderen staatlichen Instanzen verhängt werden.[87] Schmerzen oder Leiden, die sich lediglich aus gesetzlich zulässigen Strafen ergeben, dazu gehören oder damit verbunden sind, müssen jedenfalls hingenommen werden.[88] Die delikate Grenzziehung obliegt im Einzelfall der Rechtsprechung.

Eine **Erniedrigung** als schwächste Form einer Verletzung des Art. 4 ist vor allem dann gegeben, wenn die Maßnahmen bei dem Opfer Gefühle der Angst, Beklemmung, Unterlegenheit oder der Minderwertigkeit hervorrufen und dazu geeignet sind, das Opfer bloßzustellen und herabzuwürdigen oder seine Widerstandskraft zu brechen.[89] Im Zentrum steht die **psychische Integrität**. Vorsatz ist auf dieser untersten Stufe nicht erforderlich.[90] Maßgeblich ist die **Perspektive des Opfers**. Es kann daher genügen, dass ein Opfer in seinen eigenen Augen gedemütigt und herabgewürdigt wurde.[91] Hier steht demnach das Element der **Demütigung** im Vordergrund, wobei der EGMR immer häufiger auf den **Würdebegriff** rekurriert.[92] Darin liegt eine gewisse Parallele zur Rechtsprechung des Bundesverfassungsgerichts zur Menschenwürde im Kontext des Grundgesetzes.[93] Die Behandlung oder Bestrafung müssen vor diesem Hintergrund eine gewisse Schwere und Intensität erreichen, um die Verbotsschwelle zu überschreiten.[94] Die Misshandlung muss ein Mindestmaß an Schwere erreichen und körperliche Verletzungen oder intensives physisches oder psychisches Leiden mit sich bringen.[95] Das erforderliche Maß an Intensität hängt erneut vom

85 Zur Beurteilung medizinischer Eingriffe im Lichte des Art. 4 s. *Pechstein/Nowak/Häde/Thiele*, Frankfurter Kommentar, Art. 4 Rn. 29 f.

86 *Mock/Demuro/Olivetti*, Human Rights, S. 29. S. nur EGMR, Urt. v. 8.11.2011, Nr. 18968/07, *V.C.* (Sterilisation).

87 *Mock/Demuro/Olivetti*, Human Rights, S. 31.

88 Vgl. die Legaldefinitionen in Art. 2 lit. a und b VO (EG) 2005/1236.

89 St. Rspr.; EGMR (GK), Urt. v. 8.7.2004, Nr. 48787/99, *Ilascu ua*, Ziff. 425; EGMR (GK), Urt. v. 21.1.2011, Nr. 30696/09, *M.S.S.*, Ziff. 220; EGMR (GK), Urt. v. 17.7.2014, Nr. 32541/08, Nr. 43441/08, *Svinarenko u. Slyadnev*, Ziff. 115. Es geht um die gröbliche Missachtung des Betroffenen als Person, so *Holoubek/Lienbacher/Kneihs/Lukan/Segalla*, GRC, Art. 4 Rn. 8.

90 St. Rspr.; EGMR, Urt. v. 11.3.2004, Nr. 42346/98, *G.B.*, Ziff. 70; *Schwarze/Voet van Vormizeele*, EU, Art. 4 Rn. 4; *GSH/Augsberg*, EU, Art. 4 Rn. 6.

91 *Frenz*, Hdb EuR, Rn. 1005, 1010. S. aktuell EGMR (GK), Urt. v. 28.9.2015, Nr. 23380/09, *Bouyid* (Ohrfeige durch Polizisten).

92 S. nur EGMR (GK), Urt. v. 26.10.2000, Nr. 30210/96, *Kudla*, Ziff. 82 ff.; EGMR, Urt. v. 24.7.2001, Nr. 44558/98, *Valasinas*, Ziff. 102; EGMR, Urt. v. 29.4.2002, Nr. 2346/02, *Pretty*, Ziff. 52; EGMR, Urt. v. 15.7.2002, Nr. 47095/99, *Kalashnikov*, Ziff. 95; EGMR, Urt. v. 11.12.2003, Nr. 39084/97, *Yankov*, Ziff. 104.

93 *Dörr/Grote/Marauhn/Bank*, EMRK/GG, Kap. 11 Rn. 43.

94 St. Rspr.; EGMR, Urt. v. 11.3.2004, Nr. 42346/98, *G.B.*, Ziff. 70; s. aktuell EGMR, Urt. v. 30.4.2013, Nr. 49872/11, *Timoschenko*, Ziff. 197. S. auch EGMR (GK), Urt. v. 1.7.2014, Nr. 43835/11, *S.A.S.*, Ziff. 69 ff., wonach ein pönalisiertes Burka- und Nikabverbot nicht hinreicht. Maßnahmen unterhalb der Verbotsschwelle können allerdings einen Eingriff in den Schutzbereich des Art. 8 bedeuten, so *Picod/van Drooghenbroeck/Schabas*, Charte, S. 107.

95 EGMR, Urt. v. 29.4.2002, Nr. 2346/02, *Pretty*, Ziff. 52; EGMR, Urt. v. 10.4.2012, Nr. 9829/07, *Ali Günes*, Ziff. 43; EGMR, Urt. v. 16.7.2013, Nr. 44872/08, *Abdullah Yasa ua*, Ziff. 47 ff.; EGMR (GK), Urt. v. 20.10.2016, Nr. 7334/13, *Muršić*, Ziff. 97, 122. Dem folgend EuGH – *M.L.*, Rs. C-220/18, ECLI:EU:C:2018:589, Urt. v. 25.7.2018, Rn. 91 („Mindestmaß an Schwere... das von sämtlichen Umständen des Falles abhängt, wie der Dauer der Behandlung, deren physischen und psychischen Auswirkungen sowie, in manchen Fällen, dem Geschlecht, dem Alter und dem Gesundheitszustand des Opfers").

Einzelfall ab und wird über ein ganzes Bündel an Kriterien ermittelt,[96] zB Dauer der Maßnahmen, ihre körperlichen und/oder seelischen Folgen, oder Geschlecht, Alter und Gesundheitszustand des Opfers.[97] Wichtige Kriterien für die Wertung des Einzelfalls sind die **Intensität und Dauer der Beeinträchtigung.**[98] Regelmäßige grundlose Leibesvisitationen im Strafvollzug sind erniedrigend und daher unzulässig,[99] ebenso wie ein Zurschaustellen für die Presse in einem Käfig.[100] 2006 missbilligte der EGMR die Praxis einiger deutscher Länder, Drogenkurieren, die bei der Festnahme Drogenpäckchen verschluckten, zwangsweise – zu Beweiszwecken – ein Brechmittel zu verabreichen.[101] Selbst eine von einem Polizisten verabreichte Ohrfeige kann als erniedrigende Behandlung ausreichen, da in einer demokratischen Gesellschaft Misshandlung nie eine angemessene Reaktion auf Probleme ist, mit denen die Behörden konfrontiert sind.[102] Die weitestgehende Eindämmung und Einhegung von physischer und psychischer Gewalt ist die Grundlage zivilisierter Gesellschaften. Allgemein verlangt Art. 4 besondere Rücksichtnahme auf **schutzbedürftige Personen,** etwa Menschen mit Behinderung.[103] Insbesondere **Kindern** vermittelt Art. 4 einen weiterreichenden Schutz als Erwachsenen, so gegen Prügelstrafen oder sexuelle Ausbeutung und Übergriffe.[104] Dies gilt erst recht für die Genitalverstümmelung.[105] Ihren entsprechenden Schutzpflichten Kindern gegenüber ist die Union durch zahlreiche Aktivitäten nachgekommen.[106]

17 Die Behandlung oder Strafe muss nicht „körpergerichtet" sein.[107] Auch vor „weißer Folter", mithin seelischen Misshandlungen oder psychischen Einwirkungen, wird geschützt.[108] Selbst gesetzliche Regelungen können erniedrigend sein.[109] Eine verbotene stigmatisierende Behandlung läge etwa dann vor, wenn ein „rassendiskriminierendes" Gesetz erlassen würde, das Angehörige einer Volksgruppe dazu zwänge, in der Öffentlichkeit ein Erkennungszeichen zu tragen („Judenstern").[110] Gerade die Jahre der Verfolgung der Ju-

96 St. Rspr.; EGMR, Urt. v. 19.5.2004, Nr. 42027/98, *Toteva*, Ziff. 52; EGMR, Urt. v. 20.7.2004, Nr. 47940/99, *Balogh*, Ziff. 45; *Tettinger/Stern/Höfling*, GRC, Art. 4 Rn. 9, sowie *Karpenstein/Mayer/Sinner*, EMRK, Art. 3 Rn. 6, und *Picod/van Drooghenbroeck/Schabas*, Charte, S. 106 f.

97 EGMR, Urt. v. 18.4.2002, Nr. 72032/01, *Aronica*; EGMR, Urt. v. 13.5.2008, Nr. 52515/99, *Juhnke*, Ziff. 69.

98 EGMR (GK), Urt. v. 11.7.2006, Nr. 54810/00, *Jalloh*, Ziff. 67; EGMR, Urt. v. 12.7.2007, Nr. 20877/04, *Testa*, Ziff. 43; EGMR (GK), Urt. v. 28.9.2015, Nr. 23380/09, *Bouyid*, Ziff. 86.

99 *Frenz*, Hdb EuR, Rn. 1010, mit Nachweisen aus der Rechtsprechung des EGMR.

100 *Kjaerum*, Article 4, S. 48. S. hierzu EGMR (GK), Urt. v. 17.7.2014, Nr. 32541/08 ua, *Svinarenko ua* (Die Verwendung eines Metallkäfigs im Gerichtssaal zur Einschließung eines Angeklagten kann als erniedrigende, gegen die Menschenwürde verstoßende Behandlung unter keinen Umständen gerechtfertigt sein).

101 EGMR (GK), Urt. v. 11.7.2006, Nr. 54810/00, *Jalloh*, Ziff. 67. Hierzu *Schuhr*, NJW 2006, 3538 ff.

102 EGMR (GK), Urt. v. 28.9.2015, Nr. 23380/09, *Bouyid* (Ohrfeige durch Polizisten).

103 *Kjaerum*, Article 4, S. 48 f.

104 *Jarass*, EU-GR, S. 134; *Rengeling/Szczekalla*, GR in der EU, § 26 Rn. 952. Zur Inhaftierung von Kindern s. *Karpenstein/Mayer/Sinner*, EMRK, Art. 3 Rn. 15.

105 Vgl. EGMR, Urt. v. 17.5.2011, Nr. 43408/08 ua, *Izevbekhai ua*, Ziff. 73.

106 S. die Auflistung bei *Kjaerum*, Article 4, S. 53. Zu aktuellen Aktivitäten mit Blick auf die Rechte von Kindern s. die Webseite der Grundrechteagentur (www.fra.europa.eu).

107 *Calliess/Ruffert/Calliess*, EUV/AEUV, Art. 4 Rn. 12, mit Fallbeispielen.

108 *Jarass*, GRC, Art. 4 Rn. 9; *Calliess/Ruffert/Calliess*, EUV/AEUV, Art. 4 Rn. 12; *Frenz*, Hdb EuR, Rn. 1004 ff.

109 Ein belgisches Gesetz, das vorsah, dass die uneheliche Mutter ihr Kind zunächst anerkennen musste, um familienrechtliche Beziehungen entstehen zu lassen, war allerdings dem EGMR zufolge „nur" demütigend, nicht aber „erniedrigend" im Sinne des Art. 3: EGMR (Plenum), Urt. v. 13.6.1979, Nr. 6833/74, *Marckx*, Ziff. 66 f.

110 *Ehlers/Uerpmann-Wittzack*, GR, S. 112.

den in Deutschland von 1933 bis 1939 sind „exemplarisch“.[111] Die schrittweise Entrechtung der jüdischen Deutschen machte sie – im Vorfeld von Massenmord und Shoah – zu einem ausgeplünderten, verachteten und geächteten „Gastvolk“ am äußersten Rand der Gesellschaft. Ein Beispiel extremer Exklusion einer Minderheit, des Anderen. Vor dem umgekehrten Fall einer **„zwangsweisen Assimilierung“** schützt Art. 29 Abs. 1 der bulgarischen Verfassung im Kontext des Folterverbots. **Schwere Formen der Diskriminierung** wie etwa die Errichtung einer Trennmauer zur Gettoisierung einer Minderheit können demnach einer demütigenden und herabwürdigenden Behandlung gleichkommen – ein vom EGMR noch nicht ausgeschöpftes Potential.[112] Zum Testfall für die Menschenrechtsorientierung Europas wird der Umgang mit der größten hier lebenden ethnischen Minderheit, den **Sinti und Roma.**[113] Weiter kann die nicht mit der Menschenwürde vereinbare Diskriminierung wegen der **sexuellen Orientierung** in den Anwendungsbereich des Verbots unmenschlicher oder erniedrigender Behandlung fallen.[114] Insbesondere dürfte der Straßburger Gerichtshof eine zunehmend kritische Haltung einnehmen, soweit Ermittlungsverfahren von sachfremden – homophoben, rassistischen oder anderweitig diskriminierenden – Motiven und Erwägungen bestimmt werden.[115] Dies gilt generell für die Behandlung von Immigranten.[116] Eine Diskriminierung wegen der „Rasse“ sieht der Gerichtshof mittlerweile als erschwerenden Umstand an, der den Anwendungsbereich des Verbots eröffnet.[117]

Allgemein geht der Straßburger Gerichtshof von einer **evolutiven Auslegung** der Begriffe 18
des Art. 3 EMRK aus, die dem Charakter der Konvention als in die Zeit gestelltes „living instrument“ entspricht. Die Auslegung ist mithin zeitgebunden und orientiert sich – soweit möglich – an den sich fortentwickelnden, jeweils gültigen **gemeineuropäischen Wertmaßstäben.** So vermag dem „increasingly high standard“ der Menschenrechte in Europa Rechnung getragen zu werden. Physische oder psychische Gewalt ist im Europa des 21. Jahrhunderts nicht mehr akzeptabel. Die **dynamische Interpretation** als Sonderfall der teleologischen Auslegung[118] ermöglicht es dem Gerichtshof, immer mehr entwürdigende Behandlungen und Strafen dem strikten Verbot des Art. 3 EMRK unterfallen zu lassen, dh die „Eingangsschwelle“ und, konsequenterweise, ebenso die Schwelle zur Folter kontinuierlich

---

111 S. hierzu das Standardwerk von *Saul Friedländer*, Das Dritte Reich und die Juden. Die Jahre der Verfolgung 1933–1939, München 1998.

112 *Thürer/Dold*, EuGRZ 2005, 9; s. bereits EGMR (GK), Urt. v. 10.5.2001, Nr. 25781/94, *Zypern/Türkei*, Ziff. 302 ff. S. auch *Dörr/Grote/Marauhn/Bank*, EMRK/GG, Kap. 11 Rn. 75 ff. S. auch das auf der Webseite der Grundrechteagentur veröffentlichte „Handbook on European non-discrimination law – 2018 edition“ (www.fra.europa.eu).

113 S. hierzu *Borowsky*, Vorbemerkungen Rn. 12.

114 Vgl. EGMR, Urt. v. 27.9.1999, Nr. 33985/96 ua, *Smith u. Grady*. S. auch *Meyer-Ladewig/Nettesheim/Raumer*, EMRK, Art. 3 Rn. 24. S. weiter das auf der Webseite des EGMR abrufbare „Informationsblatt“ „Fragen der sexuellen Orientierung“ vom Juli 2014 (www.echr.coe.int).

115 Vgl. *Frenz*, Hdb EuR, Rn. 1021 f.

116 *Mock/Demuro/Olivetti*, Human Rights, S. 31.

117 EGMR, Urt. v. 12.7.2005, Nr. 41138/98 ua, *Moldovan ua*, Ziff. 111; EGMR, Urt. v. 15.6.2010, Nr. 19956/06, *S.H.*, Ziff. 70. S. hierzu *Picod/van Drooghenbroeck/Schabas*, Charte, S. 109 f. S. bereits EGMR (GK), Urt. v. 10.5.2001, Nr. 25781/94, *Zypern/Türkei*, Ziff. 306: „The Court further recalls that the Commission… observed, with respect to an allegation of racial discrimination, that a special importance should be attached to discrimination based on race and that publicly to single out a group of persons for differential treatment on the basis of race might, in certain circumstances, constitute a special affront to human dignity.“

118 S. hierzu *Grabenwarter/Pabel*, EMRK, S. 38 f.

herabzusetzen.[119] Beispielsweise qualifizierte der Gerichtshof bereits 1978 die Prügelstrafe auf der Isle of Man als erniedrigend, die 1950 noch beanstandungsfrei gewesen sein mag,[120] und Akte, die früher „nur" als unmenschliche Behandlung zu werten waren, sind heute als Folter anzusehen.[121] Zur Problematik der lebenslangen Freiheitsstrafe hatte Straßburg mehrfach zu befinden.[122] Den sich wandelnden Wertmaßstäben muss insbesondere der **Strafvollzug** genügen.[123] Die Haftbedingungen müssen mit der Achtung der Menschenwürde der Gefangenen vereinbar sein.[124] Die Bedingungen eines menschenwürdigen Vollzuges sind grundsätzlich hinzunehmen. Der Strafvollzug darf aber in seiner Art und Methode nicht Leid oder Härten hervorrufen, die das mit einer Haft unvermeidbar verbundene Maß überschreiten oder die Gesundheit und das Wohlbefinden unter Berücksichtigung der praktischen Erfordernisse der Haft unangemessen beeinträchtigen.[125] Dies betrifft zunächst die **allgemeinen Verhältnisse in einem Gefängnis.**[126] So können desolate Zustände ausreichen, um eine Verletzung des Folterverbots zu begründen. Weiter kann es sich um **Maßnahmen** handeln, **die spezifisch einzelne Gefangene betreffen.** Insbesondere ist die notwendige medizinische Behandlung sicherzustellen.[127] Dazu gehören auch psychiatrische Untersuchungen und psychologische Behandlungen, wenn Suizidgefahr besteht. Eine „Isolationshaft" oder Einzelhaft wird zwar grundsätzlich für zulässig erachtet, allerdings nur unter strengen Voraussetzungen.[128] Besonderer Wachsamkeit bedarf es in psychiatrischen Einrichtungen, in Pflegeheimen und in Einrichtungen für Menschen mit Behinderung.[129]

---

119 *Picod/van Drooghenbroeck/Schabas*, Charte, S. 108. Allerdings muss eine Misshandlung stets ein Mindestmaß an Schwere erreichen, um in den Schutzbereich des Art. 4 zu fallen. S. *Mock/Demuro/Olivetti*, Human Rights, S. 30.

120 EGMR, Urt. v. 25.4.1978, Nr. 5856/72, *Tyrer*.

121 EGMR (GK), Urt. v. 28.7.1999, Nr. 25803/94, *Selmouni*, Ziff. 101. S. auch *Frenz*, Hdb EuR, Rn. 996; *Tettinger/Stern/Höfling*, GRC, Art. 4 Rn. 10.

122 EGMR (GK), Urt. v. 9.7.2013, Nr. 66069/09 ua, *Vinter ua*; EGMR (GK), Urt. v. 17.1.2017, Nr. 57592/08, *Hutchinson*. Vgl. *Burgorgue-Larsen/Levade/Picod/Schabas*, Traité, Article II-64 Ziff. 15. S. auch das „Factsheet" „Life imprisonment" vom Juni 2017 (www.echr.coe.int).

123 S. EGMR, Urt. v. 30.4.2013, Nr. 49872/11, *Timoschenko*.

124 *Picod/van Drooghenbroeck/Schabas*, Charte, S. 110; *Pechstein/Nowak/Häde/Thiele*, Frankfurter Kommentar, Art. 4 Rn. 21 ff. EGMR (GK), Urt. v. 23.2.2016, Nr. 11138/10, *Mozer*, Ziff. 178; EGMR, Urt. v. 25.4.2017, Nr. 61467/12 ua, *Rezmiveș ua*, Ziff. 72; EuGH – *M.L.*, Rs. C-220/18, ECLI:EU:C:2018:589, Urt. v. 25.7.2018, Rn. 91. S. auch die Entschließung des Europäischen Parlaments vom 15.12.2011 zu den Haftbedingungen in der EU (2011/2897(RSP)), ABl. 2013, C 168 E/82. S. weiter das „Factsheet" „Detention and mental health" vom Juni 2018 auf der Webseite des EGMR (www.echr.coe.int).

125 *Frenz*, Hdb EuR, Rn. 1015.

126 *Frenz*, Hdb EuR, Rn. 1023 f.; *Dörr/Grote/Marauhn/Bank*, EMRK/GG, Kap. 11 Rn. 68 ff.

127 EGMR (GK), Urt. v. 26.10.2000, Nr. 30210/96, *Kudla*, Ziff. 93 f. Zu Einzelheiten s. *Frenz*, Hdb EuR, Rn. 1016 ff.

128 Für die Zulässigkeit EKMR, Ent. v. 8.7.1978, *Ensslin*, EuGRZ 1978, 314, sowie EGMR (GK), Urt. v. 4.7.2006, Nr. 59450/00, *Ramirez Sanchez* (mit deutlichem Minderheitsvotum), hierzu *Irmscher*, EuGRZ 2007, 135 ff. Allerdings unterliegt die Einzelhaft strengen Voraussetzungen, s. EGMR, Urt. v. 7.1.2010, Nr. 24407/04, *Onoufriou*, Ziff. 70, und EGMR, Urt. v. 13.11.2018, Nr. 70465/14, *A.T.*, Ziff. 72 („The Court reiterates that solitary confinement is not in itself in breach of Article 3. Whilst extended removal from association with others is undesirable, whether such a measure falls within the ambit of Article 3 of the Convention depends on the particular conditions, the stringency of the measure, its duration, the objective pursued and its effects on the person concerned."). S. auch *Dörr/Grote/Marauhn/Bank*, EMRK/GG, Kap. 11 Rn. 72, *Kjaerum*, Article 4, S. 50 f., und *Karpenstein/Mayer/Sinner*, EMRK, Art. 3 Rn. 14.

129 EGMR, Urt. v. 6.9.2016, Nr. 73548/13, *W.D.*, Ziff. 115. S. auch *Meyer-Ladewig/Nettesheim/Raumer*, EMRK, Art. 3 Rn. 62 f. Zu medizinischen Eingriffen s. *Pechstein/Nowak/Häde/Thiele*, Frankfurter Kommentar, Art. 4 Rn. 29 f.

Diese Wachsamkeit gilt auch geflüchteten Menschen und Asylbewerbern, die aufgrund ihrer Fluchtgeschichte und prekären Situation besonders vulnerabel sind.[130]

Mit seiner Einzelfallprüfung und „geltungszeitlichen Interpretation" im Rahmen des Art. 3 EMRK bestätigt und verstärkt der EGMR den fundamentalen Charakter des Folterverbots.[131] Es erscheint verfehlt, darin eine „Offenheit für eine bilanzierende Gewichtung und Bewertung" der menschlichen Würde zu sehen, die den absoluten Charakter der Verbotsnorm in Frage stellen könnte.[132] 19

Zur Effektuierung des Grundrechtsschutzes arbeitet der EGMR – wie bei dem Recht auf Leben[133] – zunehmend mit **Beweiserleichterungen** oder gar einer Beweislastumkehr. Der materiell-rechtliche Gehalt des Folterverbots wird so durch **prozessuale Sicherungen** flankiert.[134] Ein Anscheinsbeweis[135] ist vor allem bei **Übergriffen im Polizeigewahrsam** von Bedeutung, bei denen die Sicherung der nötigen Beweise häufig nur dem betroffenen Staat selbst möglich ist.[136] Wird jemand gesund in Gewahrsam genommen und mit Verletzungen wieder entlassen, so obliegt es den Behörden, dafür eine plausible Erklärung zu liefern.[137] Wird dies versäumt, stellt der EGMR eine Verletzung von Art. 3 EMRK fest.[138] 20

Über den aufgezeigten Abwehrcharakter der Vorschrift hinaus kommen positive hoheitliche Verpflichtungen in Betracht,[139] wobei diese **Schutzpflichtdimension** bisher – bis auf die Auslieferung oder Abschiebung in andere Staaten[140] – wenig entfaltet worden ist.[141] Im Übrigen liegt bei Art. 4 aufgrund seines absoluten Charakters eine starke, **unmittelbare Drittwirkung** nahe, die es Opfern ermöglicht, sich gegenüber Dritten unmittelbar auf das fundamentale Recht zu berufen.[142] Bei den hoheitlichen „positive obligations" geht es um Verhütung (*prevention*), Schutz (*protection*) und Verfolgung (*prosecution*). So besteht eine staatliche Pflicht, **Akte privater Folter und Misshandlung effektiv zu verhindern, zu verfol-** 21

130 S. nur den Bericht „In Search of Dignity. Report on the human rights of migrants at Europe's borders" aus 2017 (abrufbar über www.ohchr.org).

131 Eingehend *Demko*, HRRS-März 2005. S. weiter *Dörr/Grote/Marauhn/Bank*, EMRK/GG, Kap. 11 Rn. 111 ff. Allerdings weist *Jarass*, GRC, Art. 4 Rn. 11, zu Recht darauf hin, dass große Vorsicht geboten sei, um nicht im Ergebnis doch zu einem Einschränkungsvorbehalt zu gelangen. Eingehend und kritisch zur Rechtsprechung *Holoubek/Lienbacher/Kneihs/Lukan/Segalla*, GRC, Art. 4 Rn. 11 ff.

132 Entgegen der entsprechenden Andeutung von *Herdegen*, in: Maunz-Dürig, Kommentar zum Grundgesetz, Art. 1 Abs. 1 Rn. 46.

133 *Borowsky*, Art. 2 Rn. 34.

134 *Schwarze/Voet van Vormizeele*, EU, Art. 4 Rn. 5. Zu den prozeduralen Sicherungen s. auch *Stern/Sachs/Höfling/Kempny*, GRC, Art. 4 Rn. 14.

135 *Schwarze/Voet van Vormizeele*, EU, Art. 4 Rn. 5; *Stern/Sachs/Höfling/Kempny*, GRC, Art. 4 Rn. 14.

136 *Ehlers/Uerpmann-Wittzack*, GR, S. 114.

137 St. Rspr.; EGMR, Urt. v. 20.7.2004, Nr. 47940/99, *Balogh*, Ziff. 47; *Tettinger/Stern/Höfling*, GRC, Art. 4 Rn. 14.

138 Vgl. EGMR, Urt. v. 4.12.1995, Nr. 18896/91, *Ribitsch*, Ziff. 34–40; EGMR (GK), Urt. v. 28.7.1999, Nr. 25803/94, *Selmouni*, Ziff. 87. Erst recht gilt dies, wenn jemand bei guter Gesundheit in Haft genommen wurde und anschließend in der Haft stirbt (vgl. EGMR (GK), Urt. v. 27.6.2000, Nr. 21986/93, *Salman*, Ziff. 113).

139 *Calliess/Ruffert/Calliess*, EUV/AEUV, Art. 4 Rn. 4 f.; *Tettinger/Stern/Höfling*, GRC, Art. 4 Rn. 3; *Jarass*, GRC, Art. 4 Rn. 7; *Vedder/Heintschel von Heinegg/Folz*, Unionsrecht, Art. 4 Rn. 2.

140 *Frenz*, Hdb EuR, Rn. 989.

141 *Stern/Sachs/Höfling/Kempny*, GRC, Art. 4 Rn. 3. Zur bisherigen Rechtsprechung des EGMR s. *Karpenstein/Mayer/Sinner*, EMRK, Art. 3 Rn. 21 ff. Zu unionalen Schutzpflichten s. *Jarass*, GRC, Art. 4 Rn. 7.

142 S. zur unmittelbaren Drittwirkung *Borowsky*, Art. 1 Rn. 43.

gen und zu bestrafen.[143] Es ist nicht ausgeschlossen, dass eine entsprechende Verpflichtung auch die Union trifft.[144] Die verantwortlichen Instanzen müssen hier Grundrechtsschutz durch organisatorische Vorkehrungen und geeignete Verfahren gewährleisten.[145] Zu denken ist hier an Pädophilie, sexuelle Misshandlungen, häusliche Gewalt,[146] Gewalt unter Häftlingen im Strafvollzug, allgemein an Gewalt gegen Kinder und Frauen.[147] Gerade bei Kindern gehen die staatlichen Schutzpflichten besonders weit, etwa bei Vernachlässigungen oder Misshandlungen im familiären Umfeld oder in Internaten, Chören und Vereinen. Besonders schutzbedürftig sind unbegleitete Flüchtlingskinder.[148] Die aus Art. 4 resultierenden Schutzpflichten können sich aber grundsätzlich nicht auf sämtliche demütigenden oder erniedrigenden Lebensverhältnisse erstrecken. Ansonsten würde die Menschenwürdegarantie zu einem Großteil nach Art. 4 verlagert, was dessen Spezialität widerspräche.[149] Es spricht viel dafür, dass Art. 4 primär auf **spezifische Gefährdungslagen** – wie in Haftanstalten und sonstigen „besonderen Gewaltverhältnissen" – oder auf besonders vulnerable Menschen und Gruppen zugeschnitten ist.[150] Auch das Zusatzprotokoll zur UN-Antifolterkonvention aus 2002, das 2006 in Kraft getreten ist, bezieht sich in seinem präventiven Ansatz spezifisch auf „Orte der Freiheitsentziehung", wie Gefängnisse, Polizeistationen, psychiatrische Kliniken, Abschiebehafteinrichtungen oder Pflegeheime. In der jüngeren Rechtsprechung des EGMR wurde darüber hinaus anerkannt, dass sich das Folterverbot auch auf spezifisch **menschenunwürdige Zustände** erstrecken kann. Damit werden auch **Situationen sozialer Not** potentiell erfasst.[151] Mit Art. 4 unvereinbar ist es, wenn ein Ausländer vollständig von staatlicher Unterstützung abhängig ist und behördlicher Gleichgültigkeit gegenübersteht, obwohl er sich in so ernsthafter Armut und Bedürftigkeit befindet, dass dies mit seiner Menschenwürde unvereinbar ist.[152]

22 Die Verbote des Art. 4 unterliegen **keinerlei Einschränkungen oder Relativierungen.**[153] Die Anwendung der allgemeinen Schrankenbestimmung des Art. 52 Abs. 1 scheidet von vorn-

---

143 *Dörr/Grote/Marauhn/Bank*, EMRK/GG, Kap. 11 Rn. 84 f. Zum „horizontal effect" s. auch *Kjaerum*, Article 4, S. 44 f. Zu den Schutzpflichten gehört auch eine Folgenbeseitigungspflicht, s. *Karpenstein/Mayer/Sinner*, EMRK, Art. 3 Rn. 32.

144 *Kjaerum*, Article 4, S. 45 („open question").

145 Vgl. *GSH/Augsberg*, EU, Art. 4 Rn. 8 (Grundrechtsschutz durch Organisation); *Frenz*, Hdb EuR, Rn. 990, 999.

146 EGMR, Urt. v. 9.6.2009, Nr. 33401/02, *Opuz*, Ziff. 132. S. auch das auf der Webseite des EGMR abrufbare „Factsheet" „Domestic violence" vom Januar 2018 (www.echr.coe.int).

147 Vgl. *Braibant*, Charte, S. 102; *Schilling*, Menschenrechtsschutz, S. 59; EGMR, Urt. v. 23.9.1998, Nr. 25599/94, *A.*; EGMR (GK), Urt. v. 10.5.2001, Nr. 29392/95, *Z. ua* (Kein Einschreiten gegen Misshandlung von Kindern). S. auch das auf der Webseite des EGMR abrufbare „Factsheet" „Violence against women" vom Februar 2018 (www.echr.coe.int).

148 S. das auf der Webseite des EGMR abrufbare „Factsheet" „Unaccompanied migrant minors in detention" vom Januar 2018 (www.echr.coe.int).

149 *Frenz*, Hdb EuR, Rn. 1025 ff.

150 S. auch die „Identification of main problematic areas" bei *Kjaerum*, Article 4, S. 49 ff.

151 *Dörr/Grote/Marauhn/Bank*, EMRK/GG, Kap. 11 Rn. 94 ff.; *Frenz*, Hdb EuR, Rn. 1025. Allerdings dürfte vorrangig zu prüfen sein, ob nicht speziellere soziale Rechte zur Verfügung stehen, vor allem im Titel IV, so *Holoubek/Lienbacher/Kneihs/Lukan/Segalla*, GRC, Art. 4 Rn. 9. Umfassend zur „sozialen Not" in der Rechtsprechung des EGMR *Frohwerk*, Soziale Not, 2012.

152 Vgl. EGMR (GK), Urt. v. 21.1.2011, Nr. 30696/09, *M.S.S.*, Ziff. 253. S. zur EMRK *Meyer-Ladewig/Nettesheim/Raumer*, EMRK, Art. 3 Rn. 78, 81.

153 Vgl. *Braibant*, Charte, S. 101 („le type même du droit absolu qui ne souffre aucune exception sous aucun prétexte"); s. auch *Calliess/Ruffert/Calliess*, EUV/AEUV, Art. 4 Rn. 19 ff., *Stern/Sachs/Höfling/Kempny*, GRC, Art. 4 Rn. 15, *Tettinger/Stern/Höfling*, GRC Art. 4 Rn. 15, *Jarass*, EU-GR, S. 136, *Jarass*, GRC, Art. 4 Rn. 13, *Ehlers/Uerpmann-Wittzack*, GR, S. 115 f., *Grabenwarter/Pabel*, EMRK, S. 199 ff., und *Frenz*, Hdb EuR, Rn. 987, sowie *Picod/van Drooghenbroeck/Schabas*, Char-

herein aus, da insoweit Art. 52 Abs. 3 *lex specialis* mit verdrängender Wirkung ist.[154] Die aus dem deutschen Verfassungsrecht bekannten „immanenten Schranken" kommen weder in der Charta noch in der EMRK in Betracht.[155] Jedenfalls aufgrund seiner inhaltlichen Identität mit Art. 3 EMRK hat Art. 4 – so auch der EuGH – einen **absoluten**[156] und über Art. 15 Abs. 2 EMRK **notstandsfesten Charakter.**[157] In der Entscheidung *„Pretty"* hat der EGMR nochmals klargestellt, Art. 3 EMRK sei in absoluten Worten gefasst, er kenne keine Ausnahme und keinen Vorbehalt und sei auch im Notstandsfalle nicht außer Kraft zu setzen.[158] Erneut bekräftigen musste der EGMR den absoluten Charakter des Folterverbots in seinen bekannten Entscheidungen im Fall *„Gäfgen"*.[159] Dies alles hat zur Konsequenz, dass jede Behandlung, die vom Schutzbereich des Art. 3 EMRK bzw. Art. 4 der Charta erfasst wird, *eo ipso* verboten ist.[160] Jede Abwägung mit anderen Rechtsgütern, etwa dem Recht auf Leben Dritter, ist unzulässig. Die unionale oder mitgliedstaatliche Hoheitsgewalt ist mithin unter keinen Umständen berechtigt, einen Menschen zu foltern oder einer unmenschlichen oder erniedrigenden Strafe oder Behandlung zuzuführen. Dies gilt auch und gerade im Zuge der Terrorismusbekämpfung, die hier zum Prüfstein werden könnte.

Soweit **Einschränkungen für seltene Ausnahmefälle** wie etwa das klassische „ticking 23
bomb"-Szenario[161] oder neuerdings – in Deutschland – die „Rettungsfolter"[162] diskutiert werden, stoßen diese, letztlich auf eine Ausweitung politischer Handlungsoptionen zielen-

te, S. 106, und *Pechstein/Nowak/Häde/Thiele*, Frankfurter Kommentar, Art. 4 Rn. 31. S. auch EuGH – *Schmidberger*, Rs. C-112/00, ECLI:EU:C:2003:333, Urt. v. 12.6.2003, Rn. 80, und EuGH (GK) – *Minister for Justice and Equality (Mängel des Justizsystems)*, Rs. C-216/18, ECLI:EU:C:2018:586, Urt. v. 25.7.2018, Rn. 45.

154 So auch *Schwarze/Voet van Vormizeele*, EU, Art. 4 Rn. 6, *Pechstein/Nowak/Häde/Thiele*, Frankfurter Kommentar, Art. 4 Rn. 31. S. auch *Vedder/Heintschel von Heinegg/Folz*, Unionsrecht, Art. 4 Rn. 3.

155 S. *Borowsky* (Vorauflage), Art. 52 Rn. 22. Vgl. *Schwerdtfeger*, Art. 52 Rn. 36. Für die EMRK s. *Ehlers/Uerpmann-Wittzack*, GR, S. 115 f.

156 EuGH (GK) – *M.P.*, Rs. C-353/16, ECLI:EU:C:2018:276, Urt. v. 24.4.2018, Rn. 36 („Art. 4 der Charta... – in dem einer der Grundwerte der Union und ihrer Mitgliedstaaten zum Ausdruck kommt und der insofern absoluten Charakter hat, als dieser Grundwert eng mit der Achtung der Würde des Menschen verbunden ist, auf die sich Art. 1 der Charta bezieht").

157 EuGH – *X., Y. und Z.*, Rs. C-199/12 bis C-201/12, ECLI:EU:C:2013:720, Urt. v. 7.11.2013, Rn. 8. S. bereits EuGH (GK) – *Y. und Z.*, Rs. C-71/11, ECLI:EU:C:2012:518, Urt. v. 5.9.2012, Rn. 8 („Die Rechte, von denen gemäß Art. 15 Abs. 2 EMRK in keinem Fall abgewichen werden darf, sind in den Art. 2, 4, 5 Abs. 1 und 49 der Charta verankert."). *Kjaerum*, Article 4, S. 44, vertritt die Auffassung, dass im Kontext der Charta die Notstandsklausel des Art. 15 EMRK ohnehin nicht zur Anwendung komme. Allgemein zur Geltung der EMRK im Notstandsfall s. das „Factsheet" „Derogation in time of emergency" vom August 2018 sowie den „Guide on Article 15 of the European Convention on Human Rights – Derogation in time of emergency" vom 31. August 2018 (www.echr.coe.int). S. auch EGMR, Urt. v. 18.12.1996, Nr. 21987/93, *Aksoy*, Ziff. 62, sowie EGMR, Urt. v. 18.3.2014, Nr. 24069/03 ua, *Öcalan* (No 2), Ziff. 97 f.

158 EGMR, Urt. v. 29.4.2002, Nr. 2346/02, *Pretty*, Ziff. 49; s. auch EGMR, Urt. v. 24.3.2005, Nr. 21894/93, *Akkum ua*, Ziff. 256.

159 EGMR, Urt. v. 30.6.2008, Nr. 22978/05, *Gäfgen*, Ziff. 63 ff.

160 Vgl. EGMR (GK), Urt. v. 28.7.1999, Nr. 25803/94, *Selmouni*, Ziff. 95.

161 Instruktiv – *exempla docent* – *Braibant*, Charte, S. 102 (Folter im Algerienkrieg).

162 Zu der durch den Fall *Gäfgen* angestoßenen, zuvor für undenkbar gehaltenen Debatte s. nur *Jerouschek/Kölbel*, JZ 2003, 613 ff.

den,[163] Überlegungen auf **europaweite Ablehnung,**[164] wie auch das Festhalten des Grundrechtekonvents am strikten Folterverbot zeigt. Eine derartige Dekonstruktion und Aushöhlung von innen her ist mit der EMRK, die in der Union mit der formellen Rechtsverbindlichkeit der Charta höchsten Rang genießt, nicht zu vereinbaren.[165] Der hier bei der Auslegung führende Straßburger Gerichtshof hat mehrfach dezidiert dargelegt,[166] dass die EMRK-Garantien nicht durch die Unterscheidung zwischen normalen und sog. *terrorist crimes* ausgehöhlt werden dürfen – eine Absage an jedes „Feindstrafrecht“:[167] „Die Konvention verbietet Folter und unmenschliche oder erniedrigende Strafe oder Behandlung uneingeschränkt, selbst unter den schwierigsten Bedingungen, wie bei der Bekämpfung des Terrorismus und des organisierten Verbrechens.“ In der Sache *Gäfgen* hat die Große Kammer des EGMR nochmals betont:[168] „Gleichwohl ist mit Nachdruck darauf hinzuweisen, dass das Verbot von Misshandlungen.. unabhängig vom Verhalten des Betroffenen und der Motivation der Behörden gilt. Folter oder unmenschliche oder erniedrigende Behandlung dürfen selbst dann nicht angewendet werden, wenn das Leben eines Menschen in Gefahr ist.“

Der EuGH hat seinerseits schon früh in einem *obiter dictum* ausgeführt, dass das Folterverbot „keinerlei Beschränkung“ unterliege.[169] Gleichwohl, das Folterverbot bleibt fragil, und es gilt den Anfängen zu wehren.[170]

24 Was die **praktische Entfaltung des Folterverbots der Charta** und die Relevanz für die Union anbetrifft,[171] so steht zunächst die vom Grundrechtekonvent gewünschte **Signal- und Außenwirkung** im Mittelpunkt.[172] Die sich abzeichnende „EU human rights policy“ vermag sich maßgeblich darauf zu stützen. Es nimmt daher nicht wunder, dass mittlerweile zahlreiche **Rechtsakte der Union,** gerade im Bereich der **Außenbeziehungen** und der **Handelspolitik,** spezifische Regelungen enthalten.[173] Einen erheblichen Fortschritt stellten bereits die im April 2001 verabschiedeten Leitlinien für die Politik der Europäischen Union gegenüber

---

163 S. die lesenswerten Beiträge von *Bielefeldt*, Folterverbot, 2004, *ders.*, Menschenwürde, 2007.

164 S. die Nachweise bei *Pechstein/Nowak/Häde/Thiele*, Frankfurter Kommentar, Art. 4 Rn. 31. S. auch *Calliess/Ruffert/Calliess*, EUV/AEUV, Art. 4 Rn. 22, sowie *Stern/Sachs/Höfling/Kempny*, GRC, Art. 4 Rn. 16.

165 S. insbesondere *Davy*, Deutschland, 2005, *Gaede*, Fragilität, 2004, und *Gehl* (Hrsg.), Folter, 2005. S. weiter *Grabenwarter/Pabel*, EMRK, S. 199 ff., *Schilling*, Menschenrechtsschutz, S. 61 f., *Ehlers/Uerpmann-Wittzack*, GR, S. 115, sowie *Karpenstein/Mayer/Sinner*, EMRK, Art. 3 Rn. 4.

166 EGMR, Urt. v. 15.11.1996, Nr. 22414/93, *Chahal*, Ziff. 79; EGMR, Urt. v. 6.4.2000, Nr. 26772/95, *Labita*, Ziff. 119; EGMR, Urt. v. 4.6.2006, Nr. 59450/00, *Ramirez Sanchez*, Ziff. 115; EGMR, Urt. v. 28.2.2008, Nr. 37201/06, *Saadi*, Ziff. 127; EGMR (GK), Urt. v. 13.12.2012, Nr. 39630/09, *El-Masri*, Ziff. 195. S. auch *De Schutter*, Convention, 2002, S. 85 ff., *Klugmann*, Menschenrechtskonvention, 2002, und *Prosenjak*, Folterbegriff, 2011, S. 231 ff.

167 EGMR (GK), Urt. v. 28.7.1999, Nr. 25803/94, *Selmouni*, Ziff. 95. S. auch *Frenz*, Hdb EuR, Rn. 988, und *Bielefeldt*, Gefahrenabwehr, 2008.

168 EGMR (GK), Urt. v. 1.6.2010, Nr. 22978/05, *Gäfgen*, Ziff. 107.

169 EuGH – *Schmidberger*, Rs. C-112/00, ECLI:EU:C:2003:333, Urt. v. 12.6.2003, Rn. 80; s. aktuell EuGH (GK) – *Minister for Justice and Equality (Mängel des Justizsystems)*, Rs. C-216/18, ECLI:EU:C:2018:586, Urt. v. 25.7.2018, Rn. 45.

170 S. den Berliner Aufruf von 25 Verfassungsrechtlern zur Verteidigung des Folterverbots vom 20. Mai 2005, abgedruckt in EuGRZ 2005, 339 ff.

171 S. hierzu *Pechstein/Nowak/Häde/Thiele*, Frankfurter Kommentar, Art. 4 Rn. 6 ff.; *Streinz/Streinz*, EUV/AEUV, Art. 4 Rn. 3; *Vedder/Heintschel von Heinegg/Folz*, Unionsrecht, Art. 4 Rn. 4 ff.; *Holoubek/Lienbacher/Kneihs/Lukan/Segalla*, GRC, Art. 4 Rn. 14 f.

172 Zu Problemlagen umfassend der „Report on the situation of fundamental rights in the European Union and its Member States in 2005“ des EU Network of Independent Experts on Fundamental Rights (abrufbar unter: www.ec.europa.eu/justice/fundamental-rights/networkcommentaryfinal.en).

173 S. hierzu *Ehlers/Schorkopf*, GR, S. 595.

Drittländern betreffend Folter und andere grausame, unmenschliche oder erniedrigende Behandlung oder Strafe dar. Detaillierte Regelungen enthält sodann die Verordnung (EG) Nr. 1236/2005 des Rates vom 27. Juni 2005 betreffend den Handel mit bestimmten Gütern, die zur Vollstreckung der Todesstrafe, zu Folter oder zu anderer grausamer, unmenschlicher oder erniedrigender Behandlung oder Strafe verwendet werden können.

Besondere Bedeutung erlangt Art. 4 – im Zusammenspiel mit Art. 19 Abs. 2 – im Rahmen der **unionalen Asylpolitik,** sei es durch sekundärrechtliche Regelungen oder in der Rechtsprechung der europäischen und nationalen Gerichte.[174] Exemplarisch für einen Sekundärrechtsakt mit Grundrechtsklausel ist die Flüchtlings-Richtlinie aus dem Jahr 2005. Sie macht die Anerkennung eines Drittstaates als sicherer Herkunftsstaat auch davon abhängig, dass dort generell und durchgängig keine Folter oder unmenschliche oder erniedrigende Behandlung oder Strafe zu befürchten sind.[175] In mittlerweile dichter Rechtsprechung gewährt der EuGH – wie der Straßburger Gerichtshof[176] – im Rahmen des **Gemeinsamen Europäischen Asylsystems** Asylbewerbern Schutz bei Grundrechtsgefährdung,[177] wobei unterschiedliche Ansätze und Maßstäbe zu Tage treten.[178] Droht einem Asylbewerber in dem ursprünglich für seinen Asylantrag zuständigen Mitgliedstaat – Griechenland, Italien ... – die Gefahr einer unmenschlichen Behandlung im Sinne des Art. 4, so darf er nicht dorthin überstellt werden.[179] Dies gilt insbesondere bei systemischen Mängeln des Asylverfahrens und der Aufnahmebedingungen vor Ort.[180]

Ein weiteres Anwendungsfeld im Raum der Freiheit, der Sicherheit und des Rechts gemäß Art. 67 ff. AEUV: Bereits in naher Zukunft wird das Folterverbot – wie das Lebensrecht – mit Blick auf die **Bekämpfung schwerer Straftaten und des Terrorismus** an Relevanz gewinnen.[181] Zwar stellt Art. 88 Abs. 3 S. 2 AEUV klar, dass auch im Falle operativer Maßnahmen durch **Europol** die Anwendung von Zwangsmaßnahmen ausschließlich den zuständigen einzelstaatlichen Behörden vorbehalten bleibt. Gleichwohl bleibt eine Zurech-

174 *Streinz/Streinz*, EUV/AEUV, Art. 4 Rn. 3.

175 Anhang II der Richtlinie 2005/85/EG über Mindestnormen für Verfahren in den Mitgliedstaaten zur Zuerkennung und Aberkennung der Flüchtlingseigenschaft. S. weiter Art. 11 Abs. 1 lit. f. der Richtlinie 2014/41/EU des Europäischen Parlaments und des Rates vom 3. April 2014 über die Europäische Ermittlungsanordnung in Strafsachen: „kann die Anerkennung oder Vollstreckung einer EEA im Vollstreckungsstaat versagt werden, wenn ... berechtigte Gründe für die Annahme bestehen, dass die Vollstreckung ... mit den Verpflichtungen des Vollstreckungsstaats nach Artikel 6 EUV und der Charta unvereinbar wäre".

176 Zur EMRK s. *Meyer-Ladewig/Nettesheim/Raumer*, EMRK, Art. 3 Rn. 64 ff. S. vor allem EGMR (GK), Urt. v. 21.1.2011, Nr. 30696/09, *M.S.S.*

177 S. die Überblicke bei *Picod/van Drooghenbroeck/Schabas*, Charte, S. 112 f. Leitentscheidungen sind: EuGH (GK) – *N.S. ua*, Rs. C-411/10 und C-493/10, ECLI:EU:C:2011:865, Urt. v. 21.12.2011 und EuGH (GK) – *Aranyosi und Căldăraru*, Rs. C-404/15 und C-659/15, ECLI:EU:C:2016:198, Urt. v. 5.4.2016.

178 *Vedder/Heintschel von Heinegg/Folz*, Unionsrecht, Art. 4 Rn. 5 ff.; *Picod/van Drooghenbroeck/Schabas*, Charte, S. 113. EGMR, Urt. v. 4.11.2014, Nr. 29217/12, *Tarakhel* (Einzelfallprüfung).

179 S. EuGH – *Puid*, Rs. C-4/11, ECLI:EU:C:2013:740, Urt. v. 14.11.2013, und EuGH (GK) - *Jawo*, Rs. C-163/17, ECLI:EU:C:2019:218, Urt. v. 19.3.2019. S. bereits EGMR (GK), Urt. v. 21.1.2011, Nr. 30696/09, *M.S.S.*, sowie EuGH (GK) – *N.S. ua*, Rs. C-411/10 und C-493/10, ECLI:EU:C:2011:865, Urt. v. 21.12.2011, Rn. 106. Der EuGH begründet den Abschiebungsschutz hier mit Art. 4 und ohne Rückgriff auf die speziellere Vorschrift des Art. 19 Abs. 2, s. *Holoubek/Lienbacher/Kneihs/Lukan/Segalla*, GRC, Art. 4 Rn. 10.

180 EuGH (GK) – *N.S. ua*, Rs. C-411/10 und C-493/10, ECLI:EU:C:2011:865, Urt. v. 21.12.2011, Rn. 106. S. aktuell EuGH (GK) - *Jawo*, Rs. C-163/17, ECLI:EU:C:2019:218, Urt. v. 19.3.2019, Rn. 91 ff., wonach eine extreme materielle Not einer unmenschlichen oder erniedrigenden Behandlung gleichkommen kann.

181 *Vedder/Heintschel von Heinegg*/Folz, Unionsrecht, Art. 4 Rn. 4.

nung zu Europol möglich,[182] und in jedem Fall müssen die Organe, Einrichtungen und Stellen der Union präventive Maßnahmen zur Vermeidung von und zum Schutz vor Folter ergreifen. Dies gilt erst recht für Einsätze der Grenzagentur **Frontex** an den Außengrenzen der Mitgliedstaaten der Union. Bedeutung wird das Folterverbot ersichtlich auch im Falle von Kampfeinsätzen im Zuge von Missionen nach Art. 43 Abs. 1 EUV erlangen, etwa bei der **Mobilisierung von militärischen Mitteln,** die der Union über die Solidaritätsklausel in Art. 222 AEUV von den Mitgliedstaaten bereitgestellt werden, um terroristische Bedrohungen abzuwenden.[183] Zu denken ist weiter an die Befugnisse der Kommission im Bereich des **Kartellrechts.**[184] Auch hier sind die Verbote des Art. 4 strikt zu beachten.

Im Übrigen ist an die zunehmenden Kompetenzen der Union im **strafrechtlichen Bereich** zu denken, auch wenn ein europäischer Strafvollzug auf absehbare Zeit ausgeschlossen sein dürfte.[185] Eine Relevanz des Folterverbots für die Mitgliedstaaten könnte sich ergeben, wenn sie strafrechtliche Sanktionen zur Durchsetzung des Unionsrechts verhängen.[186] Aktualität erlangen die Verbote des Art. 4 bereits heute im Bereich des **Europäischen Haftbefehls.**[187] Sind die Haftbedingungen in einem Mitgliedstaat so unwürdig, dass sie eine unmenschliche oder erniedrigende Behandlung darstellen, darf und muss der Vollzug eines Haftbefehls ausgesetzt werden.[188] Dies entspricht mittlerweile der ständigen Rechtsprechung des EuGH, der dabei die vom EGMR entwickelten Maßstäbe heranzieht:[189] „In Ermangelung unionsrechtlicher Mindestvorschriften über die Haftbedingungen ist darauf hinzuweisen, dass ... Art. 3 EMRK den Behörden des Staates, in dessen Hoheitsgebiet eine Person inhaftiert ist, eine positive Verpflichtung auferlegt, sich zu vergewissern, dass jeder Häftling unter Bedingungen untergebracht ist, die die Wahrung der Menschenwürde gewährleisten, dass die Modalitäten der Durchführung der Maßnahme den Betroffenen keiner Bürde oder Last aussetzen, deren Intensität über das dem Freiheitsentzug unvermeidlich innewohnende Maß des Leidens hinausgeht, und dass nach Maßgabe der praktischen Erfordernisse der Inhaftierung Gesundheit und Wohlergehen des Häftlings in angemessener Weise sichergestellt werden."

Für die angesprochenen sensiblen Bereiche sind **präventive Instrumente** zu entwickeln, die darauf hinwirken sollen, Folter und Misshandlung durch unionale oder mitgliedstaatliche Instanzen oder Private von vornherein zu vermeiden. Die nicht zu unterschätzende **Schutzpflichtdimension** reicht von Fragen des Erziehungswesens über die Ausgestaltung medizinischer Versorgungsstrukturen und der Altenpflege bis hin zur Rundfunkaufsicht.[190]

---

182 So auch *Pechstein/Nowak/Häde/Thiele*, Frankfurter Kommentar, Art. 4 Rn. 6; *Holoubek/Lienbacher/Kneihs/Lukan/Segalla*, GRC, Art. 4 Rn. 14.

183 Zur Rolle des Art. 3 EMRK in bewaffneten Konflikten s. EGMR (GK), Urt. 8.7.2004, Nr. 53924/00, *Ilascu ua.*

184 *Holoubek/Lienbacher/Kneihs/Lukan/Segalla*, GRC, Art. 4 Rn. 14.

185 S. aber die Entschließung des Europäischen Parlaments vom 15.12.2011 zu den Haftbedingungen in der EU (2011/2897(RSP)), ABl. 2013, C 168 E/82. Zu den gestiegenen Anforderungen des EGMR an die Haftbedingungen s. *Pechstein/Nowak/Häde/Thiele*, Frankfurter Kommentar, Art. 4 Rn. 21 ff.

186 *Pechstein/Nowak/Häde/Thiele*, Frankfurter Kommentar, Art. 4 Rn. 7; *Jarass*, GRC, Art. 4 Rn. 3.

187 *Vedder/Heintschel von Heinegg/Folz*, Unionsrecht, Art. 4 Rn. 7; *Kromrey/Morgenstern*, ZIS 2/2017, 106 ff.

188 Zu solchen Haftbedingungen und deren Konsequenzen in bulgarischen und rumänischen Gefängnissen sind mehrere Entscheidungen des EGMR ergangen. S. nur EGMR, Urt. v. 10.6.2014, Nr. 22015/10, *Voicu*; EGMR, Urt. v. 10.3.2015, Nr. 14097/15 ua, *Varga ua.*

189 EuGH – *M.L.*, Rs. C-220/18, ECLI:EU:C:2018:589, Urt. v. 25.7.2018, Rn. 90. S. aktuell Rs. C-128/18 (*Dorobantu*).

190 S. hierzu *Holoubek/Lienbacher/Kneihs/Lukan/Segalla*, GRC, Art. 4 Rn. 14.

IV. Literaturübersicht

Addo, Michael K./Grief, Nicholas, Does Article 3 of the European Convention on Human Rights enshrine absolute rights?, EJIL 9 (1998), 510; *Association for the Prevention of Torture* (APT)/Center for Justice and International Law (CEJIL), Torture in International Law – A Guide to Jurisprudence, Geneva 2008 (abrufbar unter: www.apt.ch); *Bedford, Daniel*, Key cases on human dignity under Article 3 ECHR, EHRLR 2 (2019), 185; *Beestermöller, Gerhard/Brunkhorst, Hauke* (Hrsg.), Rückkehr der Folter. Der Rechtsstaat im Zwielicht?, München 2006; *Bergmann, Jan Michael*, Die Bedeutung der EU-Grundrechtecharta für den Flüchtlingsschutz, in: Calliess, Christian (Hrsg.), Herausforderungen an Staat und Verfassung, Baden-Baden 2015, S. 427; *Bielefeldt, Heiner*, Das Folterverbot im Rechtsstaat (Policy Paper Nr. 4), Berlin 2004 (www.institut-fuer-menschenrechte.de/); *ders.*, Menschenwürde und Folterverbot (Essay Nr. 6), Berlin 2007 (www.institut-fuer-menschenrechte.de/); *ders.*, Gefahrenabwehr im demokratischen Rechtsstaat. Zur Debatte um ein „Feindrecht" (Policy Paper Nr. 9), Berlin 2008 (www.institut-fuer-menschenrechte.de/); *Bruha, Thomas/Steiger, Dominik*, Das Folterverbot im Völkerrecht, Stuttgart 2006; *Davy, Ulrike*, Darf Deutschland wirklich ausnahmsweise foltern? Eine europäische Antwort, in: Grewe, Constanze/Gusy, Christoph (Hrsg.), Menschenrechte in der Bewährung. Die Rezeption der Europäischen Menschenrechtskonvention in Frankreich und Deutschland im Vergleich, Baden-Baden 2005, S. 177; *Demko, Daniela*, Zur „Einzelfallprüfung" und „geltungszeitlichen Interpretation" im Rahmen des Art. 3 EMRK, HRRS – März 2005 (http://www.hrr-strafrecht.de/hrr/archiv/05-03/index.php3?seite=7); *De Schutter, Olivier*, La Convention européenne des droits de l'homme à l'épreuve de la lutte contre le terrorisme, in: Bribosia, Emmanuelle/Weyembergh, Anne (Hrsg.), Lutte contre le terrorisme et droits fondamentaux, Bruxelles 2002, S. 85; *Deutsches Institut für Menschenrechte* (Hrsg.), Prävention von Folter und Misshandlung in Deutschland, Baden-Baden 2007; *Farrell, Michelle*, The Prohibition of Torture in Exceptional Circumstances, Cambridge 2013; *Frohwerk, Arno*, Soziale Not in der Rechtsprechung des EGMR, Tübingen 2012; *Gaede, Karsten*, Die Fragilität des Folterverbots. Präventiv begründete Ausnahmen vom absoluten Folterverbot zur Herstellung absoluter Sicherheit?, in: Camprubi, Madeleine (Hrsg.), Angst und Streben nach Sicherheit in Gesetzgebung und Praxis, Zürich u.a. 2004, S. 155; *Gehl, Günter* (Hrsg.), Folter – Zulässiges Instrument im Strafrecht? Ein internationaler Vergleich, Weimar 2005; *Groß, Thomas*, Migrationsrelevante Freiheitsrechte der EU-Grundrechtecharta, ZAR 2013, 106; *Harrasser, Karin/Macho, Thomas/Wolf, Burkhardt* (Hrsg.), Folter – Politik und Technik des Schmerzes, Paderborn 2007; *Herbert, Georg*, Folter und andere Würdeverletzungen. Absoluter oder relativer Schutz der Menschenwürde?, EuGRZ 2014, 661; *Irmscher, Tobias H.*, Einzelhaft und Folterverbot – Die Carlos-Entscheidung des EGMR, EuGRZ 2007, 135; *Jerouschek, Günter/Kölbel, Ralf*, Folter von Staats wegen?, JZ 2003, 613; *Kjaerum, Morten*, Article 4, in: EU Network of Independent Experts on Fundamental Rights, Commentary of the Charter of Fundamental Rights of the European Union, Juni 2006 (Online-Kommentar, abrufbar unter: www.ec.europa.eu/justice/fundamental-rights/networkcommentaryfinal.en.); *Klugmann, Marcel*, Europäische Menschenrechtskonvention und antiterroristische Maßnahmen. Eine Untersuchung der Rechtsprechung des Europäischen Gerichtshofes für Menschenrechte am Beispiel des Nordirland- und des Kurdenkonfliktes, Frankfurt a. M. u.a. 2002; *Krammer, Robert*, Menschenwürde und Art. 3 EMRK. Grundrechtsverletzungen in Form von Polizeigewalt und Haft, Wien 2012; *Kriebaum, Ursula*, Folterprävention in Europa. Die Europäische Konvention zur Verhütung von Folter und unmenschlicher oder erniedrigender Behandlung oder Bestrafung, Wien 2000; *Kromrey, Hans/Morgenstern, Christine*, Die Menschenwürde und das Auslieferungsverfahren, ZIS 2/2017, 106; *McBride, Jeremy*, Imperfect Limits to Unacceptable Treatment, ELRev. 2000, 31; *Meier, Frank*, Gilt das Verbot der Folter absolut? Ethische Probleme polizeilicher Zwangsmaßnahmen zwischen Achtung und Schutz der Menschenwürde, Münster 2016; *Morgan, Rod/Evans, Malcolm*, Bekämpfung der Folter in Europa. Die Tätigkeit und Standards des Europäischen Ausschusses zur Verhütung von Folter, Berlin u.a. 2003 (s. auch www.cpt.coe.int/); *Nitschke, Peter* (Hrsg.), „Rettungsfolter im modernen Rechtsstaat? Eine Verortung", Bochum 2005; *Nowak, Manfred/McArthur, Elizabeth*, The United Nations Convention against Torture – a commentary, Oxford 2008; *Nowak, Manfred*, Folter. Die Alltäglichkeit des Unfassbaren, Wien 2012; *Peters, Edward*, Folter – Geschichte der peinlichen Befragung, Hamburg 2003; *Prosenjak, Dominik*, Der Folterbegriff nach Art. 3 EMRK, Hamburg 2011; *Reemtsma, Jan Philipp*, Folter im Rechtsstaat?, Hamburg 2005; *Rejali, Darius M.*, Torture and Democracy, Princeton 2009; *Schneider, Jan*, Schutz vor Folter durch einstweilige Maßnahmen bzw. diplomatische Zusicherungen, EuGRZ 2014, 168; *Schuhr, Jan C.*, Brechmitteleinsatz als unmenschliche und erniedrigende Behandlung, NJW 2006, 3538; *Schwichow, Lennart von*, Die Menschenwürde in der EMRK. Mögliche Grundannahmen, ideologische Aufladung und rechtspolitische Perspektiven nach der Rechtsprechung des Europäischen Gerichtshofs für Menschenrechte, Tübingen 2016; *Steiger, Dominik*, Das völkerrechtliche Folterverbot und der „Krieg gegen den Terror", Heidelberg 2013; *Thürer, Daniel/Dold, Beat*, Rassismus und Rule of Law/

Erstmalige Verurteilung wegen Rassendiskriminierung durch den Europäischen Gerichtshof für Menschenrechte, EuGRZ 2005, 1; *Tretter, Hannes*, Kommentar zu Artikel 3 EMRK, in: Korinek, Karl/Holoubek, Michael (Hrsg.): Österreichisches Bundesverfassungsrecht, Teil III Grundrechte, 2011; *Webster, Elaine*, Dignity, Degrading Treatment and Torture in Human Rights Law: The Ends of Article 3 of the European Convention on Human Rights, New York 2018; *Weilert, Anja Katarina*, Grundlagen und Grenzen des Folterverbotes in verschiedenen Rechtskreisen. Eine Analyse anhand der deutschen, israelischen und pakistanischen Rechtsvorschriften vor dem Hintergrund des jeweiligen historisch-kulturell bedingten Verständnisses der Menschenwürde, Berlin 2009.

Zu einschlägigen Entscheidungen des EuGH, des EGMR und nationaler Gerichte zu Art. 4 s. das Online-Tool „**Charterpedia**" der Grundrechteagentur (www.fra.europa.eu). Zu Leitentscheidungen und zur aktuellen Rechtsprechung des EGMR zu Art. 3 EMRK s. die in englischer, französischer und teilweise deutscher Sprache auf der Webseite des Straßburger Gerichtshofs veröffentlichten und regelmäßig aktualisierten „Factsheets" und „Case-Law Guides" (www.echr.coe.int). Die Judikate des EuGH sind über www.curia.europa.eu/juris/recherche abrufbar, während die Urteile des EGMR über www.hudoc.echr.coe.int auffindbar sind. Ein von *Marten Breuer* betreutes Fundstellenverzeichnis zu deutschen Übersetzungen der in der Regel nur in englischer und/oder französischer Sprache veröffentlichten Entscheidungen des EGMR findet sich unter www.egmr.org.

Artikel 5 Verbot der Sklaverei und der Zwangsarbeit

(1) Niemand darf in Sklaverei oder Leibeigenschaft gehalten werden.

(2) Niemand darf gezwungen werden, Zwangs- oder Pflichtarbeit zu verrichten.

(3) Menschenhandel ist verboten.

I. Vorgaben

1 Mit dem **Verbot der Sklaverei und Leibeigenschaft** in Art. 5 Abs. 1 hat der Grundrechtekonvent eines der ältesten Menschenrechte an den Schluss des ersten Titels gestellt,[1] dessen aktuelle Bedeutung angesichts um sich greifender **neuer und subtiler Formen von Versklavung** und Ausbeutung nicht unterschätzt werden sollte.[2] Einer Abrundung dient das **Verbot der Zwangs- und Pflichtarbeit** in Art. 5 Abs. 2. Diese Grundrechte entsprechen den gleich lautenden Rechten in Art. 4 Abs. 1 und 2 EMRK und haben daher deren Bedeutung und Tragweite (Art. 52 Abs. 3 S. 1).[3] Mit beiden Verboten soll ein Bekenntnis der Europäischen Union zu den Verbrechen der Vergangenheit verbunden sein, die in Europa begangen wurden oder von europäischem Boden ausgingen.[4] Zukunftsweisend ist das **Verbot des Menschenhandels in Art. 5 Abs. 3**, mit dem besonders verwerflichen Entwicklungen auf dem Gebiet der organisierten Kriminalität begegnet werden soll. Dieses Grundrecht findet keine Entsprechung in klassischen Menschenrechtstexten. Es ergibt sich unmittelbar aus der Menschenwürde und ist mittlerweile auch im Schutzsystem der EMRK, aufgrund der

1 *Rengeling/Szczekalla*, GR in der EU, Rn. 627; *Stern/Sachs/Höfling/Kempny*, GRC, Art. 5 Rn. 5.
2 *Mock/Demuro/Olivetti*, Human Rights, S. 33, 36. Zur historischen Entwicklung und zum internationalen Rahmen eingehend *Dörr/Grote/Marauhn/Marauhn*, EMRK/GG, Kap. 12 Rn. 1 ff. S. auch *Peers/Hervey/Kenner/Ward/Askola*, EU Charter, 05.06 ff.
3 S. auch *GSH/Augsberg*, EU, Art. 5 Rn. 1 („strikte Parallelität").
4 *Mock/Demuro/Olivetti*, Human Rights, S. 33.

Leitentscheidung *Rantsev*, ausdrücklich richterrechtlich anerkannt.[5] Gerade das Verbot des Menschenhandels hat zahlreiche Aktivitäten auf unionaler und mitgliedstaatlicher Ebene mit ausgelöst.[6]

Art. 5 ist eine Konkretisierung der Garantie der Menschenwürde und zugleich eine spezifische Ausformung persönlicher Freiheit.[7] Der **enge Zusammenhang mit der Menschenwürde** ist bei allen drei Verboten des Art. 5 – fundamentale Menschenrechte – augenfällig, die zu Recht den Schlussstein des ersten Titels bilden. Kein Mensch darf zum bloßen Objekt staatlichen oder privaten Handelns degradiert, wie eine Sache erworben, benutzt oder gehandelt werden, sei es durch Versklavung, Zwangsarbeit oder dem oft vorgelagerten Menschenhandel.[8] Da ein derartiger Missbrauch vor allem von privater Seite droht, stehen bei Art. 5 die **Schutzpflichten der Union und der Mitgliedstaaten im Vordergrund**.[9] Im Übrigen liegt eine **unmittelbare Drittwirkung** des Art. 5 nahe, dh Wirkung *inter partes*.[10] Während sich der Straßburger Gerichtshof seit seinen bahnbrechenden Judikaten *Siliadin* und *Rantsev* der anspruchsvollen Auslegung des Art. 4 EMRK verstärkt widmen darf,[11] hatte der EuGH bisher kaum Gelegenheit, sich mit Art. 5 zu befassen.[12] Auch hier ist das Potenzial der Charta noch nicht zu Tage getreten. Allerdings ist zu erwarten, dass der dynamische Charakter der interpretatorisch maßgebenden EMRK – als „living instrument" oder „living tree" – alsbald auf die Charta ausstrahlen wird.[13] Dies gilt insbesondere bei Abschiebungen, Ausweisungen und Auslieferungen. Die nach Art. 5 verbotenen Phänomene sind zwar in Art. 19 Abs. 2 nicht ausdrücklich genannt. Aus dem Menschenwürdegehalt des Art. 5 folgt jedoch, dass die Verbringung in ein Aufnahmeland auch dann ausgeschlossen ist, wenn dort Sklaverei, Leibeigenschaft, Zwangsarbeit oder Menschenhandel ernsthaft drohen.[14]

Soweit ersichtlich, greift keine **mitgliedstaatliche Verfassung** das aktuelle Problem des 2
Menschenhandels ausdrücklich auf, bis auf das neue Grundgesetz Ungarns, das in Art. III Abs. 1 S. 2 die Formulierung der Charta übernommen hat: „Menschenhandel ist verboten". Verbote der althergebrachten Sklaverei und Leibeigenschaft finden sich angesichts

---

5 EGMR, Urt. v. 7.1.2010, Nr. 25965/04, *Rantsev*.

6 Zu den Umsetzungsmaßnahmen auf Unionsebene s. nur *Holoubek/Lienbacher/Lienbacher*, GRC, Art. 5 Rn. 27 ff. Zu Deutschland s. *Ritter*, Art. 4 EMRK, 2015, S. 420 ff., und die Webseite des Bundesweiten Koordinierungskreises gegen Menschenhandel (www.kok-buero.de).

7 *Stern/Sachs/Höfling/Kempny*, GRC, Art. 5 Rn. 5; *Bifulco/Cartabia/Celotto/Olivetti*, L'Europa dei diritti, S. 66.

8 *Mock/Demuro/Olivetti*, Human Rights, S. 33.

9 *Schwarze/Voet van Vormizeele*, EU, Art. 5 Rn. 3; *Stern/Sachs/Höfling/Kempny*, GRC, Art. 5 Rn. 9; *Rengeling/Szczekalla*, GR in der EU, Rn. 627; *GSH/Augsberg*, EU, Art. 5 Rn. 4.

10 Zur starken unmittelbaren Drittwirkung und Grundrechtsverpflichtung Privater bzw. zur horizontalen Wirkung der fundamentalen Rechte im ersten Titel s. *Borowsky*, Art. 1 Rn. 43. Die herrschende deutsche Lehre lehnt dies ab und geht von einer nur mittelbaren Drittwirkung aus, so etwa *Jarass*, GRC, Art. 5 Rn. 3, und *Pechstein/Nowak/Häde/Frenz*, Frankfurter Kommentar, Art. 5 Rn. 6. In der Privatwirtschaft kommt jedenfalls eine Corporate Social Responsability zum Tragen, auch als „Verantwortung in der Lieferkette".

11 EGMR, Urt. v. 26.7.2005, Nr. 73316/01, *Siliadin*; EGMR, Urt. v. 7.1.2010, Nr. 25965/04, *Rantsev*. Aktuell – zur Zwangsprostitution – und zusammenfassend EGMR, Urt. v. 19.7.2018, Nr. 60561/14, *S.M.* S. auch den „Guide on Article 4 of the European Convention on Human Rights" vom 31.8.2018 sowie das „Factsheet" „Slavery, servitude, and forced labour" vom März 2018 bzw. das „Informationsblatt" „Sklaverei und Zwangsarbeit" vom Juli 2014 (www.echr.coe.int).

12 Zur Relevanz des Art. 5 für die Europäische Union s. *Streinz/Streinz*, EUV/AEUV, Art. 5 Rn. 3.

13 Vgl. *Pechstein/Nowak/Häde/Frenz*, Frankfurter Kommentar, Art. 5 Rn. 2.

14 So zu Recht *Pechstein/Nowak/Häde/Frenz*, Frankfurter Kommentar, Art. 5 Rn. 30. S. auch *Calliess/Ruffert/Calliess*, EUV/AEUV, Art. 5 Rn. 5.

von Abolition, Emanzipation und Diskriminierungsverboten ebenfalls kaum,[15] und die mannigfaltigen Praktiken „neuer Sklaverei" – *modern slavery* – werden kaum eigens bedacht.[16] Regelungen zur **Zwangs- oder Pflichtarbeit** sehen hingegen mehrere Verfassungen vor, oft im Kontext der Berufsfreiheit.[17]

3 Für die Auslegung des Art. 5 sind neben der maßgeblichen Bestimmung des Art. 4 EMRK weitere **gemeinsame internationale Verpflichtungen** von Bedeutung (Erwägung Nr. 5 der Chartapräambel, Art. 53).[18] Die mittlerweile gewohnheitsrechtlich geltende **Allgemeine Erklärung der Menschenrechte** vom 10. Dezember 1948 greift die Abolitionsbestrebungen in Art. 4 auf: „Niemand darf in Sklaverei oder Leibeigenschaft gehalten werden; Sklaverei und Sklavenhandel sind in allen ihren Formen verboten." Darüber hinaus enthält auch der **Internationale Pakt über bürgerliche und politische Rechte** vom 19. Dezember 1966 einschlägige – notstandsfeste (vgl. Art. 4 Abs. 2) – Regelungen. Einmal bestimmt Art. 16: „Jedermann hat das Recht, überall als rechtsfähig anerkannt zu werden". Die damit garantierte Rechtssubjektivität soll verhindern, dass der Einzelne wie ein bloßes Rechtsobjekt – etwa wie ein Sklave – behandelt wird, und sie soll den „sozialen Tod" verhindern. Eine entsprechende Konkretisierung findet sich in Art. 8: „(1) Niemand darf in Sklaverei gehalten werden; Sklaverei und Sklavenhandel in allen ihren Formen sind verboten. (2) Niemand darf in Leibeigenschaft gehalten werden." Mehrere **spezielle Übereinkommen** ächten zudem die Sklaverei und vergleichbare Praktiken weltweit und verpflichten die Vertragsstaaten, auf die vollständige Abschaffung der Sklaverei in allen ihren Formen hinzuarbeiten. Das **Übereinkommen betreffend die Sklaverei** vom 25. September 1926[19] enthält in seinem Art. 1 eine **enge Begriffsbestimmung** der einst gängigen „legalen" Sklaverei: „Sklaverei ist der Zustand oder die Stellung einer Person, an der die mit dem Eigentumsrechte verbundenen Befugnisse oder einzelne davon ausgeübt werden." Formen der neuen Sklaverei nimmt bereits das **Zusatzabkommen über die Abschaffung der Sklaverei, des Sklavenhandels und sklavereiähnlicher Einrichtungen und Praktiken** vom 7. September 1956 in den Blick, insbesondere Schuldknechtschaft und Leibeigenschaft. Die **Schuldknechtschaft** wird definiert als „eine Rechtsstellung oder eine Lage, die dadurch entsteht, dass ein Schuldner als Sicherheit für eine Schuld seine persönlichen Dienstleistungen oder diejenigen einer seiner Kontrolle unterstehenden Person verpfändet, wenn der in angemessener Weise festgesetzte Wert dieser Dienstleistung nicht zur Tilgung der Schuld dient, oder wenn diese Dienstleistungen nicht sowohl nach ihrer Dauer wie auch nach ihrer Art begrenzt und bestimmt sind". Unter **Leibeigenschaft** versteht das Abkommen „die Lage oder Rechtsstellung eines Pächters, der durch Gesetz, Gewohnheitsrecht oder Vereinbarung ver-

15 Ein ausdrückliches Verbot der Leibeigenschaft enthält das neue Grundgesetz Ungarns (Art. III Abs. 1). Ein Überbleibsel findet sich im österreichischen Verfassungsrecht, nämlich in dem, im Kontext der Bauernbefreiung des 19. Jahrhunderts stehenden österreichischen StGG, dessen Art. 7 jeden „Untertänigkeits- und Hörigkeitsverband" „für immer" aufhebt. S. weiter Art. 10 der Verfassung Zyperns („No Slavery, Servitude, Forced Labor"). Zu früheren Verboten der Sklaverei s. *Bifulco/Cartabia/Celotto/Olivetti*, L'Europa dei diritti, S. 68.

16 Siehe zur „modern slavery" *Bales*, Sklaverei, 2001, *Scarpa*, Trafficking, 2008, und *Allain*, Law, 2015. S. auch www.antislavery.org.

17 S. etwa Art. 48 Abs. 4 VerfBulgarien, Art. 12, 12 a VerfDeutschland, Art. 22 Abs. 4 VerfGriechenland oder Art. 39 VerfRumänien.

18 *Holoubek/Lienbacher/Lienbacher*, GRC, Art. 5 Rn. 6 („Rechtserkenntnisquellen"). Siehe zum Folgenden auch *Seidel*, Hdb Grund- und Menschenrechte, S. 23 ff., *Mock/Demuro/Olivetti*, Human Rights, S. 34 f., 38, sowie *Kjaerum*, Article 5, S. 55 f. Umfassend zur Bekämpfung des Menschenhandels im Völkerrecht *Ritter*, Art. 4 EMRK, 2015, S. 75 ff. Zu den völkerrechtlichen Anstrengungen s. auch *Knospe*, ZESAR 2017, 69 ff.

19 In der Fassung des Änderungsprotokolls vom 7. Dezember 1953.

pflichtet ist, auf einem einer anderen Person gehörenden Grundstück zu leben und zu arbeiten und dieser Person bestimmte entgeltliche oder unentgeltliche Dienste zu leisten, ohne seine Rechtsstellung selbständig ändern zu können." Die **Bekämpfung der Zwangsarbeit** war und ist vor allem ein **Anliegen der Internationalen Arbeitsorganisation (ILO)**. Ein internationales Verbot der Zwangsarbeit enthält das **Übereinkommen über Zwangs- oder Pflichtarbeit** vom 28. Juni 1930, an dem sich auch die Formulierung des Art. 4 EMRK orientierte. Hinzu tritt das Übereinkommen über die Abschaffung von Zwangs- oder Pflichtarbeit vom 25. Juni 1957. Wichtig in unserem Zusammenhang ist schließlich das 1989 angenommene **UN-Übereinkommen über die Rechte des Kindes**, das zum Schutz von Kindern vor sexueller Ausbeutung und sexuellem Missbrauch im Kontext des Menschenhandels verpflichtet.

Nach Abschluss der Arbeiten des Grundrechtekonvents kam noch als erstes rechtsverbindliches UN-Instrument gegen das weltweit organisierte Verbrechen und den Menschenhandel die **„Palermo-Konvention"** vom 15. November 2000[20] hinzu, die sich in ihren Ergänzungsprotokollen[21] ebenfalls den Problemen des Menschenhandels und der Migrantenschleusung zuwendet.[22] Der EuGH hatte sich allerdings bisher nur am Rande mit dem Sklavereiverbot zu befassen.[23] 4

II. Diskussion im Grundrechtekonvent

Die in Art. 5 aufgeführten **Verbote der Sklaverei und der Zwangsarbeit** waren im Grundrechtekonvent **zu keiner Zeit inhaltlich umstritten**. Aufgrund des eminenten Menschenwürdegehalts stand ihr Sitz im ersten Titel unter dem Leitbegriff „Würde des Menschen" fest. Dies gilt erst recht für das später hinzutretende Verbot des Menschenhandels, bei dem lediglich nach einer klaren Definition verlangt wurde.[24] 5

1. Absatz 1

Zu Beginn der Konventsberatungen zeigte sich ein gewisses Zögern, ob man in einen auf die Europäische Union des 21. Jahrhunderts zugeschnittenen Grundrechtekatalog das klassische und von manchen als „antiquiert" und überholt angesehene Verbot von Sklaverei und Leibeigenschaft aufnehmen sollte. Der Konvent wurde sich allerdings rasch der Tatsache bewusst, dass **neue Formen der Sklaverei weltweit auf dem Vormarsch** sind. Daher entschloss man sich dazu, ein ausdrückliches Verbot der Sklaverei und vergleichbarer Praktiken einer Instrumentalisierung von Menschen in der Charta zu verankern. Zur **Diskussion im Einzelnen:** 6

Der zur Orientierung des Grundrechtekonvents gedachte „Entwurf einer Grundrechtsliste" in Dokument CHARTE 4112/2/00 REV 2 **BODY 4 vom 27. Januar 2000** führte unter dem Topos „Menschenwürde" das Verbot der Sklaverei und der Zwangsarbeit mit an: „Recht 7

20 UN-Übereinkommen (Palermo) gegen die grenzüberschreitende organisierte Kriminalität v. 15. November 2000 (UN General Assembly A/55/383 u. A/RES/55/25).

21 UN-Protokoll zur Verhütung, Bekämpfung und Bestrafung des Menschenhandels, insbesondere des Frauen- und Kinderhandels (UN A/55/383 Anhang II) und Ergänzungsprotokoll (Migranten-Schleusung) zu dem UN-Übereinkommen (UN A/55/383 Anhang III).

22 Zu weiteren Instrumenten gegen den Menschenhandel s. *Kjaerum*, Article 5, S. 60 f.

23 *Peers/Hervey/Kenner/Ward/Askola*, EU Charter, 05.09., unter Hinweis auf EuGH – *Samba Diouf*, Rs. C-69/10, ECLI:EU:C:2011:524, Urt. v. 28.7.2011, und auf die Entscheidung *DuPont Teijin Films Luxembourg SA ua*, Rs. T-113/00, ECLI:EU:T:2002:214, Urt. v. 12.9.2002.

24 Zur Genese s. auch *Holoubek/Lienbacher/Lienbacher*, GRC, Art. 5 Rn. 1 ff., sowie *Stern/Sachs/Höfling/Kempny*, GRC, Art. 5 Rn. 1 ff.

auf Achtung der Menschenwürde: dieses Recht betrifft insbesondere, jedoch nicht ausschließlich, Fragen der Bioethik, sowie das Verbot der Sklaverei und der Zwangsarbeit (Art. 4 EMRK, Art. 1 Erkl. EP 1989)". Sodann stellte das Präsidium die Frage, ob auch jetzt noch – wie in der Europäischen Menschenrechtskonvention – Sklaverei und Leibeigenschaft ausdrücklich verboten werden sollten, werde dies doch ohnehin von der Menschenwürde „abgedeckt".[25]

8 Etliche Delegierte, darunter mehrere Regierungsvertreter, bejahten diese Frage auf der folgenden – dritten – **Konventssitzung am 24./25. Februar 2000.**[26] Die deutsche EP-Delegierte *Kaufmann* wies darauf hin, dass das Verbot der Sklaverei auch in Europa im Zusammenhang mit Frauenhandel und Kinderprostitution neue Virulenz erfahre. Angesichts dieser klaren Tendenz entschied sich das Präsidium dazu, das Sklavereiverbot aus der EMRK wörtlich in die Charta zu übernehmen und es mit dem Verbot der Zwangs- oder Pflichtarbeit zu verknüpfen – eine Lösung, die später kaum auf Einwände treffen und sich mithin bis zur Endfassung halten sollte. So lautete Art. 5 mit der Überschrift „Verbot der Sklaverei und der Zwangsarbeit" in Dokument CHARTE 4149/00 **CONVENT 13 vom 8. März 2000:** „(1) Niemand darf in Sklaverei oder Leibeigenschaft gehalten werden. (2) Niemand darf gezwungen werden, Zwangs- oder Pflichtarbeit zu verrichten."

9 Soweit ersichtlich, gab es zu dem neu aufgenommenen Sklavereiverbot auf der nächsten Sitzung des Konvents am 20./21. März 2000 kaum Erörterungsbedarf.[27] Die folgenden Entwürfe in Dokument SN 2598/00 vom 27. April 2000 und in Dokument CHARTE 4284/00 CONVENT 28 vom 5. Mai 2000 beließen es daher für Art. 5 Abs. 1 bei dem Wortlaut der EMRK.

10 Einige wenige schriftliche Änderungsvorschläge gingen dazu ein, die das Dokument CHARTE 4332/00 **CONVENT 35 vom 25. Mai 2000**[28] bündelte und das Dokument CHARTE 4360/00 CONVENT 37 vom 14. Juni 2000 zusammenfasste. Der niederländische EP-Parlamentarier *van Dam* begehrte die Streichung des gesamten Art. 5. Die Formulierung enthalte keine relevante Aussage für die Organe und Einrichtungen der Union. Sein britischer Kollege *Duff* wollte folgende Verknappung: „Niemand darf (folgende Worte streichen) in Sklaverei gehalten oder zur Verrichtung von Zwangsarbeit gezwungen werden. (Absatz 2 ist zu streichen)." Die österreichischen Delegierten *Einem* und *Holoubek* regten an, in dem Artikel selbst die Absolutheit und Einschränkungslosigkeit dieses elementaren Rechts in einer für den Bürger unmittelbar verständlichen Weise deutlich zu machen: „Eine Einschränkung dieses Rechts ist unzulässig." Das Präsidium griff keinen dieser Vorschläge auf, fügte mit seinem „Kompromissvorschlag" in Dokument CHARTE 4333/00 CONVENT 36 vom 4. Juni 2000 allerdings einen neuen – dritten – Absatz mit dem Verbot des Menschenhandels hinzu.

11 Da auf der anschließenden Konventssitzung keinerlei Einwände zu Tage traten,[29] hielt das Präsidium auch in dem ersten Gesamtentwurf der Charta mit Dokument CHARTE 4422/00 **CONVENT 45 vom 28. Juli 2000** an der der EMRK entlehnten Formulierung fest. Die prägnante Formulierung des Art. 5 Abs. 1 sollte sich sodann bis zur Endfassung nicht mehr ändern.

25 So im „Kommentar" zu Dokument CHARTE 4123/1/00 REV 1 Convent 5 vom 15. Februar 2000.
26 *Bernsdorff/Borowsky*, Protokolle, S. 143.
27 *Bernsdorff/Borowsky*, Protokolle, S. 175.
28 S. auch *Bernsdorff/Borowsky*, Arbeitsdokumente, S. 165 ff.
29 *Bernsdorff/Borowsky*, Protokolle, S. 274 f.

2. Absatz 2

Die Aufnahme des **Verbots der Zwangs- oder Pflichtarbeit** traf im Grundrechtekonvent kaum auf Widerstand, auch wenn manche bezweifelten, dass ein derartiges Verbot in eine an die Union gerichtete Charta gehöre. Von vornherein orientierte man sich an der EMRK, deren Formulierung man hier wörtlich übernahm. Auseinandersetzungen gab es nur zu der Frage, ob auch die in der EMRK vorgesehenen „Negativdefinitionen" in die Charta übernommen werden sollten, so die Mindermeinung, oder ob eine auf die EMRK verweisende horizontale Klausel genüge, so die Mehrheitsauffassung, die sich letztlich durchsetzen konnte. 12

Die Thematik der Zwangsarbeit wurde bereits in dem „Entwurf einer Grundrechtsliste" in Dokument CHARTE 4112/2/00 REV 2 **BODY 4 vom 27. Januar 2000** angesprochen: „Recht auf Achtung der Menschenwürde: dieses Recht betrifft insbesondere, jedoch nicht ausschließlich, Fragen der Bioethik, sowie das Verbot der Sklaverei und der Zwangsarbeit (Art. 4 EMRK, Art. 1 Erkl. EP 1989)." Der erste Präsidiumsentwurf in Dokument CHARTE 4123/1/00 REV 1 **CONVENT 5 vom 15. Februar 2000** bettete das Verbot folgerichtig in die Regelung zur Menschenwürde ein. Art. 1 mit der Überschrift „Die Würde des Menschen" lautete: „(1) Die Würde des Menschen ist unantastbar. (2) Niemand darf der Folter oder unmenschlicher oder erniedrigender Strafe oder Behandlung unterworfen werden. (3) Niemand darf gezwungen werden, Zwangs- oder Pflichtarbeit zu verrichten." Der **„Kommentar"** hierzu warf die Frage auf, ob das Verbot der Zwangs- und Pflichtarbeit überhaupt an dieser Stelle geregelt werden solle. 13

Auf der folgenden – dritten – **Sitzung des Konvents am 24./25. Februar 2000** sprach sich die Mehrheit der Redner dafür aus, der Menschenwürde einen gesonderten Artikel zu widmen und das Folterverbot wie das Verbot der Zwangsarbeit in getrennten Artikeln zu verankern.[30] Zudem traten etliche Delegierte dafür ein, das Verbot der Zwangs- oder Pflichtarbeit mit dem Verbot der Sklaverei zu verbinden. Lediglich eine Minderheit verlangte unter Hinweis auf Wehrpflicht oder Katastropheneinsätze, das Verbot der Zwangs- oder Pflichtarbeit explizit einzuschränken. 14

Während das Präsidium das Minderheitsvotum ignorierte, griff es die beiden Mehrheitsanliegen auf, indem es das Verbot der Zwangsarbeit – wie in der EMRK – mit dem Verbot der Sklaverei verknüpfte und beide Verbote in einem gesonderten Artikel unterbrachte. So lautete der Präsidiumsvorschlag eines Art. 5 mit der Überschrift „Verbot der Sklaverei und der Zwangsarbeit" in Dokument CHARTE 4149/00 **CONVENT 13 vom 8. März 2000**: „(1) Niemand darf in Sklaverei oder Leibeigenschaft gehalten werden. (2) Niemand darf gezwungen werden, Zwangs- oder Pflichtarbeit zu verrichten." Die **„Begründung"** hielt zu den in der EMRK aufgeführten und nicht in den Chartaentwurf übernommenen „Negativdefinitionen" fest: „Auch wenn diese Definitionen nicht in die Charta aufgenommen wurden, behalten sie gemäß Artikel 6 EUV volle Gültigkeit." 15

Manche Konventsmitglieder wollten allerdings nicht auf die angenommene Verweisungswirkung vertrauen. Während der **Konventssitzung am 20./21. März 2000** forderten etwa der niederländische Regierungsvertreter *Korthals Altes* oder der spanische Regierungsvertreter *Rodriguez Bereijo,* mit Unterstützung seines Landsmannes *Trias Sagnier,* die Aufnahme von spezifischen Schranken oder von Negativdefinitionen in die Chartabestimmung selbst.[31] 16

30 *Bernsdorff/Borowsky*, Protokolle, S. 142 ff.
31 *Bernsdorff/Borowsky*, Protokolle, S. 175.

17 Der nächste Vorschlag des Präsidiums mit Dokument CHARTE 4284/00 **CONVENT 28 vom 5. Mai 2000** brachte allerdings nicht die begehrte Ergänzung des Art. 5 mit sich. Nur die „**Begründung**" war dieses Mal – wohl zur „Befriedung" - ausführlich: „Dieser Artikel entspricht Artikel 4 der Europäischen Menschenrechtskonvention:.. Der dritte Absatz dieses Artikels, in dem aufgeführt ist, in welchen Fällen eine Arbeit nicht als Zwangs- oder Pflichtarbeit angesehen wird, wurde nicht übernommen. Diese Bestimmung wird durch die horizontale Bestimmung in bezug auf die Europäische Menschenrechtskonvention berücksichtigt. Unter den Begriff Zwangsarbeit fallen selbstverständlich insbesondere nicht gesetzlich vorgeschriebene persönliche Leistungen und Leistungen, die von den Bürgern im Rahmen ihrer Bürgerpflichten oder in Notfällen oder bei Katastrophen gefordert werden, die Erfüllung der Militärpflichten oder der Ersatzdienst sowie die üblicherweise von einer Person, der die Freiheit entzogen worden ist, verlangte Arbeit."

18 Einige schriftliche Änderungsvorschläge aus dem Kreise der Delegierten trafen ein, gebündelt in Dokument CHARTE 4332/00 **CONVENT 35 vom 25. Mai 2000**[32] und zusammengefasst in Dokument CHARTE 4360/00 CONVENT 37 vom 14. Juni 2000. Auf der einen Seite wurden die Streichung des gesamten Art. 5 oder dessen Verknappung gefordert. Auf der anderen Seite zeigte sich erneut der Wunsch, die „negativen Definitionen" der EMRK – wörtlich oder in verkürzter und angepasster Form bzw. per Einzelverweisung – in die Chartabestimmung selbst mit aufzunehmen. Abweichend von den sonstigen Gepflogenheiten entschied sich das Präsidium dazu, im Text selbst – orientiert an der EMRK – Negativdefinitionen aufzunehmen. So lautete sein „Kompromissvorschlag" in Dokument CHARTE 4333/00 **CONVENT 36 vom 4. Juni 2000** für Art. 5 Abs. 2: „Niemand darf gezwungen werden, Zwangs- oder Pflichtarbeit zu verrichten. Nicht als Zwangs- oder Pflichtarbeit gelten gesetzlich festgelegte Leistungen, die als Bürgerpflichten bei Notständen oder Katastrophen verlangt werden, sowie der Wehrdienst oder die Arbeit, die üblicherweise von einer Person verlangt wird, der die Freiheit entzogen worden ist."

19 Dieser Systembruch forderte auf der folgenden **Konventssitzung am 19./20. Juni 2000** kaum Widerspruch heraus.[33] Die meisten Redner traten sogar dafür ein, die Negativdefinitionen der EMRK doch insgesamt und wörtlich zu übernehmen. Gleichwohl verzichtete das Präsidium mit dem ersten Gesamtentwurf der Charta in Dokument CHARTE 4422/00 **CONVENT 45 vom 28. Juli 2000** wieder auf die Negativdefinitionen und kehrte – systemkonsequent – zur knappen Ursprungsfassung zurück, die dann Eingang in die proklamierte Charta fand.

3. Absatz 3

20 An ein ausdrückliches **Verbot des Menschenhandels** dachte zunächst niemand. Sicherlich nahm der eine oder andere Delegierte das Problem des in Europa um sich greifenden Handels mit Frauen und Kindern ins Visier. Jedoch sah man die Garantie der Menschenwürde als ausreichend an. Die Wende brachte eine **Initiative des Vertreters der deutschen Länder** im Grundrechtekonvent.[34] Mit seinem in Dokument CHARTE 4332/00 CONVENT 35 vom 25. Mai 2000 wiedergegebenen Änderungsvorschlag 95[35] unterbreitete *Gnauck* nämlich folgende Ergänzung des Art. 5: „Menschenhandel ist verboten." Zur Begründung trug

32 S. auch *Bernsdorff/Borowsky*, Arbeitsdokumente, S. 165 ff.
33 *Bernsdorff/Borowsky*, Protokolle, S. 274 f.
34 S. auch *Barriga*, Entstehung, S. 79. Hinter diesem Vorstoß stand eine entsprechende Anregung der Frauenministerkonferenz der deutschen Länder, die nach Abstimmung in der Arbeitsgruppe der deutschen Länder zur Charta in die Stellungnahme *Gnaucks* gegenüber dem Präsidium gelangt war.
35 S. auch *Bernsdorff/Borowsky*, Arbeitsdokumente, S. 305.

er vor: „Der Menschenhandel wird weltweit zu einem immer größeren Problem. Daher sollte die Charta ein ausdrückliches Verbot des Menschenhandels enthalten."

Das Präsidium griff das Anliegen der deutschen Länder sogleich auf. Sein „Kompromissvorschlag" in Dokument CHARTE 4333/00 **CONVENT 36 vom 4. Juni 2000** ergänzte Art. 5 um einen dritten Absatz mit dem fortan unveränderten Wortlaut: „Menschenhandel ist verboten." In seinem „Beitrag" in Dokument CHARTE 4371/00 CONVENT 38 vom 15. Juni 2000 erläuterte *Herzog*, dass sich Abs. 3 unmittelbar aus dem Grundsatz der Menschenwürde ergebe und neueren Entwicklungen der Kriminalität Rechnung trage. 21

Das explizite Verbot des Menschenhandels traf im Konvent auf einhellige Zustimmung, wie die zwölfte **Sitzung am 19./20. Juni 2000** zeigte.[36] In der Folgezeit setzte sich *Berès* (F) beispielhaft dafür ein. Allerdings verlangten vor allem britische Delegierte – im Interesse der Rechtssicherheit – wiederholt nach einer Definition des Begriffs „Menschenhandel". 22

Diesem Anliegen versuchte das Präsidium in seinen diversen „Erläuterungen" nachzukommen, so in Dokument CHARTE 4423/00 **CONVENT 46 vom 31. Juli 2000**: „Absatz 3 ergibt sich unmittelbar aus dem Grundsatz der Menschenwürde und trägt neueren Entwicklungen der Kriminalität Rechnung. Er stützt sich ferner auf das Übereinkommen betreffend die Sklaverei von 1926, das Protokoll von 1953 zu diesem Übereinkommen und das Zusatzübereinkommen von 1957." 23

Der nächste Erläuterungsentwurf in Dokument CHARTE 4471/00 **CONVENT 48 vom 20. September 2000** stellte sodann die spezifisch europäischen Bezüge heraus und nahm bereits – wie die heutigen „Erläuterungen" – die Definitionen des Europol-Übereinkommens und des Schengener Durchführungsübereinkommens auf. Damit war für das Verbot des Menschenhandels jeder Stolperstein aus dem Weg geräumt, der abschließende Konsens gesichert. 24

III. Kommentierung

Art. 5 enthält wesentliche Bestimmungen zum **Schutz der Menschenwürde gegen Diskriminierung und ökonomische wie sexuelle Ausbeutung.** Mittlerweile hat sich auch die Rechtsprechung der europäischen wie nationalen Gerichte der effektiven Durchsetzung angenommen.[37] Die Gesamtregelung des Art. 5 bietet in ihrem „Dreiklang" umfassenden Schutz, auch gegen subtile und verdeckte Erscheinungsweisen von Sklaverei und Leibeigenschaft. Dies gilt insbesondere aufgrund ihrer engen Verbindung zur EMRK.[38] Zu dem Art. 5 zugrundeliegenden Artikel 4 EMRK hat der Straßburger Gerichtshof festgestellt, dass jene Vorschrift zusammen mit Art. 2 und 3 EMRK einen der **Grundwerte** der demokratischen Gesellschaften, die den Europarat bilden, verankert.[39] Der EGMR betonte zu- 25

---

36 *Bernsdorff/Borowsky*, Protokolle, S. 274 f.

37 Zu einschlägigen Entscheidungen des EuGH, des EGMR und nationaler Gerichte zu Art. 5 s. das ständig aktualisierte Online-Tool „**Charterpedia**" der Grundrechteagentur (www.fra.europa.eu). Zu Leitentscheidungen und zur aktuellen Rechtsprechung des EGMR zu Art. 4 EMRK s. die in englischer, französischer und teilweise deutscher Sprache auf der Webseite des Straßburger Gerichtshofs veröffentlichten und regelmäßig aktualisierten „Factsheets" und „Case-Law Guides" (www.echr.coe.int). S. auch die Rechtsprechungsdatenbank des Bundesweiten Koordinierungskreises gegen Menschenhandel (www.kok-buero.de).

38 Art. 4 EMRK ist die „Hauptbezugsnorm", so zu Recht *Pechstein/Nowak/Häde/Frenz*, Frankfurter Kommentar, Art. 5 Rn. 3.

39 EGMR, Urt. v. 26.7.2005, Nr. 73316/01, *Siliadin*, Ziff. 82, 112; EGMR (GK), Urt. v. 7.7.2011, Nr. 37452/02, *Stummer*, Rn. 116. S. umfassend zur Rechtsprechung des Straßburger Gerichtshofes den auf dessen Webseite abrufbaren „Guide on Article 4 of the European Convention on Human

dem,[40] dass die Konvention „ein lebendes Instrument ist, das im Lichte der heutigen Verhältnisse ausgelegt werden muss, und dass die zunehmend hohen Anforderungen an den Schutz der Menschenrechte und Grundfreiheiten entsprechend und unvermeidlich eine größere Strenge bei der Bewertung der Verletzungen von Grundwerten der demokratischen Gesellschaft erfordern." Da Sklaverei, Leibeigenschaft, Zwangsarbeit und Menschenhandel heutzutage in erster Linie von privater Seite drohen, treten hier die hoheitlichen **Schutzpflichten** – *positive obligations* – in den Vordergrund:[41] Verhütung (*prevention*), Schutz (*protection*) und Verfolgung (*prosecution*). Eine **unmittelbare Drittwirkung**, dh horizontale Geltung gegenüber Privaten, erscheint geboten.[42] Bei allen drei – eigenständigen[43] – Verboten des Art. 5 handelt es sich um **individuell einklagbare Grundrechte**, auch bei dem Verbot des Menschenhandels.[44] Ein grenzüberschreitendes Element ist nicht erforderlich. Art. 5 schützt – wie Art. 4 EMRK – auch vor „binnenstaatlichen" Verletzungsformen.[45] Es gibt im Übrigen etliche Bezüge zu weiteren Chartabestimmungen.[46] Art. 5 geht als spezielle Ausprägung der Menschenwürde – in der Prüfungsfolge – Art. 1 vor,[47] wobei Art. 1 schutzverstärkende Wirkung entfalten kann. Die Verbote der Zwangs- und Pflichtarbeit flankieren die Gewährleistung der Berufsfreiheit und des Rechts zu arbeiten in Art. 15 und die unternehmerische Freiheit in Art. 16 und stellen insoweit speziellere Vorschriften dar.[48] Art. 5 geht als *lex specialis* auch dem Verbot der unmenschlichen Behandlung in Art. 4 vor, soweit die unmenschliche Behandlung in den durch Art. 5 verbotenen Handlungen liegt.[49] Mit Blick auf den Kinderhandel ist Art. 5 gleichfalls spezieller als die in Art. 24 gewährleisteten Rechte des Kindes.[50] Darüber hinaus besteht hier ein enger Zusammenhang mit der Europäischen Sozialcharta und deren Schutzvorschriften.[51]

Rights" vom 31.8.2018 sowie das „Factsheet" „Slavery, servitude, and forced labour" vom März 2018 (www.echr.coe.int).

40 EGMR, Urt. v. 26.7.2005, Nr. 73316/01, *Siliadin*, Ziff. 121.

41 *Stern/Sachs/Höfling/Kempny*, GRC, Art. 5 Rn. 9; *Rengeling/Szczekalla*, GR in der EU, Rn. 627. Zu den Schutzpflichten im Recht der EMRK s. allgemein *Grabenwarter/Pabel*, EMRK, S. 157 ff.

42 Sämtliche fundamentale Rechte dürften starke horizontale Wirkungen („horizontal effect") haben; s. *Borowsky*, Art. 1 Rn. 43. AA *Pechstein/Nowak/Häde/Frenz*, Frankfurter Kommentar, Art. 5 Rn. 6; *GSH/Augsberg*, EU, Art. 5 Rn. 11.

43 *Pechstein/Nowak/Häde/Frenz*, Frankfurter Kommentar, Art. 5 Rn. 5.

44 *Jarass*, EU-GR, S. 138; *Jarass*, GRC, Art. 5 Rn. 2; *Holoubek/Lienbacher/Lienbacher*, GRC, Art. 5 Rn. 8 (zum Diskussionsstand). Insoweit wird die in den beiden ersten Auflagen vertretene Auffassung aufgegeben, bei dem Verbot des Menschenhandels handele es sich um einen bloßen Grundsatz. Die bisweilen erörterte Frage, ob es sich bei Art. 5 um ein einheitliches Grundrecht mit drei Teilbereichen handelt, so *Jarass*, oder um drei zu unterscheidende Grundrechte, spielt in der Praxis keine Rolle.

45 EGMR, Urt. v. 19.7.2018, Nr. 60561/14, *S.M.*, Ziff. 54.

46 S. nur *Pechstein/Nowak/Häde/Frenz*, Frankfurter Kommentar, Art. 5 Rn. 27 ff.

47 *Pechstein/Nowak/Häde/Frenz*, Frankfurter Kommentar, Art. 5 Rn. 5; *Holoubek/Lienbacher/Lienbacher*, GRC, Art. 5 Rn. 10.

48 *Jarass*, GRC, Art. 5 Rn. 4; *Schwarze/Voet van Vormizeele*, EU, Art. 5 Rn. 3; *Holoubek/Lienbacher/Lienbacher*, GRC, Art. 5 Rn. 10.

49 *Jarass*, GRC, Art. 5 Rn. 4; *Schwarze/Voet van Vormizeele*, EU, Art. 5 Rn. 3; *Holoubek/Lienbacher/Lienbacher*, GRC, Art. 5 Rn. 10.

50 *Holoubek/Lienbacher/Lienbacher*, GRC, Art. 5 Rn. 10.

51 *Burgorgue-Larsen/Levade/Picod/Gonzalez*, Traité, Article II-65 Ziff. 9; *Kjaerum*, Article 5, S. 58.

1. Absatz 1

Sklaverei ist kein allein historisches Phänomen.[52] Mit Gewalt aufrechterhaltene Leibeigenschaft, Schuldknechtschaft und Vertragssklaverei – in hergebrachter Form oder als „modern slavery" – sind grausame Realität für schätzungsweise 27 Millionen Menschen weltweit.[53] Rasantes Bevölkerungswachstum, korrupte Staatswesen und wirtschaftliche Umbrüche sind die Hauptursachen dieser modernen Formen der Sklaverei. Die Methoden der im Zuge der wirtschaftlichen Globalisierung im Vordringen begriffenen **„neuen Sklaverei"** sind dabei wesentlich subtiler und raffinierter als vor 200 Jahren oder zu Beginn des letzten Jahrhunderts. Bei der aufgrund weltweiten Banns weitestgehend überwundenen „klassischen Sklaverei" steht im Vordergrund, dass an einer Person „die mit dem Eigentumsrecht verbundenen Befugnisse oder einzelne davon ausgeübt" werden (vgl. Art. 1 des Übereinkommens von 1926/1953).[54] Dies konnte durchaus eine mit Verantwortung des Sklavenhalters verbundene langfristige „Rechtsbeziehung" mit sich bringen. Heute geht es allgemein um **„disposable people"**, um die im Überfluss vorhandene, billige und jederzeit abstoßbare „Ware Mensch". *Kevin Bales* beschreibt diesen alarmierenden Trend einer brutalen Ökonomisierung von Menschen mit den Worten:[55] „Die neue Sklaverei eifert der Weltwirtschaft nach, löst sich von Besitzständen und Vermögensverwaltung und konzentriert sich statt dessen auf Nutzung und Kontrolle von Ressourcen oder Prozessen." Oft steht Sklavenarbeit am Anfang von Herstellungsketten, und die Endprodukte werden nach Europa verkauft. Das Gebiet der Union selbst ist nicht ausgespart, wenn man an die gerichtsbekannten Fälle von Haussklaven in Paris oder von Zwangsprostituierten aus Osteuropa in deutschen Bordellen denkt.[56] Auch das heikle Thema der Zwangsheirat wird hier berührt.[57] In dem spektakulären Fall *Siliadin*, den der Straßburger Gerichtshof 2005 zu entscheiden hatte, ging es um die jahrelange Ausbeutung einer minderjährigen Haushaltshilfe in Pariser Haushalten.[58] 26

Vor diesem Hintergrund entschied sich der Grundrechtekonvent zu Recht dazu, ein striktes Verbot sämtlicher Äußerungsformen von Sklaverei und Leibeigenschaft in die Charta aufzunehmen, mit fließenden Grenzen zum Verbot des Menschenhandels. Dieser Schritt sollte der **Signalwirkung nach außen** und zur **Verstärkung des Rechtsschutzes nach innen** dienen. Dabei wollte der Grundrechtekonvent – zur Wahrung der Kohärenz des Menschenrechtsschutzes in Europa – nicht von der EMRK abweichen. Dies kommt darin zum Ausdruck, dass der Wortlaut hier – ausnahmsweise – übereinstimmt, vor allem und entscheidend aber darin, dass Art. 5 in der zu Art. 52 Abs. 3 konsensual erstellten Auflistung der Rechte mit gleicher Bedeutung und Tragweite aufgeführt ist. Art. 5 Abs. 1 ist über die Transferklausel des Art. 52 Abs. 3 S. 1 inhaltlich identisch mit Art. 4 Abs. 1 EMRK. Dies gilt für die Be- 27

52 *Stern/Sachs/Höfling/Kempny*, GRC, Art. 5 Rn. 9; *Bifulco/Cartabia/Celotto/Olivetti*, L'Europa dei diritti, S. 66 f.

53 S. auch die Zahlen bei *Picod/van Drooghenbroeck/Clesse*, Charte, S. 118 f., und unter www.freetheslaves.net. Zur „modern slavery" s. insbesondere *Allain*, Law, 2015, sowie *Bales*, Sklaverei, 2001, S. 17, 31 f. Beispiele „klassischer Sklaverei" in heutiger Zeit bringt *Rengeling/Szczekalla*, GR in der EU, Rn. 627; s. etwa EGMR, Urt. v. 19.1.1999, Nr. 42367/98, *Ould Barar*, oder die Entscheidung des ECOWAS Community Court of Justice vom 27.10.2008: *Hadijatou Mani Koraou v. Republic of Niger*.

54 De jure hat als letzter Staat Mauretanien – 1980 – den Sklavenhandel abgeschafft.

55 *Bales*, Sklaverei, 2001, S. 38.

56 S. etwa *Delacampagne*, Geschichte, 2004, S. 307 f.; weiter *Burgorgue-Larsen/Levade/Picod/Gonzalez*, Traité, Article II-65 Ziff. 7.

57 Vgl. EGMR, Urt. v. 31.7.2012, Nr. 40020/03, *M. ua* (Zahlung eines Brautgeldes). S. zur Zwangsheirat auch *Meyer-Ladewig/Nettesheim/Raumer*, EMRK, Art. 5 Rn. 3.

58 EGMR, Urt. v. 26.7.2005, Nr. 73316/01, *Siliadin*.

stimmung des Schutzbereichs wie für die fehlende Einschränkungsmöglichkeit. Da beide Rechte gleich ausgelegt und angewendet werden müssen, ist die bisherige und künftige **Judikatur des Straßburger Gerichtshofes** zu dem korrespondierenden Art. 4 Abs. 1 EMRK für Auslegung und Anwendung des Art. 5 Abs. 1 **maßgeblich** und bindend.[59] Allerdings hatten die Straßburger Organe sich lange Zeit kaum mit Beschwerden zu Art. 4 Abs. 1 EMRK zu befassen. In einem Fall hatte es die Kommission abgelehnt, eine Verpflichtung zu längeren Dienstzeiten in der britischen Armee als Sklaverei oder Leibeigenschaft zu qualifizieren.[60] Eine Wende brachte das erwähnte Urteil des EGMR aus dem Jahre 2005 in der Sache *Siliadin*.[61] Mit dieser Entscheidung hat das Straßburger Gericht entscheidende Weichen für die Auslegung und Anwendung des Art. 4 EMRK und damit zugleich des Art. 5 gestellt.

28 Eine Entfaltung des Art. 5 Abs. 1 und Freilegung seines Wirkpotentials hat mit der **Bestimmung des Schutzbereichs** zu beginnen, wobei der Schutz jedem Menschen, auch Drittstaatsangehörigen, zu Gute kommt.[62] Dabei zeigt der Straßburger Gerichtshof bis heute eine **traditionelle Sicht der Sklaverei** und **weitere Konzeption der Leibeigenschaft.**[63] Angesichts des Schweigens der EMRK greift der EGMR für die **Sklaverei** auf die „klassische" – enge – Begriffsbestimmung des Übereinkommens über die Sklaverei vom 25. September 1926 zurück.[64] Danach ist „Sklaverei ... der Zustand oder die Stellung einer Person, an der die mit dem Eigentumsrechte verbundenen Befugnisse oder einzelne davon ausgeübt werden."[65] Die betroffene Person wird mithin zu einem „Objekt" reduziert. Auf der Grundlage dieser Definition legt der EGMR **hohe Maßstäbe** an. Er lässt es nicht ausreichen, dass jemand eindeutig seine Entscheidungsfreiheit völlig verloren hat, indem ihm etwa die Ausweispapiere abgenommen wurden, und er unter Zwang Dienste leisten muss. Vielmehr muss hinzutreten, dass die „Halter" die mit dem Eigentumsrecht verbundenen Befugnisse ausüben und so den Betroffenen zu einer „Sache" machen.[66] Mithin bedarf es eines Kaufs und Verkaufs des „Sklaven" als Manifestation der Eigentümerstellung.[67] Dies dürfte etwa der Fall sein, wenn Zwangsprostituierte an Bordelle verkauft werden. Der Begriff der **Leibeigenschaft** ist demgegenüber offener und umfasst vielfältige Formen einer

59 *Vedder/Heintschel von Heinegg/Folz*, Unionsrecht, Art. 5 Rn. 2.
60 EKMR, Entsch. v. 19.7.1968, Nr. 3435/67, *W. ua*.
61 EGMR, Urt. v. 26.7.2005, Nr. 73316/01, *Siliadin*.
62 *Pechstein/Nowak/Häde/Frenz*, Frankfurter Kommentar, Art. 5 Rn. 7. Vgl. EGMR, Urt. v. 17.1.2017, Nr. 58216/12, *J. ua*. Während der EGMR einen hinreichenden räumlichen Bezug verlangt, steht es dem EuGH frei, einen über das „Territorium" der Union hinausgehenden Schutz zu gewähren. Es bedarf allerdings stets hinreichender Bezüge zum Unionsrecht, etwa unionaler Regelungen, um den Anwendungsbereich der Charta iSd. Art. 51 zu eröffnen, vgl. EuGH (GK) – *X. und X.*, Rs. C-638/16, ECLI:EU:C:2017:173, Urt. v. 7.3.2017.
63 *Frenz*, Hdb EuR, Rn. 1040 ff.; *Karpenstein/Mayer/Behnsen*, EMRK, Art. 4 Rn. 3 ff. Darin folgt der Gerichtshof auch der Differenzierung im Rahmen des Internationalen Paktes über bürgerliche und politische Rechte, s. *Kjaerum*, Article 5, S. 56. Kritisch zu dieser engen Sichtweise *Peers/Hervey/Kenner/Ward/Askola*, EU Charter, 05.18.
64 EGMR, Urt. v. 7.1.2010, Nr. 25965/04, *Rantsev*, Ziff. 276; EGMR, Urt. v. 31.7.2012, Nr. 40020/03, *M. ua*, Rn. 161.
65 Diese Definition findet heute allgemeine Zustimmung, s. *Karpenstein/Mayer/Behnsen*, EMRK, Art. 4 Rn. 3.
66 EGMR, Urt. v. 26.7.2005, Nr. 73316/01, *Siliadin*, Ziff. 122; EGMR, Urt. v. 31.7.2012, Nr. 40020/03, *M. ua*, Rn. 161.
67 *Frenz*, Hdb EuR, Rn. 1041; *Pechstein/Nowak/Häde/Frenz*, Frankfurter Kommentar, Art. 5 Rn. 9 f.

vollständigen Abhängigkeit ohne jedes Selbstbestimmungsrecht.[68] Leibeigenschaft definiert der EGMR als eine **besonders schwere Form der Freiheitsberaubung.**[69] Dazu gehört neben der Verpflichtung, unter Zwang seine Dienste zur Verfügung zu stellen, insbesondere eine **enge räumliche Verbindung.**[70] Der EGMR spezifiziert, dass der Betroffene unter Zwang bestimmte Dienste für einen anderen zu leisten hat, und er mit diesem in der Regel „unter einem Dach" wohnen muss, ohne objektiv oder jedenfalls subjektiv seine Lage ändern zu können. Im Fall *Siliadin* bejahte der Gerichtshof die Leibeigenschaft, da die Beschwerdeführerin sich in völliger Abhängigkeit befand und zur Zwangsarbeit gezwungen wurde, und dies an sieben Tagen die Woche und jeden Tag über ungefähr 15 Stunden hinweg, ohne sich aus ihrer Zwangslage befreien zu können. Die „**Vertragssklaverei**", bei der erzwungene Vertragsgestaltungen und Scheinverträge als legalistische Tarnung dienen,[71] unterfallen den Verboten des Art. 5.[72] Derartige „Vertragsgestaltungen" dürften ohnehin nichtig oder unwirksam sein. Auch eine anfangs freiwillige Übernahme von Arbeiten begründet keinen Ausschluss, sofern sich die Arbeitsbedingungen später ändern.[73]

Aus der inhaltlichen Identität mit Art. 4 Abs. 1 EMRK und der unmittelbaren Herleitung aus der Menschenwürde folgt, dass es **keine** legitime **Einschränkung** des Rechts gemäß Art. 5 Abs. 1, dh keinerlei Ausnahmen von dem strikten und **absoluten Verbot** geben kann.[74] Abwägungen welcher Art auch immer sind unzulässig.[75] Die allgemeine Einschränkungsklausel in Art. 52 Abs. 1 greift von vornherein nicht ein, da die hier einschlägige Transferklausel des Art. 52 Abs. 3 ihr gegenüber als *lex specialis* anzusehen ist.[76] Gemäß Art. 15 Abs. 2 EMRK ist die Fundamentalgarantie auch im Notstandsfall derogationsfest.[77] Ein Verzicht des Grundrechtsträgers ist nicht möglich, da er über Art. 1 auch „vor sich selbst" zu schützen ist. 29

Sklaverei und Leibeigenschaft sind in erster Linie Mittel der ökonomischen Ausbeutung durch Private. Mit dem Sklavereiverbot verbinden sich daher vor allem **Schutzpflichten** der Union und der Mitgliedstaaten im Anwendungsbereich der Charta.[78] Union wie Mitglied- 30

68 *Karpenstein/Mayer/Behnsen*, EMRK, Art. 4 Rn. 13. Für ein weites Verständnis *Calliess/Ruffert/Calliess*, EUV/AEUV, Art. 5 Rn. 9 f. Frauenkauf und Schuldknechtschaft werden jedenfalls vom Begriff der Leibeigenschaft („servitude") erfasst.

69 EGMR, Urt. v. 26.7.2005, Nr. 73316/01, *Siliadin*, Ziff. 123; EGMR, Urt. v. 7.1.2010, Nr. 25965/04, *Rantsev*, Ziff. 276; EGMR, Urt. v. 11.10.2012, Nr. 67724/09, *C.N. und V.*

70 *Pechstein/Nowak/Häde/Frenz*, Frankfurter Kommentar, Art. 5 Rn. 11.

71 S. hierzu *Bales*, Sklaverei, 2001, S. 32, 40 ff.

72 So auch *Pechstein/Nowak/Häde/Frenz*, Frankfurter Kommentar, Art. 5 Rn. 10.

73 EGMR, Urt. v. 30.3.2017, Nr. 21884/15, *Chowdury ua*. Allgemein ist eine „Freiwilligkeit", etwa in der Sex-Industrie, mit Blick auf die Vulnerabilität der Opfer kritisch zu sehen. Vgl. EGMR, Urt. v. 19.7.2018, Nr. 60561/14, *S.M.*

74 *Stern/Sachs/Höfling/Kempny*, GRC, Art. 5 Rn. 10; *Frenz*, Hdb EuR, Rn. 1052; *Tettinger/Stern/Höfling*, GRC, Art. 5 Rn. 15; *Schwarze/Voet van Vormizeele*, EU, Art. 5 Rn. 4; *Calliess/Ruffert/Calliess*, EUV/AEUV, Art. 5 Rn. 28; *Vedder/Heintschel von Heinegg/Folz*, Unionsrecht, Art. 5 Rn. 5.

75 *Stern/Sachs/Höfling/Kempny*, GRC, Art. 5 Rn. 10.

76 S. *Borowsky* (Vorauflage), Art. 52 Rn. 29. AA *Schwerdtfeger*, Art. 52 Rn. 63.

77 EuGH (GK) – *Y. und Z.*, Rs. C-71/11, ECLI:EU:C:2012:518, Urt. v. 5.9.2012, Rn. 8 („Die Rechte, von denen gemäß Art. 15 Abs. 2 EMRK in keinem Fall abgewichen werden darf, sind in den Art. 2, 4, 5 Abs. 1 und 49 der Charta verankert."). Allgemein zur Geltung der EMRK im Notstandsfall s. das „Factsheet" „Derogation in time of emergency" vom August 2018 sowie den „Guide on Article 15 of the European Convention on Human Rights – Derogation in time of emergency" vom 31. August 2018 (www.echr.coe.int). Zu Art. 4 Abs. 1 EMRK s. EGMR, Urt. v. 7.1.2010, Nr. 25965/04, *Rantsev*, Ziff. 283; EGMR (GK), Urt. v. 7.7.2011, Nr. 37452/02, *Stummer*, Ziff. 116; EGMR, Urt. v. 13.11.2012, Nr. 4239/08, *C.N.*, Ziff. 65.

78 *Jarass*, EU-GR, S. 141; *Schwarze/Voet van Vormizeele*, EU, Art. 5 Rn. 3; *Stern/Sachs/Höfling/Kempny*, GRC, Art. 5 Rn. 9; *Rengeling/Szczekalla*, GR in der EU, Rn. 627.

staaten müssen einer brutalen Ökonomisierung und Ausbeutung von Menschen durch Dritte effektiv Einhalt gebieten. Sie sind insbesondere verpflichtet, unter Wahrung der Kompetenzordnung und des Subsidiaritätsprinzips (vgl. Art. 51) diese schweren Formen der Verletzung der menschlichen Würde unter Strafe zu stellen. Zudem kann das Verbot der Sklaverei zum Schutz gegenüber Drittstaaten verpflichten.[79] Die **Abwehrdimension** erlangt Bedeutung, wenn mit einer Abschiebung, Auslieferung oder Ausweisung die Gefahr einer Versklavung am Bestimmungsort verbunden ist.[80] Darüber hinaus dürfte die Bestimmung auf **Status und Behandlung von Migranten** ausstrahlen. Im Rahmen einer „EU human rights policy" könnte schließlich verstärkt Wert auf ethische Wirtschaftsbeziehungen gelegt werden.

2. Absatz 2

31 Ein weiterer Verstoß gegen die Menschenwürde kann darin liegen, Menschen eine **Zwangs- oder Pflichtarbeit** aufzuerlegen und damit ihre **Selbstbestimmung** zu missachten.[81] Historischer Hintergrund ist das Leid der KZ-Häftlinge und Zwangsarbeiter im Dritten Reich. Derartige Extremformen menschenfeindlicher hoheitlicher Maßnahmen sind ausnahmslos verboten. In die Gegenwart gewendet bedeutet das Verbot, dass der Einsatz der eigenen Arbeitskraft grundsätzlich der **autonomen Entscheidung** des Einzelnen unterliegen muss. Weder die Union noch die Mitgliedstaaten dürfen gegen das Verbot verstoßen. Hier kommen auch – wie bei dem Verbot der Sklaverei und Leibeigenschaft – **Schutzpflichten** zum Tragen, was der EGMR in seiner Entscheidung im Fall „Siliadin" bekräftigt hat.[82] Von dem strikten Verbot der Zwangsarbeit unberührt bleiben die normalen Bürgerpflichten, die auch in zahlreichen mitgliedstaatlichen Verfassungen statuiert werden. Darüber hinaus spricht die Präambel der Charta in ihrem sechsten Absatz von den „Verantwortlichkeiten und Pflichten sowohl gegenüber den Mitmenschen als auch gegenüber der menschlichen Gemeinschaft und den künftigen Generationen". Dies bedeutet zugleich, dass solidarische Arbeitsleistungen mit einer demokratischen Gesellschaft durchaus vereinbar sind. Allerdings scheidet eine autonome Auslegung des Art. 5 Abs. 2 anhand chartainterner Maßstäbe und Kriterien aus. Da die Rechte in Art. 5 Abs. 2 und in Art. 4 Abs. 2 EMRK inhaltlich identisch sind und es aufgrund der Anordnung in Art. 52 Abs. 3 S. 1 kei-

---

79 *Stern/Sachs/Höfling/Kempny*, GRC, Art. 5 Rn. 9; *Rengeling/Szczekalla*, GR in der EU, Rn. 627; *Bifulco/Cartabia/Celotto/Olivetti*, L'Europa dei diritti, S. 67; *GSH/Augsberg*, EU, Art. 5 Rn. 4.

80 *Stern/Sachs/Höfling/Kempny*, GRC, Art. 5 Rn. 9. Der EGMR hat die Frage eines Abschiebungsschutzes bisher offen gelassen, s. *Karpenstein/Mayer/Behnsen*, EMRK, Art. 4 Rn. 11. S. etwa EGMR, Urt. v. 19.1.1999, Nr. 42367/98, *Ould Barar*.

81 Eingehend hierzu mit rechtsvergleichenden Bezügen *Kjaerum*, Article 5, S. 57 ff.

82 EGMR, Urt. v. 26.7.2005, Nr. 73316/01, *Siliadin*, Ziff. 89.

ne abweichende Auslegung beider Rechte geben darf, ist die **Rechtsprechung des EGMR** zu Art. 4 Abs. 2 EMRK verbindlich.[83] Hier mögen einige Leitlinien genügen.[84]

Der Einsatz der menschlichen Arbeitskraft unterliegt grundsätzlich der freien persönlichen Selbstbestimmung. Mithin ist der **Schutzbereich** des Art. 5 Abs. 2 **weit** zu bestimmen.[85] Maßgeblich ist die **Definition der Zwangsarbeit** in dem Übereinkommen über Zwangs- und Pflichtarbeit von 1930, die auch der EGMR in ständiger Rechtsprechung heranzieht.[86] Nach Art. 2 Abs. 1 des Übereinkommens gilt als Zwangs- oder Pflichtarbeit „jede Art von Arbeit oder Dienstleistung, die von einer Person unter Androhung irgendeiner Strafe verlangt wird und für die sie sich nicht freiwillig zur Verfügung gestellt hat." Die danach verbotene Zwangs- oder Pflichtarbeit umfasst jede Verpflichtung zu einer höchstpersönlichen Dienstleistung körperlicher oder geistiger Natur, sofern die Verpflichtung nicht freiwillig übernommen wird.[87] Als angedrohte „Strafe" genügen disziplinarische Maßnahmen sowie subtile, psychischen Druck auslösende Maßnahmen wie die Drohung mit einer Anzeige bei der Polizei.[88] 32

Nach der Rechtsprechung des EGMR ist eine **Gesamtwürdigung sämtlicher Umstände des Einzelfalls** im Lichte der mit dem Verbot verfolgten Ziele vorzunehmen.[89] Entscheidend ist zunächst, ob die jeweilige – unter Zwang oder Drohung unfreiwillige – Arbeit ungerecht oder unterdrückend ist oder zwangsläufige Härten zur Folge hat.[90] Weiter ist zu berück-

83 S. die **Leitentscheidungen**: EGMR (Plenum), Urt. v. 18.6.1971, Nr. 2832/66 ua, *De Wilde, Ooms u. Versyp* (Arbeitsverpflichtungen internierter Landstreicher); EGMR (Plenum), Urt. v. 24.6.1982, Nr. 7906/77, *van Droogenbroeck* (Arbeitsverpflichtungen während der Haft); EGMR (Plenum), Urt. v. 23.11.1983, Nr. 8919/80, *van der Mussele* (Pflicht eines in Ausbildung befindlichen Rechtsanwalts zur unbezahlten Verteidigung); EGMR, Urt. v. 18.7.1994, Nr. 13580/88, *Karlheinz Schmidt* (Feuerwehrabgabe in Baden-Württemberg); EGMR, Urt. v. 26.7.2005, Nr. 73316/01, *Siliadin*; EGMR (GK), Urt. v. 7.7.2011, Nr. 37452/02, *Stummer*; EGMR, Urt. v. 18.10.2011, Nr. 31960/06, *Graziani-Weiss*; EGMR, Urt. v. 11.10.2012, Nr. 67724/09, *C.N. und V.*; EGMR, Urt. v. 4.6.2015, Nr. 51637/12, *Chitos*; EGMR, Urt. v. 30.3.2017, Nr. 21884/15, *Chowdury ua*; EGMR, Urt. v. 19.7.2018, Nr. 60561/14, *S.M.* Die Entscheidungen des EGMR sind über die Datenbank HUDOC abrufbar: www.hudoc.echr.coe.int. S. umfassend zur Rechtsprechung des Straßburger Gerichtshofes den auf dessen Webseite abrufbaren „Guide on Article 4 of the European Convention on Human Rights" vom 31.8.2018 sowie das „Factsheet" „Slavery, servitude, and forced labour" vom März 2018 (www.echr.coe.int).

84 S. weiter *Grabenwarter/Pabel*, EMRK, S. 223 ff.

85 *Schwarze/Voet van Vormizeele*, EU, Art. 5 Rn. 5; *Stern/Sachs/Höfling/Kempny*, GRC, Art. 5 Rn. 13; *GSH/Augsberg*, EU, Art. 5 Rn. 7.

86 EGMR, Urt. v. 26.7.2005, Nr. 73316/01, *Siliadin*, Ziff. 115 f.; EGMR, Urt. v. 18.10.2011, Nr. 31960/06, *Graziani-Weiss*, Ziff. 36. S. auch EGMR, Urt. v. 11.10.2012, Nr. 67725/09, *C.N.* Mit einem auf der 103. Tagung der Internationalen Arbeitskonferenz am 11.6.2014 angenommenen „Protokoll zum Übereinkommen über Zwangsarbeit von 1930" wird das Übereinkommen an gegenwärtige Bekämpfungsstrategien angepasst, insbesondere dem gezielten Vorgehen gegen den Menschenhandel für die Zwecke von Zwangs- oder Pflichtarbeit (Art. 1 Abs. 3). S. hierzu *Knospe*, ZESAR 2017, 69, 77.

87 Vgl. EGMR, Urt. v. 7.1.2010, Nr. 25965/04, *Rantsev*, Ziff. 276: „Der Begriff ... verlangt einen gewissen physischen oder moralischen Zwang und die Überwindung des Willens einer Person."

88 *Meyer-Ladewig/Nettesheim/Raumer*, EMRK, Art. 5 Rn. 4. S. auch EGMR, Urt. v. 4.6.2015, Nr. 51637/12, *Chitos* (unverhältnismäßig hohe Rückzahlungsforderung bei vorzeitigem Ausscheiden aus der Armee). S. auch EGMR, Urt. v. 11.10.2012, Nr. 67725/09, *C.N.* (Kontrolle durch psychischen Zwang).

89 *Stern/Sachs/Höfling/Kempny*, GRC, Art. 5 Rn. 11. Kritisch zur „flexible(n) Vorgehensweise des EGMR" *Pechstein/Nowak/Häde/Frenz*, Frankfurter Kommentar, Art. 5 Rn. 13; *GSH/Augsberg*, EU, Art. 5 Rn. 7.

90 Zur Drohung und Unfreiwilligkeit s. *Picod/van Drooghenbroeck/Clesse*, Charte, S. 122 f., sowie *Karpenstein/Mayer/Behnsen*, EMRK, Art. 4 Rn. 15.

sichtigen, ob die mit einer Arbeit verbundenen Belastungen in einem angemessenen Verhältnis zu den zu erwartenden Vorteilen stehen, mithin als verhältnismäßig anzusehen sind. Der EGMR hat dies in einer grundlegenden Entscheidung aufgezeigt.[91] In dem Fall *van der Mussele* hatte er die Rechtmäßigkeit der in Belgien vorgesehenen Pflicht von in Ausbildung befindlichen Anwälten zur unentgeltlichen Pflichtverteidigung zu prüfen.[92] Diese Pflicht stellte bei einer Gesamtwürdigung der damit verbundenen Vorteile – im Hinblick auf die berufliche Ausbildung – und Belastungen keine Pflichtarbeit im Sinne von Art. 4 Abs. 2 EMRK dar. Vergleichbares gilt für die Bestellung eines Rechtsanwalts zum Betreuer („Sachwalter") gegen seinen Willen in Österreich.[93] Auch die Pflicht zur Teilnahme am ärztlichen Notdienst begegnet keinen Bedenken.[94] In der **Leitentscheidung *Siliadin*** hat das Gericht hingegen eine Zwangsarbeit bejaht.[95] Hier hatte eine sich ohne Genehmigung in Frankreich aufhaltende Minderjährige als „Hausdienerin" gegen ihren Willen und ohne Bezahlung sowie ohne Unterlass Dienste in einer französischen Familie zu leisten. Ihr war zwar keine „Strafe" im klassischen Sinne angedroht worden. Gleichwohl befand sie sich subjektiv in einer ähnlich bedrohlichen Situation, da sie ihre Festnahme durch die Polizei befürchtete, eine Angst, in der sie ihre „Dienstherren" bestärkten. Vor dem Hintergrund dieser Rechtsprechung wird künftig entscheidend auf die **Ausnutzung einer ausweglosen Zwangslage** abzustellen sein, was insbesondere die Situation von Zwangsprostituierten in Europa erfasst.[96] Extreme Formen der Arbeitsausbeutung treten hinzu, etwa bei Erntehelfern.[97]

33 Da es sich bei dem Verbot der Zwangsarbeit um ein der EMRK entlehntes Recht handelt und somit die Transferklausel in Art. 52 Abs. 3 S. 1 eingreift, scheidet jeder Rückgriff auf die allgemeine Schrankenklausel des Art. 52 Abs. 1 aus.[98] Als fundamentales Recht gilt das Verbot grundsätzlich **schrankenlos**, mit Einschränkungsmöglichkeiten nur im Kriegs- und Notstandsfall gemäß Art. 15 EMRK.[99]

34 Über die Transferklausel des Art. 52 Abs. 3 S. 1 sind allerdings die „negativen" Definitionen nach Art. 4 Abs. 3 EMRK zu berücksichtigen, dh die folgenden Ausnahmetatbestände oder **Begrenzungen des Schutzbereichs:**[100] „Nicht als Zwangs- oder Pflichtarbeit im Sinne dieses Artikels gilt a) eine Arbeit, die üblicherweise von einer Person verlangt wird, der un-

91 Zu weiteren Einzelfällen s. *Karpenstein/Mayer/Behnsen*, EMRK, Art. 4 Rn. 37 ff.

92 EGMR (Plenum), Urt. v. 23.11.1983, Nr. 8919/80, *van der Mussele*.

93 EGMR, Urt. v. 18.10.2011, Nr. 31960/06, *Graziani-Weiss*, Ziff. 36.

94 EGMR, Urt. v. 14.9.2010, Nr. 29878/07, *Steindel*.

95 EGMR, Urt. v. 26.7.2005, Nr. 73316/01, *Siliadin*, Ziff. 118 ff.

96 *Frenz*, Hdb EuR, Rn. 1049.

97 Zur Exploitation von Erntehelfern s. EGMR, Urt. v. 30.3.2017, Nr. 21884/15, *Chowdury ua*. Zur Ausbeutung afrikanischer Erntehelfer in Süditalien s. den eindrücklichen Bericht von *Reckinger*, Bittere Orangen, 2018 (auch bpb).

98 S. *Borowsky* (Vorauflage), Art. 52 Rn. 29 ff. Ebenso *Schwarze/Voet van Vormizeele*, EU, Art. 5 Rn. 7; *Tettinger/Stern/Höfling*, Europäische Grundrechtecharta, Art. 5 Rn. 15. AA *Schwerdtfeger*, Art. 52 Rn. 63.

99 *Calliess/Ruffert/Calliess*, EUV/AEUV, Art. 5 Rn. 28; *Vedder/Heintschel von Heinegg/Folz*, Unionsrecht, Art. 5 Rn. 6. Zu einer möglichen Notstandsfestigkeit s. *Karpenstein/Mayer/Behnsen*, EMRK, Art. 4 Rn. 17, sowie *Meyer-Ladewig/Nettesheim/Raumer*, EMRK, Art. 5 Rn. 1. Allerdings hat der EuGH Art. 5 Abs. 2 nicht unter den notstandsfesten Rechten aufgeführt. S. EuGH (GK) – *Y. und Z.*, Rs. C-71/11, ECLI:EU:C:2012:518, Urt. v. 5.9.2012, Rn. 8 („Die Rechte, von denen gemäß Art. 15 Abs. 2 EMRK in keinem Fall abgewichen werden darf, sind in den Art. 2, 4, 5 Abs. 1 und 49 der Charta verankert.").

100 *Jarass*, EU-GR, S. 139; *Grabenwarter/Pabel*, EMRK, S. 224 ff; *Karpenstein/Mayer/Behnsen*, EMRK, Art. 4 Rn. 20 („Ausnahmetatbestände ... die den sachlichen Schutzbereich des Grundrechts beschränken"); *Calliess/Ruffert/Calliess*, EUV/AEUV, Art. 5 Rn. 28 („Begrenzung des Schutzbe-

ter den Voraussetzungen des Artikels 5 die Freiheit entzogen oder die bedingt entlassen worden ist; b) eine Dienstleistung militärischer Art oder eine Dienstleistung, die an die Stelle des im Rahmen der Wehrpflicht zu leistenden Dienstes tritt, in Ländern, wo die Dienstverweigerung aus Gewissensgründen anerkannt ist; c) eine Dienstleistung, die verlangt wird, wenn Notstände oder Katastrophen das Leben oder das Wohl der Gemeinschaft bedrohen; d) eine Arbeit oder Dienstleistung, die zu den üblichen Bürgerpflichten gehört." Diese Ausnahmen fußen dem EGMR zufolge auf den Leitideen des Allgemeininteresses, der **sozialen Solidarität** („helping hand")und darauf, was allgemein üblich ist.[101] Arbeiten im Rahmen einer konventionskonformen Haft, Dienstleistungen im Rahmen von Wehrpflicht oder Zivildienst, Dienstleistungen im Fall von Notständen und Katastrophen und schließlich jede Arbeit, die zu den normalen Bürgerpflichten gehört, stellen demnach von vornherein keine verbotene Zwangs- oder Pflichtarbeit dar. Eine Gesamtabwägung ist hier nicht mehr erforderlich.[102] Angesichts des Näheverhältnisses zur Menschenwürde und aus Gründen der Rechtssicherheit erscheint eine normative Verankerung der Ausnahmen vom Schutzbereich – auf Ebene der Union oder der Mitgliedstaaten – geboten.[103] Schwierigkeiten können wohl nur bei der Auslegung des Begriffs **„übliche Bürgerpflichten"** auftreten. Dazu gehören Verpflichtungen, die von jedem Bürger einer demokratischen Gesellschaft erwartet werden können. Von ausschlaggebender Bedeutung ist deren Zumutbarkeit. Beispiele für zumutbare Solidarleistungen sind die althergebrachten „Hand- und Spanndienste", die manche Kommunalordnungen vorsehen, weiter durchaus belastende Mitwirkungspflichten von Arbeitgebern bei der Steuererhebung. Eine verbotene Zwangsarbeit dürfte hingegen dann anzunehmen sein, wenn ein Arbeitnehmer ohne seine ausdrückliche Zustimmung durch privatrechtlichen Vertrag an einen anderen Arbeitgeber „verliehen" würde. In keinem Fall darf die Anwendung der Ausnahmetatbestände zu einer Diskriminierung, dh. einer nicht gerechtfertigten Ungleichbehandlung iSd Art. 14 führen.[104]

Das Verbot der Zwangsarbeit könnte relevant werden, soweit **Mitwirkungspflichten Privater** nach dem Verwaltungsrecht der Union in Frage stehen. Jegliche unionale oder mitgliedstaatliche, unmittelbare oder mittelbare Förderung der in Art. 5 inkriminierten Praktiken scheidet aus, etwa die Auftragsvergabe an Unternehmen, die an Zwangsarbeit beteiligt sind.[105] Weiter ist hier an eine nach innen gerichtete verstärkte **Schutzpflichtdimension** zu denken, dh. die effektive Durchsetzung des Verbots gegenüber Privaten, wie der Fall *Siliadin* zeigt. Es bedarf eindeutiger Verbotstatbestände mit hinreichend schweren Sanktio- 35

reichs"). Der EGMR sieht Art. 4 Abs. 3 EMRK als Auslegungshilfe, Urt. v. 18.10.2011, Nr. 31960/06, *Graziani-Weiss*, Ziff. 37. Besonders deutlich EGMR (GK), Urt. v. 7.7.2011, Nr. 37452/02, *Stummer*, Ziff. 120: „The Court has noted the specific structure of Article 4. Paragraph 3 is not intended to „limit" the exercise of the right guaranteed by paragraph 2, but to „delimit" the very content of that right, for it forms a whole with paragraph 2 and indicates what the term „forced or compulsory labour" is not to include ... This being so, paragraph 3 serves as an aid to the interpretation of paragraph 2.".

101 EGMR, Urt. v. 18.10.2011, Nr. 31960/06, *Graziani-Weiss*, Ziff. 37. Zur Abgrenzung von Zwangsarbeit zu akzeptabler Familienarbeit im Haushalt s. EGMR, Urt. v. 11.10.2012, Nr. 67725/09, *C.N.*

102 Der EGMR nimmt allerdings zunächst eine Gesamtabwägung vor, um ggf. dann erst zu prüfen, ob etwa „übliche Bürgerpflichten" zu bejahen sind: EGMR, Urt. v. 18.10.2011, Nr. 31960/06, *Graziani-Weiss*, Ziff. 43.

103 So zu Recht *Pechstein/Nowak/Häde/Frenz*, Frankfurter Kommentar, Art. 5 Rn. 20.

104 *Karpenstein/Mayer/Behnsen*, EMRK, Art. 4 Rn. 36; *Calliess/Ruffert/Calliess*, EUV/AEUV, Art. 5 Rn. 17. Vgl. EGMR, Urt. v. 20.6.2006, Nr. 17209/02, *Zarb Adami*, Ziff. 43 ff., 71 ff.

105 *Pechstein/Nowak/Häde/Frenz*, Frankfurter Kommentar, Art. 5 Rn. 24.

nen.[106] Dies gilt auch für die Prostitution, die zwar als „wirtschaftliche Tätigkeit" von den Grundfreiheiten geschützt wird,[107] in ihren ausbeuterischen Formen jedoch strikt zu unterbinden ist.[108] Die Bestimmung des Art. 5 Abs. 2 gewinnt in der Europarechtspraxis aber vor allem in den **Außenbeziehungen** Bedeutung.[109] So enthalten die Kooperationsabkommen mit Drittstaaten Menschenrechtsklauseln, die die Achtung der Menschenrechte – wie die Kernarbeitsnormen der Internationalen Arbeitsorganisation zur Zwangs- und Kinderarbeit – sicherstellen.

3. Absatz 3

36 Das auf Vorschlag des Vertreters der deutschen Länder aufgenommene, von der französischen Abgeordneten *Berès* beförderte und allseits akzeptierte **Verbot des Menschenhandels** ergibt sich **unmittelbar aus dem Grundsatz der Menschenwürde.** „Menschenhandel ist eine Bedrohung für die Menschenwürde und Grundfreiheiten seiner Opfer, er ist mit der demokratischen Gesellschaft und mit den in der Konvention geschützten Werten unvereinbar", wie der EGMR in der Leitentscheidung *Rantsev* betont hat.[110] Damit soll der Herabwürdigung des Menschen zur „Ware" entgegengewirkt werden. Zugleich wird modernen Kriminalitätsformen Rechnung getragen, die für die Opfer im Ergebnis einer Versklavung oder Leibeigenschaft gleichkommen.[111] Jährlich werden tausende von Personen durch Menschenhandel – meistens zur sexuellen Ausbeutung – in die EU verbracht oder innerhalb der EU verschleppt, mit steigender Tendenz.[112] Dabei zeigen sich neuartige Ausbeutungsformen, wie die Bettelei, und neue vulnerable Betroffenengruppen kommen hinzu, etwa im Zuge der globalen Fluchtbewegungen. Opfer sind vor allem Frauen und Mädchen, ein Genderaspekt.[113] Extreme Formen von Arbeitsausbeutung trifft man in der Landwirtschaft, auf dem Bau, in der fleischverarbeitenden Industrie, der Sex-Industrie, der Gebäudereinigung oder der Pflege an.[114] „Der Menschenhandel gilt als eine der schwersten Straftaten weltweit, als schwerwiegende Verletzung der Menschenrechte, moderne Form der Sklaverei und äußerst gewinnbringendes Geschäft der organisierten Kriminalität."[115] Die Richtlinie des Europäischen Parlaments und des Rates zur Verhütung und Bekämpfung des Menschenhandels und zum Schutz seiner Opfer vom 5. April 2011 („Menschenhandelsrichtlinie") definiert in diesem Zusammenhang die **verbotenen Handlungsweisen** umfassend als „Anwerbung, Beförderung, Verbringung, Beherbergung oder Aufnahme von Per-

106 *Pechstein/Nowak/Häde/Frenz*, Frankfurter Kommentar, Art. 5 Rn. 23.
107 EuGH – *Jany ua*, Rs. C-268/99, ECLI:EU:C:2001:616, Urt. v. 20.11.2001.
108 Vgl. *Streinz/Streinz*, EUV/AEUV, Art. 5 Rn. 4. Aktuell EGMR, Urt. v. 19.7.2018, Nr. 60561/14, *S.M.*
109 *Ehlers/Schorkopf*, GR, S. 596.
110 EGMR, Urt. v. 7.1.2010, Nr. 25965/04, *Rantsev*, Ziff. 282. S. hierzu *Pati*, NJW 2011, 128 ff. S. auch EGMR, Urt. v. 19.7.2018, Nr. 60561/14, *S.M.*, Ziff. 55 ff.
111 *Ehlers/Schorkopf*, GR, S. 596.
112 S. die Länderberichte bei *Haverkamp/Vogeler* (Hrsg.), Menschenhandel, 2018. Über das tatsächliche Ausmaß von Menschenhandel gibt es allerdings weder statistische Erhebungen noch seriöse Schätzungen.
113 S. etwa die auf der Webseite der Europäischen Kommission abrufbare Publikation „Trafficking for sexual exploitation: a gendered crime" vom 17.10.2018 (www.ec.europa.eu/anti-trafficking). S. auch EGMR, Urt. v. 19.7.2018, Nr. 60561/14, *S.M.* (Zwangsprostitution).
114 Zur Arbeitsausbeutung (Erntehelfer) als Form des Menschenhandels s. EGMR, Urt. v. 30.3.2017, Nr. 21884/15, *Chowdury ua*. Zum tatsächlichen Hintergrund s. *Reckinger*, Bittere Orangen, 2018. S. auch EGMR, Urt. v. 14.6.2011, Nr. 38058/09, *Osman*.
115 So der Vorschlag für eine Richtlinie des Europäischen Parlaments und des Rates zur Verhütung und Bekämpfung von Menschenhandel und zum Opferschutz vom 29. März 2010, KOM (2010) 95 endg.

sonen, einschließlich der Übergabe oder Übernahme der Kontrolle über diese Personen, durch die Androhung oder Anwendung von Gewalt oder anderer Formen der Nötigung, durch Entführung, Betrug, Täuschung, Missbrauch von Macht oder Ausnutzung besonderer Schutzbedürftigkeit oder durch Gewährung oder Entgegennahme von Zahlungen oder Vorteilen zur Erlangung des Einverständnisses einer Person, die die Kontrolle über eine andere Person hat, zum Zwecke der Ausbeutung."[116]

Auch wenn die Entstehungsgeschichte kaum Anhaltspunkte für eine individualrechtliche Ausrichtung des Verbots ergibt, zudem Vorbilder auf europäischer wie nationaler Ebene fehlen, handelt es sich bei Art. 5 Abs. 3 nicht um einen Grundsatz im Sinne des Art. 52 Abs. 5, sondern um ein unmittelbar geltendes, **einklagbares Grundrecht.**[117] Für die subjektiv-rechtliche Ausprägung auch des Verbots des Menschenhandels spricht, dass alle drei Verbote in einem Artikel aufgeführt werden und inhaltlich starke Parallelen aufweisen. Weiter betonen auch die „Erläuterungen", dass sich der dritte Absatz „unmittelbar aus der Menschenwürde" ergibt, die ihrerseits eine starke subjektiv-rechtliche Komponente aufweist. Das Verbot in Abs. 3 verpflichtet Union und Mitgliedstaaten im Übrigen auch ohne konkretisierende Rechtsakte. Schließlich bejaht auch der EGMR in seiner Leitentscheidung *Rantsev* den grundrechtlichen Charakter des Verbots des Menschenhandels, wobei er es nicht für notwendig hält, zu entscheiden, ob der Menschenhandel „Sklaverei", „Leibeigenschaft" oder „Zwangsarbeit" ist; jedenfalls unterfalle der Menschenhandel dem Anwendungsbereich von Art. 4 EMRK.[118] Allerdings ist Art. 5 Abs. 3 auch ein spezifischer **Gesetzgebungsauftrag** zu entnehmen, der sich an Union wie Mitgliedstaaten gleichermaßen richtet.[119] 37

Der Grundrechtekonvent hat das Verbot des Menschenhandels, dem in der Vergangenheit etliche internationale Übereinkommen gewidmet waren, „wiederentdeckt".[120] Vorbilder in der EMRK oder in den nationalen Verfassungen fehlen allerdings.[121] Somit ist bei Auslegung und Anwendung dieses Grundrechts auch nicht die Rechtsprechung des Straßburger Gerichtshofs maßgeblich, der allerdings – wie erwähnt – mittlerweile ein Verbot des Menschenhandels aus Art. 4 EMRK hergeleitet hat.[122] Vielmehr sind **EuGH und unionaler wie** 38

116 Richtlinie 2011/36/EU des Europäischen Parlaments und des Rates vom 5. April 2011 zur Verhütung und Bekämpfung des Menschenhandels und zum Schutz seiner Opfer sowie zur Ersetzung des Rahmenbeschlusses 2002/629/JI des Rates.

117 Die früher vertretene anderslautende Auffassung wird aufgegeben. S. etwa *Stern/Sachs/Höfling/Kempny*, GRC, Art. 5 Rn. 16; s. auch *Jarass*, EU-GR, S. 138 (Art. 5 als einheitliches Grundrecht mit drei einklagbaren Teilbereichen); *Kober*, EU-Grundrechtsschutz, S. 100. Zum Meinungsstreit über den Rechtscharakter s. *Calliess/Ruffert/Calliess*, EUV/AEUV, Art. 5 Rn. 22 ff.

118 EGMR, Urt. v. 7.1.2010, Nr. 25965/04, *Rantsev*, Ziff. 282. Bestätigt in EGMR, Urt. v. 31.7.2012, Nr. 40020/03, *M. ua*, Ziff. 151. S. auch *Pati*, NJW 2011, 128, sowie *Lindner*, ZAR 2010, 137. S. umfassend zur Rechtsprechung des Straßburger Gerichtshofes den auf dessen Webseite abrufbaren „Guide on Article 4 of the European Convention on Human Rights" vom 31.8.2018 sowie das „Factsheet" „Trafficking in human beings" vom Juli 2018 bzw. das „Informationsblatt" „Menschenhandel" vom März 2014 (www.echr.coe.int). In vergleichbarer Weise hat die Internationale Arbeitsorganisation (ILO) das Verbot der Zwangs- und Pflichtarbeit vor kurzem – 2014 – auf den Menschenhandel erstreckt. S. hierzu *Knospe*, ZESAR 2017, 69 ff.

119 *Vedder/Heintschel von Heinegg/Folz*, Unionsrecht, Art. 5 Rn. 7. Diesem Auftrag vermag die Union nach Art. 83 Abs. 1 AEUV nachzukommen.

120 So *Burgorgue-Larsen/Levade/Picod/Gonzalez*, Traité, Article II-65 Ziff. 14, unter Hinweis auf die verschiedenen einschlägigen Konventionen.

121 Nunmehr hat Ungarn ein ausdrückliches Verbot des Menschenhandels in sein neues, 2011 beschlossenes Grundgesetz aufgenommen (Art. III Abs. 1 S. 2).

122 EGMR, Urt. v. 7.1.2010, Nr. 25965/04, *Rantsev*. Eine aktuelle Leitentscheidung ist EGMR, Urt. v. 19.7.2018, Nr. 60561/14, *S.M.*

mitgliedstaatliche Gesetzgeber hier **autonom.** Dies bedeutet jedoch nicht, dass über Art. 5 Abs. 3 die Kohärenz des Rechtsschutzes nach Charta und EMRK beeinträchtigt werden dürfte. Soweit es also Überschneidungen zwischen dem Verbot des Menschenhandels auf der einen Seite und den Gewährleistungen des Lebensrechts in Art. 2 Abs. 1, des Verbots der Folter und unmenschlicher oder erniedrigender Strafe oder Behandlung in Art. 4 sowie der Verbote der Sklaverei und der Zwangsarbeit in Art. 5 Abs. 1 und 2 auf der anderen Seite gibt, gehen die anderen Gewährleistungen vor. Man mag jene als speziellere Bestimmungen und das **Verbot des Menschenhandels als Auffangregelung** ansehen.[123] Zudem stellt der Schutz durch die EMRK den in jedem Fall einzuhaltenden Mindeststandard dar.[124] Eine Engführung und ein geringerer Schutzstandard als nach Art. 4 EMRK verbieten sich daher.[125] Wesentlich ist letztlich, dass mit sämtlichen Regelungen der Charta als „living instrument" und im Gleichklang mit dem Straßburger Schutzsystem ein **lückenloser – präventiver wie repressiver – Schutz** gegenüber den verwerflichen Praktiken des grassierenden Menschenhandels erreicht wird.

39 Das Verbot des Menschenhandels ist in keinerlei Weise einschränkbar.[126] Genese, Wortlaut und schließlich der systematische Zusammenhang mit der Menschenwürde und mit dem Verbot von Sklaverei und Leibeigenschaft sprechen für den **absoluten Charakter** des Grundrechts. Jeder Menschenhandel verstößt gegen die Menschenwürde.[127] Das strikte Verbot dürfte aufgrund seines Menschenwürdegehaltes auch im Falle eines Notstandes gelten.

40 Ein besonderes Anliegen im Grundrechtekonvent war es, Klarheit über den Inhalt des Verbots zu gewinnen. Es zeigte sich insbesondere der Wunsch nach einer **Definition des Menschenhandels.** Die „Erläuterungen" wollten dem nachkommen und führen zur – unverbindlichen[128] – Konkretisierung des Verbots zum einen das Europol-Übereinkommen und zum anderen das Schengener Durchführungsübereinkommen an.[129] Im Anhang des **Europol-Übereinkommens** findet sich eine Definition, die den Menschenhandel zum Zwecke der sexuellen Ausbeutung ins Zentrum stellt: „Menschenhandel: tatsächliche und rechtswidrige Unterwerfung einer Person unter den Willen anderer Personen mittels Gewalt,

---

123 So auch *Stern/Sachs/Höfling/Kempny*, GRC, Art. 5 Rn. 18. Für eine solche Subsidiarität kann auch die Entstehungsgeschichte herangezogen werden, nach der das Verbot des Menschenhandels gerade die „modern slavery" verhindern soll.

124 S. zur zunehmend dichten Rechtsprechung des Straßburger Gerichtshofes zum Menschenhandel den auf dessen Webseite abrufbaren „Guide on Article 4 of the European Convention on Human Rights" vom 31.8.2018 sowie das „Factsheet" „Trafficking in human beings" vom Juli 2018 (www.echr.coe.int).

125 S. auch *Peers/Hervey/Kenner/Ward/Askola*, EU Charter, 05.39.

126 *Stern/Sachs/Höfling/Kempny*, GRC, Art. 5 Rn. 19; *Jarass*, GRC, Art. 5 Rn. 12; *Schwarze/Voet van Vormizeele*, EU, Art. 5 Rn. 7; *GSH/Augsberg*, EU, Art. 5 Rn. 13. S. auch – für Art. 4 EMRK – EGMR, Urt. v. 7.1.2010, Nr. 25965/04, *Rantsev*, Ziff. 283. A.A. *Vedder/Heintschel von Heinegg/Folz*, Europäischer Verfassungsvertrag, Art. II-65 Rn. 7, der hier die allgemeine Schrankenklausel in Art. 52 Abs. 1 für einschlägig hält. Ebenso *Ehlers/Schorkopf*, GR, S. 597, der aber eine Einschränkungslosigkeit aus dem Wesensgehalt ableitet. Widersprüchlich *Calliess/Ruffert/Calliess*, EUV/AEUV, Art. 5 Rn. 28.

127 *Heselhaus*, Human Dignity in the EU, in: Becchi/Mathis (Hrsg.), Handbook of Human Dignity in Europe, 2019, S. 13; *Jarass*, EU-GR, S. 141; *Pechstein/Nowak/Häde/Frenz*, Frankfurter Kommentar, Art. 5 Rn. 26 m.w.N.

128 *Stern/Sachs/Höfling/Kempny*, GRC, Art. 5 Rn. 17; *Rengeling/Szczekalla*, GR in der EU, Rn. 624 (bloße Konkretisierungshilfen, um der Gefahr einer „Gesetzmäßigkeit der Verfassung" entgegen zu wirken).

129 S. konkretisierend die detaillierte Definition in Art. 1 des Rahmenbeschlusses des Rates vom 19. Juli 2002 zur Bekämpfung des Menschenhandels (ABlEG Nr. L 203 v. 19.7.2002, S. 1).

Drohung oder Täuschung oder unter Ausnutzung eines Abhängigkeitsverhältnisses insbesondere mit folgendem Ziel: Ausbeutung der Prostitution, Ausbeutung von Minderjährigen, sexuelle Gewalt gegenüber Minderjährigen oder Handel im Zusammenhang mit Kindesaussetzung." Kapitel VI des **Schengener Durchführungsübereinkommens**, das zum *acquis communautaire* gehört, nimmt in Art. 27 Abs. 1 die Schleuseraktivitäten ins Visier: „Die Vertragsparteien verpflichten sich, angemessene Sanktionen gegen jede Person vorzusehen, die zu Erwerbszwecken einem Drittausländer hilft oder zu helfen versucht, in das Hoheitsgebiet einer der Vertragsparteien unter Verletzung ihrer Rechtsvorschriften in Bezug auf die Einreise und den Aufenthalt von Drittausländern einzureisen oder sich dort aufzuhalten." Eine weitere Orientierungshilfe bietet nunmehr die **„Palermo-Konvention"**, die nach zähen Wiener Verhandlungen, an denen die europäische Kommission beteiligt war, am 15. November 2000 von der UN-Vollversammlung angenommen und auf der Konferenz von Palermo am 12. Dezember 2000 von mehr als 100 Staaten unterzeichnet wurde.[130] Deren Ergänzungsprotokolle zum Menschenhandel und zur Migrantenschleusung weisen eine außerordentlich weite tatbestandliche Umschreibung des Menschenhandels auf, die Berührungspunkte mit mehreren Chartabestimmungen hat. Mit dem Ziel eines möglichst umfassenden Opferschutzes werden sexuelle Ausbeutung, Zwangsarbeit, sklavenähnliche Praktiken, der Verkauf junger Ausländerinnen an europäische Bordelle, gewerbsmäßiger Kinderhandel, erzwungene Adoptionsfreigabe und etwa die kriminelle Gewinnung von Körperorganen bei Lebendspendern erfasst. Wesentliche Bedeutung hat zudem das umfassende **Übereinkommen des Europarates zur Bekämpfung des Menschenhandels** vom 16. Mai 2005.[131] Das Übereinkommen stellt den Menschenhandel ausdrücklich in einen menschenrechtlichen Kontext und macht die **Rechte der Betroffenen** – neben der Kriminalitätsbekämpfung – zu einem gleichwertigen Schwerpunkt.[132] Vor diesem Hintergrund und zur Optimierung des Schutzprogramms der Charta erscheint auch für Art. 5 Abs. 3 eine **weite Definition des Menschenhandels** unabdingbar, die den „Handel" von Frauen, Männern und Kindern umfasst, das „intra-country trafficking" einbezieht,[133] und die unterschiedlichsten „Handelszwecke" inkriminiert, ob sexuelle Ausbeutung, Ausbeutung der Arbeitskraft oder Organentnahmen. Hinzu muss ein **substantieller und effektiver Opferschutz** treten, namentlich durch Identifizierung und Betreuung der Betroffenen und einen Zugang zu Entschädigung.[134] Der Begriff „Menschenhandel" umfasst somit sämtliche organisierte Formen der Ausbeutung von Menschen, die deren Selbstbestimmungsrecht verletzen, wie aktuell die Ausnutzung der Bettelei und erzwungene Straftaten. Eine Freiheitsberaubung ist nicht zwingend erforderlich.[135] Vom Menschenhandel kann so auch die illegale Immigration abgegrenzt werden, wobei der Opferschutz im Zweifel Vorrang hat.[136]

130 Zur völkerrechtlichen Vertragspraxis s. *Dörr/Grote/Marauhn/Marauhn*, EMRK/GG, Kap. 12 Rn. 4.

131 Abrufbar unter: www.conventions.coe.int.

132 Kritisch zur hergebrachten Fokussierung auf die Kriminalpolitik *Peers/Hervey/Kenner/Ward/Askola*, EU Charter, 05.19, 05.29, 05.35 f.

133 Den Schutz eigener Staatsangehöriger vor „binnenstaatlichem" Menschenhandel - in Abwesenheit eines grenzüberschreitenden Elements - hat jüngst der Straßburger Gerichtshof zu Art. 4 EMRK anerkannt: EGMR, Urt. v. 19.7.2018, Nr. 60561/14, *S.M.*, Ziff. 54.

134 Den Opferschutz betont auch die aktuelle Entscheidung: EGMR, Urt. v. 30.3.2017, Nr. 21884/15, *Chowdury ua.* S. auch zu „remedies" *Peers/Hervey/Kenner/Ward/Askola*, EU Charter, 05.40 f.

135 EGMR, Urt. v. 30.3.2017, Nr. 21884/15, *Chowdury ua.*

136 S. hierzu *Kjaerum*, Article 5, S. 64.

41 Das unmittelbar geltende Grundrecht in Art. 5 Abs. 3 hat eine Abwehrrichtung, in erster Linie aber eine **Schutzpflichtdimension.**[137] Die Union wie die Mitgliedstaaten trifft die positive Verpflichtung, die Rechte von Opfern oder potenziellen Opfern von Menschenhandel effektiv zu schützen.[138] Dabei ist ein ganzheitlicher – präventiver wie repressiver – Ansatz von Nöten.[139] Hier sind verfahrensrechtliche Pflichten von Bedeutung, so die Pflicht, die Tatumstände möglichen Menschenhandels zu ermitteln.[140] Allerdings gehen die Schutzpflichten, etwa Ermittlungspflichten, wohl nicht über das Gebiet der Union hinaus.[141] Zudem führt das Verbot des Menschenhandels zu einem **Gesetzgebungsauftrag auf etlichen Politikfeldern.**[142] Ermächtigungsgrundlagen hierfür finden sich in Art. 79 und 83 AEUV, wonach die Union Mindestvorschriften zur Festlegung von Straftaten und Strafen zur Bekämpfung des Menschenhandels und der sexuellen Ausbeutung von Frauen und Kindern erlassen kann. Die Bestimmung des Art. 5 Abs. 3 zeigt seit der ersten Proklamation der Charta erhebliche Ausstrahlungskraft.[143] So bezogen und beziehen sich zahlreiche einschlägige Aktivitäten der Union wie der – mittlerweile ersetzte – Rahmenbeschluss des Rates vom 19. Juli 2002 zur Bekämpfung des Menschenhandels ausdrücklich auf die Charta.[144] Der Rahmenbeschluss wirkte über entsprechende Strafvorschriften der Mitgliedstaaten der wirtschaftlichen Ausbeutung von Arbeitskräften und zudem der sexuellen Ausbeutung entgegen.[145] Hier zeigt sich wieder die Verzahnung mit den sozialen Mindestgarantien in Titel IV. Die ergänzende Richtlinie 2004/81/EG sieht ihrerseits die Unterstützung von Drittstaatsangehörigen, die Opfer von Menschenhandel sind, und die Erteilung von Aufenthaltstiteln für diese Personen vor. Einen noch weitergehenden Schutz gewährt mittlerweile die – in Deutschland 2016 umgesetzte – Richtlinie 2011/36/EU des Europäischen Parlaments und des Rates vom 5. April 2011 zur Verhütung und Bekämpfung des Menschenhandels und zum Schutz seiner Opfer sowie zur Ersetzung des Rahmenbeschlusses 2002/629/JI des Rates. Erfasst sind nun die sexuelle Ausbeutung, Arbeitsausbeutung, Ausbeutung von Bettelei, Ausnutzung von strafbaren Handlungen sowie erzwungene Organentnahmen. Eine EU-Strategie zur Beseitigung des Menschenhandels trat im Jahre 2012 hinzu.[146] Ein Schwerpunkt der vielfältigen Tätigkeiten der Union liegt – als Teil der EU-

137 Vgl. EGMR, Urt. v. 21.1.2016, Nr. 71545/12, *L.E.* S. bereits EGMR, Urt. v. 13.11.2012, Nr. 4239/08, *C.N.* Zur Rechtsprechung des EGMR zu positiven Verpflichtungen s. *Karpenstein/Mayer/Behnsen*, EMRK, Art. 4 Rn. 9.

138 Zu den Pflichten der Union, auch als „norm exporter", s. *Peers/Hervey/Kenner/Ward/Askola*, EU Charter, 05.22, 05.26.

139 *Karpenstein/Mayer/Behnsen*, EMRK, Art. 4 Rn. 9; *Pati*, NJW 2011, 131.

140 Vgl. EGMR, Urt. v. 7.1.2010, Nr. 25965/04, *Rantsev*, Ziff. 288 f.

141 So hat der EGMR keine Ermittlungspflichten zur behaupteten Anwerbung auf den Philippinen und zur Ausbeutung in den Vereinigten Arabischen Emiraten angenommen: EGMR, Urt. v. 17.1.2017, Nr. 58216/12, *J. ua.*

142 *Vedder/Heintschel von Heinegg/Folz*, Europäischer Verfassungsvertrag, Art. II-65 Rn. 7.

143 Zu den Aktivitäten der Union seit 1996 *Heselhaus/Nowak/Bungenberg*, Hdb Eur. GR, § 13 Rn. 43, sowie *Holoubek/Lienbacher/Lienbacher*, GRC, Art. 5 Rn. 27 ff. S. auch *Peers/Hervey/Kenner/Ward/Askola*, EU Charter, 05.02.

144 S. auch den EU-Plan über bewährte Vorgehensweisen, Normen und Verfahren zur Bekämpfung und Verhütung des Menschenhandels aus dem Jahr 2005.

145 Der Rahmenbeschluss sollte durch eine Richtlinie des Europäischen Parlaments und des Rates zur Verhütung und Bekämpfung von Menschenhandel und zum Opferschutz ersetzt werden, so der erfolgreiche Vorschlag der Kommission vom 29. März 2010 (KOM(2010)95 endg.).

146 Dokument COM/2012/0286 final. S. zu den aktuellen Bemühungen der Union die Mitteilung der Kommission vom 4.12.2017 über die Folgemaßnahmen zur Strategie der EU zur Beseitigung des Menschenhandels (COM/2017/0728 final). Seit 2007 findet am 18. Oktober ein EU-Tag gegen Menschenhandel statt. Weiterführende Informationen finden sich auf der Webseite der Europäischen Kommission: www.ec.europa.eu/anti-trafficking.

Kinderrechtsstrategie – bei der **Bekämpfung des Kinderhandels** und der sexuellen Ausbeutung von Kindern.[147] Hier besteht zugleich eine enge Verbindung zu Art. 24. Allgemein rücken zu Recht **Prävention und Opferschutz** in das Zentrum der unionalen Bemühungen.[148]

Von besonderer Bedeutung dürfte künftig sein, dass aus Art. 5 – wie aus Art. 4 EMRK – ein **Abschiebungsschutz** folgen könnte, wenn nämlich eine Abschiebung die Gefahr mit sich bringt, der Sklaverei, Leibeigenschaft oder sonstigen verwerflichen Ausbeutungsformen unterworfen zu sein.[149] Hierfür spricht jedenfalls die Wertungsgleichheit von Art. 4 und 5 der Charta bzw. der Art. 3 und 4 der Konvention.[150] EGMR wie EuGH haben sich allerdings bisher zurückhaltend gezeigt.[151]

IV. Literaturübersicht

Allain, Jean, The Law and Slavery: Prohibiting Human Exploitation, Leiden 2015; *ders.*, Rantsev v. Cyprus and Russia: The European Court of Human Rights and Trafficking as Slavery, HRLR 2010, 546; *Bales, Kevin*, Die neue Sklaverei, München 2001 (siehe auch www.antislavery.org); *Bubnoff, Eckhart v.*, Schwerpunkte strafrechtlicher Harmonisierung in Europa unter Berücksichtigung der Orientierungsvorgaben aus der Grundrechtscharta 2000, ZEuS 2001, 165; *Clesse, Charles-Éric/Kurz, Frédéric/Le Cocq, Patricia/Truillet, Véronique*, La traite des êtres humains et le travail forcé, Bruxelles 2014; *Cullen, Holly*, Siliadin v. France: Positive Obligations under Article 4 of the European Convention on Human Rights, HRLR 2006, 585; *Delacampagne, Christian*, Geschichte der Sklaverei, Darmstadt 2004; *Follmar-Otto, Petra/Rabe, Heike*, Menschenhandel in Deutschland: Die Menschenrechte der Betroffenen stärken, Berlin 2009; *Frenz, Walter*, Verbot der Sklaverei und Zwangsarbeit nach dem Urteil Siliadin, NZA 2007, 734; *Haverkamp, Rita/Vogeler, Lena* (Hrsg.), Der rechtliche Umgang mit Menschenhandel zum Zweck sexueller Ausbeutung in Europa, Münster 2018; *Heinz, Wolfgang*, Menschenhandel und Menschenschmuggel. Kriminologische und kriminalpolitische Aspekte, in: Triffterer, Otto (Hrsg.), Gedächtnisschrift für Theo Vogler, Heidelberg 2004, S. 127; *Kjaerum, Morten*, Article 5, in: EU Network of Independent Experts on Fundamental Rights, Commentary of the Charter of Fundamental Rights of the European Union, Juni 2006 (Online-Kommentar, abrufbar unter: www.ec.europa.eu/justice/fundamental-rights/networkcomme ntaryfinal.en.); *Knospe, Armin*, Der mühevolle Weg des Vertragsvölkerrechts bei der Bekämpfung von Sklaverei und Zwangsarbeit, ZESAR 2017, 69; *Lindner, Christoph*, Anspruch auf umfassenden Schutz vor Menschenhandel nach Art. 4 EMRK, ZAR 2010, 137; *ders.*, Die Effektivität transnationaler Maßnahmen gegen Menschenhandel in Europa. Eine Untersuchung des rechtlichen Vorgehens gegen die moderne Sklaverei in der Europäischen Union und im Europarat, Tübingen 2014; *Mentz, Ulrike*, Frauenhandel als migrationsrechtliches Problem, Frankfurt a.M. 2001; *Obokata, Tom*, EU Council Framework Decision on Combating Trafficking in Human Beings: A Critical Appraisal, CMLRev. 2003, 917; *ders.*, Trafficking of Human Beings as a Crime Against Humanity: Some Implications for the International Legal System, ICLQ 54 (2005), 445; *ders.*, Trafficking of Human Beings from a Human Rights Perspective, Leiden ua 2006; *Osterhammel, Jürgen*, Sklaverei und die Zivilisation des Westens, München 2000; *Pati, Roza*, Der Schutz der EMRK gegen Menschenhandel, NJW 2011, 128; *Rabe, Heike/Tanis, Naile*, Menschenhandel als Menschenrechtsverletzung. Strategien und Maßnahmen zur Stärkung der Betroffenenrechte, 2013 (abrufbar unter: www.institut-fuer-menschenrechte.de); *Reckinger, Gilles*, Bittere Orangen. Ein neues Gesicht der Sklaverei in Europa, Wuppertal 2018 (auch bpb); *Ritter, Anne-Sophie*, Art. 4 EMRK und das Verbot des Menschenhandels. Eine Untersuchung zu den positiven Pflichten der Bundesrepublik Deutschland zur Bekämpfung des Menschenhandels im Kontext des europäischen Menschen-

147 Eingehend *Kjaerum*, Article 5, S. 62 f. S. aktuell die Schlussanträge des GA *Campos Sánchez-Bardona* in der Rs. C-129/18, Rn. 109 ff.

148 S. etwa die Broschüre „Rechte der Opfer von Menschenhandel in der EU" aus 2013, abrufbar unter: www.ec.europa.eu/anti-trafficking.

149 Vgl. *Peers/Hervey/Kenner/Ward/Askola*, EU Charter, 05.22. S. auch *Calliess/Ruffert/Calliess*, EUV/AEUV, Art. 5 Rn. 5.

150 So *Karpenstein/Mayer/Behnsen*, EMRK, Art. 4 Rn. 11.

151 Der EGMR hat sich wohl noch nicht abschließend mit einem Abschiebungsschutz aus Art. 4 EMRK befasst. Zur Thematik s. bereits EGMR, Urt. v. 19.1.1999, Nr. 42367/98, *Ould Barar*, später EGMR, Urt. v. 14.6.2011, Nr. 49113/09, *L.R.*; EGMR, Urt. v. 28.6.2011, Nr. 30815/09, *D.H.*; EGMR, Urt. v. 18.2.2014, Nr. 13950/12, *O.G.O.* S. auch EuGH – *Samba Diouf*, Rs. C-69/10, ECLI:EU:C:2011:524, Urt. v. 28.7.2011.

rechtsschutzes, Baden-Baden 2015; *Scarpa, Silvia*, Trafficking in Human Beings. Modern Slavery, Oxford 2008; *Weyembergh, Anna/Santamaria, Veronica* (Hrsg.), The Evaluation of European Criminal Law. The Example of the Framework Decision on Combating Trafficking in Human Beings, Bruxelles 2009; *Zapatero, Luis Arroyo*, Vom Kampf gegen die Sklaverei und den Mädchenhandel hin zum Verbot des Menschenhandels, in: Festschrift für Winfried Hassemer, Heidelberg 2010, S. 929.

Zu einschlägigen Entscheidungen des EuGH, des EGMR und nationaler Gerichte zu Art. 5 s. das ständig aktualisierte Online-Tool „Charterpedia" der Grundrechteagentur (www.fra.europa.eu). Zu Leitentscheidungen und zur aktuellen Rechtsprechung des EGMR zu Art. 4 EMRK s. die in englischer, französischer und teilweise deutscher Sprache auf der Webseite des Straßburger Gerichtshofs veröffentlichten und regelmäßig aktualisierten „Factsheets" und „Case-Law Guides" (www.echr.coe.int). Die Judikate des EuGH sind über www.curia.europa.eu/juris/recherche abrufbar, während die Urteile des EGMR über www.hudoc.echr.coe.int auffindbar sind. Ein von *Marten Breuer* betreutes Fundstellenverzeichnis zu deutschen Übersetzungen der in der Regel nur in englischer und/oder französischer Sprache veröffentlichten Entscheidungen des EGMR findet sich unter www.egmr.org. S. auch die Rechtsprechungsdatenbank des Bundesweiten Koordinierungskreises gegen Menschenhandel (www.kok-buero.de).

Titel II Freiheiten

Vorbemerkungen

Die Bemühungen um einen **wirksamen Schutz** der **Freiheitsrechte** in der Union ziehen sich wie ein Leitmotiv durch die **Rechtsprechung des EuGH,** von seinen ersten Schritten als EGKS-Gerichtshof bis zum heutigen Tag. Darüber hinaus begleiten und prägen sie die Entwicklung der Gemeinschaft/Union insgesamt und bieten so dem Beobachter, der sich einer Analyse der Entwicklung ihrer politischen und „verfassungsrechtlichen" Struktur zuwendet, ein außerordentlich wertvolles Reagens. Im Lauf der Jahre hatte der EuGH zahlreiche Gelegenheiten, im Rahmen seiner Rechtsprechung einen **Gemeinschaftskatalog der Freiheitsrechte** herauszuarbeiten. Dieser ist **unvollkommen** geblieben. So umfasst er – der wirtschaftlichen Ausrichtung der Gemeinschaft/Union entsprechend – vor allem **„wirtschaftliche" Freiheiten.** Seine Lückenhaftigkeit hat aber **auch andere Ursachen.** Sie erklärt sich nicht zuletzt aus der vom EuGH angewendeten **prätorischen Technik.** 1

Vier „Quellen" lassen sich unterscheiden, aus denen sich der **EuGH** bei der **Konkretisierung des Schutzes** der – ungeschriebenen – Freiheitsrechte in der Vergangenheit inspirieren ließ. Von Bedeutung waren zunächst die Grundsätze des Gemeinschaftsrechts und der Gemeinschaftsverträge, die den EuGH in der **Frühphase seiner Rechtsprechung** zur Annahme eines gemeinschaftsimmanenten Grundrechtsschutzes auf der Grundlage der Vertragsnormen selbst geleiteten. **In späteren Phasen** ging der EuGH von den „gemeinsamen Verfassungsüberlieferungen der Mitgliedstaaten" aus, bezog sich auf Hinweise, welche „die internationalen Verträge über den Schutz der Menschenrechte, an deren Abschluss die Mitgliedstaaten beteiligt waren oder denen sie beigetreten sind", geben, und „berücksichtigte" auch das „soft law" zum Grundrechtsschutz, etwa die Erklärungen der Gemeinschaftsorgane zu den Grundrechten und zur Demokratie. Schritt für Schritt füllte der EuGH **auf der Grundlage dieser Rechtserkenntnisquellen** die Liste der geschützten Freiheitsrechte, von der dem positiven Gemeinschaftsrecht am nächsten stehenden Handels- und Wettbewerbsfreiheit über die Berufs- und Vereinigungsfreiheit bis hin zur Religionsfreiheit, vom Schutz des Eigentums bis hin zum Schutz von Wohnung, Privatsphäre und Briefverkehr. 2

Im Kern ging der EuGH von der Existenz einer **aus den Verfassungstraditionen der Mitgliedstaaten gespeisten Grundrechtsordnung** aus, den Verträgen im Rang gleichstehend und gegen mögliche Rechtsverletzungen der Gemeinschaftsorgane gerichtet. Was den Verfassungstraditionen der Mitgliedstaaten wirklich entsprach, wurde im Wege **wertender Rechtsvergleichung** ermittelt. Rechtsvergleichende Analysen und – vor allem – die betreffende Wertung wurden erleichtert, wenn die Mitgliedstaaten **in internationalen Verträgen,** namentlich in der **EMRK,** selbst **verbindlich erklärt** hatten, **was** für sie gemeinsam **als Freiheitsrecht gilt.** Insoweit wurde seit geraumer Zeit nicht mehr nur vorsichtig, sondern ganz selbstverständlich (auch) auf die Entscheidungen des Straßburger Gerichtshofs für Menschenrechte Bezug genommen. 3

Diese **Tradition zeichnet Titel II der** mit dem Inkrafttreten des Vertrags von Lissabon rechtsverbindlich gewordenen **GRC** in seinem Katalog der „Freiheiten" **nach.** Die dogmatische Verankerung der auf Gemeinschaftsebene angelegten Freiheitsrechte hatte bereits das **Mandat von Köln** besonders hervorgehoben, das zu den bei der Erarbeitung der GRC zu berücksichtigenden Rechtserkenntnisquellen **folgende Festlegung** enthielt: 4

„Nach Auffassung des Europäischen Rates soll diese Charta die Freiheits(rechte)... umfassen, wie sie in der Europäischen Konvention zum Schutz der Menschenrechte und Grund- 5 freiheiten gewährleistet sind und wie sie sich aus den gemeinsamen Verfassungsüberlieferungen der Mitgliedstaaten als allgemeine Grundsätze des Gemeinschaftsrechts ergeben."

6 Mit dieser Festlegung, die nach dem Willen des Europäischen Rates für den Grundrechtekonvent nicht nur Hinweischarakter haben, sondern diesen gleichermaßen in seiner Gestaltungsfreiheit beschränken sollte, war der **EMRK** als einer gemeinsamen europäischen „Bill of Rights" **bei der Erarbeitung der Freiheitsrechte** eine **tragende Rolle** zugedacht worden. Das Mandat hatte dabei mit Bedacht an den Wortlaut des Art. 6 Abs. 2 EUV-Amsterdam angeknüpft und die Rechtsprechung des EuGH zur dogmatischen Ableitung der Freiheitsrechte aufgegriffen. Jene ist – seit mehreren Jahrzehnten – so verfestigt, dass die Bezugnahme auf die EMRK als regelmäßiger Ausgangspunkt der Grundrechtsprüfung des EuGH angesehen werden kann.

7 Der **zweite Titel** der **GRC** enthält **im Wesentlichen alle Freiheitsrechte der EMRK,** auch wenn sich die Formulierungen nicht in jeder Hinsicht entsprechen. **Daneben** bestehen jedoch **erhebliche Abweichungen.** So lässt sich das Recht auf Schutz personenbezogener Daten in Art. 8 auf eine ausdrückliche Bestimmung der EMRK nicht zurückführen. Stattdessen nimmt es sekundäres und Primärrecht der Gemeinschaft/Union auf. Das in Art. 9 etablierte Recht, eine Ehe einzugehen und eine Familie zu gründen, weicht insoweit von der Referenzvorschrift der EMRK ab, als das Recht der Familiengründung vom Recht, eine Ehe einzugehen, „abgekoppelt" und der Bezug auf „Männer und Frauen" aufgegeben wurde. Eine weitere Besonderheit besteht im Bereich der Gedanken-, Gewissens- und Religionsfreiheit des Art. 10, die der Grundrechtekonvent unter Hinweis auf die gemeinsamen Verfassungstraditionen um ein Recht auf Wehrdienstverweigerung ergänzt hat. Art. 11 enthält die Freiheiten der Meinungsäußerung und Information. Anders als in der EMRK, die die Medienfreiheit und die Freiheit der Kunst als implizit (mit)garantierte Ausdrucksformen der Freiheit der Meinungsäußerung betrachtet, sind diese Freiheiten in Art. 11 Abs. 2 und Art. 13 gegenüber dem „Stammrecht" verselbstständigt und einer eigenständigen Regelung zugeführt worden. Weniger bedeutsame Abweichungen von der EMRK lassen sich dagegen für die Versammlungs- und Vereinigungsfreiheit in Art. 12 und das Recht auf Bildung in Art. 14 feststellen. So hat der Grundrechtekonvent den Schutz des Art. 12 nicht nur auf nationale, sondern auch auf transnationale Vereinigungen erstreckt. Art. 14 geht auf Schutzbereichsebene wegen der Einbeziehung eines Rechts auf Zugang zur beruflichen Ausbildung und Weiterbildung über die EMRK hinaus. In Art. 15 und Art. 16 finden sich mit der Berufsfreiheit und einem Recht zu arbeiten sowie der – hiervon zu unterscheidenden – unternehmerischen Freiheit „wirtschaftsverfassungsrechtliche" Garantien, die in der EMRK nicht enthalten sind. Beide Bestimmungen erhalten ihre Prägung durch das Primärrecht und die Grundrechtsrechtsprechung des EuGH. Den Katalog der „Freiheiten" schließen spezielle Grundrechte für Ausländer ab. Eine Innovation stellt die ausdrückliche Regelung des Asylrechts in Art. 18 dar, zu deren Legitimation auf das Primärrecht der Gemeinschaft/Union verwiesen wird. Mit dem Verbot der Abschiebung, Ausweisung und Auslieferung in Art. 19 Abs. 2 wird im Ergebnis die Rechtsprechung des Straßburger Gerichtshofs für Menschenrechte übernommen. Konsequenter als dieser hat der Grundrechtekonvent die das Verbot auslösenden Anlasstatbestände jedoch um den Anlasstatbestand des ernsthaften Risikos der Todesstrafe ergänzt.

8 Einige Worte zur **Auslegung** der Grundrechtsbestimmungen, insbesondere zum Gewicht der **„travaux préparatoires"** als iSd allgemeinen Regeln der völkerrechtlichen Vertragsauslegung (vgl. Art. 32 WVK) ergänzenden Interpretationsmittels: Zu ihrer Bedeutung für die

Auslegung der GRC ist bisher wenig ausgeführt worden.[1] Lassen sich mit Hilfe der in Titel VII der GRC[2] und in den einzelnen Bestimmungen selbst enthaltenen **chartaspezifischen Auslegungsregeln** klare Konturen, etwa des Schutzbereichs der Freiheitsrechte, nicht nachzeichnen, und versagen auch die – auf einem objektiven Ansatz beruhenden – völkerrechtlichen Interpretationsregeln, sind für die Ermittlung des mit den Grundrechtsbestimmungen verfolgten Zwecks die **„Normvorstellungen"** der an der Vorbereitung der GRC beteiligten **Entwurfsverfasser** in besonderer Weise heranzuziehen.[3] Die Notwendigkeit einer Akzentuierung der Normhistorie bei der Auslegung beruht auch darauf, dass die Entwürfe (im Grundrechtekonvent) in Anwendung der sog **Konvents-Methode** erarbeitet wurden, an der Abfassung des Textes der GRC also – anders als bei Revisionen der Verträge in der Vergangenheit – alle (seinerzeitigen) Vertragsparteien maßgeblich durch ihre (europäischen und nationalen) Parlamentarier beteiligt waren. Der Konvent (ebenso der spätere Verfassungskonvent) stellte einen Ort **deliberativer Entscheidungsfindung** dar. Insoweit ist die GRC genuin das Ergebnis eines **transnationalen argumentativen Diskurses** und **Diskussionsprozesses zwischen Parlamentariern,** das die nachfolgende(n) Regierungskonferenz(en) in nicht zu unterschätzender Weise band. Die **Normvorstellungen** dieses „gouvernementalparlamentarisch" gemischten Gremiums mit parlamentarischer Mehrheit, das natürlich keine ieS durch demokratische Urwahl geschaffene verfassunggebende Versammlung war und auch die Anforderungen an einen zweiten Legitimationsstrang nicht tatsächlich erfüllte,[4] sind **bei einem sonst unklaren Auslegungsbefund** besonders **zu beachten.** Sie lassen sich aus den (aktualisierten) **Erläuterungen,** die „gebührend zu berücksichtigen" sind (vgl. Art. 6 Abs. 1 S. 3 EUV und Art. 52 Abs. 7), und den – dokumentierten – **Konventsberatungen** im Wesentlichen ermitteln. Es ist zu hoffen, dass sich der EuGH als Auslegungsautorität auch in diesem Bereich Zurückhaltung auferlegt, auf dieser (veränderten) Grundlage eine neue „europäische Auslegungsdogmatik" entwickelt und ausschließlich am Effektivitätsgrundsatz orientierte Interpretationsergebnisse nicht unter Verstoß gegen den – auch durch die Normhistorie geprägten – Zweck der Grundrechtsbestimmungen erkauft.

Artikel 6 Recht auf Freiheit und Sicherheit

Jeder Mensch hat das Recht auf Freiheit und Sicherheit.

I. Vorgaben

1 Mit dem in Art. 6 enthaltenen Recht auf Freiheit und Sicherheit hat der Grundrechtekonvent eine der **ältesten Menschenrechtsgarantien** an die **Spitze** seines **Kataloges** der **„Freihei-**

---

1 Zur Auslegung der GRC vgl. etwa *Dorf,* JZ 2005, 126; ferner – anlassbezogen – *Stern/Sachs/Kempen,* GRC, Art. 13 Rn. 1.

2 Von *Dorf,* JZ 2005, 128 ff., als Anpassungs-Regel, EMRK-Regel, Traditions-Regel, Mitgliedstaats-Regel, Erläuterungs-Regel, Schutzniveau-Regel und Missbrauchs-Regel bezeichnet.

3 Vgl. aber *Stern/Sachs/Kempen,* GRC, Art. 13 Rn. 1: ... nur höchst hilfsweise ...

4 Vgl. aber *Baer,* ZRP 2000, 363: ...(aber) mehr, als das BVerfG in seinem Maastricht-Urteil (BVerfGE 89, 155, 184) mit dem „dualen Legitimationsverständnis" andeutete ...

ten" gestellt. Das **„habeas-corpus"-Grundrecht** des Art. 6 entspricht ungeachtet textlicher Abweichungen den materiellen und verfahrensrechtlichen Gewährleistungen des **Art. 5 EMRK,** auf den das Präsidium des Grundrechtekonvents in seinen Erläuterungen zu Art. 6 und Art. 52 Abs. 3 verwiesen hat. In dieser Anknüpfung zielt Art. 6 primär auf „klassische" Konstellationen von Freiheitsbeschränkungen, deren rechtliche Beherrschung in einer langen Tradition der Abwehr staatlicher Eingriffe gewachsen und zu einem grundrechtlichen Kernelement in den demokratischen Verfassungsstaaten der Union gereift ist.[1]

1. Verfassungen der Mitgliedstaaten

2 Garantien zum Schutz der persönlichen Freiheit im Falle von Freiheitsentziehungen finden sich im internationalen Vergleich in den **Verfassungen aller seinerzeitigen Mitgliedstaaten.** Dabei sind in Verbindung mit dem **materiellen Grundrecht der persönlichen Freiheit** (Art. 12 S. 1 VerfBelgien, § 71 Abs. 1 VerfDänemark, Art. 2 Abs. 2 S. 2 GG, § 7 Abs. 1 VerfFinnland, Art. 5 Abs. 3 S. 1 VerfGriechenland, Art. 40 Abs. 4 Nr. 1 VerfIrland, Art. 13 S. 1 VerfItalien, Art. 12 S. 1 VerfLuxemburg, Art. 1 Abs. 1 des österreichischen BVG über den Schutz der persönlichen Freiheit 1988, Art. 27 Abs. 1 VerfPortugal, Kapitel 2 § 8 VerfSchweden und Art. 17 Abs. 1 S. 1 VerfSpanien) stets **Grundelemente verfahrensrechtlicher Sicherungen** erkennbar wie der Gesetzesvorbehalt, das Recht auf Information über die Gründe der Freiheitsentziehung, der Richtervorbehalt und das Recht auf gerichtliche Haftkontrolle (Art. 12 S. 2 und 3 VerfBelgien, § 71 Abs. 2 bis 4 VerfDänemark, Art. 2 Abs. 2 S. 3 und Art. 104 Abs. 1, 3 und 4 GG, § 7 Abs. 1 S. 1 bis 3 VerfFinnland, Art. 66 VerfFrankreich und Art. 7 S. 1 der französischen Erklärung der Menschen- und Bürgerrechte vom 26.8.1789, Art. 5 Abs. 3 S. 2 und Abs. 4 sowie Art. 6 Abs. 1 VerfGriechenland, Art. 40 Abs. 4 Nr. 1 und 2 VerfIrland, Art. 13 S. 2 und 3 VerfItalien, Art. 12 S. 2 bis 5 VerfLuxemburg, Art. 15 Abs. 1 bis 3 VerfNiederlande, Art. 27 Abs. 2 bis 4, 28 und 30 Abs. 2 VerfPortugal, Kapitel 2 § 9 VerfSchweden und Art. 17 Abs. 1 bis 4 VerfSpanien). **Positive Rechte** wie ein Anspruch auf Schadensersatz bzw. Entschädigung bei unrechtmäßiger Freiheitsentziehung finden sich nur vereinzelt (etwa § 27 Abs. 5 VerfPortugal). Schutz vor willkürlichen Freiheitsentziehungen bieten auch die **Verfassungen der neuen Mitgliedstaaten** (vgl. etwa Art. 30 VerfBulgarien, §§ 20 f. VerfEstland, Art. 22 ff. VerfKroatien; Art. 94 VerfLettland, Art. 20 VerfLitauen, Kapitel IV Art. 32 VerfMalta, Art. 41 VerfPolen, Art. 23 VerfRumänien, Art. 19, 20 VerfSlowenien und Art. IV GGUngarn).

2. Internationales Recht

3 Für die Auslegung des Art. 6 sind neben der Bestimmung des Art. 5 EMRK **weitere gemeinsame internationale Verpflichtungen** zu beachten (Erwägung Nr. 5 der Präambel, Art. 53).[2] Das Recht auf Freiheit der Person ist allgemein in **Art. 3 AEMR,** als Schutz vor willkürlicher Festnahme in **Art. 9 AEMR** enthalten. Fordert Art. 9 AEMR noch relativ programmatisch, dass niemand willkürlich festgenommen oder in Haft gehalten werden darf, so nimmt **Art. 9 IPbpR** diesen Grundsatz auf und ergänzt ihn wie Art. 5 EMRK um die (**verfahrensrechtlichen) Gewährleistungen,** dass jeder Festgenommene über die Gründe der Festnahme zu unterrichten (Absatz 2), unverzüglich einem Richter vor- und einer Aburteilung zuzuführen (Absatz 3), zu einer gerichtlichen Haftprüfung zuzulassen (Absatz 4) sowie bei rechtswidriger Haft zu entschädigen (Absatz 5) ist. In Abweichung von der EMRK

---

1 Zur Entstehungsgeschichte der „habeas-corpus"-Garantien ausführlich *Riedel*, EuGRZ 1980, 192.

2 Zu den folgenden Ausführungen *Seidel*, Handbuch, S. 328 ff.; *Guradze*, EMRK, Art. 5 Rn. 1; vgl. auch die umfangreiche Darstellung internationaler Regelungen und wesentlichen Fallrechts bei *Rengeling/Szczekalla*, Grundrechte, S. 443.

schließt sich an Art. 9 IPbpR mit **Art. 10 IPbpR** eine Regelung an, die die Vertragsstaaten dazu verpflichtet, inhaftierten und festgenommenen Personen eine menschenwürdige Behandlung zuteilwerden zu lassen, etwa durch einen schnellen Abschluss des Gerichtsverfahrens. Obwohl in den Erläuterungen des Präsidiums nicht erwähnt, wird das **Verbot der Schuldhaft** von der Schutzgewährleistung des Art. 6 mit umfasst. Dieses Verbot ist in **Art. 1 ZP Nr. 4 zur EMRK** und **Art. 11 IPbpR** vertragsvölkerrechtlich abgesichert.

Ein hoher Rang wird der Schutzbedürftigkeit inhaftierter Personen und ihrer Rechte auch in der **Erklärung des EP über Grundrechte und Grundfreiheiten vom 12.4.1989** zuerkannt. Mangels Verbindlichkeit für die Gemeinschaft ist **Art. 2 S. 1** („Jeder hat das Recht auf Leben, Freiheit und Sicherheit.") allerdings kein Maßstab für die Auslegung des Art. 6. 4

II. Diskussion im Grundrechtekonvent

Die Forderung nach einer **Aufnahme** des in Art. 6 enthaltenen **„habeas-corpus"-Grundrechts** war bereits in der vom Präsidium des Grundrechtekonvents erstellten Grundrechtsliste (BODY 4) enthalten. Das Präsidium hatte hierzu auf Art. 5 EMRK und Art. 2 S. 1 der Erklärung des EP über Grundrechte und Grundfreiheiten vom 12.4.1989 verwiesen. In dem von *Meyer* (D) im Januar 2000 an die Konventsmitglieder übermittelten Diskussionsentwurf einer Grundrechtecharta (CHARTE 4102/00 CONTRIB 2) war das Recht auf Freiheit der Person mit zwei weiteren Grundrechtsverbürgungen, dem Recht auf Leben und dem Recht auf körperliche Unversehrtheit verbunden worden (Art. 2 Nr. 1). In seinen **ersten Entwurf** hatte das Präsidium mehr oder weniger **wörtlich den Text des Art. 5 EMRK aufgenommen** (Art. 3 CONVENT 5). Auf eine Aufzählung von Eingriffsvorbehalten, wie sie in Art. 5 Abs. 1 S. 2 lit. a bis f. EMRK niedergelegt sind, war allerdings verzichtet worden. 5

In den folgenden Sitzungen des Grundrechtekonvents war der Vorschlag des Präsidiums heftiger Kritik ausgesetzt. Gestritten wurde darüber, ob zur Vermeidung eines Zurückbleibens hinter dem Schutzstandard der EMRK die Schranken des Art. 5 EMRK ausdrücklich benannt werden sollten oder das Grundrecht einer allgemeinen Einschränkungsklausel zu unterwerfen sei. Darüber hinaus wurde diskutiert, ob es der Norm überhaupt bedürfe und wie der Begriff „Sicherheit" interpretiert werden müsse. 6

In dem zur Vorbereitung der abschließenden dritten Lesung des Grundrechtekonvents übermittelten **ersten Entwurf eines vollständigen Textes der Grundrechtecharta** (**CONVENT 45**) war das Grundrecht auf Freiheit und Sicherheit nur noch in seiner endgültigen, auf **einen Satz** reduzierten Fassung („Jede Person hat das Recht auf Freiheit und Sicherheit.") enthalten.[3] 7

In den Beratungen des **Verfassungskonvents** ist der Passus **„jede Person"** auf Betreiben vieler Delegierter im Hinblick auf den expliziten Menschenrechtscharakter der Habeas-corpus-Garantie durch die Formulierung **„jeder Mensch"** ersetzt worden. 8

III. Kommentierung

1. Verhältnis zu anderen Grundrechten

Art. 6 gehört zu den **fundamentalen Freiheitsrechten**, weist mit seinen verfahrensrechtlichen Gewährleistungen aber auch einen **Bezug zu** den in Titel VI der GRC geregelten **justiziellen Grundrechten** auf. Insoweit besteht eine enge Verzahnung mit **Art. 47** („Recht auf 9

3 Ausführlicher zum Beratungsverlauf in der Vorauflage.

einen wirksamen Rechtsbehelf und ein unparteiisches Gericht") und **Art. 48** („Unschuldsvermutung und Verteidigungsrechte"). Im Hinblick auf seine Bedeutung für die **Sicherung der physischen Existenz des Menschen** rangiert Art. 6 auf **gleicher Ebene** mit den in **Art. 2 und 3** verbürgten Grundrechten auf Leben und körperliche sowie geistige Unversehrtheit. Werden Aspekte der persönlichen Freiheit von anderen Grundrechten geschützt[4] oder haben Grundrechte die Gewährleistung persönlicher Freiheit zur Voraussetzung,[5] so kommen diese vor bzw. neben Art. 6 zur Anwendung.

2. Recht auf Freiheit

10 Die Vorschrift enthält ein **(materielles) Grundrecht auf Freiheit der Person.** Restriktiver als der Wortlaut vermuten lässt, schützt Art. 6 nur die persönliche Freiheit im engeren Sinn, also die **körperliche Bewegungsfreiheit** (liberté d'aller et de venir).[6] Wie Art. 5 EMRK sichert Art. 6 diese Freiheit nicht gegen jede Art staatlichen Zwangs. Das Grundrecht will nur vor Eingriffen in Bereichen schützen, die durch die Vorbehalte des Art. 5 Abs. 1 S. 2 EMRK angesprochen sind.[7] Von der Freiheit der Person nicht umfasst ist daher die Freiheit von Sklaverei, Leibeigenschaft und Zwangs- oder Pflichtarbeit.[8] Art. 6 gewährleistet auch kein (weitergehendes) Recht auf Freizügigkeit.[9]

3. Recht auf Sicherheit

11 Soweit Art. 6 neben die Freiheit der Person als weiteres Schutzgut die **(persönliche) Sicherheit** stellt, gelten für das Verhältnis der beiden Begriffe zueinander die von der Rechtsprechung zu Art. 5 EMRK entwickelten Grundsätze. Der aus dem französischen Rechtsraum entlehnte Begriff der Sicherheit (sûreté) ist danach **im Wesentlichen gleichbedeutend mit** dem der **Freiheit**, auch wenn EKMR und EGMR beide Aspekte mitunter trennen.[10] In Anknüpfung an den vor allem aus der englischen Verfassungstradition stammenden Gedanken des Schutzes vor willkürlicher Verhaftung (habeas corpus) lässt sich dem Recht auf Sicherheit (lediglich) die **Forderung** entnehmen, dass **Eingriffe** in die Freiheit der Person **mit dem jeweiligen materiellen und formellen Recht in Einklang stehen müssen.**[11] Soweit im

4 Vgl. Art. 12 Abs. 1.

5 Etwa das Recht auf Freizügigkeit in Art. 45.

6 Nicht in den Schutzbereich des Art. 6 fällt also das Recht auf freie Entfaltung der Persönlichkeit. Wie hier *Stern/Sachs/Ogorek*, GRC, Art. 6 Rn. 2 ff., der in letzter Konsequenz auch eine Ausweitung auf den Schutz der allgemeinen Handlungsfreiheit ablehnt. Ebenso *Knecht*, in: Schwarze, EU-Kommentar, Art. 6 GRC Rn. 4; ferner *Jarass*, GR-Charta, 3. Aufl., Art. 6 Rn. 2, 6.

7 *Grabenwarter/Pabel*, EMRK, § 21 Rn. 2 ff.; *Peukert*, in: Frowein/Peukert, EMRK, S. 72; *Guradze*, EMRK, Art. 5 Rn. 3; *Seidel*, Handbuch, S. 332; *Herzog*, AöR 86 (1961), 203; sein Schutzbereich erfasst nicht die Bedingungen der Haft: Urt. des EGMR v. 2.8.2001 – Vittorio und Mancini/Italien – Appl. Nr. 44955/98, Report of Judgements and Decisions 2001 – IX, 111.

8 Diese ist in Art. 5 Abs. 1 und 2 geschützt.

9 Vgl. die Kommentierung zu Art. 45; *Stern/Sachs/Ogorek*, GRC, Art. 6 Rn. 3; ferner *Calliess*, in: Calliess/Ruffert, EUV/AEUV, 5. Aufl., Art. 6 GRCh Rn. 8; *Schorkopf*, in: Ehlers, Grundrechte, 4. Aufl., § 16 Rn. 10.

10 Bericht der EKMR v. 12.10.1978 – Arrowsmith/Großbritannien – B 7050/75, Decisions and Reports 19, 5, 18 Ziff. 64; Urt. des EGMR v. 18.12.1986 – Bozano/Frankreich – Nr. 5/1985/ 91/138, Serie A/111 = EuGRZ 1987, 101.

11 *Peukert*, in: Frowein/Peukert, EMRK, S. 73 mwN aus der Rechtsprechung; *Seidel*, Handbuch, S. 332 f.; ferner *Herzog*, AöR 86 (1961), 201; im Ergebnis auch *Trechsel*, EuGRZ 1980, 518; auch *Schorkopf*, in: Ehlers, Grundrechte, 4. Aufl., § 16 Rn. 5, unter Hinweis auf die Urteile des EGMR v. 25.6.1996 – Amuur/Frankreich – Nr. 17/1995/523/609 – Report of Judgements and Decisions 1996 – III, 826 (EuGRZ 1996, 577) und v. 20.3.1997 – Loukanov/ Bulgarien – Nr. 25/1996/644/829, Report of Judgements and Decisions 1997 – II, 529.

Grundrechtekonvent die Auffassung vertreten worden ist, das Recht auf Sicherheit könne auch einen Anspruch des Einzelnen auf staatlichen Schutz gegen Angriffe Dritter begründen,[12] findet diese Einschätzung in der Rechtsprechung zu Art. 5 EMRK keine ausreichende Stütze. Weder EKMR noch EGMR haben bisher mit der erforderlichen Klarheit festgestellt, dass Art. 5 Abs. 1 S. 1 EMRK über ein bloßes Eingriffsverbot hinausgeht und die Staaten außerdem (positiv) dazu verpflichtet, die Sicherheit des Einzelnen durch konkrete Maßnahmen zu gewährleisten.[13] So folgt auch aus Art. 6 **kein Asylrecht** für Personen, deren (persönliche) Sicherheit im Herkunftsland nicht gewährleistet ist, ferner **kein Einreiserecht** und **kein Recht auf Nicht-Ausweisung.**

4. Eingriffsrechtfertigung

Nach den Erläuterungen des Präsidiums sind sowohl die **Schrankenregelungen des Art. 5** 12
Abs. 1 S. 2 EMRK als auch die **verfahrensrechtlichen Gewährleistungen des Art. 5 Abs. 2 bis 5 EMRK** auf Art. 6 **zu übertragen.** Über eine entsprechend **weite Auslegung** als **„Rechte"** iSd Art. 52 Abs. 3 finden sie Eingang in dessen Gewährleistungen. Mit den Schrankenregelungen des Art. 5 Abs. 1 S. 2 EMRK gelten für Art. 6 iSd Art. 52 Abs. 3 S. 1 **spezielle, auf das Sachgebiet abgestimmte Rechtfertigungsanforderungen** mit der Folge, dass die allgemeine Grundrechtsschranke des Art. 52 Abs. 1 nicht zur Anwendung gelangt.[14] Die in Bezug genommenen Rechtfertigungsanforderungen stellen konkretisierte Ausprägungen des (allgemeinen) Verhältnismäßigkeitsgrundsatzes dar. Der Schutzrichtung des Art. 6 entsprechend wird in dessen Gewährleistung nur bei einer **Freiheitsentziehung** eingegriffen.[15] Art. 6 ist auch bei kurzzeitiger Freiheitsentziehung anwendbar. Bei der Beurteilung, ob eine Freiheitsentziehung vorliegt, ist die konkrete Situation des Betroffenen zugrunde zu legen. Nach Art. 5 Abs. 1 S. 2 EMRK ist die Rechtmäßigkeit einer Freiheitsentziehung von **zwei Voraussetzungen** abhängig, die kumulativ erfüllt sein müssen. Zunächst verlangt die Vorschrift für alle Formen der Freiheitsentziehung eine besondere **innerstaatliche Rechtsgrundlage.** Diese muss das zu beobachtende Verfahren („auf die gesetzlich vorgeschriebene Weise") sowie die materiellen Voraussetzungen des Eingriffs („rechtmäßig") regeln. Bedingung ist, dass das vorgesehene Verfahren selbst im Einklang mit der EMRK steht. Deren Vorgaben müssen tatsächlich eingehalten worden sein. Wegen der Intensität möglicher Grundrechtseinschränkungen muss das innerstaatliche Recht für den Einzelnen jeweils soweit erkennbar und verständlich sein, dass er sein Verhalten danach einrichten kann.[16] Darüber hinaus fordert Art. 5 Abs. 1 S. 2 EMRK, dass die Freiheitsentziehung **in mindestens einem**

---

12 Vgl. oben Rn. 5 ff. Zu einer selbstständigen Funktion des Rechts auf Sicherheit *Pechstein/Nowak/Häde/Wolff*, Frankfurter Kommentar, Art. 6 GRC Rn. 19 ff.

13 *Peukert*, in: Frowein/Peukert, EMRK, S. 75, unter Hinweis auf die Rechtsprechung.

14 A.A. („zusätzlich") *Jarass*, GR-Charta, 3. Aufl., Art. 6 Rn. 12; *Stern/Sachs/Ogorek*, GRC, Art. 6 Rn. 15; *Pechstein/Nowak/Häde/Wolff*, Frankfurter Kommentar, Art. 6 GRC Rn. 28 f.; *Calliess*, in: Calliess/Ruffert, EUV/AEUV, 5. Aufl., Art. 6 GRCh Rn. 14. Vgl. auch EuGH – Lanigan, Rs. C-237/15, ECLI:EU:C:2015:474, Urt. v. 16.7.2015 Rn. 55 f.; ferner EuGH – J. N., Rs. C-601/15, ECLI:EU:C:2016:84 Rn. 46 ff., 53 ff.

15 Bloße Freiheitsbeschränkungen werden also nicht erfasst. Zu den Abgrenzungskriterien vgl. die Urteile des EGMR v. 8.6.1976 – Engel ua/Niederlande – Serie A/22 (EuGRZ 1976, 221), v. 6.11.1980 – Guzzardi/Italien – Serie A/39 (EuGRZ 1983, 633) und v. 2.3.1987 – Weeks/Großbritannien – Nr. 3/1985/89/136, Serie A/114 (EuGRZ 1988, 316).

16 Nach der bisherigen Rechtsprechung zu Art. 5 EMRK ist ein förmliches Parlamentsgesetz nicht zwingend erforderlich: Urt. v. 21.2.1975 – Golder/Großbritannien – Serie A/18 (EuGRZ 1975, 91) und Urt. v. 26.4.1979 – Sunday Times/Großbritannien – Serie A/30 (EuGRZ 1979, 386); kritisch: *Guradze*, EMRK, Art. 5 Rn. 6, und *Herzog*, AöR 86 (1961), 211 f. Zu den Anforderungen an die Erkennbarkeit vgl. Urt. des EGMR v. 23.9.1998 – Steel ua/Großbritannien – Nr. 67/1997/851/1058, Report of Judgements and Decisions 1998 – VII, 2719.

der dort genannten, konkreten Eingriffsvorbehalte eine Grundlage findet. Die Aufzählung der Vorbehalte in Art. 5 Abs. 1 S. 2 lit. a bis f. EMRK ist **abschließend**. Gerechtfertigt sind gerichtliche bzw. behördliche Freiheitsentziehungen als Folgen von strafbarem Handeln, zur Sicherung von Strafverfahren, zur Verwaltungsvollstreckung, zum Schutz vor Selbst- und Fremdgefährdung usw. Die Vorbehalte sind im Interesse eines weitgehenden Schutzes der Freiheit der Person **eng** auszulegen.[17]

13 Die **verfahrensrechtlichen Gewährleistungen des Art. 5 Abs. 2 bis 5 EMRK** stehen mit dem (materiellen) Grundrecht auf Freiheit der Person in einem unauflösbaren Zusammenhang. Zentraler Rechtsgedanke des Art. 5 EMRK und damit auch des Art. 6 ist derjenige der **Grundrechtssicherung durch Verfahren**. Die in Art. 5 Abs. 2 und 4 EMRK enthaltenen Verfahrensrechte (Recht auf Information und Recht auf gerichtliche Haftkontrolle) sind allgemeiner Natur und bestehen unabhängig davon, aus welchem der in Absatz 1 S. 2 genannten Gründe die Freiheitsentziehung erfolgte. Art. 5 Abs. 3 EMRK begründet dagegen spezielle Verfahrensrechte (Recht auf unverzügliche Haftprüfung und Recht auf Beschränkung der Haftdauer) für Festgenommene oder Inhaftierte iSd Art. 5 Abs. 1 S. 2 lit. c EMRK. Eine Verstärkung erhält der (materielle) Freiheitsschutz des Art. 6 schließlich durch Art. 5 Abs. 5 EMRK, auf den sich die Bezugnahme in Art. 52 Abs. 3 S. 1 ebenfalls erstreckt. Als einziges positives Recht legt Art. 5 Abs. 5 EMRK einen Anspruch auf Schadensersatz fest, der nicht mehr zur Voraussetzung hat als die Rechtswidrigkeit der erlittenen Freiheitsentziehung.

5. Berechtigte und Verpflichtete

14 **Träger des Grundrechts** aus Art. 6 ist **„jeder Mensch"**. Der personelle Schutzbereich umfasst alle natürlichen Personen unabhängig von ihrem Alter und ihrer Geschäftsfähigkeit, nicht aber juristische Personen und Personenvereinigungen, weil die Tatbestände des Grundrechts auf sie nicht zutreffen. Weil Art. 6 ein Menschenrecht darstellt, sind aus ihm auch Drittstaatsangehörige und Staatenlose berechtigt. Wegen seiner Schutzrichtung ist **Adressat des Grundrechts** die **öffentliche Gewalt**. Das Grundrecht auf Freiheit der Person ist ein subjektives Recht, das Eingriffe der öffentlichen Gewalt abwehrt, soweit diese nicht den Rechtfertigungsanforderungen des Art. 5 EMRK entsprechen. Wie bereits erörtert,[18] ist in der Rechtsprechung zu Art. 5 EMRK ein ausgeprägtes **Schutzpflichtkonzept noch nicht entwickelt** worden. Auch aus Art. 6 können daher **keine Schutzpflichten** entnommen werden. Eine (positive) Verpflichtung zum Handeln – auch gegen Dritte – besteht allenfalls dann, wenn sich ein Unterlassen als Eingriff in die Freiheit der Person darstellen würde.[19]

---

17 *Peukert*, in: Frowein/Peukert, EMRK, S. 94, unter Hinweis auf das grundlegende Urt. des EGMR v. 6.11.1980 – Guzzardi/Italien – Serie A/39 = EuGRZ 1983, 633; vgl. auch die Urteile des EGMR v. 29.2.1988 – Bouamar/Belgien – Nr. 22/1986/120/169, Serie A/129, v. 22.2.1989 – Ciulla/Italien – Nr. 9/1987/132/183, Serie A/148, und v. 22.3.1995 – Quinn/Frankreich – Nr. 47/1993/442/521, Serie A/311. Aus der neueren Rspr.: Urt. v. 20.3.1997 – Loukanov/Bulgarien – Nr. 25/1996/644/829, Report of Judgements and Decisions 1997 – II, 529. Auch Urteile v. 29.1.2008 – Saadi/Vereinigtes Königreich – Appl. Nr. 13229/03, NVwZ 2009, 375, und – zur nachträglichen Sicherungsverwahrung – v. 17.12.2009 – M./Deutschland – Appl. Nr. 19359/04, EuGRZ 2010, 25. Vgl. neuerdings zur Unzulässigkeit politisch motivierter Festnahmen: EGMR Urt. v. 15.11.2018 – Nawalny/Russland – Appl. Nr. 29580/12, hudoc.echr.coe.int.

18 Vgl. Rn. 11; wie hier im Übrigen *Folz*, in: Vedder/Heintschel von Heinegg, EVV, Art. II – 66 Rn. 3 f.; ferner *Baldus*, in: Heselhaus/Nowak, HdB EU-Grundrechte, § 14 Rn. 7 ff.

19 Zu der insoweit ambivalenten Rechtsprechung der Konventionsorgane vgl. *Frowein*, in: Frowein/Peukert, EMRK, S. 21 ff.

Soweit in der **Literatur**[20] aus Art. 6 gleichwohl unter Hinweis auf die Verankerung des Aspekts der Sicherheit an anderen Stellen im Primärrecht (etwa Art. 2 Abs. 2 EUV, Art. 67 ff. AEUV) in systematischer oder teleologischer Auslegung ein mehr oder weniger **umfassendes Grundrecht** auf Schutz vor rechtsgutgefährdendem oder -verkürzendem Verhalten Privater entnommen wird, ist darauf hinzuweisen, dass ein solches nicht nur in der EMRK nicht, sondern auch im Verfassungsrecht der Mitgliedstaaten nicht vorhanden ist und auch im Hinblick auf die dokumentierten Vorstellungen der (**historischen**) **Verfasser** des Art. 6 nicht behauptet werden kann. Wegen der sog Konvents-Methode ist der **Entstehungsgeschichte** als Erkenntnisquelle große Bedeutung beizumessen.

6. Praktische Bedeutung

In seinen Erläuterungen zu Art. 6 hat das Präsidium des Grundrechtekonvents darauf hingewiesen, dass die Rechte nach Art. 6 von der Union insbesondere dann geachtet werden müssen, wenn sie gemäß Titel VI des EUV(-Amsterdam) **Rahmenbeschlüsse** zur Festlegung gemeinsamer Mindestvorschriften über die Tatbestandsmerkmale strafbarer Handlungen und die Strafen annimmt. Nach der **aktualisierten Fassung** der Erläuterungen vom 12.12.2007 müssen die sich aus Art. 6 ergebenden Rechte insbesondere dann geachtet werden, wenn das EP und der Rat **Gesetzgebungsakte** im Bereich der **justiziellen Zusammenarbeit in Strafsachen** auf der Grundlage der Art. 82, 83 und 85 AEUV, insbesondere zur Festlegung gemeinsamer Mindestvorschriften über die Tatbestandsmerkmale strafbarer Handlungen und die Strafen sowie über bestimmte Aspekte des Verfahrensrechts erlassen. Das ist **bemerkenswert,** weil **Art. 5 EMRK** die Freiheit der Person nur über formelle Eingriffsvorbehalte schützt, **an den materiell-rechtlichen Inhalt** des dem gerichtlichen Erkenntnis zugrunde liegenden **Strafgesetzes** jedoch grundsätzlich[21] **keine Anforderungen** stellt.[22] In einer Zeit aktueller Bedrohungen durch den **internationalen Terrorismus** wird **Art. 6** eine **wichtige Rolle** zukommen. 15

IV. Literaturübersicht

Bieber, Roland/De Gucht, Karel/ Lenarts, Koen/Weiler, Joseph (Hrsg.), Au nom des peuples européens – in the name of the peoples of Europe, Baden-Baden 1996; *Bingham, Corral,* Personal Freedom and the Dilemma of Democracies, ICLQ 2003, 841; *Brummond, Fabian,* Kohärenter Grundrechtsschutz im Raum der Freiheit, der Sicherheit und des Rechts, Baden-Baden 2010; *Burgorgue-Larsen, Lorence/Levade, Anne/Picod, Fabrice,* Traité établissant une Constitution pour l'Europe. Commentaire article par article, Tome 2 – Partie II: La Charte des droits fondamentaux de l'Union, Bruxelles 2005; *Calliess, Christian,* Gewährleistung von Freiheit und Sicherheit im Lichte unterschiedlicher Staats- und Verfassungsverständnisse, DVBl. 2003, 1096; *ders.*, Die grundrechtliche Schutzpflicht im mehrpoligen Verfassungsrechtsverhältnis, JZ 2006, 321; *De Schutter, Olivier,* La Convention européenne des droits des l'homme à l'épreuve de la lutte contre le terrorisme, RUDH 2001, 185; *Denninger, Erhard,* Freiheit durch Sicherheit?, in: Koch, Hans-Joachim (Hrsg.), Terrorismus – Rechtsfragen der äußeren und inneren Sicherheit,

20 Vgl. Stern/Sachs/Ogorek, GRC, Art. 6 Rn. 9; *Calliess*, in: Calliess/Ruffert, EUV/AEUV, 5. Aufl., Art. 6 GRCh Rn. 10 ff.; *Knecht*, in: Schwarze, EU-Kommentar, Art. 6 Rn. 5; *Jarass*, EU-Grundrechte, § 11 Rn. 24; ferner *ders.*, GR-Charta, 3. Aufl., Art. 6 Rn. 6 a, 11; zurückhaltend *Pechstein/Nowak/Häde/Wolff*, Frankfurter Kommentar, Art. 6 GRC Rn. 18.

21 Strafnormen dürfen lediglich nicht konventionswidrig sein.

22 *Peukert*, in: Frowein/Peukert, EMRK, S. 95 f.; *Guradze*, EMRK, Art. 5 Rn. 10; *Herzog*, AöR 86 (1961), 215 f. Art. 83 Abs. 1 AEUV gestattet eine Mindestharmonisierung bisher nur in Bereichen schwerer Kriminalität (Terrorismus, Menschenhandel und sexuelle Ausbeutung von Frauen und Kindern, illegaler Drogenhandel, illegaler Waffenhandel, Geldwäsche, Korruption, Fälschung von Zahlungsmitteln, Computerkriminalität und organisierte Kriminalität). Wie hier *Streinz*, in: Streinz, EUV/AEUV, GR-Charta, Art. 6 Rn. 7. Zur Rechtsprechungspraxis des EGMR im „Kampf gegen Terrorismus und Separatismus" vgl. *Meyer-Ladewig*, NVwZ 2009, 1531.

Symposium für Hans Peter Bull und Helmut Rittstieg am 31. Mai 2002, Baden-Baden 2002; *Dougin, Anne-Marie,* La Jurisprudence de la Commission Européenne des Droits de l'Homme à la Liberté et à la Sûreté de la personne dans un context non pénal, in: Salivia, Michele/Villinger, Mark E. (Hrsg.), The birth of European Human Rights Law – L'éclosion du Droit européen des Droits de l'Homme, Festschrift Nørgaard, Baden-Baden 1998, 61; *Gusy, Christoph,* Gewährleitung von Freiheit und Sicherheit im Lichte unterschiedlicher Staats- und Verfassungsverständnisse, VVDStRL 63 (2004), 153; *Herzog, Roman,* Das Grundrecht auf Freiheit in der Europäischen Menschenrechtskonvention, AöR 86 (1961), 194; *Hodler, Christian,* Die Freiheit der Person nach der EMRK, NJW 1953, 531; *Hoffmann-Riem, Wolfgang,* Freiheit und Sicherheit im Angesicht terroristischer Anschläge, ZRP 2002, 497; *Jaeckel, Liv,* Schutzpflichten im deutschen und europäischen Recht, Baden-Baden 2001; *Jürgensen Thomas/Schlünder, Irene,* EG-Grundrechtsschutz gegenüber Maßnahmen der Mitgliedsstaaten, AöR 121 (1996), 200; *Klement, Wolfgang,* Freiheit der Person, GRA 2014, § 8; *Korinek, Karl/Holoubek, Michael (Hrsg.),* Österreichisches Bundesverfassungsrecht, Textsammlung und Kommentar, Wien 2007; *Kotzur, Markus,* Grundfragen einer europäischen Sicherheitspolitik, EuR-Beiheft 3/2009, 7; *Macken, Stephen,* Preventive detention and the right to personal liberty and security under Article 5 ECHR, The International Journal of Human Rights, 2006, 195; *Meyer-Ladewig, Jens,* Right to Liberty and Security, in: Salivia, Michele/Villinger, Mark E. (Hrsg.), The birth of European Human Rights Law – L'éclosion du Droit européen des Droits de l'Homme, Festschrift Nørgaard, Baden-Baden 1998, 127; *Mock, William/Demuro, Gianmario,* Commentary on the Charter of Fundamental Rights of the European Union, Durham 2010; *Müller, Erwin/Schneider, Patricia (Hrsg.),* Sicherheit vs. Freiheit? Die Europäische Union im Kampf gegen den Terrorismus, Baden-Baden 2006; *Pitschas, Rainer,* Innere Sicherheit in der EU und europarechtliche Grundlagen des Sicherheitsgewerbes, NVwZ 2002, 519; *Renzikowski, Joachim,* Die nachträgliche Sicherungsverwahrung und die Europäische Menschenrechtskonvention, JR 2004, 271; *Riedel, Eibe,* Die Habeas Corpus-Akte, EuGRZ 1980, 192; *Schaut, Andreas,* Europäische Strafrechtsprinzipien, Baden-Baden 2012; *Schünemann, Bernd,* Europäischer Haftbefehl und EU-Verfassungsentwurf auf schiefer Ebene?, ZRP 2003, 185; *Szczekalla, Peter,* Die sogenannten Schutzpflichten im deutschen und europäischen Recht, Berlin 2002; *Tettinger, Peter J.,* Freiheit in Sicherheit, in: Festschrift für Jochen F. Kirchhoff, Köln 2002, 281; *Trechsel, Stefan,* Die Garantie der persönlichen Freiheit (Art. 5 EMRK) in der Straßburger Rechtsprechung, EuGRZ 1980, 514; *Von Bubnoff, Eckhard,* Schwerpunkte strafrechtlicher Harmonisierung in Europa unter Berücksichtigung der Orientierungsvorgaben aus der Grundrechtscharta 2000, ZEuS 2001, 165; *Weber, Hellmuth von,* Die strafrechtliche Bedeutung der EMRK, ZStrW 65 (1953), 334.

Artikel 7 Achtung des Privat- und Familienlebens

Jede Person hat das Recht auf Achtung ihres Privat- und Familienlebens, ihrer Wohnung sowie ihrer Kommunikation.

I. Vorgaben

1 Unter der Überschrift „Achtung des Privat- und Familienlebens“ benennt **Art. 7** vier Schutzbereiche der **Privatsphäre,** die teilweise voneinander verschieden sind, sich teilweise aber auch überlagern. Die Erläuterungen des Präsidiums des Grundrechtekonvents sprechen insoweit zutreffend von (mehreren) Rechten. Mit Art. 7 greift die GRC eines der **klassischen Menschenrechte** auf, das die menschliche Existenz auch vor solchen Gefährdungen bewahren soll, die sich einer begrifflichen Fassung nach dem Regelungsbild des liberalen Rechtsstaates entziehen, weil Technik und Wissenschaft immer neue Mittel zur Verfügung stellen, sich des Menschen in seiner Privatheit zu bemächtigen. Aus den Erläuterungen des

Präsidiums zu Art. 7 wird deutlich, dass die Vorschrift **Art. 8 EMRK nachgebildet** ist und auch (nur) deren Bedeutung und Tragweite haben soll (Art. 52 Abs. 3 S. 1).

1. Verfassungen der Mitgliedstaaten

Als klassisches Menschenrecht spiegelt sich das Recht auf Achtung der Privatsphäre in nahezu allen **mitgliedstaatlichen Verfassungen** wider und gehört deshalb zu den **allgemeinen Grundsätzen des Unionsrechts (Art. 6 Abs. 3 EUV)**. Anders als in der EMRK werden die einzelnen Teilgewährleistungen jedoch häufig nicht nur in einem, sondern in mehreren Grundrechten geregelt. Ausdrücklich anerkannt wird ein Recht auf Achtung des Privat- und Familienlebens oder der Privatsphäre in Art. 22 VerfBelgien, § 26 VerfEstland, § 10 Abs. 1 VerfFinnland, Art. 9 Abs. 1 VerfGriechenland, Art. 35 VerfKroatien, Art. 22 S. 1 VerfLitauen, Art. 10 Abs. 1 VerfNiederlande, Art. 47 VerfPolen, Art. 26 Abs. 1 VerfPortugal, Art. 19 Abs. 2 VerfSlowakei, Art. 35 VerfSlowenien, Art. 18 Abs. 1 VerfSpanien, Art. VI Abs. 1 GGUngarn und Art. 15 VerfZypern. Andere Verfassungen bekennen sich zum Schutz der Familie und beziehen jedenfalls insoweit die Gewährleistung des durch das Familienleben gekennzeichneten Freiheitsbereichs mit ein (Art. 41 Abs. 1 Nr. 2 VerfIrland, Art. 29 S. 1 VerfItalien und Art. 11 S. 2 VerfLuxemburg). Ein nicht unerheblicher Teil der nationalen Verfassungen verfügt darüber hinaus über Bestimmungen zur Unverletzlichkeit der Wohnung sowie des Brief-, Post- und Fernmeldegeheimnisses (Art. 15 und 29 VerfBelgien, Art. 33 und 34 VerfBulgarien, § 72 VerfDänemark, § 33 VerfEstland, § 10 Abs. 1 und 2 VerfFinnland, Art. 9 Abs. 1 S. 1 und 2 und Art. 19 VerfGriechenland, Art. 40 Abs. 5 VerfIrland, Art. 14 und 15 VerfItalien, Art. 34 VerfKroatien, Art. 15 und 28 VerfLuxemburg, Art. 12 und 13 VerfNiederlande, Art. 9 Abs. 1, 10 und 10 a Abs. 1 österreichisches StGG, Art. 34 VerfPortugal und Art. 18 Abs. 2 und 3 VerfSpanien). In der Bundesrepublik Deutschland entspricht der Schutzbereich des Art. 7 – zumindest partiell – demjenigen von vier verschiedenen Grundrechten (Art. 6, 10, 13 und 2 Abs. 1 GG). 2

2. Internationales Recht

Soweit für die Auslegung des Art. 7 neben Art. 8 EMRK weitere **vertragsvölkerrechtliche Verpflichtungen** zu beachten sind (Erwägung Nr. 5 der Präambel und Art. 53), kommen folgende Rechtserkenntnisquellen oder Rechtstexte in Betracht: 3

Als Vorschrift auf universeller Ebene ist **Art. 17 IPbpR** zu beachten, der sich nicht nur darauf beschränkt, ein Verbot von „willkürlichen oder rechtswidrigen Eingriffen" in den Privatbereich festzulegen (Absatz 1), sondern die Vertragsstaaten auch verpflichtet, aktiv Schutz gegen solche Eingriffe und Beeinträchtigungen zu gewähren (Absatz 2). Eine den Art. 17 IPbpR interpretierende „Rechtsprechung" des UN-Ausschusses für Menschenrechte fehlt überwiegend. Die wenigen vorliegenden Entscheidungen[1] haben aber dazu geführt, dass die den Schutzbereich dieser Bestimmung markierenden Begriffe **weit ausgelegt** und Art. 17 IPbpR hinsichtlich seines personellen und sachlichen Anwendungsbereichs **ähnliche Konturen** verliehen werden **wie Art. 8 EMRK.**[2] Eine mit Art. 17 IPbpR wortgleiche Regelung enthält **Art. 16** des von der UN-Vollversammlung am 20.11.1989 verabschiedeten **Übereinkommens über die Rechte des Kindes.**[3] 4

1 Entscheidung v. 9.4.1981 – Maurizische Frauen/Mauritius = EuGRZ 1981, 391; Entscheidung v. 29.3.1989 – Estrella/Uruguay = EuGRZ 1984, 423; Entscheidung v. 29.10.1981 – Pinkney/Kanada = EuGRZ 1982, 13.

2 Vgl. *Seidel*, Handbuch, S. 74 ff., 83 f.

3 BGBl. 1992 II, 122.

5 Zu erwähnen ist auch **Art. 12 AEMR**, der Art. 17 IPbpR als Vorbild gedient hat. Art. 12 AEMR spricht dem Einzelnen ein Recht zu, vor „willkürlichen Eingriffen in sein Privatleben, seine Familie, sein Heim und seinen Briefwechsel und vor Angriffen auf seine Ehre und seinen Beruf" geschützt zu werden. Kein Maßstab für die Auslegung des Art. 7 ist demgegenüber **Art. 6 Abs. 2** der – **juristisch unverbindlichen – Erklärung des EP über Grundrechte und Grundfreiheiten vom 12.4.1989** („Die Achtung der Privatsphäre und des Familienlebens, des Ansehens, der Wohnung und des privaten Post- und Fernmeldeverkehrs wird gewährleistet.").

II. Diskussion im Grundrechtekonvent

6 Die Beratungen zu Art. 7 waren während ihrer gesamten Dauer von der **Vorstellung des Grundrechtekonvents** bestimmt, dass Privat- und Familienleben, Wohnung und Kommunikation **nicht umfassender zu schützen** seien **als in der EMRK**. Jedoch sollte der Text des entsprechenden Art. 8 EMRK **modernisiert** bzw. **aktualisiert** werden. In diesem Zusammenhang spielte eine Rolle, ob und inwieweit hinsichtlich der konkreten Ausgestaltung der Vorschrift an die Formulierungen des Art. 6 der Erklärung des EP über Grundrechte und Grundfreiheiten vom 12.4.1989 angeknüpft werden könne.

7 Dass die GRC auch eine Vorschrift zum Schutz des Privat- und Familienlebens enthalten sollte, stand **zu keinem Zeitpunkt in Frage**. Die Forderung nach einer Aufnahme der in Art. 7 enthaltenen Gewährleistungen war bereits in der vom Präsidium des Grundrechtekonvents erstellten Grundrechtsliste (BODY 4) und in dem von *Meyer* (D) zu Beginn der Arbeiten übersandten Diskussionsentwurf einer Grundrechtecharta (CHARTE 4102/00 CONTRIB 2) enthalten (lfd. Nr. 8 bzw. Art. 7). Seinen **ersten Entwurf** hatte das Präsidium **textlich an Art. 6 der Erklärung des EP angelehnt** (Art. 8 CONVENT 5).

8 Die Präsidiumsvorschläge waren **erheblicher Kritik** ausgesetzt.[4] So war die Ausgliederung des Sachbereichs „Familie" aus der Vorschrift verlangt worden. Andererseits sollte der Schutzbereich der Bestimmung um den Datenschutz und den Ehrschutz erweitert werden. Zur Entschärfung eines Grundrechtskonflikts mit dem Recht auf freie Meinungsäußerung war die letztgenannte Forderung später wieder fallen gelassen worden: Der Schutz der Ehre werde über zivil- und strafrechtliche Regelungen ausreichend sichergestellt. Unter Hinweis auf das Urteil des EGMR vom 16.12.1992 – Niemitz/Deutschland[5] – hatten viele Delegierte außerdem eine Ausweitung des Begriffs „Wohnung" auf Betriebs- und Geschäftsräume verlangt. Breiten Raum hatte schließlich die Diskussion darüber eingenommen, ob der Terminus „Achtung" durch den Begriff „Schutz" zu ersetzen sei. Weil befürchtet wurde, es dränge sich der Eindruck einer Kompetenzausweitung auf, war der Begriff „Achtung" jedoch von vielen Konventsmitgliedern für sachgerechter gehalten worden.

9 Ihren **endgültigen Wortlaut** hat die Bestimmung in **Art. 7 des** vom Präsidium Ende Juli 2000 übermittelten **ersten Entwurfs eines vollständigen Textes der Grundrechtecharta (CONVENT 45)** erhalten.[6]

---

4 *Bernsdorff/Borowsky*, Protokolle, S. 154 ff.
5 Urt. v. 16.12.1992 – Nr. 72/1991/324/396, Serie A/251B = EuGRZ 1993, 65.
6 Ausführlicher zum Beratungsverlauf in der Vorauflage.

III. Kommentierung

1. Verhältnis zu anderen Grundrechten

Art. 7 steht in **engem Zusammenhang** mit dem ihm nachfolgenden **Art.** 8 („Schutz personenbezogener Daten"), aber auch mit **Art. 9** („Recht, eine Ehe einzugehen und eine Familie zu gründen"). Während Schutzgegenstand des Art. 7 die (bereits) vorhandene Familie ist, bezieht sich Art. 9 auf die vorgelagerte Phase ihrer Gründung. Soweit der Begriff „Familienleben" auch das Verhältnis zwischen Eltern und Kindern umfasst, weist Art. 7 darüber hinaus einen Bezug zu **Art. 24 Abs. 3** auf. Schließlich besteht eine thematische Verbindung mit den **sozialen Rechten** in Titel IV der GRC (Art. 33 Abs. 1 und Art. 34 Abs. 3). 10

2. Schutzgegenstand

Ebenso wenig wie aus Art. 8 EMRK ergibt sich aus Art. 7 ein dem Art. 2 Abs. 1 GG in vollem Umfang entsprechendes **Auffanggrundrecht** der allgemeinen Handlungsfreiheit.[7] Zwar soll das Recht auf Achtung des Privatlebens einen Bereich sichern, in dem das Individuum seine Persönlichkeit frei entfalten kann und erscheint insoweit als Auffangfreiheit. So verstanden gewährleistet Art. 7 gleichwohl **keine allgemeine Handlungsfreiheit.** Die Vorschrift **vervollständigt nicht** den durch die anderen Grundrechte geschützten **status negativus,** erfasst also nicht alles menschliche Handeln bzw. Betätigungen jedweder Art. Auf die **Rechtsprechung des EuGH,** der die allgemeine Handlungsfreiheit jedenfalls in der Gestalt eines allgemeinen Gesetzesvorbehalts bei Eingriffen in die Sphäre der privaten Betätigung als allgemeinen Grundsatz des Gemeinschaftsrechts angesehen hat,[8] hat der Grundrechtekonvent zu keinem Zeitpunkt Bezug genommen. Ein über denjenigen des Art. 8 EMRK hinausgehender Schutz ist nach den Erläuterungen zu Art. 7 und Art. 52 Abs. 3 auch ausdrücklich nicht gewollt. 11

Nach dem Wortlaut des Art. 7 ist **Schutzgegenstand** der Norm lediglich ein **„Recht auf Achtung"** der dort genannten Freiheitsbereiche. Insoweit entspricht Art. 7 zwar seiner Referenzvorschrift in der EMRK, weicht aber sonst von (nahezu) allen anderen Freiheitsrechten der GRC ab.[9] Mit der Festlegung auf ein (bloßes) Achtungsrecht des Einzelnen verpflichtet Art. 7 die Organe und Einrichtungen der Union und die Mitgliedstaaten jedenfalls dazu, **Eingriffe** in die Privatsphäre **zu unterlassen** und den **positiven Schutz** der Privatsphäre durch Gesetzgebung, Rechtsprechung und Verwaltung **sicherzustellen.**[10] Allerdings ist die Schutzpflicht schwächer ausgeprägt, als wenn der Normtext von „Schutz" spräche.[11] Diese Verpflichtung ist umso stärker, je weniger der Einzelne die Möglichkeit hat, für einen solchen Schutz selbst zu sorgen. Dass der Grundrechtekonvent auf eine (ausdrückliche) 12

---

7 So auch *Jarass*, GR-Charta, 3. Aufl., Art. 7 Rn. 3; *ders.*, EU-Grundrechte, § 12 Rn. 5; im Ergebnis ferner *Kingreen*, in: Calliess/Ruffert, EUV/AEUV, 5. Aufl., Art. 7 GRCh Rn. 3, *Stern/Sachs/Weber*, GRC, Art. 7 Rn. 4, 9, und *Beutler*, in: v.d.Groeben/Schwarze, EUV/EGV, Art. 6 EUV (-Amsterdam) Rn. 132; außerdem *Schmitz*, JZ 2001, 837; *Magiera*, DÖV 2000, 1025; ferner *Bogdandy*, JZ 2001, 168; aA wohl *Uerpmann-Wittzack*, in: Ehlers, Grundrechte, 4. Aufl., § 3 Rn. 3, unter Hinweis auf das Urt. des EGMR v. 29.4.2002 – Pretty/Großbritannien – Appl. Nr. 2346/02 = EuGRZ 2002, 234. Vgl. *Szczekalla*, DVBl. 2005, 286: Die Entwicklung eines Grundrechts der allgemeinen Handlungsfreiheit ist durch die Grundrechtecharta aber nicht „gesperrt".

8 Vgl. EuGH – Hoechst, 46/87 und 227/88 – Slg 1989, 2859, 2924 Rn. 19 = EuGRZ 1989, 395; ferner EuGH – Walter Rau Lebensmittelwerke ua, 133 bis 136/85 – Slg 1987, 2289, 2339 Rn. 19.

9 Ebenso allerdings Art. 11 Abs. 2, Art. 13 S. 2 und Art. 14 Abs. 3.

10 Zur Tragweite des Art. 8 EMRK vgl. *Frowein*, in: Frowein/Peukert, EMRK, S. 338, 342 ff., 349 f., 359 f. und 362; ferner IntKomm/*Wildhaber/Breitenmoser*, EMRK, Art. 8 Rn. 42 ff.

11 *Pechstein/Nowak/Häde/Wolff*, Frankfurter Kommentar, Art. 7 GRC Rn. 13, 35 f.

Gewährleistung der in Art. 7 genannten Freiheiten verzichtet hat,[12] hat seine Ursache in der Eigenart dieser Freiheiten und in der Notwendigkeit, in diesen Bereichen nationale Beurteilungs- und Ermessensspielräume zu erhalten. Es sollte der **Befürchtung** Rechnung getragen werden, Art. 7 könne im Sinne einer **Ausweitung** von **EU-Kompetenzen** instrumentalisiert werden. Ob daraus auch eine Einschränkung seiner Schutzpflichtdimension entnommen wird, bleibt abzuwarten.

13 Dem Schutzgegenstand entsprechend liegt ein **Eingriff** in die Verbürgung des Art. 7 vor, wenn die Ausübung des Rechts auf Achtung der Privatsphäre **durch Akte der „Nicht-Achtung"**, also die Zuwiderhandlung der Grundrechtsverpflichteten gegen eine Unterlassungspflicht oder die Nichterfüllung einer Schutzpflicht[13] beeinträchtigt wird. Wie sein Vorbild in der EMRK gewährt auch Art. 7 in erster Linie **Schutz gegen Eingriffe von Trägern öffentlicher Gewalt** (vgl. Art. 8 Abs. 2 EMRK), mag auch in bestimmten Fällen eine – jedenfalls mittelbare – Drittwirkung des Art. 7 anzunehmen sein.[14] Der Schutz muss von verfahrensrechtlichen Sicherungen flankiert sein.[15]

3. Eingriffsrechtfertigung

14 In seinen Erläuterungen zu Art. 7 und Art. 52 Abs. 3 hat das Präsidium des Grundrechtekonvents zum Ausdruck gebracht, dass die **Schrankenregelung des Art. 8 Abs. 2 EMRK** der Sache nach auf Art. 7 zu übertragen sei. In der Vergangenheit hat der **EuGH** gleichwohl fast durchgehend seine **allgemeine Rechtfertigungsformel** angewandt, ohne allerdings die speziellen Schranken des Art. 8 Abs. 2 EMRK (völlig) auszublenden. Art. 8 Abs. 2 EMRK enthält eine **sachgebietsbezogene Ausformung des Verhältnismäßigkeitsgrundsatzes** und stellt insoweit eine **spezielle Grundrechtsschranke** iSd Art. 52 Abs. 3 S. 1 dar, die der allgemeinen Einschränkungsregelung des Art. 52 Abs. 1 vorgeht.[16] Art. 8 Abs. 2 EMRK verlangt in **formeller Hinsicht,** dass der Eingriff **gesetzlich vorgesehen** ist („Rechtsnormvorbehalt"). Im Hinblick darauf, dass die GRC für die Mitgliedstaaten ausschließlich bei der **Durchführung des Rechts der Union** Geltung beansprucht (Art. 51 Abs. 1 S. 1), kommt als Grundlage grundrechtseinschränkender Maßnahmen im Prinzip nur (materielles) Unionsrecht in Betracht. Auf nationales Recht kann ein Eingriff lediglich insoweit gestützt wer-

---

12 Vgl. die Diskussion in der fünften Sitzung des Grundrechtekonvents am 20./21.3.2000 (*Bernsdorff/ Borowsky*, Protokolle, S. 181 ff., 184 ff.). Zu den nationalen Beurteilungs- und Ermessensspielräumen bei Anwendung des Art. 8 EMRK ausführlich IntKomm/*Wildhaber/Breitenmoser*, EMRK, Art. 8 Rn. 32, 661 f.

13 Sog. negative oder positive Eingriffsmaßnahmen. Hierzu *Stern/Sachs/Weber*, GRC, Art. 7 Rn. 9.

14 Für Art. 8 EMRK: Urt. v. 9.10.1979 – Airey/Irland – Serie A/32 = EuGRZ 1979, 626; Urt. v. 26.3.1985 – X und Y/Niederlande – Nr. 16/1983/72/110, Serie A/91 = EuGRZ 1985, 297; aus der Rspr. des EGMR ferner: Urt. v. 8.7.2003 – Hatton ua/Großbritannien – Appl. Nr. 36022/97, EuGRZ 2005, 584, und v. 25.1.2000 – Ignaccolo-Zenide/Rumänien – Appl. Nr. 31679/96 – Report of Judgements and Decisions 2000 – I, 205. Zur Schutzpflichtdimension bei Eingriffen Privater *Ehlers*, in: Ehlers, Grundrechte, 4. Aufl., § 2 Rn. 25, und *Uerpmann-Wittzack*, in: Ehlers, Grundrechte, 4. Aufl., § 3 Rn. 26 f. Vgl. auch *Pechstein/Nowak/Häde/Wolff*, Frankfurter Kommentar, Art. 7 GRC, Rn. 9; ferner *Streinz*, in: Streinz, EUV/AEUV, GR-Charta, Art. 7 Rn. 11, und *Jarass*, GR-Charta, 3. Aufl., Art. 7 Rn. 8.

15 Im Einzelnen hierzu *Pechstein/Nowak/Häde/Wolff*, Frankfurter Kommentar, Art. 7 GRC Rn. 45 mwN.; *Jarass*, GR-Charta, 3. Aufl., Art. 7 Rn. 43, 45 f.

16 Gleicher Auffassung offensichtlich *Pechstein/Nowak/Häde/Wolff*, Frankfurter Kommentar, Art. 7 GRC Rn. 38 f.; aA *Stern/Sachs/Weber*, GRC, Art. 7 Rn. 8; *Kingreen*, in: Calliess/Ruffert, EUV/AEUV, 5. Aufl., Art. 7 GRCh Rn. 14: Deckungsgleichheit der Einschränkungsgründe des Art. 8 Abs. 2 EMRK mit denen des Art. 52 Abs. 1 GRC. Zur Hierarchie der Einschränkungsregelungen in Art. 52: *Pache*, EuR 2001, 487 ff.; *Calliess*, EuZW 2001, 264; *Grabenwarter*, DVBl. 2001, 2 f.; *Schmitz*, JZ 2001, 838 ff.; *Magiera*, DÖV 2000, 1026.

den, als es den Bindungen der GRC unterliegt. In **materieller Hinsicht** fordert Art. 8 Abs. 2 EMRK, dass der Eingriff einem der dort enumerativ aufgezählten **Eingriffsziele** dient und darüber hinaus **in einer demokratischen Gesellschaft** zum Schutz dieser Gesellschaft **notwendig** ist. Die in Art. 8 Abs. 2 EMRK als berechtigt anerkannten kollektiven und individuellen Interessen, die das Recht auf Achtung der Privatsphäre potentiell eingrenzen, sind allerdings auf die Ebene der (Vertrags)Staaten „zugeschnitten".[17] Wird im Rahmen des Unionsrechts gehandelt, so erscheinen sie **wenig passend.** Bei der Rechtfertigungsprüfung können nämlich nur solche Eingriffsziele Bedeutung erlangen, die im Unionsrecht selbst wurzeln oder zumindest angelegt sind.[18] Art. 7 bedarf insoweit einer **(teleologischen) Auslegung,** bei der Ziel und Zweck der GRC zu berücksichtigen sind.

4. Einzelne Verbürgungen

a) Achtung des Privatlebens. Der Begriff des **Privatlebens** (private life/vie privee) entzieht 15
sich dem Versuch einer allgemeingültigen Definition. Jedenfalls versteht der EGMR unter dem Recht auf Achtung des Privatlebens **mehr als ein bloßes „right to be let alone".** In einem weiten Sinn sind **alle Bereiche des Lebens, die andere nicht betreffen,** der Privatsphäre zuzuordnen. In seiner umfangreichen Rechtsprechung zu Art. 8 EMRK hat der EGMR daher die „Nicht-Öffentlichkeit" als wichtiges Kriterium des Privatlebens angesehen mit der Folge, dass Tätigkeiten mit ausgeprägtem Öffentlichkeitsbezug nicht in den Schutzbereich des Rechts auf Achtung des Privatlebens fallen (Maßstab: „a persons reasonable expectations to privacy").[19] Zur Achtung des Privatlebens gehört auch der Schutz der körperlichen und geistigen oder psychischen Integrität, soweit dieser nicht bereits durch andere Vorschriften der GRC (zB Art. 2, 3, 4, 5 oder 6) sichergestellt wird.

---

17 *Weber*, NJW 2000, 543 („mitgliedstaatliche Rechtfertigungsgründe").

18 Bei Eingriffen durch Organe, Einrichtungen oder sonstige Stellen der Union kann weder der „nationalen Sicherheit" noch dem „wirtschaftlichen Wohl des Landes" rechtfertigender Charakter zukommen. Zur Problematik der Übernahme von Schrankenregelungen der EMRK vgl. *Kingreen*, JuS 2000, 860 ff.: Die EMRK kann nur den dogmatischen Aufhänger bieten, der durch primärrechtliche Schutzgüter angereichert wird. Siehe auch *Stern/Sachs/Weber*, GRC, Art. 7 Rn. 8; ders., NJW 2000, 543, und DVBl. 2003, 224; *Pechstein/Nowak/Häde/Wolff*, Frankfurter Kommentar, Art. 7 GRC Rn. 39: unionsrechtliche Aufladung; ferner *Pache*, EuR 2001, 489 f., und *Schmitz*, JZ 2001, 839. Weil es sich bei der Aufzählung in Art. 8 Abs. 2 EMRK um autonome, gemeineuropäische Begriffe handelt, können diese allerdings auch für den Bereich der EMRK nicht (nur) unter Rückgriff auf nationale Begriffsbildungen definiert werden. Vgl. hierzu *Uerpmann-Wittzack*, in: Ehlers, Grundrechte, 4. Aufl., § 3 Rn. 24; ferner *Marauhn*, in: Heselhaus/Nowak, HdB EU-Grundrechte, § 19 Rn. 40, der die grundsätzliche Geeignetheit der Schranken als nicht relativiert ansieht.

19 Vgl. hierzu ausführlich *Grabenwarter/Pabel*, EMRK, § 22 Rn. 6 ff., und IntKomm/*Wildhaber/Breitenmoser*, EMRK, Art. 8 Rn. 144 ff.; auch *Frowein*, in: Frowein/Peukert, EMRK, S. 339 ff.; ferner *Rengeling/Szczekalla,* Grundrechte, Rn. 662: reichlich Anschauungsmaterial für den „Einsatz" der grundrechtlichen Schutz- bzw. positiven Pflichten. Aus der Rspr. zum Schutz des Privatlebens: Urteile des EGMR v. 24.6.2004 – Caroline von Hannover/Deutschland – Appl. Nr. 59320/00 – Report of Judgements and Decisions 2004 -VI, 41 (NJW 2004, 2647), v. 27.9.1999 – Smith and Grady/Großbritannien – Appl. Nr. 33985/96 und 33986/96, Report of Judgements and Decisions 1999 – VI, 45 (NJW 2000, 2089), v. 9.1.1998 – Guerra ua/Italien – Nr. 116/1996/735/932, Report of Judgements and Decisions 1998 – I, 210 (NJW 1999, 3185) und v. 9.12.1994 – Lopez Ostra/Spanien – Nr. 41/1993/436/515, Serie A/303–C (EuGRZ 1995, 530). Der EuGH hat Art. 8 EMRK bisher nur in Teilbereichen entfaltet, ihm jedoch allgemein eine große „praktische" Bedeutung beigemessen; vgl. insoweit EuGH – Kommission/Bundesrepublik Deutschland, C-62/90 – Slg 1992, I-2575. Aus der Kommentierung zu Art. 7: *Stern/Sachs/Weber*, GRC, Art. 7 Rn. 10 ff.; *Pechstein/Nowak/Häde/Wolff*, Frankfurter Kommentar, Art. 7 GRC Rn. 14 f.

16 b) **Achtung des Familienlebens.** Das Interesse des Privatlebens und das – erst nach langen Diskussionen in Art. 7 aufgenommene[20] – Interesse des **Familienlebens** (family life/vie familiale) können sich überlagern und insoweit einen kombinierten Schutzbereich bilden. Sie können aber auch in Konflikt miteinander geraten, wenn das Interesse am Schutz der Privatsphäre als ausgeprägtes Individualinteresse dem Gemeinschaftsinteresse des Familienlebens gegenübertritt.[21] Hinsichtlich seines **Verständnisses der „Familie"** knüpft Art. 7 an **Art. 9** der Charta an. Danach weist der Schutzbereich des Familienlebens in Art. 7 im Unterschied zu Art. 8 EMRK[22] **keine eng begrenzten familienrechtlichen Qualifikationsmerkmale** auf.[23] Im Übrigen unterfallen dem Schutz des Art. 7 die Beziehungen zwischen den Ehepartnern und der Eltern zu ihren – auch nichtehelichen – Kindern.[24] Zum Familienleben gehört auch das Erziehungsrecht der Eltern. In der Rechtsprechung zu Art. 8 EMRK wird ein „effektives" Familienleben gefordert, das im Fall des Getrenntlebens von Familienmitgliedern nur dann anzuerkennen ist, wenn über das Bestehen rechtlicher Bande hinaus jedenfalls eine „faktische Familieneinheit" festgestellt werden kann.[25] Geschützt wird der tatsächliche soziale Kontakt unabhängig von der rechtlichen Anerkennung. Das Recht auf Achtung des Familienlebens mit den Kindern besteht nach Auflösung der Ehe fort, so dass die Ausgestaltung des Sorge- und Umgangsrechts nach Ehescheidung daran zu messen ist.[26]

17 In der **Judikatur des EuGH** hat das Recht auf Achtung des Familienlebens lange Zeit nur unter dem Aspekt der **Arbeitnehmerfreizügigkeit** eine Rolle gespielt[27] und für das Aufenthaltsrecht Drittstaatsangehöriger, die Familienangehörige von Wanderarbeitnehmern sind, Bedeutung erhalten.[28]

---

20 Vgl. oben Rn. 6 ff.

21 So – zu Art. 8 EMRK – IntKomm/*Wildhaber/Breitenmoser*, EMRK, Art. 8 Rn. 338 f.

22 *Seidel*, Handbuch, S. 57 ff. mit vielen Hinweisen auf die Rechtsprechung des EGMR.

23 Vgl. die Kommentierung zu Art. 9. Lange Zeit hat der EuGH betont, dass gleichgeschlechtliche Lebensgemeinschaften vom Schutz des Familienlebens nicht erfasst seien: EuGH – Grant, C-249/96 – Slg 1998, I-636; neuerdings aber EuGH – Coman, Rs. C-673/16, ECLI:EU:C:2018, 385, Urt. v. 5.6.2018.

24 Ausführlich *Seidel*, Handbuch, S. 57 ff.; IntKomm/*Wildhaber/Breitenmoser*, EMRK, Art. 8 Rn. 349 ff.; zur Verfahrensdimension des Art. 8 EMRK vgl. Urteil des EGMR v. 26.2.2004 – Görgülü/Deutschland – Appl. Nr. 74969/01, EuGRZ 2004, 700; eine detaillierte Darstellung der Rechtsprechung des EGMR findet sich bei *Stern/Sachs/Weber*, GRC, Art. 7.

25 *Grabenwarter/Pabel*, EMRK, § 22 Rn. 16, und IntKomm/*Wildhaber/Breitenmoser*, EMRK, Art. 8 Rn. 351 ff.; *Seidel*, Handbuch, S. 60, unter Hinweis auf die Urteile des EGMR v. 21.6.1988 – Berrehab/Niederlande – Nr. 3/1987/126/177, Serie A/138, und v. 27.10.1994 – Kroon/Niederlande – Nr. 29/1993/424/503, Serie A/297-C.

26 Im Einzelnen *Frowein*, in: Frowein/Peukert, EMRK, S. 353; ferner *Fahrenhorst*, FamRZ 1988, 238 ff. Aus der jüngeren Rechtsprechung des EGMR: Urteile v. 11.7.2000 – Ciliz/Niederlande – Appl. Nr. 29192/ 95, Report of Judgements and Decisions 2000 – VIII, 265 (NVwZ 2001, 547), und v. 13.7.2000 – Elsholz/Bundesrepublik Deutschland – Appl. Nr. 25735/94, Report of Judgements and Decisions 2000 – VIII, 345 (NJW 2001, 2315). Zum Schutz des Familienlebens im Aufenthaltsrecht vgl. die Urteile v. 13.11.1999 – Baghli/Frankreich – Appl. Nr. 34374/97 – Report of Judgements and Decisions 1999 – VIII, 169 (NVwZ 2000, 1401), und v. 26.9.1997 – Mehemi/Frankreich – Nr. 85/1996/704/896, Report of Judgements and Decisions 1997 – VI, 1959 (NVwZ 1998, 164). Zu den einzelnen Aspekten des geschützten Familienlebens siehe *Pechstein/Nowak/Häde/Wolff*, Frankfurter Kommentar, Art. 7 GRC Rn. 20 ff.

27 EuGH – Kommission/Bundesrepublik Deutschland, 249/86 – Slg 1989, 1263, 1290 Rn. 10; EuGH – Baumbast u.R./Secretary of State for the Home Department, 413/99 – Slg 2002, I-7091 Rn. 72.

28 EuGH – Diatta, 267/83 – Slg 1985, 567; EuGH – Carpenter, C-60/00 – Slg 2002, I-6279; Dienstleistungsfreiheit: EuGH – Orfanopoulos, C-493/01 – Slg 2004, I-5257; ausführlich zur EuGH-Rechtsprechung *Grabitz/Hilf/Nettesheim/Mayer*, EU, nach Art. 6 EUV Rn. 129 f.; auch *Stern/Sachs/Weber*, GRC, Art. 7 Rn 33 ff. Neuerdings zu Art. 7: EuGH – Europäisches Parlament/Rat der Europäischen

c) Achtung der Wohnung. Schutzgegenstand des Art. 7 ist außerdem die Unverletzlichkeit der **Wohnung** (home/domicile) als Inbegriff all jener Räumlichkeiten, „denen eine gewisse Privatsphäre anhaftet".[29] Die Verpflichtung zur Achtung der Wohnung knüpft an eine **bereits vorhandene,** also im Besitz befindliche **Wohnung** an. Ebenso wie Art. 8 EMRK[30] vermittelt Art. 7 daher kein soziales Grundrecht auf Schaffung ausreichenden Wohnraums bzw. Zuweisung einer Unterkunft oder gar ein Recht auf Einwanderung zum Zweck der Begründung eines Wohnsitzes.[31] In seiner ausschließlichen Funktion als **Abwehrrecht** gewährt Art. 7 Schutz gegen jede Art des „Eindringens" oder „Verweilens" in der Wohnung gegen den Willen des Wohnungsinhabers.[32] Auch Lauschangriffe berühren den Schutzbereich. Behördliche Enteignungen, die eine Zwangsräumung von Häusern zur Folge haben, können nicht nur unter dem Aspekt der Eigentumsgarantie (Art. 17), sondern – bei weiter Auslegung – auch als Eingriff in das Recht auf Achtung der Wohnung von Bedeutung sein. 18

Aus der Bezugnahme auf Art. 8 EMRK in den Erläuterungen zu Art. 7 und dem Diskussionsverlauf im Grundrechtekonvent[33] ergibt sich, dass die Rechtsprechung des EGMR[34] übernommen und der Begriff der Wohnung auch auf **Betriebs- und Geschäftsräume** ausgedehnt werden sollte. Die Rechtsprechung des EuGH, die in dieser Frage hinter dem Schutzstandard der EMRK zurückblieb,[35] ist damit nicht aufgegriffen worden. 19

d) Achtung der Kommunikation. Um der technischen Entwicklung Rechnung zu tragen,[36] hat der Grundrechtekonvent den in Art. 8 EMRK enthaltenen Begriff „Korrespondenz" durch den mehreren nationalen Verfassungen (Art. 19 VerfGriechenland, Art. 15 VerfItalien, Art. 34 VerfPortugal und Art. 18 Abs. 3 VerfSpanien) entlehnten Begriff **„Kommunikation"** (communications/communications) ersetzt. Trotz des veränderten Wortlauts ist jedoch davon auszugehen, dass sich GRC und EMRK auch insoweit „entsprechen" (Art. 52 Abs. 3 S. 1). So hat sich der EGMR durch die einschränkende Formulierung in 20

Union, C-540/03, Slg 2006, I-5769, und EuGH – Schecke, C-92/09 ua, Slg 2010, I-11063; ferner EuGH – Zambrano, Rs. C-34/09, ECLI:EU:C:2011:124, Urt. v. 8.3.2011; EuGH – Dereci, Rs. C-256/11, ECLI:EU:C:2011:734, Urt. v. 15.11.2011; EuGH – Schwarz, Rs. 291/12, ECLI:EU:C:2013:670, Urt. v. 17.10.2013; EuGH – Joshikazu Iida, Rs. 40/11, ECLI:EU:C:2012:691, Urt. v. 8.11.2012; EuGH – A., B. und C., Rs. C-148/13 ua, ECLI:EU:C:2014:2406, Urt. v. 2.12.2014; EuGH – WebMindLicensesKft., Rs. C- 419/14, ECLI:EU:C: 2015:832, Urt. v. 17.12.2015; EuGH – F., Rs. C-473/16, ECLI:EU:C:2018:36, Urt. v. 25.1.2018. Zur Rechtsprechung des EuGH im Zusammenhang mit der aufenthaltsrechtlichen Herstellung von „Familieneinheit" siehe *Kingreen*, in: Calliess/Ruffert, EUV/AEUV, Art. 7 GRCh Rn. 16.

29 *Guradze*, EMRK, Art. 8 Rn. 12; zum Wohnungsbegriff im Einzelnen vgl. IntKomm/*Wildhaber/Breitenmoser*, EMRK, Art. 8 Rn. 457 ff.

30 *Frowein*, in: Frowein/Peukert, EMRK, S. 359; IntKomm/*Wildhaber/Breitenmoser*, EMRK, Art. 8 Rn. 459; *Seidel*, Handbuch, S. 80.

31 Wie hier *Stern/Sachs/Weber*, GRC, Art. 7 Rn. 46; *Pechstein/Nowak/Häde/Wolff*, Frankfurter Kommentar, Art. 7 GRCh Rn. 26; *Jarass*, GR-Charta, 3. Aufl., Art. 7 Rn. 33; ferner *Guradze*, EMRK, Art. 8 Rn. 13.

32 IntKomm/*Wildhaber/Breitenmoser*, EMRK, Art. 8 Rn. 458.

33 Vgl. oben Rn. 6 ff.

34 Urt. v. 16.12.1992 – Niemitz/Deutschland – Nr. 72/1991/324/396, Serie A/251B = EuGRZ 1993, 65; zuvor Urt. v. 20.3.1989 – Chappell/Großbritannien – Nr. 17/1987/140/194, Serie A/152.

35 EuGH – Höchst 46/87 und 227/88 – Slg 1989, 2859, 2924 = EuGRZ 1989, 395; ähnlich EuGH – Dow Chemical Iberia, 97–99/87 – Slg 1989, 3181, 3185 = EuZW 1991, 248. Zu den Gründen im Einzelnen *Schorkopf*, in: Ehlers, Grundrechte, 4. Aufl., § 16 Rn. 21 ff. Zu neuen Tendenzen in der EuGH-Rechtsprechung *Rengeling/Szczekalla*, Grundrechte, Rn. 659. Eine abweichende Rechtsprechung ist heute kaum noch feststellbar: EuGH – Roquette Frères, C-94/00 – Slg 2002, I-9011, Rn. 29.

36 Vgl. die Erläuterungen des Präsidiums zu Art. 7.

Art. 8 EMRK nicht daran gehindert gesehen, den Schutz auch auf die nichtschriftliche[37] und schließlich jede[38] Erscheinungsform der Kommunikation zu erstrecken. „Kommunikation" erfasst vor allem die **„private Kommunikation unter Abwesenden"**, deren Schutz zu bewirken der Einzelne angesichts des raschen Wandels der Mediengesellschaft immer weniger in der Lage ist. Geschützt ist die Kommunikation, die einem Dritten bzw. einer von einem Dritten beherrschten technischen Einrichtung zur Übermittlung an den Empfänger überlassen wird (sog **Fernkommunikation**). Der Schutz der Kommunikationsfreiheit ist **technischen Entwicklungen** gegenüber **offen** (E-Mail, SMS, WhatsApp, Skypen usw.).

21 e) **Weitere Grundrechtsdimensionen.** Im Hinblick darauf, dass die Charta den **Umweltschutz** ausdrücklich thematisiert (Art. 37), jedoch nicht subjektiv-rechtlich ausgestaltet hat,[39] ist offen, ob die auf Art. 8 EMRK gestützte Spruchpraxis des EGMR zum Schutz vor negativen Umwelteinwirkungen (mit ihrer Schutzpflichtdimension)[40] auf Art. 7 übertragen werden kann. Das **„umweltrechtliche Potential" der Charta** ist danach als **ambivalent** einzuschätzen.[41]

5. Berechtigte

22 **Träger des Grundrechts** sind vor allem natürliche Personen. Ist die Schutzbedürftigkeit natürlicher und juristischer Personen funktionell vergleichbar, so können auch juristische Personen aus Art. 7 berechtigt sein.[42]

IV. Literaturübersicht

Alber, Siegbert, Das Recht auf Schutz des Familienlebens im Aufenthaltsrecht, in: FS-Ress, Köln 2005, 371; *Bogdandy, Armin von,* Grundrechtsgemeinschaft als Integrationsziel?: Grundrechte und das Wesen der Europäischen Union, JZ 2001, 157; *Breitenmoser, Stephan,* Das Recht auf Achtung des Privat- und Familienlebens in der Schweizer Rechtsprechung zum Ausländerrecht, EuGRZ 1993, 537; *ders.*, Der Schutz der Privatsphäre gemäß Art. 8 EMRK, Diss. Basel 1986; *Brötel, Achim,* Der Anspruch auf Achtung des Familienlebens, Diss. Heidelberg 1991; *Buquiccio-de Boer, Maud,* Children and the European Convention of Human Rights, in: FS-Wiarda, Köln 1988, 73; *Calliess, Christian,* Die Charta der Grundrechte der Europäischen Union – Fragen der Konzeption, Kompetenz und Verbindlichkeit, EuZW 2001, 261; *Diggelmann, Werner,* Der Grundrechtsschutz der Privatheit, VVdSTRL 2011, 50; *Di Torella, Eugenia Caracciolo/Reid, Emily,* The changing shape of the „European family" and fundamental rights, (2002) 27 E.L.Rev. 80; *Dostmann, Marc-Daniel,* Der Schutz der Persönlichkeit in Deutschland und England unter besonderer Berücksichtigung der Grund- und Menschenrechte, ZEuS 2003, 233; *Doswald-Beck, Louise,* The meaning of the "right to respect for private life" under the European Convention of Human Rights, HRLJ 4 (1983), 283; *Eckertz-Höfer, Marion,* Neuere Entwicklungen in Gesetzgebung und Rechtsprechung zum Schutz des Privatlebens, ZAR 2008, 41; *EU network* of independent experts on fundamental rights: Commentary of the Charter of Fundamental Rights of the European Union; *Fah-*

37 Urt. v. 6.9.1978 – Klass/Deutschland – Serie A/28 = EuGRZ 1979, 278.

38 Urt. v. 2.8.1984 – Malone/Großbritannien – Serie A/82 = EuGRZ 1985, 17. Eine besondere Ausprägung hat der Schutz der „Kommunikation" in der Rechtsprechung des EuGH erfahren, der aus Art. 8 EMRK einen „Grundsatz" der Vertraulichkeit des anwaltlichen Schriftverkehrs ableitet (AM und S Europe Limited, 155/79 – Slg 1982, 1575).

39 Vgl. die Kommentierung zu Art. 37.

40 Vgl. nur Urteil des EGMR v. 9.2.1998 – Guerra ua/Italien – Appl. Nr. 14967/89 – Report of Judgements an Decisions 1998-I, 210 (NJW 1999, 3185).

41 So *Marauhn*, in: Heselhaus/Nowak, HdB EU-Grundrechte, § 19 Rn. 31; vgl. auch *Stern/Sachs/Weber*, GRC, Art. 7 Rn. 45 f.; Kingreen, in: Calliess/Ruffert, EUV/AEUV, 5. Aufl., Art. 7 GRCh Rn. 4: physische Lebensbedingungen als Teil des Selbstbestimmungsrechts.

42 So etwa hinsichtlich des Rechts auf Achtung der Wohnung oder der Kommunikation. Vgl. hierzu IntKomm/*Wildhaber/Breitenmoser*, EMRK, Art. 8 Rn. 37 f.; *Guradze*, EMRK, Art. 8 Rn. 5, 14, 24. Zur GRC: *Stern/Sachs/Weber*, GRC, Art. 7 Rn. 6; *Pechstein/Nowak/Häde/Wolff*, Frankfurter Kommentar, Art. 7 GRC Rn. 12.

renhorst, Irene, Sorge- und Umgangsrecht nach der Ehescheidung und die Europäische Konvention zum Schutze der Menschenrechte und Grundfreiheiten, FamRZ 1988, 238; *Friedrich, Andreas*, Grundrechtlicher Persönlichkeitsschutz und europäische Privatsphärengarantie, Baden-Baden 2009; *Fritzsch, Falk*, Der Schutz sozialer Bindungen von Ausländern – Eine Untersuchung zu Artikel 8 EMRK, Baden-Baden 2009; *Grabenwarter, Christoph*, Die Charta der Grundrechte für die Europäische Union, DVBl. 2001, 1; *Groß, Siegfried*, Migrationsrelevante Freiheitsrechte der EU-Grundrechtecharta, ZAR 2013, 106; *Hoffmann-Remy, Ulrich*, Die Möglichkeiten der Grundrechtseinschränkung nach den Art. 8–11 Abs. 2 der Europäischen Menschenrechtskonvention, Berlin 1976; *Hövelberndt, Andreas*, Ehe, Familie und Erziehungsrecht als Thema internationaler Regelungen zum Schutze der Menschenrechte, der Verfassungen der EU-Mitgliedstaaten und der deutschen Bundesländer, FPR 2004, 117; *Jarass, Hans*, Das Grundrecht auf Achtung des Familienlebens, FamRZ 2012. 1181; *Karl, Wolfram (Hrsg.)*, Internationaler Kommentar zur Europäischen Menschenrechtskonvention, Bd.1, Loseblatt, München 2007; *Kopper-Reifenberg, Cornelia*, Kindschaftsreform und Schutz des Familienlebens nach Art. 8 EMRK, Saarbrücken 2001; *Kugelmann, Dieter*, Schutz privater Individualkommunikation nach der EMRK, EuGRZ 2003, 16; *Lange-Tramoni, Werner*, Analyse der Achtung des Privatlebens nach Art. 7 der Charta der Grundrechte der EU, Baden-Baden 2008; *Lenski, Sophie Charlotte*, Der Persönlichkeitsschutz Prominenter unter EMRK und Grundgesetz, NVwZ 2005, 50; *Lux-Wesener, Christina*, Anonyme Geburt mit EMRK vereinbar/Der Fall Odievre. Anmerkung zum Urteil des EGMR vom 13. Februar 2003, EuGRZ 2003, 584, EuGRZ 2003, 555; *Magiera, Siegfried*, Die Grundrechtecharta der Europäischen Union, DÖV 2000, 1017; *Mock, William/Demuro, Gianmario*, Commentary on the Charter of Fundamental Rights of the European Union, Durham 2010; *Nettesheim, Martin*, Der Grundrechtsschutz der Privatheit, VVdSTRL 2011, 7; *Pache, Eckhard*, Die Europäische Grundrechtscharta – ein Rückschritt für den Grundrechtsschutz in Europa?, EuR 2001, 475; *Maus, Moritz*, Der grundrechtliche Schutz des Privaten im europäischen Recht, Frankfurt am Main u.a. 2007; *Peters, Anne*, Einführung in die europäische Menschenrechtskonvention, München 2003, §§ 24–29; *Postberg, Rupert*, Das Zusammenwirken von EMRK, Grundgesetz und EU-Grundrechtecharta anhand des Art. 52 III und des Art. 53 der Charta – eine vergleichende Untersuchung zum Schutz des Privat- und Familienlebens, Bonn 2008; *Schmitz, Thomas*, Die EU-Grundrechtecharta aus grundrechtsdogmatischer und grundrechtstheoretischer Sicht, JZ 2001, 833; *Scholz, Rupert*, Grundrechtsprobleme im europäischen Kartellrecht, WuW 1990, 99; *Schorkopf, Frank*, Würde des Menschen, Persönlichkeits- und Kommunikationsgrundrechte, in: Ehlers, Dirk (Hrsg.), Europäische Grundrechte und Grundfreiheiten, Berlin 2005, § 15 Rn. 17 ff.; *Schwarze, Jürgen*, Grundrechte der Person im europäischen Gemeinschaftsrecht, NJ 1994, 53; *Stern, Klaus*, Der allgemeine Privatrechtsschutz durch das Grundgesetz und seine Parallelen im internationalen und europäischen Recht, in: FS-Ress, Köln 2005, 1259; *Stürmann, Nicole*, Europäischer Gerichtshof für Menschenrechte und anonyme Geburten in Frankreich, KJ 2004, 54; *Szczekalla, Peter*, Freiheit im Europäischen Verfassungsverbund, DVBl. 2005, 286; *Tettinger, Peter J.*, Der grundgesetzlich gewährleistete besondere Schutz von Ehe und Familie, in: Marré, Heiner/Schümmelfeder, Dieter/Kämper, Burkhard (Hrsg.), Ehe und Familie unter veränderten gesellschaftlichen Rahmenbedingungen, Essener Gespräche zum Thema Staat und Kirche, Bd. 35, Münster 2001, 117; *ders./Geerlings, Jörg*, Der Schutz von Ehe und Familie in Europa nach der Rechtsprechung des EuGH und des EGMR, in: Tettinger, Peter J./Stern, Klaus (Hrsg.), Die Europäische Grundrechte-Charta im wertenden Verfassungsvergleich, Berlin 2005, 125; *dies.*, Ehe und Familie in der europäischen Grundrechtsordnung, EuR 2005, 419; *Thym, Daniel*, Europäischer Grundrechtsschutz und Familienzusammenführung, NJW 2006, 3249; *Uerpmann-Wittzack, Robert*, Doppelter Grundrechtsschutz für die zukünftige Europäische Union, DÖV 2005, 152; *ders.*, Höchstpersönliche Rechte und Diskriminierungsverbot, in: Ehlers, Dirk (Hrsg.), Europäische Grundrechte und Grundfreiheiten, Berlin 2005, § 3 Rn. 3 ff.; *Weber, Albrecht*, Die Europäische Grundrechtscharta – auf dem Weg zu einer europäischen Verfassung, NJW 2000, 537; *Welte, Hans-Peter*, Der Familienschutz im Spektrum des Ausländerrechts, Baden-Baden 2012; *Wiederin, Ewald*, Privatsphäre und Überwachungsstaat, Wien 2003; *Wolff, Heinrich Amadeus*, Ehe und Familie in Europa, EuR 2005, 721.

Artikel 8 Schutz personenbezogener Daten

(1) Jede Person hat das Recht auf Schutz der sie betreffenden personenbezogenen Daten.

(2) Diese Daten dürfen nur nach Treu und Glauben für festgelegte Zwecke und mit Einwilligung der betroffenen Person oder auf einer sonstigen gesetzlich geregelten legitimen

Grundlage verarbeitet werden. Jede Person hat das Recht, Auskunft über die sie betreffenden erhobenen Daten zu erhalten und die Berichtigung der Daten zu erwirken.
(3) Die Einhaltung dieser Vorschriften wird von einer unabhängigen Stelle überwacht.

I. Vorgaben

1 Je weiter die europäische Integration fortschreitet, desto mehr wird das Recht des Datenschutzes zur Aufgabe der EU. Auf die Zunahme der Datenströme in der Gemeinschaft hatte der Gemeinschaftsrechtsgeber durch Schaffung von Sekundärrecht reagiert, das in der Folgezeit auch die Organe, Einrichtungen und sonstigen Stellen der EG verpflichtete. Mit **Art. 8** wird das **Recht auf Schutz personenbezogener Daten** in den **Rang eines Grundrechts** erhoben.

2 Aus den ersten Erläuterungen des Präsidiums des Grundrechtekonvents zu Art. 8 ergab sich, dass die Vorschrift in erster Linie dem Gemeinschaftsrecht nachgebildet war und in zweiter Linie dem Datenschutzrecht des Europarates. Sie beruhte danach vor allem auf **Art. 286 EGV-Nizza** und der **Richtlinie 95/46/EG des Europäischen Parlaments und des Rates vom 24.10.1995 zum Schutz natürlicher Personen bei der Verarbeitung personenbezogener Daten und zum freien Warenverkehr („Datenschutz-Richtlinie“).**[1] Ihre Legitimation sollte sie darüber hinaus in **Art. 8 EMRK** und dem **Übereinkommen des Europarates vom 28.1.1981 zum Schutz des Menschen bei der automatischen Verarbeitung personenbezogener Daten**[2] finden. Das Präsidium des Grundrechtekonvents hatte sich damit an den Auftrag des Europäischen Rates von Köln gehalten, der hinsichtlich der Grundlagen der Charta explizit auf das Recht der Union, die EMRK und die gemeinsamen internationalen Verpflichtungen der Mitgliedstaaten verwiesen hat.

1. Verfassungen der Mitgliedstaaten

3 Keine Aufmerksamkeit ist demgegenüber den **gemeinsamen Verfassungstraditionen der seinerzeitigen Mitgliedstaaten** zuteil geworden. Diese waren ebenfalls als Rechtserkenntnisquelle heranzuziehen. So haben immerhin sechs dieser Mitgliedstaaten das Recht auf Schutz personenbezogener Daten in ihren Verfassungen erwähnt (§ 10 Abs. 1 S. 2 VerfFinnland, Art. 10 VerfNiederlande, § 1 österreichisches Datenschutzgesetz 1978, Art. 35 VerfPortugal, Kapitel 2 § 3 S. 2 und § 22 Nr. 2 VerfSchweden und Art. 18 Abs. 4

1 ABl. 1995 Nr. L 281 S. 31. Die Union sowie ihre Organe, Einrichtungen und sonstigen Stellen werden sekundärrechtlich auch durch die in Ausführung des Art. 286 Abs. 2 EGV-Nizza erlassene Verordnung (EG) Nr. 45/2001 des Europäischen Parlaments und des Rates vom 18.12.2000 zum Schutz natürlicher Personen bei der Verarbeitung personenbezogener Daten durch die Organe und Einrichtungen der Gemeinschaft und zum freien Datenverkehr (ABl. 2001 Nr. L 8, S. 1) in die Verpflichtung zum Datenschutz einbezogen. In den aktualisierten Erläuterungen zu Art. 8 wird auch hierauf Bezug genommen.

2 BGBl. 1985 II, 539.

VerfSpanien). Ein eigenständiges Datenschutzgrundrecht sehen auch einige **neue Mitgliedstaaten** vor (Art. 37 VerfKroatien, Art. 51 VerfPolen, Art. 19 Abs. 3 und Art. 22 VerfSlowakei, Art. 38 VerfSlowenien und Art. VI Abs. 2 und 3 GGUngarn). Andere Mitgliedstaaten sehen das Datenschutzrecht in Anlehnung an Art. 8 EMRK als Teilgewährleistung des Rechts auf Schutz des Privatlebens (Art. 22 VerfBelgien und Art. 9 Abs. 1 S. 2 VerfGriechenland) bzw. als Ausprägung des Rechts auf Schutz der „Kommunikation" an (§ 72 S. 2 VerfDänemark, § 43 VerfEstland und Art. 15 VerfItalien). Nach der Rechtsprechung des BVerfG genießt der Einzelne Schutz gegen eine unbegrenzte Erhebung und Verwertung seiner persönlichen Daten über das allgemeine Persönlichkeitsrecht des Art. 2 Abs. 1 iVm Art. 1 Abs. 1 GG.[3]

2. Internationales Recht

Mangels Verbindlichkeit für die Union ist **Art. 18** der **Erklärung des EP über Grundrechte und Grundfreiheiten vom 12.4.1989** („Jeder hat das Recht, sich über ihn betreffende Verwaltungsdokumente zu informieren und ihre Berichtigung zu verlangen.") kein Maßstab für die Auslegung des Art. 8. Als Vorschrift auf **universeller Ebene** ist aber **Art. 17 IPbpR** zu beachten, der den Schutz vor „willkürlichen und rechtswidrigen Eingriffen" in die Privatsphäre postuliert. Aus Art. 17 IPbpR ist die Pflicht der Vertragsstaaten abgeleitet worden, das Sammeln von personenbezogenen Informationen gesetzlich zu regeln und dafür Sorge zu tragen, dass solche Daten nicht zu Zwecken benutzt werden, die mit dem IPbpR unvereinbar sind.[4] 4

II. Diskussion im Grundrechtekonvent

Für die **Aufnahme einer Datenschutzbestimmung** in die GRC hatte sich das Präsidium des Grundrechtekonvents **von Anfang an** ausgesprochen. In dem Entwurf einer Grundrechtsliste (BODY 4) war hierzu auf Art. 286 EGV-Nizza und Art. 18 der Erklärung des EP über Grundrechte und Grundfreiheiten vom 12.4.1989 verwiesen worden. *Meyer* (D) hatte den Datenschutz in einer separaten Vorschrift seines Diskussionsentwurfs einer Grundrechtecharta (CHARTE 4102/00 CONTRIB 2) verankert und ihm insoweit eine eigenständige Bedeutung neben dem Recht auf Achtung des Privatlebens beigemessen. 5

1. Absätze 1 und 2

In seinem **ersten Entwurf** zu den bürgerlichen und politischen Rechten hatte das Präsidium des Grundrechtekonvents das Recht auf Datenschutz kurz und prägnant **in einem Satz** formuliert und ausdrücklich **nur auf „natürliche" Personen bezogen** (Art. 15 CONVENT 8: „Jede natürliche Person hat Anspruch auf den Schutz ihrer personenbezogenen Daten."). In der dem Entwurf beigegebenen Begründung war ausgeführt worden, dass es sinnvoller erscheine, eine **„allgemeine Regel"** aufzunehmen als eine ausführliche Liste von Grundsätzen, die aufgrund des sich wandelnden technischen Fortschritts ständig verändert werden müssten. Das Präsidium hatte außerdem darauf hingewiesen, dass es den Datenschutz zwar als **„Aspekt der Achtung der Privatsphäre"** verstehe, diesen jedoch in einem **gesonderten Artikel** regeln wolle. Bei den folgenden Beratungen war der Entwurf von einer 6

3 BVerfGE 65, 1, 41 ff.; zuletzt BVerfGE 141, 220, und BVerfG – 2 BvF 1/15 und 2/15, ECLI:DE:BVerfG:2018:Fs20180919.2bvf000115, Urt. v. 19.9.2018. Zu den nationalen Entwicklungen im Datenschutzrecht vgl. auch *Simitis*, in: Simitis/Dammann/Geiger/Mallmann/Walz, BDSG, § 1 Rn. 108 ff.; ferner *Brühann*, in: Roßnagel, Handbuch Datenschutzrecht, Saarbrücken 2003, S. 151 ff.

4 Hierzu im Einzelnen *Seidel*, Handbuch, S. 40 ff. mwN; vgl. auch die umfangreiche Auflistung internationaler Regelungen bei *Rengeling/Szczekalla*, Grundrechte, S. 478 ff.

Mehrheit der Delegierten befürwortet, jedoch in sprachlicher Hinsicht eine **stärkere Betonung des Aspekts der (informationellen) Selbstbestimmung** gefordert worden.

7 Der Forderung nach einer stärkeren Betonung des Aspekts der Selbstbestimmung war das Präsidium in seinem **zweiten Entwurf** nachgekommen (Art. 19 CONVENT 28).[5] Die Beschränkung auf „natürliche" Personen war entfallen. In den **Änderungsanträgen (CONVENT 35)** zu CONVENT 28 waren verschiedene Anliegen der Konventsmitglieder zum Ausdruck gekommen. So hatten viele Delegierte für eine **ausführlichere Bestimmung der Reichweite des Datenschutzes** plädiert (Betonung der „Zweckbindung" der Datenverarbeitung und Festlegung auf das Verhältnismäßigkeitsprinzip; Aufnahme eines Rechts auf Information, unabhängige Kontrolle und Berichtigung). Um Betroffene bereits in der Phase der Datenerhebung umfassend zu schützen, war außerdem die Ergänzung der Präsidiumsfassung um den Begriff **„Erhebung"** verlangt worden. Andere Änderungsvorschläge hatten darauf abgezielt, das Recht auf Schutz personenbezogener Daten **weniger absolut** zu gestalten und entweder im Text der Vorschrift oder in der Begründung hierzu zu formulieren, dass das Recht in bestimmten gesetzlich geregelten Fällen einschränkbar sei.

8 In seinem **Kompromissvorschlag (CONVENT 37)** hatte das Präsidium lediglich die Anregung aufgegriffen, den Schutz personenbezogener Daten auch schon auf die Phase der Datenerhebung zu erstrecken, und in seinen ursprünglichen Textentwurf den Begriff **„Sammlung"** eingefügt. In dem im Juli 2000 übermittelten **ersten Entwurf eines vollständigen Textes der Charta (CONVENT 45)** war das Präsidium von seiner ursprünglichen Auffassung abgewichen, das Recht auf Datenschutz nur in Gestalt einer „allgemeinen Regel" in den Grundrechtskatalog aufzunehmen. Mit Rücksicht auf die Änderungsanträge und die nachfolgende Debatte im Grundrechtekonvent hatte es das Recht auf Schutz personenbezogener Daten **um weitere Teilaspekte ergänzt** (Satz 2: „... nur ... für festgelegte Zwecke und mit Einwilligung... oder auf einer sonstigen gesetzlich geregelten legitimen Grundlage ..."; Satz 3: „... Recht, Auskunft ... zu erhalten und ... Berichtigung der Daten zu erwirken ..."). Die Delegierten hatten die Textfassung (CONVENT 45) des nunmehr in Art. 8 des Entwurfs enthaltenen Datenschutzgrundrechts nur noch verhalten kritisiert. Es war lediglich eine Klarstellung dahingehend gefordert worden, dass das Grundrecht **auch für juristische Personen** gelte und auch deren Daten schütze.[6] Weder hinsichtlich ihres Wortlauts noch hinsichtlich ihrer Stellung hat sich an der Vorschrift in der Folgezeit noch etwas verändert.

9 Der Schutz personenbezogener Daten findet sich nunmehr auch in **Art. 16 AEUV**, wobei die Absätze 1 dieser Vorschrift und des Art. 8 wortidentisch sind. Anders als Art. 8 Abs. 2 enthält Art. 16 AEUV allerdings **keine Datenverarbeitungsanforderungen.** In seinem Absatz 2 ersetzen Art. 16 AEUV und – für den Bereich der GASP – **Art. 39 S. 1 EUV** die Kompetenzgrundlage des Art. 286 EGV-Nizza. Auf beide Bestimmungen wird in den aktualisierten Erläuterungen zu Art. 8 verwiesen.

2. Absatz 3

10 Dass die Einhaltung der Grundsätze des Datenschutzrechts der Überwachung bedarf, hatte das Präsidium bereits frühzeitig erkannt. So war in der Begründung zu Art. 15 CONVENT

5 Anders – nämlich weniger stringent als (bloßes) „Recht auf Schutz der personenbezogenen Daten" – interpretiert von *Rüpke/von Lewinski/Eckhardt*, Datenschutzrecht, Rn. 38; auch *Reinhardt*, AöR 142 (2017), 531. Wie hier indessen *Roßnagel*, NJW 2019, 2.

6 Vgl. auch die allgemeinen Bemerkungen zu Art. 8 CONVENT 45 in dem amtlich nicht veröffentlichten Arbeitsdokument „Observations reçues relatives au document Charte 4422/00 Convent 45" v. 7.9.2000, abgedruckt bei *Bernsdorff/Borowsky*, Arbeitsdokumente, S. 1563 ff.

8 erwogen worden, ob dem Text der Vorschrift noch eine Bestimmung über die **Kontrolle durch eine unabhängige Einrichtung** hinzugefügt werden müsse. Um den Forderungen vieler Delegierter zu entsprechen, hatte das Präsidium die Frage der Überwachung durch eine „unabhängige Stelle" in **CONVENT 45** einer **ausdrücklichen Regelung** zugeführt.[7]

Art. 16 Abs. 2 S. 2 AEUV und **Art. 39 S. 2 EUV** qualifizieren die „unabhängige Stelle" 11
nunmehr als **„unabhängige Behörde"**.

III. Kommentierung

Art. 8 stellt neben den sog bioethischen Rechten[8] in Art. 3 Abs. 2 ein weiteres **„innovatives" Grundrecht** dar. Es tritt zu den Rechten aus der EMRK hinzu,[9] ist aber „nicht wirklich neuartig", und wird als Antwort auf die Herausforderungen verstanden, die im Zusammenhang mit den heutigen und künftigen Entwicklungen in der Informationstechnologie entstehen („Die technische Entwicklung wartet dabei nicht auf das Recht.").[10] Wie bei Art. 17 („Eigentumsrecht") werden die **Schranken** des Rechts **in der Bestimmung selbst** geregelt. 12

1. Verhältnis zu anderen Grundrechten, sonstiges Primärrecht

Die Vorschrift weist einen **engen Bezug zu Art. 7** („Achtung des Privat- und Familienlebens") auf, dem sie unmittelbar nachfolgt. Dass das Recht auf Achtung des Privatlebens auch den Bereich des informationellen Selbstbestimmungsrechts umfasst, ist sowohl vom Präsidium des Grundrechtekonvents als auch von den übrigen Konventsmitgliedern wiederholt betont worden.[11] Gegenüber Art. 7 ist **Art. 8 lex specialis**.[12] Art. 8 ist aber auch im **Zusammenhang mit Art. 42** („Recht auf Zugang zu Dokumenten") zu betrachten. Die Schaffung eines Rechts auf Zugang der Öffentlichkeit zu den Dokumenten der Union konkretisiert den allgemeinen Transparenzgrundsatz, der in Art. 1 S. 2, Art. 10 Abs. 3 und Art. 11 EUV als besondere Qualifikation der EU genannt ist. Auch wenn es sich bei Art. 8 und Art. 42 um konkurrierende Rechte handelt, sind sie letztlich doch als **„die beiden Seiten einer Medaille"** anzusehen. Informationelle Selbstbestimmung und das Recht auf Zugang zu Informationen sind notwendige Grundbedingungen einer zivilen, demokratischen Informationsgesellschaft.[13] Bei **berufsbezogenen Daten** oder **Geschäftsinformationen** sind **Art. 15 bis 17** einschlägig. Es besteht **Idealkonkurrenz** oder, wenn ein personaler Bezug völlig fehlt, ein **Verhältnis der Spezialität**. 13

7 Ausführlicher zum Beratungsverlauf siehe Vorauflage.

8 Vgl. die Mitteilung der Kommission zum Status der Grundrechtscharta der Europäischen Union vom 11.10.2000, KOM (2000) 644 endg. (CHARTE 4956/00 CONTRIB 355).

9 Vgl. die Erläuterungen zu Art. 52 Abs. 3.

10 Mitteilung der Kommission zum Status der Grundrechtscharta der Europäischen Union vom 11.10.2000, KOM (2000) 644 endg. (CHARTE 4956/00 CONTRIB 355).

11 Vgl. die Begründungen zu Art. 8 CONVENT 5 und Art. 19 CONVENT 28 sowie die Änderungsanträge (CONVENT 35) von Friedrich (D) und Korthals Altes (NL) zu Art. 19 CONVENT 28 (verbunden mit der Forderung nach Zusammenlegung beider Bestimmungen). Siehe auch Rn. 7.

12 Wie hier *Pechstein/Nowak/Häde/Wolff*, Frankfurter Kommentar, Art. 8 GRC Rn. 3; *Stern/Sachs/Johlen*, GRC, Art. 8 Rn. 24; ferner *Kingreen*, in: Calliess/Ruffert, EUV/AEUV, 5. Aufl., Art. 8 GRCh Rn. 1 a, und *Jarass*, GR-Charta, 3. Aufl., Art. 8 Rn. 4. Zum Verhältnis zwischen Art. 7 und Art. 8 sowie den rechtswissenschaftlichen Einordnungsversuchen (konzentrische Kreise) ausführlich *Michl*, DuD 2017, 349. In seiner neueren Rechtsprechung stellt der EuGH Art. 7 und Art. 8 immer noch in Idealkonkurrenz (Trend zur Verschmelzung; einheitliches Prüfungsprogramm); vgl. *Roßnagel*, NJW 2019, 2.

13 Diese Sichtweise wird als „zu harmonisch" betrachtet von *Jarass*, GR-Charta, 3. Aufl., Art. 8 Rn. 15 Fn. 87.

14 **Umfang** und **Grenzen** des Rechts auf Schutz personenbezogener Daten bestimmen sich **in erster Linie** nach den **gemeinschafts- bzw. unionsrechtlichen Regelungen.**[14] Das Datenschutzrecht des Europarates enthält entweder keine bereichsspezifischen Aussagen über den Datenschutz oder regelt nur Teilaspekte. In beiden Rechtsordnungen hat das informationelle Selbstbestimmungsrecht im Wege richterlicher Rechtsfortbildung schon seit langem **Grundrechts- bzw. Menschenrechtsqualität** erlangt.[15]

2. Normgeprägtes Grundrecht

15 Zwar trifft es zu, dass Art. 8 selbst im Hinblick auf seine **offene Formulierung** ein spezifisch grundrechtliches Datenschutzkonzept nicht festlegt und deshalb einer Konturierung bedarf.[16] Bei unklarem Auslegungsbefund **gibt** jedoch die **Normhistorie** des Datenschutzgrundrechts **die Richtung vor.**[17] Nach den (aktualisierten) Erläuterungen des Konventspräsidiums sollte es (tragend) vor allem durch das seinerzeit schon **vorhandene Sekundärrecht** der Gemeinschaft zum Datenschutz geprägt sein.

16 Wie Art. 9 und Art. 17 ist das Datenschutzgrundrecht des Art. 8 somit in dem Sinne **normgeprägt**[18], dass es inhaltlich **auf allen Ebenen der Grundrechtsprüfung** durch diese Sekundärrechtsakte **(vor)bestimmt** wird. In erster Linie hierauf ist daher für die Dogmatik des Art. 8 zurückzugreifen. Bei der **konstruktiven Handhabung** des Datenschutzgrundrechts bestehen in Literatur und Rechtsprechung gleichwohl **erhebliche Unsicherheiten:**

---

14 So ausdrücklich die ursprünglichen Erläuterungen zu Art. 8 („... wird ... nach Maßgabe der genannten Richtlinie ausgeübt ... ") und die aktualisierten Erläuterungen („Die genannte Richtlinie und Verordnung enthalten Bedingungen und Beschränkungen für die Wahrnehmung des Rechts auf den Schutz personenbezogener Daten.").

15 Bereits mit seiner Entscheidung im Fall Stauder (29/69 – Slg 1969, 419 = EuR 1970, 39) hat der EuGH das Recht auf informationelle Selbstbestimmung begründet, ohne es allerdings konkret zu benennen. Vgl. ferner EuGH – Stanley George Adams, 145/83 – Slg 1985, 3539, EuGH – Aids-Test, C–404/92 P – Slg 1994, 4780 (EuGRZ 1995, 247), EuGH – Fisher, C-369/98 – Slg 2000, I-6751 (EuGRZ 2001, 32), EuGH – ORF, C-465/00, C-138/01 und C-139/01 – Slg 2003, I-4989 (EuGRZ 2003, 232), EuGH – Lindqvist, C-101/01 – EuGRZ 2003, 714, und EuGH – Satamedia, C-73/07 – Slg 2008, I-9831. Aus der letzten Zeit: EuGH – Probst, C-119/12, CR 2013, 25; EuGH – Schwarz, Rs. C- 291/12, ECLI:EU:C:2013:670, Urt. v. 17.10.2013; EuGH – IPI, Rs. C- 473/12, ECLI:EU:C:2013:715, Urt. v. 7.11.2013; EuGH – Digital Rights Ireland u.a., Rs. C-293/12 und C-594/12, ECLI:EU:C:2014:238, Urt. v. 8.4.2014; EuGH – Google Spain, Rs. C- 131/12, ECLI:EU:C:2014:317, Urt. v. 13.5.2014 (hierzu *Schiedermair*, JM 2015, 334); EuGH – Frantisek, C-212/13, ECLI:EU:C:2014:2428, Urt. v. 11.12.2014 (hierzu *Klar*, NJW 2015, 464); EuGH – Schrems, Rs. C- 362/14, ECLI:EU:C:2015:650, Urt. v. 6.10.2015 (hierzu *Kühling/Heberlein*, NVwZ 2016, 7; *Eichenhofer*, EuR 2016, 76; *Heckmann/Starnecker*, JM 2016, 58); EuGH – Tele2 Sverige u.a., Rs. C-203/15 und C-698/15, ECLI:EU:C:2016:970, Urt. v. 21.12.2016 (hierzu *Sandhu*, EuR 2017, 453; *Frenz*, DVBl. 2017, 183), und EuGH – Lecce, Rs. C-398/15, ECLI:EU:C:2017:197, Urt. v. 9.3.2017 (hierzu *Frenz*, DVBl. 2017, 566; *Rosner*, NWB 2017, 2120). Vgl. zu den Leitlinien der Datenschutz-Rechtsprechung des EuGH unter der Regie des Art. 8 *Skouris*, NVwZ 2016, 1359: den Datenschutz favorisierende Marschroute. Zur Rspr. des EGMR: Urt. v. 26.3.1987 – Leander/Schweden – Nr. 10/1985/96/144, Serie A/116; vgl. hierzu auch die Nachweise bei *Rengeling/Szczekalla*, Grundrechte, Rn. 680. Auch der EGMR hat den Grundrechtscharakter des Datenschutzes längst anerkannt.

16 Vgl. *Reinhardt*, AöR 142 (2017), 528 ff.: Notwendigkeit einer „Unterbestimmung".

17 Zu den Gründen hierfür siehe Vorbem. zu „Titel II Freiheiten", Rn. 8. Mit dem Ziel der Schaffung einer „kommunikationsfreundlichen Informationsrechtsordnung" die Gehalte des Art. 8 an die „soziale Realität" anzupassen, wie es zB *Veil*, NVwZ 2018, 686, unternimmt, verbietet sich bereits aus methodischen Gründen.

18 Auch *Kingreen*, in: Calliess/Ruffert, EUV/AEUV, 5. Aufl., Art. 8 GRCh Rn. 7 Fn. 16.

So nimmt das **Schrifttum** unter Hinweis auf diesen Befund einer „Nachbildung" des Art. 8[19] zunächst an, dass die **Datenschutz-Richtlinie**[20] Art. 8 ausgestaltet bzw. konkretisiert habe und dieser damit **Grundrechtsdimension verliehen** bzw. diese **als Grundrecht formuliert** worden sei[21]; den im Sekundärrecht entfalteten Datenschutz habe Art. 8 **auf die Ebene des Primärrechts gehoben.**[22] **Gleichzeitig** wird – wohl mit Rücksicht auf den Aspekt der Normenhierarchie (Maßstäblichkeit des Primärrechts) – gefordert, die **sekundärrechtlichen Datenschutzregelungen** an den **Vorgaben des Grundrechts zu messen** und im Lichte des Art. 8 auszulegen.[23] Den daraus resultierenden **Konflikt einer Wechselwirkung** zwischen Sekundär- und Primärrecht **löst** die **Literatur nur unvollkommen.** Teilweise begnügt sie sich mit der Anmerkung, primärrechtliche und sekundärrechtliche Vorgaben dürften nicht vorschnell gleichgesetzt werden.[24] Teilweise weist sie (abschwächend) darauf hin, dass die Sekundärrechtsakte die grundrechtliche Prüfung des Schutzbereichs des Art. 8 und eines Eingriffs „beeinflussten"; erläuternd wird hinzugefügt, auf der Schutzbereichsebene sei insoweit zu prüfen, welche Gehalte des einfachen Rechts das Grundrecht in seinen Schutzbereich aufnehme, auf der Ebene des Eingriffs sei zu fragen, ob eine Norm des einfachen Rechts das Grundrecht nur ausgestalte oder nicht vielmehr als Eingriff in dieses zu betrachten sei.[25] Als „zu großzügig" wird diese Ansicht von einer **anderen Schrifttumsmeinung** bewertet.[26] Trotz des geschilderten Bezugs zu den Sekundärrechtsnormen sei das Datenschutzgrundrecht **autonom** aus Art. 8 heraus **zu bestimmen** und nicht in Wechselwirkung zum Sekundärrecht. Mit der – wenig nachvollziehbaren – Begründung, diese Rechtsakte hätten zeitlich vor der Formulierung des Art. 8 bestanden, wird ihnen der Charakter einer bloßen „Interpretationshilfe" zugebilligt.[27] 17

In seiner – im Übrigen progressiven[28] – Datenschutz-Rechtsprechung nach Inkrafttreten der GRC hat der **EuGH** zwar wiederholt die grundrechtliche Dimension des Datenschutzes betont. **Unscharf** bleiben jedoch sowohl die **normative Basis** als auch die **dogmatische Konstruktion** des Grundrechts; stattdessen werden lediglich (punktuell) **einzelne Komponenten** des Datenschutzes **hervorgehoben** und **bereichsspezifisch konkretisiert.**[29] 18

Ein **verstärkter Klärungsbedarf** für diese Fragen wird sich ergeben, soweit es um das **Verhältnis des neuen Sekundärrechts** (Datenschutz-Grundverordnung) **zu Art. 8** in Bereichen 19

19 Häufig wird die Formulierung „in Anlehnung an" gebraucht.
20 Hierneben auch die anderen Sekundärrechtsquellen.
21 Vgl. etwa *Stern/Sachs/Johlen*, GRC, Art. 8 Rn. 9, 13.
22 Sog. Hochzonung; *Jarass*, GR-Charta, 3. Aufl., Art. 8 Rn. 2, und *Rüpke/von Lewinski/Eckhardt*, Datenschutzrecht, Rn. 31.
23 *Jarass*, GR-Charta, 3. Aufl., Art. 8 Rn. 4 a; *Kingreen*, in: Calliess/Ruffert, EUV/AEUV, Art. 8 GRCh Rn. 7; *Pechstein/Nowak/Häde/Wolff*, Frankfurter Kommentar, Art. 8 GRC Rn. 4, unter Hinweis darauf, dass der EuGH auf diese Weise zu einer weiten Auslegung der Datenschutz-Richtlinie gelangt sei.
24 So *Jarass*, GR-Charta, 3. Aufl., Art. 8 Rn. 4 a Fn. 22.
25 *Kingreen*, in: Calliess/Ruffert, EUV/AEUV, Art. 8 GRCh Rn. 7, unter Hinweis auf *Britz*, EuGRZ 2009, 7.
26 *Pechstein/Nowak/Häde/Wolff*, Frankfurter Kommentar, Art. 8 GRC Rn. 4 Fn. 8.
27 So *Pechstein/Nowak/Häde/Wolff*, Frankfurter Kommentar, Art. 8 GRC Rn. 4.
28 Vgl. *Skouris*, NVwZ 2016, 1363 f.
29 *Reinhardt*, AöR 142 (2017), 564. Siehe hierzu vor allem die Leitentscheidungen EuGH – Google Spain, Rs. C-131/12, ECLI:EU:C:2014:317, Urt. v. 13.5.2014, EuGH – Frantisek, Rs. C-212/13, ECLI:EU:C:2014:2428, Urt. 11.12.2014, und EuGH – Schrems, Rs. C-362/14, ECLI:EU:C:2015:650, Urt. v. 6.10.2015.

geht, in denen dieses das Datenschutzregime der abgelösten Datenschutz-Richtlinie nicht nur marginal, sondern substanziell verändert.[30]

3. Sachlicher Schutzbereich (Absatz 1)

20 a) **Personenbezogene Daten.** Der **sachliche Anwendungsbereich** des Art. 8 wird mit den Begriffen **„personenbezogene Daten"** (personal data/donnees a charactere personnel) und **„Verarbeitung"** umschrieben. Er erfasst alle nur denkbaren, auf eine (bestimmte oder bestimmbare) Person bezogenen Informationen, **nicht nur sensible Daten.** Eine dynamische **IP-Adresse,** die von einem Anbieter von Online-Mediendiensten beim Zugriff einer Person auf eine Website, die dieser Anbieter allgemein zugänglich macht, gespeichert wird, stellt für den Anbieter ein personenbezogenes Datum im Sinne der Datenschutz-Richtlinie (Art. 2 lit. a) dar, wenn er über rechtliche Mittel verfügt, die es ihm erlauben, die betreffende Person anhand der **Zusatzinformationen,** über die der Internetzugangsanbieter dieser Person verfügt, bestimmen zu lassen.[31] Weil die Vorschrift ausdrücklich auf die **Richtlinie 95/46/EG** „gestützt" ist, übernimmt sie auch deren Konzept, den Datenschutz des Einzelnen (durch Rechtsangleichung) deshalb zu verbessern, weil Hemmnisse für den „freien Verkehr personenbezogener Daten" in der Gemeinschaft beseitigt werden sollen.[32] Zweck der Richtlinie war die Verwirklichung des Binnenmarktes,[33] auch wenn dem „freien Verkehr personenbezogener Daten" bei dem Ausgleich zwischen Datenschutz und Datenverkehr kein Vorrang zukam.[34] Vor diesem Hintergrund werden auch von Art. 8 zunächst nur solche personenbezogenen Daten erfasst, die eine **Binnenmarktrelevanz** haben.[35] Dass letztlich aber auch die Verarbeitung personenbezogener Daten außerhalb dieses Bereichs geschützt ist, ergibt sich aus dem Hinweis des Präsidiums des Grundrechtekonvents auf die Rechtstexte des Europarates. Diese stellen eine vergleichbare Voraussetzung nicht auf, auch wenn sie Einschränkungen der Reichweite des Datenschutzes aus anderen Gründen enthalten.[36]

21 Im Übrigen stellt sich hier wie auch bei anderen Grundrechten die Frage, ob nicht durch die Aufnahme der Grundrechtecharta in das Primärrecht der Union eine deutliche **Akzentverschiebung** der **Finalität der Union** eintritt, in deren Konsequenz das **Individuum** in den **Mittelpunkt des Unionshandelns** rückt (Erwägung Nr. 2, S. 3 der Präambel). Damit könnten Schutz und Interessen des Individuums zumindest tendenziell Vorrang beanspruchen, während der **Integrationszweck nicht mehr** das **gleiche Gewicht** hätte wie nach geltendem Recht. Entsprechend dürfte der Schutzbereich bestimmter Grundrechte, wie etwa derjenige

---

30 Siehe dazu unten Rn. 32 f.

31 EuGH – Breyer, Rs. C-582/14, ECLI:EU:C:2016:779, Urt. v. 19.10.2016; vgl. hierzu *Eckhardt*, CR 2016, 786. Zur Bedeutung eines relativen bzw. absoluten Personenbezugs siehe *Rüpke/von Lewinski/Eckhardt*, Datenschutzrecht, S. 142 ff.; ferner *Brink/Eckhardt*, ZD 2015, 205.

32 Erwägungsgründe Nrn. 8 und 9 der Richtlinie 95/46/EG. Im Einzelnen *Brühann*, EuZW 2009, 639 ff. Zur Konkretisierung des Schutzbereichs durch die europäische Gesetzgebung vgl. *Schorkopf*, in: Ehlers, Grundrechte, 4. Aufl., § 16 Rn. 40 f.; zutreffend sieht deshalb *Kingreen* (in: Calliess/Ruffert, EUV/AEUV, 5. Aufl., Art. 8 GRCh Rn. 6 f.) bereits die Anwendbarkeit des Datenschutzgrundrechts durch die Reichweite der Richtlinie „beeinflusst".

33 *Schild*, EuZW 1996, 549 f.; *Simitis*, NJW 1997, 282; im Einzelnen *Simitis*, in: Simitis/Dammann/Geiger/Mallmann/Walz, BDSG, § 1 Rn. 120 ff.

34 So *Simitis*, NJW 1997, 282.

35 Zum Begriff der personenbezogenen Daten vgl. Art. 2 lit. a der Richtlinie 95/46/EG; *Schild*, EuZW 1996, 550: alle Daten, die mit einer Person in Verbindung gebracht werden können.

36 Vgl. Rn. 27. Wie hier *Jarass*, EU-Grundrechte, § 13 Rn. 5; ferner *ders.*, GR-Charta, 3. Aufl., Art. 8 Rn. 6.

des Datenschutzgrundrechts, (auch vom EuGH) in Zukunft **nicht mehr allein** aus der Perspektive des **Binnenmarktes** zu beurteilen sein.[37]

b) Verarbeitung. Art. 8 knüpft den Schutz personenbezogener Daten an deren **„Verarbeitung“**. Wie die Richtlinie 95/46/EG[38] erfasst auch Art. 8 die gesamte Verwendung personenbezogener Daten, die bereits bei der Erhebung beginnt. Damit ist von einer **weiten Definition** der Datenverarbeitung auszugehen, die die Möglichkeit eröffnet, neue Formen der Datenverwendung gleich mit zu berücksichtigen.[39] Für die Anwendung des Art. 8 ist das **Verfahren** der Datenverarbeitung **ohne Bedeutung**. Es macht daher keinen Unterschied, ob die personenbezogenen Angaben manuell oder automatisiert erschlossen werden. Die Verarbeitung muss **nicht** zu einem **Nachteil** geführt haben. Auf die – später durch eine neue Richtlinie abgelöste – **Richtlinie 97/66/EG des Europäischen Parlaments und des Rates vom 15.12.1997 über die Verarbeitung personenbezogener Daten und den Schutz der Privatsphäre im Bereich der Telekommunikation („Telekommunikations-Datenschutzrichtlinie“)**[40] hat das Präsidium in seinen Erläuterungen zu Art. 8 nicht verwiesen. Das ist bemerkenswert, weil diese als spezielle Regelung die Richtlinie 95/46/EG in einem wichtigen Bereich – für das Telekommunikationsdatenschutzrecht – präzisierte und ergänzte. Eine vom Grundrechtekonvent gewollte Einschränkung des sachlichen Anwendungsbereichs des Art. 8 ist daraus aber wohl nicht zu entnehmen. 22

c)Schutzwirkungen. Das Grundrecht enthält zunächst ein klassisches **Abwehrrecht** gegen Beeinträchtigungen durch die Verpflichteten. Ihm ist aber auch eine **Schutzpflichtdimension** („Recht auf Schutz“) immanent.[41] In dem Recht, vor Grundrechtseingriffen durch Private bewahrt zu werden, entfaltet sich eine **mittelbare Drittwirkung.**[42] 23

4. Eingriffsrechtfertigung

Wie weit die **Ausübung** des Rechts auf Schutz personenbezogener Daten **eingeschränkt** werden kann, sollte sich, so die Vorstellungen des Grundrechtekonvents, nach den Voraussetzungen bestimmen, unter denen die Richtlinie 95/46/EG die Mitgliedstaaten und – über Art. 286 EGV-Nizza bzw. die Verordnung (EG) Nr. 45/2001 – die Organe und Einrichtungen der Gemeinschaft zu Eingriffen in das Datenschutzrecht ermächtigte. Auf das Grundrecht, das nicht iSv Art. 52 Abs. 2 im Gemeinschaftsvertrag begründet, sondern (lediglich) dem Sekundärrecht „entnommen“ war, sollte die **allgemeine Grundrechtsschranke des Art. 52 Abs. 1** zur Anwendung gelangen. Bei der Rechtfertigungsprüfung nach dieser Vorschrift waren die Eingriffstatbestände der Richtlinie nach den Vorstellungen des Grundrechtekonvents als sachgebietsspezifische Ausformungen des Verhältnismäßigkeitsgrund- 24

---

37 Ebenso offensichtlich *Stern/Sachs/Johlen*, GRC, Art. 8 Rn. 30 Fn. 67, und *Jarass*, GR-Charta, 3. Aufl., Art. 8 Rn. 8.

38 Vgl. Art. 2 lit. b und Art. 3 der Richtlinie.

39 Wie hier *Stern/Sachs/Johlen*, GRC, Art. 8 Rn. 34.

40 ABl. 1998 Nr. L 24 S. 1. Mit dem Ziel der Anpassung an die Entwicklungen der Märkte und Technologien für elektronische Kommunikationsdienste wurde die Richtlinie 97/66/EG durch die Richtlinie 02/58/EG des Europäischen Parlaments und des Rates vom 12.7.2002 über die Verarbeitung personenbezogener Daten und den Schutz der Privatsphäre in der elektronischen Kommunikation („Datenschutzrichtlinie für elektronische Kommunikation“; „e-Privacy-Richtlinie“) (ABl. 2002 Nr. L 201 S. 37) ersetzt.

41 Vgl. *Pechstein/Nowak/Häde/Wolff*, Frankfurter Kommentar, Art. 8 GRC Rn. 16 f.; *Stern/Sachs/Johlen*, GRC, Art. 8 Rn. 21 f.; *Jarass*, GR-Charta, 3. Aufl., Art. 8 Rn. 2, 10.

42 *Stern/Sachs/Johlen*, GRC; Art: 8 Rn. 22 f., unter Hinweis auf EuGH – Google Spain, Rs. C-131/12, ECLI:EU:C:2014:312, Urt. v. 13.5.2014; *Kingreen*, in: Calliess/Ruffert, EUV/AEUV, Art. 8 GRCh Rn. 12. Vgl. auch *Reinhardt*, AöR 142 (2017), 544 ff.; ferner *Streinz/Michl*, EuZW 2011, 384, und *Roßnagel*, NJW 2019, 3.

satzes zu berücksichtigen. Die **„Verdopplung"** des **Datenschutzgrundrechts** in **Art. 16 Abs. 1 AEUV** (und Art. 39 EUV) führt nicht zu unlösbaren Problemen. Weil das Grundrecht nunmehr (auch) „in den Verträgen" geregelt ist, ist allerdings anstelle der allgemeinen Grundrechtsschranke des Art. 52 Abs. 1 die **besondere Grundrechtsschranke des Art. 52 Abs. 2** anzuwenden. Dass Art. 16 AEUV anders als Art. 8 Abs. 2 keine Schrankenbestimmungen enthält, bleibt ohne Auswirkungen. Das Grundrecht ist deshalb **nicht schrankenlos** gewährt. Vielmehr sind auch hier die im Sekundärrecht festgelegten Datenverarbeitungsanforderungen heranzuziehen. Darauf deutet ua die der **Schlussakte der Regierungskonferenz** beigefügte **Erklärung (Nr. 20) zu Art. 16 AEUV** hin, die ausdrücklich auf das Sekundärrecht Bezug nimmt. Es ist nicht davon auszugehen, dass die Einschränkbarkeit des Datenschutzgrundrechts über dessen Aufnahme (auch) „in die Verträge" ausgehebelt werden sollte. **Art. 16 AEUV** gewährleistet den Schutz personenbezogener Daten damit **nicht effektiver als Art. 8.** Welche **Schrankenklausel** (Art. 52 Abs. 2 oder doch Art. 52 Abs. 1 oder gar Art. 52 Abs. 3) anzuwenden ist, ist gleichwohl erheblich **umstritten.**[43]

5. Berechtigte und Verpflichtete

25 Aus Art. 8 **berechtigt** sind **vor allem natürliche Personen.** Das ergibt sich nicht nur aus der Bezugnahme auf die Richtlinie 95/46/EG, sondern auch daraus, dass die wesensmäßige Anwendbarkeit des Rechts auf informationelle Selbstbestimmung auf juristische Personen wegen seiner Nähe zur Menschenwürde (Art. 1) idR ausgeschlossen ist. Etwas anderes dürfte für den **Bereich der elektronischen Kommunikation** gelten. In diesem Bereich wurde die Richtlinie 95/46/EG durch die Richtlinie 02/58/EG ergänzt, die ein **Datenschutzinteresse juristischer Personen** ausdrücklich bestätigt.[44] Mittlerweile hat der **EuGH** anerkannt[45], dass sich **auch Personengesellschaften** (GbR?, landwirtschaftlicher Vollerwerbsbetrieb?) auf den durch Art. 8 vermittelten Schutz berufen können, „wenn ihr **Name** eine oder mehrere **natürliche Personen bestimmt"**. Im Hinblick darauf wird eine Berechtigung **(privater) juristischer Personen** allgemein bejaht.[46] Die aus Art. 8 folgenden **Verpflichtungen** treffen sowohl die **Mitgliedstaaten** (nach Maßgabe von Art. 51 Abs. 1) als auch die **Organe, Ein-**

---

43 Vgl. zum Meinungsstand *Stern/Sachs/Johlen*, GRC, Art. 8 Rn. 40 ff. *Kingreen* (in: Calliess/Ruffert, EUV/AEUV, Art. 8 GRCh Rn. 3 f.) will Art. 52 Abs. 1, nicht aber Art. 52 Abs. 2 und Art. 52 Abs. 3 anwenden: Normen des EUV und AEUV, die erst mit dem Lissaboner Vertrag in Kraft getreten seien, könnten für die Anwendung des Art. 52 Abs. 2 nicht herangezogen werden. Für eine Anwendung von Art. 52 Abs. 1 und Art. 52 Abs. 3 *Stern/Sachs/Johlen* (GRC, Art. 8 Rn. 38 ff.), *Jarass* (GR-Charta, 3. Aufl., Art. 8 Rn. 11) und *Roßnagel* (NJW 2019, 4); gegen eine Heranziehung von Art. 52 Abs. 3 *Pechstein/Nowak/Häde/Wolff*, Frankfurter Kommentar, Art. 8 GRC Rn. 3. 42 ff.). Allerdings scheint der EuGH allein Art. 52 Abs. 1 anwenden zu wollen: EuGH – Schecke, C-92/09 ua, Slg 2010, I-11063; EuGH – Schwarz, Rs. C-291/12, ECLI:EU:C:2013:670, Urt. v. 17.10.2013.

44 Erwägungsgründe Nrn. 7, 8, 12, 17 und 38 der Richtlinie 02/58/EG. Für eine bereichsspezifische Anwendung des Art. 8 auch auf juristische Personen vgl. *Kingreen*, in: Calliess/Ruffert, EUV/AEUV, 5. Aufl., Art. 8 GRCh Rn. 11; *Stern/Sachs/Johlen*, GRC, Art. 8 Rn. 25 ff.; aA – unter Hinweis darauf, dass auf die genannten Sekundärrechtsakte in den Erläuterungen (gerade) nicht verwiesen wurde – *Jarass*, EU-Grundrechte, § 13 Rn. 6; hiermit im Widerspruch stehend *ders.*, GR-Charta, 3. Aufl., Art. 8 Rn. 7; siehe unter Hinweis auf den Normtext („Person" statt „Mensch") *Pechstein/Nowak/Häde/Wolff*, Frankfurter Kommentar, Art. 8 GRC Rn. 10 f.: die Abgrenzung sei allerdings schwer durchführbar. Der Eingrenzung auf den Schutz natürlicher Personen in den Kompetenzvorschriften des Art. 16 Abs. 2 AEUV und Art. 39 EUV kommt insoweit keine relativierende Bedeutung zu.

45 EuGH – Schecke, C-92/09 ua, Slg 2010, I-11063.

46 *Stern/Sachs/Johlen*, GRC, Art. 8 Rn. 27 f.; *Pechstein/Nowak/Häde/Wolff*, Frankfurter Kommentar, Art. 8 GRC Rn. 10 f.; *Kingreen*, in: Calliess/Ruffert, EUV/AEUV, 5. Aufl., Art. 8 GRCh Rn. 11; *Jarass*, GR-Charta, 3. Aufl., Art. 8 Rn. 7.

richtungen und sonstigen Stellen der Union. Nach der **Verordnung (EG) Nr. 45/2001** sind die gemeinschaftsrechtlichen Rechtsakte zum Datenschutz für den Bereich des EG-Vertrags auch für die Gemeinschaft verbindlich. Nach **Art. 16 Abs. 2 S. 1 AEUV** können EP und Rat im ordentlichen Gesetzgebungsverfahren Vorschriften zum Datenschutz mit für die Union verpflichtender Wirkung erlassen. Innerhalb der Union gilt damit ein einheitliches Datenschutzniveau, das dem nationalen Datenschutzniveau der Mitgliedstaaten entspricht.

6. Das Datenschutzrecht des Europarates

Mit dem Hinweis auf **Art. 8 EMRK** wollte das Präsidium des Grundrechtekonvents daran erinnern, dass das Recht auf Schutz personenbezogener Daten seinen Niederschlag auch in der Rechtsordnung des Europarates gefunden hat. Zwar enthält Art. 8 EMRK **keine bereichsspezifischen Aussagen** über den Datenschutz und grenzüberschreitende Datenflüsse. Das genannte Recht wird jedoch unbestritten als **Teil des Rechts auf Achtung des Privatlebens** garantiert.[47] Insoweit besteht für die Vertragsstaaten nicht nur eine Verpflichtung, die rechtswidrige Verarbeitung von Daten, die der Privatsphäre zuzurechnen sind, zu unterlassen. Die Vertragsstaaten müssen auch den (positiven) Schutz des Rechts gegen Dritte durch Gesetzgebung, Rechtsprechung und Verwaltung sicherstellen.[48] 26

Den spezifischen Problemen des Datenschutzes ist das **Übereinkommen des Europarates vom 28.1.1981** gewidmet, das von allen Mitgliedstaaten ratifiziert wurde. Diese Konvention stellt die erste völkerrechtliche Übereinkunft auf dem Gebiet des Datenschutzes dar. Allerdings legt sie nur einen **Mindeststandard** fest.[49] Darüber hinaus betrachtet sie die **Automatisierung** der Datenverarbeitung nicht nur als Anlass, sondern auch als **Grenze** der regulativen Intervention.[50] 27

7. Rahmen für eine zulässige Verarbeitung (Absatz 2)

a) **Zweckbindung, Einwilligung, gesetzliche Grundlage.** Eingriffe in das Recht auf informationelle Selbstbestimmung sind an **Art. 8 Abs. 2** und **Art. 52** zu messen.[51] Zwar war die Bestimmung der Voraussetzungen für die rechtmäßige Verarbeitung personenbezogener Daten nach **Art. 5** der **Richtlinie 95/46/EG** den Mitgliedstaaten überlassen. Der **Rahmen** für eine zulässige Verarbeitung wurde aber in **Art. 6 ff.** der Richtlinie abgesteckt. So war die Verarbeitung personenbezogener Daten insbesondere **zweckgebunden** (Art. 6 Abs. 1 lit. b). Diese Zweckbindung begrenzte die Zugriffsmöglichkeiten, schränkte den Verarbeitungsra- 28

47 Vgl. *Lemmens*, in: Maastricht Journal of European and Comparative Law 2001, S. 57; im Einzelnen Urt. v. 26.3.1987 – Leander/Schweden – Nr. 10/1985/96/144, Serie A/116; ferner Urt. v. 25.6.1992 – Lüdi/Schweiz – Nr. 17/1991/269/340, Serie A/ 238 = EuGRZ 1992, 300. Aus der jüngeren Judikatur: Urt. v. 16.2.2000 – Ammann/Schweiz – Appl. Nr. 27798/95, Report of Judgements and Decisions 2000-II, 201, Urt. v. 4.5.2000 – Rotaru/Rumänien – Appl. Nr. 28341/95 – Report of Judgements and Decisions 2000-V, 172, und Urt. v. 4.12.2008 – S. and Marper/Großbritannien – Appl. Nr. 30562/04, EuGRZ 2009, 299. Zuletzt Urt. v. 5.9.2017 – Barbulescu/Rumänien – Appl. Nr. 61496/08, EuZW 2018, 169, und Urt. v. 13.9.2018 – Big Brother Watch u.a./Großbritannien – Appl. Nr. 58170/13 u.a., hudoc.echr.coe.int.

48 Vgl. *Frowein*, in: Frowein/Peukert, EMRK, S. 342 ff., 362.

49 *Schild*, EuZW 1991, 746 f.

50 Art. 1 des Übereinkommens; vgl. *Simitis*, NJW 1997, 283.

51 Zu den Grenzen zulässiger Verarbeitung vgl. EuGH – Digital Rights Ireland u.a., Rs. C- 293/12 und C-594/12, ECLI:EU:C:2014:238, Urt. v. 8.4.2014; vor allem EuGH – Schrems, Rs. C-362/14, ECLI: EU:C:2015:650, Urt. v. 6.10.2015: Grundrecht auf „e-Privacy“ bei Weitergabe von Nutzerdaten an Drittstaaten (USA).

dius ein und legte die Verwendungsdauer fest.[52] Wesentliche (aber nur gleichrangige) Grundlage einer jeden Form von Datenverarbeitung war die **Einwilligung des Betroffenen** (Art. 7 lit. a). In ihr manifestierte sich das eigentlich geschützte Rechtsgut („Recht auf ... Selbstbestimmung"). Einwilligung meinte „informierte Einwilligung",[53] also eine Zustimmung in Kenntnis der Sachlage (Art. 2 lit. h). **Ohne Einwilligung** war die Verarbeitung personenbezogener Daten nach der Richtlinie **nur dann rechtmäßig, wenn** sie notwendig war im Hinblick auf den Abschluss oder die Erfüllung eines für die betroffene Person bindenden Vertrages, zur Erfüllung einer gesetzlichen Verpflichtung, zur Wahrnehmung einer Aufgabe im öffentlichen Interesse, in Ausübung hoheitlicher Gewalt oder im Interesse einer anderen Person (Art. 7 lit. b bis f.).[54]

29 Diese in der Richtlinie 95/46/EG aufgestellten **Verarbeitungsanforderungen** hat der Grundrechtekonvent **in Art. 8 Abs. 2 S. 1 ohne Änderungen übernommen.** Soweit in Satz 1 alternativ zur Einwilligung als Erlaubnistatbestand eine „sonstige gesetzlich geregelte legitime Grundlage" verlangt wird, ist anzunehmen, dass der Grundrechtekonvent damit die Verarbeitungsbefugnisse der Richtlinie bestätigen wollte. Das Tatbestandsmerkmal ist letztlich iSd Richtlinie und damit weit auszulegen.[55]

30 **b) Auskunfts- und Berichtigungsanspruch.** Die Richtlinie verlangte nicht nur eine ausführliche Information der Betroffenen, wenn die Daten bei ihnen erhoben wurden (Art. 10) bzw. die Speicherung begann oder erste Übermittlung erfolgte (Art. 11). Sie gab den Betroffenen auch ein **Auskunftsrecht,** damit sie den Verarbeitungsprozess weiter verfolgen und kontrollieren konnten (Art. 12 lit. a). Darüber hinaus verpflichtete sie die Mitgliedstaaten, die (gesetzlichen) Voraussetzungen dafür zu schaffen, dass eine **Berichtigung von Daten** erwirkt werden konnte (Art. 12 lit. b und c). Die aus der Richtlinie folgenden unionsweiten Vorgaben für ein Auskunftsrecht und einen Berichtigungsanspruch hat der Grundrechtekonvent in **Art. 8 Abs. 2 S. 2** bestätigt.[56]

8. Praktische Bedeutung

31 Art. 8 erlangt vor allem für die Einrichtung von **Datenbanken auf Unionsebene** Bedeutung[57], etwa für die im Januar 2003 etablierte, operative Datenbank **„Eurodac"** (European Dactyloscopy). Auch **Abkommen der Union mit Drittstaaten,** zB das **Abkommen** zwischen Rat und Kommission auf der einen und den Vereinigten Staaten auf der anderen Seite über

---

52 *Simitis*, NJW 1997, 285. Vgl. *Pechstein/Nowak/Häde/Wolff*, Frankfurter Kommentar, Art. 8 GRC Rn. 37, wonach Art. 8 Abs. 2 auch ein Gebot der Zweckbestimmung enthält.

53 Vgl. *Schild*, EuZW 1996, 551 f.; *Pechstein/Nowak/Häde/Wolff*, Frankfurter Kommentar, Art. 8 GRC Rn. 31; *Stern/Sachs/Johlen*, GRC, Art. 8 Rn. 52; auch *Jarass*, EU-Grundrechte, § 13 Rn. 8.

54 Siehe auch Erwägungsgrund Nr. 30 der Richtlinie 95/46/EG. Zu der Frage, ob eine Datenerhebung mit Einwilligung dogmatisch (gleichwohl) als Eingriff anzusehen ist, vgl. *Kingreen*, in: Calliess/Ruffert, EUV/AEUV, 5. Aufl., Art. 8 GRCh Rn. 13. Verneinend Jarass, GR-Charta, 3. Aufl., Art. 8 Rn. 9; *Pechstein/Nowak/Häde/Wolff*, Frankfurter Kommentar, Art. 8 GRC Rn. 24.

55 Wie hier *Stern/Sachs/Johlen*, GRC, Art. 8 Rn. 56; a.A. wohl *Pechstein/Nowak/Häde/Wolff*, Frankfurter Kommentar, Art. 8 GRC Rn. 32: keine inzidente Beschränkung. Beispiele für legitime Zwecke finden sich bei *Kingreen*, in: Calliess/Ruffert, EUV/AEUV, 5. Aufl., Art. 8 GRCh Rn. 15.

56 Weitere Rechte, wie etwa das Widerspruchsrecht (Art. 14) oder das Recht auf Schutz vor nachteiligen Entscheidungen, die allein aufgrund automatisierter Verarbeitung bestimmter persönlicher Daten getroffen werden (Art. 15), dürften damit nicht übernommen worden sein. Offensichtlich auch *Pechstein/Nowak/Häde/Wolff*, Frankfurter Kommentar, Art. 8 GRC Rn. 54. Zu einem „Recht auf Vergessenwerden" EuGH – Google Spain, Rs. C- 131/12, ECLI:EU:C:2014:317, Urt. v. 13.5.2014; hierzu in bestimmten Zusammenhängen *Trentmann*, CR 2017, 26, und *Rosner*, NWB 2017, 2120.

57 Zu den unionalen Regelungskompetenzen im Schutzbereich des Art. 8 vgl. *Pechstein/Nowak/Häde/Wolff*, Frankfurter Kommentar, Art. 8 GRC Rn. 9.

die Übertragung von EU-Bankdaten mittels des Finanzdienstleisters **SWIFT**, sind an ihm zu messen, ebenso das mit Kanada ausgehandelte **Abkommen über Fluggastdatensätze** (Passenger Name Records-Daten), dessen Inkrafttreten der EuGH im Juli 2017 durch ein vom EP in Auftrag gegebenes Gutachten[58] verhindert hat. Datenschutzrechtlicher Kritik ausgesetzt sind schließlich das **Übereinkommen** zwischen der Union und den Vereinigten Staaten über den **EU-US-Datenschutzschild** (Privacy Shield) vom Februar 2016 sowie der entsprechende „Angemessenheitsbeschluss" der Europäischen Kommission.[59] Im Hinblick auf das Erfordernis der datenschutzrechtlichen Zweckbindung sind die Zugriffsmöglichkeiten aus Anlass „normaler" Kriminalitätsbekämpfung begrenzt. Im Rahmen der **GASP** kann der Rat nach **Art. 39 S. 1 EUV** lediglich Beschlüsse zur Festlegung von Datenschutzvorschriften durch die Mitgliedstaaten erlassen. In der der **Schlussakte** beigefügten **Erklärung (Nr. 20) zu Art. 16 AEUV** hat die Regierungskonferenz hierauf und auf das einschlägige Sekundärrecht noch einmal besonders hingewiesen. Für den Bereich der **PJZS** hat sie dagegen – in der **Erklärung (Nr. 21)** – die Notwendigkeit spezifischer Datenschutzvorschriften anerkannt. **Kein Überprüfungsmaßstab** ist **Art. 8** demgegenüber – mangels Anwendbarkeit der GRC (Art. 51 Abs. 1 S. 1) – bei **nationalen Gesetzen** wie dem **deutschen Antiterrordateigesetz,** das die Errichtung (und Ausgestaltung) einer Antiterrordatei als Verbunddatei verschiedener Sicherheitsbehörden zur Bekämpfung des internationalen Terrorismus regelt. Das hat das BVerfG im April 2013 entschieden.[60]

9. Neues Sekundärrecht: Datenschutz-Grundverordnung

Im **Januar 2012** hatte die **Europäische Kommission** – unter Hinweis auf **Art. 8, Art. 16** 32
AEUV und Art. 39 EUV – **Vorschläge** für eine umfassende **Reform des EU-Datenschutzrechts** auf den Weg gebracht.[61] Damit sollte die **Richtlinie 95/46/EG** (einschließlich der sie ergänzenden Richtlinien), die bis heute das zentrale Rechtsinstitut für den Schutz personenbezogener Daten in Europa ist, **aktualisiert** und **modernisiert,** dh an den technischen Fortschritt (Online-Dienste, Soziale Netzwerke, Cloud-Computing usw.) und dessen Herausforderungen angepasst werden.

Auf dieser Initiative beruht die **Verordnung (EU) Nr. 2016/679 des Europäischen Parla-** 33
ments und des Rates vom 27.4.2016 zum Schutz natürlicher Personen bei der Verarbeitung personenbezogener Daten, zum freien Datenverkehr und der Aufhebung der Richtlinie 95/46/EG („Datenschutz-Grundverordnung")[62], die in den Mitgliedstaaten **seit Mai 2018** ohne weiteren Umsetzungsakt unmittelbares Recht (Art. 288 Abs. 2 AEUV) darstellt. Sie hat die seit zwei Jahrzehnten geltende **Datenschutz-Richtlinie** als maßstäbliches (sekundärrechtliches) Regelwerk für den europäischen Datenschutz **abgelöst.** Den **politischen Forderungen** nach einer **Liberalisierung des Datenschutzrechts** durch Etablierung eines neuen Rahmens für die Abwägung zwischen dem Schutz von Geheimnissen und der Privatsphäre einerseits sowie den Interessen der Öffentlichkeit und privater Dritter an freier Datennutzung und der Beschränkung des – allumfassenden – Datenschutzes auf riskante Informationsvorgänge andererseits (Paradigmenwechsel) ist der europäische Gesetzgeber **nicht nach-**

58 Gutachten 1/15. Vgl. Art. 218 Abs. 11 AEUV.
59 Hiergegen ist eine Nichtigkeitsklage nach Art. 263 AEUV anhängig (T-670/16).
60 BVerfGE 133, 277.
61 Mitteilung der Kommission an das Europäische Parlament, den Rat, den Europäischen Wirtschafts- und Sozialausschuss und den Ausschuss der Regionen vom 25.1.2012 (Der Schutz der Privatsphäre in einer vernetzten Welt – Ein europäischer Datenschutzrahmen für das 21. Jahrhundert), Kom (2012) 9 endg; ferner Kom (2012) 11 endg.
62 ABl. 2016 Nr. L 119 S. 1.

gekommen.[63] So hält die Datenschutz-Grundverordnung an dem **Grundprinzip** des europäischen Datenschutzrechts fest, dass die Verarbeitung von personenbezogenen Daten (Art. 6 und Art. 9) unter einem **(generellen) Verbot mit Erlaubnisvorbehalt** steht, ohne hierbei zwischen öffentlichen und nicht-öffentlichen Stellen zu differenzieren.[64] Hinsichtlich der Verarbeitungsbefugnisse wird dabei allerdings zwischen **einzelnen Datenkategorien** unterschieden.[65] Auf einen Schutz personenbezogener Daten (Art. 4) „im Vorfeld" zielen das **sog. Prinzip der Datenminimierung** (Art. 5) und die Verpflichtung (Art. 25), Umfang und Dauer der Verarbeitung durch **Verwendung datenschutzfreundlicher Technologien** (data protection by design) und **Voreinstellungen** (data protection by default) zu begrenzen. Erwähnenswert ist, dass die Datenschutz-Grundverordnung das materielle Recht **umfassender** als bisher **institutionell** und **prozedural absichert.**[66] Beispielsweise wird der Löschungsanspruch des einzelnen zur Verwirklichung seines „Rechts auf Vergessenwerden" nunmehr stärker unterstützt (Art. 17). Andererseits ergänzt die Datenschutz-Grundverordnung den Auskunftsanspruch des Bürgers (Art. 15) um ein **sog. Recht auf Datenportabilität** (Art. 20). Eine besondere Bedeutung kommt der Abgrenzung ihres räumlichen Anwendungsbereichs nach dem **sog. Marktortprinzip** (Art. 3) zu.[67]

34 Das europäische Datenschutzrecht ist nach wie vor Gegenstand einer **dynamischen Entwicklung.** So wurde parallel zur Datenschutz-Grundverordnung eine **Richtlinie zur Datenverarbeitung bei Polizei und Justiz**[68] und eine solche **zur Verwendung von Fluggastdatensätzen**[69] verabschiedet. Die – mittlerweile mehrfach geänderte – **Richtlinie 02/58/EG** („Datenschutzrichtlinie für elektronische Kommunikation"; „e-Privacy-Richtlinie") und die **Verordnung (EG) Nr. 45/2001** harren noch einer **Überarbeitung.**[70] Von geradezu revolutionärem Geist zeugen die Diskussionen über eine **„Eigentumsordnung für Mobilitätsdaten"**[71] und eine – von Netzaktivisten vorgeschlagene – **„Charta der Digitalen Grundrechte der Europäischen Union".**

35 **a) Konfliktfelder?** Es ist hier **nicht der Ort,** auf die „Dissonanzen" einzugehen, die die Anpassung der nationalen Rechtsordnungen an die Datenschutz-Grundverordnung (und die

---

63 Vgl. statt vieler *Gola*, Datenschutz-Grundverordnung, 2017, Einl. Rn. 20.

64 Gegen die Annahme eines spezifischen datenschutzgesetzlichen „Verbotsprinzips" bzw. „Verbots mit Erlaubnisvorbehalt" wendet sich *Roßnagel*, NJW 2019, 4 f.; es gelte lediglich der Vorbehalt des Gesetzes und insoweit ein datenschutzgesetzliches „Erlaubnisprinzip"; eine andere Beurteilung verkenne die grundrechtliche Fundierung des Datenschutzrechts.

65 Hierzu näher *Bernauer*, BRJ 2018, 12.

66 So auch *Kühling/Sackmann*, NVwZ 2018, 681; *Kühling/Raab*, in: Kühling/Buchner, Datenschutz-Grundverordnung/BDSG, 2. Aufl. 2018, Einführung Rn. 99. Zu Rechtsfragen der Einwilligung *Hoffmann*, NZS 2017, 807.

67 Zu den wesentlichen Regelungsinhalten der Datenschutz-Grundverordnung siehe weiter aus der kaum noch überschaubaren Literatur: *Kühling/Klar/Sackmann*, Datenschutzrecht, 4. Aufl. 2018, Rn. 110 ff.; *Rüpke/von Lewinski/Eckhardt*, Datenschutzrecht, S. 113 ff.; *Weichert*, Vorgänge 2018, Nr. 1–2, 5–16; *Leeb/Liebhaber*, JuS 2018, 534; *Schulz*, ZESAR 2017, 270. Vgl. auch die zahlreichen Nachweise bei *Reinhardt*, AöR 142 (2017), 529 Fn. 4.

68 Richtlinie 2016/680/EU des Europäischen Parlaments und des Rates vom 27.4.2016 zum Schutz natürlicher Personen bei der Verarbeitung personenbezogener Daten durch die zuständigen Behörden zum Zwecke der Verhütung, Ermittlung, Aufdeckung oder Verfolgung von Straftaten oder zur Strafvollstreckung sowie zum freien Datenverkehr und zur Aufhebung des Rahmenbeschlusses 2008/977/JI des Rates, ABl. 2016 Nr. L 119 S. 89; hierzu *Schwichtenberg*, DuD 2016, 605.

69 Richtlinie 2016/681/EU des Europäischen Parlaments und des Rates vom 27.4.2016 über die Verwendung von Fluggastdatensätzen (PNR-Dateien) zur Verhütung, Aufdeckung, Ermittlung und Verfolgung terroristischer Straftaten und schwerer Kriminalität, ABl. 2016 Nr. L 119 S. 132.

70 Kom (2017) 10 endg. und Kom (2017) 8 endg.

71 Dazu *Kühling/Sackmann*, NVwZ 2018, 684 ff.; ferner *Schweitzer/Peitz*, NJW 2018, 278 f.

sie begleitenden Richtlinien)[72] erzeugen (können). Hierfür sei auf die zahlreichen **Kommentare zur Datenschutz-Grundverordnung** verwiesen.[73] Ebenso wenig soll besprochen werden, in welchen, von der Datenschutz-Grundverordnung nicht erfassten Bereichen[74] oder ob bei Nutzung ihrer „Öffnungsklauseln"[75] grundrechtliche Konflikte entstanden sind (oder möglich erscheinen). Insoweit wird der **EuGH zukünftig** eine **verantwortungsvolle Rechtsprechung** unter Beweis stellen müssen.[76]

Von **besonderem (grundrechtlichem) Interesse** sind jedoch **Probleme**, die sich aus der **sog. Hochzonung der früheren Datenschutz-Richtlinie** in den Grundrechtsbereich ergeben, außerdem solche, die aus **grundrechtlichen Konfliktlagen** resultieren und nur durch **Herstellung „praktischer Konkordanz"** zwischen dem Datenschutzgrundrecht des Art. 8 und den (konfligierenden) Grundrechten von Datenverarbeitern und Dritten bewältigt werden können. 36

Erstens: Die beschriebene[77] **(Norm)Prägung des Art. 8** durch die Rechtsgrundsätze der aufgehobenen **Datenschutz-Richtlinie** führt im Prinzip dazu, dass Letztere **nicht mehr zur Disposition des europäischen Gesetzgebers** stehen und die darin enthaltenen – von Art. 8 rezipierten – **Kernelemente** des europäischen Datenschutzes **nur noch** auf der **Ebene der Verträge verändert** werden können.[78] Im Anwendungsbereich des Datenschutzgrundrechts lässt sich deshalb nicht (mehr) vertreten, die konzeptionelle Ausrichtung der früheren Datenschutz-Richtlinie sei überholt und müsse durch moderne, großzügigere oder (umgekehrt) weniger restriktive Strukturen ersetzt werden.[79] Vor diesem Hintergrund kann sich im Grundsatz die **Frage nach der Primärrechtskonformität** einzelner Regelungen der **neuen Datenschutz-Grundverordnung** stellen, mag diese auch nach allgemeiner Auffassung[80] die tragenden Prinzipien der Datenschutz-Richtlinie ohne inhaltliche Modifikationen wiedergeben.[81] 37

Zweitens: (Grundrechtlicher) **Datenschutz** ist eine Frage **kollidierender Freiheitsräume**; er findet im **Spannungsfeld** zwischen den Persönlichkeitsrechten einerseits und der **Meinungs- und Informationsfreiheit** (Art. 11 Abs. 1), der **Medienfreiheit** (Art. 11 Abs. 2) und der **Freiheit von Kunst und Wissenschaft** (Art. 13) sowie ggf. der **unternehmerischen Freiheit** (Art. 16) andererseits statt (sog. multipolarer Grundrechtskonflikt). Die Inanspruchnahme dieser Rechte ist heute weitgehend mit der Verarbeitung personenbezogener Daten verbunden. In ihrem mehrfach gestuften und geteilten Normensystem weist die **Datenschutz-Grundverordnung** die Aufgabe des **Ausgleichs** zwischen diesen Grundrechten den **Mitglied-** 38

72 Siehe hierzu die Zusammenstellung deutscher Anpassungs- und Änderungsgesetze bei *Berger/Schmitt*, Der Betrieb, Beilage 03/2017, 57 f.

73 Vgl. nur *Sydow*, Europäische Datenschutzgrundverordnung, 2. Aufl. 2018; *Kühling/Buchner*, Datenschutz-Grundverordnung/BDSG, 2. Aufl. 2018; *Simitis/Hornung/Spieker*, Datenschutzrecht. Großkommentar, 2018; *Ehmann/Selmayr*, Datenschutz-Grundverordnung, 2017; *Gola*, Datenschutz-Grundverordnung, 2017; *Eßer/Kramer/von Lewinski*, DSGVO/BDSG, 5. Aufl. 2017.

74 Dargestellt bei *Rüpke/von Lewinski/Eckhardt*, Datenschutzrecht, S. 371 ff.

75 Vgl. aber zu Art. 85 Datenschutz-Grundverordnung Rn. 38.

76 Vgl. hierzu etwa das Vorabentscheidungsersuchen des FG Düsseldorf vom 9.8.2017 zu Fragen des Zollkodex der Union (C-496/17).

77 Vgl. oben Rn. 15 f.

78 So ausdrücklich *Selmayr/Ehmann*, in: Ehmann/Selmayr, Datenschutz-Grundverordnung, Einführung Rn. 31, 34.

79 *Selmayr/Ehmann*, in: Ehmann/Selmayr, Datenschutz-Grundverordnung, Einführung Rn. 35.

80 Etwa *Kühling/Sackmann*, NVwZ 2018, 681; *Kühling/Raab*, in: Kühling/Buchner, Datenschutz-Grundverordnung/BDSG, Einführung Rn. 99.

81 So insbesondere dort, wo sie diese institutionell und prozedural – etwa durch ihr scharfes Sanktionsregime – „nachjustiert".

staaten zu („... member states shall by law reconcile ...“). Auf der Grundlage einer **„Öffnungsklausel“** der Datenschutz-Grundverordnung **(dort Art. 85)** stehen sie in der Pflicht, für ein Abwägungsergebnis zu sorgen, das die gegenläufigen Grundrechte jeweils zu ihrer vollen Wirksamkeit gelangen lässt.[82] Zwar wird bei einer – distanzierten – Bewertung der hiergegen erhobenen Fundamentalkritik[83] einerseits und euphorischer Kommentare[84] andererseits zugegeben werden müssen, dass die **Stärkung** der **nationalen Ebene** bestimmte **grundrechtsprekäre Entwicklungen** in den Mitgliedstaaten **begünstigt** (weiterer Hebel zur Einschränkung), etwa die aus der Perspektive des Art. 11 problematischen (Mediengesetz)Reformen in Ungarn und Polen oder die ua in Italien unternommenen Versuche, den öffentlich-rechtlichen Rundfunk „unter Kontrolle“ zu bringen.[85] Indessen stellt die **Abwägung** eine **genuin grundrechtliche Frage** dar, die der **EuGH** als **Letztinterpret** der konfligierenden Grundrechte (und damit auch der Öffnungsklausel) mit Präjudiz zu beantworten hat.[86]

39 Ob und inwieweit die **Datenschutz-Grundverordnung** im Hinblick auf Zahl und Unbestimmtheit ihrer „Öffnungsklauseln“ ein **Rechtsstaatsdefizit (Art. 2 EUV)** aufweist[87], soll hier nicht erörtert werden.

40 **b) Sonderproblem „Vorratsdatenspeicherung“.** Mit **Urteil vom 8.4.2014**[88] hatte der **EuGH** seine ursprüngliche – heftig kritisierte[89] – Zurückhaltung in Fragen der Vorratsspeicherung von Verkehrsdaten[90] aufgegeben und die diesbezügliche **Richtlinie 2006/24/EG des Europäischen Parlaments und des Rates vom 15.3.2006 über die Vorratsspeicherung von Daten, die bei der Bereitstellung öffentlich zugänglicher elektronischer Kommunikationsdienste oder öffentlicher Kommunikationsnetze erzeugt oder verarbeitet werden, und zur Änderung der Richtlinie 2002/58/EG**[91] für **nichtig** erklärt. In seiner Entscheidung hatte er den Gestaltungsspielraum des Unionsgesetzgebers trotz ausdrücklicher Anerkennung eines Rechts der Bürger auf Sicherheit (Art. 6) vor internationalem Terrorismus und schwerer Kriminalität eingeschränkt und diesen auf eine **strenge Anwendung des Verhältnismäßigkeitsgrundsatzes** verpflichtet.[92] Im Jahr 2016 musste sich der EuGH noch einmal – nun im Zusammenhang mit **mitgliedstaatlichen Umsetzungsgesetzen** der für nichtig erklärten Richtlinie 2006/24/EG – mit den Voraussetzungen einer **„allgemeinen und unterschiedslosen“ Vorratsdatenspeicherung** befassen. Anknüpfend an das Urteil vom 8.4.2014 erklärte

82 Herstellung „praktischer Konkordanz“; vgl. hierzu *Roßnagel*, NJW 2019, 3. Als Beeinträchtigung des datenschutzrechtlichen „level playing field“ bezeichnet.

83 Vgl. *Veil*, NVwZ 2018, 689: Datenschutz als „Supergrundrecht“ und (kommunikations)freiheitsgefährdende Konstruktion; Nachweise weiterer kritischer Stellungnahmen bei *Veil*, NVwZ 2018, 686 Fn. 7, und *Stern/Sachs/Johlen*, GRC, Art. 8 Rn. 20 Fn. 41. Anschaulich hier die Diskussionen um das am 1.10.2017 in Kraft getretene deutsche „Netzwerkdurchsetzungsgesetz“.

84 Siehe etwa *Albrecht/Janson*, CR 2016, 500: kluger Mittelweg – weder totaler Datenschutz- noch totaler Medienvorbehalt; vgl. auch die zahlreichen Veröffentlichungen von *Nemitz*, Direktor für Grundrechte und Rechtsstaatlichkeit (Generaldirektion Justiz und Verbraucher der Europäischen Kommission).

85 Hervorgehoben von *Albrecht/Janson*, CR 2016, 503.

86 Zum bisherigen Rechtszustand unter der Vorgängernorm der Datenschutz-Richtlinie (Art. 9): *Kahl/Piltz*, K&R 2018, 289; *Weberling/Bergann*, AfP 2018, 205.,

87 Dazu statt vieler *Keppeler/Schenk-Busch*, BRJ 2018, 23.

88 EuGH – Digital Rights Ireland u.a., Rs. C-293/12 und C-594/12. ECLI:EU:C:2014:238.

89 Vgl. *Terhechte*, EuZW 2009, 199; *Simitis*, NJW 2009, 1782; *Petri*, EuZW 2009, 214; *Baum*, ZRP 2009, 174.

90 EuGH – Vorratsdatenspeicherung/Irland, Rs. C-301/06, Slg. 2009, I-593, Urt. v. 10.2.2009.

91 ABl. 2006 Nr. L 105 S. 54.

92 Vgl. zu den Einzelheiten die zusammenfassende Darstellung bei *von Danwitz*, DuD 2015, 581.

er diese Umsetzungsakte in seinem **Urteil vom 21.12.2016**[93] für mit Art. 7, 8 und 11 unvereinbar. Wie bereits zuvor schickte der EuGH voraus, dass jede nationale Gesetzgebung über Vorratsdatenspeicherung im Anwendungsbereich des Unionsrechts erfolge, weil eine solche (jedenfalls) als Durchführung der „Datenschutzrichtlinie für elektronische Kommunikation" bzw. „e-Privacy-Richtlinie" zu werten sei. Im Übrigen unterstrich er erneut den hohen Stellenwert des grundrechtlichen Datenschutzes und präzisierte[94] die Vorgaben für eine unionsrechtskonforme Vorratsdatenspeicherung. Unter Hinweis darauf, dass der EuGH – auch in seinen späteren Urteilen – Behörden (innerhalb und außerhalb der Union) die Einhaltung grundrechtlichen Datenschutzes offensichtlich nicht zutraue, wird mittlerweile das **Ende der Vorratsdatenspeicherung** herkömmlichen Verständnisses **propagiert.**[95]

Auch auf **mitgliedstaatlicher Ebene** führte die Vorratsdatenspeicherung zu **Verwerfungen.** 41
Nachdem das **BVerfG** die in Umsetzung der Richtlinie 2006/24/EG ergangenen **deutschen Vorschriften** im März 2010 als **Verstoß gegen Art. 10 Abs. 1 GG** beurteilt hatte[96], **muss es nun erneut** über die verfassungsrechtliche Zulässigkeit der Vorratsspeicherung von Verkehrsdaten in einem deutschen Gesetz[97] **entscheiden.** Ob es hierbei zu einem Vorabentscheidungsersuchen kommen wird, ist offen.

10. Unabhängige Stelle (Absatz 3)

Art. 8 Abs. 3 regelt, dass die Einhaltung der Bestimmungen in Absatz 1 und 2[98] von einer 42
unabhängigen Stelle[99] überwacht wird. Die Charta nahm damit ursprünglich Bezug auf **Art. 286 Abs. 2 EGV-Nizza** und **Art. 28** der **Richtlinie 95/46/EG,** nach der die Organe und Einrichtungen der Gemeinschaft bzw. die Mitgliedstaaten unabhängige Kontrollstellen einzurichten und diese mit den notwendigen Mitteln für die Erfüllung ihrer Aufgabe, dh mit Untersuchungs- und Einwirkungsbefugnissen, auszustatten haben. Nach **Art. 24 ff.** der **Verordnung (EG) Nr. 45/2001** ist für jedes Organ und jede Einrichtung der Gemeinschaft ein **„behördlicher Datenschutzbeauftragter"**, nach **Art. 41 ff.** als unabhängige Kontrollbehörde ein **„Europäischer Datenschutzbeauftragter"** zu bestellen.[100] Dass die Einhaltung der Datenschutzvorschriften zu überwachen ist[101], ist heute auch in **Art. 16 Abs. 2 S. 2 AEUV** und **Art. 39 S. 2 EUV** geregelt (**„unabhängige Behörde"**). Ob daraus eine objektivrechtliche

93 EuGH – Tele2 Sverige u.a., Rs. C-203/15 und C- 698/15, ECLI:EU:C:2016:970. Zum Inhalt siehe *Sandhu*, EuR 2017, 453.

94 Vgl. aber *Rüpke/von Lewinski/Eckhardt*, Datenschutzrecht, S. 83: erhebliche Schwankungen der (primär)rechtlichen Beurteilung.

95 *Priebe*, EuZW 2017, 137; *Derksen*, NVwZ 2017, 1005.

96 BVerfGE 125, 260.

97 Gesetz zur Einführung einer Speicherpflicht und einer Höchstspeicherfrist für Verkehrsdaten vom 10.12.2015, BGBl. 2015 I, 2218.

98 Zur (Rechtmäßigkeits)Kontrolle der Einhaltung „dieser Vorschriften" siehe Pechstein/Nowak/Häde/Wolff, Frankfurter Kommentar, Art. 8 GRC Rn. 57.

99 Einschlägig hier: EuGH – Kommission/Deutschland, C-518/07 – Slg. 2010, I-1885; EuGH – Kommission/Österreich, Rs. C-614/10, ECLI:EU:C:2012:631, Urt. v. 16.10.2012; EuGH – Kommission/Ungarn, Rs. C-288/12, ECLI:EU:C:2014:237, Urt. v. 8.4.2014. Siehe dazu im Einzelnen *Skouris*, NVwZ 2016, 1363.

100 Zu den Einzelheiten vgl. den Beschluss Nr. 1247/2002/EG des Europäischen Parlaments, des Rates und der Kommission v. 1.7.2002 über die Regelungen und allgemeinen Bedingungen für die Ausübung der Aufgaben des Europäischen Datenschutzbeauftragten, ABl. 2002 Nr. L 183 S. 1.

101 Zu den verschiedenen Überwachungsbefugnissen finden sich Hinweise bei *Pechstein/Nowak/Häde/Wolff*, Frankfurter Kommentar, Art. 8 GRC Rn. 60 f.

Komponente des Datenschutzes zu entnehmen ist[102] oder gar eine Institutsgarantie,[103] ist fraglich.[104] Im Mai 2018 ist die sog. Artikel-29-(Koordinierungs)Gruppe durch den **Europäischen Datenausschuss** ersetzt worden.

IV. Literaturübersicht

Albrecht, Philipp/Jotzo, Florian, Das neue Datenschutzrecht der EU, Baden-Baden 2016; *Bashlinskaya, Aydan*, Die Europäische Sicherheits- und Verteidigungspolitik der EU, Baden-Baden 2009; *Böhm, Franziska*, Datenschutz in der Europäischen Union, JA 2009, 435; *dies./Andrees, Markus*, Zur Vereinbarkeit der Vorratsdatenspeicherung mit europäischem Recht, CuR 2016, 146; *Boehme-Neßler, Volker*, Das Recht auf Vergessenwerden – Ein neues Internet-Grundrecht im Europäischen Recht, NVwZ 2014, 825; *Breitenmoser, Stephan/Gless, Sabine/Lagodny, Otto*, Schengen in der Praxis: Polizei – Datenschutz – Amts- und Rechtshilfe – Erfahrungen und Ausblick, Baden-Baden 2009; *Brink, Stefan/Eckhardt, Jens*, Wann ist ein Datum ein personenbezogenes Datum?, ZD 2015, 205; *Britz, Gabriele*, Die Europäisierung des grundrechtlichen Datenschutzes, EuGRZ 2009, 1; *Brühann, Ulf*, Mindeststandards oder Vollharmonisierung des Datenschutzes in der EG, EuZW 2009, 639; *Burgorgue-Larsen, Lorence/Levade, Anne/Picod, Fabrice*, Traité établissant une Constitution pour l'Europe. Commentaire article par article, Tome 2 – Partie II: La Charte des droits fondamentaux de l'Union, Bruxelles 2005; *von Danwitz, Thomas*, Die Grundrechte auf Achtung der Privatsphäre und auf Schutz personenbezogener Daten, DuD 2015, 581; *Derksen, Roland*, Unionsrechtskonforme Spielräume für anlasslose Speicherung von Verkehrsdaten?, NVwZ 2017, 1005; *Dix, Alexander*, Datenschutz und Informationsfreiheit, Baden-Baden 2018; *Dressel, Gerhard*, Die gemeinschaftsrechtliche Harmonisierung des Europäischen Datenschutzrechts, 1995; *Eckhardt, Jens*, Anwendungsbereich des Datenschutzrechts – Geklärt durch den EuGH? – Der europarechtliche Grundsatz des Personenbezugs, CR 2016, 786; *Ennulat, Mark*, Datenschutzrechtliche Verpflichtungen der Gemeinschaftsorgane und -einrichtungen, Frankfurt am Main u.a. 2008; *Frenz, Walter*, Europäischer Datenschutz und Terrorabwehr, EuZW 2009, 6; *ders.*, Datenschutz bei Privaten und Unabhängigkeit der Überwachung, EWS 2008, 63; *Gleis, Ivo*, Internet und Datenschutzrecht, NJW 1997, 288; *von Grafenstein, Maximilian*, The Principle of Purpose Limitation in Data Protection Laws, Baden-Baden 2018; *Gridl, Rudolf*, Datenschutz in globalen Telekommunikationssystemen. Eine völker- und europarechtliche Analyse der vom internationalen Datenschutzrecht vorgegebenen Rahmenbedingungen, Baden-Baden 1999; *Guckelberger, Annette*, Veröffentlichung der Leistungsempfänger von EU-Subventionen und unionsgrundrechtlicher Datenschutz, EuZW 2011, 126; *Heckmann, Dirk/Starnecker, Tobias*, Kein Land in Sicht – das Dilemma des Safe-Harbour-Urteils, JM 2016, 58; *Heißl, Gregor*, Können juristische Personen in ihrem Grundrecht auf Datenschutz verletzt sein? – Persönlicher Schutzbereich von Art. 8 GRC, EuR 2017, 561; *Hunzinger, Sven*, Das Löschen im Datenschutzrecht, Baden-Baden 2018; *Hustinx, Peter*, Art. 8 of the Charter: Fundamental data protection and the interaction with Directives 95/46/EC and 97/66/EC, in: Institut für Europäisches Medienrecht (EMR – Hrsg.), Nizza, Die Grundrechte-Charta und ihre Bedeutung für die Medien in Europa, Baden-Baden 2001, 89; *Jandt, Silke/Steidle, Roland*, Datenschutz im Internet, Baden-Baden 2018; *Kahl, Jonas/Piltz, Carlo*, Wer hat Vorfahrt: Datenschutz oder Meinungs- und Pressefreiheit?, K&R 2018, 289; *Kircher, Philipp*, Der Schutz personenbezogener Gesundheitsdaten im Gesundheitswesen, Baden-Baden 2016; *Klar, Manuel*, Privatsphäre und Datenschutz in Zeiten technischen und legislativen Umbruchs, DÖV 2013, 103; *Kloepfer, Michael/Neun, Andreas*, Rechtsfragen der europäischen Informationsgesellschaft, EuR 2000, 512; *Krimphove, Dieter*, Neuer Europäischer Datenschutz im Arbeitsrecht, NZA 1996, 1121; *Krohm, Niclas*, Der Schutz personenbezogener Daten im Zuge von Unternehmenstransaktionen, Baden-Baden 2012; *Kühling, Jürgen/Heberlein, Johanna*, EuGH „reloaded": „unsafe harbour" USA vs. „Datenfestung" EU, NVwZ 2016, 7; *Kühling, Jürgen/Sackmann, Florian*, Datenschutzordnung 2018 – nach der Reform ist vor der Reform?!, NVwZ 2018, 681; *Kugelmann, Dieter*, Der Schutz privater Individualkommunikation nach der EMRK, EuGRZ 2003, 16; *Kugler, Tobias/Rücker, Daniel*, New European Data Protection Regulation, Baden-Baden 2017; *Leeb, Christina-Maria/Liebhaber, Johannes*, Grundlagen des Datenschutzrechts, JuS 2018, 534;

102 *Knecht*, in: Schwarze, EU-Kommentar, Art. 8 GRC Rn. 10, mwN.

103 *Pechstein/Nowak/Häde/Wolff*, Frankfurter Kommentar, Art. 8 GRC Rn. 55: institutionelle Datenschutzkontrolle; *Jarass*, GR-Charta, 3. Aufl., Art. 8 Rn. 17: institutionelle…Unabhängigkeit; ferner *Folz*, in: Vedder/Heintschel von Heinegg, EVV, Art. II-68 Rn. 4.

104 Zutreffend *Stern/Sachs/Johlen*, GRC, Art. 8 Rn. 64: vor allem organisationsrechtliche Regelung. Zur Datenverarbeitung durch nichtöffentliche Stellen unter staatlicher Aufsicht vgl. EuGH – Kommission/Deutschland, C-518/07, Slg 2010, I-1885.

Martino, Alessandra, Datenschutz im europäischen Recht, Baden-Baden 2005; *Masing, Johannes*, Herausforderungen des Datenschutzes, NJW 2012, 2305; *Michl, Walther*, Das Verhältnis zwischen Art. 7 und Art. 8 GRCh – zur Bestimmung der Grundlage des Datenschutzgrundrechts im EU-Recht, DuD 2017, 349; *Nolte, Norbert*, Das Recht auf Vergessenwerden – mehr als nur ein Hype?, NJW 2014, 2238; *Ohlenburg, Anna*, Die neue Datenschutzrichtlinie 2002/58/EG, MMR 2003, 82; *Papier, Hans-Jürgen*, Rechtsstaatlichkeit und Grundrechtsschutz in der digitalen Gesellschaft, NJW 2017, 3025; *Priebe, Reinhard*, Vorratsdatenspeicherung und kein Ende, EuZW 2017, 136; *Reinhardt, Jörn*, Konturen des europäischen Datenschutzgrundrechts – Zu Gehalt und horizontaler Wirkung von Art. 8 GRCh, AöR 142 (2017), 528; *Rosner, Christian*, Kein Recht auf Vergessenwerden im Handelsregister, NWB 2017, 2120; *Roßnagel, Alexander*, Handbuch Datenschutzrecht, München 2003; *ders.*, Modernisierung des Datenschutzrechts für eine Welt allgegenwärtiger Datenverarbeitung, MMR 2005, 71; *ders.*, Das neue Datenschutzrecht, Baden-Baden 2017; *ders.*, Kein „Verbotsprinzip" und kein „Verbot mit Erlaubnisvorbehalt" im Datenschutzrecht, NJW 2019, 1; *Rudolf, Walter*, Datenschutzkontrolle in Deutschland und die europäische Datenschutzrichtlinie, in: FS Stern, München 1997, 1347; *ders.*, Datenschutz in Europa, ZEuS 2003, 217; *Rüpke, Giselher/von Lewinski, Kai/Eckhardt, Jens*, Datenschutzrecht – Grundlagen und europarechtliche Neugestaltung, München 2018; *Sandhu, Aqilah*, Die Tele2-Entscheidung des EuGH zur Vorratsdatenspeicherung in den Mitgliedstaaten und ihre Auswirkungen auf die Rechtslage in Deutschland und in der Europäischen Union, EuR 2017, 453; *Schiedermair, Stephanie*, Suchmaschinenbetreiber in der Pflicht: Das Google-Spain-Urteil des EuGH, JM 2015, 334; *Schild, Hans-Hermann*, Datenschutz in Europa, EuZW 1991, 745; *ders.*, Die EG-Datenschutz-Richtlinie, EuZW 1996, 549; *Schulze, Reiner/Staudenmayer, Dirk*, EU Digital Law, Baden-Baden 2019; *Schweizer, Rainer*, Die Rechtsprechung des EGMR zum Persönlichkeits- und Datenschutz, DuD 2009, 462; *Siemen, Birte*, Grundrechtsschutz durch Richtlinien. Die Fälle Österreichischer Rundfunk u.a. und Lindqvist, EuR 2004, 306; *Simitis, Spiros*, Die EU-Datenschutzrichtlinie – Stillstand oder Anreiz?, NJW 1997, 281; *ders.*, Die Vorratsdatenspeicherung – ein unverändert zweifelhaftes Privileg, NJW 2014, 2158; *Skouris, Vassilios*, Leitlinien der Rechtsprechung des EuGH zum Datenschutz, NVwZ 2016, 1359; *Spiecker, Indra*, Datenschutzrecht, Baden-Baden 2017; *Streinz, Rudolf/Michl, Walther*, Die Drittwirkung des europäischen Datenschutzgrundrechts (Art. 8 GRCh) im deutschen Privatrecht, EuZW 2011, 384; *Trentmann, Christian*, Das „Recht auf Vergessenwerden" bei Suchmaschinentrefferlinks, CR 2017, 26; *Wissenschaftliche Dienste des Dtsch. Bundestages*, Die Vereinbarkeit der Richtlinie über die Vorratsspeicherung von Daten mit der Europäischen Grundrechtecharta, WD 11–3000–12/11.

Artikel 9 Recht, eine Ehe einzugehen und eine Familie zu gründen

Das Recht, eine Ehe einzugehen, und das Recht, eine Familie zu gründen, werden nach den einzelstaatlichen Gesetzen gewährleistet, welche die Ausübung dieser Rechte regeln.

I. Vorgaben

1 Das Grundrecht aus **Art. 9** gewährleistet die Eheschließungsfreiheit und die Freiheit zur Familiengründung. Soweit es um den Bereich der **Familie** geht, stellt es die **zweite** von insgesamt **drei Schutznormen** der GRC dar,[1] die der Familie als einer geschlossenen und die Vielfalt rechtsstaatlicher Freiheit stützenden Institution ihre Autonomie erhalten sollen. In seinen Erläuterungen zu Art. 9 und Art. 52 Abs. 3 hat das Präsidium des Grundrechtekonvents zu erkennen gegeben, dass es sich hinsichtlich der Aufnahme der Bestimmung auf

1 Vgl. Art. 7 („Achtung des ... Familienlebens") und Art. 33 („Familien- und Berufsleben").

Art. 12 EMRK stützt, gleichzeitig aber festgestellt, dass das Recht eine **größere Tragweite** haben kann, wenn einzelstaatliche Rechtsvorschriften dieses vorsehen.

1. Verfassungen der Mitgliedstaaten

2 Die in Art. 9 niedergelegten Rechte sind – häufig jedoch nur als Teilgewährleistungen – in den **Verfassungen mehrerer Mitgliedstaaten** enthalten. Einige Staaten schützen Ehe und Familie ganz offensichtlich als Garanten für den eigenen Bestand (Art. 21 Abs. 1 VerfGriechenland; Art. 41 Abs. 1 und 3 VerfIrland; Art. 29 und 31 VerfItalien; Art. 36 und 67 VerfPortugal), andere stellen den überindividuellen Bezug zurück und rücken als Aspekte der Institutsgarantie den persönlichen Freiheitsgewinn in den Vordergrund (Art. 6 Abs. 1 GG; § 11 S. 2 VerfLuxemburg). Eine explizite Regelung des Rechts auf Gründung einer Familie und/oder Eingehung einer Ehe enthalten lediglich die Verfassungen Portugals (Art. 36 Abs. 1 und 2) und Spaniens (Art. 32). Hinsichtlich der Eheschließungsfreiheit normieren sie außerdem ein geschlechtsspezifisches Diskriminierungsverbot. Zwei Verfassungen statuieren, dass die zivile Trauung der religiösen Eheschließung voranzugehen habe (Art. 21 S. 2 VerfBelgien und Art. 21 VerfLuxemburg). Die Eheschließungsfreiheit unterliegt danach in solchen Fällen einer Einschränkung, in denen der eigene Glaube die religiöse Eheschließung erfordert, ohne dass die zivile Ehe gewünscht ist. Dass die Familie in den Genuss grundrechtlichen Schutzes nur dann gelangt, wenn sie aus der Ehe hervorgegangen ist („symbiotisches Verhältnis“), bestimmen die Verfassungen Irlands (Art. 41 Abs. 3) und Italiens (Art. 29 S. 1). Alle anderen Verfassungen verzichten auf eine Festlegung in dieser Frage. Der Schutz von Ehe und Familie wird, wenn auch nicht durchgehend, so doch aber in den Verfassungen vieler **neuer Mitgliedstaaten** gewährleistet (vgl. Art. 14 VerfBulgarien, § 27 VerfEstland, Art. 62 VerfKroatien, Art. 38 VerfLitauen, Art. 44 VerfRumänien, Art. 3 und Art. 112 Abs. 1 VerfTschechien iVm Art. 3 tschechische GR-Deklaration, Art. L GGUngarn und Art. 22 VerfZypern).

2. Internationales Recht

3 Mit der Gewährleistung des Rechts, eine Ehe einzugehen und eine Familie zu gründen, steht Art. 9 **im Zusammenhang internationalen Menschenrechtsschutzes,**[2] dessen Vorgaben bei der Auslegung der Norm zu beachten sind. Dass die in Art. 9 enthaltenen Verbürgungen zu den wesentlichen Menschenrechten gehören, ergibt sich vor allem aus dem **IPbpR.** So legt Art. 23 Abs. 1 IPbpR die Vertragsstaaten darauf fest, durch gesetzliche Maßnahmen eine Bestandsgarantie für die Familie zu übernehmen. Angesichts der traditionell unterschiedlichen Auffassungen in den Vertragsstaaten wird der Familienbegriff extensiv interpretiert. Des Weiteren verpflichtet Art. 23 IPbpR in seinem Absatz 2 dazu, das Recht von Mann und Frau auf Eingehung einer Ehe und Gründung einer Familie anzuerkennen. Die Frage nach der Ehemündigkeit ist dabei von jedem einzelnen Staat in Übereinstimmung mit der nationalen, kulturellen und religiösen Tradition zu beantworten. Ergänzend postuliert Art. 23 Abs. 3 IPbpR den Schutz der individuellen Eheschließungsfreiheit. Danach haben die Vertragsstaaten dafür Sorge zu tragen, dass eine Ehe nur „im vollen und freien Einverständnis der künftigen Ehegatten“ eingegangen wird. Schließlich unterstreicht Art. 23 IPbpR in seinem Absatz 4 den Grundsatz der Gleichberechtigung von Mann und Frau für den Bereich der Ehe, der jede geschlechtsspezifische Diskriminierung auch bei der Eheschließung verbietet.

2 Ausführlich hierzu *Seidel*, Handbuch, S. 64 ff.; ferner *Rengeling/Szczekalla*, Grundrechte, S. 468 f., 472.

Die Menschenrechtsqualität der in Art. 9 enthaltenen Gewährleistungen wird ferner durch **Art. 10 IPwskR** bestätigt. Art. 10 Nr. 1 S. 1 IPwskR hält die Vertragsstaaten dazu an anzuerkennen, dass die Familie „als die natürliche Kernzelle der Gesellschaft" größtmöglichen Schutz und Beistand genießt. Wie Art. 23 Abs. 3 IPbpR verlangt schließlich Art. 10 Nr. 1 S. 2 IPwskR von den Vertragsstaaten, die individuelle Eheschließungsfreiheit durch gesetzgeberische Vorkehrungen sicherzustellen. 4

Auf der **Ebene der Vereinten Nationen** befassen sich **Art. 16 AEMR** und das **UN-Übereinkommen vom 10.12.1962 über die Erklärung des Ehewillens, das Heiratsmindestalter und die Registrierung von Eheschließungen**[3] mit der angesprochenen Thematik. Art. 16 AEMR hat als Vorbild für Art. 23 IPbpR gedient, weicht von dieser Vorschrift aber insoweit ab, als darin auch ein Verbot der Diskriminierung aus Gründen der Rasse, Staatsbürgerschaft oder Religion geregelt ist. Das genannte UN-Übereinkommen nimmt in seiner Präambel auf Art. 16 Abs. 1 S. 1 AEMR Bezug und bekräftigt erneut die Pflicht aller Staaten, „die völlige Freiheit bei der Wahl der Ehegatten" zu gewährleisten. 5

II. Diskussion im Grundrechtekonvent

Der **Schutz von Ehe und Familie** gehörte **von Beginn an** zu den **Anliegen,** die der Grundrechtekonvent in der GRC berücksichtigt sehen wollte. Zwar war in die vom Präsidium erstellte Grundrechtsliste (BODY 4) zunächst nur das Recht auf Gründung einer Familie aufgenommen worden sowie – unter Hinweis auf Art. 7 der Erklärung des EP über Grundrechte und Grundfreiheiten vom 12.4.1989 – die Gewährleistung ihres rechtlichen, wirtschaftlichen und sozialen Schutzes. Schon nach wenigen Sitzungstagen hatte der Grundrechtekonvent aber eine stärkere Orientierung der Regelungsziele an Art. 12 EMRK verlangt und sein Schutzkonzept auf die Institution der Ehe erweitert. Die Aufnahme einer Vorschrift zum Schutz von Ehe und Familie war auch von *Meyer* (D) vorgeschlagen worden (CHARTE 4102/00 CONTRIB 2). Der von ihm favorisierte Entwurf hatte eine Institutsgarantie nach dem Vorbild des deutschen GG, ein Diskriminierungsverbot für nichteheliche Lebensgemeinschaften und Fürsorgepflichten enthalten. 6

Einen **ersten Textvorschlag** hatte das Präsidium des Grundrechtekonvents in CONVENT 5 unterbreitet. Das **Recht, eine Familie zu gründen,** war hierbei thematisch mit einem Auftrag an die Union verbunden worden, **Sorge für den rechtlichen, wirtschaftlichen und sozialen Schutz der Familie** und für den **Schutz des Kindes** zu tragen. An diesem Textentwurf war grundlegend bemängelt worden, dass er **keine Verweisung auf die nationalen Rechtsvorschriften** enthalte und damit die „Definitionsmacht" der Mitgliedstaaten hinsichtlich des Begriffs der Familie missachte. Auch werde die **Ehe** durch den Präsidiumsvorschlag **nicht unter Schutz gestellt.** Bei der Aussprache hatten viele Konventsmitglieder außerdem auf eine Abspaltung der darin enthaltenen Verbürgungen und eine Ausgestaltung als **eigenständige Grundrechte** gedrängt. 7

Infolge dieser Kritik war die Freiheit der Familiengründung **um die Eheschließungsfreiheit ergänzt,** eine Verweisung auf die „Gesetze der Mitgliedstaaten" vorgenommen und die Vorschrift damit insgesamt weiter an Art. 12 EMRK angeglichen worden. In der sehr **ideologisch geführten Debatte** hatten die Konventsmitglieder sodann das Für und Wider einer Präzisierung der Begriffe „Ehe" und „Familie" in der Vorschrift erörtert. Vor allem war darüber gestritten worden, ob die Grundrechtsbestimmung im Verhältnis von **heterosexueller Ehe zu gleichgeschlechtlicher Lebenspartnerschaft** oder **nichtehelicher Lebensgemein-** 8

3 BGBl. 1969 II, 162.

schaft und im Verhältnis von **ehelicher Familie** zu **nichtehelicher Familie** ein **Leitbild** vorgeben oder auch „alternative" Lebensentwürfe schützen solle. Da ein Kompromiss nicht zu erzielen gewesen war, hatte sich eine Mehrheit der Konventsmitglieder schließlich darauf geeinigt, die **Formulierung** der Grundrechtsbestimmung **möglichst offen** zu halten und die Beantwortung dieser Fragen über einen Verweis auf das jeweilige Familienrecht in nationaler Verantwortung vornehmen zu lassen.

Zu guter Letzt war vorgeschlagen worden, durch Veränderungen des Vorschriftentextes zu **verdeutlichen,** dass eine **Familiengründung auch unabhängig von der Eingehung einer Ehe** geschützt sei.

9 Von geringfügigen sprachlichen Korrekturen abgesehen hatte die Vorschrift bereits im Juni 2000 ihre **endgültige Fassung** erhalten. Vor allem war hierin das Recht der Familiengründung von dem Recht auf Eheschließung **„abgekoppelt"** worden („... Recht, eine Ehe einzugehen, und ... Recht, eine Familie zu gründen ...").[4]

III. Kommentierung

1. Grundrechtsdogmatische Besonderheit

10 Bei einem Vergleich mit anderen Freiheitsrechten weist das Grundrecht aus Art. 9 **drei Besonderheiten** auf. So gehört es zweifellos zu den (wenigen) Freiheitsrechten,[5] denen **materiell-rechtliche Kompetenzen** der Union **im Primärrecht nicht gegenüberstehen.**[6] Eine spezifische Rechtsgrundlage zur Harmonisierung des – in den Mitgliedstaaten traditionell sehr unterschiedlichen – **materiellen Familienrechts** enthielt der EG-Vertrag nicht. Ebenso wenig hatte der Verfassungskonvent eine derartige Rechtsgrundlage vorgeschlagen, auch wenn zu beobachten ist, dass die Union ihre Zurückhaltung in dieser Frage mittlerweile aufgegeben hat. Eine entsprechende Rechtsgrundlage findet sich schließlich nicht in den neuen Verträgen (EUV und AEUV). Wie bisher stehen damit die **Schaffung kollisionsrechtlicher Regelungen** und die **Durchsetzung der Diskriminierungsverbote** (etwa im Bereich der Personenfreizügigkeit und der Sozialpolitik) im Vordergrund. Darüber hinaus ist die Ausprägung des Grundrechts wie kaum ein anderes Freiheitsrecht[7] **zur Disposition des nationalen Gesetzgebers gestellt.** Denn hinsichtlich seiner Ausübung wird auf die einzelstaatlichen Gesetze verwiesen. Insoweit besteht ein **Ausgestaltungsvorbehalt.** Schließlich hat das Grundrecht

4 Ausführlicher zum Beratungsverlauf siehe Vorauflage.

5 Vgl. auch Art. 10 Abs. 2 und Art. 14 Abs. 2.

6 Ebenso *Pernice*, DVBl. 2000, 852; *Tettinger*, NJW 2001, 1012 f.; *Schmitz*, JZ 2001, 834; *Altmaier*, ZG 2001, 202. Deshalb haben die Freiheit der Eheschließung und Familiengründung den EuGH bislang nicht beschäftigt. Vgl. allerdings EuGH – Niederlande/Reet, 59/85 – Slg 1986, 1283, EuGH – Grant, C-294/96 – Slg 1998, I-621, EuGH – Eyüp, C-65/98 – Slg 2000, I-4747, EuGH – D und Schweden/Rat, C-122/99 und 125/99 P – Slg 2001, I-4319, EuGH – K.B./National Health Service, C-117/01 – Slg 2004, I-541, und EuGH – Maruko/Versorgungsanstalt der deutschen Bühnen, C-267/06 – Slg 2008, I-1757. Das Fehlen von Unionskompetenzen im Bereich des Familienrechts betont die Erklärung (Nr. 61) der Republik Polen zur Charta der Grundrechte der Europäischen Union. Vgl. *Kingreen*, in: Calliess/Ruffert, EUV/AEUV, 5. Aufl., Art. 9 GRCh Rn. 3: Möglichkeit der Beeinträchtigung der Schutzgüter im Rahmen anderer zugewiesener Kompetenzen; ferner *Isensee,* DVBl. 2009, 801, 802 ff.

7 Vgl. aber Art. 10 Abs. 2, Art. 14 Abs. 3 und Art. 16; *Jarass*, GR-Charta, 3. Aufl., Art. 9 Rn. 5: normgeprägtes Grundrecht.

zwar **dieselbe Bedeutung wie die** ihm entsprechende Vorschrift der **EMRK.** Seine **Tragweite** ist **aber umfassender.**[8]

11 **a) Keine „normative Hülle".** Wenn für das Recht, eine Ehe einzugehen, und das Recht, eine Familie zu gründen, limitierend auf die einzelstaatlichen Gesetze verwiesen wird, so folgt daraus nicht, dass Art. 9 ohne jeden normativen Gehalt ist.[9] Art. 9 stellt **nicht lediglich** eine **„normative Hülle"** dar, während sich die Substanz der Chartabestimmung vollends aus einer anderen Quelle ergibt. Mit der Vorschrift wird vielmehr ein **Normenkern** gesichert, der durch die gemeinsamen internationalen, auf den Schutz der Menschenrechte gerichteten Verpflichtungen der Mitgliedstaaten umrissen und vor einer Aushöhlung durch das nationale Recht geschützt ist. Entsprechend ist der Verweis auf die einzelstaatlichen Gesetze in Art. 9 kein allgemeiner Gesetzesvorbehalt, sondern schränkt die dort gewährleisteten Rechte nur hinsichtlich ihrer **„Ausübung"** ein.

12 **b) Bestands- und Einrichtungsgarantie.** Der Normenkern des Art. 9 umfasst zunächst eine **Bestands- bzw. Einrichtungsgarantie** für **Ehe und Familie.**[10] In diesem auch durch Art. 7 und Art. 33 Abs. 1 umschriebenen Garantiebereich sind Ehe und Familie gegen Aufhebung und wesentliche Umgestaltung geschützt.[11] Die Mitgliedstaaten sind außerdem gehalten, das Recht auf Eingehung einer Ehe und Gründung einer Familie als **subjektives Recht** auszugestalten und für die Durchsetzung der daraus erwachsenden Ansprüche des Einzelnen einen Rechtsweg vorzuhalten.

2. Recht, eine Ehe einzugehen

13 **a) Eheschließungsfreiheit.** Das Grundrecht aus Art. 9 gewährleistet die **Eheschließungsfreiheit.** Wesentliches Strukturprinzip und damit für die Mitgliedstaaten nicht disponibel ist, dass die Eheschließung in der freien Entscheidung der Betroffenen wurzelt.[12] Die in diesem

8 Ebenso nur noch Art. 12 Abs. 1 und Art. 14 Abs. 1 und 3. Mittlerweile hat der EGMR Art. 9 zur Auslegung der EMRK herangezogen (Urteil v. 11.7.2002 – Goodwin/Großbritannien – Appl. Nr. 28957/95 – NJW-RR 2004, 289; ferner Urteil v. 11.7.2002 – I/Großbritannien – Appl. Nr. 25680/94 – EuGRZ 2003, 584). Zu Unrecht wurde das Konzept des Art. 9 von *Tettinger* (in: Tettinger/Stern, GRC, Art. 9 Rn. 47) als „allzu sehr zeitgeistorientiertes, europäische Wertetraditionen durch Spezifizierungsverzicht geringschätzendes Konzept des Windkanals" bezeichnet; vgl. hierzu *Kingreen*, in: Calliess/Ruffert, EUV/AEUV, 5. Aufl., Art. 9 GRCh Rn. 2.

9 So aber *Schmitz*, JZ 2001, 841; ähnlich *Magiera*, DÖV 2000, 1026, und *Calliess*, EuZW 2001, 264 f. Wie hier – allerdings mit dem Akzent auf einem klassischen (konservativen) Leitbild von Ehe und Familie – *Stern/Sachs/Tettinger/Muckel*, GRC, Art. 9 Rn. 24 f.; wohl auch *Pechstein/Nowak/Häde/Wolff*, Frankfurter Kommentar, Art. 9 GRC Rn. 12, indessen deutlich relativiert in Rn. 20 ff.

10 Wie hier *Jarass*, GR-Charta, Art. 9 Fn. 4; *Stern/Sachs/Tettinger/Muckel*, GRC, Art. 9 Rn. 13, 21; enger *Pechstein/Nowak/Häde/Wolff*, Frankfurter Kommentar, Art. 9 GRC Rn. 24, 35: Schutz des Instituts des Eheschlusses bzw. der Familiengründung. Vgl.im Übrigen – zu Art. 8 und 12 EMRK – *Seidel*, Handbuch, S. 57, unter Hinweis auf die Judikatur des EGMR: Urt. v. 13.6.1979 – Marckx/Belgien – Serie A/31 = EuGRZ 1979, 454, und Urt. v. 19.10.1979 – Airey/Irland – Serie A/32 = EuGRZ 1979, 626. Siehe auch – für die Familie – Art. 23 Abs. 1 IPbpR, Art. 10 Nr. 1 S. 1 IPwskR und Art. 16 Abs. 3 AEMR. Ob die Ausweitung des Familienbegriffs im Rahmen des Art. 8 EMRK (Art. 7) für Art. 9 Bedeutung haben wird, bleibt abzuwarten. Vgl. auch *Kingreen*, in: Calliess/Ruffert, EUV/AEUV, 5. Aufl., Art. 9 GRCh Rn. 6: Unabhängig von der Lebensform ihrer Eltern ist Familie iSd Art. 9 überall dort, wo Kinder sind.

11 *Schmitz*, JZ 2001, 841; ähnlich *Marauhn*, in: Heselhaus/Nowak, HdB EU-Grundrechte, § 20 Rn. 12, 25.

12 *Frowein*, in: Frowein/Peukert, EMRK, S. 422 f., unter Hinweis auf die Berichte der EKMR v. 13.12.1979 – Hamer/Großbritannien – B 7114/75, Decisions and Reports 24, 13 Ziff. 58, und v. 10.7.1980 – Draper/Großbritannien – B 8186/78, Decisions and Reports 24, 78 Ziff. 45, 81 Ziff. 60. Vgl. auch Art. 23 Abs. 3 IPbpR, Art. 10 Nr. 1 S. 2 IPwskR und Art. 16 Abs. 2 AEMR.

Sinne **individuelle Eheschließungsfreiheit** umfasst die Freiheit bei der Entscheidung zur Eheschließung, bei der Wahl des Partners und bei der Festlegung des Zeitpunktes der Eheschließung. In ihrer Ausprägung als **negative Eheschließungsfreiheit** verbietet sie jeden Zwang zur Ehe. Mit der in Art. 9 verbürgten Eheschließungsfreiheit sind darüber hinaus nationale Regelungen unvereinbar, die zu einer geschlechtsspezifischen Diskriminierung bei der Eingehung der Ehe führen.[13] Im Hinblick auf den menschenrechtlichen Gehalt der Vorschrift gilt das auch für Diskriminierungen wegen der Rasse, Staatsangehörigkeit oder Religion.[14] **Nicht** zum Normenkern zählt ein Recht auf Wiederheirat[15] und, weil diese ohne Auflösung der früheren Ehe nicht denkbar ist, ein **Recht auf Scheidung.**[16] Art. 12 EMRK enthält zu dieser Frage keine Aussage.[17] Dass die GRC insoweit von Art. 12 EMRK abweichen soll, haben die Beratungen im Grundrechtekonvent nicht deutlich gemacht[18] und ist auch aus den Erläuterungen des Präsidiums nicht ersichtlich.

14 **b) Exkurs: Gleichgeschlechtliche „Ehe"**. Anders als Art. 12 EMRK in der vom EGMR bis in das Jahr 2010 vertretenen Auslegung[19] gestattet Art. 9 mit seiner offenen Formulierung die **Anerkennung gleichgeschlechtlicher Partnerschaften als „Ehe"**. Zwar ist der Chartabestimmung ein Anspruch auf Zuerkennung des Ehestatus für gleichgeschlechtliche Verbindungen nicht zu entnehmen, sie steht der Verleihung eines solchen Status im Recht eines Mitgliedstaates aber auch nicht entgegen. Wird der **Schutzbereich** des Art. 9 in dieser Weise **erweitert**, so dürfen Ehen gleichgeschlechtlicher Partner mit herkömmlichen Ehen am Maßstab des Art. 9 **gleich behandelt**[20], wegen der Bestandsgarantie der Ehe aber nicht besser gestellt werden. Weil das Phänomen der Ehe zwischen Personen gleichen Geschlechts ohne Rückgriff auf die sexuelle Ausrichtung nicht fassbar ist, steht Art. 9 in einem unmittelbaren Zusammenhang mit dem **Diskriminierungsverbot des Art. 21 Abs. 1.**

15 Im **Jahr 2010** hat auch der **EGMR** konstatiert[21], dass – mit Blick auf Art. 9 – **Art. 12 EMRK nicht länger** dahin interpretiert werden könne, das **Recht auf Eheschließung** stehe

---

13 Vgl. Art. 23 Abs. 4 IPbpR und Art. 16 Abs. 1 S. 2 AEMR. Auf Art. 5 ZP Nr. 7 zur EMRK konnte das Präsidium nicht verweisen, weil viele Mitgliedstaaten dieses Protokoll nicht unterzeichnet bzw. ratifiziert haben.

14 Vgl. Art. 16 Abs. 1 S. 1 AEMR.

15 A.A. *Stern/Sachs/Tettinger/Muckel*, GRC, Art. 9 Rn. 20.

16 A.A. *Pechstein/Nowak/Häde/Wolff*, Frankfurter Kommentar, Art. 9 GRC Rn. 17. Zur kollisionsrechtlichen Relevanz privater (religiöser) Ehescheidungen jetzt EuGH – Mamisch, Rs. C-372/16, ECLI:EU:2017:988, Urt. v. 2012.2017.

17 EGMR, Urt. v. 18.12.1986 – Johnston/Irland – Nr. 6/1985/92/139, Serie A/112 = EuGRZ 1987, 313, und Urt. v. 18.12.1987 – F./Schweiz – Nr. 21/1986/119/168, Serie A/128 = EuGRZ 1993, 130. Siehe auch *Frowein*, in: Frowein/Peukert, EMRK, S. 423; *Seidel*, Handbuch, S. 62.

18 Zur Diskussion gestellt nur von Haenel (F) (*Bernsdorff/Borowsky*, Protokolle, S. 187). Das Recht auf Ehescheidung soll sich indessen aus Art. 7 ergeben (*Kingreen*, in: Calliess/Ruffert, EUV/AEUV, 5. Aufl., Art. 9 GRCh Rn. 7; *Jarass*, EU-Grundrechte, § 14 Rn. 6; *ders.*, GR-Charta, 3. Aufl., Art. 9 Rn. 6; *Stern/Sachs/Tettinger/Muckel*, GRC, Art. 9 Rn. 20). Ausführlich zu Art. 12 EMRK *Grabenwarter/Pabel*, EMRK, § 22 Rn. 77 ff.).

19 Hierzu *Frowein*, in: Frowein/Peukert, EMRK, S. 422, unter Hinweis auf EGMR, Urt. v. 27.9.1990 – Cossey/Großbritannien – Nr. 16/1989/176/232, Serie A/184.

20 Vgl. *Kingreen*, in: Calliess/Ruffert, EUV/AEUV, 5. Aufl., Art. 9 GRCh Rn. 5: kein Abstandsgebot zwischen Ehen und anderen Lebensgemeinschaften; *Pechstein/Nowak/Häde/Wolff*, Frankfurter Kommentar, Art. 9 GRC Rn. 14 f.: Wegen fehlender rechtlicher Form ist allerdings die nichteheliche Lebensgemeinschaft keine „Ehe".

21 EGMR, Urt. v. 24.6.2010 – Schalk und Kopf/Österreich – Appl. Nr. 30141/04, EuGRZ 2010, 445 = NJW 2011, 1421; ferner EGMR – Vallianatos u.a./Griechenland – Appl. Nr. 29381/09, FamRZ 2014, 189, und Urt. v. 21.7.2015 – Oliari/Italien – Appl. Nr. 18766/11, FamRZ 2015, 1785.

nur Personen unterschiedlichen Geschlechts zu.[22] Obwohl er einen entsprechenden (bindenden) Konsens zwischen den Konventionsstaaten (noch) nicht feststellen konnte, sah er doch keine übereinstimmende Auffassung (mehr), dass die gleichgeschlechtliche Ehe vom Recht auf Eheschließung nicht abgedeckt sei. **Interessant** ist dieses Ergebnis vor allem deshalb, weil Art. 12 EMRK unbestritten (auch) eine **Institutsgarantie** enthält und im Gegensatz zu Art. 9 von **„Männern und Frauen"** spricht.[23]

Das **Familienrecht** der **Mitgliedstaaten** bietet ein überaus **heterogenes Bild**. In vielen Mitgliedstaaten (Belgien, Dänemark, Finnland, Frankreich, Großbritannien, Irland, die Niederlande, Portugal, Schweden und Spanien) ist die „Ehe für alle" seit langem gesetzlich erlaubt. Deutschland gestattet sie seit dem 1.10.2017[24], Österreich ab 1.1.2019. Viele osteuropäische Mitgliedstaaten kennen ein solches Gesetz indessen nicht; nur einige haben Regelungen für eingetragene (Lebens)Partnerschaften (Estland, Griechenland, Kroatien, Slowenien, Tschechien und Ungarn, auch Italien), alle übrigen nicht.[25] Unter Hinweis auf die jeweilige Verfassung, die die Ehe als „Verbindung von Mann und Frau" definiert, schließen Bulgarien, Lettland, Litauen, Polen, Rumänien und die Slowakei die Möglichkeit einer Eheschließung für gleichgeschlechtliche Paare aus. 16

Nicht in den **Schutzbereich des Art. 9** fallen **Scheinehen.** 17

3. Eingriffsrechtfertigung

Das Recht, eine Ehe einzugehen, unterliegt **Schranken und Begrenzungen**. Soweit Art. 9 hinsichtlich seines Schutzbereichs **mit Art. 12 EMRK „deckungsgleich"** ist, gelten nach **Art. 52 Abs. 3 S. 1** die dort zugelassenen Einschränkungen.[26] **Außerhalb** dieser **„Schnittmenge"** bestimmen sich die Voraussetzungen und Grenzen eines Grundrechtseingriffs nach der allgemeinen Schrankenregelung des **Art. 52 Abs. 1.** Hat ein Mitgliedstaat den Schutzbereich des Art. 9 auf Ehen gleichgeschlechtlicher Partner erstreckt, so wird er diese auch einer rechtlichen Ausgestaltung und damit Begrenzungen unterwerfen. In diesem Fall bestehen **„doppelte" Schranken.**[27] Die Festlegung von Einschränkungen für die Ausübung des (anerkannten) Rechts ist jedoch nicht völlig gesetzgeberischer Beliebigkeit überlassen. Begrenzungen nach nationalem Recht (etwa im Bereich der Personenfreizügigkeit oder der Sozialpolitik) müssen die Maßgaben des Art. 52 Abs. 1 beachten. Die Ausübung des Rechts gleichgeschlechtlicher Partner, eine Ehe einzugehen, ist also nur insoweit zur Disposition des nationalen Gesetzgebers gestellt, als sie erleichtert, nicht aber unter Missachtung des Verhältnismäßigkeitsgrundsatzes und der anderen Rechtfertigungsanforderungen des 18

---

22 „Regard being had to Article 9 of the Charter, therefore, the Court would no longer consider that the right to marry enshrined in Article 12 must in all circumstances be limited to marriage between two persons of the opposite sex."

23 *Wissenschaftliche Dienste des Dtsch. Bundestags*, Ehe für alle und Art. 6 GG, 2010, S. 17.

24 Gesetz zur Einführung des Rechts auf Eheschließung für Personen gleichen Geschlechts (EheöffnungsG) vom 20.7.2017, BGBl. I, 2787.

25 Zur Gleichstellung von Ehe und eingetragener Lebenspartnerschaft im Sekundärrecht der Union, wenn der Aufnahmestaat beides gleichstellt, vgl. die Richtlinie 2004/38/EG des Europäischen Parlaments und des Rates vom 29.4.2004 über das Recht der Unionsbürger und ihrer Familienangehörigen, sich im Hoheitsgebiet der Mitgliedstaaten frei zu bewegen und aufzuhalten, usw. („Freizügigkeitsrichtlinie"; ABl. 2004 Nr. L 158 S. 77), dort Erwägungsgründe Nrn. 5, 21 und 31 sowie Art. 2 Nr. 2 Buchst. b.

26 Vgl. dazu allgemein *Grabenwarter*, DVBl. 2001, 3. Zur Schrankensystematik wie hier *Pechstein/Nowak/Häde/Wolff*, Frankfurter Kommentar, Art. 9 GRC Rn. 37, und *Marauhn*, in: Heselhaus/Nowak, HdB EU-Grundrechte, § 20 Rn. 30; kritisch *Kingreen*, in: Calliess/Ruffert, EUV/AEUV, 5. Aufl., Art. 9 GRCh Rn. 10: Doppelung der Schranken ist unpraktikabel und nicht überzeugend.

27 *Grabenwarter*, DVBl. 2001, 3.

Art. 52 Abs. 1 erschwert werden kann. Die Begründung einer gleichgeschlechtlichen Lebenspartnerschaft darf damit nicht in einem umfassenden Sinn und in jeder Hinsicht anders behandelt werden als die Begründung einer heterosexuellen Ehe. Soweit sich aus den **gemeinsamen Verfassungsüberlieferungen** der Mitgliedstaaten (in den Grenzen des ebenfalls hierdurch festgelegten Schutzbereichs) **weitere Eingriffshindernisse** ergeben sollten, wären diese nach der später angefügten Regelung des **Art. 52 Abs. 4** (zusätzlich) zu berücksichtigen.

19 Für den Anwendungsbereich des Art. 12 EMRK ist das **Verbot der Eheschließung zwischen Verwandten in gerader Linie** und zwischen vollbürtigen und halbbürtigen Geschwistern als zulässige Einschränkung angesehen worden.[28] Gleiches gilt für das Verbot der Eheschließung zu dem Zweck, eine „Mehrehe" zu führen.[29] Im Übrigen sind Eheverbote oder mittelbare Ehehindernisse, die die Eheschließung zwar nicht unterbinden, aber doch negativ sanktionieren, nur dann gerechtfertigt, wenn sie auf **allgemein anerkannten Gründen des öffentlichen Interesses** beruhen.[30] Die aufgrund einer sachgebietsspezifischen Rechtfertigungsprüfung als zulässig betrachteten Einschränkungen gelten auch für die Eheschließungsfreiheit gleichgeschlechtlicher Partner, wenn sie ihrem Wesen nach auf diese anwendbar sind. Denn aus der Bestandsgarantie der herkömmlichen Ehe in Art. 9 folgt, dass diese nicht schlechter behandelt werden darf.

4. Recht, eine Familie zu gründen

20 In den Rang eines Grundrechts erhoben ist weiter das **Recht, eine Familie zu gründen.** Von dessen zentralem Gewährleistungsbereich umfasst ist nicht nur das **Recht** der Eltern, **Kinder zu zeugen** und folglich auch darüber zu bestimmen, wann und wie viele Kinder sie haben wollen.[31] Die Freiheit der Familiengründung umschließt **in einem weiten Sinn** das **Recht, Kinder zu „haben"**, und damit auch das Recht auf Annahme von Kindern im Wege der Adoption,[32] als Stief- oder Pflegekinder.

21 Wird die Familiengründung nach Art. 12 EMRK nach wie vor als Folge der Heirat verstanden[33] und damit von einem ehebezogenen, traditionellen Familienbegriff ausgegangen, so wird dieser **Zusammenhang zwischen den Instituten „Ehe" und „Familie"** in Art. 9 **aufgelöst.** Indem sie Eheschließungsfreiheit und Freiheit der Familiengründung sprachlich „entkoppelt", eröffnet die Chartabestimmung den Mitgliedstaaten, isoliert betrachtet, die Möglichkeit, neben der Ehe auch **andere (nichteheliche) Lebens- und Erziehungsgemein-**

---

28 Bericht der EKMR v. 13.12.1979 – Hamer/Großbritannien – B 7114/75, Decisions and Reports 24, 14 Ziff. 62.

29 Polygame Beziehungen. Vgl. *Frowein*, in: Frowein/Peukert, EMRK, S. 422; *Seidel*, Handbuch, S. 62.

30 Bericht der EKMR v. 10.7.1980 – Draper/Großbritannien – B 8186/78, Decisions and Reports 24, 72.

31 Vgl. die Entscheidungen der EKMR v. 3.10.1978 – X und Y/Schweiz – E 8166/78, Decisions and Reports 13, 241, 244, und v. 7.7.1986 – Khan/Großbritannien – E 11579/85, Decisions and Reports 48, 253.

32 Entscheidung der EKMR v. 15.12.1977 – X und Y/Großbritannien – E 7229/75, Decisions and Reports 12, 32, 34.

33 *Frowein*, in: Frowein/Peukert, EMRK, S. 423 f., unter Hinweis auf die Entscheidung der EKMR v. 3.10.1978 – X und Y/Schweiz – E 8166/78, Decisions and Reports 13, 241, 244. Vgl. auch EGMR, Urt. v. 28.5.1985 – Abdulaziz ua/Großbritannien – Nr. 15/1983/71/107–109, Serie A/94 = EuGRZ 1985, 567.

schaften als Grundlage einer Familie anzuerkennen.[34] Dem Ausgestaltungsvorbehalt unterliegt im Übrigen auch, ob die Großfamilie vom Schutz umfasst ist.[35]

Ebenso wie das Recht, eine Ehe einzugehen, besteht das Recht, eine Familie zu gründen, **nicht schrankenlos.** Maßnahmen, mit denen es untersagt oder die Bereitschaft gemindert wird, Kinder zu haben (Geburtenkontrolle, Zwangssterilisierung)[36], stellen jedoch einen Verstoß gegen das Grundrecht dar, wenn sie einer **Rechtfertigungsprüfung** am Maßstab des **Art. 52 Abs. 3 S. 1** oder – bei anderen Lebens- und Erziehungsgemeinschaften als der Ehe – des **Art. 52 Abs. 1** und (ggf. zusätzlich) des **Art. 52 Abs. 4** nicht standhalten. Unter dem Gesichtspunkt der Verhältnismäßigkeit kann das Recht, eine eheliche oder nichteheliche Familie zu gründen, nur bei Vorliegen gewichtiger Gegengründe eingeschränkt werden,[37] wobei Art. 9 für die nichteheliche Familie keinen minderen Schutz bereithält als für die eheliche Familie.[38] 22

5. Gewährleistung

Nach Art. 9 werden die Eheschließungsfreiheit und die Freiheit der Familiengründung **„gewährleistet"**. Die aus der Chartabestimmung folgenden **Verpflichtungen** der Union und der Mitgliedstaaten umfassen danach **negativ** das **Verbot**, die genannten Rechte durch „aktive Handlungen" zu beeinträchtigen, und **positiv** das **Gebot**, sie vor Gefährdungen und Störungen Dritter zu bewahren. Angesichts fehlender Kompetenzen im Primärrecht sind Grundrechtsgefährdungen durch Organe, Einrichtungen und sonstige Stellen der Union eher die Ausnahme,[39] so dass sich die Bedeutung des Art. 9 in seiner Abwehrfunktion gegenüber den Mitgliedstaaten (bei Gesetzgebungsakten etwa in den Bereichen Personenfreizügigkeit oder Sozialpolitik) erschöpft. 23

6. Berechtigte

Träger des Grundrechts können nur natürliche Personen sein. Als Menschenrecht berechtigt Art. 9 auch **Drittstaatsangehörige** und **Staatenlose.** Im beschriebenen Sinne geschützt ist auch der **Transsexuelle,** der mit einer Person des Geschlechts, dem er vor der Geschlechtsumwandlung angehört hat, eine Beziehung eingehen möchte.[40] Ob – in Anlehnung an Art. 12 EMRK – nicht nur für die Eheschließungsfreiheit, sondern auch für die Familiengründungsfreiheit ein **„heiratsfähiges Alter"** vorauszusetzen ist, ist umstritten.[41] 24

---

34 Ebenso *Stern/Sachs/Tettinger/Muckel*, GRC, Art. 9 Rn. 22; *Pechstein/Nowak/Häde/Wolff*, Frankfurter Kommentar, Art. 9 GRC Rn 26; a.A. *Streinz,* in: Streinz, EUV/AEUV, GR-Charta Art. 9 Rn. 8 Fn. 26.

35 A.A. offensichtlich *Kingreen*, in: Calliess/Ruffert, EUV/AEUV, 5. Aufl., Art. 9 GRCh Rn. 6.

36 Zahlreiche weitere Beispiele bei *Grabenwarter/Pabel*, EMRK, § 22 Rn. 82.

37 Vgl. die Entscheidungen der EKMR v. 3.10.1978 – X und Y/Schweiz – E 8166/78, Decisions and Reports 13, 241, 244, und v. 7.7.1986 – Khan/Großbritannien – E 11579/85, Decisions and Reports 48, 253.

38 Zulässig ist aber, die Adoption nur verheirateten Paaren zu eröffnen; vgl. *Jarass,* GR-Charta, 3. Aufl., Art. 9 Rn. 12.

39 Wie hier *Stern/Sachs/Tettinger/Muckel*, GRC, Art. 9 Rn. 28; ferner *Calliess*, EuZW 2001, 264.

40 Auf die neueren Rechtsprechungslinien des EGMR und des EuGH zum Transsexuellenrecht wurde bereits hingewiesen. Ausführlich hierzu *Stern/Sachs/Tettinger/Muckel*, GRC, Art. 9 Rn. 15 ff. Vgl. zum Recht von Transgender-Personen neuerdings die Schlussanträge des Generalanwalts Bobek vom 5.12.2017 – M.B., Rs. C-451/16, ECLI:EU:C:2017:937.

41 Bejahend: *Jarass*, EU-Grundrechte, § 14 Rn. 8; *ders.*, GR-Charta, 3. Aufl., Art. 9 Rn. 8; verneinend: *Kingreen*, in: Calliess/Ruffert, EUV/AEUV, 5. Aufl., Art. 9 GRCh Rn. 8. Denkbar ist allerdings auch, dass die Bestimmung des „heiratsfähigen Alters" unter den Ausgestaltungsvorbehalt fällt; so *Pechstein/Nowak/Häde/Wolff*, Frankfurter Kommentar, Art. 9 GRC Rn. 13.

IV. Literaturübersicht

Altmaier, Peter, Die Charta der Grundrechte der Europäischen Union, ZG (Zeitschrift für Gesetzgebung) 2001, 195; *Blome, Thomas*, Die Geschlechterverschiedenheit der Ehegatten – Kerngehalt der Ehe nach Art. 6 I GG?, NVwZ 2017, 1658; *Bötticher, Christian Ulrik*, Europäische Grundrechtecharta – Eingriff in nationales Verfassungsrecht durch die Hintertür? – „Ehe" und „Familie" in Europa, in: Lang, Gudrun/Strohmer, Michael (Hrsg.), Europa der Grundrechte?, Bonn 2002, S. 159; *Brückner, Christoph*, Väterrechte vor dem Europäischen Gerichtshof für Menschenrechte, FPR 2005, 200; *Bruns, Manfred*, Die Maruko-Entscheidung im Spannungsfeld zwischen europäischer und nationaler Auslegung, NJW 2008, 1929; *Calliess, Christian*, Die Charta der Grundrechte der Europäischen Union – Fragen der Konzeption, Kompetenz und Verbindlichkeit, EuZW 2001, 261; *Caracciolo di Torella, Eugenia/Reid, Emelie*, The changing shape of the „European family" and fundamental rights, E.L.Rev. 27 (2002), 80; *Fahrenhorst, Irene*, Der Schutz elterlicher Rechte bei einer Trennung von Eltern und Kind und die Europäische Konvention zum Schutze der Menschenrechte und Grundfreiheiten, FamRZ 1996, 454; *dies.*, Familienrecht und Europäische Menschenrechtskonvention, Paderborn 1994; *dies.*, Sorgerecht und Religion. Anmerkung zum EGMR-Urteil im Fall Ingrid Hoffmann gegen Österreich, EuGRZ 1996, 633; *Grabenwarter, Christoph*, Die Charta der Grundrechte für die Europäische Union, DVBl. 2001, 1; *Gutknecht, Brigitte*, in: Korinek, Karl/Holoubek, Michael (Hrsg.), Österreichisches Bundesverfassungsrecht, Loseblattkomm. (Stand: 2003), Erl. Zu Art. 12 EMRK; *Herzog, Roman*, Europäischer Grundrechtsschutz für Ehe und Familie, Bitburger Gespräche 2001, 7; *Heun, Stefanie*, Gleichgeschlechtliche Ehen in rechtsvergleichender Sicht, Berlin 1999; *Hövelberndt, Andreas*, Ehe, Familie und Erziehungsrecht als Thema internationaler Regelungen zum Schutze der Menschenrechte, der Verfassungen der EU-Mitgliedstaaten und der deutschen Bundesländer, FPR 2004, 117; *Ipsen, Jörn*, Ehe für alle – verfassungswidrig?, NVwZ 2017, 1096; *Isensee, Josef*, Europäische Familienpolitik als Kompetenzfrage, DVBl. 2009, 801; *Jakob, Dominique*, Die eingetragene Lebenspartnerschaft im Europarecht, FamRZ 2002, 501; *Lenz, Christopher/Baumann, Jutta*, Umgangsrecht auf internationaler Ebene, insbesondere vor dem EGMR, FPR 2004, 303; *Magiera, Siegfried*, Die Grundrechtecharta der Europäischen Union, DÖV 2000, 1017; *McGlynn, Clare*, Families and the European Union Charter of Fundamental Rights: progressive change or entrenching the status quo?, (2001) 26 E.L.Rev. 582; *Mock, William/Demuro, Gianmario*, Commentary on the Charter of Fundamental Rights of the European Union, Durham 2010; *Palm-Risse, Martina*, Der völkerrechtliche Schutz der Ehe und Familie, Berlin 1990; *Pernice, Ingolf*, Eine Grundrechte-Charta für die Europäische Union, DVBl. 2000, 847; *Pintens, Walter*, Die Europäisierung des Familienrechts, in: Ranieri, Filippo (Hrsg.), Die Europäisierung der Rechtswissenschaft, Baden-Baden 2002, 119; *ders.*, Grundgedanken und Perspektiven einer Europäisierung des Familien- und Erbrechts, FamRZ 2003, 329, 417, 500; *ders.*, Rechtsvereinheitlichung und Rechtsangleichung im Familienrecht. Eine Rolle für die Europäische Union?, ZEuP 1998, 670; *ders.*, Von Konstantinidis bis Grant – Europa und das Familienrecht, ZEuP 1998, 843; *Richter, Dagmar*, Ehe und Partnerschaft im Recht der Europäischen Union – Wie weit reicht die Bestimmungsmacht der Mitgliedstaaten, ZEuS 2014, 301; *Schmitz, Thomas*, Die EU-Grundrechtecharta aus grundrechtsdogmatischer und grundrechtstheoretischer Sicht, JZ 2001, 833; *Schulz, Stephan*, Ehe und Familie in Europa, ZRP 2001, 477; *Süß, Rembert/Ring, Gerhard*, Eherecht in Europa, 2. Aufl., Baden-Baden 2012; *Tettinger, Peter J.*, Der grundgesetzlich gewährleistete besondere Schutz von Ehe und Familie, in: Marré, Heiner/Schümmelfeder, Dieter/Kämper, Burkhard (Hrsg.), Ehe und Familie unter veränderten gesellschaftlichen Rahmenbedingungen, Essener Gespräche zum Thema Staat und Kirche Bd. 35, 2001, 117; *ders.*, Die Charta der Grundrechte der Europäischen Union, NJW 2001, 1010; *ders.*, Die Charta der Grundrechte der Europäischen Union: Ein Diskussionsbeitrag zum gemeineuropäischen Grundrechtsschutz und hier speziell zum Schutz von Ehe und Familie, in: Kämper/Schlagheck (Hrsg.), Zwischen nationaler Identität und europäischer Harmonisierung, Berlin 2002, 137; *ders.*, Steine aus dem Glashaus, JZ 2004, 1144; *ders./Geerlings, Jörg*, Der Schutz von Ehe und Familie in Europa nach der Rechtsprechung des EuGH und des EGMR, in: Tettinger, Peter J./Stern, Klaus (Hrsg.), Die Europäische Grundrechte-Charta im wertenden Verfassungsvergleich, 2005, S. 125; *ders./Geerlings, Jörg*, Ehe und Familie in der europäischen Grundrechtsordnung EuR 2005, 419; *Tomuschat, Christian*, Schutz der Familie durch die Vereinten Nationen, AöR 100 (1975), 402; *Toner, Helen*, Community law immigration rights, unmarried partnerships and the relationship between European Court of Human Rights jurisprudence and community law in the Court of Justice, (2001) 5 Web JCLI; *Vari, Filippo*, Familie, nichteheliche und andere Lebensgemeinschaften im Recht der Mitgliedstaaten der Europäischen Union und im Gemeinschaftsrecht, in: Tettinger, Peter J./Stern, Klaus (Hrsg.), Europäische Verfassung im Werden, 2006, S. 82; *Wolff, Heinrich Amadeus*, Ehe und Familie in Europa, EuR 2005, 721.

Artikel 10 Gedanken-, Gewissens- und Religionsfreiheit

(1) Jede Person hat das Recht auf Gedanken-, Gewissens- und Religionsfreiheit. Dieses Recht umfasst die Freiheit, die Religion oder Weltanschauung zu wechseln, und die Freiheit, seine Religion oder Weltanschauung einzeln oder gemeinsam mit anderen öffentlich oder privat durch Gottesdienst, Unterricht, Bräuche und Riten zu bekennen.

(2) Das Recht auf Wehrdienstverweigerung aus Gewissensgründen wird nach den einzelstaatlichen Gesetzen anerkannt, welche die Ausübung dieses Rechts regeln.

I. Vorgaben

Gedanken-, Gewissens- und Religionsfreiheit gehören zum **menschenrechtlichen Grundbestand.** Als Mittel der Selbstverwirklichung auf weltanschaulich-religiösem Gebiet zielen sie vor allem auf die personale Qualität des Menschen. Mehr oder weniger stark steht die Ausübung dieser Rechte in einem **sozialen Bezug.** Gedanken-, Gewissens- und Religionsfreiheit sind in einem weiten Sinn Funktionsvoraussetzung moderner Verfassungsstaaten, die den Konflikt zwischen weltanschaulich-religiöser Autonomie und sozialer Ordnung stets neu zu bewältigen haben. Wegen der Zuwanderung in die Mitgliedstaaten nehmen die (gefühlten) Widersprüche zwischen religiösen Praktiken und Wertvorstellungen der westlichen Gesellschaft signifikant zu. Mit dem Recht auf Wehrdienstverweigerung nimmt die GRC den **praktisch bedeutsamsten Fall der Gewissensfreiheit** auf und führt ihn einer besonderen Regelung zu, die allerdings, weil sie den Umfang des Rechts nicht selbst festlegt, ohne normativen Gehalt ist.[1] In den Erläuterungen zu Art. 10 Abs. 1 wird ausgeführt, dass das Grundrecht auf Gedanken-, Gewissens- und Religionsfreiheit **Art. 9 EMRK nachgebildet** ist. Hinsichtlich des Grundrechts auf Wehrdienstverweigerung hat sich das Präsidium des Grundrechtekonvents auf die **gemeinsamen Verfassungstraditionen der Mitgliedstaaten** und die **Entwicklung der einzelstaatlichen Gesetzgebungen** gestützt. 1

1. Verfassungen der Mitgliedstaaten

Die Religionsfreiheit gehört zum festen Bestand der **Verfassungen aller Mitgliedstaaten.** Auch die Freiheit der Gewissensentscheidung wird, wenngleich seltener, geschützt. Hingegen findet die Gedankenfreiheit in den mitgliedstaatlichen Verfassungen keine Erwähnung. Über die jeweilige **Reichweite des Grundrechtsschutzes** lassen sich keine verlässlichen Angaben machen. Ganz ohne (ausdrückliche) Schranken werden Religions- und Gewissensfreiheit in der Bundesrepublik Deutschland (Art. 4 Abs. 1 und 2 GG), Finnland (§ 11), Art. 40 VerfKroatien, Lettland (Art. 99 S. 1), Portugal (Art. 41 Abs. 1 bis 5), Schweden (Kapitel 2 § 1 Nr. 6 und § 2), Slowenien (Art. 41) und Ungarn (Art. VII Abs. 1) garantiert. Alle anderen Verfassungen normieren Schrankenvorbehalte, teils in der Gestalt eines **allgemeinen Gesetzesvorbehalts** (Art. 10 der französischen Erklärung der Menschen- und Bürgerrechte vom 26.8.1789, Kapitel IV Art. 40 VerfMalta, Art. 6 VerfNiederlande, Art. 14 ff. 2

1 Wie hier *Pechstein/Nowak/Häde/Thiele*, Frankfurter Kommentar, Art. 10 GRC Rn. 13; a.A. *Jarass*, GR-Charta, 3. Aufl., Art. 10 Rn. 23.

österreichisches StGG und Art. 16 VerfSpanien), teils als **Vorbehalt für Strafgesetze** (Art. 19 VerfBelgien und Art. 19 VerfLuxemburg), teils als **„Sittlichkeitsvorbehalt“** (§ 67 VerfDänemark, § 40 VerfEstland, Art. 13 Abs. 2 VerfGriechenland, Art. 44 Abs. 2 Nr. 1 VerfIrland, Art. 19 VerfItalien, Art. 26 S. 4 VerfLitauen, Art. 53 Abs. 5 VerfPolen und Art. 24 Abs. 4 VerfSlowakei). **Korporative Elemente** beziehen nur die Verfassungen der Bundesrepublik Deutschland (Art. 140 GG iVm Art. 137 WRV), Italiens (Art. 8), Kroatiens (Art. 41), Litauens (Art. 43), Österreichs (Art. 15 StGG) und Portugals (Art. 41 Abs. 4) mit ein. Von den Mitgliedstaaten der Union kennen das verfassungsgewährleistete Recht auf Wehrdienstverweigerung neben der Bundesrepublik Deutschland (Art. 4 Abs. 3 iVm Art. 12 a GG) die Niederlande (Art. 99), Österreich (Art. 9 a Abs. 3 österreichisches BVG), Portugal (Art. 41 Abs. 6 iVm Art. 276 Abs. 4), Spanien (Art. 30 Abs. 2) und Tschechien (Art. 3 und Art. 112 Abs. 1 VerfTschechien iVm Art. 15 Abs. 3 tschechische GR-Deklaration).

2. Internationales Recht

3 Soweit die GRC zur Bestimmung des Schutzniveaus der in der Charta enthaltenen Grundrechte die **gemeinsamen internationalen Verpflichtungen der Mitgliedstaaten** in Bezug nimmt, ist für die Auslegung des Rechts auf Gedanken-, Gewissens- und Religionsfreiheit neben Art. 9 EMRK **Art. 18 IPbpR** zu berücksichtigen. Art. 18 IPbpR weist – bis hin zu wortgleichen Formulierungen – eine Reihe von Gemeinsamkeiten mit Art. 9 EMRK auf.[2] Beide Rechtstexte legen den Schutzbereich des Grundrechts fest und enthalten Eingriffsvorbehalte. Mit dem Verbot der Zwangsausübung auf die religiöse und weltanschauliche Entscheidungsfreiheit des Einzelnen in Absatz 2 und dem Gebot zur Achtung des religiösen Erziehungsrechts der Eltern in Absatz 4 geht Art. 18 IPbpR jedoch über den Regelungsgehalt des Art. 9 EMRK hinaus. Ein ausdrückliches Recht auf Wehrdienstverweigerung aus Gewissensgründen beinhaltet der IPbpR indessen ebenso wenig wie die EMRK.[3] Auf universeller Ebene befasst sich ferner **Art. 18 AEMR** mit der angesprochenen Thematik. Als bloße „Deklaration“ hat die Vorschrift jedoch lediglich programmatischen Charakter.

4 Im **Recht der Union** sind die in Art. 10 enthaltenen Grundrechtsverbürgungen jedenfalls prinzipiell anerkannt. So spielte die Religionsfreiheit in der **Rechtsprechung des EuGH** bereits frühzeitig eine Rolle,[4] auch wenn eine umfassende grundrechtliche Garantie auf Gemeinschaftsebene nicht angenommen wurde. Gedanken-, Gewissens- und Religionsfreiheit werden zudem **primärrechtlich vorausgesetzt** (vgl. Art. 19 AEUV). Der **Status der Kirchen** und **weltanschaulichen Gemeinschaften** war darüber hinaus Gegenstand einer **Erklärung**, die der **Schlussakte des Amsterdamer Vertrages** beigefügt war.[5] Danach achtet die Union den Status, den Kirchen, religiöse Vereinigungen oder Gemeinschaften und weltanschauliche Gemeinschaften in den Mitgliedstaaten nach deren Rechtsvorschriften genießen, und beeinträchtigt ihn nicht. Die Erklärung, die zunächst als **Art. I-52 EurVerf** Bestandteil des

2 Zum Folgenden vgl. *Seidel*, Handbuch, S. 158 ff. Eine Aufzählung einschlägiger internationaler Rechtstexte findet sich außerdem bei *Rengeling/Szczekalla*, Grundrechte, S. 502 f., 506.

3 Vgl. Rn. 17 ff. und die Ausführungen bei *Doehring*, in: FS für Schlochauer, S. 45 ff.

4 Vgl. Urt. v. 27.10.1976 – Prais, 130/75 – Slg 1976, 1589. In der Rspr. des EuGH lassen sich weitere Fälle nachweisen, die einen Bezug zu „Religion oder einer anderen Form von Weltanschauung“ haben. Vgl. die Urteile des EuGH – van Duyn, 41/74 – Slg 1974, 1337, – van Roosmalen, 300/84 – Slg 1986, 3097, – Steymann, 196/87 – Slg 1988, 6159, – Torfaen Borough Council, C-145/88 – Slg 1989, 3851, – Scientology, C-54/99 – Slg 2000, I-1335, sowie – Y. und Z./Deutschland., Rs. C-71/11 und C-99/11, EuGRZ 2012, 638 (Urt. v. 5.9.2012). Siehe die Darstellung bei *Stern/Sachs/Muckel*, GRC, Art. 10 Rn. 5 f.

5 Erklärung (Nr. 11) zum Status der Kirchen und weltanschaulichen Gemeinschaften (BGBl. 1998 II, 386, 445).

Primärrechts werden sollte, findet sich heute – in ihren Wirkungen entsprechend normativ fundiert – in **Art. 17 AEUV**. Politisch wird die Bedeutung der Gewährleistungen des Art. 10 durch **Art. 4** der **Erklärung des EP über Grundrechte und Grundfreiheiten vom 12.4.1989** und die **Entschließungen des EP vom 7.2.1983 und 19.1.1994** unterstrichen, in denen sich das EP mit Nachdruck für eine Effektivierung des Rechts auf Wehrdienstverweigerung in den Mitgliedstaaten ausgesprochen hat.[6]

II. Diskussion im Grundrechtekonvent

Die in Art. 10 enthaltenen Gewährleistungen waren **inhaltlich zu keiner Zeit umstritten.** 5 Kritik haben die hierzu unterbreiteten Präsidiumsvorschläge lediglich im Hinblick auf ihre redaktionelle Ausgestaltung erfahren.

1. Absatz 1

Das heute in Art. 10 Abs. 1 verbürgte Recht auf Gedanken-, Gewissens- und Religionsfrei- 6 heit war sowohl in der vom Präsidium des Grundrechtekonvents erstellten Grundrechtsliste (BODY 4) als auch in dem von *Meyer* (D) zu Beginn der Arbeiten übersandten Diskussionsentwurf (CHARTE 4102/00 CONTRIB 2) zur Aufnahme in die GRC empfohlen worden. Seinen **ersten Entwurf** hatte das Präsidium textlich **an Art. 9 EMRK angelehnt.** Jedoch war nur Absatz 1 der Vorschrift übernommen worden. **Auf Absatz 2** mit seinem, auf das Bekenntnis von Religion oder Weltanschauung bezogenen, umfangreichen **Schrankenvorbehalt** hatte das Präsidium **verzichtet.** Anlässlich der folgenden Beratungen war der vom Präsidium vorgeschlagene Langtext nur von wenigen Delegierten begrüßt worden. Viele Konventsmitglieder hatten für eine **verkürzte Fassung** plädiert und den Schutzbereich der Gedanken-, Gewissens- und Religionsfreiheit als mit dem ersten Halbsatz („Jede Person hat das Recht auf Gedanken-, Gewissens- und Religionsfreiheit, ...") ausreichend umschrieben angesehen. In seinem **zweiten Entwurf** war das Präsidium dieser **Anregung gefolgt.**

In den **Änderungsanträgen** waren **drei zentrale Anliegen** der Konventsmitglieder zum Aus- 7 druck gekommen. Unter Hinweis darauf, dass einer Auslegung des Grundrechts vorgebeugt werden müsse, wonach dessen Schutzbereich enger sei als derjenige des Art. 9 EMRK, hatte die Mehrheit der Delegierten eine **Rückkehr zu dem ersten Präsidiumsentwurf** gefordert. Angesichts der aktuellen gesellschaftlichen Entwicklungen müssten die aus der Gedanken-, Gewissens- und Religionsfreiheit folgenden **Einzelrechte** einschließlich ihrer „auf die Gemeinschaft bezogenen Dimension" **besonders benannt** werden. Darüber hinaus war angeregt worden, die Entfaltung der **negativen Freiheit** in allen ihren Erscheinungsformen explizit zu schützen. Ferner sollten die **Voraussetzungen** eines **rechtmäßigen Eingriffs** in die Gewährleistungen in der Vorschrift **tatbestandlich umschrieben werden;** insoweit war von mehreren Konventsmitgliedern die wörtliche Übernahme des Art. 9 Abs. 2 EMRK verlangt worden. Die Notwendigkeit eines **Schutzes** auch der **korporativen Seite der Religionsfreiheit** hatte lediglich *Friedrich* (D) angesprochen. Kirchen und verfassten Religionsgemeinschaften sei mittlerweile eine eigene Berechtigung aus Art. 9 EMRK in der Gestalt eines Verbands- oder Organisationsrechts bzw. eines Selbstbestimmungsrechts zuerkannt worden.

Nach einer Auswertung der Änderungsanträge hatte das Präsidium seinen ursprünglichen 8 Entwurf wieder aufgegriffen und ihn wortgleich als **Kompromissvorschlag** unterbreitet.

6 Abgedruckt in EuGRZ 1983, 141, bzw. EuGRZ 1994, 194 ff.

Von geringfügigen sprachlichen und redaktionellen Korrekturen abgesehen, war es in der Folgezeit **bei dieser Textfassung geblieben.**[7]

2. Absatz 2

9 Obwohl es **von Beginn an** mit Nachdruck gefordert worden war,[8] hatte das Präsidium des Grundrechtekonvents das Recht auf Wehrdienstverweigerung aus Gewissensgründen **erst spät** zur Aufnahme in die GRC vorgeschlagen (CONVENT 47). Als Absatz 2 war es dem in Art. 10 Abs. 1 verbürgten **Recht auf Gedanken-, Gewissens- und Religionsfreiheit angegliedert** worden.

III. Kommentierung

1. Verhältnis zu anderen Grundrechten

10 Die Verbürgungen des Art. 10 weisen wegen ihrer „kommunikativen Elemente" eine **besondere Nähe zur Freiheit der Meinungsäußerung** (Art. 11 Abs. 1) auf, sind jedoch innerhalb ihres Gewährleistungsbereichs spezieller. Art. 10 ist weiterhin Sondervorschrift gegenüber **Art. 12 Abs. 1** („Versammlungs- und Vereinigungsfreiheit"), soweit der mit der Vereinigung verfolgte gemeinsame Zweck ein religiöser oder weltanschaulicher ist. Umgekehrt hat das Elternrecht auf religiöse Erziehung im Hinblick auf den schulischen Religionsunterricht in **Art. 14 Abs. 3** eine Spezialregelung gefunden.[9] In engem Zusammenhang steht Art. 10 schließlich mit der besonderen Gleichheitsgarantie des **Art. 21 Abs. 1** („Nichtdiskriminierung"). Außerdem korrespondiert er mit **Art. 22** („Vielfalt der Kulturen, Religionen und Sprachen"). Gegenüber **Art. 10 Abs. 1** (Gewissensfreiheit) ist **Art. 10 Abs. 2 lex specialis.**

2. Recht auf Gedanken-, Gewissens- und Religionsfreiheit (Absatz 1)

11 Nach dem **textlichen** Befund umfasst Art. 10 in Absatz 1 **drei selbstständige Grundrechte.**[10] Er unterscheidet zwischen den Freiheiten als solchen (Satz 1), benennt das für die Freiheit der Religion grundlegende Recht zum Wechsel von Religion oder Weltanschauung und präzisiert den Inhalt der Religionsfreiheit durch eine – allerdings nicht abschließende („umfasst")[11] – Aufzählung verschiedener Ausübungsformen (Satz 2). Als Schutzbereich kann der **Gedankenfreiheit,** die aus systematischen Gründen vor der Gewissensfreiheit und der Religionsfreiheit gewährleistet ist, das sog forum internum zugeordnet werden. Sie schützt die Freiheit der inneren Überzeugung nicht nur in Fragen des Glaubens gegen jede

---

7 Ausführlicher zum Beratungsverlauf siehe Vorauflage.

8 So Kaufmann (D) in der vierten Sitzung des Grundrechtekonvents am 2./3.3.2000 (*Bernsdorff/Borowsky*, Protokolle, S. 158) und Voggenhuber (A), Buitenweg (NL), Meyer (D), Leinen (D), Gnauck (D) und Kaufmann (D) in ihren Änderungsanträgen (CONVENT 35) zu Art. 14 CONVENT 28.

9 Auch Art. 2 ZP Nr. 1 zur EMRK stellt im Verhältnis zu Art. 9 EMRK eine Sondervorschrift dar.

10 Vgl. – zu Art. 9 EMRK – *Seidel*, Handbuch, S. 154; ferner *Blum*, Gedanken-, Gewissens- und Religionsfreiheit, S. 155, 166; wie hier *Streinz*, in: Streinz, EUV/AEUV, GR-Charta, Art. 10 Rn. 6. A.A. – unter Hinweis auf die traditionelle Verflechtung von Gewissens- und Religionsfreiheit und Art. 10 Abs. 1 S. 2 („Dieses Recht") – *Waldhoff*, in: Calliess/Ruffert, EUV/AEUV, 5. Aufl., Art. 10 GRCh Rn. 8, sowie *Jarass*, GR-Charta, 3. Aufl., Art. 10 Rn. 2; wohl auch *Knecht*, in: Schwarze, EU-Kommentar, Art. 10 Rn. 4: einheitlicher Grundrechtstatbestand. Offen gelassen von Stern/Sachs/Muckel, GRC, Art. 10 Rn. 8: zweitrangig.

11 Ebenso *Rengeling/Szczekalla*, Grundrechte, Rn. 693; vgl. ferner *Blum*, Gedanken-, Gewissens- und Religionsfreiheit, S. 63 mwN.

Art ideologischer Einflussnahme (Indoktrinierungsschutz).[12] Die **Gewissensfreiheit** beinhaltet insbesondere das Recht, einer inneren Verpflichtung entstammende Entscheidungen, die auch nichtreligiöser Art sein können, zu treffen, nach außen zu vertreten und nach ihnen zu leben (sog forum externum).[13] Zwischen Gedanken-, Gewissens- und Religionsfreiheit bestehen wechselseitige Verknüpfungen.

a) **Religionsfreiheit.** Im Kern gewährleistet das Recht auf **Religionsfreiheit** die **Freiheit des Glaubens.** Es garantiert aber auch die Freiheit des Nichtglaubens bzw. Unglaubens (negative Religionsfreiheit)[14] und bietet damit ebenso Schutz „für Atheisten, Agnostiker, Skeptiker und Unbeteiligte".[15] Zwar enthält die GRC wie die EMRK[16] **kein Verbot der Staatskirche.** Gleichwohl dürfen Glaubensinhalte weder vorgeschrieben noch privilegiert werden.[17] Weiterer essenzieller Bestandteil der in Absatz 1 garantierten Religionsfreiheit ist die **Freiheit des Bekenntnisses** und **der Religionsausübung** (sog forum externum). Das Recht zur Ausübung wird in Absatz 1 Satz 2 mit **vier Begriffen** umschrieben („Gottesdienst, Unterricht, Bräuche und Riten"), die den Gewährleistungsumfang deutlich hervortreten lassen. Erfasst werden insoweit auch das Schächten (betäubungslose Schlachten) von Tieren[18] und das Tragen eines islamischen Kopftuchs[19] oder einer Burka. Der Zusammenhang mit dem Glauben muss hinreichend und plausibel sein.[20] Aus der Rechtsprechung zu Art. 9 EMRK ergibt sich, dass nicht nur religiöse, sondern auch nichtreligiöse Bräuche und Riten von der Ausübungsfreiheit erfasst werden.[21] Wie in der Referenzvorschrift ist auch in Art. 10 Abs. 1 die **Freiheit der Weltanschauung** der Religionsfreiheit gleichberechtigt an die Seite 12

12 Ebenso *Stern/Sachs/Muckel,* GRC, Art. 10 Rn. 11 f.Vgl. hierzu das Urt. des EGMR v. 7.10.1976 – Kjeldsen ua/Dänemark – Serie A/23 = EuGRZ 1976, 478. Eine Abgrenzung der fora interna gegeneinander nimmt *Knecht* vor (in: Schwarze, EU-Kommentar, Art. 10 Rn. 5 ff.).

13 Wie hier *Pechstein/Nowak/Häde/Thiele*, Frankfurter Kommentar, Art. 10 GRC Rn. 12; *Stern/Sachs/Muckel*, GRC, Art. 10 Rn. 13. Zurückhaltend *Jarass*, GR-Charta, 3. Aufl., Art. 10 Rn. 12.

14 *Frowein*, in: Frowein/Peukert, EMRK, S. 370 mwN; *Seidel*, Handbuch, S. 155; *Blum*, Gedanken-, Gewissens- und Religionsfreiheit, S. 55.

15 Urt. des EGMR v. 25.5.1993 – Kokkinakis/Griechenland – Nr. 3/1992/348/421, Serie A/260 – A, Ziff. 31; vgl. auch Urt. v. 15.2.2001 – Dahlab/Schweiz – Appl. Nr. 42393/98 = EuGRZ 2003, 595.

16 Vgl. die Entscheidung der EKMR v. 8.3.1976 – X/Dänemark – E 7374/76, Decisions and Reports 5, 157.

17 Letzteres folgt bereits aus Art. 21 Abs. 1. Vgl. das „Kruzifix-Urteil" des EGMR v. 3.11.2009 – Lautsi/Italien – Appl. Nr. 30814/06, DÖV 2010, 144 (Ls.); nachfolgend Urteil des EGMR (Große Kammer) v. 18.3.2011 – Lautsi/Italien – Appl. Nr. 30814/06, EuGRZ 2011, 677; hierzu *Walter*, EuGRZ 2011, 673.

18 EuGH – Liga van Moskeeen, Rs. C-426/16, ECLI: EU:C:2018, 335, Urt. v. 29.5.2018.

19 EuGH – Achbital Secure Solutions, Rs. 157/15, ECLI:EU:C:2017:203, Urt. v. 14.3.2017; EuGH – Bougnaoui und ADDH, Rs. C-188/15, ECLI:EU:C:2017:204, Urt. v. 14.3.2017. Vgl. auch EGMR Urt. v. 26.11.2015 – E./Frankreich – Appl. Nr. 64846/11, NZA-RR 2017, 62. Zu weiteren geschützten Aktivitäten siehe *Grabenwarter/Pabel*, EMRK, § 22 Rn. 114 m.w.N. aus der Rechtsprechung des EGMR; auch *Stern/Sachs/Muckel*, GRC, Art. 10 Rn. 33 ff. und Fn. 79.

20 Vgl. *Stern/Sachs/Muckel*, GRC, Art. 10 Rn. 17: Das Vorbringen des Grundrechtsträgers unterliegt zumindest einer Plausibilitätskontrolle.

21 Vgl. etwa den Bericht der EKMR v. 12.10.1978 – Arrowsmith/Großbritannien – B 7050/75, Decisions and Reports 19, 5, 19 f.; aus der neueren Rspr. des EGMR zum Schutzbereich der Religionsfreiheit: Urteile v. 27.6.2000 – Cha'are Shalom Ve Tsedek/Frankreich – Appl. Nr. 27417/95, Report of Judgements and Decisions 2000 – VII, 195, v. 15.2.2001 – Dahlab/Schweiz – Appl. Nr. 42393/98 = EuGRZ 2003, 595, v. 5.12.2002 – Islam. Religionsgesellschaft eV/Deutschland – Appl. Nr. 53871/00 = NJW 2004, 669, und v. 16.12.2003 – Palau-Martinez/Frankreich – Appl. Nr. 64927/01 = FamRZ 2004, 765; zuletzt Urt. des EGMR v. 15.1.2013 – Eweida ua/Vereinigtes Königreich – Appl. Nrn. 48420/10, 59842/10, 51671/10 und 36516/10, NJW 2014, 1935.

gestellt. Eine Unterscheidung ist in der Sache nicht durchführbar, dh (auch) juristisch nicht fassbar.[22]

13 b) **„Doppelgrundrecht"**. Die Religionsfreiheit ist als **„Doppelgrundrecht"** ausgestaltet.[23] Gewährleistet ist nicht nur die Freiheit des Individuums, sich mit anderen zu einer Kirche oder Religionsgemeinschaft zusammenzuschließen. Auch die **kollektive Religionsfreiheit** ist geschützt, die den Kirchen und Religionsgemeinschaften selbst einen „grundrechtlich gesicherten Freiheitsbereich" eröffnet.[24] Der Forderung *Friedrichs* (D) nach einer Anreicherung der Vorschrift um ein **korporatives** oder **Statusrecht**[25] ist der Grundrechtekonvent nicht nachgekommen. Gleichwohl lässt sich Art. 10 Abs. 1 ein solches institutionelles Element entnehmen. Jedenfalls im sog **Innenbereich** ist das **Selbstbestimmungs(verwaltungs)recht** der Kirchen und Religionsgemeinschaften geschützt.[26]

14 c) **Korporative Religionsfreiheit.** Allerdings hat die **korporative Religionsfreiheit** außerhalb des Grundrechts eine wesentliche Stärkung erfahren. Mit **Art. I-52 EurVerf** hatte der **Verfassungskonvent** in seinem Entwurf einen **speziellen Kirchenartikel** aufgenommen. Die beiden ersten Absätze des Art. I-52 EurVerf übernahmen mit geringfügigen Änderungen den Wortlaut der Amsterdamer „Erklärung zum Status der Kirchen und weltanschaulichen Gemeinschaften". Mit Art. I-52 Abs. 3 EurVerf wurde außerdem ein offener, transparenter und regelmäßiger Dialog zwischen der Union und den Kirchen institutionalisiert. Kirchen und weltanschauliche Gemeinschaften sollten damit (erstmals) in ihrer eigentlichen Funktion **primärrechtlich anerkannt** werden und nicht mehr nur Akteure der Zivilgesellschaft darstellen. Das dort enthaltene – juristisch erst noch einzuordnende – **„institutionelle Arrangement"** erscheint **heute** in **Art. 17 AEUV**. Einigkeit besteht darüber, dass dieser Kirchenartikel jedenfalls interpretationsverstärkend wirkt, außerdem struktursichernd iS einer Wahrung des jeweiligen mitgliedstaatlichen religionsrechtlichen status quo. Vielleicht können ihm aber auch **„Wirkschichten"** entnommen werden, die die grundrechtliche Verbürgung um die Tragweite eines institutionellen Religionsrechts ergänzen oder dieses bestätigen.[27]

---

22 Vgl. zu den inhaltlichen Anforderungen an die Begriffe „Religion" und „Weltanschauung" Stern/Sachs/Muckel, GRC, Art. 10 Rn. 17 ff.

23 Ebenso *Pechstein/Nowak/Häde/Thiele*, Frankfurter Kommentar, Art. 10 GRC Rn. 14.

24 So – zu Art. 9 EMRK – *Frowein*, in: Frowein/Peukert, EMRK, S. 372, unter Hinweis auf die Entscheidungen der EKMR v. 8.3.1976 – X/Dänemark – E 7374/76, Decisions and Reports 5, 157, und v. 5.5.1979 – Church of Scientology/Schweden – E 7805/77, Decisions and Reports 16, 68, 70; auch Urt. des EGMR v. 27.6.2000 – Cha`are Shalom Ve Tsedek/Frankreich – Appl. Nr. 27417/95, Report of Judgements and Decisions 2000 – VII, 195; ferner *Seidel*, Handbuch, S. 156; *Blum*, Gedanken-, Gewissens- und Religionsfreiheit, S. 170 ff.

25 Vgl. Rn. 7 f. *Stern/Sachs/Muckel*, GRC, Art. 10 Rn. 26, führt die Weigerung des Grundrechtekonvents auf andere Gründe zurück (Wunsch, den Wortlaut des Art. 10 mit dem des Art. 9 EMRK in Übereinstimmung zu bringen): Bruch mit gemeineuropäischer Verfassungstradition, wenn die Union den korporativen Aspekt der Religionsfreiheit nicht gewährleisten würde.

26 Hierzu *Bleckmann*, Selbstbestimmungsrecht, S. 47 ff.; *Blum*, Gedanken-, Gewissens- und Religionsfreiheit, S. 175 ff. Wie hier *Jarass*, GR-Charta, 3. Aufl., Art. 10 Rn. 9; *Stern/Sachs/Muckel*, GRC, Art. 10 Rn. 26: Auch Art. 10 enthält die Gewährleistung der korporativen Religionsfreiheit nicht.; *ders.*, GRC, Art. 10 Rn. 43: Kern eines Selbstbestimmungsrechts. Nicht ganz verständlich *Pechstein/Nowak/Häde/Thiele*, Frankfurter Kommentar, Art. 10 GRCh Rn. 24: Nach Art. 52 Abs. 3 Satz 1 GRC ist die korporative Religionsfreiheit in Art. 10 Abs. 1 GRC somit ebenfalls geschützt.

27 Vgl. zu einer Neuausrichtung des Kirchenarbeitsrechts durch den EuGH: EuGH – Egenberger/Evangelisches Werk, Rs. C-414/16, ECLI:EU:C:2018:257, Urt. v. 17.4.2018.

3. Eingriffsrechtfertigung

In seinen Erläuterungen zu Art. 10 Abs. 1 und Art. 52 Abs. 3 hat das Präsidium des Grundrechtekonvents verdeutlicht, dass die **Schrankenregelung des Art. 9 Abs. 2 EMRK** auf Art. 10 Abs. 1 zu übertragen sei. Art. 9 Abs. 2 EMRK enthält einen umfangreichen Schrankenvorbehalt,[28] der den Einschränkungsklauseln der **Art. 8 Abs. 2, 10 Abs. 2 und 11 Abs. 2 EMRK** entspricht, die mit gleichen oder ähnlichen Formulierungen die Grundrechtsgewährleistungen der Art. 7, 11 Abs. 1 bzw. 12 Abs. 1 begrenzen.[29] Mit seiner auf den besonderen Schutzgegenstand „zugeschnittenen" Kombination formeller und materieller Eingriffsvoraussetzungen **formt** Art. 9 Abs. 2 EMRK den **Verhältnismäßigkeitsgrundsatz sachgebietsspezifisch aus**. Er ist daher iSv Art. 52 Abs. 3 S. 1 als **spezielle Grundrechtsschranke** zu betrachten.[30] Der Schrankenvorbehalt bezieht sich nur auf die in Art. 10 Abs. 1 S. 2 garantierte **Ausübungsfreiheit** (freedom to manifest/liberté de manifester).[31] Für Eingriffe in das Recht auf Gedanken-, Gewissens- und Religionsfreiheit allgemein (sog forum internum) sowie das Recht, Religion oder Weltanschauung zu wechseln, enthält Art. 9 Abs. 2 EMRK keine Vorgaben. Dem Wortlaut nach ist das sog forum internum vorbehaltlos gewährleistet. Hinsichtlich der Methodik mit den Einschränkungsklauseln der Art. 8 Abs. 2, 10 Abs. 2 und 11 Abs. 2 EMRK vergleichbar macht Art. 9 Abs. 2 EMRK die Rechtmäßigkeit eines Eingriffs[32] in das Recht auf Ausübung einer Religion oder Weltanschauung davon abhängig, dass der Eingriff **gesetzlich vorgesehen** ist, einem der dort enumerativ aufgezählten **Eingriffsziele** dient und einer **Verhältnismäßigkeitsprüfung** („in einer demokratischen Gesellschaft notwendig") standhält.[33] Bei der Übertragung der Rechtmäßigkeitsanforderungen des Art. 9 Abs. 2 EMRK sind Sinn und Zweck der GRC zu berücksichtigen **(teleologische Auslegung)**.[34] 15

4. Berechtigte und Schutzpflichten

Das Grundrecht aus Art. 10 Abs. 1 steht unabhängig von der Staatsangehörigkeit **jeder natürlichen Person** zu. Soweit es um die kollektive Religionsfreiheit geht, können auch **Perso-** 16

28 Im Vergleich mit den Schrankenregelungen der Art. 8 Abs. 2, 10 Abs. 2 und 11 Abs. 2 EMRK enthält Art. 9 Abs. 2 EMRK allerdings nur wenige Eingriffsziele. Das entspricht dem besonderen Stellenwert der Schutzgüter des Art. 9 Abs. 1 EMRK.

29 Vgl. die Kommentierungen zu Art. 7, 11 und 12.

30 Vgl. aber *Stern/Sachs/Muckel*, GRC, Art. 10 Rn. 54: keine Anwendungssperre für die allgemeine Regelung des Art. 52 Abs. 1.

31 Auch *Waldhoff*, in: Calliess/Ruffert, EUV/AEUV, 5. Aufl., Art. 10 GRCh Rn. 4 a; *Pechstein/Nowak/Häde/Thiele*, Frankfurter Kommentar, Art. 10 GRC Rn. 32.

32 Zu möglichen Eingriffen ausführlich *Pechstein/Nowak/Häde/Thiele*, Frankfurter Kommentar, Art. 10 GRC Rn. 25 ff.

33 Die Eingriffstatbestände des Art. 9 Abs. 2 EMRK sind bisher nur in wenigen Fällen Gegenstand einer Überprüfung durch die Konventionsorgane gewesen. Vgl. hierzu *Frowein*, in: Frowein/Peukert, EMRK, S. 380 f., mit Hinweisen auf die Rspr. der EKMR und das Urt. des EGMR v. 25.5.1993 – Kokkinakis/Griechenland – Nr. 3/1992/348/421, Serie A/260 A. Zum Eingriffscharakter einer Abschiebung, wenn die Religions-, Gewissens- oder Gedankenfreiheit des Betroffenen in dem anderen Staat nicht gewährleistet ist, vgl. *Uerpmann-Wittzack*, in: Ehlers, Grundrechte, 4. Aufl., § 3 Rn. 33; neuerdings zu Art. 10 Abs. 1: EuGH – Y. und Z./Deutschland, C-71/11 und C-99/11 = EuGRZ 2012, 638: Nicht jeder Eingriff in das Recht auf Religionsfreiheit, der gegen Art. 10 Abs. 1 verstößt, stellt bereits eine „Verfolgungshandlung" iSd Art. 9 Abs. 1 Buchst. a der Richtlinie 2004/83/EG des Rates vom 29.4.2004 über Mindestnormen für die Anerkennung und den Status von Drittstaatsangehörigen oder Staatenlosen als Flüchtlinge oder als Personen, die anderweitig internationalen Schutz benötigen, und über den Inhalt des zu gewährenden Schutzes (ABl. 2005 Nr. L 204, S. 12) dar; vorgehend Vorabentscheidungsersuchen des BVerwG (BVerwGE 138, 270 = NVwZ 2011, 755).

34 Vgl. die Kommentierungen zu Art. 7, 11 und 12.

nenvereinigungen, insbesondere **juristische Personen**, aus ihm berechtigt sein. Wegen ihres ausschließlich individuellen Charakters sind Gedanken- und Gewissensfreiheit auf natürliche Personen als Grundrechtsträger beschränkt. Art. 10 Abs. 1 kommt in erster Linie die Funktion eines **Abwehrrechts** zu.[35] Für die Adressaten besteht darüber hinaus ein **Rücksichtnahmegebot**[36] und die **Pflicht zur Schaffung rechtlicher Sicherungen**, wenn das Grundrecht sonst nicht effektiv ausgeübt werden könnte.[37] Schließlich kann sich die Grundrechtsgewährleistung des Art. 10 Abs. 1 zu einer **(positiven) Verpflichtung** verdichten, **gegen störende Dritte einzuschreiten.**[38] Eine Berufung auf das Grundrecht kommt aber nicht in Betracht, um Beseitigungs- oder Unterlassungsansprüche gegen fremde Religionsausübung durchzusetzen.[39]

5. Recht auf Wehrdienstverweigerung (Absatz 2)

17 a) **Keine Unionskompetenzen.** Art. 10 Abs. 2 ist eines von drei Freiheitsrechten,[40] denen **materiell-rechtliche Kompetenzen** der Union **im Primärrecht nicht gegenüberstehen.**[41] Eine weitere Besonderheit dieser Grundrechtsgewährleistung besteht darin, dass sie sich auf eine entsprechende ausdrückliche Vorschrift in der EMRK nicht stützen lässt. Obwohl der Konflikt zwischen staatlichem Handlungsgebot und individueller Gewissensentscheidung nirgendwo deutlicher wird als bei der Verpflichtung zum Dienst an der Waffe, hat die **EKMR** seinerzeit in ständiger Rechtsprechung entschieden, dass **Art. 9 EMRK kein Recht auf Wehrdienstverweigerung aus Gewissensgründen** beinhaltet.[42] Sie hat sich für ihre Auffassung auf **Art. 4 Abs. 3 lit. b EMRK** berufen, der es ausdrücklich den Vertragsstaaten überlässt, ein solches Recht anzuerkennen oder zu versagen.

---

35 Allerdings nicht gegen die Kirche, auch nicht eine Staatskirche; vgl. die Entscheidung der EKMR v. 8.3.1976 – X/Dänemark – E 7374/76, Decisions and Reports 5, 157.

36 Vgl. die Entscheidungen der EKMR v. 12.3.1981 – Ahmad/Großbritannien – E 8160/78, Decisions and Reports 22, 27 (EuGRZ 1981, 326), und v. 5.3.1976 – X/Großbritannien – E 5947/72, Decisions and Reports 5, 8.

37 So müssen Kirchenaustritt und Wechsel der Religion oder Weltanschauung rechtlich möglich sein. Art. 10 Abs. 1 gibt allerdings kein Recht auf Anerkennung einer nach den eigenen religiösen Vorstellungen geschlossenen Ehe, wie der Verweis auf die einzelstaatlichen Gesetze in Art. 9 zeigt.

38 *Stern/Sachs/Muckel*, GRC, Art. 10 Rn. 59. Vgl. auch die Entscheidungen der EKMR v. 6.9.1989 – Rommelfanger/Deutschland – E 12242/86, Decisions and Reports 60, 272, und v. 14.7.1980 – Church of Scientology/Schweden – E 8282/78, Decisions and Reports 21, 109; ferner Urt. des EGMR v. 20.9.1994 – Otto-Preminger-Institut/Österreich – Nr. 11/1993/406/485, Serie A/295 – A = Medien und Recht 1995, 35.

39 Vgl. *Waldhoff*, in: Calliess/Ruffert, EUV/AEUV, 5. Aufl., Art. 10 GRCh Rn. 12.

40 Ebenso Art. 9 und Art. 14 Abs. 2.

41 Anderer Auffassung offensichtlich das EP in seinen Entschließungen vom 7.2.1983 (abgedruckt in EuGRZ 1983, 141) und 19.1.1994 (abgedruckt in EuGRZ 1994, 194 ff.). Vgl. in diesem Zusammenhang Urteil des EuGH – Dory, C-186/01 – Slg 2003, I-2508. Solange es keine europäische (Wehr)Dienstverpflichtung etwa zur Unterstützung von Missionen iSv Art. 42 ff. EUV gibt, kommt die Union als Verpflichtungsadressat nicht in Betracht.

42 Vgl. den Bericht v. 12.12.1966 – Grandrath/Deutschland – B 2299/64, Yearbook 10 (1967), 626, und die Entscheidungen v. 5.7.1977 – X/Deutschland – E 7705/76, Decisions and Reports 9, 196, 199, v. 9.5.1984 – A./Schweiz – E 10640/83, Decisions and Reports 38, 219, und v. 11.10.1984 – N./Schweden – E 10410/83, Decisions and Reports 40, 203. Kritisch zu dieser Rechtsprechung *Blum*, Gedanken-, Gewissens- und Religionsfreiheit, S. 162 ff. Siehe neuerdings aber Urt. des EGMR v. 7.7.2011 – Bayatyan/Armenien – Appl. Nr. 23459/03, NVwZ 2012, 1603: Art. 9 Abs. 1 EMRK ist so auszulegen („living instrument"), dass sich hieraus ein Recht zur Verweigerung des Wehrdienstes ergibt. Desweiteren: EGMR v. 12.6.2012 – Savda/Türkei – Appl. Nr. 42730/05, hudoc.echr.coe.int., und EGMR v. 15.9.2016 – Papavasilakis/Griechenland – Appl. Nr. 66899/14, hudoc.echr.coe.int. Zuvor schon EGMR v. 24.1.2006 – Ülke/Türkei – Appl. Nr. 39437/98, hudoc.echr.coe.int.

b) Ausgestaltungsvorbehalt der Mitgliedstaaten. Mit dem Hinweis auf die einzelstaatlichen Gesetze im Text der Vorschrift hat der Grundrechtekonvent die Ausprägung des Grundrechts **zur Disposition des nationalen Gesetzgebers gestellt** (Ausgestaltungsvorbehalt). Weil der Bestand eines Rechts auf Wehrdienstverweigerung[43] aus Gewissensgründen weder durch allgemeines Völkerrecht noch durch internationale Verpflichtungen der Mitgliedstaaten gesichert ist,[44] kann dem Grundrecht des Art. 10 Abs. 2 (nach wie vor) **kein eigenständiger normativer Gehalt** entnommen werden. Ein menschenrechtlicher Mindeststandard, der geschützt werden könnte, ist nicht vorhanden.[45] Einführung und Ablehnung eines solchen Rechts sind gleichermaßen „chartagemäß". Im Ergebnis weist die **GRC** damit **nicht mehr an Gewährleistungstiefe** auf **als** die **EMRK**, die von der Positivierung des Rechts ganz abgesehen hat. Hat ein Mitgliedstaat das Recht auf Wehrdienstverweigerung aus Gewissensgründen in seine Rechtsordnung aufgenommen, so wird er dieses auch einer rechtlichen Ausgestaltung, insbesondere Beschränkungen unterwerfen. Solche **nationalen Schrankenvorbehalte** treten zu der **allgemeinen Grundrechtsschranke des Art. 52 Abs. 1** hinzu,[46] müssen jedoch die dort enthaltenen Vorgaben beachten.[47] Sollten sich aus den **gemeinsamen Verfassungsüberlieferungen der Mitgliedstaaten** über diejenigen des Art. 52 Abs. 1 hinaus (in den Grenzen des hierdurch ebenfalls festgelegten Schutzbereichs) **weitere Eingriffshindernisse** ergeben, so wären diese in Anwendung des vom **Verfassungskonvent** angefügten **Art. 52 Abs. 4** zur Erreichung eines hohen Schutzniveaus zugrunde zu legen. 18

Soweit verschiedentlich – im Hinblick auf neuere Rechtsprechung des EGMR[48] – die Auffassung vertreten wird[49], Art. 10 Abs. 2 erscheine hinsichtlich des mit ihm vom Grundrechtekonvent verfolgten **Ziels**, ein **„Mehr" gegenüber der EMRK** zu schaffen, **„überholt"**, weil das Recht auf Wehrdienstverweigerung vom EGMR jetzt als Ausprägung der Gewissensfreiheit nach Art. 9 EMRK geschützt werde und infolgedessen Art. 52 Abs. 3 S. 1 anzuwenden sei, ist dieser Ansicht **nicht zu folgen.** So ist schon **fraglich**, ob Art. 9 EMRK angesichts der noch spärlichen Rechtsprechung des EGMR den **Schutz des Rechts auf Wehrdienstverweigerung** auch wirklich **gegen jede Art von Einflussnahme sichert.**[50] Jedenfalls berücksichtigt diese Auffassung nicht, dass **nur** eine **solche Auslegung** den dokumentierten Vorstellungen des Grundrechtekonvents als (historischem) Verfasser des in ein Spezialitätsverhältnis zu Art. 10 Abs. 1 gesetzten Art. 10 Abs. 2 entspricht, die die **Ausgestaltungs- und** 19

43 Da Art. 10 Abs. 2 seine Wurzeln in den nationalen Verfassungen hat, kann nicht nur die (allgemeine) Wehrdienstverweigerung, sondern auch die Kriegsdienstverweigerung erfasst sein.

44 Vgl. Rn. 3.

45 Ausführlich *Doehring*, in: FS für Schlochauer, S. 45 ff. Anders als Art. 9 enthält Art. 10 Abs. 2 also keinen Normenkern, der vor einer Aushöhlung durch das nationale Recht zu schützen ist. A.A. *Jarass*, EU-Grundrechte, § 15 Rn. 21. Soweit *Jarass* (GR-Charta, 3. Aufl., Art. 10 Rn. 23 und Fn. 87) den völligen und generellen Ausschluss eines Rechts auf Wehrdienstverweigerung für kaum verhältnismäßig hält, vernachlässigt er, dass die Ausgestaltungshoheit hier in jeder Hinsicht bei den Mitgliedstaaten liegt.

46 Es bestehen „doppelte Schranken".

47 Vgl. die Kommentierungen zu Art. 9, 14 Abs. 3 und 16. Wie hier *Jarass*, EU-Grundrechte, § 15 Rn. 21, und *ders.*, GR-Charta, 3. Aufl., Art. 10 Rn. 23: Die einzelstaatlichen Gesetze dürften schwerlich zu unverhältnismäßigen Einschränkungen ermächtigen.

48 EGMR Urt. v. 7.7.2011 – Bayatyan/Armenien – Appl. Nr. 23459/03, NVwZ 2012, 1603; EGMR v. 12.6.2012 – Savda/Türkei – Appl. Nr. 42730/05, und EGMR v. 15.9.2016 – Papavasilakis/Griechenland – Appl. Nr. 66899/14, jeweils hudoc.echr.coe.int.

49 Vgl. *Stern/Sachs/Muckel*, GRC, Art. 10 Rn. 56 ff.

50 So aber wohl *Jarass*, GR-Charta, 3. Aufl., Art. 10 Rn. 23 Fn. 87.

Einschränkungshoheit vollumfänglich in der Hand der **Mitgliedstaaten** belässt, mag sich auch die Rechtsprechung des EGMR zu der Referenzvorschrift weiter entwickeln.[51]

20 Bei der Konturierung des Rechts auf Wehrdienstverweigerung öffnet sich dem **EGMR** ein **weites Betätigungsfeld.** So wird er neben anderen Fragen auch diejenige zu beantworten haben, ob nicht die **Dauer** eines bei Inanspruchnahme des Rechts auf Wehrdienstverweigerung verpflichtenden **(alternativen) zivilen Ersatzdienstes** eine **freie Gewissensentscheidung** unter Verstoß gegen Art. 9 EMRK **ausschließt**; denn diese könnte einer **„Strafe" für die Wehrdienstverweigerung** gleichkommen. In den Mitgliedstaaten mit Wehrpflicht und Wehrdienstverweigerungsrecht (Dänemark, Estland, Finnland, Griechenland, Lettland, Litauen, Österreich, Schweden und Zypern) fordern bspw. Litauen und Österreich einen **etwa um die Hälfte längeren Ersatzdienst**; sogar die **doppelte Dienstzeit** verlangen Finnland, Griechenland, Lettland und Zypern. **Bisher nicht zu beantworten** hatte der EGMR außerdem, unter welchen Voraussetzungen **Anerkennungsmodalitäten**[52], **prozedurale Sicherungen** des Rechts auf Wehrdienstverweigerung und **Sanktionsmechanismen** (auch bei sog. Totalverweigerern) der Konvention (noch) entsprechen.[53]

IV. Literaturübersicht

Bausback, Winfried, Religions- und Weltanschauungsfreiheit als Gemeinschaftsgrundrecht, EuR 2000, 261; *Bleckmann, Albert,* Von der individuellen Religionsfreiheit des Art. 9 EMRK zum Selbstbestimmungsrecht der Kirchen, Köln 1995; *Bloss, Lasia,* European Law of Religion – organizational and institutional analysis of national systems and their implications for the future European Integration Process, JMWP 13/03; *Blum, Nikolaus,* Die Gedanken-, Gewissens- und Religionsfreiheit nach Art. 9 der Europäischen Menschenrechtskonvention, Berlin 1990; *Böckenförde, Ernst Wolfgang,* „Der freiheitliche säkularisierte Staat …", in: Schmidt, Susanna/Wedell, Michael (Hrsg.), „Um der Freiheit willen …!" – Kirche und Staat im 21. Jahrhundert, FS-Reichert, Freiburg u.a. 2002, S. 19; *Chizzoniti Antonio (Hrsg.),* Chiesa cattolica ed Europa centro-orientale. Libertà religiosa e processo di democratizzazione, Milano 2004; *Conring, Hans Tjabert,* Korporative Religionsfreiheit in Europa, Frankfurt a. M. 1998; *Cullen, Holly,* The Emerging Scope of Freedom of Conscience, (1997) 22 E.L.Rev. HRC/32; *Doehring, Karl,* Kriegsdienstverweigerung als Menschenrecht?, in: Münch, Ingo von (Hrsg.), Staatsrecht – Völkerrecht – Europarecht, Festschrift für Hans-Jürgen Schlochauer zum 75. Geburtstag, Berlin u.a. 1981, S. 45; *Edge, Peter W.,* Religious rights and choice under the European Convention on Human Rights, (2000) 3 Web JCLI; *Ehlers, Dirk,* Problemstellung des Vertragskirchenrechts, ZevKR 46 (2001), 286; *EU network* of independent experts on fundamental rights: Commentary of the Charter of Fundamental Rights of the European Union; *Evans, Carolyn,* Freedom of Religion under the European Convention on Human Rights, Oxford 2001; *Finke, Jasper,* Warum das „Burka-Verbot" gegen die EMRK verstößt, NVwZ 2010, 1127; *Frowein, Jochen Abr.,* Religionsfreiheit und internationaler Menschenrechtsschutz, in: Grote, Thilo/Marauhn, Rainer (Hrsg.), Religionsfreiheit zwischen individueller Selbstbestimmung, Minderheitenschutz und Staatskirchenrecht – Völker- und verfassungsrechtliche Perspektiven, 2001, S. 73; *ders.,* Die Bedeutung des die Gedanken-, Gewissens- und Religionsfreiheit garantierenden Artikels 9 der Europäischen Menschenrechtskonvention, in: Die Einigung Europas und die Staat-Kirche-Ordnung, 27. Essener Gespräche zum Thema Staat und Kirche, Münster 1993, S. 46; *Gaitanides, Charlotte,* Europäische Grundrechtecharta, Religionsfreiheit und das Recht auf Nichtglauben in: Grözinger/Matiaske, Ökonomie und Gesellschaft, Jahrbuch 22 (2010), S. 167; *Goerlich, Helmut,* Religionspolitische Distanz und kulturelle Vielfalt unter dem Regime des Art. 9 EMRK, NJW 2001, 2862; *Grabenwarter, Christoph,* Die

51 In diesem Sinne wohl auch *Pechstein/Nowak/Häde/Thiele,* Frankfurter Kommentar, Art. 10 GRC Rn. 13, 38; ferner – ohne nähere Begründung – *Waldhoff,* in: Calliess/Ruffert, EUV/AEUV, 5. Aufl., Art. 10 GRCh Rn. 15.

52 Etwa, wenn eine Verweigerung des Wehrdienstes nach Einberufung ausgeschlossen ist, wenn der Ersatzdienst seinerseits militärischen Charakter hat, usw.

53 Vgl. aber schon EGMR v. 17.1.2012 – Demirtas/Türkei – Appl. Nr. 5260/07, und EGMR v. 22.11.2011 – Ercep/Türkei – Appl. Nr. 43965/04, jeweils hudoc.echr.coe.int. Zur Bedeutung einer Verweigerung des Wehrdienstes im Flüchtlingsrecht siehe EuGH – Shepherd, Rs. C-472/13, EuGRZ 2015, 160, Urt. v. 26.2.2015.

korporative Religionsfreiheit nach der Menschenrechtskonvention, FS-Rüfner, Berlin 2003, S. 147; *Graulich, Markus*, Der Status der Kirchen in der Europäischen Union, in: Tettinger, Peter J./Stern, Klaus (Hrsg.), Europäische Verfassung im Werden, 2006, S. 65; *Grzeszick, Bernd*, Die Kirchenerklärung zur Schlussakte des Vertrages von Amsterdam, ZevKR 48 (2003), 284; *Hartig, Hanno*, Das Recht der Wehrdienstverweigerung in den Mitgliedstaaten des Europarates, EuGRZ 1977, 481; *Heinig, Hans Michael*, Die Religion, die Kirchen und die europäische Grundrechtecharta, ZevKR 46 (2001), 440; *Heintzen, Markus*, Die Kirchen im Recht der Europäischen Union, FS-Listl, Berlin u.a. 1999, S. 29; *Hobe, Stephan*, Die Verbürgung der Religionsfreiheit in der EU-Grundrechtecharta, in: Muckel, Stefan (Hrsg.), Kirche und Religion im sozialen Rechtsstaat, Festschrift für Wolfgang Rüfner zum 70. Geburtstag, Berlin 2003, S. 317; *Hoffmann-Remy, Ulrich*, Die Möglichkeiten der Grundrechtseinschränkung nach den Art. 8–11 Abs. 2 der Europäischen Menschenrechtskonvention, Berlin 1976; *Hoffschulte, Heinrich*, Christliches Menschenbild und Gottesbezug in der Verfassung der Europäischen Union, Münster 2004; *Hollerbach, Alexander*, Religions- und Kirchenfreiheit im KSZE-Prozeß, FS-Benda, 1995, 117; *ders.*, Staatskirchenrecht oder Religionsrecht? Begriffs- und Problemgeschichtliche Notizen, in: Aymans, Winfried/Geringer, Karl-Theodor (Hrsg.), FS-Schmitz, Regensburg 1994, S. 869; *Kämper, Burkard/Schlagheck, Michael (Hrsg.)*, Zwischen nationaler Identität und europäischer Harmonisierung. Zur Grundspannung des zukünftigen Verhältnisses von Gesellschaft, Staat und Kirche in Europa, Staatskirchenrechtliche Abhandlungen, Bd.36, Berlin 2002; *Kolonovits, Dieter*, Meinungsfreiheit und Blasphemie in der jüngeren Rechtsprechung des EGMR, in: Grabenwarter, Christoph/Thienel, Rudolf, Kontinuität und Wandel der EMRK, Kehl u.a. 1998, S. 169; *Krimphove, Dieter*, Europäisches Religions- und Weltanschauungsrecht, EuR 2009, 330; *Marek, Heike*, Das Kopftuchverbot in Betrieben öffentlicher und privater Arbeitgeber, JM 2017, 416; *Matscher, Franz*, Gedanken-, Gewissens- und Religionsfreiheit. Internationale Aspekte, in: Matscher, Franz (Hrsg.), Folterverbot sowie Religions- und Gewissensfreiheit im Rechtsvergleich, Kehl 1990, S. 43; *Mock, William/Demuro, Gianmario*, Commentary on the Charter of Fundamental Rights of the European Union, Durham 2010; *Muckel, Stefan*, Die Rechtsstellung der Kirchen und Religionsgemeinschaften nach dem Vertrag über eine Verfassung für Europa, DÖV 2005, 191; *ders.*, Religionsfreiheit gestern, heute, morgen, Baden-Baden 2016; *Müller-Graff, Peter-Christian/Schneider, Heinrich (Hrsg.)*, Kirchen und Religionsgemeinschaften in der Europäischen Union, Baden-Baden 2003; *Pernice, Ingolf*, Religionsrechtliche Aspekte im Europäischen Gemeinschaftsrecht, JZ 1977, 777; *Robbers, Gerhard*, Religionsfreiheit in Europa, FS-Listl, Berlin u.a. 1999, S. 201; *ders.*, Staat und Kirche in der Europäischen Union, Baden-Baden 1995; *ders.*, Religionsrechtliche Gehalte der Europäischen Grundrechtecharta, in: Geis, Emanuel/ Lorenz, Dieter (Hrsg.), Staat – Kirche – Verwaltung, Festschrift für Hartmut Maurer zum 70. Geburtstag, München 2001, S. 425; *Schwarz, Karl*, Religionsfreiheit und Religionsgemeinschaften in den rechtlichen Strukturen eines zukünftigen Europa, ÖARR 50 (2003), 43; *Steinberg, Rudolf*, Kopftuch und Burka, Baden-Baden 2015; *Stotz, Rüdiger*, Die Bedeutung der Erklärung zum Status der Kirchen im Amsterdamer Vertrag, ÖARR 46 (1999), 64; *ders.*, Europa und die Kirchen, EuZW 1998, 737; *Taylor, Paul*, The basis for departure of European standard under Article 9 of the European Convention on Human Rights from equivalent universal standards, (2001) 5 Web JCLI; *Torfs, Rik*, Die rechtliche Sonderstellung von Kirchen und religiösen Gemeinschaften im europäischen Kontext, ÖARR 46 (1999), 14; *von Ungern-Sternberg, Antje*, Religionsfreiheit in Europa, 2008; *Unruh, Peter*, Religionsverfassungsrecht, Baden-Baden 2018; *Vachek, Marcel*, Das Religionsrecht der Europäischen Union im Spannungsfeld zwischen mitgliedstaatlichen Kompetenzreservaten und Art. 9 EMRK, Frankfurt a.M. 2000; *Waldhoff, Christian*, Staatskirchenrecht oder Religionsverfassungsrecht – Einwirkungen des Völker- und Europarechts, in: Heinig/Walter, Staatskirchenrecht oder Religionsverfassungsrecht? – Ein begriffspolitischer Grundsatzstreit, 2007, S. 251; *Walter, Christian*, Religions- und Gewissensfreiheit, in: Marauhn, Rainer/Grote, Thilo (Hrsg.), Konkordanzkommentar zum europäischen und deutschen Grundrechtsschutz, Tübingen 2006, Kap. 17; *Weber, Hermann*, Die individuelle und kollektive Religionsfreiheit im europäischen Recht einschließlich ihres Rechtsschutzes, ZevKR (47) 2002, 265; *ders.*, Religionsrecht und Religionspolitik der EU, NVwZ 2011, 1485; *Weninger, Michael H.*, Europa ohne Gott? – Die Europäische Union und der Dialog mit den Religionen, Kirchen und Weltanschauungsgemeinschaften, Baden-Baden 2007; *Winter, Jörg*, Das Verhältnis von Staat und Kirche als Ausdruck der kulturellen Identität der Mitgliedstaaten der Europäischen Union, FS-Hollerbach, Berlin 2001, S. 893; *Wittinger, Michaela*, „Kopftuchstreit auf europäisch“. Aspekte des europäischen Grund- und Menschenrechtsschutzes, VBlBW 2001, 425.

Artikel 11 Freiheit der Meinungsäußerung und Informationsfreiheit

(1) Jede Person hat das Recht auf freie Meinungsäußerung. Dieses Recht schließt die Meinungsfreiheit und die Freiheit ein, Informationen und Ideen ohne behördliche Eingriffe und ohne Rücksicht auf Staatsgrenzen zu empfangen und weiterzugeben.

(2) Die Freiheit der Medien und ihre Pluralität werden geachtet.

I. Vorgaben

1 Die Meinungs- und Informationsfreiheit des Einzelnen gehört zu den konstitutiven Elementen des in der Tradition der Aufklärung stehenden Verfassungsstaats. Sie findet in den Freiheiten der Massenmedien (Presse, Rundfunk, „Neue Medien") eine spezifische, der modernen Demokratie angemessene, ergänzende Ausprägung. Mit der Aufnahme dieser Freiheiten in die GRC hat der Grundrechtekonvent die **überragende Bedeutung freier Kommunikation** für den **Prozess der individuellen und öffentlichen Meinungsbildung** hervorgehoben. Aus den vom Präsidium des Grundrechtekonvents herausgegebenen und später aktualisierten Erläuterungen zu Art. 11 ergibt sich, dass die Bestimmung vor allem auf **Art. 10 EMRK** gestützt ist. Hinsichtlich der Freiheit der Medien soll sich ihre Legitimation darüber hinaus aus der **Rechtsprechung des EuGH „bezüglich des Fernsehens"**, dem dem Amsterdamer Vertrag beigefügten **Protokoll über den öffentlich-rechtlichen Rundfunk in den Mitgliedstaaten (Nr. 32)**,[1] das als **Protokoll (Nr. 29)** nunmehr auch dem **EUV** und dem **AEUV angehängt** ist, und der **Richtlinie 89/552/EG des Rates vom 3.10.1989 zur Koordinierung bestimmter Rechts- und Verwaltungsvorschriften der Mitgliedstaaten über die Ausübung der Fernsehtätigkeit** („Fernseh-Richtlinie")[2] ergeben.

1. Verfassungen der Mitgliedstaaten

2 In seinen Erläuterungen nicht angesprochen hat das Präsidium des Grundrechtekonvents die entsprechenden **verfassungsrechtlichen Verbürgungen** in den **seinerzeitigen Mitgliedstaaten**. So ist die Meinungsfreiheit als zentrales Grund- und Menschenrecht in den Verfassungen aller Mitgliedstaaten garantiert. Demgegenüber ist die Informationsfreiheit kaum je ausdrücklich (Art. 5 Abs. 1 S. 1 GG; § 12 Abs. 1 S. 2 VerfFinnland; Art. 37 Abs. 1 VerfPortugal; Kapitel 2 § 1 Nr. 2 VerfSchweden), sondern nur als Bestandteil der Meinungsfreiheit gewährleistet bzw. in den Vertragsstaaten der EMRK durch deren Ratifizierung geltendes Recht geworden. Für die Freiheit der Medien, namentlich für die Rundfunkfreiheit, gelten in den nationalen Rechtsordnungen weithin ausgestaltete verfassungsrechtliche (Art. 5 Abs. 1 S. 2 und 3, Abs. 2 GG, Art. 14 und 15 VerfGriechenland, Art. 40 Abs. 6 Nr. 1 lit. a VerfIrland, Art. 7 VerfNiederlande, Art. 38 und 39 VerfPortugal und Art. 20 Abs. 1 lit. d, Abs. 2 bis 5 VerfSpanien; nur Pressefreiheit: Art. 25 VerfBelgien, § 77 VerfDänemark,

1 BGBl. 1998 II, 436. Die Nummerierung der Protokolle ist nicht amtlich, findet sich aber auch in der Übersicht in BGBl. 1998 II, 466.

2 ABl. 1989 Nr. L 298 S. 23.

Art. 21 S. 2 bis 8 VerfItalien, Art. 24 VerfLuxemburg und Art. 13 Abs. 2 österreichisches StGG iVm Art. 1 ff. des österreichischen BVG über die Sicherung der Unabhängigkeit des Rundfunks 1974) und/oder (einfach)gesetzliche Detaillierungen. Die Gewährleistungen des Art. 11 spiegeln sich auch in den **Verfassungen** der **neuen Mitgliedstaaten** wider (vgl. Art. 39 ff. VerfBulgarien, § 41 VerfEstland, Art. 38 VerfKroatien, Art. 99 f. VerfLettland, Art. 25 und 44 VerfLitauen, Kapitel IV Art. 41 VerfMalta, Art. 54 VerfPolen, Art. 30 VerfRumänien, Art. 26 VerfSlowakei, Art. 39 VerfSlowenien, Art. 3 und Art. 112 Abs. 1 VerfTschechien iVm Art. 17 tschechische GR-Deklaration, Art. IX GGUngarn und Art. 19 VerfZypern).

2. Internationales Recht

Nach den Vorschriften der GRC (Erwägung Nr. 5 der Präambel, Art. 53) ist das Schutzniveau der Grundrechte auch mit Blick auf das **Völkerrecht** zu bestimmen, wenn dieses individualrechtliche Verbürgungen enthält.[3] Die in Art. 11 geregelten Meinungs-, Informations- und Medienfreiheitsrechte sind, ihrem Charakter als Menschenrechte entsprechend, in **Art. 19 AEMR** garantiert. Dessen Vorbild folgend gewährleistet **Art. 19 IPbpR** die Freiheit der Kommunikation in sehr umfassender Weise. Die Bestimmung des Art. 19 IPbpR verfügt dabei über einen erheblich größeren Schutzbereich als Art. 10 EMRK. So ist das in Absatz 1 enthaltene Recht auf „unbehinderte Meinungsfreiheit" absolut, dh schrankenlos ausgestaltet. Darüber hinaus garantiert Absatz 2 das Recht auf freie Meinungsäußerung „ohne Rücksicht auf Staatsgrenzen" und bezieht sich auf Informationen und Gedankengut „jeder Art". Art. 19 Abs. 2 IPbpR geht auch insoweit über Art. 10 EMRK hinaus, als er neben der Weitergabe von (empfangenen) Informationen und Ideen ausdrücklich deren (aktive) Beschaffung schützt. Die Gewährleistungen des Art. 19 IPbpR reichen schließlich deshalb weiter, weil seine Schrankenvorbehalte enger gefasst und klarer konturiert sind als diejenigen des Art. 10 EMRK. In Ergänzung zu Art. 19 IPbpR stellt **Art. 20 IPbpR** überdies klar, dass jemand, der aktiv den Krieg propagiert oder nationalen, rassischen oder religiösen Hass verbreitet, sich auf die in Art. 19 IPbpR verbürgte Meinungs- und Informationsfreiheit nicht berufen kann. Ein **freier grenzüberschreitender Informationsfluss („free flow of information")** als **allgemeiner Grundsatz des Völkerrechts** ist nur begrenzt anerkannt.[4] Bei der Beschränkung der Informationsfreiheit im Rundfunkbereich werden Belange der innerstaatlichen verfassungsrechtlichen Ordnung regelmäßig als vorrangig betrachtet. 3

Kein Maßstab für die Auslegung des Art. 11 ist demgegenüber **Art. 5 Abs. 1** der – juristisch unverbindlichen – **Erklärung des EP über Grundrechte und Grundfreiheiten vom 12.4.1989** („Jeder hat das Recht auf freie Meinungsäußerung. Dieses Recht schließt die Freiheit der Meinung und die Freiheit zum Empfang und zur Mitteilung von Nachrichten oder Gedanken, insbesondere weltanschaulicher, religiöser oder politischer Art, ein."). 4

II. Diskussion im Grundrechtekonvent

Dass die Freiheit der Meinungsäußerung in den Katalog der Grundrechte aufgenommen werden sollte, hatten Präsidium und Grundrechtekonvent **von Beginn an** als selbstver- 5

3 Zu den folgenden Ausführungen vgl. *Seidel*, Handbuch, S. 108 ff. Eine umfangreiche Aufstellung einschlägiger Gemeinschaftsdokumente, sonstiger völkerrechtlicher Dokumente und des maßgeblichen soft law findet sich bei *Rengeling/Szczekalla*, Grundrechte, S. 523, 526, 551 und 555.

4 BK/*Degenhardt*, GG, Stand der Einzelkommentierung Juli 2006, Art. 5 Abs. 1 und 2 GG Rn. 327 ff., und *Degenhardt*, EuGRZ 1983, 212 f., jeweils mwN; *Bueckling*, NJW 1981, 1113 ff.

ständlich erachtet.[5] Lediglich die **sprachliche Ausgestaltung** des Freiheitsrechts war in geringem Umfang Gegenstand von Debatten im Grundrechtekonvent gewesen. Erheblichen Raum hatten demgegenüber die Beratungen dazu eingenommen, wie die speziellen **Freiheiten der Massenmedien** im Text der Vorschrift zu verankern seien. So war bis zum Schluss umstritten geblieben, ob hinreichend zum Ausdruck gebracht werden konnte, dass die **Sicherung der Meinungsvielfalt** prinzipiell **Vorrang vor der Freiheit der Medienunternehmer** genießen soll.

1. Absatz 1

6 Einen **ersten Textvorschlag** hatte das Präsidium des Grundrechtekonvents in CONVENT 8 unterbreitet. Die Bestimmung über das Recht auf freie Meinungsäußerung war dabei **an Art. 10 Abs. 1 S. 1 und 2 EMRK angelehnt** und hinsichtlich ihres **Satzes 2** („Dieses Recht schließt die Meinungsfreiheit und die Freiheit zum Empfang und zur Mitteilung von Nachrichten oder Gedanken ohne Rücksicht auf Staatsgrenzen ein.") **auf die Formulierungen des Art. 5 Abs. 1 S. 2** der **Erklärung des EP über Grundrechte und Grundfreiheiten vom 12.4.1989** abgestimmt worden. Für die Definition der Informationsfreiheit hatte das Präsidium aus Art. 10 Abs. 1 S. 2 EMRK lediglich den Passus „ohne Rücksicht auf Staatsgrenzen", nicht aber den Zusatz „ohne behördliche Eingriffe" übernommen. Bei den folgenden Beratungen des Präsidiumsentwurfs war von einigen Delegierten gefordert worden, die Vorschrift über die Meinungsfreiheit stärker an den Begrifflichkeiten der EMRK zu orientieren. Andere Konventsmitglieder hatten verlangt, den Präsidiumsvorschlag um eine spezielle Schrankenregelung zu ergänzen.

7 Der Forderung nach einer stärkeren Ausrichtung der Bestimmung an **Art. 10 EMRK** war das Präsidium des Grundrechtekonvents in seinem **zweiten Entwurf** dadurch nachgekommen, dass es Absatz 1 Satz 1 und 2 dieser Vorschrift **wortgetreu übertragen** hatte. Auf die Einfügung einer besonderen Schrankenregelung hatte es indessen erneut verzichtet, in der Begründung seines Vorschlags jedoch deutlich gemacht, dass Art. 10 Abs. 2 EMRK aufgrund des Art. 6 EUV(-Amsterdam) und der allgemeinen Einschränkungsklausel der Charta im Rahmen des Unionsrechts anwendbar sei. Bereits mit diesem Präsidiumsentwurf hatte das Recht auf freie Meinungsäußerung seine **endgültige Fassung** erhalten. Letztlich unberücksichtigt geblieben war damit auch der Einwand, dass die Vorschrift nach ihrem Wortlaut nur die **„passive" Informationsfreiheit** schütze, nicht aber die Freiheit, sich Informationen und Ideen (aktiv) durch Recherchen zu verschaffen.

2. Absatz 2

8 Eine **selbstständige Garantie der Medienfreiheit** hatte das Präsidium des Grundrechtekonvents **zunächst nicht** vorgesehen. In den **ersten drei Entwürfen** zu einem Recht auf freie Meinungsäußerung war lediglich vermerkt worden, dass diese die Grundsätze des Art. 10 EMRK rezipierten. Einer solchen allgemeinen Bezugnahme auf die EMRK hatten viele Konventsmitglieder schon **frühzeitig widersprochen.**[6] Im Hinblick auf die gewachsene Bedeutung der Massenmedien könne nicht mehr daran festgehalten werden, dass die Medienfreiheit (bloße) Erscheinungsform der Meinungsfreiheit und deshalb (nur) als deren Be-

5 Vgl. lfd. Nr. 11 der vom Präsidium des Grundrechtekonvents erstellten Grundrechtsliste (BODY 4) und Art. 5 des von Meyer (D) im Januar 2000 übermittelten Entwurfs einer Grundrechtecharta (CHARTE 4102/00 CONTRIB 2).

6 Vgl. die Diskussionsbeiträge in der vierten und fünften Sitzung des Grundrechtekonvents am 2./3.3. bzw. 20./21.3.2000 (*Bernsdorff/Borowsky*, Protokolle, S. 159 f., 188 ff.) und die Änderungsanträge (CONVENT 35) zu Art. 15 CONVENT 28.

standteil zu schützen sei. Als Grund für eine separate Regelung war vor allem die Bedrohung der Medienfreiheit hervorgehoben worden, die sich aus ihrer die individuelle Meinungsfreiheit übersteigenden Funktion für die öffentliche Meinungsbildung erschließe. Auch hatten einige Delegierte, inspiriert durch das Grundrechtsverständnis ihrer Verfassungsjudikatur, deutlich gemacht, dass Pluralismus und Ausgewogenheit der Berichterstattung zum Schutz vor staatlichen Eingriffen und Medienkonzentration besonderer Garantien bedürften. Zur Erhaltung der Meinungsvielfalt war schließlich eine **grundrechtliche Absicherung der „dualen" Rundfunkordnung** gefordert worden.

In seinen **Kompromissvorschlägen** hatte das Präsidium des Grundrechtekonvents die Anre- 9
gungen der Plenumsmehrheit aufgegriffen und der Vorschrift über das Recht auf freie Meinungsäußerung einen **Absatz 2 über die Pressefreiheit angefügt.** Bei den Beratungen war dieser Entwurf weiter kritisiert worden. Die Aufnahme einer Sonderregelung für die Presse störe das vom EGMR austarierte Verhältnis zwischen Pressefreiheit und Meinungsfreiheit bzw. Pressefreiheit und den mit ihr kollidierenden Rechten. Es werde der Eindruck erweckt, als würden der Presse in der GRC mehr Rechte eingeräumt als in der EMRK. Weil die **Rundfunkfreiheit** anderen technischen, wirtschaftlichen und politischen Sachgesetzlichkeiten folge als die Pressefreiheit, müsse diese **in der Bestimmung besonders erwähnt** werden. Auch werde das „Konzept des Wettbewerbs zwischen Presseunternehmen" in dem Präsidiumsvorschlag nicht angesprochen. Zum Schutz vor Meinungsmonopolen sei der **freie Marktzugang für Presseunternehmen** mit einer **speziellen Garantie** auszustatten.

Den Empfehlungen der Konventsmitglieder war das Präsidium des Grundrechtekonvents 10
in seinem **ersten Entwurf eines vollständigen Textes der Grundrechtecharta** (CONVENT 45) nur teilweise gefolgt. Allerdings hatte es den **Begriff „Pressefreiheit" durch** den **Begriff „Medien" ersetzt.** Dem Vorschlag einiger Delegierter folgend[7] war die Garantie der Medienfreiheit außerdem hinsichtlich ihrer Schutzdimension abgeschwächt worden („... **wird geachtet**").[8]

III. Kommentierung

Obwohl der Grundrechtekonvent mit Art. 11 im Wesentlichen an dem (**überkommenen**) 11
Leitbild der EMRK festgehalten hat, ist das Grundrecht **hinreichend „innovativ"**. Mit der **Entflechtung der Medienfreiheit von der Freiheit der Meinungsäußerung** in **Absatz 2** nähert sich das Grundrecht einer neueren Handhabung in den Verfassungen der Mitgliedstaaten an, die den medialen Veränderungen und den dadurch gewandelten Ansprüchen an ein Kommunikationsgrundrecht Rechnung trägt.[9]

1. Recht auf freie Meinungsäußerung (Absatz 1)

a) **Schutzgegenstand.** Die in Art. 11 Abs. 1 enthaltene, Art. 10 Abs. 1 S. 1 und 2 EMRK 12
nachgebildete Bestimmung garantiert als Ausdruck gemeinsamer Wertvorstellungen aller Mitgliedstaaten das **Recht auf freie Meinungsäußerung (Satz 1)**. Die Vorschrift ermöglicht jedoch nicht nur, eine Meinung zu äußern (oder nicht zu äußern) bzw. auf spezifische Art zu verbreiten (oder nicht), sondern schützt auch den **Prozess der Meinungsbildung** (sog fo-

7 Vgl. die Wortbeiträge in der siebzehnten Sitzung des Grundrechtekonvents am 25./26.9.2000 (*Bernsdorff/Borowsky*, Protokolle, S. 381, 384 f.).

8 Ausführlicher zum Beratungsverlauf siehe Vorauflage.

9 Erheblichen Revisionsbedarf sieht allerdings *Stock*, Kommunikation und Recht 2001, 300 ff.; *ders.*, FS für Schatz, S. 177 ff.; *ders.*, EU-Medienfreiheit, S. 82 ff.

rum internum)[10] und die **Informationsfreiheit (Satz 2)**. Der **Begriff „Meinung"** ist grundsätzlich **weit** zu verstehen und umfasst jede Ansicht, Überzeugung, Einschätzung, Stellungnahme und jedes (Wert)Urteil ohne Rücksicht auf Qualität und Thematik.[11] Mit der Freiheit, sich eine Meinung ungehindert bilden und daran festhalten zu können, steht eine **gezielte Meinungsbeeinflussung durch die öffentliche Gewalt nicht im Einklang.**[12] Geschützt ist nicht nur die Abgabe der Meinung, sondern auch die **Möglichkeit**, mit ihr nach eigener Wahl des Ortes („ohne Rücksicht auf Staatsgrenzen") und des Zeitpunkts der Äußerung **auf andere einwirken zu können.**[13] Darin liegt der Sinn der Ergänzung des Tatbestandes um den Begriff des „Weitergebens".[14] Grundsätzlich fallen **alle denkbaren Kommunikationsformen** unter den Schutz der Äußerungsfreiheit, soweit nicht ein spezielleres Grundrecht (etwa Art. 13) einschlägig ist.[15] Über die klassischen Ausdrucksmittel Wort, Schrift und Bild hinaus sind als Medien von Meinungsäußerungen auch die „Neuen Medien" an-

10 Ebenso *Calliess*, in: Calliess/Ruffert, EUV/AEUV, 5. Aufl., Art. 11 Rn. 8: Überschneidung des Schutzbereichs mit demjenigen des Art. 10: a.A. *Stern/Sachs/von Coelln*, GRC, Art. 11 Rn. 16: Schutz nur durch Art. 10 Abs. 1.

11 Vgl. hierzu die – grundlegenden – Urteile des EGMR v. 7.12.1976 – Handyside/Großbritannien – Serie A/24 (EuGRZ 1977, 38), v. 26.4.1979 – Sunday Times/Großbritannien – Serie A/30 (EuGRZ 1979, 386) und v. 26.4.1995 – Prager und Oberschlick/Österreich – Nr. 13/1994/460/541, Serie A/ 313. Zur Judikatur des EGMR ausführlich *Hoffmeister*, EuGRZ 2000, 358 ff., *Meyer-Ladewig/ Nettesheim/Raumer*, EMRK, Art. 10 Rn. 4 ff., 13 ff., und *Rengeling/Szczekalla*, Grundrechte, S. 524 f. Neben politischen Äußerungen sind vor allem auch kommerzielle Meinungsäußerungen (zB über bestimmte Geschäftspraktiken oder als Werbemaßnahmen) dem Schutzbereich des Art. 11 Abs. 1 zuzuordnen: Urteile des EGMR v. 29.3.2005 – Ukrainische Mediengruppe/Ukraine – Appl. Nr. 72713/01, hudoc.echr.coe.int, v. 17.10.2002 – Stambuk/Bundesrepublik Deutschland – Appl. Nr. 37928/97 (EuGRZ 2002, 589), v. 20.11.1989 – markt intern Verlag GmbH und Beermann/ Bundesrepublik Deutschland – Nr. 3/1988/147/201, Serie A/165 (EuGRZ 1996, 302), v. 23.9.1994 – Jersild/Dänemark – Nr. 36/119/431/510, Serie A/298 (NStZ 1995, 237), und v. 24.2.1994 – Casado Coca/Spanien – Nr. 8/1993/403/481, Serie A/285-A; auch Urteile des EGMR v. 12.2.2008 – Guja/ Moldawien – Appl. Nr. 14277/04, v. 3.2.2009 – Women on Waves ua/Portugal – Appl. Nr. 31276/05 und v. 20.5.2010 – Cox/Türkei – Appl. Nr. 2933/03, jeweils hudoc.echr.coe.int. Eine Zusammenstellung der relevanten EGMR-Rechtsprechung findet sich bei *Stern/Sachs/von Coelln*, GRC, Art. 11, und *Grabenwarter/Pabel*, EMRK, § 23 Rn. 4 ff.; ferner *Calliess*, in: Calliess/Ruffert, EUV/AEUV, 5. Aufl., Art. 11 GRCh Rn. 6. Mangels grundrechtsrelevanter Sachverhalte hat der EuGH eine entsprechend ausdifferenzierte Grundrechtsdogmatik zur Meinungsäußerungsfreiheit nur in Randbereichen (europäisches Dienstrecht; Einschränkung von Grundfreiheiten, insbesondere Wirtschaftswerbung) entwickelt: vgl. etwa EuGH – Cineteque, 60/84 und 61/84 – Slg 1985, 2605, EuGH – Oyowe und Traore, C-100/88 – Slg 1989, 4285, EuGH – Grogan, C-159/90 – Slg 1991, I-4685, EuGH – Wirtschafts- und Sozialausschuss, C-150/98-P – Slg 1999, I-8877, EuGH – Connolly, C-274/99-P – Slg 2001, I-1611, EuGH – Cwik, C-340/00-P – Slg 2001, I-10269, EuGH – Schmidberger, C-112/00 – Slg 2003, I-5659, EuGH – Karner, C-71/02 – Slg 2004, I-3025, EuGH – Baccardi France, C-429/02 – Slg 2004, I-6613, EuGH – Laserdisken, C-479/04 – Slg 2006, I-8089, EuGH – Deutschland/Parlament und Rat, C-380/03 – Slg 2006, I-11573, und EuGH – Thesing und Bloomberg Finance/EZB, Rs. T-590/10, ECLI:EU:T:2012:635, Urt. v. 29.11.2012. Zur Entwicklung der EuGH-Rechtsprechung in diesem Bereich vgl. *Grabitz/Hilf/Nettesheim/Mayer*, EU, nach Art. 6 EUV Rn. 159 ff., *Calliess*, in: Calliess/Ruffert, EUV/AEUV, 5. Aufl., Art. 11 GRCh Rn. 5 und *Rengeling/ Szczekalla*, Grundrechte, Rn. 703, 708 ff.

12 Urt. v. 7.12.1976 – Kjeldsen ua/Dänemark – Serie A/23 (EuGRZ 1976, 478) und Urt. v. 26.4.1979 – Sunday Times/Großbritannien – Serie A/30 (EuGRZ 1979, 386).

13 Vgl. *Frowein*, in: Frowein/Peukert, EMRK, S. 387 ff. mwN.

14 Vgl. zum Schutz von „Whistleblowern" *Stern/Sachs/von Coelln*, GRC, Art. 11 Rn. 18, unter Hinweis auf das Urteil des EGMR v. 21.7.2011 – Heinisch/Deutschland – Appl. Nr. 28274/08, NJW 2011, 3501.

15 Urt. v. 24.5.1988 – Müller/Schweiz – Nr. 25/1986/123/174, Serie A/133 = EuGRZ 1988, 543; ferner Urt. v. 28.3.1990 – Groppera Radio AG/Schweiz – Nr. 14/1988/158/214, Serie A/173 = EuGRZ 1990, 255.

erkannt, wenn sie der Individualkommunikation dienen. Als **Eingriffe** in das Recht auf freie Meinungsäußerung kommen sowohl **präventiv ausgesprochene Verbote** (Genehmigungsvorbehalt zur Veröffentlichung von Meinungen) als auch **nachträglich wirkende Sanktionen** (Disziplinarstrafe, Nichteinstellung wegen bestimmter Auffassungen) in Betracht.

Ob die **Leugnung** oder Infragestellung feststehender **historischer Tatsachen**, zu denen etwa 13
die Umstände und Auswirkungen des Holocaust gehören, **vom Schutzbereich** des Rechts auf freie Meinungsäußerung **umfasst** ist,[16] ist unklar. Bisweilen hat der EGMR solche Äußerungen im Hinblick auf die Missbrauchsklausel des Art. 17 EMRK aus dem Schutz der Meinungsäußerungsfreiheit herausgenommen[17]; entsprechend könnte im Hinblick auf das Missbrauchsverbot des Art. 54 für den Schutzbereich des Art. 11 Abs. 1 zu verfahren sein[18], auch wenn dadurch – ohne Not – die Grenzen zwischen Schutzbereichs- und Rechtfertigungsebene „verwischt" werden.[19] Grundrechtliche Bedeutung hätte Art. 11 Abs. 1 – bei eröffnetem Anwendungsbereich der GRC – im Zusammenhang mit dem **polnischen „Holocaust-Gesetz"**[20] erlangt, wenn dessen Anfang 2018 eingefügte Art. 55 a und 55 b nicht schon im Juni 2018 wieder gestrichen worden wären.[21] Nach diesen Vorschriften konnte mit Freiheitsstrafe bis zu drei Jahren geahndet werden, wenn jemand außerhalb künstlerischer oder wissenschaftlicher Betätigung – beispielsweise durch die Verwendung bestimmter Begriffe – Polen „gegen die Fakten die Verantwortung oder Mitverantwortung für Verbrechen" zuschrieb, „die durch das Dritte Deutsche Reich begangen wurden". Insoweit wäre es für die Frage eines Schutzes diesen Kontext betreffender Meinungsäußerungen auf die Bewertung hierfür relevanter Sachverhalte als **(historisch) „faktengemäß"** oder **„faktenwidrig"** angekommen.[22]

b) Informationsfreiheit. Das Recht auf freie Meinungsäußerung „schließt", wie sich aus 14
Absatz 1 Satz 2 ergibt („Freiheit ..., Informationen und Ideen ... zu empfangen ..."), auch die **Informationsfreiheit** „ein". Die Informationsfreiheit ist zentrale Voraussetzung für die verantwortliche Bildung einer eigenen Meinung. In dieser Funktion korrespondiert sie nicht nur mit der (individuellen) Meinungsäußerungsfreiheit, sondern auch mit der ein plurales Informationsangebot voraussetzenden Freiheit der Medien. Geschützt ist der **gesamte Prozess des Sich-Informierens**, von der schlichten Entgegennahme einer Information bis zu ihrer Aufbereitung und Speicherung einschließlich der Beschaffung und Nutzung von Anlagen, die den Empfang von an die Allgemeinheit gerichteten Informationen erst ermögli-

16 Mit der Folge, dass dagegen gerichtete staatliche Maßnahmen auf der Rechtfertigungsebene zu bewerten sind.

17 Vgl. zu der insoweit ambivalenten Rechtsprechung des EGMR *Grabenwarter/Pabel*, EMRK, § 23 Rn. 5; *Pechstein/Nowak/Häde/Thiele*, Frankfurter Kommentar, Art. 11 GRC Rn. 11.

18 So *Stern/Sachs/von Coelln*, GRC, Art. 11 Rn. 13.

19 Für den Bereich der EMRK *Grabenwarter/Pabel*, EMRK, § 23 Rn. 5.

20 Gesetz über das Institut des Nationalen Gedenkens – Kommission für die Verfolgung von Verbrechen gegen das Polnische Volk.

21 Teilweise wird die Gefahr einer Zensur aber als durch diese Streichungen nicht beseitigt angesehen.

22 Vgl. neuerdings – für die Bewertung nach deutschem Verfassungsrecht – den Beschluss des BVerfG vom 22.6.2018 – 1 BvR 2083/15, NJW 2018, 2861: Danach unterfallen Verharmlosungen der nationalsozialistischen Gewalt- und Willkürherrschaft (unterhalb der Schwelle der Leugnung und Billigung) dem Schutzbereich der Meinungsfreiheit und können strafrechtlich nur sanktioniert werden, wenn sie geeignet sind, den öffentlichen Frieden zu gefährden.

chen.[23] Auch wenn sie in der Vorschrift nicht ausdrücklich verankert worden ist,[24] wird die **„aktive" Informationsfreiheit** von Art. 11 Abs. 1 **mit erfasst.**[25] Wie Art. 10 Abs. 1 EMRK sichert Art. 11 Abs. 1 dem Empfänger dabei nicht irgendeine, sondern eine **angemessene** Information zu.[26]

2. Eingriffsrechtfertigung

15 Wie sich aus den Erläuterungen des Präsidiums zu Art. 11 Abs. 1 und Art. 52 Abs. 3 ergibt, sollen die **Schrankenregelungen des Art. 10 Abs. 2 EMRK** auf Art. 11 Abs. 1 übertragen werden. Mit den Schrankenregelungen des Art. 10 Abs. 2 EMRK[27] (und des Art. 16 EMRK) gelten für das Grundrecht iSv **Art. 52 Abs. 3 S. 1** spezielle, auf das Sachgebiet abgestimmte Rechtfertigungsanforderungen mit der Folge, dass der Rückgriff auf die allgemeine Grundrechtsschranke des **Art. 52 Abs. 1** versperrt ist.[28] Art. 10 Abs. 2 EMRK ist dabei nicht nur auf **Eingriffsmaßnahmen der Mitgliedstaaten** bei der Beschränkung von Grundfreiheiten als Schranke und Schranken-Schranke[29] übertragbar, sondern auch auf **Eingriffsmaßnahmen der Union.** Weil bei der Rechtfertigungsprüfung nur solche Eingriffsziele Bedeutung erlangen können, die unionsrechtlich legitim sind, dh im Unionsrecht wurzeln oder zumindest angelegt sind, ist Art. 11 Abs. 1 entsprechend auszulegen **(teleologi-**

---

23 Vgl. hierzu die Urteile des EGMR v. 22.5.1990 – Autronic AG/Schweiz – Nr. 15/1989/175/231, Serie A/178 (EuGRZ 1990, 261) und v. 29.10.1992 – Open Door and Dublin Well Woman/Irland – Nr. 64/1991/316/387388, Serie A/246-A (EuGRZ 1992, 484).

24 Eine entsprechende Forderung hatten Barros Moura (P), Rodotà (IT) und Manzella (IT) erhoben (*Bernsdorff/Borowsky*, Protokolle, S. 188 ff., 287 ff., 362 ff.).

25 Wie hier *Pechstein/Nowak/Häde/Thiele*, Frankfurter Kommentar, Art. 11 GRC Rn. 13, *Streinz*, in: Streinz, EUV/AEUV, GR-Charta, Art. 11 Rn. 12, und *Jarass*, EU-Grundrechte, § 16 Rn. 12, sowie *ders.*, GR-Charta, 3. Aufl., Art. 11 Rn. 15; vgl. im Übrigen *Frowein*, in: Frowein/Peukert, EMRK, S. 390; ebenso *Guradze*, EMRK, Art. 10 Rn. 5; *Marauhn*, in: Ehlers, Grundrechte, 4. Aufl., § 4 Rn. 12.

26 Urt. v. 26.4.1979 – Sunday Times/Großbritannien – Serie A/30 (EuGRZ 1979, 386) und v. 26.11.1991 – Observer and Guardian/Großbritannien – Nr. 51/1990/242/313, Serie A/216 (EuGRZ 1995, 16). Das Bestehen einer dem Informationsrecht des Einzelnen korrespondierenden (positiven) Informationspflicht staatlicher Behörden hat der EGMR allerdings bisher verneint: Urt. v. 19.2.1998 – Guerra ua/Italien – Nr. 116/1996/735/932, Report of Judgements and Decisions 1998 – I, 210. Es ist lediglich ein gleicher und unproblematischer Zugang zu den allgemein eröffneten Informationsquellen zu gewährleisten: *Stern/Sachs/von Coelln*, GRC, Art. 11 Rn. 22 (auch zur neueren Rechtsprechung des EGMR), *Calliess*, in: Calliess/Ruffert, EUV/AEUV, 5. Aufl., Art. 11 GRCh Rn. 9, und *Knecht*, in: Schwarze, EU-Kommentar, Art. 11 Rn. 7; differenzierend *Pechstein/Nowak/Häde/Thiele*, Frankfurter Kommentar, Art. 11 GRC, Rn. 14. Besondere Informationspflichten (zB bei Umweltinformationen) können sich aus Art. 7 ergeben.

27 Vgl. *Frowein*, in: Frowein/Peukert, EMRK, S. 397: bei weitem längster Beschränkungskatalog für ein Konventionsrecht. Ein ausdrückliches Zensurverbot enthält Art. 10 EMRK indessen nicht. Eine Zusammenstellung der neueren Rspr. des EGMR zu den Schrankenregelungen des Art. 10 Abs. 2 EMRK findet sich bei *Marauhn*, in: Ehlers, Grundrechte, 4. Aufl., § 4 Rn. 24 ff., 30 ff. und 34 ff., *Stern/Sachs/von Coelln*, GRC, Art. 11 Rn. 48 ff., *Jarass*, GR-Charta, 3. Aufl., Art. 11 Rn. 39 ff., und *Grabenwarter/Pabel*, EMRK, § 23 Rn. 13 ff. Zur Stufung zulässiger Kritik bei Politikern im Hinblick auf die Notwendigkeit demokratischen Diskurses vgl. *Pechstein/Nowak/Häde/Thiele*, Frankfurter Kommentar, Art. 11 GRC Rn. 32 f., *Stern/Sachs/von Coelln*, GRC, Art. 11 Rn. 6, 11 ff., 25, 39, 54. Siehe zur Bedeutung des Grundrechts für eine pluralistische Demokratie auch *Pechstein/Nowak/Häde/Thiele*, Frankfurter Kommentar, Art. 11 GRC Rn. 7. Zur Anwendung der Missbrauchsklausel des Art. 54 für den Schutz vor rassistischen Äußerungen vgl. *Jarass*, EU-Grundrechte, § 16 Rn. 8.; *ders.*, GR-Charta, 3. Aufl., Art. 11 Rn. 11; ferner *Pechstein/Nowak/Häde/Thiele,* Frankfurter Kommentar, Art. 11 GRC, Rn. 11, und *Stern/Sachs/von Coelln*, GRC, Art. 11 Rn. 13.

28 Ebenso *Stern/Sachs/von Coelln*, GRC, Art. 11 Rn. 48; *Calliess*, in: Calliess/Ruffert, EUV/AEUV, 5. Aufl., Art. 11 GRCh Rn. 30; a.A. *Jarass*, GR-Charta, 3. Aufl., Art. 11 Rn. 26: zusätzlich.

29 *Stern/Sachs/von Coelln*, GRC, Art. 11 Rn. 10 m.w.N.

sche Auslegung).[30] Die Möglichkeit der Mitgliedstaaten, nach **Art. 10 Abs. 1 S. 3 EMRK** für Hörfunk-, Fernseh- oder Kinounternehmen eine Genehmigung vorzuschreiben, kann, worauf das Präsidium des Grundrechtekonvents in seinen Erläuterungen zu Art. 11 Abs. 1 hingewiesen hat, durch das **Wettbewerbsrecht der Gemeinschaft (Union)** (zusätzlich) beschränkt sein.

3. Medienfreiheit (Absatz 2)

a) Verselbstständigung. Anders als in Art. 10 EMRK, der die **Freiheit der Medien** als implizit (mit)garantierte Ausdrucksform der Freiheit der Meinungsäußerung betrachtet, ist die Medienfreiheit in Art. 11 Abs. 2 **„verselbstständigt"** und einer **besonderen Regelung zugeführt** worden. Dass der Grundrechtekonvent mit dieser Konzeption eines Mediengrundrechts einen Prozess der **Emanzipierung von der Meinungsäußerungsfreiheit** einleiten wollte, wird auch darin deutlich, dass das Präsidium in seinen Erläuterungen zu Art. 11 Abs. 2 nicht auf die Rechtsprechung des EGMR verwiesen, sondern diejenige des **EuGH** in Bezug genommen hat. Zwar ist der EGMR in seiner neueren Rechtsprechung[31] von der bisher vertretenen[32] **„Einheitslösung"** interpretatorisch abgerückt. Eine systematische Durchdringung und Neumodellierung des kommunikationsrechtlichen Grundrechtsgefüges kann jedoch nicht beobachtet werden.[33] 16

b) Grundrechtsverständnis. Mit seinem Hinweis auf die **Rechtsprechung des EuGH** erweckt das Präsidium des Grundrechtekonvents allerdings den Eindruck, als solle Absatz 2 seine Wirkungen (nur) in dem Rahmen entfalten, der durch die Struktur und die Ziele der Gemeinschaft (Union) vorgegeben ist. So hat der EuGH stets ein Schutzniveau zu erarbeiten versucht, das an den Prinzipien des freien Warenverkehrs (Art. 28 ff. AEUV, zuvor Art. 23 ff. EGV-Nizza), des freien Dienstleistungsverkehrs (Art. 56 ff. AEUV, zuvor Art. 49 ff. EGV-Nizza) und der Niederlassungsfreiheit (Art. 49 ff. AEUV, zuvor Art. 43 ff. EGV-Nizza) orientiert war.[34] Dieser Eindruck wird durch die Bezugnahme auf die **Richtlinie 89/552/EG**, die die spezifische gemeinschaftsrechtliche Ausprägung der Rundfunkfreiheit widerspiegelt, verstärkt. Weil Art. 11 Abs. 2 ausdrücklich auf diese Richtlinie gestützt ist, übernimmt er auch deren Konzept, die Ausübung von Fernsehtätigkeit (durch Harmonisierung) deshalb zu erleichtern, weil Hindernisse für den „freien Dienstleistungsverkehr 17

30 Bei Eingriffen durch Organe, Einrichtungen oder sonstige Stellen der Union kann weder der „nationalen Sicherheit" noch der „territorialen Unversehrtheit" (eines Landes) rechtfertigender Charakter zukommen. Wie hier *Stern/Sachs/von Coelln*, GRC, Art. 11 Rn. 51, und *Calliess*, in: Calliess/Ruffert, EUV/AEUV, 5. Aufl., Art. 11 GRCh Rn. 31. Ergänzend hierzu *Streinz*, in: Streinz, EUV/AEUV, GR-Charta, Art. 11 Rn. 14. Eine detaillierte Auswertung der Rechtsprechung des EGMR findet sich bei *Pechstein/Nowak/Häde/Thiele*, Frankfurter Kommentar, Art. 11 GRC Rn. 26 ff.

31 Vgl. etwa das Urt. v. 20.5.1999 – Bladet Tromsö ua/Norwegen – Appl. Nr. 21980/93, Report of Judgements and Decisions 1999 – III, 289 = EuGRZ 1999, 453 (Presse als „public watchdog"). Hierzu auch *Marauhn*, in: Ehlers, Grundrechte, 4. Aufl., § 4 Rn. 17 ff.

32 Siehe die Nachweise aus der Rspr. des EGMR bei *Frowein*, in: Frowein/Peukert, EMRK, S. 392 ff.

33 So *Stock*, Kommunikation und Recht 2001, 293 f. Zu den Schwierigkeiten einer Einordnung des Schutzes der „Neuen Medien" in die Grundrechtsdogmatik des EGMR vgl. *Marauhn*, in: Ehlers, Grundrechte, 4. Aufl., § 4 Rn. 22. Zu den Auffassungsunterschieden in dieser Frage siehe *Stern/Sachs/von Coelln*, GRC, Art. 11 Rn. 29; *Jarass*, GR-Charta, 3. Aufl., Art. 11 Rn. 3.

34 Vgl. EuGH – Stichting Collectieve Antennevoorziening Gouda ua, C – 288/89 – Slg 1991, I – 4007, EuGH – ERT, C-260/89 – Slg 1991, I-2925, EuGH – RTL Television, C-245/01 – Slg 2003, I-12489, und EuGH – United Pan-Europe Communications Belgium ua, C-250/06 – Slg 2007, I-11135; *Stock*, ZUM 2000, 534 f., *ders.*, Kommunikation und Recht 2001, 294, und *ders.*, FS für Schatz, S. 166, 170: kommerzialisiertes Menschenrecht; in dieser Tradition bereits EuGH – VBVB und VBBB, 43 und 63/82 – Slg 1984, 19. Mit Fragen des Medienrechts befasste sich der EuGH erstmals im Jahre 1974: EuGH – Sacchi, 155/73 – Slg 1974, 409.

zwischen den Mitgliedstaaten" beseitigt werden sollen.[35] Eine **Auslegung der Medienfreiheit** in diesem **„wirtschaftsliberalen" Sinn** ist jedoch **nicht zwingend.** Neben Aspekten einer **(marktorientierten) Unternehmerfreiheit** enthält Art. 11 Abs. 2 als Variante auch ein (echtes) **Kommunikationsgrundrecht,**[36] wie sich aus dem (weiteren) Hinweis auf das dem Amsterdamer Vertrag beigefügte Protokoll über den öffentlich-rechtlichen Rundfunk in den Mitgliedstaaten (Nr. 32) – nunmehr als Protokoll (Nr. 29) dem EUV und dem AEUV angehängt – entnehmen lässt. Ein solches Grundrechtsverständnis liegt darüber hinaus der Entschließung des Rates und der im Rat vereinigten Vertreter der Regierungen der Mitgliedstaaten vom 25.1.1999 über den öffentlich-rechtlichen Rundfunk[37] und der Mitteilung der Kommission an den Rat, das Europäische Parlament, den Wirtschafts- und Sozialausschuss und den Ausschuss der Regionen vom 14.12.1999 über „Grundsätze und Leitlinien für die audiovisuelle Politik der Gemeinschaft im digitalen Zeitalter"[38] zugrunde. Gerade nach Aufnahme der Grundrechtecharta in das Primärrecht stellt sich im Übrigen verstärkt die Frage, ob sich eine Interpretation der Medienfreiheit als im wesentlichen **tendenzgebundener Freiheit** noch halten lässt. Die **Akzentverschiebung** der **Finalität der Union,** in deren Konsequenz das **Individuum** in den **Mittelpunkt des Unionshandelns** rückt (Erwägung Nr. 2, S. 3 der Präambel), könnte **Auswirkungen** auf **Schutzbereich** und **Schutzrichtung** des Grundrechts haben.

18 c) **Medien.** Der **sachliche Anwendungsbereich** des Absatzes 2 ist mit dem **Begriff „Medien"** umschrieben. Der Grundrechtekonvent hat davon abgesehen, nach publizistischen Verbreitungsformen zu differenzieren, und in die Bestimmung – nach dem Vorbild einiger nationaler Verfassungen[39] – einen **Oberbegriff** eingefügt. Damit ist eine Formulierung gefunden, die nicht nur die drei klassischen Freiheiten (Presse-, Rundfunk- und Filmfreiheit), sondern auch die „Neuen Medien" umfasst und die gesamte an die Allgemeinheit gerichtete Kommunikation unter Schutz stellt. In dieser Fassung ist die Vorschrift außerdem **offen für „mediale Weiterentwicklungen"**. In den Schutz einbezogen sind alle mit der Eigenart der Medienarbeit zusammenhängenden Tätigkeiten von der Informationsbeschaffung bis zur Verbreitung der Nachricht.[40]

19 d) **Pluralität.** Mit der Verpflichtung, die **„Pluralität"** der Medien zu achten, hat der Grundrechtekonvent Art. 11 Abs. 2 auch als **Instrument zur Sicherung der Meinungsvielfalt** ausgestaltet. Das Prinzip der Pluralität ist für die Medien von grundlegender Bedeutung, weil es auch Elemente einer **institutionellen Sicherung** enthält. So hat der EuGH gerade für Art. 10 EMRK anerkannt, dass dieser auch **objektiv-rechtlich** eine durch pluralistische In-

---

35 Erwägungsgründe Nr. 2, 3 und 17 der Richtlinie 89/552/EG. Enger *Feise*, Medienfreiheit und Medienvielfalt, S. 76: „Der einschlägige Erwägungsgrund „17" betont lediglich primär das Interesse und die Kompetenz der EG zur Sicherung der Dienstleistungsfreiheit im Mediensektor. Zugleich erkennt er aber auch die Verantwortlichkeit und Kompetenz der Mitgliedstaaten an, für Pluralismus und die Bewahrung kultureller Identität zu sorgen. Diese doppelte Zielrichtung ist demnach auch für die Interpretation des Art. 11 Abs. 2 Grundrechtecharta beachtlich.".

36 *Stock*, Kommunikation und Recht 2001, 301, *ders.*, FS für Schatz, S. 178, und *ders.*, EU-Medienfreiheit, S. 83 f.: Die Vorschrift bleibt damit offen für eine dem Public-Service-Gedanken verpflichtete Medienordnung. Ähnlich *Stern/Sachs/von Coelln*, GRC, Art. 11 Rn. 6 ff., 25 ff.: Doppelfunktion.

37 ABl. 1999 Nr. C 30 S. 1.

38 KOM (1999) 675 endg.

39 Vgl. etwa Art. 39 VerfPortugal, Art. 20 Abs. 1 lit. d, Abs. 3 VerfSpanien.

40 Für eine Einbeziehung auch des Quellenschutzes: *Pechstein/Nowak/Häde/Thiele*, Frankfurter Kommentar, Art. 11 GRC Rn. 16 m.w.N. aus der Rechtsprechung des EGMR; *Stern/Sachs/von Coelln*, GRC, Art. 11 Rn. 36.

formationsvielfalt konstituierte Öffentlichkeit gewährleistet.[41] In der Verpflichtung auf die Achtung der Pluralität findet sich schließlich die **Rechtfertigung für eine „duale" Ordnung,** in der beide Interpretationsmöglichkeiten des Mediengrundrechts – als (marktorientierte) Unternehmerfreiheit und als (echtes) Kommunikationsgrundrecht – „nebeneinander gestellt" bzw. „miteinander kombiniert" werden können.[42]

e) **Achtungsgebot, praktische Bedeutung.** Wie die in Art. 7, 13 S. 2 und 14 Abs. 3 geregelten Freiheiten ist auch die Freiheit der Medien (nur) zu **„achten"**. Dass der Grundrechtekonvent in der Schlussphase der Beratungen den Ausdruck „gewährleistet" (guaranteed/garantis) durch den Ausdruck „geachtet" (respected/respectés) ersetzt hat, liegt in den **eingeschränkten Zuständigkeiten der Union** begründet. Auf dem Gebiet der audiovisuellen Medien kommen der Union eigene Eingriffs- oder Schutzkompetenzen nicht zu. Sie ist nach Art. 167 Abs. 2 AEUV (zuvor Art. 151 Abs. 2 EGV-Nizza) lediglich dazu berechtigt, die Zusammenarbeit der Mitgliedstaaten auf diesem Sektor zu fördern.[43] Sind die Medienordnungen der Mitgliedstaaten danach von der Union zu respektieren, so verbleibt auch die **Sicherung der Pluralität** als Aufgabe **im nationalen Bereich.**[44] Eine medienspezifische Konzentrationskontrolle auf Unionsebene wird (derzeit) nicht stattfinden. Die **Grundrechtsbindung** der **Mitgliedstaaten** erstreckt sich nicht nur auf die Abwehr von Eingriffen, sondern verpflichtet auch zu (positivem) Schutz vor Verflechtungs- und Konzentrationsprozessen. Ihm müssen besondere Gewährleistungsanstrengungen gelten. 20

Dass der **Union** vor diesem Hintergrund **(effektive) eigene Schutzmöglichkeiten** der primärrechtlich gewährleisteten Medienfreiheit in den Mitgliedstaaten **nicht** zur Verfügung stehen, sondern die Mitgliedstaaten hierfür selbst Verantwortung tragen, hat auch das **ungarische Verfassungsgericht** erkannt, als es im Dezember 2011 Teile der erst im Januar 2011 in 21

41 Am Beispiel der Rundfunkfreiheit: EuGH – Stichting Collectieve Antennevoorziening Gouda ua, C-288/89 – Slg 1991, I-4007; ferner EuGH – Veronica Omroep Organisatie, C-148/91 – Slg 1993, I-487; letztlich auch EuGH – Niederlande/Kommission, C-353/89 – Slg 1991, I-4069; ferner EuGH – Sky/Österreich, Rs. C-283/11, ECLI:EU:C:2013:28, Urt. v. 22.1.2013. Vgl. zu Einzelheiten *Stern/Sachs/von Coelln*, GRC, Art. 11 Rn. 40; auch *Calliess*, in: Calliess/Ruffert, EUV/AEUV, 5. Aufl., Art. 11 GRCh Rn. 17. Keine Rechtsprechung liegt bislang vor zu Grundfragen der Medienordnung, etwa den Garantien von öffentlich-rechtlichem Rundfunk und Fernsehen, zur Medienveranstaltungsfreiheit privater Anbieter, zu individualrechtlichen Ansprüchen auf Rundfunkveranstaltungen und zur Unabhängigkeit der Medien von staatlicher Beeinflussung; siehe aber die Rechtsprechungsnachweise bei *Pechstein/Nowak/Häde/Thiele*, Frankfurter Kommentar, Art. 11 GRC Rn. 17 Fn. 62. Zu den Plänen der Kommission, ein medienübergreifendes Recht auf Pluralismussicherung zu schaffen, vgl. *Engel*, ZUM 2000, 978 f. Aus der Rspr. des EGMR: Urt. v. 24.11.1993 – Informationsverein Lentia ua/Österreich – Nr. 36/1992/381/455–459, Serie A/276 (EuGRZ 1994, 549), Urt. v. 20.10.1997 – Radio ABC/Österreich – Nr. 109/1996/708/925, Report of Judgements and Decisions 1997 – VI, 2188, Urt. v. 25.4.2006 – Dammann/Schweiz – Appl. Nr. 77551/01, und Urt. v. 9.11.2006 – Krone Verlags GmbH & Co. KG/Österreich – Appl. Nr. 72331/01, jeweils hudoc.echr.coe.int.

42 So *Stock*, Kommunikation und Recht 2001, 290; *ders.*, FS für Schatz, S. 166. Wie hier *Stern/Sachs/von Coelln*, GRC, Art. 11 Rn. 40.

43 Allerdings auch nur mittelbar, weil Förderungsobjekt nicht das Medium selbst, sondern das literarische und künstlerische Schaffen ist. Im Hinblick auf das vorrangig kulturrechtliche (und nicht wirtschaftsrechtliche) Verständnis der Medienfreiheit werden für Deutschland „deutliche Kollisionslinien zwischen nationalem und europäischem Grundrechtsstandard" gesehen, die vorrangig über die geboten restriktive Auslegung der Unionszuständigkeiten zu lösen seien (vgl. *Scholz*, in: Merten/Papier, HdB der Grundrechte, § 170 Rn. 80).

44 Beklagt von *Stock*, Kommunikation und Recht 2001, 289, 301 f., der die europäische Dimension des Grundrechts vermisst; *ders.*, FS für Schatz, S. 168: europarechtliches non-liquet. Zu den im Schrifttum enthaltenen Missverständnissen über den Schutzumfang des Art. 11 Abs. 2 (Achtungsgebot) siehe *Calliess*, in: Calliess/Ruffert, EUV/AEUV, 5. Aufl., Art. 11 GRCh Rn. 27.

Kraft getretenen **ungarischen Mediengesetze** (Gesetz Nr. CIV von 2010 über die Freiheit der Presse und die Grundregeln über Medieninhalte und Gesetz Nr. CLXXXV von 2010 über die Mediendienste und die Massenkommunikation)[45] für verfassungswidrig erklärt hat. Das Gericht hat es als mit der ungarischen Verfassung nicht vereinbar angesehen, dass Journalisten ihre Quellen offenlegen und in bestimmten Fällen Informationen an eine **zentrale Medienbehörde (NMHH)** weiterleiten mussten sowie Print- und Onlinemedien (hier: On-Demand-Dienste) – bei Vermeidung hoher Geldbußen – vorgeschrieben wurde, „ausgewogen" zu berichten. Auch nach einer hierdurch veranlassten Gesetzesänderung[46] eröffnen die Mediengesetze der – zum Zwecke der **Medienaufsicht** eingerichteten – NMHH aber weite Beurteilungsspielräume bei der Kontrolle von Medieninhalten, wird diese durch den ihr beigeordneten – von der Regierung besetzten – Medienbeirat dominiert, sind Entscheidungen der NMHH gegen öffentlich-rechtliche und private Medien gerichtlich nur eingeschränkt überprüfbar usw. Europäische Kommission und Europäisches Parlament beobachten die Anwendung der ungarischen Mediengesetze „mit fortgesetzter Aufmerksamkeit". Unter Hinweis auf Art. 11 und die Richtlinie über audiovisuelle Mediendienste von 2007[47] halten sie an ihren Bedenken hinsichtlich der Abschaffung der politischen und finanziellen Unabhängigkeit der öffentlich-rechtlichen Medien, des Grundsatzes der Vertraulichkeit journalistischer Quellen und der Einrichtung eines politisch unausgewogenen Regulierungssystems mit unverhältnismäßigen Befugnissen fest.[48] Zu kritischer Beobachtung gibt auch das Inkrafttreten der **neuen ungarischen Verfassung („Grundgesetz")** am 1.1.2012[49] Veranlassung, die einerseits (in Art. IX Abs. 2) eine ausdrückliche Gewährleistung der Pressefreiheit enthält, andererseits aber durch eine Schwächung der Kompetenzen des ungarischen Verfassungsgerichts bei der Überprüfung diese ausgestaltender „Schwerpunktgesetze" (Aufnahme „einfachen Rechts" in die Verfassung) zu ineffektiver Grundrechtskontrolle beiträgt.

4. Eingriffsrechtfertigung

22 In der Art. 11 Abs. 2 beigefügten Begründung hat das Präsidium des Grundrechtekonvents festgestellt, dass Absatz 2 die Auswirkungen des Absatzes 1 hinsichtlich der Freiheit der Medien „erläutere". Diese Formulierung findet sich auch in der aktualisierten Fassung der Begründung. In der Begründung zu Art. 52 Abs. 3 ist darüber hinaus dargelegt worden, dass Art. 11 (insgesamt) Art. 10 EMRK entspreche. Gleichwohl kommt die **Schrankenregelung des Art. 10 Abs. 2 EMRK** nicht zur Anwendung.[50] Wegen der „Verselbstständigung" des Mediengrundrechts und des von demjenigen der EMRK abweichenden Grundrechts-

45 Zu deren kritischer Betrachtung (vornehmlich) aus medienpolitischer Sicht vgl. *Nagy/Polyák*, OstEur 2011, 262; ferner *Szomora*, ZIS 2011, 29.

46 Gesetz 2012/LXVI über die Änderung einzelner Gesetze im Zusammenhang mit Mediendienstleistungen und Presseerzeugnissen vom 18.6.2012, Magyar Közlöny 2012, Nr. 73.

47 Richtlinie 2007/65/EG des Europäischen Parlaments und des Rates vom 11.12.2007 zur Änderung der Richtlinie 89/552/EWG des Rates zur Koordinierung bestimmter Rechts- und Verwaltungsvorschriften der Mitgliedstaaten über die Ausübung der Fernsehtätigkeit, ABl. 2007 Nr. L 332 S. 27.

48 Vgl. hierzu die Ausarbeitung der *Wissenschaftlichen Dienste des Dtsch.Bundestags* PE 6–3000–46/13/2016.

49 Hierzu im Einzelnen *Kovács*, OstEur 2011, 253, und *Jakab/Sonnevend*, ZaöRV 72 (2012), 79. Zu den eingeschränkten Handlungsmöglichkeiten der Union und der Rolle der Europäischen Kommission in diesem Zusammenhang vgl. auch *Steenfadt*, OstEur 2011, Beilage zu Heft 1, 63.

50 Dieses Problem wird von *Schmitz* angesprochen (JZ 2001, 842). *Rengeling/Szczekalla*, Grundrechte, Rn. 702, wollen dagegen Art. 52 Abs. 3 S. 1 zur Anwendung bringen; ebenso *Pechstein/Nowak/Häde/Thiele*, Frankfurter Kommentar, Art. 11 GRC Rn. 22, *Jarass*, GR-Charta, 3. Aufl., Art. 11 Rn. 27, und *Feise*, Medienfreiheit und Medienvielfalt, S. 156 ff. Die entgegenstehende Meinung be-

verständnisses kann **Art. 52 Abs. 3 S. 1** als spezielle Grundrechtsschranke **nicht herangezogen** werden. Der Maßstab für einschränkende Regelungen ergibt sich **auch nicht aus Art. 52 Abs. 2,** weil das Grundrecht nicht, wie es diese Vorschrift verlangt, in „den Verträgen“ (EUV oder AEUV) begründet ist, mag es auch sonst im (sekundären) Unionsrecht „angelegt“ sein. Damit bestimmen sich die Voraussetzungen und Grenzen eines Grundrechtseingriffs nach der **allgemeinen Schrankenregelung des Art. 52 Abs. 1.** Bei der Rechtfertigungsprüfung nach dieser Vorschrift sind die Wertungen, die in der Richtlinie 89/552/EG und dem erwähnten Protokoll über den öffentlich-rechtlichen Rundfunk in den Mitgliedstaaten zum Ausdruck kommen, besonders zu berücksichtigen. Zu beachten ist auch, dass der EuGH über die vom EGMR entwickelten Abwägungsgrundsätze hinaus spezielle Anforderungen an die Verhältnismäßigkeit des Grundrechtseingriffs gestellt hat.[51]

5. Berechtigte

Aus Absatz 2 **berechtigt** sind **juristische** (Medienunternehmen) und **natürliche Personen** (Einzelunternehmer).[52] Weil alle mit der Eigenart der Medienarbeit zusammenhängenden Tätigkeiten geschützt sind, gelangen prinzipiell **auch einzelne Mitarbeiter** in den Genuss des Grundrechts. **Öffentlich-rechtliche Rundfunkanstalten** können sich auf Art. 11 Abs. 2 nur dann berufen, wenn sie (ausnahmsweise) als vom Staat unabhängige Grundrechtsträger anzusehen sind.[53] 23

Art. 11 Abs. 2 (auch Art. 11 Abs. 1) wird von **deutschen Gerichten** – neben Art. 5 Abs. 1 S. 2 GG – **als Prüfungsmaßstab angewandt.**[54] Demgegenüber geht der **EuGH** in seinen neueren Entscheidungen auf Art. 11 **(noch) nicht** ein.[55] 24

rücksichtigt die Mehrheit im Konventsplenum nicht, die das Grundrecht ausdrücklich nicht (mehr) als Bestandteil der Meinungsfreiheit schützen wollte. Wie hier *Stern/Sachs/von Coelln*, GRC, Art. 11 Rn. 57, *Calliess*, in: Calliess/Ruffert, EUV/AEUV, 5. Aufl., Art. 11 GRCh Rn. 32 f., *Pünder*, in: Ehlers, Grundrechte, 4. Aufl., § 17 Rn. 24, und *Knecht*, in: Schwarze, EU-Kommentar, Art. 11 GRC Rn. 11: Die Offenheit für neue und zukünftige Medien verträgt sich nicht mit dem Rückgriff auf ein althergebrachtes Schrankensystem. Offen gelassen von *Jarass*, EU-Grundrechte, § 16 Rn. 40; allerdings mehr oder weniger im Widerspruch hierzu stehend *ders.*, GR-Charta, 3. Aufl., Art. 11 Rn. 27. Folgt man der hier vertretenen Auffassung, besteht der von *Scholz* (in: Merten/Papier, HdB der Grundrechte, § 170 Rn. 80) befürchtete „Kollisionskurs“ jedenfalls für die Einschränkungsmöglichkeiten nicht.

51 Vgl. *Pünder*, in: Ehlers, Grundrechte, 4. Aufl., § 17 Rn. 25 ff.; im Verhältnis zur Dienstleistungsfreiheit: EuGH – Stichting Collectieve Antennevoorziening Gouda ua, C-288/89 – Slg 1991, I-4007, EuGH – Niederlande/Kommission, C-353/89 – Slg 1991, I-4069, und EuGH – Veronica Omroep Organisatie, C-148/91 – Slg 1993, I-487; im Verhältnis zur Warenverkehrsfreiheit: EuGH – Familiapress, C-368/95 – Slg 1997, I-3689; zuvor bereits EuGH – Ter Voort, C-219/91 – Slg 1992, I-5485.

52 Auch sog. Laien-Journalisten (Aktive in der „Blogosphäre“ oder in sozialen Netzwerken): *Stern/Sachs/von Coelln*, GRC, Art. 11 Rn. 38.

53 Diese Konzeption der Grundrechtsträgerschaft beruht auf der Rspr. des EGMR, nachgewiesen bei *Frowein*, in: Frowein/Peukert, EMRK, S. 394 ff. Wie hier *Jarass*, EU-Grundrechte, § 16 Rn. 35, und *ders.*, GR-Charta, 3. Aufl., Art. 11 Rn. 19; *Pechstein/Nowak/Häde/Thiele*, Frankfurter Kommentar, Art. 11 GRC Rn. 8; ferner Stern/Sachs/von Coelln, GRC, Art. 11 Rn. 38.

54 Vgl. BGHZ 187, 240 = NJW 2011, 2436: Elektronische Verweise (Links) auf fremde Internetseiten sind Teil der – von Art. 11 Abs. 2 geschützten – redaktionellen Berichterstattung bzw. Meinungsäußerung und nicht lediglich technische Unterstützungsleistungen ohne Äquivalent im Offline-Bereich.

55 Etwa EuGH – Kabel Deutschland/Niedersächsische Landesmedienanstalt, C-336/07 – Slg 2008, I-10889, oder EuGH – Damgaard/Dänemark, C-421/07 – Slg 2009, I-2629; richtungweisend demgegenüber schon GA *Jacobs* in seinen Schlussanträgen zur Rs. Schmidberger, C-112/00, Slg 2003, I-5659.

IV. Literaturübersicht

Andrews, John/Sherlock, Ann, Freedom of expression: how far should it go? Case of Jersild v. Denmark, Case of Otto-Preminger-Institut v. Austria, (1995) 20 E.L.Rev. 329; *Astheimer, Sabine,* Art. 10 der Europäischen Menschenrechtskonvention, EWS 1991, 275; *dies.*, Rundfunkfreiheit, ein europäisches Grundrecht: Eine Untersuchung zu Art. 10 EMRK, Baden-Baden 1990; *Bär, Wolfgang,* Freiheit und Pluralität der Medien nach der Charta der Grundrechte der Europäischen Union, Köln 2005; *Bock, Yves,* Ein Sieg für die Transparenz? – Die neue Verordnung über den Zugang der Öffentlichkeit zu Dokumenten der EU, DÖV 2002, 556; *Bueckling, Adrian,* Grenzüberschreitendes Direktfernsehen durch Satelliten – rechtlich gesehen, NJW 1981, 1113; *Bull, Hans-Peter,* Netzpolitik: Freiheit und Rechtsschutz im Internet, Baden-Baden 2013; *Burgorgue-Larsen, Lorence/Levade, Anne/Picod, Fabrice,* Traité établissant une Constitution pour l'Europe. Commentaire article par article, Tome 2 – Partie II: La Charte des droits fondamentaux de l'Union, Bruxelles 2005; *Calliess, Christian,* Werbung, Moral und EMRK, AfP 2000, 248; *Cornford, Tom,* The Freedom of Information Act 2000: Genuine or Sham?, (2001) 3 Web JCLI; *Degenhardt, Christoph,* Grenzüberschreitender Informationsfluss und grundgesetzliche Rundfunkordnung, EuGRZ 1983, 205; *Dittrich, Robert/Öhlinger, Theo,* Passive Informationsfreiheit und Medienbeobachtung, ÖJZ 2002, 361; *Dörr, Dieter,* Fundamental Rights (Freedom of Expression and the Rights to Information) in Relation to a New Information Technologies in the Audiovisual Sector, in: EMR (Hrsg.), Fundamental Rights and New Information Technologies in the Audiovisual Sector, EMR-Schriftreihe, Bd.16, München u.a. 1996, S. 32; *ders.*, Die neue Medienordnung, in: Hans-Bredow-Institut (Hrsg.), Internationales Handbuch Medien 2004/2005, Baden-Baden 2004; *ders.*, Der öffentlich-rechtliche Rundfunk im Kontext des neuen EU-Verfassungsvertrages, FS-Kiefer, Wiesbaden 2005, S. 90; *ders.*, Die Rolle des öffentlich-rechtlichen Rundfunks in Europa, Baden-Baden 1997; *ders.*, Medienfreiheit im Binnenmarkt, AfP 2003, 202; *ders./Müller-Graff, Peter-Christian,* Medien in der Europäischen Gemeinschaft, Baden-Baden 2008; *ders.*, Die Garantie der Medienfreiheit und ihre Pluralität, in: FS-Müller-Graff, Baden-Baden 2015, 1402; *Eberle, Carl-Eugen,* Schutz der Medienfreiheit durch ein europäisches Kommunikationsgrundrecht?, in: Schwarze/Hesse, Rundfunk und Fernsehen im digitalen Zeitalter, Freiburg 2000, S. 129; *Eifert, Martin/Gostomzyk, Tobias,* Medienföderalismus, Baden-Baden 2018; *Engel, Christoph,* Privater Rundfunk vor der Europäischen Menschenrechtskonvention, Baden-Baden 1993; *ders.*, Einwirkungen des europäischen Menschenrechtsschutzes auf Meinungsäußerungsfreiheit und Pressefreiheit – insbesondere auf die Einführung von innerer Pressefreiheit, AfP 1994, 1; *ders.*, Die Europäische Grundrechtscharta und die Presse, ZUM 2000, 975; *ders.*, Privater Rundfunk vor der Europäischen Menschenrechtskonvention, Baden-Baden 1993; *Feik, Rudolf,* Zugang zu EU-Dokumenten. Demokratie durch Transparenz, Wien/Graz 2002; *Feise, Carolin,* Medienfreiheit und Medienvielfalt gemäß Art. 11 Abs. 2 der Europäischen Grundrechtecharta – Regelungsgehalt und Auswirkungen der Vorschrift auf den Rundfunk, Baden-Baden 2006; *Frei, Michael,* Fernsehen und audiovisueller Pluralismus im Binnenmarkt der EG, München 1999; *Frenz, Walter/Casimir-van den Broek, Erika,* Religionskritische Meinungsäußerungen und Art. 10 EMRK in der Spruchpraxis des Europäischen Gerichtshofs für Menschenrechte, ZUM 2007, 815; *Giegerich, Thomas,* Schutz der Persönlichkeit und Medienfreiheit nach Art. 8, 10 EMRK im Vergleich mit dem Grundgesetz, RabelsZ 1999, 471; *Gornig, Gilbert-Hanno,* Äußerungsfreiheit und Informationsfreiheit als Menschenrechte, Berlin 1988; *Grabenwarter, Christoph,* TV-Werbung für Printmedien und Art. 10 EMRK, ÖZW 2002, 1; *ders.*, Schutz der Privatsphäre versus Pressefreiheit: Europäische Korrektur eines deutschen Sonderweges?, AfP 2004, 309; *ders.*, Medienfreiheit und Bildnisschutz nach der Menschenrechtskonvention, FS-Ress, München 2005, S. 979; *Herrmann, Günter,* Rundfunkfreiheit und Rundfunkordnung im internationalen und europäischen Recht, EWS 1991, 269; *Hesse, Albrecht,* Der Funktionsauftrag des öffentlich-rechtlichen Rundfunks – neue Aspekte oder alte Diskussion im neuen Gewand, in: Europäisches Institut für Medienrecht, Nizza, die Grundrechte-Charta und ihre Bedeutung für die Medien in Europa, Baden-Baden 2001; *Hoffmann-Remy, Ulrich,* Die Möglichkeit der Grundrechtseinschränkung nach den Art. 8–11 Abs. 2 der Europäischen Menschenrechtskonvention, Berlin 1976; *Hoffmann-Riem, Wolfgang,* Kohärenz der Anwendung europäischer und nationaler Grundrechte, EuGRZ 2002, 473; *Hoffmeister, Frank,* Art. 10 EMRK in der Rechtsprechung des Europäischen Gerichtshofs für Menschenrechte 1994–1999, EuGRZ 2000, 358; *Holoubek, Michael,* Medienfreiheit in der Europäischen Menschenrechtskonvention, AfP 2003, 193; *Holznagel, Bernd,* Rundfunkrecht in Europa. Auf dem Weg zu einem Gemeinrecht europäischer Rundfunkordnungen, Tübingen 1996; *Hong, Mathias,* Caroline von Hannover und die Folgen – Meinungsfreiheit im Mehrebenensystem zwischen Konflikt und Kohärenz, EuGRZ 2011, 214; *Institut für Europäisches Medienrecht (Hrsg.),* Nizza, die Grundrechte-Charta und ihre Bedeutung für die Medien in Europa, Trier 2001; *Klein, Eckart,* Einwirkungen des europäischen Menschenrechtsschutzes auf Meinungsäußerungs- und Pressefreiheit, AfP 1994, 9; *Kloepfer, Michael/Neun, Andreas,* Rechtsfragen der europäischen Informationsgesellschaft, EuR

2000, 512; *Klotz, Robert,* Auf dem Weg zu einem europäischen Multimediarecht, ZUM 1999, 443; *Knodel, Anne Christine*, Medien und Europa, Baden-Baden 2018; *Kugelmann, Dieter,* Der Schutz privater Individualkommunikation nach der EMRK, EuGRZ 2003, 16; *Kühling, Jürgen*, Die Kommunikationsfreiheit als europäisches Gemeinschaftsgrundrecht, Berlin 1999; *ders.*, Grundrechtskontrolle durch den EuGH: Kommunikationsfreiheit und Pluralismussicherung im Gemeinschaftsrecht. Zugleich eine Besprechung des Familiapress-Urteils des EuGH, EuGRZ 1997, 296; *Luch, Anika Dorthe*, Das Medienpersönlichkeitsrecht – Schranke der „vierten Gewalt“, Frankfurt am Main u.a. 2008; *Mock, William/Demuro, Gianmario,* Commentary on the Charter of Fundamental Rights of the European Union, Durham 2010; *Möwes, Bernd/Schmitt-Vockenhausen, Monika*, Europäische Medienordnung im Lichte des Fernsehübereinkommens des Europarats und der EG-Fernsehrichtlinie 1989, EuGRZ 1990, 121; *Nowak, Carsten,* Informations- und Dokumentenzugangsfreiheit in der EU – Neuere Entwicklungen und Perspektiven, DVBl 2004, 272; *Oppermann, Thomas,* in: Stern, Klaus u.a. (Hrsg.), Nationaler Rundfunk und Europäisches Gemeinschaftsrecht zwischen Kommunikationsfreiheit und Regulierung, Berlin 2003, S. 39; *Oppitz, Florian,* Theorien der Meinungsfreiheit, Baden-Baden 2018; *Peukert, Wolfgang,* Die Kommunikationsrechte im Lichte der Rechtsprechung der Organe der EMRK, in: Däubler-Gmelin (Hrsg.), FS-Mahrenholz, Baden-Baden 1994, S. 277; *Pfanner, Susanne,* Spannungsverhältnis Meinungsfreiheit – Ehrenbeleidigungsdelikte unter besonderer Berücksichtigung der Rechtsprechung des EGMR zur „Political Speech“ im Rahmen von Art. 10 EMRK, Innsbruck 2003; *Probst, Philippe Marc,* Art. 10 EMRK – Bedeutung für den Rundfunk in Europa, Baden-Baden 1996; *Ress, Georg/Bröhmer, Jürgen,* Europäische Gemeinschaft und Medienvielfalt, Saarbrücken 1998; *Schertz, Christian,* Der Schutz des Individuums in der modernen Mediengesellschaft, NJW 2013, 721; *Scheyli, Martin,* Die Abgrenzung zwischen ideellen und kommerziellen Informationsgehalten als Bemessungsgrundlage der „margin of appreciation“ im Rahmen von Art. 10 EMRK. Anmerkung zum Urteil des EGMR vom 5.12.2002 im Fall Demuth vs. Schweiz, EuGRZ 2003, 488, EuGRZ 2003, 455; *Schladebach, Marcus/Simantiras, Nicolaos,* Grundstrukturen des unionalen Rundfunkrechts, EuR 2011, 787; *Schmittmann, Michael,* Blick nach Brüssel, AfP 2003, 313; *ders./Luedtke, Astrid,* Die Medienfreiheit in der Europäischen Grundrechtscharta, AfP 2000, 533; *Schmitz, Thomas*, Die EU-Grundrechtecharta aus grundrechtsdogmatischer und grundrechtstheoretischer Sicht, JZ 2001, 833; *Schmitz, Volker,* Die kommerzielle Kommunikation im Binnenmarkt im Lichte der neueren Rechtsprechung zur Warenverkehrsfreiheit, Baden-Baden 2000; *Schuppert, Gunnar Folke,* Rundfunkaufsicht auf dem Prüfstand, Baden-Baden 2012; *Schwarze, Jürgen,* Die Medien in der europäischen Verfassungsreform, AfP 2003, 209; *ders.*, Medienfreiheit und Medienvielfalt im Europäischen Gemeinschaftsrecht, ZUM 2000, 779; *ders.*, Werbung und Werbeverbote im Lichte des europäischen Gemeinschaftsrechts, Baden-Baden 1999; *Seiler, Frank,* Persönlichkeitsschutz und Meinungsfreiheit in der neueren Rechtsprechung des EGMR, des BVerfG und des BGH, WRP 2005, 545; *Selmer, Peter,* Die Medien- und Informationsfreiheit in der Charta der Grundrechte der Europäischen Union, EuR 2002, 29; *Skouris, Vassilios*, Medienrechtliche Fragen in der Rechtsprechung des EuGH – Grundrechtliche Aspekte des Medienrechts und Charta der Grundrechte der EU, MMR 2011, 423; *Sporn, Stefan*, Das Grundrecht der Meinungs- und Informationsfreiheit in einer Europäischen Grundrechtscharta, ZUM 2000, 537; *ders.*, Vielfalt im digitalen Rundfunk, München u.a. 1999; *Stock, Martin*, Eine Grundrechtscharta für die Europäische Union: Wie sollte die Medienfreiheit darin ausgestaltet werden?, ZUM 2000, 533; *ders.*, EU-Medienfreiheit – Kommunikationsgrundrecht oder Unternehmerfreiheit?, Kommunikation und Recht 2001, 289; *ders.*, EU-Medienfreiheit – ein Grundrecht im Werden, in: Hagen, Lutz (Hrsg.), Europäische Union und mediale Öffentlichkeit, Köln 2004, S. 77; *ders.*, Medienfreiheit in der EU-Grundrechtscharta: Art. 10 EMRK ergänzen oder modernisieren, Frankfurt/Main u.a. 2000; *ders.*, Medienfreiheit in Europa – „dienende“ und/oder „verdienende“ Freiheit?, in: Abromeit, Heidrun/Nieland, Jörg-Uwe/Schierl, Thomas (Hrsg.), Politik, Medien, Technik, Festschrift für Heribert Schatz, Wiesbaden 2001, S. 160; *ders.*, Medienfreiheit in der EU nur „geachtet“ (Art. 11 Grundrechtscharta). Ein Plädoyer für Nachbesserungen im Verfassungskonvent, EuR 2002, 566; *Tsakiridis, Panagiotis,* Das Recht der Meinungsäußerungsfreiheit nach Art. 10 EMRK, Berlin 1988; *Uwer, Dirk*, Medienkonzentration und Pluralismussicherung im Lichte des Europäischen Menschenrechts der Pressefreiheit, Baden-Baden 1998; *Vickers, Lucy*, Freedom of Speech and Employment, Oxford 2002; *Wieruszewski, Kola*, Freedom of expression and its limits, ZEuS 2015, 69; *Williams, Kevin*, Re-Regulating Free Speech: Privilege, Public Interest and Privacy, (1999) 1 Web JCLI.

Artikel 12 Versammlungs- und Vereinigungsfreiheit

(1) Jede Person hat das Recht, sich insbesondere im politischen, gewerkschaftlichen und zivilgesellschaftlichen Bereich auf allen Ebenen frei und friedlich mit anderen zu versammeln und frei mit anderen zusammenzuschließen, was das Recht jeder Person umfasst, zum Schutz ihrer Interessen Gewerkschaften zu gründen und Gewerkschaften beizutreten.

(2) Politische Parteien auf der Ebene der Union tragen dazu bei, den politischen Willen der Unionsbürgerinnen und Unionsbürger zum Ausdruck zu bringen.

I. Vorgaben

1 Versammlungs- und Vereinigungsfreiheit stellen die kollektive Fortsetzung individueller Freiheit und ihrer Betätigung dar. Weil der Grundrechtsgebrauch mit anderen elementare Voraussetzung und damit Teil der Freiheit zur Persönlichkeitsentfaltung ist, hat der Grundrechtekonvent an prominenter Stelle in der GRC einen Artikel über **„Kommunikationsgrundrechte“** aufgenommen.[1] Mit seinen Hinweisen auf **Art. 11 EMRK** sowie – zur Koalitionsfreiheit – **Art. 11 der Gemeinschaftscharta der Sozialen Grundrechte der Arbeitnehmer vom 9.12.1989**[2] in seinen Erläuterungen zu Art. 12 Abs. 1 und der Bezugnahme auf **Art. 191 EGV(-Nizza)** (nunmehr **Art. 10 Abs. 4 EUV**) in den Erläuterungen zu Art. 12 Abs. 2 wollte das Präsidium des Grundrechtekonvents verdeutlichen, dass es sich an die Vorgaben des Kölner Mandats gehalten hat.

1. Verfassungen der Mitgliedstaaten

2 **Art. 12 Abs. 1** spiegelt den **Rechtszustand** in allen **seinerzeitigen Mitgliedstaaten** wider und gehört deshalb zu den **allgemeinen Grundsätzen des Unionsrechts (Art. 6 Abs. 3 EUV)**. Seine Gehalte finden sich auch in den **Verfassungen** der **neuen Mitgliedstaaten**. Versammlungs- und Vereinigungsfreiheit sind in den Verfassungstexten der Mitgliedstaaten lückenlos nachweisbar, jedoch häufig als (Staats)Bürgerrecht (Art. 26 und 27 VerfBelgien, §§ 78 und 79 VerfDänemark, Art. 8, 9 Abs. 1 und 2 sowie Art. 21 Abs. 1 S. 2 GG, Art. 11 und 12 VerfGriechenland, Art. 40 Abs. 6 lit. b und c VerfIrland, Art. 17 und 18 VerfItalien, Art. 42 und 43 VerfKroatien, Art. 35 und 36 VerfLitauen, Art. 12 österreichisches StGG sowie Art. 1 österreichisches Parteiengesetz 1975, Art. 45 und 46 VerfPortugal, Art. 36 und 37 Abs. 1 und 4 VerfRumänien und Kapitel 2 § 1 S. 1 Nrn. 3, 4 und 5, § 2 und § 14 Abs. 1 und 2 VerfSchweden) und nur in einigen Verfassungen als Menschenrecht konzipiert (§ 47 und 48 VerfEstland, § 13 Abs. 1 und 2 S. 1 und 2 VerfFinnland, Art. 102 und 103 VerfLettland, Art. 25 und 26 VerfLuxemburg, Kapitel IV Art. 42 VerfMalta, Art. 8 und 9 VerfNiederlande, Art. 57 ff. VerfPolen, Art. 28 und 29 VerfSlowakei, Art. 42 VerfSlowenien, Art. 21, 22 und 52 VerfSpanien sowie Art. VIII GGUngarn). Bestimmungen über die Koalitionsfreiheit finden sich in den Verfassungen der Bundesrepublik Deutsch-

1 Kollektives Handeln wird darüber hinaus in Art. 10 Abs. 1 geschützt.
2 KOM (89) 248 endg.

land (Art. 9 Abs. 3), Finnlands (§ 13 Abs. 2 S. 3), Frankreichs (sechster Absatz der Präambel der Verfassung von 1946), Griechenlands (Art. 23 Abs. 1), Italiens (Art. 39), Kroatiens (Art. 43), Portugals (Art. 55 und 61), Schwedens (Kapitel 2 § 17), Spaniens (Art. 7 S. 2, 28 Abs. 1 und 52) und Ungarns (Art. VIII Abs. 5). Einschränkungen hinsichtlich der Grundrechtsträgerschaft sehen sie nicht vor. Aber auch bei **Art. 12 Abs. 2** hat sich der Grundrechtekonvent von **nationalen Vorbildern** leiten lassen. Die Bestimmung erinnert an den Mitwirkungsauftrag, den viele mitgliedstaatliche Verfassungen den politischen Parteien zuweisen (zB Art. 21 Abs. 1 S. 1 GG, Art. 4 der Verfassung der französischen Fünften Republik, Art. 29 Abs. 1 VerfGriechenland oder Art. 49 VerfItalien).

2. Internationales Recht

3 Bei der Festlegung des Schutzumfangs der Versammlungs- und Vereinigungsfreiheit sind neben Art. 11 EMRK **weitere gemeinsame internationale Verpflichtungen der Mitgliedstaaten** zu beachten.[3] Auf universeller Ebene befasst sich zunächst – als völkerrechtlich unverbindliches Dokument – die **AEMR** mit der angesprochenen Thematik (Art. 20 und 23 Nr. 4). Anders als diese, die die Garantien der Versammlungs- und Vereinigungsfreiheit zusammenfasst, regeln **Art. 21 und 22 IPbpR** die beiden Gewährleistungen eigenständig. Hinsichtlich der inhaltlichen Ausgestaltung weichen die Bestimmungen des IPbpR von Art. 11 EMRK nur unwesentlich ab. Beide Rechtstexte erkennen die Versammlungs- und Vereinigungsfreiheit als Menschenrecht und nicht bloß als Recht der (Staats)Bürger an. Eine weitere Vorschrift zur Koalitionsfreiheit enthält **Art. 8 Abs. 1 lit. a IPwskR**, der sich insoweit mit Art. 22 IPbpR überschneidet, jedoch – weitergehend als dieser – die aus der Koalitionsfreiheit folgenden Einzelrechte benennt. Das Gewicht der Koalitionsfreiheit im internationalen Bereich wird auf der Ebene des Europarates schließlich durch **Art. 5 ESC** bestätigt.

4 Versammlungs- und Vereinigungsfreiheit sind im **Recht der Union** prinzipiell anerkannt. Sich mit der Versammlungsfreiheit unter dem grundrechtlichen Aspekt zu befassen, hat der EuGH jedoch nur in Randbereichen Veranlassung gehabt. Die Koalitionsfreiheit wird primärrechtlich vorausgesetzt (vgl. etwa Art. 152 ff. AEUV). Auch im Sekundärrecht finden sich vereinzelt Anknüpfungspunkte, soweit dort auf Gewerkschaften oder Arbeitgeberverbände Bezug genommen wird. Zu berücksichtigen ist allerdings, dass wichtige Bereiche wie das Koalitions-, das Streik- und das Aussperrungsrecht dem Einfluss europäischer Sozialpolitik ausdrücklich entzogen sind (Art. 153 Abs. 5 AEUV; früher Art. 137 Abs. 5 EGV-Nizza). Bis Mitte der neunziger Jahre hat der EuGH die Koalitionsfreiheit (als Unterfall der Vereinigungsfreiheit) im Hinblick auf das hinter ihr stehende Anliegen der Verteidigung vor allem beruflicher Interessen „nach den allgemeinen Grundsätzen des Arbeitsrechts" ausgelegt. Politisch wird die Bedeutung der Versammlungs- und Vereinigungsfreiheit durch Aufnahme dieser Rechte in **Art. 10 und 11 der Erklärung des EP über Grundrechte und Grundfreiheiten vom 12.4.1989** unterstrichen.

II. Diskussion im Grundrechtekonvent

5 Die **Aufnahme** der **Versammlungsfreiheit** in die GRC und der mit dem **Sammelbegriff „Vereinigungsfreiheit"** überschriebenen **Rechte**, sich zur **Gründung von Parteien** und zur **Bildung gewerkschaftlicher, beruflicher und sonstiger Vereinigungen** frei zusammenzuschließen, war **von Beginn an verlangt** worden. In der als Grundlage für die Diskussion in der

3 Vgl. zu den folgenden Ausführungen *Seidel*, Handbuch, S. 117 ff., 128 ff. Siehe auch die Auflistung internationaler Regelungen und wesentlichen Fallrechts bei *Rengeling/Szczekalla*, Grundrechte, S. 568 ff.

ersten Arbeitssitzung des Grundrechtekonvents erstellten Grundrechtsliste (BODY 4) hatte dessen Präsidium hierfür auf Art. 11 EMRK, Art. 5 ESC, Art. 11 der Gemeinschaftscharta der Sozialen Grundrechte der Arbeitnehmer vom 9.12.1989 und Art. 11 der Erklärung des EP über Grundrechte und Grundfreiheiten vom 12.4.1989 verwiesen. Bestimmungen über die Versammlungs- und Vereinigungsfreiheit waren auch in dem von *Meyer* (D) übermittelten Diskussionsentwurf einer Grundrechtecharta enthalten.

1. Absatz 1

6 **Erste Textvorschläge** hatte das Präsidium des Grundrechtekonvents in CONVENT 8 und CONVENT 17 unterbreitet. Die Bestimmung über die **Versammlungs- und Vereinigungsfreiheit** war dabei **an Art. 11 Abs. 1 EMRK angelehnt**, die **Freiheit zur Gründung politischer Parteien** ausdrücklich als **Bürgerrecht** konzipiert worden („Alle Unionsbürger und -bürgerinnen haben das Recht, mit anderen politische Parteien zu gründen und diesen beizutreten."). In der Begründung hatte das Präsidium ergänzend darauf hingewiesen, dass das Unionsbürgerrecht zur Gründung politischer Parteien in allen Mitgliedstaaten geltend gemacht werden könne. Während der ersten Lesung war die **Koalitionsfreiheit** als Teilaspekt der Vereinigungsfreiheit außerdem den **sozialen Rechten zugeordnet** worden.

7 Bei der Beratung der Präsidiumsvorschläge waren im Wesentlichen **drei Anliegen** der Delegierten zur Sprache gekommen. So hatten einige Konventsmitglieder die den Entwürfen zugrunde liegende Konzeption in Frage gestellt, die Teilgewährleistungen der **Freiheit zur Gründung einer politischen Partei** und der **Koalitionsfreiheit** aus der Vereinigungsfreiheit auszugliedern und einer **speziellen Regelung** zuzuführen. Als Recht im Vorfeld politischer Teilhaberechte müsse dieses Recht indessen zutreffend Unionsbürgern vorbehalten bleiben. Breiten Raum hatte außerdem die Diskussion darüber eingenommen, ob die **negative Vereinigungsfreiheit** in der Vorschrift ausdrücklich zu benennen sei. Besondere Aufmerksamkeit war schließlich der Frage gewidmet worden, **ob und in welchem Umfang** das **Grundrecht** für Angehörige des öffentlichen Dienstes und Drittstaatsangehörige bzw. Staatenlose **einschränkbar** sein solle.

8 In späteren Vorschlägen hatte das Präsidium das **Recht zur Parteigründung** (erstmals) **auf die „Ebene der Europäischen Union" erstreckt.** Um den systematischen Zusammenhang mit der Vereinigungsfreiheit zu verdeutlichen, war die diese regelnde Bestimmung präzisiert und um den **Zusatz „oder politische Parteien"** ergänzt worden. Im weiteren Beratungsverlauf hatten sich die Konventsmitglieder vor allem mit der **Frage der Grundrechtsträgerschaft** befasst. Von einer großen Anzahl Delegierter war die Beschränkung des Rechts zur Parteigründung auf Unionsbürger ausdrücklich begrüßt worden. Andere hatten kritisiert, die Freiheit zur Parteigründung nur Unionsbürgern zu reservieren, stehe mit Art. 11 EMRK nicht in Einklang. Es war zudem gefordert worden, den **Schutzbereich näher zu bestimmen** (Aufnahme der negativen Vereinigungsfreiheit; Schutz nur für demokratisch organisierte und ausgerichtete Parteien) bzw. die der Ausübung des Rechts gesetzten **Grenzen in der Vorschrift zu benennen** (Einfügung des Art. 11 Abs. 2 EMRK).

9 In dem vom Präsidium des Grundrechtekonvents erstellten **ersten Entwurf eines vollständigen Textes der Charta (CONVENT 45)** war die Versammlungs- und Vereinigungsfreiheit nunmehr in **Art. 12 Abs. 1** verankert. Ihre endgültige Fassung hat die Bestimmung über die Versammlungs- und Vereinigungsfreiheit schließlich nach **weiteren Korrekturen** in CONVENT 47 und CONVENT 47 REV 1 mit CONVENT 47 REV 1 ADD 1 (Übernahme des zweiten Halbsatzes des Art. 11 Abs. 1 EMRK in den Text der Vorschrift) erhalten.

2. Absatz 2

Die in Art. 12 Abs. 2 enthaltene, Art. 191 Abs. 1 EGV-Nizza (heute Art. 10 Abs. 4 EUV) nachgebildete **Bestimmung über die demokratische Funktion politischer Parteien auf der Ebene der Union** hatte das Präsidium des Grundrechtekonvents bereits frühzeitig zur Aufnahme in die GRC vorgeschlagen. Nachdem dieser Vorschlag auf erhebliche Bedenken gestoßen war (die Herausbildung eines europäischen Bewusstseins könne politischen Parteien nicht zwingend zur Aufgabe gemacht werden), war er vom Präsidium in die folgenden Entwurfsfassungen (CONVENT 28; CONVENT 37) nicht mehr aufgenommen worden, bis er schließlich in das zur Vorbereitung der dritten Lesung übersandte Papier (CONVENT 45) wieder Eingang gefunden hatte. Als **Absatz 2** war er nunmehr der **Vorschrift über die Versammlungs- und Vereinigungsfreiheit** angegliedert worden. Insoweit hatte das Präsidium an seiner Vorstellung festgehalten, die Rolle europäischer Parteien im europäischen Willensbildungsprozess in der GRC zu definieren.[4] 10

III. Kommentierung

Art. 12 vereinigt in **Absatz 1** die traditionellen Freiheitsrechte der **Versammlungs- und Vereinigungsfreiheit** und fügt als ausdrückliche Ergänzung die durch den spezifischen Vereinigungszweck gekennzeichnete **Koalitionsfreiheit** hinzu. **Absatz 2** hebt die **Rolle politischer Parteien auf der Ebene der Union** hervor, indem er ihnen die Aufgabe zuweist, sich am europäischen Willensbildungsprozess zu beteiligen. 11

1. Versammlungs- und Vereinigungsfreiheit (Absatz 1)

Wie Art. 11 EMRK stellt **Art. 12 Abs. 1** den Schutz der Versammlungsfreiheit, der (allgemeinen) Vereinigungsfreiheit und der Koalitionsfreiheit in den (einheitlichen) Regelungszusammenhang einer einzigen Vorschrift. Die Bestimmung enthält eine **Mehrheit von Grundrechten.**[5] Während der **Versammlungs- und Vereinigungsfreiheit** eine **„kommunikative Dimension"** zugrunde liegt, rückt die **Koalitionsfreiheit** als Unterfall der Vereinigungsfreiheit in die Nähe eines **„wirtschaftlichen" Grundrechts.** Als **Ausdruck kollektiver Meinungsfreiheit** stehen Versammlungsfreiheit und Vereinigungsfreiheit in engem Kontext mit **Art. 11** („Freiheit der Meinungsäußerung und Informationsfreiheit"). Die Koalitionsfreiheit weist darüber hinaus einen funktionalen Verbund mit **Art. 28** („Recht auf Kollektivverhandlungen und Kollektivmaßnahmen") auf. Werden im Zusammenhang mit einer Versammlung Einreise- oder Ausreiseverbote ausgesprochen, kann auch **Art. 45 Abs. 1** („Freizügigkeit und Aufenthaltsfreiheit") betroffen sein. 12

a) Versammlung, Vereinigung, „Doppelgrundrecht". Der **Grundrechtstatbestand der Versammlungsfreiheit** kombiniert das Merkmal der „Versammlung" (assembly/reunion) als einer Zusammenkunft mehrerer Menschen zur gemeinsamen Zweckverfolgung mit dem einschränkenden Merkmal der „Friedlichkeit".[6] Das Grundrecht deckt die Vorbereitung 13

---

4 Ausführlicher zum Beratungsverlauf siehe Vorauflage.

5 Wie hier *Pechstein/Nowak/Häde/Thiele*, Frankfurter Kommentar, Art. 12 GRC Rn. 10; *Ruffert*, in: Calliess/Ruffert, EUV/AEUV, 5. Aufl., Art. 12 GRCh Rn. 1; a.A. *Jarass*, GR-Charta, 3. Aufl., Art. 12 Rn. 2: ein Grundrecht mit zwei Teilbereichen.

6 Hierzu im Einzelnen *Meyer-Ladewig/Nettesheim/Raumer*, EMRK, Art. 11 Rn. 7, und *Frowein*, in: Frowein/Peukert, EMRK, S. 411 f., unter Hinweis auf die Entscheidung der EKMR v. 16.7.1980 – Christians against Racism and Fascism/Großbritannien – E 8840/78, Decisions and Reports 21, 138, 148 ff. = EuGRZ 1981, 216, und das Urteil des EGMR v. 26.4.1991 – Ezelin/Frankreich – Nr. 21/1990/212/274, Serie A/202. Aus der neueren Rspr. zur Versammlungsfreiheit: Urt. v. 2.10.2001 – Stankov und Vereinigte Mazedonische Organisation Ilinden/Bulgarien – Appl.

und Durchführung der Versammlung. Es schützt nicht nur die (engere) Versammlungsfreiheit, sondern auch die (weitere) Demonstrationsfreiheit.[7] Formelle Anmelde- oder Genehmigungserfordernisse schränken den Schutzbereich der Versammlungsfreiheit nicht ein, stellen vielmehr **Eingriffe** dar und bedürfen der Rechtfertigung. In Anlehnung an Art. 11 EMRK erfasst der **Vereinigungsbegriff** (association/association) ohne Rücksicht auf die Rechtsform jeden freiwilligen Zusammenschluss einer Personenmehrheit zu einem gemeinsamen Zweck, wenn der Zusammenschluss ein Mindestmaß an zeitlicher und organisatorischer Stabilität aufweist.[8] Aus der **Freiwilligkeit** folgt, dass **nur private Zusammenschlüsse**, nicht aber öffentlich-rechtliche Verbände oder Körperschaften mit Zwangscharakter unter den Schutz des Absatzes 1 fallen.[9] Die Vereinigungsfreiheit ist als **„Doppelgrundrecht"** ausgestaltet.[10] Gewährleistet ist nicht nur die Freiheit des Individuums, eine Vereinigung zu gründen, ihr beizutreten und sich in ihr zu betätigen. Auch die **kollektive Vereinigungsfreiheit** ist geschützt, die der Vereinigung selbst „das Recht auf Entstehen und Bestehen" sichert.[11] Nicht gewährleistet ist damit aber auch schon die Erreichung des Zwecks, für den die Vereinigung gegründet wurde.[12] **Eingriffe** sind die Auflösung der Vereinigung oder der zwangsweise Ausschluss daraus.[13]

14 In den kommenden Monaten wird der EuGH im Rahmen eines von der Europäischen Kommission im Juli 2017 eingeleiteten **Vertragsverletzungsverfahrens** auf Klage zu ent-

---

Nr. 29221/95 und 29225/95, jeweils hudoc.echr.coe.int; zuletzt Urt. v. 8.10.2009 – Tebieti/Aserbaidschan – Appl. Nr. 37083/03, und Urt. v. 2.10.2012 – Kakabadze ua/Georgien – Appl. Nr. 1484/07, jeweils hudoc.echr.coe.int; vgl. die Nachweise bei *Marauhn*, in: Ehlers, Grundrechte, 4. Aufl., § 4 Rn. 59 ff. Zur Rspr. des EuGH vgl. die Übersicht bei *Rengeling/Szczekalla*, Grundrechte, S. 568 f., und dort insbesondere den Hinweis auf EuGH – Schmidberger, C-112/00 – Slg 2003, I-5659; auch *Pünder*, in: Ehlers, Grundrechte, 4. Aufl., § 17 Rn. 38, 40 und 42.

7 Vgl. zum sachlichen Schutzbereich der Versammlungsfreiheit *Pechstein/Nowak/Häde/Thiele*, Frankfurter Kommentar, Art. 12 GRC Rn. 11 ff.; *Stern/Sachs/Rixen/Scharl*, GRC, Art. 12 Rn. 4 ff.; *Ruffert*, in. Calliess/Ruffert, EUV/AEUV, 5. Aufl., Art. 12 GRCh Rn. 3 ff.; *Pünder*, in: Ehlers, Grundrechte, 4. Aufl., § 17 Rn. 36 ff.

8 Weiterführend *Pechstein/Nowak/Häde/Thiele*, Frankfurter Kommentar, Art. 12 GRC Rn. 15; *Stern/Sachs/Rixen/Scharl*, GRC, Art. 12 Rn. 4 ff.; *Ruffert*, in: Calliess/Ruffert, EUV/AEUV, 5. Aufl., Art. 12 GRCh Rn. 10 ff.

9 Vgl. Urt. v. 10.2.1983 – Albert, Le Compte/Belgien – Nr. 1/1982/47/75–76, Serie A/58. Indessen spricht die öffentlich-rechtliche Form nicht notwendig für eine Zwangsvereinigung; vgl. *Stern/Sachs/Rixen/Scharl*, GRC, Art. 12 Rn. 11, und *Jarass*, EU-Grundrechte, § 17 Rn. 21 f., sowie *ders.*, GR-Charta, 3. Aufl., Art. 12 Rn. 11, 14 f., 20.

10 Auch *Pechstein/Nowak/Häde/Thiele*, Frankfurter Kommentar, Art. 12 GRC Rn. 16, 18; *Ruffert*, in: Calliess/Ruffert, EUV/AEUV, 5. Aufl., Art. 12 GRCh Rn. 14.

11 *Seidel*, Handbuch, S. 128, mit Nachweisen aus der Entscheidungspraxis der EKMR. In letzter Zeit hat die kollektive Vereinigungsfreiheit als Parteienfreiheit zunehmend Bedeutung für das Parteienrecht erlangt; zur Rspr. des EGMR vgl. die Nachweise bei *Marauhn*, in: Ehlers, Grundrechte, 4. Aufl., § 4 Rn. 74 ff. und 83 ff. In der Rspr. des EuGH ist die Vereinigungsfreiheit nur rudimentär anerkannt und ohne Konturen geblieben: EuGH – N.N., 175/73 – Slg 1974, 917; EuGH – Allgemeine Gewerkschaft, 18/74 – Slg 1974, 933; EuGH – Acton, 44/74 ua – Slg 1975, I-383; EuGH – Maurissen, C-193/87 – Slg 1990, I-95; EuGH – Bosman, C-415/93 – Slg 1995, I-4921; EuGH – Montecatini/Kommission, C-235/92 P – Slg 1999, I-4539; EuG – Martinez, T-222/99 – Slg 2001, II-2823; EuG – Esch-Leonhardt, T-320/02; EuGH – Werhof/Freeway Traffic Systems, C-499/04 – Slg 2006, I-2397; zuletzt EuGH – International Transport Workers Federation, C-438/05 – Slg 2007, I-10779; EuGH – Viking Line, C-438/05 – Slg 2007, I-10779, und EuGH – Laval, C-341/05 – Slg 2007, I-11767; vgl. hierzu die Einschätzung von *Pünder*, in: Ehlers, Grundrechte, 4. Aufl., § 17 Rn. 38, 40 und 42.

12 Auch *Stern/Sachs/Rixen/Scharl*, GRC, Art. 12 Rn. 6.

13 Eine Zusammenstellung möglicher Eingriffe in die Versammlungs- und die Vereinigungsfreiheit findet sich bei *Grabenwarter/Pabel*, EMRK, § 23 Rn. 71 f. und 90 f. mit Nachweisen aus der Rechtsprechung des EGMR. Vgl. auch *Jarass*, GR-Charta, 3. Aufl., Art. 12 Rn. 20.

scheiden haben, ob **Ungarn** mit seinem **„Gesetz über Nicht-Regierungsorganisationen“** vom Juni 2017[14] ua die Vereinigungsfreiheit solcher Organisationen unverhältnismäßig beschränkt. Das beanstandete Gesetz sieht als Auflagen vor, dass sich bestimmte Gruppen nichtstaatlicher Organisationen, die umgerechnet jährlich mehr als 24.000 Euro an Geldern aus dem Ausland erhalten, als „vom Ausland unterstützte Organisationen“ **registrieren lassen** und dieses in sämtlichen Veröffentlichungen vermerken; zudem werden sie verpflichtet, ihre **Finanzquellen offenzulegen.** Bei einer Nichterfüllung der Auflagen drohen Geldbußen und die Schließung. Die Europäische Kommission hat sich auf den Rechtsstandpunkt gestellt, dass das Gesetz, das noch eine **Verschärfung** erfahren soll[15], neben den Bestimmungen des AEUV über den freien Kapitalverkehr (Art. 63 ff.), dem Grundrecht auf Achtung der Privatsphäre (Art. 7), dem Grundrecht auf Schutz personenbezogener Daten (Art. 8) auch das **Grundrecht der Vereinigungsfreiheit** (im zivilgesellschaftlichen Bereich) **verletzt.**

b) Freie Vereinigungen, Gewerkschaften. Versammlungs- und Vereinigungsfreiheit sind **„insbesondere im politischen, gewerkschaftlichen und zivilgesellschaftlichen Bereich“** garantiert. Die Vereinigungsfreiheit erstreckt sich auf politische Vereine, Interessenverbände und **Parteien.** Der mit der Vereinigung verfolgte gemeinsame Zweck ist thematisch grundsätzlich nicht eingegrenzt, so dass Vereinigungen auch **„zivilgesellschaftliche“**, dh wirtschaftliche, wissenschaftliche, kulturelle, soziale oder andere **Angelegenheiten** zum Gegenstand haben können. 15

c) Koalitionsfreiheit. Art. 12 Abs. 1 erwähnt als speziellen Anwendungsfall der Vereinigungsfreiheit – an zwei Stellen im Text – die **Vereinigungsfreiheit im gewerkschaftlichen Bereich.** Genauer als für die allgemeinen Vereinigungen wird hier der Schutzbereich des Grundrechts umschrieben.[16] Die Freiheit umfasst zunächst das Recht, Gewerkschaften zu gründen und ihnen beizutreten. In Parallele zur allgemeinen Vereinigungsfreiheit garantiert Absatz 1 darüber hinaus das individuelle Recht auf koalitionsgemäße Betätigung.[17] Komplettiert wird dieser Schutz schließlich durch das Recht der Gewerkschaften, über ihre Organisation, das Verfahren ihrer Willensbildung und die Führung ihrer Geschäfte nach innen wie nach außen selbst zu bestimmen. Welche **konkreten Rechte** aus der **kollektiven Koalitionsfreiheit** folgen sollen, hatte der EGMR zunächst weitgehend offen gelassen.[18] **Art. 28** anerkennt jedoch ein **Recht auf Kollektivverhandlungen und Kollektivmaßnahmen.** Sekundärrechtlich relevant ist **Art. 8** der **Verordnung (EU) Nr. 492/2011 des Europäischen Parlaments und des Rates vom 5.4.2011 über die Freizügigkeit der Arbeitnehmer innerhalb der Union.**[19] Die Freiheit der **Bildung von Vereinigungen der Arbeitgeber** ist in Absatz 1 16

14 „NGO-Gesetz“.

15 Durch das „Stop-Soros-Gesetzespaket“, das eine Steuer von 25 Prozent auf ausländische Finanzmittel für Nicht-Regierungsorganisationen vorsieht, die „illegale Einwanderung unterstützen“, sowie solche Organisationen zwingt, sich vor Tätigkeitsaufnahme einer „Überprüfung“ durch Sicherheitsdienste zu unterziehen.

16 So – zu Art. 11 EMRK – *Frowein*, in: Frowein/Peukert, EMRK, S. 414.

17 Zur Interpretation, welche Interessen in Absatz 1 gemeint sind, ist Art. 11 der Gemeinschaftscharta der Sozialen Grundrechte der Arbeitnehmer vom 9.12.1989 heranzuziehen.

18 Urt. v. 27.10.1975 – Nationale Belgische Polizeigewerkschaft/Belgien – Serie A/19 = EuGRZ 1975, 562 (Recht auf Konsultation); Urt. v. 6.2.1976 – Schwedische Lokomotivführer-Gewerkschaft/Schweden – Serie A/20 = EuGRZ 1976, 62 (Abschluss von Tarifverträgen); Urt. v. 6.2.1976 – Schmidt und Dahlström/Schweden – Serie A/21 = EuGRZ 1976, 68 (Streikrecht); zu neuerer Rechtsprechung des EGMR vgl. *Hüpers/Reese*, Art. 28 Rn. 58 ff. Im Einzelnen hierzu auch *Marauhn*, in: Ehlers, Grundrechte, 4. Aufl., § 4 Rn. 86 f.

19 ABl. 2011 Nr. L 141 S. 1; hierzu *Pechstein/Nowak/Häde/Thiele*, Frankfurter Kommentar, Art. 12 GRC Rn. 6.

nicht ausdrücklich verankert, ergibt sich aber aus der **allgemeinen Vereinigungsfreiheit.** Sie stützt sich außerdem auf Art. 11 der vom Präsidium des Grundrechtekonvents in Bezug genommenen Gemeinschaftscharta der Sozialen Grundrechte der Arbeitnehmer vom 9.12.1989 und wird in Art. 28 vorausgesetzt.

17 d) **Negative Freiheiten.** Wie Art. 11 EMRK[20] schützt Art. 12 Abs. 1 die bezeichneten Freiheiten auch **negativ** im Sinne eines **Rechts,** sich **nicht** mit anderen **zu versammeln oder zusammenzuschließen** (etwa bei staatlicher Sanktionierung von „closed-shop-Regelungen", gewerkschaftlichen Beschäftigungsmonopolen usw.).[21] Dass Art. 11 EMRK diesen Aspekt des Grundrechtsschutzes nicht ausdrücklich erwähnt, ist vom EGMR in zahlreichen Entscheidungen zur Koalitionsfreiheit für unbeachtlich gehalten worden.[22]

2. Eingriffsrechtfertigung

18 Obwohl Versammlungs-, Vereinigungs- und Koalitionsfreiheit nach dem Wortlaut des Absatzes 1 vorbehaltlos gewährt sind, unterliegen sie **Beschränkungen.** In seinen Erläuterungen zu Art. 12 Abs. 1 und Art. 52 Abs. 3 hat das Präsidium des Grundrechtekonvents zum Ausdruck gebracht, dass die in Absatz 1 enthaltenen Garantien zwar in ihrer Bedeutung nicht über **Art. 11 EMRK** hinausgehen, soweit sie auf die **Ebene der Union** ausgedehnt werden („auf allen Ebenen"), aber eine **größere Tragweite** haben. Soweit eine Entsprechung zu Art. 11 EMRK besteht, ist der Maßstab für einschränkende Regelungen der speziellen Grundrechtsschranke des **Art. 52 Abs. 3 S. 1** zu entnehmen[23] mit der Folge, dass – für alle in Absatz 1 zusammengefassten Grundrechte einheitlich – **Art. 11 Abs. 2** und **Art. 16 EMRK** zur Anwendung kommen.[24] Hierzu gehört auch die besondere Einschrän-

20 Vgl. außerdem Art. 20 Abs. 2 AEMR.

21 Vgl. zur Entwicklung der EuGH-Rechtsprechung im Kontext negativer Koalitionsfreiheit *Stern/Sachs/Rixen/Scharl*, GRC, Art. 12 Rn. 10, unter Hinweis auf EuGH – Werhof, Rs. C-499/04 – Slg. 2006, I-02397, und EuGH – Alemo Herron, Rs. C- 426/11, ECLI:EU:C:2013:521, Urt. v. 18.7.2013.

22 Urt. v. 13.8.1981 – Young, James, Webster/Großbritannien – Serie A/44 = EuGRZ 1981, 559; Urt. v. 20.4.1993 – Sibson/Großbritannien – Nr. 4/1992/349/422, Serie A/258-A; Urt. v. 30.6.1994 – Sigurjonsson/Island – Nr. 24/1992/369/443, Serie A/264; Urt. v. 25.4.1996 – Gustafsson/Schweden – Nr. 18/1995/524/610 – Report of Judgements and Decisions 1996 – II, 637; zuletzt Urt. v. 29.4.1999 – Chassagnou ua/Frankreich – Appl. Nr. 25088/94, 28331/95 und 28443/95, Report of Judgements and Decisions 1999 – III, 21. Vgl. im Einzelnen *Ruffert*, in: Calliess/Ruffert, EUV/AEUV, 5. Aufl., Art. 12 GRCh Rn. 15, mwN.

23 Vgl. hierzu schon die Kommentierungen zu Art. 7, 10 und 11. Siehe aber *Ruffert*, in: Calliess/Ruffert, EUV/AEUV, 5. Aufl., Art. 12 GRCh Rn. 8: über die allgemeine Schrankenregelung des Art. 52 Abs. 1 hinaus. Ferner *Jarass*, GR-Charta, 3. Aufl., Art. 12 Rn. 22: zusätzlich zu Art. 52 Abs. 1.

24 Eine ausführliche Darstellung der Spruchpraxis der EKMR und des EGMR zu Art. 11 Abs. 2 und Art. 16 EMRK findet sich bei *Frowein*, in: Frowein/Peukert, EMRK, S. 417 ff., 487 ff., und *Guradze*, EMRK, Art. 11 Rn. 7 f., 12 f., 17, 19 ff. Besondere Bedeutung hat die Rechtfertigungsprüfung in den letzten Jahren im Zusammenhang mit der Bildung und dem Fortbestand politischer Parteien erlangt. So darf eine Partei weder (allein) aufgrund ihres Namens noch (allein) aufgrund ihres regierungskritischen Engagements verboten werden; vgl. die Urteile des EGMR v. 30.1.1998 – TBKP/Türkei – Nr. 133/1996/752/951, Report of Judgements and Decisions 1998 – I, 1, und v. 9.4.2002 – Yazar, Karatas, Aksoy und Halkin Emegi Partisi/Türkei – Appl. Nr. 22723/93 und 22724/93. Siehe ferner das Urteil v. 13.2.2003 – Refah Partisi (Die Wohlfahrtspartei), Erbakan ua/Türkei – Appl. Nr. 41340, 41342, 41343 und 41344/98 – EuGRZ 2003, 206. Zur Einschränkbarkeit der Koalitionsfreiheit vgl. *Marauhn*, in: Ehlers, Grundrechte, 4. Aufl., § 4 Rn. 91 ff.

kungsregelung für staatlich Bedienstete in Art. 11 Abs. 2 S. 2 EMRK.[25] Weil diese Vorbehalte im Bereich der GRC nicht ohne weiteres übertragen werden können,[26] bedarf Art. 12 Abs. 1 – wie Art. 7, 10 Abs. 1 und 11 – einer **(teleologischen) Auslegung.** Außerhalb des „Überschneidungsbereichs" gilt die allgemeine Einschränkungsregelung des **Art. 52 Abs. 1.**[27] Bei **Maßnahmen gegenüber politischen Parteien** ist die **Vorgabe des Art. 12 Abs. 2** zu beachten.

3. Berechtigte, Respektierungs- und Schutzpflichten

Versammlungs-, Vereinigungs- und Koalitionsfreiheit sind nach dem Wortlaut der Vorschrift als **„Jedermann-Rechte"** ausgestaltet. Träger der Versammlungs- und Vereinigungsfreiheit sind natürliche Personen, juristische Personen nur insoweit, als sie versammlungs- bzw. vereinigungsspezifische Verhaltensweisen praktizieren.[28] Rechtssubjekte der Vereinigungs- und Koalitionsfreiheit sind darüber hinaus die **Zusammenschlüsse selbst.**[29] Für die Adressaten (Art. 51 Abs. 1) bestehen **Respektierungs- und Schutzpflichten,** etwa die Pflicht der Mitgliedstaaten, in ihren Rechtsordnungen die Möglichkeit zum Zusammenschluss vorzusehen,[30] oder die Pflicht, Störungen der Versammlungsfreiheit durch Dritte zu verhindern.[31] 19

4. Konflikte mit den Grundfreiheiten

Kollisionen der in Art. 12 Abs. 1 gewährleisteten Rechte können vor allem mit den **Grundfreiheiten** entstehen. Namentlich die **Versammlungsfreiheit** kann hiermit – etwa mit der **Warenverkehrsfreiheit** (Art. 28 ff. AEUV) – in Konflikt geraten („Blockadefälle"). Eine Überprüfung an den Grundfreiheiten kommt auch im Bereich der **Vereinigungsfreiheit** in Betracht, etwa bei den Regeln für Sportverbände. Die Versammlungsfreiheit kann **Einschränkungen** der Grundfreiheiten **legitimieren;** umgekehrt können die Grundfreiheiten **Eingriffe** in die Versammlungsfreiheit **rechtfertigen.**[32] 20

5. Politische Parteien auf Unionsebene (Absatz 2)

a) Kein Grundrecht. Art. 12 Abs. 2 stellt eine **Aufgabenzuweisung** an **politische Parteien auf der Ebene der Union** dar und bildet insoweit – wie Art. 10 Abs. 4 EUV (früher Art. 191 Abs. 1 EGV-Nizza) – einen Ansatz zu deren institutioneller Verankerung. Darüber hinaus 21

25 Dazu *Pechstein/Nowak/Häde/Thiele*, Frankfurter Kommentar, Art. 12 GRC Rn. 33 f. Für eine enge Auslegung der Klausel des Art. 11 Abs. 2 S. 2 EMRK vgl. EGMR Urt. v. 21.4.2009 – Enerji Yapi-Yol Sen/Türkei – Nr. 68959/01 NZA 2010, 1423.

26 Vgl. *Bernsdorff*, Art. 7 Rn. 14. Wie hier *Stern/Sachs/Rixen/Scharl*, GRC, Art. 12 Rn. 15, und *Blanke*, in: Stern/Becker, Grundrechte-Kommentar, Art. 8 GG Rn. 96.

27 Die Erläuterungen des Präsidiums zu Art. 12 Abs. 1 sind insoweit missverständlich. Wie hier *Pechstein/Nowak/Häde/Thiele*, Frankfurter Kommentar, Art. 12 GRC Rn. 13; *Rengeling/Szczekalla*, Grundrechte, Rn. 735. AA offensichtlich *Streinz*, in: Streinz, EUV/AEUV, GR-Charta, Art. 12 Rn. 13 (Art. 52 Abs. 3 S. 1). Zu den Grenzen für die Gründungs- und Betätigungsfreiheit politischer Parteien auf europäischer Ebene vgl. *Hatje*, DVBl. 2005, 261, 263 f.

28 Vgl. *Guradze*, EMRK, Art. 11 Rn. 2, 9 und 14.

29 Vgl. oben Rn. 13, 16. Hierzu *Stern/Sachs/Rixen/Scharl*, GRC, Art. 12 Rn. 4: ... man sollte auch eine Vereinigung als „Person" auffassen ... Ferner *Jarass*, GR-Charta, 3. Aufl., Art. 12 Rn. 17, 19.

30 *Frowein*, in: Frowein/Peukert, EMRK, S. 412.

31 Zu Art. 11 EMRK vgl. Urt. v. 21.6.1988 – Plattform „Ärzte für das Leben"/Österreich – Nr. 5/1987/128/179, Serie A/139 = EuGRZ 1989, 522. Insoweit obliegt den Adressaten allerdings die Wahl der Mittel. Vgl. hierzu im Einzelnen *Stern/Sachs/Rixen/Scharl*, GRC, Art. 12 Rn. 13; *Marauhn*, in: Ehlers, Grundrechte, 4. Aufl., § 4 Rn. 61 ff.,75 ff. und 85 ff., *Jarass*, GR-Charta, 3. Aufl., Art. 12 Rn. 6, 21, und *Meyer-Ladewig/Nettesheim/Raumer*, EMRK, Art. 11 Rn. 4.

32 So *Jarass*, GR-Charta, 3. Aufl., Art. 12 Rn. 28 mit Nachweisen aus der Rechtsprechung des EuGH.

hat Absatz 2 nur einen **geringen rechtlichen Gehalt**. Die Vorschrift ist selbst **kein Grundrecht**, erhält aber über die Vereinigungsfreiheit, der sie systematisch zugeordnet ist, und über Art. 39 („Aktives und passives Wahlrecht bei den Wahlen zum Europäischen Parlament") Anschluss an grundrechtliche Gewährleistungen.[33] Zur Vereinigungsfreiheit des Absatzes 1 ist **Absatz 2** im Rahmen seines Anwendungsbereichs **lex specialis**. Soweit Art. 12 Abs. 2 für Parteien also einen spezifischen Vereinigungszweck enthält, nämlich am europäischen Willensbildungsprozess mitzuwirken, bleibt für eine ergänzende Anwendung des Absatzes 1 kein Raum.

22 **b) Parteienbegriff, Funktion.** Der **Anwendungsbereich** des Absatzes 2 wird durch den Begriff **„politische Partei auf der Ebene der Union"** abgegrenzt. Eine Definition des Begriffs enthält weder die GRC noch Art. 10 Abs. 4 EUV (oder die Verträge im Übrigen). Er ist **eigenständig – unionsrechtlich – zu interpretieren,** wobei auf die Aufgaben und Struktur der bestehenden politischen Zusammenschlüsse auf europäischer Ebene – wie etwa der „Europäischen Volkspartei (EVP)", der „Sozialdemokratischen Partei Europas (SPE)", der „Europäischen Liberalen und Demokratischen Partei (ELDR)" und der „Europäischen Grünen" – Bedacht zu nehmen ist. Im Hinblick auf deren geringeren Organisationsgrad und deren größere programmatische Heterogenität ergibt sich ein **weiter Anwendungsbereich** des Art. 12 Abs. 2. Die **Fraktionen** im EP werden **nicht erfasst** (genießen jedoch Vereinigungsfreiheit nach Art. 12 Abs. 1). Mit der **Verordnung (EG) Nr. 2004/2003 des Europäischen Parlaments und des Rates vom 4.11.2003 über die Regelungen für die politischen Parteien auf europäischer Ebene und ihre Finanzierung**[34] liegt nunmehr seit einigen Jahren eine sekundärrechtliche Regelung zu dieser Thematik vor, die auch eine Begriffsbestimmung der „europäischen" Partei enthält (Art. 2 und 3).

23 **Anders als Art. 10 Abs. 4 EUV** (und zuvor Art. 191 Abs. 1 EGV-Nizza) überträgt die GRC den politischen Parteien auf der Ebene der Union jedoch nur die Aufgabe, den politischen Willen der Unionsbürgerinnen und Unionsbürger zum Ausdruck zu bringen. Auf die **Benennung** der **integrativen** (vgl. noch Art. 191 Abs. 1 S. 1 EGV-Nizza) und **bewusstseinsbildenden Funktion** politischer Parteien hat der Grundrechtekonvent **verzichtet.** Die Herausbildung eines europäischen politischen Bewusstseins durch oder über europäische Parteien ist (lediglich) als **Integrationsziel** vorgegeben.

IV. Literaturübersicht

Armbrecht, Stefanie, Politische Parteien im europäischen Verfassungsverbund – Neue Impulse durch die VO(EG)Nr. 2004/2003, Baden-Baden 2008; *Barnard, Catherine/Hare, Ivan,* The Right to Protest and the Right to Export: Police Discretion and the free Movement of Goods, (1997) 60 MLR 394; *Burgorgue-Larsen, Lorence/Levade, Anne/Picod, Fabrice,* Traité établissant une Constitution pour l'Europe. Commentaire article par article, Tome 2 – Partie II: La Charte des droits fondamentaux de l'Union, Bruxelles 2005; *Damm, Sven Mirko,* Die europäischen politischen Parteien: Hoffnungsträger europäischer Öffentlichkeit zwischen nationalen Parteien und europäischen Fraktionsfamilien, ZParl 1999, 395; *Däubler, Wolfgang,* Die Koalitionsfreiheit im EG-Recht, in: Isenhardt, Udo/Preis, Ulrich (Hrsg.), Arbeitsrecht und Sozialpartnerschaft, Festschrift für Peter Hanau, Köln 1999, S. 489; *Fahlbeck, Reinhold*, Gewerkschafts-

33 Ebenso *Stern/Sachs/Rixen/Scharl*, GRC, Art. 12 Rn. 12; *Pechstein/Nowak/Häde/Thiele*, Frankfurter Kommentar, Art. 12 GRC Rn. 20; der Sache nach letztlich auch *Knecht*, in: Schwarze, EU-Kommentar, Art. 12 GRC Rn. 9; *Jarass*, EU-Grundrechte, § 17 Rn. 18; *ders.*, GR-Charta, 3. Aufl., Art. 12 Rn. 5; *Streinz*, in: Streinz, EUV/AEUV, GR-Charta, Art. 12 Rn. 14; aA *Ruffert*, in: Calliess/Ruffert, EUV/AEUV, 5. Aufl., Art. 12 GRCh Rn. 17: grundrechtliche Verankerung; *Pünder*, in: Ehlers, Grundrechte, 4. Aufl., § 17 Rn. 44; auch *Rengeling/Szczekalla*, Grundrechte, S. 578: Grundrecht „in nuce".

34 ABl. 2003 Nr. L 297 S. 1, geändert durch VO (EG) Nr. 1524/2007 vom 18.12.2007, ABl. 2007 Nr. L 343 S. 5. Im Einzelnen auch *Pünder*, in: Ehlers, Grundrechte, 4. Aufl., § 17 Rn. 45.

freiheit und Diskriminierungsverbot im Fall Schwedischer Lokomotivführerverband und im Fall Schmidt und Dahlström, EuGRZ 1976, 471; *Finch, Emily,* Legitimate Protest or Campaign of Harassment – Protestors, Harassment and Reasonableness: The Decision in DPP v Moseley, (1999) 5 Web JCLI; *Gaßner, Katrin,* Die Rechtsprechung zur Versammlungsfreiheit im internationalen Vergleich, 2012; *Hatje, Armin,* Parteiverbote und Europarecht, DVBl. 2005, 261; *Hoffmann-Remy, Ulrich,* Die Möglichkeiten der Grundrechtseinschränkung nach den Art. 8–11 Abs. 2 der Europäischen Menschenrechtskonvention, Berlin 1976; *Hoffmann-Riem, Wolfgang,* Standards für die Verwirklichung der Versammlungsfreiheit in Europa, in: FS-Papier, 2013, 267; *Huber, Peter,* Die politischen Parteien als Partizipationsinstrument auf Unionsebene, EuR 1999, 579; *Jäggi, Peter,* Koalitionsfreiheit gemäß Art. 11 EMRK, German Yearbook of International Law 19 (1976), 238; *Jansen, Thomas,* Zur Entwicklung eines europäischen Parteiensystems, Integration 1995, 157; *Kadelbach, Stefan/Petersen, Niels,* Europäische Grundrechte als Schranken der Grundfreiheiten. Anmerkung zum EuGH-Urteil in der Rs. Schmidberger (Brennerblockade), EuGRZ 2003, 492, EuGRZ 2003, 692; *Klein, Olivier,* Parteiverbotsverfahren vor dem Europäischen Gerichtshof für Menschenrechte, ZRP 2001, 397; *Koch, Thorsten,* Parteiverbote, Verhältnismäßigkeitsprinzip und EMRK, DVBl. 2002, 1388; *Kontopodi, Katerina,* Die Rechtsprechung des Europäischen Gerichtshofs für Menschenrechte zum Verbot politischer Parteien, Baden-Baden 2007; *Krist, Richard,* Rechtliche Aspekte der Brenner-Blockade – Versammlungsfreiheit contra Freiheit des Warenverkehrs, ÖJZ 1999, 241; *Kugelmann, Dieter,* Die streitbare Demokratie nach der EMRK. Politische Parteien und Gottesstaat: Das Urteil des EGMR zur Auflösung der Wohlfahrtspartei in der Türkei (EuGRZ 2003, 206), EuGRZ 2003, 533; *Lange, Christian/Schütz, Charlotte,* Grundstrukturen des Rechts der europäischen politischen Parteien i.S.d. Art. 138 a EGV, EuGRZ 1996, 299; *Mann, Thomas/Ripke, Stefan,* Überlegungen zur Existenz und Reichweite eines Gemeinschaftsgrundrechts der Versammlungsfreiheit, EuGRZ 2004, 125; *Marauhn, Thilo,* Die wirtschaftliche Vereinigungsfreiheit zwischen menschenrechtlicher Gewährleistung und privatrechtlicher Ausgestaltung. Zur Bedeutung von Art. 11 EMRK für das kollektive Arbeitsrecht und das Gesellschaftsrecht, RabelsZ 63 (1999), 537; *Mittag, Ferdinand,* Politische Parteien in der EU, 2010; *Möhlen, Christian,* Das Recht auf Versammlungsfreiheit im Internet, MMR 2013, 221; *Neßler, Volker,* Deutsche und europäische Parteien, EuGRZ 1998, 191; *ders.,* Die Fraktionen im Europäischen Parlament, EuR 1997, 311; *Pabel, Katharina,* Parteiverbote auf dem europäischen Prüfstand, ZaöRV 63 (2003), 921; *Papadopoulou, Triantafyllia,* Politische Parteien auf europäischer Ebene, Baden-Baden 1999; *Piepenschneider, Melanie,* Die Rolle der europäischen Parteien, in: Franzius, Claudio/Preuß, Ulrich (Hrsg.), Europäische Öffentlichkeit, Baden-Baden 2004, 237; *Ripke, Stefan,* Europäische Versammlungsfreiheit, 2012; *Stentzel, Rainer,* Der normative Gehalt des Art. 138 a EGV – Rechtlicher Grundstein eines europäischen Parteiensystems?, EuR 1997, 174; *Tomuschat, Christian,* Freedom of Association, in: Macdonald, Ronald/Matscher, Franz/Petzold, Herbert (Hrsg.), The European System for the protection of Human Rights, Dordrecht 1993, 493; *Tsatsos, Dimitris,* Europäische politische Parteien?, EuGRZ 1994, 45; *Wildhaber, Luzius,* Die Koalitionsfreiheit gemäß Art. 11 EMRK, German Yearbook of International Law/Jahrbuch für internationales Recht 19 (1976), S. 238 ff.; *ders.,* Politische Parteien, Demokratie und Art. 11 EMRK, FS-Schefold, Baden-Baden 2001, S. 257; *Zotti, Enrico,* Politische Parteien auf europäischer Ebene, 2010.

Artikel 13 Freiheit der Kunst und der Wissenschaft

Kunst und Forschung sind frei. Die akademische Freiheit wird geachtet.

I. Vorgaben

1 Mit der Verbürgung der Kunst- und Forschungsfreiheit sowie der akademischen Freiheit in Art. 13[1] hat der Grundrechtekonvent zunächst die Rechtsprechung des EGMR aufgegriffen. Zwar enthält die **EMRK** selbst **keinen ausdrücklichen Hinweis** auf die genannten Freiheiten. Der **EGMR leitet** jedoch einen Teil der Gewährleistungen **aus Art. 10 EMRK her.** Dass in Ermangelung einer ausdrücklichen Vorschrift der EMRK die Rechtsprechung des EGMR als Rechtserkenntnisquelle heranzuziehen ist, ergibt sich ua aus der Präambel der GRC (Erwägung Nr. 5).

1. Verfassungen der Mitgliedstaaten

2 Die in Art. 13 formulierten Rechte sind darüber hinaus in den **Verfassungen vieler Mitgliedstaaten** enthalten. So finden sich die Verbürgungen des Art. 13 insgesamt oder zum Teil in Art. 5 Abs. 3 GG, Art. 16 Abs. 3 VerfFinnland, Art. 16 Abs. 1 VerfGriechenland, Art. 33 S. 1 VerfItalien, Art. 17 Abs. 1 und 17a österreichisches StGG, Art. 42 Abs. 1 VerfPortugal und Art. 20 Abs. 2 lit. b VerfSpanien. Damit hat der Grundrechtekonvent die gemeinsamen Verfassungsüberlieferungen der Mitgliedstaaten als allgemeine Grundsätze des Unionsrechts berücksichtigt. Über Regelungen zum Schutz von Kunst und Wissenschaft verfügen auch die Verfassungen vieler **neuer Mitgliedstaaten** (vgl. § 38 VerfEstland, Art. 68 f. VerfKroatien, Art. 113 VerfLettland, Art. 42 VerfLitauen, Art. 73 VerfPolen, Art. 43 Abs. 1 VerfSlowakei, Art. 59 VerfSlowenien und Art. X Abs. 1 und 3 GGUngarn).

2. Internationales Recht

3 Für die Auslegung des Art. 13 sind neben der Rechtsprechung des EGMR zu Art. 10 EMRK bestimmte **vertragsvölkerrechtliche Regelungen** zu beachten (Erwägung Nr. 5 der Präambel, Art. 53). Die Vorschrift des **Art. 19 Abs. 2 IPbpR**, die das Recht auf freie Meinungsäußerung enthält, benennt neben der Kommunikation in Wort, Schrift und Druck auch diejenige durch Kunstwerke und andere Mittel eigener Wahl. Die Freiheit, sich Informationen und Ideen durch Kunstwerke zu beschaffen, wird eher beiläufig, als Ausprägung der Meinungsäußerungsfreiheit, erwähnt. Es erscheint zweifelhaft, ob daraus ein eigenständiges Menschenrecht der Kunstfreiheit abzuleiten ist.[2] Zur Freiheit der Wissenschaft findet sich im IPbpR überhaupt keine Bestimmung. **Art. 15 IPwskR** legt in seinem Absatz 1 eine Verpflichtung der Mitgliedstaaten fest, ein Individualrecht auf Teilnahme am kulturellen Leben anzuerkennen. Dieses Recht wird in seiner Qualität nicht als vollwertiges Menschenrecht der Kunstfreiheit betrachtet.[3] Ob Absatz 3 mit seiner Verpflichtung, die Freiheit der Forschung zu achten, ein solches Menschenrecht darstellt, ist ebenfalls zweifelhaft.[4] Die Freiheit der Forschung steht unter dem Vorbehalt des **Art. 2 Abs. 1 IPwskR**, der eine Umsetzung des Rechts nur „nach und nach mit allen geeigneten Mitteln" zulässt. Der Umfang der Forschungsfreiheit ist damit im Ergebnis von den jeweiligen gesellschaftlichen Bedingungen abhängig.[5] Die Freiheit der Lehre bleibt im IPwskR unerwähnt.

4 Im **Recht der Gemeinschaft** fehlten bisher unmittelbare Entsprechungen zu Art. 13. Die Bildungs- und Kulturpolitik der EG vollzog sich auf der Grundlage der Art. 149 ff., die

1 Zu der Frage, ob Art. 13 ein einheitliches Grundrecht oder mehrere Grundrechte enthält: *Jarass*, GR-Charta, 3. Aufl. Art. 13 Rn. 1; *Ruffert*, in: Calliess/Ruffert, EUV/AEUV, 5. Aufl., Art. 13 GRCh Rn. 1.

2 So *Seidel*, Handbuch, S. 138. Hiermit setzt sich *Stern/Sachs/Kempen*, GRC, Art. 13 Rn. 25 f. auseinander.

3 *Seidel*, Handbuch, S. 139.

4 *Stern/Sachs/Kempen*, GRC, Art. 13 Rn. 27.

5 *Seidel*, Handbuch, S. 139.

Forschungs- und Entwicklungspolitik auf der Grundlage der Art. 163 ff. EGV-Nizza. Die Gemeinschaft hatte auf diesen Gebieten nur wenig Befugnisse. Daran wird sich auch nach dem Inkrafttreten des **Vertrags von Lissabon** nichts ändern (vgl. Art. 165 ff., Art. 179 ff. AEUV). Ein vom Wortlaut her auf den ersten Blick einschlägiger Anknüpfungspunkt ist **Art. 5 Abs. 2** der **Erklärung des EP über Grundrechte und Grundfreiheiten vom 12.4.1989** („Kunst, Wissenschaft und Forschung sind frei. Die Freiheit der Lehre wird gewahrt."). Diese Erklärung macht die Grundrechte jedoch nicht zu geltendem Unionsrecht. Weil das EP allein keine Kompetenz zur Schaffung verbindlichen Unionsrechts besitzt, kann sie nur Impulse für die weitere Ausbildung entsprechender Grundrechte geben.

Zur grundrechtlichen Dimension der **Kunstfreiheit** ist Rechtsprechung des **EuGH** nicht 5
vorhanden. Berührungspunkte ergeben sich allenfalls im Bereich der Grundfreiheiten, des Diskriminierungsverbots aus Gründen der Staatsangehörigkeit und des Schutzes des Urheberrechts. Auch zu den weiteren Verbürgungen des Art. 13 liegt grundrechtsbezogene Rechtsprechung des EuGH nicht vor. Die im Schrifttum teilweise vertretene Auffassung,[6] aus der Judikatur des EuGH lasse sich ein **Individualrecht der Wissenschaftsfreiheit** „herauslesen", hat sich nicht durchsetzen können. In der Rechtsprechung des EuGH hat die Wissenschaftsfreiheit bisher nur eine marginale Rolle gespielt.[7]

II. Diskussion im Grundrechtekonvent

Der heute in Art. 13 verbürgten Freiheit von Kunst und Wissenschaft war während der Be- 6
ratungen im Grundrechtekonvent **wenig Aufmerksamkeit** zuteil geworden. Soweit zu den Verbürgungen überhaupt eine Aussprache stattfand, war diese durch **drei Fragen** geprägt. Unklarheit herrschte zunächst darüber, ob die Vorschrift insgesamt oder hinsichtlich einer ihrer Teilverbürgungen eher der Gedanken- und Meinungsfreiheit oder eher dem Recht auf Bildung zuzuordnen sei. Erwogen wurde außerdem, bestimmte Teilfreiheiten überhaupt nicht ausdrücklich zu regeln, sondern sie als vom Gewährleistungsbereich anderer Grundrechte umfasst anzusehen. Jedenfalls für die Kunstfreiheit und die Freiheit der Lehre lässt sich das anhand der vom Präsidium des Grundrechtekonvents herausgegebenen Dokumente ohne weiteres nachweisen. Eher am Rande befasste sich der Konvent mit der Frage nach einer Abgrenzung zwischen den Begriffen „Wissenschaft" und „Forschung".

Die Forderung nach einer Aufnahme der in Art. 13 enthaltenen Verbürgungen in die GRC 7
war bereits in der vom Präsidium des Grundrechtekonvents erstellten Grundrechtsliste (BODY 4) und in dem von *Meyer* (D) zu Beginn der Arbeiten übersandten Diskussionsentwurf einer Grundrechtecharta (CHARTE 4102/00 CONTRIB 2) enthalten. In einem seiner **ersten Entwürfe** hatte das Präsidium die Freiheit von Kunst, Wissenschaft, Forschung und Lehre als Absatz 4 der **Bestimmung über das Recht auf Bildung angegliedert** (CONVENT 8) und in der Begründung hierzu deutlich gemacht, dass es unter der „Freiheit der Lehre" im Wesentlichen die Freiheit zur Gründung von Lehranstalten und die Freiheit zur Bestimmung von Lehrinhalten verstehe. Ohne dass hiergegen im Konvent Einwände erhoben worden waren, hatte das Präsidium seinen Vorschlag später revidiert. Die Teilfreiheiten der Kunst, Wissenschaft und Forschung waren von derjenigen der Lehre getrennt und der Frei-

6 Nachweise bei *Fink*, EuGRZ 2001, 193 ff.

7 *Fink*, EuGRZ 2001, 197 f., unter Hinweis auf EuGH – Kley/Kommission, 35/72 – Slg 1973, 679, und EuGH – Guillot/Kommission, 53/72 – Slg 1974, 791. Siehe auch EuGH – Mehrwertsteuerpflicht, C-287/00 – Slg 2002, I-5811, EuGH – Kommission/Belgien, C-65/03 – Slg 2004, I-6427, EuGH – Kommission/Österreich, C-147/03 – Slg 2005, I-5969, EuGH – Lyyski, C-40/05 – Slg 2007, I-99, EuGH – Jundt, C-281/06 – Slg 2007, I-12231, und EuGH – Technische Universität Hamburg-Harburg, Rs. C-15/13, ECLI:EU:C:2014:303, Urt. v. 8.5.2014. Vgl. aber Rn. 11.

heit der Meinungsäußerung zugeordnet worden (CONVENT 13). Als Grund hierfür hatte das Präsidium des Grundrechtekonvents genannt, dass sich die bezeichneten Gewährleistungen in zahlreichen nationalen Gesetzgebungen fänden und der EGMR die Freiheit der Kunst als von der Freiheit der Meinungsäußerung umfasst ansehe.

8 Während der Beratungen war eine **Abspaltung** der Kunst-, Wissenschafts- und Forschungsfreiheit **von der Meinungsäußerungsfreiheit** und dessen Ausgestaltung als **eigenständiges Grundrecht** verlangt worden.[8] Die Kunstfreiheit sei dabei vorbehaltlos zu garantieren, während Wissenschafts- und Forschungsfreiheit Einschränkungen unterliegen müssten. Teilweise war vorgeschlagen worden, im Bereich der Wissenschafts- und Forschungsfreiheit zwischen der Suche nach Erkenntnis und der möglicherweise „gefährlichen" Anwendung der gefundenen Ergebnisse zu unterscheiden; nur in den letztgenannten Teilbereich der Wissenschafts- und Forschungsfreiheit dürfe eingegriffen werden.

9 In einem späteren Präsidiumsentwurf war die Verbürgung der Kunst-, Wissenschafts- und Forschungsfreiheit (überhaupt) nicht mehr vorhanden, was viele Konventsmitglieder zu heftiger Kritik veranlasste. Schließlich regte das Präsidium selbst eine Debatte zur Wiederaufnahme der Verbürgungen an. In dieser Debatte war vor allem darauf hingewiesen worden, dass die Freiheit von Forschung und Lehre seit mehr als einhundert Jahren in den gemeinsamen Verfassungsüberlieferungen der Mitgliedstaaten ihre Grundlage habe. Ein weiteres Argument hatte dargestellt, dass die GRC auch für den wissenschaftlichen Nachwuchs in Europa eine Signalwirkung entfalten müsse.

10 Unter dem Eindruck dieser Diskussion war jedenfalls die Freiheit der Forschung in den vom Präsidium des Grundrechtekonvents übermittelten **ersten Entwurf eines vollständigen Textes der Charta (CONVENT 45)** wieder aufgenommen worden. Erst auf Intervention zahlreicher Delegierter[9], die vor allem auf die **„Verschränkung"** der **Forschungsfreiheit** mit der **Freiheit der Lehre** hingewiesen, aber auch betont hatten, dass die akademische Freiheit nicht „grenzenlos" sein dürfe, hatte das Präsidium Art. 13 in der folgenden Entwurfsfassung (CONVENT 47) um die noch fehlenden Teilfreiheiten ergänzt. Dem Vorschlag, dass die akademische Freiheit einem Eingriffsvorbehalt unterliegen müsse, war das Präsidium gefolgt. Es hatte diese sprachlich schwächer ausgestaltet („... wird geachtet").[10]

III. Kommentierung

1. Verhältnis zu anderen Grundrechten

11 Art. 13 steht in **engem Zusammenhang** mit der Bestimmung des **Art. 10 Abs. 1** („Gedanken-, Gewissens- und Religionsfreiheit"), vor allem aber mit derjenigen des **Art. 11** („Freiheit der Meinungsäußerung und Informationsfreiheit"), der die Regelungen zur Kunst- und Forschungsfreiheit und zur akademischen Freiheit ursprünglich angegliedert werden sollten. **Eher schwach** ist sein **Bezug** zu dem **Grundrecht auf Bildung**, das in der nachfolgenden Vorschrift des Art. 14 enthalten ist.[11] Rechtsprechung und Schrifttum verstehen das Recht auf Bildung in **Art. 2 ZP Nr. 1 zur EMRK** lediglich als Recht auf Ausbildung und meinen hierbei vor allem ein Recht auf Elementarausbildung, weniger auf höhere Aus-

8 *Bernsdorff/Borowsky*, Protokolle, S. 189.
9 *Bernsdorff/Borowsky*, Protokolle, S. 362 ff.; vgl. auch die allgemeinen Bemerkungen zu Art. 13 CONVENT 45 in dem amtlich nicht veröffentlichten Arbeitsdokument „Observations reçues relatives au document Charte 4422/00 Convent 45" vom 7.9.2000, abgedruckt bei *Bernsdorff/Borowsky*, Arbeitsdokumente, S. 1563 ff.
10 Ausführlicher zum Beratungsverlauf siehe Vorauflage.
11 Auch *Stern/Sachs/Kempen*, GRC, Art. 13 Rn. 8.

bildung.[12] Auf die Sphäre der universitären, also der akademischen Ausbildung bezieht sich Art. 2 ZP Nr. 1 zur EMRK nicht. Dass das Präsidium des Grundrechtekonvents zu Beginn der Diskussionen eine gedankliche Verbindung zu dem Grundrecht auf Bildung hergestellt hat, mag etwa daran liegen, dass der EuGH – allerdings stets unter dem Blickwinkel der Freizügigkeit der Arbeitnehmer – Studierende auch als partielle Träger der Wissenschaftsfreiheit betrachtet.[13]

2. Schutzintensität, Eingriffsrechtfertigung

Kunst und Forschung sind **frei**, während die akademische Freiheit nur **„geachtet"** wird. Ob daraus unterschiedliche Folgerungen für die **Einschränkbarkeit** der Rechte zu ziehen sind bzw. darin eine **abgestufte Intensität des Schutzes** erkennbar wird, ist fraglich.[14] Jedenfalls liegt die Bedeutung der Formulierung „achten" auch darin, dass die vorrangigen **Zuständigkeiten der Mitgliedstaaten** zu **respektieren** sind. Bei diesen liegt die „Gewährleistungsverantwortung". Soweit sich die Verbürgungen des Art. 13 mit denjenigen der EMRK „überschneiden", ist der Maßstab für einschränkende Regelungen der **speziellen Grundrechtsschranke des Art. 52 Abs. 3 S. 1** zu entnehmen; außerhalb dieses Bereichs gilt **Art. 52 Abs. 1.**[15] Weil eine ausdrückliche Vorschrift fehlt, sind Bedeutung und Tragweite der EMRK-Garantie unter Einbeziehung der Rechtsprechung zu ermitteln (Begründung zu Art. 52 Abs. 3). In seinen Erläuterungen zu Art. 13 hat das Präsidium auf die vom EGMR zugelassenen Einschränkungen[16] Bezug genommen und darauf hingewiesen, dass die Ausübung der in Art. 13 enthaltenen Teilverbürgungen unter Wahrung von **Art. 1** („Würde des Menschen") erfolgt und den in **Art. 10 Abs. 2 EMRK** geregelten Begrenzungen unterworfen werden kann. Die **Menschenwürde** erscheint danach iwS als **Ausübungsschranke,** wobei offenbleibt, ob sie dogmatisch den Schutzbereich eingrenzen oder als (immanente) Grundrechtsschranke wirken soll.[17] Dass sie zu „wahren" ist, bedeutet jedoch, dass die Verbürgungen des Art. 13 (insbesondere die Forschungsfreiheit) in der Menschenwürde an **nicht überwindbare Hindernisse** stoßen sollen. Teilweise wird hierauf auch die Annahme von Schutzpflichten gestützt.[18] 12

3. Freiheit der Kunst, Werk- und Wirkbereich

Der Rechtsprechung der EKMR folgend hat der EGMR im Jahre 1988 klargestellt, dass 13
die in Art. 10 EMRK geschützte Freiheit der Meinungsäußerung, vor allem in ihrer Ausprägung als Freiheit zum Empfang und zur Mitteilung von Nachrichten und Ideen, auch die **Freiheit der künstlerischen Äußerung** (das Schaffen, Interpretieren, Verbreiten oder

---

12 Vgl. *Frowein*, in: Frowein/Peukert, EMRK, S. 828 f.

13 Vgl. EuGH – Casagrande, 9/74 – Slg 1974, 773; ferner EuGH – Gravier, 293/83 – Slg 1985, 593; im Einzelnen auch *Seidel*, Handbuch, S. 137 f. Zur Idealkonkurrenz mit der unternehmerischen Freiheit des Art. 16 siehe *Pechstein/Nowak/Häde/Thiele*, Frankfurter Kommentar, Art. 13 GRC Rn. 18, und *Jarass*, GR-Charta, 3. Aufl., Art. 13 Rn. 4.

14 Verneinend *Pechstein/Nowak/Häde/Thiele*, Frankfurter Kommentar, Art. 13 GRC Rn. 10; *Ruffert*, in: Calliess/Ruffert, EUV/AEUV, 5. Aufl., Art. 13 GRCh Rn. 9; *Pünder*, in: Ehlers, Grundrechte, 4. Aufl., § 18 Rn. 12; wohl auch *Stern/Sachs/Kempen*, GRC, Art. 13 Rn. 24.

15 Wie hier *Pechstein/Nowak/Häde/Thiele*, Frankfurter Kommentar, Art. 13 GRC Rn. 16; *Pünder*, in: Ehlers, Grundrechte, 4. Aufl., § 18 Rn. 12; nicht ganz eindeutig *Stern/Sachs/Kempen*, GRC, Art. 13 Rn. 18 ff., 22 ff. A.A. *Ruffert*, in: Calliess/Ruffert, EUV/AEUV, 5. Aufl., Art. 13 GRCh Rn. 10 f., und wohl *Jarass*, GR-Charta, 3. Aufl., Art. 13 Rn. 13 f.: kumulativ.

16 Zu denkbaren Eingriffen siehe *Grabenwarter/Pabel*, EMRK, § 23 Rn. 13 ff.

17 Hierzu *Pünder*, in: Ehlers, Grundrechte, 4. Aufl., § 18 Rn. 6.

18 So etwa *Pünder*, in: Ehlers, Grundrechte, 4. Aufl., § 18 Rn. 6, 10; differenzierend *Jarass*, GR-Charta, 3. Aufl., Art. 13 Rn. 2, 12.

Ausstellen von Kunstwerken) umfasst.[19] Der EGMR hat den Schutz der Kunstfreiheit dabei mit den Erfordernissen des Pluralismus, der Toleranz und der Großzügigkeit begründet, „ohne die eine demokratische Gesellschaft nicht denkbar sei".[20] Der EGMR hat die Freiheit der künstlerischen Äußerung bisher unter den Gesichtspunkten des **Schutzes der Moral**[21] und des **Schutzes der religiösen Überzeugungen anderer**[22] für einschränkbar gehalten. Der Schutzbereich der in Art. 13 verbürgten Kunstfreiheit wird noch zu entfalten, ein **autonomer Kunstbegriff** (arts/arts) zu entwickeln sein. Die Rechtsprechung des EGMR zu Art. 10 EMRK ist insoweit nur der Ausgangspunkt (Mindeststandard). Im Hinblick auf die der Kunst immanente Eigengesetzlichkeit müssen definitorische Ansätze **offen** sein.[23] Sachlich geschützt sind der **Werk- und Wirkbereich** (als „unlösbare Einheit")[24], persönlich geschützt sind alle Kunstschaffenden sowie diejenigen, die das Kunstwerk der Öffentlichkeit zugänglich machen (Mittler), in dieser Funktion auch juristische Personen (nicht jedoch zB Kunstkritiker).[25]

4. Freiheit der Wissenschaft

14 Der Begriff **„Wissenschaftsfreiheit"** (sciences/sciences) in der Überschrift der Bestimmung schließt als **Oberbegriff** die **Freiheit der Forschung** und die **akademische Freiheit** ein.[26] Damit die „Freiheit der Lehre" auch sprachlich klar von der Freiheit zur Gründung von Lehranstalten (Art. 14 Abs. 3) und der Freiheit zur Bestimmung von Lehrinhalten unterschieden werden kann, wird sie im Text der Vorschrift als „akademische Freiheit" bezeichnet. Eine Veränderung des Schutzgegenstandes geht damit aber nicht einher. Der Begriff **„Forschung"** (scientific research/recherche scientifique) fand sich schon im bisherigen Primärrecht, allerdings ohne dort (oder im Sekundärrecht) definiert worden zu sein. „Forschung" ist **weit zu verstehen** und umfasst insbesondere **auch** die **private Forschung** (auch solche jenseits des main stream), ferner **vorbereitende** und **unterstützende Aktivitäten**. Obwohl im Grundrechtekonvent angesprochen, differenziert Art. 13 nicht zwischen Grundlagenfor-

---

19 Urt. v. 24.5.1988 – Müller/Schweiz – Nr. 25/1986/123/174, Serie A/133 = EuGRZ 1988, 543; aus der jüngeren Rspr. zur Kunstfreiheit vgl. Urt. v. 8.7.1999 – Karataş/Türkei – Appl. Nr. 23168/94, Report of Judgements and Decisions 1999 – IV, 81, und v. 25.11.1996 – Wingrove/Großbritannien – Nr. 19/1995/525/611, Report of Judgements and Decisions 1996 – V, 1937.

20 Im Einzelnen hierzu *Würkner*, NJW 1989, 369 ff.

21 Vgl. Urt. v. 24.5.1988 – Müller/Schweiz – Nr. 25/1986/123/174, Serie A/133 = EuGRZ 1988, 543.

22 Vgl. Urt. v. 20.9.1994 – Otto-Preminger-Institut/Österreich – Nr. 11/1993/406/485, Serie A/295 = Medien und Recht 1995, 35; hierzu *Grabenwarter*, ZaöRV 55 (1995), 128 ff. Ein erhebliches Kollisionspotential des Art. 13 mit Art. 5 Abs. 3 GG glaubt *Scholz* (in: Merten/Papier, HdB der Grundrechte, § 170 Rn. 83) zu erkennen (dort kein bloßer Ausfluss der Gedanken- und Meinungsfreiheit, kein entsprechender Schrankenvorbehalt).

23 Deutungsoffen: *Stern/Sachs/Kempen*, GRC, Art. 13 Rn. 10; *Ruffert*, in: Calliess/Ruffert, EUV/AEUV, 5. Aufl., Art. 13 GRCh Rn. 3. „Weit" auszulegen: *Pechstein/Nowak/Häde/Thiele*, Frankfurter Kommentar, Art. 13 GRC Rn. 11; *Jarass*, GR-Charta, 3. Aufl., Art. 13 Rn. 5.

24 Wie hier *Pechstein/Nowak/Häde/Thiele*, Frankfurter Kommentar, Art. 13 GRC Rn. 11; *Stern/Sachs/Kempen*, GRC, Art. 13 Rn. 11; *Jarass*, GR-Charta, 3. Aufl., Art. 13 Rn. 5.

25 Ebenso *Pechstein/Nowak/Häde/Thiele*, Frankfurter Kommentar, Art. 13 GRC Rn. 7.

26 Wie hier *Ruffert*, in: Calliess/Ruffert, EUV/AEUV, 5. Aufl., Art. 13 GRCh Rn. 5; *Pechstein/Nowak/Häde/Thiele*, Frankfurter Kommentar, Art. 13 GRC Rn. 12; auch *Jarass*, GR-Charta, 3. Aufl., Art. 13 Rn. 6. Aus der jüngeren Rspr. des EGMR zur Forschungsfreiheit: Urt. v. 25.8.1998 – Hertel/Schweiz – Appl. Nr. 25181/94, Report of Judgements and Decisions 1998 – VI, 2298; Urt. v. 28.10.1999 – Wille/Liechtenstein – Appl. Nr. 28396/95, Report of Judgements and Decisions 1999 – VII, 279; Urt. v. 29.6.2004 – Chauvy ua/Frankreich – Appl. Nr. 64915/01; Urt. v. 8.7.2004 – Vo/Frankreich – Appl. Nr. 53924/00, EuGRZ 2005, 568.

schung und angewandter Forschung.[27] Im Bereich der **Medizin und Biologie** unterliegt die Freiheit der Forschung neben den bereits genannten Einschränkungen auch denjenigen, die sich aus der speziellen Bestimmung des **Art. 3 Abs. 2** ergeben. Auf den Zusammenhang beider Vorschriften ist in den Beratungen des Grundrechtekonvents mehrfach hingewiesen worden. Im Hinblick auf die eingeschränkten Kompetenzen der Union kann sich Art. 13 nur bei der **Gestaltung der Forschungsförderung** auswirken (etwa bei inhaltlich-organisatorischen Vorgaben für oder Zielstellungen in Forschungsförderprogramme(n), der Festlegung von Auswahlkriterien oder Verhaltensanforderungen an Forscher usw.).[28] Nach der zur Schlussakte der Regierungskonferenz abgegebenen Erklärung (Nr. 34) zu Art. 179 AEUV soll hierbei der Forschungspolitik in den Mitgliedstaaten angemessen Rechnung getragen werden.

5. Akademische Freiheit, organisationsrechtlicher Gehalt

Ob der **„akademischen Freiheit"**, die vor allem die Erscheinungsformen der wissenschaftlichen Lehre an wissenschaftlichen Hochschulen erfasst[29], auch ein **organisationsrechtlicher Gehalt**[30]dergestalt zu entnehmen ist, dass der Unionsgesetzgeber nicht ohne Weiteres auf Universitäten und außeruniversitäre Forschungsstätten „zugreifen" kann, bleibt abzuwarten. **Welcher Gehalt** dem auf die „akademische Freiheit" bezogenen – unter (Unions)Kompetenzvorbehalt stehenden – für die Mitgliedstaaten bestehenden **Achtungsgebot** zukommt, wird letztlich der **EuGH** zu entscheiden haben. Hierzu hat er nach einer Klage der Europäischen Kommission Gelegenheit, die wegen des im April 2017 novellierten, aus dem Jahr 2011 stammenden **ungarischen „Hochschul(unterrichts)gesetzes"** ein **Vertragsverletzungsverfahren** gegen Ungarn eingeleitet hat. Dieses Gesetz schreibt für den Betrieb ausländischer Hochschuleinrichtungen in Ungarn die Erfüllung ua folgender Auflagen bis 1.1.2019 vor: den zwingenden Abschluss **bilateraler Abkommen** zwischen Ungarn und nicht dem Europäischen Wirtschaftsraum (EWR) angehörenden Herkunftsländern von in Ungarn tätigen Hochschuleinrichtungen[31], die Verpflichtung zur **Erbringung von Hochschuldienstleistungen** der maßgebenden Träger **auch im Herkunftsland**, die besondere Registrierung und Erteilung einer Genehmigung von Hochschuldienstleistungen in Ungarn usw. Die Europäische Kommission hält das geänderte Gesetz nicht nur für mit den Verpflichtungen der EU aus dem internationalen Handelsrecht[32], den Regeln über den freien Dienstleistungsverkehr (Art. 56 ff. AEUV) und die Niederlassungsfreiheit (Art. 49 ff. AEUV) sowie der Richtlinie 2006/123/EG des Europäischen Parlaments und des Rates 15

27 So auch *Pechstein/Nowak/Häde/Thiele*, Frankfurter Kommentar, Art. 13 GRC Rn. 12. Nicht geschützt sein soll demgegenüber die bloße Anwendung bereits gewonnener Erkenntnisse: *Jarass*, GR-Charta, 3. Aufl., Art. 13 Rn. 6.

28 Ausführlich hierzu *Stern/Sachs/Kempen*, GRC, Art. 13 Rn. 22 f., und – unter Hinweis auf einschlägiges „Sekundärrecht" – *Ruffert*, in: Calliess/Ruffert, EUV/AEUV, 5. Aufl., Art. 13 GRCh Rn. 12 f.

29 *Pechstein/Nowak/Häde/Thiele*, Frankfurter Kommentar, Art. 13 GRC Rn. 13, mit umfangreichen Ausführungen zu den einzelnen Schutzgehalten; *Stern/Sachs/Kempen*, GRC, Art. 13 Rn. 17.

30 Vgl. *Stern/Sachs/Kempen*, GRC, Art. 13 Rn. 17: Daneben besteht durchaus Raum, den Hochschulen eine eigenständige, gleichsam institutionelle Freiheit zuzuordnen. *Pünder*, in: Ehlers, Grundrechte, 4. Aufl., § 18 Rn. 8: Doppelgrundrecht. Zu Eingriffen in die Wissenschaftsfreiheit durch Maßnahmen gegen die Eigenständigkeit von Forschungseinrichtungen: *Pechstein/Nowak/Häde/Thiele*, Frankfurter Kommentar, Art. 13 GRC Rn. 15, *Jarass*, GR-Charta, 3. Aufl., Art. 13 Rn. 11, und *Ruffert*, in: Calliess/Ruffert, EUV/AEUV, 5. Aufl., Art. 13 GRCh Rn. 9.

31 Betroffen sind etwa zwei Dutzend ausländische Universitäten, darunter die Central European University (CEU; dort als „Soros-Universität" bezeichnet).

32 Allgemeines Übereinkommen über den Handel mit Dienstleistungen (GATS) im Rahmen der Welthandelsorganisation (WTO).

vom 12. Dezember 2006 über Dienstleistungen im Binnenmarkt[33] unvereinbar. Sie ist auch der Auffassung, dass die neuen Bestimmungen der GRC, hier dem Recht auf Bildung (Art. 14), dem Recht der unternehmerischen Freiheit (Art. 16) und dem **Recht auf akademische Freiheit** zuwiderlaufen.

IV. Literaturübersicht

Barendt, Eric, Academic Freedom and the Law: A Comparative Study, Essex 2010; *Battaglini, Andrea Orsi/Lesage, Michel/Merloni, Francesco (Hrsg.),* Scientific Research in France, Baden-Baden 1992; *Beissel, Charlotte,* Deutscher Kulturföderalismus im Wandel der europäischen Integration, Baden-Baden 2012; *Britz, Gabriele,* Die Freiheit der Kunst in der europäischen Kulturpolitik, EuR 2004, 1; *Chapman, Audrey,* Towards an Understanding of the Right to Enjoy the Benefits of Scientific Progress and its Applications, Journal of Human Rights 2009, 1; *Chirko, Claudio,* Die Panoramafreiheit – Die Beschränkung des urheberrechtlichen Schutzes von Kunst im öffentlichen Raum, Baden-Baden 2012; *Classen, Claus Dieter,* Forschungsförderung durch die EG und Freiheit der Wissenschaft, WissR 28 (1995), 97; *Dickert, Thomas,* Naturwissenschaft und Forschungsfreiheit, Berlin 1991; *Dreyer-Mälzer, Susanne,* Das Grundrecht der Wissenschaftsfreiheit in den einzelnen Mitgliedstaaten, in: Wagner, Hellmut (Hrsg.), Rechtliche Rahmenbedingungen für Wissenschaft und Forschung, Bd.1, Baden-Baden 2000, S. 205; *Fink, Udo,* Gewährt das Recht der Europäischen Gemeinschaft den wissenschaftlichen Hochschulen grundrechtliche Freiheit?, EuGRZ 2001, 193; *Geißler, Birgit,* Staatliche Kunstförderung nach Grundgesetz und Recht der EG, Berlin 1995; *Grabenwarter, Christoph,* Filmkunst im Spannungsfeld zwischen Freiheit der Meinungsäußerung und Religionsfreiheit. Anmerkung zum Urteil des Europäischen Gerichtshofs für Menschenrechte vom 20. September 1994 im Fall Otto-Preminger-Institut, ZaöRV 55 (1995), 128; *Groß, Thomas,* Die Autonomie der Wissenschaft im europäischen Rechtsvergleich, Baden-Baden 1992; *Häberle, Peter,* Die Freiheit der Wissenschaften im Verfassungsstaat, AöR 110 (1985), 329; *Holoubek, Michael,* Die liberalen Rechte der Grundrechtscharta im Vergleich zur Europäischen Menschenrechtskonvention, in: Duschanek, Alfred/Griller, Stefan (Hrsg.), Grundrechte für Europa, Wien 2002; *Holthoff, Jan,* Kulturraum Europa – Der Beitrag des Art. 151 EG-Vertrag zur Bewältigung kultureller Herausforderungen der Gegenwart, Baden-Baden 2008; *Hoppe, Ursula,* Die Kunstfreiheit als EU-Grundrecht, Baden-Baden 2011; *Karan, Terence,* Academic Freedom in Europe: Time for a Magna Charta?, Higher Education Policy 2009, 163; *Kersten, Jens,* Das Klonen von Menschen, Tübingen 2004; *Kleindiek, Ralf,* Wissenschaft und Freiheit in der Risikogesellschaft, Berlin 1998; *Lindner, Josef Franz,* Die Europäisierung des Wissenschaftsrechts, Tübingen 2009; *Mock, William/Demuro, Gianmario,* Commentary on the Charter of Fundamental Rights of the European Union, Durham 2010; *Nettesheim, Martin,* Grund und Grenzen der Wissenschaftsfreiheit, DVBl. 2005, 1042; *Pelzer, Christina Maria,* Die Kompetenzen der EG im Bereich der Forschung, Frankfurt a. M. 2004; *Röben, Volker,* The Sciences – A Contribution to Understanding the Law on an Activity of International Concern, GYIL 37 (1994), 254; *Ruffert, Matthias,* Grund und Grenzen der Wissenschaftsfreiheit, VVDStRL 65 (2006), 146; *Tettinger, Peter,* Die Charta der Grundrechte der Europäischen Union, NJW 2001, 1010; *Vrielink, Marsha u.a.,* Academic Freedom as a Fundamental Right, LERU Advice Paper No. 6, Dezember 2010; *Wachsmann, Patrick,* La religion contre la liberté d'expression. Sur un arrêt regrettable de la Cour européenne des droits de l'homme. L'arrêt Otto-Preminger-Institut du 20 septembre 1994, RUDH 1994, 441; *Wagner, Hellmut,* Das Grundrecht der Wissenschaftsfreiheit im Europäischen Gemeinschaftsrecht, in: ders. (Hrsg.), Rechtliche Rahmenbedingungen für Wissenschaft und Forschung, Band 1, Baden-Baden 2000, S. 218; *ders.*, Wissenschaftsfreiheit unter Regulierungsdruck, in: FS-Meusel, Baden-Baden 1997, S. 301; *ders.*, Gibt es ein Grundrecht der Wissenschaftsfreiheit im europäischen Gemeinschaftsrecht?, DÖV 1999, 129; *Weberling, Johannes,* Die Rechtsprechung der Europäischen Gerichtshöfe zum Wissenschaftsrecht in den Jahren 1989 und 1990, WissR 24 (1991), 123; *Winter, Patricia,* Kulturpluralismus als Herausforderung für Rechtstheorie und Rechtspraxis – Eine völkerrechtsdogmatische Auseinandersetzung mit der Rechtsprechung des EGMR, Baden-Baden 2009; *Würkner, Joachim,* Kunst und Moral – Gedanken zur „Fri-Art 81" – Entscheidung des Europäischen Gerichtshofs für Menschenrechte, NJW 1989, 369.

33 ABl. 2006 Nr. L 376 S. 36.

Artikel 14 Recht auf Bildung

(1) Jede Person hat das Recht auf Bildung sowie auf Zugang zur beruflichen Ausbildung und Weiterbildung.

(2) Dieses Recht umfasst die Möglichkeit, unentgeltlich am Pflichtschulunterricht teilzunehmen.

(3) Die Freiheit zur Gründung von Lehranstalten unter Achtung der demokratischen Grundsätze sowie das Recht der Eltern, die Erziehung und den Unterricht ihrer Kinder entsprechend ihren eigenen religiösen, weltanschaulichen und erzieherischen Überzeugungen sicherzustellen, werden nach den einzelstaatlichen Gesetzen geachtet, welche ihre Ausübung regeln.

I. Vorgaben

1 In einer entwickelten Gesellschaft setzt individuelle Entfaltung zur Selbstbestimmung in Freiheit die bewusste und geplante Förderung der Fähigkeiten des Menschen im Bildungs- und Erziehungsprozess voraus. Dieser Erkenntnis hat der Grundrechtekonvent mit der Verankerung eines besonderen **Rechts auf Bildung** in **Art. 14** Rechnung getragen. Aus den vom Präsidium des Grundrechtekonvents herausgegebenen Erläuterungen zu Art. 14 ergibt sich, dass die Bestimmung vor allem auf **Art. 2 ZP Nr. 1 zur EMRK** gestützt ist, ihre Legitimation aber auch aus **Art. 10 ESC** und **Nr. 15 der Gemeinschaftscharta der Sozialen Grundrechte der Arbeitnehmer vom 9.12.1989**[1] bezieht.

1. Verfassungen der Mitgliedstaaten

2 Die Gewährleistung eines Rechts auf Bildung erscheint als fester Bestandteil kontinentaleuropäischer Verfassungstradition. Zumeist als Freiheitsrecht, teilweise aber auch als Gleichheitsrecht (auf diskriminierungsfreien Zugang) konzipiert (dreizehnter Absatz der Präambel von 1946 VerfFrankreich, Art. 34 S. 1 VerfItalien, Art. 23 S. 1 VerfLuxemburg und Art. 74 Abs. 1 VerfPortugal), garantieren **viele mitgliedstaatliche Verfassungen ein Individualrecht auf (Aus)Bildung oder Unterricht.** Eine ausdrückliche Einbeziehung der **„Weiterbildung"** in die verfassungsrechtliche Gewährleistung findet sich nur in Finnland (§ 16 Abs. 2: über die grundlegende Ausbildung hinausgehende Ausbildung), Frankreich (dreizehnter Absatz der Präambel von 1946: Berufsausbildung) und Griechenland (Art. 16 Abs. 4 S. 1: Bildung in allen ihren Stufen). Zahlreiche Verfassungen verbürgen darüber hinaus ein, wenn auch unterschiedlich ausgestaltetes, **Recht auf unentgeltlichen Zugang zu staatlichen Unterrichtsanstalten.** Allerdings ist dieses regelmäßig auf den Zugang zur Elementarausbildung beschränkt (§ 76 S. 1 VerfDänemark und Art. 42 Abs. 4 VerfIrland: Volksschulbildung; Art. 34 S. 2 VerfItalien, Art. 23 S. 1 VerfLuxemburg, Art. 74 Abs. 2 VerfPortugal und Art. 27 Abs. 4 VerfSpanien: Grundschulunterricht; Art. 16 Abs. 1 S. 1

1 KOM (89) 248 endg.

VerfFinnland und Kapitel 2 § 21 VerfSchweden: grundlegende Ausbildung). Die **Privatschulfreiheit** ist zwar nicht in allen mitgliedstaatlichen Verfassungen, jedoch verbreitet nachweisbar (zB in Art. 17 Abs. 2 österreichisches StGG und Art. 14 Abs. 7 österreichisches BVG). Die besondere **Elternverantwortung für die (auch religiöse) Erziehung der Kinder** ist dagegen nur in Belgien (Art. 24 § 1), der Bundesrepublik Deutschland (Art. 7 Abs. 2 GG), Irland (Art. 42 Abs. 1) und Spanien (Art. 27 Abs. 3) von Verfassungs wegen normiert. Teilweise wird diesem Recht ein Recht der Eltern auf freie Schulwahl (Art. 24 § 1 VerfBelgien und Art. 42 Abs. 3 S. 1 VerfIrland) und/oder ein Recht auf häusliche (statt schulischer) Unterrichtung (§ 76 S. 2 VerfDänemark und Art. 42 Abs. 2 VerfIrland) an die Seite gestellt. In der einen oder anderen Ausgestaltung hat ein Recht auf Bildung auch Eingang in die Verfassungen **der neuen Mitgliedstaaten** gefunden (§ 37 VerfEstland, Art. 66 ff. VerfKroatien, Art. 112 VerfLettland, Art. 26 Abs. 5, 40 und 41 VerfLitauen, Kapitel II Art. 10 und 11 VerfMalta, Art. 70 VerfPolen, Art. 32 VerfRumänien, Art. 42 VerfSlowakei, Art. 57 f. VerfSlowenien, Art. 3 und Art. 112 Abs. 1 VerfTschechien iVm Art. 33 tschechische GR-Deklaration und Art. XI GGUngarn).

2. Internationales Recht

3 Soweit die GRC zur Herstellung von Kohärenz und Übereinstimmung des Schutzniveaus der Grundrechte mit dem Schutzstandard des Völkerrechts auf die **gemeinsamen internationalen Verpflichtungen der Mitgliedstaaten** verweist,[2] haben die aus Art. 14 Verpflichteten neben den bereits erwähnten Rechtstexten weitere Vorgaben zu beachten. In Anlehnung an **Art. 26 AEMR** und als Konsequenz aus dem Recht auf Gedanken-, Gewissens- und Religionsfreiheit verpflichtet **Art. 18 Abs. 4 IPbpR** die Vertragsstaaten zur Achtung des Elternrechts auf „religiöse und sittliche Erziehung ihrer Kinder in Übereinstimmung mit ihren eigenen Überzeugungen". Während Art. 18 Abs. 4 IPbpR auf einen Teilbereich des Menschenrechts beschränkt bleibt, regelt **Art. 13 IPwskR** in ausführlicher Weise Pflichten der Vertragsstaaten zur Anerkennung eines „Jedermann-Rechts" auf Bildung (Absatz 1), zur Bereitstellung eines obligatorischen, aber unentgeltlichen Grundschulunterrichts usw. (Absatz 2), zur Achtung des Elternrechts auf freie Auswahl der Schule (Absatz 3) und zur Respektierung der „Freiheit natürlicher oder juristischer Personen, Bildungseinrichtungen zu schaffen und zu leiten" (Absatz 4). Mit ähnlichen Formulierungen, jedoch aus der Sicht des Kindes und insoweit mit veränderter Blickrichtung befasst sich **Art. 28 Abs. 1** der **UN-Konvention über die Rechte des Kindes vom 20.11.1989**[3] mit der angesprochenen Thematik. Segmente des Rechts auf Bildung stellen auch das **UN-Übereinkommen zur Beseitigung jeder Form von Diskriminierung der Frau vom 18.12.1979 (Art. 10)**[4] und das **UN-Übereinkommen gegen Diskriminierung im Unterrichtswesen vom 15.12.1960 (Art. 5)**[5] unter Schutz.

4 Eine eigene Politik war der **Europäischen Gemeinschaft** nur im Bereich der beruflichen Bildung gestattet (Art. 150 Abs. 1 EGV-Nizza). Im Bereich der allgemeinen Bildung war sie auf die (bloße) Förderung der Zusammenarbeit zwischen den Mitgliedstaaten sowie die Unterstützung und Ergänzung mitgliedstaatlicher Tätigkeit beschränkt (Art. 149 Abs. 1 EGV-Nizza). Diese Kompetenzverteilung zwischen der **Union** und den Mitgliedstaaten wird nach Inkrafttreten des **Lissabon-Vertrags** beibehalten (vgl. Art. 165 und 166 AEUV).

---

2 Erwägung Nr. 5 der Präambel und Art. 53. Vgl. die Auflistung völkerrechtlicher Dokumente bei *Rengeling/Szczekalla*, Grundrechte, S. 595 f.

3 BGBl. 1992 II, 122.

4 BGBl. 1985 II, 648.

5 BGBl. 1968 II, 387.

Entsprechend hat der **EuGH** noch keine Gelegenheit gehabt, ein eigenständiges Grundrecht auf Bildung zu entwickeln.[6] In der „Bildungs-Rechtsprechung" des EuGH erscheint das Recht auf Bildung, vor allem dasjenige auf Berufsausbildung, als Teilaspekt der (umfassenden) Freiheit des Personenverkehrs oder hatte Bedeutung im Hinblick auf das Diskriminierungsverbot des Art. 12 EGV(-Nizza) (jetzt Art. 18 AEUV) oder – hiervon losgelöst und unter dem Gesichtspunkt der Studienförderung bzw. der Sicherstellung des Lebensunterhalts – im Hinblick auf das mit der Unionsbürgerschaft verbundene Freizügigkeitsrecht des Art. 18 EGV(-Nizza) (jetzt Art. 21 AEUV).[7] Das Recht auf Elementarausbildung hat in der Rechtsprechungspraxis darüber hinaus nur eine untergeordnete Rolle gespielt.[8] Kein Maßstab für die Auslegung des Art. 14 ist **Art. 16** der – die Mitgliedstaaten nicht bindenden – **Erklärung des EP über Grundrechte und Grundfreiheiten vom 12.4.1989.**

II. Diskussion im Grundrechtekonvent

5 In seiner auf der Grundlage der Gemeinschaftsverträge, der internationalen Übereinkommen über Menschenrechte einschließlich der EMRK, der einzelstaatlichen Verfassungen sowie verschiedener Gemeinschaftstexte und Erklärungen des EP erstellten Grundrechtsliste (BODY 4) hatte das Präsidium des Grundrechtekonvents dem Grundrecht auf Bildung und berufliche Bildung sowie Weiterbildung einen Platz sowohl bei den klassischen Freiheitsrechten als auch bei den „wirtschaftlichen und sozialen Rechten/Zielen" zugewiesen. Eine Bestimmung über das Recht auf Bildung war auch von *Meyer* (D) zur Aufnahme in die GRC empfohlen worden. Er hatte sie prägnant in einem Satz formuliert, jedoch an einer weniger prominenten Stelle seines Diskussionsentwurfs einer Grundrechtecharta (CHARTE 4102/00 CONTRIB 2) verankert. Ein **erster Textvorschlag** war in **CONVENT 8** unterbreitet worden. In **vier Absätzen** hatte das Präsidium das Recht eines jeden auf Bildung „gemäß seinen Fähigkeiten", das Recht auf freie Wahl der Bildungsstätte, das Recht der Eltern auf Erziehung und Bildung ihrer Kinder und die Freiheit von Kunst, Wissenschaft, Forschung und Lehre als Teilgewährleistungen zu einem **einheitlichen „Recht auf Bildung"** zusammengefasst. In der Begründung des Entwurfs war dem Plenum des Konvents die Frage vorgelegt worden, ob und an welcher Stelle die GRC ein „Recht auf berufliche Ausbildung" enthalten solle. Das Präsidium hatte darüber hinaus zur Diskussion gestellt, ob in der Charta „auf die Verpflichtung zur Gewährleistung der Unentgeltlichkeit des Grund- und Sekundarschulunterrichts und auf dessen obligatorischen Charakter sowie auf die Chancengleichheit beim Hochschulzugang" besonders hingewiesen werden müsse.

6 Bei den folgenden Beratungen war der Präsidiumsvorschlag sowohl in konzeptioneller als auch in redaktioneller Hinsicht erheblich kritisiert worden. In der Debatte hatten einige Delegierte dem Präsidium zunächst angeraten, nach einem **neuen Standort für die Vorschrift** zu suchen (bei den Gleichheitsrechten; bei den sozialen Rechten). Ferner war gefordert worden, die Bestimmung sprachlich so umzugestalten, dass sie **eindeutig als Abwehr-**

6 Mit gleicher Einschätzung: *Pechstein/Nowak/Häde/Thiele*, Frankfurter Kommentar, Art. 14 GRC Rn. 5; *Kingreen*, in: Calliess/Ruffert, EUV/AEUV, 5. Aufl., Art. 14 GRCh Rn. 2.

7 Ausführlich hierzu *Oppermann*, Europarecht, Rn. 1930 ff. Zur teilhaberechtlichen Komponente der Unionsbürgerschaft etwa EuGH – Grzelczyk, C-184/99 – Slg 2001, I-6193; EuGH – Bidar, C-209/03 – Slg 2005, I-2119; EuGH – Förster, C-158/07 – Slg 2008, I-8507.

8 Siehe etwa die „Gravier"-Entscheidung (293/93 – Slg 1985, 593). Aus der EuGH-Rspr. ferner: EuGH – Lair, 39/86 – Slg 1988, 3161; EuGH – Studentenquoten, 42/87 – Slg 1988, I-5445; EuGH – Einschreibegebühr, C-74/93 – Slg 1994, I-1593; mittelbar EuGH – Baumbast, C-413/99 – Slg 2002, I-7091; ferner EuGH – Bressol ua, C-73/08 – Slg 2010, I-2735. In der jüngeren „Bildungs-Rechtsprechung" des EuGH wird Art. 14 (noch) nicht herangezogen (vgl. etwa EuGH – Schwarz, C-76/05 – Slg 2007, I-6849, und EuGH – Kommission/Deutschland, C-318/05 – Slg 2007, I-6957).

recht – und nicht (auch) als Teilhaberecht – **zu identifizieren** sei. Ein weiterer konzeptioneller Einwand hatte die Frage nach den „rechtlichen Auswirkungen" eines Grundrechts auf Bildung betroffen. Unter Hinweis auf die eingeschränkten Zuständigkeiten der Union im Bereich der Bildungs- und Ausbildungspolitik war schließlich angemerkt worden, dass die Vorschrift nur die Rechte der Mitgliedstaaten wiedergeben könne und deshalb – mangels „Mehrwerts" – **aus der Charta herauszulassen** sei.

7 In seinem **zweiten Entwurf** war das Präsidium des Grundrechtekonvents der Forderung nach einer stärkeren Betonung des abwehrrechtlichen Charakters der Vorschrift nachgekommen und hatte das Recht auf Bildung wie in Art. 2 S. 1 ZP Nr. 1 zur EMRK **negativ formuliert** (CONVENT 13). Als aus dem Recht auf Bildung folgende Teilgewährleistung hatte es das **Recht auf unentgeltliche Teilnahme am Pflichtschulunterricht** besonders erwähnt. Ein weiterer Akzent war mit der Aufnahme der **Freiheit zur Gründung von Lehranstalten** gesetzt worden. In dem zur Vorbereitung der zweiten Lesung übermittelten Präsidiumsentwurf (**CONVENT 28**) war das Recht auf Bildung um ein **„Recht auf Zugang zur beruflichen Ausbildung und Weiterbildung"** ergänzt und das Grundrecht insgesamt (erneut) **positiv formuliert** worden. Nach einer Auswertung weiterer Änderungsanträge hatte sich das Präsidium des Grundrechtekonvents **lediglich** zu einer **Neuformulierung des Rechts zur Gründung von Lehranstalten** veranlasst gesehen. In dem folgenden **Kompromissvorschlag CONVENT 37** war der **Schutzbereich** dieses Rechts im Hinblick auf die von den Konventsmitgliedern erhobenen Forderungen **eingeschränkt** („... unter Achtung der demokratischen Grundsätze nach den nationalen Regeln für die Ausübung dieses Rechts ...") und das Recht **weniger absolut als bisher ausgestaltet** worden („... ist ... gewährleistet").

8 In dem **Entwurf eines vollständigen Textes der Grundrechtecharta (CONVENT 45)** hatte das Präsidium schließlich das Recht zur Gründung von Lehranstalten und das Elternrecht in einem Absatz zusammengefasst und die Bestimmung insgesamt nicht mehr in Art. 16, sondern in **Art. 14** verankert. Wegen weiterer sukzessiver Änderungen (Normierung des Rechts auf unentgeltlichen Pflichtschulunterricht in einem selbstständigen Absatz 2; Ersetzung des Ausdrucks „Regelungen" durch den Ausdruck „Gesetzen" und der Formulierung „gewährleistet" durch „geachtet" in Absatz 3) war die **endgültige Fassung** der Vorschrift **erst in CONVENT 50** zustande gekommen.[9]

III. Kommentierung

1. Verhältnis zu anderen Grundrechten

9 Das **Recht auf Bildung** ist **nicht** das **einzige Grundrecht im Bildungsbereich,** offenbart aber dessen **zentrales Anliegen.** Mit dem Recht auf Bildung **eng verbunden** sind die Garantien der Gedanken-, Gewissens- und Religionsfreiheit (Art. 10 Abs. 1), der Freiheit der Kunst und der Wissenschaft (Art. 13) und der unternehmerischen Freiheit (Art. 16). Eine **gewisse Relevanz** für den Bildungsbereich besitzen auch die Diskriminierungsverbote in Titel III der GRC. Insbesondere für die ihm nachfolgenden **Gewährleistungen der Berufsfreiheit und des Rechts zu arbeiten (Art. 15)** schafft das Bildungsgrundrecht die **Voraussetzungen effektiver Grundrechtsausübung.**

9 Ausführlicher zum Beratungsverlauf siehe Vorauflage. Vgl. auch die detaillierte Darstellung bei *Kempen* (in: *Stern/Sachs/Kempen*, GRC, Art. 14 Rn. 1 ff.), der der Entstehungsgeschichte für die Auslegung gleichwohl kaum Bedeutung beimisst.

Art. 14 enthält eine Zusammenfassung von Rechten[10], die jedenfalls **zum Teil** – etwa das Recht zur Gründung von Lehranstalten und das Elternrecht – den **klassischen Freiheitsrechten zuzuordnen** sind. Insoweit vermag der Einwand nicht zu überzeugen, dass das Recht auf Bildung zwingend bei den sozialen Rechten zu verorten gewesen wäre und dessen Aufnahme in Titel II als systematisch wenig geglückt zu bezeichnen sei.[11] 10

2. Recht auf Bildung und Zugang zu Bildungseinrichtungen (Absätze 1 und 2)

a) Schutzbereich, Recht auf (schulische) Bildung. Den **Schutzbereich** des Grundrechts hat der Grundrechtekonvent mit den Begriffen **„Bildung"**, **„berufliche Ausbildung"** und **„Weiterbildung"** umschrieben. Über die Tragweite des Rechts sagt der Ausdruck „Bildung" (l'éducation/education) wenig aus. Mit Rücksicht auf die in Absatz 3 verwandten Begriffe „Erziehung" (l'éducation/education) und „Unterricht" (l'enseignement/teaching) kann **„Bildung"** in systematischer Auslegung nur als **Vorgang und zugleich Ergebnis schulischer Erziehung oder schulischen Unterrichts** verstanden werden.[12] Aus diesem Grund hat das Präsidium des Grundrechtekonvents in seinen Erläuterungen zu Art. 14 auf **Art. 2 ZP Nr. 1 zur EMRK** verwiesen[13] und **nicht auf Art. 149 EGV(-Nizza) (jetzt Art. 165 AEUV)**, dessen (weiter) Bildungsbegriff neben der schulischen auch die private, institutionalisierte und punktuelle Erziehungs- und Wissensvermittlung umfasst.[14] 11

b) Grundrechtsdimensionen. Inhaltsbestimmendes Merkmal des Rechts auf Bildung in Art. 14 Abs. 1 ist zunächst dessen – im Vergleich mit Art. 2 S. 1 ZP Nr. 1 zur EMRK – **positive Formulierung.** Weil Absatz 1 (jedenfalls insoweit) der Referenzvorschrift in der EMRK entsprechen soll,[15] ist ein **unbeschränktes Individualrecht auf Bildung** mit der Folge eines strikten Erfüllungsanspruchs aber **nicht gegeben.**[16] Eine voraussetzungslose „Freiheit 12

---

10 Vgl. *Pechstein/Nowak/Häde/Thiele*, Frankfurter Kommentar, Art. 14 GRC Rn. 9: fünf verschiedene Rechte; *Jarass*, GR-Charta, 3. Aufl., Art. 14 Rn. 1: fünf verschiedene Teilbereiche; *Kingreen*, in: Calliess/Ruffert, EUV/AEUV, 5. Aufl., Art. 14 GRCh Rn. 1: drei Grundrechte.

11 Vgl. etwa *Calliess*, EuZW 2001, 264; *Magiera*, DÖV 2000, 1023; *Schmitz*, JZ 2001, 840; *Grabenwarter*, DVBl. 2001, 5; *Pache*, EuR 2001, 480 Fn. 31.

12 So *Stern/Sachs/Kempen*, GRC, Art. 14 Rn. 7: prozesshafte und ergebnisbezogene Dimension.

13 In der Rspr. der EKMR wird der Begriff „Bildung" ebenfalls nur auf die (schulische) Elementarausbildung bezogen, auch wenn hierunter in der Rspr des EGMR mittlerweile weitere Bildungsstufen (etwa die Sekundarschule) verstanden werden. Vgl. hierzu die Entscheidungen der EKMR v. 13.3.1975 – X/Großbritannien – E 5962/72, Decisions and Reports 2, 50, und v. 19.5.1977 – Ausländische Studenten/Großbritannien – E 7671/76 ua, Decisions and Reports 9, 185; ferner Urt. des EGMR v. 10.11.2005 – Sahin/Türkei – Nr. 44774/98 = NVwZ 2006, 1389, und Urt. v. 27.8.2013 – H. und H./Deutschland – Nr. 61145/09 = NVwZ 2014, 1293. Ebenso *Guradze*, EMRK, Art. 2 ZP Nr. 1 Rn. 3, und *Seidel*, Handbuch, S. 200; zweifelnd *Frowein*, in: Frowein/Peukert, EMRK, S. 829; auch *Grabenwarter/Pabel*, EMRK, § 22 Rn. 91. Zu Art. 14 Abs. 1 wie hier – wenn auch mit anderer Begründung – *Stern/Sachs/Kempen*, GRC, Art. 14 Rn. 8, und *Kingreen*, in: Calliess/Ruffert, EUV/AEUV, 5. Aufl., Art. 14 GRCh Rn. 3 f.; aA wohl *Jarass*, EU-Grundrechte, § 19 Rn. 6, der die Hochschulausbildung mit einbezieht; *ders.*, GR-Charta, 3. Aufl., Art. 14 Rn. 6 f. Offen gelassen von *Pechstein/Nowak/Häde/Thiele*, Frankfurter Kommentar, Art. 14 GRC Rn. 10.

14 *Simm*, in: Schwarze, EU-Kommentar, Art. 165, 166 AEUV Rn. 12 ff., und Art. 14 GRC Rn. 2. Für eine Übertragung des in Art. 165 und Art. 166 AEUV enthaltenen weiten Begriffsverständnisses *Stern/Sachs/Kempen*, GRC, Art. 14 Rn. 8; wohl auch *Pünder*, in: Ehlers, Grundrechte, 4. Aufl., § 18 Rn. 20 ff.

15 Vgl. die Erläuterungen des Präsidiums des Grundrechtekonvents zu Art. 14 und Art. 52 Abs. 3.

16 Siehe zu den objektiven und subjektiven Dimensionen des Art. 14 Abs. 1 *Stern/Sachs/Kempen*, GRC, Art. 14 Rn. 18 f.; ferner *Pechstein/Nowak/Häde/Thiele*, Frankfurter Kommentar, Art. 14 GRC Rn. 11. Einen originären Leistungsanspruch auf Schaffung entsprechender Einrichtungen nimmt *Kingreen*, in: Calliess/Ruffert, EUV/AEUV, 5. Aufl., Art. 14 GRCh Rn. 5, an; hiergegen *Jarass*, GR-

zur Bildung“ hat der Grundrechtekonvent nicht begründen wollen.[17] **Gleichwohl** lassen sich dem Bildungsgrundrecht einige **positive Inhalte** entnehmen. Art. 14 setzt das Vorhandensein eines (schulischen) Bildungswesens voraus, das in qualitativer und quantitativer Hinsicht alleinverantwortlich durch die Mitgliedstaaten sichergestellt wird. Der **Pflicht zur Vorhaltung schulischer Bildungseinrichtungen**[18] darf sich ein Mitgliedstaat **nicht gänzlich entziehen.**[19] Darüber hinaus wäre ein **Rückschritt hinter den vorhandenen Standard** nach der GRC **unzulässig,** auch wenn natürlich Ausmaß und Ausgestaltung der Bildungsmöglichkeiten von den Mitgliedstaaten selbst bestimmt werden dürfen. Damit das Recht auf Bildung für den Einzelnen ein gewisses Maß an Wirksamkeit entfalten kann, muss sich die Konzeption des Bildungswesens nach **Effektivitätsgesichtspunkten** richten. Sie hat überdies den **Grundsätzen der Toleranz und Pluralität** Rechnung zu tragen.[20] Diese positiven Verpflichtungen, deren Erfüllung der Einzelne erwarten darf, ohne hierauf einen individuellen Leistungsanspruch zu haben,[21] gehen über die (bloße) Abwehrfunktion des Rechts auf Bildung hinaus. Die **Hauptbedeutung** des Grundrechts liegt jedoch in seinen **negativen Inhalten.** Soweit schulische Bildungseinrichtungen existieren, müssen diese grundsätzlich jedermann offenstehen (Teilhabe- bzw. Teilnahmerecht). Allerdings bedarf der Grundsatz der generellen Zugänglichkeit einer Einschränkung. Dort, wo der Mitgliedstaat aus bildungsqualitativen oder bildungspolitischen Gründen normiert und selektiert,[22] kann sich der Einzelne auf Absatz 1 nicht berufen, solange diese Maßnahmen ohne Diskriminierung getroffen werden.[23] Es besteht ein erheblicher Gestaltungsspielraum der Mitgliedstaaten. In diesem **Recht auf diskriminierungsfreien Zugang zu bestehenden (schulischen) Einrichtungen** liegt der „harte Kern“ des Grundrechts.[24] Darüber hinaus besteht ein **Recht auf freie Wahl zwischen mehreren Bildungsarten.** Die Anwendung der erworbenen Kenntnisse und Fähigkeiten garantiert das Bildungsgrundrecht allerdings nicht.

13 c) **Zugang zu unentgeltlichem Pflichtschulunterricht.** Eng mit dem Recht auf (schulische) Bildung verbunden ist die in **Absatz 2** angesprochene **Möglichkeit, unentgeltlich am Pflichtschulunterricht teilzunehmen.** Dem in Art. 14 Abs. 1 verankerten Recht auf Bildung widerspricht es nicht, wenn der Einzelne seine Bildungsziele in den vorhandenen Bildungseinrichtungen verfolgen muss. **Vor der Anordnung der Schulpflicht** ist er **nicht** etwa unter dem Gesichtspunkt der negativen Bildungsfreiheit **geschützt.**[25] Aus den Erläuterungen des Präsidiums des Grundrechtekonvents zu Absatz 2 ergibt sich, dass die Vorschrift die infol-

---

Charta, 3. Aufl., Art. 14 Rn. 12; nach schulischen und beruflichen Bildungseinrichtungen differenzierend *Pünder*, in: Ehlers, Grundrechte, 4. Aufl., § 18 Rn. 17.

17 Missverstanden von *Schmitz*, JZ 2001, 834, 840.

18 Zu den in der Hand des Staates liegenden Funktionen gehören darüber hinaus die Organisation des Schulwesens sowie die Festlegung des Unterrichtsplans und dessen Durchführung.

19 Etwa durch Abschaffung der Grundschulen. Trotz des von Art. 2 ZP Nr. 1 zur EMRK abweichenden Wortlauts wird ein solcher bildungspolitischer Auftrag des Staates auch durch Art. 14 festgelegt.

20 Vgl. Urt. des EGMR v. 7.12.1976 – Kjeldsen ua/Dänemark, Serie A/23 = EuGRZ 1976, 478.

21 Etwa im Sinne einer auf bestimmte, nicht vorhandene Bildungsveranstaltungen bezogenen (Einrichtungs)Garantie. Vgl. – zu Art. 2 ZP Nr. 1 zur EMRK – Urt. des EGMR v. 23.7.1968 – Belgischer Sprachenstreit, Serie A/6 = EuGRZ 1975, 298.

22 Nach Bedarf, Eignungsgrad, Alter usw.

23 Wie hier *Kingreen*, in: Calliess/Ruffert, EUV/AEUV, 5. Aufl., Art. 14 GRCh Rn. 7; *Stern/Sachs/Kempen*, GRC, Art. 14 Rn. 19: Recht auf diskriminierungsfreie Auswahlentscheidung; *Jarass*, EU-Grundrechte, § 19 Rn. 11; *ders.*, GR-Charta, 3. Aufl., Art. 14 Rn. 10, 16. Zur EMRK: *Guradze*, EMRK, Art. 2 ZP Nr. 1 Rn. 3; ferner *Spielbüchler*, EuGRZ 1985, 440.

24 So im Ergebnis auch *Lemmens*, in: Maastricht Journal of European and Comparative Law 2001, S. 60; vgl. ferner *Magiera*, DÖV 2000, 1023; *Pernice*, DVBl. 2000, 853.

25 *Frowein*, in: Frowein/Peukert, EMRK, S. 830 mwN; *Meyer-Ladewig/Nettesheim/Raumer*, EMRK, Zusatzprotokoll Art. 2 Rn. 8; *Guradze*, EMRK, Art. 2 ZP Nr. 1 Rn. 6.

ge der Schulpflicht entstehenden (finanziellen) Nachteile ausgleichen soll, auch wenn letztlich nicht jede Pflichtschule unentgeltlich sein muss.[26] Mit dieser kompensatorischen Zielrichtung trägt sie letztlich dem **Diskriminierungsverbot** Rechnung, das eine Benachteiligung aus sozio-ökonomischen Gründen auch im Bildungsbereich untersagt. Ob und in welchem Umfang davon auch finanzielle Folgelasten des (Pflicht)Schulbesuchs erfasst sind (und etwa auch der Erwerb von Lehr- oder Lernmitteln kompensiert werden muss), ist allerdings fraglich.[27] Mit den Grundrechtsbestimmungen der Art. 9 und 10 Abs. 2 gehört **Art. 14 Abs. 2** zu den (wenigen) Freiheitsrechten, die **von** einer materiell-rechtlichen **Zuständigkeit der Union** im Primärrecht **nicht „flankiert"** werden. Die **aktualisierten Erläuterungen** zu Art. 14 Abs. 2, in denen die Formulierung **„Prinzip"** (der Unentgeltlichkeit des Pflichtschulunterrichts) durch den Begriff **„Grundsatz"** ersetzt worden ist, deuten darauf hin, dass das **Präsidium des Verfassungskonvents** die in Absatz 2 enthaltene Bestimmung über die **Möglichkeit,** unentgeltlich am Pflichtschulunterricht teilzunehmen, als **Grundsatz iSd Art. 52 Abs. 5** verstanden wissen wollte.[28] Die rechtliche Qualität des Art. 14 Abs. 2 ist erheblich umstritten und wird zu klären sein.[29]

d) Zugang zu beruflicher Ausbildung und Weiterbildung. Wegen der Einbeziehung des 14 **Rechts auf Zugang zur beruflichen Ausbildung und Weiterbildung** geht Art. 14 Abs. 1 auf Schutzbereichsebene über Art. 2 ZP Nr. 1 zur EMRK hinaus. Absatz 1 nimmt Kernforderungen der – von der Gemeinschaft und dem Europarat beschlossenen – Sozialchartas auf, die aus Gründen realer Absicherung des „Rechts auf Arbeit" die Notwendigkeit berufsorientierter Wissensvermittlung besonders hervorheben (Art. 10 ESC und Nr. 15 der Gemeinschaftscharta der Sozialen Grundrechte der Arbeitnehmer vom 9.12.1989). **Berufliche Ausbildung** (formation professionnelle/vocational training) ist jede Form der Ausbildung, die auf eine Qualifikation für einen bestimmten Beruf oder eine bestimmte Beschäftigung vorbereitet oder eine besondere Befähigung zur Ausübung eines solchen Berufs oder einer solchen Beschäftigung verleiht.[30] Sekundärrechtlich ist hier die **Verordnung (EWG) Nr. 337/75 vom 10.2.1975 über die Errichtung eines Europäischen Zentrums für die Förderung der Berufsbildung**[31] von Bedeutung. Unter **beruflicher Weiterbildung** (formation continue/continuing training) wird in den Sozialchartas vor allem die (berufliche) Umschulung verstanden. Wie das Recht auf Bildung, so besteht auch das Recht auf berufliche Ausbildung und Weiterbildung nur **nach Maßgabe der vorhandenen Möglichkeiten** („Recht auf Zugang").[32] Garantiert ist lediglich ein **(derivativer) Anspruch auf diskriminierungsfreie Zulassung.**

26 So *Jarass*, GR-Charta, 3. Aufl., Art. 14 Rn. 12.

27 Ebenso *Stern/Sachs/Kempen*, GRC, Art. 14 Rn. 20; *Pechstein/Nowak/Häde/Thiele*, Frankfurter Kommentar, Art. 14 GRC Rn. 13.

28 So auch *Pechstein/Nowak/Häde/Thiele*, Frankfurter Kommentar, Art. 14 GRC Rn. 14; a.A. *Kingreen*, in: Calliess/Ruffert, EUV/AEUV, 5. Aufl., Art. 14 GRCh Rn. 3, und *Pünder*, in: Ehlers, Grundrechte, 4. Aufl., § 18 Rn. 18: Grundrecht; ferner *Jarass*, GR-Charta, 3. Aufl., Art. 14 Rn. 3, 18.

29 Auf dieses Problem wird auch bei *Stern/Sachs/Kempen*, GRC, Art. 14 Rn. 20, hingewiesen.

30 Lehrlingsausbildung, Hochschulausbildung, berufliche Erwachsenenbildung usw. Wie hier *Stern/Sachs/Kempen*, GRC, Art. 14 Rn. 9.

31 ABl. 1975 Nr. L 39 S. 1; zuletzt geändert durch Verordnung (EG) Nr. 2051/2004 des Rates vom 25.10.2004, ABl. 2004 Nr. L 355 S. 1.

32 Demgegenüber enthalten die Sozialchartas das Postulat, bestimmte Ausbildungs- und Weiterbildungseinrichtungen zu schaffen.

3. Eingriffsrechtfertigung

15 Obwohl die in Art. 14 Abs. 1 und 2 enthaltenen Verbürgungen nach ihrem Wortlaut vorbehaltlos sind, unterliegen sie **Schranken** und **Begrenzungen.** Soweit Absatz 1 hinsichtlich seines Schutzbereichs **mit Art. 2 ZP Nr. 1 zur EMRK „deckungsgleich"** ist, gelten nach **Art. 52 Abs. 3 S. 1** die dort zugelassenen Einschränkungen.[33] **Außerhalb** dieser **„Schnittmenge"** – hinsichtlich des **Rechts auf Zugang zur beruflichen Ausbildung und Weiterbildung** – bestimmen sich die Voraussetzungen und Grenzen eines Grundrechtseingriffs nach der allgemeinen Schrankenregelung des **Art. 52 Abs. 1.**[34] Gleiches gilt für die in Absatz 2 normierte **Möglichkeit, unentgeltlich am Pflichtschulunterricht teilzunehmen,** wenn diese als „Recht" und nicht als „Grundsatz" verstanden werden sollte. **Abgrenzungsschwierigkeiten** bei der Bestimmung des Schutzbereichs müssen daher in Kauf genommen werden. Eine einheitliche Rechtfertigungsprüfung nach Art. 52 Abs. 1 nur zu dem Zweck, diese Schwierigkeiten zu vermeiden, kommt nicht in Betracht.[35]

4. Berechtigte und Verpflichtete

16 Art. 14 ist als **Menschenrecht** konzipiert. Soweit es um die Bildung des **Kindes** geht, ist dieses – neben seinen Eltern – **selbst legitimiert.**[36] Im Hinblick auf das Recht, Bildungsinteressen kollektiv wahrzunehmen, kommt auch eine Grundrechtsträgerschaft **juristischer Personen** in Betracht.[37] Angesichts der stark eingeschränkten Kompetenzen sind Grundrechtsgefährdungen durch Organe, Einrichtungen oder sonstige Stellen der Union im Bereich der **allgemeinen Bildung** eher die Ausnahme. Die **Bedeutung** des Rechts auf Bildung in Absatz 1 einschließlich der aus ihm folgenden Teilgewährleistung in Absatz 2 **erschöpft sich** daher **in seiner Wirkung gegenüber den Mitgliedstaaten.** Adressaten sind dort nur **Hoheitsträger, nicht** aber **Privatschulen.**[38] Der Hinweis des Präsidiums des Grundrechtekonvents, wonach die Union „im Rahmen ihrer bildungspolitischen Maßnahmen" die Unentgeltlichkeit des Pflichtschulunterrichts zu achten habe,[39] erscheint vor diesem Hintergrund wenig nachvollziehbar.[40] **Relevanz** auch **für die Union** besitzt das Grundrecht aber im Bereich der **beruflichen Ausbildung und Weiterbildung,** in dem ihr ein rechtsverbindliches Instrumen-

---

33 Mögliche Eingriffe werden beschrieben bei *Stern/Sachs/Kempen*, GRC, Art. 14 Rn. 24 f.; ferner bei *Pechstein/Nowak/Häde/Thiele*, Frankfurter Kommentar, Art. 14 GRC Rn. 19 f., und *Jarass*, GR-Charta, 3. Aufl., Art. 14 Rn. 10.

34 Wie hier *Stern/Sachs/Kempen*, GRC, Art. 14 Rn. 24 f., und *Pünder*, in: Ehlers, Grundrechte, 4. Aufl., § 18 Rn. 27. Missverständlich *Pechstein/Nowak/Häde/Thiele*, Frankfurter Kommentar, Art. 14 GRC Rn. 21: darüber hinaus…ist die allgemeine Schrankenregelung des Art. 52 Abs. 1 GRC anzuwenden.

35 So aber *Kingreen*, in: Calliess/Ruffert, EUV/AEUV, 5. Aufl., Art. 14 GRCh Rn. 9; offensichtlich auch *Jarass*, GR-Charta, Art. 14 Rn. 14 ff.

36 So – zu Art. 2 ZP Nr. 1 zur EMRK – IntKomm/*Wildhaber*, EMRK, Art. 2 ZP Nr. 1 Rn. 13 ff. mwN aus der Rechtsprechung. Vgl. *Jarass*, EU-Grundrechte, § 19 Rn. 9: keine Grundrechtsträgerschaft der Eltern, soweit es um Art. 14 Abs. 1 geht; ebenso *ders.*, GR-Charta, 3. Aufl., Art. 14 Rn. 9.

37 AA offensichtlich die Rechtsprechung zu Art. 2 ZP Nr. 1 zur EMRK (nachgewiesen bei IntKomm/*Wildhaber*, EMRK, Art. 2 ZP Nr. 1 Rn. 17 f.). Zu Art. 14: *Kingreen*, in: Callies/Ruffert, EUV/AEUV, 5. Aufl., Art. 14 GRCh Rn. 6, und *Jarass*, EU-Grundrechte, § 19 Rn. 9, sowie *ders.*, GR-Charta, 3. Aufl., Art. 14 Rn. 9. Differenzierend *Stern/Sachs/Kempen*, GRC, Art. 14 Rn. 13 ff., und *Pechstein/Nowak/Häde/Thiele*, Frankfurter Kommentar, Art. 14 GRC Rn. 8.

38 Ebenso *Stern/Sachs/Kempen*, GRC, Art. 14 Rn. 16; *Kingreen*, in: Calliess/Ruffert, EUV/AEUV, 5. Aufl., Art. 14 GRCh Rn. 8.

39 Vgl. die Erläuterungen zu Art. 14.

40 *Alber/Widmaier*, EuGRZ 2000, 500: Die Verbindlichkeit des Art. 14 Abs. 2 steht auf schwachen Füßen; ihr kommt daher eher deklaratorische Bedeutung bzw. „Nachahmungscharakter" im Sinne einer Anregung zur Übernahme zu. Vgl. zu den mittelbar bildungsrelevanten Kompetenzen der Union Rn. 4.

tarium, einschließlich der Rechtsakte des Art. 288 AEUV (zuvor Art. 249 EGV-Nizza), zur Verfügung steht. Für die Grundrechtsadressaten bestehen **Respektierungs- und Schutzpflichten.** Letztere schließen die Pflicht ein, Störungen des Rechts auf Bildung, berufliche Ausbildung und Weiterbildung durch **Dritte** – auch durch die **Eltern**[41] – zu verhindern.

5. Privatschulfreiheit und schulbezogenes Elternrecht (Absatz 3)

a) **Gleichgerichtete Rechte.** In **Art. 14 Abs. 3** findet sich eine Kombination unterschiedlicher, letztlich aber gleichgerichteter Rechte.[42] Sie stellen das **Gegengewicht zu den Gestaltungsrechten des Staates im Schulbereich** dar. Mit der Aufnahme der **Freiheit zur Gründung von Lehranstalten** hat der Grundrechtekonvent klargestellt, dass die Möglichkeit der Begründung und Führung privater Schulen von den Mitgliedstaaten nicht ausgeschlossen werden darf.[43] Das **elterliche Erziehungsrecht** in der hier geschützten **Ausprägung** als **schulbezogenes Elternrecht** trägt der Tatsache Rechnung, dass das Kind in der für die Bildung wichtigen Phase seines Lebens außerstande ist, die notwendigen Entscheidungen selbst bzw. allein zu treffen. Als „Recht auf Bildung unter elterlichem Einfluss" **sichert** es **im Kern** die **Bildungsfreiheit des Kindes** gegen Eingriffe von außen. 17

b) **Gründung privater Lehranstalten.** Anders als Art. 2 ZP Nr. 1 zur EMRK liegt Art. 14 eine **Unterscheidung zwischen öffentlichem und privatem Bildungswesen** zugrunde. Art. 14 **gestattet** es den Mitgliedstaaten – schon im Hinblick auf die in Art. 16 anerkannte unternehmerische Freiheit[44] – **nicht**, ein **staatliches Schulmonopol einzurichten** und die Verfolgung von Bildungsinteressen außerhalb staatlicher Schulen zu untersagen.[45] Eine **Verpflichtung zur finanziellen Erleichterung (Subventionierung)** privater Schulformen ist mit dem aus Absatz 3 folgenden Achtungsgebot aber **nicht verbunden.**[46] Die Mitgliedstaaten haben lediglich dafür Sorge zu tragen, dass schulische Ausbildung an Privatschulen ohne Einschränkungen erworben werden kann. Die Freiheit zur Gründung (und zum Betrieb) von Lehranstalten steht unter dem **Vorbehalt der „Achtung der demokratischen Grundsätze"**. Zwar darf dem Träger einer privaten Schule eine bestimmte religiöse oder weltanschauliche Ausrichtung nicht verboten werden. **Anti-** oder auch nur **undemokratische Orientierungen** oder solche, die sich gegen die **fundamentalen Werte der Union** oder die **Verfassung des** betreffenden **Mitgliedstaats** wenden, bedeuten jedoch eine **Einschränkung des Grund-** 18

---

41 Zur Kollision des Bildungsgrundrechts des Kindes mit dem elterlichen Erziehungsrecht vgl. Rn. 20.

42 Sie dienen beide den Belangen der Eltern: *Jarass*, GR-Charta, 3. Aufl., Art. 14 Rn. 18.

43 Eine solche klare Aussage findet sich für den Bereich der EMRK nicht. Ob Art. 2 ZP Nr. 1 zur EMRK auch die Privatschulfreiheit erfasst, wird nach wie vor unterschiedlich beurteilt. Zum Meinungsstand vgl. IntKomm/*Wildhaber*, EMRK, Art. 2 ZP Nr. 1 Rn. 46 ff.

44 In seinen Erläuterungen zu Art. 14 hat das Präsidium des Grundrechtekonvents die Freiheit zur Gründung von Lehranstalten im Wesentlichen als (marktorientiertes) Unternehmer(grund)recht betrachtet. Art. 14 Abs. 3 ist insoweit gegenüber Art. 16 lex specialis.

45 Trotz des Wortlauts („Lehranstalten"/établissements d'enseignement/educational establishments) deutet alles darauf hin, dass schulische Aspekte im Vordergrund stehen. Die gemeinsamen Verfassungstraditionen, aus denen das Recht seine Legitimation bezieht, bestehen nur im Umfang der Freiheit zur Gründung von (privaten) Schulen, nicht auch außerschulischer Einrichtungen. *Kempen* (in: Stern/Sachs/Kempen, GRC, Art. 14 Rn. 11) und *Pünder* (in: Ehlers, Grundrechte, 4. Aufl., § 18 Rn. 23) wollen auch außerschulische (private) Bildungseinrichtungen einbeziehen; zweifelnd insoweit wohl *Kingreen*, in: Calliess/Ruffert, EUV/AEUV, 5. Aufl., Art. 14 GRCh Rn. 11; offen gelassen von *Pechstein/Nowak/Häde/Thiele*, Frankfurter Kommentar, Art. 14 GRC Rn. 15. *Odendahl* (in: Heselhaus/Nowak, HdB EU-Grundrechte, § 39 Rn. 43) sieht Art. 14 Abs. 3 – noch weitergehend – nicht einmal auf die Gründung privater Bildungseinrichtungen beschränkt.

46 Vgl. aber zu einem Anspruch auf derivative Teilhabe an bestehenden staatlichen Finanzierungssystemen *Kingreen*, in: Calliess/Ruffert, EUV/AEUV, 5. Aufl., Art. 14 GRCh Rn. 12.

rechtsschutzes.[47] Bei der Begründung und Führung von Privatschulen muss ein gewisses Maß an Offenheit, Toleranz, Pluralismus und Nichtdiskriminierung gewährleistet sein.[48]

19 c) **Elterliches Erziehungsrecht in Bildungseinrichtungen.** Im Zusammenwirken mit der Privatschulfreiheit garantiert das in Absatz 3 ebenfalls geregelte **schulbezogene Elternrecht** ein hohes Maß an Schutz gegen staatliche Interventionen im Erziehungsprozess. Wie **Art. 2 S. 2 ZP Nr. 1 zur EMRK,** dem sie entsprechen soll,[49] erkennt die Bestimmung in Absatz 3 zunächst an, dass den Eltern ein **Erziehungsrecht** zusteht, und zwar ein **primäres** („entsprechend ihren eigenen... erzieherischen Überzeugungen"). Das bedeutet, dass andere Erziehungsträger, namentlich der Staat, diese elterliche Erziehungsfunktion nicht verdrängen oder ausschalten dürfen.[50] Darüber hinaus wird – als Recht in Bezug auf die staatliche Schule[51] – ein **Recht der Eltern** festgelegt, **selbst** Erziehung und Unterricht entsprechend ihren Überzeugungen **„sicherzustellen"** (assurer/ensure). Eine Garantie der Sicherstellung durch den Mitgliedstaat ist damit nicht verbunden. Die Eltern können aus Art. 14 Abs. 3 **keine positive Leistungspflicht des Mitgliedstaates** ableiten, für die Sicherstellung der religiös oder weltanschaulich erwünschten Bildung Sorge zu tragen (was aber eine Obliegenheit zur Bereitstellung von Befreiungsmöglichkeiten und/oder Alternativangeboten nicht ausschließt). Diese **Sorge** ist nach Absatz 3 **Recht,** aber auch **Aufgabe der Eltern.** Die Ausübung des in Absatz 3 formulierten Elternrechts **darf** dem **grundlegenden Recht des Kindes auf Bildung nicht widersprechen.**[52] Das Elternrecht ist auf das Bildungsgrundrecht des Kindes (lediglich) „aufgesetzt". Auch sind das **Wohl des Kindes im Übrigen** und dessen **Selbstbestimmungsrecht** zu berücksichtigen (**Art. 24**).[53] So wird die Bildungsfreiheit des Kindes mit **zunehmendem Alter** nicht mehr über das elterliche Erziehungsrecht vermittelt. In dem Maß, in dem das Kind im Bereich religiöser und weltanschaulicher Bildung elterlicher Gewalt nicht mehr unterworfen ist, **erstarken** seine **eigenen Rechte** und rückt es in die „Stellung" der Eltern ein.

6. Eingriffsrechtfertigung

20 Wie weit die Ausübung der in Art. 14 Abs. 3 enthaltenen Rechte **eingeschränkt** werden darf[54], bestimmt sich nach **unterschiedlichen Vorschriften.** Weil das **elterliche Erziehungsrecht** in seiner Bedeutung und Tragweite auf das Referenzrecht in der EMRK „festgelegt" ist, gelten nach **Art. 52 Abs. 3 S. 1** die dort anerkannten Schranken; hinsichtlich der **Frei-**

---

47 AA *Jarass,* GR-Charta, 3. Aufl., Art. 14 Rn. 26: Einschränkungsermächtigung, keine Begrenzung des Schutzbereichs.

48 Als zu weitgehend angesehen von Stern/Sachs/Kempen, GRC, Art. 14 Rn. 21.

49 Vgl. die Erläuterungen des Präsidiums des Grundrechtekonvents zu Art. 52 Abs. 3.

50 Vgl. – zu Art. 2 S. 2 ZP Nr. 1 zur EMRK – die Entscheidungen des EGMR v. 7.12.1976 – Kjeldsen ua/Dänemark, Serie A/23 (EuGRZ 1976, 478), und der EKMR v. 13.5.1982 – X ua/Schweden – E 8811/79, Decisions and Reports 29, 104. Aus der neueren Rechtsprechung: Urt. v. 18.12.1996 – Efstratiou/Griechenland – Appl. Nr. 24095/94, Report of Judgements and Decisions 1996 – VI, 2347; Urt. v. 18.12.1996 – Valsamis/Griechenland – Appl. Nr. 21787/93, Report of Judgements and Decisions 1996 – VI, 2312; Urt. v. 10.5.2001 – Zypern/Türkei – Appl. Nr. 25781/94, Report of Judgements and Decisions 2001 – IV, 277.

51 Bei Privatschulen besteht ein staatsgerichteter Anspruch auf Schutz des Elternrechts. Wie hier *Kingreen,* in: Callies/Ruffert, EUV/AEUV, 5. Aufl., Art. 14 GRCh Rn. 15; *Stern/Sachs/Kempen,* GRC, Art. 14 Rn. 12, 22; auch *Streinz,* in: Streinz, EUV/AEUV, GR-Charta, Art. 14 Rn. 9.

52 Vgl. die Urteile des EGMR v. 25.2.1982 – Campell and Cosans/Großbritannien, Serie A/48 (EuGRZ 1982, 153), und v. 25.3.1993 – Costello-Roberts/Großbritannien – Nr. 89/1991/341/414, Serie A/247–C. Für Art. 14 Abs. 3: *Pechstein/Nowak/Häde/Thiele,* Frankfurter Kommentar, Art. 14 GRC Rn. 18.

53 Hierauf wird in den Erläuterungen zu Art. 14 besonders hingewiesen.

54 Zu möglichen Eingriffen siehe *Stern/Sachs/Kempen,* GRC, Art. 14 Rn. 26 f.

heit zur Gründung von Lehranstalten sind die Vorgaben für einschränkende Maßnahmen der allgemeinen Regelung des **Art. 52 Abs. 1** zu entnehmen.[55] Mit dem Hinweis auf die **einzelstaatlichen Gesetze** im Text der Vorschrift hat der Grundrechtekonvent die Bestimmung des Gewährleistungsumfangs **beider** Grundrechte außerdem **zur Disposition des nationalen Gesetzgebers gestellt** („doppelte Schranken").[56] Ein solcher Vorbehalt erscheint jedenfalls **im Hinblick auf die Privatschulfreiheit konsequent.** Denn diese muss prinzipiell den gleichen Einschränkungen unterliegen wie die unternehmerische Freiheit, als deren spezieller Anwendungsfall sie gilt. Insoweit ist im Übrigen auch **Art. 52 Abs. 4** zu beachten.[57] Sollten sich aus den **gemeinsamen Verfassungsüberlieferungen der Mitgliedstaaten** über diejenigen des Art. 52 Abs. 1 hinaus **weitere Hindernisse für Eingriffe** in die Privatschulfreiheit ergeben, so wären diese in Anwendung der vom **Verfassungskonvent** angefügten Regelung zur Erreichung eines hohen Schutzniveaus zugrunde zu legen. **Wenig nachvollziehbar** ist dagegen, dass auch das **Elternrecht** unter den Vorbehalt einzelstaatlicher Gesetzgebung gestellt wird. Hier ist der Grundrechtekonvent **von** seiner **bisherigen Regelungstechnik abgewichen,** Freiheitsrechte, die EMRK-Garantien entsprechen, **nur deren Begrenzungen** zu unterwerfen und eine Einschränkung dieser Rechte nicht (auch) dem nationalen Gesetzgeber zu gestatten. Wird die Entfaltung des Elternrechts – vollends oder auch nur überwiegend – in die Verantwortung der Mitgliedstaaten gelegt, so **könnte** das **Schutzniveau der EMRK unterschritten werden.** Die Bestimmung über das Elternrecht ist deshalb so **auszulegen,** dass Begrenzungen nach nationalem Recht die im Rahmen des Art. 2 S. 2 ZP Nr. 1 zur EMRK zugelassenen Einschränkungen beachten müssen. Das Elternrecht ist also nur insoweit zur Disposition des nationalen Gesetzgebers gestellt, als es **im Schutzniveau angehoben, nicht** aber **unter dasjenige der EMRK abgesenkt** werden darf.

IV. Literaturübersicht

Alber, Siegbert/Widmaier, Ulrich, Die EU-Charta der Grundrechte und ihre Auswirkungen auf die Rechtsprechung, EuGRZ 2000, 497; *Bannwart-Maurer, Elena*, Das Recht auf Bildung und das Elternrecht – Art. 2 des ersten Zusatzprotokolls zur Europäischen Menschenrechtskonvention, Frankfurt/M. u.a. 1975; *Baum, Marius,* Rights Brought Home, EuGRZ 2000, 281; *Beiter, Klaus Dieter,* The Protection of the Right to Education by International Law, Leiden/Boston, 2006; *Bernsdorff, Norbert,* Soziale Grundrechte in der Charta der Grundrechte der Europäischen Union, VSSR 2001, 1; *Blum, Nikolaus,* Die Gedanken-, Gewissens- und Religionsfreiheit nach Art. 9 der Europäischen Menschenrechtskonvention, Berlin 1990; *Bothe, Michael,* Erziehungsauftrag und Erziehungsmaßstab der Schule im freiheitlichen Verfassungsstaat, VVDStRL 54 (1995), 7; *Burgorgue-Larsen, Lorence/Levade, Anne/Picod, Fabrice,* Traité établissant une Constitution pour l'Europe. Commentaire article par article, Tome 2 – Partie II: La Charte des droits fondamentaux de l'Union, Bruxelles 2005; *Calliess, Christian,* Die Charta der Grundrechte der Europäischen Union – Fragen der Konzeption, Kompetenz und Verbindlichkeit, EuZW 2001, 261; *Caspar, Johannes,* Die EU-Charta der Grundrechte und das Bildungsrecht, RdJB 2001, 165; *Delbrück, Jost,* The Right to Education as an International Human Right, German Yearbook of International Law, Berlin 1992, S. 92; *Dorfmann, Julia,* Der Schutz der sozialen Grundrechte – eine Untersuchung aus völkerrechtlicher und europarechtlicher Sicht, Baden-Baden 2008; *Ennuschat, Jörg,* Der Schutz der Privatschulfreiheit im europäischen Gemeinschaftsrecht, RdJB 2003, 436; *ders.,* Europäische Impulse zur Entstaatlichung des Bildungswesens, WissR 36 (2003), 186; *Evrigenis, Dimitros,* Der Europäische Gerichts-

55 Auch *Stern/Sachs/Kempen*, GRC, Art. 14 Rn. 26 f.; *Pechstein/Nowak/Häde/Thiele*, Frankfurter Kommentar, Art. 14 GRC Rn. 23; *Pünder*, in: Ehlers, Grundrechte, 4. Aufl., § 18 Rn. 28. Vgl. aber *Kingreen*, in: Calliess/Ruffert, EUV/AEUV, 5. Aufl., Art. 14 GRCh Rn. 14: einheitliche Rechtfertigungsprüfung am Maßstab von Art. 52 Abs. 1 GRC; *Jarass*, GR-Charta, 3. Aufl., Art. 14 Rn. 34: zusätzlich, kumulativ.

56 Vgl. auch Art. 9, 10 Abs. 2 und Art. 16. Hier setzt sich der mitgliedstaatliche „Ausgestaltungsvorbehalt" fort.

57 Ebenso *Pechstein/Nowak/Häde/Thiele*, GRC, Art. 14 Rn. 23; ferner *Pünder*, in: Ehlers, Grundrechte, 4. Aufl., § 18 Rn. 28.

hof für Menschenrechte und das Recht auf Bildung, EuGRZ, 1981, 637; *Frenz, Walter*, Europäische Bildungspolitik, DÖV 2011, 249; *Geis, Max-Emanuel,* Erziehungsauftrag und Erziehungsmaßstab der Schule im freiheitlichen Verfassungsstaat, RdJB 1996, 111; *Gori, Gisella,* Towards an EU right to education, Den Haag 2001; *Grabenwarter, Christoph*, Die Charta der Grundrechte für die Europäische Union, DVBl. 2001, 1; *Große Wentrup, Anna,* Die Europäische Grundrechtecharta im Spannungsfeld der Kompetenzverteilung zwischen Europäischer Union und Mitgliedstaaten – Eine Untersuchung am Beispiel von Art. 14 und Art. 16 EuGRC, Berlin 2004; *Günther, Cecile,* Die Auslegung des Rechts auf Bildung in der europäischen Grundrechtsordnung, Köln 2007; *Handschell, Tobias,* Die Schulpflicht vor dem Grundgesetz, Baden-Baden 2012; *Hiden, Mikael,* Bestand und Bedeutung der Grundrechte im Bildungsbereich in Finnland, EuGRZ 1981, 640; *Iliopoulos-Strangas, Julia (Hrsg.),* La protection des droits sociaux fondamentaux dans les Etats membres de l'Union européenne, Baden-Baden 2000; *dies.*, Soziale Grundrechte in Europa – Eine rechtsvergleichende Untersuchung der nationalen Rechtsordnungen und des europäischen Rechts, Baden-Baden 2009; *Khol, Andreas*, Zur Diskriminierung im Erziehungswesen. Das Sachurteil des EGMR vom 23.7.1968 in den belgischen Sprachenfällen, ZaöRV 30 (1970), 263; *von Lucius, Julian*, Homeschooling – Eine verfassungsrechtliche Untersuchung des Rechts der Eltern, ihre Kinder zu Hause zu unterrichten, Baden-Baden 2016; *Magiera, Siegfried*, Die Grundrechtecharta der Europäischen Union, DÖV 2000, 1017; *Mock, William/Demuro, Gianmario,* Commentary on the Charter of Fundamental Rights of the European Union, Durham 2010; *Nørgaard, Carl Aage,* Die Rechtsprechung der Europäischen Kommission für Menschenrechte zum Recht auf Bildung, EuGRZ 1981, 633; *Pache, Eckhard*, Die Europäische Grundrechtscharta – ein Rückschritt für den Grundrechtsschutz in Europa?, EuR 2001, 475; *Palm-Risse, Martina*, Der völkerrechtliche Schutz von Ehe und Familie, Bonn 1990; *Pernice, Ingolf*, Eine Grundrechte-Charta für die Europäische Union, DVBl. 2000, 847; *Polakiewicz, Jörg,* Soziale Grundrechte und Staatszielbestimmungen in den Verfassungsordnungen Italiens, Portugals und Spaniens, ZaöRV 54 (1994), 340; *Poscher, Ralf/Rux, Johannes/Langer, Thomas*, Das Recht auf Bildung – Völkerrechtliche Grundlagen und innerstaatliche Umsetzung, Baden-Baden 2009; *Ruhs, Christian,* Zugang zu Bildung und Gleichbehandlung – der EuGH als Motor der Europäischen Bildungspolitik, ÖJZ 2002, 281; *Schefold, Dian,* Erziehung als Wertvermittlung im wertpluralistischen Staat, RdJB 1996, 309; *Schmahl, Stephanie,* Kinderrechtskonvention mit Zusatzprotokollen, Handkommentar, Baden-Baden 2013; *Schmitz, Thomas*, Die EU-Grundrechtecharta aus grundrechtsdogmatischer und grundrechtstheoretischer Sicht, JZ 2001, 833; *Spielbüchler, Karl*, Das Grundrecht auf Bildung in Österreich, EuGRZ 1985, 437.

Artikel 15 Berufsfreiheit und Recht zu arbeiten

(1) Jede Person hat das Recht, zu arbeiten und einen frei gewählten oder angenommenen Beruf auszuüben.

(2) Alle Unionsbürgerinnen und Unionsbürger haben die Freiheit, in jedem Mitgliedstaat Arbeit zu suchen, zu arbeiten, sich niederzulassen oder Dienstleistungen zu erbringen.

(3) Die Staatsangehörigen dritter Länder, die im Hoheitsgebiet der Mitgliedstaaten arbeiten dürfen, haben Anspruch auf Arbeitsbedingungen, die denen der Unionsbürgerinnen und Unionsbürger entsprechen.

I. Vorgaben

1 Die in **Art. 15** enthaltenen Gewährleistungen spiegeln die Erkenntnis wider, dass die Erwerbstätigkeit zur Sicherung des Lebensunterhalts den Menschen in der modernen Gesell-

schaft sowohl nach seiner Selbstwahrnehmung als auch in seiner objektiven Rolle in der Gemeinschaft prägt. Im Vordergrund steht das **Recht zu arbeiten,** für dessen Legitimation sich das Präsidium des Grundrechtekonvents in seinen Erläuterungen auf **Art. 1 Abs. 2 ESC** berufen hat. Diese Garantie wird flankiert von dem **wirtschaftlichen Grundrecht der Berufsfreiheit.** Mit seinen Hinweisen auf die Urteile des **EuGH** vom 14.5.1974 – Nold[1] –, vom 13.12.1979 – Hauer[2] – und vom 8.10.1986 – Keller[3] – sowie das sozialpolitische Bekenntnis zur freien Wahl des Berufs und seiner Ausübung in **Nr. 4 der Gemeinschaftscharta der Sozialen Grundrechte der Arbeitnehmer vom 9.12.1989**[4] hat das Präsidium deutlich gemacht, dass es die Berufsfreiheit vor allem als Freiheit des Marktbürgers bzw. Wirtschaftsteilnehmers versteht. Von Bedeutung für den Freiheitsschutz sind auch die (vormals) in **Art. 39, 43 und 49 ff. EGV(-Nizza)** garantierten **Freiheiten des Personenverkehrs,** die dem Grundrecht der Berufsfreiheit als spezielle Ausformungen dieser allgemeinen Gewährleistung vorgehen. Sie sind nunmehr in **Art. 26 Abs. 2 AEUV** zunächst aufgezählt und dann in den **Art. 45 ff., Art. 49 ff. und Art. 56 ff. AEUV** konkretisiert worden. Reale Freiheitssicherung in diesem Bereich erfordert schließlich den Schutz von Personen, die die Unionsbürgerschaft nicht besitzen. Das Präsidium des Grundrechtekonvents hat sich hierfür auf **Art. 137 Abs. 3 vierter Spiegelstrich EGV-Amsterdam (Art. 137 Abs. 1 Buchst. g EGV–Nizza, jetzt Art. 153 Abs. 1 Buchst. g AEUV)** und **Art. 140 EGV-Nizza (jetzt Art. 156 AEUV)** sowie die Staatenverpflichtung aus **Art. 19 Abs. 4** ESC bezogen, die **Wanderarbeitnehmern**[5] einen Schutz vor Diskriminierung ua bei den **Arbeitsbedingungen** verheißt.

1. Verfassungen der Mitgliedstaaten

Der Grundrechtekonvent konnte sich auf **verfassungsrechtliche Bestimmungen** zum Schutz der Arbeit und/oder der Berufsfreiheit **in nahezu allen Mitgliedstaaten** stützen. So ist ein Recht „auf Arbeit“ – als objektiv-rechtliche staatliche Verpflichtung – in den Verfassungen Belgiens (§ 23 S. 3 Nr. 1), Finnlands (§ 18 Abs. 1 S. 1), Frankreichs (fünfter Absatz der Präambel von 1946), Griechenlands (Art. 22 Abs. 1 S. 1), Luxemburgs (Art. 11 S. 3), Portugals (Art. 58 Abs. 1) und Spaniens (Art. 35 Abs. 1) enthalten. In einem Mitgliedstaat wird sogar die Sicherheit des Arbeitsplatzes garantiert (Art. 53 VerfPortugal). Nicht nur ein Recht auf Arbeit, sondern auch eine verfassungsrechtliche Verpflichtung zu arbeiten kennen die Verfassungen Frankreichs (fünfter Absatz der Präambel von 1946) und Spaniens (Art. 35 Abs. 1). Das Recht auf freie Wahl der Arbeit bzw. des Berufs und die Freiheit ihrer Ausübung werden außer in der Bundesrepublik Deutschland (Art. 12 Abs. 1 GG) auch in Belgien (§ 23 S. 3 Nr. 1), Dänemark (§ 74), Luxemburg (Art. 11 S. 5), den Niederlanden (Art. 19 Abs. 3), Österreich (Art. 3, 6 Abs. 1 und 18 StGG), Portugal (Art. 47 Abs. 1), Schweden (Kapitel 2 § 20) und Spanien (Art. 35 Abs. 1) geschützt. Über ausdrückliche Schrankenregelungen verfügen nur wenige Verfassungen (§ 74 VerfDänemark, Art. 47 Abs. 1 VerfPortugal und Kapitel 2 § 20 VerfSchweden). Soweit solche vorhanden sind, werden regelmäßig die Erfordernisse des Gemeinwohls als Grenzen der Gewährleistungen genannt. Auch viele der **neuen Mitgliedstaaten** haben die Gehalte des Art. 15 in der einen oder anderen Ausprägung in ihre Verfassungen mit aufgenommen (Art. 16 und 48 VerfBul- 2

1 EuGH – Nold, 4/73 – Slg 1974, 491.
2 EuGH – Hauer, 44/79 – Slg 1979, 3727.
3 EuGH – Keller, 234/85 – Slg 1986, 2897.
4 KOM (89) 248 endg.
5 Abweichend von Art. 19 Abs. 4 ESC und der im Gemeinschaftsrecht gebräuchlichen Terminologie hat der Grundrechtekonvent als Wanderarbeitnehmer allerdings nur solche Migranten bezeichnet, die nicht über die Unionsbürgerschaft verfügen.

garien; § 29 Abs. 1 VerfEstland; Art. 55 VerfKroatien; Art. 106 S. 1 VerfLettland; Art. 48 Abs. 1 VerfLitauen; Kapitel II Art. 7 und 12 VerfMalta; Art. 65 Abs. 1 VerfPolen; Art. 38 Abs. 1 VerfRumänien; Art. 35 VerfSlowakei; Art. 49 VerfSlowenien; Art. 3 und Art. 112 Abs. 1 VerfTschechien iVm Art. 26 Abs. 1 tschechische GR-Deklaration; Art. XII GGUngarn; Art. 25 VerfZypern).

2. Internationales Recht

3 Bei der Festlegung des Schutzumfangs[6] des in Art. 15 enthaltenen Rechts zu arbeiten ist neben den bereits erwähnten Rechtstexten auf **universeller Ebene** die detaillierte und rechtlich verbindliche Garantie des **Art. 6 IPwskR** zu beachten. Danach erkennen die Vertragsstaaten das Recht „auf Arbeit" an, das als Recht jedes Einzelnen auf die Möglichkeit, seinen Lebensunterhalt durch frei gewählte oder angenommene Arbeit zu verdienen, definiert wird. Im Wortlaut noch weitergehend ist **Art. 23 Abs. 1 AEMR,** der neben einem Recht „auf Arbeit" auch ein solches auf angemessene und befriedigende Arbeitsbedingungen und auf Schutz gegen Arbeitslosigkeit enthält. Der Vorschrift kommt jedoch nur politische Bindungswirkung zu. Art. 23 Abs. 1 AEMR legt darüber hinaus ein Recht auf freie Berufswahl fest. Auf der **Ebene der Europäischen Union** entsprechen dieser völkerrechtlichen Erklärung **Art. 8 Abs. 1 S. 2** und **Art. 12 Abs. 1** der **Erklärung des EP über Grundrechte und Grundfreiheiten vom 12.4.1989,** die ebenfalls Aspekte der Berufsfreiheit zum Gegenstand haben.

4 Regelungen über die Gleichstellung ausländischer Arbeitnehmer enthalten die **Übereinkommen Nr. 97 über Wanderarbeitnehmer (Art. 6)**[7] und **Nr. 102 über die Mindestnormen der Sozialen Sicherheit (Art. 68)**[8] der **Internationalen Arbeitsorganisation.**

II. Diskussion im Grundrechtekonvent

5 Die **Gewährleistungen des Art. 15** waren – in allgemeiner Form – bereits in der vom Präsidium des Grundrechtekonvents erstellten Grundrechtsliste (BODY 4) enthalten. Weil eine Entsprechung in der EMRK fehlt, hatte sie das Präsidium in die Rubrik **„wirtschaftliche und soziale Rechte/Ziele"** aufgenommen. Bestimmungen über die Berufsfreiheit und das Recht zu arbeiten waren auch in dem von *Meyer* (D) übermittelten Diskussionsentwurf einer Grundrechtecharta (CHARTE 4102/00 CONTRIB 2) verankert.

1. Absätze 1 und 2

6 Einen **ersten Textvorschlag** hatte das Präsidium des Grundrechtekonvents in CONVENT 18 unterbreitet. In die Bestimmung über die Berufsfreiheit war dabei eine **Verweisung auf die Freizügigkeitsregelungen des EG-Vertrages** aufgenommen worden („... unbeschadet der die Freizügigkeit von Personen betreffenden Bestimmungen des Vertrags"). Bei den folgenden Beratungen hatte das Plenum die **Zuordnung** der Berufsfreiheit **zu den wirtschaftlichen und sozialen Rechten kritisiert,** deren Ausgestaltung als (reines) Freiheitsrecht gefordert und verlangt, sie „in einen Zusammenhang mit einem **Recht auf Arbeit** zu stellen". Die im zweiten Satzteil der Vorschrift enthaltene Verweisung auf die Freizügigkeitsregelungen hatte erheblichen Widerspruch hervorgerufen; unter Hinweis darauf, dass sie **als Grundrechts-**

6 Vgl. Erwägung Nr. 5 der Präambel und Art. 53. Zum Schutz bestimmter Aspekte der Berufsfreiheit in der EMRK und der hierzu vorhandenen Rechtsprechung des EGMR vgl. *Stern/Sachs/Blanke*, GRC, Art. 15 Rn. 1, 14 ff., *Nowak*, in: Heselhaus/Nowak, HdB EU-Grundrechte, § 30 Rn. 13 ff., und *Grabenwarter/Pabel*, EMRK, § 25 Rn. 37 ff.; am Rande *Mair*, ZIAS 2006, S. 158 ff.

7 BGBl. 1959 II, 88.

8 BGBl. 1957 II, 1322.

schranke missverstanden werden könne, war sie zur Streichung empfohlen worden. In dem zur Vorbereitung der zweiten Lesung übermittelten **neuen Entwurf** der sozialen Rechte (CONVENT 34) war dieser Satzteil nicht mehr enthalten.

In der Folgezeit hatten sich viele Konventsmitglieder für eine Kombination der Berufsfreiheit mit einem **breit angelegten Katalog von Rechten „der Arbeit"** (Rechten auf Schutz des Arbeitsplatzes, vor missbräuchlicher Entlassung, auf freien Zugang zu berufsfördernden Maßnahmen und einem unentgeltlichen Arbeitsvermittlungsdienst) ausgesprochen. Hinsichtlich der sprachlichen Ausgestaltung des Präsidiumsvorschlags war eine **Annäherung an die Formulierungen der Sozialchartas** verlangt worden. Einige Delegierte hatten darüber hinaus für die **Beschränkung der Grundrechtsträgerschaft auf Unionsbürger** plädiert. Art. 137 Abs. 3 EGV(-Amsterdam) gestatte es der Union lediglich, die „Beschäftigungsbedingungen" Drittstaatsangehöriger zu regeln. Für eine Ausweitung der Berufsfreiheit auf Drittstaatsangehörige bestehe keine Kompetenz. 7

Ein großer Teil der Änderungsanträge war vom Präsidium des Grundrechtekonvents aufgegriffen worden. So hatte es in einem **Kompromissvorschlag** der Bestimmung über die Berufsfreiheit eine solche über das **Recht „zu arbeiten"** vorangestellt und jenes mit einer **Garantie der freien Arbeitsplatzwahl und des Arbeitsplatzschutzes** verbunden. Gleichwohl war der Entwurf für verbesserungswürdig gehalten worden. Das Präsidium sollte klarstellen, dass mit dem Recht zu arbeiten **kein (einklagbares) Recht auf einen Arbeitsplatz** gemeint sei. Des Weiteren hatten einige Delegierte auf das nationale Arbeitserlaubnisrecht verwiesen und im Hinblick auf dessen Restriktionen die **Aufnahme besonderer Schrankenvorbehalte** (bei Asylbewerbern, Ärzten usw.) gefordert. 8

In dem **ersten Entwurf eines vollständigen Textes der Charta (CONVENT 45)** hatte das Präsidium des Grundrechtekonvents die Bestimmung über die Berufsfreiheit nicht mehr bei den wirtschaftlichen und sozialen Rechten, sondern **bei den Freiheitsrechten verortet** (Art. 15 Abs. 1). Das im Vorentwurf enthaltene **„Jedermann-Recht" zu arbeiten** hatte das Präsidium **auf** die Unionsbürgern vorbehaltenen **Personenverkehrsfreiheiten des EG-Vertrages „verkürzt"** (Art. 15 Abs. 2). Nach massiver Kritik, die sich vor allem gegen die Herausnahme des **Rechts zu arbeiten** gerichtet hatte, war dieses in Art. 15 Abs. 1 der folgenden Entwurfsfassung **wieder aufgenommen** worden. Die **Berufsfreiheit** hatte das Präsidium nunmehr **als reines Freiheitsrecht ausgestaltet.** 9

2. Absatz 3

Wegen seiner Natur als **besonderes Diskriminierungsverbot** hatte das Präsidium für das in Absatz 3 enthaltene Recht zunächst eine **eigene Vorschrift** vorgesehen (CONVENT 26; CONVENT 34; CONVENT 41). Diese war bis zum Beginn der dritten Lesung textlich nahezu unverändert geblieben. Lediglich die **Bezeichnung des berechtigten Personenkreises** hatte **variiert.** Änderungsvorschläge aus dem Plenum des Grundrechtekonvents hatte das Präsidium nicht aufgegriffen. Weder war es der Aufforderung einiger Delegierter gefolgt, die Vorschrift wegen **fehlender „Chartawürdigkeit"** bzw. **begrifflicher Unschärfen** zu streichen. Noch hatte es den Einwand berücksichtigt, dass seine Vorschläge **hinter dem Schutzstandard des Art. 19 ESC zurückblieben.** Auch auf den Vorhalt der **Ausgrenzung illegal Beschäftigter** aus dem personellen Anwendungsbereich der Bestimmung war das Präsidium des Grundrechtekonvents nicht eingegangen. 10

In dem **ersten Entwurf eines vollständigen Textes der Grundrechtecharta (CONVENT 45)** war das Diskriminierungsverbot als **Absatz 3 der Vorschrift über die Berufsfreiheit (Art. 15) angegliedert** worden. Um die Voraussetzungen des Diskriminierungsverbots tat- 11 bestandlich besser zu erfassen, hatte das Präsidium in den folgenden Texten die **„aufenthaltsrechtliche“ durch eine „arbeitserlaubnisrechtliche“ Anknüpfung ersetzt.**[9]

III. Kommentierung

1. Verhältnis zu anderen Grundrechten

12 Art. 15 weist thematisch eine **enge Verzahnung mit anderen Grundrechten** auf. Berufliche Tätigkeiten im glaubens-, weltanschaulich- oder gewissensgeleiteten Bereich, im Bereich der Medien, der Forschung, der Kunst und der Unternehmen werden sowohl von Art. 15 Abs. 1 als auch von **Art. 10 Abs. 1, Art. 11 Abs. 2, Art. 13 bzw. Art. 16** geschützt (Idealkonkurrenz).[10] Berufs- und **Eigentumsgarantie** werden danach abgegrenzt, ob in die individuelle Erwerbstätigkeit oder das Ergebnis der Betätigung, das Erworbene, eingegriffen wird.[11] **Art. 15 Abs. 2 und 3** konkretisieren das (allgemeine) Diskriminierungsverbot wegen der Staatsangehörigkeit in **Art. 21 Abs. 2.**

2. Arbeits- und Berufsfreiheit (Absatz 1)

13 In **Art. 15 Abs. 1** kommt die Absicht des Grundrechtekonvents zum Ausdruck, auf Erwerb gerichteter Tätigkeit, die der Schaffung und Erhaltung einer Lebensgrundlage dient, auch auf der Ebene des europäischen Grundrechtsschutzes einen besonderen Stellenwert zuzuerkennen. Mit dem **Recht zu arbeiten** nennt Absatz 1 die Berufsfreiheit der Arbeitnehmer an erster Stelle (Grundrecht der unselbstständigen Arbeit). Die Berufsfreiheit der Selbstständigen (Grundrecht der selbstständigen Arbeit) wird erst an zweiter Stelle erwähnt. Damit hat der Grundrechtekonvent eine **grundrechtliche Asymmetrie beseitigt**, die sich daraus ergab, dass die Berufsfreiheit der Selbstständigen durch die (besondere) Garantie der unternehmerischen Freiheit in Art. 16 aufgewertet wurde. **Vereinzelt** wird die Trennung von Berufsfreiheit in Art. 15 und unternehmerischer Freiheit in Art. 16 zum Anlass genommen, den **persönlichen Anwendungsbereich** des Art. 15 Abs. 1 auf **unselbstständig beruflich Tätige** zu beschränken.[12] Hiermit einher geht eine **Ausgrenzung juristischer Personen** von der **Grundrechtsträgerschaft.**[13]

14 **a) Recht zu arbeiten.** Das Recht zu arbeiten (to engage in work/le droit de travailler) als **Dimension der Berufsfreiheit**[14] umfasst zunächst die **Freiheit der Arbeitswahl**, einschließlich ihres örtlichen und zeitlichen Bezuges, sowie die **Freiheit der Ausübung einer arbeitnehmerischen Tätigkeit.** Damit wird die abhängige Beschäftigung in den Phasen der Auf-

---

9 Ausführlicher zum Beratungsverlauf siehe Vorauflage.

10 *Jarass*, GR-Charta, 3. Aufl., Art. 15 Rn. 5.

11 Vgl. *Jarass*, GR-Charta, 3. Aufl., Art. 15 Rn. 4; *Merten/Papier/Durner*, HGR, VI/1, § 162 Rn. 22.

12 Zwar als wenig überzeugend betrachtet, aber „hingenommen“ von *Ruffert*, in: Calliess/Ruffert, EUV/AEUV, 5. Aufl., Art. 15 GRCh Rn. 4, 7: Dagegen *Stern/Sachs/Blanke*, GRC, Art. 15 Rn. 28, der auch selbstständige Erwerbsformen als geschützt ansieht; ferner *Pechstein/Nowak/Häde/Kühling*, Frankfurter Kommentar, Art. 15 GRC Rn. 10, 25; *Merten/Papier/Durner*, HGR, VI/1, § 162 Rn. 25; *von der Groeben/Schwarze/Hatje/Wollenschläger*, Europäisches Unionsrecht, Art. 15 GRC Rn. 10. *Jarass*, GR-Charta, 3. Aufl., Art. 15 Rn. 4, 9: trotz der Erstreckung auf Selbstständige im Ergebnis praktisch nur Bedeutung für Arbeitnehmer…Die Rechtslage ist gleichwohl unsicher.

13 Vgl. etwa *Streinz*, in: Streinz, EUV/AEUV, GR-Charta, Art. 15 Rn. 8; ferner *Ruffert*, in: Calliess/Ruffert, EUV/AEUV, 5. Aufl., Art. 15 GRCh Rn. 4, 8.; *Jarass*, GR-Charta, 3. Aufl., Art. 15 Rn. 9, unter Hinweis darauf, dass Art. 15 Abs. 1 zwar auf juristische Personen (des Privatrechts) anwendbar sei, für diese jedoch wegen ihrer Selbstständigkeit regelmäßig Art. 16 den Vorrang habe.

14 Vgl. zum Begriff des „Berufs“ (occupation/profession) als Anknüpfungstatbestand für den sachlichen Schutzbereich des Art. 15 Abs. 1 *Ruffert*, in: Calliess/Ruffert, EUV/AEUV, 5. Aufl., Art. 15 GRCh Rn. 5.

nahme, Fortsetzung und Beendigung geschützt. Art. 15 Abs. 1 bekräftigt insoweit die Rechte, die sich aus der vom Präsidium des Grundrechtekonvents in Bezug genommenen Vorschrift des **Art. 1 Abs. 2 ESC** ergeben. Mit dem Ziel der Garantie und Durchsetzung eines hohen Schutzniveaus definiert Art. 1 ESC (vgl. auch Art. 1 der bisher von 20 Mitgliedstaaten ratifizierten ESC in ihrer revidierten Fassung) das Recht „auf Arbeit" allerdings umfassender. In einem weiten Sinn wird der Zusammenhang dieses Rechts mit einzelnen arbeitsrechtlichen Aspekten aus dem Bereich der individuellen und kollektiven Arbeitsbeziehungen geschützt. Soweit danach prinzipiell auch **„subsidiäre"** oder **„auxiliäre" Komponenten** des Rechts „auf Arbeit" als schutzbedürftig in Betracht kommen (Art. 1 Abs. 3 ESC: Verpflichtung zur Einrichtung von unentgeltlichen Arbeitsvermittlungsdiensten; Art. 1 Abs. 4 ESC: Verpflichtung zur Sicherstellung oder Förderung geeigneter Berufsausbildung), hat der Grundrechtekonvent diese außerhalb des Art. 15 Abs. 1 in anderen Vorschriften der GRC erfasst.[15] Ungeachtet der von Art. 15 Abs. 3 aufgestellten Erfordernisse kommt es auf die **Erlaubtheit der Tätigkeit** für den Schutz nicht an.[16] Weil der (positiven) Freiheit zu arbeiten keine (negative) Freiheit von der Arbeit entspricht, ist der Einzelne **vor** einer **Verpflichtung zu arbeiten** grundsätzlich **nicht geschützt.**[17] Art. 5 Abs. 2 statuiert (als lex specialis) nur ein Verbot der Zwangs- oder Pflichtarbeit, nicht aber von allgemeinen (öffentlichen) Dienstpflichten.[18] Die Herleitung einer Arbeitspflicht in dem Sinne, dass der Einzelne nach Maßgabe seiner Kräfte jedenfalls dann für seinen Lebensunterhalt arbeiten muss, wenn er andernfalls der Allgemeinheit zur Last fiele, fände in den gemeinsamen Verfassungsüberlieferungen der Mitgliedstaaten jedoch keine Stütze.[19]

b) Kein Recht auf Verschaffung eines Arbeitsplatzes. Eine **subjektive Anspruchsposition** im 15
Sinne eines **Rechts auf Verschaffung eines** – möglichst angemessenen – **Arbeitsplatzes** wird **durch Absatz 1 nicht begründet.**[20] Zum einen hat die öffentliche Hand in den Wirtschaftsordnungen der Mitgliedstaaten keine Monopolstellung hinsichtlich des Angebots an Arbeitsplätzen und soll eine solche nach der Konzeption der sozialen Marktwirtschaft, wie sie Art. 3 Abs. 3 EUV zugrunde liegt, auch nicht haben. Sie wäre auch nicht in der Lage, dem Einzelnen gegenüber dafür einzustehen, dass Dritte einen Arbeitsplatz zur Verfügung stellen. Zum anderen würde ein solcher strikter, subjektiver Erfüllungsanspruch mit der

---

15 Art. 14 Abs. 1 und Art. 29. Jugend- und Mutterschutz sowie Höchstzeiten bei der Arbeit regeln Art. 32 Abs. 2, Art. 33 Abs. 2 und Art. 31 Abs. 2. Der aus der Berufsfreiheit der Arbeitnehmer folgende „Schutz bei ungerechtfertigter Entlassung" ist in die GRC separat aufgenommen worden (Art. 30). Art. 15 Abs. 1 entfaltet deshalb seinen Schutz in der Phase der Beendigung nur, soweit eine abhängige Beschäftigung aus anderen Gründen beendet wird. Vgl. *Stern/Sachs/Blanke*, GRC, Art. 15 Rn. 24, 38: Art. 15 Abs. 1 ist „reines Freiheitsrecht".

16 Wie hier *Stern/Sachs/Blanke*, GRC, Art. 15 Rn. 29, unter Hinweis darauf, dass der Gesetzgeber sonst verbindlich über den Grundrechtsschutz entscheiden könnte. Auch *Ruffert*, in: Calliess/Ruffert, EUV/AEUV, 5. Aufl., Art. 15 Rn. 5.

17 Auch Stern/Sachs/Blanke, GRC, Art. 15 Rn. 36; ebenso *Merten/Papier/Durner*, HGR, VI/1, § 162 Rn. 22; a.A. *Pechstein/Nowak/Häde/Kühling*, Frankfurter Kommentar, Art. 15 GRC Rn. 9; *Jarass*, GR-Charta, 3. Aufl., Art. 15 Rn. 8.

18 Vgl. die Erläuterungen zu Art. 5 Abs. 2; *Ruffert*, in: Ehlers, Grundrechte, 4. Aufl., § 19 Rn. 4, mwN: nur Teilaspekt. Zur negativen Freiheit (auch von öffentlichen Dienstpflichten) aA *Rengeling/Szczekalla*, Grundrechte, Rn. 785, die sich auf die allgemeine Grundrechtsdogmatik beziehen; ferner *Jarass*, GR-Charta, 3. Aufl., Art. 15 Rn. 8.

19 Eine solche Verpflichtung legen auch die Verfassungen Frankreichs (fünfter Absatz der Präambel von 1946) und Spaniens (Art. 35 Abs. 1) nicht fest.

20 Wie hier *Stern/Sachs/Blanke*, GRC, Art. 15 Rn. 24; *Pechstein/Nowak/Häde/Kühling*, Frankfurter Kommentar, Art. 15 GRC Rn. 9; *Ruffert*, in: Ehlers, Grundrechte, 4. Aufl., § 19 Rn. 6; *Jarass*, GR-Charta, 3. Aufl., Art. 15 Rn. 12.

Bindung der Mitgliedstaaten an die Garantien der Berufsfreiheit, der unternehmerischen Freiheit und des Eigentums kollidieren.

16 c) **Respektierungs- und Schutzpflichten.** Für die Adressaten (Art. 51 Abs. 1) bestehen **Respektierungs- und Schutzpflichten.** Auf der Ebene des „respect" sind sie verpflichtet, die bezeichneten (Teil)Gewährleistungen anzuerkennen und nicht durch aktives Handeln zu verletzen.[21] Auf der Ebene des „protect" wird ein Tätigwerden gefordert.[22] Die **Verpflichtungswirkung** liegt daher **eindeutig** auf dem **abwehrrechtlichen Sektor** mit der Folge, dass die Rechtfertigungsschwelle für hoheitlich veranlasste Behinderungen unselbstständiger Arbeit durch Art. 15 Abs. 1 erhöht wird. Im Ergebnis werden Verbürgungen **unterhalb der Ebene des individuellen Leistungsrechts** erfasst, die die Möglichkeit freier Entfaltung durch Arbeit – auch gegen Dritte – schützen sollen.[23]

17 d) **Konturen in der EuGH-Rechtsprechung.** Eine grundrechtliche Verbürgung der **Berufsfreiheit** im Verhältnis des Einzelnen zur Gemeinschaft war **weder im EG-Vertrag noch im EU-Vertrag** enthalten. Sie ist **auch** nach Inkrafttreten des **Vertrags von Lissabon** weder in den EUV (selbst) noch in den AEUV aufgenommen worden. Sie ergibt sich ferner **nicht** aus **Nr. 4 der Gemeinschaftscharta der Sozialen Grundrechte der Arbeitnehmer vom 9.12.1989,** die zwar als politische Willenserklärung der Gemeinschaft von gewisser Bedeutung, jedoch rechtlich unverbindlich ist. **Ebenso wenig** ist die Berufsfreiheit in der **EMRK** eigenständig gewährleistet. Aus diesem Grunde war der **EuGH** gezwungen, sich bei der Herleitung eines entsprechenden Grundrechts auf die **gemeinsamen Verfassungsüberlieferungen der Mitgliedstaaten** zu stützen. Auch wenn sich der Gerichtshof in der Vergangenheit nicht um eine Abgrenzung des Grundrechtstatbestandes bemüht hat, lassen sich den bisher ergangenen Entscheidungen doch einige Hinweise auf den Anwendungsbereich der Berufsfreiheit entnehmen. So hat der EuGH bereits in der Rechtssache Nold[24] das Recht auf freie Berufsausübung als Bestandteil des (ungeschriebenen) Gemeinschaftsgrundrechts anerkannt. Gelegentlich hat er, allerdings ohne hieraus Konsequenzen zu ziehen, zwischen dem „Bestand" des Rechts auf freie Berufsausübung und seinen „Ausprägungen" unterschieden.[25] Zur Berufswahlfreiheit ist darüber hinaus festgestellt worden, dass der freie Zugang zur Beschäftigung ein Grundrecht darstelle, das dem Einzelnen individuell vom Vertrag verliehen sei.[26] Weitere Fragen hat der EuGH bislang nicht beantwortet. Weder hat er den dem Gemeinschaftsgrundrecht zugrunde liegenden Berufsbegriff definiert noch hat er das Verhältnis der Freiheiten der Berufswahl und der Berufsausübung zueinander klargestellt bzw. diese (Teil)Gewährleistungen autonom fortentwickelt. Vor dem Hintergrund einer primär binnenmarktbezogenen Sichtweise ist dem Grundrecht der Berufsfreiheit in der Rechtsprechung jedoch die umfassende Gewährleistung der wirtschaftlichen Be-

21 Vgl. zu den Folgen des Rechts zu arbeiten für die Notenbankpolitik der EZB (Beschäftigungsförderung) *Roth*, SR 2015, 141.

22 Für eine Annahme von Schutzpflichten mit eingehender Begründung *Stern/Sachs/Blanke*, GRC, Art. 15 Rn. 37 f.; *Jarass*, GR-Charta, 3. Aufl., Art. 15 Rn. 2, 12.

23 Zu dem von Meyer (D) für die wirtschaftlichen und sozialen Rechte entwickelten „Drei-Säulen-Modell" vgl. *Bernsdorff*, VSSR 2001, 10 ff. mwN; *ders.*, NdsVBl. 2001, 179 f.

24 EuGH – Nold, 4/73 – Slg 1974, 491. Ausführlich und unter Hervorhebung der wesentlichen Weichenstellungen beschrieben wird die Entwicklung der EuGH-Rechtsprechung bei *Grabitz/Hilf/Nettesheim/Mayer*, EU, nach Art. 6 EUV Rn. 182 ff., und *Nowak*, in: Heselhaus/Nowak, HdB EU-Grundrechte, § 30 Rn. 1 ff. Die meisten Entscheidungen des EuGH betreffen die Regulierung der Agrarmärkte (GAP).

25 EuGH – SMW Winzersekt GmbH, C-306/93 – Slg 1994, I-5555. Vgl. hierzu *Schilling*, EuGRZ 2000, 11.

26 EuGH – Unectef, 222/86 – Slg 1987, 4097 Rn. 14; EuGH – Bosman, C-415/93 – Slg 1995, I-4921 Rn. 95.

tätigungsfreiheit zugeordnet worden.[27] Kennzeichnendes Merkmal für die von der Garantie umfassten Tätigkeiten ist die auf eine gewisse Dauer angelegte Erwerbsabsicht. Soweit sich wirtschaftliche Betätigungen nicht als Ausformungen der unternehmerischen Freiheit darstellen, werden sie von Art. 15 Abs. 1 mit erfasst.[28]

Abzuwarten bleibt, wie der EuGH das Grundrecht der Berufsfreiheit aus der Perspektive einer **weiterentwickelten europäischen Union** entfalten wird. Unverkennbar führt die Konstitutionalisierung der Grundrechte und die sich hieraus ergebende Forderung nach Grundrechtsermöglichung bzw. -effektivierung zu einer **Aufwertung** des **Schutzes** und der **Interessen des Individuums**[29], so dass diese als raison d`etre der Union neben das Binnenmarktziel treten. Eine entsprechende Zentrierung auf das Individuum lässt sich der Präambel der Grundrechtecharta entnehmen (Erwägung Nr. 2 S. 3). Eine „verfassungsmäßige" Festlegung auf eine **relative Vorrangstellung** des **Binnenmarktziels** i.S. des bisherigen Integrationskonzepts dürfte damit **nicht (mehr) anzunehmen** sein. 18

3. Eingriffsrechtfertigung

Die in Absatz 1 garantierte Berufsfreiheit besteht **nicht schrankenlos**. Grundrechtseingriffe[30] müssen einer Rechtfertigungsprüfung am Maßstab des **Art. 52 Abs. 1** standhalten. Nach dieser Vorschrift dürfen Grundrechte nur unter Beachtung der Wesensgehaltsgarantie und des Verhältnismäßigkeitsprinzips auf gesetzlicher Grundlage eingeschränkt werden. Unter Hinweis auf die „soziale Funktion" der geschützten Tätigkeit hat auch der EuGH bisher schon – etwa in den Rechtssachen Hauer[31] und Keller[32] – festgestellt, dass die **Berufsfreiheit keine „prérogative absolue"** sei.[33] Der Gerichtshof hat jedoch häufig **nicht ausreichend präzise zwischen Schutzbereich und Schranken** des Grundrechts **unterschieden** und zur Rechtfertigung auf allgemeine Leitprinzipien oder Grundsätze der Gemeinschaftsrechtsordnung wie Struktur und Ziele der Gemeinschaft oder das Gemeinwohl verwiesen. Er hat Grundrechtseingriffe zwar auf die Beachtung der Wesensgehaltsgarantie, des Verhältnismäßigkeitsprinzips und des Gesetzesvorbehalts überprüft, seine Untersuchung der Verhältnismäßigkeit aber darauf beschränkt, verfolgtes Gemeinschaftsinteresse und betroffenes Individualinteresse (lediglich) **ungewichtet** gegenüberzustellen und die von den Gemeinschaftsorganen vorgenommene Abwägung auf offensichtliche Mängel zu kontrollie- 19

27 Zu den Tendenzen in der EuGH-Rechtsprechung siehe *Stern/Sachs/Blanke*, GRC, Art. 15 Rn. 32 ff; ferner *Ruffert*, in: Ehlers, Grundrechte, 4. Aufl., § 19 Rn. 12, und *Merten/Papier/Durner*, HGR, VI/1, § 162 Rn. 28 ff.

28 Vgl. *Bernsdorff*, Art. 16 Rn. 8 ff.

29 Vgl. hierzu *Wollenschläger*, EnzEuR, Bd. 1, § 8 Rn. 1.

30 Zu möglichen Eingriffen in die Berufsfreiheit und einem weiten „Eingriffsverständnis" *Pechstein/Nowak/Häde/Kühling*, Frankfurter Kommentar, Art. 15 GRC Rn. 15 f. Es werden neben unmittelbaren auch mittelbare Eingriffe erfasst.

31 EuGH – Hauer, 44/79 – Slg 1979, 3727.

32 EuGH – Keller, 234/85 – Slg 1986, 2897.

33 Danach unterliegt die Berufsfreiheit namentlich im Rahmen einer gemeinsamen Marktorganisation Beschränkungen; vgl. vor allem EuGH – Schräder, 265/87 – Slg 1989, 2237 Rn. 15, aber auch die Urteile in den Rechtssachen Zuckerfabrik Süderdithmarschen AG ua (C-143/88 und C-92/89 – Slg 1991, I-415), Deutschland/Rat (C-280/93 – Slg 1994, I-4973), SMW Winzersekt GmbH (C-306/93 – Slg 1994, I-5555), Fisherman`s Organisations (C-44/94 – Slg 1995, I-3115), Affish (C-183/95 – Slg 1997, I-4315), SAM Schiffahrt und Stapf (C-248/95 und C-249/95 – Slg 1997, I-4475), Metronome (C-200/96 – Slg 1998, I-1953), Dubois et Fils (EuG – T-113/96 – Slg 1998, II-125), Di Lenardo (C-37/02 und C-38/02 – Slg 2004, I-6911) und Spanien und Finnland/Parlament und Rat (C-184/02 und C-223/02 – Slg 2004, I-7789). Im Einzelnen *Wunderlich*, Berufsfreiheit, S. 183 ff.

ren.[34] Der **Grundsatz der Verhältnismäßigkeit** entfaltet in der Rechtsprechung des EuGH danach **kaum begrenzende Wirkung.** Lediglich offensichtlich ungeeignete oder eindeutig nicht erforderliche Beschränkungen der Berufsfreiheit können bei diesem Kontrolldichtemaßstab als grundrechtswidrig eingestuft werden. Zu dem genannten (strukturellen) Abwägungsdefizit trägt bei, dass die **Wesensgehaltsgarantie** als Schranken-Schranke **nicht entwickelt** worden ist. Dass der Wesensgehaltsgarantie bei der Rechtfertigungsprüfung neben dem Prinzip der Verhältnismäßigkeit eine eigenständige Bedeutung zukommt, lässt sich nicht erkennen. Ob der EuGH seine Schrankensystematik auf der Grundlage des Art. 52 Abs. 1 verfeinern und dem Grundrecht der Berufsfreiheit auf diese Weise mehr Substanz verschaffen wird, ist offen.[35]

20 Die Berufsfreiheit von **Drittstaatsangehörigen** darf **stärker eingeschränkt** werden als diejenige von **Unionsbürgern.** Soll der beruflichen Betätigung von Unionsbürgern eine Vorrangstellung gegenüber derjenigen von Drittstaatsangehörigen eingeräumt werden, ist das **regelmäßig** ein legitimer Grund für Einschränkungen. **Art. 15 Abs. 3** verpflichtet zur Gleichbehandlung Drittstaatsangehöriger **nur** in Bezug auf ihre **Arbeitsbedingungen.**[36]

4. Berechtigte

21 Art. 15 Abs. 1 gewährleistet Menschenrechte („Jede Person"), auf die sich, wenn sie einen legalen Zugang zum Arbeitsmarkt haben[37], auch **Drittstaatsangehörige** und **Staatenlose** berufen können. Für sie ergibt sich insoweit kein Recht auf Einreise als Vorbedingung der Arbeitsaufnahme.[38] Wegen des personalen Charakters der Berufsfreiheit kommen **juristische Personen** (des Privatrechts) nur dann in ihren Genuss, wenn sie eine Erwerbszwecken dienende Tätigkeit ausüben, die ihrem Wesen und ihrer Art nach auch von einer natürlichen Person verrichtet werden könnte.[39] Nicht zugutekommt Art. 15 Abs. 1 **Angehörigen des öffentlichen Dienstes,** soweit sie von den Ausnahmevorschriften des Art. 45 Abs. 4 AEUV (zuvor Art. 39 Abs. 4 EGV-Nizza) und des Art. 51 AEUV (zuvor Art. 45 EGV-Nizza) (iVm Art. 62 AEUV, zuvor Art. 55 EGV-Nizza) erfasst werden.[40] Sie sind dann bereits von Eingriffsmaßnahmen nicht betroffen.

5. Praktische Bedeutung

22 **Art. 15 Abs. 1** hat als **Prüfungsmaßstab** zwischenzeitlich **Eingang** in die **Rechtsprechung** des **EuGH,** aber auch **deutscher Gerichte**[41] gefunden. So hat der EuGH Vorschriften der

---

34 Vgl. ausführlich *Pache*, EuR 2001, 487 ff.; *Wunderlich*, Berufsfreiheit, S. 198 ff.; *Pernice*, NJW 1990, 2415 f.; ferner *Stern/Sachs/Blanke*, GRC, Art. 15 Rn. 44 ff., 48 f., und *Ruffert*, in: Ehlers, Grundrechte, 4. Aufl., § 19 Rn. 34 ff., 38 f.; *ders.*, in: Calliess/Ruffert, EUV/AEUV, 5. Aufl., Art. 15 GRCh Rn. 16 ff.

35 Vgl. die umfangreiche Analyse der EuGH-Rechtsprechung zu den Konturen der Rechtfertigungsprüfung bei *Pechstein/Nowak/Häde/Kühling*, Frankfurter Kommentar, Art. 15 GRC Rn. 18 ff., und *Ruffert*, in: Calliess/Ruffert, EUV/AEUV, 5. Aufl., Art. 15 GRCh Rn. 13 ff.

36 Zum Ganzen *Jarass*, GR-Charta, 3. Aufl., Art. 15 Rn. 17.

37 *Stern/Sachs/Blanke*, GRC, Art. 15 Rn. 39, auch Rn. 63.

38 Siehe *Stern/Sachs/Blanke*, GRC, Art. 15 Rn. 25: kein Recht auf Zuwanderung.

39 Weitergehend wohl *Pechstein/Nowak/Häde/Kühling*, Frankfurter Kommentar, Art. 15 GRC Rn. 6. A.A. *Ruffert*, in: Calliess/Ruffert, EUV/AEUV, 5. Aufl., Art. 15 GRCh Rn. 8; andererseits *ders.*, in: Ehlers, Grundrechte, 4. Aufl., § 19 Rn. 25 f.

40 Wie hier *Ruffert*, in: Calliess/Ruffert, EUV/AEUV, 5. Aufl., Art. 15 GRCh Rn. 7. A.A. offensichtlich *Stern/Sachs/Blanke*, GRC, Art. 15 Rn. 40: jedenfalls im Zusammenhang mit Nebentätigkeiten; *Jarass*, GR-Charta, 3. Aufl., Art. 15 Rn. 7, der den Schutzbereich des Art. 15 Abs. 1 eröffnet sieht.

41 Etwa BAG: BAGE 154, 111 = BB 2016, 307 (EuGH-Vorlage zur Verordnung <EU> Nr. 1178/2011); BVerwG: BVerwGE 154, 58 = NVwZ-RR 2016, 538 (gewerbliche Tätigkeiten eines Wirtschaftsprü-

Verordnung (EG) Nr. 1924/2006 des Europäischen Parlaments und des Rates vom 20.12.2006 über nährwert- und gesundheitsbezogene Angaben über Lebensmittel[42] an Art. 15 Abs. 1 (und Art. 16) gemessen und die Beschränkung der Berufsfreiheit einer Winzergenossenschaft durch das **Verbot der Verwendung „gesundheitsbezogener Angaben“** bei alkoholischen Getränken als zulässig angesehen.[43] Der Gerichtshof hat hierbei die Berufsfreiheit zu dem in **Art. 35 Satz 2** enthaltenen **Grundsatz** bzw. **Ziel** der Sicherstellung eines **hohen Gesundheitsschutzniveaus** in Beziehung gesetzt, bei der Beurteilung angenommen, dass der Gemeinschafts(Unions)Gesetzgeber beide Bestimmungen in Einklang gebracht habe[44], und bei der Verhältnismäßigkeitsprüfung festgestellt, dass das Verwendungsverbot den **Wesensgehalt der Berufsfreiheit** (oder der unternehmerischen Freiheit) **nicht berührt** habe. Weiter hat der EuGH zu **altersbezogenen Ruhestandsregelungen** entschieden, dass diese (auch) **Art. 15 entsprechen** (und verhältnismäßig sind), wenn sie durch **angemessene Renten** abgefedert werden und die Möglichkeit zu **anderweitiger Berufstätigkeit** vorgesehen ist.[45]

6. Aufnahme der Personenverkehrsfreiheiten (Absatz 2)

a) Spezielle Berufsfreiheit für Unionsbürger. Mit der Aufnahme der **drei Freiheiten des Personenverkehrs** (Freizügigkeit der Arbeitnehmer, Niederlassungsfreiheit, Dienstleistungsfreiheit) in **Absatz 2** hat der Grundrechtekonvent das Grundrecht der Berufsfreiheit für **Unionsbürger** (als Marktbürger) konkretisiert.[46] Als **leges speciales** gehen sie den in Absatz 1 enthaltenen Gewährleistungen vor und verdrängen diese für ihren Anwendungsbereich. Sie dienen der Herstellung **grenzüberschreitender Privatautonomie.**[47] Eine selbstständige Bedeutung behält das Grundrecht der Berufsfreiheit für Unionsbürger danach nur bei „internen“ Sachverhalten ohne grenzüberschreitenden Bezug[48] und in Fällen, in denen, über den grenzüberschreitenden Aspekt hinaus, eine allgemeine Beschränkung beruflicher Freiheit 23

fers); BVerwGE 154, 319 = NJW 2016, 3112 (prüfungsfreie Bestellung zum Wirtschaftsprüfer); NVwZ-RR 2011, 165 (Health-Claims-Verordnung); vgl. aber noch BFH BFH/NV 2004, 1297 = DStRE 2004, 1065 (mangels Rechtsverbindlichkeit der GRC war eine Ablehnung der Bestellung zum Steuerberater noch nicht an Art. 15 Abs. 1 zu messen).

42 ABl. 2006 Nr. L 404 S. 9; geändert durch Verordnung (EU) Nr. 116/2010 der Kommission vom 9.2.2010 (ABl. 2010 Nr. L 37 S. 16).

43 EuGH – Deutsches Weintor, C-544/10, ECLI:EU:C:2012:526, Urt. v. 6.9.2012.

44 Vgl. hierzu EuGH – Promusicae, C-275/06, Slg 2008, I-271.

45 EuGH – Fuchs und Köhler, Rs. C-159/10 u.a., Slg. 2011, I-6919, Urt. v. 21.7.2011. Neuere kontextbezogene EuGH-Rechtsprechung: EuGH – Interseroh Scrap and Metals Trading, Rs. C-1/11, ECLI:EU:C:2012:194, Urt. v. 29.3.2012; EuGH – Deutsches Weintor, Rs. C-544/10, ECLI:EU:C:2012:526, Urt. v. 6.9.2012; EuGH – Sky Österreich, Rs. C-283/11, ECLI:EU:C:2013:28, Urt. v. 22.1.2013; EuGH – Gardella, Rs. C-233/12, ECLI:EU:C:2013:449, Urt. v. 4.7.2013; EuGH – Lidl, Rs. C-134/15, ECLI:EU:C:2016:408, Urt. v. 30.6.2016.

46 *Ruffert*, in: Calliess/Ruffert, EUV/AEUV, 5. Aufl., Art. 15 GRCh Rn. 26.

47 Zur Herstellung grenzüberschreitender Privatautonomie sind die Grundfreiheiten lex specialis: *Ruffert*, in: Calliess/Ruffert, EUV/AEUV, 5. Aufl., Art. 15 GRCh Rn. 26 f.; *Merten/Papier/Durner*, HGR, VI/1, § 162 Rn. 32. A.A. *Jarass*, GR-Charta, 3. Aufl., Art. 15 Rn. 20 a.

48 Entgegen der von *Grabenwarter* (DVBl. 2001, 5, und EuGRZ 2004, 568; neuerdings aber *ders.*, EnzEuR, Bd. 2, § 13 Rn. 8) und *Beutler* (in: Groeben/Schwarze, EUV/EGV, Art. 6 EU Rn. 142) vertretenen Auffassung besteht das Erfordernis eines grenzüberschreitenden Sachverhalts auch für Art. 15 Abs. 2; wie hier *Rengeling*, DVBl. 2004, 457; *Ruffert*, in: Ehlers, Grundrechte, 4. Aufl., § 19 Rn. 22 Fn. 74; *ders.*, in: Calliess/Ruffert, EUV/AEUV, 5. Aufl., Art. 15 GRCh Rn. 27 Fn. 98; *Stern/Sachs/Blanke*, GRC, Art. 15 Rn. 56; *Pechstein/Nowak/Häde/Kühling*, Frankfurter Kommentar, Art. 15 GRC Rn. 11; *Jarass*, EU-Grundrechte, § 20 Rn. 20; *ders.*, GR-Charta, 3. Aufl., Art. 15 Rn. 19; wohl auch *Ehlers*, in: Ehlers, Grundrechte, 4. Aufl., § 14 Rn. 13.

vorliegt.[49] Der **EuGH** hat die von ihm in den Grundrechtsrang erhobenen[50] **Freiheiten** gegenüber der Regelung im EG-Vertrag **in zweierlei Hinsicht erweitert**. Zum einen hat er ihnen über das Diskriminierungsverbot im Sinne eines Anspruchs auf Inländergleichbehandlung hinaus ein allgemeines „Behinderungsverbot" entnommen.[51] Zum anderen hat er die Verpflichtung aus den Grundfreiheiten, namentlich aus den Freiheiten des Personenverkehrs,[52] auf die Gemeinschaftsorgane erstreckt. Weil die in Art. 15 Abs. 2 enthaltenen Verbürgungen im Gemeinschaftsvertrag (jetzt „in den Verträgen") begründet sind, kommt die **spezielle Schrankenregelung** des **Art. 52 Abs. 2** zur Anwendung.[53] Der EuGH hat für die Rechtfertigungsprüfung ein **„Vier-Stufen-Modell"** entwickelt, das Eingriffe in die Grundfreiheiten einer strengen Verhältnismäßigkeitskontrolle unterwirft.[54]

24 **b) Deklaratorische Bedeutung.** Zur Klärung des **umstrittenen Verhältnisses** zwischen den **Grundfreiheiten** und dem **Grundrecht auf Berufsfreiheit** leistet Art. 15 Abs. 2 keinen Beitrag.[55] Nach wie vor stellt sich die – nicht abschließend geklärte – Frage nach dem Grundrechtscharakter der Grundfreiheiten[56], hier konkret danach, ob die Bestimmung die Grundfreiheiten nicht einfach – ohne eigenständigen rechtlichen Gehalt – nur „wiederholt".[57] Grundrechtliche Wertungen nach Art. 15 Abs. 2 und den andernorts geregelten Grundfreiheiten sollten jedenfalls vorerst nicht unterschiedlich ausfallen.[58] Erscheinen die Grundfreiheiten im Hinblick auf ihre Verankerung in Art. 15 als Ausprägungen der Berufsfreiheit, so drängt sich außerdem die Frage auf, ob nicht auch die Berufsfreiheit von den Beschränkungen (insbesondere) des Art. 51 Abs. 1 S. 1 zu befreien wäre und die Mitgliedstaaten gleichfalls umfassend – und nicht nur bei der Durchführung des Unionsrechts – bindet.

---

49 Zu den Abgrenzungsfragen vgl. *Wunderlich*, Berufsfreiheit, S. 99 ff. Spezialität im Verhältnis zu Art. 15 Abs. 1 nehmen auch *Blanke* (in: *Stern/Sachs/Blanke*, GRC, Art. 15 Rn. 8, 54 ff.) und *Ruffert* (in: Calliess/Ruffert, EUV/AEUV, 5. Aufl., Art. 15 GRCh Rn. 26 f.; *ders.*, in: Ehlers, Grundrechte, 4. Aufl., Art. 19 Rn. 21 f.) an; offen gelassen von *Jarass*, EU-Grundrechte, § 20 Rn. 21; gegen eine Anerkennung als leges speciales *ders.*, GR-Charta, 3. Aufl., Art. 15 Rn. 20 a; vgl. sogar *Streinz*, in: Streinz, EUV/AEUV, GR-Charta, Art. 15 Rn. 14: keinen eigenständigen rechtlichen Gehalt.

50 EuGH – Unectef, 222/86 – Slg 1987, 4097 Rn. 14.

51 Ausführlich hierzu *Ehlers*, in: Ehlers, Grundrechte, 4. Aufl., § 7 Rn. 23 ff.; ferner *Schilling*, EuGRZ 2000, 10; auch *Wunderlich*, Berufsfreiheit, S. 76 ff., unter Hinweis auf die Entscheidungen des EuGH in den Rechtssachen van Binsbergen (33/74 – Slg 1974, 1299 Rn. 24/26), Klopp (107/83 – Slg 1984, 2971, Rn. 17 ff.) und Bosman (C-415/93 – Slg 1995, I-4921 Rn. 94). Vgl. schließlich die Urteile in den Rechtssachen Kraus (C-19/92 – Slg 1993, I-1663), Gebhard (C-55/94 – Slg 1995, I-4165), Centros (C-212/97 – Slg 1999, I-1459), Graf (C-190/98 – Slg 2000, I-493) und Lehtonen (C-176/96 – Slg 2000, I-2681).

52 Vgl. die Nachweise bei *Schilling*, EuGRZ 2000, 10, und *Ehlers*, in: Ehlers, Grundrechte, 4. Aufl., § 7 Rn. 49. Aus der jüngeren Rechtsprechung: EuGH – Swedish Match, C-210/03 – Slg 2004, I-11893.

53 In seinem Urt. v. 4.7.2013 – Gardella, Rs. C-233/12, ECLI:EU:C:2013:449, beschränkt der EuGH seine Prüfung dann auch auf die Vereinbarkeit mit den Grundfreiheiten.

54 EuGH – Gebhard, C-55/94 – Slg 1995, I-4165 Rn. 37; ausführlich hierzu *Ehlers*, in: Ehlers, Grundrechte, 4. Aufl., § 7 Rn. 107 ff., unter Hinweis auf zahlreiche neuere Entscheidungen des EuGH.

55 *Stern/Sachs/Blanke*, GRC, Art. 15 Rn. 8 ff.: Das Verhältnis der Unionsgrundrechte zu den Grundfreiheiten ... bleibt ... weiterhin aktuell. Auch *Merten/Papier/Durner*, HGR, VI/1, § 162 Rn. 32.

56 Hierzu *Merten/Papier/Durner*, HGR, VI/1, § 162 Rn. 11 ff.; zur Anwendbarkeit der EU-Grundrechte (allgemein) bei einer Beschränkung von Grundfreiheiten siehe *Wollenschläger*, EuZW 2014, 577.

57 Vgl. Pechstein/Nowak/Häde/Kühling, Frankfurter Kommentar, Art. 15 GRC Rn. 11; ferner *Stern/Sachs/Blanke*, GRC, Art. 15 Rn. 6, der darauf hinweist, im Schrifttum sei insoweit eine „Verdopplung der Garantiegehalte" festgestellt worden; vgl. dort Rn. 30: „Doppelgleisigkeit der Schutzgarantie".

58 *Von der Groeben/Schwarze/Hatje/Wollenschläger*, Europäisches Unionsrecht, Art. 15 GRC Rn. 16: Gebot ... eines Gewährleistungsgleichlaufs.

7. Arbeitsbedingungen für Drittstaatsangehörige (Absatz 3)

25 a) **Gleichbehandlungsrecht.** In Art. 15 Abs. 3 hat der Grundrechtekonvent als eigenständige Gewährleistung ein **spezielles Diskriminierungsverbot für legal Beschäftigte**[59] (nicht selbstständig unternehmerisch Tätige) aufgenommen, die die **Unionsbürgerschaft nicht besitzen.** Der sachliche Anwendungsbereich des Absatzes 3 wird mit dem Begriff **„Arbeitsbedingungen"** (conditions de travail/working conditions) umschrieben.[60] Zwar wird in den (aktualisierten) Erläuterungen zu Art. 15 Abs. 3 auf Art. 153 Abs. 1 Buchst. g und Art. 156 AEUV verwiesen. Soweit sich diese (indem sie Art. 153 Abs. 1 Buchst. g AEUV ansprechen) auch auf die „Beschäftigungsbedingungen" beziehen, geben die Erläuterungen jedoch die – dokumentierten – Vorstellungen des Grundrechtekonvents nicht zutreffend wieder. Danach soll der Begriff „Arbeitsbedingungen" in Art. 15 Abs. 3, orientiert an den Begriffsbildungen des AEUV und soweit diese dort (noch unter Geltung des Art. 137 Abs. 1 EGV-Nizza) entfaltet worden sind, **eng auszulegen** sein. Damit werden nicht etwa (generell) die „Beschäftigungsbedingungen", sondern nur in diesem Sinne „Arbeitsbedingungen" Staatsangehöriger aus Drittländern und Staatenloser erfasst.[61] Aus der Bezugnahme auf Art. 153 AEUV ergibt sich, dass sich das Merkmal „Arbeitsbedingungen" jedenfalls nicht auf das Arbeitsentgelt beziehen kann.[62] Darüber hinaus erlaubt die Verweisung auf Art. 156 AEUV im Rahmen einer systematischen Auslegung den Rückschluss, dass der Begriff nicht das gesamte, sondern nur Teile des Arbeitsrechts einbezieht. Gleiches gilt für die sozialrechtlichen Regelungen. **Keinesfalls** umfasst der Tatbestand des Absatzes 3 den **Zugang zum Arbeitsmarkt** eines Mitgliedstaats und damit die Gleichstellung in Bezug auf die **Freizügigkeit.**[63]

26 b) **Eingriffsrechtfertigung.** In seinen Erläuterungen zu Art. 15 Abs. 3 hat das Präsidium des Grundrechtekonvents außerdem mitgeteilt, dass der Maßstab für einschränkende Regelungen der **speziellen Grundrechtsschranke** des **Art. 52 Abs. 2** zu entnehmen sei. Indessen erscheint **fraglich,** ob in Art. 153 Abs. 1 Buchst. g AEUV tatsächlich ein Recht auf entsprechende Arbeitsbedingungen „begründet" wird oder darin nicht doch (nur) eine Kompetenznorm gelegen ist.[64] Hinsichtlich der Frage der Anheuerung **drittstaatsangehöriger Seeleute** verweist das Präsidium auf das Unionsrecht und die einzelstaatlichen Rechtsvor-

---

59 Die von einigen Delegierten erhobene Forderung nach einer Ausweitung auf illegal Beschäftigte hat sich nicht durchsetzen können. Vgl. insoweit Rn. 10. Abweichend von Art. 137 Abs. 3 vierter Spiegelstrich EGV-Amsterdam („rechtmäßig ... aufhalten") hatte der Grundrechtekonvent eine „arbeitserlaubnisrechtliche" Anknüpfung gewählt.

60 Daraus ergibt sich zwangsläufig, dass die Vorschrift nur den Arbeitnehmer und nicht auch dessen Familie berechtigt.

61 Der Begriff „Beschäftigungsbedingungen" ist umfassender. Insoweit bleibt die Vorschrift auch hinter Art. 19 Abs. 4 ESC (vgl. auch Art. 19 Abs. 4 der noch nicht von allen Mitgliedstaaten ratifizierten ESC in ihrer revidierten Fassung) zurück. Dieses Problem ist während der Konventsberatungen erkannt worden. Ebenso für ein enges Verständnis: *Stern/Sachs/Blanke*, GRC, Art. 15 Rn. 63; *Schwarze*, in: Schwarze, EU-Kommentar, Art. 15 GRC Rn. 1, 8; *Streinz*, in: Streinz, EUV/AEUV, GR-Charta, Art. 15 Rn. 15; *Jarass*, EU-Grundrechte, Art. 15 Rn. 27; *ders.*, GR-Charta, 3. Aufl., Art. 15 Rn. 25. AA wohl *Rengeling/Szczekalla*, Grundrechte, S. 611; ferner *Pechstein/Nowak/Häde/Kühling*, Frankfurter Kommentar, Art. 15 GRC Rn. 13.

62 Vgl. Art. 153 Abs. 5 AEUV. Einhellige Meinung; siehe insoweit die Nachweise in Fn. 61.

63 Ebenso *Pechstein/Nowak/Häde/Kühling*, Frankfurter Kommentar, Art. 15 GRC Rn. 12 mwN; *Jarass*, GR-Charta, 3. Aufl., Art. 15 Rn. 28; *Merten/Papier/Durner*, HGR, VI/1, § 162 Rn. 25, 34: Art. 15 steht einem nationalen Arbeitsverbot für Asylbewerber nicht entgegen.

64 Wie hier *Stern/Sachs/Blanke*, GRC, Art. 15 Rn. 59 ff.; *Jarass*, EU-Grundrechte, § 20 Rn. 23: Verweis in den Erläuterungen kann nur die Grenzen des Grundrechts betreffen; ähnlich *ders.*, GR-Charta, 3. Aufl., Art. 15 Rn. 21, 29: Hinweis auf die Notwendigkeit einer harmonisierenden Auslegung in dem Sinne, dass Art. 52 Abs. 1 zur Anwendung gelangt; ferner: *Grabenwarter*, DVBl. 2001, 5; *Beut-*

schriften und Gepflogenheiten. Das deutet darauf hin, dass das Präsidium den Schutz dieser Personengruppe als weniger weitreichend ansehen wollte.

IV. Literaturübersicht

Badura, Peter, „Recht auf Arbeit" in Deutschland und Europa, FS-Schwarze, Baden-Baden 2014, S. 477; *Benjes, Silke*, Die Personenverkehrsfreiheiten des EWG-Vertrages und ihre Auswirkungen auf das deutsche Verfassungsrecht, Baden-Baden 1992; *Bernsdorff, Norbert*, Die Charta der Grundrechte der Europäischen Union – Notwendigkeit, Prozeß und Auswirkungen, NdsVBl. 2001, 177; *ders.*, Soziale Grundrechte in der Charta der Grundrechte der Europäischen Union – Diskussionsstand und Konzept, VSSR 2001, 1; *ders./Borowsky, Martin*, Grundrechte in Europa – Von der Grundrechtecharta zur Europäischen Verfassung, DRiZ 2005, 188; *Blanke, Hermann J.*, Die Gewährleistungen der Berufsfreiheit und des Rechts zu arbeiten sowie der unternehmerischen Freiheit in der Grundrechte-Charta der Europäischen Union (Art. 75 und 76 VVE), in: Tettinger, Peter J./Stern, Klaus (Hrsg.), Die Europäische Grundrechte-Charta im wertenden Verfassungsvergleich, 2005, S. 233; *Borrmann, Alexandra*, Der Schutz der Berufsfreiheit im deutschen Verfassungsrecht und im europäischen Gemeinschaftsrecht. Eine rechtsvergleichende Studie, Berlin 2002; *Bulla, Simon*, Freiheit der Berufswahl – Verfassungs- und gemeinschaftsrechtliche Determinanten des Berufszugangs, Baden-Baden 2009; *Bungenberg, Marc*, Vertrauensschutz im derzeitigen Gemeinschaftsrecht und nach In-Kraft-Treten der Grundrechtecharta, in: Bruha, Thomas/Nowak, Carsten/Petzold, Hans Arno (Hrsg.), Grundrechtsschutz für Unternehmen im europäischen Binnenmarkt, Baden-Baden 2004, S. 127; *Crones, Luisa*, Grundrechtlicher Schutz von juristischen Personen im europäischen Gemeinschaftsrecht, Baden-Baden 2002; *Drechsler, Stefan*, Der EuGH auf dem Weg zu einer Dogmatik der Wirtschaftsgrundrechte?, EuR 2016, 691; *EU network* of independent experts on fundamental rights: Commentary of the Charter of Fundamental Rights of the European Union; *Frenz, Walter*, Die europäische Berufsfreiheit, GewArch 2008, 465; *ders.*, Die europäische Unternehmerfreiheit, GewArch 2009, 427; *Friant, Martine Le*, Die heikle Ausarbeitung eines europäischen Arbeitskampfrechts, NZA-Beil. 2006, 75; *Glos, Alexander*, Die deutsche Berufsfreiheit und die europäischen Grundfreiheiten, Frankfurt a. M. u.a. 2003; *Grabenwarter, Christoph*, Auf dem Weg in die Grundrechtsgemeinschaft?, EuGRZ 2004, 563; *ders.*, Die Charta der Grundrechte für die Europäische Union, DVBl. 2001, 1; *Günter, Johannes*, Berufsfreiheit und Eigentum in der Europäischen Union, Heidelberg 1998; *Hilf, Meinard/Hörmann, Saskia*, Der Grundrechtsschutz von Unternehmen im europäischen Verfassungsverbund, NJW 2003, 1; *Jansen, Bernhard*, Arbeitskampf in Europa und grenzüberschreitende Auswirkungen: Bewertung aus der Sicht des europäischen Rechts, NZA-Beil. 2006, 56; *Jarass, Hans. D.*, Berufs- und Unternehmensfreiheit im Unionsrecht, FS-Müller-Graff, Baden-Baden 2015, S. 1410; *Kingreen, Thorsten*, Theorie und Dogmatik der Grundrechte im europäischen Verfassungsrecht, EuGRZ 2004, 570; *Körner, Marita*, Das internationale Menschenrecht auf Arbeit. Völkerrechtliche Anforderungen an Deutschland, Berlin 2004; *Nowak, Carsten*, Die Wirtschaftsgrundrechte und Wirtschaftsverfassung in Deutschland und in der Europäischen Union, in: Bruha, Thomas/Nowak, Carsten/Petzold, Hans Arno (Hrsg.), Grundrechtsschutz für Unternehmen im europäischen Binnenmarkt, Baden-Baden 2004, S. 45; *Pache, Eckard*, Die Europäische Grundrechtscharta – ein Rückschritt für den Grundrechtsschutz in Europa?, EuR 2001, 475; *Penski, Ulrich/Elsner, Bernd Roland*, Eigentumsgewährleistung und Berufsfreiheit als Gemeinschaftsgrundrecht in der Rechtsprechung des Europäischen Gerichtshofs, DÖV 2001, 265; *Pernice, Ingolf*, Gemeinschaftsverfassung und Grundrechtsschutz – Grundlagen, Bestand und Perspektiven, NJW 1990, 2409; *Rengeling, Hans-Werner*, Die wirtschaftsbezogenen Grundrechte in der Europäischen Grundrechtecharta, DVBl. 2004, 453; *Sasse, Thorsten*, Die Berufsfreiheit und das Recht zu arbeiten, Frankfurt a.M. 2011; *Schilling, Theodor*, Bestand und allgemeine Lehren der bürgerschützenden allgemeinen Rechtsgrundsätze des Gemeinschaftsrechts, EuGRZ 2000, 3; *Schwarze, Jürgen*, Der Grundrechtsschutz für Unternehmen in der Europäischen Grundrechtecharta, EuZW 2001, 517; *Stadler, Rupert*, Die Berufsfreiheit in der Europäischen Gemeinschaft, München 1980; *Tettinger, Peter*, Die Charta der Grundrechte der Europäischen Union, NJW 2001, 1010; *Vögler, Michael*, Defizite beim Schutz der Berufsfreiheit durch BVerfG und EuGH. Ein Beitrag zur Auslegung von Art. 23 Absatz 1

---

ler, in: Groeben/Schwarze, EUV/EGV, Art. 6 EU Rn. 142; vgl. *Rengeling*, DVBl. 2004, 459: Lex specialis kann Art. 52 Abs. 2 jedenfalls nur sein, soweit die Gemeinschaftsverträge subjektive Rechte gewährleisten. Art. 52 Abs. 2 kann im Übrigen nicht das bisherige „Verfassungsfragment" des Art. 6 Abs. 2 EUV(-Amsterdam) erfassen; denn dann würden alle bisherigen Grundrechte als allgemeine Rechtsgrundsätze der Schrankenregelung des Art. 52 Abs. 1 entzogen, diese Vorschrift wäre insofern überflüssig.

Grundgesetz und zur Handhabung des Kooperationsverhältnisses beider Gerichte, Baden-Baden 2001; *Wansing, Gudrun/Welti, Felix/Schäfers, Markus*, The Right to Work for Persons with Disabilities, Baden-Baden 2018; *Wunderlich, Nina*, Das Grundrecht der Berufsfreiheit im Europäischen Gemeinschaftsrecht, Baden-Baden 2000; *dies.*, Das Grundrecht der Berufsfreiheit gemäß Artikel 15 der Grundrechtecharta, FS-Schwarze, Baden-Baden 2014, S. 304; *Zachert, Ulrich*, Die Arbeitnehmergrundrechte in einer Europäischen Grundrechtscharta, NZA 2001, 1041.

Artikel 16 Unternehmerische Freiheit

Die unternehmerische Freiheit wird nach dem Unionsrecht und den einzelstaatlichen Rechtsvorschriften und Gepflogenheiten anerkannt.

I. Vorgaben

Art. 16 enthält die **zweite** der insgesamt **drei** auf Unternehmen anwendbaren **„wirtschafts- verfassungsrechtlichen“ Garantien** der GRC.[1] In seinen Erläuterungen zu Art. 16 hat das Präsidium des Grundrechtekonvents zu erkennen gegeben, dass es sich hinsichtlich der Aufnahme dieser Bestimmung vor allem auf die Grundrechtsrechtsprechung des EuGH stützt. Mit seinen Hinweisen auf die Urteile des EuGH vom 14.5.1974 – Nold[2] – und 27.9.1979 – S.p.A. Eridania ua[3] – sowie vom 16.1.1979 – Sukkerfabriken Nykoebing Limiteret[4] – und 5.10.1999 – Spanien/Kommission[5] – wollte das Präsidium verdeutlichen, dass es die unternehmerische Freiheit wie der EuGH **im Wesentlichen** als **Ausprägung der Berufsfreiheit** versteht. 1

1. Verfassungen der Mitgliedstaaten

Art. 16 spiegelt aber auch den **Rechtszustand** in vielen **Mitgliedstaaten** wider. In den Verfassungen Bulgariens (Art. 19), Estlands (§ 31: nur für estnische Staatsangehörige), Griechenlands (Art. 5 Abs. 1), Irlands (Art. 45 Abs. 3), Italiens (Art. 41 S. 1), Kroatiens (Art. 49 f.), Luxemburgs (Art. 11 S. 5), Österreichs (Art. 6 Abs. 1 StGG), Polens (Art. 20 und 22), Portugals (Art. 61 Abs. 1), der Slowakei (Art. 35 Abs. 1 und 2), Spaniens (Art. 38) und Ungarns (Art. XII Abs. 1) wird die unternehmerische Freiheit explizit geschützt. Die genannten Mitgliedstaaten garantieren sie als eigenständiges wirtschaftliches (Grund)Recht oder leiten sie als Teilgewährleistung aus dem Recht auf freie Entfaltung der Persönlichkeit her. Andere Verfassungen bekennen sich zur Freiheit der Berufsausübung und formen diese im Text der entsprechenden Vorschrift als Freiheit „des Erwerbs“ (Kapitel 2 §20 VerfSchweden), Freiheit „des Gewerbes oder Handels“ (§ 18 S. 1 VerfFinnland, Art. 46 S. 1 2

1 *Schwarze*, EuZW 2001, 517 ff.; *ders.*, FS für Jochen F. Kirchhoff, S. 252 ff.; *ders.*, EuZW 2004, 139 f.; *ders.*, in: Schwarze, Verfassungsentwurf, S. 184 ff. Ferner *Pechstein/Nowak/Häde/Kühling*, Frankfurter Kommentar, Art. 15 GRC Rn. 1 und Art. 16 GRC Rn. 3: Trias der wirtschaftsbezogenen Grundrechte; *Jarass*, GR-Charta, 3. Aufl., Art. 16 Rn. 2.
2 EuGH – Nold, 4/73 – Slg 1974, 491.
3 EuGH – S.p.A. Eridania ua, 230/78 – Slg 1979, 2749.
4 EuGH – Sukkerfabriken Nykoebing Limiteret, 151/78 – Slg 1979, 1.
5 EuGH – Spanien/Kommission, C-240/97 – Slg 1999, I-6571.

VerfLitauen) oder „Gewerbefreiheit“ bzw. „Freiheit des wirtschaftlichen Wettbewerbs“ (Art. 74 VerfSlowenien) aus. Fehlen auch solche Hinweise in einer Verfassung, so ist die grundrechtliche Absicherung unternehmerischer oder wirtschaftlicher Betätigungsfreiheit jedenfalls durch das jeweilige nationale Verfassungsgericht anerkannt. Obwohl beispielsweise das deutsche GG die unternehmerische Freiheit an keiner Stelle erwähnt, fällt diese Freiheit nach der Rechtsprechung des BVerfG unter den Schutz des Art. 12 Abs. 1 GG, soweit es sich um Tätigkeiten handelt, die den allgemeinen Voraussetzungen des Berufsbegriffs entsprechen.[6]

2. Internationales Recht

3 Nach der GRC ist das Schutzniveau der Grundrechte auch mit Blick auf einschlägige **internationale Übereinkommen** zu bestimmen, wenn die Union oder alle Mitgliedstaaten Vertragsparteien sind (Erwägung Nr. 5 der Präambel, Art. 53). Zwar enthält die EMRK keinen ausdrücklichen Hinweis auf den Schutz unternehmerischer Betätigungsfreiheit. Zu beachten ist jedoch, dass der EGMR die Auffassung vertritt,[7] der Schutz des Eigentums in **Art. 1 ZP Nr. 1 zur EMRK** umfasse auch das Recht, Verträge zu schließen, und unter bestimmten Voraussetzungen das Recht, ein Unternehmen zu betreiben. Auf universeller Ebene weist darüber hinaus allenfalls das in **Art. 6 Abs. 1 IPwskR** geregelte „Recht des Einzelnen auf die Möglichkeit, seinen Lebensunterhalt durch frei gewählte ... Arbeit zu verdienen“ eine gewisse Nähe zur unternehmerischen oder wirtschaftlichen Betätigungsfreiheit auf. Allerdings handelt es sich dabei nicht um ein einklagbares Grundrecht des Einzelnen, sondern um eine die Vertragsstaaten verpflichtende Zielnorm, „geeignete Schritte zur vollen Verwirklichung dieses Rechts“ zu unternehmen.[8] Nach Art. 216 Abs. 2 AEUV (zuvor Art. 300 Abs. 7 EGV-Nizza) ist die Union als Völkerrechtssubjekt an die von ihr ratifizierten internationalen Verträge völkerrechtlich gebunden. In Bezug auf die Mitgliedstaaten statuiert Art. 216 Abs. 2 AEUV in gleichem Maße, ohne dass das allerdings auch im Außenverhältnis wirken würde, die unionsrechtliche Verpflichtung, völkerrechtliche Verträge der Union zu achten und im innerstaatlichen Raum ordnungsgemäß durchzuführen. In diesem Sinne kann auch das **WTO-Recht** (als mittelbarer Maßstab für sekundäres Unionsrecht) Anknüpfungspunkt für Elemente individueller Wirtschaftsfreiheit sein, soweit es solche Aspekte zum Gegenstand hat.

II. Diskussion im Grundrechtekonvent

4 Die Aufnahme einer Bestimmung über die unternehmerische Freiheit war ursprünglich weder in der vom Präsidium des Grundrechtekonvents herausgegebenen Grundrechtsliste (BODY 4) noch in dem von *Meyer* (D) im Januar 2000 übersandten Diskussionsentwurf einer Grundrechtecharta (CHARTE 4102/00 CONTRIB 2) vorgesehen. Bis zum **Abschluss** der **ersten Lesung** hatte das Präsidium **lediglich** eine **Regelung über die Berufsfreiheit** empfohlen, diese allerdings in einem weiten Sinn auch als Freiheit verstanden, ein Gewerbe zu wählen und auszuüben. Ein **Grundrechtsschutz für Unternehmen** war vom Grundrechtekonvent bei seiner Befassung mit den Vorschlägen des Präsidiums für wirtschaftliche und soziale Rechte **nicht thematisiert worden.**

---

6 Grundlegend BVerfGE 50, 290, 363 f.

7 Urt. v. 25.3.1999 – Iatridis/Griechenland – Appl. Nr. 31107/96, Report of Judgements and Decisions 1999 – II, 75; vgl. hierzu *Grabenwarter*, DVBl. 2001, 5, und *Beutler*, in: von der Groeben/Schwarze, EUV/EGV, Art. 6 EU Rn. 143. Vgl. Rn. 14.

8 Vgl. *Seidel*, Handbuch, S. 192.

Der im Hinblick auf die **zweite Lesung** unterbreitete neue **Vorschlag des Präsidiums** für Bestimmungen über wirtschaftliche und soziale Rechte hatte **keine Veränderungen** gebracht (CONVENT 34). In ihren **Änderungsanträgen** hatten zahlreiche Konventsmitglieder gefordert, dass die Gewährleistungen der Niederlassungsfreiheit und der Dienstleistungsfreiheit stärker Eingang in die GRC finden sollten. So müsse die Freiheit des Abschlusses von Verträgen bzw. die Freiheit der Gründung von Unternehmen ausdrücklich geregelt werden, weil beide „für Marktwirtschaften von wesentlicher Bedeutung seien". Der Entwurf des Präsidiums lasse einen der Hauptvorteile, der den Bürgern aus EU-Mitgliedstaaten erwachse, unbeachtet. Die **Charta** sei insgesamt **zu stark auf die Rechte von abhängig Beschäftigten bezogen;** wirtschaftliche Rechte würden nicht genügend berücksichtigt. 5

Eine **explizite Regelung** der unternehmerischen Freiheit hatte das Präsidium des Grundrechtekonvents **erstmals** in dem **ersten Entwurf eines vollständigen Textes der Grundrechtecharta (CONVENT 45)** vorgesehen. Vorausgegangen war ein **schriftlicher Aufruf,** in dem mehrere Konventsmitglieder die Aufnahme wesentlicher wirtschaftlicher Rechte („freedom of enterprise and right to set up a business") gefordert hatten.[9] Das auf Wunsch der EVP gefertigte Papier war von vielen Mitgliedern dieser politischen Richtung unterzeichnet worden. Seinen **endgültigen Wortlaut** hat Art. 16 in CONVENT 47 REV 1 ADD 1 erhalten. Auf Intervention der verschiedenen Gruppierungen im Grundrechtekonvent[10] hatte sich das Präsidium dazu entschlossen, die unternehmerische Freiheit **ausdrücklich** unter einen **Vorbehalt** zu stellen („...nach dem Gemeinschaftsrecht und den einzelstaatlichen Rechtsvorschriften und Gepflogenheiten..."). Mit seinem Regelungsvorschlag hatte sich das Präsidium des Grundrechtekonvents zugleich gegen jene Stimmen im Plenum gewandt, die – bis zuletzt – eine Streichung des Art. 16 unter Hinweis darauf verlangt hatten, dass die Berufsgruppe der Unternehmer gegenüber anderen Berufsgruppen nicht privilegiert werden dürfe.[11] 6

III. Kommentierung

1. Verhältnis zu anderen Grundrechten, Berufsfreiheit

Die **zentralen „wirtschaftsverfassungsrechtlichen" Garantien** sind in **Art. 15 bis 17** der GRC geregelt.[12] Mit den Bestimmungen des Art. 15 („Berufsfreiheit und Recht zu arbeiten") und des Art. 17 („Eigentumsrecht") besteht schon aus diesem Grunde ein enger Zusammenhang. Ein **spezieller Anwendungsfall** der unternehmerischen Freiheit ist in **Art. 14 Abs. 3** erfasst („Freiheit zur Gründung von Lehranstalten"). Seiner Funktion nach ist Art. 16 ein **Abwehrrecht.** Substanzielle leistungsrechtliche Gehalte (etwa im Sinne eines „Rechts auf Mittelstandsförderung") können ihm nicht entnommen werden.[13] 7

---

9 *Bernsdorff/Borowsky*, Protokolle, S. 330. Der amtlich nicht veröffentlichte Aufruf ist abgedruckt bei *Bernsdorff/Borowsky,* Arbeitsdokumente, S. 1555 ff.

10 Vgl. hierzu auch die allgemeinen Bemerkungen zu Art. 16 CONVENT 45 in dem amtlich nicht veröffentlichten Arbeitsdokument „Observations reçues relatives au document Charte 4422/00 Convent 45" vom 7.9.2000, abgedruckt bei *Bernsdorff/Borowsky,* Arbeitsdokumente, S. 1563 ff.

11 Ausführlicher zum Beratungsverlauf siehe Vorauflage.

12 Vgl. *Schwarze*, EuZW 2001, 517 ff.; *ders.*, FS für Jochen F. Kirchhoff, S. 252 ff.; *ders.*, EuZW 2004, 139 f.; *ders.*, in: Schwarze, Verfassungsentwurf, S. 184 ff.; *ders.*, in: Schwarze, EU-Kommentar, Art. 16 GRC Rn. 1. Zur Abgrenzung vgl. *Jarass*, EU-Grundrechte, § 21 Rn. 4, und *ders.*, GR-Charta, 3. Aufl., Art. 16 Rn. 4 a (Spezialität des Art. 16 gegenüber Art. 15), *Stern/Sachs/Blanke*, GRC, Art. 16 Rn. 20 (Spezialnorm), und *Folz*, in: Vedder/Heintschel von Heinegg, EVV, Art. II-76 Rn. 3 (Art. 16 als wirtschaftliches Auffanggrundrecht). Vgl. auch *Bernsdorff*, Art. 15 Rn. 12.

13 Vgl. aber Rn. 6. Wie hier *Ruffert*, in: Calliess/Ruffert, EUV/AEUV, 5. Aufl., Art. 16 GRCh Rn. 2; *Merten/Papier/Durner*, HGR, VI/1, § 162 Rn. 37.

8 Die Schaffung einer eigenständigen Regelung über die unternehmerische Freiheit bedeutet **keine Abkehr** von der **ständigen Rechtsprechung des EuGH**[14], wonach die wirtschaftliche Betätigungsfreiheit, die Vertragsfreiheit und die Wettbewerbsfreiheit in einem **Kontext mit** dem Gemeinschafts(Unions)grundrecht der **Berufsfreiheit** stehen und – jedenfalls zum Teil – dessen Ausprägungen darstellen. Zu Recht darf daher angenommen werden, dass **Teilaspekte** der unternehmerischen Freiheit auch **von Art. 15 erfasst** werden.[15] Im Hinblick auf die eher personale Grundstruktur des Grundrechts der Berufsfreiheit fallen hierunter solche Aspekte der unternehmerischen Freiheit, die sich in einem eng verstandenen Sinn als Elemente der Ausformung der Persönlichkeit des Menschen darstellen.

2. Grundrechtsdimension

9 Soweit die unternehmerische Freiheit in Art. 16 – ebenso wie das Recht auf Wehrdienstverweigerung in Art. 10 Abs. 2 – (lediglich) **„anerkannt"** wird, folgt daraus **kein gegenüber Art. 15 Abs. 1 verminderter grundrechtlicher Schutz** (im Sinne eines geringeren Gewährleistungsgehalts oder weiterreichender Einschränkungsmöglichkeiten).[16] Die Formulierung nimmt insoweit lediglich auf die vorsichtigen Äußerungen des EuGH im Zusammenhang mit und wegen der Bedeutung des freien Wettbewerbs Bedacht.[17]

10 Art. 16 enthält ein **Abwehrrecht,** mögen auch bei Teilaspekten der unternehmerischen Freiheit[18] objektiv-rechtliche Strukturen erkennbar sein.[19] Insoweit bestehen **Schutzverpflichtungen.**[20] Das Grundrecht enthält aber auch in geringem Umfang **leistungsrechtliche Dimensionen,** etwa in der Gestalt von Auskunfts- und Informationsansprüchen gegenüber staatlichen Stellen.[21]

3. Schutzbereich

11 Der **sachliche Anwendungsbereich** des Art. 16 wird durch das Attribut **„unternehmerisch"** gekennzeichnet. Insoweit werden die Aufnahme, Fortsetzung und Beendigung einer „unternehmerischen" Betätigung geschützt.[22] Es liegt nahe, für den **Begriff** des „Unternehmers/

---

14 Vgl. hierzu dessen jüngere Rechtsprechung: EuGH – Neptun Distribution, Rs. C-157/14, ECLI:EU:C:2015:823, Urt. v. 17.12.2015; EuGH – Pillbox 38 Ltd., Rs. C-477/14, ECLI:EU:C:2016:324, Urt. v. 4.5.2016; EuGH – Lidl, Rs. C-134/15, ECLI:EU:C:2016:498, Urt. v. 30.6.2016; EuGH – McFadden, Rs. C-484/14, ECLI:EU:C:2016:689, Urt. v. 15.9.2016.

15 *Schwarze*, EuZW 2001, 518. Vgl. auch *Merten/Papier/Scholz*, HGR, VI/1, § 170 Rn. 84: Die tatbestandliche Unterscheidung zwischen Berufs- und unternehmerischer Freiheit macht im Hinblick auf die Rechtsprechung des EuGH zu den spezifischen Schutzelementen letzterer Sinn. Siehe außerdem *Merten/Papier/Durner*, HGR, VI/1, § 162 Rn. 35: erhebliche Reduktion des Anwendungsbereichs der Gewährleistung.

16 Ebenso *von der Groeben/Schwarze/Hatje/Wollenschläger*, Europäisches Unionsrecht, Art. 16 GRC Rn. 1.

17 Vgl. im Übrigen aber *Stern/Sachs/Blanke*, GRC, Art. 16 Rn. 5, 19: wegen erweiterter Handlungsspielräume der Mitgliedstaaten eher geringes Schutzniveau.

18 Etwa im Bereich der Wettbewerbsfreiheit.

19 Hierzu *Pechstein/Nowak/Häde/Kühling*, Frankfurter Kommentar, Art. 16 GRC Rn. 4.

20 Vgl. *Pechstein/Nowak/Häde/Kühling*, Frankfurter Kommentar, Art. 16 GRC Rn. 11: Das objektivrechtliche Wettbewerbsprinzip wird durch Art. 16 unter teleologischen Gesichtspunkten aufgeladen und um eine subjektiv-rechtlich geprägte Schutzdimension der Teilhabe an einem unverfälschten Wettbewerb ergänzt.

21 Siehe *von der Groeben/Schwarze/Hatje/Wollenschläger*, Europäisches Unionsrecht, Art. 16 GRC Rn. 9; *Stern/Sachs/Blanke*, GRC, Art. 16 Rn. 14; ähnlich *Pechstein/Nowak/Häde/Kühling*, Frankfurter Kommentar, Ar. 16 GRC Rn. 9. Zweifelnd *Jarass*, GR-Charta, 3. Aufl., Art. 16 Rn. 2, 17 a.

22 Vgl. zu den Konturen die jüngere EuGH-Rechtsprechung: EuGH – UPC Telekabel Wien GmbH, Rs. C-314/12, ECLI:EU:C:2014:192, Urt. v. 27.3.2014.

Unternehmens" (entreprise/business) an denjenigen des **unionsrechtlichen Wettbewerbsrechts** anzuknüpfen[23], wobei allerdings – im Unterschied hierzu – auch eine Gewinnerzielungsabsicht zu fordern ist.[24] Erfasst wird damit jede selbstständige wirtschaftliche Betätigung, **ohne Rücksicht** auf **Art** und **Umfang, Rechtsform** und **Finanzierung** des Unternehmens.[25] Auch auf die Erlaubtheit der Betätigung kommt es nicht an.

4. Einzelne Gewährleistungsgehalte

a) Wirtschaftliche Betätigungsfreiheit Selbstständiger. Die unternehmerische Freiheit umfasst zunächst allgemein die **Freiheit**, eine **Wirtschafts- oder Geschäftstätigkeit auszuüben.** Insoweit orientiert sich Art. 16 an der Grundrechtsjudikatur des EuGH aus den 70er Jahren, der aufgrund der primär wirtschaftsbezogenen Ausrichtung der EG die Berufsfreiheit in einem weiten Sinn verstanden und als umfassende wirtschaftliche Betätigungsfreiheit interpretiert hatte. Bereits in der Rechtssache Nold[26] aus dem Jahr 1974 hatte sich der EuGH veranlasst gesehen, die gemeinschaftsrechtlichen Voraussetzungen für unternehmensspezifische Eingriffe am Maßstab der Freiheit der Arbeit, des Handels und „anderer Berufstätigkeiten" zu überprüfen. Ein Grundrecht auf wirtschaftliche Betätigungsfreiheit ohne Bezugnahme auf das Grundrecht der Berufsfreiheit legte der EuGH in der Rechtssache S.p.A. Eridania ua[27] zugrunde. Diese Rechtsprechung wurde in der Folgezeit fortgesetzt. Zur Entscheidung standen jeweils Fälle, in denen um die Rechtmäßigkeit gemeinsamer Marktorganisation(en) gestritten wurde, durch die sich einige Unternehmen benachteiligt fühlten.[28] 12

b) Vertragsfreiheit. In seinen Erläuterungen zu Art. 16 bezieht sich das Präsidium des Grundrechtekonvents auf die **Vertragsfreiheit,** die in der Rechtsprechung des EuGH „anerkannt" sei. In den von ihm in Bezug genommenen Entscheidungen[29] erwähnt der EuGH den Grundsatz der Vertragsfreiheit, wobei aus seinen Ausführungen nicht eindeutig hervorgeht, ob er die Vertragsfreiheit als Gemeinschafts(Unions)grundrecht einstufen will. In 13

---

23 Wie hier *Stern/Sachs/Blanke*, GRC, Art. 16 Rn. 6.

24 Zutreffend *Stern/Sachs/Blanke*, GRC, Art. 16 Rn. 6; *Pechstein/Nowak/Häde/Kühling*, Frankfurter Kommentar, Art. 16 GRC Rn. 6; wohl auch *Jarass*, GR-Charta, 3. Aufl., Art. 16 Rn. 7. Zu einzelnen Feldern unternehmerischer Betätigung vgl. *Jarass*, EU-Grundrechte, § 21 Rn. 8, und *ders.*, GR-Charta, 3. Aufl., Art. 16 Rn. 7 ff.; ferner *Nowak*, in: Heselhaus/Nowak, HdB EU-Grundrechte, § 31 Rn. 29 ff.

25 Im *Einzelnen Pechstein/Nowak/Häde/Kühling*, Frankfurter Kommentar, Art. 16 GRC Rn. 9 ff.; *Stern/Sachs/Blanke*, GRC, Art. 16 Rn. 6 ff.; *Jarass*, GR-Charta, 3. Aufl., Art. 16 Rn. 7 ff.

26 EuGH – Nold, 4/73 – Slg 1974, 491, 507 f. Rn. 14; später EuGH – ADBHU, 240/83 – Slg 1985, 531 Rn. 9; zu den Konturen der EuGH-Rechtsprechung ausführlich *Grabitz/Hilf/Nettesheim/Mayer*, EU, nach Art. 6 EUV Rn. 191 ff.; ferner *Jarass*, GR-Charta, 3. Aufl., Art. 16 Rn. 16 f.

27 EuGH – S.p.A. Eridania ua, 230/78 – Slg 1979, 2749, 2768 Rn. 20.

28 Z.B. EuGH – Deutschland/Rat, C-280/93 – Slg 1994, I-4973; EuGH – Atlanta Fruchthandelsgesellschaft mbH, C-466/93 – Slg 1995, I-3799. Vgl. auch EuGH – Atlanta, C-104/97, Slg 1999, I-6983, EuGH – „Invest", C-317/00 – Slg 2000, I-9541, EuGH – Flughafen Hannover-Langenhagen GmbH, C-363/01 – Slg 2003, I-11893, und EuGH – Spanien und Finnland/Parlament und Rat, C-184/02 – Slg 2004, I-7789. Zur „variablen Nutzung" der Terminologie in der Rechtsprechung des EuGH vgl. GA *Stix-Hackl* in ihren Schlussanträgen zur Rs. Adriano Srl und Dilexport Srl, C-37/02 und C-38/02, Slg 2004, I-6911. Zum Schutz der sog Außenhandelsfreiheit eines Unternehmens vgl. *Frenz,* GewArch 2009, 429, und *Schwarze,* in: Schwarze, EU-Kommentar, Art. 16 GRC Rn. 3; zu organisationsrechtlichen Gehalten siehe GA *Kokott* in ihren Schlussanträgen zur Rs. Bertelsmann AG ua, C-413/06, Slg 2008, I-4951.

29 EuGH – Sukkerfabriken Nykoebing Limiteret, 151/78 – Slg 1979, 1, 13 Rn. 20; EuGH – Spanien/Kommission, C-240/97 – Slg 1999, I-6571, 6634 Rn. 99. Neuerdings EuGH – Alemo-Herron, Rs. C-426/11, ECLI:EU:C:2013:521, Urt. v. 18.7.2013.

funktionellem Zusammenhang mit der Berufsfreiheit steht nach Auffassung des EuGH aber ein Teilaspekt der Vertragsfreiheit. In der Rechtssache Jean Neu ua[30] führte der EuGH aus, dass die Freiheit der Berufsausübung als einen besonderen Ausdruck die „freie Wahl des Geschäftspartners" gewährleiste.

14 Besonderer Erwähnung bedarf, dass der **EGMR** in seiner jüngeren Rechtsprechung dazu tendiert, den Schutz des **Art. 1 ZP Nr. 1 zur EMRK („Schutz des Eigentums")** in weiter Auslegung auch auf die Möglichkeit, Verträge zu schließen, zu erstrecken. Danach widerspricht es dem Prinzip des „peaceful enjoyment of possessions", den Inhaber eines Gewerbebetriebs durch ein bestimmtes Gebaren bei der Erteilung staatlicher Konzessionen daran zu hindern, neue Verträge abzuschließen.[31]

15 c) **Wettbewerbsfreiheit.** Als eine weitere Ausprägung der unternehmerischen Freiheit sieht das Präsidium des Grundrechtekonvents die **Wettbewerbsfreiheit** an. In den ersten Erläuterungen war hierzu auf die **Absätze 1 und 2** des **Art. 4 EGV(-Nizza)** verwiesen, der den Begriff der Wirtschafts- und Währungsunion erläuterte, der durch den Vertrag von Maastricht in Art. 2 EGV als zentrale Aufgabe der Gemeinschaft eingeführt worden war. In den aktualisierten Erläuterungen zu Art. 16 wird nunmehr auf **Art. 119 Abs. 1 und 3 AEUV** Bezug genommen. Art. 119 AEUV legt in seinem Absatz 1 für die Wirtschaftspolitik den Grundsatz einer offenen Marktwirtschaft mit freiem Wettbewerb fest. Art. 119 Abs. 3 AEUV benennt „richtungweisende Grundsätze" (stabile Preise, gesunde öffentliche Finanzen und monetäre Rahmenbedingungen sowie eine dauerhaft finanzierbare Zahlungsbilanz), die den engen Zusammenhang zwischen der Wirtschaftsunion und der sonstigen Tätigkeit von Mitgliedstaaten und Union betonen. Diese Grundsätze werden allgemein als ordnungspolitische Programmsätze verstanden, deren rechtlicher Gehalt nur schwer zu bestimmen ist.[32] Ob der Wettbewerbsfreiheit Grundrechtsqualität zukommen soll, bleibt damit offen und lässt sich im Übrigen auch nicht unter Zuhilfenahme der – vom Präsidium nicht in Bezug genommenen – Rechtsprechung des EuGH ermitteln. Sowohl in der Rechtssache Walter Rau Lebensmittelwerke[33] als auch in der die Rechtmäßigkeit der gemeinsamen Marktorganisation für Bananen betreffenden Rechtssache Deutschland/Rat[34] hat der Grundsatz der Wettbewerbsfreiheit eine Rolle gespielt. Der EuGH hat es jedoch in beiden Entscheidungen vermieden, eine Antwort darauf zu geben, ob die Wettbewerbsfreiheit auch einen subjektiv-rechtlichen Einschlag besitzt.[35] In der Rechtssache Deutschland/Rat ging der EuGH allein auf die Vereinbarkeit der zu prüfenden Maßnahme mit einem objektiven „Grundsatz des unverfälschten Wettbewerbs" ein.[36] Ungeachtet ihrer rechtlichen Qualität wird die individuelle Wettbewerbsfreiheit jedenfalls durch diejenige anderer Wirtschaftsteilnehmer begrenzt. Mit dem Ziel der Kontrolle geschaffene Ermittlungsbefugnisse

30 EuGH – Jean Neu ua, C-90/90 und C-91/90 – Slg 1991, I-3617, 3637 Rn. 13.

31 Urt. v. 25.3.1999 – Iatridis/Griechenland – Appl. Nr. 31107/96, Report of Judgements and Decisions 1999 – II, 75. Vgl. ferner Urt. v. 30.6.2005 – Bosphorus/Irland – Appl. Nr. 45036/98, EuGRZ 2007, 662.

32 Vgl. *Grabitz/Hilf/Nettesheim/Bandilla*, EU, Art. 119 AEUV Rn. 17, 23 f., 27 ff., 35 ff.; *Hatje*, in: Schwarze, EU-Kommentar, Art. 119 AEUV Rn. 9 ff., 14 ff., 17 ff.; vgl. auch EuGH – Echirolles Distribution SA, C-9/99 – Slg 2000, I-8207 Rn. 25.

33 EuGH – Walter Rau Lebensmittelwerke ua, 133 bis 136/85 – Slg 1987, 2289; vgl. auch EuGH – Metronome, C-200/96 – Slg 1998, I-1953.

34 EuGH – Deutschland/Rat, C-280/93 – Slg 1994, I-4973.

35 Ebenso *Stern/Sachs/Blanke*, GRC, Art. 16 Rn. 9. Vgl. hierzu im Einzelnen auch *Wunderlich*, Berufsfreiheit, S. 108 ff.; *Grabitz/Hilf/Nettesheim/Mayer*, EU, nach Art. 6 EUV Rn. 196; *Hatje*, in: Schwarze, EU-Kommentar, Art. 6 EUV Rn. 27.

36 EuGH – Deutschland/Rat, C-280/93, Slg 1994, I-4973, 5061 Rn. 62.

und Sanktionsmöglichkeiten der Europäischen Kommission und der Wettbewerbsbehörden der Mitgliedstaaten, etwa nach der **Verordnung (EG) Nr. 1/2003 des Rates vom 16.12.2002 zur Durchführung der in den Artikeln 81 und 82 des Vertrags niedergelegten Wettbewerbsregeln,**[37] werden an Art. 16 zu messen sein.

5. Eingriffsrechtfertigung

16 Wie die in Art. 9, 10 Abs. 2 und 14 Abs. 3 geregelten Freiheitsrechte enthält Art. 16 einen (eigenen) **Vorbehalt** zugunsten des **Unionsrechts** sowie der **einzelstaatlichen Rechtsvorschriften und Gepflogenheiten,** der zu der allgemeinen Schrankenregelung des Art. 52 Abs. 1 hinzutritt („doppelte Schranken").[38] Begrenzungen nach Unions- und nationalem Recht[39] müssen jedoch die Vorgaben des **Art. 52 Abs. 1** beachten, dh dass etwa das mitgliedstaatliche Recht der unternehmerischen Freiheit nicht selbstständig Schranken setzen kann. Die unternehmerische Freiheit ist damit nicht weniger geschützt als die Berufsfreiheit.[40] Das ist allerdings umstritten. Zu berücksichtigen ist außerdem der vom **Verfassungskonvent** angefügte **Art. 52 Abs. 4,** der auf die **gemeinsamen Verfassungsüberlieferungen der Mitgliedstaaten** verpflichtet, wenn sich hieraus **weitere Eingriffshindernisse** ergeben. **Art. 52 Abs. 2** kommt demgegenüber nicht zur Anwendung, weil Art. 119 AEUV keine subjektiv-rechtlichen Verbürgungen enthält. Gleiches gilt für **Art. 52 Abs. 6,** der im Bereich der Freiheitsrechte auf solche zugeschnitten ist, denen materiell-rechtliche Kompetenzen im Primärrecht nicht gegenüberstehen, und darüber hinaus auch nur als **deklaratorischer Verweis** wirkte.

17 Der Hinweis auf das Unionsrecht und die einzelstaatlichen Rechtsvorschriften und Gepflogenheiten **verdeutlicht** den **Ausgestaltungsvorbehalt,** dem der Schutz unternehmerischer Freiheit unterliegen soll. Entsprechend **eingeschränkt** war die **gerichtliche Kontrolle des EuGH** in diesem Bereich auch schon vor Inkrafttreten der GRC. An der eher **rudimentären Verhältnismäßigkeitsprüfung** hält der EuGH weiter fest.[41]

6. Berechtigte

18 **a) Juristische Personen.** Obwohl während der Beratungen im Grundrechtekonvent wiederholt gefordert,[42] ist in die GRC keine – Art. 19 Abs. 3 GG entsprechende – allgemeine Be-

37 ABl. 2003 Nr. L 1 S. 1.

38 Wie hier *Merten/Papier/Durner, HGR, VI/1, § 162 Rn. 38; Grabenwarter*, DVBl. 2001, 5; *Schwarze*, EuZW 2001, 518 f., auch *ders.*, in: Schwarze, EU-Kommentar, Art. 16 GRC Rn. 6. Eine umfängliche Auseinandersetzung mit der Schrankensystematik/technik findet sich bei *Stern/Sachs/Blanke*, GRC, Art. 16 Rn. 16 ff.; Danach soll die „Vertikalklausel" als „systemwidrig" zu qualifizieren sein; eine weitere Einschränkung im Vergleich zu Art. 15 Abs. 1 ergebe sich jedoch nicht. Ferner *Pechstein/Nowak/Häde/Kühling*, Frankfurter Kommentar, Art. 16 GRC Rn. 8, 13: letztlich ohne Relevanz; schließlich *Ruffert*, in: Calliess/Ruffert, EUV/AEUV, 5. Aufl., Art. 16 Rn. 5, der Art. 52 Abs. 1 in diesem Zusammenhang als „Schranken-Schranke" bezeichnet, die auf jeden Fall beachtet werden müsse. *Jarass*, GR-Charta, 3. Aufl., Art. 16 Rn. 18 ff.: keine Begrenzung des Schutzbereichs. Der EuGH hat dem Vorbehalt bisher keine Bedeutung beigemessen: EuGH – Sokoll-Seebacher, Rs. C-367/12, ECLI:EU:C:2014:68, Urt. v. 13.2.2014.

39 Zu denkbaren Eingriffen *Jarass*, GR-Charta, 3. Aufl., Art. 16 Rn. 12 ff.

40 Hinweise auf die aktuelle EuGH-Rechtsprechung zu den Einschränkungsmöglichkeiten bei Medienunternehmen und Plattformbetreibern enthält die Kommentierung von *Pechstein/Nowak/Häde/Kühling*, Frankfurter Kommentar, Art. 16 GRC Rn. 13 ff.

41 *Jarass*, GR-Charta, 3. Aufl., Art. 16 Rn: 28 f. Vgl. schon die Kommentierung zu Art. 15 Rn. 17. Das Bestehen eines Ausgestaltungsvorbehalts wird verneint bei *von der Groeben/Schwarze/Hatje/Wollenschläger*, Europäisches Unionsrecht, Art. 16 GRC Rn. 1.

42 *Bernsdorff/Borowsky*, Protokolle, S. 303 und 358 ff.

stimmung aufgenommen worden, wonach die in der Charta verbürgten Grundrechte auch für **juristische Personen** Geltung besitzen, wenn sie ihrem Wesen nach auf diese anwendbar sind. Die Frage, ob juristische Personen in den **persönlichen Anwendungsbereich** der GRC einbezogen sind, stellt sich (naturgemäß) bei den „wirtschaftsverfassungsrechtlichen" Garantien in besonderer Weise. Zur Beantwortung dieser Frage ist die Grundrechtsjudikatur des EuGH heranzuziehen,[43] der in zahlreichen Entscheidungen juristische Personen ohne weiteres als Träger von Gemeinschaftsgrundrechten angesehen hat. Demgemäß schützt Art. 16 nicht nur die unternehmerische Freiheit natürlicher Personen, hier insbesondere von Freiberuflern. Aus Art. 16 berechtigt sind auch juristische Personen, und zwar unabhängig davon, ob sie in privatrechtlichen oder öffentlich-rechtlichen Formen agieren, weil sie im Wettbewerb auf Unionsebene grundsätzlich den gleichen Regeln unterworfen und den gleichen Eingriffen in ihre Rechtspositionen durch die Union ausgesetzt sind.[44]

19 **b) Drittstaatsangehörige, Grundfreiheiten.** In den persönlichen Anwendungsbereich des Art. 16 einbezogen sind auch Drittstaatsangehörige und Staatenlose. Aus Art. 16 berechtigt sind zunächst die Staatsangehörigen der Mitgliedstaaten der EU. Weil das Unionsrecht jedoch in seinen Auswirkungen nicht auf Unionsbürger beschränkt ist, sondern auch Angehörige von Drittstaaten und Staatenlose in ihren Rechten beeinträchtigen kann (etwa wenn sie Inhaber von Betrieben im Gebiet der Union sind oder ihnen der Zugang zu unternehmerischer Tätigkeit im Gebiet der Union durch völkerrechtliche Verträge mit ihren Herkunftsstaaten eröffnet ist), ist der Schutz der Unionsgrundrechte prinzipiell auf **„jedermann"** zu erstrecken. Der Charakter der Union als Rechtsgemeinschaft iSd Art. 2 ff., Art. 19 EUV erfordert eine umfassende Grundrechtsbindung der Union in ihrem Handlungsbereich. Während der Beratungen im Grundrechtekonvent ist vereinzelt der Einwand erhoben worden,[45] die Erstreckung der in Art. 15 und 16 enthaltenen Rechte auf andere Personen als Unionsbürger führe faktisch zu einer **personellen Ausweitung** der nur den Unionsbürgern zukommenden **Grundfreiheiten des EG-Vertrags.** Zudem bestehe die Gefahr, dass bestimmte Beschränkungen im EG-Vertrag und in den Abkommen mit Drittstaaten unterlaufen würden. Hier gewährt der **Vorbehalt des Unionsrechts** einen ausreichenden Schutz. So stellt er vor allem sicher, dass die Beschränkung der Personenverkehrsfreiheiten auf Unionsbürger bei der Auslegung des Art. 16 Berücksichtigung findet.[46] Aus der Einbe-

43 *Schwarze*, EuZW 2001, 518; *ders.*, FS für Jochen F. Kirchhoff, S. 251.

44 Vgl. – zum Grundrecht der Berufsfreiheit – *Wunderlich*, Berufsfreiheit, S. 120 ff.; auch *Schwarze*, in: Schwarze, EU-Kommentar, Art. 16 GRC Rn. 4; ferner *Merten/Papier/Durner*, HGR, VI/1, § 162 Rn. 36. Diese Auffassung wird im Schrifttum aus den verschiedensten Gründen – etwa im Hinblick auf Gefährdungen des Kompetenzgefüges zwischen Union und Mitgliedstaaten – abgelehnt: *Stern/Sachs/Blanke*, GRC, Art. 16 Rn. 12 (Konfusionsargument), *Ruffert*, in: Calliess/Ruffert, EUV/AEUV, 5. Aufl., Art. 16 GRCh Rn. 3 (Das Argument der Gleichbehandlung im Wettbewerb trägt aufgrund der besonderen öffentlich-rechtlichen Bindungen öffentlicher und gemischt-wirtschaftlicher Unternehmen nicht.), *ders.*, in: Ehlers, Grundrechte, 4. Aufl., § 19 Rn. 26, *von der Groeben/Schwarze/Hatje/Wollenschläger*, Europäisches Unionsrecht, Art. 16 GRC Rn. 6, und *Jarass*, EU-Grundrechte, § 21 Rn. 9, sowie *ders.*, GR-Charta, 3. Aufl., Art. 16 Rn. 11 (nur unabhängige Einrichtungen, die keine Hoheitsgewalt ausüben). Differenzierend demgegenüber *Pechstein/Nowak/Häde/Kühling*, Frankfurter Kommentar, Art. 16 GRC Rn. 9: begrenzter Schutz.

45 Vgl. etwa die allgemeinen Bemerkungen von Gnauck (D) zu Art. 15 und 16 CONVENT 45 in dem amtlich nicht veröffentlichten Arbeitsdokument „Observations reçues relatives au document Charte 4422/00 Convent 45" v. 7.9.2000, abgedruckt bei *Bernsdorff/Borowsky*, Arbeitsdokumente S. 1563 ff.

46 Auch *Stern/Sachs/Blanke*, GRC, Art. 16 Rn. 13. Offensichtlich – unter Hinweis auf einen divergierenden Schutzansatz – anderer Auffassung („gleichermaßen geschützt") *Pechstein/Nowak/Häde/Kühling*, Frankfurter Kommentar, Art. 16 GRC Rn. 5. *Jarass* (GR-Charta, 3. Aufl., Art. 16 Rn. 6)

ziehung Drittstaatsangehöriger und Staatenloser in den Schutz des Art. 16 ergibt sich für diese kein Anspruch auf Einreise zum Zweck wirtschaftlicher Betätigung in der Union.

7. Praktische Bedeutung

Im Kontext der **Vermarktung von Lebensmitteln** argumentiert der **EuGH** neuerdings auch mit der unternehmerischen Freiheit des **Art. 16.**[47] Ebenso ziehen **deutsche Gerichte** diese Bestimmung als **Prüfungsmaßstab** heran.[48] In einem Urteil aus dem Jahr 2012 hat das BVerwG die vorinstanzliche Auslegung von Vorschriften der Verordnung (EG) Nr. 882/2004 des Europäischen Parlaments und des Rates vom 29.4.2004 über amtliche Kontrollen zur Überprüfung der Einhaltung des Lebensmittel- und Futtermittelrechts sowie der Bestimmungen über Tiergesundheit und Tierschutz[49], auf die die **Erhebung von Gebühren für Fleischhygieneuntersuchungen** gestützt worden war, nicht als „unzulässigen Eingriff in die nach Art. 16 geschützte unternehmerische Freiheit" eines Schlachtunternehmens angesehen.[50] In der Folgezeit hat der BFH die mit der Durchführungsverordnung (EU) Nr. 723/11 des Rates vom 28. Juli 2011[51] angeordnete **Ausweitung von Antidumpingzöllen** nicht als Eingriff in die unternehmerische Freiheit in der EU ansässiger Importeure erachtet.[52] Im Januar 2016 schließlich hat der BGH die **Karenzzeitenregelungen** in § 10 c des Gesetzes über die Elektrizitäts- und Gasversorgung (Energiewirtschaftsgesetz) an Art. 16 gemessen, dessen Schutzbereich als berührt angesehen, einen ungerechtfertigten Eingriff jedoch im Hinblick auf das Ziel der Gewährleistung eines diskriminierungsfreien Netzzugangs verneint.[53] 20

IV. Literaturübersicht

Ameye, Evelyne M., The interplay between human rights and competition law in the EU, European Competition Law Review 25 (2004), 332; *Blanke, Thomas*, Dynamik und Konturen des europäischen Sozialmodells: Warum der Zug nach Europa nicht zu stoppen ist, NZA 2006, 1304; ders., Verfassungs- und unionsrechtliche Gewährleistung der Unternehmerfreiheit, in: Bitburger Gespräche in München, 2015, 13; *Born, Wilhelm*, Grundrechte von Unternehmen, in: Bremen (Hrsg.), Die Europäische Union als Rechts- und Verfassungsraum, 2001, S. 240; *Burgi, Martin*, Freiheitsgewinn durch Differenzierung: Zum Schutz der unternehmerischen Berufsausübung, ZHR 181 (2017), 1; *Crones, Luisa*, Grundrechtlicher Schutz von juristischen Personen im europäischen Gemeinschaftsrecht, Baden-Baden 2002; *Dorf, Ivonne*, Die wirtschaftsbezogenen Rechte der Europäischen Grundrechtecharta, DVBl. 2005, 486; *Drechsler, Stefan*, Der EuGH auf dem Weg zu einer Dogmatik der Wirtschaftsgrundrechte?, EuR 2016, 691; *EU network* of independent experts on fundamental rights: Commentary of the Charter of Fundamental Rights of the European Union; *Everling, Ulrich*, Wirtschaftsfreiheit im europäischen Binnenmarkt – Anspruch und Realität, in: Schwarze, Jürgen (Hrsg.), Wirtschaftsverfassungsrechtliche Garantien für Unternehmen im europäischen Binnenmarkt, Baden-Baden 2001, S. 11; *Frenz, Walter*, Die Europäische Unternehmerfreiheit, GewArch 2009, 427; *Grabenwarter, Christoph*, Die Charta der Grundrechte für die Europäische Union, DVBl. 2001, 1; *Große Wentrup, Anna*, Die Europäische Grundrechtecharta im Spannungsfeld der Kompetenzverteilung zwischen Europäischer Union und Mitgliedstaaten – Eine Untersuchung am Beispiel von Art. 14 und Art. 16 EuGRC, Berlin 2004; *Gundel, Jörg*, Der Schutz der unternehmerischen Freiheit durch die EU-Grundrechtecharta, ZHR 180 (2016), 323; *Hilf, Meinhard/Hörmann, Saskia*, Der Grundrechtsschutz von Unternehmen im europäischen Verfassungsverbund, NJW

spricht sich für eine „Parallelanwendung" von Art. 16 und den Grundfreiheiten aus, so dass Konkurrenzfragen nicht entstehen.

47 Vgl. hierzu die Kommentierung zu Art. 15 unter Rn. 22.

48 Etwa BVerwG NVwZ-RR 2011, 165 (Health-Claims-Verordnung).

49 ABl. 2004 Nr. L 165 S. 1.

50 BVerwG LMuR 2012, 215 = NVwZ 2012, 1467.

51 ABl. 2011 Nr. L 194 S. 6.

52 BFHE 250, 477 = ZfZ 2016, 16.

53 BGH EnWZ 2016, 262.

2003, 1; *Jarass*, Berufs- und Unternehmensfreiheit im Unionsrecht, in: Stumpf/Kainer/Baldus, FS-Müller-Graff, Baden-Baden 2015, 1410; *ders.*, Die Gewährleistung der unternehmerischen Freiheit in der Grundrechtecharta, EuGRZ 2011, 360; *Kuhn, Christoph*, Die Verwirklichung des freien Dienstleistungsverkehrs im Spannungsfeld von wirtschaftlicher Handlungsfreiheit und Sozialgestaltung, Baden-Baden 2013; *Mock, William/Demuro, Gianmario*, Commentary on the Charter of Fundamental Rights of the European Union, Durham 2010; *Müller, Christoph Johannes*, Die Berufsfreiheit des Arbeitgebers, Köln 1996; *Müller-Graff, Peter-Christian*, Die wettbewerbsverfasste Marktwirtschaft als gemeineuropäisches Verfassungsprinzip?, EuR 1997, 433; *Nicolin, Verona*, Die Berufsfreiheit von Gesellschaften im Unternehmensrecht, Freiburg 2001; *Nowak, Carsten*, Binnenmarkziel und Wirtschaftsverfassung der Europäischen Union vor und nach dem Reformvertrag von Lissabon, EuR 2009, Beiheft 1, 129; *Oliver, Ridge*, What Purpose does Article 16 of the Charter serve?, in: Bernitz/Groussot/Schulyok, General Principles of EU Law and European Private Law, 2013, S. 281; *Rengeling, Hans-Werner*, Die wirtschaftsbezogenen Grundrechte in der Europäischen Grundrechtecharta, DVBl. 2004, 453; *ders.*, Die wirtschaftsbezogenen Grundrechte in der Grundrechtecharta, in: Schwarze, Jürgen (Hrsg.), Der Verfassungsentwurf des Europäischen Konvents, Baden-Baden 2004, S. 331; *Schmahl, Stefanie*, La libéralisation du marché de l`assistance en escale dans les aéroports de la Communauté – une raison suffisante pour négliger les droits fondamentaux des entreprises traditionnelles?, ZEuS 2003, 297; *Schwarze, Jürgen*, Das wirtschaftsverfassungsrechtliche Konzept des Verfassungsentwurfs des Europäischen Konvents – zugleich eine Untersuchung der Grundprobleme des europäischen Wirtschaftsrechts, EuZW 2004, 135; *ders.*, Das wirtschaftsverfassungsrechtliche Konzept des Verfassungsentwurfs des Europäischen Konvents, in: Schwarze, Jürgen (Hrsg.), Der Verfassungsentwurf des Europäischen Konvents, Baden-Baden 2004, S. 165; *ders.*, Der Grundrechtsschutz für Unternehmen in der Europäischen Grundrechtecharta, EuZW 2001, 517; *ders.*, Wirtschaftsverfassungsrechtliche Garantien für Unternehmen in der Europäischen Grundrechtscharta, in: Landesverbände der Arbeitgeberverbände Nordrhein-Westfalen e.V. und Verband der Metall- und Elektroindustrie Nordrhein-Westfalen e.V. (Hrsg.), Festschrift für Jochen F. Kirchhoff zum 75. Geburtstag, Köln 2002, 245; *ders.*, Europäische Kartellbußgelder im Lichte übergeordneter Vertrags- und Verfassungsgrundsätze, EuR 2009, 171; *Skouris, Vassilios*, Der Schutz der Wirtschaftsfreiheiten von Unternehmen in der jüngeren Rechtsprechung des EuGH, in: Schwarze, Jürgen (Hrsg.), Wirtschaftsverfassungsrechtliche Garantien für Unternehmen im europäischen Binnenmarkt, Baden-Baden 2001, S. 83; *Schneider, Erika*, Die unternehmerische Freiheit des Art. 16 der Charta der Grundrechte der Europäischen Union als Grenze des europäischen Arbeitnehmerschutzes, Hamburg 2017; *Schwier, Henning*, Der Schutz der „Unternehmerischen Freiheit" nach Artikel 16 der Charta der Grundrechte der Europäischen Union, Frankfurt am Main u.a. 2008; *Streinz, Rudolf*, Europarecht: Abgrenzung von Berufsfreiheit und unternehmerischer Freiheit, JuS 2017, 798; *Tacke, Monika*, Kolloquium: Wirtschaftsverfassungsrechtliche Garantien für Unternehmen im europäischen Binnenmarkt, NJW 2001, 2311; *Tettinger, Peter J.*, Grundrechtsschutz für öffentliche Unternehmen, in: Schwarze, Jürgen (Hrsg.), Wirtschaftsverfassungsrechtliche Garantien für Unternehmen im europäischen Binnenmarkt, Baden-Baden 2001, S. 155; *Weiß, Carsten*, Der Unternehmensbegriff im europäischen und deutschen Kartellrecht, Baden-Baden 2012; *Werner, Jens*, Der Begriff der wirtschaftlichen Tätigkeit im europäischen Kartellrecht, Baden-Baden 2012; *Wollenschläger, Ferdinand*, Die unternehmerische Freiheit (Art. 16 GRCh) als grundrechtlicher Pfeiler der EU-Wirtschaftsverfassung, EuZW 2015, 285; *Wunderlich, Nina*, Das Grundrecht der Berufsfreiheit im Europäischen Gemeinschaftsrecht – Der Schutz der Wirtschaftsteilnehmer gegenüber Eingriffen der Gemeinschaft in ihre berufliche Freiheit, Baden-Baden 2000; *Zachert, Ulrich*, Die Arbeitnehmergrundrechte in einer Europäischen Grundrechtscharta, NZA 2001, 1041.

Artikel 17 Eigentumsrecht

(1) Jede Person hat das Recht, ihr rechtmäßig erworbenes Eigentum zu besitzen, zu nutzen, darüber zu verfügen und es zu vererben. Niemandem darf sein Eigentum entzogen werden, es sei denn aus Gründen des öffentlichen Interesses in den Fällen und unter den Bedingungen, die in einem Gesetz vorgesehen sind, sowie gegen eine rechtzeitige angemessene Entschädigung für den Verlust des Eigentums. Die Nutzung des Eigentums kann gesetzlich geregelt werden, soweit dies für das Wohl der Allgemeinheit erforderlich ist.

(2) Geistiges Eigentum wird geschützt.

I. Vorgaben

1 Die **wirtschaftlichen Grundrechte** der GRC umfassen neben der **Berufsfreiheit** und der hiervon zu unterscheidenden **unternehmerischen Freiheit** auch das **Recht auf Eigentum.** Das Eigentumsrecht des **Art. 17** entspricht ungeachtet einiger Abweichungen in der Formulierung dem Menschenrecht aus **Art. 1 ZP Nr. 1 zur EMRK.** Vor allem auf diese Bestimmung, aber auch auf die gemeinsamen Verfassungstraditionen und die Grundrechtsrechtsprechung des EuGH hat sich das Präsidium des Grundrechtekonvents in seinen Erläuterungen zu Art. 17 bezogen. Mit seinem Hinweis auf das **Urteil des EuGH vom 13.12.1979 – Hauer**[1] – hat das Präsidium klargestellt, dass es im Prinzip die Konzeption des gemeinschaftsrechtlichen Eigentumsschutzes, die der EuGH dort durch eine rechtsvergleichende Analyse der gemeinsamen Verfassungstraditionen und des Art. 1 ZP Nr. 1 zur EMRK entwickelt hat, zugrunde legt.

1. Verfassungen der Mitgliedstaaten

2 Bei der Aufnahme des Art. 17 in die GRC konnte sich der Grundrechtekonvent auf die **Verfassungen vieler Mitgliedstaaten** stützen. Überwiegend wird das Eigentumsrecht als Grundrecht gewährleistet, als dessen gemeineuropäischer Gehalt sich **drei Regelungsbestandteile** beschreiben lassen. Zunächst wird das **Privateigentum garantiert** und gegen jede Form willkürlicher Entziehung geschützt (Art. 17 Abs. 1 und 3 VerfBulgarien; Art. 73 Abs. 1 S. 1 VerfDänemark; Art. 14 Abs. 1 S. 1 GG; § 32 S. 1 VerfEstland; Art. 15 S. 1 VerfFinnland; Art. 2 S. 2 der französischen Erklärung der Menschen- und Bürgerrechte vom 26.8.1789; Art. 43 Abs. 1 VerfIrland; Art. 42 S. 3 VerfItalien; Art. 48 VerfKroatien; Art. 105 S. 1 VerfLettland; Art. 5 S. 1 iVm Art. 6 Abs. 1 österreichisches StGG; Art. 21 Abs. 1 VerfPolen; Art. 41 Abs. 1 und 2 VerfRumänien: Beschränkung der Möglichkeit zum Grunderwerb auf Staatsangehörige; Art. 20 Abs. 1 VerfSlowakei; Art. 3 und Art. 112 Abs. 1 VerfTschechien iVm Art. 11 Abs. 1 tschechische GR-Deklaration; Art. VIII Abs. 1 GGUngarn). Gleichzeitig ist in nahezu allen einschlägigen Verfassungsbestimmungen die Möglichkeit einer **Enteignung im öffentlichen Interesse und gegen Entschädigung** vorgesehen (Art. 17 Abs. 5 VerfBulgarien, Art. 16 VerfBelgien, Art. 73 Abs. 1 S. 2 VerfDänemark, Art. 14 Abs. 3 GG, § 32 S. 2 VerfEstland, Art. 15 S. 2 VerfFinnland, Art. 17 der französischen Menschen- und Bürgerrechtserklärung, Art. 43 Abs. 2 VerfIrland, Art. 42 S. 4 VerfItalien, Art. 48 VerfKroatien, Art. 105 S. 3 VerfLettland, Art. 16 VerfLuxemburg, Art. 14 Abs. 1 VerfNiederlande, Art. 21 Abs. 2 VerfPolen, Art. 41 Abs. 3 und 5 VerfRumänien, Art. 20 Abs. 4 VerfSlowakei, Art. 3 und Art. 112 Abs. 1 VerfTschechien iVm Art. 11 Abs. 4 tschechische GR-Deklaration und Art. VIII Abs. 2 GGUngarn). Schließlich werden allgemein die Schranken für den Gebrauch des Eigentums der **Bestimmung durch den Gesetzgeber** überantwortet (Art. 16 VerfBelgien; Art. 73 Abs. 1 S. 3 VerfDänemark; Art. 14 Abs. 1 S. 2 und Abs. 3 GG; § 32 S. 1 VerfEstland; Art. 15 S. 2 VerfFinnland; Art. 17 der französi-

1 44/79 – Slg 1979, 3727.

schen Menschen- und Bürgerrechtserklärung; Art. 42 S. 5 VerfItalien; Art. 16 VerfLuxemburg; Art. 14 Abs. 1 VerfNiederlande; Art. 5 S. 2 österreichisches StGG; Art. 20 Abs. 2 VerfSlowakei; Art. 3 und Art. 112 Abs. 1 VerfTschechien iVm Art. 11 Abs. 2 tschechische GR-Deklaration). Vergleichbare Bestimmungen enthalten die Verfassungen Griechenlands (Art. 17), Portugals (Art. 62), Schwedens (Kapitel 2 § 18) und Spaniens (Art. 33).

2. Internationales Recht

3 Nach den Bestimmungen der GRC (Erwägung Nr. 5 der Präambel und Art. 53) ist das Schutzniveau der Grundrechte auch mit Blick auf einschlägige **internationale Übereinkommen** zu bestimmen, wenn diese individualrechtliche Verbürgungen enthalten. Das Eigentum ist auf universeller Ebene nur in **Art. 17 AEMR** gewährleistet.[2] Art. 17 Abs. 1 AEMR bekräftigt jedermanns Recht, allein oder in Gemeinschaft mit anderen über Eigentum zu verfügen. Nach Art. 17 Abs. 2 AEMR soll niemand willkürlich seines Eigentums beraubt werden. In dieser Allgemeinheit ist der Schutz des Eigentums auf internationaler Ebene heute unumstritten. Bemerkenswert ist, dass weder der **IPbpR** noch der **IPwskR** eine Eigentumsgewährleistung erwähnen. **Art. 15 Abs. 1 lit. c IPwskR** stellt lediglich ein Segment des Eigentums, das Urheberrecht, unter Schutz.

4 Im **Recht der Gemeinschaft** fehlten bislang unmittelbare Entsprechungen zu Art. 17. Allerdings wies der **EG-Vertrag** mit **Art. 295** und **Art. 30** zwei Bezüge zum Eigentumsschutz auf. Art. 295 EGV(-Nizza) stellte klar, dass die Eigentumsordnung in den verschiedenen Mitgliedstaaten unberührt bleibt. Hieran anknüpfend überließ es Art. 30 EGV(-Nizza) nationaler Gesetzgebung, Beschränkungen des freien Warenverkehrs zum Schutz von gewerblichem und kommerziellem Eigentum zu erlassen. Die Klausel des Art. 295 EGV(-Nizza) bedeutete nur, dass die Mitgliedstaaten ihren Eigentumsschutz weiterhin nach Belieben – ihren wirtschafts- und ordnungspolitischen Vorstellungen entsprechend – gestalten dürfen. Sie beinhaltete hingegen keine Einschränkung des Grundrechtsschutzes, wie er durch die Gemeinschaft für das Eigentum gewährt wird.[3] Auch die Weiterentwicklung des Eigentumsgrundrechts durch den EuGH wurde dadurch nicht in Frage gestellt.[4] Die genannten Bestimmungen finden sich nun mehr oder weniger wortgleich in **Art. 345** und **Art. 36 AEUV**.[5]

5 **Art. 9** der **Erklärung des EP über Grundrechte und Grundfreiheiten vom 12.4.1989** entspricht im Wesentlichen Art. 1 ZP Nr. 1 zur EMRK, enthält jedoch keine Regelung über die Benutzung des Eigentums und deren Einschränkung. Art. 9 normiert darüber hinaus aber eine Institutsgarantie des Eigentums und macht die Zulässigkeit einer Eigentumsent-

---

2 Hierzu ausführlich *Seidel*, Handbuch, S. 173 f.; siehe auch die Auflistung internationaler Regelungen bei *Rengeling/Szczekalla*, Grundrechte, S. 628, 631.

3 Eine dahingehende Auslegung des Art. 295 EGV-Nizza wurde später als überholt angesehen. Allgemein dazu *Calliess*, in: Ehlers, Grundrechte, 4. Aufl., § 20 Rn. 2; *ders.*, in: Calliess/Ruffert, EUV/AEUV, 5. Aufl., Art. 17 GRCh Rn. 3 f.: unionsrechtliche Anerkennung; *Pechstein/Nowak/Häde/Kühling*, Frankfurter Kommentar, Art. 17 GRC Rn. 46; *Stern/Sachs/Vosgerau*, GRC, Art. 17 Rn. 11, 15; *Merten/Papier/Durner*, HGR, VI/1, § 162 Rn. 40; *von der Groeben/Schwarze/Hatje/Wollenschläger*, Europäisches Unionsrecht, Art. 17 GRC Rn. 7. vgl. aber noch *Rupp*, NJW 1976, 994, und *Streinz*, Grundrechtsschutz, S. 405. Zur „Grundrechtskompetenz" des EuGH schon GA *Geelhoed* in seinen Schlussanträgen zur Rs. Mulligan, C-313/99, Slg 2002, I-5719, und GA *Ruiz-Jarabo Colomer* in seinen Schlussanträgen zur Rs. Überseering, C-208/00, Slg 2002, I-9919.

4 Beispielsweise kein grundsätzliches Verbot von Eigentumsentziehungen.

5 Zur Abgrenzung zwischen Eigentums(grund)recht (Art. 17) und Eigentumsordnung (Art. 345 AEUV) ausführlich *Calliess*, in: Ehlers, Grundrechte, 4. Aufl., § 20 Rn. 4 ff.; außerdem *Stern/Sachs/Vosgerau*, GRC, Art. 17 Rn. 16 ff.

ziehung von der weiteren Voraussetzung einer angemessenen Entschädigung abhängig. Weil ihm bindende Wirkung nicht zukommt, kann Art. 9 lediglich ein Impuls für die Ausbildung eines Eigentumsgrundrechts auf Unionsebene entnommen werden.

II. Diskussion im Grundrechtekonvent

Auf die **Aufnahme eines Eigentumsgrundrechts** in die GRC als eines der klassisch-liberalen, 6
in der gemeineuropäischen Verfassungstradition stehenden und auf internationaler Ebene anerkannten Grundrechte hatte sich das Präsidium des Grundrechtekonvents schon **frühzeitig verständigt** (BODY 4). Auch *Meyer* (D) hatte für die Eigentumsgarantie in seinem Diskussionsentwurf einer Grundrechtecharta (CHARTE 4102/00 CONTRIB 2) einen besonderen Platz vorgesehen.

1. Absatz 1

Die zum Teil **erheblich kontrovers** geführte **Debatte** um das heute in Art. 17 Abs. 1 veran- 7
kerte Eigentumsrecht hatte im Wesentlichen **zwei Schwerpunkte.** So war heftig umstritten, wie das Verhältnis von Eigen- und Fremdnützigkeit des Eigentumsgebrauchs inhaltlich definiert und im Text der Vorschrift sprachlich zum Ausdruck gebracht werden sollte. Bis zum Schluss der Beratungen herrschten außerdem Meinungsverschiedenheiten über die Modalitäten der Entschädigung bei Eigentumsentziehung. Nur am Rande befasste sich der Grundrechtekonvent mit den Fragen, ob unrechtmäßig erworbenes Eigentum vom Grundrechtsschutz auszunehmen sei und in der Bestimmung neben der Entziehung des Eigentums auch minder schwere Eigentumseingriffe angesprochen werden sollten.

In seinem **ersten Entwurf** zu den bürgerlichen und politischen Rechten hatte das Präsidium 8
des Grundrechtekonvents das Eigentumsrecht kurz und prägnant **in zwei Sätzen** formuliert (CONVENT 8). Der erste Satz war Art. 1 Abs. 1 S. 1 ZP Nr. 1 zur EMRK nachgebildet („... Recht auf Achtung ihres Eigentums ..."), der zweite Satz nahezu unverändert aus Art. 9 der Erklärung des EP über Grundrechte und Grundfreiheiten vom 12.4.1989 übernommen worden. Weil sich das Präsidium nicht sicher gewesen war, ob die „Vorherigkeit" der Entschädigung ein gemeinsames Grundprinzip aller mitgliedstaatlichen Verfassungen darstellt, hatte es von der Aufnahme einer entsprechenden Regelung in seinen Textentwurf abgesehen. Bei den folgenden Beratungen des Präsidiumsvorschlags war nur von wenigen Delegierten die wortgetreue Übernahme des Art. 1 ZP Nr. 1 zur EMRK, also auch seines Absatzes 2 gefordert worden. Die große Mehrheit der Konventsmitglieder hatte sich für eine **modernere Formulierung des Eigentumsrechts** in der GRC ausgesprochen, jedoch zahlreiche Änderungen des Präsidiumsentwurfs angeregt. So war etwa verlangt worden, die **Schutzfähigkeit** des Eigentums **auf rechtmäßig erlangtes Eigentum einzuschränken.** Vor allem deutsche Delegierte hatten außerdem gefordert, den Präsidiumsentwurf um eine **Bestimmung zur Sozialbindung** zu ergänzen.

Dieser Forderung nach Aufnahme einer Regelung über den sozialen Bezug des Eigentums 9
war das Präsidium des Grundrechtekonvents in seinem **zweiten Entwurf** nachgekommen (CONVENT 28). Auch war die Formulierung des Satzes 1 ergänzt und, wie von der Mehrheit der Delegierten gewünscht, moderner gestaltet worden. So hatte das Präsidium nunmehr lediglich rechtmäßig erworbenes Eigentum als schutzfähig angesehen und die aus dem Eigentum folgenden **Einzelrechte** (zum Besitz, zur Nutzung und zur Verfügung) **konkret benannt.** Darüber hinaus war das Eigentumsrecht **als** ein einem Rechtssubjekt zugeordneter, rechtlich gesicherter **Anspruch konzipiert** worden („... hat das Recht, ... zu besitzen, zu nutzen und ... zu verfügen ..."). In den **Änderungsanträgen (CONVENT 35)** zu

CONVENT 28 waren verschiedene Anliegen der Konventsmitglieder zum Ausdruck gekommen. Besondere Aufmerksamkeit hatten sie dabei dem Präsidiumsentwurf einer **Bestimmung über die Sozialbindung des Eigentums** geschenkt.

10 Den Änderungsanträgen folgend hatte das Präsidium des Grundrechtekonvents in seinen **Kompromissvorschlag (CONVENT 37)** die Garantie des **Erbrechts** aufgenommen. Im Hinblick auf die nach wie vor bestehenden, teilweise erheblichen Auffassungsunterschiede war die Bestimmung über den sozialen Bezug des Eigentums indessen wieder gestrichen worden. Unter dem Eindruck der sich anschließenden heftigen Debatte hatte das Präsidium eine **Regelung zur Sozialbindung** in den vom ihm Ende Juli 2000 übermittelten **ersten Entwurf eines vollständigen Textes der Charta (CONVENT 45)** allerdings wieder aufgenommen. Seine **endgültige Fassung** hat das nun in Art. 17 Abs. 1 geregelte Eigentumsrecht erst nach weiteren schrittweisen Änderungen durch das Präsidium in CONVENT 47 („... **rechtzeitige** angemessene Entschädigung **für den Verlust des Eigentums** ...") und CONVENT 47 REV 1 ADD 1 („... kann **gesetzlich** geregelt werden ...") in **CONVENT 50** erhalten („... soweit dies **für das Wohl der Allgemeinheit** erforderlich ist ...").[6]

2. Absatz 2

11 Die Bestimmung zum **Schutz von Immaterialgüterrechten,** die nach den vom Präsidium des Grundrechtekonvents beigegebenen Erläuterungen neben dem literarischen und dem künstlerischen Eigentum auch das – nach den aktualisierten Erläuterungen: unter anderem das – Patent- und Markenrecht sowie die verwandten Schutzrechte umfassen soll, ist erst **spät** in den Chartaentwurf **eingefügt** (CONVENT 45) und danach nicht mehr verändert worden. Forderungen nach einer Ausweitung des Eigentumsschutzes auf das geistige Eigentum hatte es nur vereinzelt gegeben.[7]

III. Kommentierung

1. Dreiteilige Grundrechtsstruktur

12 Trotz teilweise erheblicher Unterschiede in der Formulierung lässt sich dem Text des **Art. 17** entnehmen, dass er wie Art. 1 ZP Nr. 1 zur EMRK mindestens **drei Grundregeln** enthält.[8] Die **erste** ist **allgemeiner Natur** und betont die freiheitsschützende Funktion der Eigentumsgarantie, indem sie die Ausübung der mit dem Eigentum wesensmäßig verbundenen Rechte gewährleistet (Absatz 1 Satz 1). Die **zweite Grundregel** stellt bestimmte Bedingungen auf, unter denen eine **Eigentumsentziehung** zulässig ist (Absatz 1 Satz 2). Die **dritte** anerkennt die Kompetenz des Gesetzgebers, die **Nutzung des Eigentums** zu regeln, soweit das für das Wohl der Allgemeinheit erforderlich ist (Absatz 1 Satz 3). Damit ist der Grundrechtekonvent der Rechtsprechung des EGMR zur Struktur der Eigentumsgarantie in Art. 1 ZP Nr. 1 zur EMRK[9] gefolgt, die der EuGH für den Bereich des gemeinschaftsrechtlichen Eigentumsschutzes übernommen hat.

---

6 Ausführlicher zum Beratungsverlauf siehe Vorauflage.

7 Vgl. etwa den Änderungsantrag (CONVENT 35) von Cederschiöld (S) zu Art. 20 CONVENT 28 und die Änderungsvorschläge von Hirsch Ballin (NL), Rodriguez Bereijo (E), Korthals Altes (NL) und Lalumière (F) in der dreizehnten Sitzung des Grundrechtekonvents am 28./29./30.6.2000 (*Bernsdorff/Borowsky*, Protokolle, S. 305).

8 Wie hier *Pechstein/Nowak/Häde/Kühling*, Frankfurter Kommentar, Art. 17 GRC Rn. 2.

9 Grundlegend Urt. v. 23.9.1982 – Sporrong und Löhnroth/Schweden – Serie A/52 = EuGRZ 1983, 523. Eine Analyse der Rechtsprechung des EGMR zum Eigentumsschutz findet sich bei *Mittelberger*, EuGRZ 2001, 364. Vgl. auch *Meyer-Ladewig/Nettesheim/Raumer*, EMRK, Zusatzprotokoll Art. 1 Rn. 2 ff., und *Grabenwarter/Pabel*, EMRK, § 25 Rn. 1 ff.

2. Schutzgegenstand, normgeprägtes Grundrecht

a) Eigentumsbegriff, geistiges Eigentum. Als nunmehr **„konstitutionalisiertes“ Recht** ist das Eigentumsrecht, dh der **Eigentumsbegriff** in Art. 17, **autonom auszulegen.**[10] Weil das Unionsrecht eine Eigentumsordnung nicht aufstellt, ist der **Schutzbereich** des Eigentumsrechts allerdings in dem Sinne **normgeprägt**, dass sein Schutzgegenstand inhaltlich erst durch den Gesetzgeber bestimmt werden muss.[11] Das für den Rechtserwerb einschlägige (Zuordnungs)Recht ist aber dem Recht der Mitgliedstaaten (und zusätzlich dem Unionsrecht) zu entnehmen.[12] Der Eigentumsbegriff des Art. 17 wird dadurch **nicht** bereits von Rechts wegen **ausgehöhlt.** Hiervon ausgehend ist der **Eigentumsbegriff** in **Absatz 1 Satz 1** in einem **weiten (völkerrechtlichen) Sinn** zu verstehen.[13] In diese weite Auslegung können auch solche Rechte einbezogen sein, die in den mitgliedstaatlichen Rechtsordnungen (zivilrechtlich und/oder verfassungsrechtlich) nicht ausdrücklich als „Eigentum“ namhaft gemacht bzw. ausgestaltet sind. Neben dem klassischen Eigentum an beweglichen und unbeweglichen Sachen werden sämtliche wohlerworbenen vermögenswerten Rechte (droits acquis/acquired rights) geschützt,[14] darüber hinaus öffentlich-rechtliche Ansprüche, die auf eigenen Leis- 13

---

10 Ebenso *von der Groeben/Schwarze/Hatje/Wollenschjäger*, Europäisches Unionsrecht, Art. 17 GRC Rn. 10.

11 Vgl. *Calliess*, in: Calliess/Ruffert, EUV/AEUV, 5. Aufl., Art. 17 GRCh Rn. 4, 12, der bei den Maßnahmen des Gesetzgebers konsequenterweise zwischen eigentumskonstituierenden und eigentumsbeeinträchtigenden Maßnahmen unterscheidet; *ders.*, in: Ehlers, Grundrechte, 4. Aufl., § 20 Rn. 15; ebenso *Stern/Sachs/Vosgerau*, GRC, Art. 17 Rn. 58; dagegen *von der Groeben/Schwarze/Hatje/Wollenschläger*, Europäisches Unionsrecht, Art. 17 GRC Rn. 22.

12 *Pechstein/Nowak/Häde/Kühling*, Frankfurter Kommentar, Art. 17 GRC Rn. 9, weist darauf hin, dass Normprägung und Eigentumsausgestaltung inzwischen im Mehrebenensystem stattfinden. Unabhängig hiervon stelle sich indessen die Frage, ob das Unionsgrundrecht der Eigentumsfreiheit überhaupt normgeprägt zu verstehen sein soll oder angesichts der Orientierung an der EMRK nicht stärker naturrechtlich aufgeladen werden könne. Vgl. aber *Stern/Sachs/Vosgerau*, GRC, Art. 17 Rn. 14: Da es kein „natürliches“ Eigentum gibt, kann Eigentum als rein rechtliches Phänomen immer nur durch den Gesetzgeber definiert werden. Ferner *Jarass*, GR-Charta, 3. Aufl., Art. 17 Rn. 6; *von der Groeben/Schwarze/Hatje/Wollenschläger*, Europäisches Unionsrecht, Art. 17 GRC Rn. 9.

13 Wie hier *Merten/Papier/Durner*, HGR, VI/1, § 162 Rn. 44. Eine Analyse der diesbezüglichen Rechtsprechung des EuGH (mit zahlreichen Nachweisen) enthält die Kommentierung von *Calliess* (in: Calliess/Ruffert, EUV/AEUV, 5. Aufl., Art. 17 GRCh Rn. 8 ff.). Vgl. auch *Pechstein/Nowak/Häde/Kühling*, Frankfurter Kommentar, Art. 17 GRC, Rn. 9 ff., 14 ff; *Stern/Sachs/Vosgerau*, GRC, Rn. 24 ff., 43 ff.

14 Vgl. – zu Art. 1 ZP Nr. 1 zur EMRK – *Peukert*, in: Frowein/Peukert, EMRK, S. 766 ff.; ferner *Seidel*, Handbuch, S. 166 ff.; *Wegener*, in: Ehlers, Grundrechte, 4. Aufl., § 5 Rn. 8 ff., mit Beispielen aus der neueren Rspr. zum Schutzbereich: Urteile des EGMR v. 16.9.1996 – Gaygusuz/Österreich – Nr. 39/1995/545/631, Report of Judgements and Decisions 1996 – IV, 1129 (JZ 1997, 405), v. 23.11.2000 – Ehemaliger König/Griechenland – Appl. Nr. 25701/94 (EuGRZ 2001, 397), v. 9.11.1999 – Döring/Bundesrepublik Deutschland – Appl. Nr. 37595/97, Report of Judgements and Decisions 1999 – VIII, 373 (NJW 2001, 1556), v. 25.5.1999 – Olbertz/Bundesrepublik Deutschland – Appl. Nr. 37592/97, Report of Judgements and Decisions 1999 – V, 425 (NJW 2001, 1558) und v. 16.4.2002 – S.A. Dangeville/Frankreich – Appl. Nr. 36677/97 (EuGRZ 2007, 671). Die Rechtsprechung von EGMR und EuGH zum Schutzbereich des Eigentums ist in einigen Bereichen nicht deckungsgleich (etwa beim eingerichteten und ausgeübten Gewerbebetrieb, bei öffentlich-rechtlichen Rechtspositionen, beim Vermögen). Vgl. *Stern/Sachs/Vosgerau*, GRC, Art. 17 Rn. 32 ff.; ferner *Folz*, in: Vedder/Heintschel von Heinegg, EVV, Art. II-77 Rn. 2: führt…in Zukunft zu einer Erweiterung des Schutzbereichs des Eigentumsrechts. In einer Entscheidung aus dem Jahr 2012 hat das (deutsche) Bundesverwaltungsgericht allerdings offen gelassen (BVerwG LMuR 2012, 215 = NVwZ 2012, 1467), ob die Erhebung von Gebühren für Fleischhygieneuntersuchungen bei einem Schlachtunternehmen den Schutzbereich des unionsrechtlichen Eigentumsrechts (überhaupt) berührt, und hierbei wohl die Auffassung des EuGH zur Frage der Schutzfähigkeit öffentlicher Abgaben im Blick gehabt.

tungen der Anspruchsberechtigten beruhen, Anteilseigentum usw.[15], nicht aber das Vermögen selbst (kein Schutz vor öffentlich-rechtlichen Geldabgabepflichten). Vom Begriff des Eigentums nicht erfasst werden bloße Erwartungen und Chancen. Dementsprechend lässt sich aus Absatz 1 Satz 1 ein Recht auf Eigentumserwerb nicht herleiten.[16] Die Hervorhebung des **geistigen Eigentums** in **Art. 17 Abs. 2** bedeutet keine Abweichung von Art. 1 ZP Nr. 1 zur EMRK.[17] Immaterialgüterrechte genießen unzweifelhaft den Eigentumsschutz der EMRK,[18] auch wenn eine ständige Rechtsprechung des EGMR hierzu noch nicht festzustellen ist.[19] Die ausdrückliche Erwähnung des geistigen Eigentums in Absatz 2 ist vom Präsidium des Grundrechtekonvents vor allem damit begründet worden, dass der eigentumsrechtliche Schutz gewerblicher Schutzrechte in der Gemeinschaftsrechtsordnung mittlerweile eine spezifische Ausprägung erhalten hat[20] und dieser Aspekt des Eigentumsrechts daher besonders betont werden muss. Sie korrespondiert nicht zuletzt mit der Kompetenz der Union zur Etablierung von Rechten im Bereich des geistigen Eigentums.[21]

15 *Merten/Papier/Durner*, HGR, VI/1, § 162 Rn. 44: Im Bereich der Marktorganisation (Festsetzung von Milchquoten) hat der EuGH den Eigentumsschutz mit der Erwägung erheblich eingeschränkt, eine Eigenleistung liege insoweit nicht vor. Vgl. auch *von der Groeben/Schwarze/Hatje/Wollenschläger*, Europäisches Unionsrecht, Art. 17 GRC Rn. 15.

16 Dieser unterfällt dem Schutz des Art. 15 Abs. 1. Vgl. aus der neuen EuGH-Rechtsprechung: EuGH – UEFA/Kommission, Rs. C-201/11 P, ECLI:EU:C:2013:519, Urt. v. 18.7.2013; EuGH – UPC Telekabel Wien GmbH, Rs. C-314/12, ECLI:EU:2014:192, Urt. v. 27.3.2014; EuGH – Berlington Hungary u.a., Rs. C-98/14, ECLI:EU:C:2015:386; Urt. v. 11.6.2015; EuGH – Ezernieki, Rs. C- 273/15, Urt. v. 26.5.2016, juris; EuGH – McFadden, Rs. C-484/14, ECLI:EU:C:2016:689, Urt. v. 15.9.2016.

17 *Pechstein/Nowak/Häde/Kühling*, Frankfurter Kommentar, Art. 17 GRC Rn. 15; *Grabenwarter*, DVBl. 2001, 5; *Merten/Papier/Durner*, HGR, VI/1, § 162 Rn. 39, 48: Präzisierung des sachlichen Schutzbereichs der Eigentumsgarantie. Vgl. aber *Depenheuer*, in: Tettinger/Stern, GRC, Art. 17 Rn. 29: Art. 17 Abs. 2 scheint objektiv eine Höherwertigkeit des geistigen Eigentums zu indizieren. Andererseits ist dessen Schutz nicht deshalb gemindert, weil die Erläuterungen lediglich von einer „sinngemäßen" Geltung des Art. 17 Abs. 1 sprechen.

18 So *Grabenwarter/Pabel*, EMRK, § 25 Rn. 5 mwN; *Peukert*, in: Frowein/Peukert, EMRK, S. 768; *ders.*, EuGRZ 1981, 103; *Seidel*, Handbuch, S. 167; *Riedel*, EuGRZ 1988, 334; *Wegener*, in: Ehlers, Grundrechte, 4. Aufl., § 5 Rn. 18, unter Hinweis auf die Entscheidung der EKMR v. 6.4.1995 – Smith Kline/Niederlande – E 10444/93, Decisions and Reports 66, 70, 79.

19 Vgl. aber – zum Patentrecht – Urt. v. 20.11.1995 – British American Tobacco Company Ltd./ Niederlande – Nr. 46/1994/493/575, Serie A/331. Neuerdings EGMR v. 11.1.2007 – Anheuser-Busch Inc./Portugal – Appl. Nr. 73049/01, GRUR 2007, 696, EGMR v. 18.9.2007 – Paeffgen GmbH/ Deutschland – Appl. Nr. 25379/04 ua, MMR 2008, 29, und EGMR v. 29.1.2008 – Balan/Moldawien – Appl. Nr. 19247/03, hudoc.echr.coe.int. *Vosgerau* (in: Stern/Sachs, GRC, Art. 17 Rn. 40) zieht hieraus den Schluss, der EGMR gehe nunmehr selbstverständlich davon aus, dass das geistige Eigentum Teil des Eigentumsgrundrechts sei.

20 So auch in der Rechtsprechung: EuGH – HAG GF AG, C-10/89 – Slg 1990, I-3711, EuGH – Metronome, C-200/96 – Slg 1998, I-1953, EuGH – Laserdisk, C-479/04 – Slg 2006, I-8089, EuGH – Promusicae, C-275/06 – Slg 2008, I-771, EuGH – Painer, C-145/10 – EuZW 2012, 182 = GRUR 2012, 166, EuGH – Neuschwanstein, Rs. C-488/16 P, ECLI:EU:C:2018:673, Urt. v. 6.9.2018, und EuGH – Bastei Lübbe GmbH & Co. KG, Rs. C- 149/17, ECLI:EU:C:2018:1438, Urt. v. 18.10.2018 (Urheberrechtsverletzungen im Wege des filesharing). Sekundärrecht: Erste Richtlinie 89/104/EWG des Rates vom 21.12.1988 zur Angleichung der Rechtsvorschriften der Mitgliedstaaten über die Marken (ABl. 1989 Nr. L 40 S. 1); Verordnung (EG) Nr. 40/94 des Rates vom 20.12.1993 über die Gemeinschaftsmarke (ABl. 1994 Nr. L 11 S. 1); Richtlinie 2004/48/EG des Europäischen Parlaments und des Rates vom 29.4.2004 zur Durchsetzung der Rechte des geistigen Eigentums („Geistiges Eigentum-Durchsetzungsrichtlinie") (ABl. 2004 Nr. L 157 S. 45). Zu den aktuellen Entwicklungen vgl. *Pechstein/Nowak/Häde/Kühling*, Frankfurter Kommentar, Art. 17 GRC Rn. 16, und *Streinz*, in: Streinz, EUV/AEUV, GR-Charta, Art. 17 Rn. 24 Fn. 59 und 60; ferner *Gaster*, EuZW 2011, 394.

21 Vgl. Art. 118 EUV. Dazu auch von der Groeben/Schwarze/Hatje/Wollenschläger, Europäisches Unionsrecht, Art. 17 GRC Rn. 40. Zu den im Bereich der Union diskutierten aktuellen Vorschlägen für

Als **einschlägiges Sekundärrecht** zu berücksichtigen sind insoweit die **Richtlinie (EU) 2015/2436 des Europäischen Parlaments und des Rates vom 16. Dezember 2015** zur Angleichung der Rechtsvorschriften der Mitgliedstaaten über die **Marken**[22] sowie die **Verordnung (EG) Nr. 207/2009 des Rates vom 26. Februar 2009** über die **Unionsmarke.**[23] 14

b) Rechtmäßiger Erwerb. Soweit die **Schutzfähigkeit des Eigentums** in Absatz 1 Satz 1 auf **„rechtmäßig erworbenes“** (acquis légalement/lawfully acquired) Eigentum eingeschränkt wird, liegt darin keine Einengung des Schutzbereichs gegenüber der EMRK (vgl. Art. 53). Auch nach Art. 1 ZP Nr. 1 zur EMRK sind schutzfähig nur solche Rechtspositionen, die das nationale Recht dem Rechtsträger als Eigentum zugeordnet hat. Eine in diesem Sinn „unrechtmäßig erworbene“ Position, also eine solche, die nicht zum wirksamen Rechtserwerb geführt hat, ist nicht eigentumsfähig. Sollte mit der Einschränkung darüber hinaus beabsichtigt sein,[24] jedes **aufgrund von Straftaten erlangte** oder jedenfalls aus rechtswidrigem Handeln entstandene **Eigentum (producta sceleris)** aus dem Schutzbereich des Eigentumsrechts auszunehmen, mag es (im Übrigen) rechtmäßig (wirksam) erworben worden sein oder nicht, fände Art. 17 weder in der EMRK noch in den nationalen Verfassungen eine Stütze. Gegen eine solche (einengende) Auslegung sprechen aber sowohl die Beratungen im Grundrechtekonvent[25] als auch die Erläuterungen des Präsidiums, in denen deutlich gemacht ist, dass Art. 17 hinsichtlich seiner Bedeutung und Tragweite über Art. 1 ZP Nr. 1 zur EMRK nicht hinausgehen soll. Die Schutzfähigkeit „rechtmäßig erworbenen“ Eigentums setzt ferner nicht (zusätzlich) voraus, dass es **„aus dem Vermögen oder aus der Berufstätigkeit des Betroffenen“** herrührt. 15

c) Verwendungsfreiheiten. Dass die Gewährleistung in Absatz 1 Satz 1 **nicht nur** den **Bestand der Eigentumsposition** in der Hand des Eigentümers („Besitz“) umfasst, **sondern auch** die **Befugnis,** sie **zu nutzen** und **darüber zu verfügen,** kommt im Wortlaut der Vorschrift unmittelbar zum Ausdruck.[26] Anders als Art. 1 ZP Nr. 1 zur EMRK nimmt Art. 17 auf das **Erbrecht** ausdrücklich Bezug. Eine Abweichung von der EMRK ist damit aber nicht verbunden. Zum einen ist das Recht, über das Vermögen testamentarisch zu verfügen, seit jeher als traditioneller und grundlegender Bestandteil des Eigentumsrechts auch für den Bereich der EMRK anerkannt.[27] Zum anderen wird etwa die Anwartschaft des tes- 16

eine „Reform des Urheberrechts für das digitale Zeitalter“ siehe – mit vielen Nachweisen -*Eickemeier/Hofmann/Lentzen/Wrangel*, AfP 2018, 303 ff.

22 ABl. 2015 Nr. L 336 S. 1.

23 ABl. 2009 Nr. L 78 S. 1.

24 Die Einschränkung geht zurück auf einen Vorschlag Meyers (D) zur Eigentumsgarantie (Art. 10) in seinem Diskussionsentwurf einer Grundrechtecharta (CHARTE 4102/00 CONTRIB 2).

25 Vgl. etwa die in CONVENT 35 enthaltenen Änderungsanträge von Melograni (IT) und Rodriguez Bereijo (E) zu Art. 20 CONVENT 28. Wie hier *Jarass*, EU-Grundrechte, § 22 Rn. 7; *ders.*, GR-Charta, 3. Aufl., Art. 17 Rn. 8; *Pechstein/Nowak/Häde/Kühling*, Frankfurter Kommentar, Art. 17 GRC Rn. 13; *Merten/Papier/Durner*, HGR, VI/1, § 162 Rn. 44; *von der Groeben/Schwarze/Hatje/Wollenschläger*, Europäisches Unionsrecht, Art. 17 GRC Rn. 12, 36; *Streinz*, in: Streinz, EUV/AEUV, GR-Charta, Art. 17 Rn. 16, 21; aA *Calliess*, in: Calliess/Ruffert, EUV/AEUV, 5. Aufl., Art. 17 GRCh Rn. 7, sowie *ders.*, in: Ehlers, Grundrechte, 4. Aufl., § 20 Rn. 19, unter Hinweis auf den „klaren Wortlaut“, *Depenheuer*, in: Tettinger/Stern, GRC, Art. 17 Rn. 23, und *Stern/Sachs/Vosgerau*, GRC, Art. 17 Rn. 51: Hier wird die an der Rechtsprechung des EuGH zu Recht kritisierte Methode der „Flucht in die Verhältnismäßigkeit“ nachgeahmt. Nicht zu folgen (weil zu weit) ist der Auffassung von *Rengeling/Szczekalla*, Grundrechte, S. 633 f., wonach im Streitfall die Rechtmäßigkeit des Erwerbs unterstellt werden soll.

26 Von Beginn an hatte sich die Mehrheit der Konventsmitglieder für eine moderne Formulierung des Eigentumsrechts ausgesprochen. Vgl. hierzu *Tettinger*, NJW 2001, 1014.

27 Vgl. das Urteil des EGMR v. 13.6.1979 – Marckx/Belgien – Serie A/31 = EuGRZ 1979, 454; ferner Urt. v. 20.10.1987 – Inze/Österreich – Nr. 15/1986/113/161, Serie A/126.

tamentarischen oder gesetzlichen Erben auf die Gesamtrechtsnachfolge durch Art. 17 ebenso wenig geschützt wie durch Art. 1 ZP Nr. 1 zur EMRK.[28] Forderungen nach einer entsprechenden Erweiterung des Schutzbereichs[29] haben sich im Grundrechtekonvent nicht durchsetzen können.

3. Grundrechtsdimensionen

17 Das Eigentumsrecht ist in Absatz 1 Satz 1 nach der **Art eines Anspruchs** formuliert („Recht, ... Eigentum zu besitzen, zu nutzen, darüber zu verfügen und es zu vererben ..."), während Art. 1 ZP Nr. 1 zur EMRK nur ein „Recht auf Achtung" des Eigentums festlegt. Eine stärkere Schutzintensität des Art. 17 kann daraus jedoch nicht gefolgert werden. Wie Art. 1 ZP Nr. 1 zur EMRK schützt Art. 17 das Eigentum als **Abwehrrecht.** Für die Union und die Mitgliedstaaten ergeben sich damit **Respektierungs-, aber auch (positive) Schutzpflichten.**[30] Die Grundrechte der GRC können ihre Bedeutung als Maßstabsnormen frühestens **ab dem Zeitpunkt** entfalten, in dem der **Vertrag von Lissabon in Kraft getreten** ist. Auf Art. 17 können deshalb **Eigentumsrückgabeansprüche** aus Anlass von Konfiskationen und Landreformen der Nachkriegsjahre **ratione temporis** nicht gestützt werden. Diese stellen sich regelmäßig als abgeschlossene Vorgänge dar, die als **„instantaneous acts"** keine in die Gegenwart fortdauernden Rechtsverletzungen bewirken. Dieses noch einmal zu betonen, ist der alleinige Zweck etwa der Erklärung (Nr. 53) der Tschechischen Republik zur Charta der Grundrechte der Europäischen Union. Verträte man hier eine andere Auffassung, bliebe im Übrigen offen, wie Art. 17 wegen der Regeln über den Anwendungsbereich der GRC (Art. 51 Abs. 1) als juristischer Maßstab dafür überhaupt herangezogen werden könnte.[31]

4. Eingriffsrechtfertigung

18 Neben Art. 8 („Schutz personenbezogener Daten") stellt Art. 17 das einzige Freiheitsrecht dar, das über **spezifische Schrankenregelungen im Text der Vorschrift** verfügt.[32] Allerdings geben die **Sätze 2 und 3 des Absatzes 1** lediglich die Einschränkungen der EMRK wieder. **Art. 1 Abs. 1 S. 2 und Abs. 2 ZP Nr. 1 zur EMRK** enthalten sachgebietsbezogene Ausformungen des Verhältnismäßigkeitsgrundsatzes mit der Folge, dass **Art. 52 Abs. 3 S. 1** zur Anwendung gelangt und der Rückgriff auf die allgemeine Einschränkungsregelung des Art. 52 Abs. 1 versperrt ist. Das ist aber umstritten[33]. Was die **Auslegung** der Schrankenregelungen in Satz 2 und 3 des Art. 17 Abs. 1 betrifft, so gelten die zu den Einschränkungen der EMRK entwickelten Grundsätze. Danach sind diese Schrankenregelungen **im Lichte**

---

28 A.A. *Merten/Papier/Durner*, HGR, VI/1, § 162 Rn. 47.

29 Siehe hierzu die Änderungsanträge (CONVENT 35) von Friedrich (D) und Gnauck (D) zu Art. 20 CONVENT 28. Vgl. aber für den Fall, dass das Eigentumserwerbsrecht des Erben ausreichend gesichert ist, *Pechstein/Nowak/Häde/Kühling*, Frankfurter Kommentar, Art. 17 GRC Rn. 20, *Stern/Sachs/Vosgerau*, GRC, Art. 17 Rn. 56, *Depenheuer*, in: Tettinger/Stern, GRC, Art. 17 Rn. 41, und *Jarass*, EU-Grundrechte, § 22 Rn. 14, sowie *ders.*, GR-Charta, 3. Aufl., Art. 17 Rn. 15. Offengelassen von *Calliess*, in: Calliess/Ruffert, EUV/AEUV, 5. Aufl., Art. 17 GRCh Rn. 10.

30 Wie hier *Jarass*, GR-Charta, 3. Aufl., Art. 17 Rn. 2, 24.

31 Vgl. im Einzelnen *Meyer/Bernsdorff*, EuZW 2009, 793.

32 *Magiera*, DÖV 2000, 1026; *Schmitz*, JZ 2001, 838.

33 Wie hier *Streinz*, in: Streinz, EUV/AEUV, GR-Charta, Art. 17 Rn. 19; wohl auch *Schwarze*, in: Schwarze, EU-Kommentar, Art. 17 GRC Rn. 5: ein Rückgriff auf...Art. 52 Abs. 1 ist...regelmäßig nicht notwendig; aA *Jarass*, GR-Charta, 3. Aufl., Art. 17 Rn. 25, 31, 42 („kumulativ"); ferner *Calliess*, in: Calliess/Ruffert, EUV/AEUV, 5. Aufl., § 17 GRCh Rn. 27, und *ders.*, in: Ehlers, Grundrechte,4. Aufl., § 20 Rn. 38 ff. („ergänzend"); offengelassen von *Pechstein/Nowak/Häde/Kühling*, Frankfurter Kommentar, Art. 17 GRC Rn. 26, und *Stern/Sachs/Vosgerau*, GRC, Art. 17 Rn. 76 ff.

der **Grundregel des Satzes 1** zu betrachten.[34] Eigentumsentziehung und Nutzungsregelung sind außerdem von ähnlichen, teilweise identischen Voraussetzungen abhängig.

5. Eigentumsentziehung (Absatz 1 Satz 2)

Eigentumsentziehung iSd Absatzes 1 Satz 2 ist zunächst die formelle **Enteignung** (expropriation formelle/formal expropriation). Sie kann aber auch durch die tatsächlichen Auswirkungen einer Maßnahme auf die Eigentumsposition entstehen, wenn diese den Eigentümer wirtschaftlich ebenso wie eine formelle Enteignung beeinträchtigen.[35] **Voraussetzungen** für die **Zulässigkeit einer Eigentumsentziehung** sind ein im öffentlichen Interesse liegendes Erfordernis, die Beachtung der Bedingungen, die in der nationalen Enteignungsgesetzgebung festgelegt sind, und eine rechtzeitige angemessene Entschädigung für den Verlust des Eigentums. Alle **drei Voraussetzungen** müssen **kumulativ** vorliegen. Art. 17 verzichtet auf die in Art. 1 ZP Nr. 1 zur EMRK enthaltene Verweisung auf die allgemeinen Grundsätze des Völkerrechts, trifft dafür aber eine **Aussage zur Frage der Entschädigung und ihres Standards.** Mit dieser textlichen Abweichung von der EMRK hat der Grundrechtekonvent auf die häufig kritisierte[36] Rechtsprechung des EGMR[37] reagiert, der den Anspruch auf Enteignungsentschädigung bei Ausländern auf die allgemeinen Grundsätze des Völkerrechts stützt, denjenigen von Inländern indessen mit dem – der Eigentumsgarantie immanenten – Prinzip der Verhältnismäßigkeit begründet. Mit der Forderung nach einer **„rechtzeitigen" Entschädigung** nimmt Art. 17 – mangels Konsenses in dieser Frage[38] – auf den in allen Mitgliedstaaten geltenden **völkerrechtlichen Mindeststandard**[39] Bezug, wonach eine **unverzügliche,** angemessene und wirksame Entschädigung (prompt, adequate and effective compensation) zu leisten ist (sog Hull-Formel). Damit soll verhindert werden, dass die Enteignung selbst rasch, die Entschädigung aber nur schleppend erfolgt. Trotz der in dieser Frage bisher wenig konzisen Rechtsprechung des EuGH (zu „enteignenden" Maßnahmen der Gemeinschaft) ist aus Art. 17 Abs. 1 S. 2 also eine **Entschädigungspflicht** herzuleiten. Bei formellen Enteignungen ist die Entschädigungsregelung **Rechtfertigungsvoraussetzung.** Ob es hierzu einer Junktimklausel bedarf[40] oder selbstständige Entschädigungsregelungen ausreichen, bleibt abzuwarten. Offen ist ferner, ob bei **„enteignenden" Maßnahmen der Union (selbst),** die sich im Hinblick auf das Kompetenzgefüge nur als de facto-Enteignungen[41] darstellen können, eine gesetzlich vorgesehene Entschädigung nun- 19

34 Ebenso *von der Groeben/Schwarze/Hatje/Wollenschläger*, Europäisches Unionsrecht, Art. 17 GRC Rn. 36. Aus der Rechtsprechung des EGMR: Urt. v. 23.9.1982 – Sporrong und Löhnroth/Schweden – Serie A/52, Ziff. 61 = EuGRZ 1983, 523; Urt. v. 21.2.1986 – James ua/Großbritannien – Nr. 3/1984/75/119, Serie A/98, Ziff. 37 = EuGRZ 1988, 341; Urt. v. 8.7.1986 – Lithgow ua/Großbritannien – Nr. 2/1984/74/112–118, Serie A/102, Ziff. 106 = EuGRZ 1988, 350; zuletzt Urt. v. 23.11.2000 – Ehemaliger König/Griechenland – Appl. Nr. 25701/94 = EuGRZ 2001, 397.

35 Vgl. Urt. v. 23.9.1982 – Sporrong und Löhnroth/Schweden – Serie A/52 = EuGRZ 1983, 523.

36 Vgl. die Nachweise bei *Peukert*, in: Peukert/Frowein, EMRK, S. 797 Fn. 143; ferner *Riedel*, EuGRZ 1988, 335 ff.; ebenso *Wegener*, in: Ehlers, Grundrechte, 4. Aufl., § 5 Rn. 46 ff., mwN.

37 Urt. v. 21.2.1986 – James ua/Großbritannien – Nr. 3/1984/75/119, Serie A/98 = EuGRZ 1988, 341; Urt. v. 8.7.1986 – Lithgow ua/Großbritannien – Nr. 2/1984/74/112–118, Serie A/102 = EuGRZ 1988, 350.

38 Vgl. oben Rn. 6 ff.

39 Zweifelnd *Stern/Sachs/Vosgerau*, GRC, Art. 17 Rn. 10.

40 Verneinend *Jarass*, EU-Grundrechte, § 22 Rn. 24; *ders.*, GR-Charta, 3. Aufl., Art. 17 Rn. 30. Ferner *Pechstein/Nowak/Häde/Kühling*, Frankfurter Kommentar, Art. 17 GRC Rn. 28.

41 Zu deren Konturen *Calliess*, in: Calliess/Ruffert, EUV/AEUV, 5. Aufl., Art. 17 GRCh Rn. 15 f., 19. Vgl. auch *Stern/Sachs/Vosgerau*, GRC, Art. 17 Rn. 36, 59 ff., 68 f.; ferner *Jarass*, GR-Charta, 3. Aufl., Art. 17 Rn. 19.

mehr ebenfalls zum Rechtfertigungstatbestand gehört.[42] Jedenfalls kommt eine Entschädigung aus Vertrauensschutzgesichtspunkten auf Amtshaftungsklage nach Art. 340 Abs. 2 AEUV in Betracht, auch wenn der EuGH die außervertragliche Haftung für rechtmäßiges Verhalten neuerdings wieder relativiert[43].

6. Nutzungsregelungen (Absatz 1 Satz 3)

20 Die während der Konventsberatungen als „Bestimmung über die Sozialbindung" bezeichnete **Regelung der Nutzung des Eigentums in Absatz 1 Satz 3** erfasst wie Art. 1 Abs. 2 ZP Nr. 1 zur EMRK[44] hoheitliche Maßnahmen[45], die einen bestimmten Gebrauch des Eigentums gebieten oder untersagen, ohne Eigentumsentziehungen zu sein. Nutzungsregelungen (usage des biens/use of property) sind daraufhin zu überprüfen, ob sie für das Wohl der Allgemeinheit erforderlich sind. Gefordert ist eine **„fair balance"** zwischen Allgemein- und Individualinteresse zur Vermeidung eines Sonderopfers. Im Unterschied zu Eigentumsentziehungen ist für solche Maßnahmen nach Art. 17 Abs. 1 S. 3 **keine Entschädigung** vorgesehen. Eine Pflicht hierzu kann sich indessen aus dem Verhältnismäßigkeitsprinzip ergeben.[46] Die Einziehung **aus Straftaten erlangten Eigentums (producta sceleris)** ist zwar an Art. 17 zu messen,[47] jedoch als Regelung der Nutzung des Eigentums iSd Absatzes 1 Satz 3 gerechtfertigt.[48]

---

42 Ablehnend *Calliess*, in: Calliess/Ruffert, EUV/AEUV, 5. Aufl., Art. 17 GRCh Rn. 26. Vgl. *Folz*, in: Vedder/Heintschel von Heinegg, EVV, Art. II-77 Rn. 8: Wegen der engen Voraussetzungen außervertraglicher Haftung gebietet Art. 17 Abs. 1 S. 2 den Erlass selbstständiger Entschädigungsregelungen.

43 Vgl. hierzu näher *Grabitz/Hilf/Nettesheim/Mayer*, EU, nach Art. 6 EUV Rn. 215.

44 *Peukert*, in: Peukert/Frowein, EMRK, S. 785, und *Seidel*, Handbuch, S. 168 f., jeweils mit Nachweisen aus der Rechtsprechung. Zu Recht abgelehnt wird die Annahme einer eigenständigen Kategorie „sonstiger" Eingriffe, die weder Enteignungen noch nutzungsregelnde Maßnahmen darstellen. Ebenso *Calliess*, in: Calliess/Ruffert, EUV/AEUV, 5. Aufl., Art. 17 GRCh Rn. 11, *Merten/Papier/Durner*, HGR, VI/1, § 162 Rn. 49, 53, *Heselhaus*, in: Heselhaus/Nowak, HdB EU-Grundrechte, § 32 Rn. 35, der angesichts der Gewährleistung der Berufsfreiheit in Art. 15 hierfür im Übrigen kein rechtspolitisches Bedürfnis sieht, und *Depenheuer*, in: Tettinger/Stern, GRC, Art. 17 Rn. 49, der dieser Kategorie von Eingriffen für den Bereich der GRC einen normativen Erkenntniswert abspricht; wohl auch *Pechstein/Nowak/Häde/Kühling*, Frankfurter Kommentar, Art. 17 GRC Rn. 21, und *Stern/Sachs/Vosgerau*, GRC, Art. 17 Rn. 57 ff. aA allerdings *Jarass*, EU-Grundrechte, § 22 Rn. 37; *ders.*, GR-Charta, 3. Aufl., Art. 17 Rn. 23; ebenfalls *von der Groeben/Schwarze/Hatje/Wollenschläger*, Europäisches Unionsrecht, Art. 17 GRC Rn. 18, 29. Indessen wird eine explizite Unterscheidung zwischen den Eingriffsarten mittlerweile auch in der jüngeren Rspr. des EGMR für entbehrlich gehalten: Urteile v. 5.1.2000 – Beyeler/Italien – Appl. Nr. 33202/96, Report of Judgements and Decisions 2000 – I, 1, v. 23.11.2000 – Ehemaliger König/Griechenland – Appl. Nr. 25701/94 = EuGRZ 2001, 397, und v. 22.6.2004 – Broniowski/Polen – Appl. Nr. 31443/96 = EuGRZ 2004, 472 = NJW 2005, 2521.

45 Zur Einordnung mittelbar belastender Maßnahmen (z.B. Interventionskäufe, Abschaffung von Vermarktungsmöglichkeiten) siehe *Stern/Sachs/Vosgerau*, GRC, Art. 17 Rn. 73 f.; auch Jarass, GR-Charta, 3. Aufl., Art. 17 Rn. 21.

46 Angesprochen von *Stern/Sachs/Vosgerau*, GRC, Art. 17 Rn. 88; *Merten/Papier/Durner*, HGR, VI/1, § 162 Rn. 53; *Jarass*, GR-Charta, 3. Aufl., Art. 17 Rn. 39.

47 Vgl. Rn. 15.

48 Wie hier *Streinz*, in: Streinz, EUV/AEUV, GR-Charta, Art. 17 Rn. 16, 21, *Jarass*, EU-Grundrechte, § 22 Rn. 7, *ders.*, GR-Charta, 3. Aufl., Art. 17 Rn. 8, 29, 37, und *Rengeling/Szczekalla*, Grundrechte, Rn. 808, sowie *Rengeling*, DVBl. 2004, 459. Vgl. die Urteile des EGMR v. 7.12.1976 – Handyside/Großbritannien – Serie A/24 (EuGRZ 1977, 38), und v. 24.10.1986 – Agosi/Großbritannien – Nr. 14/1984/86/133, Serie A/108. AA *Calliess* (in: Calliess/Ruffert, EUV/AEUV, 5. Aufl., Art. 17 GRCh Rn. 7) und *Depenheuer* (in: Tettinger/Stern, GRC, Art. 17 Rn. 23), die bereits den Schutzbereich nicht eröffnet sehen.

7. margin of appreciation

Eigentumseingriffe durch Entziehung des Eigentums oder Beschränkung der Nutzung des Eigentums vollziehen sich wegen der Kompetenzlage **überwiegend**[49] auf der **Ebene der Mitgliedstaaten.** Wegen der politischen, wirtschaftlichen und/oder sozialen Implikationen kommt dem nationalen Gesetzgeber bei der Bestimmung des „öffentlichen Interesses" bzw. der „Erforderlichkeit für das Wohl der Allgemeinheit" ein **Beurteilungsspielraum („margin of appreciation")** zu. Insoweit lassen sich die vom EGMR entwickelten Grundsätze[50] übertragen. Das unionsrechtliche Eigentumsgrundrecht des Art. 17 entfaltet seine Wirkungen (nur) in dem Rahmen, der durch die Struktur und die Ziele der Union festgelegt ist. Das ergibt sich als notwendige Folge bereits aus der Bestimmung über den Anwendungsbereich der GRC (Art. 51 Abs. 1 S. 1; vgl. auch Art. 52 Abs. 1 S. 2). Für die Bewertung von Eingriffsmaßnahmen bedeutet das im Ergebnis, dass diese rechtmäßig nur auf (legitime) Ziele des **europäischen Gemeinwohls** gestützt werden können. Im Rahmen der konkreten Verhältnismäßigkeitsprüfung haben diese Ziele in der Vergangenheit bei der Überprüfung von Maßnahmen des Gemeinschaftsgesetzgebers durch den EuGH ein auffallend hohes Gewicht erhalten, während den (individuellen) Interessen der Betroffenen keine große Bedeutung beigemessen wurde. 21

8. Eigentumsdogmatik des EuGH

Weil ein entsprechender Rechtstext bisher fehlte, war der **gemeinschaftsrechtliche Eigentumsschutz** einer **ständigen Gestaltung durch den EuGH unterworfen** mit der Folge, dass Ungewissheit über den Stand des gemeinschaftsrechtlichen Eigentumsschutzes herrschte[51] und die Chancen einer etwaigen Rechtswegbeschreitung nicht abgeschätzt werden konnten. So hat der EuGH beispielsweise darauf verzichtet, eine scharfe Trennlinie zum Grundrecht der Berufsfreiheit zu ziehen. Auch ist weder der Schutzbereich des Eigentumsgrundrechts ausreichend definiert noch eine differenzierte Schrankensystematik entwickelt wor- 22

49 Allerdings sind auch Eigentumseingriffe der Union selbst denkbar, etwa durch Wirtschaftslenkungsmaßnahmen.

50 Urt. v. 7.12.1976 – Handyside/Großbritannien – Serie A/24 = EuGRZ 1977, 38; ferner Urt. v. 13.6.1979 – Marckx/Belgien – Serie A/31 = EuGRZ 1979, 454; vgl. auch die Urteile v. 30.10.1991 – Wiesinger/Österreich – Nr. 38/1990/229/295, Serie A/213, v. 18.2.1991 – Fredin/Schweden – Nr. 29/1989/189/249, Serie A/191, und v. 22.2.1994 – Raimondo/Italien – Nr. 1/1993/396/474, Serie A/281-A. Eine Zusammenstellung der neueren Rspr. des EGMR zur Rechtfertigung von Eigentumsbeeinträchtigungen findet sich bei *Wegener*, in: Ehlers, Grundrechte, 4. Aufl., § 5 Rn. 35 ff.; vgl. insoweit die Urteile des EGMR v. 25.3.1999 – Iatridis/Griechenland – Appl. Nr. 31107/96, Report of Judgements and Decisions 1999 – V, 75, v. 29.4.1999 – Chassagnou ua/Frankreich – Appl. Nr. 25088/94, 28331/95 und 28443/95, Report of Judgements and Decisions 1999 – III, 21, v. 25.3.1999 – Papachelas/Griechenland – Appl. Nr. 31423/96, Report of Judgements and Decisions 1999 – II, 1, v. 5.1.2000 – Beyeler/Italien – Appl. Nr. 33202/96, Report of Judgements and Decisions 2000 – I, 1, und v. 23.11.2000 – Ehemaliger König/Griechenland – Appl. Nr. 25701/94 = EuGRZ 2001, 397; ferner die Urteile v. 6.2.2003 – Wendenburg ua/Deutschland – Appl. Nr. 71630/01 = EuGRZ 2003, 709, v. 20.2.2003 – Forrer-Niedenthal/Deutschland – Appl. Nr. 47316/99 = NJW 2004, 927, v. 22.1.2004 – Jahn ua/Deutschland – Appl. Nr. 46720/99, 72203/01 und 72552/01 = EuGRZ 2004, 57, v. 30.6.2005 – Bosphorus/Irland – Appl. Nr. 45036/98 = EuGRZ 2007, 662, v. 30.6.2005 – H.J. ua/Deutschland – Appl. Nr. 46720/99 = NJW 2005, 2907, v. 29.3.2006 – Scordino/Italien – Appl. Nr. 36813/97 = NJW 2007, 1259, und v. 8.12.2011 – G./Deutschland – Appl. Nr. 35023/04 – ZOV 2012, 38.

51 *Calliess*, in: Calliess/Ruffert, EUV/AEUV, 5. Aufl., Art. 17 GRCh Rn. 16 ff., 21 f., 33 f., 36 ff.; *ders.*, in: Ehlers, Grundrechte, 4. Aufl., § 20 Rn. 52 ff.; *Jarass*, GR-Charta, 3. Aufl., Art. 17 Rn. 41.

den.[52] Es ist zu hoffen, dass der EuGH seine **Eigentumsdogmatik** auf der Grundlage des Art. 17 **verfeinern** und **präzisieren wird.**[53]

23 Die **Konfliktfelder,** auf denen sich der EuGH seit dem Inkrafttreten der GRC zu bewegen hatte, sind **vielfältig.**[54] Insoweit waren Streitigkeiten um die **Verpflichtung** von Plattformbetreibern **zur Einrichtung von Filtersystemen beim Internetzugang** zu entscheiden, die urheberrechtsverletzende Datenweitergaben vermeiden helfen sollten[55], sowie um die **Reichweite von Free-TV-Listen**[56]. Entscheidungsgegenstand waren auch die **Aufteilung von Verwertungsrechten an Filmen** zwischen dem Hauptregisseur und dem Produzenten[57] sowie das **Kurzberichterstattungsrecht** auf der Basis von Zusatzkosten **bei exklusiven Fernsehübertragungslizenzen**[58]. Schließlich hatte der EuGH über die eigentumsrechtliche Relevanz der **Erhebung von Steuern auf** in Spielhallen aufgestellte **Geldspielautomaten**[59] und der **Rückzahlung von Agrar-Beihilfen** wegen des Verstoßes gegen eine ihrer Gewährungsvoraussetzungen[60] zu befinden.

---

52 Zu den Konturen der EuGH-Rechtsprechung im Einzelnen vgl. *Streinz*, in: Streinz, EUV/AEUV, GR-Charta, Art. 17 Rn. 4 ff., *Grabitz/Hilf/Nettesheim/Mayer*, EU, nach Art. 6 EuV Rn. 200 ff., *Calliess*, in: Calliess/Ruffert, EUV/AEUV, 5. Aufl., Art. 17 GRCh Rn. 5 ff., und *Depenheuer*, in: Tettinger/Stern, GRC, Art. 17 Rn. 16 ff. Aus diesem Grunde hat das Präsidium des Grundrechtekonvents für die Herleitung und dogmatische Struktur des Art. 17 maßgeblich auf Art. 1 ZP Nr. 1 zur EMRK verwiesen und den EuGH in seinen Erläuterungen nur mit einer älteren Entscheidung zitiert. An weiteren grundlegenden Entscheidungen des EuGH sind zu nennen: Schutzbereich – Rechtssachen Metallurgiki Halyps A.E. (258/81 – Slg 1982, 4261), Hoogovens Groep BU (172 und 226/83 – Slg 1985, 2831), von Deetzen II (44/89 – Slg 1991, I-5119), Deutschland/Rat (C-280/93 – Slg 1994, I-4973), Metronome (C-200/96 – Slg 1998, I-1953), Flughafen Hannover-Langenhagen (C-363/01 – Slg 2003, I-11893), Acor (C-416/01 – Slg 2003, I-14083) und FIAMM (C-120/06 – Slg 2008, I-6531); Eigentumseingriff – Rechtssachen Olivenöl (232/81 – Slg 1984, 3881), Biovilac (59/83 – Slg 1984, 4057), Schräder (265/87 – Slg 1989, 2237), SMW Winzersekt GmbH (C-306/93 – Slg 1994, I-5555), Französische Republik und Irland/Kommission (C-296 und 307/93 – Slg 1996, I-795), Bosphorus (C-84/95 – Slg 1996, I-3953) und Generics (C-368/96 – Slg 1998, I-7967); Rechtfertigung – Rechtssachen Leukhardt (113/88 – Slg 1989, 1991), Wachauf (5/88 – Slg 1989, 2609), Irish Farmers Association (C-22/94 – Slg 1997, I-1809), Nitratrichtlinie (C-293/97 – Slg 1999, I-2603) und Alliance for Natural Health (C-154/04 und 155/04 – Slg 2005, I-6451); Entschädigung – Booker Aquavulture Ltd. und Hydro Seafood Ltd. (C-20/00 und 64/00 – Slg 2003, I-7411). Vgl. – zur Anreicherung des grundrechtlichen Eigentumsschutzes mit verfahrensrechtlichen Elementen beim Einfrieren von Geldern als Sicherungsmaßnahme – EuGH – Kadi und Al Barakaat (C-402/05 P und 415/05 P – Slg 2008, I-6351); auch EuGH – Hassan ua, C-399/06 P und C-403/06 P – Slg 2009, I-11393; ferner EuG – Kadi/Kommission, T-85/09 – Slg 2010, II-5177. Im Einzelnen hierzu *Schmalenbach*, JZ 2009, 35, und *Kämmerer*, EuR 2009, 114.

53 Optimistisch *Pechstein/Nowak/Häde/Kühling*, Frankfurter Kommentar, Art. 17 GRC Rn. 3, 32: Mit der expliziten textlichen Ausgangsgrundlage … gehören fundamentale Auseinandersetzungen über die Frage, ob der EuGH eine ungenügende Minimalkontrolle durchführt, weitgehend der Vergangenheit an … Ähnlich *Stern/Sachs/Vosgerau*, GRC, Art. 17 Rn. 31: Inzwischen hat der EuGH aber eine inhaltlich anspruchsvolle Verhältnismäßigkeitsprüfung auch bei Maßnahmen des Unionsgesetzgebers vorgenommen. Hoffend *Merten/Papier/Durner*, HGR, VI/1, § 162 Rn. 57.

54 Zum Folgenden *Pechstein/Nowak/Häde/Kühling*, Frankfurter Kommentar, Art. 17 Rn. 4.

55 EuGH – SABAM, Rs. C-360/10, ECLI:EU:C:2012:85, Urt. v. 16.2.2012. Vgl. neuerdings die politische Diskussion um die vom EU-Ministerrat am 15.4.2019 beschlossene „Richtlinie (EU) 2019/02 des Europäischen Parlaments und des Rates über das Urheberrecht und die verwandten Schutzrechte im digitalen Binnenmarkt und zur Änderung der Richtlinien 96/9/EG und 2001/29/EG", bei der es grundrechtlich darum gehen wird, im Wege praktischer Konkordanz einen Ausgleich zwischen dem Schutz des Urheberrechts im Internet und der „digitalen" Informationsfreiheit herzustellen.

56 EuGH – UEFA/Kommission, Rs. C-201/11 P, ECLI:EU:C:2013:519, Urt. v. 18.7.2013.

57 EuGH – Luksan, Rs. C-277/10, ECLI:EU:C:2012:65, Urt. v. 9.2.2012.

58 EuGH – Sky Österreich, Rs. C-283/11, ECLI:EU:C:2013:28, Urt. v. 22.1.2013.

59 EuGH – Berlington Hungary u.a., Rs. C-98/14, ECLI:EU:C:2015:386, Urt. v. 11.6.2015.

60 EuGH – Ezernieki, Rs. C-273/15, Urt. v. 26.5.2016, juris.

IV. Literaturübersicht

Aguilera Vaques, Right of Property and Limits on ist Regulation, in: Garcia Roca/Santolaya, Europe of Rights. A Compendium on the European Convention of Human Rights, 2012, S. 537; *Albers, Marion/ Katsivelas, Ioannis*, Recht & Netz, Baden-Baden 2018; *Alberton, Pierre*, Le droit de propriété dans la jurisprudence communautaire, in: Sudre/Labayle (Hrsg.), Realité et perspectives du droit communautaire des droits fondamentaux 2000, S. 339; *Baur, Jürgen/Pritzsche, Kai/Pooschke, Sebastian*, „Ownership unbundling" von Energienetzen und der europäische Schutz des Eigentums, DVBl. 2008, 483; *Becker, Ferdi*, Market Regulation and the „Right to Property" in the European Economic Constitution, YEL 26 (2007), 255; *Beutler, Bengt*, Anmerkung zum Urteil des EuGH vom 13.12.1979 – Rechtssache Hauer, 44/79 – Slg. 1979, 3727, EuR 1980, 130; *Beuttenmüller, Ingo/Hüttner, Katja/Armini, Karl/Müller-Graff, Peter-Christian*, Ausgewählte Probleme des Europäischen Immaterialgüterrechts im Lichte der Europäischen Grundrechtecharta, GRUR 2011, 165; *Calliess, Christian*, Determinanten des Eigentumseingriffs in der Europäischen Union, in: Kment, Martin, FS-Jarass, Baden-Baden 2015, S. 3; *ders.*, Zu den Grenzen der Überformung mitgliedstaatlichen Eigentums durch den Unionsgesetzgeber – Überlegungen im Lichte von Art. 345 AEUV, FS-Fiedler, Baden-Baden 2011, S. 463; *Cremer, Hans-Joachim*, Eigentumsschutz der Erben von Bodenreformland in der ehemaligen DDR – Besprechung des Urteils des EGMR im Fall Jahn u.a. gegen Deutschland vom 22. Januar 2004, EuGRZ 2004, 57, EuGRZ 2004, 134; *von Danwitz, Thomas*, Eigentumsschutz in Europa und im Wirtschaftsvölkerrecht, in: von Danwitz, Thomas/ Depenheuer, Otto/Engel, Christoph (Hrsg.), Bericht zur Lage des Eigentums, Bonn 2002, S. 215; *Dicke, Klaus*, Zur Begründung eines Menschenrechts auf Eigentum, EuGRZ 1982, 361; *Dolzer, Rudolf*, Eigentum, Enteignung und Entschädigung im geltenden Völkerrecht, Berlin 1985; *van Drooghenbroeck, Sebastian*, Das Konzept des Eigentumsrechts in Art. 1 des Ersten Zusatzprotokolls der EMRK, ELF 2000, 437; *Emsinghoff, Jens F.*, Entschädigung für Eigentumseingriffe infolge rechtmäßiger Rechtsetzungsakte der Europäischen Gemeinschaft, Baden-Baden 2008; *Ensthaler, Jürgen/Block, Leonie*, Verhältnis zwischen Kartellrecht und Immaterialgüterrecht am Beispiel der Essential-facility-Rechtsprechung von EuGH und EuG, GRUR 2009, 1; *EU network* of independent experts on fundamental rights: Commentary of the Charter of Fundamental Rights of the European Union; *Fiedler, Wilfried*, Die Europäische Menschenrechtskonvention und der Schutz des Eigentums, EuGRZ 1996, 354; *Frowein, Jochen Abr.*, Der Eigentumsschutz in der Europäischen Menschenrechtskonvention, in: Festschrift für Heinz Rowedder, München 1994, 49; *Gelinsky, Katja*, Der Schutz des Eigentums gemäß Art. 1 des Ersten Zusatzprotokolls zur Europäischen Menschenrechtskonvention. Eine Analyse der Rechtsprechung der Straßburger Organe, Berlin 1996; *Götting, Horst-Peter/du Vall, Michal/Röder-Hitschke, Heike*, Enforcing Intellectual Property Rights, Baden-Baden 2012; *Günter, Johannes*, Berufsfreiheit und Eigentum in der Europäischen Union, Heidelberg 1998; *Hartwig, Matthias*, Der Eigentumsschutz nach Art. 1 des 1. Zusatzprotokolls zur EMRK, RabelsZ 63 (1999), 561; *Hennemann, Moritz/Sattler, Andreas*, Immaterialgüterrecht und Digitalisierung, Baden-Baden 2017; *Hoffmann-Riem, Wolfgang*, Kohärenz der Anwendung europäischer und nationaler Grundrechte, EuGRZ 2002, 473; *Hornickel, Hartmut*, Bodenreformabwicklung und der EGMR, Anmerkung zu EGMR, Urt. v. 22.1.2004 – 46720/99, 72203/01, 72552/01 – (Jahn u.a./ Deutschland), NVwZ 2004, 567; *Jarass, Hans D.*, Der grundrechtliche Eigentumsschutz im EU-Recht, NVwZ 2006, 1089; *Leisner, Walter*, Der europäische Eigentumsbegriff, in: FS zum 180jährigen Bestehen der Carl Heymanns Verlag KG, Köln u.a. 1995, S. 395; *Magiera, Siegfried*, Die Grundrechtecharta der Europäischen Union, DÖV 2000, 1017; *Mahr, Anne Catrin*, Designschutz – Der rechtliche Schutz der Produktgestaltung als Herausforderung an das System der Rechte des Geistigen Eigentums, Baden-Baden 2009; *Maiani, Francesco*, Le cadre réglementaire des traitements de données personelles effectués aux sein de l'Union européenne, RTDeur 2002, 283; *Malzahn, Bettina M.*, Bedeutung und Reichweite des Eigentumsschutzes in der Europäischen Menschenrechtskonvention, Frankfurt am Main u.a. 2007; *McBride, Jeremy*, The Right to Property, (1996) 21 E.L.Rev. HRC/40; *Meyer, Jürgen/Bernsdorff, Norbert*, Die Grundrechtecharta begründet keine Eigentumsrückgabeansprüche in Tschechien, EuZW 2009, 793; *von Milczewski, Christine*, Der grundrechtliche Schutz des Eigentums im Europäischen Gemeinschaftsrecht, Frankfurt a.M. 1994; *Mittelberger, Philipp*, Die Rechtsprechung des ständigen Europäischen Gerichtshofs für Menschenrechte zum Eigentumsschutz, EuGRZ 2001, 364; *ders.*, Der Eigentumsschutz nach Art. 1 des Ersten Zusatzprotokolls zur EMRK im Lichte der Rechtsprechung der Straßburger Organe, Bern 2000; *Mock, William/Demuro, Gianmario*, Commentary on the Charter of Fundamental Rights of the European Union, Durham 2010; *Morgenroth, Markus*, Organhaftung bei Immaterialgüterrechtsverletzungen, Baden-Baden 2017; *Müller-Michaels, Olaf*, Grundrechtlicher Eigentumsschutz in der Europäischen Union, Berlin 1997; *Omlor, Sebastian*, Geld und Währung als Digitalisate, JZ 2017, 754; *Pabsch, Ekkehard*, Der grundrechtliche Eigentumsschutz der Zwölf, AgrarR 1992, 278; *Pechstein, Matthias*, Enteignung durch das Unionsrecht, in: Festschrift für Alexander v. Brünneck, Baden-Baden 2011, 198; *Pen-*

ski, Ulrich/Elsner, Bernd Roland, Eigentumsgewährleistung und Berufsfreiheit als Gemeinschaftsgrundrecht in der Rechtsprechung des Europäischen Gerichtshofs, DÖV 2001, 265; *Peukert, Wolfgang,* Der Schutz des Eigentums nach Art. 1 des Ersten Zusatzprotokolls zur Europäischen Menschenrechtskonvention, EuGRZ 1981, 97; *Reininghaus, Eva,* Eingriffe in das Eigentumsrecht nach Artikel 1 des Zusatzprotokolls zur EMRK. Eingriffe in das Recht auf Achtung des Eigentums und ihre Zulässigkeitsvoraussetzungen, Berlin 2002; *Rengeling, Hans-Werner,* Die wirtschaftsbezogenen Grundrechte in der Europäischen Grundrechtecharta, DVBl. 2004, 453; *Riedel, Eibe,* Entschädigung für Eigentumsentzug nach Artikel 1 des Ersten Zusatzprotokolls zur Europäischen Menschenrechtskonvention – Zur Herausbildung eines gemeineuropäischen Standards, EuGRZ 1988, 333; *Rudolf, Beate,* Die Eigentumsgarantie nach der Europäischen Menschenrechtskonvention und ihre verfahrensrechtliche Dimension, EuGRZ 1996, 573; *Rupp, Hans-Heinrich,* Die gewerblichen Schutzrechte im Konflikt zwischen nationalen Grundrechten und Europäischem Gemeinschaftsrecht, NJW 1976, 993; *Sattler, Susen,* Der Status quo der urheberrechtlichen Schranken für Bildung und Wissenschaft – Eine Untersuchung anhand der Konventions- und europarechtlichen sowie der verfassungsrechtlichen Vorgaben, Baden-Baden 2009; *Schilling, Theodor,* Eigentum und Marktordnung nach Gemeinschafts- und nach deutschem Recht, EuGRZ 1998, 177; *ders.,* Der EuGH, das Eigentum und das deutsche Recht, EuZW 1991, 310; *Schmitz, Thomas,* Die EU-Grundrechtecharta aus grundrechtsdogmatischer und grundrechtstheoretischer Sicht, JZ 2001, 833; *Schöneich, Daniel,* Ein Allgemeiner Teil für das Recht des Geistigen Eigentums?, Baden-Baden 2016; *Schwarze, Jürgen,* Der Schutz des geistigen Eigentums im europäischen Wettbewerbsrecht, EuZW 2002, 75; *Shirvani, Foroud,* Klimaschutz und Unternehmensgrundrechte im EU-Recht, VerwArch 2013, 83; *Storr, Stefan,* Zur Bonität des Grundrechtsschutzes in der Europäischen Union, Der Staat 1997, 547; *Streinz, Rudolf,* Bundesverfassungsgerichtlicher Grundrechtsschutz und Europäisches Gemeinschaftsrecht, Baden-Baden 1989; *ders.,* Primärrechtliche Grundlagen des Europäischen Urheberrechts, in: Riesenhuber, Karl, Systembildung im Europäischen Urheberrecht, München 2007, 11; *Tettinger, Peter,* Die Charta der Grundrechte der Europäischen Union, NJW 2001, 1010; *ders.,* Zum Schutz geistigen Eigentums in der Charta der Grundrechte der EU, in: Haesemann, Manfred/Gennen, Klaus/Bartenbach, Britta (Hrsg.), Festschrift für Kurt Bartenbach zum 65. Geburtstag, Köln 2005, S. 183; *Thiel, Jürgen Michael,* Europa 1992: Grundrechtlicher Eigentumsschutz im EG-Recht, JuS 1991, 274; *Wandtke, Artur-Axel,* Werkbegriff im Urheberrechts-Wissensgesellschafts-Gesetz, NJW 2018, 112); *ders./Hauck, Ronny,* Urheberrecht versus Pressefreiheit, NJW 2017, 3422; *Weber, Stefan,* Anrechnung von (mittelbaren) Enteignungsvorteilen? – Zur Entschädigungspflicht des Art. 1 Abs. 1 des 1. ZPEMRK, insbesondere bei Infrastrukturmaßnahmen, in: Bröhmer, Jürgen (Hrsg.), Der Grundrechtsschutz in Europa, Wissenschaftliches Kolloquium aus Anlass des 65. Geburtstags von Prof. Dr. Dr. h.c. mult. Georg Ress, Baden-Baden 2002, S. 109; *Winter, Gerd/Wagenknecht, Nils,* Gemeinschaftsverfassungsrechtliche Probleme der Neugestaltung der Vorlage von Prüfnachweisen im EG-Chemikalienrecht – Zugleich ein Beitrag über geistiges Eigentum an Verwaltungsinformationen, DVBl. 2003, 10.

Artikel 18 Asylrecht

Das Recht auf Asyl wird nach Maßgabe des Genfer Abkommens vom 28. Juli 1951 und des Protokolls vom 31. Januar 1967 über die Rechtsstellung der Flüchtlinge sowie nach Maßgabe des Vertrags über die Europäische Union und des Vertrags über die Arbeitsweise der Europäischen Union (im Folgenden „die Verträge“) gewährleistet.

I. Vorgaben

In Art. 18 und 19 („Schutz bei Abschiebung, Ausweisung und Auslieferung") enthält die Charta **spezielle Grundrechte für Ausländer.**[1] Obwohl sie in den Titel II über die „Freiheiten" aufgenommen worden sind, stellen diese Rechte **keine klassischen Freiheitsrechte** dar.[2] 1

Gleichermaßen zur Legitimation wie zur Festlegung der Rahmenbedingungen des in Art. 18 gewährleisteten Asylrechts hatte der Grundrechtekonvent – im Text der Vorschrift und in den Erläuterungen – auf den **Vertrag zur Gründung der Europäischen Gemeinschaft (Art. 63)**, die Protokolle hierzu über die Position des Vereinigten Königreichs und Irlands (Nr. 4) sowie Dänemarks (Nr. 5) und das Protokoll über die Gewährung von Asyl für Staatsangehörige von Mitgliedstaaten der Europäischen Union (Nr. 29)[3] verwiesen. In Art. 63 S. 1 Nr. 1 EGV(-Nizza) „bekannte" sich die Gemeinschaft ausdrücklich zu den (vertrags)völkerrechtlichen Asylgrundsätzen. Die Bestimmung nahm namentlich Bezug auf die Genfer Flüchtlingskonvention vom 28.7.1951[4] und das New Yorker Protokoll vom 31.1.1967,[5] das den Anwendungsbereich der Genfer Konvention erweitert. Sie forderte darüber hinaus die Übereinstimmung mit „einschlägigen anderen Verträgen". Asylmaßnahmen nach Art. 63 S. 1 Nr. 1 EGV(-Nizza) durften also auch nicht im Widerspruch zu den Abkommen im Rahmen des Europarates stehen wie der EMRK (etwa Art. 4 ZP Nr. 4 und Art. 1 ZP Nr. 7) oder dem Europäischen Übereinkommen über den Übergang der Verantwortung für Flüchtlinge vom 16.10.1980.[6] Mit dem Hinweis auf die genannten völkerrechtlichen Vereinbarungen, die von allen Mitgliedstaaten unterzeichnet worden sind, knüpfte das Präsidium des Grundrechtekonvents an die Vorgaben des Europäischen Rates von Köln an, die ua in der Erwägung Nr. 5 der Präambel zusammengefasst sind. Danach soll die GRC auch die Rechte bekräftigen, die sich aus den **gemeinsamen internationalen Verpflichtungen der Mitgliedstaaten** ergeben. 2

Art. 63 S. 1 Nr. 1 EGV(-Nizza) ähnlich („... in Übereinstimmung mit ...") bestimmt nunmehr der **AEUV** in **Art. 78 Abs. 1 S. 2**, dass eine gemeinsame Politik im Bereich Asyl, subsidiärer Schutz und vorübergehender Schutz mit dem Genfer Abkommen vom 28.7.1951 und dem Protokoll vom 31.1.1967 über die Rechtsstellung der Flüchtlinge sowie den anderen einschlägigen Verträgen „im Einklang stehen" muss. Inwieweit das Vereinigte Königreich und Irland sowie Dänemark an der Annahme von Maßnahmen durch den Rat zu beteiligen bzw. an die in diesem Bereich beschlossenen Vorschriften, getroffenen Maßnahmen und Entscheidungen (des EuGH) gebunden sind, ergibt sich aus den dem Lissabon-Vertrag beigefügten Protokollen (Nrn. 21 und 22). Darin werden die von diesen schon seinerzeit bezogenen Positionen unverändert beibehalten. Angehängt ist auch das vom Verfassungskonvent im Wesentlichen wortgleich übernommene Protokoll über die Gewährung von Asyl für Staatsangehörige von Mitgliedstaaten der Europäischen Union (nunmehr Nr. 24). 3

1. Verfassungen der Mitgliedstaaten

Nicht Bezug genommen wird auf **gemeinsame Verfassungsüberlieferungen** als **allgemeine Grundsätze des Unionsrechts (Art. 6 Abs. 3 EUV)**, obwohl ein nicht unerheblicher Teil der 4

1 *Pechstein/Nowak/Häde/Thiele*, Frankfurter Kommentar, Art. 18 GRC Rn. 8.
2 So auch *Grabenwarter*, DVBl. 2001, 5.
3 Die Nummerierung der Protokolle ist nicht amtlich, findet sich aber auch in der Übersicht in BGBl. 1998 II, 466.
4 BGBl. 1953 II, 560.
5 BGBl. 1969 II, 1294.
6 Zu den „einschlägigen anderen Verträgen" vgl. etwa *Schieffer*, Asyl und Einwanderung, S. 107 ff.

nationalen Verfassungen über Bestimmungen zum Asylrecht verfügt.[7] In der Bundesrepublik Deutschland bildet Art. 16 a Abs. 1 GG die Grundlage der Asylgewährung. Es besteht ein subjektiv-individueller, durch die Verfassung gewährleisteter Asylanspruch. Das Asylrecht ist auch Bestandteil der Verfassung der französischen Fünften Republik. Im vierten Absatz der Präambel der Verfassung von 1946, auf den die Verfassung von 1958 in ihrer (eigenen) Präambel verweist, ist niedergelegt, dass jeder Mensch, der wegen seines Eintretens für die Freiheit verfolgt wird, auf den Gebieten der Republik Asylrecht genießt. In der Verfassung Griechenlands (Art. 5 Abs. 2 S. 3) findet sich jedenfalls ein Auslieferungsverbot zugunsten von Personen, die wegen ihres Einsatzes für die Freiheit verfolgt werden. Zu den Mitgliedstaaten, in denen das Asylrecht in der Verfassung verankert ist, gehören außerdem Italien, Portugal und Spanien. Nach Art. 10 S. 3 VerfItalien steht Ausländern, denen im eigenen Land die Ausübung der in der italienischen Verfassung gewährleisteten demokratischen Rechte verwehrt ist, im Gebiet der italienischen Republik ein Recht auf Asyl gemäß den gesetzlichen Bestimmungen zu. Der subjektiv-rechtliche Charakter dieser Vorschrift ist allerdings umstritten. Die Verfassung von Portugal gewährleistet das Asylrecht in Art. 33 Abs. 7, der gemäß Art. 18 Abs. 1 der Verfassung ein unmittelbar anwendbares subjektives Recht enthält. Das Asylrecht ist auf Verfassungsebene aber nur für solche Personen vorgesehen, die wegen ihrer objektiv betätigten politischen Überzeugung bedroht oder verfolgt werden. Nach Art. 13 Abs. 4 VerfSpanien besteht ein Asylrecht nach Maßgabe des Gesetzes unter den dort genannten Bedingungen. In diesen Mitgliedstaaten wird zumindest ein Recht auf Einzelfallprüfung und ein Bleiberecht im erstbehördlichen Anerkennungsverfahren für verfassungsrechtlich verbürgt gehalten.[8] Über Bestimmungen zum Asylrecht verfügen im Übrigen auch die Verfassungen Kroatiens, Polens, der Slowakei, Sloweniens und Ungarns (Art. 33 Abs. 1 VerfKroatien, Art. 56 VerfPolen, Art. 53 VerfSlowakei, Art. 48 VerfSlowenien und Art. XIV Abs. 3 GGUngarn).

2. Internationales Recht

5 Was die **universelle Ebene** betrifft, so findet ein Asylrecht für politisch Verfolgte außerhalb der bereits genannten **Völkerrechtsverträge** keine Entsprechung.[9] Das **allgemeine Völkerrecht** erlegt den Staaten keine Pflicht zur Asylgewährung auf. Neben der generellen Geltung von Vorschriften zum Schutz grundlegender Menschenrechte sind **völker(gewohnheits)rechtliche** Beschränkungen nationaler Souveränität insoweit nicht nachweisbar.[10] Anders als die drei anderen regionalen Menschenrechtskonventionen (für Amerika, Afrika und die Arabische Liga) lassen die **EMRK** und **ihre Protokolle** eine ausdrückliche Bestimmung vermissen, die die Staaten zur Asylgewährung auffordert. Soweit aus **Art. 3 EMRK** mittelbar ein Refoulement-Verbot abgeleitet wird, ergibt sich hieraus jedoch ggf. ein Schutz vor „extradition, expulsion and deportation" (auch) für Asylsuchende, der sich unter bestimmten Voraussetzungen zu einer Aufenthaltsgestattung verdichten kann.[11] In Eu-

---

7 Das Vorliegen gemeinsamer Verfassungstraditionen verneinen gleichwohl *Pechstein/Nowak/Häde/Thiele*, Frankfurter Kommentar, Art. 18 GRC Rn. 6, und *Rossi*, in: Calliess/Ruffert, EUV/AEUV, 5. Aufl., Art. 18 GRCh Rn. 4.

8 Vgl. zum Ganzen *Wolter*, Gemeinschaftliches Asylrecht, S. 74 ff.

9 Vertragsvölkerrechtliche Zugangserleichterungen bzw. -erschwerungen oder der Ausschluss aufenthaltsbeendender Maßnahmen sind allerdings vereinzelt in Niederlassungsverträgen geregelt. Zum Folgenden *Seidel*, Handbuch, S. 216 ff.; ferner *Wolter*, Gemeinschaftliches Asylrecht, S. 25 ff.; eine Auflistung weiterer internationaler Regelungen findet sich bei *Rengeling/Szczekalla*, Grundrechte, S. 649, 652.

10 Wie hier *Pechstein/Nowak/Häde/Thiele*, Frankfurter Kommentar, Art. 18 GRC Rn. 3.

11 Vgl. hierzu die Zusammenstellung einschlägiger EGMR-Rechtsprechung bei *Pechstein/Nowak/Häde/Thiele*, Frankfurter Kommentar, Art. 18 GRC Rn. 4 Fn. 17.

ropa bleibt die Frage des Asylrechts für politisch Verfolgte daher letztlich der staatlichen Entscheidung vorbehalten. Lediglich **Art. 14 AEMR,** der für die Staaten unverbindlich ist, spricht dem Einzelnen ein Recht zu, in anderen Ländern „vor Verfolgungen Asyl zu suchen und zu genießen".

Als „rechtlich unverbindlich" soll sich auch der gerade erst ausgehandelte **„Globale Pakt der Vereinten Nationen für eine sichere, geordnete und reguläre Migration"** (UN-Migrationspakt) präsentieren. Der bereits im Vorfeld seiner Unterzeichnung[12] als (bloße) Symbolpolitik der Vereinten Nationen **kritisierte**[13] „Pakt" wird als **gemeinsames politisches Dokument** der Unterzeichnerstaaten eingeordnet, **ohne völkerrechtlicher Vertrag** zu sein.[14] Mag er auch zur Aufnahme von Migranten nicht verpflichten und weder Aufnahmequoten noch -kontingente von Migranten festlegen, so hat er doch dazu geführt, dass seine Unterzeichnung von mehreren Mitgliedstaaten (zB Belgien, Bulgarien, Italien, Lettland, Österreich, Polen, Slowakei, Tschechien und Ungarn) abgelehnt werden wird. Es sei **nicht auszuschließen,** dass sich aus dem UN-Migrationspakt, obwohl lediglich als diplomatischer Rahmen gewollt, eine Eigendynamik und deshalb **mittelfristig Völkergewohnheitsrecht** entwickele. Die gleichen Vorbehalte bestehen gegenüber einem **„Globalen Pakt für Flüchtlinge"** (UN-Flüchtlingspakt). 6

II. Diskussion im Grundrechtekonvent

Dass die GRC auch eine Bestimmung über das Asylrecht enthalten sollte, war **zu keinem Zeitpunkt umstritten.** In seiner auf der Grundlage der Gemeinschaftsverträge, der internationalen Übereinkommen über Menschenrechte einschließlich der EMRK, der einzelstaatlichen Verfassungen sowie verschiedener Gemeinschaftstexte und Erklärungen des EP erstellten Grundrechtsliste (BODY 4) hatte das Präsidium des Grundrechtekonvents unter der Rubrik „Fremdenrecht" auf die Erforderlichkeit einer solchen Bestimmung hingewiesen. Eine Vorschrift über das Asylrecht war auch von *Meyer* (D) an prominenter Stelle seines Diskussionsentwurfs einer Grundrechtecharta (CHARTE 4102/00 CONTRIB 2) erwähnt worden. Einen **ersten Textvorschlag** hatte das Präsidium in CONVENT 8 unterbreitet (Art. 17 Abs. 1). Das in einen **thematischen Zusammenhang mit dem Verbot von Kollektivausweisungen** gestellte Asylrecht war hierbei ausdrücklich auf **Drittstaatsangehörige** bezogen worden („Nicht der Union angehörende Personen ..."). Das Präsidium hatte es außerdem nach der Art eines **Anspruchs** formuliert („... haben Recht auf Asyl ..."). An dieser Konzeption des Asylrechts war bis zum Abschluss der ersten Lesung mit geringfügigen Änderungen („Staatsangehörige von Drittstaaten ...") festgehalten worden (nunmehr Art. 21 Abs. 1 CONVENT 28). 7

In der Folgezeit hatte der Präsidiumsentwurf **erhebliche Kritik** erfahren.[15] So war einerseits die Erstreckung der **Grundrechtsberechtigung** auf **Unionsbürger** gefordert, andererseits aber verlangt worden, den Passus „in der Europäischen Union" durch die Formulierung 8

12 Geplant für den 10./11.12.2018 in Marrakesch/Marokko.

13 Im Hinblick auf andere einschlägige Rechtstexte zu dieser Thematik wird der politische Mehrwert des UN-Migrationspakts in Frage gestellt.

14 Vgl. hierzu einen von vielen Kommentaren aus der privaten Bloggerszene (https://sciencefiles.org/2018/11/01/un-migrationspakt): „Wenn etwas, was angeblich nicht bindend sein soll, auf Grundlage von etwas entwickelt wird, das international bindend, weil internationales Recht ist, dann ist das angeblich nicht Bindende einklagbar und somit bindend." Der Beschluss des BVerfG v. 7.12.2018 – 2 BvQ 105/18 u.a., ECLI:DE:BVerfG:2018:qk20181207.2bvq010518, beleuchte nur den vertragsvölkerrechtlichen Aspekt.

15 *Bernsdorff/Borowsky*, Protokolle, S. 197.

„in den Mitgliedstaaten der Union“ zu ersetzen, um so deutlich zu machen, dass die Gewährung von Asyl **ausschließlich Sache der Mitgliedstaaten** sei. Einige Konventsmitglieder hatten eine deutlichere Beschränkung des Kreises der Grundrechtsträger auf „politisch Verfolgte“ angeregt. Auch in den **Änderungsanträgen (CONVENT 35)** war die Frage der Grundrechtsträgerschaft angesprochen worden. Das Schutzniveau der Genfer Flüchtlingskonvention vom 28.7.1951 dürfe nicht unterschritten werden; deshalb müsse das Recht auf Asyl grundsätzlich jedem, einschließlich Staatenlosen, zustehen. Mehrere Delegierte wandten sich überdies gegen eine Ausgestaltung des Asylrechts als Individualgrundrecht. Das Genfer Abkommen gewähre **nur** ein **Recht „im Asyl“**, kein Recht „auf Asyl“. Ebenfalls war eine Präzisierung der Asylgründe in der Vorschrift des Art. 21 Abs. 1 verlangt worden (nur politisch Verfolgte; auch bei unmenschlicher oder erniedrigender Behandlung; Einbeziehung frauenspezifischer Asylgründe). Einige Änderungswünsche der Konventsmitglieder hatten sich auch darauf erstreckt, in die Bestimmung über das Asylrecht Mindestanforderungen an die Durchführung von Asylverfahren aufzunehmen sowie dort Fragen des sozialen Schutzes und der Familienzusammenführung zu regeln.

9 In seinem **Kompromissvorschlag (CONVENT 37)** hatte das Präsidium des Grundrechtekonvents einen Teil der Änderungsanträge berücksichtigt und nunmehr nach Art einer **objektiv-rechtlichen Garantie** formuliert, dass das Recht auf Asyl „gewährleistet“ werde. Hinsichtlich der Referenztexte war auf den Vertrag zur Gründung der Europäischen Gemeinschaft, das Genfer Abkommen vom 28.7.1951, das Protokoll vom 31.1.1967 sowie „andere einschlägige Verträge“ verwiesen worden. Wiederum hatte eine große Zahl Delegierter Einwände erhoben (einerseits: Rückkehr zu einem Individualgrundrecht; andererseits: lediglich Recht auf Stellung eines Asylantrags, auf ein ordnungsgemäßes Asylverfahren usw.). Im Hinblick auf die Unvereinbarkeit der im Plenum vertretenen Auffassungen war schließlich von britischer Seite die **Streichung der gesamten Vorschrift** gefordert worden. Der Kompromissvorschlag des Präsidiums reiche zudem weiter als Art. 63 EGV(-Nizza), der das Genfer Abkommen nicht in das Gemeinschaftsrecht übernehme, sondern die Organe der Union lediglich zur Beachtung des Abkommens anhalte.

10 In dem zur Vorbereitung der abschließenden Lesung übermittelten **ersten Entwurf eines vollständigen Textes der Charta (CONVENT 45)** war das Asylrecht nicht mehr in Art. 21, sondern in **Art. 18** enthalten. Die Bezugnahme auf „andere einschlägige Verträge“ war ohne nähere Begründung gestrichen worden. Nachdem Fragen des Asylrechts später nicht mehr zur Sprache gekommen waren, hatte das Präsidium den Text des Art. 18 in den weiteren Entwurfsfassungen unverändert gelassen (CONVENT 47; CONVENT 47 REV 1).[16]

III. Kommentierung

1. Verhältnis zu anderen Grundrechten

11 Das in Art. 18 gewährleistete Asylrecht[17] weist thematisch eine **enge Verzahnung mit** den in **Art. 19** enthaltenen Verbürgungen („Schutz bei Abschiebung, Ausweisung und Auslie-

16 Ausführlicher zum Beratungsverlauf siehe Vorauflage.

17 Aus dem Umstand, dass Art. 18 den eigentlich der Ebene des nationalen Rechts entstammenden und deshalb im internationalen Kontext regelmäßig vermiedenen Terminus „Asylrecht“ verwendet, wird teilweise entnommen, das internationale Flüchtlingsrecht werde gemeinschafts- bzw. unionsrechtlich „aufgewertet“; vgl. etwa *Keil*, GS für Rittstieg, S. 197. Im Folgenden wird das „Recht auf Asyl“ indessen als gleichbedeutend mit dem „Recht auf Zuerkennung der Flüchtlingseigenschaft“ betrachtet.

rung") auf. Beide Grundrechte können parallel zur Anwendung gelangen.[18] Im Hinblick auf ihre Bedeutung für eine europäische Asylpolitik wird die Grundrechtsbestimmung auch in einen Zusammenhang mit **Art. 7** („Achtung des Privat- und Familienlebens") und den **sozialen Rechten in Titel IV** der GRC gestellt.[19] Relevant ist schließlich die Erstreckung der unionsweiten Freizügigkeit für Unionsbürger auf Drittstaatsangehörige mit rechtmäßigem Aufenthalt in **Art. 45 Abs. 2.**

2. Recht auf Asyl, Genfer Flüchtlingskonvention und Verträge

Art. 63 EGV(-Nizza) übertrug der Gemeinschaft die konkurrierende **Zuständigkeit** für Asylmaßnahmen in den dort näher bezeichneten Bereichen.[20] Von diesem Kompetenztransfer wurden das materielle Asylrecht und das Asylverfahrensrecht gleichermaßen erfasst. Nach dem Wortlaut der Vorschrift war **unklar, ob** sich ihr Regelungsgehalt in einer Kompetenzübertragung erschöpfte oder ob sie darüber hinaus eine **materielle Bedeutung** hatte, dh bindende Vorgaben für das Sekundärrecht enthielt. Offen war daher vor allem, ob in der Bezugnahme auf das Genfer Abkommen vom 28.7.1951 und das New Yorker Protokoll („... in Übereinstimmung mit...") eine **Übernahme** dieser völkerrechtlichen Vereinbarungen **in das Gemeinschaftsrecht** oder ein bloßes „Bekenntnis" der Gemeinschaft zu den dort geregelten Asylgrundsätzen zu sehen war. Mit seinem Hinweis auf Art. 63 EGV(-Nizza) in den Erläuterungen zu Art. 18 gab das Präsidium des Grundrechtekonvents jedenfalls unmissverständlich zu erkennen, dass eine **Änderung in den Kompetenzen nicht bezweckt** war und die Charta weder den Status des Asylbewerbers noch entsprechende Rechte gegenüber der Union regeln sollte.[21] Andererseits **„integrierte"** die GRC die Genfer Flüchtlingskonvention und das Protokoll vom 31.1.1967 nunmehr **in das Gemeinschaftsrecht,** indem sie das Recht auf Asyl „nach Maßgabe" dieser völkerrechtlichen Vereinbarungen „gewährleistete".[22] Insoweit ging Art. 18 also über Art. 63 EGV(-Nizza) hinaus.[23] An dieser Einschätzung hat sich durch die Neuordnung des Kompetenztitels Asyl mit dem Inkrafttreten des Vertrags von Lissabon nichts geändert. Auch mit **Art. 78 Abs. 1 S. 2 AEUV** werden die Genfer Flüchtlingskonvention und das New Yorker Protokoll nicht in den Rang von Unionsrecht erhoben. Das folgt zum einen aus dem einschränkenden Wortlaut („... im Ein- 12

18 Ebenso *Pechstein/Nowak/Häde/Thiele*, Frankfurter Kommentar, Art. 18 GRC Rn. 16, und *Jarass*, GR-Charta, 3. Aufl., Art. 18 Rn. 4, 9, 12. Allerdings soll Art. 18 den eigentlichen Asylstatus regeln, während Art. 19 den subsidiären Schutzstatus (siehe Art. 78 Abs. 2 Buchst. b AEUV) betreffe. Vgl. auch *Stern/Sachs/Jochum*, GRC, Art. 18 Rn. 18: De-facto-Flüchtlinge können sich nicht auf die Gewährleistung des Art. 18 berufen. Einer eher extensiven Auslegung des Art. 18 auf Sachverhalte, bei denen (eigentlich) Art. 4 Schutz bietet, neigt *Keil*, GS für Rittstieg, S. 181 ff., zu.

19 Vgl. *Groß*, KJ 2001, 101; *Sieveking*, Einwanderungs- und Flüchtlingspolitik, S. 26; *Wollenschläger*, EuGRZ 2001, 363.

20 *Graßhof*, in: Schwarze, EU-Kommentar, Art. 63 EG Rn. 1 ff., 5 ff.; vgl. zur Historie auch *Rossi*, in: Calliess/Ruffert, EUV/AEUV, 5. Aufl., Art. 78 AEUV Rn. 1 f.

21 So *Grabenwarter*, DVBl. 2001, 5; auch *Stern/Sachs/Jochum*, GRC, Art. 18 Rn. 3; *Pechstein/Nowak/Häde/Thiele*, Frankfurter Kommentar, Art. 18 GRC Rn. 5; *Rossi*, in: Calliess/Ruffert, EUV/AEUV, 5. Aufl., Art. 18 GRCh Rn. 1; *Graßhof*, in: Schwarze, EU-Kommentar, Art. 18 GRC Rn. 1; ferner *Streinz*, in: Streinz, EUV/AEUV, Art. 18 GR-Charta Rn. 5.

22 Vgl. *Stern/Sachs/Jochum*, GRC, Art. 18 Rn. 4, *Rossi*, in: Calliess/Ruffert, EUV/AEUV, 5. Aufl., Art. 18 GRCh Rn. 2, und *Pechstein/Nowak/Häde/Thiele*, Frankfurter Kommentar, Art. 18 GRC Rn. 5: Inkorporierung.

23 Vgl. den Einwand von Goldsmith (GB) in der dreizehnten Sitzung des Grundrechtekonvents am 28./29./30.6.2000 (*Bernsdorff/Borowsky*, Protokolle, S. 307). Wie hier *Wollenschläger*, in: Heselhaus/Nowak, HdB EU-Grundrechte, § 16 Rn. 32, und *Stern/Sachs/Jochum*, GRC, Art. 18 Rn. 6. *Streinz* (in: Streinz, EUV/AEUV, Art. 18 GR-Charta Rn. 5) hält deshalb (im Ergebnis) doch eine Art. 51 Abs. 2 missachtende Kompetenzerweiterung für nicht ausgeschlossen.

klang mit…"), zum anderen daraus, dass Art. 78 AEUV (in seinen Absätzen 1 und 2) lediglich Nachfolgeregelung zu Art. 63 S. 1 Nrn. 1 und 2 EGV(-Nizza) ist.[24]

3. Kein subjektiv-individueller Asylanspruch

13 **a) Gewährleistung.** Nach Art. 18 wird das Recht auf (externes) Asyl **„gewährleistet"**. Mit seiner Abkehr von der ursprünglichen Formulierung in CONVENT 8 (Art. 17 Abs. 1) und CONVENT 28 (Art. 21 Abs. 1) („… haben Recht auf Asyl…") hat der Grundrechtekonvent verdeutlicht, dass er einen **subjektiv-individuellen Asylanspruch** für politisch Verfolgte **nicht** schaffen wollte. Im Hinblick auf die unterschiedliche Rechtsnatur und Reichweite mitgliedstaatlicher Asylrechtsbestimmungen war eine solche Maximalposition im Grundrechtekonvent nicht durchsetzbar. Allerdings hat die GRC das Recht auf Asyl auch nicht „auf dem kleinsten gemeinsamen Nenner" festgeschrieben, wie es einige Delegierte gefordert haben.[25] Zwar erscheint die Grundrechtsbestimmung **inhaltlich ausfüllungsbedürftig.** Ihre Bedeutung geht jedoch über einen (bloßen) Hinweis auf die (objektive) Verpflichtung der Mitgliedstaaten zur Einhaltung der in ihr genannten **Völkerrechtsverträge** hinaus. Auf deren **Beachtung** besteht bei der Schaffung von Asylrechtsnormen sowohl auf Schutzbereichsebene wie auf der Ebene der Rechtfertigung von Eingriffen (nunmehr) ein **subjektives Recht.** Diese, einen **subjektiv-rechtlichen Gehalt abschwächende Auslegung** des Art. 18 ist allerdings nicht unbestritten.[26]

14 **b) Abwehrrecht, Schutzverpflichtungen.** Art. 18 ist im Wesentlichen als **Abwehrrecht** konzipiert[27] und damit offen gegenüber nationalen Vorstellungen, soweit diese die dort geregelten völkerrechtlichen Vereinbarungen beachten. Die aus Art. 18 folgenden Verpflichtungen für die Union und die Mitgliedstaaten erschöpfen sich also in **Respektierungs-** und **Schutzpflichten.**[28] Auf der Ebene des „respect" ist die Union im Interesse des Grundrechtsberechtigten verpflichtet, die Grundlagen des materiellen Asylrechts in den Mitgliedstaaten anzuerkennen und nicht durch „aktive Handlungen" zu beeinträchtigen. Insoweit begründet Art. 18 vor allem Unterlassungspflichten. Auf der Ebene des „protect" besteht eine Verpflichtung zum Tätigwerden. Union und Mitgliedstaaten müssen im Interesse des Grundrechtsberechtigten dafür Sorge tragen, dass das Grundrecht am Maßstab des jeweiligen, nach den Vorgaben des Genfer Abkommens und des New Yorker Protokolls ausgestalteten Asylrechts auch tatsächlich ausgeübt werden kann, unabhängig davon, ob der Staat oder Private dieses Recht gefährden.

---

24 Vgl. zur Verpflichtung der Union auf die Einhaltung des genannten Völkervertragsrechts die bei *Pechstein/Nowak/Häde/Thiele*, Frankfurter Kommentar, Art. 18 Rn. 5 Fn. 19 nachgewiesene EuGH-Rechtsprechung; nach *Jarass*, GR-Charta, 3. Aufl., Art. 18 Rn. 1 „sorgt" Art. 18 für die Einhaltung der Genfer Flüchtlingskonvention.

25 Griffiths (GB), Korthals Altes (NL) und Hayes (IR) in der dreizehnten Sitzung des Grundrechtekonvents am 28./29./30.6.2000 (*Bernsdorff/Borowsky*, Protokolle, S. 306 f.).

26 Wie hier *Keil*, GS für Rittstieg, S. 177; *Stern/Sachs/Jochum*, GRC, Art. 18 Rn. 5 f., mit Hinweisen zum Meinungsstand; *Pechstein/Nowak/Häde/Thiele*, Frankfurter Kommentar, Art. 18 GRC Rn. 11, ebenfalls mit Schrifttumsnachweisen; wohl auch *Rossi*, in: Calliess/Ruffert, EUV/AEUV, 5. Aufl., Art. 18 GRCh Rn. 2 f., der Art. 18 zuvor (Rn. 1) aber als Bestimmung ohne eigenständige inhaltliche Aussagen bezeichnet. A.A. *Jarass*, GR-Charta, 3. Aufl., Art. 18 Rn. 2: subjektives (einklagbares) Recht. Siehe zum Meinungsstand *Jarass*, GR-Charta, 3. Aufl., Art. 18 Rn. 10; ebenso *Groß*, ZAR 2013, 109.

27 *Keil*, GS für Rittstieg, S. 179 f.: Recht auf Asyl als status negativus, Recht „im Asyl" als status positivus.

28 *Pechstein/Nowak/Häde/Thiele*, Frankfurter Kommentar, Art. 18 GRC Rn. 12; *Stern/Sachs/Jochum*, GRC, Art. 18 Rn. 19: Respektierungs- und Schutzpflichten zugunsten derer, die bereits anerkannt sind.

4. Praktische Bedeutung

a) **Asylsekundärrecht.** Während sich die Art. 61 ff. EGV(-Nizza) darauf beschränkten, Asyl-, Flüchtlings- und Einwanderungs„politik" in die gemeinschaftliche Zuständigkeit zu überführen, bildet **Art. 78 Abs. 2 AEUV** eine **Kompetenzgrundlage** für die Union zur Schaffung eines **Gemeinsamen Europäischen Asylsystems (GEAS)**. Der AEUV ermöglicht damit die Festlegung einheitlicher Asylvorschriften, die **über den Erlass von Mindestnormen** durch die Union **hinausgeht. Art. 78 Abs. 2 Buchst. a AEUV** ermächtigt im ordentlichen Gesetzgebungsverfahren zum Erlass von Maßnahmen, die einen in der ganzen Union gültigen einheitlichen Asylstatus für Drittstaatsangehörige umfassen. Außerdem soll die Union gemeinsame Verfahren für die Gewährung und den Entzug des einheitlichen Asylstatus bestimmen (**Art. 78 Abs. 2 Buchst. d AEUV**) sowie **„Normen"** (statt bisher „Mindestnormen") für die Aufnahmebedingungen von Asylbewerbern usw definieren dürfen (**Art. 78 Abs. 2 Buchst. f AEUV**). 15

Diese **auf der Grundlage des Lissabon-Vertrags erweiterten Handlungsmöglichkeiten** hat die Union **in Anspruch genommen**, so etwa mit der **Richtlinie 2011/95/EU** des Europäischen Parlaments und des Rates vom 13.12.2011 über Normen für die Anerkennung von Drittstaatsangehörigen oder Staatenlosen als Personen mit Anspruch auf internationalen Schutz, für einen einheitlichen Status für Flüchtlinge oder für Personen mit Anrecht auf subsidiären Schutz und für den Inhalt des zu gewährenden Schutzes (**„Qualifikationsrichtlinie"**)[29], der **Richtlinie 2013/32/EU** des Europäischen Parlaments und des Rates vom 26.6.2013 zu gemeinsamen Verfahren für die Zuerkennung und Aberkennung des internationalen Schutzes (**„Asylverfahrensrichtlinie"**)[30] und der **Richtlinie 2013/33/EU** des Europäischen Parlaments und des Rates vom 26.6.2013 zur Festlegung von Normen für die Aufnahme von Personen, die internationalen Schutz beantragen (**„Aufnahmerichtlinie"**)[31]. Mangels Überarbeitung gilt die **Richtlinie 2008/115/EG** des Europäischen Parlaments und des Rates vom 16.12.2008 über gemeinsame Normen und Verfahren in den Mitgliedstaaten zur Rückführung illegal aufhältiger Drittstaatsangehöriger (**„Rückführungsrichtlinie"**)[32] bis heute fort. Indessen wurde die „Dublin-II-Verordnung" durch die **Verordnung (EU) Nr. 604/2013** des Europäischen Parlaments und des Rates vom 26.6.2013 zur Festlegung der Kriterien und Verfahren zur Bestimmung des Mitgliedstaats, der für die Prüfung eines von einem Drittstaatsangehörigen oder Staatenlosen an einen Mitgliedstaat gestellten Antrags auf internationalen Schutz zuständig ist (**„Dublin-III-Verordnung"**)[33], ersetzt. Auf eine **Reform** dieser Regelung nach dem Vorbild des vom EP (teilweise) unterstützten, im Mai 2016 unterbreiteten Vorschlags der Europäischen Kommission (**„Dublin-IV"**: Einrichtung eines ständigen und automatisierten Umsiedelungsmechanismus)[34] konnten sich die **Mitgliedstaaten** bisher **nicht einigen.**[35] Herangezogen wurde 16

29 ABl. 2011 Nr. L 337 S. 9; gestützt auf Art. 78 Abs. 2 Buchstaben a und b AEUV, ersetzt sie die Richtlinie 2004/83/EG („Qualifikationsrichtlinie").

30 ABl. 2013 Nr. L 180 S. 60; gestützt auf Art. 78 Abs. 2 Buchst. d AEUV, ersetzt sie die Richtlinie 2005/85/EG („Verfahrensrichtlinie").

31 ABl. 2013 Nr. L 180 S. 96; gestützt auf Art. 78 Abs. 2 Buchstabe f AEUV, ersetzt sie die Richtlinie 2003/9/EG („Asylmindestnormen-Richtlinie"). Siehe hierzu auch die im Juli 2018 wegen Verstoßes gegen die Asylverfahrensrichtlinie und die Aufnahmerichtlinie (unter anderem gegen Ungarn) eingeleiteten Vertragsverletzungsverfahren.

32 ABl. 2008 Nr. L 348 S. 98; gestützt auf Art. 63 Abs. 3 Buchst. b EGV(-Nizza).

33 ABl. 2013 Nr. L 180 S. 31; gestützt auf Art. 78 Abs. 2 Buchst. e AEUV, ersetzt sie die Verordnung (EG) Nr. 343/2003.

34 Kom (2016) 270 endg.

35 Zu weiteren Vorschlägen einer Reform des GEAS vgl. *Henkel*, DVBl. 2017, 269.

Art. 78 AEUV – als Rechtsgrundlage für vorläufige Maßnahmen (**dort Abs. 3**) – schließlich für mehrere **Beschlüsse des Rates** über eine **Umverteilung von Flüchtlingen**, die von den Dublin-Kriterien abwich.[36]

17 **b) Konturen der EuGH-Rechtsprechung.** Zu Fragen des **Asyls** (gerade) unter dem **Gesichtspunkt des Grundrechtsschutzes** hat der **EuGH** in seinen zahlreichen Urteilen seit Inkrafttreten der GRC[37] **nicht substanziell Stellung genommen.** Fast ausnahmslos befassten sich diese mit der Auslegung von verfahrensrechtlichen oder materiellrechtlichen Bestimmungen (zu Verfolgungshandlungen, Verfolgungsgründen, dem Erlöschen oder dem Ausschluss der Flüchtlingseigenschaft, den Voraussetzungen subsidiären Schutzes usw.) der aufgehobenen Richtlinie 2004/83/EG, den früheren Richtlinien 2003/9/EG und 2005/85/EG sowie den Modalitäten der Verteilung von Flüchtlingen nach der „Dublin-II-Verordnung" und der (aktuellen) „Dublin-III-Verordnung". Zwar wurde **höchstrichterlich wiederholt betont,** die Mitgliedstaaten hätten auch zu berücksichtigen, dass eine Auslegung des abgeleiteten Rechts – hier: des (Asyl)Sekundärrechts – mit den geschützten Grundrechten – hier: Art. 18 – nicht kollidiere[38] bzw. deren Achtung gewährleiste[39]. Eine **Grundrechtsprüfung** durch den **EuGH (selbst)** erfolgte jedoch bisher **nicht.** Soweit er bei Gelegenheit asylrechtlicher Entscheidungen Grundrechte „konturierte", nahm er andere Bestimmungen (Art. 4 und Art. 10) in den Blick, ohne Art. 18 näher auszuformen. So beschränkte er sich – trotz entsprechender Vorlagefragen – auf (**lapidare**) **Hinweise,** etwa dass die Richtlinie 2004/83/EG das Asylrecht auf der Grundlage von Art. 18 „sicherstelle"[40] oder dass die Beachtung der Genfer Flüchtlingskonvention in Art. 18 erwähnt sowie dort „geregelt"[41] werde. In seinem

---

36 Zu dem Beschluss des Rates vom 22.9.2015 (2015/1601) siehe *Bernsdorff*, NVwZ Heft 20/2015, Editorial. Letztlich: EuGH – Slowakei/Ungarn, Rs. C-643/15 und C-647/15, ECLI:EU:C:2017:631, Urt. v. 6.9.2017. Im Dezember 2017 hat die Europäische Kommision Klagen gegen Polen, Tschechien und Ungarn wegen Nichtbefolgung der Grundsätze des EuGH-Urteils erhoben.

37 EuGH – Elgafaji, Rs. C-465/07, Slg. 2009, I-921, Urt. v. 17.2.2009; EuGH – Salahadin Abdulla ua, Rs. C-175, 176, 178 und 179/08, ECLI:EU:C:2010:105, Urt. v. 2.3.2010; EuGH -Bolbol, Rs. C-31/09, Slg. 2010, I-5539, Urt. v. 17.6.2010; EuGH – B. und D., Rs. C-57/09 und C-101/09, Slg. 2010, I-10979, Urt. v. 9.11.2010; EuGH – El Dridi, Rs. C-61/11, ECLI:EU:C:2011:268, Urt. v. 28.4.2011; EuGH – N.S. ua, Rs. C-411/10 und C-493/10, Slg. 2011, I-13905, Urt. v. 21.12.2011; EuGH – Y und Z, Rs. C-71/11 und C-99/11, ECLI:EU:C:2012:518, Urt. v. 5.9.2012; EuGH – Cimade, Rs. C-179/11, ECLI:EU:C:2012:594, Urt. v. 27.9.2012; EuGH – M., Rs. C-277/11, NVwZ 2013, 59, Urt. v. 22.11.2012; EuGH – Abed El Karem El Kott ua, Rs. C-364/11, ECLI:EU:C:2012:826, Urt. v. 19.12.2012; EuGH – Zuheyr, Rs. C-528/11, ECLI:EU:C:2013:342, Urt. v. 30.5.2013; EuGH – X, Y und Z, Rs. C-199/12 bis C-201/12, ECLI:EU:C:2013:720, Urt. v. 7.11.2013; EuGH – Qurbani, Rs. C-481/13, NVwZ 2014, 1302, Urt. v. 17.7.2014; EuGH – Shepherd, Rs. C-472/13, ECLI:EU:C:2015:117, Urt. v. 26.2.2015; EuGH – H.T., Rs. C-373/13, ECLI:EU:C:2015:413, Urt. v. 24.6.2015; EuGH – X und X, Rs. C-638/16 PPU, ECLI:EU:C:2017:173, Urt. v. 7.3.2017; EuGH – Slowakei/Ungarn, Rs. C-643/15 und C-647/15, ECLI:EU:C:2017:631, Urt. v. 6.9.2017; EuGH – Jafari, Rs. C-646/16, ECLI:EU:C:2017:586, Urt. v. 26.7.2017; EuGH – Mengesteab, Rs. C- 670/16, ECLI:EU:C:2017:587, Urt. v. 26.7.2017; EuGH – Majid Shiri, Rs. C-201/16, ECLI:EU:C:2017:805, Urt. v. 25.10.2017; EuGH – MP, Rs. C-353/16, ABl. C 211 S. 4, Urt. v. 24.4.2018; EuGH – Adil Hassan, Rs. C-647/16, ABl. C 259 S. 9, Urt. v. 31.5.2018.

38 EuGH – N.S. ua, Rs. C-411/10 und C- 493/10, Slg. 2011, I-13905, Urt. v. 21.12.2011; EuGH – M., Rs. C-277/11, NVwZ 2013, 59, Urt. v. 22.11.2012. Vgl. *Grabitz/Hilf/Nettesheim/Mayer*, EU, nach Art. 6 EUV Rn. 220: In den Kategorien europäischer Grundrechte ist diese EuGH-Rechtsprechung nicht zu verorten.

39 EuGH – Salahadin Abdulla ua, Rs. C-175, 176, 178 und 179/08, ECLI:EU:C:2010:105, Urt. v. 2.3.2010.

40 EuGH – Abed El Karem El Kott, Rs. C-364/11, ECLI:EU:C:2012:826, Urt. v. 19.12.2012; EuGH – Elgafaji, Rs. C-465/07, Slg. 2009, I-921, Urt. v. 17.2.2009.

41 EuGH – Zuheyr, Rs. C-528/11, ECLI:EU:C:2013:342, Urt. v. 30.5.2013.

Urteil vom 21.12.2011[42] beschäftigte sich der EuGH mit den Implikationen des Art. 4 und entschied, dass die Beurteilung, ob ein Asylbewerber im Einklang mit dieser Grundrechtsbestimmung in den „zuständigen Mitgliedstaat" überstellt werden dürfe, Sache der Mitgliedstaaten sei; eine **(weitere) Überprüfung** der Maßnahme **am Maßstab des Art. 18 unterließ er** jedoch, weil „nicht ersichtlich" sei, dass Art. 18 „zu einer anderen Antwort" führe.

5. Grundrechtsberechtigte

a) Unionsbürger. Einer Regelung zugeführt wurde die während der Beratungen im Grundrechtekonvent heftig diskutierte Frage, ob auch **Staatsangehörige von Mitgliedstaaten Träger des** in Art. 18 verbürgten **Rechts auf Asyl** sein sollten. In der der Vorschrift beigegebenen Erläuterung wurde das Protokoll über die Gewährung von Asyl für Staatsangehörige von Mitgliedstaaten der Europäischen Union (Nr. 29) ausdrücklich erwähnt. Dieser Verweis wird in den aktualisierten Erläuterungen beibehalten. Das Protokoll (nunmehr Nr. 24) sieht allerdings vor, dass in Anbetracht des Niveaus des Schutzes der Grundrechte und Grundfreiheiten in den Mitgliedstaaten der Union die Mitgliedstaaten füreinander für alle rechtlichen und praktischen Zwecke im Zusammenhang mit Asylangelegenheiten als **sichere Herkunftsländer** gelten mit der (regelmäßigen) Folge, dass ein Asylantrag unbegründet und nur (ausnahmsweise) unter den im Protokoll näher beschriebenen Voraussetzungen begründet ist.[43] Bei einer solchen (politisch) verordneten – gerichtlich überprüfbaren – Annahme der Sicherheit von Herkunftsstaaten handelt es sich indessen lediglich um eine im Einzelfall widerlegbare Vermutung, die individuelle Möglichkeiten der Entkräftung bereithält.[44] 18

b) „Flüchtling". Für eine zutreffende Erfassung des personellen Anwendungsbereichs des Art. 18 ist der Text der Grundrechtsbestimmung zu beachten. Danach „orientiert" sich der Grundrechtsschutz des Asylrechts zum einen am Genfer Abkommen vom 28.7.1951 und dem Protokoll vom 31.1.1967 über die Rechtsstellung der Flüchtlinge, zum anderen an „den Verträgen". Sekundärrechtliche Quellen werden weder nach dem Wortlaut des Art. 18 noch in den entsprechenden Erläuterungen in Bezug genommen. Ist Art. 18 damit nicht – wie andere Vorschriften der GRC[45] – durch Sekundärrechtsakte (vor)geprägt, so können solche auch nicht zur Bestimmung der Reichweite des Grundrechts herangezogen werden. Entgegen der wohl überwiegenden Meinung[46] kann deshalb für im Kontext des Art. 18 (grundrechts)relevante Verfolgungssachverhalte an Definitionen in der Richtlinie 2011/95/EU („Qualifikationsrichtlinie")[47] nicht angeknüpft werden.[48] 19

Art. 1 A Nr. 2 der Genfer Flüchtlingskonvention definiert als **„Flüchtling"** jeden, der sich aus der begründeten Furcht vor „Verfolgung" (well founded fear/craignant avec raison) außerhalb des Landes befindet, dessen Staatsangehörigkeit er besitzt, und den Schutz sei- 20

---

42 EuGH – N.S. ua, Rs. C-411/10 und C-493/10, Slg. 2011, I-13905.

43 *Jarass*, GR-Charta, 3. Aufl., Art. 18 Rn. 8; *Pechstein/Nowak/Häde/Thiele*, Frankfurter Kommentar, Art. 18 GRC Rn. 8. Vgl. *Stern/Sachs/Jochum*, GRC, Art. 18 Rn. 12, der die „begrenzende" Wirkung des Protokolls auf der Rechtfertigungs- und nicht auf der Schutzbereichsebene verortet.

44 *Stern/Sachs/Jochum*, GRC, Art. 18 Rn. 12, unter Hinweis auf *Schmahl*, ZAR 2001, 3.

45 Vgl. etwa Art. 8.

46 *Rossi*, in: Calliess/Ruffert, EUV/AEUV, 5. Aufl., Art. 18 GRCh Rn. 5 ff.; *Jarass*, GR-Charta, 3. Aufl., Art. 18 Rn. 5, 6 ff.: „Konkretisierung" auf der Ebene des Sekundärrechts; *Pechstein/Nowak/Häde/Thiele*, Frankfurter Kommentar, Art. 18 GRC Rn. 8 ff.

47 Etwa Art. 2 Buchst. d, Art. 6 Buchst. c, Art. 8, Art. 9, Art. 10, Art. 11, Art. 12, Art. 14 Abs. 3 und 4, usw.

48 Zutreffend *Stern/Sachs/Jochum*, GRC, Art. 18 Rn. 9: eine interpretierende Wirkung kommt der „Qualifikationsrichtlinie" nicht zu.

nes Heimatlandes nicht in Anspruch nehmen kann oder infolge dieser Befürchtungen nicht in Anspruch nehmen will. Die Art der „Verfolgung" ist durch fünf Anknüpfungsgründe näher bezeichnet. Personen, die ihren Heimatstaat aus „unpolitischen" Gründen verlassen, fallen nicht unter die Konvention. Aus der Flüchtlingsdefinition ergibt sich, dass sich (**eigene**) **Staatsangehörige** gegenüber dem (Mitglied)Staat ihrer Staatsangehörigkeit nicht auf einen Anspruch auf Verfolgungsschutz berufen können. Bezieht sich die **Verfolgungsfurcht** hierbei **nicht** auf den **Staat der Staatsangehörigkeit**, sondern auf einen anderen (Mitglied- oder Dritt)Staat, in dem er sich befindet, so bedarf der Betroffene des Schutzes durch die Genfer Flüchtlingskonvention schon nicht, weil er das mit der Staatsangehörigkeit (selbstverständlich) verbundene – in seiner nationalen Verfassung[49] und Art. 3 Abs. 2 ZP Nr. 4 zur EMRK[50] verbürgte – Einreise- und Verbleiberecht in Anspruch nehmen kann. Insoweit erscheint auch das Asylrecht des Art. 18 nur als **subsidiäres Instrument des Menschenrechtsschutzes.** Das ist auf der Ebene der Mitgliedstaaten aber mittlerweile umstritten. Seitdem das Aufenthaltsrecht Deutscher infolge der Einschränkungen des (ursprünglich absoluten) Auslieferungsverbots (etwa bei Vollstreckung eines Europäischen Haftbefehls) nicht mehr auslieferungsfest ist, wird die Begrenzung der Grundrechtsträgerschaft aus Art. 16 a GG auf Ausländer und Staatenlose in Frage gestellt.[51] Bezieht sich die **Verfolgungsfurcht** auf den (**Mitglied)Staat der Staatsangehörigkeit selbst,** so kommt ein Schutz nach der Genfer Flüchtlingskonvention nicht in Betracht, solange sich der Betroffene unter der territorialen Hoheit dieses Staates befindet. Auch Art. 18 bezieht sich deshalb auf ein in diesem Sinne **internes Asyl nicht.**

21 Besteht der Gehalt des Art. 18 – wie oben erörtert[52] – darin, auf die Beachtung der (objektiven) Verpflichtung der Mitgliedstaaten zur Einhaltung der Genfer Flüchtlingskonvention und ihres Protokolls ein subjektives Recht zu gewähren, so ist über **Umfang und Grenzen der „Anbindung"** des Grundrechts **an diese Rechtstexte** noch nichts gesagt. Für die Bestimmung der (auch personellen) Reichweite des Grundrechts kann es naturgemäß **nur** auf einen **abstrakten Maßstab** ankommen, nicht auf die Vertragsauslegung des Mitgliedstaats, um dessen Verpflichtung aus Art. 18 es (gerade) geht. In einen **grundrechtlichen Schutz** vermag das Recht auf Einhaltung des Genfer Abkommens vom 28.7.1951 und des Protokolls vom 31.1.1967 über die Rechtsstellung der Flüchtlinge regelmäßig **nur insoweit** zu erwachsen, als die Anwendung der genannten vertragsvölkerrechtlichen Vereinbarungen **durch** eine **allgemein anerkannte Rechtspraxis der Konventionsstaaten** (und nicht nur der Mitgliedstaaten)[53] **„gedeckt"** ist.[54]

22 Mit diesem einschränkenden Vorbehalt versehen, ist **für viele Problemfelder** bei der Zuerkennung der Flüchtlingseigenschaft **offen** (und deshalb zu prüfen), ob sich eine solche **ein-**

49 In Deutschland folgt das Recht auf „Einreise zum dauernden Verbleib" nach einhelliger Meinung aus Art. 11 GG (vgl. BVerfGE 2, 266: „... Freizügigkeit in das Bundesgebiet ...").
50 Art. 3 Abs. 2 ZP Nr. 4 zur EMRK kann aber nach Art. 15 EMRK eingeschränkt werden. Zu Art. 3 ZP Nr. 4 zur EMRK haben Irland, die Niederlande und Österreich Vorbehalte abgegeben.
51 Vgl. aber *Stern/Sachs/Jochum*, GRC, Art. 18 Rn. 12: Ein Schutzbegehren gegen Auslieferung kann nicht auf Art. 18 gestützt werden.
52 Vgl. Rn. 13.
53 Zur Rolle der Staatenpraxis für die Auslegung völkerrechtlicher Verträge siehe Art. 31 Abs. 3 WVK.
54 Zutreffend *Stern/Sachs/Jochum*, GRC, Art. 18 Rn. 9, 13 ff; in der übrigen Kommentarliteratur wird dieser Aspekt vernachlässigt: *Rossi*, in: Calliess/Ruffert, EUV/AEUV, 5. Aufl., Art. 18 GRCh Rn. 6 ff.; *Jarass*, GR-Charta, 3. Aufl., Art. 18 Rn. 6 ff; eher wohl noch *Pechstein/Nowak/Häde/Thiele*, Frankfurter Kommentar, Art. 18 GRC Rn. 10.

heitliche Staatenpraxis feststellen lässt.[55] Konsensuale oder divergierende Bewertungen der Konventionsstaaten sind **denkbar in den Bereichen** „Relevanz nicht-staatlicher Verfolgung“[56], „Erfassung von Familienasyl und (unmittelbarer sowie mittelbarer) Gruppenverfolgung“, „Berücksichtigung von (selbstgeschaffenen) Nachfluchtgründen“, „Bedeutung inländischer Fluchtalternativen“, „Anerkennung geschlechtsspezifischer Verfolgung“[57], „Relevanz anderweitiger Sicherheit vor Verfolgung (Verweis auf sichere Drittstaaten)“ usw. Hinweise auf eine völkerrechtlich verbindliche Staatenpraxis dürfte der **Gemeinsame Standpunkt 96/196/JI des Rates der EG vom 4.3.1996** betreffend die harmonisierte Anwendung der Definition des Begriffs „Flüchtling“ in Artikel 1 das Genfer Abkommens vom 28.7.1951 über die Rechtsstellung der Flüchtlinge[58] enthalten.

6. Recht „im Asyl“, Eingriffsrechtfertigung

a) **Rechtsstellung im Schutzstaat, sog. Asyl-non-refoulement.** Was die **inhaltliche Reichweite** der Genfer Flüchtlingskonvention betrifft, so wird ein **Recht** des Flüchtlings **„auf Asyl“ nicht gewährt.** Für den **Schutzstaat** entsteht aber eine Reihe von **Pflichten,** wenn der Flüchtling auf sein Territorium gelangt ist. So kann der Betroffene **bis zur Entscheidung** über die Zuerkennung oder Ablehnung der Flüchtlingseigenschaft ein **vorläufiges (legales) Aufenthaltsrecht** beanspruchen; darüber hinaus stehen ihm **prozedurale Rechte** für die Durchsetzung seiner Flüchtlingseigenschaft zu.[59] Ist der Betroffene **als Flüchtling anerkannt,** räumt ihm die Genfer Flüchtlingskonvention (dort Art. 12 bis 34) eine **angemessene Rechtsstellung** im Schutzstaat – in der Gestalt von **Freiheits-, Gleichbehandlungs-** und **Teilhaberechten** – ein. **Kernelement** dieser Rechte „im Asyl“ ist das in Art. 33 Abs. 1 der Konvention geregelte **Refoulement-Verbot,** ein unter den engen tatbestandlichen Voraussetzungen des Art. 18 geltendes[60] Verbot der Aus- und Zurückweisung in den Verfolgerstaat (**sog. Asyl-non-refoulement**).[61] Wenn auch die Vertragsstaaten nicht zur Aufnahme von Flüchtlingen verpflichtet sind, so ist ihnen danach doch untersagt, diese aus ihrem Staatsgebiet in das Verfolgerland zurückzuschicken.[62] Ob Art. 33 der Genfer Flüchtlingskonvention seinerseits individualschützend ist oder nur eine (objektive) Staatenverpflichtung enthält[63], ist für den **grundrechtlichen Gehalt des Art. 18** jedenfalls (unmittelbar) ohne Bedeutung. Dieser gewährt ohnehin **nur** ein – gegen die Mitgliedstaaten gerichtetes – **subjektives Recht auf** 23

55 Vielleicht lässt sich hiermit auch die unter Rn. 17 dargestellte „tastende“ Rechtsprechung des EuGH erklären. Soweit er bisher – im Zusammenhang mit der „Qualifikationsrichtlinie“ – über die Anwendung der Genfer Flüchtlingskonvention zu befinden hatte, haben Fragen der Staatenpraxis allerdings keine Rolle gespielt: EuGH – Bolbol, Rs. C-31/09, ECLI:EU:C:2010:351, Urt. v. 17.6.2010; EuGH – Abed El Karem El Kott ua, Rs. C-364/11, ECLI:EU:C:2012:826, Urt. v. 19.12.2012.

56 Einheitliche Linie verneint von *Stern/Sachs/Jochum*, GRC, Art. 18 Rn. 13 ff.: Nicht-staatliche Verfolgung wird von der Gewährleistung des Art. 18 nicht erfasst.

57 Einheitliche Linie verneint von *Stern/Sachs/Jochum*, GRC, Art. 18 Rn. 16: Grundrechtliche Gewährleistung erfasst die geschlechtsspezifische Verfolgung als eigenen Verfolgungsgrund nicht.

58 ABl. 1996 Nr. L 63 S. 2.

59 Vgl. *Jarass*, GR-Charta, 3. Aufl., Art. 18 Rn. 13; *Stern/Sachs/Jochum*, GRC, Art. 18 Rn. 22; *Pechstein/Nowak/Häde/Thiele*, Frankfurter Kommentar, Art. 18 GRC Rn. 12.

60 *Keil*, GS für Rittstieg, S. 191 f., mwN.

61 Im Gegensatz zum sog. Menschenwürde-non-refoulement, das in Art. 19 Abs. 2 geregelt ist; siehe hierzu *Jarass*, GR-Charta, 3. Aufl., Art. 18 Rn. 4. Zur Einhaltung des Grundsatzes der Nicht-Zurückweisung (aus dem eigenen Staatsgebiet) siehe außerdem Art. 78 Abs. 1 S. 1 AEUV.

62 Zur Bedeutung des Refoulement-Verbots „auf Hoher See“ siehe die Kommentierung zu Art. 19 Rn. 29.

63 Zum Meinungsstreit vgl. *Keil*, GS für Rittstieg, S. 192 f.; ferner *Rossi*, in: Calliess/Ruffert, EUV/AEUV, 5. Aufl., Art. 18 GRCh Rn. 3 Fn. 9.

Beachtung[64] **der (Konventions)Rechte „im Asyl"**, und das auch lediglich in dem Umfang, in dem diese durch eine **einheitliche Rechtspraxis der Konventionsstaaten** sanktioniert sind.[65]

24 **b) Exkurs: Einreiserecht in den Schutzstaat? Umstritten** ist, ob das genannte Refoulement-Verbot (Art. 18 iVm Art. 33 Abs. 1 GFK) in einer weiteren Ausprägung **davor schützt, an der Grenze** – zwecks Verhinderung unerlaubter Einreise – **zurückgewiesen zu werden,** auch wenn der Schutzsuchende (bereits) hier Verfolgungsgründe geltend macht. **Zwar** trifft es zu, dass das aus Art. 33 Abs. 1 GFK folgende **Zurückweisungsverbot im Völkerrecht gewohnheitsrechtlichen Charakter** hat.[66] **Jedoch** ist die Anwendung des Refoulement-Verbots **außerhalb** des (eigenen) **Staatsgebiets** (Recht „im Asyl") noch **nicht eindeutig geklärt.**[67] Dass das sog. Asyl-non-refoulement ein **Recht auf Einlass** in den Schutzstaat bzw. eine Pflicht zur Aufnahme in diesen gewährleistet, ist deshalb **bis heute nicht gesichert,** mag auch die Einreiseverweigerung de facto einem refoulement gleichkommen, weil sie die Anwendung des Zurückweisungsverbots (in seiner territorialen Ausprägung) verhindert.[68]

25 **Ausgangspunkt** ist jedenfalls, dass die **Erlaubnis zur Einreise** in ein fremdes Staatsgebiet von dem insoweit – ausschließlich und umfassend – **zuständigen Staat zu erteilen** ist; dieser ist **Inhaber** der **territorialen Souveränität.**[69] Nur folgerichtig ist es daher, dass es ein **individuelles Menschenrecht auf Aufenthaltnahme** (und ein Leben) in einem **fremden Staat** (der eigenen Wahl) **nicht gibt.**[70] Von Ausnahmen abgesehen ist also für Nicht-EU-Ausländer ein **individuelles subjektives Recht auf Einreise** in das Gebiet eines der Mitgliedstaaten bzw. das „Unionsgebiet" **nicht existent.**

26 Soweit auf der **Ebene mitgliedstaatlichen (Asyl)Rechts** – etwa in nationaler Auslegung der Genfer Flüchtlingskonvention – ein **weitergehender Schutz** gewährt wird, ist das **im Kontext** des **Art. 18** (**iVm Art. 33 Abs. 1 GFK**) **ohne Bedeutung.** Teilweise soll danach ein auf dem sog. Asyl-non-refoulement beruhendes Einreiserecht nicht nur solchen (an der Grenze) Schutzsuchenden zustehen, die die Voraussetzungen der Flüchtlingseigenschaft sicher erfüllen oder deren Asylanträge (wenigstens) nicht von vornherein unzulässig oder offensicht-

64 Siehe oben Rn. 13.

65 Vgl. Rn. 20 f.

66 Zusammenfassend *Wissenschaftliche Dienste des Dtsch. Bundestags*, Völkerrechtliche Aspekte der Rückführung von Flüchtlingen in die Türkei durch die Deutsche Marine im Rahmen der NATO-Seeraumüberwachungsoperation in der Ägäis, WD 2-3000-040/16, S. 7, mit zahlreichen Nachweisen aus dem völkerrechtlichen Schrifttum. Ebenso etwa *Keil*, GS für Rittstieg, S. 191 ff., mwN: sogar mit der Qualität eines völkervertragsrechtlich nicht abdingbaren ius cogens.

67 Vgl. *Wissenschaftliche Dienste des Dtsch. Bundestags*, Seenotrettung im Mittelmeer – Rechte und Pflichten von Schiffen nach der SAR-Konvention und Ausprägungen des Refoulement-Verbots auf Hoher See, WD 2-3000-013/18, S. 9, unter Hinweis auf *Kugelmann*, „Refugees", in: Wolfrum, Encyclopedia of Public International Law. In der sehr ideologisch geführten Debatte um ein (ggf. bedingungsloses) Einreiserecht für Schutzsuchende ist sogar die Bewertung und Gewichtung des (völkerrechtlichen) Meinungsstandes kontrovers; vgl. nur die Nachweise bei *Stern/Sachs/Jochum*, GRC, Art. 18 Rn. 21 Fn. 55, und *Jarass*, GR-Charta, 3. Aufl., Art. 18 Rn. 12 Fn. 34.

68 Gegenteiliger Ansicht sind *Keil*, GS für Rittstieg, S. 193 ff., und *Schmitt*, in: Bungenberg/Giegerich/Stein, Asyl und Migration in Europa, ZEuS-Sonderband 2016, S. 31, jeweils unter Hinweis auf völkerrechtliches Schrifttum. Zwangsläufige Folge ist dann allerdings, dass legal an der Grenze Schutzsuchende – wegen Fehlens eines für die Anbringung von Schutzersuchen erforderlichen Aufenthalts im Schutzstaat – gegenüber illegal eingereisten Schutzsuchenden benachteiligt werden; vgl. zu diesem Aspekt *Stern/Sachs/Jochum*, GRC, Art. 18 Rn. 21, mwN.

69 Ausführlich *Brenner*, Die Bedeutung von Staatsgrenzen im Kontext der Flüchtlingskrise, S. 26 ff.: Es kann weder eine internationalrechtliche Freizügigkeit noch ein Recht auf Migration geben. Vgl. auch *Hailbronner*, Eine Krise des Rechts?, S. 58.

70 So nachdrücklich *Papier*, NJW 2016, 2394.

lich unbegründet oder in einem erkennbar unzuständigen Mitgliedstaat gestellt worden sind. Weil ihnen ihre Eigenschaft als politisch Verfolgte „nicht auf der Stirn steht", sollen vielmehr alle (an der Grenze) Schutzsuchenden von einem Einreiserecht profitieren; dieses müsse dann allein an die (bloße) Behauptung politischer Verfolgung (Antrag) anknüpfen.[71] Was die **inhaltliche Reichweite** des **asylrechtlichen Refoulement-Verbots in der GRC** angeht, so orientiert sich diese (hiervon unbeeinflusst) jedenfalls – wie die „Rezeption" der Genfer Flüchtlingskonvention auch in anderen Zusammenhängen[72] – allein an der **völkerrechtlich verbindlichen Staatenpraxis** (als begrenzendem Maßstab).

c) **Schranken.** Weil ein Recht auf Asyl in den Verträgen nicht iSv Art. 52 Abs. 2 „geregelt" wird[73], sind die Vorgaben für einschränkende Maßnahmen[74] der **allgemeinen Schrankenregelung des Art. 52 Abs. 1** zu entnehmen.[75] Bei der Rechtfertigungsprüfung sind die **in der Genfer Flüchtlingskonvention formulierten** spezifischen **Bedingungen** für die Ausübung des Rechts (etwa Art. 1 F und Art. 33 Abs. 2 GFK) als **sachgebietsbezogene Ausformungen des Verhältnismäßigkeitsgrundsatzes** zu berücksichtigen. 27

7. Grundrechtsverpflichtete

Das Asylrecht bindet die in Art. 51 Abs. 1 S. 1 genannten **Adressaten**, also die Organe, Einrichtungen und sonstigen Stellen der Union sowie die Mitgliedstaaten, soweit sie Unionsrecht durchführen. Es **verpflichtet auch** das **Vereinigte Königreich, Irland** und **Dänemark.** Im Hinblick auf die dem **Vertrag von Lissabon** beigefügten **Protokolle** über die Position des Vereinigten Königsreichs und Irlands hinsichtlich des Raums der Freiheit, der Sicherheit und des Rechts (Nr. 21) und über die Position Dänemarks (Nr. 22) ist die **Wirkkraft des Art. 18** gegenüber diesen Mitgliedstaaten jedoch **eingeschränkt.** Das Vereinigte Königreich, Irland und Dänemark erhielten in den Protokollen einen **Sonderstatus,** den Dritten Teil Titel V AEUV betreffend. Das Vereinigte Königreich und Irland sind nicht verpflichtet, sich an den Maßnahmen dieses Titels zu beteiligen, haben aber die Möglichkeit, sich ihnen anzuschließen. Die Position Dänemarks ist differenzierter.[76] 28

---

71 Vgl. – zu Art. 16 a GG – ua *Dreier/Lübbe-Wolff*, GG, Art. 16 a Rn. 56, mit Hinweisen auf die Rechtsprechung des BVerfG: „Effektuierung" bzw. „Vorwirkung" des Asylgrundrechts. Bei einer Übertragung dieser Rechtsprechung auf Art. 18 wären viele Detailprobleme zu klären, bspw. die Bedeutung von (formalen) Einreisehindernissen des Schutzstaats (Einreiseverweigerung bei ungültigen Einreisepapieren, Nichteinhaltung von Sichtvermerksverfahren usw.). Der EuGH hat in diesem Zusammenhang jedenfalls unlängst eine Anwendbarkeit des Art. 18 verneint: EuGH – X und X, Rs. C-638/16 PPU, ECLI:EU:C:2017:173, Urt. v. 7.3.2017 („humanitäres Visum"). In einer vergleichbaren Sachverhaltskonstellation steht die Entscheidung der Großen Kammer des EGMR am Maßstab des Art. 3 EMRK (M.N. ua/Belgien – Appl. Nr. 3599/18) noch aus.

72 Vgl. oben Rn. 21 f.

73 Wie hier *Jarass*, GR-Charta, 3. Aufl., Art. 18 Rn. 1: Recht wird nicht „vermittelt"; siehe aber *Pechstein/Nowak/Häde/Thiele*, Frankfurter Kommentar, Art. 18 GRC Rn. 15: „Verweis" auf Verträge führt zur Anwendung des Art. 52 Abs. 2.

74 Vgl. zu relevanten Eingriffen in das Recht auf Asyl *Pechstein/Nowak/Häde/Thiele*, Frankfurter Kommentar, Art. 18 GRC Rn. 13; *Jarass*, GR-Charta, 3. Aufl., Art. 18 Rn. 12 f.

75 Wie hier *Stern/Sachs/Jochum*, GRC, Art. 18 Rn. 23; *Jarass*, EU-Grundrechte, § 23 Rn. 14; *ders.*, GR-Charta, 3. Aufl., Art. 18 Rn. 16 („zusätzlich"); ferner *Keil*, GS für Rittstieg, S. 200 ff., der allerdings darauf hinweist, eine Relevanz immanenter Schranken sei bei Art. 18 kaum denkbar. A.A. *Pechstein/Nowak/Häde/Thiele*, Frankfurter Kommentar, Art. 18 GRC Rn. 14; einschränkend *Rossi*, in: Calliess/Ruffert, EUV/AEUV, 5. Aufl., Art. 18 GRCh Rn. 10 f., und *Graßhof*, in: Schwarze, EU-Kommentar, Art. 18 GRC Rn. 6.

76 Zur Bedeutung des Protokolls (Nr. 30) über die Anwendung der Charta der Grundrechte der Europäischen Union auf Polen und das Vereinigte Königreich siehe *Pechstein/Nowak/Häde/Thiele*, Frankfurter Kommentar, Art. 18 GRC Rn. 12 Fn. 52.

IV. Literaturübersicht

Anderheiden, Michael/Brzozka, Helena/Hufeld, Ulrich/Kirste, Stephan, Asylrecht und Asylpolitik in der Europäischen Union, Baden-Baden 2018; *Bank, Roland,* Das Elgafaji-Urteil des EuGH und seine Bedeutung für den Schutz von Personen, die vor bewaffneten Konflikten fliehen, NVwZ 2009, 695; *Beckmann, Marc,* Europäische Harmonisierung des Asylrechts, Hamburg u.a. 2001; *Bell, Mark,* Mainstreaming equality norms into European Union asylum law, ELR 2001, 27; *Bergmann, Jan,* Das Dublin-Asylsystem, ZAR 2015, 81; *Berlit, Uwe-Dietmar,* Flüchtlingsrecht in Zeiten der Krise, Baden-Baden 2017; *Brenner, Michael,* Die Bedeutung von Staatsgrenzen im Kontext der Flüchtlingskrise, in: Haedrich, Martina, Flucht, Asyl und Integration aus rechtlicher Perspektive, Tübingen 2017, S. 25; *Bungenberg, Marc/Giegerich, Thomas/Stein, Torsten,* Asyl und Migration in Europa – rechtliche Herausforderungen und Perspektiven, Baden-Baden 2016; *Burgorgue-Larsen, Lorence/Levade, Anne/Picod, Fabrice,* Traité établissant une Constitution pour l'Europe. Commentaire article par article, Tome 2 – Partie II: La Charte des droits fondamentaux de l'Union, Bruxelles 2005; *Byrne, Rosemary/Noll, Gregor/Vedsted-Hansen, Jens (eds.),* New asylum countries? Migration control and refugee protection in an enlarged European Union, The Hague 2002; *Craig, Sarah,* The European Commissions proposals for directives to establish a common European asylum system: the challenges of accession and the dangers of negative integration, (2002) 27 E.L.Rev. 492; *Dörig, Harald,* Auf dem Weg in ein Gemeinsames Europäisches Asylsystem, NVwZ 2014, 106; *Ericsson, Stefan,* Asylum in the EU Member States. Working Document. Civil Liberties Series, LIBE 108 EN, European Parliament, Directorate-General for Research, Luxemburg 1999; *Fitzpatrick, Joan,* Temporary Protection of Refugees: Elements of a Formalized Regime, AJIL 94 (2000), 279; *Fröhlich, Daniel,* Das Asylrecht im Rahmen des Unionsrechts, Köln 2011; *Göbel-Zimmermann, Ralph/Masuch, Thorsten,* Regelungsbedarf für eine Einwanderungsgesetzgebung?, ZRP 1998, 438; *Grabenwarter, Christoph,* Die Charta der Grundrechte für die Europäische Union, DVBl. 2001, 1; *Groß, Thomas,* Europäische Grundrechte als Vorgaben für das Einwanderungs- und Asylrecht, KJ 2001, 100; *ders.*, Migrationsrelevante Freiheitsrechte der EU-GRCh, ZAR 2013, 106; *Groß, Thomas/Tryjanowski, Alexandra,* Der Status von Drittstaatsangehörigen im Migrationsrecht der EU, Der Staat 48 (2009), 259; *Guild, Elspeth,* Immigration Law in the European Community, The Hague 2001; *Guild, Elspeth/Harlow, Carol (eds.),* Implementing Amsterdam. Immigration and Asylum Rights in E.C. Law, Oxford 2001; *Hailbronner, Kay,* Eine Krise des Rechts? – Die Migrationskrise aus der Perspektive des europäischen und des nationalen Rechts, in: Uhle, Arnd, Migration und Integration – Die Migrationskrise als Herausforderung des Rechts, Berlin 2017, S. 57; *ders.*, Asylrecht für Terroristen, in: Eberle, Carl-Eugen/Ibler, Martin/Lorenz, Dieter (Hrsg.), Der Wandel des Staates vor den Herausforderungen der Gegenwart. Festschrift für Winfried Brohm zum 70. Geburtstag, München 2002, S. 315; *ders.*, European immigration and asylum law under the Amsterdam Treaty, 35 CML Rev. (1998), 1047; *ders./Thiery, Claus,* Amsterdam – Vergemeinschaftung der Sachbereiche Freier Personenverkehr, Asylrecht und Einwanderung sowie Überführung des Schengen-Besitzstands auf EU-Ebene, EuR 1998, 583; *ders.*, The treaty of Amsterdam and Migration Law, EJM 1999, 9; *Hofmann, Alexander/Löhr, Tillmann,* Europäisches Flüchtlings- und Einwanderungsrecht, München 2008; *Huber, Bertold,* Die europäische Asylpolitik nach Inkrafttreten des Amsterdamer Vertrages, InfAuslR 2000, 302; *ders.*, Das Dubliner Übereinkommen, NVwZ 1998, 150; *Hwang, Shu-Perng,* Humanitäre Visa für Flüchtlinge: Einfallstor für ein unbeschränktes Asylrecht?, EuR 2018, 269; *Keil, Rainer,* Asyl als Menschenrecht, in: Krajewski, Markus/Reuß, Matthias/Tabbara, Tarik, Gesellschaftliche Herausforderungen des Rechts – Gedächtnisschrift für Helmut Rittstieg, Baden-Baden 2015; *Klos, Christian,* Deutschlands Verhältnis zur GFK und zur EMRK, ZAR 2000, 202; *Kluth, Winfried,* Reichweite und Folgen der Europäisierung des Ausländer- und Asylrechts, ZAR 2006, 1; *Kuijper, Joseph L.*, Some legal problems associated with the communitarization of policy on visas, asylum and immigration und the treaty of Amsterdam, CMLR 37 (2000), 345; *Kugelmann, Dieter,* Asylagenda 2010 – Dimensionen des gemeinsamen europäischen Asylsystems, ZAR 2007, 81; *Lang, Gernot,* Das Gemeinschaftsrecht der Drittstaatsangehörigen: Eine Analyse der Rechtsstellung der Nicht-Unionsbürger im Recht von Europäischer Gemeinschaft und Union, Baden-Baden 1998; *Lobkowicz, Wenceslas,* Intergovernmental Cooperation in the Fields of Migration, in: Monar/Morgan (Hrsg.), The Third Pillar of the European Union, 1994, S. 99; *Lübbe, Anna,* Das Verbindungsprinzip im fragmentierten europäischen Asylraum, EuR 2015, 351; *Mananashvili, Sergo,* Möglichkeiten und Grenzen zur völker- und europarechtlichen Durchsetzung der Genfer Flüchtlingskonvention, Baden-Baden 2009; *Marx, Reinhard,* Zur Vergemeinschaftung der asylrechtlichen Entscheidungsgrundlagen, ZAR 2002, 43; *ders.*, Handbuch zur Qualifikationsrichtline, 2009; *ders.*, Die Rechtsprechung des EuGH zu den Zuständigkeitskriterien im Dublin System, NVwZ 2017, 1595; *Mock, William/Demuro, Gianmario,* Commentary on the Charter of Fundamental Rights of the European Union, Durham 2010; *Müller-Graff, Peter-Christian,* The Dublin Convention, in: Bieber, Roland/Monar, Jörg (Hrsg.), Justice and Home Affairs in the European Union, Brüssel 1995, S. 49; *Nanz, Klaus-Peter,* Visapolitik und Einwanderungspolitik, in: Müller-Graff, Peter-Christian (Hrsg.), Europäische Zusammenarbeit in den Bereichen der Justiz und Inneres, Baden-Baden 1996, S. 63; *O'Keefe, David,* The Schengen Convention, YEL 1991, 196; *Papier, Hans-Jürgen,* Asyl und Migration als Herausforderung für Staat und EU, NJW 2016, 2391; *Peek, Markus,* Die zukünftige Entwicklung des europäischen Einwanderungs- und Asylrechts, ZAR 2008, 258; *Peers, John,* Immigration, asylum and the European Charter of Fundamental Rights, European journal of migration and law 2001, 141; *Ress, Georg,* Die Auswirkungen der Abkommen von Schengen und Dublin auf die Asylpolitik der EG, in: Pauly, Alexis (Hrsg.), les accords de Schengen, 1993, S. 83; *Schieffer, Martin,* Die Zusammenarbeit der EU-Mitgliedstaaten in den Bereichen Asyl und Einwanderung, Baden-Baden 1998; *Schmahl, Stefanie,* Die Vergemeinschaftung der Asyl- und Flüchtlingspolitik, ZAR 2001, 3; *Schröder, Birgit,* Die EU-Verordnung zur Bestimmung des zuständigen Asylstaats, ZAR 2003, 126; *Sieveking, Klaus,* Einwanderungs- und Flüchtlingspolitik: neue Perspektiven nach „Amsterdam", in: Wirtschafts- und sozialpolitisches Forschungs- und Beratungszentrum der Friedrich-Ebert-Stiftung (Hrsg.), Europäische Einwanderungs- und Flüchtlingspolitik, Bonn 2001, S. 21; *Stern, Joachim,* Rechtsberatung für Asylsuchende – Völkerrecht, Unionsrecht und Grundrechtecharta, Verfassungsrecht, Baden-Baden 2012; *Weber, Albrecht,* Ansätze zu einem gemeineuropäischen Asylrecht, EuGRZ 1999, 301; *ders.*, Möglichkeiten und Grenzen europäischer Asylrechtsharmonisierung, ZAR 1998, 149; *Weinzierl, Ruth,* Deutsche und Europäische Grundrechte im Raum der Freiheit, der Sicherheit und des Rechts: Das Asylrecht als Testfall für den kooperativen Grundrechtsschutz in Europa, ZAR 2010, 260; *Wollenschläger, Michael,* Das Asyl- und Einwanderungsrecht der EU, EuGRZ 2001, 354; *Wolter, Miriam,* Auf dem Weg zu einem gemeinschaftlichen Asylrecht in der Europäischen Union, Baden-Baden 1999; *Zimmermann, Andreas,* Der Vertrag von Amsterdam und das deutsche Asylrecht, NVwZ 1998, 453.

Artikel 19 Schutz bei Abschiebung, Ausweisung und Auslieferung

(1) Kollektivausweisungen sind nicht zulässig.

(2) Niemand darf in einen Staat abgeschoben oder ausgewiesen oder an einen Staat ausgeliefert werden, in dem für sie oder ihn das ernsthafte Risiko der Todesstrafe, der Folter oder einer anderen unmenschlichen oder erniedrigenden Strafe oder Behandlung besteht.

I. Vorgaben

Art. 19 stellt die letzte Vorschrift des Titels II der GRC über die „Freiheiten" dar. Auch bei 1
ihrer Erarbeitung hatte der Grundrechtekonvent den Rahmen einzuhalten, der ihm nach dem Beschluss des Europäischen Rates von Köln gesetzt war. Mit seinen Hinweisen auf **Art. 4 ZP Nr. 4 zur EMRK** sowie **Art. 3 EMRK** und die hierzu ergangenen Urteile des EGMR vom 17.12.1996 – **Ahmed/Österreich**[1] – und 7.7.1989 – **Soering/Großbritanni-**

1 Nr. 71/1995/577/663 – Report of Judgements and Decisions 1996 – VI, 2195.

en[2] – in seinen Erläuterungen zu Art. 19 wollte das Präsidium des Grundrechtekonvents verdeutlichen, dass es die insoweit maßgeblichen Vorgaben erkannt und berücksichtigt hat.

1. Verfassungen der Mitgliedstaaten

2 Mit seinem besonders auf den Schutz von Ausländern gerichteten Regelungsziel spiegelt sich Art. 19 in zahlreichen **mitgliedstaatlichen Verfassungen** wider und ist deshalb **als allgemeiner Grundsatz Teil des Unionsrechts (vgl. Art. 6 Abs. 3 EUV).**[3] So findet sich ein ausdrückliches Verbot der Ausweisung/Auslieferung bei drohender Todesstrafe oder unumkehrbaren Schäden der körperlichen Unversehrtheit in § 9 Abs. 4 S. 2 VerfFinnland, Art. 23 Abs. 1 iVm Art. 33 Abs. 2 VerfKroatien, Art. 33 Abs. 4 (und Abs. 5) VerfPortugal und Art. XIV VerfUngarn. Ein Verbot der Folter oder unmenschlicher oder erniedrigender Strafe oder Behandlung enthalten § 18 VerfEstland, Art. 7 Abs. 2 VerfGriechenland, Art. 21 Abs. 3 VerfLitauen, Kapitel IV Art. 36 VerfMalta, Art. 85 österreichisches BVG, Art. 40 VerfPolen, Art. 22 Abs. 2 und 3 VerfRumänien, Kapitel 2 § 5 S. 2 und § 22 Nr. 3 VerfSchweden, Art. 16 Abs. 2 VerfSlowakei, Art. 18 VerfSlowenien, Art. 15 S. 1 VerfSpanien, Art. 3 und Art. 112 Abs. 1 VerfTschechien iVm Art. 7 Abs. 2 tschechische GR-Deklaration und Art. XIV Abs. 1 und 3 GGUngarn. In allen anderen Verfassungen ist jedenfalls ein Bekenntnis zum Schutz der Menschenwürde und eine Festlegung auf den Schutz des Lebens und der körperlichen Unversehrtheit erfolgt, so zB in Art. 23 S. 1 VerfBelgien, Art. 1 Abs. 1 und Art. 2 Abs. 2 S. 1 GG,[4] in den Präambeln der französischen Verfassungen, Art. 40 Abs. 3 Nr. 2 VerfIrland, Art. 2 VerfItalien, Art. 11 S. 2 VerfLuxemburg, Art. 11 VerfNiederlande und in den Verfassungstexten des Vereinigten Königreichs.

2. Internationales Recht

3 Soweit **Erwägung Nr. 5 der Präambel** und **Art. 53** zur Bestimmung des Schutzniveaus der in der Charta enthaltenen Grundrechte auf (individualrechtliche) Verbürgungen des allgemeinen Völkerrechts und internationaler Übereinkommen verweisen, sind für die Auslegung des Art. 19 neben der EMRK folgende Rechtserkenntnisquellen bzw. Rechtstexte zu berücksichtigen:

4 Gemeinsam mit dem Recht auf Leben und dem Verbot der Sklaverei stand das Verbot der Folter sowie anderer grausamer, unmenschlicher oder erniedrigender Behandlung oder Strafe an der Spitze jener Kataloge, mit denen die bürgerlichen Rechte bzw. die sog erste Generation von Menschenrechten universell oder regional kodifiziert wurden. Das Verbot der Folter kann daher heute als Bestandteil des **allgemeinen Völkerrechts** angesehen werden.[5]

5 Auf **universeller** bzw. **vertragsvölkerrechtlicher Ebene** befassen sich Art. 5 und 9 AEMR, Art. 32 und 33 GFK, Art. 7 und 13 IPbpR sowie Art. 3 der UN-Konvention gegen Folter und andere grausame, unmenschliche oder erniedrigende Behandlung oder Strafe vom 10.12.1984[6] mehr oder weniger intensiv mit der angesprochenen Thematik. **Nicht verwie-**

---

2 Nr. 1/1989/161/217, Serie A/161, 5 = EuGRZ 1989, 314. Vgl. aus der Folgezeit EGMR Urt. v. 11.7.2000 – Jabari/Türkei – Appl. Nr. 40035/98, InfAuslR 2001, 57.

3 So auch *Pechstein/Nowak/Häde/Thiele*, Frankfurter Kommentar, Art. 19 GRC Rn. 8; für das Verbot der Auslieferung bei drohender Todesstrafe bezweifelt von *Streinz*, in: Streinz, EUV/AEUV, Art. 19 GR-Charta Rn. 2.

4 Zur Lage nach deutschem Verfassungsrecht ausführlich BVerfG, Beschl. v. 16.1.2010, 2 BvR 2299/09, EuGRZ 2010, 256.

5 *Nowak*, EuGRZ 1985, 110 mwN.

6 BGBl. 1990 II, 247.

sen wird in den Erläuterungen zu Art. 19 auf **Art. 1 ZP Nr. 7 zur EMRK**. Art. 1 ZP Nr. 7 zur EMRK regelt, dass Ausländer nur unter Beachtung rechtsstaatlicher Verfahren aus einem Staat ausgewiesen werden dürfen. Dazu gehören das Recht auf Anhörung, das Recht, Rechtsmittel einzulegen, und das Vertretungsrecht vor Behörden. Wie sich aus der Art. 19 Abs. 1 in einer seiner früheren Fassungen (Art. 21 Abs. 2 CONVENT 28) vom Präsidium des Grundrechtekonvents beigegebenen Begründung ergibt, sind die verfahrensrechtlichen Schutzvorschriften des Art. 1 ZP Nr. 7 zur EMRK deshalb nicht „übernommen" worden, weil die meisten Mitgliedstaaten dieses Protokoll nicht unterzeichnet bzw. ratifiziert haben. In der Begründung wurde darauf verwiesen, dass sich entsprechende Verfahrensgarantien jedenfalls aus den Vorschriften der – von allen Mitgliedstaaten der EU ratifizierten – Genfer Flüchtlingskonvention (GFK) ergäben. In einem Klammerzusatz **schließen** die aktualisierten Erläuterungen allerdings einen Hinweis auf **Art. 13 IPbpR ein**, der Schutz vor willkürlicher Ausweisung gewährt. Danach darf ein Ausländer, der sich rechtmäßig im Hoheitsgebiet eines Vertragsstaates aufhält, nur aufgrund einer rechtmäßigen, auf gesetzlicher Grundlage ergangenen Entscheidung ausgewiesen werden.

II. Diskussion im Grundrechtekonvent

Die Vorschrift des Art. 19 gehört zum Kreis derjenigen Bestimmungen der GRC, die im Konvent **weniger heftig diskutiert** wurden. Einen gewissen Raum nahm allenfalls die Debatte zu Art. 19 Abs. 2 ein. 6

1. Absatz 1

Das **Verbot von Kollektivausweisungen** war ursprünglich weder in der vom Präsidium erstellten Grundrechtsliste (BODY 4) noch in dem von *Meyer* (D) zu Beginn der Arbeiten übersandten Diskussionsentwurf einer Grundrechtecharta (CHARTE 4102/00 CONTRIB 2) enthalten. Bis Mitte 2000 war das Verbot von Kollektivausweisungen dann als Absatz 2 der **Bestimmung über das Asylrecht angegliedert** gewesen (Art. 17 Abs. 2 CONVENT 8; Art. 21 Abs. 2 CONVENT 28). Das Präsidium des Grundrechtekonvents hatte das Verbot von Kollektivausweisungen bis dahin auch ausdrücklich auf Ausländer bezogen. 7

In ihren **Änderungsanträgen (CONVENT 35)** zu Art. 21 Abs. 2 CONVENT 28 hatten einige Konventsmitglieder die Streichung des Absatzes 2 gefordert, teilweise mit der Begründung, dass ZP Nr. 4 zur EMRK von einigen Mitgliedstaaten nicht übernommen worden sei, teilweise unter Hinweis darauf, dass die in Art. 15 EMRK geregelten Ausnahmen vom Ausweisungsverbot im Falle des Notstandes in den Text der Vorschrift keine Aufnahme gefunden hätten. Für eine völlige Herausnahme der mit dem Verbot von Kollektivausweisungen angesprochenen Thematik aus der Vorschrift über das Asylrecht hatten sich Vertreter der Europäischen Kommission ausgesprochen. Demgegenüber waren mehrere Delegierte der Auffassung gewesen, es bei der vom Präsidium vorgeschlagenen Systematik zu belassen und das bis dahin in Art. 4 S. 2 geregelte Ausweisungs- und Abschiebungsverbot bei drohender Todesstrafe, Folter oder anderer unmenschlicher Behandlung ebenfalls hier zu verankern. Unter Hinweis darauf, dass das Verbot von Kollektivausweisungen auch Minderheiten innerhalb der EU in ihrer jetzigen oder künftigen Gestalt schützen müsse, hatten einige Konventsmitglieder die **Streichung des Passus „von Ausländern"** vorgeschlagen. Entsprechend Art. 13 des von allen Mitgliedstaaten ratifizierten IPbpR seien in die Vorschrift auch Verfahrensgarantien aufzunehmen. 8

Ein Teil der Änderungsanträge war vom Präsidium berücksichtigt worden. So hatte es in seinen **Kompromissvorschlägen (CONVENT 37)** das Verbot von Kollektivausweisungen 9 aus der Bestimmung über das Asylrecht ausgegliedert und als Absatz 1 in einem **neuen Art. 21 a** untergebracht. Auch der Zusatz „von Ausländern" war entfallen. In der Folgezeit hatten deutsche, österreichische und niederländische Delegierte angeregt, in der Vorschrift den Schutz von Minderheiten vor Vertreibung explizit zu regeln und hiermit ein Recht auf Rückkehr in die Heimat zu verbinden. Ein Verbot von Kollektivausweisungen, das Inländer einbeziehe, könne im Hinblick auf den Erweiterungsprozess große Bedeutung erlangen. In dem vom Präsidium Ende Juli 2000 übermittelten **ersten Entwurf eines vollständigen Textes der Grundrechtecharta** (**CONVENT 45**) war das Verbot von Kollektivausweisungen nicht mehr in Art. 21 a Abs. 1, sondern in **Art. 19 Abs. 1** niedergelegt.

2. Absatz 2

10 Das in Art. 19 Abs. 2 enthaltene **Abschiebungs-, Ausweisungs- und Auslieferungsverbot** hatte erst zum Abschluss der ersten Lesung Eingang in die Konventsberatungen gefunden. Als **Satz 2** war es dem in **Art. 4 S. 1** geregelten Verbot der Folter und der unmenschlichen Behandlung angegliedert worden (CONVENT 28).

11 Unter den bis Ende Mai 2000 eingereichten **Änderungsvorschlägen (CONVENT 35)** zu Art. 4 S. 2 CONVENT 28 hatten sich nur wenige befunden, die eine ersatzlose Streichung der Bestimmung beinhalteten. Aus systematischen Gründen war teilweise die **Zusammenlegung dieser Vorschrift mit** dem in Art. 21 Abs. 2 CONVENT 28 geregelten **Verbot von Kollektivausweisungen** gefordert worden. Viele Delegierte hatten sich in ihren Äußerungen mit dem **Maßstab für die Gefahrenprognose** befasst und dessen Konkretisierung gefordert. Vor allem spanische Konventsmitglieder hatten den Vorschlag unterbreitet, für die Gefahrenprognose auf die Rechtsordnung des jeweiligen Drittlandes abzustellen. Darüber hinaus war in den Änderungsanträgen auf die fehlende Kompatibilität mit Art. 3 EMRK hingewiesen und die Ergänzung des Satzes 2 um die Worte „oder erniedrigende" und die Worte „oder Strafe" verlangt worden. In systematischer Hinsicht wurde schließlich eingewandt, das Verbot der Ausweisung oder Abschiebung wegen drohender Todesstrafe folge nicht aus der Rechtsprechung des EGMR zu Art. 3 EMRK, sondern sei als „Reflexwirkung" des Art. 2 EMRK und des ZP Nr. 6 zur EMRK anzusehen. Die Bestimmung sei daher bei Art. 2 Abs. 2 CONVENT 28 zu verankern.

12 Nachdem das Präsidium des Grundrechtekonvents in seinen **Kompromissvorschlägen (CONVENT 37)** zwar das Ausweisungs- und Abschiebungsverbot in Absatz 2 des neuen Art. 21 a verortet, eine textliche Anpassung an Art. 3 EMRK vorgenommen und den Maßstab für die Gefahrenprognose verändert („... bedroht sein könnte ..."), insgesamt jedoch nur wenige Änderungsanträge berücksichtigt hatte, war die Vorschrift noch einmal Gegenstand heftiger Debatten gewesen. Die Ausweisung sei eine Domäne der Nationalstaaten. Deshalb sei es nicht angezeigt, auf europäischer Ebene ein individuelles Recht auf Schutz vor Ausweisung zu formulieren. Außerdem sei zu bedenken, dass ein so umfassender Schutz vor Ausweisung bzw. Auslieferung eine solche etwa in die Vereinigten Staaten unmöglich mache. Dieser Auffassung war entgegengehalten worden, dass eine divergierende Ausweisungspraxis auf der Ebene der Mitgliedstaaten zu unerwünschten Migrationsbewegungen innerhalb der Gemeinschaft führen könne. Seine **endgültige Fassung** hat das in **Art. 19 Abs. 2** geregelte Abschiebungs-, Ausweisungs- und Auslieferungsverbot erst in CONVENT 47 REV 1 erhalten. Die Rechts- und Sprachsachverständigen hatten den Text überarbeitet und vorgeschlagen, den Passus „... ernstlich droht ..." durch die Formulierung **„ernsthaftes Risiko"** zu ersetzen.[7]

7 Ausführlicher zum Beratungsverlauf siehe Vorauflage.

III. Kommentierung

1. Verhältnis zu anderen Grundrechten

Art. 19, der mit seinen beiden Absätzen ein einheitliches Grundrecht darstellt[8], steht in **engem Zusammenhang** mit den Bestimmungen in **Art. 4** („Verbot der Folter und unmenschlicher oder erniedrigender Strafe oder Behandlung") und **Art. 18** („Asylrecht"), denen die in dieser Vorschrift enthaltenen Regelungen ursprünglich angegliedert werden sollten. Soweit **Art. 19 Abs. 2** anwendbar ist, ist er **gegenüber Art. 4 Spezialnorm.**[9] Im Hinblick auf den Anlasstatbestand der **Todesstrafe** besteht eine Verbindung zu **Art. 2 Abs. 2. Art. 19** und **Art. 18** kommen **nebeneinander** zur Anwendung, weil sie sich (im Wesentlichen) thematisch nicht überschneiden. Nach den **Art. 52 Abs. 3** vom Präsidium des Grundrechtekonvents beigegebenen **Erläuterungen** gehört **Art. 19** hinsichtlich beider Absätze zu jenen Bestimmungen der GRC, die neben derselben Bedeutung auch **(nur) dieselbe Tragweite** haben wie die entsprechenden Vorschriften der EMRK. Bei Art. 19 handelt es sich um ein subjektives **Abwehrrecht.**[10] 13

2. Unzulässigkeit von Kollektivausweisungen (Absatz 1)

a) Schutzbereich, EMRK-Regelung. Mit **Art. 4 ZP Nr. 4 zur EMRK,** auf den zur Erläuterung des Art. 19 Abs. 1 verwiesen wird, werden **Kollektivausweisungen** von Ausländern für unzulässig erklärt (prohibition of collective expulsion). Dieses Verbot erfasst gleichermaßen die **formelle Ausweisungsentscheidung** wie deren **tatsächliche Durchführung.**[11] Kollektivausweisungen sind solche, bei denen eine **Einzelfallprüfung nicht stattfindet** und (kumulativ) Personengruppen nach **generellen** Kriterien, etwa der Staatsangehörigkeit, der Rasse oder der Hautfarbe, mit einer einzigen Maßnahme ausgewiesen werden.[12] Nach den Erläuterungen soll mit Art. 19 Abs. 1 gewährleistet werden, dass jeder Beschluss gesondert geprüft wird und dass nicht beschlossen werden kann, „alle Menschen", die die Staatsangehörigkeit eines bestimmten Staates besitzen, mit einer einzigen Maßnahme auszuweisen. Als verbotene Kollektivausweisung iSd Art. 4 kann sich auch eine **indirekte Massenausweisung** darstellen, bei der durch die Verweigerung der Arbeitserlaubnis an Ausländer generell oder an allgemein umschriebene Ausländergruppen ein Zwang zur Ausreise erzeugt wird.[13] 14

b) Grundrechtsberechtigte. Der **Wortlaut des Art. 19 Abs. 1 weicht** von Art. 4 ZP Nr. 4 zur EMRK insoweit **ab,** als er Kollektivausweisungen **schlechthin** für unzulässig erklärt.[14] Vor dem Hintergrund der Beratungen im Grundrechtekonvent, die zu einer Streichung des Pas- 15

8 *Jarass*, GR-Charta, 3. Aufl., Art. 19 Rn. 1.

9 *Pechstein/Nowak/Häde/Thiele*, Frankfurter Kommentar, Art. 19 GRC Rn. 21; *Jarass*, GR-Charta, 3. Aufl., Art. 19 Rn. 4.

10 Wie hier *Jarass*, GR-Charta, 3. Aufl., Art. 19 Rn. 2; *Pechstein/Nowak/Häde/Thiele*, Frankfurter Kommentar, Art. 19 GRC Rn. 9; *Stern/Sachs/Jochum*, GRC, Art. 19 Rn. 8; ferner *Grabenwarter/Pabel*, EMRK, § 20 Rn. 54: Art. 3 EMRK enthält auch Schutzpflichten. Vgl. *Bernsdorff*, Art. 18 Rn. 13: Art. 18 vermittelt nur ein subjektives Recht „auf Beachtung".

11 Einhellige Meinung: *Stern/Sachs/Jochum*, GRC, Art. 19 Rn. 6; *Pechstein/Nowak/Häde/Thiele*, Frankfurter Kommentar, Art. 19 GRC Rn. 14.

12 *Frowein/Peukert*, in: Frowein/Peukert, EMRK, S. 850; *Meyer-Ladewig/Nettesheim/Raumer, EMRK,* Zusatzprotokoll Nr. 4 Art. 4 Rn. 1. Zur Verletzung des Art. 4 ZP Nr. 4 zur EMRK trotz Einzelfallprüfung vgl. Urteil des EGMR v. 5.2.2002 – Conka/Belgien – Appl. Nr. 51564/99, Report of Judgements and Decisions 2002-I, 95.; siehe auch EGMR Urt. v. 23.2.1999 – Andric/Schweden – Appl. Nr. 45917/99, ÖJZ 1999, 903, und Urt. v. 20.9.2007 – Sultani/Frankreich – Appl. Nr. 45223/05, Report of Judgements and Decisions 2007-IV, 69. Generelle Kriterien sind letztlich die in Art. 21 Abs. 1 genannten Differenzierungsverbotsmerkmale.

13 Vgl. *Frowein/Peukert*, in: Frowein/Peukert, EMRK, S. 850.

14 Wie hier *Rossi*, in: Calliess/Ruffert, EUV/AEUV, 5. Aufl., Art. 19 GRCh Rn. 3.

sus „von Ausländern“ geführt haben, könnte die Frage aufgeworfen werden, ob das in Absatz 1 enthaltene Schutzrecht auf Ausländer beschränkt ist oder neben Ausländern auch **(eigene) Staatsangehörige** als **Grundrechtsträger** in Betracht kommen. Auf die systematische Stellung des Art. 19 hinter der das Asylrecht regelnden Vorschrift des Art. 18 kann hier zur Klärung der Frage nicht verwiesen werden, weil **Art. 18** schon wegen der Konzeption der Genfer Flüchtlingskonvention, auf die er verweist, (per se) ein **(reines) Ausländergrundrecht** darstellt.[15] Die in Art. 19 Abs. 1 (und Abs. 2) genannten Eingriffe durch aufenthaltsbeendende Maßnahmen sind indessen unabhängig vom Vorliegen politischer Verfolgung (und des Refoulement-Verbots nach Art. 18 iVm Art. 33 Abs. 1 GFK) zu prüfen. Jedenfalls nach dem Willen des Präsidiums des Grundrechtekonvents, der in den Erläuterungen zu Art. 19 Abs. 1 und Art. 52 Abs. 3 zum Ausdruck kommt (zwar Hinweis auf „alle Menschen“, aber gerade **keine** Bezugnahme auf Art. 3 Abs. 1 ZP Nr. 4 zur EMRK) soll die Vorschrift hinsichtlich ihres personellen Anwendungsbereichs nicht über die in Bezug genommene EMRK-Regelung (also Art. 4 ZP Nr. 4) hinausgehen. Diese **Beschränkung der Grundrechtsträgerschaft auf Ausländer** ist wenig verständlich und erheblich **umstritten,**[16] wird jedoch im Hinblick auf die dokumentierten Vorstellungen der **(historischen) Verfasser** des Art. 19, denen wegen der sog Konvents-Methode ein besonderes Gewicht beizumessen ist, hinzunehmen sein. Soweit sich damit für Staatsangehörige der (anderen) Mitgliedstaaten und Drittstaatsangehörige auf der Ebene der GRC ein Schutz vor Kollektivausweisungen ergibt, für die (eigenen) Staatsangehörigen indessen nicht, entspricht das auch den Konventsberatungen, wonach **gegen** eine **explizite Regelung** des „Schutzes von Minderheiten vor Vertreibung“ **auf Unionsebene Vorbehalte** bestanden[17] und aufenthaltsbeendende Maßnahmen durch Kollektivausweisung (ggf. nach vorausgegangener Ausbürgerung) insoweit allein den Bindungen der nationalen Verfassungen und der EMRK (Art. 3 Abs. 1 ZP Nr. 4 zur EMRK) unterworfen bleiben sollten.[18] Für **Staatsangehörige der Mitgliedstaaten** ergibt sich weiter ein umfassender (auch Kollektiv)Ausweisungsschutz gegen Ausweisungen in das Unionsgebiet aus der für Unionsbürger bestehenden Bewegungs- und Aufenthaltsfreiheit des Art. 45 Abs. 1 (und ggf. aus Art. 15 Abs. 2).

16 c) **Verfahrensgarantien in Bezug auf die Ausweisung von Ausländern.** Die in **Art. 1 ZP Nr. 7 zur EMRK** enthaltenen **Verfahrensgarantien** bei Ausweisung von Ausländern mit rechtmäßigem Aufenthalt wurden in Art. 19 Abs. 1 absichtlich nicht „übernommen“. Das ist deshalb bemerkenswert, weil die Bestimmung in Art. 4 ZP Nr. 4 zur EMRK über das Verbot von Kollektivausweisungen im Prinzip nichts anderes darstellt als eine **Verstärkung** des Art. 1 ZP Nr. 7 zur EMRK.[19] Die Vorschrift verlangt nämlich eine Individualprüfung (gerade) **nach den rechtsstaatlichen Vorgaben des Art. 1 ZP Nr. 7 zur EMRK.** Allerdings entspricht diese Beschränkung der Schutzgewährleistung dem in der Präambel und Art. 53 enthaltenen Grundsatz, wonach Grundrechtsgarantien (möglichst) von **allen** Mitgliedstaa-

---

15 Vgl. *Bernsdorff*, Art. 18 Rn. 20.

16 Wie hier – auch unter Hinweis auf die Erläuterungen zu Art. 19 Abs. 1, die Art. 13 IPbpR einbeziehen – *Pechstein/Nowak/Häde/Thiele*, Frankfurter Kommentar, Art. 19 GRC Rn. 10 f.; aA *Jarass*, EU-Grundrechte, § 23 Rn. 20; *ders.*, GR-Charta, 3. Aufl., Art. 19 Rn. 5: jede natürliche Person, unabhängig von ihrer Staatsangehörigkeit und daher nicht auf Ausländer beschränkt …; *Rossi*, in: Calliess/Ruffert, EUV/AEUV, 5. Aufl., Art. 19 GRCh Rn. 2. Ebenso *Stern/Sachs/Jochum*, GRC, Art. 19 Rn. 5, der insoweit den Wortlaut des Art. 19 Abs. 1 für eindeutig hält. Art. 19 Abs. 1 dürfte allerdings eher als wortlautoffen anzusehen sein.

17 Angebracht vor allem von den Vertretern jener Mitgliedstaaten, die das ZP Nr. 4 zur EMRK nicht ratifiziert haben.

18 Im Hinblick auf den engen Anwendungsbereich der GRC (Art. 51 Abs. 1) wäre eine Konfliktlage auch kaum vorstellbar.

19 *Seidel*, Handbuch, S. 227.

ten mitgetragen werden müssen. ZP Nr. 7 zur EMRK ist bisher von Deutschland, den Niederlanden und dem Vereinigten Königreich nicht ratifiziert worden.[20] Allerdings wurde auch ZP Nr. 4 zur EMRK von einigen Mitgliedstaaten (Griechenland und dem Vereinigten Königreich) nicht übernommen. Die Einbeziehung des Verfahrensaspekte ansprechenden **Art. 13 IPbpR** in die aktualisierten Erläuterungen durch den Verfassungskonvent stellt daher eine **gewisse Kompensation** dar.

3. Eingriffsrechtfertigung

Soweit Bestimmungen der GRC die **gleiche Tragweite** haben wie die entsprechenden Vorschriften der EMRK, sind auch die **in der EMRK zugelassenen Einschränkungen** zu berücksichtigen. Aus der **speziellen Schrankenregelung des Art. 52 Abs. 3 S. 1** ergibt sich, dass der Ausübung dieser Rechte keine engeren Grenzen gesetzt werden dürfen. Das gilt auch für Art. 19 Abs. 1. **Art. 19 Abs. 1** ist wie Art. 4 ZP Nr. 4 zur EMRK **nicht einschränkbar.** Die in den Konventsberatungen wiederholt aufgeworfene Frage, ob das in Absatz 1 geregelte (absolute) Verbot von Kollektivausweisungen im Falle des Krieges oder eines anderen öffentlichen Notstandes eingeschränkt werden darf (derogation in time of emergency) oder als „notstandsfest" angesehen werden muss, ist wie bei Art. 4 ZP Nr. 4 zur EMRK am Maßstab des **Art. 15 Abs. 1 EMRK** zu beantworten.[21] Hierauf weisen die aktualisierten Erläuterungen zu Art. 52 Abs. 3 für Maßnahmen der Mitgliedstaaten im Rahmen des Art. 4 Abs. 1 EUV iVm Art. 72 und Art. 347 AEUV zutreffend hin. 17

4. Schutz bei Abschiebung, (Individual)Ausweisung und Auslieferung (Absatz 2)

a) **Schutzbereich.** Art. 19 Abs. 2 regelt einen **Teilaspekt der Chartabestimmung des Art. 4.** In den Erläuterungen zu dem in Art. 19 Abs. 2 geregelten **Abschiebungs-, (Individual)Ausweisungs- und Auslieferungsverbot** wird ausdrücklich auf die – kaum noch überschaubare – **Rechtsprechung des EGMR zu Art. 3 EMRK** Bezug genommen.[22] Art. 3 EMRK untersagt Folter, unmenschliche oder erniedrigende Strafe oder Behandlung.[23] **„Strafen"** sind Maßnahmen mit Sanktionscharakter, **„Behandlungen"** erfassen alle anderen Formen (staatlichen) Handelns.[24] Die genannten Begriffe unterliegen einer dynamischen, sich an den gemeineuropäischen Wertvorstellungen orientierenden Auslegung. Erreicht eine Strafe oder Behandlung die nach Art. 3 EMRK erforderliche Schwere, so ist hiermit – mangels Einschränkbarkeit des Art. 19 Abs. 2[25] – gleichzeitig die Feststellung der Grundrechtsverletzung verbunden; eine **Abwägung** zwischen den **Gründen für die aufenthaltsbeendende Maßnahme** und der **Gefahr der Misshandlung im Zielstaat soll** dann **nicht mehr stattfin-** 18

20 *Jarass*, GR-Charta, 3. Aufl., Art. 19 Rn. 12, sieht die Verfahrensgarantien des Art. 1 ZP Nr. 7 zur EMRK ohne weitere Begründung gleichwohl als (gemäß Art. 52 Abs. 3) zu beachten an. Vgl. auch *Schmitt*, in: Bungenberg/Giegerich/Stein, Asyl und Migration in Europa, ZEuS-Sonderband 2016, S. 41 ff.: kein Grundrechtsschutz a la carte (nur) im Umfang der Bindung an die EMRK.

21 Ebenso *Rossi*, in: Calliess/Ruffert, EUV/AEUV, 5. Aufl., Art. 19 GRCh Rn. 3; *Pechstein/Nowak/Häde/Thiele*, Frankfurter Kommentar, Art. 19 GRC Rn. 19. Für eine ergänzende Anwendung des Art. 52 Abs. 1 *Jarass*, GR-Charta, 3. Aufl., Art. 19 Rn. 10, und *Sachs/Stern/Jochum*, GRC, Art. 19 Rn. 6 a.

22 Zu Verstößen gegen Art. 3 EMRK im Zusammenhang mit aufenthaltsbeendenden Maßnahmen siehe *Grabenwarter/Pabel*, EMRK, § 20 Rn. 75 ff., mit zahlreichen Nachweisen aus der EGMR-Rechtsprechung.

23 Zu den einzelnen Tatbeständen vgl. *Grabenwarter/Pabel*, EMRK, § 20 Rn. 41 ff. Vgl. auch *Borowsky*, Art. 4 Rn. 15: Stufenverhältnis.

24 *Grabenwarter/Pabel*, EMRK, § 20 Rn. 41.

25 Siehe unten Rn. 25.

den.[26] In seiner Rechtsprechungspraxis zu Art. 3 EMRK, die auch den Schutz vor **Kettenabschiebungen, Rückführungen** und bestimmten **Rückführungspraktiken** erfasst (und mittlerweile eine Art **„Ersatzasylrecht"** begründet)[27], differenziert der EGMR allerdings nicht zwischen den einzelnen Maßnahmen, sondern prüft die Konventionswidrigkeit der Aufenthaltsbeendigung als solcher.[28] Wird mithin konventionsrechtlich allein daran angeknüpft, dass jemand zwangsweise aus dem Bereich inländischer Hoheitsgewalt verbracht wird[29], so fallen entgegen einer im Vordringen befindlichen Literaturmeinung[30] auch die – die zwischenstaatliche Auslieferung ersetzende – **Übergabe beim Europäischen Haftbefehl** sowie **„Dublin-Überstellungen"** in den Anwendungsbereich bzw. Schutzbereich des Grundrechts[31]; erfasst wird jedenfalls **auch** die **Aufenthaltsbeendigung** bei **Asylbewerbern**.[32]

19 Im Anschluss an die ständige Rechtsprechung der EKMR[33] erkennt der EGMR seit langer Zeit an, dass die Abschiebung, Ausweisung oder Auslieferung in einen Staat, in dem der Betreffende den in Art. 3 EMRK aufgezählten Beeinträchtigungen ausgesetzt ist, zu einer Verletzung des Art. 3 EMRK führen kann.[34] Die Verletzung besteht

26 So unter Hinweis auf EGMR-Rechtsprechung *Grabenwarter/Pabel*, EMRK, § 20 Rn. 51, 53 und 87.

27 Wie hier *Pechstein/Nowak/Häde/Thiele*, Frankfurter Kommentar, Art. 19 GRC Rn. 16; *Jarass*, GR-Charta, 3. Aufl., Art. 19 Rn. 8: Art. 19 Abs. 2 „erweitert" den Schutz des Art. 2 Abs. 2 und des Art. 4.

28 Als Beleg mag hier das Urt. des EGMR v. 21.1.2011 – M.S.S./Belgien und Griechenland – Appl. Nr. 30696/09, EuGRZ 2011, 243, dienen, das weitere Rechtsprechungsnachweise enthält. Vgl. auch *Grabenwarter/Pabel*, EMRK, § 20 Rn. 75 ff; ferner *Rossi*, in: Calliess/Ruffert, EUV/AEUV, 5. Aufl., Art. 19 GRCh Rn. 9.

29 Definitionen der Beendigungstatbestände finden sich bei *Rossi*, in: Calliess/Ruffert, EUV/AEUV, 5. Aufl., Art. 19 GRCh Rn. 9, und *Pechstein/Nowak/Häde/Thiele*, Frankfurter Kommentar, Art: 19 GRC Rn. 13.

30 *Jarass*, GR-Charta, 3. Aufl., Art. 19 Rn. 7, unter Hinweis auf *Schorkopf*, in: Ehlers, Grundrechte, 4. Aufl., § 15 Rn. 18, 48; *Pechstein/Nowak/Häde/Thiele*, Frankfurter Kommentar, Art. 19 GRC Rn. 13; *Hoppe*, Eilrechtsschutz gegen Dublin II-Überstellungen, S. 154 ff.

31 Vgl. allerdings EuGH – N.S. ua, Rs. C-411/10 und C-493/10, Slg. 2011, I-13905, Urt. v. 21.12.2011; ferner EuGH – Aranyosi und Caldararu, Rs. C-404/15 und C-659/15 PPU, ECLI:EU:C:2016:198, Urt. v. 5.4.2016.

32 So *Jarass*, GR-Charta, 3. Aufl., Art. 19 Rn. 7, unter Hinweis auf EuGH – Tall, Rs. C-293/14, ECLI:EU:C:2015:824, Urt. v. 17.12.2015.

33 Nachgewiesen bei *Frowein*, in: Frowein/Peukert, EMRK, S. 52 Fn. 67.

34 Zuletzt Urteile v. 2.5.1997 – D/Großbritannien – Nr. 146/1996/767/964, Report of Judgements and Decisions 1997 – III, 777 (NVwZ 1998, 161), und v. 17.12.1996 – Ahmed/Österreich – Nr. 71/1995/577/663 – Report of Judgements and Decisions 1996 – VI, 2195; für die Abschiebung/Ausweisung: Urt. v. 30.10.1991 – Vilvarajah ua/Großbritannien – Nr. 45/1990/236/302–306, Serie A/215 = NVwZ 1992, 869; Urt. v. 20.3.1991 – Cruz Varas/Schweden – Nr. 46/1990/237/307, Serie A/201 (EuGRZ 1991, 203); für die Auslieferung: Urt. v. 7.7.1989 – Soering/Großbritannien – Nr. 1/1989/161/217, Serie A/161 (NJW 1990, 2183); zu weiteren Einzelheiten *Frowein*, NVwZ 2002, 32 f., und *Rengeling/Szczekalla*, Grundrechte, Rn. 863 ff. Für die Definition der Folter greift der EGMR auf die UN-Konvention gegen Folter und andere grausame oder erniedrigende Behandlung oder Strafe vom 10.12.1984 zurück: Urt. v. 27.6.2000 – Salman/Türkei – Appl. Nr. 21986/93, Report of Judgements and Decisions 2000 – VII, 365 (NJW 2001, 2001), und Urt. v. 28.7.1999 – Selmouni/Frankreich – Appl. Nr. 25803/94, Report of Judgements and Decisions 1999 – V, 149 (NJW 2001, 56). Weitere Rechtsprechung: Urt. v. 15.11.1996 Chahal/Vereinigtes Königreich – Appl. Nr. 22414/93, Report of Judgements and Decisions 1996–V, 6554; Urt. v. 29.4.1997 – H.L.R./Frankreich – Appl. Nr. 24573/94, Report of Judgements and Decisions 1997–III, 4006; Urt. v. 26.10.2000 – Kudla/Polen – Appl. Nr. 30210/96, Report of Judgements and Decisions 2000–XI, 11402; Urt. v. 6.2.2001 – Bensaid/Großbritannien – Appl. Nr. 44599/98, NVwZ 2002, 453. Zum Folterbegriff auch *Borowsky*, Art. 4 Rn. 15. Eine Zusammenstellung der neuesten EGMR-Rechtspre-

dann[35] darin, dass der **ausweisende oder ausliefernde Staat** durch sein Verhalten, also den an sich **neutralen Akt** der Ausweisung oder Auslieferung, **Folter**, unmenschliche oder erniedrigende **Strafe oder Behandlung ermöglicht.**[36] **Sanktioniert** wird gerade die **aufenthaltsbeendende Maßnahme.** Insoweit kommt es nicht darauf an, ob die Gefahr im Drittstaat von diesem ausgeht. Sie kann auch durch nicht-staatliche Akteure, andere Personen oder (allgemein) durch unmenschliche Lebensbedingungen drohen.[37]

Eine **unmenschliche Behandlung** iSd Art. 19 Abs. 2 ist allerdings **nicht schon dann** anzunehmen, wenn die aufenthaltsbeendende Maßnahme die **Lebenssituation** des Betroffenen – einschließlich seiner Lebenserwartung – **allgemein erheblich beeinträchtigt.**[38] Der Wunsch etwa nach weiterer medizinischer, sozialer oder anderer Hilfe und Unterstützung durch den (Aufenthalts)Mitgliedstaat reicht für einen Verbleib grundsätzlich nicht aus. Gleichzeitig fordert die von der GRC geschützte **Menschenwürde** aber mehr als (nur) das Fehlen von Folter und Verfolgung, insbesondere ein **„menschenwürdiges Leben“**, auch im Sinne der **Freiheit von (elementarer) Existenzangst.**[39] Die Auffassung des **EGMR** ist hier ambivalent; nach dessen neuerer Rechtsprechung soll bei **schwerkranken Personen das Fehlen angemessener medizinischer Behandlung im Zielstaat** oder der **fehlende Zugang hierzu** wegen des Tatbestandes unmenschlicher Behandlung eine Außerlandesverbringung hindern können.[40] Der **EuGH** hat sich der Rechtsprechungslinie des EGMR **„für absolute Ausnahmefälle“** angeschlossen.[41] 20

Nicht geklärt ist, ob Art. 19 Abs. 2 über das Refoulement-Verbot (in seiner territorialen Ausprägung) hinaus auch ein **Recht auf Einlass in den Schutzstaat** enthält, wenn schon an der Grenze das (ernsthafte) Risiko einer der dort genannten (Anlass)Tatbestände behauptet wird.[42] Die **rechtlichen Wirkungen** des **aus Art. 19 Abs. 2 folgenden Zurückweisungsverbots** (sog. Menschenwürde-non-refoulement) sind damit **ebenso unsicher** wie **jene des sog.** 21

---

chung findet sich bei *Pechstein/Nowak/Häde/Thiele*, Frankfurter Kommentar, Art. 19 GRC Rn. 15 Fn. 50, und *Stern/Sachs/Jochum*, GRC, Art. 9 Rn. 7 ff.; vgl. auch *Weber*, DÖV 2016, 921.

35 Urt. v. 6.2.2001 – Bensaid/Großbritannien – Appl. Nr. 44599/98, Report of Judgements and Decisions 2001-I, 230; Urt. v. 20.2.2007 – Einhorn/Frankreich – Appl. Nr. 35865/03, NVwZ 2008, 761; Urt. v. 28.2.2008 – Saadi/Italien – Appl. Nr. 37201/06 – NVwZ 2008, 1330. Eine Darstellung dieser Rechtsprechung in ihren Grundlinien findet sich bei *Uerpmann-Wittzack*, in: Ehlers, Grundrechte, 4. Aufl., § 3 Rn. 38 ff.

36 *Frowein*, in: Frowein/Peukert, EMRK, S. 52.

37 So auch *Rossi*, in: Calliess/Ruffert, EUV/AEUV, 5. Aufl., Art. 19 GRCh Rn. 7; *Stern/Sachs/Jochum*, GRC, Art. 19 Rn. 7; *Jarass*, GR-Charta, 3. Aufl., Art. 19 Rn. 8; *Pechstein/Nowak/Häde/Thiele*, Frankfurter Kommentar, Art. 19 GRC Rn. 17.

38 Hierzu und zum Folgenden *Stern/Sachs/Jochum*, GRC, Art. 19 Rn. 7; *Rossi*, in: Calliess/Ruffert, EUV/AEUV, 5. Aufl., Art. 19 GRCh Rn. 7.

39 Siehe *Bergmann*, Das Menschenbild der Europäischen Menschenrechtskonvention, S. 290. Relevant ist zB eine drohende Genitalverstümmelung: EGMR Urt. v. 19.1.2016 – Sow/Belgien – Appl. Nr. 27081/13, hudoc.echr.coe.int.

40 Urt. des EGMR v. 13.12.2016 – Paposhvili/Belgien – Appl. Nr. 41738/10, NVwZ 2017, 1187; zuvor aber EGMR Urt. v. 2.5.1997 – D/Großbritannien – Appl. Nr. 30240/96, NVwZ 1998, 161; andererseits EGMR Urt. v. 27.5.2008 – N./Großbritannien – Appl. Nr. 26565/05, NVwZ 2008, 1334. Zu entsprechenden Erwägungen *Nußberger*, NVwZ 2013, 1305.

41 Vgl. EuGH – Abida, Rs. C-562/13, ECLI:EU:C:2014:2453, Urt. v. 18.12.2014; EuGH – M'Bodj, Rs. C-542/13, ECLI:EU:C:2014: 2452, Urt. v. 18.12.2014. Zu den Einzelheiten *Hinterberger/Klammer*, NVwZ 2017, 1180.

42 Dafür: *Frowein/Zimmermann*, Der völkerrechtliche Rahmen für die Reform des deutschen Asylrechts, S. 30; *Alleweldt*, Schutz vor Abschiebung bei drohender Folter oder unmenschlicher oder erniedrigender Behandlung oder Strafe, S. 72. Dagegen: *Jarass*, GR-Charta, 3. Aufl., Art. 19 Rn. 7, unter Hinweis auf *Graßhof*, in: Schwarze, EU-Kommentar, Art. 19 Rn. 9; *Cremer*, Der Schutz vor den Auslandsfolgen aufenthaltsbeendender Maßnahmen, S. 40 ff, 440; wohl auch *Stern/Sachs/Jochum*,

Asyl-non-refoulement (Art. 18 iVm Art. 33 Abs. 1 GFK).[43] Soweit ein solches **Einreiserecht verneint** wird, ist eines der Argumente, **Art. 19 Abs. 2 untersage** seinem Wortlaut nach **nur Maßnahmen der Außerlandesverbringung** (Abschiebung, Ausweisung und Auslieferung), **nicht** aber die **Zurückweisung** von Schutzsuchenden **an der Grenze.**[44] Hiergegen lässt sich nicht mit Erfolg einwenden, dass der EGMR in seiner Rechtsprechung zu der Referenznorm des Art. 3 EMRK zwischen einzelnen Maßnahmen nicht unterscheide; denn dieser Befund kann seinerseits nur für den gegenständlichen Bereich des Refoulement-Verbots in dessen eigentlichem Sinne, nämlich den der Aufenthaltsbeendigung erhoben werden. Jedenfalls hat sich der **EGMR** zu dieser Ausprägung des sog. Menschenwürde-non-refoulement **bisher nicht eindeutig positioniert.**[45] Der Gerichtshof neigt **aber wohl** der Auffassung zu, dass für die Anwendung des aus Art. 3 EMRK folgenden Zurückweisungsverbots wenigstens ein **„körperlicher" Aufenthalt auf dem Territorium des Schutzstaats** zu verlangen sei: Regardless of whether or not he ever entered ... in the technical sense it is to be noted that he has been physically present there and thus within the jurisdiction of the respondent State within the meaning of Article 1 of the Convention ...[46] **Gelegenheit zu weiterer Klärung** wird sich für den **EGMR (Große Kammer)** möglicherweise ergeben, wenn er in dem **gegen Spanien** wegen der Verwendung eines **sog. operativen Grenzbegriffs** geführten Beschwerdeverfahren und zu „humanitären Visa" zu entscheiden hat.[47]

22 **b) Gefahrenprognose: ernsthaftes Risiko.** Mit der letzten Änderung des Absatzes 2 durch die Rechts- und Sprachsachverständigen in **CONVENT 47 REV 1** ist der Chartatext an die Rechtsprechung des EGMR angepasst worden, der zunächst eine „reale Gefahr"[48] und später ein **„ernsthaftes Risiko"**[49] dieser Beeinträchtigungen gefordert hatte. Für die Annahme eines solchen Risikos **genügt** es danach zunächst **nicht**, dass die **(Menschenrechts)Situation im Zielstaat allgemein besorgniserregend, instabil** oder **gewalttätig ist.**[50] **Hinzukommen** muss, dass über die bloße Möglichkeit einer Strafe oder Behandlung (mit dem erforderlichen Schweregrad) hinaus (gerade) **hinsichtlich des Betroffenen** eine (individuelle) **„ernsthafte, erhebliche und gewichtige Gefahr"**[51] zu besorgen ist[52], die dieser – bezogen auf seine Person – **darzulegen** hat.[53] Eine **Risikoprüfung** muss deshalb ergeben, dass die

---

GRC, Art. 19 Rn. 9. Unentschieden: *Pechstein/Nowak/Häde/Thiele*, Frankfurter Kommentar, Art. 19 GRC Rn. 16.

43 Vgl. *Bernsdorff*, Art. 18 Rn. 24 ff.; siehe hier insbesondere die Überlegungen zur territorialen Staatensouveränität. Darüber, ob sich ein Nicht-EU-Ausländer unter die eigene Gebietshoheit (und deren Schutz) begeben und seinen Aufenthalt rechtmäßig machen darf, entscheiden die Staaten – ohne völkerrechtliche Vorgaben – selbstständig und souverän.

44 *Jarass*, GR-Charta, 3. Aufl., Art. 19 Rn. 7, unter Hinweis auf *Graßhof*, in: Schwarze, EU-Kommentar, Art. 19 Rn. 9.

45 Wie hier *Stern/Sachs/Jochum*, GRC, Art. 19 Rn. 9.

46 EGMR Urt. v. 2.5.1997 – D/Großbritannien – Appl. Nr. 30240/96, NVwZ 1998, 161, für einen „körperlichen" Aufenthalt wegen Strafhaft.

47 Vgl. unten Rn. 30.

48 Vgl. Urt. v. 20.3.1991 – Cruz Varas/Schweden – Nr. 46/1990/237/307, Serie A/201 = EuGRZ 1991, 211 f.

49 Vgl. Urt. v. 30.10.1991 – Vilvarajah ua/Großbritannien – Nr. 45/1990/236/302–306, Serie A/215 = NVwZ 1992, 870; hierzu auch *Seidel*, Handbuch, S. 227.

50 *Tretter*, in: Korinek/Holoubek, Österreichisches Bundesverfassungsrecht, Art. 3 EMRK Rn. 255 ff.; *Rossi*, in; Calliess/Ruffert, 5. Aufl., Art. 19 GRCh Rn. 8: allgemeine Gefahrensituation reicht nicht.

51 EGMR Urt. v. 30.10.1991 – Vilvarajah ua/Großbritannien – Nr. 45/1990/236/302–306, Serie A/125 = NVwZ 1992, 870.

52 Vgl. aber *Nußberger*, NVwZ 2013, 1305, die eine „potenzielle Konventionsverletzung" ausreichend sein lässt. Drohen Kettenabschiebungen, ist ein „doppelter real risk-test" erforderlich.

53 *Rossi*, in: Calliess/Ruffert, EUV/AEUV, 5. Aufl., Art. 19 GRCh Rn. 8; *Jarass*, GR-Charta, 3. Aufl., Art. 19 Rn. 9; *Pechstein/Nowak/Häde/Thiele*, Frankfurter Kommentar, Art. 19 GRC Rn. 17.

Gefahr einer Verwirklichung der in Art. 19 Abs. 2 genannten Tatbestände für den Betroffenen deutlich größer ist als für die anderen Bewohner des Zielstaats.[54] Hierbei können die Zugehörigkeit zu einer gefährdeten Gruppe (dann keine Einzelfallprüfung)[55], die Beteiligung nicht-staatlicher Akteure und das Bestehen einer inländischen Fluchtalternative[56] berücksichtigt werden. In seiner jüngeren Rechtsprechung hebt der **EGMR allerdings** (**einschränkend**) hervor, es erscheine **nicht ausgeschlossen,** dass ein (erforderliches) **Individualrisiko** auch schon durch eine **allgemeine Gefahrensituation im Zielstaat** indiziert werden könne.[57]

c) **Anlasstatbestand Todesstrafe.** Der Grundrechtekonvent hat die das Verbot des Art. 19 Abs. 2 auslösenden Anlasstatbestände Folter und unmenschliche oder erniedrigende Strafe oder Behandlung **um den Anlasstatbestand Todesstrafe ergänzt.** Entgegen einer während der Konventsberatungen vorgetragenen Auffassung erweist sich diese Ergänzung als sachgerecht und nicht etwa aus systematischen Gründen als unrichtig. Zwar folgt das Verbot der Abschiebung, Ausweisung oder Auslieferung bei drohender Todesstrafe als Reflex aus **Art. 2 EMRK.** Der EGMR hat jedoch wiederholt entschieden, dass Art. 3 EMRK im Lichte des Art. 2 EMRK auszulegen sei und für die Anwendbarkeit des Art. 3 EMRK etwa auf das der Vollstreckung der Todesstrafe vorausgehende Leiden abgestellt.[58] Die **Unmenschlichkeit der Todesstrafe** kann sich (allgemein) aus der Art und Weise ihrer Verhängung oder ihres Vollzugs ergeben oder aus ihrer Unverhältnismäßigkeit in Bezug auf die Schwere der Tat.[59] Die Aufnahme dieses Anlasstatbestandes in den Grundrechtstext **korrespondiert** im Übrigen **nicht nur mit Art. 2 Abs. 2,** sondern **auch mit ZP Nr. 13 zur EMRK;** mit ZP Nr. 13 zur EMRK ist die noch in ZP Nr. 6 zur EMRK enthaltene Ausnahme gestrichen worden, wonach ein Staat die Todesstrafe für Taten vorsehen kann, die in Kriegszeiten oder bei unmittelbarer Kriegsgefahr begangen werden. Für die Frage, ob abgeschoben, ausgewiesen oder ausgeliefert werden darf, kann auch das **Verbot des „ne bis in idem"** (**Art. 50**) Bedeutung erlangen. 23

5. Grundrechtsberechtigte

Träger des Grundrechts aus Art. 19 Abs. 2 sind **alle natürlichen Personen** (eigene Staatsangehörige, Unionsbürger und Drittstaatsangehörige sowie Staatenlose).[60] Soweit danach auch (**eigene**) **Staatsangehörige** als Berechtigte in Betracht kommen, besteht – prima facie – ein gewisser **Widerspruch zu Art. 19 Abs. 1,** auf dessen Schutz sich (eigene) Staatsangehöri- 24

---

54 *Jarass*, GR-Charta, 3. Aufl., Art. 19 Rn. 9.

55 *Tretter*, in: Korinek/Holoubek, Österreichisches Bundesverfassungsrecht, Art. 3 EMRK, unter Hinweis auf EGMR-Rechtsprechung, etwa Urt. v. 11.12.2008 – Muminov/Russland – Appl. Nr. 42502/06, hudoc.echr.coe.int.

56 EGMR Urt. v. 8.4.2015 – W.H./Schweden – Appl. Nr. 49341/10, hudoc.echr.coe.int.

57 Urt. v. 17.7.2008 – NA/Großbritannien – Appl. Nr. 25904/07, hudoc.echr.coe.int; weitere Rechtsprechungsnachweise bei *Tretter*, in: Korinek/Holoubek, Österreichisches Bundesverfassungsrecht, Art. 3 EMRK Rn. 242. Die EGMR-Rechtsprechung wird für wenig kohärent gehalten von *Lorz/Sauer*, EuGRZ 2010, 389.

58 Urt. v. 7.7.1989 – Soering/Großbritannien – Nr. 1/1989/161/217, Serie A/161 = NJW 1990, 2185 ff., mwN. Vgl. zum „Todeszellensyndrom" *Grabenwarter/Pabel*, EMRK, § 20 Rn. 23, 45. Eine „systematische Verwerfung" nehmen auch *Pechstein/Nowak/Häde/Thiele*, Frankfurter Kommentar, Art. 19 GRC Rn. 15, und *Rossi*, in: Calliess/Ruffert, EUV/AEUV, 5. Aufl., Art. 19 GRCh Rn. 7, nicht an.

59 Näher hierzu *Tretter*, in: Korinek/Holoubek, Österreichisches Bundesverfassungsrecht, Art. 3 EMRK Rn. 181 ff.

60 Vgl. auch *Pechstein/Nowak/Häde/Thiele*, Frankfurter Kommentar, Art. 19 GRC Rn. 12, unter Hinweis auf den Wortlaut des Art. 19 Abs. 2 („Niemand").

ge nicht berufen können. Dieser Widerspruch lässt sich jedoch auflösen. Zwar hat der Grundrechtekonvent auch insoweit nicht auf Art. 3 Abs. 1 ZP Nr. 4 zur EMRK verwiesen, obwohl diese Bestimmung ein Verbot der Ausweisung eigener Staatsangehöriger auch durch Einzelmaßnahmen begründet. Indessen steht hier nicht die Sanktionierung aus dem Treueband zwischen Staat und Staatsangehörigem folgender Aufenthaltsrechte im Vordergrund, deren Regelung in die (ausschließliche) Kompetenz der Mitgliedstaaten fällt. **Sedes materiae** des Verbots einer (Individual)Ausweisung bei Vorliegen der in Art. 19 Abs. 2 geregelten Anlasstatbestände ist vielmehr **Art. 3 EMRK,** auf den (und die hierzu vorliegende Rechtsprechung des EGMR) in den Erläuterungen zu Art. 19 Abs. 2 und Art. 52 Abs. 3 verwiesen wird. Angesichts der **Menschenwürdedimension** des Art. 3 EMRK ist eine **Differenzierung zwischen (eigenen) Staatsangehörigen und Ausländern** bei Art. 3 EMRK und infolgedessen Art. 19 Abs. 2 **ausgeschlossen.**[61] Bei (eigenen) Staatsangehörigen wird Art. 19 Abs. 2 vor allem bei Einschränkungen des Auslieferungsschutzes und Auslieferung in Drittstaaten Bedeutung erlangen.[62] Jedenfalls insoweit[63] unterliegen aufenthaltsbeendende Maßnahmen gegen (eigene) Staatsangehörige also dem Grundrechtsschutz der GRC. Soweit **EU-Ausländer** betroffen sind, gilt unter den dort genannten Voraussetzungen (aufenthaltsbeendende Maßnahmen mit Rückkehr in das Unionsgebiet) auch Art. 45 Abs. 1 (und ggf. Art. 15 Abs. 2).

6. Eingriffsrechtfertigung

25 Im Bereich des **Art. 19 Abs. 2** ist – wie bei Art. 19 Abs. 1 – die Schrankenregelung des **Art. 52 Abs. 3 S. 1** zu beachten; der Rückgriff auf Art. 52 Abs. 1 ist insoweit versperrt.[64] Das **Verbot aufenthaltsbeendender Maßnahmen** wirkt **absolut** (Art. 3 EMRK), sodass eine dem Verbot widersprechende Handlung nicht vorgenommen werden darf.[65] Ob die **in Art. 15 Abs. 2 EMRK geregelte Ausnahme** von der **Notstandsklausel des Art. 15 Abs. 1 EMRK** anzuwenden ist, wird **kontrovers diskutiert.**[66] Ein Rekurs auf Art. 15 Abs. 1 EMRK im Kontext des Art. 19 Abs. 2 wird sich mit der Rechtsprechung des EGMR auseinanderzusetzen haben[67], der Art. 3 EMRK auch unter schwierigsten Bedingungen wie zB im

61 Zutreffend *Jarass*, EU-Grundrechte, § 23 Rn. 20 Fn. 35, der darauf hinweist, dass im Bereich des Art. 19 Abs. 2 auch im EMRK-Recht keine Beschränkung auf Ausländer besteht. Siehe auch *Grabenwarter/Pabel*, EMRK, § 20 Rn. 40 ff.

62 *Pechstein/Nowak/Häde/Thiele*, Frankfurter Kommentar, Art. 19 GRC Rn. 12.

63 Vgl. auch *Bernsdorff*, Art. 18 Rn. 20, und Art. 19 Rn. 15.

64 *Jarass*, GR-Charta, 3. Aufl., Art. 19 Rn. 11; aA *Schorkopf*, in: Ehlers, Grundrechte, 4. Aufl., § 15 Rn. 53: Art. 52 Abs. 1.

65 Siehe oben Rn. 18; *Rossi*, in: Calliess/Ruffert, EUV/AEUV, 5. Aufl., Art. 19 GRCh Rn. 10; *Pechstein/Nowak/Häde/Thiele*, Frankfurter Kommentar, Art. 19 GRC Rn. 20; *Jarass*, GR-Charta, 3. Aufl., Art. 19 Rn. 11; *Stern/Sachs/Jochum*, GRC, Art. 19 Rn. 10, der allerdings eine Befugnis des EU-Gesetzgebers zur Regelung annimmt, was als unmenschliche Behandlung anzusehen ist und was nicht.

66 Dafür: *Pechstein/Nowak/Häde/Thiele*, Frankfurter Kommentar, Art. 19 GRC Rn. 20; *Jarass*, GR-Charta, Art. 19 Rn. 11; dagegen: *Rossi*, in: Calliess/Ruffert, EUV/AEUV, 5. Aufl., Art. 19 GRCh Rn. 10; *Graßhof*, in: Schwarze, EU-Kommentar, Art. 19 Rn. 11. Offengelassen von *Stern/Sachs/Jochum*, GRC, Art. 19 Rn. 10.

67 Vgl. *Jarass*, GR-Charta, 3. Aufl., Art. 19 Rn. 11, unter Hinweis auf EGMR Urt. v. 17.12.1996 – Ahmed/Österreich – Nr. 71/1995/577/663 – Report of Judgements and Decisions 1996-VI, 2195. Siehe hierzu auch *Borowsky*, Art. 4 Rn. 22 f.

Kampf gegen den Terrorismus[68] oder organisierte Kriminalität[69] als „notstandsfest" ansieht.

7. Aktuelle Problemfelder

Aus der Perspektive „migrationsbezogener" Rechtspraxis hatte die GRC bis zum Jahr 2011 kaum Bedeutung. Mit der **Neuausrichtung europäischer Flüchtlingspolitik** auf die **Sicherung der Unionsaußengrenzen** tritt – als eines ihrer Instrumente – die **Aufenthaltsbeendigung von Schutzsuchenden** in den Vordergrund. Insoweit stellt sich (gerade) **Art. 19** – wie schon die gleichlaufenden Konventionsrechte – bei vielen Maßnahmen der **Zuwanderungskontrolle als „Schlüsselnorm" und Prüfungsmaßstab** unionaler Flüchtlingspolitik dar. Trotz der sich hier zunehmend stellenden Rechtsfragen liegt **relevante Grundrechtsrechtsprechung des EuGH** zu der von Art. 19 erfassten Thematik **kaum** vor.[70] 26

a) EU-Türkei-Kooperation: Rückführungen aus Griechenland

Als im Hinblick auf Art. 19 Abs. 2 (und Art. 18) grundrechtsprekär können sich **Aufenthaltsbeendigungen** auf der Grundlage der – zur Sicherung der Außengrenzen – im März 2016 beschlossenen **EU-Türkei-Kooperation** erweisen. **Gegenstand** der auf Veranlassung des Europäischen Rates abgegebenen (gemeinsamen) politischen Absichtserklärung von Union und Türkei ist, dass „irreguläre" Migranten (aus Syrien), die ab März 2016 von der Türkei auf die griechischen Inseln gelangen, in die Türkei zurückgeführt werden. Als „irreguläre" Migranten gelten dabei solche, die in Griechenland kein Asyl beantragt haben oder deren Antrag als unbegründet oder unzulässig abgelehnt worden ist. Nach dem Eins-zu-eins-Grundsatz soll für jeden von den griechischen Inseln in die Türkei zurückgeführten Syrer ein anderer Syrer aus der Türkei in das Gebiet der EU verbracht (und dort verteilt) werden.[71] Rechtliche Grundlage bildete dabei bis Juni 2016 das am 5.8.2002 in Kraft getretene **bilaterale Rückübernahmeabkommen zwischen Griechenland und der Türkei**[72]; seitdem ist Basis der Aufenthaltsbeendigungen das **EU-Türkei-Rückübernahmeabkommen,** in Kraft getreten am 1.10.2014.[73] 27

Grundrechtliche Relevanz haben solche Rückführungen in die Türkei sowohl **für die Union** – als (Vertrags)Partner des EU-Türkei-Rückübernahmeabkommens –, als auch **für Grie-** 28

68 EGMR – Urt. v. 27.8.1992 – Tomasi/Frankreich – Appl. Nr. 12850/87 – EuGRZ 1994, 101; Urt. v. 6.4.2004 – Ahmet Özkan ua/Türkei – Appl. Nr. 21698/93, hudoc.echr.coe.int; Urt. v. 20.7.2010 – A/Niederlande – Appl. Nr. 4900/06, hudoc.echr.coe.int; Urt. v. 10.4.2012 – Babar Ahmad ua – Appl. Nr. 24027/07 ua, NVwZ 2014, 925.

69 EGMR Urt. v. 6.4.2000 – Labita/Italien – Appl. Nr. 26772/95 – Report of Judgements and Decicions 2000-IV, 101; Urt. v. 12.4.2005 – Shamayev/Georgien und Russland – Appl. Nr. 36378/02, hudoc.echr.coe.int.

70 Gegenstand waren in der Vergangenheit hin und wieder der „Ausweisungsschutz" für Unionsbürger, wie er sich aufgrund der Personenverkehrsfreiheiten und Art. 18 EGV-Nizza (zuvor Art. 8 a EGV-Maastricht; jetzt Art. 21 AEUV) ergab, sowie der Schutz von Drittstaatsangehörigen aus Herkunftsländern, mit denen die Union völkervertragliche Beziehungen unterhält. Siehe insoweit EuGH – Calfa, C-348/96 – Slg. 1999, I-11, Urt. v. 19.1.1999, Jany, C-268/99 – Slg. 2001, I-8615, Urt. v. 20.11.2001, Mary Carpenter, C-60/00 – Slg. 2002, I-6279, Urt. v. 11.7.2002, MRAX, C-459/99 – Slg. 2002, I-6591, Urt. v. 25.7.2002, Ministre de l'Interieure, C-100/01 – Slg. 2002, I-10981, Urt. v. 26.11.2002, und Ofanopoulos ua, C-482/01 ua – Slg. 2004, I-5257, Urt. v. 29.4.2004.

71 Vgl. zum Inhalt näher *Schmitt*, in: Bungenberg/Giegerich/Stein, Asyl und Migration in Europa, ZEuS-Sonderband 2016, S. 13, 27 f.; ferner Europäischer Rat, Erklärung EU-Türkei, Pressemitteilung des Rates vom 18.3.2016.

72 Greece: Law No.3030, G.G.A. 163 of 2002.

73 ABl. 2012 Nr. L 244 S. 4; ABl. 2014 Nr. L 134 S. 1.

chenland, das die Aufenthaltsbeendigungen in Umsetzung der Rückübernahmeverträge durch hoheitliche Maßnahmen erzwingt. Ausgestaltung und Anwendung des zwischen der Union und der Türkei vereinbarten Rückübernahmeabkommens bergen – wegen der „Schnellverfahren“ in Griechenland – die **Gefahr unzulässiger Kollektivausweisungen** (Art. 19 Abs. 1); sie lassen zudem – auch über Kettenabschiebungen – **Verstöße gegen das Refoulement-Verbot** (Art. 19 Abs. 2; Art. 18 iVm Art. 33 Abs. 1 GFK) **befürchten.**[74] Die Union und Griechenland trifft hier, damit die völkerrechtlichen Vorgaben in der Türkei eingehalten werden, eine **besondere „Sicherstellungspflicht“.**[75]

b) Push-Backs auf Hoher See, „Heiße Abschiebungen“ aus Melilla und Ceuta

29 Fragen des (europäischen) Grundrechtsschutzes werfen auch **sog. Push-Back-Operationen außerhalb des Gebiets der Union** auf, also etwa **Rückführungen** bei „vorgelagerten Grenzkontrollen“ **auf Hoher See,** wie sie sich jüngst wieder ereignet haben.[76] Mit einem **Grundsatzurteil aus dem Jahr 2012**[77] hat der EGMR in einem gegen Italien geführten Beschwerdeverfahren mehrerer Bootsflüchtlinge entschieden, dass deren unmittelbare Rückführung nach Libyen aus internationalen Gewässern eine **unzulässige Kollektivausweisung** (Art. 4 ZP Nr. 4 zur EMRK) und – wegen der Situation im Rückführungsstaat sowie der Gefahr von Kettenabschiebungen – eine **Verletzung des menschenrechtlichen Refoulement-Verbots** (Art. 3 EMRK) dargestellt habe; das Refoulement-Verbot des Art. 3 EMRK finde **auch extraterritorial** überall dort Anwendung, wo Konventionsstaaten Hoheitsgewalt ausübten. Bisher noch nicht befasst war der EGMR demgegenüber mit Fällen, in denen ein unter der Flagge eines Konventionsstaats fahrendes Schiff **Schutzsuchende** erst gar **nicht an Bord nimmt**[78] oder deren **Boote blockiert** oder **abgedrängt** und auf diese Weise die Rückführung erzwingt.[79]

30 Nicht weniger im Fokus stehen die von Spanien praktizierten **„heißen Abschiebungen“ aus den Exklaven Melilla und Ceuta** nach Marokko. Die Verwendung eines **sog. operativen Grenzbegriffs,** der eine flexible Verschiebung der (geographischen) Landesgrenze in dem Sinne ermöglicht, dass spanisches – und damit vor einem Refoulement schützendes – Territorium rechtlich nicht schon mit dem Überwinden der Grenzzäune und dem Betreten der

---

74 Ausführlich hierzu *Schmitt*, in: Bungenberg/Giegerich/Stein, Asyl und Migration in Europa, ZEuS-Sonderband 2016, S. 28 ff.

75 *Schmitt*, in: Bungenberg/Giegerich/Stein, Asyl und Migration in Europa, ZEuS-Sonderband 2016, S. 31 f.; *Schmitt* (S. 37) neigt indessen dazu, die Türkei als „sicheren Drittstaat“ zu betrachten: Auch wenn die Bedingungen und Aussichten für Flüchtlinge in der Türkei unter den europäischen Standards liegen mögen, so sind diese dort zumindest in der Regel sicher. Nicht dieser Auffassung ist *Marx*, Rechtsgutachten für Pro Asyl vom 14.3.2016 zur unionsrechtlichen Zulässigkeit des Plans der Staats- und Regierungschefs der Europäischen Union, die Türkei als „sicheren Drittstaat“ zu behandeln. Vgl. hierzu aber auch *Wissenschaftliche Dienste des Dtsch. Bundestags*, Die gesetzliche Regelung von Flüchtlingsangelegenheiten in der Türkei und deren Umsetzung, WD 2–3000–053/16; für eine Pflicht zur „Beobachtung“ und ein Drängen auf „Zusicherungen“ der Türkei *Wissenschaftliche Dienste des Dtsch. Bundestags*, Völkerrechtliche Aspekte der Rückführung von Flüchtlingen in die Türkei durch die Deutsche Marine im Rahmen der NATO-Seeraumüberwachungsoperation in der Ägäis, WD 2–3000–040/16.

76 *Schlamp*, spiegel online v. 1.8.2018 („Asso Ventotto“); *Bachstein*, Süddeutsche Zeitung v. 31.7.2018.

77 EGMR Urt. v. 23.2.2012 – Hirsi Jamaa ua/Italien – Appl. Nr. 27765/09, NVwZ 2012, 809, mit weiteren Rechtsprechungsnachweisen.

78 Vgl. zu einem aus dem Refoulement-Verbot folgenden Einreiserecht oben Rn. 21.

79 Siehe zu einer Einschätzung dieser Fälle *Wissenschaftliche Dienste des Dtsch. Bundestags*, Seenotrettung im Mittelmeer – Rechte und Pflichten von Schiffen nach der SAR-Konvention und Ausprägungen des Refoulement-Verbots auf Hoher See, WD 2–3000–013/18.

Exklaven erreicht wird, sondern erst hinter einer Linie der die Einreise verhindernden spanischen Grenzschutzbehörden (**„Frontera Chicle" – sog. Kaugummigrenze**)[80], war **im Jahr 2017** bereits Gegenstand einer **Kammerentscheidung des EGMR.**[81] Der Gerichtshof hat hierin die **Konstruktion einer neutralen Zone** hinter der (geographischen) Landesgrenze ohne das Bestehen nach einer Einreise greifender Schutzrechte im Hinblick auf die Aufrechterhaltung (und Ausübung) spanischer Hoheitsgewalt in dieser Zone **verworfen** und die (unmittelbaren) Rückschiebungen nach Marokko als **Verstöße** gegen das **Verbot von Kollektivausweisungen** (Art. 4 ZP Nr. 4 zur EMRK) betrachtet. Das Verfahren ist derzeit auf Betreiben Spaniens bei der **Großen Kammer des EGMR** anhängig.[82]

Welche Bedeutung solche Sachverhalte im **Kontext des Art. 19 (und des Art. 18**) haben, 31
wird letztlich davon abhängen, **ob** die **GRC** (wie die EMRK) in gleicher Weise **extraterritorial anwendbar** ist und sich – bei unterstellter Anwendbarkeit – in diesen Fällen jedenfalls für das unter den engen tatbestandlichen Voraussetzungen des **Art. 18** geltende Refoulement-Verbot (Art. 33 Abs. 1 GFK; sog. Asyl-non-refoulement) eine **völkerrechtlich verbindliche Praxis der Staaten** feststellen lässt.[83]

c) systemic failure bei Dublin-Überstellungen

Ein **grundrechtliches Betätigungsfeld** – insbesondere für den EuGH – öffnet sich ferner bei 32
Dublin-Überstellungen. Mit einem **Urteil aus dem Jahr 2011**[84] hatte der **EGMR** die **konventionsrechtliche Verantwortlichkeit** auf der Grundlage des unionalen Systems der Zuständigkeitsverteilung für Asylverfahren abschiebender **Mitgliedstaaten** besonders hervorgehoben und betont, dass auch bei Überstellungen innerhalb der Union am Maßstab des Art. 3 EMRK eine **Verpflichtung** bestehe, sich hinsichtlich der **Zustände im Zielstaat** (Verfahrens- und Aufnahmebedingungen) **hinreichende Klarheit** zu verschaffen. Der Annahme einer **Regelvermutung**, die Behandlung Asylsuchender in den Mitgliedstaaten sei stets mit der EMRK vereinbar, ist der **EGMR entgegengetreten;** über die Kontrolle formeller Rechtsbindungen und Zusicherungen des Zielstaats hinaus bedürfe es auch hier einer solchen der Rechtswirklichkeit.[85] Diese Rechtsprechung des EGMR hat der **EuGH** erst **sehr spät aufgegriffen**[86], Dublin-Überstellungen jedoch bisher (nur) am unionalen Sekundärrecht und **nicht an unionalen Grundrechten** geprüft.[87] Gerade für Art. 19 (und Art. 18) ist die EGMR-Rechtsprechung aber **auslegungsleitend.**[88] Ihren **dogmatischen Standort** haben die Überlegungen des EGMR bei der nach **Art. 19 Abs. 2** erforderlichen **Gefahrenprognose**

---

80 Vgl. hierzu im Einzelnen *Koos/Thiel*, KJ 2015, 376.

81 EGMR Urt. v. 3.10.2017 – N.D. und N.T./Spanien – Appl. Nr. 8675/15 und 8697/15, hudoc.echr.coe.int.

82 Zugelassen am 29.1.2018; Anhörung am 26.9.2018.

83 Vgl. *Bernsdorff*, Art. 18 Rn. 21.

84 EGMR Urt. v. 21.1.2011 – M.S.S./Belgien und Griechenland – Appl. Nr. 30696/09, EuGRZ 2011, 243.

85 Vgl. *Arnauld*, EuGRZ 2011, 238: Eingriff des EGMR in einen menschenrechtlich sensiblen Bereich der EU-Flüchtlingspolitik. Ferner (S. 241): Durch die konventionsrechtliche Hintertür werden die Verteilungskriterien des Unionsrechts auf den Kopf gestellt.

86 Hierzu *Marx*, NVwZ 2017, 1595.

87 EuGH – C.K., H.F. und A.S., Rs. C-578/16 PPU, ECLI:EU:C:2017:127, Urt. v. 16.2.2017; EuGH – Jafari, Rs. C- 646/16, ECLI:EU:C:2017:586, Urt. v. 26.7.2017. Vgl. schon *Bernsdorff*, Art. 18 Rn. 17.

88 *Arnauld*, EuGRZ 2011, 242: normative Brücke zwischen Unionsgrundrechten und der EMRK.

(ernsthaftes Risiko)[89], die wegen ihrer Einzelfallbezogenheit einen argumentativen **Rückzug** allein auf **„systemische Mängel" (systemic failure)** im Zielstaat **nicht erlaubt.**[90]

d) Abschiebung von „Gefährdern"

33 Soweit es auf dem **Handlungsfeld des Ersten Teils Kapitel V AEUV** (Gewährleistung eines Raums der Freiheit, der Sicherheit und des Rechts) zu mitgliedstaatlichen Maßnahmen der **Verhütung (und Bekämpfung) von Terrorismus** kommen kann, besteht ein unmittelbarer (unionaler) Bezug zur **Aufenthaltsbeendigung von „Gefährdern"**. In Ermangelung einschlägiger Rechtsprechung des EuGH ist der Blick dabei auf jene des EGMR zu richten, dessen Judikatur der EuGH in dem genannten Kontext auch bisher schon (freiwillig) rezipiert hat. Hiervon ausgehend ist zu beobachten, dass der **EGMR in jüngster Zeit** gegen ihre Abschiebung gerichtete **Beschwerden** von als islamistische „Gefährder" eingestuften Personen vermehrt als **„unzulässig" (inadmissible)** zurückgewiesen hat.[91] Zwar wird – wie bisher – die **gesteigerte Verantwortlichkeit** des abschiebenden Konventionsstaats (bei der Gefährlichkeits- und Risikobewertung nach Art. 3 EMRK) – unter Bezugnahme auf ältere Rechtsprechung[92] – besonders betont; **dass** den darin gestellten **„Beweisanforderungen" genügt** werden kann, scheint allerdings **nicht (mehr) schlechthin unmöglich.**[93]

IV. Literaturübersicht

Alleweldt, Ralf, Schutz vor Abschiebung bei drohender Folter oder unmenschlicher oder erniedrigender Behandlung oder Strafe, Heidelberg 1996; *ders.*, Schutz vor Folter, Terrorismusverdacht, Zusicherung menschenwürdiger Behandlung: Das Chahal-Urteil des EGMR, NVwZ 1997, 1078; *von Arnauld, Andreas*, Konventionsrechtliche Grenzen der EU-Asylpolitik – Neujustierung durch das Urteil des EGMR im Fall M.S.S./. Belgien und Griechenland, EuGRZ 2011, 238; *Bank, Roland*, Schutz gegen Abschiebung aus Deutschland unter der EMRK bei nicht-staatlicher Gefährdung im Heimatland? – Der Fall T.I. gegen Vereinigtes Königreich, NVwZ 2002, 430; *Bauer, Ina*, Abschiebungen ohne Wirkungen?, NVwZ 2018, 471; *Bergmann, Jan Michael*, Das Menschenbild der Europäischen Menschenrechtskonvention, 1995; *Berlit, Uwe-Dietmar*, Umgang mit Gefährdern im Aufenthaltsrecht – Rechtsprechung des Bundesverwaltungsgerichts zu Abschiebungsanordnungen, ZAR 2018, 89; *Burgorgue-Larsen, Lorence/Levade, Anne/Picod, Fabrice*, Traité établissant une Constitution pour l'Europe. Commentaire article par article, Tome 2 – Partie II: La Charte des droits fondamentaux de l'Union, Bruxelles 2005; *Cassese, Antonio*, Can the Notion of Inhuman or Degrading Treatment be Applied to Socio-Economic Conditions?, EJIL 2(1991), 141; *Cremer, Hans-Joachim*, Der Schutz vor den Auslandsfolgen aufenthaltsbeendender Maßnahmen, 1994; *Doehring, Karl*, Die Rechtsnatur der Massenausweisung unter besonderer Berücksichtigung der indirekten Ausweisung, ZaöRV 45 (1985), 372; *Evans, Malcom D.*, Getting to Grips with Torture, ICLQ 51(2002) 2, 365; *Frenz, Walter*, EU-Recht gegen das Flüchtlingselend – Einordnung und Folgerungen aus Lampedusa, ZAR 2014, 1; *Frowein, Jochen Abr.*, Der europäische Grundrechtsschutz und die deutsche Rechtsprechung, NVwZ 2002, 29; *ders./Zimmermann, Andreas*, Der völkerrechtliche Rahmen für die Reform des deutschen Asylrechts, BAnz. 45 (1993), Beilage Nr. 42 a; *Gleß, Sabine (Hrsg.)*, Auslieferungsrecht der Schengen-Vertragsstaaten. Neuere Entwicklungen, Freiburg/Br. 2002; *Gornig, Gilbert-Hanno*, Das „non-refoulement"-Prinzip, ein Menschenrecht „in statu nascendi", EuGRZ 1986, 521; *Groß, Thomas*, Migrationsrelevante Freiheitsrechte der EU-Grundrechtecharta, ZAR 2013, 106;

---

89 Vgl. oben Rn. 22.

90 *Marx*, NVwZ 2017, 1596 f.; auch *Hoppe*, Eilrechtsschutz gegen Dublin II-Überstellungen, S. 110 ff., 114 ff.

91 EGMR Urt. v. 7.11.2017 – X./Deutschland – Appl. Nr. 54646/17, hudoc.echr.coe.int; EGMR Urt. v. 27.9.2018 – Haikel S./Deutschland – Appl. Nr. 7675/18, hudoc.echr.coe.int.

92 Etwa EGMR Urt. v. 28.2.2008 – Saadi/Italien – Appl. Nr. 37201/06, NVwZ 2008, 1330, und EGMR Urt. 17.1.2012 – Othman (Abu Qatada)/Großbritannien. Appl. Nr. 8139/09, NVwZ 2013, 487.

93 In den genannten Urteilen hat der EGMR die Ermittlungen nationaler Gerichte zum Vorliegen einer inländischen Fluchtalternative und zur Reliabilität einer Zusicherung des Zielstaats der Abschiebung als ausreichend erachtet. Vgl. auch *Berlit*, ZAR 2018, 89.

Guild, Elspeth, Immigration Law in the European Community, The Hague 2001; *Gusy, Christoph*, Zur Bedeutung von Art. 3 EMRK im Ausländerrecht, ZAR 1993, 63; *ders.*, Menschenrechtlicher Abschiebungsschutz, InfAuslR 2000, 313; *Hailbronner, Kay*, Art. 3 EMRK – ein neues europäisches Konzept der Schutzgewährung?, DÖV 1999, 617; *ders.*, Aufnahme von Flüchtlingen aus Ländern mit prekären Lebensbedingungen und Bürgerkrieg, ZAR 2014, 306; *Hinterberger, Kevin Fredy/Klammer, Stephan*, Abschiebungsverbote aus gesundheitlichen Gründen: Die aktuelle EGMR- und EuGH-Rechtsprechung zu Non-Refoulement und deren Auswirkungen, NVwZ 2017, 1180; *Hoppe, Michael*, Eilrechtsschutz gegen Dublin II-Überstellungen, Baden-Baden 2013; *Koos, Dominik/Thiel, Kevin*, Kaugummigrenze? – Push-Backs in Melilla und Ceuta, KJ 2015, 376; *Korinek, Karl/Holoubek, Michael*, Österreichisches Bundesverfassungsrecht, Wien Stand Dez. 2011; *Lorz, Ralph Alexander/Sauer, Heiko*, Wann genau steht Art. 3 EMRK einer Auslieferung oder Ausweisung entgegen?, EuGRZ 2010, 389; *Marx, Reinhard*, Abschiebungsschutz bei fehlendem staatlichem Schutz: Die neuere Rechtsprechung des EGMR, NVwZ 1998, 153; *Mock, William/Demuro, Gianmario*, Commentary on the Charter of Fundamental Rights of the European Union, Durham 2010; *Möhlenbeck, Michaela*, Das absolute Folterverbot, Frankfurt am Main u.a. 2008; *Nowak, Manfred*, Die UNO-Konvention gegen die Folter vom 10. Dezember 1984, EuGRZ 1985, 109; *ders.*, Schutz Fremder vor willkürlicher Ausweisung gemäß Art. 13 CCPR, in: Nowak, Manfred (Hrsg.), UNO-Pakt über bürgerliche und politische Rechte und zum Fakultativprotokoll, CCPR-Kommentar, Kehl 1989, S. 233; *Nußberger, Angelika*, Menschenrechtsschutz im Ausländerrecht, NVwZ 2013, 1305; *Pfersich Andreas*, Zur Feststellung eines nationalen Abschiebungsverbots zugunsten eines subsidiär Schutzberechtigten, ZAR 2018, 272; *Schorkopf, Frank*, Zu Fragen des Europäischen Haftbefehls, JZ 2008, 1047; *Thiesen, Christopher*, Abschiebung Verfolgter aus Sicherheitsgründen, Köln 2018; *Vogel, Joachim*, Abschaffung der Auslieferung? – Kritische Anmerkungen zur Reform des Auslieferungsrechts in der Europäischen Union, JZ 2001, 937; *Weber, Felix*, Die Europäische Menschenrechtskonvention und die Türkei, DÖV 2016, 921; *Zeichen, Sigrid*, Ausweisungsschutz für integrierte Fremde. Eine Untersuchung der Rechtsprechung des Europäischen Gerichtshofes für Menschenrechte zu Art. 8 EMRK, ZÖR 57 (2002), 359; *Zimmermann, Andreas*, Die Auslieferung Deutscher an Staaten der Europäischen Union und internationale Strafgerichtshöfe. Überlegungen zum neuen Art. 16 Abs. 2 S. 2 GG, JZ 2001, 233; *Zühlke, Susanne/Pastille, Jens-Christian*, Extradition and the European Convention. Soering Revisited, ZaöRV 59 (1999), 749.

Titel III Gleichheit

Vorbemerkungen[1]

I. Vorgaben

1. Europäischer Rat von Köln

1 Der Europäische Rat von Köln 1999 hat die Auffassung vertreten, die Charta solle ua die Gleichheitsrechte umfassen, wie sie in der EMRK gewährleistet seien und wie sie sich aus den gemeinsamen Verfassungsüberlieferungen der Mitgliedstaaten als allgemeine Grundsätze des Gemeinschaftsrechts ergäben. Außerdem seien bei der Ausarbeitung der Charta **soziale Rechte** zu berücksichtigen, wie sie in der Europäischen Sozialcharta des Europarats und in der Gemeinschaftscharta der sozialen Grundrechte der Arbeitnehmer enthalten seien (siehe Art. 151 AEUV (Art. 136 EGV-Nizza)), soweit sie nicht nur Ziele für das Handeln der Union begründeten.[2]

2 Diese Vorgaben hat der Konvent in dem Titel „Gleichheit“ wie folgt umgesetzt: Der Titel beginnt mit dem **allgemeinen Gleichheitssatz** (Art. 20); Art. 21 und 23 enthalten **Diskriminierungsverbote** und einen **besonderen Gleichheitssatz** (→ Rn. 28 ff.). Überzeugend ist das wegen des engen Zusammenhangs, der zwischen diesen Gleichheitsregelungen besteht.[3] Art. 22 („Vielfalt“) steht unvermutet unter der Überschrift „Gleichheit“. Die übrigen drei Artikel des Titels (Art. 24, 25, 26) sind als **soziale Rechte** einzustufen und deshalb in dem Gleichheitskapitel nicht richtig platziert.[4] Das war dem Konvent allerdings bewusst (→ Art. 24 Rn. 10; → Art. 25 Rn. 7 f.; → Art. 26 Rn. 9 ff.). Die Komposition des Titels ist also nicht stringent.

3 Der **Vertrag von Lissabon** hat (außer der Umbenennung der Kapitel in Titel) nur Kleinigkeiten geändert: Aus „Männer und Frauen“ in Art. 23 wurde „Frauen und Männer“; in Art. 24 Abs. 2 wurde öffentliche „Einrichtungen“ zu öffentlichen „Stellen“.

---

1 Der Verfasser gibt in der Kommentierung ausschließlich seine persönliche Meinung wieder. Er dankt *Tatjana Chionos* für ihre wertvolle Mitarbeit.

2 *Bernsdorff/Borowsky*, Protokolle, S. 59.

3 Die Bedeutung des Zusammenhangs in der Rechtsprechung des EuGH wird herausgearbeitet von *Sattler*, in: Ipsen/Schmidt-Jortzig, S. 254.

4 *Grabenwarter*, DVBl. 2001, 6; *Philippi*, Charta der Grundrechte, S. 24; zustimmend *Frenz*, Handbuch Europarecht 4, Rn. 3166; aA *Winner*, Die Europäische Grundrechtecharta, S. 195 f.; *Vedder/Heintschel von Heinegg/Folz*, Unionsrechte, Art. 20 GRC Rn. 1.

2. Überblick über die Gleichheitsregelungen im europäischen Verfassungsverbund

Es ist eine **Vielzahl von Gleichheitsregelungen** auf allen in Betracht kommenden Verfassungsebenen zu verzeichnen. Sie sind im internationalen Recht beispielsweise in der EMRK und der Europäischen Sozialcharta, die oben erwähnt wurden (→ Rn. 1), enthalten. Auch das Unionsrecht kennt viele Gleichheitsregelungen (→ Rn. 15 ff.).[5] In allen Verfassungen der Mitgliedstaaten sind Gleichheitsregelungen enthalten; in Deutschland gilt das nicht nur für den Gesamtstaat (das Grundgesetz), sondern zum Teil auch für die Gliedstaaten (die Landesverfassungen) und das Kommunalrecht.[6] Auf die Ausprägungen der Gleichheitsregelungen durch die Rechtsprechung ist wegen der großen Bedeutung gerade für das Unionsrecht besonders hinzuweisen. Die Gleichheitsregelungen in den Verfassungen haben zum Teil dieselben, zum Teil unterschiedliche Adressaten. Eine übergreifende Dogmatik gibt es erst in Ansätzen; ihre Entwicklung wird noch einige Zeit in Anspruch nehmen.[7] 4

II. Gleichheitsregelungen in Verfassungs- und Vertragsentwürfen

Grundrechte und damit auch Gleichheitsregelungen werden in älteren Überlegungen, Europa zu verfassen, nur selten behandelt.[8] Dies verdeutlicht die große Bedeutung der Charta. 5

1. Drei Entwürfe des Europäischen Parlaments (1984, 1989 und 1994)

Das Europäische Parlament hat **1984** den Entwurf eines **„Vertrags zur Gründung der Europäischen Union“** verabschiedet.[9] Art. 4 des Entwurfs beschäftigt sich explizit mit Grundrechten. Unter den Schutz der Union wird die Würde des Einzelnen gestellt. Im Übrigen werden Grundrechte nicht aufgeführt; vielmehr wird Bezug genommen auf die gemeinsamen Grundsätze der Verfassungen der Mitgliedstaaten, die EMRK und die Europäische Sozialcharta.[10] 6

In seiner **„Erklärung der Grundrechte und Grundfreiheiten“** hat das Europäische Parlament **1989**[11] die Rechtsgleichheit in Art. 3 im Anschluss an die Menschenwürde und das Recht auf Leben so normiert: 7

„1. Innerhalb des Geltungsbereichs des Gemeinschaftsrechts sind alle Menschen vor dem Recht gleich.

---

5 *Ehlers/Kingreen*, Grundrechte, § 17 Rn. 1.

6 Siehe zB Art. 15 Gemeindeordnung für den Freistaat Bayern, GVBl. 1998, 796: Gemeindeangehörige „haben gegenüber der Gemeinde die gleichen Rechte und Pflichten“.

7 *Ehlers/Kingreen*, Grundrechte, § 17 Rn. 1; *Plötscher*, Der Begriff der Diskriminierung, S. 320 f.

8 Ausführlich *Häberle/Kotzur*, Eur. Verfassungslehre, S. 360 ff.

9 ABl. 1984 Nr. C 77 S. 33.

10 Art. 4 des Entwurfs lautet auszugsweise:
„1. Die Union schützt die Würde des Einzelnen und räumt jeder unter ihrer Rechtshoheit stehenden Person die Grundrechte und Grundfreiheiten ein, die sich insbesondere aus den gemeinsamen Grundsätzen der Verfassungen der Mitgliedstaaten und der Europäischen Konvention zum Schutz der Menschenrechte und Grundfreiheiten ergeben.
2. Die Union verpflichtet sich, die wirtschaftlichen, sozialen und kulturellen Rechte, die sich aus den Verfassungen der Mitgliedstaaten und der Europäischen Sozialcharta ergeben, nach Maßgabe ihrer Zuständigkeiten aufrechtzuerhalten und auszubauen.
3. Innerhalb einer Frist von fünf Jahren beschließt die Union über ihren Beitritt zu den vorgenannten internationalen Vertragswerken sowie zu den Pakten der Vereinten Nationen über bürgerliche und politische Rechte und über wirtschaftliche, soziale und kulturelle Rechte. Innerhalb der gleichen Frist verabschiedet die Union nach dem in Art. 84 dieses Vertrags vorgesehenen Vertragsänderungsverfahren ihre eigene Grundrechtserklärung […]“.

11 Am 12.4.1989; ABl. 1989 Nr. C 120 S. 52.

2. Jede Benachteiligung, die insbesondere in der Rasse, der Hautfarbe, im Geschlecht, in Sprache, Religion, in den politischen oder sonstigen Anschauungen, in nationaler oder sozialer Herkunft, in der Zugehörigkeit zu einer nationalen Minderheit, im Vermögen, in der Geburt oder im sonstigen Status begründet ist, ist verboten.
3. Jede Diskriminierung zwischen den europäischen Bürgern aus Gründen der Staatsangehörigkeit ist verboten.
4. Die Gleichheit von Männern und Frauen vor dem Gesetz, insbesondere im Berufsleben, im Bildungswesen, in der Familie, im Bereich des sozialen Schutzes und im Ausbildungswesen, ist zu gewährleisten."

Formuliert wurde damit eine Gleichheitsregelung aus einem Guss. Sie fasste zusammen den (allerdings auf den Geltungsbereich des Gemeinschaftsrechts beschränkten) allgemeinen Gleichheitssatz, umfassende Diskriminierungsverbote sowie ein spezielles Gebot, die Gleichheit von Männern und Frauen zu gewährleisten.

8 Der Entwurf einer **„Verfassung der Europäischen Union"** ist Gegenstand einer Entschließung des Europäischen Parlaments aus dem Jahr **1994**.[12] Eine Stärke des Entwurfs liegt darin, dass er die Grund- und Menschenrechte formuliert. Etwas ungeschickt heißt es in Art. 7 des Entwurfs, dass die Union und die *Mitgliedstaaten* die *Achtung* der in Titel VIII *aufgeführten* Rechte gewährleisten; der Titel selbst ist allerdings mit „von der *Union verbürgte Menschenrechte*" überschrieben. Die „Rechtsgleichheit" ist wie folgt formuliert:

„a) Alle Menschen sind vor dem Gesetz gleich.
b) Jede Benachteiligung, die in der Rasse, der Hautfarbe, im Geschlecht, in Sprache, in Religion, in politischen oder sonstigen Anschauungen, in nationaler oder sozialer Herkunft, in der Zugehörigkeit zu einer nationalen Minderheit, in Vermögen, in der Geburt oder im sonstigen Status begründet ist, ist verboten.
c) Die Gleichheit von Männern und Frauen ist zu gewährleisten."

2. Sonstige Entwürfe vor der Charta

9 In dem **„Verfassungsvertrag der Gemeinschaft der Vereinigten Europäischen Staaten"**[13] aus dem Jahr 1987 ist lediglich ein Diskriminierungsverbot aus Gründen der Staatsangehörigkeit enthalten. Mit **„Bundesstaat Europäische Union"** ist ein Verfassungsentwurf von 1988 überschrieben.[14] Neben einigen anderen Normen, die im Zusammenhang mit dem Gleichheitskapitel stehen, ist vor allem Art. 13 des Entwurfs (Gleichheit) von Bedeutung:

„1. Jeder ist vor dem Gesetz gleich.
2. Niemand darf wegen seines Geschlechts, seiner Nationalität, seiner Herkunft, seiner Rasse oder seiner religiösen oder politischen Anschauung benachteiligt oder bevorzugt werden.
3. Männer und Frauen erhalten gleiches Entgelt bei gleicher Arbeit."

Möglicherweise unbeabsichtigt ist damit ein generelles, nicht auf Unionsbürger beschränktes Diskriminierungsverbot wegen der Nationalität vorgeschlagen worden.

---

12 ABl. 1994 Nr. C 61 S. 155.
13 „Ein realistischer Entwurf" von *Franz Cromme*.
14 Luster (Hrsg.), erarbeitet von *Rudolf Luster*, *Gero Pfennig* und *Friedrich Fugmann*.

3. Entwürfe nach der Charta[15]

Im Jahr 2001 ist ein Textentwurf **„Eine Verfassung für Europa"** vorgelegt worden.[16] Der erste Abschnitt des Entwurfs basiert auf der Charta.[17] Wie in der Charta ist im Kapitel III die Gleichheit geregelt. Dort finden sich einige Abweichungen von der Charta,[18] auf die bei der Kommentierung der einzelnen Artikel eingegangen wird. 10

Der **„Vertrag über die Europäische Union"**[19] inkorporiert die Grundrechtecharta,[20] abgesehen von der Präambel. Die Transparenz des Vertrags wird dadurch beeinträchtigt, dass er trotzdem am Anfang[21] auch Art. 6 Abs. 3 EUV (Art. 6 Abs. 2 EUV-Nizza) übernimmt, mithin die Achtung der Grundrechte zusätzlich vorschreibt, die sich aus der EMRK und den gemeinsamen Verfassungsüberlieferungen ergeben.[22] Außerdem enthält der Vertrag 11

---

15 Siehe auch die Formulierungsvorschläge von *de Búrca* in CONV703/03 vom 28.4.2003, S. 11, 31 ff.

16 Von *Dimitrios Argirakos* und *Peter Lüdemann*, 2001.

17 *Argirakos/Lüdemann*, Verfassung für Europa, S. 139.

18 Die Vorschriften lauten:
„Artikel 33 Gleichheit vor dem Gesetz
Alle Personen sind vor dem Gesetz gleich.
Artikel 34 Nichtdiskriminierung
Diskriminierungen insbesondere wegen des Geschlechts, der Rasse, der Hautfarbe, der ethnischen oder sozialen Herkunft, der genetischen Merkmale, der Sprache, der Religion oder der Weltanschauung, der politischen oder sonstigen Anschauung, der Zugehörigkeit zu einer nationalen Minderheit, des Vermögens, der Geburt, einer Behinderung, des Alters oder der sexuellen Ausrichtung sind verboten und unter Strafe zu stellen.
Artikel 35 Gleichheit von Männern und Frauen
(1) Männer und Frauen sind gleichberechtigt.
(2) Die Gleichheit von Männern und Frauen ist in allen Bereichen, auch auf dem Gebiet der Beschäftigung, der Arbeit und des Arbeitsentgelts, durch die Nation und ihre Mitgliedstaaten sicherzustellen.
(3) Der Gleichheit steht die Beibehaltung oder Einführung spezifischer Vergünstigungen für das unterrepräsentierte Geschlecht nicht entgegen, soweit diese in einem besonders hohen Maße verhältnismäßig sind.
Artikel 36 Recht des Kindes
(1) Kinder stehen unter besonderem Schutz der Nation und ihrer Mitgliedstaaten und haben Anspruch auf den Schutz und die Fürsorge, die für ihr Wohlergehen notwendig sind. Sie können ihre Meinung frei äußern. Ihre Meinung soll in den Angelegenheiten, die sie betreffen, in einer ihrem Alter und Reifegrad entsprechenden Weise berücksichtigt werden.
(2) Bei allen Kinder betreffenden Maßnahmen öffentlicher oder privater Einrichtungen muss das übergeordnete Interesse des Kindes eine vorrangige Erwägung sein.
(3) Jedes Kind hat Anspruch auf regelmäßige persönliche Beziehungen und direkten Kontakt zu beiden Elternteilen, es sei denn, dies steht seinen Interessen entgegen.
(4) Uneheliche Kinder sind ehelichen gleichgestellt, es sei denn, das übergeordnete Interesse des Kindes gebietet etwas anderes.
Artikel 37 Integration von behinderten Menschen
(1) Die Nation und ihre Mitgliedstaaten unterstützen im Rahmen ihrer Möglichkeiten den Anspruch behinderter Menschen darauf, dass für sie Maßnahmen zur Gewährleistung ihrer Eigenständigkeit, ihrer sozialen und beruflichen Eingliederung und ihrer Teilnahme am Leben der Gemeinschaft getroffen werden.
(2) Entsprechende Mittel sind im Haushalt vorzusehen."

19 Von *Rupert Scholz*, ZG Sonderheft 2002.

20 Art. 9 bis 62 des Vertrags.

21 Art. 4 Abs. 2 des Vertrags.

22 Zur Diskussion einer solchen Doppelung im Europäischen Konvent: Schlussbericht der Gruppe II über die Charta CONV 354/02 vom 22.10.2002, S. 9 f.

ebenfalls am Anfang[23] ein Diskriminierungsverbot, das dem Art. 18 und 19 AEUV (Art. 12 und 13 EGV-Nizza) entspricht. Das Verhältnis dieses Verbots zu Art. 21[24] ist unklar.

12 Der **„Berliner Entwurf – Verfassung für die Europäische Union“**[25] regelt die Gleichheit recht unübersichtlich. Er schreibt eingangs vor, die Europäische Union achte die Grundrechte nach Maßgabe der Charta als allgemeine Rechtsgrundsätze; sie beruhe außerdem auf der Achtung der Menschenrechte und Grundfreiheiten.[26] Die Diskriminierung aus Gründen der Staatsangehörigkeit wird an zwei Stellen untersagt[27] und die Union ermächtigt, aus den auch in Art. 21 Abs. 1 genannten Gründen Maßnahmen zur Bekämpfung von Diskriminierungen zu ergreifen.[28] Später wird unter der Überschrift „Die Sozialunion und der Binnenmarkt“ noch ausgesprochen, dass die Chancengleichheit und die Gleichbehandlung von Männern und Frauen in Arbeits- und Beschäftigungsfragen in der EU zu gewährleisten sind.[29] Das bleibt erheblich hinter Art. 23 zurück. Im Anschluss daran wird normiert, dass „diskriminierende und beschränkende“ Maßnahmen aus zahlreichen, nicht abschließend aufgeführten Gründen gerechtfertigt werden können.[30]

13 Der Entwurf einer **„Verfassung der Europäischen Union“**[31] übernimmt die Grundrechtecharta (abgesehen von der Präambel) fast wörtlich. Ebenso verfährt der **„First Green Draft for a European Constitution“**,[32] der EVP-Entwurf **„The Constitution of the European Union“**[33] sowie das **„Progetto di Costituzione dell'Unione Europea“**.[34] Die beiden letztgenannten Entwürfe sehen lediglich leichte Modifikationen beispielsweise an den horizontalen Klauseln (Art. 51–54) vor. Im so genannten Prodi-Entwurf einer **„Verfassung der Europäischen Union“**[35] wie auch im Entwurf **„Eine Europäische Verfassung“**[36] wird die Charta als integraler Bestandteil der Verfassung bezeichnet. Dies geschieht ebenso im **„Budapester Verfassungsentwurf“**.[37] Demzufolge kann allerdings jeder Unionsbürger „vor dem Europäischen Gerichtshof oder dem Gericht Erster Instanz wegen der Verletzung seiner Grundrechte durch Organe oder Institutionen der Union klagen.“ Der **„Freiburger Entwurf für einen Europäischen Verfassungsvertrag“**[38] nennt auch die Charta als seinen Bestandteil. Zusätzlich wird der Union und den Mitgliedstaaten jede Diskriminierung aus

---

23 Art. 5 des Vertrags. Als Redaktionsversehen ist es zu werten, dass der Artikel auf Art. 251 verweist. Dieser Verweis traf nur für den EG-Vertrag zu; in diesem Vertragsentwurf hingegen regelt Art. 251 die Umweltpolitik.

24 Entspricht dem Art. 29 des Vertrags.

25 Von *Günter Gloser* und *Michael Roth* (im Folgenden: Berliner Entwurf), in: Schäfer, Anton, Verfassungsentwürfe zur Gründung einer Europäischen Union (1923–2004), http://verfassungsvertrag.eu (zuletzt aufgerufen am 30.11.2018), Kap. III.4.

26 Art. 2 Abs. 1, 2 des Berliner Entwurfs.

27 Art. 35 Abs. 2 des Berliner Entwurfs.

28 Art. 5 des Berliner Entwurfs.

29 Art. 32 des Berliner Entwurfs.

30 Art. 36 des Berliner Entwurfs.

31 Vorschlag an den Konvent „Zukunft der Europäischen Union“ von *Jo Leinen*, 2002, in: Kleger, S. 691 ff.

32 Von *Seiffert, Lührmann, Nouripour,* September 2002, (Fn. 25), Kap. III.02.

33 Vom 10.11.2002, (Fn.25), Kap. III.12.

34 Vorschlag des Konventsmitglieds *Elena Ornella Paciotti*, CONV 335/02 vom 10.10.2002, (Fn. 25), Kap. III.08.

35 Vgl. Fn. 25, Kap. III.11.

36 Vorschlag des Konventsmitglieds *Robert Badinter*, CONV 317/02 vom 30.9.2002, (Fn. 25), Kap. III.07; dieser Entwurf normiert zusätzlich die Gleichheit der Unionsbürger vor dem Unionsrecht.

37 Aus dem Jahr 2003 (Fn. 25), Kap. III. 14.

38 Europa-Institut Freiburg eV, 12.11.2002, Vorschlag des Konventsmitglieds *Erwin Teufel*, CONV 495/03 vom 20.1.2003, (Fn. 25), Kap. III.13.

Gründen der Staatsangehörigkeit verboten (siehe Art. 21 Abs. 2). Der **„Constitutional Treaty of the European Union"**[39] ergänzt einen auf Art. 6 Abs. 2 EUV-Nizza basierenden Artikel um die Bezugnahme auf die Charta. Die **„Constitution of the European Union"**[40] integriert die Charta zwar zu großen Teilen, ändert jedoch sowohl Inhalt als auch Struktur. Die Gleichheitsartikel sind unverändert übernommen. Auch in **„A Fundamental Law of the European Union"**[41] werden die Gleichheitsartikel beibehalten. Der Entwurf für eine **„Charta der Digitalen Grundrechte der Europäischen Union"** enthält in Art. 3 eine Gleichheitsregelung: Satz 1 zufolge hat jeder Mensch das Recht auf eine gleichberechtigte Teilhabe in der digitalen Sphäre; Satz 2 verweist auf Art. 21 GRC.[42] Das ist überflüssig.

III. Gleichheitsregelungen im EUV und im AEUV

Auch außerhalb der Charta finden sich im EUV und im AEUV **zahlreiche Regelungen** zur **Gleichheit, Diskriminierung** und **Nichtdiskriminierung.**[43] 14

Bereits die Präambel des EUV weist auf das religiöse und humanistische Erbe Europas hin, aus dem sich die **Gleichheit** als **universeller Wert** entwickelt habe.[44] Gemäß Art. 2 EUV gründet sich die Union auch auf den Wert der Gleichheit. Er ist allen Mitgliedstaaten in einer Gesellschaft gemeinsam, die sich durch Pluralismus, Nichtdiskriminierung und die Gleichheit von Frauen und Männern auszeichnet. Die Union lässt sich bei ihrem Handeln auf internationaler Ebene vom Grundsatz der Gleichheit leiten (Art. 21 EUV). Sie achtet die Gleichheit der Mitgliedstaaten vor den Verträgen (Art. 4 Abs. 2 S. 1 EUV); diese können sich nicht auf den allgemeinen Gleichheitssatz berufen.[45] Ferner achtet die Union den Grundsatz der Gleichheit ihrer Bürgerinnen und Bürger, denen gemäß Art. 9 S. 1 EUV ein gleiches Maß an Aufmerksamkeit seitens der Organe, Gerichte und sonstigen Stellen der Union zuteil wird. Jede Diskriminierung aus Gründen der Staatsangehörigkeit ist gemäß Art. 18 Abs. 1 AEUV verboten. 15

Die Union achtet außerdem den Status, den weltanschauliche Gemeinschaften nach den einzelstaatlichen Rechtsvorschriften genießen in gleicher Weise wie den Status von Kirchen und religiösen Vereinigungen oder Gemeinschaften (Art. 17 Abs. 1, 2 AEUV). Die Gleichbehandlung zählt ferner zu den gemeinsamen Werten der Union in Bezug auf Dienste von allgemeinem Interesse (Art. 14 AEUV; Art. 1 Protokoll (Nr. 26) über Dienste von allgemeinem Interesse). 16

Die Union bekämpft Diskriminierungen und fördert die **Gleichstellung** von **Frauen** und **Männern** (Art. 3 Abs. 3 UAbs. 1 EUV). Der Gleichstellung von Frau und Mann im Erwerbsleben widmet sich umfänglich Art. 157 AEUV. Die Union unterstützt und ergänzt die Tätigkeit der Mitgliedstaaten im Hinblick auf die Chancengleichheit von Männern und Frauen auf dem Arbeitsmarkt und die Gleichbehandlung am Arbeitsplatz, damit die Ziele der Sozialpolitik (Art. 151 AEUV) verwirklicht werden können (Art. 153 Abs. 1 lit. i) 17

---

39 Entwurf von *Alan Dashwood, Michael Dougan, Christophe Hillion, Angus Johnston* und *Eleanor Spavent*, eingebracht im Konvent von *Peter Hain*, CONV 345/02 REV 1 vom 16.10.2002, (Fn. 25), Kap. III.09.

40 Von *Franklin Dehousse, Wouter Coussens* (European Policy Center) vom 17.9.2002, (Fn. 25), Kap. III.06.

41 *The Spinelli Group, Bertelsmann Stiftung*, 2013.

42 Näher *Ingold*, ZG 2018, 193, 201.

43 Ausführlich zum historischen Kontext *Grabenwarter/Schmahl*, Grundrechteschutz, § 15 Rn. 7 ff.

44 *Meyer*, Präambel Rn. 31; zur Entwicklung des Gleichheitsgrundsatzes siehe auch *Mock/Demuro/Celotto*, Human Rights, Art. 20, S. 1 f.

45 *Grabenwarter/Schmahl*, Grundrechteschutz, § 15 Rn. 162.

AEUV). Die Union wirkt darauf hin, Ungleichheiten zu beseitigen und die Gleichstellung von Männern und Frauen zu fördern (Art. 8 AEUV). Sie zielt darauf ab, „Diskriminierungen aus Gründen des Geschlechts, der Rasse, der ethnischen Herkunft, der Religion oder der Weltanschauung, einer Behinderung, des Alters oder der sexuellen Ausrichtung zu bekämpfen" (Art. 10 AEUV). Geeignete Vorkehrungen können gemäß Art. 19 Abs. 1 AEUV getroffen werden, um Diskriminierungen aus den auch in Art. 8 AEUV genannten Gründen zu bekämpfen.

18 Verbote von mengenmäßigen Beschränkungen gemäß Art. 34 und 35 AEUV dürfen gemäß Art. 36 S. 2 AEUV kein „Mittel zur willkürlichen Diskriminierung" sein. Jede Diskriminierung zwischen Erzeugern und Verbrauchern innerhalb der Union ist gemäß Art. 40 Abs. 2 UAbs. 1 AEUV auszuschließen. Schutzbestimmungen im Niederlassungsrecht sind gemäß Art. 50 Abs. 2 lit. g) AEUV gleichwertig zu gestalten. Die Mitgliedstaaten stellen die Staatsangehörigen der anderen Mitgliedstaaten in Bezug auf Kapitalbeteiligung (Art. 54 AEUV) den eigenen Staatsangehörigen gleich (Art. 55 AEUV). Nationale Beschränkungen des Kapital- und Zahlungsverkehrs (Art. 63 AEUV) dürfen kein Mittel zur willkürlichen Diskriminierung sein (Art. 65 Abs. 3 AEUV). Im Raum der Freiheit, der Sicherheit und des Rechts sind Staatenlose den Staatsangehörigen gleichgestellt (Art. 67 Abs. 2 S. 2 AEUV). Art. 95 Abs. 1 AEUV verbietet bestimmte Diskriminierungen im Verkehrsrecht. Bestimmte Beihilfen sind mit dem Binnenmarkt vereinbar, wenn sie ohne Diskriminierung gewährt werden (Art. 107 Abs. 2 lit. a) AEUV). Aufgabe des Europäischen Fonds für regionale Entwicklung ist es, zum Ausgleich der wichtigsten regionalen Ungleichgewichte in der Union beizutragen (Art. 176 AEUV). Gleichheitsregelungen in Bezug auf die Assoziierung der überseeischen Länder und Hoheitsgebiete enthalten Art. 199 Nr. 4 und 5 sowie Art. 200 Abs. 5 AEUV. Maßnahmen der humanitären Hilfe werden im Einklang mit dem Grundsatz der Nichtdiskriminierung durchgeführt (Art. 214 Abs. 2 AEUV). Die Mitgliedstaaten ergreifen zur Bekämpfung von Betrügereien, die sich gegen die finanziellen Interessen der Union richten und die sich gegen ihre eigenen finanziellen Interessen richten, die gleichen Maßnahmen (Art. 325 Abs. 2 AEUV). Die sich hieraus ergebende verstärkte Zusammenarbeit darf für den Handel zwischen den Mitgliedstaaten keine Diskriminierung darstellen (Art. 326 S. 2 AEUV).

IV. Formulierung des Gleichheitstitels

19 Zu Recht wird kritisiert, dass die Charta **nicht stringent formuliert** ist.[46] Insoweit wird sie der Vorgabe des Europäischen Rats von Köln nicht in vollem Umfang gerecht, „die überragende Bedeutung der Grundrechte und ihre Tragweite für die Unionsbürger sichtbar zu verankern".[47]

20 Im Gleichheitstitel findet sich der Terminus **„Person"** (Art. 20) ebenso wie der Terminus **„Mensch"** (Art. 25, 26).[48] Der Charta zufolge ist die Würde des „Menschen" unantastbar (Art. 1 S. 1), aber alle „Personen" sind vor dem Gesetz gleich (Art. 20). In Deutschland hat die Verwendung der unterschiedlichen Begriffe verständlicherweise die Frage hervorgerufen, welche unterschiedlichen Inhalte die Begriffe bezeichnen.[49] Es handelt sich um Synonyme, die aufgrund missglückter Übersetzung der französischen Ausgangsfassung unter-

46 *Borowsky*, DRiZ 2001, 284.
47 *Bernsdorff/Borowsky*, Protokolle, S. 59.
48 Ausführlich zur Terminologie *Glock*, S. 225 f.
49 Siehe zB BT-Drs. 14/4720; *Glock*, S. 225.

schiedlich lauten.[50] Dies erklärt die Divergenz im deutschen Text, beseitigt sie für den unbefangenen Unionsbürger aber nicht. Weil es keinen Unterschied zwischen Mensch und Person gibt, hätte die Charta im Anschluss an Art. 1 durchgängig von „Mensch" sprechen sollen.[51]

Unnötig erscheint die **Doppelung „anerkennen** und **achten"** in Art. 25 und 26,[52] Art. 34 Abs. 1, 3 und Art. 36. In Art. 22 ist nur von „achten" die Rede (ebenso Art. 7 (Achtung), Art. 11 Abs. 2, Art. 13 S. 2 und 48 Abs. 2 (Achtung) während Art. 16 nur von „anerkennen" spricht). Ein „Recht" (Art. 25) bzw. einen „Anspruch" (Art. 26), das bzw. den die Union achtet, anerkennt sie zwangsläufig auch. Nur etwas Existentes kann geachtet werden.[53] Achtung ohne Anerkennung ist begrifflich kaum denkbar.[54] Das **Anerkennungsgebot** bleibt also hinter dem **Achtungsgebot** zurück und ist deshalb überflüssig. Dieses Rangverhältnis zeigt sich auch darin, dass die Würde des Menschen gemäß Art. 1 zu „achten" (und zu schützen) ist, und nicht etwa nur „anzuerkennen". Im Gleichheitstitel sind die Vielfalt (Art. 22), sowie die Ansprüche älterer (Art. 25) und behinderter Menschen (Art. 26) zu achten. 21

Es ist schwierig zu bestimmen, was es genau besagt, dass die Union einen **Anspruch** zu **„achten"** hat. Fest steht, dass der Anspruch durch das Gebot, ihn zu achten nicht geschaffen, sondern vorausgesetzt wird. Das Achtungsgebot ist schwächer als das Gebot, etwas zu „schützen",[55] „sicherzustellen" (→ Art. 23 Rn. 23) oder zu „bewahren".[56] Hat die Union etwas zu „achten", so darf sie es nicht von sich aus unverhältnismäßig beeinträchtigen. Sie hat eine **Rechtspflicht**, unverhältnismäßige **Beeinträchtigungen** zu **unterlassen,**[57] dh Eingriffe in den Kernbereich. Bloße Berücksichtigung reicht nicht,[58] jede Missachtung ist eine Rechtsverletzung.[59] Das Achtungsgebot beinhaltet kein absolutes Verschlechterungsverbot.[60] Einzelheiten werden bei den betroffenen Normen behandelt (→ Art. 22 Rn. 28 ff., → Art. 25 Rn. 17 f. und → Art. 26 Rn. 21 ff.). 22

Art. 24 verwendet den Begriff **„Anspruch"**, in Art. 25 ist von einem **„Recht"** die Rede, in Art. 26 wiederum von einem „Anspruch". „Anspruch" ist im Sinn von „Recht" zu verstehen. „Recht" hätte durchgängig verwandt werden sollen. Es ist der gebräuchlichere Terminus (siehe zB Titel V Bürgerrechte und Titel VI Justizielle Rechte). 23

Wenig erhellend ist, dass die Union ausweislich des letzten Satzes der Präambel die nachstehend aufgeführten Rechte, Freiheiten und Grundsätze „anerkennt", sodass die Anerkennung zweifach vorgeschrieben ist. Später, in Art. 51 Abs. 1 S. 2, ist normiert, dass nicht nur die Union, sondern auch die Mitgliedstaaten die Rechte „achten"; die Grundsätze werden noch erwähnt, nicht aber die Freiheiten.[61] Art. 52 verunklart weiter: Absatz 1 Satz 1 spricht von der Einschränkung der „Rechte und Freiheiten", Absatz 2 regelt nur die Ausübung der „Rechte". 24

50 *Borowsky*, DRiZ 2001, 285.
51 *Däubler-Gmelin*, BT-Plenarprotokoll 14/124, S. 11919 (C) f. unter Bezug auf den Konventsvertreter des Bundestags, *Meyer*, und seinen Stellvertreter, *Altmaier*; BT-Drs. 14/4720.
52 AA *Tettinger/Stern/Mann*, GRC, Art. 25 Rn. 19.
53 Zustimmend *Frenz*, Handbuch Europarecht 4, Rn. 3504.
54 *Stern/Sachs/Ennuschat*, GRC, Art. 22 Rn. 9.
55 *Leutheusser-Schnarrenberger*, ZRP 2002, 332.
56 *Schwarze/Stumpf*, 2. Aufl., EU, zu Art. 6 Abs. 3 EUV (Nizza-Fassung Rn. 40).
57 *Grabitz/Hilf/Nettesheim/Hilf/von Bogdandy/Schill*, EU, Art. 4 EUV Rn. 33.
58 AA *Frenz*, Handbuch Europarecht 4, Rn. 3332, 3347.
59 *Merten/Papier/Kugelmann*, Grundrechte, § 160 Rn. 16.
60 *Holoubek/Lienbacher/Fuchs*, GRC, Art. 25 Rn. 18.
61 *Schwerdtfeger*, Art. 51 Rn. 65, misst den Freiheiten hier keine Bedeutung bei.

25 Misslich ist zudem Folgendes: Art. 25 und 26 formulieren, ein Recht bzw. Anspruch seien zu achten; sie dürfen also *nicht unverhältnismäßig beeinträchtigt* werden. Beide Bestimmungen legen den Erläuterungen zufolge jedoch (entgegen ihrem Wortlaut) Grundsätze gemäß Art. 52 Abs. 5 fest (→ Art. 25 Rn. 14; → Art. 26 Rn. 16). Solche Grundsätze können aber durch Ausführungsakte *umgesetzt* werden (Art. 52 Abs. 5 S. 1). Zumindest der Nichtjurist wird unnötig in die Irre geführt. Einerseits ist ein Recht in Wahrheit nur ein Grundsatz; andererseits besteht dafür nicht nur ein Beeinträchtigungsverbot sondern zusätzlich eine Umsetzungsmöglichkeit.

26 Trotz dieser Detailkritik an der Formulierung und an der Komposition des Titels (→ Rn. 2) ist die **Gleichheitsregelung** der Charta insgesamt als **gelungen** zu bezeichnen, besonders wenn man berücksichtigt, dass die Formulierungskünste des Vertragsgebers ohnehin überschaubar sind. So ist die Gleichheit ein „universeller Wert" (Präambel des EUV → Präambel Rn. 33), ein „Wert" (Art. 2 EUV) oder „ein Grundsatz" (Art. 9 S. 1, Art. 21 EUV). Im Vergleich zur Charta enthielt die **Europäische Verfassung** zu viele **Wiederholungen.** Gleichheitsregelungen fanden sich in 38 der insgesamt 448 Artikel.[62]

V. Bezeichnung und Einstufung der Gleichheitsregelungen

27 Es gibt zahlreiche und unterschiedliche Vorschläge, wie Gleichheitsregelungen zu bezeichnen sein sollten.[63] Rein **begrifflich** sollte man **unterscheiden:**

- Art. 20: Allgemeiner Gleichheitssatz
- Art. 21 Abs. 1: Allgemeines Diskriminierungsverbot
- Art. 21 Abs. 2: Besonderes Diskriminierungsverbot
- Art. 23: Besonderer Gleichheitssatz.

28 Das **Verhältnis** der Gleichheitsregelungen der Charta zu den zahlreichen Gleichheitsregelungen im übrigen Primärrecht gestaltet sich wie folgt:[64] Ausgangspunkt ist der in Art. 20 nun ausdrücklich geregelte allgemeine Gleichheitssatz.[65] Der allgemeine **Gleichheitssatz** (Art. 20) findet sich in umgekehrter Formulierung in dem allgemeinen **Diskriminierungsverbot** (Art. 21 Abs. 1).[66] Gleiches gleich zu behandeln, heißt doch in der Konsequenz, dass Bevorzugungen und Benachteiligungen verboten sind. So scheint die Formulierung schlüssig: „Alle Menschen sind vor dem Gesetz gleich. Niemand darf bevorzugt oder benachteiligt werden."

29 Die übrigen Regelungen, also besondere Gleichheitssätze und Diskriminierungsverbote, stehen auf der zweiten, spezielleren Stufe. Dazu zählen außer Art. 21 und 23 auch Art. 15 Abs. 3 und 34 Abs. 2. Es gelten (selbstverständlich) auch hier die Art. 51 ff. Auf dieser Stufe sind außerhalb der Charta die Gleichheitssätze und Diskriminierungsverbote mit spezifischem Bezug (→ Rn. 16 ff.) zu prüfen, wie zB Art. 36 S. 2 AEUV.

---

62 *Meyer/Hölscheidt*, ZSE 2003, 336, 341; *Kadelbach*, in: Bröhmer, 2005, S. 527, 536.

63 ZB von *Frenz*, Handbuch Europarecht 4, Rn. 3170; *Ehlers/Kingreen*, Grundrechte, § 17 Rn. 5.

64 Hierzu *Frenz*, Handbuch Europarecht 1, Rn. 104 f.; *ders.*, Handbuch Europarecht 4, Rn. 3167 ff.; *Calliess/Ruffert/Rossi*, EUV/AEUV, Art. 20 GRC Rn. 17; *Tettinger/Stern/Sachs*, GRC, Art. 20 Rn. 15 f.

65 *Merten/Papier/Kugelmann*, Grundrechte, § 160 Rn. 23, plädiert für den Begriff „allgemeines Prinzip der Gleichheit".

66 *Frenz*, Handbuch Europarecht 4, Rn. 3169.

VI. Gleichheitsregelungen als Menschenrechte

Die in dem Titel enthaltenen Rechte sind **Menschenrechte**, wie die weit überwiegende Zahl der Chartarechte.[67] Aus den Chartarechten lässt sich keine Gleichbehandlungsfunktion ableiten (näher → Art. 51 Rn. 69). In dem Gleichheitstitel werden drei Gruppen von Menschen als besonders schutzwürdig herausgestellt: Kinder, ältere Menschen und Menschen mit Behinderung. Denn sie sind zum einen von dem Diskriminierungsverbot des Art. 21 Abs. 1 erfasst (Merkmale „Alter" sowie „Behinderung") und haben zum anderen gemäß den Art. 24, 25 und 26 spezielle Rechte. 30

VII. Grundrechtsträger und Grundrechtsadressaten

Grundrechtsträger[68] sind alle **natürlichen Personen,** Unionsbürger (Art. 20 AEUV) ebenso wie Angehörige von Drittstaaten und Staatenlose.[69] **Juristische Personen** des Privatrechts sind in Bezug auf Art. 20 vollumfänglich[70] und in Bezug auf Art. 21 ebenso Grundrechtsträger,[71] mangels Geschlechts nicht bei Art. 23.[72] Juristische Personen des öffentlichen Rechts sind als Hoheitsträger Grundrechtsadressaten, also grundsätzlich keine Grundrechtsträger.[73] 31

Als **Grundrechtsadressaten** bezeichnet Art. 51 Abs. 1 **Organe** und **Einrichtungen** der **Union** sowie die **Mitgliedstaaten,** aber ausschließlich bei der **Durchführung** des Unionsrechts. Der EuGH hat den Terminus „Durchführung" allerdings contra legem in „Geltungsbereich" bzw. „Anwendungsbereich" umgedeutet.[74] Primärer Adressat ist jedoch die Union.[75] 32

Unionsbürger werden nicht genannt, und auch im Übrigen wird die Frage der **Drittwirkung** in der Charta nicht unmittelbar angesprochen.[76] Unionsgrundrechten ist generell keine unmittelbare Drittwirkung zuzusprechen.[77] Unmittelbare Drittwirkung bedeutet zwangsläufig, dass in grundrechtlich geschützte Freiheitsrechte Dritter eingegriffen wird.[78] Sie sind als Individualrechte gegen die Hoheitsgewalt konzipiert. Sie gewähren dem Indivi- 33

---

67 *Burgorgue-Larsen/Levade/Picod/Melin-Soucramanien*, Traité, Art. II-80 Rn. 1; *Mahlmann*, ZEuS 2000, 435; *Streinz/Streinz*, EUV/AEUV, Vor Art. 20 GRC Rn. 2.

68 Ausführlich *Grabenwarter/Schmahl*, Grundrechteschutz, § 15 Rn. 162 f.

69 *Heselhaus/Nowak/Odendahl*, Hdb Eur. GR, § 43 Rn. 12; *Schwarze/Graser*, EU, Art. 20 GRC Rn. 7.

70 *Heselhaus/Nowak/Odendahl*, Hdb Eur. GR, § 43 Rn. 12.

71 *Tettinger/Stern/Sachs*, GRC, Art. 20 Rn. 17, Art. 21 Rn. 16; *Frenz*, Handbuch Europarecht 4, Rn. 3189, 3211. Allgemein zur Grundrechtsträgerschaft juristischer Personen *Schwerdtfeger*, Art. 51 Rn. 60 f.

72 *Frenz*, Handbuch Europarecht 4, Rn. 3403.

73 *Merten/Papier/Kugelmann*, Grundrechte, § 160 Rn. 29; *Frenz*, Handbuch Europarecht 4, Rn. 3212; aA *Schwarze/Graser*, EU, Art. 20 GRC Rn. 8; unsicher *Jarass*, GRC, Art. 20 Rn. 6.

74 EuGH – Åkerberg Fransson, Urt. v. 26.2.2013, Rs. C-617/10, ECLI:EU:C:2013:105, Rn. 16 ff.; s. hierzu die Reaktion des BVerfG – Antiterrordatei, BVerfGE 133, 277 (316, Rn. 91): Es „darf dieser Entscheidung [EuGH – Åkerberg Fransson] keine Lesart unterlegt werden, nach der diese offensichtlich als Ultra-Vires-Akt zu beurteilen wäre oder Schutz und Durchsetzung der mitgliedstaatlichen Grundrechte in einer Weise gefährdete (Art. 23 I 1 GG), dass dies die Identität der durch das Grundgesetz errichteten Verfassungsordnung in Frage stellte [...]. Insofern darf die Entscheidung nicht in einer Weise verstanden und angewendet werden, nach der für eine Bindung der Mitgliedstaaten durch die in der Grundrechte-Charta niedergelegten Grundrechte der Europäischen Union jeder sachliche Bezug einer Regelung zum bloß abstrakten Anwendungsbereich des Unionsrechts oder rein tatsächliche Auswirkungen auf dieses ausreiche." Ausführlich *Schwerdtfeger*, Art. 51 Rn. 44 f., 48.

75 *Ehlers/Kingreen*, Grundrechte, § 17 Rn. 4.

76 *Mahlmann*, ZEuS 2000, 438.

77 *Grabenwarter/Schmahl*, Grundrechteschutz, § 15 Rn. 54; *Herresthal*, ZEuP 2014, 238, 254, 276.

78 *Grabenwarter/Schmahl*, Grundrechteschutz, § 15 Rn. 27.

duum Rechte und Freiheiten, verpflichten es aber nicht gegenüber anderen Individuen.[79] Dem Wortlaut nach scheinen sich einige Artikel auch unmittelbar an die Bürger zu wenden.[80] In dem Gleichheitstitel macht das Art. 24 Abs. 2 besonders deutlich, indem er auch bei Maßnahmen privater Einrichtungen aufgibt, dass das Kindeswohl „eine vorrangige Erwägung sein" muss.[81] Ein weiteres Beispiel ist Art. 24 Abs. 3, der dem Kind einen „Anspruch auf Beziehungen [...] zu beiden Elternteilen" einräumt.[82] In beiden Fällen ist aber unklar, ob den privaten Einrichtungen bzw. den Eltern aufgegeben wird, das Kindeswohl zu erwägen bzw. direkte Kontakte zu ermöglichen, oder ob die Union und die Mitgliedstaaten hierfür zu sorgen haben, wenn sie Recht setzen oder anwenden. Es heißt zum Beispiel nicht: „müssen die privaten Einrichtungen das Kindeswohl erwägen". Da der Wortlaut insoweit offen ist, gibt Art. 51 Abs. 1 S. 1 den Ausschlag. Er bestimmt, dass sich die Charta nur an die Union und die Mitgliedstaaten richtet.[83] Daher haben auch die Rechte des Gleichheitstitels **keine unmittelbare Drittwirkung.**[84]

34 Letztlich wird wohl der **EuGH** die Frage der **Drittwirkung** für die Praxis entscheiden. Wie die Entscheidung ausgehen wird, ist ungewiss: Auch der Grundsatz gleichen Entgelts für Männer und Frauen (Art. 157 Abs. 1 AEUV) richtet sich ausdrücklich nur an die Mitgliedstaaten, gleichwohl nimmt der EuGH gegen den eindeutigen Wortlaut zu Unrecht eine unmittelbare Bindung von Privatpersonen an.[85] Selbst Art. 21 Abs. 1 hat er inzwischen unmittelbare Drittwirkung zugebilligt (ausführlich → Art. 21 Rn. 34). Ob der EuGH diese Rechtsprechung zB auch auf Art. 24 übertragen wird, lässt sich angesichts seiner bei den Gleichheitsregelungen uneinheitlichen Judikatur[86] schwer vorhersagen, dürfte aber wahrscheinlich erfolgen. Art. 31 Abs. 2 hat er in neuen Entscheidungen bereits unmittelbare Drittwirkung beigemessen. Dies geschah ultra vires und ist deshalb abzulehnen (ausführlich → Art. 31 Rn. 37, 54). Es steht zu befürchten, dass der EuGH zu Art. 33 Abs. 2 ähnlich argumentieren wird (ausführlich → Art. 33 Rn. 38 f.).

VIII. Einschränkbarkeit

35 Die Art. 20 bis 26 sind grundsätzlich einschränkbar, es gelten die Art. 52 und 53.[87] Die Anwendung des Art. 52 Abs. 3 kommt nur für Art. 21 Abs. 1 in Betracht, im Übrigen entsprechen die in dem Gleichheitstitel enthaltenen Rechte in keiner Hinsicht den Rechten, die die EMRK garantiert.[88]

79 *Grabenwarter/Schmahl*, Grundrechteschutz, § 15 Rn. 166.
80 *Tettinger*, NJW 2001, 1011: „augenscheinlich [...] Horizontalwirkung".
81 Für unmittelbare Drittwirkung *Merten/Papier/Kugelmann*, Grundrechte, § 160 Rn. 75.
82 Für unmittelbare Drittwirkung von Art. 24 Abs. 2 und 3 *Steindorff-Classen*, EuR 2011, 19, 33.
83 *Frenz*, Handbuch Europarecht 4, Rn. 3460 (zu Art. 24 Abs. 2).
84 Allgemein zur Grundrechtsbindung von Privaten *Schwerdtfeger*, Art. 51 Rn. 57; *Heselhaus/Nowak/Odendahl*, Hdb Eur. GR, § 43 Rn. 11 (zu Art. 20); *Frenz*, Handbuch Europarecht 4, Rn. 3314 (zu Art. 21 Abs. 2), Rn. 3460 (zu Art. 24 Abs. 2); *Grote/Marauhn/König/Peters*, EMRK/GG, Kap. 21 Rn. 91 (zu Art. 23); *Jarass*, GRC, Art. 20 Rn. 3; ähnlich *Tettinger/Stern/Ennuschat*, GRC, Art. 24 Rn. 7; aA in Bezug auf Art. 23 *Tettinger/Stern/Nußberger*, GRC, Art. 23 Rn. 111; ohne Hinweis auf Art. 51 Abs. 1 S. 1 *Hölscheidt*, 2. Aufl., Vorbemerkungen Rn. 17; *Mahlmann*, ZEuS 2000, 438; *Schmitz*, JZ 2001, 840.
85 Grundlegend EuGH – Defrenne II, C-43/75, Slg 1976, 456, Rn. 28 ff.; EuGH – Lewen/Denda, C-333/97 – Slg 1999, I-7243 Rn. 26: „Das Verbot der diskriminierenden Ungleichbehandlung [...] erstreckt sich auch auf [...] alle Verträge zwischen Privatpersonen"; EuGH – Lawrence, C-320/00, Slg 2002, I-7325, Rn. 13. Kritisch auch *Grabenwarter/Schmahl*, Grundrechteschutz, § 15 Rn. 36.
86 *Frenz*, Handbuch Europarecht 4, Rn. 3177, *Merten/Papier/Kugelmann*, Grundrechte, § 160 Rn. 14.
87 *Merten/Papier/Kugelmann*, Grundrechte, § 160 Rn. 19.
88 *Merten/Papier/Kugelmann*, Grundrechte, § 160 Rn. 19; *Hölscheidt*, Art. 21 Rn. 4.

IX. Rechtsfolgen eines Verstoßes

Im Grundsatz gilt sowohl für die Union[89] als auch für die Mitgliedstaaten[90]: Gesetzgebungsakte, Verwaltungsmaßnahmen und sonstige **hoheitliche Akte**, die gegen eine **Regelung** des **Gleichheitstitels verstoßen**, sind **primärrechtswidrig**. Zu den Folgen im Einzelnen → Art. 20 Rn. 28 ff.; zu einem Formulierungsvorschlag → Rn. 13. 36

Einen gesonderten **Rechtsbehelf** für Grundrechtsverstöße, wie die Verfassungsbeschwerde im deutschen Recht, gibt es im Unionsrecht nicht (→ Art. 51 Rn. 76 ff.).[91] Deshalb spielt es insoweit keine Rolle, ob die Regelungen des Gleichheitstitels zB als Grundrecht oder als Grundsatz einzustufen sind. Die Einstufung ist aber wichtig für die Anwendung der Art. 51 ff. 37

X. Diskussion des Gleichheitstitels

Der **Gleichheitstitel** ist im Konvent relativ **kurz diskutiert** worden. Vergleichsweise kurz sind auch die Stellungnahmen der Literatur dazu. Wichtigster Grund dafür ist, dass die Artikel fast alle auf gesicherten Vorbildern beruhen und die drei sozialen Rechte als rechtspolitisch unproblematisch einzustufen sind. Im Mittelpunkt der Diskussion standen und stehen die übrigen sozialen Rechte (→ Vorbemerkungen Titel IV Rn. 5 ff.).[92] 38

XI. Literaturübersicht

Altmaier, Peter, Die Charta der Grundrechte der Europäischen Union, ZG 2001, 195; *Altwicker, Tilmann*, Menschenrechtlicher Gleichheitsschutz, 2011; *Arnim, Dorothee von*, Der Standort der EU-Grundrechtecharta in der Grundrechtsarchitektur Europas, 2006; *Arnardóttir, Oddný Mjöll*, Equality and Non-Discrimination under the European Convention on Human Rights, 2003; *Baer, Susanne*, Ungleichheit der Gleichheiten? Zur Hierarchisierung von Diskriminierungsverboten, in: Klein, Eckart/Menke, Christoph (Hrsg.), Universalität – Schutzmechanismen – Diskriminierungsverbote, 2008, S. 421; *Berramdane, Abdelkhaleq*, Considérations sur les perspectives de protection des droits fondamentaux dans l'Union européenne, Revue du Droit de l'Union européenne 3/2009, S. 442; *Borowsky, Martin*, Wertegemeinschaft Europa, DRiZ 2001, 275; *Carletti, Cristiana*, I dritti fondamentali e l'Unione Europea tra Carta di Nizza e Trattato-Costituzione, 2005; *Cromme, Franz*, Verfassungsvertrag der Gemeinschaft der Vereinigten Europäischen Staaten, 1987; *Dawson, Mark/Muir, Elise/Claes, Monica*, Enforcing the EU's Rights Revolution: The Case of Equality, E.H.R.L.R. 2012, 276; Duschanek, Alfred/Griller, Stefan (Hrsg.), Grundrechte für Europa. Die Europäische Union nach Nizza, 2002; *Ehlers/Kingreen*, Grundrechte, § 21 Gleichheitsgrundrechte; *Epiney, Astrid*, Die Rechtsprechung des EuGH im Jahr 2017: Unionsbürgerschaft, Diskriminierungsverbot, Grundfreiheiten und Gleichstellungsrecht, NVwZ 2018, 1172; Europäisches Parlament, Bericht über die Lage der Grundrechte in der Europäischen Union (2001), (2001/2014 (INI)), Ausschuss für die Freiheiten und Rechte der Bürger, Justiz und innere Angelegenheiten, Endgültig A5–0451/2002; *Frenz*, Handbuch Europarecht 4, Kapitel 10 Gleichheits- und besondere Schutzrechte, Rn. 3162 ff.; *ders.*, Handbuch Europarecht 1, § 3 Gleichheitsrechte, Rn. 104 ff.; *Glock, Sebastian*, Der Gleichheitssatz im Europäischen Recht – Eine rechtsvergleichende Analyse unter Berücksichtigung der Rechtsprechung in ausgewählten Mitgliedstaaten der Europäischen Union, des EGMR und des EuGH, Diss. 2007; *Goldsmith, Lord Q.C.*, A Charter of rights, freedoms and principles, CMLRev. 2001, 1201; *Grabenwarter, Christoph*, Die Charta der Grundrechte für die Europäische Union, DVBl. 2001, 1; *Grabenwarter/Schmahl*, Grundrechteschutz, § 15; *Grabitz/Hilf/Nettesheim/Pernice/Mayer*, EU, nach Art. 6 EU Rn. 161 ff.; *Heringa, Aalt Willem/Verhey, Luc*, The EU-Charter: Text and Structure, MJ 8 (2001), 11; *Herresthal, Carsten*, Grundrechtecharta und Privatrecht, ZEuP 2014, 238; *Heselhaus/Nowak*, Hdb Eur. GR, J. Gleichheitsgrundrechte, S. 1141 ff.; *Ingold, Albert*, Der Entwurf für eine „Charta der Digitalen Grundrechte der Europäischen Union": Vorhaben, Vorstellungen, Vorbehalte, ZG 2018, 193; *Jarass, Hans D.*, Die Bedeutung der Unionsgrundrechte unter Privaten, ZEuP 2017, 310;

89 *Jarass*, GRC, Einl. Rn. 63 f.
90 *Jarass*, GRC, Einl. Rn. 73.
91 *Jarass*, GRC, Einl. Rn. 69.
92 *Meyer/Engels*, ZRP 2000, 368; *Altmaier*, ZG 2001, 200.

Kadelbach, Stefan, Die Europäische Verfassung und ihr Stil, in: Bröhmer, Jürgen u. a. (Hrsg.), Internationale Gemeinschaft und Menschenrechte, Festschrift für Georg Ress zum 70. Geburtstag am 21. Januar 2005, 2005, S. 527; *Kainer, Friedemann*, Rückkehr der unmittelbar-horizontalen Grundrechtswirkung aus Luxemburg? NZA 2018, 894; Kempny, Simon/Reimer, Philipp (Hrsg.), Gleichheitssatzdogmatik heute, 2017; Kleger, Heinz (Hrsg.), Der Konvent als Labor, 2004; *Kober, Martin*, Der Grundrechtsschutz in der Europäischen Union: Bestandsaufnahme, Konkretisierung und Ansätze zur Weiterentwicklung der europäischen Grundrechtsdogmatik anhand der Charta der Grundrechte der Europäischen Union, 2009; *Kugelmann, Dieter*, Grundrechte in Europa. Parallele Geltung aufgrund ihrer Rechtsquellen, 1997; *Leutheusser-Schnarrenberger, Sabine*, Die Entwicklung des Schutzes der Grundrechte in der EU, ZRP 2002, 329; *Lohse, Eva Julia*, Rechtsanwendungsgleichheit in Mehrebenensystemen, DVBl. 2018, 1120; *Mahlmann, Matthias*, Die Grundrechtscharta der Europäischen Union, ZEuS 2000, 419; *Martenet, Vincent*, La Cour européenne des droits de l'homme et la Charte des droits fondamentaux de l'Union européenne, in: Die Herausforderung von Grenzen: Festschrift für Roland Bieber, 2007, S. 215; *Merten/Papier/Kugelmann*, Grundrechte, § 160 Gleichheitsrechte und Gleichheitsgrundsätze; *Meyer, Jürgen/Engels, Markus*, Aufnahme von sozialen Grundrechten in die Europäische Grundrechtecharta, ZRP 2000, 368; *Meyer, Jürgen/Hölscheidt, Sven*, Wie der Konvent Europa verfasst hat, ZSE 2003, 336; *Nettesheim, Martin*, Diskriminierungsschutz ohne Benachteiligung, EuZW 2013, 48; *ders.*, Die Charta der Grundrechte der Europäischen Union: Eine verfassungstheoretische Kritik, integration 2002, 35; *Pache, Eckhard/Rösch, Franziska*, Europäischer Grundrechtsschutz nach Lissabon: die Rolle der EMRK und der Grundrechtecharta in der EU, EuZW 2008, 519; *Picker, Rolf*, Charta der Grundrechte der Europäischen Union, 2001; *Plötscher, Stefan*, Der Begriff der Diskriminierung im Europäischen Gemeinschaftsrecht, 2003; *Pöschl, Magdalena*, Gleichheit vor dem Gesetz, 2008; *Rengeling, Hans-Werner*, Eine Europäische Charta der Grundrechte – Ausarbeitung, Inhalte, Bindung, in: Ipsen, Jörn/Schmidt-Jortzig, Edzard (Hrsg.) Recht – Staat – Gemeinwohl, Festschrift für Dietrich Rauschning, 2001, S. 225; *Rengeling/Szczekalla*, Grundrechte in der Europäischen Union, S. 685; *Sattler, Andreas*, Allgemeiner Gleichheitssatz und spezielle Gleichheitssätze in der Rechtsprechung des Europäischen Gerichtshofs, in: Ipsen, Jörn/Schmidt-Jortzig, Edzard (Hrsg.) Recht – Staat – Gemeinwohl, Festschrift für Dietrich Rauschning, 2001, S. 251; *Schmittmann, Georg J.*, Rechte und Grundsätze in der Grundrechtecharta, 2007; *Schmitz, Thomas*, Die Grundrechtecharta als Teil der Verfassung der Europäischen Union, EuR 2004, 691; *ders.*, Die EU-Grundrechtecharta aus grundrechtsdogmatischer und grundrechtstheoretischer Sicht, JZ 2001, 833; *Scholz, Rupert*, Die Verfassung der Europäischen Union, ZG Sonderheft 2002; *ders.*, Zur Europäischen Grundrechtscharta, in: Geis, Max-Emanuel/Lorenz, Dieter (Hrsg.), Staat – Kirche – Verwaltung, Festschrift für Hartmut Maurer zum 70. Geburtstag, 2001, S. 993; *Schütz, Charlotte*, Die Charta der Grundrechte für die EU – ein Fortschritt für den europäischen Grundrechtsschutz?, RuP 2001, 138; *Siclari, Massimo*, Contributi allo studio della Carta die diritti fondamentali dell'unione europea, 2003; Stern, Klaus/Tettinger, Peter J. (Hrsg.), Die Europäische Grundrechte-Charta im wertenden Verfassungsvergleich, 2005; *Stock, Kornelia*, Eine Charta der Grundrechte der Europäischen Union, ZG 2000, 270; *Strunz, Manuel*, Strukturen des Grundrechtsschutzes der Europäischen Union in ihrer Entwicklung, 2006; *Tappert, Willi*, Eine Charta der Grundrechte für die Europäische Union, DRiZ 2000, 204; *Tettinger, Peter J.*, Die Charta der Grundrechte der Europäischen Union, NJW 2001, 1010; ders./Stern, Klaus (Hrsg.), Kölner Gemeinschaftskommentar zur Europäischen Grundrechte-Charta, 2006, Art. 20 ff.; *Tobler, Christa*, Grenzen und Möglichkeiten des Konzepts der mittelbaren Diskriminierung, 2009; *Tretter, Hannes*, Die Charta der Grundrechte der Europäischen Union – vergebene Chance oder Hoffnung?, Die Union 2001, 44; *Unseld, Christopher*, Zur Bedeutung der Horizontalwirkung von EU-Grundrechten: eine rechtsvergleichende Studie zur Dogmatik und Rationalität einfach- und verfassungsrechtlicher Durchsetzung und Abwägung von Grundrechten, 2018; *Weber, Albrecht*, Menschenrechte, 2004, S. 841; *Winner, Teresa*, Die Europäische Grundrechtecharta und ihre soziale Dimension, 2005; Wolfram, Rüdiger (Hrsg.), Gleichheit und Nichtdiskriminierung im nationalen und internationalen Menschenrechtsschutz, 2003.

Artikel 20 Gleichheit vor dem Gesetz

Alle Personen sind vor dem Gesetz gleich.

I. Vorgaben

Die **Masse** der normierten Vorgaben ist den **Verfassungen** der **Mitgliedstaaten** zu entnehmen. Beispielsweise ist der Artikel fast wortgleich mit Art. 3 Abs. 1 GG, Art. 6 Abs. 2 VerfBulgarien und § 6 Abs. 1 VerfFinnland (dort heißt es „Menschen" bzw. „Bürger" statt „Personen"). 1

1. Internationales Recht

Selten ist der **allgemeine Gleichheitssatz** im **internationalen Recht** ausdrücklich normiert. 2
ZB bestimmt die „Allgemeine Erklärung der Menschenrechte"[1] in Art. 7 S. 1, dass alle Menschen vor dem Gesetz gleich sind und ohne Unterschied Anspruch auf gleichen Schutz durch das Gesetz haben. Üblicherweise wird entweder normiert, dass die Gewährleistung oder Achtung von bestimmten Rechten ohne Ansehen der Person zu erfolgen hat,[2] oder es werden wie in Art. 14 EMRK (→ Art. 21 Rn. 4) besondere Diskriminierungsverbote ausgesprochen. Eine wichtige Neuerung bringt die **UN-Behindertenrechtskonvention** (→ Art. 26 Rn. 1). Ihr Art. 5 (Gleichberechtigung und Nichtdiskriminierung) formuliert im 1. Absatz allgemein: „Die Vertragsstaaten anerkennen, dass alle Menschen vor dem Gesetz gleich sind und ohne Diskriminierung Anspruch auf gleichen Schutz durch das Gesetz und gleiche Vorteile durch das Gesetz haben." Als **Grundprinzip** des **Unionsrechts** ist der **allgemeine Gleichheitssatz** hingegen durch die Rechtsprechung des EuGH seit langem anerkannt.[3] Der EuGH hat sich schon in den 1970er Jahren darauf gestützt.[4]

2. Verfassungen der Mitgliedstaaten

Eine individualrechtliche Garantie der Gleichheit „vor dem Gesetz" findet sich in der 3
Mehrzahl der Verfassungen der Mitgliedstaaten.[5] Dieses Prinzip gehört zum **gesicherten Bestand gemeinsamer Verfassungsüberlieferungen** der Mitgliedstaaten.[6] Zu weit gingen schon damals die Erläuterungen des Präsidiums, es sei „in *allen* europäischen Verfassungen" verankert. Jedenfalls kennt die dänische Verfassungsurkunde keine allgemeine Gleichheitsgarantie. Die Verfassung Dänemarks[7] beseitigt lediglich jedes „mit Adel, Titel und

1 Verkündet von der Generalversammlung der Vereinten Nationen am 10.12.1948.
2 So zB Art. 2 Abs. 1 des „Internationalen Pakts über bürgerliche und politische Rechte" vom 19.12.1966 (BGBl. 1973 II S. 1534).
3 So auch die Erläuterungen des Präsidiums, die sich auf die folgenden Entscheidungen stützen: EuGH – Racke/Hauptzollamt Mainz, C-283/83 – Slg 1984, 3791; EuGH – EARL de Kerlast/Unicopa and Coopérative du Trieux, C-15/95 – Slg 1997, I-1961; EuGH – Karlsson ua, C-292/97 – Slg 2000, I-2737. Der EuGH hat seine Auffassung allerdings bereits in früheren Entscheidungen dargelegt; siehe nächste Fn.
4 EuGH – Bernardi/Parlament, C-48/70 – Slg 1971, 175 Rn. 25 ff.; EuGH – Frilli/Belgischer Staat, C-1/72 – Slg 1972, 457 Rn. 19; EuGH – Grosoli, 131/73 – Slg 1973, 1555 Rn. 8; EuGH – Ruckdeschel ua/Hauptzollamt Hamburg-St. Annen, C-117/76 und C-16/77 – Slg 1977, 1753 Rn. 7; EuGH – Moulins Pont-à-Mousson/ONIC, C-124/76 und C-20/77 – Slg 1977, 1795 Rn. 14 ff. Näher *Sattler*, in: Ipsen/Schmidt-Jortzig, S. 251.
5 Näher auch *Tettinger/Stern/Sachs*, GRC, Art. 20 Rn. 12 ff.; Art. 16 Abs. 2 VerfRumänien betont zusätzlich: „Niemand steht über dem Gesetz."
6 Zustimmend *Frenz*, Handbuch Europarecht 4, Rn. 3191.
7 § 83 VerfDänemark.

Rang verbundene Vorrecht" und benennt damit nur eine Bedeutung des Gleichheitssatzes: die Abschaffung ständischer Privilegien durch die Herstellung staatsbürgerlicher Rechtsgleichheit. Die Verfassung Zyperns enthält eine vergleichbare Regelung, die ständische Privilegien verbietet, beinhaltet aber auch den allgemeinen Gleichheitssatz.[8] In Schweden spricht die Verfassung[9] nur einen Teilaspekt an, indem die „Gleichheit aller vor dem Gesetz" als ein ausdrücklich allein an „Gerichte" und „Verwaltungsbehörden" adressiertes Gebot konzipiert ist; eine vergleichbare Vorschrift für den Gesetzgeber kennt die Verfassung dagegen nicht, wohl aber Diskriminierungsverbote.[10] Auf die überlieferte Formel „vor dem Gesetz" verzichtet die Verfassung der Niederlande:[11] „Alle, die sich in den Niederlanden aufhalten, werden in gleichen Fällen gleich behandelt." In den Verfassungen der Slowakei und der Tschechischen Republik ist die Gleichheitsgarantie als Gleichheit an Rechten formuliert: „Die Menschen sind frei und gleich in ihrer Würde und in ihren Rechten";[12] „Die Menschen sind frei und gleich an Würde und Rechten".[13] Die maltesische Verfassung verbietet dem Wortlaut nach nur diskriminierende Gesetze.[14]

4 **Einige Verfassungen** garantieren Gleichheit vor dem Gesetz als **Menschenrecht,** unabhängig von der Staatsangehörigkeit.[15] Eine **Vielzahl** der **Verfassungen** konzipiert Rechtsgleichheit als ein **Staatsbürgerrecht,** das exklusiv den „Belgiern", „Griechen" usw zusteht.[16] In einigen Verfassungen wird dieser beschränkte Anwendungsbereich durch Klauseln ausgeweitet, mit denen Ausländer, die sich im räumlichen Geltungsbereich der Verfassung aufhalten, den Staatsangehörigen gleichgestellt werden.[17] Andere Verfassungen kombinieren die Garantie der Rechtsgleichheit der Bürger mit allgemeinen[18] oder besonderen Diskriminierungsverboten, die als Jedermannrechte ausgestaltet sind.[19]

II. Diskussion im Grundrechtekonvent

1. Artikelvorschlag des Präsidiums nach Aufforderung

5 Der **allgemeine Gleichheitssatz** war **nicht** in der vom Präsidium entworfenen **Grundrechteliste**[20] enthalten. In dem von *Meyer* (D) eingereichten Diskussionsentwurf einer Grundrechtecharta der Europäischen Union[21] war er hingegen aufgeführt.[22] *Meyer* (D) forderte

8 Art. 28 Abs. 3 VerfZypern; Art. 28 Abs. 1 VerfZypern enthält den allgemeinen Gleichheitssatz.
9 Kap. 1 Art. 9 VerfSchweden.
10 Kap. 2 Art. 12 f. VerfSchweden.
11 Art. 1 S. 1 VerfNiederlande.
12 Art. 12 Abs. 1 VerfSlowakei; ähnlich Art. 6 Abs. 1 VerfBulgarien.
13 Art. 3 VerfTschechische Republik iVm Art. 1 S. 1 Charta der Grundrechte und -freiheiten.
14 Art. 45 Abs. 1 VerfMalta.
15 Art. 3 Abs. 1 GG; § 12 Abs. 1 S. 1 VerfEstland; § 6 Abs. 1 VerfFinnland; Art. 14 Abs. 2 VerfKroatien; Art. 91 VerfLettland; Art. 29 Abs. 1 VerfLitauen; Art. 1 S. 1 VerfNiederlande; Art. 32 Abs. 1 VerfPolen; Kap. 1 Art. 9 VerfSchweden; Art. 12 Abs. 1 S. 1 VerfSlowakei; Art. 14 Abs. 2 VerfSlowenien; Art. XV Abs. 1 S. 1 VerfUngarn; Art. 28 Abs. 1 VerfZypern.
16 Art. 10 VerfBelgien; Art. 6 Abs. 2 VerfBulgarien; Art. 1 Abs. 1 S. 2 VerfFrankreich; Art. 4 Abs. 1 VerfGriechenland; Art. 40 Abs. 1 S. 1 VerfIrland; Art. 3 Abs. 1 S. 1 VerfItalien; Art. 10 a Abs. 1 VerfLuxemburg; Art. 7 Abs. 1 S. 1 VerfÖsterreich; Art. 13 Abs. 1 VerfPortugal; Art. 14 VerfSpanien.
17 Art. 191 VerfBelgien; Art. 9 Abs. 1 VerfEstland; Art. 15 Abs. 1 VerfPortugal, jeweils unter Gesetzesvorbehalt.
18 Art. 16 Abs. 1 VerfRumänien.
19 Art. 6 Abs. 2 S. 2 VerfBulgarien; Art. 7 Abs. 1 S. 2 VerfÖsterreich; Art. 13 Abs. 2 VerfPortugal; Art. 14 Abs. 1 VerfSlowenien; Art. 14 VerfSpanien; Art. XV Abs. 2 VerfUngarn; Art. 28 Abs. 2 VerfZypern; näher *Hölscheidt*, Art. 21 Rn. 5 ff.
20 CHARTE 4112/2/00 REV 2 BODY 4 vom 27.1.2000.
21 CHARTE 4102/00 CONTRIB 2 vom 6.1.2000.
22 Art. 3 Abs. 1.

daher,[23] zu den in die Charta aufzunehmenden Grundrechten sowie zu den horizontalen Fragen anhand der vom Präsidium entworfenen Grundrechteliste,[24] die Aufnahme des allgemeinen Gleichheitsgebots.[25] Erstmalig vom Präsidium konkret formuliert findet sich der allgemeine Gleichheitssatz als Art. 18 im Entwurf des Präsidiums zu den Freiheits-, Gleichheits- und Unionsbürgerrechten: „Alle *Menschen* sind vor dem *Recht* gleich".[26] Diese Formulierung ähnelt der Endfassung des Art. 20 („Alle *Personen* sind vor dem *Gesetz* gleich") bereits sehr. Die Mitglieder des Konvents waren sich von Beginn an darüber einig, den Gleichheitssatz als allen Mitgliedstaaten gemeinsamen Verfassungsgrundsatz zu formulieren. Streit bestand aber in Bezug auf seine systematische Stellung im Vertragswerk sowie seinen exakten Wortlaut.

2. Systematische Stellung des Artikels

a) Einreihung unmittelbar vor dem Artikel zur Nichtdiskriminierung. Zu dem ersten Artikelvorschlag[27] fand eine Aussprache im Plenum statt.[28] Der Schwerpunkt der Diskussion lag bei der systematischen Stellung des Art. 18, und zwar in der im Bezugsdokument gewählten Reihenfolge unmittelbar vor Art. 19, der die Nichtdiskriminierung regelte, und im Anschluss an die Artikel zur Menschenwürde und zu den klassischen Freiheitsrechten. Es kristallisierten sich drei Positionen heraus. Erstens: Platzierung des Art. 18 hinter dem Artikel zur Menschenwürde (Art. 1) aufgrund der hervorzuhebenden Bedeutung dieses Grundrechts, die auch nach außen durch dessen systematische Stellung deutlich gemacht werden müsse.[29] Zweitens: Zusammenlegung der Art. 18 und Art. 1.[30] Drittens: Trennung von Art. 18 und Art. 19, aber wegen ihres thematischen Zusammenhangs Festhalten an der bisherigen Struktur des Bezugdokuments. *Herzog* (D) fasste zusammen, dass der Konvent für die Stellung des allgemeinen Gleichheitssatzes unmittelbar hinter der Bestimmung über die Menschenwürde votiere. 6

b) Aufnahme in den Artikel zur Menschenwürde. Umgesetzt wurde das Ergebnis der Sitzung in dem Präsidiumsvorschlag für Freiheitsrechte, Gleichheitsrechte, Unionsbürgerrechte und justizielle Rechte.[31] Dieser Vorschlag sah vor, den ursprünglich in Art. 18 positionierten allgemeinen Gleichheitssatz unmittelbar bei Art. 1 (neu: Art. 1 Abs. 1) als Art. 1 Abs. 2 einzuordnen. Der Diskussion über Art. 1[32] lag ein Präsidiumsentwurf[33] zugrunde, in dem eine Aufspaltung von Art. 1 Abs. 1 und Art. 1 Abs. 2 in zwei Artikel (Art. 1: „Würde des Menschen" und Art. 1 a: „Gleichheit vor dem Gesetz") vorgeschlagen wurde. Dem stimmte man im Wesentlichen zu.[34] Ergänzend fasste das Präsidium den Diskussionsverlauf bezüglich einer Trennung von Art. 1 Abs. 1 und Abs. 2 in separate Artikel anhand 7

23 In der Sitzung vom 1./2.2.2000.
24 CHARTE 4112/2/00 REV 2 BODY 4 vom 27.1.2000.
25 *Bernsdorff/Borowsky*, Protokolle, S. 127; *Meyer/Engels*, Charta der Grundrechte, S. 220.
26 CHARTE 4137/00 CONVENT 8 vom 24.2.2000.
27 CHARTE 4137/00 CONVENT 8 vom 24.2.2000.
28 In der Sitzung vom 27./28.3.2000; *Bernsdorff/Borowsky*, Protokolle, S. 198.
29 *Goldsmith* (GB), *Herzog* (D), *Rodriguez Bereijo* (E), *Braibant* (F), *Rodotà* (IT), *Paciotti* (IT), *Voggenhuber* (A), *Meyer* (D), *Maij-Weggen* (NL) und *Patijn* (NL).
30 So vertreten von *Manzella* (IT), *Friedrich* (D) und *Papadimitriou* (GR).
31 CHARTE 4284/00 CONVENT 28 vom 5.5.2000.
32 In der Sitzung vom 5./6.6.2000.
33 CHARTE 4333/00 CONVENT 36 vom 4.6.2000.
34 *Bernsdorff/Borowsky*, Protokolle, S. 261; *Meyer/Engels*, Charta der Grundrechte, S. 285; *Burgorgue-Larsen/Levade/Picod/Melin-Soucramanien*, Traité, Art. II-80 Rn. 3.

einer thematisch zusammengestellten Auflistung von schriftlichen Änderungsbeiträgen der Konventsmitglieder[35] zusammen.

8 c) **Eingliederung im Gleichheitskapitel.** Schließlich entschied das Präsidium die Frage[36] zugunsten einer Trennung von Art. 1 Abs. 1 und Abs. 2. Es schlug eine Positionierung des allgemeinen Gleichheitssatzes als Art. 20 in dem mit „Gleichheit" überschriebenen Kapitel III vor und somit unmittelbar vor Art. 21 („Gleichheit und Nichtdiskriminierung"). Der Vorschlag wurde bestätigt.[37] Im Ergebnis platzierte man den allgemeinen Gleichheitssatz in Übereinstimmung mit dem Vorschlag im Ausgangsdokument des Präsidiums.[38]

3. Wortlaut des Artikels

9 Der Konvent beriet neben der systematischen Stellung über den Wortlaut des Artikels.[39] Er diskutierte vor allem über das Begriffspaar **„Recht"** oder **„Gesetz"** sowie über **„Menschen"**, **„Personen"** oder **„Männer und Frauen"**. Es wurde zB vorgeschlagen, den Wortlaut des Art. 18 von „alle Menschen" in „Männer und Frauen" zu ändern,[40] oder dafür plädiert, nachdem der Begriff „Recht"[41] vom Präsidium in „Gesetz"[42] geändert worden war, eine Rückänderung von „Gesetz" in „Recht" vorzunehmen.[43] Zusätzlich dokumentieren zahlreiche schriftliche Änderungsbeiträge die Auseinandersetzung der Konventsmitglieder mit der exakten Wortwahl.[44]

III. Kommentierung

1. Grundsätzliche Bedeutung

10 Der Artikel beinhaltet die **Grundnorm** der **Gleichheit.**[45] Der allgemeine Gleichheitssatz gehört zu den Grundprinzipien des Unionsrechts.[46] Das trifft heute angesichts von Art. 20 zu. Der EuGH hat diese Aussage allerdings schon recht mutig in den 1970er Jahren getroffen (→ Rn. 2), als es eine Grundlage im Primärrecht dafür noch nicht gab. Klare Konturen, etwa eine Abgrenzung zwischen Gleichheitssatz und Diskriminierungsverboten, werden in der Rechtsprechung nicht erkennbar.[47] Angesichts der Normierungsdefizite in internationalen Rechtstexten (→ Rn. 2) und der pauschalen Rechtsprechung ist es ein Erfolg, dass

35 CHARTE 4360/00 CONVENT 37 vom 14.6.2000.
36 CHARTE 4422/00 CONVENT 45 vom 28.7.2000 (**Entwurf** eines **vollständigen Textes** der **Charta**).
37 In CHARTE 4423/00 CONVENT 46 vom 31.7.2000, CHARTE 4470/1/00 REV 1 CONVENT 47 vom 21.9.2000 und CHARTE 4471/00 CONVENT 48 vom 20.9.2000 sowie in CHARTE 4487/00 CONVENT 50 vom 28.9.2000 (endgültiger Entwurf eines vollständigen Textes der Charta durch das Präsidium).
38 CHARTE 4137/00 CONVENT 8 vom 24.2.2000.
39 Näher auch *Tettinger/Stern/Sachs*, GRC, Art. 20 Rn. 2.
40 *Bernsdorff/Borowsky*, Protokolle, S. 198.
41 CHARTE 4137/00 CONVENT 8 vom 24.2.2000.
42 CHARTE 4284/00 CONVENT 28 vom 5.5.2000.
43 *Bernsdorff/Borowsky*, Protokolle, S. 261.
44 Siehe CHARTE 4284/00 CONVENT 28 vom 5.5.2000 (Entwurf zu den bürgerlichen und politischen Rechten) iVm CHARTE 4332/00 CONVENT 35 vom 25.5.2000 (Band mit den Änderungsvorschlägen) sowie CHARTE 4360/00 CONVENT 37 vom 14.6.2000 (Thematische Zusammenfassung der Änderungsvorschläge).
45 *Merten/Papier/Kugelmann*, Grundrechte, § 160 Rn. 25.
46 *Stern/Becker/Englisch*, GR, Art. 3 GG Rn. 178; über Bedeutung und Entstehungsgeschichte *Bifulco/Cartabia/Celotto*, L'europa die diritti, Art. 20 Rn. 1 f.; *Huster*, EuR 2010, 325 ff.
47 EuGH – Cordero Alonso, C-81/05 – Slg 2006, I-7569 Rn. 37 mwN; EuGH – Advocaten voor de Wereld, C-303/05 – Slg 2007, I-3633 Rn. 46; EuGH – Akzo und Akcros Chemicals, C-550/07 P – Slg 2010, I-8301 Rn. 54; *Holoubek/Lienbacher/Schramm*, GRC, Art. 20 Rn. 6, 8, 12.

der allgemeine Gleichheitssatz nunmehr klar für das Unionsrecht formuliert ist. Sein Sinn und Zweck ist es, einen umfassenden Gleichheitsschutz zu gewährleisten.[48] Eine möglichst breite Anwendung der Norm soll auch der gewählte Wortlaut „alle Personen" im Gegensatz zu der davor diskutierten Formulierung „alle Männer und Frauen" sichern.[49] Der allgemeine Gleichheitssatz soll sicherstellen, dass Personen in vergleichbaren Sachverhalten in rechtlicher und tatsächlicher Hinsicht gleich behandelt werden.[50] Er richtet sich zunächst an den Gesetzgeber und sodann an den Rechtsanwender (→ Rn. 17). Sekundärrecht und nationales Durchführungsrecht sind unter Berücksichtigung von Art. 20 auszulegen.[51]

2. Verhältnis zu anderen Vorschriften

Die Charta normiert den allgemeinen Gleichheitssatz in Art. 20 ausdrücklich und stellt ihm 11
mit Art. 21 und 23 Diskriminierungsverbote und einen besonderen Gleichheitssatz zur Seite.[52] Art. 20 tritt hinter die Diskriminierungsverbote des Art. 21 und den besonderen Gleichheitssatz des Art. 23 als subsidiäre Vorschrift zurück.[53] Der EuGH spricht dagegen teilweise pauschal vom Grundsatz der „Gleichheit und Nichtdiskriminierung",[54] vom Grundsatz der Gleichbehandlung, „der in den 20 und 21 der Charta" verankert ist[55] oder von Grundsätzen der Gleichbehandlung und der Nichtdiskriminierung, die er in Art. 20, 21 Abs. 1 und Art. 23 verankert sieht.[56] Er verzichtet auf eine subsidiäre Anwendung von Art. 20.[57] Diese „Gleichmacherei" ist abzulehnen.[58] Es steht dem EuGH nicht zu, eine Unterscheidung, die der Vertragsgeber bewusst getroffen hat, einfach zu ignorieren. Der allgemeine Gleichheitssatz korrespondiert mit zahlreichen Gleichheitsregelungen im EUV und AEUV.[59]

3. Rechtsnatur und Auslegung

Art. 20 enthält ein **Grundrecht** im Sinn von Art. 51 Abs. 1 S. 2.[60] Er ist im Einklang mit 12
den **gemeinsamen Verfassungsüberlieferungen** der Mitgliedstaaten (→ Rn. 1) auszulegen (Art. 52 Abs. 4).[61]

48 *Frenz*, Handbuch Europarecht 4, Rn. 3211.
49 *Mock/Demuro/Celotto*, Human Rights, Art. 20, S. 128.
50 *Calliess/Ruffert/Rossi*, EUV/AEUV, Art. 20 GRC Rn. 28.
51 EuGH – Hernández, Urt. v. 10.7.2014, Rs. C-198/13, ECLI:EU:C:2014:2055, Rn. 32; *Jarass*, GRC, Art. 20 Rn. 3. Aus der neueren Rspr. vgl. nur EuGH – RPO, Urt. v. 7.3.2017, Rs. C-390/15, ECLI:EU:C:2017:174, Rn. 38 ff. zur Überprüfung der Mehrwertsteuer-Systemrichtlinie (MwStSystRL) anhand des unionsrechtlichen Gleichbehandlungsgrundsatzes.
52 *Hölscheidt*, Vorbemerkungen Rn. 28. Zum Verhältnis von Art. 20 zu Art. 35 *Giesecke*, Art. 35 Rn. 8, zu Art. 37 *Schwerdtfeger*, Art. 37 Rn. 30.
53 *Calliess/Ruffert/Rossi*, EUV/AEUV, Art. 20 GRC Rn. 17; *Heselhaus/Nowak/Odendahl*, Hdb Eur. GR, § 43 Rn. 40; *Jarass*, GRC, Art. 20 Rn. 5; *Holoubek/Lienbacher/Schramm*, GRC, Art. 20 Rn. 14.
54 EuGH – Cordero Alonso, C-81/05 – Slg 2006, I-7569 Rn. 37 mwN; EuGH – Advocaten voor de Wereld, C-303/05 – Slg 2007, I-3633 Rn. 46; EuGH – Károly Nagy, C-21/10 – Slg 2011, I-6769 Rn. 47.
55 EuGH – Akzo und Akcros Chemicals, C-550/07 P – Slg 2010, I-8301 Rn. 54.
56 EuGH – Soukupová, Urt. v. 11.4.2013, Rs. C-401/11, ECLI:EU:C:2013:223, Rn. 29.
57 *Calliess/Ruffert/Rossi*, EUV/AEUV, Art. 20 GRC Rn. 3.
58 AA *Pechstein/Nowak/Heselhaus*, Frankfurter Kommentar, Art. 20 Rn. 4 sieht darin eine „zeitgemäße Differenzierung", *Grabenwarter/Schmahl*, Grundrechteschutz, § 15 Rn. 143.
59 *Hölscheidt*, Vorbemerkungen Rn. 16 ff.
60 *Jarass*, GRC, Art. 20 Rn. 2.
61 *Tettinger/Stern/Sachs*, GRC, Art. 20 Rn. 15; aA *Pechstein/Nowak/Heselhaus*, Frankfurter Kommentar, Art. 20 Rn. 14.

13 Die dogmatische Grundstruktur des allgemeinen Gleichheitssatzes im Unionsrecht bleibt durch seine Formulierungen in der Charta unberührt. Deshalb ist für seine **Interpretation** auf die **vorhandenen Erkenntnisse,** vor allem die Rechtsprechung des EuGH, zurückzugreifen.[62] Insgesamt herrscht „größte Unklarheit".[63] Fest steht jedenfalls, dass der allgemeine Gleichheitssatz den Grundrechtsadressaten einen **relativen Maßstab** vorgibt, wohingegen Freiheitsrechte eine absolute Grenze setzen.[64]

4. Grundrechtsträger und Grundrechtsadressaten

14 **Grundrechtsträger** sind alle natürlichen Personen. Art. 20 ist ein **Menschenrecht.**[65] Der EuGH wendet den allgemeinen Gleichheitssatz zu Recht in ständiger Rechtsprechung auf juristische Personen des Privatrechts an.[66] Juristische Personen des öffentlichen Rechts sind nicht grundrechtsberechtigt sondern grundrechtsverpflichtet.[67] Die Mitgliedstaaten sind keine Personen im Sinn von Art. 20 und deshalb keine Grundrechtsträger.[68] Ein Grundrecht der Mitgliedstaaten auf Gleichbehandlung gibt es nicht. Es ist ein objektives Rechtsprinzip, dass die Union die Gleichheit der Mitgliedstaaten vor den Verträgen achtet (Art. 4 Abs. 2 S. 1 EUV).[69]

15 **Grundrechtsadressaten** sind die Union und die Mitgliedstaaten (Art. 51 Abs. 1 S. 1).[70] Art. 20 kommt **keine unmittelbare Drittwirkung** zu.[71]

5. Prüfung

16 a) **Grundsatz.** Für das Verständnis des Gleichheitssatzes bildet die **Rechtsprechung** des **EuGH** aus dem Jahr 1977 den wichtigsten Ausgangspunkt: „Nach diesem Grundsatz dürfen vergleichbare Sachverhalte nicht unterschiedlich behandelt werden, es sei denn, dass eine Differenzierung objektiv gerechtfertigt wäre".[72] Der EuGH dürfte bereits zuvor das herkömmliche Verständnis akzeptiert haben, dass unterschiedliche Sachverhalte nicht gleich behandelt werden dürfen.[73] Dem Wortlaut des allgemeinen Gleichheitssatzes ist un-

---

62 Zustimmend *Frenz*, Handbuch Europarecht 4, Rn. 3195; *Stern/Sachs/Sachs*, GRC, Art. 20 Rn. 7; ebenso *Merten/Papier/Kugelmann*, Grundrechte, § 160 Rn. 14.

63 *Tettinger/Stern/Sachs*, GRC, Art. 20 Rn. 20.

64 *Calliess/Ruffert/Rossi*, EUV/AEUV, Art. 20 GRC Rn. 18, 29.

65 *Calliess/Ruffert/Rossi*, EUV/AEUV, Art. 20 GRC Rn. 4.

66 EuGH – Klöckner-Werke AG ua/Hohe Behörde, C-17/61 und C-20/61 – Slg 1962, 655, 691 ff.; EuGH – T. Port/Hauptzollamt Hamburg-Jonas, C-364/95 und C-365/95 – Slg 1998, I-1023 Rn. 81 ff.; *Hölscheidt*, Vorbemerkungen Rn. 32; *Mock/Demuro/Celotto*, Human Rights, Art. 20, S. 129; *Frenz*, Handbuch Europarecht 4, Rn. 3189 mwN; *Calliess/Ruffert/Rossi*, EUV/AEUV, Art. 20 GRC Rn. 5; *Pechstein/Nowak/Heselhaus*, Frankfurter Kommentar, Art. 20 Rn. 31; *Wolffgang*, EU-Verträge, Art. 20 GRC Rn. 2.

67 *Calliess/Ruffert/Rossi*, EUV/AEUV, Art. 20 GRC Rn. 6; *Hölscheidt*, Vorbemerkungen Rn. 31.

68 AA *Peers/Hervey/Kenner/Ward/Bell*, EU Charter, Art. 20 Rn. 20.18.

69 Ausführlich *Heselhaus/Nowak/Odendahl*, Hdb Eur. GR, § 43 Rn. 13 ff.

70 *Hölscheidt*, Vorbemerkungen Rn. 33; *Calliess/Ruffert/Rossi*, EUV/AEUV, Art. 20 GRC Rn. 12; *Pechstein/Nowak/Heselhaus*, Frankfurter Kommentar, Art. 20 Rn. 16; *Tettinger/Stern/Sachs*, GRC, Art. 20 Rn. 18; *Jarass*, GRC, Art. 20 Rn. 3.

71 *Tettinger/Stern/Sachs*, GRC, Art. 20 Rn. 19; *Stern/Sachs/Sachs*, GRC, Art. 20 Rn. 15; *Heselhaus/Nowak/Odendahl*, Hdb Eur. GR, § 43 Rn. 11; *Merten/Papier/Kugelmann*, Grundrechte, § 160 Rn. 30; *Frenz*, Handbuch Europarecht 4, Rn. 3213; *Schwarze/Graser*, EU, Art. 20 GRC Rn. 11; *Jarass*, GRC, Art. 20 Rn. 3.

72 EuGH – Ruckdeschel ua/Hauptzollamt Hamburg-St. Annen, C-117/76 und C 16/77 – Slg 1977, 1753 Rn. 7; mit Bezug zu Art. 20 zB: EuGH – El Karem El Kott ua, Urt. v. 19.12.2012, Rs. C-364/11, ECLI:EU:C:2012:826, Rn. 78 f.

73 *Sattler*, in: Ipsen/Schmidt-Jortzig, S. 255; *Schwarze/Graser*, EU, Art. 20 GRC Rn. 3.

mittelbar nur zu entnehmen, dass Gleiches gleich zu behandeln ist. Gemeinhin wird er allerdings um die Formel erweitert, Ungleiches sei ungleich zu behandeln. Das ist bedenklich, denn dieses „Gebot der Verschiedenbehandlung" formuliert einen „Ungleichheitssatz".[74] Der EuGH lässt darüber hinaus keine klare Linie erkennen. Zwischen Ungleichbehandlung und ihrer Rechtfertigung trennt der EuGH nicht klar und verwendet für die Rechtfertigung eine recht bunte Mischung von Kriterien.[75] Außerdem behandelt der EuGH den Gleichheitssatz (Art. 20), die Nichtdiskriminierung (Art. 21 Abs. 1) und die Gleichheit von Frauen und Männern (Art. 23) zusammen, in denen die Grundsätze der Gleichbehandlung und Nichtdiskriminierung verankert seien. Sie verlangen, „dass vergleichbare Sachverhalte nicht unterschiedlich und unterschiedliche Sachverhalte nicht gleich behandelt werden, es sei denn, dass eine solche Behandlung objektiv gerechtfertigt ist […]".[76] Eine solche vom Chartatext gelöste Großformel ermöglicht es, eigene Vorstellungen in die Fallbearbeitung einzubringen.

Die **Kontrolldichte** des EuGH ist unterschiedlich. Meist wird bei Rechtsetzungsorganen ein großzügiger Maßstab angelegt, weil sie die komplexe Aufgabe haben, verschiedene Interessen für die Zukunft auszutarieren. Demgegenüber ist der Maßstab bei Verwaltungsbehörden, die Einzelfallentscheidungen treffen müssen, strenger.[77] 17

b) Gleichheit vor dem Gesetz. Der allgemeine Gleichheitssatz gebietet über die Gleichheit bei der Gesetzes***anwendung*** („vor" dem Gesetz) hinaus auch die Gleichheit bei der Gesetz***gebung***.[78] Die Legislative legt den Grundstein für die Gesetzesanwendung: Sie ist in erster Linie an Art. 20 gebunden.[79] Erstens muss der Gesetzgeber abstrakt die Gleichheit bei der Rechtsetzung beachten; zweitens wird das gesetzte Recht von der Exekutive (→ Rn. 22) und der Judikative[80] konkret gleich angewandt.[81] Dies kommt gut in der Formulierung zum Ausdruck: „Vor der öffentlichen Gewalt der Europäischen Union sind alle Menschen gleich".[82] Art. 20 erfasst also sowohl die Rechtsetzungs- als auch die Rechtsanwendungsgleichheit.[83] 18

Der Begriff **Gesetz** bezeichnet alle Rechtsakte der Union und der Mitgliedstaaten, für die die Charta gilt, vor allem Richtlinien und Verordnungen (Art. 288 AEUV) und innerstaatli- 19

---

74 *Tettinger/Stern/Sachs*, GRC, Art. 20 Rn. 21; *Stern/Sachs/Sachs*, GRC, Art. 20 Rn. 17; kritisch auch *Pechstein/Nowak/Heselhaus*, Frankfurter Kommentar, Art. 20 Rn. 29; *Peers/Hervey/Kenner/Ward/Bell*, EU Charter, Art. 20 Rn. 20.26.

75 *Tettinger/Stern/Sachs*, GRC, Art. 20 Rn. 9 mit zahlreichen Nachweisen. Aus der neueren Rspr. vgl. nur EuGH – Roca SARL/Kommission, Urt. v. 26.1.2017, Rs. C-638/13 P, ECLI:EU:C:2017:53, Rn. 65 ff. zur Beachtung des Grundsatzes der Gleichbehandlung bei mehreren Kartellteilnehmern und der hierfür anzuwendenden Kriterien.

76 EuGH – Soukupová, Urt. v. 11.4.2013, Rs. C-401/11, ECLI:EU:C:2013:223, Rn. 29.

77 *Pechstein/Nowak/Heselhaus*, Frankfurter Kommentar, Art. 20 Rn. 43 mwN.

78 *Calliess/Ruffert/Rossi*, EUV/AEUV, Art. 20 GRC Rn. 7; *Pechstein/Nowak/Heselhaus*, Frankfurter Kommentar, Art. 20 Rn. 16; *Heun ua/Osterloh*, Staatslexikon, Stichwort „Gleichheit"; *Merten/Papier/Kugelmann*, Grundrechte, § 160 Rn. 26; *Jarass*, GRC, Art. 20 Rn. 3; *Holoubek/Lienbacher/Schramm*, GRC, Art. 20 Rn. 17; *Mock/Demuro/Celotto*, Human Rights, Art. 20, S. 130 f.

79 *Calliess/Ruffert/Rossi*, EUV/AEUV, Art. 20 GRC Rn. 8.

80 Zur Bindung des Unionsrichters an den Gleichheitssatz: EuGH – Weig/Kommission, C-280/98 P Slg 2000, I-9757 Rn. 63, 68; allgemein zur Bindung der Judikative *Calliess/Ruffert/Rossi*, EUV/AEUV, Art. 20 GRC Rn. 11.

81 *Grabenwarter/Schmahl*, Grundrechteschutz, § 15 Rn. 21.

82 *Preuß*, KJ 1998, 23.

83 *Jarass*, GRC, Art. 20 Rn. 2; *Heselhaus/Nowak/Odendahl*, Hdb Eur. GR, § 43 Rn. 17; *Calliess/Ruffert/Rossi*, EUV/AEUV, Art. 20 GRC Rn. 7 ff.

che Gesetze zur Durchführung des Rechts der Union (Art. 51 Abs. 1 S. 1).[84] Gemeint sind Gesetze im materiellen Sinn, also Rechtssätze, denen allgemeinverbindliche Wirkung zukommt (→ Art. 52 Rn. 32 f.).

20 Aus dem Gleichheitssatz kann eine **Selbstbindung der Verwaltung** folgen.[85] Hat die Verwaltung bislang nach einem bestimmten Muster rechtmäßig gehandelt, darf sie davon in einem Einzelfall ohne Angabe besonderer sachlicher Rechtfertigungsgründe, die mit dem Grundsatz der Gleichbehandlung vereinbar sind, nicht abweichen. Das galt schon im Gemeinschaftsrecht[86] und hat nun in Art. 20 seine Rechtsgrundlage.[87]

21 c) **Ungleichbehandlung.** Ob ein **Verstoß** gegen den allgemeinen Gleichheitssatz vorliegt, ist grundsätzlich in **zwei Schritten** zu klären: Zunächst ist festzustellen, ob eine **Ungleichbehandlung** vorliegt; danach muss geprüft werden, ob sie **gerechtfertigt** ist.[88] Nach ständiger Rechtsprechung des EuGH „verlangt der in Art. 20 der Charta der Grundrechte der Europäischen Union verankerte Grundsatz der Gleichbehandlung oder Nichtdiskriminierung, dass vergleichbare Sachverhalte nicht unterschiedlich und unterschiedliche Sachverhalte nicht gleichbehandelt werden, es sei denn, dass eine solche Behandlung objektiv gerechtfertigt ist […].“[89] Der Gleichheitssatz erfasst jede unterschiedliche Behandlung. Es ist **nicht erforderlich**, dass die Ungleichbehandlung den Grundrechtsträger **benachteiligt.**[90] Zwar wird sich auf den Gleichheitssatz nur berufen, wer meint, benachteiligt zu sein.[91] Das betrifft aber nur die Frage, warum der Gleichheitssatz geltend gemacht wird. Sein Wortlaut postuliert nur die Gleichheit.

22 Es ist sorgfältig klarzustellen, welche **Sachverhalte** verglichen werden.[92] Für einen Vergleich benötigt man mindestens zwei Gruppen, die sowohl wesentliche Gemeinsamkeiten als auch kleinere Unterschiede aufweisen.[93] Der Vergleich muss auf objektiven Umständen beruhen und bedarf eines gemeinsamen Bezugspunkts.[94] Beispiel: Personengruppe A muss für eine Tätigkeit eine Genehmigung einholen, Personengruppe B nicht. Bestehen zwischen den Gruppen hinreichend gewichtige Unterschiede, ist schon der Tatbestand des Gleichheitssatzes nicht verletzt.[95] Der EuGH prüft ohne erkennbaren Grund unterschiedlich.[96] Zum Teil stellt er nur die Frage, ob sich die von einer Regelung Betroffenen in einer ver-

---

84 *Merten/Papier/Kugelmann*, Grundrechte, § 160 Rn. 27.

85 *Calliess/Ruffert/Rossi*, EUV/AEUV, Art. 20 GRC Rn. 10 a; *Jarass*, GRC, Art. 20 Rn. 21; *Pechstein/Nowak/Heselhaus*, Frankfurter Kommentar, Art. 20 Rn. 27.

86 EuGH – Louwage/Kommission, C-148/73 – Slg 1974, 81 Rn. 11 ff.; EuGH – IPK München/Kommission, T-331/94 – Slg 1997, II-1665 Rn. 45; EuGH – Sarrió/Kommission, C-291/98 P – Slg 2000, I-9991 Rn. 98 f.; EuGH – Dansk Rørindustrie, verb. Rs. C-189/02 P, C-202/02 P, C-205/02 P bis C-206/02 P, Slg 2005, I-5425 Rn. 209–211, 213; EuGH – Arkema, C-520/09 P – Slg 2011, II-8901 Rn. 88.

87 *Merten/Papier/Kugelmann*, Grundrechte, § 160 Rn. 28; Schlussanträge von GAin Kokott v. 12.1.2012, C-628/10 P und C-14/11 P, Rn. 50 f.

88 *Calliess/Ruffert/Rossi*, EUV/AEUV, Art. 20 GRC Rn. 19 f.; EuGH – Spanien/Kommission, C-217/91 – Slg 1993, I-3923 Rn. 37; EuGH – SMW-Winzersekt/ Land Rheinland-Pfalz, C-306/93 – Slg 1994, I-5555 Rn. 30.

89 EuGH – Károly Nagy, C-21/10 – Slg 2011, I-6769 Rn. 47 mwN; EuGH – El Karem El Kott ua, Urt. v. 19.12.2012, Rs. C-364/11, ECLI:EU:C:2012:826, Rn. 78 f.

90 *Calliess/Ruffert/Rossi*, EUV/AEUV, Art. 20 GRC Rn. 22; aA *Jarass*, GRC, Art. 20 Rn. 11.

91 *Pechstein/Nowak/Heselhaus*, Frankfurter Kommentar, Art. 20 Rn. 26.

92 Ausführlich *Holoubek/Lienbacher/Schramm*, GRC, Art. 20 Rn. 22.

93 *Heselhaus/Nowak/Odendahl*, Hdb Eur. GR, § 43 Rn. 18.

94 *Calliess/Ruffert/Rossi*, EUV/AEUV, Art. 20 GRC Rn. 20.

95 *Stern/Sachs/Sachs*, GRC, Art. 20 Rn. 20.

96 Hierzu auch *Peers/Hervey/Kenner/Ward/Bell*, EU Charter, Art. 20 Rn. 20.23 ff.

gleichbaren Situation befinden,[97] zum Teil wird gefragt, ob die Betroffenen in Bezug auf alle Merkmale, die sie kennzeichnen, vergleichbar sind.[98]

23 Die Behandlung muss durch den **gleichen Hoheitsträger** erfolgen.[99] Es muss dieselbe Stelle tätig geworden sein, bei einer Behandlung auf der Rechtsetzungsebene also derselbe Rechtsetzer, bei einer Behandlung durch die Verwaltung derselbe Rechtsanwender.[100] Führt ein Mitgliedstaat das Unionsrecht rechtmäßig anders durch als ein anderer, liegt keine Ungleichbehandlung iSv Art. 20 vor.[101]

24 **Inländerdiskriminierungen** werden von Art. 20 nicht erfasst. Mitgliedstaaten dürfen grundsätzlich Inländer in Bezug auf rein inländische Sachverhalte gegenüber Ausländern benachteiligen. Eine Ungleichbehandlung wegen der Staatsangehörigkeit ist vorrangig an Art. 18 AEUV bzw. Art. 21 Abs. 2 zu messen. Sie stehen ihr aber regelmäßig nicht entgegen.[102]

25 d) **Rechtfertigung.** Liegt eine **Ungleichbehandlung** vergleichbarer Sachverhalte oder eine Gleichbehandlung unterschiedlicher Sachverhalte vor, muss weiter geprüft werden, ob sie objektiv gerechtfertigt ist.[103] Art. 52 Abs. 1 dürfte für den Gleichheitssatz einschlägig sein.[104] Auch die **Rechtfertigung** prüft der EuGH nicht einheitlich und ohne eine dogmatische Grundlinie erkennen zu lassen.[105] Zum Teil fragt er, ob die Ungleichbehandlung „objektiv gerechtfertigt" ist,[106] zum Teil erörtert er, ob „sachliche"[107] oder nur „triftige" Gründe[108] die Ungleichbehandlung rechtfertigen. Ungleichbehandlungen können auch gerechtfertigt sein, „sofern diese tatsächlich dem Gemeinwohl dienenden Zielen der Gemeinschaft entsprechen und nicht einen im Hinblick auf den verfolgten Zweck unverhältnismäßigen, nicht tragbaren Eingriff darstellen, der diese Rechte in ihrem Wesensgehalt antastet […]."[109] Zum Teil sagt er, es bestehe ein weiter Ermessensspielraum des Gesetzgebers,[110] zum Teil verlangt er, dass die Gründe für die Ungleichbehandlung im Einzelnen nachgewiesen werden.[111] Fest steht, dass verpönte Differenzierungsmerkmale (Art. 21) eine Ungleich-

---

97 EuGH – Ruckdeschel ua/Hauptzollamt Hamburg-St. Annen, C-117/76 und C-16/77 – Slg 1977, 1753 Rn. 8; EuGH – Moulins-Pont-à-Mousson/ONIC, C-124/76 und C-20/77 – Slg 1977, 1795 Rn. 18; EuGH – Cordero Alonso, C-81/05 – Slg 2006, I-7569 Rn. 37.

98 EuGH – Arcelor Atlantique und Lorraine ua, C-127/07 – Slg 2008, I-9895 Rn. 25.

99 EuGH – Lawrence ua, C-320/00 – Slg 2002, I-7325 Rn. 17 f.; *Frenz*, Handbuch Europarecht 4, Rn. 3201; *Jarass*, GRC, Art. 20 Rn. 9; *Merten/Papier/Kugelmann*, Grundrechte, § 160 Rn. 27.

100 *Jarass*, GRC, Art. 23 Rn. 11.

101 *Jarass*, GRC, Art. 20 Rn. 9.

102 *Calliess/Ruffert/Rossi*, EUV/AEUV, Art. 20 GRC Rn. 15; *Pechstein/Nowak/Heselhaus*, Frankfurter Kommentar, Art. 20 Rn. 21; *Jarass*, GRC, Art. 20 Rn. 8 a; Art. 21 Rn. 47.

103 *Jarass*, GRC, Art. 20 Rn. 12.

104 Ausführlich *Schwerdtfeger*, Art. 52 Rn. 40; *Glock*, S. 231 ff.; *Merten/Papier/Kugelmann*, Grundrechte, § 160 Rn. 19; differenzierend *Tettinger/Stern/Sachs*, GRC, Art. 20 Rn. 23; *Stern/Sachs/Sachs*, GRC, Art. 20 Rn. 22 ff. und *Jarass*, GRC, Art. 20 Rn. 12.

105 *Bühler*, Einschränkung von Grundrechten, S. 154 ff.; *Frenz*, Handbuch Europarecht 4, Rn. 3206; *Holoubek/Lienbacher/Schramm*, GRC, Art. 20 Rn. 23; *Ehlers/Kingreen*, GR, § 21 Rn. 16.

106 EuGH – Ruckdeschel ua/Hauptzollamt Hamburg-St. Annen, C-117/76 und C-16/77 – Slg 1977, 1753 Rn. 7 f.; EuGH – Moulins-Pont-à-Mousson/ONIC, C-124/76 und C-20/77 – Slg 1977, 1795 Rn. 14 ff.

107 EuGH – Geist/Kommission, C-117/81 – Slg 1983, 2191 Rn. 14.

108 EuGH – Lux/Rechnungshof, C-129/82 und C-274/82 – Slg 1984, 4127 Rn. 22; näher *Bühler*, Einschränkung von Grundrechten, S. 155.

109 EuGH – Karlsson ua, C-292/97 – Slg 2000, I-2737 Rn. 45.

110 EuGH – Wuidart ua/Laiterie coopérative eupenoise ua, C-267/88 bis C-285/88 – Slg 1990, I-435 Rn. 14.

111 EuGH – Ruckdeschel ua/Hauptzollamt Hamburg-St. Annen, C-117/76 und C-16/77 – Slg 1977, 1753 Rn. 9; EuGH – Moulins-Pont-à-Mousson/ONIC, C-124/76 und C-20/77 – Slg 1977, 1795 Rn. 14 ff.

behandlung nicht rechtfertigen können.[112] Durch eine **Gleichbehandlung** wesentlich ungleicher Sachverhalte kann Art. 20 nur ausnahmsweise verletzt werden, nämlich dann, wenn eine Ungleichbehandlung zwingend geboten ist. Denn Art. 20 zielt generell auf Gleichbehandlung.[113]

26 Unklar ist ebenso die Bedeutung des Grundsatzes der **Verhältnismäßigkeit**, der auch in der deutschen Dogmatik bei der Prüfung der Gleichheit noch keine klar festgelegte Aufgabe hat.[114] Der EuGH hat dazu ua ausgeführt: „Eine unterschiedliche Behandlung ist gerechtfertigt, wenn sie auf einem objektiven und angemessenen Kriterium beruht, d. h., wenn sie im Zusammenhang mit einem rechtlich zulässigen Ziel steht, das mit der in Rede stehenden Regelung verfolgt wird, und wenn diese unterschiedliche Behandlung in angemessenem Verhältnis zu dem mit der betreffenden Behandlung verfolgten Ziel steht [...].“[115]

27 Diskutiert wird, in einem **dritten Schritt** zu prüfen, ob zwischen der Ungleichbehandlung und den Rechtfertigungsgründen ein angemessenes Verhältnis besteht.[116] Richtigerweise dürfte die Prüfung der **Verhältnismäßigkeit** in die Prüfung der Rechtfertigung zu integrieren sein.[117] Dahin tendiert wohl auch der EuGH (→ Rn. 23). Eine Ungleichbehandlung ist nur gerechtfertigt, wenn sie in dem richtigen Verhältnis zu dem angestrebten Zweck steht.[118] Wäre es anders, könnte eine Ungleichbehandlung zwar gerechtfertigt, aber unverhältnismäßig sein: Sie wäre gerechtfertigt (Verhältnis Ungleichbehandlung und Rechtfertigungsgründe), also rechtmäßig, aber unverhältnismäßig (Verhältnis Ungleichbehandlung und Zweck), also rechtswidrig. Das kann nicht sein. Überdies ist jedenfalls in Bezug auf die Organe der Rechtsetzung geltend zu machen, dass deren Spielraum nicht durch weitere Prüfungserfordernisse der Rechtsprechung eingeschränkt werden sollte. Einer gesonderten Verhältnismäßigkeitsprüfung bedarf es daher nicht.[119]

28 Als Faustformel kann dienen: Je weniger schwer die Ungleichbehandlung ist, desto leichter kann sie gerechtfertigt werden, und umgekehrt: Je gewichtiger die Ungleichbehandlung ist, desto höher sind die Anforderungen an ihre Rechtfertigung.[120]

6. Rechtsfolgen eines Verstoßes

29 a) **Geltung allgemeiner Regeln.** Wird gegen den allgemeinen Gleichheitssatz des Art. 20 verstoßen, so löst das grundsätzlich dieselben Rechtsfolgen aus wie ein Verstoß gegen andere Vorschriften der Charta oder des Primärrechts. Spezielle Regelungen für die Folgen eines Verstoßes enthält die Charta nicht. Es gelten daher grundsätzlich die **allgemeinen Regeln des Unionrechts.**[121] Ausgangspunkt für die Bestimmung der Rechtsfolgen ist, dass Gesetzgebungsakte, Verwaltungsmaßnahmen und sonstige hoheitliche Akte, die gegen die

---

112 *Pechstein/Nowak/Heselhaus*, Frankfurter Kommentar, Art. 20 Rn. 37; *Heselhaus/Nowak/Odendahl*, Hdb Eur. GR § 43 Rn. 29.
113 *Calliess/Ruffert/Rossi*, EUV/AEUV, Art. 20 GRC Rn. 28; oben Rn. 10.
114 *Calliess/Ruffert/Rossi*, EUV/AEUV, Art. 20 GRC Rn. 26 f.; *Ehlers/Kingreen*, GR, § 17 Rn. 16 f.
115 EuGH – Arcelor Atlantique und Lorraine ua, C-127/07 – Slg 2008, I-9895 Rn. 47.
116 *Grabitz/Hilf/Nettesheim/Pernice/Mayer*, EU, nach Art. 6 EU Rn. 164; *Merten/Papier/Kugelmann*, Grundrechte, § 160 Rn. 36.
117 AA *Heselhaus/Nowak/Odendahl*, Hdb. Eur. GR, § 43 Rn. 34.
118 *Bühler*, Einschränkung von Grundrechten, S. 163.
119 *Calliess/Ruffert/Rossi*, EUV/AEUV, Art. 20 GRC Rn. 27; *Pechstein/Nowak/Heselhaus*, Frankfurter Kommentar, Art. 20 Rn. 22.
120 Zustimmend *Pechstein/Nowak/Heselhaus*, Frankfurter Kommentar, Art. 20 Rn. 37; in diesem Sinn auch *Schwarze/Graser*, EU, Art. 20 GRC Rn. 6.
121 *Tettinger/Stern/Sachs*, GRC, Art. 20 Rn. 24; *Stern/Sachs/Sachs*, GRC, Art. 20 Rn. 25. Allgemein zum Grundrechtsschutz *Schwerdtfeger*, Art. 51 Rn. 76 ff.

Charta verstoßen, primärrechtswidrig sind. Es spielt keine Rolle, ob die Akte von Organen, Einrichtungen und sonstigen Stellen der Union oder von den Mitgliedstaaten bei der Durchführung des Rechts der Union (Art. 51 Abs. 1 S. 1) erlassen oder vorgenommen wurden.[122] Die **Besonderheit** bei einem Gleichheitsverstoß ist, dass er auf unterschiedliche Art behoben werden kann, sodass Nichtigkeit des Akts nicht die zwangsläufige Folge ist (→ Rn. 33 f.). Zu beachten ist der **Anwendungsvorrang** des **Unionsrechts**: Er besagt, dass nationale Organe der Rechtsanwendung (Exekutive, Judikative) nationale Normen, die gegen die Charta verstoßen, unangewendet lassen müssen, u.U. nachdem ein Vorabentscheidungsverfahren (Art. 276 AEUV) durchgeführt worden ist.[123] Der EuGH hat ausgesprochen, dass ein nationales Gericht eine Vorschrift unangewendet lassen muss, die gegen das Diskriminierungsverbot des Art. 21 Abs. 1 (wegen des Alters) verstößt.[124]

Art. 20 gewährt **keinen Anspruch** auf **Gleichbehandlung im Unrecht.**[125] Eine Person kann 30
sich also nicht mit Erfolg auf eine fehlerhafte Rechtsetzung oder -anwendung zugunsten eines anderen berufen.[126] Es besteht kein Anspruch auf eine Leistung, wenn diese zwar die Ungleichbehandlung heilen, aber einen neuen Rechtsverstoß bedeuten würde. In diesem Fall kommt nur ein Anspruch darauf in Betracht, die Drittbegünstigung aufzuheben.[127]

b) **Nichtigkeitsklage.** Gesetzgebungsakte oder Handlungen der Organe der Union, die die 31
Charta verletzen, können mit der **Nichtigkeitsklage** (Art. 263 AEUV) angegriffen werden.[128] Ist die Klage begründet, erklärt der EuGH den angegriffenen Gesetzgebungsakt oder die angegriffene Handlung grundsätzlich mit Wirkung ex tunc und erga omnes für nichtig (Art. 264 AEUV).[129]

c) **Vertragsverletzungsverfahren.** Verstößt ein Mitgliedstaat bei der Durchführung des Uni- 32
onsrechts (Art. 51 Abs. 1 S. 2) gegen die Charta (hier Art. 20), kann der EuGH aufgrund eines **Vertragsverletzungsverfahrens** (Art. 258 f. AEUV) feststellen, dass der Mitgliedstaat gegen eine Verpflichtung aus den Verträgen verstoßen hat (→ Art. 51 Rn. 79). Der Staat hat daraufhin die Maßnahmen zu ergreifen, die sich aus dem Urteil des EuGH ergeben (Art. 260 Abs. 1 AEUV). Er muss den chartakonformen Zustand herstellen.[130]

d) **Gestaltungsspielraum des Gesetzgebers.** Es ist Aufgabe des **Gesetzgebers**, die Rechtsfol- 33
gen eines Gleichheitsverstoßes zu beheben.[131] Dabei hat er großen **Gestaltungsspielraum.**[132] Die **Ungleichbehandlung** lässt sich auf unterschiedliche Art beheben. Es kann entweder die eine Personengruppe behandelt werden wie die andere oder umgekehrt, beide

---

122 *Hölscheidt*, Vorbemerkungen Rn. 36.
123 *Stern/Sachs/Sachs*, GRC, Art. 20 Rn. 28.
124 EuGH, 19.4.2016, C-441/14, (Dansk Industri), Rn. 35 f. mwN; *Herresthal*, ZEuP 2014, 238, 271.
125 *Calliess/Ruffert/Rossi*, EUV/AEUV, Art. 20 GRC Rn. 16; *Jarass*, GRC, Art. 20 Rn. 10; *Holoubek/Lienbacher/Schramm*, GRC, Art. 20 Rn. 11; *Stern/Sachs/Sachs*, GRC, Art. 20 Rn. 29.
126 EuGH – Authié/Kommission, C-34/80 – Slg 1981, 665 Rn. 23; EuGH – Witte/Parlament, C-188/83 – Slg 1984, 3465 Rn. 15; EuGH – Williams/Rechnungshof, C-134/84 – Slg 1985, 2225 Rn. 14; EuGH – Ahlström Osakeyhtiö ua/Kommission, C-89/85, C-104/85, C-114/85, C-116/85, C-117/85 und C-125/85 bis C-129/85 – Slg 1993, I-1307 Rn. 197; EuG – Huet/Rechnungshof, T-8/93 – Slg 1994, II-103 Rn. 44; EuG – Pfizer, T-13/99 – Slg 2002, II-3318 Rn. 479.
127 *Tettinger/Stern/Sachs*, GRC, Art. 20 Rn. 28.
128 Ausführlich *Schwerdtfeger*, Art. 51 Rn. 77; *Jarass*, GRC, Einl. Rn. 66; *Tettinger/Stern/Sachs*, GRC, Art. 20 Rn. 25; *Stern/Sachs/Sachs*, GRC, Art. 20 Rn. 26; siehe aber Rn. 33 f.
129 *Grabitz/Hilf/Nettesheim/Dörr*, EU, Art. 264 AEUV Rn. 7, 10.
130 *Stern/Sachs/Sachs*, GRC, Art. 20 Rn. 27.
131 EuGH – Van Landschoot/Mera, C-300/86 – Slg 1988, 3443 Rn. 22; *Tettinger/Stern/Sachs*, GRC, Art. 20 Rn. 6; *GSH/Lemke*, EU, Art. 20 GRC Rn. 19; *Streinz/Streinz*, EUV/AEUV, Art. 20 GRC Rn. 12.
132 *Tettinger/Stern/Sachs*, GRC, Art. 20 Rn. 26; *Jarass*, GRC, Art. 20 Rn. 18.

Gruppen können auf eine neue dritte Art behandelt werden.[133] Beispiel: Muss nur die Gruppe A eine Genehmigung für eine Tätigkeit einholen, so kann das auch für die andere (B) verlangt werden oder umgekehrt wird von keiner Gruppe eine Genehmigung verlangt. Drittens ist es zB möglich, von beiden Gruppen nur eine Anzeige zu fordern.

34 Die Rechtsprechung des EuGH ist so zu verstehen, dass bis zur Entscheidung des Gesetzgebers die einer Gruppe gewährte Vergünstigung auf die benachteiligte Gruppe ausgeweitet wird.[134] Dadurch wird die Gestaltungsfreiheit des Gesetzgebers ausgeblendet. Die Rechtsprechung ist daher abzulehnen.[135]

35 e) **Haftungsanspruch.** Für den unionsrechtlichen **Haftungsanspruch** nach Art. 268, 340 Abs. 2, 3 AEUV (→ Art. 51 Rn. 78) ergibt sich bei einem Verstoß gegen den Gleichheitssatz eine Besonderheit: Aufgrund der „besonderen Bedeutung" des Gleichheitssatzes spricht dessen Verletzung dafür, dass die für einen Haftungsanspruch erforderliche qualifizierte Rechtsverletzung vorliegt.[136] Wenn auch die übrigen Voraussetzungen des Haftungsanspruchs vorliegen,[137] löst ein Verstoß der Union gegen den allgemeinen Gleichheitssatz also Schadensersatzansprüche aus.[138]

IV. Literaturübersicht

Bleckmann, Albert, Der allgemeine Gleichheitssatz beim Zusammenwirken des Europäischen Gemeinschaftsrechts mit dem nationalen Recht, NJW 1985, 2856; *Britz, Gabriele*, Der allgemeine Gleichheitssatz in der Rechtsprechung des BVerfG, NJW 2014, 346; *Bühler, Margit*, Einschränkung von Grundrechten nach der Europäischen Grundrechtecharta, 2005; *Cirkel, Johannes*, Gleichheitsrechte im Gemeinschaftsrecht, NJW 1998, 3332; *Classen, Claus Dieter*, Freiheit und Gleichheit im öffentlichen und privaten Recht – Unterschiede zwischen europäischem und deutschem Grundrechtsschutz?, EuR 2008, 627; *Croon, Johanna*, Comparative Institutional Analysis, the European Court of Justice and the General Principle of Non-Discrimination – or – Alternative Tales on Equality Reasoning, ELJ 2013, 153; *Feige, Konrad*, Der Gleichheitssatz im Recht der EWG, 1973; *Fuchs, Tobias*, Das Gleichbehandlungsverbot im Unionsrecht, 2015; *Glock, Sebastian*, Der Gleichheitssatz im Europäischen Recht – Eine rechtsvergleichende Analyse unter Berücksichtigung der Rechtsprechung in ausgewählten Mitgliedstaaten der Europäischen Union, des EGMR und des EuGH, Diss. 2007; *Heselhaus/Nowak/Odendahl*, Hdb Eur. GR, § 43 Gleichheit vor dem Gesetz; *Horspool, Margot*, The Status of the Principle of Equality in the United Kingdom, in: Stern, Klaus/Tettinger, Peter J. (Hrsg.), Die Europäische Grundrechte-Charta im wertenden Verfassungsvergleich, 2005, S. 271; *Huster, Stefan*, Gleichheit im Mehrebenensystem: Die Gleichheitsrechte der Europäischen Union in systematischer und kompetenzrechtlicher Hinsicht, EuR 2010, 325; *Jarass*, EU-Grundrechte, S. 285; *Kirchhof, Paul*, § 181 Allgemeiner Gleichheitssatz, HStR VIII, 3. Aufl. 2010; *Kischel, Uwe*, Zur Dogmatik des Gleichheitssatzes in der Europäischen Union, EuGRZ 1997, 1; *Kokott, Juliane/Dobratz, Lars*, Der unionsrechtliche allgemeine Gleichheitssatz im Europäischen Steuerrecht, in: Schön, Wolfgang/Heber, Caroline (Hrsg.), Grundfragen des Europäischen Steuerrechts, 2015, S. 25; *Mohn, Astrid Sybille*, Der Gleichheitssatz im Gemeinschaftsrecht, 1990; *Preuß, Ulrich K.*, Grundrechte in der Europäischen Union, KJ 1998, 1; *Rengeling/Szczekalla*, Grundrechte in der Europäischen Union, S. 697; *Repasi, René*, Die Reichweite des allgemeinen Gleichbehandlungsgrundsatzes bei der Richtlinienumsetzung, EuZW 2009, 756; *Sachs, Michael*, Kommentierung der Art. II-80, II-81 EU-Grundrechte-Charta – ein Werkstattbericht, in: Stern, Klaus/Tettinger, Peter J. (Hrsg.), Die Eu-

133 *Calliess/Ruffert/Rossi*, EUV/AEUV, Art. 20 GRC Rn. 18; *Ehlers/Kingreen*, GR, § 21 Rn. 18; zustimmend *Frenz*, Handbuch Europarecht 4, Rn. 3215; *Merten/Papier/Kugelmann*, Grundrechte, § 160 Rn. 37.

134 *Jarass*, GRC, Art. 20 Rn. 4; *Tettinger/Stern/Nußberger*, GRC, Art. 23 Rn. 112; *Rengeling/Szczekalla*, Grundrechte, S. 695, Rn. 882; *Frenz*, Handbuch Europarecht 4, Rn. 3215; EuGH – Van Landschoot/Mera, C-300/86 – Slg 1988, 3443 Rn. 24; EuGH – Kutz-Bauer, C-187/00 – Slg 2003, I-2741 Rn. 75; EuGH – Jonkman, C-231/06 bis C-233/06 – Slg 2007, I-5149 Rn. 39.

135 *Stern/Becker/Englisch*, GR, Art. 3 GG Rn. 184.

136 EuGH – Ireks-Arkady GmbH/Rat und Kommission, C-238/78 – Slg 1979, 2955 Rn. 10 ff.

137 *Grabitz/Hilf/Nettesheim/Jacob/Kottmann*, EU, Art. 340 AEUV Rn. 27 ff.

138 EuGH – Schröder und Thamann/Kommission, T-390/94 – Slg 1997, II-501 Rn. 78 f.

ropäische Grundrechte-Charta im wertenden Verfassungsvergleich, 2005, S. 287; *Sattler, Andreas*, Allgemeiner Gleichheitssatz und spezielle Gleichheitssätze in der Rechtsprechung des Europäischen Gerichtshofes, in: Ipsen, Jörn/Schmidt-Jortzig, Edzard (Hrsg.), Recht – Staat – Gemeinwohl: Festschrift für Dietrich Rauschning, 2001, S. 251; *Schmahl, Stefanie*, § 15 Gleichheitsgarantien, Grabenwarter, Grundrechteschutz; *Thieken, Jan*, Der primärrechtliche europäische Gleichbehandlungsgrundsatz und seine Auswirkungen auf das deutsche Arbeitsrecht, 2018; *Wahle, Corinna*, Der allgemeine Gleichheitssatz in der Europäischen Union, Diss. 2002; *Walz, Sarah*, Gemeinschaftsgrundrechte und der Schutz von Minderheiten, 2006; *Zuleeg, Manfred*, Betrachtungen zum Gleichheitssatz im Europäischen Gemeinschaftsrecht, Festschrift für Bodo Börner, 1992, S. 473.

Artikel 21 Nichtdiskriminierung

(1) Diskriminierungen, insbesondere wegen des Geschlechts, der Rasse, der Hautfarbe, der ethnischen oder sozialen Herkunft, der genetischen Merkmale, der Sprache, der Religion oder der Weltanschauung, der politischen oder sonstigen Anschauung, der Zugehörigkeit zu einer nationalen Minderheit, des Vermögens, der Geburt, einer Behinderung, des Alters oder der sexuellen Ausrichtung, sind verboten.

(2) Unbeschadet besonderer Bestimmungen der Verträge ist in ihrem Anwendungsbereich jede Diskriminierung aus Gründen der Staatsangehörigkeit verboten.

I. Vorgaben

1 Unterschiedlich zu betrachten sind die Vorgaben für das umfassende Diskriminierungsverbot des Absatzes 1 und das spezifisch auf die Staatsangehörigkeit bezogene Verbot des Absatzes 2.

1. Allgemeines Diskriminierungsverbot (Absatz 1)

2 Die in Absatz 1 aufgelisteten Diskriminierungsmerkmale beruhen zum Teil auf Vorgaben des internationalen Rechts und auf einer gemeinsamen Verfassungsüberlieferung.[1] Das gilt für die drei Merkmale Geschlecht, Rasse/Hautfarbe/Herkunft/Geburt und Religion/Anschauung. Zum Teil sind die Merkmale nur einzelnen internationalen Vorgaben und Verfassungen der Mitgliedstaaten entnommen.

3 **a) Unionsrecht.** Die bereits im EGV-Nizza (Art. 3 Abs. 2) formulierte Gleichheitsregelung lautet nun (**Art. 8 AEUV**): „Bei allen ihren Tätigkeiten wirkt die Union darauf hin, Ungleichheiten zu beseitigen und die Gleichstellung von Männern und Frauen zu fördern." Eine Neuerung des Vertrags von Lissabon ist **Art. 10 AEUV**. Er bestimmt als Ziel der Union, bei der Festlegung und Durchführung ihrer Politik und ihrer Maßnahmen Diskriminierungen aus den bereits in Art. 19 Abs. 1 AEUV (Art. 13 Abs. 1 EGV-Nizza) genannten Gründen zu bekämpfen. Der Wortlaut legt die Union klar darauf fest, Diskriminierungen zu bekämpfen. Es handelt sich nicht nur um die Definition einer „Querschnittsaufgabe".[2] Neu ist auch die Bestimmung des Art. 3 Abs. 3 UAbs. 2 EUV, wonach die Union „soziale

1 Übersicht bei *Heselhaus/Nowak/Odendahl*, Hdb Eur. GR, § 45 Rn. 58 ff.
2 So die Meinung der Bundesregierung, BT-Drs. 16/8300, S. 170.

Ausgrenzungen und Diskriminierungen" bekämpft. Gemäß **Art. 19 Abs. 1 AEUV** (Art. 13 Abs. 1 EGV-Nizza) kann der Rat unter bestimmten Voraussetzungen „geeignete Vorkehrungen treffen, um Diskriminierungen aus Gründen des Geschlechts, der Rasse, der ethnischen Herkunft, der Religion oder der Weltanschauung, einer Behinderung, des Alters oder der sexuellen Ausrichtung zu bekämpfen." Diese Norm ist allerdings eine Ermächtigungsgrundlage,[3] also kein unmittelbar anwendbares Diskriminierungsverbot.[4] Die Union hat keine generelle Befugnis, Diskriminierungen zu bekämpfen.[5]

4 b) **Sonstiges internationales Recht.** Das Diskriminierungsverbot des **Art. 14 EMRK** sieht vor, dass der Genuss der Rechte und Freiheiten, die in der EMRK festgelegt sind, gewährleistet werden muss „ohne Unterschied des Geschlechts, der Rasse, Hautfarbe, Sprache, Religion, politischen oder sonstigen Anschauungen, nationaler oder sozialer Herkunft, Zugehörigkeit zu einer nationalen Minderheit, des Vermögens, der Geburt oder des sonstigen Status." Wegen der Anknüpfung an die gewährleisteten Rechte und Freiheiten handelt es sich bei Art. 14 EMRK um ein akzessorisches Verbot,[6] das somit eine andere Normstruktur aufweist als Art. 21.[7] Das 12. Zusatzprotokoll zur EMRK ist im April 2005 in Kraft getreten. Sein Art. 1 beinhaltet ein „Allgemeines Diskriminierungsverbot": „Der Genuss eines jeden gesetzlich niedergelegten Rechtes ist ohne Diskriminierung insbesondere wegen des Geschlechts, der Rasse, der Hautfarbe, der Sprache, der Religion der politischen oder sonstigen Anschauung, der nationalen oder sozialen Herkunft, der Zugehörigkeit zu einer nationalen Minderheit, des Vermögens, der Geburt oder eines sonstigen Status zu gewährleisten." Ratifiziert haben es bislang 20 Mitgliedstaaten. Deutschland ist nicht darunter: „Die Bundesregierung ist [...] der Auffassung, dass eine Ratifizierung keine unmittelbaren Rechtsfolgen für die deutsche Rechtsordnung auslösen würde".[8] In Art. 2 Abs. 1 des **Inter-**

---

3 Darauf gestützt wurden die **Gleichbehandlungs-Richtlinien**: RL 2000/43/EG des Rates vom 29.6.2000 zur Anwendung des Gleichbehandlungsgrundsatzes ohne Unterschied der Rasse oder der ethnischen Herkunft (ABl. EG Nr. L 180 S. 22) und RL 2000/78/EG des Rates vom 27.11.2000 zur Festlegung eines allgemeinen Rahmens für die Verwirklichung der Gleichbehandlung in Beschäftigung und Beruf (ABl. EG Nr. L 303 S. 16). Auf den heutigen Art. 157 Abs. 3 AEUV gestützt: RL 2006/45/EG des Europäischen Parlaments und des Rates vom 5.7.2006 zur Verwirklichung des Grundsatzes der Chancengleichheit und Gleichbehandlung von Männern und Frauen in Arbeits- und Beschäftigungsfragen (Neufassung) (ABl. Nr. L 204/23) und RL 2004/113 EG des Rates vom 13.12.2004 zur Verwirklichung des Grundsatzes der Gleichbehandlung von Männern und Frauen beim Zugang zu und bei der Versorgung mit Gütern und Dienstleistungen (ABl. EG Nr. L 373 S. 37). Die Umsetzung der Richtlinien erfolgte in **Deutschland** im Wesentlichen durch das Allgemeine Gleichbehandlungsgesetz (AGG) vom 14.8.2006 (BGBl. I S. 1897), zuletzt geändert durch Art. 8 Gesetz vom 3.4.2013 (BGBl. I S. 610); ausführlich *Schleusener/Suckow/Plum*, AGG, 2019. Ziel des AGG ist es gemäß § 1, „Benachteiligungen aus Gründen der Rasse oder wegen der ethnischen Herkunft, des Geschlechts, der Religion oder Weltanschauung, einer Behinderung, des Alters oder der sexuellen Identität zu verhindern oder zu beseitigen." Noch keine Einigung konnte erzielt werden über den „Vorschlag für eine Richtlinie des Rates zur Anwendung des Grundsatzes der Gleichbehandlung ungeachtet der Religion oder der Weltanschauung, einer Behinderung, des Alters oder der sexuellen Ausrichtung" (KOM (2008) 426 endg.), BT-Drs. 19/6961, S. 86.

4 *Jochum*, ZRP 1999, 281; *Ehlers/Kingreen*, Grundrechte, § 17 Rn. 2; *Bühler*, Einschränkung von Grundrechten, S. 295; *Frenz*, Handbuch Europarecht 4, Rn. 3227; *Calliess/Ruffert/Epiney*, EUV/AEUV, Art. 19 AEUV Rn. 1; aA *Schwarze/Holoubek*, EU, Art. 19 AEUV Rn. 4. Zum Verhältnis von Art. 21 Abs. 1 zu Art. 19 Abs. 1 AEUV Rn. 31.

5 *Grabenwarter/Schmahl*, Grundrechteschutz, § 15 Rn. 161.

6 *Frenz*, Handbuch Europarecht 4, Rn. 3244; *Karpenstein/Mayer/Sauer*, EMRK, Art. 14 Rn. 14.

7 Zustimmend *Merten/Papier/Kugelmann*, Grundrechte, § 160 Rn. 19. Zum Verhältnis von Art. 21 Abs. 1 zu Art. 14 EMRK Rn. 32, 51.

8 Siehe Antwort der Bundesregierung auf die Große Anfrage der Fraktion BÜNDNIS 90/DIE GRÜNEN „Europäisches Jahr der Chancengleichheit für alle", BT-Drs. 16/6314, S. 9. Ausführlich *Karpenstein/Mayer/Sauer*, EMRK, Art. 1 ZP XII. Rn. 1 ff.

nationalen Pakts über bürgerliche und politische Rechte[9] verpflichten sich alle Mitgliedstaaten die in dem Pakt „anerkannten Rechte [...] allen [...] Personen ohne Unterschied wie insbesondere der Rasse, der Hautfarbe, des Geschlechts, der Sprache, der Religion, der politischen oder sonstigen Anschauung, der nationalen oder sozialen Herkunft, des Vermögens, der Geburt oder des sonstigen Status zu gewährleisten".[10] Die von allen Mitgliedstaaten unterzeichnete **UN-Behindertenrechtskonvention** (→ Art. 26 Rn. 1) normiert die Nichtdiskriminierung in Art. 5. Dessen Absatz 2 lautet: „Die Vertragsstaaten verbieten jede Diskriminierung aufgrund von Behinderung und garantieren Menschen mit Behinderungen gleichen und wirksamen rechtlichen Schutz vor Diskriminierung, gleichviel aus welchen Gründen." Eine weitere Vorgabe ist dem **„Übereinkommen über Menschenrechte und Biomedizin"** des Europarats[11] zu entnehmen.[12] Das Übereinkommen verbietet in Art. 11 „jede Form von Diskriminierung einer Person wegen ihres genetischen Erbes". Das Übereinkommen ist zwar bereits von 29 Mitgliedstaaten ratifiziert, allerdings von Deutschland noch nicht unterzeichnet worden.[13] Den Grund dafür bildet nicht die Formulierung des Art. 11, sondern die Formulierung anderer Artikel des Übereinkommens. Ein Diskriminierungsverbot ist darüber hinaus enthalten in Art. 5 **Europäisches Übereinkommen über die Staatsangehörigkeit** des Europarats[14], Art. 4 **Rahmenübereinkommen zum Schutz nationaler Minderheiten** des Europarats[15] und Art. 2 **Übereinkommen zum Schutz von Kindern vor sexueller Ausbeutung und sexuellem Missbrauch** des Europarats.[16] Das **Übereinkommen des Europarats zur Verhütung und Bekämpfung von Gewalt gegen Frauen und häuslicher Gewalt**[17] setzt sich in seinem Art. 1 Abs. 1 lit. b das Ziel, zur Beseitigung jeder Form von Diskriminierung der Frau beizutragen. Zahlreiche Übereinkommen verlangen, dass sie diskriminierungsfrei umgesetzt werden.[18]

c) **Verfassungen der Mitgliedstaaten.** Mehr als die **Hälfte** der Verfassungen der Mitgliedstaaten kennt einen **Katalog** besonderer Diskriminierungsmerkmale, wie ihn Absatz 1 vorsieht.[19] Ebenso wie Absatz 1 ergänzen und konkretisieren die Kataloge einen allgemeineren Rechtssatz, der als Gleichheit aller Menschen bzw. Bürger „vor dem Gesetz" gefasst ist.[20] Es gibt damit wohl eine **gemeinsame Verfassungsüberlieferung.** 5

---

9 Vom 19.12.1966 (BGBl. 1973 II S. 1534).

10 Ähnlich Art. 2 Abs. 2 des Internationalen Pakts über wirtschaftliche, soziale und kulturelle Rechte vom 19.12.1966 (BGBl. 1973 II S. 1569).

11 Vom 4.4.1997.

12 *Pechstein/Nowak/Häde/Michl*, Frankfurter Kommentar, Art. 21 Rn. 3; *Braibant*, Charte des droits fondamentaux, S. 153.

13 Die Bundesregierung plant eine Unterzeichnung derzeit nicht; Antwort des Parlamentarischen Staatssekretärs *Dr. Max Stadler* vom 2.12.2009 auf die Frage des Abgeordneten *René Röspel* (SPD), BT-Drs. 17/160, S. 14.

14 Vom 6.11.1997 (BGBl. 2004 II S. 578).

15 Vom 1.2.1995 (BGBl. 1997 II S. 1406).

16 Vom 25.10.2007 (BGBl. 2015 II S. 26).

17 Vom 11.5.2011 (BGBl. 2017 II S. 1026).

18 Art. 3 Übereinkommen des Europarats zur Bekämpfung des Menschenhandels vom 16.5.2005 (BGBl. 2012 II S. 1107), Art. 2 Übereinkommen des Europarats über den Zugang zu amtlichen Dokumenten vom 18.6.2009, Art. 4 Übereinkommen des Europarats zur Vermeidung von Staatenlosigkeit in Zusammenhang mit Staatennachfolge vom 19.5.2006 und Art. 10 Europäisches Übereinkommen über das grenzüberschreitende Fernsehen vom 5.5.1989.

19 *Streinz/Streinz*, EUV/AEUV, Art. 21 GRC Rn. 2.

20 Art. 3 Abs. 3 GG; Art. 6 Abs. 2 S. 2 VerfBulgarien; § 12 Abs. 1 S. 2 VerfEstland; § 6 Abs. 2 VerfFinnland; Art. 1 S. 2 VerfFrankreich; Art. 3 Abs. 1 VerfItalien; Art. 29 Abs. 2 VerfLitauen; Art. 45 Abs. 3 VerfMalta (siehe auch Art. 32); Art. 7 Abs. 1 S. 2 VerfÖsterreich; Art. 13 Abs. 2 VerfPortugal; Art. 12 Abs. 2 VerfSlowakei; Art. 14 Abs. 1 VerfSlowenien; Art. 14 VerfSpanien; Art. 3 VerfTschechische Republik iVm Art. 3 Abs. 1 der Charta der Grundrechte und -freiheiten; Art. XV Abs. 2 Verf-

6 Andere Verfassungen beschränken sich auf ein Verbot ständischer Privilegien[21] und verzichten darauf, besondere Diskriminierungsmerkmale zu nennen. Die dänische Verfassung kennt keinen allgemeinen Gleichheitssatz, jedoch ein Differenzierungsverbot wegen des Glaubensbekenntnisses und der Abstammung.[22] In der polnischen Verfassung heißt es pauschal: „Niemand darf aus welchem Grund auch immer im politischen, gesellschaftlichen oder wirtschaftlichen Leben diskriminiert werden“.[23] Eine ähnliche Festlegung trifft die Verfassung Lettlands, die bei der Gewährung der Menschenrechte jegliche Diskriminierung verbietet.[24] Die belgische Verfassung sichert pauschal den „Genuss der den Belgiern zuerkannten Rechte und Freiheiten ohne Diskriminierung“ zu und hebt nur die „ideologischen und philosophischen Minderheiten“ besonders hervor.[25] In die aktuelle Verfassung der französischen V. Republik finden Diskriminierungsverbote über die Verweisung auf die Präambel der Verfassung der IV. Republik von 1946 Eingang („dass jedes menschliche Wesen ohne Unterschied der Rasse, der Religion oder des Glaubens unveräußerliche und geheiligte Rechte besitzt“). Die griechische Verfassung[26] sichert jedermann „ohne Unterschied der Nationalität, der Rasse“ (usw.) den Schutz fundamentaler Rechtsgüter zu, enthält aber kein allgemeines Diskriminierungsverbot. Ebenso hat in Kroatien jedermann „Rechte und Freiheiten, unabhängig von Rasse, Hautfarbe, Geschlecht“ (usw.).[27] Ähnlich ist Rumänien das „Vaterland aller seiner Bürger ohne Unterschied nach Rasse, Nationalität“ (usw.).[28] Außerdem gilt die Gleichheit der Bürger „ohne Privilegien und ohne Diskriminierungen.“[29]

7 Vergleicht man die **einzelnen Diskriminierungsmerkmale** des Absatzes 1 mit den Merkmalen, die in den Verfassungen der Mitgliedstaaten enthalten sind, stellt man nur für einige Merkmale eine breite Übereinstimmung fest. Im Übrigen gibt es **erhebliche Abweichungen.**[30]

8 Diskriminierung aufgrund des **Geschlechts** wird in zwanzig Verfassungen (einschließlich der deutschen)[31] mit spezifischen Katalogen verboten. Spezielle Regelungen enthalten da-

---

Ungarn; Art. 28 Abs. 2 VerfZypern; ähnlich Art. 1 S. 2 VerfNiederlande; Kap. 2 Art. 12, 13 VerfSchweden.

21 § 83 VerfDänemark; vgl. auch Art. 10 Abs. 1 VerfBelgien. Neben der Benennung besonderer Diskriminierungsmerkmale auch Art. 11 Abs. 1 VerfLuxemburg; Art. 7 Abs. 1 S. 2 VerfÖsterreich und Art. 28 Abs. 3 VerfZypern.

22 § 70 VerfDänemark.

23 Art. 32 Abs. 2 VerfPolen; näher dazu: Urteil des polnischen Verfassungsgerichtshofs vom 11.5.2005, K 18//04, inoffizielle Zusammenfassung Nr. 28, abgedruckt als Anhang I von *Hufeld*, Souveränitätsvorbehalt, S. 55, 71, 76. Art. 233 Abs. 2 VerfPolen verbietet im Kriegszustand die Einschränkung der Freiheiten und Rechte der Menschen und Bürger allein aufgrund der Rasse, des Geschlechts, der Sprache, der Konfession oder deren Fehlens, der Zugehörigkeit zu einer gesellschaftlichen Schicht, der Abstammung oder des Vermögens.

24 Art. 91 VerfLettland.

25 Art. 11 und Art. 131 VerfBelgien.

26 Art. 5 Abs. 2 S. 1 VerfGriechenland.

27 Art. 14 Abs. 1 VerfKroatien. Ein allgemeines Diskriminierungsverbot enthält darüber hinaus Art. 17 Abs. 2 VerfKroatien für Rechtseinschränkungen während eines Kriegszustandes oder einer unmittelbaren Bedrohung der Unabhängigkeit und Einheit des Staates sowie großer Naturkatastrophen.

28 Art. 4 Abs. 2 VerfRumänien.

29 Art. 16 Abs. 1 VerfRumänien.

30 *Tettinger/Stern/Sachs*, GRC, Art. 21 Rn. 13.

31 Art. 3 Abs. 3 S. 1 GG; Art. 6 Abs. 2 S. 2 VerfBulgarien; § 12 Abs. 1 S. 2 VerfEstland; § 6 Abs. 2 VerfFinnland; Art. 3 Abs. 1 VerfItalien; Art. 14 Abs. 1 VerfKroatien; Art. 29 Abs. 2 VerfLitauen; Art. 14 und Art. 45 Abs. 3 VerfMalta; Art. 1 S. 2 VerfNiederlande; Art. 7 Abs. 1 S. 2, Abs. 2; Art. 14

rüber hinaus die Verfassungen Belgiens,[32] Frankreichs,[33] Griechenlands,[34] Irlands[35] und Luxemburgs.[36]

9 Das Merkmal **„Rasse"** wird in Deutschland und neunzehn spezifischen Katalogen genannt.[37] Das sachlich verwandte Merkmal **„Hautfarbe"** findet sich in acht Verfassungen.[38] Hinweise auf die gleichfalls nahe stehenden Merkmale der **„ethnischen oder sozialen Herkunft"** enthalten in unterschiedlichen Formulierungen die deutsche und siebzehn weitere Verfassungen.[39] Die Merkmale der ethnischen und sozialen Herkunft überschneiden sich teilweise mit dem der **„Geburt"**. Es wird explizit genannt in fünf Verfassungen.[40] Der Sache nach wird das Geburtsmerkmal angesprochen in den Verfassungen von Deutschland und sechs weiteren Mitgliedstaaten.[41]

10 Ein Verbot der Diskriminierung wegen der **„genetischen Merkmale"** oder der **„sexuellen Ausrichtung"** einer Person findet sich bislang nur in der portugiesischen[42] und schwedischen Verfassung.[43] Im nationalen Recht Deutschlands enthalten zB die neueren Verfassun-

---

Abs. 6 S. 5 VerfÖsterreich (Zugang zu Schulen); Art. 233 Abs. 2 VerfPolen; Art. 13 Abs. 2 VerfPortugal; Art. 4 Abs. 2 VerfRumänien; Kap. 1 Art. 2 Abs. 5 S. 2 und Kap. 2 Art. 13 VerfSchweden; Art. 12 Abs. 2 VerfSlowakei; Art. 14 Abs. 1 VerfSlowenien; Art. 14 und Art. 35 Abs. 1 S. 2 VerfSpanien; Art. 3 VerfTschechische Republik iVm Art. 3 Abs. 1 der Charta der Grundrechte und -freiheiten; Art. XV Abs. 2 VerfUngarn; Art. 28 Abs. 2 VerfZypern.

32 Art. 10 Abs. 3; 11bis Abs. 1 VerfBelgien.

33 1. Grundsatz Präambel VerfFrankreich (1946).

34 Art. 4 Abs. 2 VerfGriechenland.

35 Art. 9 Abs. 1 Nr. 3 VerfIrland.

36 Art. 11 Abs. 2 S. 1 VerfLuxemburg.

37 Art. 3 Abs. 3 S. 1 GG; Art. 6 Abs. 2 S. 2 VerfBulgarien; § 12 Abs. 1 S. 2 VerfEstland; Art. 1 S. 2 VerfFrankreich; Art. 5 Abs. 2 S. 1 VerfGriechenland; Art. 3 Abs. 1 VerfItalien; Art. 14 Abs. 1 VerfKroatien; Art. 29 Abs. 2 VerfLitauen; Art. 32 Abs. 1, 45 Abs. 3 VerfMalta; Art. 1 S. 2 VerfNiederlande; Art. 14 Abs. 6 S. 5 VerfÖsterreich (Zugang zu Schulen); Art. 233 Abs. 2 VerfPolen; Art. 13 Abs. 2 VerfPortugal; Art. 4 Abs. 2 VerfRumänien; Art. 12 Abs. 2 VerfSlowakei; Art. 14 Abs. 1 VerfSlowenien; Art. 14 VerfSpanien; Art. 3 VerfTschechische Republik iVm Art. 3 Abs. 1 der Charta der Grundrechte und -freiheiten; Art. XV Abs. 2 VerfUngarn; Art. 28 Abs. 2 VerfZypern.

38 § 12 Abs. 1 S. 2 VerfEstland; Art. 14 Abs. 1 VerfKroatien; Art. 32 Abs. 1, 45 Abs. 3 VerfMalta; Kap. 1 Art. 2 Abs. 5 S. 2 und Kap. 2 Art. 12 VerfSchweden; Art. 12 Abs. 2 VerfSlowakei; Art. 3 VerfTschechische Republik iVm Art. 3 der Charta der Grundrechte und -freiheiten; Art. XV Abs. 2 VerfUngarn; Art. 28 Abs. 2 VerfZypern.

39 Art. 3 Abs. 3 S. 1 GG: „Heimat und Herkunft"; Art. 6 Abs. 2 S. 2 VerfBulgarien: „ethnische Zugehörigkeit, […], Herkunft"; § 12 Abs. 1 S. 2 VerfEstland: „Herkunft"; § 6 Abs. 2 VerfFinnland: „Herkunft"; Art. 1 S. 2 VerfFrankreich: „Herkunft"; Art. 14 Abs. 1 VerfKroatien: „nationaler oder sozialer Herkunft"; Art. 29 Abs. 2 VerfLitauen: „Herkunft"; Art. 32, 45 Abs. 3 VerfMalta: „place of origin"; Art. 7 Abs. 1 S. 2 VerfÖsterreich: „Klasse"; Art. 233 Abs. 2 VerfPolen: „gesellschaftliche Schicht"; Art. 13 Abs. 2 VerfPortugal: „Herkunftsland"; Art. 4 Abs. 2 VerfRumänien: „ethnische Herkunft"; Kap. 1 Art. 2 Abs. 5 S. 2 und Kap. 2 Art. 12 VerfSchweden: „ethnischer Ursprung", „Zugehörigkeit zu einer nationalen oder ethnischen Gruppe"; Art. 12 Abs. 2 VerfSlowakei: „Zugehörigkeit zu einer nationalen oder ethnischen Gruppe"; Art. 14 Abs. 1 VerfSlowenien: „national origin"; Art. 3 VerfTschechische Republik iVm Art. 3 der Charta der Grundrechte und -freiheiten; „nationaler oder sozialer Herkunft", Art. XV Abs. 2 VerfUngarn; ebenso Art. 28 Abs. 2 VerfZypern.

40 Art. 7 Abs. 1 S. 2 VerfÖsterreich; Art. 14 Abs. 1 VerfSlowenien; Art. 3 VerfTschechische Republik iVm Art. 3 der Charta der Grundrechte und -freiheiten; Art. XV Abs. 2 VerfUngarn; Art. 28 Abs. 2 VerfZypern.

41 Art. 3 Abs. 3 S. 1 GG: „Abstammung"; § 70 VerfDänemark: „Abstammung"; Art. 14 Abs. 1 VerfKroatien; Art. 233 Abs. 2 VerfPolen: „Abstammung"; Art. 13 Abs. 2 VerfPortugal: „familiäre Herkunft"; Art. 12 Abs. 2 VerfSlowakei: „Abstammung"; Art. 14 VerfSpanien: „Abstammung".

42 Art. 13 Abs. 2 VerfPortugal.

43 Kap. 1 Art. 2 Abs. 5 S. 2 und Kap. 2 Art. 12 VerfSchweden.

gen der Länder Berlin,[44] Brandenburg,[45] Bremen[46] und Thüringen[47] Diskriminierungsverbote wegen sexueller Identität bzw. Orientierung. In das Diskriminierungsverbot des Art. 3 Abs. 3 S. 1 GG sollten Gesetzentwürfen aus der 17. Wahlperiode des Bundestages zufolge nach den Wörtern „wegen seines Geschlechts" die Wörter „seiner sexuellen Identität" eingefügt werden. In der Gesetzesbegründung wurde ausdrücklich darauf hingewiesen, dass Bundestag und Bundesrat Art. 21 Abs. 1 zugestimmt haben.[48]

11 Ein Diskriminierungsverbot aufgrund der **„Sprache"** kennen außer der deutschen Verfassung sechzehn Verfassungen.[49]

12 Diskriminierungsverbote wegen der **„Religion"** oder der **„Weltanschauung"** bestehen außer in Deutschland in dreiundzwanzig Verfassungen.[50] **„Politische oder sonstige Anschauungen"** werden angesprochen in Deutschland und siebzehn weiteren Mitgliedstaaten;[51] in

44 Art. 10 Abs. 2 VerfBerlin.

45 Art. 12 Abs. 2 VerfBrandenburg.

46 Art. 2 Abs. 2 VerfBremen.

47 Art. 2 Abs. 3 VerfThüringen.

48 Gesetzentwurf der Fraktion BÜNDNIS 90/DIE GRÜNEN „Entwurf eines Gesetzes zur Änderung des Grundgesetzes (Artikel 3 Absatz 3 Satz 1)", BT-Drs. 17/88 und Gesetzentwurf der Fraktion der SPD „Entwurf eines […] Gesetzes zur Änderung des Grundgesetzes (Artikel 3 Absatz 3 Satz 1)", BT-Drs. 17/254. Im Ergebnis gleich ist der Gesetzentwurf der Fraktion DIE LINKE., BT-Drs. 17/472. Beide Entwürfe wurden abgelehnt, BT-Drs. 17/4775, BT-Plenarprotokoll 17/117, S. 13155 (B) ff. Die Länder Berlin, Bremen und Hamburg haben einen entsprechenden Gesetzesantrag in den Bundesrat eingebracht (BR-Drs. 741/09). Er wurde ebenfalls abgelehnt, BR-Drs. 741/09 (Beschluss) (neu).

49 Art. 3 Abs. 3 S. 1 GG; § 12 Abs. 1 S. 2 VerfEstland; § 6 Abs. 2 VerfFinnland; Art. 3 Abs. 1 VerfItalien; Art. 14 Abs. 1 VerfKroatien; Art. 29 Abs. 2 VerfLitauen; Art. 14 Abs. 6 S. 5 VerfÖsterreich (Zugang zu Schulen); Art. 233 Abs. 2 VerfPolen; Art. 13 Abs. 2 VerfPortugal; Art. 4 Abs. 2 VerfRumänien; Kap. 1 Art. 2 Abs. 5 S. 2 VerfSchweden; Art. 12 Abs. 2 VerfSlowakei; Art. 14 Abs. 1 VerfSlowenien; Art. 3 VerfTschechische Republik iVm Art. 3 der Charta der Grundrechte und -freiheiten; Art. 70 a Abs. 1 VerfUngarn; Art. 28 Abs. 2 VerfZypern; ferner (eingeschränkt) Art. 5 Abs. 2 S. 1 VerfGriechenland.

50 Art. 3 Abs. 3 S. 1 GG: „Glauben"; Art. 6 Abs. 2 S. 2 VerfBulgarien: „Religion"; § 70 VerfDänemark: „Glaubensbekenntnis"; § 12 Abs. 1 S. 2 VerfEstland: „Religion"; Art. 6 Abs. 2 VerfFinnland: „Religion, Überzeugung, Anschauungen"; Art. 1 S. 2, 3 VerfFrankreich sowie Art. 10 der Erklärung der Menschen- und Bürgerrechte vom 26.8.1789; Art. 5 Abs. 2 S. 1 VerfGriechenland: „religiösen Anschauungen"; Art. 40 Abs. 6 S. 2 VerfIrland: hinsichtlich der Anwendung des Koalitions- und Versammlungsrechts sowie Art. 44 Abs. 2 S. 3 VerfIrland; Art. 3 Abs. 1 VerfItalien: „Religion"; Art. 14 Abs. 1 VerfKroatien: „Glauben"; Art. 29 Abs. 2 VerfLitauen: „Glauben"; Art. 45 Abs. 3 VerfMalta; Art. 1 S. 2 VerfNiederlande: „religiösen, weltanschaulichen […] Anschauungen"; Art. 7 Abs. 1 S. 2 VerfÖsterreich: „Bekenntnisses"; Art. 14 Abs. 6 S. 5 (Zugang zu Schulen); Art. 233 Abs. 2 VerfPolen; Art. 13 Abs. 2 VerfPortugal: „Religion", „Weltanschauung"; Art. 4 Abs. 2 VerfRumänien; Kap. 1 Art. 2 Abs. 5 S. 2 VerfSchweden: „religiöse Zugehörigkeit"; Art. 12 Abs. 2 VerfSlowakei: „Glauben, Religion"; Art. 14 Abs. 1 VerfSlowenien; Art. 14 VerfSpanien: „Religion"; Art. 3 VerfTschechische Republik iVm Art. 3 der Charta der Grundrechte und -freiheiten; Art. XV Abs. 2 VerfUngarn; Art. 28 Abs. 2 VerfZypern.

51 Art. 3 Abs. 3 S. 1 GG: „religiösen oder politischen Anschauungen"; Art. 6 Abs. 2 S. 2 VerfBulgarien: „Überzeugungen, politische Zugehörigkeit"; § 12 Abs. 1 S. 2 VerfEstland: „politischen sowie anderen Überzeugungen"; Art. 6 Abs. 2 VerfFinnland: „Anschauungen"; Art. 5 Abs. 2 S. 1 VerfGriechenland; Art. 40 Abs. 6 S. 2 VerfIrland: hinsichtlich der Anwendung des Koalitions- und Versammlungsrechts; Art. 3 Abs. 1 VerfItalien: „politischen Ansichten"; Art. 14 Abs. 1 VerfKroatien: „politischer oder sonstiger Überzeugung"; Art. 29 Abs. 2 VerfLitauen: „Überzeugungen oder Anschauungen"; Art. 45 Abs. 3 VerfMalta: „political opinions"; Art. 1 S. 2 VerfNiederlande: „politischen Anschauungen"; Art. 13 Abs. 2 VerfPortugal: „politischen Überzeugungen"; Art. 4 Abs. 2 VerfRumänien: „politische Zugehörigkeit"; Art. 12 Abs. 2 VerfSlowakei: „politischen Zugehörigkeit oder Überzeugung"; Art. 14 Abs. 1 VerfSlowenien; Art. 14 VerfSpanien: „Anschauungen"; Art. 3 VerfTschechische Repu-

Belgien[52] besteht eine spezielle Gewährleistung zugunsten der „ideologischen und philosophischen Minderheiten".

Die **„Zugehörigkeit zu einer nationalen Minderheit"** ist (ergänzt um „ethnische Minderheit") wörtlich nur in dem einschlägigen Katalog der tschechischen Verfassung genannt.[53] Die slowakische Verfassung verbietet Diskriminierungen aufgrund der Zugehörigkeit zu einer ethnischen Gruppe.[54] Kroatien garantiert „die Gleichberechtigung der Angehörigen aller nationalen Minderheiten".[55] 13

Ein ausdrückliches Diskriminierungsverbot aufgrund des **„Vermögens"** kennen zehn Verfassungen.[56] Indirekt angesprochen wird das Vermögen als Diskriminierungskriterium in fünf weiteren Verfassungen.[57] Im Übrigen dürften die Verfassungen das Vermögen einer Person im Hinblick auf die Wirtschafts-, Sozial- und Steuergesetzgebung generell als zulässiges Differenzierungskriterium erachten. So bestimmt Art. 53 Abs. 2 VerfItalien ausdrücklich, dass das Steuersystem progressiv gestaltet ist. 14

Ein Benachteiligungsverbot bzw. einen Gleichbehandlungsanspruch zugunsten **behinderter Menschen** kennen die deutsche und die österreichische Bundesrepublik als Folge von Ergänzungen älterer Kataloge.[58] Als besonderes Diskriminierungsverbot in einem Katalog ausgestaltet ist das Merkmal der Behinderung nur in Finnland, Slowenien, Schweden und Ungarn.[59] 15

Die finnische und die schwedische Verfassung verbieten generell die Benachteiligungen oder Bevorzugungen aufgrund des **„Alters"**;[60] die portugiesische Verfassung bezieht sich speziell auf das Arbeitsleben.[61] 16

In Bulgarien und Portugal sind Beschränkungen und Vorrechte unzulässig, die sich auf **„Bildung"** gründen.[62] Die Verfassung Sloweniens garantiert jedermann die gleichen fundamentalen Rechte und Freiheiten unabhängig von der Bildung.[63] Auch Kroatien hat das Merkmal „Bildung" in den Katalog aufgenommen.[64] 17

Im Gegensatz zu den meisten anderen Ländern verfügte das Vereinigte Königreich bis zur Einführung des Human Rights Act im Jahre 1998 über keine spezifische Gesetzgebung, die 18

blik iVm Art. 3 der Charta der Grundrechte und -freiheiten; Art. 70 a Abs. 1 VerfUngarn: „politischer oder anderer Meinung"; Art. 28 Nr. 2 VerfZypern: „politischen oder anderen Überzeugungen".

52 Art. 11 S. 2 VerfBelgien.

53 Art. 3 VerfTschechische Republik iVm Art. 3 der Charta der Grundrechte und -freiheiten.

54 Art. 12 Abs. 2 VerfSlowakei.

55 Art. 15 Abs. 1 VerfKroatien.

56 Art. 6 Abs. 2 S. 2 VerfBulgarien; § 12 Abs. 1 S. 2 VerfEstland; Art. 14 Abs. 1 VerfKroatien; Art. 233 Abs. 2 VerfPolen; Art. 4 Abs. 2 VerfRumänien; Art. 12 Abs. 2 VerfSlowakei; Art. 14 Abs. 1 VerfSlowenien; Art. 3 VerfTschechische Republik iVm Art. 3 der Charta der Grundrechte und -freiheiten; Art. XV Abs. 2 VerfUngarn; Art. 28 Abs. 2 VerfZypern: „wealth".

57 Art. 3 Abs. 1 VerfItalien: „persönlichen und sozialen Verhältnissen"; Art. 29 Abs. 2 VerfLitauen: „sozialer Status"; Art. 13 Abs. 2 VerfPortugal: „wirtschaftlichen Situation oder sozialen Stellung"; Art. 14 VerfSpanien: „persönlicher oder sozialer Umstände".

58 Art. 3 Abs. 3 S. 2 GG; Art. 7 Abs. 1 S. 3 VerfÖsterreich.

59 § 6 Abs. 2 VerfFinnland; Art. 14 Abs. 1 VerfSlowenien; Kap. 1 Art. 2 Abs. 5 S. 2 VerfSchweden und Art. XV Abs. 2 VerfUngarn.

60 § 6 Abs. 2 VerfFinnland und Kap. 1 Art. 2 Abs. 5 S. 2 VerfSchweden.

61 Art. 59 Abs. 1 VerfPortugal; dazu auch *Hölscheidt*, Art. 25 Rn. 5.

62 Art. 6 Abs. 2 S. 2 VerfBulgarien; Art. 13 Abs. 2 VerfPortugal.

63 Art. 14 Abs. 1 VerfSlowenien.

64 Art. 14 Abs. 1 VerfKroatien. Zu dem Diskriminierungsmerkmal „Bildung" unten Rn. 39.

Grundrechte zum Inhalt hatte.[65] Über den Human Rights Act findet nun die EMRK im Vereinigten Königreich Anwendung. Daneben sind besondere Diskriminierungsverbote in Gesetzen unterschiedlichen Rangs enthalten.[66] Es finden sich Regelungen zu Diskriminierungsverboten aufgrund von Geschlecht, Rasse, Hautfarbe, Nationalität, ethnischer oder nationaler Herkunft, Behinderung, Alter, Religion, Glaube und sexueller Orientierung.

2. Diskriminierungsverbot aus Gründen der Staatsangehörigkeit (Absatz 2)

19 a) **Unionsrecht. Absatz 2** entspricht **Art. 18 Abs. 1 AEUV** (Art. 12 Abs. 1 EGV-Nizza), der ebenfalls jede Diskriminierung aus Gründen der **Staatsangehörigkeit** verbietet.[67] Neben diesem zentralen Artikel beinhalten die Art. 20 bis 24 AEUV (Art. 17 bis 24 EGV-Nizza) wichtige Rechte, die jedem Unionsbürger aufgrund seiner Unionsbürgerschaft zustehen, wie zB das Recht auf Freizügigkeit (Art. 20 Abs. 2 Buchst. a), Art. 21 AEUV), das Wahlrecht (Art. 20 Abs. 2 Buchst. b), Art. 22 AEUV), das Recht auf diplomatischen Schutz (Art. 20 Abs. 2 Buchst. c), 23 AEUV) und das Petitionsrecht (Art. 20 Abs. 2 Buchst. d), Art. 24 AEUV). Weitere Regelungen: Art. 45 Abs. 2 AEUV (Art. 39 Abs. 2 EGV-Nizza) normiert die Arbeitnehmerfreizügigkeit. Sie umfasst die Abschaffung bzw. beinhaltet das Verbot jeder auf der Staatsangehörigkeit beruhender unterschiedlicher Behandlung der Arbeitnehmer in Bezug auf Arbeitsbedingungen. Gewährleistet ist die Niederlassungsfreiheit nach den Bestimmungen des Aufnahmemitgliedstaats für seine eigenen Angehörigen (Art. 49 AEUV (Art. 43 EGV-Nizza)). Es besteht das Recht zur Erbringung von Dienstleistungen in einem anderen Mitgliedstaat „unter den Voraussetzungen, welche dieser Staat für seine eigenen Angehörigen vorschreibt" (Art. 57 Abs. 3 AEUV (Art. 50 Abs. 3 EGV-Nizza)). Geboten ist es, eigene und fremde Staatsangehörige hinsichtlich Gesellschaftsbeteiligungen gleichzustellen (Art. 55 AEUV (Art. 294 EGV-Nizza)).

20 b) **Verfassungen der Mitgliedstaaten.** Es lassen sich zwei Ansatzpunkte für rechtsvergleichende Erwägungen finden. Die Verfassungen der Mitgliedstaaten schließen teilweise selbst Diskriminierungen aufgrund der Staatsangehörigkeit aus, ohne dabei zwischen Unionsbürgern und Drittstaatsangehörigen zu unterscheiden. Ferner behandeln manche Verfassungen das Problem der Gleichheit im Staat in ähnlicher Weise wie Absatz 2.

21 Einige Verfassungen der neuen Mitgliedstaaten haben die Staatsangehörigkeit in den Katalog besonderer Diskriminierungsverbote aufgenommen,[68] wenngleich es zulässig ist, Staatsangehörige und Ausländer ungleich zu behandeln. Dies ist Ausdruck der Personalhoheit eines souveränen Staates. Gleichwohl kennen alle Mitgliedstaaten Grundrechte, die sie für Staatsangehörige, Ausländer und Staatenlose in gleicher Weise gewähren. Bestimmte Verfassungen dehnen den personellen Schutzbereich der Grundrechte generell auf Personen aus, die sich im Inland aufhalten, unterstellen diese Rechte jedoch Gesetzesvorbehalten.[69] In diese Richtung gehen die Verfassungen der Slowakei und Sloweniens, die die gleichen Menschenrechte und Freiheiten „in der Slowakischen Republik" bzw. „in Slowenien" gewährleisten.[70] Die ungarische Verfassung[71] sichert „jedem Menschen die Grundrechte oh-

65 Ausführlich *Stern/Tettinger/Horspool*, GRC, S. 271 ff.
66 Equal Pay Act 1970; Sex Discrimination Act 1975; Race Relations Act 1976; Disability Discrimination Act 1995; Employment Equality (Religion or Belief) Regulations 2004; Employment Equality (Sexual Orientation) Regulations 2003; Equality Act 2006; Employment Equality (Age) Regulations 2006; Equality Act (Sexual Orientation) Regulations 2007.
67 *Braibant*, Charte des droits fondamentaux, S. 155 f.
68 Art. 6 Abs. 2 S. 2 VerfBulgarien; Art. 29 S. 2 VerfLitauen; Art. 14 Abs. 1 VerfSlowenien.
69 Art. 191 VerfBelgien; Art. 15 VerfPortugal; differenzierend Kap. 2 Art. 25 VerfSchweden.
70 Art. 12 Abs. 2 VerfSlowakei; Art. 13 VerfSlowenien.
71 Art. XV Abs. 2 VerfUngarn.

ne jegliche Diskriminierung" zu. In ähnlicher Weise garantiert die Verfassung Griechenlands[72] allen, die sich innerhalb der Grenzen des griechischen Staates aufhalten, „ohne Unterschied der Nationalität" bestimmte fundamentale Rechtsgüter; Ausnahmen sind in den vom Völkerrecht vorgesehenen Fällen zulässig. Eine historisch begründete Sonderregel kennt die Verfassung Dänemarks[73] zugunsten isländischer Staatsangehöriger. Problematisch ist die Formulierung in dem Gleichheitsartikel der rumänischen Verfassung: „Öffentliche, zivile oder militärische Ämter und Würden können, entsprechend den Gesetzen, nur Personen bekleiden, die die rumänische Staatsangehörigkeit besitzen und ihren Wohnsitz im Inland haben."[74] Es wird lediglich Unionsbürgern, „die die Anforderungen der Organgesetze erfüllen", das Recht gewährt, „Mitglieder der Organe der örtlichen öffentlichen Verwaltung zu wählen und als solche gewählt zu werden."[75]

Für die meisten Verfassungen ist die individualrechtliche Garantie der Gleichheit im Staat 22
bereits ausreichend durch eine einheitliche Staatsbürgerschaft und das Institut der Gleichheit vor dem Gesetz sichergestellt. Für **föderal strukturierte Staaten** und **Staaten mit dezentralen gesetzgebenden Körperschaften** stellt sich das Problem der Gleichheit der Bürger jedoch in besonderer Weise, sodass sich Regelungen finden, die mit Absatz 2 vergleichbar sind. Das Grundgesetz bestimmt:[76] „Jeder Deutsche hat in jedem Lande die gleichen staatsbürgerlichen Rechte und Pflichten." Die belgische Verfassung stellt einen engen Zusammenhang her zwischen der Gleichheit der Bürger vor dem Gesetz und der Bekleidung öffentlicher Ämter.[77] Die spanische Verfassung ordnet im Zusammenhang mit der territorialen Gliederung des Staates ausdrücklich an, dass „alle Spanier [...] im gesamten Staatsgebiet die gleichen Rechte und Pflichten" haben.[78]

II. Diskussion im Grundrechtekonvent

Die vom Präsidium entworfene Grundrechteliste[79] umfasste sowohl die in Absatz 1 nor- 23
mierte **„allgemeine Nichtdiskriminierungsklausel"** als auch den Grundsatz der **Nichtdiskriminierung aufgrund der Staatsangehörigkeit** (Absatz 2) im Kapitel über die „horizontalen Fragen".[80]

Diskriminierungsverbot, Art. 21 Abs. 1: In der Sitzung vom 27./28.3.2000 beriet der Kon- 24
vent über den ersten konkret formulierten Artikelvorschlag zum Diskriminierungsverbot auf der Grundlage des Präsidiumsentwurfs zu den Freiheits-, Gleichheits- und Unionsbürgerrechten.[81] Der vorgeschlagene Art. 19 Abs. 1 entsprach im Wesentlichen der angenommenen Fassung; es fehlten lediglich die besonderen Diskriminierungskriterien „genetische Merkmale" sowie „politische und sonstige Anschauungen" und das die Merkmale mit Beispielscharakter versehende Wort „insbesondere". Das Diskriminierungsverbot aus Gründen der Staatsangehörigkeit war an dieser Stelle auch noch nicht verankert. Stattdessen fand sich in Art. 19 Abs. 2 die Regelung der **„Gleichstellung von Männern und Frauen"** (→ Art. 23 Rn. 8).

72 Art. 5 Abs. 2 VerfGriechenland.
73 § 87 VerfDänemark.
74 Art. 16 Abs. 3 S. 1 VerfRumänien.
75 Art. 16 Abs. 4 VerfRumänien.
76 Art. 33 Abs. 1 GG.
77 Art. 10 Abs. 2 VerfBelgien.
78 Art. 139 Abs. 1 VerfSpanien.
79 CHARTE 4112/2/00 REV 2 BODY 4 vom 27.1.2000.
80 Zur Diskussion auch *Tettinger/Stern/Sachs*, GRC, Art. 21 Rn. 3.
81 CHARTE 4137/00 CONVENT 8 vom 24.2.2000.

25 Der Schwerpunkt der Diskussion lag bei den einzelnen Diskriminierungsmerkmalen.[82] Vor allem das Merkmal **„Zugehörigkeit zu einer nationalen Minderheit"** führte zu konträren Standpunkten. Sie reichten von einem Plädoyer für die Streichung bis zur vehementen Befürwortung der Aufnahme. Die Diskriminierungsmöglichkeit wegen der **Geburt** stieß bei einigen Konventsmitgliedern auf Verständnisschwierigkeiten. *Herzog* (D) erläuterte, dass mit „Geburt" „soziales Herkommen" (Adel) gemeint sei. Gefordert wurde auch, Art. 19 müsse „Positivdiskriminierung" zulassen.

26 **Diskriminierungsverbot aus Gründen der Staatsangehörigkeit, Art. 21 Abs. 2:** Außerdem stellte das Präsidium das Diskriminierungsverbot aus Gründen der **Staatsangehörigkeit** zur Diskussion.[83] Es war integriert in das Kapitel über die Bürgerrechte.[84] Die Konventsmitglieder berieten vor allem die systematische Stellung des Rechts bei den Bürgerrechten.[85] Sie waren sich einig, dass der Begriff „Staatsangehörigkeit" nicht vorschreibe, die Regelung bei den Bürgerrechten einzuordnen. Plädiert wurde dafür, die Regelung auf die Unionsbürger zu beschränken, eventuell einschließlich Drittstaatsangehöriger bei langer Aufenthaltsdauer in einem Mitgliedstaat.[86]

27 **Zusammenfügung der Diskriminierungsartikel:** In einer neuen Vorschlagsliste[87] fügte das Präsidium das Diskriminierungsverbot aus Gründen der Staatsangehörigkeit (Absatz 2) mit dem weitere spezielle Diskriminierungsmerkmale umfassenden Diskriminierungsverbot (Absatz 1) sowie dem Gleichstellungsgebot von Männern und Frauen (Absatz 3) in einen mit „Gleichheit und Nichtdiskriminierung" überschriebenen Artikel zusammen (Art. 22).

28 Den weiteren Beratungen[88] lag ein erneut überarbeiteter Entwurf des Präsidiums[89] sowie ein auf schriftlichen Änderungsanträgen der Konventsmitglieder basierender neuer Präsidiumsvorschlag[90] zugrunde. Letzteres Dokument sah insbesondere eine entscheidende Änderung des **Diskriminierungsverbots aufgrund bestimmter Merkmale** vor (Art. 22 Abs. 1); der Auflistung der besonderen Diskriminierungskriterien sollte die Formulierung **„vor allem"** vorangestellt werden.[91] Uneinig waren sich die Konventsmitglieder über das Diskriminierungsmerkmal **„genetische Merkmale"**. *Duff* (GB) plädierte für Streichung; *Vitorino* (Kommission) erläuterte, dass unter diesen Aspekt die Diskriminierung aufgrund des Genoms falle, insbesondere aufgrund genetisch bedingter Krankheiten. Mit Blick auf den Fortschritt der Medizin sei ein ausdrückliches Diskriminierungsverbot angezeigt. Zudem gehöre das Verbot der Diskriminierung aufgrund genetischer Merkmale zu einer der wenigen zukunftsgerichteten Bestimmungen in der Charta. Auf Zustimmung beim Konvent stieß die Neufassung des Absatzes 2 (**Diskriminierung aus Gründen der Staatsangehörigkeit**). Der Vorschlag des Präsidiums sah folgende Ergänzung vor: „und unbeschadet besonderer Bestimmungen dieser Verträge".

29 Im Folgenden änderte das Präsidium abermals die Fassung des Artikels,[92] indem es in Absatz 1 die Formulierung „vor allem" durch die endgültige **„insbesondere"** ersetzte. Da-

82 *Bernsdorff/Borowsky*, Protokolle, S. 198 f.
83 In der Sitzung vom 27./28.3.2000.
84 Art. J in CHARTE 4170/00 CONVENT 17 vom 20.3.2000.
85 Insbesondere *de Serpa Soares* (P), *Rodriguez Bereijo* (E).
86 Von *Goldsmith* (GB), *Bernsdorff/Borowsky*, Protokolle, S. 205.
87 CHARTE 4284/00 CONVENT 28 vom 5.5.2000.
88 Am 28./29./30.6.2000.
89 CHARTE 4333/00 CONVENT 36 vom 5.5.2000.
90 CHARTE 4360/00 CONVENT 37 vom 14.6.2000.
91 Zur kontroversen Diskussion *Bernsdorff/Borowsky*, Protokolle, S. 308.
92 In CHARTE 4422/00 CONVENT 45 vom 28.7.2000.

rüber hinaus fand das Kriterium der **„politischen oder sonstigen Anschauung"** zu seiner Schlussformulierung.[93]

III. Kommentierung

1. Allgemeines Diskriminierungsverbot (Absatz 1)

a) **Grundsätzliche Bedeutung.** Art. 21 Abs. 1 formuliert ein **umfassendes Diskriminierungsverbot.**[94] Er wendet sich gegen diskriminierendes Verhalten der Grundrechtsadressaten und hat damit **abwehrrechtliche Natur.**[95] Die Grundrechtsadressaten werden sowohl vor gleichheitswidrigen Belastungen als auch vor gleichheitswidrigen Begünstigungen von Vergleichspersonen geschützt.[96] Die lange Auflistung enthält im Gegensatz zu den Vorgabenormen nur Beispiele („insbesondere").[97] Absatz 1 zerreißt die Kernaussage, dass Diskriminierungen verboten sind, durch eine Auflistung von **17 Merkmalen.** Abschließende Merkmalkataloge erfassen keine anderen als die genannten Merkmale und machen Analogien zumindest sehr problematisch. Die Bedeutung der beispielhaft genannten Merkmale besteht allgemein darin, auf kritische Ansatzpunkte für Diskriminierungen besonders hinzuweisen und sowohl die Hoheitsträger als auch die Bürger dafür zu sensibilisieren.[98] Sie haben weiterhin eine spezielle Bedeutung: Wird eine Diskriminierung an ein Merkmal geknüpft (zB „Nur wer Deutsch als Muttersprache hat, darf [...]"), liegt eine Ungleichbehandlung von Gleichem vor. Die Argumentation ist damit abgeschnitten, es gehe um Ungleiches, also deutsche auf der einen und alle sonstigen Muttersprachler auf der anderen Seite. Gleichzeitig wird durch die Anknüpfung die Vermutung begründet, dass die Ungleichbehandlung sachlich nicht gerechtfertigt ist.[99] Außerdem dürfte wie im deutschen Recht gelten:[100] Die Anforderungen an die **Rechtfertigung** einer Ungleichbehandlung von Personengruppen sind umso strenger, je mehr sich die Merkmale, die zur Unterscheidung führen, den in Art. 21 Abs. 1 aufgelisteten Merkmalen nähern. 30

b) **Verhältnis zu anderen Vorschriften.** Art. 21 Abs. 1 ist eine besondere Ausprägung des Art. 20.[101] Im Verhältnis zu Art. 20 geht er als lex specialis vor. Das Verhältnis von Art. 21 Abs. 1 zu Art. 19 Abs. 1 AEUV ist im Hinblick auf Art. 52 Abs. 2 (→ Art. 52 Rn. 49 ff.) unklar, wenn eine Diskriminierung aufgrund eines in beiden Artikeln genannten Kriteriums erfolgt (Geschlecht, Religion oder Weltanschauung, Behinderung, Alter, sexuelle Orientierung, Rasse, ethnische Herkunft).[102] Überzeugend dürfte es sein, Art. 21 Abs. 1 als 31

93 In CHARTE 4470/1/00 REV 1 CONVENT 47 vom 21.9.2000 sowie im vom Präsidium verfassten **endgültigen Entwurf** der **Charta** (CHARTE 4487/00 CONVENT 50 vom 28.9.2000) wurde der Vorschlag unverändert übernommen und so vom Konvent gebilligt.

94 *Frenz*, Handbuch Europarecht 4, Rn. 3255.

95 *Mock/Demuro/Celotto*, Human Rights, Art. 21–22, S. 138; *Tettinger/Stern/Sachs*, GRC, Art. 21 Rn. 19. *Stern/Sachs/Sachs*, GRC, Art. 21 Rn. 16. Ausführlich *Holoubek/Lienbacher/Blanck-Putz/Köchle*, GRC, Art. 21 Rn. 25.

96 *Stern/Sachs/Sachs*, GRC, Art. 21 Rn. 18.

97 Oben Rn. 3; *Meyer*, Diskriminierungsverbot, S. 51.

98 *Hölscheidt/Mund*, EuR 2003, 1083, 1090; *Frenz*, Handbuch Europarecht 4, Rn. 3257.

99 *Holoubek/Lienbacher/Blanck-Putz/Köchle*, GRC, Art. 21 Rn. 27 f.; *Grabenwarter/Schmahl*, Grundrechteschutz, § 15 Rn. 169.

100 *Britz*, NJW 2014, 346, 349.

101 EuGH – Léger, Urt. v. 29.4.2015, Rs. C-528/13, ECLI:EU:C:2015:288, Rn. 48; *Jarass*, GRC, Art. 21 Rn. 6; *Calliess/Ruffert/Rossi*, EUV/AEUV, Art. 21 GRC Rn. 8. Zum Verhältnis von Art. 20 zu Art. 35 *Giesecke*, Art. 35 Rn. 9, zu Art. 37 *Schwerdtfeger*, Art. 37 Rn. 30.

102 *Bühler*, Einschränkung von Grundrechten, S. 295 ff.

unmittelbar anwendbar anzusehen.[103] Art. 21 Abs. 1 tritt hinter die spezielleren Regelungen des Art. 21 Abs. 2 und Art. 23 zurück.[104] Art. 21 Abs. 1 steht gleichberechtigt neben anderen Freiheitsrechten.[105] Art. 21 Abs. 1, Art. 25 und Art. 26 sind nebeneinander anwendbar (→ Art. 25 Rn. 12 und → Art. 26 Rn. 15).

32 c) **Rechtsnatur und Auslegung.** Art. 21 Abs. 1 ist ein **Grundrecht,** trotz der objektiven Formulierung kein Grundsatz gemäß Art. 52 Abs. 5.[106] Der EuGH hat ausdrücklich festgestellt, dass das Diskriminierungsverbot (wegen des Alters) dem Einzelnen ein subjektives Recht verleiht.[107] Art. 52 Abs. 4 ist aufgrund der **gemeinsamen Verfassungsüberlieferung**[108] einschlägig. Art. 14 EMRK ist für die Bedeutung und Tragweite des Art. 21 nicht gemäß Art. 52 Abs. 3 S. 1 heranzuziehen:[109] Das akzessorische Recht der EMRK entspricht nicht dem selbstständigen Recht der Charta. Deshalb sind seine Einschränkungen nach Art. 52 Abs. 1 zu beurteilen.[110]

33 d) **Grundrechtsträger und Grundrechtsadressaten.** Natürliche Personen sind **Grundrechtsträger,** juristische Personen des Privatrechts ebenso, wenn ein Diskriminierungsmerkmal wie zB Religion oder Weltanschauung, politische oder sonstige Anschauung, oder Vermögen auf sie zutreffen kann.[111]

34 Die Union und die Mitgliedstaaten sind **Grundrechtsadressaten** (Art. 51 Abs. 1 S. 1). Art. 21 Abs. 1 hat **keine** unmittelbare,[112] als Abwehrrecht auch keine mittelbare **Drittwirkung.**[113] Der **EuGH** hat bedauerlicherweise **anders entschieden.** Eine Art. 21 entgegenstehende Norm des nationalen Rechts sei auch im Privatrechtsverhältnis unanwendbar.[114] Bezogen auf Art. 21 Abs. 1 und Art. 31 Abs. 2 (Recht auf bezahlten Jahresurlaub) meint der EuGH, sie würden schon für sich allein Arbeitnehmern ein Recht verleihen, das sie in einem Rechtsstreit gegen ihren Arbeitgeber in einem vom Unionsrecht erfassten und daher

---

103 *Bühler*, Einschränkung von Grundrechten, S. 299 ff.; *Frenz*, Handbuch Europarecht 4, Rn. 3229 ff.; *Holoubek/Lienbacher/Blanck-Putz/Köchle*, GRC, Art. 21 Rn. 31.

104 *Frenz*, Handbuch Europarecht 4, Rn. 3253.

105 Offengelassen von *Jarass*, GRC, Art. 21 Rn. 6. AA *Grabenwarter/Schmahl*, Grundrechteschutz, § 15 Rn. 137.

106 *Jarass*, GRC, Art. 21 Rn. 3; *Streinz/Streinz*, EUV/AEUV, Art. 21 GRC Rn. 6; *Holoubek/Lienbacher/Blanck-Putz/Köchle*, GRC, Art. 21 Rn. 35.

107 EuGH – Dansk Industri, Urt. v. 19.4.2016, Rs. C-441/14, ECLI:EU:C:2016:278, Rn. 36; EuGH – Association de médiation sociale, Urt. v. 15.1.2014, Rs. C-176/12, ECLI:EU:C:2014:2, Rn. 47.

108 Oben Rn. 5; einschränkend *Stern/Sachs/Sachs*, GRC, Art. 21 Rn. 11: „jedenfalls keine maßgebliche Rolle."

109 AA *Stern/Sachs/Sachs*, GRC, Art. 21 Rn. 8 ff.; *Vedder/Heintschel von Heinegg/Folz*, Unionsrecht, Art. 21 GRC Rn. 6.

110 Differenzierend *Stern/Sachs/Sachs*, GRC, Art. 21 Rn. 23; *Merten/Papier/Kugelmann*, Grundrechte, § 160 Rn. 47; *Streinz/Streinz*, EUV/AEUV, Art. 21 GRC Rn. 7.

111 *Hölscheidt*, Vorbemerkungen Rn. 32; *Frenz*, Handbuch Europarecht 4, Rn. 3289; *Jarass*, GRC, Art. 21 Rn. 8; *Wolffgang*, EU-Verträge, Art. 21 GRC Rn. 2; *Calliess/Ruffert/Rossi*, EUV/AEUV, Art. 21 GRC Rn. 4; *Holoubek/Lienbacher/Blanck-Putz/Köchle*, GRC, Art. 21 Rn. 68 f. Ausführlich zur Frage der Anwendung der Norm in Bezug auf Drittstaatsangehörige *Peers/Hervey/Kenner/Ward/Kilpatrick*, EU Charter, Art. 21 Rn. 21.32 ff.

112 *Hölscheidt*, Vorbemerkungen, Rn. 33 f.; *Tettinger/Stern/Sachs*, GRC, Art. 21 Rn. 17; *Stern/Sachs/Sachs*, GRC, Art. 21 Rn. 14; *Jarass*, GRC, Art. 21 Rn. 4; *Holoubek/Lienbacher/Blanck-Putz/Köchle*, GRC, Art. 21 Rn. 75.

113 *Stern/Sachs/Sachs*, GRC, Art. 21 Rn. 17.

114 EuGH – IR, Urt. v. 11.9.2018, Rs. C-68/17, ECLI:EU:C:2018:696, Rn. 62 ff.; EuGH – Egenberger, Urt. v. 17.4.2018, Rs. C-414/16, ECLI:EU:C:2018:257, Rn. 76 ff.

in den Anwendungsbereich der Charta fallenden Sachverhalt als solches geltend machen könnten.[115] Art. 51 Abs. 1 stehe dem nicht entgegen.[116]

e) **Begriffserklärung.** Der Artikel enthält schon nach seinem Wortlaut[117] ein **Diskriminierungsverbot;**[118] statt mit „Diskriminierungsverbot" ist er weniger aussagekräftig mit „Nichtdiskriminierung" überschrieben. Unter „Diskriminierung" ist nach sprachlichem Ursprung eine unterschiedliche Behandlung, Ungleichbehandlung zu verstehen bzw. eine Unterscheidung oder Abtrennung.[119] Dies ist in der Theorie zwar wertneutral, denn es kann **gerechtfertigt** sein, Menschen unterschiedlich zu behandeln, zB Bedürftige mehr zu unterstützen als weniger Bedürftige. „Diskriminierung" hat aber in der Praxis einen negativen Beiklang bekommen und bedeutet so viel wie „Benachteiligung" bzw. „Herabsetzung".[120] Das zeigt der Artikel klar, indem er Diskriminierungen generell verbietet. In dem Artikel hätte deshalb statt von „Diskriminierungen" von „Benachteiligungen und Bevorzugungen" gesprochen werden sollen, allein schon, weil man nicht die bessere Formulierung im Verbalstil gewählt hat: „Es ist verboten, Menschen zu benachteiligen oder zu bevorzugen, vor allem wegen […]". Nunmehr fragt es sich, ob **„Diskriminierung"** nur **„Ungleichbehandlung"** oder darüber hinaus „sachlich nicht gerechtfertigte Ungleichbehandlung" bedeutet, sodass der Begriff ein Rechtfertigungselement enthält.[121] Letzteres ist abzulehnen, weil es logisch die Möglichkeit verschließt, von der Rechtfertigung einer Diskriminierung zu sprechen. Versteht man unter „Diskriminierung" eine **„benachteiligende Ungleichbehandlung"**,[122] könnte man auch von einer **„bevorteilenden Ungleichbehandlung"** sprechen, weil ein Nach- ohne einen Vorteil nicht denkbar ist. Das trägt nicht zur Klarheit bei. Eine „willkürliche Diskriminierung" (Art. 36 S. 2, Art. 65 Abs. 3 AEUV) (was immer das – in Abgrenzung zu einer „willkürfreien Diskriminierung"? – heißen mag) dürfte jedenfalls nur in eindeutigen Fällen vorliegen.[123] Zu vermeiden sind Ausdrücke wie **„umgekehrt-positive Diskriminierung"** oder **„positive Diskriminierung"**, die zuweilen gebraucht werden.[124] Damit soll offenbar (in Abgrenzung zur „negativen Diskriminierung"?) eine Bevorzugung bezeichnet werden. 35

Nach ständiger Rechtsprechung des EuGH „liegt eine **Diskriminierung** vor, wenn unterschiedliche Vorschriften auf gleiche Sachverhalte angewandt werden oder wenn dieselbe 36

115 Zu Art. 31 Abs. 2: EuGH – Bauer, verb. Rs. C-569/16 u. C-570/16, Urt. v. 6.11.2018, ECLI:EU:C:2018:871, Rn. 85; EuGH – Max-Planck-Gesellschaft zur Förderung der Wissenschaften eV, Rs. C-684/16, Urt. v. 6.11.2018, ECLI:EU:C:2018:874, Rn. 74; zu Art. 21 vgl. EuGH – Egenberger, Rs. C-414/16, Urt. v. 17.4.2018, ECLI:EU:C:2018:257, Rn. 76; dazu *Rohleder*, Art. 33 Rn. 38 f.

116 EuGH – Bauer, verb. Rs. C-569/16 u. C-570/16, Urt. v. 6.11.2018, ECLI:EU:C:2018:871, Rn. 89; EuGH – Max-Planck-Gesellschaft zur Förderung der Wissenschaften eV, Rs. C-684/16, Urt. v. 6.11.2018, ECLI:EU:C:2018:874, Rn. 78.

117 Zur englischen und französischen Fassung *Tettinger/Stern/Sachs*, GRC, Art. 21 Rn. 7.

118 *Frenz*, Handbuch Europarecht 4, Rn. 3255.

119 *Plötscher*, Der Begriff der Diskriminierung, S. 26. Zur französischen und englischen Fassung *Tettinger/Stern/Sachs*, GRC, Art. 21 Rn. 7.

120 *Plötscher*, Der Begriff der Diskriminierung, S. 27 f.

121 Näher *Plötscher*, Der Begriff der Diskriminierung, S. 68; *Grote/Marauhn/König/Peters*, EMRK/GG, Kap. 21 Rn. 44.

122 So *Merten/Papier/Kugelmann*, Grundrechte, § 160 Rn. 42; *Grote/Marauhn/König/Peters*, EMRK/GG, Kap. 21 Rn. 45.

123 *Grabitz/Hilf/Nettesheim/Leible/T. Streinz*, EU, Art. 36 AEUV Rn. 52; *Grabitz/Hilf/Nettesheim/Ress/Ukrow*, EU, Art. 65 AEUV Rn. 69, lassen eine objektive Rechtfertigung genügen.

124 *Grabenwarter/Schmahl*, Grundrechteschutz, § 15 Rn. 57; *Jochum*, ZRP 1999, 281; *Heselhaus/Nowak/Odendahl*, Hdb Eur. GR, § 45 Rn. 65.

Vorschrift auf ungleiche Sachverhalte angewandt wird".[125] Das Verbot erfasst sowohl unmittelbare (offene) als auch mittelbare (versteckte) Diskriminierungen.[126] Das ist für Art. 18 Abs. 1 AEUV anerkannt und trifft auch für Art. 21 Abs. 1 zu.[127] Ebenso erfassen die neuen Gleichbehandlungs-Richtlinien beide Arten der Diskriminierung.[128] Es ist nicht erforderlich, dass die Diskriminierung absichtlich erfolgt.[129] Eine Regelung der mehrdimensionalen (intersektionellen) Diskriminierung, also einer Ungleichbehandlung, die nur auf Grund der Verbindung unterschiedlicher Merkmale vorliegt, trifft die Norm nicht.[130] Der EuGH lehnt einen Verstoß gegen die Norm bei möglicher mehrdimensionalen Diskriminierung entsprechend ab.[131]

37 **Unmittelbare Diskriminierungen** knüpfen im Tatbestand einer Regelung an ein Diskriminierungsmerkmal (zB Religion) an[132] und besagen, dass eine Person, die das Merkmal erfüllt, in einer vergleichbaren Situation eine weniger günstige Behandlung als eine andere Person erfahren hat, erfährt oder erführe.[133]

38 Demgegenüber liegt eine **mittelbare Diskriminierung** vor, wenn zwar nicht formal an ein solches Merkmal angeknüpft wird, sondern an ein anderes Merkmal, das aber nur unter erschwerten Bedingungen von dem gegen Diskriminierung Geschützten erfüllt werden kann.[134] Es handelt sich um „dem Anschein nach neutrale Vorschriften, Kriterien oder Verfahren".[135] Beispiel: Einstellungsprüfungen finden nur an religiösen Feiertagen statt. Ebenso ist eine mittelbare Diskriminierung gegeben, wenn auf der Tatbestandsseite zwar kein Diskriminierungsmerkmal (wie zB das Geschlecht) erscheint, die Regelung im Ergebnis aber zu einer Benachteiligung Geschützter führt (im Beispielsfall die Regelung ein Geschlecht erheblich mehr betrifft als das andere).[136] Die Ungleichbehandlung muss von der gleichen Stelle verursacht worden sein. Es gilt das zu Art. 20 Gesagte.[137]

39 f) **Diskriminierungsmerkmale des Absatzes 1. aa) Umfassendes Diskriminierungsverbot.** Eine exakte Abgrenzung ist nicht erforderlich.[138] Infolgedessen sind die einzelnen Merkmale weit zu interpretieren,[139] zumal sie fast alle Ansätze für Diskriminierungen erfassen. Einzige Ausnahme ist die **Bildung**, die auch in den Verfassungsentwürfen fehlt.[140] Diese

---

125 EuGH – Boyle ua, C-411/96 – Slg 1998, I-6401 Rn. 39 mwN (Hervorhebung nur hier); *Stern/Becker/Englisch*, GR, Art. 3 GG Rn. 188.
126 *Jarass*, GRC, Art, 21 Rn. 10; *GSH/Lemke*, EU, Art. 21 GRC Rn. 6; *Holoubek/Lienbacher/Blanck-Putz/Köchle*, GRC, Art. 21 Rn. 46; *Heselhaus/Nowak/Odendahl*, Hdb Eur. GR, § 45 Rn. 64.
127 Zustimmend *Frenz*, Handbuch Europarecht 4, Rn. 3290.
128 Oben Fn. 3, jeweils in Art. 2.
129 *Grabenwarter/Schmahl*, Grundrechteschutz, § 15 Rn. 145.
130 *Peers/Hervey/Kenner/Ward/Kilpatrick*, EU Charter, Art. 21 Rn. 21.42.
131 EuGH – Parris, Urt. v. 24.11.2016, Rs. C-443/15, ECLI:EU:C:2016:897, Rn. 79 ff. (mögliche Diskriminierung wegen der sexuellen Ausrichtung in Verbindung mit dem Alter).
132 *Merten/Papier/Kugelmann*, Grundrechte, § 160 Rn. 44; *Burgorgue-Larsen/Levade/Picod/Melin-Soucramanien*, Traité, Art. II-81 Rn. 12.
133 *Grabenwarter/Schmahl*, Grundrechteschutz, § 15 Rn. 146; in diesem Sinn äußern sich die Gleichbehandlungs-Richtlinien (oben Fn. 3), jeweils in Art. 2.
134 *Merten/Papier/Kugelmann*, Grundrechte, § 160 Rn. 44.
135 Art. 2 der Gleichbehandlungs-Richtlinien, oben Fn. 3; *Grabenwarter/Schmahl*, Grundrechteschutz, § 15 Rn. 147.
136 *Grabitz/Hilf/Nettesheim/Pernice/Mayer*, EU, nach Art. 6 EU Rn. 187; *Vedder/Heintschel von Heinegg/Folz*, Unionsrecht, Art. 21 GRC Rn. 4; *Schwarze/Graser*, EU, Art. 21 GRC Rn. 12.
137 *Jarass*, GRC, Art. 21 Rn. 14; *Hölscheidt*, Art. 20 Rn. 21.
138 *Merten/Papier/Kugelmann*, Grundrechte, § 160 Rn. 60.
139 Zustimmend *Frenz*, Handbuch Europarecht 4, Rn. 3258.
140 *Hölscheidt*, Vorbemerkungen Rn. 6 ff.

Unterlassung ist als Versehen zu werten,[141] weil Art. 14 ausdrücklich ein Recht auf Bildung gewährt. Den meisten Merkmalen ist gemeinsam, dass sie von den Grundrechtsträgern nicht beeinflusst werden können.[142] Staatsangehörigkeit ist kein Diskriminierungsmerkmal: Für Unionsbürger ist Art. 21 Abs. 2, für Drittstaatsangehörige Art. 20 einschlägig.[143] Eine Regelung zu intersektioneller Diskriminierung ist in Art. 21 Abs. 1 nicht vorgesehen (→ Rn. 36). Zu den **einzelnen Diskriminierungsmerkmalen** ist unter Rückgriff auf die identische Terminologie in Art. 10 Abs. 1 und 19 Abs. 1 AEUV[144] wie folgt Stellung zu nehmen:[145]

bb) Geschlecht. Von dem Diskriminierungsverbot wegen des Geschlechts[146] sind nicht nur Männer und Frauen erfasst (→ Art. 23 Rn. 15),[147] sondern auch Transsexuelle.[148] Unter den Begriff fallen auch Menschen mit uneindeutigen Geschlechtsmerkmalen.[149] „Die betroffenen Menschen selbst bezeichnen sich als Zwischengeschlechtliche, Hermaphroditen, Zwitter oder Intersexuelle. Der medizinische Fachausdruck lautet: DSD-Patienten (DSD = Disorders of Sexual Development, deutsch: Störungen der Geschlechtsentwicklung)."[150] Das Merkmal hat also eigenständige Bedeutung gegenüber Art. 23 Abs. 1, der weit über ein Diskriminierungsverbot hinausgehend vorschreibt, die Gleichheit von Frauen und Männern in allen Bereichen sicherzustellen. Das Verbot der Geschlechterdiskriminierung untersagt nicht, gleichgeschlechtliche Beziehungen anders zu behandeln als Beziehungen unterschiedlichen Geschlechts.[151] Der EuGH hat in seinem Urteil zu den sog Unisex-Tarifen bei Versicherungen Art. 23 Abs. 1 (→ Art. 23 Rn. 24) zusammen mit Art. 21 als Prüfungsmaßstab für die Gleichbehandlung von Männern und Frauen angelegt.[152] Eine sekundärrechtliche Bestimmung, „die es den betreffenden Mitgliedstaaten gestattet, eine Ausnahme von der Regel geschlechtsneutraler Prämien und Leistungen unbefristet aufrechtzuerhalten, [...] ist mit den Art. 21 und 23 der Charta unvereinbar" und damit ungültig.[153] Eine unmittelbare Diskriminierung aufgrund des Geschlechts sei nur dann zulässig, „wenn 40

141 *Frenz*, Handbuch Europarecht 4, Rn. 3283; *Streinz/Streinz*, EUV/AEUV, Art. 21 GRC Rn. 4.

142 *Jarass*, GRC, Art. 21 Rn. 2; *Schwarze/Graser*, EU, Art. 21 GRC Rn. 4; *Holoubek/Lienbacher/Blanck-Putz/Köchle*, GRC, Art. 21 Rn. 47.

143 *Frenz*, Handbuch Europarecht 4, Rn. 3285; *Jarass*, GRC, Art. 21 Rn. 25; *Tettinger/Stern/Sachs*, GRC, Art. 21 Rn. 23, plädiert dafür, die Reichweite des Diskriminierungsverbots auf personenbezogene Kriterien zu beschränken.

144 *Pechstein/Nowak/Häde/Michl*, Frankfurter Kommentar, Art. 21 Rn. 6; *Stern/Sachs/Sachs*, GRC, Art. 21 Rn. 25.

145 Ausführlich *Grote/Marauhn/König/Peters*, EMRK/GG, Kap. 21 Rn. 103 ff.; *Grabitz/Hilf/Nettesheim/Grabenwarter*, EU, Art. 19 AEUV Rn. 28 ff.

146 Zur Rechtsvergleichung *Weber*, Menschenrechte, S. 899; aus der neueren Rspr. s. EuGH – MB/Secretary of State for Work and Pensions, Urt. v. 26.8.2018, Rs. C-451/16, ECLI:EU:C:2018:492, Rn. 26 ff.; s. hierzu auch Anm. *Scherpe*, FamRZ 2018, 1282.

147 Zustimmend *Merten/Papier/Kugelmann*, Grundrechte, § 160 Rn. 58.

148 EuGH – National Health Service, C-117/01 – Slg 2004, I-541 Rn. 29 ff.; *Grabenwarter/Schmahl*, Grundrechteschutz, § 15 Rn. 128.

149 *Grabitz/Hilf/Nettesheim/Grabenwarter*, EU, Art. 19 AEUV Rn. 30; *Jarass*, GRC, Art. 21 Rn. 19; Stellungnahme des Deutschen Ethikrates: „Intersexualität", BT-Drs. 17/9088, S. 46. Zur aktuellen Rechtslage in Deutschland: Gesetz vom 18.12.2018 (BGBl. I S. 2635).

150 Antwort der Bundesregierung auf die Kleine Anfrage der Fraktion DIE LINKE. „Zur Situation intersexueller Menschen in der Bundesrepublik Deutschland – Rechtliche und statistische Aspekte", BT-Drs. 16/13269, S. 1.

151 EuGH – Grant/South-West Trains, C-249/96 – Slg 1998, I-621; dazu *Griller*, in: Duschanek/Griller, S. 150 ff.

152 EuGH – Test Achats, C-236/09 – Slg 2011, 773 Rn. 17.

153 EuGH – Test Achats, C-236/09 – Slg 2011, 773 Rn. 32. Zum Prüfungsmaßstab s. *Epiney*, NVwZ 2012, 930, 936.

sich mit Sicherheit feststellen lässt, dass es relevante Unterschiede zwischen Männern und Frauen gibt, die eine solche Behandlung erfordern".[154] Statistiken als alleiniger Anknüpfungspunkt reichten hierfür nicht.[155] In einem Vorabentscheidungsverfahren ging es darum, dass ein Mitgliedstaat für den Zugang zum Polizeidienst eine Mindestkörpergröße von 1,70 m verlangte. Das stellt nach Auffassung des EuGH eine mittelbare Diskriminierung aus Gründen des Geschlechts dar, wenn diese Voraussetzung deutlich mehr Frauen als Männer benachteilige.[156] Auf Art. 20, 21 oder 23 bezieht sich der Gerichtshof nicht ausdrücklich.

41 Zu dem Verbot der Geschlechterdiskriminierung heißt es in einem Erwägungsgrund einer Gleichbehandlungs-Richtlinie:[157] „Die Belästigung einer Person und die sexuelle Belästigung stellen einen Verstoß gegen den *Grundsatz der Gleichbehandlung* von Männern und Frauen dar und sind somit als Diskriminierung aufgrund des Geschlechts im Sinne dieser Richtlinie anzusehen." Diese Aussage ist wenig nützlich.[158] Wieso die Belästigung oder auch die sexuelle Belästigung einer Person einen Verstoß gegen den Gleichbehandlungsgrundsatz darstellen sollen, erschließt sich nicht. Traktiert zB ein Mann einen anderen Mann in unzulässiger Weise verbal oder körperlich, kann es sich zB um eine Beleidigung oder Körperverletzung handeln, hat aber mit Ungleichbehandlung nichts zu tun.

42 cc) **Sexuelle Ausrichtung.** Dieses Verbot ist umfassend zu verstehen. Es modernisiert das Diskriminierungsverbot wegen des Geschlechts und hätte deshalb im Anschluss an dieses Verbot aufgeführt werden sollen.[159] Geschützt werden nicht nur asexuelle, homo-, bi- und heterosexuelle Menschen,[160] sondern auch Menschen, die eine andere denkbare sexuelle Ausrichtung bevorzugen[161] (wobei in den Zeiten von Cybersex und geklonten Menschen vieles denkbar ist). Ein Sexualpartner ist frei wählbar. Das Verbot ist Ausdruck der Toleranz gegenüber sexuellen Verhaltensweisen von Menschen. Diese sind ein bestimmtes Resultat des Selbstbestimmungsrechts, das jeder Mensch besitzt. Nicht ersichtlich ist, wieso dieses Diskriminierungsverbot dazu beitragen soll, den Weg in eine „Homosexuellen-Ehe" vorzuzeichnen und (so die weitergehende Kritik) den „objektiven Wertgehalt des klassischen Rechtsinstituts ‚Ehe'" zu entwerten.[162] Warum entwertet es die Ehe, wenn es verboten ist, Homosexuelle ungerechtfertigt zu benachteiligen?[163]

43 Das Bundesverfassungsgericht hat in seinem Beschluss zur Ungleichbehandlung von Ehe und eingetragener Lebenspartnerschaft im Juli 2009 das erste Mal konkret auf die Charta Bezug genommen: „Sowohl Art. 13 EG wie Art. 21 Abs. 1 der Charta der Grundrechte der Europäischen Union beziehen die sexuelle Ausrichtung in den Kreis der Diskriminierungsverbote ein".[164] Diese Entscheidung ging zumindest auch auf die Rechtsprechung des EuGH zurück[165]: Der EuGH hatte im Jahr 2008 eine unmittelbare Diskriminierung wegen

154 EuGH – Test Achats, C-236/09 – Slg 2011, 773 Rn. 60.
155 EuGH – Test Achats, C-236/09 – Slg 2011, 773 Rn. 59.
156 EuGH – Kalliri, Urt. v. 18.10.2017, Rs. C-409/16, ECLI:EU:C:2017:767, NVwZ 2017, 1686, mit Anm. *Kaiser*, 1687.
157 RL 2006/54/EG, ABl. 2006 L 204, S. 23 (Hervorhebung nur hier); oben Fn. 3; *Hüpers/Reese*, Art. 31 Rn. 56.
158 Zur Kritik an den Richtlinien auch unten Rn. 54.
159 So auch *Frenz*, Handbuch Europarecht 4, Rn. 3282; *Schwarze/Graser*, EU, Art. 21 GRC Rn. 6.
160 *Grabitz/Hilf/Nettesheim/Grabenwarter*, EU, Art. 19 AEUV Rn. 41.
161 Zustimmend *Jarass*, GRC, Art. 21 Rn. 19.
162 So *Tettinger*, NJW 2001, 1013.
163 Näher *Streinz/Streinz*, EUV/AEUV, Art. 21 Rn. 4 Fn. 9.
164 BVerfGE 124, 199, 220.
165 Vgl. *Von der Tann*, FamFR 2012, 195, 196; *Kingreen*, EuR 2010, 338, 344 f.

der sexuellen Ausrichtung im Grundsatz bejaht, wenn eine berufsständische Hinterbliebenenversorgung nur Ehe-, nicht jedoch Lebenspartnern gewährt würde.[166] Voraussetzung sei jedoch, dass „sich überlebende Ehegatten und überlebende Lebenspartner in einer vergleichbaren Situation“ befänden, was das vorzulegende Gericht zu prüfen habe[167] (und im Ergebnis bejahte[168]). In gleicher Weise entschied der EuGH 2011 im Hinblick auf ungleiche Zusatzversorgungsbezüge von Ehegatten und Lebenspartnern.[169]

dd) Rasse, Hautfarbe, ethnische Herkunft. Die Merkmale hängen eng zusammen.[170] Rein begrifflich bezeichnet **„Rasse“** eine Gruppe von Lebewesen, die sich durch ihre gemeinsamen Erbanlagen von anderen Gruppen unterscheiden.[171] **„Ethnisch“** ist weit zu interpretieren und meint: zum Volk gehörend. Die ethnische Herkunft knüpft an die Volkszugehörigkeit an, die Staatsangehörigkeit an einen Rechtsstatus.[172] Die Rasse bzw. die ethnische Herkunft von Menschen im Sinn des Artikels richtet sich danach, ob sie durch bestimmte vererbbare Merkmale gekennzeichnet sind. Dabei spielt es keine Rolle, ob die Vererbbarkeit tatsächlich gegeben, also naturwissenschaftlich nachweisbar ist, oder lediglich behauptet wird.[173] Die so verstandenen Merkmale umfassen auch Diskriminierungen aufgrund der **Hautfarbe.** Bezeichnet sind von den Merkmalen zB Juden, Sinti und Roma sowie Personen jedweder Hautfarbe. Der EuGH hat festgestellt, eine Diskriminierung aufgrund der ethnischen Herkunft könne vorliegen, wenn Stromzähler in einem Stadtteil, in dem viele Roma lebten, in unzugänglicher Höhe angebracht würden, während sie in anderen Stadtteilen in normaler Höhe montiert seien. Er bekräftigt in dieser Entscheidung seine Rechtsprechung, wonach der Geltungsbereich der Gleichbehandlungs-Richtlinie (2000/43)[174] nicht eng definiert werden dürfe, weil sie dem Gleichbehandlungsgrundsatz des Art. 21, einem der tragenden Grundsätze des Unionsrechts, Ausdruck verleihe.[175] 44

ee) Soziale Herkunft, Geburt. Mit **„sozialer Herkunft“** ist die Abstammung und Verwurzelung von Menschen gemeint, vor allem die soziale Stellung der Vorfahren.[176] In diesem Sinn ist auch **„Geburt“** zu verstehen. Erfasst werden ehelich und nichtehelich Geborene.[177] Das wurde zwar in der Diskussion im Konvent richtig erkannt (→ Rn. 25); trotzdem ist „Geburt“ nicht zusammen mit „sozialer Herkunft“, sondern unpassend zwischen „Vermögen“ und „Behinderung“ aufgelistet. 45

166 EuGH – Maruko, C-267/06 – Slg 2008, I-1757, Rn. 65 ff.
167 EuGH – Maruko, C-267/06 – Slg 2008, I-1757, Rn. 73.
168 VG München, 30.10.2008, Az. M 12 K 08.1484, http://openjur.de/u/410126.html (letzter Abruf: 30.11.2018).
169 EuGH – Römer, C-147/08 – Slg 2011, I-3591, Rn. 42 ff.; zur unterschiedlichen Behandlung von Ehegatten und Lebenspartnern bei der Beihilfe, die Beamten in Krankheitsfällen gezahlt wird: EuGH – Dittrich ua, Urt. v. 6.12.2012, Rs. C-124/11, C-125/11 und 143/11, ECLI:EU:C:2012:771; näher *Grabenwarter/Schmahl*, Grundrechteschutz, § 15 Rn. 129 ff. Neueste Entscheidung zur Diskriminierung im Disziplinarverfahren wegen der sexuellen Ausrichtung EuGH – E. B., Urt. v. 15.1.2019, Rs. C-258/17, ECLI:EU:C:2019:17.
170 *Grabitz/Hilf/Nettesheim/Grabenwarter*, EU, Art. 19 AEUV Rn. 33.
171 Zustimmend *Merten/Papier/Kugelmann*, Grundrechte, § 160 Rn. 61.
172 Antwort der Bundesregierung auf die Große Anfrage der Fraktion der FDP „Praxistauglichkeit des Allgemeinen Gleichbehandlungsgesetzes“, BT-Drs. 16/6316, S. 7.
173 HStR V/*Sachs*, § 126 Rn. 44.
174 Oben Rn. 3.
175 EuGH-CHEZ Razpredelenie, Urt. v. 16.7.2015, Rs. C-83/14, ECLI:EU:C:2015:480, Rn. 42.
176 Zustimmend *Merten/Papier/Kugelmann*, Grundrechte, § 160 Rn. 61.
177 *Jarass*, GRC, Art. 21 Rn. 20.

46 ff) **Genetische Merkmale.** Dieses Diskriminierungsmerkmal ist in einem neuen Grundrechtstext notwendig.[178] Die Aufnahme des Merkmals trägt der Sorge Rechnung, dass Gentests, mit deren Hilfe eine genetische Krankheit oder eine Anfälligkeit für eine solche Krankheit festgestellt werden kann, als Mittel zur Diskriminierung verwendet werden könnten. Das Merkmal überschneidet sich zum Teil mit dem Diskriminierungsverbot wegen einer **Behinderung.**[179] Es steht in Beziehung zu Art. 3 Abs. 2.[180]

47 gg) **Sprache.** Das Merkmal[181] schützt Menschen vor Diskriminierungen aufgrund ihrer Muttersprache, durch die sie unabänderlich geprägt werden.[182] Umfasst ist davon auch die Art des Sprechens, zB ein Dialekt. Bedeutung hat das Merkmal vor allem für Minderheiten. Es spielt keine Rolle, ob die Betroffenen in geschlossenen Gebieten zusammen (wie die dänische Minderheit in Deutschland) oder verstreut leben.

48 hh) **Religion, Weltanschauung, politische oder sonstige Anschauung.** Verboten sind Diskriminierungen wegen der Religion oder der Weltanschauung (zu den Begriffen → Art. 22 Rn. 24 f.), **politischen** oder **sonstigen Anschauung.** „Anschauung" ist ebenso wie der in Art. 11 Abs. 1 enthaltene und gleichbedeutende Begriff „Meinung"[183] weit zu verstehen. Erfasst werden also grundsätzlich (unabhängig vom betroffenen Gegenstand) subjektive Einschätzungen und Tatsachenwiedergaben. Eine Religion, Weltanschauung oder sonstige Anschauung darf man nicht nur haben, sondern auch äußern, ohne dass daran eine Diskriminierung geknüpft werden darf. Denn eine Anschauung, die nicht nach außen dringt, kann keine Reaktion von außen hervorrufen. Der EuGH hat festgestellt, dass das Verbot, ein islamisches Kopftuch zu tragen, das sich aus der internen Regel eines Privatunternehmens ergibt, die es untersagt, politische, philosophische oder religiöse Zeichen am Arbeitsplatz zu tragen, keine unmittelbare Diskriminierung wegen der Religion oder Weltanschauung darstellt. Das Verbot könne aber zu einer mittelbaren Diskriminierung führen, wenn es bewirke, dass Personen mit einer bestimmten Religion oder Weltanschauung besonders benachteiligt würden, es sei denn, es liege ein Rechtfertigungsgrund vor.[184] Auf Art. 21 oder 20 geht der Gerichtshof bemerkenswerterweise nicht ausdrücklich ein. Alle Merkmale stehen in engem Zusammenhang mit den **Kommunikationsgrundrechten** der Art. 10 (→ Art. 10 Rn. 10) und 11. Neben diesen Rechten entfaltet Art. 21 Abs. 1 kaum eigene Bedeutung.[185]

49 ii) **Nationale Minderheit.**[186] Der Begriff ist schwer zu erfassen. Darunter werden Minderheiten zu verstehen sein, die sich in den traditionellen Charakteristika Religion, Sprache

---

178 *Merten/Papier/Kugelmann*, Grundrechte, § 160 Rn. 62.

179 Siehe zur Erläuterung *Hölscheidt*, Art. 26 Rn. 19; zustimmend *Merten/Papier/Kugelmann*, Grundrechte, § 160 Rn. 62.

180 *Merten/Papier/Kugelmann*, Grundrechte, § 160 Rn. 62.

181 Siehe zur Erläuterung auch *Hölscheidt*, Art. 22 Rn. 26. Ausführlich zu „Sprache" als Diskriminierungsmerkmal im internationalen Vergleich *Weber*, Menschenrechte, S. 920 ff. Das BAG bezieht sich darauf in einer neueren Entscheidung, NZA-RR 2018, 287, 292.

182 Zur Diskriminierung wegen der Sprache in der Union *Grabitz/Hilf/Nettesheim/Pernice/Mayer*, EU, nach Art. 6 EU Rn. 254, 342 ff.; vgl. zur Diskriminierung aufgrund der Sprache bei mangelnder Veröffentlichung von Stellenausschreibungen der EU in allen Amtssprachen und Anforderungen an bestimmte Sprachkenntnisse EuGH – Italien./.KOM, Urt. v. 27.11.2012, Rs. C-566/10 P, ECLI:EU:C:2012:752, Rn. 61 ff.

183 *Bernsdorff*, Art. 11 Rn. 12.

184 EuGH – Achbita, Urt. v. 14.3.2017, Rs. C-157/15, ECLI:EU:C:2017:203; differenzierend zu einem Kopftuchtrageverbot aufgrund individueller Weisung EuGH – Bougnaoui, Urt. v. 14.3.2017, Rs. C-188/15, ECLI:EU:C:2017:204; zu beiden Urteilen *Epiney*, NVwZ 2018, 1172, 1181.

185 *Merten/Papier/Kugelmann*, Grundrechte, § 160 Rn. 64.

186 Ausführlich *Niedobitek*, Minderheitenschutz, S. 241 ff.

oder ethnische Herkunft von der Mehrheit unterscheiden (objektives Merkmal) und diese Charakteristika bewahren wollen (subjektives Merkmal).[187] Solche Minderheiten werden in mehreren Mitgliedstaaten durch eigene Bestimmungen geschützt, so zB die dänische Minderheit in Deutschland durch eine völkerrechtliche Erklärung der Bundesregierung, die der Bundestag gebilligt hat.[188] Umgekehrt gilt eine Erklärung der dänischen Regierung vom selben Tag.[189] Dementsprechend wird der nationalen dänischen Minderheit in der Landesverfassung Schleswig-Holstein ein Anspruch auf Schutz und Förderung eingeräumt.[190]

jj) **Vermögen.** Das ist ein mehrdeutiger Begriff. Er steht in enger Beziehung zu dem ebenfalls mehrdeutigen Eigentumsbegriff des Art. 17 (→ Art. 17 Rn. 15). Die Rechtsordnungen der Union und der Mitgliedstaaten gewähren subjektive Rechte an Gütern, sodass sich bei natürlichen und juristischen Personenvereinigungen eine Gesamtheit dieser Rechte bilden kann. Unter Vermögen im Sinn von Art. 21 ist die Gesamtheit der Rechte zu verstehen.[191] Darin kommt ein personaler Bezug zum Ausdruck (die Beziehung des Vermögensinhabers zum Vermögen) und ein materieller Bezug (die Erfassung der Rechtsgesamtheit).[192] Zu unterscheiden sind drei Vermögensarten: Sach- und Geldvermögen sowie immaterielles Vermögen.[193] 50

kk) **Alter.**[194] Dass Diskriminierungen wegen des Alters verboten sind, kommt **allen Menschen** (also auch Kindern) zugute, weil alle ein Alter haben.[195] Schutzwürdigkeit aufgrund des Alters ist außerdem Gegenstand der Art. 24 und 25.[196] Der EuGH hat dieses Verbot 2005 als allgemeinen Grundsatz des Unionsrechts entdeckt.[197] Seit dem Inkrafttreten der Charta erwähnt der EuGH zu diesem Grundsatz das Verbot des Art. 21 zuweilen ausdrücklich.[198] Eine unionsrechtlich vorgesehene starre Altersgrenze von 65 Jahren für Piloten beurteilt der EuGH als eine Ungleichbehandlung, die auf dem Alter beruht (Art. 21 Abs. 1), aber gemäß Art. 52 Abs. 1 gerechtfertigt ist,[199] um die Sicherheit des Flugverkehrs zu gewährleisten. Der Gerichtshof trennt in seiner Argumentation nicht hinreichend zwischen der Anwendung der Charta und der Anwendung des Sekundärrechts.[200] In einem anderen Fall ging es um eine nationalrechtlich festgelegte Höchstaltersgrenze von 35 Jahren. Unter Bezug auf die Gleichbehandlungs-Richtlinie (2000/78)[201] (nicht auch auf Art. 21) hat der EuGH darin zwar eine Ungleichbehandlung, aber keine Diskriminierung 51

187 Ausführlich zum Diskriminierungsmerkmal „Zugehörigkeit zu einer nationalen Minderheit" *Kaiser*, Minderheitenschutz, S. 148 ff.; *Heselhaus/Nowak/Heselhaus*, Hdb Eur. GR, § 46 Rn. 35 ff.
188 Bonner Erklärung vom 29.3.1955, Bundesanzeiger Nr. 63 vom 31.3.1955, S. 4 f.
189 29.3.1955; *Heun ua/Oeter*, Staatslexikon, Stichwort „Minderheiten, Minderheitenschutz".
190 Art. 5 Abs. 2 S. 1 VerfSchleswig-Holstein.
191 *Jarass*, GRC, Art. 21 Rn. 23.
192 Staatslexikon/*Rittner*, Stichwort „Vermögen".
193 Staatslexikon/*Francke*, Stichwort „Vermögen"; ebenso *Merten/Papier/Kugelmann*, Grundrechte, § 160 Rn. 65.
194 Ausführlich *Chen*, Diskriminierungsverbote, S. 260 ff.
195 *Meyer*, Diskriminierungsverbot, S. 72 f.; *Grabitz/Hilf/Nettesheim/Grabenwarter*, EU, Art. 19 AEUV Rn. 39; *Jarass*, GRC, Art. 21 Rn. 23.
196 *Hölscheidt*, Vorbemerkungen Rn. 31.
197 EuGH – Mangold, C-144/04 – Slg 2005, I-9981 Rn. 75; siehe auch BVerfGE 126, 286, 312.
198 Zunächst EuGH – Kücükdeveci/Swedex, C-550/07 – Slg 2010, I-365 Rn. 21 f.; zB EuGH – Hennigs, C-297/10 und 298/10 – Slg 2011, I-7965 Rn. 46 ff.; ausführlich *Kaiser*, ZESAR 2014, 473 ff.
199 EuGH – Fries, Urt. v. 5.7.2017, Rs. C-190/16, ECLI:EU:C:2017:513, Rn. 29 ff.; EuZW 2017, 729, 731.
200 *Sagan*, Urteilsanmerkung EuGH, EuZW 2017, 729; 734, 735.
201 Oben Rn. 3.

gesehen: Die Grenze sei zulässigerweise aufgrund der für den Beruf notwendigen körperlichen Leistungsfähigkeit festgelegt worden.[202]

52 **g) Einschränkbarkeit.** Ob und inwieweit Art. 21 Abs. 1 eingeschränkt werden kann, richtet sich nach Art. 52.[203] Art. 52 Abs. 3 ist als Spezialregelung gegenüber Art. 52 Abs. 1 nicht anwendbar. Zwar sind die meisten ausdrücklich in den beiden Vorschriften genannten Diskriminierungsmerkmale identisch (bis auf Behinderung, Alter und sexueller Ausrichtung), Art. 14 EMRK hat aber als akzessorisches Verbot eine andere Normstruktur als Art. 21 Abs. 1 (→ Rn. 32).

53 **h) Rechtfertigung von Diskriminierungen.** Eine **Diskriminierung** kann grundsätzlich wie eine Ungleichbehandlung gemäß Art. 20 (→ Art. 20 Rn. 25) **gerechtfertigt** sein.[204] In Ausnahmefällen kann das nicht nur für mittelbare, sondern auch für unmittelbare Diskriminierungen gelten.[205] Der EuGH hat es gem. Art. 52 Abs. 1 als gerechtfertigt angesehen, dass homosexuelle Männer aufgrund von Sekundärrecht von Blutspenden ausgeschlossen wurden.[206] Damit hat er eine unmittelbare Diskriminierung aufgrund der sexuellen Ausrichtung für rechtmäßig gehalten.[207] Schwierig ist es, der Rechtfertigungsprüfung klare Konturen zu verleihen.

54 Wenig zur Klärung tragen die nebulös formulierten Gleichbehandlungs-Richtlinien bei.[208] Danach liegt zB keine mittelbare Diskriminierung vor, wenn die Vorschriften „durch ein rechtmäßiges Ziel sachlich gerechtfertigt, und die Mittel [...] zur Erreichung dieses Ziels angemessen und erforderlich" sind.[209] Wenn Vorschriften durch ein „rechtmäßiges" (kein rechtswidriges?) Ziel sachlich gerechtfertigt sind, sind sie eben gerechtfertigt. Hinzugefügt („und") werden aber noch Mittel, die angemessen und erforderlich sein müssen. Zusätzlich gibt es in einer Richtlinie eine Generalklausel zur gerechtfertigten Ungleichbehandlung wegen des Alters. Ungeachtet der soeben referierten Vorschrift heißt es dort: „können die Mitgliedstaaten vorsehen, dass Ungleichbehandlungen wegen des Alters keine Diskriminierung darstellen, sofern sie objektiv und angemessen sind und im Rahmen des nationalen Rechts durch ein legitimes Ziel, [...], gerechtfertigt sind und die Mittel zur Erreichung dieses Ziels angemessen und erforderlich sind".[210]

55 Zu dem Problem, unter welchen Voraussetzungen eine Diskriminierung gerechtfertigt ist, lässt sich Rechtsprechung und Literatur Folgendes entnehmen:[211] Mit der Gleichbehandlung muss ein legitimes Ziel verfolgt werden und sie muss auch im Übrigen verhältnismäßig sein. Auch im Europarecht werden zur näheren Erläuterung die im deutschen Recht geläufigen Begriffe „geeignet", „erforderlich" und „angemessen" verwandt. Sie stehen in

---

202 EuGH – Salaberria Sorondo, Urt. v. 15.11.2016, Rs. C-258/15, ECLI:EU:C:2016:873, Rn. 23 ff.

203 *Schwerdtfeger*, Art. 52 Rn. 40; *Merten/Papier/Kugelmann*, Grundrechte, § 160 Rn. 46.

204 *Calliess/Ruffert/Rossi*, EUV/AEUV, Art. 21 GRC Rn. 9; *Heselhaus/Nowak/Odendahl*, Hdb Eur. GR, § 45 Rn. 66; *Frenz*, Handbuch Europarecht 4, Rn. 3286; *Merten/Papier/Kugelmann*, Grundrechte, § 160 Rn. 46; *Schwarze/Graser*, EU, Art. 21 GRC Rn. 7. Ausführlich *Chen*, Diskriminierungsverbote, S. 71 ff.; für eine Staffelung der Rechtfertigungsanforderungen nach den verschiedenen Diskriminierungsanforderungen: *Schwarze/Graser*, EU, Art. 21 GRC Rn. 8; *Jarass*, GRC, Art. 21 Rn. 26.

205 Unklar nach *Grabitz/Hilf/Nettesheim/Pernice/Mayer*, EU, nach Art. 6 EUV Rn. 192.

206 EuGH – Léger, Urt. v. 29.4.2015, Rs. C-528/13, ECLI:EU:C:2015:288.

207 *Vedder/Heintschel von Heinegg/Folz*, Europäisches Unionsrecht, Art. 21 GRC Rn. 8.

208 Zur Kritik daran auch oben Rn. 41.

209 Oben Fn. 3, jeweils Art. 2.

210 Oben Fn. 3 (Art. 6 Abs. 1 RL 2000/78/EG); kritisch zu der Formulierung *Wiedemann*, Gleichbehandlungsgebote, S. 71 f.

211 *Jarass*, GRC, Art. 21 Rn. 27 f.

einem Stufenverhältnis und sind recht klar definiert. Bedauerlicherweise nutzt der EuGH diese begriffslogischen Erkenntnisse nicht, sondern verwendet die Termini kunterbunt durcheinander. Zur Rechtfertigung von Diskriminierungen wegen des Alters existiert mittlerweile eine umfangreiche Rechtsprechung des EuGH.[212] Der Gerichtshof billigt den nationalen Gesetzgebern und Sozialpartnern einen weiten Ermessensspielraum zu, Regelungen über das Ausscheiden von Arbeitnehmern aus dem aktiven Erwerbsleben bei Erreichen des Rentenalters treffen zu können. Die Förderung von Einstellungen, insbesondere mit dem Ziel, „den Zugang jüngerer Personen zur Ausübung eines Berufes zu fördern", ist hierbei ein grundsätzlich legitimes Ziel, um Beschränkungen zu rechtfertigen.[213]

i) **Rechtsfolgen des Diskriminierungsverbots und eines Verstoßes dagegen.** Art. 21 Abs. 1 ist ein **Verbot**, Schutzpflichten enthält er nicht.[214] Ein Leistungsrecht kann aus dem Diskriminierungsverbot nicht abgeleitet werden.[215] Art. 19 Abs. 1 AEUV ermächtigt den Unionsgesetzgeber, gegen Diskriminierungen „geeignete" Vorkehrungen zu treffen.[216] 56

Die Grundrechtsadressaten (→ Rn. 34) sind nicht verpflichtet, Diskriminierungen unter Strafe zu stellen.[217] Jedwede Diskriminierung müssen sie aber unterlassen.[218] Wird dagegen verstoßen, ist es Aufgabe der Grundrechtsadressaten, einen diskriminierungsfreien Zustand herzustellen.[219] Ein Verstoß gegen Art. 21 ist im Übrigen grundsätzlich zu beurteilen wie ein **Verstoß gegen Art. 20.**[220] 57

2. Diskriminierungsverbot aus Gründen der Staatsangehörigkeit (Absatz 2)

Absatz 2 **wiederholt** lediglich das Diskriminierungsverbot der Vorgabenorm des **Art. 18 Abs. 1 AEUV** (Art. 12 Abs. 1 EGV-Nizza) in leicht abgewandelter Formulierung.[221] Er darf also gemäß Art. 52 Abs. 2 nicht anders ausgelegt und eingeschränkt werden als die Vorgabenorm.[222] 58

Art. 18 Abs. 1 AEUV (Art. 12 Abs. 1 EGV-Nizza) wird zu Recht als „Leitmotiv"[223] des Vertrags bezeichnet. Als grundlegende Norm hat es den Vertrag geprägt, denn der „immer engere Zusammenschluss der europäischen Völker", den die Präambel des AEUV befür- 59

---

212 *Jacobs*, RdA 2018, 263: zB vgl. EuGH – Palacios de la Villa, C-411/05 – Slg 2007, I-08531; EuGH – Age Concern, C-388/07 – Slg 2009, I-01569; EuGH – Kücükdeveci/Swedex, C-550/07 – Slg 2010, I-365; EuGH – Petersen, C-341/08 – Slg 2010, I-00047; EuGH – Rosenbladt, C-45/09 – Slg 2010, I-09391; EuGH – Georgiev, C-250/09 u. C-268/09 – Slg 2010, I-11869; EuGH – Prigge, C-447/09 – Slg 2011, I-8003; EuGH – Fuchs und Köhler, Urt. v. 21.7.2011, Rs. C-159/10 und C-160/10, ECLI:EU:C:2011:508; EuGH – Hörnfeldt, Urt. v. 5.7.2012, Rs. C-141/11, ECLI:EU:C:2012:421; EuGH – Hennigs, Urt. v. 8.9.2011, Rs. C-297/10 und C-298/10, ECLI:EU:C:2011:560, Rn. 46 ff.; hierzu *Brors*, RdA 2012, 346.

213 Ständige Rechtsprechung, zB EuGH – Hörnfeldt, Urt. v. 5.7.2012, Rs. C-141/11, ECLI:EU:C:2012:421, Rn. 29.

214 *Frenz*, Handbuch Europarecht 4, Rn. 3319; *Stern/Sachs/Sachs*, GRC, Art. 21 Rn. 17; aA *Jarass*, GRC, Art. 21 Rn. 18; *Grabenwarter/Schmahl*, Grundrechteschutz, § 15 Rn. 165. Zur Diskussion *Holoubek/Lienbacher/Blanck-Putz/Köchle*, GRC, Art. 21 Rn. 74.

215 *Heselhaus/Nowak/Heselhaus*, Hdb Eur. GR, § 46 Rn. 65 (in Bezug auf nationale Minderheiten).

216 *Calliess/Ruffert/Rossi*, EUV/AEUV, Art. 21 GRC Rn. 10.

217 Ebenso *Streinz/Streinz*, EUV/AEUV, Art. 21 GRC Rn. 6. Dies war in einem früheren Verfassungsentwurf vorgesehen, *Hölscheidt*, Vorbemerkungen Rn. 11.

218 *Frenz*, Handbuch Europarecht 4, Rn. 3318.

219 *Frenz*, Handbuch Europarecht 4, Rn. 3320.

220 *Tettinger/Stern/Sachs*, GRC, Art. 21 Rn. 25; zu Art. 20 *Hölscheidt*, Art. 20 Rn. 29 ff.

221 *Streinz/Streinz*, EUV/AEUV, Art. 21 GRC Rn. 8; *Grabenwarter/Schmahl*, Grundrechteschutz, § 15 Rn. 63; ausführlich *Jarass*, GRC, Art. 21 Rn. 34 ff.

222 *Schwerdtfeger*, Art. 52 Rn. 46; *Frenz*, Handbuch Europarecht 4, Rn. 3226, 3297.

223 *Grabitz/Hilf/Nettesheim/von Bogdandy*, EU, Art. 18 AEUV Rn. 1.

wortet, ist nicht zu erreichen, wenn aus Gründen der Staatsangehörigkeit bevorzugt oder benachteiligt werden darf. Das Ziel einer „immer engeren Union" der Völker Europas sieht auch die Präambel der Charta vor.

60 Absatz 2 verbietet wie Art. 18 Abs. 1 AEUV (Art. 12 Abs. 1 EGV-Nizza) „jede Diskriminierung aus Gründen der Staatsangehörigkeit". **Staatsangehörigkeit** bezeichnet die rechtliche Mitgliedschaft einer Person in einem Staat. Das Verbot gilt nicht uneingeschränkt, sondern im Anwendungsbereich der Verträge „unbeschadet besonderer Bestimmungen der Verträge". Eine solche Einschränkung findet sich nur an dieser Stelle der Charta. Ein Anspruch auf Gleichbehandlung für Staatsangehörige aus Drittstaaten ist im Zusammenhang mit der Berufsfreiheit in Art. 15 Abs. 3 normiert (→ Art. 15 Rn. 21 ff.), sowie in Bezug auf Kapitalbeteiligungen (Art. 55 AEUV) und den Raum der Freiheit, der Sicherheit und des Rechts (Art. 67 Abs. 2 S. 2 AEUV). Art. 21 Abs. 2 gilt nicht für Drittstaatsangehörige.[224] Im Verhältnis zu Art. 20 ist er lex specialis.[225] Im Übrigen enthält Absatz 2 keine „Chartaspezifika", sodass auf die Kommentierungen und die Literatur zu Art. 18 Abs. 1 AEUV (Art. 12 Abs. 1 EGV-Nizza) verwiesen wird.[226]

IV. Literaturübersicht

Aichele, Valentin/Althoff, Nina, Nicht-Diskriminierung und angemessene Vorkehrungen in der UN-Behindertenrechtskonvention, in: Welke, Antje (Hrsg.), UN-Behindertenrechtskonvention, 2012, S. 104; *Althoff, Nina*, Die Bekämpfung von Diskriminierungen aus Gründen der Rasse und der ethnischen Herkunft in der Europäischen Gemeinschaft ausgehend von Art. 13 EG, u. a. 2006; *Bell, Mark*, Walking in the Same Direction? The Contribution of the European Social Charter and the European Union to Combating Discrimination, in: De Burca, Grainne/De Witte, Bruno (Hrsg.), Social Rights in Europe, 2005, S. 261; *ders./Waddington, Lisa*, Reflections on Inequalities in European Equality Law, ELR 2003, 349; *Besson, Samantha*, Gender Discrimination under EC and ECHR law: Never Shall the Twain Meet?, HRLR 2008, 647; *Bieback, Karl-Jürgen*, Die mittelbare Diskriminierung wegen des Geschlechts, 1997; *Bouchouaf, Ssoufian/Britz, Gabriele/Richter Tobias*, Anmerkung zu EuGH-EU/Rat, C-540/03, JZ 2007, 39, JZ 2007, 43; *Brors, Christiane*, Wann ist eine Altersdiskriminierung nach der Rechtsprechung des EuGH gerechtfertigt?, RdA 2012, 346; *Bühler, Margit*, Einschränkung von Grundrechten nach der Europäischen Grundrechtecharta, 2005; *Chebel d'Appollonia, Ariane*, Race, racism and anti-discrimination in France, in: The French Republic at fifty: beyond stereotypes, 2009, S. 267; *Chen, Ching-Hui*, Die speziellen Diskriminierungsverbote der Charta der Grundrechte der Europäischen Union, 2012; Duschanek, Alfred/Griller, Stefan (Hrsg.), Grundrechte für Europa. Die europäische Union nach Nizza, 2002; European Agency for Fundamental Rights/European Court of Human Rights/Council of Europe (Hrsg.), Handbuch zum europäischen Antidiskriminierungsrecht, 2018; *Grote/Marauhn/König/Peters*, EMRK/GG, Kap. 21 Das Diskriminierungsverbot; *Heselhaus/Nowak/Odendahl*, Hdb Eur. GR, § 45 Diskriminierungsverbote; *Hölscheidt, Sven/Mund, Eva*, Religionen und Kirchen im europäischen Verfassungsverbund, EuR 2003, 1083; *Hufeld, Ulrich*, Der staatliche Souveränitätsvorbehalt in der EU: Polen als Paradigma, in: Bos, Ellen/Dieringer, Jürgen (Hrsg.), Die Genese einer Union der 27, 2008, S. 55; *Jacobs, Matthias*, Aktuelle Entwicklungen im deutschen und europäischen Antidiskriminierungsrecht, RdA 2018, 263; *Jarass*, EU-Grundrechte, S. 293; *Jochum, Georg*, Der neue Art. 13 EGV oder „political correctness" auf europäisch?, ZRP 1999, 279; *Kaiser, Angela*, Minderheitenschutz in der Europäischen Union, u. a. 2005; *Kaiser, Friedemann*, Rückkehr der unmittelbar-horizontalen Grundrechtswirkung aus Luxemburg?, NZA 2018, 894; *Kaiser, Jens*, Das Verbot der Altersdiskriminierung in der Rechtsprechung des EuGH, ZESAR 2014, 473; *Kaur Stubbs, Sukhvinder*, Fear and Loathing in the EU: Ethnic Minorities an Fundamental Rights, in: Feus, Kim (Hrsg.), An EU Charter of Fundamental Rights, 2000, S. 207; *Kingreen, Thorsten*, Grundrechtsverbund oder Grundrechtsunion?, EuR 2010, 338; Kommission der

224 Differenzierend *Merten/Papier/Kugelmann*, Grundrechte, § 160 Rn. 52.

225 *Jarass*, GRC, Art. 21 Rn. 41.

226 Ebenso *Calliess/Ruffert/Rossi*, EUV/AEUV, Art. 21 GRC Rn. 11; *Pechstein/Nowak/Häde/Michl*, Frankfurter Kommentar, Art. 21 Rn. 3. S. zB *Calliess/Ruffert/Epiney*, EUV/AEUV, Art. 18 AEUV; *Schwarze/Holoubek*, EU, Art. 18 AEUV; *Grabitz/Hilf/Nettesheim/von Bogdandy*, EU, Art. 18 AEUV; *Plötscher*, Der Begriff der Diskriminierung, S. 97 ff.

Europäischen Gemeinschaften, Grünbuch: Gleichstellung sowie Bekämpfung von Diskriminierungen in einer erweiterten Europäischen Union, KOM(2004)379 endgültig; dies., Bericht über Gleichstellung, Vielfalt und Erweiterung, 2004; *Köhlert, Sophie*, Die neue Rechtsprechung des BAG zur Anforderung „sehr guter" Deutschkenntnisse in Stellenanzeigen, NZA 2018, 1172; *Krüger, Matthias*, Intersexualität im Recht, StAZ 2006, 260; *Lembke, Ulrike*, Europäisches Antidiskriminierungsrecht, APuZ 66 (2016), 11; *Mager, Ute*, Altersdiskriminierung – eine Untersuchung zu Konzept und Funktionen eines ungewöhnlichen Diskriminierungsverbots, in: Joost, Detlev/Oetker, Hartmut/Paschke, Marion (Hrsg.), Festschrift für Franz Jürgen Säcker, 2011, S. 1075; *Mallmann, Hartwig*, Benachteiligungsverbote aufgrund der sexuellen Identität: Theorie und Praxis im öffentlichen Dienst, Der Personalrat 2009, 435; *McInerney, Siobhan*, The Charter of Fundamental Rights of the European Union and the Case of Race Discrimination, ELR 2002, 483; *Meyer, Michael*, Das Diskriminierungsverbot des Gemeinschaftsrechts als Grundsatznorm und Gleichheitsrecht, 2002; *Mohr, Jochen*, Schutz vor Diskriminierungen im Europäischen Arbeitsrecht, 2004; *Monen, Kathrin*, Das Verbot der Diskriminierung, 2008; *Niedobitek, Matthias*, Der „Ostrava-Fall" des Europäischen Gerichtshofs für Menschenrechte, europa ethnica 2009, 31; *ders.*, Minderheitenschutz im europäischen Mehrebenensystem, in: Kroll, Frank-Lothar/Niedobitek, Matthias (Hrsg.), Vertreibung und Minderheitenschutz in Europa, 2005, S. 241; *Pernice, Ingolf*, Religionsrechtliche Aspekte im Gemeinschaftsrecht, JZ 1977, 777; *Plötscher, Stefan*, Der Begriff der Diskriminierung im Europäischen Gemeinschaftsrecht, 2003; *Rengeling/Szczekalla*, Grundrechte in der Europäischen Union, S. 707; *Sachs, Michael*, § 182 Besondere Gleichheitsgarantien, HStR VIII, 3. Aufl. 2010; *ders.*, Diskriminierungsverbote im Spannungsfeld zu Freiheitsrechten, in: Klein, Eckart/Menke, Christoph (Hrsg.), Universalität – Schutzmechanismen – Diskriminierungsverbote, 2008, S. 325; *ders.*, Kommentierung der Art. II-80, II-81 EU-Grundrechte-Charta – ein Werkstattbericht, in: Stern, Klaus/Tettinger, Peter J. (Hrsg.), Die Europäische Grundrechte-Charta im wertenden Verfassungsvergleich, 2005, S. 287; *ders.*, Die Grenzen des Diskriminierungsverbots, 1987; *Schiek, Dagmar*, Grundsätzliche Bedeutung der gemeinschaftsrechtlichen Diskriminierungsverbote nach der Entscheidung Mangold, ArbuR 2006, 145; *Schwellnus, Guido*, Reasons for Constitutionalization: Non-Discrimination, Minority Rights and Social Rights in the Convention on the EU Charter of Fundamental Rights, Journal of European Public Policy 2006, 1265; *Sponholz, Katharina*, Die unionsrechtlichen Vorgaben zu den Rechtsfolgen von Diskriminierungen im Privatrechtsverkehr, 2017; *Stampe, Michèle*, Das Verbot der indirekten Diskriminierung wegen des Geschlechts, 2001; *von der Tann, Christiane*, Entwicklungen in der Rechtsstellung eingetragener Lebenspartnerschaften, FamFR 2012, 195; *Tettinger, Peter J.*, Die Charta der Grundrechte der Europäischen Union, NJW 2001, 1010; *Thüsing, Georg*, Religion und Kirche in einem neuen Anti-Diskriminierungsrecht, JZ 2004, 172; *ders.*, Richtlinienkonforme Auslegung und unmittelbare Geltung von EG-Richtlinien im Anti-Diskriminierungsrecht, NJW 2003, 3441; *Tobler, Christa*, Equality and Non-Discrimination under the ECHR and EU Law. A Comparison Focusing on Discrimination against LGBTI Persons, ZaöRV 2014, 521; *Walz, Sarah*, Gemeinschaftsgrundrechte und der Schutz von Minderheiten, 2006; *Weber, Albrecht*, Menschenrechte, 2004, S. 841; *Wernsmann, Rainer*, Bindung Privater an Diskriminierungsverbote durch Gemeinschaftsrecht, JZ 2005, 224; *Whittle, Richard*, Disability Discrimination and the Amsterdam Treaty, European Law Review 1998, 50; *Wiedemann, Herbert*, Die Gleichbehandlungsgebote im Arbeitsrecht, 2001.

Artikel 22 Vielfalt der Kulturen, Religionen und Sprachen

Die Union achtet die Vielfalt der Kulturen, Religionen und Sprachen.

I. Vorgaben

Vorgaben sind im Wesentlichen dem **internationalen Recht zu entnehmen.** Der Vertrag von 1
Lissabon bewertet die Vielfalt wesentlich höher als der Vertrag von Nizza. Möglicherweise ist das bereits ein Erfolg des Art. 22.

1. Internationales Recht

2 **a) Unionsrecht.** Bereits **Art. 2 S. 2 EUV** betont, dass die Werte, auf die sich die Union gründet, allen Mitgliedstaaten gemeinsam sind in einer Gesellschaft, die sich unter anderem durch Pluralismus und Toleranz auszeichnet. Noch deutlicher auf Art. 22 bezogen ist der neue Passus des **Art. 3 Abs. 3 UAbs. 4 EUV.**[1] Ihm zufolge wahrt die Union „den Reichtum ihrer kulturellen und sprachlichen Vielfalt und sorgt für den Schutz und die Entwicklung des kulturellen Erbes Europas." Eine schwächere Vorgabe bildet **Art. 4 Abs. 2 S. 1 EUV** (Art. 6 Abs. 3 EUV-Nizza). Demgemäß achtet die Union die Gleichheit der Mitgliedstaaten vor den Verträgen und ihre **nationale Identität,** soweit sie „in ihren grundlegenden politischen und verfassungsmäßigen Strukturen einschließlich der regionalen und lokalen Selbstverwaltung zum Ausdruck kommt." Art. 6 Abs. 3 EUV-Nizza war „vielfaltsfreundlicher", weil er die Achtung der nationalen Identität der Mitgliedstaaten ohne Relativierung zum Ausdruck gebracht hat. Art. 67 Abs. 1 AEUV macht anders als die Vorgängernormen (Art. 61 EGV-Nizza, Art. 29 EUV-Nizza) eine Aussage zur Vielfalt im Raum der Freiheit, der Sicherheit und des Rechts: Dort werden „die Grundrechte und die verschiedenen Rechtsordnungen und -traditionen der Mitgliedstaaten" geachtet. Speziell in Bezug auf **Kultur** enthält **Art. 167 Abs. 1, 4 AEUV** (Art. 151 Abs. 1, 4 EGV-Nizza) Vorgaben.[2] Art. 167 Abs. 1 AEUV (Art. 151 Abs. 1 EGV-Nizza) sieht vor, dass die Union einen Beitrag leistet „zur Entfaltung der Kulturen der Mitgliedstaaten unter Wahrung ihrer nationalen und regionalen Vielfalt sowie gleichzeitiger Hervorhebung des gemeinsamen kulturellen Erbes". Gemäß Art. 167 Abs. 4 AEUV (Art. 151 Abs. 4 EGV-Nizza) trägt die Union bei ihrer Tätigkeit „den kulturellen Aspekten Rechnung, insbesondere zur Wahrung und Förderung der Vielfalt ihrer Kulturen."[3] Die Vielfalt der Kulturen und Sprachen der Union nennt auch Art. 165 Abs. 1 S. 1, Abs. 2 AEUV (Art. 149 Abs. 1 S. 1 EGV-Nizza). Eine Vorgabe in Bezug auf **Religion** enthält **Art. 17 AEUV.** Er geht zurück auf die (bloße) Erklärung zum Status der Kirchen und weltanschaulichen Gemeinschaften, die die Regierungskonferenz 1997 angenommen hatte. In Art. 17 Abs. 1, 2 AEUV heißt es, dass die Union den Status achtet, den Kirchen und religiöse Vereinigungen oder Gemeinschaften sowie weltanschauliche Gemeinschaften in den Mitgliedstaaten nach deren Rechtsvorschriften genießen, und ihn nicht beeinträchtigt. Die Vielfalt der **Sprachen** in der Union berücksichtigen die Verträge in den Art. 24 Abs. 4 AEUV, Art. 55 EUV (Art. 21 Abs. 3, Art. 314 EGV-Nizza), wonach sich jeder Unionsbürger in jeder Vertragssprache an Einrichtungen der Union wenden und eine Antwort in derselben Sprache erhalten kann.

3 **b) Sonstiges internationales Recht.** Der von allen Mitgliedstaaten ratifizierte **internationale Pakt über bürgerliche und politische Rechte**[4] regelt die in Art. 22 angesprochene Materie wie folgt: „In Staaten mit ethnischen, religiösen oder sprachlichen Minderheiten darf Angehörigen solcher Minderheiten nicht das Recht vorenthalten werden, gemeinsam mit anderen Angehörigen ihrer Gruppe ihr eigenes kulturelles Leben zu pflegen, ihre eigene Religion zu bekennen und auszuüben oder sich ihrer eigenen Sprache zu bedienen".[5] Ähnlich hat sich die Generalversammlung der **Vereinten Nationen** in einer **Erklärung** geäußert:[6]

1 *Grabitz/Hilf/Nettesheim/Terhechte*, Art. 3 EUV Rn. 58.
2 Näher Zwischenbericht der Enquete-Kommission, BT-Drs. 15/5560, S. 7 f.; Schlussbericht, BT-Drs. 16/7000, S. 52 f., 58.
3 Ausführlich *Frenz*, Handbuch Europarecht 4, Rn. 3329 ff.
4 Vom 19.12.1966 (BGBl. 1973 II S. 1534).
5 Art. 27 des Pakts; näher *Frenz*, Handbuch Europarecht 4, Rn. 3337.
6 Art. 1 Nr. 1 der „Erklärung über die Rechte von Personen, die nationalen oder ethnischen, religiösen oder sprachlichen Minderheiten angehören", die Gegenstand der Resolution 47/135 vom 18.12.1992 ist, Vereinte Nationen 5/1993, S. 190 f.

„Die Staaten schützen die Existenz und die nationale oder ethnische, kulturelle, religiöse und sprachliche Identität der Minderheiten in ihrem Hoheitsgebiet und begünstigen die Schaffung von Bedingungen für die Förderung dieser Identität." Zahlreiche Vorgaben enthält auch der bislang einzige völkerrechtliche Vertrag, der ausschließlich dem Schutz nationaler Minderheiten dient:[7] das durch den Europarat aufgelegte **„Rahmenübereinkommen zum Schutz nationaler Minderheiten"**.[8] Alle Mitgliedstaaten bis auf Belgien, Frankreich, Griechenland und Luxemburg haben es ratifiziert. In Kraft getreten ist es 1998.[9] Eine zentrale Vorgabe lautet: „Die Vertragsparteien verpflichten sich, die Bedingungen zu fördern, die es Angehörigen nationaler Minderheiten ermöglichen, ihre Kultur zu pflegen und weiterzuentwickeln und die wesentlichen Bestandteile ihrer Identität, nämlich ihre Religion, ihre Sprache, ihre Traditionen und ihr kulturelles Erbe, zu bewahren".[10] Dies wird in den folgenden Artikeln der Charta sowohl für Kultur als auch für Religion und Sprache näher ausgeführt. Speziell für Sprachen ist noch die **„Europäische Charta der Regional- oder Minderheitensprachen"**[11] des Europarats einschlägig. Siebzehn Mitgliedstaaten (darunter Deutschland) haben sie ratifiziert; in Kraft getreten ist sie 1998.[12] Die Charta enthält eine umfangreiche Verpflichtung, die Regional- oder Minderheitensprachen als Ausdruck des kulturellen Reichtums anzuerkennen und ungerechtfertigte Bevorzugungen und Benachteiligungen dieser Sprachen zu beseitigen.

2. Verfassungen der Mitgliedstaaten

In zehn Verfassungen der **neuen Mitgliedstaaten** finden sich Ansätze, die die kulturelle, sprachliche oder religiöse **Vielfalt anerkennen**; Ausnahmen bilden die Verfassungen von Malta und Zypern. Beispielsweise gewährleistet die Republik Polen „den polnischen Staatsangehörigen, die nationalen und ethnischen Minderheiten angehören, die Freiheit der Erhaltung und der Entwicklung der eigenen Sprache, der Erhaltung von Bräuchen und Traditionen sowie die Entwicklung ihrer eigenen Kultur".[13] Rumänien „anerkennt und gewährleistet den Angehörigen der nationalen Minderheiten das Recht auf Bewahrung, Entfaltung und Bekundung ihrer ethnischen, kulturellen, sprachlichen und religiösen Identität."[14] Bulgarien garantiert jedem Staatsbürger das Recht, sich nationale und universelle Kulturgüter zur Entwicklung einer eigenen Kultur im Rahmen seiner ethnischen Identität nutzbar zu machen.[15] In Kroatien wird den Angehörigen aller nationalen Minderheiten „die Freiheit der Äußerung ihrer nationalen Zugehörigkeit, der freie Gebrauch ihrer Sprache und Schrift sowie kulturelle Autonomie garantiert".[16] 4

7 *Pechstein/Nowak/Häde/Thiele*, Frankfurter Kommentar, Art. 22 Rn. 4.
8 BGBl. 1997 II S. 1408.
9 Ausführlich *Heselhaus/Nowak/Heselhaus*, Hdb Eur. GR, § 46 Rn. 56.
10 Art. 5 Abs. 1 des Übereinkommens.
11 BGBl. 1988 II S. 1314. Siehe dazu den Vierten Bericht der Bundesrepublik Deutschland gemäß Art. 15 Abs. 1 der Europäischen Charta der Regional- oder Minderheitensprachen, 2010; Beschluss des Bundestages BT-Drs. 17/11638, BT-Plenarprotokoll 17/211, S. 25797 (C).
12 Ausführlich *Heselhaus/Nowak/Heselhaus*, Hdb Eur. GR, § 46 Rn. 57.
13 Art. 35 Abs. 1 VerfPolen.
14 Art. 6 Abs. 1 VerfRumänien; siehe auch Art. 29 Abs. 3–5 sowie Art. 32 Abs. 7 VerfRumänien. Vergleichbares findet sich in Art. 36 Abs. 2 VerfBulgarien; § 49 und § 50 VerfEstland; Art. 114 VerfLettland; Art. 37 VerfLitauen; Art. 34 VerfSlowakei; Art. 64 VerfSlowenien; Art. 3 VerfTschechische Republik iVm Art. 25 der Charta Grundrechte und -freiheiten; Art. XXIX Abs. 1 VerfUngarn.
15 Art. 54 Abs. 1 VerfBulgarien.
16 Art. 15 Abs. 4 VerfKroatien.

5 Die Anerkennung der Vielfalt der **Religionen** wird in der estnischen[17] und in der litauischen[18] Verfassung durch das Verbot einer Staatskirche zum Ausdruck gebracht. Bulgarien „fördert die Toleranz und Achtung zwischen den Gläubigen der verschiedenen Bekenntnisse und zwischen Gläubigen und Nichtgläubigen".[19] Die Gleichberechtigung von Religionen bzw. Religionsgemeinschaften stellen vier Verfassungen heraus.[20] Frankreich achtet jeden Glauben.[21]

6 Die Verfassungen der **alten Mitgliedstaaten** treffen **selten Aussagen**, die in die Richtung des **Art. 22** gehen, Vielfalt zu betonen. Wichtigste Ausnahme ist Österreich, das sich zu seiner gewachsenen sprachlichen und kulturellen Vielfalt bekennt, die in den autochthonen Volksgruppen zum Ausdruck kommt.[22]

7 Häufiger wird der Gedanke der **Vereinheitlichung** angesprochen. Sogar Staaten wie Deutschland und Belgien mit einer ausgeprägt föderalen Struktur stützen diese in ihren Verfassungen nicht oder zumindest nicht ausdrücklich mit Normen über die Achtung kultureller, sprachlicher oder religiöser Vielfalt. ZB spricht das Grundgesetz von der „Herstellung gleichwertiger Lebensverhältnisse" und der „Wahrung der Rechts- oder Wirtschaftseinheit".[23] Selbst die belgische Verfassung, die sprachlich verfasste „Gemeinschaften" mit eigenen Rechtsetzungsbefugnissen zu kulturellen Fragen kennt,[24] nimmt die sprachliche Vielfalt nur zur Kenntnis[25] und normiert ein Individualrecht, wonach der Gebrauch der in Belgien gesprochenen Sprache frei ist.[26]

8 Aber auch in den **Verfassungen** der **alten Mitgliedstaaten** finden sich **Aussagen zur Vielfalt**, die sich vor allem auf die **Sprache** beziehen.[27] Die Verfassung Frankreichs stellt seit 2008 fest: „Die Regionalsprachen gehören zum Erbe Frankreichs".[28] Ähnlich konzipiert wie Art. 22 ist die Verfassung Spaniens in Bezug auf den sprachlichen Pluralismus: „Der Reichtum der unterschiedlichen sprachlichen Gegebenheiten Spaniens ist ein Kulturgut, das besonders zu achten und zu schützen ist."[29] Diese Bestimmung muss im Zusammenhang mit der Verfassungsnorm gelesen werden, die Kastilisch als offizielle Staatssprache festlegt und für alle Spanier die Pflicht begründet, sie zu kennen.[30] Die finnische Verfassung garantiert den Samen, den Roma sowie anderen Bevölkerungsgruppen das Recht, „ihre eigene Sprache und Kultur zu bewahren und entwickeln".[31] Zugunsten der schwedisch sprechenden Minderheit sind Finnisch und Schwedisch gleichberechtigte Nationalsprachen.[32] Außerdem wird das Gemeinwesen den „kulturellen und gesellschaftlichen Bedürfnissen" beider Sprachgemeinschaften „nach den gleichen Maßstäben Sorge tragen".[33] In der schwedi-

17 § 40 Abs. 2 VerfEstland.
18 Art. 43 Abs. 7 VerfLitauen.
19 Art. 37 Abs. 1 S. 2 VerfBulgarien.
20 Art. 41 Abs. 1 VerfKroatien; Art. 25 Abs. 1 VerfPolen; Art. 29 Abs. 3 VerfRumänien; Art. 18 Nr. 3 VerfZypern.
21 Art. 1 S. 3 VerfFrankreich.
22 Art. 8 Abs. 2 S. 1 VerfÖsterreich.
23 Art. 72 Abs. 2 GG.
24 Art. 127 ff. VerfBelgien.
25 Art. 2, Art. 4 VerfBelgien.
26 Art. 30 VerfBelgien.
27 Näher *Biaggini*, DVBl. 2005, 1090, 1091.
28 Art. 75-1 VerfFrankreich.
29 Art. 3 Abs. 3 VerfSpanien.
30 Art. 3 Abs. 1 VerfSpanien; näher *González-Varas*, NVwZ 2002, 947 f.
31 § 17 Abs. 3 VerfFinnland.
32 § 17 Abs. 1 VerfFinnland.
33 § 17 Abs. 2 VerfFinnland.

schen Verfassung ist bestimmt: „Die Möglichkeiten des Volkes der Sami und ethnischer, sprachlicher oder religiöser Minderheiten, ein eigenes Kultur- und Gemeinschaftsleben zu bewahren und zu entwickeln, sind zu fördern".[34] Verfassungsrechtliche Garantien zugunsten sprachlicher Minderheiten bestehen auch in Italien[35] und in Österreich.[36]

Auf der Ebene der **Bundesrepublik Deutschland** gibt es Initiativen, **Kultur**[37] bzw. Sport als Staatsziele im Grundgesetz zu verankern,[38] nicht aber eine Klausel zur Vielfalt. Anders sieht es auf der Ebene der **Landesverfassungen** aus. Damit ist die größere und höhere Ebene des Staates der **Vielfalt** gegenüber weniger aufgeschlossen als die kleinere und niedrigere. Beispielsweise stehen gemäß den Verfassungen der Länder Sachsen-Anhalt und Schleswig-Holstein[39] die kulturelle Eigenständigkeit und die politische Mitwirkung ethnischer bzw. nationaler Minderheiten und Volksgruppen unter dem Schutz des Landes. Der Freistaat Sachsen gewährleistet und schützt in seiner Verfassung[40] „das Recht nationaler und ethnischer Minderheiten deutscher Staatsangehörigkeit auf Bewahrung ihrer Identität sowie auf Pflege ihrer Sprache, Religion, Kultur und Überlieferung". Die Verfassung des Landes Brandenburg gewährleistet spezielle Rechte des sorbischen Volkes in einem ausführlichen Artikel.[41] 9

II. Diskussion im Grundrechtekonvent

Der **Artikel** ist erst **spät** in die Präsidiumsentwürfe der Charta **integriert** worden. Das Präsidium legte einen ersten Formulierungsvorschlag vor, der bereits mit der Endfassung identisch war.[42] Der Einfügung des Artikels gingen allerdings zahlreiche Redebeiträge in den Konventsitzungen voraus. In der Sitzung vom 1./2.2.2000 führte der Konvent eine Grundsatzdebatte zu den in die Charta aufzunehmenden Grundrechten und den horizontalen Fragen. Kritisiert wurde, dass die Rechte der Minderheiten in der Grundrechteliste des Präsidiums[43] nicht ausreichend berücksichtigt worden seien.[44] 10

Die Konventsmitglieder äußerten sich in der Sitzung vom 11./12.5.2000 zu der Frage, ob über die bisherigen Vorschläge des Präsidiums hinaus zusätzliche Grundrechte in die Charta aufgenommen werden sollten.[45] Insbesondere deutsche und österreichische Mitglieder nannten den **Minderheitenschutz**.[46] *Rack* (A) forderte ein formelles Gruppenrecht der Minderheiten; das allgemeine Diskriminierungsverbot reiche nicht aus.[47] *Duff* (GB) wies auf eine entsprechende Initiative des Europarates[48] von 1995 zum Schutz von nationalen Minderheiten hin. Kritisch hingegen äußerte sich *Leinen* (D) zu den Gruppenrechten. De- 11

---

34 Kap. 1 Art. 2 Abs. 6 VerfSchweden.
35 Art. 6 VerfItalien.
36 Art. 8 Abs. 2 S. 2 VerfÖsterreich.
37 Zwischenbericht der Enquete-Kommission, BT-Drs. 15/5560, S. 5 ff. = Schlussbericht, BT-Drs. 16/7000, S. 72 ff.
38 Gesetzentwurf der Fraktion der SPD, BT-Drs. 17/10644; Antrag der Fraktion DIE LINKE., BT-Drs. 17/10785 (neu); beide sind erledigt durch Ablauf der Wahlperiode.
39 Art. 37 Abs. 1 VerfSachsen-Anhalt; Art. 5 Abs. 2 S. 1 VerfSchleswig-Holstein.
40 Art. 5 Abs. 2 VerfSachsen.
41 Art. 25 VerfBrandenburg.
42 CHARTE 4470/00 CONVENT 47 vom 14.9.2000.
43 CHARTE 4112/00 REV 2 BODY 4 vom 27.1.2000.
44 *Bernsdorff/Borowsky*, Protokolle, S. 129 f.
45 CHARTE 4112/00 REV 2 BODY 4 vom 27.1.2000.
46 *Bernsdorff/Borowsky*, Protokolle, S. 243.
47 Unterstützung fand dieser Vorschlag bei *Duff* (GB), *Altmaier* (D) und *Brax* (FN).
48 Siehe oben Rn. 3.

ren Berücksichtigung überfordere den Zeitplan. Außerdem gehöre der Minderheitenschutz in das EU-Vertragswerk und nicht in die Charta.

12 Das Präsidium hatte den Antrag zur Aufnahme eines Minderheitenschutzrechtes in den folgenden Dokumenten nicht berücksichtigt. Deshalb plädierten deutsche und österreichische Konventsmitglieder erneut für die Aufnahme eines solchen Rechtes in die Charta.[49] Gefordert wurde ein umfassendes Schutzrecht für Minderheiten. Minderheiten sollte das Recht zugestanden werden, in Gemeinschaft ihre Kultur zu pflegen und ihre inneren Angelegenheiten autonom zu regeln. Einige Mitglieder setzten sich in derselben Sitzung in der Beratung des mit „Gleichheit und Nichtdiskriminierung" überschriebenen Art. 22[50] dafür ein, darin die Nichtdiskriminierung von Minderheiten zu verankern, falls kein eigenes Minderheitenschutzrecht in die Charta aufgenommen werde.[51] Die Diskriminierungsmerkmale **„Zugehörigkeit zu einer ethnischen, religiösen und sprachlichen Minderheit"** sollten dann der Aufzählung hinzugefügt werden.[52] Die Forderung wurde vom Präsidium erneut übergangen.

13 Daraufhin wurde der Artikel zum Minderheitenschutz abermals in der Sitzung vom 11./12.9.2000 thematisiert. In diesem Termin fanden getrennte Koordinierungssitzungen der drei großen Gruppen im Konvent (Vertreter der einzelstaatlichen Parlamente, persönlich Beauftragte der Staats- und Regierungschefs, Delegation des Europäischen Parlaments) statt. In der Sitzung der nationalen Parlamentarier ist der Minderheitenschutz im Zusammenhang mit dem Gleichheitskapitel diskutiert worden.[53]

14 Im Ergebnis wurde die Ursprungsformulierung des Artikels[54] wortgleich übernommen[55] und in dieser Fassung auch vom Konvent gebilligt.

III. Kommentierung

1. Grundsätzliche Bedeutung

15 Art. 22 setzt wie die zahlreichen Vorgabenormen (→ Rn. 1 ff.) einen wichtigen **Kontrapunkt zur Unionsidentität** und den damit verbundenen Tendenzen zur Vereinheitlichung.[56] Die Präambeln der Charta (→ Präambel Rn. 26), des EUV und des AEUV zielen auf den immer engeren Zusammenschluss der europäischen Völker in einer immer engeren Union der Völker Europas. Die Vielfalt der Kulturen, Religionen und Sprachen bildet demgegenüber einen eigenen wichtigen Wert der Union[57] und nicht nur einen Aspekt des Minderheitenschutzes.[58] Kultur, Religion und Sprache sind wichtiger Ausdruck der nationalen Identi-

---

49 In der Sitzung vom 28./29./30.6.2000 während der Diskussion zu Art. 21 a (CHARTE 4333/00 CONVENT 36 vom 4.6.2000); *Bernsdorff/Borowsky*, Protokolle, S. 307.

50 CHARTE 4284/00 CONVENT 28 vom 5.5.2000 und CHARTE 4333/00 CONVENT 36 vom 4.6.2000.

51 *Bernsdorff/Borowsky*, Protokolle, S. 308 f.

52 Vgl. Änderungsvorschlag Nr. 439 in CHARTE 4332/00 CONVENT 35 vom 25.5.2000.

53 *Bernsdorff/Borowsky*, Protokolle, S. 368.

54 CHARTE 4470/00 CONVENT 47 vom 14.9.2000.

55 CHARTE 4487/00 CONVENT 50 vom 28.9.2000 (endgültiger Entwurf eines vollständigen Textes der Charta).

56 *Ebenso Grabenwarter/Schmahl*, Grundrechteschutz, § 15 Rn. 138; *Streinz/Streinz*, EUV/AEUV, Art. 22 GRC Rn. 4; *Stern/Sachs/Ennuschat*, GRC, Art. 22 Rn. 4; *Schwarze/Ross*, EU, Art. 22 GRC Rn. 2; *Mock/Demuro/Celotto*, Human Rights, Art. 21–22, S. 139.

57 *Jarass*, GRC, Art. 22 Rn. 2.

58 So auch *Mock/Demuro/Celotto*, Human Rights, Art. 21–22, S. 139; für eine Einordnung als Minderheitenschutz hingegen *Burgorgue-Larsen/Levade/Picod/Benoît-Rohmer*, Traité, Art. II-82 Rn. 1.

tät jedes Mitgliedstaats.[59] Art. 22 schützt die Vielfalt vor Einmischungen durch die Union.[60] Es überrascht, dass der Schutz von Minderheiten keine nähere Ausprägung in der Charta gefunden hat.[61] Denn erstens ist dies in der Diskussion im Konvent beharrlich eingefordert worden (→ Rn. 10 ff.), und zweitens gibt es sehr zahlreiche Vorgaben dafür im internationalen Recht (→ Rn. 1 ff.).[62]

2. Verhältnis zu anderen Vorschriften

Der Artikel korrespondiert in der Charta (→ Rn. 2)[63] mit Absatz III der **Präambel** (Achtung der Vielfalt der Kulturen → Präambel Rn. 39), der in Art. 13 S. 1 gewährleisteten **Kunstfreiheit** (→ Art. 13 Rn. 12 ff.), der in Art. 10 Abs. 1 gewährleisteten **Religionsfreiheit** (→ Art. 10 Rn. 12 ff.), dem **Recht** der **Eltern**, die **Erziehung** und den **Unterricht** ihrer **Kinder** entsprechend ihren **religiösen** und **weltanschaulichen Überzeugungen** sicherzustellen (Art. 14 Abs. 3 → Art. 14 Rn. 18 ff.), der Garantie der **Sprachenfreiheit** in Art. 41 Abs. 4 (→ Art. 41 Rn. 22 ff.) sowie den **Diskriminierungsverboten** wegen der **Religion** und der **Sprache** in Art. 21 (→ Art. 21 Rn. 46 f.). Die „Freiheit zur Verschiedenheit" ist grundrechtlich abgesichert.[64] Zu widersprechen ist der Kritik, der Artikel hätte besser in die Präambel integriert und damit keine Eigenständigkeit erlangen sollen.[65] Denn eine Vorgabenorm des Artikels ist Art. 4 Abs. 2 S. 1 EUV (Art. 6 Abs. 3 EUV-Nizza), dem sehr große Bedeutung für die Union beizumessen ist[66] und der deshalb ein gewichtiges Argument für die gewählte Art der eigenständigen Normierung bildet. Dafür spricht auch, dass die Union gemäß einer Neuregelung an prominenter Stelle (Art. 3 Abs. 3 UAbs. 4 EUV) den Reichtum ihrer kulturellen und sprachlichen Vielfalt wahrt. 16

3. Rechtsnatur und Auslegung

Zu qualifizieren ist Art. 22 als objektiv-rechtlicher **Grundsatz** im Sinn von Art. 52 Abs. 5.[67] 17
Er enthält kein subjektives Recht[68] (weder ein Individual- noch ein Gruppengrundrecht)[69] sondern beschränkt die Organe und Einrichtungen der Union in ihrer Kompetenzausübung und ist ein Kriterium für ihr Handeln.[70] Subjektive Rechte für Angehörige nationaler Min-

59 *Pechstein/Nowak/Häde/Thiele*, Frankfurter Kommentar, Art. 22 Rn. 6.
60 *Calliess/Ruffert/Kingreen*, EUV/AEUV, Art. 22 GRC Rn. 1.
61 Als „verstecktes Zugeständnis" an die Forderung des Schutzes von Minderheiten versteht die Norm *Peers/Hervey/Kenner/Ward/Craufurd Smith*, EU Charter, Art. 22 Rn. 22.21.
62 Viel zu detailliert ist der „Vorschlag einer Minderheitenschutzbestimmung in der Charta der Grundrechte der Europäischen Union" von *Blumenwitz*, 2001.
63 *Tettinger/Stern/Ennuschat*, GRC, Art. 22 Rn. 5.
64 *Calliess/Ruffert/Kingreen*, EUV/AEUV, Art. 22 GRC Rn. 1.
65 So *Philippi*, Charta der Grundrechte, S. 24.
66 Ausführlich *Bleckmann*, JZ 1997, 265.
67 *Merten/Papier/Kugelmann*, Grundrechte, § 160 Rn. 81; *Frenz*, Handbuch Europarecht 4, Rn. 3341; *Jarass*, GRC, Art. 22 Rn. 3; *Calliess/Ruffert/Kingreen*, EUV/AEUV, Art. 22 GRC Rn. 2; *Holoubek/Lienbacher/Kröll*, GRC, Art. 22 Rn. 9; *Schwarze/Ross*, EU, Art. 22 GRC Rn. 1, 3; *Streinz/Streinz*, EUV/AEUV, Art. 22 GRC Rn. 5.
68 So aber *Vedder/Heintschel von Heinegg/Folz*, Europäisches Unionsrecht, Art. 22 GRC Rn. 3.
69 *Stern/Sachs/Ennuschat*, GRC, Art. 22 Rn. 7.
70 *Walz*, Gemeinschaftsgrundrechte, S. 264 f.; *Merten/Papier/Kugelmann*, Grundrechte, § 160 Rn. 81; *Streinz/Streinz*, EUV/AEUV, Art. 22 GRC Rn. 5; *Mock/Demuro/Celotto*, Human Rights, Art. 21–22, S. 139; abwägend *Peers/Hervey/Kenner/Ward/Craufurd Smith*, EU Charter, Art. 22 Rn. 22.20, 22.39 f., 22.53.

derheiten können ihm jedenfalls nicht entnommen werden.[71] Er lautet eben nicht: „Jeder Mensch hat ein Recht darauf, dass seine Kultur, Religion und Sprache geachtet wird.“

18 Art. 52 Abs. 4 ist mangels gemeinsamer Verfassungsüberlieferung (→ Rn. 4 ff.) nicht einschlägig.

4. Normadressat

19 Die **Union** ist gemäß dem Wortlaut des Art. 22 **alleiniger Normadressat.**[72] Abweichend von Art. 51 Abs. 1 werden die Mitgliedstaaten nicht verpflichtet.[73]

5. Vielfalt

20 **Vielfalt** bezieht sich sowohl auf die Vielfalt von Individuen als auch auf die Vielfalt von Gruppen (die sich ja aus Individuen zusammensetzen).[74] Der Artikel besagt ausdrücklich, dass die Union die Vielfalt der Kulturen, Religionen und Sprachen achtet, also zB das Zusammenspiel von „Mehrheits-“ und „Minderheitskultur“. Demnach hat er ein formales Ziel: Es muss mehrere und unterschiedliche, nicht aber bestimmte Kulturen etc geben. Ihre inhaltliche Ausrichtung, ihre Bedeutung und ihr Gewicht spielen grundsätzlich keine Rolle.[75] Der Artikel enthält also **keine Minderheitenschutzklausel**[76] (wobei sich aus einer solchen dogmatischen Etikettierung keine konkreten Folgen ableiten lassen).

6. Kultur, Religion und Sprache

21 **a) Weites Verständnis.** Diese unbestimmten Begriffe sind **weit zu verstehen.**[77] Sie erfassen das gesamte Spektrum möglicher Begriffsinhalte. Zum einen ist diese Weite in ihnen selbst angelegt, weil sie sich einer exakten Definition entziehen. Zum anderen folgt sie daraus, dass der Artikel die Existenz zahlreicher Kulturen, Religionen und Sprachen zur Grundlage hat und ausdrücklich deren Vielfalt betont. Vorzugswürdig wäre es gewesen, „Religion“ am Schluss der Aufzählung zu nennen, weil „Kultur“ und „Sprache“ eng verbunden sind. So behandeln die Verfassungen der Mitgliedstaaten meist „Kultur“ und „Sprache“ zusammen und widmen der Religion eigene Normen.

22 **b) Kultur.** Über die rechtliche Funktion des Kulturbegriffs herrscht keine Einigkeit.[78] Kultur entsteht, wenn Freiräume ausgeschöpft werden, die die Grundrechte gewähren. Ein **offener** und **pluralistischer Kulturbegriff** korreliert mit der Freiheitlichkeit der EU.[79] *Peter Häberle* hat das Prinzip des kulturellen Pluralismus 1979 im Hinblick auf den Bundesstaat

71 *Grabenwarter*, DVBl. 2001, 6; *Philippi*, Charta der Grundrechte, S. 24; *Kaiser*, Minderheitenschutz, S. 114; *Frenz*, Handbuch Europarecht 4, Rn. 3341.

72 Allgemein zum Adressatenkreis *Schwerdtfeger*, Art. 51 Rn. 25.

73 *Tettinger/Stern/Ennuschat*, GRC, Art. 22 Rn. 8; *Stern/Sachs/Ennuschat*, GRC, Art. 22 Rn. 8; *Wolffgang*, EU-Verträge, Art. 22 GRC Rn. 2; aA *Jarass*, GRC, Art. 22 Rn. 4; *GSH/Lemke*, EU, Art. 22 GRC Rn. 3; *Holoubek/Lienbacher/Kröll*, GRC, Art. 22 Rn. 15.

74 Näher *Thiele*, DVBl. 2018, 1112, 1114.

75 Zustimmend *Schwarze/Ross*, EU, Art. 22 GRC Rn. 2.

76 *Pechstein/Nowak/Häde/Thiele*, Frankfurter Kommentar, Art. 22 Rn. 4; *Nettesheim*, integration 2002, 39; *Philippi*, Charta der Grundrechte, S. 24; *Merten/Papier/Kugelmann*, Grundrechte, § 160 Rn. 81; *Tettinger/Stern/Ennuschat*, GRC, Art. 22 Rn. 7; *Schwarze/Ross*, EU, Art. 22 GRC Rn. 2; aA *Mahlmann*, ZEuS 2000, 430.

77 *Schwarze/Ross*, EU, Art. 22 GRC Rn. 4; ähnlich *Tettinger/Stern/Ennuschat*, GRC, Art. 22 Rn. 13, der auch „Traditionen“ einbeziehen will (oben Rn. 16).

78 *Heun ua/Michael*, Staatslexikon, Stichwort „Kultur“.

79 *Nettesheim*, JZ 2002, 163.

entwickelt[80] – nun ist es auf der europäischen Ebene verankert. Eine Absage ist Versuchen zu erteilen, den Kulturbegriff zu verengen.[81] Allerdings dürfte Sport höchstens am Rand zur Kultur zählen.[82] Jedenfalls trennt der AEUV zwischen Titel XII. Allgemeine und berufliche Bildung, Jugend und Sport sowie Titel XIII. Kultur.

Es ist auf jeden Fall untersagt, kulturelle Vielfalt durch kulturelle Einfalt zu ersetzen.[83] Darüber hinaus muss vorhandene Vielfalt mindestens bewahrt werden: Das „Kulturelle als Kernbereich nationaler Identität bleibt der Vergemeinschaftung entzogen“.[84] Es gilt die „Leitmaxime der Kulturfreundlichkeit des Unionshandelns“.[85] Dazu fügt sich, dass die deutschen Kultusminister über den Artikel „hocherfreut“ gewesen sind.[86] Sie dürften ihn als Garantie für die Unterschiedlichkeit verstehen, die von den deutschen Bundesländern repräsentiert wird. Durchaus zu Recht, denn übergreifend ist Föderalismus als Garantie kultureller Vielfalt zu begreifen.[87] Vor allem die zahlreichen Kulturförderprogramme der EU dürfen nicht dazu beitragen, dass eine europäische Einheits- oder Zentralkultur entsteht.[88] Werden zB zentrale Großveranstaltungen einseitig gefördert, die in nur wenigen Sprachen „großer“ Mitgliedstaaten abgehalten werden, so beeinträchtigt dies die vielfältige Kultur- und Sprachenlandschaft. Kulturelle Vielfalt achten heißt, Entfaltungsmöglichkeiten für viele Kulturschaffende zu erhalten. Kultur schafft der Bürger „von unten“, Kultur stirbt, wenn sie von einer zentralen Bürokratie „von oben“ produziert wird. 23

c) **Religion.** Der Begriff ist hier so zu verstehen wie in Art. 10 Abs. 1 S. 2 und Art. 21 Abs. 1. „Religion“ ist nicht exakt definierbar (→ Art. 10 Rn. 12 ff.). Sie bezeichnet „die den Menschen verpflichtende Inanspruchnahme durch die ihn bedingende Macht über- und außermenschlichen Seins“.[89] Das Bekenntnis zur Religionsvielfalt bedeutet, dass auf **staatskirchenrechtliche Besonderheiten** in den Verfassungsordnungen der Mitgliedstaaten Rücksicht zu nehmen ist. Das ergibt sich aus der Korrespondenz des Artikels mit der erwähnten (→ Rn. 2) Vorgabe des Art. 17 Abs. 1, 2 AEUV.[90] Es gilt der „Grundsatz der Religionsfreundlichkeit des Unionshandelns“.[91] 24

Über den Wortlaut des Artikels hinaus sind außer den Religionen auch die **Weltanschauungen** Gegenstand des Achtungsgebots.[92] Das folgt zum einen aus der engen Verwandtschaft der Begriffe. „Weltanschauung“ ist der Oberbegriff,[93] denn alle Religionen sind in Weltanschauungen eingebettet. Weltanschauung in diesem Sinn ist jede Lehre, welche das Weltganze universell zu begreifen und die Stellung des Menschen in der Welt zu erkennen und zu bewerten sucht.[94] Zum anderen sind die Weltanschauungen zusammen mit den Religio- 25

80 *Häberle*, Kulturpolitik in der Stadt, S. 34 f.
81 Ausführlich *Hochbaum*, BayVBl. 1997, 645 ff.
82 AA *Tettinger/Stern/Ennuschat*, GRC, Art. 22 Rn. 17.
83 *Nettesheim*, JZ 2002, 165.
84 *Hochbaum*, BayVBl. 1997, 685.
85 *Tettinger/Stern/Ennuschat*, GRC, Art. 22 Rn. 18.
86 So der Konventsvertreter des Bundesrats, *Gnauck*, BT-Plenarprotokoll 14/124, S. 11918 (B). Zu den Bedenken der Bundesländer in Bezug auf „kulturelle Grundrechte“ *Knöll*, NJW 2000, 1847.
87 *Nettesheim*, JZ 2002, 163.
88 In diesem Sinn *Nettesheim*, JZ 2002, 165.
89 Staatslexikon/*Bürkle*, Stichwort: „Religionen“.
90 *Grabenwarter*, DVBl. 2001, 6.
91 *Tettinger/Stern/Ennuschat*, GRC, Art. 22 Rn. 21.
92 *Hölscheidt/Mund*, EuR 2003, 1083, 1093; *Jarass*, GRC, Art. 22 Rn. 6; aA *Frenz*, Handbuch Europarecht 4, Rn. 3347; *Schwarze/Ross*, EU, Art. 22 GRC Rn. 5; siehe auch *Tettinger/Stern/Sachs*, GRC, Art. 22 Rn. 20.
93 *Grabitz/Hilf/Nettesheim/Grabenwarter*, EU, Art. 19 AEUV Rn. 34.
94 *Heun ua/Heinig*, Staatslexikon, Stichwort „Weltanschauungsgemeinschaften“.

nen in Art. 17 Abs. 1, 2 AEUV ebenso angesprochen wie in Art. 10 Abs. 1 S. 2 und Art. 21 Abs. 1. Es wäre also nicht systemgerecht, sie in diesem Artikel bewusst auszugrenzen.

26 d) **Sprache.** Sie ist das Mittel, mit dem Menschen die Welt erfassen, sich bewusst machen und ihren eigenen Standort bestimmen. Der Begriff erfasst nicht nur die Amtssprachen gemäß Art. 55 Abs. 1 EUV.[95] Regionale und lokale Sprachen, Dialekte und autochthone Sprachen sind einzubeziehen.[96] Mit ihrer Hilfe wird Einfluss genommen auf andere Menschen und damit auf die demokratische Willensbildung.[97] Sich in der eigenen Sprache artikulieren zu können, ist essenzielle Voraussetzung für die Wahrnehmung zahlreicher Grundrechte, vor allem des Rechts der freien Meinungsäußerung und der Informationsfreiheit (Art. 11 Abs. 1). Das EP hat in einer mehr wort- als inhaltsreichen Entschließung festgestellt, dass die sprachliche Vielfalt ein Bürgerrecht sei, das in Art. 21 und Art. 22 anerkannt werde.[98] Das Bundesarbeitsgericht bezieht sich in einer neueren Entscheidung auf „Sprache" als Diskriminierungsmerkmal.[99]

27 Es wäre vorzugswürdig gewesen, die Sprachenvielfalt in der vielsprachigen Union besser und gesondert abzusichern, als das in diesem Artikel, Art. 21 Abs. 1 und Art. 41 Abs. 4 geschehen ist.[100] Dies gilt besonders nach der Erweiterung, immerhin widmen die meisten Verfassungen der neuen Mitgliedstaaten der Sprache besondere Aufmerksamkeit.[101] Zumindest als Ausgangspunkt hätte Art. 20 Abs. 2 Buchst. d) AEUV dienen können: „Die Unionsbürgerinnen und Unionsbürger haben […] das Recht, sich in einer der Sprachen der Verträge an die Organe und die beratenden Einrichtungen der Union zu wenden und eine Antwort in derselben Sprache zu erhalten."

7. Achtungsgebot

28 Dass die so skizzierte Vielfalt zu **achten**[102] ist, bedeutet auch hier im Grundsatz die Rechtspflicht der Union, ihre unverhältnismäßige Beeinträchtigung zu unterlassen.[103] Wenn sie handelt, muss sie die Mittel wählen, die die Vielfalt am wenigsten beeinträchtigt.[104] Eine darüber hinausgehende Schutzpflicht gibt es nicht.[105] Es gilt der Grundsatz: **Im Zweifel für die Vielfalt.** Die Normadressaten haben einen weiten Spielraum.[106]

29 Wenn Beurteilungsspielraum besteht, Ermessensentscheidungen zu treffen sind oder eine Verhältnismäßigkeitsprüfung durchzuführen ist, muss die Achtung der Vielfalt berücksichtigt werden. Die Ausübung einer Kompetenz zur Rechtsangleichung (Art. 114 AEUV) muss beispielsweise so erfolgen, dass dem Gebot der Vielfalt in größtmöglicher Weise Rechnung

95 *Holoubek/Lienbacher/Kröll*, GRC, Art. 22 Rn. 25.
96 *Tettinger/Stern/Ennuschat*, GRC, Art. 22 Rn. 22; *Schwarze/Ross*, EU, Art. 22 GRC Rn. 6.
97 HStR II/*Kirchhof*, § 20 Rn. 1 ff., 14. Zum „Gebrauch der deutschen Sprache in den Institutionen der Europäischen Union": Antwort der Bundesregierung auf die Kleine Anfrage der Fraktion der FDP, BT-Drs. 16/2910.
98 Entschließung des EP vom 24.3.2009 zur Mehrsprachigkeit, P6_TA (2009) 0162.
99 BAG, NZA-RR 2018, 287, 292.
100 *Tettinger*, NJW 2001, 1012.
101 Art. 3, Art. 36 VerfBulgarien; § 51 VerfEstland; Art. 12, Art. 15 Abs. 4 VerfKroatien; Art. 114 VerfLettland; Art. 37 VerfLitauen; Art. 35 Abs. 1 VerfPolen; Art. 13, Art. 32 Abs. 2, 3 VerfRumänien; Art. 34 VerfSlowakei; Art. 61 VerfSlowenien; Art. 3 VerfTschechische Republik iVm Art. 25 Charta der Grundrechte und -freiheiten; Art. XXIX Abs. 1 VerfUngarn. Siehe auch oben Rn. 4.
102 *Hölscheidt*, Vorbemerkungen Rn. 22.
103 Ähnlich *Schwarze/Ross*, EU, Art. 22 GRC Rn. 3; *Holoubek/Lienbacher/Kröll*, GRC, Art. 22 Rn. 17.
104 *Stern/Sachs/Ennuschat*, GRC, Art. 22 Rn. 10.
105 *Holoubek/Lienbacher/Kröll*, GRC, Art. 22 Rn. 18.
106 *Jarass*, GRC, Art. 22 Rn. 9.

getragen wird. Art. 22 kann zB eine Rolle spielen, wenn im Kartellrecht Vereinbarungen und Verhaltensweisen zu prüfen sind (Art. 101 f. AEUV) oder wenn beurteilt werden muss, ob Beihilfen gerechtfertigt sind (Art. 107 AEUV).[107] Die Vielfalt der Kulturen, Religionen und Sprachen gemäß Art. 22 kann zudem als legitimes Ziel bzw. berechtigtes Interesse der Mitgliedstaaten herangezogen werden, um zu rechtfertigen, dass Grundfreiheiten beschränkt werden. So hat der EuGH anerkannt, dass eine nationale Politik zum Schutz und zur Förderung der Landessprache Beschränkungen der Freizügigkeit rechtfertigen kann, wenn sie verhältnismäßig sind.[108] Unverhältnismäßig ist dem EuGH zufolge eine nationale Regelung, die Arbeitgebern bei Abschluss von Arbeitsverträgen mit grenzüberschreitendem Charakter unter Androhung der vom Gericht von Amts wegen festzustellenden Nichtigkeit vorschreibt, ausschließlich die jeweilige Amtssprache zu verwenden.[109] In der Rechtsprechung des EuGH hat in diesem Kontext zudem die Medienvielfalt als rechtfertigender Belang eine Rolle gespielt.[110]

Es ist zulässig, dass die Union die Vielfalt gemäß Art. 52 Abs. 5 fördert. Ein darüber hinaus 30
gehender Auftrag, Vielfalt zu schützen oder sicherzustellen, ist dem Wortlaut der Vorschrift nicht zu entnehmen.[111] Sowohl die Vorgabenormen (→ Rn. 2 ff.)[112] als auch die Diskussion im Konvent (→ Rn. 10 ff.) deuten allerdings in diese Richtung.

Das Achtungsgebot des Artikels ist im Gegensatz zu den Vorgabenormen (→ Rn. 2 f.) nicht 31
auf die Vielfalt in der Union bzw. in Europa beschränkt.[113] Infolgedessen hat es einen größeren Geltungsbereich, denn es erfasst die ganze Welt.[114] Dies ist bedeutsam, weil die Union vor allem in Bezug auf Kultur und Sprache zB in Gestalt von Fördermaßnahmen zumindest mit Ausstrahlungswirkung auf Drittstaaten tätig wird.

8. Rechtsfolgen eines Verstoßes

Gesetzgebungsakte, Verwaltungsmaßnahmen und sonstige hoheitliche Akte der Union 32
(Art. 51 Abs. 1), die gegen Art. 22 verstoßen, sind primärrechtswidrig.[115]

IV. Literaturübersicht

Ahmed, Tawhida, The Treaty of Lisbon and beyond: the evolution of minority protection, ELR 2013, 30; *Biaggini, Giovanni*, Sprache als Kultur- und Rechtsgut, DVBl. 2005, 1090; *Bleckmann, Albert*, Die Wahrung der „nationalen Identität" im Unions-Vertrag, JZ 1997, 265; *Blumenwitz, Dieter*, Vorschlag einer Minderheitenschutzbestimmung in der Charta der Grundrechte der Europäischen Union, 2001; *Bogdandy, Armin von*, Europäische und nationale Identität: Integration durch Verfassungsrecht,

107 *Calliess/Ruffert/Kingreen*, EUV/AEUV, Art. 22 GRC Rn. 3.
108 EuGH – Runevič-Vardyn und Wardyn, Urt. v. 12.5.2011, Rs. C-391/09, ECLI:EU:C:2011:291, Rn. 85 ff., EuGH – Las,, Urt. v. 16.4.2013, Rs. C-202/11, ECLI:EU:C:2013:239, Rn. 25 ff.; vgl. auch EuGH – Groener, Urt. v. 28.11.1989, Rs. C-379/87, ECLI:EU:C:1989:599, Rn. 19; *Holoubek/Lienbacher/Kröll*, GRC, Art. 22 Rn. 26.
109 EuGH – Las, Urt. v. 16.4.2013, Rs. C-202/11, ECLI:EU:C:2013:239, Rn. 33.
110 EuGH – Collectieve Antennevoorziening Gouda, C-288/89 – Slg 1991, I-4007 Rn. 23; EuGH – Familiapress, C-368/95 – Slg 1997, 3689 Rn. 25 f. Siehe im Übrigen zur Rechtsprechung des EuGH *Pechstein/Nowak/Häde/Thiele*, Frankfurter Kommentar, Art. 22 Rn. 3.
111 *Jarass*, GRC, Art. 22 Rn. 8; *Holoubek/Lienbacher/Kröll*, GRC, Art. 22 Rn. 18; *Stern/Sachs/Ennuschat*, GRC, Art. 22 Rn. 11; *Schwarze/Ross*, EU, Art. 22 GRC Rn. 3.
112 Anders zB Art. 8 Abs. 2 VerfÖsterreich: „Sprache und Kultur, Bestand und Erhaltung dieser [autochthonen] Volksgruppen sind zu achten, zu sichern und zu fördern."
113 Zustimmend *Tettinger/Stern/Ennuschat*, GRC, Art. 22 Rn. 14.
114 Für eine Anwendung über die EU hinaus auch *Peers/Hervey/Kenner/Ward/Craufurd Smith*, EU Charter, Art. 22 Rn. 22.46, 22.58.
115 *Hölscheidt*, Vorbemerkungen Rn. 36.

VVDStRL 62 (2003), 156 ff.; *Ennuschat, Jörg/Tille, Enrico,* Art. 22 GRCh und die Vielfalt der Sprachen, RdJB 2011, 74; *González-Varas, Santiago*, Kritische Anmerkungen über die juristische Ordnung der Sprachensysteme in den Mitgliedstaaten Europas, NVwZ 2002, 947; *Grabenwarter, Christoph*, Die Charta der Grundrechte für die Europäische Union, DVBl. 2001, 1; *Häberle, Peter*, Kulturpolitik in der Stadt – ein Verfassungsauftrag, 1979; *Heselhaus/Nowak/Heselhaus*, Hdb Eur. GR, § 46 Minderheitenschutz und Vielfalt der Kulturen, Religionen und Sprachen; *Hochbaum, Ingo*, Der Begriff der Kultur im Maastrichter und Amsterdamer Vertrag, BayVBl. 1997, 641; 680; *Hölscheidt, Sven/Mund, Eva*, Religionen und Kirchen im europäischen Verfassungsverbund, EuR 2003, 1083; *Hoffmeister, Frank*, Grundlagen und Vorgaben für den Schutz der Minderheiten im EU-Primärrecht, ZaöRV 2008, 175; *Holzke, Frank*, Die „Neutralität" des Staates in Fragen der Religion und Weltanschauung, NVwZ 2002, 903; *Jarass*, EU-Grundrechte, S. 309; *Kaiser, Angela*, Minderheitenschutz in der Europäischen Union, 2005; *Karpen, Ulrich*, Kommunale Kulturvielfalt in Bedrängnis, DÖV 2017, 286; *Knöll, Ralf*, Die Diskussion um die Grundrechtecharta der Europäischen Union aus dem Blickwinkel der deutschen Länder, NJW 2000, 1845; *Korioth, Stefan*, Europäische und nationale Identität: Integration durch Verfassungsrecht, VVDStRL 62 (2003), 117 ff.; *Mahlmann, Matthias*, Die Grundrechtscharta der Europäischen Union, ZEuS 2000, 419; *Manz, Viviane*, Sprachenvielfalt und europäische Integration, 2002; *Mayer, Franz C.*, Europäisches Sprachenverfassungsrecht, Der Staat 2005, 367; *Nettesheim, Martin*, Das Kulturverfassungsrecht der Europäischen Union, JZ 2002, 157; *ders.*, Die Charta der Grundrechte der Europäischen Union, integration 2002, 35; *Rengeling/Szczekalla*, Grundrechte in der Europäischen Union, S. 769; *Schmahl, Stefanie*, Die Kulturkompetenz der Europäischen Gemeinschaft, 1996; *Schrooten, Jost-Benjamin*, Gleichheitssatz und Religionsgemeinschaften, 2015; *Shuibhne, Niamh Nic*, The Protection of Linguistic Diversity through Article 22 of the Charter of Fundamental Rights, in: Arzoz, Xabier (Hrsg.), Respecting Linguistic Diversity in the European Union, 2008, S. 145; *Tettinger, Peter J.*, Die Charta der Grundrechte der Europäischen Union, NJW 2001, 1010; *Thiele, Alexander*, Gleichheit angesichts von Vielfalt als Gegenstand des philosophischen und juristischen Diskurses, DVBl. 2018, 1112; *Thies, Carla*, Kulturelle Vielfalt als Legitimationselement der internationalen Gemeinschaft, 2013; *Van Bossuyt, Anneleen*, Is there an Effective European Legal Framework fort the Protection of Minority Languages? The EU and the Council of Europe Screened, ELR 2007, 860; *Walz, Sarah*, Gemeinschaftsgrundrechte und der Schutz von Minderheiten, 2006.

Artikel 23 Gleichheit von Frauen und Männern

Die Gleichheit von Frauen und Männern ist in allen Bereichen, einschließlich der Beschäftigung, der Arbeit und des Arbeitsentgelts, sicherzustellen.

Der Grundsatz der Gleichheit steht der Beibehaltung oder der Einführung spezifischer Vergünstigungen für das unterrepräsentierte Geschlecht nicht entgegen.

I. Vorgaben

1 Der **Absatz 1** des Artikels beruht im internationalen Recht im Wesentlichen auf verschiedenen Vorgaben des EGV-Nizza als Vorläufer des EUV und des AEUV und stützt sich außer-

dem auf eine **gemeinsame Verfassungsüberlieferung** der Mitgliedstaaten. **Absatz 2** beruht fast ausschließlich auf **Art. 157 Abs. 4 AEUV** (Art. 141 Abs. 4 EGV-Nizza).[1]

1. Gleichheitsgebot (Absatz 1)

a) Internationales Recht. Gemäß **Art. 3 Abs. 3 UAbs. 2 EUV** (Art. 2 EGV-Nizza) fördert die Union die Gleichstellung von Frauen und Männern. Dies wiederholt Art. 8 AEUV (Art. 3 Abs. 2 EGV-Nizza), der zudem generell bestimmt, dass die Union darauf hinwirkt, „Ungleichheiten zu beseitigen". Differenzierter ist die Vorgabe in **Art. 157 AEUV** (Art. 141 EGV-Nizza). Gemäß Art. 157 Abs. 1 AEUV (Art. 141 Abs. 1 EGV-Nizza) stellt jeder „Mitgliedstaat die Anwendung des Grundsatzes des gleichen Entgelts für Männer und Frauen bei gleicher oder gleichwertiger Arbeit sicher." Das Europäische Parlament und der Rat beschließen Maßnahmen, um zu gewährleisten, dass der Grundsatz der Chancengleichheit und der Gleichbehandlung von Männern und Frauen in Arbeits- und Beschäftigungsfragen angewandt wird, „einschließlich des Grundsatzes des gleichen Entgelts bei gleicher oder gleichwertiger Arbeit" (Art. 157 Abs. 3 AEUV (Art. 141 Abs. 3 EGV-Nizza)). Im Sekundärrecht sind dessen wichtigste Ergänzungen die Gleichbehandlungs-Richtlinien.[2] 2

Eine weitere Vorgabe enthält die **revidierte Europäische Sozialcharta** des Europarats,[3] die zwar von allen Mitgliedstaaten unterzeichnet, aber von acht Mitgliedstaaten, darunter Deutschland, noch nicht ratifiziert wurde. Sie beinhaltet in Art. 20 die Verpflichtung der Vertragsparteien, das Recht auf Chancengleichheit und Gleichbehandlung in Beschäftigung und Beruf ohne Diskriminierung aufgrund des Geschlechts anzuerkennen, um die wirksame Ausübung dieses Rechts zu gewährleisten und außerdem geeignete Maßnahmen zu ergreifen, um die Anwendung des Rechts in bestimmten, näher bezeichneten Bereichen zu fördern. Das **Übereinkommen des Europarats zur Verhütung und Bekämpfung von Gewalt gegen Frauen und häuslicher Gewalt**[4] zielt darauf ab „einen Beitrag zur Beseitigung jeder Form von Diskriminierung der Frau zu leisten und eine echte Gleichstellung von Frauen und Männern, auch durch die Stärkung der Rechte der Frauen, zu fördern", wie in Art. 1 Abs. 1 lit. b normiert ist. Deutschland und alle übrigen Mitgliedstaaten haben das **UN-Übereinkommen zur Beseitigung jeder Form von Diskriminierung der Frau**[5] ratifiziert. Gemäß Art. 11 dieses Übereinkommens treffen die Vertragsstaaten „alle geeigneten Maßnahmen zur Beseitigung der Diskriminierung der Frau im Berufsleben, um auf der Grundlage der Gleichberechtigung von Mann und Frau gleiche Rechte zu gewährleisten, […]".[6] 3

b) Verfassungen der Mitgliedstaaten. Zahlreiche Verfassungen der Mitgliedstaaten kennen **vergleichbare Bestimmungen**, sodass es eine **gemeinsame Verfassungsüberlieferung** gibt.[7] Die große Mehrzahl der Verfassungen verbietet Diskriminierungen wegen des Geschlechts (→ Art. 21 Rn. 8). Den allgemeinen Grundsatz der Gleichberechtigung von Männern und Frauen, der hierin zum Ausdruck kommt, bekräftigen die deutsche und sechs weitere Ver- 4

1 *Winner*, Die Europäische Grundrechtecharta, S. 196 f.
2 Im Einzelnen *Hölscheidt*, Art. 21 Rn. 3, Fn. 3.
3 Vom 3.5.1996, ETS 163.
4 Vom 11.5.2011 (BGBl. 2017 II S. 1026), für Deutschland am 1.2.2018 in Kraft getreten (BGBl. II S. 142).
5 Vom 18.12.1979 (BGBl. 1985 II S. 647). Es ist für Deutschland am 9.8.1985 in Kraft getreten (BGBl. II S. 1234).
6 Ausführlich zur Situation in Deutschland: Unterrichtung durch die Bundesregierung „Sechster Bericht der Bundesrepublik Deutschland zum Übereinkommen der Vereinten Nationen zur Beseitigung jeder Form von Diskriminierung der Frau (CEDAW)", BT-Drs. 16/5807, S. 23 f.
7 *Winner*, Die Europäische Grundrechtecharta, S. 197; *Tettinger/Stern/Nußberger*, GRC, Art. 23 Rn. 22.

fassungen mit gesonderten Bestimmungen.[8] Zehn Verfassungen heben die Gleichberechtigung hinsichtlich der staatsbürgerlichen Rechte speziell hervor, vor allem für den Zugang zu Wahlämtern.[9] Ebenso wie die Charta erstrecken mehrere Verfassungen einschließlich der deutschen die Geschlechtergleichheit auch auf die Gesellschaft und verlangen eine auf die Schaffung tatsächlicher Gleichstellung zielende staatliche Politik.[10] Darüber hinaus heben acht Verfassungen, als sozialstaatliche Gesetzgebungsaufträge oder als soziale Rechte formuliert, die Gleichheit von Frauen und Männern in der Arbeitswelt besonders hervor.[11] Sieben Verfassungen begnügen sich mit einem geschlechtsbezogenen Diskriminierungsverbot.[12] Die belgische, die dänische und die lettische Verfassung erwähnen die Gleichheit der Geschlechter nicht ausdrücklich. Die bulgarische,[13] estnische,[14] italienische,[15] litauische,[16] polnische,[17] rumänische,[18] slowenische [19] und spanische Verfassung[20] normieren neben einem geschlechtsbezogenen Diskriminierungsverbot ausdrücklich, dass die Eheleute jeweils gleichberechtigt sind. In Kroatien ist die Gleichstellung der Geschlechter unter den „höchsten Werten der Verfassungsordnung" und als Grundlage für die Auslegung der Verfassung aufgeführt.[21]

2. Zulässigkeit von Vergünstigungen (Absatz 2)

5 a) **Internationales Recht.** Die Vorgabe für Absatz 2 ist **Art. 157 Abs. 4 AEUV** (Art. 141 Abs. 4 EGV-Nizza) zu entnehmen. Äußerst umständlich formuliert heißt es dort, der Gleichbehandlungsgrundsatz hindere im „Hinblick auf die effektive Gewährleistung der vollen Gleichstellung von Männern und Frauen im Arbeitsleben" die Mitgliedstaaten nicht daran, „zur Erleichterung der Berufstätigkeit des unterrepräsentierten Geschlechts oder zur

8 Art. 3 Abs. 2 S. 1 GG; 1. Grundsatz Präambel VerfFrankreich (1946); Art. 4 Abs. 2 VerfGriechenland; Art. 11 Abs. 2 S. 1 VerfLuxemburg; Art. 14 VerfMalta; Art. 33 Abs. 1 VerfPolen; Art. XV Abs. 3 VerfUngarn.

9 Art. 11bis Abs. 1 VerfBelgien; Art. 1 Abs. 2 VerfFrankreich und Art. 4 VerfFrankreich (1946); Art. 9 Abs. 1 Nr. 3 und Art. 16 Abs. 1 Nr. 1, 2, 3 VerfIrland; Art. 51 Abs. 1 und Art. 117 Abs. 7 VerfItalien; Art. 52 VerfLuxemburg; Art. 14 VerfMalta; Art. 33 Abs. 2 VerfPolen; Art. 50 Abs. 1 und Art. 109 VerfPortugal; Art. 16 Abs. 3 S. 2 VerfRumänien sowie Art. 43 Abs. 4 VerfSlowenien.

10 Art. 3 Abs. 2 S. 2 GG; § 6 Abs. 4 VerfFinnland; 1. Grundsatz Präambel VerfFrankreich (1946); Art. 3 Abs. 2 und Art. 117 Abs. 7 VerfItalien; Art. 11 Abs. 2 S. 2 VerfLuxemburg; Art. 14 VerfMalta; Art. 7 Abs. 2 und Art. 13 Abs. 3 VerfÖsterreich; Art. 9 lit. h VerfPortugal; Kap. 1 Art. 2 Abs. 5 S. 2 VerfSchweden.

11 § 6 Abs. 4 VerfFinnland (Entlohnung und andere Beschäftigungsbedingungen); Art. 22 Abs. 1 S. 2 VerfGriechenland (Entlohnung); Art. 37 Abs. 1 S. 1 VerfItalien (Entlohnung); Art. 14 VerfMalta; Art. 33 Abs. 2 VerfPolen; Art. 58 Abs. 2 lit. b (Berufs- und Arbeitswahl) und Art. 59 Abs. 1 VerfPortugal (Arbeitsbedingungen, Entlohnung ua); Art. 38 Abs. 4 VerfRumänien (Entlohnung); Art. 35 Abs. 1 S. 2 VerfSpanien (Berufswahl, Entlohnung ua).

12 Art. 6 Abs. 2 VerfBulgarien; § 12 Abs. 1 S. 2 VerfEstland; Art. 29 Abs. 2 VerfLitauen; Art. 1 S. 2 VerfNiederlande; Art. 12 Abs. 2 VerfSlowakei; Art. 3 VerfTschechische Republik iVm Art. 3 der Charta der Grundrechte und -freiheiten; Art. 28 Abs. 2 VerfZypern.

13 Art. 46 Abs. 2 VerfBulgarien.

14 § 27 Abs. 2 VerfEstland.

15 Art. 29 Abs. 2 VerfItalien.

16 Art. 38 Abs. 5 VerfLitauen.

17 Art. 33 Abs. 1 VerfPolen.

18 Art. 44 Abs. 1 VerfRumänien.

19 Art. 53 Abs. 1 VerfSlowenien.

20 Art. 32 Abs. 1 VerfSpanien (für die Eheschließung).

21 Art. 3 VerfKroatien. Darüber hinaus findet sich ein auch geschlechtsbezogenes Diskriminierungsverbot in Art. 17 Abs. 2 VerfKroatien für Rechtseinschränkungen während eines Kriegszustandes oder einer unmittelbaren Bedrohung der Unabhängigkeit und Einheit des Staates sowie großer Naturkatastrophen.

Verhinderung bzw. zum Ausgleich von Benachteiligungen in der beruflichen Laufbahn spezifische Vergünstigungen beizubehalten oder zu beschließen."

b) Verfassungen der Mitgliedstaaten. Die Verfassungen **Griechenlands,**[22] **Österreichs**[23] und 6
Schwedens[24] enthalten Bestimmungen, die es wie Art. 23 Abs. 2 zulassen, dass die Gleichstellung von Mann und Frau gefördert wird. Zahlreiche Verfassungen enthalten Regelungen, die (schwangere) **Frauen** bzw. Mütter begünstigen.[25] Art. 23 Abs. 2 ergibt sich daher **nicht** aus einer **gemeinsamen Verfassungsüberlieferung.**

II. Diskussion im Grundrechtekonvent

1. Artikelvorschlag des Präsidiums nach Aufforderung

In der vom Präsidium entworfenen **Grundrechteliste**[26] war lediglich in dem mit „Horizon- 7
tale Fragen" überschriebenen Kapitel die „Nichtdiskriminierung zwischen Mann und Frau" enthalten.[27] Dies veranlasste einige Mitglieder, für die Aufnahme einer Verpflichtung zur Gleichstellung von Männern und Frauen zu plädieren.[28] Daraufhin schlug das Präsidium in seinem **ersten Entwurf** der Freiheits-, Gleichheits- und Unionsbürgerrechte[29] folgende Formulierung vor: „Die Union wirkt darauf hin, Ungleichheiten zu beseitigen und die Gleichstellung von Männern und Frauen zu fördern". Dieser Absatz war integriert in den mit „Nichtdiskriminierung" überschriebenen Art. 19 als Absatz 2; der Absatz 1 regelte das Verbot von Diskriminierungen wegen bestimmter Merkmale.[30] Über diesen Vorschlag beriet der Konvent.[31] Gefordert wurde die Streichung des Absatzes, da es sich nicht um ein Grundrecht, sondern vielmehr um eine Handlungsanweisung handele. Zudem sei zu befürchteten, dass Absatz 2 zu einer Zuständigkeitserweiterung der Union führe. *Jacqué* (Sekretariat) widersprach diesem Einwand mit dem Hinweis, dass der Absatz nur den gegenwärtigen Stand des Gemeinschaftsrechts wiedergebe. *Maij-Weggen* (NL) befürwortete die Regelung. Absatz 2 enthalte ein wichtiges, bereits in den Römischen Verträgen verankertes Prinzip. *Patijn* (NL) und *Goldsmith* (GB) sprachen sich zwar für die Regelung aus, allerdings bevorzugten sie die Positionierung des Absatzes bei den wirtschaftlichen und sozialen Rechten.[32] Weiter wurde angemerkt, dass die „Positivdiskriminierung" nach wie vor möglich sein müsse.[33]

22 Art. 116 Abs. 2 VerfGriechenland.
23 Art. 7 Abs. 2 S. 2 VerfÖsterreich.
24 Kap. 2 Art. 13 VerfSchweden.
25 Art. 14 und Art. 47 Abs. 2 VerfBulgarien; 7. Grundsatz Präambel VerfFrankreich (1946); Art. 116 Abs. 2 VerfGriechenland; Art. 37 Abs. 1 S. 2 VerfItalien; Art. 63, Art. 65 Abs. 3 VerfKroatien; Art. 38 Abs. 2 und Art. 39 Abs. 2 VerfLitauen; Art. 71 Abs. 2 VerfPolen; Art. 59 Nr. 2 lit. c und Art. 68 Nr. 3 VerfPortugal; Art. 38 Abs. 1 VerfSlowakei; Art. 39 Abs. 2 VerfSpanien; Art. 3 VerfTschechische Republik iVm Art. 29 Abs. 1 und Art. 32 Abs. 2 der Charta der Grundrechte und -freiheiten; Art. XV Abs. 5 und Art. XIX Abs. 4 VerfUngarn.
26 CHARTE 4112/2/00 REV 2 BODY 4 vom 27.1.2000.
27 Ausführlich zur Genese des Artikels *Tettinger/Stern/Nußberger*, GRC, Art. 23 Rn. 1 ff.
28 *Bernsdorff/Borowsky*, Protokolle, S. 129 f.; Sitzungsbericht in CHARTE 4134/00 CONVENT 6 vom 21.2.2000.
29 CHARTE 4137/00 CONVENT 8 vom 24.2.2000.
30 Näher *Winner*, Die Europäische Grundrechtecharta, S. 198.
31 Sitzung vom 27./28.3.2000; *Bernsdorff/Borowsky*, Protokolle, S. 199.
32 *Bernsdorff/Borowsky*, Protokolle, S. 198.
33 Zur Problematik dieses Begriffs *Hölscheidt*, Art. 21 Rn. 35.

2. Neue Artikelvorschläge bei den sozialen Rechten

8 In der Sitzung vom 3./4.4.2000 diskutierte der Konvent über die Gleichheit bzw. Gleichstellung von Männern und Frauen im Zusammenhang mit zwei unterschiedlichen Artikeln; diesmal nicht bei der Nichtdiskriminierung/Gleichheit, sondern bei den sozialen Rechten.[34] Zum einen hatte das Präsidium nun neben Art. 19 Abs. 2[35] einen mit **„Gleichheit von Männern und Frauen"** betitelten **Art.** I bei den sozialen Rechten vorgeschlagen: „Die Gleichheit von Männern und Frauen in den Bereichen Arbeit und Beschäftigung und sozialer Schutz ist zu gewährleisten". Zum anderen wurde der Aspekt der Gleichheit von Männern und Frauen bei **Art. V „Recht auf gleiches Entgelt für gleiche Arbeit"** thematisiert.

9 Die Schwerpunkte der **Diskussion zu Art. I** lagen bei der Stellung des Artikels in der Charta, bei Begriffsfragen sowie bei dem Aspekt der „Positivdiskriminierung".[36] In Bezug auf die **Stellung des Artikels** befürwortete *Friedrich* (D), das Gleichheitsgebot an bereits diskutierter Stelle (→ Rn. 7) in Kurzfassung zu belassen: „Die Gleichbehandlung von Männern und Frauen ist zu gewährleisten". Andere[37] sprachen sich hingegen für zwei Gleichheitssätze aus: einen, der die Gleichbehandlung in sämtlichen Lebensbereichen garantieren, und einen, der die Gleichheit in den Bereichen Arbeit und Beschäftigung behandeln sollte. Angeregt wurde auch, Art. I und Art. V zu verbinden.[38] Der in Art. I verwandte Begriff **„Gleichheit"** führte zu Unstimmigkeiten unter den Konventsmitgliedern.[39] *Voggenhuber* (A) und *Martin* (GB) plädierten für dessen Ersetzung durch den Begriff „Gleichstellung" oder „Gleichbehandlung". Ferner wurde der Aspekt der **„Positivdiskriminierung"** zur Sprache gebracht. *Meyer* (D) ua forderten, eine Bestimmung dazu in Art. I aufzunehmen.[40] Zusammenfassend hielt *Jansson* (NL) fest, dass sich eine Mehrheit für die vorgeschlagene Textfassung des Art. I abzeichne.

10 Diskutiert wurde, wie weit **Art. V** zu begreifen sei.[41] Einige Redner verstanden die Vorschrift als Ausprägung des Rechts auf Gleichstellung von Männern und Frauen im Arbeitsprozess. Die in Art. V enthaltenen Regelungsziele seien damit bereits von Art. I umfasst.[42] Ein großer Teil der Redner beschränkte allerdings die Bedeutung des Art. V nicht auf den Gleichstellungsgedanken von Männern und Frauen; es gehe vielmehr um die Gleichbehandlung sämtlicher Arbeitnehmer.

3. Fortsetzung der Diskussion bei der Gleichheit

11 In der Sitzung vom 28./29./30.6.2000 setzte der Konvent die Diskussion zur Gleichheit von Männern und Frauen fort.[43] Der Präsidiumsvorschlag sah eine **Ergänzung** vor des ursprünglichen Art. 19 Abs. 2, neu gefassten **Art. 22 Abs. 3**, durch einen Satz 2: „Die Gleichheit der Geschlechter wird insbesondere bei der Festsetzung der Arbeitsentgelte und der sonstigen Arbeitsbedingungen gewährleistet". Die Konventsmitglieder berieten vor allem erneut über die **systematische Stellung** des Absatzes sowie über den **Regelungsgehalt des**

34 CHARTE 4192/00 CONVENT 18 vom 27.3.2000 (Vorschläge für ua soziale Rechte).
35 CHARTE 4137/00 CONVENT 8 vom 24.2.2000.
36 *Bernsdorff/Borowsky*, Protokolle, S. 210 f.
37 *Braibant* (F), *Manzella* (IT) und *Lallemand* (B).
38 *Sanz Gandasegui* (E), *Azevedo* (P) und *Korthals Altes* (NL).
39 Ausführlich *Barriga*, Die Entstehung, S. 111.
40 Näher *Tettinger/Stern/Nußberger*, GRC, Art. 23 Rn. 5 f.
41 *Bernsdorff/Borowsky*, Protokolle, S. 215.
42 *Nikula* (FN); *Sanz Gandasegui* (E).
43 CHARTE 4333/00 CONVENT 36 vom 4.6.2000 (Kompromissvorschläge des Präsidiums) sowie CHARTE 4360/00 CONVENT 37 vom 14.6.2000 (Zusammenfassung der Änderungsvorschläge).

neuen Satzes 2.[44] Zum ersten Punkt forderten mehrere Redner,[45] die Gleichbehandlung von Männern und Frauen in einem eigenen Artikel zu regeln. *Vitorino* (Kommission) wies darauf hin, dass er dies bereits in einem schriftlichen Beitrag vorgeschlagen habe.[46] Er bevorzugte eine Einordnung bei Art. 31 im Kapitel der wirtschaftlichen und sozialen Rechte. *Lalumière* (F) und *Goldsmith* (GB) präferierten die Stellung des Artikels als neuen Art. 2. Zu dem Inhalt des Satzes 2 vertrat *Maij-Weggen* (NL) die Auffassung, dass die bisher erwähnten Beispiele (Arbeitsentgelte und Arbeitsbedingungen) nicht ausreichten. Die Ungleichbehandlung im Sozialsektor müsste ebenfalls bei der Aufzählung genannt werden. Dieser Vorschlag fand breite Unterstützung.[47]

4. Einfügung eines weiteren Artikelvorschlags bei den sozialen Rechten

In der Sitzung vom 10./11.7.2000 beriet der Konvent ua die Kompromissvorschläge des Präsidiums zu den wirtschaftlichen und sozialen Rechten.[48] Hier fand sich ein **neuer Art. 31 a,** der auf dem Änderungsvorschlag Nr. 30[49] von *Vitorino* (Kommission) basierte.[50] Der Vorschlag lautete: „Die Chancengleichheit und die Gleichbehandlung von Männern und Frauen in den Bereichen Arbeit und Beschäftigung, einschließlich des gleichen Entgelts für gleiche oder gleichwertige Arbeit, ist zu gewährleisten. Der Grundsatz der Gleichbehandlung hindert nicht daran, zur Erleichterung der Berufstätigkeit des unterrepräsentierten Geschlechts oder zur Verhinderung bzw. zum Ausgleich von Benachteiligungen in der beruflichen Laufbahn spezifische Vergünstigungen beizubehalten oder zu beschließen". Die Formulierung des Artikels näherte sich damit der Endfassung. In der Debatte fand der Artikel breite Zustimmung.[51] 12

5. Fusion der Artikel im Gleichheitskapitel

Der erste Präsidiumsvorschlag des vollständigen Textes der Charta[52] enthielt in überarbeiteter Version den von *Vitorino* (Kommission) entworfenen Textvorschlag als eigenständigen **Art. 22,** integriert in das mit **„Gleichheit"** überschriebene **Kapitel.** Hierüber berieten die Mitglieder des Konvents am 11./12.9.2000 in getrennten Koordinierungssitzungen der drei großen Gruppen (Vertreter der einzelstaatlichen Parlamente, persönlich Beauftragte der Staats- und Regierungschefs, Delegation des Europäischen Parlaments). Die nationalen Parlamentarier kritisierten vor allem, dass der Absatz 1 durch die Einschränkung auf den Bereich Arbeit und Beschäftigung zu eng formuliert sei.[53] 13

6. Endfassung

Der folgende Präsidiumsentwurf[54] entsprach mit leichten sprachlichen Abweichungen der späteren Endfassung. Zu erwähnen ist vor allem, dass Art. 23 Abs. 1 nun die Gleichheit von Männern und Frauen in „allen Bereichen" sicherstellte, wie von mehreren Konvents- 14

44 *Bernsdorff/Borowsky*, Protokolle, S. 309.
45 *Vitorino* (Kommission), *Goldsmith* (GB), *Maij-Weggen* (NL) und *Lalumière* (F).
46 Änderungsvorschlag Nr. 30; siehe CHARTE 4372/00 CONVENT 39 vom 16.6.2000.
47 Insbesondere von *Griffiths* (GB), *Lalumière* (F) und *van den Burg* (NL).
48 Auf der Grundlage von CHARTE 4383/00 CONVENT 41 vom 3.7.2000.
49 Siehe CHARTE 4372/00 CONVENT 39 vom 16.6.2000.
50 *Bernsdorff/Borowsky*, Protokolle, S. 318.
51 *Einem* (A), *Paciotti* (IT), *Goldsmith* (GB), *Tarschys* (S), *van den Burg* (NL), *Olsen* (DK) und *Maij-Weggen* (NL).
52 CHARTE 4422/00 CONVENT 45 vom 28.7.2000.
53 *Brax* (FN), *Magnusson* (S), *Benaki-Psarouda* (GR), *Beissel* (LUX), *Haenel* (F).
54 CHARTE 4470/1/00 REV 1 CONVENT 47 vom 21.9.2000.

mitgliedern gefordert.[55] Nach letzten Änderungen durch das Präsidium[56] nahm der Konvent den Artikel an.

III. Kommentierung

1. Grundsätzliche Bedeutung

15 Der Artikel enthält unter den bisherigen Grundrechtstexten die modernste Formulierung des Gebots der Gleichheit von Männern und Frauen.[57] Er erhebt einen **umfassenden Geltungsanspruch** für die Geschlechtergleichheit.[58] Der besondere Gleichheitssatz ist verbunden mit einem Schutzauftrag (Art. 23 Abs. 1). Art. 23 Abs. 2 enthält einen Rechtfertigungsgrund in Gestalt eines Grundsatzes.

2. Verhältnis zu anderen Vorschriften

16 Der Artikel korrespondiert in der Charta mit Art. 33 (Familien- und Berufsleben),[59] dem allgemeinen Gleichheitssatz (Art. 20) und dem allgemeinen Diskriminierungsverbot (Art. 21 Abs. 1).[60] Art. 20 und 21 sind abwehrrechtlicher Natur. Weiter reicht die Verpflichtung des Art. 23, Gleichheit sicherzustellen.[61] Art. 23 ist daher lex specialis zu Art. 20 und dem Diskriminierungsverbot wegen des Geschlechts.[62] Er ist konkreter als die allgemeinen Vorgabenormen der Art. 3 Abs. 3 UAbs. 2 EUV und Art. 8 AEUV (Art. 2 und 3 Abs. 2 EGV-Nizza) und geht weit über die bei der Sozialpolitik einsortierte Vorgabenorm des Art. 157 AEUV (Art. 141 EGV-Nizza) hinaus, die auf Arbeit und Beschäftigung bezogen ist.[63]

3. Gleichheitsgebot (Absatz 1)

17 a) **Rechtsnatur und Auslegung.** Art. 23 Abs. 1 enthält ein **Grundrecht** im Sinn von Art. 51 Abs. 1 S. 2.[64] Er ist im Einklang mit den **gemeinsamen Verfassungsüberlieferungen** der Mitgliedstaaten (→ Rn. 4) auszulegen (Art. 52 Abs. 4). Die umfangreiche Rechtsprechung des EuGH zu sekundärrechtlichen Diskriminierungsverboten kann zur Auslegung des Art. 23 herangezogen werden.[65]

---

55 *Tettinger/Stern/Nußberger*, GRC, Art. 23 Rn. 6.

56 CHARTE 4487/00 CONVENT 50 vom 28.9.2000.

57 *Meyer*, Deutscher Bundestag, Plenarprotokoll 14/124, S. 11906 (A).

58 *Jarass*, GRC, Art. 23 Rn. 2; *Stern/Sachs/Weber*, GRC, Art. 23 Rn. 4; *Heselhaus/Nowak/Odendahl*, Hdb Eur. GR, § 45 Rn. 101; *Vedder/Heintschel von Heinegg/Folz*, Europäisches Unionsrecht, Art. 23 GRC Rn. 1 S. 1. AA *Pechstein/Nowak/Häde/Rowe*, Frankfurter Kommentar, Art. 23 Rn. 14 ff., der wortreich ausführt, mit „alle Bereiche" seien nicht alle Bereiche gemeint.

59 *Stern/Sachs/Weber*, GRC, Art. 23 Rn. 9; zu möglichen Konflikten im Verhältnis zu Art. 33 *Peers/Hervey/Kenner/Ward/Schiek*, EU Charter, Art. 23 Rn. 23.10 f.

60 *Merten/Papier/Kugelmann*, Grundrechte, § 160 Rn. 67. Zur Korrespondenz mit Regelungen des EUV und AEUV oben Rn. 2.

61 *Schwarze/Graser*, EU, Art. 23 GRC Rn. 2; *Peers/Hervey/Kenner/Ward/Schiek*, EU Charter, Art. 23 Rn. 23.05 erkennt hierin eine positive Dimension der Gleichheit, während Art. 21 GRC die negative Dimension darstellte.

62 *Jarass*, GRC, Art. 23 Rn. 7.

63 *Jarass*, GRC, Art. 23 Rn. 3; *Frenz*, Handbuch Europarecht 4, Rn. 3367.

64 *Jarass*, GRC, Art. 23 Rn. 14; *Pechstein/Nowak/Häde/Rowe*, Frankfurter Kommentar, Art. 23 Rn. 39; *Frenz*, Handbuch Europarecht 4, Rn. 3387, 3407; *Stern/Sachs/Weber*, GRC, Art. 23 Rn. 5, 21, 4; aA *Calliess/Ruffert/Krebber*, EUV/AEUV, Art. 23 GRC Rn. 3.

65 *Holoubek/Lienbacher/Blauensteiner/Oswald/Weinhandl*, GRC, Art. 23 Rn. 11.

b) Grundrechtsträger und Grundrechtsadressaten. Grundrechtsträger sind alle **natürlichen Personen.**[66] Dazu gehören auch Personen außerhalb der binären Geschlechteraufteilung Mann-Frau, also v.a. Intersexuelle.[67] Alter und Staatsangehörigkeit spielen keine Rolle. Juristische Personen sowie Personenvereinigungen, die sich für Gleichberechtigung einsetzen, sind keine Grundrechtsträger.[68] 18

Grundrechtsadressaten: Die Verpflichtung, die Geschlechtergleichheit einschließlich spezifischer Vergünstigungen sicherzustellen, müssen die **Union** und die **Mitgliedstaaten** (Art. 51 Abs. 1) erfüllen.[69] Art. 23 hat – im Gegensatz zu Art. 157 Abs. 1 AEUV[70] – **keine unmittelbare Drittwirkung.**[71] 19

c) Zentralbegriff „Gleichheit“. Art. 23 Abs. 1 knüpft unmittelbar an die Grundnorm der Gleichheit in Art. 20 (→ Art. 20 Rn. 10) an und betont damit die große Bedeutung der Geschlechtergleichheit. Der Konvent hat sich nach intensiver Diskussion dafür entschieden, den Begriff „Gleichheit“ zu verwenden (→ Rn. 9). Das ist zu begrüßen. Denn alle anderen Formulierungen, die in Betracht kommen, sind entweder von vornherein enger oder ermöglichen zumindest ein engeres Verständnis. Das gilt besonders für „(rechtliche und tatsächliche) Gleichstellung bzw. Gleichbehandlung“, „Chancengleichheit“ und „Gleichberechtigung“. „Gleichheit“ in Absatz 1 meint jedenfalls „Gleichheit der Ausgangssituation“.[72] 20

Eine Ungleichbehandlung von Männern und Frauen liegt vor, wenn sie in einer vergleichbaren Lage ungleich oder in einer nicht vergleichbaren Lage gleich behandelt werden (→ Art. 20 Rn. 20 ff.). Die Behandlung muss dabei auf den Unterschied zwischen den Geschlechtern (zu diesem Merkmal → Art. 21 Rn. 40) zurückzuführen sein.[73] Erfasst werden unmittelbare und mittelbare Ungleichbehandlungen.[74] Teil- und Vollzeitbeschäftigte werden ungleich behandelt, wenn Mehrarbeit erst ab drei Stunden bezahlt wird und diese Ungleichbehandlung mehr Frauen als Männer betrifft, sofern keine Rechtfertigung vorliegt.[75] Der EuGH hat unter Bezug auf Art. 23 (und Art. 33 Abs. 2) ausgesprochen, es stelle einen Verstoß gegen das elternzeitliche Diskriminierungsverbot dar, wenn die Abwesenheit während der Elternzeit dazu führe, dass eine Probezeit als nicht bestanden gewertet werde.[76] 21

---

66 *Heselhaus/Nowak/Odendahl*, Hdb Eur. GR, § 45 Rn. 88; *Jarass*, GRC, Art. 23 Rn. 9; *Stern/Sachs/Weber*, GRC, Art. 23 Rn. 23; aA *Tettinger/Stern/Nußberger*, GRC, Art. 23 Rn. 111.

67 *Peers/Hervey/Kenner/Ward/Schiek*, EU Charter, Art. 23 Rn. 23.26.

68 *Jarass*, GRC, Art. 23 Rn. 9; aA *Pechstein/Nowak/Häde/Rowe*, Frankfurter Kommentar, Art. 23 Rn. 31.

69 *Jarass*, GRC, Art. 23 Rn. 5; *Frenz*, Handbuch Europarecht 4, Rn. 3404; näher *Tettinger/Stern/Nußberger*, GRC, Art. 23 Rn. 61 ff., 105; *Peers/Hervey/Kenner/Ward/Schiek*, EU Charter, Art. 23 Rn. 23.04.

70 Grundlegend EuGH – Defrenne II, C-43/75 – Slg 1976, 455 Rn. 12; EuGH – Lawrence, C-320/00 – Slg 2002, I-7325 Rn. 13.

71 *Heselhaus/Nowak/Odendahl*, Hdb Eur. GR, § 45 Rn. 86 f.; *Jarass*, GRC, Art. 23 Rn. 5; *Schwarze/Ross*, EU, Art. 23 GRC Rn. 1; *GSH/Lemke*, EU, GRC Art. 23 Rn. 7.

72 Näher *Tettinger/Stern/Nußberger*, GRC, Art. 23 Rn. 65 ff. unter Hinweis auf EuGH – Kalanke, C-450/93 – Slg 1995, I-3051 Rn. 23. AA *Pechstein/Nowak/Häde/Rowe*, Frankfurter Kommentar, Art. 23 Rn. 23 f., der meint Gleichheit sei „situationsbedingt“ auszulegen.

73 *Heselhaus/Nowak/Odendahl*, Hdb Eur. GR, § 44 Rn. 38 (mit Bezug auf das Erwerbsleben); *Frenz*, Handbuch Europarecht 4, Rn. 3389.

74 *Bifulco/Cartabia/Celotto/Brunelli*, L'europa die diritti, Art. 23 Rn. 2; *Frenz*, Handbuch Europarecht 4, Rn. 3392.

75 EuGH – Elsner-Lakeberg, Urt. v. 27.5.2004, Rs. C-285/02, Rn. 17; *Jarass*, GRC, Art. 23 Rn. 13.

76 EuGH – H/Berlin, Urt. v. 7.9.2017, Rs. C-174/16, ECLI:EU:C:2017:637, NJW 2017, 3357, mit Anm. *Kocher*, 3363.

22 d) **„Alle Bereiche“**. Darauf ist die Gleichheit ausdrücklich bezogen.[77] Schon damit ist eindeutig klargestellt, dass das Gleichheitsgebot nicht eingegrenzt wird und sich auch auf Privatrechtsverhältnisse bezieht.[78] Ob es eine Unterscheidung zwischen Staat und Gesellschaft gibt, hat also keine Bedeutung. Der Zusatz **„einschließlich der Beschäftigung, der Arbeit und des Arbeitsentgelts“** ist nicht erforderlich, um den Geltungsbereich des Gleichheitsgebots zu beschreiben. Damit wird „nur“ ausdrücklich über die Vorgabenorm des Art. 157 AEUV (Art. 141 EGV-Nizza) hinausgegangen, die auf Arbeit und Beschäftigung konzentriert ist.[79]

23 e) **Gebot der Sicherstellung**. Der umfassende Anspruch der Geschlechtergleichheit zeigt sich im Absatz 1 letztlich darin, dass sie **sicherzustellen** ist. Aufträge zur Sicherstellung enthält die Charta sonst noch in Art. 35 S. 2, Art. 37 und Art. 38 (Gesundheits-, Umwelt- und Verbraucherschutz). Die Grundrechtsverpflichteten haben durch Legislative, Exekutive und Judikative[80] den Auftrag, geschlechtsbezogenen Ungleichbehandlungen entgegenzuwirken.[81] Die Geschlechtergleichheit wird also nicht nur (passiv) anerkannt oder geachtet, sondern es ist (aktiv) dafür zu sorgen, dass sie verwirklicht wird.[82] Dabei haben vor allem die Gesetzgeber einen weiten Gestaltungsspielraum.[83] Das Sicherstellungsgebot ist einklagbar.[84] Allerdings gibt es keinen subjektiven Anspruch auf *konkrete* Maßnahmen zur Sicherstellung der Geschlechtergleichheit.[85] Generell gibt Art. 23 Abs. 1 keinen Anlass zu gleichheitspolitischen Höhenflügen, denn er erweitert die Kompetenzen der EU nicht (Art. 51 Abs. 2). Wenn die EU ihrer Verpflichtung zur Sicherstellung nachkommt, benötigt sie eine Kompetenznorm, die in erster Linie Art. 157 AEUV sein dürfte.[86] In Bezug auf die Umsetzung der Kommunalwahl-Richtlinie hat der BayVerfGH ausgeführt, ein konkret verpflichtender Auftrag, geschlechterproportionale Wahlvorschläge zu regeln, sei der Vorschrift nicht ansatzweise zu entnehmen.[87]

24 Art. 23 Abs. 1 kann jedoch in abwehrrechtlichen Konstellationen herangezogen werden:[88] Der EuGH hat in seinem Urteil zu den sog Unisex-Tarifen Art. 23 Abs. 1 zusammen mit Art. 21 (→ Art. 21 Rn. 40) als Prüfungsmaßstab für die Gleichbehandlung von Männern und Frauen angelegt.[89] Eine sekundärrechtliche Bestimmung, „die es den betreffenden Mitgliedstaaten gestattet, eine Ausnahme von der Regel geschlechtsneutraler Prämien und Leistungen unbefristet aufrechtzuerhalten, [...] ist mit den Art. 21 und 23 der Charta un-

---

77 *Vedder/Heintschel von Heinegg/Folz*, Europäisches Unionsrecht, Art. 23 GRC Rn. 4.
78 *Frenz*, Handbuch Europarecht 4, Rn. 3405.
79 *Tettinger/Stern/Nußberger*, GRC, Art. 23 Rn. 60; zu dieser Formulierung auch *Burgorgue-Larsen/Levade/Picod/Dekeuwer-Défossez*, Traité, Art. II-83 Rn. 6.
80 *Pechstein/Nowak/Häde/Rowe*, Frankfurter Kommentar, Art. 23 Rn. 35.
81 *Jarass*, GRC, Art. 23 Rn. 14; *Holoubek/Lienbacher/Blauensteiner/Oswald/Weinhandl*, GRC, Art. 23 Rn. 14.
82 Ebenso *Schwarze/Graser*, EU, Art. 23 GRC Rn. 2; *Peers/Hervey/Kenner/Ward/Schiek*, EU Charter, Art. 23 Rn. 23.05.
83 *Holoubek/Lienbacher/Blauensteiner/Oswald/Weinhandl*, GRC, Art. 23 Rn. 16.
84 *Jarass*, GRC, Art. 23 Rn. 14.
85 *Winner*, Die Europäische Grundrechtecharta, S. 198 f.; trotz unklarer Begrifflichkeit ähnlich *Pechstein/Nowak/Häde/Rowe*, Frankfurter Kommentar, Art. 23 Rn. 30; aA *Frenz*, Handbuch Europarecht 4, Rn. 3407; *Streinz/Streinz*, EUV/AEUV, Art. 23 GRC Rn. 7; mit Hinweis auf die Problematik der Durchsetzbarkeit konkreter Maßnahmen im Verfahren des individuellen Rechtsschutzes: *Schwarze/Graser*, EU, Art. 23 GRC Rn. 6.
86 *Jarass*, GRC, Art. 23 Rn. 14.
87 BayVerfGH, NVwZ-RR 2018, 457 (472).
88 *Vedder/Heintschel von Heinegg/Folz*, Europäisches Unionsrecht, Art. 23 GRC Rn. 5.
89 EuGH – Test Achats, C-236/09 – Slg 2011, I-773 Rn. 17.

vereinbar".[90] In einem anderen Fall zieht der EuGH Art. 23 als „Grundsatz der Gleichheit von Männern und Frauen" ohne Begründung heran, um ein Auslegungsergebnis zu bestätigen, das er auf sekundärrechtlicher Ebene gefunden hat.[91]

f) **Rechtfertigung von Ungleichbehandlungen.** Ungleichbehandlungen von Männern und Frauen können gerechtfertigt sein.[92] Zu beurteilen sind sie gemäß Art. 52 Abs. 1,[93] jedenfalls bei einer unmittelbaren Ungleichbehandlung. Ziele der Rechtfertigung können Art. 52 Abs. 1 S. 2 entnommen werden. Es muss unabhängig von der Geschlechterzugehörigkeit sein. Die Ungleichbehandlung muss verhältnismäßig sein. Die Rechtfertigung unterliegt strengen Anforderungen.[94]

4. Zulässigkeit von Vergünstigungen (Absatz 2)

a) **Gelungene Formulierung.** Absatz 2 verbessert die sprachlich misslungene Vorgabe des Art. 157 Abs. 4 AEUV (Art. 141 Abs. 4 EGV-Nizza) erheblich (→ Rn. 5). Noch verständlicher wäre folgender Wortlaut gewesen: „Spezifische Vergünstigungen für das unterrepräsentierte Geschlecht können eingeführt oder beibehalten werden, ohne dass dadurch der Gleichheitsgrundsatz verletzt wird." 25

b) **Rechtsnatur und Auslegung.** Art. 23 Abs. 2 ist ein **Grundsatz** (Art. 52 Abs. 5).[95] Ein subjektives Recht auf positive Maßnahmen wird nicht gewährt,[96] es handelt sich auch nicht um ein „Gruppengrundrecht".[97] Er ergibt sich nicht aus einer gemeinsamen Verfassungsüberlieferung (→ Rn. 6); Art. 52 Abs. 4 ist daher nicht einschlägig. Soweit Art. 23 Abs. 2 gegenüber Art. 157 Abs. 4 AEUV (Art. 141 Abs. 4 EGV-Nizza) **keine „Chartaspezifika"** aufweist, ist er also ebenso zu interpretieren wie die etablierte Norm des Primärrechts (Art. 52 Abs. 2).[98] Auf das dazu verfasste umfangreiche Schrifttum und die einschlägige Rechtsprechung des EuGH wird daher verwiesen.[99] 26

c) **Rechtfertigungsgrund.** Art. 23 Abs. 2 kann so verstanden werden, dass er einen Verstoß gegen den Gleichheitsgrundsatz entweder bereits auf der Ebene des Tatbestands ausschließt oder einen **Rechtfertigungsgrund** normiert.[100] Überzeugend ist Folgendes: Wenn das unterrepräsentierte Geschlecht begünstigt wird, wird zwangsläufig das überrepräsentierte benachteiligt. Dieser tatbestandsmäßigen Ungleichbehandlung steht der Gleichheitssatz nicht entgegen; mit anderen Worten: Sie ist gerechtfertigt.[101] Die Hauptbedeutung des Art. 23 Abs. 2 liegt darin, der Rechtfertigung von Ungleichbehandlungen zu dienen.[102] 27

---

90 EuGH – Test Achats, C-236/09 – Slg 2011, I-773 Rn. 32. Zum Prüfungsmaßstab *Epiney*, NVwZ 2012, 930, 936.
91 EuGH – Dita Danosa, C-232/09 – Slg 2010, I-11405 Rn. 71.
92 *GSH/Lemke*, EU, Art. 23 GRC Rn. 12.
93 *Pechstein/Nowak/Häde/Rowe*, Frankfurter Kommentar, Art. 23 Rn. 41.
94 *Jarass*, GRC, Art. 23 Rn. 15 f.
95 *Schwerdtfeger*, Art. 52 Rn. 83; *Jarass*, GRC, Art. 23 Rn. 4; *Frenz*, Handbuch Europarecht 4, Rn. 3413.
96 *Holoubek/Lienbacher/Blauensteiner/Oswald/Weinhandl*, GRC, Art. 23 Rn. 17.
97 AA *Tettinger/Stern/Nußberger*, GRC, Art. 23 Rn. 97.
98 *GSH/Lemke*, EU, GRC Art. 23 Rn. 6; *Frenz*, Handbuch Europarecht 4, Rn. 3360, 3409.
99 ZB *Calliess/Ruffert/Krebber*, EUV/AEUV, Art. 157 AEUV Rn. 73 ff.; *Schwarze/Rebhahn*, EU, Art. 157 AEUV Rn. 50 ff.; *Grabitz/Hilf/Nettesheim/Langenfeld*, EU, Art. 157 AEUV Rn. 82 ff.
100 Vgl. *Jarass*, GRC, Art. 23 Rn. 19, 22; *Schwarze/Graser*, EU, Art. 23 GRC Rn. 3; siehe für Art. 157 Abs. 4 AEUV *Calliess/Ruffert/Krebber*, EUV/AEUV, Art. 157 AEUV Rn. 74.
101 Ähnlich *Heselhaus/Nowak/Odendahl*, Hdb Eur. GR, § 44 Rn. 52; *Frenz*, Handbuch Europarecht 4, Rn. 3397, 3410.
102 *Jarass*, GRC, Art. 23 Rn. 22.

28 d) **„Spezifische Vergünstigungen"**. Damit sind Maßnahmen gemeint, die dazu dienen (sollen), Ungleichheiten zwischen Männern und Frauen auszugleichen.[103] Darüber hinaus erklärt Art. 23 Abs. 2 Fördermaßnahmen für zulässig, sodass zB Quoten eingeführt werden dürfen.[104] Er enthält keine Verpflichtung, Fördermaßnahmen zu ergreifen.[105] Art. 23 Abs. 2 belässt den Grundrechtsverpflichteten einen erheblichen Spielraum.[106]

29 e) **„Unterrepräsentiertes Geschlecht"**. Damit ist das „benachteiligte Geschlecht" gemeint.[107] Vorzugswürdig wäre es gewesen, spezifische Vergünstigungen auch für andere **benachteiligte Personengruppen** zuzulassen,[108] wie es im Sekundärrecht geschieht (→ Art. 21 Rn. 3). Beispiele liefert der Katalog des Art. 21; die praktische Relevanz dürfte für Menschen mit Behinderung am größten sein (was im Konvent diskutiert worden ist → Art. 26 Rn. 9). In diese Richtung weist folgender Formulierungsvorschlag: „Maßnahmen zur Förderung von Personen, die wegen ihrer Zugehörigkeit zu einer Minderheit Nachteile erlitten haben, beruhen nicht auf einer willkürlichen Unterscheidung".[109] Verfehlt ist darin allerdings der Begriff „Minderheit", weil sicher auch die Frauenförderung einer weiblichen Bevölkerungsmehrheit gewollt ist.

5. Rechtsfolgen eines Verstoßes

30 Es ist auf die Ausführungen zu Art. 20 zu verweisen (→ Art. 20 Rn. 29 ff.).[110] Auch in Bezug auf Art. 23 darf die Angleichung durch die Rechtsprechung nicht in jedem Fall dadurch erfolgen, dass der bisher Benachteiligte besser gestellt wird.[111]

IV. Literaturübersicht

Bercusson, Brian (Hrsg.), European Labour Law and the EU Charter of Fundamental Rights, 2006; *Bloch, Eckart*, Die Gleichbehandlung von Männern und Frauen im Verhältnis des europäischen Gemeinschaftsrechts zum deutschen Arbeitsrecht, 1988; *Cirkel, Johannes*, Gleichheitsrechte im Gemeinschaftsrecht, NJW 1998, 3332; *Epiney, Astrid*, Die Rechtsprechung des EuGH im Jahr 2011 – Unionsbürgerschaft, Diskriminierungsverbot, Grundfreiheiten und Gleichstellungsrecht, NVwZ 2012, 930; *dies./Freiermuth Abt, Marianne*, Das Recht der Gleichstellung von Mann und Frau in der EU, 2003; *Fischer, Hans Georg*, Gleichbehandlung von Männern und Frauen im Arbeitsleben, Recht im Amt 2002, 57; *Heselhaus/Nowak/Odendahl*, Hdb Eur. GR, § 44 Gleichheit von Männern und Frauen; *Jarass*, EU-Grundrechte, S. 311; *Langenfeld, Christine*, Die Gleichbehandlung von Mann und Frau im Europäischen Gemeinschaftsrecht, 1990; *Preuß*, Grundrechte in der Europäischen Union, KJ 1998, 1; *Puissochet, Jean-Pierre*, Die Rechtsprechung des Europäischen Gerichtshofes über die Anwendung des Grundsatzes der Gleichbehandlung von Männern und Frauen, in: Classen, Claus Dieter/Dittmann, Armin/Fechner, Frank/Gassner, Ulrich M./Kilian, Michael (Hrsg.), Liber amicorum Thomas Oppermann, 2001, S. 243; *Rating, Stefan*, Mittelbare Diskriminierung der Frau im Erwerbsleben nach Europäischem Gemeinschaftsrecht, 1994; *Rengeling/Szczekalla*, Grundrechte in der Europäischen Union, S. 727; *Riesenhuber, Karl/Franck, Jens-Uwe*, Verbot der Geschlechtsdiskriminierung im Europäischen Vertragsrecht, JZ 2004, 529; *Rolfs, Christian/Wessel, Sandra*, Aktuelle Rechtsprechung und Praxisfragen zur Benachteiligung wegen des Geschlechts, NJW 2009, 3329; *Sachs, Michael*, Frauenquoten wieder vor dem EuGH, RdA 1997, 129; *Suhr, Oliver*, Grenzen der Gleichbehandlung: Zur Vereinbarkeit von Frauenquoten mit dem Gemein-

---

103 *Tettinger/Stern/Nußberger*, GRC, Art. 23 Rn. 98; *Mock/Demuro/Brunelli*, Human Rights, Art. 23, S. 143.
104 *Frenz*, Handbuch Europarecht 4, Rn. 3411 f.; *Mock/Demuro/Brunelli*, Human Rights, Art. 23, S. 143 f.
105 *Jarass*, GRC, Art. 23 Rn. 4; *Schwarze/Graser*, EU, Art. 23 GRC Rn. 4.
106 *Jarass*, GRC, Art. 23 Rn. 20.
107 AA *Tettinger/Stern/Nußberger*, GRC, Art. 23 Rn. 106.
108 Zustimmend *Winner*, Die Europäische Grundrechtecharta, S. 199.
109 *Preuß*, KJ 1998, 23.
110 S. auch *Jarass*, GRC, Art. 23 Rn. 7.
111 AA *Tettinger/Stern/Nußberger*, GRC, Art. 23 Rn. 112.

schaftsrecht, EuGRZ 1998, 121; *Winner, Teresa*, Die Europäische Grundrechtecharta und ihre soziale Dimension, 2005; *Wisskirchen, Gerlind*, Mittelbare Diskriminierungen von Frauen im Erwerbsleben, 1994.

Artikel 24 Rechte des Kindes

(1) Kinder haben Anspruch auf den Schutz und die Fürsorge, die für ihr Wohlergehen notwendig sind. Sie können ihre Meinung frei äußern. Ihre Meinung wird in den Angelegenheiten, die sie betreffen, in einer ihrem Alter und ihrem Reifegrad entsprechenden Weise berücksichtigt.

(2) Bei allen Kinder betreffenden Maßnahmen öffentlicher Stellen oder privater Einrichtungen muss das Wohl des Kindes eine vorrangige Erwägung sein.

(3) Jedes Kind hat Anspruch auf regelmäßige persönliche Beziehungen und direkte Kontakte zu beiden Elternteilen, es sei denn, dies steht seinem Wohl entgegen.

I. Vorgaben

Das **„Übereinkommen über die Rechte des Kindes“**[1] der UN ist für alle Mitgliedstaaten in Kraft getreten. Es legt wesentliche Standards zum Schutz der Kinder weltweit fest und enthält die zur Zeit des Grundrechtekonvents gültigen Vorgaben des internationalen Rechts für diesen Artikel.[2] Ein Teil der Bestimmungen des Übereinkommens dürfte unmittelbar anwendbar sein. Das entspricht der überwiegenden Meinung, nachdem Deutschland eine gegenteilige Erklärung im Jahr 2010 zurückgenommen hat.[3] Die **UN-Behindertenrechtskonvention**[4] enthält den Art. 7 „Kinder mit Behinderungen“. Im **Vertrag von Lissabon** sind die Rechte des Kindes an zentraler Stelle platziert. Gemäß Art. 3 Abs. 3 UAbs. 2 EUV fördert die Union „die Solidarität zwischen den Generationen und den Schutz der Rechte des 1

1 Angenommen durch die UN-Generalversammlung am 20.11.1989 (BGBl. 1992 II S. 121), im Folgenden: UN-Kinderrechtskonvention. In Deutschland bezog sich darauf der nationale Aktionsplan der Bundesregierung für ein kindergerechtes Deutschland 2005–2010; Bundesministerium für Familie, Senioren, Frauen und Jugend (Hrsg.), Berlin 2005.

2 *Braibant*, Charte des droits fondamentaux, S. 166. Zur weltweiten Lage von Kindern, BT-Drs. 19/8066.

3 *Schmahl*, Kinderrechtskonvention, Einleitung Rn. 24 mwN; vgl. BVerwG, Beschluss vom 10.2.2011, 1 B 20.10, 1 B 22/10; Antwort der Bundesregierung auf die Kleine Anfrage der Fraktion BÜNDNIS 90/DIE GRÜNEN „Stärkung der Kinderrechte“, BT-Drs. 17/3938.

4 Übereinkommen über die Rechte von Menschen mit Behinderungen vom 13.12.2006 (BGBl. 2008 II S. 1419). Näher *Hölscheidt*, Art. 26 Rn. 1.

Kindes." Außerdem leistet sie einen Beitrag „zum Schutz der Menschenrechte, insbesondere der Rechte des Kindes [...]" (Art. 3 Abs. 5 S. 2 EUV). Die Verfassungen der Mitgliedstaaten widmen sich den Rechten der Kinder nur fragmentarisch.

1. Internationales Recht

2 **Art. 24 Abs. 1 S. 1** gründet sich auf Art. 3 Abs. 2 UN-Kinderrechtskonvention. Er sieht vor, dass sich die Vertragsstaaten verpflichten, „dem Kind unter Berücksichtigung der Rechte und Pflichten seiner Eltern, seines Vormunds oder anderer für das Kind gesetzlich verantwortlicher Personen den Schutz und die Fürsorge zu gewährleisten, die zu seinem Wohlergehen notwendig sind." Die revidierte Europäische Sozialcharta[5] gewährt Kindern und Jugendlichen das Recht auf sozialen, gesetzlichen und wirtschaftlichen Schutz.

3 Die **Sätze 2 und** 3 des Art. 24 Abs. 1 haben mehrere Grundlagen. Gemäß Art. 12 Abs. 1 UN-Kinderrechtskonvention sichern die Vertragsstaaten „dem Kind, das fähig ist, sich eine eigene Meinung zu bilden, das Recht zu, diese Meinung in allen das Kind berührenden Angelegenheiten frei zu äußern und berücksichtigen die Meinung des Kindes angemessen und entsprechend seinem Alter und seiner Reife". Außerdem gibt Art. 13 Abs. 1 UN-Kinderrechtskonvention dem Kind das Recht auf freie Meinungsäußerung. Für Kinder mit Behinderungen findet sich der Gehalt von Absatz 1 S. 2 und 3 des Art. 24 in Art. 7 Abs. 2 UN-Behindertenrechtskonvention.

4 **Art. 24 Abs. 2** basiert auf Art. 3 Abs. 1 UN-Kinderrechtskonvention: „Bei allen Maßnahmen, die Kinder betreffen, gleichviel ob sie von öffentlichen oder privaten Einrichtungen der sozialen Fürsorge, Gerichten, Verwaltungsbehörden oder Gesetzgebungsorganen getroffen werden, ist das Wohl des Kindes ein Gesichtspunkt, der vorrangig zu berücksichtigen ist". Art. 7 Abs. 2 UN-Behindertenrechtskonvention wiederholt das speziell für Kinder mit Behinderungen.

5 **Art. 24 Abs. 3** gründet sich auf Art. 9 Abs. 3 UN-Kinderrechtskonvention: „Die Vertragsstaaten achten das Recht des Kindes, das von einem oder beiden Elternteilen getrennt ist, regelmäßige persönliche Beziehungen und unmittelbare Kontakte zu beiden Elternteilen zu pflegen, soweit dies nicht dem Wohl des Kindes widerspricht." Gemäß Art. 9 Abs. 1 S. 1 UN-Kinderrechtskonvention stellen die Vertragsstaaten sicher, dass ein Kind nicht gegen den Willen seiner Eltern von ihnen getrennt wird.

2. Verfassungen der Mitgliedstaaten

6 Überwiegend werden Kinder als **Objekt** (sozial-)**staatlicher Fürsorge** gesehen, oder es werden ihre Rechte als Annex zu den Grundrechten der Eltern betrachtet. Eine bemerkenswerte Ausnahme bildet die **finnische Verfassung**, die den **Subjektstatus** von **Kindern** hervorhebt.[6] Einige Verfassungen erwähnen Rechte von Kindern im Zusammenhang mit dem Unterrichtswesen und den Grundrechten und Staatszielen.[7] Acht Verfassungen garantieren ähnlich wie die deutsche die **Gleichheit** von **ehelichen** und **nichtehelichen Kindern.**[8] Nur

---

5 Vom 3.5.1996, ETS 163, Art. 17.

6 *Winner*, Die Europäische Grundrechtecharta, S. 200; unten Rn. 8.

7 Art. 24 § 4 VerfBelgien; § 76 VerfDänemark; Art. 37 Abs. 1 VerfEstland; Präambel-Grundsatz Nr. 9 VerfFrankreich (1946); Art. 40 Abs. 2 VerfMalta für den Bereich der religiösen Erziehung; Kap. 2 Art. 18 Abs. 1 VerfSchweden.

8 Art. 6 Abs. 5 GG; Art. 47 Abs. 3 VerfBulgarien; Art. 30 Abs. 3 VerfItalien; Art. 36 Abs. 4 VerfPortugal; Art. 44 Abs. 3 VerfRumänien; Art. 41 Abs. 3 VerfSlowakei; Art. 54 Abs. 2 VerfSlowenien; Art. 39 Abs. 2, 3 VerfSpanien; Art. 3 VerfTschechische Republik iVm Art. 32 Abs. 3 der Charta der Grundrechte und -freiheiten.

die **Verfassungen Kroatiens**[9], **Litauens**[10] und **Ungarns**[11] normieren **Fürsorgepflichten** der **Kinder** gegenüber ihren **Eltern.** Die **Verfassungen Luxemburgs, Österreichs, der Niederlande** und **Zyperns** äußern sich **nicht** spezifisch zu den Rechten des **Kindes.**

Eine **Generalklausel,** die mit **Art. 24 Abs. 1 S. 1 („Kinderschutz")** vergleichbar ist, kennen neunzehn Verfassungen.[12] Darüber hinaus sind folgende **Besonderheiten** erwähnenswert: Umfassend schützt die polnische Verfassung die Rechte der Kinder.[13] Die spanische Verfassung verstärkt das Schutzniveau durch eine Verweisung auf die Rechte, die Kinder gemäß internationalen Abkommen genießen.[14] Sieben Verfassungen sichern behinderten Kindern und Kindern, die ohne elterliche Fürsorge sind oder unter Gewalt gelitten haben, besondere Unterstützung zu.[15] In einigen Mitgliedstaaten gibt es konkrete verfassungsrechtliche Bestimmungen zu Kinder- oder Jugendarbeit (→ Art. 32 Rn. 6). Die deutsche und acht weitere Verfassungen behandeln den staatlichen Schutzauftrag zugunsten von Kindern als subsidiär gegenüber dem Schutz der Familie und dem Erziehungsrecht der Eltern. Hoheitliche Fürsorge ist dort nicht als originäres Recht des Kindes, sondern als Schranke des elterlichen Rechts *am* Kind konzipiert.[16] Einige deutsche Bundesländer widmen sich den Rechten der Kinder in vergleichbarer Weise wie Art. 24.[17] 7

Der Ansatz des **Art. 24 Abs. 1 S. 2, 3** findet in seiner Formulierung und in der systematischen Zuordnung zu den Gleichheitsrechten ein Vorbild in der **Verfassung Finnlands:** „Kinder werden wie gleiche Individuen behandelt, und sie sollen das Recht haben, auf Angelegenheiten, die sie selbst betreffen, gemäß ihrem Entwicklungsstand Einfluss zu neh- 8

---

9 Art. 64 Abs. 4 VerfKroatien.

10 Art. 38 Abs. 7 VerfLitauen.

11 Art. XVI Abs. 4 VerfUngarn.

12 Art. 22bis VerfBelgien; Art. 14 Abs. 1 VerfBulgarien; Art. 27 Abs. 4 VerfEstland; Präambel-Grundsatz Nr. 7 VerfFrankreich (1946), demzufolge die Nation dem Kind Schutz der Gesundheit, materielle Sicherheit, Ruhe und Freiheit gewährleistet; Art. 21 Abs. 1 VerfGriechenland: „Das Kindesalter steht unter dem Schutz des Staates"; Art. 42A Abs. 1 VerfIrland; Art. 31 Abs. 2 VerfItalien; Art. 63, Art. 64 Abs. 2, 3 und 5 VerfKroatien; Art. 110 VerfLettland; Art. 38 Abs. 2 und Art. 39 VerfLitauen; Art. 72 Abs. 1 VerfPolen; Art. 69 Abs. 1 VerfPortugal: „Kinder haben im Hinblick auf ihre vollständige Entwicklung das Recht auf den Schutz durch die Gesellschaft und den Staat"; Art. 49 Abs. 1 VerfRumänien; Kap. 1 Art. 2 Abs. 5 VerfSchweden; Art. 41 Abs. 4 VerfSlowakei; Art. 56 Abs. 1 und 2 VerfSlowenien; Art. 39 Abs. 2 VerfSpanien: „Die öffentliche Gewalt sichert [...] den vollen Schutz der Kinder"; Art. 3 VerfTschechische Republik iVm Art. 32 Abs. 1 der Charta der Grundrechte und -freiheiten; Art. XV Abs. 5 und Art. XVI Abs. 1 VerfUngarn.

13 Art. 72; 65 Abs. 3; 68 Abs. 3 und 5 VerfPolen.

14 Art. 39 Abs. 4 VerfSpanien.

15 Art. 47 Abs. 4 VerfBulgarien; Art. 64 Abs. 3 und 5 VerfKroatien; Art. 110 S. 2 VerfLettland; Art. 72 Abs. 2 VerfPolen; Art. 69 Abs. 2 VerfPortugal; Art. 52 Abs. 2 und Art. 56 Abs. 3 VerfSlowenien; Art. 32 Abs. 4 und Art. 49 Abs. 2 VerfRumänien.

16 Art. 6 Abs. 2, 3 GG. Der „Entwurf eines Gesetzes zur Änderung des Grundgesetzes (Gesetz zur Verankerung von Kinderrechten)" der Fraktion DIE LINKE., BT-Drs. 19/10622 und der „Entwurf eines Gesetzes zur Änderung des Grundgesetzes (Ergänzung des Artikels 6 zur Stärkung der Kinderrechte)" der Fraktion BÜNDNIS 90/DIE GRÜNEN, BT-Drs. 19/10552 sind in den 19. Bundestag eingebracht worden. Auch die erfolglosen Vorläufer (BT-Drs. 17/10118; 17/11650) und der „Entwurf eines Gesetzes zur Änderung des Grundgesetzes (Gesetz zur Verankerung von Kinderrechten im Grundgesetz)" der Fraktion der SPD, BT-Drs. 17/1323 enthielten Regelungen, die mit Art. 24 vergleichbar waren. Die übrigen Normen sind Art. 64 Abs. 1 und 2 VerfKroatien; Art. 42 Abs. 1, Art. 42A Abs. 2 VerfIrland; Art. 30 Abs. 1, 2 VerfItalien; Art. 48 Abs. 2 VerfPolen; Art. 36 Abs. 6 VerfPortugal; Art. 41 Abs. 4 VerfSlowakei; Art. 54 Abs. 1 VerfSlowenien; Art. 3 VerfTschechische Republik iVm Art. 32 Abs. 4 der Charta der Grundrechte und -freiheiten.

17 Art. 125 Abs. 1 S. 1, 2 VerfBayern; Art. 13 Abs. 1 VerfBerlin; Art. 4 Abs. 2 VerfHessen; Art. 14 VerfMecklenburg-Vorpommern; Art. 9 VerfSachsen; Art. 24 Abs. 3, 4 VerfSachsen-Anhalt; Art. 18 Abs. 2 VerfThüringen.

men."[18] In **Polen** sind „Organe der öffentlichen Gewalt sowie die für das Kind verantwortlichen Personen" gemäß der Verfassung „bei der Feststellung der Kinderrechte verpflichtet, die Meinung des Kindes anzuhören und diese möglichst zu berücksichtigen".[19]

9 **Keine Verfassung** kennt ausdrückliche Vorschriften, die den Gewährleistungen der **Absätze** 2 und 3 des Art. 24 entsprechen.

II. Diskussion im Grundrechtekonvent

1. Forderung nach einem Artikel zu den Rechten der Kinder

10 Die vom Präsidium zu Beginn der Verhandlungen vorgelegte Grundrechteliste[20] enthielt keinen Hinweis auf einen Artikel zu den Rechten des Kindes. Ausdrücklich erwähnt wurde lediglich der Schutz der Kinder und Heranwachsenden unter dem Aspekt des sozialen Schutzes in der Rubrik „Wirtschaftliche und soziale Rechte/Ziele". Ein neuer Präsidiumsentwurf[21] beinhaltete einen Absatz 3 zu den Rechten des Kindes in dem mit „Familienleben" überschriebenen Art. 9 mit folgendem Wortlaut: „Die Union trägt Sorge für den Schutz des Kindes." Mehrere Konventsmitglieder forderten in ihren Redebeiträgen, dass Absatz 3 in einen eigenständigen Artikel verlegt werden müsse.[22] Dies entspreche dem besonderen Schutzbedürfnis des Kindes, das in einigen Mitgliedstaaten Verfassungsrang habe.[23]

2. Vorschläge eines Artikels zu den Rechten des Kindes

11 Das Präsidium legte einen neuen Entwurf vor, in dem ein eigener Artikel zu den Rechten des Kindes formuliert worden war (Art. 23): „Kinder müssen als eigenständige Personen behandelt werden und die Möglichkeit haben, auf Angelegenheiten, die sie selbst betreffen, entsprechend dem Grad ihrer persönlichen Reife Einfluss zu nehmen".[24]

12 Im Folgenden wurden zahlreiche schriftliche Änderungsvorschläge von den Konventsmitgliedern[25] eingereicht, auf denen der Kompromissvorschlag des Präsidiums[26] basierte. Während der Sitzung vom 10./11.7.2000 forderten mehrere Konventsmitglieder, dass sich die Chartabestimmung an dem „Übereinkommen über die Rechte des Kindes" (→ Rn. 1)

---

18 § 6 Abs. 3 VerfFinnland.

19 Art. 72 Abs. 3 VerfPolen.

20 CHARTE 4112/2/00 REV 2 BODY 4 vom 27.1.2000.

21 In der Sitzung vom 2./3.3.2000 prüfte der Konvent die Vorschläge des Präsidiums zu den Art. 4–9 auf der Grundlage von CHARTE 4123/1/00 REV 1 CONVENT 5 vom 15.2.2000.

22 So *Paciotti* (IT), *Prusti* (FN), *Hayes* (IR), *Lehmann* (DK), *Melograni* (IT), *Chidgey* (GB), *Rodriguez Bereijo* (E).

23 *Bernsdorff/Borowsky*, Protokolle, S. 157.

24 CHARTE 4284/00 CONVENT 28 vom 5.5.2000.

25 Siehe Vorschläge Nr. 471 ff. in CHARTE 4332/00 CONVENT 35 vom 5.5.2000.

26 CHARTE 4333/00 CONVENT 36 vom 4.6.2000; er lautete (Art. 23): „1. Kinder haben Anspruch auf Schutz und die für ihr Wohlergehen notwendige Fürsorge. Sie können sich zu Angelegenheiten, die sie berühren, frei äußern; ihre Meinung wird in einer ihrem Alter und Reifegrad angemessenen Weise berücksichtigt. 2. Bei allen Kinder betreffenden Maßnahmen öffentlicher oder privater Einrichtungen der sozialen Fürsorge hat das übergeordnete Interesse des Kindes Vorrang." Dieser Kompromissvorschlag wurde in der Sitzung vom 10./11.7.2000 zur Diskussion gestellt (*Bernsdorff/Borowsky*, Protokolle, S. 311 ff.; *Meyer/Engels*, Charta der Grundrechte, S. 317 f.). Als weiteres Bezugsdokument der Beratungen diente CHARTE 4360/00 CONVENT 37 vom 14.6.2000. Darin hatte das Präsidium die dem Kompromissvorschlag als Grundlage dienenden Änderungsvorschläge thematisch zusammengefasst.

orientieren sollte.[27] *Berès* (F)[28] schlug außerdem vor, die Rechte von Kindern aus geschiedenen Ehen in den Artikel zu integrieren. Die Frage nach einer Kompetenz der EU zur Regelung der Rechte von Kindern wurde gestellt[29] und die komplizierte Formulierung des Kompromissvorschlags kritisiert.[30] *Mombaur* (D) regte an, dass sich alle Maßnahmen am „Wohl" des Kindes, und nicht, wie im Kompromissvorschlag formuliert, am „Interesse" des Kindes zu orientieren haben. *Voggenhuber* (A) war der Auffassung, dass die Formulierung des Art. 23 („ihre Meinung wird [...] berücksichtigt") besser und „energischer" sei.[31] Der Kompromissvorschlag sah die einschränkende Formulierung „Kinder müssen [...] die Möglichkeit haben [...] Einfluss zu nehmen" vor. Auch müssten sich Kinder grundsätzlich zu allen Angelegenheiten äußern dürfen, nicht nur zu solchen, die sie beträfen.[32]

3. Endfassung des Artikels

In der Sitzung vom 11./12.9.2000 fanden getrennte Koordinierungssitzungen der drei großen Gruppen im Konvent statt (Vertreter der einzelstaatlichen Parlamente, persönlich Beauftragte der Staats- und Regierungschefs, Delegation des Europäischen Parlaments). Bei den Beratungen der nationalen Parlamentarier wurde ua über die neue Fassung des Art. 23 diskutiert.[33] Dessen **Absatz 1** entsprach bereits der späteren Endfassung; der **Absatz 2** war ebenfalls, bis auf den Begriff „übergeordnetes Interesse" statt „Wohl", identisch mit dem endgültigen Wortlaut.[34] 13

Der neue Entwurf eines vollständigen Textes der Charta[35] übernahm die Fassung der Absätze 1 und 2 aus CHARTE 4422/00 CONVENT 45,[36] fügte aber darüber hinaus erstmalig einen **Absatz 3** hinzu,[37] der ebenso wie Absatz 2 nur hinsichtlich der Formulierung „Interessen" statt „Wohl" von der späteren Endfassung abwich. Im endgültigen Entwurf eines vollständigen Textes der Charta[38] wurde schließlich in Absatz 2 „Interesse des Kindes" durch „Wohl des Kindes" sowie in Absatz 3 „Interesse" durch „Wohl" ersetzt. In dieser Fassung nahm der Konvent den Artikel an. 14

III. Kommentierung

1. Grundsätzliche Bedeutung

Art. 24 betont, dass der Schutz der Kinderrechte ein wichtiges Anliegen der Union ist.[39] Der Artikel hat einen **schillernden Inhalt.**[40] Jedenfalls wertet er die Stellung der Kinder im Verhältnis zu ihren Eltern auf und akzentuiert damit anders als das Grundgesetz in Art. 6 Abs. 2.[41] Er besteht aus Ansprüchen mit unterschiedlichen Zielen, einer Pflicht zur Berück- 15

27 So *Lallemand* (B), *Berès* (F), *van den Burg* (NL).
28 *Braibant,* Charte des droits fondamentaux, S. 167.
29 *Goldsmith* (GB) und *Griffith* (GB).
30 *Patijn* (NL), *Mombaur* (D).
31 In CHARTE 4333/00 CONVENT 36 vom 4.6.2000 vorgeschlagen.
32 Vgl. Art. 23 Abs. 1 S. 2: „Sie können sich zu Angelegenheiten, die sie berühren, frei äußern [...]".
33 CHARTE 4422/00 CONVENT 45 vom 28.7.2000.
34 Zur Diskussion *Bernsdorff/Borowsky*, Protokolle, S. 369; *Meyer/Engels*, Charta der Grundrechte, S. 368 f.
35 CHARTE 4470/00 CONVENT 47 vom 14.9.2000.
36 Vom 28.7.2000.
37 Näher *Barriga*, Die Entstehung, S. 113.
38 CHARTE 4487/00 CONVENT 50 vom 28.9.2000.
39 *Frenz,* Handbuch Europarecht 4, Rn. 3416.
40 *Grabenwarter*, DVBl. 2001, 6; *Tettinger/Stern/Ennuschat*, GRC, Art. 24 Rn. 5.
41 *Tettinger/Stern/Ennuschat*, GRC, Art. 24 Rn. 4.

sichtigung und einer Pflicht zur Erwägung. Der EuGH hat ausgesprochen, dass Art. 24 die Auslegung des Sekundärrechts dirigiert.[42]

2. Verhältnis zu anderen Vorschriften

16 Einzelne Aspekte des Art. 24 korrespondieren mit den Art. 4 (→ Art. 4 Rn. 16.), Art. 5, Art. 6, Art. 7,[43] Art. 11 Abs. 1 (→ Rn. 24), Art. 14 (→ Art. 14 Rn. 20), Art. 21 Abs. 1 (→ Art. 21 Rn. 50), Art. 32,[44] Art. 33[45] und Art. 41 Abs. 1, 2.[46] Meist dürfte Idealkonkurrenz bestehen.[47]

3. Rechtsnatur und Auslegung

17 Die Frage, ob es sich bei Art. 24 ganz oder zumindest in Teilen um ein Grundrecht oder einen Grundsatz handelt, ist in der Rechtswissenschaft umstritten.[48] Der EuGH spricht von den „Grundrechten des Kindes im Sinne des Art. 24 der Charta".[49] Auch die Formulierung der Norm (einschließlich der Überschrift) legt es nahe, Art. 24 als **Grundrecht** (Art. 51 Abs. 1 S. 2) zu verstehen.[50] Er beinhaltet Leistungs- und Abwehrgehalte. Art. 24 ergibt sich nicht aus einer gemeinsamen Verfassungsüberlieferung der Mitgliedstaaten (→ Rn. 6 ff.); Art. 52 Abs. 4 ist also nicht einschlägig.

4. Grundrechtsträger und Grundrechtsadressaten

18 **Kinder** sind eigenständige **Grundrechtsträger.**[51] Weil Vorgaben für diesen Artikel der UN-Kinderrechtskonvention zu entnehmen sind (→ Rn. 1 ff.), ist es angebracht, für die Kindesdefinition auf die Konvention zurückzugreifen.[52] Ihr Art. 1 bezeichnet **Kinder** als grundsätzlich alle **Menschen,** die das **18. Lebensjahr** noch **nicht vollendet** haben.[53] Davon abweichend wird im Arbeitsschutzrecht (Art. 32) zwischen Kindern und Jugendlichen unterschieden (→ Art. 32 Rn. 17). Damit Kinder von ihren Rechten Gebrauch machen können, müssen sie ein Mindestmaß an Einsichtsfähigkeit besitzen.[54] Art. 24 schützt ungeborenes Le-

---

42 EuGH – Maahanmuuttovirasto, Urt. v. 6.12.2012, Rs. C-356/11, ECLI:EU:C:2012:776, Rn. 76; unten Rn. 32.

43 EuGH – Parlament/Rat, C-540/03 – Slg 2006, I-5769 Rn. 58.

44 Ausführlich zum Verhältnis von Art. 24 zu Art. 32 *Heselhaus/Nowak/Marauhn*, Hdb Eur. GR, § 41 Rn. 14; zustimmend *Schwarze/Ross*, EU, Art. 24 GRC Rn. 2.

45 *Holoubek/Lienbacher/Fuchs*, GRC, Art. 24 Rn. 25.

46 *Grabenwarter/Schmahl*, Grundrechteschutz, § 15 Rn. 104: Art. 24 Abs. 1 S. 3 ist lex specialis zu Art. 41 Abs. 1, 2.

47 *Jarass*, GRC, Art. 24 Rn. 8.

48 Bejahung der Grundrechtseigenschaft in Gänze: *Schwarze/Ross*, EU, Art. 24 GRC Rn. 3; *Streinz/Streinz*, EUV/AEUV, Art. 24 GRC Rn. 5; *Calliess/Ruffert/Kingreen*, EUV/AEUV, Art. 24 GRC Rn. 3, 4, 8; *Grabenwarter/Schmahl*, Grundrechteschutz, § 15 Rn. 100; *Jarass*, GRC, Art. 24 Rn. 4 mit Einschränkungen bei Absatz 1 Satz 1; Annahme eines Grundsatzes *Tettinger/Stern/Ennuschat*, GRC, Art. 24 Rn. 6.

49 EuGH – Detiček, C-403/09 – Slg 2009, I-12193 Rn. 53 f., 58; EuGH – Povse, C-211/10 – Slg 2010, I-06673 Rn. 64.

50 *Jarass*, GRC, Art. 24 Rn. 4; *Schwarze/Ross*, EU, Art. 24 GRC Rn. 3; *Streinz/Streinz*, EUV/AEUV, Art. 24 GRC Rn. 5.

51 *Frenz*, Handbuch Europarecht 4, Rn. 3416.

52 *Peers/Hervey/Kenner/Ward/Lamont*, EU Charter, Art. 24 Rn. 24.43.

53 Zustimmend *Tettinger/Stern/Ennuschat*, GRC, Art. 24 Rn. 8; *Merten/Papier/Kugelmann*, Handbuch, § 160 Rn. 73; *Schwarze/Ross*, EU, Art. 24 GRC Rn. 4; *Jarass*, GRC, Art. 24 Rn. 9; *Streinz/Streinz*, EUV/AEUV, Art. 24 GRC Rn. 5; *Calliess/Ruffert/Kingreen*, EUV/AEUV, Art. 24 GRC Rn. 2. Zu Zweifelsfällen bei der Altersbestimmung unten Rn. 32.

54 *Holoubek/Lienbacher/Fuchs*, GRC, Art. 24 Rn. 20.

ben nicht; dies wird auch in Bezug auf die UN-Kinderrechtskonvention überwiegend so gesehen.[55] **Grundrechtsadressaten** sind die Union und die Mitgliedstaaten gemäß Art. 51 Abs. 1 S. 1.[56]

Der Artikel ist einer der wenigen der Charta, der einer Meinung zufolge in Teilen unmittelbare Drittwirkung haben,[57] der also Bürger als Grundrechtsadressaten in die Pflicht nehmen soll. Immerhin nimmt Art. 24 Abs. 2 Private ausdrücklich in die Pflicht. Die besseren Gründe sprechen aber dafür, auch bei Art. 24 nur eine **mittelbare Drittwirkung** anzunehmen:[58] „Dritte werden nur durch die Gesetzgebung der Union oder der Mitgliedstaaten verpflichtet."[59] 19

5. Anspruch von Kindern auf Schutz- und Fürsorge (Absatz 1 Satz 1)

Art. 24 Abs. 1 gibt **Kindern** in Satz 1 einen **Anspruch**[60] auf den **Schutz** und die **Fürsorge,** die für ihr **Wohlergehen** notwendig sind. Es handelt sich um ein subjektives Recht.[61] Der Anspruch auf **Schutz** verpflichtet zu **aktivem Handeln,** also dazu, Abwehrmaßnahmen zu ergreifen, wenn das Wohl von Kindern beeinträchtigt zu werden droht oder bereits beeinträchtigt wird.[62] Er besteht auch gegenüber den Eltern.[63] **„Fürsorge"** meint wohl das sonstige Handeln der Grundrechtsadressaten,[64] das nicht in Abwehrmaßnahmen besteht. 20

Mit dem Gebot zu aktivem Handeln betont die Charta ausdrücklich für Kinder ein besonderes Schutzbedürfnis, das über das Schutzbedürfnis für ältere und behinderte Menschen hinausgeht.[65] Geboten ist es, wirksame Regelungen zu schaffen, damit Schutz und Fürsorge für Kinder gewährleistet sind.[66] Einen konkreten Maßstab für das allgemeine Gebot liefert Absatz 1 nicht. Die Adressaten haben einen großen Gestaltungsspielraum.[67] Aus dem Schutzanspruch lassen sich keine neuen Kompetenzen der Union ableiten (Art. 51 Abs. 2). Obwohl die EU keine allgemeine Befugnis auf dem Gebiet der Rechte des Kindes besitzt, setzt sich die Kommission dafür ein, dass Maßnahmen der EU in allen kinderrelevanten Politikbereichen so umgesetzt und überwacht werden, dass sie Art. 24 und der UN-Kinderrechtkonvention Rechnung tragen. Sie legte hierzu im Jahr 2006 eine EU-Kinderrechtsstra- 21

55 *Tettinger/Stern/Ennuschat*, GRC, Art. 24 Rn. 8; *Frenz*, Handbuch Europarecht 4, Rn. 3446; *Jarass*, GRC, Art. 24 Rn. 9; *Schwarze/Ross*, EU, Art. 24 GRC Rn. 4; *Holoubek/Lienbacher/Fuchs*, GRC, Art. 24 Rn. 17, 40; *Steindorff-Classen*, EuR 2011, 19, 30; zu der Konvention *Schmahl*, UN-Kinderrechtskonvention, Art. 1 Rn. 5 f. mwN.

56 *Jarass*, GRC, Art. 24 Rn. 6; *GSH/Lemke*, EU, Art. 24 GRC Rn. 9.

57 Für unmittelbare Drittwirkung von Art. 24 Abs. 2 und 3 *Steindorff-Classen*, EuR 2011, 19, 33.

58 *Hölscheidt*, Vorbemerkungen Rn. 33 f.; *Schwerdtfeger*, Art. 51 Rn. 57; *Frenz*, Handbuch Europarecht 4, Rn. 3460, 3467 ff., 3478; *Holoubek/Lienbacher/Fuchs*, GRC, Art. 24 Rn. 35; *Calliess/Ruffert/Kingreen*, EUV/AEUV, Art. 24 GRC Rn. 8; *Grabenwarter/Schmahl*, Grundrechteschutz, § 15 Rn. 103, 105.

59 *Tettinger/Stern/Ennuschat*, GRC, Art. 24 Rn. 7; s. auch *Jarass*, GRC, Art. 24 Rn. 6; *Streinz/Streinz*, EUV/AEUV, Art. 24 GRC Rn. 5.

60 Allgemein dazu *Hölscheidt*, Vorbemerkungen Rn. 24.

61 *Bifulco/Cartabia/Celotto/Lotito*, L'europa dei diritti, Art. 24 Rn. 1; *Frenz*, Handbuch Europarecht 4, Rn. 3433.

62 *Burgorgue-Larsen/Levade/Picod/Gouttenoire*, Traité, Art. II-84 Rn. 12 f.; *Frenz*, Handbuch Europarecht 4, Rn. 3452.

63 *Frenz*, Handbuch Europarecht 4, Rn. 3448; *Jarass*, GRC, Art. 24 Rn. 11.

64 *Frenz*, Handbuch Europarecht 4, Rn. 3449; *Jarass*, GRC, Art. 24 Rn. 11.

65 *Mock/Demuro/Lotito*, Human Rights, Art. 24, S. 149.

66 *Winner*, Die Europäische Grundrechtecharta, S. 201; *Mock/Demuro/Lotito*, Human Rights, Art. 24, S. 151 ff.

67 *Jarass*, GRC, Art. 24 Rn. 11.

tegie[68] vor; darauf aufbauend folgte im Jahr 2011 eine EU-Agenda für die Rechte des Kindes.[69]

22 Die Rechte der Kinder sind auf ihr Wohlergehen bzw. Wohl gerichtet. **„Wohlergehen“**[70] (so die Formulierung des Absatzes 1) und **„Wohl“** des Kindes (so Absätze 2 und 3) sind gleichbedeutend. Es wäre daher vorzugswürdig gewesen, in allen Absätzen den kurzen Begriff zu verwenden. Dieser unbestimmte Rechtsbegriff ist schwer zu erfassen.[71] Chartaimmanent wird das Wohl vor allem bestimmt durch die Komponenten „Reifegrad“ (Abs. 1 S. 3), „Recht auf Bildung“ (Art. 14 Abs. 1), „Achtung demokratischer Grundsätze“ (Art. 14 Abs. 3), „Achtung des Familienlebens“ (Art. 7) und „Sicherheit, Gesundheit, körperliche, geistige, sittliche und soziale Entwicklung“ (Art. 32).[72] Welcher Schutz und welche Fürsorge notwendig ist, muss aus der Perspektive des Kindes beurteilt werden.[73] Der EuGH hat festgestellt, aus Art. 24 Abs. 1 S. 1 folge nicht zwingend ein individuelles Recht von Kindern darauf, dass ihren Eltern Elternurlaub gewährt wird.[74] Das trifft zu. Es ist eine Entscheidung der Eltern, ob sie Elternurlaub in Anspruch nehmen.

23 Der Schutz- und Fürsorgeanspruch des Kindes nach Art. 24 Abs. 1 S. 1 stellt ein berechtigtes Interesse dar, das grundsätzlich im Sinne der Schmidberger-Rechtsprechung des EuGH[75] geeignet ist, eine Beschränkung der Grundfreiheiten zu rechtfertigen.[76]

6. Freiheit der Meinungsäußerung für Kinder und Berücksichtigungspflicht (Absatz 1 Satz 2, 3)

24 Es war **nicht erforderlich, Art. 24 Abs. 1 S. 2** in die Charta **aufzunehmen**, denn Art. 11 Abs. 1 S. 1 gewährt ohnehin jeder Person, also auch jedem Kind, das Recht auf freie Meinungsäußerung (→ Art. 11 Rn. 11 ff.).[77] Die beiden Vorschriften stehen für Kinder in Idealkonkurrenz.[78] Ein Kind kann seine Meinung frei äußern, wenn es rechtlich und tatsächlich die Möglichkeit dazu hat.[79]

25 Das Recht auf freie Meinungsäußerung nach Art. 24 Abs. 1 S. 2 findet seine Grenzen im Kindeswohlprinzip nach Absatz 2. So kann es das Wohl des Kindes rechtfertigen, dass ein Gericht von der grundsätzlich gebotenen persönlichen Anhörung des Kindes in einem Sorgerechtsverfahren absieht.[80]

26 **Art. 24 Abs. 1 S. 3** stärkt die Freiheit der Meinungsäußerung um einen wichtigen Aspekt. Denn er bestimmt, dass die Meinung der Kinder in den **Angelegenheiten**, die sie betreffen, in einer Weise berücksichtigt wird, die ihrem Alter und ihrem Reifegrad entspricht. Es muss sich um kinderspezifische Angelegenheiten handeln, von denen mindestens ein Kind

---

68 KOM(2006) 367 endg.
69 KOM(2011) 60 endg.
70 Näher *Schwarze/Ross*, EU, Art. 24 GRC Rn. 6.
71 *Frenz*, Handbuch Europarecht 4, Rn. 3450; *Mock/Demuro/Lotito*, Human Rights, Art. 24, S. 150 f.
72 *Tettinger/Stern/Ennuschat*, GRC, Art. 24 Rn. 10.
73 *Frenz*, Handbuch Europarecht 4, Rn. 3451.
74 EuGH – Chatzi, Urt. v. 16.9.2010, Rs. C-149/10, ECLI:EU:C:2010:534, Rn. 39.
75 EuGH – Schmidberger, C-112/00 – Slg 2003, I-5659.
76 EuGH – Dynamic Medien, C-244/06 – Slg 2008, I-505 Rn. 41 f.: gerechtfertigte Beschränkung der Warenverkehrsfreiheit (Verbot des Verkaufs und der Überlassung von Bildträgern im Versandhandel) durch Schutz des Kindes nach Art. 24.
77 *Tettinger/Stern/Ennuschat*, GRC, Art. 24 Rn. 13; *Frenz*, Handbuch Europarecht 4, Rn. 3455.
78 *Schwarze/Ross*, EU, Art. 24 GRC Rn. 7.
79 *Jarass*, GRC, Art. 24 Rn. 14.
80 EuGH – Aguirre Zarraga, C-491/10 – Slg 2010, I-14247 Rn. 62 ff.

individuell betroffen ist.[81] Die **Berücksichtigungspflicht** ist die **Kernaussage** des Satzes 3. Sie besagt, dass die Pflicht besteht, sich mit der Kindesmeinung auseinanderzusetzen und sie in den Erkenntnisprozess einzubeziehen.[82] Die Pflicht erfasst öffentliche und private Institutionen, denn sie ist ohne Eingrenzung bezogen auf Angelegenheiten, die Kinder betreffen. Praktische Bedeutung erlangt das Recht der Kinder auf freie Meinungsäußerung insbesondere in umgangsrechtlichen Gerichts- und Verwaltungsverfahren.[83] Eine vergleichbare Pflicht, Meinungen anderer Personengruppen zu berücksichtigen (etwa die von Menschen mit geistiger Behinderung) kennt die Charta nicht.

Art. 24 Abs. 1 S. 3 ist lex specialis zu Art. 41 Abs. 1 und 2.[84] 27

7. Kindeswohl als vorrangige Erwägung (Absatz 2)

Art. 24 Abs. 2 ist **unklar formuliert**. Eine bessere Formulierung des Textes wäre: „Öffentliche und private Einrichtungen müssen bei allen Maßnahmen, die Kinder betreffen, deren Wohl vorrangig erwägen." 28

Mit **„öffentlichen Stellen und privaten Einrichtungen"** sind Einrichtungen im Sinn von Art. 3 Abs. 1 UN-Kinderrechtskonvention erfasst, also Gerichte, Verwaltungsbehörden und Gesetzgebungsorgane,[85] ebenso wie Kindertagesstätten und Schulen.[86] 29

„Alle Maßnahmen" ist ebenso weit zu verstehen[87] wie „Angelegenheiten" in Art. 24 Abs. 1 S. 3 (→ Rn. 26). Besser wäre es daher gewesen, die Formulierung anzugleichen. 30

Das Kindeswohl ist zu **„erwägen"**, wohingegen die Kindesmeinung zu „berücksichtigen" ist (Art. 24 Abs. 1 S. 3). In anderen Sprachfassungen wird ein identischer Terminus benutzt, sodass der Unterschied keine große Bedeutung hat.[88] Isoliert betrachtet deutet „erwägen" im Sinne von „darüber nachdenken" zwar auf eine etwas schwächere Verpflichtung hin als „berücksichtigen".[89] Dies wird sich aber in der Praxis kaum auswirken,[90] zumal die Erwägung „vorrangig" zu geschehen hat.[91] Der Terminus **„vorrangig"** dürfte im Sinne von „besonders stark" zu verstehen sein. Sonst ist offen, vor wem oder wovor das Kindeswohl erwogen werden muss und auf welchem Rang es überhaupt steht. Allerdings muss das Kindeswohl nur *eine*, nicht *die* vorrangige Erwägung sein.[92] Damit ergibt sich: 31

81 *Jarass*, GRC, Art. 24 Rn. 13.
82 *Tettinger/Stern/Ennuschat*, GRC, Art. 24 Rn. 15.
83 *Jarass*, GRC, Art. 24 Rn. 13; *Calliess/Ruffert/Kingreen*, EUV/AEUV, Art. 24 GRC Rn. 5.
84 *Schwarze/Ross*, EU, Art. 24 GRC Rn. 8.
85 *Barriga*, Die Entstehung, S. 113; EuGH – Aguirre Zarraga, C-491/10 – Slg 2010, I-14247 Rn. 62 ff. bzgl. Gerichten.
86 *Jarass*, GRC, Art. 24 Rn. 15.
87 Zustimmend *Frenz*, Handbuch Europarecht 4, Rn. 3463.
88 *Stern/Sachs/Ennuschat*, GRC, Art. 24 Rn. 2, 18.
89 Oben Rn. 26; so auch *Frenz*, Handbuch Europarecht 4, Rn. 3465.
90 Für die Gleichsetzung der Begriffe *Schwarze/Ross*, EU, Art. 24 GRC Rn. 9.
91 *Winner*, Die Europäische Grundrechtecharta, S. 201; so auch *Frenz*, Handbuch Europarecht 4, Rn. 3465.
92 *Stern/Sachs/Ennuschat*, GRC, Art. 24 Rn. 18. Hingegen heißt es in Art. 6 Abs. 6 und Art. 9 Abs. 1 der RL (EU) 2016/800 des Europäischen Parlaments und des Rates vom 11.5.2016 über Verfahrensgarantien in Strafverfahren für Kinder, die Verdächtige oder beschuldigte Personen in Strafverfahren sind (ABl. 2016, L 132, S. 1), dass „das Kindeswohl *immer* eine vorrangige Erwägung ist" (Hervorhebung nur hier).

Das Kindeswohl muss immer gebührend erwogen werden, aber nicht den Ausschlag geben.[93]

32 Der EuGH hat in einem neueren Vorabentscheidungsverfahren auf Art. 24 und besonders auf dessen Absatz 2 Bezug genommen: Das Wohl der Kinder, gegen die ein Europäischer Haftbefehl ergangen sei, müsse immer eine vorrangige Erwägung sein.[94] Tragend ist die Bezugnahme allerdings nicht. Relevant werden könnte Art. 24 Abs. 2 in einem Fall wie dem folgendem: In Art. 25 Abs. 5 UAbs. 1 S. 2 der Richtlinie 2013/32/EU[95] heißt es: „Bestehen diese Zweifel bezüglich des Alters des Antragstellers [...], so gehen die Mitgliedstaaten davon aus, dass der Antragsteller minderjährig ist." Der Bayerische Verfassungsgerichtshof wendet diese Bestimmung auch auf die Inobhutnahme nach SGB VIII an: Nach der „Zweifelsregel des entsprechend anwendbaren Art. 25 Abs. 5 UAbs. 1 Satz 2 RL 2013/32/EU [...] [ist], wegen nicht ausräumbarer Ungewissheit weiterhin vom Vorliegen von Minderjährigkeit auszugehen".[96] Diese Argumentation lässt sich mit Art. 24 Abs. 2 untermauern.

33 Art. 24 Abs. 2 formuliert keine Pflicht, Schutzvorschriften zu erlassen, die die gewünschte Erwägung gewährleisten.

8. Anspruch des Kindes auf persönliche Beziehungen zu beiden Elternteilen (Absatz 3)

34 Die **Formulierung** des Absatzes 3 ist erheblich **verbesserungsfähig**, weil die Doppelung der gleichbedeutenden Begriffe „persönliche Beziehungen" und „direkte Kontakte" überflüssig ist. Außerdem muss es heißen, es sei denn „diese stehen" (nicht „dies steht") seinem Wohl entgegen, weil der Bezug zu den Beziehungen hergestellt wird. Absatz 3 soll zum Ausdruck bringen, dass jedes Kind einen Anspruch darauf hat, eine regelmäßige und persönliche Beziehung zu beiden Elternteilen zu unterhalten, es sei denn, die Beziehung steht seinem Wohl entgegen. Jedenfalls handelt es sich ausdrücklich um einen **Anspruch** des **Kindes**.[97]

35 Ein natürliches Recht der **Eltern**, Kinder zu pflegen und zu erziehen, wie es das deutsche Grundgesetz kennt, wurde in genereller Weise nicht normiert.[98] Ein Formulierungsvorschlag lautete: „Die Europäische Union anerkennt das Recht und die Pflicht der Eltern zur Erziehung ihrer Kinder".[99] Die Charta beschränkt sich jedoch in Art. 14 Abs. 3 auf die Bestimmung, dass das Recht der Eltern geachtet wird, die Erziehung ihres Kindes sicherzustellen (→ Art. 14 Rn. 18 ff.).

36 Besser wäre Absatz 3 im Solidaritätskapitel im Zusammenhang mit Art. 33 (Familien- und Berufsleben) normiert worden, weil er **kein Gleichheitsrecht** beinhaltet.[100]

37 Absatz 3 steht in Bezug zu dem Recht auf Achtung des Familienlebens in Art. 7 (→ Art. 7 Rn. 14).[101] Der Anspruch des Kindes auf Beziehungen zu den Eltern resultiert aus Absatz 3

93 Ähnlich *Schwarze/Ross*, EU, Art. 24 GRC Rn. 9; *Tettinger/Stern/Ennuschat*, GRC, Art. 24 Rn. 18 verlangt eine „verstärkte Berücksichtigung"; nach *Mock/Demuro/Lotito*, Human Rights, Art. 24, S. 156 ist das Kindeswohl vorrangig zu berücksichtigen.

94 EuGH – Piotrowski, Urt. v. 23.1.2018, Rs. C-367/16, ECLI:EU:C:2018:27, Rn. 37, 49. Siehe außerdem EuGH – UD/XB, Urt. v. 17.10.2018, Rs. C-393/18, ECLI:EU:C:2018:835, Rn. 64 f.

95 Richtlinie 2013/32/EU des Europäischen Parlaments und des Rates v. 26.6.2013 zu gemeinsamen Verfahren für die Zuerkennung und Aberkennung des internationalen Schutzes.

96 VGH München, Beschl. v. 18.8.2016, 12 CE 16.1570, Rn. 23.

97 Zustimmend *Frenz*, Handbuch Europarecht 4, Rn. 3436.

98 Zustimmend *Frenz*, Handbuch Europarecht 4, Rn. 3436; siehe aber *Tettinger*, NJW 2001, 1013.

99 *Preuß*, KJ 1998, 14, 24.

100 AA *Calliess/Ruffert/Kingreen*, EUV/AEUV, Art. 24 GRC Rn. 2.

101 *Frenz*, Handbuch Europarecht 4, Rn. 3477.

und verdrängt insoweit Art. 7. Der umgekehrte Anspruch der Eltern auf Beziehungen zu ihren Kindern resultiert aus Art. 7 und kann mit Absatz 3 kollidieren.[102]

Mit **„Eltern"** sind die leiblichen Eltern und ihnen rechtlich gleichgestellte Adoptiveltern gemeint.[103] Sinn und Zweck der Norm sprechen dafür, auch andere enge Bezugspersonen als Eltern anzusehen.[104] Dem steht allerdings der Wortlaut entgegen. **„Persönlich"** ist die Beziehung zwischen Kind und Elternteil, wenn sie unmittelbar und eigenständig existiert. Umfasst werden Beziehungen aller Art, wie Besuche, Telefonate, Briefe, E-Mails etc.[105] 38

In Bezug auf den Anspruch des Absatzes 3 gibt es gegenwärtig mit einer Ausnahme **keine Unionskompetenz**. In den Erläuterungen wird zu Recht auf die Bedeutung des Absatzes in einem Raum der Freiheit, der Sicherheit und des Rechts hingewiesen. Unter den Voraussetzungen des Art. 81 Abs. 3 AEUV kann die EU den grenzüberschreitenden Umgang von Kindern mit Eltern regeln.[106] Der Anspruch auf persönliche Beziehungen des Kindes zu seinen Eltern ist zudem von Unions- und mitgliedstaatlichen Stellen etwa bei der Auslegung der Freizügigkeits-Richtlinie 2004/38/EG[107], der Familienzusammenführungs-Richtlinie 2003/86/EG[108] und der sog Brüssel IIa-Verordnung 2201/2003/EG[109] zu berücksichtigen.[110] Art. 24 Abs. 3 begründet auch in Verbindung mit Absatz 2 und Art. 7 kein subjektives Recht eines Kindes auf Aufnahme im Hoheitsgebiet eines Staates; er lässt sich nicht dahin auslegen, dass den Staaten bei der Prüfung von Anträgen auf Familienzusammenführung kein Ermessensspielraum verbliebe.[111] Der EuGH hat entschieden, dass einem Drittstaatsangehörigen, der Elternteil eines minderjährigen Kindes ist, das Unionsbürger ist, dem er Unterhalt gewährt und das mit ihm im Aufnahmemitgliedstaat lebt, allein wegen des Vorliegens von Vorstrafen eine Aufenthaltserlaubnis nicht automatisch verweigert werden kann.[112] 39

9. Rechtfertigung

Grundsätzlich ist es möglich, die Rechte des Art. 24 einzuschränken (Art. 52 Abs. 1).[113] 40

10. Rechtsfolgen eines Verstoßes

Auf die Ausführungen zu Art. 20 wird verwiesen (→ Art. 20 Rn. 29 ff.). 41

102 *Schwarze/Ross*, EU, Art. 24 GRC Rn. 10.
103 *Stern/Sachs/Ennuschat*, GRC, Art. 24 Rn. 20; *Frenz*, Handbuch Europarecht 4, Rn. 3475.
104 *Calliess/Ruffert/Kingreen*, EUV/AEUV, Art. 24 GRC Rn. 10; *Grabenwarter/Schmahl*, Grundrechteschutz, § 15 Rn. 106.
105 Näher *Stern/Sachs/Ennuschat*, GRC, Art. 24 Rn. 21.
106 Näher *Grabitz/Hilf/Nettesheim/Hess*, EU, Art. 81 AEUV Rn. 55 ff.
107 ABl. 2004 L158/77.
108 ABl. 2010 L 251/12; hierzu EuGH – Parlament/Rat, C-540/03 – Slg 2006, I-5769 Rn. 58.
109 ABl. 2003 L 338/1; geändert durch Verordnung (EG) Nr. 2116/2004, ABl. 2004 L3 67/1. Nach Erwägungsgrund 33 zielt diese Verordnung insbesondere darauf ab, die Grundrechte des Kindes aus Art. 24 zu wahren; hierzu EuGH – Aguirre Zarraga, C-491/10 – Slg 2010, I-14247 Rn. 62 ff.; EuGH – Detiček, C-403/096 – Slg 2009, I-12193 Rn. 53 f., 58; EuGH – Povse, C-211/10 – Slg 2010, I-06673 Rn. 64.
110 *Dethloff/Maschwitz*, FPR 2012, 190, 192.
111 EuGH – Parlament/Rat, C-540/03 – Slg 2006, I-5769 Rn. 58.
112 EuGH – Marín, Urt. v. 13.9.2016, Rs. C-165/14, ECLI:EU:C:2016:675, Rn. 66 f.
113 *Calliess/Ruffert/Kingreen*, EUV/AEUV, Art. 24 Rn. 6, 9, 12; *Jarass*, GRC, Art. 24 Rn. 22.

IV. Literaturübersicht

Borsche, Sven, Kindschaftsrechte und Kinderrechte in Europa: eine Annäherung, in: Europa sozial gestalten: Dokumentation des 75. Deutschen Fürsorgetages 2000 in Hamburg/Deutscher Verein für Öffentliche und Private Fürsorge, 2001, S. 242; *Dethloff, Nina/Maschwitz, Alexandra*, Kinderrechte in Europa – wo stehen wir?, FPR 2012, 190; *Grabenwarter, Christoph*, Die Charta der Grundrechte für die Europäische Union, DVBl. 2001, 1; *Heselhaus/Nowak/Marauhn*, Hdb Eur. GR, § 41 Schutz des Kindes und Jugendlicher; *Jarass*, EU-Grundrechte, S. 320; *Mahlmann, Matthias*, Die Grundrechtscharta der Europäischen Union, ZEuS 2000, 419; *McGlynn, Clare*, Rights of Children? The Potential Impact of the European Union Charter of Fundamental Rights, EPL 8 (2002), 387; *Preuß, Ulrich K.*, Grundrechte in der Europäischen Union, KJ 1998, 1; *Rengeling/Szczekalla*, Grundrechte in der Europäischen Union, S. 745; *Schmahl, Stefanie*, Kinderrechtskonvention, 2. Aufl. 2017; *Schmitz, Thomas*, Die EU-Grundrechtecharta aus grundrechtsdogmatischer und grundrechtstheoretischer Sicht, JZ 2001, 833; *Steindorff-Classen, Caroline*, Europäischer Kinderrechtsschutz nach dem EU-Reformvertrag nach Lissabon, EuR 2011, 19; *Tettinger, Peter J.*, Die Charta der Grundrechte der Europäischen Union, NJW 2001, 1010; *Wapler, Friederike*, Kinderrechte und Kindeswohl, 2015.

Artikel 25 Rechte älterer Menschen

Die Union anerkennt und achtet das Recht älterer Menschen auf ein würdiges und unabhängiges Leben und auf Teilnahme am sozialen und kulturellen Leben.

I. Vorgaben

1 Der Artikel ist fast ausschließlich nach **internationalen Vorgaben** konzipiert; eine gemeinsame Verfassungsüberlieferung der Mitgliedstaaten gibt es dazu nicht.[1]

1. Internationales Recht

2 Die **revidierte Europäische Sozialcharta**[2] des Europarats bestimmt in ihrem Art. 23, dass sich die Vertragsparteien verpflichten, geeignete Maßnahmen zu ergreifen oder zu fördern, um die wirksame Ausübung des Rechts älterer Menschen auf sozialen Schutz zu gewährleisten. Die Maßnahmen sollen älteren Menschen die Möglichkeit geben, so lange wie möglich vollwertige Mitglieder der Gemeinschaft zu bleiben, und zwar durch ausreichende Mittel, die es ihnen ermöglichen, ein menschenwürdiges Leben zu führen und aktiv am öffentlichen, sozialen und kulturellen Leben teilzunehmen.[3] Die revidierte Europäische Sozialcharta ist von Deutschland und acht weiteren Mitgliedstaaten noch nicht ratifiziert worden. Bezogen auf einen Teil älterer Menschen, nämlich auf ältere Arbeitnehmer, enthält die **Gemeinschaftscharta der sozialen Grundrechte der Arbeitnehmer**[4] Vorgaben:[5] Der Arbeitnehmer in der EU muss (entsprechend den Gegebenheiten der einzelnen Länder) über Mit-

1 *Winner*, Die Europäische Grundrechtecharta, S. 203; im Einzelnen siehe Rn. 3 ff.
2 Vom 3.5.1996, ETS 163, Art. 23.
3 Zum Verhältnis des Art. 23 ESC zum Art. 25 *Peers/Hervey/Kenner/Ward/O'Cinneide*, EU Charter, Art. 25 Rn. 25.15 ff.
4 Angenommen vom Europäischen Rat am 9.12.1998; ausführlich *Hüpers/Reese*, Vorbemerkungen Titel IV Rn. 9 f.
5 Nr. 24 und 25 der Gemeinschaftscharta der sozialen Grundrechte.

tel verfügen können, die ihm einen angemessenen Lebensstandard sichern, wenn er in den Ruhestand geht. Außerdem muss jeder, der das Rentenalter erreicht hat, aber keinen Rentenanspruch besitzt oder über keine sonstigen ausreichenden Unterhaltsmittel verfügt, ausreichende Zuwendungen, Sozialhilfeleistungen und Sachleistungen bei Krankheit erhalten können, die seinen spezifischen Bedürfnissen angemessen sind. In **Art. 3 Abs. 3 UAbs. 2 EUV** ist nun vorgesehen, dass die Union soziale Ausgrenzung und Diskriminierungen bekämpft, soziale Gerechtigkeit und sozialen Schutz sowie die „Solidarität zwischen den Generationen" fördert.

2. Verfassungen der Mitgliedstaaten

Eine **Bestimmung**, die mit dem Artikel **vergleichbar** ist, findet sich in den Verfassungen der Mitgliedstaaten **nicht**.[6] Ähnlich ist nur die Regelung in Bulgarien. Dort stehen alte Menschen, die keine Angehörigen haben und ihren Unterhalt nicht aus ihrem Vermögen bestreiten können, „unter dem besonderen Schutz des Staates und der Gesellschaft".[7] In Deutschland enthält nur eine neuere Landesverfassung eine entsprechende Staatszielbestimmung: „Ältere Menschen [...] stehen unter dem besonderen Schutz des Landes. Das Land fördert ihre gleichwertige Teilnahme am Leben in der Gemeinschaft".[8] 3

Verfassungen, die spezielle Gewährleistungen zugunsten älterer Menschen vorsehen, zielen auf das besondere Schutzbedürfnis aufgrund altersbedingter Erwerbsunfähigkeit, teilweise auch auf das besondere Bedürfnis älterer Menschen nach dem Schutz der Gesundheit. Die Verfassungen thematisieren damit nur bestimmte **Voraussetzungen** für ein **würdiges** und **unabhängiges Leben** im **Alter**. Beispielsweise formuliert schon die französische Verfassung von 1946: „Jeder Mensch, der wegen seines Alters [...] arbeitsunfähig ist, hat das Recht, von der Gemeinschaft angemessene Mittel für seinen Unterhalt zu erhalten".[9] Ähnlich lauten die Vorschriften in der finnischen[10] und in der irischen Verfassung.[11] Ausdrücklich als Arbeitnehmerrecht konzipiert ist Art. 38 Abs. 2 VerfItalien: „Jeder Arbeitende hat das Recht darauf, dass die seinen Lebensbedürfnissen angemessenen Mittel für [...] Alter bereit- und sichergestellt werden"; eine vergleichbare Regelung findet sich in der maltesischen Verfassung.[12] Das besondere Gesundheitsschutzbedürfnis älterer Menschen wird bereits in der französischen Verfassung von 1946 erwähnt.[13] Diesem Beispiel folgen die Verfassungen Griechenlands,[14] Polens,[15] Portugals[16] und Spaniens.[17] Eine **Garantie** eines al- 4

---

6 *Tettinger/Stern/Mann*, GRC, Art. 25 Rn. 6 ff.
7 Art. 51 Abs. 3 VerfBulgarien.
8 Art. 38 VerfSachsen-Anhalt.
9 7. Grundsatz S. 2 Präambel VerfFrankreich (1946).
10 § 19 Abs. 2 VerfFinnland: „Durch Gesetz wird jedem das Recht auf grundlegenden Lebensunterhalt [...] im Alter [...] gewährleistet."
11 Art. 45 Abs. 4 Nr. 1 VerfIrland: „Der Staat verpflichtet sich [...], wo es notwendig ist, zum Unterhalt der [...] Alten beizutragen."
12 Art. 17 Abs. 2 VerfMalta.
13 7. Grundsatz S. 2 Präambel VerfFrankreich (1946).
14 Art. 21 Abs. 3 VerfGriechenland: „Der Staat sorgt für die Gesundheit der Bürger und trifft besondere Maßnahmen zum Schutz [...] des Alters."
15 Art. 68 Abs. 3 VerfPolen.
16 Art. 64 Abs. 2 lit. b VerfPortugal: „Das Recht auf Schutz der Gesundheit wird verwirklicht [...] durch die Schaffung wirtschaftlicher, sozialer und kultureller Bedingungen, die den Schutz von [...] Alten gewährleisten."
17 Art. 50 S. 2 VerfSpanien.

tersbezogenen Systems sozialer Sicherheit kennen achtzehn Verfassungen.[18] Die Charta nimmt diesen Ansatz im Solidaritäts-Titel mit Art. 34 Abs. 1 auf.[19]

5 Besondere Diskriminierungsverbote wegen des Alters (→ Art. 21 Rn. 50) kennen Finnland[20], Schweden[21] und, speziell für das Arbeitsleben, Portugal.[22]

II. Diskussion im Grundrechtekonvent

6 Die Rechte älterer Menschen[23] wurden weder in dem Entwurf einer Grundrechteliste des Präsidiums[24] noch in dem Entwurf von *Meyer* (D)[25] aufgeführt. Auch die ersten Entwürfe einer Charta der Grundrechte des Präsidiums erwähnen kein derartiges Recht. Zur Diskussion gestellt wurde lediglich von Beginn an „Das Recht älterer Menschen auf sozialen Schutz".[26]

7 Die Zusammenfassung der Änderungsvorschläge und der Kompromissvorschläge des Präsidiums ua zu den sozialen Rechten[27] befürwortete die Einfügung eines neuen Artikels zum Schutz älterer Menschen an zwei unterschiedlichen Stellen, allerdings ohne konkrete Formulierungen zu nennen: erstens als Art. 37a unter dem Stichwort „Schutz der älteren Menschen" und zweitens als Art. 41 a unter dem Titel „Rechte älterer Menschen".

8 Während der Diskussion zu den sozialen Rechten wurde gefordert,[28] einen eigenständigen Artikel zu den Rechten alter Menschen in die Grundrechtecharta zu integrieren.[29] Dieser Artikel sollte das Recht alter Menschen auf Selbstbestimmung und einen diese Selbstbestimmung ermöglichenden sozialen Schutz zum Inhalt haben.[30] Der im Folgenden vom Präsidium vorgelegte Entwurf eines vollständigen Textes der Charta enthielt dann allerdings keinen entsprechenden Artikel.[31]

9 In der Sitzung vom 11./12.9.2000 wurde bedauert, dass die Charta nach wie vor die Rechte der Senioren nicht aufführe.[32] Dies hatte zur Konsequenz, dass das Präsidium in seinen

---

18 Art. 51 Abs. 3 VerfBulgarien; § 28 Abs. 2 VerfEstland; § 19 Abs. 2 VerfFinnland; 7. Grundsatz S. 2 Präambel VerfFrankreich (1946); Art. 21 Abs. 3 VerfGriechenland; Art. 45 Abs. 4 Nr. 1 VerfIrland; Art. 38 Abs. 2 VerfItalien; Art. 109 VerfLettland; Art. 52 VerfLitauen; Art. 17 Abs. 2 VerfMalta; Art. 67 Abs. 1 und Art. 68 Abs. 3 VerfPolen; Art. 63 Abs. 3 und Art. 64 Abs. 2 lit. b VerfPortugal; Art. 47 Abs. 2 VerfRumänien; Art. 39 Abs. 1 VerfSlowakei; Art. 50 VerfSlowenien; Art. 50 S. 1 VerfSpanien; Art. 3 VerfTschechische Republik iVm Art. 30 Abs. 1 der Charta der Grundrechte und -freiheiten; Art. XV Abs. 5 und Art. XIX Abs. 4 VerfUngarn.

19 *Rohleder*, Art. 34 Rn. 48 ff.

20 § 6 Abs. 2 VerfFinnland.

21 Kap. 1 Art. 2 Abs. 5 S. 2 VerfSchweden.

22 Art. 59 Abs. 1 VerfPortugal.

23 Ausführlich zur Genese des Artikels *Tettinger/Stern/Mann*, GRC, Art. 25 Rn. 1 ff.

24 CHARTE 4112/2/00 REV 2 BODY 4 vom 27.1.2000.

25 CHARTE 4102/00 CONTRIB 2 vom 6.1.2000.

26 Siehe Art. XVI Abs. 3 des Ausgangsdokuments für soziale Rechte (CHARTE 4227/00 CONVENT 26 vom 17.4.2000); hierzu näher *Rohleder*, Art. 34 Rn. 34 ff.

27 In CHARTE 4383/00 CONVENT 41 vom 3.7.2000.

28 In der Sitzung vom 10./11.7.2000 forderte dies *Einem* (A).

29 Bei Art. 37 a CHARTE 4383/00 CONVENT 41 vom 3.7.2000; *Bernsdorff/Borowsky*, Protokolle, S. 326.

30 Siehe *Einem-Holoubek*, Vorschlag Nr. 271, siehe CHARTE 4372/00 CONVENT 39 vom 16.6.2000.

31 Vgl. CHARTE 4422/00 CONVENT 45 vom 28.7.2000.

32 *Bernsdorff/Borowsky*, Protokolle, S. 370; *Meyer/Engels*, Charta der Grundrechte, S. 370.

endgültigen Entwurf eines vollständigen Textes der Charta[33] einen neuen Art. 25 einfügte, der wortgleich ohne erneute Diskussion vom Konvent angenommen wurde.[34]

III. Kommentierung

1. Grundsätzliche Bedeutung

Älteren Menschen wird wie Menschen mit Behinderung (Art. 26) – im Gegensatz zu Kindern (Art. 24 Abs. 1 S. 1, Abs. 3) – kein Recht bzw. Anspruch eingeräumt. Es ist nur von einem Recht die Rede, das geachtet wird.[35] Das geachtete Recht bezieht sich dem Normtext zufolge zum einen darauf, ein würdiges und unabhängiges Leben zu führen, und zum anderen darauf, am sozialen und kulturellen Leben teilzunehmen. Ein Recht auf **eigenes** würdiges **Leben** wird gepaart mit dem **Recht** darauf, an dem **Leben anderer** teilzunehmen.[36] Dieser zweifache Bezug dürfte der Grund dafür sein, dass in der Überschrift des Artikels im Plural von „Rechten" die Rede ist.[37] 10

Sinn und Zweck der ausführlichen Formulierung des Art. 25 ist es, bestimmte Aspekte des Lebens einer Gruppe von Menschen besonders herauszustreichen, die in der Union aufgrund der demographischen Entwicklung erheblich wächst.[38] Darüber hinaus ist kaum eigenständiger Gehalt zu erkennen; „neue Rechte werden durch Art. 25 GRC nicht begründet."[39] 11

2. Verhältnis zu anderen Vorschriften

Es gehört zur Menschenwürde (Art. 1), ein würdiges Leben führen zu dürfen.[40] Die besondere Schutzwürdigkeit älterer Menschen wird außer durch Art. 25 auch durch das Diskriminierungsverbot des Art. 21 anerkannt.[41] Art. 25 und Art. 21 Abs. 1 sind nebeneinander anwendbar.[42] Außerdem achtet die Union das Recht auf Zugang zu den Leistungen der sozialen Sicherheit und zu den sozialen Diensten, die im Alter Schutz gewähren (Art. 34 Abs. 1).[43] Art. 25 weist dieselbe Normstruktur auf wie Art. 26, der sich mit behinderten Menschen auseinandersetzt, die in vergleichbarer Weise als schutzwürdig betrachtet werden. 12

3. Rechtsnatur und Auslegung

Art. 25 ist ebenso wie Art. 26 (→ Art. 26 Rn. 16) ein **Grundsatz** im Sinn von Art. 52 Abs. 5 (→ Art. 52 Rn. 83).[44] Er beinhaltet keinen Individualanspruch darauf, dass Rechte älterer 13

33 CHARTE 4487/00 CONVENT 50 vom 28.9.2000.
34 Näher *Barriga*, Die Entstehung, S. 114.
35 Siehe zur Terminologie *Hölscheidt*, Vorbemerkungen Rn. 22 ff.; *Burgorgue-Larsen/Levade/Picod/Borgetto/Lafore*, Traité, Art. II-85 Rn. 7.
36 Zustimmend *Frenz*, Handbuch Europarecht 4, Rn. 3497; *Heselhaus/Nowak/Marauhn*, Hdb Eur. GR, § 42 Rn. 17.
37 *Frenz*, Handbuch Europarecht 4, Rn. 3497.
38 *Frenz*, Handbuch Europarecht 4, Rn. 3498.
39 *Grabenwarter/Schmahl*, Grundrechteschutz, § 15 Rn. 108.
40 Zur Beziehung von Art. 1 zu Art. 25 *Borowsky*, Art. 1 Rn. 28; *Frenz*, Handbuch Europarecht 4, Rn. 3500; *Mock/Demuro/Lotito*, Human Rights, Art. 25, S. 160.
41 *Frenz*, Handbuch Europarecht 4, Rn. 3495; *Hölscheidt*, Art. 21 Rn. 50.
42 *Holoubek/Lienbacher/Fuchs*, GRC, Art. 21 Rn. 40.
43 *Frenz*, Handbuch Europarecht 4, Rn. 3496.
44 *Merten/Papier/Kugelmann*, Grundrechte, § 160 Rn. 77; *Frenz*, Handbuch Europarecht 4, Rn. 3507, 3531; *Calliess/Ruffert/Kingreen*, EUV/AEUV, Art. 25 GRC Rn. 1 f.; *Schwarze/Ross*, EU, Art. 25 GRC

Menschen ausgestaltet werden.[45] Art. 52 Abs. 4 ist für Art. 25 nicht einschlägig, weil dazu keine gemeinsame Verfassungsüberlieferung existiert (→ Rn. 3 ff.).

4. Normadressat

14 Art. 25 ist wie Art. 26 bemerkenswerterweise nur an die **Union**, nicht an die Mitgliedstaaten adressiert.[46] Er hat keine Drittwirkung.[47]

5. Ältere Menschen

15 Was darunter zu verstehen ist, lässt sich nicht exakt definieren:[48] „nicht mehr jung, aber auch noch nicht ganz alt".[49] In jedem Fall geht es um eine Menschengruppe, die ein bestimmtes, absolutes Alter überschritten hat, denn die relative Altersdiskriminierung wird bereits von Art. 21 erfasst. Kinder fallen schon deshalb nicht unter den Begriff „ältere Menschen", weil deren Rechte in Art. 24 eigenständig normiert sind, womit aber selbstverständlich nicht ausgesagt ist, dass mit der Vollendung des 18. Lebensjahrs das Ältersein beginnt.[50] Die Bundesregierung setzt die Altersgrenze für ältere Personen bei 65 Jahren an.[51] Im Diskurs auf der internationalen Ebene werden häufig die 60- bis 80-Jährigen als „Ältere" eingestuft und die über 80-Jährigen als „Hochaltrige".[52] Folgte man dem für die Interpretation des Art. 25, fielen die über 80-Jährigen nicht in seinen Schutzbereich. Das widerspräche zum einen der Entstehungsgeschichte des Artikels, die den Schutz von Senioren zum Gegenstand hatte (→ Rn. 8 f.). Zum anderen wäre es widersinnig, „hochaltrigen" Menschen im Gegensatz zu älteren besonderen Schutz zu versagen, weil die Schutzbedürftigkeit regelmäßig mit zunehmendem Alter steigt. Gemeint ist also **„älterer *und alter* Menschen"**. Für die Bestimmung der Altersgrenze nach Art. 25 muss entscheidend sein, dass typischerweise altersbedingte körperliche Einschränkungen vorliegen; nur so ergibt es einen Sinn, wenn Art. 25 von einem „würdigen" und „unabhängigen" Leben spricht. Damit dürfte die durchschnittliche rechtliche Altersgrenze in der EU für das Ausscheiden aus dem Berufsleben einschlägig sein, also **etwa 65 Jahre**.[53] Dem entspricht, dass die Pflegestatistik des Statistischen Bundesamtes[54] Menschen ab einem Alter von 65 Jahren erfasst. Die Al-

---

Rn. 1; *Vedder/Heintschel von Heinegg/Folz*, Art. 25 GRC Rn. 3; *Jarass*, GRC, Art. 25 Rn. 3; *Peers/Hervey/Kenner/Ward/O'Cinneide*, EU Charter, Art. 25 Rn. 25.33.

45 *Holoubek/Lienbacher/Fuchs*, GRC, Art. 25 Rn. 21.

46 *Frenz*, Handbuch Europarecht 4, Rn. 3504; aA *Jarass*, GRC, Art. 25 Rn. 4 im Hinblick auf Art. 51 Abs. 1 S. 1: auch Mitgliedstaaten, „soweit sie Unionsrecht durchführen"; ebenso *GSH/Lemke*, EU, Art. 25 GRC Rn. 5. Allgemein zum Adressatenkreis *Schwerdtfeger*, Art. 51 Rn. 25.

47 *Pechstein/Nowak/Häde/Nowak*, Frankfurter Kommentar, Art. 25 Rn. 12.

48 Ausführlich *Heselhaus/Nowak/Marauhn*, Hdb Eur. GR, § 42 Rn. 20.

49 Duden, Deutsches Universalwörterbuch, 6. Aufl. 2007, Stichwort „älter", S. 127.

50 Zur Kindesdefinition *Hölscheidt*, Art. 24 Rn. 18. Zum abweichenden Altersverständnis im Arbeitsleben *Hüpers/Reese*, Art. 32 Rn. 8 ff., 16 ff.

51 Antwort der Bundesregierung auf die Kleine Anfrage der Fraktion DIE LINKE. „UN-Konvention für die Rechte älterer Menschen", BT-Drs. 19/7378, S. 2; siehe aber auch Unterrichtung durch die Bundesregierung „Sechster Bericht der Bundesrepublik Deutschland zum Übereinkommen der Vereinten Nationen zur Beseitigung jeder Form der Diskriminierung der Frau (CEDAW)", BT-Drs. 16/5807, S. 24, in der sie von der „Beschäftigungsquote älterer Menschen ab 55 Jahren" berichtet.

52 *Grabenwarter/Schmahl*, Grundrechteschutz, § 15 Rn. 109. Siehe für die Weltgesundheitsorganisation www.who.int/hpr/ageing/ (zuletzt aufgerufen am 30.11.2018). Zur Rechtslage in den USA *Wiedemann*, Gleichbehandlungsgebote, S. 69 f.

53 *Börsch-Supan/Wilke*, Ruhestandseinkommen und Renteneintrittsalter, 39; im Ergebnis ähnlich *Tettinger/Stern/Mann*, GRC, Art. 25 Rn. 11 „cum grano salis sechzig Jahre".

54 Statistisches Bundesamt, Pflegestatistik 2007, Pflege im Rahmen der Pflegeversicherung, 2. Bericht: Ländervergleich – Pflegebedürftige, Wiesbaden 2009, S. 11.

tersgrenze höher anzusetzen, würde den praktischen Anwendungsbereich von Art. 25 zu sehr begrenzen: Die durchschnittliche Lebenserwartung für Männer beträgt in der Union ca. 78 Jahre und für Frauen ca. 84 Jahre.[55]

6. Achtungsgebot

Das Recht ist wortreich formuliert: Das Achtungsgebot für ein würdiges Leben hätte ausgereicht, allenfalls ergänzt um die Achtung der Unabhängigkeit. Denn ein würdiges Leben beinhaltet zwangsläufig ein Recht, in unabhängiger Weise am sozialen und kulturellen Leben teilzunehmen.[56] Es ist nach dieser Sichtweise nicht erforderlich, aber auch nicht schädlich, die Achtung dieses zweiten Aspektes des Rechts vorzusehen. Allerdings hätte der Vollständigkeit halber die Teilnahme am politischen Leben[57] hinzugefügt werden sollen, obwohl sie den Erläuterungen des Präsidiums zufolge „natürlich" von der Teilnahme am sozialen und kulturellen Leben umfasst ist.[58] Noch besser wäre es gewesen, man hätte sich wie in Art. 26 auf die Formulierung „Teilnahme am Leben der Gemeinschaft" beschränkt.[59] Es ist nämlich nicht ersichtlich, dass aus der engeren Formulierung (soziales und kulturelles Leben) eine unterschiedliche Bedeutung folgen soll.[60] 16

Das Achtungsgebot bedeutet, dass die Union keine Maßnahmen ergreifen darf, die das Recht auf das beschriebene Leben unverhältnismäßig beeinträchtigen.[61] Das Recht muss jedoch nicht gefördert werden,[62] legitimiert aber eine Förderung materiell.[63] 17

7. Rechtsfolgen eines Verstoßes

Gesetzgebungsakte, Verwaltungsmaßnahmen und sonstige hoheitliche Akte der Union (Art. 51 Abs. 1), die gegen Art. 25 verstoßen, sind primärrechtswidrig.[64] 18

IV. Literaturübersicht

Bieback, Karl-Jürgen, Altersdiskriminierung: Grundsätzliche Strukturen und sozialrechtliche Probleme, ZSR 52 (2006), 75; *Börsch-Supan, Axel/Wilke, Christina*, Ruhestandseinkommen und Renteneintrittsalter im europäischen Vergleich, in: Börsch-Supan, Axel/Hank, Karsten/Jürges, Hendrik/Schröder, Mathis (Hrsg.), 50plus in Deutschland und Europa, 2009, S. 12; Bundesministerium für Familie, Senioren, Frauen und Jugend (Hrsg.), Politik für ältere Menschen in Europa, 1994; *Heselhaus/Nowak/Marauhn*, Hdb Eur. GR, § 42 Rechte älterer und behinderter Menschen; *Jarass*, EU-Grundrechte, S. 332; *Lüderitz, Martin*, Altersdiskriminierung durch Altersgrenzen, 2005; *Michael, Lothar*, Gleiches Recht der Älteren auf gesellschaftliche Teilhabe, 2018; *Rengeling/Szczekalla*, Grundrechte in der Europäischen Union, S. 745; *Wiedemann, Herbert*, Die Gleichbehandlungsgebote im Arbeitsrecht, 2001; *Winner, Teresa*, Die Europäische Grundrechtecharta und ihre soziale Dimension, 2005.

55 Lebenserwartung bei der Geburt im Jahr 2016, Datenquelle: Eurostat, s. https://ec.europa.eu/eurostat/data/database (zuletzt aufgerufen am 30.11.2018).
56 Näher zur Diskussion *Tettinger/Stern/Mann*, GRC, Art. 25 Rn. 14 ff.
57 *Braibant*, Charte des droits fondamentaux, S. 168 f.
58 *Tettinger/Stern/Mann*, GRC, Art. 25 Rn. 17.
59 So verfährt auch die oben unter Rn. 3 genannte deutsche Landesverfassung; so auch *Frenz*, Handbuch Europarecht 4, Rn. 3502.
60 Zustimmend *Merten/Papier/Kugelmann*, Grundrechte, § 160 Rn. 77.
61 *Winner*, Die Europäische Grundrechtecharta, S. 203; *Tettinger/Stern/Mann*, GRC, Art. 25 Rn. 19; *Frenz*, Handbuch Europarecht 4, Rn. 3505; *Schwarze/Ross*, EU, Art. 25 GRC Rn. 3. Allgemein zum Achtungsgebot *Hölscheidt*, Vorbemerkungen Rn. 23.
62 *Schwarze/Ross*, EU, Art. 25 GRC Rn. 3; *Mock/Demuro/Lotito*, Human Rights, Art. 25, S. 161 f.
63 *Jarass*, GRC, Art. 25 Rn. 8.
64 *Hölscheidt*, Vorbemerkungen Rn. 36.

Artikel 26 Integration von Menschen mit Behinderung

Die Union anerkennt und achtet den Anspruch von Menschen mit Behinderung auf Maßnahmen zur Gewährleistung ihrer Eigenständigkeit, ihrer sozialen und beruflichen Eingliederung und ihrer Teilnahme am Leben der Gemeinschaft.

I. Vorgaben

1. Internationales Recht

1 Der Artikel basiert den Erläuterungen des Präsidiums zufolge auf folgenden **Vorgaben** des **internationalen Rechts.** Gemäß Art. 15 der **Europäischen Sozialcharta**[1] des Europarats verpflichten sich die Vertragsparteien, geeignete Maßnahmen zu treffen für die Bereitstellung von Ausbildungsmöglichkeiten und für die Vermittlung Behinderter auf Arbeitsplätze, um die wirksame Ausübung des Rechts Behinderter auf berufliche Ausbildung sowie auf berufliche und soziale Eingliederung oder Wiedereingliederung zu gewährleisten. Diese Charta ist für alle Mitgliedstaaten verbindlich. Als weitere Vorgabe wird vom Präsidium Art. 23 der revidierten[2] Europäischen Sozialcharta genannt. Auf diesen Artikel wurde bereits eingegangen (→ Art. 25 Rn. 2). Aussagen zu Behinderten macht er nicht. Er dürfte also versehentlich genannt sein.[3] Die **Gemeinschaftscharta der sozialen Grundrechte der Arbeitnehmer**[4] hingegen enthält in Nr. 26 eine Festlegung zu Behinderten. Sie müssen unabhängig von der Ursache und der Art ihrer Behinderung näher beschriebene konkrete Maßnahmen in Anspruch nehmen können, die ihre berufliche und soziale Eingliederung fördern. Außerdem ist das **Übereinkommen Nr. 159** der **Internationalen Arbeitsorganisation** zu nennen.[5] Das Übereinkommen zielt gemäß Teil II Art. 2 ff. auf die berufliche Rehabilitation behinderter Menschen und verlangt, dass diese Politik auf dem Grundsatz der Chancengleichheit zwischen behinderten Arbeitnehmern und anderen Arbeitnehmern beruht. Eine neue Vorgabe enthält die **UN-Behindertenrechtskonvention.**[6] Alle Mitgliedstaaten haben sie ratifiziert. In Deutschland ist sie am 26. März 2009 in Kraft getreten.[7] Die Konvention ist der erste menschenrechtliche Vertrag, den die EU ratifiziert hat. Gemäß ihrem Art. 4 Abs. 1 S. 1 verpflichten sich die Vertragsstaaten, „die volle Verwirklichung aller Menschenrechte

1 Vom 18.10.1961, BGBl. 1964 II S. 1262.
2 Vom 3.5.1996, ETS 163.
3 *Tettinger/Stern/Mann*, GRC, Art. 26 Rn. 12.
4 Angenommen vom Europäischen Rat am 9.12.1998.
5 Übereinkommen Nr. 159 der Internationalen Arbeitsorganisation über die berufliche Rehabilitation und die Beschäftigung der Behinderten vom 20.6.1983 (BGBl. 1989 II S. 2). Die Mitgliedstaaten der EU haben es ratifiziert, mit Ausnahme von Bulgarien, Estland, Lettland, Österreich, Rumänien und dem Vereinigten Königreich.
6 Übereinkommen über die Rechte von Menschen mit Behinderungen vom 13.12.2006 (BGBl. 2008 II S. 1419), ratifiziert von der EU am 23.12.2010, s. Beschluss des Rates 2010/48/EG, ABl. 2010, L 23/35. Ausführlich: Antworten der Bundesregierung auf die Kleinen Anfragen der Fraktion DIE LINKE. „Umsetzung der UN-Behindertenrechtskonvention auf EU-Ebene“, BT-Drs. 17/10701 und „Aktivitäten der Bundesregierung zur Umsetzung der UN-Behindertenrechtskonvention in der 17. Wahlperiode“, BT-Drs. 17/14654; Welke (Hrsg.), UN-Behindertenrechtskonvention.
7 *Kreutz/Lachwitz/Trenk-Hinterberger*, UN-Behindertenrechtskonvention S. V.

und Grundfreiheiten für alle Menschen mit Behinderungen ohne jede Diskriminierung aufgrund von Behinderungen zu gewährleisten und zu fördern." Die UN-Behindertenrechtskonvention ist nach ihrem Inkrafttreten integraler Bestandteil der Unionsrechtsordnung (Art. 216 Abs. 2 AEUV). Deshalb dürfte der EuGH sowohl die Konvention selbst als auch ihre Auslegung durch den UN-Ausschuss für die Rechte von Personen mit Behinderungen (Committee on the Rights of Persons with Disabilities – CRPD) zum Bezugspunkt für die Auslegung des einschlägigen Unionsrechts machen.[8]

2. Verfassungen der Mitgliedstaaten

Bestimmungen über die Rechte von Menschen mit Behinderung finden sich in den Verfassungen der fünfzehn alten Mitgliedstaaten nur vereinzelt; die Verfassungen der neuen Mitgliedstaaten widmen behinderten Menschen größere Aufmerksamkeit. Dabei lassen sich sehr **unterschiedliche Ansätze** feststellen:[9] 2

Als **Handlungspflichten** für den **Staat** gestalten zahlreiche Verfassungen die Artikel aus, die speziell Menschen mit Behinderung gewidmet sind.[10] Es gibt generelle Handlungspflichten und auch Pflichten, die auf spezielle Arten der Unterstützung oder der Behinderung bezogen sind. 3

In Estland stehen behinderte Menschen unter besonderer **Fürsorge** des **Staates** und der örtlichen Selbstverwaltung.[11] Die öffentliche Gewalt Polens ist verpflichtet, den besonderen Schutz der behinderten Menschen zu gewährleisten und ihnen die notwendige Unterstützung zu gewähren, um ihren Lebensunterhalt, den Zugang zu Arbeit und soziale Teilhabe zu sichern.[12] Ungarn schützt Menschen mit Behinderung durch besondere Maßnahmen.[13] In Griechenland haben „die an unheilbaren körperlichen oder geistigen Krankheiten Leidenden […] Anspruch auf die besondere Fürsorge des Staates".[14] Außerdem trifft der Staat besondere Maßnahmen zum Schutz der Versehrten.[15] Zudem haben behinderte Personen das Recht auf Maßnahmen, welche ihre Autonomie, ihre berufliche Tätigkeit und ihre Teilnahme an dem gesellschaftlichen, wirtschaftlichen und politischen Leben des Landes sicherstellen.[16] Personen mit physischen und psychischen Behinderungen befinden sich unter dem besonderen Schutz des Staates Bulgarien und der Gesellschaft;[17] außerdem schafft der Staat die Voraussetzungen für die Verwirklichung des Rechts auf Arbeit für diese Personen.[18] In der Verfassung Sloweniens ist das Recht physisch oder psychisch behinderter Kinder und anderer schwerbehinderter Personen auf Erziehung und Ausbildung für eine aktive Teilnahme am gesellschaftlichen Leben verankert.[19] Ähnlich wird in Italien Menschen mit Behinderung das Recht auf Schul- und Berufsausbildung eingeräumt.[20] Auch in Rumänien 4

---

8 EuGH – HK Danmark, Urt. v. 11.4.2013, Rs. C-335/11 und C-337/11, ECLI:EU:C:2013:222, Rn. 28 ff.; vgl. Agentur der EU für Grundrechte/EGMR, Handbuch zum europäischen Antidiskriminierungsrecht, S. 18, 121.

9 *Winner*, Die Europäische Grundrechtecharta, S. 204; ausführlich *Stern/Sachs/Ennuschat*, GRC, Art. 26 Rn. 7 ff.

10 Näher *Straßmair*, Der besondere Gleichheitssatz, S. 134.

11 § 28 Abs. 4 VerfEstland.

12 Art. 68 Abs. 3 und Art. 69 VerfPolen.

13 Art. XV Abs. 5 VerfUngarn.

14 Art. 21 Abs. 2 VerfGriechenland.

15 Art. 21 Abs. 3 VerfGriechenland.

16 Art. 21 Abs. 6 VerfGriechenland.

17 Art. 51 Abs. 3 VerfBulgarien.

18 Art. 48 Abs. 2 VerfBulgarien.

19 Art. 52 Abs. 2 VerfSlowenien.

20 Art. 38 Abs. 3 VerfItalien.

genießen Menschen mit Behinderung besonderen Schutz.[21] Zusätzlich gewährt der Staat Beihilfen zur Pflege von Kindern mit Behinderung.[22] Die lettische und kroatische Verfassung gewährt behinderten Kindern besonderen Schutz.[23] Die kroatische Verfassung ordnet zudem die besondere Fürsorge des Staates an für den Schutz behinderter Personen und ihre Integration in die Gesellschaft und spricht Menschen mit Behinderung besondere Schutzmaßnahmen bei der Arbeit zu.[24]

5 In der slowakischen Verfassung heißt es: „**Gesundheitlich geschädigte Personen** haben Anspruch auf erhöhten Gesundheitsschutz bei der Arbeit und auf besondere Arbeitsbedingungen" sowie „Anspruch auf besonderen Schutz in den Arbeitsbeziehungen und auf Hilfe in der Berufsausbildung";[25] ähnliche Regelungen enthalten die Verfassungen Maltas,[26] Sloweniens,[27] Portugals[28] und der Tschechischen Republik.[29]

6 Der portugiesische Staat unterstützt Behindertenorganisationen[30] und ist verpflichtet auf „eine Politik der Vorsorge und Behandlung, der Rehabilitation und Integration";[31] nahezu wortgleich formuliert die spanische Verfassung.[32] Die portugiesische Verfassung verlangt zusätzlich vom Staat, „eine Pädagogik der Bewusstseinsbildung der Gesellschaft zu entfalten, hinsichtlich des Erkennens der Pflicht, Behinderte zu achten und sich mit ihnen solidarisch zu fühlen"[33] – ein Ansatz zur „Volkserziehung", der sich in der Charta nicht findet. Die Verfassungen Portugals und Spaniens formulieren darüber hinaus eine **Garantie gleicher Staatsbürgerrechte** für behinderte Menschen: Körperlich und geistig behinderte Bürger haben „uneingeschränkt alle in der Verfassung verankerten Rechte und Pflichten mit Ausnahme derer, zu deren Wahrnehmung oder Erfüllung sie nicht imstande sind",[34] bzw. ihnen wird „besonderer Schutz bei der Inanspruchnahme" der Grundrechte aller Bürger gewährt.[35]

7 Die finnische Verfassung enthält eine Regelung für Behinderte unter dem Gesichtspunkt „**Recht** auf **eigene Sprache** und eigene Kultur": „Die Rechte derjenigen, die Zeichensprache verwenden, sowie derjenigen, die aufgrund einer Behinderung eine Dolmetsch- oder Übersetzungshilfe benötigen, werden gesetzlich gewährleistet".[36]

8 Den Ansatz, behinderte Menschen gegen Benachteiligung mit einem speziellen **Diskriminierungsverbot** zu schützen, verfolgen die deutsche, finnische, österreichische slowenische, schwedische sowie die ungarische Verfassung.[37] Der Vergleich mit den übrigen Diskrimi-

---

21 Art. 50 VerfRumänien.
22 Art. 49 Abs. 2 VerfRumänien.
23 Art. 110 S. 2 VerfLettland; Art. 64 Abs. 3 VerfKroatien.
24 Art. Art. 58 Abs. 2 und Art. 65 Abs. 3 VerfKroatien.
25 Art. 38 Abs. 1, 2 VerfSlowakei (Betonung nur in diesem Zusammenhang).
26 Art. 17 Abs. 3 VerfMalta.
27 Art. 52 VerfSlowenien.
28 Art. 59 Abs. 2 lit. c VerfPortugal.
29 Art. 3 VerfTschechische Republik iVm Art. 29 der Charta der Grundrechte und -freiheiten.
30 Art. 71 Abs. 3 VerfPortugal.
31 Art. 71 Abs. 2 VerfPortugal.
32 Art. 49 S. 1 VerfSpanien.
33 Art. 71 Abs. 2 VerfPortugal.
34 Art. 71 Abs. 1 VerfPortugal.
35 Art. 49 S. 2 VerfSpanien.
36 § 17 Abs. 3 S. 3 VerfFinnland.
37 Art. 3 Abs. 3 S. 2 GG; § 6 Abs. 2 VerfFinnland; Art. 7 Abs. 1 S. 3 VerfÖsterreich; Art. 14 Abs. 1 VerfSlowenien; Kap. 1 Art. 2 Abs. 5 S. 2 VerfSchweden und Art. XV Abs. 2 VerfUngarn. Zu den Regelungen zugunsten behinderter Menschen in den Verfassungen der deutschen Bundesländer *Straßmair*, Der besondere Gleichheitssatz, S. 129 ff., 287 ff.

nierungsverboten der Verfassungen Deutschlands und Österreichs[38] zeigt, dass es nicht ausgeschlossen ist, behinderte Menschen zu bevorzugen. Die Verfassung Österreichs bestätigt dies, weil sich die Republik dazu bekennt, „die Gleichbehandlung von behinderten und nicht behinderten Menschen in allen Bereichen des täglichen Lebens zu gewährleisten".[39] Um die Gleichbehandlung zu gewährleisten, kann der Staat demnach zulässigerweise behinderten Menschen Vorteile gewähren.

II. Diskussion im Grundrechtekonvent

9 Das Recht von Menschen mit Behinderung[40] wurde bereits in der Grundrechteliste des Präsidiums[41] innerhalb des Titels „Wirtschaftliche und soziale Rechte/Ziele" unter dem Aspekt des sozialen Schutzes (Nr. 15) erwähnt. **Konsens** bestand unter den Konventsmitgliedern von Beginn an, dass **Menschen** mit **Behinderung** hervorgehoben in der Charta **berücksichtigt** werden sollten. Uneinig waren sie sich allerdings über die inhaltliche Tragweite eines etwaigen Artikels, seine konkrete sprachliche Ausgestaltung sowie seine systematische Stellung in der Charta.

10 In der Sitzung vom 27./28.4.2000 stellte das Präsidium erstmalig einen mit **„Das Recht Behinderter auf berufliche und soziale Eingliederung"** überschriebenen Vorschlag zur Diskussion: „Alle Behinderten haben unabhängig von der Ursache und Art ihrer Behinderung Anspruch auf konkrete ergänzende Maßnahmen, die ihre soziale und berufliche Eingliederung fördern".[42] Zu diesem Vorschlag äußerten sich nur wenige Konventsmitglieder. Als Konsens war erkennbar, dass das in dieser Vorschrift zum Ausdruck kommende Anliegen gerechtfertigt sei, positive Maßnahmen zur Bekämpfung von Diskriminierungen aus Gründen einer Behinderung zu legitimieren.[43] Kritisch wurde allerdings gefragt, ob eine Regelung dieser Materie in die Charta gehöre. Zudem wurde die Meinung vertreten, dass die Ermächtigung zu Antidiskriminierungsmaßnahmen nach Art. 13 EGV-Nizza ausreiche.[44] Ferner warf das Präsidium die Frage auf, ob der Artikel nicht in den Teil über die Gleichheit und Nichtdiskriminierung integriert werden sollte.[45]

11 Der Konvent setzte seine Beratungen in der Sitzung vom 17./18./19.7.2000 fort.[46] Nachdem der Wortlaut des Artikels in dem zwischen den Konventsitzungen vorgelegten Entwurf[47] gekürzt worden war („Für Behinderte werden Maßnahmen zur sozialen und beruflichen Eingliederung vorgesehen"), schlug das Präsidium nun folgenden Kompromiss vor: „Für behinderte Menschen werden Maßnahmen getroffen, die ihre Eigenständigkeit, ihre soziale und berufliche Eingliederung und ihre Teilhabe am Leben der Gemeinschaft gewährleisten". Im Grundsatz wurde dieser Vorschlag von allen Konventsmitgliedern begrüßt.[48] Nur *Friedrich* (D) kritisierte, dass die „Behindertenklausel" durch das allgemeine Diskriminierungsverbot hinreichend abgedeckt sei. Außerdem lege die Formulierung („ge-

38 Art. 3 Abs. 3 S. 1 GG; Art. 7 Abs. 1 S. 2 VerfÖsterreich.
39 Art. 7 Abs. 1 S. 4 VerfÖsterreich.
40 Ausführlich zur Genese des Artikels *Tettinger/Stern/Mann*, GRC, Art. 26 Rn. 1 ff.
41 CHARTE 4112/2/00 REV 2 BODY 4 vom 27.1.2000.
42 Art. XVII, CHARTE 4227/00 CONVENT 26 vom 17.4.2000.
43 Vgl. auch Begründungstext des Präsidiums zu Art. XVII in CHARTE 4227/00 CONVENT 26 vom 17.4.2000, sowie *Barriga*, Die Entstehung, S. 115.
44 *Bernsdorff/Borowsky*, Protokolle, S. 228.
45 Siehe Begründungstext des Präsidiums zu Art. XVII in CHARTE 4227/00 CONVENT 26 vom 17.4.2000.
46 Art. XVII, neu Art. 43 CHARTE 4383/00 CONVENT 41 vom 3.7.2000.
47 CHARTE 4316/00 CONVENT 34 vom 16.5.2000.
48 Näher *Burgorgue-Larsen/Levade/Picod/Borgetto/Lafore*, Traité, Art. II-86 Rn. 9 f.

währleisten") eine Rechtsgarantie nahe.[49] In Bezug auf die konkrete Formulierung des Rechts kristallisierten sich zwei Gruppen heraus: diejenigen, die sich mit dem Präsidiumsvorschlag einverstanden erklärten,[50] und diejenigen, die ihn für verbesserungsbedürftig hielten.[51] Von letzteren wurde vor allem gefordert, dass der Gleichstellungsgedanke betont werden müsse.[52] Plädiert wurde darüber hinaus dafür, den Artikel für Menschen mit Behinderung als individuelles Recht auszugestalten.[53]

12 Im Folgenden legte das Präsidium einen vollständigen Entwurf der Charta[54] vor. In diesem befand sich das Recht der Menschen mit Behinderung als Art. 24 im Gleichheitskapitel, überschrieben mit dem Titel „Integration von behinderten Menschen"; es wurde damit aus dem Zusammenhang zu den sozialen Grundrechten genommen. Zudem unterstrich die systematische Einordnung den Gleichstellungscharakter des Grundrechts, wie zuvor von mehreren Konventsmitgliedern gefordert.

13 CHARTE 4470/00 CONVENT 47 vom 14.9.2000 enthält schließlich die mit der **Endfassung** übereinstimmende Formulierung des Grundrechts (neue Nummerierung Art. 25). Dieser Vorschlag wurde in dem vom Präsidium verfassten endgültigen Entwurf einer Charta[55] bestätigt (neue Nummerierung Art. 26) und vom Konvent angenommen.

III. Kommentierung

1. Grundsätzliche Bedeutung

14 Geachtet wird dreierlei: der Anspruch von Menschen mit Behinderung darauf, dass es Maßnahmen gibt, die ihre Eigenständigkeit und ihre soziale sowie berufliche Eingliederung gewährleisten; hinzu kommt ihr Anspruch darauf, am Leben der Gemeinschaft teilzunehmen. Die Ansprüche hängen zwar eng zusammen (**Integrationsanspruch**), haben aber durchaus eigenständige Bedeutung.[56]

2. Verhältnis zu anderen Vorschriften

15 Art. 26 regelt die Rechte behinderter Menschen in der Struktur so, wie Art. 25 die Rechte älterer Menschen regelt.[57] Menschen mit Behinderung steht das Diskriminierungsverbot des Art. 21 Abs. 1 zur Seite.[58] Art. 26 und Art. 21 Abs. 1 sind nebeneinander anwendbar.[59] Außerdem ist für sie Art. 34 (Soziale Sicherheit und soziale Unterstützung) bedeutsam.[60]

49 *Bernsdorff/Borowsky*, Protokolle, S. 340.
50 *Hirsch Ballin* (NL), *Apostolidis* (GR), *Manzella* (IT).
51 *Griffiths* (GB), *Solé Tura* (E), *Rodotà* (IT), *Berès* (F), *Einem* (A), *Brax* (FN).
52 So *Griffiths* (GB) und *Solé Tura* (E); *Meyer/Engels*, Charta der Grundrechte, S. 342.
53 *Bernsdorff/Borowsky*, Protokolle, S. 341.
54 CHARTE 4422/00 CONVENT 45 vom 28.7.2000.
55 CHARTE 4487/00 CONVENT 50 vom 28.9.2000.
56 *Schwarze/Ross*, EU, Art. 26 GRC Rn. 6.
57 *Braibant*, Charte des droits fondamentaux, S. 170.
58 *Hölscheidt*, Art. 21 Rn. 45; *Calliess/Ruffert/Kingreen*, EUV/AEUV, Art. 26 GRC Rn. 4.
59 *Holoubek/Lienbacher/Pürgy*, GRC, Art. 21 Rn. 40; *Grabenwarter/Schmahl*, Grundrechteschutz, § 15 Rn. 92.
60 *Tettinger/Stern/Mann*, GRC, Art. 26 Rn. 11.

3. Rechtsnatur und Auslegung

Art. 26 ist ein **Grundsatz** im Sinn von Art. 52 Abs. 5.[61] Art. 52 Abs. 4 ist mangels gemeinsamer Verfassungsüberlieferung (→ Rn. 2 ff.) nicht einschlägig. 16

4. Normadressat

Art. 26 ist wie Art. 25 allein an die **Union** adressiert.[62] 17

5. Menschen mit Behinderung

a) **Anspruchsinhaber.** Das sind **natürliche Personen**, unabhängig von Art, Ursache (angeboren oder später zugezogen) und Ausmaß der Behinderung. Letzteres ist auch der Gemeinschaftscharta der sozialen Grundrechte der Arbeitnehmer zu entnehmen (→ Rn. 1) und folgt aus der Diskussion im Konvent (→ Rn. 10). Personen, die nicht selbst behindert sind, aber Menschen mit Behinderung betreuen, sind nicht Anspruchsinhaber, können aber den Schutz durch eine Gleichbehandlungs-Richtlinie genießen.[63] 18

b) **Behinderung.** Der Begriff ist schwer zu definieren.[64] Deshalb finden sich auch in amtlichen Texten **unterschiedliche Definitionen**. Recht kurz gefasst ist unter einer Behinderung eine nicht nur vorübergehende und nicht nur geringfügige Funktionsbeeinträchtigung eines Menschen zu verstehen, die auf einem regelwidrigen körperlichen, geistigen oder seelischen Zustand beruht. Regelwidrig ist ein Zustand, der von dem Zustand nicht nur geringfügig abweicht, der für das Lebensalter typisch ist.[65] Die Bundesregierung hat in einem Bericht über die Lage der Menschen mit Behinderung ausgeführt: „‚Behinderte' im Sinne dieses Berichts sind alle, die von Auswirkungen einer nicht nur vorübergehenden Funktionsbeeinträchtigung betroffen sind, die auf einem von dem für das jeweilige Lebensalter typischen Zustand abweichenden körperlichen, geistigen oder seelischen Zustand beruht. Diese Begriffsbestimmung lehnt sich an den dreistufig aufgebauten Behindertenbegriff der Weltgesundheitsorganisation (Schaden/impairment – funktionelle Einschränkung/disability – soziale Beeinträchtigung/handicap) an; sie stimmt in der Sache mit den international üblichen, auch innerhalb Deutschlands weitgehend deckungsgleichen Begriffsabgrenzungen überein und ermöglicht zusätzliche Differenzierungen, wenn solche behinderungsspezifisch oder im Hinblick auf bestimmte Rehabilitations- und Eingliederungsziele notwendig sind".[66] Wieder anders formuliert neuerdings die UN-Behindertenrechtskonvention 19

---

61 EuGH – Glatzel, Urt. v. 22.5.2014, Rs. C-356/12, ECLI:EU:C:2014:350, Rn. 78; ausführlich *Schwerdtfeger*, Art. 51 Rn. 66; Art. 52 Rn. 83, 86; *Frenz*, Handbuch Europarecht 4, Rn. 3521; *Jarass*, GRC, Art. 26 Rn. 3; *Vedder/Heintschel von Heinegg/Folz*, Europäisches Unionsrecht, Art. 26 GRC Rn. 2; *Calliess/Ruffert/Kingreen*, EUV/AEUV, Art. 26 GRC Rn. 4; *Schwarze/Graser*, EU, Art. 26 GRC Rn. 1; *Streinz/Streinz*, EUV/AEUV, Art. 26 GRC Rn. 5; *Holoubek/Lienbacher/Pürgy*, GRC, Art. 26 Rn. 23 ff.

62 *Hölscheidt*, Art. 25 Rn. 15; *Stern/Sachs/Mann/Ennuschat*, GRC, Art. 26 Rn. 14; *Frenz*, Handbuch Europarecht 4, Rn. 3531; *Streinz/Streinz*, EUV/AEUV, Art. 26 GRC Rn. 8; aA *Jarass*, GRC, Art. 26 Rn. 4: „auch die Mitgliedstaaten […], soweit sie Unionsrecht durchführen"; ebenso *GSH/Lemke*, EU, Art. 26 GRC Rn. 5; *Holoubek/Lienbacher/Pürgy*, GRC, Art. 26 Rn. 26 ff.; *Grabenwarter/Schmahl*, Grundrechteschutz, § 15 Rn. 95. Allgemein zum Adressatenkreis *Schwerdtfeger*, Art. 51 Rn. 25.

63 Dazu EuGH – Coleman, Urt. v. 17.7.2008, Rs. C-303/06, ECLI:EU:C:2008:415; *Holoubek/Lienbacher/Pürgy*, Art. 21 Rn. 57, Art. 26 Rn. 14.

64 Ausführlich *Grabitz/Hilf/Nettesheim/Grabenwarter*, EU, Art. 19 AEUV Rn. 36 f.

65 Siehe BVerfGE 96, 288, 301; zustimmend *Tettinger/Stern/Mann*, GRC, Art. 26 Rn. 15; ausführlich *Meyer, Michael*, Diskriminierungsverbot, S. 69 ff.

66 Unterrichtung durch die Bundesregierung „Vierter Bericht der Bundesregierung über die Lage der Behinderten und die Entwicklung der Rehabilitation", BT-Drs. 13/9514, S. 2; aktuell ist der „Teilha-

(→ Rn. 1) in Art. 1: „Zu den Menschen mit Behinderungen zählen Menschen, die langfristige körperliche, seelische, geistige oder Sinnesbeeinträchtigungen haben, welche sie in Wechselwirkung mit verschiedenen Barrieren an der vollen, wirksamen und gleichberechtigten Teilhabe an der Gesellschaft hindern können."[67]

20 Der Begriff „Behinderung" ist vom Begriff **„Krankheit"** abzugrenzen, was vor allem bei chronischen Krankheiten Schwierigkeiten verursachen kann.[68] Der EuGH hat „Behinderung" in Abgrenzung zur „Krankheit" in einem Urteil zur Gleichbehandlungs-Richtlinie für die berufliche Eingliederung (→ Art. 21 Rn. 3) im Jahr 2006 wie folgt definiert: „In diesem Zusammenhang ist der Begriff ‚Behinderung' so zu verstehen, dass er eine Einschränkung erfasst, die insbesondere auf physische, geistige oder psychische Beeinträchtigungen zurückzuführen ist und die ein Hindernis für die Teilnahme des Betreffenden am Berufsleben bildet."[69] Zudem müsse es wahrscheinlich sein, dass die Einschränkung von langer Dauer sei.[70] In seiner neuesten Entscheidung dazu hat der EuGH präzisiert, der Begriff „Behinderung" sei so auszulegen, „dass er einen Zustand einschließt, der durch eine ärztlich diagnostizierte heilbare oder unheilbare Krankheit verursacht wird, wenn diese Krankheit eine Einschränkung mit sich bringt, die insbesondere auf physische, geistige oder psychische Beeinträchtigungen zurückzuführen ist, die in Wechselwirkung mit verschiedenen Barrieren den Betreffenden an der vollen und wirksamen Teilhabe am Berufsleben, gleichberechtigt mit den anderen Arbeitnehmern, hindern können, und wenn diese Einschränkung von langer Dauer ist. Für die Frage, ob der Gesundheitszustand einer Person unter diesen Begriff fällt, kommt es nicht auf die Art der Maßnahmen an, die der Arbeitgeber ergreifen muss."[71]

5. Achtungsgebot

21 Der Anspruch von Menschen mit Behinderung auf Maßnahmen zur **„Gewährleistung ihrer Eigenständigkeit"** soll es ihnen ermöglichen, ihr Leben eigenverantwortlich zu regeln.[72]

22 Damit sich Menschen mit Behinderung **sozial und beruflich eingliedern** können, sind Umstände zu schaffen, die sie mit Menschen ohne Behinderung gleichstellen.[73] Diesen Anspruch nimmt die Gleichbehandlungs-Richtlinie für die berufliche Eingliederung auf.[74]

---

beberícht der Bundesregierung über die Lebenslagen von Menschen mit Beeinträchtigungen 2016", BT-Drs. 18/10940.

67 Ausführlich dazu *Kreutz/Lachwitz/Trenk-Hinterberger/Lachwitz*, UN-Behindertenrechtskonvention, Art. 1 Rn. 2 ff.

68 Zur Abgrenzung von der Invalidität *Rohleder*, Art. 34 Rn. 62; zum Begriff „Gesundheit" *Giesecke*, Art. 35 Rn. 15 ff.

69 EuGH – Chacón Navas, Urt. v. 11.7.2006, Rs. C-13/05, ECLI:EU:C:2006:456, Rn. 43; vgl. EuGH – Coleman, Urt. v. 17.7.2008, Rs. C-303/06, ECLI:EU:C:2008:415, Rn. 45 f.; näher *Thüsing/Pötters/Stiebert*, RdA 2012, 281, 283 ff.; *Peers/Hervey/Kenner/Ward/O'Brien*, EU Charter, Art. 26 Rn. 26.65 ff.

70 EuGH – Chacón Navas, Urt. v. 11.7.2006, Rs. C-13/05, ECLI:EU:C:2006:456, Rn. 45.

71 EuGH – HK Danmark, Urt. v. 11.4.2013, Rs. C-335/11 und C-337/11, ECLI:EU:C:2013:222, Rn. 47.

72 Näher *Tettinger/Stern/Mann*, GRC, Art. 26 Rn. 18; *Schwarze/Ross*, EU, Art. 26 GRC Rn. 6; *Peers/Hervey/Kenner/Ward/O'Brien*, EU Charter, Art. 26 Rn. 26.72 ff.; *Mock/Demuro/Olivetti*, Human Rights, Art. 26, S. 169.

73 Näher *Tettinger/Stern/Mann*, GRC, Art. 26 Rn. 19; *Schwarze/Ross*, EU, Art. 26 GRC Rn. 7; *Peers/Hervey/Kenner/Ward/O'Brien*, EU Charter, Art. 26 Rn. 26.79; *Mock/Demuro/Olivetti*, Human Rights, Art. 26, S. 168.

74 *Hölscheidt*, Art. 21 Rn. 3.

Der Anspruch auf **„Teilnahme am Leben der Gemeinschaft"** ist verwirklicht, wenn Menschen mit und ohne Behinderung gleiche Zugangsmöglichkeiten zum Alltagsleben haben.[75] Hier ist beispielhaft auf die finnische Verfassung zu verweisen (→ Rn. 7). 23

Das Achtungsgebot[76] hat in Art. 26 die gleiche Bedeutung wie bei Art. 25 (→ Art. 25 Rn. 18). Die Union darf keine Maßnahmen ergreifen, die den Integrationsanspruch des Art. 26 (→ Rn. 14) unverhältnismäßig beeinträchtigen.[77] Sie ist aber nicht verpflichtet, alle Maßnahmen zu unterlassen, die einen einmal erreichten Schutzstandard beeinträchtigen.[78] Eine Förderpflicht besteht nicht,[79] Fördermaßnahmen werden aber materiell legitimiert.[80] 24

Zur Umsetzung ua des Grundsatzes des Art. 26 hat die Europäische Kommission die „Europäische Strategie zugunsten von Menschen mit Behinderungen 2010–2020: Erneutes Engagement für ein barrierefreies Europa" vorgelegt.[81] 25

6. Rechtsfolgen eines Verstoßes

Gesetzgebungsakte, Verwaltungsmaßnahmen und sonstige hoheitliche Akte der Union (Art. 51 Abs. 1), die gegen Art. 26 verstoßen, sind primärrechtswidrig.[82] 26

IV. Literaturübersicht

Agentur der Europäischen Union für Grundrechte/Europäischer Gerichtshof für Menschenrechte – Europarat (Hrsg.), Handbuch zum europäischen Antidiskriminierungsrecht, 2011; *Beaucamp, Guy*, Das Behindertengrundrecht (Art. 3 Abs. 3 Satz 2 GG) im System der Grundrechtsdogmatik, DVBl. 2002, 997; *Becker, Ulrich*, Rechtliche Grundlagen der beruflichen Teilhabe von Menschen mit Behinderungen, Homo faber disabilis?, 2015, 13; *Bernstorff, Jochen von*, Menschenrechte und Betroffenenrepräsentation: Entstehung und Inhalt eines UN-Antidiskriminierungsübereinkommens über die Rechte von behinderten Menschen, ZaöRV 67 (2007), 1041; *Bunge, Viktoria*, Die rechtliche Gewährleistung der Kommunikation bei behinderten Menschen, 2014, S. 3 ff.; *Caspar, Johannes*, Das Diskriminierungsverbot behinderter Personen nach Art. 3 Abs. 3 S. 2 GG und seine Bedeutung in der aktuellen Rechtsprechung, EuGRZ 2000, 135; *Faber, Angela*, Auf dem Weg zu einer „inklusiven" Schule, der städtetag 1/2010, 23; *Heselhaus/Nowak/Marauhn*, Handbuch, § 42 Rechte älterer und behinderter Menschen; *Jarass*, EU-Grundrechte, S. 332; *Kayess, Rosemary/French, Phillip*, Out of Darkness into Light? Introducing the Convention on the Rights of Persons with Disabilities, Human Rights Law Review 2008, 1; *Kreutz, Marcus/Lachwitz, Klaus/Trenk-Hinterberger*, Die UN-Behindertenrechtskonvention in der Praxis, 2013; *Meyer, Michael*, Das Diskriminierungsverbot des Gemeinschaftsrechts als Grundsatznorm und Gleichheitsrecht, 2002; *Quinn, Gerard*, The European Social Charter and EU Anti-discrimination Law in the Field of Disability: Two Gravitational Fields with One Common Purpose, in: De Burca, Grainne/De Witte, Bruno (Hrsg.), Social Rights in Europe, 2005, S. 279; *Rengeling/Szczekalla*, Grundrechte in der Europäischen Union, S. 745; *Ross, Friso*, Die Charta der Grundrechte und ihre Bedeutung für Menschen mit Behinderung, Rechtsdienst der Lebenshilfe, 2009, 176; *Schulte, Bernd*, Behindertenpolitik und Behindertenrecht in der Europäischen Union – Teil 1, ZFSH/SGB 03/2008, 131; – Teil 2, ZFSH/SGB 04/2008, 200; *Straßmair, Stefan M.*, Der besondere Gleichheitssatz aus Art. 3 Abs. 3 Satz 2 GG, 2002; *Thüsing, Gregor/Pötters, Stephan/Stiebert, Tom*, Neues aus Luxemburg: Aktuelle Rechtsprechung des EuGH zu den Diskriminierungsverboten und zum Urlaubsrecht, RdA 2012, 281; Welke, Antje (Hrsg.), UN-Behindertenrechtskonvention, 2012; *Welti, Felix*, Behinderung und Rehabilitation im sozialen Rechtsstaat: Freiheit, Gleichheit und Teilhabe behinderter Menschen, 2005.

75 Näher *Jarass*, GRC, Art. 26 Rn. 7; *Schwarze/Ross*, EU, Art. 26 GRC Rn. 8; *Peers/Hervey/Kenner/Ward/O'Brien*, EU Charter, Art. 26 Rn. 26.76 ff.
76 Allgemein dazu *Hölscheidt*, Vorbemerkungen Rn. 23.
77 *Pechstein/Nowak/Häde/Krajewski*, Frankfurter Kommentar, Art. 26 Rn. 11.
78 AA *Grabenwarter/Schmahl*, Grundrechteschutz, § 15 Rn. 95.
79 *Schwarze/Ross*, EU, Art. 26 GRC Rn. 4; *Stern/Sachs/Mann/Ennuschat*, GRC, Art. 26 Rn. 23.
80 *Jarass*, GRC, Art. 26 Rn. 8.
81 KOM(2010) 636 endg.
82 *Hölscheidt*, Vorbemerkungen Rn. 36.

Titel IV Solidarität

Vorbemerkungen

I. Solidarität als Verbürgung sozialer Grundrechte

1 Die Grundrechtecharta widmet der **Solidarität** einen eigenen Titel. Sie schafft damit einen **systematischen** Zusammenhang mit den anderen Titeln. Dies bedeutet eine Aufwertung der Solidarität als „unteilbaren und universellen **Wert**" (Präambel Abs. II) der Union. Die Werte der Union, namentlich die Menschenwürde, Freiheit, Gleichheit, Solidarität, Bürger- und Justizrechte, sind damit in systematischer Hinsicht gleichrangig, was Erwartungen an ihre Konkordanzfähigkeit weckt.

Die systematische Einteilung der Grundrechtecharta in Titel bedeutet allerdings nicht die systematische Einhegung der dort behandelten Werte. Die Menschenwürde prägt die gesamte Charta: Freiheit und Gleichheit, Bürger- und Justizrechte werden von ihr her gedacht. Gleichheit meint gleiche Freiheit und gleiche Grundrechte. Dementsprechend ist auch die Solidarität den anderen Titeln eingeschrieben. Beispielsweise ist die Sozialbindung des Eigentums (Art. 17 Abs. 1 S. 3) Ausdruck der Solidarität.

2 **Thematischer** Schwerpunkt des Titels IV ist die **Arbeit** (Art. 27–33). Daneben enthält er Grundrechte zum Schutz der Familie (Art. 33 Abs. 1), zur sozialen Sicherheit (Art. 34), zum Schutz der Gesundheit (Art. 35), zum Zugang zu Dienstleistungen von allgemeinem wirtschaftlichen Interesse (Art. 36), zum Umweltschutz (Art. 37) und Verbraucherschutz (Art. 38).

Zentrale Bestimmungen zum Thema **Arbeit** finden sich daneben in anderen Titeln. Im ersten Titel verbieten Art. 5 Abs. 1 und 2 Sklaverei und Zwangs- oder Pflichtarbeit. Im zweiten Titel gewährt Art. 12 Abs. 1 das Menschenrecht, Gewerkschaften zu gründen; Art. 15 Abs. 1 bekennt sich zum Menschenrecht zu arbeiten, Art. 15 Abs. 2 zum Recht der Unionsbürger, in jedem Mitgliedsstaat Arbeit zu suchen, und Art. 15 Abs. 3 zum Recht von Drittstaatsangehörigen auf gleiche Arbeitsbedingungen. Im dritten Titel wird die Sicherstellung der Gleichheit von Männern und Frauen insbesondere im Arbeitsleben gefordert, Art. 23 Abs. 1. Art. 26 sieht Maßnahmen für Menschen mit Behinderung zur beruflichen Eingliederung vor.

Der Schutz der **Familie** (Art. 33 Abs. 1) ist im Kontext von Art. 7 (Achtung des Familienlebens), Art. 9 (Recht auf Eheschließung und Familiengründung) und Art. 14 Abs. 3 (Erziehungsrecht der Eltern) zu sehen (→ Art. 33 Rn. 25 f.); die Vereinbarkeit von Familie und Berufsleben weist darüber hinaus Bezüge zu Art. 21 Abs. 1 (allgemeines Diskriminierungsverbot), Art. 23 (Gleichheitsgebot → Art. 23 Rn. 16), zu Art. 30 (Schutz vor ungerechtfertigter Entlassung → Art. 30 Rn. 8, 16), Art. 31 (angemessene und würdige Arbeitsbedingungen → Art. 31 Rn. 54) und zu Art. 34 Abs. 1 (Leistungen der Sozialversicherung im Fall der Mutterschaft → Art. 33 Rn. 34) auf.

Art. 34 bis Art. 36 thematisieren ein breit gefächertes Spektrum von Zugangsrechten zu Einrichtungen der **sozialen Sicherheit** und Unterstützung (Art. 34), insbesondere des Gesundheitsschutzes (Art. 35), und zu Dienstleistungen von allgemeinem wirtschaftlichem Interesse (Art. 36), die jeweils ihrerseits in weitverzweigten primärrechtlichen Kontexten stehen (→ Art. 34 Rn. 49; → Art. 35 Rn. 8; → Art. 36 Rn. 13).

Der in Art. 37 geregelte **Umweltschutz** ist im Zusammenhang mit subjektiven Teilgewährleistungen (z.B. Art. 1, 2, 3, 7, 20, 21) zu sehen (→ Art. 37 Rn. 30). Der **Verbraucherschutz** (Art. 38) steht im Kontext von Art. 47, Art. 8 und Art. 35 (→ Art. 38 Rn. 10).

Der Begriff **Grundrecht** hat in der Grundrechtecharta einen wechselnden konzeptionellen 3
Gehalt. In der Präambel umfasst er zunächst die in Abs. II der Präambel genannten **Werte**. Sodann entfaltet er die in Abs. VII der Präambel genannten Ausprägungen der **„Rechte, Freiheiten und Grundsätze"**. Darüber hinaus will die Grundrechtecharta Zukunftsentwurf eines Idealbildes sein, das **„Hoffnungen**, Wünsche und Utopien" ausdrückt (→ Präambel Rn. 7).[1]

Das konzeptionelle Spektrum des Begriffs Grundrecht ist damit denkbar weit. Der rechtlich verbindliche Teil dieses Spektrums wirft dabei besondere Probleme auf. Die Grundrechte sind nicht Teil einer vor die Klammer gezogenen verfassungsmäßigen Ordnung geworden, sondern sichtbarer Teil einer insoweit nicht sichtbaren **Kompetenzordnung**. Die EU ist ein Mehrebenensystem, das stets die Frage aufwirft, ob die Unionsebene oder die einzelstaatliche Ebene Vorrang hat und wen das Grundrecht verpflichtet.

Die neue dezentrale Antwort, die die Grundrechtecharta im Bereich der Arbeitnehmergrundrechte gibt, lautet: **Die mitgliedstaatlich** (über Grundrechte, Rechtsvorschriften oder Gepflogenheiten) **organisierte Solidarität bekommt eine unionsrechtliche Bedeutung.**

Für den **EuGH** ist die Grundrechtecharta lange ein ungeliebtes Kind gewesen;[2] seit dem 4
sog. **Lavalquartett**[3] wird ihm vorgeworfen, die Arbeitnehmer Europa entfremdet zu haben.[4] Die Grundrechtecharta und das ihr zugrundeliegende Konzept nationaler sozialer

1 Diesen Wesenszug teilt sie mit der Allgemeinen Erklärung der Menschenrechte der Vereinten Nationen vom 10.12.1948 (AEMR). Während die Generalversammlung der Vereinten Nationen verbindliches Recht von vorneherein nicht schaffen, sondern als zu erreichendes gemeinsames Ideal nur beschwören konnte (vgl. die Präambel der AEMR), ist die Europäische Union in der Lage, verbindliches Recht zu setzen. Die Frage ist dann im Einzelnen, ob schon ein Grad an verbindlicher Normsetzung vorliegt. Anschaulich wird dieses Problem beim Recht auf Arbeit. Während Art. 23 Abs. 1 AEMR diese Zielsetzung statuieren kann, ohne dass selbst Enthusiasten dieses als einklagbares Recht verstanden wissen wollen, ist dies für die Grundrechtecharta begründungsbedürftig.

2 Nach dem langjährigen Präsidenten des EuGH *Skouris* zeugte „die Nichtaufnahme der Charta in den eigentlichen Vertragstext von den Schwierigkeiten beim Umgang mit einem – jedenfalls zunächst – nicht besonders geliebten Kind. […] Der Gerichtshof selbst hat sich sehr diskret verhalten und bis zum formellen Inkrafttreten der Charta seine frühere Praxis beibehalten. Grundrechtsfragen hat er auf der Grundlage seiner kasuistisch erarbeiteten Rechtsprechung erarbeitet" (AuR 2015, 294). Tatsächlich haben nicht nur andere – wie *Skouris* hervorhebt – die Charta zitiert, sondern auch der EuGH, vgl. EuGH – Laval, Rs. 341/05, Urt. vom 18.12.2007 (Große Kammer), Rn. 90 f.

3 Der Ausdruck stammt von *Malmberg* (S. 3 ff.) und bezeichnet die Entscheidungen EuGH – Laval, Rs. 341/05, Urt. vom 18.12.2007 (Große Kammer), EuGH – Viking, Rs. C-438/05, Urt. vom 1.12.2007 (Große Kammer); EuGH – Rüffert, Rs. C-346/06, Urt. vom 3.4.2008 (Zweite Kammer); EuGH – Kommission./. Luxemburg, Rs. C-319/06, Urt. vom 19.6.2008 (Erste Kammer).

4 *Monti*, S. 80 f.: „Von 2007 bis 2008 rissen die Entscheidungen des Europäischen Gerichtshofs in den Rechtssachen Viking Line, Laval, Rüffert und Kommission vs. Luxemburg eine alte, nie verheilte

Rechte stellt den EuGH vor große Herausforderungen. Denn sein Dogma, wonach der Charakter des Gemeinschaftsrechts verkannt würde, wenn dieses nicht **einheitlich** gelten würde, weil „bei der Entscheidung über die Gültigkeit von Handlungen der Gemeinschaftsorgane Normen oder Grundsätze des nationalen Rechts herangezogen würden",[5] kann für die sozialen Grundrechte nicht gelten. Gänzlich fremd ist ihm dieses Konzept nicht, wie die Omega-Rechtsprechung zeigt.[6] Allerdings lassen die Entscheidungen des EuGH in den Rechtssachen Åkerberg Fransson[7] und Melloni[8] zweifeln, ob dieser gewillt ist, das Prinzip der Einheit des Unionsrechts zugunsten der Grundrechtecharta zurückzustellen (→ Rn. 27). In diesem Zusammenhang ist ein Rollentausch zu beobachten, nach dem der Unionsgesetzgeber die sozialen Grundrechte vor dem EuGH schützt und nicht umgekehrt (→ Art. 28 Rn. 49 ff.).

II. Aufnahme sozialer Grundrechte in die Grundrechtecharta

1. Vorgaben

5 Bereits 1957 wurde eine Verbesserung der Lebens- und Arbeitsbedingungen der „Arbeitskräfte" gemeinschaftsrechtlich in den Blick genommen. Freilich glaubte man, durch das – wie es in **Art. 117 EWG-Vertrag** hieß – „begünstigende Wirken des Gemeinsamen Marktes" recht einfach über Wachstum auch Vollbeschäftigung erreichen zu können. Die unterschiedlich hohe Arbeitslosigkeit in den Vertragsstaaten sollte durch berufliche und räumliche Flexibilität der Arbeitnehmer ausgeglichen und insgesamt gesenkt werden. Dazu dienten die in Art. 48 EWG-Vertrag (Art. 39 EG, Art. 45 AEUV) vorgesehene, aber mit einer Übergangsfrist versehene Arbeitnehmerfreizügigkeit ebenso wie die durch den Europäischen Sozialfonds (Art. 122–128 EWG-Vertrag) finanzierten Umschulungs- Weiterqualifizierungs- und Wiedereingliederungsprogramme.

6 Im größeren Kreis des Europarats einigte man sich 1961 auf die **Europäische Sozialcharta (ESC)**, die 1965 in Kraft trat.[9] In Art. 1 wird dort das **Recht auf Arbeit** verbürgt, dessen Unterpunkt 3 beispielsweise unentgeltliche Arbeitsvermittlungsdienste vorsieht. Art. 2 regelt die Verpflichtung der Vertragsparteien, **gerechte Arbeitsbedingungen** zu gewährleisten, was nach Unterpunkt 3 einen „bezahlten Jahresurlaub von mindestens zwei Wochen" umfasst. Daneben verlangt Art. 3 das **Recht auf sichere und gerechte Arbeitsbedingungen,** was nach Unterpunkt 2 staatliche Kontrollmaßnahmen umfasst. Art. 4 verpflichtet auf ein **gerechtes Arbeitsentgelt,** das den Arbeitnehmern und „ihren Familien einen angemessenen Lebensstandard" sichert. Art. 5 und 6 gewährleisten die Bildung und die Betätigung von

---

Wunde auf: die Spaltung zwischen den Befürwortern eines stärker integrierten Markts und jenen, die befürchten, dass der Ruf nach wirtschaftlichen Freiheiten und dem Niederreißen aufsichtsrechtlicher Barrieren ein Codewort für den Abbau auf nationaler Ebene geschützter sozialer Rechte ist. Durch die Neubelebung dieser Spaltung könnte sich ein Teil der öffentlichen Meinung – die Arbeiterbewegung und die Gewerkschaften, die lange Zeit wichtige Befürworter der wirtschaftlichen Integration waren – vom Binnenmarkt entfremden."

5 EuGH – Internationale Handelsgesellschaft, Rs. C-11/70, Urt. vom 17.12.1970, Rn. 3.

6 EuGH – Omega, Rs. C-36/02, Urt. vom 14.10.2004 (Erste Kammer).

7 EuGH – Åkerberg Fransson, Rs. C-617/10, Urt. vom 26.2.2013 (Große Kammer); deutliche Kritik vom BVerfGE 133, 277 ff. (Rn. 98); vorsichtiger danach EuGH – Siragusa, Rs. C-206/13, Urt. vom 6.3.2014 (Zehnte Kammer); EuGH – Hernändez, Rs. C-198/13, Urt. vom 10.7.2014 (Fünfte Kammer); EuGH – Podava, Rs. C-117/14, Urt. vom 5.2.2015 (Zehnte Kammer).

8 EuGH – Melloni – Rs. C-399/11 – Urt. vom 26.2.2013 (Große Kammer).

9 Die ESC trat am 26. Februar 1965 in Kraft, Europarat SEV-Nr. 035. Im Jahr 1996 wurde eine revidierte Fassung ausgearbeitet, die ihrerseits am 1. Juli 1999 in Kraft getreten (Europarat SEV-Nr. 163), aber bislang von Deutschland noch nicht ratifiziert worden ist.

Koalitionen einschließlich des **Streikrechts.** Art. 7 regelt detailliert in 10 Unterpunkten den arbeitsrechtlichen **Kinder- und Jugendschutz.** Es folgen Regelungen zum Schutz von Müttern (Art. 8 und 17), zur beruflichen Beratung und Ausbildung (Art. 9 und 10), Rechte auf Schutz der Gesundheit (Art. 11) und auf soziale Sicherheit und Fürsorge (Art. 12–17) sowie zur Freizügigkeit (Art. 18 und 19). Nach dem verbindlichen Anhang zur ESC (Abs. 2) gelten die Bestimmungen auch für Personen, die sich im Inland rechtmäßig nach dem Genfer Flüchtlingsabkommen von 1951 aufhalten. Nach dem Zusatzprotokoll zur ESC vom 9.11.1995[10] können Koalitionen vor dem Sozialrechtsausschuss des Europarats Beschwerde einlegen.[11]

Mit der **Einheitlichen Europäischen Akte** wurde 1987 die erste formell autonome arbeitsschutzrechtliche Kompetenz der Gemeinschaft geschaffen, und zwar gemäß Art. 118 a EWG-Vertrag im Bereich des technischen und sozialen Arbeitsschutzes. 7

Am 12. April 1989 fasste das **Europäische Parlament** eine Entschließung zur **Erklärung der Grundrechte und Grundfreiheiten** (Erkl. EP 1989).[12] Darin regelt Art. 11 die (koalitionäre) Vereinigungsfreiheit, wobei diese auch dadurch geschützt wird, dass niemand seine Zugehörigkeit zu einer Gewerkschaft offenbaren muss. Art. 14 schützt die koalitionäre Betätigung einschließlich des Streikrechts. Die Berufsfreiheit (Art. 12) wird mit dem Zusatz gewährt, dass „jeder das Recht auf eine angemessene und seine Fähigkeiten entsprechende Berufsausbildung“ hat. Art. 13 umfasst die Rechte auf gerechte Arbeitsbedingungen, sowie auf Schutz von Gesundheit und Sicherheit am Arbeitsplatz und die „Gewährung eines Arbeitsentgelts, das ein menschenwürdiges Dasein ermöglicht“. Die Arbeitnehmer haben nach Art. 14 Abs. 3 das Recht „regelmäßig über die Wirtschafts- und Finanzsituation ihres Unternehmens unterrichtet und zu Beschlüssen, die ihre Interessen berühren können, gehört zu werden“. Art. 15, 16 und 18 gewähren Schutz auf Gesundheit, soziale Sicherheit und Bildung sowie auf Zugang zu Informationen. Art. 24 schließlich verpflichtet die Gemeinschaftspolitik auf Umwelt- und Verbraucherschutz. 8

Die Staats- und Regierungschefs der Mitgliedstaaten der EG mit Ausnahme des Vereinigten Königreichs[13] verpflichteten sich am 9. Dezember 1989 auf die **Gemeinschaftscharta der sozialen Grundrechte der Arbeitnehmer** (GCh),[14] für deren Gewährleistung freilich nach Nr. 27 GCh die „Mitgliedstaaten entsprechend den einzelstaatlichen Gepflogenheiten, insbesondere von Rechtsvorschriften und Tarifverträgen, zuständig“ sind. Vorausgeschickt wurde, dass „den sozialen Fragen im Zuge der Schaffung des europäischen Binnenmarkts die gleiche Bedeutung wie den wirtschaftlichen Fragen beizumessen ist und sie daher in 9

10 Europarat SEV-Nr. 158.

11 *Krebber*, EuZA 2018, 155 ff.

12 ABl. 1989 C 120, S. 51 ff.; schon 1988 hatte die Kommission das soziale Defizit des Binnenmarktes benannt, vgl. Die soziale Dimension des Binnenmarktes, KOM(88) 1148 endg, abgedruckt in: BT-Drs. 11/4645, S. 3–30. Bereits hier werden das Problem unterschiedlicher Lohnkosten und Arbeitsbedingungen als Gelegenheit für Sozialdumping angesprochen (Rn. 47 f.) sowie die Notwendigkeit von Mindestnormen („Sicherheit und Hygiene am Arbeitsplatz“, Rn. 49) erörtert; sehr deutlich wird hervorgehoben: „Ein […] Problem, das es zu berücksichtigen gilt, ist darin zu sehen, dass eine gesetzgeberische Regelung bestimmter Fragen die Aktionsmöglichkeiten der Sozialpartner unterhöhlen und das Gleichgewicht zwischen den beiden wichtigsten Formen der Reglementierung des Arbeitsmarktes – gesetzgeberische und tarifvertragliche Reglementierung – bedrohen kann. Dies ist einer der Hauptgründe dafür, dass jede Reform auf diesem Gebiet zunächst einen weitgehenden Konsens der Sozialpartner voraussetzt“ (Rn. 50, Abs. 5).

13 Das Vereinigte Königreich trat der Gemeinschaftscharta der sozialen Grundrechte der Arbeitnehmer 1998 bei.

14 KOM (1989), 248 endg.

ausgewogener Weise weiterzuentwickeln sind." Ausdrücklich nimmt die GCh Bezug auf Übereinkommen der Internationalen Arbeitsorganisation und die Europäische Sozialcharta. Darüber hinaus wird die Bedeutung des **Subsidiaritätsprinzips** am Ende der Erwägungsgründe hervorgehoben: „[Es] muss die Rolle, die die Gemeinschaftsnormen sowie die einzelstaatlichen Rechtsvorschriften und die vertraglichen Beziehungen zu spielen haben, eindeutig festgelegt werden. Aufgrund des Subsidiaritätsprinzips sind für die Schritte zur Verwirklichung dieser sozialen Rechte die Mitgliedstaaten und ihre Gebietskörperschaften und im Rahmen ihrer Befugnisse die Europäische Gemeinschaft zuständig. Diese Umsetzung kann durch Gesetze oder Tarifverträge erfolgen oder sich nach den Gepflogenheiten auf den verschiedenen Ebenen richten; sie erfordert in zahlreichen Bereichen die aktive Beteiligung der Sozialpartner. Die feierliche Verkündung der sozialen Grundrechte in der Europäischen Gemeinschaft darf bei ihrer Verwirklichung keinen Rückschritt in den Mitgliedstaaten gegenüber der derzeitigen Lage bewirken."

Die GCh regelt in Nr. 4 die Berufsfreiheit, in Nr. 5 das genauer definierte gerechte Entgelt. Nr. 6 fordert, dass „jeder die Dienste der Arbeitsämter unentgeltlich in Anspruch nehmen" kann. Die Nrn. 7–10 befassen sich mit der Verbesserung der Lebens- und Arbeitsbedingungen. Nr. 10 regelt den sozialen Schutz, einschließlich von Leistungsrechten für „alle, die vom Arbeitsmarkt ausgeschlossen sind." Die Nrn. 11–14 regeln die Koalitionsfreiheit und die Tarifautonomie einschließlich des Streikrechts. Mit Berufsausbildung und Gleichbehandlung befassen sich die Nrn. 15 und 16. Detailliert regeln die Nrn. 17 und 18 die Unterrichtung, Anhörung und Mitwirkung der Arbeitnehmer. Nr. 19 konkretisiert den Gesundheitsschutz sowie die Sicherheit in der „Arbeitsumwelt." Die Nrn. 20–23 gelten dem Kinder- und Jugendschutz, Nr. 24 und 25 dem Schutz älterer Menschen und Nr. 26 schließlich dem Schutz Behinderter.

10 Mit dem **Vertrag von Maastricht** (1993) sollten die arbeitsrechtlichen Kompetenzen der Gemeinschaft stark ausgebaut werden. Aufgrund eines Vetos des Vereinigten Königreichs fanden sie jedoch keinen Eingang in den Vertrag. Stattdessen wurde zwischen den übrigen elf Mitgliedstaaten ein **Sozialabkommen** geschlossen, das als Protokoll dem Vertrag von Maastricht beigefügt wurde. Darin wurden neue Kompetenzen für die Gemeinschaft begründet, die zur Setzung **arbeitsrechtlicher Mindestnormen** ermächtigten (heute in Art. 153 AEUV geregelt) und die Übernahme von Ergebnissen europäischer Kollektivverhandlungen ins Gemeinschaftsrecht ermöglichten. 1997 gab das Vereinigte Königreich seinen Widerstand gegen eine (in Ansätzen) vergemeinschaftete Sozialpolitik der EG auf, so dass der Text des Sozialabkommens 1999 in den **Vertrag von Amsterdam** übernommen (Art. 137 ff. EG-Vertrag) werden konnte.

11 Es ist nicht möglich, aufgrund der Existenz oder Nichtexistenz sozialer Grundrechte in den **Verfassungen der Mitgliedstaaten**[15] auf den Bestand und das Niveau der tatsächlichen sozialen Leistungen zu schließen.[16] So wurde beispielsweise in einer Untersuchung aus dem Jahr 2000 das tatsächliche soziale Schutzniveau von Portugal und Spanien als Staaten mit ausdrücklichen Verfassungsverbürgungen sozialer Grundrechte nicht höher eingeschätzt als in Österreich oder im Vereinigten Königreich.[17] Im selben Jahr galt nach der genannten Untersuchung für den verfassungsrechtlichen Bestand an sozialen Grundrechten ferner folgende Bilanz: Recht auf Arbeit (B, DK, GR, E, F, IRL, I, L, NL, P, FIN, S), Recht auf Bil-

15 *Nußberger*, S. 323–334; *Knecht*, GRC, S. 178 ff.; *Iliopoulos-Strangas*, S. 133, 137 ff.; *Pester*, S. 21 ff.
16 *Maydell*, S. 24.
17 Was freilich auch daran liegt, dass die Rechte nicht unbedingt einklagbar sind, vgl. *Butt/Kübert/Schultz*, S. 32 f.

dung (B, GR, E, F, IRL, P, FIN, S), Recht auf Wohnung (B, GR, E, I, NL, P, FIN, S), Recht auf Gesundheit (B, GR, E, F, I, L, NL, P, FIN), Recht auf soziale Sicherheit (B, DK, GR, E, F, I, L, NL, P, FIN, S), Recht auf Kultur (B, E, NL, P), Recht auf eine gesunde Umwelt (B, D, E, NL, P, S).[18]

2. Diskussion im Grundrechtekonvent

Die Beauftragung zur Erarbeitung der Grundrechtecharta durch den **Europäischen Rat von Köln** von Juni 1999 sah vor, die „im gegenwärtigen Entwicklungsstand der Union [...] auf der Ebene der Union geltenden Grundrechte" zusammenzufassen und „sichtbarer" zu machen.[19] Dabei wurde der Wert der Solidarität noch nicht eigens hervorgehoben. Die sozialen Grundrechte sollten „ferner" berücksichtigt werden, „wie sie in der Europäischen Sozialcharta und in der Gemeinschaftscharta der sozialen Grundrechte der Arbeitnehmer enthalten sind (Art. 136 EGV), soweit sie nicht nur Ziele für das Handeln der Union begründen.[20] Der **Europäische Rat von Tampere** von Oktober 1999 bestimmte sodann, wie das „Gremium" zur Ausarbeitung der Grundrechtecharta zusammengesetzt werden sollte.[21] 12

Die Diskussion im „Konvent", wie sich das Gremium nun nannte, über die Aufnahme und Ausgestaltung der sozialen Rechte wurde mit dem **Präsidiumsentwurf** vom 27. März 2000 vorbereitet.[22] Dieser gliedert sich in zwei Teile. Im ersten Teil wird an eine schon für den Konvent erarbeitete Liste erinnert. Darauf finden sich 15 Artikel, deren Quellen nicht nur aus der ESC und der GCh stammen, sondern auch auf Art. 127, 137, 140 und 152 EGV Bezug nehmen. Schließlich wird auch auf die Entschließung zur Erklärung der Grundrechte und Grundfreiheiten des Europäischen Parlaments verwiesen. Etliche Artikel sind mit der Frage „Recht oder politisches Ziel" versehen. In einem zweiten Teil wird diese Liste gekürzt, neu strukturiert und kurz kommentiert. Eine Begründung für dieses Vorgehen ist nicht ersichtlich. 13

Die erste Diskussion hierzu fand am 3./4. April 2000 statt und betraf die Art. I-VIII des Entwurfs.[23] „Mehrere Mitglieder" sahen gerade in den sozialen Rechten den eigentlichen Wert der Grundrechtecharta, während andere Kompetenzverschiebungen befürchteten.[24] Der britische und der niederländische Vertreter „hielten einige der vorgeschlagenen ‚Rechte' für reine ‚Instruktionsnormen', d.h. für Gesetzgebungsaufträge, die nicht justitiabel seien."[25] Am 27./28. April wurde die Grundsatzdebatte zu den sozialen Grundrechten vertieft. *Mombaur* (EP) forderte, die Grundrechtecharta dürfe „keine Versprechungen enthalten, die im zweiten Teil der Charta unter Hinweis auf die fehlende Kompetenz der Union wieder ‚entzogen' und damit enttäuscht" würden.[26] *Berthu* (F) kritisierte mit anderen die vorgeschlagenen „Rechte" statt sie als „Zielbestimmungen" zu belassen, er „sah die einer

18 *Butt/Kübert/Schultz*, S. 29.
19 *Bernsdorff/Borowsky*, Protokolle, S. 59.
20 *Bernsdorff/Borowsky*, Protokolle, S. 59.
21 *Bernsdorff/Borowsky*, Protokolle, S. 61.
22 CHARTE 4192/00 CONVENT 18 vom 27.3.2000. Zur Besetzung des Präsidiums unter Vorsitz von *Roman Herzog* und die Rolle des zuarbeitenden Sekretariats des Rates *Bernsdorff/Borowsky*, Protokolle, S. 48. Bereits am 6. Januar 2000 hatte *Jürgen Meyer* einen Diskussionsentwurf der Grundrechtecharta dem Konvent vorgelegt (CHARTE 4102/00 CONTRIB 2). Dieser orientierte sich an der Erkl. EP 1989 und enthielt in den Art. 8, 13, 14, 15, 20, 21 und 22 Vorschläge zu sozialen Grundrechten.
23 *Bernsdorff/Borowsky*, Protokolle, S. 208.
24 *Bernsdorff/Borowsky*, Protokolle, S. 208.
25 *Bernsdorff/Borowsky*, Protokolle, S. 208.
26 *Bernsdorff/Borowsky*, Protokolle, S. 221.

Verankerung sozialer Grundrechte gezogenen Grenzen als bereits überschritten an. Angesichts der vorgeschlagenen detaillierten Formulierungen ergebe sich ein Recht aus dem anderen (‚vom Hölzchen aufs Stöckchen'). Eine – nicht gewollte – Kompetenzausweitung sei die Folge. Es reiche aus, wenn in der Charta zum Ausdruck komme, dass die EU eine Wertegemeinschaft sei, die auch den Solidaritätsgedanken verinnerlicht habe."[27]

14 Der deutsche Bundestagsabgeordnete *Jürgen Meyer* konnte die Skeptiker mit seinem **Drei-Säulen-Modell** überzeugen.[28] Dieses wird in der Entstehungsgeschichte vielfach erwähnt,[29] aber im entscheidenden, die Kompetenz der Mitgliedsstaaten schützenden Punkt, nicht (immer) wiedergegeben.[30]

Meyer hatte bereits im Frühjahr 1995 einen vorläufigen Diskussionsentwurf einer Grundrechtscharta erstellt.[31] Dieser wurde informell diskutiert, aber nicht in den Bundestag eingebracht.[32] In einer Grundsatzrede zur Reform des Vertrages von Maastricht forderte *Meyer* einen Verfassungskonvent, der eine Charta europäischer Bürgerrechte erarbeiten solle, um „die Europamüdigkeit" der Bürger zu überwinden.[33] Die Bürger sähen bloß „eine ferne und abgehobene Bürokratie in Brüssel". Darum sei es erforderlich, „die Europäische Union demokratischer, sozialer und ökologischer zu gestalten"; sie solle sich von einer Wirtschaftsgemeinschaft zu einer Wertegemeinschaft weiterentwickeln.[34]

Aufgabe des Drei-Säulen-Modells war es, die europäische Kompetenzproblematik zu entschärfen. Im Konvent hatte sich bald ein tiefer Graben zwischen **Skeptikern** und **Maximalisten** geöffnet. Jene fürchteten, dass es im Sozialbereich „via Charta zu einer kompetenzansaugenden Wirkung kommen könnte".[35] Auch die geplante horizontale Bestimmung, dass die „Charta […] weder neue Zuständigkeiten noch neue Aufgaben für die Gemeinschaft und für die die Union, [begründet] noch ändert […]",[36] konnte die Skeptiker nicht beruhigen.[37] Angesichts der zeitgleich geplanten Regelung des Art. 31 (im Entwurf des CONVENT 34), die eben auch für Mitgliedstaaten „im Geltungsbereich des Gemeinschaftsrechts" eine Bindung vorsahen und den offenkundigen Bestrebungen der Unionsin-

27 *Bernsdorff/Borowsky*, Protokolle, S. 222.
28 *Meyer/Engels*, Charta der Grundrechte, S. 25.
29 Bericht über die neunte Sitzung des Konvents an den Deutschen Bundestag, *Meyer/Engels*, Charta der Grundrechte, S. 266: „Zu Beginn der Debatte wurde – im Rückblick auf die vorherige Woche – erneut das 3-Säulen-Modell von Prof. Dr. Jürgen Meyer gelobt." Ähnlich ebd., S. 269 und S. 271.
30 *Bernsdorff/Borowsky*, Protokolle, S. 222; *Meyer* in der Beratung der Charta im Deutschen Bundestag am 18. Mai 2000, Plenarprotokoll 14/105, S. 9839 ff.; Bericht über die achte Sitzung des Konvents an den Deutschen Bundestag, *Meyer/Engels*, Charta der Grundrechte, S. 262; *Meyer* (2000), S. 25 ff. In der anschließenden Diskussion zu *Meyers* Referat vom 18. Mai 2000 wurde die zweite Säule von *Engels* in kompetenzrechtlicher Hinsicht allerdings vervollständigt, *Engels* (2000), S. 84: „Es gehe also allein darum, eine Verletzung dieser sozialen Rechte durch die europäische Gemeinschaft zu verhindern, da die Mitgliedstaaten überwiegend für die Schaffung sozialen Schutzes verantwortlich seien". Ebenfalls erwähnt *Schubert* die zweite Säule, ohne das entscheidende kompetenzakzessorische Konzept zu erwähnen, *Franzen/Gallner/Oetker/Schubert,* Eur. Arbeitsrecht, Art. 27 Rn. 4.
31 BT-Plenarprotokoll 14/63, S. 5576 (D).
32 BT-Plenarprotokoll 14/63, S. 5576 (D).
33 BT-Plenarprotokoll 13/44, S 3562.
34 BT- Plenarprotokoll 13/44, S. 3563.
35 *Meyer/Engels*, ZRP 2000, 368, 370.
36 Im Entwurf Art. 46 Abs. 2 (CONVENT 34), heute Art. 51 Abs. 2.
37 *Meyer/Engels,* ZRP 2000, 368, 370.

stitutionen, die Zuständigkeiten der Union immer weiter auszubauen,[38] war ihre Besorgnis nicht mehr vom Tisch zu wischen.

Als **erste Säule** soll die Union Solidarität als gleichberechtigten **Wert** neben Freiheit, Demokratie und Rechtsstaatlichkeit in der Präambel anerkennen.[39]

Die **zweite Säule** besteht aus **sozialen Rechten**, „die weitgehend unstreitig sein dürften, da sie in einer Vielzahl von nationalen Verfassungen und internationalen Konventionen enthalten sind. Diese Rechte werden als **individuelle Abwehrrechte gegen die Union** formuliert, so dass sich hieraus keine neuen Kompetenzen ergeben, sondern – umgekehrt! – vielmehr der einzelne Bürger einen **Bestandsschutz für national erreichte Sozialstandards** erhält."[40] *Meyer* schlussfolgert, dass die sozialen Rechte keine „Gefahren für die Kompetenzen der Mitgliedstaaten" verstecken und es gerade durch die Aufnahme „klar formulierter sozialer Rechte" möglich sein werde, „eine kompetenzansaugende Wirkung zu Gunsten des ‚Wasserkopfes Brüssel' zu verhindern".[41] Ohne die sozialen Rechte falle Europa auf den Stand der „Solange-I-Entscheidung" des BVerfG zurück.[42]

Die **dritte Säule** öffnet die Charta in die Zukunft, indem durch eine horizontale Bestimmung für die Auslegung der Charta auf „diejenigen – auch künftigen – internationalen Konventionen hingewiesen wird, die alle Mitgliedstaaten angenommen haben".[43]

Das Drei-Säulen-Modell darf nicht mit dem ebenfalls von *Meyer* vertretenen **Drei-Ebenen-Modell** verwechselt werden. Dieses besagt, dass Grundrechte grundsätzlich auf drei Ebenen wirksam werden können: auf der ersten Ebene haben sie eine Abwehrfunktion, auf der zweiten eine Schutz- und auf der dritten Ebene eine Leistungsfunktion.[44]

Nach *Engels* konnte Einigkeit darüber erzielt werden, „dass vor allem die **Mitgliedstaaten** 15
und die Regionen für die Erbringung sozialer Leistungen zuständig sind, aber Abwehrrechte gegen die Union benötigt werden, damit diese soziale Leistungen von der Union nicht **‚herunterharmonisiert'** werden können".[45]

Als einer der ersten griff *Altmaier* (D) den Gedanken (der zweiten Säule) auf. Er wies darauf hin, „dass ein fundamentaler Widerspruch bisher nicht aufgelöst sei. Es gehe nicht darum, mit der Grundrechtecharta den Handlungsspielraum der Mitgliedsstaaten einzuschränken. Diese solle im Gegenteil **eine Einschränkung des Handlungsspielraums der Mitgliedstaaten durch die EU verhindern** helfen".[46]

Die niederländischen Vertreter hatten sich zunächst skeptisch gegen die Aufnahme der sozialen Rechte in die Grundrechtecharta geäußert.[47] *Korthals Altes* (NL) forderte ein wenig später, „die Präambel müsse klarstellen, dass weiterhin nur die Mitgliedstaaten Zuständig-

---

38 Vgl. etwa die Entschließung des Europäischen Parlaments zur Erarbeitung einer Charta der Grundrechte der Europäischen Union (C5–0058/1999–1999/2064 (COS)), Erwägungsgründe G und K.
39 *Meyer/Engels*, ZRP 2000, 370.
40 *Meyer/Engels*, ZRP 2000, 371.
41 *Meyer/Engels*, ZRP 2000, 371.
42 *Meyer/Engels*, ZRP 2000, 371 unter Hinweis auf BVerfGE 37, 271.
43 *Meyer/Engels*, ZRP 2000, 371. Sehr einprägsam spricht *Altmaier* auch von sog. „Vorratsgrundrechten", ZG 2001, 203.
44 *Meyer/Engels*, ZRP 2000, 369.
45 *Engels*, Eurokolleg 45 (2001), S. 12.
46 *Bernsdorff/Borowsky*, Protokolle, S. 224 (8. Sitzung des Konvents am 27./28. April 2000).
47 *Bernsdorff/Borowsky*, Protokolle, S. 224 (8. Sitzung des Konvents am 27./28. April 2000).

keiten im Bereich der sozialen Grundrechte hätten".[48] *Van den Burg* (NL)[49] zeigte die Lösung der Kompetenzproblematik auf, indem sie zwar denjenigen zustimmte, „die die überwiegende Kompetenz im Bereich der sozialen Rechte bei den Mitgliedstaaten sähen. Die Aufnahme sozialer Grundrechte sei aber deshalb wichtig, damit die Union **die nationalen Standards nicht konterkariere.**"[50]

Einer der vehementesten Gegner, soziale Grundrechte in die Grundrechtecharta aufzunehmen, war *Goldsmith* (GB).[51] In der Juni-Sitzung forderte er noch einmal: „Es gelte das Verbot der Kompetenzausweitung. Zielsetzung sei danach erstens die Einbeziehung der europäischen Institutionen, zweitens klar zu machen, dass es nicht die Absicht des Konvents sei, die Zuständigkeiten der EU zu erweitern, und drittens nicht die Schaffung neuer Rechte."[52] Auf derselben Sitzung bekräftigten viele Redner aus Schweden, Dänemark, Italien, Großbritannien, Irland, Österreich und den Niederlanden, dass **„nationale Grundrechtsstandards nicht angetastet werden dürfen"**.[53] Der deutsche Europaabgeordnete *Ingo Friedrich* erklärte, dass „eine kompetenzansaugende Wirkung durch die Grundrechtecharta verhindert werden" müsse, wobei er grundsätzlich „das von *Meyer* vorgeschlagene Drei-Säulen-Modell" unterstütze.[54] Im September stimmte schließlich auch *Goldsmith* dem Charta-Entwurf zu.[55]

16 In der Juli-Sitzung legten *Braibant* und *Meyer* einen neuen Vorschlag (**„Braibant-Meyer-Papier"**)[56] vor, von dem berichtet wurde, dass er „den Durchbruch im Streit um die sozialen Rechte" brachte.[57] Möglicherweise profitierte er vom gefundenen Konsens hinsichtlich der zu wahrenden mitgliedstaatlichen Kompetenzen. Das Braibant-Meyer-Papier sah mehrere Kompromissvorschläge vor, insbesondere Streichung des Art. 31 (CONVENT 34) *Rechte und Grundsätze für den Sozialbereich*, Streichung des Art. 40 (CONVENT 34) *Recht der Wanderarbeiter auf Gleichbehandlung* und die Konkretisierung eines *Rechts auf Wohnung* aus dem zurückhaltenderen Art. 41 (CONVENT 34). Von diesen Vorschlägen schaffte es nur die Streichung des Art. 31 (CONVENT 34) in die endgültige Charta, das Recht der Wanderarbeiter wurde ohne Überschrift inhaltsgleich in Art. 15 Abs. 3 untergebracht, auch das Recht auf Wohnung wurde im Art. 34 Abs. 3 wieder auf den vorherigen Stand gebracht. Die Streichung des Art. 31 (CONVENT 34) konsolidierte aber den Konsens des Konvents über die Bewahrung der mitgliedstaatlichen Sozialstandards. Wie *Meyer* später berichtet hat, mussten für die Konkretisierung der sozialen Grundrechte zwei Kompromisse eingegangen werden, nämlich die gleichzeitige Aufnahme des Grundrechts auf unternehmerische Freiheit (jetzt Art. 16) und die von *Meyer* als problematischer empfundene Hereinnahme des einschränkenden „Refrains", nach dem z.B. das Recht auf Kollektivverhand-

48 *Bernsdorff/Borowsky*, Protokolle, S. 248 (10. Sitzung des Konvents am 11./12. Mai 2000).

49 *Van den Burg* war nur Stellvertreterin, hatte aber in den informellen Sitzungen volles Rederecht; *Meyer* und *Engels* erläutern an ihrem Beispiel wie aktiv dieses Recht genutzt werden konnte, vgl. *Meyer/Engels*, Charta der Grundrechte, S. 11.

50 *Bernsdorff/Borowsky*, Protokolle, S. 249 (10. Sitzung des Konvents am 11./12. Mai 2000).

51 *Bernsdorff/Borowsky*, Protokolle, S. 208 (7. Sitzung des Konvents am 3./4. April 2000).

52 *Bernsdorff/Borowsky*, Protokolle, S. 256 (11. Sitzung des Konvents am 5./6. Juni 2000).

53 *Bernsdorff/Borowsky*, Protokolle, S. 259 (11. Sitzung des Konvents am 5./6. Juni 2000).

54 *Meyer/Engels*, Charta der Grundrechte, S. 281 (Bericht zur 11. Sitzung am 5./6. Juni 2000).

55 *Meyer/Engels*, Charta der Grundrechte, S. 385 (Bericht zur 17. Sitzung am 25./26. September 2000): „*Goldsmith* stellte fest, dass er Premierminister *Tony Blair* den Charta-Entwurf zur Annahme empfehlen werde. Diese Aussage wurde im Konvent durch Applaus honoriert. *Goldsmith* kommentierte dieses und sagte: ‚I think that is the first time that this is happening to me.'"

56 CHARTE 4401/00 CONTRIB 258 vom 4.7.2000.

57 *Engels*, Eurokolleg 45 (2001), 13.

lungen und Kollektivmaßnahmen nur nach *dem Unionsrecht und den einzelstaatlichen Rechtsvorschriften und Gepflogenheiten* besteht.[58]

Auf der förmlichen Tagung des Konvents am 2. Oktober 2000 wurde zu Beginn der Sitzung der endgültige Text der Charta[59] an die Konventsmitglieder verteilt.[60] *Herzog* erinnert hierzu: „Abstimmungen mussten aber so lange wie möglich vermieden werden, weil nach dem Auftrag der Konferenz von Helsinki am Ende nicht etwa das Gremium selbst beschließen sollte, sondern das **Präsidium** einen Text erstellen sollte, der nach seiner Überzeugung dem überwiegenden Willen der Mitglieder entsprach."[61] Dieser Hintergrund erklärt auch das Schreiben *Herzogs* vom 5. Oktober 2000, in dem es heißt, er habe „im engen Benehmen mit den stellvertretenden Vorsitzenden des Konvents zur Erarbeitung der Charta festgestellt, dass dieser Text für alle Seiten zustimmungsfähig sei."[62] Etwas missverständlich heißt es in dem Brief aber auch, dass dem Textentwurf „die Mitglieder des Konvents auf ihrer Tagung am 26. September 2000 nahezu einhellig zugestimmt haben". Tatsächlich wurde an diesem Tag aber nicht abgestimmt, sondern die Zustimmung aus der „Atmosphäre" herausgelesen.[63] Vor dem „Familienfoto" und dem Empfang der französischen Ratspräsidentschaft konnte der Konvent seine „formelle Zustimmung" am 2. Oktober 2000 ausdrücken.[64] 17

Die **Erläuterungen** durch das Konventspräsidium wurden am 11. Oktober 2000 beigefügt.[65] Dazu hat das Präsidium einführend erklärt: *„Die vorliegenden Erläuterungen sind vom Präsidium in eigener Verantwortung formuliert worden. Sie haben keine Rechtswirkungen, sondern dienen lediglich dazu, die Bestimmungen der Charta zu verdeutlichen."* *Bernsdorff* und *Borowsky* berichten, dass zur Unterstützung des Präsidiums das Generalsekretariat des Rates unter dem Direktor *Jean-Paul Jacqué* bei der Abfassung geholfen habe.[66] *Altmaier* überliefert jedoch eine andere Herkunft: *„Schließlich wurde den britischen Bedenken dadurch Rechnung getragen, dass die Europäische Kommission den Auftrag erhielt, die jeweiligen Charta-Artikel mit Erläuterungen zu versehen, die jedoch nur indikativ, keinesfalls jedoch verbindlich sein sollten. Dementsprechend lehnte es der Konvent auch ab, die Erläuterungen zu erörtern oder gar zu beschließen."*[67] 18

58 Laudatio von *Meyer* auf *Prof. Dr. Méndez de Vigo y Montojo* zur Verleihung des Dimitris-Tsatsos-Preises am 20.10.2015, http://www.fernuni-hagen.de/ videostreaming/rewi/vortraege/20151020.shtml.

59 CHARTE 4487/00 CONVENT 50 vom 28.9.2000.

60 *Bernsdorff/Borowsky*, Protokolle, S. 402.

61 *Herzog*, S. 296; vgl. hierzu *Bernsdorff/Borowsky*, Protokolle, S. 355; *Goldsmith* erinnert sich nur einer Abstimmung, die nur erfolgte, um einer ausufernden Diskussion Herr zu werden, vgl. *Goldsmith*, A Charter of rights, freedoms and principles, CMLR 38(2001), 1211; für eine zumindest „indikative Abstimmung" kämpfend *Meyer*, vgl. *Bernsdorff/Borowsky*, Protokolle, S. 387. Vgl. auch *Barriga*, Entstehung, S. 30 Fn. 90.

62 Charta 4960/00 CONVENT 55 vom 26.10.2000; vgl. hierzu auch *Bernsdorff/Borowsky*, Protokolle, S. 407.

63 *Bernsdorff/Borowsky*, Protokolle, S. 399.

64 *Bernsdorff/Borowsky*, Protokolle, S. 399 und 407; *Meyer*, Präambel Rn. 26.

65 CHARTE 4473/00 CONVENT 49; die erste Version der Erläuterungen wurde am 31. Juli 2000 vorgelegt (Dokument 4423/00 CONVENT 46); am 20. September 2000 wurde diese aktualisiert und enthielt nun diejenigen Artikel aufgelistet, die der EMRK entsprechen (Dokument 4471/00 CONVENT 48).

66 *Bernsdorff/Borowsky*, Protokolle, S. 48. Wie manipulativ die Arbeit des Sekretariats sein konnte, beschreiben *Bernsdorff/Borowsky*, Arbeitsdokumente, S. 11; Vorauflage, *Borowsky*, Art. 51 Rn. 30.

67 *Altmaier*, ZG 2001, 195, 197 und 198 Fn. 12.

Goldsmith hatte während des Konvents mehrfach versucht, den Inhalt der Grundrechtecharta auf bestimmte Kerngehalte einzugrenzen, indem er die Charta in zwei Teile teilen wollte: „A Part A containing a clear declaration of rights and a Part B which provided a more detailed definition particularly by reference across to the existing source of law. This was an attempt to resolve the tension between visibility of the rights and legal precision."[68] Dadurch sollten insbesondere die Vorbehalte und **Schranken der EMRK** übernommen werden.[69] Die unverbindlichen Erläuterungen des Präsidiums sah er als blasses Abbild (diluted version) seiner Vorstellungen.[70]

Im **Verfassungskonvent** gelang auf massiven britischen Druck[71] jedoch eine **Aufwertung der Erläuterungen:**[72] Am 12. Juni 2003 wurde vom Präsidium der Vorschlag gemacht, folgende Präambelerwägung aufzunehmen: „In diesem Zusammenhang wird die Charta von den Gerichten der Union und der Mitgliedstaaten unter gebührender Beachtung der Erläuterungen, die auf Veranlassung und in eigener Verantwortung des Präsidiums des Konvents zur Ausarbeitung der Charta formuliert wurden, ausgelegt werden."[73] Dies geschah aus politischen Erwägungen; entscheidend war das Argument, „dass es sich dabei um einen Kompromiss handele, der für mindestens fünf Mitgliedstaaten erforderlich sei, damit die vom Präsidium vorgeschlagene Einbeziehung der Charta in die Verfassung ratifiziert werden könne".[74] Gegenwärtig sind die Erläuterungen dreifach abgesichert. In der Präambel (Abs. V Satz 2) heißt es nun: „In diesem Zusammenhang erfolgt die Auslegung der Charta durch die Gerichte der Union und der Mitgliedstaaten unter gebührender Berücksichtigung der Erläuterungen, die unter der Verantwortung des Präsidiums des Konvents zur Ausarbeitung der Charta formuliert und unter der Verantwortung des Präsidiums des Europäischen Konvents aktualisiert wurden." Ähnlich lautet die Regelung in Art. 52 Abs. 7: „Die Erläuterungen, die als Anleitung für die Auslegung dieser Charta verfasst wurden, sind von den Gerichten der Union und der Mitgliedstaaten gebührend zu berücksichtigen." Der Sinn dieser Bezugnahme wird am deutlichsten in Art. 6 Abs. 1 UAbs. 3: „Die in der Charta niedergelegten Rechte, Freiheiten und Grundsätze werden [...] unter gebührender Berücksichtigung der in der Charta angeführten Erläuterungen, in denen die **Quellen** dieser Bestimmungen angegeben sind, ausgelegt."

Die quellengestützte und – in den Fällen der EMRK – quellenbezogene Auslegung konkretisiert vor allem Art. 52 Abs. 3. Die Erläuterungen enthalten zwei **Auflistungen** von Artikeln, die dieselbe Bedeutung und Tragweite wie die entsprechenden Artikel der EMRK oder sogar eine umfassendere Tragweite haben.[75] Unabhängig von der Frage, welchen

---

68 *Goldsmith,* CMLR 38(2001), 1211. Zuerst wurde die Aufspaltung in einen Teil A und einen Teil B auf der zweiten Sitzung des Konvents am 1. Februar 2000 vorgeschlagen, vgl. hierzu *Meyer/Engels*, Charta der Grundrechte, S. 222 und *Barriga*, Entstehung, S. 66 f.; *Frenzel*, S. 5 ff.

69 *Meyer/Engels,* Charta der Grundrechte, S. 241 (Bericht über die Plenartagung des Konvents vom 2. März 2000).

70 *Goldsmith,* CMLR 38(2001), 1211.

71 *Meyer,* Präambel Rn. 45 a. Schon während des Konvents gab es Irritationen, weil die Gruppe der Regierungsvertreter einen Vorschlag zum Teil B angeblich vorbereiten wollte. Dies stieß auf die scharfe Kritik von *Meyer:* „Die ‚Konventsgewalt' dürfe nicht von den Regierungsvertretern ‚usurpiert' werden, in: *Bernsdorff/Borowsky*, Protokolle, S. 336. Zur Zustimmung des dänischen Regierungsvertreters *Olsen* CHARTE 4181/00 CONTRIB 64 vom 28.3.2000 und zur Zustimmung Schwedens CHARTE 4332/00 CONVENT 35 vom 25.5.2000, S. 724.

72 *Brecht*, ZEuS 2005, 355 ff.

73 Dokument CONV 811/03.

74 Synthesebericht über die Plenarsitzung 11. und 13. Juni 2003, CONV 814/03 unter 9.

75 Vorauflage, *Borowsky*, Art. 52 Rn. 32.

Grad an rechtlicher Verbindlichkeit man den Erläuterungen im Übrigen zuerkennen will,[76] kommt diesen Auflistungen eine **besondere Qualität** zu.[77] Die Auflistungen waren schon von einigen Mitgliedern des Konvents gefordert worden.[78] *Borowsky* meint, die Listen seien ausnahmsweise zur Diskussion gestellt worden und der abschließende Konsens des Grundrechtskonvents habe sich im Unterschied zu den sonstigen Erläuterungen auch auf diese erstreckt.[79] Dies lässt sich anhand der Protokolle nicht nachvollziehen; aus diesen ergibt sich eher eine grundsätzliche Ablehnung gegen jede Rechtsverbindlichkeit der Erläuterungen.[80] Es scheint eher so gewesen zu sein, dass das Präsidium diese Frage in eigener Zuständigkeit behalten wollte.[81] Gleichwohl ist *Borowsky* zuzustimmen, dass den Listen eine höhere Verbindlichkeit eigen ist, weil an ihnen die Akzeptanz der Charta im Verfassungskonvent hing.

In Bezug auf die Grundrechte der **Solidarität** sind die Erläuterungen vor allem für das Grundrecht der **Koalitionsfreiheit** von Bedeutung. In der entsprechenden Auflistung heißt es: „Art. 12 Abs. 1 entspricht **Art. 11 EMRK,** aber sein Anwendungsbereich ist auf die Ebene der Union ausgedehnt worden." Damit ist eine dynamische Verweisung gewollt gewesen, wie die Erläuterungen hervorheben: „Die Bedeutung und Tragweite der garantierten Rechte werden nicht nur durch den Wortlaut dieser Vertragswerke [Konvention und Protokolle], sondern auch durch die Rechtsprechung des EGMR und des EuGH bestimmt." (Erl. zu Art. 52 Abs. 4 S. 2). Art. 11 EMRK schützt dem Wortlaut nach – ähnlich Art. 9 Abs. 3 GG – nur die Freiheit, eine **Koalition zu bilden,** nicht auch deren Betätigung. Mittlerweile misst das BVerfG Art. 9 Abs. 3 GG einen vollumfänglichen Schutzbereich der Koalitionsfreiheit zu. Eine ähnliche Entwicklung hat die Koalitionsfreiheit in der Rechtsprechung des EGMR genommen. Die Grundrechtecharta hat dagegen – ähnlich der Weimarer Reichsverfassung (Art. 159 und 165 WRV) – für den Schutz der Koalitionsbetätigung eine eigene Norm. Das führt zu einer interessanten **Doppelung des koalitionären Grundrechtsschutzes.**[82] 19

76 Die h.M. sieht in ihnen eine verbindliche Auslegungshilfe (EuGH – DEB, Rs. C-279/09, Urt. vom 22.12.2010 [Zweite Kammer], Rn. 32; *Franzen/Gallner/Oetker/Schubert,* Eur. Arbeitsrecht, Art. 52 GRC Rn. 26; *Streinz/Streinz/Michl,* EUV/AEUV, Art. 52 GRC Rn. 32); in der Rs. Åkerberg Fransson hat der EuGH freilich den Text der Erläuterungen korrigierend an die Stelle des Grundrechtsartikels gesetzt (EuGH – Åkerberg Fransson, Rs. C-617/10, Urt. vom 26.2.2013 [Große Kammer], Rn. 20), ihnen also normenhierarchischen Vorrang eingeräumt, was sicherlich zwei Stufen zu hoch angesiedelt ist. Zu der zweifelhaften Entstehungsgeschichte der zugrundeliegenden Erläuterungen, vgl. Vorauflage, *Borowsky,* Art. 51 Rn. 30. *Altmaier* (D) und *Einem* (A) sprachen sich im Konvent gegen den zu engen Begriff der *Durchführung* aus; sie schlugen *Anwendung* des Gemeinschaftsrechts vor, *Bernsdorff/Borowsky,* Protokolle, S. 359 f.

77 Vorauflage, *Borowsky,* Art. 52 Rn. 31 b.

78 *Bernsdorff/Borowsky,* Protokolle, S. 359 erwähnen den niederländischen Rechtsprofessor und nationalen Parlamentarier *Ernst Hirsch-Ballin;* vgl. hierzu auch *Bernsdorff/Borowsky,* Arbeitsdokumente, S. 2002.

79 Vorauflage, *Borowsky,* Art. 52 Rn. 31 b.

80 Vgl. etwa die Äußerungen von *Bowness* (GB) und *Manzella* (IT) und *Meyer* (D), *Bernsdorff/Borowsky,* Protokolle, S. 359, 361 und 380.

81 Vgl. *Bernsdorff/Borowsky,* Protokolle, S361: „Auf die nochmalige Anregung Meyers (D), über die Frage der rechtlichen Qualität des Erläuterungstextes und dessen Aufnahme in den Entwurf abstimmen zu lassen, entgegnete Jansson (Fin), dass diese Frage im Präsidium behandelt werden müsse."

82 Siehe *Hüpers/Reese,* Art. 28 Rn. 58.

3. Protokoll Nr. 30

20 Polen und das Vereinigte Königreich[83] haben im **Protokoll Nr. 30** zum Lissabon-Vertrag[84] den **nationalen Kompetenzschutz** gemäß Art. 6 Abs. 1 UAbs. 2 EUV, Art. 51 Abs. 2 GRC und der 1. Erklärung zum Lissabon-Vertrag[85] noch einmal im Hinblick auf die **kompetenzansaugende Rechtsprechung des EuGH** abgesichert.[86] Art. 1 Abs. 1 des Protokolls verhindert die Möglichkeit der nationalen Gerichte und des EuGH, gerichtliche Kompetenzen über die Grundrechtecharta auszuweiten. UAbs. 2 stellt fest: „Insbesondere – und um jeden Zweifel auszuräumen – werden mit Titel IV der Charta keine für Polen oder das Vereinigte Königreich geltenden einklagbaren Rechte geschaffen, soweit Polen bzw. das Vereinigte Königreich solche Rechte nicht in seinen nationalen Rechten vorgesehen hat." Art. 2 sichert dem **innerstaatlichen Recht und der innerstaatlichen Praxis,** die auf die Bestimmungen der Charta Bezug nehmen, den Sinn zu, der ihnen innerstaatlich zugemessen wird. Einer Verdrängung mitgliedstaatlicher Kompetenzen durch eine weite Auslegung des Art. 51 Abs. 1 („Durchführung") und einer ausgreifenden Auslegung innerstaatlicher Rechtsbegriffe sollte damit vorgebaut werden – beides sehr reale Gefahren, wie die Entscheidungen Åkerberg Fransson[87] und Ruhrlandklinik[88] zeigen. Das Protokoll Nr. 30 ist gemäß Art. 51 EUV Bestandteil der Verträge und damit rechtsverbindlich. Demgegenüber kommt der 17. Erklärung zum Lissabon-Vertrag[89] nur eine eingeschränkte Bedeutung zu.[90]

83 Das Misstrauen des Vereinigten Königreichs gegen den EuGH hat eine lange Vorgeschichte, vgl. dazu das Memorandum des Vereinigten Königreichs vom 23.7.1996 zum EuGH (CONF 3883/96, Anlage); dazu *Hummer/Obwexer,* EuZW 1997, 295 ff.; *Schieren,* S. 14.

84 ABl. 2012 C 326, S. 313. Der Europäische Rat vom 29. und 30.10.2009 sagte der tschechischen Republik zu, das Protokoll Nr. 30 beim nächsten Beitrittsvertrag auf Tschechien auszudehnen (Dok. 15265/09 vom 30.10.2009, I. 2. und Anhang I). Vor dem Beitritt Kroatiens am 1.7.2013 änderten sich jedoch die politischen Vorzeichen. In seiner Entschließung Nr. 330 vom 6.10.2011 sprach sich der tschechische Senat gegen eine Übernahme des Protokolls aus. Das Europäische Parlament forderte darauf den Europäischen Rat auf, die Protokollerweiterung fallen zu lassen (Entschließung vom 22.5.2013 – ABl. 2016 C 55, S. 142). Der Beitritt Kroatiens erfolgte ohne Änderung des Protokolls. Das Mitte-Links-Kabinett unter Ministerpräsident Bohuslav Sobotka zog schließlich öffentlich den tschechischen Vorschlag der Protokollerweiterung vom 5.9.2011 zurück (dpa-Meldung vom 19.2.2014).

85 ABl. 2012 C 326, S 339.

86 *Bogdandy/Bast/Kühling,* Eur. Verfassungsrecht, S. 670; *Lindner,* EuR 2008, 795; *Calliess/Ruffert/Kingreen,* EUV/AEUV, Art. 6 EUV, Rn. 14; *Streinz/Streinz/Michl,* EUV/AEUV, Art. 51 GRC Rn. 22; *C. Barnard,* S. 268; *Pernice,* S. 235, 244 ff.; *Wendel,* S. 561 Fn. 148.

87 EuGH – Åkerberg Fransson, Rs. C-617/10, Urt. vom 26.2.2013 (Große Kammer); deutliche Kritik vom BVerfGE 133, 277 ff. (Rn. 98). Vorsichtiger danach EuGH – Siragusa, Rs. C-206/13, Urt. vom 6.3.2014 (Zehnte Kammer); EuGH – Hernãndez; Rs. C-198/13, Urt. vom 10.7.2014 (Fünfte Kammer); EuGH – Podava, Rs. C-117/14, Urt. vom 5.2.2015 (Zehnte Kammer).

88 EuGH – Ruhrlandklinik, Rs. C-216/15, Urt. vom 17.12.2016 (Fünfte Kammer); dazu *Wank,* EuZW 2018, 21 ff.

89 ABl. 2007 C 306, S. 346 (Vorrang des Unionsrechts).

90 Als gemeinsame Erklärung kann diese gemäß Art. 31 Abs. 2 WVK zur Auslegung herangezogen werden (EuGH – Rottmann, Rs. C-135/08, Urt. vom 2.3.2010 (Große Kammer), Rn. 40; *Calliess/Ruffert/Schmalenbach,* EUV/AEUV, Art. 51 EUV Rn. 6.

Mit dem Protokoll Nr. 30 stellt sich insbesondere die Frage, ob hierin ein (teilweiser) **Opt-out** und damit ein Sonderweg der Protokollstaaten liegt,[91] der als Abkehr von der **europäischen Wertegemeinschaft**[92] einzuordnen wäre.[93] 21

Die sozialen Grundrechte der Grundrechtecharta wurden vom Konvent mit der Absicht geschaffen, die **mitgliedstaatlichen Sozialstandards** gegenüber der Union und einer als zu unsozial empfundenen europäischen Wirtschaftsordnung aufzuwerten (zweite Säule des Drei-Säulen-Konzepts).[94] Wenn es aber – wie insbesondere der Mehrebenen-„Refrain" in den Wirtschafts- und Sozialgrundrechten zeigt (z.B. Art. 27) – um die Aufwertung der mitgliedstaatlichen Sozialstandards gegenüber der Union geht, dann liegt im Protokoll Nr. 30 gerade kein teilweiser Opt-out für den Titel IV „Solidarität", sondern eine Bekräftigung dieses Konzepts.

Auch ist im Protokoll Nr. 30 keine Abkehr von der europäischen Wertegemeinschaft zu sehen, sondern die Betonung der mitgliedstaatlichen Souveränität innerhalb einer Vertragsunion, die dem EuGH die Rolle als „Motor der Integration"[95] abspricht.[96] Eine Rolle, die mit der Aufgabe, *Hüterin der Verträge* zu sein, nur schlecht in Einklang zu bringen ist.[97] Freilich relativiert der Bezug auf die mitgliedstaatliche Souveränität ein unionsgerichtliches Grunddogma, wonach der **Charakter des Unionsrechts** verkannt würde, wenn dieses nicht **einheitlich gelten** würde, weil „bei der Entscheidung über die Gültigkeit von Handlungen der Gemeinschaftsorgane Normen oder Grundsätze des *nationalen* Rechts herangezogen würden".[98] Dies ist eben neu an den seit 2009 rechtsverbindlichen sozialen Grundrechten der Grundrechtecharta: sie führen zur Achtung mitgliedstaatlicher Standards ohne deren Vergemeinschaftung.

---

91 *Bogdandy/Bast/Kühling,* Eur. Verfassungsrecht, S. 670: „partielles Opt-out"; *Pache/Rösch,* EuZW 2008, 529; *Wendel,* S. 561; a.A. *Grabenwarter/v. Danwitz,* Eur. Grundrechteschutz, § 6 Rn. 18: „Bezeichnung als ‚Opt-out' nicht treffend"; *Ehlers/Ehlers,* GR, § 14 Rn. 16; *Mayer,* ZaöRV 2007, 1160; *Calliess/Ruffert/Kingreen,* EUV/AEUV, Art. 6 EUV Rn. 14; *Mehde,* EuGRZ 2008, 273 f.; *Franzen/Gallner/Oetker/Schubert,* Eur. Arbeitsrecht, Art. 6 EUV Rn. 7: „kein echtes Opt-out". *Jarass,* GRC, Art. 51 Rn. 40: „Bezeichnung der Vorbehalte als ‚Opt-out' ist daher unzutreffend"; Generalanwältin *Kokott,* vom 15.12.2011 – zu EuGH – Bonda, Rs. C-489/10, Rn. 23; *Holoubek/Lienbacher/Lechner/Oswald,* GrC, Art. 51 Rn. 52.

92 *Franzen/Gallner/Oetker/Schubert,* Eur. Arbeitsrecht, Art. 6 EUV Rn. 7: „[das Protokoll steht] mit dem Ziel, Europa zu einer Wertegemeinschaft weiterzuentwickeln in Konflikt"; *Pache/Rösch,* EuZW 2008, 520 („gewichtiger formaler Rückschlag für die EU als Werte- und Grundrechtegemeinschaft"); *Mayer,* ZaöRV 2007, 1163: „hässliches Signal zur Frage der gemeinsamen Wertebasis der Mitgliedstaaten"; a.A. *Bogdandy/Bast/Kühling,* Eur. Verfassungsrecht, S. 670 („keinesfalls ein grundlegender Dissens über die fundamentalen Werte in Europa").

93 Zur weiteren Frage nach der Bedeutung des Protokolls Nr. 30 für die anderen Mitgliedstaaten *Hüpers/Reese,* Art. 31 Rn. 38. Siehe auch *Lindner,* EuR 2008, 795, der insoweit die Frage für maßgeblich hält, wie der EuGH mit dem Begriff der Durchführung in Art. 51 Abs. 1 umgeht.

94 So wurde insbesondere in Frankreich die Ablehnung der Europäischen Verfassung auf diesen Punkt zurückgeführt, *Gölder/Jopp,* integration 2006, 95.

95 So schon *Everling,* EuR 1983, 105; *Hitzel-Cassagnes,* KJ 2008, 143; *Kirschner,* S. 111; *Streinz,* AöR 2010, 27; *Holst,* EuR 2018, 89.

96 *Streinz/Streinz/Michl,* EUV/AEUV, Art. 51 GRC Rn. 22.

97 Besonders wenn man mit Mayer annimmt, dass Kompetenzprobleme zumeist keine vertikalen Probleme sind, sondern horizontale zwischen den Mitgliedstaaten, vgl. *Mayer,* ZaöRV 2007, 1163.

98 EuGH – Internationale Handelsgesellschaft, Rs. 11/70, Urt. vom 17.12.1970, Rn. 3; ähnlich schon EuGH – Costa/E.N.E.L., Rs. 6/64, Urt. vom 15.7.1964. Siehe auch oben Rn. 4 und unten Rn. 27.

4. Europäische Säule der sozialen Rechte

22 Als eine neue Vision für ein soziales Europa haben das EP, der Rat und die Kommission am 17. November 2017 in Göteborg die **Europäische Säule der sozialen Rechte** (ESSR) feierlich proklamiert.[99] In der Präambel werden die sozialen Grundrechte der Grundrechtecharta erwähnt (Abs. 5). Ausdrücklich wird eine dezentrale Union betont; man wolle „eine Union, die der **Unterschiedlichkeit der nationalen Systeme und der Schlüsselrolle der Sozialpartner Rechnung trägt**" (Präambel Abs. 7).

Die ESSR enthält zwanzig Vorschriften zu den Kapiteln „Chancengleichheit und Arbeitsmarktzugang", „Faire Arbeitsbedingungen" und „Sozialschutz und soziale Inklusion". Mit der Formulierung von Rechten z.B. junger Menschen auf „einen Ausbildungsplatz, einen Praktikumsplatz oder ein Beschäftigungsangebot von gutem Ansehen", von Arbeitnehmern „auf eine gerechte Entlohnung, die ihnen einen angemessenen Lebensstandard ermöglicht", oder von Menschen im Alter „auf Mittel, die ein würdevolles Leben sicherstellen" weckt die ESSR hohe Erwartungen an ihre Umsetzung. Diese werden jedoch doppelt enttäuscht. Mangels Rechtsverbindlichkeit entfaltet die ESSR von vornherein keine normativen Wirkungen. Aber auch als politische Richtschnur für Umsetzungsmaßnahmen der Union dürfte die ESSR weitgehend leerlaufen, da es an entsprechenden Unionskompetenzen fehlt.[100] Immerhin wird man ihr Wertungen entnehmen können, nationale Regelungen zu ermöglichen.[101]

III. Auslegungsperspektive

1. Nach dem Brexit: Integration durch Kompetenzbalance

23 Die schrittweise Integration **zu einer immer engeren Union** vollzog sich seit ihren Anfängen in zwei verschränkten Prozessen. Der erste Prozess ist vertraglicher Natur. Die Akteure dieses Prozesses sind die Mitgliedstaaten. Der **vertragliche Integrationsprozess** ist strikt rückgekoppelt an die Zustimmung der Mitgliedstaaten (Art. 48 EUV). Jeder Integrationsschritt muss – wie es das Bundesverfassungsgericht sagt – „prinzipiell widerruflich" sein.[102] Da das Konsensprinzip des Art. 48 Abs. 4 EUV eine Rückübertragung europäischer Kompetenzen an die Mitgliedstaaten jedoch nur im allseitigen Einverständnis erlaubt, ist eine Renationalisierung über den Austritt (Art. 50 EUV) die wahrscheinlichere Möglichkeit.[103] Bereits Anfang der achtziger Jahre ist allerdings gefragt worden, ob die Mitgliedstaaten noch die treibenden Kräfte der Integration sind.[104]

---

99 Interinstitutionelle Proklamation zur europäischen Säule sozialer Rechte ABl. 2017 C 428, S. 10 ff.

100 Vgl. Abs. 18 der Präambel: „Was die Unionsebene betrifft, so bringt die europäische Säule sozialer Rechte keine Ausweitung der in den Verträgen festgelegten Befugnisse und Aufgaben der Union mit sich. Sie sollte innerhalb der Grenzen dieser Befugnisse umgesetzt werden."

101 Siehe Nr. 6 Abs. c ESSR („Alle Löhne und Gehälter werden gemäß den nationalen Verfahren und unter Wahrung der Tarifautonomie auf transparente und verlässliche Weise festgelegt.") mit Blick auf Art. 153 Abs. 5 AEUV.

102 BVerfGE 123, 267, 350.

103 So hat das Bundesverfassungsgericht aus dem Prinzip der Widerruflichkeit der Integrationsschritte das Recht zum Austritt gefolgert, BVerfGE 123, 267, 350: „Es handelt sich (erg. bei dem Austritt) nicht um eine – völkerrechtlich problematische – Sezession aus einem Staatsverband (…), sondern lediglich um den Austritt aus einem auf dem Prinzip der umkehrbaren Selbstbindung beruhenden Staatenverbund." *Hufeld* überzeichnet daher den Autonomieverlust als „Herrschaft der Lebenden über die noch Ungeborenen", *Arnauld/Hufeld*, 1. Teil § 1 Rn. 56.

104 *Everling*, FS Mosler, S. 173. *Grabitz/Hilf/Nettesheim/Nettesheim,* EU, Art. 10 EUV Rn. 2: „Spätestens seit Ende der achtziger Jahre des 20. Jahrhunderts hat sich das Bild aber so rapide gewandelt, dass sich das überkommene Legitimationsmodell [von den Mitgliedstaaten als ‚Herren der Verträge'] heute zwar nicht als unbrauchbar, wohl aber als brüchig erweist."

Den großen Erfolg einer europäisch integrierten Wirtschaftsordnung verdankt die Union in wesentlichen Schritten der **Rechtsfortbildung** des **EuGH**. Bereits in den sechziger Jahren sprach dieser dem Gemeinschaftsrecht eine **Direktwirkung** zu und emanzipierte das Europarecht vom Völkerrecht.[105] Ebenfalls in den frühen Sechzigern entwickelte er den **Vorrang vor nationalem Recht.**[106] Bald stellte das Gericht fest, dass der Vorrang jeglichen europäischen Primär- und Sekundärrechts auch nationales Verfassungsrecht einschließlich der nationalen Grundrechte umfasst.[107] Mitte der siebziger Jahre konzipierte der EuGH die europäische **Rechtsbindung Privater.**[108] Eine Entwicklungslinie, die heute zu den unter Solidaritätsgesichtspunkten so problematischen Entscheidungen Viking[109] und Laval[110] führte.[111] Schließlich deutete der Gerichtshof die in den Verträgen als Diskriminierungsverbote konzipierten Grundfreiheiten als **Beschränkungsverbote.**[112] Der Wechsel der Lesart der Grundfreiheiten vom Verbot protektionistischer **Ungleich**behandlungen zu einer **freiheitlichen** Lesart möglichst ungestörter Grundfreiheiten wurde alsbald von der Warenverkehrsfreiheit auf die anderen Grundfreiheiten – in Variation[113] – übertragen.[114] 24

Zustimmend wird insofern von einer „evolutiven Konstitutionalisierung" gesprochen,[115] die **Integration durch Interpretation** erreichen will.[116] Der EuGH als wichtigster Akteur dieser **Interpretationsgemeinschaft** agiert als **Motor** der **europäischen Integration** und **Verfassungsentwicklung.**[117] Aus dieser Sicht erscheinen die Vertragswerke von Maastricht, Amsterdam und Nizza lediglich als „nachholende Kodifizierungen" und die gescheiterten

105 EuGH – van Gend & Loos, Rs. C-26/62, Urt. vom 5.2.1963; siehe auch *Hitzel-Cassagnes*, S. 124 zu der kontinuierlichen Ausweitung dieses Prinzips in den Entscheidungen EuGH – Lütticke, Rs. 57/65, Urt. vom 16.6.1966 und EuGH – Van Duyn, Rs. 41/74, Urt. vom 4.12.1974.

106 EuGH – Costa/E.N.E.L., Rs. C-6/64, Urt. vom 15.7.1964.

107 EuGH – Internationale Handelsgesellschaft, Rs. C-11/70, Urt. vom 17.12.1970; diese Entscheidung lag der Solange I-Entscheidung des BVerfG zugrunde (BVerfGE 37, 271). Am Ende desselben Jahrzehnts versagte der EuGH den nationalen Verfassungsgerichten insoweit das Verwerfungsrecht, als es den nationalen Fachgerichten die Kompetenz zur Nichtanwendung unionsrechtswidrigen Rechts einräumte, ohne ein verfassungsgerichtliches Verfahren abwarten zu müssen, EuGH – Simmenthal, Rs. C-106/77, Urt. vom 9.3.1978.

108 EuGH – Walrave und Koch, Rs. C-36/74, Urt. vom 12.12.1974; EuGH – Defrenne, Rs. C-43/75, Urt. vom 8.4.1976. Weitere Meilensteine dieser Entwicklung sind die Entscheidungen EuGH – Bosman, Rs. C-415/93, Urt. vom 15.12.1995 und EuGH – Angonese, Rs. C-281/98, Urt. vom 6.6.2000.

109 EuGH – Viking, Rs. C-438/05, Urt. vom 1.12.2007 (Große Kammer).

110 EuGH – Laval, Rs. 341/05, Urt. vom 18.12.2007 (Große Kammer).

111 Siehe dazu *Hüpers/Reese*, Art. 28 Rn. 48.

112 EuGH – Dassonville, Rs. C-8/74, Urt. vom 11.7.1974 zur Warenverkehrsfreiheit; die Kommission hatte nur ausnahmsweise Regelungen, die unterschiedslos auf inländische und ausländische Waren anwendbar waren, als *Maßnahmen gleicher Wirkung* angesehen (RL 70/50/EWG vom 22.12.1969, 9. Erwägungsgrund und Art. 3 Abs. 1), vgl. dazu *GSH/Müller-Graff*, EU, Art. 34 AEUV Rn. 44 f.

113 So erklärte der EuGH für die Arbeitnehmerfreizügigkeit die damaligen Transferregelungen im Profifußball für rechtswidrig, unabhängig davon, ob es sich um grenzüberschreitende oder inländische Transfers handelt (EuGH vom 15.121995 – C-415/93 – Bosman, Rn. 96, 103), während das grenzüberschreitende Element bei der Warenverkehrsfreiheit aufrechterhalten wird (vgl. EuGH – Steen, Rs. C-332/90, Urt. vom 28.1.1992; *Albers*, S. 708, 710; *Bösch*, S. 91, 93; *Calliess/Ruffert/Kingreen*, EUV/AEUV, Art. 36 AEUV Rn. 39 f. Zu Aufweichungen des grenzüberschreitenden Elements im Rahmen der Warenverkehrsfreiheit siehe aber Generalanwalt *Maduro* zu EuGH – Carbonati Aquani, Rs. C-72/03, Schlussantrag vom 6.5.2004.

114 *Skouris*, DÖV 2006, 90.

115 *Häberle/Kotzur*, Eur. Verfassungslehre, S. 722; *Meyer*, Präambel Rn. 27.

116 *Hitzel-Cassagnes*, KJ 2008, 134 f.

117 *Everling*, EuR 1983, 105; *Stein*, S. 619; *Hitzel-Cassagnes*, KJ 2008, 143; *Kirschner*, S. 111; *Streinz*, AöR 2010, 27; *Frenzel*, Der Staat 2014, 22; *Holst*, EuR 2018, 89.

Verfassungsreferenden in Frankreich und den Niederlanden 2005 zwar als bedauerlich, aber keineswegs kritisch für die europäische Verfasstheit.[118] Die Grundrechtecharta gibt dieser Auslegungsperspektive eine bemerkenswerte Grundlage. In der **Präambel** heißt es gleich zu Beginn, „die Völker Europas [seien] entschlossen, [...] sich zu einer immer engeren Union [zu] verbinden." Danach scheint jede Interpretation zu mehr Integration, ginge sie auch über die Verträge hinaus, durch diese gleichsam gesetzmäßige Entwicklung gedeckt.[119]

25 Unter **legitimatorischen Gesichtspunkten** ist die Integration durch Interpretation nicht unproblematisch.[120] Man hat das Protokoll Nr. 30 ein „Exit-Protokoll"[121] genannt, das drohte, aus dieser Entwicklung auszusteigen. Mittlerweile liegt mit dem **Brexit** der Ausstieg aus dieser Entwicklung vor.[122] Das Problem lässt sich jedoch angesichts der allerorten zu beobachtenden Renationalisierung in den Mitgliedstaaten[123] nicht auf den Brexit be-

---

118 *Hitzel-Cassagnes*, KJ 2008, 144.

119 Am Vorabend der Entstehung der GRC gab es allerdings schon ein verbreitetes kritisches Verständnis dieser sich selbst ermächtigenden Integration; als Fraktionsvorsitzender der CDU/CSU erklärte *Wolfgang Schäuble*, BT-Plenarprotokoll 14/77, S. 7080 (D): „Jetzt hört man, wir brauchen eine Art Verfassungsvertrag. Den Begriff mögen nicht alle in Europa. Es geht mir nicht um den Begriff, aber wir brauchen eine Klärung der Frage, wofür Europa und wofür die Mitgliedstaaten zuständig sind. Dieser Tatbestand muss verfassungsfest sein, er darf nicht einseitig geändert werden können. Zudem muss der Europäische Gerichtshof ein neutraler Richter sein und nicht ein Integrationsorgan der Europäischen Union. Das ist er nämlich heute – und damit keine neutrale Instanz. Deswegen brauchen wir diese Klärung."

120 In seiner Rede vor dem 27. Wissenschaftlichen Kongress der Deutschen Vereinigung für Politikwissenschaft in Frankfurt am Main am 26.9.2018 warnte Bundespräsident *Steinmeier* vor der doppelten Gefahr für die liberale Demokratie, dem Populismus und der Technokratie, die sich gegenseitig verstärken, wobei er in Bezug auf die Technokratie insbesondere supranationale Behörden, Gerichte und Expertengremien der Versuchung ausgesetzt sieht, „mit wissenschaftlichen Methoden die vermeintlich ‚richtigen' Lösungen" zu finden, womit allerdings „die Aushöhlung der Volkssouveränität" genauso betrieben werde wie mit dem Populismus, siehe Frankfurter Allgemeine Zeitung vom 27.9.2018, S. 4.

121 *Bogdandy/Bast/Kühling*, Eur. Verfassungsrecht, S. 669.

122 In der britischen Öffentlichkeit wird die EU als zentralistische „top-down machine" gesehen, *Fraser Nelson*, The stealthy rise of Martin Selmayr, the ‚monster' of Brussels, shows why we must go, The Telegraph, 22.2.2018.

123 In Deutschland vertritt die als euroskeptische Partei gegründete AfD einen am Nationalstaat ausgerichteten restaurativen Kurs, vgl. AfD, Programm für Deutschland für die Wahl zum deutschen Bundestag am 29.9.2017, 1.1. In Opposition zur europäischen Integration steht die von Rechtspopulisten gebildete Fraktion *Europa der Nationen und der Freiheit* (ENF), in der der französische *Front National*, die niederländische *Partij voor de Vrijheid*, die italienische *Lega Nord* und die *Freiheitliche Partei Österreichs* vertreten sind. Ebenfalls zu den euroskeptischen Fraktionen gehören Europäische Konservative und Reformer (EKR) mit der *britischen Konservativen Partei* und der polnischen Partei *Recht und Gerechtigkeit* (PiS) als ihren stärksten Vertretern. Die Wiedergewinnung der nationalen Souveränitätsrechte steht hier programmatisch im Vordergrund. *Europa der Freiheit und der direkten Demokratie* (EFDD) bildet eine weitere euroskeptische Fraktion, in der sich die britische *UKIP* sowie die Partei *MoVimento 5 Stelle* zusammenfinden. Die Haltung der *EFDD*-Fraktion zur europäischen Integration ist nicht eindeutig; die meisten ihrer Mitglieder lehnen jedoch die Mitgliedschaft ihrer jeweiligen Nationalstaaten in der Europäischen Union ab oder fordern deren Umwandlung in einen rein intergouvernementalen Staatenbund, vgl. *Brack*, S. 51 ff. Zur allgemein europaskeptischen Stimmung in Frankreich, Dänemark, Ungarn, Polen; Niederlande und insbesondere Tschechien: https://www.welt.de/politik/ausland/article156551217/Diese-Laender-koennten-die-naechsten-Exit-Kandidaten-sein.html. In eine neben Großbritannien zehn Länder umfassenden Umfrage von April 2018 besteht in drei weiteren Ländern keine absolute Mehrheit für einen Verbleib in der EU: Frankreich, Schweden und Italien, vgl. https://d25d2506sfb94s.cloudfront.net/cumulus_uploads/document/6qz917s9ky/EUIResults_Europe_April2018_Toplines_FINAL_180430_w.pdf.

schränken.[124] Eine „Entparlamentarisierung des Integrationsprozesses“[125] – insbesondere im Bereich der Sozialpolitik – birgt die Gefahr, dass sich die Union von den Mitgliedstaaten entfernt, womit der Nationalstaat nicht überwunden, sondern erst wieder konkurrenzfähig gemacht wird – Desintegration durch Integration.[126] Europäische Integration darf daher nicht allein von den unionalen Organen her gedacht werden,[127] sondern sollte die Sicht der Mitgliedstaaten besser berücksichtigen.

Eine **Auslegungsperspektive**, die – gleichsam durch den „Entschluss der Völker Europas zu einer immer engeren Union“ (Präambel) gedeckt – für sich die Aufgabe der Integration durch Interpretation in Anspruch nimmt, ist darüber hinaus rechtlich zu hinterfragen. Die Aufgabe der Grundrechtecharta war es, die auf den verschiedenen Ebenen wirksamen Grundrechte sichtbarer zu machen, ohne dabei den Grundrechtsschutz vollständig zu vereinheitlichen.[128] Die Grundrechtecharta hat dabei durch die zahlreichen **Kompetenzschutzklauseln** ein besonderes Augenmerk auf die **Ausbalancierung der Kompetenzen** gerichtet. Gerade im Titel „Solidarität“ erhält der Kompetenzschutz dadurch eine besondere Bedeutung, dass in zahlreichen Grundrechten auf die einzelstaatlichen Rechtsvorschriften und Gepflogenheiten verwiesen wird (→ Rn. 41 ff.). Ein „Integration-durch-Interpretation-Ansatz“, der die Kompetenzordnung missachtet, geht hier fehl. 26

Gegenüber einer ausgreifenden Rechtsprechung des EuGH besteht die Aufgabe darin, die eigentlich politischen Integrationsschritte auszuweisen,[129] anstatt dem EuGH – gleichsam als Gestalter der herrschenden Meinung[130] – konstruktiv zuzuarbeiten.[131] Eine solche Kri-

124 *Groß*, EuR 2018, 387 ff.

125 *Hölscheidt*, integration 2008, 265.

126 *Bach*, S. 141; *Koch*, S. 16 ff. Versuchte man, die demokratischen Entscheidungsprozesse europäisch durch einen „Integration- durch Interpretation“-Ansatz vorwegzunehmen, änderte der Inhalt seinen Charakter und würde – im Sinne der „Hayekschen Knechtschaftsfalle“ – nur wenig Aussicht auf Akzeptanz bieten, *Hayek*, S. 274 ff.; *Kerber*, S. 8 ff.

127 *Höpner*, S. 407 ff., spricht zugespitzt von institutionellen „Usurpationen“.

128 Rechtspolitisch stand dies jedoch schon knapp fünf Jahre nach Inkrafttreten der GRC auf der Agenda der Kommission, vgl. die Vorstellungen der Justizkommissarin *Reding* zur Abschaffung des Art. 51 GrC, in Speech/13/677.

129 Die Problematik bringt *Rebhahn*, ZESAR 2008, 110, auf den Punkt: „Auch in wichtigen Fragen entwickelt der EuGH seine Rechtsauffassung losgelöst vom positiven Recht. Und die Verarbeitung der Entscheidungen durch die Rechtswissenschaft beschränkt sich im ‚modernen‘ Europarecht häufig darauf, Inhalt und Folgen der vom EuGH geoffenbarten Ansichten zu entwickeln, ohne das Urteil selbst allzu sehr in Frage zu stellen.“ Freilich ist auch an deutlicher Kritik am EuGH nie gespart worden, vgl. etwa *Hailbronner*, der das „Ende der rationalen Jurisprudenz“ gekommen sah (NJW 2004, 2185); *Herzog/Gerken* meinen, mit immer erstaunlicheren Begründungen griffen die Luxemburger Richter massiv in die Kompetenzen und Rechtsordnungen der Mitgliedstaaten ein und gebärdeten sich als oberste Gesetzgeber, FAZ vom 8.9.2008; *Junker*, NJW 1994, 2527, der von der schwarzen Serie des EuGH im Arbeitsrecht spricht; *Preis*, NZA 2006, 408, formuliert, der EuGH nutze die Antidiskriminierungsrichtlinie als Steigbügelhalter zur Schöpfung neuen Primärrechts; aus österreichischer Perspektive vgl. *Roth/Hilpold*. *Klatt* bezeichnet es als eins der drei großen Desiderate im europäischen Grundrechtsschutz, politische und rechtliche Lösungen trennschärfer zu verstehen, um die Beziehungslosigkeit beider Sphären zu überwinden, vgl. *Klatt*, S. 12 ff.

130 *Thym*, DÖV 2014, 947 (Fn. 72).

131 Das Arkanum der für die deutsche Privatrechtswissenschaft grundlegenden Methodenlehre von *Karl Larenz*, S. 235, lautet: „[Bei der Arbeit] der Dogmatik […] wird fast immer unausgesprochen die Voraussetzung gemacht, dass das Gericht auch wenn seine Begründung noch mangelhaft ist, doch etwas Richtiges gemeint hat, dass die Entscheidung im Ergebnis ‚vernünftig‘ und (deshalb auch) nach dem positiven Recht begründbar ist. Diese Voraussetzung, die als Arbeitshypothese anzusehen ist, bestätigt sich nicht immer, aber häufig genug, um mit ihr zunächst einmal zu arbeiten“; vgl. hierzu *Hüpers*, S. 237 ff.

tik, die leicht ihrerseits als rechtspolitisch abgetan werden kann, wird streng **immanent unionsrechtlich** auftreten müssen.

27 Da es aufgrund der spannungsgeladenen, sich überlappenden Grundrechtsräume nationaler, unionaler und konventionaler Provenienz und der politisch-rechtlichen Gemengelage kein fertiges und unstrittiges dogmatisches Fundament gibt, wird eine topisch verfahrende Vorform der Auslegung genügen müssen. Immerhin sind die Canones einer auf Verträgen beruhenden Gesetzesauslegung anwendbar. Die historisch-genetische Auslegung erhält damit ein besonderes Gewicht, freilich nicht das letzte Wort. Dieses gebührt der objektiv-teleologischen Auslegung, in der dem EuGH seine besondere Rolle zukommt. In Bezug auf den einzelnen Fall müssen die Prinzipien der **triadischen Grundordnung** möglichst optimal zur Anwendung kommen, nämlich **Einheit, Wirksamkeit** und **Vorrang** des Unionsrechts.

Die **Einheit** ist jedoch eine Einheit in Vielfalt. Wenn diese Vielfalt nicht eingeschmolzen werden soll, muss das materielle Verständnis von Einheit einem prozeduralen weichen. Die unterschiedlichen Grundrechtsvorstellungen, wie sie etwa in den nationalen Verfassungen,[132] in den Vorbehalten zur EMRK (Art. 57 EMRK) oder im Wahlrecht der ESC (Art. 21 Abs. 1 ESC) zum Ausdruck kommen, sind ebenso – nach denselben Regeln – zu respektieren, wie die in den Mitgliedstaaten oder durch die Mitgliedstaaten organisierten **solidarischen Rechte.** Die **Wirksamkeit** und der Vorrang des Unionsrechts umfassen dann diese materiellen Unterschiede und geben ihr unionsrechtliche Geltung.[133] Der **Vorrang** des Unionsrechts ist insoweit nicht gegen das einzelstaatliche Recht gerichtet, sondern auf dessen Integration. Eine solche prozedurale Integration kann freilich nur gelingen, wenn die in

---

132 Problematisch ist dabei – auch mit Blick auf Art. 52 Abs. 4 –, dass der EuGH die Grundrechte aus der gemeinsamen Verfassungstradition mit einer wertenden Rechtsvergleichung ableitet (EuGH – Hauer, Rs. C-44/79, Urt. vom 13.12.1979), wobei die Wertung die Rechtsvergleichung dominiert. Es wird daher gelegentlich betont, es handele sich um eine „negative Kontrolle", ob eine Unvereinbarkeit mit der Verfassung eines der Mitgliedstaaten besteht, *Franzen/Gallner/Oetker/Schubert*, Eur. Arbeitsrecht, Art. 6 EUV Rn. 18. In der Rechtssache Melloni war dieser Umstand mit der entgegenstehenden Verfassung Spaniens sicherlich gegeben, ohne dass er allerdings für den EuGH relevant gewesen wäre, EuGH – Melloni, Rs. C-399/11, Urt. vom 26.2.2013 (Große Kammer). Eine rechtsvergleichende Bestandsaufnahme unterblieb. Der EuGH ist aufgrund seines – selbst geschaffenen – Verfahrensrechts auch gar nicht in der Lage, eine solche Tradition bei den Verfassungsgerichten oder entsprechenden Obersten Gerichthöfen der Mitgliedstaaten abzufragen. Der viel beschworene Dialog zwischen Gerichtshof und Verfassungsgerichten wird damit genau da nicht gesucht, wo er methodisch geboten wäre, vgl. etwa *Lenaerts,* EuR 2015, 19 f., der lapidar feststellt, dass ein amicus curiae Brief des tschechischen Verfassungsgerichts in der Rechtssache Landtova (EuGH – Landtova, Rs. C-399/09, Urt. vom 22.6.2011 [Vierte Kammer]) nicht berücksichtigt werden konnte, „da das Verfassungsgericht mangels prozessualer Möglichkeiten nicht förmlich an dem Verfahren beteiligt werden konnte" (Fn. 89).

133 In Art. 2 S. 2 des Protokolls Nr. 8 zum Vertrag von Lissabon ist der Wille der Vertragsparteien festgehalten worden, den je nach Mitgliedstaat differenzierten Konventionsschutz beizubehalten: „Es wird sichergestellt, dass die Bestimmungen der Übereinkunft die besondere Situation der Mitgliedstaaten in Bezug auf die Europäische Konvention unberührt lassen, insbesondere in Bezug auf ihre Protokolle, auf Maßnahmen, die von den Mitgliedstaaten in Abweichung von der Europäischen Konvention nach deren Artikel 15 getroffen werden, und auf Vorbehalte, die die Mitgliedstaaten gegen die Europäische Konvention nach deren Artikel 57 anbringen.", vgl. dazu Vorauflage, *Borowsky,* Art. 52 Rn. 35. Gleichwohl wird teilweise für „irrelevant" erklärt, ob einschlägige Zusatzprotokolle von allen Mitgliedstaaten ratifiziert wurden, *Schwerdtfeger,* Art. 52 Rn. 54 m.w.N. Dass die Tragweite der Konvention für die betreffenden Mitgliedstaaten damit ausgedehnt würde, thematisiert *Schwerdtfeger* jedoch nicht, ebd., Rn. 59. Eine Durchbrechung der (materiellen) Einheit des Unionsrechts wird von ihr aber bei Verweisungsgrundrechten für möglich erachtet, ebd., Rn. 89.

den Verträgen und in der Grundrechtecharta ausbalancierten **Kompetenzen** respektiert werden.[134]

2. Grundrechtsverwirklichung im Rahmen der Kompetenzordnung

Nach einem verfassungsrechtlichen Verständnis sind Grundrechte fundamentale Rechte, die überall gleichermaßen und vorrangig gelten. Vorzüglich wird dieser Geltungsvorrang durch Art. 1 Abs. 3 GG deutlich, wonach Gesetzgebung, vollziehende Gewalt und Rechtsprechung an die Grundrechte als unmittelbar geltendes Recht gebunden sind. Im Verhältnis der Union zu den Mitgliedstaaten ist dieses Verständnis von Grundrechten aber durch das **Kompetenzproblem** gebrochen. 28

Hier tauchen die drei Grundprobleme des **Grundrechtsföderalismus** auf: Ist die Union oder sind die Mitgliedsstaaten zuständig? Wenn beide zuständig sind, wie ist die Zuständigkeit abzugrenzen und wer entscheidet darüber? Bei unionsrechtlich verankerten **sozialen Grundrechten** wirkt sich das Zuständigkeitsproblem in besonderer Weise aus. Denn die sozialen Grundrechte sind in der Regel, insbesondere soweit es um die Gewährung von Leistung, Teilhabe und Schutz geht, konkretisierungsbedürftig und bedürfen der weiteren normativen Ausgestaltung. Die **Grundrechtsverwirklichung** ist auf Rechtsetzungskompetenzen angewiesen (**Kompetenzakzessorietät**).[135] 29

Fehlt es an entsprechenden Unionskompetenzen – wie z.B. beim Streikrecht gemäß Art. 153 Abs. 5 AEUV[136] –, liefe die Grundrechtsverwirklichung nach herkömmlichem Verständnis leer, weil eine unionsrechtliche Ausgestaltung nicht möglich ist.[137] Genau hier setzt jedoch die in den sozialen Grundrechten durch die Grundrechtecharta verwirklichte zweite Säule des Drei-Säulen-Modells (→ Rn. 14) an, indem sie mitgliedstaatliche Solidarität integriert. Das ist die **Ermöglichungsfunktion** der sozialen Grundrechte der Grundrechtecharta. Da wo die Union keine oder nur eine geteilte Kompetenz hat, ermöglicht sie den Sozialpartnern oder den Mitgliedstaaten unionsrechtlich wirksam, solidarischen Schutz zu 30

---

134 *Herzog*, NJW 1999, 27, hat am Vorabend der Entstehung auf dieses Problem aufmerksam gemacht: „Europäische Integration kann nicht bedeuten, dass nationales Recht sich in den höheren Sphären Europas einfach verflüchtigt und durch europäische Kodifikationen ersetzt wird. Die Vorfahrtsregelung, die wir uns einmal ausgedacht haben, ist umgekehrt: Was sinnvollerweise auf der nationalen Ebene zu regeln ist und was nicht zwingend einer Harmonisierung bedarf, das muss für Europa tabu bleiben, [...] Leider beschreibe ich, das wissen Sie alle, hier keine abstrakte Befürchtung, sondern eine konkrete Erfahrung: Die europäischen Institutionen neigen durchaus dazu, für sich mehr Kompetenzen zu reklamieren, als ihnen von den Mitgliedstaaten zugestanden worden sind".

135 Ausführlich dazu *Barriga*, Entstehung, S. 50 ff. Zum fehlenden Gleichlauf von Unionsgrundrechten und Unionskompetenzen *Kober*, EU-Grundrechtsschutz, S. 47 ff. Siehe auch *Schwerdtfeger*, Art. 51 Rn. 72 f.

136 Vgl. nur die kritischen Stellungnahmen der nationalen Parlamente zur sog. Monti-II-Verordnung, mit der – auf Basis des Art. 352 AEUV – die Ausübung des Rechts auf Durchführung kollektiver Maßnahmen im Kontext der Niederlassungs- und Dienstleistungsfreiheit geregelt werden sollte, *Walter*, S. 27 ff. Zu einer Sperrwirkung des Art. 153 Abs. 5 AEUV in Bezug auf die Heranziehung der Art. 114 bzw. Art. 352 AEUV *Thüsing/Traut*, RdA 2012, 68 m.w.N.

137 *Calliess/Ruffert/Krebber*, EUV/AEUV, Art. 28 GRC Rn. 3 f.: „Nimmt man den Wortlaut ernst, ist Art. 28 [...] eine überflüssige Norm. [Es ist] nicht möglich, den Verweis des Art. 28 auf das Europarecht mit Leben zu füllen. Die Bedeutung von Art. 28 liegt in denjenigen Bereichen, in denen die Kompetenzordnung der Union nicht tangiert ist oder in denen die Union selbst außerhalb des Kompetenzgefüges von Art. 153 AEUV handelt." *Kober*, EU-Grundrechtsschutz, S. 226 („leere Hülle", „potemkinsche Grundrechtsfassade").

organisieren. Werden diese tätig, folgt hieraus eine **Schranke für die wirtschaftlichen Grundfreiheiten** (besondere Abwehrdimension).[138]

31 Im Regelfall der **begrenzten Unionskompetenzen** im Bereich der Sozialpolitik – wie z.B. bei der auf Mindestvorschriften begrenzten Harmonisierung nach Maßgabe des Art. 153 Abs. 2 lit. b) AEUV[139] – ist die Grundrechtsverwirklichung durch unionsrechtliche Ausgestaltung entsprechend begrenzt. Die in diesen Fällen naheliegende Versuchung, die normativen Grundlagen für eine unionsrechtliche Ausgestaltung durch Auslegung der Grundrechte zu schaffen, würde nicht nur den Charta-Skeptikern Recht geben, die vor einer Kompetenzausweitung durch die Verankerung sozialer Grundrechte gewarnt haben (→ Rn. 14). Die primärrechtlich verankerten **Kompetenzschutzklauseln** verbieten eine solche Grundrechtsauslegung mit **kompetenzansaugender Wirkung**.[140]

Eine transparente Grundrechtsinterpretation – hier im Bereich der sozialen Grundrechte – begreift die Zuständigkeitsgrenzen nicht als bloßes Anwendungs-, sondern auch als Auslegungsproblem. Normativer Anknüpfungspunkt dafür ist Art. 51 Abs. 2, wonach „diese Charta […] weder neue Zuständigkeiten noch neue Aufgaben für die Union [begründet], noch die in den Verträgen festgelegten Zuständigkeiten und Aufgaben [ändert]“. Schon im Rahmen der Grundrechtsauslegung ist zu beachten, ob Grundrechtsgehalten, die auf Ausgestaltung gerichtet sind, unionsrechtliche Rechtsetzungskompetenzen korrespondieren.[141] Dabei dürfen auch die Zuständigkeitsgrenzen, die sich aus den Kompetenzausübungsschranken ergeben, insbesondere aus dem **Grundsatz der Subsidiarität**, nicht übersehen werden.[142] Schließlich erlaubt es Art. 52 Abs. 2 auch nicht, die Kompetenz aus **Art. 352**

---

138 In diese Richtung argumentiert auch *Krebber*, RdA 2009, 236 „Von normativen Grundlagen hat sich der EuGH weitgehend gelöst. Eine allgemeine, übergreifende Dogmatik sozialer Rechte kann seiner Rechtsprechung nicht im Ansatz entnommen werden. Die Untersuchung der GR-Charta und des Vertrags von Lissabon schließlich ergibt, dass die Mitgliedstaaten in erster Linie durch die Sorge vor Entscheidungen wie der in Mangold geleitet waren und kaum etwas unversucht lassen, sozialen Rechten von vornherein die Wirkung zu nehmen. Hierbei scheint unberücksichtigt zu bleiben, dass man damit gleichzeitig das einzige vor dem Hintergrund des geltenden Europarechts denkbare Instrument verhindert, das den Grundfreiheiten ein spürbares Gegengewicht setzen könnte.“; später wird diese Funktion von *Krebber* nicht mehr eigens herausgearbeitet, vgl. *Krebber*, EuZA 2016, 3 ff.

139 Neben der Beschränkung der Unionskompetenz auf Mindestvorschriften ist zu beachten, dass die Union die Tätigkeit der Mitgliedstaaten nach Art. 153 Abs. 1 AEUV lediglich „unterstützt und ergänzt“ und die Mitgliedstaaten strengere Schutzmaßnahmen beibehalten oder treffen können, Art. 153 Abs. 4 AEUV. „Integrationsbeschränkend“ wirkt ferner die für einige Bereiche des Art. 153 Abs. 1 AEUV geltende einstimmige Beschlussfassung im Rat, Art. 153 AEUV Abs. 2 S. 3 AEUV, vgl. *Boecken/Düwell/Diller/Hanau/Maul-Sartori*, Ges. Arbeitsrecht, Art. 153 AEUV Rn. 3.

140 Die GRC bestätigt mehrfach Zuständigkeitsgrenzen der Union, und zwar in Abs. V der Präambel, Art. 51 Abs. 1 und Abs. 2. Art. 6 Abs. 1 Satz 2 EUV stellt klar, dass „durch die Bestimmungen der Charta […] die in den Verträgen festgelegten Zuständigkeiten der Union in keiner Weise erweitert“ werden. Siehe auch *Schwerdtfeger*, Art. 51 Rn. 8.

141 In diese Richtung wohl auch *Barriga*, Entstehung, S. 55: „Einzelne materielle Bestimmungen der Charta dürfen daher nicht isoliert betrachtet werden, sondern müssen im Zusammenhang mit den allgemeinen Bestimmungen, insbesondere mit Art. 51 angewendet werden, welcher eine Auslegung einzelner Charta-Rechte als Kompetenznormen verbietet.“ So auch für Art. 28 *Thüsing/Traut*, RdA 2012, 67: „Art. 28 EuGRC kann im Hinblick auf Art. 153 Abs. 5 AEUV schon aus kompetenzrechtlichen Gründen keine selbständige Garantie des Arbeitskampf- oder Koalitionsrechts enthalten. Vielmehr sind in diesem Bereich die Regelungen der Mitgliedsstaaten so hinzunehmen, wie sie sind.“

142 *Borowsky*, Vorauflage, Art. 51 Rn. 32 in Bezug auf die Wahrung des Subsidiaritätsprinzips bei grundrechtlichen Schutzpflichten: „Zudem gebietet gerade hier das Subsidiaritätsprinzip Beachtung. Schutzpflichten drängen nämlich auf den Gebrauch der zugewiesenen Kompetenzen, während ihn das Subsidiaritätsprinzip wieder einschränkt.“

AEUV allein mit der Begründung zu aktivieren, der Schutz der Grundrechte erfordere ein Tätigwerden der Union.[143]

Keine „kompetenzansaugenden" Wirkungen sind zu befürchten, wenn die **Union ausschließliche Rechtsetzungskompetenzen** besitzt. Im Bereich des Arbeitsrechts beispielsweise besteht eine ausschließliche Unionskompetenz für das **Europäische Dienstrecht** (Art. 336 AEUV).[144] Auch das Handeln der Union außerhalb der vertraglichen Grundlagen, also auf Basis des Völkerrechts (z.B. in Bezug auf den European Stability Mechanism [ESM]), berührt die Kompetenzverteilung zwischen Union und Mitgliedstaaten nicht.[145] Hier kann sich im Rahmen der Anwendbarkeit der Unionsgrundrechte[146] grundsätzlich ein grundrechtlicher Gewährleistungsgehalt entfalten.[147] 32

3. Grundrechtsdimensionen

Zur Annäherung an die verschiedenen Dimensionen der Unionsgrundrechte liegt aus deutscher Perspektive das deutsche Grundrechtsverständnis nahe, wonach zwischen der **Abwehr-** und der **Leistungsdimension** der Grundrechte unterschieden wird.[148] Der Rückgriff auf das deutsche Vorverständnis hilft – insbesondere angesichts seiner Ausdifferenziertheit – bei der Verortung der grundrechtsdogmatischen Probleme, ohne dass damit eine schlichte Übertragung auf das Unionsrecht verbunden wäre.[149] 33

Für die Auslegung der Solidaritätsgrundrechte stellt sich zunächst die Frage nach der **Leistungsdimension.** Dass die Unionsgrundrechte auch eine Leistungsdimension gewährleisten können, ergibt sich aus dem Fördergebot in Art. 51 Abs. 1 S. 2.[150] Im Einzelnen kann man zwischen Ansprüchen auf (originäre) Leistungen, (derivative) Teilhabe und Schutz unterscheiden.[151] Ob die Grundrechte hierfür normative (Mindest-)Vorgaben enthalten, ist durch Auslegung unter Berücksichtigung des gesetzgeberischen Handlungs- und Gestaltungsspielraums zu ermitteln.[152] 34

---

143 *Borowsky*, Vorauflage, Art. 51 Rn. 39.
144 *Krebber*, EuZA 2016, 17.
145 *Schlachter/Heinig/Krebber*, Eur. Arbeits- und Sozialrecht, § 2 Rn. 55.
146 Vgl. EuGH – Ledra Advertising, Rs. C-8/15 P bis C-10/15 P, Urt. vom 20.9.2016 (Große Kammer).
147 Vgl. die umfassenden Untersuchungen von *Poulou*, Soziale Grundrechte und europäische Finanzhilfe und *Rödl/Callsen*, Kollektive soziale Rechte. Siehe auch *Schwerdtfeger*, Art. 51 Rn. 78.
148 Vgl. *Bogdandy/Bast/Kühling*, Eur. Verfassungsrecht, S. 674; *Calliess/Ruffert/Kingreen*, EUV/AEUV, Art. 51 GRC Rn. 22 ff.; *Ehlers/Ehlers*, GR, § 14 Rn. 44 ff.; *Ehlers/Kingreen*, GR, § 22 Rn. 12 ff.; *Jarass*, GRC, Art. 51 Rn. 4 ff.
149 Davor warnen – zu Recht – *Grabenwarter/Cremer*, Eur. Grundrechteschutz, § 1 Rn. 4; *Grabenwarter/Gärditz*, Eur. Grundrechteschutz, § 4 Rn. 18 ff. Darüber hinaus kann die für die internationalen Menschenrechte anerkannte Typologie der „obligations to respect, protect and fulfil" herangezogen werden, vgl. *Grabenwarter/Cremer*, Eur. Grundrechtsschutz, § 1 Rn. 65; Vorauflage, *Rudolf*, Vor Titel IV Rn. 42; Vorauflage, *Borowsky*, Art. 51 Rn. 32; *Kober*, EU-Grundrechtsschutz, S. 42; *Tettinger /Stern/Nußberger*, GRC, S. 327: „Die Dimension ‚respect' umfasst ein an die Staaten gerichtetes Verbot, den gleichen Zugang aller zu bestimmten Leistungen in irgendeiner Weise einzuschränken. Die Dimension ‚protect' bedeutet sicherzustellen, dass alle den gleichen Zugang zu Leistungen haben. Und nur bei der Dimension „fulfil" werden vom Staat aktiv Leistungen verlangt."
150 *Grabenwarter/Cremer*, Eur. Grundrechteschutz, § 1 Rn. 77 ff.; *Ehlers/Ehlers*, GR, § 14 Rn. 43.
151 *Ehlers/Kingreen*, GR, § 22 Rn. 12 ff.
152 Im deutschen Verfassungsrecht ergeben sich bei der Konkretisierung grundrechtlicher Leistungsgehalte nicht unerhebliche dogmatische Schwierigkeiten. Das Bundesverfassungsgericht arbeitet insoweit mit dem Untermaßverbot (BVerfGE 88, 203, 254 ff.) und einer eingeschränkten verfassungsgerichtlichen Kontrolldichte (BVerfGE 125, 175, 225 f.; BVerfGE 130, 263 ff.). Im Zusammenhang mit grundgesetzlichen Staatszielbestimmungen werden ferner Rückschrittsverbote diskutiert, z.B.

35 Die Vorgaben in Art. 52 geben für die Auslegung der grundrechtlichen Leistungsgehalte jedoch nur wenige Anhaltspunkte. So folgt aus Art. 52 Abs. 5 S. 2 eine eingeschränkte Justitiabilität für Grundrechte, die als Grundsätze zu qualifizieren sind. Die Grundsätze können danach vor Gericht nur bei der Auslegung von Rechtsetzungsakten sowie bei Entscheidungen über deren Rechtmäßigkeit herangezogen werden, nicht aber für die Begründung von Rechtsetzungsakten. Leistungsrechtliche Gehalte von Grundsätzen, die auf den Erlass von gesetzlichen Mindeststandards gerichtet sind, wären demnach gerichtlich nicht durchsetzbar. Soweit es um Grundrechte geht, die als Rechte im Sinne des Art. 52 Abs. 1 zu qualifizieren sind, stellt sich die Frage, ob die Prüfung von Leistungsgehalten überhaupt dem in Art. 52 Abs. 1 angelegten Muster von Einschränkung und Rechtfertigung folgen soll.[153]

36 Wesentlich für die Auslegung der grundrechtlichen Leistungsdimension sind jedoch die **Kompetenzschutzklauseln** in Art. 51. Diese werden bei der Prüfung der Leistungsdimension dann relevant, wenn die Schaffung oder der Erhalt bestimmter gesetzlicher (Mindest-)Sozialstandards als grundrechtlich geboten postuliert wird. Solche Grundrechtsgehalte können leicht als gesetzgeberische Handlungspflichten missverstanden werden. Die grundrechtlichen Vorgaben der Grundrechtecharta knüpfen jedoch erst an die Wahrnehmung von Rechtsetzungskompetenzen der Union unter Wahrung der Kompetenzausübungsschranken des Art. 5 EUV an, begründen diese aber nicht. Damit liegt gerade das „Ob" der Kompetenzwahrnehmung bzw. der Rechtsetzung den Grundrechtswirkungen voraus.[154]

37 Auch die **Absenkung unionsrechtlicher Sozialstandards** unterliegt nicht ohne weiteres dem Maßstab der Verhältnismäßigkeit oder einem näher zu bestimmenden Rückschritts- bzw. Verschlechterungsverbot.[155] Vielmehr kommt es wiederum auf die Kompetenzverteilung zwischen Union und Mitgliedstaaten an. Soweit im Bereich der Sozialpolitik die zentrale Kompetenznorm in Art. 153 Abs. 2 lit. b) AEUV von vornherein „nur" die Regelung von Mindestvorschriften eröffnet, ist sie grundsätzlich darauf angelegt, dass die Mitgliedstaaten die ihrem Entwicklungsstand oder ihren Sozialmodellen entsprechenden und ggf. auch höheren Sozialstandards setzen können.[156] Absenkungen unionsrechtlicher Sozialstandards führen damit nicht zwangsläufig zu einem niedrigeren Schutzniveau in den Mitgliedstaaten.[157] Für den Bereich der arbeitsrechtlichen Grundrechte in Art. 27 ff. bezeichnet *Reb-*

---

als sozialstaatliches Rücksichtsverbot, vgl. *Heinig*, S. 450 f., sowie im Bereich des Umwelt- und Tierschutzes, vgl. nur *Sachs/Murswiek*, GG, Art. 20 a Rn. 44.

153 Vgl. hierzu *Bogdandy/Bast/Kühling*, Eur. Verfassungsrecht, S. 675 f. mit Verweis auf die Tendenz des EGMR zur „Schutzpflichtenkonstruktion" im Gegensatz zur einer Ausdehnung des Eingriffsbegriffs. Siehe auch *Grabenwarter/Gärditz*, Eur. Grundrechteschutz, § 4 Rn. 1, der eine Übertragung des Schutzbereich-Eingriff-Schranken-Modells auf soziale Grundrechte für dysfunktional hält. Von einer nur beschränkten Anwendbarkeit des Art. 52 Abs. 1 auf Schutz- und Leistungspflichten sowie auf soziale Grundrechte geht *Borowsky* aus, vgl. Vorauflage, *Borowsky*, Art. 52 Rn. 18.

154 Deutlich auch *Schlachter/Heinig/Krebber*, Eur. Arbeits- und Sozialrecht, § 2 Rn. 50, der für die arbeitsrechtsspezifischen Grundrechte konstatiert, dass „die Kompetenzordnung der Union im Grundsatz Vorrang gegenüber einem unionsrechtlichen Grundrechtsschutz genießt".

155 Die Frage nach der Absenkung unionsrechtlicher Schutzstandards ist nicht zu verwechseln mit den „Nichtrückschrittsklauseln" in Unionsrichtlinien, wonach die Richtlinienumsetzung nicht zu einer Absenkung des mitgliedstaatlichen Schutzniveaus führen darf, vgl. Art. 16 RL 94/33/EG.

156 Zum Konzept der Mindestharmonisierung *GSH/Lange*, EU, Art. 153 AEUV Rn. 56 ff.; auf die in der Sozialwissenschaft unterschiedenen Sozialmodelle der Arbeitsbeziehungen verweist *Grabenwarter/Rebhahn*, Eur. Grundrechteschutz, § 16 Rn. 3.

157 *Schlachter/Heinig/Krebber*, Eur. Arbeits- und Sozialrecht, § 2 Rn. 47 verweist insoweit auf eine Kompensation durch mitgliedstaatliches Recht. Nach dem Ansatz von *Michl*, S. 186 f., liegt in dem

hahn die Annahme von Rückschritts- bzw. Verschlechterungsverboten daher als „grundlegend verfehlt“.[158]

Dem wird man jedoch dann nicht folgen können, wenn die dem Grundrecht korrespondierenden Kompetenzgrundlagen selbst den Rückschritt- bzw. die Verschlechterung ausschließen. So ist beispielsweise der Kompetenztitel in Art. 153 Abs. 1 lit. a) AEUV („gesunde und sichere Arbeitsumwelt“) nicht bloß auf die Regelung bzw. Mindestharmonisierung ausgerichtet, sondern zielt ausdrücklich auf die **„Verbesserung** [...] der Arbeitsumwelt“.[159] Soweit der Kompetenztitel selbst das Harmonisierungsermessen der Union auf den Fortschritt festlegt, entfaltet die Annahme grundrechtlicher Schutzwirkungen gegen Verschlechterungen keine kompetenzansaugenden Wirkungen.

Zu beachten ist ferner, ob die Kompetenzgrundlagen – wie im Rahmen des Art. 153 Abs. 2 AEUV – auf eine Mindestharmonisierung gerichtet sind, oder ob Sozialstandards im Rahmen einer Vollharmonisierung ohne die Möglichkeit günstigerer Regelungen festgelegt werden.[160] Für den Fall einer Vollharmonisierung ohne günstigere Regelungen der Mitgliedstaaten sind gewisse **grundrechtliche Kernbereiche** denkbar, die der Unionsgesetzgeber – wie bei der Wahrnehmung einer ausschließlichen Gesetzgebungskompetenz – zu beachten hat.

Angesichts der beschränkten Rechtsetzungskompetenzen der Union im Bereich der Sozialpolitik steht jedoch nicht die Leistungsdimension im Zentrum der Solidaritätsgrundrechte, sondern die **Abwehrdimension** zum Schutz einzelstaatlicher Sozialstandards gegenüber Maßnahmen der Union **(besondere Abwehrdimension)**.[161] Normativer Anknüpfungspunkt hierfür ist das **Achtungsgebot** in Art. 51 Abs. 1 S. 2. Dass sich die Unionsgrundrechte auch auf den Schutz einzelstaatlicher Sozialstandards beziehen können, war grundlegend für die Aufnahme der sozialen Grundrechte in die Grundrechtecharta. Letztlich hatte die Konventsmitglieder gerade das mit der **Drei-Säulen-Modell** verbundene Ziel überzeugt, zum Schutz einzelstaatlicher Sozialstandards **Abwehrrechte gegen die Union** zu formulieren (→ Rn. 14). 38

Konkret sollten Maßnahmen der Union „mitgliedstaatliche soziale Rechte nicht aushöhlen, unterwandern oder faktisch oder rechtlich unmöglich machen“.[162] *Altmaier* (D) wies hierzu im Grundrechtekonvent darauf hin, die Grundrechtecharta wolle den Handlungsspielraum der Mitgliedstaaten nicht einschränken, sondern vielmehr im Gegenteil eine Einschränkung des Handlungsspielraums der Mitgliedstaaten durch die EU verhindern helfen.[163]

Rückschritt auf unionsrechtlicher Ebene daher „nur“ eine „latente Einschränkung“ des Grundrechts, die sich aktualisiert und dann auch rechtfertigungsbedürftig wird, wenn der Mitgliedstaat in der Folge seine Standards senkt.

158 *Grabenwarter/Rebhahn*, § 16 Rn. 50 („kein Verbot des sozialen Rückschritts“). So auch für Grundsätze im Sinne von Art. 52 Abs. 5 *Ehlers/Ehlers*, GR, § 14 Rn. 52 (kein Normbestandsschutz im Sinne eines Rückschrittsverbots), a.A. Vorauflage, *Borowsky*, Art. 52 Rn. 45 c, 46 d.

159 Siehe hierzu auch *Giesecke*, Art. 38 Rn. 24.

160 Für den Bereich der Grundrechte des Arbeitslebens greift die Kompetenzgrundlage in Art. 114 Abs. 1 AEUV wegen der Einschränkung in Art. 114 Abs. 2 AEUV jedoch nicht. Siehe auch *Schlachter/Heinig/Krebber*, Eur. Arbeits- und Sozialrecht, § 2 Rn. 41.

161 Vgl. oben Rn. 30. Zum Schutz einzelstaatlicher Sozialstandards siehe auch *Rohleder*, Art. 34 Rn. 48; *dies.*, Art. 36 Rn. 12.

162 *Kober*, EU-Grundrechtsschutz, S. 44.

163 Siehe *Bernsdorff/Borowsky*, Protokolle, S. 224.

Die Einordnung dieser Grundrechtsdimension als Abwehrrecht erscheint einerseits ungewöhnlich, da mit dem Schutz einzelstaatlicher Sozialstandards zunächst die Souveränität der Mitgliedstaaten geschützt wird. Andererseits überzeugt die abwehrrechtliche Einordnung, da sich die Beeinträchtigung einzelstaatlicher Sozialstandards zugleich als Beeinträchtigung individueller Rechtspositionen erweist. *Kober* beschreibt diese **besondere Abwehrdimension** wie folgt: „Bei ihren Maßnahmen hat die EU nicht nur diejenigen Aspekte zu berücksichtigen, die in ihren Kompetenzen liegen. Sie muss auch auf (Neben-)Effekte Acht geben, die sich – beabsichtigt oder nicht – in anderen Bereich niederschlagen können. Die sozialen Grundrechte in ihrer Abwehrfunktion stellen insoweit keine Gefährdung der Souveränität der Mitgliedstaaten dar. Sie sichern nämlich gerade die Rücksichtnahmen auf soziale Standards der mitgliedstaatlichen Rechtsordnungen."[164] *Borowsky* hebt diese besondere Abwehrdimension für die Grundsätze hervor und führt hierzu aus: „Es gibt daher Grundsätze, die in erster Linie ‚Abwehrcharakter' haben und etwa ‚Herunterharmonisierungen' durch die Union verhindern sollen, was auch eine der Hauptintentionen im Grundrechtekonvent war. Vor allem soll die Union von Eingriffen in mitgliedstaatliche Sozialstandards abgehalten werden. Gerade die pfadabhängigen Sozialsysteme und nationalen ‚Eigensinnigkeiten', etwa zur Daseinsvorsorge, werden so vor dem europäischen Wettbewerbsrecht bewahrt."[165]

Der Schutz einzelstaatlicher Sozialstandards hat einen besonderen textlichen Niederschlag in denjenigen Solidaritätsgrundrechten gefunden, die auf die einzelstaatlichen Rechtsvorschriften und Gepflogenheiten verweisen (Verweisungsklausel). Eine ausdrückliche Verpflichtung zur Anerkennung und Achtung der einzelstaatlichen Ausgestaltung enthalten dabei die Grundrechte in Art. 34 Abs. 1 und Abs. 3 und in Art. 36. Der besondere abwehrrechtliche Schutz gegenüber Maßnahmen der Union ist jedoch nicht auf die Solidaritätsgrundrechte mit Verweisungsklausel beschränkt. Der im Drei-Säulen-Modell erarbeitete übergreifende Zweck, einzelstaatliche Sozialstandards vor unionsrechtlichen Beeinträchtigungen zu schützen, kann vielmehr auch im Rahmen der Solidaritätsgrundrechte ohne Verweisungsklausel zur Anwendung kommen.

39 Der Schutz einzelstaatlicher Sozialstandards im Rahmen der besonderen Abwehrdimension wird insbesondere im **Verhältnis zu den Grundfreiheiten** relevant.[166] Die einzelstaatlichen Sozialstandards werden dabei – primärrechtlich aufgewertet – auf gleicher Ebene gegen die Grundfreiheiten in Stellung gebracht und fungieren insoweit als Schranken (Schrankenfunktion).[167] Die **Schrankenfunktion** betrifft also die Durchschlagskraft einzelstaatlicher Sozialstandards im Verhältnis zur Union.

Die umstrittene Frage, ob die Unionsgrundrechte bei der mitgliedstaatlichen Beeinträchtigung von unionalen Grundfreiheiten (sog. Beeinträchtigungskonstellation) mit Blick auf den Begriff der „Durchführung" in Art. 51 Abs. 1 S. 1 überhaupt anwendbar sind (→ Art. 51 Rn. 36 ff.), berührt diese Schrankenfunktion zum Schutz einzelstaatlicher Sozi-

---

164 *Kober*, EU-Grundrechtsschutz, S. 44; siehe auch *ders.*, ebd., S. 228 f.

165 Vorauflage, *Borowsky*, Art. 52 Rn. 45 a.

166 Siehe hierzu *Poulou*, S. 132 ff. Prägnant zu den Gefährdungen des nationalen Arbeitsrechts durch die Grundfreiheiten *Heuschmid*, S. 229: „Faktisch wirken die Grundfreiheiten wie ein Anti-Arbeitsrecht."; *Thüsing/Traut*, RdA 2012, 72; *Schlachter/Heinig/Krebber*, Eur. Arbeits- und Sozialrecht, § 2 Rn. 53.

167 Teilweise wird auch von einer „Schildfunktion" gesprochen, vgl. *Grabenwarter/Rebhahn*, § 16 Rn. 47. Siehe auch für Art. 28 GRC *Thüsing/Traut*, RdA 2012, 70: „In diesem Bereich bleibt als Funktion des Art. 28 EuGRC lediglich – wie in *Viking Line* und *Laval* – als Scharnier zu wirken und nationale Arbeitskampfmaßnahmen auf die Ebene des Europarechts zu heben."

alstandards nicht. Denn insofern geht es gerade nicht um den kritischen Punkt, dass nationale Grundrechte durch Unionsgrundrechte verdrängt werden könnten, sondern – im Gegenteil – um die Aufwertung nationaler Sozialstandards über die Unionsgrundrechte. Normativ einzuordnen ist die Schrankenfunktion daher nicht bei der Bindung der Mitgliedstaaten an die Unionsgrundrechte gemäß Art. 51 Abs. 1 S. 1, 2. Alt., sondern vielmehr bei der Bindung der Unionsorgane – insbesondere des EuGH – an grundrechtlich aufgewertete einzelstaatliche Sozialstandards nach Art. 51 Abs. 1 S. 1, 1. Alt.

Ansatzpunkte für die Umsetzung der Schrankenfunktion zeigt die sog. **Omega-Rechtsprechung** des EuGH.[168] Wenngleich hier die unionsrechtliche Menschenwürdegarantie den Ausgangspunkt der Argumentation bildet, integriert der EuGH gleichwohl das Menschenwürdekonzept des konkret betroffenen Mitgliedstaats (Deutschland) durch Achtung eines entsprechenden mitgliedstaatlichen Einschätzungsspielraumes[169] und zeigt damit seine Achtung unterschiedlicher einzelstaatlicher Menschenwürdekonzepte. In Fortführung dieser Rechtsprechung betont der EuGH die Möglichkeit unterschiedlicher nationaler Schutzstandards im Rahmen der Grundrechtsprüfung ausdrücklich: „Der Gerichtshof hat insoweit bereits entschieden, dass es nicht unerlässlich ist, dass eine von den Behörden eines Mitgliedstaats erlassene beschränkende Maßnahme einer allen Mitgliedstaaten gemeinsamen Auffassung darüber entspricht, wie das betreffende Grundrecht oder berechtigte Interesse zu schützen ist, und dass vielmehr die Notwendigkeit und die Verhältnismäßigkeit der einschlägigen Bestimmungen nicht schon deshalb ausgeschlossen sind, weil ein Mitgliedstaat andere Schutzregelungen als ein anderer Mitgliedstaat erlassen hat (…).“[170] In diesem Sinne plädierte der Generalanwalt *Saugmandsgaard Øe* für die Achtung des mitgliedstaatlichen Einschätzungsspielraums bei der Rechtfertigung eines möglichen Verstoßes deutscher Bestimmungen zur Unternehmensmitbestimmung gegen die Arbeitnehmerfreizügigkeit.[171]

Ob die Solidaritätsgrundrechte in ihren jeweiligen Grundrechtsdimensionen **subjektive** 40
Rechte im Sinne des Art. 52 Abs. 1 begründen oder als **objektiv** wirkende **Grundsätze** im Sinne des Art. 52 Abs. 5 zu beachten sind, ist durch Auslegung der konkreten Grundrechtsnormen zu bestimmen. Dass die Chartagrundrechte – wie in den Erläuterungen erwähnt[172] – sowohl Recht als auch Grundsatz sein können, dürfte gerade für die Solidaritätsgrund-

168 EuGH – Omega, Rs. C-36/02, Urt. vom 14.10.2004 (Erste Kammer).

169 *Bogdandy/Bast/Kühling*, S. 696 f. spricht insofern von einer gelungenen Zurückhaltung des EuGH gegenüber der mitgliedstaatlichen Konfliktlösung durch Einräumung eines mitgliedstaatlichen Einschätzungsspielraums („variablen Einschätzungsspielraum“).

170 EuGH – Bogendorff von Wolffersdorff, Rs. C-438/14, Urt. vom 2.6.2016 (Zweite Kammer), Rn. 73 mit Verweis auf EuGH – Omega, Rs. C-36/02, Urt. vom 14.10.2004 (Erste Kammer) und EuGH – Sayn-Wittgenstein, Rs. C-208/09, Urt. vom 22.12.2010 (Zweite Kammer).

171 Schlussanträge des GA *Saugmandsgaard Øe* vom 4.5.2017 – Erzberger, Rs. C-566/16, Rn. 106: „Meines Erachtens sind derartige Erwägungen zu den Organisations- und Durchführungsmodalitäten der Wahlen im Rahmen einer solchen nationalen Regelung über die Mitwirkung der Arbeitnehmer Ausdruck bestimmter legitimer wirtschafts- und sozialpolitischer Entscheidungen, die beim gegenwärtigen Stand des Unionsrechts der Beurteilung durch die Mitgliedstaaten unterliegen. Daher ist meiner Ansicht nach eine Regelung wie die im Ausgangsverfahren fragliche durch das Ziel gerechtfertigt, die Mitwirkung der Arbeitnehmer in der Gesellschaft im Einklang mit den nationalen sozialen, wirtschaftlichen und kulturellen Besonderheiten zu gewährleisten.“

172 Dort heißt es zu Art. 52 Abs. 5: „In einigen Fällen kann ein Charta-Artikel sowohl Elemente eines Rechts als auch eines Grundsatzes enthalten, beispielsweise Artikel 23, 33 und 34.“

rechte gelten, wenn diese mehrere Grundrechtsdimensionen (**mehrdimensionale Grundrechte**)[173] aufweisen.

4. Verweisungsgrundrechte

41 Im Titel „Solidarität" verweisen zahlreiche Grundrechte auf das Unionsrecht und/oder auf die einzelstaatlichen Rechtsvorschriften und Gepflogenheiten (**Verweisungsgrundrechte**).[174] Die auch als „Refrain"[175] bezeichneten Verweise beziehen sich auf die normative Ausgestaltung der betroffenen Grundrechte und nehmen die Besonderheit der Grundrechtsverwirklichung im Mehrebenensystem in die einzelnen Grundrechtsbestimmungen mit auf.

42 Bei der Auslegung der Mehrebenen-„Refrains" zu beachten sind zunächst die **unterschiedlichen Formulierungen** in den einzelnen Grundrechten des Titels „Solidarität".[176] Während beispielsweise die Grundrechte des Arbeitslebens auf das „Unionsrecht und die einzelstaatlichen Rechtsvorschriften und Gepflogenheiten" verweisen (Art. 27, 28 und Art. 30), enthalten Art. 35 und Art. 36 allein Bezugnahmen zu den „einzelstaatlichen Rechtsvorschriften und Gepflogenheiten". Art. 36 variiert den Mehrebenen-„Refrain" darüber hinaus mit der Formulierung „im Einklang mit den Verträgen". Soweit – jedenfalls auch – die „einzelstaatlichen Rechtsvorschriften und Gepflogenheiten" in einem Grundrecht erwähnt werden, ist Art. 52 Abs. 6 zu beachten, wonach diesen „in vollem Umfang Rechnung zu tragen" ist.

43 Der Verweis auf das **Unionsrecht** umfasst grundsätzlich das primäre und sekundäre Unionsrecht. Aus der konkreten Einbindung des Verweises in die Grundrechtsbestimmung kann sich jedoch ergeben, dass allein die sekundärrechtliche Ausgestaltung des Grundrechts durch das Unionsrecht gemeint ist.

Für den Verweis auf das **einzelstaatliche Recht** wird nicht – wie in Art. 9 und Art. 10 Abs. 2 – die Formulierung „einzelstaatliche Gesetze" verwendet, sondern die der „einzelstaatlichen Rechtsvorschriften und Gepflogenheiten". Die letztere Wendung geht über Gesetzgebungsakte hinaus und bezieht mit den Gepflogenheiten andere Normgeber – wie z.B. die Tarifvertragsparteien – sowie andere auf mitgliedstaatlicher Ebene relevante Rechtsquellen, wie das Richter- und das Gewohnheitsrecht, mit ein.[177] Präziser verweist die englische Fassung insoweit auf „national laws and practices".

44 Bei der Auslegung des **Mehrebenen-„Refrains"** steht die Frage im Zentrum, wie sich der „Refrain" auf den **Gewährleistungsgehalt** der betroffenen Grundrechte auswirkt. Besitzen die Verweisungsgrundrechte eigenständige Gewährleistungsgehalte, die die ausgestaltende

---

173 Vgl. zur möglichen Mehrdimensionalität von Charta-Grundrechten *Grabenwarter/Cremer*, Eur. Grundrechteschutz, S. 67.

174 Zu den Verweisungsgrundrechten im Titel „Solidarität" gehören Art. 27, Art. 28, Art. 30, Art. 34, Art. 35 und Art. 36.

175 Zur von *Braibant* eingeführten Bezeichnung als Refrain *Bernsdorff/Borowsky*, Protokolle, S. 386.

176 Siehe auch *Bercussion/Bercussion*, S. 424 ff.

177 *Jarass*, GRC, Art. 52 Rn. 79 f. Siehe hierzu auch den Anhang zur Revidierten Europäischen Sozialcharta, in der die innerstaatlichen Rechtsvorschriften und Gepflogenheiten für Art. 21 und Art. 22 RESC wie folgt definiert sind: „Der Ausdruck ‚innerstaatliche Rechtsvorschriften und Gepflogenheiten' umfasst je nach Lage des Falles neben den Gesetzen und sonstigen Vorschriften auch Gesamtarbeitsverträge sowie andere Vereinbarungen zwischen Arbeitgebern und Arbeitnehmervertretern, übliche Bräuche und einschlägige Gerichtsentscheidungen." A.A. *Kober*, EU-Grundrechtsschutz, S. 223 Fn. 931 m.w.N., der zur Begründung eines engen Verständnisses des Begriffs der Gepflogenheiten auf die Gefahr einer „Unterwanderung" des Gesetzesvorbehalts verweist. Diese Argumentation setzt aber die Auffassung voraus, dass der Mehrebenen-„Refrain" den Gewährleistungsgehalt des Verweisungsgrundrechts nicht berühre (siehe dazu unten Rn. 44).

Gesetzgebung binden? Die hierzu geführte Diskussion ist unübersichtlich. Eine gewisse Einigkeit besteht darin, dass dem Verweis ein **kompetenzschützender Charakter** zukommen soll.[178] Die Konsequenzen, die aus dieser kompetenzschützenden Funktion für die Auslegung der Verweisungsgrundrechte gezogen werden, sind jedoch unterschiedlich und lassen sich grob folgenden vier Positionen zuordnen.[179]

Nach einer Auffassung lässt der Kompetenzschutzgedanke den **Gewährleistungsgehalt** der Verweisungsgrundrechte **unberührt** mit der Folge, dass die entsprechenden Grundrechte den „normalen" Berücksichtigungs- und Rechtfertigungsanforderungen gemäß Art. 52 Abs. 1, Abs. 5 unterliegen.[180] Der grundrechtliche Gewährleistungsgehalt ist dabei durch Auslegung zu gewinnen.

Andere hingegen gehen davon aus, dass der Verweis den **Gewährleistungsgehalt** der Verweisungsgrundrechte **weitgehend relativiert** und als – kompetenzschützender – Ausgestaltungsvorbehalt den in Bezug genommenen Normgebern einen weiten Ausgestaltungsspielraum einräumt.[181] Dieser weite Ausgestaltungsspielraum wiederum werde nur insoweit begrenzt, als das „Ob" der Ausgestaltung bzw. ein näher zu bestimmender Mindeststandard zur Umsetzung eines grundrechtlichen Kernbereichs zu gewährleisten sei.[182]

Auch wird vertreten, dass Verweisungsgrundrechte überhaupt **keinen eigenständigen Gewährleistungsgehalt** besitzen. Der Verweis schütze die Kompetenzverteilung zwischen Union und Mitgliedstaaten gerade dadurch, dass er den in Bezug genommenen Normgebern einen weiten Ausgestaltungsspielraum gewähre, der das „Wie" und auch das „Ob" der Ausgestaltung umfasse.[183]

Nach dem hier vertretenen **differenzierten Ansatz** führt der kompetenzschützende Charakter des Verweises einerseits dazu, dass den in Bezug genommenen Normgebern ein weiter Ausgestaltungsspielraum zukommt, der grundsätzlich das „Ob" und das „Wie" der Ausgestaltung umfasst und insoweit einen Gewährleistungsgehalt der Verweisungsgrundrechte ausschließt. Andererseits kommen grundrechtliche Gewährleistungsgehalte dann in Be-

178 *Meyer/Engels*, Charta der Grundrechte, S. 19; *Barriga*, Entstehung, S. 56; *Kober*, EU-Grundrechtsschutz, S. 227 f. („Kompetenzvorbehaltsbetonungsklausel"); Vorauflage, *Rudolf*, Vor Titel IV Rn. 41; Vorauflage, *Borowsky*, Art. 52 Rn. 46 b („Angstklausel"); *Bogdandy/Bast/Rödl*, S. 871 ("Kompetenz(wahrungs)verweis").

179 Siehe auch die Einordnungen bei *Bogdandy/Bast/Rödl*, S. 870 ff. und *Kober*, EU-Grundrechtsschutz, S. 223 ff.

180 Vgl. Vorauflage, *Borowsky*, Art. 52 Rn. 46 c; *Kober*, EU-Grundrechtsschutz, S. 227, 230; *Bogdandy/Bast/Rödl*, Eur. Verfassungsrecht, S. 871: „Richtig hingegen erscheint, dass der zitierte Verweis für den normativen Gehalt der betroffenen Recht ohne Bedeutung ist."; *Ehlers/Ehlers*, GR, § 14 Rn. 91: „Näher dürfte es liegen, den Verweis auf das Unionsrecht und/oder die einzelstaatlichen Rechtsvorschriften und Gepflogenheiten als – sprachlich unbeholfenen – Hinweis auf die Einschränkbarkeit der Unionsgrundrechte zu deuten, die im Rahmen des Gesetzesvorbehalts und der Verhältnismäßigkeitsprüfung zur Geltung zu bringen sind."

181 Vorauflage, *Rudolf*, Vor Titel IV Rn. 41; so wohl auch *Grabenwarter/Rebhahn*, Eur. Grundrechteschutz, § 16 Rn. 46, der von einem weiten Ausgestaltungsvorbehalt ausgeht, der die Kontrolle des EuGH einschränkt; *Jarass*, GRC, Art. 52 Rn. 80: „Generell verdeutlicht der Verweis, dass es sich um eine normativ geprägte Gewährleistung handelt und dem Gesetzgeber erhebliche Ausgestaltungsmöglichkeiten zukommen. Bei gravierenden Grundrechtsbeeinträchtigungen kann aber gleichwohl eine strenge Verhältnismäßigkeitsprüfung geboten sein."; *Hesselhaus/Nowak/Hilbrandt*, Hb Eur. GR, § 35 Rn. 21 und *Pache*, EuR, 481.

182 Vorauflage, *Rudolf*, Vor Titel IV Rn. 41.

183 *Schlachter/Heinig/Krebber*, Eur. Arbeits- und Sozialrecht, § 2 Rn. 17 ff.; *Goldsmith*, CMLR 2001, 1201, 1212 f.

tracht, wenn dadurch keine kompetenzansaugenden Wirkungen zu befürchten sind, z.B. in Bereichen ausschließlicher Unionskompetenzen wie im EU-Dienstrecht.

45 Nimmt man die Deutung des Verweises als Kompetenzschutzklausel ernst, kann sie nicht – wie teilweise vertreten – ohne jede Wirkung für den grundrechtlichen Gewährleistungsgehalt bleiben.[184] Vielmehr erfährt der Kompetenzschutz durch die Hereinnahme in das Verweisungsgrundrecht eine besondere Bedeutung,[185] dem gemäß Art. 52 Abs. 6 zugunsten der einzelstaatlichen Rechtsvorschriften und Gepflogenheiten in vollem Umfang Rechnung zu tragen ist.[186] Unbedingt zu vermeiden sind – auch mit Blick auf Art. 51 Abs. 2 – **kompetenzansaugende Wirkungen** der Grundrechtsauslegung. Dies können jedoch diejenigen Auffassungen, die den Verweisungsgrundrechten nach Maßgabe des Verhältnismäßigkeitsgrundsatzes Vorgaben für das „Ob" und „Wie" der Ausgestaltung oder nur für das „Ob" der Ausgestaltung entnehmen, nicht gewährleisten. Denn solche Gewährleistungsgehalte können gesetzgeberische Handlungspflichten begründen, die kompetenzansaugend wirken, wenn ihnen lediglich beschränkte Unionskompetenzen korrespondieren. Die Ablehnung jeglicher Gewährleistungsgehalte geht wiederum dann zu weit, wenn kompetenzansaugende Wirkungen durch die Grundrechtsauslegung nicht zu befürchten sind. So wird die kompetenzschützende Funktion der Verweise dann nicht verletzt, wenn die Union – wie z.B. im Bereich des Europäischen Dienstrechts – eine ausschließliche Rechtsetzungskompetenz besitzt. Keine kompetenzansaugenden Wirkungen entfaltet die Annahme von grundrechtlichen Gewährleistungsgehalten zudem, wenn es um die abwehrrechtliche Dimension der Verweisungsgrundrechte geht und nicht – im Sinne der grundrechtlichen Leistungsdimension – um die Schaffung oder den Erhalt von unionsrechtlichen Mindeststandards. Abwehrrechtlich relevant könnten insoweit Höchststandards sein, die die Union im Rahmen einer Vollharmonisierung – wie bei der Wahrnehmung einer ausschließlichen Gesetzgebungskompetenz – setzt.[187]

46 Die Verweisungsgrundrechte laufen jedoch auch ohne Gewährleistungsgehalte nicht leer.[188] Denn der grundrechtliche Schutz umfasst jedenfalls die **besondere Abwehrdimension** im Verhältnis der Mitgliedstaaten zur Union (Ermöglichungsfunktion) → Rn. 30. Durch die

---

184 Auch wird man der Einfügung des Mehrebenen-„Refrains" eine textliche Abschwächung des Gewährleistungsgehalts der betroffenen Grundrechte nicht absprechen können, vgl. *Kober*, EU-Grundrechtsschutz, S. 288. Der einschränkenden Wirkung war man sich auch im Grundrechtekonvent bewusst: *Barros Moura* (P) kritisierte die zahlreichen Verweisungen auf das nationale Recht in den Artikeln 9, 25, 26, 23, 33 und 34 (jetzt Art. 9, 27, 28, 34, 35 und 36). Diese seien vor dem Hintergrund der allgemeinen Vorschrift in Art. 49 (jetzt Art. 51) nicht notwendig und könnten zu einer Abwertung der sozialen Rechte führen, *Bernsdorff/Borowsky*, Protokolle, S. 358. Ähnlich auch *Meyer* (D), *Manzella* (IT) und *Jansson* (FN), *Bernsdorff/Borowsky*, Protokolle, S. 363 f., 370, 374.

185 Prägnant *Schlachter/Heinig/Krebber*, Eur. Arbeits- und Sozialrecht, § 2 Rn. 19: „Während Art. 51 Abs. 2 GRC erst bei der Anwendung greift, sichert die Regelungstechnik durch Verweis die Kompetenzordnung der Union bereits bei der Bestimmung des Gewährleistungsgehalts ab."; *Krebber*, EuZA 2016, 10.

186 Zur Einfügung durch den Verfassungskonvent siehe *Knecht*, GRC, S. 235, 240.

187 In diesen Kontext ist auch die Rechtsprechung des EuGH in der Rechtssache Alemo-Herron zur Auslegung des Verweisungsgrundrechts aus Art. 16 einzuordnen, EuGH – Alemo-Herron, Rs. C-426/11, Urt. vom 18.7.2013 (Dritte Kammer), Rn. 35. Dass der EuGH hier den Wesensgehalt des Art. 16 betont, ist mit der hier vertretenen Auffassung zur Auslegung der Verweisungsgrundrechte vereinbar. Denn die Annahme eines grundrechtlichen Wesensgehalts kommt auch bei Verweisungsgrundrechten in Betracht, wenn es – wie im Fall Alemo-Herron – um die grundrechtliche Abwehrdimension geht.

188 So aber *Kober*, EU-Grundrechtsschutz, S. 226 („leere Hülle", „potemkinsche Grundrechtsfassade").

Bezugnahme auf die einzelstaatlichen Rechtsvorschriften und Gepflogenheiten werden diese grundrechtlich und damit primärrechtlich aufgewertet. Die primärrechtliche Aufwertung wiederum ermöglicht es, die jeweiligen Standards gegen primäres Unionsrecht in Stellung zu bringen. Damit begründen die Verweisungsgrundrechte auch in diesen Fällen besonders relevante Grundrechtsgehalte.[189]

IV. Textliche Besonderheiten

1. Grundrechtsüberschrift und Grundrechtstext

Im Titel „Solidarität" sind Diskrepanzen zwischen Grundrechtsüberschrift und Grundrechtstext nicht selten. So werden beispielsweise die Unternehmen in der Überschrift von Art. 27 im Text nicht mehr erwähnt. Auch spricht Art. 28 im Text nicht – wie in der Überschrift – von Kollektivverhandlungen, sondern von Tarifverhandlungen. Auch geringfügige Abweichungen wie in Art. 30, der in der Überschrift vom Schutz *bei* ungerechtfertigter Entlassung und im Text vom Schutz *vor* ungerechtfertigter Entlassung spricht, sind bei der Auslegung zu beachten. Maßgeblich für die Ermittlung des Grundrechtsgehalts ist der Grundrechtstext. Die Überschrift dient insoweit als Interpretationshilfe. Dabei können die erwähnten Diskrepanzen Anhaltspunkte für Normgehalte bieten, die zwar keinen Ausdruck im Grundrechtstext gefunden haben, aber aus der historischen, teleologischen oder systematischen Auslegung folgen. Darüber hinaus geben sie Anlass, die anderen Sprachfassungen bei der Auslegung zu berücksichtigen. 47

2. Gendergerechte Sprache

In der **deutschen Fassung** des Titels „Solidarität" tauchen zahlreiche „gegenderte" Formulierungen auf.[190] So wird in Art. 27, 28, 30 und 31 stets von „den Arbeitnehmerinnen und Arbeitnehmern" gesprochen.[191] Aber auch die von juristischen Personen dominierte Arbeitgeberseite wird in Art. 28 nach dem biologischen Geschlecht zweigeteilt („Arbeitgeberinnen und Arbeitgeber"). Damit folgen die Verfasser der Grundrechtecharta einem Programm des **Gender Mainstreaming.**[192] Die geschlechtsspezifische Aufladung des (eigentlich) geschlechtsneutralen grammatischen Maskulinums zielt darauf ab, die noch immer alltägliche Benachteiligung von Frauen symptomatisch am hergebrachten Sprachgebrauch sichtbar zu machen, um mit einer geschlechtssensibleren Sprache auch die Verhältnisse geschlechtsgerechter zu machen. *Friedrich* (EP) wies in der Diskussion im Grundrechtekonvent darauf hin, dass es eine institutionelle Vereinbarung der Kommission gebe, nach der eine doppelte Geschlechternennung ausgeschlossen sei. Eine doppelte Geschlechternennung widerspreche auch dem Ziel, die Charta möglichst klar und einfach zu formulieren.[193] 48

---

189 *Meyer/Engels*, Charta der Grundrechte, S. 19, betonen ebenfalls den Zusammenhang zwischen Verweis und besonderer Abwehrfunktion der Verweisungsgrundrechte: „Als weiterer Grund wurde dann der Verweis auf nationale Gesetze und Gepflogenheiten eingefügt, wenn man deutlich machen wollte, dass die Union in diesem Bereich keine Zuständigkeit besitzt und dass sie damit die benannten Rechte – wie sie sich in den Mitgliedstaaten konkretisieren – respektieren muss. Damit wird die abwehrrechtliche Dimension der Charta deutlich – (…)."

190 Die anderen Sprachfassungen verzichten darauf.

191 Eine ähnliche gendergerechte Aufbereitung findet sich bereits im Art. 15 Abs. 2 im Hinblick auf die Unionsbürgerschaft.

192 Zum Begriff und seiner Erfolgsgeschichte *Baer/Hildebrand*.

193 *Meyer/Engels*, Charta der Grundrechte, S. 325.

49 Der Gebrauch des generischen Maskulinums in Normen stellt im Regelungsgehalt keine **Diskriminierung von Frauen** dar, weil diese gerade mit gemeint sind.[194] So werden z.B. Männer durch die Vorschrift des § 211 StGB („Mörder ist, wer...") nicht diskriminiert, weil das generische Maskulinum auch Frauen – ohne Verstoß gegen das Analogieverbot – einschließt. Auch aus den zahlreichen europäischen Verboten der Geschlechterdiskriminierung (→ Art. 21 Rn. 1 ff.) folgt kein Gebot zum „Gendern" der europäischen Regelwerke. Umgekehrt kann die geschlechtliche „Beidbenennung" zur Diskriminierung dritter Geschlechter führen.[195] Die anderen Sprachfassungen der Grundrechtecharta sowie das Richtlinienrecht folgen daher zurecht dem Vorbild der deutschen Sprachfassung nicht. So heißt es etwa in Art. 2 der Rahmenrichtlinie für die Unterrichtung und Anhörung der Arbeitnehmer, dass Arbeitnehmer Personen und Arbeitgeber natürliche oder juristische Personen sind.[196]

V. Literaturübersicht

Albers, Marion, Inländerdiskriminierung am Beispiel des Handwerksrechts, JZ 2008, 708; *Altmaier, Peter,* Die Charta der Grundrechte der Europäischen Union, ZG 2001, 195; *Bach, Maurizio*, Europa ohne Gesellschaft: Politische Soziologie der Europäischen Integration, 2. Aufl. 2015; *Baer, Susanne/Hildebrand, Karin Hildebrand* (Hrsg.), Gender Works! Gender Mainstreaming, 2007; *Barnard, Catherine,* The „Opt-Out" for the UK and Poland from the Charter of Fundamental Rights: Triumph of Rhetoric over Reality?, in: S. Griller/J. Ziller (Hrsg.), The Lisbon Treaty. EU Constitutionalism without a Constitutional Treaty? 2008, 257; *Bösch, Rainer*, Die Inländerdiskriminierung, Jura 2009, 91; *Boockmann, Bernhard*, The effect of ILO minimum age conventions on child labour and school attendance, 2004; *Brack, Nathalie,* Opposing Europe in the European Parliament: rebels and radicals in the chamber, 2018; *Brecht, Holger,* Änderungen an der EU-Grundrechtecharta: Korrekturen durch Verfassungskonvent und Regierungskonferenz sowie Konsequenzen für die Auslegung der Charta, ZEuS 2005, 355; *Butt, Mark Eric/Kübert, Julia/Schultz, Christiane Anne,* Soziale Grundrechte in Europa, 2000; *Calliess, Christian,* Bausteine einer erneuerten Europäischen Union. Auf der Suche nach dem europäischen Weg: Überlegungen im Lichte des Weißbuchs der Europäischen Kommission zur Zukunft Europas; NVwZ 2018, 1; *Dombert, Maximilian,* Der Grundrechtsföderalismus der Vereinigten Staaten von Amerika. Eine Darstellung vor dem Hintergrund der Debatte um die Bindung der Mitgliedstaaten an die Grundrechte der Europäischen Union, 2017; *Engels, Markus*, Beitrag zu Meyers Referat, in: Dokumentation der Tagung „Soziale Grundrechte als europäisches Anliegen – Vorschläge für eine europäische Grundrechtecharta", hrsg. vom Bundesministerium für Familie, Senioren, Frauen und Jugend, 2000, S. 83 ff.; *ders.*, Die europäische Grundrechtscharta: Auf dem Weg zu einer europäischen Verfassung?, Eurokolleg 45 (2001), 1; *Everling, Ulrich,* Die Mitgliedstaaten der Europäischen Gemeinschaften vor ihrem Gerichtshof, EuR 1983, 101; *ders.*, Sind die Mitgliedstaaten der EG noch Herren der Verträge?: zum Verhältnis von Europäischen Gemeinschaftsrecht und Völkerrecht, in: R. Bernhardt (Hrsg.), Völkerrecht als Rechtsordnung, Festschrift H. Mosler, 1983, S. 173 ff.; *Frenzel, Eike Michael,* Die Charta der Grundrechte als Maßstab für mitgliedschaftliches Handeln zwischen Effektivierung und Hyperintegration, Der Staat 2014, 1; *Gölder, Daniel/Jopp, Mathias,* Die europäische Verfassungskrise und die Strategie des ‚langen Atems', integration 2006, 91; *Golden, Iris,* Article 32, in: EU Network of Independent Experts on Fundamental Rights (Hrsg.), Commentary of the Charter of Fundamental Rights of the European Union, 2006, S. 280 ff.; *Goldsmith, Peter,* A Charter of rights, freedoms and principles, CMLR 38 (2001), 1201; *Groß, Thomas,* Erlaubt das Grundgesetz einen Austritt aus der EU?, EuR 2018, 387; *Hailbronner, Kai,* Die Unionsbürgerschaft und das Ende rationaler Jurisprudenz durch den EuGH?, NJW 2004, 2185; *Hayek, Friedrich A.*, Der Weg zur Knechtschaft (1944), 5. Aufl. 1982; *Heinig, Hans Michael,* Der Sozialstaat im Dienst der Freiheit, 2008; *Herzog, Roman,* Gesetzgebung und Einzelfallgerechtigkeit. Vortrag des Bundespräsidenten anlässlich des 62. Deutschen Juristentages in Bremen am 25.9.1998, NJW 1999, 25; *ders.*, Jahre der Politik. Die Erinnerungen, 2007; *ders./Gerken, Lüder,* Stoppt den EuGH, FAZ vom 8.9.2008; *Heuschmid, Johannes*, Die soziale Dimension der Europäischen Union und das Anti-Arbeits-

194 BGH, Urt. vom 13.3.2018 – Az. VI 2R 143/17.

195 BVerfG, Beschl. vom 10.10.2017 – 1 BvR 2019/16.

196 RL 2002/14/EG vom 11.3.2002; auch spätere Richtlinien sprechen nur von den Arbeitnehmern in der (generisch) maskulinen Form, vgl. etwa RL 2009/38/EG vom 6.3.2009.

recht, AuR 2017, 229; *Hitzel-Cassagnes, Tanya*, Geltung und Funktion. Supranationale Gerichtsbarkeit im Spannungsfeld von Praktischer Rationalität, Recht und Demokratie, 2004; *dies*, Die „Verfassungskrise" der EU: viel Lärm um nichts? KJ 2008, 133; *Holst, Johannes*, Keine einheitliche Dogmatik des EuGH für die sachgerechte Begrenzung des Anwendungsbereichs der Warenverkehrsfreiheit – ein Erklärungsversuch, EuR 2018, 87; *Hölscheidt, Sven*, Formale Aufwertung – geringe Schubkraft: die Rolle der nationalen Parlamente gemäß dem Lissabonner Vertrag, integration, 2008, 254; *Höpner, Martin*, Integration durch Usurpation – Thesen zur Radikalisierung der Binnenmarktintegration, WSI Mitteilungen 2009, 407; *Huber, Peter M.*, Unitarisierung durch Gemeinschaftsgrundrechte – zur Überprüfungsbedürftigkeit der ERT-Rechtsprechung, in EuR 2008, 190; *ders.*, Auslegung und Anwendung der Charta, NJW 2011, 2385; *ders.*, Grundrechtsschutz in Europa – Vermehrung, Verunsicherung, Kohärenz, in: Giovanni Biaggini u.a., Polis und Kosmopolis, Festschrift für Daniel Dürer, 2015, S. 305 ff.; *Hummer, Waldemar/Obwexer, Walter*, Vom „Gesetzesstaat zum Richterstaat" und wieder retour?: Reflexionen über das britische Memorandum über den EuGH v. 23.7.1996 zur Frage der „korrigierenden Kodifikation" von Richterrecht des EuGH, EuZW 1997, 295; *Hüpers, Bernd*, Karl Larenz – Methodenlehre und Philosophie des Rechts in Geschichte und Gegenwart, 2. Aufl. 2017; *Iliopoulos-Strangas, Julia*, Der Schutz sozialer Grundrechte in der Charta der Grundrechte der Europäischen Union vor dem Hintergrund des Schutzes sozialer Grundrechte in den Verfassungsordnungen der Mitgliedsländer, in: Dieter H. Scheuing (Hrsg.), Europäische Verfassungsordnung, 2005, S. 133 ff.; *Junker, Abbo*, Der EuGH im Arbeitsrecht – die schwarze Serie geht weiter, NJW 1994, 2527; *Kahl, Wolfgang/Schwind, Manuel*, Europäische Grundrechte und Grundfreiheiten – Grundbausteine einer Interaktionslehre, EuR 2014, 170; *Kenntner, Markus*, Die Schrankenbestimmungen der EU-Grundrechtscharta – Grundrechte ohne Schutzwirkung?, ZRP 2000, 423; *Kerber, Wolfgang*, Regulierung in föderalen Mehr-Ebenen-Systemen, in: K. Heine und W. Kerber (Hrsg.), Zentralität und Dezentralität von Regulierungen in Europa, 2007, S. 2 ff.; *Kingreen, Thorsten*, Die Grundrechte des Grundgesetzes im europäischen Grundrechtsföderalismus, JZ 2013, 801; *Kirschner, Julia*, Grundfreiheiten und nationale Gestaltungsspielräume: eine Analyse der Rechtsprechung des EuGH, 2014; *Klatt, Matthias*, Die praktische Konkordanz von Kompetenzen. Entwickelt anhand der Jurisdiktionskonflikte im europäischen Grundrechtschutz, 2014; *Koch, Marcus*, Das utopische Europa. Die Verträge der politischen Integration Europas und ihre utopischen Elemente, 2015; *Krebber, Sebastian*, Soziale Rechte in der Gemeinschaftsrechtsordnung, RdA 2009, 224; *ders.*, Die Unionsrechts- und Kompetenzakzessorietät des unionsrechtlichen Grundrechtsschutzes im Bereich des Arbeitsrechts: Grundsatz und Ausnahmen, EuZA 2016, 3; *ders.*, Die Gewährleistung eines Kündigungsschutzes in Art. 24 rev. ESC vor dem European Committee of Social Rights, EuZA 2018, 155; *Larenz, Karl*, Methodenlehre der Rechtswissenschaft, 6. Aufl. 1991; *Lenaerts, Koen*, Kooperation und Spannung im Verhältnis von EuGH und nationalen Verfassungsgerichten, EuR 2015, 3; *Lindner, Josef Franz*, Zur grundsätzlichen Bedeutung des Protokolls über die Anwendung der Grundrechtscharta auf Polen und das Vereinigte Königreich – zugleich ein Beitrag zur Auslegung von Art. 51 EGC, EuR 2008, 786; *Malmberg, Jonas*, Die Auswirkungen der Urteile des EuGH in den Rechtssachen Viking, Laval, Rüffert und Luxemburg auf die Tarifpraxis und die Wirksamkeit sozialer Maßnahmen, hrsg. vom Europäischen Parlament Generaldirektion Interne Politikbereiche, 2010; *Mayer, Franz C.*, Die Rückkehr der Europäischen Verfassung? Ein Leitfaden zum Vertrag von Lissabon, ZaöRV 2007, 1141; *Mehde, Veith*, Gespaltener Grundrechtsschutz in der EU? 2008, 269; *Meyer, Jürgen*, Soziale Grundrechte in der Diskussion des Konvents zur Erarbeitung einer europäischen Grundrechtecharta – zum Stand der Diskussion, Referat vom 18. Mai 2000, in: Dokumentation der Tagung „Soziale Grundrechte als europäisches Anliegen – Vorschläge für eine europäische Grundrechtecharta", hrsg. vom Bundesministerium für Familie, Senioren, Frauen und Jugend, 2000, S. 25 ff.; *ders./Engels, Markus*, Aufnahme von sozialen Grundrechten in die europäische Grundrechtscharta? ZRP 2000, 368; *Michl, Fabian*, Unionsgrundrechte aus der Hand des Gesetzgebers, 2018; *Monti, Mario*, Eine neue Strategie für den Binnenmarkt im Dienste der Wirtschaft und Gesellschaft Europas: Bericht an den Präsidenten der Europäischen Kommission José Manuel Barroso, 2010; *Nußberger, Angelika*, Sozialstandards in der Charta der Grundrechte in der Union, in: Klaus Stern (Hrsg.), Die Europäische Grundrechte-Charta im wertenden Verfassungsvergleich, 2005, S. 323 ff.; *Pache, Eckard*, Die Europäische Grundrechtscharta – ein Rückschritt für den Grundrechtsschutz in Europa?, EuR 2001, 475; *ders./Rösch, Franziska*, Europäischer Grundrechtsschutz nach Lissabon – die Rolle der EMRK und der GrC in der EU, EuZW 2008, 519; *Pernice, Ingolf*, The Treaty of Lisbon and Fundamental Rights, in: S. Griller/J. Ziller (Hrsg.), The Lisbon Treaty. EU Constitutionalism without a Constitutional Treaty? 2008, S. 235 ff.; *Pester, Nora*, Soziale Grundrechte in der Europäischen Union: eine rechts- und diskurstheoretische Analyse am Beispiel der Europäischen Grundrechtecharta, 2005; *Pirker, Benedikt*, Grundrechtsschutz im Unionsrecht zwischen Subsidiarität und Integration, 2018; *Poulou, Anastasia*, Soziale Grundrechte und europäische Finanzhilfe, 2017; *Rathgeber, Christian*, Jugendschutz für minderjährige Bundeswehsoldaten?, NZWehrR 2010, 1; *Rebhahn, Robert*, Grundfreiheit vor Arbeitskampf, ZESAR

2008, 109; *Reding, Viviane,* The EU and the Rule of Law. What next?, in: Speech 13/ 677 (vom 4.9.2013); *Rödl, Florian/Callsen, Raphael*, Kollektive soziale Rechte unter dem Druck der Währungsunion. Schutz durch Art. 28 EU-Grundrechtecharta, 2015; *Roth, Günter H./Hilpold, Peter,* Der EuGH und die Souveränität der Mitgliedstaaten. Eine kritische Analyse richterlicher Rechtsschöpfung auf ausgewählten Rechtsgebieten, 2008; *Schieren, Stefan,* Europa zwischen rechtlich-konstitutioneller Konkordanz und politisch-kultureller Vielfalt, 2002; *Skouris, Vassilios,* Das Verhältnis von Grundfreiheiten und Grundrechten im europäischen Gemeinschaftsrecht, DÖV 2006, 89; *ders.*, Die europäische Grundrechte-Charta in der Rechtsprechung des EuGH, AuR 2015, 294; *Stein, Torsten,* Richterrecht wie anderswo auch? Der Gerichtshof der Europäischen Gemeinschaft als „Integrationsmotor", in: Richterliche Rechtsfortbildung, Erscheinungsformen, Auftrag und Grenzen. Festschrift der Juristischen Fakultät zur 600-Jahr-Feier der Ruprecht-Karls-Universität Heidelberg,1986, S. 619 ff.; *Streinz, Rudolf,* Die Rolle des EuGH im Prozess der Europäischen Integration, AöR 2010, 2; *Thym, Daniel,* Blaupausenfallen bei der Abgrenzung von Grundgesetz und Grundrechtscharta, DÖV 2014, 941; *ders.*, Die Reichweite der EU-Grundrechte-Charta – Zu viel Grundrechtsschutz?, NVwZ 2013, 889; *Thüsing, Gregor/Traut, Johannes,* Zur begrenzten Reichweite der Koalitionsfreiheit im Unionsrecht, RdA 2012, 65; *Wank, Rolf,* Neues zum Arbeitnehmerbegriff des EuGH, EuZW 2018, 21; *Walter, Torsten,* Gelbe Karte für die Kommission, AuR 2013, 27; *Wendel, Mattias,* Permeabilität im europäischen Verfassungsrecht, 2011.

Artikel 27 Recht auf Unterrichtung und Anhörung der Arbeitnehmerinnen und Arbeitnehmer im Unternehmen

Für die Arbeitnehmerinnen und Arbeitnehmer oder ihre Vertreter muss auf den geeigneten Ebenen eine rechtzeitige Unterrichtung und Anhörung in den Fällen und unter den Voraussetzungen gewährleistet sein, die nach dem Unionsrecht und den einzelstaatlichen Rechtsvorschriften und Gepflogenheiten vorgesehen sind.

I. Vorgaben

1. Europäisches Recht

1 Nach den **Erläuterungen** des Präsidiums des Europäischen Konvents zur Charta der Grundrechte[1] „ist Art. 27 in der Revidierten Europäische Sozialcharta (Art. 21) und in der Gemeinschaftscharta der sozialen Grundrechte der Arbeitnehmer (Nummern 17 und 18) enthalten". Die Wortwahl „ist (…) enthalten"[2] weist bereits auf den wesentlichen Unterschied zu den Vorbildnormen hin; letztere gehen nämlich in ihrem Regelungsumfang und in ihrer Regelungsdichte weit über Art. 27 hinaus.

Die Gemeinschaftscharta der sozialen Grundrechte der Arbeitnehmer (GCh → Vor Titel IV Rn. 9) regelt außer der Unterrichtung und Anhörung auch die **Mitbestimmung.** Art. 21 der Revidierten Europäische Sozialcharta (RESC) zielt konkret auf die Unterrichtung über die „wirtschaftliche und finanzielle Lage des sie beschäftigenden Unternehmens" und auf die rechtzeitige Anhörung zu „beabsichtigten Entscheidungen, welche die Interessen der Arbeitnehmer erheblich berühren könnten", insbesondere, wenn sie „wesentliche Auswirkun-

1 ABl. 2007 C 303, S. 17 ff.
2 Ähnlich auch die Formulierung in der englischen Fassung („This article appears in […]").

gen auf die Beschäftigungslage im Unternehmen haben können".[3] Die Erläuterungen greifen diese Unterschiede im Regelungsumfang und in der Regelungsdichte auf, indem sie Art. 27 nur als Teilregelung der Vorbildnormen begreifen.

2 Darüber hinaus unterscheiden sich die Vorbildnormen in **ihren Bezugnahmen** auf das **mitgliedstaatliche Recht.** Die Verweise in Art. 21 RESC und Nr. 17 GCh auf die einzelstaatlichen Rechtsvorschriften und Gepflogenheiten sind darauf gerichtet, die normativen Vorgaben der RESC und der GCh unter Berücksichtigung oder im Einklang mit den innerstaatlichen Rechtsvorschriften und Gepflogenheiten umzusetzen.[4] In Art. 27 hingegen bezieht sich der Verweis auf die normativen Vorgaben des Grundrechts selbst.

3 Die Erläuterungen stellen Art. 27 zudem in den Kontext von **Art. 154, 155 AEUV**. Dies überrascht zunächst, denn Art. 154, 155 AEUV beziehen sich weder – wie Art. 151 AEUV – allgemein auf die Förderung des sozialen Dialogs zwischen den Sozialpartnern noch auf den sozialen Dialog im Unternehmen.[5] Vielmehr regeln sie die **Einbindung** der **Sozialpartner** in die **Unionsgesetzgebung.**[6] Die Bezugnahme auf Art. 154, 155 AEUV soll jedoch primär das Tatbestandsmerkmal der „geeigneten Ebenen" in Art. 27 erläutern. Sie dient hierbei als Beleg dafür, dass zu den geeigneten Ebenen für die Einbindung der Sozialpartner oder – wie bei Art. 27 – für die Einbindung der Arbeitnehmer oder Arbeitnehmervertreter auch die Unionsebene gehören kann.[7]

4 Keine Erwähnung in den Erläuterungen findet Art. 14 Nr. 3 Erklärung der Grundrechte und Grundfreiheiten des Europäischen Parlaments (**Erkl. EP 1989**),[8] wonach die Arbeitnehmer „das Recht [haben], regelmäßig über die Wirtschafts- und Finanzsituation ihres Unternehmens unterrichtet und zu Beschlüssen, die ihre Interessen berühren können, gehört zu werden".

5 Auch die Unionskompetenz in Art. 153 Abs. 1 lit. e), Abs. 2 lit. b) AEUV auf dem Gebiet der „Unterrichtung und Anhörung der Arbeitnehmer" bleibt unerwähnt. Verwiesen wird aber auf den **richtlinienrechtlichen Besitzstand**, und zwar auf die Richtlinie 2002/14/EG (allgemeiner Rahmen für die Unterrichtung und Anhörung der Arbeitnehmer in der

---

3 Ähnliche Formulierungen zu den Anwendungsfällen finden sich in Nr. 18 der Gemeinschaftscharta, ergänzt um die Einführung technologischer Veränderungen in sowie die Umstrukturierung oder Verschmelzung von Unternehmen. Nicht (mehr) als Vorbildnorm genannt wird Art. 29 RESC, der die Unterrichtung und Anhörung im Fall von Massenentlassungen regelt, vgl. aber den Hinweis auf Art. 29 RESC in der Ursprungsfassung in CHARTE 4192/00 CONVENT 18 vom 27.3.2000, S. 4.

4 Vgl. Art. 21 RESC mit der Formulierung „verpflichten sich die Vertragsparteien, im Einklang mit den innerstaatlichen Rechtsvorschriften und Gepflogenheiten Maßnahmen zu ergreifen oder zu fördern" und Nr. 17 GCh mit der Verpflichtung zur Weiterentwicklung von Unterrichtung, Anhörung und Mitbestimmung „unter Berücksichtigung der in den verschiedenen Mitgliedstaaten herrschenden Gepflogenheiten".

5 Den Unterschied ebenfalls hervorhebend *Pechstein/Nowak/Häde/Kocher*, Frankfurter Kommentar, Art. 27 Rn. 3.

6 Nach Art. 154 AEUV sind die Sozialpartner auf Unionsebene von der Kommission in Bezug auf die Ausrichtung und den Inhalt von Vorschlägen im Bereich der Sozialpolitik anzuhören. Der Dialog zwischen den Sozialpartnern kann sodann in Vereinbarungen münden, für deren Umsetzung u.a. eine unionsrechtliche Ausgestaltung in Betracht kommt, Art. 155 Abs. 2 AEUV. Vgl. hierzu die RL 96/34/EG (Elternurlaub), RL 97/81/EG (Teilzeitarbeit), RL 99/70/EG (Befristete Arbeitsverträge).

7 So heißt es in den Erläuterungen zu Art. 27: „Die Bezugnahme auf die geeigneten Ebenen verweist auf die nach dem Unionsrecht und den einzelstaatlichen Rechtsvorschriften vorgesehenen Ebenen, was die europäische Ebene einschließen kann, wenn die Rechtsvorschriften der Union dies vorsehen. Die Union verfügt diesbezüglich über einen beachtlichen Besitzstand: die Artikel 154 und 155 (…), die Richtlinien 2002/14/EG (…)."

8 ABl. 1989 C 120, S. 51 ff. und *Hüpers/Reese*, Vor Titel IV Rn. 8, 13.

Europäischen Gemeinschaft – hier: Rahmenrichtlinie),[9] die Richtlinie 98/59/EG (Massenentlassungen), die Richtlinie 2001/23/EG (Übergang von Unternehmen) und die Richtlinie 94/45/EG (Europäischer Betriebsrat)[10]. Dem Richtlinienrecht kommt als bloß sekundärem Unionsrecht für Art. 27 allerdings **keine unmittelbare Vorbildfunktion** zu.[11] Auch die Erläuterungen nehmen auf den richtlinienrechtlichen Besitzstand lediglich zur Veranschaulichung der „geeigneten Ebenen“ Bezug.

2. Verfassungen der Mitgliedstaaten

6 Auf eine gemeinsame Verfassungstradition zu Arbeitnehmerrechten auf Unterrichtung und Anhörung stützen sich die Erläuterungen zu Art. 27 nicht. Anhaltspunkte für eine solche lassen sich auch den **Verfassungstexten** der Mitgliedstaaten nicht entnehmen. Allein die ***belgische Verfassung*** bestimmt in Art. 23 im Zusammenhang mit den Rechten auf Arbeit, gerechte Arbeitsbedingungen und gerechte Entlohnung ein Recht auf **Information, Konsultation** und kollektive Verhandlungen. Diese Rechte sind Teil der im selben Artikel geregelten sonstigen wirtschaftlichen, sozialen und kulturellen Rechte, die nach ihrem Wortlaut wiederum dem Zweck dienen, jedermann das Recht auf die Führung eines menschenwürdigen Lebens zu gewährleisten.[12] Die ausdrückliche Regelung eines Unterrichtungs- und Anhörungsrechts in Art. 27 findet somit nur eine einzige Entsprechung in den Verfassungstexten der Mitgliedstaaten.

7 Ordnet man das Unterrichtungs- und Anhörungsrecht in den weitergehenden Kontext der **Mitbestimmung** von Arbeitnehmern an ihren Arbeitsbedingungen und an Unternehmensentscheidungen ein,[13] lassen sich allerdings noch weitere textliche Anknüpfungspunkte in **einigen mitgliedstaatlichen Verfassungen** finden. So weist die Präambel der französischen Verfassung von 1946 auf die Mitwirkung der Arbeitnehmer an der Gestaltung ihrer Arbeitsbedingungen und an Unternehmensentscheidungen hin.[14] Zu erwähnen sind ferner Art. 46 der *italienischen* Verfassung (Mitwirkung an der Leitung des Unternehmens im Rahmen der gesetzlichen Bestimmungen), Art. 54 der *portugiesischen* Verfassung (Mitwirkung in den Betrieben durch Arbeiterausschüsse, die Kontroll-, Organisations- und Mitwirkungsbefugnisse haben), Art. 20 der *polnischen* Verfassung (Stützung der sozialen Marktwirtschaft u.a. auf den Dialog und die Zusammenarbeit der sozialen Partner), Art. 19 der *niederländischen* Verfassung (Vorschriften über die Mitbestimmung werden durch Gesetz erlassen), Art. 75 der *slowenischen* Verfassung (Mitwirkung der Arbeitnehmer an der Verwaltung von Wirtschaftsunternehmen und Anstalten unter den gesetzlich festgelegten Bedingungen) und Art. 56 der *kroatischen* Verfassung (Mitbestimmung der Beschäftigten bei Entscheidungen im Unternehmen).

---

9 Bei den Beratungen des Grundrechtekonvents befand sich die Rahmenrichtlinie erst in der Entstehung. Der Hinweis auf die Rahmenrichtlinie findet sich daher erst in den Erläuterungen des Präsidiums des Europäischen Konvents.

10 Neu gefasst durch RL 2009/38/EG. Nicht erwähnt wird die Richtlinie 89/391/EWG über die Durchführung von Maßnahmen zur Verbesserung der Sicherheit und des Gesundheitsschutzes der Arbeitnehmer bei der Arbeit, die ebenfalls Unterrichtungs- und Anhörungsrechte der Arbeitnehmer vorsieht.

11 Ebenso *Grabenwarter/Rebhahn*, Eur. Grundrechteschutz, § 16 Rn. 44; in diese Richtung auch *Michl*, S. 172.

12 Siehe dazu auch *Iliopoulos-Strangas/Leanarts, Koen/van Ypersele, Patrick/van Ypersele, Joel,* Soziale GR, S. 61 mit Hinweis auf die Intention des Verfassungsgesetzgebers, die Demokratisierung der Arbeitsbeziehungen zu fördern.

13 In diese Richtung *Blanke*, S. 270, 272.

14 Zum Verfassungsrang der Präambel *Iliopoulos-Strangas/Rousseau/Pavia/Dubut*, Soziale GR, S. 207 ff.

II. Diskussion im Grundrechtekonvent

Im Verlauf der Beratungen wurde die Aufnahme eines Unterrichtungs- und Anhörungsrechts immer wieder **grundsätzlich** in **Frage** gestellt, insbesondere von *Goldsmith* (GB).[15] Noch in einer der letzten Sitzungen forderte *Melograni* (IT) seine **Streichung** mit der Begründung, der Artikel sei zu allgemein gehalten, und er könne unnötige Kontroversen auslösen.[16] Daher überrascht es nicht, dass nicht nur um den Feinschliff einzelner Tatbestandsmerkmale gerungen wurde, sondern auch um die Grundausrichtung der Norm, z.B. als subjektives Recht oder als Recht auch auf Mitbestimmung im Unternehmen. Im Ergebnis haben sich die Skeptiker durchgesetzt. Denn aus dem anfänglich stark formulierten „Anspruch auf effektive Unterrichtung und Anhörung" in der Ursprungsfassung[17] wurde eine umständlich formulierte Gewährleistungsverpflichtung mit Verweis auf externe Normen. Auch blieben Forderungen nach der Einbeziehung von Mitbestimmungsrechten erfolglos.[18] 8

Nach dem **Kölner Mandat** des Europäischen Rates sollten nur solche sozialen Rechte bei der Ausarbeitung der Charta berücksichtigt werden, die in der Europäischen Sozialcharta und in der Gemeinschaftscharta der Arbeitnehmer enthalten sind, soweit sie nicht nur Ziele für das Handeln der Europäischen Union begründen.[19] So lässt sich der **erste Präsidiumsvorschlag** als Formulierung eines **subjektiven Rechts** – und nicht als objektive Staatszielbestimmung – verstehen,[20] wenn es heißt: „Die Arbeitnehmer und ihre Vertreter haben Anspruch auf effektive Unterrichtung und Anhörung in den sie beschäftigenden Unternehmen, insbesondere im Rahmen der Verfahren bei Massenentlassungen und der Entscheidungen über die Arbeitsbedingungen und die Arbeitswelt."[21] Die Deutung des Art. 27 als subjektives Recht wurde im Konvent jedoch kritisiert, da der zugrundeliegende Art. 21 RESC gerade keine subjektiven Rechte gewähre, sondern nur Staatszielbestimmungen enthalte.[22] In der 11. Sitzung vom 5./6. Juni 2000 stellte *Herzog* (D) die Grundsatzfrage nach der Rechtsnatur der sozialen Rechte zur Diskussion. Dabei sollte erörtert werden, ob die Abgrenzung zwischen Rechten und Grundsätzen im Sozialbereich in einem besonderen Artikel aufzunehmen oder durch differenzierte Formulierungen in den einzelnen Artikeln vor- 9

---

15 *Goldsmith* (GB) verwies darauf, im Vereinigten Königreich gebe es kein Recht auf Anhörung in Unternehmen, so dass sein Land diesen Artikel nicht akzeptieren könne. Dem hielten *Voggenhuber* (A), *van den Burg* (NL) und *Paciotti* (IT) die Standards internationaler Verträge entgegen, vgl. *Bernsdorff/Borowsky*, Protokolle, S. 323 zur 14. Sitzung des Konvents am 10./11. Juli 2000. Zur Grundsatzdiskussion über die Aufnahme von sozialen Grundrechten vgl. *Bernsdorff/Borowsky*, Protokolle, S. 253 ff. zur 11. Sitzung des Konvents am 5./6. Juni 2000.

16 So die Wiedergabe des Diskussionsverlaufs der 16. Sitzung des Konvents am 11./12. September 2000 bei *Bernsdorff/Borowsky*, Protokolle, S. 371.

17 CHARTE 4192/00 CONVENT 18 vom 27.3.2000, S. 4 (Art. III).

18 Zu entsprechenden Forderungen siehe *Bernsdorff/Borowsky*, Protokolle, S. 323 und den Vorschlag im sog. *Braibant/Meyer*-Papier, CHARTE 4401/00, CONTRIB 258 vom 4.7.2000, S. 4 Art. 33 Abs. 3: „Die Mitwirkungsrechte der Arbeitnehmer bei sie betreffenden betrieblichen Maßnahmen werden geschützt." Gegen die Einordnung des Unterrichtungs- und Anhörungsrechts als ein gegenüber der Mitbestimmung zurückbleibendes Recht *Blanke*, S. 287 ff. („a new fundamental social right").

19 *Bernsdorff/Borowsky*, Protokolle, S. 59.

20 A.A. Vorauflage, *Rudolf*, Rn. 11.

21 CHARTE 4192/00 CONVENT 18 vom 27.3.2000, S. 4 (Art. III).

22 *Bernsdorff/Borowsky*, Protokolle, S. 212, 323 mit den Hinweisen auf die Stellungnahmen von *Korthals Altes* (NL), *Goldsmith* (GB), *Griffiths* (GB) und *Brauneder* (A) in der 7. Sitzung des Konvents am 3./4. April 2000 sowie *Tarschys* (S) in der 14. Sitzung des Konvents am 10./11. Juli 2000.

zunehmen sei.[23] Zur Aufnahme eines gesonderten Artikels kam es nicht. Aber auch die geänderte Formulierung des Art. 27 brachte keine eindeutige Klärung. Mit der Fassung vom 28. Juli 2000 wurde aus dem „Anspruch“ auf Unterrichtung und Anhörung die Verpflichtung, dass Unterrichtung und Anhörung „gewährleistet sein“ müssen.[24] Diese Formulierung lässt zusammen mit der Überschrift („Recht auf ...“) weiterhin Raum für eine subjektiv-rechtliche Deutung.

10 **Einzelne Tatbestandsmerkmale** wurden in Bezug auf ihre Reichweite diskutiert und im Verlauf der Beratungen – z.T. mehrfach – geändert. So hielt man die im ersten Präsidiumsentwurf vorgesehene **„effektive“** Unterrichtung und Anhörung für zu weitgehend[25] und ersetzte sie durch den Begriff „rechtzeitig“.[26] Auch wurde die Anregung von *Friedrich* (D) zunächst aufgenommen, die Unterrichtung und Anhörung auf diejenigen Angelegenheiten der Arbeitnehmer zu beziehen, die sie selbst betreffen.[27] Sie fiel allerdings mit den Änderungen in der Fassung vom 25. September 2000 weg.[28] Auch die noch in der Fassung vom 16. Mai 2000 enthaltene Beschränkung auf die Unterrichtung und Anhörung der Arbeitnehmer „in dem sie beschäftigenden Unternehmen“ wurde aufgegeben.[29] In den späteren Fassungen wurde stattdessen die Unterrichtung und Anhörung auf „alle Ebenen“[30], auf die „jeweils entsprechende Ebene“[31] und schließlich auf die **„geeigneten Ebenen“** ausgedehnt.[32] In Bezug auf die **Begünstigten** ist eine Änderung durch die Fassung vom 14. September 2000 hervorzuheben, wonach nicht mehr die Arbeitnehmer *und* ihre Vertreter umfasst sind, sondern die Arbeitnehmerinnen und **Arbeitnehmer *oder* ihre Vertreter.**[33] Ohne weitere begriffliche Klarstellung blieb allerdings die im Konvent diskutierte Frage, wer **Träger des Rechts** aus Art. 27 ist. *Korthals Altes* (NL), *Friedrich* (D) und *Brauneder* (A) vertraten die Auffassung, dass es allein um die Rechte und Pflichten der **Unionsbürger** gehe. *Meyer* (D), *Voggenhuber* (A) und *O'Kennedy* (IR) hingegen hielten eine Anwendung des

---

23 Vgl. *Bernsdorff/Borowsky*, Protokolle, S. 255. Der insoweit vorgeschlagene Art. 31 mit dem Titel „Rechte und Grundsätze für den Sozialbereich“ lautet: „Die Organe und Einrichtungen der Union und die Mitgliedstaaten, wenn sie im Geltungsbereich des Gemeinschaftsrechts tätig werden, sowie die auf Gemeinschaftsebene und im Rahmen ihrer jeweiligen Zuständigkeiten handelnden Sozialpartner achten die Rechte und bringen die Grundsätze zur Anwendung, die in dieser Charta für den Sozialbereich aufgeführt sind.“

24 Siehe CHARTE 4422/00 CONVENT 45 vom 28.7.2000, S. 8 (Art. 25).

25 So *Barriga*, S. 117. Siehe auch *Bernsdorff/Borowsky*, Protokolle, S. 212 zur 7. Sitzung des Konvents am 3./4. April 2000.

26 Vgl. dazu CHARTE 4316/00 CONVENT 34 vom 16.5.2000, S. 3 (Art. 33). Siehe aber auch die spätere Kritik von *Fayot* (LUX), der – enttäuscht von der Fassung des Kapitels IV – zumindest die Ersetzung des Begriffs „rechtzeitige Unterrichtung“ durch „regelmäßige und effiziente Unterrichtung“ forderte, *Bernsdorff/Borowsky*, Protokolle, S. 371 (16. Sitzung des Konvents am 11./12. September 2000).

27 Siehe dazu *Bernsdorff/Borowsky*, Protokolle, S. 323 (14. Sitzung des Konvents am 10./11. Juli 2000) und die Formulierung im CHARTE 4422/00 CONVENT 45 vom 28.7.2000, S. 8 mit der Formulierung in Art. 25 „Unterrichtung und Anhörung zu den sie betreffenden Fragen“.

28 Vgl. die Änderungen zum damaligen Art. 26 im CHARTE 4470/1/00 REV 1 ADD 1 CONVENT 47 vom 25.9.2000, S. 3 und *Bernsdorff/Borowsky*, Protokolle, S. 386 f. (17. Sitzung vom 18. September 2000) mit Hinweis darauf, die Einschränkung habe nach Auffassung der Kommission nicht dem europäischen Recht entsprochen.

29 Vgl. im CHARTE 4316/00 CONVENT 34 vom 16.5.2000, S. 3 (Art. 33) noch mit und im CHARTE 4422/00 CONVENT 45 vom 28.7.2000, S. 8 (Art. 25) ohne das genannte Tatbestandsmerkmal.

30 Vgl. CHARTE 4470/1/00 REV 1 CONVENT 47 vom 21.9.2000, S. 12 (Art. 26).

31 Vgl. die Änderungen zum damaligen Art. 26 im CHARTE 4470/1/00 REV 1 ADD 1 CONVENT 47 vom 25.9.2000, S. 3.

32 Vgl. CHARTE 4487/00 CONVENT 50 vom 28.9.2000, S. 12 (Art. 27).

33 Vgl. CHARTE 4470/00 CONVENT 47 vom 14.9.2000, S. 10 (Art. 26).

Rechts auf „jedermann" für erforderlich. *Paciotti* (IT) und der Vertreter der Kommission unterstützten diese Position mit der Begründung, es handele sich um ein Grundrecht **aller Arbeitnehmer.**[34]

Eine **inhaltliche Konkretisierung** des Unterrichtungs- und Anhörungsrechts erfolgte im ersten Präsidiumsvorschlag noch durch den Hinweis auf die als **Regelbeispiele** formulierten Fälle „der Verfahren bei Massenentlassungen und der Entscheidungen über die Arbeitsbedingungen und die Arbeitswelt".[35] Auf die Regelbeispiele verzichtete man in der Fassung vom 16. Mai 2000 zunächst ersatzlos.[36] In der späteren Fassung vom 28. Juli 2000 hieß es dann in Art. 25: „Für die Arbeitnehmer und ihre Vertreter muss eine rechtzeitige Unterrichtung und Anhörung zu den sie betreffenden Fragen im Unternehmen ***nach dem Gemeinschaftsrecht und nach den einzelstaatlichen Rechtsvorschriften und Gepflogenheiten*** gewährleistet sein".[37] Dass der **Verweis** an die Stelle der inhaltsbezogenen Regelbeispiele getreten ist,[38] wird allerdings erst durch die weiter ausdifferenzierte Formulierung in der Fassung vom 21. September 2000 deutlich, die dem geltenden Art. 27 entspricht.[39] Danach muss die rechtzeitige Unterrichtung und Anhörung „in den Fällen und unter den Voraussetzungen gewährleistet sein, die nach dem Gemeinschaftsrecht und nach den einzelstaatlichen Rechtsvorschriften und Gepflogenheiten vorgesehen sind". Im Konvent wurde nicht nur dieser Verweis diskutiert, sondern auch die in anderen Chartabestimmungen aufgenommenen und ähnlich formulierten Verweise auf das Gemeinschafts- und auf das mitgliedstaatliche Recht (**„Refrain"**).[40] *Barros Moura* (P) kritisierte die zahlreichen Verweisungen auf das nationale Recht in den Art. 9, 25, 26, 23, 33 und 34 (jetzt Art. 9, 27, 28, 34, 35 und 36). Diese seien vor dem Hintergrund der allgemeinen Vorschrift in Art. 49 (jetzt Art. 51) nicht notwendig und könnten zu einer Abwertung der sozialen Rechte führen.[41] Ebenso sprach sich *Meyer* (D) dafür aus, die Verweise auf die „einzelstaatlichen Rechtsvorschriften und Gepflogenheiten" und die Formulierung „nach Maßgabe des Gemeinschaftsrechts" in den einzelnen Artikeln aufzugeben. Angesichts der Regelungen in Art. 49 (jetzt Art. 51) seien die Einzelverweise nicht nur überflüssig („systemischer Bruch"), sondern könnten auch als Herabstufung der sozialen Grundrechte ausgelegt werden.[42] *Bowness* (GB) hingegen betonte, dass Art. 49 (jetzt Art. 51) nicht deutlich und stark genug formuliert sei, um die in ihn gelegten Hoffnungen zu erfüllen.[43] Dass der „Refrain" in den Einzelvorschriften nicht nur die „horizontale" Bestimmung in Art. 51 zur Kompetenzwahrung wiederholt, sondern eine besondere Einschränkung darstellen könnte, deutet sich in einer allgemeinen Bewertung von *Braibant* (F) an. Danach habe man den „Refrain" bei der unternehmerischen Freiheit (Art. 16) vorgesehen, „da es einige nicht nachvollziehen konnten, nur die anschließenden sozialen Rechte solcherart einzuschränken".[44] 11

34 Vgl. *Bernsdorff/Borowsky*, Protokolle, S. 212 f. (7. Sitzung des Konvents am 3./4. April 2000).
35 Vgl. CHARTE 4192/00 CONVENT 18 vom 27.3.2000, S. 4 (Art. III).
36 Vgl. CHARTE 4316/00 CONVENT 34 vom 16.5.2000, S. 3, Art. 33: „Die Arbeitnehmer und ihre Vertreter haben Anspruch auf eine rechtzeitige Unterrichtung und Anhörung in dem sie beschäftigenden Unternehmen."
37 Siehe CHARTE 4422/00 CONVENT 45 vom 28.7.2000, S. 8.
38 So *Barriga*, S. 117.
39 Vgl. CHARTE 4470/1/00 REV 1 CONVENT 47 vom 21.9.2000, S. 12 (Art. 26).
40 Zur von *Braibant* eingeführten Bezeichnung als Refrain *Bernsdorff/Borowsky*, Protokolle, S. 386 (17. Sitzung des Konvents am 25./26. September 2000).
41 *Bernsdorff/Borowsky*, Protokolle, S. 358 (16. Sitzung des Konvents am 11./12. September 2000).
42 *Bernsdorff/Borowsky*, Protokolle, S. 363, 370 (16. Sitzung des Konvents am 11./12. September 2000). In diese Richtung auch *Manzella* (IT), ebd., S. 364 und *Jansson* (FN), ebd., S. 374.
43 *Bernsdorff/Borowsky*, Protokolle, S. 372 (16. Sitzung des Konvents am 11./12. September 2000).
44 *Bernsdorff/Borowsky*, Protokolle, S. 386 (16. Sitzung des Konvents am 11./12. September 2000).

III. Kommentierung

1. Allgemeine Einordnung

12 Das Recht auf Unterrichtung und Anhörung im Unternehmen leitet den Titel „Solidarität" und die folgenden Grundrechte des Arbeitslebens (Art. 28 – Art. 33) ein. Diese herausgehobene Stellung überrascht, denn das Recht auf Unterrichtung und Anhörung basiert weder auf einer gemeinsamen Verfassungstradition der Mitgliedstaaten noch würde man ihm im Verhältnis zu den folgenden Arbeitnehmergrundrechten den bedeutendsten Rang zuordnen. Gleichwohl stellt Art. 27 mit der Einbeziehung der Arbeitnehmer und ihrer Vertreter in die Meinungs- und Willensbildung des Beschäftigungsgebers einen Bezug zur Menschenwürde her[45] und zeigt die Bedeutung von Unterrichtung und Anhörung gleichsam als Grundvoraussetzung für die weitere Beteiligung der Arbeitnehmer und ihrer Vertreter an der Ausgestaltung und Organisation des Arbeitnehmerschutzes. Zu beachten ist aber zweierlei: Eine weitere Einbeziehung der Arbeitnehmer und ihrer Vertreter durch **Mitbestimmung** umfasst Art. 27 – im Gegensatz zur Vorbildnorm der GCh (→ Rn. 1) – **nicht.**[46] Darüber hinaus gewährleistet Art. 27 als **Verweisungsgrundrecht** grundsätzlich keine bestimmten unionsrechtlichen Unterrichtungs- und Anhörungsrechte, sondern zielt primär darauf ab, das einzelstaatliche Ausgestaltungsrecht grundrechtlich aufzuwerten und ihm eine abwehrrechtliche Schutzdimension zu verleihen (→ Vor Titel IV Rn. 41 ff.).

13 Bei der **Auslegung** gebührend zu berücksichtigen sind die in den Erläuterungen erwähnten Normen der RESC[47] und der GCh (Art. 52 Abs. 7 und Art. 6 Abs. 1, UAbs. 3 EUV) sowie die in Art. 52 Abs. 6 genannten „einzelstaatlichen Rechtsvorschriften und Gepflogenheiten", denen „in vollem Umfang Rechnung zu tragen ist". Zu beachten sind ferner die **begrenzten Unionszuständigkeiten** im Bereich der Unterrichtung und Anhörung von Arbeitnehmern. Auf Grundlage der geteilten Zuständigkeit nach Art. 4 Abs. 2 lit. b) AEUV ist die Union in diesem Bereich auf die Unterstützung und Ergänzung der Tätigkeit der Mitgliedstaaten durch den Erlass von **Mindestvorschriften** durch Richtlinien beschränkt (Art. 153 Abs. 1 lit. e), Abs. 2 lit. b) AEUV).[48] Diese begrenzte Unionskompetenz ist in die Auslegung einzubeziehen (→ Vor Titel IV Rn. 28 ff.).

2. Verweisungsgrundrecht

14 Als **Kompetenzschutzklausel** lässt der Verweis den Gewährleistungsgehalt der Verweisungsgrundrechte nicht unberührt (→ Vor Titel IV Rn. 44 ff.). In Bezug auf Art. 27 verlagert der Verweis vielmehr die inhaltliche Konkretisierung der Unterrichtungs- und Anhörungsrechte auf das ausgestaltende Unionsrecht und die einzelstaatlichen Rechtsvorschriften und Gepflogenheiten und gewährt insoweit einen weiten Ausgestaltungsspielraum. Die weitere Frage, ob Art. 27 einen weiten Ausgestaltungsspielraum gewährt, der nicht nur das „Wie", sondern auch das „Ob" der Ausgestaltung umfasst, ist durch Auslegung zu ermit-

---

45 *Frenz*, Hdb EuR, Rn. 3633; siehe dazu auch *Lienbacher/Holoubek/Köchle*, GRC, Art. 27 Rn. 12.

46 Siehe auch *Franzen/Gallner/Oetker/Schubert*, Eur. Arbeitsrecht, Art. 27 GRC Rn. 10 („niedrigster Intensitätsgrad der Arbeitnehmerbeteiligung"); *Lienbacher/Holoubek/Köchle*, GRC, Art. 27 Rn. 14. Zur über die Grundrechtecharta hinausgehenden Ableitung eines Grundrechts auf Mitbestimmung („Beteiligungsgrundrecht") siehe *Heuschmid*, S. 109 ff.

47 Nach Art. N der RESC ist auch der Anhang zur RESC integraler Bestandteil der Revidierten Sozialcharta.

48 Zur Beschränkung auch der Harmonisierungskompetenz auf eine unterstützende und ergänzende Tätigkeit der Union und zum Verbleib der primären Zuständigkeit bei den Mitgliedstaaten *Calliess/Ruffert/Krebber*, EUV/AEUV, Art. 153 AEUV Rn. 3, 6.

teln, wobei die Kompetenzordnung maßgeblich zu berücksichtigen ist (→ Vor Titel IV Rn. 44).

Für einen auch das „Ob" der Unterrichtungs- und Anhörungsrechte umfassenden Verweis spricht bereits seine starke Formulierung. Denn die Gewährleistung der Unterrichtungs- und Anhörungsrechte soll gerade „in den Fällen und unter den Voraussetzungen" der in Bezug genommenen Normen gelten.[49] Auch die Entstehung der Norm weist darauf hin, dass die inhaltlichen Vorgaben des Art. 27 von vornherein zurückgenommen werden sollten. So wurde die zunächst vorgesehene inhaltliche Konkretisierung durch Regelbeispiele – wie sie auch in den Vorbildnormen enthalten ist – zugunsten des später eingefügten Verweises auf das Unionsrecht und die einzelstaatlichen Rechtsvorschriften und Gepflogenheiten aufgegeben. Dabei war man sich im Grundrechtekonvent der damit verbundenen einschränkenden Wirkungen bewusst (→ Rn. 11). Entscheidend ist jedoch die Funktion des Verweises als **Kompetenzschutzklausel**. Die Annahme eines grundrechtlich gewährleisteten „Ob" der unionsrechtlichen Ausgestaltung schafft eine Pflicht zur Schaffung oder zum Erhalt von Unionsrecht, die im Widerspruch zu den Anforderungen an die Kompetenzwahrnehmung gemäß Art. 153 Abs. 1 lit. e), Abs. 2 lit. b) AEUV steht und die daher kompetenzansaugende Wirkungen entfalten würde. Dies ist mit Blick auf Art. 51 Abs. 2 zu vermeiden, sodass der Verweis nicht nur das „Wie", sondern auch auf das „Ob" der Ausgestaltung umfasst.[50]

Der grundrechtliche Schutz des Art. 27 läuft gleichwohl nicht leer, sondern zielt auf die **besondere Abwehrdimension** im Verhältnis der Mitgliedstaaten zur Union (→ Vor Titel IV Rn. 46). Durch die Bezugnahme auf die einzelstaatlichen Rechtsvorschriften und Gepflogenheiten ermöglicht Art. 27 deren primärrechtliche Aufwertung und deren Schutz im Verhältnis zum Unionsrecht (**Ermöglichungsfunktion**). Ein darüber hinausgehender Schutz des Art. 27 im Sinne einer Gewährleistung von Mindeststandards (**Gewährleistungsfunktion**) kann nur ausnahmsweise und nur dann in Betracht kommen, wenn die Union in Wahrnehmung ausschließlicher Kompetenzen (z.B. im EU-Dienstrecht) oder auf Grundlage von Kompetenzen zur Vollharmonisierung Maximalstandards setzt (→ Vor Titel IV Rn. 32, 37).

Der **EuGH** hat sich zur Auslegung des Verweises in Art. 27 noch nicht eindeutig positio- 15
niert. Anhaltspunkte für eine Deutung des Verweises im hier vertretenen Sinn bietet aber die Entscheidung in der **Rechtssache AMS**[51].[52] In dem zugrunde liegenden Fall ging es um eine französische Rechtsvorschrift, die die Vorgaben der Rahmenrichtlinie (→ Rn. 5) zur

---

49 Siehe hierzu auch die Erläuterungen zu Art. 27: „Er gilt unter den im Unionsrecht und in den Rechtsvorschriften der Mitgliedstaaten vorgesehenen Bedingungen."

50 So *Schlachter/Heinig/Krebber*, Eur. Arbeits- und Sozialrecht, § 2 Rn. 17 ff., der u.a. darauf hinweist, dass es zum Bestandteil der Kompetenzordnung gehöre, „dass keine Pflicht besteht, von einer Ermächtigungsgrundlage Gebrauch zu machen"; *Calliess/Ruffert/Krebber*, EUV/AEUV, Art. 27 GRC Rn. 10 ff.; *Franzen/Gallner/Oetker/Schubert*, Eur. Arbeitsrecht, Art. 27 GRC Rn. 31, insoweit aber widersprüchlich zu der gleichzeitigen Annahme einer Handlungspflicht bei Fehlen einer Regelung zur Unterrichtung und Anhörung; a.A. *Peers/Harvey/Kenner/Ward/Dorssemont*, EU-Charter, Art. 27 Rn. 27.99; *Grabenwarter/Rebhahn*, Eur. Grundrechteschutz, § 16 Rn. 46; *Lienbacher/Holoubek/Köchle*, GRC, Art. 27 Rn. 34; wohl auch *Pechstein/Nowak/Häde/Kocher*, Frankfurter Kommentar, Art. 27 Rn. 15 f., wonach die konkretisierenden Normen am Kerngehalt des Art. 27 zu messen seien. In diese Richtung wohl auch *Frenz*, Hdb EuR, Rn. 3668 ff., der das „Ob" der Unterrichtungs- und Anhörungsrechte vom Verweis umfasst sieht, mit Blick auf die Menschenwürde aber doch von einem grundrechtlich geschützten Kerngehalt an Unterrichtungs- und Anhörungsrechten ausgeht.

51 EuGH – AMS, Rs. C-176/12, Urt. vom 15.1.2014 (Große Kammer).

52 A.A. *Pechstein/Nowak/Häde/Kocher*, Frankfurter Kommentar, Art. 27 Rn. 12.

Berechnung der für die Unterrichtungs- und Anhörungsrechte maßgeblichen Unternehmensgröße missachtete. Mangels unmittelbarer Anwendbarkeit der entsprechenden Richtlinienvorschrift zwischen Privaten stellte sich die Frage nach einer unmittelbaren Anwendbarkeit von Art. 27. Der EuGH lehnte eine solche ab und betonte, aus dem Wortlaut von Art. 27 gehe klar hervor, „dass er, damit er seine volle Wirksamkeit entfaltet, durch Bestimmungen des Unionsrechts oder des nationalen Rechts konkretisiert werden muss".[53] Einen vom Ausgestaltungsrecht selbständigen Gewährleistungsgehalt, der auch zwischen Privaten wirken könnte, vermochte der EuGH dem Art. 27 damit nicht zu entnehmen.[54]

3. Grundrechtsberechtigte und Grundrechtsverpflichtete

16 Art. 27 begünstigt **Arbeitnehmerinnen** und **Arbeitnehmer** und ihre **Vertreter**. Die im Grundrechtekonvent strittige Frage, ob auch **Drittstaatsangehörige** Grundrechtsberechtigte sein können (→ Rn. 10), ist mit Blick auf das Gleichbehandlungsgebot zwischen Unionsbürgern und Drittstaatsangehörigen in Bezug auf die Arbeitsbedingungen in Art. 15 Abs. 3 zu bejahen.[55]

17 Einen allgemeinen **Arbeitnehmerbegriff**, auf den auch im Rahmen des Art. 27 abgestellt werden könnte, kennt das Unionsrecht nicht.[56] Verbreitet wird daher schlicht auf den freizügigkeitsrechtlichen Arbeitnehmerbegriff des EuGH abgestellt.[57] Dieser umfasst – in Abgrenzung zum Selbständigen – die weisungsabhängige Erbringung von Leistungen für eine bestimmte Zeit gegen Entgelt.[58] Der **Zweck** des **Art. 27** ist jedoch nicht deckungsgleich mit den Zwecken des Freizügigkeitsrechts.[59] Daher bedarf es einer **normspezifischen** Auslegung des Arbeitnehmerbegriffs in Art. 27. Einige Hinweise bieten insoweit die Vorbildnormen von Art. 27. Zwar definieren Art. 21 RESC und Nr. 17, 18 GCh den Arbeitnehmerbegriff nicht selbst. Im Anhang zur RESC werden den Vertragsstaaten jedoch gewisse Einschränkungen für besondere Arbeitsverhältnisse, namentlich für Tendenzbetriebe (Art. 21 und 22 Nr. 4 Anhang RESC) und für kurzzeitige, geringfügige Beschäftigungen und Tätigkeiten besonderer Art (Art. 2 Nr. 6 Anhang RESC) eingeräumt, was im Umkehrschluss für die Einbeziehung dieser Beschäftigungen und Tätigkeiten spricht. Der GCh kann man in Nr. 14 entnehmen, dass der **öffentliche Dienst** nicht von vornherein vom Arbeitnehmerbegriff ausgeschlossen ist. Ferner folgt aus der **Ermöglichungsfunktion** des Art. 27, also aus der Funktion, die auf einzelstaatlicher Ebene geschaffenen Standards primärrechtlich auf-

---

53 EuGH – AMS, Rs. C-176/12, Urt. vom 15.1.2014 (Große Kammer), Rn. 45.

54 A.A. Generalanwalt *Cruz Villalòn* in seinen Schlussanträgen vom 18.7.2013 zu EuGH – AMS, Rs. C-176/12, Rn. 74: „Zwar verlangt die angesprochene Vorschrift der Charta die Mitarbeit des Unionsgesetzgebers, doch bedeutet dies nicht, dass diese Mitarbeit mit einer unbegrenzten Delegierung zugunsten der Legislative verbunden wäre, (…)."

55 Im Ergebnis ebenso Vorauflage, *Rudolf*, Rn. 20; *Franzen/Gallner/Oetker/Schubert*, Eur. Arbeitsrecht, Art. 27 GRC Rn. 16; *Pechstein/Nowak/Häde/Kocher*, Frankfurter Kommentar, Art. 27 Rn. 21; *Stern/Sachs/Lang*, GRC, Art. 27 Rn. 26.

56 Siehe nur *Grabenwarter/Rebhahn*, Eur. Grundrechteschutz, § 16 Rn. 45. Insbesondere verweisen zahlreiche Richtlinien auf die Arbeitnehmerbegriffe nach nationalem Recht, vgl. *Wank*, EuZW 2018, 22. Zur Tendenz des EuGH, den Arbeitnehmerbegriff zu vereinheitlichen, *Wank*, ebd., 28.

57 *Jarass*, GRC, Art. 27 Rn. 7; *GSH/Lembke*, EU, Art. 27 GRC Rn. 5; *Pechstein/Nowak/Häde/Kocher*, Frankfurter Kommentar, Art. 27 Rn. 25; *Frenz*, Hdb EuR, Rn. 3641; differenzierend *Franzen/Gallner/Oetker/Schubert*, Eur. Arbeitsrecht, Art. 27 GRC Rn. 18 ff.

58 EuGH – Lawrie Blum, Rs. C-66/85, Urt. vom 3.7.1986, Rn. 16 ff. Ausführlich zum freizügigkeitsrechtlichen Arbeitnehmerbegriff *Schlachter/Heinig/Terhechte*, Eur. Arbeits- und Sozialrecht, § 1 Rn. 30 ff. mit weiteren Rechtsprechungsnachweisen zu den erfassten Arbeitnehmerverhältnissen.

59 So auch *Franzen/Gallner/Oetker/Schubert*, Eur. Arbeitsrecht, Art. 27 GRC Rn. 20, die dann aber doch über den Kontext des Art. 27 zur Art. 153 AEUV zur grundsätzlichen Anwendung des freizügigkeitsrechtlichen Arbeitnehmerbegriffs kommt, vgl. ebd., Rn. 18 f.

zuwerten (→ Rn. 14), ein grundsätzlich **weiter Arbeitnehmerbegriff,** der auch besondere Arbeitsverhältnisse wie Teilzeit, Befristung, Leiharbeit, Scheinselbständigkeit, Tätigkeit in Tendenzbetrieben und im öffentlichen Dienst bei entsprechender einzelstaatlicher Ausgestaltung einschließt. Darüber hinaus ermöglicht Art. 27 die Öffnung für **arbeitnehmerähnliche Tätigkeiten,** d.h. für Tätigkeiten von **wirtschaftlich abhängigen Selbständigen.** Diese Selbständigen wären bei wirtschaftlicher Abhängigkeit in Bezug auf die Unterrichtung und Anhörung gleichermaßen schutzbedürftig und damit vom Schutzzweck des Art. 27 umfasst. Soweit ihnen die Mitgliedstaaten entsprechende Rechte einräumen, können diese über Art. 27 auch unionsrechtlichen Schutz erlangen.[60] Problematisch ist aber die Einbeziehung von Mitgliedern von Leitungsorganen (z.B. Geschäftsführer) in den Arbeitnehmerbegriff des Art. 27.[61] Denn ihre Zugehörigkeit zur Unternehmensleitung schließt eine Schutzbedürftigkeit in Bezug auf die Unterrichtung und Anhörung im Unternehmen typischerweise aus.[62]

Art. 27 beschränkt sich nicht auf den Schutz eines **individuellen Arbeitnehmerrechts,** sondern bezieht durch die „oder-Verbindung" **kollektive Arbeitnehmervertreterrechte** auf Unterrichtung und Anhörung als gleichwertig geschützte Alternative mit ein.[63] Der Kreis der Arbeitnehmervertreter wird dabei mit Blick auf die Gewährleistung des Unterrichtungs- und Anhörungsrechts im Unternehmen nicht auf **Betriebsräte** begrenzt.[64] Eine solche Einschränkung würde den kollektiven Schutz von vornherein auf solche Arbeitnehmervertretungsmodelle begrenzen, die – wie in Deutschland – dem sog. dualen System folgen und die Arbeitnehmervertretung in Unternehmen durch Betriebsräte vorsehen. Anhaltspunkte dafür, dass eine Privilegierung nur des dualen Systems beabsichtigt war, gibt es nicht. Vielmehr erfasst Art. 27 auch andere Modelle der Arbeitnehmerrepräsentation in der betroffenen Einrichtung, und zwar auch unter Mitwirkung der **Gewerkschaften,** soweit diese in den Mitgliedstaaten vorgesehen sind.[65] Demgegenüber erschließt sich eine Erstreckung des Arbeitnehmervertreterbegriffs auf Arbeitnehmervertreter in **Unternehmensorganen** nicht. Denn in diesen Fällen dürfte es um die Beteiligung der Arbeitnehmervertreter an Unternehmensentscheidungen gehen (unternehmerische Mitbestimmung), die vom Art. 27 gerade nicht erfasst wird.[66] 18

60 Ebenso *Schwarze/Holoubek*, EU-Kommentar, Art. 27 Rn. 10. A.A. *Grabenwarter/Rebhahn*, Eur. Grundrechteschutz, § 16 Rn. 45; *Franzen/Gallner/Oetker/Schubert*, Eur. Arbeitsrecht, Art. 27 GRC Rn. 19; *Pechstein/Nowak/Häde/Kocher*, Frankfurter Kommentar, Art. 27 Rn. 25; *Lienbacher/Holoubek/Köchle*, GRC, Art. 27 Rn. 18.

61 Für die vorbehaltlose Einbeziehung von Geschäftsführern aber *Pechstein/Nowak/Häde/Kocher*, Frankfurter Kommentar, Art. 27 Rn. 26.

62 In diesem Sinne kritisiert *Morgenbrodt*, ZESAR 2017, 17 ff., die Einordnung eines Fremdgeschäftsführers einer GmbH als Arbeitnehmer gemäß der RL/98/59/EG (Massenentlassungsrichtlinie) durch den EuGH – Balkaya, Rs. C-229/14, Urt. vom 9.7.2015 (Erste Kammer).

63 Allein kollektivrechtlich ausgestaltet sind z.B. die Rahmen- und die Massenentlassungsrichtlinie (siehe hierzu oben Rn. 5).

64 In diese Richtung aber Vorauflage, *Rudolf*, Rn. 21; a.A. *GSH/Lembke*, EU, Art. 27 GRC Rn. 7.

65 So weist die Kommission in ihrem Fitness-Check zu den Anhörungs- und Unterrichtungsrichtlinien, SWD(2013) 293 final, S. 42, darauf hin, dass die Arbeitnehmerrepräsentation in Unternehmen in Europa unterschiedlichen Modellen folgt. Die Repräsentation erfolgt entweder allein durch Betriebsräte (z.B. in Deutschland und Österreich), allein durch Gewerkschaften (z.B. Zypern, Malta, Schweden) oder durch Betriebsräte und Gewerkschaften, wobei wiederum danach unterschieden werden kann, ob den Betriebsräten (z.B. in Belgien, Frankreich und Italien) oder den Gewerkschaften (z.B. in Dänemark, Finnland und Kroatien) jeweils eine dominante Rolle zukommt. Siehe dazu auch *Barriga*, S. 285 f.

66 So auch *Grabenwarter/Rebhahn*, Eur. Grundrechteschutz, § 16 Rn. 29; *Lienbacher/Holoubek/Köchle*, GRC, Art. 27 Rn. 19; a.A. Vorauflage, *Rudolf*, Rn. 21; *Franzen/Gallner/Oetker/Schubert*, Eur. Ar-

19 Art. 27 richtet sich nach Maßgabe des Art. 51 Abs. 1 an die EU-Organe und EU-Einrichtungen sowie an die Mitgliedstaaten. Eine **Grundrechtsverpflichtung** von **Privaten** umfasst Art. 27 hingegen **nicht.**[67] Weder eröffnet Art. 51 Abs. 1 die Grundrechtsbindung von Privaten, noch lässt sich darüber hinaus aus Art. 27 eine horizontale Bindungswirkung entnehmen. Hierfür fehlt es schon an der inhaltlichen Konkretisierung, die für die Geltendmachung eines bestimmten Unterrichtungs- und Anhörungsrechts erforderlich wäre. In diesem Sinne hat auch der **EuGH** in der **Rechtssache AMS** (→ Rn. 15) eine Berufung auf Art. 27 im Verhältnis zwischen Privaten abgelehnt.[68] Insofern sei die Rechtslage anders zu beurteilen als in der Rechtssache Kücükdeveci,[69] in der das in Art. 21 Abs. 1 niedergelegte Verbot der Diskriminierung wegen des Alters schon für sich allein dem Einzelnen ein subjektives Recht verleihe, das er als solches geltend machen könne.[70]

4. Keine Beschränkung auf Unternehmen

20 Im Gegensatz zur Überschrift nimmt der **Normtext** von Art. 27 **keine Beschränkung** auf **Unternehmen** vor. Die Auslegung von Art. 27, in die die abweichende Überschrift als Interpretationshilfe einzubeziehen ist (→ Vor Titel IV Rn. 47), führt zu keinem abweichenden Ergebnis.[71] Zwar beziehen sich die Vorbildnormen allein auf Unterrichtungs- und Anhörungsrechte im Unternehmen und auch die Entstehungsgeschichte von Art. 27 zeigt, dass zunächst eine Beschränkung auf Unternehmen vorgesehen war (→ Rn. 1 und → Rn. 10 f.). Die entscheidende konzeptionelle Neuausrichtung erfolgte jedoch durch die Streichung der inhaltlichen Konkretisierungen in Art. 27 zugunsten des Verweises auf das Unionsrecht und auf die einzelstaatlichen Rechtsvorschriften und Gepflogenheiten. Einer Beschränkung des Schutzes einzelstaatlicher Unterrichtungs- und Anhörungsrechte auch außerhalb von Unternehmen bedarf es im Sinne der Ermöglichungsfunktion (→ Rn. 14) von Art. 27 nicht. Vom Anwendungsbereich des Art. 27 umfasst sind daher bei entsprechendem Ausgestaltungsrecht auch staatliche Einrichtungen ohne Unternehmenseigenschaft.[72] Allerdings dürfte der typische und durch die Überschrift hervorgehobene Anwendungsfall die Unterrichtung und Anhörung im Unternehmen sein.

---

beitsrecht, Art. 27 GRC Rn. 22; *Pechstein/Nowak/Häde/Kocher*, Frankfurter Kommentar, Art. 27 Rn. 24; *Jarass*, GRC, Art. 27 Rn. 8.

67 Ebenso *Franzen/Gallner/Oetker/Schubert*, Eur. Arbeitsrecht, Art. 27 GRC Rn. 12; *Jarass*, GRC, Art. 27 Rn. 4; *Heiderhoff/Lohsse/Schulze/Kamanabrou*, EU-GR, S. 181 ff.; zur grundsätzlichen Kritik an der Drittwirkung auch *Kainer*, NZA 2018, 899; *Herresthal*, ZEuP 2014, 254 f. A.A. Generalanwalt *Cruz Villalòn* in seinen Schlussanträgen vom 18.7.2013 zu EuGH – AMS, Rs. C-176/12, Rn. 80; differenzierend *Pechstein/Nowak/Häde/Kocher*, Frankfurter Kommentar, Art. 27 Rn. 19, wonach sich die Horizontalwirkung darauf beschränkt, dass mitgliedstaatliche Verstöße gegen Umsetzungsverpflichtungen des einschlägigen EU-Richtlinienrechts zur Unanwendbarkeit der entsprechenden nationalen Vorschriften führen.

68 EuGH – AMS, Rs. C-176/12, Urt. vom 15.1.2014 (Große Kammer), Rn. 45 ff.

69 EuGH – Kücükdeveci, Rs. C-555/07, Urt. vom 19.1.2010 (Große Kammer).

70 EuGH – AMS, Rs. C-176/12, Urt. vom 15.1.2014 (Große Kammer), Rn. 47.

71 So auch *Pechstein/Nowak/Häde/Kocher*, Frankfurter Kommentar, Art. 27 Rn. 29; *Lienbacher/Holoubek/Köchle*, GRC, Art. 27 Rn. 27; *Stern/Sachs/Lang*, GRC, Art. 27 Rn. 30; a.A. Vorauflage, *Rudolf*, Rn. 25; *Franzen/Gallner/Oetker/Schubert*, Eur. Arbeitsrecht, Art. 27 GRC Rn. 27 f.; *Frenz*, Hdb EuR, Rn. 3648; *Jarass*, GRC, Art. 27 Rn. 9; *Schlachter/Heinig/Krebber*, Eur. Arbeits- und Sozialrecht, § 2 Rn. 75; *GSH/Lembke*, EU, Art. 27 GRC Rn. 8.

72 Für die Einbeziehung auch der öffentlichen Verwaltung ist auf einen entsprechenden sozialen Dialog im Rahmen des Art. 155 AEUV zu verweisen, vgl. dazu den zwischen TUNED (Trade Union`s National and European Delegation) und EUPAE (European Public Administration Employers) vereinbarten Allgemeinen Rahmen zur Unterrichtung und Anhörung von Staatsbediensteten und Beschäftigten in der zentralen Staatsverwaltung vom 21.12.2015.

Aufgrund der fehlenden Beschränkung auf Unternehmen bedarf es einer weitergehenden Abgrenzung des Unternehmensbegriffs zu wirtschaftlichen Tätigkeiten ohne Gewinnerzielungsabsicht bzw. zu nichtwirtschaftlichen Tätigkeiten oder einer Differenzierung zwischen privaten und öffentlichen Unternehmen nicht. Auch die nationale/transnationale Ausrichtung des Unternehmens oder seine Größe sind nicht relevant.[73] Entscheidend ist vielmehr das Vorliegen eines **Beschäftigungsverhältnisses** mit einem **Arbeitnehmer.** 21

5. Unterrichtung und Anhörung

Die Merkmale **Unterrichtung** und **Anhörung** werden in den Vorbildnormen nicht definiert. 22 Ihr Inhalt lässt sich jedoch anhand des Schutzzwecks von Art. 27, die Arbeitnehmer oder ihr Vertreter an der Willensbildung des Beschäftigungsgebers zu beteiligen, näher bestimmen.[74] Mit Blick auf die Anhörung bedeutet **Unterrichtung** die **Übermittlung** von **Informationen** an die Arbeitnehmer oder Arbeitnehmervertreter mit dem Ziel, eine Meinungskundgabe oder einen Meinungsaustausch im Rahmen der Anhörung zu ermöglichen. Die Unterrichtungs- und Anhörungspflichten treffen dabei den Arbeitgeber, oder – soweit es um besondere Arbeitsverhältnisse wie z.B. die Leiharbeit geht – den Beschäftigungsgeber.[75] Das Ziel des Meinungsaustauschs impliziert darüber hinaus gewisse qualitative Anforderungen an die Informationsübermittlung, damit die Arbeitnehmer oder Arbeitnehmervertreter die Informationen verarbeiten und sich eine Meinung bilden können. In diese Richtung geht das Merkmal der **Rechtzeitigkeit.** Die Rechtzeitigkeit macht deutlich, dass eine Einflussnahme von Arbeitnehmerseite auf den Gegenstand der Unterrichtung möglich sein soll. Das Unterrichtungs- und Anhörungskonzept des Art. 27 geht also von einer vorherigen – anstelle einer bloß nachträglichen – Einbeziehung der Arbeitnehmer oder Arbeitnehmervertreter aus. Die konkreten Modalitäten der Unterrichtung, also Konkretisierungen über den Zeitpunkt, den Umfang und über die Art und Weise, verlagert Art. 27 als Verweisungsgrundrecht aber in das Ausgestaltungsrecht.

Im Rahmen der **Anhörung** erhalten die Arbeitnehmer oder Arbeitnehmervertreter die 23 Möglichkeit, auf die Meinungs- und Willensbildung des Beschäftigungsgebers Einfluss zu nehmen. Ihre Einbeziehung durch Anhörung beschränkt sich dabei – in Abgrenzung zu weitergehenden Formen der Mitbestimmung – auf die Abgabe von Stellungnahmen. Die konkrete Ausgestaltung der Anhörungskonzepte, z.B. durch die Vorgabe eines Meinungsaustauschs mit dem Ziel, „eine Einigung zu erreichen“, obliegt dem Ausgestaltungsrecht.

Dass die von Art. 27 erfassten Unterrichtungs- und Anhörungsrechte nicht auf eine be- 24 stimmte Ebene des Beschäftigungsverhältnisses beschränkt ist, betont das Kriterium der ge-

73 Die Unternehmensgröße bzw. die Beschäftigtenzahl (Schwellenwert) dient im Ausgestaltungsrecht allerdings regelmäßig als Anknüpfungspunkt für das Bestehen von Unterrichtungs- und Anhörungsrechten.

74 Die Heranziehung des richtlinienrechtlichen Besitzstandes zu den Unterrichtungs- und Anhörungsrechten kommt hier nicht in Betracht (so aber Vorauflage, *Rudolf*, Rn. 23 f.). Ihre Erwähnung in den Erläuterungen zu Art. 27 dient allein der Erläuterung der „geeigneten Ebenen“, siehe oben Rn. 5. Eine Auslegung des Art. 27 anhand des Richtlinienrechts würde zudem dem Zweck des Verweisungsgrundrechts zuwiderlaufen, die Ausgestaltung der Unterrichtungs- und Anhörungskonzepte den in Bezug genommenen Normgebern zu überlassen.

75 Siehe hierzu EuG – IPSO/EZB, Rs. T-713/14, Urt. vom 2.6.2016 (Erste Kammer). Der Entscheidung liegt ein Fall des Europäischen Dienstrechts zugrunde. Die Gewerkschaftsvertreter von den bei der EZB tätigen Leiharbeitnehmern machten geltend, dass die EZB Unterrichtungs- und Anhörungsrechte gemäß Art. 27 und der Rahmenrichtlinie (RL 2002/14/EG) verletzt hätte.

eigneten Ebenen.[76] Das Ausgestaltungsrecht kann die Unterrichtungs- und Anhörungsrechte z.B. in Bezug auf Unternehmen auf den verschiedenen Ebenen der Unternehmensstruktur ansiedeln, von der **Betriebsebene** bis zur **transnationalen Ebene.** Das einschlägige EU-Richtlinienrecht regelt Unterrichtungs- und Anhörungsrechte auf transnationaler Ebene z.B. durch die Europäische Betriebsräterichtlinie in Bezug auf gemeinschaftsweit operierende Unternehmen (RL 94/45/EG) und auf nationaler Ebene durch die Rahmenrichtlinie (RL 2002/14/EG).

6. Gewährleistungsverpflichtung

25 Art. 27 sieht eine Pflicht zur Gewährleistung der Unterrichtung und Anhörung vor („muss … gewährleistet sein"). Aus dieser Formulierung könnte man auf einen Gewährleistungsgehalt schließen, der normativer Maßstab für die unionsrechtliche und einzelstaatliche Ausgestaltung ist. Als Verweisungsgrundrecht zielt Art. 27 jedoch auf einen besonderen Kompetenzschutz mit der Folge, dass eine **Gewährleistungsfunktion** nur ausnahmsweise in Betracht kommen kann. Vielmehr steht die **Ermöglichungsfunktion** des Art. 27 im Vordergrund, die die einzelstaatliche Ausgestaltung vor beschränkenden Maßnahmen der Union besonders schützt (→ Vor Titel IV Rn. 30, 46).

26 Die Frage nach der **Rechtsnatur** des Art. 27 als Recht (Art. 52 Abs. 1) oder Grundsatz (Art. 52 Abs. 5) stellt sich dabei erst nachrangig und konkret bezogen auf den jeweiligen grundrechtlichen Schutzgehalt.[77] Verbreitet wird die Diskussion jedoch umgekehrt geführt, wobei die Bedenken gegen die normative Reichweite des Art. 27 als Argument für seinen Grundsatzcharakter einfließen.[78]

27 a) **Primärrechtliche Absicherung des unionsrechtlichen Besitzstandes?** Eine Gewährleistungsfunktion zum Schutz des unionsrechtlichen Besitzstandes an Unterrichtungs- und Anhörungsrechten entfaltet Art. 27 als **Verweisungsgrundrecht** nicht.[79] Vielmehr gewährt der Verweis gerade einen weiten Ausgestaltungsspielraum, den der Unionsgesetzgeber in Bezug auf das „Ob" und das „Wie" der Unterrichtungs- und Anhörungsrechte auch dahingehend nutzen kann, Schutzstandards abzusenken. Etwas anderes ergibt sich auch nicht aus der Kompetenzgrundlage in Art. 153 Abs. 1 lit. e), Abs. 2 lit. b) AEUV, die – anders als in

---

76 Siehe hierzu die Erläuterungen zu Art. 27: „Die Bezugnahme auf die geeigneten Ebenen verweist auf die nach dem Unionsrecht und den einzelstaatlichen Rechtsvorschriften vorgesehenen Ebenen, was die europäische Ebene einschließen kann, wenn die Rechtsvorschriften der Union dies vorsehen."

77 In diese Richtung auch *Calliess/Ruffert/Kingreen*, EUV/AEUV, Art. 52 GRC Rn. 16 und *Schlachter/Heinig/Krebber*, Eur. Arbeits- und Sozialrecht, § 2 Rn. 15, der für die arbeitsrechtsspezifischen Grundrechte nicht von einer durchschlagenden Bedeutung der Unterscheidung zwischen Recht und Grundsatz ausgeht, da diese Grundrechte durch andere Systementscheidungen überlagert seien.

78 In diesem Sinne einen Grundsatz annehmend *Franzen/Gallner/Oetker/Schubert,* Eur. Arbeitsrecht, Art. 27 GRC Rn. 11; *Pechstein/Nowak/Häde/Kocher*, Frankfurter Kommentar, Art. 27 Rn. 13; *Grabenwarter/Rebhahn*, Eur. Grundrechteschutz, § 16 Rn. 57; *Frenz*, Hdb EuR, Rn. 3622 ff. und *Frenz/Götzkes*, RdA 2007, 217 f., allerdings beide mit der Einschränkung, dass mit Blick auf die Menschenwürde der Kerngehalt des Art. 27 subjektiv einklagbar ist; für den Charakter als Recht *Bercusson/Blanke*, S. 284; *Lienbacher/Holoubek/Köchle*, GRC, Art. 27 Rn. 33 f.; Vorauflage, *Rudolf*, Rn. 29 f.; *Stern/Sachs/Lang*, GRC, Art. 27 Rn. 8; offen gelassen von *Jarass*, GRC, Art. 27 Rn. 3.

79 So ausdrücklich auch *Calliess/Ruffert/Krebber*, EUV/AEUV, Art. 27 EU GRC Rn. 12; a.A. *Streinz/Streinz*, EUV/AEUV, Art. 27 GRC Rn. 2; für eine rechtfertigungsbedürftige Beschränkung des Art. 27, wenn bestehende Regelungen abgeschafft oder beschränkt werden sollen *Lienbacher/Holoubek/Köchle*, GRC, Art. 27 Rn. 34. Siehe auch oben Rn. 14 f.

Art. 153 Abs. 1 lit. a) AEUV – nicht auf die Verbesserung der Schutzstandards gerichtet ist.[80] Zu einer Vergrundrechtlichung des Richtlinienrechts führt Art. 27 damit nicht.[81]

b) Besonderer Schutz der einzelstaatlich gewährleisteten Unterrichtungs- und Anhörungsrechte. Die auf einzelstaatlicher Ebene gewährleisteten Unterrichtungs- und Anhörungsrechte genießen über Art. 27 einen **besonderen abwehrrechtlichen Schutz** gegen Maßnahmen der Union (→ Vor Titel IV Rn. 38). Durch die breite richtlinienrechtliche Normierung der Unterrichtungs- und Anhörungsrechte scheint eine Schutzbedürftigkeit einzelstaatlicher Standards zunächst eher fernliegend. Betroffen sein können jedoch Standards, die über dem Schutzniveau der Richtlinien liegen, z.B. durch geringere Schwellenwerte bei der für die Unterrichtungs- und Anhörungsrechte relevanten Unternehmensgröße. Der besondere abwehrrechtliche Schutz kann gegenüber Unionsmaßnahmen greifen, die auf die Behinderung[82] oder auf die Absenkung des einzelstaatlichen Schutzniveaus gerichtet sind, z.B. durch die Schaffung von unionsrechtlichen Unternehmensformen, die von einzelstaatlichen Standards zur Unterrichtung und Anhörung freigestellt werden. 28

Abwehrrechtliche Schutzwirkungen sind darüber hinaus denkbar als **Schranke der Grundfreiheiten.** Für den Fall, dass einzelstaatliche Unterrichtungs- und Anhörungsrechte als Beeinträchtigung der Grundfreiheiten eingeordnet werden, ist ihre primärrechtliche Aufwertung durch Art. 27 im Rahmen der Rechtfertigungsprüfung besonders zu berücksichtigen (→ Vor Titel IV Rn. 39).[83] Im Rahmen der besonderen Abwehrdimension vermittelt Art. 27 ein **subjektives Recht** im Sinne des **Art. 52 Abs. 1.** Die fehlende inhaltliche Konkretisierung des Art. 27 steht dem subjektiv-rechtlichen Charakter nicht entgegen, da es um den Schutz konkreter einzelstaatlicher Standards geht.

c) Europäisches Dienstrecht. Im Europäischen Dienstrecht verfügt die Union über eine ausschließliche Gesetzgebungskompetenz (Art. 336 AEUV). Hier kann Art. 27 eine **Gewährleistungsfunktion** zur Sicherung von Unterrichtungs- und Anhörungsrechten entfalten, ohne dass die Gefahr kompetenzansaugender Wirkungen besteht. Zu beachten ist jedoch der weite Ausgestaltungsspielraum, den der Verweis in Art. 27 in Bezug auf die Voraussetzungen und die Anwendungsfälle der Unterrichtungs- und Anhörungsrechte vermittelt. Dementsprechend hält der EuGH Art. 27 im Verhältnis zwischen den Unionsorganen und ihrem Personal nicht für unmittelbar anwendbar.[84] Allerdings kommt im Europäischen Dienstrecht die RL/2002/14 (Rahmenrichtlinie) zur Anwendung. Der EuGH sieht insofern die Rahmenrichtlinie als „Ausdruck der in Art. 27 der Charta der Grundrechte aufgestell- 29

80 Zur Möglichkeit eines „Verschlechterungsverbots“ in den Fällen korrespondierender Kompetenzen in Art. 153 Abs. 1 lit. a) AEUV *Hüpers/Reese*, Vor Titel IV Rn. 37 und *Hüpers/Reese*, Art. 31 Rn. 27.

81 Siehe hierzu auch den – vom BAG zurückgewiesenen – Versuch, aus Art. 27 Anforderungen für den Entlassungsschutz von Arbeitnehmervertretern mit Blick auf die Vorgaben der Rahmenrichtlinie abzuleiten, BAG, Urt. vom 5.12.2012 – Az. 7 AZR 298/11; a. A. *Pechstein/Nowak/Häde/Kocher*, Frankfurter Kommentar, Art. 27 Rn. 32.

82 So *Jarass*, GRC, Art. 27 Rn. 13.

83 Das Konfliktpotential, das höhere einzelstaatliche Arbeitnehmerschutzstandards im Verhältnis zu den Grundfreiheiten mit sich bringen können, zeigt die Rechtssache Erzberger, EuGH – Erzberger, Rs. C-566/15, Urt. vom 18.7.2017 (Große Kammer). Der Anteilseigner eines Unternehmens rügte hier den Verstoß einer nationalen Bestimmung zur Arbeitnehmermitbestimmung gegen die Arbeitnehmerfreizügigkeit, da diese nur den im Mitgliedstaat ansässigen Arbeitnehmern das aktive und passive Wahlrecht einräumte. Im Ergebnis kam es nicht zu einer Rechtfertigungsprüfung, da der EuGH bereits das Vorliegen einer Beschränkung der Arbeitnehmerfreizügigkeit zurückwies.

84 EuG – IPSO/EZB, Rs. T-713/14, Urt. vom 2.6.2016 (Erste Kammer), Rn. 85 f., mit Verweis auf EuGH – AMS, Rs. C-176/12, Urt. vom 15.1.2014 (Große Kammer).

ten allgemeinen Grundsätze".[85] Dabei kommt der vom EuGH entwickelte Grundsatz zur Anwendung, dass Richtlinien – obwohl sie unmittelbar nur die Mitgliedstaaten verpflichten – den Unionsorganen entgegengehalten werden können, wenn „die in der Richtlinie aufgestellten Regeln oder Grundsätze (...) selbst nur als spezifischer Ausdruck von Grundregeln des Vertrags und allgemeinen Grundsätzen erscheinen, die unmittelbar für die Organe gelten".[86] Mit der Anwendbarkeit der Rahmenrichtlinie, die eine Unterrichtung und Anhörung der Arbeitnehmervertreter u.a. zur Beschäftigungssituation, Beschäftigungsstruktur und wahrscheinlicher Beschäftigungsentwicklung sowie zu wesentlichen Veränderungen der Arbeitsorganisation oder der Arbeitsverträge vorsieht, ist der Mindestgewährleistungsgehalt von Art. 27 im Europäischen Dienstrecht jedenfalls gewahrt. Nicht ausgeschlossen erscheint die Berufung auf Art. 27 als subjektives Recht im Sinne des Art. 52 Abs. 1 zur Gewährleistung eines der Rahmenrichtlinie entsprechenden Mindestschutzes, wenn die Anwendbarkeit der Rahmenrichtlinie versagt oder eingeschränkt wird.

7. Verhältnis zu anderen Grundrechten

30 Art. 27 regelt die Unterrichtung und Anhörung von Arbeitnehmern oder ihrer Vertreter als spezielleres Grundrecht im Verhältnis zu Art. 30 (Entlassungsschutz) und Art. 31 (Arbeitsbedingungen). Art. 27 und Art. 28 sind nebeneinander anwendbar.

IV. Literaturübersicht

Blanke, Thomas, Workers' right to information and consultation within the undertaking (Article 27), in: Bercusson (ed.), European Labour Law and the EU Charter of Fundamental Rights, 2006, S. 255 ff.; *Frenz, Walter/Götzkes, Vera*, Ein europäisches Grundrecht der Arbeitnehmerinnen und Arbeitnehmer auf Unterrichtung und Anhörung im Unternehmen? Zur rechtsdogmatischen Einordnung von Art. 27 EGRC, RdA 2007, 216; *Herresthal, Carsten*, Grundrechtecharta und Privatrecht, ZEuP 2014, 238; *Heuschmid, Johannes*, Mitentscheidung durch Arbeitnehmer – ein europäisches Grundrecht?, 2009; *Kainer, Friedemann*, Rückkehr der unmittelbar-horizontalen Grundrechtswirkung aus Luxemburg? NZA 2018, 894; *Michl, Fabian*, Unionsgrundrechte aus der Hand des Gesetzgebers, 2018; *Morgenbrodt, Kai*, Der Arbeitnehmerbegriff des Massenentlassungsrechts, ZESAR 2017, 17; *Wank, Rolf*, Neues zum Arbeitnehmerbegriff des EuGH, EuZW 2018, 21.

Artikel 28 Recht auf Kollektivverhandlungen und Kollektivmaßnahmen

Die Arbeitnehmerinnen und Arbeitnehmer sowie die Arbeitgeberinnen und Arbeitgeber oder ihre jeweiligen Organisationen haben nach dem Unionsrecht und den einzelstaatlichen Rechtsvorschriften und Gepflogenheiten das Recht, Tarifverträge auf den geeigneten Ebenen auszuhandeln und zu schließen sowie bei Interessenkonflikten kollektive Maßnahmen zur Verteidigung ihrer Interessen, einschließlich Streiks, zu ergreifen.

85 EuG – TAO-AFI und SFIE-PE/Parlament und Rat, Rs. T-456/14, Urt. vom 15.9.2016 (Achte Kammer), Rn. 76; anders allerdings noch EuG – IPSO/EZB, Rs. T-713/14, Urt. vom 2.6.2016 (Erste Kammer), Rn. 108.

86 EuG – IPSO/EZB, Rs. T-713/14, Urt. vom 2.6.2016 (Erste Kammer), Rn. 105 mit Verweis auf EuGH – Rinke, Rs. C-25/02, Urt. vom 9.9.2003.

I. Vorgaben

1. Europäisches Recht

1 Nach den Erläuterungen des Präsidiums des Europäischen Konvents zur Charta der Grundrechte[1] stützt sich Art. 28 auf **Art. 6 Europäische Sozialcharta** (→ Vor Titel IV Rn. 6) und die **Nr. 12 bis 14 Gemeinschaftscharta der sozialen Grundrechte der Arbeitnehmer** (GCh → Vor Titel IV Rn. 9). Der erste Präsidiumsentwurf (→ Vor Titel IV Rn. 13) ergänzte für das Recht auf Kollektivverhandlungen noch **Art. 137 EGV** und Art. 14 der Erklärung der Grundrechte und Grundfreiheiten des Europäischen Parlaments (Erkl. EP 1989 → Vor Titel IV Rn. 8) sowie für das Streikrecht abermals **Art. 14 Erkl. EP 1989.**

2 Gemäß **Art. 6 Nr. 4 ESC** verpflichten sich die Vertragsstaaten, das Recht der Arbeitnehmer und der Arbeitgeber auf kollektive Maßnahmen, einschließlich des Streikrechts, anzuerkennen.[2] Das Streikrecht bedeutet dabei mehr als die im österreichischen Recht bekannte Streikfreiheit, die zwar den Verzicht auf öffentlich-rechtliche Sanktionen gegen Streiks umfasst, diese jedoch privatrechtlich nicht privilegiert.[3] Der Anhang zu Art. 6 Nr. 4 ESC, der gemäß Art. 38 ESC Bestandteil der ESC ist, regelt, dass die Vertragsparteien die Ausübung des Streikrechts durch Gesetz nach Maßgabe des Art. 31 ESC regeln können, vorausgesetzt, dass jede weitere Einschränkung dieses Rechtes auf Grund des Art. 31 gerechtfertigt werden kann.[4] Für Deutschland gilt insoweit ein Vorbehalt zu Art. 6 Nr. 4 ESC, der das Streikverbot für Beamte aus dem Anwendungsbereich des Art. 6 Nr. 4 ESC herausnimmt.[5]

In Bezug auf das Streikrecht ist wegen der Formulierung „Recht der Arbeitnehmer" strittig, ob es als individuelles Recht zu verstehen ist, das auch **wilde Streiks** zulässt. Der **Ausschuss für soziale Rechte** (ECSR)[6] hat in seinen Conclusions ein solches individuelles

---

1 ABl. 2007 C 303, S. 17 und 26.

2 Art. 6 Nr. 4 ESC lautet: „Um die wirksame Ausübung des Rechtes auf Kollektivverhandlungen zu gewährleisten, verpflichten sich die Vertragsparteien: (...) und anerkennen das Recht der Arbeitnehmer und der Arbeitgeber auf kollektive Maßnahmen einschließlich des Streikrechts im Falle von Interessenkonflikten, vorbehaltlich etwaiger Verpflichtungen aus geltenden Gesamtarbeitsverträgen."

3 Die privatrechtlichen Hauptleistungspflichten werden dementsprechend nicht suspendiert. Eine Kündigung (aller) Streikenden wäre also möglich. Österreich hat deswegen gegenüber Art. 6 Nr. 4 ESC einen Vorbehalt erklärt. Siehe dazu auch unten Rn. 13.

4 Art. 31 Abs. 1 ESC lautet: „Die in Teil I niedergelegten Rechte und Grundsätze dürfen nach ihrer Verwirklichung ebenso wie ihre in Teil II vorgesehene wirksame Ausübung anderen als den in diesen Teilen vorgesehenen Einschränkungen oder Begrenzungen nur unterliegen, wenn diese gesetzlich vorgeschrieben und in einer demokratischen Gesellschaft zum Schutze der Rechte und Freiheiten anderer oder zum Schutze der öffentlichen Sicherheit und Ordnung, der Sicherheit des Staates, der Volksgesundheit und der Sittlichkeit notwendig sind."

5 *Miehsler*, S. 549 ff.

6 European Committee of Social Rights; es handelt sich dabei um ein Expertengremium, dem die Vertragsstaaten nach Art. 21 ff. ESC berichtspflichtig sind und das in sog. Conclusions seine rechtlich unverbindlichen Rügen zu einzelnen Anwendungspraktiken abgibt. Da die innerstaatlichen Kontroversen von ihm nicht aufgenommen werden, ist der Diskurswert der Conclusions eingeschränkt. Gleichwohl wird den Ausführungen ein hoher Orientierungswert beigemessen, *Franzen/Gallner/Oetker/*

Streikrecht angenommen.[7] Darum vertritt ein Teil der Lehre, das **streikrechtliche Gewerkschaftsmonopol** verstoße gegen Art. 6 Nr. 4 ESC.[8] Problematisch ist die Annahme eines individuellen Streikrechts darüber hinaus für die **Tarifbezogenheit** von Arbeitskämpfen (ausführlich dazu → Rn. 67). Würde man einen (nach nationalem Recht) notwendigen Tarifbezug mit Art. 6 Nr. 4 ESC für unvereinbar halten,[9] würde man **Proteststreiks** und **politische Streiks** zulassen müssen.[10]

3 Nach **Nr. 12 GCh** haben Arbeitgeber und Arbeitgebervereinigungen einerseits und die Arbeitnehmervereinigungen andererseits das Recht, „unter den Bedingungen der einzelstaatlichen Rechtsvorschriften und Gepflogenheiten Tarifverträge auszuhandeln und zu schließen". Die **Nr. 13 GCh** regelt sodann das Recht, bei Interessenkonflikten Kollektivmaßnahmen, einschließlich des Streikrechts, zu ergreifen. Dabei macht bereits die Überschrift zu den Nummern 11–14 GCh „Koalitionsfreiheit und Tarifverhandlungen" den möglichen **Tarifbezug** des Streikrechts deutlich. Die Kollektivmaßnahmen stehen unter dem Vorbehalt, der „Verpflichtung aufgrund der innerstaatlichen Regelungen und der Tarifverträge".[11] Ferner bestimmen gemäß Nr. 14 GCh die Rechtsordnungen der Mitgliedstaaten, „unter welchen Bedingungen und inwieweit die Rechte gemäß Artikel 11 bis 13 für die Streitkräfte, die Polizei und den öffentlichen Dienst gelten".

4 Der **EuGH** hat bei der Anerkennung des Grundrechts auf kollektive Maßnahmen mehrfach die GCh erwähnt.[12] Mittlerweile wird – nach Inkrafttreten der Grundrechtecharta – die GCh für „weitgehend obsolet" gehalten.[13] Bei der Auslegung von ESC und EMRK dürfte jedoch in Bezug auf unkontrollierte Streikformen der deutliche einzelstaatliche Vorbehalt auch weiterhin eine Rolle spielen, denn völkerrechtlich sind nachträgliche Vereinbarungen von (mitunter entscheidender) Relevanz.[14]

5 Nach **Art. 14 Nr. 1 Erkl EP 1989**[15] wird „das Recht auf Verhandlungen zwischen den Sozialpartnern gewährleistet". Das Recht auf „kollektive Maßnahmen, einschließlich des Streitrechts, wird vorbehaltlich etwaiger Verpflichtungen aus den geltenden Gesetzen und Tarifverträgen gewährleistet", Art. 14 Nr. 2 Erkl EP 1989. Der Bezug zu den Sozialpart-

---

Schubert, Eur. Arbeitsrecht, ESC Teil I. Rn. 51; zu Tendenzen, ihnen aufgrund des – nicht in Kraft getretenen – Turiner Protokolls eine weitergehende Verbindlichkeit zuzuerkennen, *Franzen/Gallner/Oetker/Schubert,* Eur. Arbeitsrecht, ESC Teil I. Rn. 14.

7 ECSR, Conclusions I, 1969, S. 184 – Deutschland. Dem folgt die wohl mittlerweile h.M. vgl. *Buchholtz,* S. 148 ff.; *Franzen/Gallner/Oetker/Schubert,* Eur. Arbeitsrecht, Art. 6 ESC Rn. 26; a.A. *Rieble,* RdA 2005, 205 f.; *Thüsing,* S. 376.

8 So als erster wohl *Mitscherlich,* S. 133 f.; *Buchholtz,* S. 151 f.; *Franzen/Gallner/Oetker/Schubert,* Eur. Arbeitsrecht, Art. 6 ESC Rn. 29.

9 So die Empfehlungen des *Ministerrats* vom 4.2.1998 zur revidierten Sozialcharta 98, 2; Conclusions XIII-4, 1996, S. 351 – Deutschland; *Buchholtz,* S. 183 f.; *Cooren,* S. 182 ff.

10 Gegenwärtig scheinen hier noch Hemmungen zu bestehen, vgl. *Buchholtz,* S. 145–148, die diese ablehnt; erwogen wird auch, ob Streiks gegen Gesetze mit arbeits- und sozialrechtlichem Inhalt von Art. 6 Nr. 4 ESC erlaubt sein müssten, *Franzen/Gallner/Oetker/Schubert,* Eur. Arbeitsrecht, Art. 6 ESC Rn. 34 und *Gooren,* S. 299 f., der die Spruchpraxis des ECSR hier für entwicklungsoffen hält.

11 Dies ist ein Umstand, der auch bei der Auslegung der ESC gemäß Art. 31 Abs. 3 lit c WVK Berücksichtigung finden muss, siehe dazu unten Rn. 61.

12 EuGH – Viking, Rs. C-438/05, Urt. vom 1.12.2007 (Große Kammer); EuGH – Laval, Rs. 341/05, Urt. vom 18.12.2007 (Große Kammer).

13 *Riesenhuber,* Eur. Arbeitsrecht, § 2 Rn. 55; ihm folgend *Franzen/Gallner/Oetker/Franzen* Eur. Arbeitsrecht, Art. 151 AEUV Rn. 19.

14 *Franzen/Gallner/Oetker/Schubert,* Eur. Arbeitsrecht, ESC 1. Teil Rn. 9.

15 *Hüpers/Reese,* Vor Titel IV Rn. 8.

nern schließt ein individuelles Arbeitnehmerrecht aus. Auch eine (einzelstaatlich geregelte) Tarifbezogenheit lässt Art. 14 Nr. 2 Erkl EP 1989 durch seinen Vorbehalt zu.

Die Bezugnahme im ersten Präsidiumsentwurf auf **Art. 137 Abs. 1 EGV** (heute Art. 153 Abs. 1 AEUV) bezieht sich auf die in Abs. 1 lit. f) geregelte Rechtssetzungskompetenz zur Ergänzung und Unterstützung auf dem Gebiet der „Vertretung und kollektiven Wahrnehmung der Arbeitnehmer- und Arbeitgeberinteressen". Mitzulesen ist dabei aber der Kompetenzausschluss in Absatz 5 (heute Art. 153 Abs. 5 AEUV), wonach dieser Artikel nicht gilt für „das Arbeitsentgelt, das Koalitionsrecht, das Streikrecht sowie das Aussperrungsrecht". Mit Blick auf Absatz 5 beschränkte sich die Kompetenz auf die betriebliche Mitbestimmung sowie die Mitbestimmung in Unternehmensorganen.[16] 6

2. Verfassungen der Mitgliedstaaten

Das Recht auf Kollektivverhandlungen und Kollektivmaßnahmen, einschließlich des Streikrechts, wird in den Verfassungen der Mitgliedstaaten **verbreitet** ausdrücklich gewährleistet[17] oder aus anderen Verfassungsbestimmungen abgeleitet. Zu beachten sind freilich die unterschiedlichen Ausprägungen, z.B. zu der Frage, wer die Kollektivverhandlungen führt (Gewerkschaftsmonopol) und zum Streik aufrufen darf (wilde Streiks) oder zu Zulässigkeit von Proteststreiks und politischen Streiks. 7

Ausdrückliche Gewährleistungen des Rechts auf Kollektivverhandlungen und/oder Kollektivmaßnahmen, einschließlich des Streikrechts, finden sich in folgenden Verfassungen: *Bulgarien*[18], *Estland*,[19] *Frankreich* (Präambel der französischen Verfassung 1946),[20] *Griechen-* 8

---

16 *Grabitz/Hilf/Langenfeld/Benneke*, EU, Art. 137 EGV (Nizza-Fassung) Rn. 86. Bis zum Inkrafttreten der GrC wurden auf Grundlage dieser Vorschrift zwei Richtlinien erlassen: RL 2001/86/EG des Rates zur Ergänzung des Statuts der Europäischen Gesellschaft hinsichtlich der Beteiligung der Arbeitnehmer vom 8.10.2001 (ABl. 2001 L 294, S. 22) und Richtlinie 2003/72/EG des Rates zur Ergänzung der Europäischen Genossenschaft hinsichtlich der Beteiligung der Arbeitnehmer (ABl. 2003 L 207).

17 Zu den Verfassungen der EU-Mitgliedstaaten siehe www.verfassungen.eu/eu/index.htm.

18 Art. 50: „Die Arbeiter und Angestellten haben das Recht, zur Verteidigung ihrer kollektiven wirtschaftlichen und sozialen Interessen zu streiken. Dieses Recht wird unter Voraussetzungen und nach einem Verfahren verwirklicht, das durch Gesetz festgelegt wird."

19 Art. 29 Abs. 5: „Die Bedingungen und das Verfahren für die Wahrnehmung des Streikrechtes werden gesetzlich festgelegt."

20 Abs. 6: „Jedermann kann seine Rechte und seine Interessen durch gewerkschaftliche Tätigkeit verteidigen und einer Gewerkschaft seiner Wahl sich anzuschließen. Das Streikrecht ist im Rahmen der Gesetze, die es regeln, auszuüben." Diese Bestimmung gilt nach Abs. 1 der französischen Verfassung vom 4.10.1958 weiter.

land,[21] *Italien,*[22] *Kroatien,*[23] *Lettland,*[24] *Litauen,*[25] *Polen,*[26] *Portugal,*[27] *Rumänien,*[28] *Schweden,*[29] *Slowakei,*[30] *Slowenien,*[31] *Spanien,*[32] *Tschechien*[33] und *Zypern.*[34] Nach der

21 Art. 23 (2): „Der Streik ist ein Recht und wird zur Bewahrung und Förderung der wirtschaftlichen und allgemeinen Arbeitsinteressen der Arbeitenden von den gesetzmäßig gebildeten Gewerkschaften geführt. Der Streik von Richtern, Staatsanwälten und Polizeiangehörigen ist in jeder Form verboten. Das Streikrecht der Staats- und Kommunalbeamten und der Beamten der juristischen Personen des öffentlichen Rechts sowie des Personals aller Art von Unternehmen von öffentlichem Charakter oder gemeinem Nutzen, deren Tätigkeit für die Gesamtheit der Bevölkerung lebensfähig ist, darf durch Gesetz besonders eingeschränkt werden. Diese Einschränkung darf nicht zur Aufhebung des Streikrechts oder zur Behinderung von dessen rechtmäßiger Ausübung führen."

22 Art. 40: „Das Streikrecht wird im Rahmen der Gesetze, die dasselbe regeln, ausgeübt."

23 Art. 61: „Das Streikrecht ist gewährleistet. Bei den Streitkräften, den Sicherheitsbehörden, der staatlichen Verwaltung und im öffentlichen Dienst kann das Streikrecht durch Gesetz eingeschränkt werden."

24 Art. 108: „Die Arbeitenden haben ein Recht auf einen Kollektivvertrag sowie auch das Recht zu streiken. Der Staat schützt die Freiheit der Gewerkschaften."

25 Art. 51: „Zur Verteidigung ihrer wirtschaftlichen und sozialen Interessen haben die Beschäftigten das Recht zu streiken."

26 Art. 59: „(2) Gewerkschaften und Arbeitgeber sowie deren Organisationen haben das Recht zu verhandeln insbesondere um Tarifstreitigkeiten zu lösen oder Tarifverträge und andere Verträge abzuschließen. (3) Den Gewerkschaften steht das Recht zu, einen Streik der Arbeitnehmer und andere Protestaktionen in den vom Gesetz bestimmten Grenzen zu veranstalten. Im Hinblick auf das Gemeinwohl kann das Gesetz die Durchführung eines Streiks einschränken oder in Bezug auf bestimmte Gruppen von Arbeitnehmern oder in bestimmten Bereichen verbieten."

27 Art. 57: „(1) Das Streikrecht ist gewährleistet. (2) Die Abgrenzung der durch den Streik zu verteidigenden Interessen obliegt den Arbeitern und kann durch Gesetz nicht eingeschränkt werden. (3) Die Voraussetzungen der Aufrechterhaltung notwendiger Dienstleistungen während Streikmaßnahmen zur Gewährleistung der Sicherheit und Wartung von Ausrichtungsgegenständen und Einrichtungen sowie zur Gewährleistung eines Mindestmaßes an unabdingbaren Dienstleistungen zur Befriedigung der gemeinschaftlichen Mindestbedürfnisse werden durch Gesetz geregelt. (4) Die Aussperrung ist verboten."

28 Art. 40: „(1) Die Angestellten haben das Recht auf Streiks für die Verteidigung ihrer beruflichen, wirtschaftlichen und sozialen Interessen. (2) Das Gesetz legt die Bedingungen und die Grenzen der Ausübung dieses Rechts fest sowie die erforderlichen Garantien zur Sicherstellung der wichtigsten Dienste für die Gesellschaft."

29 § 14: „Eine Vereinigung von Arbeitnehmern sowie Arbeitgeber oder eine Vereinigung von Arbeitgebern hat das Recht Arbeitskampfmaßnahmen zu ergreifen, sofern Gesetze oder Verträge nicht etwas anderes aussagen."

30 Art. 37: „(4) Das Streikrecht ist gewährleistet. Die Bedingungen werden durch Gesetz geregelt. Dieses Recht steht Richtern, Staatsanwälten, Angehörigen der Streitkräfte, anderer bewaffneter Korps und Mitgliedern der Feuerwehr nicht zu."

31 Art. 77: „Die Arbeitnehmer haben das Recht auf Streik. Das Streikrecht kann mit Rücksicht auf die Art und Natur der Tätigkeit durch Gesetz eingeschränkt werden, wenn dies im öffentlichen Interesse ist."

32 Art. 28: „(2) Das Streikrecht der Arbeitnehmer zur Verteidigung ihrer Interessen wird anerkannt. Das Gesetz, das die Ausübung dieses Rechts regelt, legt die erforderlichen Garantien fest, um die Aufrechterhaltung der wesentlichen Dienstleistungen der Gemeinschaft zu sichern."

33 Nach Art. 3 der tschechischen Verfassung (Verfassung der Republik Tschechien vom 16.12.1992) ist die Deklaration der Grundrechte und -freiheiten Bestandteil der verfassungsmäßigen Ordnung. Dort ist das Streikrecht in Art. 27 geregelt: „(4) Das Streikrecht wird unter gesetzlich festgelegten Bedingungen gewährleistet; dieses Recht erstreckt sich jedoch nicht auf Richter, Staatsanwälte, Angehörige der Streitkräfte und der Polizei."

34 Art. 27: „1.) Das Streikrecht wird anerkannt, und seine Ausübung kann nur gesetzlich geregelt werden, um die Sicherheit der Republik, die verfassungsmäßige Ordnung, die öffentliche Ordnung oder die öffentliche Sicherheit, die Aufrechterhaltung von Lieferungen und Leistungen, die für die Bevölkerung lebensnotwendig sind, oder den Schutz der Rechte und Freiheiten zu gewährleisten, die diese Verfassung jeder Person garantiert. 2.) Angehörige der Streitkräfte, der Polizei und der Gendarmerie

Verfassung *Luxemburgs* ist die Gewerkschaftsfreiheit garantiert,[35] was die Gewährleistung eines Streikrechts zumindest nahelegt. In *Malta* ist das Arbeitskampfrecht gesetzlich geregelt; es sieht Immunität für Gewerkschaften vor, die zu einem rechtmäßigen Streik aufgerufen haben.[36] Der Oberste Gerichtshof der *Niederlande* entschied 1986, dass Art. 6 Nr. 4 ESC direkt anzuwenden sei.[37]

Auch **ohne ausdrückliche** Regelungen findet das Recht auf Kollektivverhandlungen und/oder Kollektivmaßnahmen, einschließlich des Streikrechts, verfassungsrechtliche Anerkennung. So enthält die *belgische* Verfassung zwar keine Bestimmung zum Streikrecht, doch hat der Oberste Gerichtshof Belgiens das Streikrecht als Grundrecht anerkannt. In *Dänemark* wird die Koalitionsfreiheit aus der Vereinigungs- und Versammlungsfreiheit der Art. 78 und 79 der Verfassung abgeleitet. Die Rechtmäßigkeit von Kollektivmaßnahmen wird dabei in erster Linie auf der Grundlage von Grundsätzen beurteilt, die die Sozialpartner erstmals 1908 niedergelegt haben.[38] Die Teilnahme an einem rechtmäßigen Streik beendet das Arbeitsverhältnis. Zum Schutz der Beschäftigten vereinbaren die Gewerkschaften mit den Arbeitgeberverbänden am Ende des Arbeitskampfes zumeist eine Klausel, nach der die Streikenden ihre Arbeit wieder aufnehmen können.[39] 75 % müssen bei der gewerkschaftlichen Urabstimmung dem Streik zustimmen.[40] In *Finnland* wird das Recht auf Kollektivmaßnahmen aus der verfassungsrechtlichen Vereinigungsfreiheit abgeleitet. Eine Gewerkschaft muss zum Streik aufgerufen und die Arbeitgeberseite und die nationale Schlichtungsstelle 14 Tage vorher unterrichtet haben und die geplante Arbeitskampfmaßnahme begründen.[41] 9

Die **Verfassung Ungarns**[42] gewährleistet in Art. VIII: „(5) Gewerkschaften und andere Interessenvertretungsorganisationen können aufgrund des Rechts auf Vereinigung frei gegründet werden und frei tätig sein." Arbeitnehmer und Gewerkschaften dürfen zu einem Streik aufrufen; Solidaritätsstreiks darf nur eine Gewerkschaft organisieren.[43] In bestimmten Bereichen (Justiz, Streitkräfte) darf nicht, ansonsten darf im öffentlichen Dienst nur eingeschränkt gestreikt werden.[44] Politische Streiks sind untersagt.[45] In seiner Entschließung vom 12.9.2018 trifft das Europäische Parlament zur Lage des Streikrechts in Ungarn folgende Feststellung: „Seit die Regierung von Viktor Orbán im Dezember 2010 eine Änderung des sogenannten ‚Streikgesetzes' verabschiedet hat, sind Streiks in Ungarn praktisch verboten. Die Änderungen bewirken, dass Streiks grundsätzlich in Unternehmen zulässig sind, die durch öffentliche Dienstleistungsverträge mit der staatlichen Verwaltung 10

---

haben kein Recht zu streiken. Dieses Verbot kann per Gesetz auf die Mitglieder des öffentlichen Dienstes ausgedehnt werden."

35 Art. 11 Abs. 4 gewährleistet: „La loi garantit le droit au travail et l'Etat veille à assurer à chaque citoyen l'exercice de ce droit. La loi garantit les libertés syndicales et organise le droit de grève." Diese Bestimmung wurde durch Gesetz vom 29. März 2007 eingefügt; davor lautete der durch Gesetz vom 21. Mai 1948 gefasste Art. 11 Abs. 5: „Das Gesetz trifft Vorsorge für die soziale Sicherheit, den Schutz der Gesundheit sowie die Erholung der Arbeiter und gewährleistet die gewerkschaftlichen Freiheiten."

36 *Warneck*, S. 46.

37 *Warneck*, S. 48.

38 *Warneck*, S. 18; näher dazu *Iliopoulos-Strangas/Nielsen*, Soziale GR, S. 89 ff.

39 *Warneck*, S. 19.

40 *Warneck*, S. 19.

41 *Warneck*, S. 24 f.; näher *Iliopoulos-Strangas/Tuori/Bruun/Aerschot*, Soziale GR, S. 165.

42 Grundgesetz Ungarns vom 25.4.2011.

43 *Warneck*, S. 70.

44 *Warneck*, S. 70.

45 *Warneck*, S. 9.

verbunden sind. Die Änderung gilt nicht für Berufsgruppen, die dieses Recht gar nicht haben, wie Zugführer, Polizeibeamte, ärztliches Personal und Fluglotsen. Das eigentliche Problem ist jedoch der Prozentsatz der Arbeitnehmer, die an der Urabstimmung teilnehmen müssen, damit sie gültig ist, nämlich bis zu 70 %. Die Entscheidung über die Rechtmäßigkeit der Streiks wird dann von einem Arbeitsgericht getroffen, das dem Staat vollständig untergeordnet ist. 2011 wurden neun Anträge auf Streikgenehmigung eingereicht. In sieben Fällen wurden sie ohne Angabe von Gründen zurückgewiesen; zwei Anträge wurden bearbeitet, doch erwies es sich als unmöglich, eine Entscheidung zu erlassen."[46]

11 Die jeweils unterschiedlichen Ausprägungen des verfassungsrechtlich gewährleisteten Streikrechts lassen sich wie folgt zusammenfassen: Die **Blockade** (Boykott) ist in *Dänemark*, *Finnland*, in den *Niederlanden* und in *Schweden*[47] umfasst; **politische Streiks** gehören in *Belgien* (dort im Zusammenhang mit Beschäftigungsfragen) und *Dänemark* (eingeschränkt), *Finnland*, *Italien* zum *Streikrecht*, ausgeschlossen sind sie in *Bulgarien*, *Deutschland*, *Frankreich*, *Griechenland*, *Lettland*, in den *Niederlanden*, *Rumänien*, in der *Slowakei* und *Ungarn*.[48] Der **Sympathiestreik** wird grundsätzlich vom Streikrecht mitumfasst, nicht jedoch in *Lettland* und in den *Niederlanden*.[49] **Wilde**, also nicht von einer Gewerkschaft organisierte **Streiks** sind zulässig in *Belgien*, *Bulgarien*, *Frankreich*, *Italien Kroatien*, in den *Niederlanden*, in *Litauen* (wenn keine Gewerkschaft im Betrieb existiert), *Polen*, *Rumänien* (wenn keine Gewerkschaft im Betrieb existiert), *Slowenien*, *Spanien* und *Ungarn*.[50]

12 Im *Vereinigten Königreich* gibt es **kein Grundrecht auf Streik**[51] oder zwingende **Kollektivverhandlungen**.[52] Gewerkschaften müssen von der Arbeitgeberseite anerkannt sein; seit 2000 können Gewerkschaften jedoch das paritätisch besetzte Central Arbitration Committee, das beim Wirtschaftsministerium angesiedelt ist, um Anerkennung anrufen.[53] Auch in *Irland* gibt es kein (Grund-) Recht auf Arbeitskampfmaßnahmen, sondern Streiks sind grundsätzlich rechtswidrig.[54] Es besteht jedoch für Gewerkschaften die Möglichkeit, Immunität vor Strafverfolgung und zivilrechtlicher Haftung zu erlangen; Arbeitnehmer können wegen ihrer Streikbeteiligung gekündigt werden, wenn die Kündigung alle Streikenden gleichermaßen betrifft.[55]

13 In **Österreich** sind auf Arbeitnehmerseite nicht nur Gewerkschaften, sondern auch öffentlich-rechtliche Kammern, zu denen eine Pflichtmitgliedschaft besteht, tariffähig.[56] Nach §§ 4–7 ArbVG besitzen für die Arbeitgeberseite nur die juristischen Personen des öffentlichen Rechts Tariffähigkeit (z.B. Ärztekammer, Apothekerkammer); einzelne Arbeitgeber

---

46 Europäisches Parlament, Die Lage in Ungarn. Entschließung des Europäischen Parlaments vom 12.9.2018 zu einem Vorschlag, mit dem der Rat aufgefordert wird, im Einklang mit Artikel 7 Abs. 1 des Vertrags über die Europäische Union festzustellen, dass die eindeutige Gefahr einer schwerwiegenden Verletzung der Werte, auf die sich die Union gründet, durch Ungarn besteht (2017/2131(INL)), Rn. 75.

47 Zu berücksichtigen ist aber, dass in Schweden für die eigentlichen Lohnverhandlungen eine absolute Friedenspflicht gilt, vgl. die Darstellung des Schwedischen Rechts in EuGH – Laval, Rs. 341/05, Urt. vom 18.12.2007 (Große Kammer), Rn. 26.

48 *Warneck*, S. 9.

49 *Warneck*, S. 10.

50 *Warneck*, S. 14, 16, 26 f., 36, 38, 42, 48, 56, 65, 67, 70.

51 *Warneck*, S. 30.

52 EGMR 2.7.2002 – 30668/96 – Wilson.

53 *Tröger/Roß-Kirsch*, S. 175.

54 *Warneck*, S. 32.

55 *Warneck*, S. 30.

56 *Junker*, RdA-Beil. 2009, 6; *Gamillscheg*, S. 73.

sind nicht tariffähig.[57] Das Arbeitskampfrecht ist im Wesentlichen Gelehrtenrecht.[58] Lange Zeit vorherrschend war die Doktrin der **Arbeitskampffreiheit**; darunter versteht man eine neutrale Haltung des Staates, der den Arbeitskampf nicht verbietet, aber auch nicht privilegiert.[59] Die vertraglichen Hauptleistungspflichten werden nicht suspendiert; Streiks berechtigen also grundsätzlich zu Kündigung.[60] Österreich hat darum zu Art. 6 Nr. 4 ESC einen Vorbehalt erklärt und gleiches bei der Ratifikation der revidierten ESC getan. In diversen Richtlinien nimmt der Unionsgesetzgeber auf diese Besonderheit Rücksicht, indem er bei der Umsetzung der Richtlinien nicht nur für das Streikrecht eine Ausnahme formuliert, sondern auch für die Freiheit zum Streik.[61]

Gleichwohl teilt die neue österreichische Doktrin die in methodischer Hinsicht problematische Interpretationswende des EGMR[62] und sieht nunmehr die Hauptleistungspflichten, insbesondere die Arbeitspflicht, als durch einen rechtmäßigen Streik nicht mehr als verletzt an.[63]

II. Diskussion im Grundrechtekonvent

Der **erste Präsidiumsentwurf** vom 27.3.2000 zu den sozialen Grundrechten enthielt ein umfassendes Grundrecht (Art. IV) zum Vereinigungsrecht (Nr. 1) sowie zum Recht auf Kollektivverhandlungen (Nr. 2) und Kollektivmaßnahmen (Nr. 3). Das Recht auf Kollektivverhandlungen war gefasst als Recht der „Arbeitgeber und Arbeitgebervereinigungen einerseits und (der) Arbeitnehmervereinigungen andererseits (…), auch auf Ebene der Union nach Maßgabe der einzelstaatlichen Rechtsvorschriften und Gepflogenheiten Tarifverträge auszuhandeln und zu schließen". Nach Art. IV Nr. 3 hatten Arbeitnehmer und Arbeitgeber das Recht, „bei Interessenkonflikten gegebenenfalls auch auf Ebene der Union kollektive Maßnahmen zu ergreifen, die das Streikrecht einschließen".[64] 14

Begründet wurde dieser Vorschlag mit Art. 11 EMRK, Art. 6 RESC, Art. 6 ESC, Nr. 12 GCh sowie mit der Rechtsprechung des EGMR mit Blick auf das Recht der Kollektivverhandlungen, „das sich aus Artikel 11 EMRK ableitet, […] (schwedische Lokomotivführergewerkschaft 1976) [und] Artikel 138 und 139 EGV[.]"[65] Hervorzuheben ist die Erklärung für die Bezugnahme auf die **einzelstaatlichen Rechtsvorschriften.** Diese sei erforderlich, da die Gemeinschaft **keine Zuständigkeit** in Bezug auf das Streikrecht in den Mitgliedstaaten habe. Sie müsse daher in dieser Hinsicht die geltenden einzelstaatlichen Rechtsvorschriften anerkennen. Gleichwohl besitze die Gemeinschaft eine Zuständigkeit im Falle ihrer eigenen Beamten.[66]

57 *Gamillscheg*, S. 526.
58 *Krejci*, S. 6 ff., 46 ff.; *Marhold*/Friedrich, S. 532.
59 *Mayer-Maly*, S. 201 ff.; *Bydlinski*, ZÖR 1957/87, 314 ff.
60 *Risak*, juridicum 2012, 23; *Brameshuber*, EuZA 2016, 48.
61 RL 2014/67/EU (ABl. 2014 L 159, S. 11), Art. 1 Abs. 2; RL 2018/957/EU (ABl. 2018 L 173, S. 20), Art. 1 Abs. 1 a.
62 EGMR 21.4.2009 – 68959/01 – Enerji Yapi-Yol Sen; vgl. dazu unten Rn. 63 ff.
63 *Marhold*, EuZA 2013, 154; *Krejci*, S. 79 ff.; *Brameshuber*, EuZA 2016, 61; *Marhold/Friedrich*, S. 533; *Kollbacher*, ecolex 2015, 693; *Mair*, JAS 2017, 44, *Mair* hatte allerdings schon vorher ein Streikrecht auf der Basis des Internationalen Pakts über wirtschaftliche, soziale und kulturelle Rechte bejaht, vgl. *Mair*, S. 115 f.; a.A. *Jarbornegg/Resch*, Rn. 1062.
64 CHARTE 4192/00 CONVENT 18 vom 27.3.2000, S. 5 f.
65 CHARTE 4192/00 CONVENT 18 vom 27.3.2000, S. 7.
66 CHARTE 4192/00 CONVENT 18 vom 27.3.2000, S. 7.

15 In der siebten Sitzung am 3./4.4.2000 beriet der Konvent zunächst über die systematische Stellung der gewerkschaftlichen Vereinigungsfreiheit.[67] Mit Bezug auf CHARTE 4137/00 CONVENT 8 forderten *Braibant* (F) und *Hirsch Ballin* (NL), die **Gewerkschaftsfreiheit** (liberté syndicale) als Unterfall der Vereinigungsfreiheit in Art. 13 Abs. 1 GrCE (nachmaliger Art. 12 Abs. 1) zu regeln.[68]

Hirsch Ballin und der spanische Regierungsvertreter *Sanz Gandasegui* wandten sich sodann **gegen** eine Aufnahme des **Streikrechts,** weil es in den Mitgliedstaaten noch einschränkbar sein müsse. In dem Protokoll zu dieser Sitzung heißt es: „Die Tendenz der Diskussion ging letztlich dahin, dass die **Interpretationshoheit** und **Einschätzungsprärogative** in dieser Frage bei den **Mitgliedstaaten** verbleiben müsse. So dürfe es insbesondere nicht ausgeschlossen sein, Begrenzungen oder Einschränkungen, beispielsweise für den Öffentlichen Dienst, vorzusehen. Die entsprechenden Regelungen differierten von einem Mitgliedstaat zum anderen, wie vor allem *Goldsmith* (GB) betonte. Das Streikrecht sei ein nationales Recht. Art. 136 EGV schließe dieses explizit aus den Zuständigkeiten der Gemeinschaft aus. In seinem Schlusswort am Ende des ersten Tages griff Kommissar *Vitorino*[69] dieses Anliegen auf und unterstrich, dass auch hier letztlich der Grundsatz der Subsidiarität gewahrt bleiben müsse. Man könne Abs. 3 auch anders formulieren, beispielsweise den Passus einfügen, ‚vorbehaltlich der Verpflichtungen und Einschränkungen auf nationaler Ebene'."[70]

16 Der **zweite Vorschlag** des **Präsidiums** vom 16.5.2000 nahm die Kritik auf und formulierte das „Recht auf Kollektivverhandlungen und Kollektivmaßnahmen" als Art. 34 wie folgt: „Arbeitgeber und Arbeitnehmer haben das Recht, nach Maßgabe der einzelstaatlichen Rechtsvorschriften und Gepflogenheiten Tarifverträge auszuhandeln und zu schließen sowie bei Interessenkonflikten auch auf Ebene der Union kollektive Maßnahmen zu ergreifen, um ihre wirtschaftlichen und sozialen Interessen zu vertreten."[71] Im Vermerk des Präsidiums vom 3.7.2000 wurden hierzu folgende Änderungsvorschläge verzeichnet: Die schwedische Europaparlamentarierin *Cederschiöld* und ihr deutscher Kollege *Friedrich* forderten ebenso wie der britische Regierungevertreter *Goldsmith* die Streichung des Artikels; die Regierungsvertreter aus den Niederlanden (*Korthals Altes*), Italien (*Rodotà)* und Frankreich (*Braibant*) forderten ebenso wie einige Europaparlamentarier (*Dehousse, Paciotti, Voggenhuber)* sowie einige nationale Parlamentarier (*Manzella, Dutheil* und *Fayot)* die ausdrückliche Erwähnung des **Streikrechts.** *Korthals Altes* und *Braibant* forderten zusätzlich eine Ausweitung des rechtlichen Bezugsrahmens.[72] Das Präsidium folgte nur dem dritten Vorschlag.[73]

17 Auf seiner Sitzung am 10./11. 7. 2000 beriet der **Konvent** die neue Fassung. Die Nichterwähnung des **Streikrechts** wurde überwiegend abgelehnt. Der neue Passus *auf allen Ebenen*

---

67 *Bernsdorff/Borowsky*, Protokolle, S. 213.

68 *Bernsdorff/Borowsky*, Protokolle, S. 213.

69 *António Vitorino*, Verfassungsrichter, Mitglied der Europäischen Kommission und Mitglied des Präsidiums.

70 *Bernsdorff/Borowsky*, Protokolle, S. 213 (in Bezug auf die Zuständigkeiten der Gemeinschaft dürfte Art. 137 EGV gemeint sein), Hervorhebungen nicht im Original.

71 CHARTE 4383/00 CONVENT 34 vom 16.5.2000, S. 3.

72 CHARTE 4383/00 CONVENT 41 vom 3.7.2000, S. 7; *Bernsdorff/Borowsky*, Arbeitsdokumente, S. 111ff.

73 CHARTE 4383/00 CONVENT 41 vom 3.7.2000, S. 7 (als Art. 33): „Arbeitgeber und Arbeitnehmer haben das Recht, auf allen Ebenen nach Maßgabe der einzelstaatlichen Rechtsvorschriften und Gepflogenheiten Tarifverträge auszuhandeln und zu schließen sowie bei Interessenkonflikten (...) kollektive Maßnahmen zu ergreifen, um ihre wirtschaftlichen und sozialen Interessen zu vertreten."

wurde als nicht nachvollziehbar empfunden; *Friedrich* (D) verlangte, wenn das Streikrecht aufgenommen würde, müsse auch die Aussperrung aufgenommen werden.[74]

In seinem **dritten Vorschlag** vom 28.7.2000 wurde das Streikrecht vom **Präsidium** noch immer nicht in den Artikelentwurf aufgenommen.[75] Den Mitgliedern des Konvents wurde Gelegenheit gegeben, bis zum 1.9.2000 „allgemeine Bemerkungen zu diesem Entwurf" zu machen. Namentlich *Jürgen Meyer* (D) und weitere elf Unterzeichner sprachen sich mit Schreiben vom 31.8.2000 dafür aus, dass in „den Artikel die Worte [kollektive Maßnahme] ‚einschließlich des **Streikrechts**' eingefügt werden."[76] Sie verwiesen hierzu auf die übergangenen Änderungsanträge zu CONVENT 39.[77] In der späteren Diskussion am 11./12.9.2000 sprach sich *Meyer* ferner dafür aus, die „Einschränkungen ‚nach Maßgabe des Gemeinschaftsrechts und der einzelstaatlichen Rechtsvorschriften und Gepflogenheiten' aus den Artikeln 25, 26, 32, 33 und 34 des Chartaentwurfs zu streichen. In Art. 26 müsse außerdem das Streikrecht wieder aufgenommen werden."[78] Zahlreiche Konventsmitglieder sprachen sich „ebenfalls nachdrücklich für die Aufnahme des Streikrechts aus".[79] 18

Das **Streikrecht** fand schließlich wieder Eingang in die Charta.[80] In der Fassung vom 21.9.2000 lautete die Bestimmung: „Die Arbeitnehmerinnen und Arbeitnehmer sowie die Arbeitgeberinnen und Arbeitgeber oder ihre jeweiligen Organisationen haben nach dem Gemeinschaftsrecht und den einzelstaatlichen Rechtsvorschriften und Gepflogenheiten das Recht, Tarifverträge auf den geeigneten Ebenen auszuhandeln und zu schließen sowie bei Interessenkonflikten kollektive Maßnahmen zur Verteidigung ihrer Interessen, einschließlich Streiks, zu ergreifen." [81] Am 25.9.2000 änderte das Präsidium noch einmal die Stellung des Merkmals „auf jeweils entsprechender Ebene", sodass am 28.9.2000 der endgültige Text vorgelegt werden konnte, der mit dem jetzigen Text des Art. 28 (fast)[82] identisch ist. 19

III. Kommentierung

1. Allgemeine Einordnung

Art. 28 steht in einem engen Verhältnis zu Art. 12 Abs. 1. Auf der **textlichen Ebene** ergibt sich aus beiden Grundrechten ein Spezialitätsverhältnis,[83] denn Art. 12 Abs. 1 regelt im Rahmen der Versammlungs- und Vereinigungsfreiheit die **gewerkschaftliche Vereinigungs-** 20

---

74 *Bernsdorff/Borowsky*, Protokolle, S. 324.
75 CHARTE 4422/00 CONVENT 45 vom 28.7.2000, S. 9 (zum damaligen Art. 26).
76 *Bernsdorff/Borowsky*, Arbeitsdokumente, S. 1860.
77 *Bernsdorff/Borowsky*, Arbeitsdokumente, S. 1860.
78 *Bernsdorff/Borowsky*, Protokolle, S. 370.
79 *Bernsdorff/Borowsky*, Protokolle, S. 371.
80 *Barriga* ist der Ansicht, die späte Hereinnahme des Streikrechts sei durch die Aufnahme auch der unternehmerischen Freiheit ertauscht worden, *Barriga*, Entstehung, S. 118, unter Hinweis auf *Hirsch Ballins* Forderung, dass an Art. 16 nichts geändert werden dürfte, da die sozialdemokratischen Delegierten hierfür das Streikrecht in die Charta hätten integrieren können. Die unternehmerische Freiheit war freilich im Präsidialentwurf vom 28.7.2000 bereits aufgenommen, während das Streikrecht noch fehlte, CHARTE 4422/00 CONVENT 45 vom 28.7.2000, S. 6. Der entscheidende Gedanke, der der unternehmerischen Freiheit erst mit dem Addendum vom 25.9.2000 hinzugefügt wurde und gegen den sich *Hirsch Ballin* gewendet hat, ist der Verweis auf das Unionsrecht und die einzelstaatlichen Rechtsvorschriften und Gepflogenheiten.
81 CHARTE 4487/00 CONVENT 50 vom 28.9.2000, S. 13.
82 Es wurde nur noch *Gemeinschaftsrecht* in *Unionsrecht* angepasst.
83 Dies wird im Ergebnis auch angenommen von LAG Berlin-Brandenburg 8.7.2015 – 4 BVL 5004/14 – LAGE ArbGG 1979 § 98 nF Nr. 2, Rn. 101; das LAG prüft neben Art. 28 GrC aber Art. 11

freiheit, während Art. 28 das Recht (auch der Arbeitgeber) auf **koalitionäre Betätigung** schützt. Die **historisch-genetische Analyse** zeigt jedoch, dass die koalitionäre Betätigung einen **doppelten Grundrechtsschutz** erfährt, und zwar durch Art. 12 Abs. 1 und durch Art. 28 (→ Vor Titel IV Rn. 19 und unten → Rn. 58).

21 Die Annahme eines doppelten Grundrechtsschutzes der koalitionären Betätigung fügt sich in die Grundrechtssystematik von Art. 12 und Art. 28 bruchlos ein. Denn beide Grundrechte verfolgen eine andere **Schutzrichtung.** Während **Art. 12** den Schutz der Koalitionsbetätigungsfreiheit durch die **EMRK inkorporiert,** zielt **Art. 28** als **Verweisungsgrundrecht** primär darauf ab, das einzelstaatliche Recht zur Koalitionsbetätigung grundrechtlich aufzuwerten und ihm eine abwehrrechtliche Schutzdimension gegenüber Maßnahmen der Union zu verleihen (→ Vor Titel IV Rn. 30). Die abwehrrechtliche Schutzdimension erweist sich insbesondere im Verhältnis zu den **Grundfreiheiten** als erforderlich. So ist zum einen – wie in der Rechtssache Laval[84] – das Grundrecht aus Art. 28 als Schranke der Dienstleistungsfreiheit bedeutsam (Schrankenfunktion). Darüber hinaus hat die Union den einzelstaatlichen Schutz der Koalitionsbetätigungsfreiheit bei ihren Maßnahmen zu achten und darf ihn nicht – z.B. im Rahmen der Richtliniengesetzgebung – aushöhlen.

22 Bei der **Auslegung** gebührend zu berücksichtigen sind die in den Erläuterungen erwähnten Vorbildnormen in Art. 6 ESC und in den Nrn. 12 bis 14 GCh sowie die in Art. 52 Abs. 6 genannten „einzelstaatlichen Rechtsvorschriften und Gepflogenheiten", denen „in vollem Umfang Rechnung zu tragen ist". Zu beachten sind ferner die **fehlenden Unionszuständigkeiten** für den Bereich der Koalitionsbetätigungsfreiheit in den Mitgliedstaaten (→ Vor Titel IV Rn. 31). Nach **Art. 153 Abs. 5 AEUV** gelten die Kompetenzgrundlagen in Art. 153 AEUV nicht „für das Arbeitsentgelt, das Koalitionsrecht, das Streikrecht sowie das Aussperrungsrecht".[85]

2. Verweisungsgrundrecht

23 Als **Kompetenzschutzklausel** lässt der Verweis den Gewährleistungsgehalt von Verweisungsgrundrechten nicht unberührt (→ Vor Titel IV Rn. 44). In Bezug auf Art. 28 verlagert der Verweis die inhaltliche Konkretisierung des Rechts auf Kollektivverhandlungen und auf Kollektivmaßnahmen auf das ausgestaltende Unionsrecht und die einzelstaatlichen Rechtsvorschriften und Gepflogenheiten und gewährt insoweit einen weiten Ausgestaltungsspielraum. Die weitere Frage, ob der weite Ausgestaltungsspielraum nicht nur das

---

EMRK; *Franzen/Gallner/Oetker/Schubert,* Eur. Arbeitsrecht, Art. 28 GrC Rn. 13 und *Däubler/Heuschmid,* AK, § 11 Rn. 13 wollen die evolutiv-dynamische Auslegung des EGMR zu Art. 11 EMRK in den Art. 28 GRC hineinlesen; ebenso *Jarass,* GrC, Art. 28 Rn. 5, *Frenz,* Hb Eur Rn. 3723 und *Thüsing/Traut,* RdA 2012, 65, die aber das Verhältnis zur EMRK nicht problematisieren; a.A. *Holoubek/Lienbacher/Köchle,* GrC, Art. 28 Rn. 18–20. *Köchle* entfaltet die Parallelität der beiden Vorschriften aufgrund der Rechtsprechung des EGMR, woraus sie schließt, dass „von einem echten Spezialitätsverhältnis in dem Sinne, dass die Anwendbarkeit von Art. 28 GrC eine Prüfung am Maßstab von Art. 12 GrC ausschließen würde, [...] nicht ausgegangen werden" kann; dem wiederum verschließen sich auch *Schubert* (a.a.O.) und *Jarass* (a.a.O., Rn. 9) nicht.

84 EuGH – Laval, Rs. 341/05, Urt. vom 18.12.2007 (Große Kammer).

85 Es wird vertreten, einzelne Aspekte des Koalitionsrechts, insbesondere deren Betätigung, aus der Ausschlussklausel des Abs. 5 wieder herauszunehmen, *Grabitz/Hilf/Langenfeld/Benneke,* EU (40. Aufl.), Art. 137 EGV (Nizza-Fassung) Rn. 100; *Schwarze/Rebhahn/Reiner,* EU, Art. 153 AEUV Rn. 53; *Franzen/Gallner/Oetker/Franzen* Eur. Arbeitsrecht, Art. 153 AEUV Rn. 50. Freilich kann die Begründung, Abs. 5 würde nur den Streik und die Aussperrung umfassen, nicht überzeugen, weil die Aufzählung neben diesen eben auch ausdrücklich das Koalitionsrecht benennt, *Calliess/Ruffert/Krebber,* EUV/AEUV, Art. 153 AEUV Rn. 12; *Oetker/Preis/Sagan,* Eur. Arbeits- und Sozialrecht, B 1100 Rn. 45.

„Wie" umfasst, sondern auch das **„Ob"** des Rechts auf Kollektivverhandlungen und Kollektivmaßnahmen, ist durch Auslegung zu ermitteln, wobei der Kompetenzordnung maßgebliche Bedeutung zukommt (→ Vor Titel IV Rn. 44). In dieser Hinsicht gibt bereits die Entstehungsgeschichte zu Art. 28 entscheidende Hinweise. So hielt man schon im **ersten Präsidiumsentwurf** die Bezugnahme auf **die einzelstaatlichen Rechtsvorschriften** für erforderlich, da die **Gemeinschaft keine Zuständigkeit** in Bezug auf das Streikrecht in den Mitgliedstaaten habe. Die Gemeinschaft müsse daher in dieser Hinsicht die geltenden einzelstaatlichen Rechtsvorschriften anerkennen. Eine Zuständigkeit der Gemeinschaft bestehe allein für die europäischen Beamten.[86]

Eine konsequente Umsetzung des hiernach beabsichtigten Kompetenzschutzes schließt einen Grundrechtsgehalt, der das „Wie" der Gewährleistung umfasst, ebenso aus wie das „Ob" der Gewährleistung.[87] Denn andernfalls könnte die Grundrechtsauslegung – entgegen Art. 51 Abs. 2 – zu Verpflichtungen eines mitgliedstaatlich nicht gewährleisteten Koalitionsrechts führen.[88] Kompetenzwidrig in diesem Sinne wäre es beispielsweise, einzelstaatliche Streikverbote für Beamte als Verstoß gegen das „Ob" des nach Art. 28 zu gewährleistenden Schutzes anzusehen, denn eine korrespondierende unionsrechtliche Kompetenz, das Streikrecht in den Mitgliedstaaten zu regeln, schließt Art. 153 Abs. 5 AEUV ausdrücklich aus.

Der grundrechtliche Schutz des Art. 28 läuft gleichwohl nicht leer, sondern zielt auf die **besondere Abwehrdimension** im Verhältnis der Mitgliedstaaten zur Union (→ Vor Titel IV Rn. 30, 38 f., 46 und unten → Rn. 45). Durch die Bezugnahme auf die einzelstaatlichen Rechtsvorschriften und Gepflogenheiten ermöglicht Art. 28 deren primärrechtliche Aufwertung und deren Schutz im Verhältnis zum Unionsrecht (**Ermöglichungsfunktion**). Ein darüber hinausgehender Schutz des Art. 28 im Sinne einer Gewährleistung von Mindeststandards (**Gewährleistungsfunktion**) kann nur ausnahmsweise, z.B. im EU-Dienstrecht, in Betracht kommen (→ Vor Titel IV Rn. 32, 44). 24

3. Grundrechtsberechtigte und Grundrechtsverpflichtete

Grundrechtsberechtigte des Rechts auf Kollektivverhandlungen und Kollektivmaßnahmen sind nach Art. 28 die „Arbeitnehmerinnen und Arbeitnehmern sowie […] ihre jeweiligen Organisationen". Dabei differenziert die Grundrechtsnorm nicht zwischen Unionsbürgern und Drittstaatsangehörigen, sodass auch **Drittstaatsangehörige** mit Blick auf die in Art. 15 Abs. 3 vorgesehene Gleichbehandlung mit Unionsbürgern in Bezug auf die Arbeitsbedingungen Grundrechtsberechtigte sein können. 25

Verbreitet wird angenommen, beim Begriff des Arbeitnehmers käme es auf den unionsrechtlichen Arbeitnehmerbegriff[89] und damit auf den freizügigkeitsrechtlichen **Arbeitneh-** 26

---

86 CHARTE 4192/00 CONVENT 18 vom 27.3.2000, S. 7 und oben Rn. 14.

87 So auch *Schlachter/Heinig/Krebber*, Eur. Arbeits- und Sozialrecht, § 2 Rn. 17 ff., 82; für eine Garantie des Streikrechts aber *Franzen/Gallner/Oetker/Schubert*, Eur. Arbeitsrecht, Art. 28 GRC Rn. 36; *Frenz*, Hb EuR, Rn. 3743; *Jarass*, GRC, Art. 28 Rn. 7.

88 Siehe hierzu auch *Grabenwarter/Rebhahn*, Eur. Grundrechteschutz, § 16 Rn. 70 mit Hinweis darauf, dass der Schutz des Streikrechts keine konkrete gesetzliche Ausgestaltung erfordert, sondern es ausreicht, die Schranken zu beseitigen. Die Annahme eines Gewährleistungsgehalts wäre also darauf gerichtet, die einzelstaatlichen Vorgaben für die Koalitionsbetätigungsfreiheit am Maßstab des Art. 28 zu messen.

89 *Frenz*, Hb EuR, Rn. 3726 und Rn. 3640 ff.; *Däubler/Heuschmied*, AK § 11 Rn. 32; *Franzen/Gallner/Oetker/Schubert*, Eur. Arbeitsrecht, Art. 28 GrC Rn. 17; *Sagan*, S. 148 f.

merbegriff nach der Rechtsprechung des EuGH zu Art. 45 AEUV[90] an.[91] Einen einheitlichen unionsrechtlichen Arbeitnehmerbegriff gibt es jedoch nicht.[92] Dass historisch die Arbeitnehmerfreizügigkeit des Art. 45 AEUV im Zentrum stand, bedeutet nicht, diese Norm auch für die Auslegung von Bestimmungen in anderen Kontexten zum gedanklichen Ausgangspunkt machen zu müssen.[93] Dies hat der Gerichtshof in seiner Rechtsprechung bestätigt.[94] Der Arbeitnehmerbegriff ist damit **kontextbezogen** auszulegen, und zwar unter Berücksichtigung des (zunächst historisch zu ermittelnden) Sinns und Zwecks des Art. 28.[95]

27 Zur Frage, ob **Beamte** von Art. 28 erfasst werden, zeigt der Entstehungskontext einen Bezug zu Art. 6 ESC und den Nrn. 12–14 GCh.[96] Die dortige Systematik von Art. 5 und 6 ESC sowie der Nrn. 12–14 GCh ergibt, dass Beamte mit umfasst sind.[97] Denn die jeweils geregelten Ausnahmemöglichkeiten für Streitkräfte, Polizei und den öffentlichen Dienst setzen voraus, dass diese zunächst von der Regel erfasst werden.

28 Im Übrigen folgt aus der **Ermöglichungsfunktion** des Art. 28, also aus der Funktion, die auf einzelstaatlicher Ebene geschaffenen Standards primärrechtlich aufzuwerten, ein grundsätzlich **weiter Arbeitnehmerbegriff,** der auch besondere Arbeitsverhältnisse wie Teilzeit, Befristung, Leiharbeit, Scheinselbständigkeit und die Tätigkeit in Tendenzbetrieben bei entsprechender einzelstaatlicher Ausgestaltung einschließt.

29 Umstritten ist die Frage, ob auch **arbeitnehmerähnliche Personen,** also z.B. die neuen **digitalen Soloselbstständigen,** die Crowd- und Clickworker, in den Anwendungsbereich des

90 EuGH – Lawrie Blum, Rs. C-66/85, Urt. vom 3.7.1986, Rn. 16 f.; EuGH – Collins, Rs.C-138/02, Urt. vom 23.3.2004, Rn. 26; EuGH – Kranemann, Rs. C- 109/04, Urt. vom 17.3.2005, Rn. 12; EuGH – Petersen, Rs. C-228/07, Urt. vom 11.9.2008, Rn. 45; EuGH – Fenoll, Rs. C-316/13 – Urt. vom 26.3.2015, Rn. 34 ff.; zu den Nuancen in den verschiedenen Sprachfassungen *Rebhahn*, EuZA 2012, 10.

91 *Franzen/Gallner/Oetker/Schubert,* Eur. Arbeitsrecht, Art. 28 GrC Rn. 17 und Art. 27 Rn. 18 f.; *Däubler/Heuschmied,* AK § 11 Rn. 33.

92 *Franzen/Gallner/Oetker/Schubert,* Eur. Arbeitsrecht, Art. 27 Rn. 18: „Das Unionsrecht kennt allerdings keinen einheitlichen Arbeitnehmerbegriff." A.A. wohl *Frenz*, Hb EuR, Rn. 3641, der meint, dass „von einer einheitlichen Auslegung innerhalb des Europarechts auszugehen ist".

93 *Rebhahn*, EuZA 2012, 31.

94 EuGH – Allonby, Rs. C-256/01, Urt. vom 13.1.2004, Rn. 64. Da der Arbeitnehmerbegriff in Art. 141 EG nicht definiert sei, müsse seine Bedeutung „unter Rückgriff auf die allgemein anerkannten Auslegungsgrundsätze ermittelt werden, wobei insbesondere der Zusammenhang, in dem er steht und die Ziele des Vertrages zu berücksichtigen sind." Siehe auch EuGH – Wippel, Rs. C-313/02, Urt. vom 12.10.2004. Hier wurde gefragt, ob der Arbeitnehmerbegriff des Art. 141 EGV erfüllt ist, wenn nur ein Rahmenvertrag vorliegt, der noch nicht zu Arbeitseinsätzen verpflichtet; für jeden Arbeitseinsatz sollte noch ein gesonderter Vertrag geschlossen werden. Damit wäre die Lawrie-Blum-Formel unterlaufen gewesen. Der EuGH bejahte gleichwohl die Arbeitnehmereigenschaft (Rn. 30 ff.). A.A. aber *Rebhahn*, EuZA 2012, 21: „Allerdings folgt daraus nicht ein Gebot des Unionsrechts, auch die Rahmenabrede stets als Arbeitsvertrag anzusehen."

95 *Wank*, EuZW 2018, 30; gegen die ungeprüfte Übernahme des Arbeitnehmerbegriffs aus dem Freizügigkeitsrecht auch *Junker*, EuZA 2016, 204, 3. und 4. These; *Preis/Sagan*, § 1 Rn. 112; *Wank*, EuZA 2008, 175. Hinzuweisen ist diesem Zusammenhang auf eine Parallelentwicklung im deutschen Recht. Seit dem 1.4.2017 ist über einen neu eingefügten § 611 a BGB erstmals der Arbeitnehmerbegriff (zur Bestimmung des Vertragstyps „Arbeitsvertrag") kodifiziert worden. Zur Kritik in europarechtlicher Hinsicht und in Bezug auf die digitalen Entwicklungen *Wank*, AuR 2017, 153; ähnlich kritisch zum Entwurf schon *Thüsing*, NZA 2015, 1478; vorsichtig optimistisch aber *Preis*, NZA 2018, 826.

96 Erläuterungen zu Art. 28 GrC, ABl. 2007 C 303, S. 26.

97 So in Bezug auf die ESC auch das ECSR, vgl. Digest of Case Law of the European Committee of Social Rights, 2008, S. 51.

Art. 28 fallen.[98] Begrifflich spricht die englische Sprachfassung für ein weites, auch die arbeitnehmerähnlichen Personen umfassendes Verständnis. Denn hier ist von „workers" und nicht von „employees" die Rede.[99] Gegen die Einbeziehung von arbeitnehmerähnlichen Personen im Kontext von Art. 153 AEUV ist eingewandt worden, dies würde die Kompetenzen der EU zu sehr erweitern.[100] Versteht man – wie hier – Art. 28 als kompetenzneutrale Ermöglichungsnorm, bedeutet das der englischen **Sprachfassung**[101] zugrundeliegende weite Verständnis keine Gefahr für die einzelstaatlichen Kompetenzen, sondern gerade umgekehrt, ihre unionsrechtliche Absicherung. Schützt das nationale Recht die neuen digitalen Soloselbstständigen[102] und organisieren diese ihren solidarischen Schutz, dann wertet Art. 28 auch diese Form der Solidarität unionsrechtlich auf.

Die **Gewerkschaften** als berufene Vertreter Tarifverträge abzuschließen, unterfallen unzweifelhaft dem Begriff **„oder ihre jeweilige Organisationen"**. Auffällig ist hierbei die begriffliche Inkohärenz zu Art. 12 Abs. 1, der explizit von Gewerkschaften spricht. In Art. 152 Abs. 1 AEUV ist von „Sozialpartnern" die Rede. 30

In Bezug auf die Arbeitnehmerschaft stellt sich die Frage, ob auch Organisationen durch Art. 28 erfasst werden, die keine Gewerkschaften sind, also z.B. **ad-hoc-Koalitionen,**[103] Organisationen von **arbeitnehmerähnlichen Selbstständigen**[104] oder **Betriebsräten.**[105] Das Recht auf Kollektivverhandlungen und Kollektivmaßnahmen ist nicht exklusiv den Arbeitnehmerorganisationen zugeordnet, sondern auch als Individualgrundrecht ausgestaltet worden. Die Bezeichnung „Tarifverträge" könnte zwar auf ein anderes systematisches Verständnis hindeuten, jedoch ist diese Bezeichnung dem deutschen Tarifsystem geschuldet; die englische Sprachfassung („collective agreements") zeigt, dass auf europäischer Ebene gerade keine Verengung auf ein bestimmtes System gewollt war. Deshalb umfasst Art. 28 als Ermöglichungsnorm auch atypische Organisationen bei entsprechender Ausgestaltung durch das nationale Recht. Dies gilt auch für nicht gewerkschaftliche **wilde Streiks.**[106] 31

---

98 Dagegen *Jarass*, GRC, Art. 28 Rn. 10; *Grabenwarter/Rebhahn*, Eur. Grundrechteschutz, § 16 Rn. 65; *Calliess/Ruffert/Krebber*, EUV/AEUV, Art. 153 AEUV Rn. 3; *Franzen/Gallner/Oetker/Schubert,* Eur. Arbeitsrecht, Art. 28 Rn. 18; dafür *Däubler/Heuschmid,* AK § 11 Rn. 34; *Wank,* AuR 2007, 244 (B.II.2); *Heuschmid/Hlava,* AuR 2014, 194 f.; *Pottschmidt,* S. 203 ff., 260 ff.

99 *Peers/Hervey/Kenner/Ward/Kenner,* EU Charter, Art. 30 Rn. 67, führt hierzu aus: „Use of the broader term ‚worker' rather than ‚employee' is indicative of an inclusive approach to fundamental social rights in the EU that appears to encompass not only employees with a regular contract of employment, but also non-standard workers including casual workers, 'zero hours' workers, home workers, temporary agency workers and others who are not self-employed yet may not have a contract of employment recognized under national law." Insoweit entspricht die Terminologie des Art. 30 der des Art. 28.

100 *Thüsing,* EuZA 2008, 165; *C. Schubert,* S. 104, 156 ff.

101 Zum Problem der divergierenden Sprachfassungen EuGH – Kraaijeveld, Rs. C-72/95, Urt. vom 24.10.1996, Rn. 28 ff; *Calliess/Ruffert/Wegener,* EUV/AEUV, Art. 19 EUV Rn. 19.

102 Der deutsche Gesetzgeber hat sich in § 12 a TVG für eine tarifrechtliche Gleichstellung der arbeitnehmerähnlichen Personen entschieden. Weiterführend zum Crowdworking *Däubler/Klebe,* NZA 2015, 1032 ff.; *Kocher/Hensel,* NZA 2016, 984 ff.; *Liebmann,* SR 2017, 221 ff.; *Waas u.a.*

103 Dafür: *Franzen/Gallner/Oetker/Schubert,* Eur. Arbeitsrecht, Art. 28 Rn. 20; *Däubler/Heuschmid,* AK § 11 Rn. 37 f.; dagegen: *Frenz,* Hb EuR, Rn. 3734.

104 Dagegen: *Jarass,* GRC, Art. 28 Rn. 10; *Grabenwarter/Rebhahn,* Eur. Grundrechteschutz, § 16 Rn. 65; *Calliess/Ruffert/Krebber,* EUV/AEUV, Art. 153 AEUV Rn. 3; *Franzen/Gallner/Oetker/Schubert,* Eur. Arbeitsrecht, Art. 28 Rn. 18; dafür: *Däubler/Heuschmid,* AK § 11 Rn. 34; *Wank,* AuR 2007, 244 (B.II.2); *Heuschmid/Hlava,* AuR 2014, 194 f.; *Pottschmidt,* S. 203 ff., 260 ff.

105 Dafür EuGH – Odar, Rs. C-152/11, Urt. vom 6.12.2012, Rn. 53; *Jarass,* GrC Rn. 11; dagegen *Grünberger/Sagan,* EuZA 2013, 334 f.

106 A.A. *Däubler/Heuschmid,* AK § 11 Rn. 38.

Gegen eine Einbeziehung von **Betriebsräten** in den Anwendungsbereich des Art. 28 ist eingewandt worden, dass der EGMR entschieden hat, ein Betriebsrat sei keine Gewerkschaft im Sinne von Art. 11 Abs. 1 EMRK.[107] Wie aus den Erläuterungen zu Art. 12 und Art. 52 Abs. 3 deutlich wird, findet sich eine Entsprechung von Art. 11 Abs. 1 EMRK nicht in Art. 28, sondern nur in Art. 12 (→ Rn. 58). Erläuterungen, Sprachgebrauch und der Zweck von Art. 28 als Ermöglichungsnorm lassen daher eine weite, auch Betriebsräte umfassende Auslegung zu. Nach deutschem Verfassungsrecht wäre allerdings folgendes zu beachten. Das Betriebsverfassungsrecht schränkt verfassungsgewohnheitsrechtlich das (gewerkschaftliche) Koalitionsrecht innerbetrieblich ein (duales System). Es ist also keineswegs beliebig, wer Tarifverträge aushandeln darf und welche Vereinbarung im Zweifel vorgeht, Tarifvertrag oder Betriebsvereinbarung.[108]

32 Der Begriff des **Arbeitgebers** und der **Arbeitgeberorganisation** wird in Gegenüberstellung zum Begriff des Arbeitnehmers und deren Organisationen gebildet.[109]

33 Weithin wird allerdings auf den Unterschied bei **öffentlichen Arbeitgebern** hingewiesen. Nach deutschem Verfassungsverständnis kann der Staat kein Grundrechtsträger sein;[110] dies soll auch im Rahmen des Art. 28 gelten.[111] Der Unterschied ist jedoch weitgehend irrelevant, weil er das Recht auf Kollektivverhandlungen und den Abschluss von Tarifverträgen nicht beschränkt. Denn sonst würde umgekehrt das Recht der Angestellten des öffentlichen Dienstes auf Tarifverträge geschmälert. Auch für das Recht auf Arbeitskampfmaßnahmen dürfte die Frage, ob die öffentlichen Arbeitgeber ein originäres oder (aus der Arbeitskampfparität) abgeleitetes Arbeitskampfrecht haben, weitgehend unerheblich sein. Immerhin wäre der Unterschied bei der Frage, ob der öffentlich-rechtliche Arbeitgeber Verfassungsbeschwerde (beispielsweise gegen eine Entscheidung des BAG) erheben kann, von Bedeutung. Eine solche Konstellation kann es im Unionsrecht jedoch nicht geben, sodass die Frage rein akademisch bleibt.

34 **Grundrechtsverpflichtet** sind nach Art. 51 Abs. 1 die EU-Organe und EU-Einrichtungen sowie die Mitgliedstaaten bei der Durchführung von Unionsrecht.

Eine gewisse **dogmatische Verschiebung** in Bezug auf die „Durchführung von Unionsrecht" hat hier jedoch insoweit stattgefunden, als der EuGH die **Gewerkschaften** als **Verpflichtungsadressaten** der **Grundfreiheiten** ansieht, da sie „Regelwerke anderer Art (erg. schaffen), die die abhängige Erwerbstätigkeit, die selbständige Arbeit und die Erbringung von Dienstleistungen kollektiv regeln sollen".[112] Diese Begründung ist insoweit fraglich, als sie nicht zwischen den Forderungen einer Gewerkschaft einerseits und dem Abschluss von Tarifverträgen andererseits differenziert. Während abgeschlossene Tarifverträge als Regelwer-

---

107 *Grünberger/Sagan,* EuZA 2013, 335 unter Hinweis auf EGMR – Karakurt ./. Österreich – Rs. 32441/96 – Urt. vom 14.9.1999.

108 So sieht etwa die Arbeitsmarktreform Macrons einen Vorrang der Betriebsvereinbarung vor Tarifverträgen vor; vgl. https://www.berton-associes.de/blog/arbeitsrecht/neue-reform-franzoesisches-arbeitsrecht-macron-2017/.

109 *Schwarze/Holoubek,* EU, Art. 28 GrC Rn. 14; *Franzen/Gallner/Oetker/Schubert,* Eur. Arbeitsrecht, Art. 28 Rn. 19.

110 Für juristische Personen des öffentlichen Rechts BVerfGE 59, 231, 254 f.; aber hinsichtlich der damals zu 100 % in der öffentlichen Hand befindlichen Post AG offenlassend BVerfG, DB 1999, 1765. Umstritten ist die Frage, ob die privatrechtlich organisierte Tarifgemeinschaft der Länder grundrechtfähig ist, dagegen: *Berlit,* ZTR 1994, 143 ff.; dafür: *Depenheuer*, ZTR 1993, 364 ff.

111 *Franzen/Gallner/Oetker/Schubert,* Eur. Arbeitsrecht, Art. 28 Rn. 19; *Schwarze/Holoubek*, EU, Art. 28 GrC Rn. 14; *Frenz,* Hb EuR, Rn. 3732; *Däubler/Heuschmid,* AK § 11 Rn. 40.

112 EuGH – Viking, Rs. C-438/05, Urt. vom 1.12.2007 (Große Kammer), Rn. 66; eingehende Kritik bei *Däubler/Heuschmid,* AK § 11 Rn. 84 ff.

ke angesehen werden können, die eine Bindung an das Unionsrecht,[113] insbesondere eine Grundfreiheitsverpflichtung auslösen, trifft dies für die (einseitigen) Forderungen von Gewerkschaften nicht zu.

4. Tarifverträge auf den geeigneten Ebenen

Art. 28 benennt in seiner ersten Variante das Recht, **Tarifverträge** auf den geeigneten Ebenen auszuhandeln und zu schließen. In seiner **Ermöglichungsfunktion** (→ Rn. 24 und → Rn. 28 und → Vor Titel IV Rn. 30, 46) ist der Begriff entsprechend der englischen Sprachfassung („collective agreements" → Rn. 61) weit auszulegen. Keinesfalls will Art. 28 – wie die deutsche Terminologie nahelegt[114] – nur ein von Gewerkschaften getragenen Tarifvertragssystem schützen. Die Mitgliedstaaten, die *wilde* Streiks zulassen (→ Rn. 11), sollten nicht gezwungen sein, ihr zum Teil verfassungsrechtliches individuelles Streikrecht aufzugeben. Eine solche Lesart würde die anderen Sprachfassungen ignorieren und gegen Art. 51 Abs. 2 in Verbindung mit Art. 153 Abs. 5 AEUV verstoßen. *Tarifvertrag* im Sinne des Art. 28 ist daher als **Kollektivvertrag** zu verstehen. Richtigerweise unterfallen daher auch **Betriebs- und Dienstvereinbarungen** dem Begriff des Tarifvertrages.[115] 35

Art. 28 erfasst auch die **negative Koalitionsfreiheit,**[116] Insoweit kommt es – im Sinne der Ermöglichungsfunktion – wiederum auf Ausgestaltung durch das einzelstaatliche Recht an. Bei Betriebsvereinbarungen ist die negative Freiheit naturgemäß ebenso eingeschränkt wie bei einem Tarifvertragssystem nach österreichischem Muster (→ Rn. 13), bei dem auf Zwangsmitgliedschaft beruhende gesetzliche Interessenvertretungen (Kammern) die Kollektivverträge aushandeln und schließen. Eine Pflicht, dieses nationale Arbeitsrecht umzugestalten, folgt aus Art. 28 nicht; im Gegenteil nehmen auch die so ausgehandelten Kollektivverträge an der besonderen Abwehrfunktion (→ Vor Titel IV Rn. 14, 34 und 39) der sozialen Grundrechte teil. 36

Art. 28 regelt das Recht, Kollektivverträge auf den **geeigneten Ebenen** auszuhandeln und zu schließen. Der Ebenenbegriff umfasst dabei die betriebliche, die überbetriebliche Ebene und die Branchenebene. Beschränkt ist der Ebenenbezug jedoch auf die Kollektivverhandlungen. Eine Ausweitung des Ebenenbezugs auf kollektive Maßnahmen scheidet nach dem Wortlaut des Art. 28 aus.[117] 37

5. Kollektive Maßnahmen

Art. 28 lässt neben Kollektivverhandlungen das Recht zu, „bei Interessenkonflikten **kollektive Maßnahmen** zur Verteidigung ihrer Interessen, einschließlich Streiks, zu ergreifen." Das Merkmal der kollektiven Maßnahmen ist entsprechend der **Ermöglichungsfunktion** des Art. 28 (→ Vor Titel IV Rn. 30, 46) weit auszulegen. Eine Verengung auf bestimmte **Arbeitskampfmittel** ist daher auf Chartaebene nicht anzunehmen.[118] Dem kann nicht ent- 38

113 Vgl. etwa EuGH – Bedi, Rs. C-312/17, Urt. vom 19.9.2018 (3. Kammer), Rn. 69.
114 *Franzen/Gallner/Oetker/Schubert*, Eur. Arbeitsrecht, Art. 28 GRC Rn. 29: „Die […] Implikationen, die der deutsche Wortlaut ‚Tarifvertrag' hat, tragen angesichts der abweichenden Fassung der anderen (gleichwertigen) Sprachfassungen nicht."
115 *Frenz*, Hb EuR, Rn. 3717 f.; *Jarass*, GRC, Art. 28 Rn. 6; *Calliess/Ruffert/Krebber*, EUV/AEUV, Art. 28 GRC Rn. 5.
116 *Franzen/Gallner/Oetker/Schubert*, Eur. Arbeitsrecht, Art. 28 GRC Rn. 35; *Frenz*, Hb EuR Rn. 3741; *Herresthal*, EuZA 2011, 15 f.; *Jarass*, GRC, Art. 28 Rn. 8; *Schwarze/Holoubek*, EU, Art. 28 GrC Rn. 12; *Stern/Sachs/Rixen*, GRC, Art. 28 Rn. 14.
117 *Sagan*, S. 71.
118 *Däubler/Heuschmid*, AK § 11 Rn. 38.

gegengehalten werden, dass den Mitgliedstaaten nicht jede Arbeitskampfform aufgedrängt werden dürfe.[119] Denn die Ermöglichung der unterschiedlichen einzelstaatlichen Arbeitskampfmittel bedeutet keine Gewährleistung aller dieser Kampfmittel für alle Mitgliedstaaten.

39 In der Ermöglichungsfunktion erfasst Art. 28 alle in den Mitgliedstaaten praktizierten legalen Arbeitskampfformen: **Boykott, Blockade, Solidaritäts- und Unterstützungsstreiks, Flashmobs, Bummelstreiks, Dienst nach Vorschrift** oder **Streikposten.**

Ebenso eröffnet der Begriff „Interessenkonflikte" die Möglichkeit, die zugelassenen kollektiven Maßnahmen politisch auszurichten (**politischer Streik**)[120] oder auch **Rechtsstreitigkeiten** mit ihnen anzugehen.[121]

6. Recht auf Kollektivverhandlungen und Kollektivmaßnahmen

40 Art. 28 formuliert ein Recht auf Kollektivverhandlungen und Kollektivmaßnahmen. Daraus könnte man auf einen Gewährleistungsgehalt schließen, der Vorgaben für das einzelstaatliche Koalitionsrecht enthält. Als Verweisungsgrundrecht zielt Art. 28 jedoch auf einen besonderen Kompetenzschutz mit der Folge, dass eine solche **Gewährleistungsfunktion** nur ausnahmsweise in Betracht kommen kann (→ Rn. 24). Vielmehr steht die **Ermöglichungsfunktion** des Art. 28 im Vordergrund, die die einzelstaatliche Ausgestaltung vor Maßnahmen der Union – im Rahmen der besonderen Abwehrdimension – schützt (→ Vor Titel IV Rn. 30, 38 f., 46).

41 Die Frage nach der **Rechtsnatur** des Art. 28 als Recht (Art. 52 Abs. 1) oder Grundsatz (Art. 52 Abs. 5) stellt sich dabei erst nachrangig und konkret bezogen auf den jeweiligen grundrechtlichen Schutzgehalt.[122]

a) Grundrechtliche Garantien zu Lasten des einzelstaatlichen Koalitionsrechts?

42 Art. 28 enthält als Verweisungsgrundrecht keine grundrechtlichen Gewährleistungen, die das einzelstaatliche Koalitionsrecht beschränken könnten.

43 So lässt Art. 28 beispielsweise den **Tarifbezug**[123] des **deutschen kollektiven Arbeitsrechts** unberührt. Der Tarifbezug bedeutet, dass auf der Arbeitnehmerseite nach § 2 TVG notwendigerweise Gewerkschaften stehen müssen. Tariffähige Gewerkschaften wiederum „müssen frei gebildet, gegnerfrei, auf überbetrieblicher Grundlage organisiert und unabhängig sein sowie das geltende Tarifrecht als für sich verbindlich anerkennen; ferner müs-

---

119 *Konzen*, S. 229, 237.

120 So – allerdings unter der Annahme eines Gewährleistungsgehaltes – *Däubler/Heuschmid*, AK § 11 Rn. 23.

121 Einschränkend *Däubler/Heuschmid*, AK § 11 Rn. 22: „Das restriktive deutsche Konzept von Rechtstreitigkeit [kann nicht] zugrunde gelegt werden […]. Ausgenommen von Art. 28 sind deshalb allenfalls Konflikte, die das Bestehen, die Gültigkeit, die Auslegung oder die Verletzung von Tarifverträgen betreffen."

122 In diese Richtung auch *Calliess/Ruffert/Kingreen*, EUV/AEUV, Art. 52 GRC Rn. 16 und *Schlachter/Heinig/Krebber*, Eur. Arbeits- und Sozialrecht, § 2 Rn. 15, der für die arbeitsrechtsspezifischen Grundrechte nicht von einer durchschlagenden Bedeutung der Unterscheidung zwischen Recht und Grundsatz ausgeht, da diese Grundrechte durch andere Systementscheidungen überlagert seien.

123 *Gamillscheg*, S. 1071, mit umfänglichen nachweisen für die h.M., formuliert die Grundlagen von Arbeitskampf und Tarifvertrag so: „[N]ur der Arbeitskampf ist rechtmäßig, der in einen Tarifvertrag einmünden kann. Er steht im Dienst der Tarifautonomie. Es ist das die Grundregel, aus der sich das meiste andere ergibt." Ähnliche Beschränkungen gibt es noch in Schweden, Dänemark und Irland, vgl. *Rebhahn*, NZA 2001, 768.

sen sie in der Lage sein, durch ausüben von Druck auf den Tarifpartner zu einem Tarifabschluss zu kommen.“[124]

Daraus folgt, dass es ein individuelles Streikaufrufsrecht nicht geben kann; **wilde Streiks** sind dementsprechend verboten. Gleiches gilt für Streiks, die sich auf kein tarifbezogenes Ziel (politische Streiks) beziehen. Diesem **qualifizierten Gewerkschaftsmonopol** auf der Zulässigkeitsebene von Tarifauseinandersetzungen korrespondiert auf der materiellen Ebene ein weitgehender Rückzug der richterlichen Kontrolldichte, d.h. es findet keine **Tarifzensur** statt. Den Koalitionen, insbesondere den Gewerkschaften, wird vielmehr eine **Einschätzungsprärogative** zugestanden, die dazu führt, dass die Arbeitsgerichte nur noch eine auf Missbrauch beschränkte Verhältnismäßigkeitsprüfung durchführen.[125] Dabei handelt es sich um eine **kommunizierende Wechselwirkung:** Die Strenge in formeller Hinsicht ermöglicht die Großzügigkeit in materieller Hinsicht.

Auch die Besonderheiten des **einzelstaatlichen Streikrechts,** z.B. das deutsche Streikverbot für Beamte[126] oder das österreichische Konzept der Streikfreiheit (→ Rn. 13),[127] erfahren durch Art. 28 keine Einschränkungen. 44

b) Schutz des einzelstaatlich gewährleisteten Koalitionsrechts

Das auf einzelstaatlicher Ebene gewährleistete Koalitionsrecht genießt aber über Art. 28 einen **besonderen abwehrrechtlichen Schutz** (→ Vor Titel IV Rn. 30, 38 f., 46).[128] Dieser besondere abwehrrechtliche Schutz richtet sich gegen Unionsmaßnahmen, die das einzelstaatlich gewährleistete Koalitionsrecht bzw. die Wahrnehmung des einzelstaatlichen Koalitionsrechts beeinträchtigen. Insoweit vermittelt Art. 28 ein **subjektives Recht** im Sinne des **Art. 52 Abs. 1** (→ Vor Titel IV Rn. 35, 40, 44). 45

Beeinträchtigungen des einzelstaatlich gewährleisteten Koalitionsrechts kommen insbesondere im Verhältnis zu den **Grundfreiheiten** in Betracht. Für den Fall, dass die Koalitionsbetätigung auf mitgliedstaatlicher Ebene als Beeinträchtigung der **Grundfreiheiten** eingeordnet wird, ist ihre **primärrechtliche Aufwertung** durch Art. 28 im Rahmen der Rechtfertigungsprüfung besonders zu berücksichtigen (→ Vor Titel IV Rn. 39).[129] Die hiermit verbundene **Schrankenfunktion** des Art. 28 hat der EuGH in der **Rs. Laval** in Bezug auf das Streikrecht zwar grundsätzlich anerkannt, eine besondere Berücksichtigung des einzelstaat- 46

124 Staatsvertrag vom 18.5.1990 zur Herstellung der Währungs-, Wirtschafts-, und Sozialunion zwischen der Bundesrepublik und der DDR, Gemeinsames Protokoll der Leitsätze III. Nr. 2; der Staatsvertrag galt nach dem damaligen Recht der DDR als Verfassungsgesetz, Ges.Bl. der DDR vom 25.6.1990, Teil I Nr. 34, S. 331, 339. Das BAG hat aus dem Zustimmungsgesetz des Bundestages den Schluss gezogen, dass das frühere Richterrecht nunmehr eine andere Qualität hat (BAG vom 6.6.2000 – 1 ABR 21/99 – NZA 2001, 158 f.).

125 BVerfG vom 10.9.2004 – BvR 1191/03 – NZA 2004, 1938 ff., Rn. 25: „Eine Bewertung von Arbeitskampfmaßnahmen durch die Fachgerichte als rechtswidrig kommt deshalb grundsätzlich nur in Betracht, wenn eine Arbeitskampfmaßnahmen offensichtlich ungeeignet oder unverhältnismäßig ist.“ Dem BVerfG folgend BAG vom 19.6.2007 – 1 AzR 396/06 – BAGE 123, S. 134–152 (=NZA 2007, 1055–1062, Rn. 19); dazu die Entscheidungsbesprechungen von *Rieble,* BB 2008, 1506 ff, und *Kerwer,* EuZA 2008, 335 ff.

126 BVerfG NJW 2018, 2695 ff. und unten Rn. 69.

127 Die Freiheit zum Streik wird besonders beachtet in der RL 2014/67/EU (ABl. 2014 L 159, S. 11), Art. 1 Abs. 2 sowie in der RL 2018/957/EU (ABl. 2018 L 173, S. 20) Art. 1 Abs. 1 a.

128 *Franzen/Gallner/Oetker/Schubert,* Eur. Arbeitsrecht, Art. 28 GrC Rn. 2, meint, Art. 28 GrC habe einen abwehrrechtlichen Gehalt, der wegen der beschränkten Kompetenz der Union „eher geringe Relevanz hat“. Die eigentliche Schrankenfunktion ist freilich als unionale Selbstbeschränkung kompetenzneutral.

129 In diese Richtung auch *Franzen/Gallner/Oetker/Schubert,* Eur. Arbeitsrecht, Art. 30 GRC Rn. 2.

lichen Streikrechts erfolgte jedoch nicht. Vielmehr prüfte der EuGH das Streikrecht lediglich im Rahmen zwingender Allgemeinwohlinteressen zum Schutz der Arbeitnehmer.[130] Freilich war die Grundrechtecharta zum Zeitpunkt der Entscheidung noch nicht rechtsverbindlich. Mit der Rechtsverbindlichkeit der Grundrechtecharta erfordert die besondere Abwehrdimension des Art. 28 jedoch eine besondere Berücksichtigung des einzelstaatlichen Koalitionsrechts unter Zurücknahme der eigenen gerichtlichen Prüfungsdichte.[131]

47 Nicht überzeugend ist die teilweise vertretene Auffassung, die Ausübung des einzelstaatlich gewährleisteten Koalitionsrechts gegenüber **unternehmerischen Entscheidungen**, wie der des Umflaggens, von vornherein als unzulässig anzusehen.[132] *Schubert* differenziert dabei zwischen unternehmerischen Entscheidungen einerseits und deren Konsequenzen andererseits (z.B. Entlassungen, Entgeltreduzierung).[133] Alle Entscheidungen des Unternehmens, die den wirtschaftlichen Erfolg des Unternehmens betreffen, sind jedoch unternehmerische Entscheidungen, auch die Entscheidungen über Arbeit, Lohn und Beschäftigung.[134] Richtig ist sicherlich, dass es einen Bereich von unternehmerischen Entscheidungen geben sollte, der durch kollektive Maßnahmen nicht erzwungen werden darf.[135] Als Beispiel könnte man personalpolitische Entscheidungen nennen, etwa die Einstellung eines als „harten Hund“ bekannten Managers. Hier würde es nahe liegen, zwischen der kollektivrechtlich entzogenen unternehmerischen Entscheidung und den kollektivrechtlich zugänglichen weiteren Entscheidungen zu sprechen, z.B. wenn der Manager anfängt, Maßnahmen zu Lasten der Arbeitnehmer zu treffen. Dementsprechend lässt sich aber auch klären, welche unternehmerischen Entscheidungen kollektivrechtlich nicht sakrosankt sein dürfen, nämlich alle Entscheidungen, die das **Arbeitsrechtsverhältnis** betreffen. Das Umflaggen beispielsweise wechselt das Rechtsregime aus und betrifft die individuellen Arbeitsrechtsverhältnisse grundlegend. Hier bedarf es des kollektiven Schutzes.

48 Darüber hinaus hat die Union den einzelstaatlichen Schutz der Koalitionsbetätigungsfreiheit bei ihren Maßnahmen zu achten und darf ihn nicht – z.B. im Rahmen der Unionsge-

130 EuGH – Laval, Rs. 341/05, Urt. vom 18.12.2007 (Große Kammer); kritisch *Grabenwarter/Rebhahn*, Eur. Grundrechteschutz, § 16 Rn. 75: „(…) keine erkennbare Auswirkung bei der Frage, ob der Streik vor Dienstleistungs- und Niederlassungsfreiheit gerechtfertigt werden kann.“

131 Siehe hierzu *Hüpers/Reese*, Vor Titel IV Rn. 39 mit Bezug zur Omega-Rechtsprechung des EuGH. Siehe auch *Grabenwarter/Rebhahn*, Eur. Grundrechteschutz, § 16 Rn. 75: „Zur Rechtfertigung zieht der EuGH nur das Allgemeininteresse ‚Schutz der Arbeitnehmer‘ heran (…), was dem spezifischen Sinn von Kollektiven Maßnahmen nicht gerecht wird; diese dürfen nach dem Grundrecht Partikularinteressen verfolgen. Art. 28 verlangt, dies zu korrigieren. In der Folge müsste sich die Korrektur bei der Verhältnismäßigkeitsprüfung auswirken.“

132 In diese Richtung aber im Zuge der Rechtsprechung des EuGH – Viking, Rs. C-438/05, Urt. vom 1.12.2007 (Große Kammer) *Franzen/Gallner/Oetker/Schubert*, Eur. Arbeitsrecht, Art. 28 Rn. 31; *dies.*, ZfA 2013, 18; *Jarass*, GRC, Art. 28 Rn. 17; soweit ging nicht einmal der EuGH, der Arbeitskampfmaßnahmen zum Erhalt der Arbeitsplätze und der Arbeitsschutzbestimmungen erlaubt, nur eben nicht für die erreichte Lohnhöhe, vgl. EuGH – Viking, Rs. C-438/05, Urt. vom 1.12.2007 (Große Kammer), Rn. 75 ff., 80 ff; die überwiegende Lehre sieht dementsprechend Arbeitskämpfe gegen Standortverlagerungen *auf der Basis* der Viking-Line-Entscheidung als zulässig an, *Rebhahn*, ZESAR 2008, 116; *Kocher*, AuR 2009, 332 f; *Bayreuther*, EuZA 2008, 402; *Däubler*, AuR 2008, 416.

133 *Franzen/Gallner/Oetker/Schubert*, Eur. Arbeitsrecht, Art. 28 GRC Rn. 31; etwas offener die frühere Formulierung *Schubert*, ZfA 2013, 18: „Die unternehmerische Entscheidung kann nicht Gegenstand eines von Art. 28 GRC geschützten Kollektivvertrages sein. Der Schutz der Arbeitnehmer, insbesondere der Erhalt ihrer Arbeitsbedingungen, ist hingegen ein grundrechtlich geschützter Vertragsgegenstand.“

134 *Gamillscheg*, S. 340: „Unternehmerisch ist nun freilich das gesamte Tun und Lassen des Arbeitgebers.“

135 *Gamillscheg*, S. 339.

setzgebung – aushöhlen. So finden sich im **Sekundärrecht** zahlreiche Klauseln zum Schutz des einzelstaatlichen Koalitionsrechts, insbesondere des Streikrechts.

Nicht gelungen ist solch ein Schutz im Rahmen der sog. **Monti II-Verordnung.**[136] Aufgrund der Turbulenzen (→ Rn. 56), die die Rechtsprechung des EuGH im sog. **Lavalquartett**[137] ausgelöst hatte, entwarf der frühere EU-Kommissar Monti *Eine neue Strategie für den Binnenmarkt.* Darin hieß es, das Lavalquartett offenbare „Verwerfungslinien, die zwischen dem Binnenmarkt und der auf der nationalen Ebene verwirklichten sozialen Dimension verlaufen". Sie risse „eine alte, nie verheilte Wunde auf: die Spaltung zwischen den Befürwortern eines stärker integrierten Marktes und jenen, die befürchten, dass der Ruf nach wirtschaftlichen Freiheiten und dem Niederreißen aufsichtsrechtlicher Barrieren ein Codewort für den Abbau auf nationaler Ebene geschützter sozialer Rechte ist".[138] Es drohe die Entfremdung der Arbeiterbewegung. Die Kommission versuchte, dem mit der sog. Monti II-VO durch die – kompetenzrechtlich fragwürdige[139] – unionsrechtliche Regelung der Kollektivmaßnahmen im Kontext der Niederlassungs- und Dienstleistungsfreiheit entgegenzuwirken. Im entscheidenden Punkt sollte jedoch keine Revision der Rechtsprechung des EuGH erfolgen. Zwar wurde betont, dass „das Streikrecht […] kein bloßer Slogan und keine Rechtsmetapher sein" sollte.[140] Erreicht werden sollte dies freilich, „ohne die Rechtsprechung des Gerichtshofs umzustoßen",[141] was die vielfach kritisierte Fehlgewichtung des Streikrechts gerade zementiert hätte. Von Gewerkschaftsseite war man schließlich froh, dass die Monti II-Verordnung scheiterte.[142]

7. Schutz des einzelstaatlich gewährleisteten Koalitionsrechts im Sekundärrecht

a) Warenverkehrsfreiheit

Die zum Schutz der **Warenverkehrsfreiheit** erlassene „Verordnung über das Funktionieren des Binnenmarktes im Zusammenhang mit dem freien Warenverkehr zwischen den Mitgliedstaaten" konkretisiert u.a. die Behinderung des freien Warenverkehrs durch Handeln oder Nichteinschreiten der Mitgliedstaaten.[143] Der Vorschlag der Kommission zu dieser Verordnung erwähnte das einzelstaatliche Streikrecht nicht; lediglich in der Begründung wurde das Thema kurz angeschnitten.[144] Der **Wirtschafts- und Sozialausschuss** (EWSA)[145] bemängelte an dem Vorschlag die Beschränkung nur auf die Warenverkehrsfreiheit[146] und führte in Bezug auf das einzelstaatliche Recht aus: „Der von der Kommission vorgeschlagene Mechanismus für ein Einschreiten zur Sicherstellung des freien Warenverkehrs darf unter keinen Umständen zu Schritten im Zusammenhang mit Arbeitskonflikten führen. Es 49

136 Kom (2012), 130 final.
137 Der Ausdruck stammt von *Malmberg*, S. 4, und umfasst die vier Entscheidungen Laval, Viking Line, Rüffert und Kommission gegen Luxemburg.
138 *Monti*, S. 80 f.
139 Vgl. nur die kritischen Stellungnahmen der nationalen Parlamente zur sog. Monti-II-Verordnung auf Basis des Art. 352 AEUV *Walter*, S. 27 ff.
140 Kom (2012), 130 final, S. 11.
141 Kom (2012), 130 final, S. 11; ähnliche Aussagen auch auf S. 13.
142 DGB Meldung vom 13.9.2012: „Erfolg für die Gewerkschaften. Europäische Kommission zieht Monti II-Vorschlag zurück.", abrufbar unter http://www.dgb.de/themen/++co++f96f8b96-fcd0-11e1-8281-00188b4dc422.
143 VO (EG) 2679/98, ABl. 1998 L 337, S. 8.
144 KOM(97) 619 endg., Rn. 15: „Es steht fest, dass die Beurteilung dieser Fälle des Nichteinschreitens nicht die Ausübung der von den nationalen Rechtsordnungen anerkannten Grundrechte wie etwa das Streikrecht gefährdet; diese Rechte werden als solche nicht vom Gemeinschaftsrecht berührt."
145 Vgl. hierzu Art. 300 ff. AEUV; weiterführend *Wiegner*, S. 108 ff., 148 ff. und *Westlake*, S. 135 ff.
146 EWSA, Stellungnahme, ABl. 1998 C 214, S. 90 (2.1.2).

wäre problematisch, wenn der Europäische Gerichtshof sich gezwungen sähe, die Rechtmäßigkeit von Arbeitskonflikten zu überprüfen, und dadurch in einzelstaatliche Rechtsordnungen eingriffe. Dies stünde im Widerspruch zum Subsidiaritätsprinzip.“[147]

In seiner Stellungnahme wies das **Europäische Parlament** auf das Problem deutlich hin: „Die Ungenauigkeit des Textes des ursprünglichen Vorschlags ist insofern bedenklich, als eine derartige Verordnung die Möglichkeiten von Arbeitnehmern, Arbeitskampfmaßnahmen zu ergreifen, gefährden könnte.“[148] Die Kommission habe sich in ihrer Schwerpunktsetzung „stärker auf den wirtschaftlichen Bereich konzentriert. Dadurch wurde die generelle Entwicklung der Integrationsidee in eine Schieflage gebracht.“[149] Deshalb forderte man, dass „die Grundrechte und Grundfreiheiten auf Streik und Demonstration gewahrt werden, wobei die Prüfung der Rechtmäßigkeit dieser Maßnahmen unter Berücksichtigung der besonderen Schranken des Gemeinschaftsrechts den nationalen Gerichten und Behörden zu überlassen ist.“[150]

50 Schließlich wurde eine (auch an den EuGH adressierte) Auslegungsvorschrift in die VO aufgenommen, die später so bezeichnete **Monti-Klausel**[151]: „Diese Verordnung darf nicht so ausgelegt werden, dass sie in irgendeiner Weise die Ausübung der in den Mitgliedstaaten anerkannten Grundrechte, einschließlich des Rechts oder der Freiheit zum Streik, beeinträchtigt. Diese Rechte können auch das Recht oder die Freiheit zu anderen Handlungen einschließen, die in den Mitgliedstaaten durch die spezifischen Systeme zur Regelung der Beziehungen zwischen Arbeitnehmern und Arbeitgebern abgedeckt werden.“[152] Nach überwiegender Auffassung ist demnach für die Zulässigkeit der Arbeitskampfmaßnahmen allein das nationale Recht maßgeblich.[153]

b) Dienstleistungsfreiheit

51 Als die Kommission 2004 den Vorschlag zu einer Dienstleistungsrichtlinie machte, wollte sie den europäischen Dienstleistungssektor vor allem durch die Einführung des **Herkunftslandprinzips** beleben.[154] Danach unterliegt „der Dienstleistungserbringer einzig den Rechtsvorschriften des Landes […], in dem er niedergelassen ist, und wonach die Mitgliedstaaten die Erbringung von Dienstleistungen durch in einem anderen Mitgliedstaat niedergelassene Dienstleistungserbringer nicht beschränken dürfen.“[155] Art. 16 Abs. 3 RL-E bestimmte z.B.: „Die Mitgliedstaaten dürfen den freien Verkehr von Dienstleistungen, die von einem in einem anderen Mitgliedstaat niedergelassenen Dienstleistungserbringer angeboten werden, nicht aus Gründen einschränken, die in den koordinierten Bereich fallen,

---

147 EWSA, Stellungnahme, ABl. 1998 C 214, S. 90 (2.1.4).

148 Bericht über den Vorschlag für eine Verordnung des Rates zur Einführung eines Mechanismus für ein Einschreiten der Kommission zur Beseitigung bestimmter Handelsbehinderungen (HUGHES-Verfahren) – Ausschuss für Wirtschaft, Währung und Industriepolitik (1997/0330(CNS)), S. 13.

149 Bericht über den Vorschlag für eine Verordnung des Rates zur Einführung eines Mechanismus für ein Einschreiten der Kommission zur Beseitigung bestimmter Handelsbehinderungen (HUGHES-Verfahren) – Ausschuss für Wirtschaft, Währung und Industriepolitik (1997/0330(CNS)), S. 25.

150 Bericht über den Vorschlag für eine Verordnung des Rates zur Einführung eines Mechanismus für ein Einschreiten der Kommission zur Beseitigung bestimmter Handelsbehinderungen (HUGHES-Verfahren) – Ausschuss für Wirtschaft, Währung und Industriepolitik (1997/0330(CNS)), S. 26.

151 *Franzen*, EuZA 2013, 1.

152 Art. 2 VO (EG) 2679/98, ABl. 1998 Nr. L 337/8.

153 *Franzen/Gallner/Oetker/Schubert*, Eur. Arbeitsrecht, Art. 28 GrC Rn. 82; *Orlandini*, ELJ 2000, 358 ff.; *Sagan*, S. 79 ff.; *Schwarze/Holoubek*, EU, Art. 28 GrC Rn. 25.

154 KOM(2004) 2 endg/2, Vorschlag für eine Richtlinie des Europäischen Parlaments und des Rates über Dienstleistungen im Binnenmarkt.

155 KOM(2004) 2 endg, S. 4 und 10.

insbesondere nicht, indem sie diesen folgenden Anforderungen unterwerfen: […] e) der Pflicht, die auf ihrem Hoheitsgebiet für die Erbringung einer Dienstleistung geltenden Anforderungen zu erfüllen."

Das Herkunftslandprinzip wäre grundstürzend gewesen, weil die Verträge vom komplementären Prinzip, dem **Bestimmungslandprinzip** ausgehen. So regelt Art. 57 AEUV Abs. 3: „Unbeschadet des Kapitels über die Niederlassungsfreiheit kann der Leistende zwecks Erbringung seiner Leistung seine Tätigkeit vorübergehend in dem Mitgliedstaat ausüben, in dem die Leistung erbracht wird, **und zwar unter den Voraussetzungen, welche dieser Mitgliedstaat für seine eigenen Angehörigen vorschreibt.**"[156]

Der **EWSA** (→ Rn. 49) befürchtete ein Absenken der bewährten Standards sozialer, ökologischer und verbraucherschutzrechtlicher Art.[157] Die Einführung des Herkunftslandprinzips hielt er „für verfrüht". Ausdrücklich hob er hervor: „Die Dienstleistungsrichtlinie darf die gewerkschaftlichen Rechte, das Vereinigungsrecht und das Recht zu Kollektivverhandlungen, einschließlich des Rechts der Sozialpartner, Kollektivvereinbarungen einzugehen, oder das **Streikrecht** nicht unterlaufen. Wir schlagen vor, dass dies in Artikel 3 deutlich gemacht wird. Arbeitnehmer aus einem anderen Mitgliedstaat müssen genauso behandelt werden wie Arbeitnehmer des Landes, in dem die Arbeit ausgeführt wird. Aus dem Blickwinkel des Grundsatzes der Nichtdiskriminierung, auf den sich die EU-Verträge stützen, ist dies ganz eindeutig."[158] 52

In seiner Entschließung[159] nahm das **Europäische Parlament** die Kritik des EWSA auf und forderte sehr detailliert und durchgehend auch die Berücksichtigung sozialer Belange.[160] Das Parlament verlangte: „Sämtliche Verweise auf das Herkunftslandprinzip im Text der Kommission sollten […] gestrichen werden."[161] Als neuen Art. 1 Abs. 8 schlug es vor: „Diese Richtlinie darf nicht so ausgelegt werden, dass sie in irgendeiner Weise die Ausübung der in den Mitgliedstaaten und durch die Charta der Grundrechte der Europäischen Union anerkannten Grundrechte, einschließlich des Rechts auf Arbeitskampfmaßnahmen, beeinträchtigt." Begleitet wurde der Gesetzgebungsprozess durch eine nervöse Stimmung 53

---

156 Bereits in der Rs. Säger hatte der EuGH in die Dienstleistungsfreiheit ein Beschränkungsverbot hineingelesen, EuGH – Säger, Rs. C-76/90, Urt. vom 25.7.1991, Rn. 12: „Zunächst ist darauf hinzuweisen, dass Artikel 59 EWG-Vertrag nicht nur die Beseitigung sämtlicher Diskriminierungen des Dienstleistungserbringers aufgrund seiner Staatsangehörigkeit, sondern auch die Aufhebung aller Beschränkungen – selbst wenn sie unterschiedslos für einheimische Dienstleistende wie für Dienstleistende anderer Mitgliedstaaten gelten – verlangt, wenn sie geeignet sind, die Tätigkeit des Dienstleistenden, der in einem anderen Mitgliedstaat ansässig ist und dort rechtmäßig ähnliche Dienstleistungen erbringt, zu unterbinden oder zu behindern." In der Rs. Gebhard variierte er diesen Ansatz, EuGH – Gebhard, Rs. C-55/94, Urt. vom 30.11.1995, Rn. 37. Die Existenz eines die Wertung des Art. 57 Abs. 3 AEUV ins Gegenteil verkehrenden Herkunftslandprinzips folgerte er jedoch aus diesem Ansatz nicht, vgl. EuGH – Einlagensicherungssysteme, Rs. C-233/94, Urt. vom 13.5.1997, Rn. 64.

157 EWSA, Stellungnahme des Europäischen Wirtschafts- und Sozialausschusses zum dem „Vorschlag für eine Richtlinie des Europäischen Parlaments und des Rates über Dienstleistungen im Binnenmarkt", ABl. 2005 C 221, S. 113 (2.2) und 116 (3.5.1).

158 EWSA, Stellungnahme, ABl. 2005 C 221, S. 118 (3.6.1.2).

159 Europäisches Parlament, Legislative Entschließung des Europäischen Parlaments vom 16.2.2006 zu dem Vorschlag für eine Richtlinie des Europäischen Parlaments und des Rates über Dienstleistungen im Binnenmarkt (P6_TA(2006)0061).

160 Vgl. etwa Erwägungsgrund 4 der Entschließung: „Es ist deshalb wichtig bei der Vollendung eines Binnenmarktes für Dienstleistungen auf Ausgewogenheit zwischen Marktöffnung, öffentlichen Dienstleistungen, sozialen Rechten und den Rechten der Verbraucher zu achten."

161 Entschließung, S. 10.

aufgrund des französischen Verfassungsreferendums[162] und europaweite Demonstrationen, zu denen der Europäische Gewerkschaftsbund aufgerufen hatte.[163]

54 Der Widerstand hatte Erfolg. In Art. 3 Abs. 3 der RL hieß es nun: „Die Mitgliedstaaten setzen die Bestimmungen dieser Richtlinie in Übereinstimmung mit den Bestimmungen des Vertrags über die Niederlassungsfreiheit und den freien Dienstleistungsverkehr um." Das **Herkunftslandprinzip** wurde gestrichen und in Art. 1 Abs. 7 wurde eine variierte Monti-Klausel eingefügt: „Diese Richtlinie berührt nicht die Ausübung der in den Mitgliedstaaten und durch das Gemeinschaftsrecht anerkannten Grundrechte. Sie berührt auch nicht das Recht, gemäß nationalem Recht und nationalen Praktiken unter Wahrung des Gemeinschaftsrechts Tarifverträge auszuhandeln, abzuschließen und durchzusetzen sowie **Arbeitskampfmaßnahmen** zu ergreifen."

Die Zulässigkeit von Arbeitskampfmaßnahmen richtet sich im Rahmen der Dienstleistungsrichtlinie mithin allein nach nationalem Recht.[164]

c) Entsenderecht

55 Der Schutz des einzelstaatlichen Koalitionsrechts ist von besonderer Bedeutung im Rahmen des unionsrechtlichen **Entsenderechts.**[165] Hier geht es darum, ob und inwieweit Arbeitnehmer im Aufnahmeland für die Arbeitsbedingungen auch der entsendeten Arbeitnehmer auf Basis des dort geltenden Koalitionsrechts kämpfen können. Der EuGH hat die Wahrnehmung des einzelstaatlichen Koalitionsrechts durch seine Auslegung der RL 96/71/EG (Entsenderichtlinie) in der **Rs. Laval**[166] stark eingeschränkt.[167] Konkret sollten Streikmaßnahmen zur Lohnhöhe ausgeschlossen sein, da es den Mitgliedstaaten nach Art. 3 der Entsenderichtlinie obliege, die Mindestlöhne durch Rechtsvorschriften oder durch für allgemeinverbindlich erklärte Tarifverträge zu regeln.[168] Der Entsenderichtlinie wurden damit die Wirkungen eines Maximalschutzes beigemessen,[169] Kollektivverhandlungen und Kollektivmaßnahmen durften darüber nicht mehr eingesetzt werden, um höhe-

162 Im Vorfeld des Verfassungsreferendums im Mai 2005 forderte der französische Präsident *Jacques Chirac* eine vollständige Überarbeitung der Richtlinie, vgl. EuZW 2005, 258.

163 In Berlin, Straßburg und Brüssel demonstrierten über 60.000 Arbeitnehmer, *Mittag*, APuZ 2010, 13 f.

164 A.A. *Franzen/Gallner/Oetker/Schubert*, Eur. Arbeitsrecht, Art. 28 GrC Rn. 78 f. *Schubert* sieht das Recht auf Kollektivverhandlungen und kollektive Maßnahmen durch die Entsenderichtlinie weitgehend beschränkt; eine Berücksichtigung der Dienstleistungsrichtlinie nimmt sie in diesem Zusammenhang nicht vor. Immerhin entfalte die Dienstleistungsrichtlinie keine „weitergehende Beschränkung" der Arbeitnehmerrechte.

165 RL 96/71/EG (Entsenderichtlinie, ABl. 1997 Nr. L 18, S. 1; RL 2014/67/EU (Durchsetzungsrichtlinie, ABl. 2014 Nr. L 159, S. 11); RL 2018/957/EU (Reformierte Entsenderichtlinie, ABl. 2018 Nr. L 173, S. 16); wichtige Regelungen finden sich in der VO Nr. 883/2004 (Koordinierung der Systeme der sozialen Sicherheit, ABl. 2004 Nr. L 166, S. 1).

166 EuGH – Laval, Rs. 341/05, Urt. vom 18.12.2007 (Große Kammer).

167 *Malmberg*, S. 20; dagegen mit einer etwas anderen Betonung *Franzen/Gallner/Oetker/Schubert*, Eur. Arbeitsrecht, Art. 28 GrC Rn. 78.

168 EuGH – Laval, Rs. 341/05, Urt. vom 18.12.2007 (Große Kammer).

169 *Bogdandy/Bast/Rödl*, Eur. Verfassungsrecht, S. 855, 893.

re Standards zu erzielen.[170] Damit öffnete der EuGH die Entsenderichtlinie für das Herkunftslandprinzip, das zuvor bei der Dienstleistungsrichtlinie gescheitert war.[171]

Auf unionaler Ebene blieben heftige Reaktionen nicht aus. In einer Entschließung vom Oktober 2008 reagierte das **Europäische Parlament.**[172] Es erinnerte daran, „dass gemäß der Entsenderichtlinie die Gesetze der Mitgliedstaaten einen Kern zwingender Bestimmungen über ein Mindestmaß an Schutz für die entsandten Arbeitnehmer festlegen, das im Gastland zu gewährleisten ist, der aber nicht der Anwendung von Arbeitsbedingungen, die für die Arbeitnehmer günstiger sind, entgegenstehen darf“[173] und „dass die EuGH-Urteile in den Rs. Rüffert, Laval und Viking zeigen, dass unbedingt geklärt werden muss, dass wirtschaftliche Freiheiten, wie sie in den Verträgen verankert sind, so ausgelegt werden sollten, dass sie nicht die Wahrnehmung grundlegender Sozialrechte beeinträchtigen.“[174] 56

Dementsprechend nahm die **Durchsetzungsrichtlinie** aus dem Jahr 2014 (RL 2014/67/EU) die Monti-Klausel[175] auch in das Entsenderecht auf.[176] Die Durchsetzungsrichtlinie bezieht sich dabei ausdrücklich auf Art. 28.[177] Wegen der Einschränkung in Art. 1 Abs. 1, wonach der Geltungsbereich der Entsenderichtlinie (RL 96/71/EG) unberührt bleibe, erlangte die Monti-Klausel jedoch keine Bedeutung.[178]

---

170 Siehe aber Erwägungsgrund 22 der Entsenderichtlinie: „Diese Richtlinie berührt nicht das Recht der Mitgliedstaaten über kollektive Maßnahmen zur Verteidigung beruflicher Interessen.“ Und Art. 3 Abs. 7 Entsende-RL: „(7) Die Absätze 1 bis 6 stehen der Anwendung von für die Arbeitnehmer günstigeren Beschäftigungs- und Arbeitsbedingungen nicht entgegen.“

171 Instruktiv zur Entwicklung die Abgeordnete *Jutta Krellmann* (Die Linke), BT-Plenarprotokoll 17/51 (1.7.2010), S. 5367: „Bereits im Februar 2006 fanden in Berlin und Straßburg zwei große Demonstrationen statt, und zwar unter Eis und Schnee; das war eine schweinekalte Angelegenheit. Das Ergebnis war: Die Dienstleistungsrichtlinie wurde anschließend mit Änderungen eingeführt. [...] [Es] wurde versucht, die Arbeitnehmerrechte in Europa auszuhebeln. Nach dem ersten Entwurf der Dienstleistungsrichtlinie sollte der Firmensitz darüber entscheiden, welche Arbeits- und Tarifstandards gelten. Ein Chaos von 27 parallel geltenden Arbeitsrechten drohte. Die Firmen hätten sich durch eine Verlagerung ihres Firmensitzes die für sie günstigsten Bedingungen heraussuchen können. Das wurde zum Glück verhindert. Mit dem Urteil des Europäischen Gerichtshofes kommen diese Zustände nun durch die Hintertür zurück.“

172 Entschließung vom 22.10.2008 (2008/2085(INI)) PL TA-PROV (2008)0513.

173 Entschließung vom 22.10.2008, Erwägungsgrund Nr. N.

174 Entschließung vom 22.10.2008. Erwägungsgrund Nr. 5.

175 Art. 1 Abs. 2 RL 2014/67 EU lautet: „Diese Richtlinie beeinträchtigt in keiner Weise die Ausübung der in den Mitgliedstaaten und auf Unionsebene anerkannten Grundrechte, einschließlich des Rechts oder der Freiheit zum Streik oder zur Durchführung anderer Maßnahmen, die im Rahmen der spezifischen Systeme der Mitgliedstaaten im Bereich der Arbeitsbeziehungen nach ihrem nationalen Recht und/oder nationalen Gepflogenheiten vorgesehen sind. Sie berührt auch nicht das Recht, im Einklang mit nationalem Recht und nationalen Gepflogenheiten Tarifverträge auszuhandeln, abzuschließen und durchzusetzen sowie kollektive Maßnahmen zu ergreifen.“

176 Vgl. die Stellungnahme des EWSA vom 18./19.9.2012 zum Vorschlag einer Durchsetzungsrichtlinie über die Entsendung von Arbeitnehmern, ABl. 2012 C 351/61: „Diese Vorschläge sind eine Reaktion auf die Debatte, die durch die vier Urteile des Gerichtshofes der Europäischen Union (Viking Line, Laval, Rüffert und Luxemburg) über das ausgewogene Verhältnis zwischen sozialen Rechten und wirtschaftlichen Freiheiten ausgelöst worden ist.“

177 Erwägungsgrund Nr. 48: „Diese Richtlinie steht im Einklang mit den Grundrechten und Grundsätzen, die in der Charta der Grundrechte der Europäischen Union anerkannt sind, wozu insbesondere [...], das Recht auf Kollektivverhandlungen und Kollektivmaßnahmen (Artikel 28) [...] zählen, und muss in Übereinstimmung mit diesen Rechten und Grundsätzen durchgeführt werden.“

178 Nicht einmal erwähnt wurde die Durchsetzungsrichtlinie bei *Franzen/Gallner/Oetker/Windisch-Graetz,* Eur. Arbeitsrecht, Art. 1 RL 96/71 EG Rn. 16 ff.

57 Mit der neuen Entsenderichtlinie[179] scheint die Schutzlücke jedoch geschlossen worden zu sein. Denn nun heißt es auch in der reformierten Entsenderichtlinie in Art. 1 a: „Diese Richtlinie berührt in keiner Weise die Ausübung der in den Mitgliedstaaten und auf Unionsebene anerkannten Grundrechte, einschließlich des **Rechts** oder der Freiheit **zum Streik** oder zur Durchführung anderer Maßnahmen, die im Rahmen der jeweiligen Systeme der Mitgliedstaaten im Bereich der Arbeitsbeziehungen nach ihren nationalen Rechtsvorschriften und/oder ihren nationalen Gepflogenheiten vorgesehen sind. Sie berührt auch nicht das Recht, im Einklang mit den nationalen Rechtsvorschriften und/oder nationalen Gepflogenheiten **Tarifverträge** auszuhandeln, abzuschließen und durchzusetzen oder **kollektive Maßnahmen** zu ergreifen." In Erwägungsgrund Nr. 24 wird der Charakter der RL als Regelung eines Mindestschutzes bekräftigt: „Diese Richtlinie steht der Anwendung von für entsandte Arbeitnehmer günstigeren Arbeits- und Beschäftigungsbedingungen nicht entgegen."

Freilich wirft die neue Entsenderichtlinie weiterhin Fragen auf.[180] Doch scheint zumindest das **Recht auf Kollektivverhandlungen und auf kollektive Maßnahmen**, so wie es Art. 28 ermöglichen will, durch den Unionsgesetzgeber gegen Umdeutungen durch den EuGH wirksam im Entsenderecht geschützt worden zu sein.

8. Verhältnis zu Art. 12, 52 Abs. 3 GrC, Art. 11 EMRK

a) Doppelter Grundrechtsschutz

58 Während sich der Schutz der koalitionären Betätigungsfreiheit in Art. 28 bereits aus dem Wortlaut ergibt, folgt er in Bezug auf Art. 12 Abs. 1 aus dessen Entsprechung mit Art. 11 EMRK. Die **Erläuterungen** stellen für beide Vorschriften einen Bezug zur EMRK her, hinsichtlich Art. 28 in Form einer losen Verbindung und hinsichtlich Art. 12 in Form einer festen Verbindung.

Die Erläuterungen führen zu Art. 28 aus: „Das Recht auf kollektive Maßnahmen wurde vom Europäischen Gerichtshof für Menschenrechte als eine der Bestandteile des gewerkschaftlichen Vereinigungsrecht anerkannt, das auch durch Art. 11 EMRK festgeschrieben ist."[181] Den Verfassern der Erläuterungen war also bewusst, dass der EGMR die koalitionäre Betätigung von Art. 11 EMRK geschützt sieht, obwohl diese Bestimmung – dem Wortlaut nach – nur die gewerkschaftliche Vereinigungsfreiheit schützt. Da aber der koalitionären Vereinigungsfreiheit des Art. 11 EMRK keine weiteren Grundrechte auf koalitionäre Betätigungsfreiheit in der EMRK korrespondieren, wurde diese in die Bestimmung des Art. 11 EMRK hineingelesen.

Eine **feste Verbindung** zwischen der in **Art. 11 EMRK** geschützten Koalitionsbetätigungsfreiheit und **Art. 12** stellen sodann die Erläuterungen zu Art. 12 und zu Art. 52 Abs. 3 her. So heißt es in den Erläuterungen zu Art. 12: „Die Bestimmungen des Absatzes 1 dieses Artikels 12 haben die gleiche Bedeutung wie die Bestimmungen der EMRK […]. Nach Artikel 52 Absatz 3 der Charta dürfen die Einschränkungen dieses Rechts nicht über die Einschränkungen hinausgehen, die als mögliche rechtmäßige Einschränkungen im Sinne von Artikel 11 Absatz 2 EMRK gelten."[182] Korrespondierend dazu ordnen die Erläuterungen zu Art. 52 Abs. 3 das Grundrecht aus Art. 12 als Entsprechung von Art. 11 EMRK ein:

179 RL 2018/957/EU (Reformierte Entsenderichtlinie, ABl. 2018 L 173, S. 16), die ab dem 30.7.2020 die alte RL 96/71 EG ablöst.

180 Allerdings stützt sich die reformierte Entsenderichtlinie weiterhin allein auf die Dienstleistungsfreiheit, siehe dazu *Kellerbauer*, EuZW 2018, 847.

181 ABl. 2007 C 303, S. 26.

182 ABl. 2007 C 303, S. 22.

„(...) Artikel 12 Absatz 1 entspricht Artikel 11 EMRK, aber sein Anwendungsbereich ist auf die Ebene der Union ausgedehnt worden“.[183] Die Grundrechte aus Art. 12 und Art. 11 EMRK sollen danach einen kohärenten Grundrechtsraum bilden.[184] Diese feste Verbindung – im Sinne eines kohärenten Grundrechtsraums – wird jedoch nicht zu Art. 28 hergestellt, was angesichts der Erläuterungen zu Art. 28 nicht als Versehen gedeutet werden kann.

Beide thematisch gleichen Grundrechtsgarantien haben einen anderen **Schutzzweck.** Art. 12 GRC inkorporiert den Schutz der EMRK, während Art. 28 GRC den nationalen Schutz des Koalitionsrechts unionsrechtlich aufwertet. Beide Grundrechte sind wegen ihrer unterschiedlichen Herkunft, ihrer unterschiedlichen Wirkungsweise und ihrer spezifischen **Missdeutungsgefahren** getrennt zu prüfen.

b) Kompetenzvorbehalt

Mit der Inkorporation des EMRK-Grundrechtsschutzes gemäß Art. 52 Abs. 3 schützt Art. 12 die koalitionäre Betätigungsfreiheit nach Maßgabe von Art. 11 EMRK. Entscheidend für die Reichweite der Koalitionsbetätigungsfreiheit ist dabei die Auslegung des Art. 11 EMRK durch den EGMR, der von seiner traditionell eher zurückhaltenden Rechtsprechung zur Koalitionsbetätigungsfreiheit abgerückt ist.[185] Mit Blick auf Art. 28 wird man die Rechtsfortbildungen des EGMR im Rahmen des kohärenten Grundrechtsraums nach Art. 52 Abs. 3 jedoch unter **Kompetenzvorbehalt** stellen müssen, wenn sie die völkerrechtlichen Kompetenzgrenzen der EMRK, namentlich den unterschiedlichen Ratifizierungsstand zur EMRK und die gegenüber der ESC erklärten Vorbehalte, missachten.[186] 59

Problematisch ist insoweit die Entscheidung des EGMR in der Rs. **Demir und Baykara ./. Türkei** zum Recht auf Tarifverhandlungen. [187] Das **Recht auf Tarifverhandlungen** wurde vom EGMR lange Zeit nicht als von Art. 11 EMRK gefordert angesehen. Der Gerichtshof hatte den Mitgliedern einer Gewerkschaft zunächst nur das Recht auf Anhörung garantiert.[188] Im Jahre 2002 entschied der EGMR noch, dass Tarifverträge für eine wirksame Ausübung der gewerkschaftlichen Koalitionsfreiheit nicht unabdingbar seien, auch wenn 60

---

183 ABl. 2007 C 303, S. 34.

184 ABl. 2007 C 303, S. 33: „Mit Absatz 3 soll die notwendige Kohärenz zwischen der Charta und der EMRK geschaffen werden, indem die Regel aufgestellt wird, dass in dieser Charta enthaltene Rechte, die den durch die EMRK garantierten Rechten entsprechen, die gleiche Bedeutung und Tragweite, einschließlich der zugelassenen Einschränkungen, besitzen, wie sie ihnen in der EMRK verliehen werden. Daraus ergibt sich insbesondere, dass der Gesetzgeber bei der Festlegung von Einschränkungen dieser Rechte die gleichen Normen einhalten muss, die in der ausführlichen Regelung der Einschränkungen in der EMRK vorgesehen sind, die damit auch für die von diesem Absatz erfassten Rechte gelten, ohne dass dadurch die Eigenständigkeit des Unionsrechts und des Gerichtshofs der Europäischen Union berührt wird.“

185 *Fütterer*, EuZA 2011, 511 spricht von einem „Paradigmenwechsel“; *Schlachter*, RdA 2011, 345 konstatiert eine vollständige methodische Umkehrung.

186 In eine ähnliche Richtung *Schlachter/Heinig/Krebber*, Eur. Arbeits- und Sozialrecht, § 2 Rn. 66 zur Koalitionsfreiheit aus Art. 12 Abs. 1: „Berücksichtigt man Art. 51 Abs. 1 S. 1 GRC, den allgemeinen Vorrang der unionsrechtlichen Kompetenzordnung vor einem unionsrechtlichen Grundrechtsschutz sowie die Nähe von Art. 12 Abs. 1 zu Art. 28 GRC, ist ein möglicher Gewährleistungsinhalt einer unionsrechtlichen Koalitionsfreiheit nur in engen Grenzen zu erkennen.“

187 EGMR vom 12.11.2008 – 34503/97 – Demir und Baykara (= NZA 2010, 1425 ff.).

188 EGMR vom 27.10.1975 – 4464/70 – Belgische Polizeigewerkschaft./. Belgien, Rn. 39; EGMR vom 6.2.1976 – 5614/72 – Schwedischer Lokomotivführerverband./. Schweden, Rn. 40; EGMR vom 6.2.1976 – 5589/72- Schmidt und Dahlström./. Schweden, Rn. 36.

sie ein Mittel der gewerkschaftlichen Interessendurchsetzung sein könnten.[189] Seit der Entscheidung in der Rs. Demir und Baykara ./. Türkei aus dem Jahr 2008 erkennt der EGMR das Recht auf Tarifverhandlungen jedoch an.[190]

61 Grundlage für die Rechtsprechungsänderung ist eine **evolutiv-dynamische Auslegung,**[191] die die Konvention als „lebendiges Instrument"[192] betrachtet. In Bezug auf das streitige Recht von **Beamten** auf Tarifverhandlungen wendete der EGMR die ILO-Konvention Nr. 151 an, obwohl diese zum maßgeblichen Zeitpunkt noch nicht ratifiziert war.[193] Wörtlich heißt es dazu: „Dabei ist es nicht erforderlich, dass der beklagte Staat alle völkerrechtlichen Vereinbarungen ratifiziert hat, die auf den Gegenstand des gegen ihn anhängigen Falls anwendbar sind. Es genügt, dass die einschlägigen internationalen Instrumente eine kontinuierliche Entwicklung der anwendbaren Vorschriften und Grundsätze des Völkerrechts oder des staatlichen Rechts der Mehrheit der Mitgliedstaaten des Europarats zeigen und beweisen, dass bei einer bestimmten Frage eine übereinstimmende Auffassung der modernen Gesellschaften besteht."[194]

Der **Verzicht** auf die **Ratifizierung** ist zurecht auf vehemente Kritik gestoßen.[195] Die Aufwertung nicht ratifizierter völkerrechtlicher Verträge zu verbindlichen Texten ist mit der Wiener Vertragsrechtskonvention (WVK), auf die sich der EGMR an anderer Stelle beruft,[196] nicht vereinbar.[197] Man mag zwar eine **einheitliche Auslegung** gegenüber allen Konventionsstaaten für wünschenswert halten,[198] auch die Präambel der EMRK strebt die-

189 EGMR vom 2.7.2002 – 30668/96 – Wilson ./. Ver. Königreich, Rn. 44; zur Entwicklungsgeschichte dieses Rechts vgl. EGMR vom 12.11.2008 – 34503/97 – Demir und Baykara, Rn. 140 ff.

190 EGMR vom 12.11.2008 – 34503/97 – Demir und Baykara, Rn. 154.

191 EGMR vom 12.11.2008 – 34503/97 – Demir und Baykara, Rn. 153.

192 EGMR vom 12.11.2008 – 34503/97 – Demir und Baykara, Rn. 68.

193 Deutschland hat die Ratifikation der ILO-Konvention Nr. 151 wegen des nicht auf Tarifverträgen beruhenden Vergütungssystem für Beamte abgelehnt, vgl. BT-Drs. 10/2123, S. 8 und BT-Drs. 12/3495, S. 13 f.

194 EGMR vom 12.11.2008 – 34503/97 – Demir und Baykara, Rn. 86.

195 *Löwisch/Rieble,* TVG, Rn. 329, sprechen von einem „ausbrechenden Rechtsakt"; diese Art der „Selbstermächtigung" sprenge „die Grenzen des Richteramts" und durchbreche die Gewaltenteilung (Rn. 329). Sie schlagen vor: „Solchem Richterputsch kann durch Kündigung der EMRK begegnet werden" (Rn. 329). Das demokratische Defizit moniert *Franzen/Gallner/Oetker/Schubert,* Eur. Arbeitsrecht, Art. 11 EMRK Rn. 23: „Eine Interpretation ohne Rücksicht auf den Ratifikationsstand übergeht aber die souveräne Entscheidung der Konventionsstaaten, was deren demokratischer Organisation widerspricht" und *Franzen/Gallner/Oetker/Schubert,* Eur. Arbeitsrecht, Art. 1 EMRK Rn. 16: „Die evolutiv-dynamische Auslegung muss Rechtsauslegung bleiben." Kritisch auch *Breuer,* ZÖR 2013, 760 f.; *Grabenwarter,* S. 32 ff.

196 EGMR vom 12.11.2008 – 34503/97 – Demir und Baykara, Rn. 65 unter Bezugnahme auf eine ständige Rechtsprechung.

197 Sehr verhalten aber die Kritik bei *Grabenwarter/Pabel,* EMRK, § 5 Rn. 13: „Es erscheint zweifelhaft, ob dieses Vorgehen noch auf Art. 31 Abs. 3 Lit c WVK gestützt werden kann." Begrüßt wird der neue methodische Ansatz von *Lörcher,* AuR 2009, 2009, I. B. 4.: „Die Entscheidung ist einstimmig ergangen. Im Gegensatz zu anderen Entscheidungen der Großen Kammer, denen nicht selten ‚dissenting votes' beigegeben werden, war hier offensichtlich eine inhaltliche Grundüberzeugung deutlich und entscheidend. All dies hebt den besonders hohen Legitimationsgehalt der Entscheidung hervor."

198 *Lörcher,* S. 10, meint: „(...) human rights treaties requires an uniform interpretation, as otherwise the relevant courts would be obliged to accept 'double standards'". So auch EGMR vom 21.2.1975 – 4451/70 – Golder ./. Ver. Königreich, Rn. 35 ff. *Schlachter,* RdA 2011, 346, spitzt das Argument eines einheitlichen Standards zu einer radikalen Alternative zu, wonach der EGMR entweder einzelne Vorbehalte ignoriert oder „bei der Auslegung der EMRK nur solche Normen berücksichtigen dürfte, die von allen Mitgliedern des Europarats ratifiziert worden. Eine Interpretati-

ses Ziel an.[199] Aber die Konvention hebt auch hervor, dass dies „am besten durch eine wahrhaft demokratische politische Ordnung" geschieht.[200] Darum fordert sie **keinen einheitlichen Standard,** wie Art. 57 Abs. 1 EMRK[201] deutlich macht.

Der EGMR verlässt sich in seiner Begründung nicht auf die nicht ratifizierten Konventionen. Deswegen nimmt die **ILO-Konvention Nr. 98,** die die Türkei als einzige schon vorher – 1952 – unterzeichnet hat, eine vergleichsweise prominente Stellung ein. Problematisch an dieser Übereinkunft ist freilich, dass offensichtlich Beamte von ihr ausgenommen sind.[202] Um diese Lücke für die öffentlich Bediensteten zu schließen, wurde die Konvention Nr. 151 vereinbart.[203]

Der Gerichtshof kommt jedoch zu einem anderen Ergebnis. Er meint, die Konvention würde für die überwiegende Zahl der Beamten doch gelten. Er stützt sich dabei auf den **Sachverständigenausschuss** der ILO. Danach seien nur Beamte „deren Tätigkeit Staatsverwaltung im eigentlichen Sinne ist", ausgeschlossen.[204]

Der EGMR nimmt auch Bezug auf **Art. 28 GrC.**[205] Die Bedeutung dieses Grundrechts für das Gericht erschließt sich erst aus der gesonderten Meinung des Richters *Zagrebelsky,* der darauf hinweist, dass die Bestimmung der gerade rechtsverbindlich gewordenen GrC (die 62

on, die je nach betroffenem Mitgliedstaat wechselt, ist bereits sachlogisch ausgeschlossen, und damit könnte die Weigerung auch nur eines Mitgliedstaates, eine internationale Norm zu akzeptieren, den Einfluss auf die Auslegung der EMRK ausschließen."

199 So heißt es dort, dass „diese Erklärung bezweckt, die universelle und wirksame Anerkennung und Einhaltung der in ihr aufgeführten Rechte zu gewährleisten" (Präambel, 1. Erwägungsgrund).

200 Präambel, 3. Erwägungsgrund.

201 Art. 57 Abs. 1 EMRK: „Jeder Staat kann bei der Unterzeichnung dieser Konvention oder bei der Hinterlegung seiner Ratifikationsurkunde einen Vorbehalt zu einzelnen Bestimmungen der Konvention anbringen, soweit ein zu dieser Zeit in seinem Hoheitsgebiet geltendes Gesetz mit der betreffenden Bestimmung nicht übereinstimmt."

202 In Art. 5 heißt es: „Die innerstaatliche Gesetzgebung bestimmt, inwieweit die in diesem Übereinkommen vorgesehenen Rechte auf das Heer und die Polizei Anwendung finden." Und in Art. 6 wird bestimmt: „Dieses Übereinkommen lässt die Stellung der öffentlichen Beamten unberührt und darf in keinem für die Rechte und die Rechtsstellung dieser Beamten irgendwie nachteiligen Sinn ausgelegt werden."

203 So wird in der Präambel der Konvention Nr. 151 erinnert, dass „das Übereinkommen über das Vereinigungsrecht und das Recht zu Kollektivverhandlungen, 1949, bestimmte Gruppen von öffentlich Bediensteten nicht einbezieht."

204 EGMR vom 12.11.2008 – 34503/97 – Demir und Baykara, Rn. 147. Der Gerichtshof verweist dabei auf General Survey 1994 Nr. 200 (Rn. 43, in der NZA nicht abgedruckt). Die Auslegung des Expertengremiums ist jedoch wenig überzeugend, da sie sich ausdrücklich nur auf die englische Sprachfassung bezieht, die eine solche Lesart zwar zulässt („Public servants engaged in the administration of the state."), aber keineswegs fordert (General Survey 1994 No. 200: „The Committee has adopted a restrictive approach concerning this exception by basing itself in particular on the English text of Art. 6."). Mit der französischen Sprachfassung („Fonctionnaires publics.") ist diese Auslegung jedoch (wie mit der deutschen) nicht vereinbar. Nach Art. 16 der Konvention Nr. 98 sind französischer und englischer Wortlaut in gleicher Weise maßgebend. Beide lassen sich im Sinne von Art. 33 Abs. 3 WVK aber nur auf einen Nenner bringen, wenn man dem französischen Wortsinn folgt, da dieser sich gegen die einengende Auslegung sperrt, während die englische Fassung auch weiter verstanden werden kann. In jedem Fall ist die Begründung des Gremiums lückenhaft, da die sprachlichen Differenzen nicht ausgeräumt worden sind. Auch hätte gemäß Art. 31 Abs. 1 WVK der Frage nachgegangen werden müssen, ob nicht auch durch die divergierenden Sprachfassungen über die Jahrzehnte ein Vertrauenstatbestand geschaffen wurde.

205 EGMR vom 12.11.2008 – 34503/97 – Demir und Baykara, Rn. 51 und 150.

freilich nicht für alle Staaten des Europarates gilt) derjenige Umstand war, der die evolutionäre Methode des EGMR neuerlich in Gang gesetzt hat.[206]

63 In seiner Entscheidung in der **Rs. Enerji Yapi-Yol Sen ./. Türkei**[207] aus dem Jahr 2009 erkannte der EGMR u.a. mit Bezug zu Art. 6 Nr. 4 ESC das **Streikrecht** als Teil des Rechts auf Kollektivverhandlungen an.[208] Dieses gelte zwar nicht absolut, könne aber nur für bestimmte Gruppen des öffentlichen Dienstes eingeschränkt werden, die „im Namen des Staates Hoheitsgewalt ausüben".[209]

64 Im Verhältnis zur Türkei überzeugt **Art. 6 Nr. 4 ESC** als Rechtsgrundlage jedoch nicht. Zwar hat sich der europäische Ausschuss für Soziale Rechte (ECSR) für ein Streikrecht von Statusbeamten ausgesprochen,[210] doch die Türkei hat Art. 6 Nr. 4 ESC nicht unterzeichnet. In Art. A Nr. 1 lit. b der RESC heißt es, dass sich jeder Vertragspartner verpflichtet, „mindestens sechs der folgenden neun Artikel des Teils II als für sich verbindlich anzusehen: Art. 1, 5, 6, 7, 12, 13, 16, 19 und 20". Der ECSR hebt diesen Punkt unter dem Stichwort *a la carte acceptance* besonders hervor.[211] Die Ausklammerung einzelner Grundrechte ist also nach der ESC ebenso möglich wie nach Art. 57 EMRK. Beide Konventionen respektieren mithin nationale Unterschiede. Aus der ESC kann daher kein Streikrecht für türkische Statusbeamte abgeleitet werden.[212]

65 Eine bloße Übernahme der Rechtsprechung des EGMR im Rahmen des Art. 52 Abs. 3 würde den Schutz des einzelstaatlichen Koalitionsrechts nach Art. 28 unterlaufen, wenn die völkerrechtlichen Kompetenzgrenzen durch Nichtratifizierung, Nichtunterzeichnung oder durch Vorbehalte nicht beachtet werden.

c) Missdeutungsgefahren

66 Besondere Missdeutungsgefahren ergeben sich, wenn in Art. 12 und/oder Art. 28 die Gehalte von Art. 11 EMRK, Art. 6 ESC (und Art. 6 RESC) und diverser ILO-Konventionen in einer Art „Melting-Pot-Auslegung" ohne Rücksicht auf die völkerrechtlichen und unionsrechtlichen Kompetenzgrenzen einfließen. In diesem Sinne wird vertreten, dass die unionsrechtliche Koalitionsfreiheit, die sich aus der Art. 6 ESC, Art. 11 EMRK und Art. 28 speise, kein **Streikmonopol** der Gewerkschaften dulde, mithin **wilde Streiks** im Grundsatz zulässig

---

206 EGMR vom 12.11.2008 – 34503/97 – Demir und Baykara, Sp. Opinion of Judge *Zagrebelsky*, Rn. 2.

207 EGMR vom 21.4.2009 – 68959/01 – Enerji Yapi-Yol Sen./. Türkei (=NZA 2010, S. 1423–1425 und AuR 2009, 269 ff.).

208 EGMR vom 21.4.2009 – 68959/01 – Enerji Yapi-Yol Sen./. Türkei, Rn. 24.

209 EGMR vom 21.4.2009 – 68959/01 – Enerji Yapi-Yol Sen./. Türkei, Rn. 32.

210 Council of Europe, Digest of the Case law of the ECSR, 2008, S. 57.

211 Council of Europe, Digest of the Case law of the ECSR, 2008, S. 16.

212 Zum gleichen Ergebnis kommt *Buchholtz*, S. 279. Sie leitet das Recht auf nationale Unterschiede allerdings aus dem Schrankenvorbehalt des Art. 31 Abs. 1 ESC ab. In der Vereinheitlichung der Standards sieht sie einen Verstoß gegen „den Grundsatz der Relativität völkerrechtlicher Vertragsbeziehungen gemäß Art. 26 WVK" und einen Verstoß gegen das *pacta-tertiis-Prinzip*. Angesichts der methodischen Mängel will sie gleichwohl keinen „ausbrechenden Rechtsakt" erkennen, weil die Entscheidung von der Großen Kammer des EGMR einstimmig getroffen worden sei (S. 286). Hier scheint der gegenteilige Schluss näher zu liegen, dass der EGMR seine juristische Autorität teilweise verspielt hat. So auch *Seifert*, KritV 2009, 366: „Mit dieser methodischen Vorgehensweise sprengt der Straßburger Gerichtshof ganz klar den Rahmen des zwischen den Vertragsstaaten geltenden Völkerrechts im Sinn von Art. 31 Abs. 1 lit. c WVK."

und der **Tarifbezug** des Arbeitskampfes **entbehrlich** sei.[213] Problematisch würde damit auch das Institut der Friedenspflicht.[214]

Gegen die **deutsche Tarifbezogenheit** des Streikrechts beispielsweise wird die Empfehlung des europäischen Ausschusses für Soziale Rechte (ECSR) angeführt,[215] wonach der Tarifbezug gegen Art. 6 Nr. 4 ESC verstößt, wilde Streiks also zulässig sein müssten.[216] Der **Wortlaut** des Art. 6 Nr. 4 ESC ist offen; man kann ihn weit verstehen im Sinne eines umfassenden individuellen Streikrechts, aber ebenso fügt er sich einem Verständnis ein, nach dem die einzelnen Arbeitnehmer nur ein Recht auf Streikteilnahme haben und nicht auch ein Recht zum Streikaufruf. Das entscheidende Argument ist jedoch **teleologischer** Art. Etwas vorschnell werden die Tarifbezogenheit sowie die qualifizierten Voraussetzungen an die Tariffähigkeit von Gewerkschaften als **Einschränkungen** des Streikrechts angesehen, die nach Art. 31 ESC zu rechtfertigen wären. Danach dürften die Einschränkungen nur erfolgen, wenn diese gesetzlich vorgeschrieben und in einer demokratischen Gesellschaft zum Schutze der Rechte und Freiheiten anderer oder zum Schutz der öffentlichen Sicherheit und Ordnung notwendig sind mit der Folge, dass in Deutschland ein gesetzliches Arbeitskampfrecht geschaffen werden müsste.[217] 67

Die Tarifbezogenheit sowie die qualifizierten Voraussetzungen an die Tariffähigkeit von Gewerkschaften werden als Einschränkungen des Streikrechts jedoch nicht adäquat begriffen. Ihr Hauptzweck liegt vielmehr im Interesse der Arbeitnehmer, denn ihre Koalitionsfreiheit und ihr Arbeitskampfrecht werden dadurch gesichert und optimiert (→ Rn. 43).

In Bezug auf das **Recht auf Tarifverhandlungen** für **Statusbeamte** ist zu berücksichtigen, dass dies in Deutschland ihren Statusverlust bedeuten würde, was wiederum Sinn und Zweck von Art. 6 ILO-Konvention Nr. 98 widerspräche, wonach die Konvention „in keinem für die Rechte und Rechtstellung dieser Beamten irgendwie nachteiligen Sinn ausgelegt werden" darf. 68

Das **Bundesverfassungsgericht** hat sich mittlerweile mit den Entscheidungen des EGMR befasst und ihre Übertragbarkeit auf deutsche Beamte, konkret in Bezug auf ein Streikrecht von Beamten, geprüft.[218] Es hat eine Kollisionslage verneint, die methodische Fragwürdigkeit der EGMR-Entscheidungen jedoch nicht thematisiert.[219] Da deutsche Beamte nicht direkt Tarifverträge abschließen können, gehe es lediglich um ein Recht auf **Unterstützungsstreiks,**[220] für die der EGMR einen weiten nationalen Beurteilungsspielraum annehme.[221] 69

---

213 *J. Schubert,* S. 170 f.; *Lange-Korf,* S. 171 f.; *Franzen/Gallner/Oetker/Schubert,* Eur. Arbeitsrecht, Art. 6 ESC Rn. 27 f.; *Buchholtz,* S. 142 ff.; *Däubler/Lörcher,* AK § 10 Rn. 30; vgl. auch BAG vom 10.12.2002 – 1 AzR 96/02 – AP Nr. 162 zu Art. 9 GG Arbeitskampf (B.I. 2.a).

214 *J. Schubert,* S. 171.

215 Für die Einordnung der Empfehlungen als „authentische Interpretation" *Schlachter,* RdA 2011, 346; a. A. *Franzen/Gallner/Oetker/Schubert,* Eur. Arbeitsrecht, Art. 1 ESC Rn. 13; *Löwisch/Rieble,* Tarifvertragssystem, Grundlagen Rn. 327.

216 *J. Schubert,* S. 170; *Franzen/Gallner/Oetker/Schubert,* Eur. Arbeitsrecht, Art. 6 ESC Rn. 28 f. Die Empfehlung Conclusions xx-3 zu Art. 6§ 4 Deutschland 2014, Hudoc, lautet: „The Committee concludes that the situation in Germany is not in conformity with Article 6§ 4 of the 1961 Charter on the ground that the requirements to be met by a group of workers in order to form a union satisfying the conditions for calling a strike constitute an excessive restriction to the right to strike."

217 Zur Diskussion *Bepler,* S. 97, 107; *Däubler/Lörcher,* AK § 10 Rn. 26.

218 BVerfG, Urt. vom 12.6.2018 – 2 BvR 1738/12 – NJW 2018, 2695 ff.

219 BVerfG NJW 2018, 2695 ff., Rn. 163.

220 BVerfG NJW 2018, 2695 ff., Rn. 180.

221 Das BVerfG NJW 2018, 2695 ff., Rn. 180 verweist auf EGMR, National Union of Rail, Maritime and Transport Workers v. United Kingdom, Urteil vom 8. April 2014, Nr. 31045/10, § 88.

Vor diesem Hintergrund sieht das BVerfG ein allgemeines Streikverbot für Beamte als gerechtfertigt an. Das Streikverbot müsse in das **„System des deutschen Beamtenrechts"** eingeordnet werden, in dem „mit dem Beamtenstatus aufeinander abgestimmte Rechte und Pflichten einhergehen."[222] Das Streikverbot sei doppelt gerechtfertigt. Die gewerkschaftlich vertretenen Beamten würden über ihre Spitzenorganisationen bei der Vorbereitung der betreffenden Gesetze beteiligt und sie könnten das Ergebnis „ihrer Alimentation gerichtlich überprüfen" lassen.[223] Schließlich seien auch „beamtete Lehrkräfte dem Bereich der Staatsverwaltung" zuzurechnen.[224]

Der Entscheidung des Bundesverfassungsgerichts ist **im Ergebnis zuzustimmen**. Die Begründung ist jedoch in mehreren Punkten nicht tragfähig. Aus europäischer Perspektive streiken die deutschen Beamten für ihre eigenen Interessen und nicht nur für die ihrer tarifbeschäftigten Kollegen. Auch werden beamtete Lehrer nicht zur eigentlichen Staatsverwaltung gerechnet.[225] Aus Art. 6 ILO-Konvention Nr. 98 folgt jedoch, dass die Situation der Statusbeamten insgesamt bewertet werden muss (→ Rn. 68). Ein Statuswechsel würde aber überwiegend Nachteile mit sich bringen.[226]

IV. Literaturübersicht

Bayreuther, Frank, Das Verhältnis zwischen dem nationalen Streikrecht und der EU-Wirtschaftsverfassung. Anmerkung zum Urteil des Europäischen Gerichtshofs vom 11.12.2007 – Rechtssache ITF/Viking Line, EuZA 2008, 395; *Bepler, Klaus,* Deutsches Streikrecht und europäische Sozialcharta, in Arbeitsrecht im sozialen Dialog: Festschrift für Hellmut Wissmann zum 65. Geburtstag, 2005, S. 97; *Bercusson, Brian,* Die Rechte der Gewerkschaften in den Mitgliedstaaten der EU, hrsg. vom Europäischen Parlament, Generaldirektion Wissenschaft, 1997; *Berlit, Uwe,* Koalitionsfreiheit und öffentlicher Dienst: Bemerkungen zur Grundrechtsfähigkeit der öffentlichen Arbeitgeber und ihrer Koalitionen, ZTR 1994, 143; *Brameshuber, Elisabeth,* Das Recht auf Streik nach Art. 28 GrC, EuZA 2016, 46 ff; *Breuer, Martin,* Zulässigkeit und Grenzen richterlicher Rechtfortbildung in der Rechtsprechung des EGMR, ZÖR 2013, 729; *Buchholtz, Gabriele,* Streiken im europäischen Grundrechtsgefüge: zum Harmonisierungspotenzial des Art. 6 Nr. 4 ESC in der Anwendung des EGMR und des EuGH, 2014; *Bydlinski, Franz,* Vertragsrecht und Arbeitskampf, ZÖR 1957/58, 300; *Danwitz, Thomas von,* Grundfreiheiten und Kollektivautonomie, EuZA 2010, 6; *Däubler, Wolfgang,* ITF-Aktionen gegen Billig-Flaggen-Schiffe: im Widerspruch zum EG-Recht?, AuR 2008, 409; *ders.* (Hrsg.), Arbeitskampfrecht, Handbuch für die Rechtspraxis, 4. Auflage 2018; *ders./Klebe, Thomas,* Crowdwork: Die neue Form der Arbeit – Arbeitgeber auf der Flucht?, NZA 2015, 1032; *Depenheuer, Frank,* Die Grundrechtsfähigkeit von juristischen Personen des öffentlichen Rechts und ihrer Arbeitgebervereinigungen, ZTR, 1993, 364; *Gamillscheg, Franz,* Kollektives Arbeitsrecht, Band I, 1997; *Gooren, Paul,* Der Tarifbezug des Arbeitskampfes : zulässige Arbeitskampfziele im Lichte der Europäisierung und Internationalisierung des Rechts, 2014; *Grabenwarter, Christoph,* Materielle Garantien der EMRK in der Rechtsprechung der Konventionsorgane 1953–2013 zwischen Normtext und unbegrenzter „dynamischer Auslegung" in: Andreas Zimmermann (Hrsg.), 60 Jahre Menschenrechtskonvention. Die Konvention als „living instrument", 2014, S. 21 ff.; *Grünberger, Michael/ Sagan, Adam,* Diskriminierende Sozialpläne. Urteil des Europäischen Gerichtshofs vom 6.12. 2012 – Rechtssache Odar, EuZA 2013, 324; *Franzen, Martin,* Europäische Grundfreiheiten und nationales Arbeitskampfrecht, in: Jobst-Hubertus Bauer, (Hrsg.), Festschrift für Herbert Buchner zum 70. Geburtstag, 2009, S. 231 ff.; *ders.*, „Monti II" oder: Nichts Neues zum Arbeitskampfrecht aus Brüssel, EuZA 2013, 1 ff.; *Fütterer, Patrick,* Das Koalitions- und Streikrecht im EU-Recht nach dem Wandel der Rechtsprechung des EGMR zur Koalitionsfreiheit gemäß Art. 11 EMRK, EuZA 2011, 505; *Herresthal, Carsten,*

222 BVerfG NJW 2018, 2695 ff., Rn. 181.
223 BVerfG NJW 2018, 2695 ff., Rn. 183.
224 BVerfG NJW 2018, 2695 ff., Rn. 184.
225 ILO Report No. 277 (1991), series B. No. 1 Case No. 1528.
226 Nicht von ungefähr hat sich der *dbb beamtenbund und tarifunion* gegen die Verfassungsbeschwerden ausgesprochen, vgl. BVerfG NJW 2018, 2695 ff., Rn. 65 ff. Die Kritik an der Institution der Statusbeamten muss daher bei der Ungleichbehandlung der tarifbeschäftigten Kollegen im selben Kollegium ansetzen, nicht bei den Grundrechten der Beamten.

Die Re-Individualisierung des kollektiven Arbeitsrechts in der europäischen Integration am Beispiel der Tarifautonomie, EuZA 2011, 3; *Heuschmid, Johannes/Hlava, Daniel,* Keine Anwendung des europäischen Kartellrechts auf TV, die Regelungen für Selbstständige enthalten – Anm. zu EuGH – 4.12.2014 – C-413/13, AuR 2015, 193; *Höfler, Marius,* Der Gewerkschaftsbegriff und seine Entwicklung, 2016; *Jarbornegg, Peter/Resch, Reinhard,* Arbeitsrecht, 5. Aufl. 2014; *Joerges, Christian,/Rödl, Florian,* Von der Entformalisierung europäischer Politik und dem Formalismus europäischer Rechtsprechung im Umgang mit dem „sozialen Defizit" des Integrationsprojekts. Ein Beitrag aus Anlass der Urteile des EuGH in den Rechtssachen Viking und Laval, ZERP-Diskussionspapier 2/2008; *Junker, Abbo,* Kollektives Arbeitsrecht in Europa – Überblick über das Arbeitskampfrecht und Tarifsystem der Mitgliedstaaten, RdA-Beil. 2009, 4; *Kellerbauer, Manuel,* Zur Reform der EU-Entsenderichtlinie: Arbeitnehmerschutz durch gleichen Lohn für gleiche Arbeit?, EuZW 2018, 846; *Kocher, Eva,* Das "Sozialthema" zwischen EuGH und Nationalstaat – Überlegungen nach dem Lissabon-Urteil des BVerfG, AuR 2009, 332; *dies./Hensel, Isabell,* Herausforderungen des Arbeitsrechts durch digitale Plattformen – ein neuer Koordinationsmodus von Erwerbsarbeit, NZA 2016, 984; *Kollbacher, Elisabeth,* Grundrecht auf Streik – Rechtsgrundlagen und Rechtsfolgen, ecolex 2015, 690; *Konzen, Horst,* Europäische Grundrechte im aktuellen Arbeitsrecht, in: Detlev Joost, Hartmut Oetker und Marian Paschke (Hrsg.), Festschrift für Franz Jürgen Säcker zum 70. Geburtstag, 2011, S. 229 ff.; *Krebber, Sebastian,* Soziale Rechte in der Gemeinschaftsordnung, RdA 2009, 224; *Kerwer, Christoph,* Von Lokführern, solidarischen Druckern und Nürnberger Haushaltsgeräten: Neue Tendenzen im Arbeitskampfrecht, EuZA 2008, 335; *Krejci, Heinz,* Recht auf Streik. Ein Paradigmenwechsel mit Folgen im Arbeitskampfrecht Österreichs, 2015; *Lange-Korf, Stefanie,* Unions- und völkerrechtliche Einflüsse auf das Streikrecht in Deutschland. Unter besonderer Berücksichtigung des Beamtenstreikverbots, 2018; *Liebman, Wilma,* Debating the Gig Economy, Crowdwork and New Forms of Work, SR 2017, 221; *Lörcher, Klaus,* Ausgewählte Entscheidungen – negative Koalitionsfreiheit – kein Menschenrecht EGMR vom 25.4.1996 – 15573/89 – Gustafsson, AuR 1997, 408; *ders.*, Das Menschenrecht auf Kollektivverhandlung und Streik auch für Beamte, AuR 2009, 229; *ders.*, The New Social Dimension in the Jurisrudence of the European Court of Human Rights: The Demir and Baykara Judgement, its Methodology and Follow up, in: Filip Dorssemont u.a (Hrsg.), The European Court of Human Rights and the Employment Relation, 2013, S. 3; *Löwisch, Manfred/Rieble, Volker,* Kommentar zum Tarifvertragsgesetz, 4. Aufl. 2017; *Mair, Andreas,* Arbeitskampf und Arbeitsvertrag: zum Verhältnis von kollektivem Kampf und individualrechtlicher Bindung, 2008; *ders.*, Fremdpersonaleinsatz im erweiterten Binnenmarkt zwischen Liberalisierung und Reglementierung, EuZA 2011, 451; *ders.*, Das österreichische Arbeitskampfrecht auf dem Weg nach Europa, JAS 2017, 44; *Malmberg, Jonas,* Die Auswirkungen der Urteile des EuGH in den Rechtssachen Viking, Laval, Rüffert und Luxemburg auf die Tarifpraxis und die Wirksamkeit sozialer Maßnahmen, hrsg. vom Europäischen Parlament Generaldirektion Interne Politikbereiche, 2010; *Marhold, Franz/Friedrich, Michael,* Österreichisches Arbeitsrecht, 3. Aufl. 2016; *Marhold, Franz,* Die Bedeutung der GrC und der EMRK für das österreichische Arbeitsrecht, EuZA 2013, 146; *Mayer-Maly, Theo,* Österreichisches Arbeitsrecht, 1970; *Miehsler, Herbert,* The European Social Charter and the civil servants' right to strike : the German case, 1980, S. 547 ff.; *Mitscherlich, Matthias,* Das Arbeitskampfrecht der Bundesrepublik Deutschland und die Europäische Sozialcharta, 1977; *Mittag, Jürgen,* Gewerkschaften zwischen struktureller Europäisierung und sozialpolitischer Stagnation, APuZ 2010, 13; *Monti, Mario,* Eine neue Strategie für den Binnenmarkt im Dienste der Wirtschaft und Gesellschaft Europas: Bericht an den Präsidenten der Europäischen Kommission José Manuel Barroso, 2010; Münchner Handbuch zum Arbeitsrecht, Band 2: Kollektivarbeitsrecht/Sonderformen, hrsg. von Reinhard Richardi u.a., 3. Aufl. 2000; *Oetker, Hartmut/Preis, Ulrich/Sagan, Adam,* Europäisches Arbeits- und Sozialrecht, Teil B: Systematische Darstellungen, 1994; *Orlandini, Giovanni,* The Free Movement of Goods as a Possible Community Limitation on Industrial Conflict, S. 341; *Pottschmidt, Daniela,* Arbeitnehmerähnliche Personen in Europa: die Behandlung wirtschaftlich abhängiger Erwerbstätiger im Europäischen Arbeitsrecht sowie im (Arbeits-)Recht der EU-Mitgliedstaaten, 2006; *Preis, Ulrich,* § 611 a BGB – Potenziale des Arbeitnehmerbegriffs, NZA 2018, 817; *Preis, Ulrich/Sagan, Adam,* Europäisches Arbeitsrecht, 2015; *Ramm, Thilo,* Notstand und Arbeitsrecht, AuR 1967, 33; *Rebhahn, Robert,* Das kollektive Arbeitsrecht im Rechtsvergleich, NZA 2001, 763; *ders.*, Grundfreiheit vor Arbeitskampf, ZESAR 2008,109; *ders.*, Die Arbeitnehmerbegriffe des Unionsrechts in der neueren Judikatur des EuGH, EuZA 2012, 3; *Rieble, Volker,* Arbeitsniederlegung zur Standorterhaltung, RdA 2005, 200; *ders.*, Das neue Arbeitskampfrecht des BAG, BB 2008, 1506; *Riesenhuber, Karl,* Europäisches Arbeitsrecht. Eine systematische Darstellung, 2009; *Risak, Martin,* 3,65 oder 5,5%, das ist hier die Frage – Grundsätzliches zum „Metaller_innen-Oktoberstreik 2011", juridikum 2012, 23; *Rödl, Franz/Callsen, Raphaël,* Kollektive soziale Rechte unter dem Druck der Währungsunion. Schutz durch Art. 28 GrC?, HSI-Schriftenreihe Band 13, 2015; *Sagan, Adam,* Das Gemeinschaftsgrundrecht auf Kollektivmaßnahmen – Eine dogmatische Analyse des Art. 28 GrC, 2008; *Schlachter, Monika,* Beamtenstreik im Mehrebenensystem, RdA

2011, 341; *dies.*, Der Schutz der Vereinigungsfreiheit durch die Europäische Sozialcharta, SR 2013, 77; *Schmidt-Westphal, Oliver/Urban, Nele,* Zur Frage, in welchem Umfang Art. 11 Abs. 1 EMRK die negative Koalitionsfreiheit schützt, RiW 2006, 381; *Schubert, Claudia,* Der Schutz der arbeitnehmerähnlichen Personen: zugleich ein Beitrag zum Zusammenwirken von Arbeits- und Wirtschaftsrecht mit den zivilrechtlichen Generalklauseln, 2004; *dies.*, der Tarifvertrag in den Schranken Europas – Die Tarifautonomie als Bestandteil der europäischen Wirtschaftsordnung, ZfA 2013, 1; *Schubert, Jens M.*, Arbeitsvölkerrecht, 2017; *Seifert, Achim,* Recht auf Kollektivverhandlungen und Streikrecht für Beamte – Anmerkung zur neuen Rechtsprechung des EGMR zur Vereinigungsfreiheit, KritV 2009, 357;*Thomashausen, André,* Urteil des Europäischen Gerichtshofs für Menschenrechte vom 13. August 1981, Young, James und Webster gegen Vereinigtes Königreich, Verletzung von Art 11 EMRK durch nachträgliche "closed shop" Regelung" in: EuGRZ 1981, 564; *Thüsing, Gregor,* Der Außenseiter im Arbeitskampf. Zur Rechtsstellung des nicht und des anders organisierten Arbeitnehmers und Arbeitgebers bei Streik und Aussperrung, 1996; *ders.*, Europa zwischen Flexibility und Security: Versuch einer Positionsbestimmungin einführenden Thesen, EuZA 2008, 159; *ders.*, Von der Quadratur einer gesetzlichen Arbeitnehmerdefinition zur Zwangssolidarisierung der Arbeitnehmer, NZA 2015, 1478; *ders./Traut, Johannes,* Zur begrenzten Reichweite der Koalitionsfreiheit im Unionsrecht, RdA 2012, 65; *Trimikliniotis, Nicos,* Soziale Lage und Beschäftigungssituation in Zypern, hrsg. vom Europäischen Parlament Generaldirektion interne Politikbereiche, 2012; *Waas, Bernd/Liebman, Wilma B./Lyubarsky, Andrew/Kezuka, Katsutoshi,* Crowdwork – A Comparative Law Perspective, HSI-Schriftereihe 22, 2017; *Walser, Manfred,* Grundrechtskonformität der Sozialkassenverfahren, NZA 2016, 1510; *Walter, Torsten,* Gelbe Karte für die Kommission, AuR 2013, 27; *Wank, Rolf,* Das Grünbuch Arbeitsrecht, AuR 2007, 244; *ders.*, Die personellen Grenzen des europäischen Arbeitsrechts: Arbeitsrecht für Nicht-Arbeitnehmer?, EuZA 2008, 172; *ders.*, Neues zum Arbeitnehmerbegriff des EuGH, EuZW 2018, 21; *Warneck, Wiebke,* Streikregeln in der EU 27 und darüber hinaus. Ein vergleichender Überblick, 2008; *Weiß, Wolfgang,* Grundrechtsschutz durch den EuGH: Tendenzen seit Lissabon, EuZW 2013, 287; *Westlake, Martin,* The European Economic and Social Committee: the House of European Organized Civil Society, 2016; *Wiegner, Yvonne Maria,* Die Funktion des Wirtschafts- und Sozialausschuss als demokratisches Element in der EG: zur verfassungsrechtlichen Problematik der Beteiligung von Interessenvertretern an der europäischen Rechtssetzung, 2004.

Artikel 29 Recht auf Zugang zu einem Arbeitsvermittlungsdienst

Jeder Mensch hat das Recht auf Zugang zu einem unentgeltlichen Arbeitsvermittlungsdienst.

I. Vorgaben

1. Europäisches Recht

1 Nach den Erläuterungen des Präsidiums des Europäischen Konvents zur Charta der Grundrechte (Erläuterungen)[1] stützt sich Art. 29 auf **Art. 1 Abs. 3** der **Europäischen Sozialcharta** (ESC)[2] sowie auf Nr. 13 der Gemeinschaftscharta der sozialen Grundrechte der Arbeitnehmer (GCh → Vor Titel IV Rn. 9). Die Bezugnahme auf Nr. 13 GCh führt jedoch ins Leere, denn dort sind das Streikrecht und die Streitschlichtung geregelt. Gemeint sein dürfte vielmehr **Nr. 6 GCh,** wonach „jeder die Dienste der Arbeitsämter unentgeltlich in An-

1 ABl. 2007 C 303, S. 17 ff.

2 Der Wortlaut von Art. 1 ESC entspricht Art. 1 der Revidierten Europäischen Sozialcharta.

spruch nehmen können muss".[3] Diesem unentgeltlichen **Zugangsanspruch** zur staatlichen Arbeitsvermittlung („Arbeitsämter") steht in Art. 1 Abs. 3 ESC die Verpflichtung der Vertragsstaaten gegenüber, „unentgeltliche Arbeitsvermittlungsdienste für alle Arbeitnehmer einzurichten und aufrechtzuerhalten". Die **Einrichtung** und **Aufrechterhaltung** von **unentgeltlichen Arbeitsvermittlungsdiensten** wiederum ist Bestandteil des in Art. 1 ESC geregelten **„Rechts auf Arbeit"**, das in dieser Formulierung keinen Eingang in die Grundrechtecharta gefunden hat.[4] Die beiden Vorbildnormen weisen mit dem Zugangsanspruch einerseits und mit der Einrichtungs- und Erhaltungsverpflichtung andererseits auf zwei denkbare grundrechtliche Gewährleistungsdimensionen hin, auf die (derivative) **Teilhabe-** und auf die (originäre) **Leistungsdimension.**

Die genannten Vorbildnormen begünstigen allein die **Arbeitnehmer**, nicht die Arbeitgeber. 2
Während Art. 1 Nr. 3 ESC dies ausdrücklich regelt („für alle Arbeitnehmer"), ergibt sich die Begrenzung auf Arbeitnehmer bei Nr. 6 GCh aus dem Regelungszusammenhang von Nr. 4 bis 6 mit dem Titel „Beschäftigung und Arbeitsentgelt". Den Schutz von ausländischen Arbeitnehmern beschränkt die ESC in ihrem Anhang jedoch, indem Arbeitnehmer anderer Vertragsstaaten im betreffenden Staat ihren rechtmäßigen gewöhnlichen Aufenthalt haben oder dort ordnungsgemäß beschäftigt sein müssen. Den Schutz von Drittstaatsangehörigen erfordert die ESC nicht, lässt günstigere Vorschriften der Vertragsstaaten aber zu.[5] Nr. 6 GCh gewährt den Zugangsanspruch nach seinem Wortlaut „jedem".

Die Fassung des Art. 29 weist eine **größere Nähe** zur Vorbildnorm aus **Nr. 6 GCh** auf. 3
Sachlich wird der Zugangsanspruch aufgegriffen, persönlich die ausdrückliche Begünstigung von jedermann. Die Einrichtungs- und Erhaltungsverpflichtung aus Art. 1 Nr. 3 ESC scheint allein in der Übernahme der Formulierung „unentgeltliche Arbeitsvermittlungsdienste" durch.

Darüber hinaus verweisen die Erläuterungen weder auf die einschlägigen ILO-Konventio- 4
nen über unentgeltliche Arbeitsvermittlungsdienste (Nr. 2, 88, 96, 181) noch auf internationale Vorgaben, die den Bezug zum Recht auf Arbeit bekräftigen würden (z.B. Art. 6 Abs. 1 Internationaler Pakt über wirtschaftliche, soziale und kulturelle Rechte). Unerwähnt bleibt auch der Kontext zur Beschäftigungsförderung nach Art. 145 ff. AEUV sowie zum Grundsatz der Inländergleichbehandlung nach Art. 5 der Arbeitnehmer-Freizügigkeitsverordnung[6].

2. Verfassungen der Mitgliedstaaten

Für eine gemeinsame Verfassungstradition der Mitgliedstaaten in Bezug auf ein **Zugangs-** 5
recht zu unentgeltlichen Arbeitsvermittlungsdiensten bieten die **Verfassungstexte** der Mitgliedstaaten **keine konkreten Anknüpfungspunkte.**

Eine gewisse Nähe besteht aber – wie Art. 1 ESC zeigt – zwischen dem **Recht auf Arbeit** und der Einrichtung von unentgeltlichen Arbeitsvermittlungsdiensten. In diesem Zusam-

3 Auf Nr. 6 Gemeinschaftscharta verweisen auch die Erläuterungen zu Art. 27 in CHARTE 4423/00 vom 31.7.2000, S. 20. Zur Annahme eines Redaktionsversehens siehe *Hesselhaus/Nowak/Hilbrandt*, Hdb Eur. GR, § 38 Rn. 10; *Franzen/Gallner/Oetker/Schubert*, Eur. Arbeitsrecht, Art. 29 GrC Rn. 4; a.A., allerdings ohne weitere Begründung, Vorauflage/*Rudolf*, Art. 29 Rn. 1, 6.

4 Siehe aber die Formulierung in Art. 15 Abs. 1 (Recht zu arbeiten).

5 Vgl. Anhang zur ESC unter der Rubrik „Persönlicher Geltungsbereich der Sozialcharta".

6 Art. 5 VO 1612/68, jetzt kodifiziert in VO 492/2011, lautet: „Ein Staatsangehöriger eines Mitgliedstaats, der im Hoheitsgebiet eines anderen Mitgliedstaats eine Beschäftigung sucht, erhält dort die gleiche Hilfe, wie sie die Arbeitsämter dieses Staates den eigenen Staatsangehörigen gewähren, die eine Beschäftigung suchen."

menhang kann auf zahlreiche Verfassungsbestimmungen der Mitgliedstaaten verwiesen werden, die ausdrücklich ein Recht auf Arbeit gewährleisten (ausführlich hierzu → Art. 15 Rn. 2). Erwähnenswert sind ferner Verfassungsvorschriften, die sich auf die **Beschäftigungsförderung** und **Unterstützung der Arbeitssuche** beziehen, ohne allerdings konkrete Rechte auf die Einrichtung von unentgeltlichen Arbeitsvermittlungsdiensten zu formulieren: *Belgien*, Art. 23 (Recht auf Arbeit und freie Wahl der Berufstätigkeit im Rahmen einer allgemeinen Beschäftigungspolitik mit Ausrichtung auf einen hohen und stabilen Beschäftigungsstand)[7]; *Estland*, § 29 (Staat unterstützt Arbeitssuchende bei der Arbeitssuche); *Griechenland*, Art. 22 (Staat sorgt für Sicherung der Vollbeschäftigung)[8]; *Irland*, Art. 45 (Ausrichtung der Politik auf Beschäftigungsförderung); *Italien*, Art. 4 (Republik fördert Bedingungen, durch die das Recht auf Arbeit verwirklicht werden kann)[9]; *Malta*, Art. 7 Prinzipienerklärung (Förderung des Rechts zu arbeiten); *Niederlande*, Art. 19 (Sorge des Staates ist Schaffung von genügend Arbeitsplätzen); *Polen*, Art. 65 (Politik der Vollbeschäftigung); Slowenien, Art. 66 (Sicherung der Beschäftigung); *Ungarn*, Art. XII (Förderung der Beschäftigung).

II. Diskussion im Grundrechtekonvent

6 Im ersten Präsidiumsentwurf wird das Recht auf „unentgeltlichen Zugang zu Arbeitsvermittlungsdiensten" als ein mögliches soziales Recht erwähnt, aber nicht als Grundrecht ausformuliert.[10] Es findet sich erst im Kompromissvorschlag des Präsidiums vom 23. Juni 2000 als Teil des Rechts auf Arbeit und der Berufsfreiheit und lautet: „(1) Jede Person hat das Recht auf Arbeit, auf freie Wahl ihrer Arbeit und auf den Schutz ihres Arbeitsplatzes. (2) Jede Person hat insbesondere das Recht, ihren Beruf oder eine gewerbliche Tätigkeit auszuüben, und das Recht auf Zugang zu einem unentgeltlichen Arbeitsvermittlungsdienst."[11] Vorangegangen war ein entsprechender Vorschlag von *Braibant* (F), der darauf verwies, das Recht auf Arbeit impliziere das Recht auf Zugang zu einem unentgeltlichen Arbeitsvermittlungsdienst.[12]

Die späteren Fassungen **lösen** den **Zusammenhang** zwischen Berufsfreiheit, Recht auf Arbeit und Zugang zu unentgeltlichen Arbeitsvermittlungsdiensten jedoch auf. Das zunächst als Teilgrundrecht konzipierte Zugangsrecht zu unentgeltlichen Arbeitsvermittlungsdiensten wird schließlich als **Einzelgrundrecht** dem Titel „Solidarität" zugeordnet, getrennt von der Berufsfreiheit aus dem Titel „Freiheiten" und ohne weitere Bezugnahme auf das „Recht auf Arbeit".[13]

7 Die zugrundeliegende Diskussion im Grundrechtekonvent lässt sich anhand der verfügbaren Materialien nur teilweise nachzeichnen. In ihrem Kompromissvorschlag stellten *Meyer*

---

7 Siehe dazu auch *Illiopoulos-Strangas/Leanarts/ van Ypersele, P./van Ypersele, J.*, Soziale GR, S. 41 ff., 60.

8 Siehe auch *Illiopoulos-Strangas/Illiopoulos-Strangas/Leventis*, Soziale GR, S. 249 ff., 274 f.

9 In Italien zählt die Arbeit darüber hinaus zu den fundamentalen Verfassungsgrundsätzen („auf Arbeit gegründete Republik"), vgl. *Illiopoulos-Strangas/De Vegottini*, Soziale GR, S. 391 ff., 402 f.

10 Siehe Nr. 6 auf der Liste der sozialen Rechte in CHARTE 4192/00 CONVENT 18 vom 27.3.2000, S. 2.

11 CHARTE 4373/00 CONVENT 40 vom 23.6.2000, S. 2; vgl. auch CHARTE 4383/00 CONVENT 41 vom 3.7.2000, S. 4.

12 CHARTE 4372/00 CONVENT 39 vom 16.6.2000, S. 59: „Jede Person hat das Recht, im Rahmen der gesetzlichen Vorschriften den Beruf und das Gewerbe ihrer Wahl auszuüben. Jede Person hat das Recht auf Zugang zu einem unentgeltlichen Arbeitsvermittlungsdienst.", ähnlich *Meyer*, ebd., S. 33 f. mit dem Vorschlag eines „Rechts auf freien Zugang zu berufsfördernden Maßnahmen".

13 Siehe CHARTE 4422/00 CONVENT 45 vom 28.7.2000, S. 9 (Art. 27).

(D) und *Braibant* (F) den **abwehrrechtlichen** Charakter der **Rechte** der **Arbeit** heraus.[14] Konkret schlugen sie vor, das Recht auf Arbeit – zur Vermeidung eines einklagbaren Rechts auf einen Arbeitsplatz[15] – durch ein Recht *zu* arbeiten zu ersetzen und das Zugangsrecht zum unentgeltlichen Arbeitsvermittlungsdienst als *freies* Zugangsrecht zu formulieren. *Meyer* (D) betonte, er und *Braibant* (F) hätten versucht, „die sozialen Rechte ebenso zu formulieren wie die klassischen Freiheitsrechte, als Abwehrrechte gegen die Union".[16] Diese abwehrrechtliche Dimension gegen die Union kommt damit zur Teilhabe- und Leistungsdimension der Vorbildnormen hinzu.

Weitere Diskussionsbeiträge kritisieren einen denkbaren Anspruch auf die **Einrichtung unentgeltlicher Arbeitsvermittlungsdienste.** *Hayes* (IR) merkte an, das Recht auf Zugang zu unentgeltlicher Arbeitsvermittlung gehe über die Sozial- und die Gemeinschaftscharta hinaus.[17] In eine ähnliche Richtung gehen die Hinweise von *Maij-Weggen* (EP; NL), ein Recht auf unentgeltliche Arbeitsvermittlung gebe es nicht, und von *Patijy* (NL) – unterstützt von *Bowness* (GB) –, das Recht auf unentgeltliche Arbeitsvermittlung sei unmöglich zu verwirklichen.[18] Schließlich stellte *Altmaier* (D) die Frage, warum die Arbeitsvermittlung überhaupt unentgeltlich sein solle.[19] Der zwischenzeitliche Verzicht auf die „Unentgeltlichkeit"[20] hat sich im Ergebnis gleichwohl nicht durchgesetzt. Darüber hinaus war die **Chartawürdigkeit** von Art. 29 als Einzelgrundrecht umstritten.[21] Teilweise wurde auch vorgeschlagen, das Recht auf Zugang zu unentgeltlichen Arbeitsvermittlungsdiensten zu streichen.[22] 8

III. Kommentierung

1. Allgemeine Einordnung

Der in Art. 29 geregelte Zugang zu unentgeltlichen Arbeitsvermittlungsdiensten dient der **Begründung von Arbeitsverhältnissen** und damit der **Beschäftigungsförderung.** Während die gleiche Teilhabe an unentgeltlichen Arbeitsvermittlungsdiensten grundsätzlich auch unspezifisch, d.h. durch allgemeine Diskriminierungsverbote gewährleistet werden könnte (derivative Teilhaberechte), kommt ein Anspruch auf Schaffung von unentgeltlichen Arbeitsvermittlungsdiensten (originäre Leistungsrechte) nur im Rahmen einer spezifischen Norm in Betracht. Die mit Art. 29 geschaffene gesonderte Regelung zum Zugang zu unentgeltlichen Arbeitsvermittlungsdiensten weckt nun die Erwartung, auch die Schaffung von unentgeltlichen Arbeitsvermittlungsdiensten zu gewährleisten. Gerade diese Erwartung ver- 9

14 Vgl. CHARTE 4401/00 CONNTRIB 258 vom 4.7.2000, S. 2 f.

15 So auch *Hayes* (IR), in: *Meyer/Engels*, Charta der Grundrechte, S. 325; *Goldsmith* (GB), ebd., S. 327

16 *Meyer/Engels*, Charta der Grundrechte, S. 324; siehe auch *Bernsdorff/Borowsky*, Protokolle, S. 296.

17 *Bernsdorff/Borowsky*, Protokolle, S. 320 zur 14. Sitzung des Konvents am 10./11. Juli 2000.

18 *Bernsdorff/Borowsky*, Protokolle, S. 321 f. zur 14. Sitzung des Konvents am 10./11. Juli 2000.

19 *Bernsdorff/Borowsky*, Protokolle, S. 383 zur 17. Sitzung des Konvents am 25./26.9.2000.

20 Vgl. CHARTE 4422/00 CONVENT 45 vom 28.7.2000 und CHARTE 4423/00 CONVENT 46 vom 31.7.2000, jeweils Art. 27: „Jede Person hat das Recht auf Zugang zu einem Arbeitsvermittlungsdienst."

21 Vgl. Vorauflage, *Rudolf*, Rn. 3. Deutliche Kritik an der Chartawürdigkeit äußert *Knecht*, GRC, S. 187: „(...), aber bei diesem Artikel zeigt sich, wie weit sich die Charta von einer möglichst abstrakten, auf viele Fälle anwendbaren, juristischen Leistung hin zu einem unzählige, problematische Fälle regelnden Rechtswerk entwickelt hat. Solch eine Regelung gehört trotz des nachvollziehbaren guten Willens nicht in einen Grundrechtskatalog."

22 Siehe dazu den von verschiedenen Konventsmitgliedern unterstützten Vorschlag von *Hirsch Ballin/Altmaier* vom 18.7.2000, *Bernsdorff/Borowsky*, Arbeitsdokumente, S. 1557 ff., der ein Zugangsrecht zu unentgeltlichen Arbeitsvermittlungsdiensten nicht mehr vorsieht. Siehe auch *Altmaier*, ZG 2001, 200 f.

mag Art. 29 jedoch nicht zu erfüllen (→ Rn. 19). Im Zentrum steht vielmehr der **Schutz** der **vorhandenen unentgeltlichen Arbeitsvermittlungsdienste** auf **mitgliedstaatlicher Ebene**. Art. 29 schützt insoweit nicht nur die gleiche Teilhabe, sondern auch den Erhalt und die Wirksamkeit von unentgeltlichen Arbeitsvermittlungsdiensten vor Maßnahmen der Union (→ Rn. 22).

10 Bei der **Auslegung** gebührend zu berücksichtigen sind die in den Erläuterungen erwähnten Normen der ESC und der GCh (Art. 52 Abs. 7 und Art. 6 Abs. 1, UAbs. 3 EUV). Zu beachten sind ferner die **begrenzten Unionszuständigkeiten** (→ Vor Titel IV Rn. 28 ff.) im Bereich der **Arbeitsvermittlung.** Mangels einer unionsrechtlichen Verwaltungskompetenz für die Durchführung von Arbeitsvermittlungsdiensten geht es allein um unionsrechtliche Vorgaben für die Arbeitsvermittlung auf mitgliedstaatlicher Ebene. Insofern kommen jedoch lediglich **partielle Unionskompetenzen** in Betracht.[23] Die Kompetenz in Art. 153 Abs. 1 lit. h), Abs. 2 lit. b) AEUV[24] bezieht sich auf den Teilbereich der „beruflichen Eingliederung der aus dem Arbeitsmarkt ausgegrenzten Personen“[25] und ist überdies auf die Unterstützung und Ergänzung der Mitgliedstaaten und auf den Erlass von Richtlinien zur Schaffung von Mindestvorschriften begrenzt. Teilweise Überschneidungen bestehen ferner mit den Unionskompetenzen in Art. 19 AEUV und Art. 46 AEUV, soweit es um Fragen der Nichtdiskriminierung und Inländergleichbehandlung geht. Nicht in Betracht kommt eine Auslegung nach Maßgabe der Verträge (Art. 52 Abs. 2), da diese kein vergleichbares Zugangsrecht zu unentgeltlichen Arbeitsvermittlungsdiensten regeln.[26] Auch entfällt eine Auslegung im Sinne der EMRK oder der nationalen Verfassungen (Art. 52 Abs. 3 und 4), da Art. 29 weder an die EMRK noch an eine gemeinsame Verfassungsüberlieferung anknüpft (→ Rn. 1, 5).

2. Grundrechtsberechtigte und Grundrechtsverpflichtete

11 Das Recht auf Zugang zu unentgeltlichen Arbeitsvermittlungsdiensten steht **jedem Menschen** und damit jeder natürlichen Person zu. Mit der weiten Fassung als Menschenrecht grenzt sich Art. 29 von der Vorbildnorm des Art. 1 Abs. 3 ESC („für alle Arbeitnehmer“), die gemäß Anhang der ESC den Schutz auf Angehörige der Vertragsstaaten begrenzt (→ Rn. 2), ab und schließt **Drittstaatsangehörige** in den Kreis der Grundrechtsberechtigten mit ein.[27] Etwas anderes folgt auch nicht aus dem systematischen Zusammenhang zur Berufsfreiheit und dem Recht zu arbeiten in Art. 15. Das Grundrecht differenziert zwar zwischen der Arbeitssuche (Art. 15 Abs. 2) und den Arbeitsbedingungen (Art. 15 Abs. 3) und

---

23 So auch *Franzen/Gallner/Oetker/Schubert*, Eur. Arbeitsrecht, Art. 29 GrC Rn. 2; *Pechstein/Nowak/Häde/Kocher*, Frankfurter Kommentar, Art. 29 Rn. 6; a.A. *Lienbacher/Holoubek/Kröll*, GRC, Art. 29 Rn. 12.

24 Nicht einschlägig im Bereich der Arbeitsvermittlung ist der Kompetenztitel der Arbeitsbeendigung in Art. 153 Abs. 1 lit. d) AEUV, vgl. *Calliess/Ruffert/Krebber*, EUV/AEUV, Art. 153 AEUV Rn. 19.

25 Näher zu den erfassten „Randgruppen des Arbeitsmarktes“ wie Nichtqualifizierte und Langzeitarbeitslose *Streinz/Eichenhofer*, EUV/AEUV, Art. 153 AEUV Rn. 23.

26 Dass die Arbeitnehmerfreizügigkeit aus Art. 45 AEUV einen diskriminierungsfreien Zugang zu staatlicher Arbeitsvermittlung im Anwendungsbereich der Arbeitnehmerfreizügigkeit schützt, stellt keine Regelung im Sinne des Art. 52 Abs. 2 dar. Zum Erfordernis einer ausdrücklichen Regelung *Kober*, EU-Grundrechtsschutz, S. 198 f.

27 So auch *Franzen/Gallner/Oetker/Schubert*, Eur. Arbeitsrecht, Art. 29 GrC Rn. 7; *GSH/Lembke*, EU, Art. 29 GRC Rn. 1; *Frenz*, Hdb EuR, Rn. 3788; *Calliess/Ruffert/Krebber*, EUV/AEUV, Art. 30 GRC Rn. 3; Vorauflage, *Rudolf*, Rn. 6; a.A. *Hesselhaus/Nowak/Hilbrandt*, Hdb Eur. GR, § 38 Rn. 13; *Peers/Hervey/Kenner/Ward/Ashiagbor*, EU Charter, Art. 29.25. Differenzierend *Lienbacher/Holoubek/Kröll*, GRC, Art. 29 Rn. 17, der darauf abstellt, ob die Drittstaatsangehörigen im Übrigen in den Anwendungsbereich des Unionsrechts fallen.

sieht eine Gleichbehandlung zwischen Drittstaatsangehörigen und Unionsbürgern allein in Bezug auf die Arbeitsbedingungen vor. Aus dem Recht der Unionsbürger gemäß Art. 15 Abs. 2, in jedem Mitgliedstaat Arbeit zu suchen, folgt aber nicht im Umkehrschluss, dass eine Gleichbehandlung von Drittstaatsangehören bei der Arbeitssuche generell ausgeschlossen wäre. Denn Art. 15 Abs. 2 behandelt den spezifisch freizügigkeitsrechtlichen Aspekt der Arbeitssuche, auf den sich allein Unionsbürger berufen können. Für die von der Freizügigkeit unabhängige Arbeitssuche in einem Mitgliedstaat stellt Art. 29 jedoch Unionsbürger und Drittstaatsangehörige in Bezug auf den Zugang zu unentgeltlichen Arbeitsvermittlungsdiensten gleich.

Einschränkungen der Grundrechtsberechtigung folgen aus dem Zweck des Art. 29, die Begründung von Arbeitsverhältnissen zu ermöglichen. Die Begründung von Arbeitsverhältnissen setzt voraus, dass den **potentiellen Arbeitnehmern** der **Zugang zum Arbeitsmarkt** grundsätzlich eröffnet ist. Dementsprechend befreit das Zugangsrecht in Art. 29 Drittstaatsangehörige nicht von ggf. erforderlichen Aufenthalts- und Arbeitserlaubnissen.[28] 12

Nicht aus Art. 29 grundrechtsberechtigt sind die **Arbeitgeber.**[29] Dafür sprechen bereits die Vorbildnormen, die allein die Arbeitnehmer begünstigen (→ Rn. 2). Auch die Entstehungsgeschichte des Art. 29 enthält keine Anhaltspunkte dafür, dass die Arbeitgeber als gleichermaßen schutzbedürftig angesehen wurden mit der Folge, ihnen den gleichen Zugang zu unentgeltlichen Arbeitsvermittlungsdiensten zu sichern wie Arbeitnehmern. Die Arbeitgeber wären zudem in der Organisation als juristische Personen nicht von der Formulierung „jeder Mensch“ umfasst.[30] Die weite Fassung des Art. 29 als Menschenrecht zielt daher – in Abgrenzung zu den Arbeitnehmerbegriffen in Art. 27, Art. 28 und Art. 30 – allein darauf ab, auch diejenigen Personen zu erfassen, die noch keine Arbeitnehmerstellung besitzen.[31] 13

Art. 29 richtet sich gemäß Art. 51 Abs. 1 an die EU-Organe und EU-Einrichtungen sowie an die Mitgliedstaaten. Eine **Grundrechtsverpflichtung** von **Privaten** umfasst Art. 29 hingegen **nicht.**[32] Weder eröffnet Art. 51 Abs. 1 die Grundrechtsbindung von Privaten, noch lässt sich darüber hinaus aus Art. 29 eine horizontale Bindungswirkung entnehmen. 14

3. Unentgeltliche Arbeitsvermittlungsdienste

Arbeitsvermittlungsdienste sind darauf gerichtet, **Arbeitsverhältnisse** zwischen Arbeitgebern und Arbeitnehmern zu begründen.[33] Die Arbeitsvermittlung schuldet dabei nicht die 15

28 Im Ergebnis so auch *Franzen/Gallner/Oetker/Schubert*, Eur. Arbeitsrecht, Art. 29 GrC Rn. 7; *Pechstein/Nowak/Häde/Kocher*, Frankfurter Kommentar, Art. 29 Rn. 10. Siehe hierzu auch die Stellungnahme von *Friedrich* (EP) im Grundrechtekonvent, wonach die Rechtmäßigkeit des Aufenthalts die Bedingung für die Rechte der Arbeit sei, *Meyer/Engels*, Charta der Grundrechte, S. 325.

29 Ebenso *Pechstein/Nowak/Häde/Kocher*, Frankfurter Kommentar, Art. 29 Rn. 11; *Frenz*, Hdb EuR, Rn. 3789; *Franzen/Gallner/Oetker/Schubert*, Eur. Arbeitsrecht, Art. 29 GrC Rn. 7; *Calliess/Ruffert/Krebber*, EUV/AEUV, Art. 29 GRC Rn. 3; *Lienbacher/Holoubek/Kröll*, GRC, Art. 29 Rn. 14; a.A. *Hesselhaus/Nowak/Hilbrandt*, Hdb Eur. GR, § 38 Rn. 14.

30 Hierauf verweist auch *Franzen/Gallner/Oetker/Schubert*, Eur. Arbeitsrecht, Art. 29 GrC Rn. 7.

31 Vgl. *Peers/Hervey/Kenner/Ward/Ashiagbor*, EU Charter, Art. 29 Rn. 29.24.

32 Im Ergebnis ebenso *Franzen/Gallner/Oetker/Schubert*, Eur. Arbeitsrecht, Art. 29 GrC Rn. 3; *Pechstein/Nowak/Häde/Kocher*, Frankfurter Kommentar, Art. 29 Rn. 7; so wohl auch *Hesselhaus/Nowak/Hilbrandt*, Hdb Eur. GR, § 38 Rn. 18, der eine Drittwirkung auf die Fälle begrenzt, in denen private Arbeitsvermittler „anstelle bzw. im Auftrag“ einer staatlichen Arbeitsvermittlung tätig werden; zur grundsätzlichen Kritik an der Drittwirkung auch *Kainer*, NZA 2018, 899; *Herresthal*, ZEuP 2014, 254 f.

33 *Franzen/Gallner/Oetker/Schubert*, Eur. Arbeitsrecht, Art. 29 GrC Rn. 8.

erfolgreiche Begründung von Arbeitsverhältnissen, sondern erschöpft sich in der Vermittlungstätigkeit. Besondere Anforderungen an die Art der beabsichtigten Arbeitsverhältnisse bestehen mit Blick auf den Zweck von Art. 29, die Beschäftigung zu fördern, nicht, so dass besondere Arbeitsverhältnisse wie Teilzeit, Leiharbeit und befristete Arbeit ebenso erfasst sind wie die Begründung von Berufsausbildungsverhältnissen, die Beschäftigung von Führungskräften oder arbeitnehmerähnliche Tätigkeiten.[34] Keine Vermittlungstätigkeit im Sinne einer Arbeitsvermittlung liegt jedoch vor, wenn es um die Berufsberatung oder allgemeine Förderung von selbständigen Tätigkeiten geht.

16 Das Merkmal der **Unentgeltlichkeit** meint, dass die Grundrechtsberechtigten für die Vermittlungsleistung kein Entgelt schulden.[35] Entsprechend der Vorbildnorm in Art. 1 Nr. 3 („für alle Arbeitnehmer") ist die Unentgeltlichkeit im Verhältnis zum Arbeitnehmer maßgeblich.

17 Art. 29 beschränkt die Arbeitsvermittlungsdienste nach seinem Wortlaut nicht auf staatliche Anbieter,[36] wenngleich die staatlichen Anbieter Arbeitsvermittlungsdienste typischerweise unentgeltlich erbringen. Unentgeltliche Arbeitsvermittlungsdienste können aber auch von **privaten Anbietern** bereitgestellt werden. Denn maßgeblich ist auch hier, dass die Vermittlungsdienste für die Arbeitnehmer unentgeltlich sind.[37] Da private Anbieter jedoch nicht zu den Grundrechtsverpflichteten gehören (→ Rn. 14), greift der Grundrechtsschutz nur, wenn es insofern gemäß Art. 51 Abs. 1 um die Durchführung von Unionsrecht geht, das die unentgeltliche Arbeitsvermittlung von Privaten umfasst.

4. Recht auf Zugang

18 Die Frage nach der **Rechtsnatur** des Art. 29 als Recht im Sinne des Art. 52 Abs. 1 oder als Grundsatz im Sinne des Art. 52 Abs. 5 stellt sich nicht abstrakt, sondern konkret bezogen auf einen grundrechtlichen **Gewährleistungsgehalt.**[38] Insoweit wird über die (derivative) Teilhabe an vorhandenen Kapazitäten hinaus die Schaffung von unentgeltlichen Arbeitsvermittlungsdiensten als (originäre) Leistungsdimension von Art. 29 diskutiert (→ Rn. 9).

19 In Bezug auf die **Schaffung von unentgeltlichen Arbeitsvermittlungsdiensten** gewährleistet Art. 29 weder ein subjektives Recht (Art. 52 Abs. 1) noch einen Grundsatz (Art. 52 Abs. 1).[39] Der Ausschluss eines subjektiven Rechts ergibt sich dabei schon aus der einschlä-

34 Zu arbeitnehmerähnlichen Tätigkeiten siehe auch *Hüpers/Reese*, Art. 28 Rn. 29; allgemein zum Arbeitnehmerbegriff im Unionsrecht *Wank*, EuZW 2018, 21 ff.

35 Siehe auch *Franzen/Gallner/Oetker/Schubert*, Eur. Arbeitsrecht, Art. 29 GrC Rn. 10.

36 Siehe auch *Hesselhaus/Nowak/Hilbrandt*, Hdb Eur. GR, § 38 Rn. 15; *Franzen/Gallner/Oetker/Schubert*, Eur. Arbeitsrecht, Art. 29 GrC Rn. 8.

37 Siehe Rn. 16. Bei privaten Anbietern kommen dabei Arbeitsvermittlungsmodelle in Betracht, bei denen der Arbeitgeber oder der Staat eine Vergütung entrichtet, zu letzterem siehe EuGH – ITC, Rs. C-208/05, Urt. vom 11.1.2007 (Dritte Kammer).

38 Anders und für ein subjektives Recht *Frenz*, Hdb EuR, Rn. 3771 ff.; *Franzen/Gallner/Oetker/Schubert*, Eur. Arbeitsrecht, Art. 29 GrC Rn. 3; Vorauflage, *Rudolf*, Rn. 1; *Lienbacher/Holoubek/Kröll*, GRC, Art. 29 Rn 9; *GSH/Lembke*, EU, Art. 29 GRC Rn. 4; *Pechstein/Nowak/Häde/Kocher*, Frankfurter Kommentar, Art. 29 Rn. 5; *Jarass*, GRC, Art. 29 Rn. 2.

39 Ebenso *Hesselhaus/Nowak/Hilbrandt*, Hdb Eur. GR, § 38 Rn. 16; *Schlachter/Heinig/Krebber*, Eur. Arbeits- und Sozialrecht, § 2 Rn. 84; *Stern/Sachs/Lang*, GRC, Art. 29 Rn. 7; *Franzen/Gallner/Oetker/Schubert*, Eur. Arbeitsrecht, Art. 29 GrC Rn. 3, 9; *Lienbacher/Holoubek/Kröll*, GRC, Art. 29 Rn. 10; *GSH/Lembke*, EU, Art. 29 GRC Rn. 5; *Calliess/Ruffert/Krebber*, EUV/AEUV, Art. 29 GRC Rn. 4; *Frenz*, Hdb EuR, Rn. 3780; *Stern/Sachs/Lang*, GRC, Art. 29 Rn. 7; wohl auch Vorauflage, *Rudolf*, Rn. 7; *Vedder/Heintschel von Heinegg/Folz*, Unionsrecht, Art. 29 GRC Rn. 3; nicht eindeutig *Peers/Hervey/Kenner/Ward/Ashigbor*, EU Charter, Art. 29 Rn. 30; vorsichtig in Richtung eines originären Leistungsrechts *Pechstein/Nowak/Häde/Kocher*, Frankfurter Kommentar, Art. 29 Rn. 14.

gigen Vorbildnorm in Art. 1 Nr. 3 ESC, die allein objektiv-rechtlich die Vertragsparteien verpflichtet, unentgeltliche Arbeitsvermittlungsdienste einzurichten und aufrecht zu erhalten. Auch zeigt die Diskussion im Grundrechtekonvent, dass einklagbare subjektive Rechte im Zusammenhang mit dem Recht auf Arbeit vermieden werden sollten und man im Übrigen einem originären Leistungsanspruch beim unentgeltlichen Arbeitsvermittlungsdienst ablehnend gegenüberstand (→ Rn. 7 f.).

Sowohl subjektive Rechte als auch objektiv-rechtliche Gewährleistungen scheitern jedenfalls an den **fehlenden korrespondierenden Unionskompetenzen.** Im Verhältnis zur Union kommt eine originäre Leistungsdimension bereits wegen der mangelnden Verwaltungskompetenz der Union im Bereich der Arbeitsvermittlung nicht in Betracht. Soweit es um die Arbeitsvermittlung auf mitgliedstaatlicher Ebene geht, setzt die Anwendbarkeit des Art. 29 die Durchführung von Unionsrecht voraus, Art. 51 Abs. 1. Einer originären grundrechtlichen Leistungsdimension stehen hier die beschränkten Unionskompetenzen entgegen (→ Rn. 10). Da die Union im Bereich der Arbeitsvermittlung nicht über ausschließliche Kompetenzen verfügt, würde die Annahme grundrechtlicher Verpflichtungen zur Schaffung von unentgeltlichen Arbeitsvermittlungsdiensten – entgegen Art. 51 Abs. 2 – **kompetenzansaugende Wirkungen** entfalten (→ Vor Titel IV Rn. 31). Dies wird in Bezug auf staatliche unentgeltliche Arbeitsvermittlung als Dienstleistung von allgemein wirtschaftlichem Interesse[40] durch die Verpflichtung zur Anerkennung und Achtung der Ausgestaltung nach den *einzelstaatlichen Rechtsvorschriften und Gepflogenheiten* in Art. 36 bekräftigt. Darüber hinaus reichen die bloß partiellen Kompetenzen der Union im Bereich der Arbeitsvermittlung von vornherein nicht aus, um die Rechtsgrundlagen für den in Art. 29 vorgesehenen Zugang von *jedem Menschen* zu unentgeltlichen Arbeitsvermittlungsdiensten auf mitgliedstaatlicher Ebene zu schaffen.

20 Der Ausschluss der originären Leistungsdimension auf Schaffung unentgeltlicher Arbeitsvermittlungsdienste aus dem Gewährleistungsgehalt des Art. 29 hat auch zur Folge, dass keine Verpflichtung bzw. kein Anspruch darauf besteht, dass vorhandene Arbeitsvermittlungsdienste auf mitgliedstaatlicher Ebene ihre Vermittlungsleistungen *unentgeltlich* anbieten. Denn eine solche Verpflichtung bzw. ein solcher Anspruch würde normativ die Gewährleistung einer originären Leistungsdimension bedeuten. Die verbreitet vertretene Auffassung, bei **privaten Arbeitsvermittlungsdiensten** müsse sichergestellt werden, dass ein **unentgeltlicher** Zugang bestehe,[41] überzeugt daher nicht.

21 In Bezug auf die **vorhandenen unentgeltlichen Arbeitsvermittlungsdienste** gewährleistet Art. 29 ein Recht auf **gleiche Teilhabe.** Insoweit fungiert Art. 29 – dem Wortlaut entsprechend – als ein **subjektives Recht** im Sinne des Art. 52 Abs. 1.[42]

Dieses Teilhaberecht richtet sich mangels unionsrechtlicher Verwaltungskompetenzen im Bereich der Arbeitsvermittlung auf die vorhandenen unentgeltlichen Arbeitsvermittlungsdienste auf mitgliedstaatlicher Ebene. Seine Anwendbarkeit setzt voraus, dass es gemäß

40 EuGH – Höfner und Elser, Rs. C-41/90, Urt. vom 23. 4. 1991 – C-41/90 (Sechste Kammer), Rn. 24.

41 So *Franzen/Gallner/Oetker/Schubert*, Eur. Arbeitsrecht, Art. 29 GrC Rn. 8: „Bei privaten Arbeitsvermittlungen muss sichergestellt werden, dass ein Recht auf unentgeltlichen Zugang besteht", allerdings diese Aussage relativierend in Rn. 11; Vorauflage, *Rudolf*, Rn. 8; *Schlachter/Heinig/Krebber*, Eur. Arbeits- und Sozialrecht, § 2 Rn. 84; in diese Richtung auch *Stern/Sachs/Lang*, GRC, Art. 29 Rn. 9 und wohl auch *Jarass*, GRC, Art. 29 Rn. 5.

42 Ebenso *Franzen/Gallner/Oetker/Schubert*, Eur. Arbeitsrecht, Art. 29 GrC Rn. 3; *Frenz*, Hdb EuR, Rn. 3771; *Jarass*, GRC, Art. 29 Rn. 2; *Grabenwarter/Rebhahn*, Eur. Grundrechteschutz, § 16 Rn. 91; *Pechstein/Nowak/Häde/Kocher*, Frankfurter Kommentar, Art. 29 Rn. 5; *Frenz*, Hdb EuR, Rn. 3781 ff.

Art. 51 Abs. 1 um die Durchführung von Unionsrecht geht. Eine solche Durchführung kommt jedenfalls im Bereich der Wahrnehmung der Arbeitnehmerfreizügigkeit gemäß Art. 45 in Betracht. Darüber hinaus – und dies betrifft vor allem private unentgeltliche Arbeitsvermittlungsdienste – könnte das Teilhaberecht nur greifen, wenn und soweit einschlägiges Sekundärrecht geschaffen wurde (→ Rn. 17).[43] Einschränkungen des Teilhaberechts durch Ungleichbehandlungen bedürfen dann nach Maßgabe von Art. 52 Abs. 1 der Rechtfertigung.

22 In seiner **besonderen Abwehrdimension** (→ Vor Titel IV Rn. 38 f.) genießen unentgeltliche Arbeitsvermittlungsdienste auf mitgliedstaatlicher Ebene Schutz gegenüber Maßnahmen der Union.[44] Art. 29 gewährt insoweit ein subjektives Recht im Sinne des Art. 52 Abs. 1.

Die abwehrrechtliche Dimension des Zugangsrechts wäre zunächst beeinträchtigt durch Unionsmaßnahmen, die die Einrichtung von unentgeltlichen Arbeitsvermittlungsdiensten als solche betreffen. Hier gilt eine besondere Achtungsverpflichtung, die für staatliche Arbeitsvermittlungen als Dienstleistungen von allgemein wirtschaftlichem Interesse durch Art. 36 bekräftigt wird. In diesem Zusammenhang ist auf die die wettbewerbsrechtliche Einordnung mitgliedstaatlicher Arbeitsvermittlungsdienste zu verweisen. Nach der Rechtsprechung des EuGH kann eine monopolartige Ausgestaltung der staatlichen Arbeitsvermittlung gegen die wettbewerbsrechtlichen Vorgaben aus Art. 102, 106 AEUV verstoßen.[45] Die Annahme eines Wettbewerbsverstoßes wegen der *unentgeltlichen* Leistungserbringung würde hingegen den besonderen abwehrrechtlichen Schutz des Zugangsrechts von Art. 29 beeinträchtigen.[46]

Darüber hinaus richtet sich das Zugangsrecht in seiner abwehrrechtlichen Dimension gegen Maßnahmen der Union, die an die Inanspruchnahme von unentgeltlichen Arbeitsvermittlungsdiensten negative Folgen knüpfen.

5. Verhältnis zu anderen Grundrechten

23 Gegenüber der Berufsfreiheit und dem Recht zu arbeiten gemäß Art. 15 regelt Art. 29 den Zugang zu unentgeltlichen Arbeitsvermittlungsdiensten als lex specialis.[47] Gleiches gilt in Bezug auf den Schutz von staatlichen Arbeitsvermittlungsdiensten im Verhältnis zu Art. 36.[48] Idealkonkurrenz besteht zum Grundrecht aus Art. 21.

---

43 Nicht einschlägig ist Art. 29 daher bei der Frage nach Sanktionen bei Nichtinanspruchnahme von Arbeitsvermittlungsdiensten im Zusammenhang mit der sog. Hartz IV-Gesetzgebung. So aber mit Hinweis auf die negative Dimension des Art. 29 *GSH/Lembke*, EU, Art. 29 GRC Rn. 8; *Frenz*, Hdb EuR, Rn. 3794 ff.

44 *Meyer/Engels*, Charta der Grundrechte, S. 27, wonach die Union keine Maßnahmen ergreifen darf, die den – von den Mitgliedstaaten organisierten – freien und unentgeltlichen Zugang zu Arbeitsvermittlungsdiensten gefährden. Für einen abwehrrechtlichen Gehalt auch Vorauflage, *Rudolf*, Rn. 7 f.; *Franzen/Gallner/Oetker/Schubert*, Eur. Arbeitsrecht, Art. 29 GrC Rn. 12 f.; *Ehlers/Kingreen*, GR, § 22 Rn. 30; *Lienbacher/Holoubek/Kröll*, GRC, Art. 29 Rn. 10; *Calliess/Ruffert/Krebber*, EUV/AEUV, Art. 30 GRC Rn. 4; a.A. *Frenz*, Hdb EuR, Rn. 3777 ff., der einen abwehrrechtlichen Gehalt in Bezug auf die Arbeitsvermittlung allein in Art. 15 verortet; krit. auch *GSH/Lembke*, EU, Art. 29 GRC Rn. 4, die aber den Inhalt des abwehrrechtlichen Schutzes verkennt.

45 EuGH – Höfner und Elser, Rs. C-41/90, Urt. vom 23. 4. 1991 – C-41/90 (Sechste Kammer), Rn. 34.

46 Siehe hierzu auch *Streinz/Streinz*, EUV/AEUV, Art. 29 GRC Rn. 3, der darauf verweist, die unentgeltliche Arbeitsvermittlung dürfe nach Art. 29 nicht als unzulässige Beihilfe gemäß Art. 106 Abs. 2, Art. 107 AEUV angesehen werden.

47 *Franzen/Gallner/Oetker/Schubert*, Eur. Arbeitsrecht, Art. 29 GrC Rn. 6; *Lienbacher/Holoubek/Kröll*, GRC, Art. 29 Rn. 190; Jarass, GRC, Art. 29 Rn. 3.

48 So auch *Lienbacher/Holoubek/Kröll*, GRC, Art. 29 Rn. 10; *GSH/Lembke*, EU, Art. 29 GRC Rn. 2.

IV. Literaturübersicht

Altmaier, Peter, Die Charta der Grundrechte der Europäischen Union, ZG 2001, 195; *Herresthal, Carsten*, Grundrechtecharta und Privatrecht, ZEuP 2014, 238; *Kainer, Friedemann*, Rückkehr der unmittelbar-horizontalen Grundrechtswirkung aus Luxemburg? NZA 2018, 894; *Wank, Rolf*, Neues zum Arbeitnehmerbegriff des EuGH, EuZW 2018, 21.

Artikel 30 Schutz bei ungerechtfertigter Entlassung

Jede Arbeitnehmerin und jeder Arbeitnehmer hat nach dem Unionsrecht und den einzelstaatlichen Rechtsvorschriften und Gepflogenheiten Anspruch auf Schutz vor ungerechtfertigter Entlassung.

I. Vorgaben

1. Europäisches Recht

Nach den Erläuterungen[1] lehnt sich Art. 30 an das Recht auf Schutz bei Kündigung aus **Art. 24 der Revidierten Europäische Sozialcharta** (RESC) an.[2] In Art. 24 RESC verpflichten sich die Vertragsparteien, das Recht der Arbeitnehmer anzuerkennen, „nicht ohne einen triftigen Grund gekündigt zu werden, der mit ihrer Fähigkeit oder ihrem Verhalten zusammenhängt oder auf den Erfordernissen der Tätigkeit des Unternehmens, des Betriebs oder des Dienstes beruht" sowie das „Recht der ohne triftigen Grund gekündigten Arbeitnehmer auf eine angemessene Entschädigung oder einen anderen zweckmäßigen Ausgleich" anzuerkennen. Insofern verpflichten sich die Vertragsparteien sicherzustellen, dass „ein Arbeitnehmer, der der Auffassung ist, dass seine Kündigung ohne triftigen Grund erfolgte, das Recht hat, diese bei einer unparteiischen Stelle anzufechten". Weitere Hinweise zur Reichweite des Rechts auf Schutz bei Kündigung finden sich im Anhang der RESC zu Art. 24. Insbesondere werden dort Kündigungsgründe aufgeführt, die – wie u.a. die Gewerkschaftszugehörigkeit, die Ausübung des Amtes eines Arbeitnehmervertreters, Rasse, Hautfarbe, Geschlecht, Familienstand, Familienpflichten, Schwangerschaft, Religion, politische Anschauung, nationale oder soziale Herkunft – keine triftigen Gründe im Sinne des Art. 24 RESC darstellen.[3] 1

1 ABl. 2007 C 303, S. 17 ff.

2 Dieser Hinweis in den später eingefügten Erläuterungen (vgl. *Hüpers/Reese*, Vor Titel IV Rn. 18 f.) entspricht dabei der Vorgabe, die aus dem ersten, den Konventsmitgliedern zur Verfügung gestellten Präsidiumsentwurf ersichtlich ist, CHARTE 4192/00 CONVENT 18 vom 27.3.2000, S. 12: „Kommentar: Art. 24 der revidierten Europäischen Sozialcharta."

3 Zu anderen Aspekten des Entlassungsschutzes siehe Art. 4 Nr. 4 RESC (gerechtes Arbeitsentgelt): „(...) das Recht aller Arbeitnehmer auf eine angemessene Kündigungsfrist im Falle der Beendigung des Arbeitsverhältnisses anzuerkennen", sowie Art. 21 lit. a) RESC in Bezug auf die Unterrichtung und Anhörung von Arbeitnehmern bei Entscheidungen, die „wesentliche Auswirkungen auf die Beschäftigungslage im Unternehmen haben" bzw. im Fall von Massenentlassungen Art. 29 RESC. Ein besonderer Schutz vor Kündigung von Arbeitnehmervertretern findet sich in Art. 28 RESC.

2 Im Gegensatz zu der gemäß Art. 24 RESC an die Vertragsstaaten gerichteten objektiven Verpflichtung zur Anerkennung der o.g. Rechte im Fall der „Kündigung ohne triftigen Grund“ formuliert Art. 30 einen subjektiv-rechtlichen Anspruch auf „Schutz vor ungerechtfertigter Entlassung“. Die Strukturierung in fähigkeits-, verhaltens- und betriebsbezogene **Kündigungsgründe** in Art. 24 RESC nimmt Art. 30 nicht auf. Auch die **weitere inhaltliche Konkretisierung** des Rechts auf Schutz bei Kündigung in Bezug auf die unzulässigen **Kündigungsgründe** (Anhang der RESC zu Art. 24), die **Rechtsfolgen** („angemessene Entschädigung“, „anderer zweckmäßiger Ausgleich“) und den **Rechtsschutz** („Anfechtung bei einer unparteiischen Stelle“) fehlt in Art. 30. Stattdessen wird auf das Unionsrecht sowie auf die einzelstaatlichen Rechtsvorschriften und Gepflogenheiten verwiesen, womit das Grundrecht aus Art. 30 als **Verweisungsgrundrecht** bezeichnet werden kann (→ Vor Titel IV Rn. 41 ff.).

3 Die Erläuterungen stellen zudem einen Kontext zu zwei Richtlinien her, namentlich zur RL/2001/23/EG über die Wahrung von Ansprüchen der Arbeitnehmer beim Übergang von Unternehmen und zur RL/80/987/EWG[4] über den Schutz der Arbeitnehmer bei Zahlungsunfähigkeit des Arbeitgebers. Die unspezifische Bezugnahme („siehe auch“) lässt offen, ob den Richtlinien eine Vorbildfunktion für das Grundrecht auf Schutz vor ungerechtfertigter Entlassung entnommen werden soll oder ob sie als Beispiel für die mit dem Verweis angesprochene Konkretisierung durch das Unionsrecht dienen. Für Letzteres spricht, dass die genannten Richtlinien lediglich punktuelle Regelungen zum Entlassungsschutz von Arbeitnehmern enthalten,[5] die für eine allgemeine grundrechtliche Verankerung wenig hergeben, sondern vielmehr auf die weitere Konkretisierungsbedürftigkeit des Entlassungsschutzes hinweisen.

Darüber hinaus ist die Bezugnahme auf die o.g. Richtlinien insoweit bemerkenswert, als andere Richtlinien, die ebenfalls punktuelle Regelungen zum Entlassungsschutz enthalten, wie etwa die RL/98/59/EG (Anhörungs- und Unterrichtungspflichten bei Massenentlassungen, Art. 2 → Art. 27 Rn. 5), die RL/76/207/EWG, geändert durch die RL/2002/73/EG (Gleichbehandlung von Männern und Frauen auch in Bezug auf die Entlassungsbedingungen, Art. 3 Abs. 1 lit. c)) und die RL/2000/78 (Diskriminierungsverbot wegen der Religion, Weltanschauung, einer Behinderung, des Alters oder der sexuellen Ausrichtung auch für den Bereich der Entlassungsbedingungen, Art. 3 Abs. 1 lit. c)), nicht erwähnt werden. Hier deutet sich die Unterscheidung zwischen allgemeinem und besonderem Entlassungsschutz von Arbeitnehmern an. Die letztgenannten Richtlinien zeichnen sich dadurch aus, dass sie mit dem Schutz anderer Grundrechte korrespondieren, insbesondere mit dem Grundsatz der Nichtdiskriminierung aus Art. 21.

4 Diese Richtlinie wurde geändert durch die RL/2002/74/EG und neugefasst als RL/2008/94/EG.

5 So regelt die RL/2001/23/EG für den Betriebsübergang in Art. 4: „Der Übergang eines Unternehmens, Betriebs oder Unternehmens- bzw. Betriebsteils stellt als solcher für den Veräußerer oder den Erwerber keinen Grund zur Kündigung dar. Diese Bestimmung steht etwaigen Kündigungen aus wirtschaftlichen, technischen oder organisatorischen Gründen, die Änderungen im Bereich der Beschäftigung mit sich bringen, nicht entgegen.“ Die RL/2002/74/EG sieht für den Schutz der Arbeitnehmer im Fall der Zahlungsunfähigkeit des Arbeitgebers in Art. 3 vor: „Die Mitgliedstaaten treffen die erforderlichen Maßnahmen, damit vorbehaltlich des Artikels 4 Garantieeinrichtungen die Befriedigung der nicht erfüllten Ansprüche der Arbeitnehmer aus Arbeitsverträgen und Arbeitsverhältnissen sicherstellen, einschließlich, sofern dies nach ihrem innerstaatlichen Recht vorgesehen ist, einer Abfindung bei Beendigung des Arbeitsverhältnisses.“

Unerwähnt lassen die Erläuterungen die internationalen Vorgaben zum Entlassungsschutz aus der **ILO-Konvention Nr. 158** über die Beendigung des Arbeitsverhältnisses durch den Arbeitgeber.[6] 4

2. Verfassungen der Mitgliedstaaten

Auf eine gemeinsame Verfassungstradition zum Entlassungsschutz von Arbeitnehmern stützen sich die Erläuterungen zu Art. 29 nicht. Anhaltspunkte für eine solche lassen sich auch den **Verfassungstexten** der **Mitgliedstaaten** nicht entnehmen. Allein die finnische, die portugiesische und die slowakische Verfassung enthalten insofern ausdrückliche Regelungen. Art. 18 Abs. 3 der finnischen Verfassung lautet: „Niemand darf ohne gesetzliche Grundlage aus seiner Arbeit entlassen werden." In Art. 53 der **portugiesischen Verfassung** heißt es in Art. 53: „Den Arbeitern wird die Sicherung des Arbeitsplatzes garantiert; Entlassungen ohne rechtfertigenden Grund oder aus politischen oder ideologischen Gründen sind unzulässig." Die **Verfassung** der **Slowakei** regelt in Art. 36 lit. b: „Beschäftigte haben das Recht auf gerechte und zufriedenstellende Arbeitsbedingungen. Durch Gesetz wird ihnen vor allem gewährleistet (...) der Schutz vor ungerechtfertigter Entlassung aus einem Arbeitsverhältnis und vor Diskriminierung im Beruf, (...)." Eine gewisse Nähe des Entlassungsschutzes von Arbeitnehmern besteht aber zum **Recht auf Arbeit**, worauf der UN-Ausschuss für wirtschaftliche, soziale und kulturelle Rechte in Bezug auf das Recht auf Arbeit gemäß Art. 6 Abs. 1 Internationaler Pakt über wirtschaftliche, soziale und kulturelle Rechte ausdrücklich hinweist.[7] In diesem Zusammenhang kann auf zahlreiche **Verfassungsbestimmungen** der **Mitgliedstaaten** verwiesen werden, die ein Recht auf Arbeit gewährleisten (→ Art. 15 Rn. 2)[8] und eine gewisse verfassungsrechtliche Absicherung des Entlassungsschutzes nicht ausschließen.[9] 5

II. Diskussion im Grundrechtekonvent

Der erste Präsidiumsvorschlag zu den sozialen Rechten enthielt als Art. IX das Recht auf Schutz im Falle der Entlassung und regelte – in erkennbarer Anlehnung an Art. 24 RESC – das Verbot der Entlassung ohne „triftigen Grund" sowie als Rechtsfolge einen Anspruch auf angemessene Entschädigung oder auf eine andere entsprechende Wiedergutmachung.[10] *Goldsmith* (GB) äußerte hierzu Bedenken gegen die verwendeten unbestimmten Rechtsbegriffe („triftiger Grund", „angemessen") und *Bereijo* (E) forderte die Streichung des 6

---

6 Siehe Art. 4 der ILO-Konvention 158: „Das Arbeitsverhältnis eines Arbeitnehmers darf nur dann beendigt werden, wenn ein triftiger Grund hierfür vorliegt, der mit der Fähigkeit oder dem Verhalten des Arbeitnehmers zusammenhängt oder sich auf die Erfordernisse der Tätigkeit des Unternehmens, Betriebs oder Dienstes stützt."

7 Siehe Committee on economic, social and cultural rights, General comment No. 18 vom 27.11.2005, Nr. 11 zum Schutz vor ungerechtfertigter Entlassung und zu den daraus folgenden staatlichen Pflichten Nr. 35 (Violations of the obligation to protect): „They include omissions such as the failure to regulate the activities of individuals, groups or corporations so as to prevent them from violating the right to work of others; or the failure to protect workers against unlawful dismissal."

8 Neben dem Recht auf Arbeit auch auf diejenigen Verfassungsregelungen abstellend, die die Arbeitsbedingungen betreffen, Vorauflage, *Rudolf*, Rn. 4.

9 Einen verfassungsrechtlich gebotenen Mindestschutz leitet das BVerfG aus Art. 12 Abs. 1 GG ab, BVerfGE 97, 169, 176: „Art. 12 Abs. 1 GG kann durch sie (erg. die Kleinbetriebsklausel) nur verletzt sein, wenn der Gesetzgeber damit seiner aus diesem Grundrecht abzuleitenden Pflicht zum Schutz der Arbeitnehmer vor Arbeitgeberkündigungen nicht hinreichend nachgekommen ist."

10 CHARTE 4192/00 CONVENT 18 vom 27.3.2000, S. 12.

Grundrechts wegen Chartaunwürdigkeit.[11] Gleichwohl war man sich überwiegend einig, dass zumindest der erste Halbsatz, also das Verbot einer Entlassung ohne triftigen Grund, in die Charta gehöre.[12]

Der weiteren Diskussion in der 14. Sitzung lag nunmehr der Entwurf eines Art. 38 („Recht auf Schutz vor missbräuchlicher Entlassung") zugrunde, der – nun ohne Regelung der Rechtsfolgen – den Anspruch eines jeden Arbeitnehmers auf „Schutz vor ungerechtfertigter oder missbräuchlicher Entlassung" vorsah.[13] Neben der Frage nach dem Verhältnis zum nationalen Kündigungsschutzrecht diskutierten die Konventsmitglieder die Wiederaufnahme der Rechtsfolgen[14] sowie den Begriff der „missbräuchlichen" Entlassung.[15] In den folgenden Entwürfen wurde der Begriff der „missbräuchlichen" durch den der „ungerechtfertigten" Entlassung ersetzt.[16]

7 Bemerkenswert ist, dass im Zusammenhang mit dem Entlassungsschutz immer wieder die Frage nach dem **Schutz** der **einzelstaatlichen Kündigungsschutzstandards** angesprochen wurde. Schon in der ersten Diskussion der sozialen Rechte in der achten Sitzung wies *Herzog* darauf hin, das Präsidium müsse überlegen, ob in die Bestimmung des Art. IX ein Verweis auf das nationale Kündigungsrecht aufzunehmen sei.[17] Davon hatte man zunächst abgesehen. In der weiteren Diskussion wurden jedoch wieder Bedenken in Bezug auf den Schutzstandard in den Mitgliedstaaten geltend gemacht. So forderten einige Konventsmitglieder (*Tarschys* (S); *Goldsmith* GB); *Korthals Altes* (NL) und *Brax* (FN)) die Streichung des Grundrechts unter Berufung darauf, dass die Mitgliedstaaten einen besseren Schutzstandard gewährleisten würden.[18] Man müsse – wie *Tarschys* (S) ausführte – befürchten, dass dieses Schutzniveau durch eine Grundrechtecharta, die weniger gewähre, abgesenkt werde.[19] *Korthals Altes* (NL) forderte in diesem Zusammenhang eine Regelung als horizontale Bestimmung, wonach sichergestellt sei, dass der nationale Schutzstandard auch in Zukunft Bestand habe und regte darüber hinaus die Aufnahme des Subsidiaritätsprinzips unmittelbar in das Grundrecht auf Schutz vor ungerechtfertigter Entlassung an.[20] Eingefügt wurde der Verweis jedoch erst in der Fassung vom 25. September 2000,[21] also nach

11 *Bernsdorff/Borowsky*, Protokolle, S. 223 zur 8. Sitzung des Konvents am 17. April 2000. *Goldsmith* (GB) und *Hayes* (IR) schlossen sich dem Vorschlag zur Streichung des Grundrechts an, *Meyer/Engels*, Charta der Grundrechte, S. 332, ebenso *Berthu* (EP), *Friedrich* (EP), *Mombaur* (EP), vgl. CHARTE 4372/00 CONVENT 39 vom 16.6.2000, S. 234 ff. und später *Tarschys* (S), *Korthals Altes* (NL) und *Brax* (FN), *Bernsdorff/Borowksy*, Protokolle, S. 326 zur 14. Sitzung des Konvents am 4. Juli 2000.

12 *Meyer/Engels*, Charta der Grundrechte, S. 263.

13 CHARTE 4373/00 CONVENT 40 vom 23.6.2000, S. 4 mit Bezug auf den unveränderten Text aus CHARTE 4316/00 CONVENT 34 vom 16.5.2000, S. 6, dort allerdings noch mit der Überschrift „Recht auf Schutz im Falle der Entlassung".

14 So mit Bezug zur ILO-Konvention Nr. 158 *van den Burg* (EP; NL), vgl. *Bernsdorff/Borwowsky*, Protokolle, S. 327 zur 14. Sitzung des Konvents am 10./11. Juli 2000; siehe auch *Meyer/Engels*, Charta der Grundrechte, S. 332.

15 *Friedrich* (EP; D) schlug insofern die Formulierung „ungerechtfertigte Entlassung" vor, vgl. *Bernsdorff/Borowsky*, Protokolle, S. 327 zur 14. Sitzung des Konvents am 10./11. Juli 2000.

16 CHARTE 4422/00 CONVENT 45 vom 28.7.2000, S. 9 (Art. 28: „Jeder Arbeitnehmer hat Anspruch auf Schutz vor ungerechtfertigter Entlassung."). Dies rief wiederum Kritik hervor. *Melograni* (IT), *Fayot* (LUX) und *Einem* (A) wiesen darauf hin, dass Art. 28 viel zu allgemein formuliert sei. Das Adjektiv „missbräuchlich" sei wieder aufzunehmen, vgl. *Bernsdorff/Borowsky*, Protokolle, S. 371.

17 *Bernsdorff/Borowsky*, Protokolle, S. 223; *Meyer/Engels*, Charta der Grundrechte, S. 263.

18 *Bernsdorff/Borowsky*, Protokolle, S. 326.

19 *Bernsdorff/Borowsky*, Protokolle, S. 326.

20 *Bernsdorff/Borowsky*, Protokolle, S. 326; krit. hierzu *Einem* (EP; A) und *Paciotti* (EP; IT), ebd.

21 CHARTE 4470/1/00 REV 1 ADD 1 CONVENT 47 vom 25.9.2000, S. 3.

der Einfügung des „Refrains“ in die anderen sozialen Grundrechte (Art. 27, 28, 34, 35 und 36).[22] Hierzu hat *Braibant* (F) in der 17. Sitzung lediglich darauf verwiesen, in Art. 29 werde der „Refrain“ „nach dem Gemeinschaftsrecht“ eingefügt.[23]

III. Kommentierung

1. Allgemeine Einordnung

8 Der Schutz vor ungerechtfertigter Entlassung von Arbeitnehmern dient dem **Bestand von Arbeitsverhältnissen** vor einseitigen Maßnahmen des Arbeitgebers gegenüber strukturell unterlegenen Arbeitnehmern.[24] Für diesen Schutz kommen verschiedene Regelungsdimensionen in Betracht, namentlich die (un-)zulässigen **Entlassungsgründe**, die **Rechtsfolgen** sowie die Möglichkeiten des **Rechtsschutzes.** Als **Verweisungsgrundrecht** gewährleistet Art. 30 insoweit jedoch grundsätzlich kein bestimmtes unionsrechtliches Schutzniveau (→ Rn. 10 f.). Vielmehr zielt Art. 30 primär darauf ab, das einzelstaatliche Recht zum Entlassungsschutz grundrechtlich aufzuwerten und ihm eine abwehrrechtliche Schutzdimension zu verleihen (→ Vor Titel IV Rn. 41 ff.). Die abwehrrechtliche Schutzdimension zugunsten des einzelstaatlichen Entlassungsschutzes ist auch deswegen besonders relevant, als sich die unionsrechtliche Ausgestaltung des Entlassungsschutzes bisher auf punktuelle Regelungen beschränkt, z.B. in Bezug auf Diskriminierungen (→ Rn. 3).[25] Sekundäres Unionsrecht zum allgemeinen Schutz der Arbeitnehmer vor ungerechtfertigten Entlassungen gibt es bislang nicht.[26]

Der grundrechtliche Entlassungsschutz erschöpft sich jedoch nicht in Art. 30. In Bezug auf die (un-)zulässigen Entlassungsgründe können, je nach dem, an welche Grundrechtsbetätigung die Entlassung anknüpft, andere Grundrechte einschlägig sein, wie z.B. die Gedanken-, Gewissens- und Religionsfreiheit aus Art. 10, die **Diskriminierungsverbote** aus Art. 21 und Art. 23 sowie der Entlassungsschutz für jede Person aus einem mit der Mutterschaft zusammenhängenden Grund, Art. 33 Abs. 2.[27] Deren grundrechtsspezifischen Gewährleistungsgehalte gehen Art. 30 vor.

9 Bei der **Auslegung** gebührend zu berücksichtigen sind die in den Erläuterungen erwähnte Vorbildnorm der RESC[28] (Art. 52 Abs. 7 und Art. 6 Abs. 1, UAbs. 3 EUV) sowie die in Art. 52 Abs. 6 genannten „einzelstaatlichen Rechtsvorschriften und Gepflogenheiten“, denen „in vollem Umfang Rechnung zu tragen ist“. Zu beachten sind ferner die **begrenzten Unionszuständigkeiten** im Bereich des Entlassungsschutzes von Arbeitnehmern. Auf Grundlage der geteilten Zuständigkeit nach Art. 4 Abs. 2 lit. b) AEUV ist die Union in Bezug auf den „Schutz der Arbeitnehmer bei Beendigung des Arbeitsvertrags“ auf die Unterstützung und Ergänzung der Tätigkeit der Mitgliedstaaten durch den Erlass von **Mindest-**

---

22 *Bernsdorff/Borowsky*, Protokolle, S. 358 zur Diskussion des „Refrains“, in der das Grundrecht auf Schutz vor ungerechtfertigter Entlassung (damals Art. 29) nicht erwähnt wurde.

23 *Bernsdorff/Borowsky*, Protokolle, S. 387.

24 *Frenz*, Hdb EuR, Rn. 3821; *Franzen/Gallner/Oetker/Schubert*, Eur. Arbeitsrecht, Art. 30 GRC Rn. 1 („Anerkennung des Bestandsinteresses der Arbeitnehmer“); *Grabenwarter/Rebhahn*, Eur. Grundrechteschutz, § 16 Rn. 84 („Stabilität der Arbeitsbeziehung als eigenständiger Wert“).

25 Mit weiteren Nachweisen zum Richtlinienrecht *Franzen/Gallner/Oetker/Schubert*, Eur. Arbeitsrecht, Art. 30 GRC Rn. 4.

26 Siehe auch *Schlachter/Heinig/Krebber*, Eur. Arbeits- und Sozialrecht, § 2 Rn. 86; *Franzen/Gallner/Oetker/Schubert*, Eur. Arbeitsrecht, Art. 30 GRC Rn. 4; *Pechstein/Nowak/Häde/Kocher*, Frankfurter Kommentar, Art. 30 Rn. 1.

27 *Peers/Harvey/Kenner/Ward/Kenner*, EU-Charter, Art. 30 Rn. 30.17 ff.

28 Nach Art. N der RESC ist auch der Anhang zur RESC integraler Bestandteil der Revidierten Sozialcharta.

vorschriften durch Richtlinien beschränkt (Art. 153 Abs. 1 lit. d), Abs. 2 lit. b) AEUV).[29] Zudem beschließt der Rat in diesem Sachbereich „einstimmig gemäß einem besonderen Gesetzgebungsverfahren nach Anhörung des Europäischen Parlaments und der genannten Ausschüsse", Art. 153 Abs. 2 UAbs. 4 AEUV. Diese begrenzte Unionskompetenz ist in die Grundrechtsauslegung einzubeziehen (→ Vor Titel IV Rn. 28 ff.).

2. Verweisungsgrundrecht

10 Als **Kompetenzschutzklausel** lässt der Verweis den Gewährleistungsgehalt der Verweisungsgrundrechte nicht unberührt (→ Vor Titel IV Rn. 44 ff.). In Bezug auf Art. 30 verlagert der Verweis vielmehr – im Gegensatz zur Vorbildnorm in Art. 24 RESC – die inhaltliche Konkretisierung u.a. der (un)zulässigen Entlassungsgründen der Verfahrensanforderungen, Rechtsfolgen und der Rechtsschutzmöglichkeiten auf das ausgestaltende Unionsrecht und die einzelstaatlichen Rechtsvorschriften und Gepflogenheiten und gewährt insoweit einen weiten Ausgestaltungsspielraum.[30] Die weitere Frage, ob Art. 30 einen weiten Ausgestaltungsspielraum gewährt, der nicht nur das „Wie", sondern auch das „Ob" der Ausgestaltung umfasst, ist durch Auslegung zu ermitteln, wobei die Kompetenzordnung maßgeblich zu berücksichtigen ist (→ Vor Titel IV Rn. 44).

In dieser Hinsicht gibt bereits die Entstehungsgeschichte zu Art. 30 wichtige Hinweise. Im Grundrechtekonvent wurde die Frage nach dem Verhältnis des Art. 30 zum nationalen Kündigungsschutz schon in der ersten Aussprache diskutiert. Die frühe Überlegung, die nationalen Standards durch einen Verweis auf das nationale Recht in die Grundrechtsnorm aufzunehmen und diese damit besonders zu schützen, wurde schließlich in Art. 30 aufgenommen (→ Rn. 7). Von einem besonderen Bedürfnis zum Schutz der nationalen Standards wiederum durften die Konventsmitglieder schon deswegen ausgehen, als es damals – wie auch heute – keinen allgemeinen sekundärrechtlichen Kündigungsschutz gab. Angesichts der beschränkten Unionskompetenzen im Bereich des Entlassungsschutzes, einschließlich des Einstimmigkeitserfordernisses im Gesetzgebungsverfahren (→ Rn. 9), erfasst die Kompetenzschutzklausel nicht nur das „Wie", sondern auch das „Ob" der Ausgestaltung.[31] Denn andernfalls würde die Grundrechtsauslegung – entgegen Art. 51 Abs. 2 – dadurch kompetenzansaugende Wirkungen entfalten, dass der Unionsgesetzgeber zur Regelung eines allgemeinen Kündigungsschutzrechts bzw. zur Regelung eines Kernbereichs des Entlassungsschutzes grundrechtlich verpflichtet wäre.

---

29 Zur Beschränkung auch der Harmonisierungskompetenz auf eine unterstützende und ergänzende Tätigkeit der Union und zum Verbleib der primären Zuständigkeit bei den Mitgliedstaaten *Calliess/Ruffert/Krebber*, EUV/AEUV, Art. 153 AEUV Rn. 3, 6.

30 *Frenz*, Hdb EuR, Rn. 3839 f.

31 So auch *Schlachter/Heinig/Krebber*, Eur. Arbeits- und Sozialrecht, § 2 Rn. 87; *Calliess/Ruffert/Krebber*, EUV/AEUV, Art. 30 GRC Rn. 2: „Art. 30 unmittelbar kann folglich keine Aussage zu der Frage entnommen werden, ob es einen Kündigungsschutz geben soll, ob dieser auf Betriebe bestimmter Größen beschränkt ist, ob er auf der Rechtsfolgenseite als Abfindungs- oder als Bestandsschutz ausgestaltet sein soll oder unter welchen Voraussetzungen eine Kündigung gerechtfertigt ist."; *Schwarze/Knecht*, GRC, Art. 30 Rn. 6 („mangels eigenständiges Regelungsgehalts"); a.A. *Franzen/Gallner/Oetker/Schubert*, Eur. Arbeitsrecht, Art. 30 GRC Rn. 1, 8, 15; *Lienbacher/Holoubek/Kröll*, GRC, Art. 30 Rn. 9; *Grabenwarter/Rebhahn*, Eur. Grundrechteschutz, § 16 Rn. 46; wohl auch *Hesselhaus/Nowak/Hilbrandt*, Hdb Eur. GR, § 37 Rn. 23; Vorauflage, *Rudolf*, Rn. 11, 15 und *Jarass*, GRC, Art. 30 Rn. 9. Weitergehend *Bercussion/Bruun*, S. 352 ff., der von einem Kernbereich grundrechtlicher Gewährleistung sowie von einem Rückschrittsverbot („non-regression effect") ausgeht; in diese Richtung auch *Vedder/Heintschel von Heinegg/Folz*, Unionsrecht, Art. 30 GRC Rn. 5; *Pechstein/Nowak/Häde/Kocher*, Frankfurter Kommentar, Art. 30 Rn. 8.

Die Gefahr kompetenzansaugender Wirkungen zeigt sich in Bereichen, in denen es – wie hier – nur punktuelles Sekundärrecht gibt, deutlicher als beispielsweise in dem breit normierten Bereich der Unterrichtungs- und Anhörungsrechte (→ Art. 27 Rn. 5). Während es leichter fallen mag, einen bestehenden unionsrechtlichen Besitzstand als grundrechtlich gebotenes „Ob" einzuordnen, der einen grundrechtlichen Bestandsschutz genießt, wird die damit verbundene Kompetenzüberschreitung sichtbar, wenn daraus für einen bisher ungeregelten Bereich in der Konsequenz eine Gesetzgebungspflicht der Union abgeleitet werden müsste. Diese Problematik wird zwar gesehen, aber nicht immer konsequent umgesetzt.[32]

Der grundrechtliche Schutz des Art. 30 läuft gleichwohl nicht leer,[33] sondern zielt – wie auch die Diskussion im Grundrechtekonvent zeigt – auf die **besondere Abwehrdimension** im Verhältnis der Mitgliedstaaten zur Union (→ Vor Titel IV Rn. 46). Durch die Bezugnahme auf die einzelstaatlichen Rechtsvorschriften und Gepflogenheiten ermöglicht Art. 30 deren primärrechtliche Aufwertung und deren Schutz im Verhältnis zum Unionsrecht (**Ermöglichungsfunktion**). Ein darüber hinausgehender Schutz des Art. 30 im Sinne einer Gewährleistung von Mindeststandards (**Gewährleistungsfunktion**) kann nur ausnahmsweise und nur dann in Betracht kommen, wenn die Union in Wahrnehmung ausschließlicher Kompetenzen (z.B. im EU-Dienstrecht) oder auf Grundlage von anderen Kompetenzen zur Vollharmonisierung Maximalstandards setzt (→ Vor Titel IV Rn. 32, 37).

Der **EuGH** hat über die Auslegung des Verweises in Art. 30 bisher nicht entschieden.[34] Seine Rechtsprechung zum strukturell ähnlichen Verweisungsgrundrecht in Art. 27 in der **Rechtssache AMS**[35] legt nahe, dass der EuGH auch Art. 30 keine selbständigen Gewährleistungsgehalte für die unionsrechtliche Ausgestaltung entnehmen würde (→ Art. 27 Rn. 15). 11

3. Grundrechtsberechtigte und Grundrechtsverpflichtete

Art. 30 begünstigt **Arbeitnehmerinnen** und **Arbeitnehmer**. Dabei differenziert die Grundrechtsnorm nicht zwischen Unionsbürgern und Drittstaatsangehörigen, so dass auch Drittstaatsangehörige mit Blick auf die in Art. 15 Abs. 3 vorgesehene Gleichbehandlung mit Unionsbürgern in Bezug auf die Arbeitsbedingungen Grundrechtsberechtigte sein können.[36] 12

---

32 So geht *Franzen/Gallner/Oetker/Schubert*, Eur. Arbeitsrecht, Art. 30 GRC Rn. 15 f., zunächst davon aus, Art. 30 bestimme vor allem, „dass es einen Kündigungsschutz geben muss" und es liege eine rechtfertigungsbedürftige Beeinträchtigung gemäß Art. 52 Abs. 1 vor, wenn „die positive Pflicht zum Schutz vor Entlassungen nicht erfüllt wird, obwohl eine entsprechende Kompetenz vorhanden ist." (Rn. 17). Die bisherige Untätigkeit der Union im Bereich des Entlassungsschutzes soll jedoch keine Beeinträchtigung begründen, da „mangels eines eigenen Handelns" der Union der Anwendungsbereich der GRC nach Art. 51 Abs. 1 nicht eröffnet sei (Rn. 18). Die zuvor angenommene „positive Pflicht" läuft damit normativ leer. Nicht überzeugend ist es ferner, das „Ob" der grundrechtlichen Gewährleistung dann als erfüllt anzusehen, wenn der Kündigungsschutz zumindest auf nationaler Ebene gewährt wird, so *Frenz*, Hdb EuR, Rn. 3841. Denn dann wäre der Anwendungsbereich der Grundrechtecharta mangels „Durchführung" schon nicht eröffnet.

33 Zu weit dürfte daher die Einschätzung von *Lienbacher/Holoubek/Kröll*, GRC, Art. 30 Rn. 7, gehen, Art. 30 als „einen klassischen Fall wohlklingender Grundrechtslyrik" zu bezeichnen.

34 In Bezug auf die Auslegung der Massenentlassungsrichtlinie und möglicher individueller Klagerechte hat der EuGH Art. 30 nicht als Prüfungsmaßstab herangezogen, EuGH – Mono Car Styling, Rs. C-12/08; für eine aus Art. 30 folgende Gewährleistung individueller Klagerechte der Arbeitnehmer aber *Franzen/Gallner/Oetker/Schubert*, Eur. Arbeitsrecht, Art. 30 GRC Rn. 15.

35 EuGH – AMS, Rs. C-176/12, Urt. vom 15.1.2014 (Große Kammer).

36 Im Ergebnis ebenso *Lienbacher/Holoubek/Kröll*, GRC, Art. 30 Rn. 14; *Franzen/Gallner/Oetker/Schubert*, Eur. Arbeitsrecht, Art. 30 GRC Rn. 7.

13 Einen allgemeinen **Arbeitnehmerbegriff,** auf den auch im Rahmen des Art. 30 abgestellt werden könnte, kennt das Unionsrecht nicht.[37] Verbreitet wird daher schlicht auf den freizügigkeitsrechtlichen Arbeitnehmerbegriff des EuGH abgestellt.[38] Dieser umfasst – in Abgrenzung zum Selbständigen – die weisungsabhängige Erbringung von Leistungen für eine bestimmte Zeit gegen Entgelt.[39] Der **Zweck** des Art. 30 ist jedoch nicht deckungsgleich mit den Zwecken des Freizügigkeitsrechts. Daher bedarf es einer **normspezifischen** Auslegung des Arbeitnehmerbegriffs in Art. 30.[40] Im Anhang zur RESC werden den Vertragsstaaten gewisse Einschränkungen für besondere Arbeitsverhältnisse ermöglicht, namentlich für im Rahmen eines Arbeitsvertrags für eine **bestimmte Zeit** oder eine **bestimmte Aufgabe** eingestellte Arbeitnehmer, für Arbeitsverhältnisse mit einer **Probe- oder Wartezeit** sowie für zur **vorübergehenden Aushilfe** eingestellte Arbeitnehmer (Art. 24 Nr. 2 Anhang RESC), was im Umkehrschluss für die Einbeziehung dieser Beschäftigungen und Tätigkeiten spricht. Ferner folgt aus der **Ermöglichungsfunktion** des Art. 30, also aus der Funktion, die auf einzelstaatlicher Ebene geschaffenen Standards primärrechtlich aufzuwerten (→ Rn. 10), ein grundsätzlich **weiter Arbeitnehmerbegriff,** der auch besondere Arbeitsverhältnisse wie Teilzeit, Befristung, Leiharbeit, Scheinselbständigkeit, Tätigkeit in Tendenzbetrieben und im öffentlichen Dienst bei entsprechender einzelstaatlicher Ausgestaltung einschließt. Nicht von vornherein ausgeschlossen ist ferner der Schutz von leitenden Angestellten und **Geschäftsführern** als abhängig Beschäftigte.[41] Dies gilt jedoch **nicht für wirtschaftlich abhängige Selbständige,** die aufgrund fehlender Weisungsgebundenheit und Fremdbestimmung nicht in gleicher Weise schutzbedürftig sind.[42]

14 Art. 30 richtet sich nach Maßgabe des Art. 51 Abs. 1 an die EU-Organe und EU-Einrichtungen sowie an die Mitgliedstaaten. Eine **Grundrechtsverpflichtung** der **Mitgliedstaaten** kommt dabei nur in Betracht, wenn es um die Durchführung von Unionsrecht geht. Ohne eine solche unionsrechtliche Durchführungssituation kann Art. 30 kein Maßstab für nationale Entlassungsvorschriften sein.[43] Dementsprechend hat der EuGH in einem Vorabentscheidungsersuchen, das darauf gerichtet war, die Vereinbarkeit einer nationalen Vorschrift über eine einjährige Probezeit, in der der Arbeitsvertrag frei auflösbar war, am Maßstab von Art. 30 zu prüfen, seine Zuständigkeit wegen fehlenden Bezugs zur Durchführung von Unionsrecht abgelehnt.[44]

---

37 Siehe nur *Grabenwarter/Rebhahn*, Eur. Grundrechteschutz, § 16 Rn. 45. Insbesondere verweisen zahlreiche Richtlinien auf die Arbeitnehmerbegriffe nach nationalem Recht, vgl. *Wank*, EuZW 2018, 22. Zur Tendenz des EuGH, den Arbeitnehmerbegriff zu vereinheitlichen, *ders.*, ebd., 28.

38 *Stern/Sachs/Lang*, GRC, Art. 30 Rn. 6.

39 EuGH – Lawrie Blum, Rs. C-66/85, Urt. vom 3.7.1986, Rn. 16 ff. Ausführlich zum freizügigkeitsrechtlichen Arbeitnehmerbegriff *Schlachter/Heinig/Terhechte*, Eur. Arbeits- und Sozialrecht, § 1 Rn. 30 ff. mit weiteren Rechtsprechungsnachweisen zu den erfassten Arbeitnehmerverhältnissen.

40 Zur normspezifischen Auslegung des Arbeitnehmerbegriffs siehe auch *Hüpers/Reese*, Art. 27 Rn. 17 und *dies.*, Art. 28 Rn. 26

41 *Grabenwarter/Rebhahn*, Eur. Grundrechteschutz, § 16 Rn. 87. Zum deutschen Kündigungsschutzrecht siehe § 14 KSchG.

42 *Franzen/Gallner/Oetker/Schubert*, Eur. Arbeitsrecht, Art. 30 GRC Rn. 7; *Grabenwarter/Rebhahn*, Eur. Grundrechteschutz, § 16 Rn. 86.

43 So auch Vorauflage, *Rudolf*, Rn. 11.

44 EuGH – Nisttahuz Poclava, Rs. C-117/14, Urt. vom 5.2.2015 (Zehnte Kammer) mit Verweis auf EuGH Polier, Rs. C-361/07, Beschl. vom 16.1.2008 (Siebte Kammer); EuGH – Rodríguez Mayor, C-323/08, Urt. vom 10.12.2009 (Vierte Kammer), Rn 59; siehe auch *Meyer*, NZA 2014, 993 ff. In diesem Sinne lehnte es auch das BAG ab, die Wartezeit des § 1 KSchG am Maßstab des Art. 30 zu messen bzw. ein Vorabentscheidungsersuchen gegenüber dem EuGH in Betracht zu ziehen, vgl. BAG, Beschl. vom 8.12.2012 – 6 AZN 1371/11, Rn. 12. Ein Rückgriff auf Art. 30 kommt mangels Durchführung von Unionsrecht auch nicht im Zusammenhang mit dem Ausschluss des Kündigungsschut-

Eine **Grundrechtsverpflichtung** von **Privaten** umfasst Art. 30 hingegen **nicht.**[45] Weder eröffnet Art. 51 Abs. 1 die Grundrechtsbindung von Privaten, noch lässt sich darüber hinaus aus Art. 30 eine horizontale Bindungswirkung entnehmen. Hierfür fehlt es schon an der inhaltlichen Konkretisierung, die für die Geltendmachung bestimmter Entlassungsbedingungen erforderlich wäre. Insoweit dürfte die Rechtsprechung des **EuGH** in der **Rechtssache AMS**[46] zum Ausschluss der unmittelbaren Grundrechtswirkung von Art. 27 zwischen Privaten auf den strukturell ähnlichen Art. 30 übertragbar sein.[47]

4. Ungerechtfertigte Entlassung

Ausgehend von der Definition des Kündigungsbegriffs in der Vorbildnorm des Art. 24 RESC (vgl. Art. 24 Nr. 1 Anhang RESC) bedeutet **Entlassung** die **Beendigung** des **Arbeitsverhältnisses durch den Arbeitgeber.**[48] Der Begriff der Entlassung umfasst dabei auch besondere Entlassungsarten wie die Massenentlassung (vgl. Art. 29 RESC) und besondere Entlassungsanlässe, wie die in den Erläuterungen durch die Richtlinien hervorgehobenen Fälle des Betriebsübergangs (RL/2001/23/EG) und der Zahlungsunfähigkeit des Arbeitgebers (RL/80/987/EWG, RL/2002/74/EG) → Rn. 3. 15

Darüber hinaus eröffnet das Verweisungsgrundrecht des Art. 30 in seiner **Ermöglichungsfunktion,** also zum besonderen Schutz der einzelstaatlichen Standards (→ Rn. 10), die Einbeziehung von weiteren Entlassungsarten im Rahmen des Schutzzwecks von Art. 30. So kommt auch die Einbeziehung der sog. **Änderungskündigung** in Betracht, die auf eine Forstsetzung des Arbeitsverhältnisses unter geänderten Bedingungen gerichtet ist,[49] sowie Kündigungen durch den Arbeitnehmer oder Aufhebungsverträge, wenn sie vom Arbeitgeber veranlasst werden.[50] Der bloße Fristablauf eines **befristeten Arbeitsvertrages** stellt grundsätzlich keine Entlassung dar, da die Beendigung des Arbeitsverhältnisses nicht einseitig durch den Arbeitgeber erfolgt, sondern aufgrund der beidseitigen Befristungsabrede.[51] Etwas anderes kann jedoch bei entsprechender Regelung durch das Unions- oder durch das einzelstaatliche Recht gelten, wenn die Befristung, z.B. als Kettenbefristung, unzulässig und der Arbeitsvertrag als unbefristet zu werten ist. In diesem Fall würde die Ablehnung einer Vertragsverlängerung wie eine Entlassung wirken.[52]

---

zes nach § 14 Abs. 1 KSchG in Betracht, vgl. BAG, Urt. vom 21.9.2017 – 2 AZR 865/16, Rn. 21. A.A. *Brose*, ZESAR 2008, 229 in Bezug auf die Grundrechtswidrigkeit der Kleinbetriebsklausel gemäß § 23 KSchG; *Buschmann*, AuR 2013, 390.

45 *Franzen/Gallner/Oetker/Schubert*, Eur. Arbeitsrecht, Art. 30 GRC Rn. 2; *Pechstein/Nowak/Häde/Kocher*, Frankfurter Kommentar, Art. 30 Rn. 11; zur grundsätzlichen Kritik an der Drittwirkung auch *Kainer*, NZA 2018, 899; *Herresthal*, ZEuP 2014, 254 f.

46 EuGH – AMS, Rs. C-176/12, Urt. vom 15.1.2014 (Große Kammer), Rn. 45 ff.

47 A.A. *Meyer*, NZA 2014, 997.

48 Vorauflage, *Rudolf*, Rn. 14; *Franzen/Gallner/Oetker/Schubert*, Eur. Arbeitsrecht, Art. 30 GRC Rn. 9 („auf Initiative des Arbeitgebers"); *Schlachter/Heinig/Krebber*, Eur. Arbeits- und Sozialrecht, § 2 Rn. 85.

49 *Franzen/Gallner/Oetker/Schubert*, Eur. Arbeitsrecht, Art. 30 GRC Rn. 9

50 *Franzen/Gallner/Oetker/Schubert*, Eur. Arbeitsrecht, Art. 30 GRC Rn. 10 mit Verweis auf BAG, Urt. vom 27.9.2012 – AZR 826/11, Rn. 36 (vor dem Betriebsübergang vom Arbeitgeber veranlasste Eigenkündigung des Arbeitnehmer); a.A. *Schlachter/Heinig/Krebber*, Eur. Arbeits- und Sozialrecht, § 2 Rn. 85.

51 *Franzen/Gallner/Oetker/Schubert*, Eur. Arbeitsrecht, Art. 30 GRC Rn. 11.

52 In diese Richtung auch *Calliess/Ruffert/Krebber*, EUV/AEUV, Art. 30 GRC Rn. 3; *Buschmann*, AuR 2013, 391; *Lienbacher/Holoubek/Kröll*, GRC, Art. 30 Rn. 19; *Grabenwarter/Rebhahn*, Eur. Grundrechteschutz, § 16 Rn. 86; *Stern/Sachs/Lang*, GRC, Art. 30 Rn. 8; BAG, Urt. vom 22. 1. 2014 – 7 AZR 243/12, Rn. 36 und BAG, Urt. vom 19.3.2014 – 7 AZR 828/12, Rn. 29; im Ergebnis so wohl

16 Der Entlassungsschutz von Arbeitnehmern in Art. 30 knüpft an das Merkmal der **fehlenden Rechtfertigung** an. Die fehlende Rechtfertigung wiederum lehnt sich an Art. 24 ESC („ohne triftigen Grund") an und geht über das im Grundrechtekonvent diskutierte Merkmal der missbräuchlichen Entlassung insoweit hinaus, als die Entlassung nicht verwerflich sein muss. Ungerechtfertigt sind zunächst die in Art. 24 Nr. 3 Anhang zur RESC aufgezählten Entlassungsgründe: „(...) die Zugehörigkeit zu einer Gewerkschaft oder die gewerkschaftliche Betätigung außerhalb der Arbeitszeit oder, mit Zustimmung des Arbeitgebers, während der Arbeitszeit; die Tatsache, dass sich jemand um das Amt eines Arbeitnehmervertreters bewirbt, ein solches Amt ausübt oder ausgeübt hat; die Tatsache, dass jemand wegen einer behaupteten Verletzung von Rechtsvorschriften eine Klage gegen den Arbeitgeber einreicht, an einem Verfahren gegen ihn beteiligt ist oder die zuständigen Verwaltungsbehörden anruft; Rasse, Hautfarbe, Geschlecht, Familienstand, Familienpflichten, Schwangerschaft, Religion, politische Anschauung, nationale oder soziale Herkunft; Mutterschaftsurlaub oder Elternurlaub; vorübergehende Abwesenheit von der Arbeit aufgrund einer Krankheit oder eines Unfalls." Lediglich in Bezug auf den Mutterschafts- oder Elternurlaub greift der speziellere Entlassungsschutz aus Art. 33 Abs. 2 (→ Art. 33 Rn. 34, 40 ff.). Im Sinne der **Ermöglichungsfunktion** (→ Rn. 10) ist die Einbeziehung weiterer unzulässiger Entlassungsgründe denkbar, z.B. die nicht in Art. 24 Nr. 3 Anhang zur RESC genannten Kriterien aus Art. 21 (ethnische Herkunft, Zugehörigkeit zu einer nationalen Minderheit, sexuelle Ausrichtung etc.),[53] die Ausübung ehrenamtlicher Tätigkeiten oder anderer Nebentätigkeiten oder die Bindung von bestimmten Massenentlassungen an vorherige behördliche Genehmigungen (→ Rn. 20) bzw. ein besonderer Kündigungsschutz für bestimmte Arbeitnehmergruppen[54] oder für Whistleblower.

Die Unzulässigkeit bestimmter Entlassungsgründe kann sich dabei unabhängig von Art. 30 aus den **vorrangigen Vorgaben anderer Grundrechte** – wie etwa dem Diskriminierungsverbot des Art. 21 – ergeben (→ Rn. 8).[55]

Außerhalb solcher spezifischen Vorgaben anderer Grundrechte ist die Ausgestaltung **verschiedener Kündigungsschutzkonzepte** denkbar. Zunächst kann die Anwendbarkeit des Kündigungsschutzes z.B. von der Zahl der Beschäftigten, der Art der Tätigkeiten oder der Beschäftigungsdauer (Probezeit/Wartezeit) abhängen, vgl. Art. 24 Nr. 2 a) – c) Anhang zur RESC. Bei der weiteren Konkretisierung der Rechtfertigungsanforderungen an eine Entlassung kommt eine Strukturierung nach fähigkeits-, verhaltens- und betriebsbezogenen Kündigungsgründen in Betracht, vgl. Art. 24 RESC. Schließlich können neben verfahrens- und prozessrechtlichen Rahmenbedingungen die **Rechtsfolgen** ungerechtfertigter Entlassungen ausgestaltet werden, sei es in Form der Unwirksamkeit einer ungerechtfertigten Entlassung oder einer Entschädigung (Bestandsschutz- oder Abfindungsmodell), vgl. Art. 24 RESC. Dass Art. 30 auch Regelungen zu den Rechtsfolgen umfasst, deutet der Wortlaut in der Überschrift („Schutz *bei* ungerechtfertigter Entlassung"), der insoweit vom Wortlaut des Grundrechtstextes („Schutz *vor* ungerechtfertigter Entlassung") abweicht,[56] an. Da Regelungen zu den Rechtsfolgen von Entlassungen auch zum Schutz *vor* Entlassungen beitragen, wird man dem Grundrechtstext insoweit keine einschränkende Deutung beimessen

auch *Franzen/Gallner/Oetker/Schubert*, Eur. Arbeitsrecht, Art. 30 GRC Rn. 11, die auf die Befristungskontrolle zum Schutz vor Umgehungen des Kündigungsschutzes abstellt.

53 So auch *Jarass*, GRC, Art. 30 Rn. 7.

54 *Calliess/Ruffert/Krebber*, EUV/AEUV, Art. 30 GRC Rn. 4.

55 *Franzen/Gallner/Oetker/Schubert*, Eur. Arbeitsrecht, Art. 30 GRC Rn. 13.

56 Zu Abweichungen zwischen Überschrift und Normtext *Hüpers/Reese*, Vor Titel IV Rn. 47.

können.[57] Insgesamt nehmen die verschiedenen Kündigungsschutzkonzepte im Sinne der Ermöglichungsfunktion von Art. 30 (→ Rn. 10) am besonderen abwehrrechtlichen Schutz des Grundrechts teil.[58]

5. Schutzanspruch

Art. 30 formuliert einen Anspruch von Arbeitnehmerinnen und Arbeitnehmern auf Schutz vor ungerechtfertigten Entlassungen. Daraus könnte man auf einen Gewährleistungsgehalt schließen, der normativer Maßstab für die unionsrechtliche und einzelstaatliche Ausgestaltung ist. Als Verweisungsgrundrecht zielt Art. 30 jedoch auf einen besonderen Kompetenzschutz mit der Folge, dass eine **Gewährleistungsfunktion** nur ausnahmsweise in Betracht kommen kann (→ Rn. 10). Vielmehr steht die **Ermöglichungsfunktion** des Art. 30 im Vordergrund, die die einzelstaatliche Ausgestaltung vor Maßnahmen der Union – im Rahmen der besonderen Abwehrdimension – schützt (→ Vor Titel IV Rn. 46). 17

Die Frage nach der **Rechtsnatur** des Art. 30 als Recht (Art. 52 Abs. 1) oder Grundsatz (Art. 52 Abs. 5) stellt sich dabei erst nachrangig und konkret bezogen auf den jeweiligen grundrechtlichen Schutzgehalt.[59] Verbreitet wird die Diskussion jedoch abstrakt geführt.[60] 18

a) Schaffung und Erhalt eines allgemeinen unionsrechtlichen Entlassungsschutzrechts? Eine Gewährleistungsfunktion in Bezug auf die Schaffung und den Erhalt eines allgemeinen unionsrechtlichen Entlassungsschutzrechts entfaltet Art. 30 als Verweisungsgrundrecht in den Bereichen beschränkter Unionkompetenzen (Art. 153 Abs. 1 lit. d), Abs. 2 lit. b) AEUV) nicht. Dies gilt auch für das „Ob" der unionsrechtlichen Ausgestaltung (→ Rn. 10). Andernfalls würde Art. 30 – über die Kompetenzgrenzen des Art. 153 Abs. 1 lit. d), Abs. 2 lit. b) AEUV hinaus (→ Rn. 9) – dadurch kompetenzansaugende Wirkungen entfalten, dass eine gesetzgeberische Handlungspflicht entstünde. Mangels Gewährleistungsgehalts stellt sich insoweit die Frage nach der Rechtsnatur von Art. 30 als Recht oder Grundsatz nicht. 19

b) Besonderer Schutz des einzelstaatlichen Entlassungsschutzrechts. Die auf einzelstaatlicher Ebene gewährleisteten Standards zum Entlassungsschutz genießen aber über Art. 30 einen **besonderen abwehrrechtlichen Schutz** (→ Vor Titel IV Rn. 38).[61] Dieser besondere abwehrrechtliche Schutz richtet sich gegen Unionsmaßnahmen, die den einzelstaatlichen Entlassungsschutz bzw. die Wahrnehmung des einzelstaatlichen Entlassungsschutzes beeinträchtigen. Insoweit vermittelt Art. 30 ein **subjektives Recht** im Sinne des **Art. 52 Abs. 1.** 20

Beeinträchtigungen des einzelstaatlichen Entlassungsschutzes sind denkbar durch Unionsmaßnahmen, die eine Umgehung des einzelstaatlichen Kündigungsschutzes ermöglichen

57 Im Ergebnis ebenso Vorauflage, *Rudolf*, Rn. 16; *Stern/Sachs/Lang*, GRC, Art. 30 Rn. 12.

58 A.A. *Lienbacher/Holoubek/Kröll*, GRC, Art. 30 Rn. 22.

59 In diese Richtung auch *Calliess/Ruffert/Kingreen*, EUV/AEUV, Art. 52 GRC Rn. 16 und *Schlachter/Heinig/Krebber*, Eur. Arbeits- und Sozialrecht, § 2 Rn. 15, der für die arbeitsrechtsspezifischen Grundrechte nicht von einer durchschlagenden Bedeutung der Unterscheidung zwischen Recht und Grundsatz ausgeht, da diese Grundrechte durch andere Systementscheidungen überlagert seien.

60 Für den Charakter als Recht *Franzen/Gallner/Oetker/Schubert*, Eur. Arbeitsrecht, Art. 30 GRC Rn. 2; *Lienbacher/Holoubek/Kröll*, GRC, Art. 30 Rn. 8; *Stern/Sachs/Lang*, GRC, Art. 30 Rn. 5; *Grabenwarter/Rebhahn*, Eur. Grundrechteschutz, § 16 Rn. 84; *GSH/Lembke*, EU, Art. 30 GRC Rn. 8; *Ehlers/Kingreen*, GR, § 22 Rn. 32; *Pechstein/Nowak/Häde/Kocher*, Frankfurter Kommentar, Art. 30 Rn. 7; für einen Grundsatz *Calliess/Ruffert/Krebber*, EUV/AEUV, Art. 30 GRC Rn. 2.

61 Zur abwehrrechtlichen Schutzdimension siehe auch *Franzen/Gallner/Oetker/Schubert*, Eur. Arbeitsrecht, Art. 30 GRC Rn. 22.

würden, z.B. durch großzügige Regelungen befristeter Arbeitsverhältnisse ohne Missbrauchskontrolle.[62]

21 Für den Fall, dass einzelstaatliche Entlassungsschutzstandards als Beeinträchtigung der **Grundfreiheiten** eingeordnet werden, ist ihre primärrechtliche Aufwertung durch Art. 30 im Rahmen der Rechtfertigungsprüfung besonders zu berücksichtigen (→ Vor Titel IV Rn. 39).[63] Dies hat der EuGH in seiner Entscheidung in der **Rechtssache AGET Iraklis** nicht ausreichend beachtet. Die Prüfung des griechischen behördlichen Genehmigungserfordernisses bei Massenentlassungen erfolgt dort am Maßstab der Niederlassungsfreiheit aus Art. 49 AEUV und der unternehmerischen Freiheit gemäß Art. 16.[64] Im Rahmen der Rechtfertigungsprüfung durch zwingende Allgemeinwohlinteressen zum Schutz der Arbeitnehmer erwähnt der EuGH zwar Art. 30 und stellt fest: „Daher muss eine nationale Rahmenregelung (…) in diesem sensiblen Bereich darauf ausgerichtet sein, die im Zusammenhang mit dem Schutz der Arbeitnehmer und der Beschäftigung stehenden Interessen – u. a. vor ungerechtfertigter Entlassung und den Folgen von Massenentlassungen für die Arbeitnehmer – und die Interessen, die auf der Niederlassungsfreiheit und der in den Art. 49 AEUV und 16 der Charta verankerten unternehmerischen Freiheit der Wirtschaftsteilnehmer beruhen, miteinander vereinbaren und gegeneinander abwägen."[65] Die nachfolgende Verhältnismäßigkeitsprüfung lässt jedoch die primärrechtliche Aufwertung der nationalen Entlassungsregelung nicht erkennen. Zwar könne ein behördliches Genehmigungserfordernis bei Massenentlassungen die Beeinträchtigungen der Niederlassungsfreiheit und der unternehmerischen Freiheit grundsätzlich rechtfertigen, doch seien die Kriterien der konkreten Vorschrift, namentlich die **„wirtschaftlichen Verhältnisse des Unternehmens"** und die **„Bedingungen auf dem Arbeitsmarkt", zu allgemein** und **ungenau** gefasst. Die Vorschrift liefere damit keine hinreichend genauen Kriterien, um den nationalen Gerichten die Kontrolle der Ausübung des Ermessens der Verwaltungsbehörde zu gestatten.[66] Dementsprechend nimmt der EuGH einen Verstoß gegen die Niederlassungs- und die unternehmerische Freiheit ein.

Die Entscheidung des EuGH überzeugt schon insofern nicht, als dem griechischen Genehmigungserfordernis bei Massenentlassungen kein besonderer Schutz im Sinne des Art. 30 eingeräumt wird. Dieser besondere Schutz lässt sich – wie der EuGH in seiner Omega-

62 In diesen Kontext sind die Entscheidungen des BAG, Urt. vom 19.3.2014 – 7 AZR 828/12, Rn. 29 und Urt. vom 22. 1. 2014 – 7 AZR 243/12, Rn. 36 einordnen. Das BAG geht von der Vereinbarkeit der Richtlinie 1999/70/EG zu der EGB-UNICE-CEEP-Rahmenvereinbarung über befristete Arbeitsverträge (Rahmenvereinbarung) mit Art. 30 aus, da die Rahmenvereinbarung Regelungen enthalte, um den Missbrauch durch aufeinanderfolgende befristete Arbeitsverträge oder -verhältnisse zu vermeiden. Die weitere Frage, warum Art. 30 eine solche Missbrauchskontrolle fordert, vertieft das BAG allerdings nicht. Nach der hier vertretenen Auffassung greift bei Art. 30 als Verweisungsgrundrecht insoweit nicht ein näher zu bestimmender Gewährleistungsgehalt. Das Richtlinienermessen des Unionsgesetzgebers wird aber durch die besondere Abwehrdimension zum Schutz des nationalen Entlassungsschutzrechts begrenzt.

63 In diese Richtung auch *Franzen/Gallner/Oetker/Schubert*, Eur. Arbeitsrecht, Art. 30 GRC Rn. 2.

64 EuGH – AGET Iraklis, Rs. 201/15, Urt. vom 21.12.2016 (Große Kammer): Rn. 56: „Eine nationale Regelung wie die im Ausgangsverfahren in Rede stehende ist daher geeignet, einen Zugang zum griechischen Markt weniger attraktiv zu machen und im Fall des Zugangs zu diesem Markt Wirtschaftsteilnehmer anderer Mitgliedstaaten, die beschlossen haben, sich auf einem neuen Markt niederzulassen, in ihren Möglichkeiten, ihre dortige Tätigkeit anschließend anzupassen oder aufzugeben, indem sie sich im Hinblick darauf von den zuvor eingestellten Arbeitnehmern trennen, erheblich zu beschränken."

65 EuGH – AGET Iraklis, Rs. 201/15, Urt. vom 21.12.2016 (Große Kammer), Rn. 90.

66 EuGH – AGET Iraklis, Rs. 201/15, Urt. vom 21.12.2016 (Große Kammer), Rn. 99 ff.

Rechtsprechung gezeigt hat (→ Vor Titel IV Rn. 39) – durch eine Rücknahme der Prüfungsdichte verwirklichen. Eine solche Rücknahme ergibt sich zudem aus Art. 16. Denn auch die unternehmerische Freiheit aus Art. 16 wird „nur" nach Maßgabe des Unionsrechts und der einzelstaatlichen Rechtsvorschriften und Gepflogenheiten gewährt, womit eine „Berücksichtigung nationaler Freiräume" anerkannt wird.[67] Hier prüft der EuGH die Verhältnismäßigkeit jedoch ohne jede Einschränkung zu Lasten des mitgliedstaatlichen Einschätzungsspielraums. Dabei begründet der EuGH die Unverhältnismäßigkeit schlicht mit der Ungenauigkeit der gesetzlichen Kriterien, ohne zu hinterfragen, ob die griechische Anwendungspraxis bzw. Rechtsprechungspraxis den Verhältnismäßigkeitsanforderungen genügt.

c) Europäisches Dienstrecht. Im Europäischen Dienstrecht verfügt die Union über eine aus- 22
schließliche Gesetzgebungskompetenz (Art. 336 AEUV). Hier kann Art. 30 eine Gewährleistungsfunktion zur Regelung des Entlassungsschutzes entfalten, ohne dass die Gefahr kompetenzansaugender Wirkungen besteht. Zu beachten ist jedoch der weite Ausgestaltungsspielraum, den der Verweis in Art. 30 vermittelt. Dementsprechend entnimmt der EuGH Art. 30 im Verhältnis zwischen den Unionsorgangen und ihrem Personal keine unmittelbar anwendbaren Pflichten.[68]

6. Verhältnis zu anderen Grundrechten

Soweit die Entlassungsbedingungen an besondere Freiheitsbetätigungen anknüpfen oder 23
den Diskriminierungsschutz berühren (insbesondere aus Art. 21 und Art. 23), ergänzen diese Grundrechte den Schutz gemäß Art. 30, der als Verweisungsgrundrecht in der Regel keinen eigenständigen Gewährleistungsgehalt besitzt (→ Rn. 10). Im Verhältnis zu Art. 15 Abs. 1 stellt Art. 30 das speziellere, nämlich den Entlassungsschutz ausdrücklich regelnde Grundrecht dar.[69] Gegenüber dem Entlassungsschutz aus Art. 33 Abs. 2 ist Art. 30 subsidiär (→ Art. 33 Rn. 34).

IV. Literaturübersicht

Brose, Wiebke, Das Ende der Kleinbetriebsklausel und des Contrat nouvelles embauches wegen Europarechtswidrigkeit?, ZESAR 2008, 224; *Bruun, Niklas*, in: Bercusson (ed.), European Labour Law and the EU Charter of Fundamental Rights (2006), S. 255 ff.; *Buschmann, Rudolf*, Europäischer Kündigungsschutz, AuR 2013, 388; *Herresthal, Carsten*, Grundrechtecharta und Privatrecht, ZEuP 2014, 238; *Kainer, Friedemann*, Rückkehr der unmittelbar-horizontalen Grundrechtswirkung aus Luxemburg? NZA 2018, 894; *Meyer, Michael*, Kündigungsschutz im Kleinbetrieb oder in der Wartezeit nach der Grundrechtecharta?, NZA 2014, 993; *Michl, Fabian*, Unionsgrundrechte aus der Hand des Gesetzgebers, 2018; *Rebhahn, Robert*, Europäische Entwicklungen im Kündigungsschutz, DRdA 2014, 183; *Voßkuhle, Andreas*, Pyramide oder Mobile? – Menschenrechtsschutz durch die europäischen Verfassungsgerichte, Europarechtliches Symposium 2015, abrufbar unter: http://www.bundesarbeitsgericht.de/symposion/2015/ref_vosskuhle.pdf; *Wank, Rolf*, Neues zum Arbeitnehmerbegriff des EuGH, EuZW 2018, 21.

67 Die „Berücksichtigung nationaler Freiräume" betont *Voßkuhle*, S. 19, im Zusammenhang mit der Alemo Herron-Rechtsprechung des EuGH, Rs. C-426/11, Urt. vom 18.7.2013 (Dritte Kammer); *ders.*, RdA 2015, 342.

68 EuG – ETF/Michel, EuG, Rs. T-108/11 P, Urt. vom 4.12.2013.

69 *Frenz*, Hdb EuR, Rn. 3827; *Lienbacher/Holoubek/Kröll*, GRC, Art. 30 Rn. 12; *Franzen/Gallner/Oetker/Schubert*, Eur. Arbeitsrecht, Art. 30 GRC Rn. 6.

Artikel 31 Gerechte und angemessene Arbeitsbedingungen

(1) Jede Arbeitnehmerin und jeder Arbeitnehmer hat das Recht auf gesunde, sichere und würdige Arbeitsbedingungen.

(2) Jede Arbeitnehmerin und jeder Arbeitnehmer hat das Recht auf eine Begrenzung der Höchstarbeitszeit, auf tägliche und wöchentliche Ruhezeiten sowie auf bezahlten Jahresurlaub.

I. Vorgaben

1. Europäisches Recht

1 Nach den **Erläuterungen** des Präsidiums des Europäischen Konvents zur Charta der Grundrechte (→ Vor Titel IV Rn. 18)[1] stützt sich Absatz 1 auf die Arbeitsschutz-Rahmen-Richtlinie von 1989.[2] Ferner lehnt sich Absatz 1 an Art. 3 Europäische Sozialcharta (ESC → Vor Titel IV Rn. 6) an, der ein Recht auf **sichere und gesunde Arbeitsbedingungen** regelt, sowie an die auf den Schutz der Gesundheit und Sicherheit in der Arbeitsumwelt zielende Nr. 19 Gemeinschaftscharta der sozialen Grundrechte der Arbeitnehmer (GCh → Vor Titel IV Rn. 9).[3] Sodann nehmen die Erläuterungen eine interessante inhaltliche Verknappung vor, indem das Merkmal der **„würdigen Arbeitsbedingungen"** mit dem Hinweis erläutert wird, die Bestimmung des Art. 31 Abs. 1 lehne sich „hinsichtlich des Rechts auf *Würde am Arbeitsplatz* an Art. 26 der revidierten Sozialcharta an".[4] Schließlich sei der Begriff „Arbeitsbedingungen" im Sinne des Art. 156 AEUV zu verstehen.

Absatz 2 stützt sich nach den Erläuterungen auf die **Arbeitszeitrichtlinie** (RL 93/104/EG)[5] sowie auf Art. 2 ESC. Art. 2 ESC regelt entgegen der Überschrift („Das Recht auf gerechte Arbeitsbedingungen") nur den **Arbeitszeitschutz,** während Art. 3 ESC den Gesundheitsschutz erfasst und Art. 4 ESC das gerechte Arbeitsentgelt.

2 Im ersten **Präsidiumsentwurf** wurde zusätzlich noch auf Art. 13 der Erklärung der Grundrechte und Grundfreiheiten (Erkl. EP 1989 → Vor Titel IV Rn. 8) verwiesen.[6]

1 ABl. 2007 C 303, S. 17 ff.

2 RL 89/391/EWG des Rates vom 12.6.1989 über die Durchführung von Maßnahmen zur Verbesserung der Sicherheit und des Gesundheitsschutzes der Arbeitnehmer bei der Arbeit (ABl. 1989 C 303, S. 26).

3 ABl. 2007 C 303, S. 26.

4 ABl. 2007 C 303, S. 26. Art. 26 der Revidierten Sozialcharta regelt das Recht auf Würde am Arbeitsplatz.

5 RL 93/104/EG des Rates vom 23.11.1993 über bestimmte Aspekte der Arbeitszeitgestaltung (ABl. 1993 L 307, S. 18). Diese RL wurde noch im Beratungszeitraum des Konvents durch die RL 2000/34/EG des Europäischen Parlaments und des Rats vom 22.6.2000 geändert. Schließlich wurden beide Richtlinien durch die RL 3003/88/EG (ABl. 2003 L 299, S. 9) aufgehoben.

6 CHARTE 4192/00 CONVENT 18 vom 27.3.2000.

Ferner schlug das Präsidium einen Art. VII vor („Jeder Arbeitnehmer hat einen Anspruch auf sichere und gesunde Arbeitsbedingungen"), den es mit Art. 3 der Revidierten Europäische Sozialcharta (RESC) begründete,[7] sowie einen Art. VI („Jeder Arbeitnehmer hat Anspruch auf eine wöchentliche Ruhezeit und auf bezahlten Jahresurlaub"), für den es ausschließlich Art. 2 RESC anführte.[8] Zusätzlich sah der Entwurf einen Art. V vor („Recht auf gleiches Entgelt für gleiche Arbeit. Das Recht auf gleiches Entgelt für gleiche Arbeit wird jedem Arbeitnehmer gewährleistet."), für den auf Art. 4 RESC und Art. 4 ESC verwiesen wurde.

Die **Arbeitsschutz-Rahmen-Richtlinie** (RRL)[9] entspringt dem Aktionsprogramm für Sicherheit, Arbeitshygiene und Gesundheitsschutz am Arbeitsplatz.[10] Im Zusammenhang mit den Kompetenzänderungen durch die Einheitliche Europäische Akte (→ Vor Titel IV Rn. 7) wurde beschlossen, sämtliche durch den Art. 118 a EWG[11] „verfügbaren Mittel rasch und vollständig auszuschöpfen."[12] Man hatte analysiert, dass die jährlichen Entschädigungen für Arbeitsunfälle und Berufskrankheiten im zweistelligen Milliardenbereich lagen.[13] 3

Sehr bald wurde die Arbeitsschutz-Rahmen-Richtlinie als „Grundgesetz des betrieblichen Arbeitsschutzes" gewürdigt,[14] die zusammen mit den 19 Einzelrichtlinien[15] zu einem „Corpus Europaeicum" des Arbeitsschutzes ausgebaut wurde.[16]

Art. 3 ESC, der durch Art. 3 RESC übernommen und ausdifferenziert wurde, verpflichtet die Vertragsstaaten zu einem **Arbeitsschutzrecht.** Der Ausschuss für soziale Rechte (ECSR)[17] überprüft das Recht der Vertragsstaaten dabei auch an den Vorgaben der ILO-Konventionen und der unionsrechtlichen Arbeitsschutzrichtlinien.[18] 4

---

7 Im Unterschied zu Art. 3 ESC normiert Art. 3 RESC, „eine kohärente nationale Politik auf dem Gebiet der Sicherheit und des Gesundheitsschutzes der Arbeitnehmer sowie der Arbeitsumwelt festzulegen, umzusetzen und in regelmäßigen Abständen zu überprüfen. Vorrangiges Ziel dieser Politik ist es, die Sicherheit und Gesundheit bei der Arbeit zu verbessern sowie Unfälle und Beeinträchtigungen der Gesundheit, die sich aus der Arbeit ergeben, mit der Arbeit verbunden sind oder im Verlauf der Arbeit auftreten, insbesondere dadurch zu verhüten, dass die Ursachen der Gefahren in der Arbeitsumwelt so weit wie möglich verringert werden." Zusätzlich verpflichten sich die Vertragsparteien, in ihre Beratungen die Arbeitgeber- und Arbeitnehmerorganisationen einzubeziehen.

8 Anders als Art. 2 ESC sieht Art. 2 RESC nicht nur einen zweiwöchigen bezahlten Urlaub vor, sondern einen vierwöchigen.

9 RL 89/391/EWG, ABl. 1989 L 183, S. 1.

10 Mitteilung der Kommission über ihr Aktionsprogramm für Sicherheit, Arbeitshygiene und Gesundheitsschutz am Arbeitsplatz, ABl. 1988 C 28, S. 3.

11 Art. 118 a Abs. 1 EWG lautete: „Die Mitgliedstaaten bemühen sich, die Verbesserung insbesondere der Arbeitsumwelt zu fördern, um die Sicherheit und die Gesundheit der Arbeitnehmer zu schützen, und setzen sich die Harmonisierung der in diesem Bereich bestehenden Bedingungen bei gleichzeitigem Fortschritt zum Ziel."

12 Mitteilung der Kommission über ihr Aktionsprogramm für Sicherheit, Arbeitshygiene und Gesundheitsschutz am Arbeitsplatz, ABl. 1988 C 28, S. 3.

13 Mitteilung der Kommission über ihr Aktionsprogramm für Sicherheit, Arbeitshygiene und Gesundheitsschutz am Arbeitsplatz, ABl. 1988 C 28, S. 4.

14 *Wlotzke,* NZA 1990, 419.

15 Ein kommentierter Überblick findet sich bei *Franzen/Gallner/Oetker/Kindt/Schucht,* Eur. Arbeitsrecht, Art. 16 RL 89/391/EWG/ Rn. 2.

16 *Birk,* S. 645.

17 European Committee of Social Rights; es handelt sich dabei um ein Expertengremium, dem die Vertragsstaaten nach Art. 21 ff. ESC berichtspflichtig sind und das in sog. Conclusions seine rechtlich unverbindlichen Rügen zu einzelnen Anwendungspraktiken abgibt.

18 *Franzen/Gallner/Oetker/Schubert,* Eur. Arbeitsrecht, Art. 3 ESC Rn. 3.

5 **Nr. 19 GCh** regelt den Gesundheitsschutz und die Sicherheit in der Arbeitsumwelt mit Blick auf die Harmonisierung des Binnenmarktes. So bestimmt Absatz 1: „Jeder Arbeitnehmer muss in seiner Arbeitsumwelt zufriedenstellende Bedingungen für Gesundheitsschutz und Sicherheit vorfinden. Es sind geeignete Maßnahmen zu ergreifen, um die **Harmonisierung** der auf diesem Gebiet bestehenden Bedingungen auf dem Wege des Fortschritts weiterzuführen." Absatz 3 verpflichtet die Union und die Mitgliedstaaten wie folgt: „Die Vorschriften über die Verwirklichung des **Binnenmarktes** haben zu diesem Schutz beizutragen."

6 Der Verweis der Erläuterungen auf **Art. 156 AEUV** betrifft den Begriff der **Arbeitsbedingungen**. Diese Bestimmung spricht von dem „Gebiet [...] des Arbeitsrechts und der Arbeitsbedingungen".

7 Die erste **Arbeitszeitrichtlinie** (RL/93/104/EG)[19] beruht ebenso wie die Arbeitsschutz-Rahmen-Richtlinie auf Art. 118 a EWG, der in Art. 153 Abs. 1 lit. a) AEUV überführt worden ist und dessen **Kompetenz** auf eine **Verbesserung** der dort genannten Arbeitsbedingungen (im Unterschied zu lit. b)) angelegt ist. Die Arbeitszeitrichtlinie nimmt Bezug auf die Nrn. 7, 8 und 19 GCh.[20] Ausdrücklich hebt die Arbeitszeitrichtlinie hervor, „einen konkreten Beitrag zur Ausgestaltung der sozialen Dimension des Binnenmarktes" durch den „Erlass von Mindestvorschriften für die Arbeitszeitgestaltung" leisten zu wollen, die „die Arbeitsbedingungen der Arbeitnehmer in der Gemeinschaft verbesser[n]".[21]

Während die im Präsidiumsentwurf genannte Nr. 19 GCh nur den Gesundheitsschutz und die Sicherheit in der Arbeitsumwelt behandelt, regelt **Nr. 7 GCh** die Arbeitszeitgestaltung: „Die Verwirklichung des Binnenmarktes muss zu einer Verbesserung der Lebens- und Arbeitsbedingungen der Arbeitnehmer in der Europäischen Gemeinschaft führen. Dieser Prozess erfolgt durch eine Angleichung dieser Bedingungen auf dem Wege des Fortschritts und betrifft namentlich die Arbeitszeit und die Arbeitszeitgestaltung sowie andere Arbeitsformen als das unbefristete Arbeitsverhältnis, wie das befristete Arbeitsverhältnis, Teilzeitarbeit, Leiharbeit und Saisonarbeit. Diese Verbesserung muss, soweit nötig, dazu führen, dass bestimmte Bereiche des Arbeitsrechts wie die Verfahren bei Massenentlassungen oder bei Konkursen ausgestaltet werden."

8 Der Hinweis des Präsidiumsentwurfs auf **Art. 13 Erkl EP 1989**[22] ist im Vergleich zu den Erläuterungen in Bezug auf die „würdigen Arbeitsbedingungen" aufschlussreich. Denn im Gegensatz zu Art. 26 RESC wird hier der Blick nicht auf die „Würde am Arbeitsplatz" verengt, sondern von einem „menschenwürdigen Dasein" gesprochen.[23]

2. Verfassungen der Mitgliedstaaten

9 In ihren **Verfassungen** regeln die meisten Mitgliedstaaten die Arbeitsbedingungen **ähnlich umfassend** wie die Grundrechtecharta. Nach Art. 48 der *litauischen* Verfassung hat jeder Mensch das Recht, „angemessene, sichere und gesunde Arbeitsbedingungen vorzufinden sowie eine gerechte Bezahlung für die Arbeit und im Falle der Arbeitslosigkeit Sozialversi-

19 Die RL/93/104/EG wurde neugefasst durch die RL/2003/88/EG.

20 RL 93/104/EG (ABl. 1993 L 307, S. 18), Präambel, Erwägungsgrund 4. Die Richtlinie ist damit in ihrem Bezug auf die GCh genauer als die Erläuterungen und der Präsidiumsentwurf.

21 RL 93/104/EG (ABl. 1993 L 307, S. 18), Präambel, Erwägungsgrund 6 und 7.

22 ABl. 1989 C 120, S. 54.

23 Art. 13 Nr. 2 Erkl EP 1989 lautet: „Es werden die notwendigen Maßnahmen zum Schutz der Gesundheit und der Sicherheit am Arbeitsplatz und zur Gewährleistung eines Arbeitsentgelts, das ein menschwürdiges Dasein ermöglicht, getroffen."

cherungsleistungen zu erhalten". Gemäß Art. 11 Abs. 5 Verfassung *Luxemburg* trifft das Gesetz Vorsorge für „die soziale Sicherheit, den Schutz der Gesundheit sowie die Erholung der Arbeiter". Nach Art. 59 Abs. 1 Verfassung *Portugal* haben alle Arbeiter das Recht „b) auf die Ausgestaltung der Arbeit unter sozial würdigen Bedingungen, so dass eine Selbstverwirklichung ermöglicht wird; c) auf Arbeitsleistung unter hygienischen und sicheren Bedingungen; d) auf Erholung und Freizeit, auf eine Höchstgrenze der täglichen Arbeitszeit, eine wöchentliche Erholungspause und regelmäßigen, bezahlten Urlaub". Art. 36 Verfassung *Slowakei* garantiert den Beschäftigten ein „Recht auf gerechte und zufriedenstellende Arbeitsbedingungen. Durch Gesetz wird ihnen vor allem gewährleistet a) das Recht auf Entlohnung für die verrichtete Arbeit, die einen würdigen Lebensstandard ermöglicht, b) der Schutz vor ungerechtfertigter Entlassung aus einem Arbeitsverhältnis und vor Diskriminierung im Beruf, c) der Schutz der Gesundheit und vor arbeitsbedingten Gefahren, d) die Höchstgrenze der zulässigen Arbeitszeit, e) die angemessene Erholung nach der Arbeit, f) die Mindestdauer des bezahlten Erholungsurlaubs".

In *Rumänien* gilt nach Art. 38 Abs. 2 „das Recht auf sozialen Arbeitsschutz. Die Schutzmaßnahmen betreffen die Arbeitssicherheit und -hygiene, die Arbeitsregelung von Frauen und Jugendlichen, den Mindestlohn in der Wirtschaft, die wöchentliche Ruhepause, den bezahlten Jahresurlaub, die Arbeitsleistung unter schweren Bedingungen sowie andere spezifische Situationen. (3) Die normale Dauer des Arbeitstages beträgt im Durchschnitt höchstens 8 Stunden. (4) Bei gleicher Arbeit haben Frauen den gleichen Lohn wie Männer". In *Spanien* überwacht die öffentliche Gewalt die „Sicherheit und Hygiene am Arbeitsplatz und gewährleistet die erforderliche Erholung durch Begrenzung der Arbeitszeit sowie regelmäßigen bezahlten Urlaub und die Förderung geeigneter Erholungsstätten" (Art. 40 Abs. 2 Verfassung Spanien). Zudem haben die Arbeitnehmer ein Recht auf „eine Entlohnung, die zur Befriedigung ihrer Bedürfnisse und der ihrer Familie ausreicht (Art. 35). Nach Art. XVII der *ungarischen* Verfassung haben Arbeitnehmer folgende Rechte: „(3) Jede Arbeitnehmerin und jeder Arbeitnehmer hat das Recht auf gesunde, sichere und würdige Arbeitsbedingungen. (4) Jede Arbeitnehmerin und jeder Arbeitnehmer hat das Recht auf tägliche und wöchentliche Ruhezeiten sowie auf bezahlten Jahresurlaub."

Einige Mitgliedstaaten erwähnen nur den **Gesundheitsschutz.** Nach Art. 18 der *finnischen* 10
Verfassung trägt die „öffentliche Gewalt für den Schutz der Arbeitskraft Sorge." Die Verfassung *Irlands* regelt in Art. 45 Abs. 4 UAbs. 2: „Der Staat wird sich bemühen sicherzustellen, dass die Kraft und Gesundheit der männlichen und weiblichen Arbeitskräfte sowie der Kinder im zarten Alter nicht missbraucht werden."

Andere Mitgliedstaaten regeln nur den **Arbeitszeitschutz.** Nach Art. 36 Abs. 2 und 3 der 11
italienischen Verfassung wird „die Höchstdauer des Arbeitstages [...] gesetzlich geregelt." Zudem hat „der Arbeiter [...] Anspruch auf einen wöchentlichen Ruhetag und auf einen bezahlten Jahresurlaub; er kann darauf nicht verzichten." Für die Rechte der „arbeitenden Frau" schreibt Art. 37 Abs. 1 Satz 2 vor, dass ihre „Arbeitsbedingungen [...] die Erfüllung ihrer wesenhaften Aufgabe im Dienst der Familie gestatten [müssen] und der Mutter und dem Kind einen besonderen, angemessenen Schutz gewährleisten". Art. 56 Abs. 2 der *kroatischen* Verfassung verlangt, dass die „Höchstarbeitszeit [...] durch Gesetz bestimmt" wird. Zudem wird jedem Beschäftigten das „Recht auf Erholung am Wochenende und bezahlten Jahresurlaub" zugesprochen; „auf diese Rechte kann er nicht verzichten." Art. 107 der *lettischen* Verfassung garantiert das Recht „auf allwöchentliche arbeitsfreie Tage und einen alljährlichen bezahlten Urlaub."

12 Einige Mitgliedstaaten regeln beides zusammen, **Gesundheitsschutz** und **Arbeitszeitschutz.** *Bulgarien* garantiert in Art. 48 Abs. 5 ein „Recht auf gesunde und gefahrlose Arbeitsbedingungen, auf einen minimalen Arbeitslohn und eine Bezahlung, die der geleisteten Arbeit entspricht, sowie auf Freizeit und Urlaub; die Voraussetzungen und das Verfahren dafür werden gesetzlich festgelegt." In *Polen* wacht der Staat über die Arbeitsbedingungen (Art. 24). Art. 66 regelt: „1) Jedermann hat das Recht auf sichere und hygienische Arbeitsbedingungen. Wie dieses Recht zu verwirklichen ist sowie Pflichten des Arbeitgebers regelt das Gesetz. (2) Der Arbeitnehmer hat Recht auf die im Gesetz bestimmten arbeitsfreien Tage und jährlich einen bezahlten Urlaub. Das Gesetz bestimmt eine Höchstarbeitszeit."

13 In *Belgien* wird das **„Recht auf gerechte Arbeitsbedingungen und gerechte Entlohnung"** besonders hervorgehoben (Art. 23 Abs. 2 Verfassung Belgien). Ähnliches gilt in *Griechenland,* Art. 22 Abs. 1 der Verfassung bestimmt: „Unabhängig von Geschlecht oder anderen Unterscheidungen haben alle Arbeitenden das Recht auf gleiche Entlohnung für gleichwertig geleistete Arbeit. (2) Die allgemeinen Arbeitsbedingungen werden durch Gesetz festgelegt und ergänzt durch die in freien Verhandlungen abgeschlossene Tarifverträge, bei deren Misslingen durch schiedsrichterlich gesetzte Regeln." Auch in *Tschechien* wird dies durch Art. 28 der Deklaration der Grundrechte und Grundfreiheiten (→ Art. 28 Rn. 8) gewährleistet: „Arbeitnehmer haben das Recht auf eine gerechte Entlohnung für ihre Arbeit und auf befriedigende Arbeitsbedingungen. Einzelheiten regelt das Gesetz."

14 Manche Verfassungen erwähnen allein die **Arbeitsbedingungen**. In *Estland* stellt Art. 29 Abs. 4 der Verfassung „die Arbeitsbedingungen [...] unter staatliche Kontrolle." In *Frankreich* wird durch Abs. 7 der Präambel der Verfassung von 1946 bestimmt, dass „jeder Arbeiter [...] durch die Vermittlung seiner Vertreter an der gemeinschaftlichen Festsetzung der Arbeitsbedingungen" teilnimmt. Nach Art. 19 der Verfassung des Königreichs *Niederlande* besteht ein gesetzlicher Arbeitsschutz. In *Slowenien* gewährleistet Art. 66 der Verfassung den Schutz der Arbeit: „Der Staat schafft Beschäftigungs- und Arbeitsmöglichkeiten und gewährleistet deren gesetzlichen Schutz."

II. Diskussion im Konvent

1. Gleiches Entgelt für gleiche Arbeit

15 Die Diskussion im Konvent entspann sich an den Art. V – VII des Präsidiumsentwurfs (→ Rn. 2). Heftiger Streit entbrannte an Art. V, der **gleiches Entgelt für gleiche Arbeit** forderte. *Rodotà* (I) plädierte für den Artikel; er beziehe sich auf schon geltendes Recht und sei „Ausfluss der **Menschenwürde**". Mit ihm müsse der „Gefahr des Sozialdumpings" begegnet werden.[24] *Van den Burg* (NL) unterstützte den Vorschlag. Sie erinnerte daran, dass einige Richtlinien den gleichen Norminhalt hätten. Diese sähen zwar Ausnahmen vor, doch seien sie vermutlich zu streichen, da auch die Sozialpartner die Ausnahmen ablehnten.[25] Auch *Einem* (A), *Voggenhuber* (A) und *De Gucht* (B) setzten sich für diesen Vorschlag ein.[26]

Skeptisch zeigten sich *Friedrich* (D), *O'Kennedy* (IRL), *Olsen* (DK), *Hirsch Ballin* (NL), *Haenel* (F), *Griffiths* (GB) und *Goldsmith* (GB).[27] Man befürchtete eine Kompetenzerweiterung der Union. *Goldsmith* warnte: „Würde ein solcher Artikel in die Grundrechtscharta

---

24 *Meyer/Engels*, Charta der Grundrechte, S. 257.
25 *Meyer/Engels*, Charta der Grundrechte, S. 257; *Bernsdorff/Borowsky*, Protokolle, S. 214.
26 *Meyer/Engels*, Charta der Grundrechte, S. 257; *Bernsdorff/Borowsky*, Protokolle, S. 214.
27 *Bernsdorff/Borowsky*, Protokolle, S. 215.

aufgenommen, so würden die britischen Zeitungen titeln, dass Europa nun auch die Löhne regeln wolle."[28]

Ein Kompromiss zwischen den Lagern konnte durch eine Umformulierung erreicht werden. Vertreter der Befürworter wie der Skeptiker waren sich einig, dass man statt von „gleichem Entgelt" besser von „gerechtem Entgelt" sprechen sollte (*Einem, van den Burg, Fayot* [L], *Voggenhuber, Maji-Weggen* [NL]) oder „fairer Entlohnung" (*Goldsmith, Griffiths*), wobei dies nicht auf eine Harmonisierung der Gehälter hinauslaufen sollte (*Olsen*).[29]

In seinem nächsten Vorschlag[30] sah das Präsidium zunächst **von einer Regelung der Lohnfrage ab.**[31] Dies stieß auf vehemente **Kritik** von *Paciotti* (I), *Kaufmann* (D) und *Meyer* (D), während sich *Friedrich, Rack* (A), *Goldsmith* und *Magnusson* (S) gegen eine solche Regelung aussprachen. *Magnusson* sah die Gefahr, damit könne „die Möglichkeit von Tarifverhandlungen beschnitten" werden.[32] *Goldsmith* meinte, es sei schwer zu definieren, was gleiche Arbeit ist,[33] *Paciotti* hingegen hielt die Probleme für lösbar.[34] 16

Mit seinem Vorschlag vom 3.7.2000 arbeitete das Präsidium die vielfältigen Änderungsanträge ein, was zu **Art. 33 a** führte, dem „Recht auf eine angemessene Entlohnung".[35] Der Vorschlag nimmt ausdrücklich Bezug auf die Änderungsanträge von *Loncle* (F), *Berès* (F), *Meyer, Fayot, Rodotà, Paciotti, Manzella* (I), *van den Burg* und *Voggenhuber*. Parallel dazu wurde ein **Art. 34 a** vorgeschlagen, der das „Recht auf angemessene Entlohnung und Gleichbehandlung" enthielt. Hier wurden zum Teil andere Antragsteller genannt: *Rodotà, Paciotti, Manzella, Vitorino* (KOM), *Berès, Rodriguez Bereijo* (E), *Goldsmith, van den Burg, Fayot, Loncle* und *Voggenhuber*.[36] 17

Daneben machte das **Präsidium** einen eigenen Vorschlag. Die beiden Artikel (ehemals Art. VI und Art. VII) sollten zu einem Artikel verschmolzen werden und zugleich den Gedanken von **Art. 33 a und Art. 34 a** – und damit die **Frage des Entgelts** – aufnehmen. Der Art. 34 (CONVENT 41) lautete danach: 18

*„Neuer Titel: ‚**Gerechte Arbeitsbedingungen**'*

*(1) Jeder Arbeitnehmer hat das Recht auf gesunde, sichere und **würdige** Arbeitsbedingungen.*

(2) Jeder Arbeitnehmer hat das Recht auf eine Begrenzung der Höchstarbeitszeit, auf tägliche und wöchentliche Ruhezeiten sowie auf bezahlten Jahresurlaub."[37]

Dieser Vorschlag konnte sich auf die Zustimmung aus den ehemals zwei Lagern stützen; das Präsidium führt insoweit an: *Leinen* (D), *van den Burg, Dieulangard* (F), *Fayot, Loncle, Goldsmith, Meyer und Dehousse*.[38]

28 *Meyer/Engels*, Charta der Grundrechte, S. 257; *Bernsdorff/Borowsky*, Protokolle, S. 215.
29 *Meyer/Engels*, Charta der Grundrechte, S. 257; *Bernsdorff/Borowsky*, Protokolle, S. 215 f.
30 CHARTE 4316/00 CONVENT 34 vom 16.5.2000.
31 *Bernsdorff/Borowsky*, Protokolle, S. 322.
32 *Bernsdorff/Borowsky*, Protokolle, S. 323.
33 *Meyer/Engels*, Charta der Grundrechte, S. 328.
34 *Meyer/Engels*, Charta der Grundrechte, S. 328.
35 CHARTE 43183/00 CONVENT 41 vom 3.7.2000, S. 6.
36 CHARTE 43183/00 CONVENT 41 vom 3.7.2000, S. 8.
37 CHARTE 43183/00 CONVENT 41 vom 3.7.2000, S. 9.
38 CHARTE 43183/00 CONVENT 41 vom 3.7.2000, S. 9.

19 Im Dokument CONVENT 45 wurde der Gedanke der gerechten Arbeitsbedingungen durch die Hinzufügung der **„angemessenen Arbeitsbedingungen"** in der Überschrift verbreitert.[39] Schließlich wurde in der Abschlussredaktion der deutschen Fassung der Begriff der Arbeitnehmer noch geschlechtsspezifisch differenziert (→ Vor Titel IV Rn. 48 f.).

20 *Barriga* meint, dass die späte Zusammenfügung der beiden Artikel (Art. VI und Art. VII) die „etwas deplatziert wirkende" **Überschrift** erklären könnte, wobei er sich wundert, dass die „gerechten Arbeitsbedingungen" aus der Überschrift nicht auch im Wortlaut der Vorschrift auftauchen.[40] Tatsächlich werden die „gerechten Arbeitsbedingungen" durch das Merkmal der „würdigen Arbeitsbedingungen" aufgegriffen. Der entscheidende Gedanke bei der Neufassung war eben nicht nur, Art. VI und Art. VII zu verbinden, sondern auch, den ursprünglichen Art. V, also die Frage des Entgelts, in der neuen Fassung unterzubringen. Die Frage des gerechten bzw. gleichen Entgelts („gerechte Arbeitsbedingungen") konnte als Aspekt der würdigen Arbeitsbedingungen aufgegriffen werden, ohne die begrifflichen Streitpunkte („gleich", „gerecht", „Lohn") offenlegen zu müssen. Insoweit ist der Auffassung von *Rudolf* zu widersprechen, wonach die Frage der Gleichbehandlung in Lohnfragen auf „den späteren Art. 15 verlagert" worden sei.[41] Eine Ausklammerung der Lohnfrage aus dem Art. 31 hat erst durch die Erläuterungen stattgefunden.

2. Gesunde, sichere und würdige Arbeitsbedingungen

21 Zu **Art. VII des ersten Präsidiumsvorschlags**[42] gab es auf der siebten Sitzung des Konvents nur wenige **Wortmeldungen.**[43] *Cisneros Laborda* (E) unterstützte den Vorschlag zunächst vehement; man stoße in Spanien noch auf die „Überreste einer ‚machistischen Kultur', die **Schutzmaßnahmen** ablehne, man müsse daher Verstöße sanktionieren."[44] *Goldsmith* äußerte die Befürchtung, „dass das komplexe britische System durch **europäisches Richterrecht** hinweggefegt werde."[45] Er schlug vor, die Regelung in einen Teil A aufzunehmen, sie aber durch einen Teil B[46] genauer in ihrem Anwendungsbereich zu bestimmen.[47]

Berthu (F), *Friedrich* und *Mombaur* (D) wollten den Artikel streichen.[48] Sie argumentierten, es handele sich nicht um ein klassisches Grundrecht.

Der unterbreitete Vorschlag des Präsidiums fand im Konvent jedoch inhaltlich „überwiegend **Zustimmung**".[49]

22 *Van den Burg* wollte zusätzlich die „**Würde am Arbeitsplatz**" gewährleistet sehen, um der sexuellen Belästigung am Arbeitsplatz zu begegnen.[50] In seinem Kompromissvorschlag zu den zahlreichen Änderungsvorschlägen im Dokument CONVENT 39 wählte das Präsidi-

39 CHARTE 4422/00 CONVENT 45 vom 28.7.2000, S. 9.
40 *Barriga,* Entstehung, S. 122.
41 Vorauflage, *Rudolf,* Art. 31 Rn. 6.
42 CHARTE 4192/00 CONVENT 18 vom 27.3.2000.
43 *Bernsdorff/Borowsky*, Protokolle, S. 217.
44 *Bernsdorff/Borowsky*, Protokolle, S. 217. Später forderte der Parlamentarier allerdings, den „Artikel zu streichen oder ihn andernfalls in ein den Grundsätzen vorbehaltenes Kapitel mit aufzunehmen", CHARTE 4372/00 CONVENT 39 vom 16.6.2000, S. 171.
45 *Meyer/Engels*, Charta der Grundrechte, S. 258.
46 Vgl. zu diesem Konzept *Hüpers/Reese,* Vor Titel IV Rn. 18.
47 CHARTE 4372/00 CONVENT 39 vom 16.6.2000, S. 178.
48 CHARTE 4372/00 CONVENT 39 vom 16.6.2000, S. 172.
49 *Bernsdorff/Borowsky*, Protokolle, S. 217.
50 *Meyer/Engels*, Charta der Grundrechte, S. 258; *Bernsdorff/Borowsky*, Protokolle, S. 217; CHARTE 4372/00 CONVENT 39 vom 16.6.2000, S. 185. Sie begründete die Einfügung mit Art. 26 RESC.

um jedoch nicht die Formulierung der „Würde am Arbeitsplatz", sondern – weitergehend – die der „würdigen Arbeitsbedingungen".[51]

Aus der **Entstehungsgeschichte** wird man daher die Verknappung der Erläuterungen auf die „Würde am Arbeitsplatz" nicht bestätigen können. Die Würde am Arbeitsplatz steht vielmehr neben dem wichtigeren Inhalt, nämlich dem „betonten Bezug der sozialen Grundrechte zur Menschenwürde",[52] der – wie die Entstehungsgeschichte zeigt – die Forderung aufgenommen hat, dass für gleiche Arbeit der gleiche Lohn gezahlt werden soll (→ Rn. 14 ff.).

3. Arbeitszeit und Urlaub

Die Regelung in **Art. VI** („Recht auf Ruhezeit und Jahresurlaub") des **ersten Präsidiumsentwurfs** („Jeder Arbeitnehmer hat Anspruch auf eine wöchentliche Ruhezeit und auf bezahlten Jahresurlaub.") wurde vielfältig **kritisiert**. *Berthu* wollte ihn streichen, weil er „in die Zuständigkeit des nationalen Rechts oder bestenfalls in den Rahmen einer Richtlinie gehört, aber keinesfalls in eine Charta der Grundrechte".[53] *Friedrich* und *Mombaur* wollten ihn ebenfalls streichen, weil „arbeitsrechtliche Ansprüche dem Sekundärrecht vorbehalten bleiben" sollten.[54] *Korthals Altes* (NL) wollte den Grundsatzcharakter dieser Vorschrift stärker betonen und den Begriff „Recht" in der Überschrift im Text durch die Formulierung „die Union trifft Maßnahmen" konkretisieren.[55] *Goldsmith* wollte nicht hinnehmen, dass es gegenwärtig einen allgemeinen Anspruch auf Begrenzung der Höchstarbeitszeit gibt, denn z.Z. lasse es die entsprechende Richtlinie zu, dass „die Arbeitnehmer sich dafür entscheiden können, über das in der Richtlinie vorgesehene Wochenlimit von 48 Stunden hinaus zu arbeiten".[56] Einer Bewertung der Richtlinie, die für 2003 vorgesehen sei, solle man nicht vorgreifen.[57] 23

Überwiegend fand Art. VI jedoch inhaltliche **Zustimmung**.[58] *Van den Burg* wollte in der Begründung noch einen Verweis auf Art. 2 RESC ergänzen, damit ein „Mindesturlaub von vier Wochen und Sonntagsruhe" garantiert sei.[59] Dem schlossen sich *Dehousse*[60] und *Voggenhuber*[61] an. *Einem* und *Holoubek* (A) wollten zusätzlich verankern, dass „die Begrenzung der Höchstarbeitszeit durch geeignete Maßnahmen so kontrolliert werden muss, dass sie effektiv ist".[62] *Berès* wollte die Höchstarbeitszeit ergänzen um eine Bestimmung, die gewährleistet, dass „jede über die Höchstarbeitszeit hinaus abgeleistete Arbeitsstunde [...] den Anspruch auf ein erhöhtes Entgelt [begründet]".[63]

Das **Präsidium** ergänzte zunächst die Begrenzung der Höchstarbeitszeit und fügte eine tägliche **Ruhezeit** ein.[64] Im Dokument CONVENT 40 hieß es dann „jeder Arbeitnehmer hat 24

51 CHARTE 4377/00 CONVENT 40 vom 23.6.2000, S. 9; missverständlich Vorauflage, *Rudolf*, Art. 31 Rn. 7.
52 *Barriga*, Entstehung, S. 122.
53 CHARTE 4372/00 CONVENT 39 vom 16.6.2000, S. 141.
54 CHARTE 4372/00 CONVENT 39 vom 16.6.2000, S. 142.
55 CHARTE 4372/00 CONVENT 39 vom 16.6.2000, S. 146.
56 CHARTE 4372/00 CONVENT 39 vom 16.6.2000, S. 148.
57 CHARTE 4372/00 CONVENT 39 vom 16.6.2000, S. 148.
58 *Bernsdorff/Borowsky*, Protokolle, S. 216.
59 CHARTE 4372/00 CONVENT 39 vom 16.6.2000, S. 144.
60 CHARTE 4372/00 CONVENT 39 vom 16.6.2000, S. 147.
61 CHARTE 4372/00 CONVENT 39 vom 16.6.2000, S. 156.
62 CHARTE 4372/00 CONVENT 39 vom 16.6.2000, S. 152.
63 CHARTE 4372/00 CONVENT 39 vom 16.6.2000, S. 159.
64 CHARTE 4316/00 CONVENT 34 vom 16.5.2000, S. 8.

das Recht auf eine Begrenzung der Höchstarbeitszeit, auf tägliche und wöchentliche Ruhezeiten sowie auf bezahlten Jahresurlaub".[65] Im Dokument CONVENT 47 (REV 1)[66] erhielt der Artikel in der deutschen Sprachfassung schließlich seine geschlechtsspezifische Formulierung (→ Vor Titel IV Rn. 48 f.).

III. Kommentierung

1. Allgemeine Einordnung

25 Art. 31 umfasst **vier Anwendungsbereiche.** Art. 31 Abs. 1 gewährleistet das Recht auf **gesunde und sichere Arbeitsbedingungen** und garantiert damit den technischen Arbeitsschutz. Art. 31 Abs. 2 regelt über die Höchstarbeitszeit, die täglichen und wöchentlichen Ruhezeiten und den bezahlten Jahresurlaub den **Arbeitszeitschutz.** Daneben spricht Art. 31 Abs. 1 von den würdigen Arbeitsbedingungen, die – wie die Erläuterungen nahelegen – ein von **Belästigungen freies Arbeitsumfeld** anstreben. Die Entstehungsgeschichte und die Überschrift zeigen aber auch, dass die „würdigen Arbeitsbedingungen" in Art. 31 Abs. 1 zusätzlich menschenwürdige Arbeitsbedingungen im Sinne von **gerechten und angemessenen Arbeitsbedingungen** verlangen, worunter die Konventsmitglieder Fragen der Entlohnung begriffen (→ Rn. 14 ff.).

26 Allen vier Anwendungsbereichen des Art. 31 ist gemeinsam, dass sie sich im weitesten Sinne auf **Arbeitsbedingungen** beziehen. Nach den Erläuterungen entspricht der Begriff dem des Art. 156 AEUV. Im Unterschied zum Begriff der Arbeitsbedingungen des Art. 153 Abs. 1 lit. b) AEUV klammert Art. 156 AEUV keinen Bereich aus Kompetenzgründen aus, vergleiche etwa Art. 153 Abs. 5 und Art. 156 Abs. 1 SpStr. 7 AEUV.[67] Darum kann der Schluss, das Arbeitsentgelt sei „ausgeschlossen vom Begriff der Arbeitsbedingungen",[68] gerade nicht gezogen werden. Der Begriff ist denkbar weit.[69] Ob Entgeltfragen vom Art. 31 erfasst werden, wird vom Begriff der Arbeitsbedingungen nicht negativ vorentschieden.

27 Um die unionsrechtliche Bedeutung der verschiedenen Anwendungsbereiche zu ermessen, ist zunächst nach der unionsrechtlichen **Kompetenz** zu fragen.[70] Für den **Gesundheitsschutz** und auch für den **Arbeitszeitschutz** besteht eine Kompetenzgrundlage in Art. 153 Abs. 1 lit. a) AEUV („gesunde und sichere Arbeitsumwelt"), denn der Arbeitszeitschutz stellt sich in weiten Teilen als Gesundheitsschutz dar. Doch es gibt auch Arbeitszeitschutzvorschriften, die nicht der Gesundheit dienen, sondern kultureller Art sind, z.B. der wö-

---

65 CHARTE 4377/00 CONVENT 40 vom 23.6.2000, S. 3.

66 CHARTE 4470/00 REV 1 CONVENT 47 vom 21.9.2000.

67 In der Erklärung Nr. 31 zu Art. 156 AEUV heißt es: „Die Konferenz bestätigt, dass die in Artikel 156 aufgeführten Politikbereiche im Wesentlichen in die Zuständigkeit der Mitgliedstaaten fallen.", ABl. 2012 C 326, S. 350.

68 *Dorfmann,* Soziale GR, S. 191.

69 *GSH/Langer,* EU, Art. 53 AEUV Rn. 19.

70 Dies wird bestritten von *Schubert,* die griffig formuliert, „der Schluss von der Kompetenz auf den Grundrechtsinhalt [ist] genauso unzulässig wie der Schluss vom Grundrecht auf die Kompetenz." *Franzen/Gallner/Oetker/Schubert,* Eur. Arbeitsrecht, Art. 31 GrC Rn. 11. Dem zweiten Teil der Aussage ist zuzustimmen, dem ersten jedoch zu widersprechen. Grundrechtsinhalte sind nicht nur nach der semantischen, sondern vor allem nach der normativen Bedeutung zu bestimmen. Besitzt die Union beispielsweise für Arbeitnehmer eine Kompetenz, aber nicht für Funktionsbeamte, kommt es für den Grundrechtsgehalt nicht auf den möglicherweise umfassenden Wortlaut der Norm an. Die Reichweite der normativen Bedeutung entscheidet sich vielmehr an der Kompetenz. Besteht nur eine teilweise Kompetenz, ist zu überprüfen, welcher Grundrechtsinhalt normative Wirkungen entfaltet und welcher nur – im Sinne der dritten Säule – einen „Vorratsgehalt" besitzt, der bis zu einer Neuregelung der Kompetenzen eine unverbindliche Anregung für die Mitgliedstaaten darstellt. Siehe auch *Hüpers/Reese,* Vor Titel IV Rn. 14.

chentliche Ruhetag am Sonntag.[71] Die nicht gesundheitlichen Arbeitsbedingungen werden durch die Auffangnorm des Art. 153 Abs. 1 lit. b) („Arbeitsbedingungen") AEUV erfasst.

Im Gegensatz zu den übrigen Kompetenztiteln des Art. 153 AEUV weist der Kompetenztitel des Abs. 1 lit. a) eine für die Grundrechtsauslegung maßgebliche Besonderheit auf. Der Kompetenztitel in lit. a) ist nämlich nicht bloß auf die Regelung bzw. Mindestharmonisierung ausgerichtet, sondern zielt ausdrücklich auf die „**Verbesserung** [...] der Arbeitsumwelt". Diese Verbesserung wiederum erschließt sich aus der Vorgängernorm des Art. 118 a Abs. 1 EWG, wonach die Mitgliedstaaten das Ziel der „Harmonisierung der in diesem Bereich bestehenden Bedingungen bei gleichzeitigem **Fortschritt**" verfolgen.[72] Der Verbesserungs- und Fortschrittsgedanke schränkt damit das Harmonisierungsermessen der Union in Richtung eines Rückschritts ein. Soweit die Erläuterungen zu Art. 31 auf einen Richtlinienbestand zu Art. 118 a Abs. 1 EWG bzw. Art. 153 Abs. 1 lit. a) AEUV verweisen, lassen sich diese Richtliniengehalte dem Grundrechtsgehalt zuordnen, ohne dass damit kompetenzansaugende Wirkungen verbunden wären. Denn der mit einer solchen **grundrechtlichen Aufwertung** des **Richtliniengehalts** verbundene Bestandsschutz der Richtlinien steht gerade im Einklang mit der allein auf Verbesserung bzw. Fortschritt gerichteten Harmonisierungskompetenz in Art. 153 Abs. 1 lit. a) AEUV. Die diesbezüglichen Richtliniengehalte können demnach im Sinne eines Rückschritts- bzw. **Verschlechterungsverbots** grundrechtlichen Schutz erlangen (→ Vor Titel IV Rn. 37)[73] und vermitteln insoweit ein **Recht** im Sinne des **Art. 52 Abs. 1.**[74]

28 Soweit mit „würdigen Arbeitsbedingungen" im Zusammenhang mit den Erläuterungen die **Würde am Arbeitsplatz** im Sinne von Art. 26 RESC gemeint ist, bestehen zwei mögliche Kompetenzgrundlagen. Zum einen könnte man den Weg über Art. 153 Abs. 1 lit. c) AEUV gehen oder über den Diskriminierungsschutz nach Art. 157 Abs. 3 AEUV (→ Rn. 56). Da der erste Weg wegen des Einstimmigkeitserfordernisses schwieriger ist, hat sich der Unionsgesetzgeber für den zweiten entschieden. Damit ergibt sich auch der Richtlinienschutz aus den entsprechenden Grundrechten, Art. 21 und Art. 23.

29 Der Anwendungsbereich der **würdigen Arbeitsbedingungen** im Zusammenhang mit den „gerechten und angemessenen Arbeitsbedingungen" unterfällt, soweit damit – wie es der Mehrheit der Konventsmitglieder vorschwebte – Entgeltfragen (gerechtes Entgelt, faires Entgelt, gleicher Lohn für gleiche Arbeit) gemeint sind, Art. 153 Abs. 5 AEUV, der insoweit eine Unionskompetenz ausschließt. Art. 31 Abs. 1 kann daher insoweit nicht auf eine bestimmte unionsrechtliche Ausgestaltung zielen, sondern ermöglicht den **besonderen abwehrrechtlichen Schutz** der **einzelstaatlichen Schutzstandards** gegenüber Maßnahmen der Union (Ermöglichungsfunktion).[75] Insoweit fungiert Art. 31 Abs. 1 ebenfalls als Recht im Sinne des Art. 52 Abs. 1.

---

71 EuGH – Ver. Königreich./. Rat, Rs. C-84/94, Urt. vom 12.11.1996, erklärte die damalige Arbeitszeitrichtlinie für kompetenzgemäß, soweit sie dem Gesundheitsschutz diente, soweit sie – wie mit der Sonntagsruhe – darüber hinaus ging allerdings für nichtig (Rn. 14, 38).

72 Siehe hierzu auch *Franzen/Gallner/Oetker/Franzen*, Eur. Arbeitsrecht, Art. 153 AEUV Rn. 17.

73 Zur Annahme eines Rückschritts- bzw. Verschlechterungsverbots ohne Bezugnahme auf das Erfordernis einer korrespondierenden Unionskompetenz Vorauflage *Borowsky*, Art. 52 Rn. 45 c m.w.N. in Fn. 518.

74 Allgemein für die Einordnung als Recht *Rudolf*, Vorauflage, Rn. 12 mit Hinweisen zur Rechtsprechung des EuGH; *Jarass*, GRC, Art. 31 Rn. 2; *Franzen/Gallner/Oetker/Schubert*, Eur. Arbeitsrecht, Art. 31 GRC Rn. 2; *GSH/Lembke*, EU, Art. 31 GRC Rn. 8. Zur Einordnung des Rechts auf bezahlten Jahresurlaub als Recht im Sinne des Art. 52 Abs. 1 siehe auch EuGH – Shimizu, Rs. C-684/16, Urt. vom 6.11.2018, Rn. 54.

75 Zur besonderen Abwehrdimension *Hüpers/Reese*, Vor Titel IV Rn. 30, 38 f., 46.

30 Unbeschadet der an der Kompetenz ausgerichteten Grundrechtsdimensionen trifft Art. 31 mehrere **Wertentscheidungen,** die im Rahmen der Auslegung zu berücksichtigen sind. Die Werte fungieren als Optimierungsgebote, die eine Realisierung in einem möglichst hohen Maße fordern.[76]

2. Grundrechtsberechtigte und Grundrechtsverpflichtete

31 **Grundrechtsberechtigte** in Art. 31 sind die **Arbeitnehmer.** Nach einer verbreiteten Ansicht wird ein autonomer unionsrechtlicher Arbeitnehmerbegriff vermutet, für den man die Rechtsprechung des EuGH zu Art. 45 AEUV (Lawrie-Blum-Formel) heranzieht, um dann eventuelle Besonderheiten zu berücksichtigen.[77] Diese Herangehensweise ist aus methodischen Gründen nicht empfehlenswert.[78] Vielmehr ist der Arbeitnehmerbegriff durch Auslegung des spezifischen Normkontextes zu ermitteln.[79] Im Rahmen des Art. 31 sind zudem die verschiedenen Anwendungsbereiche zu berücksichtigen.

32 Fraglich ist somit, welcher **Normkontext** für Art. 31 maßgeblich ist. *Schubert* meint, die in den Erläuterungen genannten **Richtlinien,** namentlich die Arbeitsschutz-Rahmen-Richtlinie, könnten hierfür nicht maßgeblich sein; sie könnten „nicht das Grundrecht als Primärrecht determinieren."[80] Aus dem oben genannten Verschlechterungsverbot (→ Rn. 26) folgt allerdings ein Mindestgehalt, der insoweit dem Grundrecht eigeschrieben wird, ihn allerdings nicht erschöpft. Eine Pflicht des Richtliniengebers, umfassender tätig zu werden, also etwa alle Sektoren oder Personengruppten zu erfassen, besteht nicht (→ Vor Titel IV Rn. 36).

33 Für die sicheren und gesunden Arbeitsbedingungen gibt **Art. 3** der **Arbeitsschutz-Rahmen-Richtlinie** den Mindestgehalt für den Arbeitnehmerbegriff vor: „Für die Zwecke dieser Richtlinie gilt als: a) Arbeitnehmer: jede Person, die von einem Arbeitgeber beschäftigt wird, einschließlich Praktikanten und Lehrlingen, jedoch mit Ausnahme von Hausangestellten."[81] Für die nach Art. 16 Arbeitsschutz-Rahmen-Richtlinie erlassenen Einzelrichtlinien gilt, insoweit diese nichts Anderweitiges regeln, derselbe Arbeitnehmerbegriff. Aus

---

76 *Alexy,* S. 75 ff.; dazu *Reese,* S. 78 ff.
77 Vgl. etwa *Franzen/Gallner/Oetker/Schubert,* Eur. Arbeitsrecht, Art. 31 GRC Rn. 7.
78 *Hüpers/Reese,* Art. 28 Rn. 26 ff.
79 EuGH – Danosa, Rs. C-232/09, Urt. vom 11.11.2010 (Zweite Kammer); *Franzen/Gallner/Oetker/Steinmeyer,* Eur. Arbeitsrecht, Art. 45 AEUV Rn. 12; *Junker,* EuZA 2016, 190; *Wank,* EuZW 2018, 29; *Fischer,* NJW 2011, 2329; *Oberthür,* RdA 2018, 287, die hervorhebt: „So dient der Arbeitnehmerbegriff in Artikel 45 AEUV der Abgrenzung zwischen Arbeitnehmern und Nichterwerbstätigen, während der Arbeitnehmerbegriff des harmonisierten Arbeitsschutzrechts in der Regel der Abgrenzung zwischen Arbeitnehmern und Selbständigen dient."
80 *Franzen/Gallner/Oetker/Schubert,* Eur. Arbeitsrecht, Art. 31 GRC Rn. 8.
81 RL 2003/41/EG, ABl. 2004 L 291, S. 18.

dem Zweck des betriebsbezogenen Gesundheitsschutzes wird man den Kreis der Beschäftigten denkbar weit ziehen können.[82] Er schließt auch den **Fremdgeschäftsführer** ein.[83]

In Bezug auf den grundrechtlichen **Arbeitszeitschutz** nach Art. 31 Abs. 2 ist zunächst Art. 2 Nr. 1 der **Arbeitszeitrichtlinie** (ArbZ-RL)[84] heranzuziehen, wonach der Arbeitszeitschutz daran anknüpft, dass der Arbeitnehmer „dem Arbeitgeber zur Verfügung steht und seine Tätigkeit ausübt oder Aufgaben wahrnimmt".[85] Die Judikatur des **EuGH** enthält dazu einige Präjudizien. Der EuGH bejahte die Anwendung der Arbeitszeitrichtlinie auf Kommunalbeamte und Feuerwehrleute[86] sowie auf Angestellte einer öffentlich-rechtlichen Einrichtung (AOK) mit arbeitsvertraglichem Verweis auf das Beamtenrecht.[87] Eine nach Art. 17 Abs. 3 lit. b) und c) ArbZ-RL eingeschränkte Anwendung bejahte der Gerichtshof bei Saisonarbeitern.[88] 34

Auch **Fremdgeschäftsführer**[89] werden vom Schutzzweck der Arbeitszeitrichtlinie und des Grundrechts erfasst. Da sie zugleich unternehmerisch tätig sein müssen, gelten für sie aber die Ausnahmen des § 17 ArbZ-RL. Der sachliche Anwendungsbereich wird bei ihnen nicht nur von Art. 31 Abs. 2 dominiert, sondern vorrangig von Art. 16.[90]

Auch die Pflegeelterntätigkeit fällt unter den Arbeitnehmerbegriff der ArbZ-RL.[91] Für den sachliche Schutzbereich kommt es aber nicht nur auf Art. 31 Abs. 2 sondern vorrangig auf Art. 24 Abs. 2 an.[92]

Da die **Würde am Arbeitsplatz** (Art. 31 Abs. 1, 3. Var.) vor allem Diskriminierungsschutz ist, kann der grundrechtliche Schutz (aus Art. 21 und 23 folgend) denkbar weit sein und auch Selbstständige umfassen.[93] 35

82 Um den persönlichen Anwendungsbereich der Arbeitsschutz-Rahmen-Richtlinie zu verdeutlichen, lohnt sich ein Blick in das deutsche Arbeitnehmerschutzrecht, das zur Umsetzung dieser Richtlinie geschaffen wurde. Diese gilt, wie es in der Regierungsbegründung heißt „für alle Beschäftigtengruppen". In § 2 ArbSchG werden als Beschäftigte im Sinne des Gesetzes folgende Gruppen aufgeführt: „(2) Beschäftigte im Sinne dieses Gesetzes sind: 1. Arbeitnehmerinnen und Arbeitnehmer, 2. die zu ihrer Berufsbildung Beschäftigten, 3. arbeitnehmerähnliche Personen im Sinne des § 5 Abs. 1 des Arbeitsgerichtsgesetzes, ausgenommen die in Heimarbeit Beschäftigten und die ihnen Gleichgestellten, 4. Beamtinnen und Beamte, 5. Richterinnen und Richter, 6. Soldatinnen und Soldaten, 7. die in Werkstätten für Behinderte Beschäftigten" (Entwurf eines Gesetzes zur Umsetzung der EG-Rahmenrichtlinie Arbeitsschutz und weiterer Arbeitsschutz-Richtlinien, BT-Drs. 13/3540, S. 11).

83 EuGH – Danosa, Rs. C-232/09, Urt. vom 11.11.2010 (Zweite Kammer); EuGH – Balkaya, Rs. C-229/14, Urt. vom 9.7.2015 (Erste Kammer).

84 RL/2003/88/EG.

85 Ausgenommen sind nach Art. 1 Abs. 3 UAbs. 2 die Seeleute. Nach *Franzen/Gallner/Oetker/Schubert*, Eur. Arbeitsrecht, Art. 31 GRC Rn. 22 soll die Ausnahme durch RL/2000/34/EG geschlossen worden sein; das trifft jedoch gemäß Art. 1 dieser Richtlinie nicht zu. Näheres bei *Franzen/Gallner/Oetker/Gallner*, Eur. Arbeitsrecht, Art. 1 RL 2003/88/EG/ Rn. 41 ff.

86 EuGH – Maschek, Rs. C-341/15, Urt. vom 20.7.2016 (Zehnte Kammer), Rn. 4 und 8.

87 EuGH – May, Rs. C-519/09, Beschluss vom 7.4.2011 (Fünfte Kammer), Rn. 27.

88 EuGH – Union syndicale Solidaires Isère, Rs. C-428/09, Urt. vom 14.10.2010 (Zweite Kammer), Rn. 33 und 61.

89 Vgl. EuGH – Danosa, Rs. C-232/09, Urt. vom 11.11.2010 (Zweite Kammer); EuGH – Balkaya, Rs. C-229/14, Urt. vom 9.7.2015 (Erste Kammer).

90 Ähnlich *Henssler/Lunk*, NZA 2016, 1428 und *Franzen/Gallner/Oetker/Schubert*, Eur. Arbeitsrecht, Art. 31 GRC, Rn. 27; a.A. *Franzen/Gallner/Oetker/Gallner*, Eur. Arbeitsrecht, Art. 1 RL 2003/88/EG Rn. 39.

91 EuGH- Sindicatul Familia Constanţa, Rs. C-147/17, Urt. 20.11.2018 (Große Kammer), Rn. 47 f.

92 EuGH- Sindicatul Familia Constanţa, Rs. C-147/17, Urt. 20.11.2018 (Große Kammer), Rn. 71 ff.

93 Der Diskriminierungsschutz erfolgt daher einerseits über die Geschlechter-RL 2006/54/EG, ergänzt durch die RL 2010/41/EU die den Schutz auf Selbständige ausdehnt.

36 Die **würdigen Arbeitsbedingungen** (Art. 31 Abs. 1, 3.Var. in Verbindung mit der Überschrift) fallen hinsichtlich der Entgeltfragen aus dem Kompetenzbereich des Unionsrechts. Da insoweit nur die abwehrrechtliche Ermöglichungsfunktion (→ Rn. 28 und → Vor Titel IV Rn. 30, 46) betroffen ist, kann der persönliche wie sachliche Anwendungsbereich weit ausgestaltet werden (→ Art. 28 Rn. 28).

37 Art. 31 richtet sich nach Maßgabe des Art. 51 Abs. 1 an die EU-Organe und EU-Einrichtungen sowie an die Mitgliedstaaten. Eine **Grundrechtsverpflichtung** der **Mitgliedstaaten** kommt dabei nur in Betracht, wenn es um die Durchführung von Unionsrecht geht.

38 Eine **Grundrechtsverpflichtung Privater** hatte der EuGH in der Rs. Fenoll noch abgelehnt.[94] Damals stand das nationale Recht zwar im Widerspruch zur ArbZ-RL, Art. 31 Abs. 2 war aber noch kein verbindliches Recht. In der **Rs. Shimizu**[95] ist dies nun anders.

In Abgrenzung zur Rs. AMS[96] hebt der EuGH auf die **„zwingende Formulierung"** ab, dass „jede Arbeitnehmerin und jeder Arbeitnehmer" das „Recht" auf bezahlten Jahresurlaub hat und zwar ohne dass insoweit auf einzelstaatliche Rechtsvorschriften oder Gepflogenheiten verwiesen würde.[97] Der EuGH schlussfolgert: „Folglich verleiht Art. 31 Abs. 2 der Charta schon für sich allein den Arbeitnehmern ein Recht, das sie in einem Rechtsstreit gegen ihren Arbeitgeber in einem vom Unionsrecht erfassten und daher in den Anwendungsbereich der Charta fallenden Sachverhalt als solches geltend machen können."[98]

Dem naheliegenden Einwand aus **Art. 51 Abs. 1**, die Grundrechtecharta gelte für „die Organe, Einrichtungen und sonstigen Stellen der Union unter Wahrung des Subsidiaritätsprinzips und für die Mitgliedstaaten ausschließlich bei der Durchführung des Rechts der Union" und nur für diese, entwindet sich die Große Kammer mit der Gegenbehauptung: „Hingegen trifft Art. 51 Abs. 1 der Charta keine Regelung darüber, ob Privatpersonen gegebenenfalls unmittelbar zur Einhaltung einzelner Bestimmungen der Charta verpflichtet sein können, und kann demnach nicht dahin ausgelegt werden, dass dies kategorisch ausgeschlossen wäre."[99]

Der Einwand aus Art. 51 Abs. 1 betrifft nicht nur den Wortlaut, sondern auch den Willen des Chartagebers, dem EuGH gegenüber den Mitgliedstaaten keine neuen Verwerfungskompetenzen zu verleihen.[100] Besonders deutlich kommt dieser Wille im **Protokoll Nr. 30** zum Ausdruck. Dort heißt es in Art. 1 Abs. 2: „Insbesondere – und um jeden Zweifel auszuräumen – werden mit Titel IV der Charta keine für Polen oder das Vereinigte Königreich geltenden einklagbaren Rechte geschaffen, soweit Polen bzw. das Vereinigte Königreich solche Rechte nicht in seinem nationalen Recht vorgesehen hat."[101] Diese Vorschrift stellt in ihrer klarstellenden Funktion („um jeden Zweifel auszuräumen") eine allgemeine, nicht auf Polen und das Vereinigte Königreich beschränkte, **Auslegungsdirektive** dar (→ Vor Titel IV Rn. 20 ff.).[102] Die Entscheidung des EuGH erging damit ultra vires. Eine direkte Grundrechtsbindung Privater ist abzulehnen.

---

94 EuGH – Fenoll, Rs. C-316/13, Urt. vom 26.3.2015, (Erste Kammer), Rn. 44.
95 EuGH – Shimizu, Rs. C-684/16, Urt. vom 6.11.2018 (Große Kammer), Rn. 62 ff.
96 EuGH – AMS, Rs. C-176/12, Urt. vom 15.1.2014; dazu *Hüpers/Reese*, Art. 27 Rn. 19.
97 EuGH – Shimizu, Rs. C-684/16, Urt. vom 6.11.2018 (Große Kammer), Rn. 73.
98 EuGH – Shimizu, Rs. C-684/16, Urt. vom 6.11.2018 (Große Kammer), Rn. 74 unter Hinweis auf EuGH – Egenberger, Rs. C- 414/16, Urt. vom 17.4.2018 (Große Kammer), Rn. 76.
99 EuGH – Shimizu, Rs. C-684/16, Urt. vom 6.11.2018 (Große Kammer), Rn. 76.
100 Vorauflage, *Borowsky*, Art. 51 Rn. 2 ff.
101 ABl. 2012 C 326, S. 314.
102 *Lindner*, EuR 2008, 799.

3. Gesunde und sichere Arbeitsbedingungen

Die nationalen **Arbeitsschutzvorschriften** erschienen in der Zeit vor dem ausgefeilten Richtlinienrecht als technische Handelshemmnisse, die die **Warenverkehrsfreiheit** beschränkten, aber auch beschränken durften.[103] Vor diesem Hintergrund sorgt die grundrechtliche Aufwertung des Arbeitsschutzes für dogmatische Transparenz.[104] 39

Im Zentrum des europäischen Arbeitsschutzrechtes steht seit langem die **Arbeitsschutz-Rahmen-Richtlinie** (RRL).[105] Diese wurde ohne grundrechtlichen Bezug erlassen. Mittlerweile wird die RRL durch zahlreiche Einzelrichtlinien ergänzt. Die 20. Einzelrichtlinie stützt sich dabei ausdrücklich auf Art. 31.[106] Daneben gibt es weitere Richtlinien des technischen Arbeitsschutzes, die bestimmte von der RRL nicht erfasste Arbeitnehmergruppen schützen (Jugendliche, Mütter, Seeleute, befristete Arbeitnehmer oder Leiharbeiter) sowie den produktbezogenen Arbeitsschutz, der umfassend sekundärrechtlich geregelt ist.[107] Während der vornehmlich technische Arbeitsschutz seine Kompetenzgrundlage in Art. 153 Abs. 1 lit. a) AEUV findet, gründet der produktbezogene Arbeitsschutz ursprünglich in Art. 100 a EWG (Art. 114 AEUV). In den Einzelrichtlinien zur RRL werden beide Bereiche mitunter zusammengeführt.[108] Sofern hier von der Union – was zurzeit nicht zu erwarten ist – Revisionen angestrebt werden, könnte der unterschiedliche Kompetenzhintergrund virulent werden. Denn soweit der Richtlinienbestand auf Art. 153 Abs. 1 lit. a) AEUV gründet, gilt für ihn das Verschlechterungsverbot. Dieser Gehalt ist grundrechtlich gesichert. 40

Der Arbeitsschutz greift auf mehreren Ebenen. In Bezug auf die einzelstaatliche Ebene besteht neben den Umsetzungspflichten der Mitgliedstaaten[109] die Pflicht der Kommission, sog. Durchführungsberichte zu erstatten (Art. 17 a RRL).[110] Auf betrieblicher Ebene wird vorrangig der **Arbeitgeber** durch einen umfassenden arbeitsschutzrechtlichen Ansatz in die Pflicht genommen (Art. 5–10 RRL). Eine enge Ausnahmemöglichkeit sieht Art. 5 Abs. 4 RRL vor. Daneben bestehen auch Pflichten der Arbeitnehmer (Art. 13). 41

Die **Einzelrichtlinien** umfassen die Arbeitsstättensicherheit,[111] die u.a. den Brandschutz regelt, die Benutzung von Arbeitsmitteln,[112] insbesondere die persönliche Schutzausrichtung,[113] die Gefährdung der Lendenwirbelsäule bei der manuellen Handhabung von Lasten,[114] die Bildschirmarbeit,[115] die Gefährdung durch karzinogene[116]oder biologische Ar- 42

---

103 EuGH – Holzbearbeitungsmaschinen, Rs. 188/84, Urt. vom 28.1.1986.
104 *Richardi/Wißmann/Wlotzke/Oetker/Kohte*, § 289 Rn. 1–3.
105 RL/89/391/EWG, ABl. 1989 L 183, S. 1.
106 RL 2013/35/EU, Erwägungsgrund 2, ABl. 2013 L 179, S. 1.
107 *Franzen/Gallner/Oetker/Klindt/Schucht*, Eur. Arbeitsrecht, RL 89/391/EWG, Erwägungsgründe, Rn. 6–11.
108 Vgl. etwa RL 2009/104/EG (82. Einzelrichtlinie), ABl. 2009 L 260, S. 5; *Richardi/Wißmann/Wlotzke/Oetker/Kohte,* lobt diese Synthese als „enge Verzahnung von Markt und Betrieb", die „eine der wesentlichen Innovationsleistungen des europäischen Rechts im Bereich der technischen Sicherheit" sei (§ 289 Rn. 8); zustimmend *Franzen/Gallner/Oetker/Klindt/Schucht*, Eur. Arbeitsrecht, RL 89/391/EWG, Erwägungsgründe, Rn. 11.
109 In Deutschland geschehen durch das ArbSchG, das ASiG und die ArbMedVV.
110 Art. 17 a RRL wurde mit der Änderungsrichtlinie RL/2007/30/EG eingeführt.
111 RL 89/654/EWG (1.Einzelrichtlinie).
112 RL 2009/104/EG (2. Einzelrichtlinie).
113 RL 89/656/EWG (3. Einzelrichtlinie).
114 RL 90/269/EWG (4. Einzelrichtlinie).
115 RL 90/270/EWG (5. Einzelrichtlinie).
116 RL 2004/37/EWG (6. Einzelrichtlinie).

beitsstoffe,[117] die Gefahren auf Baustellen,[118] die Sicherheits- und Gesundheitskennzeichnung am Arbeitsplatz,[119] Regelungen für mineralgewinnende Betriebe,[120] Regelungen an Bord von Fischereifahrzeugen,[121] Gefahren von chemischen Arbeitsstoffen,[122] Explosionsschutz,[123] die Gefahr von physikalischen Einwirkungen (z.B. Vibrationen),[124] Lärm,[125] optische Strahlung[126] und elektromagnetischen Feldern.[127]

4. Arbeitszeitschutz

43 Im Gegensatz zum technischen Arbeitsschutz resultiert das Arbeitszeit- und Urlaubsrecht aus einem ausdrücklichen **Grundrechtsbezug.** Die erste Arbeitszeitrichtlinie (RL/93/104/EWG) entsprang dem Aktionsprogramm zur Umsetzung der GCh.[128] Dies wird im Erwägungsgrund Nr. 4 der RL ausgeführt (→ Rn. 7). Wie im technischen Arbeitsschutz dient der Arbeitszeitschutz durch Höchstarbeitszeiten oder Urlaubsregelungen vorwiegend dem Gesundheitsschutz und wird entsprechend auf Art. 153 Abs. 1 lit. a) AEUV gestützt. Soweit dies der Fall ist, gilt auch hier das **Verschlechterungsverbot** und der ergangene **Richtlinienbestand** wird als Mindestschutz gewährleistet (→ Rn. 27).

44 a) **Arbeitszeit.** Die **Höchstarbeitszeit** ist in der Arbeitszeitrichtlinie (ArbZ-RL)[129] als wöchentliche Höchstarbeitszeit in Art. 6 geregelt. Danach gilt, dass die durchschnittliche Arbeitszeit pro Siebentageszeitraum 48 Stunden einschließlich der Überstunden nicht überschreiten darf. Der Durchschnitt wird grundsätzlich nach Art. 16 lit. b UAbs. 1 über einen viermonatigen Bezugszeitraum ermittelt. Eine Ausnahmemöglichkeit besteht nach Art. 19 UAbs. 1 in Verbindung mit Art. 17 Abs. 3 ArbZ-RL.

45 Eng verbunden mit den Höchstarbeitszeiten sind die vorgesehenen **Ruhezeiten.** Nach Art. 3 ArbZ-RL gewährleisten die Mitgliedstaaten „jedem Arbeitnehmer pro 24-Stunden-Zeitraum eine Mindestruhezeit von elf zusammenhängenden Stunden. Indirekt ist damit die tägliche Höchstarbeitszeit auf 13 Stunden begrenzt. Zusätzlich gewährt Art. 5 ArbZ-RL über die Mitgliedstaaten eine wöchentliche Mindestruhezeit von 24 Stunden zuzüglich der täglichen Ruhezeiten von elf Stunden. In den Art. 17–22 ArbZ-RL ist ein chaotisches System von Abweichungen und Ausnahmen geregelt.[130]

46 Der zentrale Begriff des Arbeitszeitschutzes ist der der **Arbeitszeit.** In Art. 2 Nr. 1 und 2 ArbZ-RL werden dazu wichtige Definitionen gegeben:

---

117 RL 2000/54/EWG (7. Einzelrichtlinie).
118 RL 92/57/EWG (8. Einzelrichtlinie).
119 RL 92/58/EWG (9. Einzelrichtlinie).
120 RL 92/91/EWG (11. Einzelrichtlinie) und RL 92/104/EWG (12. Einzelrichtlinie).
121 RL 93/103/EWG (13. Einzelrichtlinie).
122 RL 98/24/EG (14. Einzelrichtlinie).
123 RL 99/92/EG (15. Einzelrichtlinie).
124 RL 2002/44/EG (16. Einzelrichtlinie).
125 RL 2003/1/EG (17. Einzelrichtlinie).
126 RL 2006/25/EG (19. Einzelrichtlinie).
127 RL 2013/35/EU (20. Einzelrichtlinie).
128 KOM (1989) 568 endg; vorausgegangen war eine Entschließung des Europäischen Parlaments vom 15.3.1989, ABl. 1989 C 96, S. 65 Rn. 20.
129 RL 2003/88/EG, ABl. 2003 L 299, S. 9.
130 Näheres bei *Preis/Sagan/Ulber,* Eur. Arbeitsrecht, § 6 Rn. 224.

*„1. Arbeitszeit: jede Zeitspanne, während der ein Arbeitnehmer **gemäß den einzelstaatlichen Rechtsvorschriften und/oder Gepflogenheiten** arbeitet, dem Arbeitgeber zur Verfügung steht und seine Tätigkeit ausübt oder Aufgaben wahrnimmt;*
2. Ruhezeit: jede Zeitspanne außerhalb der Arbeitszeit."

Der **EuGH** hat in der **Rs. Jaeger**[131] demgegenüber geurteilt: „Jedenfalls dürfen die Begriffe ‚Arbeitszeit' und ‚Ruhezeit' im Sinne der Richtlinie 93/104 **nicht nach Maßgabe der Vorschriften der Regelungen der verschiedenen Mitgliedstaaten** ausgelegt werden, sondern sie stellen gemeinschaftsrechtliche Begriffe dar, die anhand objektiver Merkmale unter Berücksichtigung des Regelungszusammenhangs und des Zweckes dieser Richtlinie zu bestimmen sind, wie der Gerichtshof dies in den Randnummern 48 und 50 des Urteils Simap getan hat. Nur eine solche **autonome Auslegung** kann die volle **Wirksamkeit** dieser Richtlinie und eine **einheitliche Anwendung** der genannten Begriffe in sämtlichen Mitgliedstaaten sicherstellen. Der Umstand, dass die Definition des Begriffes Arbeitszeit auf die ‚einzelstaatlichen Rechtsvorschriften und/oder Gepflogenheiten' verweist, bedeutet daher nicht, dass die Mitgliedstaaten den Inhalt dieses Begriffes einseitig festlegen können. Die Mitgliedstaaten dürfen den Anspruch des Arbeitnehmers auf ordnungsgemäße Berücksichtigung der Arbeitszeiten und dementsprechend der Ruhezeiten somit keinerlei Bedingungen unterwerfen, da dieser Anspruch sich unmittelbar aus den Vorschriften dieser Richtlinie ergibt. Jede andere Auslegung würde dem Ziel der Richtlinie 93/104 zuwiderlaufen, den Schutz der Sicherheit und Gesundheit der Arbeitnehmer zu harmonisieren."[132] 47

In der Sache urteilte der Gerichtshof, dass der Bereitschaftsdienst, den ein Arzt in Form persönlicher Anwesenheit im Krankenhaus leistet, in vollem Umfang als Arbeitszeit im Sinne der ArbZ-RL zählt.[133] Das damalige deutsche Arbeitszeitgesetz hatte Zeiten, in denen ein Arbeitnehmer während eines Bereitschaftsdienstes untätig ist, als Ruhezeit eingestuft.[134]

Der EuGH begründet partiell contra legem und im Ergebnis wenig überzeugend. In der ArbZ-RL wird den Mitgliedstaaten die Verantwortung für die Begriffsbestimmungen der „Arbeitszeit" und der „Ruhezeit" übertragen. Mit der vom EuGH übernommenen Begriffsbildung wird diese **Zuständigkeitsverteilung** aufgehoben. 48

Überzeugend ist, dass Bereitschaftszeiten keine Ruhezeiten sind, vor allem – wie es die ArbZ-RL fordert – keine zusammenhängenden. Nicht überzeugend ist jedoch der Umkehrschluss, dass Bereitschaftszeiten **vollständig als Arbeitszeiten** zählen. Man könnte beispiels-

131 EuGH – Jaeger, Rs. C-151/02, Urt. vom 9.9.2003 (Plenum).
132 EuGH – Jaeger, Rs. C-151/02, Urt. vom 9.9.2003 (Plenum), Rn. 58 f.
133 Bekräftigt in EuGH – Kommission ./. Griechische Republik, Rs. C-180/14, Urt. vom 23.12.2015 (Neunte Kammer), Rn. 35 (dt. in AuR 2016, 164): „Diese Richtlinie definiert den Begriff der »Arbeitszeit« als jede Zeitspanne, während der ein Arbeitnehmer gemäß den einzelstaatlichen Rechtsvorschriften und/oder Gepflogenheiten arbeitet, dem Arbeitgeber zur Verfügung steht und seine Tätigkeit ausübt oder Aufgaben wahrnimmt. Ferner ist dieses Konzept im Gegensatz zur Ruhezeit zu verstehen, da beide Begriffe einander ausschließen"; ebenso *Buschmann,* AuR 2016, 164; *Preis/Sagan/Ulber,* Eur. Arbeitsrecht, § 6 Rn. 99; *Franzen/Gallner/Oetker/Gallner*, Eur. Arbeitsrecht, Art. 2 RL 2003/88/EG/ Rn. 4; a.A. *Anzinger*, S. 99.; *Riesenhuber,* § 14 Rn. 16; *Rebhahn,* EuZA 2013, 297.
134 § 5 ArbZG a.F. lautete: „(1) Die Arbeitnehmer müssen nach Beendigung der täglichen Arbeitszeit eine ununterbrochene Ruhezeit von mindestens elf Stunden haben. […] (3) Abweichend von Absatz 1 können in Krankenhäusern und anderen Einrichtungen zur Behandlung, Pflege und Betreuung von Personen Kürzungen der Ruhezeit durch Inanspruchnahmen während des Bereitschaftsdienstes oder der Rufbereitschaft, die nicht mehr als die Hälfte der Ruhezeit betragen, zu anderen Zeiten ausgeglichen werden."

weise je nach durchschnittlicher Beanspruchung Bereitschaftszeiten als anteilige, zwischen 50 und 100 prozentige Arbeitszeit werten.

Auch die vom Gerichtshof verfolgte Zwecksetzung der **Harmonisierung**, die durch die autonome Begriffsbildung verfolgt wird, ist nicht gelungen. Denn dieser Versuch einer Rechtsvereinheitlichung übersieht die Regelung des Art. 22 ArbZ-RL, wonach die Mitgliedstaaten die Möglichkeit haben, von der wöchentlichen Höchstarbeitszeit des Art. 6 lit. b) ArbZ-RL abzuweichen, das sog. **Opt-Out**. Die Rechtsprechung des EuGH hat dazu geführt, dass über die Hälfte der Mitgliedstaaten vom Opt-Out des Art. 22 ArbZ-RL Gebrauch gemacht hat; diese Option war ursprünglich dem Vereinigten Königreich eingeräumt worden.[135]

Sinnvoller erschiene es, die nationalen Arbeitszeitkonzepte nicht begrifflich zu ersetzen, sondern nur **grundrechtlich am Maßstab des Gesundheitsschutzes** zu überprüfen. Zu bedenken ist hierbei insbesondere, dass der Gesundheitsschutz von Ärztinnen und Ärzten sowie dem Pflegepersonal auch dem Gesundheitsschutz der Patienten (Art. 35) dient.

49 Das **Opt-Out des Art. 22 ArbZ-RL** ist nicht ausdrücklich an eine Höchstgrenze der durchschnittlichen Arbeitszeit im Siebentageszeitraum geknüpft.[136] Eine solche **Höchstgrenze** legt allerdings schon Erwägungsgrund 5 ArbZ-RL nahe. Durch Art. 31 Abs. 2 wird dieses Erfordernis zwingend.[137]

Das führt jedoch nicht dazu, dass Art. 22 ArbZ-RL wegen Verstoßes gegen Art. 31 Abs. 2 unwirksam wäre.[138] Erwägungsgrund und Grundrechtsschutz lassen sich in die Auslegung systematisch und teleologisch einbringen. Danach ist die Höchstgrenze als ungeschriebenes Tatbestandsmerkmal in den Art. 22 ArbZ-RL hineinzulesen.

50 **b) Urlaub.** Der Anspruch auf **bezahlten Jahresurlaub** gehört zum nichttechnischen Arbeitsschutz. Nach Art. 7 ArbZ-RL garantieren die Mitgliedstaaten jedem Arbeitnehmer „einen bezahlten Mindestjahresurlaub von vier Wochen nach Maßgabe der Bedingungen für die Inanspruchnahme und die Gewährung […], die in den einzelstaatlichen Rechtsvorschriften und/oder nach den einzelstaatlichen Gepflogenheiten vorgesehen sind. Der bezahlte Mindestjahresurlaub darf außer bei Beendigung des Arbeitsverhältnisses nicht durch eine finanzielle Vergütung ersetzt werden."

51 Der **EuGH** sieht in Art. 7 ArbZ-RL einen besonders **wichtigen Grundsatz des Sozialrechts** der Union,[139] der auch „in **Art. 31 Abs. 2** der Charta der Grundrechte der Europäischen Union ausdrücklich verankert [ist und] de[m] von Art. 6 Abs. 1 EUV der gleiche rechtliche Rang wie den Verträgen zuerkannt wird."[140]

Problematisch an der Rechtsprechung des EuGH zum Urlaubsrecht ist nicht, dass er der ArbZ-RL besondere Bedeutung verleihen will, sondern dass dies nicht durchweg geschieht, um den grundrechtlichen Schutzanspruch zu optimieren. Die Zwecksetzung, die mit der

---

135 KOM (2010) 802 endg, S. 8; vgl. dazu *Franzen/Gallner/Oetker/Gallner*, Eur. Arbeitsrecht, Art. 22 RL 2003/88/EG Rn. 1; *Preis/Sagan/Ulber*, Eur. Arbeitsrecht, § 6 Rn. 342.

136 Auch die Umsetzung im deutschen Recht geht davon nicht aus; vgl. hierzu *Franzen/Gallner/Oetker/Gallner*, Eur. Arbeitsrecht, Art. 22 RL 2003/88/EG Rn. 6.

137 *Franzen/Gallner/Oetker/Gallner*, Eur. Arbeitsrecht, Art. 22 RL 2003/88/EG Rn. 22.

138 *Buschmann*, FS Düwell, S. 38; zweifelnd *Preis/Sagan/Ulber*, Eur. Arbeitsrecht, § 6 Rn. 286.

139 EuGH – Bectu, Rs. C-173/99, Urt. vom 26.6.2001 (Sechste Kammer), Rn. 43; EuGH – Robinson-Steele, Rs. C-131/04, Urt. vom 6.3.2006 (Erste Kammer), Rn. 48; EuGH – Schulz-Hoff, Rs. C-520/06, vom 20.1.2009 (Große Kammer), Rn. 22.

140 EuGH – KHS, Rs. C-214/10, Urt. vom 22.11.2011 (Große Kammer), Rn. 37; EuGH – Kreuziger, Rs. C-619/16, Urt. vom 6.11.2018 (Große Kammer), Rn. 29.

ArbZ-RL und Art. 31 Abs. 2 verfolgt wird, ist der Schutz der **Sicherheit und Gesundheit.**[141] Der Gerichtshof verliert dieses Ziel zuweilen aus den Augen.

In der **Rs. Schulz-Hoff**[142] verlangte der Kläger des Ausgangsrechtsstreits die Abgeltung von Jahresurlauben, die er nicht nehmen konnte, weil er bis zu seinem Ausscheiden arbeitsunfähig krank war. Der EuGH entschied, dass der Verlust des Urlaubsanspruchs zwar möglich sei, aber nur **wenn der Arbeitnehmer zuvor die Möglichkeit hatte, den Urlaubsanspruch geltend zu machen.**[143] In vielen Fällen ist diese Regel des EuGH sinnvoll, und zwar wenn sie als Abwägung zugunsten des vorrangigen Gesundheitsschutzes des Arbeitnehmers gelten kann. Sie ist jedoch in den Fällen, wie dem vorliegenden, zweckwidrig, wenn sie dem Gesundheitsschutz nicht dient. In diesen Fallkonstellationen ist die Regel zu weit, weil sie ausschließlich finanziellen Aspekten des Urlaubsanspruchs dient. Für diese Fragen ist die Union nicht zuständig. Zudem führt diese Regel zu einer unbegrenzten Anhäufung von Urlaubsabgeltungsansprüchen.[144] 52

In der **Rs. Heimann und Toltschin**[145] erhielten die beiden gekündigten Arbeitnehmer aufgrund eines Sozialplans eine Verlängerung der Arbeitsverhältnisse um ein Jahr – bei „Kurzarbeit Null“. Nach dem Leitsatz aus der Rs. Schulz-Hoff wäre ein Urlaubsabgeltungsanspruch denkbar gewesen, obwohl die beiden Arbeitnehmer gar nicht arbeiten mussten. Die Kammer billigte jedoch das **deutsche Recht**, wonach der Anspruch eines Kurzarbeiters auf bezahlten Jahresurlaub „pro rata temporis“ berechnet wird.[146] Eine Korrektur der Rechtsprechung in der Rs. Schulz-Hoff sollte darin jedoch nicht liegen.[147] 53

In der **Rs. Kreuziger**[148] entschied sich der Rechtsreferendar Kreuziger, die letzten Monate vor der Beendigung seiner Ausbildung keinen Urlaub zu nehmen. Für den nicht genommenen Urlaub beantragte er nach Beendigung seiner Ausbildung eine finanzielle Abgeltung. Das OVG Berlin-Brandenburg legte dem EuGH die Frage vor, ob „Art. 7 Abs. 2 der Richtlinie 2003/88 dahin auszulegen [sei], dass er einzelstaatlichen Rechtsvorschriften oder Gepflogenheiten entgegensteht, wonach der Anspruch auf finanzielle Abgeltung bei Beendigung eines Arbeitsverhältnisses ausgeschlossen ist, wenn der Arbeitnehmer keinen **Antrag auf** Gewährung des bezahlten **Jahresurlaubs** gestellt hat, obwohl ihm dies möglich war?“ 54

Der EuGH bejahte dies mit folgender Überlegung: „Der Arbeitnehmer ist nämlich als die schwächere Partei des Arbeitsvertrags anzusehen, so dass verhindert werden muss, dass der Arbeitgeber ihm eine Beschränkung seiner Rechte auferlegen kann. Aufgrund dieser schwächeren Position kann der Arbeitnehmer davon **abgeschreckt** werden, seine Rechte gegenüber seinem Arbeitgeber ausdrücklich geltend zu machen, da insbesondere die Einforderung dieser Rechte ihn Maßnahmen des Arbeitgebers aussetzen könnte, die sich zu

141 ArbZ-RL, Erwägungsgrund Nr. 2.

142 EuGH – Schulz-Hoff, Rs. C-520/06, vom 20.1.2009 (Große Kammer).

143 EuGH – Schulz-Hoff, Rs. C-520/06, vom 20.1.2009 (Große Kammer), Rn. 43.

144 Die Entscheidung ist zurecht auf breite Kritik gestoßen, vgl. *Baur/Arnold,* NJW 2009, 632 f.; *Düwell,* NZA-Beilage 3, 2011, 137 ff.; *Eckstein,* SAE 2010, 336; *Kamanabrou,* SAE 2009, 121; *Schlachter,* RdA-Beilage 2009 34; *Wank,* FS Reuter, S. 928 ff.; *Höpfner,* RdA 2013, 17; in der Folge hat der EuGH die Zeit der *Anhäufung* begrenzt, vgl. EuGH – KHS, Rs. C-214/10, Urt. vom 22.11.2011 (Große Kammer), Rn. 30.

145 EuGH – Heimann und Toltschin, Rs. C-229/11, Urt. vom 8.11.2012 (Fünfte Kammer).

146 EuGH – Heimann und Toltschin, Rs. C-229/11, Urt. vom 8.11.2012 (Fünfte Kammer), Rn. 36.

147 EuGH – Heimann und Toltschin, Rs. C-229/11, Urt. vom 8.11.2012 (Fünfte Kammer), Rn. 27 ff., vgl. dazu *Fieberg,* ZESAR 2013, 258; *Rudkowski,* EuZA 2013, 260.

148 EuGH – Kreuziger, Rs. C-619/16, Urt. vom 6.11.2018 (Große Kammer).

seinem Nachteil auf das Arbeitsverhältnis auswirken können."[149] Vielmehr sei der Arbeitgeber verpflichtet, den Arbeitnehmer ggf. förmlich aufzufordern, seinen Jahresurlaub zu nehmen.[150]

Diese teleologische Argumentation ist überzeugend. Im Sinne des **Gesundheitsschutzes** ist es sinnvoll, dem Arbeitgeber jeden finanziellen Anreiz zu nehmen, der ihn verleiten könnte, den Arbeitnehmer davon abzuhalten, seinen Urlaub zu nehmen. Auch der **Zeitpunkt der Urlaubsgewährung** kann den Arbeitnehmer davon abhalten, seinen Urlaub zu nehmen, z.B. wenn Eltern kein (gemeinsamer) Urlaub während der Schulferien ihrer Kinder ermöglicht wird.

55 In der Rs. Bollacke hatte der EuGH entschieden, dass der Tod des Arbeitnehmers einen **Urlaubsabgeltungsanspruch des Erben** entstehen lässt.[151] In Fortbildung seiner Rechtsprechung in der Rs. Schulz-Hoff[152] erlaubte die Erste Kammer keine abweichenden einzelstaatlichen Rechtsvorschriften. Einen grundrechtlichen Bezug wies die Entscheidung nicht auf.

In zwei Verfahren unternahm das **BAG** den Versuch, den EuGH umzustimmen und gab ihm Gelegenheit, die Bedeutung des Art. 31 Abs. 2 zu entfalten; es ging um einen verstorbenen Arbeitnehmer im öffentlichen Dienst[153] und um einen bei einer Privatperson Beschäftigten.[154] Die Vorlagenfragen wurden in der Literatur kritisiert, weil das BAG eine auf der Bollacke-Rechtsprechung basierende richtlinienkonforme Auslegung hätte vornehmen können.[155]

In den verbundenen Rs. Bauer und **Willmeroth**[156] entschied die Große Kammer (auf der schon eingeschlagenen Linie der Rs. Bollacke und Shimizu), dass auch gegenüber Privaten ein unmittelbarer Anspruch der Erben auf Urlaubsabgeltung aus Art. 31 Abs. 2 besteht.

Diese Entscheidung ist aus den genannten Gründen (→ Rn. 38) kritikwürdig und überdies wegen der **Grundrechtsabwägung** der Großen Kammer bedenklich. Der zu optimierende Wert, der hinter Art. 31 Abs. 2 steht, ist der **Gesundheitsschutz** des Arbeitnehmers. Dass der Urlaub nach Art. 31 Abs. 2 bezahlt werden muss, ist kein selbständiger Zweck, sondern dient auch dem Gesundheitsschutz. Denn würde der Urlaub nicht bezahlt, würde er nicht selbstverständlich genommen. Anders als in der Rs. Kreuziger besteht (wie schon in der Rs. Schulz-Hoff) in den Rs. Bauer und Willmeroth keine Verbindung von finanzieller Entschädigung und Gesundheitsschutz.[157] Art. 31 Abs. 2 verlangt aber keine Optimierung finanzieller, vom Grundrechtsschutz abgekoppelter Elemente. Dieser Bereich ist den Mitgliedstaaten vorbehalten.

5. Würde am Arbeitsplatz

56 Art. 31 Abs. 1 spricht von *würdigen* Arbeitsbedingungen. Die Erläuterungen verknappen diesen Terminus zur *Würde am Arbeitsplatz* (→ Rn. 1) und verweisen auf Art. 26 RESC.[158]

---

149 EuGH – Kreuziger, Rs. C-619/16, Urt. vom 6.11.2018 (Große Kammer), Rn. 48; wortgleich in EuGH – Shimizu, Rs. C-684/16, Urt. 6.11.2018 (Große Kammer), Rn. 41.
150 EuGH – Kreuziger, Rs. C-619/16, Urt. vom 6.11.2018 (Große Kammer), Rn. 52.
151 EuGH – Bollacke, Rs. C-118, Urt. vom 12.6.2014 (Erste Kammer), Rn. 14 ff.
152 EuGH – Bollacke, Rs. C-118, Urt. vom 12.6.2014 (Erste Kammer), Rn. 18; vgl. dazu oben Rn. 50.
153 BAG – 9 AZR 45/16 – BeckRS 2016, 74836 (nachmalige Rs. Bauer).
154 BAG – 9 AZR 196/16 – NZA 2017, 207 (nachmalige Rs. Willmeroth).
155 *Krois,* DB 2017, 1519; *Fuhlrott/Römermann,* GWR 2017, 83; *Ricken,* NZA 2014, 1361.
156 EuGH – Bauer und Willmeroth, Rs. C-569/16 und 570/16, Urt. vom 6.11.2018 (Große Kammer).
157 Dies betont auch das BAG in seiner Vorlage, vgl. BAG – 9 AZR 196/16 – NZA 2017, 207, Rn. 11.
158 ABl. 2007 C 303, S. 26.

Art. 26 RESC regelt insbesondere „die Aufklärung und die Vorbeugung hinsichtlich **sexueller Belästigung** am Arbeitsplatz."

Der Schutz vor sexueller Belästigung wird sekundärrechtlich durch die **Gleichbehandlungsrichtlinie** (Gleichb-RL) gewährt.[159] Kompetenzgrundlage für diese ist Art. 157 Abs. 3 AEUV. Im sechsten und siebten Erwägungsgrund zu dieser Richtlinie heißt es: „Die Belästigung einer Person und die sexuelle Belästigung stellen einen Verstoß gegen den **Grundsatz der Gleichbehandlung** von Männern und Frauen dar und sind somit als Diskriminierung aufgrund des Geschlechts im Sinne dieser Richtlinie anzusehen. Diese Formen der Diskriminierung kommen nicht nur **am Arbeitsplatz** vor, sondern auch im Zusammenhang mit dem **Zugang zur Beschäftigung**, zur Berufsbildung und zum **beruflichen Aufstieg.** Diese Formen der Diskriminierung sollten daher verboten werden, und es sollten wirksame, verhältnismäßige und abschreckende Sanktionen vorgesehen werden. In diesem Zusammenhang sollten die Arbeitgeber und die für Berufsbildung zuständigen Personen ersucht werden, Maßnahmen zu ergreifen, um im Einklang mit den innerstaatlichen Rechtsvorschriften und Gepflogenheiten gegen alle Formen der Diskriminierung aufgrund des Geschlechts vorzugehen und insbesondere präventive Maßnahmen zur Bekämpfung der Belästigung und der sexuellen Belästigung am Arbeitsplatz ebenso wie beim Zugang zur Beschäftigung, zur Berufsbildung und zum beruflichen Aufstieg zu treffen." 57

Art. 2 Abs. 1 lit. d Gleichb-RL **definiert „sexuelle Belästigung"** als „jede Form von unerwünschtem Verhalten sexueller Natur, das sich in unerwünschter verbaler, nicht-verbaler oder physischer Form äußert und das bezweckt oder bewirkt, dass die **Würde** der betreffenden Person verletzt wird, insbesondere wenn ein von Einschüchterungen, Anfeindungen, Erniedrigungen, Entwürdigungen und Beleidigungen gekennzeichnetes **Umfeld** geschaffen wird." 58

Daneben sind auch Belästigungen wegen des Geschlechts (Art. 2 Abs. 1 lit. c Gleichb-RL)[160] oder der Belästigung wegen der sexuellen Orientierung (Art. 2 Abs. 3 RL 2000/78/EG) erfasst.[161]

Der Schutz der Würde am Arbeitsplatz aus Art. 31 Abs. 1 fügt dem weiten **Diskriminierungsschutz** des Richtliniengebers nichts hinzu. Die Gleichb-RL erwähnt Art. 31 Abs. 1 nicht, während sie aber auf **Art. 21 und 23** Bezug nimmt.[162] 59
Begrifflich sinnvoller wäre es sicherlich, Diskriminierungen und Würdeverletzungen zu unterscheiden (→ Art. 21 Rn. 41). Danach wären Diskriminierungen Schlechterbehandlungen, die auf einem vermeintlichen Recht beruhen. Insbesondere sexuelle Belästigungen werden zumeist allerdings nicht mit dem Bewusstsein des *Dürfens*, sondern des *ungestraft Könnens* verübt. Dann sollte aber – ungeachtet der anders gelagerten unionsrechtlichen Kompetenz – die Würdeverletzung im Vordergrund stehen.

6. Gerechte und angemessene Arbeitsbedingungen

Die **Erläuterungen** haben den Begriff der „würdigen Arbeitsbedingungen" verkürzt. Die Entstehungsgeschichte zeigt, dass mit den gerechten und angemessenen Arbeitsbedingun- 60

159 RL 2006/54/EG, ABl. 2006 L 204, S. 23. Gelegentlich wird die RL 2006/54/EG auch *Geschlechterrichtlinie* genannt, um sie zur Gleichbehandlungsrahmenrichtlinie abzugrenzen, vgl. etwa *Preis/Sagan/Grünberger*, Eur. Arbeitsrecht, § 3 Rn. 25. Ergänzt wird die RL 2006/54/EG durch die RL 2010/41/EU die den Schutz auf Selbständige ausdehnt.

160 Zur Abgrenzung vgl. *Preis/Sagan/Grünberger*, Eur. Arbeitsrecht, § 3 Rn. 178.

161 *Franzen/Gallner/Oetker/Mohr*, Eur. Arbeitsrecht, Art. 2 RL 2006/54/EG Rn. 20.

162 Erwägungsgrund 5.

gen, die die Überschrift fordert, ein **umfassender Menschenwürdebezug** der Arbeitsbedingungen hergestellt werden sollte.

61 In der Literatur wird zum Teil vertreten, das Recht auf **gleiches Entgelt für gleiche Arbeit** habe sich im Konvent nicht durchsetzen können.[163] Richtig ist, dass ein entsprechender Vorschlag des Präsidiums (→ Rn. 2), der zwar überwiegende Zustimmung gefunden hatte,[164] durch eine andere **Formulierung** ersetzt wurde, damit ein allgemeiner Konsens hergestellt werden konnte. Der neue Vorschlag, der nun „würdige Arbeitsbedingungen" forderte und damit auch die übertitelten „gerechten und angemessenen Arbeitsbedingungen" meinte, sollte auch die Problematik des *gleichen Entgelts für gleiche Arbeit* umfassen (→ Rn. 15–19).

62 Die Ausklammerung dieses allgemeinen Menschenwürdebezugs hat erst durch eine späte Fassung der **Erläuterungen** stattgefunden, indem sie die „würdigen Arbeitsbedingungen" mit „Würde am Arbeitsplatz" im Sinne des Art. 26 RESC gleichsetzten.[165] Nach Art. 6 Abs. 1 UAbs. 3 haben die Erläuterungen eine Hinweisfunktion. Wenn sie dieser nicht oder nicht vollständig nachkommen, ist ihre Bedeutung als Auslegungshilfe eingeschränkt. Eine korrigierende normative Kraft gegenüber Primärrecht kommt den Erläuterungen ohnehin nicht zu.

63 Instruktiv für dieses Menschenwürdekonzept des Art. 31 Abs. 1 Var. 3 ist die **Leiharbeitsrichtlinie** (Leiharb-RL).[166] Diese geht zurück auf einen Vorschlag der Kommission vom 20.3.2002, also auf eine Zeit vor der Änderung der Erläuterungen. Die Ausgangsüberlegung lautet: „Der vorliegende Richtlinienvorschlag etabliert den allgemeinen **Grundsatz der Nichtdiskriminierung von Leiharbeitnehmern.** Diesem Grundsatz zufolge dürfen Leiharbeitnehmer, was die wesentlichen Arbeitsbedingungen betrifft, nicht schlechter gestellt sein als ein vergleichbarer Arbeitnehmer, worunter ein Arbeitnehmer des entleihenden Unternehmens verstanden wird, der den gleichen oder einen ähnlichen Arbeitsplatz bekleidet."[167] Diesen Grundsatz leitet die Kommission aus Art. 31 Abs. 1 ab, den sie mit dem Erwägungsgrund Nr. 1 an die Spitze ihres Vorschlages gestellt hat. Dort heißt es: „Dieser Rechtsakt steht im Einklang mit den Grundrechten und befolgt die insbesondere in der Charta der Grundrechte der Europäischen Union anerkannten Prinzipien als allgemeine Grundsätze des Gemeinschaftsrechts; er soll insbesondere die uneingeschränkte Einhaltung von **Artikel 31 der Charta der Grundrechte** der Europäischen Union gewährleisten, dem zufolge jede Arbeitnehmerin und jeder Arbeitnehmer das Recht auf gesunde, sichere und würdige Arbeitsbedingungen sowie auf eine Begrenzung der Höchstarbeitszeit, auf tägliche und wöchentliche Ruhezeiten sowie auf bezahlten Jahresurlaub hat."[168] Zu den Arbeitsbedingungen führt die Kommission aus: „Im Sinne dieser Richtlinie gelten folgende Begriffsbestimmungen […] d) **wesentliche Arbeits- und Beschäftigungsbedingungen** sind diejenigen Arbeits- und Beschäftigungsbedingungen, die sich auf folgende Punkte beziehen:

---

163 *Grabenwarter/Rebhahn*, Grundrechtsschutz, § 16 Rn. 79; *Franzen/Gallner/Oetker/Schubert*, Eur. Arbeitsrecht, Art. 31 GRC Rn. 11 f.

164 Wie es auch den Verfassungstradtionen vieler Mitgliedstaaten entspricht, vgl. oben Rn. 9 ff.

165 In der ersten Fassung der Erläuterungen war der Hinweis noch nicht als Ersetzung formuliert. Dort hieß es lediglich: „Insbesondere wird in Artikel 26 der revidierten Sozialcharta das Recht auf Würde am Arbeitsplatz aufgeführt" (CHARTE 4423/00 CONVENT 46 vom 31.7.2000).

166 RL 2008/104/EG, ABl. 2008 L 327, S. 9.

167 KOM (2002) 149 endg, S. 14 (5.).

168 KOM (2002) 149 endg, S. 18.

i) Dauer der Arbeit, Ruhezeiten, Nachtarbeit, bezahlter Urlaub, arbeitsfreie Tage,
ii) **Arbeitsentgelt** […].“[169]

Der **EWSA** (→ Art. 28 Rn. 49) hob in seiner Stellungnahme hervor, „dass das **Nichtdiskriminierungsprinzip**, ein **Grundsatz der europäischen Verträge**, nicht in Frage gestellt werden darf. Dies soll mit dem in der Richtlinie gewählten Bezugspunkt ‚vergleichbare Arbeitnehmer des entleihenden Unternehmens, was die wesentlichen Arbeits- und Beschäftigungsbedingungen betrifft...‘ gewährleistet werden.“[170] Er befürchtete allerdings, dass die in der Leiharb-RL geregelten Ausnahmen den Grundsatz allzu sehr aufweichen könnten.

Die Leiharb-RL trat dann mit dem Bezug auf Art. 31 und der Regelung des grundsätzlichen gleichen Entgelts als wesentliche Arbeitsbedingung 2008 in Kraft.

Das **BAG** vertritt ebenfalls die Ansicht, dass aus Art. 31 menschenwürdige Arbeitsbedingungen abzuleiten sind, allerdings macht es dies nicht am Merkmal des Entgelts fest, sondern am Merkmal der *dauerhaften* Arbeitnehmerüberlassung.[171] Damit könnte Art. 31 als Gegengrundrecht zu Art. 16 fungieren, wobei beide Grundrechte stets ins Verhältnis gesetzt werden müssten. 64

In der **Literatur** ist die Frage umstritten. Ein Teil der Lehre nimmt an, dass der Equal-pay Grundsatz aus dem Würdekonzept des Art. 31 Abs. 1 folgt.[172] Weitere Stimmen gehen davon aus, dass jedenfalls die Entgeltfrage von Art. 31 Abs. 1 umfasst wird,[173] wobei ein würdiges Engelt nicht unbedingt ein gleiches Entgelt sein müsse.[174] 65

Andere nehmen Entgeltfragen aus dem Anwendungsbereich des Art. 31 Abs. 1 heraus, entweder mit Hinweis auf die Entstehungsgeschichte[175] oder den Begriff der Arbeitsbedingungen des Art. 153 Abs. 1 AEUV, der nach Abs. 5 das Entgelt nicht umfasse.[176]

Richtigerweise wird man den Anwendungsbereich des Art. 31 Abs. 1 Var. 3 anhand der **Kompetenz** bestimmen müssen. Danach kann der Unionsgesetzgeber über seine Richtlinien wegen Art. 153 Abs. 5 AEUV den Equal-Pay-Grundsatz nicht rechtsverbindlich vorgeben. Eine Verpflichtung, ein entsprechendes Umsetzungsrecht zu schaffen, besteht daher nicht. Entsprechende Bekenntnisse in der Richtlinie sind daher als Anregung zu begreifen, in diesem Sinne tätig zu werden.[177] Im Ergebnis ist daher insoweit *Schubert und Rebhahn* zuzustimmen (→ Rn. 65). 66

Aus der Entstehungsgeschichte ergibt sich jedoch, dass der Anwendungsbereich des Art. 31 Abs. 1 auch Entgeltfragen umfassen sollte (→ Rn. 15–20) und mit *Arbeitsbedingungen* solche des Art. 156 AEUV und nicht solche des Art. 153 Abs. 1 AEUV gemeint waren (→ Rn. 26). Wegen der eingeschränkten Kompetenz bedeutet dies jedoch, dass dieser Anwendungsbereich nur in der **besonderen Abwehrfunktion** Bedeutung erlangen kann

169 KOM (2002) 149 endg, S. 22.
170 Stellungnahme des Wirtschafts- und Sozialausschusses zu dem „Vorschlag für eine Richtlinie des Europäischen Parlaments und des Rates über die Arbeitsbedingungen von Leiharbeitnehmern, ABl. 2003 C 61, S. 124, 129 (7.2.).
171 BAG vom 10.7.2013 – 7 ABR 91/11 – NZA 2013, 1296, Rn. 47.
172 *Tettinger/Stern/Lang*, GRC, Art. 31 Rn. 8; *Brors*, AuR 2013, 111.
173 *Zimmer*, NZA 2013, 290.
174 *Hanau*, NZA 2010, 2; *Hirdina*, NZA 2011, 330.
175 *Franzen/Gallner/Oetker/Schubert*, Eur. Arbeitsrecht, Art. 31 GRC Rn. 32.
176 *Grabenwarter/Rebhahn*, Eur. Grundrechteschutz, § 16 Rn. 79.
177 Die geplante unionsrechtliche Verbesserung der problematischen Verhältnisse im Transportwesen, insbesondere der LKW-Fahrer, kann daher den Grundsatz des gleichen Lohns für gleiche Arbeit am gleichen Ort nicht rechtsverbindlich umsetzen; vgl. Council of the EU, Pressemitteilung 711/18 vom 4.12.2018.

(→ Rn. 29 und → Vor Titel IV Rn. 30, 38 f., 46). D. h. nationale Rechtsvorschriften, einschließlich Tarifverträge,[178] die den Equal-Pay-Grundsatz umsetzen wollen, sind unionsrechtlich zu achten, ein Problem, das vor allem im Entsenderecht akut ist.

67 Seit dem Lavalquartett[179] besteht im **Endsenderecht** das Problem, dass der **Grundsatz der Nichtdiskriminierung** von den Mitgliedstaaten und den Tarifvertragsparteien nicht umgesetzt werden konnte (→ Art. 28 Rn. 55). Der EuGH hat die Dienstleistungsfreiheit (gegen die ursprünglichen Intentionen der Vertragsparteien) so fortgebildet, dass nunmehr das Herkunftslandprinzip vorrangig geschützt wird.

Im neuen Entsenderecht werden die nationalen und die tarifvertraglichen Bemühungen für eine Nichtdiskriminierung in Entgeltfragen und gegen Sozialdumping vorzugehen, nunmehr dreifach verstärkt. Ab 2020 gilt mit der **neuen Entsenderichtlinie** (Entsende-RL 2018)[180] ein neuer Art. 3 Abs. 1 lit c, der nicht nur die Gewährung eines *Mindestlohnes* erlaubt, sondern die Übertragung der hiesigen ***Entlohnung*** auf die entsendeten Arbeitnehmer vorsieht. Der Anspruch auf gleichen Lohn für gleiche Arbeit rückt damit näher. Eine Pflicht der Mitgliedstaaten, eine solche Übertragung vorzunehmen, besteht jedoch – ebenso wie bei der Leiharb-RL – nicht (→ Rn. 63). Der Wortlaut der Richtlinie war schon vorher irreführend, wenn er davon sprach, dass die Mitgliedstaaten Mindestlöhne *garantieren* sollten.[181]

Die zweite Stärkung nationaler Arbeitnehmersolidarität sieht Art. 1 a Entsende-RL 2018 vor: „Diese Richtlinie berührt in keiner Weise die Ausübung der in den Mitgliedstaaten und auf Unionsebene anerkannten Grundrechte, einschließlich des **Rechts** oder der Freiheit **zum Streik** oder zur Durchführung anderer Maßnahmen, die im Rahmen der jeweiligen Systeme der Mitgliedstaaten im Bereich der Arbeitsbeziehungen nach ihren nationalen Rechtsvorschriften und/oder ihren nationalen Gepflogenheiten vorgesehen sind. Sie berührt auch nicht das Recht, im Einklang mit den nationalen Rechtsvorschriften und/oder nationalen Gepflogenheiten **Tarifverträge** auszuhandeln, abzuschließen und durchzusetzen oder **kollektive Maßnahmen** zu ergreifen."

Die dritte Maßnahme zur Annäherung an den Nichtdiskriminierungsgrundsatz findet sich im neuen Art. 3 Abs. 1 a Entsende-RL 2018, wonach die Mitgliedstaaten für alle länger als **12 Monate** entsandten Arbeitnehmer, „sämtliche vorhandenen Arbeits- und Beschäftigungsbedingungen [zu] garantieren" haben. Nach UAbs. 3 kann diese Zeit auf 18 Monate ausgedehnt werden, nach UAbs. 4 werden aber Zeiten von Arbeitnehmern, die sich ersetzen, zusammengezählt.[182]

178 Wobei das deutsche Umsetzungsrecht den Tarifvertragsparteien gemäß § 3 a AÜG Ausnahmen nach unten zulässt, wenn repräsentative Tarifvertragsparteien sich darauf verständigen.

179 Der Ausdruck stammt von *Malmberg* (S. 3 ff.) und bezeichnet die Entscheidungen EuGH – Laval, Rs. C-341/05, Urt. vom 18.12.2007 (Große Kammer), EuGH – Viking, Rs. C-438/05, Urt. vom 1.12.2007 (Große Kammer); EuGH – Rüffert, Rs. C-346/06, Urt. vom 3.4.2008 (Zweite Kammer); EuGH – Kommission./. Luxemburg, Rs. C-319/06 Urt. vom 19.6.2008 (Erste Kammer).

180 RL 2018/957/EU, ABl. 2018 L 173, S. 16.

181 Ein wenig bekanntes Dokument gibt Aufschluss, wie nach Auffassung von Kommission und Rat das *garantieren* zu verstehen sei; bei der Verabschiedung der Richtlinie wurde zwischen ihnen festgehalten: „Art. 3 Abs. 1 UAbs. 1 und 2 verpflichten die Mitgliedstaaten, in denen Rechtsvorschriften Mindestlohnsätze nicht vorgesehen sind, nicht dazu, solche vorzusehen" (Ratsdokument 10048/96 ADD 1 vom 20.9.1996; ein Hinweis auf dieses Dokument findet sich in KOM(2012) 131 final, S. 4).

182 Diese Vorkehrung gegen Umgehungen findet sich zur Sicherung der sozialen Sicherungssysteme schon lange, vgl. VO 1408/71, Art. 12.

Gegen dieses Konzept werden **Zweifel** angemeldet. *Kellerbauer* nimmt an, dass der EuGH an seiner Laval-Rechtsprechung festhalten könnte, weil er das Streikrecht damals aufgrund seines Konzeptes der vorrangigen Dienstleistungsfreiheit eingeschränkt habe.[183] *Riesenhuber* zieht in Zweifel, ob sich die Festschreibung der Entlohnung, die ein Eingriff in die unternehmerische Freiheit nach Art. 16 sei, rechtfertigen lasse.[184] 68

Beiden Zweifeln lässt sich – in der besonderen Abwehrdimension – mit dem **Schutz der Würde** gemäß Art. 31 Abs. 1 begegnen. 69

Dieser kompensiert einen Mangel, der den Entsenderichtlinien seit 1996 innewohnt.[185] Allen diesen Richtlinien ist gemeinsam, dass sie sich als Kompetenzgrundlage ausschließlich auf die Dienstleistungsfreiheit stützen.[186] Damit aber wurden und werden die entsendeten Arbeitnehmer als **bloßes Mittel**[187] verstanden, das zur Optimierung der unternehmerischen Freiheit dient. Will man die Würde der Arbeitnehmer schützen, muss die Entsendeproblematik auch aus der Perspektive der betroffenen Arbeitnehmer, ihren Grundrechten und Grundfreiheiten, durchdacht werden.

Entsendungen sollten zu keiner ghettoisierten Arbeitnehmerschaft (etwa auf Baustellen oder landwirtschaftlichen Betrieben) führen, die vollversorgt in Containern über unbestimmte Zeit Fremdkörper im Gastland bleiben und die, weil die finanziellen Mittel nicht angepasst sind, gesellschaftlich und kulturell keinen Anschluss suchen können. Die **Beziehungen zwischen den Völkern** tolerant und solidarisch zu gestalten, ist eine zentrale Aufgabe der Union.[188] Die drei Maßnahmen des neuen Entsenderechts, die zeitliche Begrenzung, die Möglichkeit, sofort angemessen entlohnen zu lassen und die Sicherung durch die Aufwertung gewerkschaftlicher Rechte schaffen ein Entsenderecht, das die unternehmerische Freiheit nach Art. 16 und das Würdekonzept des Art. 31 Abs. 1 in ein **angemessenes Verhältnis** setzt.

7. Verhältnis zu anderen Grundrechten

Art. 31 steht in Idealkonkurrenz zu Art. 1, 2, 3 und 21. Ein Konkordanzverhältnis besteht zu Art. 16 und Art. 28. Das Recht auf Würde am Arbeitsplatz aus Art. 31 Abs. 1 Var. 3 tritt hinter den Diskriminierungsschutz aus Art. 21 und 23 zurück. 70

IV. Literaturübersicht

Alexy, Robert, Die Theorie der Grundrechte, 1986; *Anzinger, Rudolf,* Das Bereithalten zur Arbeit am Beispiel des ärztlichen Bereitschaftsdienstes: ... kann denn Schlafen Arbeit sein?, in: Wolfhard Kohte (Hrsg.), Arbeitsrecht im sozialen Dialog, Festschrift für Hellmut Wissmann zum 65. Geburtstag, 2005, S. 3; *Bauer, Jobst-Hubertus/Arnold, Christian,* EuGH kippt deutsches Urlaubsrecht. Die Schultz-Hoff-Entscheidung und ihre Folgen, NJW 2009, 631; *Birk, Rolf,* Die Rahmenrichtlinie über die Sicherheit und den Gesundheitsschutz am Arbeitsplatz: Umorientierung des Arbeitsschutzes und bisherige Umsetzung in den Mitgliedstaaten der Europäischen Union, in: Entwicklungen im Arbeitsrecht und Arbeitsschutzrecht:

183 *Kellerbauer,* EuZW 2018, 846.

184 *Riesenhuber,* NZA 2018, 1437.

185 RL 96/71/EG (Entsende-RL 1996), ABl. 1997 L 18, S. 1; RL 2014/67/EU (Durchsetzungsrichtlinie, ABl. 2014 Nr. L 159, S. 11); RL 2018/957/EU (Entsende-RL 2018), ABl. 2018 L 173, S. 16);

186 Für die Entsende-RL 2018 zieht *Kellerbauer,* EuZW 2018, 847, daraus den Schluss, dass „die reformierte Entsenderichtlinie geltungserhaltend dahingehend auszulegen [sei], dass ihr Schwerpunkt weiterhin in der Förderung der Dienstleistungsfreiheit zu sehen ist".

187 Was im deutschen Recht nach der sog. Objektformel einen Menschenwürdeverstoß indiziert, vgl. *Dürig,* in: *Maunz/Dürig,* GG, 1958, Art. 1 Abs. 1 Rn. 28 und 34; dazu BVerfGE 27, 1, 6; BVerfGE 28, 286, 301; BVerfGE 45, 187, 228.

188 Vgl. etwa RL 94/80/EG (Kommunalwahl-RL), Erwägungsgrund Nr. 1.

Festschrift für Otfried Wlotzke zum 70. Geburtstag, hrsg. von Rudolf Anzinger; Rolf Wank, 1996, 645; *Brors, Christiane,* Zur Methodik der Auslegung von RL am Bsp. des Merkmals »vorübergehend« aus Art. 1 Abs. 1 der RL 2008/104/EG (Leiharbeits-RL), AuR 2013, 108; *Buschmann, Rudolf,* Verstoß gegen Arbeitszeitrichtlinie durch Überschreitung der Höchstarbeitszeit und Nichteinhaltung von Ruhezeiten von Ärzten, Anm. z. EuGH – Kommission./. Griechische Republik, Rs. C-180/14, Urt. vom 23.12.2015, AuR, 2016, 164; *ders.*, Europäisches Arbeitszeitrecht, in: Martin Wolner u.a. (Hrsg.), Recht-Politik-Geschichte, Festschrift für Franz Josef Düwell zum 65. Geburtstag, 2011, S. 24; *Düwell, Franz Josef,* Urlaubsrecht im Umbruch. Von der freien richterlichen Rechtsschöpfung zu den Problemen im Mehrebenenregelungssystem, NZA-Beilage 3 (2003), 133; *Eckstein, Martin,* Zeitliche Begrenzung von Urlaubsansprüchen bei lang andauernder Arbeitsunfähigkeit, SAE 2010, 336; *Fieberg, Christian,* Urlaubsanspruch im ruhenden Arbeitsverhältnis - causa nondum finita!, ZESAR 2013, 258; *Fischer, Ulrich,* Die Fremdgeschäftsführerin und andere Organvertreter auf dem Weg zur Arbeitnehmereigenschaft, NJW 2011, 2329; *Fuhlrott, Michael/Römermann, Volker,* Begründet das Unionsrecht einen vererblichen Urlaubsabgeltungsanspruch? Anm. zu BAG, Beschluss vom 18.10.2016 – 9 AZR 196/16, GWR 2017, 83; *Hanau, Peter,* Die Europäische Grundrechtecharta – Schein und Wirklichkeit im Arbeitsrecht, NZA 2010, 1; *Henssler, Martin/ Lunk, Stefan,* Leitende Angestellte und das Arbeitszeitrecht – Betrachtungen de lege lata und de lege ferenda, NZA 2016, 1425; *Höpfner, Clemens,* Das deutsche Urlaubsrecht in Europa – Zwischen Vollharmonisierung und Koexistenz, RdA 2013, 16; *Hirdina, Ralph,* Die Arbeitnehmerüberlassung – Eine verfassungswidrige Überregulierung?, NZA 2011, 325; *Junker, Abbo,* Die Einflüsse des europäischen Rechts auf die personelle Reichweite des Arbeitnehmerschutzes – Der Arbeitnehmerbegriff in der Rechtsprechung des Europäischen Gerichtshofs, EuZA 2016, 184; *Kamanabrou, Sudabeh,* Urlaubsanspruch nach Langzeiterkrankung – ein Gebot des Gemeinschaftsrechts?, SAE 2009, 121; *Kellerbauer, Manuel,* Zur Reform der EU-Entsenderichtlinie: Arbeitnehmerschutz durch gleichen Lohn für gleiche Arbeit?, EuZW 2018, 846; *Krimphove, Dieter,* Neue Arbeitszeitrechtsprechung für familienadäquate Erziehungs- und Betreuungstätigkeit, NZA 2017, 1374; *Krois, Christopher,* Urlaubsabgeltung nach dem Tod des Arbeitnehmers, DB 2017, 1519; *Lindner, Josef Franz,* Zur grundsätzlichen Bedeutung des Protokolls über die Anwendung der Grundrechtscharta auf Polen und das Vereinigte Königreich – zugleich ein Beitrag zur Auslegung von Art. 51 EGC, EuR 2008, 786; *Oberthür, Nathalie,* Aktuelle Tendenzen des EuGH und deren Auswirkungen auf das nationale Recht (Arbeitnehmerbegriff, Datenschutz und andere Fragen), RdA 2018, 287; *Preis, Ulrich/Sagan, Adam* (Hrsg.), Europäisches Arbeitsrecht, 2015; *Rebhahn, Robert,* Arbeitszeitrecht zeigt Strukturprobleme des Unionsrechts auf, EuZA 2013, 297; *Reese, Birgit,* Die Verfassung des Grundgesetzes. Rahmen- und Werteordnung im Lichte der Gefährdungen durch Macht und Moral, 2013; *Richardi, Reinhard/Wißmann, Hellmut/Wlotzke, Otfried/Oetker, Hartmut,* Münchener Handbuch zum Arbeitsrecht, Band 2, Kollektivarbeitsrecht/Sonderformen, 2009; *Ricken, Oliver,* Urlaubsabgeltung bei Tod des Arbeitnehmers – Rechtskonstruktion und beitragsrechtliche Berechnung, NZA 2014, 1361; *Riesenhuber, Karl,* Europäisches Arbeitsrecht. Eine systematische Darstellung, Heidelberg 2009; *ders.*, Die Änderungen der arbeitsrechtlichen Entsenderichtlinie, NZA 2018, 1433; *Rudkowski, Lena,* Zur Umrechnung des Urlaubsanspruchs bei Kurzarbeit, Anmerkung zum Urteil des Europäischen Gerichtshofs vom 8.11. 2012 – Rechtssache Heimann und Toltschin, EuZA 2013, 260; *Schlachter, Monika,* Entwicklungen im Individualarbeitsrecht unter dem Einfluss der Rechtsprechung des EuGH – erforderliche und entbehrliche Veränderungen, RdA-Beilage 2009, 31; *Wank, Rolf,* Der EuGH und das Urlaubsrecht, in: Festschrift für Dieter Reuter zum 70. Geburtstag am 16. Oktober 2010, hrsg. von Michael Martinek, 2010, S. 921; *ders.*, Neues zum Arbeitnehmerbegriff des EuGH, EuZW 2018, S. 21; *Wlotzke, Otfried,* EG-Binnenmarkt und Arbeitsrechtsordnung – eine Orientierung, NZA 1990, 417; *Zimmer, Reingard,* Der Grundsatz der Gleichbehandlung in der Leiharbeitsrichtlinie 2008/104/EG und seine Umsetzung ins deutsche Recht, NZA 2013, 289.

Artikel 32 Verbot der Kinderarbeit und Schutz der Jugendlichen am Arbeitsplatz

Kinderarbeit ist verboten. Unbeschadet günstigerer Vorschriften für Jugendliche und abgesehen von begrenzten Ausnahmen darf das Mindestalter für den Eintritt in das Arbeitsleben das Alter, in dem die Schulpflicht endet, nicht unterschreiten.

Zur Arbeit zugelassene Jugendliche müssen ihrem Alter angepasste Arbeitsbedingungen erhalten und vor wirtschaftlicher Ausbeutung und vor jeder Arbeit geschützt werden, die ihre

Sicherheit, ihre Gesundheit, ihre körperliche, geistige, sittliche oder soziale Entwicklung beeinträchtigen oder ihre Erziehung gefährden könnte.

I. Vorgaben

1 Nach den **Erläuterungen** (→ Vor Titel IV Rn. 18)[1] stützt sich Art. 32 auf die **Jugendarbeitsschutzrichtlinie** (JArbSch-RL),[2] auf **Art. 7 ESC** sowie auf die **Nrn. 20–23 GCh** (zur GCh → vor Titel IV Rn. 9). Anders als beim systematisch eng verknüpften Art. 24 erwähnen die Erläuterungen die UN-Kinderrechtskonvention (→ Art. 24 Rn. 1) nicht. Dies verwundert, da Art. 32 dem Art. 32 UN-Kinderrechtskonvention thematisch entspricht.[3]

2 Art. VIII des ersten **Präsidiumsentwurfs** wurde ebenfalls mit Art. 7 ESC, den Nrn. 20–23 GCh und der JArbSch-RL begründet und lautete:

„Artikel VIII. Schutz der Kinder und Jugendlichen

Das Mindestalter für den Eintritt in das Arbeitsleben darf das Alter, in dem die Schulpflicht erlischt, nicht unterschreiten und in keinem Fall unter 15 Jahren liegen.

Jugendliche unter 18 Jahren müssen ihrem Alter angepasste Arbeitsbedingungen erhalten und besonders vor Arbeiten geschützt werden, die ihrer Sicherheit, ihrer Gesundheit oder ihrer physischen, psychischen, moralischen oder sozialen Entwicklung schaden oder ihre Gesamtbildung beeinträchtigen könnten.“[4]

3 Die JArbSch-RL beruht auf **Art. 118 a EGV** (→ Art. 31 Rn. 3). Sie nimmt ihrerseits auf Nr. 20 und 22 GCh, eine Entschließung des europäischen Parlaments zur Kinderarbeit[5] und auf Art. 15 Arbeitsschutz-Rahmen-Richtlinie (RRL)[6] Bezug.

4 Die einschlägigen Vorschriften der JArbSch-RL, der GCh und der ESC verbieten die **Kinderarbeit**, wobei sie die Altersgrenze nach unten mit dem **15. Lebensjahr**[7] begrenzen und nach oben von dem Bestehen der **Schulpflicht** abhängig machen.[8]

Art. 7 Nr. 1 ESC gestattet hiervon **Ausnahmen** für Kinder, die „mit bestimmten leichten Arbeiten beschäftigt werden, welche weder ihre Gesundheit noch ihre Moral noch ihre Erzie-

1 ABl. 2007 C 303, S. 17 ff.
2 RL 94/33/EG, ABl. 1994 L 216, S. 12.
3 Art. 32 UN-Kinderrechtskonvention (Schutz vor wirtschaftlicher Ausbeutung) lautet: „(1) Die Vertragsstaaten erkennen das Recht des Kindes an, vor wirtschaftlicher Ausbeutung geschützt und nicht zu einer Arbeit herangezogen zu werden, die Gefahren mit sich bringen, die Erziehung des Kindes behindern oder die Gesundheit des Kindes oder seine körperliche, geistige, seelische, sittliche oder soziale Entwicklung schädigen könnte. (2) Die Vertragsstaaten treffen Gesetzgebungs-, Verwaltungs-, Sozial- und Bildungsmaßnahmen, um die Durchführung dieses Artikels sicherzustellen. Zu diesem Zweck und unter Berücksichtigung der einschlägigen Bestimmungen anderer internationaler Übereinkünfte werden die Vertragsstaaten insbesondere a) ein oder mehrere Mindestalter für die Zulassung zur Arbeit festlegen; b) eine angemessene Regelung der Arbeitszeit und der Arbeitsbedingungen vorsehen; c) angemessene Strafen oder andere Sanktionen zur wirksamen Durchsetzung dieses Artikels vorsehen.“
4 CHARTE 4192/00 CONVENT 18 vom 27.3.2000, S. 11.
5 ABl. 1987 C, S. 190.
6 RL 89/391/EWG, ABl. 1989 Nr. L 183, S. 1. Vgl. dazu *Dembkowsky*, NJW 1998, 3540; *Lörcher*, AuR 1994, 360.
7 Art. 1 Abs. 1 UAbs. 1 JArbSch-RL; Art. 7 Nr. 1 ESC; Nr. 20 GCh.
8 Art. 1 Abs. 1 UAbs. 1 JArbSch-RL; Art. 7 Nr. 3 ESC; Nr. 20 GCh.

hung gefährden". Auch Nr. 20 GCh lässt ausnahmsweise „bestimmte leichte Arbeiten" zu. Art. 4 Abs. 2 und Art. 5 JArbSch-RL entfalten ein differenziertes Ausnahmeregelwerk, das vor allem für die „Mitwirkung bei kulturellen, künstlerischen, sportlichen oder Werbetätigkeiten" eine „vorherige Genehmigung im Einzelfall durch die zuständige Stelle" vorsieht.

5 Alle drei Regelwerke verlangen Vorkehrungen gegen **wirtschaftliche Ausbeutung.**[9] Sie fordern altersangepasste Arbeitsbedingungen,[10] wobei insbesondere auf die Arbeitszeit[11] und Berufsausbildung[12] Bezug genommen wird.

6 Die **Verfassungen der Mitgliedstaaten** enthalten überwiegend einen generalklauselartigen Kinderschutz (→ Art. 24 Rn. 7). In einigen Mitgliedstaaten gibt es jedoch auch konkrete verfassungsrechtliche Bestimmungen zur Kinder- oder Jugendarbeit.

In Art. 45 Abs. 4 UAbs. 2 Verf *Irland* heißt es, dass die Arbeitskraft „der Kinder im zarten Alter nicht missbraucht werden darf". Nach Art. 37 Abs. 1 Verf *Italien* wird hinsichtlich der Arbeitsbedingungen für Kinder „ein besonderer angemessener Schutz" gewährleistet. Für *Kroatien* gilt nach Art. 64 Abs. 2 und 3 Verf Kroatien: „Kinder dürfen nicht vor dem im Gesetz festgesetzten Alter zu einer Arbeit herangezogen werden, auch dürfen sie nicht gezwungen werden eine Arbeit auszuüben, die auf ihre Gesundheit oder Moral schädlichen Einfluss nimmt, noch darf ihnen eine solche Arbeit erlaubt werden. Jugendliche, Mütter und invalide Personen haben das Recht auf besondere Schutzmaßnahmen bei der Arbeit." Die *maltesische* Verfassung bestimmt, dass ein Mindestalter bei bezahlter Arbeit gesetzlich zu bestimmen ist.[13] In *Polen* ist nach Art. 65 Abs. 3 Verf Polen die „ständige Beschäftigung von Kindern unter 16 Jahren [...] verboten. Formen und Charakter der zugelassenen Arbeit regelt das Gesetz". Der Schutz der Kinder vor Ausbeutung wird in Art. 72 Abs. 1 Verf Polen zusätzlich erwähnt.

Portugals Verfassung verbietet Kinderarbeit während des schulpflichtigen Alters durch Gesetz.[14] Im Übrigen gilt im Hinblick auf Arbeitsbedingungen, Bezahlung und Erholung ein besonderer Schutz von Minderjährigen.[15] In *Rumänien* fordern Art. 45 Abs. 2 und 3 der Verfassung: „(2) Der Staat gewährt staatliche Kinderbeihilfe und Hilfe für die Versorgung des kranken oder behinderten Kindes. Andere Formen des Sozialschutzes für Kinder und Jugendliche werden durch Gesetz festgelegt. (3) Die Ausbeutung der Minderjährigen, ihre Nutzung in Tätigkeiten, die ihrer Gesundheit oder Moralität schaden könnte, oder die ihr Leben oder normale Entwicklung einer Gefahr aussetzen würde, sind verboten." In der *Slowakei* widmet sich die Verfassung dem Thema in Art. 38 so: „(1) Frauen, Jugendliche und Behinderte haben das Recht auf erhöhten Gesundheitsschutz bei der Arbeit und auf individuelle Arbeitsbedingungen. (2) Jugendliche und Behinderte haben das Recht auf individuellen Schutz in den Arbeitsverhältnissen und auf Hilfe bei der Berufsausbildung. (3) Näheres über die Rechte nach Abs. 1 und 2 wird durch Gesetz geregelt." *Slowenien* garantiert Kindern in Art. 56 Abs. 2 Verf Slowenien „einen besonderen Schutz vor wirtschaftlicher, sozialer, körperlicher, geistiger oder sonstiger Ausbeutung und Missbrauch". In *Spanien* verweist die Verfassung zum Kinderschutz auf die „internationalen Abkommen, die

9 Art. 1 Abs. 3 UAbs. 2 JArbSch-RL; Art. 7 Nr. 5 ESC; Nr. 21 GCh.
10 Art. 1 Abs. 3 UAbs. 1, Art. 6 und 7 JArbSch-RL; Art. 7 Nr. 4 und 10 ESC; Nr. 22 GCh.
11 Art. 8–10 JArbSch-RL; Art. 7 Nr. 6 und 8 ESC; Nr. 20 und 22 Abs. 2 GCh.
12 Art. 3 lit. d) ii), Art. 5 Abs. 2 ii), Art. 7 Abs. 3, Art. 8 Abs. 3 JArbSch-RL; Art. 7 Nr. 4 und 6 ESC; Nr. 22 Abs. 1 und 23 GCh.
13 Abschnitt 15 VerfMalta.
14 Art. 68 Abs. 1 VerfPortugal.
15 Art. 59 Abs. 2 lit. c VerfPortugal.

die Wahrung ihrer Rechte zum Ziel haben".[16] *Tschechien* regelt den Schutz von Jugendarbeit wie folgt: „(1) Frauen, Jugendliche und Behinderte haben das Recht auf erhöhten Schutz ihrer Gesundheit bei der Arbeit und auf besondere Arbeitsbedingungen. (2) Jugendliche und Behinderte haben das Recht auf Sonderschutz in den Arbeitsverhältnissen und auf Unterstützung bei der Berufsausbildung. (3) Einzelheiten regelt das Gesetz."[17] *Ungarns* Verfassung bestimmt in Art. XVIII: „(1) Die Beschäftigung von Kindern ist – mit Ausnahme von gesetzlich festgelegten Fällen, in denen ihre körperliche, geistige und sittliche Entwicklung nicht gefährdet wird – verboten. (2) Ungarn sichert den Schutz von Jugendlichen und Eltern am Arbeitsplatz mit besonderen Maßnahmen."

In den Verfassungen *Luxemburgs, Österreichs, der Niederlande* und *Zyperns* finden sich keine spezifischen Regelungen zur Kinder- oder Jugendarbeit.

Das deutsche Grundgesetz enthält (außer für den Spezialfall des Art. 6 Abs. 5 GG → Art. 24 Rn. 6) keine Bestimmungen zu Kinderrechten. Erwähnenswert ist jedoch, dass **Deutschland** Art. 7 ESC nicht vollständig ratifiziert, sondern Nr. 1 ausgenommen hat. Die Bundesregierung erklärte dies damals wie folgt: „Nach Absatz 1 muss das Mindestalter für die Zulassung zur Arbeit grundsätzlich 15 Jahre betragen. Dies ist in Deutschland nicht der Fall. Solange noch in einem deutschen Land das Schulentlassungsalter zwischen 14 und 15 Jahren liegt, kann die Verpflichtung nach diesem Absatz nicht übernommen werden."[18] Mittlerweile gilt nach der Umsetzung der JArbSch-RL durch das Jugendarbeitsschutzgesetz (JArbSchG) vom 24.2.1997 auch in Deutschland überall das auf 15 Jahre erhöhte Kindesalter, gleichwohl wurde die Ratifizierung nie nachgeholt.[19] 7

II. Diskussion im Grundrechtekonvent

Der Vorschlag im **ersten Präsidiumsentwurf** (→ Rn. 2) hat im Laufe der Beratungen etliche Änderungen erfahren. Dabei gab es zum vorgeschlagenen Art. VIII (CONVENT 18) eine zustimmende Grundhaltung.[20] Einige fanden den Vorschlag zu detailliert.[21] *Van den Burg* (NL) schlug vor, die UN-Kinderrechtskonvention zu berücksichtigen,[22] *Hirsch Ballin* (NL) wollte Art. 7 ESC im Text der Vorschrift aufgreifen.[23] 8

Aus diesen Vorschlägen und Einwänden wird nicht recht ersichtlich, wie es zum zweiten Präsidiumsentwurf des Art. 37 („Schutz der Jugendlichen") kam: 9

„Unbeschadet günstigerer Vorschriften für Jugendliche, vor allem solcher Vorschriften, die ihre berufliche Eingliederung durch Berufsausbildung gewährleisten, und abgesehen von auf bestimmte leichte Arbeiten beschränkten Ausnahmen darf das Mindestalter für den Eintritt in das Arbeitsleben das Alter, in dem die Schulpflicht erlischt, nicht unterschreiten.

Zur Arbeit zugelassene Jugendliche müssen ihrem Alter angepasste Arbeitsbedingungen erhalten."[24]

---

16 Art. 39 Abs. 4 VerfSpanien.

17 Art. 29 der Urkunde der Grundrechte und -freiheiten vom 9.1.1991 der Bundesversammlung der Tschechischen und Slowakischen Föderativen Republik, gemäß Beschluss des Präsidiums des Tschechischen Nationalrates vom 16.12.1992 als Bestandteil der Verfassungsordnung der Tschechischen Republik verabschiedet.

18 BT-Drs. IV/2117, S. 31; vgl. dazu *Neubeck*, S. 145 f.

19 Kritisch dazu *Franzen/Gallner/Oetker/Schubert*, Eur. Arbeitsrecht, Art. 7 ESC Rn. 2.

20 *Meyer/Engels*, Charta der Grundrechte, S. 259.

21 *Meyer/Engels*, Charta der Grundrechte, S. 259; *Bernsdorff/Borowsky*, Protokolle, S. 217.

22 *Meyer/Engels*, Charta der Grundrechte, S. 259.

23 *Bernsdorff/Borowsky*, Protokolle, S. 218.

24 CHARTE 4316/00 CONVENT 34 vom 16.5.2000, S. 5.

Der Vorschlag wurde insofern widersprüchlich begründet, als die Erläuterungen unverändert betonten, dass „ein Mindestalter festgelegt werden muss, das an das Ende der Schulpflicht gekoppelt ist und in keinem Fall unter 15 Jahren liegen darf".[25] Genau diese **konkrete Altersgrenze** aus dem ersten Präsidiumsentwurf (→ Rn. 2) war jedoch weggefallen. Gegen diesen Vorschlag wurden Stimmen laut, die die ausdrückliche Erwähnung der **Kinder** verlangten.[26] Zudem wollte man die Altersgrenze von 15 Jahren wieder aufnehmen.[27]

10 Im **dritten Vorschlag** ging das Präsidium darauf nicht ein. Der Abs. 2 erhielt jedoch eine neue Fassung:

„Zur Arbeit zugelassene Jugendliche müssen ihrem Alter angepasste Arbeitsbedingungen erhalten und haben Anspruch auf Schutz vor wirtschaftlicher Ausbeutung und einer Arbeit, die ihre Sicherheit, ihre Gesundheit, ihre körperliche, geistige, sittliche oder gesellschaftliche Entwicklung beeinträchtigen oder ihre Bildung gefährden könnte."[28]

11 Im Dokument CONVENT 45 wurde der Schutz der Kinder wieder ausdrücklich aufgenommen, und zwar als Verbot der Kinderarbeit, wenn auch noch nicht im Titel berücksichtigt.[29] Dies geschah im Dokument CONVENT 47,[30] womit der seinerzeitige Art. 31 seine heutige Textfassung erhielt.

12 Die Entstehungsgeschichte und die Erläuterungen lassen die Frage unbeantwortet, warum die **konkrete Altersgrenze** für den Eintritt in das Arbeitsleben bzw. für die Konkretisierung des Kinderarbeitsverbots, die im ersten Entwurf – im Einklang mit der ESC, der GCh und der JArbSch-RL – bei 15 Jahren lag, später fallengelassen wurde. *Barriga* meint, dies sei geschehen, um nicht zu sehr ins Detail zu gehen.[31] Dies ist jedoch, wie ein Vergleich der ersten (siehe oben Rn. 2) und der Endfassung zeigt, wenig plausibel.

III. Kommentierung

1. Allgemeine Einordnung

13 Art. 32 hat zwei, durch nicht nummerierte Absätze getrennte **Anwendungsbereiche.** Wie bei Art. 47 deutet diese Gliederungstechnik auf einen **engen Zusammenhang** der Regelungen hin.[32] Dieser enge Zusammenhang gründet im Verbot der Kinderarbeit, das grundsätzlich auch Jugendliche umfasst, wie Abs. 1 S. 2 in seiner Funktion als Ausnahmeregelung zeigt. Damit verfügt Art. 32 über zwei Begriffe des Kindes: einem weiten, der die Jugendlichen einschließt,[33] und einem engen, der nur die Minderjährigen meint, die noch nicht mit

25 CHARTE 4316/00 CONVENT 34 vom 16.5.2000, S. 5.

26 CHARTE 4372/00 CONVENT 39 vom 16.6.2000, S. 205 (*Korthals Altes*, NL), S. 216 (*van den Burg*, NL).

27 CHARTE 4372/00 CONVENT 39 vom 16.6.2000, S. 161, (*Dehousse*, B), S. 164 (*Hirsch Ballin*, NL), S. 212 (*Korthals Altes*, NL).

28 CHARTE 4377/00 CONVENT 40 vom 23.6.2000, S. 3; dieser Vorschlag stützte sich auf Änderungsanträge von *Van den Burg* (NL), *Dieulangard* (F), *Goldsmith* (GB), *Fayot* (L), *Dehousse* (B).

29 CHARTE 4422/00 CONVENT 45 vom 28.7.2000.

30 CHARTE 4470/00 REV 1 CONVENT 47 vom 21.9.2000, S. 13.

31 *Barriga*, Entstehung, S. 123.

32 *Barriga*, Entstehung, S. 144, sieht dies bei Art. 47 ebenso, hält die fehlende Nummerierung der Absätze bei Art. 32 jedoch für ein Redaktionsversehen, ebd., S. 124 und S. 144 Fn. 662.

33 Soweit es für den unionsrechtlichen Regelungsbereich nicht auf die spezifische Differenzierung von Kindern und Jugendlichen, sondern auf die gemeinsame erhöhte Schutzbedürftigkeit gegenüber Erwachsenen ankommt, definiert der Unionsgesetzgeber Kinder als Personen im Alter von unter 18 Jahren, vgl. Art. 2 Abs. 6 RL/2011/36/EG (Straftaten im Zusammenhang mit dem Menschenhandel).

dem (beruflichen) Übergang ins Erwachsenenleben begonnen haben, weil sie noch zur Schule gehen.

Die begriffliche Komplexität der Norm resultiert aus einem schwierigen Verhältnis von **Schutzzwecken** des Art. 32 einerseits und **Unionskompetenzen** andererseits. Denn die Norm schützt insbesondere die Schulausbildung, wofür die Union keine Zuständigkeit besitzt, und die Norm schützt die gesunde und sichere Arbeitsumwelt, wofür nach Art. 153 Abs. 1 lit. a) AEUV eine qualifizierte Unionskompetenz (→ Rn. 15) besteht. 14

Der Schutz der **Schulausbildung** ist dem Verbot der Kinderarbeit als Zweck über den Begriff des Kindes eingeschrieben worden. So bestimmt Art. 32 Abs. 1 S. 2, dass „das Mindestalter für den Eintritt in das Arbeitsleben das Alter, in dem die Schulpflicht endet, nicht unterschreiten" darf.[34] Ähnliche dem **Kindeswohl** dienende Schutzzwecke nennt Absatz 2, namentlich den Schutz von **Sicherheit und Gesundheit** sowie der körperlichen, geistigen, sittlichen oder sozialen **Entwicklung** und der **Erziehung.** Soweit die Union über den Gesundheitsschutz hinausgehende Entwicklungs- und Erziehungsziele formuliert, handelt es sich weder um Grundrechte noch Grundsätze, sondern mangels Unionskompetenz um ein Bekenntnis zu Werten, von denen die Union erwartet, dass die Mitgliedstaaten sie mit Leben füllen.[35] Dies gilt insbesondere auch für den Schutz vor **wirtschaftlicher Ausbeutung** nach Art. 32 Abs. 2, wofür – soweit damit Entgeltfragen gemeint sind – die Union nach Art. 153 Abs. 5 AEUV nicht zuständig ist.

Das in Art. 32 angelegte **Zusammenspiel** von **rechtsverbindlicher Normsetzung** und **unverbindlicher Wertsetzung** ist in der JArbSch-RL überzeugend ausgearbeitet. Da die Union für Schulpflicht, Entwicklung und Erziehung sowie für wirtschaftliche Ausbeutung im Sinne von Entgeltfragen nicht zuständig ist, erwähnt die Richtlinie diese Wertentscheidungen zwar in Art. 1 Abs. 3, enthält darüber hinaus aber keinerlei Regelungskonzepte. Dagegen gibt es sehr detaillierte Vorgaben zum technischen (Art. 6 f.) und zum nichttechnischen (Art. 8 ff.) Arbeitsschutz in der JArbSch-RL, die sich auf die Unionskompetenz aus Art. 153 Abs. 1 lit. a) AEUV stützen können.[36]

Im Gegensatz zu den übrigen Kompetenztiteln des Art. 153 Abs. 1 lit. a) AEUV weist der Kompetenztitel für eine gesunde und sichere Arbeitsumwelt eine für die Grundrechtsauslegung maßgebliche Besonderheit auf.[37] Der Kompetenztitel in lit. a) ist nämlich nicht bloß auf die Regelung bzw. Mindestharmonisierung ausgerichtet, sondern zielt ausdrücklich auf die „**Verbesserung** [...] der Arbeitsumwelt". Diese Verbesserung wiederum erschließt sich aus der Vorgängernorm des Art. 118 a Abs. 1 EWG, wonach die Mitgliedstaaten das Ziel der „Harmonisierung der in diesem Bereich bestehenden Bedingungen bei gleichzeitigem **Fortschritt**" verfolgen.[38] Der Verbesserungs- und Fortschrittsgedanke schränkt damit das Harmonisierungsermessen der Union in Richtung eines Rückschritts ein. Soweit die Erläu- 15

34 Im deutschen Recht bestimmt die Schulpflicht nicht den Begriff des Kindes. Jugendliche, die der Schulpflicht unterliegen, werden lediglich wie Kinder behandelt. § 2 Jugendarbeitsschutzgesetz lautet: „(1) Kind im Sinne dieses Gesetzes ist, wer noch nicht 15 Jahre alt ist. (2) Jugendlicher im Sinne dieses Gesetzes ist, wer 15, aber noch nicht 18 Jahre alt ist. (3) Auf Jugendliche, die der Vollzeitschulpflicht unterliegen, finden die für Kinder geltenden Vorschriften Anwendung."

35 Vgl. dazu *Hüpers/Reese,* Vor Titel IV Rn. 3. Zur Symbolwirkung von Grundrechten mangels Unionskompetenz siehe auch *Schwerdtfeger*, Art. 51 Rn. 74.

36 Das deutsche Arbeitsschutzgesetz beispielsweise füllt diese Lücke – jedenfalls zum Teil –, wenn es etwa in § 31 JArbSchG die sittliche Entwicklung der Jugendlichen dadurch schützt, dass Züchtigungen gegenüber Jugendlichen unterbunden und die Abgabe von Alkohol und Zigaretten verboten wird.

37 Zur Bedeutung der korrespondierenden Kompetenzen bei der Grundrechtsauslegung siehe *Hüpers/Reese*, Vor Titel IV Rn. 28 ff.

38 Siehe hierzu auch *Franzen/Gallner/Oetker/Franzen*, Eur. Arbeitsrecht, Art. 153 AEUV Rn. 17.

terungen zu Art. 32 auf einen Richtlinienbestand zu Art. 118 a Abs. 1 EWG bzw. Art. 153 Abs. 1 lit. a) AEUV verweisen, lassen sich diese Richtliniengehalte dem Grundrechtsgehalt zuordnen, ohne dass damit kompetenzansaugende Wirkungen verbunden wären. Denn der mit einer solchen **grundrechtlichen Aufwertung** des **Richtliniengehalts** verbundene Bestandsschutz der Richtlinien steht gerade im Einklang mit der allein auf Verbesserung bzw. Fortschritt gerichteten Harmonisierungskompetenz in Art. 153 Abs. 1 lit. a) AEUV. Die diesbezüglichen Gehalte der JArbSch-RL können demnach im Sinne eines Rückschritts- bzw. Verschlechterungsverbots grundrechtlichen Schutz erlangen[39] und insoweit ein **Recht** im Sinne des **Art. 52 Abs. 1** vermitteln.[40]

2. Verbot der Kinderarbeit

16 Das Verbot der Kinderarbeit in Art. 32 Abs. 1 differenziert in seiner Reichweite zwischen **Kindern und Jugendlichen.** Der spezifische Unterschied zwischen Kindern und Jugendlichen ergibt sich aus Art. 3 lit. b) und lit. c) JArbSch-RL wie folgt:

„In dieser Richtlinie bezeichnet der Ausdruck […] b) ‚Kind' jeden jungen Menschen, der noch nicht 15 Jahre alt ist oder gemäß den einzelstaatlichen Rechtsvorschriften noch der Vollzeitschulpflicht unterliegt; c) ‚Jugendlicher' jeden jungen Menschen, der mindestens 15, aber noch nicht 18 Jahre alt ist und gemäß den einzelstaatlichen Rechtsvorschriften nicht mehr der Vollzeitschulpflicht unterliegt."

Fraglich ist, inwieweit dieser Richtlinienbestand mit Blick auf Art. 52 Abs. 7 und Art. 6 Abs. 1, UAbs. 3 EUV in Art. 32 hineingelesen werden kann.[41]

17 Eine **begriffliche Besonderheit** bei der Unterscheidung zwischen Kindern und Jugendlichen besteht darin, dass Art. 3 lit. b) JArbSch-RL auch über 15jährige zu Kindern zählt, wenn sie der Vollzeitschulpflicht unterliegen, während Art. 32 bei der Abgrenzung zwischen Kindern (im engen Sinn) und Jugendlichen von zwei Begriffen des Jugendlichen ausgeht, nämlich den zur Arbeit zugelassenen und den nicht zur Arbeit zugelassenen. Letzteres impliziert, dass für den Begriff des Jugendlichen im Sinne des Art. 32 eine Altersgrenze maßgeblich ist und nicht die Vollzeitschulpflicht.[42]

18 Der Verzicht auf eine **konkrete Altersgrenze** in Art. 32 hängt systematisch mit dem **außenpolitischen Ziel** gemäß Art. 3 Abs. 5 EUV zusammen, in den Beziehungen der Union zur „übrigen Welt" einen Beitrag zum Schutz der Menschenrechte, insbesondere der Rechte der Kinder zu leisten.[43] Diese Vorschrift war als Art. 1–3 Abs. 5 VVE geplant und wäre zeitgleich mit Art. 32 GRC als Bestandteil einer europäischen Verfassung in Kraft getreten.

---

39 Vgl. *Hüpers/Reese*, Vor Titel IV Rn. 37; *Hüpers/Reese*, Art. 31 Rn. 27 und 43. Zur Annahme eines Rückschritts- bzw. Verschlechterungsverbots ohne Bezugnahme auf das Erfordernis einer korrespondierenden Unionskompetenz Vorauflage *Borowsky*, Art. 52 Rn. 45 c m.w.N. in Fn. 518.

40 Siehe dazu aber unten Rn. 23 zu den Besonderheiten des strikten Kinderarbeitsverbots.

41 Im Ergebnis ganz überwiegende Meinung Vorauflage, *Rudolf*, Art. 32 Rn. 15; *Pechstein/Nowak/Häde/Kocher*, Frankfurter Kommentar, Art. 32 GRC, Rn. 8; *Frenz*, Hdb EuR, Rn. 3951; *Franzen/Gallner/Oetker/Schubert*, Eur. Arbeitsrecht, Art. 32 Rn. 7; *Lienbacher/Holoubek/Lukan/Wutzel*, GRC, Art. 32 Rn. 20; *Schwarze/Ross*, EU, Art. 32 GRC Rn. 4; *Stern/Sachs/Nußberger/Ennuschat*, Art. 32 GRC Rn. 19; a.A. *Calliess/Ruffert/Krebber*, EUV/AEUV, Art. 32 GRC Rn. 1, der sorgfältig darauf achtet, die Begriffsbestimmungen der Richtlinie und der anderen Vorbildnormen nicht in eins mit den Begriffen des Grundrechts zu setzen.

42 Kompatibel mit dem Wortlaut des Art. 32 ist die deutsche Rechtlage, wonach Jugendlicher ist, wer unter 18 aber schon 15 Jahre ist; die schulpflichtigen Jugendlichen aber auch dem Kinderarbeitsverbot entsprechend unterliegen, siehe oben Fn. 34.

43 Einen Überblick über die weltweite Problematik der Kinderarbeit liefert die *ILO*, Global estimates of child labour sowie *Ballet*.

Es erscheint naheliegend, dass beide Vorschriften insofern aufeinander abgestimmt sind, als in Bezug auf Drittstaaten die vorgefundenen Zeiten der Schulpflicht maßgeblich sind und nicht eine starre Altersgrenze von 15 Jahren.[44] Außerhalb dieser außenpolitischen Zielsetzung kommt es jedoch auf die richtlinienrechtliche Altersgrenze von 15 Jahren an.

Im Übrigen bildet der Richtlinienbestand im Sinne des Rückschritts- bzw. Verschlechterungsverbots (→ Rn. 15) den Grundrechtsgehalt nur insoweit ab, als er dem Kompetenztitel aus Art. 153 Abs. 1 lit. a) AEUV (gesunde und sichere Arbeitsumwelt) entspricht. Eine solche Kongruenz wird man für die **typischen Fälle** des schulpflichtigen Kindes annehmen können. Neben der **Vollzeitschulpflicht** wäre ein Arbeitsverhältnis wegen der Doppelbelastung grundsätzlich gesundheitsgefährdend. Das nur durch eng begrenzte Ausnahmen aufgelockerte richtlinienrechtliche Verbot der Arbeit von (Vollzeit-) Schulkindern ist damit grundrechtlich abgesichert (grundrechtsfest). 19

Die nach Art. 32 Abs. 1 Satz 2 vorgesehenen **begrenzten Ausnahmen** sind nur zulässig, sofern die JArbSch-RL diese zulässt. Zu den begrenzten Ausnahmen gehören **Betriebspraktika** für zumindest 14 Jahre alte Kinder,[45] **leichte Arbeiten** für zumindest 14 Jahre alte Kinder und in bestimmten Kategorien für eine bestimmte Zahl von Stunden auch für 13 Jahre alte Kinder.[46] Hierbei wird man eine zeitliche Begrenzung von zwei bis drei Stunden täglich nicht überschreiten und die Zeit vor dem Schulunterricht nicht beanspruchen dürfen. Sodann erlaubt die Richtlinie **kulturelle, künstlerische, sportliche** und **Werbetätigkeiten,** die sie aber unter Genehmigungsvorbehalt stellt.[47] Art. 32 lässt diese **begrenzten Ausnahmen** zu, fordert sie aber – ebenso wie die Jugendschutzrichtlinie – für schulpflichtige Minderjährige nicht.

Schubert möchte daneben auch Ausnahmen zulassen, die sich an Nr. 20 GCh orientieren.[48] Da Art. 4 Abs. 2 und Art. 5 JArbSch-RL jedoch im Verhältnis zu Nr. 20 GCh die strengeren Schutzvorschriften enthalten, führt das Rückschritts- bzw. Verschlechterungsverbot insoweit zu einer Verdrängung von Nr. 20 GCh.

Atypische Fälle – **„Wunderkind"** wird mit fünf Jahren eingeschult, überspringt zwei Klassen und hat mit 12 Jahren die neunjährige Vollzeitschulpflicht erfüllt[49] – können sich jedoch mit Blick auf die korrespondierende Unionskompetenz aus Art. 153 Abs. 1 lit. a) AEUV dem strikten Kinderarbeitsverbot entziehen. Solange die Belastungen des gewählten Arbeitsalltags nicht schwerer wiegen als die Belastungen eines Schulalltags ist aus gesundheitlichen Gründen und damit aus grundrechtlichen Gründen gegen eine Beschäftigung auch von Kindern nichts einzuwenden, zumindest wenn die Gefahr einer Doppelbelastung von Schule und Arbeit nicht besteht. Eine darüber hinausgehende Offenheit des Art. 32 für eine Abwägung mit den Interessen des Kindes aus Art. 15 besteht – im Gegensatz zu nicht mehr schulpflichtigen Jugendlichen (→ Rn. 27) – jedoch nicht.[50] 20

---

44 Für diese Perspektive vgl. Die Weltbewegung arbeitender Kinder und Jugendlicher, https://www.pronats.de/informationen/die-kinderbewegungen/die-weltbewegung/.

45 Art. 4 Abs. 2 lit. b JArbSch-RL; dazu *Riesenhuber,* § 22 Rn. 13 und *Franzen/Gallner/Oetker/Kolbe,* Eur. Arbeitsrecht, Art. 4 RL 94/33/EG Rn. 3

46 Art. 4 Abs. 2 lit. c JArbSch-R; dazu *Riesenhuber,* § 22 Rn. 10 und *Franzen/Gallner/Oetker/Kolbe,* Eur. Arbeitsrecht, Art. 4 RL 94/33/EG Rn. 4.

47 Art. 5 JArbSch-R; dazu *Riesenhuber,* § 22 Rn. 11 und *Franzen/Gallner/Oetker/Kolbe,* Eur. Arbeitsrecht, Art. 5 RL 94/33/EG Rn. 2, der auf das Problem von gemischten Tätigkeiten aufmerksam macht.

48 *Franzen/Gallner/Oetker/Schubert,* Eur. Arbeitsrecht, Art. 32 Rn. 9.

49 Vgl. zu diesen Möglichkeiten etwa Art. 37 Abs. 3 S. 2 BayEUG.

50 Für eine Abwägung im Sinne der praktischen Konkordanz *Franzen/Gallner/Oetker/Schubert,* Eur. Arbeitsrecht, Art. 32 Rn. 5; *Steindorff-Classen,* EuR 2011, 36.

21 Nach einer Ansicht soll im Art. 32 – wie auch in anderen Grundrechten des Arbeitslebens – der aus dem Freizügigkeitsrecht entlehnte **Arbeitnehmerbegriff** gelten, wonach insbesondere die Tätigkeit gegen Entgelt geleistet werden muss.[51] Sofern es an der Gegenleistung fehlt, sei der Schutzbereich des Art. 32 nicht eröffnet und der Schutz müsse über andere Normen erfolgen, wobei *Schubert* insbesondere das Verbot der Sklaverei und der Zwangsarbeit nennt.[52] Dies wird dem Schutzzweck des Art. 32 nicht gerecht; eine Mitarbeit etwa in landwirtschaftlichen Familienbetrieben wird nicht dadurch weniger schutzwürdig, dass sie nicht bezahlt wird[53] oder die Kinder und Jugendlichen von sich aus Einiges auf sich nehmen würden, um beispielsweise bei sportlichen Großveranstaltungen „Volunteer" sein zu dürfen.[54]

22 Nicht unter den Arbeitnehmerbegriff des Art. 32 fällt die **selbstständige Arbeit.** Dies gilt jedenfalls dann, wenn die jungen Unternehmer nicht zu den arbeitnehmerähnlichen Personen zu zählen sind, weil keine Form von Abhängigkeit besteht. Echte unternehmerische Tätigkeit kann über die dem Arbeitnehmerschutz dienenden Bestimmungen des Art. 153 AEUV nicht geregelt werden.

23 Das strikte Verbot der Kinderarbeit lässt sich schwer der Alternative **Recht** oder **Grundsatz** zuordnen. Es wird vertreten, Art. 32 Abs. 1 sei wegen Art. 24 ebenfalls ein Recht.[55] Demgegenüber wird Art. 32 Abs. 1 als Grundsatz eingeordnet, weil er ein Verbot regeln und keine einklagbaren Rechte vermitteln würde.[56] Welche Kriterien für die Einordnung als Recht oder Grundsatz maßgeblich sind, ist dogmatisch jedoch unklar.[57] Je nachdem, welche Aspekte man aus dem jeweiligen Konzept herauspräpariert (Einklagbarkeit, definitive Geltung), wird man Art. 32 Abs. 1 als Grundsatz oder Recht verorten können, ohne dass es hier allerdings für den normativen Gehalt darauf ankäme. Denn seiner Funktion nach ist Art. 32 Abs. 1 eine **Grundrechtsschranke,** die das Recht der Kinder auf Arbeit aus Art. 15 und das Unternehmerrecht auf Beschäftigung aus Art. 16 strikt begrenzt. Im Bereich des strikten Kinderarbeitsverbotes kommt eine Abwägung mit den sonst geschützten Erwerbsinteressen nicht in Betracht.

Das strikte Kinderarbeitsverbot entfaltet als Grundrechtsschranke insoweit **primärrechtlichen Schutz,** als ihm Vorrang vor nationalem Umsetzungsrecht zukommt. Dies gilt nicht nur für den Fall einer richtlinien- und grundrechtskonformen Auslegung des nationalen Umsetzungsrechts, sondern auch dann, wenn eine richtlinienkonforme Auslegung nicht möglich ist.[58]

3. Schutz der Jugendlichen am Arbeitsplatz

24 Zur Arbeit **zugelassene Jugendliche** gemäß Art. 32 Abs. 2 sind diejenigen Jugendlichen (→ Rn. 17), die nicht mehr der Schulpflicht unterliegen, Art. 32 Abs. 1.

---

51 *Franzen/Gallner/Oetker/Schubert,* Eur. Arbeitsrecht, Art. 32 Rn. 10.
52 *Franzen/Gallner/Oetker/Schubert,* Eur. Arbeitsrecht, Art. 32 Rn. 10.
53 Siehe hierzu die deutsche Regelung in § 5 Abs. 3 JArbSchG.
54 *Jedlitschka,* NZA 2017, 513.
55 *Frenz,* Hdb EuR, Rn. 3939; ihm folgend Vorauflage, *Rudolf,* Art. 32 Rn. 10.
56 *Schwarze/Ross,* EU, Art. 32 GRC Rn. 1 und 3.
57 *Schmittmann,* S. 74 ff.; *Sagmeister,* S. 157 ff.; *Grabenwarter/Cornils,* Grundrechteschutz, § 5 Rn. 55 ff.; Vorauflage, *Borowsky,* Art. 52 Rn. 45 ff.
58 Probleme können sich hier insbesondere aus § 5 Abs. 2 Nr. 2 und 3 ArbSchG ergeben, vgl. *Müller-Glöge/Preis/Schmidt/Schlachter,* Erfurter Kommentar zum Arbeitsrecht, § 5 JArbSchG Rn. 3 ff.; *Franzen/Gallner/Oetker/Kolbe,* Eur. Arbeitsrecht, Art. 4 RL 94/33/EG Rn. 5 ff. *Schmitt,* BB 1998, 1362. Eine Konkretisierung der erlaubten Tätigkeiten findet sich § 2 KinderArbSchV, BGBl. I 1998, 1508 ff.; vgl. hierzu *Anzinger,* BB 1998, 1843; *Kollmer,* NZA 1998, 1268.

Schulpflicht meint Vollzeitschulpflicht. Die Anknüpfung an die Vollzeitschulpflicht entspricht der Regelung in Art. 3 lit. c) JArbSch-RL (→ Rn. 16) und ist auch für Art. 32 schlüssig. Denn soweit nicht mehr vollzeitschulpflichtigen Minderjährigen ein geschützter Übergang von der Kindheit ins Erwachsenenalter ermöglicht werden soll, stellt die (zeitlich begrenzte) Berufsschulpflicht ein geeignetes Mittel dar, das sich nicht sinnvoll gegen den Eintritt ins Arbeitsleben in Stellung bringen lässt.[59] 25

Art. 32 spricht im Zusammenhang mit Jugendlichen von „Arbeit", „Arbeitsbedingungen" und „Arbeitsplatz". Damit stellt sich die Frage, welcher **Arbeitnehmerbegriff** dem Art. 32 zugrunde zu legen ist. Hier gilt dasselbe wie beim Kinderarbeitsverbot (→ Rn. 21). Der aus dem Freizügigkeitsrecht entlehnte Arbeitnehmerbegriff, wonach insbesondere die Tätigkeit gegen Entgelt geleistet werden muss,[60] wird dem Schutzzweck des Art. 32 nicht gerecht. 26

Für nicht mehr vollzeitschulpflichtige Jugendliche gilt das strikte Kinderarbeitsverbot nicht. Art. 32 Abs. 1 lässt insoweit **günstigere Vorschriften für Jugendliche** zu. *Rudolf* meint, damit würde den Mitgliedstaaten die Möglichkeit eröffnet, „nationale Regelungen zur Verschärfung – im Sinne eines ‚better law standard' – oder zur teilweisen Lockerung des Jugendschutzes aufrecht zu erhalten bzw. zu erlassen".[61] Ein besserer Arbeitsschutz ist sicherlich bei der nationalen Umsetzung von unionsrechtlichen Richtlinien immer möglich. Der entscheidende Akzent liegt jedoch darin, dass neben dem **Schutz** der Jugendlichen die Arbeit auch auf ihre **Chancen** hin beurteilt wird. Hier trifft zu, was beim Kinderarbeitsverbot abgelehnt wurde (→ Rn. 20). Die strikte Schrankenfunktion des Kinderarbeitsverbots weicht bei Jugendlichen einer Abwägung von Chancen und Risiken, wobei freilich Folgendes zu berücksichtigen ist: „Die Mitgliedstaaten müssen die jungen Menschen vor den spezifischen Gefahren schützen, die aus der mangelnden Erfahrung, dem fehlenden Bewusstsein für tatsächliche oder potentielle Gefahren und der noch nicht abgeschlossenen Entwicklung des jungen Menschen herrühren."[62] 27

Jugendliche müssen nach Absatz 2 „dem Alter **angepasste Arbeitsbedingungen**" erhalten, womit sie vor „jeder Arbeit geschützt werden, die ihre **Sicherheit**, ihre **Gesundheit**, ihre körperliche [oder] geistige, [...] **Entwicklung**" gefährdet. Mit diesem Voraussetzungsbündel entspricht und vertieft Art. 32 Abs. 2 den Schutz des Art. 31. 28

Wegen des Rückschritts- bzw. Verschlechterungsverbotes (→ Rn. 15) sind die entsprechenden Maßgaben von Art. 6 und 7 JArbSch-RL zu beachten. Dabei hat vor einer Beschäftigung von Jugendlichen eine Gefährdungsbeurteilung zu erfolgen, zu der Art. 6 Abs. 2 UAbs. 2 detaillierte Vorgaben macht. Das deutsche Umsetzungsrecht findet sich in §§ 28 ff. JArbSchG. Es enthält einige Abweichungen, die aber richtlinienkonform ausgelegt werden können.[63] Art. 7 Abs. 2 lit. a)-d) JArbSch-RL enthält eine Aufzählung von gefährlichen Arbeiten, für die ein Beschäftigungsverbot von Jugendlichen gilt.

Ein weiteres Schutzgut des Art. 32 Abs. 2 ist die „geistige, sittliche oder soziale **Entwicklung**" und „**Erziehung**". Diese Ziele sind nicht von der Kompetenz des Art. 153 Abs. 1 lit. a) AEUV gedeckt. Sie sind daher weder Grundrecht noch Grundsatz, sondern formulieren eine rechtspolitische Erwartung an die Mitgliedstaaten (→ Rn. 14). Gleiches gilt für 29

---

59 Zur Grundrechtkonformität der Regelung *Müller-Glöge/Preis/Schmidt/Schlachter*, Erfurter Kommentar zum Arbeitsrecht, § 2 JArbSchG Rn. 3.
60 *Franzen/Gallner/Oetker/Schubert*, Eur. Arbeitsrecht, Art. 32 Rn. 10.
61 Vorauflage, *Rudolf*, Art. 32 Rn. 14.
62 RL 94/33/EG, Erwägungsgrund Nr. 15 (ABl. 1994 L 216, S. 12).
63 *Franzen/Gallner/Oetker/Kolbe*, Eur. Arbeitsrecht, Art. 6 RL 94/33/EG Rn. 8.

den Schutz der Jugendlichen vor **wirtschaftlicher Ausbeutung.** Auch hier fehlt der Union – soweit Entgeltfragen betroffen sind – die Kompetenz (Art. 153 Abs. 5 AEUV).[64]

IV. Literaturübersicht

Anzinger, Rudolf, Die neue Kinderarbeitsschutzverordnung, BB 1998, 1843; *Ballet, Jérôme, Bhukuth, Augendra,* Child Exploitation in the Global South, 2019; *Dembkowsky, Ralf,* Neue Entwicklungen im Kinder- und Jugendarbeitsschutz, NJW 1998, 3540; *Detloff, Nina/Maschwitz, Alexandra,* Kinderrechte in Europa – wo stehen wir?, FPR 2010, 190; *Jedlitschka, Thomas,* Die Anwendbarkeit arbeitsrechtlicher Vorschriften auf Volunteer-Programme bei Sportgroßveranstaltungen, NZA-RR 2017, 513; *Kollmer, Norbert,* Grundzüge der neuen Kinderarbeitsschutz-Verordnung, NZA 1998, 1268; *Lörcher, Klaus,* Die Jugendarbeitsschutzrichtlinie der EU, AuR 1994, 360; *Müller-Glöge, Rudi/Preis, Ulrich/Schmidt, Ingrid,* Erfurter Kommentar zum Arbeitsrecht, 19. Aufl. 2019; *ILO,* Global estimates of child labour: Results and trends, 2012–2016, 2017; *Neubeck, Xenia,* Die Europäische Sozialcharta und deren Protokolle. Einfluss und Bedeutung der sozialrechtlichen Bestimmungen der Europäischen Sozialcharta auf das deutsche Recht der Europäischen Union, 2002; *Riesenhuber, Karl,* Europäisches Arbeitsrecht. Eine systematische Darstellung, 2009; *Sagmeister, Holger,* Die Grundsatznormen in der europäischen Grundrechtscharta, 2010; *Schmitt, Marlene,* Defizite im Jugendarbeitsschutz – Erneut: Mangelhafte Umsetzung einer EG-Richtlinie durch den deutschen Gesetzgeber, BB 1998, 1362; *Schmittmann, Georg,* Rechte und Grundsätze in der Grundrechtscharta, 2007; *Steindorff-Classen, Caroline,* Europäischer Kinderrechtsschutz nach dem EU-Reformvertrag von Lissabon, EuR 2011, 19; *Weyand, Joachim,* Jugendarbeitsschutzgesetz, 2. Aufl. 2016.

Artikel 33 Familien- und Berufsleben

(1) Der rechtliche, wirtschaftliche und soziale Schutz der Familie wird gewährleistet.

(2) Um Familien- und Berufsleben miteinander in Einklang bringen zu können, hat jeder Mensch das Recht auf Schutz vor Entlassung aus einem mit der Mutterschaft zusammenhängenden Grund sowie den Anspruch auf einen bezahlten Mutterschaftsurlaub und auf einen Elternurlaub nach der Geburt oder Adoption eines Kindes.

64 Anders als bei den „sittlichen" Gefahren (siehe oben Rn. 14) fehlt hier jedoch auch eine Regelung im nationalen deutschen Recht. Besondere Relevanz erhält dieser fehlende Schutz in Deutschland, weil nach § 22 Abs. 2 MiLoG Jugendliche und Kinder ohne abgeschlossene Berufsausbildung nicht als Arbeitnehmerinnen und Arbeitnehmer des Mindestlohngesetzes gelten, vgl. *Weyand,* Jugendarbeitsschutzgesetz, Einl. Rn. 64–67. In Bezug auf die völkerrechtliche Bewertung des Art. 7 Nr. 5 ESC gibt der ECSR (siehe *Hüpers/Reese,* Art. 28 Rn. 2) eine gewisse Orientierung und geht davon aus, dass Jugendliche weniger als den Mindestlohn für Erwachsene erhalten dürfen, und zwar 17–18jährige 20 % und 15–16jährige bis 30 % weniger, vgl. Conclusions XVIII-I, 2006, 56 – Albanien; Conclusions XIX-4, 2011, 5 Deutschland; Digest 2008, 62. Diese Wertung wird man sicherlich nicht schematisch auf alle Fallgruppen (z.B. auf einen in die Krise geratenen Familienbetrieb) übertragen können.

I. Vorgaben[1]

1. Schutz der Familie (Absatz 1)

a) **Internationales Recht. Absatz 1** stützt sich den Erläuterungen des Präsidiums[2] zufolge auf **Art. 16 ESC**[3] des Europarats. Art. 16 ESC lautet unter der Überschrift *„Das Recht der Familie auf sozialen, gesetzlichen und wirtschaftlichen Schutz"* wie folgt: „Um die erforderlichen Voraussetzungen für die Entfaltung der Familie als einer Grundeinheit der Gesellschaft zu schaffen, verpflichten sich die Vertragsparteien, den wirtschaftlichen, gesetzlichen und sozialen Schutz des Familienlebens zu fördern, insbesondere durch Sozial- und Familienleistungen, steuerliche Maßnahmen, Förderung des Bauens familiengerechter Wohnungen, Hilfen für junge Eheleute und andere geeignete Mittel jeder Art."[4] Es fällt auf, dass der Trias „sozialer, gesetzlicher und wirtschaftlicher Schutz" beinahe wortgleich in Absatz 1 übernommen wurde. Statt des in der nicht-offiziellen deutschen Fassung des Art. 16 ESC verwandten Begriffes des „gesetzlichen" Schutzes ist in Art. 33 Abs. 1 der deutschen Fassung jedoch der weiter gefasste Begriff des „rechtlichen" Schutzes gewählt worden. Art. 33 Abs. 1 enthält im Gegensatz zu Art. 16 ESC keine Aufzählung von Möglichkeiten zur Förderung der Familie. 1

b) **Verfassungen der Mitgliedstaaten.** Eine **unmittelbar vergleichbare Bestimmung** findet sich lediglich in der *spanischen* Verfassung, wonach die öffentlichen Gewalten der Familie wortgleich mit Art. 33 Abs. 1 einen „sozialen, wirtschaftlichen und rechtlichen" Schutz zusichern.[5] 2

In den Verfassungen von **18 weiteren Mitgliedstaaten** wird der Schutz der Familie ohne die Konkretisierung auf „rechtlichen, wirtschaftlichen und sozialen Schutz" **in allgemeinerer Form** abgesichert; in einem Teil dieser nationalen Verfassungen wird dieser zunächst allgemeiner gehaltene Schutz der Familie durch spezifische Garantien näher ausgestaltet. Im Einzelnen: 3

In *Deutschland* stellt Art. 6 Abs. 1 GG Ehe und Familie unter den besonderen Schutz der staatlichen Ordnung. In ähnlicher Form stellen die Verfassungen von *Bulgarien*[6], *Estland*[7], *Griechenland*[8], *Irland*[9], *Italien*[10], *Kroatien*[11], *Lettland*[12], *Litauen*[13], *Polen*[14], *Portugal*[15], der *Slowakei*[16], *Slowenien*[17], *Tschechien*[18] und *Ungarn*[19] die Familie bzw. das Familienle- 4

1 Die Verfasserin gibt in der Kommentierung ausschließlich ihre persönliche Meinung wieder. Sie dankt *Prof. Dr. Sven Hölscheidt* und *Dr. Tilman Hoppe* für ihre wertvollen Hinweise.
2 Erläuterungen zur Charta der Grundrechte, ABl. 2007 C 303 v. 14.12.2007, S. 17, 27.
3 Vom 18.10.1961 (BGBl. 1964 II S. 1262).
4 S. zu Art. 16 ESC und Art. 16 RESC *Fernandes Fortunato*, EuR 2008, 27.
5 Art. 39 Abs. 1 VerfSpanien.
6 Art. 14 VerfBulgarien.
7 § 27 VerfEstland.
8 Art. 21 Abs. 1 VerfGriechenland.
9 Art. 41 Abs. 1 VerfIrland.
10 Art. 29, 31 VerfItalien.
11 Art. 62 VerfKroatien.
12 Art. 110 VerfLettland.
13 Art. 38 VerfLitauen.
14 Art. 18 VerfPolen.
15 Art. 67 VerfPortugal.
16 Art. 41 Abs. 1 VerfSlowakei.
17 Art. 53 VerfSlowenien.
18 Art. 3 VerfTschechische Republik i. V. m. Art. 32 Charta der Grundrechte und -freiheiten.
19 Art. L VerfUngarn.

ben (so die *rumänische* Verfassung[20]) unter den Schutz des Staates – zum Teil unter Betonung der Bedeutung der Familie als Grundlage der Gesellschaft, des Staates bzw. der Nation[21]. Die *luxemburgische* Verfassung gewährleistet die „Naturrechte der menschlichen Person und der Familie".[22] In der *französischen* Verfassung sichert ein Präambel-Grundsatz der Familie „die zu ihrer Entfaltung notwendigen Bedingungen zu."[23] In einem Teil der aufgeführten Verfassungen wird der der Familie zugesicherte Schutz des Staates näher ausgestaltet, indem sie etwa Fürsorge und Erziehung als ein Recht bzw. eine Pflicht der Eltern statuieren (so neben der deutschen sechs osteuropäische Verfassungen[24]) oder für Eltern, die für ihre Kinder sorgen, Ansprüche auf Hilfe des Staates festlegen (so die *bulgarische*[25], *litauische*[26], *slowakische*[27], *tschechische*[28], nicht ganz so weitgehend die *estnische*[29], *slowenische*[30] und *ungarische*[31] Verfassung; in der *griechischen*[32], *italienischen*[33] und *polnischen*[34] Verfassung unter Beschränkung auf bzw. unter besonderer Betonung des Schutzes kinderreicher Familien). Interessant in diesem Kontext ist, dass die *polnische* Verfassung in schwierigen materiellen und sozialen Lagen nicht nur die Schutzbedürftigkeit kinderreicher Familien, sondern auch diejenige allein erziehender Elternteile betont.[35] Besonders ausführliche Regeln finden sich in der *portugiesischen* Verfassung, die einen nicht abschließenden Katalog von staatlichen Fördermaßnahmen zu Gunsten der Familie enthält und z. B. die Förderung und die Garantie des Zugangs zu einem nationalen Netzwerk von Kinderkrippen oder die Ausgestaltung von sozialen Abgaben und Vergünstigungen im Einklang mit den familiären Belastungen als staatliche Pflicht festlegt.[36] In der Ausgestaltung im Einzelnen bemerkenswert sind insbesondere die Aufnahme der Pflicht, dass Kinder für ihre Eltern im Alter sorgen müssen, in der *litauischen* und *kroatischen* Verfassung[37], die Aufnahme der Pflicht der Familie zur Sorge für hilfsbedürftige Familienmitglieder in der *estnischen* Verfassung[38] und die Aufnahme eines Artikels in die *slowenische* Verfassung[39], wonach die Entscheidung über die Geburt eines Kindes frei ist und der Staat die Möglichkeit und die Voraussetzungen schafft, die es den Eltern ermöglichen, sich für die Geburt ihres Kindes zu entscheiden.

---

20 Art. 26 Abs. 1 VerfRumänien.
21 § 27 VerfEstland, Art. 21 VerfGriechenland, Art. 41 Abs. 1 VerfIrland, Art. 38 VerfLitauen; Art. 67 Abs. 1 VerfPortugal; Art. L VerfUngarn.
22 Art. 11 Abs. 1 VerfLuxemburg.
23 Präambel-Grundsatz VerfFrankreich (1946).
24 Art. 6 Abs. 2 GG; Art. 47 Abs. 1 VerfBulgarien; § 27 VerfEstland; Art. 64 VerfKroatien; Art. 38 VerfLitauen, Art. 41 Abs. 4 VerfSlowakei; Art. 54 VerfSlowenien.
25 Art. 47 Abs. 1 VerfBulgarien.
26 Art. 38, 39 VerfLitauen.
27 Art. 41 Abs. 4 und 5 Verfassung Slowakei.
28 Art. 3 VerfTschechische Republik i. V. m. Art. 32 Abs. 5 Charta der Grundrechte und -freiheiten.
29 § 27 VerfEstland.
30 Art. 53 VerfSlowenien.
31 Art. L Abs. 2 VerfUngarn.
32 Art. 21 Abs. 2 VerfGriechenland.
33 Art. 31 VerfItalien.
34 Art. 71 Abs. 1 VerfPolen.
35 Art. 71 Abs. 1 Satz 2 VerfPolen: „Familien, die sich in einer schwierigen materiellen und sozialen Lage befinden, insbesondere kinderreiche Familien und solche mit allein erziehenden Elternteilen, haben das Recht auf besondere öffentliche Hilfe."
36 Art. 67 Abs. 2 VerfPortugal.
37 Art. 38 VerfLitauen; Art. 64 VerfKroatien.
38 § 27 Abs. 5 VerfEstland.
39 Art. 55 VerfSlowenien.

In den Verfassungen von *Belgien*, *Malta*, *Schweden* und *Zypern* wird nicht dem Schutz der Familie selbst Verfassungsrang zugebilligt, sondern mit einem eher individualbezogenen Ansatz das Privat- und Familienleben des Einzelnen geschützt.[40] Die *finnische* Verfassung enthält keine selbständige Bestimmung zum Schutz der Familie, sondern erwähnt eine Verpflichtung der Behörden zur Unterstützung der Familie im Rahmen des allgemeinen Rechts auf soziale Sicherheit.[41] Die Verfassungen *Dänemarks*, der *Niederlande* und *Österreichs* äußern sich nicht spezifisch zum Recht auf Schutz der Familie. 5

Insgesamt kann daher festgestellt werden, dass eine **allgemeine Schutzverpflichtung bzw. ein Schutzauftrag zu Gunsten der Familie** im Großteil der nationalen Verfassungen enthalten ist. In der Formulierung und der Ausgestaltung dieses Schutzes variieren die nationalen Verfassungstexte jedoch, so dass **nicht von übereinstimmenden Regelungen** gesprochen werden kann, die geeignet wären, von einer über eine allgemeine Schutzpflicht hinausgehenden gemeinsamen Verfassungstradition der Mitgliedstaaten der EU zu sprechen.[42] 6

2. Vereinbarkeit von Familien- und Berufsleben (Absatz 2)

a) EU-Sekundärrecht und Internationales Recht. Absatz 2 basiert den Erläuterungen des Präsidiums[43] zufolge zum einen auf Vorgaben des **EU-Sekundärrechts:** Genannt werden die sog. **Mutterschutz-Richtlinie 92/85/EWG** des Rates[44], die die Mitgliedstaaten u. a. dazu verpflichtet, Arbeitnehmerinnen bezahlten Mutterschaftsurlaub von mindestens 14 Wochen zu gewähren und ein Kündigungsverbot vom Beginn der Schwangerschaft bis zum Ende des Mutterschaftsurlaubs vorzusehen[45], sowie die **Richtlinie 96/34/EG zur Rahmenvereinbarung über Elternurlaub**[46], die auf die Erleichterung der Vereinbarkeit von Berufs- und Familienleben erwerbstätiger Eltern zielte, indem sie u. a. jedem Elternteil ein individuelles Recht auf Elternurlaub zur Betreuung eines Kindes von mindestens drei Monaten garantierte. Die Richtlinie 96/34/EG ist mittlerweile durch die weitergehende Rechte gewährleistende Richtlinie 2010/18/EU[47] ersetzt worden.[48] 7

40 Art. 22 VerfBelgien; Art. 32 VerfMalta; Kap. 1 Art. 2 VerfSchweden; Art. 15 VerfZypern.

41 § 19 VerfFinnland.

42 Vgl. *Schmidt*, Rechtsnatur und Verpflichtungsdichte der Europäischen Grundrechte, S. 328.

43 Erläuterungen zur Charta der Grundrechte, ABl. 2007 C 303 v. 14.12.2007, S. 17, 27.

44 Richtlinie 92/85/EWG des Rates v. 19.10.1992 über die Durchführung von Maßnahmen zur Verbesserung der Sicherheit und des Gesundheitsschutzes von schwangeren Arbeitnehmerinnen, Wöchnerinnen und stillenden Arbeitnehmerinnen am Arbeitsplatz (zehnte Einzelrichtlinie im Sinne des Artikels 16 Absatz 1 der Richtlinie 89/391/EWG), ABl. L 348, S. 1; zuletzt geändert durch Richtlinie 2014/27/EU des Europäischen Parlaments und des Rates v. 26.2.2014, ABl. L 65, S. 1.

45 S. zum Inhalt der Richtlinie im Einzelnen *Peers/Ward/Costello*, EU Charter, Rn. 33.57 ff.; *Frenz*, Hdb EuR, Rn. 3981 f.

46 Richtlinie 96/34/EG des Rates v. 3.6.1996 zu der von UNICE, CEEP und EGB geschlossenen Rahmenvereinbarung über Elternurlaub, ABl. L 145 v. 18.3.2010, S. 4.

47 Richtlinie 2010/18/EU des Rates v. 8.3.2010 zur Durchführung der von BUSINESSEUROPE, UEAPME, CEEP und EGB geschlossenen überarbeiteten Rahmenvereinbarung über den Elternurlaub und zur Aufhebung der Richtlinie 96/34/EG, ABl. L 68, S. 13; geändert durch Richtlinie 2013/62/EU des Rates v. 17.12.2013, ABl. L 353 v. 28.12.2013, S. 7. U. a. ist das Recht auf Elternurlaub auf mindestens vier Monate erweitert worden. S. zum Inhalt der Richtlinie im Einzelnen *Peers/Ward/Costello*, EU Charter, Rn. 33.62 ff.

48 Die Europäische Kommission hat am 26.4.2017 einen Vorschlag für eine Richtlinie des Europäischen Parlaments und des Rates zur Vereinbarkeit von Beruf und Privatleben für Eltern und pflegende Angehörige und zur Aufhebung der Richtlinie 2010/18/EU des Rates, COM(2017) 253 final, vorgelegt. Die grundlegenden Elemente der Richtlinie 2010/18/EU sollen erhalten bleiben. Vorgeschlagen wird u. a. eine größere Flexibilität bei der Inanspruchnahme des Elternurlaubs und ein Anspruch auf zehn in Höhe des Krankengeldes vergütete Tage Vaterschaftsurlaub bei Geburt eines Kindes.

8 Zum anderen folgt Art. 33 Abs. 2 den Erläuterungen des Präsidiums zufolge Vorgaben des **internationalen Rechts:** Er stützt sich auf **Art. 8 ESC** und lehnt sich an **Art. 27 RESC**[49] an. Art. 8 ESC („Das Recht der Arbeitnehmerinnen auf Schutz") verpflichtet die Vertragsparteien dazu, „(1) sicherzustellen, dass Frauen vor und nach der Niederkunft eine Arbeitsbefreiung von mindestens 12 Wochen erhalten, und zwar entweder in Form eines bezahlten Urlaubs oder durch angemessene Leistungen der Sozialen Sicherheit oder aus sonstigen öffentlichen Mitteln; (2) es als ungesetzlich zu betrachten, dass ein Arbeitgeber einer Frau während ihrer Abwesenheit infolge Mutterschaftsurlaubs oder so kündigt, dass die Kündigungsfrist während einer solchen Abwesenheit abläuft; (3) sicherzustellen, dass Mütter, die ihre Kinder stillen, für diesen Zweck Anspruch auf ausreichende Arbeitsunterbrechungen haben; (4) a) die Nachtarbeit von Arbeitnehmerinnen in gewerblichen Betrieben zu regeln; b) jede Beschäftigung von Arbeitnehmerinnen mit Untertagarbeiten in Bergwerken und gegebenenfalls mit allen sonstigen Arbeiten zu untersagen, die infolge ihrer gefährlichen, gesundheitsschädlichen oder beschwerlichen Art für sie ungeeignet sind".

9 Während Art. 8 ESC lediglich den Schutz von Arbeitnehmerinnen garantiert, enthält **Art. 27 RESC** ein Recht sowohl männlicher als auch weiblicher Arbeitnehmer mit Familienpflichten auf Chancengleichheit und Gleichbehandlung. Die Vertragsparteien verpflichten sich hiernach „(1) geeignete Maßnahmen zu ergreifen: a) um Arbeitnehmern mit Familienpflichten zu ermöglichen, erwerbstätig zu werden und zu bleiben sowie nach einer durch diese Pflichten bedingten Abwesenheit wieder in das Erwerbsleben einzutreten, einschließlich Maßnahmen im Bereich der Berufsberatung und der beruflichen Ausbildung, b) um bei den Beschäftigungsbedingungen und der sozialen Sicherheit ihren Bedürfnissen Rechnung zu tragen, c) um öffentliche und private Dienste zu entwickeln oder zu fördern, insbesondere Kindertagesstätten und andere Arten der Betreuung; (2) für jeden Elternteil die Möglichkeit vorzusehen, innerhalb eines auf den Mutterschaftsurlaubs folgenden Zeitraums für die Betreuung eines Kindes einen Elternurlaub zu erhalten, dessen Dauer und Bedingungen durch innerstaatliche Rechtsvorschriften, Gesamtarbeitsverträge oder Gepflogenheiten festgelegt werden; (3) zu gewährleisten, dass Familienpflichten als solche kein triftiger Grund für eine Kündigung sein dürfen". Art. 33 Abs. 2 folgt damit einzelnen Absätzen des Art. 8 ESC und Art. 27 RESC. Die allgemeinen Regelungen über Arbeitsbedingungen, wie sie in Art. 8 Abs. 4 ESC und in Art. 27 Abs. 1 lit. b und c enthalten sind, werden in Art. 33 Abs. 2 nicht erwähnt.[50]

10 In der von Europäischem Parlament, Rat und Europäischer Kommission **am 17.11.2017 proklamierten Europäischen Säule sozialer Rechte** heißt es in Ziffer 9 unter der Überschrift „Vereinbarkeit von Berufs- und Familienleben": „Eltern und Menschen mit Betreuungs- oder Pflegepflichten haben das Recht auf angemessene Freistellungs- und flexible Arbeitszeitregelungen sowie Zugang zu Betreuungs- und Pflegediensten. Frauen und Männer haben gleichermaßen Zugang zu Sonderurlaub für Betreuungs- und Pflegepflichten und werden darin bestärkt, dies auf ausgewogene Weise zu nutzen."[51] Damit geht die Europäische Säule sozialer Rechte inhaltlich weit über Art. 33 Abs. 2 hinaus. Sie ist allerdings im Gegensatz zu Art. 33, der als Chartanorm auf der Ebene des Primärrechts steht, **rechtlich unverbindlich** und ändert die Zuständigkeitsverteilung zwischen EU und Mitgliedstaaten

49 V. 3.5.1996. Die RESC ist zwar mittlerweile von allen Mitgliedstaaten unterzeichnet, jedoch von acht Mitgliedstaaten (unter ihnen Deutschland) nicht ratifiziert worden.

50 *Rudolf*, 4. Aufl. Rn. 2.

51 Interinstitutionelle Proklamation zur europäischen Säule sozialer Rechte, ABl. 2017 C 428, S. 10.

nicht.[52] Die Umsetzung der Europäischen Säule sozialer Rechte wird vor allem von der politischen Bereitschaft der hauptsächlich zuständigen Mitgliedstaaten abhängen.[53]

b) Verfassungen der Mitgliedstaaten. Keine der Verfassungen der Mitgliedstaaten enthält Bestimmungen, die in vergleichbarer Konkretheit **alle drei in Art. 33 Abs. 2 aufgeführten Schutzgüter** (Recht auf Schutz vor Entlassung, Ansprüche auf bezahlten Mutterschaftsurlaub sowie auf Elternurlaub) gewährleisten. Die Ausformulierung solcher Rechte und Ansprüche wird stattdessen großteils dem einfachen Recht überlassen. In immerhin **mehr als der Hälfte der Mitgliedstaaten** finden sich jedoch Bestimmungen, **die in unterschiedlicher Detailtiefe auf den Schutz der Eltern- bzw. Mutterschaft zielen.** Die Vereinbarkeit von Familie und Beruf steht dabei meist weniger im Vordergrund. 11

Die in Schutzrichtung und Detailtiefe **größte Vergleichbarkeit** mit Art. 33 Abs. 2 weisen die Bestimmungen der **Verfassung *Portugals*** auf. So haben zunächst allgemein formuliert sowohl Mütter als auch Väter ein Recht auf Schutz durch die Gesellschaft und den Staat, um ihre „unersetzliche Rolle" im Verhältnis zu ihren Kindern, insbesondere bei deren Erziehung, erfüllen zu können, wobei ihre berufliche Entfaltung und ihre Beteiligung am öffentlichen Leben zu gewährleisten ist. Es wird betont, dass Mutterschaft und Vaterschaft soziale Werte „überragenden" Ranges seien. Mütter haben das Recht auf besonderen Schutz während der Schwangerschaft und nach der Geburt, und arbeitende Frauen haben ein ausdrückliches Recht auf Freistellung von der Arbeit, ohne dass sie ihr Arbeitsentgelt oder irgendwelche Privilegien verlieren. Dem Gesetzgeber wird zudem aufgegeben, das Recht der Eltern auf Freistellung von der Arbeit für eine angemessene Zeit zu regeln.[54] Damit sind in der portugiesischen Verfassung zwei der in Art. 33 Abs. 2 genannten Schutzgüter erwähnt (bezahlter Mutterschaftsurlaub und Elternurlaub). Neben der portugiesischen Verfassung gewähren zudem die *bulgarische*, die *litauische* und die *rumänische* Verfassung für arbeitende Mütter ein (durch Gesetz auszugestaltendes) Recht auf bezahlten Mutterschaftsurlaub vor und nach der Geburt.[55] 12

Die ***bulgarische*** und die ***litauische*** Verfassung garantieren zudem für Mütter im Allgemeinen „erleichterte" bzw. „günstige" **Arbeitsbedingungen.**[56] In ähnlicher Weise gewährt die ***kroatische*** Verfassung Müttern ein Recht auf „besondere Schutzmaßnahmen bei der Arbeit".[57] Noch weitergehender gewährleisten die *tschechische* und die *slowakische* Verfassung besondere Fürsorge für Frauen während der Schwangerschaft, Schutz im Bereich der arbeitsrechtlichen Beziehungen sowie die entsprechenden Arbeits- bzw. Gesundheitsbedingungen.[58] Mit einem weniger vom Gleichberechtigungsdenken getragenen, sondern „eher paternalistischem Familienbild"[59] verlangt die ***italienische*** Verfassung, dass die Arbeitsbedingungen von Frauen, „die Erfüllung ihrer wesenhaften Aufgabe im Dienst der Familie 13

52 So auch ausdrücklich in Erwägungsgrund 17 („gemeinsame politische Verpflichtung") und Erwägungsgrund 18 („keine Ausweitung der in den Verträgen festgelegten Befugnisse und Aufgaben der Union") der interinstitutionellen Proklamation festgestellt. S. vorherige Fn.

53 S. zu den Umsetzungsmaßnahmen der EU die Arbeitsunterlage der Kommissionsdienststellen zur Mitteilung der Kommission zur Einführung einer europäischen Säule sozialer Rechte, SWD (2017) 201 final, S. 84 f.

54 Art. 68 Absätze 1 bis 4 VerfPortugal.

55 Art. 47 Abs. 2 VerfBulgarien; Art. 39 Abs. 2 VerfLitauen; Art. 43 Abs. 2 VerfRumänien – ohne Spezifizierung auf den Zeitraum „vor und nach der Geburt".

56 Art. 47 Abs. 2 VerfBulgarien; Art. 39 Abs. 2 VerfLitauen.

57 Art. 65 VerfKroatien.

58 Art. 41 Abs. 2 VerfSlowakei; Art. 3 VerfTschechische Republik i.V.m. Art. 32 Charta der Grundrechte und -freiheiten.

59 *Rudolf*, 4. Aufl. Rn. 4.

gestatten und der Mutter und dem Kind einen besonderen, angemessenen Schutz gewährleisten" müssen.[60] Gemäß der *irischen Verfassung* bemüht sich der Staat mit einem ähnlichen Familienbild, „dass Mütter nicht aus wirtschaftlicher Notwendigkeit gezwungen werden, zum Schaden ihrer häuslichen Pflichten Arbeit aufzunehmen".[61]

14 (Gesetzlich auszugestaltende) Ansprüche auf **staatliche Hilfen bei der Geburt von Kindern** sehen die Verfassungen *Bulgariens, Finnlands, Polens, Rumäniens* und *Ungarns* vor.[62] Die *bulgarische* Verfassung gewährt Müttern zudem ein Recht auf kostenlose Geburtshilfe.[63]

15 Einen nicht wie in den vorgenannten Verfassungen näher konkretisierten, sondern lediglich **generellen „Anspruch auf Schutz und Fürsorge der Gemeinschaft"** spricht Art. 6 Abs. 4 des *deutschen* GG jeder Mutter zu. Ähnlich stellt die *griechische* Verfassung die Mutterschaft lediglich in allgemeiner Form unter den Schutz des Staates.[64] Die besondere Schutzbedürftigkeit von Müttern betonen zudem die Verfassungen *Frankreichs*[65] *Polens*[66] und *Kroatiens*[67]. Zu erwähnen ist, dass sich in den Verfassungen *Litauens*, *Portugals* (→ Rn. 12) und *Sloweniens* neben dem Schutz der Mutterschaft auch ein expliziter Schutz der Vaterschaft findet.[68]

II. Diskussion im Grundrechtekonvent

1. Schutz der Familie (Absatz 1)

16 Die vom Präsidium zu Beginn der Verhandlungen vorgelegte **Grundrechteliste**[69] erwähnte bereits die in Absatz 1 normierte Bestimmung zum Schutz der Familie. Sie war allerdings noch dem Recht auf Gründung einer Familie zugeordnet (heute Art. 9) und befand sich im ersten Kapitel über die Freiheitsrechte. Auch der **erste konkret formulierte Artikelvorschlag des Präsidiums** vom 15.2.2000[70] verortete den Schutz der Familie noch bei den Freiheitsrechten und verband diese Bestimmung in einem Art. 9 unter der Überschrift „Familienleben" noch mit dem Recht, eine Familie zu gründen, sowie dem Auftrag an die Union, für den Schutz des Kindes Sorge zu tragen (s. auch → Art. 24 Rn. 10). Der Wortlaut des vorgeschlagenen Art. 9 Abs. 2 ähnelte allerdings schon stark der heutigen Formulierung: „Die Union trägt Sorge für den rechtlichen, wirtschaftlichen und sozialen Schutz der Familie." In der Diskussion im Grundrechtekonvent am 2./3.3.2000 forderten mehrere Konventsmitglieder, dass Absatz 2 in einen eigenständigen Artikel verlegt werden müsse[71], weil es sich bei der Bestimmung in Absatz 2 um eine „Grundsatznorm" und nicht um ein Grundrecht handele.[72] Zudem kritisierten viele Konventsmitglieder die einleitende Formulierung in Absatz 2 („Die Union trägt Sorge"), da diese eine Aktivrolle der Union begründe. Die

60 Art. 37 VerfItalien.
61 Art. 41 Abs. 2 VerfIrland.
62 Art. 47 Abs. 2 VerfBulgarien; § 19 VerfFinnland; Art. 71 Abs. 2 VerfPolen; Art. 43 Abs. 2 VerfRumänien; Art. XIX VerfUngarn.
63 Art. 47 Abs. 2 VerfBulgarien.
64 Art. 21 Abs. 1 VerfGriechenland.
65 Präambel-Grundsatz VerfFrankreich (1946): „Sie [die Nation] sichert allen, vor allem den Kindern, den Müttern und den alten Arbeitern, den Schutz ihrer Gesundheit, materielle Sicherheit, Ruhe und Freizeit zu."
66 Art. 18 und 68 Abs. 3 VerfPolen.
67 Art. 63 und 65 VerfKroatien.
68 Art. 38 VerfLitauen; Art. 68 VerfPortugal; Art. 53 VerfSlowenien.
69 CHARTE 4112/2/00 REV 2 BODY 4 v. 27.1.2000.
70 CHARTE 4123/1/00 REV 1 CONVENT 5 v. 15.2.2000.
71 So *Goldsmith* (GB), *Rodriguez Bereijo* (E), *Hayes* (IR) und *Braibant* (F).
72 *Bernsdorff/Borowsky*, Protokolle, S. 157.

Übertragung „positiver Verpflichtungen“ auf die EU müsse aber vermieden werden, weil sie Auswirkungen auf die Steuer-, Wirtschafts- und Sozialpolitik der Mitgliedstaaten habe.[73]

17 In seinem **zweiten Entwurf** hielt das Präsidium noch an der Idee eines einheitlichen Artikels über das Familienleben fest, trug aber den Bedenken zur Formulierung der Bestimmung Rechnung und schlug in einem Art. 13 Abs. 3 schon die spätere Endfassung des Textes vor: „Der rechtliche, wirtschaftliche und soziale Schutz der Familie wird gewährleistet.“[74] In der Begründung der Bestimmung stellte das Präsidium fest, dass Art. 13 Abs. 3 Anwendung finde, wenn die Union im Rahmen ihrer Befugnisse Maßnahmen im Hinblick auf Familienschutzbedürfnisse ergreife.[75]

18 Im Folgenden wurden noch zahlreiche **schriftliche Änderungsanträge** von den Konventsmitgliedern zu dem nach weiterer Sitzung des Grundrechtekonvents[76] nur leicht abgeänderten dritten Entwurf des Präsidiums[77] zu Art. 13 eingereicht.[78] Ein Teil der Konventsmitglieder sprach sich für eine Ausweitung der Schutzbestimmung aus. So wollten etwa *Altmaier* (D) und *Cisneros Laborda* (E) neben der Familie auch Ehen in den Schutz von Art. 13 Abs. 3 einbeziehen. In einem gemeinsamen Vorschlag forderten *Meyer* (D), *Leinen* (D) und *Martin* (A) neben der Einbeziehung der Ehe in den Schutzbereich noch folgende Ergänzung: „Alleinerziehende, kinderreiche Familien und Familien mit behinderten Angehörigen haben Anspruch auf die besondere Fürsorge durch die öffentliche Gewalt.“ *Kaufmann* (D) forderte die Einbeziehung „aller Lebensentwürfe“ in den Schutz von Art. 13 Abs. 3. Andere Konventsmitglieder forderten demgegenüber die ersatzlose Streichung der Bestimmung, da sie überflüssig sei[79] bzw. je nach Interpretation ein „umfassendes Leistungsrecht“[80] oder eine bloße Zielsetzung[81] erhalte.[82] *Hirsch Ballin* (NL) und *Patijn* (NL) schlugen erneut die Verlagerung des Absatzes in einen anderen Teil der Charta vor; *Tarchys* (S) die Verlagerung in die Präambel.

19 Das Präsidium nahm in **seinem Kompromissvorschlag vom 4.6.2000** den Vorschlag von *Hirsch Ballin/Patijn* (NL) auf und schlug nun seinerseits vor, die Bestimmung über den Schutz der Familie in den Titel über die Sozialen Rechte zu integrieren.[83] Im **ersten Gesamtentwurf der Charta** vom 28.7.2000 findet sich die Vorschrift dann als Art. 31 Abs. 1 im Titel „Solidarität“ unter der Überschrift „Einklang von Familien- und Berufsleben“;[84] kombiniert mit einem Absatz 2 über die Vereinbarkeit von Familien- und Berufsleben, so wie es der heutigen Konstruktion des Art. 33 entspricht. Der Text des Absatzes 1 änderte

73 So *van Dam* (EP; NL), *Tarschys* (S), *Rodriguez Bereijo* (E). Kritisch auch *Lehmann* (DK), *Korthals Altes* (NL), *Goldsmith* (GB). S. *Bernsdorff/Borowsky*, Protokolle, S. 157; s. auch *Bernsdorff*, Art. 9 Rn. 8.

74 CHARTE 4149/00 CONVENT 13 v. 8.3.2000.

75 CHARTE 4149/00 CONVENT 13 v. 8.3.2000.

76 S. *Bernsdorff*, Art. 9 Rn. 8; *Bernsdorff/Borowsky*, Protokolle, S. 184 ff.

77 CHARTE 4284/00 CONVENT 28 v. 5.5.2000.

78 S. Vorschläge Nr. 224 ff. in CHARTE 4332/00 CONVENT 35 v. 25.5.2000. S. auch die Zusammenfassung der Vorschläge in CHARTE 4360/00 CONVENT 37 v. 14.6.2000.

79 So *Jansson* (FIN), *Brax* (FIN) und *Nikula* (FIN).

80 So *Gnauck* (D).

81 So *Olsen* (DK).

82 Für die Streichung auch *Griffiths* (EP, GB).

83 CHARTE 4333/00 CONVENT 36 v. 4.6.2000.

84 CHARTE 4422/00 CONVENT 45 v. 28.7.2000. S. auch die Erläuterungen hierzu in CHARTE 4423/00 CONVENT 46 v. 31.7.2000.

sich in den weiteren Entwürfen der Charta[85] bis zur angenommenen Endfassung[86] nicht mehr; lediglich wurde die Vorschrift letztlich in Art. 33 verschoben.

2. Vereinbarkeit von Familien- und Berufsleben (Absatz 2)

20 Die vom Präsidium entworfene **Grundrechteliste**[87] enthielt als Bestandteil der „Wirtschaftlichen und sozialen Rechte/Ziele" zwar ein nicht näher konkretisiertes Recht auf Schutz der Mutterschaft; ein Anspruch auf Elternurlaub, wie er Absatz 2 heute enthält, war hier jedoch noch nicht formuliert. Allerdings enthielten schon die **ersten konkreten Artikelvorschläge des Präsidiums** für die sozialen Rechte[88] einen Art. XI über das Recht der Arbeitnehmerinnen auf Mutterschutz („Jede Arbeitnehmerin hat vor und/oder nach der Niederkunft Anspruch auf einen Mutterschaftsurlaub von mindestens vierzehn Wochen.") und einen Art. XII über das Recht auf Elternurlaub („Jeder Arbeitnehmer hat nach der Geburt oder Adoption eines Kindes Anspruch auf einen Elternurlaub von mindestens drei Monaten."). Im Vergleich zur endgültigen Fassung des Absatzes 2 fällt vor allem auf, dass das Recht auf Mutterschutz noch auf einen Anspruch auf Mutterschaftsurlaub beschränkt war und noch keinen Anspruch auf Schutz vor Entlassung beinhaltete, und dass sowohl der Anspruch auf Mutterschafts- als auch auf Elternurlaub in Anlehnung an die Mutterschutz-Richtlinie 92/85/EWG und die Richtlinie 96/34/EG zur Rahmenvereinbarung über Elternurlaub (→ Rn. 7) konkret zeitlich eingegrenzt waren (mindestens 14 Wochen/mindestens drei Monate).

21 Auf Vorschlag von *Nikula* (FIN) wurden Art. XI und XII auf der Sitzung des Konvents am 27./28.4.2000 gemeinsam erörtert.[89] Hauptdiskussionspunkt in dieser und der folgenden Sitzung war die Frage, ob **Bestimmungen** wie Art. XI und XII **überhaupt in die Charta** gehören. So sprachen sich mehrere Redner für die Streichung von beiden Vorschriften[90] oder zumindest von Art. XII[91] aus. Derartige Bestimmungen seien „viel zu detailliert", gehörten eher in Richtlinien oder die Arbeitsgesetzgebung der Mitgliedstaaten[92] und griffen zu sehr in die Gesetzgebungshoheit der Mitgliedstaaten ein.[93] Ein anderer Teil der Redner[94] sprach sich aufgrund des „familienschützenden Charakters beider Vorschriften" und deren „humanistischer Stoßrichtung"[95] für die Beibehaltung beider Vorschriften aus.

22 Der **zweite Präsidiumsentwurf**[96] hielt an beiden Bestimmungen fest, fasste sie aber in einem Artikel unter der Überschrift „Recht, Familien- und Berufsleben miteinander in Einklang zu bringen" zusammen. Konkrete zeitliche Vorgaben für Mutterschafts- und Elternurlaub waren in dem vorgeschlagenen Art. 39 nicht mehr enthalten; ein Recht auf Schutz vor Entlassung fehlte jedoch nach wie vor: „Jeder Arbeitnehmer hat das Recht, sein Familien- und

85 S. Art. 32 Abs. 1 im zweiten Entwurf eines vollständigen Textes, CHARTE 4470/00 CONVENT 47 v. 14.9.2000 und die Erläuterungen hierzu in CHARTE 4471/00 CONVENT 48 v. 20.9.2000 sowie CHARTE 4470/1/00 REV 1 CONVENT 47.

86 Art. 33 Abs. 1 in CHARTE 4487/00 CONVENT 50 v. 28.9.2000.

87 CHARTE 4112/2/00 REV 2 BODY 4 v. 27.1.2000.

88 CHARTE 4192/00 CONVENT 18 v. 27.3.2000.

89 *Bernsdorff/Borowsky*, Protokolle, S. 225.

90 So *Rodriguez Bereijo* (E), *van Dam* (EP; NL), *Goldsmith* (GB), wohl auch *Rack* (A) und *Herzog* (D).

91 So *Braibant* (F).

92 *Rodriguez Bereijo* (E).

93 So *Herzog* (D). S. die Schilderung des Diskussionsverlaufs in *Bernsdorff/Borowsky*, Protokolle, S. 225.

94 So *Manzella* (IT), *Paciotti* (EP; IT), *Brax* (FIN) und *van den Burg* (NL).

95 So insbesondere *Manzella* (IT).

96 CHARTE 4316/00 CONVENT 34 v. 16.5.2000.

Berufsleben miteinander in Einklang zu bringen. Dieses Recht umfasst insbesondere den Anspruch auf einen Mutterschaftsurlaub vor und/oder nach der Niederkunft und den Anspruch auf einen Elternurlaub nach der Geburt oder Adoption eines Kindes."

Zum zweiten Präsidiumsentwurf wurden zahlreiche **schriftliche Änderungsvorschläge** eingereicht.[97] In ihren Anträgen und während der Diskussion im Konvent am 10./11.7.2000 plädierten *Friedrich* (EP, D) und *Mombauer* (EP, D)[98] sowie *Neisser* (A)[99] aufgrund des eher sekundärrechtlichen Charakters der Vorschriften nach wie vor für die **komplette Streichung** des Artikels. Andere Konventsmitglieder sprachen sich zumindest für die Streichung des als zu allgemein bzw. zu weitgehend empfundenen ersten Satzes aus.[100] Diese Streichungswünsche konnten sich schließlich nicht durchsetzen. Erfolg hatte hingegen der von anderen Konventsmitgliedern eingebrachte Vorschlag, die Vorschrift vom Arbeitnehmerrecht („jeder Arbeitnehmer") zum **„Jedermann-Recht"** auszubauen und damit den Kreis der Grundrechtsberechtigten auszuweiten.[101] Aufgenommen wurde auch der verschiedentlich geäußerte Vorschlag, ein Recht auf **„bezahlten" Mutterschaftsurlaub** vorzusehen,[102] für den sich eine große Mehrheit der Konventsmitglieder aussprach.[103] Einige Konventsmitglieder forderten zudem, den Anspruch auf Mutterschaftsurlaub auf den Zeitraum „vor und nach der Niederkunft" auszudehnen[104] – im Gegensatz zum im Präsidiumsentwurf noch vorgesehenen „und/oder nach der Niederkunft". *Nikula* (FIN) sprach erstmals die Folgeprobleme eines kinderbedingten vorübergehenden Ausscheidens aus dem Berufsleben an und schlug auch ein Recht auf Rückkehr an den Arbeitsplatz vor.[105] Forderungen nach 23

97 CHARTE 4372/00 CONVENT 39 v. 16.6.2000.

98 S. Änderungsvorschlag Nr. 197 in CHARTE 4372/00 CONVENT 39 v. 16.6.2000 und *Bernsdorff/Borowsky*, Protokolle, S. 327; *Meyer/Engels*, Charta der Grundrechte, S. 333.

99 S. *Bernsdorff/Borowsky*, Protokolle, S. 327; *Meyer/Engels*, Charta der Grundrechte, S. 333.

100 So *Duff* (EP, GB), Änderungsvorschlag Nr. 203 in CHARTE 4372/00 CONVENT 39 v. 16.6.2000; *Goldsmith* (GB), Änderungsvorschlag Nr. 204 in CHARTE 4372/00 CONVENT 39 v. 16.6.2000; *Korthals Altes* (NL), Änderungsvorschlag Nr. 200 in CHARTE 4372/00 CONVENT 39 v. 16.6.2000; mündlich *Griffiths* (GB). S. hierzu die Darstellung des Diskussionsverlaufs in *Bernsdorff/Borowsky*, Protokolle, S. 327; *Meyer/Engels*, Charta der Grundrechte, S. 333.

101 So *Berès* (EP, F), Änderungsvorschlag Nr. 210 in CHARTE 4372/00 CONVENT 39 v. 16.6.2000 und mündlich *Rack* (EP, A). S. *Bernsdorff/Borowsky*, Protokolle, S. 327; *Meyer/Engels*, Charta der Grundrechte, S. 333. Auch *O'Malley* (IR) und *Herzog* (D) hatten schon in der Sitzung am 27./28.4.2000 kritisiert, dass sich die Vorschriften ausschließlich auf Arbeitnehmer bezögen, was eine Diskriminierung der Selbständigen bedeute. S. *Bernsdorff/Borowsky*, Protokolle, S. 225.

102 So *Voggenhuber* (EP, A) und *Buitenweg* (EP, NL), Änderungsvorschlag Nr. 209 in CHARTE 4372/00 CONVENT 39 v. 16.6.2000; *Berès* (EP, F), Änderungsvorschlag Nr. 210 in CHARTE 4372/00 CONVENT 39 v. 16.6.2000; *van den Burg* (EP, NL), Änderungsvorschlag Nr. 213 in CHARTE 4372/00 CONVENT 39 v. 16.6.2000, mündlich *Neisser* (A), *Maij-Weggen* (EP, NL), *Kaufmann* (EP, D) und *Nikula* (FIN). S. *Bernsdorff/Borowsky*, Protokolle, S. 327; *Meyer/Engels*, Charta der Grundrechte, S. 333.

103 *Bernsdorff/Borowsky*, Protokolle, S. 327.

104 So *Melograni* (IT), Änderungsvorschlag Nr. 205 in CHARTE 4372/00 CONVENT 39 v. 16.6.2000; *Hirsch Ballin* (NL), Änderungsvorschlag Nr. 206 in CHARTE 4372/00 CONVENT 39 v. 16.6.2000; *Voggenhuber* (EP, A) und *Buitenweg* (EP, NL), Änderungsvorschlag Nr. 209 in CHARTE 4372/00 CONVENT 39 v. 16.6.2000; *Einem* (EP, A) und *Holoubek (A)*, Änderungsvorschlag Nr. 212 in CHARTE 4372/00 CONVENT 39 v. 16.6.2000; mündlich auch *Berès* (EP, F), *Korthals Altes* (NL). S. *Bernsdorff/Borowsky*, Protokolle, S. 327; *Meyer/Engels*, Charta der Grundrechte, S. 333.

105 S. *Bernsdorff/Borowsky*, Protokolle, S. 327.

einem „Recht auf einen Kindergartenplatz“[106] oder einem „Anspruch auf Urlaub für die Pflege naher Angehöriger“[107] konnten sich nicht durchsetzen.

24 Der **erste Gesamtentwurf der Charta vom 28.7.2000**[108] nahm mit dem „Jedermann-Recht“ und dem „bezahlten Mutterschaftsurlaub“ einen Teil der Änderungsvorschläge auf, äußerte sich nicht mehr zur Frage des Zeitpunktes des Mutterschaftsurlaubes und integrierte in die Norm nun erstmals auch ein in der Diskussion angerissenes **Recht auf Schutz vor Entlassung**. Der vorgeschlagene Art. 31 Abs. 2 lautete: „Jede Person muss Familien- und Berufsleben miteinander in Einklang bringen können. Dies umfasst insbesondere das Recht auf Schutz vor Entlassung bei Mutterschaft sowie den Anspruch auf einen bezahlten Mutterschaftsurlaub und auf einen Elternurlaub nach der Geburt oder Adoption eines Kindes.“ Der **zweite Gesamtentwurf** des Textes vom 14.9.2000[109] fasst die Norm im Hinblick auf den Entlassungsschutz konkreter und schränkt durch die Streichung von „insbesondere“ ihren Anwendungsbereich wieder ein: „Um Familien- und Berufsleben miteinander in Einklang bringen zu können, hat jede Person das Recht auf Schutz vor Entlassung aus einem mit der Mutterschaft zusammenhängenden Grund sowie den Anspruch auf einen bezahlten Mutterschaftsurlaub und auf einen Elternurlaub nach der Geburt oder Adoption eines Kindes.“ In der **angenommenen Endfassung**[110] des Absatzes 2 wurde lediglich noch der Begriff „jede Person“ durch „jeder Mensch“ ersetzt, ohne dass hiermit eine inhaltliche Änderung intendiert gewesen wäre. Zur Verwendung der Begriffe „Person“ und „Mensch“ in der Charta → Vor Titel III Rn. 21.

III. Kommentierung

1. Schutz der Familie (Absatz 1)

25 a) **Grundsätzliche Bedeutung.** Absatz 1 legt fest, dass der rechtliche, wirtschaftliche und soziale Schutz der Familie „gewährleistet“ wird, räumt der Familie jedoch kein Recht bzw. einen Anspruch hierauf ein.[111] Die grundsätzliche Bedeutung der Vorschrift liegt damit im Wesentlichen darin, den Stellenwert der Familie und ihre Schutzbedürftigkeit nicht nur im Kontext der Freiheitsrechte (Art. 7 und 9), sondern auch im Kontext der sozialen Rechte des Titels IV besonders herauszustreichen.[112]

26 b) **Verhältnis zu anderen Vorschriften.** Der Grundsatz in Absatz 1 weist enge Bezüge zu Absatz 2, Art. 7 (Achtung des Familienlebens), Art. 9 (Recht auf Eheschließung und Familiengründung) und Art. 14 Abs. 3 (Erziehungsrecht der Eltern) auf, die allesamt im Gegensatz zu Absatz 1 echte Rechte gewähren.[113]

---

106 So *Voggenhuber* (EP, A) und *Buitenweg* (EP, NL), Änderungsvorschlag Nr. 209 in CHARTE 4372/00 CONVENT 39 v. 16.6.2000, und mündlich *Maij-Weggen* (EP, NL). S. *Bernsdorff/Borowsky*, Protokolle, S. 327; *Meyer/Engels*, Charta der Grundrechte, S. 333.

107 So *Einem* (EP, NL) und *Rack* (EP, A). S. *Bernsdorff/Borowsky*, Protokolle, S. 327; *Meyer/Engels*, Charta der Grundrechte, S. 333.

108 CHARTE 4422/00 CONVENT 45 v. 28.7.2000. S. auch die Erläuterungen hierzu in CHARTE 4423/00 CONVENT 46 v. 31.7.2000.

109 CHARTE 4470/00 CONVENT 47 v. 24.9.2000. S. auch die Erläuterungen hierzu in CHARTE 4471/00 CONVENT 48 v. 20.9.2000.

110 Art. 33 Abs. 1 in CHARTE 4487/00 CONVENT 50 v. 28.9.2000.

111 S. zur Terminologie *Frenz*, Handbuch Europarecht 4, Rn. 4036.

112 *Tettinger/Geerlings*, EuR 2005, 419, 427; *Stern/Sachs/Tettinger/Muckel*, GRC, Art. 33 Rn. 8; vgl. *Frenz*, Hdb EuR, Rn. 4041.; *Herzog*, Europäischer Grundrechtsschutz für Ehe und Familie, S. 7, 12. Darüber hinausgehend *Calliess/Ruffert/Kingreen*, EUV/AEUV, Art. 33 GRC Rn. 1.

113 Vgl. *Frenz*, Hdb EuR, Rn. 4043; *Jarass*, GRC, Art. 33 Rn. 5; *GSH/Lembke*, EU, Art. 33 GRC Rn. 3; *Stern/Sachs/Tettinger/Muckel*, GRC, Art. 33 Rn. 6.

c) Rechtsnatur und Auslegung. In der Rechtswissenschaft ist umstritten, ob es sich bei Absatz 1 um ein Grundrecht oder einen **Grundsatz** handelt. Die wohl überwiegende Auffassung spricht sich für die Annahme eines Grundsatzes im Sinne des Art. 52 Abs. 5 aus.[114] Dem ist zuzustimmen, denn hierfür spricht insbesondere der Wortlaut der Norm („Schutz der Familie wird gewährleistet" anstatt „Recht" oder „Anspruch"),[115] die unbestimmte Reichweite der Gewährleistung,[116] die Erläuterungen zur Charta[117] und die Entstehungsgeschichte.[118] 27

d) Normadressat. Als Grundsatz richtet sich Absatz 1 an die **Union und die Mitgliedstaaten;** an letztere ausschließlich bei der Durchführung des Rechts der Union (Art. 51 Abs. 1, Art. 52 Abs. 5). 28

e) Familie. Der Begriff „Familie" wird in Art. 33 nicht konkretisiert. Die Erläuterungen des Präsidiums verweisen auf Art. 16 ESC, der die Familie als eine „Grundeinheit der Gesellschaft" bezeichnet, ohne dass damit eine Definition des Familienbegriffes verbunden wäre (oben → Rn. 1). Der Europäische Ausschuss für soziale Rechte tendiert bei Art. 16 ESC, im Einklang mit der Rechtsprechung des EGMR zu Art. 8 EMRK,[119] zu einer **weiten Auslegung des Familienbegriffs** und setzt insbesondere keine Eheschließung voraus.[120] Ebenso dürfte es für den Familienbegriff des Art. 33 Abs. 1 auf die tatsächlich gelebte Familie an- 29

---

114 *Frenz*, Hdb EuR, Rn. 4035 ff.; *Grabenwarter/Uerpmann-Wittzack*, Europäischer Grundrechteschutz, § 10 Rn. 62; *Holoubek/Lienbacher/Wutzl/Ziniel*, GRC, Art. 33 Rn. 23; *Jarass*, GRC, Art. 33 Rn. 3; *Pechstein/Nowak/Häde/Kocher*, Frankfurter Kommentar, Art. 33 GRC Rn. 7; *Peers/Hervey/Kenner/Ward/Costello*, EU Charter, Rn. 33.82 und 33.90; *Stern/Sachs/Tettinger/Muckel*, GRC, Art. 33 Rn. 5; *Schwarze/Knecht*, EU, Art. 33 GRC Rn. 7, insbesondere auch nach Vergleich mit anderen Sprachversionen; *Streinz/Streinz*, EUV/AEUV, Art. 33 GRC Rn. 3; *Vedder/Heintschel von Heinegg/Folz*, Unionsrecht, Art. 33 GRC Rn. 3; *Dorfmann*, Der Schutz der sozialen Grundrechte, S. 226; *Sagmeister*, Die Grundsatznormen in der Europäischen Grundrechtecharta, S. 373; *Schmidt*, Die Grundsätze im Sinne der EU-Grundrechtecharta, S. 233; a. A. noch *Rudolf*, 4. Aufl. Rn. 13, 18: „abwehrrechtliche Dimension beim wirtschaftlichen und sozialen Schutz der Familie"; *Calliess/Ruffert/Kingreen*, EUV/AEUV, Art. 33 GRC Rn. 2 mit eingehender Begründung, insbesondere unter Hinweis auf die Problematik, dass in die Prüfung von Art. 9 Gehalte von Art. 33 Abs. 1 einfließen müssten, „wollte man nicht die materiellen Grundlagen für das Familienleben negieren"; *GSH/Lembke*, Europäisches Unionsrecht, Art. 33 GRC Rn. 8: „umfassende Schutzverpflichtung zugunsten der Familie von deren Mitgliedern auch subjektiv einklagbar"; *Schmidt*, Rechtsnatur und Verpflichtungsdichte der Europäischen Grundrechte, S. 330: „Abwehrrecht", „keinesfalls Leistungsansprüche aus Art. 33 Abs. 1"; *Winner*, Die Europäische Grundrechtscharta und ihre soziale Dimension, S. 172: „Abwehrrecht für den Fall von hoheitlichen Eingriffen in das Familienleben".

115 *Frenz*, Hdb EuR, Rn. 4036; *Schmidt*, Die Grundsätze im Sinne der EU-Grundrechtecharta, S. 233.

116 *Sagmeister*, Die Grundsatznormen in der Europäischen Grundrechtecharta, S. 373.

117 Erläuterungen zur Charta der Grundrechte, ABl. 2007 C 303 v. 14.12.2007, S. 17, 35: „In einigen Fällen kann ein Charta-Artikel sowohl Elemente eines Rechts als auch eines Grundsatzes enthalten, beispielsweise Artikel 23, *33* und 34" [Hervorhebung nur hier]. Da Art. 33 Abs. 2 unstreitig Rechte enthält, dürfte mit dem Grundsatz Art. 33 Abs. 1 gemeint sein. S. hierzu *Frenz*, Hdb EuR, Rn. 4038; *Schwarze/Knecht*, EU, Art. 33 GRC Rn. 7; *Holoubek/Lienbacher/Wutzl/Ziniel*, GRC, Art. 33 Rn. 23. Andere Interpretation der Erläuterungen bei *Schmidt*, Rechtsnatur und Verpflichtungsdichte der Europäischen Grundrechte, S. 330.

118 S. insbesondere die nachträgliche Änderung der vom Präsidium vorgeschlagenen Eingangsformulierung und die Begründung des Präsidiums hierzu, oben Rn. 15 f. S. auch *Frenz*, Hdb EuR, Rn. 4039.

119 S. hierzu im Einzelnen *Grabenwarter/Uerpmann-Wittzack*, Europäischer Grundrechteschutz, § 10 Rn. 23 ff.; *Grabenwarter/Pabel*, EMRK, § 22 Rn. 16 ff.; *Marauhn/Thorn*, in: Dörr/Grote/Marauhn (Hrsg.), EMRK/GG, Kap. 16 Rn. 40 ff.

120 *Europarat, Europäischer Ausschuss für soziale Rechte*, Digest of the Case Law of the European Committee of Social Rights, S. 115; S. auch *Fernandes Fortunato*, EuR 2008, 27, 30 ff.; *Peers/Hervey/Kenner/Ward/Costello*, EU Charter, Rn. 33.15; s. auch *Bernsdorff*, Art. 7 Rn. 16.

kommen.[121] Entscheidend ist die Existenz von Kindern.[122] Auch nichteheliche Lebensgemeinschaften, Alleinerziehende und gleichgeschlechtliche Partnerschaften mit Kindern sind geschützt.[123]

30 **f) Gewährleistung des rechtlichen, wirtschaftlichen und sozialen Schutzes.** Gemäß Art. 33 Abs. 1 wird der rechtliche, wirtschaftliche und soziale Schutz der Familie **„gewährleistet"**. Aus der Entstehungsgeschichte der Norm ergibt sich, dass in Anbetracht fehlender Kompetenzen bewusst keine aktive Förderpflicht der Union statuiert werden sollte, wie sie der zugrundeliegende Art. 16 ESC für die Vertragsparteien der ESC enthält (oben → Rn. 16 f.).[124] Art. 51 Abs. 1 S. 2 stellt als Ausformung des allgemeinen Grundsatzes der begrenzten Einzelermächtigung in Art. 5 Abs. 2 EUV insofern explizit klar, dass sich Union und Mitgliedstaaten nur „entsprechend ihren jeweiligen Zuständigkeiten und unter Achtung der Grenzen der Zuständigkeiten, die der Union in den Verträgen übertragen werden" an die Grundsätze halten und deren Anwendung fördern. Die Gewährleistungspflicht in Art. 33 Abs. 1 bedeutet demnach zum einen aber zumindest, dass die Union im Rahmen ihrer Kompetenzen, d. h. in all ihren Tätigkeitsbereichen, und die Mitgliedstaaten bei der Durchführung des Unionsrechts keine Maßnahmen ergreifen dürfen, die die Familie in rechtlicher, wirtschaftlicher und sozialer Hinsicht unverhältnismäßig beeinträchtigen.[125] Zum anderen müssen sie dort, wo dennoch ausnahmsweise (beschränkte) Kompetenzen bestehen, etwa im arbeits- und sozialrechtlichen Bereich (Art. 151 ff. AEUV, s. hierzu → Art. 34 Rn. 2) oder im Bereich des Familienrechts mit grenzüberschreitendem Bezug (Art. 81 Abs. 3 AEUV), (ggf. mittelbar) positiv zum Schutz der Familie beitragen – wobei dem Gesetzgeber wiederum ein weiter Gestaltungsspielraum zukommt.[126]

31 Für die Auslegung der drei Schutzdimensionen **„rechtlich"**, **„wirtschaftlich"** und **„sozial"** liefert der zugrundeliegende Art. 16 ESC und die dazugehörige Rechtsprechung Anhaltspunkte.[127] Mit **„rechtlichem Schutz"** dürften insbesondere gesetzgeberische Maßnahmen auf den Gebieten Zivil- und Familienrecht gemeint sein, z. B. das elterliche Sorgerecht oder die Einkommens- und Vermögensverwaltung der Familie betreffend, aber auch auf dem

121 *Grabenwarter/Uerpmann-Wittzack*, Europäischer Grundrechteschutz, § 10 Rn. 30; *Pechstein/Nowak/Häde/Kocher*, Frankfurter Kommentar, Art. 33 GRC Rn. 10; a. A. *Schwarze/Knecht*, EU, Art. 33 GRC Rn. 3: „traditioneller, formaler Familienbegriff".

122 *Frenz*, Hdb EuR, Rn. 4045; *Grabenwarter/Uerpmann-Wittzack*, Europäischer Grundrechteschutz, § 10 Rn. 62; *Holoubek/Lienbacher/Wutzl/Ziniel*, GRC, Art. 33 Rn. 19; *Jarass*, GRC, Art. 33 Rn. 6; *Stern/Sachs/Tettinger/Muckel*, GRC, Art. 33 Rn. 7; auch *Herzog*, Europäischer Grundrechtsschutz für Ehe und Familie, S. 7, 12, sieht bei Art. 33 den Gesichtspunkt der „Brutpflege" im Vordergrund. Weitergehend: *GSH/Lembke*, EU, Art. 33 GRC Rn. 10: „jede auf Dauer angelegte Paarbeziehung und das enge Verhältnis naher Verwandter".

123 Ebenso *Rudolf*, 4. Aufl. Rn. 14; *Frenz*, Hdb EuR, Rn. 4045; *Holoubek/Lienbacher/Wutzl/Ziniel*, GRC, Art. 33 Rn. 18 f.; *Stern/Sachs/Tettinger/Muckel*, GRC, Art. 33 Rn. 7.

124 Vgl. auch *Winner*, Die Europäische Grundrechtscharta und ihre soziale Dimension, S. 172.

125 Vgl. *Rudolf*, 4. Aufl. Rn. 18, die insofern von einer „abwehrrechtliche(n) Dimension beim wirtschaftlichen und sozialen Schutz der Familie" spricht. Vgl. *Dorfmann*, Der Schutz der sozialen Grundrechte, S. 226: „Selbstverpflichtung der Union zur Rücksichtnahme auf die besonderen Bedürfnisse der Familie in all ihren Tätigkeitsbereichen"; *Schmidt*, Rechtsnatur und Verpflichtungsdichte der Europäischen Grundrechte, S. 330. Vgl. auch *Hölscheidt* zu Art. 25 und 26, Art. 25 Rn. 18 und Art. 26 Rn. 24. Vgl. allgemein zur Abwehrdimension der sozialen Grundrechte: *Hüpers/Reese*, Vor Titel IV Rn. 38 ff.

126 *Grabenwarter/Uerpmann-Wittzack*, Europäischer Grundrechteschutz, § 10 Rn. 62; *Jarass*, GRC, Art. 33 Rn. 20. Vgl. allgemein zur Problematik der Verwirklichung der sozialen Grundrechte im Rahmen der Kompetenzordnung: *Hüpers/Reese*, Vor Titel IV Rn. 28 ff.

127 *GSH/Lembke*, EU, Art. 33 GRC Rn. 15; *Grabenwarter/Uerpmann-Wittzack*, Europäischer Grundrechteschutz, § 10 Rn. 62.

Gebiet des Strafrechts, z. B. im Bereich des Schutzes vor häuslicher Gewalt.[128] Unter den Begriff **„wirtschaftlicher Schutz“** dürften direkte und indirekte Maßnahmen fallen, die kinderbezogene Ausgaben kompensieren, wie z. B. Kindergeld oder Steuerbegünstigungen.[129] Zum **„sozialen Schutz“** der Familie gehören z. B. die in Art. 16 ESC namentlich benannte Förderung des Bauens familiengerechter Wohnungen, staatliche Einrichtungen zur Kinderbetreuung oder familiäre Beratungsangebote.[130]

g) Rechtsfolgen eines Verstoßes: Rechtsetzungsakte und Verwaltungsmaßnahmen der Union und der Mitgliedstaaten bei der Durchführung des Unionsrechts, die gegen Art. 33 Abs. 1 verstoßen, sind primärrechtswidrig. Zur Justiziabilität → Art. 52 Rn. 78 ff. 32

2. Vereinbarkeit von Familien- und Berufsleben (Absatz 2)

a) Grundsätzliche Bedeutung. Im Gegensatz zu Absatz 1 gewährt Absatz 2 ein konkretes **Recht** („auf Schutz vor Entlassung aus einem mit der Mutterschaft zusammenhängenden Grund“) und zwei konkrete **Ansprüche** („auf einen bezahlten Mutterschaftsurlaub“ und „auf einen Elternurlaub“). Mit der Konstitutionalisierung dieser Rechte und Ansprüche sowie der formulierten Zielsetzung, Familien- und Berufsleben miteinander in Einklang bringen zu können, wählt die Charta im Vergleich mit den bisherigen Verfassungstexten der Mitgliedstaaten den modernsten Ansatz (→ Rn. 11 ff.).[131] 33

b) Verhältnis zu anderen Vorschriften. Absatz 2 geht im Verhältnis zum Recht auf Achtung des Familienlebens (Art. 7),[132] zum allgemeinen Diskriminierungsverbot (Art. 21 Abs. 1), zum Recht auf Schutz vor ungerechtfertigter Entlassung (Art. 30) und zum Recht auf gerechte und angemessene Arbeitsbedingungen (Art. 31) als lex specialis vor.[133] Art. 23 (Gleichheitsgebot) und Art. 34 Abs. 1 (Leistungen der Sozialversicherung im Fall der Mutterschaft) können neben Absatz 2 zur Anwendung kommen.[134] 34

c) Rechtsnatur und Auslegung. Bei dem in Absatz 2 vorgesehenen „Recht auf Schutz vor Entlassung“ sowie den „Ansprüchen“ auf Mutterschafts- und Elternurlaub handelt es sich nach übereinstimmender Auffassung angesichts der Formulierung und Bestimmtheit der Norm um **Grundrechte.**[135] Art. 52 Abs. 4 ist für Absatz 2 nicht einschlägig, da keine gemeinsame Verfassungsüberlieferung besteht (→ Rn. 11 ff.). 35

---

128 Vgl. *Grabenwarter/Uerpmann-Wittzack*, Europäischer Grundrechteschutz, § 10 Rn. 62; S. zu Art. 16 ESC *Fernandes Fortunato*, EuR 2008, 27, 34 ff.; *Europarat, Europäischer Ausschuss für soziale Rechte,* Digest of the Case Law of the European Committee of Social Rights, S. 116 f.

129 S. zu Art. 16 ESC *Fernandes Fortunato*, EuR 2008, 27, 37 ff.; *Europarat, Europäischer Ausschuss für soziale Rechte,* Digest of the Case Law of the European Committee of Social Rights, S. 116 f.

130 S. zu Art. 16 ESC *Fernandes Fortunato*, EuR 2008, 27, 40 ff.; *Europarat, Europäischer Ausschuss für soziale Rechte,* Digest of the Case Law of the European Committee of Social Rights, S. 115 f.; vgl. *Frenz*, Hdb EuR, Rn. 4046; *Grabenwarter/Uerpmann-Wittzack*, Europäischer Grundrechteschutz, § 10 Rn. 62; *GSH/Lembke*, EU, Art. 33 GRC Rn. 15.

131 Eher kritisch zur Fassung des Art. 33 Abs. 2: *Peers/Hervey/Kenner/Ward/Costello*, EU Charter, Rn. 33.107 f.

132 *GSH/Augsberg*, EU, Art. 7 GRC Rn. 7.

133 *Frenz*, Hdb EuR, Rn. 3997 ff.; im Hinblick auf Art. 30 und 31: *Stern/Sachs/Tettinger/Muckel*, GRC, Art. 33 Rn. 16; *Schwarze/Knecht*, EU, Art. 33 GRC Rn. 9; *Jarass*, GRC, Art. 33 Rn. 13; weiter differenzierend: *Pechstein/Nowak/Häde/Kocher*, Frankfurter Kommentar, Art. 33 GRC Rn. 23.

134 *Frenz*, Hdb EuR, Rn. 3998 und 4002; *Pechstein/Nowak/Häde/Kocher*, Frankfurter Kommentar, Art. 33 GRC Rn. 23; *Schwarze/Knecht*, EU, Art. 33 GRC, Rn. 9; im Hinblick auf Art. 23: *GSH/Lembke*, EU, Art. 33 GRC Rn. 3; *Hölscheidt*, Art. 23 Rn. 16.

135 *Calliess/Ruffert/Kingreen*, EUV/AEUV, Art. 33 GRC Rn. 5; *Frenz*, Hdb EuR, Rn. 3988 ff.; *Holoubek/Lienbacher/Wutzl/Ziniel*, GRC, Art. 33 Rn. 27; *Jarass*, GRC, Art. 33 Rn. 11; *Pechstein/Nowak/Häde/Kocher*, Frankfurter Kommentar, Art. 33 GRC Rn. 11; *Schwarze/Knecht*, EU, Art. 33 GRC

36 **d) Grundrechtsträger und Grundrechtsadressaten.** Die Norm ist unklar formuliert. Grundrechtsträger ist zwar „jeder Mensch". Implizite Voraussetzung ist jedoch die bestehende Elternschaft,[136] sei es leiblich oder adoptiv. Damit stehen die Rechte des Absatzes schon grundsätzlich nur Müttern und Vätern zu, und zwar angesichts der Entstehungsgeschichte der Norm[137] unabhängig davon, ob sie Arbeitnehmer oder Selbständige sind.[138] Im Weiteren ist zudem genau nach den Gewährleistungen zu differenzieren: Begrifflich kann der **Anspruch auf einen bezahlten „*Mutterschafts*"urlaub** nur der Mutter zukommen. Auch das **„Recht auf Schutz vor Entlassung aus einem *mit der Mutterschaft* zusammenhängenden Grund"** dürfte nur der Mutter und nicht dem Vater zustehen, denn andernfalls hätte eine andere Formulierung der Norm näher gelegen, die weniger an die biologische Eigenschaft der Mutter anknüpft (etwa „aus einem mit der Elternschaft zusammenhängenden Grund" oder „aufgrund familiärer Verpflichtungen").[139] Für eine Beschränkung des Rechts auf Mütter spricht zudem, dass die zugrundeliegende Mutterschutz-Richtlinie 92/85/EWG ebenso wie Art. 8 ESC nur Mütter schützen.

37 Vätern wie Müttern kommt indes der **Anspruch auf Elternurlaub** zu. Kinder sind auch diesbezüglich keine selbständigen Grundrechtsträger, da Art. 33 Abs. 2 auf die Vereinbarkeit von Familien- und Berufsleben zielt und damit nur Eltern als Erwerbstätige schützt.[140]

38 **Grundrechtsadressaten** des Art. 33 Abs. 2 sind zunächst die Organe, Einrichtungen und sonstigen Stellen der Union sowie die Mitgliedstaaten, aber ausschließlich bei der Durchführung des Rechts der Union (Art. 51 Abs. 1). Umstritten ist, ob darüber hinaus auch Privatpersonen, insbesondere der Arbeitgeber, an die Norm gebunden sind (**Drittwirkung**). Eindeutig entfaltet Art. 33 Abs. 2 eine **mittelbare Drittwirkung** insofern, als dass Dritte durch die Gesetzgebung der Union oder der Mitgliedstaaten verpflichtet werden können und diese Gesetze wiederum im Lichte der Rechte des Art. 33 Abs. 2 auszulegen sind.[141] Auch eine darüber hinausgehende unmittelbare Bindung von Privatpersonen an Art. 33 Abs. 2 selbst (**unmittelbare Drittwirkung**) scheint nach dem offenen Wortlaut des Art. 33 Abs. 2 nicht ausgeschlossen zu sein („Recht auf Schutz vor Entlassung", „Anspruch auf einen bezahlten Mutterschaftsurlaub und auf einen Elternurlaub"). Es ist schließlich unklar, gegen wen sich das „Recht" bzw. der „Anspruch" richten – unmittelbar gegen den

---

Rn. 8; *Streinz/Streinz*, EUV/AEUV, Art. 33 GRC Rn. 3; *Schmidt*, Die Grundsätze im Sinne der EU-Grundrechtecharta, S. 233; *Schmidt*, Rechtsnatur und Verpflichtungsdichte der Europäischen Grundrechte, S. 331.

136 *Dorfmann*, Der Schutz der sozialen Grundrechte, S. 230; weitergehend *Pechstein/Nowak/Häde/Kocher*, Frankfurter Kommentar, Art. 33 GRC Rn. 16 („gesamte Familie", „nicht auf den personensorgerechtlichen Rahmen beschränkt").

137 Ursprünglich sahen die Präsidiumsvorschläge lediglich ein „Arbeitnehmerrecht" vor, das dann später zum „Jedermann-Recht" ausgeweitet wurde. Oben Rn. 23 f. S. hierzu auch *Rudolf*, 4. Aufl. Rn. 16; *Frenz*, Hdb EuR, Rn. 4018.

138 *Rudolf*, 4. Aufl. Rn. 16; *Frenz*, Hdb EuR, Rn. 4018; *Jarass*, GRC, Art. 33 Rn. 15; *GSH/Lembke*, EU, Art. 33 GRC Rn. 12; *Pechstein/Nowak/Häde/Kocher*, Frankfurter Kommentar, Art. 33 GRC Rn. 17; *Schwarze/Knecht*, EU, Art. 33 GRC Rn. 5; *Stern/Sachs/Tettinger/Muckel*, GRC, Art. 33 Rn. 12.

139 *Jarass*, GRC, Art. 33 Rn. 14. Dagegen auch für den Schutz des Vaters: Rudolf, 4. Aufl. Rn. 17; *Calliess/Ruffert/Kingreen*, EUV/AEUV, Art. 33 GRC Rn. 6; *Frenz*, Hdb EuR, Rn. 4015; *Holoubek/Lienbacher/Wutzl/Ziniel*, GRC, Art. 33 Rn. 26: sogar auch für den Schutz „sonstiger primärer Bezugspersonen"; ebenso: *Stern/Sachs/Tettinger/Muckel*, GRC, Art. 33 Rn. 9, 11.

140 EuGH – Chatzi, Rs. C-149/10, ECLI:EU:C:2010:534, Rn. 36 f. ablehnend zur Frage, ob Eltern bei der Geburt von Zwillingen ein zweiter Anspruch auf Elternurlaub zusteht. S. *Rudolf*, 4. Aufl. Rn. 16.

141 *Jarass*, GRC, Art. 33 Rn. 12; *GSH/Lembke*, EU, Art. 33 GRC Rn. 14; *Schwarze/Knecht*, EU, Art. 33 GRC Rn. 6.

Arbeitgeber oder lediglich gegen die Union oder Mitgliedstaaten bei der Rechtsetzung und -anwendung. In Anbetracht dieser Offenheit der Norm wird von der wohl überwiegenden Auffassung auf die horizontale Norm des Art. 51 Abs. 1 abgestellt, wonach sich die Charta nur an die Union und die Mitgliedstaaten richtet, und eine unmittelbare Drittwirkung des Art. 33 Abs. 2 abgelehnt.[142]

Die neuere Rechtsprechung des **EuGH** weist allerdings in die entgegengesetzte Richtung: 39
So hat der EuGH jüngst sowohl bezogen auf das allgemeine Diskriminierungsverbot des Art. 21 als auch auf das in Art. 31 Abs. 2 verankerte Recht auf bezahlten Jahresurlaub festgestellt, dass diese Rechte „schon für sich allein den Arbeitnehmern ein Recht [verleihen], das sie in einem Rechtsstreit gegen ihren Arbeitgeber in einem vom Unionsrecht erfassten und daher in den Anwendungsbereich der Charta fallenden Sachverhalt als solches geltend machen können",[143] „ohne dass deshalb Art. 51 Abs. 1 der Charta entgegenstünde".[144] Speziell zu Art. 31 Abs. 2 hebt der EuGH hervor, „dass das Recht jeder Arbeitnehmerin und jedes Arbeitnehmers auf bezahlten Jahresurlaub schon seinem Wesen nach mit einer entsprechenden Pflicht des Arbeitgebers einhergeht, nämlich der Pflicht zur Gewährung bezahlten Jahresurlaubs [...]".[145] Entsprechend wird der EuGH auch zu den in Art. 33 Abs. 2 enthaltenen Rechten bzw. Ansprüchen argumentieren können.

e) Recht auf Schutz vor Entlassung aus einem mit der Mutterschaft zusammenhängenden 40
Grund. Unter **„Entlassung"** ist wie in der generelleren Norm des Art. 30 die vorzeitige Beendigung des Arbeitsverhältnisses durch den Arbeitgeber gegen den Willen des Arbeitnehmers zu verstehen.[146] Unerheblich ist, ob ein unbefristetes oder befristetes Arbeitsverhältnis gegen den Willen der Arbeitnehmerin beendet wird.[147] Aufhebungsverträge fallen indes grundsätzlich nicht unter Art. 33 Abs. 2, 1. Var.;[148] ebenso wenig die bloße Nichtverlängerung eines befristeten Arbeitsvertrages.[149]

---

142 *Calliess/Ruffert/Kingreen*, EUV/AEUV, Art. 33 GRC Rn. 12; *Frenz*, Hdb EuR, Rn. 4020; *Jarass*, GRC, Art. 33 Rn. 12; *Pechstein/Nowak/Häde/Kocher*, Frankfurter Kommentar, Art. 33 GRC Rn. 14; a.A. aber wohl *Peers/Hervey/Kenner/Ward/Costello*, EU Charter, Rn. 33.106: „enforceable as between private parties". Vgl. hierzu auch *Hölscheidt*, Vorbemerkungen Vor Titel III Rn. 33 f.

143 Zu Art. 31 Abs. 2: EuGH – Bauer, verb. Rs. C-569/16 u. C-570/16, Urt. v. 6.11.2018, ECLI:EU:C:2018:871, Rn. 85; EuGH – Max-Planck-Gesellschaft zur Förderung der Wissenschaften e.V., Rs. C-684/16, Urt. v. 6.11.2018, ECLI:EU:C:2018:874, Rn. 74; zu Art. 21 vgl. EuGH – Egenberger, Rs. C-414/16, Urt. v. 17.4.2018, ECLI:EU:C:2018:257, Rn. 76. S. hierzu *Kainer*, NZA 2018, 894 ff.

144 EuGH – Bauer, verb. Rs. C-569/16 u. C-570/16, Urt. v. 6.11.2018, ECLI:EU:C:2018:871, Rn. 89; EuGH – Max-Planck-Gesellschaft zur Förderung der Wissenschaften e.V., Rs. C-684/16, Urt. v. 6.11.2018, ECLI:EU:C:2018:874, Rn. 78.

145 EuGH – Bauer, verb. Rs. C-569/16 u. C-570/16, Urt. v. 6.11.2018, ECLI:EU:C:2018:871, Rn. 90; EuGH – Max-Planck-Gesellschaft zur Förderung der Wissenschaften e.V., Rs. C-684/16, Urt. v. 6.11.2018, ECLI:EU:C:2018:874, Rn. 79.

146 *Frenz*, Hdb EuR, Rn. 4006; *Holoubek/Lienbacher/Wutzl/Ziniel*, GRC, Art. 33 Rn. 32. Ausführlich hierzu *Hüpers/Reese*, Art. 30 Rn. 15.

147 S. zu Art. 10 der Mutterschutz-Richtlinie 92/85/EWG: EuGH – Tele Danmark, Rs. C-109/00, Urt. v. 4.10.2001, ECLI:EU:C:2001:513, Rn. 30 ff.

148 Vgl. *Calliess/Ruffert/Krebber*, EUV/AEUV, Art. 30 GRC Rn. 3.

149 S. zum Kündigungsverbot in Art. 10 Mutterschutz-Richtlinie 92/85/EWG: EuGH – Melgar, Rs. C-438/99, ECLI:EU:C:2001:509, Urt. v. 4.10.2001, Rn. 47: „Soweit jedoch die Nichterneuerung eines befristeten Arbeitsvertrags ihren Grund in der Schwangerschaft der Arbeitnehmerin hat, stellt sie eine unmittelbare Diskriminierung aufgrund des Geschlechts dar, die gegen die Artikel 2 Absatz 1 und 3 Absatz 1 der Richtlinie 76/207 verstößt." S. hierzu *Rudolf*, 4. Aufl. Rn. 17; *Frenz*, Hdb EuR, Rn. 4007; *Masselot*, MJ 2002, 57 ff.

41 Der für Art. 33 Abs. 2, 1. Var. zentrale Begriff der **„Mutterschaft"** deckt nach den Erläuterungen des Präsidiums „den Zeitraum von der Zeugung bis zum Stillen des Kindes ab",[150] was allerdings nur begrenzt Klarheit schafft. Eindeutig ist jedenfalls die gesamte Dauer der Schwangerschaft umfasst.[151] Vermutlich wollte das Präsidium nach der Geburt des Kindes den Zeitraum bis zum „Abstillen" und nicht bis zum „Beginn des Stillens" vom Kündigungsschutz umfassen, denn andernfalls wäre die Mutter in der ebenfalls angesichts ihrer gesundheitlichen Situation schutzbedürftigen Phase nach der Geburt kaum mehr geschützt.[152] Auf den Zeitpunkt des „Abstillens" abzustellen, würde jedoch bedeuten, dass nicht stillende Mütter überhaupt nicht vom Kündigungsschutz profitieren würden, und dass die Dauer des Kündigungsschutzes von der individuell sehr unterschiedlichen Stilldauer abhängen würde.[153] Um Rechtsunsicherheiten und Ungleichbehandlungen zu verhindern, liegt es daher – wie in der Literatur vorgeschlagen – nahe, statt auf den Zeitpunkt des Abstillens auf den Zeitpunkt des Endes des Mutterschaftsurlaubs abzustellen, so wie es in Art. 10 der zugrundeliegenden Mutterschutz-Richtlinie 92/85/EWG vorgesehen ist.[154]

42 Art. 33 Abs. 2, 1. Var. schützt die Mutter im beschriebenen Zeitraum (→ Rn. 41) nicht generell vor Entlassungen, beispielsweise vor Massenentlassungen,[155] sondern lediglich vor Entlassungen **„aus einem mit der Mutterschaft zusammenhängenden Grund"**. Dies setzt zunächst voraus, dass der Arbeitgeber von der bestehenden Mutterschaft Kenntnis hatte.[156] In Anbetracht des doppelten Schutzzwecks der Norm,[157] der einerseits im (präventiven) Schutz der physischen und psychischen Gesundheit der Mutter und hierüber auch des (ungeborenen) Kindes liegt, und andererseits aus Gleichstellungsperspektive im Schutz von Frauen vor Diskriminierung „aufgrund geschlechtsstereotyper Mutterbilder",[158] darf das Recht auf Schutz vor Entlassung jedoch keinesfalls eng ausgelegt werden. Es ist zu verlangen, dass der Arbeitgeber besonders darlegen muss, warum er seiner Arbeitnehmerin während der geschützten Phase gleichwohl ausnahmsweise berechtigt kündigen darf.[159]

43 **f) Anspruch auf einen bezahlten Mutterschaftsurlaub.** Im Gegensatz zum in Art. 33 Abs. 2, 1. Var. enthaltenen „Recht" auf Schutz vor Entlassung gewährt Art. 33 Abs. 2, 2. Var.

---

150 Erläuterungen zur Charta der Grundrechte, ABl. 2007 C 303 vom 14.12.2007, S. 17, 27.

151 Art. 2 Buchst. a der Mutterschutz-Richtlinie 92/85/EWG definiert „schwangere Arbeitnehmerin" als „jede schwangere Arbeitnehmerin, die den Arbeitgeber gemäß den einzelstaatlichen Rechtsvorschriften und/oder Gepflogenheiten von ihrer Schwangerschaft unterrichtet". Der EuGH (Danosa, Rs. C-232/09, ECLI:EU:C:2010:674, Urt. v. 11.11.2010, Rn 55) hat hierzu festgestellt: „Wenn der Arbeitgeber, ohne von der Arbeitnehmerin selbst formal darüber unterrichtet worden zu sein, von der Schwangerschaft Kenntnis hatte, liefe es dem Zweck und dem Geist der Richtlinie 92/85 zuwider, den Wortlaut ihres Art. 2 Buchst. a eng auszulegen und der betroffenen Arbeitnehmerin den in Art. 10 vorgesehenen Kündigungsschutz zu verweigern."

152 *Calliess/Ruffert/Kingreen*, EUV/AEUV, Art. 33 GRC Rn. 8; *Frenz*, Hdb EuR, Rn. 4008.

153 Vgl. *Calliess/Ruffert/Kingreen*, EUV/AEUV, Art. 33 GRC Rn. 8; *Frenz*, Hdb EuR, Rn. 4008.

154 *Calliess/Ruffert/Kingreen*, EUV/AEUV, Art. 33 GRC Rn. 8; *Frenz*, Hdb EuR, Rn. 4008; *Holoubek/Lienbacher/Wutzl/Ziniel*, GRC, Art. 33 Rn. 29; *GSH/Lembke*, EU, Art. 33 GRC Rn. 16.

155 Vgl. zum Verhältnis der Mutterschutz-Richtlinie 92/85/EWG zur Massenentlassungs-Richtlinie 98/59/EG EuGH – Porras Guisado, Rs. C-103/16, ECLI:EU:C:2018:99, Urt. v. 22.2.2018.

156 S. Fn. 151.

157 S. zur zweifachen Zielrichtung der Norm *Dorfmann*, Der Schutz der sozialen Grundrechte, S. 229.

158 *Rudolf*, 4. Aufl. Rn. 17. „Geschlechtsstereotype Mutterbilder" meine insofern „etwa die Erwartung, dass sich allein die Mutter um die Kindererziehung zu kümmern habe".

159 Art. 10 Nr. 2 der Mutterschutz-Richtlinie 92/85/EWG sieht vor, dass der Arbeitgeber „schriftlich berechtigte Kündigungsgründe anführen" muss. *Jarass,* GRC, Art. 33 Rn. 16 sieht eine „Vermutung" dafür, „dass ein Zusammenhang mit der Mutterschaft besteht".

einen **„Anspruch"** auf einen bezahlten Mutterschaftsurlaub. Hiermit ist jedoch kein qualitativer Unterschied verbunden. „‚Anspruch' ist im Sinn von ‚Recht' zu verstehen."[160]

Unter **„Mutterschaftsurlaub"** ist gewöhnlich derjenige Urlaub zu verstehen, der der Mutter anlässlich der Geburt eines Kindes zusteht. Er dient zum einen dem Schutz der körperlichen Verfassung der Mutter unmittelbar vor und nach der Geburt und soll zum anderen „die besondere Beziehung zwischen der Mutter und ihrem Kind während der Zeit nach der Entbindung [zu] schützen".[161] Ein **Vaterschaftsurlaub** ist nicht von der Norm erfasst; dem Gesetzgeber steht es aber selbstverständlich frei, einen solchen einzuführen.[162] Väter können sich allerdings u. U. bei der Nichtgewährung sonstiger Arbeitszeitbefreiungen für Kinderbetreuung auf eine verbotene Diskriminierung aufgrund des Geschlechts berufen.[163] 44

Im Gegensatz zu früheren Präsidiumsentwürfen enthält Art. 33 Abs. 2, 2. Var. keine Vorgaben zu Zeitpunkt (ursprünglich: „vor und/oder nach der Niederkunft") und erforderlichen **Dauer** (ursprünglich: „mindestens 14 Wochen") des Mutterschaftsurlaubes (→ Rn. 20), so dass dem Gesetzgeber grundsätzlich ein Gestaltungsspielraum zur Verwirklichung des Anspruchs zukommt. Allerdings verweisen die Erläuterungen des Präsidiums auf die Mutterschutz-Richtlinie 92/85/EWG und Art. 8 ESC, an die sich Art. 33 Abs. 2 „anlehnt" bzw. „stützt",[164] und die insofern als Orientierungsgröße herangezogen werden können.[165] Art. 10 Mutterschutz-Richtlinie 92/85/EWG sieht einen Urlaub von „mindestens 14 Wochen ohne Unterbrechung" vor, „die sich entsprechend den einzelstaatlichen Rechtsvorschriften und/oder Gepflogenheiten auf die Zeit vor und/oder nach der Entbindung aufteilen" (Abs. 1); mindestens zwei Wochen hiervon sind obligatorisch (Abs. 2). Gemäß Art. 8 ESC ist „sicherzustellen, dass Frauen vor und nach der Niederkunft eine Arbeitsbefreiung von mindestens 12 Wochen erhalten"; in der revidieren ESC (RESC) ist dieser Anspruch auf 14 Wochen erweitert worden.[166] Eine Begrenzung der in den genannten Rechtsakten gewährten Urlaubsansprüche dürfte vom Gesetzgeber nur schwer zu rechtfertigen sein.[167] Der EuGH bezeichnet den **14-wöchigen Mutterschaftsurlaub** als „sozialrechtliches Schutzinstrument besonderer Bedeutung".[168] 45

---

160 *Hölscheidt*, Vor Titel III Rn. 23.

161 Ständige Rechtsprechung des EuGH, s. EuGH – Hofmann/Barmer Ersatzkasse, Rs. C-184/83, Urt. v. 12.7.1984; ECLI:EU:C:1984:273, Rn. 25; EuGH – Boyle u. a, Rs. C-411/96, ECLI:EU:C:1998:506, Urt. v. 27.10.1998, Rn. 41; EuGH – Roca Álvarez, Rs. C-104/09, Urt. v. 30.9.2010, ECLI:EU:C:2010:561, Rn. 27. Vgl. auch *Dorfmann*, Der Schutz der sozialen Grundrechte, S. 230. Der zweite Schutzaspekt wird zum Teil als überholt angesehen, vgl. *Grabitz/Hilf/Nettesheim/Langenfeld*, EU, EL 55, Art. 157 AEUV Rn. 112; *GSH/Lembke*, EU, Art. 33 GRC Rn. 17.

162 S. zu den Grundrechtsberechtigten Rn. 36. Die Europäische Kommission hat am 26.4.2017 einen Vorschlag für eine Richtlinie des Europäischen Parlaments und des Rates zur Vereinbarkeit von Beruf und Privatleben für Eltern und pflegende Angehörige und zur Aufhebung der Richtlinie 2010/18/EU des Rates, COM(2017) 253 final, vorgelegt, der u. a. einen Anspruch auf zehn in Höhe des Krankengeldes vergütete Tage Vaterschaftsurlaub bei Geburt eines Kindes enthält.

163 EuGH – Roca Álvarez, Rs. C-104/09, Urt. v. 30.9.2010, ECLI:EU:C:2010:561.

164 Erläuterungen zur Charta der Grundrechte, ABl. 2007 C 303 vom 14.12.2007, S. 17, 27.

165 Vgl. *Calliess/Ruffert/Kingreen*, EUV/AEUV, Art. 33 GRC Rn. 8; *Frenz*, Hdb EuR, Rn. 4010; *Holoubek/Lienbacher/Wutzl/Ziniel*, GRC, Art. 33 Rn. 33; *Pechstein/Nowak/Häde/Kocher*, Frankfurter Kommentar, Art. 33 GRC Rn. 20.

166 V. 3.5.1996. Die RESC ist zwar mittlerweile von allen Mitgliedstaaten unterzeichnet, jedoch von acht Mitgliedstaaten (unter ihnen Deutschland) nicht ratifiziert worden.

167 *Frenz*, Hdb EuR, Rn. 4010: „europäischer Mindeststandard"; vgl. *Holoubek/Lienbacher/Wutzl/Ziniel*, GRC, Art. 33 Rn. 36.

168 EuGH – Kiiski, Rs. C-116/06, ECLI:EU:C:2007:536, Urt. v. 20.9.2007, Rn. 49. S. hierzu *Biltgen*, NZA 2016, 1245, 1246.

46 Der Mutterschaftsurlaub muss **„bezahlt"** werden, wobei Art. 33 Abs. 2, 2. Var. offenlässt, woher die Bezahlung stammen soll und wie hoch sie ausfallen muss. Greift man zur Auslegung wiederum auf die Mutterschutz-Richtlinie 92/85/EWG (insbesondere deren Art. 11 Nr. 2 und 3) und Art. 8 ESC zurück, ergibt sich, dass die Bezahlung für **Arbeitnehmerinnen** entweder durch den Arbeitgeber in Form der Fortzahlung eines Arbeitsentgelts oder durch einen bezahlten Urlaub, durch angemessene Leistungen der sozialen Sicherheit[169] oder aus sonstigen öffentlichen Mitteln erfolgen kann.[170] Auch eine Kombination von Maßnahmen ist möglich. Bei der gesetzgeberischen Umsetzung des Anspruchs für **Selbständige** können die Unterschiede zu Arbeitnehmerinnen berücksichtigt werden.[171] Hinsichtlich der Höhe der Bezahlung besteht ebenfalls grundsätzlich ein gesetzgeberischer Gestaltungsspielraum. Allerdings muss die Bezahlung gewährleisten, dass die Sicherheit und Gesundheit von Mutter und Kind durch die Höhe der Bezahlung nicht angetastet werden.[172] Als angemessene Mindestbezahlung sind daher in Anlehnung an Art. 11 Nr. 2 und 3 Mutterschutz-Richtlinie 92/85/EWG „die Bezüge anzusetzen, welche die Mutter im Falle einer Unterbrechung ihrer Erwerbstätigkeit aus gesundheitlichen Gründen erhalten würde".[173]

47 **g) Anspruch auf einen Elternurlaub nach der Geburt oder Adoption eines Kindes.** Auch bei Art. 33 Abs. 2, 3. Var. ist der Begriff **„Anspruch"** im Sinne von „Recht" zu verstehen.[174] (→ Vor Titel III Rn. 23 und oben → Rn. 42)

48 Mit **„Elternurlaub"** ist der Urlaub gemeint, der von Mutter und Vater[175] **nach der Geburt oder Adoption eines Kindes** in Anspruch genommen werden kann und in zeitlicher Hin-

---

169 Nach Art. 11 Abs. 3 der Mutterschutz-Richtlinie 92/85/EWG gilt eine Sozialleistung als angemessen, „wenn sie mindestens den Bezügen entspricht, die die betreffende Arbeitnehmerin im Falle einer Unterbrechung ihrer Erwerbstätigkeit aus gesundheitlichen Gründen erhalten würde, wobei es gegebenenfalls eine von den einzelstaatlichen Gesetzgebern festgelegte Obergrenze gibt."

170 *Calliess/Ruffert/Kingreen*, EUV/AEUV, Art. 33 GRC Rn. 8; *Frenz*, Hdb EuR, Rn. 4011; *Holoubek/Lienbacher/Wutzl/Ziniel*, GRC, Art. 33 Rn. 35; *Jarass*, GRC, Art. 33 Rn. 17; *GSH/Lembke*, EU, Art. 33 GRC Rn. 17.

171 *Jarass*, GRC, Art. 33 Rn. 17. Die Richtlinie 2010/41/EU des Europäischen Parlaments und des Rates vom 7.7.2010 zur Verwirklichung des Grundsatzes der Gleichbehandlung von Männern und Frauen, die eine selbständige Erwerbstätigkeit ausüben, und zur Aufhebung der Richtlinie 86/613/EWG des Rates, ABl. 2010 L 180 v. 15.7.2010, S. 1, sieht in Art. 8 Folgendes zu Mutterschaftsleistungen für Selbständige vor: „(1) Die Mitgliedstaaten ergreifen die erforderlichen Maßnahmen, um sicherzustellen, dass selbständig erwerbstätige Frauen sowie Ehepartnerinnen und Lebenspartnerinnen [...] im Einklang mit dem innerstaatlichen Recht ausreichend Mutterschaftsleistungen erhalten können, die eine Unterbrechung ihrer Erwerbstätigkeit wegen Schwangerschaft oder Mutterschaft während mindestens 14 Wochen ermöglichen. (2) Die Mitgliedstaaten können darüber entscheiden, ob die Mutterschaftsleistungen gemäß Absatz 1 auf obligatorischer oder freiwilliger Basis gewährt werden. [...]"

172 Vgl. zur Mutterschutz-Richtlinie 92/85/EWG in diesem Sinne EuGH – Gassmayr, Rs. C-194/08, ECLI:EU:C:2010:386, Urt. v. 1.7.2010, Rn. 68.

173 *Frenz*, Hdb EuR, Rn. 4011. Vgl. hierzu auch EuGH – Boyle u. a, Rs. C-411/96, ECLI:EU:C:1998:506, Urt. v. 27.10.1998, Rn. 34: „Denn Artikel 11 spricht zwar nur von der Angemessenheit der Sozialleistung, doch müssen die Bezüge, die den Arbeitnehmerinnen für die Zeit ihres Mutterschaftsurlaubs gewährleistet sind, dann, wenn sie in Form eines Arbeitsentgelts, gegebenenfalls in Verbindung mit einer Sozialleistung, gewährt werden, ebenfalls angemessen im Sinne von Artikel 11 Nummer 3 der Richtlinie 92/85 sein."

174 *Hölscheidt*, Vor Titel III Rn. 23.

175 S. zu den Grundrechtsberechtigten Rn. 36.

sicht, was die Mutter betrifft, auf den Mutterschaftsurlaub nachfolgt.[176] Er zielt im Vergleich zum Mutterschaftsurlaub stärker auf die Vereinbarkeit von Familie und Beruf.[177]

Das Recht auf Elternurlaub steht **jedem Elternteil** individuell zu. Es dürfen deswegen keine Regelungen erlassen werden, nach denen einem Elternteil der Elternurlaub verwehrt wird, wenn der andere Elternteil nicht erwerbstätig ist oder keinerlei Berufstätigkeit ausübt.[178] 49

Zur **Dauer** und den weiteren Modalitäten des Elternurlaubs schweigt die Norm. Die als Auslegungshilfe heranziehbaren Erläuterungen des Präsidiums[179] verweisen auf die Richtlinie 96/34/EG zur Rahmenvereinbarung über Elternurlaub[180], die mittlerweile revidiert wurde (→ Rn. 7). Die Richtlinie 96/34/EG sah für erwerbstätige Männer und Frauen im Falle der Geburt oder Adoption eines Kindes ein Recht auf Elternurlaub von **mindestens drei Monaten** vor, der bis zu einem von den Mitgliedstaaten festzulegenden Alter des Kindes von bis zu acht Jahren genommen werden konnte. Darüber hinausgehend und bzgl. weiterer Einzelheiten lässt Art. 33 Abs. 2, 3. Var. einen erheblichen **gesetzgeberischen Gestaltungsspielraum.**[181] Die Richtlinie 2010/18/EU[182] hat die Mindestdauer des Elternurlaubs auf vier Monate verlängert. Sie sichert den Eltern zu, dass sie im Anschluss an den Elternurlaub an ihren früheren Arbeitsplatz zurückkehren können, oder, wenn dies nicht möglich ist, eine entsprechend ihrem Arbeitsvertrag oder Beschäftigungsverhältnis gleichwertige oder ähnliche Arbeit zugewiesen bekommen. Diese Bestimmung darf nach der Rechtsprechung des EuGH in Anbetracht des Grundrechts auf Elternurlaub in Art. 33 Abs. 2 nicht restriktiv ausgelegt werden.[183] 50

Im Gegensatz zum Mutterschaftsurlaub nach Art. 33 Abs. 2, 2. Var. muss der Elternurlaub **nicht „bezahlt"** sein.[184] 51

h) Einschränkbarkeit und Rechtsfolgen. Ob und inwieweit die Rechte des Art. 33 Abs. 2 eingeschränkt werden können, richtet sich nach Art. 52 Abs. 1.[185] Art. 52 Abs. 3 ist nicht anwendbar. Rechtsetzungsakte und Verwaltungsmaßnahmen der Union und der Mitgliedstaaten bei der Durchführung des Unionsrechts, die gegen Art. 33 Abs. 2 verstoßen, sind primärrechtswidrig. 52

176 Vgl. *Dorfmann*, Der Schutz der sozialen Grundrechte, S. 230.

177 *Dorfmann*, Der Schutz der sozialen Grundrechte, S. 230; vgl. *Jarass*, GRC, Art. 33 Rn. 18; vgl. EuGH – Maïstrellis, Rs. C-222/14, ECLI:EU:C:2015:473, Urt. v. 16.7.2015, Rn. 39; EuGH – H., Rs. C-174/16, ECLI:EU:C:2017:637, Rn. 31 f.

178 EuGH – Maïstrellis, Rs. C-222/14, ECLI:EU:C:2015:473, Urt. v. 16.7.2015, Rn. 39 ff.

179 Erläuterungen zur Charta der Grundrechte, ABl. 2007 C 303 vom 14.12.2007, S. 17, 27.

180 Richtlinie 96/34/EG des Rates v. 3. Juni 1996 zu der von UNICE, CEEP und EGB geschlossenen Rahmenvereinbarung über Elternurlaub, ABl. L 145, S. 4.

181 Vgl. *Holoubek/Lienbacher/Wutzl/Ziniel*, GRC, Art. 33 Rn. 40.

182 Richtlinie 2010/18/EU des Rates vom 8. März 2010 zur Durchführung der von BUSINESSEUROPE, UEAPME, CEEP und EGB geschlossenen überarbeiteten Rahmenvereinbarung über den Elternurlaub und zur Aufhebung der Richtlinie 96/34/EG, ABl. L 68 v. 18.3.2010, S. 13; geändert durch Richtlinie 2013/62/EU des Rates vom 17.12.2013, ABl. L 353 v. 28.12.2013, S. 7.

183 EuGH – H., Rs. C-174/16, ECLI:EU:C:2017:637, Rn. 44 ff. zu nationalen Regelungen, die keine Verlängerung der Probezeit vorsehen, wenn sich der Beamte auf Probe, dem ein Amt mit leitender Funktion übertragen wurde, in Elternzeit befindet.

184 *Rudolf*, 4. Aufl. Rn. 17; *Calliess/Ruffert/Kingreen*, EUV/AEUV, Art. 33 GRC Rn. 9; *Jarass*, GRC, Art. 33 Rn. 18; *Peers/Ward/Costello*, EU Charter, Rn. 33.68; *Pechstein/Nowak/Häde/Kocher*, Frankfurter Kommentar, Art. 33 GRC Rn. 21.

185 *Jarass*, GRC, Art. 33 Rn. 21; *Peers/Ward/Costello*, EU Charter, Rn. 33.100.

IV. Literaturübersicht

Biltgen, François, Die Rechtsprechung des EuGH zu den Grundrechten des Arbeitslebens, NZA 2016, 1245; *Dorfmann, Julia,* Der Schutz der sozialen Grundrechte, 2006; *Europarat*, Europäischer Ausschuss für soziale Rechte, Digest of the Case Law of the European Committee of Social Rights, 1.9.2008; *Fernandes Fortunato, Sérgio,* Internationaler Schutz der Familie am Beispiel der Europäischen Sozialcharta, EuR 2008, 27; *Herzog, Roman,* Europäischer Grundrechtsschutz für Ehe und Familie, Bitburger Gespräche 2001, 7; *Kainer, Friedemann,* Rückkehr der unmittelbar-horizontalen Grundrechtswirkung aus Luxemburg? NZA 2018, 894; *Marauhn, Thilo/Thorn, Judith,* Kap. 16, in: Dörr, Oliver/Grothe, Rainer/ Marauhn, Thilo (Hrsg.), EMRK/GG, Konkordanzkommentar zum europäischen und deutschen Grundrechtsschutz, 2. Aufl. 2013; *Masselot, Annick,* Jurisprudential Developments in Community Pregnancy and Maternity Rights: the ECJ judgments in cases C-438/99 Melgar and C-109/00 Brandt-Nielsen, MJ 2002, 57; *Sagmeister, Holger,* Die Grundsatznormen in der Europäischen Grundrechtecharta, 2010; *Schmidt, Christine,* Rechtsnatur und Verpflichtungsdichte der Europäischen Grundrechte, 2012, *Schmidt, Johannes,* Die Grundsätze im Sinne der EU-Grundrechtecharta, 2010; *Tettinger, Peter/Geerlings, Jörg,* Ehe und Familie in der europäischen Grundrechtsordnung, EuR 2005, 419; *Winner, Teresa,* Die Europäische Grundrechtscharta und ihre soziale Dimension, 2005; *Uerpmann-Wittzack, Robert,* § 10 Ehe und Familie, in: Grabenwarter, Christoph (Hrsg.), Europäischer Grundrechteschutz, 2014, S. 417.

Artikel 34 Soziale Sicherheit und soziale Unterstützung

(1) Die Union anerkennt und achtet das Recht auf Zugang zu den Leistungen der sozialen Sicherheit und zu den sozialen Diensten, die in Fällen wie Mutterschaft, Krankheit, Arbeitsunfall, Pflegebedürftigkeit oder im Alter sowie bei Verlust des Arbeitsplatzes Schutz gewährleisten, nach Maßgabe des Unionsrechts und der einzelstaatlichen Rechtsvorschriften und Gepflogenheiten.

(2) Jeder Mensch, der in der Union seinen rechtmäßigen Wohnsitz hat und seinen Aufenthalt rechtmäßig wechselt, hat Anspruch auf die Leistungen der sozialen Sicherheit und die sozialen Vergünstigungen nach dem Unionsrecht und den einzelstaatlichen Rechtsvorschriften und Gepflogenheiten.

(3) Um die soziale Ausgrenzung und Armut zu bekämpfen, anerkennt und achtet die Union das Recht auf eine soziale Unterstützung und eine Unterstützung für die Wohnung, die allen, die nicht über ausreichende Mittel verfügen, ein menschenwürdiges Dasein sicherstellen sollen, nach Maßgabe des Unionsrechts und der einzelstaatlichen Rechtsvorschriften und Gepflogenheiten.

I. Vorgaben[1]

1. Zugang zu den Leistungen der sozialen Sicherheit und zu den sozialen Diensten (Absatz 1)

1 a) **Internationales Recht. Absatz 1** stützt sich den **Erläuterungen des Präsidiums**[2] zufolge „auf die Artikel 153 und 156 des Vertrags über die Arbeitsweise der Europäischen Union sowie auf Artikel 12 der Europäischen Sozialcharta und auf Nummer 10 der Gemeinschaftscharta der Arbeitnehmerrechte".

2 Gemäß **Art. 3 Abs. 3 EUV** bekämpft die Union „soziale Ausgrenzung und Diskriminierungen und fördert soziale Gerechtigkeit und sozialen Schutz". Auch **Art. 151 AEUV** nennt das Ziel eines „angemessenen sozialen Schutz(es)" und der „Bekämpfung von Ausgrenzungen". Bei den in den Erläuterungen genannten Art. 153 und Art. 156 AEUV handelt es sich um die Kompetenzvorschriften zur Verwirklichung dieser Ziele. **Art. 153 AEUV** stellt hiervon die bedeutendste dar.[3] Hiernach darf die **Union** die Tätigkeit der Mitgliedstaaten u. a. auf den Gebieten „soziale Sicherheit und sozialer Schutz der Arbeitnehmer" (Abs. 1 lit c), „Bekämpfung der sozialen Ausgrenzung" (Abs. 1 lit. j) und „Modernisierung der Systeme des sozialen Schutzes" (Abs. 1 lit. k) **unterstützen und ergänzen.** Sie darf hierzu die Zusammenarbeit der Mitgliedstaaten fördern und Mindestvorschriften erlassen (Art. 153 Abs. 2). Nach **Art. 156 AEUV** fördert die Kommission die Zusammenarbeit der Mitgliedstaaten und erleichtert die Abstimmung ihres Vorgehens im Bereich der Sozialpolitik, insbesondere u. a. auf dem Gebiet der sozialen Sicherheit, indem sie in enger Verbindung mit den Mitgliedstaaten **Untersuchungen, Stellungnahmen und Konsultationen** vornimmt, „die darauf abzielen, Leitlinien und Indikatoren festzulegen, den Austausch bewährter Verfahren durchzuführen und die erforderlichen Elemente für eine regelmäßige Überwachung und Bewertung auszuarbeiten". Der in den Erläuterungen nicht erwähnte **Art. 48 AEUV** enthält zudem eine Rechtsgrundlage zur Koordinierung der Systeme sozialer Sicherheit mit dem Ziel der Verwirklichung der Arbeitnehmerfreizügigkeit. Die Union verfügt demnach nur über begrenzte Zuständigkeiten im sozialpolitischen Bereich. Die **primäre Zuständigkeit** für die **Gestaltung der Sozialpolitik** verbleibt bei den **Mitgliedstaaten.**[4]

3 **Art. 12 ESC**[5] des Europarats enthält das **„Recht auf soziale Sicherheit"**. Die Vertragsparteien sind hiernach verpflichtet, „(1.) ein System der sozialen Sicherheit einzuführen oder beizubehalten"; (2.) dieses System „auf einem befriedigendem Stand zu halten, der zumindest dem entspricht, der für die Ratifikation des Übereinkommen (Nr. 102) der Internationalen Arbeitsorganisation über die Mindestnormen der Sozialen Sicherheit erforderlich ist, (3.) sich zu bemühen, das System der sozialen Sicherheit fortschreitend auf einen höheren Stand zu bringen"; (4.) „durch den Abschluss geeigneter zwei- und mehrseitiger Übereinkünfte oder durch andere Mittel [...]" sowohl „die Gleichbehandlung der Staatsangehörigen anderer Vertragsparteien mit ihren eigenen Staatsangehörigen hinsichtlich der Ansprüche aus der sozialen Sicherheit [...], gleichviel wo die geschützten Personen innerhalb der Hoheitsgebiete der Vertragsparteien ihren Aufenthalt nehmen" als auch „die Gewährung, die Erhaltung und das Wiederaufleben von Ansprüchen aus der Sozialen Sicherheit, beispielsweise durch die Zusammenrechnung von Versicherungs- und Beschäftigungszeiten,

---

1 Die Verfasserin gibt in der Kommentierung ausschließlich ihre persönliche Meinung wieder. Sie dankt *Prof. Dr. Sven Hölscheidt* und *Dr. Tilman Hoppe* für ihre wertvollen Hinweise.

2 Erläuterungen zur Charta der Grundrechte, ABl. 2007 C 303 v. 14.12.2007, S. 17, 27.

3 *Grabitz/Hilf/Nettesheim/Benecke*, EU, Art. 153 AEUV Rn. 1; *GSH/Langer*, EU, Art. 153 AEUV Rn. 1.

4 *Calliess/Ruffert/Krebber*, EUV/AEUV, Art. 153 AEUV Rn. 4; *GSH/Langer*, EU, Art. 153 AEUV Rn. 1; *Schlachter/Heinig/Axer*, EnzEuR Bd. 7, § 3 Rn. 8.

5 V. 18.10.1961 (BGBl. 1964 II S. 1262).

die nach den Rechtsvorschriften jeder der Vertragsparteien zurückgelegt wurden" zu gewährleisten.

4 Was unter dem in Art. 12 ESC verwandten Zentralbegriff des **„Systems der sozialen Sicherheit"** zu verstehen ist, ergibt sich durch den Verweis auf das **ILO-Abkommen Nr. 102**[6] in Art. 12 Abs. 2 ESC.[7] Dieses enthält Bestimmungen zu den von den ILO-Mitgliedern zu gewährenden Leistungen in folgenden Bereichen: ärztliche Betreuung, Krankengeld, Arbeitslosigkeit, Alter, Arbeitsunfälle und Berufskrankheiten, Familienleistungen, Mutterschaft, Invalidität und Hinterbliebene. **Art. 34 Abs. 1** nimmt mit der beispielhaften Erwähnung von Leistungen in „Fällen wie Mutterschaft, Krankheit, Arbeitsunfall, Pflegebedürftigkeit oder im Alter sowie bei Verlust des Arbeitsplatzes" einen Teil des vom ILO-Abkommen Nr. 102 umfassten „Systems der sozialen Sicherheit" auf und geht mit der „Pflegebedürftigkeit" darüber hinaus. Das ILO-Abkommen Nr. 102 und (über die Bezugnahme hierauf) Art. 12 ESC zielen auf den **Schutz von Arbeitnehmern.**[8]

5 Die ebenfalls in den Erläuterungen erwähnte Nummer 10 der **Gemeinschaftscharta der Arbeitnehmerrechte**[9] lautet unter der Überschrift „Sozialer Schutz" wie folgt: „Entsprechend den Gegebenheiten der einzelnen Länder hat jeder Arbeitnehmer der Europäischen Gemeinschaft Anspruch auf einen angemessenen sozialen Schutz und muss unabhängig von seiner Stellung und von der Größe des Unternehmens, in dem er arbeitet, Leistungen der sozialen Sicherheit in ausreichender Höhe erhalten" (1. Spiegelstrich); „müssen alle, die vom Arbeitsmarkt ausgeschlossen sind, weil sie keinen Zugang dazu fanden oder sich nicht wieder eingliedern konnten, und die nicht über Mittel für ihren Unterhalt verfügen, ausreichende Leistungen empfangen und Zuwendungen beziehen können, die ihrer persönlichen Lage angemessen sind" (2. Spiegelstrich). Art. 34 Abs. 1 folgt damit streng genommen lediglich dem 1. Spiegelstrich von Nummer 10 der Gemeinschaftscharta, der **Leistungen der sozialen Sicherheit für Arbeitnehmer** regelt.[10] Nummer 10 Gemeinschaftscharta, 2. Spiegelstrich spricht demgegenüber die **soziale Unterstützung** an, die von Art. 34 Abs. 3 umfasst ist (s. → Rn. 24).[11]

6 **b) Verfassungen der Mitgliedstaaten.** Der weitaus **überwiegende Teil der Verfassungen** der Mitgliedstaaten enthält **Vorschriften zur sozialen Absicherung.**[12] Diese sind im Einzelnen jedoch sehr unterschiedlich ausgestaltet, sowohl was den Inhalt, die Anspruchsberechtigten als auch was den Umfang betrifft.

7 **Etwa ein Drittel der mitgliedstaatlichen Verfassungen unterscheidet** ähnlich wie Art. 34 zwischen dem **Recht auf Zugang zu Leistungen der sozialen Sicherheit** (beitragsfinanziert; auf Versicherungsbasis → Rn. 59)[13], das in Absatz 1 enthalten ist, **und dem Recht auf eine soziale Unterstützung** (Sozialhilfe, aus Steuermitteln finanziert und bedarfsabhängig ausgestaltet[14]), das Abs. 3 vorsieht, und **enthält damit beide Aspekte** (und ggf. auch noch besondere Vorschriften zum Schutz des Wohnens → Rn. 28). So sieht die *maltesische* Verfassung

---

6 Übereinkommen Nr. 102 der Internationalen Arbeitsorganisation v. 28.6.1952 über die Mindestnormen der Sozialen Sicherheit, BGBl. II 1957 S. 1321.
7 *Heselhaus/Nowak/Marauhn*, Hdb Eur. GR, § 22 Rn. 9; *Frenz*, Hdb EuR, Rn. 4060.
8 *Rudolf*, 4. Aufl. Rn. 2; *Heselhaus/Nowak/Marauhn*, Hdb Eur. GR, § 22 Rn. 9.
9 Gemeinschaftscharta der Sozialen Grundrechte der Arbeitnehmer v. 9.12.1989, KOM(89) 248 endg.
10 *Frenz*, Hdb EuR, Rn. 4065.
11 *Rudolf*, 4. Aufl. Rn. 2.
12 Vgl. auch das Ergebnis der Untersuchung von *Mückenberger*, EuR 2014, 369, 397: „sozialstaatliche Traditionen (bilden) einen Grundzug europäischer Staatlichkeit und seiner Verfasstheit".
13 S. zur Unterscheidung *Rudolf*, 4. Aufl. Rn. 1.
14 S. zur Unterscheidung *Rudolf* 4. Aufl. Rn. 1.

sowohl ein mit Art. 34 Abs. 1 vergleichbares Recht der Arbeiter auf eine angemessene Versicherung auf Beitragsbasis für ihre Bedürfnisse im Fall von Unfall, Krankheit, Invalidität, Alter und unfreiwilliger Arbeitslosigkeit als auch ein eher mit Art. 34 Abs. 3 vergleichbares Recht jedes Bürgers, der arbeitsunfähig ist und nicht über ausreichende eigene Mittel verfügt, auf Unterhalt und soziale Unterstützung vor.[15] Die Verfassung *Bulgariens* gewährt jedem Bürger sowohl ein Recht auf Sozialversicherung als auch auf soziale Unterstützung. Der Staat soll insbesondere den vorübergehend Arbeitslosen durch Gesetz auszugestaltenden Sozialversicherungsschutz gewähren. Alte Menschen ohne Angehörige, die sich nicht aus ihrem Vermögen unterhalten können, sowie Behinderte und sozial Schwache sollen besonderen Schutz genießen.[16] In der *kroatischen* Verfassung wird zunächst vergleichbar mit Art. 34 Abs. 1 bestimmt, dass das Recht der Beschäftigten und ihrer Familienmitglieder auf soziale Sicherheit und Sozialversicherung durch Gesetz und Kollektivvereinbarungen geregelt wird. Geburt, Mutterschaft und Kindererziehung betreffende Rechte werden durch Gesetz geregelt. Eher im Sinne von Art. 34 Abs. 3 wird sodann bestimmt, dass Schwachen, Pflegebedürftigen und anderen wegen ihrer Arbeitslosigkeit oder Arbeitsunfähigkeit bedürftigen Bürgern der Staat das Recht auf Hilfe zur Befriedigung ihrer grundlegenden Lebensbedürfnisse gewährleistet. Besondere Fürsorge widmet der Staat dem Schutz von behinderten Personen, Kriegsveteranen und Angehörigen gefallener Soldaten.[17] Auch die Verfassung von *Zypern* umfasst beide Aspekte. So hat jeder ein Recht auf ein annehmbares Dasein und soziale Sicherheit. Durch Gesetz soll der Schutz der Arbeiter, Armenhilfe und ein Sozialversicherungssystem geregelt werden.[18] Nach der *niederländischen* Verfassung sind die Existenzsicherheit der Bevölkerung und die Verteilung des Wohlstandes Gegenstand der Sorge des Staates und der öffentlich-rechtlichen Körperschaften. Es wird bestimmt, dass Vorschriften über den Anspruch auf soziale Sicherheit durch Gesetz erlassen werden (entspricht eher Art. 34 Abs. 1). Außerdem haben „Niederländer, die ihren Lebensunterhalt nicht selbst bestreiten können, [...] hierzulande einen durch Gesetz zu regelnden Anspruch auf öffentliche Sozialhilfe" (entspricht eher Art. 34 Abs. 3).[19] Nach der *rumänischen* Verfassung ist der Staat verpflichtet, „den Bürgern durch ökonomische Entwicklungsmaßnahmen und Sozialschutz ein anständiges Lebensniveau zu gewährleisten. Die Bürger haben das Recht auf Rente, auf bezahlten Schwangerschaftsurlaub, auf ärztlichen Beistand in den staatlichen sanitären Einheiten, auf Arbeitslosenunterstützung und andere vom Gesetz vorgesehene Formen des Sozialschutzes".[20] Die Organisationsweise des Systems der Sozialversicherungen im Falle von Krankheiten, Unfällen, Mutterschaft und Wiederherstellung wird durch Gesetz festgelegt.[21] Nach der *griechischen* Verfassung sorgt der Staat zum einen für die Sozialversicherung der Arbeitenden; das Nähere regelt ein Gesetz.[22] Zum anderen werden Ansprüche auf besondere Fürsorge für bestimmte Bevölkerungsgruppen, wie kinderreiche Familien, festgelegt, sowie bestimmt, dass der Staat für die Gesundheit der Bürger sorgt und besondere Maßnahmen u. a. zum Schutze der Jugend, des Alters und der Bedürftigen getroffen werden.[23] Die *polnische* Verfassung bestimmt erstens, dass der Staatsbürger das Recht auf soziale Sicherung im Fall der Arbeitsunfähigkeit

15 Abschnitt 17 VerfMalta.
16 Art. 51 VerfBulgarien.
17 Art. 57 und 58 VerfKroatien.
18 Art. 9 VerfZypern.
19 Art. 20 VerfNiederlande.
20 Art. 43 VerfRumänien.
21 Art. 33 Abs. 3 VerfRumänien.
22 Art. 22 Abs. 5 VerfGriechenland.
23 Art. 21 Abs. 3 und 4 VerfGriechenland.

wegen Krankheit oder Invalidität sowie nach Erreichung des Ruhealters hat. Umfang und Formen der sozialen Sicherheit regelt ein Gesetz. Zweitens hat ein Staatsbürger, der ohne eigene Schuld keine Beschäftigung findet und keine anderen Mittel zum Unterhalt besitzt, ein Recht auf soziale Sicherung, deren Umfang und Form das Gesetz regelt.[24] Allgemein wird zudem festgelegt, dass Solidarität eine Grundlage der wirtschaftlichen Ordnung der Republik Polen ist.[25] Die *litauische* Verfassung enthält sowohl ein Recht auf soziale Sicherheit für den speziellen Fall der Arbeitslosigkeit,[26] eine Garantie der Bürger auf eine Alters- und Invalidenrente sowie auf soziale Unterstützung im Falle von Arbeitslosigkeit, Krankheit, Verwitwung, Verlust des Ernährers und in anderen gesetzlich vorgesehenen Fällen.[27] Die *italienische* Verfassung bestimmt zunächst eher im Sinne von Art. 34 Abs. 3, dass jeder arbeitsunfähige Staatsbürger, dem die zum Leben erforderlichen Mittel fehlen, Anspruch auf Unterhalt und Fürsorge hat. Arbeiter haben außerdem „Anspruch auf Bereitstellung und Gewährleistung der ihren Lebenserfordernissen angemessenen Mittel bei Unfällen, Krankheit, Arbeitsunfähigkeit und Alter sowie bei unfreiwilliger Arbeitslosigkeit".[28] Die italienische Verfassung bekennt sich zudem auch allgemein zum Sozialstaatsprinzip.[29]

8 Ein **weiterer Teil der mitgliedstaatlichen Verfassungen** lässt sich **weniger klar** nach dem von Art. 34 verwandten Schema („soziale Sicherheit" = beitragsfinanziert und „soziale Unterstützung = Sozialhilfe, aus Steuermitteln finanziert) **kategorisieren.** So wird zum Teil zwar etwa der in Art. 34 Abs. 1 enthaltene Begriff der „sozialen Sicherheit" gebraucht, ohne dass damit jedoch zwingend eine Absicherung auf Versicherungs-/Beitragsbasis gemeint sein müsste. Die *belgische* Verfassung nennt abstrakt „das Recht auf soziale Sicherheit, auf Gesundheitsschutz und sozialen, medizinischen und rechtlichen Beistand" als Teil des Rechts, ein menschenwürdiges Leben zu führen.[30] Die *luxemburgische* Verfassung bestimmt knapp, dass durch Gesetz sowohl die Grundsätze der sozialen Sicherheit als auch der Kampf gegen Armut und die soziale Integration von Menschen mit Behinderungen geregelt werden.[31] In der *schwedischen* Verfassung ist abstrakt niedergelegt, dass die persönliche, wirtschaftliche und kulturelle Wohlfahrt des Einzelnen das primäre Ziel öffentlicher Tätigkeit ist. Dem Gemeinwesen obliegt es insbesondere u. a. die Sozialarbeit und soziale Sicherheit sowie gute Bedingungen für die Gesundheit zu fördern.[32] Die *finnische* Verfassung enthält ein umfangreiches „Recht auf soziale Sicherheit". Hiernach hat jeder, der nicht in der Lage ist, sich den für ein menschenwürdiges Leben erforderlichen Unterhalt zu verdienen, das Recht auf ein notwendiges Auskommen und notwendige Fürsorge. Durch Gesetz wird jedem das Recht auf ein gesichertes Grundauskommen im Falle von Arbeitslosigkeit, Krankheit, Arbeitsunfähigkeit und im Alter sowie bei der Geburt eines Kindes und dem Verlust eines Ernährers zugesichert. Die öffentliche Gewalt hat u. a. für jeden so, wie es durch Gesetz näher geregelt wird, ausreichende Sozial- und Gesundheitsdienste sicherzustellen und die Gesundheit der Bevölkerung zu fördern.[33] *Ungarn* ist nach seiner Verfassung ebenfalls bestrebt, allen seinen Staatsangehörigen „soziale Sicherheit" zu gewähren. Im Falle von Mutterschaft, Krankheit, Invalidität, Verwitwung, Verwaisung und ohne eige-

24 Art. 67 VerfPolen.
25 Art. 20 VerfPolen.
26 Art. 48 VerfLitauen.
27 Art. 52 VerfLitauen.
28 Art. 38 Abs. 1 und 2 VerfItalien.
29 Vgl. Art. 2 und 3 VerfItalien.
30 Art. 23 Nr. 2 VerfBelgien.
31 Art. 11 Abs. 5 VerfLuxemburg.
32 Kapitel 1, Art. 2 VerfSchweden.
33 § 19 VerfFinnland.

nes Verschulden eingetretener Arbeitslosigkeit hat jeder ungarische Staatsbürger Anspruch auf eine gesetzlich festgelegte Unterstützung. Ungarn verwirklicht die soziale Sicherheit mit einem System sozialer Einrichtungen und Maßnahmen. Ein Gesetz kann Art und Ausmaß der sozialen Maßnahmen auch unter Berücksichtigung der Tätigkeit bestimmen, die von der Person, die soziale Maßnahmen in Anspruch nimmt, zum Nutzen der Gemeinschaft geleistet wird. Es wird zudem festgelegt, dass der Staat die Gewährleistung des Lebensunterhalts im Alter mit der Aufrechterhaltung des auf der gesellschaftlichen und sozialen Solidarität beruhenden einheitlichen staatlichen Pensions- und Rentensystemen und mit der Ermöglichung der Tätigkeit der auf freiwilliger Basis geschaffenen sozialen Einrichtungen unterstützt.[34] Auch die ungarische Verfassung enthält eine gesonderte Verfassung zum Wohnen.[35] Gemäß der *tschechischen* Verfassung hat jeder Bürger das Recht auf angemessene materielle Versorgung im Alter und bei Arbeitsunfähigkeit sowie bei Verlust des Brotgebers. Eher im Sinne von Art. 34 Abs. 3 bestimmt die tschechische Verfassung zudem, dass jedermann, der sich in materieller Not befindet, das Recht auf eine derartige Unterstützung hat, die zur Sicherstellung der grundlegenden Lebensbedingungen notwendig ist.[36]

Ein anderer Teil der nationalen Verfassungen enthält **Bestimmungen zu Sozialversicherungssystemen, die eher nur mit Art. 34 Abs. 1 vergleichbar sind**, und ggf. noch spezielle Vorschriften zum Schutz des Wohnens. So hat nach der *lettischen* Verfassung jeder das Recht auf eine Sozialversicherung für die Fälle des Alters, der Arbeitsunfähigkeit, der Arbeitslosigkeit und andere gesetzlich geregelte Fälle.[37] Gemäß der *spanischen* Verfassung unterhalten die öffentlichen Gewalten ein System der Sozialversicherung für alle Bürger, das im Bedarfsfalle ausreichend Beistand und soziale Leistungen gewährleistet, insbesondere im Falle der Arbeitslosigkeit.[38] Die spanische Verfassung enthält darüber hinaus wie die lettische Verfassung keine Regelung zur allgemeinen sozialen Unterstützung bzw. Sozialhilfe, allerdings eine Vorschrift über das „Recht auf eine würdige und angemessene Wohnung".[39] Es wird zudem abstrakt festgelegt, dass sich Spanien als demokratischer und sozialer Rechtsstaat konstituiert.[40] Ähnlich ist die *portugiesische* Verfassung strukturiert. Es wird jedem ein „Recht auf soziale Sicherheit" gewährt. Konkretisiert wird, dass es Aufgabe des Staates unter Mitwirkung der Gewerkschaften, der übrigen Arbeitnehmerverbände und der die weiteren Leistungsberechtigten vertretenden Organisationen sei, ein vereinheitlichtes und dezentralisiertes Sozialversicherungssystem aufzubauen, zu koordinieren und finanziell zu unterstützen. „Das Sozialversicherungssystem schützt die Bürger im Falle von Krankheit, Alter, Invalidität, Verwitwung und Verwaisung sowie bei Arbeitslosigkeit und in allen anderen Fällen des Fehlens oder der Verminderung der Mittel zur Bestreitung eines Unterhalts oder der Arbeitsunfähigkeit."[41] Zudem enthält die portugiesische Verfassung eine Regelung zum Schutz des Wohnens.[42] Ähnlich sieht die *slowenische* Verfassung vor, dass die Staatsbürger unter den gesetzlich festgelegten Voraussetzungen das Recht auf soziale Sicherheit einschließlich des Rechts auf Rente haben. Es wird festgelegt, dass der Staat die Kranken-, Renten-, Invaliditäts- und andere soziale Pflichtversicherungen regelt und für deren Funktionieren sorgt. Kriegsveteranen und -opfern wird ein nicht näher kon- 9

34 Art. XIX VerfUngarn.
35 Art. XXII VerfUngarn. S. unten Rn. 28.
36 Art. 3 VerfTschechische Republik i.V.m. Art. 30 Abs. 1 und 2 Charta Grundrechte und -freiheiten.
37 Art. 109 VerfLettland.
38 Art. 41 VerfSpanien.
39 Art. 47 VerfSpanien. S. unten Rn. 28.
40 Art. 1 VerfSpanien.
41 Art. 63 VerfPortugal.
42 Art. 65 VerfPortugal. S. unten Rn. 28.

kretisierter besonderer Schutz im Einklang mit dem Gesetz gewährleistet.[43] Auch die slowenische Verfassung enthält einen separaten Artikel zum Schutz des Wohnens.[44]

10 Ein weiterer Teil der Verfassungen sieht wiederum eher nur mit Art. 34 Abs. 3 vergleichbare **Bestimmungen zur sozialen Unterstützung/Sozialhilfe** vor (→ Rn. 26).

11 In Anbetracht der höchst unterschiedlichen Ausgestaltung der mitgliedstaatlichen Verfassungen kann bzgl. des Regelungsinhalts des Art. 34 Abs. 1 **keine gemeinsame Verfassungstradition der Mitgliedstaaten** im Sinne des Art. 52 Abs. 4 festgestellt werden.

2. Gleichbehandlung bei Aufenthaltswechsel (Absatz 2)

12 a) **Internationales Recht.** In den **Erläuterungen** zu Art. 34 Abs. 2 heißt es: „Absatz 2 stützt sich auf Artikel 12 Absatz 4 und Artikel 13 Absatz 4 der Europäischen Sozialcharta sowie auf Nummer 2 der Gemeinschaftscharta der sozialen Grundrechte der Arbeitnehmer und spiegelt die Regeln wider, die sich aus den Verordnungen (EWG) Nr. 1408/71 und (EWG) Nr. 1612/68 ergeben."

13 **Art. 12 Abs. 4 ESC** verpflichtet die Vertragsparteien zum Abschluss von Übereinkommen, die die **Gleichbehandlung** von Staatsangehörigen anderer Vertragsparteien mit ihren eigenen Staatsangehörigen hinsichtlich **Ansprüchen aus der sozialen Sicherheit** gewährleisten, unabhängig davon wo die geschützten Personen innerhalb der Hoheitsgebiete ihren Aufenthalt nehmen (s. im Detail → Rn. 3).

14 **Art. 13 ESC** enthält ein **„Recht auf Fürsorge"**, das in den Absätzen 1 bis 3 konkretisiert wird und gegenüber „Leistungen der sozialen Sicherheit" (→ Rn. 3), die in Art. 12 ESC geregelt werden, nachrangig ist.[45] „Jedem, der nicht über ausreichende Mittel verfügt", soll eine „ausreichende Unterstützung" und „im Falle der Erkrankung, die Betreuung, die seine Lage erfordert" gewährt werden (Art. 13 Abs. 1 ESC). Jedermann soll zudem „durch zweckentsprechende öffentliche oder private Einrichtungen die zur Verhütung, Behebung oder Milderung seiner persönlichen oder familiären Notlage erforderliche Beratung oder persönliche Hilfe" erhalten können (Art. 13 Abs. 3 ESC). **Art. 13 Abs. 4 ESC** verpflichtet die Vertragsparteien schließlich, das in Absätzen 1 bis 3 geregelte Fürsorgerecht auch auf rechtmäßig sich in ihrem Hoheitsgebiet befindliche Staatsangehörige der anderen Vertragsparteien anzuwenden, „und zwar auf der Grundlage der **Gleichbehandlung**" und in Übereinstimmung mit dem Europäischen Fürsorgeabkommen[46].

15 Im Gegensatz zu den Gleichbehandlungsansprüchen in Art. 13 Abs. 4 ESC und Art. 12 Abs. 4 ESC verlangt Art. 34 Abs. 2 einen „rechtmäßigen Wohnsitz", nicht bloß einen rechtmäßigen Aufenthalt.[47]

16 Die in den Erläuterungen ebenfalls in Bezug genommene **Nummer 2 der Gemeinschaftscharta der Arbeitnehmerrechte**[48] definiert ein **„Recht auf Freizügigkeit"** für Arbeitnehmer: Es „ermöglicht jedem Arbeitnehmer die Ausübung jedes Berufs oder jeder Beschäftigung in der Gemeinschaft, wobei hinsichtlich des Zugangs zur Beschäftigung, der Arbeitsbedingungen und des sozialen Schutzes des Aufnahmelandes der Grundsatz der Gleichbehandlung gilt".

43 Art. 50 Abs. 1 und 2 VerfSlowenien.
44 Art. 78 VerfSlowenien. S. unten Rn. 28.
45 *Heselhaus/Nowak/Marauhn*, Hdb Eur. GR, § 22 Rn. 10.
46 Europäisches Fürsorgeabkommen v. 11.12.1953, BGBl. II 1956 S. 563.
47 Vgl. *Rudolf*, 4. Aufl. Rn. 3.
48 Gemeinschaftscharta der Sozialen Grundrechte der Arbeitnehmer v. 9.12.1989, KOM(89) 248 endg.

17 Art. 34 Abs. 2 basiert den Erläuterungen zufolge zudem auf **EU-Sekundärrecht.** Die Erläuterungen verweisen erstens auf die sog. **Wanderarbeitnehmerverordnung (EWG) Nr. 1408/71**[49], die mittlerweile fast vollständig durch die sog. **Koordinierungsverordnung (EG) Nr. 883/2004**[50] ersetzt wurde.[51] Art. 3 der Wanderarbeitnehmerverordnung (EWG) Nr. 1408/71 sieht insbesondere ein **allgemeines Gleichbehandlungsgebot** vor, wonach Personen, die im Gebiet eines Mitgliedstaats wohnen und für die die Verordnung gilt[52], grundsätzlich die gleichen Rechte und Pflichten auf Grund der Rechtsvorschriften eines Mitgliedstaates haben wie die Staatsangehörigen dieses Staates (heute: Art. 4 der Verordnung (EG) Nr. 883/2004). Zweitens erwähnen die Erläuterungen die sog. **Aufenthaltsverordnung (EWG) Nr. 1612/68**[53], die mittlerweile durch die sog. **Aufenthaltsrichtlinie 2004/38/EG**[54] und die sog. **Freizügigkeitsverordnung (EU) Nr. 492/2011**[55] ersetzt wurde. Art. 7 Abs. 2 der Aufenthaltsverordnung (EWG) Nr. 1612/68 sah für **Wanderarbeitnehmer** ein Gleichbehandlungsgebot vor, nach dem diese **„die gleichen sozialen und steuerlichen Vergünstigungen** wie die inländischen Arbeitnehmer" genießen (heute: Art. 7 Abs. 2 Freizügigkeitsverordnung (EU) Nr. 492/2011). Auch **Art. 24 Abs. 1** der in den Erläuterungen nicht erwähnten **Aufenthaltsrichtlinie 2004/38/EG** enthält ein grundsätzliches **Gleichbehandlungsgebot für alle Unionsbürger,** nachdem „jeder Unionsbürger, der sich aufgrund dieser Richtlinie im Hoheitsgebiet des Aufnahmemitgliedstaates aufhält, im Anwendungsbereich des Vertrages die gleiche Behandlung wie die Staatsangehörigen dieses Mitgliedstaats" genießt. Dies gilt auch für Familienangehörige, die nicht Staatsangehörige eines Mitgliedstaates sind und ein Aufenthaltsrecht haben. **Art. 24 Abs. 2** der Aufenthaltsrichtlinie 2004/38/EG **schränkt** dieses Gleichbehandlungsgebot jedoch **ein:** So haben andere Per-

49 Verordnung (EWG) Nr. 1408/71 des Rates v. 14.6.1971 zur Anwendung der Systeme der sozialen Sicherheit auf Arbeitnehmer und deren Familien, die innerhalb der Gemeinschaft zu- und abwandern, ABl. L 149 v. 5.7.1971, S. 2.

50 Verordnung (EG) Nr. 883/2004 des Europäischen Parlaments und des Rates v. 29.4.2004 zur Koordinierung der Systeme der sozialen Sicherheit, ABl. L 166 v. 30.4.2004, S. 1; zuletzt geändert durch Verordnung (EG) 2017/492 der Kommission v. 21.3.2017, ABl. 76 v. 22.3.2017, S. 13. Die Kommission hat am 13.12.2016 einen Vorschlag zur grundlegenden Revision der Verordnung Nr. 883/2004 vorgelegt, COM(2016) 815 final.

51 Gemäß Art. 90 Verordnung Nr. 883/2004 bleibt die Verordnung (EWG) Nr. 1408/71 für einzelne Zwecke vorerst in Anwendung.

52 Der persönliche Geltungsbereich der Verordnung (EG) Nr. 1408/71 war gemäß Art. 2 ursprünglich auf Arbeitnehmer, Selbständige, Studierende und ihre Angehörigen, soweit sie Staatsangehörige eines Mitgliedstaates sind, Staatenlose oder Flüchtlinge beschränkt. Durch die Verordnung (EU) Nr. 1213/10 des Europäischen Parlaments und des Rates v. 24.11.2010 zur Ausdehnung der Verordnung (EG) Nr. 883/2004 und der Verordnung (EG) Nr. 987/2009 auf Drittstaatsangehörige, die ausschließlich aufgrund ihrer Staatsangehörigkeit nicht bereits unter diese Verordnungen fallen, ABl. L 344 v. 29.12.2010, S. 1, ist der Anwendungsbereich der Koordinierungsverordnung (EG) Nr. 883/2004 auf alle Drittstaatsangehörige erstreckt worden, die ihren rechtmäßigen Wohnsitz im Hoheitsgebiet eines Mitgliedstaates haben. Dies geschah unter expliziter Bezugnahme auf Art. 34 Abs. 2 GRC (Erwägungsgrund 4).

53 Verordnung (EWG) Nr. 1612/68 des Rates v. 15.10.1968 über die Freizügigkeit der Arbeitnehmer innerhalb der Gemeinschaft, ABl. L 257 v. 19.10.1968, S. 2.

54 Richtlinie 2004/38/EG des Europäischen Parlaments und des Rates v. 29.4.2004 über das Recht der Unionsbürger und ihrer Familienangehörigen, sich im Hoheitsgebiet der Mitgliedstaaten frei zu bewegen und aufzuhalten, zur Änderung der Verordnung (EWG) Nr. 1612/68 und zur Aufhebung der Richtlinien 64/221/EWG, 68/360/EWG, 72/194/EWG, 73/148/EWG, 75/34/EWG, 75/35/EWG, 90/364/EWG, 90/365/EWG und 93/96/EWG, ABl. L 158 v. 30.4.2004, S. 77; geändert durch Verordnung (EU) Nr. 492/2011 des Europäischen Parlaments und des Rates v. 5.4.2011, ABl. L 141 v. 27.5.2011, S. 1.

55 Verordnung (EU) Nr. 492/2011 des Europäischen Parlaments und des Rates v. 5.4.2011 über die Freizügigkeit der Arbeitnehmer innerhalb der Union, ABl. L 141 v. 27.5.2011, S. 1.

sonen als Arbeitnehmer und Selbständige sowie deren Familienangehörige insbesondere erst ab einem rechtmäßigen Aufenthalt von drei Monaten einen Anspruch auf Sozialhilfe.[56]

18 Nicht in den Erläuterungen ausdrücklich erwähnt als Vorgabe ist das **allgemeine Diskriminierungsverbot in Art. 18 AEUV**, das **Freizügigkeitsrecht in Art. 21 AEUV** und die **Arbeitnehmerfreizügigkeit in Art. 45 AEUV**.

19 **b) Verfassungen der Mitgliedstaaten.** Lediglich die *estnische* Verfassung enthält ein mit Art. 34 Abs. 2 direkt vergleichbares Gleichbehandlungsgebot, indem sie das Recht auf staatliche Hilfe im Alter, bei Arbeitsunfähigkeit, bei Verlust des Brotverdieners oder bei Bedürftigkeit ausdrücklich auch Angehörigen anderer Staaten und staatenlosen Personen zugesteht – allerdings vorbehaltlich anderslautender Gesetze.[57] Ein Teil der Verfassungen unterscheidet bei den Anspruchsberechtigten zunächst nicht zwischen den eigenen Staatsangehörigen und anderen (sog. Jedermann-Recht); eine Differenzierung wird dann aber ggf. im einfachen Recht vorgenommen.[58] Ein anderer Teil der Verfassungen gesteht Ansprüche auf Leistungen der sozialen Sicherheit demgegenüber nur den eigenen Staatsangehörigen zu.[59]

3. Recht auf eine soziale Unterstützung und Unterstützung für die Wohnung (Absatz 3)

20 Nach den **Erläuterungen** lehnt sich Absatz 3 „an Artikel 13 der Europäischen Sozialcharta und die Artikel 30 und 31 der revidierten Sozialcharta sowie an Nummer 10 der Gemeinschaftscharta an".

21 **Art. 13 ESC** sieht das **„Recht auf Fürsorge"** vor (s. im Detail → Rn. 14). Art. 34 Abs. 3 lehnt sich insbesondere bei der Beschreibung der Anspruchsberechtigten („alle, die nicht über ausreichende Mittel verfügen") an Art. 13 Abs. 1 ESC („jedem, der nicht über ausreichende Mittel verfügt und sich diese auch nicht selbst oder von anderen, insbesondere durch Leistungen aus einem System der sozialen Sicherheit verschaffen kann") an. Art. 34 Abs. 3 greift zudem den in Art. 13 Abs. 1 verwandten Zentralbegriff (soziale) „Unterstützung" auf.

22 **Art. 30 RESC** ist mit **„Das Recht auf Schutz gegen Armut und soziale Ausgrenzung"** überschrieben. Wörtlich heißt es dort: „Um die wirksame Ausübung des Rechts auf Schutz gegen Armut und soziale Ausgrenzung zu gewährleisten, verpflichten sich die Vertragsparteien: a) im Rahmen eines umfassenden und koordinierten Ansatzes Maßnahmen zu ergreifen, um für Personen, die in sozialer Ausgrenzung oder Armut leben oder Gefahr laufen, in eine solche Lage zu geraten, sowie für deren Familien den tatsächlichen Zugang insbesondere zur Beschäftigung, zu Wohnraum, zur Ausbildung, zum Unterricht, zur Kultur und zur Fürsorge zu fördern; b) diese Maßnahmen, falls erforderlich, im Hinblick auf ihre Anpassung zu überprüfen." Insbesondere in der Zielformulierung („Um die soziale Ausgrenzung und die Armut zu bekämpfen") orientiert sich Art. 34 Abs. 3 an Art. 30 RESC. Während Art. 30 RESC konkretere Ansätze benennt, die die Vertragsparteien zur Bekämpfung von Armut und sozialer Ausgrenzung ergreifen können (z. B. Förderung des Zugangs zum

56 Vgl. zur Entwicklung der sekundärrechtlichen Regelungen ausführlich *Steiger*, EuR 2018, 304, 314 ff.

57 § 28 VerfEstland.

58 Vgl. insbesondere Art. 23 VerfBelgien; § 75 Abs. 2 VerfDänemark; § 19 VerfFinnland; Präambel-Grundsatz VerfFrankreich (1946); Art. 57 und 58 VerfKroatien; Art. 109 VerfLettland; Art. 63, 65 VerfPortugal; Art. 9 VerfZypern.

59 Vgl. insbesondere Art. 51 VerfBulgarien; Art. 45 Abs. 2 VerfIrland; Art. 3 und 38 VerfItalien; Art. 43 VerfRumänien; Art. 35 und 39 VerfSlowakei; Art. 41 VerfSpanien; Art. XIX Abs. 1 VerfUngarn.

Unterricht oder zur Kultur) belässt es Art. 34 Abs. 3 bei der abstrakten Nennung eines „Rechts auf soziale Unterstützung", das lediglich zu „anerkennen und achten" ist.[60]

Art. 31 RESC enthält **„Das Recht auf Wohnung"** und lautet: „Um die wirksame Ausübung des Rechts auf Wohnung zu gewährleisten, verpflichten sich die Vertragsparteien, Maßnahmen zu ergreifen, die darauf gerichtet sind: (1) den Zugang zu Wohnraum mit ausreichendem Standard zu fördern; (2) der Obdachlosigkeit vorzubeugen und sie mit dem Ziel der schrittweisen Beseitigung abzubauen; (3) die Wohnkosten für Personen, die nicht über ausreichende Mittel verfügen, so zu gestalten, dass sie tragbar sind." Hierhinter bleibt Art. 34 Abs. 3 deutlich zurück, der lediglich ein „Recht auf eine Unterstützung für eine Wohnung" enthält.[61] Dieses Recht ist zudem auch lediglich „anzuerkennen und zu achten". 23

Art. 34 Abs. 3 lehnt sich zudem an Nummer 10 der **Gemeinschaftscharta der Arbeitnehmerrechte** an, strenggenommen nur an dessen 2. Spiegelstrich (→ Rn. 5). 24

b) Verfassungen der Mitgliedstaaten. Ein **Teil der Verfassungen** der Mitgliedstaaten enthält sowohl mit dem in Art. 34 Abs. 1 vorausgesetzten **Recht auf Zugang zu den Leistungen der sozialen Sicherheit** vergleichbare Vorschriften als auch mit dem in Art. 34 Abs. 3 vorausgesetzten **Recht auf eine soziale Unterstützung.** Bei einem **anderen Teil der nationalen Verfassungen** kann eine Unterscheidung, wie sie Art. 34 zwischen sozialer Sicherheit und sozialer Unterstützung vornimmt, **nicht eindeutig getroffen** werden. Weitere Verfassungen sehen **nur das in Art. 34 Abs. 1 vorausgesetzte Recht auf Zugang zu den Leistungen der sozialen Sicherheit** vor (s. im Einzelnen → Rn. 7 ff.). 25

Schließlich enthält ein **anderer Teil der nationalen Verfassungen** Bestimmungen, die eher nur mit dem in Art. 34 Abs. 3 vorgesehenen **Recht auf soziale Unterstützung** vergleichbar sind. Die *dänische* Verfassung sieht vor, dass wer sich oder die Seinen nicht selbst ernähren kann und dessen Versorgung auch keinem anderen obliegt, Anspruch auf öffentliche Unterstützung hat, jedoch nur wenn er sich dafür den Verpflichtungen unterwirft, die das Gesetz vorsieht.[62] Gemäß der *estnischen* Verfassung hat jeder estnische Staatsbürger das Recht auf staatliche Unterstützung im Alter, bei Arbeitsunfähigkeit, Verlust des Ernährers oder in Notlagen. Die Art der Unterstützung, ihr Umfang und ihre Bedingungen sowie die Verfahren werden durch Gesetz bestimmt.[63] In der *französischen* Verfassung wird „allen, vor allem den Kindern, den Müttern und den alten Arbeitern, de(r) Schutz ihrer Gesundheit, materielle Sicherheit, Ruhe und Freizeit" zugesichert. „Jeder Mensch, der wegen seines Alters, seines physischen oder geistigen Zustandes oder seiner wirtschaftlichen Lage arbeitsunfähig ist, hat das Recht, von der Gesamtheit angemessene Mittel für den Unterhalt zu bekommen."[64] Die *irische* Verfassung strebt in ihrer Präambel eine „gerechte soziale Ordnung" an. Als „Leitsatz der Sozialpolitik" wird festgelegt, dass es das Bestreben des Staates sein wird, das Wohlergehen des gesamten Volkes durch die möglichst wirkungsvolle Sicherung und Wahrung einer sozialen Ordnung zu fördern, in der Gerechtigkeit und Nächstenliebe alle Einrichtungen des nationalen Lebens leiten. Der Staat „gelobt" zudem, wo es notwendig ist, zum Unterhalt der Kranken, Witwen, Waisen und Alten beizutragen.[65] Die *slowakische* Verfassung sieht vor, dass der Staat in angemessenem Maße materi- 26

60 *Rudolf*, 4. Aufl. Rn. 4; *Frenz*, Hdb EuR, Rn. 4178.
61 *Stern/Sachs/Nußberger/Lang*, GRC, Art. 34 Rn. 133.
62 § 75 Abs. 2 VerfDänemark.
63 § 28 VerfEstland.
64 Präambel-Grundsatz VerfFrankreich (1946).
65 Art. 45 VerfIrland.

ell die Bürger unterstützt, die ihr Recht auf Arbeit ohne ihr Verschulden nicht ausüben können.[66] Des Weiteren wird jedem, der sich in materieller Not befindet, ein Recht auf die Unterstützung gewährt, „die zur Gewährleistung des Lebensunterhalts erforderlich ist". Bürger haben zudem „das Recht auf eine angemessene materielle Versorgung im Alter und bei Arbeitsunfähigkeit sowie bei Verlust des Ernährers". Näheres wird jeweils durch Gesetz geregelt.[67]

27 Im *deutschen* GG werden keine Ansprüche oder Rechte formuliert. Gemäß Art. 20 Abs. 1 GG ist die Bundesrepublik Deutschland ein „sozialer Bundesstaat". Das BVerfG leitet in ständiger Rechtsprechung aus der Menschenwürdegarantie in Art. 1 Abs. 1 GG i.V.m. Art. 20 Abs. 1 GG ein **Grundrecht eines jeden auf Gewährleistung eines menschenwürdigen Existenzminimums** ab,[68] das „sowohl die physische Existenz des Menschen, also Nahrung, Kleidung, Hausrat, Unterkunft, Heizung, Hygiene und Gesundheit [...], als auch die Sicherung der Möglichkeit der Pflege zwischenmenschlicher Beziehungen und zu einem Mindestmaß an Teilhabe am gesellschaftlichen, kulturellen und politischen Leben umfasst [...]".[69] Das Verfassungsrecht *Österreichs* enthält weder Art. 34 vergleichbare Grundrechte noch Staatszielbestimmungen.[70]

28 Eine **unmittelbar vergleichbare Bestimmung** zum in Art. 34 Abs. 3 enthaltenen **„Recht auf eine Unterstützung für die Wohnung"** enthält **keine der mitgliedstaatlichen Verfassungen.** Insgesamt **neun Verfassungen** sehen jedoch **Bestimmungen zum Schutz des Wohnens** vor. **Drei** davon enthalten ein noch über Art. 34 Abs. 3 hinausgehendes **Recht auf eine Wohnung** selbst (nicht bloß „auf Unterstützung für die Wohnung"): Die *belgische* Verfassung sieht „das Recht auf angemessene Wohnung" als Teil des „Rechts, ein menschenwürdiges Leben zu führen", vor.[71] Sehr umfangreiche Bestimmungen enthält die Verfassung *Portugals*, wonach jeder „für sich und seine Familie das Recht auf eine angemessene große Wohnung mit hygienischen und komfortablen Bedingungen, die die persönliche Intimsphäre und das private Familienleben zu erhalten imstande ist" hat. Um das „Recht auf Wohnung" sicherzustellen, obliegt es dem Staat u. a. „privaten Bauvorhaben, bei Unterordnung unter die Allgemeinwohlinteressen, und dem Erwerb eines Eigenheims einen Anreiz zu geben", und „die Initiativen der Gemeinden und ihrer Einwohner zu fördern und zu unterstützen, die eine Lösung der jeweiligen Wohnungsprobleme und die Förderung des Eigenbaus sowie die Bildung von Wohnungsbaugenossenschaften anstreben". Zudem soll der Staat eine Politik verfolgen, „die auf die Einführung eines Mietsystems abzielt, das mit dem Familieneinkommen vereinbar ist und den Zugang zu einer eigenen Wohnung ermöglicht".[72] Nach der *spanischen* Verfassung haben „alle Spanier das Recht auf eine würdige und angemessene Wohnung. Die öffentlichen Gewalten fördern die notwendigen Voraussetzungen und setzen die entsprechenden Voraussetzungen für die Ausübung dieses Rechts fest. Sie regeln die Bodennutzung im Interesse der Allgemeinheit und zur Verhinderung der Spekulation. [...]".[73]

66 Art. 35 Abs. 3 VerfSlowakei.
67 Art. 39 VerfSlowakei.
68 BVerfGE 40, 121 (133); 45, 187 (228); 82, 60 (85); 113, 88 (108 f.); 125, 175 (223).
69 BVerfGE 125, 175 (223).
70 *Holoubek/Lienbacher/Blauensteiner*, GRC, Art. 34 Rn. 45.
71 Art. 23 Nr. 4 VerfBelgien.
72 Art. 65 VerfPortugal. Vgl. zur Verbindlichkeit der sozialen Grundrechte in Portugal *Heselhaus/Nowak/Marauhn*, Hdb Eur. GR, § 22 Rn. 4.
73 Art. 47 VerfSpanien.

Sechs weitere Verfassungen enthalten weniger als subjektive Rechte, sondern eher als **Staatszielbestimmungen** formulierte Vorschriften zur Förderung des Wohnens: Gemäß der *finnischen* Verfassung fördern die staatlichen Stellen das Recht eines jeden auf eine Wohnung und die Möglichkeit, eigenes Wohnen zu verwirklichen.[74] Nach der *griechischen* Verfassung ist die Beschaffung von Wohnungen für Obdachlose oder ungenügend Untergebrachte Gegenstand der besonderen Sorge des Staates.[75] Die *polnische* Verfassung sieht vor, dass die öffentliche Gewalt eine Politik verfolgt, „die den Wohnbedürfnissen der Staatsbürger entgegenkommt, und insbesondere der Obdachlosigkeit entgegenwirkt, die Entwicklung des sozialen Wohnungsbaus fördert sowie die Bestrebungen der Staatsangehörigen, eigene Wohnung zu erlangen, unterstützt".[76] Gemäß der *schwedischen* Verfassung obliegt es dem Gemeinwesen insbesondere das Recht auf Wohnung zu sichern.[77] Nach der *slowenischen* Verfassung muss der Staat die Voraussetzungen dafür schaffen, „dass die Staatsbürger eine angemessene Wohnung erwerben können".[78] „*Ungarn* ist bestrebt, für einen jeden die Bedingungen des menschenwürdigen Wohnens […] zu sichern."[79] 29

Alles in allem ist angesichts der Diversität der mitgliedstaatlichen Verfassungen zu konstatieren, dass eine **gemeinsame Verfassungsüberlieferung** der Mitgliedstaaten weder zum in Art. 34 Abs. 1 vorausgesetzten Recht auf Zugang zu den Leistungen der sozialen Sicherheit noch zu den in Art. 34 Abs. 3 vorausgesetzten Rechten auf eine soziale Unterstützung und für die Wohnung existiert. Eine solche ist allenfalls im Sinne einer **Basiabsicherung der „physischen Grundlagen der Existenz"** erkennbar.[80] 30

II. Diskussion im Grundrechtekonvent

1. Absätze 1 und 3

a) Die ersten Vorschläge des Präsidiums. Die vom Präsidium zu Beginn der Verhandlungen vorgelegte **Grundrechteliste**[81] erwähnte bereits ein „Recht auf soziale Sicherheit" und ein „Recht auf soziale und medizinische Unterstützung", wobei ausdrücklich offengelassen wurde, ob es sich hierbei um Grundrechte oder um politische Zielbestimmungen handeln sollte. Die Inhalte von **Art. 34 Abs. 1 und Abs. 3** waren damit von Anfang an Gegenstand der Diskussion im Grundrechtekonvent. Der Regelungsinhalt des Art. 34 Abs. 2 wurde demgegenüber erst später in die Diskussion eingebracht (→ Rn. 45 ff.). 31

Der **erste konkret formulierte Artikelvorschlag des Präsidiums** vom 29.3.2000[82] enthielt einen eigenständigen **„Artikel XIII Soziale Sicherheit" (heute Art. 34 Abs. 1)**, der lautete: „Jeder Arbeitnehmer und seine anspruchsberechtigten Angehörigen haben (jede Person hat) entsprechend den jeweiligen Gegebenheiten der einzelnen Staaten Anspruch auf einen sozialen Schutz, der insbesondere Sozialleistungen von ausreichendem Umfang umfasst." Anfänglich war die Bestimmung damit noch als Anspruch formuliert, jedoch ohne nähere 32

74 § 19 VerfFinnland.
75 Art. 21 Abs. 4 VerfGriechenland.
76 Art. 75 Abs. 1 VerfPolen.
77 Kapitel 1, Art. 2 VerfSchweden.
78 Art. 78 VerfSlowenien.
79 Art. XXII VerfUngarn.
80 *Heselhaus/Nowak/Marauhn*, Hdb Eur. GR, § 22 Rn. 13; *Rudolf*, 4. Aufl. Rn. 6; *Schmidt*, Rechtsnatur und Verpflichtungsdichte der Europäischen Grundrechte, S. 337; *Stern/Sachs/Nußberger/Lang*, GRC, Art. 34 Rn. 48; *Streinz/Streinz*, EUV/AEUV, Art. 34 GRC Rn. 4; *GSH/Lembke*, EU, Art. 34 GRC Rn. 6; *Pechstein/Nowak/Häde/Kocher*, Frankfurter Kommentar, Art. 34 GRC Rn. 2; *Winner*, Die Europäische Grundrechtscharta und ihre soziale Dimension, S. 175.
81 CHARTE 4112/2/00 REV 2 BODY 4 v. 27.1.2000.
82 CHARTE 4193/00 CONVENT 19 v. 29.3.2000.

Konkretisierung des Inhalts des „sozialen Schutzes". Zudem wurde zur Diskussion gestellt, ob es sich um ein Arbeitnehmerrecht oder ein sog. Jedermann-Recht handeln sollte.

33 Gleichzeitig wurde ein eigenständiger **„Artikel XIV Recht auf Sozialhilfe"** mit folgendem Wortlaut vorgeschlagen: „Jeder Person, die nicht über ausreichende Mittel verfügt (und sich diese auch nicht selbst oder von anderen verschaffen kann), muss eine angemessene soziale Unterstützung gewährt werden." Die heute in **Art. 34 Abs. 3** enthaltene „Unterstützung für die Wohnung" war damit anfänglich noch nicht eigenständig erwähnt; ebenso fehlte insbesondere noch die Zielbestimmung („um die soziale Ausgrenzung und Armut zu bekämpfen") und der Bezug zur Menschenwürdegarantie („menschenwürdiges Dasein").

34 In einem **zweiten Entwurf des Präsidiums vom 17.4.2000**[83] wurde ergänzend zu den oben erwähnten allgemeinen Artikeln über die soziale Sicherheit und die Sozialhilfe noch ein speziellerer **„Artikel XVI Das Recht älterer Menschen auf sozialen Schutz"** vorgeschlagen, der wie folgt hieß: „(1) Jeder Arbeitnehmer muss, wenn er in den Ruhestand geht, über Mittel verfügen können, die ihm einen angemessenen Lebensstandard sichern. (2) Jede Person, die das Rentenalter erreicht hat, aber keinen Rentenanspruch besitzt oder über keine sonstigen ausreichenden Unterhaltsmittel verfügt, muss ausreichende Zuwendungen sowie ihren spezifischen Bedürfnissen angemessene Sozialleistungen und Sachleistungen bei Krankheit erhalten können."

35 **b) Diskussion im Grundrechtekonvent am 27./28.4.2000.** Die Artikelvorschläge wurden auf der **Achten Sitzung des Konvents am 27./28.4.2000** zusammen mit dem Artikelvorschlag zum „Recht auf Zugang zu ärztlicher Versorgung"[84] erörtert. Ein **Teil der Redner** äußerte **deutliche Skepsis** gegenüber den in den Artikelvorschlägen enthaltenen sozialen Grundrechten allgemein und bezweifelte ihre „Chartawürdigkeit".[85] Bestimmungen zur sozialen Sicherheit seien nicht vom Kölner Mandat des Europäischen Rates gedeckt.[86] *Altmaier* (D) befürchtete aufgrund der Formulierungen als einklagbare Ansprüche, dass der EuGH zu Gunsten von Individuen in Bereiche eingreifen könne, wo ausschließlich die Mitgliedstaaten Kompetenzen hätten. Eine drohende Harmonisierung nationaler Sicherungssysteme „durch die Hintertür" müsse aber verhindert werden. Man könne deswegen nur Staatszielbestimmungen und keine individuellen Rechte schaffen.[87] Der **größere Teil der Redner** trat jedoch für die **Beibehaltung der vom Präsidium vorgeschlagenen Artikel XIII („Soziale Sicherheit") und XIV („Recht auf Sozialhilfe")**, ggf. mit redaktionellen Änderungen ein.[88] *Vitorino* (Kommission) mahnte sehr vorsichtige Formulierungen an. Es dürften sich keinerlei neue Kompetenzen für die EU ergeben.

36 Anders verhielt es sich mit der vom Präsidium in einem zweiten Entwurf (→ Rn. 34) vorgeschlagenen besonderen **Schutzbestimmung zu Gunsten älterer Menschen.** Ein **Großteil der Redner** hielt den vorgeschlagenen Art. XVI im Hinblick auf die in Art. XIII und Art. XIV niedergelegten Rechte für **überflüssig.**[89]

---

83 CHARTE 4227/00 COVENT 26 v. 17.4.2000.

84 S. hierzu die Kommentierung von *Giesecke* Art. 35.

85 So *Altmaier* (D), *Goldsmith* (GB), *Korthals Altes (*NL) und *van Dam* (EP, NL). S. die Schilderung des Diskussionsverlaufs in *Bernsdorff/Borowsky*, Protokolle, S. 226.

86 *Goldsmith* (GB), wohl auch *Korthals Altes (*NL).

87 Ähnlich auch *Goldsmith* (GB).

88 So *Braibant* (F), *Berès* (EP, F), *Paciotti* (EP, IT) *van den Burg* (EP, NL), *Jansson* (FIN) und *Rodotà* (IT).

89 So etwa *Cisneros Laborda* (E) und *Altmaier* (D). *Braibant* (F) trat indes für die Beibehaltung ein. S. *Bernsdorff/Borowsky*, Protokolle, S. 227.

Über diese grundsätzlichen Fragen hinaus wurden **einzelne Formulierungen** diskutiert, beispielsweise warum die Einschränkung **„entsprechend den jeweiligen Gegebenheiten"** nur in Art. XIII über die soziale Sicherheit und nicht in den anderen vorgeschlagenen Artikeln enthalten sei,[90] und ob Art. XIII als sog. **Jedermann-Recht** auszugestalten sei.[91] 37

c) **Dritter Vorschlag des Präsidiums und schriftliche Änderungsanträge.** In seinem **dritten Vorschlag** vom 16.5.2000[92] fasste das Präsidium die bis dahin noch in zwei getrennten Artikeln enthaltenen Vorschriften über die **„soziale Sicherheit"** und die **„soziale Unterstützung"** in einem Artikel 41 **zusammen.** An dem vorgeschlagenen „Recht älterer Menschen auf sozialen Schutz" (→ Rn. 34) wurde nach der Diskussion im Grundrechtekonvent am 27./28.4.2000 (→ Rn. 35 ff.) nicht weiter festgehalten. Der vorgeschlagene Art. 41 lautete unter der Überschrift **„Soziale Sicherheit und soziale Unterstützung"** wie folgt: „(1) Entsprechend den jeweiligen Gegebenheiten der einzelnen Mitgliedstaaten werden Leistungen der sozialen Sicherheit vorgesehen, die bei Mutterschaft, bei Krankheit, bei Pflegebedürftigkeit oder im Alter sowie bei Verlust des Arbeitsplatzes Schutz gewährleisten. (2) Zur Gewährleistung eines menschenwürdigen Daseins werden für jede Person, die nicht über ausreichende Mittel verfügt, eine soziale Unterstützung und eine Wohnungsbeihilfe vorgesehen." In der **Begründung** des Vorschlags wurde hervorgehoben, dass es sich hierbei um einen **Grundsatz** handele, der im nationalen Recht im Einklang mit Gemeinschaftsrecht umgesetzt werde. Beide Absätze des Art. 41 waren mit der Formulierung „werden vorgesehen" auch eher als Grundsätze denn – wie noch in den ursprünglichen Formulierungsvorschlägen vorgesehen – als Ansprüche gefasst. In Absatz 1 wurden mit „Mutterschaft, Krankheit, Pflegebedürftigkeit, Alter, Verlust des Arbeitsplatzes" (mit Ausnahme des „Arbeitsunfalles") die im heutigen Art. 34 Abs. 1 erwähnten Bereiche der sozialen Sicherheit genannt und damit eine **Konkretisierung** gegenüber der ursprünglichen Formulierung vorgenommen. In Absatz 2 wurde erstmals der Aspekt der **„Wohnungsbeihilfe"** aufgenommen. 38

Zum dritten Entwurf des Präsidiums wurden zahlreiche **schriftliche Änderungsanträge** von den Konventsmitgliedern eingereicht, die in ihrer Zielrichtung erheblich divergierten.[93] **Einige Konventsmitglieder** schlugen die **Streichung** des kompletten Art. 41 vor.[94] Ein **größerer Teil der Konventsmitglieder** sprach sich in verschiedenen Formen für eine **Umformulierung** hin zu einem **allgemeineren Grundsatz** aus.[95] Ein **ebenso großer Teil der Konventsmitglieder** forderte demgegenüber eine **Umformulierung** des vorgeschlagenen Art. 41 Abs. 1 über die soziale Sicherheit eher hin zu einem **subjektiven Recht.**[96] Zudem wurde u. a. verschiedentlich die **Aufnahme eines Rechts über einen Mindestlohn**[97] und die **Aufnahme eines Rechts auf eine Wohnung** (nicht bloß auf eine „Wohnungsbeihilfe") vorgeschla- 39

90 So *Altmaier* (D). S. *Bernsdorff/Borowsky*, Protokolle, S. 226 f.

91 Hierzu *Nikula* (FIN), hierfür *Braibant* (F) und *Jansson* (FIN).

92 CHARTE 4316/00 CONVENT 34 v. 16.5.2000.

93 S. Vorschläge Nr. 236 ff. in CHARTE 4372/00 CONVENT 39 v. 16.6.2000. S. auch die Zusammenfassung der Vorschläge in CHARTE 4383/00 CONVENT 41 v. 3.7.2000.

94 So *Cederschiöld* (SWE, EP), Änderungsvorschlag Nr. 236 in CHARTE 4372/00 CONVENT 39 v. 16.6.2000, und gemeinsam *Friedrich/Mombaur* (EP, D), Änderungsvorschlag Nr. 237 in CHARTE 4372/00 CONVENT 39 v. 16.6.2000.

95 So *Olsen* (DK), *Rodriguez Bereijo* (E), *Goldsmith* (GB), *Griffiths* (EP, GB, *Berthu* (EP, F) und *Duff* (EP, GB), s. Änderungsvorschläge Nr. 238–243 in CHARTE 4372/00 CONVENT 39 v. 16.6.2000.

96 So *Meyer* (D), *Leinen* (D), *Dieulangard* (F), *Berès* (EP, F), *Fayot* (LUX), *Hirsch Ballin* (NL) und gemeinsam *Rodotà/Paciotti/Mancella* (IT), s. Änderungsvorschläge Nr. 175, 247, 248, 249, 251, 246 und 260 in CHARTE 4372/00 CONVENT 39 v. 16.6.2000.

97 S. insbesondere Änderungsvorschlag Nr. 266 von *Berès* (EP, F) in CHARTE 4372/00 CONVENT 39 v. 16.6.2000.

gen.[98] All diese Vorschläge wurden im Ergebnis vom Präsidium nicht weiter berücksichtigt. Anders verhielt es sich mit dem Vorschlag, die **Liste der Anwendungsfälle „sozialer Sicherheit" zu erweitern,**[99] mit dem Vorschlag, auch im vorgeschlagenen Art. 41 Abs. 2 über die **„soziale Unterstützung"** einen **Bezug auf die mitgliedstaatlichen Rechtsvorschriften** aufzunehmen,[100] und mit dem später berücksichtigten Vorschlag, ein **Recht auf Zugang zu den sozialen Diensten** aufzunehmen.[101]

40 **d) Vierter Vorschlag des Präsidiums.** Am 4.7.2000 schlug das Präsidium unter der Überschrift „Soziale Sicherheit und soziale Unterstützung" folgenden Art. 41 vor: „(1) *Nach Maßgabe der einzelstaatlichen Rechtsvorschriften und Gepflogenheiten* werden Leistungen der sozialen Sicherheit vorgesehen, die *insbesondere* bei Krankheit, bei Mutterschaft, bei Pflegebedürftigkeit oder im Alter sowie bei Verlust des Arbeitsplatzes *angemessenen* Schutz gewährleisten. (2) *Nach Maßgabe der einzelstaatlichen Rechtsvorschriften und Gepflogenheiten* werden für jede Person, die nicht über ausreichende Mittel verfügt, zur Gewährleistung eines menschenwürdigen Daseins eine soziale Unterstützung und eine Wohnungsbeihilfe vorgesehen."[102] [Änderungen gegenüber vorheriger Fassung hervorgehoben].

41 **e) Diskussion im Grundrechtekonvent am 17.7.2000.** In der Diskussion im Grundrechtekonvent am 17.7.2000 über den vierten Vorschlag des Präsidiums wurden im Wesentlichen angesichts der fehlenden Kompetenzen der EU im Sozialbereich die bekannten **grundsätzlichen Argumente zur Sinnhaftigkeit und Notwendigkeit der Verankerung eines Rechts auf soziale Sicherheit** in der Grundrechtecharta und zu der damit verbundenen Gefahr einer Kompetenzanmaßung der EU erneut ausgetauscht (vgl. → Rn. 35).[103] Im Einzelnen plädierte *Meyer* (D) zudem für die Aufnahme eines **Rechts auf Zugang zu den sozialen Diensten** wie Haushaltshilfe, Pflege, Essen auf Rädern und präventiver Drogenberatung.[104] *Berès* (EP, F) sprach sich für die Erweiterung der Aufzählung in Art. 41 Abs. 1 um den **Anlasstatbestand „Arbeitsunfall"** aus.[105]

42 **f) Gesamtentwürfe der Charta und finale Fassung. Der erste Gesamtentwurf der Charta vom 28.7.2000**[106] **integrierte** erstmals auch das bislang separate **„Recht auf Gleichbehandlung bei Aufenthaltswechsel"**, d. h. den heutigen Art. 34 Abs. 2 (→ Rn. 45 ff.), in einen Art. 32 unter der Überschrift „Soziale Sicherheit und soziale Unterstützung". In den Absätzen 1 und 3 über die „soziale Sicherheit" und die „soziale Unterstützung" wurde zudem nun erstmals ausdrücklich **„die Union" als Adressatin** der Bestimmung benannt, die die genannten sozialen Rechte **„anzuerkennen und zu achten"** habe – eine Formulierung, die ersichtlich den Befürchtungen von Kompetenzanmaßungen der EU entgegentrete sollte. Im Absatz 1 über das „Recht auf soziale Sicherheit" wurden zudem die von *Meyer* (D) vorge-

---

98 So insbesondere *Leinen* (D), *Fayot* (LUX) und *Berès* (EP, F); s. Änderungsvorschläge Nr. 267–269 in CHARTE 4372/00 CONVENT 39 v. 16.6.2000.

99 Vgl. die Änderungsvorschläge von *Jansson/Brax/Nikula* (FIN), *Korthals Altes* (NL), *Einem* (EP, AUT)/*Holoubek* (AUT) und *Cisneros Laborda* (E), Änderungsvorschläge Nr. 244, 245, 253 und 254 in CHARTE 4372/00 CONVENT 39 v. 16.6.2000.

100 Vgl. die Änderungsvorschläge Nr. 255 von *Tarschys* (S) und Nr. 256 von *Gnauck* (D) in CHARTE 4372/00 CONVENT 39 v. 16.6.2000. S. unten Rn. 40.

101 Änderungsvorschlag Nr. 175 von *Meyer* (D) in CHARTE 4372/00 CONVENT 39 v. 16.6.2000.

102 CHARTE 4399/00 CONVENT 42 v. 4.7.2000. Eigene Übersetzung aus dem Französischen.

103 S. die Schilderung des Diskussionsverlaufs in *Bernsdorff/Borowsky*, Protokolle, S. 333 ff.

104 *Bernsdorff/Borowsky*, Protokolle, S. 334. Unterstützung für seine Vorschläge erhielt *Meyer* (D) von *van den Burg* (EP, NL), *Altmaier* (D), *Einem* (EP, A) *Korthals Altes* (NL), *Rodotà* (IT), *Lalumière* (EP, F) und *Leinen* (EP, D).

105 *Bernsdorff/Borowsky*, Protokolle, S. 335.

106 CHARTE 4422/00 CONVENT 45 v. 28.7.2000.

schlagene Bezugnahme auf die „sozialen Dienste“ und die von *Berès* (F) vorgeschlagene Erweiterung der Anlasstatbestände um den „Arbeitsunfall“ aufgenommen (→ Rn. 41). Der vorgeschlagene **Art. 32 Abs. 1 zur sozialen Sicherheit** lautete: „*Die Union anerkennt und achtet* das Recht auf Zugang zu den Leistungen der sozialen Sicherheit und *zu den sozialen Diensten*, die bei Mutterschaft, bei Krankheit, *bei einem Arbeitsunfall,* bei Pflegebedürftigkeit oder im Alter sowie bei Verlust des Arbeitsplatzes Schutz gewährleisten, *nach Maßgabe des Gemeinschaftsrechts* und der einzelstaatlichen Rechtsvorschriften und Gepflogenheiten.“ [Änderungen gegenüber vorheriger Fassung hervorgehoben]. Der vorgeschlagene **Art. 32 Abs. 3 zur sozialen Unterstützung** hieß: „*Die Union anerkennt und achtet* das Recht auf eine soziale Unterstützung und eine Wohnungsbeihilfe, die für jede Person, die nicht über ausreichende Mittel verfügt, ein menschenwürdiges Dasein sicherstellen sollen, *nach Maßgabe des Gemeinschaftsrechts* und der einzelstaatlichen Rechtsvorschriften und Gepflogenheiten.“ [Änderungen gegenüber vorheriger Fassung hervorgehoben].

Der **zweite Gesamtentwurf der Charta vom 14.9.2000**[107] brachte kleinere sprachliche Änderungen in Absatz 3 und fasste Absatz 1 so, dass es sich nicht um eine abschließende Aufzählung von Anwendungsfällen, sondern lediglich um eine beispielhafte Enumeration handelte („*in solchen Fällen wie*“). Der vorgeschlagene Art. 33 lautete: „(1) Die Union anerkennt und achtet das Recht auf Zugang zu den Leistungen der sozialen Sicherheit und zu den sozialen Diensten, die in solchen Fällen wie Mutterschaft, Krankheit, Arbeitsunfall, Pflegebedürftigkeit oder im Alter sowie bei Verlust des Arbeitsplatzes Schutz gewährleisten, nach Maßgabe des Gemeinschaftsrechts und der einzelstaatlichen Rechtsvorschriften und Gepflogenheiten. […] (3) Die Union anerkennt und achtet das Recht auf eine soziale Unterstützung und eine Wohnungsbeihilfe, die allen, die nicht über ausreichende Mittel verfügen, ein menschenwürdiges Dasein sicherstellen sollen, nach Maßgabe des Gemeinschaftsrechts und der einzelstaatlichen Rechtsvorschriften und Gepflogenheiten.“ 43

Der **dritte Gesamtentwurf der Charta vom 28.9.2000**[108] nach Überarbeitung durch die Rechts- und Sprachsachverständigen brachte neben kleineren sprachlichen Änderungen noch eine Ergänzung des Absatzes 3 um die Zielformulierung am Anfang der Bestimmung („*Um die soziale Ausgrenzung und die Armut zu bekämpfen*“). Der vorgeschlagene Art. 33 hatte nun folgenden Wortlaut: „Die Union anerkennt und achtet das Recht auf Zugang zu den Leistungen der sozialen Sicherheit und zu den sozialen Diensten, die *in Fällen wie* Mutterschaft, Krankheit, Arbeitsunfall, Pflegebedürftigkeit oder im Alter sowie bei Verlust des Arbeitsplatzes Schutz gewährleisten, nach Maßgabe des Gemeinschaftsrechts und der einzelstaatlichen Rechtsvorschriften und Gepflogenheiten. […] (3) *Um die soziale Ausgrenzung und die Armut zu bekämpfen,* anerkennt und achtet die Union das Recht auf eine soziale Unterstützung und eine *Unterstützung für die Wohnung*, die allen, die nicht über ausreichende Mittel verfügen, ein menschwürdiges Dasein sicherstellen sollen, nach Maßgabe des Gemeinschaftsrechts und der einzelstaatlichen Rechtsvorschriften und Gepflogenheiten.“ [Änderungen gegenüber vorheriger Fassung hervorgehoben]. In dieser **Fassung** wurde der Text dann als Art. 34 Abs. 1 und 3 im Konvent **angenommen.**[109] 44

2. Absatz 2

Die **ersten Vorschläge des Präsidiums** umfassten noch **keinen eigenständigen Anspruch von Wanderarbeitnehmern** auf Gleichbehandlung im Hinblick auf Leistungen der sozialen Si- 45

107 CHARTE 4470/00 CONVENT 47 v. 14.9.2000.
108 CHARTE 4470/1/00 REV 1 CONVENT 47 v. 21.9.2000.
109 CHARTE 4487/00 CONVENT 50 v. 28.9.2000.

cherheit und soziale Vergünstigungen, wie er heute in Art. 34 Abs. 2 formuliert ist. Ein solcher war erst im **ersten Gesamtentwurf der Charta** vom 28.7.2000[110] enthalten: „Arbeitnehmer, die Angehörige eines Mitgliedstaats sind und ihren Wohnsitz in einem anderen Mitgliedstaat haben, sowie ihre Familienangehörigen haben Anspruch auf die gleichen Leistungen der sozialen Sicherheit, auf die gleichen sozialen Vergünstigungen und auf den gleichen Zugang zur Gesundheitsfürsorge wie die Angehörigen dieses Mitgliedstaats." Auffällig ist, dass der Gleichbehandlungsanspruch nur „Angehörigen von Mitgliedstaaten" zugesprochen wurden, die „Arbeitnehmer" sein mussten. Dem Präsidiumsvorschlag vorausgegangen war eine **Diskussion im Grundrechtekonvent am 17./18.7.2000**, in der insbesondere *Duff* (EP, GB) eine Umformulierung des damaligen Vorschlags zu Art. 41 („Soziale Sicherheit und soziale Unterstützung") in zwei Absätze vorschlug: Der erste Absatz müsse eine Anerkennung der nationalen Schutzsysteme enthalte; der zweite Absatz die Wichtigkeit der Freizügigkeit von Personen im Allgemeinen unterstreichen.[111] *Berès* (EP, F) sprach sich gegen eine solche „Salami-Taktik" im Bereich der sozialen Sicherheit aus. Man müsse sich auf ein „einheitliches universelles Prinzip" verständigen.[112]

46 Im **zweiten Gesamtentwurf** der Charta vom 14.9.2000[113] wurde der vom Gleichbehandlungsanspruch **geschützte Personenkreis** auf *„jede Person, die in der Union ihren rechtmäßigen Wohnsitz hat"* **erweitert**. Der vorgeschlagene Art. 33 Abs. 2 lautete: „Jede Person, die in der Union ihren rechtmäßigen Wohnsitz hat und ihren Wohnsitz rechtmäßig wechselt, hat Anspruch auf die Leistungen der sozialen Sicherheit und die sozialen Vergünstigungen nach Maßgabe des Gemeinschaftsrechts und der einzelstaatlichen Rechtsvorschriften und Gepflogenheiten."

47 Der **dritte Gesamtentwurf der Charta vom 28.9.2000**[114] brachte lediglich noch **kleinere sprachliche Änderungen**: „Jede Person, die in der Union ihren rechtmäßigen Wohnsitz hat und ihren *Aufenthalt* rechtmäßig wechselt, hat Anspruch auf die Leistungen der sozialen Sicherheit und die sozialen Vergünstigungen *nach dem* Gemeinschaftsrecht und den einzelstaatlichen Rechtsvorschriften und Gepflogenheiten." [Änderungen gegenüber vorheriger Fassung hervorgehoben]. **In dieser Fassung** wurde die Norm als Art. 34 Abs. 2 **angenommen.**[115]

III. Kommentierung

1. Zugang zu den Leistungen der sozialen Sicherheit und zu den sozialen Diensten (Absatz 1)

48 **a) Grundsätzliche Bedeutung.** Absatz 1 legt fest, dass die Union das Recht auf Zugang zu den Leistungen der sozialen Sicherheit und zu den sozialen Diensten, die in Fällen wie Mutterschaft, Krankheit, Arbeitsunfall, Pflegebedürftigkeit oder im Alter sowie bei Verlust des Arbeitsplatzes Schutz gewährleisten, „anerkennt und achtet". Sie hat insofern einen recht konkret formulierten Schutzauftrag.[116] Wie dies auch bei anderen sozialen Verbürgungen im Titel „Solidarität" der Charta der Fall ist, bringt Art. 34 Abs. 1 die dort anerkannten Rechte insbesondere gegenüber den Grundsätzen des Binnenmarktes in Stel-

110 CHARTE 4422/00 CONVENT 45 v. 28.7.2000.
111 *Bernsdorff/Borowsky*, Protokolle, S. 335.
112 *Bernsdorff/Borowsky*, Protokolle, S. 335.
113 CHARTE 4470/00 CONVENT 47 v. 24.9.2000. S. auch die Erläuterungen hierzu in CHARTE 4471/00 CONVENT 48 v. 20.9.2000.
114 CHARTE 4470/1/00 REV 1 CONVENT 47 v. 21.9.2000.
115 CHARTE 4487/00 CONVENT 50 v. 28.9.2000.
116 Vgl. *Bieback*, FS Kutscha, S. 43, 49; auf den Qualitätsunterschied zum GG weist *Scholz*, FS Stern, S. 923, 925, hin.

lung.[117] Das „soziale Wohlergehen des Einzelnen" rückt damit vermehrt in den Fokus der EU-Verträge;[118] der Gedanke einer „Wertegemeinschaft" wird gestärkt.[119]

b) Verhältnis zu anderen Vorschriften. Der Grundsatz in Absatz 1 weist Bezüge zu **Art. 17** (Eigentumsrecht) und **Art. 345 AEUV** (Eigentumsordnung) auf, da Ansprüche auf soziale Leistungen, die durch eigene Versicherungsbeiträge finanziert werden, eigentumsrechtlich relevant sein können.[120] Zusammenhänge bestehen zudem mit den allgemeineren **Art. 36** und **Art. 14 AEUV** (Dienste von allgemeinem wirtschaftlichem Interesse).[121] Das in **Art. 33 Abs. 2, 2. Var.** verankerte Recht auf bezahlten Mutterschaftsurlaub[122] und das Recht auf Zugang zur Gesundheitsvorsorge und auf ärztliche Versorgung in **Art. 35** können neben Absatz 1 zur Anwendung kommen.[123] 49

c) Rechtsnatur und Auslegung. In der Rechtswissenschaft ist umstritten, ob es sich bei Absatz 1 um ein Grundrecht oder einen Grundsatz handelt. Die **herrschende Meinung** spricht sich für die Annahme eines **Grundsatzes** im Sinne des Art. 52 Abs. 5 aus.[124] Dem ist zuzustimmen, denn hierfür sprechen insbesondere der Wortlaut der Norm (lediglich „anerkennen und achten" von Rechten und nicht Gewährung der Rechte selbst an benannte Grundrechtsträger),[125] die Erläuterungen zur Charta, in denen Art. 34 Abs. 1 explizit als „Grund- 50

117 Vgl. *Peers/Hervey/Kenner/Ward/Jääskinen*, EU Charter, Rn. 61.38 ff.; *Calliess/Ruffert/Kingreen*, EUV/AEUV, Art. 34 GRC Rn. 5; *GSH/Lembke*, EU, Art. 34 GRC Rn. 18; *Poulou*, Soziale Grundrechte und europäische Finanzhilfe, S. 132 ff.; *Schlachter/Heinig/Axer*, EnzEuR Bd. 7, § 3 Rn. 12, 23; vgl. zu diesem Spannungsverhältnis auch *Schlachter/Heinig/Krajewski*, EnzEuR Bd. 7, § 35.

118 *Stern/Sachs/Nußberger/Lang*, GRC, Art. 34 Rn. 54; vgl. *Streinz/Streinz*, EUV/AEUV, Art. 34 GRC Rn. 5; *Winner*, Die Europäische Grundrechtscharta und ihre soziale Dimension, S. 177.

119 *Meyer*, in: FS Eser, S. 177, 180 f.

120 EuGH – Testa, verb. Rs. 41/79, 121/79, 796/79, ECLI:EU:C:1980:163, Urt. v. 19.6.1980, Rn. 18 ff.; *Pechstein/Nowak/Häde/Kocher*, Frankfurter Kommentar, Art. 34 GRC Rn. 21; *Calliess/Ruffert/Kingreen*, EUV/AEUV, Art. 34 GRC Rn. 5; s. hierzu auch *Bernsdorff*, Art. 17 Rn. 13.

121 *Pechstein/Nowak/Häde/Kocher*, Frankfurter Kommentar, Art. 34 GRC Rn. 21; *Calliess/Ruffert/Kingreen*, EUV/AEUV, Art. 34 GRC Rn. 5.

122 *Rohleder*, Art. 33 Rn. 33; *Pechstein/Nowak/Häde/Kocher*, Frankfurter Kommentar, Art. 34 GRC Rn. 23.

123 *Giesecke*, Art. 35 Rn. 8; *Pechstein/Nowak/Häde/Kocher*, Frankfurter Kommentar, Art. 34 GRC Rn. 23.

124 *Bergmann/Dienelt/Bergmann*, Ausländerrecht, Art. 34 GRC Rn. 1; *Calliess/Ruffert/Kingreen*, EUV/AEUV, Art. 34 GRC Rn. 4; *Frenz*, Hdb EuR, Rn. 4082 ff.; *Grabenwarter/Bungenberg*, EnzEuR Bd. 2, § 17 Rn. 7; *GSH/Lembke*, Europäisches Unionsrecht, Art. 34 GRC Rn. 7; *Holoubek/Lienbacher/Blauensteiner/Tobisch/Wutzl*, GRC, Art. 34 Rn. 27; *Jarass*, GRC, Art. 34 Rn. 3; *Merten/Papier/Langenfeld*, Handbuch der Grundrechte VI/1, § 163 Rn. 39; *Sagmeister*, Die Grundsatznormen in der Europäischen Grundrechtecharta, S. 375; *Schmidt*, Die Grundsätze im Sinne der EU-Grundrechtecharta, S. 234; *Peers/Hervey/Kenner/Ward/White*, EU Charter, Rn. 34.74; *Schlachter/Heinig/Axer*, EnzEuR Bd. 7, § 3 Rn. 14; *Schwarze/Ross*, EU, Art. 34 GRC Rn. 3; *Stern/Sachs/Nußberger/Lang*, GRC, Art. 34 Rn. 56; *Vedder/Heintschel von Heinegg/Folz*, Unionsrecht, Art. 34 GRC Rn. 8; a. A. *Pechstein/Nowak/Häde/Kocher*, Frankfurter Kommentar, Art. 34 GRC Rn. 9: „subjektives Recht"; *Dorfmann*, Der Schutz der sozialen Grundrechte, S. 245: „gemischte Natur der Bestimmungen in Art. 34 […] dergestalt, dass sie neben einer objektiv-rechtlichen auch eine individuelle Dimension aufweisen"; *Schmidt*, Rechtsnatur und Verpflichtungsdichte der Europäischen Grundrechte, S. 420: „sowohl […] ein bedingtes Abwehrrecht als auch […] rein abwehrrechtliche(r) Grundsatz".

125 *Frenz*, Hdb EuR, Rn. 4083 f.; *Holoubek/Lienbacher/Blauensteiner/Tobisch/Wutzl*, GRC, Art. 34 Rn. 27; *Schwarze/Ross*, EU, Art. 34 GRC Rn. 3; *Sagmeister*, Die Grundsatznormen in der Europäischen Grundrechtecharta, S. 375.

satz" bezeichnet wird,[126] sowie die Entstehungsgeschichte[127]. Ein weitergehender Ansatz, der auf die Vermittlung von Ansprüchen abzielte, hätte im Konvent keine Mehrheit gefunden.[128]

51 d) **Normadressat.** Absatz 1 ist wie Absatz 3 abweichend von Art. 51 Abs. 1 S. 1 **nur an die Union**, nicht an die Mitgliedstaaten adressiert (umstritten).[129] Die Norm wurde bewusst entsprechend formuliert, um Befürchtungen von Kompetenzanmaßungen der EU im sensiblen Bereich der sozialen Sicherheit entgegenzutreten (→ Rn. 42).[130] Der **EuGH** sieht demgegenüber vom Begriff der „Union" auch die „Mitgliedstaaten bei der Durchführung des Rechts der Union" erfasst.[131]

52 e) **Achtungsgebot.** Gemäß Art. 34 Abs. 1 **„anerkennt und achtet"** die Union die aufgeführten Rechte – eine Formulierung, die auch in Art. 34 Abs. 3, Art. 36, 25 und 26 verwendet wird. Ein Recht, das „geachtet" wird, wird zwangsläufig auch „anerkannt" (→ Vor Titel III Rn. 21). „Das Anerkennungsgebot bleibt also hinter dem Achtungsgebot zurück" und hat im Kontext des Art. 34 keinen eigenständigen Gehalt.[132]

53 Die **„Achtung"** eines Rechts setzt voraus, dass das Recht existiert (→ Vor Titel III Rn. 21). Von der Union wird demnach verlangt, dass sie bestehende Rechte **nicht unverhältnismäßig beeinträchtigt** (→ Vor Titel III Rn. 22).[133] Eine Förder- bzw. aktive Schutzpflicht besteht demgegenüber nicht.[134]

54 Nach den Erläuterungen zur Charta ist der Grundsatz des Absatzes 1 von der Union zu wahren, „wenn sie im Rahmen ihrer Zuständigkeiten nach den Artikeln 153 und 156 des

---

126 Erläuterungen zur Charta der Grundrechte, ABl. 2007 C 303 v. 14.12.2007, S. 17, 27: „Der in Artikel 34 Absatz 1 aufgeführte *Grundsatz* stützt sich auf [...]" [Hervorhebung nur hier]. S. auch die Erläuterungen S. 35: „In einigen Fällen kann ein Charta-Artikel sowohl Elemente eines Rechts als auch eines Grundsatzes enthalten, beispielsweise Artikel 23, 33 und *34*" [Hervorhebung nur hier]. Da Art. 34 Abs. 2 unstreitig Rechte enthält, dürfte mit dem Grundsatz Art. 34 Abs. 1 (und 3) gemeint sein. S. hierzu *Frenz*, Hdb EuR, Rn. 4085 f.

127 Vgl. die Abschwächung der ursprünglich vorgeschlagenen Formulierungen im Laufe des Verhandlungsprozesses nach Kritik vieler Konventsmitglieder, oben Rn. 35, 38 f. S. auch *Frenz*, Hdb EuR, Rn. 4087; *Sagmeister*, Die Grundsatznormen in der Europäischen Grundrechtecharta, S. 375.

128 *Rudolf*, 4. Aufl. Rn. 14; *Meyer/Engels*, Charta der Grundrechte, S. 28.

129 Wie hier *Calliess/Ruffert/Kingreen*, EUV/AEUV, Art. 34 GRC Rn. 4; *Frenz*, Hdb EuR, Rn. 4112; *Holoubek/Lienbacher/Blauensteiner/Tobisch/Wutzl*, GRC, Art. 34 Rn. 26; *Pechstein/Nowak/Häde/Kocher*, Frankfurter Kommentar, Art. 34 GRC Rn. 5; mit ausführlicher Begründung *Stern/Sachs/Nußberger/Lang*, GRC, Art. 34 Rn. 57 ff.; *Winner*, Die Europäische Grundrechtscharta und ihre soziale Dimension, S. 177; a. A. Union und Mitgliedstaaten, soweit sie Unionsrecht durchführen (entsprechend Art. 51 Abs. 1 S. 1): *Jarass*, GRC, Art. 34 Rn. 4; *Grabenwarter/Bungenberg*, EnzEuR Bd. 2, § 17 Rn. 8; *GSH/Lembke*, Europäisches Unionsrecht, Art. 34 GRC Rn. 9; *Poulou*, Soziale Grundrechte und europäische Finanzhilfe, S. 215; *Schlachter/Heinig/Axer*, EnzEuR Bd. 7, § 3 Rn. 15; *Schwarze/Ross*, EU, Art. 34 GRC Rn. 6. Allgemein zum Adressatenkreis *Schwerdtfeger*, Art. 51 Rn. 25.

130 Vgl. *Frenz*, Hdb EuR, Rn. 4112; *Pechstein/Nowak/Häde/Kocher*, Frankfurter Kommentar, Art. 34 GRC Rn. 5

131 EuGH – Kamberaj, Rs. C-571/10, Urt. v. 24.4.2012, ECLI:EU:C:2010:233, Rn. 80.

132 *Hölscheidt*, Vor Titel III Rn. 21; a.A. *Dorfmann*, Der Schutz der sozialen Grundrechte, S. 245: „implizite(n) Festschreibung der Grundrechte auf Zugang zu Leistungen der sozialen Sicherheit".

133 *Hölscheidt*, Vor Titel III Rn. 22; *Frenz*, Hdb EuR, Rn. 4115; *Stern/Sachs/Nußberger/Lang*, GRC, Art. 34 Rn. 65; vgl. *Schwarze/Ross*, EU, Art. 34 GRC Rn. 6; *Jarass*, GRC, Art. 34 Rn. 9; *Rudolf*, 4. Aufl. Rn. 14: „abwehrrechtlicher Charakter des Artikels"; ebenso: *Heselhaus/Nowak/Marauhn*, Hdb Eur. GR, § 22 Rn. 27; *Grabenwarter/Bungenberg*, EnzEuR Bd. 2, § 17 Rn. 16.

134 *Frenz*, Hdb EuR, Rn. 4115; *Holoubek/Lienbacher/Blauensteiner/Tobisch/Wutzl*, GRC, Art. 34 Rn. 27; *Jarass*, GRC, Art. 34 Rn. 9; *Stern/Sachs/Nußberger/Lang*, GRC, Art. 34 Rn. 65; vgl. *Hölscheidt*, Art. 26 Rn. 24.

Vertrags über die Arbeitsweise der Europäischen Union tätig wird",[135] d. h. im Rahmen ihrer begrenzten Kompetenzen im sozialpolitischen Bereich (→ Rn. 2). Damit hätte der Grundsatz des Absatzes 1 jedoch nur einen sehr begrenzten Anwendungsbereich, der sich im Wortlaut der Norm nicht niederschlägt. Es ist daher entsprechend dem offenen Wortlaut des Art. 34 Abs. 1 davon auszugehen, dass die Union **in all ihren Tätigkeitsbereichen,** als Gesetzgeber und im Rahmen ihres Verwaltungshandelns, an den Grundsatz des Absatz 1 gebunden ist.[136] Wie der EuGH im Urteil *Ledra Advertising* zum Handeln der Kommission im Rahmen des Europäischen Stabilitätsmechanismus (ESM) entschieden hat, sind die Organe der EU zudem auch dann, „wenn sie außerhalb des unionsrechtlichen Rahmens handeln", an die Charta gebunden.[137] Der Kommission obliegt es insoweit zum Beispiel auch, über die Vereinbarkeit der vom ESM mit Mitgliedstaaten geschlossenen Memoranda of Understanding (MoU) mit Art. 34 zu wachen.[138]

Der Grundsatz in Absatz 1 kommt des Weiteren bei der **Auslegung von Primär- und Sekundärrecht** zum Tragen.[139] Relevant kann das Achtungsgebot insbesondere als **möglicher Rechtfertigungsgrund bei der Beschränkung von Grundfreiheiten** werden.[140] Schon vor Verbindlichwerden der Charta hatte der EuGH die Funktionsfähigkeit der Sozialversiche- 55

135 ABl. 2007 C 303 v. 14.12.2007, S. 17, 27.

136 *Calliess/Ruffert/Kingreen*, EUV/AEUV, Art. 34 GRC Rn. 5; *Frenz*, Hdb EuR, Rn. 4116; *Holoubek/Lienbacher/Blauensteiner/Tobisch/Wutzl*, GRC, Art. 34 Rn. 28; *Schwarze/Ross*, EU, Art. 34 GRC Rn. 6; *Stern/Sachs/Nußberger/Lang*, GRC, Art. 34 Rn. 68 ff.; *Peers/Hervey/Kenner/Ward/Jääskinen*, EU Charter, Rn. 61.32; *Schlachter/Heinig/Axer*, EnzEuR Bd. 7, § 3 Rn. 15; a. A. *Winner*, Die Europäische Grundrechtscharta und ihre soziale Dimension, S. 177.

137 EuGH – Ledra Advertising, verb. Rs. C-8/15 P bis 10/15 P, Urt. v. 20.9.2016, ECLI:EU:C:2016:701, Rn. 67. Nach Auffassung des EuGH sind die Mitgliedstaaten demgegenüber im Rahmen des ESM-Vertrags nicht an die Charta gebunden, da sie „im Rahmen des ESM-Vertrags nicht das Recht der Union durchführen" (EuGH, a.a.O., unter Verweis auf EuGH – Pringle, Rs. C-370/12, Urt. v. 27.11.2012, ECLI:EU:C:2012:756, Rn. 178–181). A.A. *Poulou*, Soziale Grundrechte und europäische Finanzhilfe, S. 158 ff.

138 Die Unionsgerichte haben im Zusammenhang mit den Stabilisierungsmaßnahmen im Euro-Währungsgebiet allerdings bislang keinen Verstoß von EU-Organen oder Einrichtungen gegen die Charta angenommen. Das EuG sah etwa Beschlüsse des Rates gegen Griechenland im Defizitverfahren (Art. 126 AEUV), die in Nachvollzug eines MoU bestimmte Rentenkürzungen empfahlen, als mögliche Eingriffe u.a. in Art. 34 durch Ziele von allgemeinem Interesse gerechtfertigt. Als solche Ziele von allgemeinem Interesse wurden die Sicherung der Haushaltskonsolidierung, die Reduzierung der öffentlichen Ausgaben und die Abstützung des Rentensystems des betroffenen Mitgliedstaates genannt, die insgesamt dazu beitrügen, die Haushaltsdisziplin der Euro-Staaten und die Finanzstabilität der Euro-Zone sicherzustellen. S. EuG – Sotiropoulou, Rs. T-531/14, Urt. v. 3.5.2017, ECLI:EU:T:2017:297, Rn. 88 ff. Im Urteil Ledra Advertising (s. vorherige Fn) sah der EuGH die Einschränkung des Eigentumsrechts (Art. 17) durch die Wertminderung von Einlagen bei zwei Banken in Zypern „unter Berücksichtigung des Ziels, die Stabilität des Bankensystems im Euro-Währungsgebiet sicherzustellen, und in Anbetracht der den Einlegern bei den beiden betroffenen Banken im Fall von deren Zahlungsunfähigkeit unmittelbar drohenden Gefahr finanzieller Verluste" als „keinen unverhältnismäßigen und nicht tragbaren Eingriff" an (Rn. 74). Vgl. auch EuGH – Mallis und Malli, verb. Rs. C-105/15 P – C-109/15 P, Urt. v. 20.9.2016, ECLI:EU:C:2016:702; EuGH – Sindicato dos Bancários do Norte u.a., Rs. C-128/12, Beschluss v. 7.3.2013, ECLI:EU:C:2013:149; EuGH – Sindicato Nacional dos Profissionals de Seguros e Afins, Beschluss v. 26.6.2014, ECLI:EU:C:2014:2036.

139 Vgl. *Calliess/Ruffert/Kingreen*, EUV/AEUV, Art. 34 GRC Rn. 5; *Holoubek/Lienbacher/Blauensteiner/Tobisch/Wutzl*, GRC, Art. 34 Rn. 28; *Peers/Hervey/Kenner/Ward/Jääskinen*, EU Charter, Rn. 61.33; *Peers/Hervey/Kenner/Ward/White*, EU Charter, Rn. 34.77; *Kemmler*, NZS 2015, 401, 407; *Stern/Sachs/Nußberger/Lang*, GRC, Art. 34 Rn. 71 ff.

140 Ausführlich hierzu *Stern/Sachs/Nußberger/Lang*, GRC, Art. 34 Rn. 69 ff.; *Frenz*, Hdb EuR, Rn. 4110 f.; *Kemmler*, NZS 2015, 401, 407 f.

rungssysteme, insbesondere die Wahrung ihres finanziellen Gleichgewichts als ungeschriebenen Rechtfertigungsgrund für die Einschränkung von Grundfreiheiten anerkannt.[141]

56 **f) Nach Maßgabe des Unionsrechts und der einzelstaatlichen Rechtsvorschriften und Gepflogenheiten („Refrain").** Gemäß Art. 34 Abs. 1 sind die erwähnten Rechte auf Zugang von der Union „nach Maßgabe des Unionsrechts und der einzelstaatlichen Rechtsvorschriften und Gepflogenheiten" anzuerkennen und zu achten. Diese als **„Refrain"** bezeichnete Einschränkung des Anwendungsbereichs der Norm, die sich in allen Absätzen des Art. 34 findet, wurde in dieser Form erst später im Verhandlungsprozess in den Text aufgenommen (→ Rn. 40). Der Gehalt des „Refrains" ist schwer zu fassen. Er illustriert letztlich „den Balanceakt eines politischen Kompromisses im Konvent, einerseits die überragende Bedeutung sozialrechtlicher Grundansprüche zu dokumentieren, gleichzeitig aber peinlich darauf zu achten, dass dabei originäre Kompetenzen der Mitgliedstaaten der EU nicht verändert oder angetastet werden sollen".[142]

57 Der Verweis auf die **„einzelstaatlichen Rechtsvorschriften und Gepflogenheiten"** hat eine **doppelte Funktion:** Er kann zum einen an die Adresse der EU gerichtet so verstanden werden, dass sie bei all ihren Maßnahmen (→ Rn. 54) den Zugang zu den Leistungen der sozialen Sicherheit und zu den sozialen Diensten, wie er in den Mitgliedstaaten besteht und ausgeformt ist, nicht beeinträchtigen darf.[143] Dem „Refrain" kommt damit einerseits eine **schützende Funktion** insbesondere gegenüber einem auf die Binnenmarktkompetenzen der EU gestützten liberalisierenden Vorgehen der EU zulasten mitgliedstaatlicher Standards zu. Andererseits soll er aber auch ersichtlich (s. die Entstehungsgeschichte → Rn. 35 ff., 39 ff.) in umgekehrter Richtung die Mitgliedstaaten vor einer Harmonisierung mitgliedstaatlicher Standards im Sozialbereich und vor einer Ausweitung von Leistungsverpflichtungen schützen.[144] Der „Refrain" bekräftigt insoweit andererseits den **Status Quo der Kompetenzverteilung zwischen EU und Mitgliedstaaten** (→ Rn. 2). Gleiches gilt für den **Verweis auf das Unionsrecht** („nach Maßgabe des Unionsrechts"), der erst in der Schlussphase der Verhandlungen aufgenommen wurde (→ Rn. 42 ff.). Auch er betont, dass die Union nur im Rahmen ihrer begrenzten unterstützenden und fördernden Kompetenzen im sozialpolitischen Bereich tätig werden darf.[145]

58 **g) Recht auf Zugang.** Nach dem Wortlaut von Absatz 1 ist die Union lediglich zur Achtung des „Rechts auf Zugang" zu den Leistungen der sozialen Sicherheit und zu den sozialen Diensten verpflichtet. Die anfänglichen Vorschläge im Grundrechtekonvent sahen demgegenüber noch die Gewährleistung eines Anspruchs auf Leistungen der sozialen Sicherheit selbst vor, was sich jedoch in den Verhandlungen nicht durchsetzen konnte (→ Rn. 32 ff.). Die Norm setzt in ihrer jetzigen Formulierung voraus, dass in den Mitgliedstaaten ein Recht auf Zugang zu den Leistungen der sozialen Sicherheit und zu den sozialen Diensten besteht. „Zugangsrecht" bedeutet damit lediglich ein **Recht auf gleichberechtigte Teilhabe**

---

141 EuGH – Kohll, Rs. C-158/96, Urt. v. 28.4.1998, ECLI:EU:C:1998:171, Rn. 41; EuGH – Smits und Peerbooms, Rs. C-157/99, Urt. v. 12.7.2001, ECLI:EU:C:2001:404, Rn. 78 ff.; EuGH – Müller-Fauré und van Riet, Urt. v. 13.5.2003, ECLI:EU:C:2003:270, Rn. 104 ff.; EuGH – Vanbraekel u. a., Rs. C-368/98, Urt. v. 12.7.2001, ECLI:EU:C:2001:400, Rn. 46 ff.

142 *Rudolf*, 4. Aufl. Rn. 22. Vgl. allgemein zur Problematik der Verwirklichung der sozialen Grundrechte im Rahmen der Kompetenzordnung *Hüpers/Reese*, Vor Titel IV Rn. 28 ff.

143 *Stern/Sachs/Nußberger/Lang*, GRC, Art. 34 Rn. 96; *Frenz*, Hdb EuR, Rn. 4109; vgl. *Losch/Radau*, NVwZ 2003, 1440, 1444. Vgl. allgemein zur Funktion des „Refrains" in den verschiedenen Artikeln des Titels IV „Solidarität" *Hüpers/Reese*, Vor Titel IV, Rn. 41 ff.; *Schwerdtfeger*, Art. 52 Rn. 88 ff.

144 *Rudolf*, 4. Aufl, Vor Titel IV, Rn. 41; *Frenz*, Hdb EuR, Rn. 4109.

145 Vgl. *Frenz*, Hdb EuR, Rn. 4109; *Stern/Sachs/Nußberger/Lang*, GRC, Art. 34 Rn. 94.

an den vorhandenen Sicherungssystemen.[146] Dieses Teilhaberecht ist von der Union zu achten. Würden die Mitgliedstaaten ihre Sozialversicherungssysteme, ihre sozialen Dienste oder auch nur das Zugangsrecht hierzu abschaffen, liefe Art. 34 Abs. 1 leer. Die Union könnte nichts mehr „anerkennen" und „achten". Teilweise wird (auch deswegen) angenommen, dass die Mitgliedstaaten – bei weitestgehender Gestaltungsfreiheit – immerhin grundsätzlich Leistungen der sozialen Sicherheit vorsehen müssen.[147] Dies spiegelt sich im Wortlaut der Norm, die lediglich an die Union gerichtet ist (umstritten → Rn. 51), jedoch nicht wider.[148] Gegen diese Auslegung spricht zudem, dass die Anwendungsfälle sozialer Sicherheit nur beispielhaft und nicht abschließend aufgeführt sind (→ Rn. 61 f.), und auch nicht in allen Mitgliedstaaten gleiche Formen der Sozialversicherung bestehen (→ Rn. 67). Wie soll danach differenziert werden, welche Formen der Sozialversicherung zumindest als Form einer Basisabsicherung zwingend mitgliedstaatlich vorgesehen werden müssen und welche nicht?

h) Leistungen der sozialen Sicherheit. Art. 34 unterscheidet wie die ESC, an der sich die 59
Norm orientiert (→ Rn. 1 ff. und → Rn. 20 ff.), zwischen „Leistungen der sozialen Sicherheit" (Abs. 1) und „sozialer Unterstützung" (Abs. 3). Absatz 1 nennt mit „Mutterschaft, Krankheit, Arbeitsunfall, Pflegebedürftigkeit oder im Alter sowie bei Verlust des Arbeitsplatzes" Anwendungsfälle der „sozialen Sicherheit", ohne diese abstrakt zu definieren. Ohne Definition wird der Begriff „soziale Sicherheit" auch in Art. 48, 153 Abs. 1 lit. c) und 156 AEUV verwandt. Aus dem Gegeneinander von „sozialer Sicherheit" (Abs. 1) und „sozialer Unterstützung" (Abs. 3) sowie der beispielhaften Anwendungsfälle in Absatz 1 ergibt sich, dass es sich bei **„Leistungen der sozialen Sicherheit"** im Wesentlichen um Leistungen der Sozialversicherungen handelt, die bei Eintritt bestimmter sozialer Risiken unabhängig von der Bedürftigkeit des Leistungsberechtigten aufgrund eines gesetzlichen Tatbestands gewährt werden.[149] Es handelt sich regelmäßig, jedoch nicht ausschließlich um beitragsfinanzierte Systeme.[150]

i) Soziale Dienste. Nach den Erläuterungen zur Charta sollen mit der Erwähnung der „so- 60
zialen Dienste" „die Fälle erfasst werden, in denen derartige Dienste eingerichtet wurden, um bestimmte Leistungen sicherzustellen; dies bedeutet aber keineswegs, dass solche Dienste eingerichtet werden müssen, wo sie nicht bestehen".[151] Unter „sozialen Diensten" sind demnach **existierende Dienstleistungen zu verstehen, welche die finanziellen Leistungen der**

146 *Frenz*, Hdb EuR, Rn. 4105; *Heselhaus/Nowak/Marauhn*, Hdb Eur. GR, § 22 Rn. 21; *Losch/Radau*, NVwZ 2003, 1440, 1444; *Schlachter/Heinig/Axer*, EnzEuR Bd. 7, § 3 Rn. 20; *Stern/Sachs/Nußberger/Lang*, GRC, Art. 34 Rn. 77.

147 In diesem Sinne *Rudolf*, 4. Aufl., Vor Titel IV, Rn. 41; *Holoubek/Lienbacher/Blauensteiner/Tobisch/Wutzl*, GRC, Art. 34 Rn. 27; *Jarass*, GRC, Art. 34 Rn. 11; offen *Schlachter/Heinig/Axer*, EnzEuR Bd. 7, § 3 Rn. 20.

148 Ablehnend auch *Frenz*, Hdb EuR, Rn. 4107; *Stern/Sachs/Nußberger/Lang*, GRC, Art. 34 Rn. 58, 77.

149 *Frenz*, Hdb EuR, Rn. 4094; *Grabenwarter/Bungenberg*, EnzEuR Bd. 2, § 17 Rn. 12; *Holoubek/Lienbacher/Blauensteiner/Tobisch/Wutzl*, GRC, Art. 34 Rn. 23; *Jarass*, GRC, Art. 34 Rn. 6; *Pechstein/Nowak/Häde/Kocher*, Frankfurter Kommentar, Art. 34 GRC Rn. 17; *Schwarze/Ross*, EU, Art. 34 GRC Rn. 4; *Stern/Sachs/Nußberger/Lang*, GRC, Art. 34 Rn. 81. Vgl. auch die Definition des EuGH in ständiger Rechtsprechung zum in Art. 4 der Verordnung (EWG) Nr. 1408/71 verwandten Begriff der „sozialen Sicherheit": EuGH – Jauch, Rs. C-215/99, Urt. v. 8.3.2001, ECLI:EU:C:2001:139, Rn. 25; EuGH – Tolley, Rs. C-430/15, Urt. v. 1.2.2017, ECLI:EU:C:2017:74, Rn. 43.

150 *Stern/Sachs/Nußberger/Lang*, GRC, Art. 34 Rn. 81; *Schlachter/Heinig/Axer*, EnzEuR Bd. 7, § 3 Rn. 17.

151 Erläuterungen zur Charta der Grundrechte, ABl. 2007 C 303 vom 14.12.2007, S. 17, 27.

sozialen Sicherheit ergänzen.[152] Der Delegierte *Meyer* (D), auf dessen Vorschlag der Hinweis auf die „sozialen Dienste" in die Bestimmung aufgenommen wurde, nannte als Beispiele Haushaltshilfen, Pflege, Essen auf Rädern und präventive Drogenberatung (→ Rn. 41).

61 **j) Beispielhaft aufgeführte soziale Risiken.** Art. 34 Abs. 1 enthält eine **nicht abschließend zu verstehende („in Fällen wie") Liste** sozialer Risiken. Zuerst genannt wird die **„Mutterschaft"**, die gemäß den Erläuterungen im Sinne des Art. 33 zu verstehen ist.[153] Die „Mutterschaft" erstreckt sich demnach vom Zeitpunkt der Zeugung des Kindes bis zum Ende des Mutterschaftsurlaubs (s. im Einzelnen → Art. 33 Rn. 39). Geschützt werden insofern Leistungen der gesetzlichen Krankenkassen, die prä- und postnatale Fürsorge sicherstellen, und sonstige ambulante oder stationäre medizinische Behandlungen während der Schwangerschaft[154], aber auch Entgeltfortzahlungen durch den Arbeitgeber.[155]

62 Eine allgemeine Definition, was unter **„Krankheit"** zu verstehen ist, ergibt sich aus der EuGH-Rechtsprechung nicht, sondern lediglich eine Fülle situativer Einzelentscheidungen aus verschiedenen Rechtsgebieten. Abgegrenzt wird der Begriff „Krankheit" gewöhnlich vom Begriff der „Invalidität", die von Art. 34 Abs. 1 – im Gegensatz zum ILO-Abkommen Nr. 102 (→ Rn. 4) – nicht eigenständig erwähnt wird,[156] und vom Begriff der „Behinderung" (→ Art. 26 Rn. 20). Entscheidend für die Abgrenzung ist die Dauer der Erkrankung, und ob der Betreffende von der vollen und wirksamen Teilhabe am Berufsleben ausgeschlossen ist.[157] Unter Leistungen bei Krankheit fallen vor allem Leistungen der gesetzlichen Krankenkassen, aber auch die Entgeltfortzahlung des Arbeitgebers im Krankheitsfall.[158]

63 Zudem ist der Begriff „Krankheit" von der **„Pflegebedürftigkeit"** zu unterscheiden, die wiederum in Art. 34 Abs. 1 im Gegensatz zum ILO-Abkommen Nr. 102 und zur sog. Koordinierungsverordnung (EG) Nr. 883/2004[159] als **eigenständiges Risiko** erwähnt wird. Der EuGH definiert „Pflegebedürftigkeit" im Wesentlichen als eine Situation, „in der eine Person aufgrund verminderter Selbständigkeit bei elementaren Verrichtungen des täglichen Lebens auf fremde Hilfe angewiesen ist."[160] Leistungen bei Pflegebedürftigkeit haben meist

152 *Rudolf*, 4. Aufl. Rn. 16; *Frenz*, Hdb EuR, Rn. 4102; *Jarass*, GRC, Art. 34 Rn. 6; *Bierweiler*, Soziale Sicherheit als Grundrecht in der Europäischen Union, S. 137.

153 Erläuterungen zur Charta der Grundrechte, ABl. 2007 C 303 vom 14.12.2007, S. 17, 27.

154 *Bierweiler*, Soziale Sicherheit als Grundrecht in der Europäischen Union, S. 137.

155 *Rudolf*, 4. Aufl. Rn. 16; *Frenz*, Hdb EuR, Rn. 4095 f.; *Stern/Sachs/Nußberger/Lang*, GRC, Art. 34 Rn. 84.

156 Vgl. *Bierweiler*, Soziale Sicherheit als Grundrecht in der Europäischen Union, S. 143.

157 Vgl. die Auslegung des EuGH zur Richtlinie 2000/78/EG. Etwa EuGH – Ruiz Conejero, Rs. C-270/16, Urt. v. 18.1.2018, ECLI:EU:C:2018:17, Rn. 28 m.w.N.

158 *Rudolf*, 4. Aufl. Rn. 16; *Frenz*, Hdb EuR, Rn. 4095; *Schlachter/Heinig/Axer*, EnzEuR Bd. 7, § 3 Rn. 16; *Stern/Sachs/Nußberger/Lang*, GRC, Art. 34 Rn. 84; *Bierweiler*, Soziale Sicherheit als Grundrecht in der Europäischen Union, S. 140.

159 Verordnung (EG) Nr. 883/2004 des Europäischen Parlaments und des Rates v. 29.4.2004 zur Koordinierung der Systeme der sozialen Sicherheit, ABl. L 166 v. 30.4.2004, S. 1; zuletzt geändert durch Verordnung (EG) 2017/492 der Kommission v. 21.3.2017, ABl. 76 v. 22.3.2017, S. 13. Die Kommission hat am 13.12.2016 einen Vorschlag zur grundlegenden Revision der Verordnung Nr. 883/2004 vorgelegt, COM(2016) 815 final.

160 EuGH – Kommission/Deutschland, Rs. C-562/10, Urt. v. 12.7.2012, ECLI:EU:C:2012:442, Rn. 44; in diesem Sinne auch EuGH – da Silva Martins, Rs. C-388/09, Urt. v. 30.6.2011, ECLI:EU:C:2011:439, Rn. 39.

einen ergänzenden Charakter zu Leistungen bei Krankheit.[161] Geschützt von Art. 34 Abs. 1 werden insofern Leistungen der Pflegeversicherung, die in der Übernahme oder Erstattung der durch die Pflegebedürftigkeit des Versicherten entstandenen Kosten bestehen, darunter insbesondere die Kosten für die häusliche oder stationäre Pflege, für den Kauf von Pflegehilfsmitteln und für Maßnahmen zur Verbesserung des Wohnumfeldes.[162]

Art. 34 Abs. 1 zählt zudem das Risiko des **„Verlustes des Arbeitsplatzes"** auf. Die Formulierung impliziert, dass ein Arbeitsverhältnis bestanden haben muss, das durch Kündigung oder sonstige Beendigung von Arbeitsverhältnissen, wie z. B. durch Zeitablauf bei befristeten Arbeitsverträgen, beendet worden sein muss.[163] In allgemeiner Form werden hiermit Leistungen der Arbeitslosenversicherung angesprochen, wie insbesondere Lohnersatzleistungen, aber auch sonstige Leistungen, die im Einzelfall dazu dienen, die eingetretene Arbeitslosigkeit zu bekämpfen.[164] 64

Unter **„Arbeitsunfall"** verstanden wird gewöhnlich „ein plötzliches oder zeitlich begrenztes, auf den Körper einwirkendes Ereignis, welches zu gesundheitlichen Schäden oder dem Tod führen kann und in einem zeitlichen Zusammenhang zur Erwerbstätigkeit steht".[165] Mit den Leistungen im Falle des „Arbeitsunfalls" werden demnach insbesondere die nach mitgliedstaatlichem Recht ggf. existierenden Leistungen der Unfall- und Berufsunfähigkeitsversicherung[166] aufgenommen. 65

Der Begriff des **„Alters"** kann nicht einheitlich und abschließend definiert werden (vgl. hierzu → Art. 25 Rn. 15). Nach dem EuGH zeichnen sich „Leistungen bei Alter" im Wesentlichen dadurch aus, „dass sie den Lebensunterhalt für Personen sicherstellen sollen, die bei Erreichen eines bestimmten Alters ihre Beschäftigung aufgeben und nicht mehr verpflichtet sind, sich der Arbeitsverwaltung zur Verfügung zu stellen."[167] Angesprochen sind insbesondere die Leistungen der Rentenversicherung.[168] 66

Letztlich kommt es aber aus EU-Sicht darauf an, wie die die Mitgliedstaaten die vorgenannten Begriffe definieren und welche Leistungen sie vorsehen, denn die Union hat das Recht auf Zugang zu den Leistungen der sozialen Sicherheit in allen Fällen nach **„Maßgabe der einzelstaatlichen Rechtsvorschriften und Gepflogenheiten"** zu achten. Das Risiko der Pflegebedürftigkeit ist zum Beispiel nicht in allen Mitgliedstaaten spezifisch abgesichert.[169] Da die Aufzählung in Art. 34 Abs. 1 nicht abschließend ist, werden von der Norm außerdem auch **alle anderen Absicherungen von Risiken** erfasst, die in den Mitgliedstaaten etabliert sind, wie etwa die Unterstützung von **Hinterbliebenen,** insbesondere durch Hinterbliebenenrenten, oder die nicht eigenständig erwähnte Unterstützung bei **Invalidität,** etwa durch Erwerbsminderungsrenten, die in vielen Mitgliedstaaten eigenständig verfassungsrechtlich abgesichert sind (s. im Einzelnen oben → Rn. 7 ff.). 67

161 Vgl. EuGH – Tolley, Rs. C-430/15, Urt. v. 1.2.2017, ECLI:EU:C:2017:74, Rn. 46; EuGH – A, Rs. C-679/16, Urt. v. 25.7.2018, ECLI:EU:C:2018:601, Rn. 45.

162 Vgl. hierzu EuGH – Molenaar, Rs. C-160/96, Urt. v. 5.3.1998, ECLI:EU:C:1998:84, Rn. 23; EuGH – Kommission/Deutschland, Rs. C-562/10, Urt. v. 12.7.2012, ECLI:EU:C:2012:442, Rn. 46.

163 *Bierweiler*, Soziale Sicherheit als Grundrecht in der Europäischen Union, S. 141; *Frenz*, Hdb EuR, Rn. 4100; *Stern/Sachs/Nußberger/Lang*, GRC, Art. 34 Rn. 90.

164 *Bierweiler*, Soziale Sicherheit als Grundrecht in der Europäischen Union, S. 142.

165 *Bierweiler*, Soziale Sicherheit als Grundrecht in der Europäischen Union, S. 140.

166 Vgl. EuGH – Duchon, Rs. C-290/00, Urt. v. 18.4.2000, ECLI:EU:C:2002:234, Rn. 25 ff.

167 EuGH – Valentini, Rs. 171/82, Urt. v. 5.7.1983, ECLI:EU:C:1983:189, Rn. 14.

168 *Rudolf*, 4. Aufl. Rn. 16; *Bierweiler*, Soziale Sicherheit als Grundrecht in der Europäischen Union, S. 141.

169 Vgl. EuGH – da Silva Martins, Rs. C-388/09, Urt. v. 30.6.2011, ECLI:EU:C:2011:439, Rn. 40.

68 **k) Rechtsfolgen eines Verstoßes.** Rechtsetzungsakte und Verwaltungsmaßnahmen der Union, die gegen Art. 34 Abs. 1 verstoßen, sind primärrechtswidrig. Zur Justiziabilität → Art. 52 Rn. 78 ff.

2. Gleichbehandlung bei Aufenthaltswechsel (Absatz 2)

69 **a) Grundsätzliche Bedeutung.** Im Gegensatz zu Absätzen 1 und 3 gewährt Absatz 2 einen konkreten **Anspruch** auf die gleichberechtigte Teilhabe an den Leistungen der sozialen Sicherheit und die sozialen Vergünstigungen eines Mitgliedstaats bei rechtmäßiger Wohnsitznahme und rechtmäßigem Aufenthaltswechsel. Damit weist die Norm Ähnlichkeiten mit den Grundfreiheiten des AEUV auf.[170] Der Anspruch ist allerdings – entgegen dem ursprünglichen Vorschlag im Konvent (→ Rn. 45) – nicht auf Unionsbürger beschränkt; ebenso wenig auf Arbeitnehmer. Er geht insofern im Ansatz über die Grundfreiheiten hinaus,[171] erfährt durch den Zusatz „nach dem Unionsrecht und den einzelstaatlichen Rechtsvorschriften und Gepflogenheiten" jedoch eine deutliche Relativierung (→ Rn. 78).

70 **b) Verhältnis zu anderen Vorschriften.** Absatz 2 geht im Verhältnis zum allgemeinen Gleichheitssatz (Art. 20), zum allgemeinen Diskriminierungsverbot (Art. 21 Abs. 1) und zum Freizügigkeitsrecht (Art. 45) als lex specialis vor.[172] Die Norm kann neben den Grundfreiheiten zur Anwendung kommen.[173]

71 **c) Rechtsnatur und Auslegung.** Art. 34 Abs. 2 enthält nach fast übereinstimmender Auffassung insbesondere angesichts der Formulierung („Jeder Mensch [...] hat Anspruch auf [...]") und der Bestimmtheit der Norm ein **Grundrecht** in Form eines derivativen Teilhaberechts.[174] Art. 52 Abs. 4 ist für Absatz 2 nicht einschlägig, da keine gemeinsame Verfassungsüberlieferung besteht (→ Rn. 19).

72 **d) Grundrechtsträger und Grundrechtsadressaten.** Grundrechtsträger ist **„jeder Mensch"**, was juristische Personen ausschließt.[175] Auf die Staatsangehörigkeit kommt es nicht an.[176] Voraussetzung für die Geltendmachung des Anspruchs ist jedoch, dass die betreffende natürliche Person ihren **rechtmäßigen Wohnsitz** in der Union hat und ihren **Aufenthalt rechtmäßig wechselt** (s. hierzu im Einzelnen → Rn. 74).

---

170 *Grabenwarter/Bungenberg*, EnzEuR Bd. 2, § 17 Rn. 18; *Jarass*, GRC, Art. 34 Rn. 13.

171 Vgl. *Dorfmann*, Der Schutz der sozialen Grundrechte, S. 251.

172 *Frenz*, Hdb EuR, Rn. 4147 f.; *Pechstein/Nowak/Häde/Kocher*, Frankfurter Kommentar, Art. 34 GRC Rn. 22; *Jarass*, GRC, Art. 34 Rn. 5, 14 (a. A. zu Art. 45); *Holoubek/Lienbacher/Blauensteiner/Tobisch/Wutzl*, GRC, Art. 34 Rn. 34.

173 *Jarass*, GRC, Art. 34 Rn. 14; *Pechstein/Nowak/Häde/Kocher*, Frankfurter Kommentar, Art. 34 GRC Rn. 22.

174 *Bergmann/Dienelt/Bergmann*, Ausländerrecht, Art. 34 GRC Rn. 1; *Calliess/Ruffert/Kingreen*, EUV/AEUV, Art. 34 GRC Rn. 6; ausführlich *Frenz*, Hdb EuR, Rn. 4140 ff.; *Grabenwarter/Bungenberg*, EnzEuR Bd. 2, § 17 Rn. 7; *GSH/Lembke*, Europäisches Unionsrecht, Art. 34 GRC Rn. 7; *Holoubek/Lienbacher/Blauensteiner/Tobisch/Wutzl*, GRC, Art. 34 Rn. 33; *Jarass*, GRC, Art. 34 Rn. 13; *Pechstein/Nowak/Häde/Kocher*, Frankfurter Kommentar, Art. 34 GRC Rn. 8; *Peers/Hervey/Kenner/Ward/White*, EU Charter, Rn. 34.78; *Sagmeister*, Die Grundsatznormen in der Europäischen Grundrechtecharta, S. 374; *Schmidt*, Die Grundsätze im Sinne der EU-Grundrechtecharta, S. 234; *Schmidt*, Rechtsnatur und Verpflichtungsdichte der Europäischen Grundrechte, S. 342; *Schlachter/Heinig/Axer*, EnzEuR Bd. 7, § 3 Rn. 14; *Schwarze/Ross*, EU, Art. 34 GRC Rn. 7; *Stern/Sachs/Nußberger/Lang*, GRC, Art. 34 Rn. 102; *Streinz/Streinz*, EUV/AEUV, Art. 34 GRC Rn. 2; *Winner*, Der Schutz der sozialen Grundrechte, S. 249; a. A. *Vedder/Heintschel von Heinegg/Folz*, Unionsrecht, Art. 34 GRC Rn. 8.

175 *Frenz*, Hdb EuR, Rn. 4156.

176 *Holoubek/Lienbacher/Blauensteiner/Tobisch/Wutzl*, GRC, Art. 34 Rn. 31; *Schwarze/Ross*, EU, Art. 34 GRC Rn. 10; *Stern/Sachs/Nußberger/Lang*, GRC, Art. 34 Rn. 104.

Gemäß Art. 51 Abs. 1 S. 1 sind **Grundrechtsadressaten** die Organe, Einrichtungen und sonstigen Stellen der Union sowie die Mitgliedstaaten, aber eigentlich ausschließlich bei der Durchführung des Rechts der Union. Es ist umstritten, ob die Mitgliedstaaten darüber hinaus auch bei der **Anwendung nationalen Rechts** an Art. 34 Abs. 2 gebunden sind. Hierfür spricht, dass die Norm nach dem Muster einer Grundfreiheit aufgebaut ist und nach ihrer Logik Diskriminierungen von Ausländern entgegenwirken soll, die gerade bei der Anwendung nationalen Rechts entstehen.[177] Auch die Formulierung der Norm („Anspruch auf […] nach dem Unionsrecht und den einzelstaatlichen Rechtsvorschriften und Gepflogenheiten") kann hierfür angeführt werden.[178] Die **Adressierung an die Union** kann demgegenüber so verstanden werden, dass es ihr zukommt, im Rahmen ihrer Koordinierungskompetenz für die reibungslose Abwicklung des Zugangs zu den nationalen Systemen der sozialen Sicherheit und zu den sozialen Vergünstigungen zu sorgen.[179] Die Norm hat **keine unmittelbare Drittwirkung.**[180] 73

e) Rechtmäßiger Wohnsitz und rechtmäßiger Aufenthaltswechsel. Voraussetzung für den Anspruch nach Absatz 2 ist ein „rechtmäßiger Wohnsitz in der Union" und ein „rechtmäßiger Aufenthaltswechsel". Unter **„Wohnsitz"** ist wie in der zugrundeliegenden Wanderarbeitnehmerverordnung (EWG) Nr. 1408/71 bzw. der heutigen Koordinierungsverordnung (EG) Nr. 883/2004 der **„Ort des gewöhnlichen Aufenthalts einer Person"** zu verstehen.[181] Die Rechtmäßigkeit der Wohnsitznahme beurteilt sich nach dem jeweiligen nationalen Recht.[182] 74

Die Rechtmäßigkeit des (EU-Binnengrenzen überschreitenden[183]) **Aufenthaltswechsels** beurteilt sich demgegenüber nach Art. 45. Dabei ist nach Unionsbürgern und Drittstaatsangehörigen zu differenzieren. **Unionsbürger** genießen gemäß Art. 45 Abs. 1 – entsprechend Art. 20 Abs. 2 und Art. 21 AEUV – ein allgemeines Recht auf Bewegungs- und Aufenthaltsfreiheit, das allerdings einschränkenden Vertragsbestimmungen (Art. 52 Abs. 2), insbesondere den Art. 45 ff. AEUV und dem dazu ergangenen Sekundärrecht, d. h. der Auf- 75

177 Für die Erstreckung des Anwendungsbereichs auch auf nationales Recht: *Frenz*, Hdb EuR, Rn. 4194; *Jarass*, GRC, Art. 34 Rn. 13; *Stern/Sachs/Nußberger/Lang*, GRC, Art. 34 Rn. 103; dagegen: *Schwarze/Ross*, EU, Art. 34 GRC Rn. 10.

178 So *Stern/Sachs/Nußberger/Lang*, GRC, Art. 34 Rn. 103.

179 Vgl. *GSH/Lembke*, Europäisches Unionsrecht, Art. 34 GRC Rn. 12; *Schwarze/Ross*, EU, Art. 34 GRC Rn. 10.

180 *Holoubek/Lienbacher/Blauensteiner/Tobisch/Wutzl*, GRC, Art. 34 Rn. 32.

181 Heutiger Art. 1 lit. j) der Verordnung (EG) Nr. 883/2004 des Europäischen Parlaments und des Rates vom 29.4.2004 zur Koordinierung der Systeme der sozialen Sicherheit, ABl. L 166 v. 30.4.2004, S. 1; zuletzt geändert durch Verordnung (EG) 2017/492 der Kommission v. 21.3.2017, ABl. 76 v. 22.3.2017, S. 13. So *Frenz*, Hdb EuR, Rn. 4158; *Grabenwarter/Bungenberg*, EnzEuR Bd. 2, § 17 Rn. 22.

182 *Holoubek/Lienbacher/Blauensteiner/Tobisch/Wutzl*, GRC, Art. 34 Rn. 31; *Jarass*, GRC, Art. 34 Rn. 18.

183 In der deutschen Fassung der Norm ist die Überschreitung der EU-Binnengrenzen nicht als explizite Voraussetzung erwähnt, demgegenüber jedoch zum Beispiel in der englischen („moving legally within the European Union") und französischen Fassung („se déplace légalement à l'intérieur de l'Union"). S. mit weiterer Begründung *Frenz*, Hdb EuR, Rn. 4165. Auch *Jarass*, GRC, Art. 34 Rn. 17; *Stern/Sachs/Nußberger/Lang*, GRC, Art. 34 Rn. 108.

enthaltsrichtlinie 2004/38/EG[184], unterliegt (→ Art. 45 Rn. 12 ff.).[185] Im Gegensatz dazu haben **Drittstaatsangehörige** nach Art. 45 Abs. 2 von vornherein nur ein Freizügigkeitsrecht nach Maßgabe der Verträge (dazu im Einzelnen → Art. 45 Rn. 29, 38). Sofern sie Familienangehörige von Unionsbürgern sind, genießen sie von diesen abgeleitete Rechte auf Bewegungs- und Aufenthaltsfreiheit (→ Art. 45 Rn. 30).

76 **f) Leistungen der sozialen Sicherheit.** Der Begriff der „Leistungen der sozialen Sicherheit" entspricht dem in Absatz 1 verwandten Begriff (→ Rn. 59).

77 **g) Soziale Vergünstigungen.** Der Begriff der „sozialen Vergünstigungen" beinhaltet die von Absatz 3 umfassten bedarfsabhängigen Leistungen der „sozialen Unterstützung" (→ Rn. 87), geht jedoch darüber hinaus.[186] Für die Auslegung des Begriffs kann auf die umfangreiche Rechtsprechung des EuGH zur sog. **Freizügigkeitsverordnung (EU) Nr. 492/2011**[187] zurückgegriffen werden, da Absatz 2 den Charta-Erläuterungen zufolge u. a. die Regelung der Vorgängerfassung widerspiegelt (→ Rn. 12, 17). Nach ständiger Rechtsprechung des EuGH unterfallen dem Begriff der „sozialen Vergünstigungen" in Art. 7 Abs. 2 der Freizügigkeitsverordnung (EU) Nr. 492/2011 alle Vergünstigungen, „die – ob sie an einen Arbeitsvertrag anknüpfen oder nicht – den inländischen Arbeitnehmern wegen ihrer objektiven Arbeitnehmereigenschaft oder einfach wegen ihres Wohnsitzes im Inland allgemein gewährt werden und deren Ausdehnung auf die Arbeitnehmer, die Staatsangehörige eines anderen Mitgliedstaats sind, deshalb als geeignet erscheint, deren Mobilität innerhalb der Gemeinschaft zu erleichtern".[188] „Soziale Vergünstigungen" sind demnach zum Beispiel folgende **Geld- und Sachleistungen:** lebensunterhaltssichernde Leistungen[189], Leistungen der Studien- und Ausbildungsfinanzierung[190], Leistungen für Behinderte[191], Formen von Arbeitslosengeld[192] und zinslose Geburtsdarlehen[193]. Aber auch **immaterielle Vorteile** werden vom EuGH unter den Begriff der „sozialen Vergünstigungen" subsumiert, wie zum Beispiel das Aufenthaltsrecht für einen nicht-ehelichen Partner.[194]

---

184 Richtlinie 2004/38/EG des Europäischen Parlaments und des Rates v. 29.4.2004 über das Recht der Unionsbürger und ihrer Familienangehörigen, sich im Hoheitsgebiet der Mitgliedstaaten frei zu bewegen und aufzuhalten, zur Änderung der Verordnung (EWG) Nr. 1612/68 und zur Aufhebung der Richtlinien 64/221/EWG, 68/360/EWG, 72/194/EWG, 73/148/EWG, 75/34/EWG, 75/35/EWG, 90/364/EWG, 90/365/EWG und 93/96/EWG, ABl. L 158 v. 30.4.2004, S. 77; geändert durch Verordnung (EU) Nr. 492/2011 des Europäischen Parlaments und des Rates v. 5.4.2011, ABl. L 141 v. 27.5.2011, S. 1. S. oben Rn. 17.

185 S. zu den Aufenthaltsrechten nach der Aufenthaltsrichtlinie auch *Steiger*, EuR 2018, 304, 316 f.; *Cremer*, EuR 2017, 681, 684 ff.

186 *GSH/Lembke*, Europäisches Unionsrecht, Art. 34 GRC Rn. 13; *Schwarze/Ross*, EU, Art. 34 GRC Rn. 8.

187 Verordnung (EU) Nr. 492/2011 des Europäischen Parlaments und des Rates v. 5.4.2011 über die Freizügigkeit der Arbeitnehmer innerhalb der Union, ABl. L 141 v. 27.5.2011, S. 1.

188 St. Rechtsprechung, s. nur EuGH – Schmid./. Belgischer Staat, Rs. C-310/91, Urt. v. 27.4.1993, ECLI:EU:C:1993:2, Rn. 26.

189 EuGH – Scrivner./. Centre public d'aide sociale de Chastre, Rs. C-122/84, Urt. v. 27.3.1985, ECLI:EU:C:1985:145, Rn. 25 ff.

190 EuGH – Lair./. Universität Hannover, Rs. C-39/86, Urt. v. 21.6.1988, ECLI:EU:C:1987:373, Rn. 23 f.

191 EuGH – Schmid./. Belgischer Staat, Rs. C-310/91, Urt. v. 27.4.1993, ECLI:EU:C:1993:2, Rn. 26.

192 EuGH – ONEM./. Deak, Rs. C-94/84, Urt. v. 20.6.1985, ECLI:EU:C:1985:108, Rn. 27.

193 EuGH – Reina./. Landeskreditbank Baden-Württemberg, Rs. C-65/81, Urt. v. 14.1.1982, ECLI:EU:C:1981:301, Rn. 18.

194 EuGH – Niederlande./. Reed, Rs. C-59/85, Urt. v. 17.4.1986, ECLI:EU:C:1986:62, Rn. 28 f. Für weitere Hinweise auf die einschlägige EuGH-Rechtsprechung vgl. *Calliess/Ruffert/Brechmann*, EUV/AEUV, Art. 45 AEUV Rn. 67 ff.; *Schlachter/Heinig/Rixen*, EnzEuR Bd. 7, § 34 Rn. 27 f.

78 **h) Gleichbehandlung nach dem Unionsrecht und den einzelstaatlichen Rechtsvorschriften und Gepflogenheiten („Refrain").** Art. 34 Abs. 2 beinhaltet – ähnlich wie die Grundfreiheiten (→ Rn. 69) – einen **Gleichbehandlungsanspruch:** Eine Person darf im Hinblick auf bestehende („nach Maßgabe der einzelstaatlichen Rechtsvorschriften und Gepflogenheiten") Leistungen der sozialen Sicherheit und die sozialen Vergünstigungen eines Mitgliedstaats grundsätzlich nicht schlechter gestellt werden, wenn sie einen rechtmäßigen Aufenthaltswechsel innerhalb der Union vorgenommen hat, als jemand, der dies nicht getan hat.[195] Der Gleichbehandlungsanspruch ist jedoch dadurch eingeschränkt, dass er nur **„nach dem Unionsrecht"** besteht. Dies bedeutet, dass die **sekundärrechtlichen Einschränkungen des Gleichbehandlungsanspruchs** primärrechtlich anerkannt werden, wie sie sich insbesondere[196] aus der heutigen Koordinierungsverordnung (EG) Nr. 883/2004[197], der Aufenthaltsrichtlinie 2004/38/EG[198] und der Freizügigkeitsverordnung (EU) Nr. 492/2011[199] ergeben.[200] Im Einzelnen müssen diese jedoch wiederum mit dem Kerngehalt des Grundrechts im Einklang stehen.[201]

79 Zur Frage der Zulässigkeit von mitgliedstaatlichen Einschränkungen von Leistungen der sozialen Sicherheit und sozialen Vergünstigungen für EU-Ausländer existiert eine **umfangreiche EuGH-Rechtsprechung** zu den Grundfreiheiten, dem allgemeinen Diskriminierungsverbot i.V.m. der Unionsbürgerschaft (Art. 18 und 20 f. AEUV) und zum einschlägigen Sekundärrecht.[202] Im Zentrum der Rechtsprechung stand dabei in jüngerer Zeit insbesondere die Frage des Zugangs von Unionsbürgern zu beitragsunabhängigen Sozialleistungen in anderen Mitgliedstaaten ohne Anknüpfung an eine Grundfreiheit. Hier hat der EuGH zuletzt eine restriktivere Linie verfolgt.[203]

---

195 *Frenz*, Hdb EuR, Rn. 4167; *GSH/Lembke*, Europäisches Unionsrecht, Art. 34 GRC Rn. 12; *Heselhaus/Nowak/Marauhn*, Hdb Eur. GR, § 22 Rn. 29; *Holoubek/Lienbacher/Blauensteiner/Tobisch/Wutzl*, GRC, Art. 34 Rn. 36; *Jarass*, GRC, Art. 34 Rn. 19.

196 S. Erläuterungen, oben Rn. 17.

197 Verordnung (EG) Nr. 883/2004 des Europäischen Parlaments und des Rates vom 29.4.2004 zur Koordinierung der Systeme der sozialen Sicherheit, ABl. L 166 v. 30.4.2004, S. 1; zuletzt geändert durch Verordnung (EG) 2017/492 der Kommission v. 21.3.2017, ABl. 76 v. 22.3.2017, S. 13. Die Kommission hat am 13.12.2016 einen Vorschlag zur grundlegenden Revision der Verordnung Nr. 883/2004 vorgelegt, COM(2016) 815 final.

198 Richtlinie 2004/38/EG des Europäischen Parlaments und des Rates v. 29.4.2004 über das Recht der Unionsbürger und ihrer Familienangehörigen, sich im Hoheitsgebiet der Mitgliedstaaten frei zu bewegen und aufzuhalten, zur Änderung der Verordnung (EWG) Nr. 1612/68 und zur Aufhebung der Richtlinien 64/221/EWG, 68/360/EWG, 72/194/EWG, 73/148/EWG, 75/34/EWG, 75/35/EWG, 90/364/EWG, 90/365/EWG und 93/96/EWG, ABl. L 158 v. 30.4.2004, S. 77; geändert durch Verordnung (EU) Nr. 492/2011 des Europäischen Parlaments und des Rates v. 5.4.2011, ABl. L 141 v. 27.5.2011, S. 1.

199 Verordnung (EU) Nr. 492/2011 des Europäischen Parlaments und des Rates v. 5.4.2011 über die Freizügigkeit der Arbeitnehmer innerhalb der Union, ABl. L 141 v. 27.5.2011, S. 1.

200 *Merten/Papier/Langenfeld*, Handbuch der Grundrechte VI/1, § 163 Rn. 40; *Schwarze/Ross*, EU, Art. 34 GRC Rn. 8.

201 *Frenz*, Hdb EuR, Rn. 4171; *GSH/Lembke*, Europäisches Unionsrecht, Art. 34 GRC Rn. 14.

202 Vgl. ausführlich hierzu etwa *Schulze/Zuleeg/Kadelbach/Steinmeyer*, Europarecht – Handbuch, § 40; *Steiger*, EuR 2018, 304, 307 ff.; Abschlussbericht des Staatssekretärsausschusses zu „Rechtsfragen und Herausforderungen bei der Inanspruchnahme der sozialen Sicherungssysteme durch Angehörige der EU-Mitgliedstaaten vom 29.8.2014, BT-Drs. 18/2470, S. 31 ff.; *Calliess/Ruffert/Brechmann*, EUV/AEUV, Art. 45 AEUV Rn. 67 ff. S. hierzu auch die in Rn. 77 erwähnte Rechtsprechung.

203 S. Urteile EuGH – Dano, Rs. C-333/13, Urt. v. 11.11.2014, ECLI:EU:C:2014:2358; EuGH – Alimanovic, Rs. C-67/14, Urt. v. 15.9.2015, ECLI:EU:C:2015:597; EuGH – Garcia Nieto, Rs. C-299/14, Urt. v. 25.2.2016, ECLI:EU:C:2016:114; EuGH – Kommission./. Vereinigtes Königreich, Rs. C-308/14, Urt. v. 14.6.2016, ECLI:EU:C:2016:436. Hierzu *Cremer*, EuR 2017, 681,

80 **h) Einschränkbarkeit und Rechtsfolgen eines Verstoßes.** Ob und inwieweit das Recht aus Art. 34 Abs. 2 über die immanenten Schranken hinaus eingeschränkt werden kann, richtet sich nach Art. 52 Abs. 1.[204] Art. 52 Abs. 3 ist nicht anwendbar. Rechtsetzungsakte und Verwaltungsmaßnahmen der Union und der Mitgliedstaaten bei der Durchführung des Unionsrechts, die gegen Art. 34 Abs. 2 verstoßen, sind primärrechtswidrig.

3. Recht auf eine soziale Unterstützung und Unterstützung für die Wohnung (Absatz 3)

81 **a) Grundsätzliche Bedeutung.** Absatz 3 legt fest, dass die Union das Recht auf eine soziale Unterstützung und eine Unterstützung für die Wohnung, die allen, die nicht über ausreichende Mittel verfügen, ein menschenwürdiges Dasein sicherstellen sollen, „anerkennt und achtet". Wie dies auch bei Absatz 1 und den anderen sozialen Verbürgungen im Titel „Solidarität" der Charta der Fall ist, bringt Absatz 3 die dort anerkannten Rechte insbesondere gegenüber den Grundsätzen des Binnenmarktes in Stellung und rückt das „soziale Wohlergehen des Einzelnen" damit stärker in den Fokus der Verträge (→ Rn. 48).[205]

82 **b) Verhältnis zu anderen Vorschriften.** Die Sicherstellung des in Absatz 3 erwähnten „menschenwürdigen Daseins" gehört zur **Menschenwürdegarantie in Art. 1,** die auch eine soziale Dimension hat und zumindest in Extremfällen (im Gegensatz zu Absatz 3 selbst) ein absolutes Minimum sozialer Unterstützung gewährleistet.[206] Das Recht auf Zugang zur Gesundheitsvorsorge und auf ärztliche Versorgung in **Art. 35** kann neben Absatz 1 zur Anwendung kommen (→ Art. 35 Rn. 8).[207]

83 **c) Rechtsnatur und Auslegung.** Bei Absatz 3 handelt es sich nach fast einhelliger Auffassung um einen **Grundsatz** im Sinne des Art. 52 Abs. 5.[208] Dem ist zuzustimmen, denn hierfür sprechen – wie bei Absatz 1 (→ Rn. 50) – insbesondere der Wortlaut der Norm (lediglich „anerkennen und achten" von Rechten und nicht Gewährung der Rechte selbst an be-

---

698 f.; *Steiger*, EuR 2018, 304, 324 ff.; *Greiner/Kock*, NZS 2017, 201; *Raschka*, ZAR 2015, 331, 333 ff.; *Kingreen*, NVwZ 2015, 1503; *Wollenschläger*, NVwZ 2014, 1628.

204 *Frenz*, Hdb EuR, Rn. 4171; *Jarass*, GRC, Art. 34 Rn. 21; *Schwarze/Ross*, EU, Art. 34 GRC Rn. 10.

205 *Stern/Sachs/Nußberger/Lang*, GRC, Art. 34 Rn. 54; vgl. *Streinz/Streinz*, EUV/AEUV, Art. 34 GRC Rn. 5; *Winner*, Die Europäische Grundrechtscharta und ihre soziale Dimension, S. 177.

206 Zur Beziehung von Art. 1 zu Art. 34 *Borowsky*, Art. 1 Rn. 29; *Rudolf*, 4. Aufl. Rn. 20; *Calliess/Ruffert/Kingreen*, EUV/AEUV, Art. 34 GRC Rn. 15; ausführlich *Frenz*, Hdb EuR, Rn. 4194; vgl. auch *Schmidt*, Rechtsnatur und Verpflichtungsdichte der Europäischen Grundrechte, S. 421.

207 *Giesecke*, Art. 35 Rn. 8; *Pechstein/Nowak/Häde/Kocher*, Frankfurter Kommentar, Art. 34 GRC Rn. 23.

208 *Bergmann/Dienelt/Bergmann*, Ausländerrecht, Art. 34 GRC Rn. 1; *Calliess/Ruffert/Kingreen*, EUV/AEUV, Art. 34 GRC Rn. 15; *Frenz*, Hdb EuR, Rn. 4193; *Grabenwarter/Bungenberg*, EnzEuR Bd. 2, § 17 Rn. 7; *GSH/Lembke*, Europäisches Unionsrecht, Art. 34 GRC Rn. 7; *Holoubek/Lienbacher/Blauensteiner/Tobisch/Wutzl*, GRC, Art. 34 Rn. 41; *Jarass*, GRC, Art. 34 Rn. 3; *Merten/Papier/Langenfeld*, Handbuch der Grundrechte VI/1, § 163 Rn. 41; *Sagmeister*, Die Grundsatznormen in der Europäischen Grundrechtecharta, S. 374; *Pechstein/Nowak/Häde/Kocher*, Frankfurter Kommentar, Art. 34 GRC Rn. 7; *Schmidt*, Die Grundsätze im Sinne der EU-Grundrechtecharta, S. 234; *Peers/Hervey/Kenner/Ward/White*, EU Charter, Rn. 34.74; *Schlachter/Heinig/Axer*, EnzEuR Bd. 7, § 3 Rn. 14; *Schwarze/Ross*, EU, Art. 34 GRC Rn. 11; *Stern/Sachs/Nußberger/Lang*, GRC, Art. 34 Rn. 126; *Streinz/Streinz*, EUV/AEUV, Art. 34 GRC Rn. 3; *Vedder/Heintschel von Heinegg/Folz*, Unionsrecht, Art. 34 GRC Rn. 9; a. A. für die Einordnung als Recht *Schmidt*, Die Grundsätze im Sinne der EU-Grundrechtecharta, S. 234: „definitiv zu gewährleistende Minimalverpflichtung, die deshalb gerade im Hinblick auf das Untermaßverbot vollständig gerichtlich justiziabel sein muss"; *Dorfmann*, Der Schutz der sozialen Grundrechte, S. 245: „gemischte Natur der Bestimmungen in Art. 34 […] dergestalt, dass sie neben einer objektiv-rechtlichen auch eine individuelle Dimension aufweisen"; *Schmidt*, Rechtsnatur und Verpflichtungsdichte der Europäischen Grundrechte, S. 421: „Gewährleistung eines subjektiven Leistungsrechts auf soziale Unterstützung und auf Unterstützung für eine Wohnung […] im Hinblick auf das Existenzminimum".

nannte Grundrechtsträger)[209] und die Entstehungsgeschichte[210]. Als Grundsatz kann Absatz 3 gemäß Art. 52 Abs. 5 S. 2 bei der Auslegung von Primär- und Sekundärrecht herangezogen werden.[211]

d) **Normadressat.** Absatz 3 ist wie Absatz 1 abweichend von Art. 51 Abs. 1 S. 1 **nur an die Union,** nicht an die Mitgliedstaaten adressiert (umstritten).[212] Der **EuGH** sieht demgegenüber vom Begriff der „Union" auch die „Mitgliedstaaten bei der Durchführung des Rechts der Union" erfasst.[213] 84

e) **Achtungsgebot.** Gemäß Art. 34 Abs. 3 **„anerkennt und achtet"** die Union die aufgeführten Rechte – eine Formulierung, die u. a. auch in Absatz 1 verwendet wird. Es wird hiermit von der Union in all ihren Tätigkeitsbereichen (innerhalb und außerhalb des Unionsrechtsrahmens) verlangt, dass sie bestehende Rechte **nicht unverhältnismäßig beeinträchtigt** (im Einzelnen → Rn. 52 ff.).[214] Dies kann beispielsweise bei der Bewertung von mitgliedstaatlichen Beihilfen im Sozialbereich relevant werden.[215] Demgegenüber ist die Union über Art. 34 Abs. 3 nicht verpflichtet, die aufgeführten Rechte auf eine soziale Unterstützung und auf eine Unterstützung für die Wohnung selbst positiv zu gewährleisten. Es folgt aus Art. 34 Abs. 3 also **kein eigenständiger Anspruch** bzw. kein unmittelbares Leistungsrecht auf soziale Unterstützung oder Unterstützung für die Wohnung.[216] Derlei Ansprüche können allenfalls im Hinblick auf eine Basisabsicherung der „physischen Grundlagen der Existenz" ggf. auf Art. 1 gestützt werden;[217] nur insofern dürfte auch eine übereinstimmende Verfassungstradition (→ Rn. 30) und ein völkerrechtlicher Mindeststandard[218] bestehen. 85

209 *Frenz*, Hdb EuR, Rn. 4083 f.; *Holoubek/Lienbacher/Blauensteiner/Tobisch/Wutzl*, GRC, Art. 34 Rn. 27; *Schwarze/Ross*, EU, Art. 34 GRC Rn. 3; *Sagmeister*, Die Grundsatznormen in der Europäischen Grundrechtecharta, S. 375.

210 Vgl. die Abschwächung der ursprünglich vorgeschlagenen Formulierungen im Laufe des Verhandlungsprozesses nach Kritik vieler Konventsmitglieder, oben Rn. 35, 38 f. S. auch *Frenz*, Hdb EuR, Rn. 4190.

211 So hat der EuGH den Begriff der „Kernleistungen" in Art. 11 Abs. 4 der Richtlinie 2003/109/EG im Lichte des Art. 34 Abs. 3 ausgelegt. S. EuGH – Kamberaj, Rs. C-571/10, Urt. v. 24.4.2012, ECLI:EU:C:2010:233, Rn. 92.

212 Wie hier *Calliess/Ruffert/Kingreen*, EUV/AEUV, Art. 34 GRC Rn. 4, 15; *Frenz*, Hdb EuR, Rn. 4206; *Holoubek/Lienbacher/Blauensteiner/Tobisch/Wutzl*, GRC, Art. 34 Rn. 26; *Pechstein/Nowak/Häde/Kocher*, Frankfurter Kommentar, Art. 34 GRC Rn. 5; mit ausführlicher Begründung *Stern/Sachs/Nußberger/Lang*, GRC, Art. 34 Rn. 125; *Winner*, Die Europäische Grundrechtscharta und ihre soziale Dimension, S. 177; a. A. Union und Mitgliedstaaten, soweit sie Unionsrecht durchführen (entsprechend Art. 51 Abs. 1 S. 1): *Jarass*, GRC, Art. 34 Rn. 4; *Grabenwarter/Bungenberg*, EnzEuR Bd. 2, § 17 Rn. 8; *GSH/Lembke*, Europäisches Unionsrecht, Art. 34 GRC Rn. 9; *Poulou*, Soziale Grundrechte und europäische Finanzhilfe, S. 222; *Schwarze/Ross*, EU, Art. 34 GRC Rn. 11. Allgemein zum Adressatenkreis *Schwerdtfeger*, Art. 51 Rn. 25.

213 EuGH – Kamberaj, Rs. C-571/10, Urt. v. 24.4.2012, ECLI:EU:C:2010:233, Rn. 80.

214 *Stern/Sachs/Nußberger/Lang*, GRC, Art. 34 Rn. 127; *Schwarze/Ross*, EU, Art. 34 GRC Rn. 11,6; *Jarass*, GRC, Art. 34 Rn. 9; *Rudolf*, 4. Aufl. Rn. 14: „Abwehrrechte, keine unmittelbaren Leistungsrechte"; ähnlich: *Heselhaus/Nowak/Marauhn*, Hdb Eur. GR, § 22 Rn. 27: „über die abwehrrechtliche Dimension allenfalls eine objektivrechtliche Gewährleistung".

215 Vgl. *Stern/Sachs/Nußberger/Lang*, GRC, Art. 34 Rn. 127.

216 *Rudolf*, 4. Aufl. Rn. 20; *Frenz*, Hdb EuR, Rn. 4194.

217 Noch nicht vom EuGH geklärt. Hierzu *Rudolf*, 4. Aufl. Rn. 20; *Frenz*, Hdb EuR, Rn. 4195; *Calliess/Ruffert/Kingreen*, EUV/AEUV, Art. 34 GRC Rn. 15; *Holoubek/Lienbacher/Blauensteiner/Tobisch/Wutzl*, GRC, Art. 34 Rn. 41; *Schlachter/Heinig/Axer*, EnzEuR Bd. 7, § 3 Rn. 31 f.; *Stern/Sachs/Nußberger/Lang*, GRC, Art. 34 Rn. 134.

218 Hierzu ausführlich *Rudolf*, 4. Aufl. Rn. 20; zur Frage, ob Art. 3 EMRK als Anknüpfungspunkt für einen Anspruch auf ein Existenzminimum gesehen werden kann vgl. *Schlachter/Heinig/Axer*, EnzEuR Bd. 7, § 3 Rn. 33.

86 f) **Zielbestimmung.** Die Zielformulierung („Um die soziale Ausgrenzung und die Armut zu bekämpfen") orientiert sich an Art. 30 RESC (→ Rn. 22) und ist erst sehr spät im Verhandlungsprozess in den Text der Norm aufgenommen worden (→ Rn. 44). Sie kann zur **Auslegung** der Norm im Einzelfall herangezogen werden.

87 g) **Recht auf eine soziale Unterstützung.** Im Gegensatz zu Absatz 1 hat die Union gemäß Absatz 3 nicht bloß „Rechte auf Zugang" zu Leistungen, sondern „Rechte" auf die Leistungen selbst zu achten. **„Soziale Unterstützung"** meint im Gegensatz zu den im Regelfall beitragsfinanzierten „Leistungen der sozialen Sicherheit" gemäß Absatz 1 (→ Rn. 59) die im Regelfall aus Steuermitteln finanzierten staatlichen Leistungen, die aufgrund der **Bedürftigkeit** einer Person gewährt werden (vgl. Wortlaut „allen, die nicht über ausreichende Mittel verfügen").[219] Angesprochen ist damit der Bereich der Sozialhilfe. Grundsätzlich werden hiervon sämtliche von öffentlichen Stellen eingerichtete Hilfssysteme erfasst, die auf nationaler, regionaler oder örtlicher Ebene bestehen und die der Einzelne in Anspruch nimmt.[220] Bei den erfassten Leistungen kann es sich um Geld-, aber auch um Sachleistungen handeln.[221] Von der Norm erfasst werden allerdings nicht alle aufgrund der Bedürftigkeit einer Person gewährten Leistungen, sondern nur diejenigen, welche **„ein menschenwürdiges Dasein sicherstellen sollen"**. Die Norm geht davon aus, dass solche Leistungen **„allen" Menschen** zustehen und differenziert nicht wie Absatz 2 nach der Rechtmäßigkeit des Aufenthaltes.[222]

88 h) **Recht auf eine Unterstützung für die Wohnung.** Mit der **„Unterstützung für die Wohnung"** wird ein Teilbereich der „sozialen Unterstützung" (→ Rn. 87) besonders hervorgehoben. Mit „Unterstützung für die Wohnung" ist lediglich die **finanzielle Unterstützung,** etwa in Form von Mietzuschüssen oder Lastenzuschüssen zum Wohneigentum, gemeint.[223] Weitergehende Forderungen hin zu einem „Recht auf Wohnung" selbst, das etwa auch Maßnahmen zum Schutz vor Obdachlosigkeit implizieren würde, wie es etwa in Art. 31 RESC garantiert ist (→ Rn. 23), konnten sich im Konvent nicht durchsetzen (→ Rn. 39). In der am 17.11.2017 von Europäischem Parlament, Rat und Europäischer Kommission proklamierten **Europäischen Säule sozialer Rechte**[224] ist allerdings nun vorgesehen, dass Hilfsbedürftigen „Zugang zu hochwertigen Sozialwohnungen" gewährt wird, und Wohnungslosen „angemessene Unterkünfte" bereitgestellt werden (Ziffer 19). Im Gegensatz zur Charta ist die Europäische Säule sozialer Rechte jedoch rechtlich unverbindlich.

89 i) **Nach Maßgabe des Unionsrechts und der einzelstaatlichen Rechtsvorschriften und Gepflogenheiten („Refrain").** Wie auch das Recht auf soziale Sicherheit in Absatz 1 wird auch das Recht auf soziale Unterstützung in Absatz 3 „nach Maßgabe des Unionsrechts und der einzelstaatlichen Rechtsvorschriften und Gepflogenheiten" anerkannt und geachtet. Dies bedeutet wie bei Absatz 1 im Wesentlichen, dass die Union in all ihren Tätigkeitsbereichen die mitgliedstaatlichen Standards der sozialen Unterstützung nicht unterschreiten darf; sie darf umgekehrt im Rahmen ihrer begrenzten Kompetenzen jedoch auch nicht (im-

---

219 *Rudolf*, 4. Aufl. Rn. 1; *Frenz*, Hdb EuR, Rn. 4198; *GSH/Lembke*, Europäisches Unionsrecht, Art. 34 GRC Rn. 9; *Stern/Sachs/Nußberger/Lang*, GRC, Art. 34 Rn. 130.

220 Vgl. die Auslegung des Begriffs „Sozialhilfe" bei *Calliess/Ruffert/Brechmann*, EUV/AEUV, Art. 45 AEUV Rn. 72.

221 *Holoubek/Lienbacher/Blauensteiner/Tobisch/Wutzl*, GRC, Art. 34 Rn. 37; *Stern/Sachs/Nußberger/Lang*, GRC, Art. 34 Rn. 130.

222 *Rudolf*, 4. Aufl. Rn. 20; *Stern/Sachs/Nußberger/Lang*, GRC, Art. 34 Rn. 133; *Frenz*, Hdb EuR, Rn. 4202 f.

223 Vgl. *Rudolf*, 4. Aufl. Rn. 21; *Frenz*, Hdb EuR, Rn. 4199; *Holoubek/Lienbacher/Blauensteiner/Tobisch/Wutzl*, GRC, Art. 34 Rn. 38.

224 Interinstitutionelle Proklamation zur europäischen Säule sozialer Rechte, ABl. 2017 C 428, S. 10.

plizit) höhere Standards setzen (→ Rn. 56 f.). Es kommt damit entscheidend darauf an, was die Mitgliedstaaten als Standard für die Sicherung eines „menschenwürdigen Daseins" der Person definieren.[225]

j) Rechtsfolgen eines Verstoßes. Rechtsetzungsakte und Verwaltungsmaßnahmen der Union, die gegen Art. 34 Abs. 3 verstoßen, sind primärrechtswidrig. Zur Justiziabilität → Art. 52 Rn. 78 ff. 90

IV. Literaturübersicht

Axer, Peter, § 3 Sozialrechtsspezifische Grundrechte, in: Schlachter, Monika/Heinig, Michael (Hrsg.), Enzyklopädie Europarecht, Band 7: Europäisches Arbeits- und Sozialrecht, 2016; *Bergmann, Jan/Dienelt, Klaus,* Ausländerrecht, 12. Auflage 2018; *Bieback, Karl-Jürgen,* Die Relevanz der sozialen Grundrechte der Europäischen Grundrechtecharta (EuGRCh), in: Roggan, Fredrik/Butsch, Dörte (Hrsg.), Das Recht in guter Verfassung? Festschrift für Martin Kutscha, 2013, S. 43; *Bierweiler, Alexia,* Soziale Sicherheit als Grundrecht in der Europäischen Union, 2007; *Bungenberg, Marc,* § 17 Soziale Rechte, in: Grabenwarter, Christoph (Hrsg.), Enzyklopädie Europarecht, Band 2: Europäischer Grundrechteschutz, 2014; *Cremer, Wolfram,* Unionsinterne Migration als integrationspolitische und unionsrechtliche Herausforderung, EuR 2017, S. 681; *Dorfmann, Julia,* Der Schutz der sozialen Grundrechte, 2006; *Eichenhofer, Eberhard,* Soziale Menschenrechte im Völker-, europäischen und deutschen Recht, 2012; *Greiner, Stefan/Kock, Maja-Carolin,* Sozialleistungsansprüche für Unionsbürger im Spannungsfeld von Missbrauchsprävention und Arbeitnehmerfreizügigkeit, NZS 2017, 201; *Meyer, Jürgen,* Vom Begleitmotiv zum Leitmotiv: Die Europäische Union als Wertegemeinschaft, in: Burkhardt, Björn/Koch, Hans-Georg u. a. (Hrsg.), Scripta amicitiae, Freundschaftsgabe für Albin Eser zum 80. Geburtstag am 26. Januar 2015, 2015, S. 177; *Kemmler, Iris,* Einflussrichtungen der Europäischen Union auf das Krankenversicherungsrecht in Deutschland, NZS 2015, 401; *Kingreen, Thorsten,* In love with the single market? Die EuGH-Entscheidung Alimanovic zum Ausschluss von Unionsbürgern von sozialen Grundsicherungsleistungen, NVwZ 2015, 1503; *Krajewski, Markus,* § 35 Europäisches Beihilfen- und Wettbewerbsrecht und mitgliedstaatliches Sozialrecht, in: Schlachter, Monika/Heinig, Michael (Hrsg.), Enzyklopädie Europarecht, Band 7: Europäisches Arbeits- und Sozialrecht, 2016; *Mückenberger, Ulrich,* Eine europäische Sozialverfassung?, EuR 204, 369; *Langenfeld, Christine,* § 163 Soziale Grundrechte, in: Merten, Detlef/Papier, Hans-Jürgen, Handbuch der Grundrechte in Deutschland und Europa, Band VI/1 Europäische Grundrechte I, 2010; *Losch, Bernhard/Radau, Christine,* Die soziale Verfassungsaufgabe der Europäischen Union, NVwZ 2003, 1440; *Poulou, Anastasia,* Soziale Grundrechte und europäische Finanzhilfe, 2017; *Raschka, Johannes,* Anspruch von Unionsbürgern auf Zugang zu Sozialleistungen nach der jüngeren Rechtsprechung des EuGH, ZAR 2015, 331; *Rixen, Stephan,* § 34 Gleichbehandlung nach Art. 7 Abs. 2 VO (EU) Nr. 492/2011, in: Schlachter, Monika/Heinig, Michael (Hrsg.), Enzyklopädie Europarecht, Band 7: Europäisches Arbeits- und Sozialrecht, 2016; *Sagmeister, Holger,* Die Grundsatznormen in der Europäischen Grundrechtecharta, 2010; *Schmidt, Christine,* Rechtsnatur und Verpflichtungsdichte der Europäischen Grundrechte, 2012, *Schmidt, Johannes,* Die Grundsätze im Sinne der EU-Grundrechtecharta, 2010; *Scholz, Rupert,* Die sozialen Grundrechte in der Europäischen Union und deren kompetenzrechtliche Grenzen, in: Sachs, Michael/Siekmann, Helmut (Hrsg.), Der grundrechtsgeprägte Verfassungsstaat, Festschrift für Klaus Stern zum 80. Geburtstag, 2012, S. 923; *Steiger, Dominik,* Freizügigkeit in der EU und Einschränkungen von Sozialleistungen für EU-Ausländer – Vom Verlust der richtigen Balance zwischen den Interessen der Mitgliedstaaten und den Rechten des Einzelnen sowie der Notwendigkeit einer primärrechtskonformen Auslegung der Freizügigkeitsrichtlinie, EuR 2018, 304; *Steinmeyer, Heinz-Dietrich,* § 40 Sozialrecht, in: Schulze, Reiner/Zuleeg, Manfred/Kadelbach, Stefan, Europarecht – Handbuch für die deutsche Rechtspraxis, 3. Aufl., 2015; *Winner, Teresa,* Die Europäische Grundrechtscharta und ihre soziale Dimension, 2005; *Wollenschläger, Ferdinand,* Keine Sozialleistungen für nichterwerbstätige Unionsbürger?; NVwZ 2014, 1628.

---

225 Vgl. *Frenz,* Hdb EuR, Rn. 4204; *Holoubek/Lienbacher/Blauensteiner/Tobisch/Wutzl,* GRC, Art. 34 Rn. 42; *Stern/Sachs/Nußberger/Lang,* GRC, Art. 34 Rn. 134.

Artikel 35 Gesundheitsschutz

Jeder Mensch hat das Recht auf Zugang zur Gesundheitsvorsorge und auf ärztliche Versorgung nach Maßgabe der einzelstaatlichen Rechtsvorschriften und Gepflogenheiten. Bei der Festlegung und Durchführung der Politik und Maßnahmen der Union in allen Bereichen wird ein hohes Gesundheitsschutzniveau sichergestellt.

I. Vorgaben

1. Internationales Recht

1 Gemäß Art. 25 Abs. 1 der Allgemeinen Erklärung der Menschenrechte[1] hat jede Person ein Recht auf einen Lebensstandard, der ihre Gesundheit und ihr Wohl sowie das ihrer Familie gewährleiste, einschließlich der ärztlichen Versorgung sowie einer Absicherung im Krankheitsfall. Zuvor hatte bereits die – rechtlich ebenfalls nicht bindende – Präambel der Verfassung der Weltgesundheitsorganisation (**WHO**)[2] den Besitz des bestmöglichen Gesundheitszustandes als grundlegendes Recht eines jeden bezeichnet. Diese Formulierung hatte Vorbildfunktion für viele nachfolgende internationale und regionale Verträge.[3] So erkennen die Vertragsstaaten, und daher sämtliche Mitgliedstaaten der EU, des **IPwskR**[4] in Art. 12 das Recht eines jeden „auf das für ihn erreichbare Höchstmaß an körperlicher und geistiger Gesundheit an" und fordert unter anderem den Zugang zu medizinischer Hilfe im Krankheitsfall für jedermann.[5] Die **EMRK** enthält nicht ausdrücklich ein Recht auf Gesundheit, allerdings gewährt Art. 2 das Recht auf Leben, das durch das Folterverbot des Art. 3 ergänzt wird. Nach der Rechtsprechung des EGMR und der Spruchpraxis der Kommission gewährt Art. 8 EMRK den Schutz der physischen und psychischen Integrität.[6] Zur Effizienz des staatlichen Gesundheitssystems haben die Spruchkörper bislang keine Stellung genommen.[7]

2 Der **Präsidiumsentwurf**[8] vom 27. März 2000 nennt als Bezugspunkte eines möglichen Rechts auf Schutz der Gesundheit unter anderem Art. 152 EGV und Art. 11 Europäischen Sozialcharta (ESC). Von besonderer Bedeutung für die Auslegung des Art. 35 sind nach den **Erläuterungen des Präsidiums des Konvents** Art. 11 und 13 ESC sowie Art. 168 AEUV, auf den sich Art. 35 GRC stütze. **Art. 11 ESC** listet einzelne Maßnahmen auf, die geeignet sind, die wirksame Ausübung des Rechts auf Schutz der Gesundheit zu gewährleisten. Der Schwerpunkt liegt hier auf den präventiven Maßnahmen wie Ursachenbeseitigung, Bera-

1 Verkündet von der Generalversammlung der Vereinten Nationen am 10. Dezember 1948.
2 Unterzeichnet in New York am 22. Juli 1946, 18 UNTS 3.
3 Hierzu ausführlich *Karagiannis*, Journal du droit international (Clunet) n° 4, Octobre 2012, doctr. 11.
4 993 UNTS 3.
5 Zur Spruchpraxis des UN-Ausschusses sowie insbesondere zu seinem Kommentar Nr. 14 zum Recht auf Gesundheit aus dem Jahr 2000 (CECSR E/C.12/2000/4, 11. August 2000) s. *Krennerich*, S. 205.
6 EGMR 26.3.1985 – 16/1983/72/110 (X u. Y/Niederlande) – Series A no. 91, Rn. 22 = EuGRZ 1985, 297.
7 *Grabenwarter/Bungenberg*, Grundrechteschutz, § 17 Rn. 30 mwN.
8 CHARTE 4192/00 CONVENT 18.

tungs- und Schulungsangebote zur Verbesserung der Gesundheit sowie Vorbeugung epidemischer, endemischer und anderer Erkrankungen. Auch **Art. 168 Abs. 1 Unterabs. 2 AEUV** legt in seinem umfangreicheren Katalog einen Schwerpunkt auf Prävention und Ursachenbeseitigung. Beide Artikel enthalten kein individuelles Recht des Einzelnen auf Zugang zur Gesundheitsversorgung. Einem solchen Recht kommt eher **Art. 13 ESC** nahe, der jeder bedürftigen Person das Recht auf ausreichende Betreuung und Unterstützung im Falle einer Erkrankung garantiert. Neben einem Diskriminierungsverbot aufgrund der Inanspruchnahme dieser Leistungen enthält er ferner die Verpflichtung der Vertragsstaaten, zweckentsprechende öffentliche oder private Einrichtungen bereitzustellen, die die zur Verhütung, Behebung oder Milderung einer persönlichen oder familiären Notlage erforderliche Beratung und persönliche Hilfe anbieten. Art. 13 ESC geht insofern in seiner Anwendungsbreite über Art. 35 GRC hinaus, während Art. 35 GRC einen Rechtsanspruch auf Zugang zu ärztlicher Versorgung – nach Maßgabe der einzelstaatlichen Rechtsvorschriften und Gepflogenheiten – gewährt.

Art. 168 Abs. 1 S. 1 AEUV (Sicherstellung eines **„hohen Gesundheitsschutzniveaus"**) findet 3
sich fast wörtlich in Art. 35 S. 2 wieder. Im Übrigen hat die EU bereits gemäß **Art. 9 AEUV** bei der Durchführung ihrer Politik und Maßnahmen sowie gemäß **Art. 114 Abs. 3 AEUV** bei der Angleichung der Rechtsvorschriften von einem hohen Gesundheitsschutzniveau auszugehen. In der Formulierung des Art. 168 AEUV schlägt sich – deutlicher als in Art. 35 GRC – die Kompetenzaufteilung zwischen der Europäischen Union und ihren Mitgliedstaaten nieder, zumal Art. 168 AEUV zugleich die Kompetenznorm für die Europäische Union ist.[9] Hier wird ihre die Tätigkeit der Mitgliedstaaten nur ergänzende sowie koordinierende Kompetenz hervorgehoben, unterstrichen durch seinen Abs. 7, der die (alleinige) Verantwortung der Mitgliedstaaten für die Festlegung ihrer Gesundheitspolitik sowie für die Organisation des Gesundheitswesens und die medizinische Versorgung klarstellt. In Art. 35, der – wie auch die anderen Artikel der Charta – auf der Kompetenzverteilung (→ Vorbemerkung Titel IV Rn. 28 ff.) zwischen Union und Mitgliedstaaten auf Grundlage des EUV und AEUV beruht und diese nicht verändern kann, schlägt sich diese Begrenzung der Befugnisse der EU in der Formulierung „nach Maßgabe der einzelstaatlichen Rechtsvorschriften und Gepflogenheiten" nieder.

2. Verfassungen der Mitgliedstaaten

Die geschriebenen Verfassungen der meisten Mitgliedstaaten der Europäischen Union er- 4
wähnen den **Schutz der Gesundheit** als Schutzauftrag des Staates. In den übrigen Staaten (Deutschland, Malta und Zypern) benennen die Verfassungen das Recht auf Gesundheit nicht ausdrücklich, vielmehr sind einzelne Aspekte in verschiedenen Artikeln enthalten. So finden sich im deutschen Grundgesetz Aspekte des Rechts auf Gesundheit in Art. 2 Abs. 2 GG (Garantie des Rechts auf Leben und der körperlichen Unversehrtheit), im Sozialstaatsprinzip (Art. 20 Abs. 1 GG) in Verbindung mit der Unverletzlichkeit der Menschenwürde (Art. 1 Abs. 1 GG) sowie im Verbot der Misshandlungen in Art. 104 Abs. 1 S. 2. GG.[10] Zyperns Verfassung (Art. 9) spricht im Zusammenhang mit sozialer Sicherheit von dem Recht eines jeden auf ein annehmbares Dasein. Maltas Verfassung garantiert in Abschnitt 33 zumindest das Recht auf Leben. Österreichs Verfassung kennt kein eigenes Recht auf Ge-

9 Eine Übersicht über wichtige Richtlinien der EU auf dem Gebiet des Gesundheitsschutzes findet sich bei *Igl/Welti/Igl*, 2. Kap. § 8 S. 16 ff.

10 Vgl. hierzu allgemein *Seewald*, S. 37–70 sowie *Welti*, GesR 2015, 1–8. In Ausführung der grundgesetzlichen Vorgaben bestehen umfangreiche einfachgesetzliche Gewährleistungen im Fünften und Siebten Sozialgesetzbuch.

sundheit; da die EMRK jedoch Verfassungsrang genießt, sind die durch Art. 8 EMRK geschützten Rechte – Schutz der körperlichen Unversehrtheit sowie diskriminierungsfreier Zugang zu vorhandenen Behandlungen[11] - ebenfalls geschützt.

5 Viele Verfassungen der Mitgliedstaaten garantieren die **Einrichtung öffentlicher Gesundheitsdienste**[12], ein Großteil der Verfassungen enthält **individuelle Rechte des Einzelnen auf Zugang zu diesen Diensten** oder auf medizinische Unterstützung.[13] Nur in wenigen Ländern ist dieser Zugang **eigenen Staatsangehörigen** vorbehalten.[14] In einigen Verfassungen ist bereits ein Recht auf eine Kranken- und Sozialversicherung vorgesehen, in den anderen Mitgliedstaaten sind dieses sowie Einzelfragen der sozialen Sicherung im Bereich des Gesundheitswesens in je unterschiedlichen Ausprägungen in einfachen Gesetzen geregelt.[15] Einige Verfassungen garantieren besonderen Personengruppen – insbesondere Kindern, Alten und Schwangeren – einen besonderen Schutz der Gesundheit.[16]

II. Diskussion im Grundrechtekonvent[17]

6 Die ganz überwiegende Mehrheit der Konventsmitglieder sprach sich von Anfang an für eine Verankerung des Gesundheitsschutzes in der Charta aus. Nur der deutsche EP-Abgeordnete *Friedrich* lehnte zwischenzeitlich dessen Aufnahme in die Charta ab, da die EU keinerlei Kompetenz auf dem Gebiet des Gesundheitsschutzes besitze. Die Regierungsvertreter Großbritanniens *Goldsmith* und der Niederlande *Korthals Altes* plädierten ebenfalls gegen die Aufnahme, da es sich lediglich um eine nicht vom Kölner Mandat umfasste Zielbestimmung handele.[18] Dem widersprachen Mitglieder mit dem Verweis auf die Verfassungen der Mitgliedstaaten, die die Gesundheit eng mit der Menschenwürde assoziierten, sowie mit dem Hinweis, dass es sich bei der Gesundheitspolitik mittlerweile um eine der wichtigsten Gemeinschaftsaufgaben handele.[19]

Die **Diskussion** zum Satz 1 der Vorschrift fand vor allem in zwei Sitzungen statt und kreiste um **folgende Punkte**: den Adressaten der Norm, ihre Qualifikation als Grundsatz oder individuelles Recht sowie um die Ansprüche von Personen, die sich ohne einen legalen Aufenthaltsstatus auf dem Gebiet eines Mitgliedstaates aufhielten.

---

11 S. hierzu *Meyer-Ladewig/Nettesheim/Raumer*, EMRK, Art. 8 Rn. 13–14.

12 Bulgarien (Art. 52), Finnland (Art. 19 Abs. 3), Italien (Art. 32 i.V.m. Art. 117 bei den Gesetzgebungskompetenzen), Kroatien (Art. 59), Lettland (Art. 111), Litauen (Art. 53), Luxemburg (Art. 11 Abs. 5), Niederlande (Art. 22), Österreich (Art. 12 Abs. 1 Nr. 1 setzt dies bei den Gesetzgebungskompetenzen voraus), Polen (Art. 68), Portugal (Art. 64), Rumänien (Art. 33), Schweden (Art. 2 Instrument of Government). Slowakei (Art. 40), Slowenien (Art. 51), Spanien (Art. 43 – näheres wird durch Gesetz geregelt), Tschechien (Art. 31), Ungarn (Art. 20).

13 Belgien (Art. 23 Abs. 2), Bulgarien (Art. 52), Dänemark (Art. 75 Abs. 2), Estland (Art. 28), Frankreich (Punkt 11 der Präambel der Verfassung von 1946), Italien (Art. 32), Kroatien (Art. 59), Lettland (Art. 111), Litauen (Art. 53), Luxemburg (Art. 11 Abs. 5), Slowenien (Art. 51), Ungarn (Art. 20).

14 Griechenland (Art. 21 Abs. 3), Polen (Art. 68), Portugal (Art. 64), Slowakei (Art. 40), Slowenien (hins. Sozialversicherung, Art. 51), Tschechien (Art. 31),

15 Für Informationen zu den einzelnen Gesundheitssystemen in den Mitgliedstaaten siehe die Datenbank von MISSOC – Gegenseitige Informationssystem für soziale Sicherheit: http://www.missoc.org/MISSOC/INFORMATIONBASE/COMPARATIVETABLES/MISSOCDATABASE/comparativeTableSearch_de.jsp.

16 Frankreich (Punkt 11 der Präambel von 1946); Polen (Art. 68); Tschechien (Art. 29); *Hölscheidt*, Art. 25 Rn. 4.

17 Die Ausführungen zur Entstehungsgeschichte entwickelt die Darstellung aus den Vorauflagen fort.

18 In der 8. Sitzung des Konvents am 27./28. April 2000, *Bernsdorff/Borowsky*, Protokolle, S. 226.

19 In der 15. Sitzung des Konvents am 17./18. und 19.7.2000, *Bernsdorff/Borowsky*, Protokolle, S. 338 f.

Ausgangspunkt der Debatte[20] war Art. XV „Recht auf Zugang zu ärztlicher Versorgung“: „Jede Person muss die Maßnahmen der Gesundheitsfürsorge in Anspruch nehmen können und im Falle der Erkrankung Zugang zu ärztlicher Versorgung haben.“ Der Entwurf stieß im Konvent zunächst auf heftige Skepsis, da der **Adressat** der Norm unklar sei (so der Bundestagsabgeordnete *Altmaier,* sowie die Regierungsvertreter Großbritanniens *Goldsmith* und der Niederlande *Korthals Altes*). Schon hier betonte der deutsche Regierungsvertreter und Konventsvorsitzende *Herzog,* die Vorschrift richte sich an die EU, Mitgliedstaaten könnten nur dann (dann aber auch!) gebunden sein, wenn sie auf diesem Gebiet nichts oder nur völlig Unzureichendes unternähmen. *Goldsmith* legte Wert darauf, eine Erweiterung der Kompetenzen der EU durch die Rechtsprechung des EuGH unter Rückgriff auf diesen Artikel zu vermeiden.[21] In der 11. Sitzung am 5./6. Juni 2000 entspann sich eine Grundsatzdiskussion über die Reichweite der sozialen Rechte, in der der Bundestagsabgeordnete *Meyer* zwischen den Extrempositionen des britischen Regierungsvertreters *Goldsmith* einerseits und des französischen Regierungsvertreters *Braibant* andererseits zu vermitteln suchte: Zunächst gelte es, Abwehrrechte gegen potentielle Maßnahmen der EU zu formulieren. Ferner würden objektive soziale Normen, die konstituierend für das europäische Modell einer gültigen Werteordnung seien, bestätigt. Hier sei das Recht auf Gesundheit als eines der vier Grundelemente von Bedeutung.[22] Durch die folgenden Änderungen des Wortlautes wurden die Adressaten der Norm – sowohl die EU als auch die Mitgliedstaaten – deutlich, so dass diese Diskussion nicht erneut aufflammte.

Die Frage der Ausformulierung als **Recht oder Grundsatz** sowie die Aufnahme des sog. **Refrain** (→ Vorbemerkung Titel IV Rn. 41 ff.) wurde intensiver debattiert. Im Entwurf vom 16. Mai 2000[23] lautete Art. 42 („Gesundheitsschutz“): „Der Zugang zu ärztlicher Versorgung und zur Gesundheitsfürsorge wird für jede Person entsprechend den jeweiligen Gegebenheiten der einzelnen Mitgliedstaaten sichergestellt.“ In der Begründung wurde ausgeführt, diese Grundsätze seien im Wesentlichen durch innerstaatliches Recht umzusetzen. In der 15. Sitzung am 17., 18. und 19. Juli 2000[24] wurde ausführlich erörtert, ob dieser Art. 42 als individuelles Recht auszugestalten sei. Für ein Individualrecht sprach sich die deutsche EP-Abgeordnete *Kaufmann* aus: Das Recht müsse mehr gewährleisten als nur den Zugang zu ärztlicher Versorgung. Nach Ansicht des Mitglieds des italienischen Senats *Manzella* müsse neben dem Individualrecht der konkrete Zugang zur Gesundheitsvorsorge in einem „zweiten Schritt“ im Text enthalten sein. Die französische EP-Abgeordnete *Lalumière* betonte ebenso eine Doppelfunktion des Artikels: Er solle sowohl einen Anspruch des Einzelnen auf Gesundheitsschutz sowie auf Zugang zu Gesundheitspflege und Prophylaxe vorsehen, also ein *„droit à la santé“* darstellen. Erst im Anschluss daran solle in einem separaten Absatz, dem sog. **„Refrain“**, der Vorbehalt *„nach Maßgabe der nationalen Rechtsvorschriften und Gepflogenheiten“* folgen. Nach lebhafter Debatte plädierte der schwedische Regierungsvertreter *Tarschys* für eine spezifische Aufnahme des Verweises auf die nationalen Rechtsvorschriften und Gepflogenheiten in der Vorschrift selbst, statt allein auf die Querschnittsklausel des späteren Art. 51 zu vertrauen. Die Bürgerinnen und Bürger müssten bei der leicht lesbaren konkreten Chartabestimmung schon erfahren, wie weit dieses Recht reiche und an wen der Bürger sich zu richten habe, wenn er sich auf sein Charta-

20 Dokument CHARTE 4193/00 CONVENT 19 vom 29. März 2000.
21 Zur 8. Sitzung des Konvents am 27./28. April 2000, *Bernsdorff/Borowsky*, Protokolle, S. 226.
22 *Bernsdorff/Borowsky*, Protokolle, S. 252 f.
23 Dokument CHARTE 4316/00 CONVENT 34.
24 *Bernsdorff/Borowsky*, Protokolle, S. 339.

recht berufe.[25] Obwohl dieser Verweis auf die innerstaatlichen Rechtsvorschriften überwiegend abgelehnt wurde[26], übernahm das Präsidium den Vorschlag *Tarschys* in seinen Entwurf. Der erste Gesamtentwurf der Charta[27] stellte durch eine weitere Umformulierung des nunmehrigen Art. 33 das Individualrecht in den Vordergrund. Jetzt hieß es, „Jede Person hat das Recht auf Zugang zur Gesundheitsvorsorge und Inanspruchnahme von ärztlicher Versorgung nach Maßgabe der einzelstaatlichen Rechtsvorschriften und Gepflogenheiten." Die Erläuterungen[28] sprechen jedoch missverständlich von den „in Art. 33 enthaltenen Grundsätzen".

In diesem Zusammenhang wurde die Frage erörtert, ob sich Personen, die sich **ohne legalen Aufenthaltsstatus** auf dem Gebiet eines Mitgliedstaates aufhalten, ebenfalls auf ein Recht auf Gesundheitsversorgung berufen können. In der 8. Sitzung des Konvents sprach sich die Mehrheit für eine Beschränkung des entsprechenden Anspruches auf eine Minimalversorgung aus.[29] Dies wurde in der 15. Sitzung bestätigt.[30] Nach Ansicht des niederländischen Regierungsvertreters *Korthals Altes* decke der Wortlaut des damaligen Art. 42 – jetzt Art. 35 – auch diese Situation ab. Es sei unstreitig, dass illegal Anwesende eine medizinische Grundversorgung erhalten müssten, ob man darüber hinausreichende Rechte gewährleisten wolle, sei jedoch fraglich.

Im zweiten Gesamtentwurf der Charta[31] wurde ohne Diskussion aus Art. 152 Abs. 2 EGV-Nizza ein **weiteres Prinzip** als Satz 2 übernommen: „Bei der Festlegung und Durchführung aller Politiken und Maßnahmen der Union wird ein **hohes Gesundheitsschutzniveau** sichergestellt." Der endgültige Text des Chartaentwurfes[32] wies dem Artikel zum Gesundheitsschutz endgültig die Nummer 35 zu.

III. Kommentierung

1. Recht auf Zugang zur Gesundheitsvorsorge und auf ärztliche Versorgung (Art. 35 S. 1)

7 a) **Grundsätzliche Bedeutung.** Gesundheit ist von grundlegender Bedeutung, wenn nicht sogar die Voraussetzung für die Ausübung der meisten auch in der Charta garantierten Grundrechte. Während die Überschrift „Gesundheitsschutz" ähnlich wie in den bereits bestehenden völkerrechtlichen Texten eine umfassende Aufzählung notwendiger staatlicher Maßnahmen zum Schutz der Gesundheit erwarten lassen könnte, statuiert Satz 1 ein Recht des Einzelnen auf Teilhabe am Zugang zu individuellen Maßnahmen: Gesundheitsvorsorge und ärztliche Versorgung. Unabhängig von der später zu treffenden Einordnung als Recht oder Grundsatz hat die Aufnahme des Rechts auf Gesundheit in die Charta **erhebliche Bedeutung:** Während zuvor Gesundheit als Ziel einzelner Maßnahmen der Union sowie als Rechtfertigungsgrund für Maßnahmen der Mitgliedstaaten zur Einschränkung der Grundfreiheiten anerkannt war, gibt die Charta nunmehr dem Einzelnen das Recht auf Gesund-

25 *Bernsdorff/Borowsky*, Protokolle, S. 339 f.
26 *Bernsdorff/Borowsky*, Protokolle, S. 339 f.
27 Dokument CHARTE 4422/00 CONVENT 45 vom 28. Juli 2000.
28 CHARTE 4423/00 CONVENT 46; als Quellen wurden in den Erläuterungen Art. 152 EGV-Nizza sowie Art. 11 ESC benannt.
29 *Bernsdorff/Borowsky*, Protokolle, S. 227.
30 *Bernsdorff/Borowsky*, Protokolle, S. 340.
31 Dokument CHARTE 4470/00 CONVENT 47 vom 14. September 2000.
32 Dokument CHARTE 4473/00 CONVENT 49 vom 11. Oktober 2000.

heit und wertet diese somit auf.[33] Seine erste Erwähnung fand der Artikel dementsprechend bei den Schlussanträgen eines Generalanwaltes im Jahr 2007.[34]

b) Verhältnis zu anderen Vorschriften. Wichtige Teile des Gesundheitsschutzes – insbesondere individualrechtliche Aspekte – werden in anderen Teilen der Charta berücksichtigt. Hier sind die Menschenwürde (Art. 1), das Recht auf Leben (Art. 2), das Recht auf körperliche und geistige Unversehrtheit (Art. 3 Abs. 1) einschließlich besonderer Schutzrechte im Bereich der Biomedizin (Art. 3 Abs. 2), in gewissem Umfang das Verbot der Folter und unmenschlicher und erniedrigender Behandlung (Art. 4) sowie der Schutz personenbezogener Daten im Zusammenhang mit dem Gesundheitsschutz (Art. 8) zu nennen. In Verbindung mit dem Recht auf Zugang zu medizinischer Versorgung gewinnen auch die Gleichheitsrechte der Art. 20 und 21 besondere Bedeutung. Während Art. 34 den Zugang zu den sozialen Leistungen wie einer Krankenversicherung und damit der Übernahme durch eine Behandlung entstehender Kosten anerkennt, behandelt Art. 35 den Anspruch auf medizinische Hilfe. Dieser Unterschied ist insbesondere wegen der unterschiedlichen Grundrechtsträger (Gesundheit als Jedermann-Recht, das Recht der Sozialversicherung nur für Personen mit einem rechtmäßigen Aufenthaltsstatus, Art. 34 Abs. 2) von Relevanz. Beide Rechte können aber nebeneinander geltend gemacht werden (→ Art. 34 Rn. 49). 8

c) Rechtsnatur. Nach allgemeiner Meinung handelt es sich bei dem Recht auf Zugang zur Gesundheitsvorsorge gemäß Satz 1 um ein **echtes Grundrecht.**[35] Die entgegenstehende Auffassung[36] verweist auf die Erläuterungen des Präsidiums des Konvents, die – wie Art. 6 Abs. 1 UAbs. 3 EUV allgemein – von „Grundsätzen" sprechen. Manche Autoren[37] stimmen der Einordnung des Rechts als reines Abwehrgrundrecht zu und lehnen die Leistungsdimension ab, da zur Justiziabilität zunächst eine Umsetzung des Rechts durch den Gesetzgeber notwendig sei. Das Recht sei insgesamt zu unbestimmt, die weitreichenden finanziellen Folgen seien von der Charta nicht gewollt.[38] Weder seien ein Anspruch auf ärztliche Grundversorgung, noch ein Anspruch auf Gesundheitsvorsorge im Völkerrecht verankert. 9

Dem ist der insoweit klare Wortlaut des Satzes 1, der anders als Satz 2 jedem Menschen ein „Recht auf" zuspricht, entgegenzuhalten. Auch andere sprachliche Fassungen benutzen die Formulierung „Recht auf".[39] Die Frage war auch während der Beratungen im Konvent umstritten; letztlich entschied er sich aber für einen Wortlaut, der die individualrechtliche Ausgestaltung nahelegt (→ Art. 35 Rn. 6). Es ist allerdings ein Unterschied in der französischen und deutschen Bedeutung des „Rechts auf" zu beachten: Während sich im deutschen öffentlichen Recht die Debatte um die Justiziabilität eines subjektiven Rechts auf Gesund- 10

33 So auch *Picod/van Drooghenbroeck/Brosset*, Charte, Art. 35 Pkt. 8, 18.

34 Schlussanträge des GA *Dámaso Ruiz-Jarabo Colomer* vom 11.1.2007, Stamatelaki, Rs. C-444/05, ECLI:EU:C:2007:24, Rn. 40.

35 *Pechstein/Nowak/Häde/Krajewski*, Frankfurter Kommentar, Art. 35 Rn. 5 mwN; *Calliess/Ruffert/Kingreen*, EUV/AEUV, Art. 35 GRC, Rn. 2; *Jarass*, GRC, Art. 35 Rn. 2; *Bergmann* in: *Bergmann/Dienelt*, Ausländerrecht, Art. 35 GRC, Rn. 1; *Tettinger/Stern/Nußberger*, GRC, Art. 35 Rn. 39; *Grabenwarter/Bungenberg*, Grundrechteschutz, § 17 Rn. 43; *Mangas Martín/ López Escudero*, Carta, Art. 35 S. 596; *Schmittmann*, S. 121 f.

36 *Barriga*, Die Entstehung der Charta der Grundechte der Europäischen Union, 2003, S. 129 f.; *Tettinger/Stern/Ladenburger*, GRC, Art. 52, Rn. 98; *Mastroianni/Federico*, Carta, Art. 35 S. 671; *Nettesheim*, EuR 2004 – Beiheft 1, S. 7–143, S. 75 beklagt, dass kein subjektives Recht eingeführt worden sei.

37 *Sagmeister*, S. 375 f.

38 So auch *Jarass*, EU-GR, § 33 Rn. 2.

39 Die französische Fassung lautet: „droit d'acceder à la prévention en matière de santé et de bénéficier de soins médicaux", die englische Fassung „the right to acces […] and to benefit".

heit, Wohnung etc. fokussiert und daher die Anerkennung sozialer Rechte als subjektiver Rechte schwerfällt, geht die französische Verfassungslehre von einem zusätzlich notwendigen Umsetzungsakt auf gesetzlicher Ebene aus. Zu einer entsprechenden Leistungshandlung ist der Gesetzgeber dann aber auch verpflichtet.[40] Ferner schließt das Argument der weitreichenden finanziellen Kosten in konsequentialistischer Manier vom – nicht erwünschten – Ergebnis auf die Qualität des Rechts. Dabei kann es aber nicht darum gehen, Leistungsrechte (wie es ja auch das Recht auf Zugang zum Gericht ist) grundsätzlich abzulehnen, weil deren Durchsetzung Geld kostet und die einzelnen Rechte – wie in Vertragstexten, aber auch in Verfassungen üblich – nicht detailliert ausgestaltet sind. Vielmehr wollen sie die Reichweite des jeweiligen Rechts – auch aus grundsätzlich billigenswerten Motiven wie der Leistungsfähigkeit des Gemeinwesens – einschränken. Diese Aufgabe übernimmt indes bereits der Wortlaut des Art. 35 S. 1 selbst, der das Recht nur „nach Maßgabe der einzelstaatlichen Rechtsvorschriften und Gepflogenheiten" eingeschränkt gewährleistet. Diese erhebliche Einschränkung der Wirkkraft des Art. 35 S. 1 kann man bedauern[41], auf die Kategorisierung als Grundrecht (in Abgrenzung zu einem Grundsatz) hat sie hingegen keine Auswirkung. Die jeweilige Ausgestaltung des Rechts ist – wie bei anderen Leistungsgrundrechten auch – eine Frage des einfachen Rechts und dieses mangels Zuständigkeit der Europäischen Union eine Aufgabe der Mitgliedstaaten.

11 **d) Grundrechtsträger und Grundrechtsadressaten. Träger** des Grundrechts aus Art. 35 ist **„jeder Mensch"**, damit jede natürliche Person unabhängig von ihrer Staatsangehörigkeit sowie ihrem Aufenthaltsstatus auf dem Gebiet eines Mitgliedstaates.[42] Insbesondere sind auch die sich illegal auf dem Gebiet eines Mitgliedstaates aufhaltenden Personen (die „sans-papiers") bereits in der Diskussion im Grundrechtskonvent als Berechtigte anerkannt worden.[43]

12 **Adressaten** der Rechte sind gemäß Art. 51 einerseits die Organe, Einrichtungen und sonstigen Stellen der **Europäischen Union**, andererseits die **Mitgliedstaaten**, allerdings nur bei Durchführung des Rechts der Union. Die **EU** hat auf dem Gebiet der Gesundheitsvorsorge und des Gesundheitsschutzes nur wenige Kompetenzen (→ Rn. 3), sodass der Anwendungsbereich auf dieser Ebene sehr eingeschränkt ist. Insbesondere Maßnahmen auf Grundlage des Art. 168 Abs. 5 und 4 AEUV kommen für eine Anwendung in Betracht, wie bspw. die Richtlinie RL 2011/24/EU über Patientenrechte in der grenzüberschreitenden Gesundheitsversorgung[44] und die Richtlinie RL 2010/53/EU des Europäischen Parlaments und des Rates vom 7. Juli 2010 über Qualitäts- und Sicherheitsstandards für zur Transplantation bestimmte menschliche Organe.[45] Ein weiteres Beispiel ist die Erarbeitung einer Verordnung des Europäischen Parlaments und des Rates über die Bewertung von Gesundheitstechnologien und zur Änderung der Richtlinie 2011/24/EU.[46] Hier war die entsprechende Rechtsgrundlage – Art. 114 oder Art. 168 Abs. 4 AEUV – zwischen Kommission

---

40 Hierzu insb. *Geesmann*, S. 54 f.

41 So insbesondere *Karagiannis*, Para 107 f., mit Verweis auf die fehlende Zuständigkeit der Europäischen Union in diesem Bereich.

42 Allgemeine Meinung, so auch: *Pechstein/Nowak/Häde/Krajewski*, Frankfurter Kommentar, Art. 35 Rn. 7; *Holoubek/Lienbacher/Ribarov*, GRC, Art. 35 Rn. 10; *Mangas Martín/López Escudero*, Carta, Art. 35 S. 597 f.; je mwN.

43 *Bernsdorff/Borowsky*, Protokolle, S. 227; als Konsens bestätigt S. 340.

44 ABl. Nr. L 88 S. 45, Celex-Nr. 3 2011 L 0024, geändert durch RL 2013/64/EU des Rates vom 17.12.2013 (ABl. Nr. L 353 S. 8).

45 ABl. L 207 vom 6.8.2010, S. 14–29.

46 COM(2018) 51 final vom 31.1.2018.

und Rat umstritten: Die Kommission stützte sich in ihrer Begründung daher auch auf die Erzielung eines hohen Niveaus des Gesundheitsschutzes, um Art. 35 gerecht zu werden.[47]

Auf der Ebene der **Mitgliedstaaten** ist die weitere Einschränkung zu beachten, dass sich die Grundrechtsträger gegenüber den Mitgliedstaaten auf die Charta nur bei **Durchführung des Rechtes der Union** berufen können[48] – welches angesichts der eingeschränkten Kompetenzen der Union nur in geringem Maße existiert. Dementsprechend hat der EuGH bereits mehrfach seine Zuständigkeit in Vorabentscheidungsverfahren verneint.[49] Der Anwendungsbereich kann aber auch über die Durchführung von EU-Recht aus anderen Gebieten als dem unmittelbaren Gesundheitsschutz eröffnet werden, etwa dem Beihilfe-, Wettbewerbs-, Vergabe- oder Datenschutzrecht. Ein Beispiel wäre, dass bei der Vergabe öffentlicher Aufträge im Gesundheitsbereich oder bei der Subventionierung von Krankenhäusern darauf geachtet werden muss, dass jede Person – entsprechend den mitgliedstaatlichen Vorgaben – Anspruch auf Behandlung in den jeweiligen Krankenhäusern hätte. Es bestünde somit über das Vergabe- oder Subventionsrecht ein Diskriminierungsverbot im Bereich der öffentlich geförderten Gesundheitsvorsorge (→ Art. 35 Rn. 43). 13

e) **Anwendungsbereich.** Art. 35 S. 1 umfasst den **Zugang** zur **Gesundheitsvorsorge** sowie zur **ärztlichen Versorgung**, je nach Maßgabe der einzelstaatlichen Rechtsvorschriften und Gepflogenheiten. Der Anspruchsumfang variiert zwischen beiden Rechten. 14

Die Charta selbst – und auch das sonstige europäische Primärrecht – gibt keine Definition des **Begriffes „Gesundheit"**[50] vor. Der Begriff ist keineswegs eindeutig und auf internationaler wie auf Ebene der Mitgliedstaaten umstritten, insbesondere soweit es um die Abgrenzung zu behandlungsbedürftigen Krankheiten geht. Der Konvent fand den weitestgefassten Begriff in der Präambel der Satzung der **WHO** vor, der hierunter den „Zustand des vollständigen körperlichen, geistigen und sozialen Wohlbefindens und nicht nur das Freisein von Krankheit und Gebrechen" versteht.[51] Andere völkerrechtliche Verträge – und selbst Dokumente der WHO[52] – schränken ihren Anspruch ein und erkennen lediglich das Recht eines jeden „auf das für ihn erreichbare Höchstmaß an körperlicher und geistiger Gesundheit" an.[53] 15

Der **EuGH** hat in einer Entscheidung[54] zu anderen Vorschriften auf den weiten Gesundheitsbegriff der WHO verwiesen, definiert den Begriff der Gesundheit im Übrigen aber nicht. Die genannte Entscheidung des EuGH präjudiziert die Auslegung des Begriffs „Gesundheit" nicht, da es sich – soweit ersichtlich – um die bislang einzige Entscheidung mit 16

47 COM(2018) 51 final, S. 11.

48 So jetzt auch deutlich EuGH in Dano/Jobcenter Leipzig, Rs. C-333/13, ECLI:EU:C:2014:2358, Urt. v. 11.11.2014, in Abkehr von Åklagaren/Åkerberg Fransson, ECLI:EU:C:2013:105, Urt. v. 26.2.2013 sowie in Daouidi/Bootes Plus SL, Rs. C-395/15, ECLI:EU:C:2016:917, Urt. v. 1.12.2016, Rn. 60–68.

49 Beispiele, in denen das Gericht seine Zuständigkeit abgelehnt hat, sind die Impfpflicht in der Slowakei, Siroka/Slowakei, Rs. C-459/13, ECLI:EU:C:2014:2120, Beschluss vom 17.7.2014; sowie Daouidi/Bootes Plus SL, Rs. C-395/15, ECLI:EU:C:2016:917, Urt. v. 1.12.2016, Rn. 60–68 sowie Rossius und Collard/Belgien, verb. Rs. 267/10 und 268/10, ECLI:EU:C:2011:332, Beschluss vom 23.5.2011. Zum Ganzen auch *Picod/van Drooghenbroeck/Brosset*, Charte, Art. 35 Rn. 15.

50 Zum Begriff „Krankheit" *Hölscheidt*, Art. 26 Rn. 20.

51 Diese weite Definition haben die Mitgliedstaaten in ihrer Erklärung von Alma-Ata von 1978 noch bekräftigt. Umfassend hierzu *Karagiannis*, Para 30–32.

52 Wie die Erklärung von Ottawa von 1982.

53 Art. 12 IPSWK.

54 EuGH, Vereinigtes Königreich./.Rat, Rs. C 84/94, ECLI:EU:C:1996:431, Urt. v. 12.11.1996, Rn. 15.

Ausführungen zum Begriff der Gesundheit handelt, in der es zudem nicht primär um den Schutzbereich einer Norm, sondern vielmehr um die Reichweite einer Eingriffsnorm geht.

17 **Für die Einschränkung der Norm** auf die körperliche und geistige Gesundheit spricht der Verweis des Präsidiums auf den jetzigen Art. 168 AEUV, der zumindest für die Beseitigung von Ursachen für die Gefährdung der Gesundheit – und damit für die Prävention – diese auf beide genannte Aspekte *präzisiert*. Dieses Argument wird auch durch die Systematik des Art. 35 gestützt: Seine Überschrift spricht nicht von einem allgemeinen „Recht auf Gesundheit", sondern engt dieses bereits begrifflich auf den „Schutz der Gesundheit" ein. Es kann sich also begrifflich nicht um die Erreichung eines Zustandes des vollständigen Wohlbefindens handeln, sondern nur um den **Schutz vor konkreter Gefährdung der Gesundheit**. Dementsprechend wird dieses Recht als Recht auf Zugang zur Gesundheitsvorsorge und als Recht auf ärztliche Versorgung konkretisiert – beides Rechte, die nicht die sozio-ökonomischen Bedingungen der Gesundheit in den Vordergrund stellen. Gegen die Übernahme des sehr weiten Begriffs der „Gesundheit" aus der Präambel der WHO-Satzung spricht ferner, dass es sich hierbei ausweislich ihrer Einleitung lediglich um einen Grundsatz handelt, aus dem sich keine Rechte Einzelner ableiten lassen sollen. Vielmehr erklärt die Präambel selbst schon einschränkend in ihrem zweiten Satz, es bestehe das Recht eines jeden auf den „bestmöglichen Gesundheitszustand". Bei der Konkretisierung der Aufgaben der WHO in Art. 2 der Satzung dient der weite Gesundheitsbegriff dann der Ausweitung ihrer Kompetenzen.[55] Letztlich passt der weite Gesundheitsbegriff auch **systematisch** nicht zu Art. 35, der die Teilhabe an der Gesundheitsvorsorge garantiert: Das umfassende, auch das soziale Element umfassende Wohlbefinden fördert sicher die Gesundheit, kann aber nicht Ziel einer medizinischen Behandlung sein, da es von vielen anderen, insb. sozio-ökonomischen Faktoren abhängt.[56]

18 **Gegen** eine Verengung des Begriffs nur auf die **„elementare Grundversorgung"** spricht, dass sowohl die von den Autoren der Charta vorgefundenen völkerrechtlichen Verträge als auch einige mitgliedsstaatliche Verfassungen weitergehende Rechte einräumten und noch einräumen. In der Diskussion im Grundrechtekonvent wurde denn auch von der Gewährleistung einer „elementaren Grundversorgung" gesprochen; diese solle aber der Mindeststandard für Personen bilden, die sich ohne Aufenthaltsstatus auf dem Gebiet der EU befinden (→ Rn. 6, 11).[57]

19 Letztlich kommt es auf das Verständnis des Begriffes der Gesundheit im Ergebnis nicht an, weil die Autoren, die vor dem menschenrechtlichen Hintergrund des Art. 35 für einen weiten Gesundheitsbegriff plädieren[58], diesen bei dessen Anwendung durch einen Verweis auf die einengenden Zugangsrechte im Wirkungsbereich auf das gleiche Maß einschränken wie die Verfechter eines enger gefassten[59] Gesundheitsbegriffs. Es ist daher auf die Reichweite der Begriffe **„Gesundheitsvorsorge"** sowie **„ärztliche Versorgung"** abzustellen.

---

55 Insbesondere Art. 2 lit. i, nach dem auch die Förderung der Freizeitgestaltung zu den Aufgaben der WHO gehört.

56 *Hervey/McHale*, S. 8 f. führen eine Reihe weiterer Argumente gegen diesen weiten Gesundheitsbegriff an.

57 So auf der 8. Sitzung des Konvents am 27./28. April 2000 s. *Bernsdorff/Borowsky*, Protokolle, S. 227); *Tohidipur*, S. 55, geht im Zusammenspiel mit anderen europäischen Rechtsnormen von einem Grundrecht auf medizinische Grund-/Basisversorgung auf europäischer Ebene aus.

58 *Pechstein/Nowak/Häde/Krajewski*, Frankfurter Kommentar, Art. 35 Rn. 14; *Eichenhofer*, ZAR 2013, 169 (173).

59 *Tettinger/Stern/Nußberger*, GRC, Art. 35 Rn. 44.

Zugang zur Gesundheitsvorsorge bedeutet Zugang zu **präventiven** Maßnahmen der Gesundheitsförderung, die das Auftreten von Krankheiten verhindert oder begrenzt. Hierzu gehört auch die Bekämpfung von Berufsunfällen und Berufskrankheiten. Allerdings ist der Übergang zwischen tertiärer Prävention – dem Vermeiden des Wiederauftretens einer Krankheit bzw. der Vermeidung von Folgeschäden – und Kuration fließend.[60] Zur Prävention gehören etwa Impfprogramme zur Vorbeugung ansteckender Krankheiten, aber auch sonstige Präventionsprogramme, etwa zur Suchtvermeidung. Zu weit geht es aber, Maßnahmen zum Schutz der Umwelt unter die Gesundheitsvorsorge zu fassen.[61] Die einschlägige Spruchpraxis hat bislang im Falle gesundheitsgefährdender Umweltverschmutzung das Recht des Einzelnen auf Zugang zu Informationen aus Art. 11 ESC bzw. Art. 8 EMRK abgeleitet und eine Verpflichtung des Staates bestätigt, die Einhaltung von Umweltschutzbestimmungen durch umweltverschmutzende Unternehmen zu überwachen und durchzusetzen.[62] Die darüber hinausgehende Verpflichtung zur Aufklärung und zum Abstellen entsprechender Schädigungen lässt sich nur mit den insoweit sehr viel ausführlicheren Verpflichtungen der Signatarstaaten der ESC durch den detaillierten Art. 11 ESC begründen. 20

Der Anspruch besteht in textvergleichender Perspektive unabhängig davon, ob diese Maßnahmen von **ärztlichem** oder **anderem Personal** erbracht werden und umfasst auch die Bereitstellung entsprechender **Medikamente**, Hilfs- und Heilmittel.[63] Es handelt sich um ein gleichheitsrechtlich ausgestattetes **Teilhaberecht**[64] auf gleichberechtigten Zugang, ohne jedoch einen individuellen Anspruch auf Zugang zu oder überhaupt auf die Bereitstellung von Vorsorgemaßnahmen zu begründen.[65] Zugleich enthält Art. 35 S. 1 als „Minus" der Rechtsgarantie des Zugangsrechts das an die Mitgliedstaaten und die Union gerichtete Verbot, den Zugang zu Angeboten des Gesundheitsschutzes einzuschränken oder aufzuheben.[66] Dieses **Abwehrrecht** (→ Vorbemerkung Titel IV Rn. 38) kann relevant werden bei der Beurteilung der Rechtmäßigkeit von Regelungen bspw. zum Schutz der Grundfreiheiten auf dem Gebiet des Wettbewerbs- oder Vergaberechts. 21

Das Recht auf **ärztliche Versorgung** umfasst in textvergleichender Auslegung[67] die gesamte **medizinische** Versorgung, also neben ärztlicher auch diejenige durch krankenpflegerisches oder therapeutisches Personal in Praxen oder Krankenhäusern.[68] Zur ärztlichen Versorgung gehört nicht nur die heilende, sondern auch eine Verschlimmerung des Zustandes verhindernde oder (auch nur) eine lebensverlängernde Behandlung.[69] Ob der Zugang zu 22

60 *Calliess/Ruffert/Kingreen*, EUV/AEUV, Art. 35 GRC Rn. 3.

61 So aber *Pechstein/Nowak/Häde/Krajewski*, Frankfurter Kommentar, Art. 35 Rn. 12 mit Verweis auf die Spruchpraxis des European Social Rights Committee.

62 European Social Rights Committee, Collective Complaint No. 72/2011, Entscheidung v. 23.1.2013, Nr. 51.

63 So bereits 4. Aufl. *Rudolf*, Art. 35 Rn. 9 mit Verweis auf die englische Textfassung („preventive health care" und „medical treatment") sowie die französische („prévention en matière de santé" und „soins médicaux"), die ausdrücklich die Medikamte und Hilfsmittel umfassen.

64 *Grabenwarter/Bungenberg*, Grundrechteschutz, § 17 Rn. 43.

65 Einhellige Auffassung, *Grabenwarter/Bungenberg*, § 17 Rn. 43; *Pechstein/Nowak/Häde/Krajewski*, Frankfurter Kommentar, Art. 35 Rn. 6; *Tettinger/Stern/Nußberger*, GRC, Art. 35 Rn. 43.

66 So auch *Tettinger/Stern/Nußberger*, GRC, Art. 35 Rn. 40.

67 Auf Englisch „medical treatment", auf Französisch „soins médicaux", auf Italienisch „cure mediche".

68 *Pechstein/Nowak/Häde/Krajewski*, Frankfurter Kommentar, Art. 35 Rn. 15; *Calliess/Ruffert/Kingreen*, EUV/AEUV, Art. 35 GRC Rn. 3; *Schwarze/Sichert*, EU, Art. 35 Rn. 10; eher auf ärztliche Leistungen beschränkend *Tettinger/Stern/Nußberger*, GRC, Art. 35 Rn. 45 sowie *Holoubek/Lienbacher/Ribarov*, Art. 35 GRC Rn. 13.

69 Ebenso *Tettinger/Stern/Nußberger*, GRC, Art. 35 Rn. 45.

einem **schädlichen** Genussmittel wie Snus als medizinische Versorgung angesehen werden kann, um sich von der schädlicheren Rauchtabaksucht zu entwöhnen[70], hat der EuGH in einer aktuellen Entscheidung offengelassen.[71] Das Verbot schütze jedenfalls die Gesundheit, ohne Freiheiten unverhältnismäßig einzuschränken. Da es sich um ein schädigendes Genussmittel handelt, steht der Gesundheitsaspekt jedenfalls nicht im Mittelpunkt des Konsums. Da es sich bei Snus somit nicht um ein Medikament handelt, fällt sein Vertrieb nicht in den Anwendungsbereich des Art. 35.

23 **Lebensbeendende Maßnahmen**, wie sie in einigen Mitgliedstaaten unter bestimmten Umständen möglich sind, fallen nicht in den sachlichen Schutzbereich der ärztlichen Versorgung. Zwar ist nach der Rechtsprechung des EGMR das Recht auf Selbstbestimmung am Lebensende vom Schutzbereich des Art. 8 EMRK unter besonderer Berücksichtigung der Freiheit und Würde des Menschen umfasst[72]; allerdings machte er ebenso deutlich, dass es sich bei lebensbeendenden Maßnahmen nicht um „soins medicaux", also Heilbehandlungen handelt.[73] Die entsprechende Frage ist vielmehr unter dem Aspekt des Schutzes der Privatsphäre durch Art. 8 EMRK abzuhandeln. Deshalb können Personen, die ihr Leben beenden wollen, nicht unter Berufung auf Art. 35 den Zugang zu lebensbeendenden Maßnahmen in einem anderen Mitgliedstaat der EU fordern, der solche zulässt; zu dem Aspekt des Art. 2 → Art. 2 Rn. 32.

24 Das Recht auf ärztliche Versorgung umfasst den **Teilhabeanspruch** auf Zugang zu bestehender Versorgung, die **abwehrrechtliche** Dimension gegen Eingriffe in diese Zugangsrechte sowie in die Gesundheit des Einzelnen. Die Schutzdimension gebietet dem Staat, aktiven Schutz gegen Eingriffe Dritter zu gewähren, falls diese die Wahrnehmung des Zugangsrechts behindern. Dementsprechend hat der Staat das Gesundheitswesen zu überwachen und durch rechtliche sowie finanzielle Rahmenbedingungen zu lenken.[74] Allerdings ist auch hier wieder einschränkend zu beachten, dass gemäß Art. 51 die Mitgliedstaaten nur bei Durchführung des Unionrechts aus der Grundrechtecharta verpflichtet sind.

25 Zumindest gemeinsam mit den das Recht auf Leben und auf körperliche und seelische Unversehrtheit garantierenden Art. 2 Abs. 1 und Art. 3 Abs. 1 garantiert Art. 35 S. 1 ferner die **tatsächliche Bereitstellung** einer ärztlichen Versorgung, im Sinne eines Mindestmaßes an medizinischer Versorgung[75], allerdings immer „nach Maßgabe der einzelstaatlichen Rechtsvorschriften und Gepflogenheiten". Das zwischen den einzelnen Mitgliedstaaten stark variierende Gesundheitswesen als solches bleibt hingegen unangetastet. Weitergehende Ansprüche, etwa auf Schutz vor gesundheitsschädigenden Umwelteinflüssen durch Dritte, mögen zwar durch Art. 8 EMRK in der Rechtsprechung des EGMR geschützt sein, können aber nicht unmittelbar auf Art. 35 S. 1 gestützt werden.[76]

---

70 So der Vortrag der Streithelfer in Swedish Match/Secretary of State for Health, Rs. C 151/17, in Schlussanträgen des Generalanwalts Saugmandsgaad Øe vom 12. April 2018, ECLI:EU:C:2018:241, Rn. 18.

71 EuGH, Swedish Match/Secretary of State for Health, Rs. C 151/17, ECLI:EU:C:2018:938, Urt. vom 21.11.2018, Rn. 89.

72 EGMR – Pretty, Urt. v. 29.4.2002, Appl. 2346/02, abgedruckt in: NJW 2002, 2853 f., Rn. 61 ff.

73 EGMR – Pretty, Urt. v. 29.4.2002, Appl. 2346/02, Rn. 64.

74 Vgl. *Rudolf*, 4. Aufl. Art. 35 Rn. 9.

75 *Riedel* und *Rudolf* in Vorauflagen Art. 35 Rn. 9; *Tettinger/Stern/Nußberger*, GRC, Art. 35, Rn. 43 spricht von einem klassischen sozialen Recht; *Pechstein/Nowak/Häde/Krajewski*, Frankfurter Kommentar, Art. 35 Rn. 16 aE; *Grabenwarter/Bungenberg*, Grundrechteschutz, § 17 Rn. 50; ebenso *Calliess/Ruffert/Kingreen*, EUV/AEUV Art. 35 GRC Rn. 4, soweit der Anwendungsbereich des Unionsrechts eröffnet ist; aA *Frenz*, Hdb EuR, § 6 Rn. 4256.

76 Insoweit etwas unscharf *Grabenwarter/Bungenberg*, Grundrechteschutz, § 17 Rn. 51; oben Rn. 20.

Ob Art. 35 S. 1 einen **Leistungsanspruch** auf konkrete ärztliche Leistungen enthält, ist umstritten.[77] Gegen einen Leistungsanspruch spricht die einschränkende Tatbestandsvoraussetzung, dass dem Einzelnen bereits nach dem Wortlaut nur der Zugang zu einer Leistung garantiert werden soll und auch dies nur „nach Maßgabe der einzelstaatlichen Rechtsvorschriften und Gepflogenheiten“ – dies allerdings diskriminierungsfrei. 26

f) „Maßgabe der einzelstaatlichen Rechtsvorschriften und Gepflogenheiten“. Die Charta selbst enthält **keine originären Ansprüche auf Gesundheitsleistungen** gegenüber den Mitgliedstaaten, sondern verweist auf deren einzelstaatliche Rechtsvorschriften und Gepflogenheiten. Art. 35 S. 1 ist insofern aber kein „leeres Recht“[78], vielmehr bietet er eine Hülle, deren Inhalt die Mitgliedstaaten entsprechend der unionalen Kompetenzverteilung bestimmen können. Der Inhalt kann zwischen den Mitgliedstaaten sehr variieren, nicht nur hinsichtlich der angebotenen Gesundheitsleistungen, sondern auch mit Blick auf mögliche Eigenleistungen.[79] Nur im Rahmen der mitgliedstaatlich vorgegebenen Ansprüche – aber dann auch in vollem Umfang – besteht ein Anspruch auf gleichberechtigten Zugang. Mitgliedstaatliche Beschränkungen haben den Anforderungen an die Verhältnismäßigkeit zu genügen. 27

Darüber hinaus geht Art. 35 S. 1 von der Existenz zumindest eines **elementaren Gesundheitssystems** aus, dessen Fehlen eine Verletzung darstellen würde.[80] Insoweit garantiert Art. 35 S. 1 einen Wesensgehalt von Gesundheitsleistungen – die Mitgliedstaaten haben über das „wie“, nicht jedoch über das „ob“ zu entscheiden.[81] 28

Gleiches gilt bei der gesundheitlichen Versorgung von **Personen ohne legalen oder mit nur vorübergehenden Aufenthaltsstatus:** Hier müssen die Mitgliedstaaten wenigstens eine elementare gesundheitliche Grundversorgung sicherstellen, auch wenn sie entsprechend ihren Vorschriften den Umfang der Versorgung (primäre, sekundäre oder tertiäre) von bestimmten Voraussetzungen abhängig machen können (→ Rn. 6, 11). 29

g) Folge eines Verstoßes. Verstoßen Gesetzgebungsakte oder Handlungen der Union gegen Art. 35 S. 1, kann der EuGH mit einer **Nichtigkeitsklage** (Art. 263 AEUV) angerufen werden. Ist die Klage begründet, erklärt der EuGH die angefochtene Handlung ex tunc und erga omnes für nichtig (Art. 264 AEUV). Hierbei kann er einzelne Teile für fortgeltend erklären. 30

Verstößt ein Mitgliedstaat bei der Durchführung des Unionsrechts gegen Art. 35 S. 1, kommt zum einen die Einleitung eines **Vertragsverletzungsverfahrens** durch die Europäische Kommission gemäß Art. 258 f. AEUV in Betracht.[82] Die entgegenstehende Meinung, nach der Art. 35 S. 1 kein subjektives Recht begründe und dieses nicht vor dem EuGH geltend gemacht werden könne[83], ist aus den genannten Gründen (→ Rn. 10) abzulehnen. Im Falle einer Verurteilung durch den EuGH hat der Mitgliedstaat die Maßnahmen zu ergrei- 31

77 Bejahend *Grabenwarter/Bungenberg*, Grundrechteschutz, § 17, Rn. 50; *Tettinger/Stern/Nußberger*, GRC, Art. 35 Rn. 43 aE; ablehnend *Calliess/Ruffert/Kingreen*, EUV/AEUV, Art. 35 GRC Rn. 4; *Pechstein/Nowak/Häde/Krajewski*, Frankfurter Kommentar, Art. 35 Rn. 16.

78 Etwas missverständlich *Tettinger/Stern/Nußberger*, GRC, Art. 35, Rn. 46.

79 *Tettinger/Stern/Nußberger*, GRC, Art. 35, Rn. 46.

80 *Rudolf*, 4. Aufl. Rn. 10 aE; *Grabenwarter/Bungenberg*, Grundrechteschutz, § 17 Rn. 50; *Pechstein/Nowak/Häde/Krajewski*, Frankfurter Kommentar, Art. 35 Rn. 16 aE mit Stichwort „availability“.

81 So auch *Rudolf* in Vorauflage, vor Titel IV Rn. 41.

82 *Tettinger/Stern/Nußberger*, GRC, Art. 35, Rn. 43 aE.

83 Insb. *Peers/Hervey/Kenner/Hervey und McHale*, EU Charter 35.37 – mit Verweis auf die Argumentation *Goldsmiths* im Konvent sowie *Mastroianni/Federico*, Carta, Art. 35 S. 671.

fen, die sich aus dem Urteil ergeben (Art. 260 Abs. 1 AEUV) und einen chartagemäßen Zustand herzustellen.

32 Ferner kann Art. 35 S. 1 vor den mitgliedstaatlichen Gerichten als Interpretationshilfe insbesondere hinsichtlich der Reichweite mitgliedstaatlich eingeräumter Rechte herangezogen werden. Ein weiterer nicht zu unterschätzender Aspekt ist die vor einem mitgliedsstaatlichen Gericht anfechtbare Vergabe oder Beihilfe wegen Verstoßes gegen die in Art. 35 S. 1 enthaltenen Rechte.

2. Sicherstellung eines hohen Gesundheitsschutzniveaus (Satz 2)

33 a) **Grundsätzliche Bedeutung.** Satz 2 des Art. 35 richtet sich nur an die EU. Er verpflichtet diese zwar nicht zu eigenen gesundheitsschützenden Maßnahmen, da die EU hierzu über keine originären Kompetenzen verfügt und die Charta diese auch nicht einräumen könnte. Satz 2 stellt aber klar, dass die EU bei der Durchführung sämtlicher Maßnahmen und Politiken ein **hohes Niveau** des **Gesundheitsschutzes** einhalten soll. Dies wird durch die Erwähnung des Art. 35 S. 2 in verschiedenen Verordnungen der EU unterstrichen.[84]

34 Der Gesundheitsschutz kann darüber hinaus zur **Einschränkung der Grundfreiheiten** – aber auch der in der Charta garantierten **Grundrechte** – herangezogen werden. Dies machte der EuGH in einer seiner wenigen Entscheidungen zu Art. 35 deutlich: In *Deutsches Weintor*[85] zog er Art. 35 S. 2 als Rechtfertigung für eine Einschränkung der Berufsfreiheit (Art. 15) sowie der unternehmerischen Freiheit (Art. 16) heran. Somit können primärrechtlich garantierte Freiheiten innerhalb des gleichen Vertragstextes auf der gleichen primärrechtlichen Ebene eingeschränkt werden. In einem weiteren Fall zog er neben anderen primärrechtlichen Bestimmungen ebenfalls Art. 35 – gemeinsam mit dem Verbraucherschutz nach Art. 38 – heran, um eine Einschränkung der Meinungs-, Informations- sowie der unternehmerischen Freiheit zugunsten dieser berechtigten Ziele des allgemeinen Interesses zu rechtfertigen.[86]

Beachtenswert ist, dass der EuGH Art. 35 S. 2 auch als **Rechtfertigung für mitgliedstaatliche Eingriffe** in die Grundrechte und Grundfreiheiten heranzieht, obwohl Normadressat nur die EU ist.[87]

35 b) **Verhältnis zu anderen Vorschriften.** Art. 35 S. 2 wiederholt fast wörtlich **Art. 168 Abs. 1 UA 1 AEUV** und präzisiert lediglich, dass dieses hohe Niveau des Gesundheitsschutzes „in allen Bereichen" sichergestellt werden müsse. Primärrechtlich ist die EU bereits durch Art. 9 AEUV auf ein hohes Niveau des Gesundheitsschutzes bei der Festlegung und Durchführung ihrer Politiken und Maßnahmen – neben anderen Zielvorstellungen – verpflichtet (→ Rn. 3).

---

84 So Verordnung (EG) Nr. 1567/2003 des Europäischen Parlaments und des Rates vom 15. Juli 2003 über die Unterstützung von Strategien und Aktionen im Bereich der reproduktiven und sexuellen Gesundheit und der damit verbundenen Rechte in den Entwicklungsländern, ABl. EU v. 6.9.2003, L 244/1.

85 EuGH, Deutsches Weintor/Land Rheinland-Pfalz, Rs. C-544/10, ECLI:EU:C:2012:526, Urt. v. 6.12.2012, Rn. 45.

86 EuGH, Neptune Distribution/Ministre de l'Économie et des Finances, Rs. C-157/14, ECLI:EU:C:2015:823, Urt. v. 17.12.2015, Rn. 73 f.

87 EuGH, Blanco Perez e Chao Gómez/Consejería de Salud y Servicios Sanitarios, Principado de Asturias, verb. Rs. C-570/07 und C-571/07, ECLI:EU:C:2010:300, Urt. v. 1.6.2010, Rn. 65; EuGH, Philip Morris/Secretary of State, Rs. C 547/14, ECLI:EU:C:2016:325, Urt. v. 4.5.2016, Rn. 157–220.

c) **Rechtsnatur**. Schon aus dem Wortlaut ergibt sich, dass Satz 2 kein Individualgrundrecht, sondern einen **Grundsatz** aufstellt.[88] So nennt er keinen Berechtigten, sondern nur die EU als Verpflichtete.[89] Wie sein Vorbild, Art. 168 Abs. 1 UA 1 AEUV, enthält er demnach eine Zielverpflichtung der EU.[90] Die Querschnittsklausel des Art. 168 Abs. 1 UA 1 AEUV enthält nach allgemeiner Auffassung einen rechtlich verbindlichen Handlungsauftrag an die EU[91], der allerdings als Grundsatz nicht justiziabel ist. 36

Die Mitgliedstaaten sind bei Durchführung des Unionsrechts im Rahmen des Art. 51 aus Art. 35 S. 2 verpflichtet.[92] Allerdings stellt Art. 35 S. 2 als Grundsatz keinen Maßstab für die Gesundheitspolitik der Mitgliedstaaten dar.[93] 37

d) **Umfang der Gewährleistungen**. Die Verpflichtung ist nicht auf einzelne Maßnahmen des Gesundheitsschutzes begrenzt, sondern umfasst den Gesundheitsschutz insgesamt. Daher ist es auch gerechtfertigt, in diesem Zusammenhang auf den **weiten Gesundheitsbegriff** der Präambel der WHO zurückzugreifen (→ Rn. 15).[94] Der Begriff „Gesundheitsschutz" betont den präventiven Aspekt; zur medizinischen Versorgung fehlt der EU jegliche Kompetenz. 38

Auch wenn sich aus dem Gesundheitsschutzniveau keine subjektive Schutzposition und kein Anspruch des Rechtssubjekts auf ein staatliches Handeln ableiten lassen, kann es – wie andere Grundsätze der Charta auch – zum **Normerlass zwingen**.[95] Der Grundsatz verpflichtet die EU als Gesetzgeber objektiv-rechtlich, den Gesundheitsschutz zum Ziel ihrer Tätigkeit zu machen und durch konkrete gesetzgeberische Maßnahmen den Schutz der Gesundheit objektiv zu erreichen oder zu sichern.[96] 39

In diesem Zusammenhang ist die Entscheidung des EuGH zur **Tabak-Richtlinie** (Philip Morris)[97] von besonderer Bedeutung. Hier zog der EuGH Art. 35 S. 2 heran, der die EU neben anderen primärrechtlichen Normen bei ihren Maßnahmen auf ein hohes Niveau des Gesundheitsschutzes verpflichtet, um bei der Abwägung des eingeschränkten Grundrechts auf Meinungsäußerungsfreiheit gemäß Art. 11 dieses Ziel von allgemeinen Interesse in ein angemessenes Gleichgewicht mit den betroffenen Freiheitsrechten zu bringen. Im Ergebnis erachtete er das allgemeine Ziel des Gesundheitsschutzes als höher als das Grundrecht der Tabakkonzerne.[98] Nach der Rechtsprechung des EuGH hat die EU Art. 114 AEUV zu Recht zum Erlass der Richtlinie herangezogen, da die Warenverkehrsfreiheit für Tabakgüter aufgrund unterschiedlicher Vorgaben der Mitgliedstaaten behindert werden könnte. Zugleich zog der EuGH – und zuvor schon die Generalanwältin – den auch durch die 40

88 *Schmittmann*, S. 122.; *Picod/van Drooghenbroeck/Brosset*, Charte, Art. 35 Rn. 16.
89 Zu diesem Unterscheidungskriterium s. *Schwerdtfeger*, Art. 51 Rn. 65.
90 *Tettinger/Stern/Nußberger*, GRC, Art. 35 Rn. 47.
91 *Grabitz/Hilf/Nettesheim/Schmidt am Busch*, EU, Art. 168 AUEV Rn. 88 mwN.; *Peers/Hervey/Kenner/Ward/Hervey/McHale*, EU Charter, Art. 38.23.
92 *Pechstein/Nowak/Häde/Krajeweski*, Frankfurter Kommentar, Art. 35 GRC, Rn. 17.
93 *Tettinger/Stern/Nußberger*, GRC, Art. 35 Rn. 52.
94 *Tettinger/Stern/Nußberger*, GRC, Art. 35 Rn. 49; *Pechstein/Nowak/Häde/Krajewski*, Frankfurter Kommentar, Art. 35 Rn. 17.
95 *Herresthal*, ZEuP 2014, 238, 257; *Jarass*, EU-GR, § 7 Rn. 32; *Ehlers/Ehlers*, GR, § 14 Rn. 18.
96 So auch *Rudolf*, 4. Aufl. Art. 35 Rn. 13 sowie *Riedel* in der 3. Aufl., Art. 13 Rn. 12.
97 EuGH, Philip Morris Brand/Secretary of State for Health, Rs. C-547/14, ECLI:EU:C:2016:325, Urt. v. 4.5.2016.
98 EuGH, Philip Morris Brand/Secretary of State for Health, Rs. C-547/14, ECLI:EU:C:2016:325, Urt. v. 4.5.2016, Rn. 153. So auch schon die Generalanwältin *Kokott* in ihren Schlussanträgen vom 23.12.2015, Philip Morris Brand/Secretary of State for Health, Rs. C-547/14, ECLI:EU:C:2015:853, Rn. 179, 204 und 233.

Charta gewährleisteten Gesundheitsschutz als Begründung für eine notwendige Harmonisierung heran und **erweiterte** damit **die Kompetenzen der EU**. Unterstrichen wird dieser Ansatz durch die Aussage des EuGH, Ziele der Richtlinie seien sowohl der integrierte Binnenmarkt als auch ein hohes Gesundheitsschutzniveau. Da nach Auffassung des EuGH zwar der Schutz der Gesundheit auch allein durch mitgliedstaatliche Maßnahmen erreicht werden könnte, beide Ziele zugleich jedoch nur durch Maßnahmen der EU, widerspreche die Richtlinie auch nicht dem Grundsatz der Subsidiarität.[99] Die EU bewegt sich also – mit dem Segen des EuGH unter Heranziehung des Art. 35 S. 2 – auf eine mittelbare Kompetenz im Gesundheitsschutz zu.[100]

41 Gemäß Art. 35 S. 2 hat die EU ein **hohes Gesundheitsschutzniveau** zu gewährleisten. Es hat sich am wissenschaftlichen Möglichen sowie am **Vorsorgeprinzip** zu orientieren. Ursprünglich aus der Zusammenschau der weiteren primärrechtlichen Vorschriften begründet, wird hierfür nunmehr auch Art. 35 S. 2 herangezogen.[101] Dementsprechend enthält Art. 35 S. 2 ein an die Organe der EU gerichtetes **Optimierungsgebot**, das die EU in **„allen Bereichen"** umzusetzen hat.[102] Dieses Gebot gilt sowohl in Bezug auf alle Sachgebiete als auch in Bezug auf alle Handlungsformen – rechtlich verbindliche oder unverbindliche Akte, legislative Tätigkeit oder exekutive Ausführung. Das Optimierungsgebot verpflichtet die EU auch bei der Durchführung **ihrer Politik in anderen Bereichen** zur Überprüfung der Auswirkungen von Politiken und Maßnahmen auf die Wahrnehmung des Menschenrechts auf Gesundheit und zu deren menschenrechtlicher Ausrichtung. Dies ist beispielsweise bei der Politik der Union und ihrer Organe bei der Bewältigung der Staatsfinanzierungskrise zu beachten[103], auch wenn der Europäische Stabilitätsmechanismus, da auf eigenständiger völkerrechtlicher Grundlage beruhend, nicht durch die Charta gebunden ist. So ist Griechenland aufgrund des „Memorandums of Understanding" zu weitreichenden Strukturreformen im Gesundheitsbereich, insb. im Arzneimittel- und Krankenhauswesen verpflichtet, etwa zur Reduzierung der Anzahl der Ärzte und zur Einführung der Zuzahlung zu Behandlungen und Medikamenten. Zypern und Portugal wurden ähnliche Verpflichtungen auferlegt.[104] Die Einhaltung dieser Verpflichtungen wird unter anderem durch die Europäische Kommission als Mitglied der sog. Troika überwacht, welche unmittelbar an die Grundrechtecharta gebunden ist.

Ferner wird diese Verpflichtung auch in der Entwicklungszusammenarbeit oder beim Abschluss internationaler Handelsabkommen bspw. im Rahmen der WTO relevant.

42 Allerdings bedeutet **„hohes"** Niveau nicht das höchstmögliche. Vielmehr soll bei einer Regulierung durch die EU den Mitgliedstaaten die Möglichkeit verbleiben, mit Bezug auf technische Machbarkeit oder wirtschaftliche Vernunft auch den Gesundheitsschutz zurück-

99 EuGH, Philip Morris Brand/Secretary of State for Health, Rs. C-547/14, ECLI:EU:C:2016:325, Urt. v. 4.5.2016, Rn. 220–224.

100 *Mangas Martin/Lopez Escudero*, Carta Commentario, S. 606 sieht hier einen möglicherweise erweiterten Anwendungsbereich des Art. 35 in der Zukunft.

101 Generalanwältin *Kokott* in ihren Schlussanträgen vom 23.12.2015, ECLI:EU:C:2015:853, Rn. 159.

102 So auch *Grabenwarter/Bungenberg*, Grundrechteschutz, § 17 Rn. 54 mwN, *Pechstein/Nowak/Häde/Krajewski*, Frankfurter Kommentar, Art. 35 Rn. 17; in Bezug auf Art. 168 Abs. 1, UAbs. 1 AEUV auch *Grabitz/Hilf/Nettesheim/Schmidt am Busch*, EU, Art. 168 AEUV Rn. 95 mwN.

103 Diese Möglichkeit sehen auch *Peers/Hervey/Kenner/Ward/Hervey/McHale*, EU Charter, Art. 35.24; s.a. die umfassende Untersuchung von *Poulou*, Finanzhilfe, insb. S. 140 ff. sowie 225–241.

104 *Kirch/Braun*, Eine neue Strategie für europäische Gesundheitspolitik, S. 13.

zustellen, solange ein hohes Niveau verbleibt.[105] Insbesondere müssen der EU auch verschiedene Prioritätensetzungen innerhalb der zu erreichenden Ziele möglich bleiben. Bislang hat der Gerichtshof etwa die Sicherstellung einer sicheren und hochwertigen Arzneimittelversorgung der Bevölkerung[106] oder die Suchtprävention gegen Rauchtabak[107] unter das hohe Gesundheitsschutzniveau subsumiert.

3. Entwicklungsmöglichkeiten des Art. 35

Künftig könnte Art. 35 auch für die Rechtsprechung der Gerichte der Mitgliedsstaaten relevanter werden, wenn beispielsweise im Rahmen eines **Vergabeverfahrens** oder bei der Vergabe von **Subventionen** besondere Anforderungen an die Sicherstellung eines hohen Gesundheitsschutzniveaus sowie die Garantie weiterer Mindestrechte herangezogen werden. Ferner könnten Art. 35 gemeinsam mit Art. 34 **Einschränkungen** der Dienstleistungs- und sonstiger **Freiheiten** durch nationale Sozialstandards, wie sie von der Unfallversicherung aufgestellt werden, rechtfertigen. 43

Ein besonderer Anwendungsfall könnten die **Berufsgenossenschaften** als Sozialversicherungsträger werden. Der EuGH sieht diese grundsätzlich nicht als „Unternehmen" im Sinne des Europarechts an. Deren Monopolstellung beeinträchtige aber die Dienstleistungsfreiheit; diese Beeinträchtigung sei nur gerechtfertigt durch zwingende Gründe des Allgemeinwohls, nämlich dem Ziel, das finanzielle Gleichgewicht eines Zweigs der sozialen Sicherheit zu gewährleisten.[108] Da die Berufsgenossenschaften auch viele präventive Aufgaben im Bereich der Berufserkrankungen und des Unfallschutzes übernehmen, sie dadurch ein hohes Gesundheitsschutzniveau fördern, könnte auch dieses in Art. 35 niedergelegte Ziel des Gesundheitsschutzes in einem künftigen Verfahren vor dem EuGH zugunsten der Berufsgenossenschaften eingewendet werden. Berufsgenossenschaften sind im Bereich der Prävention im Sinne des Art. 106 AEUV mit der Sicherstellung eines Teiles der Gesundheitsvorsorge betraut. In diesem Teilbereich könnten sie als öffentlich-rechtliche Körperschaft als öffentlicher Auftraggeber gelten und daher nicht dem unionsrechtlichen Wettbewerbsrecht unterliegen, sodass die Möglichkeit bestünde, ausschreibungsfreie Leistungsbeziehungen gem. § 108 GWB bzw. nach RL 2014/24/EU[109] und RL 2014/23/EU[110] zu schaffen.[111] 44

IV. Literaturübersicht

Agentur der Europäischen Union für Grundrechte, Protecting Fundamental Rights During the Economic Crisis, 2010; *dies.,* Die Grundrechte von Migranten in einer irregulären Situation in der Europäischen Union, 2013; *Benoit-Rohmer, Florence,* La Charte des droits fondamentaux de l'Union européenne,

105 So auch *Rudolf,* 4. Aufl. Art. 35 Rn. 13 sowie *Tettinger/Stern/Nußberger,* GRC, Art. 35 Rn. 50; *Frenz,* HdB EuR § 6 Rn. 4263; zu Art. 168 AEUV und seinen Vorläufern hat der EuGH dies mehrfach bestätigt, z.B. Deutschland/Europäisches Parlament und Rat, C-233/94, ECLI:EU:C:1997:231, Urt. v. 13.5.1997, Rn. 17, 48.

106 EuGH, Blanco Pérez und Chao Gómez, verb. Rs. C-570/10 und C-571/10, ECLI:EU:C:2010:300, Rn. 65.

107 EuGH, Philip Morris Brand/Secretary of State for Health, Rs. C-547/14, ECLI:EU:C:2016:325, Urt. v. 4.5.2016, 157 f.

108 EuGH, Kattner Stahlbau, Rs. 350/07, ECLI:EU:C:2009:127, Urt. v. 5.3.2009, Rn. 88.

109 Richtlinie 2014/25/EU des Europäischen Parlaments und des Rates vom 26. Februar 2014 über die Vergabe von Aufträgen durch Auftraggeber im Bereich der Wasser-, Energie- und Verkehrsversorgung sowie der Postdienste und zur Aufhebung der Richtlinie 2004/17/EG.

110 Richtlinie 2014/23/EU des Europäischen Parlaments und des Rates vom 26. Februar 2014 über die Konzessionsvergabe.

111 Im Einzelnen *Losch,* Vergaberecht 2016, 541 ff., ohne allerdings auf die GRC einzugehen.

2001, S. 1483; *Bergmann, Jan/Dienelt, Klaus*, Ausländerrecht, Kommentar, 12. Aufl. 2018, Art. 35 GRC; *Dröge, Cordula*, Positive Verpflichtungen der Staaten in der Europäischen Menschenrechtskonvention, 2003; *Eichenhofer, Eberhard*, Gesundheitsleistungen für Flüchtlinge, ZAR 2013, 169; *Geesmann, Rainer*, Soziale Grundrechte im deutschen und französischen Verfassungsrecht und in der Charta der Grundrechte der Europäischen Union, 2005; *Gronden, Johan Willem van de/Szyszczak, Erika/Neergaard, Ulla/ Krajewski, Markus*, Health Care and EU Law, 2013; *Herresthal, Carsten*, Grundrechte und Privatrecht: die Bedeutung der Charta der Grundrechte für das europäische und nationale Privatrecht, ZEuP 22 (2014), 238; *Hervey, Tamara K./MacHale, Jean V.*, Health law and the European Union, 2004; *Karagiannis, Syméon*, Droit à la santé – Le droit à la santé dans certains textes internationaux et constitutionnels: entre généreuse utopie et mesquin pragmatisme?, Journal du droit international (Clunet) n° 4, Octobre 2012, doctr. 11; *Igl, Gerhard/ Welti, Felix*, Gesundheitsrecht – Eine systematische Einführung, 3. Aufl. 2018; *Kirch, Anna-Lena/ Braun, Daniela*, Eine neue Strategie für neue europäische Gesundheitspolitik, DGAP analyse Nr. 5/September 2018; *Krennerich, Michael*, Soziale Menschenrechte – Zwischen Recht und Politik, 2013; *Losch, Alexandra*, Gestaltungsmöglichkeiten und rechtliche Grenzen ausschreibungsfreier Leistungsbeziehungen aufgrund von Inhouse-Gestaltungen, Vergaberecht, 2016, 541; *Nettesheim, Martin*, EU-Recht und nationales Verfassungsrecht, EuR 2004 – Beiheft 1, 7; *Poulou, Anastasia*, Soziale Grundrechte und europäische Finanzhilfe, 2017; *Ruiz Ruiz, Juan José*, El derecho a la salud en la actual crisis económica: los límites constitucionales a los recortes de prestaciones sanitarias y las exigencias de sostenibilidad del gasto social, in: Gambino, Silvio: Diritti sociali e crisi economica – Problemi e prospettive, 2015; *Schmittmann, Georg J.*, Rechte und Grundsätze in der Grundrechtecharta, 2007; *Seewald, Otfried*, Zum Verfassungsrecht auf Gesundheit, 1981; *Tohidipur, Timo*, Grund- und Menschenrechte illegalisierter Migrantinnen und Migranten, in: *Fischer-Lescano, Andreas/Kocher, Eva/Nassibi, Ghazaleh*, Arbeit in der Illegalität – Die Rechte von Menschen ohne Aufenthaltspapiere, 2012, S. 41; *Veršelytė, Agnė*, Das Recht auf Gesundheitsschutz in der Europäischen Union, 2005; *von Danwitz, Thomas*, Bedeutung der Rechtsprechung des Gerichtshofes der Europäischen Union für die Krankenversicherung, MedR 2016, 571; *Welti, Felix*, Gibt es ein Recht auf bestmögliche Gesundheit? Freiheits- und gleichheitsrechtliche Implikationen; GesR 2015, 1; *Winner, Teresa*, Die Europäische Grundrechtscharta und ihre soziale Dimension, 2005.

Artikel 36 Zugang zu Dienstleistungen von allgemeinem wirtschaftlichen Interesse

Die Union anerkennt und achtet den Zugang zu Dienstleistungen von allgemeinem wirtschaftlichen Interesse, wie er durch die einzelstaatlichen Rechtsvorschriften und Gepflogenheiten im Einklang mit den Verträgen geregelt ist, um den sozialen und territorialen Zusammenhalt der Union zu fördern.

I. Vorgaben[1]

1. Internationales Recht

1 Nach den Erläuterungen des Präsidiums[2] steht Art. 36 „vollauf im Einklang mit Artikel 14 des Vertrags über die Arbeitsweise der Europäischen Union und begründet kein neues

1 Die Verfasserin gibt in der Kommentierung ausschließlich ihre persönliche Meinung wieder. Sie dankt *Prof. Dr. Sven Hölscheidt* und *Dr. Tilman Hoppe* für ihre wertvollen Hinweise.

2 Erläuterungen zur Charta der Grundrechte, ABl. 2007 C 303 vom 14.12.2007, S. 17, 27.

Recht". Der „als Reaktion auf die zunehmende Stärkung des Wettbewerbsprinzips"[3] mit dem Vertrag von Amsterdam geschaffene (heutige) **Art. 14 S. 1 AEUV** bestimmt als Kompromisstext[4] eher schwer verständlich: „Unbeschadet des Artikels 4 [EUV] und der Artikel 93, 106 und 107 [AEUV] und in Anbetracht des Stellenwerts, den Dienste von allgemeinem wirtschaftlichem Interesse innerhalb der gemeinsamen Werte der Union einnehmen, sowie ihrer Bedeutung bei der Förderung des sozialen und territorialen Zusammenhalts tragen die Union und die Mitgliedstaaten im Rahmen ihrer jeweiligen Befugnisse im Anwendungsbereich der Verträge dafür Sorge, dass die Grundsätze und Bedingungen, insbesondere jene wirtschaftlicher und finanzieller Art, für das Funktionieren dieser Dienste so gestaltet sind, dass diese ihren Aufgaben nachkommen können." Während Art. 36 als Norm der Charta eher individualschützend den Zugang zu den Dienstleistungen von allgemeinem wirtschaftlichem Interesse in den Vordergrund stellt, stellt Art. 14 S. 1 AEUV auf das Funktionieren der Dienste ab. Art. 14 AEUV wird seit dem Vertrag von Lissabon ergänzt durch das Protokoll Nr. 26 über Dienste von allgemeinem Interesse.[5]

Außerhalb der Europäischen Verträge finden sich **weder in der EMRK noch in anderen europäischen bzw. internationalen Verträgen** Vorgaben für Art. 36.[6] 2

In der von Europäischem Parlament, Rat und Europäischer Kommission **am 17.11.2017 proklamierten Europäischen Säule sozialer Rechte** heißt es in Ziffer 20: „Jede Person hat das Recht auf Zugang zu wesentlichen Dienstleistungen wie Wasser-, Sanitär- und Energieversorgung, Verkehr, Finanzdienste und digitale Kommunikation. Hilfsbedürftigen wird Unterstützung für den Zugang zu diesen Dienstleistungen gewährt."[7] Mit der Einräumung eines „Rechts" auf Zugang zu wesentlichen Dienstleistungen geht die Europäische Säule sozialer Rechte im Wortlaut über Art. 36 hinaus. Sie ist allerdings im Gegensatz zu Art. 36, der als Charta-Norm auf der Ebene des Primärrechts steht, **rechtlich unverbindlich** und ändert die Zuständigkeitsverteilung zwischen EU und Mitgliedstaaten nicht.[8] Die Umsetzung der Europäischen Säule sozialer Rechte wird vor allem von der politischen Bereitschaft der hauptsächlich zuständigen Mitgliedstaaten abhängen.[9] 3

2. Verfassungen der Mitgliedstaaten

Art. 36 hat **kein Vorbild in den Verfassungen der Mitgliedstaaten**. Es stellt vielmehr eine neue, nach Verbindlichwerden der Charta eintretende Entwicklung dar, dass Mitgliedstaaten Teilaspekte des Rechts auf Zugang von Dienstleistungen von allgemeinem wirtschaftlichem Interesse auf Verfassungsebene verankern. So hat *Slowenien* im Jahr 2016 als erster europäischer Staat ein **Recht auf Trinkwasser** in die Verfassung aufgenommen.[10] Die *ungarische* Verfassung von 2011 enthält zwar nicht wie die slowenische Verfassung ein eigenes 4

3 *Streinz/Koenig/Paul*, EUV/AEUV, Art. 14 AEUV Rn. 1; vgl. zur Entstehungsgeschichte des Art. 14 AEUV auch *Holoubek/Lienbacher/Damjanovic*, GRC, Art. 36 Rn. 4 ff.

4 S. hierzu *Krajewski*, DÖV 2005, 665, 670.

5 Protokoll über Dienste von allgemeinem Interesse vom 13.12.2007, ABl. 2007 C 306, S. 158. S. hierzu *Schmahl*, GewArch Beilage 2011, 96, 105 f.

6 *Rudolf*, 4. Aufl. Rn. 3; *Jarass*, FS Papier, 321, 322.

7 Interinstitutionelle Proklamation zur europäischen Säule sozialer Rechte, ABl. 2017 C 428, S. 10.

8 So auch ausdrücklich in Erwägungsgrund 17 („gemeinsame politische Verpflichtung") und Erwägungsgrund 18 („keine Ausweitung der in den Verträgen festgelegten Befugnisse und Aufgaben der Union") der interinstitutionellen Proklamation festgestellt. S. vorherige Fn.

9 S. zu den Umsetzungsmaßnahmen der EU die Arbeitsunterlage der Kommissionsdienststellen zur Mitteilung der Kommission zur Einführung einer europäischen Säule sozialer Rechte, SWD (2017) 201 final, S. 84 f.

10 Art. 70 a VerfSlowenien.

Recht auf Trinkwasser, sieht jedoch als Bestandteil des Rechts auf körperliche und seelische Gesundheit immerhin vor, dass Ungarn „die Gewährleistung des Zugangs zu gesunden Lebensmitteln und zu Trinkwasser" fördert.[11] Zudem ist *Ungarn* bestrebt, „für einen jeden [...] den Zugang zu den Dienstleistungen der öffentlichen Dienste zu sichern."[12] Zu den in den mitgliedstaatlichen Verfassungen bestehenden Zugangsansprüchen zu den **Sozialversicherungssystemen** vgl. speziell die Kommentierung zu Art. 34 (→ Art. 34 Rn. 6 ff.).[13]

II. Diskussion im Grundrechtekonvent

5 Die vom Präsidium zu Beginn der Verhandlungen vorgelegte **Grundrechteliste**[14] schlug noch **keine Bestimmung** über Zugang zu Dienstleistungen von allgemeinem wirtschaftlichem Interesse vor. Eine solche Regelung wurde vielmehr **erst relativ spät**, im Juni 2000 in die Debatte eingebracht.[15] So schlugen die Konventsmitglieder (allen voran) *Braibant* (F),[16] aber auch *Fayot* (LUX), *Dehousse* (EP, B), *Dieulangard* (F), *Dehaene/De Gucht/Lallemand* (B), *Rodotà/Paciotti/Manzella* (IT), *van den Burg* (EP, NL), *Einem/Holoubek* (A) und *Barros Moura/Azevedo* (P) zum Teil eher allgemein gehaltene, zum Teil detailliertere Regelungen zum Zugang zu Dienstleistungen von allgemeinem wirtschaftlichem Interesse vor, die überwiegend als echte Rechte formuliert waren.[17]

6 Das Präsidium nahm dieses Anliegen der Konventsmitglieder auf und verteilte während der **15. Sitzung des Konvents am 18.7.2000** zur „allgemeinen Überraschung" einen Vorschlag eines Art. 45 a mit folgendem französischen Text, der schon stark der späteren Endfassung ähnelte: „L'accès aux services d'intérêt général est garanti, conformément au traité instituant la Communauté européenne et selon les législations et pratiques nationales."[18] [deutsche (eigene) Übersetzung: „Der Zugang zu Dienstleistungen von allgemeinem Interesse wird gewährleistet im Einklang mit dem Vertrag zur Gründung der Europäischen Gemeinschaft und gemäß den einzelstaatlichen Rechtsvorschriften und Gepflogenheiten."]

7 Hieran entspann sich eine **intensive Diskussion** über die Aufnahme einer solchen Bestimmung in die Charta, in der sich **zwei etwa gleich große Lager** gegenüber standen.[19] Diejenigen Konventsmitglieder, die selbst Artikelvorschläge unterbreitet hatten (s. → Rn. 5) **befürworteten** naturgemäß den Präsidiumsvorschlag. Art. 45 a sei ein „unerlässliches soziales Grundrecht"; bei der Verweigerung der Leistung müsse dem Bürger der Weg zu den Gerichten eröffnet sein (so *Fayot,* LUX). Der Vorsitzende *Braibant* (F) betonte, dass „das Abschalten des Stroms, nur weil die Rechnung nicht bezahlt worden sei, in Zukunft verhindert werden" müsse. Er erläuterte, dass Art. 45 a u durchaus auch private Dienste umfassen solle.[20] Auf der **anderen Seite** plädierten *Mombaur* (EP, D), *Tarschys* (S), *Patijn* (NL),

---

11 Art. XX Abs. 2 VerfUngarn.
12 Art. XXII 2 VerfUngarn.
13 S. zu weiteren Ansätzen in den mitgliedstaatlichen Verfassungen, z. B. zu den Gemeinwohlbindungen von öffentlichen Unternehmen, auch *Stern/Sachs/Pielow*, GRC, Art. 36 Rn. 35 f.; *Schwarze/Voet van Vormizeele*, EU, Art. 36 GRC Rn. 2.
14 CHARTE 4112/2/00 REV 2 BODY 4 vom 27.1.2000.
15 Zur Diskussion im Konvent vgl. im Einzelnen *Bernsdorff/Borowsky*, Protokolle, S. 343 ff., *Rudolf*, 4. Aufl. Rn. 3 ff.
16 *Rudolf*, 4. Aufl. Rn. 3; *Meyer*, euvr 2013, 57, 58.
17 S. Änderungsvorschläge Nr. 356, 359–365, 445 in CHARTE 4372/00 CONVENT 39 v. 16.6.2000; s. auch die Zusammenfassung der Änderungsvorschläge in CHARTE 4383/00 CONVENT 41 v. 3.7.2000, S. 23.
18 *Bernsdorff/Borowsky*, Protokolle, S. 343 f.
19 *Bernsdorff/Borowsky*, Protokolle, S. 344, 346.
20 *Bernsdorff/Borowsky*, Protokolle, S. 344; s. auch *Meyer/Engels*, Charta der Grundrechte, S. 345.

Friedrich (EP, D), *Neisser* (A), *Goldsmith* (GB), *Hayes* (IR), *Bowness* (GB), *Griffiths* (GB), *Bonde* (EP, DK) und *Solé Tura* (E) für die **ersatzlose Streichung** der Norm.[21] Der Präsidiumsvorschlag gehe über Art. 16 EGV hinaus und überschreite damit das Mandat des Konvents.[22] Es gebe keine gemeinsame Verfassungstradition in dieser Frage (*Mombaur*, EP, D).[23] Die Auswirkungen der Norm seien nicht absehbar; man würde die „Büchse der Pandora öffnen" (*Friedrich*, EP, D; ähnlich *Patijn*, NL; *Maij-Weggen*, EP, NL).[24] Es sei völlig offen, ob Private Adressaten der Bestimmung seien (so *Tarschys*, S). *Bonde* (EP, DK) wies darauf hin, dass die Freiheit des Zugangs zu Diensten von allgemeinem Interesse „vor allem ein Problem der finanziellen Ressourcen sei, das man über die Grundrechtecharta nicht lösen könne".[25]

Eher auf einer **vermittelnden Linie** bedacht, schlugen *Meyer* (D), *Altmaier* (D), *Korthals Altes* (NL), *Apostoulidis* (GR), *Azevedo* (P), *Lalumière* (EP, F) und *O'Malley* (IR) **Abänderungen** des Präsidiumsvorschlags vor.[26] So regte etwa *Meyer* (D) an, anstelle des Begriffs „gewährleisten" den Begriff „respektieren" zu verwenden, wie es auch das Braibant/Meyer-Papier vorsehe (→ Vor Titel IV Rn. 16). *Altmaier* (D) plädierte dafür, eine abschließende Definition von Sektoren zu finden, die von der Norm erfasst werden könnten. *Lalumière* (EP, F) forderte eine engere Anbindung an Art. 16 EGV.[27] 8

Im **ersten Gesamtentwurf der Charta** vom 28.7.2000[28] schlug das Präsidium unter der Überschrift „Zugang zu den Diensten von allgemeinem Interesse" einen Art. 34 mit folgendem Wortlaut vor: „Die Union *achtet* den Zugang zu den Diensten von allgemeinem wirtschaftlichem Interesse, wie er durch die einzelstaatlichen Rechtsvorschriften und Gepflogenheiten im Einklang mit dem Vertrag zur Gründung der Europäischen Gemeinschaft geregelt ist, *um den sozialen und territorialen Zusammenhalt der Union zu fördern.*" [Hervorhebungen nur hier] Mit der Verwendung des Verbes „achten" statt „gewährleisten" orientierte sich dieser Entwurf an dem vermittelnden Vorschlag von *Meyer* (D). Die neue Zielsetzung der Norm („um den sozialen und territorialen Zusammenhalt der Union zu fördern") wurde aus Art. 14 S. 1 AEUV entlehnt. 9

In der **16. Sitzung des Konvents am 12.9.2000** wurde der neue Textvorschlag knapp erörtert.[29] Es zeigte sich erneut der grundsätzliche Dissens (→ Rn. 7). Während etwa *Manzella* (IT) den Text für zu stark „verwässert" hielt, betonte *Jansson* (FIN), dass Art. 34, der auf eine französische Initiative zurückgehe, bei vielen Konventsmitgliedern tiefe Besorgnis erregt habe. Die Grenzen des Vertrages dürften nicht überschritten werden. 10

Der **zweite Gesamtentwurf der Charta**[30] **vom 14.9.2000** brachte neben einer Ergänzung der Überschrift „Zugang zu Dienstleistungen von allgemeinem *wirtschaftlichem* Interesse" [Hervorhebung nur hier] noch den Zusatz, dass die Union den Zugang zu Dienstleistungen von allgemeinem wirtschaftlichem Interesse nicht nur „achtet", sondern auch *„anerkennt"* 11

---

21 *Bernsdorff/Borowsky*, Protokolle, S. 345.
22 *Bernsdorff/Borowsky*, Protokolle, S. 344.
23 *Bernsdorff/Borowsky*, Protokolle, S. 345.
24 *Bernsdorff/Borowsky*, Protokolle, S. 345 f.
25 *Bernsdorff/Borowsky*, Protokolle, S. 346.
26 *Bernsdorff/Borowsky*, Protokolle, S. 344 f.
27 *Bernsdorff/Borowsky*, Protokolle, S. 345.
28 CHARTE 4422/00 CONVENT 45 v. 28.7.2000. S. auch die Erläuterungen hierzu in CHARTE 4423/00 CONVENT 46 v. 31.7.2000.
29 *Bernsdorff/Borowsky*, Protokolle, S. 371.
30 CHARTE 4470/00 CONVENT 47 v. 14.9.2000; Erläuterungen hierzu in CHARTE 4471/00 CONVENT 48 v. 20.9.2000 sowie CHARTE 4470/1/00 REV 1 CONVENT 47.

– eine Formulierung, die auch in Art. 25, 26, 34 Abs. 1 und 3 verwendet wird. Der vorgeschlagene Art. 35 entsprach damit der späteren Endfassung: „Die Union anerkennt und achtet den Zugang zu Dienstleistungen von allgemeinem wirtschaftlichen Interesse, wie er durch die einzelstaatlichen Rechtsvorschriften und Gepflogenheiten im Einklang mit dem Vertrag zur Gründung der Europäischen Gemeinschaft geregelt ist, um den sozialen und territorialen Zusammenhalt der Union zu fördern." Als **Art. 36** wurde der Text schließlich **angenommen.**[31]

III. Kommentierung

1. Grundsätzliche Bedeutung

12 Art. 36 legt fest, dass die Union den Zugang zu Dienstleistungen von allgemeinem wirtschaftlichem Interesse, wie er durch die einzelstaatlichen Rechtsvorschriften Gepflogenheiten im Einklang mit dem Unionsrecht geregelt ist, „anerkennt und achtet", räumt dem Einzelnen selbst aber kein Zugangsrecht ein. Die Erläuterungen des Präsidiums[32] betonen ausdrücklich, dass Art. 36 „kein neues Recht" begründet. Die grundsätzliche Bedeutung der Norm liegt damit im Wesentlichen – wie dies auch bei anderen Verbürgungen im Titel „Solidarität" der Charta der Fall ist (→ Art. 34 Rn. 48) – darin, nach nationalem Recht bzw. nationaler Praxis **bereits bestehende Zugangsansprüche gegenüber den marktwirtschaftlichen Grundsätzen des Binnenmarktes,** insbesondere den Grundfreiheiten und dem Wettbewerbsrecht, **in Stellung** zu bringen, ohne dass diese zwangsläufig Vorrang haben müssten.[33] Dies betrifft die drei Ebenen legislatives (→ Rn. 30 f.), administratives und judikatives Handeln der EU, aber auch ein Handeln von Unionsorganen „außerhalb des Unionsrechtsrahmens"[34]. Die praktische Bedeutung ist hierbei bislang allerdings eher gering.[35] Der EuGH hat die Norm bislang in einem Fall zur Auslegung von Sekundärrecht herangezogen.[36]

2. Verhältnis zu anderen Vorschriften

13 Art. 36 steht im engen Zusammenhang mit **Art. 14 AEUV** (Dienste von allgemeinem wirtschaftlichem Interesse) und **Art. 106 Abs. 2 AEUV** (Unternehmen, die mit Dienstleistungen von allgemeinem wirtschaftlichem Interesse betraut sind), die bei der Auslegung der Norm heranzuziehen sind.[37] Im Verhältnis zu Art. 36 sind **Art. 34 Abs. 1** (Zugang zu Leistungen der sozialen Sicherheit) und **Art. 35** (Gesundheitsschutz) **speziellere Vorschriften.**[38]

---

31 CHARTE 4487/00 CONVENT 50 v. 28.9.2000.

32 Erläuterungen zur Charta der Grundrechte, ABl. 2007 C 303 v. 14.12.2007, S. 17, 27.

33 *Jarass*, GRC, Art. 36 Rn. 2; *Peers/Hervey/Kenner/Ward/Szyszczak*, EU Charter, Rn. 36.39; *Stern/Sachs/Pielow*, GRC, Art. 36 Rn. 38, 50; *Streinz/Streinz*, EUV/AEUV, Art. 36; vgl. auch *Knauff*, EuR 2010, 725, 739: „in seiner Grundtendenz auf eine Beschränkung der Kompetenzen der EU gerichtet"; *Frenz*, Hdb EuR, Rn. 4276; „Schutzwirkung zugunsten der Mitgliedstaaten"; vgl. auch *Winner*, Die Europäische Grundrechtscharta und ihre soziale Dimension, S. 181: „gemeinwohlorientierte Wirtschaftsformen [stärken] das Modell der freien Marktwirtschaft".

34 EuGH – Ledra Advertising, verb. Rs. C-8/15 P bis 10/15 P, Urt. v. 20.9.2016, ECLI:EU:C:2016:701, Rn. 67. S. hierzu die Kommentierung von *Rohleder* zu Art. 34 Rn. 54.

35 *GSH/Lembke*, Europäisches Unionsrecht, Art. 36 GRC Rn. 9; *Stern/Sachs/Pielow*, GRC, Art. 36 Rn. 58: „Überdies tendiert der Rechtsfolgengehalt der Norm deutlich gegen Null."

36 EuGH – ANODE, Urt. v. 7.9.2016, ECLI:EU:C:2016:637, Rn. 40, 51.

37 *Frenz*, Hdb EuR, Rn. 4278; *Pechstein/Nowak/Häde/Krajewski*, Frankfurter Kommentar, Art. 36 GRC Rn. 19. S. zur Auslegung Rn. 19.

38 S. zu Art. 34: *Rohleder*, Art. 34 Rn. 49; *Pechstein/Nowak/Häde/Kocher*, Frankfurter Kommentar, Art. 34 GRC Rn. 21; *Calliess/Ruffert/Kingreen*, EUV/AEUV, Art. 34 GRC Rn. 5; *Jarass*, GRC,

3. Rechtsnatur und Auslegung

In der Rechtswissenschaft ist umstritten, ob es sich bei Art. 36 um ein Grundrecht oder einen **Grundsatz** handelt. Die herrschende Auffassung spricht sich für die Annahme eines Grundsatzes im Sinne des Art. 52 Abs. 5 aus.[39] Dem ist zuzustimmen, denn hierfür spricht insbesondere der Wortlaut der Norm (lediglich „anerkennen und achten“ des mitgliedstaatlichen „Zugangs“ und nicht Gewährung von „Rechten“ an benannte Grundrechtsträger),[40] die relativ unbestimmte Reichweite der Gewährleistung,[41] die Erläuterungen zur Charta, in denen Art. 36 ausdrücklich als „Grundsatz“ bezeichnet wird,[42] und die Entstehungsgeschichte, aus der sich ergibt, dass die Aufnahme einer Bestimmung über den Zugang zu Dienstleistungen von allgemeinem wirtschaftlichem Interesse sehr umstritten war (→ Rn. 6 ff.). 14

4. Normadressat

Art. 36 ist abweichend von Art. 51 Abs. 1 S. 1 **nur an die Union,** nicht an die Mitgliedstaaten adressiert (umstritten).[43] 15

Art. 36 Rn. 6; *ders.*, in FS Papier, 321, 323; zu Art. 35: *Frenz*, Hdb EuR, Rn. 4278; *Jarass*, GRC, Art. 36 Rn. 6.

39 *Calliess/Ruffert/Ruffert,* EUV/AEUV, Art. 36 GRC Rn. 3; *Frenz*, Hdb EuR, Rn. 4273 ff.; *Grabenwarter/Bungenberg*, EnzEuR Bd. 2, § 17 Rn. 74; *GSH/Lembke*, Europäisches Unionsrecht, Art. 36 GRC Rn. 4; *Holoubek/Lienbacher/Damjanovic,* GRC, Art. 36 Rn. 13; *Jarass*, GRC, Art. 36 Rn. 3; *Merten/Papier/Langenfeld*, Handbuch der Grundrechte VI/1, § 163 Rn. 48; *Rudolf*, 4. Aufl. Rn. 13; *Sagmeister*, Die Grundsatznormen in der Europäischen Grundrechtecharta, S. 375 ff.; *Schwarze/Voet van Vormizeele*, EU, Art. 36 GRC Rn. 4; *Stern/Sachs/Pielow*, GRC, Art. 36 Rn. 37; *Streinz/Streinz*, EUV/AEUV, Art. 36 GRC; *Vedder/Heintschel von Heinegg/Folz*, Unionsrecht, Art. 36 GRC Rn. 2; *Sagmeister*, Die Grundsatznormen in der Europäischen Grundrechtecharta, S. 373; *Schmidt*; Die Grundsätze im Sinne der EU-Grundrechtecharta, S. 233; *Schmidt*, Rechtsnatur und Verpflichtungsdichte der Europäischen Grundrechte, S. 366; a. A. *Bußmann*, Dienstleistungen von allgemeinem wirtschaftlichem Interesse, S. 23; differenzierend *Dorfmann,* Der Schutz der sozialen Grundrechte, S. 292 „an der Grenze zwischen Unionszielbestimmung und subjektivem Recht, welches zumindest in der Abwehrfunktion wirken kann“; *Mann*, ZögU, 174, 183 f. sieht „zwar keinen eigenständigen Schutzbereich eines europäischen Grundrechts“, aber „Hinweis auf subjektive Rechte auf Teilhabe an den Dienstleistungen […] über den Umweg mitgliedstaatlicher Gewährleistungen“; *Pechstein/Nowak/Häde/Krajewski*, Frankfurter Kommentar, Art. 36 GRC Rn. 5 ff. „subjektiv-öffentliches Recht auf Achtung und Anerkennung des Zugangs zu öffentlichen Dienstleistungen durch die Unionsorgane“, „in Verbindung mit den Gleichheitsrechten der Art. 20 und 21 GRC als derivatives Teilhaberecht“.

40 *Rudolf*, 4. Aufl. Rn. 9; *Frenz*, Hdb EuR, Rn. 4273; *Grabenwarter/Bungenberg*, EnzEuR Bd. 2, § 17 Rn. 74; *Krajewski*, DÖV 2005, 665, 667.

41 *Jarass*, GRC, Art. 36 Rn. 3; *Sagmeister*, Die Grundsatznormen in der Europäischen Grundrechtecharta, S. 376.

42 Erläuterungen zur Charta der Grundrechte, ABl. 2007 C 303 v. 14.12.2007, S. 17, 27: „[…] und begründet kein neues Recht. Er stellt lediglich den *Grundsatz* auf, dass die Union den Zugang zu den Dienstleistungen von allgemeinem wirtschaftlichem Interesse nach den einzelstaatlichen Bestimmungen achtet, sofern diese mit dem Unionsrecht vereinbar sind“ [Hervorhebung nur hier].

43 Wie hier *Calliess/Ruffert/Ruffert,* EUV/AEUV, Art. 36 GRC Rn. 4; *GSH/Lembke*, Europäisches Unionsrecht, Art. 36 GRC Rn. 6; *Knauff*, EuR 2010, 725, 739; *Merten/Papier/Langenfeld*, Handbuch der Grundrechte VI/1, § 163 Rn. 48; vgl. *Peers/Hervey/Kenner/Ward/Szyszczak,* EU Charter, Rn. 36.13; a. A. Union und Mitgliedstaaten, soweit sie Unionsrecht durchführen (entsprechend Art. 51 Abs. 1 S. 1): *Holoubek/Lienbacher/Damjanovic,* GRC, Art. 36 Rn. 24; *Grabenwarter/Bungenberg*, EnzEuR Bd. 2, § 17 Rn. 78; *Jarass*, GRC, Art. 36 Rn. 4 („was eher selten der Fall ist“); *Sagmeister*, Die Grundsatznormen in der Europäischen Grundrechtecharta, S. 345; *Stern/Sachs/Pielow*, GRC, Art. 36 Rn. 40. Allgemein zum Adressatenkreis *Schwerdtfeger*, Art. 51 Rn. 25.

5. Achtungsgebot

16 Gemäß Art. 36 **„anerkennt und achtet"** die Union den Zugang zu Dienstleistungen von allgemeinem wirtschaftlichem Interesse – eine Formulierung, die auch in Art. 34 Abs. 1 und 3, 25 und 26 verwendet wird. Etwas, das „geachtet" wird, wird zwangsläufig auch „anerkannt" (→ Vor Titel III Rn. 21). „Das Anerkennungsgebot bleibt also hinter dem Achtungsgebot zurück" und hat keinen eigenständigen Gehalt.[44]

17 Die **„Achtung"** des Zugangs setzt voraus, dass dieser existiert (→ Vor Titel III Rn. 21). Von der Union wird demnach verlangt, dass sie **Bestehendes nicht unverhältnismäßig beeinträchtigt** (→ Vor Titel III Rn. 22).[45] Eine Förder- bzw. aktive Schutzpflicht oder gar eine „unmittelbare Leistungsgarantie" bestehen demgegenüber nicht.[46] Im Konvent wurde die ursprünglich vorgeschlagene Formulierung „gewährleisten" bewusst weiter abgeschwächt (→ Rn. 6 ff.). In eine positive Richtung – allerdings aus Perspektive der Dienstleistungserbringer, nicht der Bürger – weist demgegenüber Art. 14 S. 1 AEUV, nach dem „die Union und die Mitgliedstaaten im Rahmen ihrer jeweiligen Befugnisse im Anwendungsbereich der Verträge *dafür Sorge [tragen],* dass die Grundsätze und Bedingungen, insbesondere jene wirtschaftlicher und finanzieller Art, für das Funktionieren dieser Dienste so gestaltet sind, dass diese ihren Aufgaben nachkommen können".[47] [Hervorhebung durch Autorin].

18 Im Gegensatz zu Art. 25, 26, 34 Abs. 1 und 3 bezieht sich das Achtungsgebot in Art. 36 zunächst auf etwas Faktisches, nämlich den **Zugang** zu Dienstleistungen, und nicht auf ein „Recht auf Zugang" bzw. einen „Anspruch" hierauf.[48] Dieser Zugang muss aber – wie sich aus dem eingeschobenen Halbsatz in Art. 36 ergibt – immerhin „geregelt" sein, so dass letztlich doch etwas „Verrechtlichtes" über Art. 36 geschützt wird.

6. Dienstleistungen von allgemeinem wirtschaftlichem Interesse

19 a) **Auslegungsmaßstab.** Da Art. 36 nach den Erläuterungen „vollauf im Einklang mit Art. 14 [AEUV]" steht (→ Rn. 1), kann für die Auslegung des Begriffes „Dienstleistungen von allgemeinem wirtschaftlichem Interesse" auf die Auslegung des Begriffes „Dienste(n) von allgemeinem wirtschaftlichem Interesse"[49] in Art. 14 AEUV zurückgegriffen werden.[50]

---

44 *Hölscheidt,* Vor Titel III Rn. 21. Vgl. auch *Stern/Sachs/Pielow,* GRC, Art. 36 Rn. 51; a. A. *Mann,* ZögU 2005, 174, 183: „Eine Anerkennung geht über ein bloßes Achten hinaus, weil mit dieser Wendung deutlich gemacht wird, dass die Union den Rechtsvorschriften und Gepflogenheiten in den Mitgliedstaaten nicht nur passive Aufmerksamkeit und Wertschätzung entgegenbringt, sondern sie auch aktiv gutheißt und bestätigt."

45 *Hölscheidt,* Vor Titel III Rn. 22. Vgl. *Frenz,* Hdb EuR, Rn. 4299: „Unterlassen von Eingriffen"; *Jarass,* GRC, Art. 36 Rn. 13: nicht „behindern"; *Stern/Sachs/Pielow,* GRC, Art. 36 Rn. 51: „‚Achten' verlangt vor allem die Nichtbehinderung des Zugangs […]"; *Krajewski,* DÖV 2005, 665, 668. S. hierzu auch die weiteren Ausführungen in Rn. 27 ff., insb. Rn. 31 f.

46 *Rudolf,* 4. Aufl. Rn. 9; *Frenz,* Hdb EuR, Rn. 4301; *Jarass,* in FS Papier, 321, 329; *Schwarze/Voet van Vormizeele,* EU, Art. 36 GRC Rn. 4; *Stern/Sachs/Pielow,* GRC, Art. 36 Rn. 49: „Allenfalls kann über Art. 51 Abs. 1 S. 2 auf die notwendige ‚Förderung' auch des Grundsatzes ‚Zugang zu DawI' [Dienstleistungen von allgemeinem wirtschaftlichem Interesse] geschlossen werden."; vgl. *Hölscheidt,* Art. 26 Rn. 24.

47 *Stern/Sachs/Pielow,* GRC, Art. 36 Rn. 49; *Jarass,* GRC, Art. 36 Rn. 14; s. *Frenz,* GewArch 2011, 16, 18: „Diese positive Festschreibung [in Art. 14 AEUV] impliziert eine ‚Sorge- und Schutzpflicht'."

48 Vgl. *Dorfmann,* Der Schutz der sozialen Grundrechte, S. 292.

49 Nach allgemeiner Ansicht sind die in der deutschen Fassung der Normen verwendeten Begriffe „Dienstleistungen" (Art. 36) und „Dienste" (Art. 14 S. 1 AEUV) als deckungsgleich zu betrachten. S. *Frenz,* Hdb EuR, Rn. 4271; *Jarass,* GRC, Art. 36 Rn. 7.

50 *Frenz,* Hdb EuR, Rn. 4280; *Pechstein/Nowak/Häde/Krajewski,* Frankfurter Kommentar, Art. 36 GRC Rn. 12; *Schwarze/Voet van Vormizeele,* EU, Art. 36 GRC Rn. 5.

Dessen Auslegung ist wiederum deckungsgleich mit derjenigen zu „Dienstleistungen von allgemeinem wirtschaftlichem Interesse" in Art. 106 Abs. 2 AEUV.[51]

b) Dienstleistungen. Der Begriff „Dienstleistungen" in Art. 36 wird – wie in Art. 14 S. 1 und 106 Abs. 2 AEUV – vor dem Hintergrund der Bedeutung der Daseinsvorsorge **weit ausgelegt:** Erfasst wird **jede marktbezogene Tätigkeit von Unternehmen.**[52] Neben den **klassischen Dienstleistungen** werden insbesondere auch **Lieferungen von Waren und sonstige Sachleistungen,** wie insbesondere die Strom-, Gas- und Wasserversorgung erfasst.[53] Damit unterscheidet sich der Begriff „Dienstleistungen" in Art. 36 von der Definition der „Dienstleistungen" in Art. 57 AEUV im Rahmen der Dienstleistungsfreiheit, die in Abgrenzung zur Waren- und Kapitalverkehrsfreiheit deutlich enger auf die klassischen Dienstleistungen im gewerblichen, kaufmännischen, handwerklichen und freiberuflichen Bereich zugeschnitten ist.[54] 20

c) Von allgemeinem wirtschaftlichem Interesse. Nach ständiger Rechtsprechung der Unionsgerichte zu Art. 14 und Art. 106 Abs. 2 AEUV kommt den Mitgliedstaaten bei der Konkretisierung des „allgemeinen wirtschaftlichen Interesses" ein **weites Ermessen** zu.[55] Sie dürfen dabei jedoch **nicht willkürlich** vorgehen; Kommission und Unionsgerichte überprüfen Entscheidungen der Mitgliedstaaten über das Vorliegen von Dienstleistungen von allgemeinem wirtschaftlichem Interesse auf **offenkundige Fehler.**[56] Der Ermessensspielraum der Mitgliedstaaten bei der Definition der Dienste von allgemeinem wirtschaftlichem Interesse in Art. 14 AEUV wird seit dem Vertrag von Lissabon auch in Art. 1 des Protokolls über Dienste von allgemeinem Interesse bekräftigt.[57] 21

Ein entsprechender **weiter Ermessensspielraum** bei der Definition des „allgemeinen wirtschaftlichen Interesses" ist den Mitgliedstaaten auch im Rahmen des **Art. 36** zuzugestehen. Die Norm bekräftigt insoweit ausdrücklich, dass der Zugang zu den Dienstleistungen von allgemeinem wirtschaftlichem Interesse von der Union so geachtet und anerkannt werden muss, „*wie er durch die einzelstaatlichen Rechtsvorschriften und Gepflogenheiten im Einklang mit den Verträgen geregelt ist*".[58] Die Norm zielt damit gerade darauf, bestehende 22

---

51 *Streinz/Koenig/Paul/Gellermann*, EUV/AEUV, Art. 14 AEUV Rn. 27.

52 *Streinz/Koenig/Paul,* EUV/AEUV, Art. 106 AEUV Rn. 48; *Jarass*, in: FS Papier, S. 321, 326.

53 S. zur Einordnung der „Stromversorgung" als „Dienstleistung von allgemeinem wirtschaftlichem Interesse" etwa EuGH – Almelo, Rs. C-393/92, Urt. v. 27.4.1994, ECLI:EU:C:1994:171, Rn. 48. In der Literatur *Rudolf*, 4. Aufl. Rn. 10; *Calliess/Ruffert/Jung*, EUV/AEUV, Art. 106 AEUV Rn. 36; *Streinz/Koenig/Paul,* EUV/AEUV, Art. 106 AEUV Rn. 48; *von Komorowski*, EuR 2015, 310, 321; *Stern/Sachs/Pielow*, GRC, Art. 36 Rn. 43; *Bußmann*, Dienstleistungen von allgemeinem wirtschaftlichem Interesse, S. 63 f.

54 Vgl. *Weiß*, EuR 2013, 669, 672.

55 S. EuG – Kommission./. Spanien, Rs. T-461/13, Urt. v. 26.11.2015, ECLI:EU:T:2015:545, Rn. 61 m.w.N.; EuGH – Kommission./. Niederlande, Rs. C-157/94, Urt. v. 23.10.1997, ECLI:EU:C:1997:499, Rn. 40; vgl. EuGH – ANODE, Urt. v. 7.9.2016, ECLI:EU:C:2016:637, Rn. 41 ff.; *GSH/Klotz*, Europäisches Unionsrecht, Art. 106 AEUV, Rn. 70; *Streinz/Koenig/Paul,* EUV/AEUV, Art. 106 AEUV Rn. 50.

56 EuG – Kommission./. Spanien, Rs. T-461/13, Urt. v. 26.11.2015, ECLI:EU:T:2015:545, Rn. 62 f. S. hierzu *Wernsmann/Loscher*, NVwZ 2014, 976, 978 f.

57 Art. 1 1. SpStr. lautet: „Zu den gemeinsamen Werten der Union in Bezug auf Dienste von allgemeinem wirtschaftlichem Interesse im Sinne des Artikels 14 des Vertrags über die Arbeitsweise der Europäischen Union zählen insbesondere: – die wichtige Rolle und der weite Ermessensspielraum der nationalen, regionalen und lokalen Behörden in der Frage, wie Dienste von allgemeinem wirtschaftlichem Interesse auf eine den Bedürfnissen der Nutzer so wie möglich entsprechende Weise zur Verfügung zu stellen, in Auftrag zu geben und zu organisieren sind".

58 Darauf weist auch *Schwarze/Voet van Vormizeele*, EU, Art. 36 GRC, Rn. 5, hin. S. hierzu weiter unten Rn. 27 ff.

Strukturen der Daseinsvorsorge in den Mitgliedstaaten zu schützen.[59] Bei der Bewertung dieser Strukturen ist zudem zu berücksichtigen, dass diese aufgrund von technologischen Entwicklungen, Veränderungen am Markt, neuen Bedürfnissen der Bürger sowie geänderten politischen Präferenzen einem stetigem Wandel unterworfen sind.[60]

23 Um von **„allgemeinem"** Interesse zu sein, ist aber begrifflich zumindest zu verlangen, dass eine Dienstleistung **nicht nur Privat- oder Partikularinteressen** dient; sie muss zumindest auch im öffentlichen Interesse liegen.[61] Dabei muss die Dienstleistung nicht zwingend der Gesamtbevölkerung eines Mitgliedstaats zu Gute kommen oder im gesamten Hoheitsgebiet eines Staates erbracht werden.[62] Entscheidend ist nach der Rechtsprechung der Unionsgerichte, dass sie – sei es auf nationaler, regionaler oder kommunaler Ebene – grundsätzlich **allgemeinzugänglich** (universal) und **obligatorisch** ist, und dass dem Dienstleistungserbringer eine Gemeinwohlverpflichtung **per Hoheitsakt übertragen** worden ist.[63] Der obligatorische Charakter ist dabei insbesondere nachgewiesen, „wenn der Dienstleistende einem Kontrahierungszwang zu gleichbleibenden Bedingungen unterliegt, ohne den anderen Vertragspartner zurückweisen zu können".[64]

24 Die Dienstleistungen müssen zudem von **„wirtschaftlichem"** in Abgrenzung zu „nicht-wirtschaftlichem" Interesse sein. Die Abgrenzung durch die Unionsgerichte erfolgt dabei – in Anbetracht des den Mitgliedstaaten eingeräumten weiten Ermessens – nicht trennscharf. Allein das Verfolgen karitativer, sozialer religiöser oder kultureller Zwecke reicht nicht, um einem Dienstleistungserbringer ein wirtschaftliches Interesse abzusprechen.[65] Nicht-wirtschaftlich sind jedenfalls **hoheitliche Aufgaben**, bei denen es um die Ausübung von Staatsgewalt geht, wie zum Beispiel Sicherheit, Justiz oder Aufgaben des Standesamts.[66] Es entfallen zudem alle Dienstleistungen, „die nicht als wirtschaftliche auf einem Markt erbracht

---

59 *Stern/Sachs/Pielow*, GRC, Art. 36 Rn. 50; *Peers/Hervey/Kenner/Ward/Szyszczak*, EU Charter, Rn. 36.39. S. hierzu oben Rn. 12.

60 Darauf weist auch die Kommission hin. S. Mitteilung der Kommission über die Anwendung der Beihilfevorschriften der Europäischen Union auf Ausgleichsleistungen für die Erbringung von Dienstleistungen von allgemeinem wirtschaftlichem Interesse, ABl. C 2012, S. 8/4, Rn. 45. Vgl. hierzu auch *Peers/Hervey/Kenner/Ward/Szyszczak*, EU Charter, Rn. 36.26 ff.

61 Das EuG spricht von „universalem Charakter" der Aufgabe, s. EuG – Kommission./. Spanien, Rs. T-461/13, Urt. v. 26.11.2015, ECLI:EU:T:2015:545, Rn. 63 m.w.N; EuG – BUPA./. Kommission, Rs. T-289/03, Urt. v. 12.2.2008, ECLI:EU:T:2008:29, Rn. 178 m.w.N. Vgl. auch schon EuGH – BRT./. SABAM, Urt. v. 27.3.1974, ECLI:EU:C:1974:25, Rn. 23. S. in der Literatur statt vieler *Bußmann*, Dienstleistungen von allgemeinem wirtschaftlichem Interesse, S. 64; *Rudolf*, 4. Aufl. Rn. 10; *Schwarze/Voet van Vormizeele*, EU, Art. 106 AEUV Rn. 64; *Stern/Sachs/Pielow*, GRC, Art. 36 Rn. 44.

62 EuG – BUPA./. Kommission, Rs. T-289/03, Urt. v. 12.2.2008, ECLI:EU:T:2008:29, Rn. 186; *von Komorowski*, EuR 2015, 310, 321.

63 St. Rspr. seit EuG – BUPA./. Kommission, Rs. T-289/03, Urt. v. 12.2.2008, ECLI:EU:T:2008:29, Rn. 172; S. hierzu *Calliess/Ruffert/Jung*, EUV/AEUV, Art. 14 AEUV Rn. 13; *Stern/Sachs/Pielow*, GRC, Art. 36 Rn. 44. S. zur Betrauung durch Hoheitsakt auch die Mitteilung der Kommission „Ein Qualitätsrahmen für Dienstleistungen von allgemeinem wirtschaftlichem Interesse, KOM(2011) 900 endg., S. 4: „Die Gemeinwohlverpflichtung wird dem Leistungserbringer im Wege eines Auftrags auferlegt, der eine Gemeinwohlkomponenten enthält, sodass sichergestellt ist, dass die Dienstleistung unter Bedingungen erbracht wird, die es dem Leistungserbringer ermöglichen, seinen Auftrag zu erfüllen." S. zum Betrauungsakt zudem ausführlich *von Komorowski*, EuR 2015, 310, 322 f.

64 EuG – BUPA./. Kommission, Rs. T-289/03, Urt. v. 12.2.2008, ECLI:EU:T:2008:29, Rn. 190.

65 Vgl. EuGH – Freskot, Rs. C-355/00, Urt. v. 22.5.2003, ECLI:EU:C:2003:298, Rn. 77; *Rudolf*, 4. Aufl. Rn. 10; *Schwarze/Voet van Vormizeele*, EU, Art. 106 AEUV Rn. 65; *Streinz/Koenig/Paul*, EUV/AEUV, Art. 106 AEUV Rn. 52.

66 *Bußmann*, Dienstleistungen von allgemeinem wirtschaftlichem Interesse, S. 72 m.w.N.; *Stern/Sachs/Pielow*, GRC, Art. 36 Rn. 45 m.w.N.

werden, sondern als **staatliche Sozialleistungen**".[67] Diese können stattdessen unter den spezielleren Art. 34 oder im Bereich der Gesundheitsversorgung unter Art. 35 gefasst werden (→ s. Rn. 13).[68]

d) Dienstleistungserbringer. Bei der Beurteilung des Vorliegens einer Dienstleistung von allgemeinem wirtschaftlichem Interesse ist es unerheblich, ob der Dienstleistungserbringer **privat oder öffentlich organisiert** ist.[69] 25

e) Beispiele. Die Unionsgerichte und die Kommission haben eine **Vielzahl von Tätigkeiten** als „Dienstleistungen von allgemeinem wirtschaftlichem Interesse" anerkannt.[70] Hierzu zählen zum einen Tätigkeiten im Bereich der „klassischen Daseinsvorsorge", wie die Elektrizitäts-, Gas- und Wasserversorgung, Abwasserbeseitigung, Abfallentsorgung, Verkehrs- und Beförderungsdienstleistungen oder Post- und Telekommunikationsdienstleistungen. Auch die Tätigkeit der öffentlich-rechtlichen Rundfunkanstalten wird grundsätzlich, aber nicht in all ihren Aspekten erfasst.[71] Ebenso können Finanzdienstleistungen, wie der Zugang zu Basisbankdienstleistungen, Dienstleistungen „von allgemeinem wirtschaftlichem Interesse" sein.[72] Gleiches gilt für Tätigkeiten im Bereich der sog. digitalen Daseinsvorsorge, wie die Bereitstellung von Breitband-Internetzugang.[73] **Nicht anerkannt** als „Dienstleistungen von allgemeinem wirtschaftlichem Interesse" in Rechtsprechung und Beschlusspraxis der Kommission wurden in der Vergangenheit dagegen zum Beispiel bestimmte Hafendienstleistungen (Be-, Ent- und Umladung, Lagerung und allgemein Umschlag von Waren), die Produktion von Fernsehsendungen oder die Verwaltung von Urheberrechten.[74] 26

7. Verweis auf die einzelstaatlichen Rechtsvorschriften/„Refrain"

Gemäß Art. 36 ist der Zugang zu Dienstleistungen von allgemeinem wirtschaftlichem Interesse von der Union so anzuerkennen und zu achten, „wie er durch die einzelstaatlichen Rechtsvorschriften und Gepflogenheiten im Einklang mit dem Unionsrecht geregelt ist" – eine Formulierung, die in ähnlicher Weise auch in den Artikeln 27, 28, 30, 34 und 35 im Titel „Solidarität" der Charta verwendet wird (sog. **Refrain**). Im Kontext des Art. 36 besteht die wesentliche Funktion des „Refrains" darin, den **weiten Ermessensspielraum der** 27

---

67 *Weiß*, EuR 2013, 669, 673. So etwa der EuGH zur Verwaltung einer Pflichtversicherung gegen Arbeitsunfälle und Berufskrankheiten in der Rs. Cisal, C-218/00, Urt. v. 22.1.2000, ECLI:EU:C:2001:448, Rn. 45.

68 S. auch *Holoubek/Lienbacher/Damjanovic*, GRC, Art. 36 Rn. 11; *Stern/Sachs/Pielow*, GRC, Art. 36 Rn. 46.

69 *Frenz*, Hdb EuR, Rn. 4281; *Jarass*, GRC, Art. 36 Rn. 8.

70 S. hierzu ausführlich die Darstellung der Rechtsprechung bei *Schwarze/Voet van Vormizeele*, EU, Art. 106 AEUV Rn. 66; *Streinz/Koenig/Paul*, EUV/AEUV, Art. 106 AEUV Rn. 54 ff.; *GSH/Klotz*, EU, Art. 106 AEUV Rn. 65; *Calliess/Ruffert/Jung*, EUV/AEUV, Art. 106 AEUV Rn. 43. S. auch die Darstellung in der Arbeitsunterlage der Kommissionsdienststellen, Leitfaden zur Anwendung der Vorschriften der Europäischen Union über staatliche Beihilfen, öffentliche Aufträge und den Binnenmarkt auf Dienstleistungen von allgemeinem wirtschaftlichem Interesse und insbesondere auf Sozialdienstleistungen von allgemeinem Interesse, SWD(2013) 53 final 2.

71 S. zu den zahlreichen Entscheidungen hierzu *Streinz/Koenig/Paul*, EUV/AEUV, Art. 106 AEUV Rn. 56 f.

72 S. Arbeitsunterlage der Kommissionsdienststellen, Fn. 70, S. 24 f.; *Peers/Hervey/Kenner/Ward/Szyszczak*, EU Charter, Rn. 36.27.

73 S. hierzu *Streinz/Koenig/Paul*, EUV/AEUV, Art. 106 AEUV Rn. 59 m.w.N. Vgl. zur „e-Daseinsvorsorge" auch *Wernicke*, EuZW 2015, 281, 284.

74 *Schwarze/Voet van Vormizeele*, EU, Art. 106 AEUV Rn. 66 m.w.N.

Mitgliedstaaten bei der Ausgestaltung des Zugangs zu Dienstleistungen von allgemeinem wirtschaftlichem Interesse zu betonen.[75]

28 Der den Mitgliedstaaten über den „Refrain“ zuerkannte weite Ermessensspielraum bei der Bestimmung der „Dienstleistungen von allgemeinem wirtschaftlichem Interesse“ wird durch den Zusatz **„im Einklang mit dem Unionsrecht“** allerdings wieder eingeschränkt. Diese Einschränkung verhindert, dass es durch die Berufung auf das Vorliegen einer „Dienstleistung von allgemeinem wirtschaftlichem Interesse" nach mitgliedstaatlichem Recht oder mitgliedstaatlicher Praxis zu einer kompletten Durchbrechung der EU-Binnenmarkts- und Wettbewerbsprinzipien kommen kann.[76] Der mitgliedstaatliche Zugang zu Dienstleistungen von allgemeinem wirtschaftlichem Interesse genießt gerade keinen vollkommenen Bestandsschutz.[77]

29 Von Relevanz für die Beurteilung der mitgliedstaatlichen Regelungen zum Zugang zu Dienstleistungen von allgemeinem wirtschaftlichem Interesse sind insbesondere die primärrechtlichen **wettbewerblichen Regelungen**, wie vor allem das EU-Beihilfenrecht (Art. 107 ff. AEUV),[78] das Kartellverbot in Art. 101 AEUV und das Verbot des Missbrauchs marktbeherrschender Stellungen in Art. 102 AEUV sowie das hierzu jeweils erlassene konkretisierende Sekundärrecht. Bei der Prüfung der Vereinbarkeit nationaler Regelungen mit dem EU-Wettbewerbsrecht ist die zentrale Ausnahmenorm des Art. 106 Abs. 2 AEUV für Unternehmen, die mit Dienstleistungen von allgemeinem wirtschaftlichem Interesse betraut sind, zu berücksichtigen, und speziell im Bereich der Verkehrspolitik die Ausnahme von Beihilfeverbot in Art. 93 AEUV. Neben dem EU-Wettbewerbsrecht müssen die nationalen Regelungen über den Zugang zu Dienstleistungen von allgemeinem wirtschaftlichem Interesse zudem im Einklang mit den **Grundfreiheiten** des AEUV stehen. Hier ist insbesondere an die Niederlassungsfreiheit in Art. 49 AEUV und die Dienstleistungsfreiheit in Art. 56 AEUV zu denken.[79]

30 Zusätzlich zu den allgemeinen in Rn. 29 aufgeführten EU-Binnenmarktregelungen müssen sich die nationalen Regelungen an den für einzelne Bereiche der Daseinsvorsorge speziell erlassenen sog. **Sektorenrichtlinien** messen lassen, wie zum Beispiel im Energie-,[80] im Tele-

75 *Stern/Sachs/Pielow*, GRC, Art. 36 Rn. 52; *Frenz*, Hdb EuR, Rn. 4287. S. allgemein zur Funktion des „Refrains“ in den verschiedenen Artikeln des Titels IV „Solidarität“ *Hüpers/Reese*, Vor Titel IV Rn. 41 ff.; *Schwerdtfeger*, Art. 52 Rn. 88 ff. S. hierzu auch oben Rn. 22.

76 Vgl. zu Art. 14 AEUV *GSH/Wernicke*, EU, Art. 14 AEUV Rn. 20.

77 *Calliess/Ruffert/Ruffert*, EUV/AEUV, Art. 36 GRC Rn. 4: „Art. 36 enthält dabei keine Derogation von unionsrechtlichen Vorschriften [...].“; *Stern/Sachs/Pielow*, GRC, Art. 36 Rn. 55; vgl. zu Art. 14 AEUV *Calliess/Ruffert/Jung*, EUV/AEUV, Art. 14 AEUV Rn. 24.

78 Von Bedeutung ist in diesem Kontext insbesondere das Urteil Altmark Trans des EuGH, Rs C-280/00, Urt. v. 24.7.2013, ECLI:EU:C:2003:415. S. hierzu ausführlich *Wernsmann/Loscher*, NVwZ 2014, 976 ff.

79 *Jarass*, in: FS Papier, S. 321, 331; *ders.*, GRC, Art. 36 Rn. 19.

80 Richtlinie 2009/72/EG des Europäischen Parlaments und des Rates vom 13.7.2009 über gemeinsame Vorschriften für den Elektrizitätsbinnenmarkt und zur Aufhebung der Richtlinie 2003/54/EG, ABl. L 211 v. 14.8.2009, S. 55. Die Kommission hat am 23.2.2017 einen Vorschlag zur Neufassung der Richtlinie vorgelegt, COM(2016) 864 final.

kommunikations-[81] und im Finanzsektor[82] oder auch im Bereich der digitalen Infrastruktur[83].[84]

Letztlich führt der Verweis auf das einzuhaltende Unionsrecht dazu, dass zwischen den zu schützenden mitgliedstaatlichen Strukturen und den genannten Binnenmarktregeln (→ Rn. 29 f.) der bestmögliche und schonendste **Ausgleich** gefunden werden muss.[85] Es geht um eine Abwägungsentscheidung und damit letztlich um eine Verhältnismäßigkeitsprüfung (s. auch die Auslegung von „achten" in → Rn. 17).[86] 31

8. Zielbestimmung

Die Zielformulierung am Ende der Norm („um den sozialen und territorialen Zusammenhalt in der Union zu fördern") orientiert sich an Art. 14 S. 1 AEUV (→ Rn. 9). Die Zielsetzung kann zur weiteren **Auslegung** der Norm im Einzelfall herangezogen werden. Sie bringt die **Perspektive der EU als Ganzes** in etwaige Abwägungsentscheidungen (→ Rn. 17, 31) ein: So kann hierbei eine Rolle spielen, ob der in einem Mitgliedstaat bestehende Zugang zu einer Dienstleistung von allgemeinem wirtschaftlichem Interesse auch den sozialen und territorialen Zusammenhalt in der Union insgesamt fördert, oder ob dieser vielmehr in die entgegengesetzte Richtung wirkt.[87] 32

9. Rechtsfolgen eines Verstoßes

Rechtsetzungsakte und Verwaltungsmaßnahmen der Union, die gegen Art. 36 verstoßen, sind primärrechtswidrig. Zur Justiziabilität → Art. 52 Rn. 78 ff. 33

---

81 Richtlinie 2002/22/EG des Europäischen Parlaments und des Rates vom 7.3.2002 über den Universaldienst und Nutzerrechte bei elektronischen Kommunikationsnetzen und -diensten (Universaldienstrichtlinie), ABl. L 108 v. 24.4.2002, S. 51. S. den Vorschlag der Kommission für eine Richtlinie des Europäischen Parlaments und des Rates über den europäischen Kodex für elektronische Kommunikation (Neufassung), COM(2016) 590 final.

82 Richtlinie 2014/92/EU des Europäischen Parlaments und des Rates vom 23.7.2014 über die Vergleichbarkeit von Zahlungskontoentgelten, den Wechsel von Zahlungskonten und den Zugang zu Zahlungskonten mit grundlegenden Funktionen, ABl. L 257 v. 28.8.2014, S. 214.

83 Zum Beispiel sog. WiFi4EU-Verordnung: Verordnung (EU) 2017/1953 des Europäischen Parlaments und des Rates vom 25.10.2017 zur Änderung der Verordnungen (EU) Nr. 1316/2013 und (EU) Nr. 283/2014 im Hinblick auf die Förderung der Internetanbindung in Kommunen, ABl. 2017 L 286 v. 1.11.2017, S. 1.

84 S. zu den verschiedenen Rechtsakten die Mitteilung der Kommission, Ein Qualitätsrahmen für Dienstleistungen von allgemeinem Interesse in Europa, KOM(2011), 900 endg., S. 6 ff.; s. auch zu neueren Initiativen die Arbeitsunterlage der Kommissionsdienststellen zur Mitteilung der Kommission zur Einführung einer europäischen Säule sozialer Rechte, SWD (2017) 201 final.

85 *Holoubek/Lienbacher/Damjanovic*, GRC, Art. 36 Rn. 19; so zu Art. 14 AEUV auch *GSH/Wernicke*, EU, Art. 14 AEUV Rn. 14: „Vielmehr ist ein eventueller Konflikt nach dem Optimierungsgebot zu lösen."

86 Vgl. *Frenz*, Hdb EuR, Rn. 4307: „Letztlich geht es um die Herstellung praktischer Konkordanz, unter anderem zwischen dem Wettbewerb und den Belangen von Diensten von allgemeinem wirtschaftlichem Interesse."; vgl. in diesem Sinne zu Art. 14 AEUV auch *Calliess/Ruffert/Jung*, EUV/AEUV, Art. 14 AEUV Rn. 24; differenzierend *Jarass*, in: FS Papier, S. 321, 330 f.; *ders.*, GRC, Art. 36 Rn. 18 f.; *Stern/Sachs/Pielow*, GRC, Art. 36 Rn. 24, 31; vgl. *GSH/Lembke*, EU, Art. 36 GRC Rn. 8: „Die Verankerung auch in Art. 36 könnte gemeinwohlbezogene Dienste aber so weit aufgewertet haben, dass sie in der Abwägung als gleichrangige Größe zum Wettbewerbsprinzip auftreten können."

87 So *Stern/Sachs/Pielow*, GRC, Art. 36 Rn. 56 mit einem Beispiel aus dem Bereich der Energieversorgung. Vgl. hierzu auch EuGH – ANODE, Urt. v. 7.9.2016, ECLI:EU:C:2016:637, Rn. 51, 59.

IV. Literaturübersicht

Bungenberg, Marc, § 17 Soziale Rechte, in: Grabenwarter, Christoph (Hrsg.), Enzyklopädie Europarecht, Band 2: Europäischer Grundrechteschutz, 2014; *Bußmann, Anne Elisabeth*, Dienstleistungen von allgemeinem wirtschaftlichem Interesse nach Art. 16, 86 Abs. 2 EG und Art. 36 Grundrechtecharta unter Berücksichtigung des Vertrags von Lissabon, 2009; *Dorfmann, Julia*, Der Schutz der sozialen Grundrechte, 2006; *Frenz Walter*, Konkretisierungsbedürftige Dienste von allgemeinem wirtschaftlichem Interesse?, GewArch 2011, S. 16; *Jarass, Hans*, Der Zugang zu Dienstleistungen von allgemeinem wirtschaftlichem Interesse, in: Durner, Wolfgang/Peine, Franz-Josef, Shirvani, Foroud (Hrsg.), Freiheit und Sicherheit in Deutschland und Europa, Festschrift für Hans-Jürgen Papier zum 70. Geburtstag, 2013, S. 321 ff.; *Knauff, Matthias*, Die Daseinsvorsorge im Vertrag von Lissabon, EuR 2010, 725; *Komorowski, Alexis von*, Der allgemeine Daseinsvorsorgevorbehalt des Art. 106 Abs. 2 AEUV, EuR 2015, 310; *Krajewski, Markus*, Öffentliche Dienstleistungen im europäischen Verfassungsrecht, DÖV 2005, 665; *Langenfeld, Christine*, § 163 Soziale Grundrechte, in: Merten, Detlef/Papier, Hans-Jürgen, Handbuch der Grundrechte in Deutschland und Europa, Band VI/1 Europäische Grundrechte I, 2010; *Mann, Thomas*, Das Recht auf Zugang zu Dienstleistungen von allgemeinem wirtschaftlichem Interesse, ZögU 2005, 174; *Meyer, Jürgen*, Verbraucherinteressen und europäische Bürgerinitiative, euvr 2013, 57; *Sagmeister, Holger*, Die Grundsatznormen in der Europäischen Grundrechtecharta, 2010; *Schmahl, Stefanie*, Die mitgliedstaatliche Daseinsvorsorge im Spannungsfeld zum europäischen Binnenmarkt, GewArch Beilage Nr. 02/2011, 96; *Schmidt, Christine*, Rechtsnatur und Verpflichtungsdichte der Europäischen Grundrechte, 2012, *Schmidt, Johannes*, Die Grundsätze im Sinne der EU-Grundrechtecharta, 2010; *Weiß, Wolfgang*, Öffentliche Daseinsvorsorge und soziale Dienstleistungen: Europarechtliche Perspektiven, EuR 2013, 669; *Wernicke, Stephan*, Die gewandelte Bedeutung des Art. 106 AEUV: Aus den Apokryphen zum Kanon der Wirtschaftsverfassung, EuZW 2015, 281; *Wernsmann, Rainer/Loscher, Tobias*, Dienstleistungen von allgemeinem wirtschaftlichem Interesse im EU-Beihilfenrecht, NVwZ 2014, 976; *Winner, Teresa*, Die Europäische Grundrechtscharta und ihre soziale Dimension, 2005.

Artikel 37 Umweltschutz

Ein hohes Umweltschutzniveau und die Verbesserung der Umweltqualität müssen in die Politik der Union einbezogen und nach dem Grundsatz der nachhaltigen Entwicklung sichergestellt werden.

I. Vorgaben

1. Unionsrecht

1 Nach den **Erläuterungen**[1] zu Art. 37 stützten sich die in diesem Artikel enthaltenen Grundsätze ursprünglich auf Art. 2, 6 und Art. 174 EGV, die mit dem Vertrag von Lissabon durch Art. 3 Abs. 3 EUV sowie Art. 11 und 191 AEUV ersetzt wurden. Die Entstehungsgeschichte belegt dies (→ Rn. 13 ff.).

2 **Art. 3 EUV** normiert die **Ziele der Union** und steht in einer Linie mit dem 9. Erwägungsgrund der Präambel des EUV. Nach Art. 3 Abs. 3 UAbs. 1 S. 2 EUV wirkt die Union unter anderem auf die *nachhaltige Entwicklung* Europas sowie ein *hohes Maß an Umweltschutz* und *Verbesserung der Umweltqualität* hin (s.a. Art. 3 Abs. 5 S. 2 EUV). In ihrer rechtlichen Einordnung ist diese Norm den (Staats-)Zielbestimmungen nationalstaatlicher Verfassun-

1 Erläuterungen zur Charta der Grundrechte, ABl. EG Nr. C 303 v. 14.12.2007, S. 17–35.

gen vergleichbar.[2] Es handelt sich um eine an die Union und die Mitgliedstaaten gerichtete rechtsverbindliche Norm, die jedoch aufgrund des mit ihr verbundenen Ermessensspielraums nur in sehr engen Grenzen justiziabel ist.[3] Individualrechte vermittelt Art. 3 EUV nicht.[4]

Gemäß **Art. 11 AEUV** müssen die Erfordernisse des Umweltschutzes bei der Festlegung und Durchführung der (internen und externen) Unionspolitiken und -maßnahmen insbesondere zur Förderung einer nachhaltigen Entwicklung einbezogen werden. Diese **Querschnittsklausel** normiert damit ein Integrationsprinzip, das einen *verbindlichen Handlungsauftrag* an die Union und die Mitgliedstaaten richtet.[5] Auch aus dieser Norm ergeben sich jedoch keine Individualrechte.[6] **Art. 191 AEUV** stellt schließlich die zentrale Norm in Titel XX des AEUV zur Umwelt (s.a. Art. 4 Abs. 2 lit. e) AEUV) dar. Er hat die **Ziele und Grundsätze der Umweltpolitik** der Union sowie die Außenkompetenz der Union im Umweltbereich (Abs. 4) zum Gegenstand. Auch für Art. 191 AEUV gilt, dass er einen rechtsverbindlichen Handlungsauftrag für die Union und die Mitgliedstaaten normiert, der nur begrenzt justiziabel ist und dem kein Individualrecht gegenübersteht.[7] 3

Art. 37 spiegelt die genannten Vertragsnormen in ihrer Zusammenschau wider.[8] Vor diesem Hintergrund stellt sich die *zentrale Frage,* inwiefern der Charta-Norm eine über die Regelungen von EUV und AEUV hinausreichende **eigenständige Bedeutung** zukommt (→ Rn. 22 ff.). 4

2. Verfassungen der Mitgliedstaaten

Art. 37 lehnt sich ausweislich der Erläuterungen zu dieser Norm „auch an die Verfassungsbestimmungen einiger Mitgliedstaaten" an. Die *große Mehrzahl* der mitgliedstaatlichen Verfassungen behandelt Aspekte des Umweltschutzes, wobei die Ausgestaltung der entsprechenden Regelungen stark variiert. **Keine verfassungsrechtlichen Normen zum Umweltschutz** existieren in Dänemark, Irland, Schweden, Zypern und dem Vereinigten Königreich, das ohnehin über keine geschriebene Verfassung verfügt. 5

Allgemeine **staatliche Pflichten zum Umweltschutz**[9] finden sich in der bulgarischen Verfassung (Art. 15), der lettischen Verfassung (Art. 115), der litauischen Verfassung (Art. 53 Abs. 3, Art. 54), der luxemburgischen Verfassung (Art. 11 a Abs. 1), der niederländischen Verfassung (Art. 21), der polnischen Verfassung (Art. 5, Art. 74), der portugiesischen Verfassung (Art. 9 lit. e: Schutz von Natur und Umwelt, Erhaltung natürlicher Ressourcen; Art. 66: Einzelaspekte der staatlichen Aufgabe; Art. 90: Berücksichtigung bei Plänen zur wirtschaftlichen und sozialen Entwicklung; Art. 93: Agrarpolitik), der slowakischen Ver- 6

2 *Calliess/Ruffert/ders.,* EUV/AEUV, Art. 3 EUV Rn. 2.
3 *Calliess/Ruffert/ders.,* EUV/AEUV, Art. 3 EUV Rn. 4 f.; s.a. *Streinz/Pechstein,* EUV/AEUV, Art. 3 EUV Rn. 3 f., eine mitgliedstaatliche Bindung verneinend; ebenso *Nowak,* NuR 2015, 306 (310 f.).
4 *Nowak,* NuR 2015, 306 (310); *Calliess/Ruffert/ders.,* EUV/AEUV, Art. 3 EUV Rn. 5; *Streinz/Pechstein,* EUV/AEUV, Art. 3 EUV Rn. 4.
5 *Streinz/Kahl,* EUV/AEUV, Art. 11 AEUV Rn. 9, 12 f.; s.a. *Nowak,* NuR 2015, 306 (312).
6 *Nowak,* NuR 2015, 306 (312); *Streinz/Kahl,* EUV/AEUV, Art. 11 AEUV Rn. 9.
7 *Streinz/Kahl,* EUV/AEUV, Art. 191 AEUV Rn. 47 ff.; s.a. *Appel,* in: Koch/Hofmann/Reese (Hrsg.), Handbuch Umweltrecht, § 2 Rn. 24 ff.
8 S. einerseits *Calliess/Ruffert/Calliess,* EUV/AEUV, Art. 37 GRC Rn. 8: „reine Wiederholung ihrer bereits im AEUV rechtlich verbindlichen Verankerung", „völlig überflüssig"; *Nowak,* NuR 2015, 306 (313): „inhaltlich etwas redundante Synthese der in Art. 3 Abs. 3 UAbs. 1 Satz 2 EUV und Art. 11 AEUV getroffenen Aussagen"; andererseits *Schröder,* EurUP 2015, 225 (226): „markante Unterschiede".
9 S.a. *Orth,* NuR 2007, 229 (232 f.); *dies,* Grundrecht auf Umweltschutz?, S. 189 ff.

fassung (Art. 44 Abs. 4), der slowenischen Verfassung (Art. 72 Abs. 2), der spanischen Verfassung (Art. 45 Abs. 2) sowie im Grundgesetz (Art. 20 a: natürliche Lebensgrundlagen). Die griechische Verfassung (Art. 24 Abs. 1) gestaltet die Pflicht des Staates zum Umweltschutz zugleich spiegelbildlich als Recht eines jeden aus.[10] In der kroatischen Verfassung wird die Erhaltung der Natur und der Umwelt des Menschen als einer der *höchsten Werte der Verfassungsordnung* verankert, die Grundlage für die Auslegung der Verfassung sind (Art. 3).

7 Der **Grundsatz einer nachhaltigen Entwicklung** findet sich in der belgischen Verfassung (Art. 7bis), der griechischen Verfassung (Art. 24 Abs. 1), der litauischen Verfassung (Art. 54 Abs. 1), der luxemburgischen Verfassung (Art. 11 a Abs. 1), der polnischen Verfassung (Art. 5, s.a. Art. 74 Abs. 1) und in der portugiesischen Verfassung (Art. 66 Abs. 2). Auch Art. 20 a GG weist durch die Festschreibung der Verantwortung für die künftigen Generationen in diese Richtung.[11]

8 Teilweise werden explizit besondere **Umweltmedien bzw. -bestandteile** geschützt. Art. 21 Abs. 1 der bulgarischen Verfassung sieht etwa im Boden einen grundlegenden nationalen Reichtum, der den besonderen Schutz des Staates und der Gesellschaft genießt. In ihrem Art. 15 nennt diese Verfassung zudem explizit die lebende Natur, Naturschätze und Ressourcen. Art. 24 Abs. 1 der griechischen Verfassung widmet sich besonders dem Schutz der Wälder. Die italienische (Art. 9 Abs. 2) und die maltesische Verfassung (Art. 9) treffen jeweils eine Regelung speziell zum Schutz der Landschaft. Nach der kroatischen Verfassung genießen das Meer, die Meeresküste und die Inseln, die Gewässer, der Luftraum, Bodenschätze und andere Naturschätze, der Boden, die Wälder, die Pflanzen- und Tierwelt sowie andere Umweltbestandteile besonderen staatlichen Schutz (Art. 52 Abs. 1). Die litauische Verfassung führt explizit den Schutz der Tier- und Pflanzenwelt, einzelner Naturobjekte, besonders wertvoller Gebiete sowie natürlicher Ressourcen auf und gibt gesetzliche Verbote für Beeinträchtigungen von Boden, Erdreich, Wasser, Luft sowie die Tier- und Pflanzenwelt vor (Art. 54 Abs. 2). In der slowakischen Verfassung werden ausdrücklich Naturschätze, das ökologische Gleichgewicht sowie der Schutz bestimmter Pflanzen- und Tierarten genannt (Art. 44 Abs. 4). Die spanische Verfassung setzt bei den natürlichen Ressourcen an (Art. 45 Abs. 2). Die portugiesische Verfassung widmet sich ausdrücklich etwa der Erosion, Landschaften, Naturschutzgebieten und natürlichen Ressourcen (Art. 66 Abs. 2). Schutzvorschriften speziell zu Tieren finden sich darüber hinaus in der luxemburgischen Verfassung (Art. 11 a Abs. 2), in der slowenischen Verfassung (Art. 72 Abs. 4) sowie in Art. 20 a GG.

9 Ein **Recht auf eine gesunde Umwelt** ist in Belgien (Art. 23 Abs. 3 Nr. 4), Bulgarien (Art. 55), Finnland (§ 20 Abs. 2: „die öffentliche Gewalt hat danach zu streben"), Kroatien (Art. 70 Abs. 1: „der Staat sichert die Bedingungen"), Lettland (Art. 115), Portugal (Art. 66 Abs. 1), Rumänien (Art. 36: „der Staat sichert den gesetzlichen Rahmen"), der Slowakei (Art. 44 Abs. 1), Slowenien (Art. 72 Abs. 1), Spanien (Art. 45 Abs. 1), Tschechien (Art. 35 Abs. 1) und Ungarn (Art. XXI Abs. 1: Anerkennung und Durchsetzung, s.a. Art. XX) verfassungsrechtlich verankert.[12] In Belgien wird dieses Recht als eine Ausprägung des Rechts auf ein *menschenwürdiges Leben* gewährleistet. Die bulgarische Verfassung verweist auf die „festgelegten Standards und Normen" und ist insoweit auf eine *ge-*

10 Hierzu *Orth*, NuR 2007, 229 (231); *dies.*, Grundrecht auf Umweltschutz?, S. 184 f.

11 *Huster/Rux*, in: Epping/Hillgruber (Hrsg.), BeckOK GG, Art. 20 a Rn. 16 f. (Stand: 15.2.2019); *Appel*, in: Koch/Hofmann/Reese (Hrsg.), Handbuch Umweltrecht, § 2 Rn. 114, 116.

12 S.a. *Orth*, NuR 2007, 229 (229 f.); *dies.*, Grundrecht auf Umweltschutz?, S. 49 f., 181 ff.; *Lombardo*, in: Di Federico (Hrsg.), The EU Charter of Fundamental Rights, S. 217 (220 f.).

setzliche Ausfüllung angelegt. Gleiches gilt z.B. für die slowakische (Art. 44 Abs. 5: Einzelheiten werden gesetzlich festgelegt) und für die slowenische Verfassung (Art. 72 Abs. 1: im Einklang mit den Gesetzen). In der polnischen Verfassung ist die Pflicht der öffentlichen Gewalt vorgesehen, negative Gesundheitsfolgen von Umweltverschlechterungen zu verhindern (Art. 68 Abs. 4).

Die lettische Verfassung sieht ausdrücklich den **Zugang zu Umweltinformationen** als Mittel zur Verwirklichung des Rechts auf eine gesunde Umwelt vor. Auch in der polnischen (Art. 74 Abs. 3), der slowakischen (Art. 45) und der tschechischen Verfassung (Art. 35 Abs. 2) ist ein Recht auf Zugang zu Umweltinformationen vorgesehen. Damit folgen diese Verfassungen dem **Vorbild der Aarhus-Konvention**[13], die zur Verwirklichung des Rechts auf eine gesunde Umwelt prozedurale Rechte (auf Informationszugang, Öffentlichkeitsbeteiligung und Zugang zu Gerichten) vorgibt.[14] Auf der gleichen Linie liegen weitere Verfassungsnormen: In der finnischen Verfassung ist eine Regelung zur **Öffentlichkeitsbeteiligung** bei Entscheidungen, welche die eigene Lebensumgebung betreffen, verankert (§ 22 Abs. 2). Die österreichische Verfassung sieht in Art. 14 zur Schulbildung vor, dass diese auch darauf zielt, Kinder zu befähigen, Verantwortung für sich selbst, ihre Mitmenschen, die Umwelt und nachfolgende Generationen zu übernehmen (Abs. 5 a). Auch die portugiesische Verfassung sieht die staatliche Förderung der **Bildung** in Umweltfragen und der Achtung der Umwelt vor (Art. 66 Abs. 2 lit. g). Angesprochen ist damit die *Aufklärung und Sensibilisierung der Öffentlichkeit* für Umweltangelegenheiten. Nach der polnischen Verfassung *unterstützt* der Staat die Bürger wiederum bei *Aktivitäten* zum Schutz und der Verbesserung der Umwelt (Art. 74 Abs. 4). Auch in der portugiesischen Verfassung ist ausdrücklich vorgesehen, dass sich Bürger in Umweltfragen einbringen und beteiligen (Art. 66 Abs. 2). Nach der spanischen Verfassung stützt sich der Staat beim Umweltschutz auf die unerlässliche Solidarität der Gemeinschaft (Art. 45 Abs. 2). 10

Eine **Pflicht der Bürger** bzw. von jedermann, die Umwelt zu schützen, statuieren die bulgarische Verfassung (Art. 55), die estnische Verfassung (§ 53), die litauische Verfassung (Art. 53 Abs. 3), die portugiesische Verfassung (Art. 66 Abs. 1), die rumänische Verfassung (Art. 36 Abs. 3), die slowakische Verfassung (Art. 44 Abs. 2, gemäß Abs. 5 werden Einzelheiten durch ein Gesetz festgelegt) und die spanische Verfassung (Art. 45 Abs. 1). Auch die kroatische Verfassung sieht eine Pflicht von jedermann vor, besondere Sorge für den Schutz der Gesundheit der Menschen, der Natur und der Umwelt zu tragen (Art. 70 Abs. 2). Dem entspricht Art. 86 der polnischen Verfassung. Dieser sieht darüber hinaus die *Verantwortlichkeit für* die Verursachung von *Umweltverschlechterungen* vor, die wiederum durch einfaches Gesetzesrecht auszugestalten ist. Eine vergleichbare Regelung findet sich in Art. 72 Abs. 3 der slowenischen, in Art. XX Abs. 2 der ungarischen sowie in Art. 45 Abs. 3 der spanischen Verfassung. Die spanische Verfassungsnorm fordert explizit straf- bzw. verwaltungsrechtliche Sanktionen und Schadenswiedergutmachung. § 53 der estnischen Verfassung sieht eine (gesetzlich auszugestaltende) Ausgleichspflicht für verursachte Umweltschäden vor. Nach der slowakischen Verfassung darf niemand über das gesetzlich bestimmte Maß hinaus die Umwelt oder Naturschätze gefährden oder schädigen (Art. 44 Abs. 3). Dem entspricht Art. 35 Abs. 3 der tschechischen Verfassung. Nach § 20 Abs. 1 der finnischen Verfassung wird die Verantwortung für die Umwelt von allen getragen. Die ungari- 11

13 Übereinkommen über den Zugang zu Informationen, die Öffentlichkeitsbeteiligung an Entscheidungsverfahren und den Zugang zu Gerichten in Umweltangelegenheiten vom 25. Juni 1998.

14 *Schwerdtfeger*, Verwaltungsrechtsschutz, S. 31 ff., 51 et passim. Zur Normierung eines entsprechenden prozeduralen Grundrechts auf Umweltschutz auf Unionsebene *Calliess/Ruffert/Calliess*, EUV/AEUV, Art. 37 GRC Rn. 9 ff.

sche Verfassung enthält zudem ein spezielles Verbot, umweltschädliche *Abfälle* zur Lagerung nach Ungarn zu verbringen (Art. XX Abs. 3).

12 Die *französische Verfassung* weist in ihrer **Präambel** auf die Verbundenheit des französischen Volkes mit den in der *Umweltcharta von 2004*[15] festgelegten Rechten und Pflichten hin. Das entsprechende Verfassungsgesetz inkorporiert das Recht auf eine gesunde Umwelt (Art. 1), Pflichten jedes Menschen zum Schutz der Umwelt (Art. 2 – Erhaltung und Verbesserung der Umwelt, Art. 3 und 4 – Verhinderung und Beseitigung von Umweltschäden; zu staatlichen Pflichten bzgl. Umweltschäden Art. 5), den Grundsatz nachhaltiger Entwicklung (Art. 6), Rechte auf Zugang zu Umweltinformationen und Öffentlichkeitsbeteiligung (Art. 7) sowie Vorgaben zu Bildung und Ausbildung im Umweltschutz (Art. 8), Forschung und Innovation (Art. 9) sowie zu den Außenbeziehungen (Art. 10) in die Verfassung.[16]

II. Diskussion im Grundrechtekonvent

13 Der Umweltschutz fand sich (gemeinsam mit dem Verbraucherschutz) erstmals in einer Auflistung des Präsidiums von möglicherweise in die Charta aufzunehmenden Rechten vom Januar 2000.[17] Als Einzelaspekte wurden der **Schutz der Umwelt** und das **Recht auf eine gesunde Umwelt** aufgeführt und mit der Frage nach einer Ausgestaltung als **Recht oder politisches Ziel** versehen. Der Vorschlag verwies ausdrücklich auf Art. 6 EGV und Art. 24 der vom Europäischen Parlament am 12. April 1989 angenommenen Erklärung der Grundrechte und Grundfreiheiten[18].

14 Im Vorfeld der dritten Sitzung des Konvents am 24./25. Februar 2000 diskutierten die Vertreter der nationalen Parlamente über diesen Vorschlag.[19] Kern des Gedankenaustauschs war die Frage nach der **rechtlichen Ausgestaltung** einer Charta-Regelung zum Umweltschutz („Staats"zielbestimmung für die Union, Auftrag an die Mitgliedstaaten; Pflicht zum Umweltschutz; einklagbares Recht auf eine gesunde Umwelt?). Dabei verwiesen die Vertreter Finnlands und Portugals auch auf ihr nationales (Verfassungs-)Recht. Der Umweltschutz war erneut Thema der zehnten Sitzung des Konvents am 11. Mai 2000, in der sich die verschiedenen Diskussionsteilnehmer grundsätzlich für die Aufnahme einer entsprechenden Gewährleistung aussprachen – wenn auch mit Unterschieden hinsichtlich der rechtlichen Ausgestaltung (Recht auf saubere Umwelt; Prinzip oder Zielbestimmung; Aufnahme von Regelungen zur Biotechnologie).[20]

15 Der Präsidiumsentwurf vom 16. Mai 2000 sah mit Art. 44 eine eigenständige Gewährleistung zum Umweltschutz vor.[21] In Anlehnung an Art. 174 EGV lautete der Entwurf: „Der Schutz der Umwelt, der die Erhaltung, den Schutz und die Verbesserung der Umweltqualität, den Schutz der menschlichen Gesundheit sowie die umsichtige und rationelle Verwendung der natürlichen Ressourcen umfasst, wird durch die Politiken der Union sichergestellt." Die Entwurfsbegründung verwies auf die Unionskompetenz nach Titel XIX (Art. 174–176) EGV und führte aus, dass es sich um einen **Grundsatz** handele[22]. Dieser

15 Art. 2 des Verfassungsgesetzes Nr. 005–205 vom 1. März 2005.
16 Hierzu näher *Orth*, NuR 2007, 229 (230 f.); *dies.*, Grundrecht auf Umweltschutz?, S. 186 f., 208 ff.
17 Dok. CHARTE 4112/2/00 REV 2 v. 27.1.2000, S. 5 (Ziffer 19).
18 Entschließung des Europäischen Parlaments vom 12. April 1989 zur Annahme der Erklärung der Grundrechte und Grundfreiheiten, ABl. C 120 vom 16.5.1989, S. 51.
19 *Bernsdorff/Borowsky*, Protokolle, S. 136.
20 *Bernsdorff/Borowsky*, Protokolle, S. 243 f.
21 Dok. CHARTE 4316/00 CONVENT 34 v. 16.5.2000, S. 8.
22 S.a. *Bernsdorff/Borowsky*, Protokolle, S. 253.

müsse durch Umsetzungsmaßnahmen konkretisiert werden, die wiederum den Umfang des Rechts bestimmten.

Der Kompromissvorschlag des Präsidiums vom 4. Juli 2000 nahm auf der Grundlage eines Änderungsvorschlages von *Korthals Altes* (NL) in Art. 42 n.F. ausdrücklich den **Grundsatz der nachhaltigen Entwicklung** auf und formulierte, dass der Umweltschutz **in allen Politiken der Union sichergestellt** werde.[23] Eine umfassende Diskussion des Vorschlags fand auf der fünfzehnten Sitzung des Konvents am 17./18. Juli 2000 statt.[24] Alle Diskussionsteilnehmer waren sich darin einig, dass der Umweltschutz in der Charta verankert werden sollte. Im Übrigen wurde vor allem über die Aufnahme des Grundsatzes nachhaltiger Entwicklung, den Begriff des „Sicherstellens", die ausdrückliche Erstreckung auf alle Politiken der Union sowie darüber kontrovers diskutiert, ob ein Individualrecht und/oder (in die Präambel) eine korrespondierende Pflicht des Bürgers aufgenommen werden sollte. 16

Auch in der sechzehnten Sitzung des Konvents am 11./12. September 2000 gingen einige Diskutanten nochmals auf die Regelung zum Umweltschutz ein, wie sie sich im Präsidiumsvorschlag für einen vollständigen Charta-Text vom 28. Juli 2000[25] als Art. 35 fand und laut den dazugehörigen Erläuterungen auf Art. 2, 6 und 174 EGV stützte[26]. Mehrfach wurde eine **Stärkung des Umweltschutzes** gefordert.[27] Der nachfolgende Präsidiumsvorschlag lautete: „Ein hohes Umweltschutzniveau und die Verbesserung der Umweltqualität müssen Bestandteil aller Politiken der Union sein und nach dem Grundsatz der nachhaltigen Entwicklung sichergestellt werden."[28] Die Endfassung schwächte die Formulierung etwas ab, indem sie „müssen Bestandteil aller Politiken der Union sein" durch „müssen in die Politiken der Union einbezogen werden" ersetzte.[29] Die Fassung des Vertrages von Lissabon spricht nunmehr von der Politik der Union im Singular,[30] womit jedoch inhaltlich keine Änderung verbunden ist. 17

III. Kommentierung

1. Einordnung

a) **Grundsatzcharakter.** Die Erläuterungen zu Art. 37 – die auch der Gerichtshof in Bezug nimmt[31] – sprechen ausdrücklich von den „in diesem Artikel enthaltenen Grundsätzen". Auch das Gericht geht davon aus, dass Art. 37 „nur einen Grundsatz enthält, der eine allgemeine Verpflichtung der Union hinsichtlich der im Rahmen ihrer Politiken zu verfolgenden Ziele vorsieht, und nicht das Recht, in Umweltangelegenheiten vor den Unionsgerichten Klage zu erheben".[32] Im konkreten Fall stand eine erweiternde Auslegung des Erfordernisses der unmittelbaren Betroffenheit i.S.d. Art. 263 Abs. 4 AEUV im Lichte von 18

23 Dok. CHARTE 4399/00 CONVENT 42 v. 4.7.2000, S. 3.
24 *Bernsdorff/Borowsky*, Protokolle, S. 341 ff.
25 Dok. CHARTE 4422/00 CONVENT 45 v. 28.7.2000, S. 11.
26 Dok. CHARTE 4423/00 CONVENT 46 v. 31.7.2000, S. 24 f.
27 S. *Bernsdorff/Borowsky*, Protokolle, S. 371 (*Fayot*, LUX), 373 (*Brax* u. *Jansson*, FN), 374 (*Meyer*, D; *Jansson*, FN).
28 Dok. CHARTE 4470/00 CONVENT 47 v. 14.9.2000, S. 12.
29 ABl. C 364 vom 18.12.2000, S. 1–22.
30 ABl. C 303 vom 14.12.2007, S. 1–16.
31 EuGH – Associazione Italia Nostra Onlus, Rs. C-444/15, ECLI:EU:C:2016:978, Urt. v. 21.12.2016, Rn. 62.
32 EuG – PAN Europe/Kommission, Rs. T-600/15, ECLI:EU:T:2016:601, Beschl. v. 28.9.2016, Rn. 47, s.a. Rn. 48.

Art. 37, 47 in Frage. Auch die unbestimmten Vorgaben der Norm sprechen gegen ein unmittelbar geltendes subjektives Recht.[33]

19 Aus dem Grundsatzcharakter folgt, dass die Anforderungen des Art. 37 durch konkretisierende Akte umzusetzen sind (vgl. Art. 52 Abs. 5 S. 1).[34] Insoweit geht es in Bezug auf die Umwelt primär um *Leistungsgewährleistung i.S.v. Schutzpflichten*.[35] Die Einordnung als Grundsatz spricht zudem dafür, Art. 37 als **Zielbestimmung** anzusehen.[36] Als solche fördert er die *umweltfreundliche Auslegung* von Unionsrecht und mitgliedstaatlichem Umsetzungsrecht.[37]

20 **b) Recht i.S.d. Art. 52 Abs. 2.** Nach dem Urteil des EuGH vom 21. Dezember 2016 in der Rechtssache C-444/15 – **Associazione Italia Nostra Onlus** gehört die in Art. 37 normierte Gewährleistung des Umweltschutzes zu den Rechten i.S.d. Art. 52 Abs. 2, die in den Verträgen geregelt sind.[38] Der Gerichtshof begründet diese Einordnung mit einem knappen Verweis auf die Erläuterungen zur Charta, nach denen sich die in Art. 37 enthaltenen Grundsätze gerade auf die einschlägigen Normen des EUV und AEUV stützen (→ Rn. 1 ff.).[39] In der Konsequenz erfolgt die Ausübung der durch Art. 37 anerkannten Gewährleistung gemäß Art. 52 Abs. 2 im Rahmen der dort festgelegten Bedingungen und Grenzen. Der Gerichtshof zieht hieraus den Schluss, dass eine Richtlinienbestimmung, die nichts erkennen lässt, was ihre Gültigkeit im Hinblick auf Art. 191 AEUV beeinträchtigen könnte, folglich auch keinen Gesichtspunkt erkennen lässt, der ihre Gültigkeit im Hinblick auf Art. 37 der Charta beeinträchtigen könnte.[40] Diese Rechtsprechung spricht also im Ergebnis gegen eine gesonderte Überprüfung am Maßstab des Art. 37 und damit gegen einen eigenständigen Gehalt dieser Norm neben den Vorschriften zum Umweltschutz in EUV und AEUV. Die Entscheidung des EuGH erscheint als konsequente Fortsetzung seiner vorausgegangenen Rechtsprechung: Bereits zuvor hatte er ausgeführt, dass Art. 37 den **Querschnittscharakter** und die grundlegende Bedeutung des Umweltschutzziels nach Art. 6 EGV (vgl. Art. 11 AEUV) „bekräftige".[41]

21 **Zweifel** an der Einordnung von Art. 37 als *Recht* i.S.d. Art. 52 Abs. 2 ergeben sich allerdings aus dem *Grundsatz*charakter dieser Norm, da die Charta zwischen Rechten und Grundsätzen unterscheidet.[42] Auch das Gericht geht offenbar davon aus, dass unter Art. 52 Abs. 2 keine Grundsätze i.S.d. Art. 52 Abs. 5 fallen, wenn es beide Absätze (abgrenzend) einander gegenüberstellt.[43]

---

33 *Jarass,* ZUR 2011, 563 (563 f.); *ders.*, GRC, Art. 37 Rn. 3; *Epiney,* in: Landmann/Rohmer (Hrsg.), Umweltrecht, 87. EL, Juli 2018, Art. 191 AEUV Rn. 54; vgl. a. *Orth,* Grundrecht auf Umweltschutz?, S. 155 f.; einschränkend *Veit,* Umweltschutz, S. 133 f.: erster Anhaltspunkt.

34 S.a. *Jarass,* GRC, Art. 37 Rn. 3.

35 *Jarass,* ZUR 2011, 563 (563); *ders.*, GRC, Art. 37 Rn. 2; *Schröder,* EurUP 2015, 225 (226). Zum negativen Gehalt von Art. 37 *Veit,* Umweltschutz, S. 144 f.

36 *Schröder,* EurUP 2015, 225 (226); *Ehlers/Calliess,* GR, § 24 Rn. 5, 15; *Calliess/Ruffert/Calliess,* EUV/AEUV, Art. 37 GRC Rn. 4, 8; *Appel,* in: Koch/Hofmann/Reese (Hrsg.), Handbuch Umweltrecht, § 2 Rn. 15; *Rengeling,* FS Kloepfer, S. 161 (163 f.); *Braig,* NuR 2017, 100 (101); *Orth,* Grundrecht auf Umweltschutz?, S. 268 f.; *Streinz/ders.*, EUV/AEUV, Art. 37 GRC Rn. 2.

37 *Jarass,* ZUR 2011, 563 (563); *ders.*, GRC, Art. 37 Rn. 3; vgl. a. *Wagner,* EurUP 2016, 121 (124).

38 EuGH – Associazione Italia Nostra Onlus, Rs. C-444/15, ECLI:EU:C:2016:978, Urt. v. 21.12.2016, Rn. 62. S.a. schon *Orth,* Grundrecht auf Umweltschutz?, S. 142 f.

39 EuGH – Associazione Italia Nostra Onlus, Rs. C-444/15 (Fn. 38), Rn. 62.

40 EuGH – Associazione Italia Nostra Onlus, Rs. C-444/15 (Fn. 38), Rn. 63.

41 EuGH – Kommission/Österreich, Rs. C-28/09, ECLI:EU:C:2011:854, Urt. v. 21.12.2011, Rn. 121.

42 Ablehnend *Calliess/Ruffert/Kingreen,* EUV/AEUV, Art. 52 GRC Rn. 5; *Jarass,* GRC, Art. 52 Rn. 49; s. aber *Schwerdtfeger,* Art. 52 Rn. 50.

43 EuG – PAN Europe/Kommission, Rs. T-600/15, ECLI:EU:T:2016:601, Beschl. v. 28.9.2016, Rn. 48.

2. Gewährleistungsgehalt

a) **Ausgangspunkt.** Das in Art. 37 genannte **hohe Umweltschutzniveau** und die **Verbesserung der Umweltqualität** sind bereits in Art. 3 Abs. 3 UAbs. 1 S. 2 EUV vorgegeben und werden ebenfalls in Art. 191 Abs. 1, 1. Spiegelstrich, Abs. 2 UAbs. 1 S. 1 AEUV festgeschrieben. Die Erstreckung auf die **Politik der Union** – ohne Beschränkung auf Titel XX AEUV – entspricht der Querschnittsklausel des Art. 11 AEUV; sie ist zudem bereits in Art. 3 Abs. 3 UAbs. 1 S. 2 EUV angelegt, der die Ziele der Union – ohne Beschränkung auf bestimmte Politikbereiche – normiert. Auch der **Grundsatz der nachhaltigen Entwicklung**[44] klingt bereits in Art. 3 Abs. 3 UAbs. 1 S. 2 EUV an (s.a. Art. 3 Abs. 5 S. 2 EUV) und wird ausdrücklich im 9. Erwägungsgrund der Präambel des EUV sowie in Art. 11 AEUV genannt. Art. 191 AEUV weist durch die Zukunftsdimension von einzelnen Zielen ebenfalls in diese Richtung (s. Abs. 1: Verbesserung der Umweltqualität, umsichtige und rationelle Verwendung der natürlichen Ressourcen,[45] Bekämpfung des Klimawandels). Die klare Anlehnung des Art. 37 an Art. 3 EUV sowie Art. 11 und 191 AEUV wirft die Frage nach einem selbständigen Gewährleistungsgehalt der Charta-Norm auf. Ein solcher könnte sich aus der Zusammenführung der Einzelaspekte (b), aus der (von den Vertragsnormen) leicht abweichenden Formulierung (c) oder aber aus dem Standort in der Charta (d) ergeben. 22

b) **Einzelaspekte.** Der zentrale Begriff der **Umwelt** ist in Art. 37 im Einklang mit den weiteren umweltrechtlichen Bestimmungen in EUV und AEUV auszulegen. Das Primärrecht enthält zwar *keine Definition*. Nach allgemeiner Auffassung ist insoweit jedoch die natürliche Umwelt, einschließlich der vom Menschen gestalteten Umwelt gemeint.[46] In Anlehnung an Art. 3 UVP-Richtlinie[47] – und mit Blick auf mitgliedstaatliche Verfassungsnormen zum Umweltschutz (→ Rn. 8) – kann davon ausgegangen werden, dass hierunter Menschen, Tiere, Pflanzen, Boden, Wasser, Luft, Klima, Landschaft, Sachgüter und kulturelles Erbe sowie die Wechselwirkungen zwischen diesen Faktoren fallen.[48] Fraglich ist, ob *Haus- und Nutztiere* oder lediglich wild lebende Tiere erfasst sind.[49] Für ein weites Verständnis könnte die Einbeziehung auch der vom Menschen gestalteten Umwelt in den Umweltbegriff sprechen. Allerdings dürfte der unionsrechtliche Umweltbegriff – in Abgrenzung zur Querschnittsklausel des Art. 13 AEUV speziell zum Tierschutz – primär auf den Aspekt der Artenvielfalt zielen. Zudem dürften andere Gewährleistungen einschlägig sein, soweit die private oder berufliche Lebensgestaltung betroffen ist. 23

Der Begriff des **hohen Umweltschutzniveaus** entspricht dem des hohen Schutzniveaus in **Art. 191 Abs. 2 UAbs. 1 S. 1 AEUV**[50] sowie dem des hohen Maßes an Umweltschutz in **Art. 3 Abs. 3 UAbs. 1 S. 2 EUV** und ist daher einheitlich auszulegen. Zur Konkretisierung können die Prinzipien des Art. 191 Abs. 2 UAbs. 1 S. 2 AEUV (Vorsorge-, Vorbeuge-, Ver- 24

---

44 S.a. *Wagner,* EurUP 2016, 121 (123 f.).

45 S.a. *Calliess/Ruffert/Calliess,* EUV/AEUV, Art. 191 AEUV Rn. 12; *Streinz/Kahl,* EUV/AEUV, Art. 191 AEUV Rn. 58.

46 *Rengeling,* FS Kloepfer, S. 161 (167); *Ehlers/Calliess,* GR, § 24 Rn. 6; *Jarass,* ZUR 2011, 563 (564); *ders.,* GRC, Art. 37 Rn. 6; *Meßerschmidt,* Europäisches Umweltrecht, § 1 Rn. 15.

47 Richtlinie 2011/92/EU des Europäischen Parlaments und des Rates vom 13. Dezember 2011 über die Umweltverträglichkeitsprüfung bei bestimmten öffentlichen und privaten Projekten, ABl. L 26 vom 28.1.2012, S. 1–21.

48 *Calliess/Ruffert/Calliess,* EUV/AEUV, Art. 191 AEUV Rn. 9.

49 Für Schutz nur wild lebender Tiere: *Ehlers/Calliess,* GR, § 24 Rn. 6, unter Verweis auf EuGH – Jippes, Rs. C-189/01, ECLI:EU:C:2001:420, Urt. v. 12.7.2001, Rn. 71; *Jarass,* ZUR 2011, 563 (564); *ders.,* GRC, Art. 37 Rn. 6.

50 Vgl. *Jarass,* ZUR 2011, 563 (564); *ders.,* GRC, Art. 37 Rn. 6; *Ehlers/Calliess,* GR, § 24 Rn. 6.

ursacher- und Ursprungsprinzip) herangezogen werden.[51] Eine Gleichstellung mit einem in der Literatur entwickelten *Grundsatz des bestmöglichen Umweltschutzes*[52] ist bereits dem Wortlaut nach abzulehnen. Auch eine allgemeine Aussage zu einem etwaigen Vorrang des Umweltschutzes gegenüber weiteren unionsrechtlichen Zielen oder Belangen[53] lässt sich kaum treffen. Vielmehr ist im Kollisionsfall eine Einzelfallbetrachtung angebracht, die einen Ausgleich anstreben muss.

25 Der Begriff der **Verbesserung der Umweltqualität** findet sich wortgleich in **Art. 3 Abs. 3 UAbs. 1 S. 2 EUV** sowie – in leicht abweichender Formulierung – in **Art. 191 Abs. 1, 1. Spiegelstrich AEUV**. Damit ist ebenfalls eine einheitliche Auslegung angezeigt. Verbesserung erfordert mehr als die Bewahrung des *status quo ante*, so dass die Umweltpolitik zumindest auch darauf zielen muss, *eingetretene Schäden* zu beseitigen und *verminderte Umweltqualität* wieder zu erhöhen – etwa durch die Reinigung von Gewässern und die Renaturierung von Landschaften.[54] Einige mitgliedstaatliche Verfassungen behandeln ebenfalls Umweltverschlechterungen, indem sie ausdrücklich Regelungen zur Verantwortlichkeit für deren Verursachung treffen; Art. 45 Abs. 3 der spanischen Verfassung fordert straf- bzw. verwaltungsrechtliche Sanktionen und Schadenswiedergutmachung (→ Rn. 11).

26 Der **Grundsatz der nachhaltigen Entwicklung** ist ausdrücklich im 9. Erwägungsgrund der **Präambel des EUV** sowie in **Art. 11 AEUV** aufgeführt und liegt ebenfalls Art. 3 Abs. 3 UAbs. 1 S. 2 EUV (s.a. Art. 3 Abs. 5 S. 2 EUV)[55] sowie Art. 191 Abs. 1 AEUV zugrunde. Er geht zurück auf den sog. *Brundtland-Report* “Our Common Future” der Weltkommission der Vereinten Nationen für Umwelt und Entwicklung von 1987.[56] Entwicklung ist danach nachhaltig, wenn sie den Bedürfnissen der gegenwärtigen Generation gerecht wird, ohne nachfolgenden Generationen die Möglichkeit zu nehmen, ihre eigenen Bedürfnisse zu befriedigen. Im Sinne (umweltinterner) nachhaltiger Entwicklung sind erneuerbare Naturgüter (z.B. Holz, Fischbestände) nur im Rahmen ihrer Regenerationsfähigkeit zu nutzen; nicht erneuerbare Naturgüter (z.B. mineralische Rohstoffe, fossile Energieträger) sind nur insoweit zu nutzen, als sie nicht durch andere Materialien oder Energieträger ersetzt werden können; und die Freisetzung von Energie oder Stoffen ist an der Anpassungsfähigkeit der Ökosysteme (z.B. Klima, Wälder) zu orientieren.[57] Daneben ist ein sachgerechter Ausgleich der ökologischen mit ökonomischen und sozialen Belangen angezeigt.[58] Art. 37 lässt sich vor diesem Hintergrund (wie auch Art. 11 AEUV) als Gebot zur Durchführung einer strategischen, nicht nur Einzelmaßnahmen betreffenden, sondern auf Politiken, Programme, Pläne und Gesetze ausgedehnten Umweltverträglichkeitsprüfung verstehen.[59]

27 Aus einer *Gesamtschau* der umweltrechtlichen Bestimmungen in EUV und AEUV lässt sich kein Individualrecht herleiten, da diese allein einen objektiv-rechtlichen Charakter ha-

---

51 *Jarass,* ZUR 2011, 563 (564); *ders.,* GRC, Art. 37 Rn. 6.

52 S. hierzu *Ehlers/Calliess,* GR, § 24 Rn. 10; sowie bereits *Zuleeg,* NVwZ 1987, 280 (284 ff.).

53 Vgl. *Ehlers/Calliess,* GR, § 24 Rn. 7 ff.

54 *Ehlers/Calliess,* GR, § 24 Rn. 11; s.a. *Jarass,* ZUR 2011, 563 (564); *ders.,* GRC, Art. 37 Rn. 6.

55 Vgl. *Ehlers/Calliess,* GR, § 24 Rn. 13.

56 UN-Doc. A/42/427 vom 4. August 1987; angenommen durch die Generalversammlung der Vereinten Nationen mit GV-Res. 42/187 vom 11. Dezember 1987: “Sustainable development is development that meets the needs of the present without compromising the ability of future generations to meet their own needs.”

57 *Tappeser/Weiss* (UBA), Die Managementregeln der Nachhaltigkeitsstrategie, S. 45: Kreislaufregel (2); s.a. *Jarass,* ZUR 2011, 563 (565); *ders.,* GRC, Art. 37 Rn. 7.

58 *Jarass,* ZUR 2011, 563 (565); *ders.,* GRC, Art. 37 Rn. 7; s.a. *Wagner,* EurUP 2016, 121 (122).

59 *Ehlers/Calliess,* GR, § 24 Rn. 14; vgl. a. *Jarass,* ZUR 2011, 563 (565); *ders.,* GRC, Art. 37 Rn. 9; *Veit,* Umweltschutz, S. 140.

ben.[60] Die Frage, ob in die Charta ein **Recht auf eine gesunde Umwelt**[61] aufgenommen werden sollte, war – ebenso wie die grundsätzliche Frage nach der Ausgestaltung der Charta-Norm als Recht oder politisches Ziel – bereits zu Beginn der Diskussionen im Verfassungskonvent zum Umweltschutz aufgeworfen worden. Mit der Entscheidung für den Grundsatzcharakter war gleichzeitig die Ablehnung des Rechts auf eine gesunde Umwelt entschieden.[62] Obwohl in beinahe der Hälfte der Mitgliedstaaten ein solches (ausfüllungsbedürftiges) Recht verfassungsrechtlich verankert ist und sich Art. 37 ausweislich der Erläuterungen auch an die Verfassungsbestimmungen einiger Mitgliedstaaten anlehnt (→ Rn. 5, 9), kann eine entsprechende Gewährleistung aufgrund der bewussten Ablehnung von vornherein nicht in diese Chartabestimmung hineingelesen werden.[63]

c) **Formulierung.** Eine genaue Betrachtung der Vertragsnormen zum Umweltschutz lässt Unterschiede in der Formulierung gegenüber der Charta erkennen:[64] Nach Art. 3 Abs. 3 UAbs. 1 S. 2 EUV „wirkt" die Union auf die nachhaltige Entwicklung Europas sowie ein hohes Maß an Umweltschutz und Verbesserung der Umweltqualität lediglich „hin". Art. 191 Abs. 1, Abs. 2 UAbs. 1 S. 1 AEUV fordert einen „Beitrag" zur Verfolgung der Ziele des Umweltschutzes sowie einer Verbesserung der Umweltqualität und formuliert, dass die Umweltpolitik der Union auf ein hohes Schutzniveau „abziele". Art. 11 fordert die Einbeziehung (allgemein) der „Erfordernisse des Umweltschutzes". Die genannten Normen sind damit ihrem Text nach schwächer ausgestaltet bzw. weniger konkret als Art. 37. Letzterer geht – unter Berücksichtigung der Entstehungsgeschichte (→ Rn. 15 f.) – jedenfalls mit dem Verb **„sicherstellen"** über die bisherigen Primärrechtsnormen zum Umweltschutz hinaus[65] und verleiht der entsprechenden Pflicht damit zumindest stärkeres Gewicht. 28

d) **Standort.** Als Alleinstellungsmerkmal von Art. 37 gegenüber den bisherigen Primärrechtsnormen zum Umweltschutz kommt seine Einbettung in die Grundrechtecharta hinzu. Dabei erklärt sich die Stellung im Titel IV (Solidarität) dadurch, dass der Umweltschutzartikel eine gesamtgesellschaftliche Verantwortung begründet.[66] Auf den ersten Blick legt die Aufnahme in die Charta eine Subjektivierung der Gewährleistung zum Umweltschutz nahe.[67] Ein **individualschützender Gehalt** von Art. 37 ist jedoch aufgrund seiner rechtlichen Einordnung als Grundsatz i.S.v. Art. 51 Abs. 1 S. 2, Art. 52 Abs. 5 **abzulehnen.**[68] Dies verdeutlicht insbesondere Art. 52 Abs. 5 S. 2, nach dem Bestimmungen, in denen Grundsätze festgelegt sind, vor Gericht nur bei der Auslegung dieser Akte und bei Entscheidungen 29

60 *Appel,* in: Koch/Hofmann/Reese (Hrsg.), Handbuch Umweltrecht, § 2 Rn. 16; *Rengeling,* FS Kloepfer, S. 161 (165); *Orth,* Grundrecht auf Umweltschutz?, S. 48.

61 Zur internationalen Diskussion zu einem solchen Recht *Orth,* Grundrecht auf Umweltschutz?, S. 15 ff.

62 S.a. *Nowak,* NuR 2015, 306 (313). Zur Entstehungsgeschichte → Rn. 13 ff.

63 Zur Ablehnung auch eines ungeschriebenen EU-Umweltgrundrecht s. *Appel,* in: Koch/Hofmann/Reese (Hrsg.), Handbuch Umweltrecht, § 2 Rn. 16; *Rengeling,* FS Kloepfer, S. 161 (165 f.).

64 *Schröder,* EurUP 2015, 225 (226).

65 Vgl. a. *Veit,* Umweltschutz, S. 138 ff; *Wagner,* EurUP 2016, 121 (123). A.A. *Calliess/Ruffert/Calliess,* EUV/AEUV, Art. 37 GRC Rn. 7: keine auslegungsrelevanten Abweichungen; *Epiney,* in: Landmann/Rohmer (Hrsg.), Umweltrecht, 87. EL, Juli 2018, Art. 191 AEUV Rn. 54: weniger präzise Formulierung gegenüber Art. 11 AEUV.

66 Näher *Schröder,* EurUP 2015, 225 (227); s.a. *Orth,* Grundrecht auf Umweltschutz?, S. 84. Vgl. a. Art. 45 Abs. 2 der spanischen Verfassung, gemäß dem sich der Staat beim Umweltschutz auf die unerlässliche Solidarität der Gemeinschaft stützt.

67 Einen „diffusen individualnützigen Einschlag" annehmend *Meßerschmidt,* Europäisches Umweltrecht, § 2 Rn. 40; ihm folgend *Appel,* in: Koch/Hofmann/Reese (Hrsg.), Handbuch Umweltrecht, § 2 Rn. 15.

68 So auch *Ehlers/Calliess,* GR, § 24 Rn. 5, 15.

über deren Rechtmäßigkeit herangezogen werden können. In der Konsequenz hat das Gericht entschieden, dass aus Art. 37 nicht das Recht resultiert, in Umweltangelegenheiten vor den Unionsgerichten Klage zu erheben, und eine erweiternde Auslegung des Erfordernisses der unmittelbaren Betroffenheit i.S.d. Art. 263 Abs. 4 AEUV abgelehnt (→ Rn. 18).[69]

30 In der Literatur wird zutreffend darauf hingewiesen, dass Art. 37 **in Verbindung mit individualschützenden Chartarechten** eine *verstärkende Bedeutung* gewinnen könne.[70] Im Ergebnis in die gleiche Richtung weist – aus der entgegengesetzten Perspektive – die Annahme von auf den Umweltschutz bezogenen **subjektiven Teilgewährleistungen.**[71] Als Beispiele werden Art. 2 (Leben), Art. 3 (Unversehrtheit), Art. 20 (Gleichheitsgebot), Art. 21 (Diskriminierungsverbot), Art. 7 (Achtung des Privat- und Familienlebens), Art. 17 (Eigentumsrecht) und Art. 1 (Menschenwürde) sowie Art. 41, 42, 47 (Verfahrensrechte) genannt.[72] Insoweit handelt es sich gerade *nicht* um eine *Versubjektivierung des Umweltschutzgrundsatzes* selbst,[73] sondern dieser vermag lediglich anderen subjektiv-rechtlichen Gewährleistungen ein größeres Gewicht zu verleihen. Mit Blick auf Art. 52 Abs. 3 kommt insoweit der Rechtsprechung des Europäischen Gerichtshofs für Menschenrechte zu „umweltrechtlichen Schutzpflichten" – im Sinne einer Aufladung von EMRK-Normen mit ökologischem Gewährleistungsgehalt – eine besondere Bedeutung zu.[74]

31 Eine entsprechende *Verstärkerfunktion* kommt noch in einem weiteren Bereich in Betracht: Nach ständiger Rechtsprechung des EuGH „können zwingende Erfordernisse des Umweltschutzes nationale Maßnahmen rechtfertigen, die möglicherweise den innergemeinschaftlichen Handel behindern, sofern sie geeignet sind, die Verwirklichung dieses Ziels zu gewährleisten und nicht über das hinausgehen, was zu dessen Erreichung erforderlich ist".[75] Durch die Aufnahme des Umweltschutzes in die Charta könnte der Umweltschutz im Rahmen der in derartigen Fällen letztlich erforderlichen **Abwägung** zwischen kollidierenden Schutzgütern *zusätzliches Gewicht* erhalten. Der Gerichtshof formuliert, dass Art. 37 die

---

69 EuG – PAN Europe/Kommission, Rs. T-600/15, ECLI:EU:T:2016:601, Beschl. v. 28.9.2016, Rn. 47, s.a. Rn. 48.

70 *Rudolf* (Vorauflage), Art. 37 Rn. 13; *Rengeling,* FS Kloepfer, S. 161 (161, 169 f.); vgl. a. *Lombardo,* in: Di Federico (Hrsg.), The EU Charter of Fundamental Rights, S. 217 (224); *Schröder,* EurUP 2015, 225 (225, 227); *Orth,* Grundrecht auf Umweltschutz?, S. 277 f.: „Teilsubjektivierung" der Umweltschutzgewährleistung.

71 *Ehlers/Calliess,* GR, § 24 Rn. 5; *Calliess/Ruffert/Calliess,* EUV/AEUV, Art. 37 GRC Rn. 4; vgl. a. *Jarass,* ZUR 2011, 563 (563); *Veit,* Umweltschutz, S. 191 ff.; *Braig,* NuR 2017, 100 (101); *Orth,* Grundrecht auf Umweltschutz?, S. 279; *Lombardo,* in: Di Federico (Hrsg.), The EU Charter of Fundamental Rights, S. 217 (224 f.).

72 S. *Rudolf* (Vorauflage), Art. 37 Rn. 13; *Rengeling,* FS Kloepfer, S. 161 (161, 169 f.); *Ehlers/Calliess,* GR, § 24 Rn. 5; *Jarass,* ZUR 2011, 563 (563); *Lombardo,* in: Di Federico (Hrsg.), The EU Charter of Fundamental Rights, S. 217 (224); *Schröder,* EurUP 2015, 225 (225); *Braig,* NuR 2017, 100 (101); *Orth,* Grundrecht auf Umweltschutz?, S. 277 f.

73 Ungenau daher *Orth,* Grundrecht auf Umweltschutz?, S. 277 f.: „Teilsubjektivierung" der Umweltschutzgewährleistung. Für eine strikte Unterscheidung offenbar *Epiney,* in: Landmann/Rohmer (Hrsg.), Umweltrecht, 87. EL, Juli 2018, Art. 191 AEUV Rn. 54.

74 Hierzu *Braig,* NuR 2017, 100 ff.; sowie bereits *Steiger,* FS Kutscheidt, S. 165 ff.; s.a. *Orth,* Grundrecht auf Umweltschutz?, S. 251 ff.; *Lombardo,* in: Di Federico (Hrsg.), The EU Charter of Fundamental Rights, S. 217 (235 ff.).

75 EuGH – Kommission/Österreich, Rs. C-28/09, ECLI:EU:C:2011:854, Urt. v. 21.12.2011, Rn. 125 m.w.N.; s.a. schon EuGH – Procureur de la République/ADBHU, Rs. C-240/83, ECLI:EU:C:1985:59, Urt. v. 7.2.1985, Rn. 12 ff.; EuGH – Kommission/Dänemark, Rs. C-302/86, ECLI:EU:C:1988:421, Urt. v. 20.9.1988, Rn. 8 ff.

grundlegende Bedeutung des Zieles Umweltschutz „bekräftige".[76] Darüber hinaus hat die Aufnahme von Art. 37 in die Charta eine **positive Signalwirkung** für die Stärkung des Umweltschutzes in der Europäischen Union.[77]

3. Adressaten

Grundsätzlich gilt die Charta gemäß Art. 51 Abs. 1 S. 1 für die Organe, Einrichtungen und sonstigen Stellen der Union und für die Mitgliedstaaten bei der Durchführung des Unionsrechts. Dass Art. 37 sich explizit lediglich auf die *Politik der Union* bezieht, bedeutet nicht, dass er allein die Union adressiert. Vielmehr begrenzt die Norm insoweit den Anwendungsbereich bzw. Bezugspunkt der Pflicht, nicht aber die Adressaten. Bei der Durchführung des Unionsrechts sind also auch die Mitgliedstaaten an Art. 37 gebunden, da sie insoweit die Politik der Union umsetzen.[78] Dies entspricht ebenfalls der Ausrichtung der weiteren Primärrechtsnormen zum Umweltschutz (→ Rn. 2 f.). Insbesondere ist nach Art. 11 AEUV ausdrücklich die „Festlegung und Durchführung der Unionspolitiken und -maßnahmen" umfasst.[79] Auch Art. 52 Abs. 5 S. 1 macht die Mitgliedstaaten implizit zu Adressaten der in der Charta verankerten Grundsätze.[80] 32

4. Beeinträchtigung und Ausgleich bei Kollisionen

Der in Art. 37 enthaltene Grundsatz wird beeinträchtigt, wenn die Union oder ein Mitgliedstaat Umweltschutz nach den genannten Vorgaben ver- bzw. behindert. In Betracht kommt dies, wenn die Union einen Mitgliedstaat an der Durchsetzung anspruchsvoller Umweltschutzstandards hindert (vgl. Art. 193 AEUV), wenn ein Mitgliedstaat Umweltbelange bei der Durchführung von Unionsrecht unzureichend beachtet oder wenn die Verpflichteten in ihrem Zuständigkeitsbereich nicht aktiv für eine Verbesserung der Umweltqualität sorgen.[81] Allerding ist zu beachten, dass den Verpflichteten ein **erheblicher Spielraum** zusteht,[82] was die Schwelle für die Annahme einer Beeinträchtigung anhebt.[83] 33

Die Gewährleistung des Art. 37 muss mit *kollidierenden Rechtsgütern und Belangen* des Primärrechts (z.B. Grundrechten, Grundfreiheiten, Wettbewerbsrecht) in **Ausgleich** gebracht werden.[84] Im Ergebnis kann der Grundsatz des Umweltschutzes daher auch *Einschränkungen von anderen Grundrechten* (z.B. Art. 15–17) rechtfertigen.[85] 34

76 EuGH – Kommission/Österreich, Rs. C-28/09, ECLI:EU:C:2011:854, Urt. v. 21.12.2011, Rn. 121.

77 *Rengeling*, FS Kloepfer, S. 161 (173); *Veit*, Umweltschutz, S. 144; vgl. a. *Nowak*, NuR 2015, 306 (313); *Schröder*, EurUP 2015, 225 (227): „Impulswirkung"; *Orth*, Grundrecht auf Umweltschutz?, S. 283.

78 *Rengeling*, FS Kloepfer, S. 161 (168); *Jarass*, ZUR 2011, 563 (564); *ders.*, GRC, Art. 37 Rn. 4; s.a. *Veit*, Umweltschutz, S. 137 f.

79 S.a. *Jarass*, ZUR 2011, 563 (564); *ders.*, GRC, Art. 37 Rn. 4.

80 *Schröder*, EurUP 2015, 225 (228).

81 *Jarass*, ZUR 2011, 563 (565); zweifelnd hinsichtlich letzterem Beispiel *ders.*, GRC, Art. 37 Rn. 8.

82 *Schröder*, EurUP 2015, 225 (227).

83 Vgl. *Jarass*, ZUR 2011, 563 (565); *ders.*, GRC, Art. 37 Rn. 9.

84 *Jarass*, ZUR 2011, 563 (565); *ders.*, GRC, Art. 37 Rn. 9; vgl. a. *Veit*, Umweltschutz, S. 214 ff.; speziell zum Nachhaltigkeitsgrundsatz *Wagner*, EurUP 2016, 121 (124).

85 *Schröder*, EurUP 2015, 225 (225, 227); *Jarass*, ZUR 2011, 563 (563 f.); *ders.*, GRC, Art. 37 Rn. 3; *Orth*, Grundrecht auf Umweltschutz?, S. 268; *Meßerschmidt*, Europäisches Umweltrecht, § 2 Rn. 40; speziell zum Nachhaltigkeitsgrundsatz *Wagner*, EurUP 2016, 121 (124).

5. Rechtsschutzfragen

35 Art. 37 kann aufgrund seines Grundsatzcharakters entsprechend der Rechtsprechung des EuG *keine Klagebefugnis begründen* (→ Rn. 18).[86] Aufgrund seines rechtsverbindlichen Charakters kann er jedoch im Einklang mit Art. 52 Abs. 5 S. 2 im Rahmen einer **Inzidentkontrolle**[87] vor Gericht herangezogen werden. Die gerichtliche Kontrolldichte ist – parallel zum übrigen unionalen Umweltverfassungsrecht – (naturgemäß) eingeschränkt.[88]

36 Dennoch ist heute in Umweltangelegenheiten der Zugang zu Gerichten in der Europäischen Union weit geöffnet. Grundlage hierfür ist **Art. 9 der Aarhus-Konvention,** der einen weiten Zugang zu Gerichten in Umweltangelegenheiten postuliert.[89] Konkret beruht die Ausweitung des Gerichtszugangs zum einen auf Sekundärrecht, das die Union zur Umsetzung des sowohl von ihr[90] als auch von ihren Mitgliedstaaten[91] abgeschlossen (gemischten) Abkommens erlassen hat.[92] Zum anderen fußt sie auf dem weitreichenden und vielfach kritisierten Urteil des EuGH in der Rechtssache C-240/09 – **Lesoochranárske zoskupenie (slowakischer Braunbär).** In diesem forderte der Gerichtshof, dass ein mitgliedstaatliches Gericht *„das Verfahrensrecht in Bezug auf die Voraussetzungen, die für die Einleitung eines verwaltungsbehördlichen oder gerichtlichen Überprüfungsverfahrens vorliegen müssen, so weit wie möglich im Einklang sowohl mit den Zielen von Art. 9 Abs. 3 des Übereinkommens von Aarhus als auch mit dem Ziel eines effektiven gerichtlichen Rechtsschutzes für die durch das Unionsrecht verliehenen Rechte auszulegen (hat), um es einer Umweltschutzorganisation (...) zu ermöglichen, eine Entscheidung, die am Ende eines Verwaltungsverfahrens ergangen ist, das möglicherweise im Widerspruch zum Umweltrecht der Union steht, vor einem Gericht anzufechten"*.[93] In Deutschland führte diese Rechtsprechung zu dem spektakulären (und dogmatisch angreifbaren) Urteil des Bundesverwaltungsgerichts, nach dem § 47 Abs. 1 BImSchG Umweltverbänden eigene Rechte i.S.d. § 42 Abs. 2 VwGO und damit das Recht auf Aufstellung eines Luftreinhalteplans gewährte („prokuratorische Verbandsklage").[94]

37 Aktuell erwähnenswert ist, dass die Kommission am 28. April 2017 zu Umweltangelegenheiten eine Mitteilung über den Zugang zu Gerichten annahm, in der die Frage geklärt

86 S.a. *Jarass,* ZUR 2011, 563 (564).

87 S. *Jarass,* ZUR 2011, 563 (564); *ders.,* GRC, Art. 37 Rn. 3; *Rengeling,* FS Kloepfer, S. 161 (170).

88 *Rengeling,* FS Kloepfer, S. 161 (170).

89 Hierzu näher *Schwerdtfeger,* Verwaltungsrechtsschutz.

90 S. Beschluss 2005/370/EG des Rates vom 17. Februar 2005 über den Abschluss des Übereinkommens über den Zugang zu Informationen, die Öffentlichkeitsbeteiligung an Entscheidungsverfahren und den Zugang zu Gerichten in Umweltangelegenheiten im Namen der Europäischen Gemeinschaft, ABl. L 124 vom 17.5.2005, S. 1–3.

91 S. für Deutschland: Gesetz zu dem Übereinkommen vom 25. Juni 1998 über den Zugang zu Informationen, die Öffentlichkeitsbeteiligung an Entscheidungsverfahren und den Zugang zu Gerichten in Umweltangelegenheiten (Aarhus-Übereinkommen) vom 9. Dezember 2006, BGBl. II S. 1251–1284; Bekanntmachung über das Inkrafttreten vom 8. August 2007, BGBl. II S. 1392–1397.

92 S. Art. 6 Richtlinie 2003/4/EG des Europäischen Parlaments und des Rates vom 28. Januar 2003 über den Zugang der Öffentlichkeit zu Umweltinformationen und zur Aufhebung der Richtlinie 90/313/EWG des Rates, ABl. L 41 vom 14.2.2003, S. 26–32; Art. 11 Richtlinie 2011/92/EU des Europäischen Parlaments und des Rates vom 13. Dezember 2011 über die Umweltverträglichkeitsprüfung bei bestimmten öffentlichen und privaten Projekten, ABl. L 26 vom 28.1.2012, S. 1–21; Art. 25 Richtlinie 2010/75/EU des Europäischen Parlaments und des Rates vom 24. November 2010 über Industrieemissionen (integrierte Vermeidung und Verminderung der Umweltverschmutzung), ABl. L 334 vom 17.12.2010, S. 17–119.

93 EuGH – Lesoochranárske zoskupenie VLK, Rs. C-240/09, ECLI:EU:C:2011:125, Urt. v. 8.3.2011 (Große Kammer), Rn. 51.

94 BVerwG, Az. 7 C 21/12, Urt. v. 5.9.2013, BVerwGE 147, 312, Rn. 38 ff.

wird, wie Einzelpersonen und Vereinigungen die Entscheidungen, Handlungen oder Unterlassungen von Behörden im Zusammenhang mit dem EU-Umweltrecht vor nationalen Gerichten anfechten können.[95] Laut der Kommission bietet die Mitteilung den Bürgerinnen und Bürgern „eine Hilfestellung bei der Entscheidung, ob sie Klage erheben wollen oder nicht. Den nationalen Gerichten liefert sie nützliche Informationen zu Fällen des Gerichtshofs der Europäischen Union (EuGH), die von ihnen bei Fragen im Zusammenhang mit dem Zugang zu Gerichten berücksichtigt werden sollten."[96]

IV. Literaturübersicht

Appel, Ivo, § 2 Europäisches und nationales Umweltverfassungsrecht, in: Hans-Joachim Koch/Ekkehardt Hofmann/Moritz Reese (Hrsg.), Handbuch Umweltrecht, 5. Aufl. 2018, S. 43; *Braig, Katharina Franziska,* Reichweite und Grenzen der aus der Europäischen Menschenrechtskonvention abgeleiteten umweltrechtlichen Schutzpflichten in der Europäischen Union, NuR 2017, 100; *Jarass, Hans D.,* Der neue Grundsatz des Umweltschutzes im primären EU-Recht, ZUR 2011, 563; *Lombardo, Marco,* The Charter of Fundamental Rights and the Environmental Policy Integration Principle, in: Giacomo Di Federico (Hrsg.), The EU Charter of Fundamental Rights. From Declaration to Binding Instrument, 2011, S. 217; *Meßerschmidt, Klaus,* Europäisches Umweltrecht, 2011; *Nowak, Carsten,* Entwicklung, Koordinatensystem und Kernbestandteile des Europäischen Umweltverfassungsrechts, NuR 2015, 306; *Orth, Erika Elisabeth,* Ein Grundrecht auf Umweltschutz in Europa? Eine rechtsdogmatische Einordnung des Art. 37 GRC, 2007; *dies.,* Umweltschutz in den Verfassungen der EU-Mitgliedstaaten. Aktuelle Entwicklungen in Frankreich, Griechenland und den neuen Mitgliedstaaten, NuR 2007, 229; *Rengeling, Hans-Werner,* Umweltschutz in der Charta der Grundrechte der Europäischen Union, in: Claudio Franzius/Stefanie Lejeune/Kai von Lewinski/Klaus Meßerschmidt/Gerhard Michael/Matthias Rossi/Theodor Schilling/Peter Wysk (Hrsg.), Beharren. Bewegen. Festschrift für Michael Kloepfer zum 70. Geburtstag, 2013, S. 161; *Schröder, Meinhard,* Einige Bemerkungen zum Umweltschutzartikel in der Grundrechtecharta der Europäischen Union, EurUP 2015, 225; *Schwerdtfeger, Angela,* Der deutsche Verwaltungsrechtsschutz unter dem Einfluss der Aarhus-Konvention. Zugleich ein Beitrag zur Fortentwicklung der subjektiven öffentlichen Rechte unter besonderer Berücksichtigung des Gemeinschaftsrechts, 2010; *Steiger, Heinhard,* Ein europäisches Umweltgrundrecht? – Zur Umweltrechtsprechung der Europäischen Kommission und des Europäischen Gerichtshofs für Menschenrechte zu Art. 8 EMRK, in: Klaus Hansmann/Stefan Paetow/Manfred Rebentisch (Hrsg.), Umweltrecht und richterliche Praxis, Festschrift für Ernst Kutscheidt zum 70. Geburtstag, 2003, S. 165; *Tappeser, Valentin/Weiss, Daniel,* Die Managementregeln der Nachhaltigkeitsstrategie, Zwischenbericht im Auftrag des Umweltbundesamtes, Februar 2017; *Veit, Paul,* Die Bedeutung der Charta der Grundrechte der Europäischen Union für den Stellenwert des Umweltschutzes im Europäischen Vergaberecht, 2015; *Wagner, Erika,* Das Prinzip der nachhaltigen Entwicklung. Eine kritische Reflexion des Europäischen und Österreichischen Rechts, EurUP 2016, 121; *Zuleeg, Manfred,* Vorbehaltene Kompetenzen der Mitgliedstaaten der Europäischen Gemeinschaft auf dem Gebiet des Umweltschutzes, NVwZ 1987, 280.

Artikel 38 Verbraucherschutz

Die Politik der Union stellt ein hohes Verbraucherschutzniveau sicher.

95 Online abrufbar unter: http://ec.europa.eu/environment/aarhus/pdf/notice_accesstojustice_de.pdf.

96 Bericht der Kommission an das Europäische Parlament, den Rat, den Europäischen Wirtschafts- und Sozialausschuss und den Ausschuss der Regionen, Jährlicher Bericht über die Anwendung der Charta der Grundrechte der Europäischen Union 2017, COM(2018) 396 final vom 4.6.2018, Ziffer 2.1.

I. Vorgaben

1. Internationales Recht

1 Der Gedanke des Verbraucherschutzes findet sich weder in der Allgemeinen Erklärung der Menschenrechte noch im IPwskR: Auch wenn die einzelnen geschützten Rechtsgüter schon älter sind, handelt es sich um einen relativ neuen Rechtsbegriff. Auf internationaler Ebene fand die Entwicklung zum Schutz der Verbraucherrechte mit der Annahme der seither regelmäßig überarbeiteten **UN Guidelines on Consumer Protection**[1] in der Vollversammlung der Vereinten Nationen am 16. April 1985 ihren ersten Ausdruck; diese Richtlinien sind als Resolution der Generalversammlung völkerrechtlich nicht verbindlich.

2 Im Welthandelsabkommen **GATT 1994**[2] erlaubt Art. XX als Ausnahmevorschrift für Handelsbeschränkungen solche Maßnahmen, die notwendig sind, um das Leben und die Gesundheit von Menschen, Tieren und Pflanzen zu schützen, oder um die Einhaltung von GATT-konformen nationalen Gesetzen oder Vorschriften sicherzustellen, einschließlich solcher zur Verhinderung irreführender Praktiken. Diese im weitesten Sinne verbraucherschützende Vorschrift hat auch in weitere **Handelsabkommen,** insbesondere auch der EU mit Drittstaaten, Eingang gefunden.[3] Keines der genannten Abkommen statuiert ein dem Einzelnen zustehendes (Grund-)Recht.

3 Auf **europarechtlicher** Ebene konnte der Konvent auf eine Vielzahl von Vorgaben zurückgreifen. Eine erste Maßnahme auf Gemeinschaftsebene war der Ratsbeschluss vom 14. April 1975 zur Schaffung eines vorläufigen Programms für den Schutz und die Informationspolitik gegenüber Verbrauchern. Aktuell[4] fällt auf **primärrechtlicher Ebene** zunächst die zentrale Klausel des Art. 169 AEUV (ehemals Art. 153 EGV) als Leitnorm des EU-Verbraucherrechts ins Auge, dessen Absatz 1 ebenso wie Art. 38 bereits von der Gewährleistung eines „hohen Verbraucherschutzniveaus“ ausgeht. Nach Art. 169 Abs. 1 AEUV leistet die Union „einen Beitrag“ zum Verbraucherschutz; er nennt zugleich mögliche Maßnahmen. Dieser Auftrag richtet sich an alle Organe der Union, begründet eine parallele Zuständigkeit der Union neben den Mitgliedstaaten und grenzt die jeweiligen Kompetenzen voneinander ab.[5] Art. 169 AEUV bezweckt, die gesundheitlichen und wirtschaftlichen Interessen der Verbraucher zu schützen und eine angemessene Information der Verbraucher sicherzustellen. Während Art. 38 nur die Sicherstellung eines hohen Verbraucherschutzniveaus normiert, enthält Art. 169 AEUV konkrete Angaben, **auf welche Weise und mit welchen Mitteln die Union das Erreichen dieses Niveaus fördern kann.** Nach Art. 169 Abs. 4 AEUV bleibt es den einzelnen Mitgliedstaaten der EU unbenommen, strengere Schutzmaßnahmen als die Union zu ergreifen (sog. „better law standard“), solange diese einzelstaatlichen Maßnahmen mit dem AEUV zu vereinbaren sind und das Politikfeld nicht vollharmonisiert ist.[6] **Art. 12 AEUV** hebt den Verbraucherschutz zudem mit einer **eigenständigen Querschnittsklausel**[7] besonders hervor, da nach seinem Wortlaut Verbraucherschutzbelangen in allen anderen Unionspolitiken Rechnung zu tragen ist. Diese Querschnittsfunktion betrifft dabei sowohl die Festlegung als auch die Durchführung sämtlicher

---

1 UNGA A/Res/39/248, letzte Fassung vom 22.12.2015, UNGA A/Res/70/186.

2 General Agreement on Tariffs and Trade 1994, Apr. 15, 1994, Marrakesh Agreement Establishing the World Trade Organization, Annex 1A, 1867 UNTS 187, 33 I.L.M. 1153 (1994).

3 S. Beispiele bei *Pitschas/Gerstetter*, S. 19.

4 Zur Entwicklung des Verbraucherschutzes auf EU-Ebene ausführlich *Streinz/Lurger*, EUV/AEUV, Art. 169 AEUV Rn. 3 ff.

5 *Grabitz/Hilf/Nettesheim/Pfeiffer,* EU, Art. 169 AEUV Rn. 1.

6 *Grabitz/Hilf/Nettesheim/Pfeiffer,* EU, Art. 169 AEUV Rn. 41.

7 *Streinz/Lurger*, EUV/AEUV, Art. 12 AEUV Rn. 1.

Politiken und Maßnahmen, dh die Legislativakte von Rat und Parlament, die Programme und auch Empfehlungen. Adressaten können neben sämtlichen Organen der Union auch die Mitgliedstaaten sein, da die Klausel in allen Stadien der Aktivitäten gilt, somit bei der Vorbereitung, Umsetzung und auch Durchführung.[8]

Im Bereich des Verbraucherschutzrechts besteht auf der Ebene des **sekundären Unionsrechts** eine Vielzahl an Richtlinien, die sich auf die Rechtsangleichungsmöglichkeit durch Richtlinien nach Art. 114 AEUV i.V.m. Art. 169 Abs. 2 lit. a AEUV stützen.[9] Das sekundäre Unionsrecht deckt im Bereich des Verbraucherschutzes ein weites und verzweigtes Gebiet ab, von der Regulierung von Werbung und Verkauf, über Produktionssicherheit und -haftung bis zum Vertrags- und Wettbewerbsrecht.[10] 4

2. Verfassungen der Mitgliedstaaten

Nur in den Verfassungstexten der Mitgliedstaaten Polen in Art. 76, Portugal in Art. 60 und 81 (vorrangige Staatsaufgabe), Spanien in Art. 51, Bulgarien in Art. 19 und Litauen in Art. 46 Abs. 5 findet sich eine ausdrückliche Bezugnahme auf den Verbraucherschutz. Demnach muss der Staat die Verbraucher bzw. deren Interessen schützen. Mit Ausnahme der Verfassung Portugals gewährleistet keine Verfassung ein subjektives Recht. Art. 60 der portugiesischen Verfassung[11] spricht den Verbrauchern seit der Verfassungsreform 1989 hingegen ein Recht auf die Qualität der Verbrauchsgüter und -dienstleistungen sowie auf Schadensersatz zu. Ergänzt werden diese Bestimmungen durch ein Verbot indirekter und betrügerischer Werbung sowie die Anerkennung eines „prozessrechtlichen Interesses" der Verbraucherschutzvereinigungen „zur Verteidigung ihrer Mitglieder sowie gemeinschaftlicher oder allgemeiner Rechte". 5

II. Diskussion im Grundrechtekonvent[12]

Da es sich bei Art. 38 eher um eine sozialstaatliche Zielbestimmung und nicht um ein soziales Grundrecht handelt und Zielbestimmungen nach der Intention des Kölner Mandats zunächst nicht in die Charta aufgenommen werden sollten, war die Norm im Konvent kontrovers diskutiert.[13] Letztlich brach sich aber die dynamischere Auslegung des Mandats Bahn, nach der Zielbestimmungen dann aufgenommen werden sollten, wenn in ihnen ableitbare spezifische, individualrechtliche soziale Grundrechtsaspekte zum Ausdruck kommen.[14] 6

Der erste Präsidiumsentwurf zum Verbraucherschutz[15] formulierte: „Hinsichtlich der Gesundheit, der Sicherheit und der Interessen der Verbraucher wird durch die Politiken der Union ein hohes Schutzniveau sichergestellt." Die Erläuterung zu diesem Vorschlag betonte, dass es sich um einen **Grundsatz, nicht** um ein **Individualrecht** handele: „Die Gemeinschaftszuständigkeit wird durch Titel XIV des Vertrags begründet. Die Charta bestätigt

8 *Streinz/Lurger*, EUV/AEUV, Art. 12 AEUV Rn. 2.
9 Eine Zusammenstellung findet sich bei *GSH/Knops*, EU, GRC Art. 38 Anhang.
10 Eine Auflistung wichtiger Richtlinien unter diesem Aspekt findet sich bei *Streinz/Lurger*, EUV/AEUV, Art. 169 AEUV Rn. 39 bis 42.
11 Im Einzelnen dazu *Monteiro*, Der Verbraucherschutz in der portugiesischen Verfassungsrechtsprechung, in: *Neuner*, Grundrecht und Privatrecht aus rechtsvergleichender Sicht, S. 226 ff.
12 Die Ausführungen zur Diskussion im Grundrechtekonvent führen die Erläuterungen von *Rudolf* in der Vorauflage ergänzend fort.
13 *Riedel*, 3. Aufl., Vor Titel IV Rn. 5 ff.
14 *Riedel*, 3. Aufl., Vor Titel IV Rn. 5.
15 Art. 45 Dokument CHARTE 4316/00 CONVENT 34 vom 16. Mai 2000.

einen Grundsatz, der durch gemeinschaftliche oder einzelstaatliche Rechtsvorschriften konkretisiert wird. Die Formulierung ist an Art. 153 EGV (heute: Art. 169 AEUV, Anm. d. *Verf.*) angelehnt." Einige wenige Änderungsvorschläge wurden gemacht[16], die von völliger Ablehnung und völliger Streichung (der EP-Abgeordneten aus Schweden *Cederschiöld* und aus Deutschland *Friedrich*, des Bundesratsvertreters *Gnauck* sowie des britischen Regierungsvertreters *Goldsmith*) über Vorschläge einer noch stärkeren wörtlichen Anlehnung an Art. 169 AEUV (des niederländischen Regierungsvertreters *Korthals Altes*) bis hin zu dem Vorschlag eines subjektiven Rechtsanspruchs der Verbraucher (des britischen Abgeordneten *Griffiths*, des britischen und österreichischen EP-Abgeordneten *Duff* und *Voggenhuber-Buitenweg*, des spanischen Abgeordneten *Solé Tura* und der niederländischen EP-Abgeordneten *van den Burg*) reichten. Weitere Vorschläge sahen die Aufnahme des Vorsorgeprinzips und einen separaten Absatz für die Unterrichtung der Verbraucher vor. Keiner dieser Vorschläge wurde vom Präsidium übernommen, obwohl insbesondere die Ausformulierung von Rechten in der 15. Sitzung am 17. bis 19. Juli 2000 größere Unterstützung fand.[17] Der erste Gesamtentwurf der Charta[18] brachte – jetzt als Art. 36 – die folgende Formulierung: „Die Politiken der Union stellen ein hohes Niveau des Schutzes der Gesundheit, Sicherheit und Interessen der Verbraucher sicher." In der endgültigen Fassung des Art. 38 wurden nur noch die abstraktere Formulierung „hohes Verbraucherschutzniveau" anstelle einer Aufzählung der Verbraucherschutzbereiche gewählt, inhaltlich jedoch keine weiteren Änderungen vorgenommen.[19]

III. Kommentierung

1. Grundsätzliche Bedeutung

7 Die Aufnahme des Verbraucherschutzes in die Grundrechtecharta unterstreicht dessen Bedeutung als **Grundsatz** für die ursprünglich vor allem wirtschaftlich ausgerichtete Europäische (Rechts-)Gemeinschaft, die sich zu einer politischen Union fortentwickelt hat. Er verpflichtet die Union, im Bereich aller ihrer Politiken ein hohes Verbraucherschutzniveau sicherzustellen. Damit erteilt die Charta einer rein nach den Interessen der Produzenten ausgerichteten Wirtschaftspolitik eine Absage. Sie setzt einen Grundgedanken der Rechtsprechung des EuGH seit seinen Anfängen[20] in Primärrecht um, dass die wirtschaftlichen Grundfreiheiten der Verträge durch „zwingende Erfordernisse", dem Schutz überragender Güter des Gemeinwohls, wie etwa dem Verbraucherschutz, eingeschränkt werden können.[21] Die Aufnahme der Vorschrift im Titel „Solidarität" unterstreicht dabei, dass es sich um einen eher die Freiheiten des zweiten Titels, insbesondere die unternehmerische Freiheit gemäß Art. 16 einschränkenden Grundsatz handelt. Die Aufnahme des Verbraucherschutzes in die Charta ist damit der Endpunkt einer langjährigen, über die Verträge von Maastricht, Amsterdam bis Lissabon führenden Entwicklung.

16 CHARTE 4372/00 CONVENT 39 vom 16. Juni 2000, zusammengefasst dargestellt in Dokument CONVENT 41 vom 3. Juli 2000.

17 Diskussion in der 15. Sitzung des Konvents, *Bernsdorff/Borowsky*, Protokolle, S. 343.

18 CHARTE 4422/00 CONVENT 45 vom 28. Juli 2000.

19 CHARTE 4470/00 CONVENT 47, REV 1 vom 21. September 2000.

20 EuGH, Rewe-Zentral AG gegen Bundesmonopolverwaltung für Branntwein („Cassis de Dijon"), Rs. 120/78, ECLI:EU:C:1979:42, Urt. v. 20.2.1970, Slg. 1979, 649 Rn. 8.

21 Zum Ganzen auch *Picod/Picod*, Charte, Art. 38 Rn. 2 und 3.

2. Verhältnis zu anderen Vorschriften

Art. 38 schreibt der Union eine Gewährleistungsverantwortung zu. Ähnliche Vorschriften finden sich in anderen Teilen des **Primärrechts** der EU. **Art. 12 AEUV** sieht den Verbraucherschutz als eine Querschnittaufgabe der Unionspolitiken, ohne die Verbandskompetenz der Union zu erweitern.[22] Der Verbraucherschutz in **Art. 169 AEUV** ist als eigenständiger Titel eine der internen Politiken und Maßnahmen der Union; für deren Umsetzung hat sich die Union jedoch auf die allgemeine Ermächtigungsgrundlage des Art. 114 AEUV zu stützen. Die Politik der Mitgliedstaaten darf dabei lediglich gemäß Art. 169 Abs. 3 i.V.m. Abs. 2 lit. b AEUV unterstützt, ergänzt oder überwacht, keineswegs aber ersetzt werden. Insbesondere sind die Mitgliedstaaten nicht gehindert, ein höheres Verbraucherschutzniveau beizubehalten (Abs. 4). Art. 38 verpflichtet in diesem Zusammenhang die EU, bei von ihr erlassenen Maßnahmen ein hohes Verbraucherschutzniveau einzuhalten und bestärkt damit die Verpflichtungen aus Art. 169 AEUV. Zugleich eröffnet er die Möglichkeit, bei Maßnahmen, die auf Grundlage des Art. 114 AEUV erlassen wurden, neben dem eigentlichen Hauptzweck der Maßnahme, die immer die Verwirklichung des Binnenmarktes sein muss, der Verbraucherpolitik eine eigenständige Bedeutung einzuräumen. Insoweit enthält Art. 38 einen über Art. 169 AEUV hinausgehenden individualrechtlichen Gehalt.[23] Dennoch kann auch in Zusammenschau mit Art. 38 keine Maßnahme mit dem alleinigen Zweck des Verbraucherschutzes erlassen werden.[24] 8

Einige Autoren halten die Formulierung des Art. 38 angesichts der bereits bestehenden primärrechtlichen Verbraucherschutzverpflichtungen denn auch für **redundant**.[25] Hiergegen ist einzuwenden, dass mit der Aufnahme des Verbraucherschutzzieles in die Charta deren Schrankenfunktion gegenüber anderen in der Charta garantierten Grundrechten, insb. auf Berufsfreiheit und unternehmerische Freiheit, klargestellt ist. Der hohe Rang des Verbraucherschutzes muss nun nicht mehr aus dem Zusammenspiel verschiedener Grundrechte abgeleitet werden, sondern ist durch die Charta anerkannt.[26] Zugleich ergibt sich hieraus aber auch ein **Spannungsverhältnis**[27] zwischen dem Schutz der betroffenen Grundrechte und dem der verfolgten Ziele – nämlich dem Verbraucherschutz; diese sind im Rahmen der Prüfung der Verhältnismäßigkeit in ein ausgewogenes Gleichgewicht im Sinne einer praktischen Konkordanz zu bringen.[28] Auch wenn dem Unionsgesetzgeber hierbei ein weiter Ermessensspielraum zusteht, kann er jedenfalls nicht ein Grundrecht gegenüber einem Ziel einseitig bevorzugen. 9

Innerhalb der Charta ist **Art. 47** – das Recht auf einen wirksamen Rechtsbehelf und ein unparteiisches Gericht – von besonderer Bedeutung; insbesondere in den bislang vom EuGH entschiedenen Fällen kam es häufig auf diesen Artikel an.[29] **Art. 8**, der personenbezogene 10

22 *Calliess/Ruffert/Krebber*, EUV/AEUV, Art. 169 AEUV Rn. 1.

23 *Grabitz/Hilf/Nettesheim/Pfeiffer*, EU Art. 169 AEUV Rn. 2.

24 Zum Ganzen *Calliess/Ruffert/Krebber*, EUV/AEUV, Art. 38 GRC Rn. 5 sowie Art. 169 AEUV Rn. 14 ff.

25 *Ehlers/Calliess*, GR, § 25 Rn. 3. Ebf. krit. nach Analyse der bis 2012 vorliegenden Rechtsprechung des EuGH *Peers/Hervey/Kenner/Ward/Weatherill*, EU Charter, 38.14 ff.

26 Ähnlich *Mastroianni/Pollicino/Rolando*, Art. 38 S. 723; Anwendungsbeispiele finden sich bei EuGH, Denise McDonagh/Ryanair Ltd, Rs. C-12/11, ECLI:EU:C:2013:43, Urt. v. 31.1.2013, Rn. 48; EuGH, Pfleger, Rs. C-390/12, ECLI:EU:C:2014:281, Urt. v. 30.4.2015, Rn. 35.).

27 *Pechstein/Nowak/Häde/Schmidt-Kessel*, Frankfurter Kommentar, Rn. 3.

28 EuGH, Neptune Distribution SNC/Ministre de l'Economie et des Finances, Rs. C-157/14, ECLI:EU:C:2015:823, Urt. v. 17.12.2015, Rn. 75.

29 EuGH, Rs. C 34/13, Kusionová/SMART, ECLI:EU:C:2014:2189, Urt. v. 10.9.2014, Rn. 47 und die dort angeführte Rechtsprechung.

Daten sowie **Art. 35**, der die Gesundheit schützt, decken Teilaspekte des Schutzes der Verbraucherrechte ab.

3. Rechtsnatur

11 Art. 38 stellt einen **Grundsatz** im Sinne des Art. 52 Abs. 5 auf[30], auch wenn im Konvent einige Mitglieder für die weitere Ausformung eines „Grundrechts auf Verbraucherschutz" gestritten haben (→ Rn. 6). Bereits der Wortlaut ist eindeutig. Der Befund wird durch die Entstehungsgeschichte sowie die (nicht rechtverbindlichen) Erläuterungen im Konvent bestätigt.

12 Zu seiner Wirksamkeit bedarf es der Umsetzung durch die Organe der Union sowie der Mitgliedstaaten, wie sich aus Art. 52 Abs. 5 ergibt.[31] Mittlerweile prüft die Kommission auch die Vereinbarkeit ihrer Entwürfe für Gesetzgebungsakte anhand des Art. 38.[32] Dieser Artikel richtet sich allerdings nur an die Union und ihre Organe und nicht an die Mitgliedstaaten. Die Verwirklichung eines hohen Verbraucherschutzniveaus ist **Teil der objektiven Rechtsordnung**[33], entfaltet also Rechtsbindung, ohne dass der Einzelne sie vor Gericht durchsetzen kann. Allerdings können die Gerichte Art. 38 bei der Auslegung der Rechtsakte sowie bei der Entscheidung über deren Rechtmäßigkeit heranziehen.[34]

13 Darüber hinaus enthält Art. 38 eine **Einrichtungsgarantie** derart, dass auf Ebene der Europäischen Union **Maßnahmen** mit verbraucherschützendem Gehalt – und zwar auf hohem Niveau – existieren müssen.[35]

14 Art. 38 enthält hingegen **kein subjektives Recht**[36] der Verbraucher oder ihrer Verbände sowie Vertretungskörperschaften auf Erlass verbraucherschützender Maßnahmen. Die entgegenstehende Auffassung[37] ist aus historischen und systematischen Gründen abzulehnen. Die Argumentation beruht auf der Übernahme der Schutznormtheorie des deutschen Verwaltungsrechts zur Begründung eines subjektiven Rechts. Bereits die Übertragbarkeit dieser nationalen Theorie auf das Europarecht stößt auf grundlegende rechtsdogmatische

30 Fast einhellige Meinung: *Pechstein/Nowak/Häde/Schmidt-Kessel*, Frankfurter Kommentar, Art. 38 GRC, Rn. 4; *Streinz/Lurger* EUV/AEUV Art. 169 AEUV Rn. 11; *Mörsdorf*, JZ 2010, 761; GA Wahl in Schlussanträgen vom 12. 12.2013, Rs. C-470/12, Pohotovosť/Miroslav Vašuta, ECLI:EU:C:2013:844, Rn. 66; *Schmittmann*, Rechte und Grundsätze in der Grundrechtecharta, S. 124; *Mastroianni/Pollicino/Poillot*, Art. 38 S. 711. Kritisch *GSH/Knops* EU Art. 38 GRC Rn. 1, „Grundrecht auf Verbraucherschutz"; siehe auch Rn. 35 f. (subjektives Recht); als „bloße Zielbestimmung" bezeichnet *Ehlers/Calliess*, GR, § 25 Rn. 3.

31 *Picod/van Drooghenbroeck/Picod*, Charte, Art. 38 Rn. 8; *Schwerdtfeger*, Art. 52 Rn. 73 ff.

32 Zuletzt Entwurf einer Richtlinie des Europäischen Parlaments und des Rates über Verbandsklagen zum Schutz der Kollektivinteressen der Verbraucher und zur Aufhebung der Richtlinie 2009/22/EG vom 11. April 2018, COM(2018) 184 final, 2018/0089 (COD).

33 *Hesselhaus/Nowak/Cremer*, Hdb Eur GR, § 62 Rn. 21; *von Danwitz*, S. 680.

34 Dies geschieht auch zunehmend auf europäischer Ebene, s. EuGH, Rs. C 34/13, Kusionová/SMART, ECLI:EU:C:2014:2189, Urt. v. 10.9.2014, Rn. 47 und die dort angeführte Rechtsprechung; GA *Tanchev*, Rs. C-430/17, Walbusch Walter Busch GmbH/Zentrale zur Bekämpfung des unlauteren Wettbewerbs Frankfurt, ECLI:EU:C:2018:759, Schlussanträge vom 20.9.2018, Rn. 59.

35 *Ehlers/Calliess*, GR, § 25 Rn. 3; *Herresthal*, EuZW 2011, 328, 330; *Calliess/Ruffert/Krebber*, EUV/AEUV, Art. 38 GRC Rn. 5.

36 *Hesselhaus/Nowak/Cremer*, Hdb Eur GR, § 62 Rn. 11; *Vedder/Heintschel von Heinegg/Folz*, Unionsrecht, Art. 38 Rn. 3; *Frenz*, Hdb EuR, Rn. 4381, 4387 f.; *Picod/van Droofhenbroeck/Picod*, Charte, Art. 38 Rn. 6 f.; *Riedel* und *Rudolf* in den Voraufl. Art. 38 Rn. 5; *Tettinger/Stern/Pielow*, GRC, Art. 38 Rn. 6; *Wiebe*, S. 175–177; explizit offengelassen von GA *Tanchev*, Rs. C-430/17, Walbusch Walter Busch GmbH/Zentrale zur Bekämpfung des unlauteren Wettbewerbs Frankfurt, ECLI:EU:C:2018:759, Schlussanträge vom 20.9.2018, Rn. 59.

37 *GSH/Knops*, EU, GRC Art. 38, Rn. 35–38.

Schwierigkeiten. Darüber hinaus lägen die entsprechenden Voraussetzungen wohl kaum vor, da bei einer Querschnittsklausel der konkrete Aufgabenkreis und auch der Individualbezug der Norm angesichts des großen Kreises der möglicherweise Berechtigten – fast jede natürliche Person ist auch irgendwann Verbraucher – nicht hinreichend bestimmbar ist. Eine entsprechende Ausdehnung würde ferner der Entstehungsgeschichte der Norm widersprechen: Auch wenn teils die Ausgestaltung eines subjektiven Rechts wie in *einer* Verfassung eines Mitgliedstaates gefordert wurde, blieben diese Stimmen doch in der Minderheit. Nur in Verbindung mit anderen, individualrechtsschützenden Bestimmungen der Charta ist Art. 38 der dynamischen Auslegung zugänglich und kann künftig einen individualschützenden Charakter mit subjektiv-rechtlichen Elementen entfalten. Als Individualrechte kommen insbesondere Art. 20 und 21 in Betracht, aus denen sich gemeinsam mit Art. 38 ein Recht auf gleichberechtigten Zugang zu Verbraucherinformationen herleiten ließe.[38] Entsprechendes gilt für etwaige Ansprüche auf Schadensersatz.[39]

Art. 38 enthält auch **keine Institutsgarantie** für Verbraucherschutzorganisationen gene- 15
rell[40]; dies widerspräche dem Ansatz der EU, die Rechte Einzelner zu schützen und nicht weitergehende Vorgaben für die Ausgestaltung der Politiken der Union durch Partizipation etc. zu machen. Entsprechend sind auch nicht einzelne Rechtsinstitute, wie etwa **Verbandsklagen**[41], von Art. 38 gefordert oder geschützt.[42]

4. Gewährleistungsumfang

a) Der Begriff des Verbrauchers. Der Begriff des Verbrauchers ist weder in der Charta noch 16
in den Verträgen definiert. Das sekundäre Gemeinschaftsrecht kennt – ebenso wenig wie die Mitgliedstaaten – einen einheitlichen Verbraucherbegriff, sondern definiert ihn abhängig von der konkreten Zielsetzung einer Richtlinie.[43] Der weiteste Verbraucherbegriff umfasst jede natürliche Person (unabhängig von ihrer Staatsangehörigkeit und ihrem Aufenthaltsstatus), die außerhalb ihrer gewerblichen, geschäftlichen, handwerklichen oder beruflichen Tätigkeit handelt, selbst wenn sie sich in der konkreten Situation dieser Gruppe nicht zugehörig fühlt.[44] Um einen möglichst weiten Verbraucherschutz zu gewährleisten, sollte der mittlerweile gefestigte „gemeinschaftliche Kernbegriff" des Verbraucherschutzes bei der Auslegung der Charta verwendet werden. Dieser ist nach *Reich* durch folgende Elemente gekennzeichnet[45]: Es handelt sich um eine natürliche Person, die funktional von den von den Grundfreiheiten umschriebenen Unternehmen, Selbständigen und Arbeitnehmern abzugrenzen ist. Bei „gemischten" Zwecken bestimmt sich die Anwendbarkeit nach dem Schwerpunkt der Tätigkeit.

EuGH und nationale Gerichte haben verschiedene **Verbraucherleitbilder** oder **-konzepte.** 17
Das Unionsrecht geht vom Konzept des aufgeklärten, „mündigen" und informierten Ver-

38 So auch *Riedel* in Voraufl. Art. 38 Rn. 5; *Meyer/Engels*, Charta der Grundrechte, S. 29.
39 So auch *Frenz*, Hdb EuR Rn. 4414.
40 *Pechstein/Nowak/Häde/Schmidt-Kessel*, Frankfurter Kommentar, Art. 38 GRC Rn. 9.
41 Zur Verbandsklage auf europäischer Ebene s. den Entwurf einer Richtlinie des Europäischen Parlaments und des Rates über Verbandsklagen zum Schutz der Kollektivinteressen der Verbraucher und zur Aufhebung der Richtlinie 2009/22/EG vom 11. April 2018, COM(2018) 184 final, 2018/0089 (COD); hierzu *Halfmeier/Rott*, VuR 2018, 243 sowie die Gutachten des 72. Deutschen Juristentages zur Abteilung Zivilverfahrensrecht.
42 *Pechstein/Nowak/Häde/Schmidt-Kessel*, Frankfurter Kommentar, Art. 38 GRC Rn. 31 bis 33.
43 Ausführlich *Reich/Micklitz/Reich*, Europäisches Verbraucherrecht, S. 46 ff.
44 So bspw. in Art. 2 Abs. 1 und Erwägungsgrund 17 der RL 2011/83/EU des Europäischen Parlaments und des Rates vom 25.10.2011 über die Rechte der Verbraucher, ABl. L 304, S. 64.
45 *Reich/Micklitz/Reich*, Europäisches Verbraucherrecht, S. 48.

brauchers aus.[46] Im Rahmen der Mindestharmonisierung bleibt es aber in der Verantwortung – und Zuständigkeit – der Mitgliedstaaten, den Verbraucherschutz als Minderheiten- und Sozialschutz auszugestalten.[47] Dementsprechend könnte das Leitbild des BGHs des „flüchtigen" Verbrauchers durchaus auf nationaler Ebene weiterverfolgt werden.[48] Bei der Auslegung des Verbraucherbegriffes der Charta ist von einem Leitbild auszugehen, das eher diesem deutschen **Schutzmodell** nahekommt. Die entgegenstehende Ansicht verweist auf die Erläuterungen des Präsidiums zu Art. 38; daher sei auch der vom EuGH zu Art. 169 AEUV entwickelte Begriff des informierten Verbrauchers anwendbar.[49] Gegen diese Auslegung spricht bereits die Aufnahme der Bestimmung in die Charta sowie ihre Stellung im Titel „Solidarität" – Zielrichtung ist es damit auch, den schutzbedürftigen und eben nicht voll umfänglich aufgeklärten Verbraucher, mag er flüchtig sein oder nicht, zu schützen. Im Übrigen würde man andernfalls durch den Verweis auf allgemeine unverbindliche Erläuterungen die Rechtsprechung des EuGH zu einer anderen Materie – Art. 169 AEUV und seine Vorgängernorm – auf den Rang europäischen Primärrechts heben.

18 **b) Politik der Union.** Die Vorschrift richtet sich als Querschnittsklausel an die Europäische Union, die nicht nur in einer expliziten Verbraucherschutzpolitik, sondern in sämtlichen von ihr verwirklichten Politiken ein hohes Niveau des Verbraucherschutzes verwirklichen muss.[50] Dabei muss der Verbraucherschutz nicht nur in einer Gesamtschau der Politiken, sondern in allen Maßnahmen der Union berücksichtigt sein.[51] Diese Querschnittsfunktion hat die Kommission in ihrer „Europäischen Verbraucheragenda für mehr Vertrauen und mehr Wachstum"[52] unter Rückgriff auf Art. 12 AEUV und Art. 38 GRC in ein systematisches Gesamtkonzept umzusetzen versucht. Ziel sei es, „die Verbraucherinteressen in alle einschlägigen Politiken" einzubeziehen; zugleich liege „ein besonderer Schwerpunkt auf der Behandlung von Problemen, denen sich die heutigen Verbraucher in den Bereichen Lebensmittelkette, Energie, Verkehr sowie digitale und Finanzdienstleistungen gegenübersehen" – ein wahrhaft umfassendes Aufgabengebiet.

19 **c) Hohes Niveau sicherstellen.** Wie auch Art. 169 AEUV spricht Art. 38 von einem „hohen Niveau" des Verbraucherschutzes. Dies ist eine qualitative Anforderung an den Verbraucherschutz, der über die Anforderungen des Art. 12 AEUV hinausgeht. Dieser erfordert ja lediglich die Berücksichtigung des Verbraucherschutzes bei der Festlegung und Durchführung der Politiken. Bei der Auslegung des Begriffes „hohes Niveau" kann – *mutatis mutandis* – auf die Maßgaben bei der Auslegung des Art. 169 AEUV zurückgegriffen werden.[53]

20 Durch die Formulierung, ein „hohes" Niveau sicherzustellen, sind Möglichkeiten **zur Abwägung mit anderen Zielen und Rechten offengelassen.** Ein „hohes" Niveau – und gerade nicht das „höchstmögliche" Niveau – hat sich daher in Abwägung mit diesen Zielen **am**

46 *Picod/van Drooghenbroeck/Picod*, Charte, Art. 38 Rn. 25–30 beklagt die Ungenauigkeit des Verbraucherbegriffs sowie das Leitbild der europäischen Institutionen als Ausdruck eines wechselnden politischen Willens und der jeweiligen Zwänge, denen die Institutionen unterliegen, ohne einen konkreten Alternativvorschlag zu machen.
47 *Reich/Micklitz/Reich*, Europäisches Verbraucherrecht, S. 45.
48 Sehr kritisch zum europäischen Verbraucherleitbild *GSH/Knops*, EU, Art. 38 GRC Rn. 16–21, der ein an der konkreten Vertragslage ausgerichtetes Verbraucherleitbild fordert.
49 *Holoubek/Lienbacher/Moser*, GRC Art. 38 Rn. 8.
50 *Tettinger/Stern/Pielow*, GRC, Art. 38 Rn. 15.
51 *Ehlers/Calliess*, GR, § 25 Rn. 9; *Frenz*, Hdb EuR Rn. 4411.
52 COM (2012) 225, 22.5.2012.
53 *Grabitz/Hilf/Nettesheim/Pfeiffer*, EU, Art. 169 AEUV Rn. 1.

wissenschaftlich möglichen zu orientieren, ohne dem Verbraucherschutz generell den eindeutigen Vorrang zuzuweisen.[54]

Es handelt sich um ein **Optimierungsgebot**[55], verpflichtet die EU also, sich stets für ein hohes Niveau einzusetzen.[56] Bei dem hierfür vorzunehmenden Vergleich zwischen bisherigem und zu erreichendem Niveau stellt sich die Frage des Bezugspunktes: Ist stets das höchste Verbraucherschutzniveau in einem Mitgliedstaat heranzuziehen oder ein Durchschnitt aus den mitgliedstaatlich verbürgten Verbraucherschutzvorschriften zu bilden? Ist dabei jede Maßnahme einzeln oder eher ein Gesamtpaket an Maßnahmen in ihrer gesamten Wirkung zu betrachten? **Ausgangspunkt eines Vergleiches** muss jedenfalls der **gemeinschaftliche *aquis communautaire*** sein.[57] Eine rein mitgliedstaatliche Betrachtung in einem europarechtlich geprägten Feld verbietet sich auch aus der Überlegung, dass andernfalls bei einem Beitritt neuer Mitgliedstaaten, deren Verbraucherschutzniveau unter dem Durchschnitt der Union läge, dieser Standard abgesenkt würde. Dies verstieße jedenfalls gegen das von Art. 38 verbürgte Ziel eines hohen Verbraucherschutzniveaus. Das heißt im **Umkehrschluss** aber auch, dass durchaus **in einigen Mitgliedstaaten in Teilbereichen ein höheres Verbraucherschutzniveau herrscht**, als durch eine erlassene EU-Maßnahme in allen Mitgliedstaaten erzielt werden kann.[58] Sicher darf die Maßnahme der EU nicht auf eine Senkung des mitgliedstaatlichen Verbraucherschutzniveaus abzielen. Die EU – und innerhalb ihrer an der Rechtsetzung beteiligten Organe die Vertreter der Mitgliedstaaten – sollte bestrebt sein, unter Berücksichtigung aller Mitgliedstaaten ein gleichbleibend hohes oder gar höheres Niveau des Verbraucherschutzes zu erreichen. Diese Verpflichtung ist durch die Verabschiedung der Charta sowie die Änderung des Art. 169 AEUV, der nunmehr die Gewährleistung eines hohen Verbraucherschutzniveaus fordert, unterstrichen, so dass der EuGH künftig in der Abwägung einander entgegenstehender Interessen zu tendenziell verbraucherfreundlicheren Entscheidungen kommen wird. Allein aus der Absenkung des Niveaus des Verbraucherschutzes in einem Mitgliedstaat durch eine EU-Maßnahme lässt sich jedoch nicht deren Unvereinbarkeit mit Art. 38 ableiten, solange diese in einer Gesamtschau der Auswirkungen auf alle oder wenigsten eine Mehrzahl (→ Rn. 22) der Mitgliedstaaten zu einer Verbesserung des Schutzniveaus führt.[59] 21

54 So auch *Ehlers/Calliess*, GR, § 25 Rn. 8; *Herresthal*, EuZW 2011, 328, 330; *Schwarze/Stumpf*, EU, Art. 38 GRC Rn. 7.

55 *Pechstein/Nowak/Häde/Schmidt-Kessel*, Frankfurter Kommentar, Art. 38 GRC Rn. 16; *Tettinger/Stern/Pielow*, GRC, Art. 38 Rn. 14; *Ehlers/Calliess*, GR, § 25 Rn. 8; *Frenz*, Hdb EuR, § 9 Rn. 4407; *Mörsdorf*, JZ 2010, 759, 761.

56 Einen Versuch, dieser Verpflichtung nachzukommen, zeigt die Richtlinie des Europäischen Parlaments und des Rates zur Änderung der Richtlinie 93/13/EWG des Rates vom 5. April 1993, der Richtlinie 98/6/EG des Europäischen Parlaments und des Rates, der Richtlinie 2005/29/EG des Europäischen Parlaments und des Rates sowie der Richtlinie 2011/83/EU des Europäischen Parlaments und des Rates zur besseren Durchsetzung und Modernisierung der EU-Verbraucherschutzvorschriften, COM(2018) 185 final, der immer wieder auf Art. 38 als Begründung für ein hohes Verbraucherschutzniveau verweist.

57 *Grabitz/Hilf/Nettesheim/Pfeiffer*, EU, Art. 169 AEUV Rn. 19; *Streinz/Lurger*, EUV/AEUV, AEUV Art. 169 Rn. 16, spricht von einem unionalen Schutzkonzept.

58 S. den Fall der Einlagensicherung, EuGH, Bundesrepublik Deutschland gegen Europäisches Parlament und Rat der Europäischen Union, Rs. C-233/94, ECLI:EU:C:1997:231, Urt. v. 13.5.1997, Slg. 1997, I-2405 Rn. 48; auch *Tettinger/Stern/Pielow*, GRC, Art. 38 Rn. 14 aE räumt ein, punktuelle „Verschlechterungen" seien möglich; ähnl. *Ehlers/Calliess*, GR, § 25 Rn. 11; *Peers/Hervey/Kenner/Ward/Weatherill*, EU Charter, 38.47 akzeptiert die Notwendigkeit von Kompromissen, solange nur einige Mitgliedstaaten betroffen sind.

59 Kritisch *GSH/Knops*, EU, Art. 38 GRC Rn. 24 ff.

22 In diesen Fällen könnte sich hingegen die Frage der **Zulässigkeit einer Vollharmonisierung**[60] mit den nur eingeschränkten Abweichungsmöglichkeiten der Mitgliedstaaten zugunsten eines höheren Verbraucherschutzniveaus gemäß Art. 169 Abs. 2 a iVm Art. 114 Abs. 4 AEUV stellen. Art. 114 Abs. 3 S. 1 AEUV gibt der Kommission bereits vor, bei ihren Harmonisierungsvorschlägen von einem hohen Verbraucherschutzniveau auszugehen und dabei alle auf wissenschaftlichen Erkenntnissen gestützte neue Entwicklungen zu berücksichtigen. Dies verhindert bereits eine Harmonisierung auf dem niedrigsten Niveau.[61] Zugleich ist der Verbraucherschutz aber nur *eines* der in die Abwägung konkurrierender Interessen einzustellenden Ziele, zu denen auch die Verwirklichung des Binnenmarktes gehört. Sollten Mitgliedstaaten für abweichende Maßnahmen nach **Art. 114 Abs. 4 oder 5 AEUV** eine Genehmigung beantragen, müsste die Kommission bei der entsprechenden Prüfung gemäß Art. 114 Abs. 6 AEUV den durch Art. 38 geschützten hohen Standard des Verbraucherschutzes beachten. Dadurch würden die Anforderungen an die Darlegungen der Kommission für einen Missbrauch dieser Ausnahmevorschrift durch die Mitgliedstaaten erhöht werden.

23 Bleibt die Frage zu klären, wie der **Durchschnitt** des Verbraucherniveaus zu bilden ist – durch eine Betrachtung des Niveaus in den einzelnen Mitgliedstaaten der EU oder der Anzahl der jeweils Betroffenen[62]? Für letzteres spricht, dass Art. 38 letztlich die Verbraucher begünstigen soll, so dass sich Maßnahmen der EU für eine möglichst große Anzahl von Verbrauchern verbessernd oder wenigstens nicht verschlechternd auswirken sollten.

24 Ob sich aus dem Optimierungsgebot als Kehrseite ein **Rückschrittverbot** entnehmen lässt, ist umstritten.[63] Für ein Rückschritt- oder Verschlechterungsverbot, dh das Verbot der Verschlechterung des auf sekundärrechtlicher Ebene erreichten Verbraucherschutzes, wird vorgetragen, bei einem entsprechenden Abweichen würde kein „hoher" Verbraucherschutz mehr erreicht. Eine Absenkung würde die Schutzrichtung des Art. 38 verfehlen, zumal keine Grenzziehung nach unten vorgesehen sei. Gegen ein Verschlechterungsverbot wird auf den geänderten Wortlaut von einem „Beitrag zur Verbesserung des Verbraucherschutzes" (Art. 153 EGV) zu der „Gewährleistung" eines hohen Schutzniveaus (Art. 169 AEUV Abs. 4 sowie Art. 38 GRC) verwiesen, welches eine statische Formulierung enthalte: Das Schutzniveau sei bereits hoch.[64] Allerdings bestehe in diesem Gewährleistungsanspruch eine Untergrenze für Absenkungen.[65] Richtigerweise muss es bei einer **Gesamtbetrachtung der Maßnahmen in den einzelnen Politikfeldern bei einem jeweils gleich hohen Schutzniveau** bleiben. Das bedeutet aber nicht, dass die EU keinerlei verbraucherschützende Maßnahmen mehr aufheben dürfte, der sekundärrechtliche Bestand quasi zementiert würde. Vielmehr könnte die EU einzelne Maßnahmen, die sich als nicht mehr wirkungsvoll gezeigt haben, aufheben oder auch solche zurücknehmen, die zwar wirken, aber durch andere mit einer gleichen Wirkung ersetzt werden. Geschützt wird mithin als Ziel das **Niveau des Verbraucherschutzes**, nicht aber jede einzelne verbraucherschützende Maßnahme.

---

60 Diese Frage wirft auch *GSH/Knops*, EU, Art. 38 GRC Rn. 29 auf. Er sieht einen eindeutigen Verstoß gegen Art. 38 sowie gegen die Subsidiaritätsbestimmungen der Verträge.
61 *Herresthal*, EuZW 2011, 328, 329.
62 So *GSH/Knops*, EU, Art. 38 GRC Rn. 30.
63 Dafür *GSH/Knops* EU Art. 38 Rn. 24 ff.; im Hinblick auf Art. 169 AEUV *Streinz/Lurger*, EUV/AEUV, Art. 169 AEUV Rn. 16; *Lenz/Borchardt/Grub*, EU-Verträge, EU Art. 169 AEUV Rn. 10, *Grabitz/Hilf/Nettesheim/Pfeiffer*, EU, Art. 169 AEUV Rn. 19; dagegen *Pechstein/Nowak/Häde/Schmidt-Kessel*, Frankfurter Kommentar, Art. 38 GRC Rn. 10 ff.; *Herresthal*, EuZW 2011, 328, 330; *Ehlers/Calliess*, GR, § 25 Rn. 11.
64 *Pechstein/Nowak/Häde/Schmidt-Kessel*, Frankfurter Kommentar, Art. 38 GRC Rn. 12 f.
65 *Pechstein/Nowak/Häde/Schmidt-Kessel*, Frankfurter Kommentar, Art. 38 GRC Rn. 15.

Aus dem Optimierungsgebot kann allerdings abgeleitet werden, dass die EU eine auf Art. 114 AEUV gestützte Harmonisierungsmaßnahme auf dieser Grundlage mit dem alleinigen Ziel ändert, ein höheres Verbraucherschutzniveau zu erreichen[66]. Insofern kann das Ziel des Verbraucherschutzes allgemein, jedoch nicht allein über Art. 38 kompetenzverstetigend oder gar -erweiternd wirken. Aus dem „Erfüllensversprechen"[67] eines qualitativ anspruchsvollen Verbraucherschutzes nach den bisherigen primärrechtlichen Vorgaben lässt sich allerdings **keine Handlungspflicht** der Union ableiten.[68] 25

Ferner verbietet der Grundsatz des Verbraucherschutzes den Organen der EU, die Mitgliedstaaten bei verbraucherschützenden Maßnahmen zu **behindern.**[69] Dieses Verbot besteht aber nur insoweit, dass Maßnahmen der Mitgliedstaaten zum Schutze der Verbraucher grundsätzlich mit den Grundfreiheiten vereinbar sein müssen. 26

IV. Literaturübersicht

von Danwitz, Thomas, Aktuelle Entwicklungen im Grundrechtsschutz der Europäischen Union, in: *Sachs, Michael/Siekmann, Helmut (Hrsg.),* Der grundrechtsgeprägte Verfassungsstaat – Festschrift zum 80. Geburtstag Klaus Sterns, 2012, S. 669; *Denkinger, Fleur,* Der Verbraucherbegriff, 2007; *Halfmeier, Axel/Rott, Peter,* Verbandsklage mit Zähnen? – Zum Vorschlag einer Richtlinie über Verbandsklagen zum Schutz der Kollektivinteressen der Verbraucher, VuR 2018, 243; *Herresthal, Carsten,* Die Ablehnung einer primärrechtlichen Perpetuierung des sekundärrechlichen Verbraucherschutzniveaus, EuZW 2011, 328; *Larrazabal Basáñez, Santiago,* La protección de los consumidores en la carta de los Derechos Fundamentales de la Unión Europea; Academia Vasca de Derecho Boletín JADO, Año X. Nº 22. Diciembre 2011, S. 21, *ders:* La modesta protección de los consumidores en la Carta de los Derechos Fundamentales de la Unión Europea y su potencial, Boletín de la Asociación Internacional de Derecho Cooperativo, Núm. 45/2011, S. 161; *Meškić, Zlatan/Samardžić, Darko,* Der Verbraucherschutz des Art. 38 GRCh als Auslegungs- und Rechtmäßigkeitsmaßstab, ZEUS 2017, 351; *Monteiro, António Pinto,* Der Verbraucherschutz in der portugiesischen Verfassungsrechtsprechung, in: *Neuner, Jörg,* Grundrechte und Privatrecht aus rechtsvergleichender Sicht, 2007, S. 219; *Mörsdorf, Oliver,* Die Auswirkungen des neuen „Grundrechts auf Verbraucherschutz" gemäß Art. 38 GR-Ch auf das nationale Privatrecht, JZ 2010, 759; *Pitschas, Christian/Gerstetter, Christiane,* Verbraucherrechte in internationalen Handelsabkommen – Gutachten im Auftrag des Verbraucherzentrale Bundesverbandes, 13.2.2017, online abrufbar unter: https://www.vzbv.de/sites/default/files/downloads/2017/02/13/17-02-13_vzbv_gutachten_verbraucherrechte_handelsabkommen.pdf; *Poillot, Elise,* A high Level of Consumer Protection ou l'ascension de la protection des consommateurs au firmament des droits fondamentaux: à propos de l'article 38 de la Charte des droits fondamentaux, in: liber americorum Rusen Ergec, 2017, S. 275, *Reich, Norbert/Micklitz, Hans-W.,* Europäisches Verbraucherrecht; 4. Aufl., 2003; *Rösler, Hannes,* Primäres EU-Verbraucherrecht: Vom Römischen Vertrag bis zum Vertrag von Lissabon, EuR 2008, 800; *Schmittmann, Georg J.,* Rechte und Grundsätze in der Grundrechtecharta, 2007; *Velázquez Gardeta, Juan M.,* La protección del consumidor en el marco de las relaciones internacionales de consumo online. Un estudio del derecho comparado desde la jurisprudencia más reciente, Cursos de Derecho Internacional y RI.indb 533–562, 2014; *Wiebe, Gerhard,* Unternehmerfreiheit versus Verbraucherschutz?, 2017.

66 EuGH, British American Tobacco, Rs. C-491/01, ECLI:EU:C:2002:741, Urt. v. 10.12.2002, Rn. 78; *Calliess/Ruffert/Krebber*, EUV/AEUV, Art. 38 GRC Rn. 5.

67 *GSH/Knops*, EU, Art. 38 GRC Rn. 32; *Wiebe*, S. 170–174 leitet hieraus eine Schutzverpflichtung ab, die aufgrund der vagen Präzisierung und der Qualifikation als Grundsatz einer Staatszielbestimmung ähnele. Auch aus einer Staatszielbestimmung ließe sich aber keine Handlungsaufgabe ableiten.

68 *Ehlers/Calliess*, GR, § 25 Rn. 11; *Heselhaus/Nowak/Cremer* Hdb Eur.GR § 62 Rn. 28; *Holoubek/Lienbacher/Moser,* GRC Art. 38 Rn. 11.

69 *Pechstein/Nowak/Häde/Schmidt-Kessel,* Frankfurter Kommentar, Art. 38 GRC Rn. 4.

Titel V Bürgerrechte

Vorbemerkungen

1 Titel V der Europäischen Grundrechtecharta fasst unter der Bezeichnung „Bürgerrechte" **verschiedene Grundrechte** zusammen, die entweder allein den Staatsangehörigen der Mitgliedstaaten als „Unionsbürgern" (Europawahlrecht, Art. 39; Kommunalwahlrecht, Art. 40; diplomatischer und konsularischer Schutz, Art. 46) oder auch anderen in der Europäischen Union ansässigen Personen (Recht auf Zugang zu Dokumenten, Art. 42; Recht auf Anrufung des Bürgerbeauftragten, Art. 43; Petitionsrecht zum Europäischen Parlament, Art. 44) oder schließlich allen Personen (Recht auf eine gute Verwaltung, Art. 41) zustehen. Eine Sonderstellung nimmt das Recht auf Freizügigkeit (Art. 45) ein, das auf die Unionsbürger beschränkt und zugleich – gemäß den Unionsverträgen – auf Drittstaatsangehörige erweiterbar ist.

2 Terminologisch unterscheidet die Grundrechtecharta damit deutlich zwischen **Unionsbürgerrechten,** die auf die Staatsangehörigen der Mitgliedstaaten als Unionsbürger beschränkt sind, und **Bürgerrechten,** die auch anderen Personen zukommen können. Inhaltlich handelt es sich im Wesentlichen um Rechte, die wegen ihres engen Bezugs zur Hoheitsgewalt oder zum Territorium des Staates traditionell weitgehend den eigenen Staatsangehörigen vorbehalten waren oder sind. Die Grundrechtecharta folgt dieser Tradition strikt lediglich für die Wahlrechte sowie den diplomatischen und konsularischen Schutz, während sie für die anderen Rechte eine abgestufte Einbeziehung anderer Personen vorsieht.

3 Insgesamt stellen die Bürgerrechte der Grundrechtecharta gegenüber dem zuvor erreichten Stand des europäischen Vertragsrechts keine wesentliche Neuerung dar. Sie entsprechen grundsätzlich den Rechten, wie sie für die Unionsbürger und andere Personen mit dem Vertrag von Maastricht zur **Stärkung eines Europas der Bürger** in den EWG-Vertrag, insbesondere in dessen zweiten Teil über die Unionsbürgerschaft, aufgenommen wurden. Demgemäß gelang es dem mit der Ausarbeitung der Grundrechtecharta beauftragten Konvent, der die auf Unionsebene schon geltenden Grundrechte zusammenfassen und sichtbarer machen sollte, weitgehend ohne größere Schwierigkeiten, sich auf die Bestimmungen des Titels V über die Bürgerrechte zu einigen. Im **Vertrag über eine Verfassung für Europa** fanden sich – inhaltlich und sprachlich im Wesentlichen unverändert, jedoch systematisch verstreut – die Bestimmungen der Grundrechtecharta in Titel V des zweiten Teils (Art. II-99 bis II-106), diejenigen über die Unionsbürgerschaft des EG-Vertrags in Titel II des ersten Teils (Art. I-10) und in Titel I des dritten Teils (Art. III-125 bis III-129). Der **Vertrag von Lissabon** lässt die Grundrechtecharta in ihrer am 12.12.2007 angepassten Fassung als selbständigen Text bestehen, bestimmt jedoch, dass sie den gleichen rechtlichen Rang wie die Unionsverträge besitzt, und dass die Union die in der Charta niedergelegten Rechte, Freiheiten und Grundsätze anerkennt (Art. 6 Abs. 1 EUV). Der EU-Vertrag beschränkt sich auf eine Bestimmung zum Begriff der Unionsbürgerschaft (Art. 9 S. 2 und 3 EUV), wie sie sich auch im zweiten Teil des AEU-Vertrags („Nichtdiskriminierung und Unionsbürgerschaft") findet, der zudem die im EG-Vertrag normierten einzelnen Bürgerrechte im Wesentlichen unverändert übernimmt (Art. 20 bis 25 AEUV).

Artikel 39 Aktives und passives Wahlrecht bei den Wahlen zum Europäischen Parlament

(1) Die Unionsbürgerinnen und Unionsbürger besitzen in dem Mitgliedstaat, in dem sie ihren Wohnsitz haben, das aktive und passive Wahlrecht bei den Wahlen zum Europäischen Parlament unter denselben Bedingungen wie die Angehörigen des betreffenden Mitgliedstaats.

(2) Die Mitglieder des Europäischen Parlaments werden in allgemeiner, unmittelbarer, freier und geheimer Wahl gewählt.

I. Vorgaben

1 Art. 39 gewährleistet den Unionsbürgerinnen und Unionsbürgern in ihrem Wohnsitzmitgliedstaat das aktive und passive Wahlrecht zum Europäischen Parlament gemäß den für die Angehörigen des betreffenden Mitgliedstaats geltenden Bedingungen (Abs. 1) und nach den Grundsätzen der allgemeinen, unmittelbaren, freien und geheimen Wahl (Abs. 2). Das Wahlrecht zum Europäischen Parlament gehört damit zu den Grundrechten, die den Unionsbürgern vorbehalten sind und nach den **Vorgaben des Europäischen Rates von Köln** zusätzlich zu den allen Personen zustehenden Grundrechten in die Charta aufgenommen werden sollten.[1]

2 Entsprechende Gewährleistungen finden sich für das Wahlrecht in **Art. 20 Abs. 2 und Art. 22 Abs. 2 AEUV** und für die Wahlrechtsgrundsätze in **Art. 14 Abs. 3 EUV**. Demgemäß erfolgt die Ausübung des Wahlrechts zum Europäischen Parlament nach Art. 52 Abs. 2 im Rahmen der in den Unionsverträgen festgelegten Bedingungen und Grenzen.[2] Mit der Gewährleistung der Parlamentswahl unmittelbar durch die Unionsbürger befindet sich die Unionsregelung im Einklang mit dem allen Mitgliedstaaten gemeinsamen **Grundsatz der Demokratie** (Art. 2 EUV), der auch die Volkswahl des Parlaments umfasst.[3] Durch die vereinfachende Formulierung „unter denselben Bedingungen wie die Angehörigen des betreffenden Mitgliedstaats" weicht Art. 39 idF der Grundrechtecharta vom 12.12.2007 **sprachlich** von derjenigen idF des Grundrechtekonvents („wobei für sie dieselben Bedingungen gelten wie für die Angehörigen des betreffenden Mitgliedstaats") ab, die sich auch in Art. 22 Abs. 2 AEUV findet. Eine inhaltliche Änderung ist damit nicht verbunden, wie auch die englischen und französischen Sprachfassungen zeigen, die keine Wortlautunterschiede kennen.

1 *Europäischer Rat* von Köln, Schlussfolgerungen des Vorsitzes, BullEU 6-1999, Ziff. I.64, S. 39 f.

2 Vgl. CHARTE 4473/00 v. 11.10.2000, Erläuterungen des Präsidiums zu Art. 39; vgl. ferner die Erläuterungen zur Charta der Grundrechte idF v. 12.12.2007, ABl. 2007 Nr. C 303 S. 17 ff.

3 Vgl. die Übersicht bei *Grabitz/Läufer*, Europäisches Parlament, S. 241 ff.; ferner *Magiera*, in: FS für Everling, S. 789, 794 ff.; *Peter M. Huber*, Der Beitrag des Europäischen Parlaments zur demokratischen Legitimation der EU, in: Hofmann, Klaus/Naumann, Kolja (Hrsg.), Europäische Demokratie in guter Verfassung?, Baden-Baden 2010, S. 33 ff.; *Kommission*, Empfehlung 2013/142/EU v. 12.3.2013 für ein demokratischeres und effizienteres Verfahren für die Wahlen zum Europäischen Parlament, ABl. 2011, Nr. L 79 S. 29; *Kommission*, Zu demokratischeren Wahlen zum Europäischen Parlament – Bericht über die Umsetzung der Empfehlungen der Kommission vom 12. März 2013 für ein demokratischeres und effizienteres Verfahren für die Wahlen zum Europäischen Parlament, COM(2014) 196.

II. Diskussion im Grundrechtekonvent

3 Die im EG-Vertrag schon vorhanden gewesenen Regelungen des Wahlrechts zum Europäischen Parlament (Art. 19 Abs. 2 EG; nunmehr Art. 22 Abs. 2 AEUV) und der darauf bezogenen Wahlrechtsgrundsätze (Art. 190 Abs. 1 EG; nunmehr Art. 14 Abs. 3 EUV) erleichterten dem damit betrauten **Grundrechtekonvent** die Formulierung entsprechender Gewährleistungen in Art. 39 der Grundrechtecharta, die nach den Vorgaben des Europäischen Rates von Köln lediglich die auf Unionsebene geltenden Grundrechte zusammenfassen sollte.[4]

4 Das **Recht auf Teilnahme an den Wahlen zum Europäischen Parlament,** das im ersten Entwurf des Präsidiums noch gleichlautend mit Art. 19 Abs. 2 S. 1 EG formuliert war,[5] wurde nach den Beratungen in der 6. Sitzung des Grundrechtekonvents[6] dadurch **einfacher gefasst,** dass die Voraussetzung des Wohnsitzes „in einem Mitgliedstaat, dessen Staatsangehörigkeit er [der Unionsbürger] nicht besitzt", gestrichen wurde.[7] Damit wurde jedoch fraglich, wie der beibehaltene Verweis im zweiten Halbsatz auf die „für die Angehörigen des betreffenden Mitgliedstaats" geltenden Bedingungen zu verstehen sein soll (→ Rn. 9 ff.). Nicht aufgenommen wurde auch die in Art. 19 Abs. 2 S. 2 EG vorbehaltene **Regelungsmöglichkeit der Einzelheiten** der Wahlrechtsausübung durch das Sekundärrecht zugunsten einer allgemeinen **Querschnittsklausel,**[8] wie sie insbesondere mit Art. 52 Abs. 2 eingefügt wurde.

5 Die **Wahlrechtsgrundsätze,** die sich nach dem Wortlaut des Art. 190 Abs. 1 EG auf die allgemeine und unmittelbare Wahl beschränkten, wurden von Anfang an um die Grundsätze der freien und geheimen Wahl ergänzt (so nunmehr auch Art. 14 Abs. 3 EUV).[9] Der verschiedentlich, auch von den deutschen Ländern und der Bundesregierung, geäußerte Wunsch nach einer ausdrücklichen Aufnahme des Grundsatzes der gleichen Wahl blieb hingegen ohne Erfolg.[10]

III. Kommentierung

1. Wahlrecht

6 **a) Wahlen zum Europäischen Parlament. Art. 39 Abs. 1** gewährleistet den Unionsbürgerinnen und Unionsbürgern das Teilnahmerecht an den Wahlen zum Europäischen Parlament nach den für die Angehörigen des betreffenden Mitgliedstaats geltenden Bedingungen. Neben dieser Mitwirkung an der repräsentativen Demokratie haben die Unionsbürgerinnen und Unionsbürger im Rahmen der unmittelbaren Demokratie das Recht zur unionsweiten Beteiligung an vertraglich näher umschriebenen Bürgerinitiativen.[11] Ferner befürworten

---

4 *Europäischer Rat* von Köln, Schlussfolgerungen des Vorsitzes, BullEU 6–1999, Ziff. I.18, S. 14.

5 CHARTE 4170/00 v. 20.3.2000, Art. C S. 1.

6 *Bernsdorff/Borowsky*, Protokolle, S. 192 ff., 201 f.

7 CHARTE 4284/00 v. 5.5.2000, Art. 25 Abs. 2; wohl durch ein Redaktionsversehen war dabei auch der Zusatz „bei den Wahlen zum Europäischen Parlament" entfallen, der später wieder eingefügt wurde; vgl. CHARTE 4360/00 v. 14.6.2000, Vorschlag des Präsidiums zu Art. 25 Abs. 2.

8 CHARTE 4284/00 v. 5.5.2000, Art. 25; vgl. demgegenüber noch CHARTE 4170/00 v. 20.3.2000, Art. C S. 2 und dazu *Bernsdorff/Borowsky*, Protokolle, S. 192 ff., 201 f.; zur Einbeziehung der weiblichen Form „Unionsbürgerinnen" vgl. CHARTE 4470/00 v. 14.9.2000, Art. 38.

9 Vgl. CHARTE 4170/00 v. 20.3.2000, Art. A Nr. 3.

10 Vgl. dazu *Bernsdorff/Borowsky*, Protokolle, S. 192 ff., 200, 310 ff., 314; CHARTE 4203/00 v. 4.4.2000 (deutsche Länder); CHARTE 4281/00 v. 5.5.2000 (deutsche Bundesregierung); vgl. dazu auch unten Rn. 29 ff.

11 Art. 11 Abs. 4 EUV; Art. 24 Abs. 1 AEUV; VO (EU) Nr. 211/2011 des Europäischen Parlaments und des Rates v. 16.2.2011 über die Bürgerinitiative, ABl. 2011 Nr. L 65 S. 1; aufgehoben und ersetzt mit Wirkung vom 1.1.2020 durch VO (EU) 2019/788 des Europäischen Parlaments und des Rates

das Parlament und die Kommission u.a., bei der Parlamentswahl die Verbindung zur Bestimmung des Kommissionspräsidenten sowie zwischen den europäischen und den nationalen Parteien verstärkt hervorzuheben.[12] Rechtsgrundlage für die Wahlen und deren Ausgestaltung sind **Art. 14 EUV** und **Art. 223 AEUV**. Danach werden die bis zu 750 Abgeordneten, zuzüglich des Präsidenten, in allgemeiner, unmittelbarer, freier und geheimer Wahl auf jeweils fünf Jahre gewählt.[13] Die näheren Bestimmungen für das Wahlverfahren sind – aufgrund eines Entwurfs des Europäischen Parlaments – vom Rat einstimmig gemäß einem besonderen Gesetzgebungsverfahren und nach Zustimmung des Parlaments zu erlassen und bedürfen für ihr Inkrafttreten der Zustimmung der Mitgliedstaaten gemäß ihren verfassungsrechtlichen Vorschriften (Art. 223 Abs. 1 AEUV).[14]

Trotz zahlreicher Entwürfe, die vom Europäischen Parlament seit Anfang der 1960er Jahre vorgelegt wurden,[15] ist bisher nur eine auf gemeinsamen Grundsätzen aller Mitgliedstaaten beruhende gemeinschaftsrechtliche Teilregelung durch den **Europawahlakt** von 1976 erfolgt.[16] Bis zum Inkrafttreten eines einheitlichen oder eines insgesamt auf gemeinsamen Grundsätzen beruhenden Wahlverfahrens bestimmt sich das Wahlverfahren nach dem Recht der einzelnen Mitgliedstaaten, das jedoch das Verhältniswahlsystem nicht in Frage stellen darf (Art. 8 Europawahlakt).[17] Dies gilt auch für das Teilnahmerecht an den Wah- 7

v. 17.4.2019 über die Europäische Bürgerinitiative, ABl. 2019 Nr. L 130, S. 55; näher dazu *Streinz/Magiera*, EUV/AEUV, Art. 24 AEUV Rn. 3 ff.

12 *EP*, Entschließung v. 22.11.2012 zu den Wahlen zum Europäischen Parlament im Jahr 2014, ABl. 2015 Nr. C 419 S. 185; *Kommission*, Bericht über die Wahlen zum Europäischen Parlament, COM(2015) 206; *Kommission*, Empfehlung (EU) 2018/234 v. 14.2.2018 zur Stärkung des europäischen Charakters und der effizienten Durchführung der Wahlen 2019 zum Europäischen Parlament, ABl. 2018 Nr. L 45 S. 40; näher zu den Wahlfunktionen des Parlaments *Fabbrini*, Journal of European Integration 2015, 571 ff.; *Hatje*, EuR-Beiheft 2, 2015, 39 ff.; *Nickel*, EuR 2016, 28 ff.; *Grabitz/Hilf/Nettesheim/Hölscheidt*, EU, Art. 14 EUV Rn. 42 ff.

13 Bis zum Ende der Wahlperiode 2009–2014 belief sich die Gesamtzahl auf vorübergehend 754 Sitze (Art. 2 Prot. [Nr. 36] über die Übergangsbestimmungen zum EUV/AEUV, ABl. 2012 Nr. C 326 S. 322, idF des Prot. v. 23.6.2010, ABl. 2010 Nr. C 263 S. 1, das am 1.12.2011 in Kraft getreten ist, BGBl. 2012 II S. 145), die sich – nach dem Beitritt Kroatiens zur Europäischen Union – um vorübergehend weitere zwölf Sitze für diesen Mitgliedstaat erhöhte (Art. 19 BeitrA Kroatien, ABl. 2012 Nr. 112 S. 26). – Zur Vorsorge für den Fall eines „Brexit" (Austritt des Vereinigten Königreichs aus der Union) vgl. unten Rn. 31.

14 Die Direktwahl wurde erst 1976 mit Wirkung ab 1979 eingeführt; dazu unten Rn. 7.

15 Vgl. u.a. den Entwurf v. 17.5.1960, ABl. 1960 S. 834, sowie zuletzt v. 15.7.1998, ABl. 1998 Nr. C 292 S. 66; dazu näher *EP*, Institutioneller Ausschuss, Bericht (Anastassopoulos) über die Ausarbeitung eines Entwurfs für ein Wahlverfahren, das auf gemeinsamen Grundsätzen für die Wahl der Mitglieder zum Europäischen Parlament beruht, EP-Dok. A4–0212/98, S. 9 ff.; vgl. ferner *Grabitz/Hilf/Nettesheim/Hölscheidt*, EU, Art. 223 AEUV Rn. 21 ff.; *Streinz/Huber*, EUV/AEUV, Art. 223 AEUV Rn. 2 ff.

16 Beschluß 76/787/EGKS, EWG, Euratom der im Rat vereinigten Vertreter der Mitgliedstaaten v. 20.9.1976 und beigefügter Akt zur Einführung allgemeiner unmittelbarer Wahlen der Abgeordneten der Versammlung, ABl. 1976 Nr. L 278 S. 1; geändert durch Beschluss 2002/772/EG, Euratom des Rates v. 25.6. und 23.9.2002 ..., ABl. 2002 Nr. L 283 S. 1, und Beschluss (EU, Euratom) 2018/994 des Rates v. 13.7.2018 ..., ABl. 2018, Nr. L 178 S. 1 [„Europawahlakt"]; zu weitergehenden Vorschlägen *EP*, Entschließung v. 11.11.2015 zu der Reform des Wahlrechts der Europäischen Union, ABl. 2017 Nr. C 366/S. 7. – Zuvor wurde die ursprünglich sog. „Versammlung" mittelbar aus der Mitte der mitgliedstaatlichen Parlamente gewählt; vgl. dazu *Magiera*, in: Zuleeg, 1987, S. 123, 129 f.

17 Vgl. dazu die Zusammenstellung in *EP*, Institutioneller Ausschuss, Bericht (Anastassopoulos) über die Ausarbeitung eines Entwurfs für ein Wahlverfahren, das auf gemeinsamen Grundsätzen für die Wahl der Mitglieder zum Europäischen Parlament beruht, EP-Dok. A4–0212/98, S. 25 ff.; ferner *Nohlen, Dieter*, Wie wählt Europa? Das polymorphe Wahlsystem zum Europäischen Parlament, Aus Politik und Zeitgeschichte B 17/2004, 29 ff.

len zum Europäischen Parlament, für das der Wahlakt lediglich bestimmt, dass jeder Wähler nur einmal wählen kann (Art. 9 Europawahlakt).

8 Infolge der unterschiedlichen Voraussetzungen in den einzelnen Mitgliedstaaten konnten Gemeinschaftsangehörige bei Wohnsitznahme in einem anderen Mitgliedstaat das Wahlrecht in ihrem Heimatstaat verlieren, ohne es in ihrem Wohnsitzmitgliedstaat zu erhalten.[18] Um diesem Verlust des Wahlrechts zu begegnen, gewährleistet **Art. 22 Abs. 2 AEUV** (zuvor Art. 8 b EGV; Art. 19 Abs. 2 EG) allen Unionsbürgern bei Wohnsitz in einem Mitgliedstaat, dessen Staatsangehörigkeit sie nicht besitzen, das Teilnahmerecht an den dortigen Wahlen zum Europäischen Parlament unter den für die Angehörigen dieses Mitgliedstaats geltenden Bedingungen (Satz 1) und vorbehaltlich der Einzelheiten und begrenzten Ausnahmen, die vom Rat einstimmig gemäß einem besonderen Gesetzgebungsverfahren und nach Anhörung des Europäischen Parlaments festgelegt werden (Satz 2). Dazu erging Ende 1993 die **Europawahl-Richtlinie,**[19] die im Hinblick auf die 1994 anstehende Wahl des Europäischen Parlaments bis Ende Januar 1994 von den Mitgliedstaaten umzusetzen war.[20]

9 **b) Wahlberechtigung. aa) Unionsbürgerinnen und Unionsbürger.** Das Grundrecht gemäß Art. 39 Abs. 1 steht den Unionsbürgerinnen und Unionsbürgern zu, dh den **Staatsangehörigen der Mitgliedstaaten** der Europäischen Union (Art. 9 S. 2 EUV; Art. 20 Abs. 1 S. 2 AEUV). Nach dem ersten Satzteil besitzen sie es in dem Mitgliedstaat, in dem sie ihren **Wohnsitz** haben, unabhängig davon, ob es sich um ihren Heimatstaat oder einen anderen Mitgliedstaat handelt. Nach dem zweiten Satzteil gelten für den Besitz ihres Wahlrechts dieselben Bedingungen wie für die Angehörigen des betreffenden Mitgliedstaats, was nur Sinn macht, wenn ihr Wohnsitzmitgliedstaat nicht ihr Heimatstaat, sondern ein anderer Mitgliedstaat ist. Während somit der erste Satzteil für ein **umfassendes Grundrecht** der Unionsbürger auf Teilnahme an den Wahlen zum Europäischen Parlament in jedem Mitgliedstaat spricht, in dem sie ihren Wohnsitz haben, lässt sich dem zweiten Satzteil lediglich ein **Grundrecht auf Inländergleichbehandlung** bei Wohnsitz in einem anderen als dem eigenen Mitgliedstaat entnehmen.

10 **Art. 22 Abs. 2 S. 1 AEUV,** dem Art. 39 Abs. 1 nach seiner Entstehungsgeschichte entsprechen soll und der für die Ausübung des Wahlrechts maßgeblich ist (Art. 20 Abs. 2 S. 3 AEUV), beschränkt sich klar auf eine **Inländergleichbehandlung,** indem er das Teilnahmerecht an den Wahlen zum Europäischen Parlament jedem Unionsbürger „mit Wohnsitz in einem Mitgliedstaat, dessen Staatsangehörigkeit er nicht besitzt" nach denselben Bedin-

---

18 Vgl. dazu *Grabitz/Läufer*, Europäisches Parlament, S. 238; *Kommission*, Vorschlag für eine Richtlinie des Rates über die Einzelheiten der Ausübung des aktiven und passiven Wahlrechts bei den Wahlen zum Europäischen Parlament im Wohnsitz-Mitgliedstaat, KOM(93) 534, S. 2 f.

19 RL 93/109/EG des Rates v. 6.12.1993 über die Einzelheiten der Ausübung des aktiven und passiven Wahlrechts bei den Wahlen zum Europäischen Parlament für Unionsbürger mit Wohnsitz in einem Mitgliedstaat, dessen Staatsangehörigkeit sie nicht besitzen, ABl. 1993 Nr. L 329 S. 34; geändert durch RL 2013/1/EU des Rates v. 20.12.2012 ..., ABl. 2013 Nr. L 26 S. 27 [„Europawahl-RL"]; zur Vorgeschichte und Begründung vgl. *Kommission*, Vorschlag für eine Richtlinie des Rates über die Einzelheiten der Ausübung des aktiven und passiven Wahlrechts bei den Wahlen zum Europäischen Parlament im Wohnsitz-Mitgliedstaat, KOM(93) 534; ferner *Dürig*, NVwZ 1994, 1180.

20 In Deutschland erfolgte die Umsetzung durch Änderung des Europawahlgesetzes und der Europawahlordnung; vgl. dazu Drittes Gesetz zur Änderung des Europawahlgesetzes v. 8.3.1994, BGBl. I 1994, 419, sowie Zweite Verordnung zur Änderung der Europawahlordnung v. 15.3.1994, BGBl. I 1994, 544, berichtigt am 2.5.1994, BGBl. I 1994, 985; ferner *Dürig*, NVwZ 1994, 1180; vgl. für die übrigen Mitgliedstaaten *EP*, Institutioneller Ausschuss, Bericht (Anastassopoulos) über die Ausarbeitung eines Entwurfs für ein Wahlverfahren, das auf gemeinsamen Grundsätzen für die Wahl der Mitglieder zum Europäischen Parlament beruht, EP-Dok. A4–0212/98, S. 25 ff.

gungen wie für die Angehörigen des betreffenden Mitgliedstaats gewährleistet. Diese etwas umständliche Formulierung sollte nach den Beratungen des Grundrechtekonvents lediglich sprachlich vereinfacht, nicht jedoch inhaltlich verändert werden (→ Rn. 4). Für die Beibehaltung der Inländergleichbehandlung spricht zudem der Verweis auf die **Querschnittsklausel** des Art. 52 Abs. 2 in den Beratungen des Grundrechtekonvents und den Erläuterungen des Präsidiums (→ Rn. 2 und → Rn. 4). Danach erfolgt die Ausübung der in der Grundrechtecharta anerkannten Rechte, die in den Unionsverträgen geregelt sind, im Rahmen der darin festgelegten Bedingungen und Grenzen.

Mit der Querschnittsklausel vereinbar erscheint jedoch ebenfalls ein Verständnis des 11 Art. 39 Abs. 1 als ein **umfassendes Grundrecht** der Unionsbürger, das eine Teilnahme an den Wahlen zum Europäischen Parlament auch bei Wohnsitz in ihrem Heimatstaat einschließt, wenn neben Art. 22 Abs. 2 AEUV zusätzlich **Art. 14 Abs. 3 EUV** (zuvor Art. 190 Abs. 1 EG) herangezogen wird. Auf diese Bestimmung stellen die Beratungen des Grundrechtekonvents und die Erläuterungen des Präsidiums für die Gewährleistung der Wahlrechtsgrundsätze in Art. 39 Abs. 2 ab.[21] Sie hat jedoch zugleich Auswirkungen auf die Wahlberechtigung, indem sie festlegt, dass die Abgeordneten des Europäischen Parlaments in allgemeiner, unmittelbarer, freier und geheimer Wahl gewählt werden. Damit wird ein **individuelles Wahlrecht** zum Europäischen Parlament vorausgesetzt.[22]

Lediglich die **Bestimmung der Wahlberechtigten** bleibt offen und nach dem Europawahlakt 12 den Mitgliedstaaten vorbehalten, soweit sie mit dem Unionsrecht und mit völkerrechtlichen Verpflichtungen vereinbar ist.[23] Sie wird durch Art. 22 Abs. 2 AEUV dahin modifiziert, dass die Wahlberechtigung den Unionsbürgern aus anderen Mitgliedstaaten mit Wohnsitz im betreffenden Mitgliedstaat nach dessen Bedingungen für die eigenen Angehörigen zuerkannt werden muss. Damit gewährleistet das Vertragsrecht allen Unionsbürgern das Wahlrecht zum Europäischen Parlament unabhängig davon, ob sie ihren Wohnsitz im eigenen oder in einem anderen Mitgliedstaat haben. Andererseits sind die Mitgliedstaaten beim gegenwärtigen Stand des Unionsrechts nach der Rechtsprechung des Europäischen Gerichtshofs nicht gehindert, das Wahlrecht zum Europäischen Parlament – unter Beachtung des Unionsrechts – auch bestimmten Personen zuzuerkennen, die enge Verbindung mit ihnen aufweisen, ohne eigene Staatsangehörige oder in ihrem Hoheitsgebiet ansässige Unionsbürger aus anderen Mitgliedstaaten zu sein.[24] Nach Art. 53 ist keine Bestimmung der Grundrechtecharta als eine Einschränkung der Menschenrechte und Grundfreiheiten, die u.a. durch das Unionsrecht oder die Europäische Konvention zum Schutze der Menschenrechte und Grundfreiheiten anerkannt werden, auszulegen.

---

21 Vgl. oben Rn. 2 und 4 a.E.; ferner die Erläuterungen zur Charta der Grundrechte idF v. 12.12.2007, ABl. 2007 Nr. C 303 S. 17 ff., zu Art. 39.

22 Vgl. auch EuGH – Delvigne, C-650/13 – ECLI:EU:C:2015:648 Rn. 41 ff.; Jarass, GRC, Art. 39 Rn. 1; *Pechstein/Nowak/Häde/Heselhaus*, Frankfurter Kommentar, Art. 39 GRC Rn. 15.

23 *Kommission*, Vorschlag für eine Richtlinie des Rates über die Einzelheiten der Ausübung des aktiven und passiven Wahlrechts bei den Wahlen zum Europäischen Parlament im Wohnsitz-Mitgliedstaat, KOM(93) 534; Art. 1 Europawahl-RL (Rn. 8); ferner EGMR, 18.2.1999, Matthews v. United Kingdom, no 24833/94 §§ 37 ff., wonach auch das Wahlrecht zum Europäischen Parlament durch Art. 3 des Zusatzprotokolls Nr. 1 v. 20.3.1952 zur EMRK geschützt ist; zu den Folgemaßnahmen vgl. *Kommission*, Vierter Bericht über die Unionsbürgerschaft, KOM(2004) 695, S. 8; EuGH – Eman und Sevinger, C-300/04 – Slg. 2006, I-8055 Rn. 45 ff., wonach das Wahlrecht zum Europäischen Parlament „unter Beachtung des Gemeinschaftsrechts“ zu bestimmen ist.

24 EuGH – Spanien/Vereinigtes Königreich, C-145/04 – Slg. 2006, I-7917 Rn. 78; vgl. dazu *Haag*, in: FS für Bieber, S. 145; *Aust*, ZEuS 2008, 261 ff.; *Shaw*, The transformation, S. 172 ff.

13 Insgesamt erscheint es danach geboten, Art. 39 Abs. 1 als **umfassendes Grundrecht** der Unionsbürger auf Teilnahme an den Wahlen zum Europäischen Parlament bei Wohnsitz in einem Mitgliedstaat[25] nach dessen – mit dem Unionsrecht vereinbaren – Bedingungen zu verstehen. Dies entspricht dem ersten Satzteil der Bestimmung und lässt sich nach der Entstehungsgeschichte mit dem zweiten Satzteil vereinbaren, der allerdings im Hinblick auf die Querschnittsklausel besser hätte entfallen oder folgerichtig umformuliert (zB „wobei die Bedingungen des betreffenden Mitgliedstaats gelten") werden sollen.

14 **bb) Aktives und passives Wahlrecht.** Art. 39 Abs. 1 gewährleistet den Unionsbürgern das aktive und passive Wahlrecht, dh das Recht, an den Wahlen zum Europäischen Parlament **als Wähler und als Wahlbewerber** teilzunehmen. Erfasst wird neben dem Wahlakt (Stimmabgabe) das gesamte mit einer demokratischen Wahl verbundene Verfahren von der Wahlvorbereitung (Kandidatenaufstellung, Wahlkampf) über die Wahlfeststellung bis zum Antritt und zur Ausübung des Wahlmandats.

15 Für die Ausübung des Wahlrechts bestimmt der **Europawahlakt** lediglich, dass jeder Wähler **nur einmal wählen** kann und dies durch wirksame, verhältnismäßige und abschreckende Sanktionen der Mitgliedstaaten sichergestellt wird (Art. 9 Europawahlakt). Die Regelung beschränkt sich auf das aktive Wahlrecht, während die Regelung des passiven Wahlrechts den Mitgliedstaaten vorbehalten bleibt. Aber auch für das aktive Wahlrecht konnte der Europawahlakt die angestrebte Einhaltung des demokratischen Grundsatzes „one man (person) – one vote" wegen der unterschiedlichen und nicht näher koordinierten Voraussetzungen für die Ausübung des Wahlrechts in den einzelnen Mitgliedstaaten nicht sicherstellen. Vielmehr konnten Unionsbürger je nach Ausgestaltung der beteiligten Wahlrechtsordnungen bei Wohnsitznahme in einem anderen als ihrem Heimatstaat ihr Wahlrecht zum Europäischen Parlament nicht nur verlieren (→ Rn. 8), sondern auch ein **zusätzliches Wahlrecht** erlangen und ausüben.[26]

16 Demgegenüber enthält die **Europawahl-Richtlinie**, wenn auch beschränkt auf Unionsbürger mit Wohnsitz in einem anderen als ihrem eigenen Mitgliedstaat (Art. 1 Abs. 1 Europawahl-RL),[27] Bestimmungen für die Ausübung des aktiven und des passiven Wahlrechts. Danach kann bei jeder Wahl ein aktiv Wahlberechtigter seine **Stimme nur einmal abgeben**, und zwar entweder in dem Mitgliedstaat, dessen Staatsangehörigkeit er besitzt (Herkunftsmitgliedstaat), oder in dem er, ohne dessen Staatsangehörigkeit zu besitzen, seinen Wohnsitz hat (Wohnsitzmitgliedstaat); ein passiv Wahlberechtigter kann **nur in einem Mitgliedstaat kandidieren** (Art. 4 Europawahl-RL). Das passive Wahlrecht ist zudem im Wohnsitzmitgliedstaat ausgeschlossen, wenn die betreffende Person dieses Recht dort oder in ihrem Heimatstaat verloren hat (Art. 6 Europawahl-RL). Zur **Sicherstellung** dieser Begrenzungen haben die Wahlberechtigten vor Ausübung ihres Wahlrechts in ihrem Wohnsitzmitgliedstaat zu versichern, dass sie nur in diesem wählen bzw. kandidieren werden und ihres passiven Wahlrechts nicht verlustig gegangen sind (Art. 9 und 10 Europawahl-RL). Ferner ist der Wohnsitzmitgliedstaat gehalten, die entsprechenden Informationen an den Herkunftsmitgliedstaat zu übermitteln, und dieser ist verpflichtet, die geeigneten Maßnahmen zu

25 Bei Wohnsitz in Drittländern bleibt die Regelung dem Heimatstaat überlassen; vgl. Art. 9 a Europawahlakt (Rn. 7), Art. 1 Abs. 2 Europawahl-RL (Rn. 8).

26 Vgl. *Magiera*, in: Zuleeg, S. 130 mwN.

27 Vgl. dazu auch *Kommission*, Vorschlag für eine Richtlinie des Rates über die Einzelheiten der Ausübung des aktiven und passiven Wahlrechts bei den Wahlen zum Europäischen Parlament im Wohnsitz-Mitgliedstaat, KOM(93) 534, S. 10. – Zum Europawahlrecht bei Wohnsitz in Drittstaaten vgl. oben Rn. 13.

treffen, um eine doppelte Stimmabgabe oder Kandidatur oder eine unzulässige Kandidatur seiner Staatsangehörigen zu verhindern (Art. 6 und 13 Europawahl-RL).[28]

Art. 22 Abs. 2 AEUV und folglich auch Art. 39 Abs. 1 erstrecken nur das Wahlrecht, nicht 17
hingegen eine etwaige **Wahlpflicht** im Wohnsitzmitgliedstaat[29] auf die Angehörigen der anderen Mitgliedstaaten. Entscheiden sich diese jedoch für eine Teilnahme an den dortigen Wahlen und lassen sie sich dazu in das Wählerverzeichnis eintragen, so unterliegen sie auch einer daran anknüpfenden Wahlpflicht, die jedoch für jede weitere Wahl durch Antrag auf Streichung aus dem Wählerverzeichnis wieder beseitigt werden kann (Art. 8 und 9 Europawahl-RL).

c) **Wahlrechtsausübung**. Um das aktive und passive Wahlrecht zum Europäischen Parla- 18
ment ausüben zu können, müssen die Unionsbürger aus anderen Mitgliedstaaten dieselben oder – im Hinblick auf die abweichende Staatsangehörigkeit – vergleichbare **Bedingungen** erfüllen, wie sie für die eigenen Angehörigen des Wohnsitzmitgliedstaats gelten (u.a. betr. Mindestdauer des Wohnsitzes, Verlust des aktiven oder passiven Wahlrechts,[30] Eintragung in das Wählerverzeichnis, Erklärung der Wahlkandidatur; Art. 3 ff. Europawahl-RL). Für das passive Wahlrecht maßgeblich sind ferner Vereinbarkeiten und **Unvereinbarkeiten** der Mitgliedschaft im Europäischen Parlament mit gemeinschaftlichen und mitgliedstaatlichen Ämtern, wie sie im Unionsrecht und im Recht der Mitgliedstaaten näher bestimmt sind (Art. 7 Europawahlakt).[31]

d) **Einschränkungen**. Bei der Festlegung von Einzelheiten für die Ausübung des Wahlrechts 19
zum Europäischen Parlament durch Unionsbürger aus anderen Mitgliedstaaten in ihrem Wohnsitzmitgliedstaat können auch **Ausnahmeregelungen** vorgesehen werden, wenn dies aufgrund besonderer Probleme eines Mitgliedstaats gerechtfertigt ist.[32] Diese Einschränkungsmöglichkeit gemäß Art. 22 Abs. 2 S. 2 AEUV gilt nach der Querschnittsklausel des Art. 52 Abs. 2 auch für die Wahlrechtsgewährleistung des Art. 39 Abs. 1.

Die Ausnahmemöglichkeiten sind **begrenzt** auf Mitgliedstaaten, in denen der Anteil wahl- 20
berechtigter Unionsbürger aus anderen Mitgliedstaaten Anfang 1993 mehr als 20 % aller wahlberechtigten Unionsbürger betrug oder die den Staatsangehörigen aus anderen Mit-

---

28 Vgl. dazu für Deutschland § 6 ff. Europawahlgesetz idF der Bek. v. 8.3.1994, BGBl. I 1994, 423, 555, 852, und § 17 ff., § 32 Europawahlordnung idF der Bek. v. 2.5.1994, BGBl. I 1994, 957; jeweils mit späteren Änderungen; dazu auch *Schreiber*, NVwZ 2004, 26 f. – Zur Verbesserung der Nachweispflicht für das passive Wahlrecht vgl. Art. 6 und 13 der Europawahl-RL 93/109/EG (oben Rn. 8) idF der Änderungs-RL 2013/1/EU des Rates v. 20.12.2012, ABl. 2013 Nr. L 26 S. 27, ferner Vorschlag der *Kommission* zur Änderung der Europawahl-RL, KOM(2006) 791; weitergehend dazu Entschließung des *EP* v. 26.9.2007, ABl. 2008 Nr. C 219E S. 193, das eine Kandidatur in mehreren Mitgliedstaaten zulassen will (Art. 4 Abs. 2 neu). – Zu Schwierigkeiten bei der Durchsetzung der Richtlinienanforderungen in den Mitgliedstaaten *Kommission,* Bericht über die Wahl der Mitglieder des Europäischen Parlaments (Akt von 1976 in der durch den Beschluss 2002/772/EG geänderten Fassung) und über die Teilnahme von Bürgern der Europäischen Union an den Wahlen zum Europäischen Parlament im Wohnsitzmitgliedstaat (Richtlinie 93/109/EG), KOM(2010) 605, S. 8 ff.

29 Ebenso *GSH/S. Augsberg,* EU, Art. 39, 40 GRC Rn. 22. Eine Wahlpflicht bei Wahlen zum Europäischen Parlament besteht in Belgien, Griechenland, Luxemburg und Zypern; vgl. *EP*, Institutioneller Ausschuss, Bericht (Anastassopoulos) über die Ausarbeitung eines Entwurfs für ein Wahlverfahren, das auf gemeinsamen Grundsätzen für die Wahl der Mitglieder zum Europäischen Parlament beruht, EP-Dok. A4–0212/98, S. 25 ff; *Grabitz/Hilf/Nettesheim/Hölscheidt,* EU, Art. 228 AEUV Rn. 56.

30 Zur Wahlkandidatur im Wohnsitzmitgliedstaat bei Verlust des passiven Wahlrechts im Herkunftsmitgliedstaat vgl. oben Rn. 16.

31 Zur Mandatsprüfung durch das Europäische Parlament vgl. EuGH – Italien/Parlament, C-393/07 u.a. – Slg. 2009, I-3679 Rn. 39 ff.

32 Zum Verfahren vgl. oben Rn. 8.

gliedstaaten vor Februar 1994 Gleichbehandlung bei ihren nationalen Parlamentswahlen gewährt hatten (Art. 14 Abs. 1 und 2 Europawahl-RL).[33] Die **Kommission** hat über die weitere Rechtfertigung der Ausnahmen regelmäßig **Bericht** zu erstatten und ggf. **Anpassungsvorschläge** zu unterbreiten (Art. 14 Abs. 3 Europawahl-RL), die bisher jedoch noch nicht für erforderlich gehalten wurden.[34]

2. Wahlrechtsgrundsätze

21 a) **Allgemeines.** Gemäß **Art. 39 Abs. 2** werden die Mitglieder des Europäischen Parlaments in allgemeiner, unmittelbarer, freier und geheimer Wahl gewählt. Damit soll die Bestimmung nach den Erläuterungen des Präsidiums des Grundrechtekonvents dem Art. 190 Abs. 1 EG (nunmehr Art. 14 Abs. 3 EUV) entsprechen, der die Grundprinzipien für die Durchführung von Wahlen in einem demokratischen Staat wiedergebe.[35] Nach seinem Wortlaut beschränkte sich Art. 190 Abs. 1 EG allerdings auf die Grundsätze der allgemeinen und der unmittelbaren Wahl, während Art. 14 Abs. 3 EUV zusätzlich die Grundsätze der freien und geheimen Wahl einbezieht.

22 Dennoch bestand schon zuvor Einigkeit darüber, dass die Grundsätze der freien und der geheimen Wahl auch vom geltenden Unionsrecht umfasst sind, wie sich den **Verfassungen der Mitgliedstaaten**[36] und dem Recht der **EMRK**[37] entnehmen lässt, deren Schutzniveau nicht unterschritten werden darf (Art. 53).[38] Entsprechendes ist für den Grundsatz der gleichen Wahl anzunehmen.[39] Auch wenn er weder im Unionsrecht noch im Recht der EMRK[40] genannt ist, gehört er zu den in den Verfassungen der Mitgliedstaaten[41] und im **Völkerrecht**[42] gewährleisteten Wahlrechtsgrundsätzen. Die bisher noch nicht vollständige Verwirklichung der Wahlrechtsgleichheit bei den Wahlen zum Europäischen Parlament steht der Geltung des Grundsatzes nicht entgegen, bedarf jedoch der besonderen Rechtfertigung (→ Rn. 29 ff.).

---

33 Betroffen war im ersten Fall Luxemburg, im zweiten Fall das Verhältnis zwischen dem Vereinigten Königreich und Irland; *Kommission*, Bericht über die Anwendung der RL 93/109/EG – Wahlrecht von Unionsbürgern, die in einem Mitgliedstaat leben, dessen Staatsangehörigkeit sie nicht besitzen, bei den Wahlen zum Europäischen Parlament, KOM(97) 731, S. 18 ff.

34 *Kommission*, ebd, S. 18 ff.; ferner *Kommission*, Bericht zur Gewährung einer Ausnahmeregelung nach Artikel 19 Absatz 2 EG-Vertrag vorgelegt gemäß Artikel 14 Absatz 3 der RL 93/109/EG zum aktiven und passiven Wahlrecht bei den Wahlen zum Europäischen Parlament, KOM(2003) 31; KOM(2007) 846.

35 CHARTE 4473/00 v. 11.10.2000, Erläuterungen des Präsidiums zu Art. 39.

36 Vgl. die Übersicht bei *Grabitz/Läufer*, Europäisches Parlament, S. 241 ff.

37 Art. 3 des Zusatzprotokolls Nr. 1 v. 20.3.1952 zur EMRK; zu dessen Anwendbarkeit auf das Europäische Parlament vgl. EGMR, 18.2.1999, Matthews v. United Kingdom, no 24833/94 § 54.

38 Vgl. auch *Gamper*, Europäischer Citoyen und europäisches Wahlrecht, in: dies. (Hrsg.), Entwicklungen des Wahlrechts am europäischen Beispielfall, Wien/New York 2010, S. 3; ebenso nunmehr Art. 1 Abs. 3 Europawahlakt in der zuletzt geänderten Fassung (Rn. 7).

39 *Grabitz/Läufer*, Europäisches Parlament, S. 235; *Scheffler*, One man – one vote – one value?, S. 56 ff.; *Streinz/Huber*, EUV/AEUV, Art. 14 EUV Rn. 63 ff.; *Jarass*, GRC, Art. 39 Rn. 16; *Holoubek/Lienbacher/Heindl/Tobisch*, GRC, Art. 39 Rn. 15; *EP*, Entschließung v. 15.7.1998 zur Ausarbeitung eines Entwurfs für ein Wahlverfahren, das auf gemeinsamen Grundsätzen für die Wahl der Mitglieder des Europäischen Parlaments beruht, ABl. 1998 Nr. C 292 S. 66, Anlage, Art. 1; anders Art. 1 Abs. 3 des Europawahlaktes in der zuletzt geänderten Fassung; *Heselhaus/Nowak/Haratsch*, Hdb Eur. GR, S. 1284 ff.; *Schönberger*, Unionsbürger, S. 502 ff.; *Stern/Sachs/Hobe*, GRC, Art. 39 Rn. 40.

40 Die Wahlrechtsgleichheit ergibt sich jedoch aus Art. 3 des Zusatzprotokolls v. 20.3.1952 zur EMRK; vgl. EGMR, 2.3.1987, Mathieu-Mohin and Clerfayt v. Belgium, no 9267/81 § 54; ferner *D. Richter*, Das Recht auf freie Wahlen, in: Grote/Marauhn, EMRK/GG, 2006, S. 1388 Rn. 29, 82, 89.

41 Vgl. die Übersicht bei *Grabitz/Läufer*, Europäisches Parlament, S. 241 ff.

42 Art. 25 lit. b IPbpR; Art. 21 Ziff. 3 AEMR.

Insgesamt handelt es sich bei den Wahlrechtsgrundsätzen um allgemeine Rechtsprinzipien, die ein demokratisches Wahlverfahren ermöglichen sollen und den rechtssetzenden Organen einen **Gestaltungsspielraum** belassen, der sich in den Verfassungen und Wahlgesetzen der Mitgliedstaaten widerspiegelt, etwa im Hinblick auf das Wahlsystem (zB Verhältnis-, Mehrheitswahl) und auf einzelne Wahlvoraussetzungen (Staatsangehörigkeit, Mindestwahlalter, Niederlassung im Wahlgebiet, Wahlausschluss wegen geistiger oder staatsbürgerlicher Mängel, Unvereinbarkeiten mit der Ausübung anderer Ämter u.a.).[43] 23

b) Einzelne Wahlrechtsgrundsätze. aa) Allgemeine Wahl. Der Grundsatz der allgemeinen Wahl gewährleistet allen Unionsbürgern in der gesamten Union **Zugang zur Wahl** des Europäischen Parlaments. Er fordert, dass grundsätzlich jede Person ihr (aktives und passives) Wahlrecht in gleicher Weise ausüben kann und niemand unberechtigt von der Wahlteilnahme ausgeschlossen wird.[44] Ausnahmen sind nur aus zwingenden Gründen (zB Mindestwahlalter, geistige Gebrechen, bestimmte Inkompatibilitäten) zulässig und bedürfen der regelmäßigen Überprüfung sowie einer möglichen Anpassung (zB Sesshaftigkeit im Wahlgebiet, Ausschluss aufgrund Richterspruchs, Einführung des Briefwahlrechts).[45] 24

bb) Unmittelbare Wahl. Nach dem Grundsatz der unmittelbaren Wahl müssen die Mitglieder des Europäischen Parlaments **durch die wahlberechtigten Unionsbürger selbst**, dh ohne Vermittlung durch Wahlmänner oder andere Auswahlgremien, bestimmt werden. Ausgeschlossen ist damit die Entsendung der Mitglieder des Europäischen Parlaments durch die mitgliedstaatlichen Parlamente aus deren Mitte, wie es vor Einführung der Direktwahl des Europäischen Parlaments durch den Europawahlakt von 1976 der Fall war. 25

Nicht unvereinbar mit dem Grundsatz der unmittelbaren Wahl ist demgegenüber die **Listenwahl**, auch wenn dadurch die Wahl eines Kandidaten von der Mitwahl anderer Kandidaten abhängig und die Zusammensetzung der Liste von den Wählern nicht beeinflussbar (zB durch Namensstreichung, -hinzufügung oder -neuordnung) ist (sog. starre oder gebundene Liste), sofern die Entscheidung der Wähler über die Liste endgültig ist, dh nach der Wahl keiner Änderung oder Ergänzung, etwa durch die aufstellende Partei, unterliegt.[46] Ausnahmsweise zulässig erscheint eine indirekte Bestimmung der Mitglieder des Europäischen Parlaments, etwa durch Entscheidung von Mitgliedern der mitgliedstaatlichen Parlamente, bei **Aufnahme neuer Mitgliedstaaten** für die laufende Wahlperiode des Europäischen Parlaments.[47] 26

---

43 Vgl. EuGH – Eman und Sevinger, C-300/04 – Slg. 2006, I-8055 Rn. 60; EGMR, 6.4.2000, Labita v. Italy, no 26772/95 § 202 f. (Straftäter); EGMR, 11.1.2005, Py v. France, no 66289/01 § 48 ff. (Wohnsitz); EGMR, 6.10.2005, Hirst v. United Kingdom (2), no 74025/01 § 63 ff. (Strafgefangener); EGMR, 8.7.2008, The Georgian Labour Party v. Georgia, no 9103/04 § 92 (Wählerregistrierung); EGMR, 20.5.2010, Alajos Kiss v. Hungary, no 38832/06 § 39 ff. (Entmündigter); EGMR, 15.3.2012, Sitaropoulos und Giakoumoloulos v. Greece, no 42202/07 § 69 ff. (Wohnsitz); für das deutsche Recht: BVerfGE 3, 19, 24 f.; 3, 383, 394; 95, 335, 349; st. Rspr.

44 Vgl. – für das deutsche Recht – BVerfGE 11, 266, 271; 58, 202, 205; 99, 69, 77 f.; st. Rspr.; ferner *Grabitz/Meyer*, Europawahlgesetz, S. 50 ff.

45 EuGH – Eman und Sevinger, C-300/04 – Slg. 2006, I-8055 Rn. 54 ff. (Wohnsitzerfordernis); EuGH – Delvigne, C-650/13 – ECLI:EU:C:2015:648 Rn. 45 ff. (Verlust durch Gerichtsentscheid); *Kommission*, Umgang mit den Konsequenzen des Entzugs des Wahlrechts von Unionsbürgern, die von ihrem Recht auf Freizügigkeit Gebrauch machen, COM(2014) 33.

46 Str.; wie hier BVerfGE 3, 45, 49 f.; 47, 253, 279 f.; st. Rspr.; *Grabitz/Meyer*, Europawahlgesetz, S. 54 f. – Zur Zulässigkeit von Vorzugsstimmen auf der Grundlage von Listen (im Unterschied zu starren Listen) näher *Grabitz/Hilf/Nettesheim/Hölscheidt*, EU, Art. 228 AEUV Rn. 30, 56; *Alber*, in: FS für T. Stein, 2015, S. 403 (425).

47 Ebenso *GSH/Bieber*, EU, Art. 14 EU Rn. 62; *Schwarze/Schoo*, EU, Art. 14 EUV Rn. 51 f.; *Streinz/Huber*, EUV/AEUV, Art. 14 EUV Rn. 60 f.

27 cc) **Freie Wahl.** Der Grundsatz der freien Wahl **schützt** die Stimmabgabe und die Wahlkandidatur **vor Zwang und unzulässiger Beeinflussung** innerhalb eines unbehinderten demokratischen Meinungsbildungsprozesses.[48] Erfasst wird neben der Stimmabgabe auch die Wahlvorbereitung. Dies schließt eine Monopolisierung des Wahlvorschlagsrechts bei den politischen Parteien aus und verlangt bei gebundenen Listen eine Auswahlmöglichkeit zwischen verschiedenen Listen. **Unzulässig** ist eine **parteiergreifende Stellungnahme** durch staatliche oder gemeinschaftliche Einrichtungen, durch Private hingegen nur, wenn sie durch Zwang, spürbaren Druck oder ähnlich schwerwiegende Mittel erfolgt.[49] Da die öffentliche Nichtbeteiligung an der Wahl eine Stellungnahme enthalten kann, die über die (geheime) Stimmabgabe hinausgeht, erscheint eine **Wahlpflicht** mit dem Grundsatz der freien Wahl nicht vereinbar.[50]

28 dd) **Geheime Wahl.** Der Grundsatz der geheimen Wahl **schützt die Wähler vor einer Offenbarung des Inhalts ihrer Wahlentscheidung** und gewährleistet damit zugleich die Wahlfreiheit.[51] Die Stimmabgabe ist deshalb höchstpersönlich auszuüben und durch geeignete technische Vorkehrungen (verdeckte Stimmzettel, sichtgeschützte Wahlkabinen) vor fremder Kenntnisnahme zu sichern. **Einschränkungen** sind nur aus zwingenden Gründen und soweit erforderlich zulässig, etwa bei der Stimmabgabe durch Briefwahl oder von Behinderten mit Unterstützung einer Vertrauensperson. Vereinbar mit dem Grundsatz der geheimen Wahl ist die (freiwillige und nicht rückverfolgbare) **Offenlegung** der (geheimen) Stimmabgabe durch den Wähler selbst, nicht jedoch eine darauf gerichtete staatliche Maßnahme oder ernstzunehmende Druckausübung Privater. In der Wahlkabine darf dementsprechend – auch durch den Wähler selbst – nicht fotografiert oder gefilmt werden.[52]

29 ee) **Gleiche Wahl.** Der Grundsatz der gleichen Wahl gewährleistet die **Ausübung des aktiven und passiven Wahlrechts in formal möglichst gleicher Weise.** Er gilt auch im Rahmen des Unionsrechts und der Europäischen Grundrechtecharta, obwohl er in den Texten nicht ausdrücklich genannt ist (→ Rn. 22). Für das aktive Wahlrecht fordert er den gleichen Zählwert und den gleichen Erfolgs(chancen)wert der Stimmabgabe, für das passive Wahlrecht die Chancengleichheit der Wahlbewerber.[53] Der Grundsatz der Wahlrechtsgleichheit erfasst das gesamte Wahlverfahren von der Wahlvorbereitung über die Stimmabgabe bis zur Zuteilung der Wahlmandate.

30 **Einschränkungen** sind nur aus zwingenden Gründen und soweit erforderlich zulässig, wie etwa aufgrund einer **Sperrklausel** bei der Verhältniswahl zum Schutz der Funktionsfähigkeit des Parlaments. Die 5 %-Sperrklausel des deutschen Europawahlgesetzes, die das Bundesverfassungsgericht 1979 als verfassungsgemäß angesehen hatte[54] und die sich im Rahmen der 2002 verankerten fakultativen 5 %-Sperrklausel des Europarechts[55] wie der

48 Näher dazu *Kommission*, Securing free and fair European elections, COM(2018) 637; vgl. auch – für das deutsche Recht – BVerfGE 44, 125, 139; 95, 335, 350; std. Rspr.
49 Vgl. hierzu und zu weiteren Einzelheiten *Grabitz/Meyer*, Europawahlgesetz, S. 57 ff.
50 Str.; aA *GSH/Bieber*, EUV, Art. 14 EU Rn. 63; zweifelnd *Grabitz/Meyer*, Europawahlgesetz, S. 58; vgl. – für das deutsche Recht – *Sachs/Magiera*, GG, Art. 38 Rn. 90 mwN; zur Wahlpflicht bei Wahlen zum Europäischen Parlament in anderen Mitgliedstaaten vgl. oben Rn. 17.
51 Vgl. – für das deutsche Recht – auch zu den folgenden Ausführungen BVerfGE 4, 375, 386 f.; 5, 77, 82; 5, 85, 232; 12, 33, 35 f.; 12, 132, 134; 21, 200, 204 ff.; 59, 119, 127.
52 § 49 Abs. 2 Satz 2 EuWO idF v. 16.5.2018, BGBl. I 570.
53 Vgl. – für das deutsche Recht – BVerfGE 1, 208, 244 ff.; 95, 335, 353; 130, 212, 225; st. Rspr.
54 BVerfGE 51, 222, 233 ff.
55 Art. 3 des Europawahlakts in der zuletzt geänderten Fassung (oben Rn. 7).

EMRK[56] hielt, wurde vom Bundesverfassungsgericht in einer geteilten Entscheidung 2011 für verfassungswidrig erklärt.[57] Anders als der Deutsche Bundestag, für dessen Funktionsfähigkeit die 5 %-Sperrklausel weiterhin erforderlich sei, bedürfe das Europäische Parlament eines solchen Schutzes nicht. Damit widerspricht das Bundesverfassungsgericht nicht nur seiner früheren Entscheidung, mit der es sich nicht näher auseinandersetzt. Es unterschätzt vor allem das Hauptanliegen der europäischen Integration, im Rahmen einer zwischenstaatlichen Organisation erstmals und bisher einmalig eine Herrschaftsordnung zu schaffen, die den Anforderungen an ein demokratisch-rechtsstaatliches Gemeinwesen gerecht wird. Dazu gehört neben einer funktionierenden Regierung und Gerichtsbarkeit auch ein funktionstüchtiges Parlament. Die Bedingungen dafür sind nicht allein der Vergangenheit oder der Gegenwart zu entnehmen, sondern auch an den vertraglich vorgegebenen Zielen des Integrationsprozesses auszurichten. Diese sind auf eine Stärkung der Funktionsfähigkeit des Europäischen Parlaments ausgerichtet, für das eine Sperrklausel umso mehr erforderlich erscheint, als seine Mitglieder allein nach dem Verhältniswahlsystem,[58] diejenigen des Bundestages hingegen nach einem Mischsystem aus Verhältnis- und Mehrheitswahl gewählt werden.[59] Durch Änderung des Europawahlgesetzes vom 7.10.2013 wurde eine Sperrklausel von 3 % festgelegt,[60] deren Verfassungswidrigkeit in mehreren Verfahren vor dem Bundesverfassungsgericht jedoch ebenfalls festgestellt worden ist.[61] Durch Änderungsbeschluss des Europawahlakts, der noch der Zustimmung der Mitgliedstaaten bedarf, wird die bisherige optionale 5 %-Sperrklausel durch eine verbindliche Sperrklausel zwischen 2 % und 5 % der abgegebenen gültigen Stimmen ergänzt; diese Sperrklausel gilt bei Listenwahlen in Wahlkreisen, in denen es mehr als 35 Sitze gibt, oder wenn der Mitgliedstaat einen einzigen Wahlkreis bildet.[62]

Bedenken im Hinblick auf die Wahrung des Gleichheitsgrundsatzes ergeben sich für die Wahl des Europäischen Parlaments aus der **nicht proportionalen Aufteilung der Mandate auf die einzelnen Mitgliedstaaten** entgegen dem demokratischen „one man (person) – one vote"-Prinzip.[63] Das zuvor geltende Gemeinschaftsrecht, das die Zahl der in jedem Mitgliedstaat gewählten Abgeordneten festlegte, verlangte lediglich eine „angemessene Vertretung" bei zukünftigen Änderungen (Art. 190 Abs. 2 EG). Auch die Änderung im Vertrag von Lissabon, wonach die Unionsbürger im Europäischen Parlament „degressiv proportio- 31

56 EGMR, 8.7.2008, Yumak und Sadak v. Turkey, no 20226/03 § 126 ff. 147, wonach selbst eine 10 %-Sperrklausel zwar generell exzessiv erscheinen, jedoch ausnahmsweise zulässig sein kann.

57 BVerfGE 129, 300 (mit abw. Meinung der Richter Di Fabio und Mellinghoff, 346 ff.); zustimmend *Ehlers*, ZG 2012, 188 ff.; *Morlok*, JZ 2012, 76 ff.; *Poßner*, NVwZ 2012, 22 ff.; ablehnend *Geerlings/Hamacher*, DÖV 2012, 671 ff.; *Schönberger*, JZ 2012, 80 ff.

58 Art. 1 und 8 Europawahlakt (oben Rn. 7).

59 Vgl. auch *EP*, Entschließung v. 22.11.2012 zu den Wahlen zum Europäischen Parlament im Jahr 2014, in der die Mitgliedstaaten aufgefordert werden, geeignete und angemessene Mindestschwellen für die Zuteilung der Sitze festzulegen (Ziff. 4).

60 § 2 Abs. 7 Fünftes Gesetz zur Änderung des Europawahlgesetzes, BGBl. 2013 I S. 3749.

61 BVerfGE 135, 259; dazu *Grzeszick*, NVwZ 2014, 537 ff.; *Kahl/Bews*, DVBl. 2014, 737 ff.; *Wernsmann*, JZ 2014, 23 ff.; *Will*, NJW 2014, 1421 ff.; *Alber*, in: FS für T. Stein, 2015, S. 403 ff.; *Lenz*, in: FS für T. Stein, 2015, S. 707 ff.; *Hobe*, in: FS für T. Stein, 2015, S. 614 ff.

62 Art. 3 Europawahlakt idF des Änderungsbeschlusses 2018/994 (oben Rn. 7); zum Zustimmungserfordernis Deutschlands *Heinig*, DVBl. 2016, 1141 ff.

63 Näher dazu *Magiera*, in: FS für Everling, S. 797; aA *Pechstein/Nowak/Häde/Heselhaus*, Frankfurter Kommentar, Art. 39 GRC Rn. 32 ff. – Innerhalb der einzelnen Mitgliedstaaten gilt die Wahlrechtsgleichheit, soweit ersichtlich, unbestritten; vgl. EuGH – Eman und Sevinger, C-300/04 – Slg. 2006, I-8055 Rn. 57; für Deutschland BVerfGE 51, 222, 234 f.; 129, 300, 318.

nal"[64] – mindestens mit sechs, höchstens mit 96 Abgeordneten je Mitgliedstaat – vertreten sind (Art. 14 Abs. 2 S. 3 EUV), führt noch nicht zur Erfüllung des „one man (person) – one vote"-Prinzips.[65] Gegenwärtig vertritt ein Abgeordneter aus Deutschland etwa 860.000, ein Abgeordneter aus Malta etwa 67.000 Unionsangehörige.[66] Gegen eine strikte Proportionalität auf Unionsebene spricht auch nicht die Befürchtung, dass dann entweder die kleineren Mitgliedstaaten ohne oder die größeren Mitgliedstaaten mit übermäßig vielen Abgeordneten vertreten sein müssten.[67] Die Verfassung der Vereinigten Staaten von Amerika, die insoweit seit weit über 200 Jahren unverändert gilt, hat das Problem auf Bundesebene dadurch gelöst, dass "The Number of Representatives shall not exceed one for every thirty Thousand, but each State shall have at Least one Representative".[68] Demgemäß ließen sich auch die 571 Mandate des Europäischen Parlaments strikt proportional auf die einzelnen Mitgliedstaaten aufteilen mit der Maßgabe, dass jeder Mitgliedstaat mindestens ein Mandat erhält. Immerhin sind die Bürgerinnen und Bürger der Mitgliedstaaten nunmehr ausdrücklich als solche unmittelbar auf Unionsebene im Europäische Parlament vertreten (Art. 10 Abs. 2 S. 1 EUV), das sich damit aus Vertretern der Unionsbürgerinnen und Unionsbürgern zusammensetzt (Art. 14 Abs. 2 S. 1 EUV) und nicht mehr lediglich als ein „Vertretungsorgan der Völker in einer supranationalen ... Gemeinschaft"[69] zu qualifizieren ist.

32 Die gegenwärtige Abweichung lässt sich mit dem Integrationsprinzip **rechtfertigen**, das auf eine schrittweise Verwirklichung des Grundsatzes der Wahlrechtsgleichheit gerichtet ist, jedoch nur so lange, wie das Europäische Parlament, vor allem im Bereich der Rechtssetzung und im Vergleich zum Rat, nur begrenzte Befugnisse besitzt.

IV. Literaturübersicht

Arndt, Felix, Ausrechnen statt aushandeln: Rationalitätsgewinn durch ein formalisiertes Modell für die Bestimmung der Zusammensetzung des Europäischen Parlaments, ZaöRV 2008, 247; *Aust, Helmut*, Von Unionsbürgern und anderen Wählern – Der Europäische Gerichtshof und das Wahlrecht zum Europäischen Parlament, ZEuS 2008, 253; *Bieber, Roland*, Funktion und Grundlagen direkter Wahlen zum Europäischen Parlament, ZParl 1976, 228; *Degen, Manfred*, Die Unionsbürgerschaft nach dem Vertrag über die Europäische Union unter besonderer Berücksichtigung des Wahlrechts, DÖV 1993, 749; *Dürig, Markus*, Das neue Wahlrecht für Unionsbürger bei den Wahlen zum Europäischen Parlament, NVwZ 1994, 1180; *Grabitz, Eberhard/Läufer, Thomas*, Das Europäische Parlament, Bonn 1980; *Grabitz, Eberhard/Meyer, Thomas*, Europawahlgesetz, Kommentar, Bonn 1979; *Haag, Marcel*, Unionsbürgerschaft

64 Dieser Begriff wird in Art. 1 Abs. 2 Beschluss (EU) 2018/937 des Europäischen Rates v. 28.6.2018 über die Zusammensetzung des Europäischen Parlaments, ABl. 2018 Nr. L 165 S. 1, wie folgt definiert: „Das Verhältnis zwischen der Bevölkerung und der Zahl von Sitzen jedes Mitgliedstaats muss vor Auf- oder Abrunden auf ganze Zahlen in Abhängigkeit von seiner jeweiligen Bevölkerung variieren, sodass jedes Mitglied des Europäischen Parlaments aus einem bevölkerungsreicheren Mitgliedstaat mehr Bürger vertritt als jedes Mitglied des Europäischen Parlaments aus einem bevölkerungsärmeren Mitgliedstaat, und umgekehrt, dass je bevölkerungsreicher ein Mitgliedstaat ist, desto höher sein Anspruch auf eine große Zahl von Sitzen im Europäischen Parlament ist."; dazu *Habermas*, JCMS 2017, 171 ff.; zur Entwicklung der Bestimmung *GSH/Bieber*, EU, Art. 14 Rn. 54 ff.

65 Kritisch zum ponderierten Modell *Arndt*, ZaöRV 2008, 258 ff.; *Peuker*, ZEuS 2008, 460 ff. – Zur Aufteilung der Mandate ab der Wahlperiode 2019–2024 – auch unter Berücksichtigung eines „Brexits", dh eines möglichen Austritts des Vereinigten Königreichs aus der Union – vgl. Beschluss (EU) 2018/937 des Europäischen Rates v. 28.6.2018 über die Zusammensetzung des Europäischen Parlaments, ABl. 2018 Nr. L 165 S. 1.

66 BVerfGE 123, 267 374 f.; *Streinz/Huber*, EUV/AEUV, Art. 14 EUV Rn. 57.

67 So zB *Alber*, in: FS für T. Stein, S. 403 (407).

68 Art. I Section 2 [3], The Constitution of the United States of America, abgedruckt in *Tribe*, American Constitutional Law, Second edition, 1988, S. XXXI, 1 ff.

69 So BVerfGE 123, 267, 368 ff.

und Europäisches Wahlrecht, in: Epiney, Astrid/Haag, Marcel/Heinemann, Andreas (Hrsg.), FS für Roland Bieber, Baden-Baden 2007, S. 137; *Hrbek, Rudolf*, Das deutsche Wahlgesetz zum Europäischen Parlament in der Parteienkontroverse, ZParl 1978, 168; *Lenz, Christofer*, Ein einheitliches Verfahren für die Wahl des Europäischen Parlaments, Baden-Baden 1995; *Magiera, Siegfried*, Das Europäische Parlament als Garant demokratischer Legitimation in der Europäischen Union, in: Due, Ole/Lutter, Marcus/Schwarze, Jürgen (Hrsg.), FS für Ulrich Everling, Bd. I, Baden-Baden 1995, S. 789; *Magiera, Siegfried*, Politische Rechte im Europa der Bürger, in: Zuleeg, Manfred (Hrsg.), Ausländerrecht und Ausländerpolitik in Europa, Baden-Baden 1987, S. 123; *Peuker, Enrico*, Das Wahlrecht zum Europäischen Parlament als Achillesferse der europäischen Demokratie, ZEuS 2008, 453; *Scheffler, Jan*, One man – one vote – one value?, Osnabrück 2005; *Schreiber, Wolfgang*, Die Wahl zum Europäischen Parlament in der Bundesrepublik Deutschland, NVwZ 2004, 21; *Shaw, Jo*, The transformation of citizenship in the European Union – Electoral rights and the restructuring of political space, Cambridge 2007.

Artikel 40 Aktives und passives Wahlrecht bei den Kommunalwahlen

Die Unionsbürgerinnen und Unionsbürger besitzen in dem Mitgliedstaat, in dem sie ihren Wohnsitz haben, das aktive und passive Wahlrecht bei Kommunalwahlen unter denselben Bedingungen wie die Angehörigen des betreffenden Mitgliedstaats.

I. Vorgaben

Art. 40 gewährleistet den Unionsbürgerinnen und Unionsbürgern in ihrem Wohnsitzmitgliedstaat das aktive und passive Wahlrecht bei Kommunalwahlen zu denselben Bedingungen, die für die Angehörigen des betreffenden Mitgliedstaats gelten. Wie das Wahlrecht zum Europäischen Parlament (Art. 39) gehört damit auch das Kommunalwahlrecht zu den Grundrechten, die den Unionsbürgern vorbehalten sind und nach den **Vorgaben des Europäischen Rates von Köln** zusätzlich zu den allen Personen zustehenden Grundrechten in die Charta aufgenommen werden sollten.[1] 1

Eine entsprechende Gewährleistung findet sich in **Art. 20 Abs. 2** und **Art. 22 Abs. 1 AEUV.** 2
Somit erfolgt die Ausübung des Kommunalwahlrechts im Rahmen der im Vertragstext festgelegten Bedingungen und Grenzen (Art. 52 Abs. 2).[2] Dazu gehört insbesondere der allen Mitgliedstaaten gemeinsame Grundsatz der Demokratie (Art. 2 EUV), auf dem die Union beruht und der auch das Kommunalwahlrecht umfasst.[3] Durch die vereinfachende Formulierung „unter denselben Bedingungen wie die Angehörigen des betreffenden Mitgliedstaats" weicht Art. 40 idF der Grundrechtecharta vom 12.12.2007 **sprachlich** von derjenigen idF des Grundrechtekonvents („wobei für sie dieselben Bedingungen gelten wie für die Angehörigen des betreffenden Mitgliedstaats") ab, die sich auch in Art. 22 Abs. 1 AEUV (zuvor Art. 19 Abs. 1 EG) findet. Eine inhaltliche Änderung ist damit nicht verbunden, wie

1 *Europäischer Rat* von Köln, Schlussfolgerungen des Vorsitzes, BullEU 6–1999, Ziff. I.64, S. 39 f.
2 CHARTE 4473/00 v. 11.10.2000, Erläuterungen des Präsidiums zu Art. 40; aufgrund eines offensichtlichen Redaktionsversehens wird dort – in der deutschen Fassung – auf Art. 51 Abs. 2 statt Art. 52 Abs. 2 verwiesen; zutreffend nunmehr Erläuterungen zur Grundrechtecharta idF v. 12.12.2007, ABl. 2007 Nr. C 303 S. 17 ff., zu Art. 40.
3 Vgl. dazu den Bericht der *Kommission*, Das Wahlrecht der Bürger der Mitgliedstaaten der Gemeinschaft bei Kommunalwahlen, KOM(86) 487 = BullEG, Beilage 7/86, S. 31 ff.

auch die englischen und französischen Sprachfassungen zeigen, die keine Wortlautunterschiede kennen.

3 Die Bemühungen um eine Zuerkennung des Kommunalwahlrechts an die Unionsbürger bei Wohnsitz in einem anderen Mitgliedstaat als ihrem Heimatstaat gehören zur Entwicklung eines **Europas der Bürger**, das seit Ende der 1960er Jahre das Europa der Wirtschaft ergänzen soll. Nach ersten Anregungen der Staats- und Regierungschefs und einem Bericht der Kommission von 1975[4] empfahl der Europäische Rat zehn Jahre später im Anschluss an den Bericht des von ihm eingesetzten Adonnino-Ausschusses eine vertiefte Diskussion der darin vorgeschlagenen besonderen Rechte einschließlich des Kommunalwahlrechts für Unionsbürger anderer Mitgliedstaaten in ihrem Wohnsitzmitgliedstaat.[5] Ein vom Europäischen Parlament[6] gewünschter und von der Kommission nach einem ausführlichen Bericht[7] auf Art. 235 EWGV (nunmehr Art. 352 AEUV) gestützter **Richtlinienentwurf** von 1988[8] wurde vom Rat jedoch nicht angenommen. Die Aufnahme einer Bestimmung über das Kommunalwahlrecht in das Gemeinschaftsrecht gelang erst mit dem **Vertrag von Maastricht** durch Einfügung von Art. 8 b Abs. 1 EGV (später Art. 19 Abs. 1 EG; nunmehr Art. 22 Abs. 1 AEUV).

II. Diskussion im Grundrechtekonvent

4 Angesichts der in Art. 22 Abs. 1 AEUV (zuvor Art. 19 Abs. 1 EG) schon erfolgten Zuerkennung des Kommunalwahlrechts an Unionsbürger mit Wohnsitz in einem anderen als ihrem Heimatstaat und der Vorgabe des Europäischen Rates von Köln, die auf Unionsebene geltenden Grundrechte lediglich zusammenzufassen,[9] einigte sich der damit betraute **Grundrechtekonvent** ohne größere Schwierigkeiten auf die Formulierung der entsprechenden Gewährleistung in Art. 40 der Grundrechtecharta.

5 Der erste **Entwurf des Präsidiums** des Grundrechtekonvents folgte hinsichtlich der Zuerkennung des Kommunalwahlrechts nahezu wörtlich der Bestimmung des Art. 19 Abs. 1 EG, beschränkte sich jedoch hinsichtlich der näheren Bedingungen und Grenzen auf eine erheblich knappere Formulierung.[10] Nach den Beratungen in der 6. Sitzung des Grundrechtekonvents[11] wurde die Gewährleistung des Kommunalwahlrechts entsprechend der späteren Endfassung formuliert, indem auf die in Art. 19 Abs. 1 S. 1 EG festgelegte Voraussetzung „in einem Mitgliedstaat, dessen Staatsangehörigkeit er [der Unionsbürger] nicht

4 *Kommission*, „Europa für die Bürger", BullEG, Beilage 7/1975, S. 23 ff.

5 Europa der Bürger, Bericht des Ad-hoc-Ausschusses, BullEG, Beilage 7/1985, S. 21.

6 *EP*, Entschließung v. 14.11.1985 zum aktiven und passiven Wahlrecht der Bürger anderer EG-Mitgliedstaaten zu den Gemeinderäten und zum Europäischen Parlament im Mitgliedsland ihres Wohnsitzes, ABl. 1985 Nr. C 345 S. 82; *EP*, Entschließung v. 14.11.1985 zum aktiven und passiven Wahlrecht zu Gemeindevertretungen und zum Europäischen Parlament für Staatsbürger anderer EG-Länder im Lande ihres Wohnsitzes, ABl. 1985 Nr. C 345 S. 83; *EP*, Entschließung v. 15.12.1988 zum Wahlrecht der Bürger der Mitgliedstaaten der Europäischen Gemeinschaft bei Kommunalwahlen, ABl. 1988 Nr. C 13 S. 33.

7 *Kommission*, Das Wahlrecht der Bürger der Mitgliedstaaten der Gemeinschaft bei Kommunalwahlen, KOM(86) 487 = BullEG, Beilage 7/86.

8 *Kommission*, Vorschlag für eine Richtlinie des Rates über das Wahlrecht der Staatsangehörigen der Mitgliedstaaten bei den Kommunalwahlen im Aufenthaltsstaat, KOM(88) 371 = ABl. 1988 Nr. C 246 S. 3, geändert durch KOM(89) 524 = ABl. 1989 Nr. C 290 S. 4; vgl. dazu näher *Magiera*, EA 1988, 475 ff. = in: Thies/Wagner, Binnenmarkt, S. 121 ff.

9 *Europäischer Rat* von Köln, Schlussfolgerungen des Vorsitzes, BullEU 6–1999, Ziff. I.18, S. 14.

10 CHARTE 4170/00 v. 20.3.2000, Art. D.

11 Vgl. *Bernsdorff/Borowsky*, Protokolle, S. 192 ff., 202.

besitzt" gänzlich und auf die in Art. 19 Abs. 1 S. 2 EG umschriebenen Bedingungen und Grenzen zugunsten der späteren Querschnittsklausel des Art. 52 Abs. 2 verzichtet wurde.[12]

Nicht durchsetzen konnten sich demgegenüber im Grundrechtekonvent erhobene **Forderungen** nach einer Zusammenlegung der Bestimmungen über die Kommunalwahl und die Wahl des Europäischen Parlaments in einer einzigen Rechtsnorm entsprechend Art. 19 Abs. 1 und 2 EG sowie nach einer über die Bestimmung des Art. 19 Abs. 1 EG hinausgehenden Ausdehnung des Kommunalwahlrechts über die Unionsbürger hinaus auf die gesamte Wohnbevölkerung der einzelnen Mitgliedstaaten.[13] 6

III. Kommentierung

1. Rechtsrahmen

Die **Grundrechtecharta** gewährleistet den Unionsbürgern das Kommunalwahlrecht in ihrem Wohnsitzmitgliedstaat nach dessen für die eigenen Angehörigen geltenden Bedingungen (Art. 40) und gestattet die Ausübung dieses in **Art. 20 Abs. 2** und **Art. 22 Abs. 1 AEUV** geregelten Rechts im Rahmen der dort festgelegten Bedingungen und Grenzen (Art. 52 Abs. 2). Die danach für die Rechtsausübung erforderlichen Einzelheiten, die auch Ausnahmeregelungen vorsehen können, wenn dies aufgrund besonderer Probleme eines Mitgliedstaats gerechtfertigt ist, wurden vom Rat auf Vorschlag der Kommission und nach Anhörung des Europäischen Parlaments einstimmig und fristgerecht vor Ende 1994[14] in der **Kommunalwahl-Richtlinie**[15] festgelegt. 7

Die bis Ende 1995 vorgesehene Umsetzung durch die **Mitgliedstaaten** wurde erst 1999 abgeschlossen,[16] und ist seitdem insgesamt zufriedenstellend, wenn auch nicht ganz problemlos verlaufen.[17] In **Deutschland** wurde dazu mit der Verfassungsänderung zum Vertrag von Maastricht Art. 28 Abs. 1 S. 3 in das Grundgesetz eingefügt, nach dem bei Wahlen in Kreisen und Gemeinden auch Unionsbürger aus anderen Mitgliedstaaten wahlberechtigt und wählbar sind. Die in die Zuständigkeit der Länder fallende Umsetzung der Kommunalwahl-Richtlinie erfolgte rechtzeitig durch Verfassungs- und Gesetzesänderungen.[18] 8

---

12 CHARTE 4284/00 v. 5.5.2000, Art. 26.

13 Vgl. *Bernsdorff/Borowsky*, Protokolle, S. 192 ff., 202, 310 ff., 314 f., 354 ff., 374 f.

14 Die Befristung bis zum 31.12.1994 war ausdrücklich in Art. 8 b EGV, der ursprünglichen Fassung des Art. 22 Abs. 1 AEUV, vorgesehen.

15 RL 94/80/EG des Rates v. 19.12.1994 über die Einzelheiten der Ausübung des aktiven und passiven Wahlrechts bei den Kommunalwahlen für Unionsbürger mit Wohnsitz in einem Mitgliedstaat, dessen Staatsangehörigkeit sie nicht besitzen, ABl. 1994 Nr. L 368 S. 38; geändert durch Richtlinie 96/30/EG des Rates v. 13.5.1996, ABl. 1996 Nr. L 122, S. 14; Beitrittsvertrag v. 14.4.2003, Anhang II.2.D, ABl. 2003 Nr. L 236 S. 34; RL 2006/106/EG des Rates v. 20.11.2006, ABl. 2006 Nr. L 363 S. 409; Durchführungsbeschluss der Kommission v. 19.7.2012, ABl. 2012 Nr. L 192 S. 29; RL 2013/19/EU des Rates v. 13.5.2013, ABl. 2013 Nr. L 158 S. 231; dazu *Kommission*, Bericht über die Anwendung der RL 94/80/EG, KOM(2002) 260; COM(2012) 99; *Kommission*, Bericht zur Gewährung einer Ausnahmeregelung nach Artikel 19 Absatz 1 EG-Vertrag, KOM(2005) 382.

16 *Kommission*, Zweiter Bericht über die Unionsbürgerschaft, KOM(97) 230, S. 10; *Kommission*, Dritter Bericht über die Unionsbürgerschaft, KOM(2001) 506, S. 12; dazu *Hasselbach*, ZG 1997, 64 ff.; zu den Umsetzungsproblemen in Frankreich *Gundel*, DÖV 1999, 354 ff.; vgl. ferner EuGH – Kommission/Belgien, C-323/97 – Slg. 1998, I-4281 Rn. 1 ff.

17 *Kommission*, Bericht über die Anwendung der RL 94/80/EG, COM(2012) 99.

18 Näher dazu *Hasselbach*, ZG 1997, 60 ff.; *Pieroth/Schmülling*, DVBl. 1998, 368 ff.; *Schunda*, Das Wahlrecht von Unionsbürgern, S. 282 ff.; zu Problemen bei der Eintragung in das Wählerverzeichnis in Bayern und Sachsen *Kommission*, Bericht über die Anwendung der RL 94/80/EG, KOM(2002) 260, S. 8; zur – strittigen – Einordnung der bayerischen Bezirke (bejahend entgegen der überwiegenden Meinung) *B. Schmidt*, Unionsrechtliche Partizipation bei den bayerischen Bezirkswahlen,

2. Wahlberechtigung

9 a) **Unionsbürgerinnen und Unionsbürger.** Das Kommunalwahlrecht gemäß Art. 40 steht den Unionsbürgerinnen und Unionsbürgern zu, dh den **Staatsangehörigen der Mitgliedstaaten** der Europäischen Union (Art. 9 S. 2 EUV; Art. 20 Abs. 1 S. 2 AEUV). Nach dem ersten Satzteil besitzen sie es in dem Mitgliedstaat, in dem sie ihren **Wohnsitz** haben, unabhängig davon, ob es sich um ihren Heimatstaat oder einen anderen Mitgliedstaat handelt. Nach dem zweiten Satzteil gelten für den Besitz ihres Wahlrechts dieselben Bedingungen wie für die Angehörigen des betreffenden Mitgliedstaats, was nur Sinn macht, wenn ihr Wohnsitzmitgliedstaat nicht ihr Heimatstaat, sondern ein anderer Mitgliedstaat ist. Während somit der erste Satzteil für ein **umfassendes Kommunalwahlrecht** der Unionsbürger bei Wohnsitz in jedem Mitgliedstaat spricht, lässt sich dem zweiten Satzteil lediglich **ein Grundrecht auf Inländergleichbehandlung bei Kommunalwahlen** in einem anderen als dem eigenen Wohnsitzmitgliedstaat entnehmen. Drittstaatsangehörige werden von Art. 40 nicht erfasst; über ihre Beteiligung an Kommunalwahlen entscheiden weiterhin die einzelnen Mitgliedstaaten.[19]

10 Demgegenüber beschränkt sich **Art. 22 Abs. 1 AEUV**, dem Art. 40 nach seiner Entstehungsgeschichte (→ Rn. 4 ff.) und der Erläuterung des Präsidiums des Grundrechtekonvents[20] entsprechen soll und der für die Ausübung des Wahlrechts maßgeblich ist (Art. 20 Abs. 2 S. 3 AEUV), klar auf eine **Inländergleichbehandlung**, indem er das Kommunalwahlrecht jedem Unionsbürger „mit Wohnsitz in einem Mitgliedstaat, dessen Staatsangehörigkeit er nicht besitzt", zuerkennt. Anders als bei dem Wahlrecht zum Europäischen Parlament (→ Art. 39 Rn. 11 f.) erweitert auch keine andere Bestimmung der Unionsverträge, in deren Rahmen die Ausübung des Kommunalwahlrechts gemäß Art. 52 Abs. 2 zu erfolgen hat, das Recht auf Inländergleichbehandlung zu einem umfassenden – auch gegen den eigenen Mitgliedstaat gerichteten – Kommunalwahlrecht.[21]

11 b) **Aktives und passives Wahlrecht.** Art. 40 gewährleistet den Unionsbürgern das aktive und passive Wahlrecht, dh das **Recht zu wählen und gewählt zu werden.** Dazu gehört neben dem Wahlakt (Stimmabgabe) die Teilnahme am gesamten demokratischen Wahlverfahren, auch im Rahmen politischer Parteien,[22] von der Wahlvorbereitung (Kandidatenaufstellung) bis zur Wahlfeststellung und anschließenden Ausübung des Wahlmandats.[23]

12 Art. 22 Abs. 1 AEUV und somit auch Art. 40 erstrecken nur das Wahlrecht, nicht auch eine etwaige **Wahlpflicht** im Wohnsitzmitgliedstaat auf die Angehörigen der anderen Mit-

---

BayVBl. 2013, 225 ff.; dagegen *Thum*, Kommunalwahlrecht für ausländische Unionsbürger auch bei Bezirkstagswahlen?, BayVBl. 2013, 231 ff.

19 Näher dazu *Stern/Sachs/Hobe*, GRC, Art. 40 Rn. 14.

20 CHARTE 4473/00 v. 11.10.2000, Erläuterung des Präsidiums zu Art. 40.; vgl. auch die Erläuterungen zur Charta der Grundrechte idF v. 12.12.2007, ABl. 2007 Nr. C 303 S. 17 ff., zu Art. 40.

21 Vgl. auch den 3. Erwägungsgrund und Art. 1 Abs. 2 Kommunalwahl-RL (Rn. 7); ferner, zu den eigenen Staatsangehörigen EuGH – Pignatore, C-535/08 – Beschluss v. 26.3.2009 Rn. 17; zu Drittstaatsangehörigen *Kommission*, Vierter Bericht über die Unionsbürgerschaft, KOM(2004) 695, S. 9; *EP*, Entwurf einer Entschließung, EP-Dok. A6-0411/2005 (Catania), Ziff. 11, abgelehnt im Plenum am 17.1.2006, ABl. 2006 Nr. C 287E S. 18; ferner *Giegerich*, Unionsbürgerschaft, politische Rechte, in: Schulze/Zuleeg/Kadelbach (Hrsg.), Europarecht, 3. Aufl. 2015, § 9 Rn. 68; *Stern/Sachs/Hobe*, GRC, Art. 40 Rn. 14.

22 Art. 10 Abs. 4 EUV, Art. 224 AEUV, Art. 12 Abs. 2 GRC; dazu auch VO (EU, Euratom) Nr. 1141/2014 des EP und des Rates v. 22.10.2014 über das Statut und die Finanzierung europäischer politischer Parteien und europäischer politischer Stiftungen, ABl. 2014 Nr. L 317 S. 1; *Peers/Hervey/Kenner/Ward/Groenendijk*, EU Charter, Art. 40 Rn. 40.25.

23 Ebenso *GSH/Haag*, EU, Art. 22 AEUV Rn. 10; *Schwarze/Hatje*, EU, Art. 22 AEUV Rn. 5, 13; vgl. auch Art. 10 EUV, Art. 11 und 12 GRC.

gliedstaaten. Entscheiden sich diese jedoch freiwillig für eine Teilnahme an den dortigen Wahlen und lassen sie sich in das Wählerverzeichnis eintragen, so unterliegen sie auch einer daran anknüpfenden Wahlpflicht, die jedoch für jede weitere Wahl durch Antrag auf Streichung aus dem Wählerverzeichnis wieder aufgehoben werden kann.[24]

3. Wahlrechtsausübung

Die Ausübung des Kommunalwahlrechts, das den Unionsbürgern in ihrem Wohnsitzmitgliedstaat nach denselben Bedingungen wie dessen eigenen Angehörigen zusteht (Art. 40), erfolgt gemäß den Einzelheiten, die in der Kommunalwahl-Richtlinie festgelegt sind (Art. 52 Abs. 2 der Charta iVm Art. 22 Abs. 1 S. 2 AEUV). **Leitlinie** ist das Ziel, den Unionsbürgern in ihrem Wohnsitzmitgliedstaat, dessen Staatsangehörigkeit sie nicht besitzen, **Inländergleichbehandlung** bei den Kommunalwahlen zu gewährleisten (Art. 1 Abs. 1 Kommunalwahl-RL). Dies gilt jedoch nur, wenn sie es wünschen (Art. 7 Kommunalwahl-RL) und ohne ihr etwaiges Kommunalwahlrecht nach den Bestimmungen ihres Heimatstaats[25] zu berühren (Art. 1 Abs. 2 Kommunalwahl-RL). Dementsprechend enthält die Kommunalwahl-Richtlinie **nähere Bestimmungen** u.a. zur Wohnsitzmindestdauer und zur Wahlteilnahme am Hauptwohnsitz (Art. 4 Kommunalwahl-RL), zum Verlust des passiven Wahlrechts (Art. 5 Kommunalwahl-RL) und zur Unvereinbarkeit von Wahlämtern (Art. 6 Kommunalwahl-RL) sowie zur Eintragung in das Wählerverzeichnis (Art. 7 ff. Kommunalwahl-RL).[26] Mehr als die Hälfte der Mitgliedstaaten, darunter nicht diejenigen, die eine Wahlpflicht haben (→ Rn. 12), nehmen eine automatische Eintragung von Amts wegen in das Wählerverzeichnis vor.[27] 13

4. Kommunalwahlen

Wegen der großen Vielfalt der Kommunalverwaltung in den Mitgliedstaaten war es erforderlich, den **Begriff der Kommunalwahlen** in der Kommunalwahl-Richtlinie näher festzulegen (7. Erwägungsgrund Kommunalwahl-RL). Erfasst werden die allgemeinen, unmittelbaren Wahlen zur Bestimmung der Mitglieder der Vertretungskörperschaft und gegebenenfalls gemäß den mitgliedstaatlichen Rechtsvorschriften des Leiters und der Mitglieder des Exekutivorgans einer lokalen Gebietskörperschaft der Grundstufe (Art. 2 Abs. 1 lit. b Kommunalwahl-RL). 14

Lokale Gebietskörperschaften der Grundstufe sind Verwaltungseinheiten mit volksgewählten Organen und eigenverantwortlicher Zuständigkeit für örtliche Angelegenheiten, die im Anhang der Kommunalwahl-Richtlinie näher bestimmt sind (Art. 2 Abs. 1 lit. a Kommunalwahl-RL).[28] In Deutschland gehören dazu die Kreise und Gemeinden in den Flächen- 15

24 Vgl. Art. 7 Abs. 2, Art. 8 Abs. 3 UAbs. 2 Kommunalwahl-RL (Rn. 7); GSH/*Haag*, EU, Art. 22 AEUV Rn. 10; *Lenz/Borchardt/Kaufmann-Bühler*, EU-Verträge, Art. 22 AEUV Rn. 7.

25 Vgl. dazu – für Frankreich, Griechenland, Italien und Spanien – *Kommission*, Vorschlag für eine Richtlinie des Rates über die Einzelheiten der Ausübung des aktiven und passiven Wahlrechts bei den Kommunalwahlen für Unionsbürger mit Wohnsitz in einem Mitgliedstaat, dessen Staatsangehörigkeit sie nicht besitzen, KOM(94) 38, S. 9, 20 f.; ferner *Schönberger*, Unionsbürger, 2005, S. 445 ff.; *Stern/Sachs/Hobe*, GRC, Art. 40 Rn. 25.

26 Vgl. zu – str. – Einzelheiten bei der Eintragung in das Wählerverzeichnis *Kommission*, Dritter Bericht über die Unionsbürgerschaft, KOM(2001) 506, S. 16; *Kommission*, Bericht über die Anwendung der RL 94/80/EG..., COM(2018) 44, S. 5; *Schunda*, Das Wahlrecht von Unionsbürgern, S. 253 ff.; *Pieroth/Schmülling*, DVBl. 1998, 369; *Wollenschläger/Schraml*, BayVBl. 1995, 388.

27 *Kommission*, Bericht über die Anwendung der RL 94/80/EG..., COM(2018) 44, S. 9.

28 Zur Beibehaltung des Wahlrechts von Unionsbürgern bei der Ersetzung einer lokalen Gebietskörperschaft durch eine neue lokale Gebietskörperschaft *Canton-Fourrat*, RMCEU 2011, 421 ff. (betr. Saint-Barthélemy).

staaten, die Bezirke in den Stadtstaaten Berlin und Hamburg sowie die Stadtgemeinde Bremen.[29]

16 Die Gewährleistung des Art. 40 bezieht sich auf **Wahlen**, dh auf Entscheidungen über Personen für die Bestimmung von Wahlämtern, nicht auch auf Abstimmungen über Sachfragen.[30] Die Möglichkeit einer Beteiligung von Unionsbürgern aus anderen Mitgliedstaaten an Volksentscheiden oder an Entscheidungen von Gemeindeversammlungen bleibt damit dem Recht der Mitgliedstaaten überlassen.[31]

17 Erfasst werden die Wahlen der Repräsentanten lokaler Gebietskörperschaften der Grundstufe. **Einschränkungen** des passiven Wahlrechts durch die Mitgliedstaaten sind jedoch zulässig bei den Ämtern des Leiters, seines Stellvertreters oder eines Mitglieds des Exekutivorgans, wenn diese Personen für die Dauer ihres Amtes als solche gewählt und dabei das Vertragsrecht, die allgemeinen Rechtsprinzipien und der Grundsatz der Verhältnismäßigkeit beachtet werden (Art. 5 Abs. 3 Kommunalwahl-RL).[32] Sie lassen sich damit **rechtfertigen**, dass die Zuerkennung des Kommunalwahlrechts die politische Mitwirkung ausländischer Unionsbürger an den örtlichen Angelegenheiten gewährleisten soll, nicht hingegen darüber hinausgehend an der Wahrnehmung allgemeiner Staatsgewalt und Staatsinteressen,[33] die auch in anderen Vertragsbestimmungen den eigenen Staatsangehörigen der Mitgliedstaaten vorbehalten ist.[34]

5. Ausnahmen

18 Wenn dies aufgrund der besonderen Probleme eines Mitgliedstaats gerechtfertigt ist, können bei der Festlegung von Einzelheiten für die Ausübung des Kommunalwahlrechts auch Ausnahmeregelungen vorgesehen werden (Art. 52 Abs. 2 der Charta iVm Art. 22 Abs. 1 S. 2 AEUV). Derartige Regelungen, die regelmäßig von der Kommission zu überprüfen sind, enthält die Kommunalwahl-Richtlinie für Mitgliedstaaten, in denen der **Anteil ausländischer Unionsbürger** an der gesamten Unionsbürgerschaft im Wahlalter am 1. Januar 1996 **mehr als 20 %** betrug, was auf Luxemburg und einige Gemeinden in Belgien zu-

---

29 Vgl. dazu näher *Degen*, DÖV 1993, 755 f.; *Hasselbach*, ZG 1997, 52 f.; *Schrapper*, DVBl. 1995, 1169 f.; *Sieveking*, DÖV 1993, 449 ff.; *Wollenschläger/Schraml*, BayVBl. 1995, 386 f.

30 Ebenso *GSH/Haag*, EU, Art. 22 AEUV Rn. 10; *Grabitz/Hilf/Nettesheim/Hilf*, EU, Art. 22 AEUV Rn. 16; *Calliess/Ruffert/Kluth*, EUV/AEUV, Art. 22 AEUV Rn. 11; *Schrapper*, DVBl. 1995, 1170; aA *Zuleeg*, in: FS für Schefold, S. 123.

31 Vgl. dazu – für Deutschland – BVerfG, Beschluss 2 BvR 1576/13 v. 31.1.2016, zugänglich auf der Website des Gerichts (bundesverfassungsgericht.de); *Burkholz*, DÖV 1995, 816 ff.; *Engelken*, NVwZ 1995, 432 ff.; *Engelken*, DÖV 1996, 737 ff.; *Meyer-Teschendorf/Hofmann*, ZRP 1995, 290 ff.; *Schrapper*, DVBl. 1995, 1070 f.; *Wollenschläger/Schraml*, BayVBl. 1995, 387; *Ehlers/Kadelbach*, GR, § 26 Rn. 59.

32 Zur Praxis der Mitgliedstaaten *Kommission*, Bericht über die Anwendung der RL 94/80/EG..., COM(2018) 44, S. 10.

33 Vgl. auch den 9. Erwägungsgrund der Kommunalwahl-RL (Rn. 7); ferner die Begründung des Richtlinienvorschlags *Kommission*, Vorschlag für eine Richtlinie des Rates über die Einzelheiten der Ausübung des aktiven und passiven Wahlrechts bei den Kommunalwahlen für Unionsbürger mit Wohnsitz in einem Mitgliedstaat, dessen Staatsangehörigkeit sie nicht besitzen, KOM(94) 38, S. 29; BayVerfGH, BayVBl. 1997, 495, 497; VG Ansbach, DÖV 1998, 560 f.; *Gundel*, DÖV 1999, 358; *Grabitz/Hilf/Nettesheim/Hilf*, EU, Art. 22 AEUV Rn. 17; *Schunda*, Das Wahlrecht von Unionsbürgern, S. 73 ff.; *Stern/Sachs/Hobe*, GRC, Art. 40 Rn. 23; aA *Hasselbach*, ZG 1997, 56 f.; *Pieroth/Schmülling*, DVBl. 1998, 367 f.; *Wollenschläger/Schraml*, BayVBl. 1995, 387 f.

34 Vgl. Art. 45 Abs. 4, 51, 62 AEUV; *Kommission*, Zweiter Bericht über die Unionsbürgerschaft, KOM(97) 230, S. 9.

traf.[35] Dort kann das aktive und passive Wahlrecht von Unionsbürgern aus anderen Mitgliedstaaten von einer bestimmten Mindestwohnsitzdauer abhängig gemacht werden (Art. 12 Kommunalwahl-RL). Die Ausnahme wurde und wird weiterhin allein von Luxemburg wahrgenommen.[36] 2016 betrug der Ausländeranteil der wahlberechtigten Unionsbürger unionsweit 3,3 %; den höchsten Anteil mit 39,5 % hatte Luxemburg; den zweithöchsten mit 13,6 % Zypern, den geringsten mit 0,07 % Polen; Deutschland hatte einen Anteil von 5,3 %.[37]

IV. Literaturübersicht

Burkholz, Bernhard, Teilnahme von Unionsbürgern an kommunalen Bürgerentscheiden?, DÖV 1995, 816; *Degen, Manfred*, Die Unionsbürgerschaft nach dem Vertrag über die Europäische Union unter besonderer Berücksichtigung des Wahlrechts, DÖV 1993, 749; *Engelken, Klaas*, Einbeziehung der Unionsbürger in kommunale Abstimmungen (Bürgerentscheide, Bürgerbegehren)?, NVwZ 1995, 432; *Engelken, Klaas*, Nochmals: Teilnahme von Unionsbürgern an kommunalen Bürgerentscheiden?, DÖV 1996, 737; *Gundel, Jörg*, Probleme der Umsetzung des EG-Kommunalwahlrechts und ihrer gerichtlichen Kontrolle in Frankreich und Deutschland, DÖV 1999, 353; *Hasselbach, Kai*, Europäisches Kommunalwahlrecht, ZG 1997, 49; *Magiera, Siegfried*, Kommunalwahlrecht in den EG-Mitgliedstaaten – Der Richtlinienvorschlag der Kommission, EA 1988, 475 = in: Thies, Jochen/Wagner, Wolfgang (Hrsg.), Auf dem Weg zum Binnenmarkt, Bonn 1989, S. 121; *Meyer-Teschendorf, Klaus-G./Hofmann, Hans*, Teilnahme von Unionsbürgern nicht nur an Kommunalwahlen, sondern auch an kommunalen Plebisziten?, ZRP 1995, 290; *Pieroth, Bodo/Schmülling, Markus*, Die Umsetzung der Richtlinie des Rates zum Kommunalwahlrecht der Unionsbürger in den deutschen Ländern, DVBl. 1998, 365; *Schrapper, Ludger*, Die Richtlinie 94/80/EG zum aktiven und passiven Kommunalwahlrecht für Unionsbürger, DVBl. 1995, 1167; *Schunda, Regine*, Das Wahlrecht von Unionsbürgern bei Kommunalwahlen in Deutschland, Frankfurt a.M. 2003; *Sieveking, Klaus*, Europäisches Gemeinschaftsrecht und Stadtstaaten, DÖV 1993, 449; *Wollenschläger, Michael/Schraml, Alexander*, Kommunalwahlrecht für nichtdeutsche Unionsbürger, BayVBl. 1995, 385; *Zuleeg, Manfred*, Kommunalwahlrecht für Unionsbürger, in: Bovenschulte, Andreas/Grub, Henning u.a. (Hrsg.), FS für Dian Schefold, Baden-Baden 2001, S. 117.

Artikel 41 Recht auf eine gute Verwaltung

(1) Jede Person hat ein Recht darauf, dass ihre Angelegenheiten von den Organen, Einrichtungen und sonstigen Stellen der Union unparteiisch, gerecht und innerhalb einer angemessenen Frist behandelt werden.

(2) Dieses Recht umfasst insbesondere

a) das Recht jeder Person, gehört zu werden, bevor ihr gegenüber eine für sie nachteilige individuelle Maßnahme getroffen wird;

b) das Recht jeder Person auf Zugang zu den sie betreffenden Akten unter Wahrung des berechtigten Interesses der Vertraulichkeit sowie des Berufs- und Geschäftsgeheimnisses;

c) die Verpflichtung der Verwaltung, ihre Entscheidungen zu begründen.

(3) Jede Person hat Anspruch darauf, dass die Union den durch ihre Organe oder Bediensteten in Ausübung ihrer Amtstätigkeit verursachten Schaden nach den allgemeinen Rechtsgrundsätzen ersetzt, die den Rechtsordnungen der Mitgliedstaaten gemeinsam sind.

35 *Kommission*, Zweiter Bericht über die Unionsbürgerschaft, KOM(97) 230, S. 8 f.; *Kommission*, Bericht über die Anwendung der RL 94/80/EG, KOM(2002) 260, S. 9; *Kommission*, Bericht zur Gewährung einer Ausnahmeregelung nach Art. 19 EG-Vertrag, KOM(2005) 382, S. 3 f.

36 *Kommission*, Bericht über die Anwendung der RL 94/80/EG..., COM(2012) 99, S. 14; *Kommission*, Bericht über die Anwendung der RL 94/80/EG..., COM(2018) 44, S. 10.

37 *Kommission*, Bericht über die Anwendung der RL 94/80/EG..., COM(2018) 44, S. 5, 18.

(4) Jede Person kann sich in einer der Sprachen der Verträge an die Organe der Union wenden und muss eine Antwort in derselben Sprache erhalten.

I. Vorgaben

1 Art. 41 gewährleistet allen Personen ein „Recht auf eine gute Verwaltung", das insbesondere ein jeweils näher bestimmtes Recht auf Anhörung, auf Aktenzugang und auf Entscheidungsbegründung umfasst, ferner ein Recht auf Schadensersatz bei Amtspflichtverletzungen sowie ein Recht auf Korrespondenz mit der Verwaltung. Die in dieser Bestimmung zusammengefassten Rechte ergeben sich allgemein aus der **Rechtsprechung** der europäischen Gerichtsbarkeit und im Einzelnen aus dem **AEU-Vertrag,** so das Recht auf Entscheidungsbegründung aus **Art. 296 AEUV**, das Recht auf Schadensersatz aus **Art. 340 AEUV** und das Recht auf Korrespondenz aus **Art. 20 Abs. 2** und **Art. 24 Abs. 4 AEUV.**[1] Art. 41 steht im Zusammenhang mit den Rechten gemäß **Art. 42, 43** und **44** (Zugang zu Dokumenten, Beschwerden an den Bürgerbeauftragten, Petitionen an das Europäische Parlament), dem Recht gemäß **Art. 47** (Gerichtsschutz) sowie – im Hinblick auf die Begrenzung des Aktenzugangs – mit den Rechten gemäß **Art. 8** der Charta und **Art. 16 AEUV** (Datenschutz) und gemäß **Art. 339 AEUV** (Berufsgeheimnis), schließlich mit den allgemeinen Anforderungen an eine offene, effiziente und unabhängige europäische Verwaltung gemäß **Art. 298 AEUV.** Art. 41 idF der Grundrechtecharta vom 12.12.2007 weicht sprachlich von derjenigen idF des Grundrechtekonvents ab, indem er zusätzlich auf die „sonstigen Stellen" hinweist (Abs. 1), die Worte „einer jeden Person" durch „jeder Person", „legitimen" durch „berechtigten" sowie die Gedankenstriche durch die Buchstaben „a), b), c)" (Abs. 2) und den Begriff „Gemeinschaft" durch „Union" (Abs. 3) ersetzt.

II. Diskussion im Grundrechtekonvent

2 Die Einbeziehung des Rechts auf eine gute Verwaltung in die Grundrechtecharta geht auf eine Anregung des Europäischen **Bürgerbeauftragten** zurück, der sich für ein Grundrecht der Bürger auf eine offene, rechenschaftspflichtige und dienstleistende Verwaltung, die dem Bürger dient, einsetzte.[2] Schon der erste **Entwurf des Präsidiums** des mit der Ausarbeitung der Grundrechtecharta beauftragten Grundrechtekonvents[3] entsprach, auch in seinem Wortlaut, weitgehend der endgültigen Fassung des Art. 41; lediglich das Recht auf Schadensersatz wurde erst spät in den Text eingefügt.[4]

3 **Umstritten** waren im Wesentlichen der **Kreis der Begünstigten**, der anfänglich auf Personen mit Wohnsitz in einem Mitgliedstaat begrenzt sein sollte, und die zunächst abschließend formulierte **Aufzählung der einzelnen Rechte** in Art. 41 Abs. 2, die später durch Hinzufü-

1 Vgl. auch CHARTE 4473/00 v. 11.10.2000, Erläuterungen des Präsidiums zu Art. 41; ferner Erläuterungen zur Grundrechtecharta idF v. 12.12.2007, ABl. 2007 Nr. C 303 S. 17 ff., zu Art. 41, wo aber zu Art. 41 Abs. 3 auf Art. 349 und zu Art. 41 Abs. 4 auf Art. 25 statt auf Art. 340 bzw. Art. 24 AEUV verwiesen wird.

2 Vgl. CHARTE 4131/00 v. 17.2.2000.

3 CHARTE 4170/00 v. 20.3.2000, Art. E.

4 CHARTE 4422/00 v. 28.7.2000, Art. 39.

gung des Wortes „insbesondere" geöffnet wurde.[5] Weitere Änderungen beschränkten sich auf eher geringfügige Anpassungen oder redaktionelle Glättungen, wie zB „gute" statt „ordnungsgemäße" Verwaltung, „nachteilige" statt „persönlich betreffende" individuelle Maßnahme, Wahrung „des Berufs- und Geschäftsgeheimnisses" statt „der Geheimhaltung der Angelegenheiten" oder „Sprachen der Verträge" statt „Amtssprachen der Union".[6]

Da das Recht auf eine gute Verwaltung und die mit ihm gewährleisteten Einzelrechte ihre Grundlage allgemein oder konkret im Vertragsrecht der Union haben (→ Rn. 1), erfolgt ihre **Ausübung** gemäß Art. 52 Abs. 2 im Rahmen der jeweils vertraglich festgelegten **Bedingungen und Grenzen.**[7] 4

III. Kommentierung

1. Recht auf eine gute Verwaltung

a) Bedeutung und Begriff. Mit Art. 41 wird erstmals auf europäischer Ebene ein übergreifendes „Recht auf eine gute Verwaltung" normiert. Die Unionsverträge enthalten lediglich begrenzte Einzelrechte, wie das Recht auf eine Entscheidungsbegründung oder das Recht auf Korrespondenz mit der Verwaltung, die auch in Art. 41 Eingang gefunden haben (→ Rn. 1). Ansätze für eine zusammenfassende Regelung von Grundsätzen guter Verwaltung finden sich demgegenüber im Verfassungsrecht einiger Mitgliedstaaten und in der Praxis internationaler Organisationen.[8] Grundsätze einer **„guten Verwaltungsführung"**[9] oder einer **„ordnungsgemäßen Verwaltung"**[10] sind seit längerem auch in der europäischen Gerichtsbarkeit anerkannt. Ähnlich geht das deutsche Bundesverfassungsgericht von einem Anspruch auf ein „‚faires' Verwaltungsverfahren" aus, das zu den wesentlichen Ausprägungen des Rechtsstaatsprinzips gehöre.[11] 5

Ein besonderer Bedarf, ein allgemeines Recht auf eine gute Verwaltung zu entwickeln, ergab sich für das Unionsrecht mit der Einführung des Amtes eines Europäischen **Bürgerbeauftragten** durch den Vertrag von Maastricht (Art. 138 e EGV). Dieser ist gemäß Art. 228 6

5 Vgl. zur Entwicklung im Einzelnen *Bernsdorff/Borowsky*, Protokolle, S. 192 ff., 203 f.; CHARTE 4284/00 v. 5.5.2000, Art. 27; CHARTE 4360/00 v. 14.6.2000, Art. 27; *Bernsdorff/Borowsky*, Protokolle, S. 310 ff., 315 f.; CHARTE 4422/00 v. 28.7.2000, Art. 39; CHARTE 4470/1/00 REV 1 v. 21.9.2000, Art. 40; vgl. ferner CHARTE 4203/00 v. 4.4.2000 (Stellungnahme der deutschen Länder zu Art. E, in der u.a. die Notwendigkeit des Rechts auf eine gute Verwaltung bezweifelt wird, weil es sich schon aus dem Rechtsstaatsprinzip ergebe); CHARTE 4281/00 v. 5.5.2000 (Stellungnahme der deutschen Bundesregierung zu Art. E).

6 Ebd.

7 Vgl. auch CHARTE 4473/00 v. 11.10.2000, Erläuterungen des Präsidiums zu Art. 41; ferner Erläuterungen zur Grundrechtecharta idF v. 12.12.2007, ABl. 2007 Nr. C 303 S. 17 ff., zu Art. 41.

8 Art. 97 italienische Verfassung; Art. 266 und 268 portugiesische Verfassung; Art. 103 und 105 spanische Verfassung; vgl. auch *Bullinger*, in: FS für Brohm, S. 26 ff.; *Lais*, ZEuS 2002, 449 mit Fn. 7; *K.-D. Classen*, Gute Verwaltung im Recht der Europäischen Union, S. 99 ff.

9 EuGH – Consten und Grundig/Kommission, 56/64 u.a. – Slg. 1966, 321/395 f.; EuGH – Reinarz/Kommission, 55/70 – Slg. 1971, 379 Rn. 18; EuGH – Alvis/Rat, 32/62 – Slg. 1963, 109/123.

10 EuGH – Lucchini/Kommission, 179/82 – Slg. 1983, 3083 Rn. 27; EuGH – I.A.Z./Kommission, 96/82 u.a. – Slg. 1983, 3369 Rn. 15; EuGH – Burban/EP, C-255/90 P – Slg. 1992, I-2253 Rn. 7; EuG – Odigitria/Rat und Kommission, T-572/93 – Slg. 1995, II-2025 Rn. 40; EuG – New Europe Consulting und Brown/Kommission, T-231/97 – Slg. 1999, II-2403 Rn. 39; EuGH – Schlüsselverlag J. S. Moser/Kommission, C-170/02 P – Slg. 2003, I-9889 Rn. 29; EuGH – Foshan Shunde Yongjian, C-141/08 P – Slg. 2009, I-9147 Rn. 80, 111; EuGH – Kommission/Estland, C-505/09 P – ECLI:EU:C:2012:179 Rn. 95.

11 BVerfGE 51, 150, 156; 101, 397, 405; ebenso – unter Hinweis auf Art. 41 der Grundrechtecharta – EuG – max.mobil/Kommission, T-54/99 – Slg. 2002, II-313 Rn. 48.

AEUV, dem Art. 43 entspricht, für Beschwerden von Unionsbürgern und anderen Personen bei Verwaltungsmissständen zuständig und folglich damit beauftragt, zur Gewährleistung einer guten Verwaltung beizutragen. Anhaltspunkte für eine gute Verwaltung lassen sich aus der **Abgrenzung zum Verwaltungsmissstand** gewinnen, der durch einen Verstoß gegen für die Verwaltung verbindliche Regeln oder Grundsätze gekennzeichnet ist.[12] Eine gute Verwaltung umfasst in einem weiteren Sinn die **Einhaltung aller rechtlichen Pflichten und sonstigen Gebote** im internen Bereich wie im externen Verhältnis zu den Bürgern und sonstigen Betroffenen.[13]

7 Art. 41 beschränkt sich demgegenüber in einem engeren Sinn auf die **Außenbeziehungen der Verwaltung,**[14] indem er jeder Person bestimmte Rechte bei der Behandlung ihrer Angelegenheiten einräumt. Das „Recht auf eine gute Verwaltung" erschöpft sich jedoch nicht in einer Zusammenfassung der in Art. 41 Abs. 2 bis 4 beispielhaft und ergänzbar („insbesondere") aufgeführten Rechte. Vielmehr folgt aus Absatz 1 und der authentischen Überschrift des Art. 41, dass es sich um ein **eigenständiges Grund- oder Kernrecht** handelt, das jeder Person eine „gute Verwaltung" gewährleistet, nämlich dass ihre Angelegenheiten von den Unionsinstitutionen unparteiisch, gerecht (englisch „fair"; französisch „équitable") und fristgemäß behandelt werden.[15] Der genauere Inhalt liegt – wie bei anderen Grundrechten – nicht unmittelbar und starr fest, sondern ist allmählich – nach Sachmaterien, näheren Umständen und Stand der Rechtsordnung – **zu entwickeln.**[16] Wegweisende Anhaltspunkte ergeben sich insoweit aus den einzelnen Bestimmungen des Art. 41 sowie allgemein aus den in der Präambel der Grundrechtecharta hervorgehobenen und für die Verwaltung maßgeblichen Grundsätzen der Demokratie und der Rechtsstaatlichkeit.[17] Daraus folgt für die Behörde u.a. die Pflicht, sorgfältig und unparteiisch alle relevanten Gesichtspunkte des

---

12 *Magiera*, Art. 43 Rn. 11 f.; ferner *Efstratiou*, in: Trute/Groß/Möllers, S. 289 ff.; *Diamandouros,* in: Liber amicorum Vesterdorf, S. 316 f.

13 Vgl. auch *Martínez Soria*, EuR 2001, 684 ff.

14 Dementsprechend hatte das Präsidium des Grundrechtekonvents als Überschrift zu Art. 41 ursprünglich „Beziehungen zur Verwaltung" vorgeschlagen; vgl. CHARTE 4170/00 v. 20.3.2000.

15 Vgl. auch Art. 298 AEUV (iVm den Erläuterungen zu Art. 41 GRC, ABl. 2007 Nr. C 303 S. 28, und Art. 52 Abs. 2 GRC); ferner EuG – Tillack/Kommission, T-193/04 – Slg. 2006, II-3995 Rn. 127; *Bullinger*, in: FS für Brohm, S. 28 ff.; *Bauer*, Das Recht auf eine gute Verwaltung, S. 102 f., 138 f.; *Stern/Sachs/Galetta/Grzeszick*, GRC, Art. 41 Rn. 39 ff.; *Goerlich*, DÖV 2006, 316 ff.; *Grzeszick*, EuR 2006, 175 ff.; *Heselhaus/Nowak/Heselhaus,* Hdb Eur. GR, S. 1552 ff.; *Klappstein*, Das Recht auf eine gute Verwaltung, S. 24 ff.; *Pfeffer*, Das Recht auf eine gute Verwaltung, S. 90 f., 113 ff.; *Efstratiou*, in: Trute/Groß/Möllers, S. 285 ff.; *Galetta*, EuR 2007, 60 ff.; *Wakefield*, The right to good administration, S. 70 ff.; *K.-D. Classen*, Gute Verwaltung in der Europäischen Union, S. 402 ff.; *Bousta,* Essai sur la notion de bonne administration, S. 91 ff., 281 ff.; *Jarass,* in: FS für Schenke, S. 849 ff.; *Thurnherr,* Schweizerisches Jahrbuch für Europarecht 2011/2012, 447 ff.; *Nüßen,* VR 2012, 260 ff.; *Mihaescu Evans,* The right to good administration, S. 469 ff.

16 Die Begriffe „Recht auf eine gute Verwaltung" und „Grundsatz der guten Verwaltung" erscheinen, wenn auch noch ohne nähere Vertiefung, vermehrt in der neueren Rechtsprechung der europäischen Gerichtsbarkeit; vgl. u.a. EuG – max.mobil/Kommission, T-54/99 – Slg. 2002, II-313 Rn. 48; EuGH – Kommission/T-Mobile Austria, C-141/02 P – Slg. 2005, I-1283 Rn. 72; EuG – Tillack/Kommission, T-193/04 – Slg. 2006, II-3995 Rn. 127; nunmehr auch unter Hinweis auf Art. 41 GRC EuG – Slovak Telekom/Kommission, T-458/09 und T-171/10 – ECLI:EU:T:2012:145 Rn. 67 ff.; EuGH – Mukarubega, C-166/13 – ECLI:EU:C:2014:2336 Rn. 31; EuGH – Kommission/Italien – ECLI:EU:C:2017:698 Rn. 23.

17 Vgl. auch *Hofmann/Mihaescu*, The relation between the Charter's fundamental rights and the unwritten principles of EU law: Good administration as the test case, Europ. Constitutional Law Rev. 2012, 73 ff.

Einzelfalles zu untersuchen,[18] neben den dienstlichen auch die Interessen des Betroffenen zu berücksichtigen,[19] den Entscheidungsadressaten zu ermöglichen, ihren Standpunkt in sachlicher Weise vorzutragen,[20] ihre Entscheidungen auf eine öffentlich zugängliche Argumentation zu stützen,[21] innerhalb der von Fall zu Fall zu beurteilenden gebotenen Eile zu entscheiden[22]

b) Berechtigte und Verpflichtete. Im Unterschied zu den anderen Bürgerrechten des Titels V 8
der Grundrechtecharta **berechtigt** Art. 41 nicht nur die Staatsangehörigen der Mitgliedstaaten als Unionsbürger (Art. 9 S. 2 EUV; Art. 20 Abs. 1 S. 2 AEUV) und andere in einem Mitgliedstaat niedergelassene Personen, sondern uneingeschränkt **jede – natürliche und juristische – Person**, soweit ihre eigenen Angelegenheiten betroffen sind. Diese weite Ausdehnung, die sich gegen abweichende Vorschläge im Grundrechtekonvent durchgesetzt hat, erscheint für das grundsätzliche Recht auf eine gute Verwaltung als Ausprägung des Rechtsstaatsprinzips angesichts der Rechtsprechung der europäischen Gerichtsbarkeit folgerichtig. Ob sich ein Mitgliedstaat auf die Bestimmung berufen kann, hat der Gerichtshof offen gelassen, da die Bestimmung einen allgemeinen Grundsatz des Unionsrechts widerspiegelt, den der Mitgliedstaat geltend machen kann.[23] Gleiches dürfte für juristische Personen öffentlichen Rechts in den Mitgliedstaaten gelten.[24]

Verpflichtet aus Art. 41 sind die **Organe, Einrichtungen und sonstigen Stellen der Union,** 9
so dass die gesamte europäische Verwaltung einbezogen ist.[25] Anders als in der allgemeinen horizontalen Regelung über den Anwendungsbereich in Art. 51, der auch die **Mitgliedstaaten** bei der Durchführung des Unionsrechts einschließt, sind diese in der spezielleren Bestimmung des Art. 41 nicht genannt und deshalb auch nicht aus ihr verpflichtet.[26] Unberührt bleibt jedoch die Verpflichtung der Mitgliedstaaten zur Beachtung der Grundsätze einer guten Verwaltung aufgrund des europäischen Vertragsrechts sowie der dazu ergangenen Rechtsprechung der europäischen Gerichtsbarkeit, wie sie in Art. 41 Abs. 2 ohne Begrenzung auf die Unionsinstitutionen und insoweit auch anwendbar auf die Mitgliedstaaten bei der Durchführung des Unionsrechts festgelegt ist.[27]

---

18 EuGH – Technische Universität München, C-269/90 – Slg. 1991, I-5469 Rn. 14; EuG – max.mobil/Kommission, T-54/99 – Slg. 2002, II-313 Rn. 49; EuGH – M.M., C-277/11 – ECLI:EU:C:2012:744 Rn. 88; EuGH – Ziegler, C-439/11 P – ECLI:EU:C:2013:513 Rn. 155.

19 EuGH – Burban/EP, C-255/90 P – Slg. 1992, I-2253 Rn. 7.

20 EuGH – Kommission/Lisrestal, C-32/95 P – Slg. 1996, I-5373 Rn. 21.

21 EuGH – Garkalns, C-470/11 – ECLI:EU:C:2012:505 Rn. 43.

22 EuGH – Lorenz, 120/73 – Slg. 1973, 1471 Rn. 4; EuG – Interhotel/Kommission, T-81/95 – Slg. 1997, II-1265 Rn. 65; EuG – Franchet und Byk/Kommission, T-48/05 – Slg. 2008, II-1585 Rn. 273 f.

23 EuGH – Spanien/Rat, C-521/15 – ECLI:EU:C:2017:982 Rn. 89.

24 Weitergehend – Anspruch gemäß Art. 41 – *Calliess/Ruffert/Ruffert,* EUV/AEUV, Art. 41 GRC Rn. 6; *Jarass,* GRC, Art. 41 Rn. 11.

25 Zum Begriff der Organe, Einrichtungen und sonstigen Stellen vgl. *Magiera,* Art. 43 Rn. 9; zum Begriff „Verwaltung" ausführlich *Stern/Sachs/Galetta/Grzeszick,* GRC, Art. 41 Rn. 23 ff.

26 EuGH – Cicala, C-482/10 – Slg. 2011, I-14139 Rn. 28; EuGH – C-141/12, Y.S. – ECLI:EU:C:2014:2081 Rn. 67; EuGH – WebMindLicenses, C-419/14 – ECLI:EU:C:2015:832 Rn. 83; *Schwarze/Voet van Vormizeele,* EU, Art. 41 GRC Rn. 5; *Stern*/Sachs/*Galetta/Grzeszick,* GRC, Art. 41 Rn. 18; *Pfeffer,* Das Recht auf eine gute Verwaltung, S. 102 ff.; *Gundel,* EuR 2015, 80 ff.; *Mihaescu Evans,* The right to good administration, S. 137 ff.; aA *Bauer,* Das Recht auf eine gute Verwaltung, S. 142; *Schliesky,* Das Recht auf eine gute Verwaltung, S. 8.

27 EuGH – M.M., C-277/11 – ECLI:EU:C:2012:744 Rn. 81 ff.; EuGH – WebMindLicenses, C-419/14 – ECLI:EU:C:2015:832 Rn. 84; dazu allgemein CHARTE 4473/00 v. 11.10.2000, Erläuterungen des Präsidiums zu Art. 51; ferner *Jarass,* GRC, Art. 41 Rn. 9.

10 c) **Einzelne Ausprägungen.** Während Art. 41 Abs. 1 den Grund- oder Kerngehalt des Rechts auf eine gute Verwaltung dahin umschreibt, dass es jeder Person eine unparteiische, gerechte und innerhalb einer angemessenen Frist zu erledigende Behandlung ihrer Angelegenheiten durch die Organe, Einrichtungen und sonstigen Stellen der Union gewährleistet (→ Rn. 7),[28] normiert Art. 41 Abs. 2 besondere, dh nicht abschließend zu verstehende, **Beispiele** für einzelne Ausprägungen des Rechts auf eine gute Verwaltung.

11 aa) **Recht auf Anhörung.** Das in Art. 41 Abs. 2 lit. a genannte Recht jeder Person, gehört zu werden, bevor ihr gegenüber eine für sie nachteilige individuelle Maßnahme getroffen wird, ist in der Rechtsprechung der europäischen Gerichtsbarkeit unter Bezugnahme auf die Rechtsordnungen der Mitgliedstaaten als fundamentaler (allgemeiner) **Grundsatz des Gemeinschaftsrechts** frühzeitig anerkannt und kontinuierlich bestätigt worden.[29] Es dient – auch unabhängig von einer ausdrücklichen Verankerung im Unionsrecht[30] – der Verteidigung des Einzelnen in allen Verwaltungsverfahren, die zu einer ihn beschwerenden Entscheidung führen können,[31] und wird deshalb – neben Anhörungsrecht[32] – auch Verteidigungsrecht[33] genannt.

12 Im Einzelnen umfasst es einen Anspruch auf **Unterrichtung** durch die Verwaltungsbehörde, der ausgelöst wird, wenn die Interessen des Betroffenen durch die Entscheidung spürbar beeinträchtigt werden können,[34] dem Betroffenen insbesondere Sanktionen, etwa eine Geldbuße oder ein Zwangsgeld, drohen.[35] Ferner gibt es dem Betroffenen einen Anspruch auf **Stellungnahme** zu den von der Verwaltungsbehörde angeführten Tatsachen und Um-

---

28 Vgl. ferner *Kańska*, ELJ 2004, 312 ff.

29 EuGH – Alvis/Rat, 32/62 – Slg. 1963, 107/123; EuGH – Hoffmann-La Roche/Kommission, 85/76 – Slg. 1979, 461 Rn. 9; EuGH – Musique Diffusion Française/Kommission, 100–103/80 – Slg. 1983, 1825 Rn. 10; EuGH – Fiskano/Kommission, C-135/92 – Slg. 1994, I-2885 Rn. 39; EuGH – Ismeri Europa Srl/Rechnungshof, C-315/99 P – Slg. 2001, I-5281 Rn. 28; EuG – Franchet und Byk/Kommission, T-48/05 – Slg. 2008, II-1585 Rn. 246; EuGH – Mukarubega, C-166/13 – ECLI:EU:C:2014:2336 Rn. 45 ff.; näher dazu *Pfeffer*, Das Recht auf eine gute Verwaltung, S. 138 ff.; *K.-D. Classen*, Gute Verwaltung in der Europäischen Union, S. 265 ff.; *Kahl*, Lücken und Ineffektivitäten im Europäischen Verfahrensverbund am Beispiel des Rechts auf Anhörung, DVBl. 2012, 602 ff.; *Nöhmer*, Das Recht auf Anhörung im europäischen Verwaltungsrecht, 2013, S. 9 ff.

30 EuGH – Kommission/Lisrestal, C-32/95 P – Slg. 1996, I-5373 Rn. 21; EuG – Ufex/Kommission, T-613/97 – Slg. 2000, II-4055 Rn. 85.

31 EuGH – Transocean Marine Paint/Kommission, 17/74 – Slg. 1974, 1063 Rn. 15; EuGH – Hoffmann-LaRoche/Kommission, 85/76 – Slg. 1979, 461 Rn. 9; EuGH – Al-Jubail Fertilizer/Rat, C-49/88 – Slg. 1991, I-3187 Rn. 15; EuGH – Ismeri Europa Srl/Rechnungshof, C-315/99 P – Slg. 2001, I-5281 Rn. 28.

32 EuGH – Kommission/Lisrestal, C-32/95 P – Slg. 1996, I-5373 Rn. 21; EuGH – Ismeri Europa Srl/Rechnungshof, C-315/99 P – Slg. 2001, I-5281 Rn. 28; EuGH – Sopropé, C-349/07 – Slg. 2008, I-10369 Rn. 41; EuGH – Mukarubega, C-166/13 – ECLI:EU:C:2014:2336 Rn. 49 ff.

33 EuGH – Orkem/Kommission, 374/87 – Slg. 1989, 3283 Rn. 32 f.; EuGH – Niederlande/Kommission, C-48/90 u.a. – Slg. 1992, I-565 Rn. 44 ff.; EuG – TeleTech Holdings/HAMB, T-288/03 – Slg. 2005, II-1767 Rn. 52 ff.; EuGH – Weiss und Partner, C-14/07 – Slg. 2008, I-3367 Rn. 70; EuGH – Spanien/Rat, C-521/15 – ECLI:EU:C:2017:982 Rn. 61; dazu auch *Schwarze*, Europäisches Verwaltungsrecht, S. 1201 ff.

34 EuGH – Transocean Marine Paint/Kommission, 17/74 – Slg. 1974, 1063 Rn. 15; EuGH – Kommission/Lisrestal, C-32/95 P – Slg. 1996, I-5373 Rn. 21; EuGH – Kommission/Irland, C-89/08 P – Slg. 2009, I-11245 Rn. 50.

35 EuGH – Hoffmann-La Roche/Kommission, 85/76 – Slg. 1979, 461 Rn. 9; EuGH – Michelin/Kommission, 322/81 – Slg. 1983, 3461 Rn. 7; EuGH – Limburgse Vinyl Maatschappij/Kommission, C-238/99 P u.a. – Slg. 2002, I-8375 Rn. 85; EuGH – Papierfabrik August Köhler/Kommission, C-322/07 P u.a. – Slg. 2009, I-7191 Rn. 34.

ständen,[36] wenn auch nicht notwendigerweise auf eine mündliche Anhörung.[37] Schließlich hat der Betroffene einen Anspruch auf **Berücksichtigung** seiner Äußerungen bei der zu treffenden Entscheidung,[38] nicht jedoch auf eine bestimmte Entscheidung. Eine **Verletzung** des Anhörungsrechts führt nur dann zu einer Nichtigerklärung der Entscheidung, wenn das Verfahren ohne diese Verletzung zu einem anderen Ergebnis hätte führen können.[39] Steht dem Betroffenen aus rechtlich übergeordneten Gründen vor Erlass einer Maßnahme ausnahmsweise kein Anhörungsrecht zu, so kommt der Erfüllung der Begründungspflicht durch die erlassende Verwaltungsbehörde eine umso größere Bedeutung zu, als sie allein dem Betroffenen die Wahrnehmung der ihm zustehenden Verteidigungsrechte und Rechtsbehelfe gewährleistet.[40]

bb) Recht auf Akteneinsicht. Das in Art. 41 Abs. 2 lit. b gewährleistete Recht jeder Person 13
auf Zugang zu den sie betreffenden Akten unter Wahrung des berechtigten Interesses der Vertraulichkeit sowie des Berufs- und Geschäftsgeheimnisses ist ebenfalls in der Rechtsprechung der europäischen Gerichtsbarkeit anerkannt und näher entwickelt worden. Es steht in engem Zusammenhang mit dem Anhörungsrecht und gehört wie dieses zu den Verteidigungsrechten, die als allgemeine Grundsätze des Unionsrechts im Verwaltungsverfahren zu beachten sind.[41] Das Recht aus Art. 41 Abs. 2 beschränkt sich auf Akten, die den Einsichtsbegehrenden **selbst betreffen** und unterscheidet sich dadurch von dem allgemeinen Recht auf Dokumentenzugang gemäß Art. 42. Wie dieses unterliegt auch das Zugangsrecht gemäß Art. 41 Abs. 2 der Begrenzung. Die Wahrung des berechtigten Interesses der **Vertraulichkeit** bezieht sich auf den Schutz personenbezogener Daten,[42] der in Art. 16 AEUV und Art. 8 ausdrücklich gewährleistet ist,[43] während die Wahrung des **Berufs- und Ge-**

36 EuGH – Transocean Marine Paint/Kommission, 17/74 – Slg. 1974, 1063 Rn. 15; EuGH – Hoffmann-La Roche/Kommission, 85/76 – Slg. 1979, 461 Rn. 11; EuGH – Michelin/Kommission, 322/81 – Slg. 1983, 3461 Rn. 7; EuGH – Fiskano/Kommission, C-135/92 – Slg. 1994, I-2885 Rn. 40; EuG – Ufex/Kommission, T-613/97 – Slg. 2000, II-4055 Rn. 85.

37 EuGH – Van Landewyk/Kommission, 209/78 u.a. – Slg. 1980, 3125 Rn. 18.

38 EuGH – Van Landewyk/Kommission, 209/78 u.a. – Slg. 1980, 3125 Rn. 66; EuGH – Musique Diffusion Française/Kommission, 100/80 u.a. – Slg. 1983, 1825 Rn. 14; EuGH – Ismeri Europa Srl/Rechnungshof, C-315/99 P – Slg. 2001, I-5281 Rn. 31 f.

39 EuGH – Frankreich/Kommission, 301/87 – Slg. 1990, I-307 Rn. 31; EuGH – Ismeri Europa Srl/Rechnungshof, C-315/99 P – Slg. 2001, I-5281 Rn. 34; EuG – Technische Glaswerke Ilmenau/Kommission, T-198/01 – Slg. 2004, II-2717 Rn. 201.

40 EuG – Organisation des Modjahedines du peuple d'Iran/Rat, T-228/02 – Slg. 2006, II-4665 Rn. 138 ff.; EuGH – Kadi und Al Bakaraat International Foundation/Rat und Kommission, C-402/05 und C-415/05 – Slg. 2008, I-6351 Rn. 335 ff.; EuGH – Rat/Bamba, C-417/11 P – ECLI:EU:C:2012:718 Rn. 49 ff.; zur erforderlichen Bekanntgabe und deren Form vgl. EuGH – Bank Melli Iran/Rat, C-548/09 P – Slg. 2011, I-11381 Rn. 50 ff. – Zur Begründungspflicht vgl. unten Rn. 14.

41 EuGH – Hoffmann-La Roche/Kommission, 85/76 – Slg. 1979, 461 Rn. 13 f.; EuGH – Michelin/Kommission, 322/81 – Slg. 1983, 3461 Rn. 7 f.; EuGH – Akzo Chemie/Kommission, 53/85 – Slg. 1986, 1965 Rn. 28; EuG – Eyckeler & Malt/Kommission, T-42/96 – Slg. 1998, II-401 Rn. 79; EuG – IPS/Kommission, T-5/97 – Slg. 2000, II-3755 Rn. 229; EuGH – Limburgse Vinyl Maatschappij/Kommission, C-238/99 P u.a. – Slg. 2002, I-8375 Rn. 315 ff.; EuGH – Aalborg Portland/Kommission, C-204/00 u.a. – Slg. 2004, I-123 Rn. 68 ff.; EuG – General Electric/Kommission, T-210/01 – Slg. 2005, II-5575 Rn. 629; EuG – Heineken/Kommission, T-240/07 – Slg. 2011, II-3355 Rn. 235; vgl. näher *Pfeffer*, Das Recht auf eine gute Verwaltung, S. 151 ff.; *K.-D. Classen*, Gute Verwaltung in der Europäischen Union, S. 302 ff.

42 Vgl. CHARTE 4284/00 v. 5.5.2000, Art. 27.

43 Vgl. auch VO (EG) Nr. 45/2001 des Europäischen Parlaments und des Rates v. 18.12.2000 zum Schutz natürlicher Personen bei der Verarbeitung personenbezogener Daten durch die Organe und Einrichtungen der Gemeinschaft und zum freien Datenverkehr, ABl. 2001 Nr. L 8 S. 1.

schäftsgeheimnisses[44] in Art. 339 AEUV gesichert ist. Ob das Akteneinsichtsrecht zu gewähren oder aus Gründen entgegenstehender Rechtspositionen zu verweigern ist, bedarf der Abwägung und Entscheidung im konkreten Einzelfall. Bei Verweigerung der Einsichtnahme kann eine belastende Entscheidung nicht auf die vorenthaltene Information gestützt werden.[45]

14 cc) **Recht auf Entscheidungsbegründung.** Art. 41 Abs. 2 lit. c verpflichtet die Verwaltung, ihre Entscheidungen zu begründen, und gewährleistet damit ein Recht der Betroffenen auf Entscheidungsbegründung. Ein entsprechender Grundsatz ist in Art. 296 Abs. 2 AEUV enthalten, der den Unionsorganen auferlegt, die von ihnen erlassenen Rechtsakte (Art. 288 ff. AEUV) mit einer Begründung zu versehen. Nach der Rechtsprechung der europäischen Gerichtsbarkeit handelt es sich um ein **Grundprinzip** des Unionsrechts,[46] das im Zusammenhang mit den Verteidigungsrechten der Betroffenen, insbesondere bei belastenden Entscheidungen, steht.[47]

15 Die Begründungspflicht soll vor allem den **Betroffenen** die **Wahrung ihrer Rechte** gegenüber einer sie verpflichtenden Entscheidung ermöglichen, darüber hinaus zur Selbstkontrolle der Verwaltung beitragen und deren **Rechtskontrolle** durch die Gerichtsbarkeit gewährleisten.[48] Dementsprechend muss die Begründung im konkreten Fall nach ihrem Inhalt und Umfang zwar die Überlegungen der erlassenden Institutionen so klar und eindeutig wiedergeben, dass die Betroffenen zur Wahrung ihrer Rechte und die Gerichte zur Gewährleistung ihrer Rechtskontrolle die **tragenden Gründe** für die Entscheidung erkennen können; nicht erforderlich ist es jedoch, dass alle tatsächlich und rechtlich erheblichen Gesichtspunkte genannt werden.[49] Eine **fehlende oder unzureichende Begründung** macht die Entscheidung fehlerhaft und kann nach deren Erlass nicht mehr nachgeholt werden.[50] Zur Nichtigkeit und damit Aufhebbarkeit der Entscheidung führt der Mangel jedoch nur, soweit es sich um eine Verletzung wesentlicher Formvorschriften handelt (Art. 263 Abs. 2 AEUV), wobei auf den konkreten Fall abzustellen ist.[51]

---

44 Zur Abgrenzung der beiden Begriffe vgl. EuGH – Akzo Chemie/Kommission, 53/85 – Slg. 1986, 1965 Rn. 27 f.; EuG – Bank Austria Creditanstalt/Kommission, T-198/03 – Slg. 2006, II-1429 Rn. 29.

45 EuGH – Hoffmann-La Roche/Kommission, 85/76 – Slg. 1979, 461 Rn. 14; EuGH – AEG/Kommission, 107/82 – Slg. 1983, 3151 Rn. 24; EuGH – Al-Jubail Fertilizer/Rat, C-49/88 – Slg. 1991, I-3187 Rn. 19.

46 EuG – Micheli/Kommission, T-183/97 R – Slg. 1997, II-1473 Rn. 56; EuG – Zhejiang Xinan/Rat, 498/04 – Slg. 2009, II-1969 Rn. 106.

47 Vgl. dazu die Nachweise oben zu Rn. 12; ferner *Pfeffer*, Das Recht auf eine gute Verwaltung, S. 163 ff.; *K.-D. Classen*, Gute Verwaltung in der Europäischen Union, S. 318 ff.

48 EuGH – Deutschland/Kommission, 24/62 – Slg. 1963, 141/155; EuGH – Kommission/BASF, C-137/92 P – Slg. 1994, I-2555 Rn. 66; EuGH – Deutschland/EP und Rat, C-233/94 – Slg. 1997, I-2405 Rn. 25; EuG – Ferriere Nord/Kommission, T-176/01 – Slg. 2004, II-3931 Rn. 106; EuGH – Kommission/Irland, C-89/08 P – Slg. 2009, I-11245 Rn. 77; EuGH – Rat/Bamba, C-417/11 P – ECLI:EU:C:2012:718 Rn. 49 f.; EuGH – Rat/LTTE, C-599/14 – ECLI:EU:C:2017:583 Rn. 29.

49 EuGH – Kommission/Rat, C-122/94 – Slg. 1996, I-881 Rn. 29; EuGH – Italien/Rat und Kommission, C-100/99 – Slg. 2001, I-5217 Rn. 63 f.; EuGH – Kommission/Irland, C-89/08 P – Slg. 2009, I-11245 Rn. 77.

50 EuGH – Nold/Hohe Behörde, 18/57 – Slg. 1958/1959, 89/115; EuGH – Cimenteries/Kommission, 8/66 u.a. – Slg. 1967, 99/125; EuGH – Kommission/BASF, C-137/92 P – Slg. 1994, I-2555 Rn. 67 f.

51 EuGH – Kommission/BASF, C-137/92 P – Slg. 1994, I-2555 Rn. 75 ff.; ebenso *Schwarze/Schoo*, EU, Art. 296 AEUV Rn. 17; *GSH/Geismann*, EUV/EGV, Art. 296 AEUV Rn. 21; enger *Calliess/Ruffert/Calliess*, EUV/AEUV, Art. 296 AEUV Rn. 34; *Streinz/Gellermann*, EUV/AEUV, Art. 296 AEUV Rn. 16.

dd) Sonstige Rechte. Die nicht erschöpfende Aufzählung („insbesondere“) in Art. 41 Abs. 2 lässt Raum für weitere Ausprägungen des Rechts auf eine gute Verwaltung. Anhaltspunkte für einzelne solcher Ausprägungen lassen sich der **Rechtsprechung** der europäischen Gerichtsbarkeit[52] sowie dem vom Europäischen Bürgerbeauftragten ausgearbeiteten **Kodex für gute Verwaltungspraxis**[53] und den von ihm ebenfalls zusammengestellten **Grundsätzen des öffentlichen Dienstes für EU-Beamte**[54] entnehmen. Der Kodex und die Grundsätze sollen nach dem Wunsch des Europäischen Parlaments in eine ursprünglich auf die subsidiäre Kompetenznorm des Art. 308 EG und nunmehr auf die spezifische Bestimmung über eine offene, effiziente und unabhängige europäische Verwaltung des Art. 298 AEUV gestützte Verordnung aufgenommen werden, die verbindlich für die Verwaltungspraxis aller Organe, Einrichtungen und sonstigen Stellen der Union gilt.[55] Damit wäre ein Beitrag zu mehr **Rechtssicherheit** geleistet, da die Organe und Einrichtungen bisher unterschiedliche Grundsätze anwenden, deren Rechtsverbindlichkeit nicht sicher gewährleistet ist.[56] 16

Soweit der Kodex des Bürgerbeauftragten sich nicht auf Rechte bezieht, die in der Grundrechtecharta schon ausdrücklich genannt werden, wie die Unparteilichkeit und die Einhaltung angemessener Entscheidungsfristen (Art. 41 Abs. 1), die Rechte auf Anhörung und auf Entscheidungsbegründung (Art. 41 Abs. 2), auf Korrespondenz in der Sprache des Bürgers (Art. 41 Abs. 4), auf Datenschutz (Art. 8) sowie auf Dokumentenzugang (Art. 42),[57] verweist er auf **elementare Grundsätze einer guten Verwaltungspraxis** (Rechtmäßigkeit, Nichtdiskriminierung, Verhältnismäßigkeit, Missbrauchsverbot)[58] sowie auf **Gebote des** 17

52 Vgl. dazu *Schwarze*, Europäisches Verwaltungsrecht, S. 1135 ff.; *Haibach*, NVwZ 1998, 457 ff.; *Gornig/Trüe*, JZ 2000, 403 ff.; *Bauer*, Recht auf gute Verwaltung, S. 21 ff.

53 *Europäischer Bürgerbeauftragter*, Der Europäische Kodex für gute Verwaltungspraxis, 2015, zugänglich auf der Website des Bürgerbeauftragten (ombudsman.europa.eu).

54 *Europäischer Bürgerbeauftragter*, Grundsätze des öffentlichen Dienstes für EU-Beamte, 2012, zugänglich auf der Website des Europäischen Bürgerbeauftragten (ombudsman.europa.eu).

55 *EP*, Entschließung v. 6.9.2001 zu dem Sonderbericht des Europäischen Bürgerbeauftragten an das EP im Anschluss an die Initiativuntersuchung betreffend das Vorhandensein und die öffentliche Zugänglichkeit eines Kodexes für gute Verwaltungspraxis in den verschiedenen Gemeinschaftsinstitutionen und -organen, ABl. 2002 C 72E, S. 331; *EP*, Entschließung v. 15.1.2013 mit Empfehlungen an die Kommission zu einem Verwaltungsverfahrensrecht der Europäischen Union, ABl. 2015 Nr. C 440, S. 17; *EP*, Entschließung v. 9.6.2016 zu einer offenen, effizienten und unabhängigen Verwaltung der Europäischen Union, ABl. 2018 Nr. C 86, S. 126.

56 *EP*, Leitfaden für die Pflichten der Beamten und Bediensteten des Europäischen Parlaments – Verhaltenskodex, ABl. 2000 Nr. C 97 S. 1; *Kommission*, Kodex für eine Verwaltungspraxis in den Beziehungen der Bediensteten der Europäischen Kommission zur Öffentlichkeit, Anhang zur Geschäftsordnung v. 29.11.2000, ABl. 2000 Nr. L 308 S. 26; *Kommission*, Beschluss 2018/C 65/06 v. 31.1.2018 über einen Verhaltenskodex für die Mitglieder der Europäischen Kommission, ABl. 2018 Nr. C 65, S. 7; *Rat*, Beschluss des Generalsekretärs v. 25.6.2001 über einen Kodex für ein einwandfreies Verhalten des Generalsekretariats des Rates der Europäischen Union und seines Personals in der Verwaltungspraxis bei ihren beruflichen Beziehungen zur Öffentlichkeit, ABl. 2001 Nr. C 189 S. 1; *EZB*, Verhaltenskodex der Europäischen Zentralbank, ABl. 2001 Nr. C 76 S. 12; *EZB*, Verhaltenskodex für die Mitglieder des Aufsichtsgremiums der Europäischen Zentralbank, ABl. 2015 Nr. C 93, S. 2; *EuRH*, Beschluss Nr. 38–2016 idF v. 24.9.2017, Anhang II: Verhaltenskodex für die Mitglieder des Hofes, und Beschluss 66–2011 v. 26.10.2011 zu den ethischen Leitlinien des Europäischen Rechnungshofs, zugänglich auf der Website des Rechnungshofs (eca.europa.eu); *EIB*, Kodex für eine gute Verwaltungspraxis in den Beziehungen der Mitarbeiter der Europäischen Investitionsbank zur Öffentlichkeit, ABl. 2001 Nr. C 17 S. 26; vgl. auch *Martínez Soria*, EuR 2001, 697 ff.; *Lais*, ZEuS 2002, 476 ff.

57 Art. 8, 13–18, 21 und 23 Kodex.

58 Art. 4 bis 7 Kodex.

Anstands (Fairness, Höflichkeit)[59] **und technischer Notwendigkeit** (Empfangsbestätigung, Weiterleitung an die zuständige Stelle, Bekanntgabe, Registrierung),[60] deren Beachtung selbstverständlich sein sollte, nach der Erfahrung des Bürgerbeauftragten bisher jedoch offenbar nicht gesichert erscheint.

2. Recht auf Schadensersatz

18 Gemäß Art. 41 Abs. 3 hat jede Person Anspruch darauf, dass die Union den durch ihre Organe oder Bediensteten in Ausübung ihrer Amtstätigkeit verursachten Schaden nach den allgemeinen Rechtsgrundsätzen ersetzt, die den Rechtsordnungen der Mitgliedstaaten gemeinsam sind. Ein entsprechendes Recht auf Schadensersatz im **Bereich außervertraglicher Haftung** findet sich in Art. 340 Abs. 2 und 3 AEUV und erscheint als Ausprägung oder Konsequenz des in Art. 41 Abs. 1 gewährleisteten grundlegenden Rechts auf eine gute Verwaltung, die auch das Einstehen für fehlerhaftes Amtshandeln umfasst. Die nähere **Ausgestaltung** des Haftungstatbestands – nach den allgemeinen, den Rechtsordnungen der Mitgliedstaaten gemeinsamen Rechtsgrundsätzen – **obliegt der europäischen Gerichtsbarkeit,** die ihre Aufgabe durch wertende Rechtsvergleichung im Rahmen der ihr immanenten schöpferischen Rechtsfortbildung wahrzunehmen hat.[61]

19 **Anspruchsberechtigt** ist jede durch ein Organ – einschließlich sonstiger Einrichtungen[62] – oder einen Bediensteten der Union geschädigte Person; **verpflichtet** ist grundsätzlich die Union als Rechtssubjekt.[63] In **Ausübung ihrer Amtstätigkeit** haben die Organe oder Bediensteten einen Schaden bei Handlungen verursacht, die sich aufgrund einer unmittelbaren inneren Beziehung notwendig aus ihren Aufgaben ergeben, nicht lediglich – wie etwa bei einer Fahrt mit dem privaten Pkw zur Ausübung einer Dienstreise – anlässlich einer solchen Aufgabe wahrgenommen wurden.[64]

20 Das Recht auf Schadensersatz setzt die **Verletzung einer** zugunsten der geschädigten Person bestehenden **Schutznorm** durch ein Verhalten eines Organs oder Bediensteten der Union voraus, dh einen Verstoß gegen eine Bestimmung oder einen allgemeinen Grundsatz des Unionsrechts, die zumindest auch den Interessen des Einzelnen zu dienen bestimmt sind.[65] Nach Klarstellung in der neueren Rechtsprechung des Gerichtshofs muss der Verstoß gegen die Schutznorm – unabhängig davon, ob er auf einen **Einzelakt** (sog. administratives

---

59 Art. 11 und 12 Kodex.

60 Art. 14, 15, 20 und 24 Kodex.

61 Vgl. Art. 268 AEUV; EuGH – Bergaderm/Kommission, C-352/98 P – Slg. 2000, I-5291 Rn. 40; ferner *Grabitz/Hilf/Nettesheim/von Bogdandy/Jacob*, EU, Art. 340 AEUV Rn. 31.

62 EuGH – SGEEM und Etroy/EIB, C-370/89 – Slg. 1992, I-6211 Rn. 12 ff.; EuG – Lamberts/Europäischer Bürgerbeauftragter, T-209/00 – Slg. 2002, II-2203 Rn. 49.

63 EuGH – Werhahn/Rat, 63–69/72 – Slg. 1973, 1229 Rn. 8; EuG – Bühring/Rat und Kommission, T-246/93 – Slg. 1998, II-171 Rn. 26; HdKom./*Klein*, Art. 215 EGV Rn. 6 f.; aA *Grabitz/Hilf/Nettesheim/von* Bogdandy/*Jacob*, EU, Art. 340 AEUV Rn. 43. – Zur Rechtspersönlichkeit der Europäischen Union vgl. Art. 47 EUV; ferner – bzgl. der Europäischen Zentralbank und der Europäischen Investitionsbank – Art. 282 Abs. 3 und Art. 308 Abs. 1 AEUV.

64 EuGH – Sayag, 9/69 – Slg. 1969, 329 Rn. 5/11; anders bei einer Fahrt mit dem Dienstwagen, EuGH – Leussink/Kommission, 169/83 u.a. – Slg. 1986, 2801 Rn. 15.

65 Vgl. dazu oben Rn. 18; EuGH – Kampffmeyer/Kommission, 5/66 u.a. – Slg. 1967, 331/354 f.; EuGH – Vreugdenhil/Kommission, C-282/90 – Slg. 1992, I-1937 Rn. 19; EuGH – Artegodan/Kommission, C-221/10 P – ECLI:EU:C:2012:216 Rn. 80; *Schwarze/Berg*, EU, Art. 340 AEUV Rn. 36 ff.; *Grabitz/Hilf/Nettesheim/von Bogdandy/Jacob*, EU, Art. 340 AEUV Rn. 76 ff.

Unrecht) oder auf einen **Rechtssetzungsakt** (sog. normatives Unrecht) zurückzuführen ist[66] – hinreichend qualifiziert sein, dh bei einer Ermessensentscheidung ist eine offenkundige und erhebliche Grenzüberschreitung notwendig, während bei einem stark eingeschränkten oder auf null reduzierten Gestaltungsspielraum eine bloße Rechtsverletzung ausreichen kann.[67]

Das Verhalten des Organs oder Bediensteten der Union kann in einem **Handeln,** aber auch in einem pflichtwidrigen **Unterlassen**[68] bestehen und muss grundsätzlich **rechtswidrig,**[69] **nicht** jedoch **schuldhaft**[70] sein. Zu ersetzen ist der tatsächliche und sichere materielle wie immaterielle[71] **Schaden,** wenn er unmittelbar[72] im Sinne eines adäquaten Kausalzusammenhangs[73] durch das Verhalten eines Organs oder Bediensteten der Union **verursacht** wurde (→ Rn. 18).[74] 21

3. Korrespondenzrecht

Gemäß Art. 41 Abs. 4 kann sich jede Person in einer der Sprachen der Unionsverträge an die Organe der Union wenden und muss eine Antwort in derselben Sprache erhalten. Demgegenüber gewährleistet die entsprechende Bestimmung des **Art. 24 Abs. 4 AEUV** ein solches Korrespondenzrecht nach ihrem Wortlaut lediglich jedem Unionsbürger, der sich zudem nur schriftlich (anders insoweit Art. 20 Abs. 2 S. 2 lit. d AEUV) in einer der in Art. 55 Abs. 1 EUV genannten Sprachen an jedes Organ oder jede (beratende) Einrichtung, die in 22

66 EuGH – Kommission/Camar, C-312/00 P – Slg. 2002, I-11355 Rn. 52 ff.; EuGH – Kommission/Fresh Marine, C-472/00 P – Slg. 2003, I-7577 Rn. 27; EuGH – Holcim (Deutschland)/Kommission, C-282/05 P – Slg. 2007, I-2941 Rn. 48.

67 EuGH – Bergaderm/Kommission, C-352/98 P – Slg. 2000, I-5291 Rn. 39 ff.; EuGH – Kommission/Schneider, C-440/07 P – Slg. 2009, I-6413 Rn. 160; EuGH – Artegodan/Kommission, C-221/10 P – ECLI:EU:C:2012:216 Rn. 80, 97 ff.; EuGH – Nikolaou/Rechnungshof, C-220/13 P – ECLI:EU:C:2014:2057 Rn. 53; EuGH – Europäischer Bürgerbeauftragter/Staelen, C-337/15 P – ECLI:EU:C:2017:256 Rn. 37 ff.; *Thiele,* Europäisches Haftungsrecht, in: Terhechte (Hrsg.), Verwaltungsrecht der Europäischen Union, 2011, § 39 Rn. 32 ff.; *Kirschnick,* Der hinreichend qualifizierte Verstoß als Voraussetzung des unionsrechtlichen Staatshaftungsanspruchs, Marburg 2005.

68 EuGH – KYDEP/Rat und Kommission, C-146/91 – Slg. 1994, I-4199 Rn. 58; EuG – Odigitria/Rat und Kommission, T-572/93 – Slg. 1995, II-2025 Rn. 35.

69 EuG – Schröder/Kommission, T-390/94 – Slg. 1997, II-501 Rn. 50; EuG – Pharos/Kommission, T-105/96 – Slg. 1998, II-285 Rn. 47. – Eine Haftung für rechtmäßiges Verhalten wird von der Rechtsprechung jedoch nicht ausgeschlossen; vgl. EuG – Dorsch Consult/Rat und Kommission, T-184/95 – Slg. 1998, II-667 Rn. 59; EuGH – Dorsch Consult/Rat und Kommission, C-237/198 P – Slg. 2000, I-4549 Rn. 18; EuGH – Fiamm, C-120/06 P – Slg. 2008, I-6513 Rn. 167 ff.; EuGH – Sviluppo Italia Basilicata/Kommission, C-414/08 P – Slg. 2010, I-2559 Rn. 141; *Grabitz/Hilf/Nettesheim/von Bogdandy/Jacob,* EU, Art. 340 AEUV Rn. 103 ff.; *Streinz/Gellermann,* EUV/AEUV, Art. 340 AEUV Rn. 25.

70 Str.; wie hier HdKom./*Klein,* EUV/EGV, Art. 215 EGV Rn. 27; *Grabitz/Hilf/Nettesheim/von Bogdandy/Jacob,* EU, Art. 340 AEUV Rn. 130.

71 EuGH – Willame/Kommission, 110/63 – Slg. 1965, 859, 880; EuGH – Rat/De Nil und Impens, C-259/96 P – Slg. 1998, I-2915 Rn. 25; EuG – New Europe Consulting und Brown/Kommission, T-231/97 – Slg. 1999, II-2403 Rn. 54; EuGH – Europäischer Bürgerbeauftrgter/Staelen, C-337/15 P – ECLI:EU:C:2017:256 Rn. 127 ff.

72 EuGH – Dumortier Frères/Rat, 64/76 u.a. – Slg. 1979, 3091 Rn. 21; EuG – Dorsch Consult/Rat und Kommission, T-184/95 – Slg. 1998, II-667 Rn. 69; EuG – T. Port/Kommission, T-1/99 – Slg. 2001, II-465 Rn. 76.

73 *Streinz/Gellermann,* EUV/AEUV, Art. 340 AEUV Rn. 28.

74 EuGH – Rat/De Nil und Impens, C-259/96 P – Slg. 1998, I-2915 Rn. 23; EuGH – Dorsch Consult/Rat und Kommission, C-237/198 P – Slg. 2000, I-4549 Rn. 17; *Böhm,* Haftung, in: Schulze/Zuleeg/Kadelbach (Hrsg.), Europarecht, 3. Aufl. 2015, § 12 Rn. 37 ff.

Art. 24 AEUV oder Art. 13 EUV genannt sind, wenden und eine Antwort in derselben Sprache erhalten kann.

23 Die Abweichungen im Wortlaut sind im Lichte der allgemeinen horizontalen Bestimmungen der **Art. 52 Abs. 2 und 53** zu verstehen. Danach erfolgt die Ausübung der Chartarechte, die in den Unionsverträgen geregelt sind, im Rahmen der darin festgelegten Bedingungen und Grenzen und darf keine Chartabestimmung als eine Einschränkung oder Verletzung der Menschenrechte und Grundfreiheiten ausgelegt werden, die in dem jeweiligen Anwendungsbereich u.a. durch das Recht der Union anerkannt werden. Dies entspricht dem Auftrag des Europäischen Rates von Köln an den Grundrechtekonvent, die auf Unionsebene geltenden Rechte zusammenzufassen und sichtbarer zu machen, nicht jedoch einzuschränken oder auszuweiten.[75] Zum Unionsrecht gehört auch die **Verordnung Nr. 1** des Rates vom 15. April 1958 **zur Regelung der Sprachenfrage** für die Europäische Wirtschaftsgemeinschaft.[76] Darin ist u.a. festgelegt, dass Schriftstücke, die eine der Hoheitsgewalt eines Mitgliedstaats unterstehende Person an Unionsorgane richtet, nach Wahl des Absenders in einer der Amtssprachen[77] abgefasst werden können und in derselben Sprache zu beantworten sind (Art. 2 VO Nr. 1).

24 Daraus ergibt sich, dass die Erweiterung des Kreises der **Berechtigten** über die Unionsbürger hinaus, wie in Art. 41 Abs. 4 geschehen, jedenfalls insoweit gerechtfertigt ist, als es sich um Personen handelt, die der Hoheitsgewalt eines Mitgliedstaats unterstehen, sich also regelmäßig in einem Mitgliedstaat aufhalten. Ferner folgt daraus ebenso wie aus dem Sinn und Zweck des Art. 24 Abs. 4 AEUV eine **Pflicht zur Beantwortung,** und zwar in einer der vom Absender gewählten Vertragssprachen, wie sie in Art. 55 Abs. 1 EUV aufgeführt sind.[78]

25 Demgegenüber begrenzt das geltende Unionsrecht in Art. 24 Abs. 4 AEUV und in der Verordnung Nr. 1 das Korrespondenzrecht auf die **Schriftform**. Anders als diese Bestimmungen verlangen Art. 41 Abs. 4 der Grundrechtecharta und auch Art. 20 Abs. 2 S. 2 lit. d

---

75 *Europäischer Rat* von Köln, Schlussfolgerungen des Vorsitzes, BullEU 6–1999, Ziff. I.18.44, S. 14.

76 ABl. 1958 Nr. L 17 S. 385, mit späteren Änderungen. – Zur Zulässigkeit davon abweichender Regelungen durch den Rat vgl. EuG – Kik/HABM, T-120/99 – Slg. 2001, II-2235 Rn. 58, 64; EuGH – Kik/HABM, C-361/01 P – Slg. 2003, I-8283 Rn. 82 ff.; solche Regelungen fanden sich für Maltesisch in der VO (EG) Nr. 930/2004 des Rates v. 1.5.2004, ABl. 2004 Nr. L 169 S. 1, und finden sich weiterhin – zeitlich begrenzt – für Irisch in der VO (EG) Nr. 920/2005 des Rates v. 13.6.2005, ABl. 2005 Nr. L 156 S. 3, verlängert zuletzt durch die VO (EU, Euratom) 2015/2264 des Rates v. 3.12.2015, ABl. 2015 Nr. L 322 S. 1. – Zur Anwendbarkeit der VO Nr. 1 v. 15.4.1958 auf Beamte und Bedienstete der EU und auf Bewerber eines externen Auswahlverfahrens vgl. EuGH – Italien/Kommission, C-566/10 P – ECLI:EU:C:2012:752 Rn. 68 f.

77 Dies sind alle Sprachen der Mitgliedstaaten bis auf Luxemburgisch; davon zu unterscheiden sind die Vertragssprachen gemäß Art. 55 Abs. 1 EUV und Art. 358 AEUV, zu denen inzwischen ebenfalls alle Sprachen der Mitgliedstaaten bis auf Luxemburgisch gehören. – Zu „Nicht-Amtssprachen" vgl. Art. 55 Abs. 2 EUV und die 16. Erklärung der Regierungskonferenz zu Artikel 55 Absatz 2 des Vertrags (von Lissabon) über die Europäische Union, ABl. 2012 Nr. C 326 S. 346; *Rat*, Schlussfolgerungen v. 13.6.2005 über den amtlichen Gebrauch zusätzlicher Sprachen im Rat und gegebenenfalls in anderen Organen und Einrichtungen der Europäischen Union, ABl. 2005 Nr. C 148 S. 1; Verwaltungsvereinbarung zwischen dem Königreich Spanien und dem Rat der Europäischen Union, ABl. 2006 Nr. C 40 S. 2, betr. „Sprachen, deren Status neben dem des Spanischen/Kastilischen in der spanischen Verfassung anerkannt wird". – Zur Sprachenregelung für die europäischen Gerichte, die nunmehr ebenfalls alle Sprachen der Mitgliedstaaten bis auf Luxemburgisch einbeziehen, vgl. Art. 36 EuGH-VerfO sowie Art. 35 § 1 EuG-VerfO.

78 Vgl. die vorherige Fn. – Gemäß der von der Regierungskonferenz zum Vertrag von Nizza angenommenen 4. Erklärung soll die Antwort „innerhalb einer vertretbaren Frist" erfolgen; Rat und Kommission sehen in ihrem jeweiligen Verwaltungskodex (oben Rn. 16) 15 Arbeitstage vor.

AEUV zwar nicht die Schriftform; jedoch werden die in Art. 20 AEUV gewährleisteten Rechte nur unter den Bedingungen und innerhalb der Grenzen ausgeübt, die in den Unionsverträgen (hier Art. 24 Abs. 4 AEUV) und durch die in Anwendung dieser Verträge erlassenen Maßnahmen (hier VO Nr. 1) festgelegt sind (Art. 20 Abs. 2 S. 3 AEUV). Auch der Kreis der in Art. 41 Abs. 4 genannten **Verpflichteten** ist demjenigen in Art. 24 Abs. 4 AEUV und der Verordnung Nr. 1 anzupassen, so dass neben den Unionsorganen (Europäisches Parlament, Europäischer Rat, Rat, Europäische Kommission, Gerichtshof der Europäischen Union, Europäische Zentralbank, Rechnungshof) auch sonstige in Art. 13 EUV und Art. 24 AEUV genannten Einrichtungen (Wirtschafts- und Sozialausschuss, Ausschuss der Regionen, Europäischer Bürgerbeauftragter) erfasst sind.[79]

IV. Literaturübersicht

Bauer, Ralf, Das Recht auf eine gute Verwaltung im Europäischen Gemeinschaftsrecht, Frankfurt a.M. 2002; *Bousta, Rita*, Essai sur la notion de bonne administration en droit public, Paris 2010; *Bullinger, Martin*, Das Recht auf eine gute Verwaltung nach der Grundrechtecharta der EU, in: Eberle, Carl-Eugen/ Ibler, Martin/Lorenz, Dieter (Hrsg.), FS für Winfried Brohm, München 2002, S. 25; *Classen, Kai-Dieter*, Gute Verwaltung im Recht der Europäischen Union, Berlin 2008; *Diamandouros, P. Nikiforos*, The relationship between the principle of good administration and legal obligations, in: Liber amicorum Bo Vesterdorf, Bruxelles 2007, S. 315; *Efstratiou, Pavlos-Michael*, Der Grundsatz der guten Verwaltung als Herausforderung an die Dogmatik des nationalen und europäischen Verwaltungsrechts, in: Trute, Hans-Heinrich/ Groß, Thomas/Möllers, Christoph (Hrsg.), Allgemeines Verwaltungsrecht – Zur Tragfähigkeit eines Konzepts, Tübingen 2008, S. 281; *Galetta, Diana-Urania*, Inhalt und Bedeutung des europäischen Rechts auf eine gute Verwaltung, EuR 2007, 57; *Goerlich, Helmut*, Good governance und gute Verwaltung, DÖV 2006, 313; *Gornig, Gilbert/Trüe, Christiane*, Die Rechtsprechung des EuGH und des EuG zum Europäischen Verwaltungsrecht – Teil 1, JZ 2000, 395; *Grzeszick, Bernd*, Das Grundrecht auf eine gute Verwaltung, EuR 2006, 161; *Gundel, Jörg*, Der beschränkte Anwendungsbereich des Charta-Grundrechts auf gute Verwaltung: Zur fortwirkenden Bedeutung der allgemeinen Rechtsgrundsätze als Quelle des EU-Grundrechtsschutzes, EuR 2015, 80; *Haibach, Georg*, Die Rechtsprechung des EuGH zu den Grundsätzen des Verwaltungsverfahrens, NVwZ 1998, 456; *Hayder, Roberto*, Das Sprachenregime der Europäischen Union, ZEuS 2011, 343; *Jarass, Hans*, Das Recht auf eine gute Verwaltung, insb. auf ein faires Verwaltungsverfahren, in: FS für Wolf-Rüdiger Schenke, Berlin 2011, S. 849; *Kańska, Klara*, Towards administrative human rights in the EU – Impact of the Charter of Fundamental Rights, ELJ 2004, 296; *Klappstein, Walter*, Das Recht auf eine gute Verwaltung, Kiel 2006; *Lais, Martina*, Das Recht auf eine gute Verwaltung unter besonderer Berücksichtigung der Rechtsprechung des Europäischen Gerichtshofs, ZEuS 2002, 447; *Magiera, Siegfried*, Das Recht auf eine gute Verwaltung in der Europäischen Union, in: Montoro Chiner u.a. (Hrsg.), Les administracions en perspectiva europea, Barcelona 2012, S. 130; *Martínez Soria, José*, Die Kodizes für gute Verwaltungspraxis, EuR 2001, 682; *Nüßen, Marc*, Das europäische Grundrecht auf eine gute Verwaltung, VR 2012, 260; *Pfeffer, Karin*, Das Recht auf eine gute Verwaltung, Baden-Baden 2006; *Schwarze, Jürgen*, Europäisches Verwaltungsrecht, 2. Aufl., Baden-Baden 2005; *Thurnherr, Daniela*, Das Recht auf eine gute Verwaltung nach Art. 41 der EU-Grundrechtecharta – Ein Impulsgeber für das schweizerische Recht?, Schweizerisches Jahrbuch für Europarecht 2011/2012, 447 ff.; *Wakefield, Jill*, The right to good administration, Alphen an den Rijn 2007.

Artikel 42 Recht auf Zugang zu Dokumenten

Die Unionsbürgerinnen und Unionsbürger sowie jede natürliche oder juristische Person mit Wohnsitz oder satzungsmäßigem Sitz in einem Mitgliedstaat haben das Recht auf Zugang zu den Dokumenten der Organe, Einrichtungen und sonstigen Stellen der Union, unabhängig von der Form der für diese Dokumente verwendeten Träger.

79 Zu den Geschäftsordnungsregelungen von Parlament, Rat, Kommission und Gerichtshof sowie zu und „sonstigen Stellen“, insbesondere Agenturen der EU vgl. näher *Hayder*, ZEuS 2011, 343, 354 ff., 364 ff.

I. Vorgaben

1 Art. 42 gewährleistet allen Unionsbürgerinnen und Unionsbürgern sowie allen sonstigen in der Union niedergelassenen (natürlichen und juristischen) Personen das Recht auf Zugang zu Unionsdokumenten. Ein entsprechendes Recht ist für die Dokumente des Europäischen Parlaments, des Rates und der Kommission seit dem Vertrag von Amsterdam in Art. 255 EG zur Verbesserung der Transparenz und der Bürgernähe (Art. 1 Abs. 2 EUV) verankert gewesen und – unter Erweiterung auf die Dokumente aller sonstigen Unionsinstitutionen – in **Art. 15 AEUV** übernommen worden.[1] Es findet sich auch in den Rechtsordnungen verschiedener Mitgliedstaaten, insbesondere in Skandinavien,[2] und fand im vertraglichen Zusammenhang erstmals Ausdruck in der (17.) Erklärung der Regierungskonferenz zum Vertrag von Maastricht.[3] Da die Transparenz des Beschlussverfahrens den demokratischen Charakter der Unionsorgane und das Vertrauen der Öffentlichkeit in die Verwaltung stärke, empfahl die Konferenz der Kommission die Vorlage eines Berichts über Maßnahmen, mit denen die den Organen vorliegenden Informationen der Öffentlichkeit besser zugänglich gemacht werden sollten.

2 Im Anschluss an eine Mitteilung der Kommission über den Zugang der Öffentlichkeit zu Dokumenten, die sich im Besitz der Unionsorgane befinden,[4] vereinbarten der Rat und die Kommission 1993 einen entsprechenden Verhaltenskodex,[5] dessen Grundsätze der Rat (1993)[6] und die Kommission (1994)[7] sowie – in Anlehnung daran – auch das Parlament (1997)[8] aufgrund ihrer Geschäftsordnungsautonomie in Beschlüssen über den Zugang der Öffentlichkeit zu ihren Dokumenten umsetzten. Diese Selbstverpflichtungen der drei Organe wurden durch Art. 255 EG und die auf dessen Grundlage erlassenen Regelungen der **Verordnung 1049/2001**[9] sowie durch Sonderbestimmungen der einzelnen Unionsorgane (→ Rn. 18) abgelöst.

1 Zur Vor- und Entstehungsgeschichte *Wölker*, in: Magiera/Sommermann, 2001, S. 103 ff.
2 *Kugelmann*, Rechtsstellung, S. 170 ff.; *Wewers*, Zugangsrecht, S. 85 ff., 205 ff.; *Kommission*, Bericht über die Anwendung der Grundsätze der VO (EG) Nr. 1049/2001 über den Zugang der Öffentlichkeit zu Dokumenten des Europäischen Parlaments, des Rates und der Kommission, KOM(2004) 45, S. 6; *Stern*/Sachs/*Schöbener*, GRC, Art. 42 Rn. 2 f.
3 Vgl. dazu *Cloos u.a.*, Tr. Maastricht, S. 418 ff.
4 ABl. 1993 Nr. C 156 S. 5.
5 Verhaltenskodex für den Zugang der Öffentlichkeit zu Rats- und Kommissionsdokumenten v. 6.12.1993, ABl. 1993 Nr. L 340 S. 14; berichtigt in ABl. 1994 Nr. L 23 S. 34.
6 Beschluss 93/731/EG des Rates v. 20.12.1993, ABl. 1993 Nr. L 340 S. 43.
7 Beschluss 94/90/EGKS/EG, Euratom der Kommission v. 8.2.1994, ABl. 1994 Nr. L 46 S. 58.
8 Beschluss 97/632/EGKS/EG, Euratom des Europäischen Parlaments v. 10.7.1997, ABl. 1997 Nr. L 263 S. 27.
9 VO (EG) Nr. 1049/2001 des Europäischen Parlaments und des Rates v. 30.5.2001 über den Zugang der Öffentlichkeit zu Dokumenten des Europäischen Parlaments, des Rates und der Kommission, ABl. 2001 Nr. L 145 S. 43; dazu auch *Peers, Steve*, The new regulation on access to documents: A critical analysis, YEL 2001, 385 ff.; *Feik*, Zugang, S. 271 ff.; *de Leeuw, Magdalena*, The regulation on public access to European Parliament, Council and Commission documents in the European Union: are citizens better off?, ELRev. 2003, 324 ff.; *Castenholz*, Informationszugangsfreiheit, S. 144 ff.; *Meltzian*, Zugang zu Dokumenten, S. 173 ff.; *Riemann*, Transparenz, S. 133 ff; *Bretthauer, Sebastian*, Informationszugang im Recht der EU, DÖV 2013, 677 ff.; *Kommission*, Vorschlag für eine Verord-

Art. 42 steht ferner im Zusammenhang mit dem Recht auf Korrespondenz mit den Unionsinstitutionen in **Art. 24 Abs. 4 AEUV** und **Art. 41 Abs. 4**, mit den Bestimmungen über den Datenschutz in **Art. 16 AEUV** und die Amtsverschwiegenheit in **Art. 339 AEUV**, mit der (17.) Erklärung der Regierungskonferenz zum Vertrag von Amsterdam über den Schutz mitgliedstaatlicher Dokumente sowie mit der aus **Art. 4 Abs. 3 EUV** folgenden allgemeinen Pflicht der Unionsinstitutionen und der Mitgliedstaaten zur gegenseitigen Information im Rahmen der loyalen Zusammenarbeit.[10] Art. 42 idF der Grundrechtecharta vom 12.12.2007 weicht **sprachlich** von derjenigen des Grundrechtekonvents ab, indem er den Zugang zu den Dokumenten nicht nur „des Europäischen Parlaments, des Rates und der Kommission" entsprechend Art. 255 EG ermöglicht, sondern allgemein „der Organe, Einrichtungen und sonstigen Stellen" entsprechend Art. 15 AEUV. Ferner hebt er – ebenso wie Art. 15 Abs. 3 AEUV – zusätzlich hervor, dass der Zugang „unabhängig von der Form der für diese Dokumente verwendeten Träger" eröffnet ist. 3

II. Diskussion im Grundrechtekonvent

Trotz der Gewährleistung des Rechts auf Zugang zu Unionsdokumenten in Art. 255 EG (nunmehr Art. 15 Abs. 3 AEUV) konnte sich der mit der Ausarbeitung der Grundrechtecharta beauftragte Grundrechtekonvent nicht ohne **teilweise heftige Diskussion** auf die entsprechende Bestimmung des Art. 42 einigen. Umstritten waren insbesondere der Kreis der **Berechtigten** (nur natürliche oder auch juristische Personen?), der Kreis der **Verpflichteten** (nur die drei in Art. 255 EG genannten oder auch andere Gemeinschaftsinstitutionen oder auch die Mitgliedstaaten bei Anwendung des Gemeinschaftsrechts?) sowie die Art und Weise der **Begrenzung** (durch eine spezifische oder eine allgemeine horizontale Bestimmung?).[11] 4

Schließlich verständigte sich der Grundrechtekonvent für den **Schutzbereich** auf die inhaltlich mit Art. 255 EG und damit den Anforderungen des Europäischen Rates von Köln[12] übereinstimmende Endfassung und für die **Grenzen** auf die horizontalen Bestimmungen des Schlusstitels der Grundrechtecharta. Da das Recht gemäß Art. 42 in den Unionsverträgen geregelt ist, erfolgt seine Ausübung dementsprechend im Rahmen der jeweiligen vertraglichen Bedingungen und Grenzen (Art. 52 Abs. 2).[13] 5

---

nung des Europäischen Parlaments und des Rates über den Zugang der Öffentlichkeit zu Dokumenten des Europäischen Parlaments, des Rates und der Kommission, KOM(2008) 229 und KOM(2011) 137/2, die die VO 1049/2001 neu fassen soll; *Kommission*, Grünbuch: Recht auf Zugang der Öffentlichkeit zu Dokumenten im Besitz der Organe der Europäischen Gemeinschaft, KOM(2007) 185; *EP*, Entschließung v. 11.3.2009, Zugang der Öffentlichkeit zu Dokumenten des Europäischen Parlaments, des Rates und der Kommission (Neufassung), ABl. 2009 Nr. C 87E S. 362, *EP*, Entschließung v. 15.12.2011 zu dem Vorschlag für eine Verordnung des Europäischen Parlaments und des Rates über den Zugang der Öffentlichkeit zu Dokumenten des Europäischen Parlaments, des Rates und der Kommission (Neufassung), ABl. 2013 Nr. C 168E S. 159.

10 Vgl. zu dieser Informationspflicht EuGH – Zwartveld, C-2/88 Imm. – Slg. 1990, I-3365 Rn. 17, 22.

11 Vgl. die einzelnen Entwürfe in CHARTE 4137/00 v. 24.2.2000, Art. 14; CHARTE 4170/00 v. 20.3.2000, Art. F; CHARTE 4284/00 v. 5.5.2000, Art. 18; CHARTE 4360/00 v. 14.6.2000, Art. 18; CHARTE 4422/00 v. 28.7.2000, Art. 40; ferner *Bernsdorff/Borowsky*, Protokolle, S. 192 ff., S. 280 ff., 292 f.; vgl. auch CHARTE 4203/00 v. 4.4.2000 (Stellungnahme der deutschen Länder zu Art. F: Verzicht auf eine primärrechtliche zugunsten einer sekundärrechtlichen Regelung).

12 *Europäischer Rat* von Köln, Schlussfolgerungen des Vorsitzes, BullEU 6–1999, Ziff. I.18.44, S. 14 und I.64, S. 39 f.

13 Vgl. auch CHARTE 4473/00 v. 11.10.2000, Erläuterungen des Präsidiums zu Art. 42; ferner Erläuterungen zur Charta der Grundrechte idF v. 12.12.2007, ABl. 2007 Nr. C 303 S. 17 ff., zu Art. 42.

III. Kommentierung

1. Zugang zu Dokumenten

6 Art. 42 gewährleistet entsprechend Art. 15 Abs. 3 AEUV ein Recht auf Zugang zu Unionsdokumenten. Es findet seine Grundlage im **Demokratieprinzip** und konkretisiert das in Art. 1 Abs. 2 EUV verankerte **Transparenzprinzip** im Hinblick auf mehr Bürgernähe der Europäischen Union.[14] Nach der bisherigen Rechtsprechung soll es noch kein gemeinschaftliches Grundrecht darstellen, das zu den allgemeinen aus den gemeinsamen Verfassungstraditionen der Mitgliedstaaten hervorgegangenen Rechtsgrundsätzen gehört.[15] Als gemeinschaftsrechtlich anerkanntes Recht steht es in einem **Spannungsverhältnis zu öffentlichen und privaten Geheimhaltungsinteressen,** die in Art. 16 und 339 AEUV geschützt sind und mit denen es im Einzelfall gemäß dem Grundsatz der Verhältnismäßigkeit abzuwägen ist.[16] Wegen der erforderlichen näheren Ausgestaltung durch Bestimmungen des Sekundärrechts ist Art. 15 Abs. 3 AEUV und damit auch Art. 42 (gemäß Art. 52 Abs. 2) nicht unmittelbar anwendbar.[17]

2. Berechtigte

7 Das Recht auf Zugang zu Unionsdokumenten besitzen gemäß Art. 42 – entsprechend dem Recht auf Anrufung des Bürgerbeauftragten (Art. 43) und dem Petitionsrecht (Art. 44) – alle Unionsbürgerinnen und Unionsbürger, dh die Staatsangehörigen der Mitgliedstaaten (Art. 9 S. 2 EUV; Art. 20 Abs. 1 S. 2 AEUV), sowie alle sonstigen natürlichen und juristischen Personen mit Wohnsitz bzw. satzungsmäßigem Sitz in einem Mitgliedstaat. Anderen Personen, denen darüber hinaus das Jedermann-Grundrecht auf Zugang zu den sie betreffenden Behördenakten (Art. 41) zusteht, können die Unionsorgane gemäß Art. 2 Abs. 2 VO 1049/2001 (→ Rn. 2) Zugang zu Dokumenten gewähren. Nicht berechtigt nach diesen Bestimmungen dürften Organe der Union sein,[18] da für sie das gemeinschaftliche Organisationsrecht gilt. Gleiches ist für die Mitgliedstaaten und deren Organe anzunehmen, deren Beziehungen zur Union Sonderregelungen und allgemein dem Grundsatz der loyalen Zusammenarbeit unterliegen.[19]

3. Adressaten

8 Verpflichtet, den Zugang zu Dokumenten zu gewähren, waren nach dem Wortlaut des Art. 42 – in der Fassung des Grundrechtekonvents – entsprechend Art. 255 EG lediglich das **Parlament**, der **Rat** und die **Kommission**, nicht hingegen die Mitgliedstaaten sowie die anderen Organe, Einrichtungen und sonstigen Stellen der Union. Angesichts der Bedeutung des Zugangsrechts, das auf mehr Transparenz und Bürgernähe der Europäischen Union abzielt (→ Rn. 6), erschien vor allem die Ausklammerung der anderen Unionsorgane und

---

14 Erwägungsgründe 1 und 2 VO 1049/2001 (Rn. 2); GA *Tesauro*, SA – Niederlande/Rat, C-58/94 – Slg. 1996, I-2169 Nr. 14 ff.; EuGH – Schweden und Turco/Rat, C-39/05 P – Slg. 2008, I-4723 Rn. 34; EuGH – Schweden/Kommission und MyTravel, C-506/08 P – Slg. 2011, I-6237 Rn. 72.

15 GA *Léger*, SA – Interporc/Kommission, C-41/00 P – Slg. 2003, I-2125 Nr. 80; aA GA *Leger*, SA – Rat/Hautala, C-353/99P – Slg. 2001, I-9565 Nr. 52 ff., insbes. 71 ff.; dazu auch *Bock*, DÖV 2002, 559 f.; *Jann*, in: FS für Adamovich, S. 249 ff.

16 Näher dazu *Heitsch*, Zugang zu Dokumenten, S. 14 ff.; *Heliskoski/Leino*, CMLRev. 2006, 735 ff.; *Boysen*, Die Verwaltung 2009, 215 ff.; *Kranenberg*, CMLRev. 2009, 1443 ff.

17 EuG – Petrie/Kommission, T-191/99 – Slg. 2001, II-3677 Rn. 34 f.; *Stern*/Sachs/*Schöbener*, GRC, Art. 42 Rn. 5; aA *Jarass*, GRC, Art. 42 Rn. 2.

18 *Jarass*, GRC, Art. 42 AEUV Rn. 9; *Stern*/Sachs/*Schöbener*, GRC, Art. 42 Rn. 16; aA *Holoubek/Lienbacher/Sander*, GRC, Art. 42 Rn. 9.

19 *Stern*/Sachs/*Schöbener*, GRC, Art. 42 Rn. 16.

-einrichtungen[20] wenig überzeugend, obwohl mit den drei verpflichteten Organen die für den Dokumentenzugang der Bürger wichtigsten Institutionen erfasst waren. Folgerichtig sollte die Verordnung 1049/2001 (→ Rn. 2) einen größtmöglichen Zugang zu Dokumenten gewährleisten (Art. 1 lit. a VO) und – im Einklang mit der Rechtsprechung[21] – alle **von den verpflichteten Unionsorganen geschaffenen Einrichtungen** veranlassen, die in der Verordnung festgelegten Grundsätze anzuwenden (8. Erwägungsgrund VO).[22] Die geänderte Fassung der Grundrechtecharta vom 7.12.2007 erweitert den Kreis der verpflichteten Adressaten – entsprechend dem Vertrag von Lissabon (Art. 15 Abs. 3 AEUV) – auf **alle Organe, Einrichtungen und sonstigen Stellen der Union**. Für den Gerichtshof, die Europäische Zentralbank und die Europäische Investitionsbank gilt die Verpflichtung jedoch nur dann, wenn sie Verwaltungsaufgaben wahrnehmen (Art. 15 Abs. 3 UAbs. 4 AEUV iVm Art. 52 Abs. 2).[23] Damit geht die Einschränkung weiter als diejenige für die Befassung des Bürgerbeauftragten, die lediglich die Rechtsprechungstätigkeit des Gerichtshofs ausnimmt (Art. 228 Abs. 1 AEUV iVm Art. 43 und Art. 52 Abs. 2).

4. Dokumente

Dokumente sind nach den Ausführungsbestimmungen der Verordnung 1049/2001 9
(→ Rn. 2) zu Art. 255 EG und nunmehr gemäß Art. 15 Abs. 3 AEUV und damit auch gemäß Art. 42 (iVm Art. 52 Abs. 2) der Grundrechtecharta in einem weiten Sinn als **Inhalte unabhängig von der Form** des Datenträgers (Schrift, Bild, Ton u.a.) zu verstehen, die einen Sachverhalt im Zusammenhang mit den Politiken, Maßnahmen und Entscheidungen aus dem **Zuständigkeitsbereich der verpflichteten Unionsinstitution** betreffen (Art. 3 lit. a VO). Erfasst werden alle Dokumente einer Institution, dh aus allen Tätigkeitsbereichen der Europäischen Union, die entweder von der Institution erstellt wurden oder bei ihr eingegangen sind und sich in ihrem Besitz befinden (Art. 2 Abs. 3 VO).[24] Der Zugang betrifft lediglich schon existierende, nicht auch erst zu erstellende Dokumente; im Falle von elektronischen Datenbanken liegt ein existierendes Dokument vor, wenn es bei deren üblicher

20 Zu deren Praxis *Europäischer Bürgerbeauftragter*, Sonderbericht an das Europäische Parlament im Anschluss an die Initiativuntersuchung betreffend den Zugang der Öffentlichkeit zu Dokumenten, ABl. 1998 Nr. C 44 S. 9; vgl. ferner die dazu ergangene Aufforderung durch die Gemeinsame Erklärung [von Parlament, Rat und Kommission] zur VO (EG) Nr. 1049/2001, Ziff. 1, ABl. 2001 Nr. L 173 S. 5.

21 EuG – Rothmans/Kommission, T-188/97 – Slg. 1999, II-2463 Rn. 56 ff.; EuG – BAT/Kommission, T-111/00 – Slg. 2001, II-2997 Rn. 37.

22 Für eine weite Auslegung auch *Heitsch*, Zugang zu Dokumenten, S. 61 ff.; *Wägenbaur*, EuZW 2001, 681 f.; vgl. auch die Gemeinsame Erklärung [von Parlament, Rat und Kommission] zur VO (EG) Nr. 1049/2001, Ziff. 1, ABl. 2001 Nr. L 173 S. 5; ferner die Beschlüsse des *AdR* v. 11.2.2003, ABl. 2003 Nr. L 160 S. 96, des *WSA* v. 1.7.2003, ABl. 2003 Nr. L 205 S. 19, der *EZB* v. 4.3.2004, ABl. 2004 Nr. L 80 S. 42 (vgl. dazu EuG – Spiegel-Verlag Rudolf Augstein und Sauga/Europäische Zentralbank, T-116/17 – ECLI:EU:C:2018:614 Rn. 19 ff.), des *EuRH* v. 10.3.2005, ABl. 2005 Nr. C 96 S. 1, betr. den Zugang der Öffentlichkeit zu ihren Dokumenten sowie die VOen (EG) Nr. 1641/2003 bis 1655/2003 des Europäischen Parlaments und des Rates bzw. des Rates v. 22.7.2003 und 18.6.2003, ABl. 2003 Nr. L 245 S. 1, betr. den Zugang zu den Dokumenten der von ihnen geschaffenen Einrichtungen („Agenturen").

23 Zum Gerichtshof vgl. Beschluss v. 11.10.2016 über den Zugang der Öffentlichkeit zu Dokumenten, die vom Gerichtshof der Europäischen Union in Wahrnehmung seiner Verwaltungsaufgaben verwahrt werden, ABl. 2016 Nr. C 445, S. 3, und unten Rn. 12.

24 EuG – Breyer, T-188/12 – ECLI:EU:T:2015:124 Rn. 50 ff.; EuG – Maria Psara u.a., T-639/15 u.a. – ECLI:EU:T:2018:602 Rn. 27.

Nutzung mit Hilfe vorprogrammierter Suchfunktionen extrahiert werden kann, nicht hingegen, wenn die Extrahierung eine zusätzliche wesentliche Investition erfordert.[25]

10 Eine Erfassung von Dokumenten über den gemeinschaftlichen Vertragsbereich hinaus auf die **intergouvernementalen Bereiche** der Gemeinsamen Außen- und Sicherheitspolitik sowie der polizeilichen und justiziellen Zusammenarbeit in Strafsachen ergab sich aus der Bezugnahme der Art. 28 und 41 EU auf Art. 255 EG.[26] Mit dem Vertrag von Lissabon ist die Differenzierung zwischen den verschiedenen vertraglichen „Säulen" infolge der nunmehr einheitlichen Rechtspersönlichkeit der Europäischen Union (Art. 47 EUV) entfallen. Durch die Einbeziehung von Dokumenten, die nicht von den Unionsinstitutionen selbst, sondern von **Dritten** stammen, klärt die Verordnung 1049/2001 die zuvor umstrittene Praxis und Rechtslage.[27] Für die grundsätzliche Einbeziehung von Dokumenten aus anderen Quellen lässt sich die (35.) Erklärung der Regierungskonferenz zum Vertrag von Amsterdam anführen, wonach ein Mitgliedstaat das Organ ersuchen kann, ein aus seinem Bereich stammendes Dokument nicht ohne seine vorherige Zustimmung an Dritte weiterzuleiten. Unbeschadet entsprechender Einschränkungen, die weiterhin möglich sind (→ Rn. 11 ff.), hat die Neuregelung den Vorteil, dass sich der Zugangsberechtigte, wenn sich ein Dokument bei der Unionsinstitution befindet, nicht an den – möglicherweise nicht sicher feststellbaren – Urheber außerhalb der Institution verweisen lassen muss.

5. Einschränkungen

11 Gemäß Art. 15 Abs. 3 UAbs. 2 AEUV, der in Verbindung mit Art. 52 Abs. 2 auch für das Recht aus Art. 42 maßgeblich ist, sind neben den allgemeinen Grundsätzen auch die **aufgrund öffentlicher oder privater Interessen** geltenden Einschränkungen für die Ausübung des Rechts auf Zugang zu Dokumenten vom Europäischen Parlament und vom Rat durch Verordnungen gemäß dem ordentlichen Gesetzgebungsverfahren (Art. 294 AEUV) festzulegen. Die entsprechenden Ausnahmen, die sich in Art. 4 VO 1049/2001 finden, sind nach der Rechtsprechung eng auszulegen[28] und erfordern eine Einzelfallprüfung, die bei Zugänglichmachung der betreffenden Dokumente eine nicht nur hypothetische Gefährdung, sondern eine konkrete und tatsächliche Beeinträchtigung der Schutzgüter anzeigen muss.[29] Für bestimmte gleiche Kategorien von Dokumenten kann der Zugang jedoch aufgrund von allgemeinen – im Einzelfall allerdings widerlegbaren oder wegen eines überwiegenden öffentlichen Interesses auszuschließenden – Vermutungen verweigert werden, da für Anträge auf Verbreitung von Dokumenten gleicher Art vergleichbare allgemeine Erwägungen gelten

---

25 EuGH – Typke, C-491/15 P – ECLI:EU:C:2017:5 Rn. 35 ff.

26 Zum EAG- und (inzwischen abgelaufenen) EGKS-Vertrag vgl. die (41.) Erklärung der Regierungskonferenz zum Vertrag von Amsterdam; Erwägungsgrund 5 VO 1049/2001 (Rn. 2).

27 Vgl. dazu die ursprünglichen Beschlüsse der Gemeinschaftsorgane (oben Rn. 2); ferner *Röger*, DVBl. 1994, 1184; GA *Léger*, SA – Interporc/Kommission, C-41/00 P – Slg. 2003, I-2125 Nr. 93 ff.; EuG – Interporc/Kommission, T-92/98 – Slg. 1999, II-3521 Rn. 65 ff.; EuGH – Interporc/Kommission, C-41/00 P – Slg. 2003, I-2125 Rn. 34 ff.

28 Vgl. u.a. EuGH – Rat/Hautala, C-353/99 P – Slg. 2001, I-9565 Rn. 25; EuG – Turco/Rat, T-84/03 – Slg. 2004, II-4061 Rn. 34; EuGH – Schweden/Kommission, C-64/05 P – Slg. 2007, I-11389 Rn. 66; EuG – MyTravel/Kommission, T-403/05 – Slg. 2008, II-2027 Rn. 32; EuGH – Schweden und API/Kommission, C-514/07 P – Slg. 2010, I-8533 Rn. 73.

29 EuG – Franchet und Byk/Kommission, T-391/03 u.a. – Slg. 2006, II-2023 Rn. 115; EuG – TGI/Kommission, T-237/04 – Slg. 2006, II-5131 Rn. 77 ff.; EuGH – Schweden und Turco/Rat, C-39/05 P – Slg. 2008, I-4723 Rn. 43, 49; EuGH – Schweden und API/Kommission, C-514/07 P – Slg. 2010, I-8533 Rn. 72; EuGH – Schweden/Kommission und MyTravel, C-506/08 P – Slg. 2011, I-6237 Rn. 76.

können.[30] Sichergestellt werden soll dadurch das ordnungsgemäße Funktionieren des betreffenden Verfahrens.[31]

Danach ist der **Zugang** zu Dokumenten **zwingend zu verweigern**, wenn der Schutz des öffentlichen Interesses oder der Schutz der Privatsphäre und der Integrität des Einzelnen beeinträchtigt würden (Art. 4 Abs. 1 VO).[32] Zum öffentlichen Interesse, zu dessen Schutz das betreffende Organ über ein weites Ermessen verfügt, gehören die öffentliche Sicherheit, die Verteidigung und militärische Belange, die internationalen Beziehungen sowie die Finanz-, Währungs- und Wirtschaftsinteressen der Union oder eines Mitgliedstaats einschließlich des grundsätzlichen Schutzes darauf bezogener, in Art. 9 VO näher bestimmter sensibler Dokumente.[33] Eine Kennzeichnung als sensibles Dokument ist für den Schutz des öffentlichen Interesses jedoch nicht erforderlich.[34] Der Zugang zu Dokumenten ist **grundsätzlich zu verweigern,** dh falls nicht ausnahmsweise ein überwiegendes – nicht ganz allgemeines[35] – öffentliches Interesse entgegensteht, wenn der Schutz der geschäftlichen Interessen einer Person, einschließlich des geistigen Eigentums (Art. 339 AEUV) im Hinblick auf sen- 12

30 EuGH – Schweden und Turco/Rat, C-39/05 P – Slg. 2008, I-4723 Rn. 50 (Juristischer Dienst); EuGH – Kommission/Technische Glaswerke Ilmenau, C-139/07 P – Slg. 2010, I-5885 Rn. 54 ff. (Staatliche Beihilfen); EuGH – Schweden und API/Kommission, C-514/07 P – Slg. 2010, I-8533 Rn. 74 ff. (Rechtsprechungstätigkeit); EuGH – Kommission/Éditions Odile Jacob, C-404/10 P – ECLI:EU:C:2012:393 Rn. 116 ff. (Unternehmenszusammenschlüsse); EuGH – Kommission/Agrofert, C-477/10 P – ECLI:EU:C:2012:394 Rn. 59 ff. (Gerichtsverfahren); EuGH – ClientEarth/Kommission, C-365/12 P – ECLI:EU:C:2014:112 Rn. 64 f. (Rechtsprechungstätigkeit); EuGH – Kommission/EnBW, C-612/13 P – ECLI:EU:C:2015:486 Rn. 68 ff. (Wettbewerbsregeln); EuGH – Schweden und Spirlea/Kommission, C-562/14 – ECLI:EU:C:2017:356 Rn. 36 ff. (EU-Pilotverfahren); dazu auch *Leino,* CMLRev. 2011, 1212, 1222 ff.; *Brauneck,* NVwZ 2016, 489 ff.

31 EuG – International Management Group/Kommission, T-110/15 – ECLI:EU:T:2016:322 Rn. 32; EuG – MSD Animal Health Innovation/Europäische Arzneimittelagentur, T-729/15 – ECLI:EU:T:2018:67 Rn. 26.

32 Vgl. zum Schutz des öffentlichen Interesses EuG – Sison/Rat, T-110/03 – Slg. 2005, II-1429 Rn. 67 ff.; EuGH – Sison/Rat, C-266/05 P – Slg. 2007, I-1233 Rn. 32 ff.; EuG – International Management Group/Kommission, T-110/15 – ECLI:EU:T:2016:322 Rn. 54 ff.; EuG – Access Info Europe/Kommission, T-851/16 – ECLI:EU:T:2018:69 Rn. 38 ff.; zum Schutz der Privatsphäre Art. 8 GRC, Art. 39 EUV, Art. 16 AEUV, VO (EG) Nr. 45/2001 des Europäischen Parlaments und des Rates v. 18.12.2000 zum Schutz natürlicher Personen bei der Verarbeitung personenbezogener Daten durch die Organe und Einrichtungen der Gemeinschaft und zum freien Datenverkehr, ABl. 2001 Nr. L 8 S. 1; EuG – Bavarian Lager/Kommission, T-194/04 – Slg. 2007, II-4523 Rn. 109 ff.; EuGH – Kommission/Bavarian Lager, C-28/08 P – Slg. 2010, I-6055 Rn. 41 ff.; EuG – Maria Psara u.a., T-639/15 u.a. – ECLI:EU:T:2018:602 Rn. 62 ff.; *Leino,* CMLRev. 2011, 1212, 1234 ff.; *Sanner,* Der Schutz personenbezogener Daten beim Zugang zu Dokumenten der Unionsorgane, EuZW 2012, 774 ff.

33 Zu den sensiblen Dokumenten vgl. *Kommission,* Beschluss 2001/844/EG, EGKS, Euratom v. 29.11.2001 zur Änderung ihrer Geschäftsordnung (betr. Sicherheitsvorschriften), ABl. 2001 Nr. L 317 S. 1; *Rat,* Beschluss 2011/292/EU v. 31.3.2011 über die Sicherheitsvorschriften für den Schutz von EU-Verschlusssachen, ABl. 2011 Nr. L 141 S. 17; *EP, Präsidium,* Beschluss v. 6.6.2011 über die Regeln zur Behandlung vertraulicher Informationen durch das Europäische Parlament, ABl. 2011 Nr. C 190 S. 2; *EP* und *Rat,* Interinstitutionelle Vereinbarung über den Zugang des Europäischen Parlaments zu sensiblen Informationen des Rates im Bereich der Sicherheits- und Verteidigungspolitik, ABl. 2002 Nr. C 298 S. 1; *EP* und *Kommission,* Rahmenvereinbarung über die Beziehungen zwischen dem Europäischen Parlament und der Kommission v. 20.10.2010 (Anhang II: Übermittlung vertraulicher Informationen an das Europäische Parlament), ABl. 2010 Nr. L 304 S. 47; ferner EuG – Sison/Rat, T-110/03 u.a. – Slg. 2005, II-1429 Rn. 71 ff.

34 EuGH – Stichting Corporate Europe Observatory/Kommission, C-399/13 P – ECLI:EU:C:2015:360 Rn. 36.

35 EuGH – ClientEarth/Kommission, C-612/13 P – ECLI:EU:C:2015:486 Rn. 93 f.; EuGH – C-562/14, Schweden und Spirlea/Kommission – ECLI:EU:C:2017:356 Rn. 56.

sible Geschäftsinformationen,[36] der Schutz von anhängigen Gerichtsverfahren[37] und der Rechtsberatung[38] oder der Schutz des Zwecks von Inspektions-, Untersuchungs- und Audittätigkeiten[39] – konkret und tatsächlich[40] – beeinträchtigt würden (Art. 4 Abs. 2 VO).

13 **Weitere Ausnahmen** bestehen bei Dokumenten im Zusammenhang mit dem Schutz des Entscheidungsprozesses eines Organs;[41] bei Dokumenten Dritter, deren Urheber in Zweifelsfällen zu konsultieren sind und die sich, wenn es Mitgliedstaaten sind, ein – im Rahmen der Ausnahmeregelung des Art. 4 Abs. 1 bis 3 VO 1049/2001 auszuübendes – Zustimmungsrecht vorbehalten können;[42] ferner bei nur teilweise geheimhaltungsbedürftigen Dokumenten[43] und bei einem möglichen Ablauf der Geheimhaltungsfrist nach 30 Jahren (Art. 4 Abs. 3 bis 7 VO).[44] Auch sind die **Mitgliedstaaten** nach dem Prinzip der loyalen Zusammenarbeit mit den Unionsorganen (Art. 4 Abs. 3 EUV) verpflichtet, vor Zugänglichmachung eines Dokuments, das von einem Unionsorgan stammt, dieses zur Sicherstellung der

---

36 EuGH – Deza/Europäische Chemikalienagentur (ECHA), T-189/14 – ECLI:EU:T:2017:4 Rn. 56; EuGH – MSD Animal Health Innovation/Europäische Arzneimittelagentur, T-729/15 – ECLI:EU:T:2018:67 Rn. 68.

37 EuG – Franchet und Byk/Kommission, T-391/03 u.a. – Slg. 2006, II-2023 Rn. 84 ff.; EuG – API/Kommission, T-36/04 – Slg. 2007, II-3201 Rn. 59 ff.; EuGH – Schweden und API/Kommission, C-514/07 P – Slg. 2010, I-8533 Rn. 75 ff.; EuGH – Kommission/Breyer, C-213/15 P – ECLI:EU:C:2017:563 Rn. 37 ff.; EuG – Access Info Europe/Kommission, T-851/16 – ECLI:EU:T:2018:69 Rn. 61 ff.; *Leino*, CMLRev. 2011, 1228 ff.; *Sanner*, Der Zugang zu Schriftsätzen der Kommission aus Gerichtsverfahren vor den europäischen Gerichten, EuZW 2011, 134 ff.; *Łuszcz*, Gunpowder for court battles: Litigants' access to EU institution documents, EuZW 2012, 488 ff.

38 EuG – Franchet und Byk/Kommission, T-391/03 u.a. – Slg. 2006, II-2023 Rn. 84 ff.; EuGH – Schweden und Turco/Kommission, C-39/05 P u.a. – Slg. 2008, I-4723 Rn. 42 ff.; EuGH – Schweden/Kommission und MyTravel, C-506/08 P – Slg. 2011, I-6237 Rn. 111 ff.

39 Vgl. EuG – Franchet und Byk/Kommission, T-391/03 u.a. – Slg. 2006, II-2023 Rn. 109 ff.; EuG – Technische Glaswerke Ilmenau/Kommission, T-237/04 – Slg. 2006, II-5131 Rn. 35 ff.; EuG – Bavarian Lager/Kommission, T-194/04 – Slg. 2007, II-4523 Rn. 148 ff.; EuGH – Kommission/Technische Glaswerke Ilmenau, C-139/07 P – Slg. 2010, I-5885 Rn. 50 ff.; EuGH – Kommission/Éditions Odile Jacob, C-404/10 P – ECLI:EU:C:2012:393 Rn. 114 ff.

40 EuGH – Kommission/EnBW, C-365/12 P – ECLI:EU:C:2014:112 Rn. 64; EuGH – Frankreich/Schlyter, C-331/15 P – ECLI:EU:C:2017:639 Rn. 61.

41 Zur dabei erforderlichen Abgrenzung zwischen abgeschlossenen und noch nicht abgeschlossenen Verwaltungsverfahren vgl. EuGH – Schweden/Kommission und MyTravel, C-506/08 P – Slg. 2011, I-6237 Rn. 77 ff.; EuGH – Kommission/Agrofert, C-477/10 P – ECLI:EU:C:2012:394 Rn. 71 ff.; EuGH – MSD Animal Health Innovation/Europäische Arzneimittelagentur, T-729/15 – ECLI:EU:T:2018:67 Rn. 98 ff.; zu Gesetzgebungsverfahren EuG – De Capitani, T-540/15 – ECLI:EU:T:2018:167 Rn. 68 (Triloge); *Louis*, CDE 2018, 9 ff.

42 EuGH – IFAW/Kommission, C-135/11 P – ECLI:EU:C:2012:376 Rn. 49 ff.; vgl. ferner EuG – Messina/Kommission, T-76/02 – Slg. 2003, II-3203 Rn. 38 ff.; EuG – IFAW/Kommission, T-168/02 – Slg. 2004, II-4135 Rn. 58; EuG – Scippacercola/Kommission, T-187/03 – Slg. 2005, II-1029 Rn. 34 ff., 54 ff., 77; EuGH – Schweden/Kommission, C-64/05 P – Slg. 2007, I-11389 Rn. 43 ff.; EuG – Frankreich/Kommission, T-344/15 – ECLI:EU:T:2017:250 Rn. 29 ff.; *Schadle*, DÖV 2008, 455 ff.

43 Vgl. dazu EuG – Hautala/Rat, T-14/98 – Slg. 1999, II-2489 Rn. 77 ff.; bestätigt durch EuGH – Rat/Hautala, C-353/99 P – Slg. 2001, I-9565 Rn. 21 ff.; EuG – Verein für Konsumenteninformation/Kommission, T-2/03 – Slg. 2005, II-1121 Rn. 61 ff.

44 Zu Einzelheiten *Wägenbaur*, EuZW 2001, 682 ff.; *Castenholz, Frank*, Die EU-Transparenzverordnung: Zugang der Öffentlichkeit zu Dokumenten, EWS 2001, 530, 532 ff.; VO (EWG, Euratom) Nr. 354/83 des Rates v. 1.2.1983 über die Freigabe der historischen Archive der EWG und der EAG, ABl. 1983 Nr. L 43 S. 1 idF der VO (EG, Euratom) Nr. 1700/2003 des Rates v. 22.9.2003, ABl. 2003 Nr. L 243 S. 1, und der VO (EU) 2015/496 des Rates v. 17.3.2015, ABl. 2015 Nr. L 79 S. 1; *Kommission*, Vorschlag für eine Verordnung zur Änderung der Verordnung (EWG, Euratom) Nr. 354/83 im Hinblick auf die Bestimmung es Europäischen Hochschulinstituts in Florenz zum Standort der historischen Archive der Europäischen Union, COM(2012) 456.

Ziele der Verordnung zu konsultieren oder den Antrag auf Dokumentenzugang an das betreffende Organ weiterzuleiten (Art. 5 VO). Nicht davon erfasst sind Anträge auf Zugang von Dokumenten eines Mitgliedstaats, die von diesem an die Kommission weitergeleitet werden; sie können deshalb auch nicht von der Kommission beschieden werden.[45]

6. Verfahren

Das in der Verordnung 1049/2001 (→ Rn. 2) ebenfalls geregelte Verfahren für den Dokumentenzugang soll eine **möglichst einfache Ausübung des Zugangsrechts** sicherstellen (Art. 1 lit. b VO). Die Dokumente, die keinen Einschränkungen unterliegen, werden der Öffentlichkeit entweder auf schriftlichen Antrag oder direkt in elektronischer Form oder über ein Register zugänglich gemacht (Art. 2 Abs. 4 VO). 14

Die Anträge sind an die betreffende Institution schriftlich zu stellen, bedürfen jedoch keiner Begründung (Art. 6 VO). Wird einem Erstantrag binnen fünfzehn Arbeitstagen nicht entsprochen, so kann der Antragsteller grundsätzlich innerhalb derselben Frist einen Zweitantrag stellen; wird auch diesem nicht innerhalb einer Frist von grundsätzlich fünfzehn Arbeitstagen entsprochen, so kann der Antragsteller den **Bürgerbeauftragten** und/oder das **Gericht** anrufen;[46] eine ablehnende Entscheidung ist zu begründen und mit einer Rechtsbehelfsbelehrung zu versehen (Art. 7 und 8 VO).[47] Ein Abweichen von den Fristen ist nicht möglich; jedoch kann sich das Organ bei sehr umfangreichen oder sehr zahlreichen Dokumenten mit dem Antragsteller informell beraten, um eine angemessene Lösung für den Dokumentenzugang zu finden, etwa bei Arbeitsüberlastung und zum Schutz einer ordnungsgemäßen Verwaltung.[48] Auch nach Ablauf der Frist ist das Organ zudem berechtigt und verpflichtet, eine mit Gründen versehene Stellungnahme abzugeben.[49] 15

In der **Praxis** wird dem Antrag auf Dokumentenzugang von der Kommission in mehr als 80 % nach dem Erstantrag und in nahezu 50 % nach dem Zweitantrag entsprochen.[50] Zwischen fünf und nahezu zehn Prozent der Erstanträge wurden 2017 an das Generalsekretariat sowie – in absteigender Reihenfolge – an die Generaldirektionen Wettbewerb, Gesundheit, Finanzstabilität, Binnenmarkt und Humanitäre Hilfe gerichtet; bei den übrigen Generaldirektionen blieb die Zahl jeweils unter vier Prozent der Erstanträge.[51] Die meisten Erstanträge wurden mit fast 37 Prozent von Bürgern gestellt, zwischen 22 und einem Prozent der Erstanträge – in absteigender Reihenfolge – von Hochschulen und Denkfabriken, Unternehmen, Rechtsberufen, zivilgesellschaftlichen Organisationen, Journalisten und EP-Abgeordneten.[52] Hauptgründe für die Anwendung von Ausnahmeregelungen waren bei Erstanträgen der Schutz der Privatsphäre des Einzelnen (31 Prozent), der 16

45 EuG – Gameart/Kommission, T-264/15 – ECLI:EU:T:2017:290 Rn. 34 ff.

46 Eine Anrufung des Gerichts ist ausnahmsweise zulässig, wenn das Organ seinen Standpunkt in seiner Antwort auf den Erstantrag endgültig festlegt; EuGH – Strack/Kommission, C-127/13 P – ECLI:EU:C:2014:2250 Rn. 36.

47 Zur Klagebefugnis vgl. EuGH – Internationaler Hilfsfonds/Kommission, C-362/08 P – Slg. 2010, I-669 Rn. 51 ff.

48 EuGH – Strack/Kommission, C-127/13 P – ECLI:EU:C:2014:2250 Rn. 25 ff., 113; EuG – Evropaïki Dynamiki, T-136/15 – ECLI:EU:T:2017:915 Rn. 78 ff.

49 EuGH – Sea Handling, C-271/15 P – ECLI:EU:C:2016:557 Rn. 85; EuG – Rogesa Roheisengesellschaft, T-643/13 – ECLI:EU:T:2018:423 Rn. 41 ff.

50 *Kommission*, Bericht über die Anwendung der VO (EG) Nr. 1049/2001 ..., COM(2018) 663, S. 4.

51 Ebd, S. 7.

52 Ebd, S. 8 f.

Schutz von Untersuchungstätigkeiten (18 Prozent) und der Schutz von geschäftlichen Interessen (17 Prozent).[53]

17 Um das aufwendige Antragsverfahren gering zu halten, werden die Dokumente, vor allem im Rahmen des Rechtssetzungsverfahrens, möglichst **direkt** in **elektronischer Form** oder über ein **Register**, das die Unionsinstitutionen bis zum 3. Juni 2002 einzurichten hatten, öffentlich zugänglich gemacht (Art. 11 und 12 VO). Darüber hinaus werden bestimmte Dokumente, insbesondere Rechtsakte, Kommissionsvorschläge, Standpunkte des Rates und des Europäischen Parlaments sowie internationale Übereinkommen, im **Amtsblatt** veröffentlicht; andere Dokumente können dort veröffentlicht werden (Art. 13 VO).[54] Über die Zahl und Gründe ablehnender Entscheidungen und die Zahl der sensiblen, nicht in das Register aufgenommenen Dokumente haben die Unionsinstitutionen jährlich zu **berichten**; spätestens zum 31. Januar 2004 hatte die Kommission über die zwischenzeitlichen Erfahrungen zu berichten und gegebenenfalls Empfehlungen für Änderungen vorzulegen (Art. 17 VO).[55]

7. Sonderbestimmungen der Unionsorgane

18 Um die Transparenz ihrer Tätigkeit zu gewährleisten, haben die einzelnen Unionsinstitutionen gemäß den vom Europäischen Parlament und vom Rat erlassenen Ausführungsverordnungen (Art. 15 Abs. 3 UAbs. 2 AEUV), zu denen die Verordnung 1049/2001 (→ Rn. 2) gehört und die gemäß Art. 52 Abs. 2 auch für das Recht aus Art. 42 maßgeblich sind, in ihrer jeweiligen Geschäftsordnung Sonderbestimmungen hinsichtlich des Zugangs zu ihren Dokumenten **festzulegen** (Art. 15 Abs. 3 UAbs. 3 AEUV). Ferner haben das Europäische Parlament und der Rat dafür zu sorgen, dass die Dokumente, die die Gesetzgebungsverfahren (Art. 293 ff. AEUV) betreffen, nach Maßgabe der Ausführungsverordnungen öffentlich zugänglich gemacht werden (Art. 15 Abs. 3 UAbs. 5 AEUV). Als Geschäftsordnungsrecht, das den internen Bereich der Unionsinstitutionen regelt,[56] müssen sich die Sonderbestimmungen im Rahmen der vorrangigen Bestimmungen der Verordnung 1049/2001 und des Art. 15 Abs. 3 AEUV halten.[57] Entsprechende Sonderbestimmungen, die vor allem Einzelheiten zum Verfahren regeln, haben das Parlament,[58] der Rat[59] sowie die Kommission[60] Ende 2001 **erlassen**.

53 Ebd, S. 11.

54 Kritisch zu darin enthaltenen Restriktionen *Heitsch*, Zugang zu Dokumenten, S. 66 f.

55 Vgl. dazu *Kommission*, Bericht über die Anwendung der Grundsätze der VO (EG) Nr. 1049/2001 über den Zugang der Öffentlichkeit zu Dokumenten des Europäischen Parlaments, des Rates und der Kommission, KOM(2004) 45; ferner die Berichte der *Kommission* über die Durchführung der VO (EG) Nr. 1049/2001 für die Jahre 2004, KOM(2005) 348; 2005, KOM(2007) 548; 2006, KOM(2007) 841; 2007, KOM(2008) 630; 2008, KOM(2009) 331; 2009 KOM(2010) 351; 2010 KOM(2011) 492; 2011 COM(2012) 429; 2012 COM(2013) 515; 2013 COM(2014) 619; 2014 COM(2015) 391; 2015 COM(2016) 533; 2016 COM(2017) 738; 2017 COM(2018) 663; kritisch zur Praxis *EP*, Entschließung v. 14.9.2011 zu dem Zugang der Öffentlichkeit zu Dokumenten für die Jahre 2009–2010, ABl. 2013 Nr. C 51E S. 72.

56 Nach der Rechtsprechung können sich daraus dennoch Rechtswirkungen gegenüber Dritten ergeben; vgl. EuGH – Niederlande/Rat, C-58/94 – Slg. 1996, I-2169 Rn. 38.

57 Vgl. auch Art. 18 Abs. 1 VO 1049/2001 (Rn. 2).

58 *EP*, Beschluss zur Anpassung der Geschäftsordnung des Parlaments an die VO (EG) Nr. 1049/2001 v. 13.11.2001, ABl. 2002 Nr. C 140E S. 120; Art. 116 EP-GO.

59 *Rat*, Beschluss 2001/840/EG v. 29.11.2001 zur Änderung der Geschäftsordnung des Rates, ABl. 2001 Nr. L 313 S. 40; Art. 10 iVm Anhang II (Sonderbestimmungen für den Zugang der Öffentlichkeit zu Dokumenten des Rates), GO des Rates, ABl. 2009 Nr. L 325 S. 35.

60 *Kommission*, Beschluss 2001/937/EG, EGKS, Euratom v. 5.12.2001 zur Änderung der Geschäftsordnung: Anhang – Durchführungsbestimmungen zur VO Nr. 1049/2001, ABl. 2001 Nr. L 345 S. 94;

IV. Literaturübersicht

Adamski, Dariusz, How wide is „The widest possible"? – Judicial interpretation of the exceptions to the right of access to official documents revisited, CMLRev. 2009, 521; *Bock, Yves,* Ein Sieg für die Transparenz? – Die neue Verordnung über den Zugang der Öffentlichkeit zu Dokumenten der EU, DÖV 2002, 556; *Boysen, Sigrid,* Transparenz im europäischen Verwaltungsverbund, Die Verwaltung 2009, 215; *Brauneck, Jens,* Kein Zugang zu Dokumenten: Politischer Handlungsspielraum der EU-Kommission in Gefahr?, NVwZ 2016, 489; *Broberg, Morten,* Access to documents: a general principle of Community law?, ELRev. 2002, 194; *Castenholz, Frank,* Informationszugangsfreiheit im Gemeinschaftsrecht, Baden-Baden 2004; *Feik, Rudolf,* Zugang zu EG-Dokumenten, Wien 2002; *Heitsch, Christian,* Die Verordnung über den Zugang zu Dokumenten der Gemeinschaftsorgane im Lichte des Transparenzprinzips, Berlin 2003; *Heliskoski, Joni/Leino, Pivi,* Darkness at the break of noon: The case law on regulation no. 1049/2001 on access to documents, CMLRev. 2009, 735; *Jann, Peter,* Das Recht auf Zugang zu Dokumenten im Gemeinschaftsrecht, in: Funk, B.-Ch./Holzinger, G. u.a. (Hrsg.), FS für Ludwig Adamovich, Wien 2002, S. 241; *Kranenberg, Herke,* Access to documents and data protection in the European Union: On the public nature of personal data, CMLRev. 2008, 1079; *Kugelmann, Dieter,* Die informatorische Rechtsstellung des Bürgers, Tübingen 2001; *Leino, Pivi,* Just a little sunshine in the rain: The 2010 case law of the European Court of Justice on access to documents, CMLRev. 2011, 1215; *Meltzian, Daniel,* Das Recht der Öffentlichkeit auf Zugang zu Dokumenten der Gemeinschaftsorgane, Berlin 2004; *Mihaescu Evans, Bucura C.,* The right to good administration at the crossroads of the various sources of fundamental rights in the EU integrated administrative system, Baden-Baden 2015; *Oliver, Peter,* The protection of privacy in the economic sphere before the European Court of Justice, CMLRev. 2009, 1443; *Partsch, Christoph,* Die neue Transparenzverordnung (EG) Nr. 1049/2001, NJW 2001, 3154; *Riemann, Frank,* Die Transparenz der Europäischen Union, Berlin 2004; *Röger, Ralf,* Ein neuer Informationsanspruch auf europäischer Ebene: Der Verhaltenskodex vom 6. Dezember 1993 für den Zugang der Öffentlichkeit zu Kommissions- und Ratsdokumenten, DVBl. 1994, 1182; *Schadle, Kai,* Informationsfreiheit und Verwaltungstransparenz in Europa: Das Recht auf Zugang zu Dokumenten aus den EG-Mitgliedstaaten auf dem Prüfstand, DÖV 2008, 455; *Wägenbaur, Bertrand,* Der Zugang zu EU-Dokumenten – Transparenz zum Anfassen, EuZW 2001, 680; *Wewers, Johannes,* Das Zugangsrecht zu Dokumenten in der Europäischen Rechtsordnung, Frankfurt a.M. 2003; *Wölker, Ulrich,* Transparenz in der Europäischen Union, in: Magiera, Siegfried/Sommermann, Karl-Peter (Hrsg.), Verwaltung in der Europäischen Union, Berlin 2001, S. 103.

Artikel 43 Der Europäische Bürgerbeauftragte

Die Unionsbürgerinnen und Unionsbürger sowie jede natürliche oder juristische Person mit Wohnsitz oder satzungsmäßigem Sitz in einem Mitgliedstaat haben das Recht, den Europäischen Bürgerbeauftragten im Falle von Missständen bei der Tätigkeit der Organe, Einrichtungen und sonstigen Stellen der Union, mit Ausnahme des Gerichtshofs der Europäischen Union in Ausübung seiner Rechtsprechungsbefugnisse, zu befassen.

I. Vorgaben

Art. 43 gewährleistet allen Unionsbürgerinnen und Unionsbürgern sowie allen sonstigen in der Union niedergelassenen (natürlichen und juristischen) Personen das Recht, im Falle von Missständen bei der Tätigkeit von Unionsinstitutionen den Europäischen Bürgerbeauftragten anzurufen. Ein entsprechendes Recht ist in **Art. 228 AEUV** (zuvor Art. 138 e EGV; Art. 195 EG) und für die Unionsbürger zusätzlich in **Art. 20 Abs. 2** und **Art. 24 Abs. 3** 1

vgl. auch *Kommission,* Beschluss 2011/833/EU v. 12.12.2011 über die Weiterverwendung von Kommissionsdokumenten, ABl. 2011 Nr. L 330 S. 40.

AEUV (zuvor Art. 8 d Abs. 2 EGV; Art. 21 Abs. 2 EG) zur Verbesserung von Transparenz und Bürgernähe (Art. 1 Abs. 2 EUV) verankert.[1] Es findet sich auch in den Rechtsordnungen in nunmehr nahezu allen **Mitgliedstaaten** der Union, darunter seit 1809 in Schweden.[2] In Deutschland gibt es Bürgerbeauftragte auf Landesebene (Mecklenburg-Vorpommern, Rheinland-Pfalz, Schleswig-Holstein, Thüringen) sowie Bundes- und Landesbeauftragte für spezifische Aufgabenbereiche (Ausländer-, Datenschutz-, Wehrbeauftragter).

2 Das Recht, sich an den Bürgerbeauftragten zu wenden, steht in engem Zusammenhang mit dem **Petitionsrecht** beim Europäischen Parlament (Art. 44), von dem es sich nicht trennscharf abgrenzen lässt.[3] Dementsprechend wurde es vom Europäischen Parlament, das die Einrichtung eines europäischen Bürgerbeauftragten seit Mitte der 1970er Jahre kritisch erörtert hatte,[4] erst spät und nach näherer Abstimmung mit dem Petitionsrecht unter Anbindung des Bürgerbeauftragten an das Parlament befürwortet.[5] Art. 43 idF der Grundrechtecharta vom 12.12.2007 weicht **sprachlich** von derjenigen idF des Grundrechtekonvents ab, indem er die Bezeichnung „Bürgerbeauftragter (der Union)“ durch „Europäischer Bürgerbeauftragter“ ersetzt und die Auflistung der Adressaten („Organe und Einrichtungen der Gemeinschaft, mit Ausnahme des Gerichtshofs und des Gerichts erster Instanz“) an diejenige des Vertrags von Lissabon („Organe, Einrichtungen und sonstige Stellen der Union, mit Ausnahme des Gerichtshofs der Europäischen Union“) anpasst.

II. Diskussion im Grundrechtekonvent

3 Die erfolgte Verankerung des Rechts auf Anrufung des Bürgerbeauftragten im EG-Vertrag erleichterte dem mit der Ausarbeitung der Grundrechtecharta betrauten Grundrechtekonvent die Einigung auf die Bestimmung des Art. 43.[6] Schon der erste Vorschlag des Präsidiums entsprach inhaltlich weitgehend der späteren Endfassung.[7] Umstritten war vor allem die **personelle Reichweite** der Gewährleistung, die manche auf die Unionsbürger beschränken, andere auf alle Personen mit Beziehungen zur Unionsverwaltung erstrecken wollten.[8] Während die erste Ansicht mit Art. 21 Abs. 2 EG übereinstimmte, jedoch hinter Art. 195 EG zurückblieb, ging die zweite Ansicht über Art. 195 EG hinaus. Folglich bot sich als Kompromiss die im Einklang mit beiden Bestimmungen des EG-Vertrags stehende Endfassung an. Sie entspricht auch dem **Auftrag des Europäischen Rates von Köln,** nach dem alle

1 Vgl. auch Art. 107 d Euratom-Vertrag; zur Entstehungsgeschichte *Marias,* in: Marias, 1994, S. 73 ff.; *Cloos u.a.,* Tr. Maastricht, S. 401 ff.; *Haase,* Der Ombudsmann, S. 239 ff.

2 Näher dazu *Matscher,* in: ders., 1994, S. 15 ff.; *Strempel,* DÖV 1996, 241 ff.; *Kempf/Mille,* ZParl 1992, 29 ff.; *Marias* (Hrsg.), Ombudsman, passim; *Meese,* Petitionsrecht, S. 123 ff.; *Heede,* Ombudsman, S. 79 ff.; *Reif,* Ombudsman, S. 25 ff.; *Stern*/Sachs/*Krings,* GRC, Art. 43 Rn. 3; *Diamandouros,* in: Liber amicorum Vesterdorf, S. 217 ff.; *Kucsko-Stadlmayer* (Hrsg.), Europäische Ombudsman-Institutionen, passim; *Grabitz/Hilf/Nettesheim/Hölscheidt,* EU, Art. 228 AEUV Rn. 7; *Haase,* Der Ombudsmann, S. 30 ff., 127 ff.

3 Näher dazu *Hamers,* Petitionsausschuß, S. 234 ff.; *Guckelberger,* DÖV 2003, 837 f.

4 *EP,* Entschließungen v. 11.5.1979, ABl. 1979 Nr. C 140 S. 153; v. 14.6.1985, ABl. 1985 Nr. C 175 S. 273; v. 14.6.1991, ABl. 1991 Nr. C 183 S. 448.

5 *EP,* Entschließung v. 17.4.1992, ABl. 1992 Nr. C 125 S. 81.

6 Vgl. CHARTE 4473/00 v. 11.10.2000, Erläuterungen des Präsidiums zu Art. 43, wonach es sich um jeweils dasselbe Recht handelt.

7 Vgl. CHARTE 4170/00 v. 20.3.2000, Art. G.

8 *Bernsdorff/Borowsky,* Protokolle, S. 192 ff., 204; CHARTE 4203/00 v. 4.4.2000, Stellungnahme der deutschen Länder zu Art. G; CHARTE 4360/00 v. 14.6.2000, Änderungsvorschläge zu Art. 28.

den Unionsbürgern vorbehaltenen sowie alle anderen auf Unionsebene schon geltenden Rechte in die Grundrechtecharta aufgenommen werden sollten.[9]

Die im ersten Vorschlag des Präsidiums noch enthaltene **Begrenzung** des Anrufungsrechts entsprechend den im EG-Vertrag vorgesehenen Bedingungen und Durchführungsbestimmungen[10] wurde später zugunsten einer allgemeinen horizontalen Regelung gestrichen.[11] Demgemäß erfolgt die Ausübung des im EG-Vertrag bzw. nunmehr im AEU-Vertrag geregelten Anrufungsrechts nach Art. 52 Abs. 2 im Rahmen der im Vertragsrecht festgelegten Bedingungen und Grenzen.[12] Diese finden sich in Art. 228 AEUV (zuvor Art. 195 EG), auf den Art. 24 Abs. 3 AEUV (zuvor Art. 21 Abs. 2 EG) verweist, sowie in den gemäß Art. 228 Abs. 4 AEUV (zuvor Art. 195 Abs. 4 EG) vom Europäischen Parlament festgelegten „Regelungen und allgemeinen Bedingungen für die Ausübung der Aufgaben des Bürgerbeauftragten",[13] dem sog. **Statut.**[14] Sie werden ergänzt durch detaillierte **Durchführungsbestimmungen,** die der Bürgerbeauftragte aufgrund des Parlamentsbeschlusses erlassen hat.[15] 4

III. Kommentierung

1. Europäischer Bürgerbeauftragter

a) **Beziehung zum Europäischen Parlament.** Amt und Tätigkeit des Europäischen[16] Bürgerbeauftragten stehen in **enger Verbindung** mit dem Europäischen Parlament.[17] Die Grundsätze für die Ausgestaltung des Amtes finden sich im Vertragsabschnitt über das Europäi- 5

9 *Europäischer Rat* von Köln, Schlussfolgerungen des Vorsitzes, BullEU 6–1999, Ziff. I.18.44, S. 14 und I.64, S. 39 f.

10 CHARTE 4170/00 v. 20.3.2000, Art. G S. 2.

11 CHARTE 4284/00 v. 5.5.2000, Art. 28.

12 Vgl. auch CHARTE 4473/00 v. 11.10.2000, Erläuterungen des Präsidiums zu Art. 43; ferner die Erläuterungen zur Charta der Grundrechte idF v. 12.12.2007, ABl. 2007 Nr. C 303 S. 1 ff., zu Art. 43.

13 *EP,* Beschluss 94/262/EGKS, EG, Euratom v. 9.3.1994, ABl. 1994 Nr. L 113 S. 15; geändert durch *EP,* Beschluss 2002/262/EG, EGKS, Euratom v. 14.3.2002, ABl. 2002 Nr. L 92 S. 13, und *EP,* Beschluss 2008/587/EG, Euratom v. 18.6.2008, ABl. 2008 Nr. L 189 S. 25; der Beschluss war auch der EP-Geschäftsordnung (ABl. 2011 Nr. L 116) als Anlage XI (A) beigefügt; näher dazu *Tsadiras,* CMLRev. 2008, 757 ff. – Mit dem Vertrag von Lissabon sind die Regelungen und allgemeinen Bedingungen für die Ausübung der Aufgaben des Bürgerbeauftragten nicht mehr durch Beschluss des Europäischen Parlaments (nach Stellungnahme der Kommission und nach Zustimmung des Rates; Art. 195 Abs. 4 EG), sondern durch Verordnung des Parlaments gemäß einem besonderen Gesetzgebungsverfahren (auf Initiative des Parlaments sowie nach Stellungnahme der Kommission und nach Zustimmung des Rates; Art. 228 Abs. 4 AEUV) festzulegen.

14 Bezeichnung gemäß Art. 1 lit. b der Durchführungsbestimmungen des Bürgerbeauftragten (vgl. die folgende Fn.).

15 Der am 8.7.2002 angenommene, am 5.4.2004 geänderte und 2008 überarbeitete Beschluss über die Annahme von Durchführungsbestimmungen war der EP-Geschäftsordnung (ABl. 2011 Nr. L 116) als Anlage XI (B) beigefügt; er wurde ersetzt durch den am 1.9.2016 in Kraft getretenen Beschluss des Europäischen Bürgerbeauftragten v. 20.7.2016 zur Annahme von Durchführungsbestimmungen, ABl. 2016 Nr. C 321 S. 1.

16 So die Bezeichnung im Titel der Durchführungsbestimmungen des Bürgerbeauftragten (vgl. die vorherige Fn.), während Art. 43 – idF des Grundrechtekonvents – von Bürgerbeauftragtem „der Union" sprach, was sich damit erklären lässt, dass der Bürgerbeauftragte auch in Angelegenheiten der Union tätig werden konnte, die über diejenigen der „Europäischen Gemeinschaften" (EG, EAG) hinausgingen; vgl. dazu unten Rn. 9. – Art. 43 idF der Grundrechtecharta vom 12.12.2007 verwendet demgegenüber – wie auch Art. 228 AEUV – folgerichtig zur nunmehr einheitlichen Rechtspersönlichkeit der Union (Art. 47 EUV) die Bezeichnung „Europäischer Bürgerbeauftragter"; vgl. dazu oben Rn. 2.

17 Vgl. auch *GSH/Haag,* EU, Art. 228 AEUV Rn. 9; *Schwarze/Schoo,* EU, Art. 228 AEUV Rn. 4; ferner zur Praxis *Guckelberger,* Der Europäische Bürgerbeauftragte, S. 123 ff.; zur Einbettung in die europäische Verfassung *Peters,* CMLRev. 2005, 710 ff.

sche Parlament (Art. 228 AEUV), die Einzelheiten in dem vom Europäischen Parlament aufgrund dieser Bestimmung beschlossenen Statut. Das Europäische Parlament wählt den Bürgerbeauftragten für die Dauer seiner Wahlperiode und kann dessen Amtsenthebung durch den Europäischen Gerichtshof beantragen (Art. 228 Abs. 2 AEUV; Art. 6 und 8 Statut; Art. 220 und 221 EP-GO). Der Bürgerbeauftragte hat dem Europäischen Parlament über die bearbeiteten Einzelfälle und jährlich über seine Gesamttätigkeit zu berichten (Art. 228 Abs. 1 AEUV; Art. 3 Abs. 7 und 8 Statut). Er hat seinen Sitz am Sitz des Europäischen Parlaments (Art. 13 Statut) in Straßburg mit Außenstelle in Brüssel.

6 **b) Eigenständigkeit.** Dennoch ist der Bürgerbeauftragte kein Organ oder Organteil des Europäischen Parlaments, sondern eine **selbständige Institution,**[18] die in ihrer Ausgestaltung den Unionsorganen (Art. 13 EUV) angeglichen ist. Der Bürgerbeauftragte übt sein Amt in völliger Unabhängigkeit zum allgemeinen Wohl der Union und der Bürger aus, darf keine Weisungen anfordern oder entgegennehmen und keine andere entgeltliche oder unentgeltliche Berufstätigkeit ausüben (Art. 228 Abs. 3 AEUV; Art. 9 und 10 Statut). Gegen seinen Willen kann er seines Amtes nur auf Antrag des Europäischen Parlaments durch Entscheidung des Europäischen Gerichtshofs enthoben werden (Art. 228 Abs. 2 AEUV; Art. 8 Statut). Entsprechend den anderen Organen steht ihm die Personalhoheit über das ihn unterstützende Sekretariat (Art. 11 Statut) zu und verfügt er – seit 2000[19] – über einen eigenen Einzelplan im Gesamthaushaltsplan.[20] Ferner ist er für den Erlass der Durchführungsbestimmungen zum Statut zuständig (Art. 14 Statut).

2. Befassungsrecht

7 **a) Berechtigte.** Das Recht, den Bürgerbeauftragten zu befassen, besitzen gemäß Art. 43 – entsprechend Art. 20 Abs. 2 und Art. 24 Abs. 3 sowie Art. 228 Abs. 1 AEUV – als subjektiv-öffentliches „Bürgerrecht“[21] alle Unionsbürgerinnen und Unionsbürger, dh die Staatsangehörigen der Mitgliedstaaten (Art. 9 S. 2 EUV; Art. 20 Abs. 1 S. 2 AEUV), sowie alle anderen natürlichen Personen mit Wohnsitz und alle juristischen Personen mit satzungsmäßigem Sitz in einem Mitgliedstaat.

18 Ebenso *GSH/Haag*, EU, Art. 228 AEUV Rn. 10; *Schwarze/Schoo*, EU, Art. 228 AEUV Rn. 4 f.; *Hamers*, Petitionsausschuß, S. 147 f.; *Meese*, Petitionsrecht, S. 290 f.; *Haase*, Der Ombudsmann, S. 252; aA *Pierucci*, RMCUE 1993, 819; *Ch. Neuhold*, in: Hofmann/Ziller (Hrsg), Accountability, S. 53 ff; für eine „double rôle“ *Pliakos*, CDE 1994, 564; *Grabitz/Hilf/Nettesheim/Hölscheidt*, EU, Art. 228 AEUV Rn. 32 (Organteil des EP); offengelassen vom EuG – Associazione delle cantine sociali venete/Europäischer Bürgerbeauftragter und Europäisches Parlament, T-103/99 – Slg. 2000, II-4165 Rn. 46, das lediglich feststellt, dass der Europäische Bürgerbeauftragte kein Gemeinschaftsorgan iSv Art. 232 EG (nunmehr Art. 265 AEUV) ist; eventuelle Fehler, die der Bürgerbeauftragte bei seiner Amtsausübung begeht, können jedoch keinesfalls dem Europäischen Parlament zugerechnet werden, EuG – Lamberts/Europäischer Bürgerbeauftragter und Europäisches Parlament, T-209/00 – Slg. 2001, II-765 Rn. 17.

19 *EP*, Beschluss v. 14.3.2002 zur Änderung des Statuts (oben Rn. 4), der die frühere Einbeziehung in den Einzelplan des Europäischen Parlaments – durch Streichung der Art. 12 und 16 des Statuts – aufgehoben hat.

20 Vgl. nunmehr Art. 2 Nr. 67 iVm Art. 39 Abs. 1 der Haushaltsordnung für den Gesamthaushaltsplan der Union idF der VO (EU, Euratom) 2018/1046 des Europäischen Parlaments und des Rates v. 17.7.2018, ABl. 2018 Nr. L 193.

21 So die Überschrift zu Titel V der Grundrechtecharta; der Begriff ist zu unterscheiden von demjenigen des „Unionsbürgerrechts“; dazu oben vor Art. 39 Rn. 1 f. – Zum subjektiven Charakter des Rechts EuG – Lamberts/Europäischer Bürgerbeauftragter, T-209/00 – Slg. 2002, II-2203 Rn. 56; EuGH – Europäischer Bürgerbeauftragter/Lamberts, C-234/02 P – Slg. 2004, I-2803 Rn. 82.

b) Inhalt und Gegenstand. Das Befassungsrecht gewährleistet den Berechtigten gegenüber dem Bürgerbeauftragten einen **Anspruch auf Prüfung und Bescheidung** ihrer Beschwerde, nicht jedoch auf Einleitung einer Untersuchung oder gar auf Abhilfe (Art. 228 Abs. 1, Abs. 2 S. 1 AEUV; Art. 2 f. Statut; Art. 2 f. Durchführungsbestimmungen).[22] 8

aa) Tätigkeit der Unionsinstitutionen. Beschwerdegegenstand sind Missstände bei der Tätigkeit der Organe, Einrichtungen und sonstigen Stellen der Union mit Ausnahme des Gerichtshofs in Ausübung seiner Rechtsprechungsbefugnisse.[23] Erfasst war zunächst – gemäß den **Verträgen von Maastricht und Amsterdam** (Art. 138 e EGV; Art. 195 EG) – das Verhalten (Tun oder Unterlassen) aller **Organe** der Gemeinschaft, nämlich von Parlament, Rat, Kommission, Gerichtshof (außerhalb der Rechtsprechung) und Rechnungshof[24] (Art. 7 Abs. 1 EG), sowie aller ihrer **sonstigen Institutionen** unabhängig davon, ob diese im Vertragsrecht verankert waren, wie der Wirtschafts- und Sozialausschuss, der Ausschuss der Regionen, die Europäische Zentralbank und die Europäische Investitionsbank (Art. 7 Abs. 2, Art. 8 und 9 EG), oder auf dessen Grundlage durch Sekundärrecht geschaffen wurden.[25] Einbezogen war das Verhalten dieser Organe und Institutionen bei der Ausübung ihrer Befugnisse im Rahmen des Gemeinschaftsrechts sowie im Rahmen des Unionsrechts hinsichtlich der polizeilichen und justiziellen Zusammenarbeit in Strafsachen (Art. 41 EU), nicht jedoch hinsichtlich der Gemeinsamen Außen- und Sicherheitspolitik (Art. 28 EU). Ausgenommen waren demgegenüber Organe und Institutionen, die nicht im Gemeinschaftsrecht wurzelten, sondern auf Unionsrecht beruhten, wie der Europäische Rat (Art. 4 EU) oder der Koordinierungsausschuss für die polizeiliche und justizielle Zusammenarbeit in Strafsachen (Art. 36 EU).[26] Ebenfalls ausgenommen waren die Organe und Institutionen der **Mitgliedstaaten,** die jedoch zur Unterstützung des Bürgerbeauftragten bei Verfahren gegen gemeinschaftliche Organe und Einrichtungen verpflichtet waren (Art. 10 EG; Art. 3 Abs. 3 Statut). 9

Gemäß dem **Vertrag von Lissabon** sind die auf der ehemaligen Säulenstruktur des Vertragsrechts beruhenden Begrenzungen im Hinblick auf das Verhalten der Unionsinstitutionen – bis auf die Ausnahme der Rechtsprechungstätigkeit der europäischen Gerichtsbarkeit – entfallen, während die Rechtslage im Hinblick auf die Mitgliedstaaten unverändert geblieben ist (Art. 4 Abs. 1 AEUV; Art. 3 Abs. 3 Statut).[27] 10

bb) Missstände. Gegenstand des Befassungsrechts sind **Missstände** bei der Tätigkeit aller Institutionen (Organe, Einrichtungen und sonstigen Stellen) der Union. Wie sich deutlicher aus anderen Sprachfassungen (englisch „maladministration", französisch „mauvaise administration") ergibt, geht es im Kern um den **Bereich der Verwaltung**[28] in Abgrenzung zur 11

22 EuG – Lamberts/Europäischer Bürgerbeauftragter, T-209/00 – Slg. 2002, II-2203 Rn. 56, 79; EuGH – Europäischer Bürgerbeauftragter/Lamberts, C-234/02 P – Slg. 2004, I-2803 Rn. 82.

23 Zum Verhältnis von Bürgerbeauftragtem und Gerichtsbarkeit *Tsadiras*, ELRev. 2007, 607 ff.

24 Eine der Rechtsprechung vergleichbare Ausnahme zugunsten der Rechnungsprüfung erscheint weder mit dem Wortlaut noch mit Ziel und Zweck des Art. 228 AEUV (zuvor Art. 195 EG) vereinbar; ebenso *GS/Haag*, EUV/EGV, Art. 195 EG Rn. 37; zur (gerichtlichen) Kontrolle der Rechnungsprüfung vgl. EuGH – Ismeri Europa Srl/Rechnungshof, C-315/99 P – Slg. 2001, I-5281.

25 Vgl. dazu die Angaben in EU-Gesamtbericht 2008, S. 281 ff.

26 Ebenso *GS/Haag*, EUV/EGV, Art. 195 EG Rn. 30 f; aA *Guckelberger*, Der Europäische Bürgerbeauftragte, S. 100.

27 Zu Einzelheiten auch *Haase*, Der Ombudsmann, S. 253 ff.

28 Ebenso *Europäischer Bürgerbeauftragter*, Jahresbericht 1995, S. 18; zustimmend *Erhart*, JRP 1997, 278 ff.; *Meese*, Petitionsrecht, S. 186 ff.; aA *Pliakos*, CDE 1994, 592; *Rengeling/Szczekalla*, Grundrechte, S. 915.

Rechtsprechung, die ausdrücklich ausgenommen ist,[29] sowie zur Gesetzgebung[30] und zum politischen Handlungsbereich.[31] Eine verbindliche Begriffsbestimmung enthält das Unionsrecht bisher nicht. Angesichts dieser normativen Zurückhaltung und der Notwendigkeit einer allmählichen Begriffsentwicklung hat der Bürgerbeauftragte zunächst eine möglichst offene Formulierung für die Umschreibung seines Aufgabenbereichs gewählt.[32] Danach ergibt sich ein Missstand, „wenn eine öffentliche Einrichtung nicht im Einklang mit für sie verbindlichen Regeln oder Grundsätzen handelt".[33] Missstände können somit nicht nur bei einem **rechtswidrigen Verhalten** auftreten, sondern auch bei **Verstößen gegen andere Gebote einer ordnungsgemäßen Verwaltung.**[34]

12 Nähere Anhaltspunkte enthält **Art. 41** als Ausdruck einer allgemeinen Überzeugung von einer „guten Verwaltung" in der Europäischen Union sowie der vom Bürgerbeauftragten vorgeschlagene und vom Europäischen Parlament 2001 angenommene **Europäische Kodex für gute Verwaltungspraxis,**[35] der in eine verbindliche Verordnung aufgenommen werden soll (→ Art. 41 Rn. 16). Merkmale einer von Missständen freien guten Verwaltung sind danach u.a. die Rechtmäßigkeit, Nichtdiskriminierung, Verhältnismäßigkeit, Unparteilichkeit und Begründung des Handelns, aber auch etwa die Fairness und Höflichkeit der Bediensteten[36] sowie die Empfangsbestätigung von Eingaben mit Angabe von Namen und Telefonnummer des zuständigen Bediensteten.

13 **c) Verfahren. aa) Einlegung der Beschwerde.** Die Berechtigten können ihre Beschwerde unmittelbar oder über ein Mitglied des Europäischen Parlaments beim Bürgerbeauftragten einlegen (Art. 228 Abs. 1 AEUV; Art. 2 Abs. 2 Statut). Eine unmittelbare Betroffenheit ist – anders als beim Petitionsrecht (→ Art. 44 Rn. 11) – nicht Voraussetzung. Ebenso wenig ist eine besondere **Form** vorgeschrieben;[37] jedoch müssen der Gegenstand der Beschwerde und die Person des Beschwerdeführers, der eine vertrauliche Behandlung seiner Beschwerde beantragen kann, erkennbar sein (Art. 2 Abs. 3 Statut). Ferner muss die Beschwerde innerhalb einer **Frist** von zwei Jahren seit Kenntniserlangung von den zu Grunde liegenden

---

29 Art. 228 Abs. 1 UAbs. 2 AEUV; Art. 2 Abs. 7 Statut; zum Verhältnis von Rechtsprechung und Tätigkeit des Bürgerbeauftragten näher *Martinez Navarro*, CDE 2014, 389 ff.; Dacian Dragos/Bogdana Neamtu, Europ. Const. Law Rev. 2017, 641 ff.

30 Der Begriff „Gesetzgebung" findet sich u.a. in Art. 14 ff. EUV, Art. 289 ff. AEUV.

31 Vgl. *Europäischer Bürgerbeauftragter*, Jahresbericht 1997, ABl. 1998 Nr. C 380 S. 1, 14 f.; *Haase*, Der Ombudsmann, S. 257 ff.

32 *Europäischer Bürgerbeauftragter*, Jahresbericht 1995, S. 17 f.

33 *Europäischer Bürgerbeauftragter*, Jahresbericht 1997, ABl. 1998 Nr. C 380 S. 1, 13. Diesem „Grundbegriff" haben das Europäische Parlament 1998 und die Europäische Kommission 1999 zugestimmt; vgl. *Europäischer Bürgerbeauftragter*, Jahresbericht 1998, ABl. 1999 Nr. C 300 S. 1, 12, und Jahresbericht 1999, ABl. 2000 Nr. C 260 S. 1, 11.

34 Ebenso *Europäischer Bürgerbeauftragter*, Jahresbericht 1997, ABl. 1998 Nr. C 380 S. 1, 12; vgl. auch EuGH – Masdar (UK)/Kommission, C-47/07 P – Slg. 2008, I-9761 Rn. 92 f. (Sorgfaltspflicht der Verwaltung); *Schwarze/Schoo*, EU, Art. 228 AEUV Rn. 15; *Grabitz/Hilf/Nettesheim/Hölscheidt*, EU, Art. 228 AEUV Rn. 14; restriktiv *Lenz/Borchardt/Kaufmann-Bühler*, EU-Verträge, Art. 228 AEUV Rn. 10.

35 Zugänglich auf der Website des Europäischen Bürgerbeauftragten (ombudsman.europa.eu).

36 Dazu auch Beschluss des Europäischen Bürgerbeauftragten „Leitlinien zum Umgang mit verletzenden oder missbräuchlichen Äußerungen und mit Beschwerden, die einen Missbrauch des Verfahrens darstellen (ohne Datum; in Kraft getreten am 28.4.2016), zugänglich auf der Website des Europäischen Bürgerbeauftragten (ombudsman.europa.eu).

37 Verfügbar ist jedoch ein Formblatt zur Erleichterung der Einlegung einer Beschwerde: ABl. 1996 Nr. C 157 S. 1; weitere Hilfen finden sich auf der Website des Europäischen Bürgerbeauftragten (ombudsman.europa.eu).

Sachverhalten eingelegt werden,[38] und müssen zuvor geeignete **administrative Schritte** bei der betroffenen Institution der Union unternommen worden sein (Art. 2 Abs. 4 Statut).

bb) Untersuchung und Entscheidung. Aufgrund einer Beschwerde – oder auch von sich aus – führt der Bürgerbeauftragte im Rahmen seines Auftrags Untersuchungen durch, die er für gerechtfertigt hält, um Missstände bei der Tätigkeit der Unionsinstitutionen aufzudecken und Empfehlungen zu ihrer Abstellung zu geben (Art. 228 Abs. 2 S. 1 AEUV; Art. 2 Abs. 1, Art. 3 Abs. 1 Statut). Er unterliegt somit keiner Untersuchungspflicht, sondern handelt nach **pflichtgemäßem Ermessen** (Opportunitätsprinzip).[39] Die durch den Vertrag von Lissabon eingefügte zusätzliche Bestimmung, wonach der Bürgerbeauftragte die von ihm entgegengenommenen Beschwerden untersucht und darüber Bericht erstattet (Art. 228 Abs. 1 S. 2 AEUV), ändert nichts daran, dass er weiterhin lediglich diejenigen Untersuchungen durchzuführen hat, die er für gerechtfertigt hält (Art. 228 Abs. 2 S. 1 AEUV). Dies ergibt sich daraus, dass die neue Bestimmung im Lissabon Vertrag die allgemeine Grundregelung über den Bürgerbeauftragten aufnimmt, die im ersten Teil des Vertrags über eine Verfassung für Europa niedergelegt, aber nach Maßgabe der Verfassung, dh den speziellen Bestimmungen des dritten Teils, anzuwenden war, wie dies in anderen Sprachfassungen, insbesondere der englischen,[40] deutlicher zum Ausdruck kommt.[41] **Ausgenommen** von seiner Zuständigkeit sind Sachverhalte, die Gegenstand eines **Gerichtsverfahrens** waren oder sind (Art. 228 Abs. 1 AEUV; Art. 2 Abs. 7 Statut).[42] 14

Nach Eingang einer Beschwerde unterrichtet der Bürgerbeauftragte die betroffene Institution (Art. 2 Abs. 2, Art. 3 Abs. 1 Statut). Die anderen Institutionen der Union sowie die Behörden der Mitgliedstaaten sind zur **Unterstützung** des Bürgerbeauftragten verpflichtet, insbesondere zur erforderlichen Auskunftserteilung und Dokumentenvorlage, wenn nicht berechtigte Gründe für eine Geheimhaltung vorliegen (Art. 3 Abs. 2 und 3 Statut).[43] 15

Bei festgestellten Missständen bemüht sich der Bürgerbeauftragte zusammen mit der betroffenen Institution um eine **gütliche Lösung**, die den Missstand beseitigt und den Beschwerdeführer zufriedenstellt (Art. 3 Abs. 5 Statut; Art. 5 Abs. 1 Durchführungsbestimmungen). Gelingt dies nicht, so kann er der Institution **Empfehlungen** vorschlagen, zu denen die Institution binnen drei Monaten begründet Stellung nehmen muss (Art. 3 Abs. 6 Statut; Art. 5 Abs. 2 Durchführungsbestimmungen). Anschließend legt er dem Europäischen Parlament und der Institution einen Bericht vor, der Empfehlungen enthalten kann; zudem unterrichtet er den Beschwerdeführer über das Ergebnis der Untersuchung, die Stellungnahme der Institution sowie seine etwaigen Empfehlungen (Art. 3 Abs. 7 Statut; Art. 5 16

---

38 Diese – im Vertragsrecht nicht ausdrücklich vorgesehene – Frist erscheint angemessen und vertragskonform; ebenso *GSH/Haag*, EU, Art. 228 AEUV Rn. 41; *Lenz/Borchardt/Kaufmann-Bühler*, EU-Verträge, Art. 228 AEUV Rn. 11; aA *Hamers*, Petitionsausschuß, S. 168 f.; *Rengeling/Szczekalla*, Grundrechte, S. 916; *Stern*/Sachs/*Krings*, GRC, Art. 43 Rn. 21 („prekär").

39 Dazu und zu dessen Grenzen EuG – Lamberts/Europäischer Bürgerbeauftragter, T-209/00 – Slg. 2002, II-2203 Rn. 57; EuGH – Europäischer Bürgerbeauftragter/Lamberts, C-234/02 P – Slg. 2004, I-2803 Rn. 52, 82.

40 „A European Ombudsman ... shall receive, examine and report on complaints about maladministration ... under the conditions laid down in the Constitution" (Art. I-49 EurVerf).

41 Art. I-49; Art. III-335 EurVerf.

42 Näher dazu *Gundel*, Die Stellung des Europäischen Bürgerbeauftragten im Rechtsschutzsystem der EU, FS für Th. Würtenberger, S. 497 ff.

43 Vgl. dazu *EP*, Entschließung zur Änderung von Artikel 3 der Regelungen und allgemeinen Bedingungen für die Ausübung der Aufgaben des Bürgerbeauftragten v. 6.9.2001, ABl. 2002 Nr. C 72E S. 336, und die Stellungnahme der *Kommission* vom 6.3.2002, KOM(2002) 133; ferner *EP*, Beschluss 2008/587 v. 18.6.2008 (oben Rn. 4); *Tsadiras*, CMLRev. 2008, 757 ff.

Abs. 3 Durchführungsbestimmungen). Der Beschwerdeführer hat das Recht, eine näher umschriebene Überprüfung der Erstbehandlung seiner Beschwerde zu verlangen (Art. 10 iVm Art. 3 Durchführungsbestimmungen).[44]

17 cc) **Berichterstattung.** Der Bürgerbeauftragte berichtet dem Parlament regelmäßig über seine Untersuchungen und legt ihm am Ende jeder jährlichen Sitzungsperiode einen **Jahresbericht** über die Ergebnisse seiner Untersuchungen vor (Art. 3 Abs. 8 Statut; Art. 7 Abs. 2 Durchführungsbestimmungen). Zusätzlich kann er dem Parlament einen Sonderbericht über Untersuchungen vorlegen, die einen Verwaltungsmissstand ermittelt haben oder von erheblichem öffentlichen Interesse sind (Art. 7 Abs. 3 Durchführungsbestimmungen).[45] Die Öffentlichkeit hat Zugang zu den Dokumenten des Bürgerbeauftragten gemäß der allgemeinen Verordnung 1049/2001.[46]

3. Rechtsschutz

18 Im Bereich der außervertraglichen Haftung ist die Union verpflichtet und hat jede betroffene Person Anspruch darauf, dass die Union den durch ihre Organe oder Bediensteten in Ausübung ihrer Amtstätigkeit verursachten Schaden ersetzt (Art. 340 Abs. 2 AEUV; Art. 41 Abs. 3 GRC). Zu den Organen im Sinne dieser Bestimmungen gehören nicht nur diejenigen, die in Art. 13 EUV als solche bezeichnet werden, sondern auch alle anderen Einrichtungen, die durch den Unionsvertrag errichtet sind und zur Verwirklichung der Vertragsziele beitragen,[47] somit auch der Europäische Bürgerbeauftragte.[48] Dementsprechend sind **Schadensersatzklagen** gegen den Bürgerbeauftragten zulässig.[49]

19 **Nichtigkeits- und Untätigkeitsklagen** können nach dem Vertrag von Lissabon gegen Handlungen und pflichtwidriges Unterlassen von Organen sowie von Einrichtungen und sonstigen Stellen der Union beim Gerichtshof der Union erhoben werden (Art. 263 Abs. 1, Art. 265 Abs. 1 AEUV). Zu den Einrichtungen gehört auch der Bürgerbeauftragte (→ Rn. 6).[50] Die Zulässigkeit einer solchen Klage setzt jedoch voraus, dass die Handlung der Institution Rechtswirkungen gegenüber Dritten hat oder – bei Klagen einer natürlichen oder juristischen Person – die Institution es unterlassen hat, einen anderen Akt als eine Empfehlung oder Stellungnahme an diese Person zu richten (Art. 263 Abs. 1; Art. 265 Abs. 3 AEUV). Die Pflichten des Bürgerbeauftragten beschränken sich darauf, Beschwerden entgegenzunehmen, Untersuchungen durchzuführen, die er für gerechtfertigt hält,

---

44 Dazu Beschluss des Europäischen Bürgerbeauftragten vom 1.9.2016 betreffend Anträge auf Überprüfung, zugänglich auf der Website des Europäischen Bürgerbeauftragten (ombudsman.europa.eu).

45 Zur Folgewirkung der Berichte des Bürgerbeauftragten vgl. *Bonnor*, ELRev. 2000, 39 ff.

46 VO (EG) Nr. 1049/2001 des Europäischen Parlaments und des Rates v. 30.5.2001 über den Zugang der Öffentlichkeit zu Dokumenten des Europäischen Parlaments, des Rates und der Kommission, ABl. 2001 Nr. L 145 S. 43; vgl. dazu näher die Ausführung oben zu Art. 42; ferner Entscheidung des Europäischen Bürgerbeauftragten über die internen Verfahren für die Bearbeitung von Anträgen auf Zugang der Öffentlichkeit zu Dokumenten und Auskunftsersuchen v. 1.9.2016, zugänglich auf der Website des Europäischen Bürgerbeauftragten (ombudsman.europa.eu).

47 EuGH – SGEEM und Etroy/EIB, C-370/89 – Slg. 1992, I-6211 Rn. 12 ff.; EuG – Lamberts/Europäischer Bürgerbeauftragter, T-209/00 – Slg. 2002, II-2203 Rn. 49.

48 EuG – Lamberts/Europäischer Bürgerbeauftragter, T-209/00 – Slg. 2002, II-2203 Rn. 49.

49 EuG – Lamberts/Europäischer Bürgerbeauftragter, T-209/00 – Slg. 2002, II-2203 Rn. 52; EuGH – Europäischer Bürgerbeauftragter/Lamberts, C-234/02 P – Slg. 2004, I-2803 Rn. 34; EuG – M/Europäischer Bürgerbeauftragter, T-412/05 – Slg. 2008, II-197* (abgekürzte Veröffentlichung); EuGH – Europäischer Bürgerbeauftragter/Staelen, C-337/15 P -ECLI:EU:C:2017:256 Rn. 29 ff. mit Anm. Vogiatzis, CMLRev. 2018, 2151; ausführlich *Haase*, Der Ombudsmann, S. 309 ff.

50 Zur Rechtslage vor dem Vertrag von Lissabon vgl. GA *Gelhoed*, SA – Europäischer Bürgerbeauftragter/Lamberts, C-234/02 P – Slg. 2004, I-2803 Nr. 76 ff.

Empfehlungen auszusprechen und Bericht zu erstatten (→ Rn. 13 ff.). Zum Erlass rechtsverbindlicher Entscheidungen ist er nicht befugt.[51] Damit sind Nichtigkeits- und Untätigkeitsklagen gegen den Bürgerbeauftragten unzulässig,[52] nicht aber entsprechende Klagen gegen die Institution, der ein Missstand bei ihrer Verwaltungstätigkeit vorgeworfen wird.

IV. Literaturübersicht

Baviera, Saverio, Les pétitions aux Parlement européen et le Médiateur européen, RMCUE 2001, 129; *Bonnor, Peter,* The European Ombudsman: a novel source of soft law in the European Union, ELRev. 2000, 39; *Diamandouros, P. Nikiforos,* The relationship between the principle of good administration and legal obligations, in: Liber amicorum Bo Vesterdorf, Bruxelles 2007, S. 315; *Erhart, Michael,* Der Europäische Bürgerbeauftragte – ausgewählte Rechtsfragen, JRP 1997, 278; *Guckelberger, Annette,* Der Europäische Bürgerbeauftragte und die Petitionen zum Europäischen Parlament, Berlin 2004; *Guckelberger, Annette,* Das Petitionsrecht zum Europäischen Parlament sowie das Recht zur Anrufung des Europäischen Bürgerbeauftragten im Europa der Bürger, DÖV 2003, 829; *Haas, Julia,* Der Ombudsmann als Institution des Europäischen Verwaltungsrechts, Tübingen 2012; *Hamers, Antonius,* Der Petitionsausschuß des Europäischen Parlaments und der Europäische Bürgerbeauftragte, Pfaffenweiler 1999; *Heede, Katja,* European Ombudsman: redress and control at Union level, The Hague 2000; *Hofmann, Herwig/ Ziller, Jacques* (Hrsg.), Accountability in the EU – The Role of the European Ombudsman, Cheltenham UK u.a. 2017; *Kempf, Udo/Mille, Marco,* Rolle und Funktion des Ombudsmannes – Zur personalisierten parlamentarischen Verwaltungskontrolle in 48 Staaten, ZParl 1992, 29; *Kucsko-Stadlmayer, Gabriele* (Hrsg.), Europäische Ombudsman-Institutionen, Wien 2008; *Marias, Epaminondas,* (Hrsg.), The European Ombudsman, Maastricht 1994; *Marias, Epaminondas,* The European Ombudsman: Competences in relations with the other Community institutions and bodies, in: ders. (Hrsg.), The European Ombudsman, Maastricht 1994, S. 71; *Martinez Navarro,* Martin, Le médiateur européen et le juge de l'EU, CDE 2014, 389: *Matscher, Franz,* L'ombudsman et la protection des droits de l'homme, in: ders. (Hrsg.), Ombudsman in Europa – Institutioneller Vergleich, Kehl am Rhein 1994, S. 15; *Meese, Jon,* Das Petitionsrecht beim Europäischen Parlament und das Beschwerderecht beim Bürgerbeauftragten der Europäischen Union, Frankfurt a.M. 2000; *Peters, Anne,* The European Ombudsman and the European constitution, CMLRev. 2005, 697; *Pierucci, Andrea,* Le médiateur européen, RMCUE 1993, 818; *Pliakos, Astéris,* Le médiateur de l'Union européenne, CDE 1994, 563; *Reif, Linda,* The Ombudsman, good governance and the international human rights system, Leiden 2004; *Strempel, Rüdiger,* Ombudsman für Europa, DÖV 1996, 241; *Tsadiras, Alexandros,* The position of the European Ombudsman in the Community system of judicial remedies, ELRev. 2007, 607; *Tsadiras, Alexandros,* Unravelling Ariadne's thread: The European Ombudsman's investigative powers, CMLRev. 2008, 757.

Artikel 44 Petitionsrecht

Die Unionsbürgerinnen und Unionsbürger sowie jede natürliche oder juristische Person mit Wohnsitz oder satzungsmäßigem Sitz in einem Mitgliedstaat haben das Recht, eine Petition an das Europäische Parlament zu richten.

51 EuG – Associazione delle cantine sociale venete/Bürgerbeauftragter und Parlament, T-103/99 – Slg. 2000, II-4165 Rn. 47 ff.; EuGH – Komninou u.a./Kommission, C-167/06 P – Slg. 2007, I-141* (abgekürzte Veröffentlichung); EuG – Srinivasan/Bürgerbeauftragter, T-196/08 – Beschluss v. 3.11.2008 Rn. 11 (nicht in Slg. veröffentlicht); bestätigt durch EuGH – Srinivasan/Bürgerbeauftragter, C-580/08 P – Slg. 2009, I-110* (abgekürzte Veröffentlichung); EuG – BW/Kommission und Bürgerbeauftragter, T-477/11 – Beschluss v. 28.11.2011 (nicht in Slg. veröffentlicht). – Zu „hypothetischen Fällen" (Verweigerung des Zugangs zu Dokumenten des Bürgerbeauftragten, Ignorierung einer Beschwerde durch den Bürgerbeauftragten u.a.) vgl. *Haase,* Der Ombudsmann, S. 306 ff.

52 Ebenso *Grabitz/Hilf/Nettesheim/Hölscheidt,* EU, Art. 228 AEUV Rn. 27; *Lenz/Borchardt/Kaufmann-Bühler,* EU-Verträge, Art. 228 AEUV Rn. 4; *Martinez Navarro,* CDE 2014, 389 (401 ff.); kritisch *Pechstein/Nowak/Häde/Heselhaus,* Frankfurter Kommentar, Art. 43 GRC Rn. 23; aA *Giegerich,* Unionsbürgerschaft, politische Rechte, in: Schulze/Zuleeg/Kadelbach (Hrsg.), Europarecht, 3. Aufl. 2015, § 9 Rn. 127.

I. Vorgaben

1 Art. 44 gewährleistet den Unionsbürgerinnen und Unionsbürgern sowie allen sonstigen in einem Mitgliedstaat niedergelassenen (natürlichen oder juristischen) Personen das Recht, eine Petition an das Europäische Parlament zu richten. Ein entsprechendes Recht ist seit dem Vertrag von Maastricht in **Art. 227 AEUV** (zuvor Art. 138 d EGV; Art. 194 EG) und für die Unionsbürger zusätzlich in **Art. 20 Abs. 2** und **Art. 24 Abs. 2 AEUV** (zuvor Art. 8 d Abs. 1 EGV; Art. 21 Abs. 1 EG) zur Verbesserung von Transparenz und Bürgernähe (Art. 1 Abs. 2 EUV) garantiert,[1] war jedoch schon zuvor vom Europäischen Parlament im Rahmen seiner Geschäftsordnung anerkannt worden.[2] Es findet sich gleichermaßen in den Rechtsordnungen zahlreicher **Mitgliedstaaten,** in Deutschland auf der Ebene des Bundes (Art. 17 GG) wie der Länder, und gehört damit in seinem Kern zu den gemeinsamen Verfassungsüberlieferungen der Mitgliedstaaten (Art. 6 Abs. 3 EUV). Das Petitionsrecht beim Europäischen Parlament steht in engem Zusammenhang mit dem Recht, den Europäischen **Bürgerbeauftragten** bei Missständen in der Verwaltung der Unionsinstitutionen zu befassen (→ Art. 43 Rn. 2).

II. Diskussion im Grundrechtekonvent

2 Infolge der Verankerung des Petitionsrechts im EG-Vertrag einigte sich der mit der Ausarbeitung der Grundrechtecharta beauftragte Grundrechtekonvent ohne größere Schwierigkeiten auf die Bestimmung des Art. 44.[3] Schon der erste Entwurf des Präsidiums stimmte inhaltlich weitgehend mit der späteren Endfassung überein.[4] **Änderungsvorschläge** von Konventsmitgliedern bezogen sich im Wesentlichen auf den Kreis der Berechtigten (Ausdehnung auf jede Person; Ausschluss juristischer Personen) und auf die Grenzen des Rechts (Tätigkeitsbereich der Union; unmittelbare oder individuelle Betroffenheit der Petenten).[5] Im **Ergebnis** und im Einklang mit den Vorgaben des Europäischen Rates von Köln[6] entschied sich der Grundrechtekonvent für eine mit den Voraussetzungen im EG-Vertrag inhaltlich übereinstimmende Regelung des Petitionsrechts.[7]

3 Im Unterschied zur Erstfassung des Präsidiums (→ Rn. 2) enthält die Endfassung des Art. 44 keinen Hinweis auf die **Grenzen** des Petitionsrechts. Diese ergeben sich aus den allgemeinen horizontalen Bestimmungen im Schlusstitel der Grundrechtecharta. Danach erfolgt die Ausübung des im EG-Vertrag bzw. im AEU-Vertrag geregelten Petitionsrechts ge-

---

1 Vgl. auch Art. 106 a Euratom-Vertrag; zur Entstehungsgeschichte *Cloos u.a.*, Tr. Maastricht, S. 400 f.; *Hamers*, Petitionsausschuß, S. 69 ff.; *Meese*, Petitionsrecht, S. 32 ff.; *Guckelberger*, Petitionen, S. 23 ff.

2 Art. 44 GO der Gemeinsamen Versammlung, ABl. EGKS, 10.1.1953, Anhang, S. 146.

3 Nach den Erläuterungen des Präsidiums handelt es sich um jeweils dasselbe Recht; vgl. CHARTE 4473/00 v. 11.10.2000, Erläuterungen des Präsidiums zu Art. 44.

4 CHARTE 4170/00 v. 20.3.2000, Art. H.

5 CHARTE 4203/00 v. 4.4.2000 (Stellungnahme der deutschen Länder zu Art. H); CHARTE 4360/00 v. 14.6.2000 zu Art. 29; *Bernsdorff/Borowsky*, Protokolle, S. 310 ff., 316, 354 ff., 374 f.

6 *Europäischer Rat* von Köln, Schlussfolgerungen des Vorsitzes, BullEU 6–1999, Ziff. I.18.44, S. 14 und I.64, S. 39 f.

7 Vgl. CHARTE 4473/00 v. 11.10.2000, Erläuterungen des Präsidiums zu Art. 44.

mäß Art. 52 Abs. 2 im Rahmen der im Vertragsrecht festgelegten Bedingungen und Grenzen.[8] Diese finden sich in Art. 227 AEUV.[9]

III. Kommentierung

1. Petitionsrecht

a) **Rechtsträger.** Das Petitionsrecht besitzen gemäß Art. 44 – entsprechend Art. 20 Abs. 2, Art. 24 Abs. 2 und Art. 227 AEUV iVm Art. 52 Abs. 2 – als subjektiv-öffentliches „Bürgerrecht"[10] alle **Unionsbürgerinnen und Unionsbürger,** dh die Staatsangehörigen der Mitgliedstaaten (Art. 9 S. 2 EUV; Art. 20 Abs. 1 S. 2 AEUV), sowie alle **natürlichen und juristischen Personen** mit Wohnsitz bzw. satzungsmäßigem Sitz in einem Mitgliedstaat.[11] Von anderen Personen eingereichte Petitionen werden vom Europäischen Parlament getrennt erfasst und abgelegt sowie vom Petitionsausschuss nach Ermessen geprüft (Art. 215 Abs. 15 EP-GO). Petitionsberechtigte können ihre Petition einzeln oder, um ihr größeres Gewicht zu verleihen, zusammen mit anderen Berechtigten – als Sammelpetition – an das Parlament richten (Art. 227 AEUV; Art. 215 Abs. 1 EP-GO). In vergleichbarer Weise können Unionsbürgerinnen und Unionsbürger eine Bürgerinitiative, deren Voraussetzungen im Unionsrecht näher bestimmt sind, gegenüber der Europäischen Kommission ergreifen.[12] 4

b) **Adressat.** Adressat des Petitionsrechts ist das **Europäische Parlament.** Andere Institutionen der Union können zur Unterstützung des Parlaments bei der Erledigung der Petitionen verpflichtet sein (→ Rn. 14). Im Übrigen können sich alle Personen an die Unionsinstitutionen wenden, ohne dass sich daraus jedoch bestimmte Rechte ergeben. Zum Recht auf eine Antwort bei schriftlichen Anfragen → Art. 41 Rn. 22 ff. 5

Darüber hinaus besteht in **Ergänzung** zu dem Petitionsrecht und ohne trennscharfe Abgrenzung zu diesem ein besonderes Befassungsrecht gegenüber dem **Europäischen Bürgerbeauftragten** gemäß Art. 43 (→ Art. 43 Rn. 2). Petitionen an das Parlament können mit Zustimmung des Petenten an den Bürgerbeauftragten übermittelt und von diesem als Beschwerde behandelt werden (Art. 2 Abs. 3 Durchführungsbestimmungen des Bürgerbeauftragten).[13] Umgekehrt kann der Bürgerbeauftragte eine Beschwerde mit Zustimmung des Beschwerdeführers an das Parlament weiterleiten (Art. 2 Abs. 4 Durchführungsbestimmungen). Petitionen, die bei Ende der Wahlperiode noch nicht erledigt sind, unterliegen **nicht** dem sog. **Diskontinuitätsgrundsatz,** sondern bleiben auf der Agenda des neu gewählten Parlaments (Art. 229 EP-GO). 6

---

8 Vgl. auch CHARTE 4473/00 v. 11.10.2000, Erläuterungen des Präsidiums zu Art. 44; ferner Erläuterungen zur Grundrechtecharta idF vom 12.12.2007, ABl. 2007 Nr. C 303 S. 17 ff., zu Art. 44.

9 Einzelheiten zum Verfahren enthält die EP-Geschäftsordnung in Art. 215 bis 217; vgl. dazu unten Rn. 12 ff.

10 So die Überschrift zu Titel V der Grundrechtecharta.

11 Dazu sollten nach der Praxis des Europäischen Parlaments nur Personen gehören, die rechtmäßig in der Europäischen Union ansässig sind; vgl. *EP*, Entschließung v. 12.7.1995, ABl. 1995 Nr. C 249 S. 71 lit. B; kritisch dazu *Hamers*, Petitionsausschuß, S. 87 f.; *Meese*, Petitionsrecht, S. 74 f. – Zu Wohnsitz und satzungsmäßigem Sitz vgl. näher *Guckelberger*, DÖV 2003, 832.

12 Art. 11 Abs. 4 EUV; Art. 24 Abs. 1 AEUV; VO (EU) Nr. 211/2011 des Europäischen Parlaments und des Rates v. 16.2.2011 über die Bürgerinitiative, ABl. 2011 Nr. L 65 S. 1; aufgehoben und ersetzt mit Wirkung vom 1.1.2020 durch VO (EU) 2019/788 des Europäischen Parlaments und des Rates v. 17.4.2019 über die Europäische Bürgerinitiative, ABl. 2019 Nr. L 130 S. 55; *Kommission*, Bericht über die Anwendung der VO (EU) Nr. 211/2011, COM(2018) 157; näher dazu *Streinz/Magiera*, EUV/AEUV, Art. 24 AEUV Rn. 3 ff.

13 Zu den Durchführungsbestimmungen näher *Magiera*, Art. 43 Rn. 4.

7 c) **Inhalt und Gegenstand.** Das Petitionsrecht gewährleistet dem Berechtigten, sich mit **Bitten und Beschwerden** an das Europäische Parlament zu wenden.[14] Nach seinem Sinn und Zweck geht es über das schon anderweitig garantierte Recht auf freie Meinungsäußerung[15] hinaus und umfasst einen Anspruch gegenüber dem Parlament auf **Behandlung** (Entgegennahme, inhaltliche Prüfung) der Petition und auf begründete **Bescheidung** des Petenten, nicht jedoch auf Erfüllung des vorgebrachten Begehrens.[16] Als subjektiv-öffentliches Bürgerrecht (→ Rn. 4) dient es dem **individuellen Interesse** des Petenten und zugleich infolge der damit verbundenen Unterrichtung des Parlaments dem **Allgemeininteresse** an einer wirksamen demokratischen Kontrolle.[17] Es ermöglicht den Bürgern den unmittelbaren Dialog mit ihren gewählten Vertretern im Parlament und damit eine Teilhabe am demokratischen Leben der Union.[18]

8 aa) **Tätigkeitsbereiche der Union.** Gegenstand des Petitionsrechts sind Angelegenheiten, die in die Tätigkeitsbereiche der Union fallen (Art. 227 AEUV). Dazu gehören die Bereiche des geltenden primären und sekundären **Unionsrechts sowie dessen Entwicklung;**[19] eine Übersicht dazu geben die Art. 3 EUV und Art. 2 bis 6 AEUV.[20]

9 Die Tätigkeitsbereiche der Union im Rahmen der Gemeinsamen Außen- und Sicherheitspolitik (Art. 11 ff. EU) und der polizeilichen und justiziellen Zusammenarbeit in Strafsachen (Art. 29 ff. EU) waren demgegenüber im Rahmen des **Vertrags von Maastricht** nicht erfasst, wie sich aus Art. 28 und 41 EU ergab, die Art. 194 EG nicht in die intergouvernementale Zusammenarbeit einbezogen.[21] Dies hinderte das Europäische Parlament, das allgemein an der intergouvernementalen Zusammenarbeit der Europäischen Union beteiligt war (Art. 3, 21, 39 EU), jedoch nicht, im Rahmen seines **Befassungs- und Selbstorganisationsrechts** Bitten und Beschwerden auch zu diesen Bereichen entgegenzunehmen.[22] Nur folgte daraus nicht die Gewährleistung des Art. 194 EG, insbesondere hinsichtlich der Rechte der Petenten und der Mitwirkungspflichten anderer Institutionen der Gemeinschaft oder von Behörden der Mitgliedstaaten.[23] Mit dem **Vertrag von Lissabon** ist die Differenzierung zwischen den verschiedenen vertraglichen „Säulen" infolge der nunmehr einheitlichen Rechtspersönlichkeit der Europäischen Union (Art. 47 EUV) entfallen. Dementsprechend erstreckt Art. 227 AEUV das Petitionsrecht auf alle „Tätigkeitsbereiche der Union".

---

14 *GSH/Haag*, EU, Art. 227 AEUV Rn. 7; *Grabitz/Hilf/Nettesheim/Hölscheidt*, EU, Art. 227 AEUV Rn. 7; *Hamers*, Petitionsausschuß, S. 73 f.; *Meese*, Petitionsrecht, S. 48 ff.; *Guckelberger*, Petitionen, S. 30 ff.; *Stern*/Sachs/*Krings*, GRC, Art. 44 Rn. 17.

15 Art. 11 GRC.

16 *GSH/Haag*, EU, Art. 227 AEUV Rn. 8; *Lenz/Borchardt/Kaufmann-Bühler*, EU-Verträge, Art. 227 AEUV Rn. 13; *Grabitz/Hilf/Nettesheim/Hölscheidt*, EU, Art. 227 AEUV Rn. 6; *Hamers*, Petitionsausschuß, S. 76 f.; *Meese*, Petitionsrecht, S. 68 f.

17 EuG – Tegebauer/Parlament, T-308/07 – Slg. 2011, II-279* Rn. 29 (abgekürzte Veröffentlichung); EuG – J/Parlament, T-160/10 – ECLI:EU:T:2012:503 Rn. 22; *GSH/Haag*, EU, Art. 227 AEUV Rn. 6; *Lenz/Borchardt/Kaufmann-Bühler*, EU-Verträge, Art. 227 AEUV Rn. 5; *Hamers*, Petitionsausschuß, S. 72 ff.; *Meese*, Petitionsrecht, S. 50 ff.; *Streinz/Huber*, EUV/AEUV, Art. 227 AEUV Rn. 5.

18 EuGH – Schönberger/Parlament, C-261/13 P – ECLI:EU:C:2014:2423 Rn. 17; EuG – CN/Parlament, T-343/13 – ECLI:EU:T:2015:926 Rn. 67.

19 Dazu auch *EP*, Entschließung v. 12.7.1995, ABl. 1995 Nr. C 249 S. 71, Ziff. 3; ferner *Hamers*, Petitionsausschuß, S. 90 ff.

20 Vgl. auch Art. 3 Euratom-Vertrag.

21 Anders Art. 195 EG durch Art. 41 EU für das Beschwerderecht zum Europäischen Bürgerbeauftragten; dazu *Magiera*, Art. 43 Rn. 9.

22 Vgl. Art. 191 Abs. 1 EP-GO a.F.; ebenso *GS/Haag*, EUV/EGV, Art. 194 EG Rn. 13; *Calliess/Ruffert/Kluth*, EUV/EGV, Art. 194 EG Rn. 4; *Schwarze/Schoo*, EU, Art. 194 EG Rn. 6; *Hamers*, Petitionsausschuß, S. 93 ff.; *Meese*, Petitionsrecht, S. 82.

23 Ebenso *Schwarze/Schoo*, EU, Art. 194 EG Rn. 6; *Hamers*, Petitionsausschuß, S. 92.

Das Petitionsrecht ist nicht wie das Beschwerderecht zum Bürgerbeauftragten auf ein Verhalten der Institutionen der Union und auch nicht auf Verwaltungsmissstände beschränkt.[24] Es erstreckt sich auch auf das Verhalten von **Einrichtungen der Mitgliedstaaten,** soweit dieses Angelegenheiten betrifft, die in die „Tätigkeitsbereiche der Union“[25] fallen, dh sich nicht lediglich auf „Tätigkeiten der Unionsinstitutionen“ beschränken,[26] sowie auf die Bereiche der **Gesetzgebung** und des **Politischen.**[27] In entsprechender Anwendung des in Art. 228 AEUV für die Untersuchungstätigkeit des Europäischen Bürgerbeauftragten zum Ausdruck gekommenen Rechtsgedankens ist jedoch die **Gerichtsbarkeit** in Ausübung ihrer **Rechtsprechungsbefugnisse** vom Petitionsrecht **auszunehmen.**[28] 10

bb) Unmittelbare Betroffenheit. Die Petition muss sich auf Angelegenheiten beziehen, die den Petenten unmittelbar betreffen (Art. 227 AEUV). Damit wird ein **persönlicher Bezug** des Petenten zu der vorgebrachten Angelegenheit vorausgesetzt. Diese muss – auch – für ihn von Bedeutung sein, nicht nur für andere Personen.[29] Ob damit „**Popularpetitionen**“ ausgeschlossen sind,[30] erscheint zweifelhaft, weil eine individuelle Betroffenheit – im Unterschied zur Klageerhebung in bestimmten Fällen gemäß Art. 263 Abs. 4 AEUV – für die Einreichung einer Petition nicht verlangt wird. Nicht erforderlich ist ein rechtliches Interesse.[31] **Andere Verfahrensmöglichkeiten,** insbesondere eine Beschwerde an den Bürgerbeauftragten, berühren das Petitionsrecht nicht; bei Überschneidungen ist eine Abstimmung zwischen den beteiligten Institutionen vorzunehmen.[32] 11

2. Petitionsverfahren

Anders als für Beschwerden an den Bürgerbeauftragten (Art. 228 AEUV) ist das Verfahren für Petitionen an das Europäische Parlament vertraglich weder geregelt noch in bestimmter Weise zu regeln. Die Ausgestaltung obliegt daher dem Europäischen Parlament aufgrund seines **Selbstorganisationsrechts** und ist in Art. 215 bis 217 EP-GO erfolgt. Ergänzend greifen die Bestimmungen der Interinstitutionellen Vereinbarung zwischen dem Parlament, dem Rat und der Kommission vom 12.4.1989[33] ein. Ferner hat der Petitionsausschuss im Jahr 2015 gemäß Art. 216 Abs. 10 EP-GO zur Erleichterung und Verbesserung seiner Ar- 12

24 Vgl. zum Europäischen Bürgerbeauftragten *Magiera*, Art. 43 Rn. 9 ff.

25 Art 227 AEUV; Entsprechendes gilt für andere Sprachfassungen, zB "Union's fields of activity" oder «domaines d'activité de l'Union».

26 EuG – J/Parlament, T-160/10 – ECLI:EU:T:2012:503 Rn. 30 ff.; *GSH/Haag*, EU, Art. 227 AEUV Rn. 13; *Meese*, Petitionsrecht, S. 83; *Jarass*, GRC, Art. 44 Rn. 5; *Haug*, JZ 2015, 1042 (1044 f.); vgl. auch Art. 51 Abs. 1 GRC; differenzierend *Lenz/Borchardt/Kaufmann-Bühler*, EU-Verträge, Art. 227 AEUV Rn. 11; aA *Schwarze/Schoo*, EU, Art. 227 AEUV Rn. 6; *Streinz/Huber*, EUV/AEUV, Art. 227 AEUV Rn. 14; *Grabitz/Hilf/Nettesheim/Hölscheidt*, EU, Art. 227 AEUV Rn. 13.

27 Ebenso *Hamers*, Petitionsausschuß, S. 91 f.

28 EuG – J/Parlament, T-160/10 – ECLI:EU:T:2012:503 Rn. 27; *Hamers*, Petitionsausschuß, S. 92 f.; *Meese*, Petitionsrecht, S. 84 f.; *Guckelberger*, Petitionsrecht, S. 53.

29 *Schwarze/Schoo*, EU, Art. 227 AEUV Rn. 7; *Pliakos*, CDE 1993, 334; *Marias*, ELRev. 1994, 179 f.; *Guckelberger*, Petitionen, S. 56 ff.

30 Verneinend *Meese*, Petitionsrecht, S. 86 f.

31 Ebenso *GSH/Haag*, EU, Art. 227 AEUV Rn. 15; *Calliess/Ruffert/Kluth*, EUV/AEUV, Art. 227 AEUV Rn. 5; *Hamers*, Petitionsausschuß, S. 96; aA *Lenz/Borchardt/Kaufmann-Bühler*, EU-Verträge, Art. 227 AEUV Rn. 10.

32 *GSH/Haag*, EU, Art. 227 AEUV Rn. 17; *Grabitz/Hilf/Nettesheim/Hölscheidt*, EU, Art. 227 AEUV Rn. 16; zur Abstimmung vgl. oben Rn. 6.

33 ABl. 1989 Nr. C 120 S. 43, 90.

beit flexible Leitlinien für die Behandlungen von Petitionen festgelegt, die unverbindlicher Art sind und nicht die Mitglieder seines Sekretariats binden.[34]

13 Die Behandlung und Erledigung der Petitionen liegt regelmäßig bei dem **Petitionsausschuss** des Europäischen Parlaments, der jedoch dem Plenum Entschließungsanträge zu den von ihm beratenen Petitionen unterbreiten kann. Die Petitionen müssen, was ihre **Form** anbetrifft, mit Namen und Wohnort aller Petenten versehen und in einer der Amtssprachen der Europäischen Union abgefasst sein.[35] Nach ihrer Registrierung werden die Petitionen zu öffentlichen Dokumenten; die Namen der Petenten und der Inhalt der Petitionen können vom Parlament aus Transparenzgründen veröffentlicht werden; beantragen die Petenten, ihre Namen zum Schutz ihrer Privatsphäre geheim zu halten, so beachtet das Parlament diesen Wunsch;[36] zum Schutze der Rechte Dritter kann das Parlament aus eigener Initiative oder auf Antrag des Betroffenen eine Petition oder den Inhalt erforderlichenfalls anonymisieren.[37]

14 Zur **Prüfung** der Petitionen kann der Petitionsausschuss u.a. Anhörungen vornehmen, seine Mitglieder zur Tatsachenfeststellung an Ort und Stelle entsenden sowie die Kommission um Unterstützung bitten, insbesondere ihm – so regelmäßig in der Praxis – Unterlagen vorzulegen und Auskunft zu erteilen (Art. 216 und Art. 216 a EP-GO). Soweit das Parlament zur Erledigung der Petitionen darauf angewiesen ist, sind die **anderen Unionsinstitutionen** und die **Behörden der Mitgliedstaaten** entsprechend dem Grundsatz der loyalen Zusammenarbeit,[38] dh der sog. Organtreue (Art. 13 Abs. 2 EUV) bzw. Unionstreue (Art. 4 Abs. 3 EUV), zur **Mitwirkung und Unterstützung** verpflichtet.[39]

15 Das **Ergebnis des Verfahrens** ist zu begründen und dem Petenten mitzuteilen. Die vom Parlament aus einer für zulässig erklärten Petition abgeleiteten Folgerungen unterliegen nicht der **gerichtlichen Kontrolle,** weil das Parlament insoweit über eine vollständige Beurteilungsfreiheit „politischer Natur" verfügt.[40] Der gerichtlichen Kontrolle unterliegt jedoch die Zulässigkeit einer Petition, da nur sie deren Wirksamkeit gewährleistet.[41] Die dafür erforderliche Begründung darf sich nicht auf eine Wiedergabe der fehlenden Zulässigkeitsvo-

---

34 Leitlinien – Petitionsausschuss, Dezember 2015, zugänglich auf der Website des Europäischen Parlaments (europarl.europa.eu).

35 Art. 215 Abs. 2 und 6 EP-GO; vgl. im Einzelnen *Guckelberger*, Petitionen, S. 60 ff.; zur Rechtsfolge bei Fehlen von Angaben, zu denen bis zu späteren Änderungen der EP-GO v. 12.6.2002 auch die Berufsbezeichnung und die Staatsangehörigkeit gehörten, vgl. *Lenz/Borchardt/Kaufmann-Bühler*, EU-Verträge, Art. 227 AEUV Rn. 5; *GSH/Haag*, EU, Art. 227 AEUV Rn. 17.

36 Vgl. dazu EuG – CN/Parlament, T-343/13 – ECLI:EU:T:2015:926 Rn. 64 ff.

37 Art. 215 Abs. 12 bis 14 EP-GO.

38 EuGH – Luxemburg/Parlament, 230/81 – Slg. 1983, 255 Rn. 37; EuGH – Kommission/Belgien, 52/84 – Slg. 1986, 89 Rn. 16 betr. die Pflichten der Mitgliedstaaten gegenüber der Gemeinschaft; EuGH – Griechenland/Rat, 204/86 – Slg. 1988, 5323 Rn. 16; EuGH – Parlament/Rat, C-65/93 – Slg. 1995, I-643 Rn. 23 betr. die Pflichten der Gemeinschaftsorgane untereinander.

39 *GSH/Haag*, EU, Art. 227 AEUV Rn. 19; *Hamers*, Petitionsausschuß, S. 103 ff.; *Guckelberger*, Petitionen, S. 64 ff.

40 EuG – Tegebauer/Parlament, T-308/07 – Slg. 2011, II-279* Rn. 21 (abgekürzte Veröffentlichung); EuGH – Schönberger/Parlament, C-261/13 P – ECLI:EU:C:2014:2423 Rn. 25.

41 EuG – Tegebauer/Parlament, T-308/07 – Slg. 2011, II-279* Rn. 21 (abgekürzte Veröffentlichung); EuG – J/Parlament, T-160/10 – ECLI:EU:T:2012:503 Rn. 2; EuGH – Schönberger/Parlament, C-261/13 P – ECLI:EU:C:2014:2423 Rn. 22.

raussetzungen beschränken, sondern muss das Begehren des Petenten konkret und verständlich für diesen würdigen.[42]

Die in das Register eingetragenen Petitionen werden in der Plenarsitzung bekannt gegeben und in das Sitzungsprotokoll aufgenommen; Titel und eine Zusammenfassung des Inhalts dieser Petitionen sowie dazu übermittelte Stellungnahmen und Beschlüsse werden auf dem Petitionsportal der Website des Parlaments veröffentlicht (Art. 217 EP-GO). Der Petitionsausschuss unterrichtet das Plenum halbjährlich über seine Beratungsergebnisse und erstattet ihm einen ausführlichen **Jahresbericht**, zu dem das Parlament Stellung nimmt.[43] Die Anzahl der jährlich eingereichten Petitionen bewegte sich zwischen 908 (2000) und 2891 (2013). 2016 waren es 1569 Petitionen; hauptsächlich betrafen sie die Bereiche Binnenmarkt (266), Justiz (179), Grundrechte (158) und Umwelt (158).[44] 16

IV. Literaturübersicht

Bete, Helmut, Petitionsrecht und Petitionsverfahren – Eine vergleichende Darstellung der Rechtslage in Deutschland und der Europäischen Gemeinschaft, in: Aderhold, Eltje/Lipstein, Kurt u.a. (Hrsg.), FS für Hans Hanisch, Köln 1994, S. 13; *Guckelberger, Annette,* Das Petitionsrecht zum Europäischen Parlament sowie das Recht zur Anrufung des Europäischen Bürgerbeauftragten im Europa der Bürger, DÖV 2003, 829; *Guckelberger, Annette,* Der Europäische Bürgerbeauftragte und die Petitionen zum Europäischen Parlament, Berlin 2004; *Hamers, Antonius,* Der Petitionsausschuß des Europäischen Parlaments und der Europäische Bürgerbeauftragte, Pfaffenweiler 1999; *Haug, Volker,* Begriffs- und Zulässigkeitsvoraussetzungen einer EU-Petition, JZ 2015, 1042; *Hölscheidt, Sven,* Die Ausgestaltung des Petitionsrechts in der EU-Grundrechtecharta, EuR 2002, 440; *Marias, Epaminondas,* The right to petition the European Parliament after Maastricht, ELRev. 1994, 169; *Meese, Jon,* Das Petitionsrecht beim Europäischen Parlament und das Beschwerderecht beim Bürgerbeauftragten der Europäischen Union, Frankfurt a.M. 2000; *Pliakos, Astéris,* Les conditions d'exercice du droit de pétition, CDE 1993, 317.

Artikel 45 Freizügigkeit und Aufenthaltsfreiheit

(1) Die Unionsbürgerinnen und Unionsbürger haben das Recht, sich im Hoheitsgebiet der Mitgliedstaaten frei zu bewegen und aufzuhalten.

(2) Staatsangehörigen von Drittländern, die sich rechtmäßig im Hoheitsgebiet eines Mitgliedstaats aufhalten, kann nach Maßgabe der Verträge Freizügigkeit und Aufenthaltsfreiheit gewährt werden.

42 EuG – Tegebauer/Parlament, T-308/07 – Slg. 2011, II-279* Rn. 28; EuG – J/Parlament, T-160/10 – ECLI:EU:T:2012:503 Rn. 20 ff.; EuGH – Schönberger/Parlament, C-261/13 P – ECLI:EU:C:2014:2423 Rn. 23.

43 Zu weiteren Einzelheiten des Petitionsverfahrens vgl. die Entschließungen des Europäischen Parlaments und die Jahresberichte zur Tätigkeit des Petitionsausschusses, zugänglich auf der Website des Europäischen Parlaments (europarl.europa.eu); ferner *Hamers*, Petitionsausschuß, S. 82 ff.; *Meese*, Petitionsrecht, S. 89 ff.

44 *EP*, Entschließung v. 14.12.2017 über die Beratungen des Petitionsausschusses im Jahr 2016, P8_TA(2017)0502, iVm EP-Dok. A8-0387/2017.

I. Vorgaben

1 **Art. 45 Abs. 1** gewährleistet den **Unionsbürgerinnen und Unionsbürgern** das Recht, sich im Hoheitsgebiet der Mitgliedstaaten frei zu bewegen und aufzuhalten. Ein entsprechendes Freizügigkeits- und Aufenthaltsrecht findet sich in **Art. 20 Abs. 2** und **Art. 21 AEUV** (zuvor Art. 8 a EGV; Art. 18 EG). Es steht im Zusammenhang mit der qualitativen Erweiterung der europäischen Integration von einem vorwiegenden Europa der Wirtschaft zu einem **Europa der Bürger** seit der Mitte der 1970er Jahre.[1] Das ursprüngliche Vertragsrecht und das auf seiner Grundlage erlassene Sekundärrecht hatten die Freizügigkeit der Gemeinschaftsangehörigen auf wirtschaftliche Betätigungen als Arbeitnehmer, selbständig Erwerbstätige und im Dienstleistungsverkehr beschränkt (Art. 48 ff. EWGV). Das Europa der Bürger sollte den Gemeinschaftsangehörigen darüber hinaus ein allgemeines – von einer wirtschaftlichen Betätigung unabhängiges – Freizügigkeitsrecht einräumen. Erfolgreich waren die dahin gehenden Bemühungen erst 1990 auf dem Gebiet des Sekundärrechts mit dem Erlass von drei Richtlinien für nicht-erwerbstätige Gruppen von Gemeinschaftsangehörigen (→ Rn. 12) und schließlich 1992 mit der Aufnahme von Art. 8 a EGV in das Primärrecht. Die besonderen Freizügigkeitsrechte im Rahmen einer **Erwerbstätigkeit** sind weiterhin im Vertragsrecht (Art. 45 ff. AEUV) und nunmehr auch in Art. 15 Abs. 2 gewährleistet.

2 Nach **Art. 45 Abs. 2** kann **Drittstaatsangehörigen,** die sich rechtmäßig im Hoheitsgebiet eines Mitgliedstaats aufhalten, Freizügigkeit und Aufenthaltsfreiheit gemäß dem Vertragsrecht gewährt werden. Anders als für Unionsbürger (Art. 20 Abs. 2 und Art. 21 AEUV) enthält das Vertragsrecht für Drittstaatsangehörige keine ausdrückliche Bestimmung über ein Freizügigkeits- und Aufenthaltsrecht in der Union. Entsprechende Rechte können jedoch seit dem Vertrag von Amsterdam im Rahmen des Vertragstitels über den Raum der Freiheit, der Sicherheit und des Rechts durch den Erlass von Bestimmungen des Sekundärrechts gewährt werden (Art. 67 ff. AEUV; zuvor Art. 61 ff. EG). Dazu gehören insbesondere Maßnahmen zur Abschaffung der Kontrollen an den Binnengrenzen, zur Reisefreiheit für kurzfristige Aufenthalte und zur Rechtsstellung langfristig Aufenthaltsberechtigter in der Union (Art. 77 ff. AEUV; zuvor Art. 62 f. EG). Besondere mit der Freizügigkeit von Drittstaatsangehörigen verbundene Rechte finden sich in der Grundrechtecharta zu den Arbeitsbedingungen (Art. 15 Abs. 3), zum Asylrecht (Art. 18) und zum Schutz bei Abschiebung, Ausweisung und Auslieferung (Art. 19). Art. 45 Abs. 2 idF der Grundrechtecharta vom 12.12.2007 weicht **sprachlich** von derjenigen idF des Grundrechtekonvents ab, indem er auf die neuen Unionsverträge von Lissabon statt auf den bisherigen (EG-)Vertrag verweist und – ohne inhaltliche Änderung und anders als Art. 15 Abs. 3 – von „Drittländern" statt von „dritten Ländern" spricht.[2]

II. Diskussion im Grundrechtekonvent

3 Die Gewährleistung des Freizügigkeits- und Aufenthaltsrechts für Unionsbürger in Art. 18 EG (nunmehr Art. 20 Abs. 2, Art. 21 AEUV) erleichterte dem mit der Ausarbeitung der Grundrechtecharta beauftragten Grundrechtekonvent die Einigung auf die entsprechende Bestimmung in Art. 45 Abs. 1. Schon der Entwurf einer Grundrechteliste des Präsidenten wies auf dieses **Recht der Unionsbürger** hin,[3] und der erste Entwurf des Präsidiums über

---

1 Vgl. dazu näher *Streinz/Magiera*, EUV/AEUV, Art. 21 AEUV Rn. 1 ff.; *Pechstein/Nowak/Häde/Heselhaus*, Frankfurter Kommentar, Art. 21 AEUV Rn. 6 ff.

2 In anderen Sprachen findet sich insoweit kein Unterschied; zB englisch "third counties", französisch «pays tiers».

3 CHARTE 4112/2/00 REV 2 v. 27.1.2000, Ziff. 1 zu „Rechte des Unionsbürgers".

Bürgerrechte war in seinem Wortlaut eng an Art. 18 EG angelehnt.[4] Im weiteren Verlauf der Beratungen wurde – neben der allgemeinen Hinzufügung der weiblichen Form der Berechtigten – lediglich der aus Art. 18 EG zunächst mitübernommene Verweis auf die Grenzen des Rechts zugunsten der horizontalen Bestimmungen im Schlusstitel der Grundrechtecharta aufgegeben.[5] Da das in Art. 45 Abs. 1 anerkannte Freizügigkeits- und Aufenthaltsrecht der Unionsbürger im EG-Vertrag (nunmehr in den Unionsverträgen) geregelt ist, erfolgt seine Ausübung dementsprechend im Rahmen der vertraglich festgelegten Bedingungen und Grenzen (Art. 52 Abs. 2).[6] Nicht in die Grundrechtecharta aufgenommen wurden demgegenüber Änderungsvorschläge von Konventsmitgliedern im Hinblick auf ein ausdrückliches Recht der Unionsbürger, das Hoheitsgebiet der Mitgliedstaaten zu verlassen und dorthin zurückzukehren.[7]

Die Bestimmung des Art. 45 Abs. 2 gelangte erst spät – mit dem vom Präsidium vorgeschlagenen vollständigen Text[8] – in den Entwurf der Grundrechtecharta. Das Problem einer **Einbeziehung von Drittstaatsangehörigen** in den Bereich des Freizügigkeits- und Aufenthaltsrechts wurde jedoch schon in dem Entwurf einer Grundrechteliste des Präsidenten zu Beginn der Verhandlungen des Grundrechtekonvents vermerkt.[9] Im Verlauf der Beratungen wurde einerseits – unter Berufung auf verschiedene internationale Rechtstexte[10] – für eine Erweiterung auf Drittstaatsangehörige, anderseits – unter Berufung auf Art. 18 EG – für eine Beschränkung auf Unionsbürger plädiert.[11] Im Ergebnis einigte sich der Grundrechtekonvent auf die mit dem Vertragsrecht und damit auch den Vorgaben des Europäischen Rates von Köln[12] übereinstimmende Lösung, wonach Drittstaatsangehörigen Freizügigkeit und Aufenthaltsfreiheit **gemäß dem Vertragsrecht** gewährt werden kann, dh unter Beachtung insbesondere der Gemeinschaftszuständigkeit gemäß Art. 62 und 63 EG (nunmehr Art. 77 ff. AEUV).[13] 4

III. Kommentierung

1. Freizügigkeit der Unionsbürger

a) **Bedeutung.** Art. 45 Abs. 1 gewährleistet den Unionsbürgern – entsprechend Art. 20 Abs. 2 und Art. 21 AEUV iVm Art. 52 Abs. 2 – ein **allgemeines Recht auf Bewegungs- und Aufenthaltsfreiheit** in den Mitgliedstaaten unabhängig von einer wirtschaftlichen Betätigung.[14] Die **wirtschaftliche Freizügigkeit** ist demgegenüber in den spezielleren Bestimmun- 5

4 CHARTE 4170/00 v. 20.3.2000, Art. I.

5 CHARTE 4284/00 v. 5.5.2000, Art. 30.

6 Vgl. auch CHARTE 4473/00 v. 11.10.2000, Erläuterungen des Präsidiums zu Art. 45; ferner Erläuterungen zur Grundrechtecharta idF v. 12.12.2007, ABl. 2007 Nr. C 303 S. 17 ff., zu Art. 45.

7 Vgl. CHARTE 4195/00 v. 29.3.2000 (Änderungsvorschlag Meyer zu Art. I Abs. 2); CHARTE 4360/00 v. 14.6.2000, Änderungsvorschläge zu Art. 30; *Bernsdorff/Borowsky*, Protokolle, S. 310 ff., 316 ff.

8 CHARTE 4422/00 v. 28.7.2000, Art. 43 Abs. 2.

9 CHARTE 4112/2/00 REV 2 v. 27.1.2000, Ziff. 17 zu „Liste der Rechte" – „Bewegungsfreiheit".

10 Vgl. u.a. Art. 2 Protokoll Nr. 4 zur EMRK; Art. 13 AEMR; Art. 12 IPbpR.

11 Vgl. im Einzelnen CHARTE 4195/00 v. 29.3.2000 (Änderungsvorschlag Meyer zu Art. I Abs. 2); *Bernsdorff/Borowsky*, Protokolle, S. 192 ff., 204 f.; CHARTE 4360/00 v. 14.6.2000, Änderungsvorschläge zu Art. 30; *Bernsdorff/Borowsky*, Protokolle, S. 310 ff., 316 ff.

12 *Europäischer Rat* von Köln, Schlussfolgerungen des Vorsitzes, BullEU 6–1999, Ziff. I.18.44, S. 14 (Zusammenfassung der „auf der Ebene der Union geltenden Grundrechte").

13 Vgl. auch CHARTE 4473/00 v. 11.10.2000, Erläuterungen des Präsidiums zu Art. 45; ferner die Erläuterungen zur Grundrechtecharta idF v. 12.12.2007, ABl. 2007 C 303 S. 17 ff., zu Art. 45.

14 *Kommission*, Bericht über die Unionsbürgerschaft, KOM(93) 702, S. 3; EuGH – Baumbast und R, C-413/99 – Slg. 2002, I-7091 Rn. 84; GA *Ruiz-Jarabo Colomer*, SA – Shingara und Radiom,

gen des Art. 15 Abs. 2 der Charta und der Art. 45 ff. AEUV für Arbeitnehmer, selbständig Erwerbstätige und im Dienstleistungsverkehr garantiert.[15] Das allgemeine Freizügigkeitsrecht gelangt jedoch – subsidiär – als Hauptfreizügigkeitsrecht zur Anwendung, wenn ein wirtschaftsbezogenes Freizügigkeitsrecht nicht oder nur begrenzt eingreift.[16] Im Verhältnis zum **allgemeinen Diskriminierungsverbot** aus Gründen der Staatsangehörigkeit im Anwendungsbereich des Vertragsrechts gemäß Art. 21 Abs. 2 der Charta bzw. Art. 18 AEUV erscheint das allgemeine Freizügigkeitsrecht hingegen als dessen speziellere Ausprägung.[17] Die Abgrenzung der einzelnen Gewährleistungen ist bedeutsam für deren nähere Ausgestaltung und zulässige Beschränkbarkeit durch Bestimmungen des Sekundärrechts, tritt jedoch zunehmend zugunsten einer Annäherung zurück.[18] Rechtlich wird dies durch die **Freizügigkeits-Richtlinie 2004/38** über das Recht der Unionsbürger und ihrer Familienangehörigen, sich im Hoheitsgebiet der Mitgliedstaaten frei zu bewegen, verdeutlicht, die das zuvor zwischen allgemeiner und wirtschaftlicher Freizügigkeit unterscheidende Sekundärrecht überarbeitet und in einem einzigen Rechtsakt konsolidiert hat.[19]

6 Das Recht auf Freizügigkeit soll die Gleichstellung der Unionsbürger im Hinblick auf die Bewegungs- und Aufenthaltsfreiheit in den Mitgliedstaaten unabhängig von ihrer Staatsangehörigkeit bewirken. Die damit aufgetragene **Inländergleichbehandlung** ist beim gegenwärtigen Entwicklungstand des Integrationsprozesses noch nicht umfassend verwirklicht,

---

C-65/95 u.a. – Slg. 1997, I-3343 Nr. 34; GA *La Pergola*, SA – Kaba, C-356/98 – Slg. 2000, I-2623 Nr. 54; näher dazu *Magiera*, in: Liber amicorum Delbrück, S. 436 ff.

15 EuGH – Skanavi und Chryssanthakopoulos, C-193/94 – Slg. 1996, I-929 Rn. 22; EuGH – Calfa, C-348/96 – Slg. 1999, I-11 Rn. 29 f.; EuGH – Stylianakis, C-92/01 – Slg. 2003, I-1291 Rn. 18 ff.; EuGH – Schulz-Delzers und Schulz, C-240/10 – Slg. 2011, I-8531 Rn. 30; *Kommission*, Zweiter Bericht über die Unionsbürgerschaft, KOM(97) 230, S. 6; *Rothfuchs*, Personenverkehrsfreiheiten, S. 227; *Tryfonidou*, CMLRev. 2009, 1591 ff.

16 EuGH – Skanavi und Chryssanthakopoulos, C-193/94 – Slg. 1996, I-929 Rn. 22; EuGH – Ioannidis, C-258/04 – Slg. 2005, I-8275 Rn. 37; EuGH – Turpeinen, C-520/04 – Slg. 2006, I-10685 Rn. 13; EuGH – Kommission/Deutschland, C-152/05 – Slg. 2008, I-39 Rn. 18; st. Rspr.

17 GA *La Pergola*, SA – Martínez Sala, C-85/96 – Slg. 1998, I-2691 Nr. 20; *Klein/Haratsch*, JuS 1995, 8; *Schulz*, Freizügigkeit, S. 244 ff.; *Scheuing*, EuR 2003, 782; *von Bogdandy/Bitter*, in: FS für Zuleeg, S. 318; in der Rechtsprechung des Gerichtshofs finden sich Entscheidungen, die allein Art. 21 AEUV (zuvor Art. 18 EG) heranziehen, so zB EuGH – Pusa, C-224/02 – Slg. 2004, I-5763 Rn. 16 ff.; EuGH – Lindfors, C-365/02 – Slg. 2004, I-7183 Rn. 31 ff.; EuGH – Zhu und Chen, C-200/02 – Slg. 2004, I-9925 Rn. 24 ff.; EuGH – Freitag, C-541/15 – ECLI:EU:C:2017:432 Rn. 30, 32, und solche, die sich zusätzlich auf Art. 18 AEUV (zuvor Art. 12 EG) stützen, wie zB EuGH – Trojani, C-456/02 – Slg. 2004, I-7573 Rn. 30 ff.; EuGH – Bidar, C-209/03 – Slg. 2005, I-2119 Rn. 28 ff.; EuGH – Schempp, C-403/03 – Slg. 2005, I-6421 Rn. 27 ff.; EuGH – Gottwald, C-103/08 – Slg. 2009, I-9117 Rn. 23 ff.; EuGH – Bressol u.a., C-73/08 – Slg. 2010, I-2735 Rn. 30 ff.; EuGH -Kommission/Niederlande, C-233/14 – ECLI:EU:C:2016:396 Rn. 76 ff.

18 EuGH – Kommission/Italien, C-424/98 – Slg. 2000, I-4001 Rn. 35; EuGH – Collins, C-138/02 – Slg. 2004, I-2703 Rn. 63; EuGH – Ioannidis, C-258/04 – Slg. 2005, I-8275 Rn. 22; *Schulz*, Freizügigkeit, S. 250 ff.; *Oliver/Roth*, CMLRev. 2004, 439 ff.; *Leopold/Semmelmann*, ZEuS 2008, 282 f.; ferner unten Rn. 11 ff.

19 RL 2004/38/EG des Europäischen Parlaments und des Rates v. 29.4.2004 über das Recht der Unionsbürger und ihrer Familienangehörigen, sich im Hoheitsgebiet der Mitgliedstaaten frei zu bewegen und aufzuhalten, zur Änderung der Verordnung (EWG) Nr. 1612/68 und zur Aufhebung der RL 64/221/EWG, 68/360/EWG, 72/194/EWG, 73/148/EWG, 75/34/EWG, 75/35/EWG [betreffend die wirtschaftliche Freizügigkeit], 90/364/EWG, 90/365/EWG und 93/96/EWG [betreffend die allgemeine Freizügigkeit], ABl. 2004 Nr. L 158 S. 77, in der berichtigten Fassung, ABl. 2004 Nr. L 229 S. 35; dazu näher *Hailbronner*, ZAR 2004, 259 ff.; *Kommission*, Freizügigkeit der EU-Bürger und ihrer Familien: fünf grundlegende Maßnahmen, COM(2013) 837.

sondern beschränkt sich auf den Anwendungsbereich des Vertragsrechts.[20] Dennoch handelt es sich um ein **subjektiv-öffentliches (Grund-)Recht,**[21] das wie die vertraglichen Grundfreiheiten weit auszulegen,[22] **unmittelbar anwendbar**[23] und von den Unionsorganen sowie den Mitgliedstaaten zu beachten ist. Lediglich seine **Ausübung**, nicht hingegen sein Bestand unterliegt den in den Vertrags- und Durchführungsbestimmungen vorgesehenen **Beschränkungen,** wie sich aus Art. 21 Abs. 2 AEUV ergibt, der Rechtsvorschriften lediglich zur Erleichterung der Rechtsausübung zulässt.

b) Unionsbürgerinnen und Unionsbürger. Das Recht auf Bewegungs- und Aufenthaltsfreiheit gemäß Art. 45 Abs. 1 steht den Unionsbürgerinnen und Unionsbürgern zu, dh allen natürlichen Personen, die **Staatsangehörige eines der Mitgliedstaaten** sind (Art. 9 S. 2 EUV; Art. 20 Abs. 1 S. 2 AEUV). Drittstaatsangehörigen kann ein entsprechendes Recht gemäß Art. 45 Abs. 2 gewährt werden. 7

c) Bewegungs- und Aufenthaltsfreiheit. Mit dem Recht, sich im Hoheitsgebiet der Mitgliedstaaten frei zu bewegen und aufzuhalten, gewährleistet Art. 45 Abs. 1 den Unionsbürgern **Freizügigkeit**[24] **im gesamten Unionsgebiet,** dh sich in und zwischen den Mitgliedstaaten ungehindert zu bewegen und in den Mitgliedstaaten zeitlich und räumlich unbegrenzt aufzuhalten. Erfasst werden auch das Recht, den Heimatstaat zu verlassen, und das Recht, dorthin zurückzukehren.[25] Ausgenommen davon ist nach der Rechtsprechung des Europäischen Gerichtshofs lediglich der eigene Mitgliedstaat der Unionsbürger, wenn es sich um **rein innerstaatliche Sachverhalte** ohne Bezug zum Unionsrecht handelt.[26] Ein solcher Bezug besteht bei Angehörigen eines Mitgliedstaats, die sich rechtmäßig in einem anderen Mit- 8

---

20 EuGH – Grzelczyk, C-184/99 – Slg. 2001, I-6193 Rn. 32; EuGH – Kaba, C-356/98 – Slg. 2000, I-2623 Rn. 30 f.; GA *La Pergola,* SA – Martínez Sala, C-85/96 – Slg. 1998, I-2691 Nr. 19.

21 Vgl. dazu und zu der umstrittenen, jedoch wenig ergiebigen Abgrenzung von dem Begriff der „Grundfreiheit" GA *Ruiz-Jarabo Colomer* – Shingara und Radiom, C-65/95 u.a. – Slg. 1997, I-3343 Nr. 34; EuGH – Wijsenbeek, C-378/97 – Slg. 1999, I-6207 Rn. 41; GA *Cosmas,* SA, ebd, Nr. 97; EuGH – Kaba, C-356/98 – Slg. 2000, I-2623 Rn. 30; EuGH – Zhu und Chen, C-200/02 – Slg. 2004, I-9925 Rn. 33; EuGH – Kommission/Belgien, C-408/03 – Slg. 2006, I-2647 Rn. 41; *Rothfuchs,* Personenverkehrsfreiheiten, S. 180 f.; *Everling,* in: Hrbek, 1994, S. 54; *GSH/Haag,* EU, Art. 21 AEUV Rn. 7; *Stern*/Sachs/*Schöbener,* GRC, Art. 45 Rn. 5; *Callies/Ruffert/Kluth,* EUV/AEUV, Art. 21 AEUV Rn. 15 a; *Ehlers/Kadelbach,* GR, § 26 Rn. 40; *Kokott,* in: FS für Tomuschat, S. 207 ff.; *Wollenschläger,* Grundfreiheit ohne Markt, S. 370 ff., *Schweitzer,* in: FS für Bothe, S. 1159 ff.; *Kommission,* Zweiter Bericht über die Unionsbürgerschaft, KOM(97) 230, S. 16; *Kommission,* Bericht betreffend die Durchführung der RL 90/364, 90/365 und 93/96 (Aufenthaltsrecht), KOM(99) 127, S. 2; *Kommission,* Dritter Bericht über die Unionsbürgerschaft, KOM(2001) 506, S. 18.

22 *Kommission,* Bericht über die Unionsbürgerschaft, KOM(93) 702, S. 2, 5; GA *Cosmas,* SA – Wijsenbeek, C-378/97 – Slg. 1999, I-6207 Nr. 97; EuGH – Orfanopoulos, C-482/01 – Slg. 2004, I-5257 Rn. 65; EuGH – Kommission/Belgien, C-408/03 – Slg. 2006, I-2647 Rn. 40; EuGH – Kommission/Niederlande, C-50/06 – Slg. 2007, I-4383 Rn. 35 ff.

23 EuGH – Baumbast und R, C-413/99 – Slg. 2002, I-7091 Rn. 84; GA *La Pergola,* SA – Martínez Sala, C-85/96 – Slg. 1998, I-2691 Nr. 18; GA *Cosmas,* SA – Wijsenbeek, C-378/97 – Slg. 1999, I-6207 Nr. 88 ff.; *Becker,* EuR 1999, 528; *Kotalakidis,* Unionsbürgerschaft, S. 164; *Rothfuchs,* Personenverkehrsfreiheiten, S. 216; *Schulz,* Freizügigkeit, S. 86 ff.; aA *Pechstein/Bunk,* EuGRZ 1997, 554.

24 Zur Freizügigkeit als vertraglicher Oberbegriff für Bewegungs- und Aufenthaltsfreiheit vgl. Art. 45 Abs. 3 AEUV; demgegenüber verwendet Art. 45 der Grundrechtecharta die Begriffe „Freizügigkeit" und „Aufenthaltsfreiheit" in seiner Überschrift und in seinem Abs. 2 nebeneinander; vgl. zur Terminologie ferner *Scheuing,* EuR 2003, 745.

25 EuGH – Gaydarov, C-430/10 – Slg. 2011, I-11637 Rn. 25; EuGH – Aladzhov, C-434/10 – Slg. 2011, I-11659 Rn. 25; EuGH – Byankov, C-249/11 – ECLI:EU:C:2012:608 Rn. 30 ff.; näher dazu *Schwerdtfeger, A.,* Ausreiseverbote – ja, aber unter engen Voraussetzungen, EuZW 2012, 56 ff.

26 EuGH – Uecker und Jacquet, C-64/96 u.a. – Slg. 1997, I-3171 Rn. 16 ff.; GA *Léger,* SA – Kaur, C-192/99 – Slg. 2001, I-1237 Nr. 27; EuGH – Tas-Hagen, C-192/05 – Slg. 2006, I-10451 Rn. 23; EuGH – Nerkowska, C-499/06 – Slg. 2008, I-3993 Rn. 25; EuGH – McCarthy, C-434/09 –

gliedstaat aufhalten.[27] Grundsätzlich muss ein Unionsbürger deshalb von seinem Freizügigkeitsrecht tatsächlich Gebrauch gemacht haben, um in den Genuss der damit verbundenen Rechte zu kommen.[28] Macht er von diesem Recht Gebrauch, indem er sich in einen anderen Mitgliedstaat begibt und erwirbt er dessen Staatsangehörigkeit, so verliert er die mit der Freizügigkeit verbundenen Rechte in diesem Staat, auch wenn er seine frühere Staatsangehörigkeit beibehält, weil die Rechte nur für Unionsbürger gelten, die sich in einem anderen als ihrem Heimatstaat aufhalten.[29] Macht ein Unionsbürger von diesem Recht keinen Gebrauch, so kann seine Lage jedoch nicht allein aus diesem Grund einem rein innerstaatlichen Sachverhalt gleichgestellt werden.[30] Der **Unionsbürgerstatus** ist nicht nur eine inhaltsleere Zusatzbezeichnung der Staatsangehörigen der Mitgliedstaaten.[31] Er ist vielmehr dazu bestimmt, der grundlegende Status der Unionsbürger zu sein, der auch von ihrem Heimatstaat zu achten ist.[32] Dementsprechend steht er mitgliedstaatlichen Maßnahmen entgegen, die den Unionsbürgern den tatsächlichen Genuss des **Kernbestandes** ihrer Statusrechte verwehren oder die Ausübung ihres Rechts, sich im Hoheitsgebiet der Mitgliedstaaten frei zu bewegen und aufzuhalten, behindern.[33] Dies ist beispielsweise der Fall, wenn sich ein Unionsbürger aufgrund der staatlichen Maßnahme faktisch gezwungen sieht, nicht nur das Gebiet seines eigenen Mitgliedstaats, sondern das der ganzen Union zu

---

Slg. 2011, I-3375 Rn. 45; ebenso *Kommission,* Bericht über die Unionsbürgerschaft, KOM(93) 702, S. 3; *Kommission,* Zweiter Bericht über die Unionsbürgerschaft, KOM(97) 230, S. 6; *Kommission,* Mitteilung über die Folgemaßnahmen zu den Empfehlungen der hochrangigen Sachverständigengruppe zu Fragen der Freizügigkeit, KOM(98) 403, S. 2; *Everling,* in: Hrbek, 1994, S. 52; *Ehlers/Kadelbach,* GR, § 26 Rn. 41; aA *Schwarze/Hatje,* EU, Art. 21 AEUV Rn. 9; *Schulz,* Freizügigkeit, S. 83; zur Entwicklung der europäischen Rechtsprechung auch *Shuibhne,* CMLRev. 2002, 748 ff.

27 EuGH – Freitag, C-541/15 – ECLI:EU:C:2017:432 Rn. 34.

28 Art. 3 Abs. 1 RL 2004/38 (Rn. 5); EuGH – Ruiz Zambrano, C-34/09 – Slg. 2011, I-1177 Rn. 39; EuGH – McCarthy, C-434/09 – Slg. 2011, I-3375 Rn. 30 ff.; EuGH – Dereci u.a., C-256/11 – Slg. 2011, I-11315 Rn. 54.

29 Art. 3 RL 2004/38 (Rn. 5); EuGH – Lounes, C-165/16 – ECLI:EU:C:2017:862 Rn. 31 ff.

30 EuGH – O. u. S., C-356/11 u.a. – ECLI:EU:C:2012:776 Rn. 43.

31 Näher dazu *Magiera,* in: Liber amicorum Delbrück, passim.

32 EuGH – Grzelczyk, C-184/99 – Slg. 2001, I-6193 Rn. 31 f.; EuGH – Baumbast, C-413/99 – Slg. 2002, I-7091 Rn. 82; EuGH – Ruiz Zambrano, C-34/09 – Slg. 2011, I-1177 Rn. 41; EuGH – McCarthy, C-434/09 – Slg. 2011, I-3375 Rn. 46 ff.; EuGH – Dereci u.a., C-256/11 – Slg. 2011, I-11315 Rn. 62 f.

33 EuGH – Ruiz Zambrano, C-34/09 – Slg. 2011, I-1177 Rn. 42; EuGH – McCarthy, C-434/09 – Slg. 2011, I-3375 Rn. 49 ff.; EuGH – Dereci u.a., C-256/11 – Slg. 2011, I-11315 Rn. 64 ff.; EuGH – Iida, C-40/11 – ECLI:EU:C:2012:691 Rn. 70; EuGH – O. u. S., C-356/11 u.a. – ECLI:EU:C:2012:776 Rn. 44 ff.; näher dazu *Graf Vitzthum,* Die Entdeckung der Heimat der Unionsbürger, EuR 2011, 550 ff.; *Hailbronner/Thym,* Ruiz Zambrano – Die Entdeckung des Kernbereichs der Unionsbürgerschaft, NJW 2011, 2008 ff.; *Huber, B.,* Die ausländerrechtlichen Folgen des EuGH-Urteils Zambrano, NVwZ 2011, 856 ff.; *Nettesheim,* Der "Kernbereich" der Unionsbürgerschaft – vom Schutz der Mobilität zur Gewährleistung eines Lebensumfelds, JZ 2011, 1030 ff.; *Wiesbrock,* Disentangling the "Union citizenship puzzle"?, The McCarthy case, ELRev. 2011, 861 ff.; *van Eijken/de Vries,* A new route into the promised land? Being a European citizen after Ruiz Zambrano, ELRev. 2011, 704 ff.; *Adam/Elsuwege,* Citizenship rights and the federal balance between the European Union and its Member States: Comment on Dereci, ELRev. 2012, 176 f.; *Platon,* Le champ d'application des droits du citoyen européen après les arrêts Zambrano, McCarthy et Dereci, RTDE 2012, 23 ff.; *Masing,* in: FS für Papier, S. 355 ff.; *Tewocht,* Von "Zambrano" bis "O. und S.", ZEuS 2013, 219 ff.; *Pongérard-Payet,* La liberté de circulation des citoyens européens sédentaires a l'aune de la Charte post-Lisbonne, RevEU 2014, 596 ff.; *Almhofer,* Zwei Schritte vor und einer zurück? – Korrekturen in der extensiven Judikatur zum Recht auf Aufenthalt gemäß Art. 20 und Art. 21 AEUV, ZEuS 2015, 95 ff.

verlassen.[34] Nicht ausreichend hingegen ist allein der Wunsch eines Unionsbürgers, sich aus wirtschaftlichen oder familiären Gründen zusammen mit Familienangehörigen aus Drittstaaten in der Union aufzuhalten, sofern nicht andere Gründe, insbesondere das Recht auf Schutz des Familienlebens,[35] ein Aufenthaltsrecht gewährleisten.[36] Ebenso unzureichend für eine Anwendung des Unionsrechts ist die rein hypothetische Aussicht auf die Ausübung des Freizügigkeitsrechts oder einer Beeinträchtigung dieses Rechts.[37]

Ist der sachliche Anwendungsbereich des Unionsrechts betroffen, dh befinden sich die Unionsbürger in einer unionsrechtlich geregelten Situation, so haben sie ohne weiteres **Anspruch auf vollständige Inländergleichbehandlung,**[38] wenn nicht das primäre oder sekundäre Unionsrecht ausnahmsweise eine Differenzierung rechtfertigt.[39] Neben diesem Diskriminierungsverbot enthält Art. 21 AEUV auch ein **Beschränkungsverbot,** indem er vor Benachteiligungen schützt, die – ohne Differenzierung nach der Staatsangehörigkeit – an die Wahrnehmung des allgemeinen Freizügigkeitsrechts anknüpfen.[40] Nicht mit diesen Anforderungen vereinbar erscheint eine tatbestandliche Einschränkung der von der Wirtschaftsbezogenheit befreiten allgemeinen Freizügigkeit durch ein anderes Qualifizierungsmerkmal, da sie – wie Art. 21 Abs. 2 AEUV zeigt – den erreichten Stand des Unionsrechts voranbringen, nicht nur erhalten oder gar vermindern soll. Dementsprechend haben Unionsbürger grundsätzlich alle Rechte, die mit der erforderlichen Bewegungs- und Aufenthaltsfreiheit verbunden sind, wie etwa Kauf oder Miete einer Wohnung sowie Beteiligung am wirtschaftlichen, politischen, gesellschaftlichen und kulturellen Leben des Aufenthaltsstaats.[41] Der erforderliche Bezug zum Unionsrecht entfällt nicht dadurch, dass der Regelungsbereich zur Zuständigkeit der Mitgliedstaaten gehört. Diese müssen vielmehr bei der 9

34 EuGH – Ruiz Zambrano, C-34/09 – Slg. 2011, I-1177 Rn. 43 f.; EuGH – Alokpa, C-86/12 – ECLI:EU:C:2013:645 Rn. 32.

35 Art. 7 GRC; Art. 8 EMRK.

36 EuGH – Dereci u.a., C-256/11 – Slg. 2011, I-11315 Rn. 59 ff.; GAin *Trstenjak*, SA – Iida, C-40/11 – ECLI:EU:C:2012:296 Nr. 60 ff.; GA *Bot*, SA – O. u. S., C-356/11 und C-357/11 – ECLI:EU:C:2012:595 Nr. 27 ff.; EuGH – O. u. S., C-356/11 u.a. – ECLI:EU:C:2012:691 Rn. 52 ff.

37 EuGH – Iida, C-40/11 – ECLI:EU:C:2012:691 Rn. 77.

38 Zur Inländergleichbehandlung vgl. oben Rn. 6; ferner EuGH – D'Hoop, C-224/98 – Slg. 2002, I-6191 Rn. 28 ff.; EuGH – Collins, C-138/02 – Slg. 2004, I-2703 Rn. 61; EuGH – Bidar, C-209/03 – Slg. 2005, I-2119 Rn. 31.

39 EuGH – Martínez Sala, C-85/96 – Slg. 1998, I-2691 Rn. 61 f.; EuGH – Grzelczyk, C-184/99 – Slg. 2001, I-6193 Rn. 30 ff.; EuGH – Bickel und Franz, C-274/96 – Slg. 1998, I-7637 Rn. 14; EuGH – Schempp, C-404/03 – Slg. 2005, I-6241 Rn. 15; EuGH – Rüffler, C-544/07 – Slg. 2009, I-3389 Rn. 62; EuGH – Grauel Rüffer, C-322/13 – ECLI:EU:C:2014:189 Rn. 19 ff.; EuGH – A, C-679/16 -ECLI:EU:C:2018:601 Rn. 56; *Shuibne,* ELRev. 2009, 230 ff; zur – spezielleren – wirtschaftlichen Freizügigkeit vgl. oben Rn. 5.

40 EuGH – D'Hoop, C-224/98 – Slg. 2002, I-6191 Rn. 30; EuGH – Pusa, C-224/02 – Slg. 2004, I-5763 Rn. 18; EuGH – Jipa, C-33/07 – Slg. 2008, I-5157 Rn. 17; EuGH – Sayn-Wittgenstein, C-208/09 – Slg. 2010, I-13693 Rn. 53; dazu auch *Scheuing*, EuR 2003, 778 ff.; *Toner*, YEL 2004, 275 ff.; *Kokott*, in: FS für Tomuschat, S. 224 f.; *Wollenschläger*, Grundfreiheit ohne Markt, S. 281 ff.; *Wollenschläger*, Die Unionsbürgerschaft und ihre Dynamik jenseits des Marktes, ZEuS 2009, 1, 38 ff.

41 Vgl. auch VO (EU) 2016/1191 des Europäischen Parlaments und des Rates v. 6.7.2016 zur Förderung der Freizügigkeit von Bürgern durch die Vereinfachung der Anforderungen an die Vorlage bestimmter öffentlicher Urkunden innerhalb der EU..., ABl. 2016 Nr. L 200, S. 1; ferner *Everling*, in: Hrbek, 1994, S. 54 f.; *Scheuing,* EuR 2003, 785; *Staeglich*, ZEuS 2003, 515 ff.; *Ehlers/Kadelbach*, GR, § 26 Rn. 41 ff.; *White*, ICLQ 2005, 885; *Niedobitek*, RdJB 2006, 105 ff.; *Schönberger*, ZAR 2006, 226 ff.; *Becker*, EuR-Beiheft 1/2007, 95 ff.; *Cousins*, ELRev. 2007, 386 ff.; *Kingreen*, EuR-Beiheft 1/2007, 43 ff.; *Magiera*, in: Forschungssymposium Merten, S. 145 ff.; *Domröse/Kubicki*, EuR 2008, 873 ff.; *Dougan*, ELRev. 2008, 723 ff.; *Jørgensen*, CMLRev. 2009, 1567 ff.; *Stewen,* Die Entwicklung, S. 52 ff., 140 ff; *Raschka*, EuR 2013, 116 ff.; kritisch: *Bode*, EuZW 2003, 552 ff.; *Hailbronner*, NJW 2004, 2188; *Hailbronner*, JZ 2005, 1138; vgl. auch RL 2004/80/EG des Rates

Ausübung ihrer Zuständigkeiten das Unionsrecht, insbesondere auch das Recht auf allgemeine Freizügigkeit, beachten.[42]

10 **d) Hoheitsgebiet der Mitgliedstaaten.** Die Bewegungs- und Aufenthaltsfreiheit ist den Unionsbürgern im Hoheitsgebiet der Mitgliedstaaten gewährleistet. Maßgeblich für die nähere Abgrenzung ist die Bestimmung des Art. 355 AEUV, die iVm Art. 52 Abs. 2 den räumlichen Geltungsbereich des Vertragsrechts allgemein und damit auch für das (Grund-)Recht der Unionsbürger auf Freizügigkeit umschreibt.[43]

11 **e) Schranken.** Das Recht auf unionsweite Freizügigkeit gilt gemäß Art. 21 Abs. 1 AEUV vorbehaltlich der im Vertragsrecht und in den Durchführungsvorschriften vorgesehenen **Beschränkungen und Bedingungen.** Diese Schranken begrenzen gemäß Art. 52 Abs. 2 auch das in Art. 45 Abs. 1 gewährleistete Freizügigkeitsrecht (→ Rn. 3). Nach dem Vertrag von Maastricht mussten sich die Schranken auf den E(W)G-Vertrag stützen, so dass eine Grundlage im EU-Vertrag, insbesondere im Bereich der polizeilichen und justiziellen Zusammenarbeit in Strafsachen (Art. 29 ff. EU), nicht ausreichte. Mit dem Vertrag von Lissabon ist die Differenzierung zwischen den verschiedenen vertraglichen „Säulen" infolge der nunmehr einheitlichen Rechtspersönlichkeit der Union (Art. 47 EUV) entfallen. Damit sind etwaige Beschränkungen und Bedingungen der allgemeinen Freizügigkeit dem gesamten Vertragsrecht und dessen Durchführungsvorschriften zu entnehmen.

12 Einschränkende Vertragsbestimmungen finden sich für die wirtschaftliche Freizügigkeit, die allerdings nicht durch Art. 45 Abs. 1, sondern durch Art. 15 Abs. 2 gewährleistet wird, in den Art. 45 ff. AEUV und in dem dazu ergangenen Sekundärrecht. Für die allgemeine, nicht wirtschaftlich bedingte Freizügigkeit enthielt das Sekundärrecht nähere Beschränkungen und zugleich Bedingungen in drei Freizügigkeits-Richtlinien zugunsten der aus dem Erwerbsleben ausgeschiedenen Personen, der Studenten und der noch verbleibenden Unions-

---

v. 29.4.2004 zur Entschädigung der Opfer von Straftaten, ABl. 2004 Nr. L 261 S. 15, die im Anschluss an EuGH – Cowan, 186/87 – Slg. 1989, 195, erlassen wurde, um eine Gleichbehandlung unabhängig vom Ort der Straftat zu gewährleisten; ferner *Kommission*, Stärkung der Rechte von Reisenden in der Europäischen Union, KOM(2005) 46; *Kommission*, Bericht über die Anwendung der RL 2004/80/EG, KOM(2009) 170; aus der Rechtsprechung: EuGH – Martínez Sala, C-85/96 – Slg. 1998, I-2691 Rn. 57 (Erziehungsgeld); EuGH – Wijsenbeek, C-378/99 – Slg. 1999, I-6207 Rn. 42 (Ausweispflicht); EuGH – Grzelczyk, C-184/99 – Slg. 2001, I-6193 Rn. 46 (Sozialhilfe); EuGH – Garcia Avello, C-148/02 – Slg. 2003, I-11613 Rn. 45 (Familienname); EuGH – Bidar, C-209/03 – Slg. 2005, I-2119 Rn. 30 ff. (Studienbeihilfe); EuGH – Kommission/Deutschland, C-152/05 – Slg. 2008, I-39 Rn. 14 ff., 30 (Eigenheimzulage); EuGH – Grunkin, C-353/06 – Slg. 2008, I-7639 Rn. 21 ff. (Nachname); EuGH – Bressol u.a., C-73/08 – Slg. 2010, I-2735 Rn. 29 ff. (Hochschulstudium); EuGH – Sayn-Wittgenstein, C-208/09 – Slg. 2010, I-13693 Rn. 54 ff. (Name); EuGH – Runevič-Vardyn und Wardyn, C-391/09 – Slg. 2011, I-3787 Rn. 63 ff. (Umschrift von Namen); EuGH – Kommission/Österreich, C-75/11 – ECLI:EU:C:2012:605 Rn. 36 ff. (Fahrpreisermäßigung); EuGH – Bogendorff von Wolffersdorff, C-438/14 (berichtigt) – ECLI:EU:C:2016:401 Rn. 35 ff. (Adelsbezeichnung); EuGH – Freitag, C-541/15 – ECLI:EU:C:2017:432 Rn. 32 ff. (Name bei Doppelstaatlichkeit); EuGH – Grauel Rüffer, C-322/13 – ECLI:EU:C:2014:189 Rn. 18 ff. (Sprachenregelung).

42 EuGH – Garcia Avello, C-148/02 – Slg. 2003, I-11613 Rn. 25; EuGH – Morgan, C-11/06 – Slg. 2007, I-9161 Rn. 24; EuGH – Zablocka-Weyhermüller, C-221/07 – Slg. 2008, I-9029 Rn. 27 f.; EuGH – van Delft u.a., C-345/09 – Slg. 2010, I-9879 Rn. 84.

43 Ebenso *GSH/Haag*, EU, Art. 21 AEUV Rn. 14; vgl. auch EuGH – Pereira Roque, C-171/96 – Slg. 1998, I-4607 Rn. 34, der weiterhin für die britische Kanalinsel Jersey auf die Sonderbestimmung des Art. 227 Abs. 5 lit. c EWG-Vertrag (nunmehr Art. 355 Abs. 5 lit. c AEUV) abstellt, obwohl es um eine Ausweisungsverfügung gegen einen (portugiesischen) Unionsbürger nach Inkrafttreten des Vertrags von Maastricht ging und der Generalanwalt in seinen Schlussanträgen (ebd, Nr. 32) an die neu eingeführte Unionsbürgerschaft anknüpfte; aA *Grabitz/Hilf/Nettesheim/Hilf*, EU, Art. 18 EG Rn. 8, der auf die allgemeinen Völkerrechtskategorien zurückgreifen will.

bürger.[44] Sie gewährten den betroffenen Gruppen grundsätzlich Freizügigkeit in den Mitgliedstaaten, die – wie auch die wirtschaftliche Freizügigkeit[45] – ausnahmsweise aus Gründen der öffentlichen Ordnung, Sicherheit und Gesundheit beschränkt werden konnte und zusätzlich den Nachweis einer Krankenversicherung und notwendiger Existenzmittel voraussetzte.[46] Die zahlreichen sekundärrechtlichen Bestimmungen zur wirtschaftlichen und zur nicht-wirtschaftlichen Freizügigkeit der Unionsbürger sind in der **Freizügigkeits-Richtlinie 2004/38,** die von den Mitgliedstaaten bis Ende April 2006 in ihr nationales Recht umzusetzen war, zusammengefasst und angenähert worden.[47]

Die Schrankenbestimmung des Art. 21 Abs. 1 AEUV erschöpft sich darin, die bei Inkrafttreten des Vertrags von Maastricht für die allgemeine Freizügigkeit bestehenden Beschränkungen und Bedingungen aufrechtzuerhalten,[48] ist jedoch keine Ermächtigungsgrundlage für eine **weitere Ausgestaltung des Sekundärrechts**. Eine solche ergibt sich für die wirtschaftliche Freizügigkeit aus den Bestimmungen der Art. 45 ff. AEUV und für die allgemeine Freizügigkeit aus den Bestimmungen des Art. 21 Abs. 2 und 3 AEUV. Diese gestatten allerdings nur weitere Erleichterungen, nicht hingegen zusätzliche Einschränkungen der allgemeinen Freizügigkeit.[49] Sie müssen sich im Rahmen des Vertragsrechts halten und dessen Wertentscheidungen, insbesondere die Grundsätze der Subsidiarität und der Verhältnismäßigkeit (Art. 5 EUV) sowie den Wesensgehalt der Freizügigkeit beachten. Der den Mitgliedstaaten allgemein zustehende Gestaltungsspielraum wird nicht über die Erfordernisse der vertraglich gewährleisteten Freizügigkeit hinaus begrenzt. Zulässig bleiben danach **freizügigkeitsbeschränkende Maßnahmen der Mitgliedstaaten**, wenn sie auf objektiven, von der Staatsangehörigkeit der Betroffenen unabhängigen Erwägungen des Allgemeininteresses beruhen, die in einem angemessenen Verhältnis zu dem mit dem nationalen Recht rechtmäßigerweise verfolgten Zweck stehen.[50] 13

Im Einzelnen enthält das Unionsrecht Grenzen für die allgemeine Freizügigkeit zum Schutz öffentlicher Interessen der Mitgliedstaaten, die aus Gründen der **öffentlichen Ordnung, Sicherheit oder Gesundheit** gerechtfertigt sind und in der Freizügigkeits-Richtlinie 2004/38 14

---

44 RL 90/365/EWG des Rates v. 28.6.1990 über das Aufenthaltsrecht der aus dem Erwerbsleben ausgeschiedenen Arbeitnehmer und selbständig Erwerbstätigen und RL 90/364/EWG des Rates v. 28.6.1990 über das Aufenthaltsrecht, ABl. 1990 Nr. L 180 S. 28 und S. 26, sowie RL 90/366/EWG des Rates v. 28.6.1990, ABl. 1990 Nr. L 180 S. 30, ersetzt durch RL 93/96/EG des Rates v. 29.10.1993 über das Aufenthaltsrecht der Studenten, ABl. 1993 Nr. L 317 S. 59; vgl. dazu *Kommission*, Zweiter Bericht betreffend die Durchführung der RL 90/364, 90/365 und 93/96 (Aufenthaltsrecht), KOM(2003) 101.

45 Art. 39 Abs. 3, 45, 55 EG; nunmehr Art. 45 Abs. 3, 51, 62 AEUV.

46 Art. 1 der RL 90/364, 90/365, 93/96 (Rn. 12); dazu EuGH – Kommission/Italien, C-424/98 – Slg. 2000, I-4001 Rn. 1 ff.; EuGH – Grzelczyk, C-184/99 – Slg. 2001, I-6193 Rn. 38 ff.; *Martínez Soria*, JZ 2002, 650; weitergehend *Borchardt*, in: von Bogdandy/Kadelbach, 2002, S. 17 f.

47 Vgl. oben Rn. 5; dazu auch *Kommission*, Hilfestellung bei der Umsetzung und Anwendung der RL 2004/38/EG, KOM(2009) 313; *Kommission*, Bericht über die Anwendung der RL 2004/38/EG, KOM(2008) 840; *EP*, Entschließung v. 2.4.2009 zur Anwendung der RL 2004/38/EG, ABl. 2010 Nr. C 137E S. 6; *Hailbronner*, ZAR 2004, 259 ff.; *Egger*, in: Wollenschläger, Michael/Kreßel, Eckhard u.a. (Hrsg.), FS für Hans Hablitzel, Berlin 2005, S. 95 ff.

48 EuGH – Kommission/Italien, C-424/98 – Slg. 2000, I-4001 Rn. 1 ff.; EuGH – Grzelczyk, C-184/99 – Slg. 2001, I-6193 Rn. 38 ff.

49 Vgl. auch *GSH/Haag*, EU, Art. 21 EU Rn. 35; *Schwarze/Hatje*, EU, Art. 21 AEUV Rn. 16.

50 EuGH – D'Hoop, C-224/98 – Slg. 2002, I-6191 Rn. 36; EuGH – De Cuyper, C-406/04 – Slg. 2006, I-6947 Rn. 40; EuGH – Morgan, C-11/06 – Slg. 2007, I-9161 Rn. 33; EuGH – Grunkin, C-353/06 – Slg. 2008, I-7639 Rn. 29; EuGH – Rüffler, C-544/07 – Slg. 2009, I-3389 Rn. 74; EuGH – Sayn-Wittgenstein, C-208/09 – Slg. 2010, I-13693 Rn. 81 ff.; EuGH – ZZ, C-300/11 – ECLI:EU:C:2013:363 Rn. 46 ff; dazu auch *Gilliaux*, CDE 2008, 448 ff.

eine nach der Aufenthaltsdauer im Aufnahmemitgliedstaat differenzierende Ausgestaltung erfahren haben.[51] Grenzen für die Freizügigkeit zugunsten öffentlicher Interessen ergeben sich auch aus dem Zusammenhang des Unionsrechts. Insoweit erscheint die Gewährleistung der Teilnahme von Unionsbürgern an den Europa- und Kommunalwahlen in ihrem Aufenthaltsstaat, dessen Staatsangehörigkeit sie nicht besitzen,[52] als eine Sonderregelung, die sich nicht auf andere Wahlen übertragen lässt. Auch das **Völkerrecht**, das Bestandteil des Unionsrechts ist, kann zu einer Beschränkung des Freizügigkeitsrechts in der Union führen, etwa wenn ein Unionsbürger das Amt eines Staatsoberhaupts bekleidet.[53] Spezifische Grenzen bestehen ferner für die allgemeine, nicht jedoch für die wirtschaftsbezogene Freizügigkeit aufgrund der zusätzlichen Erfordernisse einer umfassenden **Krankenversicherung** und ausreichender **Existenzmittel**, deren Höhe eine Inanspruchnahme von Sozialhilfeleistungen des Aufnahmemitgliedstaats grundsätzlich ausschließt.[54] Die zusätzlichen Erfordernisse sollen sicherstellen, dass die allgemein Freizügigkeitsberechtigten die öffentlichen Finanzen des Aufnahmemitgliedstaats nicht unangemessen belasten.[55] Dies erscheint bei wirtschaftlich Freizügigkeitsberechtigten dadurch gewährleistet, dass sie die für ihren Lebensunterhalt und ihren Gesundheitsschutz notwendigen Mittel aus ihrer Erwerbstätigkeit erzielen.[56]

15 Im Zusammenhang mit der Unionsbürgerschaft haben **Arbeitssuchende** ein Recht auf Gleichbehandlung in einem anderen Mitgliedstaat auch im Hinblick auf finanzielle Leistungen, die ihnen den Zugang zum Arbeitsmarkt erleichtern sollen, wenn zwischen ihnen und dem Arbeitsmarkt eine tatsächliche Verbindung, etwa durch Wohnsitznahme, besteht.[57] Bei vertragskonformer Auslegung muss die Bestimmung der Freizügigkeits-Richtlinie 2004/38, die den Aufnahmemitgliedstaat nicht verpflichtet, Arbeitssuchenden vor Erwerb eines Daueraufenthaltsrechts Sozialhilfe zu gewähren,[58] dahin verstanden werden, dass sich dieser Ausschluss nicht auf finanzielle Leistungen bezieht, die den Arbeitssuchenden den Zugang zum Arbeitsmarkt erleichtern sollen.[59]

16 **Studierende** haben nunmehr aufgrund ihrer Unionsbürgerschaft in einem anderen Mitgliedstaat nicht mehr nur einen Anspruch auf gleichberechtigten Zugang zum Studium,[60] sondern auch auf Gleichbehandlung bei der Stipendienvergabe, wenn sie sich dort im Rahmen ihrer allgemeinen Freizügigkeit für eine gewisse Zeit aufgehalten und zu einem gewis-

---

51 Art. 27 ff. RL 2004/38 (Rn. 5); dazu u.a. EuGH – P. I., C-348/09 – ECLI:EU:C:2012:300 Rn. 11 ff.; EuGH – Byankov, C-249/11 – ECLI:EU:C:2012:608 Rn. 29 ff.; EuGH – Rendón Marín, C-165/14 – ECLI:EU:C:2016:675 Rn. 53 ff.; EuGH – K. u.a., C-331/16 u.a. – ECLI:EU:C:2018:296 Rn. 38 ff.

52 Art. 22 AEUV, Art. 39 und 40 GRC.

53 EuGH – Ungarn/Slowakei, C-364/10 – ECLI:EU:C:2012:630 Rn. 40 ff.

54 Art. 6 iVm Art. 14 Abs. 1, Art. 7 Abs. 1 lit. b, c und d RL 2004/38 (Rn. 5).

55 Art. 14 Abs. 1, Erwägungsgründe 10 und 16 RL 2004/38 (Rn. 5).

56 GA *Geelhoed*, SA – Trojani, C-456/02 – Slg. 2004, I-7573 Nr. 9 ff.

57 EuGH – Collins, C-138/02 – Slg. 2004, I-2703 Rn. 63 ff.; EuGH – Ioannidis, C-258/04 – Slg. 2005, I-8275 Rn. 22 ff.; EuGH – Prete, C-367/11 – ECLI:EU:C:2012:668 Rn. 21 ff.

58 Art. 24 Abs. 2 RL 2004/38 (Rn. 5); allgemein zu dieser Leistungsausschlussklausel *Frings*, Grundsicherungsleistungen für Unionsbürger unter dem Einfluss der VO (EG) Nr. 883/2004, ZAR 2012, 717 ff.

59 Vgl. auch EuGH – Vatsouras u.a., C-22/08 – Slg. 2009, I-4585 Rn. 33 ff., und dazu GA *Jarabo-Ruiz Colomer*, ebd, Nr. 44 ff.

60 EuGH – Gravier, 293/83 – Slg. 1985, 593 Rn. 25 f.; EuGH – Kommission/Belgien, C-147/03 – Slg. 2005, I-5969 Rn. 31 ff.; EuGH – Bressol u.a., C-73/08 – Slg. 2010, I-2735 Rn. 30 ff.; st. Rspr.

sen Grad in dessen Gesellschaft integriert haben.[61] Ein Anspruch auf Gleichbehandlung bei der Stipendienvergabe für ein Studium in einem anderen Mitgliedstaat besteht auch gegenüber dem Heimatstaat, soweit dieser entsprechende Studienbeihilfen im Inland gewährt.[62] Nach der Freizügigkeits-Richtlinie 2004/38 sind die Mitgliedstaaten demgegenüber nicht verpflichtet, Studierenden aus anderen Mitgliedstaaten vor Erwerb des Daueraufenthaltsrechts (→ Rn. 17) Studienbeihilfen in Form eines Stipendiums oder Studiendarlehens zu gewähren.[63] Das Vertragsrecht lässt Ausführungsvorschriften jedoch nur zur Erleichterung der allgemeinen Freizügigkeit zu.[64] Deshalb ist die betreffende Bestimmung der Freizügigkeits-Richtlinie 2004/38 im Hinblick auf Studierende, die sich im Rahmen ihres allgemeinen Freizügigkeitsrechts in einen anderen Mitgliedstaat begeben und dort integriert haben, nicht unproblematisch, wenn sie dahin zu verstehen sein müsste, dass die für den Daueraufenthalt erforderliche Mindestfrist von fünf Jahren als ausschließlicher Maßstab für das Integrationserfordernis gelten soll.[65] Vielmehr ist der erforderliche Grad der Verbundenheit mit dem Aufnahmemitgliedstaat auch anhand anderer geeigneter Merkmale zu prüfen; zudem muss er in einem angemessenen Verhältnis zu der konkret beanspruchten Leistung stehen.[66]

Bei Unionsbürgern, die mangels ausreichender Eigenmittel auf **Sozialhilfeleistungen** des 17
Aufnahmemitgliedstaats angewiesen[67] sind und dadurch dessen Finanzen mit Auswirkun-

61 EuGH – Grzelczyk, C-184/99 – Slg. 2001, I-6193 Rn. 34 ff.; EuGH – Bidar, C-209/03 – Slg. 2005, I-2119 Rn. 44 ff., 56 ff.; EuGH – Kommission/Österreich, C-75/11 – ECLI:EU:C:2012:605 Rn. 42; EuGH – Martens, C-359/13 – ECLI:EU:C:2015:118 Rn. 36; vgl. auch *Armbrecht* ZEuS 2005, 175 (197 ff.); *Wollenschläger* NVwZ 2005, 1023 ff.; *Niedobitek*, RdJB 2006, 105; Jørgensen CMLRev. 2009, 1567 ff.; *Marzo* RTDE 2009, 439 ff.; *Niedobitek*, Förderung der Mobilität der Studierenden, 2011, S. 219 ff.; *Magiera*, Mobility of students, 2012, S. 31 ff.; *Hoogenboom*, MJ 2015, 96 ff.

62 EuGH – Morgan u.a., C-11/06 u.a. – Slg. 2007, I-9161 Rn. 22 ff.; EuGH – Prinz und Seeberger, C-523/11 und C-585/11 – ECLI:EU:C:2013:524 Rn. 23; EuGH – Elrick, C-275/12 – ECLI:EU:C:2013:684 Rn. 17 ff.; EuGH – A, C-679/16 – ECLI:EU:C:2018:601 Rn. 60 ff.; EuGH – Thiele Meneses, C 220/12, ECLI:EU:C:2013:683 Rn. 36 ff.; EuGH – Martens, C 359/13 – ECLI:EU:C:2015:118 Rn. 24; vgl. auch Dougan, Cross-border educational mobility and the expectation of student financial aid, ELRev. 2008, 723 ff.

63 Art. 24 Abs. 2 RL 2004/38 (Rn. 5); dazu EuGH – Kommission/Niederlande, C-233/14 – ECLI:EU:C:2016:396 Rn.79 ff.

64 Art. 21 Abs. 2 AEUV.

65 So EuGH – Förster, C-158/07 – Slg. 2008, I-8507 Rn. 51 ff.; aA GA *Mazák*, SA, ebd, Nr. 129 ff.; näher dazu *Hilpold*, Unterhaltsstipendien für Unionsbürger, EuZW 2009, 40 ff.; *de La Rosa*, La citoyenneté européenne à la mesure des intérêts nationaux, CDE 2009, 549 ff.; *Marzo*, La définition d'une nouvelle méthode de jugement attachée à la citoyenneté européenne, RTDE 2009, 439 ff.; *O'Leary*, Equal treatment and EU citizens: A new chapter on cross-border educational mobility and access to student financial assistance, ELRev. 2009, 612 ff.; *Sørensen*, Reconciling secondary legislation and the treaty rights of free movement, ELRev. 2011, 339 ff.

66 EuGH – D'Hoop, C-224/98 – Slg. 2002, I-6191 Rn. 39; EuGH – Stewart, C-503/09 – Slg. 2011, I-6497 Rn. 95; EuGH – Kommission/Österreich, C-75/11 – ECLI:EU:C:2012:605 Rn. 59 ff.; EuGH – Prinz und Seeberger, C-523/11 und C-585/11 – ECLI:EU:C:2013:524 Rn. 36 ff.; EuGH – Thiele Meneses, C-220/12 – ECLI:EU:C:2013:683 Rn. 36 ff.; EuGH – Martens, C-359/13 – ECLI:EU:C:2015:118 Rn. 39 ff.; EuGH – A, C-679/16 -ECLI:EU:C:2018:601 Rn. 68 ff.

67 Näher zur „sozialen Dimension" der Freizügigkeit in der Europäischen Union *Bundesregierung*, Abschlussbericht des Staatssekretärsausschusses „Rechtsfragen und Herausforderungen bei der Inanspruchnahme der sozialen Sicherungssysteme durch Angehörige der EU-Mitgliedstaaten", BT-Drucks. 18/2470 v. 29.8.2014; *Martínez Soria*, JZ 2002, 643 ff.; *Hailbronner*, JZ 2005, 1138 ff.; *Schönberger*, ZAR 2006, 226 ff.; *Becker*, EuR-Beiheft 1/2007, 95 ff.; *Kingreen*, EuR-Beiheft 1/2007, 43 ff.; *Domröse/Kubicki*, EuR 2008, 873 ff.; *Raschka*, EuR 2013, 116 ff.; *Kingreen*, Migration und Sozialleistungen, BayVBl. 2014, 289 ff.; *Thym*, NZS 2014, 81 ff.; *Magiera*, FS Müller-Graff,

gen auf das gesamte Beihilfenniveau belasten,[68] ist zwischen erwerbstätigen und nicht erwerbstätigen Personen sowie nach deren Aufenthaltsdauer im Aufnahmemitgliedstaat zu unterscheiden. Erwerbstätige Unionsbürger und diejenigen Unionsbürger, die – in der Regel nach fünf Jahren – das Recht auf Daueraufenthalt erworben haben, besitzen in ihrem Aufnahmemitgliedstaat ein Recht auf Gleichbehandlung mit dessen eigenen Staatangehörigen auch im Hinblick auf Sozialhilfeleistungen.[69] In den ersten drei Monaten ihres Aufenthalts, für den sie lediglich einen gültigen Personalausweis oder Reisepass benötigen,[70] ist der Aufnahmemitgliedstaat jedoch nicht verpflichtet, nicht erwerbstätigen Unionsbürgern Sozialhilfe zu gewähren.[71] Andererseits steht ihnen das dreimonatige Aufenthaltsrecht solange zu, wie sie die Sozialhilfeleistungen des Aufnahmemitgliedstaats nicht unangemessen in Anspruch nehmen.[72] Für den Fall einer Ausweisung muss deshalb eine Einzelfallprüfung erfolgen.[73] Diese kann sich aber angesichts der kurzen Aufenthaltsdauer darauf beschränken, ob der Unionsbürger bei seiner Einreise über ausreichende Mittel verfügte und diese nur unvorhergesehen, z.B. durch Diebstahl, verloren hat oder ob er mittellos nur in der Absicht eingereist ist, Sozialhilfe zu erlangen. Ferner kann bei Rechtsmissbrauch oder Betrug eine Ausweisung erfolgen[74] sowie bei Verstößen gegen die öffentliche Ordnung oder Sicherheit ein Aufenthaltsverbot verhängt werden.[75] Damit sind sie den Unionsbürgern bei einem Aufenthalt von mehr als drei Monaten grundsätzlich gleichgestellt.[76] Auch bei diesen ist der Aufnahmemitgliedstaat grundsätzlich nicht zur Gewährung von Sozialleistungen verpflichtet,[77] ein Anspruch darauf jedoch auch nicht völlig ausgeschlossen.[78] Ferner darf die Inanspruchnahme von Sozialhilfeleistungen auch nicht automatisch zur Ausweisung führen, sondern es muss eine Prüfung im Einzelfall nach dem Grundsatz der Verhältnismäßigkeit erfolgen, etwa im Hinblick auf die Dauer des Aufenthalts, auf die Größe der Schwierigkeiten und die Folgen für das Sozialhilfesystem des Aufnahmemitgliedstaats.[79]

18 **f) Erleichterungsvorschriften.** Nach Art. 21 Abs. 2 AEUV, der über Art. 52 Abs. 2 auch für die in Art. 45 Abs. 1 gewährleistete Freizügigkeit zu beachten ist (→ Rn. 3), können das Europäische Parlament und der Rat gemäß dem ordentlichen Gesetzgebungsverfahren (Art. 294 AEUV) Vorschriften erlassen, mit denen die Ausübung der Rechte auf unionswei-

---

S. 1427 ff.; *Grabitz/Hilf/Nettesheim/Nettesheim*, EU, Art. 21 AEUV Rn. 41 ff.; *Rebhahn*, EuR-Beiheft 1/2015, 95 ff.; *Verschueren*, MJ 2015, 10 ff.; *Farahat*, DÖV 2016, 45 ff.; *Wallrabenstein*, JZ 2016, 109 ff.; *D. Steiger*, EuR 2018, 304 ff.

68 EuGH – Brey, C-140/12 – ECLI:EU:C:2013:565 Rn. 61; EuGH – Alimanovic, C-67/14 – ECLI:EU:C:2015:797 Rn. 44.

69 Art. 14 Abs. 4 lit. a, Art. 16 RL 2004/38 (Rn. 5); dazu EuGH – Lassal, C-162/09 – Slg. 2010, I-9217 Rn. 29 ff.; EuGH – Dias, C-325/09 – Slg. 2011, I-6387 Rn. 42 ff.; EuGH – Ziolkowski und Szeja, C-424/10 und C-425/10 – Slg. 2011, I-6387 Rn. 31 ff.; EuGH – Czop und Punakova, C-147/11 und C-148/11 – ECLI:EU:C:2012:538 Rn. 34 ff.

70 Art. 6 RL 2004/38 (Rn. 5).

71 Art. 24 Abs. 2 RL 2004/38 (Rn. 5).

72 Art. 14 Abs. 1 RL 2004/38 (Rn. 5).

73 Art. 14 Abs. 3 RL 2004/38 (Rn. 5).

74 Art. 35 RL 2004/38 (Rn. 5).

75 Art. 27 ff. RL 2004/38 (Rn. 5).

76 EuGH – Ziolkowski und Szeja, C-424/10 – Slg. 2011, I-14035 Rn. 39 f.

77 EuGH – Dano, C-333/13 – ECLI:EU:C:2015:2358 Rn. 76 ff.; dazu auch die Anmerkungen von *Wollenschläger*, NVwZ 2014, 1628 ff.; *Eichenhofer*, EuR 2015, 73 ff.; *Lehmann*, ZAR 2015, 212 ff.; *Thym*, CMLR 2015, 17 ff.; *Verschueren*, CMLR 2015, 363 ff.; *Barbou des Places*, RTDE 2015, 133 ff.

78 Erwägungsgrund 10 RL 2004/38 (Rn. 5).

79 Art. 8 Abs. 4, Art. 14 Abs. 2 und 3, Erwägungsgrund 16 RL 2004/38 (Rn. 5); EuGH – Brey, C-140/12 – ECLI:EU:C:2013:565 Rn. 64 ff.; EuGH – Dano, C-333/13 – ECLI:EU:C:2015:2358 Rn. 80; GA Wathelet, SA, ECLI:EU:C:2015:341 Nr. 126 ff.

te Bewegungs- und Aufenthaltsfreiheit erleichtert wird. Erleichtert wird die Ausübung der Freizügigkeit nur durch einen **Abbau der** nach Art. 21 Abs. 1 AEUV noch zulässigen **Beschränkungen und Bedingungen**, nicht hingegen durch deren Verstärkung oder Erweiterung.[80] Einschränkungen aufgrund von Vertragsbestimmungen, die für die wirtschaftliche Freizügigkeit möglich sind, bleiben davon unberührt (→ Rn. 12).

Darüber hinaus bestimmte Art. 18 Abs. 3 EG, dass Art. 18 Abs. 2 EG idF des Vertrags von Nizza nicht für Vorschriften gelten sollte, die Pässe, Personalausweise, Aufenthaltstitel oder diesen gleichgestellte Dokumente sowie die soziale Sicherheit oder den sozialen Schutz betreffen.[81] Demgegenüber bezieht die Nachfolgebestimmung des Art. 21 Abs. 3 AEUV nunmehr Maßnahmen, die die **soziale Sicherheit oder den sozialen Schutz** betreffen, in den Anwendungsbereich der allgemeinen Freizügigkeit ein, sofern hierfür vertraglich keine Befugnisse vorgesehen sind. Die Vertragsgrundlage für Bestimmungen betreffend **Pässe, Personalausweise, Aufenthaltstitel** oder diesen gleichgestellte Dokumente findet sich, sofern die Verträge hierfür anderweitig keine Befugnis vorsehen, in Art. 77 Abs. 3 AEUV. Nach beiden Vertragsgrundlagen werden die Bestimmungen in einem besonderen Gesetzgebungsverfahren erlassen, wonach der Rat einstimmig und lediglich nach Anhörung des Europäischen Parlaments beschließt. Dies ändert jedoch nicht die Funktion des Art. 21 Abs. 2 AEUV als **Mindeststandard für die allgemeine Freizügigkeit** (→ Rn. 5), der mit den Freizügigkeits-Richtlinien (→ Rn. 12) erreicht wurde und mittels Sekundärrechtsvorschriften nur durch Erleichterungen erhöht, nicht durch Einschränkungen gesenkt werden darf. 19

g) Kontrollen an den Binnengrenzen. Gemäß Art. 62 Nr. 1 EG hatte der Rat innerhalb von fünf Jahren nach Inkrafttreten des Vertrags von Amsterdam Maßnahmen zu beschließen, die nach Art. 14 EG sicherstellen sollten, dass Unionsbürger wie Drittstaatsangehörige **beim Überschreiten der Binnengrenzen der Union nicht kontrolliert** werden. Art. 14 EG, der durch die Einheitliche Europäische Akte als Art. 8 a in den EWG-Vertrag eingefügt worden war, hatte den Binnenmarkt als einen Raum ohne Binnengrenzen zum Ziel, in dem u.a. der freie Personenverkehr bis Ende 1992 gewährleistet sein sollte.[82] Der Vertrag von Lissabon hat den unmittelbaren Bezug zur Verwirklichung des Binnenmarkts, der weiterhin ein Vertragsziel ist (Art. 26 AEUV), aufgegeben und verpflichtet die Union nunmehr im Vertragstitel über den Raum der Freiheit, der Sicherheit und des Rechts sicherzustellen, dass Personen unabhängig von ihrer Staatsangehörigkeit beim Überschreiten der Binnengrenzen nicht kontrolliert werden (Art. 67 Abs. 2, Art. 77 Abs. 1 AEUV). 20

Die mit der Abschaffung der Binnengrenzkontrollen verbundenen **Ausgleichsmaßnahmen** zum Schutz der öffentlichen Sicherheit und Ordnung konnten zunächst nur auf völkerrechtlicher Grundlage außerhalb des Unionsrechts und nur von einigen Mitgliedstaaten im Rahmen des Übereinkommens von Schengen geschaffen werden.[83] Mit dem Vertrag von Amsterdam wurde der **Schengen-Besitzstand** für die beteiligten Mitgliedstaaten in das Unionsrecht überführt und anschließend den Bestimmungen der ersten Säule (Art. 61 ff. EG) 21

80 So auch *GSH/Haag*, EU, Art. 21 EU Rn. 35; *Grabitz/Hilf/Nettesheim/Nettesheim*, EU, Art. 21 AEUV Rn. 75; *Calliess/Ruffert/Kluth*, EUV/AEUV, Art. 21 AEUV Rn. 19; *Rothfuchs*, Personenverkehrsfreiheiten, S. 218; aA *Klein/Haratsch*, JuS 1995, 12.

81 Vgl. dazu Art. 62 f. EG; Art. 42, 136 ff. EG.

82 Zur Entwicklung *Magiera*, Die Beseitigung der Personenkontrollen, in: FS für Stern, S. 1317 ff.

83 Übereinkommen zwischen den Regierungen der Staaten der Benelux-Wirtschaftsunion, der Bundesrepublik Deutschland und der Französischen Republik betreffend den schrittweisen Abbau der Kontrollen an den Gemeinsamen Grenzen v. 14.6.1985, Bek. v. 29.1.1986, GMBl. 1986, S. 79; Durchführungsübereinkommen des Übereinkommens von Schengen v. 19.6.1990, BAnz. Nr. 217 a v. 23.11.1990, S. 1.

bzw. der dritten Säule (Art. 29 ff. EU) als Rechtsgrundlage zugeordnet.[84] Wegen der Komplementarität der Kontrollen an den Binnen- und den Außengrenzen der Union[85] wurde daraufhin die Verordnung 562/2006 über einen einheitlichen Gemeinschaftskodex für das Überschreiten der Grenzen durch Personen (Schengener Grenzkodex) erlassen, die auf Art. 62 Nr. 1 und Nr. 2 lit. a EG gestützt war und insoweit den Schengen-Besitzstand ablöste.[86] Sie wurde ersetzt durch die auf Art. 77 Abs. 2 lit. b AEUV gestützte **Verordnung 2016/399** über einen Unionskodex für das Überschreiten der Grenzen durch Personen (Schengener Grenzkodex) (Kodifizierter Text).[87]

22 **Binnengrenzen** sind danach die gemeinsamen Landgrenzen der Mitgliedstaaten, einschließlich der Fluss- und Binnenseegrenzen, die Flughäfen der Mitgliedstaaten für Binnenflüge sowie die See-, Flussschifffahrts- und Binnenhäfen der Mitgliedstaaten für regelmäßige interne Fährverbindungen (Art. 2 Abs. 1 VO 2016/399). Diese dürfen an jeder Stelle **ohne Personenkontrollen**, dh ohne Kontrollen aus Anlass des Grenzübertritts, überschritten werden (Art. 22 VO 2016/399). Kontrollen dürfen nur ausnahmsweise bei einer ernsthaften Bedrohung der öffentlichen Ordnung oder inneren Sicherheit und zeitlich begrenzt unter Einhaltung geregelter Verfahren als letztes Mittel wieder eingeführt werden (Art. 25 ff. VO 2016/399). Drittstaatsangehörige unterliegen bei Einreise in einen Mitgliedstaat den dortigen **Meldepflichten** (Art. 23 lit. d VO 2016/399).

23 Unberührt von der Abschaffung der Personenkontrollen an den Binnengrenzen bleiben nationale **Ausweispflichten** und **Polizeibefugnisse** auf dem Gebiet der einzelnen Mitgliedstaaten, sofern sie nicht die gleiche Wirkung wie Grenzübertrittskontrollen haben (Art. 22 lit. a bis c VO 2016/399). Die Abgrenzung zwischen unzulässigen Personenkontrollen an den Binnengrenzen und weiterhin zulässigen Personenkontrollen auf staatlichem Gebiet, insbesondere im grenznahen Bereich, wurde für die Praxis der Mitgliedstaaten durch den Europäischen Gerichtshof weitgehend geklärt. Danach darf eine Identitätskontrolle von Personen im grenznahen Bereich unabhängig von deren Verhalten und unabhängig von be-

---

84 Protokoll Nr. 2 zur Einbeziehung des Schengen-Besitzstandes in den Rahmen der Europäischen Union, ABl. 1997 Nr. C 340 S. 93; vgl. auch (15.) Erklärung zur Bewahrung des durch den Schengen-Besitzstand gewährleisteten Maßes an Schutz und Sicherheit sowie (46.) und (47.) Erklärung zu Art. 5 und 6 des Protokolls zur Einbeziehung des Schengen-Besitzstandes in den Rahmen der Europäischen Union, ABl. 1997 Nr. C 340 S. 134, 141; ferner Beschluss 1999/435/EG des Rates v. 20.5.1999, ABl. 1999 Nr. L 176 S. 1; Beschluss 1999/436/EG des Rates v. 20.5.1999, ABl. 1999 Nr. L 176 S. 17: Schengen-Besitzstand gemäß Artikel 1 Absatz 2 des Beschlusses 1999/435/EG des Rates vom 20. Mai 1999, ABl. 2000, Nr. L 239, S. 1; Schengen-Besitzstand – Übereinkommen zur Durchführung des Übereinkommens von Schengen vom 14. Juni 1985 zwischen den Regierungen der Staaten der Benelux-Wirtschaftsunion, der Bundesrepublik Deutschland und der Französischen Republik betreffend den schrittweisen Abbau der Kontrollen an den gemeinsamen Grenzen, ABl. 2000 Nr. L 239, S. 19. – Mit Inkrafttreten des Vertrags von Lissabon ist die Differenzierung zwischen den verschiedenen „Säulen" des Unionsvertrags von Maastricht infolge der nunmehr einheitlichen Rechtspersönlichkeit der Europäischen Union (Art. 47 EUV) entfallen.

85 Dazu *Niedobitek,* Von der polnisch-ukrainischen Grenze nach Schengen, in: Neuss/Nötzold (Hrsg.), Polen als Motor des europäischen Integrationsprozesses, Baden-Baden 2013, S. 79, 89 ff.

86 Verordnung (EG) Nr. 562/2006 des Europäischen Parlaments und des Rates v. 15.3.2006, ABl. 2006 Nr. L 150 S. 1; vgl. dazu *Kommission,* Vorschlag für eine Verordnung des Rates über den Gemeinschaftskodex für das Überschreiten der Grenzen durch Personen, KOM(2004) 391; *Krane,* DÖV 2005, 936.

87 Verordnung (EG) 2016/399 des Europäischen Parlaments und des Rates v. 9.3.2016, ABl. 2016 Nr. L 77 S. 1; vgl. dazu *Kommission,* Vorschlag für eine Verordnung des Europäischen Parlaments und des Rates über einen Gemeinschaftskodex für das Überschreiten der Grenzen durch Personen (Schengener Grenzkodex), COM(2015) 8, mit Erläuterungen zu dieser kodifizierten (im Anschluss an eine konsolidierte) Textfassung.

sonderen Umständen, aus denen sich eine Gefahr für die öffentliche Ordnung ergibt, nur durchgeführt werden, wenn die Regelung dafür den erforderlichen Kontrollrahmen vorgibt und gewährleistet, dass die Ausübung der Befugnis nicht die gleiche Wirkung wie Grenzkontrollen haben kann, insbesondere hinsichtlich Intensität und Häufigkeit begrenzt ist.[88]

Die **vorübergehende Wiedereinführung von Binnengrenzkontrollen** (Art. 25 ff. VO 2016/399) wurde von den Mitgliedstaaten zunächst nur zurückhaltend wahrgenommen, typischerweise und jeweils von kurzer Dauer aus Sicherheitsgründen anlässlich von großen Sportereignissen, politischen Demonstrationen und hochrangigen politischen Treffen.[89] Der Europäische Rat hat den hohen Wert des freien Personenverkehrs in der Union und zugleich die Schengen-Pflichten der Mitgliedstaaten sowie den wirksamen Schutz der EU-Außengrenzen hervorgehoben. Als allerletzte Möglichkeit könnten ausnahmsweise vorübergehende Binnengrenzkontrollen wieder eingeführt werden, wenn ein Mitgliedstaat seine Schengen-Pflichten nicht mehr erfüllen kann.[90] Diese Zurückhaltung ist gerechtfertigt, weil die Freizügigkeit zu den sichtbarsten Errungenschaften der europäischen Integration gehört und Grenzkontrollen unter den Bedingungen heutiger Mobilität die genannten Gefahren kaum wirksam bekämpfen können. Dementsprechend sollen zur Gefahrenabwehr in erster Linie andere Instrumente eingesetzt werden, insbesondere ein Evaluierungs- und Überwachungsmechanismus für die Überprüfung der Anwendung des Schengen-Besitzstands,[91] ein intelli- 24

88 EuGH – Melki und Abdeli, C-188/10 u.a. – Slg. 2010, I-5667 Rn. 70 ff.; EuGH – Adil, C-278/12 PPU – ECLI:EU:C:2012:508 Rn. 48 ff.; EuGH – A., C-9/16 – ECLI:EU:C:2017:483 Rn. 29 ff.; dazu auch *Kommission,* Bericht über die Anwendung von Titel III (Binnengrenzen) der Verordnung 562/2006, KOM(2010) 554, S. 3 ff.; *Kommission,* Zweiter Halbjahresbericht über das Funktionieren des Schengen-Raums: 1. Mai 2012–31. Oktober 2012, COM(2012) 686, S. 4 f.; *Picheral,* La réforme sous tension de la „Gouvernance Schengen" ou la libre circulation à l'épreuve, RMCUE 2013, 95 ff.

89 *Kommission,* Wahrung des Schengen-Systems – Stärkung des Raums ohne Kontrollen an den Binnengrenzen, KOM(2011) 561, S. 5; *Kommission,* Halbjahresbericht über das Funktionieren des Schengen-Raums: 1. November 2011–30. April 2012, COM(2012) 230, S. 5 f.; *Kommission,* Zweiter Halbjahresbericht über das Funktionieren des Schengen-Raums: 1. Mai 2012–31. Oktober 2012, COM(2012) 686, S. 4; *Kommission,* Dritter Halbjahresbericht über das Funktionieren des Schengen-Raums: 1. November 2012–30. April 2013, COM(2013) 326; *Kommission,* Vierter Halbjahresbericht über das Funktionieren des Schengen-Raums: 1. Mai 2013–31. Oktober 2013, COM(2013) 832; vgl. auch *Jørgensen/Sørensen,* Internal border controls in the European Union: Recent challenges and reforms, ELRev. 2012, 249 ff.

90 VO (EU) Nr. 1051/2013 des Europäischen Parlaments und des Rates v. 22.10.2013 zur Änderung der VO (EG) Nr. 562/2006 zwecks Festlegung einer gemeinsamen Regelung für die vorübergehende Wiedereinführung von Kontrollen an den Binnengrenzen unter außergewöhnlichen Umständen, ABl. 2013 Nr. L 295 S. 1; *Europäischer Rat,* Tagung vom 23./24.6.2011, Schlussfolgerungen, EUCO 23/11; *Kommission,* Vorschlag für eine Verordnung des Europäischen Parlaments und des Rates zur Änderung der Verordnung (EG) Nr. 562/2006 zwecks Festlegung gemeinsamer Regelungen für die vorübergehende Wiedereinführung von Kontrollen an den Binnengrenzen unter außergewöhnlichen Umständen, KOM(2011) 560; *Rat,* Vorschlag ... zur Änderung der Verordnung (EG) Nr. 562/2006 ..., Dok. 6161/4/12.

91 VO (EU) Nr. 1053/2013 des Rates v. 7.10.2013 zur Einführung eines Evaluierungs- und Überwachungsmechanismus für die Überprüfung der Anwendung des Schengen-Besitzstands und zur Aufhebung des Beschlusses des Exekutivausschusses v. 16.9.1998 bezüglich der Errichtung des Ständigen Ausschusses Schengener Durchführungsübereinkommen, ABl. 2013 Nr. L 295 S. 27; *Kommission,* Vorschlag für eine Verordnung des Europäischen Parlaments und des Rates zur Einführung eines Evaluierungsmechanismus für die Überprüfung der Anwendung des Schengen-Besitzstands, KOM(2010) 624; *Kommission,* Geänderter Vorschlag ... zur Einführung eines Evaluierungs- und Überwachungsmechanismus für die Überprüfung der Anwendung des Schengen-Besitzstands, KOM(2011) 559; *Rat,* Geänderter Vorschlag für eine Verordnung des Rates zur Einführung eines Evaluierungs- und Überwachungsmechanismus für die Überprüfung der Anwendung des Schengen-Besitzstands, Dok. 5754/6/12.

gentes System zur Überschreitung der Außengrenzen[92] sowie ein Europäisches Grenzüberwachungssystem (EUROSUR).[93] Die Zahl der irregulären Grenzübertritte an den Außengrenzen erhöhte sich 2015 „explosionsartig" auf mehr als 1,5 Mio. Personen und führte auch zu starken „Sekundärbewegungen" innerhalb des Schengen-Raums.[94] Angesichts dieser außergewöhnlichen Migrations- und Flüchtlingskrise, die zu erheblichen Schwierigkeiten bei der Gewährleistung wirksamer EU-Außengrenzkontrollen führte, und nachdem einzelne Mitgliedstaaten schon einseitig Maßnahmen ergriffen hatten, ermöglichte der Rat verschiedenen Schengen-Mitgliedstaaten, darunter Deutschland und Österreich, gemäß Art. 29 VO 2016/399 erstmals zeitlich befristete, unbedingt notwendige Binnengrenzkontrollen,[95] die von den betreffenden Staaten im vorgegebenen Rahmen verantwortungsvoll gehandhabt wurden.[96] Ferner erließ die Kommission nähere Bestimmungen für den Fall einer vorübergehenden Wiedereinführung von Binnengrenzkontrollen.[97] Aufgrund der zwischenzeitlichen Erfahrungen schlägt die Kommission eine Änderung der VO 2016/399 vor, um durch Flexibilisierung der Fristen und Verfahren bei der Wiedereinführung von Binnengrenzkontrollen die zunehmenden Bedrohungen der öffentlichen Ordnung oder der inneren Sicherheit, insbesondere die Gefahr terroristischer Anschläge, besser bewältigen zu können.[98]

2. Freizügigkeit von Drittstaatsangehörigen

25 **a) Bedeutung.** Art. 45 Abs. 2 erstreckt die unionsweite Freizügigkeit der Unionsbürger ausdrücklich auf Staatsangehörige von Drittländern. Die Einbeziehung von Personen, die nicht die Staatsangehörigkeit eines Mitgliedstaats besitzen, in die Gewährleistung der „Bürgerrechte" findet sich, wenn auch in der neutralen Formulierung „jede Person", ebenfalls in anderen Bestimmungen des Titels V der Grundrechtecharta.[99] Die Abweichung erklärt sich daraus, dass die Freizügigkeit der **Unionsbürger** in Art. 20 Abs. 2 und Art. 21 AEUV und die Freizügigkeit der **Drittstaatsangehörigen** in Art. 77 bis 79 AEUV **unter-**

92 *Kommission,* Intelligente Grenzen: Optionen und weiteres Vorgehen, KOM(2011) 680.

93 VO (EU) Nr. 1052/2013 des Europäischen Parlaments und des Rates v. 22.10.2013 zur Errichtung eines Europäischen Grenzüberwachungssystems (EUROSUR), ABl. 2013 Nr. L 295 S. 11; *Kommission,* Vorschlag für eine Verordnung des Europäischen Parlaments und des Rates zur Errichtung eines Europäischen Grenzüberwachungssystems (EUROSUR), KOM(2011) 873; *Kommission,* Funktionieren der Schengen-Zusammenarbeit vor Ort in den ersten beiden Jahren der Durchführung des Visakodexes, COM(2012) 648; *Kommission,* Evaluierung des Europäischen Grenzüberwachungssystems (EUROSUR), COM(2018) 632.

94 *Kommission,* Achter Halbjahresbericht über das Funktionieren des Schengen-Raums: 1. Mai – 10. Dezember 2015, COM(2015) 675, S. 2, 5.

95 Durchführungsbeschluss (EU) 2016/894 des Rates v. 12.5.2016 mit einer Empfehlung für zeitlich befristete Kontrollen an den Binnengrenzen unter außergewöhnlichen Umständen, die das Funktionieren des Schengen-Raums insgesamt gefährden, ABl. 2016 Nr. L 151, S. 1.

96 *Kommission,* Bericht über die Anwendung des Durchführungsbeschlusses des Rates vom 12. Mai 2016 mit einer Empfehlung für zeitlich befristete Kontrollen an den Binnengrenzen unter außergewöhnlichen Umständen, die das Funktionieren des Schengen-Raums insgesamt gefährden, COM(2016) 635.

97 Empfehlung (EU) 2017/1804 der Kommission v. 3.10.2017 zur Durchführung der Bestimmungen des Schengener Grenzkodexes über die vorübergehende Wiedereinführung von Grenzkontrollen an den Binnengrenzen im Schengen-Raum, ABl. 2017 Nr. L 259, S. 25.

98 *Kommission,* Vorschlag für eine Verordnung zur Änderung der Verordnung (EU) 2016/399 in Bezug auf die Vorschriften über die vorübergehende Wiedereinführung von Kontrollen an den Binnengrenzen, COM(2017) 571; ergänzend dazu *Kommission,* Schengen bewahren und stärken, COM(2017) 570.

99 Art. 41, 42, 43 und 44; näher dazu *Davis,* ELRev. 2002, 121 ff.

schiedlich geregelt sind und dies in der Grundrechtecharta, die mit dem Vertragsrecht vereinbar sein muss (→ Rn. 4), zu beachten war.[100]

b) **Drittstaatsangehörige.** Unter **Staatsangehörigen von Drittländern** sind alle Personen zu verstehen, die nicht Unionsbürger, dh Staatsangehörige eines der Mitgliedstaaten (Art. 9 S. 2 EUV; Art. 20 Abs. 1 S. 2 AEUV), sind. Erfasst werden nach Sinn und Zweck der Bestimmung **auch staatenlose Personen,**[101] da die Freizügigkeit u.a. das kontrollfreie Überschreiten der Binnengrenzen in der Union erlauben soll (Art. 77 Abs. 1 AEUV), das einer Unterscheidung nach Personengruppen entgegensteht. Im Jahr 2015 hatten 20 Millionen Drittstaatsangehörige und damit 4 % der Gesamtbevölkerung ihren Wohnsitz in der Union.[102] 26

Die Gewährleistung gilt nur für Personen, die sich **rechtmäßig,** dh im Einklang mit dem Recht der Union und des betreffenden Mitgliedstaats, **im Hoheitsgebiet eines Mitgliedstaats** aufhalten.[103] Eine bestimmte Dauer des Aufenthalts wird grundsätzlich nicht vorausgesetzt. Demgemäß ist es nicht ausgeschlossen, dass sich ein Drittstaatsangehöriger auf die Gewährleistung berufen kann, der unmittelbar und rechtmäßig aus einem Drittland in einen Mitgliedstaat einreisen und von dort aus – etwa als Urlaubsreisender – auch andere Mitgliedstaaten besuchen will. 27

c) **Schutzbereich.** Gemäß Art. 45 Abs. 2 kann Drittstaatsangehörigen Freizügigkeit und Aufenthaltsfreiheit gewährt werden, während die Unionsbürger gemäß Art. 45 Abs. 1 das Recht haben, sich im Hoheitsgebiet der Mitgliedstaaten frei zu bewegen und aufzuhalten. Der unterschiedliche Sprachgebrauch – Freizügigkeit statt Bewegungsfreiheit – lässt nicht auf einen unterschiedlichen Schutzbereich schließen, wie die authentische Überschrift des Art. 45 zeigt, die – neben der Aufenthaltsfreiheit – von Freizügigkeit spricht und damit – in Abgrenzung von der Aufenthaltsfreiheit in beiden Absätzen – die Bewegungsfreiheit in Absatz 1 ebenso wie die Freizügigkeit in Absatz 2 erfasst.[104] Freizügigkeit und Aufenthaltsfreiheit bedeuten deshalb auch für Drittstaatsangehörige, dass sich diese **unionsweit ungehindert bewegen sowie zeitlich und räumlich unbegrenzt aufhalten** können. 28

Im Unterschied zu den Unionsbürgern, denen die entsprechenden Rechte gemäß Art. 45 Abs. 1 der Charta sowie Art. 20 Abs. 2 und Art. 21 AEUV unmittelbar zustehen, sind die Drittstaatsangehörigen allerdings darauf angewiesen, dass ihnen Freizügigkeit und Aufenthaltsfreiheit **gemäß dem Vertragsrecht gewährt** wird. Als Rechtsgrundlage dafür kommen, 29

---

100 Näher zur Entwicklung *Magiera,* Freizügigkeit, in: FS für Stern, S. 829 ff.

101 So zB ausdrücklich die Begriffsbestimmung in Art. 2 des RL-Vorschlags der Kommission über die Bedingungen für die Einreise und den Aufenthalt von Drittstaatsangehörigen zur Ausübung einer unselbständigen oder selbständigen Erwerbstätigkeit, KOM(2001) 386, S. 25, mit der Begründung, dass dies aus der „Negativdefinition" (Nicht-Unionsbürger) folge, ebd, S. 7. – Vgl. nunmehr auch – für den Raum der Freiheit, der Sicherheit und des Rechts – Art. 67 Abs. 2 S. 2 AEUV.

102 *Kommission,* Aktionsplan für die Integration von Drittstaatsangehörigen, COM(2016) 377, S. 2.

103 Zum Hoheitsgebiet der Mitgliedstaaten vgl. oben Rn. 10. – Zu den Folgen bei einem nicht rechtmäßigen Aufenthalt vgl. RL 2008/115/EG des Europäischen Parlaments und des Rates v. 16.12.2008 über gemeinsame Normen und Verfahren in den Mitgliedstaaten zur Rückführung illegal aufhältiger Drittstaatsangehöriger, ABl. 2008 Nr. L 348 S. 98; ferner GAin *Kokott,* SA – Zurita García und Choque Cabrera, C-261/08 – Slg. 2009, I-10143 Nr. 49 und 59; EuGH – Kadzoev, C-357/09 PPU – Slg. 2009, I-11189 Rn. 34 ff.; EuGH – Filev und Osmani, C-297/12 – ECLI:EU:C:2013:569 Rn. 25 ff.; EuGH – Zaizenu, C-38/14 – ECLI:EU:C:2015:60 Rn. 25 ff.; *Bast,* Illegaler Aufenthalt und europarechtliche Gesetzgebung, ZAR 2012, 1 ff.

104 Dies wird durch die insoweit unterschiedslose englische und französische Sprachfassung bestätigt. – Zur Abweichung des Sprachgebrauchs hinsichtlich des Begriffs der Freizügigkeit gegenüber dem AEU-Vertrag, die allerdings für das hier behandelte Problem nicht von Bedeutung ist, vgl. oben Rn. 8.

wie das Präsidium des Grundrechtekonvents in seinen Erläuterungen zu Art. 45 Abs. 2 festgestellt hat, die Bestimmungen der Art. 77 bis 79 AEUV (zuvor Art. 62 und 63 EG) in Betracht (→ Rn. 4).[105]

30 **d) Familienangehörige von Unionsbürgern.** Familienangehörige[106] von Unionsbürgern besitzen unabhängig von ihrer Staatsangehörigkeit, also auch als Drittstaatsangehörige oder Staatenlose, ein von dem Unionsbürger **abgeleitetes Recht** auf Bewegungs- und Aufenthaltsfreiheit in den Mitgliedstaaten. Es folgt aus dem besonderen Schutz des Familienlebens, der in Art. 8 EMRK und nunmehr auch in Art. 7 GRC garantiert ist[107] und im Sekundärrecht nähere Ausgestaltung erfahren hat.[108] Das abgeleitete Recht setzt grundsätzlich voraus, dass der Unionsbürger sein Recht auf Freizügigkeit wahrgenommen hat.[109] Dies ist auch der Fall, wenn er die Staatsangehörigkeit des Aufenthaltsstaats angenommen hat und damit seine Rechte aus der Freizügigkeitswahrnehmung entfallen sind.[110] Ein abgeleitetes Freizügigkeitsrecht eines Drittstaatsangehörigen kann zudem bei Rückkehr eines Unionsbürgers aus einem anderen Mitgliedstaat in seinen Heimatstaat anzuerkennen sein, wenn sich in dem Aufenthaltsstaat zwischen beiden Personen ein Familienleben entwickelt und gefestigt hat, das auch nach Rückkehr des Unionsbürgers in seinen Heimatstaat fortbesteht.[111] Ein Aufenthaltsrecht darf einer drittstaatsangehörigen Person – etwa einer Mutter – grundsätzlich nicht verweigert werden, auch wenn der Unionsbürger – etwa ein Kleinkind – sein Freizügigkeitsrecht nicht ausgeübt hat, infolge der Verweigerung jedoch de facto gezwungen wäre, das Gebiet des Aufenthaltsstaats und der gesamten Union zu verlassen und dadurch den Genuss des Kernbestandes seiner Unionsbürgerrechte verlieren würde.[112] Ausnahmsweise kann eine Ausweisung der drittstaatsangehörigen Person erfolgen, wenn diese eine erhebliche Gefahr darstellt, die ein Grundinteresse der Gesellschaft des Aufenthaltsstaats berührt,[113] oder wenn der andere Elternteil, der Unionsbürger ist, tatsächlich in der Lage und bereit ist, die Sorge für das Kind allein wahrzunehmen.[114] Grundsätzlich bleibt den Familienangehörigen eines Unionsbürgers das Aufenthaltsrecht in dem Aufnahmemitgliedstaat erhalten, auch wenn der Unionsbürger verstirbt, von dort wegzieht oder wenn die Ehe mit dem Unionsbürger geschieden oder aufgehoben wird. Sie

---

105 Ferner Erläuterungen zur Grundrechtecharta idF v. 12.12.2007, ABl. 2007 Nr. C 303 S. 17 ff., zu Art. 45.

106 Zum Begriff der Familienangehörigen vgl. näher *Magiera,* Freizügigkeit, in: FS für Stern, S. 835 f.

107 EuGH – Kommission/Deutschland, 249/86 – Slg. 1989, 1263 Rn. 10; EuGH – Carpenter, C-60/00 – Slg. 2002, I-6279 Rn. 38; EuGH – MRAX, C-459/99 – Slg. 2002, I-6591 Rn. 53; EuGH – Kommission/Spanien, C-157/03 – Slg. 2005, I-2911 Rn. 26.

108 Art. 3 RL 2004/38 (oben Rn. 5); zuvor u.a. Art. 10 ff. VO (EWG) Nr. 1612/68 des Rates vom 15.10.1968 über die Freizügigkeit der Arbeitnehmer innerhalb der Gemeinschaft, ABl. Nr. L 257 S. 2; Art. 2 der drei ursprünglichen Freizügigkeitsrichtlinien (oben Rn. 12); dagegen *Wilson,* Rechte von Drittstaatsangehörigen, S. 83 f., 174 f., 183 ff.; vgl. auch *Kommission,* Unterstützung der nationalen Behörden bei der Bekämpfung von Missbräuchen des Rechts auf Freizügigkeit: Handbuch zum Vorgehen gegen mutmaßliche Scheinehen zwischen EU-Bürgern und Nicht-EU-Bürgern im Zusammenhang mit den EU-Rechtsvorschriften zur Freizügigkeit von EU-Bürgern, COM(2014) 604; EuGH – Coman u.a., C-673/16 – ECLI:EU:C:2018:385 Rn. 18 ff. (Ehe zwischen Personen gleichen Geschlechts); *Wendel,* Aufenthalt als Mittel zum Zweck: zu Grund und Grenzen derivativer Aufenthaltsrechte Drittstaatsangehöriger, DÖV 2014, 133 ff.; *Morel,* RevEU 2018, 177 ff.

109 EuGH – Alokpa, C-86/12 – ECLI:EU:C:2013:645 Rn. 22.

110 EuGH – Lounes, C-165/16 – ECLI:EU:C:2017:862 Rn. 45 ff.; vgl. dazu auch oben Rn. 8.

111 EuGH – O. und B., C-456/12 – ECLI:EU:C:2014:135 Rn. 48 ff.; EuGH – Deha Altiner und Ravn, C-230/17 – ECLI:EU:C:2018:497 Rn. 25 ff.

112 EuGH – Alokpa, C-86/12 – ECLI:EU:C:2013:645 Rn. 32.

113 EuGH – CS, C-304/14 – ECLI:EU:C:2016:674 Rn. 34 ff.

114 EuGH – Chavez-Vilchez, C-133/15 – ECLI:EU:C:2017:354 Rn. 59 ff.

müssen jedoch, bevor sie das Recht auf Daueraufenthalt erwerben,[115] die allgemeinen Aufenthaltsvoraussetzungen – Erwerbstätigkeit bzw. ausreichende Existenzmittel und Krankenversicherung – erfüllen sowie als Drittstaatsangehörige sich zuvor für eine bestimmte Mindestzeit in dem Aufnahmemitgliedstaat aufgehalten haben.[116]

e) **Kurzfristiger Aufenthalt.** Gemäß Art. 62 Nr. 3 EG (nunmehr Art. 77 Abs. 2 AEUV) hatte der Rat innerhalb von fünf Jahren nach Inkrafttreten des Vertrags von Amsterdam die Bedingungen festzulegen, unter denen Drittstaatsangehörige im Hoheitsgebiet der Mitgliedstaaten während eines Zeitraums von höchstens drei Monaten Reisefreiheit genießen. Die näheren Voraussetzungen für derartige kurzfristige Aufenthalte fanden sich für die daran beteiligten Mitgliedstaaten im **Schengen-Besitzstand** (→ Rn. 21) der Art. 19 ff. SDÜ. Diese enthielten Regelungen u.a. über Einreise und Aufenthalt von Drittstaatsangehörigen mit oder ohne Visum bzw. Aufenthaltstitel, über Meldepflichten, über Ausreise und Ausweisung sowie über die Abstimmung zwischen den Vertragsstaaten bei Einreiseverweigerung. Mit Ausrichtung auf die Reisefreiheit gemäß Art. 62 Nr. 3 EG wurde zunächst die Verordnung 1091/2001 über den freien Personenverkehr mit einem Visum für den längerfristigen Aufenthalt[117] erlassen, die längerfristigen Aufenthaltstiteln eines Vertragsstaats zugleich die Wirksamkeit eines Visums für einen kurzfristigen Aufenthalt bis zu drei Monaten in den anderen Mitgliedstaaten verlieh. 31

An die Stelle dieser Regelung ist mit Wirkung vom 5.4.2010 die **Verordnung 810/2009** über einen Visakodex der Gemeinschaft (Visakodex) getreten, die die Verfahren und Voraussetzungen für die Visaerteilung, deren Erforderlichkeit sich aus der Verordnung 2018/1806[118] ergibt, für die Durchreise durch das Hoheitsgebiet der Mitgliedstaaten oder für dort geplante **Aufenthalte von höchstens 90 Tagen je Zeitraum von 180 Tagen** festlegt.[119] Danach ist von den Mitgliedstaaten für derartige kurzfristige Aufenthalte in der Regel ein einheitliches Visum für den gesamten Unionsraum zu erteilen, das zur ein- oder mehrmaligen Einreise berechtigt und dessen Gültigkeitsdauer fünf Jahre nicht überschreiten darf. In Ausnahmefällen kann das Visum auf das Hoheitsgebiet eines oder mehrerer der ausstellenden Mitgliedstaaten beschränkt werden. Gültigkeitsdauer des Visums und Aufenthaltsdauer im Unionsgebiet bestimmen sich aufgrund einer eingehenden Prüfung der Einreisevoraussetzungen und Risikobewertung, die u.a. festzustellen hat, ob der Drittstaatsangehörige über ausreichende Reisemittel und eine Reisekrankenversicherung verfügt, ob er eine Gefahr für die Sicherheit der Mitgliedstaaten darstellt oder ob bei ihm das 32

115 Art. 16 ff. RL 2004/38 (Rn. 5).

116 Dazu und zu weiteren Einzelheiten Art. 12 und 13 RL 2004/38 (Rn. 5); EuGH – Singh u.a., C-218/14 – ECLI:EU:C:2015:476 Rn. 48 ff.; EuGH – NA, C-115/15 – ECLI:EU:C:2016:487 Rn. 31 ff.

117 VO (EG) Nr. 1091/2001 des Rates v. 28.5.2001, ABl. 2001 Nr. L 150 S. 4; zur Sonderstellung Dänemarks, Irlands und des Vereinigten Königreichs vgl. die Erwägungsgründe 7 und 8, ebd.

118 VO (EU) 2018/1806 des EP und des Rates v. 14.11.2018 zur Aufstellung der Liste der Drittländer, deren Staatsangehörige beim Überschreiten der Außengrenzen im Besitz eines Visums sein müssen, sowie der Liste der Drittländer, deren Staatsangehörige von dieser Visumpflicht befreit sind (Kodifizierter Text), ABl. 2018 Nr. L 103 S. 39; vgl. auch VO (EG) Nr. 1030/2002 des Rates v. 13.6.2002 zur einheitlichen Gestaltung des Aufenthaltstitels für Drittstaatsangehörige, ABl. 2002 Nr. L 157 S. 1.

119 VO (EG) Nr. 810/2009 des Europäischen Parlaments und des Rates v. 13.7.2009 über einen Visakodex der Gemeinschaft (Visakodex), ABl. 2009 Nr. L 243 S. 1; zur Sonderstellung Dänemarks, des Vereinigten Königreichs und Irlands sowie zur Einbeziehung Islands, Norwegens, der Schweiz und Liechtensteins vgl. die Erwägungsgründe 31 ff., ebd.; vgl. auch *Kommission,* Anpassung der gemeinsamen Visapolitik an neue Herausforderungen, COM(2018) 251.

Risiko einer rechtswidrigen Einwanderung besteht.[120] Bei der Einreise in die Union muss der Drittstaatsangehörige im Besitz der dafür erforderlichen Dokumente sein, insbesondere eines Reisedokuments, das ihn zum Grenzübertritt berechtigt, und eines gültigen Visums, außer wenn letzteres nicht erforderlich ist oder er Inhaber eines gültigen Aufenthaltstitels oder eines gültigen Visums für einen längerfristigen Aufenthalt ist.[121] Visa für **längerfristige Aufenthalte** von mehr als drei Monaten werden von den einzelnen Mitgliedstaaten nach deren Rechtsvorschriften unter Beachtung des Unionsrechts ausgestellt.[122]

33 Reiseerleichterungen bestehen für Drittstaatsangehörige, die **Familienangehörige von Unionsbürgern** sind. Diese haben das Recht, in einen Mitgliedstaat einzureisen oder aus einem Mitgliedstaat in einen anderen Mitgliedstaat auszureisen, wenn sie einen gültigen Reisepass mit sich führen. Ein Visum oder eine gleichartige Formalität darf von ihnen nur für die Einreise verlangt werden, falls sie nicht im Besitz einer von einem Mitgliedstaat ausgestellten gültigen Aufenthaltskarte sind. Die Mitgliedstaaten sind verpflichtet, den betreffenden Personen bei der Beschaffung der erforderlichen Visa, die unentgeltlich zu erteilen sind, sowie fehlender Reisedokumente behilflich zu sein, bevor sie eine Zurückweisung verfügen. Ferner können sie den Betroffenen eine begrenzte sanktionsbewehrte Meldepflicht auferlegen.[123] Das Aus- und Einreiserecht schließt auch das Rückkehrrecht aus einem anderen Mitgliedstaat ein.[124] Anders als hinsichtlich der Ausreise beschränkt sich die Regelung der Freizügigkeits-Richtlinie 2004/38 hinsichtlich der Einreise zudem nicht auf den Personenverkehr zwischen den Mitgliedstaaten. Damit gewährleistet sie für die Unionsbürger, die von ihrer Freizügigkeit in der Union Gebrauch machen,[125] dass ihre Familienangehörigen, die nicht die Staatsangehörigkeit eines Mitgliedstaats besitzen, ihr Einreiserecht auch unmittelbar aus einem Drittstaat kommend wahrnehmen können[126] und sich nicht zuvor (rechtmäßig) in einem anderen Mitgliedstaat aufgehalten haben müssen.[127] Das Bundesverwaltungsgericht verlangt qualifizierend, dass die betreffenden Unionsbürger von ihrem Freizügigkeitsrecht (zeitlich) „nachhaltig" Gebrauch gemacht haben, ohne eine Vorabentscheidung des Europäischen Gerichtshofs für erforderlich zu halten.[128]

120 Art. 21 VO 810/2009, ebd; EuGH – Koushkaki, C-84/12 – ECLI:EU:C:2013:862 Rn. 26 ff.

121 Art. 6 VO 2016/399 (Rn. 21); Art. 19 bis 21 Durchführungsübereinkommen von Schengen (Rn. 21); zum Zusammenhang zwischen Reisedokument und Visum vgl. EuGH – Air Baltic Corporation, C-575/12 – ECLI:EU:C:2014:2155 Rn. 29 ff.

122 Vgl. dazu Art. 18 Durchführungsübereinkommen von Schengen (Rn. 21).

123 Art. 4 und 5 RL 2004/38 (Rn. 5); vgl. zur dafür wegweisenden Rechtsprechung EuGH – MRAX, C-459/99 – Slg. 2002, I-6591 Rn. 55 ff; EuGH – Kommission/Spanien, C-157/03 – Slg. 2005, I-2911 Rn. 27 ff.; EuGH – Metock, C-127/08 – Slg. 2008, I-6241 Rn. 49 ff.

124 EuGH – Singh, C-370/90 – Slg. 1992, I-4265 Rn. 19.

125 EuGH – McCarthy, C-434/09 – Slg. 2011, I-3375 Rn. 30 ff. – Dies kann, etwa im Bereich des Dienstleistungsverkehrs, nach der Rechtsprechung des Gerichtshofs auch ohne Wohnsitzwechsel in einen anderen Mitgliedstaat der Fall sein; vgl. EuGH – Carpenter, C-60/00 – Slg. 2002, I-6279 Rn. 28 ff. mit kritischer Anmerkung von *Puth*, Die unendliche Weite der Grundfreiheiten des EG-Vertrags, EuR 2002, 860 ff.; *Mager*, JZ 2003, 204 ff.

126 EuGH – Metock, C-127/08 – Slg. 2008, I-6241 Rn. 49 ff.

127 So noch EuGH – Akrich, C-109/01 – Slg. 2003, I-9607 Rn. 50 f. (ausdrücklich aufgegeben in EuGH – Metock, C-127/08 – Slg. 2008, I-6241 Rn. 58); vgl. dazu auch *Epiney*, Von *Akrich* über *Jia* bis *Metock*: zur Anwendbarkeit der gemeinschaftlichen Regeln über den Familiennachzug, EuR 2008, 840 ff.; *Currie*, Accelerated justice or a step too far? Residence rights of non-EU family members and the Court's ruling in *Metock*, ELRev. 2009, 310 ff.; *Costello*, *Metock*: Free movement and "normal family life" in the Union, CMLRev. 2009, 587 ff.; *Hammamoun*, Le droit de séjour du conjoint non communautaire d'un citoyen de l'Union dans le cadre de la directive 2004/38, RTDE 2009, 91 ff.

128 Bundesverwaltungsgericht, Urt. v. 16.11.2010 – 1 C 17/09, NVwZ 2011, 495 ff.

Die Zurückhaltung gegenüber einer Prüfung und Klärung dieser „Art Bagatellverbot"[129] durch die europäische Gerichtsbarkeit erscheint angesichts der neueren Rechtsprechung des Europäischen Gerichtshofs, die in diesem Zusammenhang auf den Unionsbürgerstatus und den Kernbereich der davon umfassten Rechte abstellt (vgl. die Nachweise → Rn. 8), zumindest bedauerlich.[130]

f) Längerfristiger Aufenthalt. Nach Art. 79 Abs. 2 lit. b AEUV (zuvor Art. 63 Abs. 1 Nr. 4 EG) erlassen das Europäische Parlament und der Rat gemäß dem ordentlichen Gesetzgebungsverfahren (Art. 294 AEUV) Maßnahmen zur Festlegung der Rechte von Drittstaatsangehörigen, die sich **rechtmäßig in einem Mitgliedstaat aufhalten,** einschließlich der Bedingungen, unter denen sie sich in den anderen Mitgliedstaaten frei bewegen und aufhalten dürfen, dh Freizügigkeit in der Union genießen. Im Unterschied zur Reisefreiheit für kurzfristige Aufenthalte (→ Rn. 31 ff.) regelt Art. 79 Abs. 2 lit. b AEUV die Möglichkeit, sich längerfristig in einen anderen Mitgliedstaat zu begeben und dort aufzuhalten. 34

Abgestellt wird dabei auf die Entwicklung einer **gemeinsamen Einwanderungspolitik,** die eine wirksame Steuerung der Migrationsströme, eine angemessene Behandlung von Drittstaatsangehörigen sowie die Bekämpfung von illegaler Einwanderung und Menschenhandel gewährleisten soll (Art. 79 Abs. 1 AEUV). Nach den Vorgaben des Europäischen Rates sollen die Regelungen bewirken, dass die Rechtsstellung von Drittstaatsangehörigen derjenigen der Unionsbürger angenähert wird, wenn sich die Drittstaatsangehörigen rechtmäßig und langfristig in einem Mitgliedstaat aufgehalten haben.[131] Eine angemessene Behandlung von Drittstaatsangehörigen, die bis spätestens 2014 sichergestellt sein sollte, bedarf einer energischeren **Integrationspolitik** und einer Konsolidierung der bestehenden Rechtsvorschriften im Bereich der Einwanderung, beginnend mit der legalen Migration.[132] Die Gewährung vergleichbarer Rechte und Chancen als Kernstück der europäischen Zusammenarbeit im Bereich der Integration schließt die Belastung mit vergleichbaren Pflichten und Verantwortlichkeiten ein und erfordert damit gemeinsame Anstrengungen der Aufnahmegesellschaft und der Zuwanderer.[133] 35

Umstritten war, ob die Ermächtigungsgrundlagen des früheren Unionsrechts auch Gemeinschaftsregelungen für den **Zugang zum Arbeitsmarkt** umfassen. Dagegen wurde die Entste- 36

129 Ebd.

130 Kritisch auch *Tamme,* No residence permit after marriage in Denmark: The Federal Administrative Court in breach of EU Law?, GYIL 2011, 773 ff.; *Heckel,* Ehegattennachzug zu Unionsbürgern und deutschen Staatsangehörigen, VBlBW 2012, 17 ff; *Oberhuser,* „Dänemark-Ehen", Unionsrecht und Inländerdiskriminierung, NVwZ 2012, 25 ff.; vgl. auch *Kommission,* Unterstützung der nationalen Behörden bei der Bekämpfung von Missbräuchen des Rechts auf Freizügigkeit: Handbuch zum Vorgehen gegen mutmaßliche Scheinehen zwischen EU-Bürgern und Nicht-EU-Bürgern im Zusammenhang mit den EU-Rechtsvorschriften zur Freizügigkeit von EU-Bürgern, COM(2014) 604.

131 *Europäischer Rat* v. 15./16.10.1999, Schlussfolgerungen des Vorsitzes, BullEU 10–1999, Ziff. I.6.18 ff., S. 10; *Europäischer Rat* v. 4./5.11.2004, Schlussfolgerungen des Vorsitzes, Anlage 1 (Haager Programm), BullEU 11–2004, Ziff. I.20 ff., S. 18 ff.; *Europäischer Rat* v. 10./11.12.2009, Schlussfolgerungen des Vorsitzes, Ziff. 25 ff. (Stockholmer Programm), ABl. 2010 Nr. C 115 S. 1, Ziff. 6; vgl. auch *Kommission,* Mitteilung über Einwanderung, Integration und Beschäftigung, KOM(2003) 336; *Kommission,* Eine gemeinsame Integrationsagenda – Ein Rahmen für die Integration von Drittstaatsangehörigen in die Europäische Union, KOM(2005) 389; *Kommission,* Schritte zu einer Gemeinsamen Einwanderungspolitik, KOM(2007) 780; *Kommission,* Aktionsplan zur Umsetzung des Stockholmer Programms, KOM(2010) 171, Ziff. 6 iVm Anhang S. 47 ff.; *Kommission,* Europäische Agenda für die Integration von Drittstaatsangehörigen, KOM(2011) 455; *Kommission,* Vierter Jahresbericht über Einwanderung und Asyl (2012), COM(2013) 422.

132 *Europäischer Rat,* Stockholmer Programm, ebd, Ziff. 6.1.4.

133 Ebd.

hungsgeschichte angeführt, wonach der in der ursprünglichen Norm des Art. K.1 Nr. 3 lit. b EU genannte „Zugang zur Beschäftigung" – anders als die dort ebenfalls genannte „Familienzusammenführung" – nicht in den Text des Art. 63 Abs. 1 Nr. 3 lit. a EG aufgenommen worden sei.[134] Dem stand jedoch entgegen, dass die angestrebte Integration von in den Mitgliedstaaten aufenthaltsberechtigten Drittstaatsangehörigen ohne die Möglichkeit einer Erwerbstätigkeit unvollständig geblieben wäre.[135] Dementsprechend hatte der **Europäische Rat von Tampere** sich dafür ausgesprochen, den sich für einen bestimmten Zeitraum im Hoheitsgebiet der Mitgliedstaaten rechtmäßig aufhaltenden Drittstaatsangehörigen zur Förderung ihrer Nichtdiskriminierung im wirtschaftlichen, sozialen und kulturellen Leben vergleichbare Rechte und Pflichten wie den Unionsbürgern zuzuerkennen, wie das Recht auf Wohnsitznahme, auf Bildung sowie auf Ausübung einer Arbeit.[136] Allerdings hinderten die vom Rat gemäß Art. 63 Abs. 1 Nr. 4 EG beschlossenen Maßnahmen die Mitgliedstaaten nicht daran, in den betreffenden Bereichen **innerstaatliche Bestimmungen beizubehalten oder einzuführen**, wenn diese mit dem EG-Vertrag und mit internationalen Übereinkünften vereinbar waren (Art. 63 Abs. 2 EG). Diese Bestimmung war im Hinblick auf ihre Tragweite umstritten und ist in den Vertrag von Lissabon nicht übernommen worden. Vermittelnd und begrenzend bestimmt dieser lediglich, dass die Mitgliedstaaten festlegen können, wie viele Drittstaatsangehörige aus Drittländern in ihr Hoheitsgebiet einreisen dürfen, um dort als Arbeitnehmer oder Selbständige Arbeit zu suchen (Art. 79 Abs. 5 AEUV).

37 In der **Richtlinie 2003/109** betreffend die Rechtsstellung der langfristig aufenthaltsberechtigten Drittstaatsangehörigen[137] wurde den unterschiedlichen Anforderungen Rechnung getragen. Ziel der Richtlinie ist es, neben den Voraussetzungen für die Erlangung der Rechtsstellung eines langfristig aufenthaltsberechtigten Drittstaatsangehörigen die Bedingungen festzulegen, unter denen sich ein langfristig Aufenthaltsberechtigter in einem anderen Mitgliedstaat aufhalten kann. Voraussetzung zur Erlangung der **Rechtsstellung eines langfristig Aufenthaltsberechtigten** sind danach u.a. ein rechtmäßiger und grundsätzlich ununterbrochener Aufenthalt von mindestens fünf Jahren in einem Mitgliedstaat sowie ausreichende Existenzmittel und eine Krankenversicherung. Das **Recht auf Aufenthalt in einem anderen Mitgliedstaat** kann ein langfristig Aufenthaltsberechtigter ausüben, wenn er dafür über ausreichende Existenzmittel und eine Krankenversicherung verfügt.

38 Nach Maßgabe der Unionsverträge, wie es Art. 45 Abs. 2 voraussetzt, besitzen Drittstaatsangehörige ein Recht auf Freizügigkeit in der Union aufgrund einer inzwischen umfangreichen, differenzierenden **Sekundärrechtssetzung.** Neben der allgemeinen Freizügigkeitsrichtlinie für Drittstaatsangehörige (2003/109)[138] und der allgemeinen Freizügigkeits-Richtlinie für Unionsbürger (2004/38),[139] die Familienangehörige aus Drittländern einschließt, gehö-

134 Vgl. *Streinz/Weiß*, EUV/EGV, Art. 63 EG Rn. 39 ff.

135 Ebenso *Tanuschev*, Personenverkehr, S. 187; *Lenz/Borchardt/Bergmann*, EGV, Art. 63 EG Rn. 11.

136 *Europäischer Rat* von Tampere, Schlussfolgerungen des Vorsitzes, BullEU 10–1999, Ziff. I.6.18 ff., S. 10; vgl. auch *Kommission*, Eine gemeinsame Integrationsagenda – Ein Rahmen für die Integration von Drittstaatsangehörigen in die EU, KOM(2005) 389.

137 RL 2003/109/EG des Rates v. 25.11.2003, ABl. 2004 Nr. L 16 S. 44; dazu EuGH – P, S, C-579/13 – ECLI:EU:C:579:2015:369 Rn. 29 ff. (Integrationspflicht); EuGH – CGIL und INCA, C-309/14 – ECLI:EU:C:2015:523 Rn. 20 ff. (Gebühr für Aufenthaltstitel); EuGH – López Patuzano, C-636/16 – ECLI:EU:C:2017:949 Rn. 22 ff. (Freiheitsstrafe); *Kommission*, Bericht über die Anwendung der Richtlinie 2003/109 betreffend die Rechtsstellung der langfristig aufenthaltsberechtigten Drittstaatsangehörigen, KOM(2011) 585; *Hailbronner*, ZAR 2004, 163 ff.; *Boelaert-Suominen*, CMLRev. 2005, 1011 ff.

138 Vgl. oben Rn. 37.

139 Vgl. oben Rn. 5.

ren dazu Richtlinien zur Familienzusammenführung (2003/86), zum Schutz von Opfern des Menschenhandels (2004/81), zur Ausübung einer hochqualifizierten Beschäftigung (2009/50), zu bestimmten wissenschaftlichen und sozialen Zwecken (2016/801), zum Anspruch auf internationalen Schutz (2011/95) wie auch zur Rückführung bei illegalem Aufenthalt (2008/115) und zur Beschäftigung ohne rechtmäßigen Aufenthalt (2009/52).[140]

Drittstaatsangehörige, die **Familienangehörige von Unionsbürgern** sind, haben ein bevorzugtes Recht auf längerfristigen Aufenthalt von mehr als drei Monaten, wenn sie den Unionsbürger in einen anderen Mitgliedstaat begleiten oder ihm dorthin nachziehen und der Unionsbürger im Aufnahmemitgliedstaat Arbeitnehmer oder selbständig Erwerbstätiger ist oder dort für sich und seine Angehörigen über einen umfassenden Krankenversicherungsschutz und ausreichende Existenzmittel verfügt, zu denen auch solche des drittstaatsangehörigen Ehegatten gehören können,[141] so dass er keine Sozialhilfeleistungen in Anspruch nehmen muss.[142] Nach der Rechtsprechung des Europäischen Gerichtshofs besteht ein Aufenthaltsrecht eines drittstaatsangehörigen Elternteils, wenn ihm der Unionsbürger, der von seinem Freizügigkeitsrecht Gebrauch gemacht hat, im gemeinsamen Aufenthaltsstaat – aufgrund Bedürftigkeit[143] – Unterhalt gewährt.[144] Dies gilt auch, wenn der Unionsbürger – 39

140 RL 2003/86/EG des Rates v. 22.9.2003 betreffend das Recht auf Familienzusammenführung, ABl. 2003 Nr. L 251 S. 12; RL 2004/81/EG des Rates v. 29.4.2004 über die Erteilung von Aufenthaltstiteln für Drittstaatsangehörige, die Opfer des Menschenhandels sind oder denen Beihilfe zur illegalen Einwanderung geleistet wurde und die mit den zuständigen Behörden kooperieren, ABl. 2004 Nr. L 261 S. 19; RL 2008/115/EG des Europäischen Parlaments und des Rates v. 16.12.2008 über gemeinsame Normen und Verfahren in den Mitgliedstaaten zur Rückführung illegal aufhältiger Drittstaatsangehöriger, ABl. 2008 Nr. L 348 S. 98; RL 2009/50/EG des Rates v. 25.5.2009 über die Bedingungen für die Einreise und den Aufenthalt von Drittstaatsangehörigen zur Ausübung einer hochqualifizierten Beschäftigung, ABl. 2009 Nr. L 155 S. 17; RL 2009/52/EG des Europäischen Parlaments und des Rates v. 18.6.2009 über Mindeststandards für Sanktionen und Maßnahmen gegen Arbeitgeber, die Drittstaatsangehörige ohne rechtmäßigen Aufenthalt beschäftigen, ABl. 2009 Nr. L 168 S. 24; RL 2011/95/EU des Europäischen Parlaments und des Rates v. 13.12.2011 über Normen für die Anerkennung von Drittstaatsangehörigen und Staatenlosen als Personen mit Anspruch auf internationalen Schutz, für einen einheitlichen Status oder für Flüchtlinge oder für Personen mit Anrecht auf subsidiären Schutz und für den Inhalt des zu gewährenden Schutzes, ABl. 2011 Nr. L 337 S. 9; RL 2011/98/EU des Europäischen Parlaments und des Rates v. 13.12.2011 über ein einheitliches Verfahren zur Beantragung einer kombinierten Erlaubnis für Drittstaatsangehörige, sich im Hoheitsgebiet eines Mitgliedstaats aufzuhalten und zu arbeiten, sowie über ein gemeinsames Bündel von Rechten für Drittstaatsarbeitnehmer, die sich rechtmäßig in einem Mitgliedstaat aufhalten, ABl. 2011 Nr. L 343 S. 1; Richtlinie 2014/66/EU des Europäischen Parlaments und des Rates vom 15. Mai 2014 über die Bedingungen für die Einreise und den Aufenthalt von Drittstaatsangehörigen im Rahmen eines unternehmensinternen Transfers, ABl. 2014 Nr. L 157, S. 1; Richtlinie (EU) 2016/801 des Europäischen Parlaments und des Rates v. 11.5.2016 über die Bedingungen für die Einreise und den Aufenthalt von Drittstaatsangehörigen zu Forschungs- oder Studienzwecken, zur Absolvierung eines Praktikums, zur Teilnahme an einem Freiwilligendienst, Schüleraustauschprogrammen oder Bildungsvorhaben und zur Ausübung einer Aupair-Tätigkeit, ABl. 2016 Nr. L 132, S. 21. – Dazu auch *Kommission*, Aktionsplan für die Integration von Drittstaatsangehörigen, COM(2016) 377; *Thiele*, EuR 2007, 419, 430 ff.; *Hailbronner*, ZAR 2008, 209 ff., 265 ff.; *Kocharov*, ELRev. 2008, 913, 916 ff.; *Thym*, Europäische Einwanderungspolitik, S. 183, 192 ff.; *Groß/Tryjanowski*, Der Staat 2009, 259, 262 ff.; *Hailbronner* (Hrsg.), EU immigration and asylum law, passim; *Wiesbrock*, ELRev 2010, 455 ff.; *Thym*, EuR 2011, 487 ff.; *Ette/Rühl/Sauer*, Die Entwicklung der Zuwanderung hochqualifizierter Drittstaatsangehöriger nach Deutschland, ZAR 2012,14 ff.; *Tewocht*, Auf dem Weg zur Gleichstellung von Drittstaatsangehörigen und Unionsbürgern?, ZAR 2012, 217 ff.; *Thym*, CMLR 2015, 17 ff.

141 EuGH – Singh u.a., C-218/14 – ECLI:EU:C:2015:476 Rn. 71 ff.

142 Art. 7 RL 2004/38 (Rn. 5).

143 EuGH – Jia, C-1/05 – Slg. 2007, I-1 Rn. 34 ff.

144 Art. 2 Nr. 2 lit. d, Art. 7 Abs. 2 RL 2004/38 (Rn. 5).

etwa als Kleinkind – über keine eigenen Mittel, sondern lediglich über Mittel dieses Elternteils verfügt, indem dieser ihm tatsächlich Unterhalt und Betreuung gewährt, da das Aufenthaltsrecht des Unionsbürgers andernfalls ohne jede Wirksamkeit wäre.[145] Es folgt daraus, dass der Unionsbürgerstatus (Art. 20 AEUV)[146] gegen Maßnahmen der Mitgliedstaaten schützt, die dem Unionsbürger den tatsächlichen Genuss des Kernbereichs der ihm durch diesen Status verliehenen Rechte verwehren würden.[147] Dementsprechend darf einem drittstaatsangehörigen Elternteil, der seinen minderjährigen unionsangehörigen Kindern Unterhalt gewährt, weder der Aufenthalt noch eine Arbeitserlaubnis im Heimatmitgliedstaat der Kinder verwehrt werden, selbst wenn die Kinder nicht von ihrem Freizügigkeitsrecht innerhalb der Union Gebrauch gemacht haben.[148]

IV. Literaturübersicht

Becker, Ulrich, Freizügigkeit in der EU – auf dem Weg vom Begleitrecht zur Bürgerfreiheit, EuR 1999, 522; *Becker, Ulrich*, Migration und soziale Sicherheit – die Unionsbürgerschaft im Kontext, EuR-Beiheft 1/2007, 95; *Bode, Stephanie*, Von der Freizügigkeit zur sozialen Gleichstellung aller Unionsbürger?, EuZW 2003, 552; *Boelaert-Suominen, Sonja*, Non-EU nationals and Council directive 2003/109/EC on the status of third country nationals who are long-term residents, CMLRev. 2005, 1011; *von Bogdandy, Armin/Bitter, Stephan*, Unionsbürgerschaft und Diskriminierungsverbot, in: Gaitanides, Charlotte/Kadelbach, Stefan u.a. (Hrsg.), FS für Manfred Zuleeg, Baden-Baden 2005, S. 309; *Borchardt, Klaus-Dieter*, Unionsbürgerschaft und soziale Ansprüche, in: von Bogdandy, Armim/Kadelbach, Stefan (Hrsg.), Solidarität und Europäische Integration, Baden-Baden 2002, S. 9; *Cousins, Mel*, Citizenship, residence and social security, ELRev. 2007, 386; *Davis, Roy W.*, Citizenship of the Union ... rights for all?, ELRev. 2002, 121; *Dougan, Michael*, Cross-border educational mobility and the expectation of student financial aid, ELRev. 2008, 723; *Everling, Ulrich*, Auf dem Weg zu einem europäischen Bürger?, in: Hrbek, Rudolf (Hrsg.), Bürger und Europa, Baden-Baden 1994, S. 49; *Domröse, Ronny/Kubicki, Philipp*, Das unionsbürgerliche Freizügigkeitsrecht und der Zugang zu sozialen Leistungen des Herkunftsstaats, EuR 2008, 873; *Gilliaux, Pascal*, Les entraves à la libre circulation des personnes, CDE 2008, 407; *Groß, Thomas/Tryjankowski, Alexandra*, Der Status von Drittstaatsangehörigen im Migrationsrecht der EU – Eine kritische Analyse, Der Staat 2009, 259; *Hailbronner, Kay*, Langfristig aufenthaltsberechtigte Drittstaatsangehörige, ZAR 2004, 163; *Hailbronner, Kay*, Neue Richtlinie zur Freizügigkeit der Unionsbürger, ZAR 2004, 259; *Hailbronner, Kay*, Die Unionsbürgerschaft und das Ende rationaler Jurisprudenz durch den EuGH?, NJW 2004, 2185; *Hailbronner, Kay*, Die Qualifikationsrichtlinie und ihre Umsetzung im deutschen Ausländerrecht, ZAR 2008, 209 und 265; *Hailbronner, Kay*, (Hrsg.), EU immigration and asylum law, München 2010; *Jørgensen, Stine*, The right to cross-border education in the European Union, CMLRev. 2009, 1567; *Kingreen, Thorsten*, Die Universalisierung sozialer Rechte im europäischen Gemeinschaftsrecht, EuR-Beiheft 1/2007, 43; *Klein, Eckart/Haratsch, Andreas*, Das Aufenthaltsrecht der Studenten, die Unionsbürgerschaft und intertemporales Gemeinschaftsrecht, JuS 1995, 7; *Kocharov, Anna*, What intra-community mobility for third-country workers?, ELRev. 2008, 913; *Kokott, Juliane*, Die Freizügigkeit der Unionsbürger als neue Grundfreiheit, in: Dupuy, Pierre-Marie/Fassbender, Bodo/Shaw, Malcolm/Sommermann, Karl-Peter (Hrsg.), FS für Christian Tomuschat, Kehl 2006, S. 207; *Kotalakidis, Nikolaos*, Von der nationalen Staatsangehörigkeit zur Unionsbürgerschaft, Baden-Baden 2000; *Krane, Christian*, Freier Personenverkehr und Kontrollen an den EU-Binnengrenzen, DÖV 2005, 936; *Leopold, Anders/Semmelmann, Constanze*, Civis europaeus sum – Gewährleistung und Grenzen der Freizügigkeit der Unionsbürger, ZEuS 2008, 275; *Magiera, Siegfried*, Die Beseitigung der Personenkontrollen an den Binnengrenzen der Europäischen Union, in: Burmeister, Joachim (Hrsg.), FS für Klaus Stern, München

145 EuGH – Zhu und Chen, C-200/02 – Slg. 2004, I-9925 Rn. 18 ff.; EuGH – Alokpa, C-86/12 – ECLI:EU:C:2013:645 Rn. 25 ff; dazu *Kunoy*, A Union of national citizens: The origins of the Court's lack of *avant-gardisme* in the Chen case, CMLRev. 2006, 179 ff.

146 Ausführlich dazu *Magiera*, in: Liber amicorum Jost Delbrück, S. 429 ff.

147 EuGH – Ruiz Zambrano, C-34/09 – Slg. 2011, I-1177 Rn. 40 ff.

148 Ebd; EuGH – McCarthy, C-434/09 – Slg. 2011, I-3375 Rn. 44 ff.; EuGH – Iida, C-40/11 – ECLI:EU:C:2012:691 Rn. 66 ff.; EuGH – Ymeraga, C-87/12 – ECLI:EU:C:2013:291 Rn. 36 ff.; näher dazu *Lohse*, Die Rechtsprechung des EuGH zum Aufenthaltsrecht Drittstaatsangehöriger – auf dem Weg zur Achtung der Kompetenzverteilung bei der Gewährleistung von Grundrechten?, EuGRZ 2012, 693 ff.

1997, S. 1317; *Magiera, Siegfried*, Der Rechtsstatus der Unionsbürger, in: Liber amicorum Jost Delbrück, Berlin 2005, S. 429; *Magiera, Siegfried*, Durchsetzung der Grundrechte: Zur Freizügigkeit der Unionsbürger, in: ders./Sommermann, Karl-Peter (Hrsg.), Freiheit, Rechtsstaat und Sozialstaat in Europa – Forschungssymposium für Detlef Merten, Berlin 2007, S. 145; *Magiera, Siegfried*, Freizügigkeit von Drittstaatsangehörigen in der Europäischen Union, in: FS für Klaus Stern, Berlin 2012, S. 829; *Magiera, Siegfried*, Mobility of Students, in: de Quadros/Barbas Homen (Hrsg.), Higher education in the framework of the 2010 European Union's strategy, 2012, S. 31 *Martínez Soria, José*, Die Unionsbürgerschaft und der Zugang zu sozialen Vergünstigungen, JZ 2002, 643; *Masing, Johannes*, Unionsbürgerliche Kernrechte, in: FS für Hans-Jürgen Papier, Berlin 2013, S. 355; Morel, Benjamin, Le long chemin de séjour des ressortissants extracommunautaires membres de la famille d'un citoyen de l'Union, RevEU 2018, 177; *Niedobitek, Matthias*, Studienbeihilfen und Unionsbürgerschaft, RdJB 2006, 105; *Niedobitek, Matthias*, Förderung der Mobilität der Studierenden, in: Odenthal, Kerstin (Hrsg.), Europäische (Bildungs-)Union?, Berlin 2011, S. 219 ff.; *Pechstein, Matthias/Bunk, Artur*, Das Aufenthaltsrecht als Auffangrecht, EuGRZ 1997, 547; *Rothfuchs, Hermann*, Die traditionellen Personenverkehrsfreiheiten des EG-Vertrags und das Aufenthaltsrecht der Unionsbürger, Frankfurt a.M. 1999; *Scheuing, Dieter*, Freizügigkeit als Unionsbürgerrecht, EuR 2003, 744; *Schulz, Guido*, Freizügigkeit für Unionsbürger, Frankfurt a.M. 1997; *Schweitzer, Michael*, Art. 18 Abs. 1 EGV – Die fünfte Grundfreiheit, in: Fischer-Lescano, Andreas/Gasser, Hans-Peter u.a. (Hrsg.), FS für Michael Bothe, Baden-Baden 2008, S. 1159; *Shuibhne, Niamh*, Free movement of persons and the wholly internal rule: time to move on?, CMLRev. 2002, 731; *Staeglich, Simone*, Rechte und Pflichten aus der Unionsbürgerschaft, ZEuS 2003, 485; *Stewen, Susanne*, Die Entwicklung des allgemeinen Freizügigkeitsrechts der Unionsbürger und seiner sozialen Begleitrechte, Tübingen 2011; *Tanuschev, Eva*, Entwicklung, Stand und Perspektiven eines freien Personenverkehrs in Europa, Frankfurt a.M. 2001; *Thiele, Carmen*, Einwanderung im Europäischen Gemeinschaftsrecht – Familienzusammenführung und Daueraufenthalt von Drittstaatsangehörigen, EuR 2007, 419; *Thym, Daniel*, Europäische Einwanderungspolitik: Grundlagen, Gegenstand und Grenzen, in: Hofmann, Rainer/Löhr, Tillman (Hrsg.), Europäisches Flüchtlings- und Einwanderungsrecht, Baden-Baden 2008, S. 183; *Thym, Daniel*, Freizügigkeit in Europa als Modell?, EuR 2011, 487; *Thym, Daniel*, Sozialleistungen für und Aufenthalt von nichterwerbstätigen Unionsbürgern, NZS 2014, 81; *Tryfondinou, Alina*, In search of the aim of the EC free movement of persons provisions: has the Court of Justice missed the point?, CMLRev. 2009, 1591; *Wiesbrock, Anja*, Free movement of third-country nationals in the European Union: The illusion of inclusion, ELRev. 2010, 455; *White, Robin*, Free movement, equal treatment, and citizenship of the Union, ICLQ 2005, 885; *Wilson, Thomas*, Die Rechte von Drittstaatsangehörigen nach Gemeinschaftsrecht, Baden-Baden 2007; *Wollenschläger, Ferdinand*, Grundfreiheit ohne Markt, Tübingen 2007 *Wollenschläger, Ferdinand*, Keine Sozialleistungen für nichterwerbstätige Unionsbürger?, NVwZ 2014, 1628.

Artikel 46 Diplomatischer und konsularischer Schutz

Die Unionsbürgerinnen und Unionsbürger genießen im Hoheitsgebiet eines Drittlandes, in dem der Mitgliedstaat, dessen Staatsangehörigkeit sie besitzen, nicht vertreten ist, den Schutz durch die diplomatischen und konsularischen Behörden eines jeden Mitgliedstaats unter denselben Bedingungen wie Staatsangehörige dieses Staates.

I. Vorgaben

1 Art. 46 gewährleistet den Unionsbürgerinnen und Unionsbürgern Schutz in Drittländern, in denen ihr Heimatstaat nicht vertreten ist, durch die diplomatischen und konsularischen Behörden der anderen Mitgliedstaaten unter denselben Bedingungen, wie ihn deren eigene Staatsangehörige genießen. Ein entsprechendes Recht findet sich in **Art. 20 Abs. 2** und **Art. 23 AEUV** (zuvor Art. 8 c EGV; Art. 20 EG) zur Verbesserung der Bürgernähe in der Europäischen Union (Art. 1 Abs. 2 EUV). Die Vertragsbestimmung geht auf Anregungen

des vom Europäischen Rat in Fontainebleau (1984) eingesetzten Adonnino-Ausschusses in dessen Schlussbericht (1985) sowie auf Vorschläge der spanischen Delegation und der Kommission anlässlich der Verhandlungen über den Vertrag von Maastricht (1990/91) zurück.[1] Sie steht in Zusammenhang mit der Gemeinsamen Außen- und Sicherheitspolitik der Europäischen Union, die zur Förderung der internationalen Zusammenarbeit u.a. eine Abstimmung der diplomatischen und konsularischen Vertretungen der Mitgliedstaaten in Drittländern zum Gegenstand hat (Art. 21 und Art. 35 EUV). Art. 46 idF der Grundrechtecharta vom 12.12.2007 weicht **sprachlich** von derjenigen idF des Grundrechtekonvents ab, indem er die Formulierung „Schutz der diplomatischen und konsularischen Stellen" durch „Schutz durch die diplomatischen und konsularischen Behörden" ersetzt.

II. Diskussion im Grundrechtekonvent

2 Infolge der Gewährleistung des diplomatischen und konsularischen Schutzes in Art. 20 EG (nunmehr Art. 23 AEUV) einigte sich der mit der Ausarbeitung der Grundrechtecharta betraute Grundrechtekonvent ohne Schwierigkeiten auf die Bestimmung des Art. 46. Obwohl der vom Präsidenten des Grundrechtekonvents zusammengestellte Entwurf einer Grundrechteliste im Zusammenhang mit den Rechten der Unionsbürger auch auf den diplomatischen und konsularischen Schutz in Art. 20 EG hingewiesen hatte,[2] enthielten die nachfolgenden Entwürfe des Präsidiums dazu zunächst keinen Vorschlag.[3] Ein solcher erschien erstmals auf Anregung von Konventsmitgliedern in dem Charta-Entwurf des Präsidiums vom 14. Juni 2000 unter **Übernahme der Bestimmung des Art. 20 S. 1 EG.**[4] Diskussionsbedarf dazu bestand im Grundrechtekonvent nicht.[5]

3 In der Endfassung der Bestimmung wurden die weibliche Form der Rechtsträgerschaft („Unionsbürgerinnen") – wie insgesamt in der Charta – hinzugefügt und die Worte „genießt ... den diplomatischen und konsularischen Schutz" durch die Worte „genießen ... den Schutz der diplomatischen und konsularischen Stellen" ausgetauscht. Trotz der dadurch bewirkten **Abweichung im (deutschen) Wortlaut** zwischen Art. 20 S. 1 EG und Art. 46 handelt es sich nach den Erläuterungen des Präsidiums um jeweils dasselbe Recht,[6] was auch dem Auftrag des Europäischen Rates von Köln entspricht, nach dem die auf Unionsebene geltenden Rechte durch die Charta lediglich zusammengefasst, nicht hingegen verändert werden sollten.[7]

4 Die **Nichtaufnahme von Art. 20 S. 2 EG,** nach dem die Mitgliedstaaten die notwendigen Regeln für den diplomatischen und konsularischen Schutz vereinbaren und die für diesen Schutz erforderlichen Verhandlungen einleiten sollten, in die Bestimmung des Art. 46 erklärt sich daraus, dass insoweit die allgemeine horizontale Bestimmung des Art. 52 Abs. 2 eingreift.[8] Danach erfolgt die Ausübung der im EG-Vertrag bzw. nunmehr in den Unionsverträgen geregelten Chartarechte nach den vertraglichen Bedingungen und Grenzen.

1 Näher zur Entstehungsgeschichte *Grabitz/Hilf/Nettesheim/Nettesheim,* EU, Art. 23 AEUV Rn. 4 ff.
2 CHARTE 4112/00/REV 2 v. 27.1.2000.
3 CHARTE 4170/00 v. 20.3.2000; CHARTE 4284/00 v. 5.5.2000.
4 CHARTE 4360/00 v. 14.6.2000, Vorschlag des Präsidiums zu Art. 26 a.
5 *Bernsdorff/Borowsky*, Protokolle, S. 310 ff., 315.
6 CHARTE 4473/00 v. 11.10.2000, Erläuterungen des Präsidiums zu Art. 46.
7 *Europäischer Rat* von Köln, Schlussfolgerungen des Vorsitzes, BullEU 6–1999, Ziff. I.18.44, S. 14.
8 Vgl. CHARTE 4473/00 v. 11.10.2000, Erläuterungen des Präsidiums zu Art. 46; die Verweisung auf Art. 51 Abs. 2 im deutschen Text ist offenbar ein Redaktionsversehen; vgl. demgegenüber etwa den englischen und den französischen Text, die zutreffend auf Art. 52 Abs. 2 verweisen. – Vgl. ferner die Erläuterungen zur Grundrechtecharta v. 12.12.2007, ABl. 2007 Nr. C 303 S. 17 ff., zu Art. 46.

III. Kommentierung

1. Diplomatischer und konsularischer Schutz

5 Art. 46 führt zu einer **Ausdehnung** des diplomatischen und konsularischen Schutzes, den die Mitgliedstaaten nach allgemeinem Völkerrecht und ihrem jeweiligen Staatsrecht den eigenen Staatsangehörigen in Drittländern gewähren,[9] **auf die Staatsangehörigen der anderen Mitgliedstaaten,** wenn deren Heimatstaat in einem Drittland nicht vertreten ist.[10] Die näheren Einzelheiten bestimmen sich nach den notwendigen **Vorkehrungen** und den erforderlichen internationalen **Verhandlungen** der Mitgliedstaaten (Art. 23 Abs. 1 S. 2 AEUV iVm Art. 52 Abs. 2).[11] Die **praktische Bedeutung** dieses zusätzlichen Schutzes für die Unionsbürger zeigt sich daran, dass alle Mitgliedstaaten nur in drei Drittländern (China, Russland, USA) sowie in 107 von 166 Drittländern höchstens zehn Mitgliedstaaten und in 18 Drittländern kein Mitgliedstaat vertreten sind.[12]

2. Schutzumfang

6 In der deutschen Sprachfassung gewährleistet Art. 46 (ebenso wie Art. 20 Abs. 2 AEUV) den Unionsbürgern den **„Schutz durch die diplomatischen und konsularischen Behörden"**, Art. 23 AEUV (wie auch die amtliche Überschrift des Art. 46) demgegenüber den „diplomatischen und konsularischen Schutz" der jeweils anderen Mitgliedstaaten.[13] Auch andere Sprachfassungen kennen diese Abweichung und sprechen von „protection by/of the diplomatic or consular authorities" oder „protection des autorités diplomatiques et consulaires" (Art. 46 GRC, Art. 20 Abs. 2, Art. 23 Abs. 1 AEUV), aber auch von „diplomatic and consular protection" oder „protection diplomatique et consulaire" (Überschrift des Art. 46 GRC).

7 Ein daran anknüpfendes **institutionelles Verständnis** will den Schutzumfang der Gewährleistung auf den konsularischen Schutz beschränken,[14] der nach allgemeinem Völkerrecht von konsularischen wie von diplomatischen Vertretungen wahrgenommen werden kann.[15] Diese restriktive Auslegung ist jedoch weder zwingend noch mit der **deutschen Sprachfassung** des Art. 23 AEUV vereinbar, die gemäß Art. 358 AEUV iVm Art. 55 EUV ebenso verbindlich ist wie die anderen Sprachfassungen, selbst wenn sie ursprünglich auf einem Übersetzungsfehler[16] beruht haben sollte. Der deutschen Sprachfassung des Art. 23 AEUV steht auch nicht der Wortlaut des Art. 20 Abs. 2 AEUV entgegen, da die in dieser Bestimmung genannten Rechte unter den Bedingungen und innerhalb der Grenzen ausgeübt werden, die in den Unionsverträgen und damit in Art. 23 AEUV festgelegt sind (Art. 20 Abs. 2 S. 3 AEUV). Die restriktive Auslegung lässt sich auch nicht zwingend mit den **anderen Sprachfassungen** begründen, soweit diese den Schutz der diplomatischen und konsularischen Be-

9 Vgl. dazu näher *Geck*, in: Bernhardt, 1992, S. 1045 ff.; *Economides*, ebd, S. 770 ff.
10 Vgl. zum allgemeinen Völkerrecht *Dolzer*, in: Bernhardt, 1992, S. 1067 ff.
11 Vgl. dazu unten Rn. 15 ff.
12 *Kommission*, Der Beitrag der Europäischen Union zur Gewährleistung eines wirksamen konsularischen Schutzes in Drittländern (Aktionsplan 2007–2009), KOM(2007) 767, S. 3; *Kommission*, Fünfter Bericht über die Unionsbürgerschaft, KOM(2008) 85, S. 9; vgl. auch *Karalus*, Die diplomatische Vertretung, passim.
13 Vgl. zur Entstehung oben Rn. 3. – Die Umformulierung „durch die ... Behörden" in Art. 46 n.F. gegenüber „der ... Stellen" in Art. 46 a.F. ist ohne inhaltliche Bedeutung.
14 *Calliess/Ruffert/Kluth*, EUV/AEUV, Art. 23 AEUV Rn. 7 f.; *Rengeling/Szczekalla*, Grundrechte, S. 1146; *Ehlers/Kadelbach*, GR, § 26 Rn. 81; *Holoubek/Lienbacher/Thallinger*, GRC, Art. 46 Rn. 9 f., 14.
15 Vgl. Art. 3 WÜK, Art. 3 Abs. 2 WÜD.
16 So *Sauerwald*, Unionsbürgerschaft, S. 69.

hörden allgemein und damit für deren gesamten Tätigkeitsbereich gewährleisten, nicht hingegen auf einen Teilbereich wie den konsularischen beschränken. Zudem sind die Mitgliedstaaten gemäß Art. 23 Abs. 1 S. 2 AEUV verpflichtet, die für den Schutz erforderlichen **internationalen Verhandlungen** einzuleiten, derer es grundsätzlich nur zur Wahrnehmung des diplomatischen Schutzes für einen anderen Staat bedarf,[17] während für die Wahrnehmung des konsularischen Schutzes regelmäßig eine unwidersprochene Notifikation des Drittlandes genügt.[18] Schließlich sprechen **Entstehung** und **Ziel** der Schutzbestimmung, die im Zusammenhang mit einer Stärkung der Rechte der Unionsbürger und der internationalen Identität der Union steht (→ Rn. 1), für ein **weites Verständnis** des Schutzumfangs der Gewährleistung im Sinne der deutschen Sprachfassung des Art. 23 AEUV,[19] allerdings – selbstverständlich – begrenzt auf einen „Vor-Ort-Schutz" in dem jeweiligen Drittland.

8 Mangels näherer Vorgaben im Unionsrecht ist für die inhaltliche Bestimmung des Schutzumfangs auf das allgemeine Völkerrecht zurückzugreifen, in dessen Rahmen der diplomatische und konsularische Schutz durch die Mitgliedstaaten auszuüben ist. Der **diplomatische Schutz** umfasst danach völkerrechtsgemäße Maßnahmen eines Staates zugunsten seiner Staatsangehörigen gegen ein diese schädigendes, völkerrechtswidriges Verhalten eines anderen Staates.[20] Der **konsularische Schutz** besteht demgegenüber in völkerrechtsgemäßen Maßnahmen eines Staates zur allgemeinen Unterstützung und Interessenförderung seiner Staatsangehörigen in einem anderen Staat.[21]

3. Rechtsträger

9 In den Genuss des diplomatischen und konsularischen Schutzes gemäß Art. 46 kommen die **Unionsbürgerinnen und Unionsbürger**, dh die Staatsangehörigen der Mitgliedstaaten (Art. 9 S. 2 EUV; Art. 20 Abs. 1 S. 2 AEUV). Erfasst sind damit alle natürlichen Personen, während dies für **juristische Personen ausgeschlossen** erscheint. Zwar wäre eine Einbeziehung juristischer Personen nach allgemeinem Völkerrecht zulässig gewesen;[22] jedoch ist sie für den diplomatischen und konsularischen Schutz anders als für das Beschwerderecht zum Bürgerbeauftragten (Art. 43) und das Petitionsrecht zum Europäischen Parlament (Art. 44) nicht ausdrücklich erfolgt und damit auch nicht anzunehmen.[23] Besitzt der Unionsbürger neben der Staatsangehörigkeit eines Mitgliedstaats auch die **Staatsangehörigkeit eines**

17 Vgl. Art. 46 WÜD.
18 Vgl. Art. 8 WÜK.
19 *Kommission,* Der diplomatische und konsularische Schutz des Unionsbürgers in Drittländern (Grünbuch), KOM(2006) 712; *EP,* Entschließung v. 11.12.2007, Der diplomatische und konsularische Schutz des Unionsbürgers in Drittländern, ABl. 2008 C 323E, S. 120; *Kommission,* Der Beitrag der Europäischen Union zur Gewährleistung eines wirksamen Schutzes in Drittländern (Aktionsplan 2007–2009), KOM(2007) 767; *Geiger/Khan/Kotzur,* EUV/AEUV, Art. 23 AEUV Rn. 7; *GSH/Haag,* EU, Art. 23 AEUV Rn. 11; *Grabitz/Hilf/Nettesheim/Nettesheim,* EU, Art. 23 AEUV Rn. 2; *Schwarze/Hatje,* EU, Art. 23 AEUV Rn. 10; *Schwarze/Voet van Vormizeele,* EU, Art. 46 GRC Rn. 6; *Lenz/Borchardt/Kaufmann-Bühler,* EU-Verträge, Art. 23 AEUV Rn. 1; *Stern/Sachs/Hobe,* GRC, Art. 46 Rn. 22; *Pechstein/Nowak/Häde/Heselhaus,* Frankfurter Kommentar, Art. 46 Rn. 9 f.: *Ruffert,* ArchVR 35 (1997), 465; *Stein,* in: Ress/Stein, 1996, S. 98 f.; aA *Calliess/Ruffert/Kluth,* EUV/AEUV, Art. 23 AEUV Rn. 7 f.; *Ehlers/Kadelbach,* GR, § 26 Rn. 81.
20 Art. 3 Abs. 1 WÜD; *Geck,* in: Bernhardt, 1992, S. 1046.
21 Art. 5 ff. WÜK; *Economides,* in: Bernhardt, 1992, S. 772.
22 Art. 5 lit. a WÜK; *Seidl-Hohenveldern,* in: Ress/Stein, 1996, S. 115 ff.
23 Ebenso *Schwarze/Hatje,* EU, Art. 23 AEUV Rn. 5; *Grabitz/Hilf/Nettesheim/Nettesheim,* EU, Art. 23 AEUV Rn. 15; *Fischer,* in: FS für Winkler, S. 237, 264; vgl. auch zum Opferschutz natürlicher Personen EuGH – Dell'Orto, C-467/05 – Slg. 2007, I-5557 Rn. 51 ff.; aA *GSH/Haag,* EU, Art. 23 AEUV Rn. 9; *Lenz/Borchardt/Kaufmann-Bühler,* EU-Verträge, Art. 23 AEUV Rn. 4; *Calliess/Ruffert/Kluth,* EUV/AEUV, Art. 23 AEUV Rn. 20; *Rengeling/Szczekalla,* Grundrechte, S. 938 f.

Drittlandes, so kann er sich diesem gegenüber auf den diplomatischen oder konsularischen Schutz eines anderen Mitgliedstaats nicht oder – nach einer neueren Tendenz im Völkerrecht – dann nicht berufen, wenn die Drittstaatsangehörigkeit effektiver als die Mitgliedstaatsangehörigkeit ist.[24]

Im Unterschied zu den anderen Gewährleistungen im Titel über Bürgerrechte spricht Art. 46 – wie auch Art. 23 AEUV – nicht von einem Recht auf diplomatischen und konsularischen Schutz, sondern davon, dass die Unionsbürger einen solchen Schutz der Mitgliedstaaten **genießen**. Damit enthält er sich einer klaren Aussage zu der im Völkerrecht umstrittenen Frage, ob das Recht auf diplomatischen Schutz nur dem jeweiligen Staat oder auch dessen Staatsangehörigen zusteht,[25] und zu den Rechtsordnungen der Mitgliedstaaten, die ein solches Recht ihren Staatsangehörigen in unterschiedlicher Weise oder auch gar nicht zuerkennen.[26] 10

Als Ausprägung der Unionsbürgerschaft, die den Schutz der Rechte der Unionsbürger stärken soll, und des Titels über Bürgerrechte in der Grundrechtecharta enthält jedoch auch Art. 46 ein **Recht** der Unionsbürger, wie es nunmehr ausdrücklich in Art. 20 Abs. 2 S. 2 lit. c AEUV bestätigt wird. Es gewährleistet den Unionsbürgern **Inländergleichbehandlung** durch die anderen Mitgliedstaaten bei der Ausübung des diplomatischen und konsularischen Schutzes in Drittländern, in denen ihr eigener Mitgliedstaat nicht vertreten ist. Da die Mindestvoraussetzungen für seine Geltendmachung in Art. 46 und dem zu beachtenden Völkerrecht genügend bestimmt sind, erscheint das Recht auch **unmittelbar anwendbar**.[27] Die von den Mitgliedstaaten zusätzlich zu treffenden Vorkehrungen und einzuleitenden internationalen Verhandlungen ändern daran nichts, weil sie der verfahrensmäßigen Ausgestaltung und Abstimmung mit Drittländern, dh der Ausübung des Rechts dienen sollen, nicht jedoch den Bestand des Rechts beeinträchtigen dürfen.[28] Bei Verletzung des Rechts auf diplomatischen und konsularischen Schutz durch einen Mitgliedstaat genießen die betroffenen Unionsbürger **Rechtsschutz** durch die staatlichen Gerichte (Art. 47 GRC), die dem Gerichtshof der Union ggf Vorabentscheidungsersuchen vorlegen können bzw. müssen (Art. 267 AEUV); bei Rechtsverletzungen können ihnen Schadensersatzansprüche aus außervertraglicher **Staatshaftung** zustehen.[29] 11

4. Verpflichtete

Das Recht auf diplomatischen und konsularischen Schutz gemäß Art. 46 besteht gegenüber jedem **Mitgliedstaat, dessen Staatsangehörigkeit der Unionsbürger nicht besitzt**, bei mehrfacher Staatsangehörigkeit auch gegenüber dem Mitgliedstaat, zu dem die weniger effekti- 12

24 Näher *Hailbronner*, in: Ress/Stein, 1996, S. 29 ff.

25 Dazu *Doehring*, in: Ress/Stein, 1996, S. 13 ff.

26 *Klein*, in: Ress/Stein, 1996, S. 125 ff. (für Deutschland); *Kovar/Simon*, CDE 1993, 285, 314 (mit Fn. 56 für Frankreich).

27 Ebenso *Kommission*, Konsularischer Schutz der EU-Bürger in Drittstaaten: Sachstand und Entwicklungsperspektiven, KOM(2011) 149, S. 4; *GSH/Haag*, EU, Art. 23 AEUV Rn. 12; *Schwarze/Hatje*, EU, Art. 23 AEUV Rn. 12; *Calliess/Ruffert/Kluth*, EUV/AEUV, Art. 23 AEUV Rn. 17; *Ruffert*, ArchVR 35 (1997), 471 f.; *Szczekalla*, EuR 1999, 327 f.; *Jarass*, GRC, Art. 46 Rn. 2; *Kleinlein/Rabenschlag*, ZaöRV 2007, 1312 ff.; *Pechstein/Nowak/Häde/Heselhaus*, Frankfurter Kommentar, Art. 46 Rn. 8 („Grundrecht"); wohl auch *Stein*, in: Ress/Stein, 1996, S. 104 f., der aber auch von einem „konditionierten" Recht spricht (ebd, S. 101); ihm folgend *Grabitz/Hilf/Nettesheim/Nettesheim*, EU, Art. 23 AEUV Rn. 13; aA *Busse*, europablätter 1999, 92, 93; *Lenz/Borchardt/Kaufmann-Bühler*, EU-Verträge, Art. 23 AEUV Rn. 3.

28 Vgl. auch *Schwarze/Hatje*, EU, Art. 23 AEUV Rn. 12; *Szczekalla*, EuR 1999, 328 f.

29 *Kommission*, Konsularischer Schutz der EU-Bürger in Drittstaaten: Sachstand und Entwicklungsperspektiven, KOM(2011) 149, S. 5.

ven Beziehungen bestehen.[30] Eine Verpflichtung der **Union** ist trotz eines dahingehenden Vorschlags der Kommission **nicht** in Art. 20 EG (nunmehr Art. 23 AEUV) aufgenommen worden und auch gemäß Art. 46 nicht erfolgt.[31] Die Delegationen der Union unterstützen jedoch die Mitgliedstaaten aufgrund Sekundärrechts im Einklang mit Art. 35 Abs. 3 EUV (→ Rn. 1) auf Verlangen und ressourcenneutral in ihren diplomatischen Beziehungen und bei ihrer Rolle, konsularischen Schutz für Bürger der Union in Drittländern bereitzustellen.[32]

13 Die Verpflichtung der Mitgliedstaaten zur Gewährung des diplomatischen und konsularischen Schutzes besteht in der **Gleichbehandlung der Staatsangehörigen der anderen Mitgliedstaaten** mit ihren eigenen Staatsangehörigen (→ Rn. 11). Der geschuldete **Schutzstandard** kann somit von demjenigen des eigenen Mitgliedstaats und zwischen den anderen Mitgliedstaaten abweichen. Eine Angleichung wird vom Vertragsrecht nicht verlangt, aber auch nicht ausgeschlossen.[33]

14 Die Verpflichtung der anderen Mitgliedstaaten greift nur **subsidiär** ein, wenn und solange sich der Unionsbürger in einem Drittland aufhält, in dem sein eigener Mitgliedstaat nicht vertreten ist. An einer solchen **Vertretung** fehlt es, wenn der eigene Mitgliedstaat[34] in dem Drittland über keine, keine funktionsfähige oder keine rechtzeitig erreichbare Einrichtung verfügt,[35] nicht jedoch bei lediglich mangelhafter Ausübung der Schutzfunktion durch eine vorhandene und erreichbare Einrichtung des eigenen Mitgliedstaats.[36]

5. Durchführungsbestimmungen

15 a) **Maßnahmen der Mitgliedstaaten.** Um die Gewährleistung des diplomatischen und konsularischen Schutzes sicherzustellen, sind die Mitgliedstaaten gemäß Art. 23 Abs. 1 S. 2 AEUV, der auch für das Verständnis der Grundrechtecharta zu beachten ist (→ Rn. 4), verpflichtet, die notwendigen **Vorkehrungen** zu treffen[37] und die erforderlichen **internationalen Verhandlungen** einzuleiten.[38] Etwaige Vereinbarungen mit Drittländern, aber auch zwischen den Mitgliedstaaten sind solche des Völkervertragsrechts, nicht des (sekundären) Unionsrechts, müssen sich jedoch als Durchführungsbestimmungen zu Art. 23 AEUV in dessen Rahmen halten.

---

30 Zur mehrfachen Staatsangehörigkeit vgl. auch oben Rn. 9.

31 *Kommission*, Beiträge zur Regierungskonferenz, Textentwurf „Die Unionsbürgerschaft" mit Erläuterungen, BullEG, Beilage 2/91, S. 91 ff.; vgl. auch *Storost*, Diplomatischer Schutz, S. 46 f.

32 Art. 5 Abs. 10 Beschluss des Rates v. 26.7.2010 über die Organisation und die Arbeitsweise des Europäischen Auswärtigen Dienstes, ABl. 2010 Nr. L 201 S. 30; näher dazu *Schmalenbach*, EuR-Beiheft 2012, 205, 210; *Tichy-Fisslberger*, EuR-Beiheft 2012, 217, 228 ff.

33 Ebenso *GSH/Haag*, EU, Art. 23 AEUV Rn. 12.

34 Oder ein Staat, der für ihn die ständige Vertretung wahrnimmt; vgl. Art. 1 des Beschlusses 95/553/EG der im Rat vereinigten Vertreter der Regierungen der Mitgliedstaaten v. 19.12.1995 über den Schutz der Bürger der Europäischen Union durch die diplomatischen und konsularischen Vertretungen, ABl. 1995 Nr. L 314 S. 73; ersetzt durch Art. 7 RL 2015/635 (unten Rn. 18).

35 Ebenso *GSH/Haag*, EU, Art. 23 AEUV Rn. 10; *Schwarze/Hatje*, EU, Art. 23 AEUV Rn. 7; *Lenz/Borchardt/Kaufmann-Bühler*, EU-Verträge, Art. 23 AEUV Rn. 5.

36 Vgl. auch *Grabitz/Hilf/Nettesheim/Nettesheim*, EU, Art. 23 AEUV Rn. 18.

37 Statt „treffen die notwendigen Vorkehrungen" hieß es in der Vorgängernorm des Art. 20 S. 2 EG „vereinbaren die notwendigen Regeln", und zwar untereinander, wie andere Sprachfassungen (zB „among themselves", „entre eux") deutlich machten. Die Neufassung durch den Vertrag von Lissabon lässt – wenn überhaupt auf eine inhaltliche Änderung – auf eine Erweiterung der mitgliedstaatlichen Maßnahmen („Vorkehrungen", „provisions", „dispositions" statt „Regeln", „rules", „règles") schließen.

38 Zu stattfindenden Verhandlungen mit Drittstaaten vgl. *Kommission*, Bericht über die Unionsbürgerschaft 2017, COM(2017) 30, S. 21.

Die Durchführungsbestimmungen dienen der Konkretisierung der diplomatischen und konsularischen Schutzpflichten der Mitgliedstaaten im Hinblick auf eine abgestimmte Wahrnehmung in Drittländern. Gemäß der ursprünglichen Vertragsgrundlage des Art. 20 EG vereinbarte Regeln sind in detaillierten **Leitlinien** der Mitgliedstaaten für das gemeinsame Vorgehen bei Notfällen ihrer Staatsangehörigen in Drittländern enthalten, die allen Drittländern bekannt gegeben wurden und am 1. Juli 1993 in Kraft traten.[39] Ferner einigten sich die Mitgliedstaaten auf drei förmliche **Beschlüsse**, die jedoch nur zum Teil ratifiziert wurden und im Übrigen nur faktisch angewendet werden.[40] Sie betreffen den Schutz der Unionsbürger durch die diplomatischen und konsularischen Vertretungen,[41] die von den Konsulatsbeamten zu ergreifenden praktischen Maßnahmen[42] und die Regeln für die Ausstellung eines Rückkehrausweises.[43] Hinzugekommen sind – im Anschluss an die Herausforderungen der Tsunami-Katastrophe vom Dezember 2004 in Südostasien – rechtlich nicht verbindliche Leitlinien für den konsularischen Schutz der Unionsbürger in Drittländern und für die Umsetzung des Konzepts des federführenden Mitgliedstaats bei der konsularischen Zusammenarbeit.[44] Insgesamt beschränken sich die Bestimmungen auf den konsularischen Schutz und auch insoweit hauptsächlich auf die Unterstützung von Unionsbürgern in Notfällen, so dass der Schutzbereich des Art. 23 AEUV und damit auch des Art. 46 von den Mitgliedstaaten bisher nicht ausgeschöpft worden ist. Weiterführende Maßnahmen – im Hinblick auf eine Einbeziehung auch des diplomatischen Schutzes sowie zur Aufklärung der Unionsbürger über ihre Rechte und zur Verbesserung ihres Schutzes bei Aufenthalten in Drittländern – sind von der Kommission angeregt und vom Europäischen Parlament begrüßt worden, bedürfen aber noch der Verwirklichung durch die Mitgliedstaaten.[45] 16

Internationale Verhandlungen und Vereinbarungen der Mitgliedstaaten mit Drittländern sind für den stellvertretenden diplomatischen Schutz stets und für den stellvertretenden konsularischen Schutz dann erforderlich, wenn das Drittland dagegen Einspruch erhebt (→ Rn. 7). Nach der engen, bisher auf den konsularischen Schutz beschränkten Praxis der Mitgliedstaaten erübrigen sich somit internationale Verhandlungen, solange ein Drittland nicht widerspricht. 17

b) Maßnahmen der Union. Neu hinzugekommen durch den Vertrag von Lissabon ist Art. 23 Abs. 2 AEUV. Danach kann der Rat – mit qualifizierter Mehrheit (Art. 16 Abs. 3 18

---

39 *Kommission,* Bericht über die Unionsbürgerschaft, KOM(93) 702, S. 7.

40 *Kommission,* Dritter Bericht über die Unionsbürgerschaft, KOM(2001) 506, S. 19.

41 Beschluss 95/553/EG der im Rat vereinigten Vertreter der Regierungen der Mitgliedstaaten v. 19.12.1995 über den Schutz der Bürger der Europäischen Union durch die diplomatischen und konsularischen Vertretungen, ABl. 1995 Nr. L 314 S. 73, der am 3.5.2002 in Kraft getreten ist; vgl. EU-Gesamtbericht 2002, Ziff. 513; aufgehoben durch RL 2015/637 (unten Rn. 18).

42 Nicht im ABl. veröffentlicht; vgl. dazu *Kommission,* Zweiter Bericht über die Unionsbürgerschaft, KOM(97) 230, S. 12.

43 Beschluss 96/409/GASP der im Rat vereinigten Vertreter der Regierungen der Mitgliedstaaten v. 25.6.1996 zur Ausarbeitung eines Rückkehrausweises, ABl. 1996 Nr. L 168 S. 4.

44 *Rat,* Leitlinien für den konsularischen Schutz von EU-Bürgern in Drittländern, Rats-Dok. 10109/2/06; *Rat,* Leitlinien der Europäischen Union für die Unterstützung des Konzepts des federführenden Staats bei der konsularischen Zusammenarbeit, ABl. 2008 Nr. C 317 S. 6.

45 *Kommission,* Der diplomatische und konsularische Schutz des Unionsbürgers in Drittländern (Grünbuch), KOM(2006) 712, Ziff. 1.3; vgl. dazu *EP,* Entschließung v. 11.12.2007, Ziff. 1 und 8, ABl. 2008 Nr. C 323E S. 120; *Kommission,* Der Beitrag der Europäischen Union zur Gewährleistung eines wirksamen konsularischen Schutzes in Drittländern (Aktionsplan 2007–2009), KOM(2007) 767, Ziff. 5.2; *Kommission,* Konsularischer Schutz der EU-Bürger in Drittstaaten: Sachstand und Entwicklungsperspektiven, KOM(2011) 149.

EUV) – zur Erleichterung des diplomatischen und konsularischen Schutzes der Unionsbürger in Drittländern gemäß einem besonderen Gesetzgebungsverfahren – auf Vorschlag der Kommission (Art. 17 Abs. 2 EUV) – und nach Anhörung des Europäischen Parlaments **Richtlinien** zur Festlegung der notwendigen Koordinierungs- und Kooperationsmaßnahmen erlassen. Diese Maßnahmen betreffen die Abstimmung und die Zusammenarbeit zwischen den Mitgliedstaaten ebenso wie mit der Union (Art. 35 EUV). Am 20.4.2015 hat der Rat die **Richtlinie 2015/637** über den konsularischen Schutz von Unionsbürgern in Drittstaaten und zur Aufhebung des Beschlusses 95/553 (→ Rn. 16) erlassen.[46] Danach bedeutet das Nichtvorhandensein einer Vertretung, dass der betreffende Mitgliedstaat in dem Drittland keine Vertretung hat oder eine solche effektiv nicht in der Lage ist, in einem konkreten Fall Schutz zu gewähren. Der zu gewährende Schutz, der auch die nicht die Unionsbürgerschaft besitzenden Familienmitglieder von Unionsbürgern einschließt, umfasst Hilfe wie sie den eigenen Staatsangehörigen des leistenden Mitgliedstaats nach dessen Bedingungen zusteht, insbesondere Hilfe bei Festnahme oder Haft, als Opfer einer Straftat, bei schweren Unfällen oder Erkrankungen, bei Todesfällen oder in Notfällen. Weitere Einzelheiten betreffen die Koordinierungs- und Kooperationsmaßnahmen zwischen den Behörden der Mitgliedstaaten und den Delegationen der Union sowie das Finanzverfahren, insbesondere im Hinblick auf Rückzahlungsverpflichtungen für Kosten der geleisteten Hilfe. In der Praxis entfallen mehr als 60 % der Hilfeersuchen auf die Ausstellung von Rückkehrausweisen infolge eines Verlustes erforderlicher Reisedokumente.[47] Regelungsbedarf besteht zudem für Hilfeersuchen im Gebiet der Union, da die Richtlinie 2015/637 nur das Gebiet von Drittstaaten abdeckt.[48]

IV. Literaturübersicht

Busse, Christian, Enthält Art. 20 S. 1 EGV-Amsterdam einen unmittelbaren Anspruch auf diplomatischen und konsularischen Schutz?, europablätter 1999, 92; *Doehring, Karl*, Handelt es sich bei einem Recht, das durch diplomatischen Schutz eingefordert wird, um ein solches, das dem die Protektion ausübenden Staat zusteht, oder geht es um die Erzwingung von Rechten des betroffenen Individuums?, in: Ress, Georg/Stein, Torsten (Hrsg.), Der diplomatische Schutz im Völker- und Europarecht, Baden-Baden 1996, S. 13; *Dolzer, Rudolf*, Diplomatic Protection of Foreign Nationals, in: Bernhardt, Rudolf (ed.), Encyclopedia of Public International Law, Vol. I, Amsterdam 1992, S. 1067; *Economides, Constantin*, Consuls, in: Bernhardt, Rudolf (ed.), Encyclopedia of Public International Law, Vol. I, Amsterdam 1992, S. 770; *Fischer, Peter*, Die Unionsbürgerschaft: Ein neues Konzept im Völker- und Europarecht, in: Haller, Herbert/Novak, Richard u.a. (Hrsg.), FS für Günther Winkler, Wien 1997, S. 237; *Geck, Wilhelm*, Diplomatic Protection, in: Bernhardt, Rudolf (ed.), Encyclopedia of Public International Law, Vol. I, Amsterdam 1992, S. 1045; *Hailbronner, Kay*, Diplomatischer Schutz bei mehrfacher Staatsangehörigkeit, in: Ress, Georg/Stein, Torsten (Hrsg.), Der diplomatische Schutz im Völker- und Europarecht, Baden-Baden 1996, S. 27; *Karalus, Kirstin*, Die diplomatische Vertretung der Europäischen Union, Tübingen 2009; *Klein, Eckart*, Anspruch auf diplomatischen Schutz?, in: Ress, Georg/Stein, Torsten (Hrsg.), Der diplomatische Schutz im Völker- und Europarecht, Baden-Baden 1996, S. 125; *Kleinlein, Thomas/Rabenschlag, David*, Auslandsschutz und Staatsangehörigkeit, ZaöRV 2007, 1277; *Kovar, Robert/Simon, Denys*, La citoy-

46 Richtlinie (EU) 2015/637 des Rates v. 20.4.2015 über Koordinierungs- und Kooperationsmaßnahmen zur Erleichterung des konsularischen Schutzes von nicht vertretenen Unionsbürgern in Drittländern und zur Aufhebung des Beschlusses 95/553/EG, ABl. 2017 Nr. L 106, S. 1; dazu *Kommission*, Vorschlag für eine Richtlinie des Rates über den konsularischen Schutz von Unionsbürgern im Ausland, KOM(2011) 881; *EP*, Legislative Entschließung v. 25.10.2012 zu dem Vorschlag für eine Richtlinie des Rates über den konsularischen Schutz von Unionsbürgern im Ausland, ABl. 2014 Nr. C 72E, S. 101; *Tichy-Fisslberger*, EuR-Beiheft 2012, 217, 221 ff.; Erstes Gesetz zur Änderung des [deutschen] Konsulargesetzes v. 18.4.2018, BGBl 2018 I 478 (betr. § 9 a: „Anwendung auf im Drittland nicht vertretene Unionsbürger und Unionsbürgerinnen").

47 *Kommission*, Bericht über die Unionsbürgerschaft 2017, COM(2017) 30, S. 21.

48 Ebd.

enneté européenne, CDE 1993, 285; *Ruffert, Matthias*, Diplomatischer und konsularischer Schutz zwischen Völker- und Europarecht, ArchVR 1997, 459; *Sauerwald, Christine*, Die Unionsbürgerschaft und das Staatsangehörigkeitsrecht in den Mitgliedstaaten der Europäischen Union, Frankfurt a.M. 1996; *Schmalenbach, Kirsten*, Die Delegationen der Europäischen Union in Drittländern und bei internationalen Organisationen, EuR-Beiheft 2012, 205; *Seidl-Hohenveldern, Ignaz*, Der diplomatische Schutz für juristische Personen und Akteure, in: Ress, Georg/Stein, Torsten (Hrsg.), Der diplomatische Schutz im Völker- und Europarecht, Baden-Baden 1996, S. 115; *Stein, Torsten*, Die Regelung des diplomatischen Schutzes im Vertrag über die Europäische Union, in: Ress, Georg/Stein, Torsten (Hrsg.), Der diplomatische Schutz im Völker- und Europarecht, Baden-Baden 1996, S. 97; *Storost, Christian*, Diplomatischer Schutz durch EG und EU?, Berlin 2005; *Szczekalla, Peter*, Die Pflicht der Gemeinschaft und der Mitgliedstaaten zum diplomatischen und konsularischen Schutz, EuR 1999, 325; *Tichy-Fisslberger*, Der Schutz der EU-Bürger durch die diplomatischen und konsularischen Vertretungsbehörden, EuR-Beiheft 2012, 217.

Titel VI Justizielle Rechte

Vorbemerkungen

1 In diesem Titel finden sich so unterschiedliche Rechte geregelt wie das auf einen wirksamen Rechtsbehelf, das auf ein unparteiisches Gericht und das auf Prozesskostenhilfe (Art. 47), ferner die Garantie der Unschuldsvermutung und von Verteidigungsrechten (Art. 48), die Grundsätze der Gesetzmäßigkeit und Verhältnismäßigkeit im Zusammenhang mit Straftaten und Strafen (Art. 49) sowie das Verbot der Doppelbestrafung (Art. 50). Allen Verbürgungen ist gemeinsam, dass es sich nicht um bloße Grundsätze (Art. 51 Abs. 1 S. 2), sondern um **subjektive Rechte** handelt. Die justiziellen Grundrechte haben zwar auch eine dienende Funktion, weil die von der Europäischen Union gewährten subjektiven Rechte des Primär- und Sekundärrechts sowie die übrigen in der GRC verbürgten Grundrechte (namentlich jene der Titel I und II) notfalls in einem rechtsstaatlichen, fairen und justizförmigen Verfahren durchgesetzt werden müssen, wenn diese reale Wirkung entfalten sollen. Darüber hinaus haben die Art. 47–50 aber auch eigene Gewährleistungsgehalte, die um ihrer selbst willen zu respektieren sind. Die gemeinsame Bezeichnung der Gewährleistungen als **„justizielle Rechte“** sollte nicht überbewertet werden, ist doch schon dieser Terminus selbst mehrdeutig, aber vielleicht gerade deshalb geeignet, als loses Band für recht unterschiedliche Garantien zu dienen. Immerhin dürfte seine Aussagekraft größer sein als bei dem mit „Justice“ überschriebenen Kapitel des englischen Pendants. Denn während sich die Doppeldeutigkeit von „Justice“ sowohl im Sinne materieller Gerechtigkeit als auch formeller Justiz verstehen lässt, findet sich in „justiziellen Rechten“ der formal-prozessuale Charakter stärker ausgeprägt. Dies macht es freilich zugleich auch schwerer, die in Art. 49 verkörperten Grundsätze von „nullum crimen, nulla poena sine lege“ zwanglos darunter zu fassen, werden doch die Garantien der Gesetzmäßigkeit staatlichen Strafens traditionell im materiellrechtlichen Sinne verstanden. Daher könnte eine dem englischen Vorbild folgende Überschreibung des Titels mit „Gerechtigkeit“ letztlich doch einiges für sich haben, und sei es auch nur deshalb, weil damit die Sequenz von „Würde des Menschen“ (Titel I), „Freiheiten“ (Titel II), „Gleichheit“ (Titel III), „Solidarität“ (Titel IV) mit einem – den jetzigen „Bürgerrechten“ (Titel V) vorangestellten – Titel über „Gerechtigkeit“ eine menschenrechtlich überzeugendere Folgerichtigkeit erhielte.

2 Selbst mit der englischen Titelüberschrift „Justice“ war jedoch – mangels entsprechender Hinweise in den Materialien und Protokollen – wohl nicht mehr gemeint als „judicial guarantees“, während mit „Rechten“ sogar noch mehr, nämlich über bloße Abwehrgarantien hinaus auch Ansprüche und Teilhaberechte gemeint sein können. So geht es bei den „justiziellen Rechten“ ebenso wie bei den synonym so bezeichneten „Justizrechten“[1] – entgegen dem scheinbaren Wortsinn – nicht um Rechte der Justiz, sondern gerade umgekehrt um **Rechte des Einzelnen im Verhältnis zur Justiz**, und zwar in dreifacher Hinsicht: zum ersten als Rechte *auf Tätigwerden der Justiz*, sowohl dem Grunde nach wie auch in näher bestimmter Weise (Art. 47 Abs. 1 und 2), zum zweiten durch Rechte *gegenüber der Justiz*, indem diese nur bei vorangegangener Strafbarerklärung die Verfolgung aufnehmen (Art. 49 Abs. 1 und 2) und dies auch nur einmal tun darf (Art. 50), sowie zum dritten durch Rechte *im Umgang mit der Justiz*, wie mittels Gewährung von Prozesskostenhilfe (Art. 47 Abs. 3), von Beratungs- und Verteidigungsrechten (Art. 47 Abs. 2 S. 2, Art. 48) und durch Wahrung der Verhältnismäßigkeit staatlichen Strafens (Art. 49 Abs. 3). Auch wenn diese Rechte

1 Wie beispielsweise im Bericht zur 20. Konventsitzung in: *Meyer/Engels*, Charta der Grundrechte, 2001, S. 244.

nicht ausdrücklich auf bestimmte Gerichtszweige eingeschränkt sind, kommen sie der Sache nach doch nur zum Teil für *alle Gerichtsbarkeiten* in Betracht, wie vor allem die Rechtswege- und Gerichtsgarantien (Art. 47 Abs. 1 und 2) und die Prozesshilfe (Art. 47 Abs. 3) sowie bis zu einem gewissen Grad die Unschuldsvermutung (Art. 48 Abs. 1). Demgegenüber sind die übrigen Rechte, wie die Verteidigungsrechte (Art. 48 Abs. 2), die Grundsätze der Gesetzmäßigkeit und Verhältnismäßigkeit (Art. 49) und des Doppelbestrafungsverbots (Art. 50), wesensgemäß an die *Strafjustiz* adressiert, weshalb sie vielleicht sogar in einem gemeinsamen Artikel hätten zusammengefasst werden können.

Hinsichtlich ihres grundrechtlichen Charakters handelt es sich bei den Garantien dieses Kapitels um **Menschenrechte**, die jeder Person zukommen, also nicht um bloße Bürgerrechte, wie sie insbesondere im Titel V den Unionsbürgerinnen und -bürgern vorbehalten werden.[2] Zu den zur Achtung dieser Grundrechte **Verpflichteten** gehört gemäß Art. 51 Abs. 1 GRC in erster Linie die *Europäische Union* mit ihren Organen, Einrichtungen und sonstigen Stellen (wie etwa Ämter und Agenturen).[3] Ein besonders wichtiger Adressat wird künftig die **EuStA** sein, da diese bei ihrer strafverfolgenden Tätigkeit die Einhaltung der GRC zu beachten hat, die einschlägige Verordnung aber keine eigenen (justiziellen) Grundrechtsverbürgungen enthält, sondern richtigerweise auf die Charta verweist (s. Art. 41 Abs. 1 VO 2017/1939). Gleichermaßen verpflichtet sind aber auch die Mitgliedstaaten der EU, soweit es um die „Durchführung“ von Unionsrecht geht. Dies ist etwa schon dann der Fall, wenn **Mitgliedstaaten** verbindliche Vorschriften der Union unter Strafe stellen.[4] Angesichts der inzwischen großzügigen Auslegung des Art. 51 GRC durch den EuGH[5] und der fortschreitenden Europäisierung des Strafrechts dürfte der Anwendungsbereich der GRC und damit die Bedeutung der justiziellen Grundrechtsgewährleistungen der GRC auch in dieser Hinsicht weiter wachsen.[6] Zugleich nimmt die Bedeutung des EuGH zu: Dessen Rechtsprechung wird zunehmend eigene Linien ausbilden, die das bislang vor allem von BVerfG und EGMR geprägte Bild des Schutzes justizieller Grundrechte – insbesondere des Strafverfassungsrechts – anreichern und an manchen Stellen auch übermalen werden.[7] Insbesondere Art. 47 GRC scheint sich zu einer Art „prozessualem Supergrundrecht“ zu entwickeln, das einerseits das Gewährleistungsniveau durch eine Verknüpfung von Individualrechten mit Verfahrensgrundsätzen erhöht, andererseits aber für Friktionen in nationalen Rechtsschutzsystemen führen kann.[8] Als Grundlage einer Systembildung kann es daher ebenso wenig dienen wie das Fairness-Gebot der EMRK.[9] Die Ausarbeitung eines kohärenten und systematischen Rechtsschutzsystems bleibt damit der sekundären Unionsrechtsrechtssetzung vorbehalten. 3

Wie schon der Verzicht auf den bestimmten Artikel in der Titelüberschrift von „justiziellen Rechten“ erkennen lässt, ist dieser Katalog kein abschließender und daher einer **Ergänzung** 4

2 Vgl. *Meyer/Engels*, Charta der Grundrechte, 2001, S. 31.
3 Wobei dies insbesondere für strafähnliche Maßnahmen relevant werden kann: *Jarass*, NStZ 2012, 612.
4 EuGH im Fall *Garenfeld*, C-405/10 Z. 38 – Slg 2011, I-11035 = BeckRS 2011, 81610. Zu weiteren Einzelheiten vgl. *Borowsky*, Art. 51 Rn. 16 ff.
5 S. zur Fransson-Rechtsprechung Art. 51 Rn. 44 ff.
6 Überblick über die neueste (vornehmlich strafrechtsbezogene) Rspr. des EuGH zu Art. 51 GRC bei *Risse*, HRRS 2014, 93 ff.
7 Dazu *Franzius*, ZAÖRV 75 (2015), 383 ff.
8 So zutr. *Nehl*, in: Pechstein/Nowak/Häde, GRC, Art. 47 Rn. 45.
9 *Nehl*, in: Pechstein/Nowak/Häde, GRC, Art. 47 Rn. 45; *Kubiciel*, in: Althammer/Weller (Hrsg.), Mindeststandards im europäischen Zivilprozessrecht, 2015, S. 135 ff. Abweichend *Jahn*, ZStW 127 (2015), 549 ff.

sowohl fähig als auch bedürftig.[10] Solange es an entsprechenden Gewährleistungen fehlt, ist gemäß Art. 52 Abs. 3 und Art. 53 auf die durch die EMRK gewährten Menschenrechte und Grundfreiheiten zurückzugreifen.[11]

5 Im Übrigen gelten auch Menschenrechte nicht ohne **Schranken.** Soweit sich solche nicht unmittelbar aus den Art. 47–50 ergeben, kommen Einschränkungen aufgrund und im Rahmen der allgemeinen Schrankenvorbehalte in Art. 52 Abs. 1 und 2 in Betracht.[12]

Artikel 47 Recht auf einen wirksamen Rechtsbehelf und ein unparteiisches Gericht

Jede Person, deren durch das Recht der Union garantierte Rechte oder Freiheiten verletzt worden sind, hat das Recht, nach Maßgabe der in diesem Artikel vorgesehenen Bedingungen bei einem Gericht einen wirksamen Rechtsbehelf einzulegen.

Jede Person hat ein Recht darauf, dass ihre Sache von einem unabhängigen, unparteiischen und zuvor durch Gesetz errichteten Gericht in einem fairen Verfahren, öffentlich und innerhalb angemessener Frist verhandelt wird. Jede Person kann sich beraten, verteidigen und vertreten lassen.

Personen, die nicht über ausreichende Mittel verfügen, wird Prozesskostenhilfe bewilligt, soweit diese Hilfe erforderlich ist, um den Zugang zu den Gerichten wirksam zu gewährleisten.

1 Art. 47 gewährt in seinen drei Absätzen verschiedene Rechte, auch wenn allen die Gewährleistung eines wirksamen Rechtsschutzes als Ziel gemeinsam sein mag[1] und dabei insbe-

---

10 Vgl. *Meyer*, in: Meyer/Engels, Charta der Grundrechte, 2001, S. 16 sowie unten Art. 47 Rn. 41.

11 Vgl. zB *Eser/Kubiciel*, unten Art. 48 Rn. 24. Zur neueren Entwicklung des Verhältnisses der GRC zur EMRK vgl. *Weiß*, EuZW 2013, 287 ff.

12 Erläuterung des Konventspräsidiums *Charte* 4473/00 zu Art. 52 (*Bernsdorff/Borowsky*, Protokolle, S. 43). Vgl. beispielsweise zur Einschränkbarkeit der Verfahrensöffentlichkeit *Eser*, unten Art. 47 Rn. 38.

1 Wie von *Jarass*, NJW 2011, 1393 f. zu Recht betont, ohne dass sich aber damit schon seine weitergehende Annahme eines „gemeinsamen Grundrechts" aller drei Absätze begründen ließe.

sondere die in den Abs. 1 und Abs. 2 garantierten Rechte inhaltlich zusammenhängen.[2] Gleichwohl erscheint eine getrennte Behandlung angebracht.

I. Art. 47 Abs. 1: Recht auf einen wirksamen Rechtsbehelf

1. Vorgaben

a) Art. 13 EMRK

2 Gemäß den Erläuterungen des Präsidiums des Konvents stützt sich Art. 47 Abs. 1 GRC auf Art. 13 EMRK:[3]

„Jede Person, die in ihren in dieser Konvention anerkannten Rechten oder Freiheiten verletzt worden ist, hat das Recht, bei einer innerstaatlichen Instanz eine wirksame Beschwerde zu erheben, auch wenn die Verletzung von Personen begangen worden ist, die in amtlicher Eigenschaft gehandelt haben."

Art. 13 EMRK, der seinerseits auf Art. 8 AEMR der Vereinten Nationen von 1948 zurückgeht, garantiert jedermann zur Durchsetzung seiner Rechte aus der EMRK eine wirksame Beschwerde bei einer nationalen Instanz. Mit dieser als Grundrecht ausgestalteten Verfahrensgarantie soll bereits für den innerstaatlichen Bereich ein effektiver Schutz der Konventionsrechte gewährleistet werden.[4] Der darin zum Ausdruck kommende Vorrang innerstaatlichen Grundrechtsschutzes vor dem internationalen Grundrechtsschutz, wie dies insbesondere auch dem Erfordernis der Rechtswegerschöpfung im (seinerzeitigen) Art. 26 (und dem heutigen Art. 35) EMRK zugrunde liegt, dürfte sich aus der zu seiner Entstehungszeit verbreiteten Vorstellung erklären, dass weder ein wirksamer internationaler Grundrechtsschutz noch ein entsprechender weltweiter Konsens realisierbar sei.[5] Jenseits dieser auf den Schutz durch nationale Instanzen vertrauenden Zielsetzung sind Bedeutung und Tragweite dieses Grundrechts auf einen wirksamen Rechtsbehelf noch immer wenig geklärt, so dass sich Art. 13 EMRK im Schrifttum als eines der unklarsten Grundrechte der Konvention bezeichnet findet.[6] Ohne Anspruch auf Vollständigkeit seien einige der wesentlichen – teils mit Art. 47 Abs. 1 übereinstimmenden, teils davon abweichenden – Grundzüge hervorgehoben:

3 **aa)** Weniger weitgehend als Art. 47 Abs. 1 (→ Rn. 11) soll Art. 13 EMRK lediglich eine Beschwerdemöglichkeit vor einer **nationalen Behörde** sicherstellen, wobei es sich um eine unparteiische Instanz handeln muss, die in einem förmlichen Verfahren untersucht und entscheidet, ob ein dem Beschwerdeführer zustehendes Konventionsrecht verletzt wurde. Im Übrigen besteht zwischen der EMRK und der GRC insofern weitgehende Übereinstimmung, als *Wirksamkeit* des Rechtsbehelfs nicht mit dessen Erfolg gleichzusetzen ist,[7] wohl aber dazu gehört, dass im Erfolgsfalle auf die Aufhebung oder Änderung des angefochtenen Aktes, auf entsprechende Entschädigungen oder auf die Verhängung von Sanktionen hinzuwirken ist.[8] Denn der von EMRK und GRC geforderte Rechtsbehelf muss auch in

2 So vor allem hinsichtlich der Abhängigkeit des in Abs. 1 gewährten Rechtsbehelfs von dem nach Abs. 2 zuvor zu errichtenden Gericht: vgl. unten Rn. 12.
3 *Charte* 4473/00 (*Bernsdorff/Borowsky*, Protokolle, S. 38).
4 *Holoubek*, JBl 1992, 140, *Mertens*, Recours, 1973, S. 47 ff.
5 *Bernegger*, in: Machacek/Pahr/Stadler, 1992, S. 736, *Matscher*, in: FS für Seidl-Hohenveldern, S. 317.
6 Vgl. *Holoubek*, JBl 1992, 137, *Matscher*, in: FS für Seidl-Hohenveldern, 1988, S. 315.
7 Vgl. EGMR im Fall *Pine Vallen*/IRL, GH 222, Z. 66 = ÖJZ 1992, 459, ferner unten Rn. 19.
8 *Frowein*, in: Frowein/Peukert, EMRK, Art. 13 Rn. 8, *Grabenwarter*, EMRK, § 24 Rn. 197, *Holoubek*, JBl 1992, 143 f., jeweils mwN Die tatsächliche Implementierung der gerichtlichen Entscheidung fordernd der EGMR im Fall *Hornsby*, 19.3.1997 = ÖJZ 1998, 236 f.

praktischer Hinsicht wirksam sein.[9] Dafür muss das Verfahren so ausgestaltet sein, dass es vollen Rechtsschutz gewährleisten kann. Sofern anderweitig ein gerichtlicher Rechtsschutz garantiert wird, wie etwa nach Art. 6 Abs. 1 und Art. 5 Abs. 4 EMRK, wird Art. 13 EMRK als lex generalis verdrängt.[10]

4 **bb**) Ähnlich wie dies in Art. 47 Abs. 1 festzustellen ist (→ Rn. 18 f.), hat auch Art. 13 EMRK insofern akzessorischen Charakter, als seine Anwendbarkeit die Verletzung einer anderen materiellen Bestimmung der EMRK oder eines Zusatzprotokolls voraussetzt (sog **materielle Rüge**). Obgleich der Wortlaut dafür, wie zunächst von einer Minderheitsmeinung der EKMR vertreten,[11] eine bereits festgestellte Rechtsverletzung zu erfordern scheint, lässt der EGMR schon die bloße *Behauptung* des Beschwerdeführers, in Konventionsrechten *verletzt zu sein*, genügen.[12] Diese Behauptung der Rechtsverletzung muss jedoch, um missbräuchliche Berufungen auf Art. 13 EMRK auszuschließen, *in vertretbarer Weise* („arguable claim") erhoben sein.[13]

5 **cc**) Ähnlich wie dies auch noch bei Art. 47 Abs. 1 der Fall ist (→ Rn. 20), war auch schon bei Art. 13 EMRK unklar, ob das Beschwerderecht nur gegen **exekutive** Akte, was unbestritten möglich sein soll, oder auch gegen Konventionsverletzungen durch *Gesetze* oder durch *Gerichte* erhoben werden kann. Da zur Entstehungszeit der Konvention nur die wenigsten Staaten eine Verfassungsbeschwerde gegen Gesetzgebungsakte kannten, verneint der EGMR die Anwendbarkeit von Art. 13 EMRK bei Rechtsverletzungen durch Gesetze,[14] ungeachtet einzelner, tastender Absetzbewegungen.[15] Im Schrifttum ist eine solche Erweiterung sehr umstritten, wobei zumeist auf den historischen Umstand hingewiesen wird, dass sich Konventionsstaaten nicht zur Einführung eines Rechtsbehelfs hätten verpflichten wollen, der vielen Staaten traditionell unbekannt gewesen sei.[16] Dieses historische Argument trifft zwar zu, öffnet Art. 13 EMRK jedoch zugleich für Veränderungen: In dem Maße, in dem Staaten die Möglichkeit der Normenkontrolle vorsehen, verliert die bisherige Interpretation des Art. 13 EMRK seine Überzeugungskraft. Auch Gerichtsentscheidungen scheiden als Beschwerdegegenstand nach Art. 13 EMRK aus, da Art. 6 EMRK als rechtsstaatlichen Grundsatz die volle Unabhängigkeit der Gerichte garantiert und Gerichtsent-

---

9 *Breuer*, in: Karpenstein/Mayer, EMRK, Art. 13 Rn. 42.

10 Vgl. EGMR im Fall *Sporrong* und *Lönnroth*, GH 51/A, Z. 88 = EuGRZ 1983, 528, *Silver*, GH 61/A, Z. 110 = EuGRZ 1984, 153, *Hentrich*, GH 296/A, Z. 64 = EuGRZ 1996, 593 ff., ferner *Frowein*, in: Frowein/Peukert, EMRK, Art. 13 Rn. 10, *Holoubek*, JBl 1992, 142 f.

11 So EKMR im Bericht *Klass* E 3798/68, Yb 12, 306, 324; kritisch dazu mwN *Frowein*, in: Frowein/Peukert, EMRK, Art. 13 Rn. 2 ff.

12 EGMR im Fall *Klass*, GH 28, 29 Z. 64 = EuGRZ 1979, 278. Vgl. auch *Grabenwarter*, EMRK, § 24 Rn. 193.

13 Grundlegend dazu EGMR im Fall *Silver*, GH 61/A, Z. 113 = EuGRZ 1984, 153. Zur Weiterentwicklung und Einzelheiten vgl. in den Fällen *Boyle* and *Rice*, GH 131/A, 23 f., Z. 54, *Powell* and *Rayner*, GH 172/A = ÖJZ 1990, 419 wie auch *Vilvarajah*, GH 215/A = ÖJZ 1992, 310. Zu der freilich nicht immer konsequenten Argumentationsweise des EGMR in dieser Frage vgl. auch die zusammenfassende Darstellung bei *Bernegger*, in: Machacek/Pahr/Stadler, 1992, S. 739 ff. sowie *Matscher*, in: FS für Seidl-Hohenveldern, 1988, S. 319 f.

14 So zuletzt EGMR im Fall *A u.a.*, 19.2.2009 (GK) – 3455/05, Rn. 135. S. ferner *Lithgow*, GH/A 102, Z. 206 = EuGRZ 1988, 364; ebenso in *The Holy Monasteries*, GH 301/A, Z. 101 = EuGRZ 1993, 611; hingegen ausdrücklich offengelassen in *Young, James, Webster*, GH 39/B, Z. 177 = EuGRZ 1980, 454. Umfangreiche Nachweise auch bei *Breuer*, in: Karpenstein/Mayer, EMRK, Art. 13 Rn. 16.

15 Vgl. dazu *Mathews* (Gibraltar-Urteil), EuZW 1999, 308.

16 Vgl. *Velu/Ergec*, La Convention, S. 98 f., Nr. 121 f., *Frowein*, in: Frowein/Peukert, EMRK, Art. 13 Rn. 11, *Grabenwarter/Pabel*, EMRK, § 24 Rn. 192; kritisch auch *Hangartner*, AJP 1994, 6, *Matscher*, in: FS für Seidl-Hohenveldern, 1988, S. 330 ff.

scheidungen im Rechtsmittelverfahren nur durch andere Gerichte, nicht aber durch nichtgerichtliche Behörden, wie nach Art. 13 EMRK (→ Rn. 3), überprüft werden können.[17]

dd) Nicht mehr zu finden ist in Art. 47 Abs. 1 die Klarstellung des Art. 13 EMRK, derzufolge das Beschwerderecht auch gegenüber Konventionsverletzungen bei Handlungen in *amtlicher Eigenschaft* gilt. Eine solche **immunitätsaufhebende** Klausel, wie sie offenbar gegenüber der traditionellen Immunität der englischen Krone gegen Beschwerdeverfahren erforderlich schien,[18] ist für die GRC sicherlich insoweit obsolet, als es um Rechtsbehelfe gegenüber Gemeinschaftsorganen geht, nicht aber ohne weiteres insoweit, als EU-Mitgliedstaaten Unionsrecht anwenden (→ Rn. 13 bzw. 14). 6

b) Nationalstaatliche Gewährleistungen

Auf **nationalstaatlicher** Ebene ist das Recht auf einen wirksamen Rechtsbehelf – im Vergleich zu der in Art. 47 ebenfalls garantierten Unabhängigkeit des Gerichts (vgl. unten Rn. 23aa) – lediglich in einem Drittel der EU-Staaten verfassungsrechtlich abgesichert: so in Deutschland (Art. 19 Abs. 4), Estland (§ 15), Finnland (§ 21), Litauen (Art. 30), Portugal (Art. 20 Abs. 5), Rumänien (Art. 21 Abs. 1), Slowakei (Art. 46 Abs. 1), Slowenien (Art. 23), Spanien (Art. 24 Abs. 1) und der Tschechischen Republik (Art. 36 Abs. 1 GR-Deklaration).[19, 20] 7

2. Diskussion im Grundrechtekonvent

Die ersten Entwürfe zu Art. 47 Abs. 1 hatten die Formulierung von Art. 13 EMRK nahezu wörtlich übernommen. Um jedoch den Besonderheiten der Union Rechnung zu tragen, wurde der EMRK-Bezug auf eine *nationale Instanz* gestrichen,[21] da die GRC grundsätzlich nur für die Organe und Einrichtungen der Union gelte und Rechtsbehelfe in der Regel nur bei einem europäischen Gericht eingelegt werden könnten. Dabei bestand freilich Unsicherheit hinsichtlich der Frage, ob über den EuGH hinaus auch die nationalen Gerichte angerufen werden können, soweit geschützte Rechte bei Anwendung von materiellem Gemeinschaftsrecht durch einen EU-Mitgliedstaat verletzt werden.[22] 8

Weitgehende Einigkeit bestand darüber, dass der behördliche Schutz im Sinne eines *gerichtlichen Schutzes* zu verstärken sei,[23] so dass konsequenterweise die bisherige „wirksame Beschwerde" durch „wirksamer Rechtsbehelf" zu ersetzen war. Soweit gelegentliche Forderungen, auch Verwaltungsstellen als Beschwerdeinstanz anzuerkennen, erhoben wurden, vermochten sie sich nicht durchzusetzen.[24] 9

Kontroversen gab es hinsichtlich der Frage, ob der Rechtsschutz auf Rechte und Freiheiten im Sinne der GRC zu begrenzen sei, oder nicht vielmehr im Lichte der Rechtsprechung des 10

---

17 So auch *Frowein*, in: Frowein/Peukert, EMRK, Art. 13 Rn. 13.
18 Vgl. *Frowein*, in: Frowein/Peukert, EMRK, Art. 13 Rn. 7 mwN.
19 Nach Art. 3 und 112 der Tschechischen Verfassung vom 16.12.1992 bildet die Deklaration der grundlegenden Rechte und Freiheiten vom 9.1.1991 (GR-Deklaration) einen Bestandteil der Verfassung.
20 Über ausdrückliche Verfassungsgarantien eines Rechts auf effektiven Rechtsschutz hinaus sind aber auch gewisse *verfassungsgerichtliche* Anerkennungen von Rechtsschutz vorzufinden; vgl. die Nachweise bei *Heselhaus/Nowak*, Handbuch § 51 vor Rn. 1.
21 Vgl. *Charte* 4123/1/00 Art. 4, aber auch *Charte* 4141/00 Art. 1.
22 Vgl. *Bernsdorff/Boroswky*, Protokolle, S. 176, 276 f. sowie unten Rn. 15.
23 Vgl. die Erläuterung des Konventspräsidiums zu Art. 7 *Charte* 4149/00 und 4284/00, ferner *Charte* 4422/00 und 4423/00 Art. 45, *Bernsdorff/Borowsky*, Protokolle, S. 177, 277, sowie unten Rn. 11.
24 Vgl. *Meyer/Engels*, Charta der Grundrechte, 2001, S. 243.

EuGH für *alle auf EU-Ebene gewährten Rechte* ein Rechtsbehelf zur Verfügung stehen müsse.[25] Auch wenn diese weitergehende Einräumung von Rechtsschutz schließlich Eingang in Art. 47 Abs. 1 fand (→ Rn. 16), lässt dieser noch manche Fragen offen.

3. Kommentierung

a) (Bedingte) Garantie gerichtlichen Rechtsschutzes

11 aa) Durch Art. 47 Abs. 1 soll der sich schon aus Art. 6 Abs. 1 EMRK ergebende und auch unionsrechtlich bereits allgemein anerkannte Grundsatz **effektiven gerichtlichen Rechtsschutzes** gewährleistet werden.[26] Dazu wird jeder Person **das Recht auf einen wirksamen Rechtsbehelf eingeräumt**. Auch wenn dies nur Verletzungen von Rechten oder Freiheiten betrifft, die durch das (primäre und sekundäre) Recht der Union garantiert sind,[27] handelt es sich seinem Grundcharakter nach um ein *Menschenrecht*, das allenfalls insoweit auf ein bloßes EU-Bürgerrecht eingeengt sein kann, als das im konkreten Fall verletzte Recht seinerseits nur einem EU-Bürger zusteht.[28] Durch Einräumung eines bloßen **Rechtsbehelfs** wird anders als nach Art. 19 Abs. 4 GG kein bestimmter *Rechtsweg* eröffnet – und noch weniger ein mehrstufiges Rechtsmittelverfahren. Gleichwohl lässt sich vertreten, dass die Gewährleistung eines wirksamen Rechtsbehelfs einerseits und das Recht auf einen unparteiischen Richter andererseits in ihrer Zusammenschau nur dann optimal verwirklicht sind, wenn über den Rechtsbehelf nicht diejenige Instanz abschließend entscheidet, die den angegriffenen Akt selbst erlassen hat. Zumindest bei der Kontrolle von Akten, die besonders tiefgreifend in Grundrechte eingreifen, wird daher eine Überprüfung durch einen Richter zu fordern sein, der nicht den angefochtenen Akt erlassen hat. Anerkannt ist dies freilich noch nicht, jedoch hat der EuGH bereits einen ersten prozeduralen Schritt in diese Richtung getan: Ein Gericht, das mit der angefochtenen Entscheidung ein zweites Mal (hier: nach Zurückverweisung durch die Rechtsmittelinstanz) befasst sei, habe zu überprüfen, ob es in Anbetracht seiner Zusammensetzung die Anforderungen an ein unabhängiges und unparteiliches Gericht erfülle.[29] Dessen ungeachtet ist die erforderliche *Wirksamkeit* des Rechtsbehelfs nicht mit Erfolgsgarantie gleichzusetzen.[30] Gleichwohl darf der Rechtsbehelf keine geringere Kraft haben, als sie der Beschwerde nach Art. 13 EMRK zugestanden wird. Das heißt, dass mit dem Rechtsbehelf zumindest eine Überprüfung und Entscheidung durch die angerufene Instanz eröffnet wird,[31] dem Beschwerdeführer wenigstens

---

25 Vgl. *Charte* 4470/00 Art. 46 sowie *Bernsdorff/Borowsky*, Protokolle, S. 176, 277.

26 EuGH im Fall *DEB*, C-279/09, Z. 33, Slg 2010, I-13849 = NJW 2011, 2496, EuGH im Fall *Chartry*, C-457/09, Z. 25 = BeckRS 2011,80315, EuGH im Fall *Samba Diouf*, C-69/10, Z. 49 = NVwZ 2011, 1382, EuGH im Fall *KME*, C-272/09 P, Z. 83 ff., 92 = BeckRS 2011, 81924, EuGH im Fall *Otis*, C- 199/11, Z. 45 ff. = EuZW 2013, 24; vgl. auch EuGH im Fall *Chalkor*, C-386/10 P, Z. 51 f.a = EuZW 2012,190, EuGH im Fall *Melloni*, C-399/11, Z. 47 ff. = NJW 2013,1215 sowie *Borraccetti*, in: Di Federico, EU Charter, S. 98 ff.

27 Vgl. *Calliess/Ruffert/Blanke*, EUV/EGV, Art. 47 GRCh Rn. 6, *Frenz*, Handbuch Europarecht 4, Rn. 4998, *Jarass*, Charta, Art. 47 Rn. 6, *Schwarze/van Vormizeele*, Art. 47 GRCh Rn. 5, *Tettinger/Stern/Alber*, Grundrechte-Charta, Art. 47 Rn. 12, *Vedder/Heintschel-von Heinegg/Foltz*, Unionsrecht. Art. 47 GRC Rn. 3.

28 *Calliess/Ruffert/Blanke*, EUV/EGV, Art. 47 GRCh Rn. 5.

29 EuGH im Fall *Chronopost und La Poste/UFEX u.a.*, Rechtssache C-341/06 P und C-342/06 P, ECLI:EU:C:2008:375 Rn. 46. Dazu *Nehl*, in: Pechstein/Nowak/Häde, GRC, Art. 47 Rn. 57.

30 Vgl. oben Rn. 3 sowie unten Rn. 21.

31 Wobei diese allerdings über die Befugnis verfügen muss, alle für die bei ihr anhängige Streitigkeit relevanten Tatsachen-und Rechtsfragen zu prüfen (EuGH im Fall *Otis*, C- 199/11, Z. 45 ff. = EuZW 2013, 26) und der zuständige Richter von solchen Prüfungs- und Würdigungsbefugnissen auch Gebrauch zu machen hat (EuGH im Fall *Chalkor*, C-386/10 P, Z. 62 ff. = EuZW 2012,190, EuGH im Fall *KME*, C-272/09 P, Z. 101 = BeckRS 2011, 81924).

schriftlich rechtliches Gehör zu gewähren ist[32] und im Falle einer festgestellten Rechtsverletzung eine adäquate Abhilfemöglichkeit bestehen muss.[33] Um dies in realisierbarer Weise überhaupt anstreben zu können, bedarf die anzufechtende Entscheidung grundsätzlich einer Begründung.[34]

bb) Diese Gewährleistungen werden nicht zuletzt dadurch unterstrichen, dass der Rechtsbehelf bei einem **Gericht** muss eingelegt werden können. Damit ist die GRC über die sich mit einer bloß behördlichen Überprüfung begnügenden EMRK (→ Rn. 3) bewusst hinausgegangen.[35] Diese Verstärkung des Beschwerderechts zu einem *gerichtlichen Rechtsschutz* schließt natürlich nicht aus, dass diesem Schritt eine außergerichtliche Schlichtung[36] oder auch ein behördliches Beschwerde- oder ein dienstaufsichtsrechtliches Verfahren vorausgehen kann, sofern dadurch der Rechtsbehelf bei einem Gericht nicht wesentlich erschwert und letztlich nicht ausgeschlossen wird.[37] 12

cc) Die danach recht großzügig erscheinende gerichtliche Rechtsschutzgarantie, zumal gegen einen ebenfalls weit interpretierbaren Begriff angreifbarer Rechtsverletzungen eröffnet (→ Rn. 14 ff.), erfährt jedoch eine wesentliche Einschränkung dadurch, dass der Rechtsbehelf nur „nach Maßgabe der in diesem Artikel vorgesehenen Bedingungen" eingelegt werden kann; und dazu gehört nach Art. 47 Abs. 2 – neben anderem – ein **zuvor durch Gesetz errichtetes Gericht.** Auch wenn sich zu den Entstehungs- und Hintergründen dieser Klausel den Materialien praktisch nichts entnehmen lässt und man aus deutscher Sicht geneigt sein könnte, darin nicht mehr als das Prinzip des „gesetzlichen Richters" ausgedrückt zu sehen (→ Rn. 34), scheint damit doch mehr, nämlich in erster Linie gemeint zu sein, dass die Einlegung eines gerichtlichen Rechtsbehelfs nach Abs. 1 zuvor die Errichtung eines entsprechenden Gerichts nach Abs. 2 voraussetzt und, solange dies nicht geschehen ist, nichts anderes als die derzeit vorhandenen Gerichtsinstanzen und verfügbaren Verfahrenswege sollen angerufen bzw. beschritten werden können. Denn kaum anders wäre zu verstehen, dass nach den Erläuterungen des Konventspräsidiums die GRC „nicht darauf ab(ziele), das in den Verträgen vorgesehene System von Rechtsbehelfen, vor allem nicht die Bestimmungen über die Zulässigkeit, zu ändern",[38] und dass dieser bestehende Rechtszustand für den Einzelnen sogar als ein „ausreichender prozessualer Rechtsschutz" befunden wird.[39] Selbst wer diese optimistische Einschätzung nicht teilt und weiterhin die Forderung nach einer europäischen Grundrechtsbeschwerde erhebt,[40] räumt damit indirekt ein, dass die Geltendmachung des in Abs. 1 garantierten gerichtlichen Rechtsbehelfs von der zusätzlichen Schaffung eines entsprechenden Gerichts abhängt und, solange es daran fehlt, gerichtlicher 13

32 Zu dem sich bereits aus Art. 6 EMRK ergebenden Anspruch auf rechtliches Gehör (vgl. *Meyer-Ladewig*, EMRK, Art. 6 Rn. 101 ff. mwN), den der EuGH in den Art. 47 und 48 GRC verankert sieht, vgl. im Fall *Otis, Otis*, C- 199/11, Z. 47 f. = EuZW 2013, 26, im Fall *Radu*, C-93/11, Z. 32 = NJW 2013, 1146.

33 Vgl. EuGH im Fall *Steffensen*, C-276/01 Z: 77, Slg, 2003, I-3735, m Anm *Schaller*, EuZW 2003,671 f., *Frowein*, in: Frowein/Peukert, EMRK, Art. 13 Rn. 6, *Grabenwarter/Pabel*, EMRK, § 24 Rn. 196, *Holoubek*, JBl 1992, 143 f., *Villiger*, EMRK, § 29 Rn. 649 f.

34 Vgl. EuGH im Fall *KME*, C-272/09 P, Z. 101 = BeckRS 2011, 81924, Vgl. auch unten Rn. 37.

35 Vgl. *Bernsdorff/Borowsky*, Protokolle, S. 176, 276 f., *Tettinger/Stern/Alber*, Europäische Grundrechte-Charta, Art. 47 Rn. 3, *Vedder/Heintschel-von Heinegg/Foltz*, Unionsrecht. Art. 47 GRC Rn. 2.

36 In diesem Sinne EU-Kommissar *Vitorino*, in: Bernsdorff/Borowsky, Protokolle, S. 278.

37 Vgl. dazu auch die schon in Art. 13 EMRK nicht für ausreichend erachtete Aufsichtsbeschwerde: so *Frowein*, in: Frowein/Peukert, EMRK, Art. 13 Rn. 2, entgegen dem EGMR in *Silver*, GH 61, 43, Z. 114 ff. = EuGRZ 1984, 154 sowie *Campbell* und *Fell*, GH 80, Z. 127 ff. = EuGRZ 1985, 545.

38 *Charte* 4473/00 zu Art. 47 Abs. 1 (*Bernsdorff/Borowsky*, Protokolle, S. 39).

39 So *Hilf*, Sonderbeilage zu NJW, EuZW, NVwZ und JuS 2000, 6*.

40 So namentlich u.a. die in Fn. 64 Genannten.

Rechtsschutz nur im Rahmen der bereits bestehenden Verfahren möglich ist.[41] Das hat derzeit zweierlei zur Folge:

14 Soweit es um Rechtsschutz gegen *Rechtsverletzungen durch EU-Organe* geht, bleibt für Unionsbürger lediglich der vom EuGH auf der Basis von Art. 6 Abs. 2 EUV aus den gemeinsamen Verfassungsüberlieferungen der Mitgliedstaaten und der EMRK entwickelte Weg einer Nichtigkeitsklage nach Art. 230 Abs. 4 EGV[42] (*europäische Rechtsschutzebene*). Bei diesem inzwischen recht ausdifferenzierten und effektiven Grundrechtsschutz[43] blieb jedoch bis zum Inkrafttreten des Lissabon-Vertrags zu beachten, dass dafür eine individuell-konkrete Entscheidung in Verbindung mit Art. 230 Abs. 4 EGV oder eine unmittelbare und individuelle Betroffenheit durch einen generell-abstrakten Rechtsakt der Gemeinschaft vorausgesetzt wurde, wobei der EuGH insbesondere individuelle Betroffenheit[44] restriktiv versteht.[45] Um diese Härte zu korrigieren, ist nun durch Art. 263 Abs. 4 AEUV die Klagebefugnis dahingehend erleichtert, dass Rechtsakte mit Verordnungscharakter den Kläger lediglich unmittelbar (und nicht bedingt auch individuell) betreffen müssen und keine Durchführungsmaßnahmen nach sich zu ziehen brauchen.[46]

15 Soweit Rechtsschutz gegen *Rechtsverletzungen durch Mitgliedstaaten der EU bei Anwendung von Gemeinschaftsrecht* gesucht wird, ist dafür – wie bei jeder innerstaatlichen Rechtsverletzung – grundsätzlich der Rechtsweg zu den nationalen Gerichten eröffnet (*nationale Rechtsschutzebene*).[47] Weil jedoch dabei Gemeinschaftsrecht betroffen ist, können die Gerichte eines Mitgliedstaates ein Vorlageverfahren nach Art. 267 AEUV an den EuGH einleiten, so dass jedenfalls bei fehlerhafter Anwendung von grundrechtskonformem Ge-

---

41 Übersehen von *Mahlmann*, Cardozo Journal of International and Comparative Law 11 (2004), 933.

42 Vgl. *Calliess/Ruffert/Kingreen*, EUV/EGV, Art. 6 EUV Rn. 19 ff., 34 ff.; *Grabitz/Hilf/Nettesheim/Pernice/Mayer*, EU, nach Art. 6 EU Rn. 362 *Heselhaus/Nowak*, Handbuch, § 51 Rn. 10 a, *Jarass*, NJW 2011, 1395, *Lenz/Borchardt/ Wolfgang*, EGV, Anh. zu Art. 6 EU Rn. 1 ff.

43 Zum Rechtsschutz beim EuGH vgl. jetzt auch Art. 19 Abs. 1 S. 2 EUV in Verbindung mit Art. 251 ff. AEUV.

44 Nach EuGH war individuelle Betroffenheit nach der sogenannten *Plaumann-Formel* zu prüfen: „Wer nicht Adressat einer Entscheidung ist, kann nur dann geltend machen, von ihr individuell betroffen zu sein, wenn die Entscheidung ihn wegen bestimmter persönlicher Eigenschaften oder besonderer, ihn aus dem Kreis aller übrigen Personen heraushebender Umstände berührt und ihn daher in ähnlicher Weise individualisiert wie den Adressaten" (EuGH, 15.7.1992, Rs. 25–62, Z. 4).

45 *Calliess/Ruffert/Cremer*, EUV/EGV, Art. 263 AEUV Rn. 39 ff., *Danwitz*, NJW 1993, 1114 f., *Grabitz/Hilf/Nettesheim/Booß*, EU, Art. 263 AEUV Rn. 47 ff., *Lenz/Borchardt*, EGV, Art. 263 AEUV Rn. 26 ff. – Zwar zog der EuG in der Rechtssache *Jégo-Quéré* unter Berufung auf Art. 47 GRC ein rechtsschutzfreundlicheres Verständnis in Betracht (EuG 3.5.2002, Rs. T-177/01, *Jégo-Quéré & Cie SA*); dies hat der EuGH in seiner Berufungsentscheidung allerdings zurückgewiesen und damit gleichsam hingenommen, dass europäische Rechtsschutzdefizite bei Verordnungen ohne europäische Vollzugsakte entstehen, wenn der unmittelbar durch die Verordnung Betroffene keine individuelle Betroffenheit darlegen und folglich die Verordnung nicht europäisch anfechten kann, weil es in solchen Fällen den Mitgliedsstaaten der Union obliege, europäische Rechtsschutzdefizite durch nationale Rechtsschutzmöglichkeiten auszugleichen (EuGH 1.4.2004, Rs. C-263/02 P, *Jégo-Quéré & Cie SA* = NJW 2004, 2006, Z. 31 f.; dazu u.a. *Lenz/Staeglich*, NVwZ 2004, 1425 ff.). Selbst wenn national kein vorbeugender Rechtsschutz gewährt wird, dh der Betroffene sich unter Umständen rechtsuntreu zu verhalten und eine weitere Sanktion in Kauf zu nehmen hätte, um eine Verordnung gerichtlich angreifen zu können, wäre damit europäischer Rechtsschutz verwehrt (EuGH, a.a.O, Z. 34).

46 Näher dazu *Everling*, Europarecht Beiheft 1/2009, 73 f. Zur Vorgeschichte vgl. auch *Meyer*, in: FS für Eser, S. 805.

47 Nach Art. 4 Abs. 3 (II) EUV sind nationale Gerichte verpflichtet, möglichst umfassende nationale Rechtsschutzmöglichkeiten zur Verfügung zu stellen. Vgl. *Callies/Ruffert/Kahl*, EUV/EGV², Art. 10 EGV Rn. 31 ff., *Schwarze/Hatje*, Art. 4 EUV Rn. 55, 62 ff.

meinschaftsrecht durch mitgliedstaatliche Behörden ein Anwendungsbereich für eine gemeinschaftsrechtliche Grundrechtsbeschwerde gegeben ist.[48] Wegen der Verfahrensautonomie der Mitgliedstaaten bestehen insoweit erhebliche Spielräume, den Rechtsschutz zu konditionieren und einzuschränken. Doch selbst wenn nach der Rechtsprechung des BVerfG bei europarechtsrelevanten Sachverhalten unter bestimmten Voraussetzungen eine Pflicht der nationalen Gerichte zur Vorlage an den EuGH bestehen soll,[49] dürfte damit, nicht zuletzt angesichts der recht vagen Bedingungen, an welche die Vorlagepflicht geknüpft ist, kaum ein lückenloser Rechtsschutz gewährleistet sein. Die Vorlagepflicht ist jetzt in Art. 267 Abs. 3 AEUV für Verfahren der letzten nationalen Instanz vorgesehen, wie dies schon bisher in Art. 234 EGV der Fall war.

Diese Lücken wurden vom EuGH im Fall *Köbler* dahingehend korrigiert, dass die massive Verletzung der Vorlagepflicht Schadensersatzansprüche auf der Grundlage des europäischen Staatshaftungsrechts auslösen kann.[50] Ohnehin impliziert das *europäische Staatshaftungsrecht sekundäre Rechtsschutzmöglichkeiten* gegen rechtsverletzende Exekutiv-, Legislativ- und nunmehr auch Judikativakte der Mitgliedsstaaten, die Gemeinschaftsrecht (nicht) anwenden oder (nicht) umsetzen.[51] 16

Die damit eröffneten Sekundär-Rechtsschutzwege verdeutlichen die Lückenhaftigkeit des direkten Rechtsschutzes, so dass auch die Forderung nach einer – über Art. 47 hinausgehenden – „europäischen Grundrechtsbeschwerde" erklärlich wird.[52] Eine dahingehende Erweiterung wurde freilich vom Verfassungskonvent verworfen[53] und wird nicht zu erreichen sein, ohne zugleich auch die Festschreibung auf die derzeitigen Zuständigkeiten der EU-Organe in Art. 51 Abs. 2 aufzubrechen.[54] 17

b) Verletzung von garantierten Rechten oder Freiheiten

aa) Indem die verletzten Rechte oder Freiheiten **durch Recht der Union garantiert** sein müssen, vermochte sich die weitergehende Forderung nach der Rechtsbehelfsfähigkeit jeder Rechtsverletzung, gleich ob das verletze Recht durch die GRC, ein nationales Gesetz oder ein internationales Übereinkommen gewährleistet wird, nicht durchzusetzen.[55] Andererseits ist jedoch durch den uneingeschränkten Verweis auf das Unionsrecht sichergestellt, 18

48 Vgl. *Calliess*, EuZW 2001, 267 f., *Krüger/Polakiewicz*, EuGRZ 2001, 95 ff., *Magiera*, DÖV 2000, 1018, 1024.

49 Siehe bereits BVerfGE 73, 339, 366 ff.; 82, 159, 194 ff., ferner BVerfG NJW 2001, 1267 f.

50 EuGH im Fall *Köbler*, 30.9.2003, Rs. C-224/01. Der EuGH verwirft dabei ausdrücklich die für ein richterliches Haftungsprivileg vorgetragenen Argumente.

51 Vgl. *Schwarze/Hatje*, Art. 4 EUV Rn. 53.

52 So – entgegen *Hilf*, Sonderbeilage zu NJW, EuZW, NVwZ und JuS 2000, 6* – u.a. *Calliess*, EuZW 2001, 267 f., *Hohmann*, Parl 2000, Beil. 52–53, S. 11, *Reich*, ZRP 2000, 375 ff., mit dem Vorschlag, eine Grundrechtsbeschwerde in einem Art. 230 Abs. 6 EGV zu konstituieren, ferner *Lindner*, ZRP 2007, 54 ff., *Tappert*, DRiZ 2000, 207; *Weber*, NJW 2000, 544; vgl. auch die entsprechenden Gesetzesvorschläge für die Einführung einer Grundrechtsbeschwerde von *Everling*, in: Verhandlungen des 60. Deutschen Juristentages Münster, 1994, S. N 19; zusammenfassend und mwN *Böcker*, Rechtsbehelfe, S. 159 Fn. 615.

53 Vgl. *Böcker*, Rechtsbehelfe, S. 225 ff.

54 Vgl. – mit teils unterschiedlicher Tendenz – *Koenig*, EuZW 2000, 417; zu diesem Problemkreis auch *Lindner*, DÖV 2000, 543 ff.

55 Vgl. oben Rn. 9 sowie *Bernsdorff/Borowsky*, Protokolle, S. 176 f., 277 f., *Calliess/Ruffert/Blanke*, EUV/EGV, Art. 47 GRCh Rn. 6, *Schwarze/van Vormizeele*, Art. 47 GRC Rn. 5 f., *Tettinger/Stern/Alber*, Europäische Grundrechte-Charta, Art. 47 Rn. 12 ff. Immerhin werden aber durch die Garantie für die Union verbindliche völkerrechtliche Verträge erfasst; vgl. *Frenz*, Handbuch Europarecht 4, Rn. 5001, *Jarass*, Charta, Einl. Rn. 21 ff.

dass nicht nur die durch die GRC ausdrücklich garantierten Grundrechte, sondern jedwede durch Unionsrecht anerkannten Rechte und Freiheiten rechtsbehelfsfähig sind und dazu nicht zuletzt auch die vom EuGH gemäß Art. 6 Abs. 2 EUV im Wege der Rechtsfortbildung auf der Basis der gemeinsamen Verfassungsüberlieferungen der Mitgliedstaaten und der EMRK sowie von anderen völkerrechtlichen Verträgen entwickelten Rechte und Freiheiten gehören.[56]

19 **bb)** Wie schon derjenige nach Art. 13 EMRK, so setzt auch der Rechtsbehelf nach Art. 47 Abs. 1 die Geltendmachung einer bestimmten Rechtsverletzung voraus.[57] Für diese **materielle Rüge** braucht jedoch die Rechtsverletzung selbst nicht schon erwiesen zu sein; denn da sie gerade Gegenstand des Rechtsbehelfs sein soll, muss es genügen, dass die Verletzung *„in vertretbarer Weise behauptet"* wird. Dazu können auch die vom EGMR entwickelten Maßstäbe[58] in analoger Anwendung hilfreich sein.

20 Hinsichtlich der für die Rechtsverletzung verantwortlichen Staatsgewalt lassen Art. 1 EMRK und Art. 47 Abs. 1 offen, ob der Rechtsbehelf nur gegen Rechtsverletzungen durch die **Exekutive**[59] oder auch solche der *Judikative* oder der *Legislative* gegeben sein sollen. Aus den gleichen Gründen wie bei der EMRK werden jedoch auch hier nur rechtsverletzende Akte der Verwaltung direkt[60] rechtsbehelfsfähig sein können,[61] zumal nach den Erläuterungen des Konventspräsidiums die GRC nicht auf eine Erweiterung der bestehenden Rechtsbehelfe und deren Zulässigkeit abziele.[62]

c) Wirksamkeit des Rechtsbehelfs

21 Wie schon bei Art. 13 EMRK (→ Rn. 3) ist auch hier die *Wirksamkeit* des Rechtsbehelfs nicht mit Erfolgsgarantie gleichzusetzen;[63] denn erforderlich ist nicht mehr, aber auch nicht weniger als eine ernsthafte und unparteiliche Prüfung der Rüge durch ein Gericht, das von dem für die behauptete Rechtsverletzung zuständigen Organ unabhängig ist. Dazu gehört aber auch, dass im Falle einer begründeten Rüge der angefochtene Akt gemäß den allgemeinen dafür vorgesehenen Verfahren rechtlich wie tatsächlich aufgehoben oder geändert, dh die gerichtliche Entscheidung implementiert wird, und auf entsprechende Entschädigungen oder auf die Verhängung von Sanktionen hinzuwirken ist.[64] Eine wirksame Kontrolle eines (von einer Unionsbehörde erlassenen) Aktes umfasst nicht nur eine Rechtmäßigkeitsprüfung im Sinne einer Rechtsprüfung, sondern auch eine Tatsachenprüfung. So

56 Zu dieser mit dem Fall *Stauder* (EuGH, 29/69 – Slg 1969, 419) einsetzenden Rechtsprechung zu Gemeinschaftsgrundrechten vgl. über die vom Konventspräsidium in *Charte* 4473/00 zu Art. 47 Abs. 2 aufgeführten Fälle *Johnston* (222/84 – Slg 1986, 1651), *Heylens* (222/86 – Slg 1987, 4097) und *Borelli* (C-97/91 – Slg 1992, I-6313) hinaus – näher *Calliess/Ruffert/Kingreen*, EUV/EGV, Art. 6 EUV Rn. 21 f., ferner *Grabitz/Hilf/Nettesheim/Pernice/Mayer*, EU, nach Art. 6 EU Rn. 52 ff., *Jarass*, NJW 2011, 1394, *Lenz/Borchardt/Wolfgang*, EGV, Anh. zu Art. 6 EU Rn. 20–75, *Ritgen*, ZRP 2000, 371 f.

57 Dazu wie auch zu deren sog akzessorischen Charakter vgl. oben Rn. 4.

58 Vgl. die Nachweise oben Fn. 24.

59 Dazu u.a. EuG im Fall *max.mobil*, 30.1.2002, Rs. T-54/99 = EuZW 2002, S. 186 ff.

60 Insofern bleiben sekundäre Schadensersatzansprüche auf Grundlage des europäischen Staatshaftungsrechts unberührt.

61 Vgl. oben Rn. 5 mwN – AA *von der Groeben/Schwarze/Hatje/Lemke*, Art. 47 GRC Rn. 7; *Lenz/Staeglich*, NVwZ 2004, 1424, wonach sich das in Art. 47 verankerte Gebot effektiven Rechtsschutzes auch auf europäische Normativakte beziehe.

62 *Charte* 4473/00 zu Art. 47 Abs. 1 (*Bernsdorff/Borowsky*, Protokolle, S. 38 f.).

63 *Schwarze/van Vormizeele*, Art. 47 GRC Rn. 10, *Tettinger/Stern/Alber*, Europäische Grundrechte-Charta, Art. 47 Rn. 37. Vgl. auch *Shelton*, in: Peers/Ward, Fundamental Rights, S. 360 ff.

64 Vgl. oben Rn. 3, 10, ferner *Frenz*, Handbuch Europarecht 4, Rn. 5013 f.

betont der EuGH, der (Unions-)Richter habe sich zu vergewissern, dass der Exekutivakt, gegen den sich die Beschwerde richtet, auf einer hinreichend gesicherten Tatsachengrundlage beruht.[65] Zu diesem Zweck müssten die Unionsrichter gegebenenfalls von der zuständigen Unionsbehörde Informationen oder Beweise anfordern. Auch bei komplexen wirtschaftlichen Fragen verlangt der EuGH eine grds. unbeschränkte Nachprüfung. Zu diesem Zweck müssten die Unionsrichter die Rechtmäßigkeitskontrolle auf der Grundlage der vom Kläger zur Stützung seiner Klagegründe vorgelegten Beweise vornehmen; die Richter könnten sich hinsichtlich ihrer Bewertung nicht auf den Ermessenspielraum der Kommission berufen und damit auf eine gründliche rechtliche wie tatsächliche Kontrolle zu verzichten.[66] Dieses Verständnis eines effektiven Rechtsbehelfs lässt sich vom speziellen Fall ablösen und verallgemeinern, zumal der EuGH die Nachweispflicht an das tatsächliche Bestehen einer Gefahr, mit der Mitgliedsstaaten die Einschränkung einer Grundfreiheit des AEUV begründen, schrittweise erheblich verschärft hat und nunmehr Studien, Daten oder andere empirische Nachweise für die Existenz einer solchen Gefahr verlangt.[67]

II. Art. 47 Abs. 2: Recht auf ein unparteiisches Gericht

1. Vorgaben

a) Art. 6 Abs. 1 EMRK

Gemäß den Erläuterungen des Präsidiums des Konvents entspricht Art. 47 Abs. 2 dem Art. 6 Abs. 1 EMRK:[68] 22

„Jede Person hat ein Recht darauf, dass über Streitigkeiten in Bezug auf ihre zivilrechtlichen Ansprüche und Verpflichtungen oder über eine gegen sie erhobene strafrechtliche Anklage von einem unabhängigen und unparteiischen, auf Gesetz beruhenden Gericht in einem fairen Verfahren, öffentlich und innerhalb angemessener Frist verhandelt wird. Das Urteil muss öffentlich verkündet werden; Presse und Öffentlichkeit können jedoch während des ganzen oder eines Teiles des Verfahrens ausgeschlossen werden, wenn dies im Interesse der Moral, der öffentlichen Ordnung oder der nationalen Sicherheit in einer demokratischen Gesellschaft liegt, wenn die Interessen von Jugendlichen oder der Schutz des Privatlebens der Prozessparteien es verlangen oder – soweit das Gericht es für unbedingt erforderlich hält – wenn unter besonderen Umständen eine öffentliche Verhandlung die Interessen der Rechtspflege beeinträchtigen würde.“

Art. 6 Abs. 1 EMRK, dem Art. 10 der AEMR von 1948 und dann Art. 13 Abs. 1 UN-Entwurf von 1949 als Vorlage dienten, proklamiert Verfahrensgarantien, die eigentlich selbstverständlich sein sollten, aber selbst auf europäischer Ebene immer wieder der menschenrechtlichen Durchsetzung bedürfen: nämlich das Recht auf ein faires, zügiges und öffentliches Verfahren, wie es nur von einem unabhängigen und unparteiischen Gericht erwartet werden kann. Ohne hier auf die vielfältigen Ausprägungen dieser inzwischen durch eine reiche Kasuistik fortentwickelten Garantien eingehen zu können,[69] erscheinen im Hinblick

65 Dazu und zum Folgenden EuGH im Fall *Bank Mellat*, ECLI:EU:C:2016:96, Rn. 109 f. mit weiteren Nachweisen.

66 EuGH im Fall *Telefónica*, ECLI:EU:C:2014:2062, Rn. 50 ff., insbes. 54. Dazu *Nehl*, in: Pechstein/Nowak/Häde, GRC, Art. 47 Rn. 41; *Seitz*, EuZW 2014, 774, 776. Ferner *Jarass*, Charta, Art. 47 Rn. 30.

67 Näher dazu *Kubiciel*, EuZW 2017, 494.

68 *Charte* 4473/00 zu Art. 47 Abs. 2 (*Bernsdorff/Borowsky*, Protokolle, S. 39).

69 Zu Einzelheiten vgl. insbes. die Kommentierungen von *Peukert*, in: Frowein/Peukert, EMRK, Art. 6 Rn. 1 ff.; *Grabenwerter*, EMRK, § 24 Rn. 27–96, *Villiger*, § 18.

auf den – teils übereinstimmenden, teils davon abweichenden – Art. 47 Abs. 2 folgende Punkte erwähnenswert:

23 **aa)** Über die vorerwähnten Garantien der *Unabhängigkeit* und *Unparteilichkeit*[70] eines gesetzlich zu errichtenden *Gerichts* sowie der *Öffentlichkeit*, *Zügigkeit* und *Fairness* des Verfahrens hinaus wird durch Art. 47 Abs. 2 auch das Recht des Beschwerdeführers, sich *beraten*, *verteidigen* und *vertreten* zu lassen, deklariert (→ Rn. 37), wobei Ansätze dieses teilweise auch durch Art. 48 Abs. 2 garantierten Verteidigungsrechts schon in Art. 6 Abs. 3 (c) EMRK zu finden sind, sofern in diesen Beratungs- und Vertretungsgarantien ohnehin nicht schon Ausprägungen des Fairness-Grundsatzes im Sinne von Waffengleichheit zu sehen sind.[71] Hinsichtlich der Öffentlichkeit des Verfahrens, die in Art. 6 Abs. 1 EMRK eine ungemein detaillierte und gleichzeitig auch schon Ausnahmen spezifizierende Beschreibung erfährt, begnügt sich Art. 47 Abs. 2 mit der lapidaren Forderung von Öffentlichkeit.

24 **bb)** Während hinsichtlich des Charakters der verhandlungsfähigen Sachen in Art. 47 Abs. 2 weder eine Einschränkung noch eine Differenzierung zu finden ist, beschränkt sich Art. 6 Abs. 1 EMRK seinem Wortlaut nach auf Entscheidungen über *zivilrechtliche* Ansprüche und über die Stichhaltigkeit einer *strafrechtlichen* Anklage. Darüber hinaus haben jedoch durch ein nicht am nationalen Recht, sondern am Sinn der EMRK orientierten Verständnis dieser Materien inzwischen auch Streitgegenstände Zugang zum EGMR gefunden, die hierzulande als sozial- oder gar als verwaltungsrechtlich eingeordnet würden.[72]

25 **cc)** Ähnlich wie dies auch noch bei Art. 47 Abs. 2 den Anschein hat (→ Rn. 31), schienen auch schon die in Art. 6 Abs. 1 EMRK eingeräumten Garantien nur auf bereits *anhängige* Verfahren anwendbar zu sein, nicht aber ein Recht auf ein Gericht und auf den Zugang zum Gericht zu gewährleisten. Gegenüber einer solchen Fehldeutung wurde jedoch vom EGMR schon mehrfach klargestellt, dass Art. 6 Abs. 1 EMRK nicht nur den *Zugang zu den Gerichten* garantieren will,[73] sondern die Vertragsstaaten auch als verpflichtet ansieht, positiv dafür Sorge zu tragen, dass der Einzelne von seinem Recht auf Zugang zum Gericht in wirksamer Weise Gebrauch machen kann.[74]

b) Nationalstaatliche Gewährleistungen

26 Auf nationalstaatlicher Ebene kann sich die *Unabhängigkeit des Richters*, wenn auch mit unterschiedlichen Nuancen, in den EU-Staaten einer nahezu allgemeinen verfassungsrechtlichen Absicherung erfreuen: so in Belgien (Art. 151 § 1), Bulgarien (Art. 117 Abs. 2), Deutschland (Art. 97 Abs. 1, 101), Estland (§ 146), Finnland (§ 3), Frankreich (Art. 64), Griechenland (Art. 87 Abs. 1), Irland (Art. 35 Abs. 2), Italien (Art. 104), Litauen (Art. 31, 109), Malta (Art. 39 Abs. 1), Österreich (Art. 87), Polen (Art. 45 Abs. 1, 173, 178 Abs. 1), Portugal (Art. 203), Rumänien (Art. 123 Abs. 2), Slowakei (Art. 46 Abs. 1), Slowenien

---

70 Deren Fehlen vom EGMR im Fall *Öcalan*, 12.3.2003 = EuGRZ 2003, S. 472 ff. und im Fall *Karkin*, 23.9.2003, im Hinblick auf das türkische Staatssicherheitsgericht als nicht unabhängiges und unparteiliches Gericht konstatiert wurde. Dazu u.a. auch *Kühne*, JZ 2003, 672 f. Der zweistufige Prüfungsmaßstab wird rekapituliert vom EGMR im Fall *Thaler*, 3.2.2005, Z. 30 ff.

71 Vgl. IntKomm/*Miehsler/Vogler*, EMRK, Art. 6 Rn. 372; ähnlich auch *Weigend*, StV 2000, 385.

72 Vgl. im Einzelnen den Überblick über den sachlichen Geltungsbereich von Art. 6 EMRK bei *Peukert*, in: Frowein/Peukert, EMRK, Art. 6 Rn. 5 ff.; ferner *Villiger*, EMRK, § 18 Rn. 375, 387 ff., 391.

73 In diesem Sinne vgl. insbes. EGMR im Fall *Golder*, GH 18/A, Z.25 ff. = EuGRZ 1975, 91 ff.; ebenso im Fall *Silver*, GH 61/A, Z.80 ff. = EuGRZ 1984, 149.

74 Vgl. insbes. Fall *Airey*, GH 32, Z. 20 ff. = EuGRZ 1979, 627 hinsichtlich der Einräumung von Verfahrenshilfen, sowie *Peukert*, in: Frowein/Peukert, EMRK, Art. 6 Rn. 54, *Grabenwerter*, EMRK, § 24 Rn. 46.

(Art. 23, 125), Spanien (Art. 117 Abs. 1), der Tschechischen Republik (Art. 81, 82 Abs. 1) sowie Art. 36 Abs. 1 GR-Deklaration[75] und Ungarn (Art. 50 Abs. 3, 57 Abs. 1). Gleiches gilt weitgehend auch noch für die verfassungsrechtliche Garantie des *Öffentlichkeitsgrundsatzes*: so in Belgien (Art. 148, 149), Bulgarien (Art. 121 Abs. 3), Dänemark (§ 65), Estland (§ 24), Finnland (§ 21), Griechenland (Art. 93 Abs. 2), Irland (Art. 34 Abs. 1), Litauen (Art. 31, 117), Luxemburg (Art. 88, 89), Malta (Art. 39 Abs. 3), Niederlande (Art. 121), Österreich (Art. 90), Polen (Art. 45 Abs. 1), Portugal (Art. 206), Rumänien (Art. 126), Schweden (Kap. 2 § 11), Slowakei (Art. 48 Abs. 2), Slowenien (Art. 24), Spanien (Art. 24 Abs. 2, 120 Abs. 1 u. 3), der Tschechischen Republik (Art. 96 Abs. 2 der Verfassung sowie Art. 38 Abs. 2 GR-Deklaration),[76] Ungarn (Art. 57 Abs. 1) und Zypern (Art. 154).[77] Demgegenüber wurde eine verfassungsrechtliche Absicherung des *Fairnessgrundsatzes* offenbar nur in Bulgarien (im Sinne von „Waffengleicheit“: Art. 121 Abs. 1), Italien (Art. 111) und Malta (Art. 39 Abs. 1) für erforderlich gehalten. Auch die verfassungsrechtliche Zusicherung einer Verhandlung innerhalb einer *angemessenen Frist* findet sich in vergleichsweise wenigen EU-Ländern: so in Bulgarien (Art. 31 Abs. 1), Malta (Art. 39 Abs. 1), Portugal (Art. 20 Abs. 4), Schweden (Kap. 2 § 9), Slowakei (Art. 48 Abs. 2) und Spanien (Art. 24 Abs. 2). Wiederum häufiger findet sich das Recht auf *Verteidigung* garantiert (wie zu dem ebenfalls zu den Verteidigungsrechten zu rechnenden Art. 48 GRC aufgelistet).[78]

2. Diskussion im Grundrechtekonvent

Soweit sich die in Art. 47 Abs. 2 enthaltenen Verfahrensgarantien überhaupt diskutiert finden, geht es weniger um deren grundsätzliche Berechtigung als um ihre formale Fassung und systematische Stellung.[79] Dabei wurde allgemein eine engere Anlehnung an Art. 6 EMRK moniert[80] sowie auf Vorschlag des Konventspräsidiums noch der den nationalen Verfassungstraditionen entsprechende Beratungs- und Verteidigungspassus angefügt.[81] 27

3. Kommentierung

a) Allgemeines

Der den Abs. 2 betreffende Teil der Artikelüberschrift gibt mit „Recht auf ein unparteiisches Gericht“ den Inhalt dieser Gewährleistung nur unvollständig wieder; denn bei differenzierter Betrachtung lassen sich dem Art. 47 Abs. 2 verschiedenartige Rechtswege- und Verfahrensgarantien entnehmen. Da diese **jeder Person** zuerkannt werden, haben sie *menschenrechtlichen* Charakter, der allenfalls insoweit auf bloße EU-Bürgerrechte eingeengt sein kann, als ein Durchsetzungsanspruch nur gegen die Gerichtsbarkeit der EU und deren Mitgliedstaaten besteht. 28

Hinsichtlich des sachlichen Anwendungsbereichs gibt es die noch in Art. 6 Abs. 1 EMRK vorzufindende Beschränkung auf zivil- und strafrechtliche Sachen (→ Rn. 22) in Art. 47 29

75 Vgl. oben Fn. 31.
76 Vgl. oben Fn. 31.
77 Für Deutschland vgl. Art. 6 EMRK in Verbindung mit §§ 169 ff. GVG.
78 Vgl. im Einzelnen *Eser/Kubiciel*, unten Art. 48 Rn. 23.
79 Vgl. im Einzelnen *Charte* 4123/1/00 REV 1, Art. 5; 4141/00 Art. 2 Abs. 1 und Art. 3, 4284/00 Art. 8 Abs. 1; 4333/00 Art. 8; 4422/00 Art. 45 Abs. 2; 4423/00 Art. 45 Abs. 2; 4470/00 Art. 46 Abs. 2 sowie *Bernsdorff/Borowsky*, Protokolle, S. 177, 278 f.
80 Vgl. *Bernsdorff/Borowsky*, Protokolle, S. 278.
81 Vgl. *Charte* 4333/00 Art. 8 Abs. 1 S. 2; 4420/00 Art. 45 Abs. 2 S. 2; 4470/00 Art. 46 Abs. 2 S. 2, wobei dieser Vorschlag seinerseits auf eine Initiative von *J. Meyer* zurückgeht; vgl. *Meyer/Engels*, Charta der Grundrechte, 2001, S. 31 f., 299 sowie unten Rn. 37.

Abs. 2 nicht mehr, so dass ein Recht auf gerichtliche Behandlung für *jede Art von Rechtsstreitigkeit* garantiert wird, was aus dem Charakter der Europäischen Gemeinschaft als einer „Rechtsgemeinschaft" gefolgert wird.[82] Mit einer solchen allgemeinen **Rechtsweggarantie,** die der des Art. 19 Abs. 4 GG nahe kommt,[83] gehen die Gewährleistungen der GRC nicht nur über den Schutzbereich der EMRK, sondern auch über die Verfassungstraditionen mancher Mitgliedstaaten hinaus, da viele nationale Verfassungen nicht derart umfassende Rechtswege einräumen.[84] Daher werden Konflikte mit einzelnen nationalen Verfahrenssystemen nicht ausbleiben, zumal über den durch Art. 47 Abs. 2 garantierten Zugang zu einem Gericht hinaus aufgrund der Kohärenzklausel des Art. 52 Abs. 3 auch jene Garantien einzuhalten sind, die vom EGMR zu Art. 6 EMRK vor allem hinsichtlich der Verwaltungsgerichtsbarkeit entwickelt wurden.[85] Demzufolge werden insbesondere hinsichtlich des Gebots einer öffentlichen mündlichen Verhandlung und der erforderlichen Kontrollbefugnis der Verwaltungsgerichtsbarkeit gewisse Schwierigkeiten erwartet.[86]

30 Im Übrigen sind für das Verständnis der durch Art. 47 Abs. 2 eingeräumten Einzelgarantien auch die entsprechenden Präzisierungen des EGMR zu Art. 6 Abs. 1 EMRK analog heranzuziehen.[87]

b) Rechtswege- und Gerichtsgarantien

31 aa) Als Rechtsweggarantie muss als allererstes der **Zugang** zu einem Gericht gewährleistet sein. Das setzt voraus, dass nicht nur eine zuständige Gerichtsinstanz vorhanden oder erforderlichenfalls einzurichten ist, sondern dass diese gemäß den vom EGMR zu Art. 6 Abs. 1 EMRK entwickelten Grundsätzen auch *tatsächlich* zugänglich sein muss.[88] Dazu gehört auch, dass die Anrufung des Gerichts nicht durch exzessive (Gerichts-)Kosten[89] oder nur schwer zu überwindende Verfahrenshindernisse unverhältnismäßig behindert oder gar ausgeschlossen sein darf. In gleicher Weise muss auch die *Durchführung des Verfahrens* praktisch möglich wie auch die *Durchsetzung der Entscheidung* gewährleistet sein.[90] Dagegen lässt sich aus dieser Rechtsweggarantie weder der Zugang zu einem bestimmten Gerichtstyp, wie etwa dessen Besetzung mit Geschworenen,[91] noch die Gewährleistung eines über die erstinstanzliche Entscheidung hinausgehenden Rechtsmittelzuges ableiten.[92] Dessen ungeachtet sind die Rechte auf einen wirksamen Rechtsbehelf und einen unparteilichen Richter in ihrer Zusammenschau nur dann optimal verwirklicht, wenn eine richterliche Entscheidung nicht abschließend von jenem Richter überprüft wird, der diese Entschei-

---

82 So im Anschluss an das Urteil des EuGH im Fall *Les Verts,* 194/83 – Slg 1986, 1339, 1365 die Erläuterung des Konventspräsidiums in *Charte* 4473/00 zu Art. 47 Abs. 2 (*Bernsdorff/Borowsky*, Protokolle, S. 39).

83 *Calliess,* EuZW 2001, 263 f.

84 Vgl. die Einzelangaben oben Rn. 23 a sowie *Heselhaus/Nowak*, Handbuch, § 51 Rn. 23 ff. Näher zu den unterschiedlichen europäischen Zugangsrechten zur Justiz vgl. *Ward,* in: Peers/Ward, Fundamental Rights, S. 123 ff.

85 Vgl. dazu *Grabenwarter*, Verfahrensgarantien, S. 414 ff., 465 ff., 595 ff.

86 So namentlich von *Grabenwarter*, DVBl. 2001, 8.

87 So auch nach den Erläuterungen des Konventspräsidiums *Charte* 4473/00 zu Art. 47 Abs. 2 (*Bernsdorff/Borowsky*, Protokolle, S. 39). Vgl. auch *Heselhaus/Nowak*, Handbuch, § 51 Rn. 16, 31.

88 Vgl. oben Rn. 25, ferner *Jarass,* NJW 2011, 1395 f.

89 EGMR im Fall *Kreuz*, 19.6.2001, Z. 66.

90 Vgl. *Calliess/Ruffert/Blanke*, EUV/EGV, Art. 47 GRCh Rn. 1, *Jarass,* Charta, Art. 47 Rn. 47 ff.

91 Vgl. *Peukert*, in: Frowein/Peukert, EMRK, Art. 6 Rn. 203.

92 Vgl. *Grabenwarter/Pabel*, EMRK, § 24 Rn. 63. Entsprechendes gilt auch für etwaige Begrenzungen des vorläufigen Rechtsschutzes; vgl. *Jarass*, Charta, Art. 47 Rn. 14; *Villiger,* EMRK, § 19 Rn. 430 mwN.

dung getroffen hat. Jedenfalls bei richterlichen Entscheidungen, die tiefgreifend in Grundrechte eingreifen, wird daher ein zweistufiger Rechtsmittelzug zu fordern sein.

Als **Gericht** sind nicht nur die ordentlichen Gerichte der Mitgliedstaaten qualifiziert. Vielmehr kommen dafür auch andere Einrichtungen in Betracht, die justizförmig organisiert, von der Exekutive und Legislative unabhängig und bei der Ausübung ihrer Funktionen weder weisungsgebunden sind noch – abgesehen von etwaiger Überprüfung durch eine Rechtsmittelinstanz – Rechenschaft abzulegen haben und aufgrund eines geregelten und mit entsprechenden Garantien ausgestellten Verfahrens nach Recht und Gerechtigkeit über bestimmte rechtliche Ansprüche und Verpflichtungen oder über strafrechtliche oder vergleichbare Vorwürfe und Verantwortlichkeiten zu entscheiden haben.[93] 32

bb) Dabei muss es sich um ein „zuvor **durch Gesetz errichtetes** Gericht" handeln, weil darin in einer demokratischen Gesellschaft eine der Grundvoraussetzungen seiner Unabhängigkeit zu sehen ist.[94] Damit sind Sonder- oder Ausnahmegerichte jedenfalls insoweit ausgeschlossen, als sie ad hoc von der Regierung oder einem sonstigen Exekutivorgan für bestimmte Fälle eingesetzt werden.[95] Auch wird man von einer Errichtung des Gerichts durch Gesetz nur dann sprechen können, wenn nicht nur der Errichtungsakt als solcher auf Gesetz beruht, sondern auch der organisatorische Aufbau sowie die sachlichen und örtlichen Zuständigkeiten der jeweiligen Gerichtsbarkeiten zumindest durch gesetzliche Rahmenvorschriften geregelt sind, wobei dann freilich innerhalb dieses Rahmens der Justizminister beispielsweise ermächtigt sein kann, aufgrund von exekutiven Ausführungsvorschriften weitere Gerichte oder Spruchkörper der betreffenden Art einzurichten.[96] 33

Obgleich nicht explizit ausgesprochen, könnte es nahe liegen, aus dem Erfordernis der gesetzlichen Errichtung des Gerichts auch das Prinzip des **„gesetzlichen Richters"** abzuleiten, wonach nicht nur die Zuständigkeit des Gerichts und dessen etwaiger Spruchkörper (unmittelbar oder mittelbar) auf der Grundlage eines Gesetzes bestimmt sein muss, sondern auch der zur Entscheidung berufene Richter im voraus durch generelle, jeden möglichen Einzelfall erfassende Regelungen möglichst eindeutig festgelegt sein soll.[97] Gleichwohl scheint dieses rechtsstaatlich bedeutsame, weil insbesondere auf die Abwehr sachwidriger Eingriffe in die Rechtsprechung von außen gerichtete Prinzip bei der Deutung von Art. 6 EMRK in der einschlägigen Literatur – soweit ersichtlich – bisher keinen Niederschlag gefunden zu haben. In der Tat wird man es auch dem hier in Frage stehenden Art. 47 Abs. 2 nicht zwingend entnehmen können.[98] Denn nicht nur, dass das heute in Deutschland be- 34

93 Vgl. *Peukert*, in: Frowein/Peukert, EMRK, Art. 6 Rn. 200 mwN.

94 Vgl. Bericht der EKMR 7360/76, *Zand*, DR 15, 70. Vgl. auch *Frenz*, Handbuch Europarecht 4, Rn. 5029, *Luchtman*, in: Luchtman, Choice of Forum, S. 28 f.

95 Vgl. *Tettinger/Stern/Alber*, Europäische Grundrechte-Charta, Art. 47 Rn. 56. – Zur ausnahmsweisen Zulässigkeit von Sondergerichtsbarkeiten, etwa im Zusammenhang mit Nationalisierungsmaßnahmen, vgl. EGMR im Fall *Lithgow*, GH 102, Z. 204 ff. = EuGRZ 1988, 364 sowie *Peukert*, in: Frowein/Peukert, EMRK, Art. 6 Rn. 201.

96 Siehe auch *Villiger*, EMRK, § 19 Rn. 413 f.

97 Näher zu dieser, in Deutschland sogar verfassungsrechtlich abgesicherten Garantie, dass „niemand seinem gesetzlichen Richter entzogen werden (darf)" (Art. 101 Abs. 1 S. 2 GG), vgl. KK/*Pfeiffer/Hannich*, StPO, Einleitung Rn. 25 mwN, wobei insbesondere der Plenarbeschluss in BVerfGE 95, 322, 322, 333 Beachtung verdient. Rechtsvergleichend zum Ganzen vgl. *Eser*, in: FS für Salger, S. 247 ff., sowie insbesondere im Hinblick auf die EU-Ebene *Panzavolta*, in: Luchtman, Choice of Forum, S. 145 ff., 155 f.

98 AA *Satzger*, StV 2003, 140, sowie ohne nähere Begründung *Frenz*, Handbuch Europarecht 4, Rn. 5029, während *Heselhaus/Nowak*, Handbuch, § 51 Rn. 49 f. weniger die (als grundsätzlich anerkannt erachtete) Existenz als offenbar nur noch die Reichweite der Garantie des „gesetzlichen Richters" für diskussionsbedürftig halten.

sonders hochgehaltene Prinzip des „gesetzlichen Richters" in anderen Ländern – wegen anderer historischer Erfahrungen – nicht in gleicher Weise gehandhabt, wenn überhaupt bekannt ist.[99] Vielmehr ist auch die besondere Absicherung dieses Grundsatzes in Art. 101 GG[100] ein Indiz dafür, dass es nicht ohne weiteres im Erfordernis der gesetzlichen Errichtung des Gerichts mitenthalten ist. Art. 47 Abs. 2 hält demnach keine Antwort auf die Frage parat, ob eine europäische Staatsanwaltschaft eine Anklage willkürlich vor das ihr günstigste Forum soll bringen dürfen (sog forum- oder jurisdiction-shopping) oder dabei an klare, im Voraus formulierte Regeln zu binden ist.[101] Art. 36 Abs. 3 VO 2017/1939 zur Errichtung einer EuStA enthält nunmehr solche Regeln, die jedoch die Entscheidung nicht vollständig determinieren, sondern Raum für Ermessensentscheidungen lassen. Ob die Anwendung dieser Vorschrift den Vorgaben des Art. 47 gerecht werden wird, bleibt daher abzuwarten.

35 cc) Die geforderte **Unabhängigkeit** des Gerichts ist nicht nur Ausdruck des in allen Mitgliedstaaten geltenden Gewaltenteilungsprinzips, sondern auch ein Gebot der Rechtsstaatlichkeit, da ein effektiver Rechtsschutz nur durch Richter, die als nicht beteiligte Dritte in persönlicher und sachlicher Hinsicht unabhängig sind, zu gewährleisten ist.[102] An dieser Unabhängigkeit braucht es nicht schon deshalb zu fehlen, weil die Mitglieder des Gerichts von einem Exekutivorgan ernannt werden bzw. die Amtsperiode oder das Sachgebiet von vornherein beschränkt ist, vorausgesetzt jedoch, dass innerhalb dieser Grenzen zumindest fachlich Unabsetzbarkeit bzw. Weisungsfreiheit gewährleistet ist.[103] Ebenso wenig wie das Gericht schon dadurch zu einem seine Unabhängigkeit aufhebenden „judex in sua causa" wird, wenn es über eine Maßnahme des Organs (wie der EU-Kommission) zu entscheiden hat, von dem es bestellt wurde.[104]

36 Bei der zudem erforderlichen **Unparteilichkeit** des Gerichts geht es im Wesentlichen um die subjektive Einstellung des einzelnen Richters: Von ihm wird prinzipielle Neutralität gegenüber den Verfahrensbeteiligten sowie ein sachgemäßes Urteilen ohne Ansehen der Person erwartet, wobei eine solche Unparteilichkeit bis zum Beweis des Gegenteils vermutet wird.[105]

---

99 So das Ergebnis der rechtsvergleichenden Untersuchung von *Eser*, in: FS für Salger, S. 247 ff. AA – freilich ohne entsprechende Verweise – *Guglielmetti et. al.*, Stellungnahme zum Grünbuch „Europäische Staatsanwaltschaft", S. 9 („[L]e principe de sécurité juridique [...] serait aussi respectueuse du principe du juge naturel, lequel a valeur constitutionnelle dans de nombreux ordres juridiques.") http://europa.eu.int/comm/anti_fraud/green_paper/contributions/pdf/gp_college_eu3_fr.pdf.

100 Vgl. oben Fn. 109.

101 Zusammenfassend zu dieser kontrovers diskutierten Frage „Follow-Up Report" der Kommission, Com(2003) 128, S. 17, http://europa.eu.int/comm/anti_fraud/green_paper/suivi/suivi_en.pdf.; vgl. auch *Panzavolta*, in: Luchtman, Choice of Forum, S. 155 ff.

102 KK/*Pfeiffer/Hannich*, StPO, Einleitung Rn. 24.

103 Zu weiteren Einzelheiten vgl. die Erläuterungen zu dem insoweit inhaltsgleichen Art. 6 Abs. 1 EMRK von *Peukert*, in: Frowein/Peukert, EMRK, Art. 6 Rn. 204 ff., ferner *Calliess/Ruffert/Blanke*, EUV/EGV, Art. 47 GRCh Rn. 11, *Frenz*, Handbuch Europarecht 4, Rn. 5020 f., *Jarass*, Charta, Art. 47 Rn. 19 ff.

104 Vgl. EuGH im Fall *Otis*, C-199/11, Z. 39,64 ff. = EuZW 2013, 24 m Anm *Landbrecht*.

105 Auch insoweit vgl. zu weiteren Einzelheiten *Peukert*, in: Frowein/Peukert, EMRK, Art. 6 Rn. 213 ff., *Grabenwarter/Pabel*, EMRK, § 24 Rn. 51 ff., ferner *Callewaert*, EuGRZ 1996, 368, *Frenz*, Handbuch Europarecht 4, Rn. 5024 ff., *Jarass*, Charta, Art. 47, Rn. 28, *Tettinger/Stern/Alber*, Europäische Grundrechte-Charta, Art. 47 Rn. 57.

c) Verfahrensgarantien[106]

aa) Bei der aus dem anglo-amerikanischen Rechtskreis entlehnten Gewährleistung eines **fairen Verfahrens**, dessen Erfordernisse allerdings weder definiert noch konkretisiert sind,[107] handelt es sich um eine Ausprägung des Rechtsstaatsprinzips, wie es sich inzwischen in verschiedenen Verfahrensgarantien niedergeschlagen hat.[108] Für diese ist charakteristisch, dass sie den Verfahrensbeteiligten sowohl ausreichende Mitwirkungsrechte sichern als sie auch vor einseitigen Benachteiligungen schützen sollen, wobei der EGMR das Verfahren in seiner Gesamtheit auf seine Fairness hin untersucht.[109] Dazu gehört im Sinne eines *kontradiktorischen* Verfahrens[110] vor allem das Prinzip der *„Waffengleichheit"*, wobei den Verfahrensbeteiligten bei der Vertretung ihrer möglicherweise gegenläufigen Interessen und Prozessrollen gleichwertige wie gleichermaßen effektive Befugnisse gewährleistet sein sollen.[111] Dazu bedarf es grundsätzlich eines Akteneinsichtsrechts[112] wie auch des Rechts zu Stellungnahmen zu allen entscheidungserheblichen Tatsachen, insbesondere zu vorgelegten Beweismitteln[113] und Rechtsfragen.[114] Damit geht die Pflicht des Gerichtes einher, sich mit dem diesbezüglichen Vortrag der Parteien auseinanderzusetzen; das Gericht muss jedoch nicht explizit auf jedes Argument eingehen und dieses in seiner Entscheidungsbegründung würdigen.[115] Je bedeutsamer aber ein tatsächlicher Umstand oder ein rechtliches Argument ist, umso wichtiger ist es, dass das Gericht (in seiner Entscheidungsbegründung) zum Ausdruck bringt, dass es sich mit dem Parteivortrag auseinandergesetzt hat. Aus dem ebenfalls wesentlichen Anspruch auf *rechtliches Gehör*[116] soll sich jedoch nicht unbedingt eine Pflicht zur Anhörung vor Ausstellung eines Haftbefehls ergeben.[117] Eine weitere Ausprägung erfährt das Fairnessprinzip durch die gerichtliche *Fürsorgepflicht*, die zu vielfälti- 37

---

106 Zur diesbezüglichen Besorgnis des Europäischen Parlaments im Hinblick auf den Status verschiedenster Verfahrensgarantien in Mitgliedsstaaten vgl. Resolution vom 15.1.2003, Z. 148 oder Resolution vom 4.9.2003, Z. 146.

107 Die Maxime des fairen Verfahrens erfährt in den einzelnen, im Rahmen von Art. 48 Abs. 2 zu diskutierenden Verteidigungsrechten spezifische Ausprägungen. Insofern verhält sich Art. 47 Abs. 2 zu Art. 48 Abs. 2 wie Art. 6 Abs. 1 EMRK zu Art. 6 Abs. 3 EMRK; vgl. zu letzterem den EGMR im Fall *Artico*, 13.5.1980, Z. 32.

108 Grundlegend u.a. *Spaniol*, Recht auf Verteidigerbeistand, S. 199 ff.; zur Garantie eines fairen Verfahrens vgl. *Grabenwarter/Pabel*, EMRK, § 24 Rn. 66 ff., *Villiger*, EMRK, § 21 Rn. 470 ff. Vgl. zum Ganzen auch *Eser*, Ritsumeikan L.R. 2009, 179 f. sowie *Borraccetti*, in: Di Federico, EU Charter, S. 100 ff.

109 Vgl. dazu noch *Eser/Kubiciel*, unten Art. 48 Rn. 23.

110 Vgl. – unter Berufung auf die ständige Rechtsprechung des EGMR – EuGH im Fall *Varec*, C-450/06 Z. 46, Slg I-581 = EuZW 2008, 209.

111 Vgl. EuGH im Fall *Otis*, C- 199/11, Z. 72 ff. = EuZW 2013, 24 m Anm *Landbrecht* (S. 28 f.), wo das Prinzip der Waffengleichheit auch aus dem Grundsatz effektiven gerichtlichen Rechtsschutzes begründet wird. Zu der vor allem im Strafprozess bedeutsamen Waffengleichheit zwischen Anklage und Verteidigung, zu der insbesondere auch das Konfrontationsrecht gehört (unten Rn. 28), vgl. u.a. *Roxin/Schünemann*, Strafverfahrensrecht, § 11 Rn. 7 – Kritisch zum Begriff der Waffengleichheit *Safferling*, NStZ 2004, 181 ff.

112 *Jarass*, NJW 2011,13 97; zur Wahrnehmung dieses Recht durch den Angeklagten vgl. EGMR im Fall *Öcalan*, 12.3.2003, Z. 161 ff. sowie unten Art. 48 Rn. 25 a Fn. 245. Zu etwaigen Einschränkungen zur Wahrung von Grundrechten Dritter, wie insbesondere von Geschäftsgeheimnissen, vgl. EuGH im Fall *Varec*, C-450/06 Z. 47 ff., Slg I-581 = EuZW 2008, 209.mwN.

113 Vgl. EuGH im Fall *Steffensen*, C-276/01 Z: 77, Slg 2003, I-3735 m Anm *Schaller*, EuZW 2003,671 f., ferner *Borraccetti*, in: Di Federico, EU Charter, S. 105 ff.

114 *Nehl*, in: Pechstein/Nowak/Häde, GRC, Art. 47 Rn. 62.

115 *Nehl*, in: Pechstein/Nowak/Häde, GRC, Art. 47 Rn. 64.

116 Vgl. oben zu Fn. 44.

117 EuGH im Fall *Radu*, C-93/11, Z. 28 ff. = NJW 2013,1146 m. kritischer Besprechung *Gaede* NJW 2013, 1279 f.

gen Hinweis-, Belehrungs- und Aussetzungspflichten seitens des Gerichts führt, um den Prozessbeteiligten die tatsächliche Wahrnehmung ihrer Verfahrensrechte wie auch insgesamt die Justizförmigkeit des Verfahrens zu sichern.[118] Dazu wird auch die grundsätzliche Pflicht zur *Begründung* und *Bekanntgabe von Entscheidungen* zu rechnen sein, um den Betroffenen eine Kontroll- und Beschwerdemöglichkeit zu geben. Nicht zuletzt gehört zur Fairness des Verfahrens auch das *Folterverbot*[119] sowie ganz allgemein das *Missbrauchsverbot*, wonach eine bewusste Umgehung von Verfahrensvorschriften unzulässig ist.[120]

38 bb) Auch bei der gebotenen **Öffentlichkeit** des Verfahrens handelt es sich um eine grundlegende Ausprägung der Rechtsstaatlichkeit. Durch diese Verfahrensmaxime soll sowohl eine der öffentlichen Kontrolle entzogene Geheimjustiz unterbunden als auch das Vertrauen der Öffentlichkeit in die Gerichte gestärkt werden.[121] Obgleich auch schon in Art. 6 Abs. 1 EMRK garantiert, bedürfen zwei scheinbare Abweichungen davon der Klarstellung: Während zum einen Art. 47 Abs. 2 lediglich von der Öffentlichkeit der *Verhandlung* spricht, muss nach Art. 6 Abs. 1 S. 2 EMRK auch das Urteil öffentlich *verkündet* werden, wobei dafür nicht schon die bloße Verlesung des Urteilstenors genügt, sondern auch die öffentliche *Begründung* dazu gehört.[122] Die demgegenüber verkürzte Ausdrucksweise in Art. 47 Abs. 2 wird jedoch, wenn man den kaum trennbaren Sinnzusammenhang zwischen Verhandlungs- und Urteilsöffentlichkeit aufrechterhalten will, schwerlich als Zurückdrängung der Urteilsverkündung in die Nichtöffentlichkeit zu verstehen sein, da traditionell selbst dort, wo die Verhandlungsöffentlichkeit eingeschränkt werden kann, jedenfalls die öffentliche Verkündung der Entscheidung (wie zB in § 173 GVG) gefordert.[123] Und soweit zum anderen der nach Art. 6 Abs. 2 S. 2 Halbs. 2 EMRK zugelassene Ausschluss der Öffentlichkeit in Art. 47 Abs. 2 nicht ausdrücklich erwähnt ist, sind die EMRK-Einschränkungen der Öffentlichkeit über Art. 52 Abs. 3 auch im Rahmen der GRC möglich.[124]

39 cc) Das Recht auf Verhandlung **innerhalb angemessener Frist** verpflichtet zu einer zügigen und effizienten Durchführung des Verfahrens, um Rechtsstreitigkeiten möglichst bald dem Rechtsfrieden zuzuführen und durch übermäßige Verfahrensdauer nicht die Glaubwürdigkeit und Effizienz der Gerichtsbarkeit zu gefährden.[125] Die praktische Bedeutung dieses Grundsatzes zeigt sich nicht zuletzt an der steigenden Zahl von Beschwerden, die wegen übermäßiger Verfahrensdauer an den EGMR gerichtet werden.[126] Die Angemessenheit der

---

118 Einzelheiten regelt sekundärrechtlich die Richtlinie 2012/13/EU über das Recht auf Belehrung und Unterrichtung in Strafverfahren; s. dazu EuGH im Fall *Kolev u.a.*, Rs. C-612/15, ECLI-EU:C:2018:392. Vgl. ferner KK/*Pfeiffer/Hannich*, StPO, Einleitung Rn. 133, sowie eingehend *Plötz*, Fürsorgepflicht.

119 Vgl. EGMR im Fall *Gaefgen*, 30.6.2008, Nr. 22978/05 = NStZ 2008, 699 (m Anm *Esser* NStZ 2008, 657), wobei jedoch grundsätzlich zwischen dem Verbot der Erpressung von Aussagen zu bereits begangenen Taten und dem Erzwingen einer Rettung aus drohender Lebensgefahr zu unterscheiden wäre; näher dazu *Eser*, in: FS für Hassemer, S. 713 ff., 722 f.

120 *Jarass*, NJW 2011, 1396. Zu weiteren Einzelheiten mit Nachweisen vgl. die Judikatur und Literatur zu dem im Wesentlichen inhaltsgleichen Art. 6 Abs. 1 EMRK bei *Peukert*, in: Frowein/Peukert, EMRK, Art. 6 Rn. 112 ff.

121 Näher dazu *Villiger*, EMRK, § 20.

122 EGMR im Fall *Biryoko*, -14810/02, Z. 28 ff. = NJW 2009, 2873 f.

123 Zustimmend *Frenz*, Handbuch Europarecht 4, Rn. 5047, im gleichen Sinne *Callies/Ruffert/Blanke*, EUV/EGV, Art. 47 GRCh Rn. 16, sowie nun auch *Jarass*, Charta, Art. 47 Rn. 40.

124 So im Sinne möglichst knapper Formulierungen auch die Erläuterungen des Konventspräsidiums in *Charte* 4149/00 und 4284/00, jeweils zu Art. 8; vgl. auch VerfGH Wien, EuGRZ 2012, 332 Rn. 49 ff. Zu weiteren Einzelheiten vgl. *Peukert*, in: Frowein/Peukert, EMRK, Art. 6 Rn. 187 ff.

125 Vgl. *Frenz*, Handbuch Europarecht 4, Rn. 5049 f., *Grabenwarter/Pabel*, EMRK, § 24 Rn. 81, *Villiger*, EMRK, 1999, § 20 Rn. 452 mwN sowie *Borraccetti*, in: Di Federico, EU Charter, S. 102 ff.

126 Vgl. *Peukert*, in: Frowein/Peukert, EMRK, Art. 6 Rn. 237, sowie *Ambos*, NStZ 2002, 629 ff.

Verfahrensdauer lässt sich nicht nach fixen Fristen bemessen, da sie letztlich vom Prozessgegenstand, vom Umfang und der Schwierigkeit der Materie und vom Verhalten der Prozessbeteiligten abhängt.[127] Doch selbst wenn das Beschleunigungsgebot verletzt ist, führt dies auch bei strafrechtlichen Verfahren nicht ohne weiteres zu einem Prozesshindernis, sondern in der Regel lediglich zur Berücksichtigung auf der Rechtsfolgenseite, wie insbesondere in der Strafzumessung.[128] Soweit jedoch Verfahrensverzögerungen seitens der Strafverfolgungsorgane zu besonders schwerwiegenden oder gar irreparablen Nachteilen für den Betroffenen führen, wird von einem Teil des Schrifttums wohl zu Recht für den endgültigen Verzicht auf die Weiterführung des Strafverfahrens plädiert.[129]

dd) Eine über die EMRK hinausgehende Novität stellt die Deklarierung des Rechts dar, 40
sich beraten, verteidigen und vertreten zu lassen, wobei sich diese Gewährleistung zum Teil auch mit den durch Art. 48 Abs. 2 garantierten Verteidigungsrechten überschneidet.[130] Der Unionsgesetzgeber trägt diesem Grundrecht in zunehmenden Maß Rechnung.[131] Die Wahrnehmung dieses Beratungs- und Vertretungsrechts soll jedoch nicht ausschließlich Rechtsanwälten vorbehalten sein, wie dies zeitweilig vom Konventspräsidium vorgeschlagen worden war;[132] vielmehr kann man sich nach Verzicht auf ein solches „Rechtsanwaltsprivileg" auch durch Laien beraten und vertreten lassen.[133] Allerdings werden dabei etwaige nationale Rechtsberatungsregelungen zu beachten sein.

III. Art. 47 Abs. 3: Anspruch auf Prozesskostenhilfe

1. Vorgaben

a) Rechtsprechung des EGMR

Art. 47 Abs. 3 hat kein ausdrückliches Vorbild in der EMRK; vielmehr wurde der An- 41
spruch auf Prozesskostenhilfe aus der **Rechtsprechung des EGMR** gewonnen.[134] Ansatzpunkte dafür finden sich in der Rechtsweggarantie von Art. 6 Abs. 1 EMRK, das darin verkörperte Recht auf Zugang zum Gericht auch praktisch sicherzustellen und die Einlegung eines wirksamen Rechtsbehelfs zu ermöglichen, sowie im Recht auf den unentgeltlichen Beistand eines Pflichtverteidigers im Falle von Mittellosigkeit nach Art. 6 Abs. 3 (c) EMRK. Zudem sieht der EGMR, wenn Prozesskostenhilfe ungerechtfertigt verweigert wird, den Grundsatz der Waffengleichheit verletzt.[135]

---

127 Näher dazu – einschließlich einer Auflistung von Fällen mit noch tolerierter oder für übermäßig befundener Verfahrensdauer – *Peukert*, in: Frowein/Peukert, EMRK, K² (1996), Art. 6 Rn. 153; ferner *Grabenwarter/Pabel*, EMRK, § 24 Rn. 82., *Heselhaus/Nowak*, Handbuch, § 51 Rn. 17, 42 mwN.

128 Vgl. BGH NStZ 1997, 451, 452; KK/*Pfeiffer*, StPO, Einleitung Rn. 34, *Meyer-Goßner*, StPO, Art. 6 MRK Rn. 9; aber auch BGHSt 35, 137.

129 Vgl. *Hillenkamp*, NJW 1989, 2847 ff.; *Roxin*, NStZ 1991, 153; SK/*Rogall*, StPO, vor § 133 Rn. 120.

130 Vgl. oben Rn. 21 sowie *Eser/Kubiciel*, unten Art. 48 Rn. 23, 28 f.

131 So durch die Richtlinie 2016/1919/EU des Europäischen Parlaments und des Rates vom 09. März 2016 über Prozesskostenhilfe für verdächtige und beschuldigte Personen in Strafverfahren sowie für gesuchte Personen in Verfahren zur Vollstreckung eines Europäischen Haftbefehls.

132 Vgl. *Charte* 4333/00 zu Art. 8 sowie die Gegenstimmen im Konvent auf der 12. Sitzung (*Bernsdorff/Borowsky*, Protokolle, S. 278 zu Art. 8).

133 Vgl. ferner *Frenz*, Handbuch Europarecht 4, Rn. 5057, *Jaeger*, NJW 2004, 6 f., *Jarass*, Charta, Art. 47 Rn. 46.

134 Und zwar insbesondere aus dem Fall *Airey*, GH 32/A, Z. 20 ff. = EuGRZ 1979, 626; vgl. *Meyer/Engels,* Charta der Grundrechte, 2001, S. 64.

135 EGMR im Fall *Steel and Morris*, 15.2.2005, Z. 72.

Ein gewisses Vorbild kann auch in dem Prozesskostenhilfesystem, das bereits für die bei den europäischen Gerichten anhängigen Rechtssachen besteht,[136] gesehen werden.[137]

b) Nationalstaatliche Gewährleistungen

42 Auf **nationalstaatlicher** Ebene ist eine verfassungsrechtliche Absicherung von Prozesskostenhilfe bislang nur in wenigen EU-Ländern vorzufinden, wie in Malta (Art. 39 Abs. 6 lit. c), Portugal (Art. 20 Abs. 1), Spanien (Art. 119), der Tschechischen Republik (Art. 40 Abs. 3 GR-Deklaration)[138] und Zypern (Art. 30 Abs. 3 lit. d).

2. Diskussion im Grundrechtekonvent

43 Die Prozesskostenhilfe war vergleichsweise eingehend Gegenstand der Diskussion,[139] weil es insoweit keine gemeinsamen Grundsätze der Mitgliedstaaten gibt[140] und finanzielle Unterstützung bis dahin nur in Strafverfahren in Form von unentgeltlichem Beistand eines Verteidigers vorgesehen war.[141] Die Erweiterung von Prozesskostenhilfe auf Verwaltungsverfahren wurde damit begründet, dass es solche Verfahren zur Entstehungszeit der EMRK kaum gegeben habe und diese daher nicht zu berücksichtigen waren; zudem werde die Kontrolle von EU-Maßnahmen in Deutschland vorwiegend durch die Verwaltungsgerichtsbarkeit ausgeübt.[142] Ferner wurde Bedenken gegen die Gewährung von Prozesskostenhilfe von Seiten der EU-Kommission entgegengehalten, dass die Mitgliedstaaten die Prozesskostenhilfe weiterhin selbständig definieren könnten.[143]

3. Kommentierung

44 Durch Gewährung von Prozesskostenhilfe soll der durch Art. 47 Abs. 2 eröffnete Zugang zu den Gerichten wirksam gewährleistet werden. Dies gilt für alle Arten von Verfahren. Soweit es um die Verteidigung in Strafverfahren geht, kommt in erster Linie der unentgeltliche Beistand eines Pflichtverteidigers in entsprechender Anwendung von Art. 6 Abs. 3 (c) EMRK in Betracht (→ Rn. 41). Der Unionsgesetzgeber hat diesen Grundsatz in verschiedener Form konkretisiert.[144] Auf Strafverfahren Anwendung findet die Richtlinie 2016/1919/EU des Europäischen Parlaments und des Rates vom 09. März 2016 über Prozesskostenhilfe für Verdächtige und beschuldigte Personen in Strafverfahren sowie für gesuchte Personen in Verfahren zur Vollstreckung eines Europäischen Haftbefehls. Soweit zivil- oder handelsrechtliche Streitsachen mit grenzüberschreitendem Bezug betroffen sind, finden sich detaillierte Regelungen in Richtlinie 2002/8/ EG des Rates vom 27.1.2003, die gemeinsame Mindestvorschriften für die Prozesskostenhilfe festlegt.[145] Auch für juristische Personen ist Prozesskostenhilfe nicht ausgeschlossen.[146]

---

136 Gemäß Art. 94–97 VfO-EuG bzw. Art. 76 VfO-EuGH.
137 Vgl. Erläuterungen des Konventspräsidiums *Charte* 4473/00 zu Art. 47 Abs. 3 (*Bernsdorff/Borowsky*, Protokolle, S. 39).
138 Vgl. oben Fn. 31.
139 Vgl. im Einzelnen die Formulierungsvorschläge in *Charte* 4123/00 REV 1 Art. 5 Abs. 2; 4149/00 Art. 8 S. 2; 4284/00 Art. 8 Abs. 2; 4422/00 Art. 45 Abs. 2; 4423/00 Art. 45 Abs. 2; 4470/00 Art. 46 Abs. 3 sowie *Bernsdorff/ Borowsky*, Protokolle, S. 177, 178, 278 f.
140 So die Erläuterung des Präsidiums zu Art. 5 Abs. 2 in *Charte* 4123/1/00; zu ausnahmsweisen Gewährleistungen vgl. oben Rn. 38 a.
141 Vgl. oben Rn. 38 zu Art. 6 Abs. 3 lit. c EMRK.
142 Vgl. *Meyer/Engels,* Charta der Grundrechte, 2001, S. 235.
143 So *Vitorino*, in: *Meyer/Engels*, Charta der Grundrechte, 2001, S. 243.
144 Vgl. *Nehle*, in: Pechstein/Nowak/Häde, GRC, Art. 47 Rn. 69.
145 Vgl. Art. 1 RL 2002/8/EG.
146 EuGH im Fall *DEB* C-279/09, Z. 59 ff. = EuZW 2011, 137, 140.

Die Gewährung von Prozesskostenhilfe hängt davon ab, ob und inwieweit die betroffene Person nicht über ausreichende Mittel verfügt. Dazu wird der Antragsteller entsprechend den Voraussetzungen, unter denen vor dem EuG und dem EuGH Prozesskostenhilfe gewährleistet wird, seine Bedürftigkeit durch Unterlagen nachzuweisen haben, ebenso wie danach die beabsichtigte Rechtsverfolgung „nicht offensichtlich aussichtslos" sein darf.[147] Ein Anspruch auf völlige und endgültige Freistellung von den entstandenen Pflichtverteidigergebühren besteht freilich nicht.[148] 45

IV. Würdigung

Die weitere Verstärkung der bereits durch die EMRK eingeräumten Rechtsbehelfsgarantie durch Ausbau zu einer gerichtlichen Rechtswegegarantie ist zweifellos zu begrüßen (→ Rn. 31 ff.). Vor den europäischen Gerichten ist Art. 47 GRC als vollwertige Rechtsquelle anerkannt, die effektiven Rechtsschutzmöglichkeiten Vorschub leisten soll.[149] Soweit es jedoch um die Rüge von Grundrechtsverletzungen geht, werden dem Betroffenen zu viele Umwege zugemutet, solange es an einer Grundrechtsbeschwerde fehlt (→ Rn. 17), wie sie von verschiedener Seite bereits gefordert wird.[150] Auch dass es bislang keinen Schutz der Bürger bei Zwangsmaßnahmen seitens der Polizei und/oder der Staatsanwaltschaft gibt, wird zu Recht als ein zu behebendes Defizit beklagt.[151] 46

V. Literaturübersicht

Bernegger, Sabine, Das Recht auf eine wirksame Beschwerde – Art. 13 EMRK, in: Machacek, Rudolf/Pahr, Willibald P./Stadler, Gerhard (Hrsg.), 40 Jahre EMRK. Grund- und Menschenrechte in Österreich, Band II, Kehl/Straßburg/Arlington 1992, S. 709; *Böcker, Nicolai*, Wirksame Rechtsbehelfe zum Schutz der Grundrechte der Europäischen Union, Baden-Baden 2005; *Borraccetti, Marco*, Fair Trial, Due Process and Rights of Defence in the EU Legal Order, in: Di Federico, Giacomo (ed.), The EU Charter of Fundamental Rights, Dordrecht 2011, S. 95; *Callewaert, Johan*, Die Europäische Menschenrechtskonvention und die Verfahrensgarantien, Probleme der Anwendung des Art. 6 EMRK, EuGRZ 1996, 366; *Calliess, Christian*, Die Charta der Grundrechte der Europäischen Union – Fragen der Konzeption, Kompetenz und Verbindlichkeit, EuZW 2001, 261; *Danwitz, Thomas von*, Die Garantie effektiven Rechtsschutzes im Recht der Europäischen Gemeinschaft, NJW 1993, 1108; *Eser, Albin*, Der „gesetzliche Richter" und seine Bestimmung für den Einzelfall, in: Eser, Albin/Kullmann, Hans Josef, u.a. (Hrsg.), Straf- und Strafverfahrensrecht. Festschrift für Hannskarl Salger, Köln 1995, S. 247; *ders.*, Human Rights Guarantees for Criminal Law and Procedure in the EU-Charter of Fundamental Rights, in: Ritsumeikan Law Review 2009, 163; *ders.*, Zwangsandrohung zur Rettung aus konkreter Lebensgefahr – Gegenkritische Rückfragen zur sogenannten „Rettungsfolter", in: Herzog, Felix / Neumann, Ulfried (Hrsg.), Festschrift für Winfried Hassemer, Heidelberg 2010, S. 713; *Everling, Ulrich*, Referat, in: Ständige Deputation des Deutschen Juristentages (Hrsg.), Verhandlungen des Sechzigsten Deutschen Juristentages Münster 1994, Band II/1, Sitzungsberichte – Referate und Beschlüsse Teil N: Empfiehlt es sich, das System des Rechtsschutzes und der Gerichtsbarkeit in der Europäischen Gemeinschaft, insbesondere die Aufgaben der Gemeinschaftsgerichte und der nationalen Gerichte, weiterzuentwickeln?, München 1994, S. N 1 – N 24; *ders.*, Rechtschutz in der Europäischen Union nach dem Vertrag von Lissabon, in: Schwarze, J./Hatje, A., Der Reformvertrag von Lissabon, Europarecht, Beiheft 1/2009, 71; *Franzius, Claudio*, Grundrechtsschutz in Europa, ZaöRV 75 (2015), 383; *Gaede, Karsten*, Minimalistischer EU-Grundrechtsschutz bei der Kooperation im Strafverfahren, in: NJW 2013, 1279; *Grabenwarter, Christoph*, Die Charta der

147 Vgl. die Nachweise oben bei Fn. 156 f. sowie Art. 4 Richtlinie 2016/1919 und Art. 6 Abs. 1 RL 2002/8/EG.

148 BVerfG, NJW 2003, 196; OLG Hamm, NStZ-RR 2000, 160. AA OLG Düsseldorf, NStZ 1985, 370.

149 Vgl. EuG, 30.1.2002, Rs. T-54/99, *max.mobil* = EuZW 2002, S. 186 ff.; EuG, 3.5.2002, Rs. T-177/01, *Jégo-Quéré*; EuGH, 1.4.2004, Rs. C-263/02 P, *Jégo-Quéré* = NJW 2004, S. 2006 ff.

150 Vgl. neben den oben Rn. 17 in Fn. 64 Genannten auch *Meyer/Engels*, Charta der Grundrechte, 2001, S. 31.

151 *Meyer*, in: Meyer/Engels, Charta der Grundrechte, 2001, S. 374.

Grundrechte für die Europäische Union, DVBl. 2001, 1; *ders.*, Verfahrensgarantien in der Verwaltungsgerichtsbarkeit. Eine Studie zu Art. 6 EMRK auf der Grundlage einer rechtsvergleichenden Untersuchung der Verwaltungsgerichtsbarkeit Frankreichs, Deutschlands und Österreichs, Wien 1997; *Hangartner, Yvo*, Das Recht auf eine wirksame Beschwerde gemäß Art. 13 EMRK und seine Durchsetzung in der Schweiz, AJP1994, 3; *Hannich, Rolf* (Hrsg.), Karlsruher Kommentar zur Strafprozessordnung (KK), 8. Aufl., München 2019; *Hilf, Meinhard*, Die Charta der Grundrechte der Europäischen Union, Sonderbeilage zu NJW, EuZW, NVwZ und JuS 2000, 5; *Hillenkamp, Thomas*, Verfahrenshindernisse von Verfassungs wegen, NJW 1989, 2841; *Hohmann, Harald*, Die Charta der Grundrechte der Europäischen Union, Parl 2000, Beilage 52–53, 5; *Holoubek, Michael*, Das Recht auf eine wirksame Beschwerde bei einer nationalen Instanz, JBl. 1992, 137; *Jahn, Matthias*, Fair-trial als strafprozessuales Prinzip im Mehrebenensystem, ZStW 127 (2015), 549; *Jarass, Hans D.*, Bedeutung der EU-Rechtsschutz Gewährleistung für nationale und EU-Gerichte, in: NJW 2011,1393; *ders.*,Strafrechtliche Grundrechte im Unionsrecht, NStZ 2012,611; *Koenig, Christian*, EU-Grundrechtcharta – ein neuer supranationaler Kompetenztitel?, EuZW 2000, 417; *Krüger, Christian/Polakiewicz, Jörg*, Vorschläge für ein kohärentes System des Menschenrechtsschutzes in Europa, EuGRZ 2001, 92; *Kubiciel, Michael*, Mindeststandards und Verfahrensgrundsätze im Strafverfahren unter europäischem Einfluss, in: Althammer/Weller (Hrsg.), Mindeststandards im europäischen Zivilprozessrecht, 2015, 135; *Kühne, Hans-Heiner*, Die Entscheidung des EuGHMR in Sachen Öcalan, JZ 2003, 670; *Lenz, Sebastian/Saeglich, Simone*, Kein Rechtsschutz gegen EG-Verordnungen? – Europäische Rechtsschutzdefizite und ihr Ausgleich durch die Feststellungsklage nach § 43 I VwGO, NVwZ 2004, 1421; *Lindner, Franz*, EG-Grundrechtscharta und gemeinschaftlicher Kompetenzvorbehalt, DÖV 2000, 543; *ders.*, Fortschritte und Defizite im EU-Grundrechteschutz, in: ZRP 2007, 54; *Luchtman, Michiel*, Choice of Forum and the Prosecution of Cross-Border Crime in the European Union, in: Luchtman, Michiel (ed.), Choice of Forum in Cooperation Against EU Financial Crime, The Hague 2013, S. 3; *Magiera, Siegfried*, Die Grundrechtscharta der Europäischen Union, DÖV 2000, 1017; *Matscher, Franz*, Zur Funktion und Tragweite der Bestimmung des Art. 13 EMRK, in: Böckstiegel, Karl-Heinz/Folz, Hans-Ernst u.a. (Hrsg.), Völkerrecht. Recht der Internationalen Organisationen. Weltwirtschaftsrecht. Festschrift für Ignaz Seidl-Hohenveldern, Köln/Berlin/Bonn/München 1988, S. 315; *Mertens, Pierre*, Le droit de recours effectif devant les instances nationales en cas de violation d'un droit de l'homme, Bruxelles 1973; *Meyer, Jürgen*, Die künftige Europäische Verfassung und das Strafrecht, in: Arnold, Jörg u.a. (Hrsg.), Menschengerechtes Strafrecht. Festschrift für Albin Eser, München 2005, S. 797; *Meyer-Goßner, Lutz/Schmitt, Bertram*, Strafprozessordnung, Gerichtsverfassungsgesetz, Nebengesetze und ergänzende Bestimmungen, 62. Aufl., München 2019; *Meyer-Ladewig, Jens/Nettesheim, Martin/von Raumer, Stefan*, EMRK, 4. Aufl. Baden-Baden 2017; *Panzavolta, Michele*, Choice of Forum and the Lawful Judge Concept, in: Luchtman, Michiel (ed.), Choice of Forum in Cooperation Against EU Financial Crime, The Hague 2013, S. 143; *Plötz, Winfried*, Die gerichtliche Fürsorgepflicht im Strafverfahren, Lübeck 1980; *Reich, Norbert*, Zur Notwendigkeit einer Europäischen Grundrechtsbeschwerde, ZRP 2000, 375; *Ritgen, Klaus*, Grundrechtsschutz in der Europäischen Union, ZRP 2000, 371; *Roxin, Claus/Schünemann, Bernd*, Strafrechtliche und strafprozessuale Probleme der Vorverurteilung, NStZ 1991, 153; *Roxin, Claus/Schünemann, Bernd*, Strafverfahrensrecht, 29. Aufl., München 2017; *Rudolphi,Joachim/Horn, Eckhard/Samson, Erich/Günther, Hans-Ludwig/Hoyer, Andreas* u.a. (Hrsg.), Systematischer Kommentar zum Strafgesetzbuch (SK), Band 1, Allgemeiner Teil (§§ 1–37), Neuwied, 9. Aufl. 2017; *Rudolphi, Hans-Joachim/Frisch, Wolfgang/Paeffgen,Hans-Ulrich u.a.* (Hrsg.), Systematischer Kommentar zur Strafprozeßordnung und zum Gerichtsverfassungsgesetz (SK StPO), München, Berlin, 5. Aufl. 2018/2019; *Safferling, Christoph*, Audiatur et altera pars – die prozessuale Waffengleichheit als Prozessprinzip? – Qui statuit alliquid inaudita altera, Aequm liquet statuerit haud aequs fuit, NStZ 2004, 181; *Satzger, Helmut*, Gefahren für eine effektive Verteidigung im geplanten europäischen Verfahrensrecht – eine kritische Würdigung des Grünbuchs zum strafrechtlichen Schutz der finanziellen Interessen der Europäischen Gemeinschaften und zur Schaffung einer europäischen Staatsanwaltschaft, StV 2003, 137; *Seitz, Claudia*, Der Grundsatz des effektiven gerichtlichen Rechtsschutzes und die Nachprüfungsbefugnis im System der gerichtlichen Kontrolle, EuZW 2014, 774; *Shelton, Dinah*, Remedies and The Charter of Fundamental Rights of the European Union, in: Peers, Steve/Ward, Angela (eds.), The European Union Charter of Fundamental Rights, Oxford 2004, S. 349; *Spaniol, Margret*, Das Recht auf Verteidigerbeistand im Grundgesetz und in der Europäischen enschenrechtskonvention, Berlin 1990; *Tappert, Willi*, Eine Charta der Grundrechte für die Europäische Union, DRiZ 2000, 204; *Velu, J. Jacques/Ergec, Rusen*, La Convention européenne des droits de l'homme, Bruxelles 1990; *Villiger, Mark E.*, Handbuch der Europäischen Menschenrechtskonvention (EMRK), Zürich 1999; *Ward, Angela*, Access to Justice, in: Peers, Steve/Ward, Angela (eds.), The European Union Charter of Fundamental Rights, Oxford 2004, S. 123; *Weber, Albrecht*, Die Europäische Grundrechtscharta – auf dem Weg zu einer europäischen Verfassung, NJW 2000, 537; *Weigend, Thomas*, Die Europäische Menschenrechtskonvention als deutsches Recht – Kollisionen und ihre Lösung, StV 2000, 384; *Weiß, Wolfgang*, Grundrechtsschutz durch den EuGH: Tendenzen seit Lissabon, in: EuZW 2013,287–292; *Zuleeg, Manfred*, Zum Verhältnis nationaler und europäischer Grundrechte, EuGRZ 2000, 511.

Artikel 48 Unschuldsvermutung und Verteidigungsrechte

(1) Jeder Angeklagte gilt bis zum rechtsförmlich erbrachten Beweis seiner Schuld als unschuldig.

(2) Jedem Angeklagten wird die Achtung der Verteidigungsrechte gewährleistet.

In diesem Artikel sind zwei verschiedene Verfahrensgarantien zusammengefasst, deren Gemeinsamkeit im Wesentlichen nur darin besteht, für das Strafverfahren bedeutsam zu sein.[1] Insofern unterscheidet sich Art. 48 von den auch für andere Verfahrenszweige bedeutsamen Garantien des Art. 47. Um so mehr hätte es der strafrechtliche Charakter der Verfahrensgarantien des Art. 48 nahegelegt, auch noch die strafrechtlichen Garantien der Art. 49 und 50 miteinzubinden.[2] Nachdem davon abgesehen worden war, blieb auch das schwache Band zwischen den in den Art. 48 eingeordneten Verfahrensgarantien im Konvent strittig.[3] Dies rechtfertigt es, die in den zwei Absätzen des Art. 48 geregelten Garantien getrennt zu behandeln. 1

I. Art. 48 Abs. 1: Unschuldsvermutung

1. Vorgaben

a) Artikel 6 Abs. 2 EMRK

Art. 48 Abs. 1 entspricht nahezu wörtlich dem **Art. 6 Abs. 2 EMRK:** 2

„Jede Person, die einer Straftat angeklagt ist, gilt bis zum gesetzlichen Beweis ihrer Schuld als unschuldig.“

Bei dieser sog Unschuldsvermutung, die ihrerseits Art. 11 Abs. 1 der AEMR der Vereinten Nationen von 1948 zum Vorbild hat, handelt es sich um ein von allen Rechtsstaaten anerkanntes Prinzip. Bei aller Hochachtung für diese Verfahrensgarantie, die aus verschiedenen anderen Rechten, wie insbesondere der Menschenwürde oder dem Rechtsstaats- und Schuldprinzip abgebildet wird (→ Rn. 5), leidet sie jedoch an dem gerne verdrängten Widerspruch, dass bei einer bis zu einem förmlichen Schuldspruch als unschuldig geltenden

1 Vgl. *Jarass* NStZ 2012, 613.
2 Vgl. *Eser*, oben Vorbemerkungen zu Titel VI Rn. 2.
3 Vgl. unten Rn. 4 und 27.

Person genau genommen keinerlei Zwangsmaßnahmen, wie etwa Untersuchungshaft, vorgenommen werden dürften, die zwar an einem tatsachsachenfundierten Verdacht anknüpfen, jedoch keine Schuldfeststellung begründen und gegenüber einem erwiesenermaßen Unschuldigen nicht gerechtfertigt wären. Ohne sich mit diesem Grunddilemma von strafrechtlichen Maßnahmen an einer als „unschuldig" geltenden Person sichtlich auseinandergesetzt zu haben, werden von der Rechtsprechung und Literatur zu Art. 6 Abs. 2 EMRK sowohl Zwangsmaßnahmen gegen noch nicht rechtskräftig verurteilte Tatverdächtige als auch Kostennachteile für letztlich freigesprochene Personen für zulässig gehalten, was schwerlich vertretbar wäre, wenn die Geltung als „unschuldig" ernstlich und ausnahmslos beim Wort zu nehmen wäre.[4] In der Tat hat offenbar bereits die EMRK selbst die Unschuldsvermutung nicht als derart absolut und bis zum förmlichen Schuldspruch jegliche Zwangseingriffe ausschließend gesehen, da sonst die in Art. 5 Abs. 1 (c) EMRK eingeräumte Möglichkeit zu rechtmäßigem Freiheitsentzug bei hinreichendem Tatverdacht nicht denkbar wäre.[5] Gleichwohl bleibt damit die Bezeichnung als „Unschuldsvermutung" mit einer inneren Widersprüchlichkeit behaftet,[6] an der sich auch durch die geringfügige Umformulierung in Art. 48 Abs. 1, wo statt von „gesetzlichem" Beweis nun von „rechtsförmlich erbrachtem" Beweis gesprochen wird, nichts Wesentliches geändert hat (→ Rn. 6).

b) Nationalstaatliche Gewährleistungen

3 Auf **nationalstaatlicher** Ebene hat die *Unschuldsvermutung* bereits in vielen EU-Ländern verfassungsrechtliche Verankerung gefunden: so in Bulgarien (Art. 31 Abs. 3), Estland (§ 22), Lettland (Art. 92), Litauen (Art. 31), Malta (Art. 39 Abs. 5), Polen (Art. 42 Abs. 3), Portugal (Art. 32 Abs. 2), Slowakei (Art. 50 Abs. 2), Slowenien (Art. 27), Spanien (Art. 24 Abs. 2), Tschechische Republik (Art. 40 Abs. 2 GR-Deklaration),[7] Ungarn (Art. 57 Abs. 2) und Zypern (Art. 12 Abs. 4). Danach soll, wie traditionell üblich und der Kurzfassung als „Unschuldsvermutung" entsprechend, der Angeklagte bis zum gesetzlichen Beweis seiner Schuld „als unschuldig gelten". Demgegenüber wird die italienische Formulierung (Art. 27 Abs. 2) dem wahren Sinn dieser Garantie insofern besser gerecht, als der Angeklagte bis zur endgültigen Verurteilung „nicht als schuldig zu betrachten" ist (→ Rn. 2 sowie → Rn. 5 ff.).

2. Diskussion im Grundrechtekonvent

4 Ohne dass die Unschuldsvermutung als solche, da in nahezu allen Verfassungen und Menschenrechtskonventionen anerkannt, hinsichtlich ihrer Existenzberechtigung oder ihrer Ausgestaltung in Zweifel gezogen worden wäre,[8] gab es im Konvent lediglich Dissens darüber, ob die das Strafverfahren betreffenden Justizgrundrechte überhaupt in die GRC auf-

4 Zu solchen, auch gegenüber einem noch nicht für schuldig Befundenen möglichen Maßnahmen und Nebenfolgen vgl. den Überblick von *Peukert*, in: Frowein/Peukert, EMRK, Art. 6 Rn. 272 ff.

5 Vgl. EKMR E 7981/77 vom 5.10.1977 und E 13671/88 vom 3.7.1989.

6 Mit besonderer Schärfe kritisiert von *Bohnert*, Abschlussentscheidung, S. 243: „Die Pflicht zur Unschuldsvermutung ist ein Un-Sinn". Ähnlich ist für *Meyer*, in: FS für Tröndle, S. 61, hinsichtlich der Bedeutung der „Unschuldsvermutung" klar, dass es insofern „keinerlei Klarheit" gebe. Vgl. auch *Frenz*, Handbuch Europarecht 4, Rn. 5080, 5082 f. der, wie üblicherweise auch andere, diesem „Grunddilemma" offenbar mit Abwägung der kollidierenden Güter meint beikommen zu können. Vgl. demgegenüber unten Rn. 6.

7 Vgl. *Eser/Kubiciel*, oben Art. 47 Fn. 31.

8 Vgl. im Einzelnen die Formulierungsvorschläge in *Charte* 4123/1/00 REV 1 Art. 5 Abs. 3 (a); 4140/00 Art. 2 Abs. 2; 4149/00 Art. 9; 4284/00 Art. 2; 4422/00 Art. 1; 4423/00 Art. 46 Abs. 2; 4470/00 Art. 47 Abs. 1 sowie *Meyer/Engels*, Charta der Grundrechte, S. 32; vgl. auch *Bernsdorff/Borowsky*, Protokolle, S. 179, 282.

genommen werden sollten. Das wurde zum Teil unter Hinweis auf die fehlende Zuständigkeit der EU auf dem Gebiet des Strafrechts abgelehnt, wobei dem aber die auf eine Strafrechtsharmonisierung in der EU hinlaufende Entwicklung mit einer entsprechenden zukunftsweisenden Funktion der GRC entgegengehalten wurde.[9] Angesichts der inzwischen im AEUV verbürgten, weitreichenden Strafrechtsharmonisierungskompetenzen und – insbesondere – vor dem Hintergrund der in Gründung befindlichen EuStA hat sich die Aufnahme der sog Unschuldsvermutung in die GRV als richtig erwiesen. Der EuGH bezeichnet die Unschuldsvermutung als einen allgemeinen Grundsatz des Unionsrechts.[10] Auf Sekundärrechtsebene formt die Richtlinie 2016/343/EU des Europäischen Parlaments und des Rates vom 9. März 2016 über die Stärkung bestimmter Aspekte der Unschuldsvermutung und des Rechts auf Anwesenheit in der Verhandlung in Strafverfahren[11] den Grundsatz weiter aus. Einen Schwerpunkt legt sie dabei auf die Regulierung behördlicher Öffentlichkeitsarbeit. Die sog „Richtlinie Unschuldsvermutung" setzt den am 30. November 2009 vom Rat beschlossenen Fahrplan zur Stärkung der Verfahrensrechte von Verdächtigen oder Beschuldigten in Strafverfahren um.[12] Der Anpassungsbedarf im deutschen Recht ist indes vergleichsweise gering gewesen, da schon vor Geltung des Art. 48 GRC und der o.g. Richtlinie innerstaatlich Art. 20 Abs. 3 GG sowie Art. 6 Abs 2 EMRK zu berücksichtigen waren.[13]

3. Kommentierung

a) Herleitung und Bedeutung der Unschuldsvermutung

Die schon bei den bisherigen Verbürgungen der Unschuldsvermutung umstrittene Frage, 5
worauf diese im Grundsatz unbestrittene Garantie letztlich zurückzuführen sei, wird auch durch Art. 48 Abs. 1 nicht ausdrücklich beantwortet. Deshalb werden die zahlreichen Erklärungsversuche, mit denen Art. 6 Abs. 2 EMRK einerseits mehr material aus der Menschenwürde[14] oder teils mehr formal – wie vom BVerfG – aus dem Rechtsstaatsprinzip[15] hergeleitet oder davon ihrerseits abgeleitete Verfassungsgrundsätze wie das allgemeine Persönlichkeitsrecht[16] und das Schuldprinzip[17] herangezogen oder darin gewisse Konkretisierungen des Rechtsstaatsgebots[18] oder des Übermaßverbots[19] erblickt werden, wohl weiter fortgeführt werden.[20] Da solche Herleitungen nicht selten dazu dienen, dem zu erklärenden Grundsatz ergebnisorientiert eine bestimmte Funktion vorzugeben, ist eine unvoreingenommene Sinngebung eher zu erwarten, wenn man die sog „Unschuldsvermutung" aus sich selbst und ihrem strafprozessualen Zusammenhang heraus zu deuten versucht.

9 Vgl. den Bericht von *Meyer/Engels*, Charta der Grundrechte, 2001, S. 243 f.
10 S. dazu und zum Folgenden den Fall *Paraffinwachs (Hansen & Rosenthal KG)*, C-90/15 P, Rn. 18 = NZKart 2017, 188 f.
11 ABl. EU vom 11. März 2016, L 65/1. Dazu SK/*F. Meyer*, Art. 6 EmRK, Rn. 361.
12 ABl. EU vom 4. Dezember 2009, C 295/1.
13 *Claus*, jurisPR-StrafR 3/2019.
14 So u.a. *Degener*, Verhältnismäßigkeit, S. 213 f., *Meyer*, in: FS für Tröndle, S. 62, *Vogler*, in: FS für Kleinknecht, S. 436.
15 Siehe vor allem schon BVerfGE 19, 342, 347 sowie BVerfG NJW 1994, 377.
16 So *Kühl*, Unschuldsvermutung, S. 20; ähnlich *Stürner*, JZ 1980, 3.
17 *Frister*, Schuldprinzip, S. 84, 89 ff., *ders.*, Jura 1988, 360. In diese Richtung auch *Eser*, in: FS für Stree/Wessels, 1993, S. 845.
18 KK/*Pfeiffer/Hannich*, StPO, Einleitung Rn. 32 a, *Paeffgen*, Vorüberlegungen, S. 53, *Schubarth*, Unschuldsvermutung, S. 32, *Stürner*, JZ 1980, 3.
19 So vor allem *Gropp*, JZ 1991, 807 sowie (bis zur ersatzlosen Streichung in der 26. Aufl. von *Schünemann)* bei *Roxin/Schünemann*, Strafverfahrensrecht, § 11 Rn. 4.
20 Vgl. zum Ganzen den Überblick von *Stuckenberg*, Unschuldsvermutung, S. 48 ff.

6 Wäre dabei das „gelten“ als „unschuldig“, solange nicht der rechtsförmliche Beweis von Schuld erbracht ist, wirklich beim Wort zu nehmen, so müsste sich ein Grunddilemma bereits daraus ergeben, dass für den zu erbringenden Schuldbeweis ein Verfahren gegen eine Person zu führen wäre, die, weil als unschuldig geltend, eigentlich keinem Strafverfahren unterworfen werden dürfte, ebenso wenig wie ein als unschuldig Geltender sonstigen Zwangsmaßnahmen ausgesetzt werden dürfte, die gegen einen tatsächlich Unschuldigen unzulässig wären. Da eine solche Selbstblockade jeden Strafverfahrens schlechterdings nicht gemeint sein kann, wird die Vermutung von Unschuld nicht mehr bedeuten, als dass bis zum rechtsförmlichen Nachweis der Schuld der Betroffene nicht so behandelt werden darf, als sei er schuldig[21] – so wie dies in der italienischen Verfassung zweckgerechter zum Ausdruck kommt (→ Rn. 3). Demzufolge bezweckt die Vermutung von Unschuld nicht mehr, aber auch nicht weniger als das **Verbot der Bezeichnung oder Behandlung eines Nichtverurteilten als schuldig.**[22] Das bedarf in dreifacher Hinsicht einer Aus- und Eingrenzung:

7 ■ Grundsätzlich bedeutet dies sowohl das Verbot eines Schuldspruchs wie auch der Auferlegung von Strafen oder strafähnlichen Sanktionen ohne oder vor gesetzlichem Schuldnachweis.[23] Damit verbieten sich sowohl Verdachtsstrafen als auch Schuldvorwegnahmen wie auch die Belastung eines nicht rechtskräftig Verurteilten mit Eingriffen, die im Falle einer Strafe Schuld voraussetzen würden.[24] Dementsprechend dürfte auch eine pauschale Gleichbehandlung von Untersuchungs- und Strafgefangenen unzulässig sein.[25]

8 ■ Dieses Verbot schuldimplizierender Behandlung vor förmlicher Schuldfeststellung schließt jedoch andererseits nicht davorliegende Maßnahmen aus, die der Feststellung von Schuld dienen und/oder aufgrund eines bestimmten Tatverdachts entsprechende Eingriffe ermöglichen sollen. Danach werden die in Art. 5 Abs. 1 (c) EMRK zugelassenen Festnahmen und Freiheitsentziehungen bei entsprechendem Tatverdacht,[26] auch ohne ausdrücklich in die GRC übernommen worden zu sein, weiterhin zulässig sein. Demzufolge ist in der Erhebung eines Tatverdachts nicht ohne weiteres eine Verletzung der Unschuldsvermutung zu erblicken,[27] es sei denn, dass mangelnde Schuld bereits rechtsförmlich festgestellt wurde.

9 ■ Die danach erforderliche Grenzziehung zwischen verbotener Bezeichnung oder Behandlung als schuldig und davorliegenden Maßnahmen oder Belastungen als zulässig ist daran auszurichten, was nach den Grundsätzen des geringstmöglichen Eingriffs auch

21 Zustimmend *Jarass* NStZ 2012, 612.
22 Zustimmend *Calliess/Ruffert/Blanke*, EUV/AEUV, Art. 48 CRCh Rn. 4, *Schwarze/van Vormizelle*, Art. 48 Rn. 3; im gleichen Sinne *Tettinger/Stern/Alber*, Europäische Grundrechte-Charta, Art. 48 Rn. 2.
23 In gleichem Sinne *Bohnert*, Abschlussentscheidung, S. 247 ff., *Geppert*, Jura 1993, 161, *Meyer*, in: FS für Tröndle, S. 68 ff.
24 In diesem Sinne BVerfGE 74, 358, 371, BVerfG StV 1991, 112.
25 So auch – wohl entgegen EGMR Nr. 28524/95 (2001) Z. 78 – *Jarass*, Charta, Art. 48, Rn. 12.
26 Vgl. oben Rn. 2 zu Fn. 167. Im Ergebnis ebenso *Calliess/Ruffert/Blanke*, EUV/EGV, Art. 48 GRCh Rn. 1, *Jarass*, Charta, Art. 48 Rn. 12.
27 Vgl. *Frowein*, in: FS für Huber, S. 554; im gleichen Sinne *Roxin/Schünemann*, Strafverfahrensrecht, § 11 Rn. 2.

einem sich letztlich möglicherweise als unschuldig erweisenden Betroffenen zumutbar wäre.[28]

Eine so verstandene Unschuldsvermutung lässt sich mit ihren verschiedenen Grundsätzen und Grenzen teils auf das eine und teils auf das andere der zuvor genannten Rechte und Prinzipien zurückführen[29] und von dorther begründen und begrenzen. So kann beispielsweise in der Ausrichtung an einem Eingriff, der auch für einen letztlich als unschuldig erwiesenen Betroffenen tolerabel wäre, eine Ausprägung des Übermaßverbots oder im Verbot der Verdachtsstrafe ein Ausfluss des Schuldprinzips gesehen werden. Trotzdem erscheint es sinnvoll, die Grundsätze und Grenzen, die für das Verbot der Bezeichnung und Behandlung eines nicht rechtskräftig Verurteilten als schuldig bedeutsam sind, unter einem allgemeinen Grundsatz wie der einer richtig zu verstehenden „Unschuldsvermutung" zusammenzufassen. 10

Auch wenn die Unschuldsvermutung aufgrund ihrer Verankerung in verschiedenen Individualrechten ein *subjektives Recht* darstellt, ist sie nicht ohne weiteres verzichtbar. Da über den Individualschutz hinaus zugleich auch die Rechtsstaatlichkeit im Sinne eines fairen Verfahrens verbürgt werden soll und es sich insoweit um eine objektive **Institutsgarantie** handelt, kann diese nicht zur Disposition des einzelnen Betroffenen stehen und ist daher als unverzichtbar anzusehen.[30] 11

Über die vorgenannten Gewährleistungen hinaus kann die Unschuldsvermutung in der vom EGMR angenommenen Verbindung mit dem **Grundsatz** „Nemo tenetur se ipsum accusare" auch zu dessen Abstützung dienen,[31] indem das Schweigerecht des Beschuldigten sowie seine Garantie gegen Selbstbelastung ihn – unter anderem – vor unzulässigem Zwang der Behörden schützen sollen. Obwohl die GRC diese fundamentalen, international anerkannten Rechte des Beschuldigten – ebenso wie die EMRK oder das GG – nicht ausdrücklich anspricht, werden sie durch ein Zusammenspiel von Art. 47 Abs. 2 (fair trial) und Art. 48 Abs. 1 (Unschuldsvermutung) garantiert: Ein faires Verfahren setzt voraus, dass die Anklage die strafrechtliche Schuldfeststellung nicht mit Beweismitteln betreibt, die durch eine erzwungene aktive Mitwirkung des Beschuldigten gewonnen wurden.[32] 12

b) Anwendungsbereich und Tragweite

aa) Die Unschuldsvermutung adressiert zunächst die **Judikative** sowie Mitglieder der Strafverfolgungs- und Ermittlungsbehörden. So dürfen Richter das Verfahren nicht auf Grundlage der Prämisse führen, dass der Angeklagte die Tat begangen habe.[33] Diese, an die Einstellung des Richters appellierende ethische Pflicht wird in einer justiziablen Weise verletzt, 13

28 In gleichem Sinne *Geppert,* Jura 1993, 161 f.; *Jarass* NStZ 2012, 613, SK/*Rogall*, StPO,Vorbem. § 133 Rn. 76.

29 Vgl. oben zu Fn. 177–182.

30 Grundlegend dazu im Sinne der Unschuldsvermutung als „Verbot der Desavouierung des Verfahrens" *Stuckenberg*, ZStW 111 (1999), 452 ff., 459.

31 Vgl. EGMR im Fall *Saunders*, 29.12.1996, Z. 68, im Fall *Heaney and McGuinness*, 21.12.2000, Z. 40, sowie im Fall *Jallah*, 11.7.2006 – 54810/00, Z. 87 ff. (NJW 2006, 3117, 3122). – Zur insbesondere in der Vergangenheit teilweisen divergenten Auslegung des nemo-tenetur-Grundsatzes durch den EGMR bzw. den EuGH vgl. *Pache*, NVwZ 2001, 1346 mwN sowie die Rechtsprechungsanalyse von *Dine*, in: Peers/Ward, Fundamental Rights, S. 286 ff.

32 SK/*F. Meyer*, StPO, Art. 6 EMRK Rn. 175. In Bezug auf juristische Personen ist der nemo-tenetur-Grundsatz allerdings auf ein "Geständnisverweigerungsrecht" reduziert, da diese weitgehende Auskunftspflichten treffen, vgl. SK/*F. Meyer,* Art. 6 EMRK Rn. 184. Dies entwertet nicht nur die Gewährleistung des Art. 48 Abs. 2, sondern auch das Fairnessgebot nach Art. 47 Abs. 2.

33 *Grabenwarter/Pabel*, EMRK, § 24 Rn. 141; SK/*F. Meyer,* Art. 6 EMRK Rn. 324.

wenn die Beweislast faktisch verkehrt wird, indem eine Person ohne ausreichende Beweiserbringung in einer Weise behandelt oder Rechtsfolgen unterworfen wird, die ihre Schuld zum Ausdruck bringen.[34] Indes kann dieser Grundsatz – wie gezeigt – durchbrochen werden, wenn dies notwendig ist, um einen Tatverdacht im Ermittlungsverfahren aufzuklären. Daneben kann nach hiesiger Auffassung auch die **Legislative** jedenfalls dann mit Art. 48 GRC in Konflikt geraten, wenn sie – sei es im Strafverfahrensrecht, sei es bei der Ausgestaltung von Straftatbestände – Beweislastregeln schafft, die essentielle Teile des Unrechts als gegeben voraussetzen und damit den Schuldnachweis überflüssig machen. So schlägt Art. 20 UNCAC (illicit enrichment) die Schaffung eines Straftatbestandes vor, demzufolge Amtsträger bestraft werden können, wenn bei ihnen ein „significant increase in the assets" festgestellt wird, den der Amtsträger nicht mit seinen „lawful income" vernünftigerweise erklären kann („cannot reasonably explain in relation to his or her lawful income").

Wie schon das Abheben auf eine „angeklagte" Person und den „rechtsförmlich erbrachten Beweis" erkennen lässt, liegt der Schwerpunkt der Unschuldsvermutung im **strafprozessualen** Bereich. Dieser ist jedoch nicht auf Verfahren nach der StPO im engeren Sinne zu beschränken. Vielmehr ist die Unschuldsvermutung in allen Verfahren zu beachten, die strafähnlichen Charakter haben, wie insbesondere das deutsche **Ordnungswidrigkeitenrecht.**[35] Auf europäischer Ebene von besonderer Bedeutung ist das **Verwaltungssanktionsrecht**, das insbesondere in Wettbewerbs- und Kartellverfahren die Verhängung hoher Bußgelder erlaubt. Hier verzichten Kommission und EuGH – gegen den Widerstand des Schrifttums[36] – darauf, Verwaltungssanktionen strafähnliche Natur zu attestieren, weil für den Schutz des Betroffenen auf vermeintlich gleichwertige allgemeine Rechtsgrundsätze, wie die Unschuldsvermutung[37] oder den nemo tenetur-Schutz gegen Selbstbezichtigung,[38] abgestellt wird. Daran ist zu kritisieren, dass diese allgemeinen Rechtsgrundsätze hinter formalisierten und justitiablen strafrechtlichen Garantien zurückbleiben (können). Demzufolge sind repressive oder präventive – und somit nicht nur restitutive – Verwaltungssanktionen als strafähnlich zu qualifizieren.[39] Unabhängig von dieser begrifflichen Frage hat der EuGH entschieden, dass die Unschuldsvermutung nicht nur in Strafverfahren zur Geltung komme, sondern auch in Verfahren wegen Verletzung der Wettbewerbsregeln, die zur Verhängung von Geldbußen oder Zwangsgeldern führen können.[40] Als übergreifender Grundsatz des Unionsrechts gilt die Unschuldsvermutung sowohl für **natürliche** als auch **juristische Personen** bzw. Unternehmen. Für einen Konzern gilt der Grundsatz hingegen nur eingeschränkt. So können nach einer ständigen Rechtsprechung des EuGH, die vor dem Inkrafttreten der Charta nicht in Frage gestellt worden ist, einer juristischen Person, die eine Zuwiderhandlung gegen das Wettbewerbsrecht nicht selbst begangen hat (Muttergesellschaft), gleichwohl Sanktionen für die Zuwiderhandlung einer anderen juristischen Person (Tochtergesellschaft) auferlegt werden, wenn beide juristische Personen Teil derselben wirt-

34 *Schröder* in: Pechstein/Nowak/Häde, GRC, Art. 47 Rn. 7.
35 In diesem Sinne bereits zur EMRK der EGMR in *Öztürk*, GH 73/A, Z. 53 = EuGRZ 1985, 67; vgl. auch *Lutz*, GH 123, Z. 50 f. = EuGRZ 1987, 401; vgl. *Jarass* NStZ 2012, 612 mwN.
36 Vgl. *Heselhaus/Nowak*, Handbuch, § 51 Rn. 4, *Schwarze*, EuZW 2003, 261, *Schwarze/van Vormizeele*, Art. 48 Rn. 4 mwN, aber auch *Jarass* NStZ 2012, 612.
37 Vgl. EuGH im Fall *Hüls*, 8.7.1999, Rs. C-199/92 P, Z. 150.
38 Vgl. Rn. 12 sowie EuG im Fall *Mannesmannröhren-Werke*, 20.2.2001, T-112/98, Z. 77 = EuZW 2001, S. 345.
39 *Schwarze*, EuZW 2003, 262, 264 ff.
40 S. dazu Urteil im Fall *EON Energie/Kommission*, C-89/11 P, EU:C:2012:738, Rn. 72 f. sowie die Entscheidung im Fall *Paraffinwachs (Hansen & Rosenthal KG)*, C-90/15 P, Rn. 18 = NZKart 2017, 188 f.

schaftlichen Einheit sind und somit ein Unternehmen im Sinne von Art. 101 bilden.[41] Der EuGH verneint den Verstoß gegen Art. 48 GRC mit der apodiktischen Begründung, dass die Vermutung, die Muttergesellschaft übe einen bestimmenden Einfluss auf die Tochtergesellschaft aus, keine Vermutung der Schuld einer dieser beiden Gesellschaften beinhalte. Dem ist zu widersprechen. Denn wenn der EuGH die Sanktionierung der Muttergesellschaft allein auf die wirtschaftliche Beherrschung der Tochtergesellschaft gründet, impliziert dies entweder eine verschuldensunabhängige Zurechnung der Schuld der Tochtergesellschaft zur Muttergesellschaft oder die Vermutung, dass die Muttergesellschaft die Aufsicht über die Tochtergesellschaft vernachlässigt habe. Beides ist mit dem Schuldgrundsatz bzw. der Unschuldsvermutung nicht vereinbar.

In **zeitlicher** und **statusmäßiger** Hinsicht verbietet es sich, das Eingreifen der Unschuldsvermutung bis zum Zeitpunkt der Anklageerhebung hinauszuschieben. Denn anstatt den Begriff des „Angeklagten“ auf seinen rechtstechnischen Zweck zu beschränken, ist darunter vielmehr sinngemäß jeder **tatsächlich Beschuldigte** zu verstehen.[42] Demzufolge greift die Unschuldsvermutung bereits im Ermittlungsverfahren Platz, und zwar von dem Zeitpunkt an, in dem sich die Ermittlungen wegen eines Verdachts einer strafbaren Handlung auf eine bestimmte Person konkretisieren. 14

Gemäß der zuvor festgestellten Funktion als Verbot der Bezeichnung oder Behandlung eines Nichtverurteilten als schuldig verbieten sich Schuldvorwegnahmen und Verdachtsstrafen. Zudem muss auch die **Beweisführungslast** auf der Seite des Staates und nicht beim Betroffenen liegen, mit der weiteren Folge, dass bei Nichterweislichkeit der Schuld der Angeklagte nach dem Grundsatz von **„in dubio pro reo“** freizusprechen ist und der Anklagevorwurf nicht durch Verzögerung eines Freispruchs beliebig lange aufrecht erhalten werden darf.[43] Diese sog materielle Beweislast der staatlichen Organe schließt jedoch nicht jegliche **Beweislastumkehr** aus, sofern diese auf erwiesene Tatsachen gestützt ist und dem Betroffenen die Möglichkeit der Widerlegung eingeräumt bleibt.[44] So muss ein Gericht oder eine Behörde, die den Vorwurf einer Zuwiderhandlung gegen Wettbewerbsregeln erhebt, zwar den Beweis für eine solche Zuwiderhandlung erbringen, jedoch hat die (juristische) Person, die sich gegenüber der Feststellung einer Zuwiderhandlung auf eine Rechtfertigung beruft, nachzuweisen, dass die Voraussetzungen für diese Rechtfertigung erfüllt sind.[45] 15

Sofern damit nicht bereits ein Schuldurteil impliziert wird, können auch schon durch das Vorliegen von entsprechendem **Tatverdacht** Ermittlungsmaßnahmen bis hin zu bestimmten Zwangseingriffen wie Durchsuchungen und Beschlagnahmen zulässig sein. Dies gilt insbesondere dann, wenn wegen Art und Tatverdächtigkeit des betroffenen Ortes oder Gegenstandes selbst erwiesenermaßen unschuldige Personen bestimmte Vorbeugungs- oder Aufklärungsmaßnahmen zu tolerieren hätten (→ Rn. 9). Ebenso wenig steht die Unschuldsvermutung einer vorläufigen Festnahme oder Untersuchungshaft entgegen, vorausgesetzt je- 16

41 Dazu und zum Folgenden EuGH im Fall *Badezimmerkartell (Villeroy & Boch AG*, C-625/13 P, Rn. 145, 147 = NZKart 2017, 124, 126.

42 Vgl. EGMR im Fall *Heaney and McGuinness*, 21.12.2000, Z. 41, *Frenz*, Handbuch Europarecht 4, Rn. 5078.

43 Näher zu diesem Fragenbereich *Tophinke*, Unschuldsvermutung, S. 355 ff.

44 Vgl. EGMR im Fall *Salabiaku*, 7.10.1988, Series A, 141-A (Rn. 28), *Peukert*, in: Frowein/Peukert, EMRK2 (1996), Art. 6 Rn. 158, *Satzger*, Internationales und Europäisches Strafrecht, 6. Aufl. 2013, § 11 Rn. 80.

45 EuGH im Fall *Paraffinwachs (Hansen & Rosenthal KG)*, C-90/15 P, Rn. 18 = NZKart 2017, 188, 189.

doch, dass die Freiheitsentziehung nicht allein mit vorweggenommener Tatschwere oder mit einer Wiederholungsgefahr begründet wird.[46]

17 Auf einer solchen Gratwanderung zwischen (zulässiger) Anknüpfung an Verdachtsgründe und (unzulässiger) Schuldvorwegnahme ist auch für den umstrittenen **Widerruf einer Strafaussetzung zur Bewährung** wegen einer erneuten Straftat zu verfahren, wie dies zB nach § 56 f Abs. 1 Nr. 1 StGB möglich ist.[47] Sofern es bei solchen Vollstreckungsmaßnahmen nicht um die „Bestrafung" der Nachtat, sondern lediglich um deren Indizcharakter für eine sich nachträglich als verfehlt herausstellende Prognoseentscheidung aufgrund der Ersttat geht, kann jedenfalls insoweit nicht von der Vorwegnahme einer weiteren schuldhaften Tat gesprochen werden, als zur Überzeugung des die Strafaussetzung widerrufenden Gerichts die erwartete Bewährung nicht eingetreten ist. Davon kann mit der EMRK zumindest dann ausgegangen werden, wenn ein glaubhaftes Geständnis vorliegt, das frei von Zwang unter Beachtung rechtsstaatlicher Grundsätze zustande gekommen ist.[48]

18 Ähnliche Gratwanderungen können bei **Kostenentscheidungen** im Falle eines Freispruchs oder bei Einstellung des Strafverfahrens veranlasst sein. So soll einerseits aus der Unschuldsvermutung nach Art. 6 Abs. 2 EMRK weder ein Anspruch auf Erstattung der notwendigen Auslagen des Angeklagten noch eine Entschädigung für erlittene rechtmäßige Untersuchungshaft abzuleiten sein, ebenso wie ein Freispruch grundsätzlich nicht verhindern könne, dem Freigesprochenen einen Teil der Kosten aufzuerlegen.[49] Andererseits wäre es mit der Unschuldsvermutung unvereinbar, solche Kostentragungspflichten so zu begründen, als habe der Betroffene die ihm zu Last gelegte strafbare Handlung begangen oder bei Durchführung des Verfahrens mit seiner Verurteilung zu rechnen gehabt.[50]

19 **bb)** Die Unschuldsvermutung endet mit dem **rechtsförmlich erbrachten Beweis** der Schuld. Demgegenüber spricht Art. 6 Abs. 2 EMRK lediglich vom „gesetzlichen Beweis" der Schuld. Obgleich sich nach der Erläuterung des Konventspräsidiums die beiden Formulierungen entsprechen sollen,[51] lassen sich dem neuen Wortlaut doch gewisse Präzisierungen entnehmen: Während nämlich ein „gesetzlicher Beweis" der Schuld schon darin erblickt werden könnte, dass er bei Vorliegen der objektiven Voraussetzungen eines gesetzlichen Tatbestandes mit dementsprechenden Schuldvermutungen geführt werden könne, sofern diese nur gesetzlich vorgesehen sind,[52] wird durch das ausdrückliche Abheben auf die Rechtsförmlichkeit des Schuldnachweises ein Nachweisverfahren gefordert, das **rechtsstaatlichen** Grundsätzen entspricht. Insofern wird man es auch nicht, wie dies zu Art. 6 Abs. 2 EMRK vertreten wird, dem innerstaatlichen Recht überlassen dürfen, was zum gesetzlichen Nachweis der Schuld gehört, selbst wenn dieser Weg einer Missbrauchskontrolle der Konventionsorgane unterliegen soll;[53] vielmehr ist dann ein positiv-rechtsstaatliches

---

46 Vgl. *Peukert,* in: Frowein/Peukert, EMRK, Art. 6 Rn. 275 mwN.

47 Näher zum Streitstand Schönke/Schröder/*Kinzig*, StGB, § 56 f Rn. 4 mwN.

48 Vgl. E 15871/89 (StV 1992, 282 f.) sowie *Peukert,* in: Frowein/Peukert, EMRK, Art. 6 Rn. 276 mwN.

49 Vgl. *Peukert,* in: Frowein/Peukert, EMRK, Art. 6 Rn. 272 mwN zu Entscheidungen der EKMR.

50 Aus der dahingehenden Judikatur des EGMR vgl. insbes. *Minelli*, GH 62, Z. 34–37 = EuGRZ 1983, 479. Wohl weniger streng BVerfGE 82, 106 ff.; krit. dazu *Geppert*, Jura 1993, 164 f. Vgl. zum Ganzen auch *Laubenthal/Mitsch*, NStZ 1988, 113, *Peukert*, in: Frowein/Peukert, EMRK, Art. 6 Rn. 273, *Schubarth*, Unschuldsvermutung, S. 26.

51 *Charte* 4473/00 zu Art. 48 Abs. 1 (*Bernsdorff/Borowsky*, Protokolle S. 39).

52 So eine bei *Peukert*, in: Frowein/Peukert, EMRK² (1996), Art. 6 Rn. 158 anklingende, wenn auch gleichzeitig abgelehnte Deutung von Art. 6 Abs. 2 EMRK.

53 Vgl. *Peukert*, in: Frowein/Peukert, EMRK, Art. 6 Rn. 263 zu *Windisch*, GH 186, Z.25 = EuGRZ 1989, 467.

Verfahren des Schuldnachweises zu fordern und nicht erst negativ eine Missbrauchsfeststellung abzuwarten. Zudem wird in zeitlicher Hinsicht die Rechtsförmlichkeit erfordern, die Unschuldsvermutung bis zum Eintritt der **Rechtskraft** des Schuldspruchs aufrechtzuerhalten und nicht schon vorher, wie vom EGMR nicht hinreichend klargestellt,[54] enden zu lassen.[55]

Zur Rechtsförmlichkeit gehört auch, dass die Schuldfeststellung von einer dafür **zuständigen Instanz** getroffen wird. Obgleich es der strafprozessuale Grundcharakter der Unschuldsvermutung nahe legen könnte, den Schuldnachweis dem **Strafrichter** vorzubehalten, erscheint eine solche Einengung, wie sie sich zu Art. 6 Abs. 2 EMRK vertreten findet,[56] weder zwingend noch zweckmäßig. Denn damit könnte beispielsweise beim Vorwurf einer Ordnungswidrigkeit die Unschuldsvermutung nicht schon mit einem rechtskräftig gewordenen Bußgeldbescheid der zuständigen Verwaltungsbehörde, sondern erst nach einem durch einen Einspruch auszulösenden gerichtlichen Verfahren enden. Vielmehr müsste praktisch in allen nicht-strafrechtlichen Verfahren, in denen inzidenter Aussagen über einen strafprozessualen Sachverhalt bis hin zu nichtverfahrensbeteiligten Personen zu treffen wären, ein strafrechtliches Vorschaltverfahren vorausgehen, was nicht zuletzt schwerlich mit dem Grundsatz der Unabhängigkeit der Richter eines Gerichtszweiges von dem eines anderen vereinbar wäre. Ebenso wie daher einerseits die Richter des einen Gerichts ohne Bindung an die Erkenntnisse anderer Gerichte die entscheidungserheblichen Vorfragen selbst feststellen und entscheiden dürfen, wird andererseits die Unschuldsvermutung auch einen Strafrichter nicht daran hindern können, im Rahmen der Strafzumessung eine nicht angeklagte oder nicht mehr anklagbare Straftat indiziell mitzuverwerten, sofern deren Sachverhalt in einem anderen Verfahren prozessordnungsgemäß nachgewiesen worden war.[57] 20

cc) Soweit in der Unschuldsvermutung ein weit über das Strafrecht hinausgehendes „übergreifendes, für die neuzeitliche Form gesellschaftlichen Zusammenlebens konstitutives Rechtsprinzip" gesehen wird,[58] das für eine friedliche Koexistenz von Individuen ein allgemein verbindliches Verfahren für Schuldzuschreibungen erfordere, lässt sich Derartiges weder aus Art. 6 Abs. 6 EMRK noch aus Art. 48 Abs. 1 entnehmen. Mangels einer Drittwirkung der Unschuldsvermutung bei Beschuldigungen zwischen Bürgern ist daher auch bei Pressekampagnen der Betroffene auf den zivilrechtlichen Persönlichkeitsschutz und/oder den strafrechtlichen Ehrenschutz verwiesen.[59] Eine gewisse **mittelbare „Drittwirkung"** kann sich jedoch daraus ergeben, dass der Staat unbewiesenen Schuldzuweisungen keinen Vorschub leisten darf und daher staatliche Organe einen noch nicht rechtskräftig Verurteilten öffentlich nicht als „schuldig" bezeichnen und Derartiges auch nicht indirekt zum Ausdruck bringen dürfen.[60] Art. 4 der Richtlinie 2016/343 verlangt überdies, dass die Mit- 21

54 EGMR in *Minelli*, GH 62, Z. 37 = EuGRZ 1983, 479.
55 Ebenso schon jetzt zu Art. 6 EMRK *Peukert*, in: Frowein/Peukert, EMRK, Art. 6 Rn. 263. Im gleichen Sinne BVerfGE 35, 202, 232; *Meyer-Goßner*, StPO, Art. 6 MRK Rn. 15.
56 In diesem Sinne namentlich *Köster*, Rechtsvermutung, S. 144 ff., 173 ff.; *Ostendorf*, StV 1990, 232, *Vogler*, in: FS für Tröndle, S. 438.
57 *Bruns*, NStZ 1981, 83; *Meyer-Goßner*, StPO, Art. 6 MRK Rn. 14; *Peukert*, EuGRZ 1980, 261.
58 So namentlich *Marxen*, GA 1980, 373; in die gleiche Richtung *Köster*, Rechtsvermutung, S. 158 ff., S 173 ff., *Paeffgen*, Vorüberlegungen, S. 42 ff.
59 Ebenso *Geppert*, Jura 1993, 162, *Peukert*, in: Frowein/Peukert, EMRK, Art. 6 Rn. 267 ff., *Schwarze/van Vormizeele*, Art. 48 GRC Rn. 5.
60 Vgl. SK/*F. Meyer*, Art. 6 EMRK Rn. 346; *Frowein*, in: FS für Huber, S. 553 ff., *Jarass* NStZ 2012, 613, *Roxin/Schünemann*, Strafverfahrensrecht, § 11 Rn. 2, *Schwarze/van Vormizeele*, Art. 48 GRC

gliedstaaten Rechtsbehelfe und andere Maßnahmen ermöglichen, falls Behörden dieser Verpflichtung zuwider gehandelt haben sollten.

22 Auch soweit Vorwürfe unterhalb der Schwelle strafähnlichen Charakters bleiben, wie etwa die Behauptung **zivilrechtlicher Verantwortlichkeit** oder der Verletzung von arbeits- oder sozialrechtlichen Verpflichtungen, ist dem nicht mit der Unschuldsvermutung entgegenzutreten.[61] Noch weniger wird man auf rein gesellschaftlicher Ebene Vorhaltungen unethischen Verhaltens mit der Unschuldsvermutung begegnen können, sondern sich gegebenenfalls gegen üble Nachrede oder Verleumdung (zivil- oder strafrechtlich) im Klagewege zu wehren haben.

II. Art. 48 Abs. 2: Verteidigungsrechte

1. Vorgaben

a) Artikel 6 Abs. 3 EMRK

23 Auch Art. 48 Abs. 2 soll nach Erläuterung des Konventspräsidiums dem **Art. 6 Abs. 3 EMRK** entsprechen;[62] dieser hat jedoch eine detailliertere Fassung:

„Jede angeklagte Person hat mindestens folgende Rechte:
(a) innerhalb möglichst kurzer Frist in einer ihr verständlichen Sprache in allen Einzelheiten über Art und Grund der gegen sie erhobenen Beschuldigung unterrichtet zu werden;
(b) ausreichende Zeit und Gelegenheit zur Vorbereitung ihrer Verteidigung zu haben;
(c) sich selbst zu verteidigen, sich durch einen Verteidiger ihrer Wahl verteidigen zu lassen oder, falls ihr die Mittel zur Bezahlung fehlen, unentgeltlich den Beistand eines Verteidigers zu erhalten, wenn dies im Interesse der Rechtspflege erforderlich ist;
(d) Fragen an Belastungszeugen zu stellen oder stellen zu lassen und die Ladung und Vernehmung von Entlastungszeugen unter denselben Bedingungen zu erwirken, wie sie für Belastungszeugen gelten;
(e) unentgeltliche Unterstützung durch einen Dolmetscher zu erhalten, wenn sie die Verhandlungssprache des Gerichts nicht versteht oder spricht.“

Art. 6 Abs. 3 EMRK enthält **Mindestgarantien**[63] eines rechtsstaatlichen Strafverfahrens, die auch dem Internationalen Pakt über bürgerliche und politische Rechte von 1966 in seinem Art. 14 Abs. 3 nahezu wörtlich als Vorbild dienten. Da diese Verfahrensgarantien als Konkretisierungen eines „fairen Verfahrens“ im Sinne von Art. 6 Abs. 1 EMRK gelten, ist die Aufzählung einerseits nicht abschließend; andererseits werden Verletzungen des Abs. 3 von

---

Rn. 5, *Tettinger/Stern/Alber*, Europäische Grundrechte-Charta, Art. 48 Rn. 3. Weitergehend für eine allgemeine Schutzpflicht des Staates, über seine eigenen Organe hinaus Äußerungen in Bezug auf ein anhängiges Strafverfahren zu unterbinden, vgl. *Grabenwarter/Pabel*, EMRK, § 24 Rn. 142; *Peukert*, in: Frowein/Peukert, EMRK, Art. 6 Rn. 269, *Ulsamer*, in: FS für Zeidler, S. 1802; vgl. auch *Callewaert*, EuGRZ 1996, 369.

61 Vgl. *Peukert*, in: Frowein/Peukert, EMRK, Art. 6 Rn. 271, mit Hinweis auf den versicherungsrechtlichen Fall der EKMR E 13925/88.

62 *Charte* 4473/00 (*Bernsdorff/Borowsky*, Protokolle S. 39).

63 Im Schrifttum ist umstritten, ob diese Mindestgarantien einen ausreichenden Schutzgehalt formulieren und damit als Kern eines europäischen Strafverfahrensrechts anzusehen sind – in diesem Sinne *Esser*, StraFO 2003, 335, wohingegen skeptisch *Schünemann*, StV 2003, 122. Obwohl eine umfassende Darstellung der strafverfahrensrechtlichen Rechtsprechung des EGMR noch aussteht, sind Einzelfragen in zahlreichen Monographien behandelt: vgl. *Esser*, Auf dem Weg, S. 450 ff.; *Kieschke*, Die Praxis des EGMR; *Rzepka*, Zur Fairness; *Simon*, Die Beschuldigtenrechte; *Schleiminger*, Konfrontation.

den Organen der EMRK grundsätzlich immer im Lichte von Abs. 1 gesehen.[64] Dementsprechend erkennt der EGMR[65] nur dann auf eine Vertragsverletzung, wenn eine Einzelrechtsverletzung zu einem insgesamt unfairen Verfahren geführt hat. Gegen den Widerstand der Literatur[66] lässt der EGMR aufgrund dieses *Gesamtbetrachtungsansatzes* die Kompensation einzelner Rechtsverstöße zu, so dass die Tür zu einer „relativierenden Abwägungslehre"[67] geöffnet ist, die klare Konturen vermissen lässt.[68]

Die nach Art. 6 Abs. 3 lit. (a) EMRK vorgesehene *Unterrichtung* soll dem Betroffenen die Vorbereitung seiner Verteidigung im Sinne von lit. (b) ermöglichen, die gemäß lit. (c) in Form der Selbstverteidigung und/oder der Wahlverteidigung sowie in der unentgeltlichen Beiordnung eines Pflichtverteidigers bestehen kann. Das in lit. (d) garantierte Recht zur Benennung und Befragung von Zeugen soll der Wahrung der „Waffengleichheit" dienen. Auch in der nach lit. (e) erforderlichenfalls unentgeltlichen Unterstützung durch einen Dolmetscher findet der Fair-Trial-Grundsatz Ausdruck.[69] 24

Ob diese Verteidigungsrechte nur für die Hauptverhandlung oder frühestens, wie das Anknüpfen an eine „angeklagte Person" nahelegen könnte, ab der Anklageerhebung eingeräumt werden, ist in der EMRK-Rechtsprechung nicht restlos geklärt. Nach derzeitigem Stand soll es aufgrund einer differenzierenden Betrachtungsweise auf die Umstände des zu beurteilenden Falles und die Art des geltend gemachten Rechts ankommen,[70] wobei der EGMR richtigerweise eine Beteiligung der Verteidigung in den Stadien vor der Hauptverhandlung, insbesondere wenn Untersuchungshaft angeordnet ist,[71] einfordert. 25

b) Nationalstaatliche Gewährleistungen

Auf **nationalstaatlicher** Ebene hat das Recht auf *Verteidigung*, wenn auch in teils unterschiedlicher Reichweite bereits in der Hälfte der EU-Länder eine verfassungsrechtliche Verankerung erfahren: so in Bulgarien (Art. 122), Estland (§ 21), Italien (Art. 24 Abs. 2), Lettland (Art. 92), Litauen (Art. 31), Malta (Art. 39 Abs. 6 lit. b u. c), Niederlande (Art. 18), Polen (Art. 42 Abs. 2), Portugal (Art. 20 Abs. 2, 32 Abs. 3), Rumänien (Art. 24), Slowakei (Art. 50 Abs. 3), Slowenien (Art. 29), Spanien (Art. 24 Abs. 1 u. 2), Tschechische Repuplik (Art. 40 Abs. 3 GR-Deklaration),[72] Ungarn (Art. 57 Abs. 3) und Zypern (Art. 12 Abs. 5 lit. b u. c, 30 Abs. 3 lit. d). 26

2. Diskussion im Grundrechtekonvent

Umstritten waren weniger Inhalt und Umfang der zu garantierenden Verteidigungsrechte als vielmehr deren formale Fassung und konkretisierte Verankerung. Während einerseits eine mehr oder weniger komplette Übernahme der einschlägigen Bestimmungen der EMRK überlegt wurde, hat man dem andererseits teils das Interesse an einer möglichst 27

64 Vgl. SK/*F. Meyer,* Art. 6 EMRK Rn. 362; *Windisch*, GH 186, Z. 23 = EuGRZ 1989, 467, *Peukert*, in: Frowein/Peukert, EMRK, Art. 6 Rn. 278.
65 Vgl. EGMR im Fall *Windisch,* 28.8.1990, Z. 25.
66 Vgl. *Ambos*, ZStW 115 (2003), 611 ff. und *Walther*, GA 2003, 218 f., jeweils mwN.
67 *Walther*, GA 2003, 218.
68 Vgl. auch *Frenz*, Handbuch Europarecht 4, Rn. 5058, 5107 ff., *Heselhaus/Nowak/Schorkopf*, Handbuch, § 53 Rn. 71 ff., *Jarass*, Charta, Art. 48 Rn. 21 f.
69 Zu weiteren Einzelheiten mit Hinweisen zur einschlägigen Judikatur der EMRK-Organe vgl. *Peukert*, in: Frowein/Peukert, EMRK, Art. 6 Rn. 278 ff.
70 Vgl. *Imbroscia*, GH 275/A, 13, Z.36 = ÖJZ 1994, 517; ähnlich bereits IntKomm/*Vogler*, EMRK, Art. 6 Rn. 374 f. Näher dazu *Peukert*, in: Frowein/Peukert, EMRK, Art. 6 Rn. 281.
71 Vgl. *Ambos*, NStZ 2003, 14 ff. mwN.
72 Vgl. *Eser/Kubiciel*, oben Art. 47 Fn. 31.

kurzen und prägnanten Fassung, teils die erforderliche Offenheit für die Einbringung gemeinsamer Verfassungsüberlieferungen der Mitgliedsstaaten, insbesondere soweit sie weitergehende Rechte gewährten, entgegengehalten. Schließlich gab man sich schließlich damit zufrieden, dass, wie auch in der Erläuterung des Konventspräsidiums zu Art. 48 Abs. 2 zum Ausdruck kommend,[73] nach Art. 52 Abs. 3 das Verteidigungsrecht im Sinne von Art. 48 Abs. 2 „dieselbe Bedeutung und dieselbe Tragweite wie das durch die EMRK garantierte Recht" habe.[74]

3. Kommentierung

a) Konkretisierungsbedürftigkeit der „Verteidigungsrechte" anhand der EMRK

28 Für sich genommen bringt Art. 48 Abs. 2 nicht mehr zum Ausdruck, als dass dem Angeklagten überhaupt Verteidigungsrechte zustehen, die zu gewährleisten sind. Was dagegen zu diesen Verteidigungsrechten gehört und in welchem Umfang sie jeweils zu achten sind, lässt die Bestimmung offen. Dies könnte es nahe legen, Verteidigungsrechte nur insoweit grundrechtlich verankert zu sehen, als sie von den jeweiligen nationalen Rechten eingeräumt werden, mit der Konsequenz, dass der zu gewährleistende Standard innerhalb der Mitgliedsstaaten unterschiedlich sein könnte. Um einer solchen Entwicklung, die schwerlich mit der einheitlichen Garantie europäischer Grundrechte vereinbar wäre, entgegenzuwirken, muss hier auf Art. 52 Abs. 3 zurückgegriffen werden, der den in der GRC enthaltenen „Rechten", zu denen auch die „Verteidigungsrechte" des Art. 48 Abs. 2 zählen, die „gleiche Bedeutung und Tragweite, wie sie ihnen in der (EMRK) verliehen wird", garantiert. Demzufolge ist der in Art. 6 Abs. 3 EMRK garantierte Katalog von Verteidigungsrechten in den Art. 48 Abs. 2 hineinzulesen.[75]

29 Wie schon die EMRK (→ Rn. 25) lässt auch Art. 48 Abs. 2 durch Abheben auf den „Angeklagten" offen, ab wann die Verteidigungsrechte zu gewährleisten sind. Ähnlich wie es schon bei der Unschuldsvermutung nicht auf den rechtstechnischen Begriff der „Anklage" ankommen kann (→ Rn. 14), ist auch ein Verteidigungsbedürfnis bereits dann anzuerkennen, wenn sich eine Person aufgrund einer bestimmten Beschuldigung konkreten Ermittlungsmaßnahmen ausgesetzt sieht.[76] Dies braucht nicht zu heißen, dass die Verteidigungsrechte von Anfang bis zum Ende gleichsam statisch gleich sein müssten. Vielmehr können sie je nach dem Stand des Verfahrens und den besonderen Umständen des zu beurteilenden Falles differieren, ähnlich wie dies auch bei Art. 6 Abs. 3 EMRK gehandhabt wird (→ Rn. 25).

b) Gewährleistete Verteidigungsrechte

30 Der Rechtsprechung des EGMR ist zu entnehmen, dass die **Wahrnehmung von Verteidigungsinteressen** grundsätzlich nicht der Staatsanwaltschaft obliegt; ob Verteidigungsrechte echte Beschuldigtenrechte sind oder aber von einem Verteidiger stellvertretend ausgeübt werden, hängt von den Besonderheiten des Einzelfalles ab und ist unter Rückgriff auf die

73 *Charte* 4473/90 (*Bernsdorff/Borowsky*, Protokolle, S. 40).
74 Vgl. zum Diskussionsverlauf im Einzelnen *Charte* 4123/1/00 ERV 1 Art. 5, 4141/00 Art. 2 Nr. 3, 4149/00 Art. 9, 4284/00 Art. 9, 4422/00 Art. 46, 4423/00 Art. 46, 4470/00 Art. 47, *Bernsdorff/Borowsky*, Protokolle, S. 151 f., 282, 375; *Meyer/Engels*, Charta der Grundrechte, S. 32, S. 243 f.
75 Zustimmend *Schwarze/van Vormizeele*, Art. 48 GRC Rn. 7; in gleichem Sinne *Jarass* NStZ 2012, 614. Zur Kritik dazu vgl. unten Rn. 37.
76 Vgl. *Frenz*, Handbuch Europarecht 4, Rn. 5105 f., *Jarass*, Charta, Art. 48 Rn. 4 ff. Zur Rechtsprechung des EGMR vgl. *Ambos*, ZStW 115 (2003), 595 f.

EMRK-Rechtsprechung zu ermitteln.[77] Unklar und eines der dringendsten Probleme ist zudem die **institutionelle Durchsetzung und Überprüfung** dieser europäischen Verteidigungsrechte, wobei zum einen ihre Durchsetzung der Fürsorgepflicht[78] des entscheidenden Gerichts unterfällt und zum anderen nur eine zentrale Auslegungs- und Überprüfungsinstanz, wie zB eine zu errichtende Strafkammer am EuGH, ein Gegengewicht zur zunehmenden Zentralisierung der europäischen Strafverfolgung schaffen und somit eine Zersplitterung des Rechtsschutzes[79] verhindern könnte. Der Unionsgesetzgeber hat diesen Bedenken inzwischen teilweise Rechnung getragen. Insbesondere sieht Art. 41 VO 2017/1933 vor, dass die **EuStA** ihre Tätigkeit unter Beachtung der Garantien der GRC durchführt. Außerdem sollen Verdächtige und Beschuldigte sämtliche Verfahrensrechte genießen, die ihnen sekundäres Unionsrecht und nationales Recht gewähren. Art. 42 VO 2017/1933 bindet den EuGH in die gerichtliche Kontrolle der Verfahren der EuStA ein.

aa) Die Möglichkeit **sachgerechter Verteidigung** als Kern dieses Grundrechts setzt als erstes die unverzügliche **Unterrichtung des Beschuldigten** über die ihm angelasteten Beschuldigungen in einer ihm verständlichen Sprache voraus (Art. 6 Abs. 3 lit. a und b EMRK). Dazu ist erforderlich, aber auch genügend, dass der Betroffene vor einer maßgeblichen Entscheidung jeweils so rechtzeitig und konkret unterrichtet wird, dass ihm genügend Zeit und Gelegenheit für seine Verteidigungsvorbereitung bleibt. Dies kann auch erfordern, dem Betroffenen unbeaufsichtigten schriftlichen und mündlichen Verkehr mit seinem Verteidiger zu ermöglichen,[80] sowie – persönlich oder jedenfalls mittels des Verteidigers – Gelegenheit zur Einsicht in die Verfahrensakten[81] und zur Besichtigung der Beweisgegenstände zu geben.[82] Leitlinie bei der Ausübung dieses Rechts muss es sein, dass die Kontrollorgane in die Vorbereitung der Verteidigung nicht ohne rechtfertigenden Grund und nur im unbedingt erforderlichen Umfang eingreifen.[83] Um wirksam verteidigen zu können, ist vor allem auch sein Recht, gehört zu werden, von wesentlicher Bedeutung.[84] Dies soll jedoch nicht unbedingt die persönliche Anwesenheit des Betroffenen, da kein absolutes Recht, voraussetzen.[85] 31

bb) Sein Recht auf Verteidigung muss der Betroffene sowohl **in eigener Person** als auch durch Hinzuziehung eines **Wahlverteidigers** oder erforderlichenfalls eines unentgeltlichen **Pflichtverteidigers** ausüben dürfen (Art. 6 Abs. 3 lit. c EMRK).[86] Anstelle einer solchen Wahlmöglichkeit dem Betroffenen das Recht auf Selbstverteidigung im Sinne eines „entweder – oder" nur alternativ zur Verteidigung durch einen Verteidiger einzuräumen, wie dies 32

77 So entschied der EGMR im Fall *Öcalan*, 12.3.2003, Z. 161 ff., dass das Akteneinsichtsrecht nicht auf den Verteidiger beschränkt werden dürfe, wenn der Beschuldigte die Beweise besser einschätzen könne als sein Rechtsbeistand. Vgl. aber auch Art. 47 Rn. 34 zuFn. 129.

78 Vgl. den EGMR im Fall *Cuscani*, 24.9.2002, Z. 38 ff. oder im Fall *Czekalla*, 10.10.2002, Z. 65 ff.

79 Vgl. *Braum*, StV 2003, 578.

80 Zu der insbesondere im Rahmen von europäischen Wettbewerbs- und Kartellverfahren relevanten Frage, ob das Anwaltsprivileg auch bei Syndikusanwälten gilt, vgl. *Seitz*, EuZW 2004, 231 ff. mit Darstellung der EuG- und EuGH-Rechtsprechung.

81 Insbesondere bei Haftprüfungsverfahren ist nach der Rechtsprechung des EGMR die Verweigerung von Akteneinsicht praktisch unzulässig; vgl. *Ambos*, ZStW 115 (2003), 639 mwN.

82 Diese Rechte sind Ausfluss der von den Strafverfolgungsorganen zu fordernden Offenlegung ihrer Beweismittel („disclosure of evidence"); vgl. dazu den EGMR im Fall *Edwards and Lewis*, 22.7.2003, Z. 52 ff.

83 Zu weiteren Einzelheiten vgl. *Jarass* NStZ 2012, 614 mwN.

84 Vgl. Art, 47 Rn. 34 sowie *Borraccetti*, in: Di Federico, EU Charter, S. 100 ff. mwN.

85 EuGH im Fall *Melloni*, C-399/11, Z. 49 = NJW 2013,1215, 1218 m. kritischer Besprechung *Gaede*, NJW 2013, 1279, 1281.

86 So auch *Schwarze/van Vormizeele*, Art. 48 GRC Rn. 8.

– angloamerikanischer Tradition entsprechend – gelegentlich vertreten wird,[87] wäre mit dem aus der Menschenwürde des Beschuldigten und seiner sich daraus ergebenden Stellung als Prozesssubjekt (mit entsprechenden eigenen Verfahrensrechten) unvereinbar, zumal das aus der Subjektstellung fließende Recht auf eigene aktive Verteidigung auch gegenüber der anwaltlichen Verteidigungsstrategie Bestand haben muss.[88] Dies schließt jedoch nicht aus, einzelne Verteidigungsrechte, wie insbesondere das Akteneinsichtsrecht, aufgrund nationaler Rechtsetzung dem Verteidiger vorzuenthalten. Entsprechendes kann für den zeitweiligen Ausschluss des Angeklagten von seinem grundsätzlichen Recht auf Teilnahme an der Verhandlung in Betracht kommen. Während das Recht auf Vertretung durch einen Wahlverteidiger uneingeschränkt ist, darf die **unentgeltliche Beiordnung eines Verteidigers** von der Mittellosigkeit des Angeklagten wie auch Rechtspflegeinteressen abhängig gemacht werden, wie insbesondere vom öffentlichen Interesse an einer gerechten Urteilsfindung durch anwaltliche Verteidigung. Die Richtlinie 2013/48 EU präzisiert das Recht auf Zugang zu Rechtsbeistand in Strafverfahren, unter Einschluss von Verfahren zur Vollstreckung eines EuHB; die Richtlinie 2016/1919/EU garantiert in solchen Verfahren das Recht auf Prozesskostenhilfe für Verdächtige oder Beschuldigte ohne ausreichende Mittel.

33 cc) Von wesentlicher Bedeutung für eine wirksame Verteidigung ist das Frage- und Beweisantragsrecht, wobei der EGMR sich am adversatorischen bzw. kontradiktorischen System orientiert und das Frage- als **Konfrontationsrecht** versteht.[89] Über das grundsätzliche allgemeine **Anhörungsrecht** (→ Art. 47 Rn. 11) hinaus gehört dazu nach Art. 6 Abs. 3 lit. d EMRK insbesondere das Recht, Belastungszeugen zu befragen und Entlastungszeugen unter denselben Bedingungen wie Belastungszeugen zu laden und vernehmen zu lassen, um im Sinne von „Waffengleichheit", deren ausdrückliche Nennung im Konvent gefordert worden war,[90] dem Angeklagten hinsichtlich der Beweiserhebung die gleichen Befugnisse wie der Anklagevertretung einzuräumen.[91]

34 dd) Von steigender Bedeutung in einem immer enger zusammenwachsenden Europa mit sich entsprechend verstärkendem Grenzverkehr ist auch das Recht auf **unentgeltliche Beiordnung eines Dolmetschers** (Art. 6 Abs. 3 lit. e EMRK), sofern der Angeklagte die Gerichtssprache nicht so sicher beherrscht, dass er der Verhandlung folgen, ihre Vorgänge verstehen und sich selbst in zweckentsprechender Weise artikulieren kann. Dieses Recht ist bei allen für die Verteidigung wesentlichen Vorgängen, wie etwa auch Haftprüfungsverfahren und sonstigen gerichtlichen Einvernahmen, zu gewährleisten. Dazu gehört nicht zuletzt auch der Verkehr mit dem Verteidiger sowie die Übersetzung von Schriftstücken, deren Kenntnis für eine wirksame Verteidigung erforderlich ist. Sekundärrechtlich garantiert die Richtlinie 2010/64/EU jedem Beschuldigten und Angeklagten das **Recht auf Dolmetschleistung im Strafverfahren** sowie auf Übersetzung wesentlicher Verfahrensunterlagen und der Anklageschrift.

35 ee) Angesichts der vom EGMR vorgenommenen **Gesamtbetrachtung,** der man sich im Hinblick auf Art. 52 Abs. 3 nicht wird entziehen dürfen, führt nicht jede Verteidigungsrechts-

87 Wie namentlich von IntKomm/*Vogler*, EMRK, Art. 6 Rn. 534; vgl. auch *Weigend,* StV 2000, 385.

88 Näher zu einem solchen kumulativen Nebeneinander von Selbstverteidigung und Beistand eines Verteidigers im Sinne eines „sowohl als auch", wie dies in der internationalen Strafgerichtsbarkeit derzeit noch heftig umstritten ist, vgl. *Eser*, in: FS für Widmaier, S. 168 ff. mwN.

89 Vgl. *Walther*, GA 2003, 204 ff.

90 Vgl. namentlich *Sagnier* (in: Bernsdorff/Borowsky, Protokolle, S. 179).

91 Zu der im Einzelnen umstrittenen Frage, inwieweit nur „unmittelbare" oder auch „mittelbare" Zeugen – und dabei insbesondere auch Zeugen vom Hörensagen – benannt und befragt werden dürfen, vgl. im Einzelnen *Peukert*, in: Frowein/Peukert, EMRK, Art. 6 Rn. 308 ff.

verletzung zu einem korrespondierendem **Beweisverwertungsverbot.**[92] So sind beispielsweise Aussagen anonymisierter Zeugen verwertbar, solange die Verurteilung nicht allein oder zu einem wesentlichen Teil auf diesen Aussagen beruht, selbst wenn die Verteidigung in keiner Phase des Verfahrens die Möglichkeit einer Befragung hatte.[93] Soweit Art. 52 Abs. 1 **Einschränkungen** von Verteidigungsrechten überhaupt zulässt, müssen sie dem verfolgten Zweck „tatsächlich" entsprechen und demgemäß erforderlich und geeignet sowie angemessen in dem Sinne sein, dass sie nicht offensichtlich außer Verhältnis zum verfolgten Zweck stehen.[94]

III. Würdigung

So sehr es hinsichtlich der sog **Unschuldsvermutung** (Art. 48 Abs. 1) einerseits zu begrüßen ist, dass ihre weltweite Geltung auch für den Bereich der Europäischen Union ausdrücklich proklamiert wird, so sehr bleibt andererseits zu bedauern, dass nicht die Gelegenheit zu einer widerspruchsfreien Fassung genutzt wurde (→ Rn. 2, 4 ff.). 36

Auch die ausdrückliche Gewährleistung von **Verteidigungsrechten** (Art. 48 Abs. 2) ist zu begrüßen. Weil jedoch darunter sowohl verschiedenartige als auch unterschiedlich weitgehende Rechte verstanden werden können, hätte man sich nicht mit der subsidiären Heranziehung der aus Art. 6 Abs. 3 EMRK detailliert ausformulierten Rechte begnügen (→ Rn. 24 ff.), sondern die Chance zu einer zeitgerechten Fassung und Ergänzung nutzen sollen. Dies gilt umso mehr, als Wissenschaft wie Praxis mit der Europäisierung des Strafrechts zunehmend einen „inquisitorischen Overkill"[95] verbinden, da Strafverfolgungsbehörden die Anwendbarkeit des jeweils punitivsten Strafrechts ermöglicht werde. Diese insbesondere gegen die gegenseitige Anerkennung von Beweismitteln oder gegen die Einführung eines europäischen Haftbefehls vorgebrachte Kritik,[96] die sich durch die Verfassungswidrigkeitserklärung des „Umsetzungsgesetzes zum Rahmenbeschluss über den Europäischen Haftbefehl" bestärkt fühlen kann,[97] hätte durch eine profunde Kodifizierung liberaler Verteidigungsrechte entkräftet werden können. Auch der Vorschlag für einen Rahmenbeschluss über bestimmte Verfahrensrechte in Strafverfahren,[98] der mit dem Ziel antrat, die Rechte des Beschuldigten zu stärken und klarer zu konturieren, war weit davon entfernt, einen Katalog von Verteidigungsrechten[99] zu entwerfen. Auch dass wichtige Verteidigungsrechte mit keinem Wort erwähnt sind, ist Zeichen einer verfehlten Schwerpunktsetzung. Inzwischen hat der Unionsgesetzgeber jedoch – auch im Hinblick auf die Implementierung der EuStA – mit einer Reihe von Sekundärrechtsakten den Willen unter Beweis gestellt, die Beschuldigten- und Verteidigungsrechte unionsweit anzugleichen und partiell auszubauen. An der Spitze dieser Entwicklung stand ein „Fahrplan" des Rates zur Stär- 37

92 Wie dies der EGMR im Fall *Teixeira*, 9.6.1998, Z. 31 ff., wohl im Sinne eines absoluten Beweisverwertungsverbots hinsichtlich der mit einer Tatprovokation zusammenhängenden Tatumstände ausgesprochen hat, wobei Anleihen aus der angloamerikanischen „entrapment-defence" unverkennbar sind.

93 Vgl. zu den einzelnen Voraussetzungen *Esser*, StraFO 2003, 340 und *Jung*, GA 2003, 199 ff.

94 EuGH im Fall *Gambazzi*, C-394/07, ECLI:EU:2009:219 Rn. 32 f., *Jarass* NStZ 2012, 614.

95 So wohl erstmals apostrophiert von *Schünemann*, StV 2003, 118.

96 Vgl. *Sommer*, StV 2003, 127 und *Gleß*, ZStW 115 (2003), 131 ff.

97 Vgl. BVerfG, 2 BvR 2236/04 vom 18.7.2005, Absatz-Nr. 116 ff., NJW 2005, 2289 ff.

98 Kom(2004), 328 endg., 28.4.2004. http://europa.eu.int/comm/justice_home/doc_centre/criminal/procedural/doc/com328_28042004_en.pdf.

99 Im Schrifttum finden sich solche Kataloge u.a. bei *Ahlbrecht/Lagodny*, StraFO 2003, 329 ff. und *Braum*, StV 2003, 580.

kung der Verfahrensrechte von Verdächtigen und Beschuldigten,[100] der durch Richtlinien umgesetzt wird.[101]

38 Gleichwohl bietet Art. 48 Abs. 2 auch Chancen, weil die Lage der nationalen Verteidigungsrechte keinesfalls „rosig" ist[102] und insofern durch die GRC eine Reformdebatte ermöglicht wird, wie sie die EMRK nie anstoßen konnte, weil deren innerstaatlicher Rang wie auch ihre Wirkung jahrelang staats- und völkerrechtsdogmatisch desavouiert wurde.[103]

IV. Literaturübersicht

Ahlbrecht, Heiko/Lagodny, Otto, Einheitliche Strafverfahrensgarantien in Europa? – Eine kritische Bestandsaufnahme, StraFo 2003, 329; *Ambos, Kai,* Europarechtliche Vorgaben für das (deutsche) Strafverfahren – Teil I – Zur Rechtsprechung des EGMR von 2000-2002, NStZ 2002, 628; *ders.*, Europarechtliche Vorgaben für das (deutsche) Strafverfahren – Teil II – Zur Rechtsprechung des EGMR von 2000–2002, NStZ 2003, 14; *ders.*, Der Europäische Gerichtshof für Menschenrechte und die Verfahrensrechte. Waffengleichheit, partizipatorisches Vorverfahren und Art. 6 EMRK, ZStW 115 (2003), 583; *Bohnert, Joachim,* Die Abschlußentscheidung des Staatsanwalts, Berlin 1992; *Borraccetti, Marco,* Fair Trial, Due Process and Rights of Defence in the EU Legal Order, in: Di Federico, Giacomo (ed.), The EU Charter of Fundamental Rights, Dordrecht 2011, S. 95; *Braum, Stefan,* Aufbruch oder Abbruch europäischer Strafverteidigung?, StV 2003, 576; *Brodowski, Dominik,* Strafrechtsrelevante Entwicklungen in der Europäischen Union – ein Überblick, ZIS 2017, 11; *Bruns, Hans-Jürgen,* Prozessuale „Strafzumessungsverbote" für nicht mitangeklagte oder wieder ausgeschiedene strafbare Vor- und Nachttaten? NStZ 1981, 81; *Callewaert, Johan,* Die Europäische Menschenrechtskonvention und die Verfahrensgarantien, Probleme der Anwendung des Art. 6 EMRK, EuGRZ 1996, 366; *Claus, Susanne,* Das Recht des Angeklagten auf Anwesenheit in der Verhandlung, jurisPR-StrafR 3/2019; *Degener, Wilhelm,* Grundsatz der Verhältnismäßigkeit und strafprozessuale Zwangsmaßnahmen, Berlin 1985; *Dine, Janet,* Criminal Law and the Privilege Against Self-Incrimination, in: Peers, Steve/Ward, Angela (eds.), The European Union Charter of Fundamental Rights, Oxford 2004, S. 269; *Eser, Albin,* Neue Wege der Gewinnabschöpfung im Kampf gegen die organisierte Kriminalität?, in: Küper, Wilfried/Welp, Jürgen (Hrsg.), Beiträge zur Rechtswissenschaft, Festschrift für Walter Stree und Johannes Wessels, Heidelberg 1993, S. 833; *ders.*, Verteidigung in der internationalen Strafgerichtsbarkeit – Eine rechtsvergleichende Analyse, in: Schöch, Heinz u.a. (Hrsg.), Strafverteidigung, Revision und die gesamten Strafrechtswissenschaften. Festschrift für Gunter Widmaier, Köln 2008, 147; *ders.*, Human Rights Guarantees for Criminal Law and Procedure in the EU-Charter of Fundamental Rights, in: Ritsumeikan Law Review 2009, 163; *Esser, Robert,* Auf dem Weg zu einem europäischen Strafverfahrensrecht, Berlin 2002; *ders.*, Mindeststandards einer Europäischen Strafprozessordnung unter Berücksichtigung der Rechtsprechung des Europäischen Gerichtshofes für Menschenrechte, StraFO 2003, 335; *Frister, Helmut,* Schuldprinzip, Verbot der Verdachtsstrafe und Unschuldsvermutung als materielle Grundprinzipien des Strafrechts, Bonn 1988; *ders.*, Zur Bedeutung der Unschuldsvermutung (Art. 6 II MRK) und zum Problem „gerichtskundiger" Tatsachen, Jura 1988, 356; *Frowein, Jochen Abr.,* Zur Bedeutung der Unschuldsvermutung in Art. 6 Abs. 2 der Europäischen Menschenrechtskonvention, in: Recht als Prozeß und Gefüge. Festschrift für Hans Huber, Bern 1981, S. 553; *Gaede, Karsten,* Minimalistischer EU-Grundrechtsschutz bei der Kooperation im Strafverfahren, NJW 2013, 1279; *Geppert, Klaus,* Grundlegendes und Aktuelles zur Unschuldsvermutung des Art. 6 Abs. 2 der Europäischen Menschenrechtskonvention, Jura 1993, 160; *Gleß, Sabine,* Die „Verkehrsfähigkeit von Beweisen" im Strafverfahren, ZStW 115 (2003), 131; *Gropp, Walter,* Zum verfahrenslimitierenden Wir-

---

100 ABl. EU vom 4. Dezember 2009, C 295/1.

101 Siehe Richtlinie (EU) 2016/343 des Europäischen Parlaments und des Rates vom 9. März 2016 über die Stärkung bestimmter Aspekte der Unschuldsvermutung und des Rechts auf Anwesenheit in der Verhandlung in Strafverfahren; Richtlinie 2016/1919/EU des Europäischen Parlaments und des Rates vom 9. März 2016 über Prozesskostenhilfe für Verdächtige und beschuldigte Personen in Strafverfahren sowie für gesuchte Personen in Verfahren zur Vollstreckung eines Europäischen Haftbefehls. Zur Richtlinie 2016/800/EU zu Verfahrensgarantien in Strafverfahren für Kinder, die Verdächtige oder beschuldigte Personen in Strafverfahren sind, s. *Brodowski*, ZIS 2017, 11, 18 f.

102 Vgl. Nitschmann, GA 2004, 658.

103 Vgl. *Ambos*, ZStW 115 (2003), 587 ff. Zu nennen ist beispielhaft die in § 359 Nr. 6 StPO vorgesehene bloße *inter partes*-Wirkung von EGMR-Entscheidungen.

kungsgehalt der Unschuldsvermutung, JZ 1991, 804; *Hannich, Rolf* (Hrsg.), Karlsruher Kommentar zur Strafprozessordnung (KK), 6. Aufl., München 2008; *Jaeger, Renate*, Rechtsanwälte als Organ der Rechtspflege – Notwendig oder überflüssig? Bürde oder Schutz?, NJW 2004, 1; *Jarass, Hans D.*, Strafrechtliche Grundrechte im Unionsrecht, NStZ 2012, 611–616; *Jung, Heike*, „Funktionstüchtigkeit der Strafrechtspflege" contra „schützende Formen" – ein prozessualer „Klassiker" im Lichte der Rechtsprechung des Europäischen Gerichtshofes für Menschenrechte, GA 2003, 191; *Kieschke, Olaf*, Die Praxis des Europäischen Gerichtshofs für Menschenrechte und ihre Auswirkungen auf das deutsche Strafverfahrensrecht, Berlin 2003; *Köster, Rolf-Jürgen*, Die Rechtsvermutung der Unschuld. Historische und dogmatische Grundlagen, Bonn 1979; *Kühl, Kristian*, Unschuldsvermutung, Freispruch und Einstellung, Köln 1983; *Laubenthal, Klaus/Mitsch, Wolfgang*, Rechtsfolgen nach dem Tod des Angeklagten im Strafverfahren, NStZ 1988, 108; *Marxen, Klaus*, Medienfreiheit und Unschuldsvermutung, GA 1980, 365; *Meyer, Karlheinz*, Grenzen der Unschuldsvermutung, in: Jescheck, Hans-Heinrich/Vogler, Theodor (Hrsg.), Festschrift für Herbert Tröndle, Berlin/New York 1989, S. 61; *Meyer-Goßner, Lutz/Schmitt, Bertram*, Strafprozessordnung, Gerichtsverfassungsgesetz, Nebengesetze und ergänzende Bestimmungen, 62. Aufl., München 2019; *Nitschmann, Kathrin*, Strafverteidigung in Europa – Ein Tagungsbericht, GA 2004, 655; *Ostendorf, Heribert*, Unschuldsvermutung und Bewährungswiderruf, StV 1990, 230; *Pache, Eckhard*, Das europäische Grundrecht auf einen fairen Prozess, NVwZ 2001, 1342; *Paeffgen, Hans-Ulrich*, Vorüberlegungen zu einer Dogmatik des Untersuchungshaft-Rechts, Köln/Berlin/Bonn/München 1986; *Peukert, Wolfgang*, Die Garantie des „fair trial" in der Straßburger Rechtsprechung, EuGRZ 1980, 247; *Roxin, Claus/Schünemann, Bernd*, Strafverfahrensrecht, 29. Aufl., München 2017; *Rudolphi, Hans-Joachim/Frisch, Wolfgang/Paeffgen, Hans-Ulrich u.a.* (Hrsg.), Systematischer Kommentar zur Strafprozessordnung und zum Gerichtsverfassungsgesetz (SK StPO), München, Berlin, 5. Aufl., 2018; *Rzepka, Dorothea*, Zur Fairness im deutschen Strafverfahren, Frankfurt a.M. 2000; *Schönke, Adolf/Schröder, Horst*, Kommentar zum Strafgesetzbuch, 30. Aufl., München 2018; *Schubarth, Martin*, Zur Tragweite des Grundsatzes der Unschuldsvermutung, Basel, Stuttgart 1978; *Schünemann, Bernd*, Bürgerrechte ernst nehmen bei der Europäisierung des Strafverfahrens!, StV 2003, 116; *Schwarze, Jürgen*, Rechtsstaatliche Grenzen der gesetzlichen und richterlichen Qualifikation von Verwaltungssanktionen im europäischen Gemeinschaftsrecht, EuZW 2003, 261; *Seitz, Claudia*, Unternehmensjuristen und das Anwaltsprivileg im europäischen Wettbewerbsverfahren – Wandel in der europäischen Rechtsprechung?, EuZW 2004, 231; *Simon, Oliver*, Die Beschuldigtenrechte nach Art. 6 Abs. 3 EMRK, Tübingen 1998; *Sommer, Ulrich*, Die Europäische Staatsanwaltschaft, StV 2003, 126; *Stuckenberg, Carl-Friedrich*, Untersuchungen zur Unschuldsvermutung, Berlin/New York 1998; *ders.*, Die normative Aussage der Unschuldsvermutung, ZStW 111 (1998), 422; *Stürner, Rolf*, „Fair trial" und öffentliche Meinung, JZ 1980, 1; *Tophinke, Esther*, Das Grundrecht der Unschuldsvermutung aus historischer Sicht und im Lichte der Praxis des schweizerischen Bundesgerichts, der EMRK-Organe und des UNO-Menschenrechtsausschusses, Bonn 2000; *Ulsamer, Gerhard*, Europäische Menschenrechtskonvention und deutsche Strafverfolgungspraxis, in: Fürst, Walter/Herzog, Roman/Umbach, Dieter C. (Hrsg.), Festschrift für Wolfgang Zeidler, Band 2, Berlin, New York 1987, S. 1799; *Vogler, Theo*, Die strafrechtliche Verwertung strafbarer Vor- und Nachtaten bei der Strafzumessung und die Unschuldsvermutung (Art. 6 Abs. 2 EMRK), in: Gössel, Heinz/Kauffmann, Hans (Hrsg.), Strafverfahren im Rechtsstaat. Festschrift für Theodor Kleinknecht, München 1985, S. 429; *Walther, Susanne*, Zur Frage eines Rechts des Beschuldigten auf „Konfrontation von Belastungszeugen", GA 2003, 205; *Weigend, Thomas*, Die Europäische Menschenrechtskonvention als deutsches Recht – Kollisionen und ihre Lösung, StV 2000, 384.

Artikel 49 Grundsätze der Gesetzmäßigkeit und der Verhältnismäßigkeit im Zusammenhang mit Straftaten und Strafen

(1) Niemand darf wegen einer Handlung oder Unterlassung verurteilt werden, die zur Zeit ihrer Begehung nach innerstaatlichem oder internationalem Recht nicht strafbar war. Es darf auch keine schwerere Strafe als die zur Zeit der Begehung angedrohte Strafe verhängt werden. Wird nach Begehung einer Straftat durch Gesetz eine mildere Strafe eingeführt, so ist diese zu verhängen.

(2) Dieser Artikel schließt nicht aus, dass eine Person wegen einer Handlung oder Unterlassung verurteilt oder bestraft wird, die zur Zeit ihrer Begehung nach den allgemeinen, von der Gesamtheit der Nationen anerkannten Grundsätzen strafbar war.

(3) Das Strafmaß darf zur Straftat nicht unverhältnismäßig sein.

1 Im Unterschied zu den vorangehenden Art. 47 und 48, in denen jeweils teils verschiedenartige justizielle Rechte zusammengespannt werden, haben die in Art. 49 erfassten Rechte einen gemeinsamen Kern in den Grundsätzen der *Gesetzmäßigkeit* und *Verhältnismäßigkeit*. Auch sind sie mehr materieller denn prozessualer Natur. Doch wie auch immer formuliert und strukturiert, kann der Sache nach kein Zweifel daran sein, dass jedenfalls der in Art. 49 Abs. 1 und 2 verkörperte – in Deutschland üblicherweise als „Gesetzlichkeitsprinzip" bezeichnete – Grundsatz der Gesetzmäßigkeit im Zusammenhang mit Straftaten und Strafen zu den allgemeinen Rechtsgrundsätzen gehört, die den gemeinsamen Verfassungstraditionen der EU-Mitgliedsstaaten zugrunde liegen und außerdem durch verschiedene völkerrechtliche Verträge gewährleistet sind.[1] Jedenfalls erscheint hier – anders als bei der gesonderten Behandlung der einzelnen Absätze der Art. 47 und 48 – eine einheitliche Kommentierung angebracht.

1. Vorgaben

a) Art. 7 Abs. 1 EMRK

2 Art. 49 Abs. 1 und 2 entsprechen dem nahezu wortgleichen **Art. 7 Abs. 1 EMRK:**

„Niemand darf wegen einer Handlung oder Unterlassung verurteilt werden, die zur Zeit ihrer Begehung nach innerstaatlichem oder internationalem Recht nicht strafbar war. Es darf auch keine schwerere als die zur Zeit der Begehung angedrohte Strafe verhängt werden."

Sowohl das in S. 1 enthaltene Gesetzmäßigkeitsprinzip, das wohl erstmals von *Feuerbach* in die lateinischen Formeln „nulla poena sine lege", „nulla poena sine crimine", „nullum crimen sine poena legali" gegossen wurde,[2] als auch das in S. 2 ausgesprochene Verbot rückwirkender Strafschärfung finden sich als essentielle rechtsstaatliche Garantien bereits in Art. 11 Abs. 2 AEMR der Vereinten Nationen von 1948 verankert und auch in Art. 15 Abs. 1 S. 1 und 2 Internationaler Pakt über bürgerliche und politische Rechte von 1966 bestärkt. Von entsprechenden Gewährleistungen in den nationalen Strafgesetzbüchern unter-

1 Wie neuerdings vom EuGH in seinem Urteil vom 3.5.2007 zum Europäischen Haftbefehl (C-303/05) in Erinnerung gebracht. Vgl. auch *Heselhaus/Ruffert/Schorkopf*, Handbuch, § 59 Rn. 34 mwN.

2 Näher zu der – ideengeschichtlich schon vor *Feuerbach* einsetzenden – Entwicklung dieses Grundsatzes *Kubiciel*, Handwörterbuch zur dt. Rechtsgeschichte, 2. Aufl., Bd 2, 2016, Artikel: Nulla poena sine lege. *Roxin*, Strafrecht, § 5 Rn. 12 ff., 22 m. Fn. 29.

scheiden sich die internationalen Garantien lediglich insoweit, als neben innerstaatlichem Recht auch das internationale Recht eine Gesetzlichkeitsgrundlage bieten kann. Damit soll, wie noch deutlicher in Art. 7 Abs. 2 EMRK ausgesprochen (→ Rn. 4), nicht zuletzt aufgrund der in den Nürnberger Prozessen gegen mutmaßliche Kriegsverbrecher gemachten Erfahrungen dem Einwand begegnet werden, Verbote oder Erlaubnisse des nationalen Rechts nicht gekannt bzw. irrig angenommen zu haben: Indem stattdessen auch Völkergewohnheitsrecht als Strafbarkeitsgrundlage in Betracht kommt, kann sowohl möglichen nationalen Strafbarkeitslücken als auch national begründeten Verbotsirrtümern begegnet werden.[3] Auf weitere Einzelheiten zu Zielsetzung und Deutung dieser Grundsätze ist in der nachfolgenden Kommentierung zurückzukommen.

b) Art. 15 Abs. 1 S. 3 IPbpR

Art. 49 Abs. 1 S. 3 entspricht fast wortgleich dem **Art. 15 Abs. 1 S. 3 IPbpR** von 1966: 3

„Wird nach Begehung einer strafbaren Handlung durch Gesetz eine mildere Strafe eingeführt, so ist das mildere Gesetz anzuwenden.“

Als Ausnahme von dem an sich in Art. 49 Abs. 1 ausgesprochenen Rückwirkungsverbot wird hier die *Rückwirkung von milderen Strafdrohungen* eingeräumt, wie dies auch bereits in zahlreichen Mitgliedstaaten geltendes Recht ist.[4]

c) Art. 7 Abs. 2 EMRK

Art. 49 Abs. 2 hat ein nahezu inhaltsgleiches Vorbild in **Art. 7 Abs. 2 EMRK:** 4

„Dieser Artikel schließt nicht aus, dass jemand wegen einer Handlung oder Unterlassung verurteilt oder bestraft wird, die zur Zeit ihrer Begehung nach den von den zivilisierten Völkern anerkannten allgemeinen Rechtsgrundsätzen strafbar war.“

Bei diesem Vorbehalt wird die schon zu Art. 49 Abs. 1 S. 1 erwähnte Erweiterung auf die Strafbarkeit nach internationalem Recht (→ Rn. 2) noch deutlicher: Es geht im Wesentlichen darum, Verurteilungen von Kriegs- und Humanitätsverbrechen gegen den Einwand zu schützen, sie verstießen mangels eines ausdrücklichen nationalen Verbots gegen den Grundsatz von nullum crimen sine lege, und zwar insbesondere gegen das Rückwirkungsverbot.[5] Wenn dabei hinsichtlich der Anerkennung der Rechtsgrundsätze nicht mehr auf die „zivilisierten Völker“, sondern auf die „Gesamtheit der Nationen“ abgehoben wird, so konnte mit einer solchen, von „imperialistischer Konnotation“ freien Formulierung[6] auch dem Anschein von Diskriminierung „unzivilisierter“ Völker vorgebeugt werden.[7]

---

3 Vgl. *Ambos*, Internationales Strafrecht, § 10 Rn. 87, *Peukert*, in: Frowein/Peukert, EMRK, Art. 7 Rn. 1, sowie unten Rn. 18.

4 Vgl. Erläuterung des Konventspräsidiums zu Art. 49 Abs. 1 in *Charte* 4473/00 (*Bernsdorff/Borowsky*, Protokolle S. 40).

5 Vgl. *Jescheck*, NJW 1954, 785, *Meyer-Goßner*, StPO, Art. 7 MRK Rn. 1; *Löwe-Rosenberg/Gollwitzer*, StPO, Art. 7 MRK Rn. 2 ff.; *Partsch*, Rechte und Freiheiten der EMRK, S. 173 f.; vgl. ferner *Peukert*, *in:* Frowein/Peukert, EMRK, Art. 7 Rn. 11.

6 So die Erklärung von *Meyer/Engels*, Charta der Grundrechte, S. 32.

7 Bemerkenswerterweise wurde die Redeweise von den „zivilisierten Völkern“ auch schon in Art. 15 Abs. 2 IPbpR und in Art. 21 Abs. 1 lit. c des Rom Statuts des Internationalen Strafgerichtshofs (vgl. unten Fn. 308) aufgegeben, um stattdessen von den „von der Völkergemeinschaft anerkannten allgemeinen Rechtsgrundsätzen“ bzw. von den „international anerkannten Regeln und Normen“ zu sprechen. Vgl. auch *Frowein*, in: Frowein/Peukert, EMRK, Art. 7 Rn. 13, sowie unten Rn. 7.

d) Grundsatz der Verhältnismäßigkeit

5 Der in Art. 49 Abs. 3 enthaltene Grundsatz der **Verhältnismäßigkeit** von Straftaten und Strafmaß gilt für Strafen und strafähnliche Sanktionen. Der Prüfung, ob eine Sanktion eine Strafe oder zumindest strafähnlich ist, legt der EuGH drei Kriterien zugrunde: erstens die rechtliche Qualifikation der Zuwiderhandlung im innerstaatlichen bzw. im Recht der Union, zweitens die Art der Zuwiderhandlung und die repressive Zielsetzung der Sanktion und drittens die Art und der Schweregrad der angedrohten Sanktion.[8]

Auf internationaler Ebene hat das Verhältnismäßigkeitsprinzip bislang kein geschriebenes Vorbild. Als ein Grundsatz, der nach heutigem gesamteuropäischen Verständnis jedem staatlichen Eingriff eine rechtsstaatliche Grenze setzt, ist er auch im Geltungsbereich der EMRK und der EU unbestritten etabliert[9] und nicht zuletzt auch für die Begrenzung staatlicher Strafgewalt bedeutsam.[10] Dies findet im deutschen Recht immerhin für den Bereich der Maßregeln der Besserung und Sicherung in § 62 StGB gesetzlichen Ausdruck.

e) Nationalstaatliche Gewährleistungen

6 Auf nationalstaatlicher Ebene kann sich jedenfalls der *Gesetzmäßigkeitsgrundsatz* im Bereich der EU nahezu überall einer verfassungsrechtlichen Verankerung erfreuen: so in Belgien (Art. 14), Bulgarien (Art. 5 Abs. 3), Deutschland (Art. 103 Abs. 1), Estland (§ 23), Finnland (§ 8), Griechenland (Art. 7 Abs. 1), Italien (Art. 25 Abs. 2), Litauen (Art. 31), Luxemburg (Art. 14), Malta (Art. 39 Abs. 8), Niederlande (Art. 16), Polen (Art. 42 Abs. 1), Portugal (Art. 29 Abs. 1), Schweden (Kap. 2 § 10), Slowakei (Art. 50 Abs. 6), Slowenien (Art. 28), Spanien (Art. 9 Abs. 3, 25 Abs. 1), Tschechische Republik (Art. 39 GR-Deklaration),[11] Ungarn (Art. 57 Abs. 4) und Zypern (Art. 12 Abs. 1). Demgegenüber findet sich die *Verhältnismäßigkeit* von Strafen bislang offenbar nur in Zypern (Art. 12 Abs. 3) verfassungsrechtlich anerkannt.[12]

2. Diskussion im Grundrechtekonvent

7 Während der in Art. 49 Abs. 1 S. 1 verkörperte Grundsatz von nullum crimen sine lege von Anfang an unbestritten war,[13] wobei zeitweilig sogar eine Ausdehnung des Rückwirkungsverbots über das Strafrecht hinaus erwogen worden war,[14] wurden die für die Strafhöhe relevanten S. 2 und 3 von Art. 49 Abs. 1 – mit einem nicht recht nachvollziehbaren Wechselspiel zwischen Hineinnahmen und Herausnahmen – erst später eingefügt.[15]

---

8 *Kokott*, NZWiSt 2017, 409, 410; *Wegner*, HRRS 2018, 205 mwN.

9 Wobei man für die grundsätzliche Verankerung des Verhältnismäßigkeitsgrundsatzes im Rechtsstaatsprinzip inzwischen sogar einen positivrechtlichen Ansatzpunkt in Art. 5 Abs. 3 (früher Art. 3 b Abs. 3) EGV (jetzt Art. 5 Abs. 4 EUV) meint finden zu können: vgl. *Bleckmann*, JuS 1994, 177 ff., *Pache*, NVwZ 1999, 1035 ff. sowie – insbesondere auch rechtsvergleichend zur Verankerung des Verhältnismäßigkeitsgrundsatzes in den verschiedenen europäischen Rechtsordnungen – *Schwarze*, Europäisches Verwaltungsrecht, S. 661 ff.

10 Näher dazu – auch unter Auswertung der verfassungsgerichtlichen Rechtsprechung – *Weigend*, in: FS für Hirsch, S. 917 ff.

11 Vgl. *Eser/Kubiciel*, oben Art. 47 Fn. 31.

12 Zwar verlangt auch die griechische Verfassung die Respektierung des Verhältnismäßigkeitsprinzips (Art. 25 Abs. 1 S. 4), ohne dass aber dies – im Unterschied zu Zypern – ausdrücklich auch auf die Strafzumessung bezogen wäre.

13 Vgl. *Charte* 4102/00 Art. 18.

14 Vgl. Bericht von *Meyer/Engels*, Charta der Grundrechte, S. 244.

15 Vgl. *Charte* 4123/1/00 Rev. I Art. 6 und 4141/00 Art. 4.

Art. 49 Abs. 2, dessen Bedeutung bei Kriegsverbrecherprozessen vom Konventspräsidium zunächst übersehen worden war,[16] blieb nach seiner schließlich erfolgten Einfügung[17] in der Sache unbestritten, wobei jedoch die gewünschte Ersetzung des auf die „zivilisierten Völker" abhebenden Art. 7 Abs. 2 EMRK durch „demokratisch" bzw. strafbar nach „internationalem Recht" bis zur jetzigen Anerkennung durch die „Gesamtheit der Nationen" offenbar gewisse Mühe machte.[18] 8

Der in Art. 49 Abs. 3 verkörperte Grundsatz der Verhältnismäßigkeit des Strafmaßes wurde erst zu einem fortgeschrittenen Zeitpunkt der Konventsverhandlungen in die GRC aufgenommen,[19] wobei die Forderung, mittels Ersetzung von „Strafmaß" durch „Strafdrohung" nur den Gesetzgeber, nicht aber den Richter zu binden, letztlich erfolglos blieb.[20] 9

3. Kommentierung

a) „Nullum crimen, nulla poena sine lege" im Allgemeinen

Bei einem Vergleich von Äußerungen zu internationalen Regelungen dieses „klassischen" Prinzips (→ Rn. 2, 6) und zur Regelung im deutschen Recht fällt schon in formaler Hinsicht zweierlei auf: Während sich im internationalen Bereich meist das Rückwirkungsverbot vorangestellt findet, steht auf nationaler Ebene eher das Gesetzlichkeitsprinzip als solches im Vordergrund. Und während man auf nationaler Ebene vom Prinzip der „Gesetzlichkeit" zu sprechen pflegt, ist in der Überschrift von Art. 49 vom Grundsatz der „Gesetzmäßigkeit" die Rede. Unberührt von dieser terminologischen Frage gilt der Grundsatz „nulla poena sine lege" für Strafgesetze in einem weit zu verstehenden Sinne, dh sowohl für **Strafen im engeren Sinne** als auch für **verwaltungsrechtliche Sanktionen**, soweit diese strafähnlichen Charakter haben.[21] 10

Was den in Art. 49 Abs. 1 verkörperten Grundsatz betrifft, geht es dabei nicht nur, wie die darauf beschränkte Erläuterung des Konventspräsidiums nahe legen könnte, um das Verbot der Rückwirkung von (strafbegründenden bzw. -erschwerenden) Gesetzen und Strafen;[22] vielmehr sind in diesem Grundsatz auch noch andere, wenn nicht sogar vorrangige Prinzipien enthalten.[23] Auch wenn in teils unterschiedlicher Reihenfolge aufgeführt, herrscht doch im Wesentlichen Einigkeit darüber, dass sich dem Gesetzmäßigkeitsgrundsatz **vier Einzelprinzipien** entnehmen lassen, aus deren Zusammenwirken sich die Garantiefunktion des Strafrechts ergibt: das Erfordernis einer ***Rechtsgrundlage*** für das Verbot und die Strafe überhaupt,[24] das auf diese Rechtsgrundlage bezogene ***Bestimmtheitsgebot***,[25] 11

---

16 Vgl. *Bernsdorff/Borowsky*, Protokolle S. 153.

17 *Charte* 4149/00 Art. 10.

18 Vgl. *Charte* 4149/00 Art. 10, 4470/00 Art. 48 sowie *Bernsdorff/Borowsky*, Protokolle S. 153 f., 283; sowie oben Rn. 4 bzw. unten Rn. 18.

19 Vgl. *Charte* 4333/00 zu Art. 10, *Charte* 4422/00 Art. 47 Abs. 3.

20 Vgl. *Bernsdorff/Borowsky*, Protokolle S. 283, 375.

21 *Kokott*, NZWiSt 2017, 409, 410.

22 Vgl. *Charte* 4473/00 (*Bernsdorff/Borowsky*, Protokolle S. 40).

23 In diesem Sinne wird auch von *Frowein*, obgleich zunächst ebenfalls allein das Verbot rückwirkender Strafgesetze hervorhebend, darauf hingewiesen, dass die EKMR in Art. 7 Abs. 1 EMRK in ständiger Rechtsprechung auch noch andere Prinzipien, wie insbesondere den Grundsatz der gesetzlichen Umschreibung von Straftatbeständen sowie das Analogieverbot, verkörpert gesehen habe (in: Frowein/Peukert, EMRK, Art. 7 Rn. 2 ff. mwN).

24 Wobei diese im nationalen Strafrecht in der Regel eine „gesetzliche" sein muss. Näher zu diesem Unterschied zwischen nationalen und internationalen unten Rn. 12 ff.

25 Wobei hinsichtlich eines allgemeinen Bestimmtheitsgebots im europäischen Recht der EuGH von einem entsprechenden allgemeinen Rechtsgrundsatz der Gemeinschaft ausgeht, vgl. EuGH im Fall

das ***Analogieverbot*** und das ***Rückwirkungsverbot***.[26] Über diese – wie auch immer vorzunehmenden – Aufteilung und Reihung in Einzelprinzipien hinaus sind jedoch immer die dahinterstehenden allgemeinen Zielsetzungen im Auge zu behalten, von denen vor allem drei aus der Sicht des Bürgers bedeutsam sind: der Freiheitsschutz durch Umgrenzung des verbotenen Verhaltens, der Vertrauensschutz im Sinne von Vorhersehbarkeit und Berechenbarkeit des Strafrechts sowie die Gewährleistung der Gewaltenteilung und demokratischen Rückbindung des Strafaktes an den Gesetzgeber und damit den Souverän.[27]

12 Daraus folgt, dass es sich bei Art. 49 um Gewährleistungen **zugunsten des Täters** handelt. Demzufolge bedürfen nur strafbegründende und straferschwerende Vorschriften einer rechtlichen Grundlage, während täterbegünstigende Regeln, wie vor allem Straffreistellungsgründe sowohl gewohnheitsrechtlich entwickelt werden können als auch einer erweiterten Analogie zugänglich sind und nicht zuletzt auch rückwirkend zur Anwendung kommen können.[28]

b) Das Gesetzmäßigkeitserfordernis

13 aa) Wenn Art. 49 – anstelle von „Gesetzlichkeit" – mit **Gesetzmäßigkeit im Zusammenhang mit Straftaten und Strafen** überschrieben ist, obwohl die englische Fassung von „legality of criminal offences and penalties" spricht, so könnte diese Wortwahl, auch wenn dazu aus den Materialien nichts ersichtlich ist, doch einen guten Grund haben: Während nach dem deutschen Verfassungs- und Strafrecht die Strafbarkeit zur Tatzeit „gesetzlich" bestimmt sein muss (Art. 103 Abs. 2 GG, § 1 StGB), hebt Art. 49 Abs. 1 auf die Strafbarkeit nach (innerstaatlichem oder internationalem) **Recht** ab, was auch dem mehr materiell interpretierbaren Begriff der „Gesetzmäßigkeit" näherkommt (Art. 49 Abs. 1 S. 1). Das ist vor allem in dreifacher Hinsicht von Bedeutung:

14 So ist – zum ersten – eine nicht zu unterschätzende Weichenstellung bereits darin zu erblicken, dass als Grundlage für die Strafbarkeit zur Tatzeit kein bereits existierendes Gesetz, sondern lediglich (innerstaatliches oder internationales) **Recht** vorausgesetzt wird (und dementsprechend auch in den englischen und französischen Fassungen von „law" bzw. „droit" die Rede ist). Demzufolge braucht jedenfalls nach der europäischen GRC das fragliche Tun oder Unterlassen nicht unbedingt durch ein förmliches Gesetz für strafbar erklärt zu sein. Vielmehr kann sich die Strafbarkeit auch aus einem gewohnheitsrechtlichen Verbot oder Gebot ergeben. Nachdem bereits Art. 7 Abs. 1 EMRK in gleicher Weise formuliert ist, stellt sich die Frage, ob nicht jedenfalls auf europäischer Ebene die traditionelle Redeweise von „nullum crimen sine *lege*" (im Sinne eines Gesetzes oder Statuts) nicht kor-

---

Arblade et al., 23.11.1999, verb. Rs. C-369 und C-376/96, Z. 43; *Satzger*, JuS 2004, 947; *Slotész/Steinle/Bielesz*, EuZW 2003, 204.

26 Näher zu dieser Aufteilung in Einzelprinzipien *Schönke/Schröder/Hecker*, StGB, § 1 Rn. 7. Von dieser Reihenfolge abweichend wird teilweise das Analogieverbot dem Bestimmtheitsgebot vorangestellt (so *Jescheck/Weigend*, Strafrecht, S. 133 ff.), teils das Analogieverbot an den Anfang gestellt, um das Gesetzlichkeitserfordernis, das Rückwirkungsverbot und das Bestimmtheitsgebot nachfolgen zu lassen (*Roxin*, Strafrecht, § 5 Rn. 7 ff.), oder teils im Anschluss an das Gesetzlichkeitserfordernis gleich das Rückwirkungsverbot behandelt, um dann mit dem Bestimmtheitsgebot und dem Analogieverbot fortzufahren (SK/*Jäger*, StGB, § 1 Rn. 2 ff.). Wiederum anders Teile der verfassungsrechtlichen Literatur, indem das Analogieverbot und das Verbot von Gewohnheitsrecht aus dem Bestimmtheitsgebot als Kerngarantie abgeleitet werden (vgl. etwa *Maunz/Dürig/Remmert*, GG, Art. 103 Rn. 79 ff.).

27 Näher dazu *Schönke/Schröder/Hecker*, StGB, § 1 Rn. 2 mwN, NK/*Hassemer/Kargl*, StGB, § 1 Rn. 10, sowie aus der Sicht der EMRK, *Frowein*, in: Frowein/Peukert, EMRK, Art. 7 Rn. 1 ff.

28 Zu weiteren Einzelheiten vgl. die insoweit gleiche Rechtslage nach §§ 1, 2 StGB bei *Schönke/Schröder/Hecker*, StGB, § 1 Rn. 7, 11 ff., 25, 30 ff., § 2 Rn. 14 ff. mwN.

rekterweise in „nullum crimen sine *iure*" (als das lateinische Äquivalent von Recht und Law) zu formulieren wäre. Damit käme man nicht nur einem traditionellen Common Law-Verständnis entgegen,[29] sondern ließe sich auch die unterschiedliche Beurteilung der Rechtmäßigkeit der Nürnberger Urteile erklären.[30]

Indem – zum zweiten – eine Strafbarkeitsgrundlage nach innerstaatlichem oder internationalem Recht genügt, bleibt es für die Gestaltung des **nationalen** Strafrechts den jeweiligen Gesetzgebern der Mitgliedstaaten überlassen, in welcher Form sie die Rechtsgrundlage der Strafbarkeit bestimmen wollen.[31] Damit steht es insbesondere Ländern aus dem Common Law-Bereich nach wie vor offen, Straftaten auch auf der Grundlage von richterlichem Case law zu verfolgen. Um jedoch „gesetzmäßig" zu sein und dem übergeordneten Berechenbarkeits- und Vertrauensgrundsatz zu genügen (→ Rn. 11), wird auch für gewohnheitsrechtliche Strafbarkeitsbegründung zumindest zu verlangen sein, dass sie auf einer kontinuierlichen, konsistenten und den Bürger nicht überraschenden Entwicklung beruht. Eine Garantie dafür kann im Grundsatz des „stare decisis" erblickt werden, wonach die Gerichte ihre Entscheidungstätigkeit auf die bisherige Tradition aufbauen, sich von dieser binden lassen und mit ihr argumentativ auseinandersetzen.[32] Andererseits bleibt es damit selbst Ländern, nach deren innerstaatlichem Recht – wie in Deutschland – die Strafbarkeit (oder sonstige strafähnliche Sanktionierbarkeit) „gesetzlich" bestimmt sein muss, überlassen, ob es für dieses Erfordernis eines Gesetzes im formellen Sinne bedarf oder ob auch davon abgeleitete Rechtsverordnungen oder Satzungen, wenn nicht sogar diese selbst, genügen können.[33] Im Übrigen kommt die Bestimmbarkeit des anzuwendenden nationalen Strafrechts auch nicht dadurch in Wegfall, dass bei internationaler Zusammenarbeit nationaler Strafgerichtsbarkeiten, insbesondere aufgrund des Rahmenbeschlusses über den **Europäischen Haftbefehl**[34] eine Angleichung der Rechts- und Verwaltungsvorschriften der Mitgliedsstaaten erforderlich werden kann. Solange dabei die fraglichen Straftaten hinsichtlich der Tatbestandsmerkmale oder der angedrohten Strafen unverändert bleiben und unter Wegfall des Erfordernisses beiderseitiger Strafbarkeit für die Definition der für eine Verhaftung relevanten Straftaten weiterhin das Recht eines bestimmten – wie namentlich das des Ausstellungsmitgliedsstaates – maßgeblich bleibt, braucht auch für den betroffenen Bürger die Bestimmbarkeit des anzuwendenden Rechts nicht in Zweifel zu geraten.[35] 15

Indem – zum dritten – die Strafbarkeit auch auf **internationales** Recht gestützt werden kann, gilt hinsichtlich der erforderlichen Grundlage zunächst einmal das Gleiche wie zuvor: Ob und inwieweit diese „gesetzlich" bestimmt sein muss oder auch auf Gewohnheitsrecht beruhen kann, steht im legislativen Ermessen der zuständigen internationalen Instanz. Selbst soweit es jedoch danach eine „gesetzmäßige" internationale Strafbarkeits- 16

29 Vgl. *Eser*, in: Ritsumeikan L.R. 2009, 171 f.

30 Vgl. *Eser*, in: Reginbogin/Safferling, S. 55, 58.

31 Zustimmend *Dannecker*, in: ZStW 117 (2006), 745 f., *Schwarze/van Vormizeele*, Art. 49 GRC Rn. 6.

32 Vgl. NK/*Hassemer/Kargl*, StGB, § 1 Rn. 43 mwN.

33 Näher zu diesen innerstaatlichen Anforderungen, denen für den deutschen Bereich zwar nicht untergesetzliche Rechtsakte als solche, wohl aber davon abgeleitete Verordnungen genügen können und dies insbesondere auch für die Zulässigkeit von Blankettstrafnormen bedeutsam ist, vgl. *Maunz/Dürig/Schmidt-Aßmann*, GG, Art. 103 Rn. 183, *Schönke/Schröder/Hecker*, StGB, § 1 Rn. 8, 18, jeweils mwN.

34 Rahmenbeschluss des Europäischen Rates 2002/584/JI vom 13.6.2002, ABl. 2002 L 109, S. 1.

35 So zur Gültigkeit des Rahmenbeschlusses über den *Europäischen Haftbefehl* EuGH 3.5.2007 – C-303/05 – Z. 49 ff. = DVBl. 2007, 897, 100; zustimmend *Frenz*, Handbuch Europarecht 4, Rn. 5121, 5124; kritisch *Schmahl* DVBl. 2007, 1468.

grundlage gibt, begründet dies nicht ohne weiteres eine entsprechende Verfolgbarkeit. Vielmehr sind dabei drei Konstellationen zu unterscheiden:

17 aaa) Bei Verfolgung aufgrund von internationalen Straftatbeständen oder vergleichbar sanktionierbaren Verbotstatbeständen durch *internationale Organe* bestimmt sich das Gesetzlichkeitserfordernis nicht nach den nationalen, sondern nach den einschlägigen internationalen Bestimmungen. Das bedeutet für den Geltungsbereich der GRC, dass zur Wahrung von nullum crimen, nulla poena sine lege (lediglich) dem Grundsatz der Gesetzmäßigkeit nach Art. 49 Abs. 1 – aber über Art. 52 Abs. 3 auch den insoweit inhaltsgleichen Anforderungen von Art. 7 Abs. 1 EMRK – zu genügen ist. Das gilt auch für den Fall, dass die Strafverfolgung von einem den europäischen Instanzen übergeordneten supranationalen Gericht, wie insbesondere dem Internationalen Strafgerichtshof aufgrund des Rom-Statuts vom 18.7.1998,[36] betrieben wird. Auch in einem solchen Fall wäre aber eine Berufung des Betroffenen auf das Gesetzmäßigkeitserfordernis des Art. 49 Abs. 1GRC, sofern im Übrigen die Zuständigkeit der europäischen Organe gegeben wäre, nicht ausgeschlossen, ebenso wie umgekehrt eine Strafverfolgung durch europäische Organe etwa strengerem höherrangigen supranationalen Recht zu genügen hätte. Diese Fallkonstellation ist jedoch in strafrechtlicher Hinsicht nur von theoretischer Natur, solange die EU keine eigene Strafgewalt besitzt,[37] was jedoch nicht ausschließt, dass Art. 49 Abs. 1 für die Kompetenz der EU-Organe zur Sanktionierung von Verwaltungsunrecht[38] bedeutsam werden kann. Dagegen werden möglicherweise strengere nationale Anforderungen an das Gesetzlichkeitsprinzip, wie etwa nach Art. 103 Abs. 2 GG, auf der hier in Frage stehenden Ebene von Strafverfolgungen und Verurteilungen aufgrund von supranationalem und dabei insbesondere von EG-Recht nicht relevant, da sich jene Verfassungsbestimmungen grundsätzlich nur an die nationale Strafgewalt wenden. Demzufolge ist beispielsweise bei Sanktionen, die nicht von deutschen, sondern etwa von EG-Organen verhängt werden, Art. 103 Abs. 2 GG grundsätzlich nicht einschlägig.[39]

18 bbb) Letzteres wird auch für die Fallkonstellation zu gelten haben, dass *nationale Organe* eine Verfolgung und Verurteilung auf direkt wirkendes inter- oder supranationales Recht stützen, wie beispielsweise bei der Sanktionierung von gemeinschaftsrechtlichen Verbotstatbeständen, die nach Art. 288 AEUV für alle Mitgliedsstaaten unmittelbar *verbindlich* sind: Auch in diesem Fall ist die betreffende Norm nicht an den Anforderungen von Art. 103 Abs. 2 GG zu messen.[40]

19 ccc) Soweit dagegen die *nationalen Justizorgane* gleichsam kraft *freiwilliger* Übernahme die Verfolgung und Verurteilung aufgrund von inter- oder supranationalem Recht betreiben wollen, haben die betreffenden Verbots- und Sanktionsnormen nicht nur den jeweiligen Gesetzmäßigkeitsanforderungen des anzuwendenden Strafrechts zu genügen, sondern auch den möglicherweise strengeren Gesetzlichkeitserfordernissen der nationalen Strafgewalt zu entsprechen. Das bedeutet, dass völkerrechtliche Straftatbestände, die eine unmit-

36 In englischer, französischer und deutscher Fassung abgedruckt in: BT-Drs. 14/2682.

37 Zu dem darüber geführten sowohl politischen wie gemeinschaftsrechtlichen Streit vgl. einerseits mit Berufung auf Art. 280 EGV (jetzt Art. 325 AEUV) eine gewisse Strafkompetenz der EU bejahend *Tiedemann,* in: FS für Roxin, S. 1401, 1406 ff., bzw. andererseits eine solche verneinend *Ambos*, Internationales Strafrecht, § 10 Rn. 5, *Satzger,* ZRP 2001, 549, 552 f., jeweils mwN. Vgl. auch *Schönke/Schröder/Hecker*, StGB, Vorbem. 28 vor § 1.

38 Näher dazu *Dannecker*, in: Eser/Huber, S. 41.

39 So *Maunz/Dürig/Schmidt-Aßmann*, GG, Art. 103 Rn. 247.

40 Näher dazu wie auch zu der damit zusammenhängenden Problematik deutscher Blankettgesetze und Verhaltenspflichten aufgrund von Verordnungen vgl. *Maunz/Dürig/Remmert*, GG, Art. 103 Abs. 2 Rn. 115.

telbar bindende Wirkung in dem Sinne haben, dass sie die nationale Strafgewalt zur entsprechenden Kriminalisierung und Verfolgung verpflichten, erst noch der Umsetzung in nationales Recht bedürfen, wobei dessen jeweilige Gesetzlichkeitsanforderungen zu beachten sind. Demzufolge sind Straftatbestände, denen nicht schon aufgrund von Art. 25 GG als allgemeinen Regeln des Völkerrechts unmittelbare Wirkung als Bundesrecht zukommt, an den Gesetzlichkeitserfordernissen von Art. 103 Abs. 2 GG zu messen. Entsprechendes wird für den Geltungsbereich der GRC auch für die Gesetzmäßigkeitsanforderungen des Art. 49 Abs. 1 zu gelten haben. Deshalb hat die Bundesrepublik Deutschland, um jegliche Geltungszweifel bei der Verfolgung von völkerrechtlichen Verbrechen durch die deutsche Strafgerichtsbarkeit auszuschließen, gut daran getan, das Rom-Statut des Internationalen Strafgerichtshofs (→ Rn. 17) nicht nur zu ratifizieren,[41] sondern durch ein eigenständiges Regelungswerk eines Völkerstrafgesetzbuches[42] auch die unmittelbare innerstaatliche Anwendbarkeit sicherzustellen, wobei naturgemäß auch Art. 103 Abs. 2 GG zu beachten war.

ddd) Um eine wiederum andere Konstellation, wenngleich mit der hier in Frage stehenden Gesamtproblematik zusammenhängend, geht es in der **Ausnahmeklausel des Art. 49 Abs. 2.** Wie schon zum inhaltsgleichen Art. 7 Abs. 2 EMRK angedeutet (→ Rn. 4, 8), sollten damit die Nürnberger Urteile gegen den Einwand rückwirkender Strafbarerklärung von Taten, die zur Tatzeit nicht strafbar gewesen seien, verteidigt werden.[43] Gegenüber ähnlichen Einwänden, wie sie dann auch gegen die Verurteilung von DDR-Mauerschützen und deren Auftraggeber erhoben wurden,[44] wird durch Art. 49 Abs. 2 – wenn auch mit einer etwas gewundenen Formulierung – klargestellt, dass für die Gesetzmäßigkeit der Verurteilung genügt, dass das fragliche Verhalten *zur Tatzeit „nach den allgemeinen, von der Gesamtheit der Nationen anerkannten Grundsätzen strafbar"* war.[45] Dass dabei – einerseits im Unterschied zu Art. 7 Abs. 2 EMRK – nicht mehr auf die Anerkennung der „zivilisierten Völker" und – andererseits im Unterschied zu Art. 15 Abs. 2 IPbpR – nicht auf die „Völkergemeinschaft", sondern auf die „Gesamtheit der Nationen" abgehoben wird, ist auch nach der Erläuterung des Konventspräsidiums ohne Bedeutung,[46] geht es doch bei allen Formulierungen um den heute erreichten weltweiten menschenrechtlichen Standard unter Ausgrenzung offensichtlich menschenrechtswidriger Staatspraxis. Während gleichwohl die Bundesrepublik gegenüber Art. 7 Abs. 2 EMRK den Vorbehalt gemacht hatte, dass auf jeden Fall die Grenzen von Art. 103 Abs. 2 GG gewahrt sein müssen,[47] ist von einem gleichen Vorbehalt gegenüber Art. 49 Abs. 2 bislang nichts bekannt. 20

---

41 Durch das Gesetz zum römischen Statut des Internationalen Strafgerichtshofs vom 17. Juli 1998 (IStGH-Statutgesetz), vom 4.12.2000 (BGBl. 2000, Teil II, S. 1393).

42 Gesetz zur Einführung des Völkerstrafgesetzbuches vom 26.6.2002 (BGBl., Teil I, S. 2254).

43 Vgl. *Frowein*, in: Frowein/Peukert, EMRK, Art. 7 Rn. 11, *Grabenwarter/Pabel*, EMRK, § 24 Rn. 154, *Tettinger/Stern/Alber*, Europäische Grundrechte-Charta, Art. 49 Rn. 9.

44 Wogegen jedoch bemerkenswerterweise der EGMR in den Fällen *Strelitz, Kessler,* und *Krenz* (34044/96, 35532197 und 44801/98) und *K.-H. W*/D (37201/97) vom 22.3.2001 (auszugsweise abgedruckt in NJW 2001, 3035 bzw. 3042) nicht auf Art. 7 Abs. 1 EMRK zu rekurrieren brauchte, weil sich die Strafbarkeit zur Tatzeit bereits aus dem nationalen Recht gemäß Art. 7 Abs. 1 EMRK ergebe (NJW 2001, 3041 bzw. 3045). Grundlegend dazu *Kreicker,* Art. 7 EMRK, insbes. S. 12 ff., 94 ff.

45 Mit einer Berufung darauf würde sich beispielsweise nach Ansicht von *Weigend/Zoll* (in: Eser/Arnold, Systemunrecht, 98 ff.) die nachträgliche Aufhebung einer bereits eingetretenen Verjährung von unrechtssystembedingten Straftaten durch den polnischen Verfassungsgerichtshof (TK Z 25.9.1993) zu einem Verjährungsgesetz von 1991 rechtfertigen lassen.

46 Vgl. *Charte* 4473/00 (*Bernsdorff/Borowsky*, Protokolle S. 40).

47 Bekanntmachung vom 15.12.1953 (BGBl. 1954, Teil II, S. 14). Kritisch dazu *Kreicker*, Art. 7 EMRK, S. 98 ff.

21 **bb)** In gegenständlicher Hinsicht bedarf sowohl die **Strafbarkeit** als auch die **Strafe** einer rechtlichen Grundlage: Ersteres ergibt sich eindeutig aus Art. 49 Abs. 1 S. 1, letzteres – jedenfalls mittelbar – aus den Strafregeln von Art. 49 Abs. 1 S. 2 und 3 sowie Abs. 3.

c) Das Bestimmtheitsgebot

22 Seine Aufgabe, eine demokratisch legitimierte und machtbegrenzende Grundlage der Strafbarkeit zu sein, kann das Recht nur dann erfüllen, wenn es sowohl die kriminalisierte *Tat* als auch deren *Folgen* mit hinreichender Bestimmtheit umschreibt. Im Hinblick auf die Interessen des Bürgers dient dies einem doppelten Zweck: der Gewährleistung gleicher Rechtsanwendung und der für die Steuerung des Verhaltens wesentlichen Vorausberechenbarkeit des Rechts.[48]

23 Für die Bestimmtheit der **Tat** bedeutet dies, die Voraussetzungen der Strafbarkeit so konkret zu umschreiben, dass sich die Tragweite und der Anwendungsbereich der Straftatbestände aus dem Wortlaut ergeben oder durch Auslegung ermitteln lassen.[49] Soweit dies nicht durch Gesetz geschieht, sondern – wie zum Teil noch im Common law – durch richterliches Fallrecht, muss der strafbegründende Tatbestand aufgrund der Rechtsprechung der Gerichte feststehen und der Strafrahmen ebenfalls klar umgrenzt sein.[50] An dieser Bestimmtheit fehlt es etwa dann, wenn ein Tatbestand aufgrund seiner Formulierung erhebliche Möglichkeiten für willkürliche Anwendung gibt[51] oder die Interpretation nicht mehr im Rahmen dessen liegt, was auch für einen (beratenen) Laien in den als möglicherweise strafbar erkennbaren Rahmen einer Norm fällt.[52] Auch wenn mit Tatbestandsbestimmtheit weder Eindeutigkeit noch Nichterforderlichkeit von Wertungen gemeint sein kann und daher auch normative Tatbestandsmerkmale, Generalklauseln oder sonstige wertausfüllungsbedürftige Begriffe nicht grundsätzlich auszuschließen sind, muss die Umschreibung der Strafbarkeit jedenfalls einen derartigen Grad von Bestimmbarkeit haben, dass sie verhaltensleitend sein kann und richterlicher Willkür vorbeugt.[53] Auslegungsbedürftige (normative) Tatbestandsmerkmale müssen sich derart konkretisieren lassen, dass bei der Auslegung an ein „gefestigtes Verständnis eines Tatbestandsmerkmals“ oder einen bereits entwickelten, die Norm konkretisierenden Obersatz angeknüpft werden kann und diese Obersätze sich in der Anwendung auf den konkreten Fall „folgerichtig weiterentwickeln“ lassen.[54] Insoweit gilt also die Gleichung „Bestimmtheit ist Bestimmbarkeit“[55] gerade nicht. Vielmehr muss die Bestimmbarkeit selbst normativen Ansprüchen genügen, wenn nicht der

---

48 Zu diesen wie auch zu weiteren Zielsetzungen des Bestimmtheitsgebots näher *Schönke/Schröder/Hecker*, StGB, § 1 Rn. 16 mwN.

49 So in ständiger Rechtsprechung BVerfGE 92, 1, 12 mwN – Mögliche Konflikte mit dem Bestimmtheitsgrundsatz sieht *Satzger*, JuS 2004, 947 ff. bei nationalen Strafgesetzen, die (eventuell sogar dynamisch) auf europäische Normen verweisen, deren Wortlaut aus sämtlichen Amtssprachen besteht und deren Auslegung den eigenständigen europarechtlichen Auslegungsregeln folgt. – Nach Ansicht von *Slotész/Steinle/Bielesz*, EuZW 2003, 209 f. wird das Bestimmtheitsgebot durch den weiten, auch nicht durch eine konsistente Bußgeldpraxis konkretisierten Ermessensspielraum verletzt, welcher der Kommission bei der Ahndung von Kartellverstößen zusteht.

50 Vgl. *Frowein*, in: Frowein/Peukert, EMRK, Art. 7 Rn. 4 mit Verweis auf EKMR E 8710/79, DR 28, 77, 81.

51 Vgl. EGMR in *Kokkinakis*/GR, GH 260-A = ÖJZ 1994, 61.

52 Vgl. EKMR E 8710/79, DR 28, 77, 81 f.

53 Vgl. *Frenz*, Handbuch Europarecht 4, Rn. 5122 ff. Zu weiteren Einzelheiten – auch zur reichhaltigen deutschen Judikatur – vgl. *Schönke/Schröder/Hecker*, StGB, § 1 Rn. 19 ff.

54 So BVerfGE 126, 170, 199 f. Zur Einordnung dieses Ansatzes im Rahmen des Bestimmtheitsgebotes *Kubiciel*, Die Wissenschaft vom Besonderen Teil des Strafrechts, 2013, S. 36 ff.

55 So *Schröder*, in: Pechstein/Nowak/Häde, GRC, Art. 49 Rn. 11.

Bestimmtheitsgrundsatz leerlaufen soll. *Irgendwie* bestimmbar ist schließlich selbst die inhaltsärmste Leerformel.

Auch die **Rechtsfolgen** der Tat bedürfen einer rechtlichen Grundlage.[56] Selbst wenn dabei 24
an die Bestimmtheit – jedenfalls nach deutscher Tradition – weniger strenge Maßstäbe angelegt werden und demzufolge weite Geldstrafenrahmen ebenso für zulässig gehalten werden wie tatbestandlich nicht näher konkretisierte Strafschärfungen, etwa in Form von „besonders schweren Fällen", so muss doch zumindest jeweils die Strafart (wie zB Freiheitsstrafe und/oder nur Geldstrafe) festgelegt sein, ebenso wie es zu den Verhängungsvoraussetzungen Leitlinien für den Richter geben muss, die seine Entscheidung hinsichtlich der Auswahl und der Bemessung der Sanktion vorhersehbar machen.[57]

d) Das Analogieverbot

aa) Unter Analogie versteht man eine Methode richterlicher Rechtsfortbildung zur Auffin- 25
dung und Auffüllung von (planwidrigen und nicht schon durch Auslegung schließbaren) Regelungslücken.[58] Während das Rom-Statut für den Internationalen Strafgerichtshof in seinem Art. 22 Abs. 2 S. 1 ausdrücklich die Erweiterung der Begriffsbestimmung eines Verbrechens durch Analogie verbietet, ist ein solches Verbot weder in Art. 7 Abs. 1 EMRK noch in Art. 49 Abs. 1 ausgesprochen. Gleichwohl ist es dem Bestimmtheitsgebot zu entnehmen, da dieses leicht unterlaufen werden könnte, wenn ein vom Wortlaut des geschriebenen oder von der ständigen Rechtsprechung des ungeschriebenen Verbots nicht erfasstes Verhalten im Wege der Analogie für strafbar erklärt werden könnte. Deshalb ist gemäß der Rechtsprechung zu Art. 7 Abs. 1 EMRK, die nach Art. 52 Abs. 3 auch für die Bedeutung und Tragweite der Rechte aus Art. 49 maßgeblich ist,[59] **strafbegründende und straferweiternde** Analogie verboten.[60]

Gleichermaßen verboten sind analoge **Strafschärfungen**, wie zB durch Überschreitung vor- 26
gesehener Höchststrafen in analoger Anwendung von Strafrahmen gleich schwer erscheinender Straftatbestände oder durch zusätzliche Verhängung einer nicht vorgesehenen (Haupt- oder Neben-)Strafe.[61]

Bei der dafür erforderlichen **Abgrenzung** zwischen (zulässiger) **Auslegung** und (verbotener) 27
Analogie bildet die nach dem Wortlaut äußerste begriffliche Grenze einer Strafnorm zugleich die Grenze für die interpretative Eigenwertung des Richters, wobei deren Voraussehbarkeit aus der Sicht des Normadressaten zu bestimmen ist.[62] Um dabei Grenzverschiebungen zu Lasten des Bürgers vorzubeugen, soll nach Deutung des EGMR durch Art. 7 EMRK schon jede *extensive Auslegung* des Strafgesetzes zu Lasten eines Angeklagten verboten

56 Vgl. *Schwarze/van Vormizeele*, Art. 49 GRC Rn. 7.

57 An Letzterem hat es nach BVerfG NJW 2002, 1779, 1781 ff. insbesondere an der für verfassungswidrig erklärten Vermögensstrafe (§ 43 a StGB) gefehlt.

58 Allgemein dazu *Canaris*, Lücken im Gesetz, S. 71 ff.; *Larenz*, Methodenlehre, 1991, S. 381 f.

59 Vgl. Erläuterungen des Konventspräsidiums zu Art. 49, wo sich der entsprechende Hinweis auf das „garantierte Recht", obgleich von der Erläuterung zu Art. 49 Abs. 2 nicht formal abgesetzt, sinngemäß wohl auch auf Art. 49 Abs. 1 beziehen dürfte (*Bernsdorff/Borowsky*, Protokolle S. 40 f.).

60 So im Anschluss an die EKMR (vgl. u.a. E 1852/63, Yb 8, 190, 198) auch der EGMR in *Kokkinakis*/GR, GH 260-A = ÖJZ 1994, 59. Vgl. *Frowein*, in: Frowein/Peukert, EMRK, Art. 7 Rn. 2, *Grabenwarter/Pabel*, EMRK, § 24 Rn. 136 mwN.

61 Vgl. EGMR in *Welch*/GB, GH 307-A, *Jamil*/F, GH 317-B, ferner zum deutschen Recht *Schönke/Schröder/Hecker*, StGB, § 1 Rn. 28 mwN.

62 Näher zu dieser auch vom BVerfG vertretenen Grundlinie (vgl. insbes. BVerfGE 92, 1, 10, 12) wie auch zu anderen Abgrenzungstheorien vgl. *Perron*, in: Hilgendorf, S. 183 ff., *Schönke/Schröder/Hecker*, StGB, § 1 Rn. 54 f.

sein.[63] Zwar hat sich neuerdings in ähnlichem Sinne das BVerfG gegen eine „tatbestandsausweitende Auslegung" ausgesprochen.[64] Indes braucht dies nicht den Umschlag zu einer „engen Auslegung" zu bedeuten, wie er in Art. 22 Abs. 2 des Rom-Statuts des Internationalen Strafgerichtshofs bei der Begriffsbestimmung eines Verbrechens – über die ohnehin verbotene analoge Erweiterung hinaus – vorgeschrieben ist (S. 1) und dabei zudem der „in dubio pro reo-Grundsatz" auch für die Verbrechensauslegung gelten soll (S. 2). Denn eine solche Abkehr von hierzulande bislang zulässiger – bis hin zu weiter – Auslegung, solange nicht die Grenze zur Analogie überschritten wird, bedürfte wohl eines klareren Ansatzpunktes, als er in Art. 49 Abs. 1 zu finden ist.[65]

28 bb) Als eine Garantie **zugunsten des Täters** ist Analogie insoweit nicht ausgeschlossen, als sie *strafeinschränkend* oder *strafmildernd* wirkt. Ebenso wie daher im Bereich der allgemeinen Strafbarkeitsvoraussetzungen Rechtfertigungs-, Entschuldigungs- oder sonstige Straffreistellungsgründe auf analogem Wege erweitert oder gar begründet werden können,[66] kann auch die entsprechende Anwendung von Vorschriften des Besonderen Teils zu einer Einschränkung von Strafen führen.[67]

e) Das Rückwirkungsverbot

29 aa) Während bei den vorangehenden Einzelprinzipien des nullum crimen, nulla poena sine lege-Grundsatzes auch der Gewaltenteilungsaspekt, wonach die Begründung und Begrenzung von Strafbarkeit primär Sache der Legislative und nicht der Judikative sein soll, eine wesentliche Rolle spielt (→ Rn. 11), steht beim Rückwirkungsverbot der Bürger stärker im Vordergrund. Wenn dieser durch Bestrafung zu gesetzmäßigem Verhalten angehalten werden soll, macht das nur Sinn, wenn bereits vor Tatbegehung die Strafbarkeit gesetzlich bestimmt war. Und wenn der Bürger von seiner Handlungs- und Entfaltungsfreiheit in rechtstaatlich sicherer Weise Gebrauch machen können soll, setzt dies voraus, dass sein Verhalten nicht im Nachhinein für strafbar erklärt oder mit einer schwereren Strafe als voraussehbar sanktioniert wird.[68] Schließlich kann von einer Strafe, dh einer Reaktion auf Unrecht bzw. einer Normverletzung, schon begrifflich nur die Rede sein, wenn die Handlung oder das Unterlassen zur Tatzeit unrecht bzw. normwidrig war und nicht rückwirkend für rechtswidrig erklärt wird. Diese sowohl der Gewährleistung von Freiheit als auch von Sicherheit dienenden und aus dem Strafbegriff abgeleiteten Gründe könnten es erklären, dass in der Erläuterung des Konventspräsidiums zu Art. 49 Abs. 1 überhaupt nur das Rückwirkungsverbot angesprochen wird[69] und – ähnlich wie in § 2 StGB – auch im Rom-Statut des Internationalen Strafgerichtshofs in Art. 24 das Rückwirkungsverbot zusätzlich eine eigenständige Regelung findet.[70]

---

63 EGMR im Fall *Strelitz u.a.* (oben Fn. 311), NJW 2001, 3035, 3037, wobei freilich dessen Anführung analoger Anwendung als ein Beispiel extensiver Auslegung zweifelhaft erscheinen lässt, ob schon jede tatbestandsausweitende Auslegung oder nur eine die Grenze zur Analogie überschreitende verboten sein soll.

64 BVerfGE 92, 1, 16.

65 Vgl. auch *Eser*, in: Hilgendorf, S. 265 ff. AA offenbar *Frenz*, Handbuch Europarecht 4, Rn. 5126.

66 *Frenz*, Handbuch Europarecht 4, Rn. 5127, *Schwarze/van Vormizeele*, Art. 49 GRC Rn. 8.

67 Zu Einzelheiten vgl. *Schönke/Schröder/Hecker*, StGB, § 1 Rn. 30 ff.

68 Vgl. *auch Heselhaus/Nowak/Schorkopf*, Handbuch, § 59 Rn. 3 f.

69 Vgl. oben Rn. 8 mit Fn. 282.

70 Näher zu den verschiedenen Formen von – echter und unechter – Rückwirkung *Heselhaus/Nowak/Schorkopf*, Handbuch, § 59 Rn. 15 ff.

Während sich das Gesetzmäßigkeitserfordernis und das Bestimmtheitsgebot primär an den **Gesetzgeber** (einschließlich ergänzender Verordnungen oder Leitlinien)[71] richtet, wendet sich das Rückwirkungsverbot – ähnlich wie schon das Analogieverbot – auch an den **Richter,**[72] indem dieser weder neue Straftatbestände auf bereits begangene Taten anwenden noch schwerere Strafen als bereits zur Tatzeit zulässige für zuvor begangene Taten verhängen darf.[73] Obgleich Art. 49 Abs. 1 S. 1 nur von **Strafbarkeit** und Art. 49 Abs. 1 S. 2 nur von **Strafe** spricht, dürfte das Rückwirkungsverbot – ähnlich wie dies im deutschen Recht verstanden wird[74] – nicht nur für Kriminalstrafen im engeren Sinne, sondern für jede hoheitliche Missbilligung von schuldhaftem Verhalten mit entsprechender Sanktionierung gelten, wie insbesondere für die Sanktionierung von Ordnungswidrigkeiten durch Geldbußen oder Disziplinarstrafen.[75] Die Gewährleistung schützt damit auch **juristische Personen,** die in (europäischen) Wettbewerbsverfahren mit Geldbußen sanktioniert werden können oder denen Fehlverhalten von Mitarbeitern sanktionsbegründend zugerechnet wird. 30

bb) Hinsichtlich der **Strafbarkeit** ist die rückwirkende Neuschaffung oder Erweiterung von *strafbegründenden* Normen verboten. Deshalb gilt das Rückwirkungsverbot jedenfalls für die nachträgliche Einführung von besonderen Straftatbeständen. Gleiches dürfte im Hinblick auf die allgemeinen Strafbarkeitsvoraussetzungen etwa auch für die nachträgliche Erweiterung von Garantenpflichten und die Abschaffung oder Einschränkung von Rechtfertigungsgründen gelten.[76] 31

Weniger klar ist hingegen, inwieweit das Rückwirkungsverbot auch einer **rückwirkenden Änderung der Rechtsprechung** entgegenstehen kann. Von der vorherrschenden Meinung in Deutschland wird dies verneint, weil § 2 StGB jeweils nur auf den Geltungszeitpunkt des *Gesetzes* abhebt und daher dem Vertrauen des Täters in den Fortbestand einer bestimmten Auslegungspraxis allenfalls durch Einräumung eines Verbotsirrtums Rechnung getragen werden könne.[77] Demgegenüber ist aber nicht nur zu bedenken, dass Gesetz und richterliche Rechtsanwendung eine Einheit darstellen, aus der sich erst die Grenze zwischen erlaubt und verboten ergibt, sondern dass auch bei rückwirkender Änderung der Rechtsprechung der Gedanke des Vertrauensschutzes in gleicher Weise tangiert sein kann wie durch eine rückwirkende Gesetzesänderung. Deshalb ist ein Rückwirkungsverbot jedenfalls insoweit in Erwägung zu ziehen, als eine völlig konforme höchstrichterliche Rechtsprechung ihre Entscheidung zu bestimmten Fragen formelhaft festgelegt hat. Ohne dies als Rechtsprechungs*änderungs*verbot verstehen zu dürfen, ergibt sich daraus jedenfalls das Verbot, einer (täterbelastenden) Rechtsprechungsänderung eine auf die Tatzeit rückwirkende Kraft 32

---

71 Wie etwa auch Sanktionen betreffende Leitlinien der Kommission: vgl. EuGH – Dansk Rørindustri – Rs. 189/02, Slg 2005, I-5425 er 2009 ff.; *Jarass* NStZ 2012, 614.

72 *Frenz*, Handbuch Europarecht 4, Rn. 5134.

73 Zu Letzterem vgl. auch unten Rn. 32.

74 So auch für Art. 103 Abs. 2 GG *Maunz/Dürig/Schmidt-Aßmann*, GG, Art. 103 Rn. 195; *Kunig*, in: v. Münch/Kunig, GG, Art. 103 Rn. 18 und für § 1 StGB LK/*Dannecker*, StGB, § 1 Rn. 80 ff.; vgl. auch BVerfGE 26, 186, 203; 45, 346, 351; *Schönke/Schröder/Hecker*, StGB, § 1 Rn. 5.

75 In gleichem Sinne – entgegen der nicht auch Disziplinarstrafen umfassenden – Meinung der EKMR (E 4279/69, Yb 13, 888, 890; E 4519/70, Yb 14, 616, 622) – *Frowein* jedenfalls insoweit, als es sich um Disziplinarverfahren handelt, die als Strafverfahren im Sinne von Art. 6 EMRK anzusehen sind (in: Frowein/Peukert, EMRK, Art. 7 Rn. 8, ferner *Schwarze/van Vormizeele*, Art. 49 GRC Rn. 9). Vgl. auch *Frenz*, Handbuch Europarecht 4, Rn. 5131 zur abweichenden Ansicht von Generalanwalt *Colomer* zu EuGH-Rs. C-387/97.

76 Vgl. *Schönke/Schröder/Hecker*, StGB, § 2 Rn. 3 mwN.

77 Näher dazu *Sachs/Degenhart*, GG, Art. 103 Rn. 73, LK/*Dannecker*, StGB, § 1 Rn. 432 ff., *Roxin*, Strafrecht, § 5 Rn. 47 ff.

beizulegen.[78] Eine solche, auch Rechtsprechungsänderungen erfassende Handhabung des Rückwirkungsverbots erscheint bei Art. 49 Abs. 1 umso mehr angebracht, als darin nicht auf die Gesetzlichkeit, sondern auf das „Recht" abgehoben wird und dazu nicht zuletzt auch richterliches Gewohnheitsrecht gehören kann (→ Rn. 13 f.).

33 cc) Hinsichtlich der **Rechtsfolgen** wird ausdrücklich die Verhängung einer schwereren Strafe als der zur Tatzeit angedrohten verboten (Art. 49 Abs. 1 S. 2). Auch wenn dabei lediglich von „verhängen" gesprochen wird, ist damit zwar weder die Erschwerung bereits bestehender noch die Einführung neuer Strafen untersagt, wohl aber deren Anwendung durch den Richter auf bereits begangene Taten. Inwieweit bei der Auswechslung oder Modifizierung von Strafarten die neue schwerer ist als die alte, ist nach den gleichen Grundsätzen wie die einer nachträglichen Strafmilderung zu bestimmen (→ Rn. 36).

34 Inwieweit das Verschärfungsverbot nur für Strafen im engeren Sinne gelten soll, während **Maßregeln der Besserung und Sicherung** – wie nach § 2 Abs. 6 StGB – davon auszunehmen seien, ist in Art. 49 offengelassen. Folgt man dazu der zu dem insoweit inhaltsgleichen Art. 7 Abs. 1 S. 2 EMRK ergangenen Rechtsprechung, so lässt sich zwar zwischen nachträglich nicht verschärfbaren Strafen und (auch) rückwirkend verlänger- oder erweiterbaren Maßregeln unterscheiden.[79] Dabei sei jedoch der Begriff der „Strafe" im Sinne von Art. 7 EMRK autonom – und somit nicht nach einem möglicherweise davon abweichenden nationalen Strafverständnis – zu bestimmen, wobei sich der Charakter als bloßer „Maßnahme" vornehmlich daraus ergebe, dass sie lediglich „die ‚Vollstreckung' beziehungsweise den ‚Vollzug' der ‚Strafe' betrifft".[80] Richtigerweise werden nachträgliche Sanktionserweiterungen mit dem vom Rückwirkungsverbot bezweckten Vertrauensschutz allenfalls insoweit vereinbar sein, als es sich um völlig schuldunabhängige, rein präventiv auf Gefahrenabwehr ausgerichtete Maßnahmen handelt, denen jedes reaktive, dh schuldausgleichende Moment fehlt.

35 dd) Offengelassen ist auch die Frage, inwieweit das Rückwirkungsverbot für das **Strafverfahrensrecht** gilt. Ebenso wie dies von der in Deutschland vorherrschenden Meinung grundsätzlich verneint wird,[81] ist Gleiches auch zur Deutung von Art. 7 Abs. 1 EMRK[82] sowie inzwischen auch zu Art. 49[83] festzustellen. Indessen dürfte sich eine pauschale Differenzierung schon deshalb verbieten, weil der Regelungsstandort einer Vorschrift im materiellen oder im prozessualen Recht, wie beispielsweise im Falle der Verjährung, vom Zufall abhängen kann. Doch selbst wenn es deshalb naheliegen mag, auch Verfahrensvoraussetzungen jedenfalls insoweit dem Rückwirkungsverbot zu unterstellen, als ihnen Strafwür-

---

78 Näher dazu *Schönke/Schröder/Hecker*, StGB, § 2 Rn. 7 mwN.

79 Wie offenbar vom EGMR im Fall *Welch*/GB, GH 307-A angenommen, wobei er jedoch unter Anlegung eines strengen Maßstabes die rückwirkende Anwendung von Vorschriften über die Einziehung des Erlöses von Drogenhändlern, weil als Strafe ausgestaltet, für unzulässig erklärte. Vgl. auch *Frowein,* in: Frowein/Peukert, EMRK, Art. 7 Rn. 7.

80 So EGMR zur *nachträglichen Sicherungsverwahrung* (17.12.2009 Nr. 19359/04 – Z. 117 ff., EuGRZ 2010, 25, 38 ff.). Demzufolge wurde in der nachträglich verlängerbaren Sicherungsverwahrung nach § 67 d Abs. 2 StGB eine Verletzung von Art. 7 Abs. 1 EMRK erblickt.

81 Vgl. BGHSt 26, 289, wonach dies eine „Selbstverständlichkeit" sei; vgl. auch BVerfGE 24, 33, 55; 25, 269 ff. sowie LK/*Dannecker,* StGB, § 2 Rn. 30 mwN, *Frenz,* Handbuch Europarecht 4, Rn. 5132.

82 Vgl. *Frowein,* in: Frowein/Peukert, EMRK, Art. 7 Rn. 8 zur zulässigen Verwendung einer Verfahrensentscheidung des House of Lords, die nach der infrage stehenden Tat ergangen war (EKMR E 6683/74, Decisions and Reports 3, 95 f.).

83 Vgl. Generalanwalt Kokott im Fall *Santesteban,* Rs. 296/08, ECLI:EU:C:2008:455, Rn. 45, *Jarass* NStZ 2012, 611, 615.

digkeits- oder Strafbedürftigkeitserwägungen zugrundeliegen, wie dies insbesondere bei Strafantrag und Verjährung angenommen wird,[84] ist die Entscheidung letztlich vom Vertrauensschutzgehalt der betreffenden Norm abhängig zu machen: Ein solcher wird bei rein prozessleitenden Regeln oder Zuständigkeitsnormen ebenso zu verneinen sein wie etwa bei Verjährung, auf deren Eintritt der Täter wegen der Möglichkeit jederzeitiger Unterbrechung weder hoffen kann noch legitimerweise hoffen darf.[85]

f) Der Grundsatz des milderen Gesetzes (Art. 49 Abs. 1 S. 3)

Nach diesem in der EMRK noch nicht enthaltenen, wohl aber in Art. 15 Abs. 1 S. 3 IPbpR 36
wie auch in Art. 29 Abs. 4 der portugiesischen Verfassung vorzufindenden Grundsatz sollen nachträgliche Strafmilderungen dem Täter zugutekommen. Anders als § 2 Abs. 3 StGB, wonach bei Gesetzesänderungen vor der Entscheidung das mildeste „Gesetz" anzuwenden ist und dies unstreitig sowohl für die Strafbarkeitsvoraussetzungen als auch für die Rechtsfolgen gilt, spricht Art. 49 Abs. 1 S. 3 nur von Verhängung der milderen „Strafe". Gleichwohl wird auch diese Vorschrift dahingehend zu verstehen sein, dass bei jedweder **täterbegünstigenden Gesetzesänderung** zwischen Tatbegehung und letztinstanzlicher Entscheidung das jeweils mildeste Gesetz anzuwenden ist. In dem darin liegenden Gebot rückwirkender Anwendung späteren Rechts ist jedoch keine Durchbrechung des Rückwirkungsverbots zu erblicken, da dieses nur Rückwirkung zu Lasten, nicht aber zu Gunsten des Täters verhindern will (→ Rn. 12). Auch braucht dies nicht ohne weiteres zur Anwendung des im Entscheidungszeitpunkt geltenden Rechts zu führen, da unter Umständen auch ein noch milderes Zwischengesetz zum Zuge kommen kann.

Ob und gegebenenfalls welches Gesetz im Vergleich zu einem früheren oder späteren als 37
milder anzusehen ist, dies ist unter Berücksichtigung des **gesamten Rechtszustandes**, von dem das Ob und Wie der Strafbarkeit abhängt, zu bestimmen, wobei jedoch nicht ein abstrakter Vergleich der Tatbestände und deren allgemeine Strafdrohungen genügt, sondern maßgeblich darauf abzuheben ist, welches Gesetz für den **konkreten Fall** die mildeste Beurteilung zulässt.[86]

g) Die Verhältnismäßigkeit von Straftat und Strafmaß (Art. 49 Abs. 3)

Obgleich bislang ohne geschriebenes Vorbild, kann sich der Grundsatz der Verhältnismä- 38
ßigkeit sowohl als rechtsstaatliches Maßprinzip im Allgemeinen wie auch als Begrenzung staatlichen Strafens im Besonderen bereits europaweiter Anerkennung erfreuen (→ Rn. 5 f., 9). Er findet nicht nur bei Strafen im engeren Sinne Anwendung, sondern entfaltet seine schützende Wirkung auch bei Verwaltungssanktionen, die zwar nicht explizit als Strafe bezeichnet werden, aber strafähnlichen Charakter haben.[87] Die Notwendigkeit eines gerechten Verhältnisses zwischen Strafmaß und Straftat wird aus der **Menschenwürde in Verbindung mit dem allgemeinen Persönlichkeitsrecht sowie aus dem Rechtsstaatsprinzip** hergeleitet.[88] Als Instrument zur Kontrolle des staatlichen Strafanspruchs als der schärfsten Waf-

84 Vgl. namentlich *Jakobs*, Strafrecht, S. 67 f., 95 f. mwN.

85 Vgl. des Weiteren dazu *Schönke/Schröder/Hecker*, StGB, § 2 Rn. 6 mwN. In gleichem Sinne BVerfGE 25, 269 ff., 269.

86 So jedenfalls die zum deutschen Recht vorherrschende Meinung: vgl. *Schönke/Schröder/Hecker*, StGB, § 2 Rn. 14 ff., 18 ff. mwN.

87 *Schröder*, in: Pechstein/Nowak/Häde, GRC, Art. 49 Rn. 20.

88 Vgl. insbes. BVerfGE 19, 342, 347 ff.; seitdem ständige Rechtsprechung des BVerfG und aller Verwaltungsgerichte. Näher dazu und mwN *Bleckmann*, JuS 1994, 177 ff., sowie zum Verhältnismäßigkeitsgrundsatz auf europäischer Ebene *Schwarze*, Europäisches Verwaltungsrecht, S. 661 ff.

fe des Staates gegenüber dem Einzelnen ist es sowohl für den Gesetzgeber als auch für die Rechtsanwendung durch den Richter von Belang. Der Grundsatz bindet nicht nur den Unionsgesetzgeber, soweit er (künftig) unmittelbar wirkendes Unionsstrafrecht erlassen sollte oder strafähnliche Sanktionsnormen schafft; vielmehr gilt er gemäß Art. 51 Abs. 1 der Charta auch für die Mitgliedstaaten bei der Durchführung des Rechts der Union.[89]

39 aa) Auf der Ebene der **Gesetzgebung** lässt der Verhältnismäßigkeitsgrundsatz die Kriminalisierung und Sanktionierung von Verhalten nur insoweit zu, als dies zum Schutz des betroffenen Rechtsguts im Rahmen legitimer Strafzwecke erforderlich, geeignet und angemessen ist. Von dem darauf ausgerichteten „Gebot sinn- und maßvollen Strafens" könnten aus der reichhaltigen Rechtsprechung des Bundesverfassungsgerichts vor allem zwei Entscheidungen Auswirkungen auf die europäische Kriminalpolitik haben. Das gilt zum einen für die absolute Androhung lebenslanger Freiheitsstrafe, bei der dem Verurteilten eine konkrete und grundsätzlich realisierbare Chance bleiben muss, die Freiheit wiederzugewinnen[90] – eine verfassungsrechtliche Bedingung, welcher der deutsche Strafgesetzgeber inzwischen durch die mögliche Aussetzung des Strafrestes bei lebenslanger Freiheitsstrafe (§ 87 a StGB) Rechnung getragen hat. Und das gilt zum anderen für die angesichts unterschiedlicher internationaler Drogenpolitik bedeutsame Entscheidung, dass die Kriminalisierung des bloßen Besitzes von Drogen zum Eigengebrauch (nur) insoweit verhältnismäßig ist, als es den Strafverfolgungsorganen möglich bleibt, beispielsweise durch Absehen von Strafe einem geringen individuellen Unrechts- und Schuldgehalt der Tat Rechnung zu tragen.[91]

40 bb) Auf der Ebene der **gesetzesanwendenden Rechtsprechung** darf die Strafe (einschließlich etwaiger Nebensanktionen) nicht außer Verhältnis zur Straftat stehen, wobei sowohl dem objektiven Gewicht des Unrechts als auch der individuellen Schwere der Schuld besondere Bedeutung zukommt.[92] Dazu ist in jedem Einzelfall zu prüfen, ob die Verhängung einer strafrechtlichen Sanktion zur Erreichung der staatlichen Zielsetzung erforderlich ist und das Gewicht der zu schützenden Rechtsgüter in einem angemessenen Verhältnis zur Beschränkung der Rechte des Betroffenen steht.[93] Könnte es daran in einem um Auslieferung ersuchenden Staat fehlen, wäre diese zu verweigern.[94] Die Kumulation von Strafe und anderen Sanktionen strafrechtlicher Natur für eine Tat ist nicht per se ausgeschlossen. Doch muss die Kumulierung von Sanktionen nach Auffassung des EuGH „von Regeln begleitet sein, mit denen sichergestellt werden kann, dass die Schwere aller verhängten Sanktionen der Schwere der betreffenden Straftat entspricht (...)."[95]

---

89 EuGH im Fall Dooel Uvoz-Izvoz Skopje Link Logistic N& N, 4.10.2018, ECLI:EU:C:2018:810, Rn. 41.

90 BVerfGE 45, 187 ff.

91 Cannabis-Entscheidung BVerfGE 90, 145 ff. Zu der auch in anderen Deliktsbereichen unterschiedlichen Kriminalpolitik innerhalb der EU vgl. *Dannecker*, ZStW 117 (2005), 746 f.

92 Dies wird auch für strafähnliche Maßnahmen, wie etwa für Bußgelder bei Wettbewerbsverstößen, zu gelten haben; zu dabei zu beachtenden Kriterien vgl. EuGH im Fall *Chalkor*, C-386/10 P, Z. 55 ff. = EuZW 2012, 190, EuGH im Fall *KME*, C-272/09 P, Z. 49 ff., 96 ff. = BeckRS 2011, 81924. Bei völlig schuldunabhängigen Maßregeln hingegen wird auf den allgemeinen Verhältnismäßigkeitsgrundsatz zurückzugreifen sein. Vgl. auch *Frenz*, Handbuch Europarecht 4, Rn. 5147, *Jarass*, Charta, Art. 49 Rn. 8 f.

93 Vgl. vor allem BVerfGE 90, 145, 185; in diesem Sinne auch *Schönke/Schröder/Kinzig*, StGB, § 46 Rn. 71, sowie *Weigend*, in: FS für Hirsch, S. 924.

94 Vgl. OLG Köln, BeckRS 2010, 00518, OLG Stuttgart, StV 2010, 262.

95 EuGH im Fall *Luca Menci*, ECLI:EU:C:2018:197, Rn. 55 = EuGRZ 2018, 181.

4. Würdigung

Auch wenn die Regelung des Rückwirkungsverbots als wenig geglückt zu bezeichnen ist (→ Rn. 29 ff.), bleibt die Bestätigung des nullum crimen, nulla poena sine lege-Grundsatzes zu begrüßen. Auch dass in der Artikelüberschrift anstelle der traditionellen „Gesetzlichkeit" vom Grundsatz der „Gesetzmäßigkeit" gesprochen wird, ist nicht zuletzt deshalb bemerkenswert, weil damit die Strafbarkeit aufgrund von – nationalem und internationalem – Gewohnheitsrecht leichter widerspruchsfrei zu begründen ist (→ Rn. 13 ff.). Nicht zuletzt ist auch in der ausdrücklichen Anmahnung des Verhältnismäßigkeitsprinzips – und zwar sowohl gegenüber dem Gesetzgeber als auch gegenüber dem Richter – ein Fortschritt zu erblicken (→ Rn. 36 ff.), zumal der Unionsgesetzgeber und die Kommission gerade im Bereich des Wettbewerbsrechtes vor allem vom Ziel geleitet sind, möglichst effektive Sanktionen zu ermöglichen und zu verhängen. Gerade hier könnte Art. 49 Abs. 3 als Regulativ wirken. 41

5. Literaturübersicht

Ambos, Kai, Internationales Strafrecht, 3. Aufl., München 2011; *Bleckmann, Albert*, Begründung und Anwendungsbereich des Verhältnismäßigkeitsprinzips, JuS 1994, 177; *Canaris, Claus Wilhelm*, Feststellung von Lücken im Gesetz. München 1983; *Dannecker, Gerhard*, Strafrecht der Europäischen Gemeinschaft, in: Huber, Barbara/Eser, Albin (Hrsg.), Strafrechtsentwicklung in Europa, Bd. 4, Teil 3, Freiburg i. Breisgau 1995; *ders.*, Die Dynamik des materiellen Strafrechts unter dem Einfluss europäischer und internationaler Entwicklungen, in: ZStW 117 (2005), 697; *Eser, Albin*, Das Internationale Militärtribunal von Nürnberg aus deutscher Perspektive, in: Reginbogin, Herbert R./Safferling Christoph J.M. (eds.), The Nuremberg Trials – International Criminal Law since 1945, München 2006, S. 53; *ders.*, Human Rights Guarantees for Criminal Law and Procedure in the EU-Charter of Fundamental Rights, Ritsumeikan Law Review 2009, 163; *Hilgendorf, Eric*, Das Gesetzlichkeitsprinzip im Strafrecht, Tübingen 2013; *Jakobs, Günther*, Strafrecht Allgemeiner Teil, 2. Aufl., Berlin/New York 1991; *Jarass, Hans D.*, Strafrechtliche Grundrechte im Unionsrecht, NStZ 2012, 611; *Jescheck, Hans Heinrich*, Die europäische Konvention zum Schutze der Menschenrechte und Grundfreiheiten, NJW 1954, 783; *Jescheck, Hans Heinrich/ Weigend, Thomas*, Lehrbuch des Strafrechts Allgemeiner Teil, 5. Aufl., Berlin 1996; *Kreicker, Helmut*, Art. 7 EMRK und die Gewalttaten an der deutsch-deutschen Grenze, Baden-Baden 2002; *Kokott, Juliane*, Bedeutung und Wirkungen deutscher und europäischer Grundrechte im Steuerstrafrecht und Steuerstrafverfahren, NZWiSt 2017, 409; *Larenz, Karl*, Methodenlehre der Rechtswissenschaft, 6. Aufl., Berlin/ Heidelberg/New York u.a. 1991; *Laufhütte, Heinrich Wilhelm/Rissing-van Saan, Ruth/ Tiedemann, Klaus*, Leipziger Kommentar zum StGB (LK), Großkommentar, Bd. 1, Einleitung, §§ 1–31, 12. Aufl., Berlin/New York 2006; *Löwe-Rosenberg*, Die Strafprozessordnung und das Gerichtsverfassungsgesetz, Großkommentar, Erb, Volker u.a. (Hrsg.), 1. Bd. (Einleitung; §§ 1–47), 27. Aufl., Berlin/New York 2016; *Meyer-Goßner, Lutz/Schmitt, Bertram*, Strafprozessordnung, Gerichtsverfassungsgesetz, Nebengesetze und ergänzende Bestimmungen, 62. Aufl., München 2019; *Nomos Kommentar zum Strafgesetzbuch* (NK), Bd. 1, §§ 1–145 d, *Kindhäuser, Urs/Neumann, Ulfried/Paeffgen, Hans Ulrich* (Hrsg.), Strafgesetzbuch, Baden-Baden, 5. Aufl. 2017; *Pache, Eckhard*, Der Grundsatz der Verhältnismäßigkeit in der Rechtsprechung der Gerichte der Europäischen Gemeinschaften, NVwZ 1999, 1033; *Partsch, Karl Josef*, Rechte und Freiheiten der EMRK, Berlin 1966; *Roxin, Claus*, Strafrecht Allgemeiner Teil, Band 1, 4. Aufl., München 2006; *Rudolphi, Hans-Joachim/Horn, Eckhard/Samson, Erich/Günther, Hans-Ludwig/Hoyer, Andreas* u.a. (Hrsg.), Systematischer Kommentar zum Strafgesetzbuch (SK), Band 1, Allgemeiner Teil (§§ 1–37), Köln, 9. Aufl. 2017; *Satzger, Helmut*, Auf dem Weg zu einem europäischen Strafrecht, ZRP 2001, 549; *ders.*, Die Internationalisierung des Strafrechts als Herausforderung für den strafrechtlichen Bestimmtheitsgrundsatz, JuS 2004, 943; *Schmahl, Stefanie*, Der Europäische Haftbefehl vor dem EuGH, DVBl. 2007, 1463; *Schönke, Adolf/Schröder, Horst*, Kommentar zum Strafgesetzbuch, 30. Aufl., München 2019; *Schwarze, Jürgen*, Europäisches Verwaltungsrecht. Entstehung und Entwicklung im Rahmen der Europäischen Gemeinschaft, Baden-Baden 2005; *Solzész, Ulrich/Steinle, Christian/ Bielesz, Holger*, Rekordgeldbußen versus Bestimmtheitsgebot – Die Kartellverordnung auf dem Prüfstein höherrangigen Gemeinschaftsrechts, EuZW 2003, 202; *Tiedemann, Klaus*, EG und EU als Rechtsquellen des Strafrechts, in: Schünemann, Bernd/Achenbach, Hans u.a. (Hrsg.), Festschrift für Claus Roxin zum 70. Geburtstag, Berlin/New York 2001, S. 1401; *Wegener, Kilian*, Iterum iterumque in idem? Einschränkung des europäischen Mehrfachverfolgungsverbots bei Zusammentreffen von Kriminalstrafe und anderen Sanktionstypen, HRRS 2018, 205; *Weigend, Ewa/Zoll, Andrzej*, Polen, in: Eser, Albin/Arnold, Jörg (Hrsg.), Strafrecht in Reaktion auf Systemunrecht 5, Freiburg 2002, 27; *Weigend, Thomas*, Der Grundsatz der Verhältnismäßigkeit als Grenze staatlicher Strafgewalt, in: Weigend, Thomas/Küpper, Georg (Hrsg.), Festschrift für Hans Joachim Hirsch, Berlin 1999, S. 917.

Artikel 50 Recht, wegen derselben Straftat nicht zweimal strafrechtlich verfolgt oder bestraft zu werden

Niemand darf wegen einer Straftat, derentwegen er bereits in der Union nach dem Gesetz rechtskräftig verurteilt oder freigesprochen worden ist, in einem Strafverfahren erneut verfolgt oder bestraft werden.

1. Vorgaben

a) Art. 4 des Protokolls Nr. 7 zur EMRK

1 Ein erstes Vorbild für Art. 50 ist in **Art. 4 des Protokolls Nr. 7 zur EMRK** zu sehen:[1]

(1) „Niemand darf wegen einer Straftat, wegen der er bereits nach dem Gesetz und dem Strafverfahrensrecht eines Staates rechtskräftig verurteilt oder freigesprochen worden ist, in einem Strafverfahren desselben Staates erneut verfolgt oder bestraft werden.

(2) Absatz 1 schließt die Wiederaufnahme des Verfahrens nach dem Gesetz und dem Strafverfahrensrecht des betreffenden Staates nicht aus, falls neue oder neu bekannt gewordene Tatsachen vorliegen oder das vorausgegangene Verfahren schwere, den Ausgang des Verfahrens berührende Mängel aufweist.

(3) Von diesem Artikel darf nicht nach Art. 15 der Konvention abgewichen werden."

Unter den geläufigen Kurzbezeichnungen als „ne bis in idem" oder als „Verbot der Doppelbestrafung" war dieser Grundsatz auf internationaler Ebene bereits durch den Internationalen Pakt über bürgerliche und politische Rechte von 1966 (Art. 14 Abs. 7) anerkannt worden, so dass es bei der Aufnahme in das 7. Zusatzprotokoll zur EMRK lediglich um eine ausdrückliche Übernahme auf europäischer Ebene ging.[2] Im Vergleich zu Art. 50 sind zwei Abweichungen erwähnenswert: Während das EMRK-Zusatzprotokoll lediglich die *innerstaatliche* Geltung des ohnehin in den Mitgliedstaaten der EU bereits anerkannten Doppelbestrafungsverbots bekräftigt, will Art. 50 diesem jedenfalls unionsweit auch *zwischenstaatliche* Anerkennung verschaffen (→ Rn. 12.). Und während das Zusatzprotokoll zur EMRK mit seinem Abs. 2 noch die Möglichkeit einer *Wiederaufnahme* des Verfahrens meinte ausdrücklich sicherstellen zu müssen, wird dies von Art. 50 offenbar für entbehrlich gehalten (→ Rn. 5).

---

1 So jedenfalls nach der insoweit kommentarlosen Anführung dieses Artikels an erster Stelle in der Erläuterung des Konventspräsidiums in *Charte* 4473/00 (*Bernsdorff/Borowsky*, Protokolle S. 140). Vgl. auch *Böse* GA 2011, S. 504, 506 f., *Weiß*, EuZW 2013, 289, 291.

2 Vgl. zur Entstehungsgeschichte dieses Protokolls *Frowein/Peukert*, EMRK² (1996), S. 853 f.

b) Art. 54 SDÜ[3]

Speziell für den Bereich der Schengen-Staaten findet sich in **Art. 54 SDÜ** ein weiteres Doppelbestrafungsverbot: 2

„Wer durch eine Vertragspartei rechtskräftig abgeurteilt worden ist, darf durch eine andere Vertragspartei wegen derselben Tat nicht verfolgt werden, vorausgesetzt, dass im Fall einer Verurteilung die Sanktion bereits vollstreckt worden ist, gerade vollstreckt wird oder nach dem Recht des Urteilsstaats nicht mehr vollstreckt werden kann."

Diese Vorschrift im Schengener Durchführungsübereinkommen (SDÜ) von 1990,[4] in dessen Art. 54–58 sich der Geltungsumfang des Doppelbestrafungsverbots geregelt findet,[5] ist im Wesentlichen inhaltsgleich mit Art. 1 des (noch nicht in Kraft getretenen) EG-„ne bis in idem"-Übereinkommens von 1987.[6] Damit gehört die transnationale Geltung von „ne bis in idem" jedenfalls für den Bereich der EU bereits zu deren Rechtsbesitzstand.[7] Von Art. 50 weichen die SDÜ-Regeln jedoch insoweit ab, als eine erneute Strafverfolgung durch einen anderen Mitgliedstaat nur und erst dann ausgeschlossen ist, wenn die Vollstreckung der Sanktion bereits angelaufen oder nicht mehr möglich ist.[8]

c) EuGH-Rechtsprechung

Auch in der **Rechtsprechung des EuGH** hatte der ne bis in idem-Grundsatz bereits Anerkennung gefunden, wobei nicht erst die Verhängung mehrerer **Strafen** für ein- und dieselbe Verfehlung, sondern schon die Einleitung mehrerer **Verfahren** aufgrund desselben Lebenssachverhalts für verboten erklärt wurde.[9] Allerdings wurde dabei der **Tatbegriff** so eng gefasst, dass im Fall von Verfahren, die unterschiedlichen Zielen dienen, eine Verfehlung mehrfach sollte sanktioniert werden können; demzufolge sollte auch parallelen Verfahren auf der Ebene der Gemeinschaft und eines Mitgliedstaates das Doppelbestrafungsverbot nicht entgegenstehen, wobei jedoch die zeitlich frühere Sanktion bei der nachfolgenden 3

---

3 Umfassend dazu *Kniebühler*, Transnationales ‚ne bis in idem', S. 154 ff., *Hußung*, Tatbegriff, S. 121 ff., *Stein*, ne bis in idem. Vgl. auch *Eser*, in: *Sieber*, Europäisches Strafrecht, § 36 Rn. 69 ff., *Zöller*, in: FS für Krey, S. 501, 507 ff.

4 Übereinkommen vom 19.6.1990 zur Durchführung des Übereinkommens von Schengen vom 15.6.1985 (BGBl. 1993, Teil II, S. 1010, 1902).

5 Abgedruckt und Einzelheiten dazu bei *Schomburg*, in: Schomburg/Lagodny/Gleß/Hackner, SDÜ, Art. 54–58 (5. Aufl., S. 1672 ff.); ferner *Kühne*, JZ 1998, 876 ff.

6 Übereinkommen vom 25.5.1987 zwischen den Mitgliedstaaten der Europäischen Gemeinschaft über das Verbot der doppelten Bestrafung (abgedruckt in: *Schomburg/Lagodny/Gleß/Hackner*, 4. Aufl., S. 1202 ff.).

7 So auch die Erläuterung des Konventspräsidiums zu Art. 50 in *Charte* 4473/00 (*Bernsdorff/Borowsky*, Protokolle S. 41). Zu weiteren Bestimmungen in (teils geplanten und teils bereits in Kraft getretenen) Übereinkommen des Europarats und der EU, in denen der „ne bis in idem"-Grundsatz Anerkennung findet, wie insbesondere auch die vom Konventspräsidium genannten Art. 7 des Übereinkommens über den Schutz der finanziellen Interessen der Europäischen Gemeinschaften gegen Betrug sowie Art. 10 des Übereinkommens über die Bekämpfung der Bestechung, vgl. den Überblick von *Ebensperger*, ÖJZ 1999, 177 ff., und von *Schomburg*, NJW 2000, 1833 ff.

8 Vgl. *Eser*, in: Sieber, Europäisches Strafrecht, § 36 Rn. 73, *Hecker*, Europäisches Strafrecht, § 13 Rn. 23 sowie die ausführliche Rechtsprechungsübersicht zum EuGH, wie insbes. zum Fall *Bourquain* (Rs. C-297/07), bei *Agnostopoulos*, in: FS für Hassemer, S. 1123 ff. Zum Vollstreckungserfordernis vgl. neuerdings auch LG Aachen – 52 Ks 9/08 vom 8.12.2009 mit Besprechung von *Burchard/Brodowski*, in: StraFo 2010, 137 ff. Ferner zum Vergleich mit Art. 50 GRC unten Rn. 14.

9 EuGH – *Gutmann*, verbundene Rechtssachen 18 und 35/66 – Slg 1966, 178; EuGH – *Limburgse* Vinyl Maatschappij NV, verbundene Rechtssachen T-305/94 ua, Slg 1999, II-935 f. Vgl. auch *Agnostopoulos*, in: FS für Hassemer, S. 1123 ff., *Heselhaus/Nowak/Schorkopf*, Handbuch, § 59 Rn. 1 ff.

Entscheidung zu berücksichtigen sei.[10] Insofern geht der EuGH immerhin über den Standard der EMRK hinaus, die in Art. 4 Abs. 1 ihres 7. Zusatzprotokolls nur eine innerstaatliche Doppelbestrafung verbietet. Von dieser Linie war auch schon zuvor die EKMR nicht abgewichen, obwohl die Ableitung des Doppelbestrafungsverbots aus dem in Art. 6 EMRK garantierten Anspruch auf „fair trial"[11] durchaus einen Ansatzpunkt auch für grenzüberschreitende Beachtung hätte liefern können.

d) Nationalstaatliche Gewährleistungen

4 Auf nationalstaatlicher Ebene ist das Doppelbestrafungsverbot bislang lediglich in einem Drittel der EU-Staaten verfassungsrechtlich abgesichert, und dies zudem nur für den innerstaatlichen Bereich (→ Rn. 7): so in Deutschland (Art. 103 Abs. 3),[12] Estland (§ 23), Litauen (Art. 31), Malta (Art. 39 Abs. 9), Portugal (Art. 29 Abs. 5), Slowakei (Art. 50 Abs. 5), Slowenien (Art. 31), Spanien (Art. 25 Abs. 1), Tschechische Republik (Art. 40 Abs. 5 GR-Deklaration)[13] und Zypern (Art. 12 Abs. 2).[14]

2. Diskussion im Grundrechtekonvent

5 Nachdem gemäß der ersten Fassung des späteren Art. 50 recht lapidar jede erneute Strafverfolgung oder Verurteilung nach einem Freispruch oder einer rechtskräftigen Verurteilung – und dies zudem ohne irgendeine inner- oder zwischenstaatliche Begrenzung – verboten sein sollte,[15] wurde von dem Versuch, Art. 4 des 7. Zusatzprotokolls zur EMRK wortgetreu zu übernehmen und damit das Doppelbestrafungsverbot auf den innerstaatlichen Geltungsbereich zu beschränken,[16] schließlich wieder Abstand genommen, weil der Verweis auf die EMRK den Widerspruch von Mitgliedstaaten hervorrufen könne, welche die EMRK nicht unterzeichnet bzw. Vorbehalte angemeldet haben.[17] Während im weiteren Verlauf die Frage einer (schließlich nicht übernommenen) Ausnahmeklausel für Wiederaufnahme nur eine beiläufige Rolle spielte,[18] ging es vornehmlich um die Frage, ob die Anwendbarkeit des ne bis in idem-Grundsatzes auf die Gerichtsbarkeit innerhalb eines Mitgliedstaates beschränkt bleiben sollte, oder ob er auch darüber hinaus Beachtung erheische. Letzteres wurde schließlich mit Blick auf die wachsende Bedeutung supranationaler Rechtsakte und der damit verbundenen Europäisierung des Rechtsschutzes jedenfalls für den Bereich der Europäischen Union in den jetzigen Art. 50 aufgenommen.[19]

---

10 EuGH – *Wilhelm*/Bundeskartellamt, 14/68 – Slg 1969, 1 f.; siehe auch GA *VerLoren van Themaat* in EuGH – *Könecke*, 117/83 – Slg 1984, 3316 f.; dazu *Ebensperger*, ÖJZ 1999, 179; zur neueren Entwicklung vgl. unten Rn. 15.

11 Vgl. u.a. EKMR E 8945/80, DR 39, 43, (47) sowie *Peukert*, in: Frowein/Peukert, EMRK, Art. 6 Rn. 278 ff. mwN.

12 Vgl. BVerfG, NJW 2012, 1202, *Brodowski*, StV 2013, 340.

13 Vgl. *Eser/Kubiciel*, oben Art. 47 Rn. 31.

14 Vgl. auch den Überblick bei *Eser*, in: Sieber, Europäisches Strafrecht, § 36 Rn. 46 ff., 59 ff.

15 *Charte* 4102/00 Art. 17 und *Charte* 4123/1/00 Art. 7.

16 *Charte* 4141/00 Art. 5.

17 *Charte* 4149/00 Art. 11 und 4284/00 Art. 11. Vgl. auch *Meyer/Engels*, Charta der Grundrechte, S. 244.

18 Vgl. *Bernsdorff/Borowsky*, Protokolle, S. 283 f.

19 *Charte* 4470/00 Art. 49. Vgl. im Einzelnen *Bernsdorff/Borowsky*, Protokolle, S. 154, 283 f., 375, *Meyer/Engels*, Charta der Grundrechte, S. 32, *Stalberg*, Anwendungsbereich, S. 15 ff., sowie *Satzger*, in: FS für Roxin (2011), S. 1518 ff., *Schomburg/Suominen-Picht*, NJW 2012, 1190.

3. Kommentierung

Art. 50 ist in dreifacher Hinsicht bedeutsam: zum einen für die innerstaatliche Strafgerichtsbarkeit, indem niemand ein weiteres Mal strafrechtlich verfolgt oder bestraft werden darf, wenn er im selben Land bereits rechtskräftig abgeurteilt worden ist (1.); zum zweiten auf zwischenstaatlicher Ebene, indem jedenfalls für den Bereich der EU eine erneute Strafverfolgung nach Aburteilung in einem anderen Mitgliedsstaat untersagt wird (2.); und zum dritten im Verhältnis von Mitgliedsstaaten und EU, indem die Kumulation einer nationalen und einer supranationalen Sanktionierung zu vermeiden ist (3.).[20] 6

a) Innerstaatliches „ne bis in idem"

aa) Auch wenn Art. 50 nur von einer vorangegangenen Aburteilung in der „Union" spricht, sollen damit nicht nur zwischenstaatliche Mehrfachverfahren ausgeschlossen sein, vielmehr muss das Doppelbestrafungsverbot erst recht auch innerhalb eines Mitgliedstaates gelten.[21] Falls man dies nicht schon in Art. 50 selbst impliziert sieht, würde sich der innerstaatliche Geltungsbereich des Doppelbestrafungsverbots jedenfalls über Art. 52 Abs. 3 aus der insoweit inhaltsgleichen Garantie in Art. 4 des 7. Zusatzprotokolls zur EMRK ergeben.[22] Die unions-grundrechtliche Bekräftigung des Doppelbestrafungsverbots ist auch nicht etwa deshalb bedeutungslos, weil seine innerstaatliche Geltung in den Rechtsordnungen der Mitgliedstaaten weitgehend anerkannt ist.[23] Denn nicht nur, dass dies nicht in allen Ländern auch verfassungsrechtlich abgesichert ist (→ Rn. 4); vielmehr ist das Zusatzprotokoll zur EMRK bislang nur von knapp der Hälfte der EU-Mitgliedstaaten ratifiziert.[24] 7

bb) Ungeachtet möglicher nationaler Unterschiede bei der Ausgestaltung des innerstaatlichen Doppelbestrafungsverbots,[25] beruht dieses auf einer Verschränkung von materiellen Schutzzwecken (wie insbesondere hinsichtlich der Menschenwürde) und prozessualen Rechtssicherheitsaspekten, was es letztlich verbietet, eine Person ein weiteres Mal den Stigmatisierungseffekten und der existentiellen Unsicherheit eines Strafverfahrens auszusetzen,[26] sowie auf dem Effektivitätsgebot, eine Mehrfachbelastung der Strafverfolgungsbe- 8

20 Näher zu dieser Grundstruktur vgl. *Kniebühler*, Transnationales „ne bis in idem", S. 10 ff., ferner *Schwarze/van Vormizeele*, Art. 49 GRC Rn. 3, sowie *Stalberg*, Anwendungsbereich, S. 41 ff. mit teils noch weiteren Bereichsebenen; vgl. unten 464. Zu den bei solchen nationalen und internationalen Konkurrenzen verschiedener Strafgerichte auftretenden Interessenskollisionen näher *Eser*, in: Sieber, Europäisches Strafrecht, § 38 Rn. 11 ff., *ders.*, in: Sinn, S. 562 ff., sowie *Gropp*, in: Sinn, S. 48 ff., *Van Bockel*, Ne Bis in Idem, S. 25 ff.

21 Eingehend zu diesem Anwendungsbereich vgl. *Stalberg*, Anwendungsbereich, S. 45 ff.; vgl. ferner *Hecker*, Europäisches Strafrecht, § 13 Rn. 3 f., *Schwarze/van Vormizeele*, Art. 50 GRC Rn. 4, *Vedder/Heintschel-von Heinegg*, Europäisches Unionsrecht, Art. 50 GRC Rn. 2.

22 In diesem Sinne dürfte auch der entsprechende Verweis in der Erläuterung des Konventspräsidiums in *Charte* 4473/00 (*Bernsdorff/Borowsky*, Protokolle S. 41) zu verstehen sein. Vgl. auch *Eckstein*, ZStW 124 (2012), 493, *Heselhaus/Nowak/Nehl*, Handbuch, § 58 Rn. 2.

23 *Frowein/Peukert*, EMRK, Art. 4 des 7. ZP Rn. 2; *Dannecker*, in: FS für Kohlmann, S. 597 ff.

24 Vgl. *Grabenwarter*, DVBl. 2001, 9, *Satzger*, Internationales Strafrecht, § 11 Rn. 94.

25 Zu termino- wie teleologischen Unterschieden aus rechtsvergleichender Sicht vgl. *de la Cuesta*, Revue internationale de droit pénal 73 (2002), S. 709 f.

26 In diesem Sinne beispielsweise die plastische Formulierung des EuGHim Fall *Gasparini*, C-467/04 Z. 44 = StV 2007, 113 zu dem insoweit dem gleichen Zweck wie Art. 50 GRC dienenden Art. 54 SDÜ: „Diese Vorschrift gewährleistet Personen, die nach Strafverfolgung rechtskräftig abgeurteilt worden sind, ihren Bürgerfrieden". Desweiteren vgl. BK/*Rüping*, GG, Art. 103 Abs. 3 Rn. 11; *Pieroth*, in: Jarass/Pieroth, GG, Art. 103 Rn. 71; *Maunz/Dürig/Schmidt-Aßmann*, GG, Art. 103 Rn. 258 ff.

hörden durch Mehrfachverfolgung zu vermeiden.[27] Um eine effiziente Strafverfolgung gewährleisten und diese nicht schon mit dem Hinweis auf ein anderweitig laufendes Verfahren blockieren zu können, setzt das Verbot der erneuten Strafverfolgung oder Verurteilung durch ein Gericht desselben Staates die **Rechtskraft** der freisprechenden oder verurteilenden Entscheidung im früheren Verfahren voraus. Darunter fallen Entscheidungen, die einen Vorgang unter vollständiger Erfassung mit Rechtskraftwirkung abschließend entscheiden. Davon kann weder bei Einstellungsverfügungen der Staatsanwaltschaft[28] noch bei bloßen Prozessurteilen[29] die Rede sein, während gerichtlichen Einstellungen eine bestimmte Sperrwirkung zuerkannt wird.[30]

9 Obgleich Art. 50 GRC seinem Wortlaut nach nur im Hinblick auf die erneute Verfolgung von „Strafverfahren" spricht, ist wohl unstreitig davon auszugehen, dass bereits die vorangegangene Aburteilung in einem Strafverfahren erfolgt sein muss, also sowohl das erste wie auch zu verhindernde weitere Verfahren **Strafcharakter** haben müssen. Bei diesem nicht zuletzt aufgrund uneinheitlicher Übersetzungen mehrdeutigen Begriff[31] ist – ähnlich wie bei Art. 6 EMRK und dementsprechend bei Art. 4 des 7. Zusatzprotokolls zur EMRK – ein weiter Strafrechtsbegriff zugrundezulegen, der neben dem Kriminalstrafrecht im engeren Sinne nach der Rechtsprechung des EGMR auch das **Ordnungswidrigkeitenrecht** umfasst.[32] Dementsprechend können auch **Disziplinarmaßnahmen** eine Sperrwirkung auslösen, sofern sie mit Blick auf die Schwere der verhängten Sanktion als strafähnlich zu betrachten sind.[33] Wenn diesem weiten Verständnis die in der Erläuterung des Konventspräsidiums geforderte Verhängung einer Strafe durch ein „Strafgericht"[34] entgegenzustehen scheint, so geht es dabei genau besehen doch allein um die berechtigte Forderung, dass sich beim Verbot der Doppelbestrafung „gleichartige Sanktionen" gegenüberstehen müssen. In diesem Sinne hat neuerdings auch der EuGH in der Rechtssache *Fransson*[35] zu Art. 50 GRC festgestellt, dass dieser der Einleitung eines Strafverfahrens wegen Steuerhinterziehung entgegenstehen kann, wenn wegen derselben Abgabe unrichtiger Erklärungen bereits eine steuerliche Sanktion verhängt wurde, wobei für die strafrechtliche Natur von Steuerzuschlägen **drei Kriterien** wesentlich seien: die rechtliche Einordnung der Zuwiderhandlung im innerstaatlichen Recht, die Art der Zuwiderhandlung sowie die Art und der Schweregrad der angedrohten Sanktion.[36] Indes hat der EuGH das Doppelbestrafungsver-

27 Vgl. *Heselhaus/Nowak/Nehl*, Handbuch, § 58 Rn. 4, *Van den Wyngaert/Ongena*, in: Cassese/Gaeta/Jones, 2002, Vol. I, S. 707.

28 So aber offenbar *Anagnostopoulos*, in: FS für Hassemer, S. 1124, 1137, *Frenz*, Handbuch Europarecht 4, Rn. 5169, *Jarass*, Charta, Art. 50 Rn. 6, Vgl. aber zum Ganzen auch unten Rn. 13.

29 Insoweit ebenso *Jarass*, Charta, Art. 50 Rn. 6, NStZ 2012, 616.

30 *Dreier/Schulze-Fielitz*, GG, Art. 103 Abs. 3 Rn. 26 ff.; *Heselhaus/Nowak/Nehl*, Handbuch, § 58 Rn. 13.

31 Vgl. *Brodowski,* StV 2013, 344.

32 EGMR im Fall *Öztürk*, GH 73/A, Z. 53 = EuGRZ 1985, 67, EGMR im Fall *Zolotukhin*, 14939/03, Z. 48 ff. = NJOZ 2010, 2630 f. Vgl. auch *Jarass,* NStZ 2012, 612 sowie oben *Eser*, Art. 48 Rn. 11, Art. 49 Rn. 28.

33 Vgl. etwa *Frowein/Peukert*, EMRK, 2. Aufl. (1996), Art. 4 des 7. ZP Rn. 2 bzw. *Frowein*, in: Frowein/Peukert, EMRK, Art. 6 Rn. 25 ff., *Grabenwarter*, DVBl. 2001, 9.

34 *Charte* 4473/00 (*Bernsdorff/Borowsky*, Protokolle S. 41).

35 EuGH im Fall *Fransson,* C-617/10, NVwZ 2013, 561 – eine Entscheidung, die zwar hinsichtlich ihrer Aussagen zum Verhältnis des Unionsrechts und der EMRK und der sich daraus für die europäische und die nationale (Verfassungs-)Gerichtsbarkeit ergebenden Konsequenzen umstritten ist (vgl. *Eckstein*, ZIS 2013, 220 ff., *Weiß*, EuZW 2013, 287 ff.), nicht jedoch – soweit ersichtlich – hinsichtlich des für das Doppelverfolgungsverbot relevanten Strafcharakters.

36 EuGH aaO Z. 32 ff., 35; ebenso bereits EuGH im Fall *Bonda*, C-489/10 = EuZW 2012, 543. Vgl. *Weiß*, EuZW 2013, 291.

bot inzwischen in einer vergleichbaren Fallkonstellation **relativiert**, indem er die Schwere der Sanktionen wertend berücksichtigt. Art. 50 sei zwar dahin auszulegen, dass er einer nationalen Regelung entgegensteht, nach der es zulässig ist, gegen eine Person ein Verfahren zur Verhängung einer Geldbuße als Verwaltungssanktion strafrechtlicher Natur wegen rechtswidriger Marktmanipulationen fortzusetzen, wegen denen sie bereits rechtskräftig strafrechtlich verurteilt wurde. Dies gelte aber nur, „sofern diese Verurteilung unter Berücksichtigung des der Gesellschaft durch die begangene Straftat zugefügten Schadens geeignet ist, die Straftat wirksam, verhältnismäßig und abschreckend zu ahnden."[37] Im Fall einer Mehrwertsteuerhinterziehung, die zunächst mit einer Verwaltungssanktion geahndet und sodann Gegenstand eines Strafverfahrens werden sollte, hat der EuGH daher kürzlich betont, dass Art. 50 GRC diese zweite Verfolgung nicht ausschließe, wenn diese auf einer Regelung beruhe, die erstens eine dem Gemeinwohl dienende Zielsetzung habe, die eine solche Kumulierung von Verfolgungsmaßnahmen und Sanktionen rechtfertigen könne, zweitens Regeln existierten, mit der die zusätzliche Belastung, die sich für die Betroffenen aus einer Kumulierung von Verfahren ergibt, auf das zwingend Erforderliche beschränkt werde, und drittens sichergestellt sei, dass die Schwere aller verhängten Sanktionen auf das im Verhältnis zur Schwere der betreffenden Straftat zwingend Erforderliche beschränkt wird.[38] Anders soll es sein, wenn ein Verfahren zur Verhängung einer strafähnlichen Sanktion eingeleitet werden soll, obwohl der Beschuldigte in einem vorherigen Strafverfahren wegen derselben Tat rechtskräftig freigesprochen wurde: Dem stehe Art. 50 entgegen.[39] Diese Rechtsprechungslinie opfert den Grundgedanken des ne bis in idem Effektivierungszielen und sollte auf Fälle und Mitgliedstaaten begrenzt bleiben, in denen strukturelle Defizite des Justizsystems existieren, die eine Kumulierung von Verfahren und Sanktionen erforderlich erscheinen lassen.

Im Übrigen hängt der Umfang des Doppelbestrafungsverbots davon ab, was unter der bereits abgeurteilten **Straftat** zu verstehen ist. In manchen EU-Gerichtsbarkeiten wird dies im normativen Sinne gedeutet und daher maßgeblich auf den abgeurteilten **Deliktstatbestand** abgehoben.[40] Demgegenüber kommt es nach deutscher Auffassung in mehr prozessualem Sinne auf die Gleichartigkeit des **Lebensvorgangs** an, der nach natürlicher Lebensauffassung als einheitlich zu bewerten ist, auf den die Anklage hinweist und innerhalb dessen der Angeklagte einen Straftatbestand verwirklicht haben soll.[41] Im gleichen Sinne wird teilweise auch die Straftat im 7. Zusatzprotokoll zur EMRK verstanden, indem es nicht nur auf den Urteilstenor ankommt, dieser vielmehr im Zusammenhang mit der gesamten Entscheidung zu verstehen und dabei insbesondere der Lebenssachverhalt festzustellen ist, welcher Gegenstand des früheren Verfahrens war.[42] Die diesbezügliche Rechtsprechung des EGMR ist freilich uneinheitlich, wobei tendenziell die normative Aufspaltung eines einheitlichen 10

37 EuGH im Fall Garlsson Real Estate SA, in Liquidation u.a./Commissione Nazionale per le Società e la Borsa (Consob), C-537/16, Rn 63 = NJW 2018, 1233.

38 EuGH im Fall *Luca Menci*, C-524/15, Rn. 18 ff. = EuGRZ 2018, 181.

39 EuGH im Fall *Di Puma u. a./Commissione Nazionale per le Società e la Borsa (Consob)*, C-596/16, C-597/16 (u. a.), RN. 24 ff. = EuZW 2018, 301.

40 Näher dazu *Thomas*, Einmaligkeit, S. 188 ff., *Stuckenberg*, Tatbegriff, S. 569 ff., *Van den Wyngaert/Stessens*, ICLQ 1999, 788 ff., *Van den Wyngaert/Ongena*, in: Cassese/Gaeta/Jones, 2002, Vol. I, S. 713 ff.

41 So BVerfGE 23, 191, 202; 45, 434, 435, *Maunz/Dürig/Schmidt-Aßmann*, GG, Art. 103 Rn. 283, *Kunig*, in: von Münch/Kunig, GG, Art. 103 Rn. 39.

42 Vgl. *Frowein/Peukert*, EMRK² (1996), Art. 4 des 7. ZP mit Verweis auf EKMR E 20972/92, E 17012/90, E 16345/90, ferner hinsichtlich der Rechtsprechungen zu Art. 54 SDÜ *Frenz*, Handbuch Europarecht 4, Rn. 5162, *Heselhaus/Nowak/Nehl*, Handbuch, § 58 Rn. 6, *Hußung*, Tatbegriff, S. 133 ff. Vgl. aber dazu auch unten Rn. 15.

Lebensvorgangs in getrennt verfolgbare Straftatbestände zugelassen wird,[43] sofern sich diese nicht in ihren wesentlichen Elementen gleichen.[44]

11 cc) Art. 50 gibt den Betroffenen einen subjektiven Rechtsanspruch, der im Falle einer rechtskräftigen Entscheidung zu einem **Verfahrenshindernis** gegen eine erneute Strafverfolgung führt.[45]

b) Horizontal-transnationale Geltung[46]

12 aa) Noch weitaus wichtiger als für den innerstaatlichen Bereich, in dem das Doppelbestrafungsverbot schon weithin anerkannt ist, ist die von der GRC beabsichtigte transnationale Ausweitung. Die transnationale Geltung innerhalb der Europäischen Union schützt zum einen (unmittelbar) die Person gegen eine doppelte und damit unverhältnismäßige Sanktionierung. Zum anderen flankiert Art. 50 GRC eine besondere, nur innerhalb der Europäischen Union gewährleistete Grundfreiheit: das Recht auf Personenfreizügigkeit.[47] Indes kann nach Art. 50 die Sperrwirkung nur von Aburteilungen in Mitgliedstaaten der **Europäischen Union** ausgehen, so dass Verfahren in Drittstaaten nach wie vor nicht erfasst werden.[48] Nachdem Art. 103 Abs. 3 GG nur bei inländischen Entscheidungen eine nochmalige Verfolgung ausschließt und demzufolge nach der Rechtsprechung des Bundesverfassungsgerichts ausländische Strafentscheidungen (bzw. solchen ähnliche)[49] bisher kein Verfahrenshindernis darstellen sollen,[50] kann eine frühere ausländische Verurteilung lediglich über das „Anrechnungsprinzip" nach § 51 Abs. 3 StGB Berücksichtigung erfahren. [51] Umso mehr kommt angesichts wachsenden grenzüberschreitenden Verkehrs und dementsprechender Kriminalität inter- und supranationalen Doppelbestrafungsverboten immer größere Bedeutung zu.[52] Gewiss kann dazu bereits auf einen beachtlichen europäischen Rechtsbesitzstand verwiesen werden.[53] Da jedoch bislang nicht alle Mitgliedstaaten der EU die-

---

43 Vgl. EGMR im Fall *Gradinger*, 23.10.1995, Z. 55, wo Straftat als einheitliches Verhalten („same conduct") verstanden wurde, wohingegen die Mehrheit im Fall *Oliveira*, 30.7.1998, Z. 27 eine normative Differenzierung nach Deliktstatbeständen für zulässig erachtet.

44 Vgl. EGMR im Fall *Franz Fischer*, 29.5.2001, Z. 25. Zu einem neuerdings zu beobachtenden Wechsel der EMRG-Rechtsprechung in eine mehr faktische Richtung vgl. unten Rn. 15.

45 So zum deutschen Recht *Löwe-Rosenberg/Kühne*, StPO, Einleitung K Rn. 74 ff.

46 Grundlegend dazu *Kniebühler*, Transnationales ‚ne bis in idem', S. 64 ff., *Stalberg*, Anwendungsbereich, S. 163 ff., *Thomas*, Einmaligkeit, S. 90 ff.; vgl. auch *Eicker*, Strafverfolgung, S. 80 ff., *Jung*, in: FS für Schüler-Springorum, S. 49 ff.; *Mansdörfer*, ne bis in idem, S. 135 ff., *Radtke/Busch*, EuGRZ 2000, 421 ff., *Van den Wyngaert/Stessens*, ICLQ 1999, 788 ff., *Van den Wyngaert/Ongena*, in: Cassese/Gaeta/Jones, 2002, Vol. I, S. 709 ff., 716 ff.

47 *Hochmayr*, in: Pechstein/Nowak/Häde, GRC, Art 50 Rn. 1.

48 Vgl. OLG München StV 2013, 313, ferner *Jarass*, NStZ 2012, 611, 616; *Stalberg*, Anwendungsbereich, S. 26 f., 335 f.

49 Zum Problem der berufsrechtlichen Doppelbestrafung bei transnational tätigen Anwälten vgl. *Franz*, in: FS für Rieß, S. 875 ff.

50 BVerfGE 12, 62, 66; 75, 1, 15, NJW 2012, 1202, OLG Köln BeckRS 2010, 00518; vgl. auch *Brodowski*, StV 2013, 340.

51 Näher zu diesem bloßen „Anrechnungsprinzip" im Vergleich mit dem weitergehenden „Erledigungsprinzip", wie es im Wesentlichen auch dem Doppelbestrafungsverbot zugrundeliegt, vgl. *Eser*, in: Sieber, Europäisches Strafrecht, § 36. Rn. 33 ff., *Jescheck/Weigend*, Strafrecht, S. 171, 176.

52 Vgl. *Frenz*, Handbuch Europarecht 4, Rn. 5178, *Heselhaus/Nowak/Nehl*, Handbuch, § 58 Rn. 20, 36, *Stalberg*, Anwendungsbereich, S. 163 f., *Vervaele*, Utrecht Law Review 2005, 106 ff.

53 Vgl. von den bereits oben in Rn. 2 angeführten Übereinkommen insbesondere den auch die Art. 54 ff. SDÜ umfassenden „Schengen-Besitzstand", der mit dem Inkrafttreten des Amsterdamer Vertrages mit wenigen Ausnahmen in fast allen EU-Staaten gilt. Näher dazu *Schomburg*, in: Schomburg/Lagodny/Gleß/Hackner, Hauptteil IV, SDÜ (S. 1648 ff.), sowie *Kniebühler*, Transnationales ‚ne

sen Übereinkommen beigetreten sind und daher lediglich Art. 54 SDÜ einen größeren Geltungsbereich erlangt hat, ist die unionsweite Bedeutung von Art. 50 nicht zu unterschätzen.

bb) Hinsichtlich seiner Voraussetzungen und Wirkungen unterscheidet sich die Regelung des ne bis in idem-Grundsatzes in Art. 50 von der lapidaren Formulierung in Art. 103 Abs. 3 GG[54] vor allem insofern, als nicht nur – wie letzterenfalls – lediglich eine erneute *Bestrafung*, sondern bereits eine erneute **Verfolgung ausgeschlossen** wird.[55] 13

cc) Während des weiteren Art. 103 Abs. 3 GG ohne weitere Spezifizierung vom Verbot der mehrmaligen Bestrafung wegen derselben Tat (zu deren Begriff → Rn. 3 sowie → Rn. 16) spricht, muss nach Art. 50 der Betroffene derentwegen **rechtskräftig verurteilt oder freigesprochen** worden sein. Soweit es dabei um den **Strafcharakter** der Aburteilung geht, hat sich bereits ein weites – auch Ordnungswidrigkeiten bis hin zu verwaltungs- und steuerrechtlichen Sanktionierungsverfahren einbeziehendes – Verständnis entwickelt (→ Rn. 9). Hinsichtlich der für die Aburteilung maßgeblichen **Instanz** können sich die sich schon auf nationaler Ebene stellenden Probleme angesichts der Vielfalt unterschiedlicher verfahrensabschließender Entscheidungen in den einzelnen Strafprozessordnungen der EU-Mitgliedstaaten noch vervielfachen.[56] Um eine Richtigkeitsgarantie zu verbürgen, wird teilweise gefordert, dass in einem harmonisierten Rechtsraum[57] nur *gerichtliche Entscheidungen* ein transnationales Verbot der nochmaligen Strafverfolgung auslösen können.[58] Demgegenüber hat der EuGH in der Rechtssache *Gözütok* und *Brügge* zu Art. 54 SDÜ entschieden,[59] dass auch die **nicht-gerichtliche Verfahrenserledigung**, die von einer zur Mitwirkung an der Strafverfolgung berufenen Behörde getroffen wird, ein entsprechendes Verbot zur Folge hat, sofern der verfahrensbeendenden Entscheidung eine Ahndungswirkung zukommt, selbst wenn sich nach nationalem Recht keine volle, sondern **nur beschränkte Rechtskraft einstellt.**[60] Dabei soll es nach einer – zum insoweit inhaltsgleichen Rechtskrafterfordernis in Art. 3 Nr. 2 des Rahmenbeschlusses zum Europäischen Haftbefehl ergangenen – Entscheidung des EuGH in der Rechtssache *Mantello* entscheidend darauf ankommen, dass nach dem Recht des Erstverfolgerstaates „die Strafklage aufgrund eines Strafverfahrens 14

bis in idem', S. 158 ff., *Schomburg*, NJW 2000, 1833 ff., ferner zu EG-Kartellrechtsfällen *Heselhaus/Nowak/Nehl*, Handbuch, § 58 Rn. 19 ff.

54 Dieser hat folgenden Wortlaut: „Niemand darf wegen derselben Tat aufgrund der allgemeinen Strafgesetze mehrmals bestraft werden".

55 Vgl. *Zöller*, in: FS für Krey, S. 501, 517.

56 Wie beispielsweise hinsichtlich der vom OLG Hamburg, wistra 1996, 193, als nicht verfahrensabschließend eingeschätzten belgischen „transactie"; vgl. auch *Harms*, in: FS für Rieß, S. 725 ff., *Harms*, in: FS für Rieß, S. 725 ff., *Schomburg*, NJW 2000, 1835 ff., *Van den Wyngaert/Stessens*, ICLQ 1999, 791.

57 *Hecker*, StV 2001, S. 309 spricht sich gegen die Vereinheitlichung des Beurteilungsmaßstabes aus und will vielmehr die Reichweite der strafprozessualen Erledigungswirkung allein der Definitionsmacht des Erstverfolgerstaates überlassen. – Zum Harmonisierungsbedarf strafrechtlicher Sanktionen zirkuliert ein Fragenkatalog im *Grünbuch über die Angleichung, die gegenseitige Anerkennung und die Vollstreckung strafrechtlicher Sanktionen in der Europäischen Union*, Kom(2004), 334 endg., 30.4.2004.

58 BayOLG NStZ-RR 2001, S. 245; *Van den Wyngaert*, NStZ 1998, 153 f.

59 EuGH im Fall *Gözütok* und *Brügge*, verbundene Rechtssachen C-187 und C-385/01, 11.2.2003, Z. 25 ff., Slg 2003, I-1345 = (teilweise abgedruckt) NJW 2003, 1173 f. Vgl. hierzu die Rezensionen von *Kühne*, JZ 2003, 305 ff.; *Stein*, NJW 2003, 1162 ff., *Vogel/Norouzi*, JuS 2003, 1059 ff. und *Vervaele*, Utrecht Law Review 2005, 1100 ff.

60 Auf der gleichen Linie liegen die Entscheidungen des EuGH im Fall *Miraglia*, C-469/03, Slg 2005, I-2009, im Fall *Turansky*, C- 491/07, Slg 2008, I-11039; vgl. *Satzger*, in: FS für Roxin (2011), S. 1537 f. Vgl. auch die Rechtsprechungsübersicht bei *Hackner*, NStZ 2011, 425 f.

endgültig verbraucht" ist.[61] Dazu bleibt jedoch kritisch anzumerken, ob nicht ähnlich wie der Tatbegriff (→ Rn. 16) auch der der „rechtskräftigen Aburteilung" autonom unionsintern auszulegen wäre.[62] Unter diesem Vorbehalt ist die vorangehend angeführte Rechtsprechung, wie inzwischen in der Rechtssache *Fransson* für steuerrechtliche Sanktionen geschehen,[63] auch auf Art. 50 zu übertragen,[64] würde doch sonst die Attraktivität der für die Praxis so wichtigen außergerichtlichen und nur beschränkt rechtskräftigen Verfahrenseinstellung erheblich gemindert.[65] Die damit gleichermaßen gelockerten Voraussetzungen eines transnationalen „ne bis in idem" können jedoch zu einem verstärkten „forum shopping" führen, dem in Zukunft in der EU durch eine Überwindung konkurrierender Gerichtsbarkeiten und durch eine Konzentration der Entscheidungskompetenz etwa in einem Mitgliedsstaat zu begegnen ist.[66]

15 dd) Das in Art. 54 SDÜ vorausgesetzte **Vollstreckungselement** (→ Rn. 2) ist in Art. 50 GRC nicht vorgesehen und somit für dessen Bereich weggefallen.[67] Demzufolge ist hier eine erneute Verfolgung schon mit Eintritt der Rechtskraft des vorangegangenen Urteils ausgeschlossen. Demgegenüber soll nach der in der deutschen Rechtsprechung vorherrschenden Auffassung – aufgrund des allgemeinen Schrankenvorbehalts in Art. 52 Abs. 1 GRC – der Strafklageverbrauch nach Art. 50 GRC weiterhin dem einschränkenden Vollstreckungselement des Art. 54 SDÜ unterworfen sein.[68] Diese Einschränkung ist jedoch weder aus den vom BGH herangezogenen Erläuterungen des Präsidiums des Konvents zu Art. 50 GRC begründbar noch rechtspolitisch zu legitimieren.[69] Soweit gleichwohl auch für Art. 50 GRC das Vollstreckungselement noch für erforderlich gehalten wird, hat dieses auch dann

61 EuGH im Fall *Mantello,* C-261/09, NJW 2011, 983 Z. 43 ff. (aufgrund eines Vorlagebeschlusses des OLG Stuttgart, StV 2010, 264); zustimmend *Kretschmer* ZAR 2011, 384.

62 In diesem Sinne auch *Böse* HRRS 2012, 21; kritisch auch *Vogel* StRR 2011, 138 f.

63 EuGH im Fall *Fransson,* C-617/10, NVwZ 2013, 561 Z. 32 ff. (vgl. oben zu Fn. 397), wobei allerdings noch der Abklärung bedarf, inwieweit die nach *Fransson* erforderliche „unanfechtbar gewordene Entscheidung" (Z. 33) mit der ansonsten für ausreichend gehaltenen beschränkten Rechtskraft (vgl. zu Fn. 397) vereinbar ist.

64 Zustimmend *Zöller*, in: FS für Krey, S. 501, 518. Einer Übertragung steht auch nicht entgegen, dass Art. 50 im Unterschied zu Art. 54 SDÜ von „*Ver*urteilung" und nicht von „*Ab*urteilung" spricht. Wenn *Stein*, ne bis in idem, S. 493 allein aus diesen terminologischen Unterschieden schließt, Art. 50 sei „äußerst eng konzipiert", dürfte sie die Nachrangigkeit des Wortlauts und die Vorrangigkeit des „effet utile" im europäischen Auslegungskanon verkennen. Vgl. auch *Radtke*, in: FS für Seebode, S. 303 ff. mwN.

65 *Plöckinger/Leidenmühler*, wistra 2003, 86.

66 *Vander Beken/Vermeulen/Lagodny*, NStZ 2002, 624. Auch der *Freiburg Proposal on Concurrent Jurisdictions and the Prohibition of Multiple Prosecutions in the European Union* – abgedruckt u.a. in Revue Internationale de droit pénal 73 (2002), S. 1195 ff. – weist die Ermittlung des richtigen Forums als vordringliches Problem bei der Bekämpfung von mehrfacher Strafverfolgung aus und sieht in seinen §§ 1–5 materielle wie formelle Regeln für eine Konzentration der Strafverfolgungsgewalt vor. Vgl. dazu auch unten Rn. 17.

67 So aufgrund des klaren Wortlauts, aus dem keinerlei Vollstreckungserfordernis zu entnehmen ist. Siehe bereits die Vorauflagen (dem namentlich zustimmend *Reichling* StV 2010, 238 wie seinerzeit auch *Vogel*, in: FS für Schroeder, S. 890) sowie inzwischen die in Fn. 431 Angeführten.

68 So die von BVerfG NJW 2012, 1202 für „vertretbar" erklärte Auffassung von BGHSt 56, 11, 13 [m. zustimmender Anm. *Rosbaud* StV 2013, 291 ff.], BGH BeckRS 2010 Nr. 30899, LG Aachen BeckRS 2010 Nr. 14176 = StV 2010 237 (mit kritischer Anm. *Reichling);* im Ergebnis ebenso *Burchard/Brodowski*, StraFo 2010, 180 ff., *Hecker*, Europ. Strafrecht, § 13 Rn. 39, *Jarass,* NStZ 2012, 616, *Kretschmer,* ZAR 2011, 386, *Satzger,* Internationales Strafrecht, § 10 Rn. 70; *ders.*, in: FS für Roxin (2011) S. 1515, 1521 ff., *Zöller, in:* FS für Krey, S. 518 f.; sowie neuerdings *Vogel,* StRR 2011, 137.

69 Grundlegend in diesem Sinne auch *Böse,* GA 2011, 504 ff., *Eckstein,* ZStW 124 (2012), 509 ff., *ders.,* ZIS 2013, 220 ff., *Merkel/Scheinfeld,* ZIS 2012, 206 ff., *Stalberg,* Anwendungsbereich, S. 167 ff., *Swoboda,* JICJ 2011, 261 ff.; ebenso *Schomburg/Suominen-Picht,* NJW 2012,1191 sowie

als erfüllt zu gelten, wenn die Vollstreckung zur Bewährung ausgesetzt ist und die Bewährungszeit noch läuft.[70]

ee) Im Übrigen wirft auch der schon innerstaatlich unterschiedlich verstandene, weil teils mehr normativ am Tatbestand oder mehr prozessual am Tatgeschehen ausgerichtete **Tatbegriff** (→ Rn. 10) transnational noch größere Vergleichbarkeitsprobleme auf, wenn man allein an die mitgliedstaatlich unterschiedlichen Maßstäbe hinsichtlich Bewertungseinheiten oder Fortsetzungszusammenhängen denkt.[71] Auch wenn teilweise gegen eine Harmonisierung des Tatbegriffs argumentiert wird,[72] findet sich doch überwiegend eine Vereinheitlichung favorisiert. In diesem Sinne ist nach der Grundsatzentscheidung des EuGH im Fall *Mantello*[73] der Tatbegriff weder einseitig nach dem Verständnis des Erstaburteilungsstaates noch dem des weiteren Verfolgungsstaates auszulegen, sondern als ein **autonomer unionsrechtlicher** Begriff zu verstehen.[74] Während sich dazu in der Wissenschaft vorwiegend das handhabbarere und klarere prozessuale Verständnis vorgezogen findet,[75] wurde vom EuGH in seiner Wettbewerbs- und Kartellrechtsprechung der Tatbegriff zunächst normativ überhöht, indem dieser in dreifacher Voraussetzung von der „Identität des Sachverhalts, des Zuwiderhandelnden und des geschützten Rechtsguts" abhängen solle.[76] Demgegenüber ist in der EuGH-Rechtsprechung zu Art. 54 SDÜ und zum Europäischen Haftbefehl eine Verschiebung von der normativen zu einer eher faktischen Sicht zu beobachten: Maßgebend sei für den Tatbegriff „die Identität der materiellen Tat, verstanden als das Vorhandensein eines Komplexes unlösbar miteinander verbundener Tatsachen, [...], unabhängig von der rechtlichen Qualifizierung dieser Tatsachen oder von dem geschützten rechtlichen Interesse".[77] Eine gleichgerichtete Tendenz zu einem mehr faktisch orientierten Tatbegriff 16

bereits *Anagnostopoulos*, in: FS für Hassemer, S. 1137, *Heger*, ZIS 2009, 406, 408. Differenzierend zwischen Verurteilungs- und Vollstreckungsebene *Safferling*, Internationales Strafrecht, § 12 Rn. 84 f.; vgl. auch *Hackner*, NStZ 2011 425.

70 EuGH im Fall *Kretzinger*, C-288/05, Slg 2007, I-06441 Z.38 ff. = NJW 2007, 3412 ff., BGHSt 46, 187, BGH NJW 2008, 2932 (m Anm *Rübenstahl* 2934), OLG München, StV 2013, 314.

71 Vgl. etwa *Hecker*, StV 2001, 309 f. mwN.

72 Wie namentlich von *Hecker*, StV 2001, 309.

73 Oben Fn. 423 bei Z. 32 ff. = NJW 2011, 983 ff., wo es zwar konkret um die Auslegung „derselben Handlung" in Art. 3 Nr. 2 des Rahmenbeschlusses 2002/584 des Rates zum Europäischen Haftbefehl ging, diese jedoch für das gesamte Unionsrecht einer einheitlichen Auslegung bedürfe (Z. 38 mit Verweis auf EuGH im Fall *Kozlowski*, C-66/08 Z. 41 f. = NJW 2008,3201).

74 Insoweit zustimmend *Böse*, HRRS 2012,419 ff.; grundlegend im gleichen autonomen Sinne *Hußung*, Tatbegriff, S. 213 ff.; ferner *Hackner*, NStZ 2011, 426 f., *Kretschmer*, ZAR 2011,387, *Luchtman*, Choice of Forum, S. 38 ff., und wohl auch *Vogel*, StRR 2011, 137 f.

75 Vgl. den Resolutionsentwurf der Teilnehmer des Vorkolloquiums der IV. Sektion des XVII. Internationalen Kongresses der Association Internationale de Droit Pénal (AIDP), abgedruckt bei *Biehler*, ZStW 116 (2004), 53 sowie § 6 Abs. 2 lit. c *Freiburg Proposal on Concurrent Jurisdictions and the Prohibition of Multiple Prosecutions in the European Union*, in: Revue Internationale de droit pénal 73 (2002), S. 1199, *Plöckinger/Leidenmühler*, wistra 2003, S. 87. AA *Böse*, GA 2003, 757 ff.

76 Vgl. EuGH im Fall *Aalborg Portland*, verb. Rs. C-204, 205, 211, 213, 217, 219/00 P, Slg 2004 I-00123, Z. 338 = BeckRS 2004 Nr. 79942 sowie den Schlussantrag von Generalanwalt *Colomer* im Fall *Italcementi SpA*, Rs. C-213/00 P, Z. 88, wonach es „untersagt (sei), dass jemand zum Schutz der *gleichen Rechtsgüter* und wegen desselben rechtswidrigen Verhaltens mehr als einmal strafrechtlich belangt wird" (Herv. des Verf.). Vgl. auch *Soltész/Marquier*, EuZW 2006, 102 ff.

77 So EuGH im Fall *Van Esbroek*, C- 436/04, Slg 2006, I- 2333, Z. 36, 42 = NJW 2006, 1781, 1783, wonach in der jeweils für sich strafbaren Ausfuhr von Drogen aus dem einen Land und deren Einfuhr in ein anderes Land *eine* Tat erblickt und demzufolge eine doppelte Verfolgung sowohl der Einfuhr wie auch der Ausfuhr für unzulässig befunden wurde. Zu dieser Entwicklung – mit weiteren Rechtsprechungsnachweisen – vgl. *Hußung*, Tatbegriff, S. 158 ff., *Satzger*, in: FS für Roxin (2011) S. 1528 ff., *Stuckenberg*, Tatbegriff, S. 578 ff., *Van Bockel*, Ne Bis in Idem, S. 160 ff.

ist auch in der Rechtsprechung des EGMR zu Art. 4 des 7. Zusatzprotokolls zur EMRK zu beobachten.[78]

17 ff) Soweit in besonderen Abkommen **Ausnahmen vom Doppelverfolgungsverbot** bzw. dahingehende nationale Vorbehalte vorgesehen sind, wie beispielsweise nach Art. 55 SDÜ,[79] bleiben immer noch die in Art. 52 Abs. 1 vorgesehenen Garantien zu beachten.[80] Dem würde auch nicht etwa eine **Missbrauchsklausel** entgegenstehen.[81] Deshalb wäre insbesondere an eine an Art. 20 Abs. 3 des Statuts des Internationalen Strafgerichtshofs zu orientierende telelogische Reduktion von Art. 50 zu denken: Danach wäre eine Doppelverfolgung erlaubt, wenn eine Verurteilung oder ein Freispruch zum Ziel hatte, die betroffene Person vor strafrechtlicher Verantwortlichkeit zu schützen, oder wenn die betroffene Person kein faires Verfahren erhalten hat.[82]

c) Vertikale national-supranationale Geltung[83]

18 Sollte die EU in Zukunft, wie es in der EurVerf vorgesehen war,[84] eigene Strafkompetenzen erhalten, dann wird die Strafgerichtsbarkeit der Mitgliedsstaaten vermehrt mit jener der EU konkurrieren,[85] wie es bereits aus dem Verwaltungssanktionsrecht bekannt ist. Wird Strafgewalt stellvertretend füreinander wahrgenommen, sind also zB Gemeinschaftsbehörden gleichermaßen wie Mitgliedsstaaten mit derselben Aufgabe befasst, um das gleiche Rechtsgut zu schützen, so muss das Doppelverfolgungsverbot wie auf transnationaler Ebene Bestand haben.[86] Nur wenn unionsintern[87] unterschiedliche Rechtskreise betroffen sind, kann über eine echte vertikale Hierarchie nachgedacht werden. Würde beispielsweise, wie teilweise vertreten,[88] das Doppelverfolgungsverbot zwar „abwärts", nicht aber „aufwärts" gelten, dann würde eine mitgliedsstaatliche Verurteilung einer nachfolgenden Strafverfolgung auf EU-Ebene nicht im Wege stehen. Eine entsprechende Hierarchisierung wäre aber kaum mit dem Wortlaut von Art. 50 in Einklang zu bringen und wüsste auch teleologisch schwerlich zu gefallen, zeugte die fehlende „aufwärts"-Wirkung mitgliedsstaatlicher Entscheidungen doch von einem paradoxen Misstrauen der EU gegenüber ihren Mitgliedsstaaten, deren Verhältnis untereinander gerade auf gegenseitigem Vertrauen und gegenseitiger Anerkennung gründen soll.

---

78 Vgl. EGMR im Fall *Zolotukhin*, 14939/03, Z. 58 ff. = NJOZ 2010,2630, 2632, *Jung*, GA 2010, 474 ff.

79 Vgl. des weiteren Art. 7 Abs. 2 EU-FinIntÜbk-Betrug und Art. 10 des EU-Übereinkommens zur Bekämpfung der Bestechung.

80 Vgl. die abschließende Erläuterung des Konventspräsidiums zu Art. 50 (*Bernsdorff/Borowsky*, Protokolle, S. 41).

81 Näher zu dieser Missbrauchsproblematik vgl. *Eser*, in: Sieber, Europäisches Strafrecht, S. 566, *Thomas*, Einmaligkeit, S. 330 ff.

82 Vgl. *Tallgren/Reisinger Coracini*, in: Triffterer, Art. 20 Rn. 44 ff.

83 Grundlegend dazu *Kniebühler*, Transnationales ‚ne bis in idem', S. 374 ff., ferner näherhin zwischen horizontal-supranationalem und vertikal national-supranationalem Anwendungsbereich innerhalb der EU sowie horizontal-nationalem Anwendungsbereich mit Drittstaatenbezug unterscheidend *Stalberg*, Anwendungsbereich, S. 213 ff., 295 ff. bzw. 335 ff.

84 Art. III-270 ff. EurVerf.

85 Zustimmend *Eckstein*, ZStW 124 (2012), 494.

86 Vgl. den Schlussantrag des Generalstaatsanwaltes *Colomer* im Fall *Italcementi SpA*, 11.2.2003, Rs. C-213/00 P, Z. 91, der mit Blick auf die Sicherstellung des freien Wettbewerbs keine unterschiedlichen Ziele der EU und der Mitgliedsstaaten erkennt.

87 Zum Verhältnis von europäischen und außeneuropäischen Verwaltungssanktionen vgl. den EuGH im Fall *Boehringer*, 14.12.1972, Rs. 7–72, Z. 3 f. und den EuG im Fall *Tokai Carbon Co. Ltd. et al.*, verbundene Rs. T-236, 239, 244, 246, 251, 252/01, 29.4.2004, Z. 137 ff.

88 *Dannecker*, in: Eser/Rabenstein, S. 180 f.

4. Würdigung

19 Art. 50 ist als transnationale Absicherung des ne bis in idem-Grundsatzes grundsätzlich zu begrüßen, zumal nicht zuletzt auch der Einfluss auf die nationalstaatliche Ausgestaltung nicht zu unterschätzen ist.[89] Darin ist selbst dann ein Fortschritt zu erblicken, wenn sein bisheriger Anwendungsbereich – zuständigkeitshalber – auf die Europäische Union beschränkt bleibt und manche Einzelfragen noch weiterer Konkretisierung bedürfen.[90] Im Übrigen wird den mit Mehrfachverfolgungen verbundenen individuellen wie auch innerstaatlichen und transnationalen Problemen erst dann wirksam zu begegnen sein, wenn man es schon gar nicht zu einer Mehrfachverfolgung kommen lässt, sondern einer solchen von vornherein vorzubeugen versucht. Deshalb wäre als Endziel anzustreben, von einem nur nachträglich-reaktiven Mehrverfolgungsverbot zu präventiver Vermeidung von positiven Kompetenzkonflikten durch international arbeitsteilige Strafjustiz vorzustoßen. Ein hoffnungsvoller, wenn auch noch zu kurzer Schritt in diese Richtung wurde durch den „Rahmenbeschluss (des Rats der Europäischen Union) zur Vermeidung und Beilegung von Kompetenzkonflikten in Strafverfahren" getan.[91]

5. Literaturübersicht

Anagnostopoulos, Ilias G., Ne bis in idem in der Europäischen Union: Offene Fragen, in: Herzog, Felix/ Neumann, Ulfried (Hrsg.), Festschrift für Winfried Hassemer, Heidelberg 2010, 1121; *Bohnert, Jean-Francois/Lagodny, Otto,* Art. 54 SDÜ im Lichte der nationalen Wiederaufnahmegründe. Zugleich Besprechung von BGH, Urteil vom 10.6.1999 – 4 StR 87/98, NStZ 2000, 636; *Biehler, Anke/Kniebühler, Roland/Lelieur-Fischer, Juliette/Stein, Sibyl* (eds.), Freiburg Proposal on Concurrent Jurisdictions and the Prohibition of Mulitiple Prosecutions in the European Union, Revue internationale de droit pénal 73 (2002), 1195; *Biehler, Anke*, Thema IV: Konkurrierende nationale und internationale strafrechtliche Zuständigkeit und das Prinzip ne bis in idem (Berlin, 1.-4.6.2003), ZStW 116 (2004), 256; *Böse, Martin*, Der Grundsatz „ne bis in idem" in der Europäischen Union (Art. 54 SDÜ), GA 2003, 744; *ders.*, Die transnationale Geltung des Grundsatzes „ne bis in idem" und das „Vollstreckungselement", in: GA 2011, S. 504; *ders.*, Der Grundsatz „ne bis in idem" und der Europäische Haftbefehl: europäischer ordre public vs. gegenseitige Anerkennung, in: HRRS 2012,19–23; *ders.*, Choice of Forum and Jurisdiction, in: Luchtman, Michiel (ed.), Choice of Forum in Cooperation Against EU Financial Crime, The Hague 2013, S. 73; *Brodowski, Dominik*, Ne bis in idem im europäisierten Auslieferungsrecht, in: StV 2013, 339–346; *Burchard, Christoph/Brodowski, Dominik*, Art. 50 Charta der Grundrechte der Europäischen Union und das europäische ne bis in idem nach dem Vertrag von Lissabon, in: StraFo 2010, 137; *Cuesta, José Luis de la*, Concurrent National and International Criminal Jurisdiction and the Principle „Ne Bis in Idem". General Report, Revue internationale de droit pénal 73 (2002), 707; *Dannecker, Gerhard,* Community Fines and non-Member State Sanctions: the Effect of the Principle „ne bis in idem", in: Eser, Albin/Rabenstein, Christiane (Hrsg.), Neighbours in Law, Freiburg i. Breisgau 2001, S. 153; *ders.*, Die Garantie des Grundsatzes „ne bis in idem" in Europa, in: Hirsch, Hans Joachim (Hrsg.), Festschrift für Günter Kohlmann zum 70. Geburtstag, Köln 2003, S. 593; *Ebensperger, Stefan*, Strafrechtliches „ne bis in idem" in Österreich unter besonderer Berücksichtigung internationaler Übereinkommen, ÖJZ 1999, 171; *Eckstein, Ken,* Grund und Grenzen transnationalen Schutzes vor mehrfacher Strafverfolgung in Europa, ZStW 124 (2012), 490; *ders.*, Im Netz des Unionsrechts – Anmerkungen zum Fransson-Urteil des EuGH, in: ZIS 2013, 220; *Eicker, Andreas*, Transstaatliche Strafverfolgung. Ein Beitrag zur Europäisierung, Internationalisierung und Fortentwicklung des Grundsatzes ne bis in idem, Herbolzheim 2004;

89 Wie insbesondere im Sinne eines Übergangs vom bloßen „Anrechnungsprinzip" hin zu dem in Art. 50 verkörperten „Erledigungsprinzip". Vgl. oben Rn. 11, ferner *Heselhaus/Nowak/Nehl*, Handbuch, § 58 Rn. 20.

90 Vgl. *Anagnostopoulos*, in: FS für Hassemer, S. 1936 ff., *Lagodny*, in: FS für Eser, S. 791 f., *Stalberg*, Anwendungsbereich, S. 335 sowie *Eser*, in: Ritsumeikan L.R. 2009, 189 f.

91 Rahmenbeschluss 2009/948/JI vom 30.11.2009, Amtsblatt der Europäischen Union L 328/42 vom 15.12.2009. Näher zu solchen präventiven Bestrebungen vgl. mwN *Eser*, in: Sieber, § 36 Rn. 95 ff., ferner das von *Sinn*, Jurisdiktionskonflikte, betriebene und mit einem Regelungsvorschlag abgeschlossene Projekt, sowie *Böse/Meyer*, ZIS 2011, 336 ff., *Böse, Herrnfeld*, und *Luchtman*, jeweils in: Luchtman, Choice of Forum, S. 81 ff., 185 ff. bzw. 34, 48 ff.

Eckstein, Ken, Grund und Grenzen transnationalen Schutzes vor mehrfacher Strafverfolgung in Europa, ZStW 124 (2012), 490–527; *Eser, Albin,* Human Rights Guarantees for Criminal Law and Procedure in the EU-Charter of Fundamental Rights, in: Ritsumeikan Law Review 2009, 163; *ders.*, Konkurrierende nationale und transnationale Strafverfolgung. Zur Sicherung von ‚ne bis in idem' und zur Vermeidung von positiven Kompetenzkonflikten, in: Sieber, Ulrich/Satzger, Helmut/von Heintschel-Heinegg, Bernd/ Brüner, Franz-Hermann (Hrsg.), Europäisches Strafrecht, § 36, Baden-Baden 2011; *ders.*, Kritische Würdigung der Modellentwürfe eines Regelungsmechanismus zur Vermeidung von Jurisdiktionskonflikten, in: Sinn, Arndt (Hrsg.), Jurisdiktionskonflikte bei grenzüberschreitender Kriminalität, Osnabrück 2012, S. 557–572; *Eser, Albin/Burchard, Christoph,* Interlokales ‚ne bis in idem' in Europa?, in: Derra, Jörg (Hrsg.), Freiheit, Sicherheit und Recht. Festschrift für Jürgen Meyer, Baden-Baden 2006, S. 499; *Esser, Robert,* Auf dem Weg zu einem europäischen Strafverfahrensrecht, Berlin, 2002; *Franz, Kurt,* Zum Verbot der Doppelbestrafung im internationalen anwaltlichen Berufsrecht, in: Hanack, Ernst-Walter (Hrsg.), Festschrift für Peter Riess zum 70. Geburtstag, Berlin/New York, 2002, S. 875; *Gaede, Karsten,* Transnationales ne bis in idem auf schwachem grundrechtlichen Fundament, NJW 2014, 2990; *Grabenwarter, Christoph,* Die Charta der Grundrechte für die Europäische Union, DVBl. 2001, 1; *Gropp, Walter,* Kollision nationaler Strafgewalten – nulla prosecutio transnationalis sine lege, in: Sinn, Arndt (Hrsg.), Jurisdiktionskonflikte bei grenzüberschreitender Kriminalität, Osnabrück 2012, S. 41; *Hackner, Thomas,* Das teileuropäische Doppelverfolgungsverbot insbesondere in der Rechtsprechung des Gerichtshofs der Europäischen Union, NStZ 2011, 425; *Hannich, Rolf* (Hrsg.), Karlsruher Kommentar zur Strafprozessordnung (KK), 8. Aufl., München 2019; *Harms, Monika,* Von Transactien, ordonnances de non-lieu und anderen europäischen Besonderheiten – der lange Weg zu einer einheitlichen europäischen Strafrechtsordnung, in: Hanack, Ernst-Walter (Hrsg.), Festschrift für Peter Riess zum 70. Geburtstag, Berlin/New York, 2002, S. 725; *Hecker, Bernd,* Das Prinzip „Ne bis in idem" im Schengener Rechtsraum (Art. 54 SDÜ), StV 2001, 306; *ders.*, Europäisches Strafrecht, 3. Aufl., Berlin/Heidelberg, 2010; *Herrnfeld, Hans-Holger,* Mechanisms for Settling Conflicts of Jurisdiction, in: Luchtman, Michiel (ed.), Choice of Forum in Cooperation Against EU Financial Crime, The Hague 2013, S. 185; *Hußung, Daniel Joachim,* Der Tatbegriff im Artikel 54 des Schengener Durchführungsübereinkommens, Frankfurt 2011; *Jarass, Hans D.*, Strafrechtliche Grundrechte im Unionsrecht, NStZ 2012, 611; *Jescheck, Hans Heinrich/ Weigend, Thomas*, Lehrbuch des Strafrechts Allgemeiner Teil, 5. Aufl., Berlin 1996; *Jung, Heike*, Zur Internationalisierung des Grundsatzes „ne bis in idem", in: Albrecht, Peter Alexis u.a. (Hrsg.), Festschrift für Horst Schüler-Springorum zum 65. Geburtstag, Köln, Berlin, Bonn, München 1993, S. 493; *ders.*, Kehrtwende zum Tatbegriff, GA 2010, 473; *Kniebühler, Roland Michael,* Transnationales ‚ne bis in idem'. Zum Verbot der Mehrfachverfolgung in horizontaler und vertikaler Dimension, Berlin 2005; *Kretschmer, Joachim,* Der europäische Grundsatz „ne bis in idem" und die europaweite Schleuserkriminalität (§ 96 IV AufenthaltG), in: ZAR (Zeitschrift für Ausländerrecht und Ausländerpolitik) 2011, 384; *Kühne, Hans-Heiner,* Ne bis in idem in den Schengener Vertragsstaaten. Die Reichweite des Art. 54 SDÜ im deutsch-französischen Kontext, JZ 1998, 876; *Lagodny, Otto,* Überlegungen zu einem menschengerechten transnationalen Straf- und Strafverfahrensrecht, in: Arnold, Jörg u.a. (Hrsg.), Menschengerechtes Strafrecht. Festschrift für Albin Eser zum 70. Geburtstag, München 2005, S. 777; *Löwe-Rosenberg,* Die Strafprozessordnung und das Gerichtsverfassungsgesetz, Großkommentar, Erb, Volker u.a. (Hrsg.), 1. Bd. (Einleitung; §§ 1–47), 27. Aufl., Berlin/New York 2016; *Luchtman, Michiel,* Choice of Forum and the Prosecution of Cross-Border Crime in the European Union, in: Luchtman, Michiel (ed.), Choice of Forum in Cooperation Against EU Financial Crime, The Hague 2013, S. 3; *Mansdörfer*, Marco, Das Prinzip ne bis in idem im europäischen Strafrecht, Berlin 2004; *Merkel, Reinhard/Scheinfeld, Joerg,* Ne bis in idem in der Europäischen Union – zum Streit um das „Vollstreckungselement", in: ZIS 5/2012, 206; *Netzer, Felix*, Krimi, Tragödie und Lehrbuch Klassiker – Der Fall Krombach, in: ZJS 6/2009, 752; *Plöckinger, Oliver/Leidenmühler, Franz,* Zum Verbot doppelter Strafverfolgung nach Art. 54 SDÜ 1990, wistra 2003, 81; *Radtke, Henning/Busch, Dirk,* Transnationaler Strafklageverbrauch in den sog Schengen-Staaten?, EuGRZ 2000, 421; *ders.*, Der Begriff der "Tat" im prozessualen Sinne in Europa, in: Schneider, Hendrik/ Kahlo, Michael/Klesczewski, Diethelm/Schumann, Heribert (Hrsg.), Festschrift für Manfred Seebode, Berlin 2008, S. 297; *Safferling, Christoph,* Internationales Strafrecht, Heidelberg 2011; *Satzger, Helmut,* Internationales und Europäisches Strafrecht, 6. Aufl., Baden-Baden 2013; *ders.*, Auf dem Weg zu einer „europäischen Rechtskraft"?, In: Manfred Heinrich u.a. (Hrsg.), Strafrecht als Scientia Universalis. Festschrift für Claus Roxin zum 80. Geburtstag, Berlin 2011, Bd. 2, S. 1515; *Schomburg, Wolfgang,* Die Europäisierung des Verbots doppelter Strafverfolgung – Ein Zwischenbericht, NJW 2000, 1833; *ders.*, Konkurrierende nationale und internationale Strafgerichtsbarkeit und der Grundsatz „Ne bis in idem", in: Arnold, Jörg u.a. (Hrsg.), Menschengerechtes Strafrecht. Festschrift für Albin Eser zum 70. Geburtstag, München 2005, S. 829; *Schomburg, Wolfgang/Lagodny, Otto/Gleß, Sabine/Hackner, Thomas,* Kommentar zum Gesetz über die internationale Rechtshilfe in Strafsachen, 5. Aufl. 2012; *Schomburg Wolfgang/*

Suominen-Pflicht, Irene, Verbot der mehrfachen Strafverfolgung, Kompetenzkonflikte und Verfahrenstransfer, in: NJW 2012, 1190; *Sinn, Arndt* (Hrsg.), Jurisdiktionskonflikte bei grenzüberschreitender Kriminalität, Osnabrück 2012; *Soltész, Ulrich/Marquier, Julia,* Hält „doppelt bestraft" wirklich besser? – Der ne bis in idem-Grundsatz im Europäischen Netzwerk der Kartellbehörden, in: EuZW 2006, 102; *Stalberg, Johannes,* Zum Anwendungsbereich des Art. 50 der Charta der Grundrechte der Europäischen Union (ne bis in idem), Frankfurt/Main 2013; *Stein, Sibyl,* Ein Meilenstein für das europäische „ne bis in idem", NJW 2003, 1162; *dies.*, Zum europäischen ne bis in idem nach Artikel 54 des Schengener Durchführungsübereinkommens. Zugleich ein Beitrag zur rechtsvergleichenden Auslegung zwischenstaatlich geltender Vorschriften, Frankfurt a.M. u.a. 2004; *Stuckenberg, Carl-Friedrich,* Der Tatbegriff des europäischen Doppelbestrafungsverbots, in: Meng, Werner/Ress, Georg/Stein, Torsten (Hrsg.), Europäische Integration und Globalisierung, Baden-Baden 2011, S. 567; *Tallgren, Immi/Reisinger Coracini, Astrid,* Article 20: Ne bis in idem, in: Triffterer, Otto, Commentary on the Rome Statute of the International Criminal Court, 2. Aufl. München 2008, S. 669; *Thomas, Herbert,* Das Recht auf Einmaligkeit der Strafverfolgung: vom nationalen zum internationalen ne bis in idem; eine rechtsvergleichende Erörterung unter besonderer Berücksichtigung des Rechts der Bundesrepublik Deutschlands, Englands, Schottlands und der USA, Baden-Baden 2002; *Van Bockel, Bas,* The Ne Bis in Idem Principle in EU Law, Austin 2010;*Van den Wyngaert, Christine/Stessens, Guy,* The International *Non Bis In Idem* Principle. Resolving Some of the Unanswered Questions, ICLQ 1999, 779. *Van den Wyngaert, Christine/Ongena, Tom,* Ne bis in idem, in: Cassese, Antonio/Gaeta, Paola/Jones, John R.W.D. (eds.), The Rome Statute of the International Criminal Court: A Commentary, Vol. II, Oxford 2002, S. 705; *Vander Beken, Tom/ Vermeulen Gert/Lagodny, Otto,* Kriterien für die jeweils „beste" Strafgewalt in Europa – Zur Lösung von Strafgewaltskonflikten jenseits eines transnationalen Ne-bis-in-idem, NStZ 2002, 624; *Vervaele, John A.E.,* The transnational ne bis in idem principle in the EU. Mutual recognition and equivalent protection of human rights, in: Utrecht Law Review 1 (2005), 100; *Vogel, Joachim,* Internationales und europäisches *ne bis in idem,* in: Hoyer, Andreas/Müller, Henning-Ernst/Pawlik, Michael/Wolter, Jürgen (Hrsg.), Festschrift für Friedrich-Christian Schroeder, Heidelberg 2006, 877; *Vogel, Joachim/Norouzi, Ali B.*, Europäisches „ne bis in idem" – EuGH, NJW 2003, 1173, JuS 2003, 1059; *Wegener, Kilian,* Iterum iterumque in idem? Einschränkung des europäischen Mehrfachverfolgungsverbots bei Zusammentreffen von Kriminalstrafe und anderen Sanktionstypen, HRRS 2018, 205; *Weiß, Wolfgang,* Grundrechtsschutz durch den EuGH – Tendenzen seit Lissabon, in: EuZW 2013, 287; *Zöller, Mark A.,* Die transnationale Geltung des Grundsatzes ne bis in idem nach dem Vertrag von Lissabon, in: Knut Amelung/Hans-Ludwig Günther/Hans-Heiner Kühne (Hrsg.), Festschrift für Volker Krey, Stuttgart 2010, S. 501.

Titel VII Allgemeine Bestimmungen über die Auslegung und Anwendung der Charta

Vorbemerkungen

1 Aus **praktischer** Sicht gehört Titel VII eigentlich an den **Anfang** der Charta (→ Art. 51 Rn. 20).[1] Denn für Praktiker sind vor der Lektüre dieses vergleichsweise neuen EU-Grundrechtekatalogs die folgenden drei Fragen entscheidend: 1. Unter welcher Voraussetzung ist die Charta überhaupt **anwendbar** (Art. 51)? 2. Wie ist die Charta **auszulegen** (Art. 52, sowie in seltenen Fällen Art. 54)? 3. Wie **grenzen** sich die Charta-Gewährleistungen von anderen Grundrechten **ab** (Art. 53)? Blickt man auf den ein oder anderen Schriftsatz in Gerichtsverfahren oder auf Entscheidungen mancher Gerichte,[2] scheint es, als ob zumindest einzelne Praktiker bei der Lektüre der Charta bis zum einschlägigen Grundrecht gelangt sind, nicht aber bis zum Titel VII. Hinzu kommt, dass die Bestimmungen des Titels VII zusammengenommen recht schwer verdauliche Lektüre sind. Der **Standort** der allgemeinen Bestimmungen ist dennoch **schlüssig**, denn Titel VII musste aus „protokollarischen" Gründen hinter der Menschenwürde (Art. 1) und allen anderen Grundrechten zurücktreten (→ Art. 51 Rn. 8, 20 f.).

2 Abgesehen von den vorgenannten drei Fragen, behandelt Titel VII auch die Frage der **Grundrechtsverpflichteten** (Art. 51) und die **Rechtfertigung von Einschränkungen** (Art. 52 Abs. 1). Antworten insbesondere auf folgende Fragen der allgemeinen **Grundrechtsdogmatik** ergeben sich nur über eine Auslegung der einzelnen Grundrechte: Wie ist das Grundrecht **systematisch einzuordnen** – handelt es sich um ein Recht oder einen Grundsatz? Wer ist **Grundrechtsberechtigter** – alle Menschen oder nur Unionsbürger, natürliche und/oder juristische Personen? Entfaltet das Grundrecht **Drittwirkung?** Art. 51 lässt diese Fragen offen (→ Art. 51 Rn. 57 ff., 60 ff., 65 ff.).

3 Für Anwender der Charta ist entscheidend, wie sie Rechte und Grundsätze zu prüfen haben. Hinweise zur **Prüfungsabfolge** finden sich in der Kommentierung zu Art. 52 (Rn. 96 f.).

Artikel 51 Anwendungsbereich

(1) Diese Charta gilt für die Organe, Einrichtungen und sonstigen Stellen der Union unter Wahrung des Subsidiaritätsprinzips und für die Mitgliedstaaten ausschließlich bei der Durchführung des Rechts der Union. Dementsprechend achten sie die Rechte, halten sie sich an die Grundsätze und fördern sie deren Anwendung entsprechend ihren jeweiligen Zuständigkeiten und unter Achtung der Grenzen der Zuständigkeiten, die der Union in den Verträgen übertragen werden.

---

1 So auch der erste Präsidiumsvorschlag zu Art. 51 vom 15.2.2000.

2 Siehe nur OLG Frankfurt a. M., Beschl. v. 2.5.2017, 2 WF 85/17: „Das FamGKG enthält zwar keine Vorschriften über die Bewilligung von Verfahrenskostenhilfe, aus Artikel 6 Abs. 1 EMRK in Verbindung mit Artikel 47 der Charta der Grundrechte der Europäischen Union ergibt sich jedoch, dass auch über die gesetzlich geregelten Fälle hinaus Prozess- bzw. Verfahrenskostenhilfe zu bewilligen ist, um den Zugang unbemittelter Personen zu den Gerichten zu gewährleisten […]." Der dem Beschluss zugrundeliegende Sachverhalt – Realsplitting und Ehegattenunterhalt – hat offenkundig keinen Bezug zum EU-Recht; die Entscheidungsbegründung stellt diesen auch nicht her. Art. 51 GRC hat das Gericht offenbar überlesen. Zu Sachverhalten der Prozesskostenhilfe mit Bezug zum EU-Recht → *Eser/Kubiciel*, Art. 47 Rn. 41 ff.

(2) Diese Charta dehnt den Geltungsbereich des Unionsrechts nicht über die Zuständigkeiten der Union hinaus aus und begründet weder neue Zuständigkeiten noch neue Aufgaben für die Union, noch ändert sie die in den Verträgen festgelegten Zuständigkeiten und Aufgaben.

I. Vorgaben

Art. 51 legt gemäß seiner Überschrift den *Anwendungsbereich* der Grundrechte-Charta fest 1
und normiert primär die **Grundrechtsadressaten**, die an die Charta gebunden sind. Die Charta gilt (ohne Einschränkung) für die Union sowie (eingeschränkt) für die Mitgliedstaaten. Die Norm widmet sich außerdem der mit der Schutzfrage verbundenen **Kompetenzfrage** und stellt klar, dass es insoweit beim *status quo* bleibt. Die verschiedenen Bestimmungen zu dieser Frage zeigen deutlich die mitgliedstaatlichen Befürchtungen vor Kompetenzerweiterungen zu Gunsten der Union. Schließlich nimmt Art. 51 noch die Unterscheidung zwischen **Rechten und Grundsätzen** in die Charta auf, die vorliegend übergreifend als Grundrechte (i.w.S.) oder Gewährleistungen bezeichnet werden.

Art. 6 Abs. 1 EUV gibt vor, dass *die Union* die Rechte, Freiheiten und Grundsätze aner- 2
kennt, die in der Charta niedergelegt sind (UAbs. 1). Diese werden gemäß den allgemeinen Bestimmungen des Titels VII der Charta – worunter ebenfalls Art. 51 fällt – und unter gebührender Berücksichtigung der in der Charta angeführten Erläuterungen ausgelegt (UAbs. 3). Auch nach den **Erläuterungen**[1] zu Art. 51 soll mit der Norm zum Anwendungsbereich „klar zum Ausdruck gebracht werden, dass die Charta *zuerst* auf die Organe und Einrichtungen der Union Anwendung findet, und zwar unter Beachtung des Grundsatzes der Subsidiarität." Weiter heißt es dort: „Absatz 2, zusammen mit Absatz 1 Satz 2, bestätigt, dass die Charta nicht eine Erweiterung der Zuständigkeiten und Aufgaben bewirken darf, die der Union durch die Verträge zugewiesen sind. Es geht darum, explizit darzulegen, was sich logischerweise aus dem *Subsidiaritätsprinzip* und dem Umstand ergibt, dass die Union *nur* über *die ihr eigens zugewiesenen Befugnisse* verfügt."

Die **primäre Bindung der Europäischen Union** an die Chartagrundrechte lässt sich sowohl 3
Art. 6 Abs. 1 UAbs. 1 EUV als auch den Erläuterungen zu Art. 51 und dieser Norm selbst entnehmen. Dem entsprechen auch die (expliziten und impliziten) Verweise auf das Subsidiaritätsprinzip sowie das Prinzip begrenzter Einzelermächtigung, die insbesondere in Art. 5 EUV normiert sind. Nach Art. 6 Abs. 1 UAbs. 1, letzter HS EUV sind die Charta und die Verträge rechtlich gleichranging. Die Bestätigung der genannten Prinzipien im Rahmen der Charta ist daher als Bestreben zur Wahrung der *Einheit der „Verfassung"* i.S.d. primärrechtlichen Grundlagen der Union zu deuten.

1 Erläuterungen zur Charta der Grundrechte, ABl. EG Nr. C 303 v. 14.12.2007, S. 17–35 (Hervorhebung nur hier).

4 Das **Prinzip begrenzter Einzelermächtigung** ist dem Subsidiaritätsprinzip gedanklich vorgelagert. Es gilt für die Abgrenzung der Zuständigkeiten der Union von denen der Mitgliedstaaten (Art. 5 Abs. 1 S. 1, Abs. 2 EUV). Dem Prinzip begrenzter Einzelermächtigung sind daher die ausdrücklichen Hinweise zu den bestehenden Zuständigkeiten zuzuordnen. An diesen wird im Einklang mit Art. 6 Abs. 1 UAbs. 2 EUV unverändert festgehalten. Das **Subsidiaritätsprinzip** gilt dagegen (erst) für die Ausübung der (bestehenden) – nicht ausschließlichen – Zuständigkeiten der Union (Art. 5 Abs. 1 S. 2, Abs. 3 EUV).

5 Hinsichtlich der **Bindung der Mitgliedstaaten** an die Chartagrundrechte verweisen die Erläuterungen auf die **Rechtsprechung des EuGH**, nach der die Grundrechte für die Mitgliedstaaten gelten, „wenn sie *im Anwendungsbereich des Unionsrechts* handeln". Diese Formulierung steht zumindest in einem Spannungsverhältnis zur Entstehungsgeschichte der Bestimmung im Konvent. Der Umfang der mitgliedstaatlichen Bindung berührt Kernfragen des *mitgliedstaatlichen Verfassungsrechts*. Denn soweit die Chartagrundrechte für die Mitgliedstaaten gelten, stellt sich die Frage nach der Fortgeltung nationaler Grundrechte und nach dem Verhältnis der Grundrechtsordnungen zueinander. Hier kommt (auch) Art. 53 ins Spiel.

II. Diskussion im Grundrechtekonvent

1. Auftakt

6 Bereits in der **ersten Sitzung des Konvents** am 17. Dezember 1999 war der Anwendungsbereich Thema. In seiner Eröffnungsrede als zuvor gewählter Vorsitzender des Konvents betonte *Herzog* die Grundüberzeugung des Konvents, dass die Union in ihrem Verhältnis zu den Bürgern keinen geringeren Bindungen unterliegen dürfe als die Mitgliedstaaten nach ihrem Verfassungsrecht.[2] Der Auftrag ginge dahin, einen Katalog zu formulieren, der an die Unionsorgane gerichtet sei und diese verpflichte; dabei sei auf die nationalen Traditionen und Entscheidungsstrukturen Rücksicht zu nehmen.[3] *Skouris*, der spätere Präsident des EuGH, wies in seiner Eröffnungsrede allerdings darauf hin, dass sich die Überprüfung durch den Gerichtshof nicht nur auf die Gemeinschaftsorgane, sondern ebenso bereits auf die Regelwerke der Mitgliedstaaten beziehe, wenn diese in den Anwendungsbereich des Gemeinschaftsrechts hineinwirkten.[4]

7 Ein **erster Präsidiumsvorschlag** vom 15. Februar 2000 erstreckte den Anwendungsbereich auf die Union und ihre Mitgliedstaaten: „Die nachfolgenden Bestimmungen richten sich an die Organe und Einrichtungen der Europäischen Union bei der Wahrnehmung der ihnen von den Verträgen zugewiesenen Zuständigkeiten und Aufgaben. Sie sind für die Mitgliedstaaten nur bei der Umsetzung oder Anwendung des Unionsrechts verbindlich (englisch: *transpose or apply*). Die Charta begründet weder neue Aufgaben oder Zuständigkeiten, noch erweitert sie die bestehenden Aufgaben oder Zuständigkeiten."[5] Der dazugehörige Kommentar betonte unter Verweis auf die Rechtsprechung des EuGH[6] die klare Absicht, den Anwendungsbereich der Charta auf die Europäische Union zu beschränken und eine Anwendung auf die Mitgliedstaaten auszuschließen, wenn diese in ihrem eigenen Zuständigkeitsbereich handeln.[7] Die Grundrechtsverpflichtung durch die Charta stelle eine Be-

2 *Bernsdorff/Borowsky*, Protokolle, S. 110.
3 *Bernsdorff/Borowsky*, Protokolle, S. 111.
4 *Bernsdorff/Borowsky*, Protokolle, S. 117.
5 Dok. CHARTE 4123/1/00 CONVENT 5 v. 15.2.2000, S. 9 (Einschub nur hier).
6 EuGH – Cinéthèque, verb. Rs. 60 u. 61/84, ECLI:EU:C:1985:329, Urt. v. 11.7.1985, Rn. 26; EuGH – Kremzow, Rs. C-299/95, ECLI:EU:C:1997:254, Urt. v. 29.5.1997.
7 Dok. CHARTE 4123/1/00 CONVENT 5 v. 15.2.2000, S. 9.

schränkung des Unionshandelns dar, aber keine Ermächtigung, in diesem Bereich Recht zu setzen; die Charta könne also die Zuständigkeiten der Union nicht ausweiten.[8]

Es scheint lohnenswert, die Diskussion im Konvent unter drei inhaltlichen Gesichtspunkten genauer zu betrachten, die für die **Auslegung** der Chartanorm von besonderer Bedeutung sind: Erstens war der Umfang der Geltung der Charta für die Mitgliedstaaten vermehrt Gegenstand kontroverser Diskussion im Konvent, was sich an wechselnden Formulierungsvorschlägen zeigt. Hier liegt heute der Schwerpunkt der gerichtlichen und wissenschaftlichen Auseinandersetzung mit diesem Artikel. Zweitens war bereits im Vorfeld der Beratungen des Konvents die Sorge verbreitet, die Charta könne auf Seiten der Union zu einer Kompetenzerweiterung führen bzw. eine „kompetenzansaugende Wirkung" entfalten; insbesondere dem Vorsitzenden *Herzog* war es von Anfang an ein Anliegen, entsprechende Befürchtungen zu entkräften.[9] In der Konsequenz wurden in die Bestimmung gleich mehrere „Sicherheitsvorkehrungen" integriert. Drittens hat die typisierende Unterscheidung zwischen Rechten und Grundsätzen Eingang in Art. 51 gefunden, die zunächst lediglich im Rahmen der stark umstrittenen sozialen Rechte diskutiert wurde. Schließlich lässt sich an den Diskussionen betreffend den Standort der Regelung zum Anwendungsbereich die Bedeutung ablesen, die ihr allgemein vom Konvent beigemessen wurde. 8

2. Grundrechtsbindung der Mitgliedstaaten

Der erste Gesamtentwurf zu den „horizontalen Bestimmungen" vom 18. April 2000 führte die ausdrückliche Beschränkung ein, dass die Bestimmungen der Charta für die Mitgliedstaaten „**ausschließlich** bei der Anwendung[10] des Gemeinschaftsrechts" gelten (englisch: *implementing*).[11] Die Begründung ging auf diese Formulierung nicht weiter ein, verwies jedoch hinsichtlich der Grundrechtsgeltung für die Mitgliedstaaten auf die Rechtsprechung des EuGH – insbesondere sein *Wachauf*-Urteil[12].[13] Dieser Präsidiumsvorschlag wurde in der neunten Sitzung des Konvents am 3./4. Mai 2000 beraten.[14] 9

Eine überraschende Wendung stellte der nachfolgende Entwurf vom 16. Mai 2000 dar. Ohne entsprechende Forderungen fand sich dort die weite Fassung, dass die Charta „auf die Mitgliedstaaten ausschließlich im **Geltungsbereich des Rechts der Union**" Anwendung finde (englisch: *within the scope of Union law*)[15]. Der Vorschlag verweist insofern auf die Rechtsprechung – erneut in der Rechtssache *Wachauf* und nunmehr auch in der Rechtssache *Karlsson*[16].[17] Diese Ausdehnung des Anwendungsbereichs der Charta in Bezug auf die Mitgliedstaaten stieß auf deutliche Kritik, die in schriftlichen Änderungsanträgen zum Ausdruck kam.[18] Die neue Fassung wurde als unklar gerügt, und die nationalen Vertreter 10

8 Dok. CHARTE 4123/1/00 CONVENT 5 v. 15.2.2000, S. 10, unter Verweis auf EuGH – EMRK-Beitritt, Gutachten 2/94 v. 28.3.1996, ECLI:EU:C:1996:140, insbes. Rn. 27.

9 S. hierzu *Borowsky* (4. Aufl.), Art. 51 Rn. 14, 22 f., 37; sowie *Bernsdorff/Borowsky*, Protokolle, S. 405 (Dank von *Méndez de Vigo* an *Herzog*).

10 Vgl. a. *Bernsdorff/Borowsky*, Protokolle, S. 232: Hinweis von *Altes* (NL), dass der niederländische Text („Anwendung") weiter gefasst sei als der englische ("implementing").

11 Dok. CHARTE 4235/00 CONVENT 27 v. 18.4.2000, S. 1 (als Art. H.1; Hervorhebung nur hier).

12 EuGH – Wachauf, Rs. 5/88, ECLI:EU:C:1989:321, Urt. v. 13.7.1989, insbes. Rn. 19.

13 Dok. CHARTE 4235/00 CONVENT 27 v. 18.4.2000, S. 2.

14 *Bernsdorff/Borowsky*, Protokolle, S. 233 sowie S. 295 zu erneuten Diskussionen auf der dreizehnten Sitzung, 28.–30. Juni 2000.

15 Dok. CHARTE 4316/00 CONVENT 34 v. 16.5.2000, S. 9 (Art. 46; Hervorhebung nur hier).

16 EuGH – Karlsson, Rs. C- 292/97, ECLI:EU:C:2000:202, Urt. v. 13.4.2000, insbes. Rn. 37.

17 Dok. CHARTE 4316/00 CONVENT 34 v. 16.5.2000, S. 10.

18 Dok. CHARTE 4372/00 CONVENT 39 v. 16.6.2000, S. 401 ff.: s. *Goldsmith* (GB, S. 402), *Braibant* (F, S. 405), *Gnauck* (D, S. 407); *Friedrich u. Mombaur* (EP, D, S. 408).

sahen die Gefahr einer zu weitreichenden Bindung zu Lasten der Mitgliedstaaten – etwa in Bereichen, in denen die Union (lediglich) eine Zuständigkeit besitze oder eine solche beanspruche (*Friedrich u. Mombaur,* EP/D).

11 Der anschließende Kompromissvorschlag des Präsidiums vom 23. Juni 2000 sah daraufhin in Anlehnung an die Änderungsvorschläge nur noch vor, dass die Charta auf die Mitgliedstaaten „ausschließlich bei der **Umsetzung des Rechts der Union**" Anwendung finde.[19] Auch diese Formulierung wurde in der dreizehnten Sitzung des Konvents am 28.-30. Juni 2000 teilweise noch kritisiert – nunmehr als zu eng.[20]

12 Der erste Gesamtentwurf der Charta vom 28. Juli 2000 ersetzte den Begriff der „Umsetzung" schließlich durch denjenigen der **„Durchführung"** (englisch: *implementing*).[21] Den Erläuterungen[22] hierzu lässt sich entnehmen, dass sich die Formulierung auf die Urteile in den Rechtssachen *Wachauf* und *Karlsson* stützt; sie verweisen aber auch auf das *ERT*-Urteil[23], das weitergehend vom „Anwendungsbereich des Gemeinschaftsrechts" spricht. In der sechzehnten Sitzung am 11./12. September 2000 problematisierten bezeichnender Weise *Altmaier* (D) und *Einem* (A) noch einmal die begrifflichen Unterschiede zwischen „Anwendung" und „Durchführung" und sprachen sich für eine weiter reichende (!) Fassung aus.[24] Zudem wurde in dieser und späteren Sitzungen sehr kritisch über die (rechtliche) Bedeutung der vom Präsidium ohne Vorberatung im Konvent verfassten Erläuterungen selbst diskutiert.[25] An der Regelung zur Geltung der Charta für die Mitgliedstaaten wurde dagegen in der Folge nur noch vereinzelt Kritik geäußert.[26] Eine Änderung erfolgte bis zur Endfassung nicht mehr.

3. Zuständigkeiten

13 Ohne Begründung stellte der erste Gesamtentwurf zu den „horizontalen Bestimmungen" vom 18. April 2000 – im Gegensatz zum ersten Präsidiumsvorschlag – nur noch klar, dass die Charta **„weder neue Zuständigkeiten noch neue Aufgaben"** begründe; auf eine mögliche Erweiterung bestehender Aufgaben oder Zuständigkeiten wurde nicht mehr eingegangen.[27] In der neunten Sitzung des Konvents am 3./4. Mai 2000 wurde diese Fassung kontrovers diskutiert.[28] Während nationale Vertreter für eine restriktive Fassung plädierten, da die Gefahr von Kompetenzerweiterungen bestünde, sprachen sich Vertreter des Europä-

---

19 Dok. CHARTE 4373/00 CONVENT 40 v. 23.6.2000, S. 5 (Art. 46; Hervorhebung nur hier); s.a. *Bernsdorff/Borowsky*, Protokolle, S. 295.

20 *Bernsdorff/Borowsky*, Protokolle, S. 295: insbes. *Braiband* (F) und *Tarschys* (S).

21 Dok. CHARTE 4422/00 CONVENT 45 v. 28.7.2000, S. 15 (Art. 49). Zur „greifbaren Nähe" der Begrifflichkeiten *Thym*, NVwZ 2013, 889 (894).

22 Dok. CHARTE 4423/00 CONVENT 46 v. 31.7.2000, S. 35.

23 EuGH – ERT, Rs. C-260/89, ECLI:EU:C:1991:254, Urt. v. 18.6.1991, Rn. 42 ff.

24 *Bernsdorff/Borowsky*, Protokolle, S. 359 f. sowie S. 383: erneute Bedenken von *Altmaier* (D) in der siebzehnten Sitzung am 25./26. September 2000.

25 *Bernsdorff/Borowsky*, Protokolle, S. 359, 361 sowie S. 380 ff. zum nachfolgenden Dok. CHARTE 4471/00 CONVENT 48.

26 In den „allgemeinen Bemerkungen" der Konventsmitglieder zu dem Gesamtentwurf der Charta sprachen sich *Einem* und *Holoubek* (A) nach wie vor für eine weiter reichende Fassung aus, wonach die Charta „für die Mitgliedstaaten im Anwendungsbereich des Rechts der Europäischen Union" gelten sollte; s. hierzu *Borowsky* (4. Aufl.), Art. 51 Rn. 9, unter Verweis auf *Bernsdorff/Borowsky*, Arbeitsdokumente, S. 1688 f. Zur Kritik von *Barros Moura* (P), *Altmaier* (D) und *O'Malley* (IR) an Dok. CHARTE 4470/00 CONVENT 47 (Art. 50) in der siebzehnten Sitzung am 25./26. September 2000 s. *Bernsdorff/Borowsky*, Protokolle, S. 383, 389, 394.

27 Dok. CHARTE 4235/00 CONVENT 27 v. 18.4.2000, S. 1 (als Art. H.1).

28 *Bernsdorff/Borowsky*, Protokolle, S. 233.

ischen Parlaments für eine weichere Formulierung aus. *Herzog* erläuterte außerdem zum Begriffspaar „Zuständigkeiten und Aufgaben", dass der Begriff der „Zuständigkeiten" für sich betrachtet im Präsidium als zu eng angesehen wurde.

Der nachfolgende Vorschlag vom 16. Mai 2000 nahm (erneut) die Ergänzung auf, dass die Charta auch „die in den Verträgen **festgelegten Zuständigkeiten und Aufgaben" nicht ändere.**[29] Gemäß den Erläuterungen sollte die Charta nur auf Sachverhalte Anwendung finden, die den Gemeinschaftszuständigkeiten und Aufgaben der Union unterfielen. Diese Bestimmung blieb bis zur Endfassung unverändert. Wenige Bestimmungen konnten einen vergleichbaren Zustimmungsgrad aufweisen.[30] 14

Bereits in der neunten Sitzung am 3./4. Mai 2000 teilten mehrere Redner außerdem das Anliegen, zusätzlich den Grundsatz der Subsidiarität in die Vorschrift zum Anwendungsbereich aufzunehmen.[31] In der zehnten Sitzung am 11./12. Mai 2000 zur Präambel der Charta wurde aufgrund der macht- und kompetenzbegrenzenden Wirkung des Subsidiaritätsprinzips mehrfach seine Bestätigung an dieser Stelle verlangt.[32] Der Präsidiumsvorschlag vom 23. Juni 2000 formulierte erstmals, dass die Charta „für die Organe und Einrichtungen der Union **unter Einhaltung des Subsidiaritätsprinzips**" gelte.[33] Die Aufnahme dieser Formulierung stieß in der dreizehnten Sitzung des Konvents am 28.-30. Juni 2000 auf breite Zustimmung.[34] 15

4. Rechte und Grundsätze

Der Präsidiumsvorschlag vom 16. Mai 2000 enthielt erstmals folgende, die sozialen Rechte einleitende Bestimmung:[35] „Die Organe und Einrichtungen der Union und die Mitgliedstaaten, wenn sie im Geltungsbereich des Gemeinschaftsrechts tätig werden, sowie die auf Gemeinschaftsebene und im Rahmen ihrer jeweiligen Zuständigkeiten handelnden Sozialpartner achten die **Rechte** und bringen die **Grundsätze** zur Anwendung, die in dieser Charta für den **Sozialbereich** aufgeführt sind." Mit dieser Regelung sollte nach der dazugehörigen Begründung dem spezifischen Charakter der sozialen Rechte Rechnung getragen werden. Bei diesen handele es sich oftmals um Grundsätze, deren Anwendung die Verabschiedung von Durchführungsmaßnahmen voraussetze. 16

Zu diesem Vorschlag entspann sich in der elften Sitzung eine kontroverse Diskussion.[36] Aus der Perspektive der französischen Verfassungstradition erläuterte *Braiband* (F) die Unterscheidung zwischen Grundsätzen und Rechten: **Grundsätze** seien mehr als (bloße) politische Ziele, nämlich konstitutionelle oder normative Ziele bzw. Prinzipien, die einer Implementierung bedürften. Nach *Neisser* (A) seien Rechte für den Einzelnen durchsetzbar; Grundsätze vermittelten den gesetzgebenden Instanzen einen Gestaltungsspielraum. *Altmaier* (D) zog eine Parallele zum deutschen Sozialstaatsprinzip als normatives Prinzip. Auch die Frage der *Justiziabilität* wurde diskutiert. Mehrfach wurde die Aufnahme von Grundsätzen in die Charta vollständig abgelehnt. Gegenstand der Diskussion war auch das Verhältnis der vorgeschlagenen Bestimmung zum (allgemeinen) Artikel betreffend den An- 17

29 Dok. CHARTE 4316/00 CONVENT 34 v. 16.5.2000, S. 9 (Art. 46; Hervorhebung nur hier).
30 So *Borowsky* (4. Aufl.), Art. 51 Rn. 15.
31 *Bernsdorff/Borowsky*, Protokolle, S. 231 f.
32 *Bernsdorff/Borowsky*, Protokolle, S. 246.
33 Dok. CHARTE 4373/00 CONVENT 40, S. 5 (Art. 46; Hervorhebung nur hier).
34 *Bernsdorff/Borowsky*, Protokolle, S. 294 f.
35 Dok. CHARTE 4316/00 CONVENT 34 v. 16.5.2000, S. 2 (Art. 31; Hervorhebung nur hier).
36 *Bernsdorff/Borowsky*, Protokolle, S. 253 ff.

wendungsbereich der Charta. Diese Punkte fanden sich zudem in zahlreichen Änderungsanträgen wieder.[37]

18 Der anschließende Kompromissvorschlag des Präsidiums vom 23. Juni 2000[38] sah vor diesem Hintergrund eine **Integration** der Bestimmung zu den Rechten und Grundsätzen **in den Artikel zum Anwendungsbereich** vor, behielt jedoch zunächst die Beschränkung auf den Sozialbereich bei. Gleichzeitig wurde auch hier – entsprechend der Forderung von *Braibant* (F)[39] – (nochmals) auf das Subsidiaritätsprinzip hingewiesen. Die inhaltliche Kritik an der Bestimmung setzte sich in der dreizehnten Sitzung am 28.–30. Juni 2000 fort.[40] Mehrfach wurde gerügt, die von der Mehrheit geäußerten Bedenken seien vom Präsidium ignoriert worden. Insbesondere wurde befürchtet, die Bestimmung könne zu einer Abwertung und Verwässerung der sozialen Rechte führen.[41]

19 Das Präsidium folgte nunmehr der Kritik, indem die Bestimmung im ersten Gesamtentwurf der Charta vom 28. Juli 2000 auf eine allgemeine Unterscheidung zwischen Rechten und Grundsätzen reduziert wurde – **ohne Beschränkung auf den Sozialbereich:**[42] „Dementsprechend achten sie die Rechte, halten sich an die Grundsätze und fördern sie deren Anwendung gemäß ihren jeweiligen Zuständigkeiten." Bei dieser Formulierung blieb es bis zur Endfassung.

5. Standort

20 Erwähnenswert ist zudem die Entwicklung betreffend den Standort der Bestimmung zum Anwendungsbereich. Nach dem ersten Präsidiumsvorschlag vom 15. Februar 2000 sollte dieser „allgemeine Artikel" in die **Präambel** eingehen oder **Art. 1** der Charta werden.[43] Der nachfolgende Präsidiumsvorschlag vom 8. März 2000 verortete die Regelung in einem Absatz 2 zu Art. 1, der die Menschenwürde festschrieb. Als alternative Standorte wurden die Präambel oder ein gesonderter Artikel angedacht.[44] In der fünften Sitzung des Konvents am 20./21. März 2000 traf der Vorschlag, eine Querschnittsbestimmung zum Anwendungsbereich in die Charta aufzunehmen, auf nahezu einhellige Zustimmung; jedoch wurde überwiegend ein anderer, prominenterer Standort (als Art. 1 (?!)) befürwortet.[45]

21 Im ersten Gesamtentwurf zu den „horizontalen Bestimmungen" vom 18. April 2000 wurden diese isoliert formuliert, der zukünftige Standort noch offengelassen.[46] In der zehnten Sitzung am 11./12. Mai 2000 zur Präambel und Struktur der Charta wurde nochmals auch die Aufnahme des Anwendungsbereichs der Charta an dieser Stelle thematisiert.[47] Der Entwurf vom 16. Mai 2000 stellte die „horizontalen Bestimmungen" dann an das **Ende der Charta.**[48] Die Entstehungsgeschichte zum Standort der Regelung belegt, dass dieser von den Mitgliedern des Konvents eine hervorgehobene Bedeutung beigemessen wurde.

37 Dok. CHARTE 4372/00 CONVENT 39 v. 16.6.2000, S. 3 ff.
38 Dok. CHARTE 4373/00 CONVENT 40 v. 23.6.2000, S. 5 (Art. 46 Abs. 2).
39 *Bernsdorff/Borowsky*, Protokolle, S. 254.
40 *Bernsdorff/Borowsky*, Protokolle, S. 295 ff.
41 S.a. *Borowsky* (4. Aufl.), Art. 51 Rn. 13.
42 Dok. CHARTE 4422/00 CONVENT 45 v. 28.7.2000, S. 15 (Art. 49).
43 Dok. CHARTE 4123/1/00 CONVENT 5 v. 15.2.2000, S. 9.
44 Dok. CHARTE 4149/00 CONVENT 13 v. 8.3.2000, S. 2.
45 *Bernsdorff/Borowsky*, Protokolle, S. 169.
46 Dok. CHARTE 4235/00 CONVENT 27 v. 18.4.2000, S. 1 f. (als Art. H.1).
47 *Bernsdorff/Borowsky*, Protokolle, S. 247: dafür *Altes* (NL), dagegen *Altmaier* (D).
48 Dok. CHARTE 4316/00 CONVENT 34 v. 16.5.2000, S. 9 ff. Für eine Platzierung zu Beginn der Charta etwa der Änderungsvorschlag von *Tarschys* (S), Dok. CHARTE 4372/00 CONVENT 39 v. 16.6.2000, S. 404.

6. Resultat

Die im Amtsblatt vom 18. Dezember 2000[49] veröffentlichte (vorläufige) **Endfassung** des Art. 51 (Anwendungsbereich) lautete: „(1) Diese Charta gilt für die Organe und Einrichtungen der Union unter Einhaltung des Subsidiaritätsprinzips und für die Mitgliedstaaten ausschließlich bei der Durchführung des Rechts der Union. Dementsprechend achten sie die Rechte, halten sie sich an die Grundsätze und fördern sie deren Anwendung gemäß ihren jeweiligen Zuständigkeiten. (2) Diese Charta begründet weder neue Zuständigkeiten noch neue Aufgaben für die Gemeinschaft und für die Union, noch ändert sie die in den Verträgen festgelegten Zuständigkeiten und Aufgaben.“ 22

Der **Verfassungskonvent**[50] ergänzte die Aufzählung der Organe und Einrichtungen der Union zunächst durch *„Ämter und Agenturen“*, die anschließende **Regierungskonferenz** stattdessen umfassend durch die *„sonstigen Stellen der Union“*[51]. Außerdem nahm der Verfassungskonvent noch zwei Änderungen vor, um einer (nach wie vor befürchteten) Zuständigkeitserweiterung durch die Union entgegenzuwirken: Zum einen wurde die Bestimmung zu den Rechten und Grundsätzen zusätzlich zum Hinweis auf die jeweiligen Zuständigkeiten um die Formulierung ergänzt „und *unter Achtung der Grenzen der Zuständigkeiten der Union,* die dieser [...] übertragen werden“. Zum anderen fügte der Verfassungskonvent in Abs. 2 noch zusätzlich den Passus ein, dass die Charta „den *Geltungsbereich des Unionsrechts nicht* über die Zuständigkeiten der Union hinaus“ *ausdehne.* 23

7. Aktuelle Änderungsbestrebungen

Lediglich erwähnt sei hier, dass das *Europäische Parlament* in einer *Entschließung* vom Februar 2017 empfohlen hat, **Art. 51 aufzuheben** und die Charta in einen Katalog der Rechte der Union umzuwandeln.[52] Entsprechende Forderungen sind nicht neu.[53] Weil mit Art. 51 insbesondere die Beschränkung der mitgliedstaatlichen Grundrechtsbindung entfiele, sind entsprechende Änderungen des Primärrechts aufgrund des zu erwartenden Widerstandes der Mitgliedstaaten allerdings unrealistisch. 24

III. Kommentierung

1. Verhältnis zu anderen Normen

Art. 51 zählt zu den allgemeinen Bestimmungen über die Auslegung und Anwendung der Charta (Titel VII), also zum allgemeinen Teil, der sich grundsätzlich auf die Gesamtheit der Chartabestimmungen erstreckt. Vor diesem Hintergrund kann auch Art. 51 durch **speziellere Chartaregelungen** zu den einzelnen Grundrechten überlagert bzw. modifiziert werden.[54] *Leges speciales* hinsichtlich des Adressatenkreises sind etwa Art. 42, 43, 44, die auf- 25

---

49 ABl. EG Nr. C 364 v. 18.12.2000, S. 1–22.

50 Zu den Korrekturen durch den Verfassungskonvent *Brecht,* ZEuS 2005, 355 (364 f.). Zum Verfassungsentwurf s.a. *Brosius-Gersdorf,* Bindung der Mitgliedstaaten an die Gemeinschaftsgrundrechte, S. 36 ff. Hervorhebungen nur hier.

51 S. *Brecht,* ZEuS 2005, 355 (390).

52 Entschließung des Europäischen Parlaments vom 16. Februar 2017 zu möglichen Entwicklungen und Anpassungen der derzeitigen institutionellen Struktur der Europäischen Union (2014/2248(INI)), Ziff. 45.

53 S. bereits die Rede der damaligen Justizkommissarin und Vizepräsidentin der Europäischen Kommission *Viviane Reding,* The EU and the Rule of Law – What next?, v. 4.9.2013, Ziffer 4, online abrufbar unter http://europa.eu/rapid/press-release_SPEECH-13-677_de.htm; dazu *Borowsky* (4. Aufl.), vor Titel VII Rn. 1 a.

54 Vgl. *Borowsky* (4. Aufl.), Art. 51 Rn. 20; *Jarass,* NVwZ 2012, 457 (457 f.).

grund der Ausgestaltung ihres sachlichen Schutzbereichs im Wesentlichen nur die Union binden;[55] die Mitgliedstaaten sind insoweit jedoch verpflichtet, die Rechtsverwirklichung nicht zu behindern.[56] Nach ihrem Wortlaut binden auch Art. 22, 25, 26, 34 Abs. 1 und 3, 36, 37, 38 nur die Union.[57] Teilweise wird angenommen, dass die Adressierung (allein) der „Union" die Mitgliedstaaten mit umfasse.[58] Diese pauschale Behauptung überzeugt bereits dem Wortlaut nach nicht. Ihr steht zudem die Systematik der Charta entgegen, da diese andernorts sehr wohl zwischen der Union und den Mitgliedstaaten unterscheidet (wie etwa in Art. 51). Angezeigt ist eine *Auslegung der jeweiligen Norm.*

26 Dogmatisch nicht überzeugen kann der Vorstoß, über **Art. 1 Abs. 2 GG** Wirkungen der Chartagrundrechte im mitgliedstaatlichen Bereich zu konstruieren, die über die Durchführungskonstellation i.S.d. Art. 51 hinausreichen.[59] Eine Berücksichtigung der Chartagrundrechte bei der Auslegung der Grundrechte des Grundgesetzes[60] (auch soweit die nationalen Stellen nach der Charta nicht an diese gebunden sind) überträgt offenbar die auf den Grundsatz der Völkerrechtsfreundlichkeit des Grundgesetzes gestützte Rechtsprechung des BVerfG insbesondere[61] zur EMRK[62] auf die Charta. Die supranationale Charta (vgl. Art. 6 Abs. 1 UAbs. 1 EUV und Art. 23 Abs. 1 GG) und der völkerrechtliche Vertrag EMRK (vgl. Art. 59 Abs. 2 S. 1 GG) weichen aber bereits ihrem Rechtscharakter und damit Rang nach voneinander ab. Die Charta besitzt (aus der Perspektive des BVerfG: in den Grenzen der Verfassungsidentität) Anwendungsvorrang sogar vor der deutschen Verfassung. Dies kann aber nur gelten, soweit ihr Anwendungsbereich gemäß Art. 51 reicht. Andernfalls läge eine Umgehung dieser Chartabestimmung vor. Die Chartarechte sind daher schon im Ausgangspunkt entsprechend in ihrer Geltung beschränkt.

2. Grundrechtsbindung der Europäischen Union (Abs. 1 S. 1 Alt. 1)

27 **a) Hintergrund.** Gemäß Art. 51 Abs. 1 S. 1 Alt. 1 gilt die Charta „für die Organe, Einrichtungen und sonstigen Stellen der Union unter Wahrung des Subsidiaritätsprinzips". Die Union als juristische Person (Art. 47 EUV) ist damit bereits nach der *Systematik* der Norm

---

55 Vgl. dagegen zu Art. 41 EuGH – HN., Rs. C-604/12, ECLI:EU:C:2014:302, Urt. v. 8.5.2014, Rn. 49 f.: Geltung für die Mitgliedstaaten als allgemeiner Grundsatz des Unionsrechts; s.a. EuGH – Y.S., Rs. C-141/12, ECLI:EU:C:2014:2081, Urt. v. 17.7.2014, Rn. 67 f.

56 *Jarass,* NVwZ 2012, 457 (458).

57 *Grabenwarter/Schorkopf,* EnzEuR Grundrechteschutz, § 3 Rn. 28; zu ersteren auch *Borowsky* (4. Aufl.), Art. 51 Rn. 24. S. insoweit jedoch die einzelnen Kommentierungen. Hinsichtlich Art. 34 Abs. 3 bejaht eine Bindung der Mitgliedstaaten z.B. EuGH – Kamberaj, Rs. C-570/10, ECLI:EU:C:2012:233, Urt. v. 24.4.2012, Rn. 79 f.

58 So *Jarass,* GRC, Art. 51 Rn. 3.

59 So aber *Jarass,* NVwZ 2012, 457 (458); *ders.,* GRC, Art. 51 Rn. 30 a; ihm folgend *Borowsky* (4. Aufl.), vor Titel VII, Rn. 5 a, 30. Zu einer rein tatsächlichen Vorprägung des Verständnisses der nationalen Grundrechte durch die Auslegung der Unionsgrundrechte durch den EuGH *Lange,* NVwZ 2014, 169 (174); s.a. *Bäcker,* EuR 2015, 389 (399 f., 404). Zur Rolle der Charta außerhalb ihres Anwendungsbereichs z.B. in Italien vgl. Suprema Corte die Cassazione (sezione lavoro), sentenza n. 41, 3.1.2013: Charta als „Quelle freier Interpretation" des nationalen Rechts.

60 S.a. *Bäcker,* EuR 2015, 389 (408 f.).

61 Zum Wiener Konsularrechtsübereinkommen BVerfG – Treaty-override-Regelung, 2 BvR 2485/07, 2 BvR 2513/07, 2 BvR 2548/07, Beschl. v. 8.7.2010, NJW 2011, 207 (208 f.); BVerfG – WÜK, 2 BvR 2115/01, 2 BvR 2132/01, 2 BvR 348/03, Beschl. v. 19.9.2006, NJW 2007, 499 (500 ff.).

62 BVerfG – Sicherungsverwahrung II, 2 BvR 2333/08, 2 BvR 2365/09, 2 BvR 571/10, 2 BvR 740/10, 2 BvR 1152/10, Urt. v. 4.5.2011, BVerfGE 128, 326; BVerfG – Görgülü, 2 BvR 1481/04, Beschl. v. 14.10.2004, BVerfGE 111, 307; BVerfG – Unschuldsvermutung, 2 BvR 589/79, 2 BvR 740/81, 2 BvR 284/85, Beschl. v. 26.3.1987, BVerfGE 74, 358. Zusammenfassend *Voßkuhle,* RdA 2015, 336 (337 ff.).

der **primäre Adressat der Charta.**[63] Gleiches folgt aus der *Entstehungsgeschichte* und den *Erläuterungen* zu Art. 51 (→ Rn. 2 f., 6 f.). Das Erfordernis eines geschriebenen Grundrechtekatalogs stellte sich für die Union in besonderer Weise. Während die Mitgliedstaaten bereits an ihre nationalen Grundrechte sowie die Gewährleistungen der EMRK gebunden waren, resultierte die Grundrechtsbindung der Union vor dem Vertrag von Lissabon, mit dem die Charta verbindlich wurde, allein aus der Grundrechterechtsprechung des EuGH.[64] Denn die *nationalen Grundrechte* können aufgrund des *Anwendungsvorrangs* des Unionsrechts, der eine einheitliche Anwendung desselben in der Union sicherstellen soll, keinen Schutz gegenüber zwingenden Vorgaben des Unionsrechts bieten; hieraus resultierte eine Schutzlücke.[65]

28 Das Erfordernis einer Grundrechtsbindung der Union ergibt sich daraus, dass diese **Hoheitsgewalt gegenüber Individuen** ausübt. Zum Schutze der Individuen muss die Union grundrechtlich gebunden sein.[66] Auch die *ratio* der Norm spricht vor diesem Hintergrund für eine strenge bzw. *uneingeschränkte Bindung* der Union an die Charta. Daher hatte *Herzog* bereits in seiner Rede zur Eröffnung des Grundrechtekonvents die Grundüberzeugung des Konvents betont, dass die Union in ihrem Verhältnis zu den Bürgern keinen geringeren Bindungen unterliegen dürfe als die Mitgliedstaaten nach ihrem Verfassungsrecht.[67] Die Bindung der Union an die Chartagrundrechte ist auch deshalb nach wie vor von entscheidender Bedeutung, weil der in Art. 6 Abs. 2 EUV vorgegebene **EMRK-Beitritt** der Union mit dem zweiten Gutachten des EuGH hierzu[68] wieder in die Ferne gerückt ist.

29 **b) Verpflichtete.** Explizit nennt Art. 51 Abs. 1 S. 1 Alt. 1 nicht lediglich die Union (die gemäß Art. 47 EUV Rechtspersönlichkeit besitzt und bereits gemäß Art. 6 Abs. 1 EUV als solche verpflichtet wird[69]) als Adressatin der Grundrechte, sondern vielmehr ihre Organe, Einrichtungen und sonstigen Stellen. Die **Organe** der Union sind gemäß Art. 13 Abs. 1 UAbs. 2 EUV das Europäische Parlament, der Europäische Rat, der Rat, die Europäische Kommission, der Gerichtshof der Europäischen Union, die Europäische Zentralbank und der Rechnungshof. Die *Erläuterungen* zu Art. 51 bestätigen, dass es sich um den Organbegriff i.S.d. Verträge handelt. Sie weisen bezüglich der **Einrichtungen und sonstigen Stellen** zudem darauf hin, dass diese Terminologie in den Verträgen üblicherweise für alle durch die Verträge oder Sekundärrechtsakte geschaffenen Einrichtungen verwendet wird – so etwa in Art. 15, 16 AEUV. Erfasst sind also auch die Nebenorgane wie der Wirtschafts- und Sozialausschuss, der Ausschuss der Regionen und die Europäische Investitionsbank, die Agenturen und Ämter[70] sowie weitere unionsrechtlich geschaffene Organisationseinheiten.[71] Es entspricht dem Normzweck und der *Entstehungsgeschichte*, dass eine Bindung

63 Vgl. *Cremer,* EuGRZ 2011, 545 (546).
64 S.a. *Starke,* DVBl. 2017, 721 (723); *Masing,* JZ 2015, 477 (480).
65 *Haratsch/Koenig/Pechstein,* EuR, Rn. 693; *Kingreen,* JZ 2013, 801 (802 f.); vgl. a. *Grabenwarter/Schorkopf,* EnzEuR Grundrechteschutz, § 3 Rn. 12; *Bucher,* ZEuS 2016, 203 (206); s. bereits *Cirkel,* Die Bindungen der Mitgliedstaaten an die Gemeinschaftsgrundrechte, S. 167 ff.
66 Vgl. *Starke,* DVBl. 2017, 721 (722).
67 *Bernsdorff/Borowsky,* Protokolle, S. 110.
68 EuGH – EMKR-Beitritt II, Gutachten 2/13 v. 18.12.2014, ECLI:EU:C:2014:2454; zuvor EuGH – EMRK-Beitritt I, Gutachten 2/94 v. 28.3.1996, ECLI:EU:C:1996:140.
69 *Jarass,* GRC, Art. 51 Rn. 13.
70 Die Chartafassung des Verfassungskonvents sprach noch ausdrücklich von *„Ämtern und Agenturen"*. Die Änderung durch die Regierungskonferenz sollte nicht zu einer Einschränkung der Norm führen. S.o. Rn. 23. S.a. *Streinz/Michl,* EUV/AEUV, Art. 51 GRC Rn. 2; *Pechstein/Nowak/Häde/Pache,* Frankfurter Kommentar, Art. 51 GRC Rn. 13 f.
71 *Grabenwarter/Schorkopf,* EnzEuR Grundrechteschutz, § 3 Rn. 13.

der gesamten Hoheitsgewalt und damit sämtlicher Akteure auf Unionsebene beabsichtigt war (→ Rn. 28).

30 Von der Europäischen Union zu unterscheiden ist die auf einer eigenen vertraglichen Grundlage bestehende Europäische Atomgemeinschaft (**Euratom**). Sie ist in der Konsequenz als juristische Person (s. Art. 184 EAGV) *nicht* an die Charta gebunden.[72] Ihre Grundrechtsbindung resultiert aus den allgemeinen Rechtsgrundsätzen.[73] Soweit jedoch die Organe der Europäischen Union für die Europäische Atomgemeinschaft handeln (vgl. Art. 106 a EAGV), dürften sie (entsprechend der Entscheidung des EuGH zum ESM in der Rechtssache *Ledra Advertising* → Rn. 33) – *als Unionsorgane* – an die Charta gebunden sein.[74]

31 c) **Umfang der Bindung.** Nicht nur in personeller Hinsicht, sondern ebenfalls in sachlicher Hinsicht sowie bzgl. der Handlungsformen war eine **umfassende Bindung sämtlicher Hoheitsgewalt** der Union beabsichtigt. Die *Systematik* des Art. 51 Abs. 1 S. 1 verdeutlicht, dass die Grundrechtsbindung nur in Bezug auf die Mitgliedstaaten einer Einschränkung unterliegt („ausschließlich bei der Durchführung des Rechts der Union), nicht dagegen hinsichtlich der Union.[75] Die angemahnte Wahrung des Subsidiaritätsprinzips in diesem Kontext weist gerade in die andere Richtung: Das Subsidiaritätsprinzip soll die Ausübung der *Zuständigkeiten* der Union *begrenzen, nicht* deren Grundrechts*bindung*.

32 Vor diesem Hintergrund sind auch die *intergouvernementalen Bereiche* des Unionshandelns, die Gemeinsame Außen- und Sicherheitspolitik sowie die Gemeinsame Sicherheits- und Verteidigungspolitik erfasst.[76] Die Verpflichtung bezieht sich auf die *Rechtsetzung*, den *unionsunmittelbaren Verwaltungsvollzug* und die *Rechtsprechung*.[77] Irrelevant ist etwa auch, ob unionale Gesetzgebungsakte i.S.d. Art. 289 Abs. 3 AEUV in Rede stehen oder es sich um administrative delegierte bzw. Durchführungsakte (Art. 290, 291 AEUV) handelt.[78] Auch der Abschluss *internationaler Übereinkünfte*, die gemäß Art. 216 Abs. 2 AEUV im Rang unter dem Primärrecht und damit auch der Charta stehen, ist erfasst.[79] Gleiches muss für rechtlich *unverbindliche Maßnahmen* gelten, insbesondere Koordinierungs- und Fördermaßnahmen.[80] Eine *privatrechtliche Gestaltung* von Rechtsbeziehungen lässt die Bindung der Union nicht entfallen.[81] Auch der *Anlass* des Unionsrechtsaktes vermag die Bindung nicht einzuschränken: Die Übernahme internationaler Verpflichtungen in das Unionsrecht muss den Chartavorgaben genügen – „auch dann, wenn solche Handlun-

---

72 *Grabenwarter/Schorkopf*, EnzEuR Grundrechteschutz, § 3 Rn. 14. A.A. *Jarass*, GRC, Art. 51 Rn. 14; s.a. *Ehlers/ders.*, GR, § 14 Rn. 59.

73 *Grabenwarter/Schorkopf*, EnzEuR Grundrechteschutz, § 3 Rn. 14; s.a. *Jarass*, GRC, Art. 51 Rn. 14.

74 Vgl. *Ehlers/ders.*, GR, § 14 Rn. 59, ohne diese Differenzierung.

75 S.a. *Grabenwarter/Cremer*, EnzEuR Grundrechteschutz, § 1 Rn. 55.

76 *Grabenwarter/Schorkopf*, EnzEuR Grundrechteschutz, § 3 Rn. 15; *Jarass*, GRC, Art. 51 Rn. 14 f.; s.a. *Calliess/Ruffert/Kingreen*, EUV/AEUV, Art. 51 GRC Rn. 5.

77 *Grabenwarter/Cremer*, EnzEuR Grundrechteschutz, § 1 Rn. 116 ff.; *Jarass*, GRC, Art. 51 Rn. 14.

78 *Haratsch/Koenig/Pechstein*, EuR, Rn. 693.

79 *Grabenwarter/Cremer*, EnzEuR Grundrechteschutz, § 1 Rn. 120, unter Verweis auf EuGH – Regione autonoma Friuli-Venezia Giulia und ERSA, Rs. C-347/03, ECLI:EU:C:2005:285, Urt. v. 12.5.2005, Rn. 118 ff.; *Jarass*, GRC, Art. 51 Rn. 15, unter Verweis auf EuGH – Deutschland/Rat, Rs. C-122/95, ECLI:EU:C:1998:94, Urt. v. 10.3.1998, Rn. 62 ff.; s.a. *Ehlers/ders.*, GR, § 14 Rn. 59.

80 *Jarass*, GRC, Art. 51 Rn. 14.

81 S. *Borowsky* (4. Aufl.), Art. 51 Rn. 16; *Jarass*, GRC, Art. 51 Rn. 14; *Ehlers/ders.*, GR, § 14 Rn. 59; *Calliess/Ruffert/Kingreen*, EUV/AEUV, Art. 51 GRC Rn. 5; *Pechstein/Nowak/Häde/Pache*, Frankfurter Kommentar, Art. 51 GRC Rn. 15.

gen der Umsetzung von Resolutionen des Sicherheitsrats nach Kapitel VII der Charta der Vereinten Nationen dienen sollen".[82]

Besonders anschaulich wird der Umfang der Grundrechtsbindung der Union in dem Urteil der Großen Kammer des EuGH in den verbundenen Rechtssachen C-8/15 P bis C-10/15 P – **Ledra Advertising** vom 20. September 2016. Im Kern ging es um die Frage, ob die Kommission bei Aushandlung eines *Memorandum of Understanding* (MoU) zwischen dem Europäischen Stabilitätsmechanismus (ESM) und der Republik Zypern gemäß Art. 13 Abs. 3 ESM-Vertrag an die Chartagrundrechte gebunden war. Bei der nachfolgenden Sanierung zyprischer Banken mit Eigenmitteln auf Grundlage des MoU verloren die Bankdepots der Rechtsmittelführer erheblich an Wert. In Rede stand daher eine Verletzung von Art. 17 Abs. 1 der Charta (Eigentumsrecht) durch die Kommission. Der Gerichtshof wies zu Beginn der Grundrechtsprüfung darauf hin, „dass zwar die Mitgliedstaaten im Rahmen des ESM-Vertrags nicht das Recht der Union durchführen, so dass die Charta in diesem Rahmen nicht für sie gilt (…),[83] dass die Charta jedoch (…) für die Organe der Union auch dann gilt, wenn sie **außerhalb des unionsrechtlichen Rahmens** handeln."[84] 33

Die im Ausgangspunkt unbegrenzte Grundrechtsbindung der Europäischen Union kann – ausgehend von der Einordnung der jeweils einschlägigen Gewährleistung – jedoch **funktional begrenzt** sein. An die Freiheitsgrundrechte (v.a. aus Titel I und II) in ihrer abwehrrechtlichen Funktion ist die Union uneingeschränkt gebunden; Leistungs- und Schutzpflichten werden nur virulent, soweit die Union über eine Kompetenz zu ihrer Erfüllung verfügt (→ Rn. 73).[85] Vergleichbares gilt für Grundsätze, die zudem in ihrer Direktionskraft beschränkt sind (→ Rn. 65 f., 73). 34

d) Subsidiaritätsprinzip. Die Charta gilt gemäß Art. 51 Abs. 1 S. 1 Alt. 1 unter Wahrung des Subsidiaritätsprinzips. Hierbei handelt es sich um einen rein **deklaratorischen Hinweis,** denn das Subsidiaritätsprinzip gilt gemäß Art. 5 Abs. 1 S. 2 Alt. 1, Abs. 3 EUV grundsätzlich für die Ausübung der (nicht ausschließlichen) Zuständigkeiten der Union (→ Rn. 2 ff.). Zudem scheint die Wiederholung des Prinzips in der Charta deplatziert, da diese gerade weder neue Zuständigkeiten oder Aufgaben begründet, noch die festgelegten Zuständigkeiten und Aufgaben ändert (Abs. 2). Die Einfügung des Passus geht zurück auf die mitgliedstaatliche Sorge, die Charta könne trotz ihrer primären Zielsetzung, die Union lediglich zu binden, die bestehende Zuständigkeitsordnung zum Nachteil der Mitgliedstaaten beeinflussen (→ Rn. 7, 13 ff.). Dies kann nicht nur durch eine Verschiebung der Zuständigkeiten geschehen („Ob"), sondern auch durch eine exzessive Ausübung der Unionszuständigkeiten im Verhältnis zu den Mitgliedstaaten („Wie"). Dem wirkt das Subsidiaritätsprinzip entgegen. Der Hinweis in Art. 51 Abs. 1 S. 1 ist insofern im Zusammenhang mit den Regelungen des Art. 51 Abs. 1 S. 2, Abs. 2 zu sehen (→ Rn. 70 ff.). 35

---

82 EuGH – Kadi II, verb. Rs. C-584/10 P, C-593/10 P und C-595/10 P, ECLI:EU:C:2013:518, Urt. v. 18.7.2013 (Große Kammer), Rn. 97; s.a. schon EuGH – Kadi I, verb. Rs. C-402/05 P und C-415/05 P, ECLI:EU:C:2008:461, Urt. 3.9.2008 (Große Kammer), Rn. 280 ff.; s.a. *Lenaerts,* EuGRZ 2015, 353 (355).

83 Unter Verweis auf EuGH – Pringle, Rs. C-370/12, ECLI:EU:C:2012:756, Urt. v. 27.11.2012 (Plenum), Rn. 179–181.

84 EuGH – Ledra Advertising, verb. Rs. C-8/15 P bis C-10/15 P, ECLI:EU:C:2016:701, Urt. v. 20.9.2016 (Große Kammer), Rn. 67 (Hervorhebung nur hier). Unterstützend verwies der EuGH noch auf Art. 17 EUV sowie Art. 13 Abs. 3 und 4 ESM-Vertrag. S. zu dieser Entscheidung auch die Thematische Übersicht der Direktion Wissenschaftlicher Dienst und Dokumentation des Gerichtshofs zum Anwendungsbereich der Charta, abrufbar unter https://curia.europa.eu (Rechtsprechung, Zusammenstellungen nach Themen).

85 S.a. ausführlich *Cremer,* EuGRZ 2011, 545 (546 ff.).

3. Grundrechtsbindung der Mitgliedstaaten (Abs. 1 S. 1 Alt. 2)

36 a) **Hintergrund.** Die Mitgliedstaaten sind bereits an die jeweiligen nationalen Grundrechte sowie an die Gewährleistungen der EMRK gebunden. Ihre Bindung scheint daher nicht gleich dringlich wie diejenige der Europäischen Union.[86] Die Hoheitsgewalt, welche die Europäische Union gegenüber Individuen ausübt, trifft diese jedoch oftmals nicht unvermittelt. Vielfach ist ein mitgliedstaatlicher Akt „dazwischen geschaltet".[87] Die **mitgliedstaatliche Fortführung der Unionsgewalt** darf ihre grundrechtliche Bindung nicht unterbrechen. Die Aufgabe der Chartagrundrechte beschränkt sich daher in Bezug auf die Mitgliedstaaten im Ausgangspunkt darauf, (nur) insofern unionalen Grundrechtsschutz zu gewährleisten, als es die *einheitliche Anwendung unionsrechtlicher Vorgaben* erfordert.[88] Der EuGH selbst sieht die Gefahr, „dass der Grundrechtsschutz, der je nach dem betreffenden nationalen Recht unterschiedlich sein kann, die Einheit, den Vorrang und die Wirksamkeit des Unionsrechts beeinträchtigt".[89] Vor diesem Hintergrund müssen die Chartagrundrechte auch für die Mitgliedstaaten gelten – jedoch nur in beschränktem Umfang. Unzweifelhaft sind die Mitgliedstaaten daher im rein nationalen Bereich, wenn sie also allein im Rahmen ihrer eigenen Zuständigkeiten handeln, nicht an die Chartagrundrechte gebunden.[90]

37 Der Zusatz, dass die Chartagrundrechte für die Mitgliedstaaten „**ausschließlich**" bei der Durchführung des Unionsrechts gelten, hebt die Beschränkung ihrer Bindung auf bestimmte Konstellationen besonders hervor. Denn auch ohne dieses Adverb wären die Mitgliedstaaten nur in den vom Begriff der Durchführung erfassten Konstellationen gebunden. Die Formulierung spricht daher für eine *restriktive Auslegung* des Art. 51 Abs. 1 S. 1 Alt. 2 und damit des Begriffs der „Durchführung des Rechts der Union".[91] Verstärkt wird diese Auslegungsrichtung noch durch die verschiedenen redundanten Zuständigkeitsformeln in Art. 51 (→ Rn. 70 ff.).[92]

38 b) **Kontext.** Die **Entstehungsgeschichte** der Norm belegt, dass bewusst eine *engere* Formulierung gewählt worden ist als diejenige des „*Geltungsbereichs* des Rechts der Union". Denn letztere war im Konvent zwischenzeitlich vorgeschlagen und aufgrund starker Kritik ersetzt worden (→ Rn. 10 f.). Andererseits verweisen die **Erläuterungen** zu Art. 51 auf vorausgegangene Rechtsprechung des EuGH, wonach die Grundrechte für die Mitgliedstaaten

86 Vgl. *von Danwitz/Paraschas,* Fordham International Law Journal 35 (2012), 1396 (1400).

87 S.a. *Haratsch/Koenig/Pechstein,* EuR, Rn. 690; vgl. a. *Nusser,* Die Bindung der Mitgliedstaaten an die Unionsgrundrechte, S. 71 ff., 95 ff.: mitgliedstaatliche Ausübung unionaler Hoheitsgewalt.

88 *Haratsch/Koenig/Pechstein,* EuR, Rn. 692, in Anlehnung an *von Papp,* Die Integrationswirkung von Grundrechten, S. 43 f.; *Honer,* JuS 2017, 409 (411); vgl. a. EuGH – Karlsson, Rs. C- 292/97, ECLI:EU:C:2000:202, Urt. v. 13.4.2000, Rn. 35; *Rosas,* Jurisprudence 19 (2012), 1269 (1277). *Masing,* JZ 2015, 477 (481) sieht hierin die Grundlage für die (vom BVerfG vertretene) Trennungsthese; ebenso *Britz,* EuGRZ 2015, 275 (276); vgl. a. *von Danwitz/Paraschas,* Fordham International Law Journal 35 (2012), 1396 (1400 f.).

89 EuGH – Julian Hernández u.a., Rs. C-198/13, ECLI:EU:C:2014:2055, Urt. v. 10.7.2014, Rn. 47; EuGH – Siragusa, Rs. C-206/13, ECLI:EU:C:2014:126, Urt. v. 6.3.2014, Rn. 32. Kritisch zu Einheit stiftenden Prinzipien als Grundlage mitgliedstaatlicher Grundrechtsbindung *Nusser,* Die Bindung der Mitgliedstaaten an die Unionsgrundrechte, S. 62 ff.

90 Vgl. *Jarass,* GRC, Art. 51 Rn. 18, 28.

91 *Masing,* JZ 2015, 477 (481 f.); s.a. *Wollenschläger/Krönke,* NJW 2016, 906 (906); *Starke,* DVBl. 2017, 721 (721 f.); *von Danwitz/Paraschas,* Fordham International Law Journal 35 (2012), 1396 (1401).

92 *Masing,* JZ 2015, 477 (481 f.); *Starke,* DVBl. 2017, 721 (723); *Wollenschläger/Krönke,* NJW 2016, 906 (906); *von Danwitz/Paraschas,* Fordham International Law Journal 35 (2012), 1396 (1401 f.).

(nur) dann gelten, wenn sie im *Anwendungsbereich* des Unionsrechts handeln.[93] In Bezug genommen werden die Urteile in den Rechtssachen 5/88 – *Wachauf*, C-260/89 – *ERT*, C-309/96 – *Annibaldi* sowie C-292/97 – *Karlsson*.

Die Leitentscheidung des Gerichtshofs in der Rechtssache **Wachauf** (1988) zu den Unions- 39 bzw. Gemeinschaftsgrundrechten als allgemeinen Rechtsgrundsätzen betraf administrative Maßnahmen zum Vollzug einer Verordnung (sog. *agency*-Situation[94]), die den Mitgliedstaaten einen Ermessensspielraum eröffnete.[95] Der EuGH betonte hier, dass auch die Mitgliedstaaten die Erfordernisse des Grundrechtsschutzes „*bei der Durchführung* der gemeinschaftsrechtlichen Regelungen zu beachten" hätten.[96] In der Rechtssache **Karlsson** (2000) handelte es sich um die gleiche Grundkonstellation.[97] In der Rechtssache **ERT** (1991) entschied der Gerichtshof, dass die Unionsgrundrechte für die Mitgliedstaaten auch dann gelten, wenn diese Grundfreiheiten beschränken[98] und damit als sog. *Schranken-Schranken der Grundfreiheiten* fungieren. Danach könnten Ausnahmen von den Grundfreiheiten für eine nationale Regelung nur dann gelten, „wenn sie im Einklang mit den Grundrechten steht".[99] In dieser Entscheidung knüpfte der Gerichthof die Überprüfung einer nationalen Regelung am Maßstab der Unionsgrundrechte an die Voraussetzung, dass diese Regelung „in den *Anwendungsbereich* des Gemeinschaftsrechts" fällt. In der Rechtssache **Annibaldi** (1997) setzte der EuGH erneut am *Anwendungsbereich* an; er verneinte aber in diesem Fall, dass die nationale Regelung unter das Gemeinschaftsrecht (hier: die primärrechtlichen Regelungen zur gemeinsamen Organisation der Agrarmärkte) fiel.[100] Im Einzelnen prüfte der Gerichtshof (schon damals, zur späteren Rechtsprechung → Rn. 47), ob die nationale Regelung eine Durchführung des Gemeinschaftsrechts bezweckte, ob sie das Gemeinschaftsrecht mittelbar beeinflussen konnte, welche Ziele mit ihr verfolgt wurden und ob eine spezifische Gemeinschaftsregelung zu ihr existierte.[101]

c) Anknüpfungspunkt der Rechtsprechung des EuGH. Vor diesem Hintergrund verweist 40 der EuGH seit Inkrafttreten der Charta regelmäßig auf die Bezugnahme der Erläuterungen auf seine vorausgegangene Rechtsprechung[102] sowie darauf, dass die Erläuterungen gemäß Art. 6 Abs. 1 UAbs. 3 EUV sowie Art. 52 Abs. 7 bei der Auslegung der Grundrechte gebührend zu berücksichtigen sind.[103] Nach Auffassung des Gerichtshofs bestätigt Art. 51 Abs. 1 S. 1 daher die ständige Rechtsprechung, nach der die in der Unionsrechtsordnung garantierten Grundrechte in allen unionsrechtlich geregelten Fallgestaltungen, aber nicht außerhalb derselben Anwendung finden; der Gerichtshof stellt also auf den **Anwendungsbereich**

93 Zu diesem Gegensatz auch *Bucher*, ZEuS 2016, 203 (207); *Huber*, NJW 2011, 2385 (2387).
94 S. nur *Haratsch/Koenig/Pechstein*, EuR, Rn. 694; *Bucher*, ZEuS 2016, 203 (208); *Grabenwarter/Schorkopf*, EnzEuR Grundrechteschutz, § 3 Rn. 19.
95 EuGH – Wachauf, Rs. 5/88, ECLI:EU:C:1989:321, Urt. v. 13.7.1989, Rn. 17 ff.
96 EuGH – Wachauf, Rs. 5/88 (Fn. 95), Rn. 19 (Hervorhebung nur hier).
97 EuGH – Karlsson, Rs. C- 292/97, ECLI:EU:C:2000:202, Urt. v. 13.4.2000, Rn. 35 ff.
98 EuGH – ERT, Rs. C-260/89, ECLI:EU:C:1991:254, Urt. v. 18.6.1991, Rn. 41 ff.
99 EuGH – ERT, Rs. C-260/89 (Fn. 98), Rn. 43 (Hervorhebung nur hier).
100 EuGH – Annibaldi, Rs. C-309/96, ECLI:EU:C:1997:631, Urt. v. 18.12.1997, Rn. 12 ff., zum Anwendungsbereich insbes. Rn. 13.
101 EuGH – Annibaldi, Rs. C-309/96 (Fn. 100), Rn. 21 ff.
102 S. zu dieser z.B. *Nusser*, Die Bindung der Mitgliedstaaten an die Unionsgrundrechte, S. 9 ff.; *Bleckmann*, Nationale Grundrechte im Anwendungsbereich des Rechts der Europäischen Union, S. 15 ff.
103 EuGH – Pelckmans Turnhout, C-483/12, ECLI:EU:C:2014:304, Urt. v. 8.5.2014, Rn. 19; EuGH – Siragusa, Rs. C-206/13, ECLI:EU:C:2014:126, Urt. v. 6.3.2014, Rn. 22; EuGH – Åkerberg Fransson, Rs. C-617/10, ECLI:EU:C:2013:105, Urt. v. 26.1.2013 (Große Kammer), Rn. 20; s.a. EuGH – Julian Hernández u.a., Rs. C-198/13, ECLI:EU:C:2014:2055, Urt. v. 10.7.2014, Rn. 33.

des Unionsrechts ab.[104] Insoweit formuliert er: „Da folglich die durch die Charta garantierten Grundrechte zu beachten sind, wenn eine nationale Rechtsvorschrift in den Geltungsbereich des Unionsrechts fällt, sind keine Fallgestaltungen denkbar, die vom Unionsrecht erfasst würden, ohne dass diese Grundrechte anwendbar wären. Die Anwendbarkeit des Unionsrechts umfasst die Anwendbarkeit der durch die Charta garantierten Grundrechte".[105] Die Charta lässt sich insoweit als *„Schatten" des Unionsrechts* verstehen.[106]

41 **Kritik** an der weiten Formel vom Anwendungsbereich des Unionsrechts kann sich überzeugend nicht allein auf die *Entstehungsgeschichte* des Art. 51 stützen.[107] Zwar entspricht der gewählte Wortlaut der „Durchführung" der Formulierung in der *Wachauf*-Entscheidung und damit der *agency*-Situation. Auch war vom Konvent bewusst nicht auf den Geltungsbereich des Unionsrechts abgestellt worden. Doch war auch der Begriff der „Durchführung" nicht unumstritten und wurde teilweise als zu eng kritisiert (→ Rn. 11 f.). Eindeutig ist der *Wortlaut* jedenfalls nicht.[108] Zudem sprachen sich im Konvent zwar zahlreiche Stimmen vehement gegen eine rechtliche Bedeutung der *Erläuterungen* aus, die vom Präsidium verfasst worden waren.[109] Dennoch haben die Regelungen der Art. 6 Abs. 1 UAbs. 3 EUV und Art. 52 Abs. 7 zur Bedeutung der Erläuterungen über den Vertrag von Lissabon die Zustimmung aller Mitgliedstaaten erhalten.[110]

---

104 EuGH – Online Games u.a., Rs. C-685/15, ECLI:EU:C:2017:452, Urt. v. 14.6.2017, Rn. 55; EuGH – Demarchi Gino, Rs. C-177/17, ECLI:EU:C:2017:656, Beschl. v. 7.9.2017, Rn. 18; EuGH – Lesoochranárske zoskupenie VLK, Rs. C-243/15, ECLI:EU:C:2016:838, Urt. v. 8.11.2016, Rn. 51; EuGH – Toma und Biroul Executorului Judecatoresc Horatiu-Vasile Cruduleci, Rs. C-205/15, ECLI:EU:C:2016:499, Urt. v. 30.6.2016, Rn. 23 f.; EuGH – WebMindLicenses, Rs. C-419/14, ECLI:EU:C:2015:832, Urt. v. 17.12.2015, Rn. 66; EuGH – Delvigne, Rs. C-650/13, ECLI:EU:C:2015:648, Urt. v. 6.10.2015, Rn. 26; EuGH – Nisttahuz Poclava, Rs. C-117/14, ECLI:EU:C:2015:60, Urt. v. 5.2.2015, Rn. 29; EuGH – Érsekcsanádi Mezőgazdasági, Rs. C-56/13, ECLI:EU:C:2014:352, Urt. v. 22.5.2014, Rn. 54; EuGH – Pelckmans Turnhout, Rs. C-483/12, ECLI:EU:C:2014:304, Urt. v. 8.5.2014, Rn. 18 ff.; EuGH – Pfleger u.a., Rs. C-390/12, ECLI:EU:C:2014:281, Urt. v. 30.4.2014 (Große Kammer), Rn. 34; EuGH – Torralbo Marcos, Rs. C-265/13, ECLI:EU:C:2014:187, Urt. v. 27.3.2014, Rn. 29; EuGH – Sociedade Agrícola e Imobiliária da Quinta de S. Paio, Rs. C-258/13, ECLI:EU:C:2013:810, Beschl. v. 28.11.2013, Rn. 19; EuGH – Texdata Software, Rs. C-418/11, ECLI:EU:C:2013:588, Urt. v. 26.9.2013, Rn. 72; EuGH – Åkerberg Fransson, Rs. C-617/10, ECLI:EU:C:2013:105, Urt. v. 26.1.2013 (Große Kammer), Rn. 18 f. S. zur einschlägigen Rechtsprechung auch die Thematische Übersicht der Direktion Wissenschaftlicher Dienst und Dokumentation des Gerichtshofs zum Anwendungsbereich der Charta, abrufbar unter https://curia.europa.eu (Rechtsprechung, Zusammenstellungen nach Themen).

105 EuGH – Pfleger u.a., Rs. C-390/12, ECLI:EU:C:2014:281, Urt. v. 30.4.2014 (Große Kammer), Rn. 34; EuGH – Åkerberg Fransson, Rs. C-617/10, ECLI:EU:C:2013:105, Urt. v. 26.1.2013 (Große Kammer), Rn. 21; vgl. a. EuGH – Texdata Software, Rs. C-418/11, ECLI:EU:C:2013:588, Urt. v. 26.9.2013, Rn. 73; EuGH – Stefan, Rs. C-329/13, ECLI:EU:C:2014:815, Beschl. v. 8.5.2014, Rn. 30.

106 *Lenaerts*, EuGRZ 2015, 353 (354); *Sarmiento*, CMLR 50 (2013), 1267 (1278); *Stotz*, ZEuS 2017, 259 (267); *Thym*, DÖV 2014, 941 (943 f.).

107 Vgl. a. *Thym*, NVwZ 2013, 889 (890); *Starke*, DVBl. 2017, 721 (722); *Kingreen*, JZ 2013, 801 (803 f.); *Ehlers/ders.*, GR, § 14 Rn. 68.

108 Vgl. a. *Ohler*, NVwZ 2013, 1433 (1434); *Thym*, NVwZ 2013, 889 (894); *Frenzel*, Der Staat 53 (2014), 1 (3); *Honer*, JuS 2017, 409 (410); *Jarass*, NVwZ 2012, 457 (459); *Kingreen*, JZ 2013, 801 (803). Für eine enge Auslegung aufgrund des Wortlauts z.B. *Starke*, DVBl. 2017, 721 (721 f.).

109 S. *Bernsdorff/Borowsky*, Protokolle, S. 359, 361 sowie S. 380 ff. zum nachfolgenden Dok. CHARTE 4471/00 CONVENT 48.

110 Vgl. a. *Frenzel*, Der Staat 53 (2014), 1 (4 ff.); zu weitgehend in der pauschalen Verneinung ihrer „Rechtsverbindlichkeit" daher z.B. *Starke*, DVBl. 2017, 721 (722); ähnlich *Cremer*, EuGRZ 2011, 545 (551 f.); s.a. *Grabenwarter/Schorkopf*, EnzEuR Grundrechteschutz, § 3 Rn. 26.

Der Gerichtshof stellt durch die Fortführung seiner zu den Grundrechten als allgemeinen Rechtsgrundsätzen vor dem Vertrag von Lissabon entwickelten Rechtsprechung unter der Charta einen **Gleichlauf beider Grundrechtsquellen** her.[111] Dieser verhindert mit Blick auf ihre gemäß Art. 6 Abs. 1 (Chartagrundrechte) und Abs. 3 (allgemeine Rechtsgrundsätze) EUV *parallele Geltung* Widersprüche innerhalb einer einheitlichen Grundrechtsordnung und liegt außerdem auf einer Linie etwa mit den Regelungen des Art. 52 Abs. 3, 4.[112] Im Übrigen würde ein enger gefasster Anwendungsbereich der Chartagrundrechte vor diesem Hintergrund nicht zu einer Begrenzung des unionalen Grundrechtsschutzes führen, da insofern die allgemeinen Rechtsgrundsätze weiterhin Anwendung fänden.[113] Auch das Anliegen des Gerichtshofs, eine Beeinträchtigung der Einheit, des Vorranges und der Wirksamkeit des Unionsrechts durch einen unterschiedlichen nationalen Grundrechtsschutz zu verhindern (→ Rn. 36),[114] ist aus der unionsrechtlichen Perspektive legitim. Die entscheidende Frage bleibt jedoch, was sich genau hinter der in der Rechtsprechung gebrauchten – recht unpräzisen – Formel vom Anwendungsbereich des Unionsrechts verbergen soll. 42

d) Anknüpfungspunkt der Rechtsprechung des BVerfG. Das BVerfG verfolgt einen engeren Ansatz als der EuGH. Maßgeblich ist nach seiner Rechtsprechung, inwieweit das Unionsrecht den Mitgliedstaaten entweder zwingende Vorgaben macht oder aber Spielräume lässt.[115] Soweit das Unionsrecht *zwingende Vorgaben* macht, gelten die *Unionsgrundrechte* – mit der Konsequenz, dass bzgl. des nationalen „Durchführungsaktes" das BVerfG keine eigene Grundrechtsprüfung vornimmt. Soweit das Unionsrecht den Mitgliedstaaten dagegen *Spielräume* lässt, nimmt das BVerfG eine gerichtliche Überprüfung des nationalen Aktes am Maßstab der *Grundrechte des Grundgesetzes* vor. Die Unionsgrundrechte gelten nach seiner Auffassung dann nicht. Das BVerfG geht also von einer klaren Trennung der Grundrechtssphären aus (**Trennungsthese**).[116] Entscheidend ist für das BVerfG damit, inwieweit der nationale Durchführungsakt **unionsrechtlich determiniert** ist.[117] Auch dieses 43

111 *Haratsch/Koenig/Pechstein,* EuR, Rn. 695; s.a. *Safjan,* EUI Working Paper Law 2012/22, S. 12 ff.; *Franzius,* ZaöRV 75 (2015), 383 (391); *Hoffmann/Rudolphi,* DÖV 2012, 597 (600); *Lange,* NVwZ 2014, 169 (173); allgemein *Rosas,* Jurisprudence 19 (2012), 1269 (1282); kritisch *Starke,* DVBl. 2017, 721 (723).

112 S.a. *Weiß,* EuZW 2013, 287 (289); *Jarass,* GRC, Art. 51 Rn. 18.

113 *Jarass,* NVwZ 2012, 457 (459).

114 EuGH – Julian Hernández u.a., Rs. C-198/13, ECLI:EU:C:2014:2055, Urt. v. 10.7.2014, Rn. 47; EuGH – Siragusa, Rs. C-206/13, ECLI:EU:C:2014:126, Urt. v. 6.3.2014, Rn. 32.

115 Zu Verordnungen z.B. BVerfG – Agrarmarktsubventionen, 1 BvF 4/05, Beschl. v. 14.10.2008, BVerfGE 122, 1 (20 f. Rn. 79 ff.). Zu Richtlinien z.B. BVerfG – AnyDVD, 1 BvR 1248/11, Beschl. v. 15.12.2011, NJW 2012, 1205 (1206 Rn. 27 ff.); BVerfG – Le Corbusier, 1 BvR 1916/09, Beschl. v. 19.7.2011, BVerfGE 129, 78 (90 f. Rn. 88 ff.); BVerfG – Vorratsdatenspeicherung, 1 BvR 256/08, 1 BvR 263/08, 1 BvR 586/08, Urt. v. 2.3.2010, BVerfGE 125, 260 (306 f. Rn. 185 ff.); BVerfG – Vorratsdatenspeicherung, 1 BvR 256/08, einstweilige Anordnung v. 11.3.2008, BVerfGE 121, 1 (15 Rn. 135); BVerfG – Emissionshandel, 1 BvF 1/05, Beschl. v. 13.3.2007, BVerfGE 118, 79 (95 ff. Rn. 65 ff.); BVerfG – EuGH-Vorlagepflicht, 1 BvR 1036/99, Beschl. v. 9.1.2001, NJW 2001, 1267 (1268); BVerfG – EWG-Tabaksteuerrichtlinie, 2 BvR 1096/92, Beschl. v. 9.7.1992, NVwZ 1993, 883. S.a. BVerfG – Europäischer Haftbefehl (Rahmenbeschluss), 2 BvR 2735/14, Beschl. v. 15.12.2015, BVerfGE 140, 317 (335 f. Rn. 39).

116 *Haratsch/Koenig/Pechstein,* EuR, Rn. 702; *Franzius,* ZaöRV 75 (2015), 383 (388); *Thym,* NVwZ 2013, 889 (892, 894 f.); kritisch *ders.,* DÖV 2014, 941 (947); s.a. *Masing,* JZ 2015, 477 (480); *Britz,* EuGRZ 2015, 275 (277 ff.); *Kingreen,* JZ 2013, 801 (802 f.): „Alternativitätsthese". Zum abweichenden Ansatz des EuGH s.u. Rn. 53 f.

117 So ausdrücklich BVerfG – Antiterrordatei, 1 BvR 1215/07, Urt. v. 24.4.2013, BVerfGE 133, 277 (313 f. Rn. 88); s.a. *Haratsch/Koenig/Pechstein,* EuR, Rn. 702; *Bäcker,* EuR 2015, 389 (390 f.); *Britz,* EuGRZ 2015, 275 (277 f.); zusammenfassend zum entsprechenden Schrifttum *Nusser,* Die Bindung der Mitgliedstaaten an die Unionsgrundrechte, S. 43 ff.

Kriterium der Determiniertheit wirft mangels trennscharfer Abgrenzung Wertungsfragen auf.[118] Der Ansatz des BVerfG begegnet zudem strukturellen Grenzen und praktischen Schwierigkeiten, wenn ein Sachverhalt teilweise unionsrechtlich determiniert und teilweise den Mitgliedstaaten zur Regelung überantwortet ist.[119]

44 e) **Konfrontation zwischen EuGH und BVerfG.** Besondere Beachtung erlangte das Urteil des **EuGH** in der Rechtssache C-617/10 – **Åkerberg Fransson** vom 26. Februar 2013.[120] In dem zugrunde liegenden Vorabentscheidungsverfahren ging es im Ausgangspunkt um die Frage, ob eine strafrechtliche Anklage im Anschluss an eine steuerrechtliche Sanktion für ein und denselben Rechtsverstoß das Verbot der Doppelbestrafung des Art. 50 verletzte. Entscheidend für die Beantwortung dieser Frage war, ob in der vorliegenden Konstellation eine mitgliedstaatliche Grundrechtsbindung (Schwedens) bestand. Der Gerichtshof sah es als ausreichend an, dass die steuerlichen Sanktionen und das Strafverfahren „teilweise im Zusammenhang mit der Nichteinhaltung von Mitteilungspflichten auf dem Gebiet der Mehrwertsteuer" standen und nach dem Unionsrecht „jeder Mitgliedstaat verpflichtet ist, alle Rechts- und Verwaltungsvorschriften zu erlassen, die geeignet sind, die Erhebung der gesamten in seinem Hoheitsgebiet geschuldeten Mehrwertsteuer zu gewährleisten und den Betrug zu bekämpfen" sowie „zur Bekämpfung von rechtwidrigen Handlungen, die sich gegen die finanziellen Interessen der Union richten, abschreckende und wirksame Maßnahmen zu ergreifen".[121] Das Handeln des Mitgliedstaates müsse „nicht vollständig durch das Unionsrecht bestimmt" werden.[122] Folglich seien steuerliche Sanktionen und ein Strafverfahren wegen Steuerhinterziehung wegen unrichtiger Angaben zur Mehrwertsteuer als Durchführung des entsprechenden Unionsrechts i.S.d. Art. 51 Abs. 1 anzusehen.[123] Damit ließ der Gerichtshof sehr weitgehend **allgemein-sachbezogene Handlungspflichten** aus dem Primär- und Sekundärrecht genügen, weil das in Rede stehende nationale Recht zumindest *objektiv zu deren Erfüllung beitrage.*[124]

45 Deutliche **Kritik** an dieser Entscheidung übte auch das **BVerfG.** In seinem Urteil zur **Antiterrordatei** vom 24. April 2013 lehnte das Gericht ein Vorabentscheidungsersuchen an den EuGH ab, weil die angegriffenen Vorschriften nicht durch Unionsrecht determiniert seien und damit die Charta nicht anwendbar.[125] Das BVerfG führte demonstrativ aus, dass trotz einer teilweisen Berührung von Regelungsbereichen des Unionsrechts, unionsrechtlichen Bezügen und tatsächlichen mittelbaren Auswirkungen auf den Umfang unionsrechtlicher

---

118 *Ohler,* NVwZ 2013, 1433 (1437); zu Recht kritisch auch *Nusser,* Die Bindung der Mitgliedstaaten an die Unionsgrundrechte, S. 45 f.

119 *Thym,* NVwZ 2013, 889 (892); s.a. *Kingreen,* JZ 2013, 801 (809); *Wendel,* EuZW 2012, 212 (217); hingegen zur „Zerlegung" der zu überprüfenden Maßnahme *Britz,* EuGRZ 2015, 275 (278 f.).

120 EuGH – Åkerberg Fransson, Rs. C-617/10, ECLI:EU:C:2013:105, Urt. v. 26.1.2013 (Große Kammer).

121 EuGH – Åkerberg Fransson, Rs. C-617/10 (Fn. 120), Rn. 24 ff.

122 EuGH – Åkerberg Fransson, Rs. C-617/10 (Fn. 120), Rn. 29.

123 EuGH – Åkerberg Fransson, Rs. C-617/10 (Fn. 120), Rn. 27; s.a. nachfolgend EuGH – Beriloz Investment Fund, C-682/15, ECLI:EU:C:2017:373, Urt. v. 16.5.2017 (Große Kammer), Rn. 32 ff.; EuGH – Orsi, verb. Rs. C-217/15 u. C-350/15, ECLI:EU:C:2017:264, Urt. v. 5.4.2017, Rn. 16; EuGH – WebMindLicenses, Rs. C-419/14, ECLI:EU:C:2015:832, Urt. v. 17.12.2015, Rn. 66 ff.

124 *Haratsch/Koenig/Pechstein,* EuR, Rn. 697; s.a. *Thym,* NVwZ 2013, 889 (890): Pflicht allgemeiner Natur; *Masing,* JZ 2015, 477 (482): unspezifische Pflicht; noch weitergehend *Frenzel,* Der Staat 53 (2014), 1 (2, 19): irgendein Bezug zum Unionsrecht; *Kingreen,* JZ 2013, 801 (801 f.): eher periphere Berührungspunkte mit dem Unionsrecht.

125 BVerfG – Antiterrordatei, 1 BvR 1215/07, Urt. v. 24.4.2013, BVerfGE 133, 277 (313 ff. Rn. 88, 90).

Berichtspflichten sowie vorhandenen Anknüpfungspunkten zum Unionsrecht in Bezug auf weitere Pflichten *unzweifelhaft keine Durchführung* des Recht der Union vorliege.[126] Es fehle an einer unionsrechtlichen Verpflichtung zur Einrichtung einer Antiterrordatei sowie an inhaltlichen Vorgaben zu einer solchen, und eine nur mittelbare Beeinflussung unionsrechtlich geordneter Rechtsbeziehungen genüge nicht.[127] Die EuGH-Entscheidung in der Rechtssache *Åkerberg Fransson* dürfe „*nicht* in einer Weise verstanden und angewendet werden, nach der für eine Bindung der Mitgliedstaaten durch die in der Grundrechtecharta niedergelegten Grundrechte der Europäischen Union *jeder sachliche Bezug* einer Regelung zum bloß abstrakten Anwendungsbereich des Unionsrecht oder *rein tatsächliche Auswirkungen* auf dieses ausreiche"; andernfalls drohe eine Einordnung des EuGH-Urteils als *ultra-vires-Akt* oder *Verletzung der Verfassungsidentität* (des Grundgesetzes).[128] In anderen Mitgliedstaaten wirft die weite Auslegung des Art. 51 Abs. 1 S. 1 Alt. 2 dagegen nicht die gleichen Probleme auf wie in Deutschland.[129]

f) Konturen der Rechtsprechung des EuGH. In der nachfolgenden Rechtsprechung hat der EuGH seine Formel vom Anwendungsbereich des Unionsrechts stärker nachgezeichnet. Er hat klargestellt, dass Voraussetzung für die mitgliedstaatliche Grundrechtsbindung ein *hinreichender Zusammenhang von einem gewissen Grad* zwischen einem Unionsrechtsakt und der fraglichen nationalen Maßnahme ist, der darüber hinausgeht, dass die fraglichen Sachbereiche benachbart sind oder der eine von ihnen mittelbare Auswirkungen auf den anderen haben kann.[130] Allein der Umstand, dass eine nationale Maßnahme in einen Bereich fällt, in dem Unionszuständigkeiten bestehen, kann diese Maßnahmen nicht in den Anwendungsbereich des Unionsrechts bringen.[131] Die Unionsgrundrechte sind im Verhältnis zu einer nationalen Regelung unanwendbar, wenn das Unionsrecht in dem betreffenden Sachbereich keine **bestimmten Verpflichtungen** der Mitgliedstaaten im Hinblick auf den nationalen Sachverhalt schafft.[132] Daher sind die Mitgliedstaaten auch nicht gebunden, wenn lediglich unionsrechtliche Mindestregelungen existieren, die nationale Regelung sich jedoch außerhalb des von diesen erfassten Bereichs bewegt.[133] Ebenso wenig genügen uni- 46

126 BVerfG – Antiterrordatei, 1 BvR 1215/07 (Fn. 125), Rn. 89 f.
127 BVerfG – Antiterrordatei, 1 BvR 1215/07 (Fn. 125), Rn. 90.
128 BVerfG – Antiterrordatei, 1 BvR 1215/07 (Fn. 125), Rn. 91 (Hervorhebungen nur hier); hierzu a. *Thym,* NVwZ 2013, 889 (890): unverhohlene Drohung; diese Einordnung ablehnend *Weiß,* EuZW 2013, 287 (289).
129 Hierzu näher *Thym,* NVwZ 2013, 889 (895 f.) m.w.N.; vgl. a. *ders.,* DÖV 2014, 941 (948).
130 S. EuGH – Demarchi Gino, Rs. C-177/17, ECLI:EU:C:2017:656, Beschl. v. 7.9.2017, Rn. 19; EuGH – Paoletti u.a., Rs. C-218/15, ECLI:EU:C:2016:748, Urt. v. 6.10.2016, Rn. 14; EuGH – Liivimaa Lihaveis, Rs. C-562/12, ECLI:EU:C:2014:2229, Urt. v. 17.9.2014, Rn. 62; EuGH – Julian Hernández u.a., Rs. C-198/13, ECLI:EU:C:2014:2055, Urt. v. 10.7.2014, Rn. 34; EuGH – Siragusa, Rs. C-206/13, ECLI:EU:C:2014:126, Urt. v. 6.3.2014, Rn. 24; vgl. a. schon EuGH – Kremzow, Rs. C-299/95, ECLI:EU:C:1997:254, Urt. v. 29.5.1997, insbes. Rn. 16.
131 EuGH – Julian Hernández u.a., Rs. C-198/13, ECLI:EU:C:2014:2055, Urt. v. 10.7.2014, Rn. 36, 46; s.a. bereits EuGH – Bartsch, Rs. C-427/06, ECLI:EU:C:2008:517, Urt. v. 23.9.2008, Rn. 18; *Jarass,* NVwZ 2012, 457 (461); *Thym,* NVwZ 2013, 889 (894); sowie *ders.,* DÖV 2014, 941 (950); *Latzel,* EuZW 2015, 658 (659).
132 EuGH – Consorzio Italian Management e Catania Multiservizi, Rs. C-152/17, ECLI:EU:C:2018:264, Urt. v. 19.4.2018, Rn. 34; EuGH – Demarchi Gino, Rs. C-177/17, ECLI:EU:C:2017:656, Beschl. v. 7.9.2017, Rn. 21; EuGH – Julian Hernández u.a., Rs. C-198/13, ECLI:EU:C:2014:2055, Urt. v. 10.7.2014, Rn. 35; EuGH – Siragusa, Rs. C-206/13, ECLI:EU:C:2014:126, Urt. v. 6.3.2014, Rn. 26; s.a. EuGH – Demarchi Gino, Rs. C-177/17, ECLI:EU:C:2017:656, Beschl. v. 7.9.2017, Rn. 25. Vgl. a. *Rosas,* Jurisprudence 19 (2012), 1269 (1277 ff.); *Lenaerts,* EuGRZ 2015, 353 (354); *Stotz,* ZEuS 2017, 259 (267 f.); *Ohler,* NVwZ 2013, 1433 (1434).
133 *Jarass,* NVwZ 2012, 457 (461).

onspolitische Ziele, Leitlinien, Empfehlungen oder Unterstützungs- und Koordinierungsmaßnahmen.[134]

47 Für die Beurteilung, ob im Ergebnis eine Durchführung des Unionsrechts i.S.d. Art. 51 Abs. 1 S. 1 Alt. 2 anzunehmen ist, hat der EuGH außerdem ein Raster von verschiedenen **Kriterien** entwickelt. Dieses zeichnete sich bereits in der Entscheidung in der Rechtssache *Annibaldi* (1997) ab (→ Rn. 39), auf welche die Erläuterungen Bezug nehmen.[135] Nach seiner ständigen Rechtsprechung ist u.a. zu prüfen, ob mit der fraglichen nationalen Regelung die Durchführung einer Bestimmung des Unionsrechts bezweckt wird; welchen Charakter diese Regelung hat und ob mit ihr andere als die unter das Unionsrecht fallenden Ziele verfolgt werden, selbst wenn sie das Unionsrecht mittelbar beeinflussen kann; ob es eine Regelung des Unionsrechts gibt, die für diesen Bereich spezifisch ist oder ihn beeinflussen kann.[136] Dieser Kriterienkatalog ist nicht abschließend.[137] Der Gerichtshof untersucht in diesem Zusammenhang teilweise ergänzend, ob im konkreten Fall das Risiko besteht, „dass der Grundrechtsschutz, der je nach dem betreffenden nationalen Recht unterschiedlich sein kann, *den Vorrang, die Einheit und die Wirksamkeit des Unionsrechts beeinträchtigt*".[138]

48 **g) Fallgruppen.** Über diese – die Lösung des Einzelfalles steuernden – Kriterien hinaus lässt sich die Rechtsprechung des Gerichtshofs in Gestalt einer Fallgruppenbildung noch weiter systematisieren. Die klassische, erstmals in der Rechtssache *Wachauf*[139] entschiedene Konstellation der mitgliedstaatlichen Grundrechtsbindung ist der **Vollzug einer Verordnung** durch nationale Behörden (sog. *agency*-Situation), auch bei Ermessensspielräumen.[140] Soweit ein mitgliedstaatliches Gericht eine Verordnung anwendet, gilt auch für dieses die Charta.[141] Außerdem sind die Mitgliedstaaten nach der Rechtsprechung des Gerichtshofs

134 *Latzel,* EuZW 2015, 658 (659) m.w.N.; s.a. *Thym,* NVwZ 2013, 889 (893 f.); *Nusser,* Die Bindung der Mitgliedstaaten an die Unionsgrundrechte, S. 101 f.

135 EuGH – Annibaldi, Rs. C-309/96, ECLI:EU:C:1997:631, Urt. v. 18.12.1997, Rn. 21 ff. S.a. EuGH – Kremzow, Rs. C-299/95, ECLI:EU:C:1997:254, Urt. v. 29.5.1997, Rn. 16 f.; EuGH – Iida, Rs. C-40/11, ECLI:EU:C:2012:691, Urt. v. 8.11.2012, Rn. 79; s.a. *Lange,* NVwZ 2014, 169 (170).

136 EuGH – Demarchi Gino, Rs. C-177/17, ECLI:EU:C:2017:656, Beschl. v. 7.9.2017, Rn. 20, 26; EuGH – Julian Hernández u.a., Rs. C-198/13, ECLI:EU:C:2014:2055, Urt. v. 10.7.2014, Rn. 37; EuGH – Siragusa, Rs. C-206/13, ECLI:EU:C:2014:126, Urt. v. 6.3.2014, Rn. 25; EuGH – Ymeraga, Rs. C-87/12, ECLI:EU:C:2013:291, Urt. v. 8.5.2013, Rn. 41 f.; vgl. a. EuGH – Milkova, Rs. C-406/15, ECLI:EU:C:2017:198, Urt. v. 9.3.2017, Rn. 50; EuGH – Torralbo Marcos, Rs. C-265/13, ECLI:EU:C:2014:187, Urt. v. 27.3.2014, Rn. 32 ff.

137 S.a. *Thym,* DÖV 2014, 941 (944).

138 EuGH – Julian Hernández u.a., Rs. C-198/13, ECLI:EU:C:2014:2055, Urt. v. 10.7.2014, Rn. 47; EuGH – Siragusa, Rs. C-206/13, ECLI:EU:C:2014:126, Urt. v. 6.3.2014, Rn. 32. Hervorhebung nur hier.

139 EuGH – Wachauf, Rs. 5/88, ECLI:EU:C:1989:321, Urt. v. 13.7.1989, Rn. 17 ff.; s.a. EuGH – Karlsson, Rs. C-292/97, ECLI:EU:C:2000:202, Urt. v. 13.4.2000, Rn. 35 ff.

140 S. z.B. EuGH – Szatmári Malom, Rs. C-135/13, ECLI:EU:C:2014:327, Urt. v. 15.5.2014, Rn. 65 (Beihilfe nach ELER-Verordnung); EuGH – C.K. u.a., Rs. C-578/16 PPU, ECLI:EU:C:2017:127, Urt. v. 16.2.2017, Rn. 53 (Ermessensklausel Dublin-III-Verordnung); EuGH – N.S., verb. Rs. C-411/10 u. C-493/10, ECLI:EU:C:2011:865, Urt. v. 21.12.2011 (Große Kammer), Rn. 65 ff. (Ermessensklausel Dublin-II-Verordnung); EuGH – Peftiev, Rs. C-314/13, ECLI:EU:C:2014:1645, Urt. v. 12.6.2014, Rn. 24 (Freigabe eingefrorener Gelder nach Belarus-Verordnung); EuGH – Liivimaa Lihaveis, Rs. C-562/12, ECLI:EU:C:2014:2229, Urt. v. 17.9.2014, Rn. 61 ff. (bilaterales Programm zur Förderung europäischer territorialer Zusammenarbeit nach Verordnung).

141 Zur Brüssel-I-Verordnung EuGH – Meroni, Rs. C-559/14, ECLI:EU:C:2016:349, Urt. v. 25.5.2016, Rn. 43 f.; EuGH – GREP, Rs. C-156/12, ECLI:EU:C:2012:342, Beschl. v. 13.6.2012, Rn. 31.

bei der **Richtlinienumsetzung** an die Chartagrundrechte gebunden.[142] Dies gilt – wie im Falle der Verordnung – auch, wenn sie hierbei über ein Ermessen verfügen.[143] In der Rechtssache *Åkerberg Fransson* hatte der Gerichtshof eine Grundrechtsbindung sogar angenommen, obwohl die fragliche nationale Bestimmung nicht zur Umsetzung der herangezogenen Richtlinie verabschiedet worden war; er hielt es für ausreichend, dass durch ihre Anwendung ein Verstoß gegen die Richtlinienbestimmungen geahndet werden sollte.[144] An dieser Rechtsprechung hielt der EuGH trotz der an ihr geübten Kritik fest.[145] Im Anschluss an seine *ERT*-Entscheidung[146] sieht der EuGH den Anwendungsbereich des Unionsrechts zudem dann als eröffnet an, wenn ein Mitgliedstaat eine im Unionsrecht vorgesehene Ausnahme in Anspruch nimmt, um eine **Einschränkung einer Grundfreiheit** zu rechtfertigen;[147] in diesem Sinne stellen die Grundrechte Schranken-Schranken zu den Grundfreiheiten dar. Nach dem EuGH-Urteil in der Rechtssache *Schmidberger* können sie zudem als eigenständige (ungeschriebene) Rechtfertigungsgründe für Einschränkungen der Grundfreiheiten wirken.[148] Es ist konsequent, dass der Gerichtshof die Rechtsprechung zu den Grundfreiheiten auf die **Freizügigkeit der Unionsbürger** gemäß Art. 21 Abs. 1 AEUV überträgt[149].[150]

Neben diesen typischen und weithin bekannten Fallgruppen entwickeln sich in der Recht- 49
sprechung, die vorrangig eine bestimmte unionsrechtliche Verpflichtung der Mitgliedstaaten fordert, diverse **weitere Anwendungsfälle.** Mit Blick auf das *Sekundärrecht* existiert auch Rechtsprechung zur Handlungsform des Beschlusses.[151] Dass auch andersartige aus

142 EuGH – Egenberger, Rs. C-414/16 ECLI:EU:C:2018:257, Urt. v. 17.4.2018, Rn. 49 (AGG als Durchführung der Gleichbehandlungsrichtlinie); EuGH – Protect Natur-, Arten- und Landschaftsschutz Umweltorganisation, C-664/15, ECLI:EU:C:2017:987, Urt. v. 20.12.2017, Rn. 44 (Rechtsbehelf zur Geltendmachung von Rechten aus der Wasserrahmenrichtlinie); EuGH – Lesoochranárske zoskupenie VLK, Rs. C-243/15, ECLI:EU:C:2016:838, Urt. v. 8.11.2016, Rn. 52 (entsprechend zur FFH-Richtlinie); EuGH – Stefan, Rs. C-329/13, ECLI:EU:C:2014:815, Beschl. v. 8.5.2014, Rn. 30 ff. (Ausnahme von Bekanntgabepflicht nach der Umweltinformationsrichtlinie); EuGH – Texdata Software, Rs. C-418/11, ECLI:EU:C:2013:588, Urt. v. 26.9.2013, Rn. 74 f. (Sanktion für Nichterfüllung von Pflichten aus einer Richtlinie).

143 Ausdrücklich z.B. EuGH – Milkova, Rs. C-406/15, ECLI:EU:C:2017:198, Urt. v. 9.3.2017, Rn. 52 f.; s.a. *Thym,* DÖV 2014, 941 (948 f.).

144 EuGH – Åkerberg Fransson, Rs. C-617/10, ECLI:EU:C:2013:105, Urt. v. 26.1.2013 (Große Kammer), Rn. 28.

145 EuGH – Beriloz Investment Fund, Rs. C-682/15, ECLI:EU:C:2017:373, Urt. v. 16.5.2017 (Große Kammer), Rn. 32 ff., insbes. Rn. 40 f.

146 EuGH – ERT, Rs. C-260/89, ECLI:EU:C:1991:254, Urt. v. 18.6.1991, Rn. 41 ff.

147 S. z.B. EuGH – AGET Iraklis, Rs. C-201/15, ECLI:EU:C:2016:972, Urt. v. 21.12.2016, Rn. 64; EuGH – Pfleger u.a., Rs. C-390/12, Urt. v. 30.4.2014, ECLI:EU:C:2014:281, Rn. 35 f. Ablehnend z.B. *Cremer,* EuGRZ 2011, 545 (551 f.); kritisch auch *Britz,* EuGRZ 2015, 275 (276 f.); zur Kritik zusammenfassend *Nusser,* Die Bindung der Mitgliedstaaten an die Unionsgrundrechte, S. 40 ff.

148 EuGH – Schmidberger, Rs. C-112/00, ECLI:EU:C:2003:333, Urt. v. 12.6.2003, Rn. 65 ff. Zum Verhältnis Grundrechte/Grundfreiheiten s.a. *von Papp,* Die Integrationswirkung von Grundrechten, S. 96 ff.; *Brosius-Gersdorf,* Bindung der Mitgliedstaaten an die Gemeinschaftsgrundrechte, S. 21 ff., 42 ff.

149 EuGH – Peter Schotthöfer & Florian Steiner, Rs. C-473/15, ECLI:EU:C:2017:633, Beschl. v. 6.9.2017, Rn. 19 ff.

150 Vgl. *Haratsch/Koenig/Pechstein,* EuR, Rn. 694; *Latzel,* EuZW 2015, 658 (661); *Grabenwarter/Schorkopf,* EnzEuR Grundrechteschutz, § 3 Rn. 24; *Bleckmann,* Nationale Grundrechte im Anwendungsbereich des Rechts der Europäischen Union, S. 117 ff. Zur Rolle der Grundrechte bei der Verwirklichung der Grundfreiheiten s.a. *von Papp,* Die Integrationswirkung von Grundrechten, S. 160 ff.

151 EuGH – Delvigne, Rs. C-650/13, ECLI:EU:C:2015:648, Urt. v. 6.10.2015, Rn. 28 ff. Zu Assoziationsratsbeschlüssen s. EuGH – Dülger, Rs. C-451/11, ECLI:EU:C:2012:504, Urt. v. 19.7.2012, Rn. 53.

dem *Primärrecht* folgende Verpflichtungen der Mitgliedstaaten gegenüber einem Unionsbürger die Grundrechtsbindung auslösen können, veranschaulicht z.B. die Rechtssache C-205/15 – *Toma*: Nach dem Urteil des Gerichtshofs fällt auch ein aus dem Grundsatz der loyalen Zusammenarbeit (Art. 4 Abs. 3 EUV) resultierender Erstattungsanspruchs wegen Verstoßes gegen Unionsrecht (Art. 110 AEUV) in den Anwendungsbereich des Unionsrechts.[152] Gleiches gilt hinsichtlich mitgliedstaatlicher Verpflichtungen aus einem zwischen der Europäischen Gemeinschaft bzw. Union und dem Mitgliedstaat geschlossenen *Vertrag*.[153]

50 Zusammenfassend lässt sich festhalten, dass nach der Rechtsprechung des EuGH die Mitgliedstaaten zum einen bei der **Durchführung des Unionsrechts i.e.S.** – verstanden als normative, administrative und judikative Durchführung – an die Chartagrundrechte gebunden sind.[154] Hier ist entscheidend, dass eine hinreichend bestimmte Verpflichtung aus dem Unionsrecht folgt. Zum anderen unterliegen die Mitgliedstaaten einer entsprechenden Bindung bei der **Einschränkung von Grundfreiheiten** (und vergleichbaren Rechten).[155]

51 Zum Gesamtbild gehört außerdem, dass der EuGH in zahlreichen Entscheidungen den Anwendungsbereich des Unionsrechts für nicht eröffnet angesehen und damit eine mitgliedstaatliche **Grundrechtsbindung verneint** hat.[156] Insofern stellt der Gerichtshof maßgeblich auf das Fehlen *spezifischer Verpflichtungen* der Mitgliedstaaten aus dem Unionsrecht sowie *spezifischer Regelungen* des Unionsrechts ab.[157]

52 **h) Stellungnahme.** Hinter dem Ansatz des Gerichtshofs steht das aus der unionsrechtlichen Perspektive *legitime Ziel,* eine Beeinträchtigung der Einheit, des Vorranges und der Wirksamkeit des Unionsrechts durch einen unterschiedlichen nationalen Grundrechtsschutz zu

---

152 EuGH – Toma und Biroul Executorului Judecatoresc Horatiu-Vasile Cruduleci, Rs. C-205/15, Urt. v. 30.6.2016, ECLI:EU:C:2016:499, Rn. 21 ff.

153 EuGH – Florescu u.a., Rs. C-258/14, ECLI:EU:C:2017:448, Urt. v. 13.6.2017, Rn. 45 ff.

154 S. *Jarass*, GRC, Art. 51 Rn. 21 ff.

155 S. *Jarass*, GRC, Art. 51 Rn. 24 f.

156 S. z.B. EuGH – Consorzio Italian Management e Catania Multiservizi, Rs. C-152/17, ECLI:EU:C:2018:264, Urt. v. 19.4.2018, Rn. 33 ff.; EuGH – Demarchi Gino, Rs. C-177/17, ECLI:EU:C:2017:656, Beschl. v. 7.9.2017, Rn. 22 ff.; EuGH – Lietuvos Respublikos transporto priemonių draudikų biuras, Rs. C-587/15, ECLI:EU:C:2017:463, Urt. v. 15.6.2017, Rn. 41 ff.; EuGH – Daouidi, Rs. C-395/15, ECLI:EU:C:2016:917, Urt. v. 1.12.2016, Rn. 62 ff.; EuGH – Grodecka, Rs. C-50/16, ECLI:EU:C:2016:406, Beschl. v. 2.6.2016, Rn. 16 ff.; EuGH – C, Rs. C-122/15, ECLI:EU:C:2016:391, Urt. v. 2.6.2016, Rn. 28 ff.; EuGH – Nisttahuz Poclava, Rs. C-117/14, ECLI:EU:C:2015:60, Urt. v. 5.2.2015, Rn. 30 ff.; EuGH – Dano, Rs. C-333/13, ECLI:EU:C:2014:2358, Urt. v. 11.11.2014 (Große Kammer), Rn. 89 ff.; EuGH – Tudoran u.a., Rs. C-92/14, ECLI:EU:C:2014:2051, Beschl. v. 3.7.2014, Rn. 45 ff.; EuGH – Érsekcsanádi Mezőgazdasági, Rs. C-56/13, ECLI:EU:C:2014:352, Urt. v. 22.5.2014, Rn. 55 f.; EuGH – Pelckmans Turnhout, Rs. C-483/12, ECLI:EU:C:2014:304, Urt. v. 8.5.2014, Rn. 22 ff.; EuGH – Torralbo Marcos, Rs. C-265/13, ECLI:EU:C:2014:187, Urt. v. 27.3.2014, Rn. 31 ff.; EuGH – Siragusa, Rs. C-206/13, Urt. v. 6.3.2014, ECLI:EU:C:2014:126, Rn. 27 ff.; EuGH – Ymeraga, Rs. C-87/12, ECLI:EU:C:2013:291, Urt. v. 8.5.2013, Rn. 42 f.; EuGH – Pringle, ECLI:EU:C:2012:756, Rs. C-370/12, Urt. v. 27.11.2012, Rn. 180; EuGH – Vinkov, Rs. C-27/11, ECLI:EU:C:2012:326, Urt. v. 7.6.2012, Rn. 59; EuGH – Iida, Rs. C-40/11, ECLI:EU:C:2012:691, Urt. v. 8.11.2012, Rn. 80 f.; EuGH – Chartry, Rs. C-457/09, ECLI:EU:C:2011:101, Beschl. v. 1.3.2011, Rn. 25; EuGH – Asparuhov Estov u.a., Rs. C-339/10, ECLI:EU:C:2010:680, Beschl. v. 12.11.2010, Rn. 14. Vgl. a. *Stotz*, ZEuS 2017, 259 (280); *Masing*, JZ 2015, 477 (483); *Thym*, DÖV 2014, 941 (943); *Sarmiento*, CMLR 50 (2013), 1267 (1286 f.).

157 Exemplarisch EuGH – Demarchi Gino, Rs. C-177/17, ECLI:EU:C:2017:656, Beschl. v. 7.9.2017, Rn. 25. S.a. *Thym*, NVwZ 2013, 889 (893): keine Geltung i.R.v. schlichten Unterstützungs- und Koordinierungsbefugnissen; *ders.*, DÖV 2014, 941 (949 f.).

verhindern (→ Rn. 36)[158]. Das vom Gerichtshof zur Zielerreichung gebrauchte Raster weist aufgrund der weichen Formel von „bestimmten" bzw. „spezifischen" unionsrechtlichen Verpflichtungen als Erfordernis der mitgliedstaatlichen Grundrechtsbindung und des entwickelten – nicht abschließenden – Kriterienkatalogs eine gewisse **Flexibilität** auf. Diese ermöglicht es im Einzelfall, weitere Wertungsgesichtspunkte zu berücksichtigen, wodurch jedoch notwendig die Vorhersehbarkeit der Entscheidungen begrenzt wird.[159] Entscheidend wird daher sein, wie verantwortungsvoll der Gerichtshof mit diesem flexiblen Instrument in seiner Rechtsprechung weiter umgeht und dass er sich auf die Verwirklichung des zugrundeliegenden Zieles beschränkt. Der gewählte Ansatz lässt zudem Raum für einen kommunikativen Prozess im Sinne eines *Dialogs mit den nationalen Gerichten*,[160] der im Interesse eines wirksamen Grundrechtsschutzes in der Europäischen Union genutzt werden sollte und zu einer Konvergenz des europäischen Grundrechtsschutzes beitragen kann.

i) **Folgeproblem.** Wird das Handeln eines Mitgliedstaates „nicht vollständig durch das Unionsrecht bestimmt", steht es nach der Rechtsprechung des EuGH „den nationalen Behörden und Gerichten weiterhin frei, **nationale Schutzstandards** für die Grundrechte anzuwenden, sofern durch diese Anwendung *weder das Schutzniveau der Charta,* wie sie vom Gerichtshof ausgelegt wird, *noch der Vorrang, die Einheit und die Wirksamkeit des Unionsrechts beeinträchtigt werden*".[161] Diese Aussage verdeutlicht, dass aus Sicht des EuGH zwei Ebenen zu trennen sind:[162] Ist auf der ersten Ebene der Anwendungsbereich des Unionsrechts eröffnet, findet die Charta Anwendung. Auf der zweiten Ebene bleiben die nationalen Grundrechte neben den Chartagrundrechten (unter den genannten Bedingungen) anwendbar, soweit das mitgliedstaatliche Handeln nicht vollständig unionsrechtlich determiniert wird (**„bedingte Doppelgeltung"**[163]). 53

In der Folge stellt sich dann, wenn das Unionsrecht den Mitgliedstaaten bei der Durchführung eines Unionsrechtsakts einen *Ermessensspielraum* einräumt, die Frage nach den **Bedingungen und Grenzen** einer parallelen Anwendung[164] von Chartagrundrechten und nationalen Grundrechten. Sie stellt sich insbesondere in *mehrpoligen Grundrechtskonstellationen*[165] und ist bei **Art. 53** zu verorten (→ Art. 53 Rn. 32 f.). Der EuGH behält sich diesbezüglich die volle Kontrolle über Ausmaß und Grenzen der parallelen Anwendung vor,[166] 54

---

158 EuGH – Julian Hernández u.a., Rs. C-198/13, ECLI:EU:C:2014:2055, Urt. v. 10.7.2014, Rn. 47; EuGH – Siragusa, Rs. C-206/13, ECLI:EU:C:2014:126, Urt. v. 6.3.2014, Rn. 32.

159 S.a. *Thym,* DÖV 2014, 941 (945), der „im Wege einer Typologie eine gewisse Rechtsklarheit auf einer mittleren Abstraktionsebene" erreichen will (948 ff.); kritisch *Bucher,* ZEuS 2016, 203 (231 f.).

160 *Thym,* DÖV 2014, 941 (942, 951). Speziell zum Vorabentscheidungsverfahren → Rn. 81 ff.

161 EuGH – Åkerberg Fransson, Rs. C-617/10, ECLI:EU:C:2013:105, Urt. v. 26.1.2013 (Große Kammer), Rn. 29 (Hervorhebungen nur hier), unter Verweis auf EuGH – Melloni, Rs. C-399/11, ECLI:EU:C:2013:107, Urt. v. 26.2.2013, Rn. 55, insbes. Rn. 60; s.a. EuGH – A, Rs. C-112/13, ECLI:EU:C:2014:2195, Urt. v. 11.9.2014, Rn. 44.

162 S.a. *Masing,* JZ 2015, 477 (483, 485); *Ohler,* NVwZ 2013, 1433 (1434, 1437); *Kingreen,* JZ 2013, 801 (807).

163 So die Begrifflichkeit bei *Thym,* DÖV 2014, 941 (942); s.a. *Ehlers/ders.,* GR, § 14 Rn. 74: doppelte Grundrechtsbindung.

164 Zum deutschen föderalen Grundrechtssystem s. Art. 142 GG.

165 S. nur *Bäcker,* EuR 2015, 389 (397 f.); kritisch zur Verengung auf diese Konstellationen *Kingreen,* JZ 2013, 801 (808).

166 S.a. *Grabenwarter/Cremer,* EnzEuR Grundrechteschutz, § 1 Rn. 139: Letztentscheidungsanspruch in Grundrechtsfragen; vgl. a. *Borowsky* (4. Aufl.), vor Titel VII Rn. 1 a, 4. Andere Ansätze finden sich z.B. bei *Ohler,* NVwZ 2013, 1433 (1437): variable Lösung i.S. eines Systems kommunizierender Röhren; *Kirchhof,* NVwZ 2014, 1537 (1538): „Konkordanz unter Optimierungsaspekten";

wodurch sich das Verhältnis zwischen EuGH und BVerfG von demjenigen zwischen EGMR und BVerfG unterscheidet.[167]

55 j) **Recht der Union.** Das Recht der Union i.S.d. Art. 51 Abs. 1 S. 1 Alt. 2 ist das materiell durchzuführende Unionsrecht.[168] Es umfasst grundsätzlich das gesamte **primäre Unionsrecht.**[169] Obwohl auch die *Charta* selbst EU-Primärrecht ist (Art. 6 Abs. 1 UAbs. 1 EUV), kann sie *nicht* unter das Recht der Union fallen; andernfalls könnte sie ihre eigene Anwendbarkeit auslösen,[170] was im Sinne des akzessorischen Ansatzes gerade ausgeschlossen werden sollte (→ Rn. 7).[171] Gleiches dürfte vor diesem Hintergrund auch für diejenigen Primärrechtsbestimmungen gelten, die in der Charta anerkannte Rechte regeln (Art. 52 Abs. 2).[172] Erfasst ist außerdem das **sekundäre Unionsrecht,** das auf der Grundlage der Verträge erlassen wurde – auch soweit es wiederum auf sekundärrechtlichen Ermächtigungen beruht (teilweise **„Tertiärrecht"** genannt).[173] Auch eine auf der Grundlage von Art. 143 AEUV geschlossene Grundsatzvereinbarung zwischen der Europäischen Union und einem Mitgliedstaat hat der Gerichtshof als „Teil des Unionsrechts" in diesem Sinne angesehen.[174] Nicht erfasst ist dagegen „reines" Völkerrecht wie etwa der ESM-Vertrag.[175] Voraussetzung ist stets, dass das Unionsrecht *gültig und anwendbar* ist,[176] was in Zweifelsfällen durch den EuGH zu entscheiden ist.

56 k) **Verpflichtete.** Nach den Erläuterungen zu Art. 51 gilt die mitgliedstaatliche Bindung „natürlich sowohl für die zentralen Behörden als auch für die regionalen oder lokalen Stellen sowie für die öffentlichen Einrichtungen, wenn sie das Unionsrecht anwenden". Parallel zur Unionsebene ist also – in Durchführungskonstellationen – eine **umfassende Bindung** der (mitgliedstaatlichen) Hoheitsgewalt bezweckt. Die Qualifikation des Durchführungsaktes als öffentlichrechtlich oder privatrechtlich ist irrelevant.[177] Daher werden auch Private, die für die Mitgliedstaaten handeln, von der mitgliedstaatlichen Grundrechtsbindung

---

Frenzel, Der Staat 53 (2014), 1 (12): primäre Maßgeblichkeit des mitgliedstaatlichen Standards mit unionsrechtlicher Schlussprüfung i.S. einer Korridorlösung oder abgestufte „Je-desto-Formel". Für einen „umgekehrten Solange-Vorbehalt" im Sinne eines grundsätzlichen Verzichts auf die Überprüfung mitgliedstaatlicher Maßnahmen am Maßstab der Unionsgrundrechte, solange auf nationaler Ebene ein wirksamer, der Charta zumindest gleichwertiger Grundrechtsschutz gewährleistet ist, z.B. *Kirchhof,* NJW 2011, 3681 (3686); *Frenzel,* Der Staat 53 (2014), 1 (13); *Ludwigs,* EuGRZ 2014, 273 (282). Für eine zurückhaltende Prüfungsdichte des EuGH, die Raum zur Berücksichtigung mitgliedstaatlicher „Grundrechtsbefindlichkeiten" lassen sollte, *Kingreen,* JZ 2013, 801 (808).

167 *Thym,* NVwZ 2013, 889 (896).

168 *Latzel,* EuZW 2015, 658 (659). Ob auch der Bereich des EAGV erfasst wird, erscheint fraglich; vgl. o. Rn. 30. Dies bejahend *Pechstein/Nowak/Häde/Pache,* Frankfurter Kommentar, Art. 51 GRC Rn. 18; *Jarass,* NVwZ 2012, 457 (458); *ders.,* GRC, Art. 51 Rn. 17.

169 *Jarass,* NVwZ 2012, 457 (458); *Ehlers/ders.,* GR, § 14 Rn. 61.

170 *Frenzel,* Der Staat 53 (2014), 1 (3); *Honer,* JuS 2017, 409 (410); *Jarass,* NVwZ 2012, 457 (458); *Thym,* DÖV 2014, 941 (943); *Latzel,* EuZW 2015, 658 (659).

171 S.a. *Rosas,* Jurisprudence 19 (2012), 1269 (1277).

172 S.a. *Jarass,* GRC, Art. 51 Rn. 17.

173 *Jarass,* NVwZ 2012, 457 (458); *Ehlers/ders.,* GR, § 14 Rn. 61.

174 EuGH – Florescu u.a., Rs. C-258/14, ECLI:EU:C:2017:448, Urt. v. 13.6.2017, Rn. 45 ff.

175 EuGH – Ledra Advertising, verb. Rs. C-8/15 P bis C-10/15 P, ECLI:EU:C:2016:701, Urt. v. 20.9.2016 (Große Kammer), Rn. 67, unter Verweis auf EuGH – Pringle, Rs. C-370/12, ECLI:EU:C:2012:756, Urt. v. 27.11.2012 (Plenum), Rn. 179–181.

176 *Jarass,* GRC, Art. 51 Rn. 17.

177 *Jarass,* NVwZ 2012, 457 (458); näher *Nusser,* Die Bindung der Mitgliedstaaten an die Unionsgrundrechte, S. 98 ff. m.w.N.: funktionale Betrachtung.

umfasst. Es handelt sich insoweit um eine *Zurechnungsfrage,* die von einer eigenen Grundrechtsbindung Privater zu unterscheiden ist.[178]

4. Grundrechtsbindung von Privaten?

Art. 51 ist nicht zu entnehmen, ob auch Private einer Bindung an die Chartagrundrechte unterliegen, ob diese also eine unmittelbare oder mittelbare Drittwirkung entfalten. Gegen eine *unmittelbare* Wirkung spricht, dass die Charta die Frage der Grundrechtsverpflichteten in dieser Norm ausdrücklich behandelt, neben der Union und (eingeschränkt) den Mitgliedstaaten jedoch keine weiteren Adressaten nennt.[179] Außerdem sind Private gerade Grundrechts*träger*.[180] **Einige Gewährleistungen** legen jedoch bereits nach ihrem Wortlaut und Wesen eine *mittelbare* Drittwirkung nahe, insbesondere die Gewährleistungen unter dem Titel IV – Solidarität.[181] Vereinzelt richten sich Regelungen scheinbar sogar *unmittelbar* an Private, so beispielweise Art. 24 Abs. 2, der eine vorrangige Berücksichtigung des Kindeswohls auch bei Maßnahmen privater Einrichtungen vorgibt. Auch hier liegt jedoch die Annahme einer lediglich mittelbaren Bindung über die Gesetzgebung näher.[182] 57

Aus der Rechtsprechung des EuGH zur Bindung der Union und der Mitgliedstaaten an die Chartagrundrechte folgen verschiedene **mittelbare Wirkungen** für das Verhältnis zwischen Privaten. Wenn unionale oder nationale Rechtsvorschriften, die das Verhältnis zwischen Privaten betreffen, ***ungültig bzw. unanwendbar*** sind, weil sie gegen die Charta verstoßen, können sich Private naturgemäß nicht auf diese berufen.[183] Insoweit geht es jedoch nicht um die Frage einer Grundrechts*bindung* von Privaten. Gleiches gilt, soweit zugunsten Privater *positive (Förder-)Pflichten* der Union oder der Mitgliedstaaten aus den Grundrechten folgen. Insbesondere können Schutzpflichten zu einem Eingreifen in Privatrechtsverhältnisse führen.[184] Zu beachten ist jedoch auch insoweit, dass die Wirkungen derjenigen Grundrechte von vornherein begrenzt sind, die noch der Konkretisierung bedürfen.[185] Dies gilt gerade für Grundsätze i.S.d. Charta.[186] 58

Eine **(mittelbare) Bindung** Privater kann sich dagegen aus der Pflicht der unmittelbar grundrechtsverpflichteten Mitgliedstaaten zur *grundrechtskonformen Auslegung* (auch) 59

178 *Grabenwarter/Schorkopf,* EnzEuR Grundrechteschutz, § 3 Rn. 31.

179 S.a. *Grabenwarter/Schorkopf,* EnzEuR Grundrechteschutz, § 3 Rn. 32; *Jarass,* GRC, Art. 51 Rn. 37; *Ehlers/ders.*, GR, § 14 Rn. 81.

180 *Jarass,* GRC, Art. 51 Rn. 31, 37, der zudem auf die Unvereinbarkeit einer unmittelbaren Grundrechtsbindung mit der Förderpflicht i.S.d. Art. 51 Abs. 1 S. 2 und den Gesetzesvorbehalt gemäß Art. 52 Abs. 1 hinweist.

181 Weitere Beispiele bei *Grabenwarter/Schorkopf,* EnzEuR Grundrechteschutz, § 3 Rn. 33: Art. 3 Abs. 2 (Recht auf Unversehrtheit in der Medizin), Art. 4 (Folterverbot), Art. 5 Abs. 3 (Verbot des Menschenhandels), Art. 24 Abs. 1 S. 3 (Rechte des Kindes); ähnlich *Seifert,* EuZW 2011, 696 (700 f.), auch zu Art. 21 (Nichtdiskriminierung).

182 Zu dieser Norm *Hölscheidt,* Art. 24 Rn. 19; allgemein *Grabenwarter/Cremer,* EnzEuR Grundrechteschutz, § 1 Rn. 159.

183 Hierzu *Jarass,* GRC, Art. 51 Rn. 33.

184 *Grabenwarter/Cremer,* EnzEuR Grundrechteschutz, § 1 Rn. 160; *Jarass,* GRC, Art. 51 Rn. 35; s.a. *Grabenwarter/von Danwitz,* EnzEuR Grundrechteschutz, § 6 Rn. 59; *Gusy,* in: Masing/Jestaedt u.a. (Hrsg.), Strukturfragen des Grundrechtsschutzes in Europa, S. 93 (110 f.).

185 S. zu Art. 27 EuGH – Association de médiation sociale, Rs. C-176/12, ECLI:EU:C:2014:2, Urt. v. 15.1.2014 (Große Kammer), Rn. 41 ff.

186 *Seifert,* EuZW 2011, 696 (701 f.); vgl. a. *Grabenwarter/von Danwitz,* EnzEuR Grundrechteschutz, § 6 Rn. 60.

von (Privatrechtsverhältnisse bestimmenden) Vorschriften sowohl des Unionsrechts[187] als auch des nationalen Rechts ergeben.[188] Insoweit haben sie ggf. die Erfordernisse des Schutzes verschiedener Grundrechte miteinander in Einklang zu bringen.[189] Aus dieser Auslegung kann mittelbar eine Bindung des einen Privaten gegenüber dem anderen Privaten resultieren, zu dessen Gunsten sein betroffenes Chartagrundrecht wirkt. Vergleichbar ist der Erlass von (neuen) Privatrechtsnormen durch die grundrechtsverpflichteten Mitgliedstaaten zur Umsetzung von Richtlinien.[190]

5. Grundrechtsberechtigte

60 Zur Grundrechtsberechtigung enthält die Charta keine übergreifende Regelung. Sie ist jeweils durch *Auslegung* der einschlägigen Norm zu ermitteln. Grundsätzlich sind natürliche Personen Träger der Grundrechte i.S.v. **Menschenrechten**, so dass sich auch Drittstaatsangehörige und Staatenlose auf sie berufen können.[191] Einige Gewährleistungen sind entsprechend ihrer *Schutzrichtung* auf bestimmte Personen beschränkt, so beispielsweise die Kinder- (Art. 24) und Arbeitnehmerschutzrechte (Art. 27 ff.). Andere Gewährleistungen schützen explizit nur **Unionsbürger** (z.B. Art. 15 Abs. 2, 39, 40, 45 Abs. 1, 46), teilweise zusätzlich natürliche oder juristische Personen mit Wohnsitz oder satzungsmäßigem Sitz in einem Mitgliedstaat (z.B. Art. 42, 43, 44). Unionsbürger ist gemäß Art. 9 S. 2 EUV, Art. 20 Abs. 1 S. 2 AEUV, wer die Staatsangehörigkeit eines Mitgliedstaates besitzt. Art. 15 Abs. 3 schützt demgegenüber lediglich (bestimmte) **Drittstaatsangehörige.**

61 Hinsichtlich der Frage, ob eine Berechtigung auch **juristischer Personen des Privatrechts** beabsichtigt ist, bedarf es – soweit keine explizite Regelung existiert – ebenfalls der Auslegung.[192] Zu verneinen ist diese etwa für Art. 1–5,[193] 18, 19, zu bejahen für Art. 15, 16, 17, 47. Der Begriff der juristischen Person ist weit zu verstehen, damit durch die entsprechende (insbesondere nationale) rechtliche Einordnung nicht der Grundrechtsschutz vereitelt werden kann. Grundrechtsträger können daher ebenfalls **Personenvereinigungen** sein, die sich als Zusammenschluss mehrerer Personen einer organisatorischen Willensbildung un-

---

187 S. EuGH – Bauer, verb. Rs. C-569/16 u. C-570/16, ECLI:EU:C:2018:871, Urt. v. 6.11.2018, Rn. 51 ff.; EuGH – Max-Planck-Gesellschaft zur Förderung der Wissenschaften, Rs. C-684/16, ECLI:EU:C:2018:874, Urt. v. 6.11.2018 (Große Kammer), EuGH – Egenberger, Rs. C-414/16, ECLI:EU:C:2018:257, Urt. v. 17.4.2018 (Große Kammer), Rn. 77 ff.; EuGH – Coty Germany, Rs. C-580/13, ECLI:EU:C:2015:485, Urt. v. 16.7.2015, Rn. 28 ff.; EuGH – Y.S. u.a., Rs. C-141/12, ECLI:EU:C:2014:2081, Urt. v. 17.7.2014, Rn. 54 ff.; EuGH – Google Spain, Rs. C-131/12, ECLI:EU:C:2014:317, Urt. v. 13.5.2014 (Große Kammer), Rn. 68 ff.; EuGH – Alemo-Herron, Rs. C-426/11, ECLI:EU:C:2013:521, Urt. v. 18.7.2013, Rn. 30 ff.; EuGH – SABAM, Rs. C-360/10, ECLI:EU:C:2012:85, Urt. v. 16.2.2012, Rn. 39 ff.; s.a. schon EuGH – Promusicae, Rs. C-275/06, ECLI:EU:C:2008:54, Urt. v. 29.1.2008 (Große Kammer), Rn. 65 ff.

188 *Ehlers/ders.*, GR, § 14 Rn. 81; s.a. *Jarass,* GRC, Art. 51 Rn. 34, der insoweit gesondert auf die Grundfreiheiten verweist, soweit diese Privatpersonen verpflichten (Rn. 34 a).

189 EuGH – Coty Germany, Rs. C-580/13, ECLI:EU:C:2015:485, Urt. v. 16.7.2015, Rn. 33 ff.; EuGH – SABAM, Rs. C-360/10, ECLI:EU:C:2012:85, Urt. v. 16.2.2012, Rn. 42 ff.; s.a. EuGH – Egenberger, Rs. C-414/16, ECLI:EU:C:2018:257, Urt. v. 17.4.2018 (Große Kammer), Rn. 81; EuGH – Google Spain, Rs. C-131/12, ECLI:EU:C:2014:317, Urt. v. 13.5.2014 (Große Kammer), Rn. 74; sowie schon EuGH – Promusicae, Rs. C-275/06, ECLI:EU:C:2008:54, Urt. v. 29.1.2008 (Große Kammer), Rn. 65 ff. S.a. *Grabenwarter/von Danwitz,* EnzEuR Grundrechteschutz, § 6 Rn. 63.

190 *Grabenwarter/Schorkopf,* EnzEuR Grundrechteschutz, § 3 Rn. 36.

191 *Jarass,* GRC, Einl. Rn. 48, Art. 51 Rn. 44 f.; *Ehlers/ders.*, GR, § 14 Rn. 55.

192 S. z.B. EuGH – DEB, Rs. C-279/09, ECLI:EU:C:2010:811, Urt. v. 22.12.2010, Rn. 37 ff. zu Art. 47; s.a. EuGH – Schecke u. Eifert, verb. Rs. C-92/09 u. C-93/09, ECLI:EU:C:2009:284, Urt. v. 9.11.2010 (Große Kammer), Rn. 52 f., 87 zu Art. 7, 8. S.a. *Jarass,* GRC, Art. 51 Rn. 53 f.

193 S.a. *Jarass,* GRC, Art. 51 Rn. 53.

terworfen haben – wofür beispielsweise auch Art. 12 Abs. 1 spricht.[194] Eine Grundrechtsträgerschaft **juristischer Personen des öffentlichen Rechts** erscheint zweifelhaft; sie wäre ebenfalls durch Auslegung des jeweiligen Grundrechts zu ermitteln.[195] Jedenfalls die *Verfahrens- und Prozessgrundrechte* müssen jedoch auch für juristische Personen des öffentlichen Rechts gelten.[196]

6. Räumlicher Anwendungsbereich

Die Charta enthält keine Bestimmung zu ihrem räumlichen Anwendungsbereich. Dieser entspricht grundsätzlich dem **räumlichen Geltungsbereich des Unionsrechts,** wie er aus Art. 52 EUV i.V.m. Art. 355 AEUV folgt.[197] Bislang nicht geklärt ist die Frage nach einer möglichen *extraterritorialen Geltung* der Chartagrundrechte.[198] 62

Teilweise wurde angenommen, dass der räumliche Anwendungsbereich der Charta durch das **Protokoll (Nr. 30)** über die Anwendung der Charta der Grundrechte der Europäischen Union auf **Polen** und das **Vereinigte Königreich** primärrechtlich (Art. 51 EUV) eingeschränkt werde (sog. *opt out*).[199] Dies ist bereits insoweit ungenau, als das Protokoll von vornherein allenfalls die Geltung der Charta für die beiden Mitgliedstaaten einschränken würde, nicht aber die Grundrechtsbindung der Union.[200] Art. 1[201] des Protokolls lautet: 63

„(1) Die Charta bewirkt keine Ausweitung der Befugnis des Gerichtshofs der Europäischen Union oder eines Gerichts Polens oder des Vereinigten Königreichs zu der Feststellung, dass die Rechts- und Verwaltungsvorschriften, die Verwaltungspraxis oder -maßnahmen Polens oder des Vereinigten Königreichs nicht mit den durch die Charta bekräftigten Grundrechten, Freiheiten und Grundsätzen im Einklang stehen.

(2) Insbesondere – und um jeden Zweifel auszuräumen – werden mit Titel IV der Charta keine für Polen oder das Vereinigte Königreich geltenden einklagbaren Rechte geschaffen, soweit Polen bzw. das Vereinigte Königreich solche Rechte nicht in seinem nationalen Recht vorgesehen hat.“

Art. 1 Abs. 1 des Protokolls stellt jedoch lediglich klar, dass die Charta nicht zu einer Ausweitung gerichtlicher Befugnisse führen soll, und steht daher in einer Linie mit Art. 6 Abs. 1 UAbs. 2 EUV sowie mit Art. 51 Abs. 1 S. 2, Abs. 2. Auch der EuGH hat in den verbundenen Rechtssachen C-411/10 und C-493/10 – **N.S.** (unter Berücksichtigung der Erwägungsgründe) ausgeführt:[202] „Art. 1 Abs. 1 des Protokolls (Nr. 30) (verdeutlicht) Art. 51 64

194 *Jarass,* GRC, Art. 51 Rn. 50 f.

195 Differenzierend (offenbar in Parallele zum deutschen Verfassungsrecht) *Jarass,* GRC, Art. 51 Rn. 55 ff. Vgl. zu Art. 16 in Bezug auf öffentliche Rundfunk- und Fernsehunternehmen EuGH – DR und TV2 Danmark, Rs. C-510/10, ECLI:EU:C:2012:244, Urt. v. 26.4.2012, Rn. 57.

196 EuGH – Rat/Bank Mellat, Rs. C-176/13 P, ECLI:EU:C:2016:96, Urt. v. 18.2.2016, Rn. 48 ff.; vgl. a. schon EuGH – Kommission/Irland, Rs. C-89/08 P, ECLI:EU:C:2009:742, Urt. v. 2.12.2009 (Große Kammer), Rn. 50 ff.; EuGH – Niederlande u. PTT Nederland/Kommission, verb. Rs. C-48/90 u. C-66/90, ECLI:EU:C:1992:63, Urt. v. 12.2.1992, Rn. 40 ff. S.a. *Jarass,* GRC, Art. 51 Rn. 56: bejahend für Art. 41, 47, 48, 49, 50; *Ehlers/ders.,* GR, § 14 Rn. 57.

197 *Jarass,* GRC, Art. 51 Rn. 39.

198 Hierzu z.B. *Jarass,* GRC, Art. 51 Rn. 39. Für extraterritoriale Wirkungen jedenfalls der Abwehrdimension z.B. *Ehlers/ders.,* GR, § 14 Rn. 82.

199 S. z.B. *Nusser,* Die Bindung der Mitgliedstaaten an die Unionsgrundrechte, S. 49 ff.; vgl. a. *Lindner,* EuR 2008, 786 (796).

200 *Lindner,* EuR 2008, 786 (789 f.); *Borowsky* (4. Aufl.), vor Titel VII Rn. 18.

201 Zu Art. 2 s. *Mehde,* EuGRZ 2008, 269 (272 f.).

202 EuGH – N.S. u.a., verb. Rs. C-411/10 u. C-493/10, ECLI:EU:C:2011:865, Urt. v. 21.12.2011, Rn. 119 f. Zustimmend *Grabenwarter/von Danwitz,* EnzEuR Grundrechteschutz, § 6 Rn. 18; *Ja-*

der Charta über deren Anwendungsbereich und bezweckt weder, die Republik Polen und das Vereinigte Königreich von der Verpflichtung zur Einhaltung der Bestimmungen der Charta freizustellen, noch, ein Gericht eines dieser Mitgliedstaaten daran zu hindern, für die Einhaltung dieser Bestimmungen zu sorgen." Dagegen könnte sich **Art. 1 Abs. 2** des Protokolls durchaus weitergehend auf die Chartagrundrechte selbst beziehen,[203] auch wenn seine einleitende Formulierung („insbesondere" sowie „um jeden Zweifel auszuräumen") hiergegen spricht[204]. Eine einschränkende Wirkung wäre zudem auf Titel IV beschränkt.[205] Auch für Großbritannien und Polen gelten jedoch weiterhin jedenfalls die Unionsgrundrechte als *allgemeine Rechtsgrundsätze*.[206]

7. Rechte und Grundsätze (Abs. 1 S. 2)

65 **a) Kategorisierung der Chartagewährleistungen.** Art. 51 Abs. 1 S. 2 unterscheidet – in Anlehnung an das französische und spanische Verfassungsrecht[207] – zwischen Rechten und Grundsätzen. Der Begriff der **Rechte** wird hier somit in Abgrenzung zu den Grundsätzen gebraucht und damit insgesamt für *Rechte und Freiheiten* i.S.d. Art. 52 Abs. 1 (s.a. → Art. 52 Rn. 24 f.). Isoliert betrachtet lässt sich Art. 51 Abs. 1 S. 2 nicht entnehmen, worin der kategoriale Unterschied zwischen Rechten in diesem Sinne und Grundsätzen bestehen soll; deutlicher wird dies in **Art. 52.** Außerdem gibt die *Entstehungsgeschichte* Aufschlüsse über die beabsichtigte Kategorisierung (→ Rn. 16 f.). Während Rechte i.S.d. Charta *einklagbare subjektive Rechte Einzelner* darstellen, begründen **Grundsätze** lediglich *objektiv-rechtliche Verpflichtungen*, die zu ihrer Verwirklichung einer weiteren Konkretisierung bedürfen (→ Art. 52 Rn. 73 ff.). Den einzelnen Gewährleistungen der Charta lässt sich ihrem Wortlaut nach nicht immer eindeutig entnehmen, ob es sich um Rechte oder Grundsätze handelt; insoweit bedarf es jeweils der *Auslegung*.[208] Ausgangspunkt müssen insoweit die mangelnde individuelle Einklagbarkeit und die Konkretisierungsbedürftigkeit von Grundsätzen sein. Zielt der Grundrechtsschutz auf einen Sachbereich, in dem aufgrund kollidierender Interessen ein abwägender Ausgleich erforderlich ist, der wegen der vorzunehmenden Wertungen am besten durch eine politische Entscheidung realisiert werden kann, liegt die Einordnung als Grundsatz nahe.[209]

66 Die begrenzte Wirkung von Chartagrundsätzen machte der EuGH in seinem Urteil in der Rechtssache C-356/12 – **Glatzel** zum *Grundsatz der Integration von Menschen mit Behinderung* klar:[210] Der in **Art. 26** niedergelegte Grundsatz führe nicht dazu, „dass der Unionsgesetzgeber diese oder jene besondere Maßnahme erlassen müsste. Damit dieser Artikel seine volle Wirksamkeit entfaltet, **muss** er nämlich durch Bestimmungen des Unionsrechts

---

rass, GRC, Art. 51 Rn. 40; s.a. *Borowsky* (4. Aufl.), vor Titel VII Rn. 17 f.; *Mehde*, EuGRZ 2008, 269 (271 f.); *Ehlers/ders.*, GR, § 14 Rn. 16.

203 Vgl. a. *Grabenwarter/von Danwitz*, EnzEuR Grundrechteschutz, § 6 Rn. 18; *Borowsky* (4. Aufl.), vor Titel VII Rn. 18; dies verneinend *Mehde*, EuGRZ 2008, 269 (272).

204 S.a. *Lindner*, EuR 2008, 786 (795 ff.); *Mehde*, EuGRZ 2008, 269 (272).

205 *Hüpers/Reese*, vor Titel IV Rn. 20 f.; *Jarass*, GRC, Art. 51 Rn. 40; *Ehlers/ders.*, GR, § 14 Rn. 16.

206 *Nusser*, Die Bindung der Mitgliedstaaten an die Unionsgrundrechte, S. 51; *Jarass*, GRC, Art. 51 Rn. 40; *Ehlers/ders.*, GR, § 14 Rn. 16.

207 *Grabenwarter/Cremer*, EnzEuR Grundrechteschutz, § 1 Rn. 111 mit Fn. 184; *von Danwitz/Paraschas*, Fordham International Law Journal 35 (2012), 1396 (1410 f.).

208 *von Danwitz/Paraschas*, Fordham International Law Journal 35 (2012), 1396 (1412 f.); *Grabenwarter/von Danwitz*, EnzEuR Grundrechteschutz, § 6 Rn. 56; *Ehlers/ders.*, GR, § 14 Rn. 19.

209 Vgl. *Grabenwarter/Cremer*, EnzEuR Grundrechteschutz, § 1 Rn. 110 f.

210 EuGH – Glatzel, Rs. C-356/12, ECLI:EU:C:2014:350, Urt. v. 22.5.2014, Rn. 78 unter Verweis auf EuGH – Association de médiation sociale, Rs. C-176/12, ECLI:EU:C:2014:2, Urt. v. 15.1.2014, Rn. 45, 47 (zu Art. 27).

oder des nationalen Rechts **konkretisiert werden.** Er kann für sich allein dem Einzelnen *kein subjektives Recht* verleihen, das als solches geltend gemacht werden kann". Grundsätze vermitteln also keine Ansprüche, sondern enthalten nur objektiv-rechtliche Berücksichtigungspflichten.[211] Auch dem Wortlaut des Art. 51 Abs. 1 S. 2, der zwischen „achten" (der Rechte) und „sich halten an" (die Grundsätze) unterscheidet, lässt sich eine „härtere" Verpflichtung durch Rechte gegenüber „weicheren" Grundsätzen entnehmen.

b) Grundrechtsfunktionen. Art. 51 Abs. 1 S. 2 gibt außerdem Aufschluss über von der Charta mitgedachte Grundrechtsfunktionen. Die in dieser Norm formulierten Verpflichtungen weisen mittelbar auf die Funktionen der Chartagewährleistungen hin.[212] Die Formulierungen „achten" und „sich halten an" zielen auf die *Abwehr von Beeinträchtigungen* (**Abwehrfunktion der Grundrechte**) und damit auf ein *Unterlassen* der Grundrechtsadressaten im Sinne einer *negativen Pflicht.*[213] Hierbei handelt es sich um die klassische Grundrechtsfunktion, die auch die Chartagewährleistungen primär prägt.[214] 67

Die nachfolgend statuierte *Förderungspflicht* der Union und der Mitgliedstaaten erstreckt sich sowohl auf die Rechte als auch auf die Grundsätze.[215] Sie zielt auf ein positives Tätigwerden der Grundrechtsverpflichteten.[216] Ob das jeweilige Grundrecht eine *positive (Leistungs-)Pflicht* – insbesondere eine Schutzpflicht – begründet (**Leistungsfunktion der Grundrechte**), ist durch *Auslegung* zu ermitteln.[217] Gerade die Grundsätze sind auf eine gesetzgeberische Entfaltung angewiesen.[218] Wesensmäßig geht diese Grundrechtsfunktion mit weitreichenden Gestaltungsspielräumen einher.[219] *Schutzpflichten* können insbesondere relevant werden, wenn es um eine Beeinträchtigung der Grundrechtsausübung durch Private geht, aber auch etwa zum Schutz vor der öffentlichen Gewalt von Drittstaaten (vgl. a. Art. 46) und internationalen Einrichtungen sowie vor Naturgewalten.[220] 68

Dass sich die genannten Grundrechtsfunktionen berühren können, zeigt das Beispiel von **Verfahrensrechten**: Der mit der Abwehrdimension von Freiheitsgrundrechten intendierte Schutz der Freiheitssphäre der Grundrechtsberechtigten kann mittelbar auch über Verfahrenspflichten verwirklicht werden.[221] Verfahrensrechte i.e.S., wie das Recht auf eine gute Verwaltung gemäß Art. 41 Abs. 2, zielen dagegen unmittelbar auf ein positives Tun (Recht auf Gehör, Akteneinsicht, Begründung).[222] Neben der Abwehr- und der Leistungsfunktion werden **weitere Funktionen** der Chartagrundrechte diskutiert (z.B. Gleichbehandlungsfunktion[223]). Die Charta selbst gibt hierfür wenig her, und der Ertrag weiterer Kategorisierungen bleibt zumeist offen. 69

211 *Haratsch/Koenig/Pechstein*, EuR, Rn. 691, 705.
212 Hierzu näher *Grabenwarter/Cremer*, EnzEuR Grundrechteschutz, § 1.
213 *Jarass*, GRC, Art. 51 Rn. 4; *Grabenwarter/Cremer*, EnzEuR Grundrechteschutz, § 1 Rn. 67 ff., 115; *Ehlers/ders.*, GR, § 14 Rn. 41.
214 Vgl. *Haratsch/Koenig/Pechstein*, EuR, Rn. 690.
215 *Grabenwarter/Cremer*, EnzEuR Grundrechteschutz, § 1 Rn. 77.
216 *Ehlers/ders.*, GR, § 14 Rn. 43 ff.
217 *Jarass*, GRC, Art. 51 Rn. 5.
218 Vgl. a. *Haratsch/Koenig/Pechstein*, EuR, Rn. 691.
219 *Jarass*, GRC, Art. 51 Rn. 5; vgl. a. *Grabenwarter/Cremer*, EnzEuR Grundrechteschutz, § 1 Rn. 80. *Borowsky* (4. Aufl.), vor Titel VII Rn. 2 a, versteht die Förderpflicht dagegen im Sinne eines *highest attainable standard.*
220 *Jarass*, GRC, Art. 51 Rn. 5; *Grabenwarter/Cremer*, EnzEuR Grundrechteschutz, § 1 Rn. 80.
221 *Jarass*, GRC, Art. 51 Rn. 4; *Ehlers/ders.*, GR, § 14 Rn. 47.
222 *Grabenwarter/Cremer*, EnzEuR Grundrechteschutz, § 1 Rn. 81 ff.
223 So *Jarass*, GRC, Art. 51 Rn. 7; s.a. *Ehlers/ders.*, GR, § 14 Rn. 42; s. dagegen *Grabenwarter/Cremer*, EnzEuR Grundrechteschutz, § 1 Rn. 73 ff., 92 ff.: Abwehrrecht gegen nicht gerechtfertigte Differenzierungen und positive Handlungspflichten aus Gleichheitsrechten.

8. Zuständigkeiten (Abs. 1 S. 2, Abs. 2)

70 a) **Normkontext.** Bereits **Art. 6 Abs. 1 UAbs. 2 EUV** stellt klar, dass durch die Bestimmungen der Charta die in den Verträgen festgelegten Zuständigkeiten der Union in keiner Weise geändert werden.[224] Auch die **Präambel** der Charta betont in ihrem fünften Absatz die Achtung der Zuständigkeiten und Aufgaben der Union und des Subsidiaritätsprinzips (→ Präambel Rn. 51 ff.). **Art. 51 Abs. 2** knüpft hieran an. Die Norm stellt weitergehend nicht nur auf Zuständigkeiten, sondern ebenfalls auf Aufgaben ab. Der Begriff der *Zuständigkeiten* wurde vom Präsidium des Konvents isoliert betrachtet als zu eng angesehen und deshalb mit demjenigen der *Aufgaben* gepaart (→ Rn. 13). Dies spricht für eine weite Auslegung in dem Sinne, dass weder eine Änderung oder Erweiterung der bei den einzelnen Politikbereichen beschriebenen Aufgaben,[225] noch der Ziele der Union[226] erfolgt. Art. 51 Abs. 2 verneint neben *Änderungen* explizit auch *Erweiterungen*. Zusätzlich wird für den Geltungsbereich des Unionsrechts gesondert eine Ausdehnung über die Unionszuständigkeiten hinaus ausgeschlossen. Die *Erläuterungen* verweisen hierzu auf das Urteil des Gerichtshofs in der Rechtssache C-249/96 – **Grant.**[227]

71 Art. 51 Abs. 2 ist bereits für sich betrachtet inhaltlich **redundant:** Zum einen führen Zuständigkeitserweiterungen stets zu Zuständigkeitsänderungen. Zum anderen sind der Geltungsbereich des Unionsrechts und die Unionszuständigkeiten notwendig kongruent. Verstärkt wird diese Redundanz[228] im Zusammenspiel mit **Art. 51 Abs. 1 S. 2** (und – eingeschränkt – **Art. 51 Abs. 1 S. 1**). Diesen Zusammenhang stellen ebenfalls die *Erläuterungen* zu Art. 51 her. Nach diesen geht es darum, „explizit darzulegen, was sich logischerweise aus dem Subsidiaritätsprinzip und dem Umstand ergibt, dass die Union nur über die ihr eigens zugewiesenen Befugnisse verfügt." Die Norm ist mit Blick auf Art. 5 Abs. 1 EUV zudem **deklaratorisch,** da bereits dieser die Grundsätze der begrenzten Einzelermächtigung und der Subsidiarität primärrechtlich vorgibt.[229] In Art. 51 kommt vor diesem Hintergrund klar die Sorge der Mitgliedstaaten zum Ausdruck, die Charta könne die Zuständigkeiten zwischen der Union und den Mitgliedstaaten dennoch zu ihren Lasten verschieben.[230] Diese Sorge prägte die Konventsarbeit von Beginn an, fand bereits im ersten Präsidiumsvorschlag Ausdruck und setzte sich in den nachfolgenden Ergänzungen fort (→ Rn. 7, 13 ff.). Nach wie vor wird aus nationaler Sicht auf die *unitarisierende Wirkung* verbindlicher Grundrechte hingewiesen.[231]

72 b) **Bedeutungsgehalt.** Die Kernaussage der einzelnen Regelungen zur Zuständigkeit bringen die *Erläuterungen* zu Art. 51 auf den Punkt: Die **Unionsgrundrechte** werden nur im Rahmen der von den Verträgen bestimmten Zuständigkeiten wirksam. Sie sind also **akzessorisch zum sonstigen Unionsrecht.**[232] Der EuGH nimmt in seiner Rechtsprechung regel-

---

224 Vgl. a. *Borowsky* (4. Aufl.), vor Titel VII Rn. 11: „Angstklauseln".
225 *Jarass,* GRC, Art. 51 Rn. 9.
226 S. *Borowsky* (4. Aufl.), Art. 51 Rn. 38; a.A. *Jarass,* GRC, Art. 51 Rn. 9.
227 EuGH – Grant, Rs. C-249/96, ECLI:EU:C:1998:63, Urt. v. 17.2.1998, Rn. 45.
228 S. insgesamt auch *Brecht,* ZEuS 2005, 355 (365); s.a. *Masing,* JZ 2015, 477 (482); *Borowsky* (4. Aufl.), Art. 51 Rn. 1: unnötige Doppelungen.
229 Dies anzweifelnd *Cremer,* EuGRZ 2011, 545 (547 mit Fn. 18).
230 S.a. *Borowsky* (4. Aufl.), Art. 51 Rn. 1: „Angstklausel", unter Verweis auf Parallelen in der deutschen, amerikanischen, kanadischen und schweizerischen Verfassungsgeschichte; *Haratsch/Koenig/Pechstein,* EuR, Rn. 686; *Brecht,* ZEuS 2005, 355 (365).
231 S. nur *Huber,* NJW 2011, 2385 (2385 f.) m.w.N.; *Bäcker,* EuR 2015, 389 (399 ff.); *Grabenwarter/Schorkopf,* EnzEuR Grundrechteschutz, § 3 Rn. 9, 11, 25, 37; einschränkend *Thym,* DÖV 2014, 941 (943).
232 *Frenzel,* Der Staat 53 (2014), 1 (4); *Haratsch/Koenig/Pechstein,* EuR, Rn. 693.

mäßig auf Art. 51 Abs. 2 Bezug, um die Grenzen seiner eigenen Zuständigkeit als Unionsorgan im Grundrechtsbereich aufzuzeigen. Er hat das Unionsrecht im Lichte der Charta in den Grenzen der Zuständigkeiten zu prüfen, die der Union übertragen sind.[233] Wenn eine rechtliche Situation nicht vom Unionsrecht erfasst wird, hat der Gerichtshof keine Zuständigkeit, über sie zu entscheiden; denn die Chartabestimmungen können als solche seine Zuständigkeit nicht begründen.[234]

Der Begrenzung der unionalen Zuständigkeiten entspricht spiegelbildlich eine **Begrenzung der Verpflichtungen der Union** nach Art. 51 Abs. 1 S. 2. Die Erläuterungen weisen zutreffend darauf hin, dass sich für die Union eine Verpflichtung nach Art. 51 Abs. 1 S. 2 zur Förderung der in der Charta festgelegten Grundsätze nur nach Maßgabe ihrer Befugnisse ergeben kann. Die Zuständigkeitsbegrenzung ist bedeutungslos, soweit es um den Abwehrcharakter der Grundrechte geht. Sie wird jedoch greifbar hinsichtlich der **leistungs- und schutzrechtlichen Dimension** der Grundrechte, also der *positiven (Förderungs-)Pflichten.*[235] Für diesen Bereich verdeutlichen die genannten Normen den Vorrang der Kompetenzordnung vor der Grundrechtsbindung: Soweit der Union keine Kompetenz zusteht, läuft ihre Grundrechtsbindung ins Leere; denn sie kann Leistungen oder Schutz nicht gewähren. Die umgekehrte Konditionalität, wonach eine Leistungs- oder Schutzpflicht die Zuständigkeit zu ihrer Erfüllung nach sich zöge, wird gerade ausgeschlossen. Auch mit Blick auf die **Grundsätze** erfüllt die Statuierung der Zuständigkeitsbegrenzung eine besondere (Warn-)Funktion. Denn Grundsätze bedürfen gemäß Art. 52 Abs. 5 S. 2 einer Konkretisierung durch Umsetzungsmaßnahmen. Diese können aber gerade nicht auf die entsprechenden Chartabestimmungen gestützt werden; vielmehr bedarf es einer bereits existenten Zuständigkeit.[236] Dies verdeutlicht auch der weitere Hinweis auf die „jeweiligen Zuständigkeiten" der Union einerseits und der Mitgliedstaaten andererseits in Art. 52 Abs. 5 S. 2. 73

In der Konsequenz *können Gewährleistungen* dort, wo lediglich Grundsätze normiert sind oder aber allein Leistungs- bzw. Schutzpflichten in Rede stehen, *ins Leere laufen*, wenn es an einer Unionskompetenz fehlt und die Mitgliedstaaten – oftmals als Konsequenz – kein Unionsrecht „durchführen" (s. für ein Beispiel → Art. 32 Rn. 14). Die Chartagrundrechte erfüllen dann aber jedenfalls eine **Symbolwirkung** nach innen und außen, indem sie das Bekenntnis zu bestimmten Grundwerten verdeutlichen.[237] 74

233 EuGH – Ymeraga, Rs. C-87/12, ECLI:EU:C:2013:291, Urt. v. 8.5.2013, Rn. 40; EuGH – Pringle, Rs. C-370/12, ECLI:EU:C:2012:756, Urt. v. 27.11.2012, Rn. 179; EuGH – Iida, Rs. C-40/11, ECLI:EU:C:2012:691, Urt. v. 8.11.2012, Rn. 20; EuGH – Currà u.a., Rs. C-466/11, ECLI:EU:C:2012:465, Beschl. v. 12.7.2012, Rn. 25; EuGH – Dereci u.a., Rs. C-256/11, ECLI:EU:C:2011:734, Urt. v. 15.11.2011, Rn. 71; EuGH – J. McB., Rs. C-400/10 PPU, ECLI:EU:C:2010:582, Urt. v. 5.10.2010, Rn. 51.

234 EuGH – Demarchi Gino, Rs. C-177/17, ECLI:EU:C:2017:656, Beschl. v. 7.9.2017, Rn. 28; EuGH – Daouidi, Rs. C-395/15, ECLI:EU:C:2016:917, Urt. v. 1.12.2016, Rn. 62 ff.; EuGH – Toma und Biroul Executorului Judecatoresc Horatiu-Vasile Cruduleci, Rs. C-205/15, Urt. v. 30.6.2016, ECLI:EU:C:2016:499, Rn. 22, 24; EuGH – Delvigne, Rs. C-650/13, ECLI:EU:C:2015:648, Urt. v. 6.10.2015, Rn. 27; EuGH – Yumer, Rs. C-505/13, ECLI:EU:C:2014:2129, Beschl. v. 17.7.2014, Rn. 26; EuGH – Pelckmans Turnhout, Rs. C-483/12, ECLI:EU:C:2014:304, Urt. v. 8.5.2014, Rn. 20 f.; EuGH – Torralbo Marcos, Rs. C-265/13, ECLI:EU:C:2014:187, Urt. v. 27.3.2014, Rn. 30; EuGH – Iida, Rs. C-40/11, ECLI:EU:C:2012:691, Urt. v. 8.11.2012, Rn. 54; EuGH – Sociedade Agrícola e Imobiliária da Quinta de S. Paio, Rs. C-258/13, ECLI:EU:C:2013:810, Beschl. v. 28.11.2013, Rn. 20 f.; EuGH – Åkerberg Fransson, Rs. C-617/10, ECLI:EU:C:2013:105, Urt. v. 26.1.2013 (Große Kammer), Rn. 22 f. Vgl. a. *Ohler*, NVwZ 2013, 1433 (1433).

235 Zum Nachfolgenden ausführlich *Cremer*, EuGRZ 2011, 545 (546 ff.); s.a. *Kirchhof*, NJW 2011, 3681 (3685); *Jarass*, GRC, Art. 51 Rn. 11.

236 Vgl. *Grabenwarter/Cremer*, EnzEuR Grundrechteschutz, § 1 Rn. 165.

237 Vgl. a. *Borowsky* (4. Aufl.), Art. 51 Rn. 42 f.

75 Auch wenn Art. 51 bestätigt, dass sich die Zuständigkeiten der Union allein aus den Verträgen ergeben, kommt bei einzelnen **Zuständigkeitsnormen** dennoch eine **Auslegung im Lichte einschlägiger Chartagrundrechte** in Betracht, sofern sie bereits für sich gesehen einen grundrechtlichen Gehalt aufweisen.[238] Hierdurch wird die *Einheit des Primärrechts* gewahrt. In Betracht kommt vor diesem Hintergrund beispielsweise eine entsprechende Auslegung von Art. 19 AEUV (Antidiskriminierungsmaßnahmen, s. Art. 20 ff. Charta), Art. 78 AEUV (gemeinsame Asylpolitik, s. Art. 18 f. Charta), Art. 15 Abs. 3 UAbs. 2 AEUV (Zugang zu Dokumenten, s. Art. 42 Charta) und Art. 228 Abs. 4 AEUV (Bürgerbeauftragter, s. Art. 43 Charta), da diese der Durchsetzung grundrechtlicher Anliegen dienen. Dagegen scheidet eine solche Auslegung von Art. 352 AEUV (Vertragsabrundungskompetenz) mangels unmittelbaren Grundrechtsbezugs aus; insoweit drohte gerade eine Zuständigkeitserweiterung entgegen den genannten Bestimmungen.

9. (Grund-)Rechtsschutz

76 a) **Gerichtlicher Grundrechtsschutz gegenüber der Union.** Zunächst ist festzuhalten, dass die Beachtung der Grundrechte durch die Europäische Union nur **auf Unionsebene** (gerichtlich) überwacht werden kann. Dies ist Aufgabe des Gerichtshofs der Europäischen Union, der gemäß Art. 19 Abs. 1 UAbs. 1 S. 2 EUV die Wahrung des Rechts bei der Auslegung und Anwendung der Verträge sichert. In der Konsequenz bleibt eine gerichtliche Kontrolle der umfassenden Grundrechtsbindung der Union dort aus, wo es an einer (sachlichen) Zuständigkeit des Gerichtshofs der Europäischen Union fehlt – so etwa in Bereichen der Gemeinsamen Außen- und Sicherheitspolitik (Art. 24 Abs. 1 UAbs. 2 S. 6 EUV, Art. 275 AEUV)[239] – oder an statthaften Verfahren. Das Unionsrecht sieht **keine Grundrechtsbeschwerde** vor. Zu unterscheiden ist also zwischen der Grundrechts*bindung* einerseits und ihrer *Kontrolle* andererseits.

77 *Unmittelbar* kann ein *Grundrechtsträger* gemäß Art. 263 Abs. 4 AEUV mit der **Nichtigkeitsklage** eine Grundrechtsverletzung durch die Organe, Einrichtungen und sonstigen Stellen der Union geltend machen. Möglicher Klagegegenstand sind die an ihn gerichteten oder ihn unmittelbar und individuell betreffenden Handlungen sowie Rechtsakte mit Verordnungscharakter, die ihn unmittelbar betreffen und keine Durchführungsmaßnahmen nach sich ziehen. Bei einem Grundrechtsverstoß handelt es sich aufgrund des Primärrechtscharakters der Charta (Art. 6 Abs. 1 UAbs. 1 EUV) um eine Verletzung der Verträge i.S.d. Art. 263 Abs. 2 Var. 3 AEUV. Eine **Untätigkeitsklage** gemäß Art. 265 Abs. 3 AEUV dürfte allenfalls in Ausnahmefällen zulässig sein, da insoweit eine Handlungspflicht aus der Charta resultieren müsste. In Betracht kommen also von vornherein lediglich (positive) Leistungs- bzw. Schutzpflichten,[240] die sich selten zu einer konkreten Handlungspflicht verdichten dürften. Auch die *Mitgliedstaaten* können gemäß Art. 263 Abs. 2 AEUV eine Nichtigkeitsklage sowie gemäß Art. 265 Abs. 1 AEUV eine Untätigkeitsklage erheben. Außerdem kann sich die Frage nach einer Grundrechtsverletzung als *Vorfrage* auch in anderen Rechtsschutzverfahren stellen und dann **inzident** geprüft werden, soweit dies nicht zu einer Umgehung von Klagefristen (s. Art. 263 Abs. 6, Art. 265 Abs. 2 AEUV) führt (vgl. Art. 277 AEUV).[241] Die Vereinbarkeit eines geplanten völkerrechtlichen Vertrages der Union mit

238 *Jarass*, GRC, Art. 51 Rn. 10, auch zu den nachfolgenden Beispielen.
239 S.a. *Borowsky* (4. Aufl.), Art. 51 Rn. 16.
240 S.a. *Borowsky* (4. Aufl.), vor Titel VII Rn. 20, der eine Untätigkeitsklage auch in Bezug auf Grundsätze für möglich hält; dem steht jedoch Art. 52 Abs. 5 S. 2 entgegen.
241 *Jarass*, GRC, Einl. Rn. 67. S.a. schon EuGH – Kommission/Jégo-Quéré, Rs. C-263/02 P, ECLI:EU:C:2004:210, Urt. v. 1.4.2004, Rn. 30.

der Grundrechte-Charta kann zum Gegenstand eines **Gutachtenverfahrens** gemäß Art. 218 Abs. 11 AEUV gemacht werden.[242]

Eine Grundrechtsverletzung kann (auf der Sekundärebene) auch zum Gegenstand einer **Schadensersatzklage** gemäß Art. 268, Art. 340 Abs. 2, 3 AEUV gemacht werden. Diese kommt auch in Konstellationen in Betracht, in denen eine Nichtigkeitsklage ausscheidet, wie das Urteil der Großen Kammer des EuGH in den verbundenen Rechtssachen C-8/15 P bis C-10/15 P – **Ledra Advertising** vom 20. September 2016 veranschaulicht: Der Gerichtshof hatte zunächst das vom Plenum in der Rechtssache C-370/12 – **Pringle** getroffene Urteil vom 27. November 2012 bestätigt:[243] Die der Kommission und der EZB im Rahmen des ESM-Vertrages übertragenen Funktionen umfassten (so bedeutend sie auch seien) *keine Entscheidungsbefugnisse im eigentlichen Sinne.* Überdies verpflichteten die Tätigkeiten dieser beiden Organe im Rahmen des ESM-Vertrages nur den ESM. Dessen Handeln stehe wiederum außerhalb der Unionsrechtsordnung.[244] Anschließend stellte der Gerichtshof klar: „Diese Feststellung kann sich zwar auf die Zulässigkeitsvoraussetzungen einer Nichtigkeitsklage, die auf der Grundlage von Art. 263 AEUV erhoben werden kann, auswirken, sie schließt es jedoch nicht aus, dass der Kommission und der EZB im Rahmen einer Schadensersatzklage nach Art. 268 und Art. 340 Abs. 2 und 3 AEUV rechtswidrige Verhaltensweisen im Zusammenhang mit der Annahme eines MoU im Namen des ESM zur Last gelegt werden."[245] 78

Schließlich können Grundrechtsverletzungen durch Handlungen der Organe, Einrichtungen oder sonstigen Stellen der Union auch Gegenstand eines **Vorabentscheidungsverfahrens** gemäß Art. 267 Abs. 1 lit. b) AEUV sein. Im Rahmen dieses Verfahrens können die Unionsgrundrechte in Bezug auf Unionsrechtsakte zum einen als Rechtmäßigkeits- und damit Gültigkeitsmaßstab, zum anderen als Auslegungsmaßstab herangezogen werden.[246] Das Gericht und der Gerichtshof machen durchaus von der Möglichkeit Gebrauch, Sekundärrecht wegen Chartaverstößen für ungültig zu erklären.[247] *Innerstaatlich* kann sich die Frage nach der Gültigkeit oder (chartakonformen) Auslegung eines EU-Sekundärrechtsaktes als Vorfrage in einem gerichtlichen Verfahren stellen, beispielsweise wenn sich der mit einer Anfechtungsklage angegriffene Verwaltungsakt auf eine möglicherweise chartawidrige Verordnung stützt. Auch die mitgliedstaatlichen Gerichte sind insoweit *funktional Unionsgerichte* (s. Art. 19 Abs. 1 UAbs. 2 EUV).[248] Da ein nationales Gericht den Unionsrechtsakt nicht einfach unangewendet lassen kann, muss – trotz des Wortlauts des Art. 267 Abs. 2 AEUV – *jedes* Gericht eines Mitgliedstaates die Gültigkeitsfrage gemäß Art. 267 AEUV dem Gerichtshof vorlegen.[249] Hinsichtlich der Auslegungsfrage trifft gemäß Art. 267 Abs. 3 AEUV lediglich das letztinstanzliche Gericht eine Vorlage*pflicht*. 79

242 S. EuGH – EU-Kanada-Fluggastdatenabkommen, Gutachten 1/15 v. 26.7.2017.

243 EuGH – Pringle, Rs. C-370/12, ECLI:EU:C:2012:756, Urt. v. 27.11.2012 (Plenum), Rn. 161; EuGH – Ledra Advertising, verb. Rs. C-8/15 P bis C-10/15 P, ECLI:EU:C:2016:701, Urt. v. 20.9.2016 (Große Kammer), Rn. 53.

244 EuGH – Ledra Advertising, verb. Rs. C-8/15 P bis C-10/15 P (Fn. 243), Rn. 54.

245 EuGH – Ledra Advertising, verb. Rs. C-8/15 P bis C-10/15 P (Fn. 243), Rn. 55.

246 *Haratsch/Koenig/Pechstein*, EuR, Rn. 693.

247 S. z.B. EuGH – Schecke u. Eifert, verb. Rs. C-92/09 u. C-93/09, ECLI:EU:C:2009:284, Urt. v. 9.11.2010 (Große Kammer); EuGH – Association Belge des Consommateurs Test-Achats u.a., Rs. C-236/09, ECLI:EU:C:2011:100, Urt. v. 1.3.2011 (Große Kammer). Laut *Borowsky* (4. Aufl.), vor Titel VII Rn. 2 Fn. 16, sollen beide Urteile in Brüssel „Schockwellen" ausgelöst haben.

248 S.a. *Borowsky* (4. Aufl.), vor Titel VII Rn. 13, 19, 21.

249 Vgl. EuGH – Schrems, Rs. C-362/14, ECLI:EU:C:2015:650, Urt. v. 6.10.2015 (Große Kammer), Rn. 61 ff.; s.a. schon EuGH – Foto-Frost, Rs. C-314/85, ECLI:EU:C:1987:452, Urt. v. 22.10.1987, Rn. 15 ff. Eine Nichtanwendung ist ausnahmsweise im Rahmen einstweiligen Rechtsschutzes mög-

80 **b) Gerichtlicher Grundrechtsschutz gegenüber den Mitgliedstaaten.** Verletzen nationale Stellen die Chartagrundrechte, sind die jeweiligen mitgliedstaatlichen Maßnahmen rechtswidrig. Chartawidriges nationales Recht ist aufgrund des Anwendungsvorrangs des supranationalen Unionsrechts *unanwendbar*. Ein Grundrechtsverstoß liegt jedoch nur vor, wenn eine *grundrechtskonforme Auslegung* nicht möglich ist.[250] Gegen mitgliedstaatliche Maßnahmen, die (möglicherweise) gegen Chartagrundrechte verstoßen, sind die regulären **nationalen Rechtsbehelfe** statthaft.

81 Stellt sich im Rahmen der mitgliedstaatlichen Gerichtsverfahren die Frage nach einer Verletzung von Chartagrundrechten, steht die *Auslegung der Charta* und damit der Verträge i.S.d. Art. 267 Abs. 1 lit. a) AEUV infrage. Jedes mitgliedstaatliche Gericht kann in diesem Fall gemäß Art. 267 Abs. 2 AEUV ein **Vorabentscheidungsverfahren** einleiten; das letztinstanzliche Gericht ist hierzu gemäß Art. 267 Abs. 3 AEUV verpflichtet. Dem Wesen des Vorabentscheidungsverfahrens entspricht es, dass der Gerichtshof gerade nicht die Vereinbarkeit des nationalen Rechts mit dem Unionsrecht – also auch der Charta – prüft, sondern lediglich allgemeine Auslegungsvorgaben zum Unionsrecht macht. Die Konkretisierung im Einzelfall obliegt den nationalen Gerichten. Hier können sich Spielräume für eine eigenverantwortliche Rechtsprechungstätigkeit der mitgliedstaatlichen Gerichte öffnen.[251] Außerdem stellt das Vorabentscheidungsverfahren das wohl wichtigste Instrument des **Dialogs** zwischen dem EuGH und den nationalen Gerichten dar.[252] Es kann einen wesentlichen Beitrag zu einer Konvergenz des europäischen Grundrechtsschutzes leisten und Widersprüche zwischen europäischer und nationaler Rechtsprechung vermeiden.[253]

82 Dieser Dialog wird primär zwischen dem Gerichtshof und den **Fachgerichten** geführt.[254] Denn die Frage der Auslegung der Charta stellt sich im konkreten Fall (letztinstanzlich) den Fachgerichten. Lässt das Unionsrecht den Mitgliedstaaten keine Spielräume, ist sowohl aus der Perspektive des EuGH als auch des BVerfG allein die Charta Prüfungsmaßstab.[255] Bestehen mitgliedstaatliche Spielräume, gelten zwar nach Auffassung des BVerfG ausschließlich die Grundrechte des Grundgesetzes. Der EuGH geht in diesen Fällen jedoch von einer Doppelgeltung der Charta- und der nationalen Grundrechten aus (→ Rn. 43, 53 f.). In der Konsequenz muss ein nationales Gericht stets fragen, ob das Ergebnis aufgrund des Grundgesetzes mit den Chartavorgaben übereinstimmt – was häufig eine Vorlage notwendig machen wird.[256] Grundrechtsfragen werden daher vermehrt zwischen natio-

---

lich: s. EuGH – Zuckerfabrik Süderdithmarschen u. Zuckerfabrik Soest, verb. Rs. C-143/88 u. C-92/89, Urt. v. 21.2.1991, Rn. 19 ff.; EuGH – Atlanta Fruchthandelsgesellschaft, Rs. C-465/93, ECLI:EU:C:1995:369, Urt. v. 9.11.1995, Rn. 20 ff.; EuGH – Krüger, Rs. C-334/95, ECLI:EU:C:1997:378, Urt. v. 17.7.1997, Rn. 44 ff.

250 Zum Ganzen auch *Jarass*, GRC, Einl. Rn. 73.

251 Vgl. a. *Bäcker*, EuR 2015, 389 (407).

252 S.a. *Borowsky* (4. Aufl.), vor Titel VII Rn. 1 a.

253 Vgl. *Bäcker*, EuR 2015, 389 (404 ff.).

254 *Grabenwarter/von Danwitz*, EnzEuR Grundrechteschutz, § 6 Rn. 22; s.a. *Borowsky* (4. Aufl.), vor Titel VII Rn. 29.

255 Prozessuale Konsequenz ist der Vorrang des Vorabentscheidungsverfahrens vor nationalen Normenkontrollen; s. hierzu EuGH – A, Rs. C-112/13, ECLI:EU:C:2014:2195, Urt. v. 11.9.2014, Rn. 41 ff.

256 *Thym*, NVwZ 2013, 889 (895); s.a. *Britz*, EuGRZ 2015, 275 (279 f.); *Kingreen*, JZ 2013, 801 (809); *Wendel*, EuZW 2012, 212 (215).

nalen Fachgerichten und dem EuGH geklärt; die Folge ist eine **Schwächung des BVerfG,**[257] das allein die Grundrechte des Grundgesetzes auslegt[258].

Verfestigt wird dieser Bedeutungsverlust durch die Rechtsprechung des BVerfG zum **Vorrang von Vorabentscheidungsverfahren** gegenüber nationalen verfassungsgerichtlichen Verfahren, soweit Grundrechtsverstöße in Rede stehen:[259] Hiernach ist die Vorlage eines Gesetzes, das Unionsrecht umsetzt, an das BVerfG im Wege der konkreten Normenkontrolle (mangels Entscheidungserheblichkeit) *unzulässig,* wenn das vorlegende Gericht nicht geklärt hat, ob das Gesetz in Umsetzung eines dem nationalen Gesetzgeber verbleibenden Gestaltungsspielraums ergangen ist. Das nationale Gericht muss insofern ggf. ein Vorabentscheidungsverfahren einleiten – auch wenn es nicht das letztinstanzliche Gericht ist. Denn für eine Überprüfung am Maßstab der Grundrechte des Grundgesetzes durch das BVerfG bleibt nach seiner eigenen Rechtsprechung nur bei entsprechenden mitgliedstaatlichen Spielräumen Raum (→ Rn. 43).[260] Dagegen überprüft das BVerfG (bei verbleibenden mitgliedstaatlichen Spielräumen) die Vereinbarkeit eines nationalen Gesetzes mit den Grundrechten des Grundgesetzes, auch wenn zugleich Zweifel an der Vereinbarkeit des Gesetzes mit EU-Sekundärrecht bestehen.[261] 83

Der **österreichische Verfassungsgerichtshof** wirkt einem entsprechenden eigenen Bedeutungsverlust entgegen, indem er seinen Prüfungsmaßstab auf die Chartagrundrechte erstreckt:[262] Um „dem Konzept der österreichischen Bundesverfassung einer zentralisierten Verfassungsgerichtsbarkeit" zu entsprechen, hat der österreichische Verfassungsgerichtshof entschieden, „dass die Grundrechte-Charta einen Prüfungsmaßstab des verfassungsgerichtlichen Verfahrens bildet". Der unionsrechtliche Äquivalenzgrundsatz habe zur Folge, „dass auch die von der Grundrechte-Charta garantierten Rechte vor dem Verfassungsgerichtshof als verfassungsgesetzlich gewährleistete Rechte [...] geltend gemacht werden können und sie im Anwendungsbereich der Grundrechte-Charta einen Prüfungsmaßstab in Verfahren der generellen Normenkontrolle [...] bilden." Eine Erstreckung des Prüfungsmaßstabes auf die Chartagrundrechte wird auch für das BVerfG vorgeschlagen.[263] 84

257 *Thym,* NVwZ 2013, 889 (895); näher *Bäcker,* EuR 2015, 389 (400 f.); s.a. *Kingreen,* JZ 2013, 801 (808 f.); *Wendel,* EuZW 2012, 212 (215, 217 f.); weitergehend zum Bedeutungsverlust nationaler Verfassungsgerichte in der EU *Komárek,* EuConst 9 (2013), 420 ff.

258 *Bäcker,* EuR 2015, 389 (391, 400, 407 f.), der jedoch auf eine mögliche mittelbare Prüfung der Unionsgrundrechte durch das BVerfG i.R.d. Art. 101 Abs. 1 S. 2 GG wegen Verletzung der Vorlagepflicht nach Art. 267 Abs. 3 AEUV hinweist und sich für einen Ausbau der Grundrechtskontrolle durch den EuGH ausspricht; s.a. *Britz,* EuGRZ 2015, 275 (276, 279 f.); *Kingreen,* JZ 2013, 801 (808).

259 Zu konkreten Normenkontrollen BVerfG – Investitionszulagengesetz, 1 BvL 3/08, Beschl. v. 4.10.2011, BVerfGE 129, 186 (198 ff. Rn. 43 ff.); nachfolgend BVerfG, 1 BvR 121/11, 1 BvR 1295/11, Beschl. v. 17.1.2013, Rn. 35; BVerfG, 1 BvL 2/14, Beschl. v. 9.9.2014, NVwZ-RR 2015, 1 (2 Rn. 13); s. bereits zuvor BVerfG – Le Corbusier, 1 BvR 1916/09, Beschl. v. 19.7.2011, BVerfGE 129, 78 (103 Rn. 89).

260 Zu diesem Zusammenhang auch *Wendel,* EuZW 2012, 212 (213).

261 BVerfG – amtliche Informationen, 1 BvF 1/13, Beschl. v. 21.3.2018, NJW 2018, 2109 (2110 Rn. 22) m.w.N. Ist aus der Perspektive des EuGH der Anwendungsbereich des Unionsrechts eröffnet, darf eine Vereinbarkeitsentscheidung in Bezug auf die nationalen Grundrechte aufgrund der „bedingten Doppelgeltung" beider Grundrechtsregime wiederum nicht die (zusätzliche) Überprüfung am Maßstab der Chartagrundrechte verhindern.

262 ÖstVfGH, U466/11 u.a., Erkenntnis v. 14.3.2012, 5.5, 5.6.

263 *Griebel,* DVBl. 2014, 204 (207 ff.); *Bäcker,* EuR 2015, 389 (410 ff.); s.a. *Frenzel,* Der Staat 53 (2014), 1 (14). Kritisch hingegen *Komárek,* EuConst 9 (2013), 420 (443 ff.).

85 Die Kommission kann eine Verletzung der Chartagrundrechte zum Gegenstand eines **Vertragsverletzungsverfahrens** gemäß Art. 258 AEUV machen.[264] Entsteht dem Grundrechtsträger aufgrund der Grundrechtsverletzung ein Schaden, kommt auf der Sekundärebene zudem ein **unionsrechtlicher Staatshaftungsanspruch** in Betracht.[265] Bei gravierenden mitgliedstaatlichen Grundrechtsverletzungen (auch außerhalb der Durchführung von Unionsrecht) ist zudem ein **Verfahren gemäß Art. 7 EUV** denkbar.[266] In einer Entschließung vom Februar 2017[267] hat das Europäische Parlament betont, dass das gegenwärtige Art. 7-Verfahren mängelbehaftet und schwerfällig sei. Es hat vorgeschlagen, Art. 258 AEUV so zu ändern, dass der Kommission ausdrücklich gestattet werde, eine *„systemische Verletzungsklage"* gegen Mitgliedstaaten einzuleiten, die Grundwerte verletzen. Außerdem sollten Art. 258 und 259 AEUV so geändert werden, dass auch alle natürlichen und juristischen Personen, die von Maßnahmen unmittelbar und persönlich betroffen sind, das Recht erhalten, beim EuGH wegen mutmaßlicher Verstöße gegen die Charta der Grundrechte durch ein EU-Organ oder einen Mitgliedstaat Klage zu erheben.

86 c) **Außergerichtlicher Grundrechtsschutz**. Neben den gerichtlichen Rechtsschutzmöglichkeiten widmen sich verschiedene Akteure auf nationaler und Unionsebene der Durchsetzung der Unionsgrundrechte.[268] Besonders erwähnt sei hier lediglich die **Agentur der Europäischen Union für Grundrechte**.[269] Diese wurde mit der Verordnung (EG) Nr. 168/2007 des Rates vom 15. Februar 2007 zur Errichtung einer Agentur der Europäischen Union für Grundrechte[270] geschaffen. Ihr Ziel besteht gemäß Art. 2 der Errichtungsverordnung darin, „den relevanten Organen, Einrichtungen, Ämtern und Agenturen der Gemeinschaft und ihrer Mitgliedstaaten bei der Durchführung des Gemeinschaftsrechts in Bezug auf die Grundrechte Unterstützung zu gewähren und ihnen Fachkenntnisse bereitzustellen, um ihnen die uneingeschränkte Achtung der Grundrechte zu erleichtern, wenn sie in ihrem jeweiligen Zuständigkeitsbereich Maßnahmen einleiten oder Aktionen festlegen." Ihre Aufgaben bestehen gemäß Art. 4 der Errichtungsverordnung vor allem in der Sammlung und Analyse von Informationen und Daten sowie der Erstellung von Berichten[271].

87 In der **Europäischen Kommission**[272] fällt der Grundrechtsschutz in den Zuständigkeitsbereich der Generaldirektion JUST (Justiz, Verbraucher und Gleichstellung). Auf der Grundlage ihrer Strategie zur wirksamen Umsetzung der Charta der Grundrechte durch die Euro-

264 S. z.B. *Grabenwarter/Cremer,* EnzEuR Grundrechteschutz, § 1 Rn. 167. Zu den im Jahr 2017 durch die Kommission eingeleiteten Vertragsverletzungsverfahren s. Europäische Kommission, Jährlicher Bericht über die Anwendung der Charta der Grundrechte der Europäischen Union 2017, COM(2018) 396 final vom 4.6.2018, Ziffer 3.1. Die (primär politischen) Gründe, die in der Praxis die Vertragsverletzungsverfahren auf Antrag eines Mitgliedstaates gemäß Art. 259 AEUV zur Ausnahme machen, gelten auch in der Grundrechtskonstellation.

265 S.a. *Jarass,* GRC, Einl. Rn. 74.

266 *Jarass,* GRC, Einl. Rn. 78.

267 Entschließung des Europäischen Parlaments vom 16. Februar 2017 zu möglichen Entwicklungen und Anpassungen der derzeitigen institutionellen Struktur der Europäischen Union (2014/2248(INI)), Ziff. 41, 43, 44.

268 Hierzu *Borowsky* (4. Aufl.), vor Titel VII Rn. 6.

269 Homepage der Agentur: http://fra.europa.eu.

270 ABl. L 53 vom 22.2.2007, S. 1–14.

271 S. zuletzt den jährlichen Grundrechte-Bericht 2018 (zum Jahr 2017) gemäß Art. 4 Abs. 1 lit. e) der Errichtungsverordnung, online abrufbar unter http://fra.europa.eu/de/publication/2018/grundrechte-bericht-2018-fra-stellungnahmen.

272 Zu ihrer Rolle näher *Borowsky* (4. Aufl.), vor Titel VII Rn. 25 ff.

päische Union von 2010[273] legt die Europäische Kommission jährlich einen Bericht über die Anwendung der Charta vor (Ziffer 3).[274]

IV. Literaturübersicht

Bäcker, Matthias, Das Grundgesetz als Implementationsgarant der Unionsgrundrechte, EuR 2015, 389; *Bleckmann, Moritz,* Nationale Grundrechte im Anwendungsbereich des Rechts der Europäischen Union. Die Kooperation des Grundrechtsschutzes in der Europäischen Union unter Berücksichtigung der besonderen Ausprägungen des nationalen Grundrechtsschutzes, 2011; *Brecht, Holger,* Änderungen an der EU-Grundrechtecharta. Korrekturen durch Verfassungskonvent und Regierungskonferenz sowie Konsequenzen für die Auslegung der Charta, ZEuS 2005, 355; *Britz, Gabriele,* Grundrechtsschutz durch das Bundesverfassungsgericht und den Europäischen Gerichtshof, EuGRZ 2015, 275; *Brosius-Gersdorf, Frauke,* Bindung der Mitgliedstaaten an die Gemeinschaftsgrundrechte. Die Grundrechtsbindung der Mitgliedstaaten nach der Rechtsprechung des EuGH, der Charta der Grundrechte der Europäischen Union und ihre Fortentwicklung, 2005; *Bucher, Stefan,* Die Bindung der Mitgliedstaaten an die EU-Grundrechtecharta bei Ermessensspielräumen, insbesondere in Fällen der Richtlinienumsetzung und unter Berücksichtigung der Folgerechtsprechung zu „Åkerberg Fransson", ZEuS 2016, 203; *Cirkel, Johannes,* Die Bindungen der Mitgliedstaaten an die Gemeinschaftsgrundrechte, 2000; *Cremer, Wolfram,* Grundrechtsverpflichtete und Grundrechtsdimensionen nach der Charta der Grundrechte der Europäischen Union, EuGRZ 2011, 545; *von Danwitz, Thomas/Paraschas, Katherina,* A Fresh Start for the Charter: Fundamental Questions on the Application of the European Charter of Fundamental Rights, Fordham International Law Journal 35 (2012), 1396; *Franzius, Claudio,* Grundrechtsschutz in Europa. Zwischen Selbstbehauptungen und Selbstbeschränkungen der Rechtsordnungen und ihrer Gerichte, ZaöRV 75 (2015), 383; *Frenzel, Eike Michael,* Die Charta der Grundrechte als Maßstab für mitgliedstaatliches Handeln zwischen Effektivierung und Hyperintegration, Der Staat 53 (2014), 1; *Griebel, Jörn,* Europäische Grundrechte als Prüfungsmaßstab der Verfassungsbeschwerde, DVBl. 2014, 204; *Gusy, Christoph,* Grundrechtsbindungen Privater, in: Johannes Masing/Matthias Jestaedt/David Capitant/Armel Le Divellec (Hrsg.), Strukturfragen des Grundrechtsschutzes in Europa. Grundrechtecharta – Grundrechtsbindung – Vertrauensschutz, 2015, S. 93; *Hoffmann, Jan Martin/Rudolphi, Verena,* Die Durchführung des Unionsrechts durch die Mitgliedstaaten – Art. 51 Abs. 1 Satz 1 Alt. 2 Grundrechtecharta im Spiegel der Rechtsprechung des Europäischen Gerichtshofs –, DÖV 2012, 597; *Honer, Mathias,* Die Geltung der EU-Grundrechte für die Mitgliedstaaten nach Art. 51 I 1 GRCh, JuS 2017, 409; *Huber, Peter M.*, Auslegung und Anwendung der Charta der Grundrechte, NJW 2011, 2385; *Jarass, Hans D.*, Die Bindung der Mitgliedstaaten an die EU-Grundrechte, NVwZ 2012, 457; *Kingreen, Thorsten,* Die Grundrechte des Grundgesetzes im europäischen Grundrechtsföderalismus, JZ 2013, 801; *Kirchhof, Ferdinand,* Grundrechtsschutz durch europäische und nationale Gerichte, NJW 2011, 3681; *ders.*, Nationale Grundrechte und Unionsgrundrechte. Die Wiederkehr der Frage eines Anwendungsvorrangs unter anderer Perspektive, NVwZ 2014, 1537; *Komárek, Jan,* The Place of Constitutional Courts in the EU, European Constitutional Law Review 9 (2013), 420; *Lange, Friederike,* Verschiebungen im europäischen Grundrechtssystem?, NVwZ 2014, 169; *Latzel, Clemens,* Die Anwendungsbereiche des Unionsrechts, EuZW 2015, 658; *Lenaerts, Koen,* In Vielfalt geeint / Grundrechte als Basis des europäischen Integrationsprozesses, EuGRZ 2015, 353; *Lindner, Josef Franz,* Zur grundsätzlichen Bedeutung des Protokolls über die Anwendung der Grundrechtecharta auf Polen und das Vereinigte Königreich – zugleich ein Beitrag zur Auslegung von Art. 51 EGC –, EuR 2008, 786; *Ludwigs, Markus,* Kooperativer Grundrechtsschutz zwischen EuGH, BVerfG und EGMR, EuGRZ 2014, 273; *Masing, Johannes,* Einheit und Vielfalt des Europäischen Grundrechtsschutzes, JZ 2015, 477; *Mehde, Veith,* Gespaltener Grundrechtsschutz in der EU? Zur Bedeutung der Sonderregelung für Polen und das Vereinigte Königreich, EuGRZ 2008, 269; *Nusser, Julian,* Die Bindung der Mitgliedstaaten an die Unionsgrundrechte. Vorgaben für die Auslegung von Art. 51 Abs. 1 S. 1 EuGrCh, 2011; *Ohler, Christoph,* Grundrechtliche Bindungen der Mitgliedstaaten nach Art. 51 GRCh, NVwZ 2013, 1433; *von Papp, Konstanze,* Die Integrationswirkung von Grundrechten in der Europäischen Gemeinschaft. Die Rolle der Gemeinschaftsgrundrechte bei der Verwirklichung der Grundfreiheiten und des allgemeinen Freizügigkeitsrechts, 2007; *Rosas, Allan,* When is the EU Char-

273 KOM(2010) 573 endg. vom 19.10.2010.

274 Zuletzt: Bericht der Kommission an das Europäische Parlament, den Rat, den Europäischen Wirtschafts- und Sozialausschuss und den Ausschuss der Regionen, Jährlicher Bericht über die Anwendung der Charta der Grundrechte der Europäischen Union 2017, COM(2018) 396 final vom 4.6.2018.

ter of Fundamental Rights Applicable at National Level?, Jurisprudence 19 (2012), 1269; *Safjan, Marek,* Areas of Application of the Charter of Fundamental Rights of the European Union: Fields of Conflict?, EUI Working Paper Law 2012/22; *Sarmiento, Daniel,* Who's Afraid of the Charter? The Court of Justice, National Courts and the New Framework of Fundamental Rights Protection in Europe, Common Market Law Review 50 (2013), 1267; *Seifert, Achim,* Die horizontale Wirkung von Grundrechten. Europarechtliche und rechtsvergleichende Überlegungen, EuZW 2011, 696; *Starke, Paul,* Die Anwendbarkeit der Europäischen Grundrechtecharta auf rein nationale Gesetzgebungsakte, DVBl. 2017, 721; *Stotz, Rüdiger,* Aktuelle Rechtsprechung zur EU-Charta der Grundrechte, ZEuS 2017, 259; *Thym, Daniel,* Blaupausenfallen bei der Abgrenzung von Grundgesetz und Grundrechtecharta, DÖV 2014, 941; *ders.,* Die Reichweite der EU-Grundrechte-Charta – Zu viel Grundrechtsschutz?, NVwZ 2013, 889; *Voßkuhle, Andreas,* Menschenrechtsschutz durch die Europäischen Verfassungsgerichte, RdA 2015, 336; *Weiß, Wolfgang,* Grundrechtsschutz durch den EuGH: Tendenzen seit Lissabon, EuZW 2013, 287; *Wendel, Mattias,* Neue Akzente im europäischen Grundrechtsverbund. Die fachgerichtliche Vorlage an den EuGH als Prozessvoraussetzung der konkreten Normenkontrolle, EuZW 2012, 213; *Wollenschläger, Ferdinand/ Krönke, Lukas,* Telekommunikationsüberwachung und Verkehrsdatenspeicherung – eine Frage des EU-Grundrechtsschutzes?, NJW 2016, 906.

Artikel 52 Tragweite und Auslegung der Rechte und Grundsätze

(1) Jede Einschränkung der Ausübung der in dieser Charta anerkannten Rechte und Freiheiten muss gesetzlich vorgesehen sein und den Wesensgehalt dieser Rechte und Freiheiten achten. Unter Wahrung des Grundsatzes der Verhältnismäßigkeit dürfen Einschränkungen nur vorgenommen werden, wenn sie erforderlich sind und den von der Union anerkannten dem Gemeinwohl dienenden Zielsetzungen oder den Erfordernissen des Schutzes der Rechte und Freiheiten anderer tatsächlich entsprechen.

(2) Die Ausübung der durch diese Charta anerkannten Rechte, die in den Verträgen geregelt sind, erfolgt im Rahmen der in den Verträgen festgelegten Bedingungen und Grenzen.

(3) Soweit diese Charta Rechte enthält, die den durch die Europäische Konvention zum Schutz der Menschenrechte und Grundfreiheiten garantierten Rechten entsprechen, haben sie die gleiche Bedeutung und Tragweite, wie sie ihnen in der genannten Konvention verliehen wird. Diese Bestimmung steht dem nicht entgegen, dass das Recht der Union einen weiter gehenden Schutz gewährt.

(4) Soweit in dieser Charta Grundrechte anerkannt werden, wie sie sich aus den gemeinsamen Verfassungsüberlieferungen der Mitgliedstaaten ergeben, werden sie im Einklang mit diesen Überlieferungen ausgelegt.

(5) Die Bestimmungen dieser Charta, in denen Grundsätze festgelegt sind, können durch Akte der Gesetzgebung und der Ausführung der Organe, Einrichtungen und sonstigen Stellen der Union sowie durch Akte der Mitgliedstaaten zur Durchführung des Rechts der Union in Ausübung ihrer jeweiligen Zuständigkeiten umgesetzt werden. Sie können vor Gericht nur bei der Auslegung dieser Akte und bei Entscheidungen über deren Rechtmäßigkeit herangezogen werden.

(6) Den einzelstaatlichen Rechtsvorschriften und Gepflogenheiten ist, wie es in dieser Charta bestimmt ist, in vollem Umfang Rechnung zu tragen.

(7) Die Erläuterungen, die als Anleitung für die Auslegung dieser Charta verfasst wurden, sind von den Gerichten der Union und der Mitgliedstaaten gebührend zu berücksichtigen.

I. Vorgaben

Nach den Erläuterungen zu Art. 52 sollen mit diesem Artikel die Tragweite der Rechte und Grundsätze der Charta und Regeln für ihre Auslegung festgelegt werden. Bereits Art. 6 Abs. 1 UAbs. 3 EUV erklärt für die Auslegung der Gewährleistungen der Charta die allgemeinen Bestimmungen ihres Titels VII und damit auch Art. 52 für maßgeblich. Die Vorgaben beziehen sich sowohl auf die Ebene der **Gewährleistungsgehalte** als auch auf Einschränkungen der Gewährleistungen und damit auf die **Schrankenebene.** In diesem Rahmen geht es in Art. 52 Abs. 2–4, 6 auch um eine Abstimmung der *verschiedenen europäischen Grundrechtssysteme* aufeinander. Diese wird teilweise durch Vorrang-, teilweise durch Auslegungsregeln bewirkt. Art. 52 Abs. 1 enthält eine allgemeine Schrankenregelung für die Rechte und Freiheiten der Charta. Art. 52 Abs. 5 widmet sich der Wirkungsweise der Grundsätze. Art. 52 Abs. 7 stipuliert eine Berücksichtigungspflicht hinsichtlich der Erläuterungen zur Charta. 1

Der **Grundrechtsschutz in der Europäischen Union** ist auch Gegenstand des **Art. 6 EUV.** Die Binnensystematik dieser Norm, welche die Charta an die Spitze stellt, gibt erste Anhaltspunkte für das Verhältnis der verschiedenen Grundrechtsquellen zueinander.[1] Art. 52 behandelt dann wiederum aus der Perspektive der Charta, wie die verschiedenen Grundrechts(erkenntnis)quellen ineinander greifen. 2

Art. 6 Abs. 1 UAbs. 1 nennt die Charta an erster Stelle und legt die rechtliche Gleichrangigkeit mit den Verträgen fest. Dadurch hebt die Norm die angestrebte **zentrale Bedeutung der Charta** für den Grundrechtsschutz in der Europäischen Union hervor. Der mit dem Vertrag von Lissabon verliehene **Primärrechtsrang** der Charta erstreckt sich auf alle in ihr enthaltenen Normen. Das gilt auch für Art. 52 Abs. 7, der eine Pflicht der Gerichte zur gebührenden Berücksichtigung der *Erläuterungen* statuiert. Diese Berücksichtigungspflicht ist nicht nur in Abs. 5 S. 2 der Präambel der Charta selbst, sondern auch in Art. 6 Abs. 1 UAbs. 3 EUV nochmals aufgeführt. Durch die doppelte primärrechtliche Normierung wurde den Erläuterungen mit dem Vertrag von Lissabon eine besondere Rolle bei der Auslegung der Charta zugewiesen, die nicht durch Bedenken hinsichtlich ihrer Erarbeitung entkräftet werden kann. Erwähnt sei außerdem, dass bereits Art. 6 Abs. 1 UAbs. 1, 3 die (begriffliche) Unterscheidung zwischen *Rechten, Freiheiten und Grundsätzen* enthält, die sich neben Art. 52 (und Art. 51 Abs. 1 S. 2) ebenfalls in Abs. 3 der Präambel der Charta findet. 3

Aus Art. 6 EUV ergibt sich zudem die mehrschichtige Bedeutung der **EMRK** für den Grundrechtsschutz in der Europäischen Union, welche sich in unterschiedlichen Wirkungs- 4

1 *Ludwig*, EuR 2011, 715 (724).

weisen widerspiegelt:[2] Die in Art. 6 Abs. 1 UAbs. 3 EUV vorgegebene Auslegung der Gewährleistungen der Charta gemäß den allgemeinen Bestimmungen ihres Titels VII umfasst auch Art. 52 Abs. 3, der die EMRK als *Rechtserkenntnisquelle* für die Ermittlung von Bedeutung und Tragweite der Chartarechte bestimmt (→ Rn. 64). Als Rechtserkenntnisquelle dient die Konvention im Einklang mit der bisherigen Rechtsprechung auch weiterhin, wenn die Ermittlung von (ungeschriebenen) Grundrechten als **allgemeinen Rechtsgrundsätzen** in Rede steht. Denn Art. 6 Abs. 3 EUV sichert deren (Fort-)Geltung neben der Charta. Insofern wird ein Gleichlauf zwischen geschriebenen Chartarechten und (daneben fortbestehenden) ungeschriebenen Unionsgrundrechten hergestellt. Zu einer unionalen *Rechtsquelle* wird die EMRK dagegen erst mit dem in Art. 6 Abs. 2 EUV vorgesehenen Beitritt der Europäischen Union zu dieser, durch den die internationale Übereinkunft gemäß Art. 216 Abs. 2 AEUV einen Rang zwischen EU-Primär- und Sekundärrecht erhielte. Nicht unerwähnt soll hier die Bekräftigung der Rechte in Abs. 5 S. 1 der Präambel der Charta bleiben, die sich (auch) aus der EMRK sowie aus der Rechtsprechung des EGMR ergeben.

5 Schließlich stützen sich die ungeschriebenen Unionsgrundrechte in Gestalt allgemeiner Rechtsgrundsätze gemäß Art. 6 Abs. 3 EUV in Anlehnung an die Rechtsprechung des EuGH nicht nur auf die EMRK als Rechtserkenntnisquelle, sondern ebenfalls auf die **gemeinsamen Verfassungsüberlieferungen der Mitgliedstaaten.** Auch diese sind bereits in der Präambel der Charta (Abs. 5 S. 1) als Rechtserkenntnisquelle aufgeführt. Hier knüpft die Auslegungsregel des Art. 52 Abs. 4 an, die eine Auslegung der Chartagrundrechte im Einklang mit den Überlieferungen vorgibt. Sie verhindert auch insoweit ein Auseinanderfallen von Chartarechten und ungeschriebenen Unionsgrundrechten. Die Relevanz der mitgliedstaatlichen Rechtsordnungen für den Grundrechtsschutz auf Unionsebene wird (wenn auch in anderer Weise) ebenfalls in Art. 52 Abs. 6 offenbar, wonach den **einzelstaatlichen Rechtsvorschriften und Gepflogenheiten** in vollem Umfang Rechnung zu tragen ist, wie es in der Charta bestimmt ist. Dahinter steht die Achtung „der nationalen Identität der Mitgliedstaaten und der Organisation ihrer staatlichen Gewalt auf nationaler, regionaler und lokaler Ebene“. Diese wird von der Präambel der Charta (Abs. 3 S. 1) vorgegeben sowie – in etwas anderen Worten – von Art. 4 Abs. 2 EUV.

6 Abschließend sei noch darauf hingewiesen, dass der **Grundsatz der Verhältnismäßigkeit,** den die allgemeine Schrankenregelung des Art. 52 Abs. 1 zur Voraussetzung jeder Einschränkungen von Rechten und Freiheiten macht, ein dem Unionsrecht wohl bekanntes Prinzip ist. Gemäß Art. 5 Abs. 1 S. 2, Abs. 4 EUV gilt er etwa für die Ausübung der Zuständigkeiten der Union.

II. Diskussion im Grundrechtekonvent[3]

1. Grundlinien

7 Dem Grundrechtekonvent war bewusst, dass sich die Reichweite des effektiven Grundrechtsschutzes nicht nur nach dem Schutzbereich der einzelnen Rechte, sondern auch und gerade nach ihren Einschränkungsmöglichkeiten bestimmt. Daher verwandten die Delegierten auf die Schrankensystematik besondere Sorgfalt. Die Mehrheit der Delegierten folgte dem Ratschlag *Herzogs*, sich vorrangig über die aufzunehmenden Grundrechte und de-

2 S.a. *Weiß*, EUConst 7 (2011), 64 (65).

3 Die Ausführungen zu II. 1.-4. wurden mit geringfügigen Abweichungen aus der 4. Aufl. übernommen. Ich danke *Martin Borowsky* für deren Überlassung. S. zur Diskussion im Grundrechtekonvent auch *Barriga*, Entstehung, S. 156 ff.; *Bühler*, Einschränkung, S. 224 ff., 268 ff., 303 ff; *Mock/Demuro/Groppi*, Human Rights, S. 324 f.

ren Schutzbereich zu verständigen und die Frage von Schranken zunächst zurückzustellen. Schnell einigten sich die Delegierten darauf, in der Regel auf grundrechtspezifische Schrankenbestimmungen zu verzichten und die Frage der Einschränkbarkeit allgemein in einem **horizontalen Artikel** zu klären. Daher waren die Schranken einzelner Grundrechte nur noch selten Thema im Konvent.

Für die bevorzugte horizontale Lösung „hinter der Klammer" sprachen gewichtige Gründe: Das oberste Ziel war es, im Interesse der **Lesbarkeit und Visibilität** einen möglichst kurzen, ästhetischen Normtext zu erstellen. Dabei galt die ungeschriebene Regel, dass kein Artikel mehr als drei Absätze enthalten sollte. Angesichts dieser Vorgaben hatten die – so *Herzog* – „ellenlangen Schrankenbestimmungen" der EMRK abschreckend gewirkt, deren wörtliche Übernahme teilweise gefordert worden war. Vergleichbares galt für diejenigen Rechte, die dem damaligen EUV/EGV entnommen werden sollten, wurden sie doch bereits im Primärrecht recht detailliert geregelt und im Sekundärrecht mit ihren Bedingungen und Grenzen näher ausgestaltet. Auch hier verbot sich ein bloßes „Abschreiben". Zudem hätte die bisweilen geforderte „legislatorisch redliche" Auflistung der vielfältigen Ausnahmen die grundrechtliche Gewährleistung im Auge der Leser zu sehr in den Hintergrund treten lassen können. Schließlich verblieb angesichts des engen Zeitplans ohnehin kaum Zeit, bei jedem Grundrecht die Frage der Rechtfertigung von Eingriffen gesondert zu erörtern. 8

Der Grundrechtekonvent hat damit in Kauf genommen, dass sich das tatsächliche Ausmaß des grundrechtlichen Schutzes nur durch einen Blick in die allgemeinen Bestimmungen und oft erst über eine Verweisungskette ergibt. An der damit einhergehenden *Einschränkung der Rechtsklarheit* ist vielfach Kritik geäußert worden. Diese muss jedoch berücksichtigen, dass es sich um eine *Gesamtlösung* handelt, für welche die genannten Gründe sprachen. Aufgrund der frühzeitigen Festlegung auf die Grundlinien war die Diskussion zu dem für eminent wichtig erachteten Art. 52 selten intensiv. Die Delegierten des Konvents verabschiedeten sich rasch von einer für sämtliche Rechte geltenden Klausel und wählten einen **herkunftsorientierten Ansatz,** der nach dem jeweiligen Quelltext differenzierte. 9

2. Absatz 1

Im Zuge der Beratungen des Grundrechtekonvents kristallisierte sich recht bald eine **allgemeine Schrankenklausel** heraus. Einige Charakteristika der Beratungen seien hier genannt:[4] Bei der Erarbeitung der Generalklausel orientierte sich der Grundrechtekonvent zunächst an den Schranken der *EMRK* und der *Sozialcharta.* Als sich abzeichnete, dass den der EMRK entlehnten Rechten eine eigene Bestimmung gewidmet werden sollte (Abs. 3), wollte der Grundrechtekonvent eine *originär unionsrechtliche, „autonome" Regelung* schaffen. Dabei lag ihm daran, Kontinuität zur bisherigen Rechtsprechung des EuGH herzustellen. Zugleich versuchte sich der Konvent aber an gewissen „Verfeinerungen".[5] Hierfür wurde doch wieder auf die EMRK zurückgegriffen – dies nicht zuletzt in dem Bestreben, der vor allem in Deutschland geäußerten Kritik an der bisherigen Grundrechte-Rechtsprechung des Gerichtshofs, insbesondere an der zu großzügigen Handhabung des Grundsatzes der Verhältnismäßigkeit, die Spitze zu nehmen. Die bereits im Grundrechtekonvent diskutierten und gewählten Anleihen, Überlagerungen, Querverbindungen und Gemengelagen demonstrieren, dass die Entwicklung in Zukunft auf eine einheitliche europäische Schrankendogmatik hinauslaufen dürfte. 10

4 S. auch *Bühler,* Einschränkung, S. 235.
5 Kritisch zum Erfolg dieser Bestrebungen *Bühler,* Einschränkung, S. 241 ff., 253 f.; *Eisner,* Schrankenregelung, S. 142 f.

11 Besondere Schwierigkeiten bereitete den Delegierten die Abfassung eines geeigneten und auf die Union wie die Mitgliedstaaten gleichermaßen zugeschnittenen **„Gesetzesvorbehalts“**. Hier changierten die Vorschläge von „Rechtsvorschrift, die keine Durchführungsvorschrift darstellt“, über „gesetzlich vorgesehen“, „vom Gesetzgeber vorzusehen“, „durch die zuständige gesetzgebende Instanz vorgesehen“, „durch das zuständige Gesetzgebungsorgan vorgesehen“ bis zum endgültigen „gesetzlich vorgesehen“. Der zwischenzeitlich aufgekommene Gedanke, die nicht einschränkbaren, *absoluten Grundrechte* gesondert aufzuführen,[6] wurde wieder fallen gelassen, da sich dasselbe Ergebnis (außer im Falle der Menschenwürde) elegant über den Verweis auf die EMRK und damit zugleich auf die dort absolut geschützten Rechte erreichen ließ. Was die Schranken-Schranken anbetrifft, verständigte sich der Konvent von Anfang an darauf, die **Wesensgehaltsgarantie** aufzunehmen, die nur vorübergehend Anfechtungen ausgesetzt war. Erwartungsgemäß standen aber der **Grundsatz der Verhältnismäßigkeit** und seine Formulierung im Vordergrund. Dabei sind die Änderungen in der Schlussphase von besonderem Interesse. Zur Entwicklung im Einzelnen mag hier ein grober Überblick genügen:[7]

12 Der erste, etwas schwerfällige Vorschlag des Präsidiums für eine allgemeine Schrankenbestimmung fand sich in Art. Y „Einschränkungen“ des Dokuments CHARTE 4123/1/00 REV 1 CONVENT 5 vom **15. Februar 2000**: „Vorbehaltlich der einen besseren Schutz gewährleistenden Bestimmungen dieser Charta ist eine Einschränkung der in ihr anerkannten Rechte und Freiheiten nur zugelassen, wenn sie aufgrund einer Rechtsvorschrift erfolgt, die keine Durchführungsvorschrift darstellt, den Wesensgehalt dieser Rechte und Freiheiten nicht antastet und – unter Wahrung des Prinzips der Verhältnismäßigkeit – innerhalb der Grenzen bleibt, die für den Schutz legitimer Interessen in einer demokratischen Gesellschaft erforderlich sind.“

13 In der Zwischenfassung in Dokument CHARTE 4316/00 CONVENT 34 vom **16. Mai 2000** lautete die Bestimmung sodann: „Jede Einschränkung der Ausübung der in dieser Charta anerkannten Rechte und Freiheiten muß durch die zuständige gesetzgebende Instanz vorgesehen werden. Der Wesensgehalt dieser Rechte und Freiheiten darf nicht angetastet werden. Jede Einschränkung muß – unter Wahrung des Grundsatzes der Verhältnismäßigkeit – innerhalb der Grenzen bleiben, die für den Schutz legitimer Interessen in einer demokratischen Gesellschaft erforderlich sind.“

14 Unter Berufung auf Änderungsvorschläge des spanischen Regierungsvertreters *Rodriguez Bereijo* und der niederländischen EP-Delegierten *van den Burg* verfeinerte das Präsidium in seinem „Kompromissvorschlag“ (Dokument CHARTE 4383/00 CONVENT 41) vom **3. Juli 2000** insbesondere die rechtfertigenden Ziele: „und den von der Gemeinschaft verfolgten Zielsetzungen von allgemeinem Interesse oder anderen legitimen Interessen, die in einer demokratischen Gesellschaft zu beachten sind, tatsächlich entsprechen.“ Diesen Passus veränderte das Präsidium in dem ersten Gesamtentwurf der Charta (Dokument CHARTE 4422/00 CONVENT 45) vom **28. Juli 2000** geringfügig und setzte den Schutz der Rechte und Freiheiten anderer hinzu: „und den von der Union verfolgten Zielsetzungen von allgemeinem Interesse, anderen legitimen Interessen in einer demokratischen Gesellschaft oder den Erfordernissen des Schutzes der Rechte und Freiheiten anderer tatsächlich entsprechen.“ Während der zweite Gesamtentwurf in Dokument CHARTE 4470/00

6 S. Art. H.2 (1) in Dokument CHARTE 4235/00 CONVENT 27 vom 18. April 2000: „Die in den Artikeln ... dieser Charta festgelegten Rechte und Freiheiten dürfen in keiner Weise eingeschränkt werden.“

7 S. im Einzelnen *Bühler*, Einschränkung, S. 225 ff.

CONVENT 47 vom 14. September 2000 insoweit keine Änderungen mit sich brachte, entschloss sich das Präsidium aufgrund massiver Kritik an der als zu weitgehend empfundenen Zielbestimmung „anderen legitimen Interessen in einer demokratischen Gesellschaft" zu deren Streichung in Dokument CHARTE 4470/1/00 REV 1 ADD 1 CONVENT 47 vom **25. September 2000.**

3. Absatz 2

15 Erst relativ spät wandte sich der Grundrechtekonvent denjenigen **Rechten** zu, die man dem **europäischen Vertragswerk** entlehnte. Hier wollte man die Identität der einander entsprechenden Rechte sicherstellen und – in Übereinstimmung mit dem Mandat von Köln – den *acquis* wahren. Zunächst unterbreitete das Präsidium mit Dokument CHARTE 4235/00 CONVENT 27 vom **18. April 2000** die folgende Verweisungsklausel: „Die Ausübung der in den Artikeln ... gewährleisteten Rechte erfolgt im Rahmen der im Vertrag zur Gründung der Europäischen Gemeinschaft festgelegten Bedingungen und Grenzen." Die folgende Fassung in Dokument CHARTE 4316/00 CONVENT 34 vom **16. Mai 2000** sollte sich sodann bis zur Endfassung kaum noch ändern: „Die Ausübung der im Vertrag zur Gründung der Europäischen Gemeinschaft anerkannten Rechte erfolgt im Rahmen der in diesem Vertrag festgelegten Bedingungen und Grenzen." So enthielt bereits der erste Gesamtentwurf der Charta in Dokument CHARTE 4422/00 CONVENT 45 vom **28. Juli 2000** die – mit Blick auf künftige Entwicklungen auf den EUV erweiterte[8] – endgültige Formulierung: „Die Ausübung der durch diese Charta anerkannten Rechte, die in den Gemeinschaftsverträgen oder im Vertrag über die Europäische Union begründet sind, erfolgt im Rahmen der darin festgelegten Bedingungen und Grenzen."

4. Absatz 3

16 Im Mittelpunkt nahezu aller Debatten des Grundrechtekonvents über die Querschnittsbestimmungen stand das heikle **Verhältnis** der Charta **zur EMRK.** Allgemein strebte man eine ***größtmögliche Kohärenz*** an, um den einheitlichen Menschenrechtsschutz in ganz Europa nicht zu gefährden. Die enge Anlehnung an die EMRK war insbesondere ein Anliegen der britischen und niederländischen Vertreter, in deren Ländern die EMRK als „Ersatzverfassung" gilt, während aus spanischer, italienischer und französischer Sicht eine größere Autonomie des Unionsrechtsschutzes bevorzugt wurde. Zwischen diesen beiden Lagern gab es heftige Auseinandersetzungen – sowohl offen als auch (verstärkt) hinter den Kulissen. Wortführer war auf der einen Seite der britische Regierungsvertreter *Goldsmith* und auf der anderen Seite der französische Regierungsvertreter *Braibant.* Letztlich behielten die Anhänger der EMRK die Oberhand und erreichten (über Art. 52 Abs. 3 S. 1) die inhaltliche Gleichsetzung von Chartarechten mit den EMRK-Gewährleistungen – abgesichert durch Auflistungen der betroffenen Rechte in den Erläuterungen zu Art. 52.[9]

17 Zunächst hatten die Beobachter des Europarates dafür plädiert, die Bestimmungen der EMRK wörtlich und umfassend, also auch mit ihren „Negativdefinitionen" und Schrankenregelungen, zu übernehmen. Die große Mehrheit des Konvents bevorzugte jedoch eine kürzere, zeitgemäße und lesbarere Neuformulierung, ohne dass damit inhaltliche Änderungen verbunden sein sollten. Um diesen Konflikt zwischen **Rechtssicherheit** auf der einen

---

8 S. *Bühler,* Einschränkung, S. 282.

9 Vor diesem Hintergrund vermochte *Braibant* in seinem Kurzkommentar zur Charta nur noch resignierend festzustellen: « Dans l'esprit de compromis qui a dominé l'élaboration de la Charte, l'article 52.3, flanqué de son « explication », a été sans doute l'un des prix à payer pour aboutir à un consensus sur l'ensemble du texte. » S. *Braibant,* Charte, S. 266.

und **Visibilität und Modernität** auf der anderen Seite zu lösen, kamen insbesondere zwei Möglichkeiten in Betracht. Der britische Regierungsvertreter *Goldsmith* verfolgte beharrlich und mit starkem Rückhalt im informellen Unterstützerkreis aus dem Europarat das Vorhaben, die Charta zweiteilig zu verfassen. Ein an die Bürger gerichteter „Teil A" sollte die möglichst einfache und knappe Formulierung der Rechte enthalten, während der für die Rechtsanwender gedachte, gleichermaßen verbindliche „Teil B" Definitionen und Verweise auf die jeweiligen Quellen enthalten sollte. Der Konvent bevorzugte jedoch den alternativen Weg, eine Lösung über eine horizontale Klausel (Art. 52 Abs. 3) zu erreichen.

18 Die zunächst vom Präsidium unterbreiteten Textfassungen gingen davon aus, dass die EMRK lediglich den **„Mindestschutz"** gewähren oder eine „Mindestnorm" darstellen sollte.[10] Unter aufmerksamer und konstruktiver Begleitung durch die Beobachter des Europarates fand man immer klarere Formulierungen, um das befürchtete Unterschreiten des Standards der Konvention zu verhindern. Ein Vorstoß des niederländischen Regierungsvertreters *Korthals Altes* vom 28. Juni 2000 brachte dann die entscheidende Wendung durch die **direkte Inbezugnahme der EMRK-Gewährleistungen:**[11] „Insofar as this Charter contains rights corresponding to rights laid down in the European Convention on Human Rights, their meaning and scope are the same as the meaning and scope of the rights under the ECHR, unless this Charter provides greater protection." Das Präsidium griff diesen Vorschlag im ersten Gesamtentwurf der Charta in Dokument CHARTE 4422/00 CONVENT 45 vom 28. Juli 2000 auf: „Soweit diese Charta Rechte enthält, die den durch die Europäische Konvention zum Schutz der Menschenrechte und Grundfreiheiten garantierten Rechten entsprechen, haben sie eine den in der genannten Konvention eingeräumten Rechten entsprechende Bedeutung und Tragweite, sofern diese Charta nicht einen höheren oder umfassenderen Schutz gewährleistet."

19 Die allgemeine Zustimmung des Konvents hierzu wurde mit dem nachdrücklichen Wunsch verbunden, die einander entsprechenden **Bestimmungen in den Erläuterungen aufzuführen** – ein Wunsch, dem das Präsidium mit einer ersten Liste in Dokument CHARTE 4471/00 CONVENT 48 vom 20. September 2000 nachkam. Einige Tage vorher hatte Dokument CHARTE 4470/00 CONVENT 47 vom 14. September 2000 noch klarer formuliert: „Soweit diese Charta Rechte enthält, die den durch die Europäische Konvention zum Schutze der Menschenrechte und Grundfreiheiten garantierten Rechten entsprechen, haben sie die gleiche Bedeutung und Tragweite, wie sie ihnen in der genannten Konvention verliehen wird, sofern diese Charta nicht einen höheren oder umfassenderen Schutz gewährleistet." Dokument CHARTE 4470/1/00 REV 1 ADD 1 CONVENT 47 vom 25. September 2000 brachte schließlich die Abkoppelung und Verselbständigung des letzten Satzteils mit sich:[12] „Diese Bestimmung steht dem nicht entgegen, dass das Recht der Union einen weiter gehenden Schutz gewährt."

5. Ergänzung um Absätze 4–6 im Verfassungskonvent

20 Die Absätze 4 bis 6 des Art. 52 fanden erst über den Verfassungskonvent[13] Eingang in die Charta. Sie spiegeln ebenso wie die Ergänzungen in Art. 51 (→ Art. 51 Rn. 23) die *Sorge*

10 S. bereits Dokument CHARTE 4111/00 BODY 3 vom 20. Januar 2000.
11 Dokument CHARTE 4406/00 CONTRIB 262 vom 6. Juli 2000. S. hierzu *Braibant*, Charte, S. 262 f. *Borowsky* (4. Aufl.), Art. 52 Rn. 10, spricht demgegenüber (zu weitgehend) von der „materiellen Inkorporierung der EMRK in die Charta".
12 Zum Hintergrund s. *Braibant*, Charte, S. 264; *Barriga*, Entstehung, S. 164 f.
13 Zu den Korrekturen durch den Verfassungskonvent *Brecht*, ZEuS 2005, 355 (365 ff.).

der Mitgliedstaaten vor einer *extensiven Auslegung* der Charta wider.[14] Parallel zu Art. 52 Abs. 3 betreffend die EMRK soll der später eingefügte **Absatz 4** bezüglich der **gemeinsamen Verfassungsüberlieferungen der Mitgliedstaaten** einen Gleichlauf der Chartagrundrechte gewährleisten. Dies erscheint mit Blick auf das bereits dem Grundrechtekonvent vom *Europäischen Rat in Köln* erteilte Mandat nur konsequent. Nach diesem sollte die Charta „die Freiheits- und Gleichheitsrechte sowie die Verfahrensgrundrechte umfassen, wie sie in der Europäischen Konvention zum Schutz der Menschenrechte und Grundfreiheiten gewährleistet sind und wie sie sich aus den gemeinsamen Verfassungsüberlieferungen der Mitgliedstaaten als allgemeine Grundsätze des Gemeinschaftsrechts ergeben."[15] Der Europäische Rat lehnte sich insoweit an die vorausgegangene Rechtsprechung des EuGH zur Herleitung der (ungeschriebenen) Unions- bzw. Gemeinschaftsgrundrechte an.[16] Außerdem bekräftigte bereits die aus dem Grundrechtekonvent hervorgegangene Charta[17] gemäß ihrer Präambel (Abs. 5) „die Rechte, die sich vor allem aus den gemeinsamen Verfassungstraditionen ... der Mitgliedstaaten (sowie weiteren Quellen) ergeben".

Der vom Verfassungskonvent ebenfalls neu in Art. 52 eingefügte **Absatz 5** verdeutlicht den Unterschied zwischen den in der Charta enthaltenen Rechten und **Grundsätzen.** Diese Unterscheidung lag der Charta bereits zuvor zugrunde, wie sich der Präambel (Abs. 7) und vor allem Art. 51 Abs. 1 S. 2 entnehmen ließ. Ihre genaue Bedeutung wurde aus dem Text der Charta selbst jedoch nicht hinreichend klar; dieser lieferte lediglich Anhaltspunkte. Die in Art. 51 Abs. 1 S. 2 bereits angedeutete Grundkonzeption wird in Art. 52 Abs. 5 nunmehr deutlicher beschrieben – zum einen hinsichtlich der Notwendigkeit von Umsetzungsmaßnahmen (S. 1), zum anderen hinsichtlich der Justiziabilität derartiger Maßnahmen (S. 2). Mit der Aufnahme von Abs. 5 in Art. 52 wurde auch dessen Überschrift neu formuliert: Aus der „Tragweite der garantierten Rechte" wurde die „Tragweite und Auslegung der Rechte und Grundsätze". 21

Schließlich fügte der Verfassungskonvent auch **Absatz 6** neu in Art. 52 ein, wonach den **einzelstaatlichen Rechtsvorschriften und Gepflogenheiten** in vollem Umfang Rechnung zu tragen ist. Bereits der Einschub „wie es in dieser Charta bestimmt ist" verdeutlicht, dass die Bestimmung lediglich wiederholt, was bereits an anderer Stelle der Charta festgehalten war und ist.[18] 22

6. Ergänzung um Absatz 7 in der Regierungskonferenz

In der letzten Phase der nachfolgenden Regierungskonferenz wurde schließlich noch **Absatz 7** in Art. 52 eingefügt, wonach die **Erläuterungen** zur Charta von den Gerichten der Union und der Mitgliedstaaten „gebührend zu berücksichtigen" sind.[19] Bereits im *Verfassungskonvent* war in die *Präambel* der Charta – insbesondere auf Betreiben der britischen 23

14 *Brecht,* ZEuS 2005, 355 (365); s.a. *von Danwitz/Paraschas,* Fordham International Law Journal 35 (2012), 1396 (1412) zu Art. 52 Abs. 5.

15 Schlussfolgerungen des Vorsitzes, Europäischer Rat in Köln, 3. und 4. Juni 1999, Anhang IV – Beschluss des Europäischen Rates zur Erarbeitung einer Charta der Grundrechte der Europäischen Union, online abrufbar unter https://www.consilium.europa.eu/media/21062/57872.pdf; abgedruckt in *Bernsdorff/Borowsky,* Protokolle, S. 59 f.

16 S. zu den gemeinsamen Verfassungsüberlieferungen der Mitgliedstaaten bereits EuGH – Internationale Handelsgesellschaft, Rs. 11/70, ECLI:EU:C:1970:114, Urt. v. 17.12.1970, Rn. 4; zu beiden Rechtserkenntnisquellen dann EuGH – Nold, Rs. 4/73, ECLI:EU:C:1974:51, Urt. v. 14.5.1974, Rn. 12 ff.

17 ABl. EG Nr. C 364 v. 18.12.2000.

18 S. *Brecht,* ZEuS 2005, 355 (369 f.).

19 Hierzu *Brecht,* ZEuS 2005, 355 (387).

Vertreter hin – ein Verweis auf die Erläuterungen aufgenommen und dann in der Regierungskonferenz noch einmal abgeändert worden.[20]

III. Kommentierung

1. Rechte, Freiheiten, Grundsätze

24 Art. 52 unterscheidet in seinen verschiedenen Absätzen hinsichtlich der in der Charta normierten Gewährleistungen zwischen Rechten, Freiheiten und Grundsätzen. Diese Begrifflichkeit findet sich ebenfalls in Art. 6 Abs. 1 UAbs. 1, 3 EUV sowie in Abs. 3 der Präambel der Charta. Bereits die **Systematik** des Art. 52 verdeutlicht, dass der Begriff der Grundrechte (s. Abs. 4) den Oberbegriff darstellt. Innerhalb der Grundrechte ist – auf einer ersten Ebene – zwischen Rechten (s. Abs. 1–3) und Grundsätzen (Abs. 5) zu unterscheiden, wie dies auch die Überschrift von Art. 52 verdeutlicht sowie die Gegenüberstellung in Art. 51 Abs. 1 S. 2. Die Rechte lassen sich – auf einer zweiten Ebene – wiederum unterteilen in Rechte (i.e.S.) und Freiheiten (s. Abs. 1).

25 Die begriffliche Unterscheidung zwischen **Rechten und Freiheiten** entspricht der französischen Tradition, in welcher der Begriff der (subjektiven) Rechte eine engere Bedeutung hat und Freiheitsrechte nicht mit umfasst.[21] Sie bedeutet nicht, dass Freiheiten keine (subjektiven) Rechte enthalten.[22] Vor diesem Hintergrund stellen Freiheiten i.S.v. Freiheitsrechten einen Unterfall der Rechte dar,[23] sind gleich zu behandeln und dürfen nicht etwa mit den Grundfreiheiten des Binnenmarktes verwechselt werden, die im AEUV normiert sind.[24] Rechte sind zudem Gleichheitsrechte (Art. 20) und Diskriminierungsverbote (Art. 21).[25] Die **Grundsätze** vermitteln dagegen keine subjektiven, unmittelbar einklagbaren Rechte; sie können nach Maßgabe des Art. 52 Abs. 5 nur sehr begrenzt vor Gericht herangezogen werden und unterscheiden sich daher von den Rechten in ihrer (reduzierten) Wirkungsweise[26].

26 Ob die in Art. 52 vorgenommene begriffliche Unterscheidung mit Blick auf den Sinn und Zweck der einzelnen Regelungen konsequent gewählt wurde, ist eine andere Frage, der im Folgenden nachgegangen wird. Gleiches gilt für die Anwendung und Auslegung des Art. 52 in der Rechtsprechung.

2. Absatz 1 – Einschränkungen

27 **a) Einordnung.** Die Grundrechte gewähren grundsätzlich keinen absoluten Schutz, sondern sind Einschränkungen unterworfen, denen sich die „allgemeine Einschränkungsregelung“ – so die Erläuterungen – des Art. 52 Abs. 1 widmet. Als **Einschränkung** in diesem Sinne ist jede nachteilige Auswirkung staatlichen Verhaltens auf grundrechtlich geschützte Verhaltensweisen zu verstehen, auch wenn sie mittelbar wirkt.[27] Entscheidend sind also die tat-

---

20 Hierzu näher *Brecht*, ZEuS 2005, 355 (371 ff., 385 ff.).

21 S. *Sagmeister*, Grundsatznormen, S. 157; *Jarass*, GRC, Einl. Rn. 47; s.a. *Ehlers/ders.*, GR, § 14 Rn. 17; *Borowsky* (4. Aufl.), Art. 52 Rn. 19.

22 *Jarass*, GRC, Einl. Rn. 47, 51.

23 *Grabenwarter/Cremer*, EnzEuR Grundrechteschutz, § 1 Rn. 45; *Ehlers/ders.*, GR, § 14 Rn. 17; *Schmittmann*, Rechte und Grundsätze, S. 25.

24 *Jarass*, GRC, Einl. Rn. 47, mit Verweis auf Art. 52 Abs. 3, der mit dem Begriff der Rechte auch die in der EMRK normierten Freiheiten umfasse; s.a. *Borowsky* (4. Aufl.), Art. 52 Rn. 19; *Ehlers/ders.*, GR, § 14 Rn. 17.

25 *Grabenwarter/Cremer*, EnzEuR Grundrechteschutz, § 1 Rn. 45.

26 *Grabenwarter/Cremer*, EnzEuR Grundrechteschutz, § 1 Rn. 46 f.

27 *Röder*, Gesetzesvorbehalt, S. 52; näher z.B. *Jarass*, GRC, Art. 52 Rn. 10 ff.

sächlichen Wirkungen für ein Grundrecht.[28] *Ausnahmen* von der Einschränkbarkeit stellen **absolute Rechte** dar. Ein solches Recht ist jedenfalls die in Art. 1 normierte *Menschenwürde.*[29] Die fehlende Einschränkbarkeit weiterer Chartagrundrechte kann sich über Art. 52 Abs. 3 aus der Ausgestaltung entsprechender *EMRK-Rechte* als absolute Rechte ergeben,[30] weshalb auch der Grundrechtekonvent auf eine ausdrückliche Regelung verzichtet hat (→ Rn. 11). Daher ist etwa das in Art. 5 (Art. 4 Abs. 1 EMRK) normierte Verbot der Sklaverei ebenfalls als absolutes Recht einzuordnen[31].[32]

Die Charta enthält zur Frage der Einschränkbarkeit mit Art. 52 Abs. 1 eine **Generalklausel** („allgemeine Einschränkungsklausel“[33]), die grundsätzlich für alle einschränkbaren Rechte und Freiheiten gilt, und keine abgestuften Vorbehalte für die verschiedenen Grundrechte – wie etwa das Grundgesetz oder die EMRK.[34] Ausnahmen stellen die **speziellen Gesetzesvorbehalte** in Art. 8 Abs. 2 (Schutz personenbezogener Daten) und Art. 17 Abs. 1 S. 2, 3 (Eigentumsrecht) dar.[35] Diese treten *neben* die allgemeine Regelung zu Einschränkungen von Rechten und Freiheiten,[36] die bereits ihrem Wortlaut nach für „jede“ Einschränkung gilt[37]. Denn als spezielle Regelungen sind sie in jedem Fall zu beachten, sollen aber nicht zu einer Absenkung des allgemeinen Standards führen. 28

Art. 52 Abs. 1 stellt für eine Einschränkung der Ausübung der Chartarechte und -freiheiten mehrere Anforderungen auf. Diese können sich auf die vorausgegangene **Rechtsprechung des Gerichtshofs** zu Einschränkungen von ungeschriebenen Grundrechten in Gestalt von 29

28 *Alber/Widmaier,* EuGRZ 2006, 113 (114).

29 S. die Erläuterungen zu Art. 1, wonach die Menschenwürde auch bei Einschränkungen eines Rechtes nicht angetastet werden darf. S.a. *Calliess/Ruffert/Kingreen,* EUV/AEUV, Art. 52 Rn. 60; *Grabenwarter/Cornils,* EnzEuR Grundrechteschutz, § 5 Rn. 80; *Borowsky,* Art. 1 Rn. 44; *ders.* (4. Aufl.), Art. 52 Rn. 14; *Lenaerts,* EuGRZ 2015, 353 (355 f.); a.A. *Pietsch,* Schrankenregime, S. 160 ff.

30 S.a. *Grabenwarter/Cornils,* EnzEuR Grundrechteschutz, § 5 Rn. 79.

31 S. die Erläuterungen zu Art. 5, wonach es eine legitime Einschränkung des Rechts nach Abs. 1 nicht geben kann. S.a *Lenaerts,* EuGRZ 2015, 353 (355 f.); *Calliess/Ruffert/Kingreen,* EUV/AEUV, Art. 52 Rn. 60; *Borowsky,* Art. 5 Rn. 29; *ders.* (4. Aufl.), Art. 52 Rn. 14 a, auch zu weiteren Beispielen.

32 *Grabenwarter/Gärditz,* EnzEuR Grundrechteschutz, § 4 Rn. 17, zählt zu den absoluten Rechten Art. 1, Art. 3 Abs. 2, Art. 4 und Art. 5 Abs. 1; *Ehlers/ders.,* GR, § 14 Rn. 99, nennt Art. 1, Art. 4, Art. 5, Art. 19 Abs. 1; *Lenaerts,* EuR 2012, 3 (7) ordnet Art. 1 *bis* 5 als absolute Rechte ein; befürwortend auch *Calliess/Ruffert/Kingreen,* EUV/AEUV, Art. 52 Rn. 60; dagegen *Bühler,* Einschränkung, S. 368; *Grabenwarter/Cornils,* EnzEuR Grundrechteschutz, § 5 Rn. 80. *Pietsch,* Schrankenregime, S. 164 ff., geht von der Unanwendbarkeit des Art. 52 Abs. 1 auf das allgemeines Gleichheitsrecht und die Rechte in ihrer Schutzfunktion aus.

33 *Lenaerts,* EuR 2012, 3 (6 f.).

34 Kritisch hierzu *Kenntner,* ZRP 2000, 423 (424 f.); positiv dagegen die Bewertung durch *Fassbender,* NVwZ 2010, 1049 (1053) mit Blick auf die EGMR-Rechtsprechung: „auf der Höhe der Zeit“, wegweisend; differenzierend *Pietsch,* Schrankenregime, S. 190 ff.; s.a. *Eisner,* Schrankenregelung, S. 195 ff.; *Borowsky* (4. Aufl.), Art. 52 Rn. 18, 42.

35 S.a. *Röder,* Gesetzesvorbehalt, S. 45 f.; *Fassbender,* NVwZ 2010, 1049 (1050); *Pietsch,* Schrankenregime, S. 52.

36 *Eisner,* Schrankenregelung, S. 132 f.; *Röder,* Gesetzesvorbehalt, S. 48 ff.; *Calliess/Ruffert/Kingreen,* EUV/AEUV, Art. 52 Rn. 59; *Grabenwarter/Cornils,* EnzEuR Grundrechteschutz, § 5 Rn. 46 ff.; s.a. *Borowsky* (4. Aufl.), Art. 52 Rn. 15 a: Ausformungen des Verhältnismäßigkeitsgrundsatzes; a.A. (Spezialität) *Ibing,* Die Einschränkung der europäischen Grundrechte durch Gemeinschaftsrecht, 2006, S. 342. Zur (konsequenten) Anwendbarkeit auch von Art. 52 Abs. 3 *Schneiders,* Die Grundrechte der EU und die EMRK, S. 227 ff.

37 *Röder,* Gesetzesvorbehalt, S. 49.

allgemeinen Rechtsgrundsätzen stützen.[38] Auf diesen Zusammenhang weisen ebenfalls die Erläuterungen hin.

30 b) **Gesetzesvorbehalt.** Eine Einschränkung der Chartarechte muss gemäß Art. 52 Abs. 1 S. 1 zunächst gesetzlich vorgesehen sein. Hierunter fällt sowohl die Einschränkung durch ein Gesetz selbst als auch die Ermächtigung zu einer Einschränkung durch ein Gesetz.[39] Aus der systematischen Zusammenschau mit Art. 51 folgt, dass dieser Gesetzesvorbehalt für Einschränkungen sowohl durch die Union als auch durch die Mitgliedstaaten gilt, soweit diese Unionsrecht i.S.d. Art. 51 Abs. 1 S. 1 Alt. 2 durchführen.[40]

31 Die gesetzliche Grundlage muss **hinreichend klar und genau** sein.[41] Denn hinter dem Gesetzesvorbehalt steht der Gedanke der *Vorhersehbarkeit* von Einschränkungen für den Grundrechtsträger.[42] In seinem Urteil in der Rechtssache C-293/12 – **Digital Rights Ireland** zur Vorratsdatenspeicherung hat der Gerichtshof beispielsweise (im Rahmen der Verhältnismäßigkeitsprüfung) gefordert, dass die Unionsregelung „klare und präzise Regeln für die Tragweite und die Anwendung" einer Maßnahme, welche in die durch Art. 7 und 8 garantierten Rechte (Schutz personenbezogener Daten) eingreift, „vorsehen und Mindestanforderungen aufstellen (muss)".[43] Er hat insoweit festgestellt, „dass die Richtlinie (2006/24/EG) einen Eingriff in diese Grundrechte beinhaltet, der in der Rechtsordnung der Union von großem Ausmaß und von besonderer Schwere ist, ohne dass sie Bestimmungen enthielte, die zu gewährleisten vermögen, dass sich der Eingriff tatsächlich auf das absolut Notwendige beschränkt", und sie für ungültig erklärt.[44]

32 Nach der Rechtsprechung des EuGH ist eine Einschränkung als gesetzlich vorgesehen i.S.d. Art. 52 Abs. 1 anzusehen, wenn sie auf einer vom **Unionsgesetzgeber** erlassenen Bestimmung beruht.[45] Der Gerichtshof folgt – ebenso wie der EGMR[46] – einem **materiellen Gesetzesbegriff** und nicht einem formellen Verständnis dieser Vorgabe.[47] Gesetze im formellen Sinne werden vom verfassungsmäßig zuständigen Gesetzgebungsorgan in einem bestimmten förmlichen Verfahren beschlossen (Maßgeblichkeit des Zustandekommens), während Gesetze im materiellen Sinne alle Rechtssätze sind, denen allgemeinverbindliche Wirkung zukommt (Maßgeblichkeit des Inhalts i.S. einer abstrakt-generellen Regelung).[48] Die Voraussetzung eines materiellen Gesetzes ist z.B. auch im Fall von Einschränkungen

---

38 S. mit Nachweisen aus der Rechtsprechung *Trstenjak/Beysen,* EuR 2012, 265 (279 f.); *Lenaerts,* EuR 2012, 3 (7); s.a. *Alber/Widmaier,* EuGRZ 2006, 113 (115); *Bühler,* Einschränkung, S. 266 et passim; *Borowsky* (4. Aufl.), Art. 52 Rn. 18 a.

39 *Jarass,* GRC, Art. 52 Rn. 23; *Grabenwarter/Cornils,* EnzEuR Grundrechteschutz, § 5 Rn. 92.

40 *Streinz,* ZöR 68 (2013), 663 (671 f.); *Alber/Widmaier,* EuGRZ 2006, 113 (115).

41 EuGH – WebMindLicenses, Rs. C-419/14, ECLI:EU:C:2015:832, Urt. v. 17.12.2015, Rn. 81. S.a. *W. Michl,* Die Überprüfung des Unionsrechts am Maßstab der EMRK, S. 204.

42 *Alber/Widmaier,* EuGRZ 2006, 113 (115); s.a. *Bühler,* Einschränkung, S. 252; *Ehlers/ders.,* GR, § 14 Rn. 105; *Grabenwarter/Cornils,* EnzEuR Grundrechteschutz, § 5 Rn. 94.

43 EuGH – Digital Rights Ireland, Rs. C-293/12, ECLI:EU:C:2014:238, Urt. v. 8.4.2014 (Große Kammer), Rn. 54.

44 EuGH – Digital Rights Ireland, Rs. C-293/12 (Fn. 43), Rn. 65 ff.

45 EuGH – Philip Morris Brands, Rs. C-547/14, ECLI:EU:C:2016:325, Urt. v. 4.5.2016, Rn. 150.

46 Vgl. EGMR – Brito Ferrinho Bexiga Villa-Nova/Portugal, ECLI:CE:ECHR:2015:1201JUD006943610, Urt. v. 1.12.2015, Rn. 47. S.a. *W. Michl,* Die Überprüfung des Unionsrechts am Maßstab der EMRK, S. 203.

47 GA *Mengozzi* – Abkommen PNR EU-Kanada, Gutachten 1/15, ECLI:EU:C:2016:656, Schlussanträge v. 26.7.2017, Rn. 190 f.; *Fassbender,* NVwZ 2010, 1049 (1050); s.a. *Grabenwarter/Cornils,* EnzEuR Grundrechteschutz, § 5 Rn. 91; *Bühler,* Einschränkung, S. 245 f., unter Verweis auf die Entstehungsgeschichte; ebenso *Borowsky* (4. Aufl.), Art. 52 Rn. 20 a.

48 Vgl. aus der deutschen Perspektive *Röder,* Gesetzesvorbehalt, S. 54 f. m.w.N.

durch EU-Verordnungen erfüllt, die jeweils von der Kommission und vom Rat – aber ohne das Parlament als „Mitgesetzgeber" – erlassen wurden.[49] Der EuGH hat ebenfalls etwa das Schengener Durchführungsabkommen als ausreichende gesetzliche Grundlage im genannten Sinne angesehen.[50] Eine Gleichsetzung des Gesetzesbegriffs des Art. 52 Abs. 1 S. 1 mit demjenigen des Gesetzgebungsakts i.S.d. Art. 289 AEUV ist schon deshalb nicht angezeigt, weil Letzterer erst durch den Vertrag von Lissabon in die Verträge eingeführt wurde und damit nicht als Bezugspunkt der vorausgegangenen Charta gedient haben kann. Damit kann festgehalten werden, dass – in Abgrenzung zum deutschen Verfassungsrecht – demokratische Aspekte eine geringere Bedeutung für den Gesetzesvorbehalt haben als „rechtsstaatliche".[51]

Soweit die Chartarechte für die **Mitgliedstaaten** bei der Durchführung des Unionsrechts gelten (Art. 51 Abs. 1 S. 1 Alt. 2), muss es ausreichen, dass die Einschränkung *auf nationaler Ebene* gesetzlich vorgesehen ist.[52] Auch hier ist ein *materieller Gesetzesbegriff* zugrunde zu legen.[53] Insoweit ist außerdem zu berücksichtigen, dass Gegenstand der Prüfung die verschiedenen mitgliedstaatlichen Rechtsordnungen sind, deren Besonderheiten ausreichend Rechnung zu tragen ist.[54] In *common-law*-Rechtsordnungen müssen daher auch ungeschriebene Rechtsgrundlagen zur Rechtfertigung von Einschränkungen herangezogen werden können.[55] 33

c) **Wesensgehalt.** Einschränkungen müssen gemäß Art. 52 Abs. 1 S. 1 zudem den Wesensgehalt der betroffenen Rechte achten. Nach der Rechtsprechung des EuGH wird der Wesensgehalt eines Rechts geachtet, sofern die Maßnahme dieses Recht *nicht als solches infrage stellt*.[56] Die Chartarechte dürfen durch eine Einschränkung also nicht **ihrer Substanz beraubt** werden.[57] Dabei lässt sich durchaus fragen, ob der Wesensgehaltsgarantie *neben dem Verhältnismäßigkeitsgrundsatz* überhaupt eine *eigenständige Bedeutung* zukommen kann. Denn wenn eine Einschränkung grundlegende Gehalte eines Grundrechts völlig missachtet, 34

49 S. GA *Mengozzi* – Abkommen PNR EU-Kanada, Gutachten 1/15, ECLI:EU:C:2016:656, Schlussanträge v. 26.7.2017, Rn. 191, unter Verweis auf EuGH – Volker und Markus Schecke und Eifert, verb. Rs. C-92/09 u. C-93/09, ECLI:EU:C:2010:662, Urt. v. 9.11.2010 (Große Kammer), Rn. 66; sowie EuGH – Schwarz, Rs. C-291/12, ECLI:EU:C:2013:670, Urt. v. 17.10.2013, Rn. 35; zu ersterem Urteil auch *Lenaerts,* EuR 2012, 3 (8 f.); *W. Michl,* Die Überprüfung des Unionsrechts am Maßstab der EMRK, S. 204: Tertiärrechtsakt.

50 EuGH – Spasic, Rs. C-129/14 PPU, ECLI:EU:C:2014:586, Urt. v. 27.5.2014 (Große Kammer), Rn. 57.

51 Kritisch hierzu *Calliess/Ruffert/Kingreen,* EUV/AEUV, Art. 52 Rn. 62.

52 A.A. *Eisner,* Schrankenregelung, S. 139.

53 *Borowsky* (4. Aufl.), Art. 52 Rn. 20 f.

54 Vgl. *Grabenwarter/Gärditz,* EnzEuR Grundrechteschutz, § 4 Rn. 55.

55 *Schneiders,* Die Grundrechte der EU und die EMRK, S. 210; *Ehlers/ders.,* GR, § 14 Rn. 105; *Calliess/Ruffert/Kingreen,* EUV/AEUV, Art. 52 Rn. 63; vgl. a. *Alber/Widmaier,* EuGRZ 2006, 113 (115); *Bühler,* Einschränkung, S. 252; *Borowsky* (4. Aufl.), Art. 52 Rn. 20; *Grabenwarter/Cornils,* EnzEuR Grundrechteschutz, § 5 Rn. 93.

56 EuGH – Puškár, Rs. C-73/16, ECLI:EU:C:2017:725, Urt. v. 27.9.2017, Rn. 64; EuGH – K, Rs. C-18/16, ECLI:EU:C:2017:680, Urt. v. 14.9.2017, Rn. 35; EuGH – N., Rs. C-601/15 PPU, ECLI:EU:C:2016:84, Urt. v. 15.2.2016, Rn. 52; EuGH – Menci, Rs. C-524/15, ECLI:EU:C:2018:197, Urt. v. 20.3.2018 (Große Kammer), Rn. 43; EuGH – Spasic, Rs. C-129/14 PPU, ECLI:EU:C:2014:586, Urt. v. 27.5.2014 (Große Kammer), Rn. 58 f.; EuGH – Léger, Rs. C-528/13, ECLI:EU:C:2015:288, Urt. v. 29.4.2015, Rn. 54; EuGH – Delvigne, Rs. C-650/13, ECLI:EU:C:2015:648, Urt. v. 6.10.2015 (Große Kammer), Rn. 48.

57 *Lenaerts,* EuR 2012, 3 (9).

wird sie in aller Regel unangemessen i.S.d. Verhältnismäßigkeitsgrundsatzes sein.[58] Die gesonderte Aufführung in Art. 52 Abs. 1 (S. 1) neben dem Verhältnismäßigkeitsgrundsatz (S. 2) spricht dennoch für einen eigenständigen Gehalt dieser Vorgabe, der dann in einem besonders schützenswerten festen Kernbereich gesehen werden muss.[59] Insoweit ist ein *absolutes Verständnis* des Wesensgehaltes einem relativen Verständnis vorzuziehen. Laut den Erläuterungen zu Art. 1 gehört die **Würde des Menschen** zum Wesensgehalt der in der Charta festgelegten Rechte.[60]

35 **d) Gemeinwohlziel.** Einschränkungen müssen gemäß Art. 52 Abs. 1 S. 2 den von der Union anerkannten dem Gemeinwohl dienenden Zielsetzungen oder den Erfordernissen des Schutzes der Rechte und Freiheiten anderer tatsächlich entsprechen. Die Erläuterungen zu Art. 52 Abs. 1 S. 2 stellen klar, dass unter die dem Gemeinwohl dienenden Zielsetzungen im Sinne der Norm nicht nur die Ziele der Union nach Art. 3 EUV fallen, sondern auch andere **primärrechtlich besonders geschützte Interessen.** Der EuGH hat in seiner Rechtsprechung beispielsweise den Verbraucherschutz,[61] den Gesundheitsschutz,[62] Arten-[63] und Tierschutz[64], die Bekämpfung von Tierseuchen,[65] die Vollendung des Agrarbinnenmarktes,[66] die Verhütung und Bekämpfung von Kriminalität[67] und die Bekämpfung des internationalen Terrorismus[68] als Zielsetzungen i.S.d. Art. 52 Abs. 1 S. 2 anerkannt. Aber auch die Verbesserung des Einkommens von Erzeugern und Wirtschaftsteilnehmern wird nach der Rechtsprechung (zu Art. 16) erfasst.[69] Der Gerichtshof verfolgt insofern – trotz der Veren-

---

58 *Trstenjak/Beysen,* EuR 2012, 265 (280) unter Verweis auf EuGH – Kommission/Belgien, Rs. C-408/03, ECLI:EU:C:2006:192, Urt. v. 23.3.2006 (Große Kammer), Rn. 68; vgl. a. *Bühler,* Einschränkung, S. 259 ff.; *Grabenwarter/Cornils,* EnzEuR Grundrechteschutz, § 5 Rn. 106; a.A. *Borowsky* (4. Aufl.), Art. 52 Rn. 23: eigenständige Bedeutung und absolute Geltung. Zu früherer Rechtsprechung s. *Schildknecht,* Grundrechtsschranken in der Europäischen Gemeinschaft, S. 91 ff.; *Eisner,* Schrankenregelung, S. 141 f.; *Pietsch,* Schrankenregime, S. 97, der von einer Schutzverstärkung durch die eigenständige Kodifikation der Wesensgehaltsgarantie ausgeht (S. 171).

59 *Jarass,* GRC, Art. 52 Rn. 28; s.a. *Calliess/Ruffert/Kingreen,* EUV/AEUV, Art. 52 Rn. 64.

60 S. zu diesem Zusammenhang auch *Borowsky* (4. Aufl.), Art. 52 Rn. 31.

61 EuGH – Lidl, Rs. C-134/15, ECLI:EU:C:2016:498, Urt. v. 30.6.2016, Rn. 35 ff.; EuGH – Neptune Distribution, Rs. C-157/14, ECLI:EU:C:2015:823, Urt. v. 17.12.2015, Rn. 73.

62 EuGH – Philip Morris Brands, Rs. C-547/14, ECLI:EU:C:2016:325, Urt. v. 4.5.2016, Rn. 152; EuGH – Neptune Distribution, Rs. C-157/14, ECLI:EU:C:2015:823, Urt. v. 17.12.2015, Rn. 73; EuGH – Léger, Rs. C-528/13, ECLI:EU:C:2015:288, Urt. v. 29.4.2015, Rn. 56 f.; EuGH – Schaible, Rs. C-101/12, ECLI:EU:C:2013:661, Urt. v. 17.10.2013, Rn. 35.

63 EuGH – Giordano/Kommission, Rs. C-611/12 P, ECLI:EU:C:2014:2282, Urt. v. 14.10.2014 (Große Kammer), Rn. 50.

64 „Wohlbefinden der Tiere": EuGH – Schaible, Rs. C-101/12, ECLI:EU:C:2013:661, Urt. v. 17.10.2013, Rn. 35; s.a. EuGH – Viamex Agrar Handels GmbH und ZVK, verb. Rs. C-37/06 u. C-58/06, Urt. v. 17.1.2008, ECLI:EU:C:2008:18, Rn. 22; EuGH – Nationale Raad van Dierenkwekers en Liefhebbers VZW u. Andibel VZW, Rs. C-219/07, Urt. v. 19.6.2008, ECLI:EU:C:2008:353, Rn. 27.

65 EuGH – Schaible, Rs. C-101/12, ECLI:EU:C:2013:661, Urt. v. 17.10.2013, Rn. 35.

66 EuGH – Schaible, Rs. C-101/12, ECLI:EU:C:2013:661, Urt. v. 17.10.2013, Rn. 35.

67 EuGH – Spasic, Rs. C-129/14 PPU, ECLI:EU:C:2014:586, Urt. v. 27.5.2014 (Große Kammer), Rn. 61 ff.; s.a. EuGH – Digital Rights Ireland, verb. Rs. 293/12 u. C-594/12, ECLI:EU:C:2014:238, Urt. v. 8.4.2014 (Große Kammer), Rn. 42; EuGH – Schwarz, Rs. C-291/12, ECLI:EU:C:2013:670, Urt. v. 17.10.2013, Rn. 36 ff.

68 EuGH – Digital Rights Ireland, verb. Rs. 293/12 u. C-594/12, ECLI:EU:C:2014:238, Urt. v. 8.4.2014 (Große Kammer), Rn. 42.

69 EuGH – Lidl, Rs. C-134/15, ECLI:EU:C:2016:498, Urt. v. 30.6.2016, Rn. 35 ff.

gung der Formulierung im Laufe der Konventsarbeit (→ Rn. 14) – also einen *weiten Ansatz*.[70]

Art. 52 Abs. 1 S. 2 führt die Erfordernisse des **Schutzes der Rechte und Freiheiten anderer** ausdrücklich neben den Gemeinwohlzielen auf. Erfasst werden damit *Grundrechtskollisionen*,[71] aber auch andere unionsrechtlich begründete Rechte Dritter, insbesondere aus der Freizügigkeit und der Unionsbürgerschaft[72]. Danach stellen grundrechtlich geschützte Interessen und Rechtspositionen legitime Zielsetzungen dar, die – bei Vorliegen der weiteren Voraussetzungen – eine Einschränkung eines anderen Grundrechts rechtfertigen können.[73] Hierbei handelt es sich um die explizite Normierung der im deutschen Recht bekannten Figur „verfassungsimmanenter“ Schranken.[74] 36

e) **Verhältnismäßigkeitsgrundsatz.** Zudem ist gemäß Art. 52 Abs. 1 S. 2 der Grundsatz der Verhältnismäßigkeit zu wahren; Einschränkungen müssen erforderlich sein und dem Gemeinwohlziel tatsächlich entsprechen. Der Grundsatz der Verhältnismäßigkeit gehört nach der Rechtsprechung des EuGH zu den *allgemeinen Grundsätzen des Unionsrechts*, die den gemeinsamen Verfassungstraditionen der Mitgliedstaaten zugrunde liegen[75].[76] Er findet sich für Strafen zudem explizit in Art. 49 Abs. 3, den der Gerichtshof gemeinsam mit Art. 52 Abs. 1 anwendet.[77] 37

Nach ständiger Rechtsprechung des Gerichtshofs verlangt der Grundsatz der Verhältnismäßigkeit, dass die erlassenen Maßnahmen nicht die Grenzen dessen überschreiten, was zur Erreichung der mit der fraglichen Regelung zulässigerweise verfolgten Ziele geeignet und erforderlich ist, wobei die durch sie verursachten Nachteile nicht außer Verhältnis zu den angestrebten Zielen stehen dürfen.[78] Dahinter steht allgemein das Bestreben nach einem **billigen und gerechten Ausgleich** zwischen zwei oder mehreren widerstreitenden schutzwürdigen Interessen oder Rechtspositionen.[79] Die Regelung in Art. 52 Abs. 1 S. 2 be- 38

70 S.a. *Lenaerts,* EuR 2012, 3 (10). *W. Michl,* Die Überprüfung des Unionsrechts am Maßstab der EMRK, S. 206 f., sieht sogar alle Ziele umfasst, „die nicht im direkten Widerspruch zur Unionsrechtsordnung stehen“.

71 Vgl. *Ziegenhorn,* Der Einfluss der EMRK, S. 234; *Grabenwarter/Cornils,* EnzEuR Grundrechteschutz, § 5 Rn. 96; *Borowsky* (4. Aufl.), Art. 52 Rn. 22.

72 S. *Lenaerts,* EuR 2012, 3 (10) mit Rechtsprechungsnachweisen.

73 *Trstenjak/Beysen,* EuR 2012, 265 (283 f.); s.a. *Eisner,* Schrankenregelung, S. 145.

74 S.a. *W. Michl,* Die Überprüfung des Unionsrechts am Maßstab der EMRK, S. 207; a.A. *Borowsky* (4. Aufl.), Art. 52 Rn. 22.

75 EuGH – Link Logistik N&N, Rs. C-384/17, ECLI:EU:C:2018:810, Urt. v. 4.10.2018, Rn. 40.

76 Zum Verhältnismäßigkeitsgrundsatz in der Unionsrechtsordnung s.a. *Trstenjak/Beysen,* EuR 2012, 265 ff.

77 EuGH – Link Logistik N&N, Rs. C-384/17, ECLI:EU:C:2018:810, Urt. v. 4.10.2018, Rn. 41 ff.; EuGH – Menci, Rs. C-524/15, ECLI:EU:C:2018:197, Urt. v. 20.3.2018 (Große Kammer), Rn. 55.

78 EuGH – F, Rs. C-473/16, ECLI:EU:C:2018:36, Urt. v. 25.1.2018, Rn. 56; EuGH – K, Rs. C-18/16, ECLI:EU:C:2017:680, Urt. v. 14.9.2017, Rn. 37; EuGH – Pesce u.a., verb. Rs. C-78/16 u. C-79/16, ECLI:EU:C:2016:428, Urt. v. 9.6.2016, Rn. 48; EuGH – N., Rs. C-601/15 PPU, ECLI:EU:C:2016:84, Urt. v. 15.2.2016, Rn. 54; EuGH – Lidl, Rs. C-134/15, ECLI:EU:C:2016:498, Urt. v. 30.6.2016, Rn. 33; EuGH – Léger, Rs. C-528/13, ECLI:EU:C:2015:288, Urt. v. 29.4.2015, Rn. 58; EuGH – Schaible, Rs. C-101/12, ECLI:EU:C:2013:661, Urt. v. 17.10.2013, Rn. 29; EuGH – Sky Österreich, Rs. C-283/11, ECLI:EU:C:2013:28, Urt. v. 22.1.2013 (Große Kammer), Rn. 50; EuGH – Nelson u.a., verb. Rs. C-581/10 u. C-629/10, ECLI:EU:C:2012:657, Urt. v. 23.10.2012, Rn. 71; EuGH – Afton Chemical, Rs. C-343/09, ECLI:EU:C:2010:419, Urt. v. 8.7.2010, Rn. 45. S.a. EuGH – Puškár, Rs. C-73/16, ECLI:EU:C:2017:725, Urt. v. 27.9.2017, Rn. 69: kein offensichtliches Missverhältnis; Urteil vom 18. März 2010, Alassini u.a., verb. Rs. C-317/08 bis C-320/08, ECLI:EU:C:2010:146, Urt. v. 18.3.2010, Rn. 65.

79 *Trstenjak/Beysen,* EuR 2012, 265 (284).

dingt allenfalls eine „gewisse Akzentuierung",[80] jedoch keine Modifizierung der Verhältnismäßigkeitsprüfung, wie sie der Gerichtshof bislang vorgenommen hat.

39 Nach ständiger Rechtsprechung des EuGH sind Rechtsvorschriften „nur dann **geeignet**, die Verwirklichung des geltend gemachten Ziels zu gewährleisten, wenn sie tatsächlich dem Anliegen gerecht werden, es in kohärenter und systematischer Weise zu erreichen; Ausnahmen von den Bestimmungen eines Gesetzes können in bestimmten Fällen dessen Kohärenz beeinträchtigen, insbesondere wenn sie wegen ihres Umfangs zu einem Ergebnis führen, das dem mit dem Gesetz verfolgten Ziel widerspricht".[81] Teilweise prüft der EuGH bzgl. der **Erforderlichkeit** ähnlich der aus dem deutschen Recht bekannten Formel, ob sich ein milderes Mittel aufdrängt, das die verfolgten Ziele ebenso wirksam erreichen würde.[82] Häufig unterscheidet der Gerichtshof dagegen nicht trennscharf zwischen Erforderlichkeit und **Verhältnismäßigkeit i.e.S.**[83] Berührt eine Maßnahme verschiedene Grundrechte, ist nach der Rechtsprechung des EuGH eine Auslegung angezeigt, „die es erlaubt, ein *angemessenes Gleichgewicht* zwischen den verschiedenen durch die Rechtsordnung der Union geschützten Grundrechten sicherzustellen".[84] Dieses Erfordernis folgt aus Art. 52 Abs. 1 S. 2 letzter Satzteil („oder den Erfordernissen des Schutzes der Rechte und Freiheiten anderer").[85] Es wird missachtet, wenn eine Maßnahme zu einer *qualifizierten Beeinträchtigung* eines durch die Charta geschützten Rechts führt.[86]

40 Der Gerichtshof zieht auch für die Prüfung von **Gleichheitsrechten und Diskriminierungsverboten** Art. 52 Abs. 1 heran. Nach seiner ständigen Rechtsprechung verlangt der in Art. 20 niedergelegt Grundsatz der Gleichbehandlung (und das Diskriminierungsverbot des Art. 21 Abs. 1 als dessen besondere Ausprägung) entsprechend den Anforderungen von Art. 52 Abs. 1 vom Unionsgesetzgeber, „dass vergleichbare Sachverhalte nicht unterschiedlich und unterschiedliche Sachverhalte nicht gleich behandelt werden dürfen, es sei denn, dass eine solche Behandlung objektiv gerechtfertigt ist (…). Eine unterschiedliche Behandlung ist gerechtfertigt, wenn sie auf einem objektiven und angemessenen Kriterium beruht,

80 So *Grabenwarter/von Danwitz*, EnzEuR Grundrechteschutz, § 6 Rn. 67.

81 EuGH – Fries, Rs. C-190/16, ECLI:EU:C:2017:513, Urt. v. 5.7.2017, Rn. 48; EuGH – Fuchs und Köhler, verb. Rs. C-159/10 u. C-160/10, Urt. v. 21.7.2011, Rn. 85 f. Hervorhebung nur hier. *Jarass*, GRC, Art. 52 Rn. 38, spricht sich insoweit für eine Zuordnung zur Angemessenheit aus.

82 EuGH – Puškár, Rs. C-73/16, ECLI:EU:C:2017:725, Urt. v. 27.9.2017, Rn. 68; s.a. EuGH – Menci, Rs. C-524/15, ECLI:EU:C:2018:197, Urt. v. 20.3.2018 (Große Kammer), Rn. 46; EuGH – Lidl, Rs. C-134/15, ECLI:EU:C:2016:498, Urt. v. 30.6.2016, Rn. 33, 39; EuGH – Léger, Rs. C-528/13, ECLI:EU:C:2015:288, Urt. v. 29.4.2015, Rn. 58, 65 ff.; EuGH – Schwarz, Rs. C-291/12, ECLI:EU:C:2013:670, Urt. v. 17.10.2013, Rn. 46, 53; EuGH – Schaible, Rs. C-101/12, ECLI:EU:C:2013:661, Urt. v. 17.10.2013, Rn. 29; EuGH – Sky Österreich, Rs. C-283/11, ECLI:EU:C:2013:28, Urt. v. 22.1.2013 (Große Kammer), Rn. 50, 54 ff.

83 Vgl. EuGH – F, Rs. C-473/16, ECLI:EU:C:2018:36, Urt. v. 25.1.2018, Rn. 59 ff.; EuGH – K, Rs. C-18/16, ECLI:EU:C:2017:680, Urt. v. 14.9.2017, Rn. 40 ff.; EuGH – N., Rs. C-601/15 PPU, ECLI:EU:C:2016:84, Urt. v. 15.2.2016, Rn. 56 ff.; EuGH – Schecke u. Eifert, Rs. C-92/09, ECLI:EU:C:2010:662, Urt. v. 9.11.2010 (Große Kammer), Rn. 74 ff. *Grabenwarter/von Danwitz*, EnzEuR Grundrechteschutz, § 6 Rn. 68, geht dennoch von einer „Rückbesinnung auf eine dreistufige Prüfung des Verhältnismäßigkeitsgrundsatzes" aus.

84 EuGH – Bastei Lübbe, Rs. C-149/17, ECLI:EU:C:2018:841, Urt. v. 18.10.2018, Rn. 45 (Hervorhebung nur hier); s.a. EuGH – Philip Morris Brands, Rs. C-547/14, ECLI:EU:C:2016:325, Urt. v. 4.5.2016, Rn. 154; EuGH – Neptune Distribution, Rs. C-157/14, ECLI:EU:C:2015:823, Urt. v. 17.12.2015, Rn. 75; EuGH – Sky Österreich, Rs. C-283/11, ECLI:EU:C:2013:28, Urt. v. 22.1.2013 (Große Kammer), Rn. 58 ff.; EuGH – McDonagh, Rs. C-12/11, ECLI:EU:C:2013:43, Urt. v. 31.1.2013, Rn. 62.

85 S. EuGH – UPC Telekabel Wien, C-314/12, ECLI:EU:C:2014:192, Urt. v. 27.3.2014, Rn. 63.

86 EuGH – Bastei Lübbe, Rs. C-149/17, ECLI:EU:C:2018:841, Urt. v. 18.10.2018, Rn. 46; EuGH – Coty Germany, Rs. C-580/13, ECLI:EU:C:2015:485, Urt. v. 16.7.2015, Rn. 35.

d. h., wenn sie im Zusammenhang mit einem *rechtlich zulässigen Ziel* steht, das mit der in Rede stehenden Regelung verfolgt wird, und wenn diese unterschiedliche Behandlung in *angemessenem Verhältnis* zu dem mit der betreffenden Behandlung verfolgten Ziel steht".[87] Die Prüfung folgt damit nicht streng der Systematik des Art. 52 Abs. 1, lehnt sich in der Sache aber dennoch an dieser Norm an.[88]

Art. 52 Abs. 1 ist grundsätzlich auf Eingriffe in Freiheitsrechte also auf deren Abwehrdimension zugeschnitten. Für die **Leistungsdimension von Grundrechten** passt das Prüfprogramm nur bedingt. Die relevante Frage nach einem aus dem Grundrecht folgenden Anspruch entscheidet sich primär nach Maßgabe des Spielraums, der dem Grundrechtsverpflichteten bei seiner Entscheidung verbleibt. 41

f) **Kontrolldichte.** Allgemein führt der Verzicht auf spezifische Regelungen zu den einzelnen Grundrechten durch Normierung einer Generalklausel zu *größerer Flexibilität* in der Handhabung und damit zu einer *Verantwortungszunahme der zuständigen Gerichte,* welche die einzelnen Grundrechte zu gewichten haben.[89] Hinsichtlich der gerichtlichen Kontrolle der Einhaltung des Verhältnismäßigkeitsgrundsatzes ist zu berücksichtigen, dass der *Gestaltungsspielraum* des Unionsgesetzgebers anhand einer Reihe von Gesichtspunkten *eingeschränkt* sein kann, zu denen u.a. der betroffene Bereich, das Wesen des fraglichen durch die Charta gewährleisteten Rechts, Art und Schwere des Eingriffs sowie dessen Zweck gehören.[90] 42

Andererseits ist dem Unionsgesetzgeber in Bereichen, die von ihm politische, wirtschaftliche und soziale Entscheidungen verlangen und in denen er komplexe Beurteilungen vornehmen muss, ein **weites Ermessen** einzuräumen.[91] Die gerichtliche Kontrolle durch den Gerichtshof beschränkt sich dann „auf die Prüfung der Frage, ob der Unionsgesetzgeber die Grenzen seines Ermessens nicht offensichtlich überschritten hat".[92] Der Unionsgesetzgeber muss seine Entscheidung auch dann, wenn ihm ein solches Ermessen eingeräumt ist, auf objektive Kriterien stützen.[93] Entscheidend ist grundsätzlich die Sach- und Rechtslage zum Zeitpunkt des Erlasses des Rechtsaktes; wenn der Unionsgesetzgeber unbestimmte zukünftige Auswirkungen einer zu erlassenden Regelung zu beurteilen hat, kann seine Beurteilung nur beanstandet werden, wenn sie sich mit Blick auf die bereits zum Zeitpunkt des Erlasses der betreffenden Regelung verfügbaren Informationen als offensichtlich fehlerhaft 43

87 EuGH – Glatzel, Rs. C-356/12, ECLI:EU:C:2014:350, Urt. v. 22.5.2014, Rn. 43 (Hervorhebung nur hier).

88 S.a. *Borowsky* (4. Aufl.), Art. 52 Rn. 18.

89 S. *Röder,* Gesetzesvorbehalt, S. 45 ff.; kritisch *Pietsch,* Schrankenregime, S. 196.

90 EuGH – Digital Rights Ireland, verb. Rs. 293/12 u. C-594/12, ECLI:EU:C:2014:238, Urt. v. 8.4.2014 (Große Kammer), Rn. 47, unter Verweis auf die EGMR-Rechtsprechung. Vgl. a. *Grabenwarter/von Danwitz,* EnzEuR Grundrechteschutz, § 6 Rn. 68; *Röder,* Gesetzesvorbehalt, S. 53.

91 EuGH – Neptune Distribution, Rs. C-157/14, ECLI:EU:C:2015:823, Urt. v. 17.12.2015, Rn. 76; EuGH – Schaible, Rs. C-101/12, ECLI:EU:C:2013:661, Urt. v. 17.10.2013, Rn. 47 f. (Agrarpolitik); s.a. EuGH – Vodafone u.a., Rs. C-58/08, ECLI:EU:C:2010:321, Urt. v. 8.6.2010, Rn. 52.

92 EuGH – Schaible, Rs. C-101/12, ECLI:EU:C:2013:661, Urt. v. 17.10.2013, Rn. 48; EuGH – Agrargenossenschaft Neuzelle, Rs. C-545/11, Urt. v. 14.3.2013, Rn. 43; EuGH – AJD Tuna, Rs. C-221/09, ECLI:EU:C:2011:153, 17.3.2011, Rn. 80. S.a. *Grabenwarter/von Danwitz,* EnzEuR Grundrechteschutz, § 6 Rn. 66.

93 EuGH – Schaible, Rs. C-101/12, ECLI:EU:C:2013:661, Urt. v. 17.10.2013, Rn. 49.

erweist.[94] Außerdem kann sich bei ungewissen Entwicklungen eine *Überprüfungs- und ggf. Nachbesserungspflicht* ergeben.[95]

44 Erhebliche Wertungs- und Gestaltungsspielräume können auch bestehen, soweit die **Leistungsdimension** der Grundrechte betroffen ist, also positive (Handlungs-)Pflichten in Rede stehen. Die Kontrolldichte kann dann deutlich reduziert sein, so dass lediglich ein völlig unzureichender, offenkundig nicht ausreichender Schutz gerügt werden kann.[96] Allerdings ist auch insoweit danach zu unterscheiden, wie deutlich die positiven Pflichten normativ konturiert sind.[97]

45 Die Formulierung des Art. 52 Abs. 1 S. 2, dass Einschränkungen den Gemeinwohlzielen **„tatsächlich entsprechen"** müssen, spricht insgesamt gegen eine zu großzügige Verringerung der Kontrolldichte,[98] auch wenn sie sich genau genommen auf die Frage der Geeignetheit beschränkt[99]. Im Übrigen stammt diese Formulierung bereits aus der (gefestigten) Rechtsprechung des Gerichtshofs, auf die auch die Erläuterungen zu Art. 52 verweisen.[100]

3. Absatz 2 – Verhältnis zu in den Verträgen geregelten Rechten

46 **a) Einordnung.** Gemäß Art. 52 Abs. 2 erfolgt die Ausübung der durch die Charta anerkannten Rechte, die in den Verträgen geregelt sind, im Rahmen der dort festgelegten Bedingungen und Grenzen. Bezugspunkt sind damit lediglich die (primärrechtlichen) **Gründungsverträge,** nicht das Sekundärrecht[101]. Dies ergibt sich auch aus Art. 18, der „die Verträge" ausdrücklich als den Vertrag über die Europäische Union und den Vertrag über die Arbeitsweise der Europäischen Union legaldefiniert. Die Unionsgerichte prüfen im Anwendungsbereich des Art. 52 Abs. 2 grundsätzlich *allein am Maßstab der Vertragsbestimmungen* (oder des diese ausfüllenden Sekundärrechts[102]); eine gesonderte Prüfung anhand der Chartarechte unterbleibt, da sie zu keinem abweichenden Ergebnis führen könne.[103]

---

94 EuGH – Schaible, Rs. C-101/12, ECLI:EU:C:2013:661, Urt. v. 17.10.2013, Rn. 50; s.a. EuGH – Agrana Zucker, Rs. C-309/10, ECLI:EU:C:2011:531, Urt. v. 28.7.2011, Rn. 45.

95 S. EuGH – Schaible, Rs. C-101/12, ECLI:EU:C:2013:661, Urt. v. 17.10.2013, Rn. 94; EuGH – Arcelor Atlantique und Lorraine u.a., Rs. C-127/07, ECLI:EU:C:2008:728, Urt. v. 16.12.2008, Rn. 62.

96 S. *Jarass,* GRC, Art. 52 Rn. 48.

97 *Jarass,* GRC, Art. 52 Rn. 48, nennt das Recht auf Begründung gemäß Art. 41 Abs. 2, den Auskunftsanspruch nach Art. 8 Abs. 2 S. 2 und die Rechte nach Art. 42–44 als Beispiele, bei denen eine genauere Prüfung geboten sei.

98 Vgl. *Grabenwarter/von Danwitz,* EnzEuR Grundrechteschutz, § 6 Rn. 67; *Röder,* Gesetzesvorbehalt, S. 52 f.; *Schneiders,* Die Grundrechte der EU und die EMRK, S. 211 f.; *Alber/Widmaier,* EuGRZ 2006, 113 (115); *Borowsky* (4. Aufl.), Art. 52 Rn. 22 a; *Jarass,* GRC, Art. 52 Rn. 44: Einordnung als „eine Art Darlegungslast des Grundrechtsverpflichteten".

99 *Schneiders,* Die Grundrechte der EU und die EMRK, S. 215; vgl. a. *Ehlers/ders.,* GR, § 14 Rn. 112; *Calliess/Ruffert/Kingreen,* EUV/AEUV, Art. 52 Rn. 68.

100 S.a. *Bühler,* Einschränkung, S. 240 ff.

101 *Grabenwarter/Cornils,* EnzEuR Grundrechteschutz, § 5 Rn. 61, 85; *Borowsky* (4. Aufl.), Art. 52 Rn. 25, unter Verweis auf die Entstehungsgeschichte; a.A. *Alber/Widmaier,* EuGRZ 2006, 113 (116).

102 EuG – Voigt/Parlament, Rs. T-618/15, ECLI:EU:T:2017:821, Urt. v. 20.11.2017, Rn. 81 f.; EuG – Deutsche Telekom/Kommission, Rs. T-210/15, ECLI:EU:T:2017:224, Urt. v. 28.3.2017, Rn. 114.

103 EuGH – Stiernon, Rs. C-237/18, ECLI:EU:C:2018:630, Beschl. v. 18.7.2018, Rn. 23 ff.; EuGH – Associazione Italia Nostra Onlus, Rs. C-444/15, ECLI:EU:C:2016:978, Urt. v. 21.12.2016, Rn. 63; EuGH – ONEm u. M, Rs. C-284/15, ECLI:EU:C:2016:220, Urt. v. 7.4.2016, Rn. 34; EuGH – Gardelle, Rs. C-233/12, ECLI:EU:C:2013:449, Urt. v. 4.7.2013, Rn. 41 ff.; EuG – CEE Bankwatch Networ/Kommission, Rs. T-307/16, ECLI:EU:T:2018:97, Urt. v. 27.2.2018, Rn. 142.

Art. 52 Abs. 2 kann demnach als Rechtsgrundverweis eingeordnet werden.[104] Die Begriffe *„Bedingungen und Grenzen"* sind dann in einem umfassenden Sinne zu verstehen.[105] Vertrags- und Chartabestimmungen stehen danach in einem **Spezialitätsverhältnis** zueinander.[106] In der Konsequenz findet auch **Art. 52 Abs. 1** grundsätzlich *keine Anwendung*.[107] Hierdurch wird das in den Erläuterungen genannte Ziel sichergestellt, die bereits in den Verträgen normierten Rechte nicht zu ändern. Vor diesem Hintergrund überzeugt die Bezeichnung von Art. 52 Abs. 2 als Anpassungsvorschrift[108] weniger, denn die erfassten Chartanormen erfüllen keine eigenständige Bedeutung. Dagegen kann die Norm als *Transferklausel*[109] betrachtet werden, wenn hiermit der Transfer der jeweiligen Vertragsnorm über Art. 52 Abs. 2 in die Charta gemeint ist. 47

Bemerkenswert ist, dass der Gerichtshof für das **Recht auf Datenschutz** nicht auf Art. 16 AEUV (oder Art. 39 EUV) zurückgreift, sondern Art. 7, 8 anwendet.[110] Diese Rechtsprechung dürfte darauf beruhen, dass Art. 8 Abs. 2 als systematische Ausnahme innerhalb der Charta eine *eigenständige Schrankenregelung* enthält (→ Rn. 28), die bei einem unmittelbaren Rückgriff auf Art. 16 AEUV leer liefe. Außerdem macht der EuGH eine Ausnahme vom Vorrang der Vertragsvorschriften, wenn sich diesen **keine Vorgaben zu Einschränkungen** des Rechts entnehmen lassen. Dann greift der Gerichtshof *unmittelbar* auf das *Chartagrundrecht* i.V.m. Art. 52 Abs. 1 zurück.[111] Wo die Verträge keine Vorgaben (zu Einschränkungen) enthalten, stehen sie der Anwendung derartiger Bestimmungen der Charta nicht 48

---

104 *W. Michl*, Die Überprüfung des Unionsrechts am Maßstab der EMRK, S. 213 f.; *Ziegenhorn*, Der Einfluss der EMRK, S. 163 f.

105 S.a. *Eisner*, Schrankenregelung, S. 147: „Bedingungen" für schutzbereichsspezifische Inhalte, „Grenzen" für Schranken bzw. Schranken-Schranken; *Röder*, Gesetzesvorbehalt, S. 91; *Schmittmann*, Rechte und Grundsätze, S. 86; *Borowsky* (4. Aufl.), Art. 52 Rn. 26; a.A. *Pietsch*, Schrankenregime, S. 148: (nur) Schrankenregelungen; *Alber/Widmaier*, EuGRZ 2006, 113 (116): Voraussetzungen und Bedingungen der Ausübung, nicht der Einschränkung.

106 S.a. *F. Michl*, Unionsgrundrechte aus der Hand des Gesetzgebers, S. 62 f.; *Ibing*, Die Einschränkung der europäischen Grundrechte durch Gemeinschaftsrecht, 2006, S. 340 f., mit der Einschränkung, dass das Meistbegünstigungsprinzip gelte. A.A. *Jarass*, EuR 2013, 29 (31 f.): vertragskonforme Auslegung der Charta in Überschneidungsbereichen; *ders.*, GRC, Art. 52 Rn. 53.

107 *Pietsch*, Schrankenregime, S. 149; *Bühler*, Einschränkung, S. 262, 428 f.; *Grabenwarter/Cornils*, EnzEuR Grundrechteschutz, § 5 Rn. 23 ff.; vgl. a. *Borowsky* (4. Aufl.), Art. 52 Rn. 13, 18, 24; a.A. *Eisner*, Schrankenregelung, S. 146 ff.: Anwendbarkeit von Art. 52 Abs. 1 und 2 nebeneinander; abgeschwächt auch *Schneiders*, Die Grundrechte der EU und die EMRK, S. 226; *Alber/Widmaier*, EuGRZ 2006, 113 (119).

108 *Dorf*, JZ 2005, 126 (128).

109 *Streinz*, ZöR 68 (2013), 663 (676); *Grabenwarter/Cornils*, EnzEuR Grundrechteschutz, § 5 Rn. 22; *Jarass*, GRC, Art. 52 Rn. 52; *Borowsky* (4. Aufl.), Art. 52 Rn. 24; s.a. *Alber/Widmaier*, EuGRZ 2006, 113 (113 ff.).

110 S. EuGH – Schecke u. Eifert, Rs. C-92/09, ECLI:EU:C:2010:662, Urt. v. 9.11.2010 (Große Kammer), Rn. 47 ff.; EuGH – Google Spain, Rs. C-131/12, ECLI:EU:C:2014:317, Urt. v. 13.5.2014 (Große Kammer), Rn. 69 ff.; EuGH – Schwarz, Rs. C-291/12, ECLI:EU:C:2013:670, Urt. v. 17.10.2013, Rn. 24 ff.; EuGH – Digital Rights Ireland, verb. Rs. 293/12 u. C-594/12, ECLI:EU:C:2014:238, Urt. v. 8.4.2014 (Große Kammer), Rn. 31 ff.; s.a. *Sydow/Peuker*, Europäische Datenschutzgrundverordnung Kommentar, 2. Aufl. 2018, Art. 17 Rn. 7; ablehnend *Bernsdorff*, Art. 8 Rn. 24: Anwendbarkeit von Art. 52 Abs. 2. Eine Ausnahme stellt das folgende Urteil dar, in dem Art. 8 Abs. 3 der Charta und Art. 16 Abs. 2 AEUV gemeinsam genannt werden: EuGH – Schrems, Rs. C-362/14, ECLI:EU:C:2015:650, Urt. v. 6.10.2015 (Große Kammer), Rn. 40 (zu nationalen Kontrollstellen).

111 EuGH – Delvigne, Rs. C-650/13, ECLI:EU:C:2015:648, Urt. v. 6.10.2015 (Große Kammer), Rn. 44 ff.

entgegen – gleich, ob sie sich nur auf ein spezielles Grundrecht beziehen oder in der Querschnittsbestimmung enthalten sind.[112]

49 b) **Erfasste Rechte.** Die *Erläuterungen* zu Art. 52 enthalten keine Auflistung der Chartarechte, die bereits in den Verträgen geregelt sind. Sie nennen beispielhaft lediglich die Rechte aus der Unionsbürgerschaft. Allerdings finden sich in den Erläuterungen zu den einzelnen Chartarechten Verweise auf entsprechende Vertragsbestimmungen. EuGH und EuG haben in ihrer **Rechtsprechung** auf dieser Grundlage bereits verschiedene in der Charta anerkannte Rechte identifiziert, die i.S.d. Art. 52 Abs. 2 in den Verträgen geregelt sind. Hierzu zählen nach der Rechtsprechung[113] Art. 15 Abs. 2 und (u.a.) Art. 45 AEUV,[114] Art. 21 Abs. 2 und Art. 18 Abs. 1 AEUV,[115] Art. 37 und Art. 3 Abs. 3 EUV sowie Art. 11, 191 AEUV,[116] Art. 39 Abs. 1 und Art. 20 Abs. 2 S. 2 lit. b) AEUV,[117] Art. 39 Abs. 2 und Art. 14 Abs. 3 EUV,[118] Art. 41 Abs. 2 lit. c) und Art. 296 AEUV,[119] Art. 42 und Art. 15 Abs. 3 AEUV[120].

50 Entgegen dem Wortlaut der Vorschrift, der unter Berücksichtigung der Systematik des Art. 52 ein Verständnis des Begriffs der Rechte im Sinne von subjektiven Rechten nahelegt,[121] geht die Rechtsprechung damit von der Anwendbarkeit des Art. 52 Abs. 2 auch auf **Grundsätze** (z.B. Art. 37) aus. Zwar spricht ebenfalls der Begriff der „Ausübung“ dagegen, dass Grundsätze erfasst sind.[122] Jedoch kann sich ein weites Verständnis auf den Normzweck stützen, der auf die *Einheit der primärrechtlichen Grundlagen des Unionsrechts* gerichtet ist.[123] Dieser Normzweck spricht darüber hinaus grundsätzlich dafür, eine **funktionale Äquivalenz** zwischen den Vertrags- und den Chartagrundrechten zu fordern.[124]

51 Aufgrund der schweren Abänderbarkeit des Primärrechts eine wenig praxisrelevante Frage ist diejenige nach dem dynamischen oder statischen Charakter der Norm: Unterfielen auch **neu geschaffene Rechte** Art. 52 Abs. 2? Nach den Erläuterungen bezieht sich die Norm auf Rechte, die bereits ausdrücklich im EGV garantiert waren und nun in den Verträgen zu finden sind. Sie sollten durch die Charta nicht geändert werden. Dies spricht aus einer pra-

112 A.A. *Pietsch,* Schrankenregime, S. 149.

113 Zu weiteren Rechten i.S.d. Art. 52 Abs. 2 *Streinz,* ZöR 68 (2013), 663 (676 f.).

114 EuGH – ONEm u. M, Rs. C-284/15, ECLI:EU:C:2016:220, Urt. v. 7.4.2016, Rn. 33; EuGH – Stiernon, Rs. C-237/18, ECLI:EU:C:2018:630, Beschl. v. 18.7.2018, Rn. 22; EuGH – Gardelle, Rs. C-233/12, ECLI:EU:C:2013:449, Urt. v. 4.7.2013, Rn. 39.

115 EuG – Voigt/Parlament, Rs. T-618/15, ECLI:EU:T:2017:821, Urt. v. 20.11.2017, Rn. 80.

116 EuGH – Associazione Italia Nostra Onlus, Rs. C-444/15, ECLI:EU:C:2016:978, Urt. v. 21.12.2016, Rn. 62.

117 EuGH – Delvigne, Rs. C-650/13, ECLI:EU:C:2015:648, Urt. v. 6.10.2015 (Große Kammer), Rn. 41 f.

118 EuGH – Delvigne, Rs. C-650/13, ECLI:EU:C:2015:648, Urt. v. 6.10.2015 (Große Kammer), Rn. 41.

119 EuG – Cuallado Martorell/Kommission, Rs. T-506/12 P, ECLI:EU:T:2015:931, Urt. v. 3.12.2015, Rn. 36.

120 EuG – CEE Bankwatch Networ/Kommission, Rs. T-307/16, ECLI:EU:T:2018:97, Urt. v. 27.2.2018, Rn. 68, 142; s.a. EuG – Deutsche Telekom/Kommission, Rs. T-210/15, ECLI:EU:T:2017:224, Urt. v. 28.3.2017, Rn. 113.

121 S.a. *Pietsch,* Schrankenregime, S. 144; *Streinz,* ZöR 68 (2013), 663 (676); *Schmittmann,* Rechte und Grundsätze, S. 81 ff.; *Jarass,* GRC, Art. 52 Rn. 49; *Grabenwarter/Cornils,* EnzEuR Grundrechteschutz, § 5 Rn. 62; *Borowsky* (4. Aufl.), Art. 52 Rn. 25, unter Verweis auf die Entstehungsgeschichte.

122 *Pietsch,* Schrankenregime, S. 144; *Grabenwarter/Cornils,* EnzEuR Grundrechteschutz, § 5 Rn. 62.

123 Vgl. a. *Bühler,* Einschränkung, S. 278 ff.; a.A. *Calliess/Ruffert/Kingreen,* EUV/AEUV, Art. 52 Rn. 5.

124 Mit Beispielen *Calliess/Ruffert/Kingreen,* EUV/AEUV, Art. 52 Rn. 8; im Erg. ebenso *Jarass,* GRC, Art. 52 Rn. 49.

xisorientierten Sicht für einen auf den *status quo* begrenzten Anwendungsbereich, der eine Schaffung neuer Chartarechte zu bestehenden vertraglich normierten Rechten im Blick hat. Der umgekehrte Fall einer Schaffung neuer Rechte in den Verträgen, die bereits zuvor in der Charta verankert waren, wäre dann nicht erfasst. Allerdings streitet die mit der Regelung bezweckte Einheit der primärrechtlichen Grundlagen des Unionsrechts auf einer übergeordneten Argumentationsebene für die Anwendbarkeit des Art. 52 Abs. 2 auch auf Rechte, die ggf. zukünftig in die Verträge aufgenommen werden.[125] In der Realität würde dagegen vermutlich eine (derzeit nicht absehbare) parallele Änderung der Verträge und der Charta erfolgen.

4. Absatz 3 – Verhältnis zu EMRK-Rechten

a) **Normzweck.** Art. 52 Abs. 3 trifft eine Sonderregelung für Chartarechte, die EMRK-Rechten entsprechen. Sie haben gemäß S. 1 die gleiche Bedeutung und Tragweite, wie sie ihnen in der EMRK verliehen wird. Die Aufnahme von Art. 52 Abs. 3 in die Charta ist Ausdruck der besonderen Bedeutung, welche der EMRK in ihrer Auslegung durch den EGMR bereits zuvor für den vom EuGH entwickelten Grundrechtsschutz in der Union zukam.[126] Auch die Präambel der Charta (Abs. 5) nennt ausdrücklich die EMRK als Rechtserkenntnisquelle des unionalen Grundrechtsschutzes. Nach der Rechtsprechung des EuGH, die sich auf die Erläuterungen zu Art. 52 stützt,[127] soll mit Art. 52 Abs. 3 die notwendige[128] **Kohärenz** zwischen der Charta und der EMRK geschaffen werden,[129] ohne dass dadurch die *Eigenständigkeit des Unionsrechts und des Gerichtshofs* selbst berührt wird.[130] Von besonderer Bedeutung ist dies, soweit die EU-Mitgliedstaaten Unionsrecht durchführen i.S.d. Art. 51 Abs. 1 S. 1 Alt. 2, denn dann tritt die Bindung an die Charta neben die Bindung an die EMRK[131]. 52

b) **Erfasste Rechte.** Die Bestimmung bezieht sich explizit lediglich auf in der Charta enthaltene **Rechte** und findet damit keine Anwendung auf *Grundsätze*.[132] Dies erklärt sich daraus, dass die EMRK keine derartigen Grundsatznormen enthält.[133] Die Chartarechte müssen Rechten entsprechen, welche durch die EMRK garantiert werden. 53

---

125 S.a. *Pietsch*, Schrankenregime, S. 148.

126 S. *Lenaerts*, EuR 2012, 3 (13).

127 EuGH – Menci, Rs. C-524/15, ECLI:EU:C:2018:197, Urt. v. 20.3.2018 (Große Kammer), Rn. 23; EuGH – Tele2 Sverige, verb. Rs. C-203/15 u. C-698/15, ECLI:EU:C:2016:970, Urt. v. 21.12.2016 (Große Kammer), Rn. 129; EuGH – JZ, Rs. C-294/16 PPU, ECLI:EU:C:2016:610, Urt. v. 28.7.2016, Rn. 50; EuGH – N., Rs. C-601/15 PPU, ECLI:EU:C:2016:84, Urt. v. 15.2.2016, Rn. 47.

128 *Fassbender*, NVwZ 2010, 1049 (1052) verweist auf eine doppelt begründete Notwendigkeit: durch die völkerrechtliche EMRK-Bindung der Mitgliedstaaten und den geplanten EMRK-Beitritt der Union; s.a. näher *Schneiders*, Die Grundrechte der EU und die EMRK, S. 146 ff.; *Ziegenhorn*, Der Einfluss der EMRK, S. 136 ff.

129 Vgl. a. *Weiß*, EuZW 2013, 287 (289, 291): Auslegungsgleichlauf, Parallelität des Grundrechtsschutzes; *ders.*, EUConst 7 (2011), 64 (69); *W. Michl*, Die Überprüfung des Unionsrechts am Maßstab der EMRK, S. 199.

130 EuGH – K, Rs. C-18/16, ECLI:EU:C:2017:680, Urt. v. 14.9.2017, Rn. 50; EuGH – JZ, Rs. C-294/16 PPU, ECLI:EU:C:2016:610, Urt. v. 28.7.2016, Rs. 50; EuGH – N., Rs. C-601/15 PPU, ECLI:EU:C:2016:84, Urt. v. 15.2.2016, Rn. 47; EuGH – Menci, Rs. C-524/15, ECLI:EU:C:2018:197, Urt. v. 20.3.2018 (Große Kammer), Rn. 23; EuGH – Tele2 Sverige, verb. Rs. C-203/15 u. C-698/15, ECLI:EU:C:2016:970, Urt. v. 21.12.2016 (Große Kammer), Rn. 129.

131 S.a. *Callewaerts*, EuGRZ 2003, 198 (198).

132 *Pietsch*, Schrankenregime, S. 106; a.A. *Schneiders*, Die Grundrechte der EU und die EMRK, S. 172 ff., 183 f.

133 *Pietsch*, Schrankenregime, S. 106.

54 Bezugspunkt ist nicht nur die EMRK selbst, sondern – wie in den Erläuterungen zu Art. 52 vorgesehen – auch ihre **Zusatzprotokolle**. Diese gelten laut in ihnen selbst enthaltenen Regelungen als Zusatzartikel zur Konvention, also als Konventionsbestandteil.[134] In der Konsequenz muss (für die Grundrechtsbindung sowohl der Union als auch der Mitgliedstaaten) irrelevant sein, ob ein einschlägiges Zusatzprotokoll von allen EU-Mitgliedstaaten ratifiziert wurde, da auch Art. 52 Abs. 3 insofern nicht differenziert[135].[136] Demgegenüber fordert Art. 53 ausdrücklich, dass alle Mitgliedstaaten Vertragspartei einer internationalen Übereinkunft sind, so dass Protokolle nur erfasst sind, soweit sie alle Mitgliedstaaten binden.[137] Für die Erfassung aller Zusatzprotokolle im Rahmen des Art. 52 Abs. 3 streiten zudem die Erläuterungen zu Art. 52, die auch Rechte aus Zusatzprotokollen der EMRK auflisten (→ Rn. 55).[138] Eine Einbeziehung auch von in Zusatzprotokollen normierten Rechten entspricht schließlich dem auf Kohärenz zwischen Charta und EMRK zielenden Zweck von Art. 52 Abs. 3 (→ Rn. 52).[139] Eine Ausnahme könnte lediglich gelten, sofern ***zukünftig*** neue Zusatzprotokolle in Kraft treten sollten, ohne von der überwiegenden Zahl der EU-Mitgliedstaaten ratifiziert worden zu sein.[140] Die teilweise befürwortete Unterscheidung zwischen einer uneingeschränkten Einbeziehung der Zusatzprotokolle im Rahmen der Grundrechtsbindung der Europäischen Union gegenüber einer durch die eigene Ratifikation des jeweiligen Protokolls bedingten Einbeziehung bei der mitgliedstaatlichen Bindung[141] vermag dagegen nicht zu überzeugen.[142] Sie trüge die Gefahr einer Aufspaltung des durch die Charta vermittelten materiellen Grundrechtsstandards in sich.

55 Entscheidend ist schließlich, wann Chartarechte EMRK-Rechten **entsprechen**. Insoweit enthalten die *Erläuterungen* zu Art. 52 zwei Listen:

1. Artikel der Charta, die *dieselbe Bedeutung und Tragweite* wie die entsprechenden Artikel der Europäischen Menschenrechtskonvention haben:
   - Artikel 2 entspricht Artikel 2 EMRK;
   - Artikel 4 entspricht Artikel 3 EMRK;
   - Artikel 5 Absätze 1 und 2 entsprechen Artikel 4 EMRK;
   - Artikel 6 entspricht Artikel 5 EMRK;
   - Artikel 7 entspricht Artikel 8 EMRK;
   - Artikel 10 Absatz 1 entspricht Artikel 9 EMRK;
   - Artikel 11 entspricht Artikel 10 EMRK unbeschadet der Einschränkungen, mit denen das Unionsrecht das Recht der Mitgliedstaaten auf Einführung der in Artikel

134 S.a. *Pietsch,* Schrankenregime, S. 108; *Schneiders,* Die Grundrechte der EU und die EMRK, S. 165, 168; *Bühler,* Einschränkung, S. 327.

135 *Naumann,* EuR 2008, 424 (426).

136 Ebenso *Eisner,* Schrankenregelung, S. 124 f.; *Grabenwarter/Cornils,* EnzEuR Grundrechteschutz, § 5 Rn. 67; s.a. *Röder,* Gesetzesvorbehalt, S. 94; a.A. *Jarass,* EuR 2013, 29 (42).

137 *Jarass,* GRC, Art. 53 Rn. 18; *Schneiders,* Die Grundrechte der EU und die EMRK, S. 166.

138 *Pietsch,* Schrankenregime, S. 108; *Schneiders,* Die Grundrechte der EU und die EMRK, S. 165; *Jarass,* GRC, Art. 52 Rn. 58.

139 *Pietsch,* Schrankenregime, S. 108; *Schneiders,* Die Grundrechte der EU und die EMRK, S. 165, 168; *Grabenwarter/Cornils,* EnzEuR Grundrechteschutz, § 5 Rn. 67.

140 Vgl. zu diesem Problem *Pietsch,* Schrankenregime, S. 108, der enger eine Ratifikation durch alle Mitgliedstaaten fordert. *Schneiders,* Die Grundrechte der EU und die EMRK, S. 166, hält die Ratifikation durch einen EU-Mitgliedstaat für erforderlich und ausreichend.

141 So z.B. *Ibing,* Die Einschränkung der europäischen Grundrechte durch Gemeinschaftsrecht, 2006, S. 53 f.; 340; s.a. *Bühler,* Einschränkung, S. 329; *Borowsky* (4. Aufl.), Art. 52 Rn. 35.

142 Ebenso *Schneiders,* Die Grundrechte der EU und die EMRK, S. 163 ff.; *Grabenwarter/Cornils,* EnzEuR Grundrechteschutz, § 5 Rn. 67.

10 Absatz 1 dritter Satz EMRK genannten Genehmigungsverfahren eingrenzen kann;
- Artikel 17 entspricht Artikel 1 des Zusatzprotokolls zur EMRK;
- Artikel 19 Absatz 1 entspricht Artikel 4 des Protokolls Nr. 4 zur EMRK;
- Artikel 19 Absatz 2 entspricht Artikel 3 EMRK in der Auslegung durch den Europäischen Gerichtshof für Menschenrechte;
- Artikel 48 entspricht Artikel 6 Absätze 2 und 3 EMRK;
- Artikel 49 Absatz 1 (mit Ausnahme des letzten Satzes) und Absatz 2 entsprechen Artikel 7 EMRK.

2. Artikel, die *dieselbe Bedeutung* haben wie die entsprechenden Artikel der EMRK, deren *Tragweite* aber *umfassender* ist:
- Artikel 9 deckt Artikel 12 EMRK ab, aber sein Anwendungsbereich kann auf andere Formen der Eheschließung ausgedehnt werden, wenn die einzelstaatlichen Rechtsvorschriften diese vorsehen;
- Artikel 12 Absatz 1 entspricht Artikel 11 EMRK, aber sein Anwendungsbereich ist auf die Ebene der Union ausgedehnt worden;
- Artikel 14 Absatz 1 entspricht Artikel 2 des Zusatzprotokolls zur EMRK, aber sein Anwendungsbereich ist auf den Zugang zur beruflichen Ausbildung und Weiterbildung ausgedehnt worden;
- Artikel 14 Absatz 3 entspricht Artikel 2 des Zusatzprotokolls zur EMRK, was die Rechte der Eltern betrifft;
- Artikel 47 Absätze 2 und 3 entsprechen Artikel 6 Absatz 1 EMRK, aber die Beschränkung auf Streitigkeiten in Bezug auf zivilrechtliche Ansprüche und Verpflichtungen oder strafrechtliche Anklagen kommt nicht zum Tragen, wenn es um das Recht der Union und dessen Anwendung geht;
- Artikel 50 entspricht Artikel 4 des Protokolls Nr. 7 zur EMRK, aber seine Tragweite ist auf die Ebene der Europäischen Union ausgedehnt worden und er gilt zwischen den Gerichten der Mitgliedstaaten;
- schließlich können die Unionsbürgerinnen und -bürger im Anwendungsbereich des Unionsrechts wegen des Verbots jeglicher Diskriminierung aufgrund der Nationalität nicht als Ausländer angesehen werden. Die in Artikel 16 EMRK vorgesehenen Beschränkungen der Rechte ausländischer Personen finden daher in diesem Rahmen auf die Unionsbürgerinnen und -bürger keine Anwendung.

Die Artikel der zweiten Liste, welche dieselbe Bedeutung aber eine umfassendere Tragweite als die entsprechenden Artikel der EMRK haben, sind als **Regelbeispiele i.S.d. Art. 52 Abs. 3 S. 2** anzusehen,[143] der ausdrücklich einen weiter gehenden Schutz des Rechts der Union gegenüber der EMRK zulässt. Der weiter gehende Schutz in diesem Sinne wird entweder durch eine *Ausdehnung des Anwendungsbereichs* oder aber durch eine *Begrenzung der Beschränkungsmöglichkeiten* gewährt – beides führt zu einer umfassenderen *Tragweite* der Rechte. 56

Hinter den Aufzählungen in den Erläuterungen wird der Gerichtshof nicht zurückbleiben können.[144] Fraglich erscheint allein, ob neben den aufgeführten Artikeln **weitere Rechte** 57

143 W. *Michl*, Die Überprüfung des Unionsrechts am Maßstab der EMRK, S. 210.
144 S.a. *Streinz*, ZöR 68 (2013), 663 (671): quasi-obligatorische Wirkung; *Borowsky* (4. Aufl.), Art. 52 Rn. 31 b, 47 b: besondere Qualität, Nähe einer Verbindlichkeit, abweichende Beurteilung nur in seltenen, wohlbegründeten Ausnahmefällen, mit Verweis auf die Entstehungsgeschichte; für eine „noch über (…) Art. 52 Abs. 7 GRCh hinausgehende Quasi-Verbindlichkeit" W. *Michl*, Die Über-

von Art. 52 Abs. 3 erfasst sein können.[145] Die *Erläuterungen* betonen, dass eine Weiterentwicklung des Rechts, der Gesetzgebung und der Verträge durch die Aufzählung der Rechte i.S.d. Art. 52 Abs. 3 nicht ausgeschlossen wird.[146] Auch dem *Normzweck* entspricht es, dass *zukünftig* weitere Rechte in seinen Anwendungsbereich fallen können, um die Kohärenz zwischen Charta und EMRK zu wahren.[147] Schwieriger ist die Frage hinsichtlich *bereits normierter* Rechte zu beantworten. Die Formulierung in den Erläuterungen spricht für eine abschließende Aufzählung „(der) Rechte, bei denen derzeit davon ausgegangen werden kann", dass sie EMRK-Rechten entsprechen. Da sich der Konvent jedoch nicht zu einer verbindlichen Festlegung in der Charta selbst hat durchringen können,[148] ist die Frage nach möglichen weiteren Rechten auch hinsichtlich des Zeitpunktes des Inkrafttretens der Charta zu bejahen.

58 Maßgeblich für die Entsprechung muss die *thematische Ausrichtung* des **Regelungsbereichs,** also der erfasste Lebensbereich[149] sein. Dieser reicht weiter als der konkrete Schutzumfang, für dessen Bestimmung wiederum auf der Rechtsfolgeseite des Art. 52 Abs. 3 die EMRK-Rechte heranzuziehen sind.[150] Als Ausgangspunkt für die Auslegung kann ein Vergleich des *Wortlauts* des jeweiligen Artikels der Charta und der EMRK dienen; Textidentität ist insoweit jedoch nicht erforderlich.[151]

59 c) **Rechtsfolge.** Liegen die genannten Voraussetzungen vor, haben die einschlägigen Chartarechte die gleiche **Bedeutung und Tragweite,** wie sie ihnen in der EMRK verliehen wird. Die genaue Deutung dieses Begriffspaars geht im Einzelnen auseinander. Im Ergebnis besteht jedoch weitgehend Einigkeit, dass (auf der Rechtsfolgeseite) damit sowohl der **Schutzumfang** als auch die **Schrankenebene** umfasst sind.[152] Insoweit werden vielfach die Bedeutung mit dem einschlägigen Lebens- bzw. Regelungsbereich oder (enger) Schutzbereich sowie die Tragweite mit den Schranken des Grundrechts gleichgesetzt.[153] Für ein umfassendes Verständnis der Begriffe spricht auch die *bezweckte Kohärenz* zwischen Charta und EMRK.[154] Die *Erläuterungen* zu Art. 52 weisen in die gleiche Richtung. Zum einen

---

prüfung des Unionsrechts am Maßstab der EMRK, S. 199. Kritisch zu den Auflistungen dagegen *Calliess/Ruffert/Kingreen,* EUV/AEUV, Art. 52 Rn. 27 ff.

145 Dies ablehnend *W. Michl,* Die Überprüfung des Unionsrechts am Maßstab der EMRK, S. 199, der sich bzgl. weiterer Rechte für eine Anwendbarkeit von Art. 53 ausspricht; zurückhaltend auch *Borowsky* (4. Aufl.), Art. 52 Rn. 31 a.

146 S.a. *Ziegenhorn,* Der Einfluss der EMRK, S. 161.

147 Für einen dynamischen Verweis auch *Ibing,* Die Einschränkung der europäischen Grundrechte durch Gemeinschaftsrecht, 2006, S. 54; s.a. *Schneiders,* Die Grundrechte der EU und die EMRK, S. 172.

148 Vgl. *Pietsch,* Schrankenregime, S. 113.

149 *Ziegenhorn,* Der Einfluss der EMRK, S. 155 f.; vgl. a. *Grabenwarter/Cornils,* EnzEuR Grundrechteschutz, § 5 Rn. 65.

150 A.A. *Pietsch,* Schrankenregime, S. 114 ff. Eine Unterscheidung zwischen Schutzbereich und Regelungsbereich grds. ablehnend *Grabenwarter/Gärditz,* EnzEuR Grundrechteschutz, § 4 Rn. 31.

151 Vgl. z.B. EuGH – McB., Rs. C-400/10 PPU, ECLI:EU:C:2010:582, Urt. v. 5.10.2010, Rn. 53 zu Art. 7 und Art. 8 Abs. 1 EMRK.

152 *Dorf,* JZ 2005, 126 (128); s.a. *Ibing,* Die Einschränkung der europäischen Grundrechte durch Gemeinschaftsrecht, 2006, S. 53, 340; *W. Michl,* Die Überprüfung des Unionsrechts am Maßstab der EMRK, S. 196; *Schneiders,* Die Grundrechte der EU und die EMRK, S. 179 f.; *Streinz,* ZöR 68 (2013), 663 (671); *Bühler,* Einschränkung, S. 313; *Borowsky* (4. Aufl.), Art. 52 Rn. 30 f.

153 Vgl. *F. Michl,* Unionsgrundrechte aus der Hand des Gesetzgebers, S. 63 ff.; *Eisner,* Schrankenregelung, S. 124, 150; entgegengesetzt *Alber/Widmaier,* EuGRZ 2006, 113 (119); ablehnend *Ziegenhorn,* Der Einfluss der EMRK, S. 141 ff.; *Schneiders,* Die Grundrechte der EU und die EMRK, S. 179.

154 *Ziegenhorn,* Der Einfluss der EMRK, S. 141.

stellen diese hinsichtlich des Begriffspaares ausdrücklich fest, dass die „zugelassenen Einschränkungen“ erfasst sind. Der Gesetzgeber müsse bei der Festlegung von Einschränkungen die gleichen Normen einhalten, die in der ausführlichen EMRK-Regelung zu Einschränkungen vorgesehen sind. Zum anderen bestätigen die Listen von erstens Artikeln der Charta, welche dieselbe Bedeutung und Tragweite wie die entsprechenden EMRK-Rechte haben, und zweitens von Artikeln, welche dieselbe Bedeutung aber eine umfassendere Tragweite als die entsprechenden EMRK-Artikel haben, das vorgenannte Begriffsverständnis. Die Erläuterungen stellen zudem klar, dass auch Art. 15 EMRK (Notstand) von Art. 52 Abs. 3 umfasst ist, sofern die Mitgliedstaaten gemäß Art. 4 Abs. 1 EUV sowie Art. 72, 347 AEUV Maßnahmen der nationalen Verteidigung im Kriegsfalle oder der Aufrechterhaltung der öffentlichen Ordnung treffen.

Auch der **EuGH** berücksichtigt Entscheidungen des EGMR zum einen bereits bei der Bestimmung des Schutzumfanges der Chartarechte.[155] Zum anderen dürfen nach seiner Rechtsprechung auch die Einschränkungen, die legitim an der Ausübung eines solchen Chartarechts vorgenommen werden können, nicht über die Einschränkungen hinausgehen, die nach der EMRK im Rahmen der entsprechenden Norm zulässig sind.[156] Nach dem EuGH „gelten“ etwa gemäß Art. 52 Abs. 1, 3 die Anforderungen des EGMR bzgl. der Verhältnismäßigkeit.[157] 60

Die Erläuterungen zu Art. 52 stellen klar, dass die Bedeutung und Tragweite der in der EMRK garantierten Rechte nicht nur durch den Wortlaut der Konvention, sondern auch durch die **Rechtsprechung des EGMR** (und des EuGH) bestimmt werden.[158] Insoweit muss es sich um eine *dynamische Verweisung* auf die EGMR-Rechtsprechung handeln, d.h. dass sowohl (dem Inkrafttreten der Charta) vorausgegangene als auch nachfolgende Rechtsprechung zu berücksichtigen ist; nur so kann die *bezweckte Kohärenz* der beiden Grund- 61

155 S. z.B. EuGH – MP, Rs. C-353/16, ECLI:EU:C:2018:276, Urt. v. 24.4.2018, Rn. 38 ff. (zu Art. 4); EuGH – Bougnaoui u. ADDH, Rs. C-188/15, ECLI:EU:C:2017:204, Urt. v. 14.3.2017 (Große Kammer), Rn. 30 (zu Art. 10 Abs. 1); EuGH – G4S Secure Solutions, Rs. C-157/15, ECLI:EU:C:2017:203, Urt. v. 14.3.2017 (Große Kammer), Rn. 28 (zu Art. 10 Abs. 1); EuGH – JZ, Rs. C-294/16 PPU, ECLI:EU:C:2016:610, Urt. v. 28.7.2016, Rn. 51 ff. (zu Art. 6); EuGH – N., Rs. C-601/15 PPU, ECLI:EU:C:2016:84, Urt. v. 15.2.2016, Rn. 47 (zu Art. 6); EuGH – Orsi, verb. Rs. C-217/15 u. C-350/15, ECLI:EU:C:2017:264, Urt. v. 5.4.2017, Rn. 24 (zu Art. 50); EuGH – Toma, Rs. C-205/15, ECLI:EU:C:2016:499, Urt. v. 30.6.2016, Rn. 43 (zu Art. 47); EuGH – Philip Morris Brands, Rs. C-547/14, ECLI:EU:C:2016:325, Urt. v. 4.5.2016, Rn. 147 (zu Art. 11); EuGH – Neptune Distribution, Rs. C-157/14, ECLI:EU:C:2015:823, Urt. v. 17.12.2015, Rn. 65 (zu Art. 11); EuGH – Florescu, Rs. C-258/14, ECLI:EU:C:2017:448, Urt. v. 13.6.2017 (Große Kammer), Rn. 49 f. (zu Art. 17); EuGH – Inuit Tapiriit Kanatami u.a./Kommission, Rs. C-398/13 P, ECLI:EU:C:2015:535, Rn. 61 (zu Art. 17); EuGH – Schecke u. Eifert, Rs. C-92/09, ECLI:EU:C:2010:662, Urt. v. 9.11.2010 (Große Kammer), Rn. 52 (zu Art. 7, 8). Für eine Beschränkung des Verweises auf die EMRK-Schrankenregelungen dagegen *Pietsch*, Schrankenregime, S. 116 f.

156 EuGH – N., Rs. C-601/15 PPU, ECLI:EU:C:2016:84, Urt. v. 15.2.2016, Rn. 47, s.a. EuGH – Al Chodor u.a., Rs. C-528/15, ECLI:EU:C:2017:213, Urt. v. 15.3.2017, Rn. 38 ff.; EuGH – Schecke u. Eifert, Rs. C-92/09, ECLI:EU:C:2010:662, Urt. v. 9.11.2010 (Große Kammer), Rn. 52.

157 EuGH – Link Logistik N&N, Rs. C-384/17, ECLI:EU:C:2018:810, Urt. v. 4.10.2018, Rn. 43.

158 S.a. EuGH – Toma, Rs. C-205/15, ECLI:EU:C:2016:499, Urt. v. 30.6.2016, Rn. 41; EuGH – DEB, Rs. C-279/09, ECLI:EU:C:2010:811, Urt. v. 22.12.2010, Rn. 35; *Grabenwarter/von Danwitz*, EnzEuR Grundrechteschutz, § 6 Rn. 44; *Callewaerts,* EuGRZ 2003, 198 (199); *Ibing,* Die Einschränkung der europäischen Grundrechte durch Gemeinschaftsrecht, 2006, S. 53, 340; *Pietsch*, Schrankenregime, S. 117 ff.; *Schneiders,* Die Grundrechte der EU und die EMRK, S. 241 ff.; *Borowsky* (4. Aufl.), Art. 52 Rn. 37; *Weiß,* EuZW 2013, 287 (289), mit Beispielen für eine unzureichende Berücksichtigung der EGMR-Rechtsprechung (291).

rechtsordnungen gesichert werden.[159] Auch die *Präambel* der Charta (Abs. 5 S. 1) verweist bereits auf die EGMR-Rechtsprechung.

62 Zu berücksichtigen ist, dass die Grundrechtecharta teilweise **Rechte** enthält, die **nicht explizit in der EMRK enthalten** sind, so z.B. Art. 15 (Berufsfreiheit) und Art. 16 (Unternehmerische Freiheit). Soweit der EGMR zur Füllung entsprechender Lücken andere EMRK-Gewährleistungen extensiv auslegt (z.B. Art. 1 1. EMRK-Zusatzprotokoll: Schutz des Eigentums), lässt sich diese Auslegung im Anwendungsbereich des entsprechenden Chartarechts nicht übernehmen, soweit die Charta ein eigenständiges Grundrecht für diesen Regelungsbereich enthält.[160] Die Rechtsprechung ist dann allerdings bei diesem Grundrecht zu berücksichtigen.[161]

63 **d) Einordnung.** Der Gerichtshof hat betont, dass die EMRK, solange die Union ihr nicht beigetreten ist, *kein Rechtsinstrument* darstellt, *das formell in die Unionsrechtsordnung übernommen wurde*.[162] In der Konsequenz ist eine Überprüfung von Maßnahmen im Anwendungsbereich der Charta allein anhand der durch sie garantierten Grundrechte und damit der thematisch einschlägigen Chartabestimmung(en) vorzunehmen.[163] **Ausgangspunkt** hinsichtlich der Einschränkung von Chartarechten bleibt dann wiederum **Art. 52 Abs. 1**;[164]

---

159 *Grabenwarter/von Danwitz*, EnzEuR Grundrechteschutz, § 6 Rn. 44; *Naumann*, EuR 2008, 424 (425 f.); *Pietsch*, Schrankenregime, S. 122; *Borowsky* (4. Aufl.), Art. 52 Rn. 37; im Ergebnis ebenso *Eisner*, Schrankenregelung, S. 125; *Röder*, Gesetzesvorbehalt, S. 94; *Sagmeister*, Grundsatznormen, S. 34; *Bühler*, Einschränkung, S. 322 f.

160 *Jarass*, EuR 2013, 29 (42); *ders.*, GRC, Art. 52 Rn. 62.

161 *Jarass*, EuR 2013, 29 (42); *ders.*, GRC, Art. 52 Rn. 62.

162 EuGH – UBS Europe, Rs. C-358/16, ECLI:EU:C:2018:715, Urt. v. 13.9.2018, Rn. 49; EuGH – Liga van Moskeeën en Islamitische Organisaties Provincie Antwerpen, Rs. C-426/16, ECLI:EU:C:2018:335, Urt. v. 29.5.2018, Rn. 40; EuGH – Garlsson Real Estate u.a., Rs. C-537/16, ECLI:EU:C:2018:193, Urt. v. 20.3.2018, Rn. 24; EuGH – K, Rs. C-18/16, ECLI:EU:C:2017:680, Urt. v. 14.9.2017, Rn. 32; EuGH – Paoletti, Rs. C-218/15, ECLI:EU:C:2016:748, EuGH – Orsi, verb. Rs. C-217/15 u. C-350/15, ECLI:EU:C:2017:264, Urt. v. 5.4.2017, Rn. 15; Urt. v. 6.10.2016, Rn. 21; EuGH – N., Rs. C-601/15 PPU, ECLI:EU:C:2016:84, Urt. v. 15.2.2016, Rn. 45; EuGH – Menci, Rs. C-524/15, ECLI:EU:C:2018:197, Urt. v. 20.3.2018 (Große Kammer), Rn. 22; EuGH – Ordre des barreaux francophones und germanophone, Rs. C-543/14, ECLI:EU:C:2016:605, Urt. v. 28.7.2016, Rn. 23; EuGH – Inuit Tapiriit Kanatami u.a./Kommission, Rs. C-398/13 P, ECLI:EU:C:2015:535, Rn. 45; EuGH – Telefónica und Telefónica de España/Kommission, Rs. C-295/12 P, ECLI:EU:C:2014:2062, Urt. v. 10.7.2014, Rn. 41; EuGH – Schindler Holding u.a./Kommission, Rs. C-501/11 P, ECLI:EU:C:2013:522, Urt. v. 18.7.2013, Rn. 32; EuGH – Åkerberg Fransson, Rs. C-617/10, ECLI:EU:C:2013:105, Urt. v. 26.2.2013 (Große Kammer), Rn. 44.

163 EuGH – Liga van Moskeeën en Islamitische Organisaties Provincie Antwerpen, Rs. C-426/16, ECLI:EU:C:2018:335, Urt. v. 29.5.2018, Rn. 41; EuGH – K, Rs. C-18/16, ECLI:EU:C:2017:680, Urt. v. 14.9.2017, Rn. 32; EuGH – Paoletti, Rs. C-218/15, ECLI:EU:C:2016:748, Urt. v. 6.10.2016, Rn. 22; EuGH – N., Rs. C-601/15 PPU, ECLI:EU:C:2016:84, Urt. v. 15.2.2016, Rn. 46; EuGH – Menci, Rs. C-524/15, ECLI:EU:C:2018:197, Urt. v. 20.3.2018 (Große Kammer), Rn. 24; EuGH – Orsi, verb. Rs. C-217/15 u. C-350/15, ECLI:EU:C:2017:264, Urt. v. 5.4.2017, Rn. 15; EuGH – Ordre des barreaux francophones und germanophone, Rs. C-543/14, ECLI:EU:C:2016:605, Urt. v. 28.7.2016, Rn. 23; EuGH – Otis u.a., Rs. C-199/11, ECLI:EU:C:2012:684, Urt. v. 6.11.2012, Rn. 47; EuGH – Inuit Tapiriit Kanatami u.a./Kommission, Rs. C-398/13 P, ECLI:EU:C:2015:535, Urt. v. 3.9.2015, Rn. 46; s.a. EuGH – UBS Europe, Rs. C-358/16, ECLI:EU:C:2018:715, Urt. v. 13.9.2018, Rn. 50.

164 EuGH – Menci, Rs. C-524/15, ECLI:EU:C:2018:197, Urt. v. 20.3.2018 (Große Kammer), Rn. 40; EuGH – K, Rs. C-18/16, ECLI:EU:C:2017:680, Urt. v. 14.9.2017, Rn. 34; EuGH – N., Rs. C-601/15 PPU, ECLI:EU:C:2016:84, Urt. v. 15.2.2016, Rn. 50; EuGH – Al Chodor u.a., Rs. C-528/15, ECLI:EU:C:2017:213, Urt. v. 15.3.2017, Rn. 37; EuGH – Philip Morris Brands, Rs. C-547/14, ECLI:EU:C:2016:325, Urt. v. 4.5.2016, Rn. 149; EuGH – Florescu, Rs. C-258/14,

dieser Absatz wird *nicht durch Art. 52 Abs. 3 verdrängt*[165]. (Erst) bei der Auslegung sind dann die EMRK-Gewährleistungen zu berücksichtigen.[166] Dieser Ansatz steht im Einklang mit Art. 52 Abs. 3 S. 2. Die Überprüfung am Maßstab von Art. 52 Abs. 1 führt dazu, dass auch im Bereich derjenigen Rechte, die nach der EMRK leichter einschränkbar sind, die allgemeinen Schranken der Charta gelten und damit ein höheres Schutzniveau gewährt wird.[167]

Es handelt sich also allein um eine **Auslegungsregel,**[168] nicht um eine (partielle) materielle Inkorporation von EMRK-Gehalten oder gar einen materiellen Beitritt zur EMRK[169]. Die Konvention bleibt *Rechtserkenntnisquelle.*[170] Die Annahme einer materiellen Inkorporation bzw. eines materiellen Beitritts widerspricht der durch den Vertrag von Lissabon vorgenommenen Unterscheidung zwischen der seit dem Inkrafttreten des Vertrages geltenden Entsprechensklausel (Art. 52 Abs. 3 i.V.m. Art. 6 Abs. 1 UAbs. 3 EUV) einerseits und dem durch Art. 6 Abs. 2 EUV gesondert vorgegebenen (zukünftigen) EMRK-Beitritt andererseits.[171] Denn Art. 52 Abs. 3 gilt für die Chartarechte und wirkt damit unmittelbar auf Primärrechtsebene, während die EMRK-Gewährleistungen gemäß Art. 216 Abs. 2 AEUV durch einen Beitritt der Europäischen Union zur EMRK lediglich einen Zwischenrang zwischen EU-Primär- und Sekundärrecht erhielten.[172] Bei Annahme einer materiellen Inkorporation wäre ein Beitritt jedoch überflüssig, soweit Art. 52 Abs. 3 reicht. Zudem würde ent- 64

ECLI:EU:C:2017:448, Urt. v. 13.6.2017 (Große Kammer), Rn. 53; EuGH – Neptune Distribution, Rs. C-157/14, ECLI:EU:C:2015:823, Urt. v. 17.12.2015, Rn. 68; EuGH – Schecke u. Eifert, Rs. C-92/09, ECLI:EU:C:2010:662, Urt. v. 9.11.2010 (Große Kammer), Rn. 50, 65. Unmittelbar auf die EGMR-Rechtsprechung zurückgreifend dagegen EuGH – Kolev, Rs. C-612/15, ECLI:EU:C:2018:392, Urt. v. 5.6.2018, Rn. 106.

165 S.a. *Eisner,* Schrankenregelung, S. 150 ff.; *Calliess/Ruffert/Kingreen,* EUV/AEUV, Art. 52 Rn. 38, 59; *Jarass,* GRC, Art. 52 Rn. 60; *Streinz,* ZöR 68 (2013), 663 (671): kumulative Anwendung; a.A. *Pietsch,* Schrankenregime, S. 124 ff.; *Ibing,* Die Einschränkung der europäischen Grundrechte durch Gemeinschaftsrecht, 2006, S. 340 f.; *Weiß,* EUConst 7 (2011), 64 (82 f.); *Ziegenhorn,* Der Einfluss der EMRK, S. 164 f.; *Alber/Widmaier,* EuGRZ 2006, 113 (119); *Bühler,* Einschränkung, S. 262, 429; *Borowsky* (4. Aufl.), Art. 52 Rn. 13, 18, 29, 42.

166 EuGH – K, Rs. C-18/16, ECLI:EU:C:2017:680, Urt. v. 14.9.2017, Rn. 50; EuGH – N., Rs. C-601/15 PPU, ECLI:EU:C:2016:84, Urt. v. 15.2.2016, Rn. 44, 77.

167 Vgl. *W. Michl,* Die Überprüfung des Unionsrechts am Maßstab der EMRK, S. 198, 201 f., der von einer (teilweisen) kumulativen Anwendung von Art. 52 Abs. 1 und 3 ausgeht; *Schneiders,* Die Grundrechte der EU und die EMRK, S. 218 f.: parallele Anwendung; vgl. a. *Borowsky* (4. Aufl.), Art. 52 Rn. 18, 30: Kriterien des Art. 52 Abs. 1 als Mindestanforderungen, s. aber auch Rn. 29.

168 *Grabenwarter/Cornils,* EnzEuR Grundrechteschutz, § 5 Rn. 34, 73 ff., im Einzelnen Rn. 42; s.a. *Callewaerts,* EuGRZ 2003, 198 (200): verbindlicher Referenzpunkt; ebenso *Ludwig,* EuR 2011, 715 (716). *Alber/Widmaier,* EuGRZ 2006, 113 (114, 116 f.) sprechen von einer „Konvergenz-Regelung".

169 A.A. *Borowsky* (4. Aufl.), vor Titel VII Rn. 4, 14, Art. 52 Rn. 10, 12, 34, s. aber einschränkend Rn. 30, 38; *Weiß,* EUConst 7 (2011), 64 (69 f. et passim); *Bleckmann,* Nationale Grundrechte im Anwendungsbereich des Rechts der EU, S. 279 f.; *Eisner,* Schrankenregelung, S. 125; *Ibing,* Die Einschränkung der europäischen Grundrechte durch Gemeinschaftsrecht, 2006, S. 352; *Grabenwarter/Gärditz,* EnzEuR Grundrechteschutz, § 4 Rn. 21; s.a. *Ziegenhorn,* Der Einfluss der EMRK, S. 149 ff.: Transfer; ebenso *Streinz,* ZöR 68 (2013), 663 (670); a.A. *Schmittmann,* Rechte und Grundsätze, S. 88.

170 *Ehlers/ders.,* GR, § 14 Rn. 89; *Jarass,* GRC, Art. 52 Rn. 64; *Calliess/Ruffert/Kingreen,* EUV/AEUV, Art. 52 Rn. 37.

171 S.a. *Calliess/Ruffert/Kingreen,* EUV/AEUV, Art. 52 Rn. 37; *Grabenwarter/Cornils,* EnzEuR Grundrechteschutz, § 5 Rn. 31.

172 S.a. *Weiß,* EUConst 7 (2011), 64 (71 f.), unter Verweis auf EuGH – Kommission/Deutschland, Rs. C-61/94, ECLI:EU:C:1996:313, Urt. v. 10.9.1996, Rn. 52; *Borowsky* (4. Aufl.), vor Titel VII Rn. 14.

gegen den Erläuterungen zu Art. 52 die dort betonte Eigenständigkeit des Unionsrechts und des Gerichtshofs „berührt".[173] Die Einordnung als Auslegungsregel entspricht demgegenüber der Systematik des Art. 6 EUV und steht im Einklang mit Art. 52 Abs. 3 S. 2, Art. 53.

65 e) **Art. 52 Abs. 3 S. 2.** Satz 2 des Art. 52 Abs. 3 stellt als **Öffnungsklausel**[174] klar, dass das Recht der Union einen weiter gehenden Schutz gewähren kann als es Satz 1 über den Verweis auf die EMRK vorgibt. Unter *Recht der Union* in diesem Sinne ist vorrangig das Primärrecht zu verstehen.[175] Die Norm wird etwa relevant, soweit in den Verträgen geregelte Rechte i.S.d. Art. 52 Abs. 2 mit EMRK-Gewährleistungen i.S.d. Art. 52 Abs. 3 S. 1 zusammenfallen (→ Rn. 67). Erfasst ist außerdem die Charta selbst,[176] die gemäß Art. 6 Abs. 1 UAbs. 1 a.E. EUV zum Primärrecht zählt.

66 Aus Art. 52 Abs. 3 S. 2 folgt, dass bei der Auslegung der Chartabestimmungen die entsprechenden EMRK-Normen in ihrer Auslegung durch den EGMR als **Mindestschutzstandard** zu berücksichtigen sind.[177] Die Norm ist im Zusammenhang mit **Art. 53** zu sehen, der die gleiche Zielrichtung, jedoch einen weiter reichenden Anwendungsbereich aufweist.[178] Das Schutzniveau der EMRK darf nicht unterschritten werden,[179] wobei der Begriff des *Schutzes* dem der Tragweite aus Satz 1 entsprechen dürfte[180]. Ein weiter gehender Schutz durch die Union ist dagegen möglich. Diesen Zusammenhang verdeutlichen auch die *Erläuterungen* zu Art. 52. Im konkreten Fall wirft die Handhabung dieses *Meistbegünstigungsprinzips*[181] jedoch insbesondere in *multipolaren Grundrechtsverhältnissen* Probleme auf, da der höhere Grundrechtsschutz zugunsten des einen Grundrechtsträgers zulasten des widerstreitenden Grundrechts des anderen Grundrechtsträgers wirkt.[182] In diesen Fällen muss

---

173 A.A. *Weiß*, EUConst 7 (2011), 64 (70, 81), der hierin einen bloßen Hinweis auf die gerichtlichen Zuständigkeiten sieht.

174 *W. Michl*, Die Überprüfung des Unionsrechts am Maßstab der EMRK, S. 197 ff.; *Bühler*, Einschränkung, S. 325; *Borowsky* (4. Aufl.), Art. 52 Rn. 39.

175 *Ziegenhorn*, Der Einfluss der EMRK, S. 173 ff.

176 *Ziegenhorn*, Der Einfluss der EMRK, S. 177 ff.

177 EuGH – Al Chodor u.a., Rs. C-528/15, ECLI:EU:C:2017:213, Urt. v. 15.3.2017, Rn. 37. S.a. *Bleckmann*, Nationale Grundrechte im Anwendungsbereich des Rechts der EU, S. 284; *F. Michl*, Unionsgrundrechte aus der Hand des Gesetzgebers, S. 63: Mindesttragweite.

178 Vgl. *Weiß*, EUConst 7 (2011), 64 (72); s.a. *Lenaerts*, EuR 2012, 3 (12); *Callewaerts*, EuGRZ 2003, 198 (199); *Ibing*, Die Einschränkung der europäischen Grundrechte durch Gemeinschaftsrecht, 2006, S. 340 f.

179 S. nur *F. Michl*, Unionsgrundrechte aus der Hand des Gesetzgebers, S. 63; *Grabenwarter/von Danwitz*, EnzEuR Grundrechteschutz, § 6 Rn. 45; *Bleckmann*, Nationale Grundrechte im Anwendungsbereich des Rechts der EU, S. 284; *Ibing*, Die Einschränkung der europäischen Grundrechte durch Gemeinschaftsrecht, 2006, S. 101; *Weiß*, EUConst 7 (2011), 64 (67, 72); *Schmittmann*, Rechte und Grundsätze, S. 88.

180 *F. Michl*, Unionsgrundrechte aus der Hand des Gesetzgebers, S. 66 f.

181 S.a. *F. Michl*, Unionsgrundrechte aus der Hand des Gesetzgebers, S. 67; *Ibing*, Die Einschränkung der europäischen Grundrechte durch Gemeinschaftsrecht, 2006, S. 340 f.; *Ziegenhorn*, Der Einfluss der EMRK, S. 182.

182 Vgl. *F. Michl*, Unionsgrundrechte aus der Hand des Gesetzgebers, S. 67; *W. Michl*, Die Überprüfung des Unionsrechts am Maßstab der EMRK, S. 215 ff.; *Streinz*, ZöR 68 (2013), 663 (674 f.); *Naumann*, EuR 2008, 424 (433 f.); *Grabenwarter/Cornils*, EnzEuR Grundrechteschutz, § 5 Rn. 43. *Grabenwarter/von Danwitz*, EnzEuR Grundrechteschutz, § 6 Rn. 45, plädiert für eine „gewisse Flexibilität" der Unionsgerichtsbarkeit bei Umsetzung und Konkretisierung dieser Chartavorgaben.

stets ein möglichst schonender Ausgleich im Sinne *praktischer Konkordanz* zwischen den kollidierenden Grundrechtspositionen angestrebt werden.[183]

f) **Konkurrenzen.** Das Verhältnis[184] zwischen Art. 52 Abs. 3 und **Abs. 1** ist im Sinne der vorausgehenden Ausführungen (→ Rn. 63 f.) zugunsten des Abs. 1 zu entscheiden, in dessen Rahmen Abs. 3 bei der Auslegung heranzuziehen ist. Die Frage des Verhältnisses von Art. 52 Abs. 3 zu **Abs. 2** scheint sich mit Blick auf die in die Erläuterungen aufgenommene Liste von Rechten i.S.d. Art. 52 Abs. 3 nicht zu stellen. Da eine Überschneidung zwischen beiden Absätzen auf dieser Grundlage allein jedoch nicht ausgeschlossen werden kann,[185] lohnt durchaus eine Beantwortung dieser Frage. Im Sinne der Kohärenz zwischen Charta und EMRK wird teilweise ein Vorrang von Art 52 Abs. 3 vor Abs. 2 postuliert.[186] Nach anderer Auffassung ist gemäß dem *Meistbegünstigungsprinzip* die Norm anwendbar, die der betroffenen Rechtsposition weiter gehenden Schutz gewährt.[187] Diese Ansicht kann sich bezüglich eines Vorrangs des Unionsrechts (i.S.d. Art. 52 Abs. 2) auf Art. 52 Abs. 3 S. 2 stützen, der gerade eine weiter gehende Schutzgewährung durch „das Recht der Union" vorsieht.[188] Für einen Vorrang der EMRK kann auf Art. 53 verwiesen werden.[189] Allerdings versagt dieser Ansatz wiederum in *multipolaren Grundrechtsverhältnissen* und muss sich in diesen ebenfalls auf einen Vorrang festlegen.[190] Eine konsequente Fortführung der Rechtsprechung des EuGH dürfte zu einem **Vorrang von Art. 52 Abs. 2** führen. Denn ist dieser einschlägig, prüft der Gerichtshof das entsprechende Chartarecht grundsätzlich gar nicht mehr, was Voraussetzung für dessen Auslegung im Lichte der EMRK und der EGMR-Rechtsprechung wäre.[191] 67

5. Absatz 4 – Gemeinsame Verfassungsüberlieferungen der Mitgliedstaaten

a) **Normzweck.** Art. 52 Abs. 4 widmet sich in der Charta anerkannten Grundrechten, wie sie sich aus den gemeinsamen Verfassungsüberlieferungen der Mitgliedstaaten ergeben. Diese Chartarechte werden hiernach im Einklang mit diesen Überlieferungen ausgelegt. Die Bestimmung zielt auf eine weitgehende **Kohärenz** von unionalem und mitgliedstaatlichem Grundrechtsschutz – nicht auf umfassende Kohärenz mit allen mitgliedstaatlichen 68

183 S.a. *Streinz,* ZöR 68 (2013), 663 (674 f.); *Schneiders,* Die Grundrechte der EU und die EMRK, S. 237 ff.; vgl. a. *Ziegenhorn,* Der Einfluss der EMRK, S. 235, 246, 251 f. zu Art. 52 Abs. 3 S. 1, s. aber S. 252 ff. zu S. 2.

184 Zum Verhältnis zu Abs. 4 → Rn. 71.

185 *Dorf,* JZ 2005, 126 (129) nennt als mögliches Beispiel das Diskriminierungsverbot des Art. 21 Abs. 1 in Bezug auf Art. 14 EMRK und (nunmehr) Art. 19 AEUV; s. dagegen *Schneiders,* Die Grundrechte der EU und die EMRK, S. 222 f. *Pietsch,* Schrankenregime, S. 123, verweist auf das Recht auf Datenschutz i.S.v. Art. 7, 8 Grundrechtecharta, Art. 16 AEUV, Art. 8 EMRK; dazu auch *Röder,* Gesetzesvorbehalt, S. 50; s. dagegen *Schneiders,* Die Grundrechte der EU und die EMRK, S. 223 f. Weitere mögliche Beispiele bei *Ziegenhorn,* Der Einfluss der EMRK, S. 162; *Grabenwarter/Cornils,* EnzEuR Grundrechteschutz, § 5 Rn. 45.

186 *Dorf,* JZ 2005, 126 (129); vgl. a. *Weiß,* EUConst 7 (2011), 64 (67).

187 *Pietsch,* Schrankenregime, S. 123; vgl. a. *Grabenwarter/Cornils,* EnzEuR Grundrechteschutz, § 5 Rn. 45.

188 Vgl. a. *Pietsch,* Schrankenregime, S. 123.

189 A.A. *Pietsch,* Schrankenregime, S. 123: Art. 52 Abs. 3 S. 1.

190 Für einen Vorrang von Art. 52 Abs. 3 *Pietsch,* Schrankenregime, S. 123, 149.

191 Vgl. *Schneiders,* Die Grundrechte der EU und die EMRK, S. 225; im Erg. ebenso *Ziegenhorn,* Der Einfluss der EMRK, S. 164. Die Rechtsprechung zum Datenschutzgrundrecht ist insofern eine Ausnahme (→ Rn. 48), die auch den Rückgriff auf Art. 8 EMRK erklärt. S. EuGH – Schecke u. Eifert, Rs. C-92/09, ECLI:EU:C:2010:662, Urt. v. 9.11.2010 (Große Kammer), Rn. 51 f.

Rechtsordnungen.[192] Dies wird (in Abgrenzung zu Art. 52 Abs. 6) deutlich durch die Beschränkung auf die *gemeinsamen* Verfassungsüberlieferungen.[193] Es geht andererseits aber auch nicht um eine Festlegung auf den „kleinsten gemeinsamen Nenner“, sondern darum, einen Konflikt mit den nationalen Verfassungsüberlieferungen zu vermeiden.[194] Das stellen die *Erläuterungen* klar, denen zufolge ein hohes, dem Unionsrecht angemessenes Schutzniveau der Chartarechte angestrebt ist. Bereits die *Präambel* der Charta enthält zudem ein Bekenntnis zur nationalen Identität der Mitgliedstaaten und zum Subsidiaritätsprinzip, das in der Regelung des Art. 52 Abs. 4 ebenfalls aufscheint.[195]

69 b) **Einordnung.** Art. 52 Abs. 4 ist bereits seinem Wortlaut nach als **Auslegungsregel** zu charakterisieren und wird ebenfalls in den *Erläuterungen* zu Art. 52 als solche bezeichnet. Danach sind (auch) die gemeinsamen Verfassungsüberlieferungen der Mitgliedstaaten *Rechtserkenntnisquelle.*[196] Nach den Erläuterungen beruht die Norm auf dem Wortlaut des Art. 6 Abs. 3 EUV und trägt dem Ansatz des Gerichtshofs hinsichtlich der gemeinsamen Verfassungsüberlieferungen gebührend Rechnung; insoweit werden beispielhaft die Urteile in den Rechtssachen 44/79 – Hauer und 155/79 – AM & S genannt[197]. Art. 6 Abs. 3 EUV bestätigt die (Fortgeltung der) Grundrechte, wie sie sich aus den gemeinsamen Verfassungsüberlieferungen der Mitgliedstaaten ergeben, als *allgemeine Rechtsgrundsätze* (neben der Charta). Art. 52 Abs. 4 baut auf diesem *Nebeneinander der Grundrechtsquellen* auf.

70 Die Ermittlung der gemeinsamen Verfassungsüberlieferungen erfordert eine **wertende (Verfassungs-)Rechtsvergleichung.**[198] Die Auslegung erstreckt sich sowohl auf den *Schutzumfang* als auch auf die *Einschränkbarkeit* der Grundrechte.[199] Zu Abweichungen zwischen den Chartagrundrechten und den nationalen Grundrechten kann es insbesondere kommen, wenn die Grundrechte eines EU-Mitgliedstaates im Vergleich zu den anderen Mitgliedstaaten Besonderheiten aufweisen und damit bereits nicht als Rechtserkenntnisquelle dienen können.[200] Vor diesem Hintergrund wird Art. 52 Abs. 4 in Bezug auf **Grundsätze** aufgrund ihrer beschränkten mitgliedstaatlichen Verbreitung weitgehend ins Leere laufen, obwohl sein Normzweck auch bei diesen eingreift. Außerdem weicht der Wortlaut insoweit von Art. 52 Abs. 1–3 ab, als in Abs. 4 von Grundrechten und nicht von Rechten die Rede ist. Der Begriff der Grundrechte kann als Oberbegriff verstanden werden, der sowohl Rechte als auch Grundsätze erfasst.[201]

71 c) **Konkurrenzen.** Als Auslegungsregel ist Art. 52 Abs. 4 im Rahmen der Prüfung des **Abs. 1** zu berücksichtigen.[202] Soweit **Abs. 2** einschlägig ist, kann Abs. 4 dagegen keine An-

---

192 *Bleckmann,* Nationale Grundrechte im Anwendungsbereich des Rechts der EU, S. 268 f.; s.a. *Jarass,* EuR 2013, 29 (37); *Borowsky* (4. Aufl.), Art. 52 Rn. 44 c: Vermeidung von Widersprüchen.

193 *Bleckmann,* Nationale Grundrechte im Anwendungsbereich des Rechts der EU, S. 269, 275.

194 Vgl. *Lenaerts,* EuR 2012, 3 (14 f.).

195 Vgl. *Fassbender,* NVwZ 2010, 1049 (1052); *Bleckmann,* Nationale Grundrechte im Anwendungsbereich des Rechts der EU, S. 268.

196 *Ehlers/ders.,* GR, § 14 Rn. 90; *Jarass,* EuR 2013, 29 (37); *ders.,* GRC, Art. 52 Rn. 66; *Streinz,* ZöR 68 (2013), 663 (673).

197 EuGH – Hauer/Land Rheinland-Pfalz, Rs. 44/79, ECLI:EU:C:1979:290, Urt. v. 13.12.1979, Rn. 15; EuGH – AM & S, Rs. 155/79, ECLI:EU:C:1982:157, Urt. v. 18.5.1982, Rn. 18 ff.

198 *Sagmeister,* Grundsatznormen, S. 46; *Dorf,* JZ 2005, 126 (129); *Bleckmann,* Nationale Grundrechte im Anwendungsbereich des Rechts der EU, S. 269; *Borowsky* (4. Aufl.), Art. 52 Rn. 44 a.

199 *Fassbender,* NVwZ 2010, 1049 (1052); *Pietsch,* Schrankenregime, S. 156, 172.

200 *Jarass,* EuR 2013, 29 (38).

201 A.A. *Borowsky* (4. Aufl.), Art. 52 Rn. 44 b.

202 Vgl. *Borowsky* (4. Aufl.), Art. 52 Rn. 44 b, 44 d.

wendung finden,[203] weil neben der Prüfung der Vertragsvorschriften i.S.d. Abs. 2 kein Raum für eine Auslegung (der Chartarechte) bleibt. Da alle EU-Mitgliedstaaten Vertragsparteien der EMRK sind, wird es im Verhältnis zu **Abs. 3** kaum zu Spannungen zwischen diesen beiden Auslegungsregeln kommen. Andernfalls ist Art. 52 Abs. 3 aufgrund der strengeren Bindungsvorgaben als *vorrangig* anzusehen.[204] Die Zahl der Chartagrundrechte, die sich lediglich auf die gemeinsamen Verfassungstraditionen stützen, dürfte überschaubar sein.[205] Insofern verwundert es nicht, dass Art. 52 Abs. 4 in der Rechtsprechung bislang noch keine Rolle gespielt hat.

6. Absatz 5 – Grundsätze

a) Einordnung. Art. 52 Abs. 5 widmet sich den in der Charta normierten Grundsätzen. 72
Während Art. 51 Abs. 1 S. 2 primär verdeutlicht, dass es sich bei Rechten und Grundsätzen um zwei voneinander zu unterscheidende Kategorien von Chartagewährleistungen handelt,[206] und Unterschiede andeutet, lassen sich Art. 52 Abs. 5 nähere Anhaltspunkte für die *Wirkungsweise* der Grundsätze entnehmen. Ausgeschlossen ist mit Blick auf Art. 6 Abs. 1 UAbs. 2 EUV, Art. 51 Abs. 1 S. 2, Abs. 2 von vornherein eine Deutung als Kompetenznormen.[207] Art. 52 Abs. 5 S. 2 sieht vor, dass die Grundsätze vor Gericht (nur) bei der Auslegung von Akten der Union und der Mitgliedstaaten und Entscheidungen über deren Rechtmäßigkeit herangezogen werden können. Außerdem „halten" sich die Adressaten der Charta gemäß Art. 51 Abs. 1 S. 2 an die Grundsätze. Die genannten Normen setzen damit voraus, dass Grundsätze zum einen **Rechtsqualität** aufweisen, also keine unverbindlichen Programmsätze sind,[208] und zum anderen den **Primärrechtsrang** der Charta teilen.[209]

73
In Abgrenzung zu Rechten deutet bereits die Bezeichnung als Grundsätze auf einen fehlenden subjektiv-rechtlichen Gehalt hin.[210] Dies bestätigen auch die *Erläuterungen* zu Art. 52, wenn es dort heißt, dass die Grundsätze keine direkten Ansprüche auf den Erlass positiver Maßnahmen durch die Organe der Union oder die Behörden der Mitgliedstaaten begründen.[211] Grundsätze sind gemäß Art. 52 Abs. 5 S. 1 gerade *auf Umsetzung angelegt*. Außerdem wird in Art. 52 Abs. 5 S. 2 klar die Zielsetzung erkennbar, den Grundsätzen eine gegenüber den Rechten *eingeschränkte Justiziabilität* zuzuweisen.[212] Weiteren Aufschluss zur Charakterisierung der Grundsätze gibt der Hintergrund ihrer Einfügung in die Charta: Dieser ist in den unterschiedlichen *nationalen Grundrechtstraditionen*[213] zu sehen, die sich

---

203 *Jarass,* GRC, Art. 52 Rn. 66; *Borowsky* (4. Aufl.), Art. 52 Rn. 44 b; a.A. *Grabenwarter/Cornils,* EnzEuR Grundrechteschutz, § 5 Rn. 51, s. aber Rn. 23.

204 Im Erg. ebenso *Dorf,* JZ 2005, 126 (129); *Weiß,* EUConst 7 (2011), 64 (67); *Borowsky* (4. Aufl.), Art. 52 Rn. 13, 44 b; *Calliess/Ruffert/Kingreen,* EUV/AEUV, Art. 52 Rn. 40; *Eisner,* Schrankenregelung, S. 154, ebenso für das Verhältnis zwischen Art. 52 Abs. 2 und 4; a.A. *Schneiders,* Die Grundrechte der EU und die EMRK, S. 226 f.: parallele Anwendung, Art. 52 Abs. 3 als Mindeststandard; *Grabenwarter/Cornils,* EnzEuR Grundrechteschutz, § 5 Rn. 51.

205 *Brecht,* ZEuS 2005, 355 (366 ff.).

206 Diese Unterscheidung grds. infrage stellend *Guðmundsdóttir,* CMLRev. 52 (2015), 685 ff.

207 *Cremer,* EuGRZ 2011, 545 (548); vgl. a. *Sagmeister,* Grundsatznormen, S. 200 ff.

208 *Sagmeister,* Grundsatznormen, S. 162 ff.; *Ehlers/ders.,* GR, § 14 Rn. 18.

209 Vgl. *Cremer,* EuGRZ 2011, 545 (548); *Schmidt,* Grundsätze, S. 90 f.

210 S.a. *Schmidt,* Grundsätze, S. 113; a.A. *Sagmeister,* Grundsatznormen, S. 150 ff.

211 Die Erläuterungen nehmen insoweit Rechtsprechung des EuGH und des EuG zum Vorsorgeprinzip in Art. 191 Abs. 2 AEUV sowie zu Grundsätzen des Agrarrechts (Art. 39 AEUV) in Bezug.

212 *Grabenwarter/von Danwitz,* EnzEuR Grundrechteschutz, § 6 Rn. 56; *von Danwitz/Paraschas,* Fordham International Law Journal 35 (2012), 1396 (1413); *Schmidt,* Grundsätze, S. 96.

213 Zu parallelen Unterscheidungen in mitgliedstaatlichen Rechtsordnungen s. *Schmittmann,* Rechte und Grundsätze, S. 64 ff.; *Schmidt,* Grundsätze, S. 93 ff., 124 ff.; *Sagmeister,* Grundsatznormen, S. 77 ff.; *Borowsky* (4. Aufl.), Art. 52 Rn. 45 b.

insbesondere in einer teilweisen Ablehnung der Ausgestaltung sozialer Grundrechte als unmittelbar einklagbare Rechte offenbarte.[214] Vor diesem Hintergrund weisen die *Erläuterungen* darauf hin, dass das Verständnis der Chartagrundsätze ebenfalls im Einklang mit dem Ansatz der Verfassungsordnungen der Mitgliedstaaten zu Grundsätzen, insbesondere im Sozialrecht, steht. Aus der deutschen Perspektive liegt ein Vergleich mit (Staats-)Zielbestimmungen nahe.[215] Im Gegensatz zu Rechten stellen die Grundsätze vor diesem Hintergrund keine subjektiven Rechte (im Sinne des Unionsrechts) dar, sondern lediglich **objektiv-rechtliche Verpflichtungen.**[216]

74 **Subjektive Rechte** (im Sinne des Unionsrechts) können sich aus Grundsätzen folglich nur ergeben, soweit Umsetzungsakte solche vorsehen.[217] In der Konsequenz können Grundsätze für sich betrachtet auch nicht die Grundlage für einen Schadensersatzanspruch i.S.d. Art. 340 Abs. 2 AEUV gegenüber der Union oder für einen unionsrechtlich begründeten Haftungsanspruch gegenüber den Mitgliedstaaten bilden.[218]

75 **b) Umsetzungsbedürftigkeit.** Gemäß Art. 52 Abs. 5 S. 1 können die Chartabestimmungen, in denen Grundsätze festgelegt sind, durch Akte der Gesetzgebung und der Ausführung der Organe, Einrichtungen und sonstigen Stellen der Union sowie durch Akte der Mitgliedstaaten zur Durchführung des Rechts der Union in Ausübung ihrer jeweiligen Zuständigkeiten umgesetzt werden. Dabei bezieht sich das Verb „können" auf die Vielfalt der möglichen Umsetzungsformen. Das Erfordernis der Umsetzung selbst wird hierdurch nicht zur Disposition gestellt;[219] vielmehr ist kennzeichnend für Grundsatznormen gerade ihre Umsetzungsbedürftigkeit. Unter **Umsetzung** in diesem Sinne ist die Erfüllung des (positiven oder negativen) Gewährleistungsgehalts der Grundsatznorm zu verstehen,[220] die über eine *Konkretisierung* erfolgt[221]. Damit steht bei Grundsätzen in Abgrenzung zu Rechten und Freiheiten die *Leistungsdimension* im Vordergrund.

76 Die **Kompetenz** zur Umsetzung von Grundsätzen ist nach dieser Norm auf die *Legislative* und die *Exekutive* beschränkt. Dass die Judikative Grundsätze nicht selbst umsetzt, ergibt sich ebenfalls aus dem systematischen Zusammenspiel mit Art. 52 Abs. 5 S. 2: Gerichte ziehen die Grundsätze lediglich als Auslegungs- und Rechtmäßigkeitsmaßstab heran.[222] Auf Unionsebene fallen unter die „Akte der Gesetzgebung" abstrakt-generelle Normen, die in

---

214 *von Danwitz/Paraschas,* Fordham International Law Journal 35 (2012), 1396 (1411); *Grabenwarter/von Danwitz,* EnzEuR Grundrechteschutz, § 6 Rn. 56.

215 Vgl. *Grabenwarter/Gärditz,* EnzEuR Grundrechteschutz, § 4 Rn. 1; *Schmittmann,* Rechte und Grundsätze, S. 68 ff.; *Schmidt,* Grundsätze, S. 5, 93, 126; a.A. *Borowsky* (4. Aufl.), Art. 52 Rn. 45 b.

216 Eingehend *Schmidt,* Grundsätze, S. 99 ff.; s.a. *Ehlers/ders.,* GR, § 14 Rn. 18; *Streinz,* ZöR 68 (2013), 663 (678); *Prechal,* in: de Zwaan u.a. (Hrsg.), Liber Amicorum Kellermann, S. 177 (179); a.A. *Sagmeister,* Grundsatznormen, S. 273 ff.

217 *Goldsmith,* CML Rev. 38 (2001), 1201 (1212 f.); vgl. a. *Borowsky* (4. Aufl.), Art. 52 Rn. 45 f.

218 *von Danwitz/Paraschas,* Fordham International Law Journal 35 (2012), 1396 (1413 f.); *Grabenwarter/von Danwitz,* EnzEuR Grundrechteschutz, § 6 Rn. 56; s.a. *Schneiders,* Die Grundrechte der EU und die EMRK, S. 173; *Schmittmann,* Rechte und Grundsätze, S. 137; *Borowsky* (4. Aufl.), Art. 52 Rn. 45 c; a.A. *Ehlers/ders.,* GR, § 14 Rn. 52; differenzierend *Schmidt,* Grundsätze, S. 122 ff., 209 ff.; *Sagmeister,* Grundsatznormen, S. 296 ff.

219 S. dagegen die Deutung bei *Cremer,* EuGRZ 2011, 545 (548 mit Fn. 28); *Schmidt,* Grundsätze, S. 91, mit einer Rückführung auf die Entstehungsgeschichte (S. 97 ff.); ebenso *Sagmeister,* Grundsatznormen, S. 162 f.

220 *Schmidt,* Grundsätze, S. 159, 165.

221 *Sagmeister,* Grundsatznormen, S. 197, s. aber zur abwehrrechtlichen Dimension der Grundsätze S. 275 ff.

222 S.a. *Sagmeister,* Grundsatznormen, S. 291; *Schmidt,* Grundsätze, S. 163 f., 198 ff.

einem Gesetzgebungsverfahren i.S.d. Art. 289 AEUV erlassen werden; Akte der Ausführung sind die verbleibenden Exekutivakte.[223] Auf mitgliedstaatlicher Ebene entspricht der Begriff der Durchführung des Rechts der Union demjenigen des Art. 51 Abs. 1 S. 1 Alt. 2, denn die Umsetzung der Grundsätze durch die Mitgliedstaaten steht unter dem Vorbehalt ihrer Anwendbarkeit.[224]

Teilweise wird in der Literatur ein **Rückschrittsverbot** in dem Sinne angenommen, dass einmal umgesetzte Grundsätze einer Absenkung des erreichten Standards entgegenstehen.[225] Normativ hängt diese Annahme jedoch in der Luft, da nicht ersichtlich ist, auf welcher Grundlage eine Änderung von Umsetzungsmaßnahmen ausgeschlossen sein soll. Ohne eine entsprechende Regelung lassen sich Änderungsverbote lediglich normenhierarchisch begründen. 77

c) **Justiziabilität.** Gemäß Art. 52 Abs. 5 S. 2 können Grundsätze bzw. die entsprechenden Chartabestimmungen vor Gericht nur bei der Auslegung der Umsetzungsakte i.S.d. S. 1 und bei Entscheidungen über deren Rechtmäßigkeit herangezogen werden. Sie sind gerichtlich *nicht individuell einklagbar* und begründen damit **keine Klagebefugnis**[226]. Der objektiv-rechtliche Charakter der Grundsätze schließt dagegen nicht aus, dass ein Grundsatz im Rahmen eines anderweitig zu verortenden Anspruchs und gerichtlichen Verfahrens auch zugunsten des Einzelnen wirken kann, soweit dessen Anliegen parallel zur Ausrichtung eines einschlägigen Grundsatzes verläuft.[227] Insbesondere in Vorabentscheidungsverfahren und Vertragsverletzungsverfahren, die keine subjektive Klageberechtigung voraussetzen, können Grundsätze einen Prüfungsmaßstab bilden, aber auch im Rahmen einer Nichtigkeitsklage.[228] 78

Entgegen dem missverständlichen Wortlaut von Art. 52 Abs. 5 S. 2 („Auslegung dieser Akte", „deren Rechtmäßigkeit") gelten Grundsätze nicht nur als **Prüfungsmaßstab** für *Umsetzungsakte* nach S. 1,[229] sondern für alle in der Normenhierarchie *unter dem Primärrecht stehenden Akte*.[230] Ein anderer Ansatz weitet den Begriff des Umsetzungsaktes aus, um zum gleichen Ergebnis zu kommen.[231] Unter diesen Begriff werden dann beispielsweise alle Maßnahmen erfasst, die den normativen Gehalt eines Grundsatzes berühren.[232] Hierdurch wird jedoch der Konkretisierungszusammenhang zwischen Grundsatz und Umsetzungsakt, der in Art. 52 Abs. 5 S. 1 angelegt ist, aufgehoben. Vielmehr ist Art. 52 Abs. 5 S. 2 in dem Sinne zu verstehen, dass er die eingeschränkte Justiziabilität betont, nicht aber die allgemein aus der Normenhierarchie folgenden Maßstabsregelungen außer Kraft setzt. Zudem fokussiert Art. 52 Abs. 5 insgesamt auf die Leistungsdimension; die abwehrende Unterlassensdimension reicht demgegenüber weiter, was auch hinsichtlich der Justiziabilität zu berücksichtigen ist. 79

223 *Schmidt,* Grundsätze, S. 165 ff.
224 *Schmidt,* Grundsätze, S. 176 ff.
225 S. z.B. *Borowsky* (4. Aufl.), Art. 52 Rn. 45 c.
226 *Ehlers/ders.,* GR, § 14 Rn. 18; *Schmittmann,* Rechte und Grundsätze, S. 137.
227 Vgl. *Cremer,* EuGRZ 2011, 545 (550); s.a. *Ehlers/ders.,* GR, § 14 Rn. 18; *Schmittmann,* Rechte und Grundsätze, S. 137; *Borowsky* (4. Aufl.), Art. 52 Rn. 45 c.
228 *Schmittmann,* Rechte und Grundsätze, S. 138, kritisch zum Vertragsverletzungsverfahren (S. 151).
229 A.A. *Prechal,* in: de Zwaan u.a. (Hrsg.), Liber Amicorum Kellermann, S. 177 (179 ff.), dies kritisierend.
230 *Schneiders,* Die Grundrechte der EU und die EMRK, S. 173; s.a. *Jarass,* GRC, Art. 52 Rn. 76; *Borowsky* (4. Aufl.), Art. 52 Rn. 45 c, unter Verweis auf den effet utile.
231 *Schmidt,* Grundsätze, S. 199 f., 207 f.; *Sagmeister,* Grundsatznormen, S. 283 ff.
232 *Ehlers/ders.,* GR, § 14 Rn. 18.

80 Soweit es im Rahmen von Art. 52 Abs. 5 S. 2 zu einer gerichtlichen Rechtmäßigkeitskontrolle am Maßstab von Grundsätzen kommt, liegt es aufgrund des mit Grundsätzen verbundenen Gestaltungsspielraums nahe, dass die **Kontrolldichte** auf die Feststellung offensichtlicher Rechtsverstöße begrenzt wird.[233]

81 d) **Wirkungsweise.** Wie Rechte weisen die Grundsätze im Ausgangspunkt eine Unterlassens- und eine Leistungsdimension auf; sie können grundsätzlich als **Eingriffsverbot** auf ein Unterlassen oder als **Handlungsgebot** auf ein Tun gerichtet sein.[234] Dies folgt bereits aus der Unterscheidung in Art. 51 Abs. 1 S. 2, wonach sich die Union und die Mitgliedstaaten zum einen an die Grundsätze halten und zum anderen deren Anwendung fördern, aber auch aus dem Zusammenspiel von Art. 52 Abs. 5 S. 1 und 2.[235] Aus Grundsätzen können Prinzipien für die Gesetzgebung, Beurteilungsmaßstäbe für die Rechtsanwendung und Vollzugsgebote (wenn sie zu einem Handeln verpflichten) oder -schranken (wenn das geplante Handeln die Grundsätze verletzen würde) folgen.[236]

82 Stets sind Grundsätze dadurch gekennzeichnet, dass den zuständigen Akteuren bei ihrer Umsetzung ein erheblicher **Gestaltungsspielraum** zukommt.[237] Mit Blick auf diesen Spielraum sowie auf die nach Art. 52 Abs. 5 S. 2 begrenzte Möglichkeit, Grundsätze vor Gericht heranzuziehen, läuft die Leistungsdimension weitgehend ins Leere.[238] Dies ist umso bemerkenswerter, als bei Grundsätzen im Gegensatz zu Rechten, die klassischerweise Abwehrrechte darstellen, gerade ihre Leistungsdimension im Vordergrund steht (→ Rn. 75).[239]

83 e) **Erfasste Gewährleistungen.** Welche Gewährleistungen als Grundsätze einzuordnen sind, gibt die Charta selbst nicht ausdrücklich vor. Auch die *Erläuterungen* enthalten keine abschließende Liste; sie zählen jedoch beispielhaft die Art. 25 (Rechte älterer Menschen), 26 (Integration von Menschen mit Behinderung) und 37 (Umweltschutz) auf. Art. 23 (Gleichheit von Frauen und Männern), 33 (Familien- und Berufsleben) und 34 (Soziale Sicherheit und soziale Unterstützung) werden als Beispiele für Artikel genannt, die sowohl Elemente eines Rechts als auch eines Grundsatzes enthalten. Dies ist in dem Sinne zu verstehen, dass Artikel der Charta mehrere eigenständige Gewährleistungen enthalten können.[240]

84 Im Übrigen ist durch **Auslegung** zu ermitteln, ob es sich um Rechte oder Grundsätze handelt. Im Rahmen der teleologischen Auslegung sind insbesondere die beschränkten Wirkungen von Grundsätzen zu berücksichtigen.[241] Angesetzt werden kann insoweit an der fehlenden Subjektivierung der Grundsätze sowie an ihrer eingeschränkten Justiziabilität.[242] Auch die Herkunft der Gewährleistung kann Aufschluss über ihren Charakter geben: Wurde diese bereits in den Verträgen, in der EMRK oder der EuGH-Rechtsprechung als Recht anerkannt, muss sie auch in der Charta als solches gelten. Denn Art. 52 Abs. 2–4 stehen

233 *von Danwitz/Paraschas,* Fordham International Law Journal 35 (2012), 1396 (1414).
234 *Cremer,* EuGRZ 2011, 545 (549); *Schmidt,* Grundsätze, S. 151 ff.; *Sagmeister,* Grundsatznormen, S. 170 ff., 198 ff.
235 Vgl. *Sagmeister,* Grundsatznormen, S. 170 ff.
236 *Ehlers/ders.,* GR, § 14 Rn. 52.
237 *Ehlers/ders.,* GR, § 14 Rn. 52.
238 Vgl. *Sagmeister,* Grundsatznormen, S. 267 ff.; *Cremer,* EuGRZ 2011, 545 (549) spricht Grundsätzen eine Leistungsdimension vollständig ab; vgl. a. *Schmidt,* Grundsätze, S. 96, 203 ff.
239 Vgl. *Guðmundsdóttir,* CMLRev. 52 (2015), 685 (687 f.).
240 *Sagmeister,* Grundsatznormen, S. 159 ff.; *Calliess/Ruffert/Kingreen,* EUV/AEUV, Art. 52 Rn. 17; s.a. *Borowsky* (4. Aufl.), Art. 52 Rn. 45.
241 Vgl. a. *Streinz,* ZöR 68 (2013), 663 (678); *Schmittmann,* Rechte und Grundsätze, S. 90, auch zu weiteren Kriterien (S. 90 ff.) und mit Einordnung der Chartanormen (S. 99 ff.).
242 *Schmidt,* Grundsätze, S. 221.

einer Absenkung des Schutzniveaus, die mit einer Einordnung als Grundsatz verbunden wäre, entgegen.[243] Außerdem kann ein Indiz für das Vorliegen von Grundsätzen sein, dass die jeweilige Chartaregelung auf die einzelstaatlichen Rechtsvorschriften und Gepflogenheiten verweist (vgl. a. Art. 52 Abs. 6).[244]

f) **Rechtsprechung.** Der **EuGH** befasste sich bislang lediglich in seinem Urteil in der Rechtssache C-356/12 – **Glatzel** näher mit der Wirkungsweise von Grundsätzen i.S.d. Art. 51 Abs. 1 S. 2, Art. 52 Abs. 5 – konkret des Grundsatzes der Integration von Menschen mit Behinderung. Seine Ausführungen bestätigen die vorausgegangene Analyse:[245] „Obwohl Art. 26 der Charta demnach verlangt, dass die Union den Anspruch von Menschen mit Behinderung auf Maßnahmen zur Integration anerkennt und achtet, führt der in diesem Artikel niedergelegte Grundsatz jedoch nicht dazu, dass der Unionsgesetzgeber diese oder jene besondere Maßnahme erlassen müsste. Damit dieser Artikel seine volle Wirksamkeit entfaltet, muss er nämlich durch Bestimmungen des Unionsrechts oder des nationalen Rechts *konkretisiert* werden. Er kann *für sich allein dem Einzelnen kein subjektives Recht verleihen*, das als solches geltend gemacht werden kann“. 85

Während Gegenstand des EuGH-Urteils die (positive) Leistungsdimension eines Grundsatzes war, befasste sich das **EuG** in der Rechtssache T-518/16 – **Carreras Sequeros/Kommission** mit der (negativen) Unterlassensdimension von Grundsätzen. Nach Auffassung des Gerichts können *Einschränkungen von Grundsätzen*, die zuvor im Einklang mit Art. 52 Abs. 5 umgesetzt – und damit konkretisiert – wurden, (per Analogie) ebenfalls am Maßstab des **Art. 52 Abs. 1** überprüft werden, wobei der weite Spielraum des Gesetzgebers zu berücksichtigen ist.[246] Insoweit ist allerdings darauf hinzuweisen, dass die Gewährleistung, die Gegenstand des Urteils war (Art. 31 Abs. 2 – Jahresurlaub), vom Gerichtshof ohnehin als Recht eingestuft wird, auf das Art. 52 Abs. 1 unmittelbar anwendbar ist[247]. Aus der Entscheidung des EuG können somit lediglich mit Bedacht weiter gehende Schlussfolgerungen gezogen werden.[248] 86

g) **Schranken.** Es ginge jedoch ebenfalls zu weit anzunehmen, dass Grundsätze mangels Qualifizierung als subjektive Rechte von vornherein nicht Gegenstand von Beschränkungen sein können.[249] Vielmehr muss hier ein *Erst-recht-Schluss* gegenüber Rechten gelten.[250] Auch können Grundsätze mit anderen Grundsätzen, Rechten oder Rechtsgütern gleichen 87

---

243 *Schmidt,* Grundsätze, S. 221, auch zu weiteren, unterstützenden Kriterien (S. 222 f.) und mit Einordnung (S. 225 ff.); s.a. *Sagmeister,* Grundsatznormen, S. 350; *Calliess/Ruffert/Kingreen,* EUV/AEUV, Art. 52 Rn. 17.

244 *Goldsmith,* CML Rev. 38 (2001), 1201 (1213); a.A. *Sagmeister,* Grundsatznormen, S. 309 f.; *Jarass,* GRC, Art. 52 Rn. 72; *Calliess/Ruffert/Kingreen,* EUV/AEUV, Art. 52 Rn. 16, der maßgeblich auf die Verpflichtung nur der Union abstellt.

245 EuGH – Glatzel, Rs. C-356/12, ECLI:EU:C:2014:350, Urt. v. 22.5.2014, Rn. 78 unter Verweis auf EuGH – Association de médiation sociale, Rs. C-176/12, ECLI:EU:C:2014:2, Urt. v. 15.1.2014, Rn. 45, 47 zu Art. 27 (Hervorhebungen nur hier).

246 EuG – Carreras Sequeros/Kommission, Rs. T-518/16, ECLI:EU:T:2018:873, Urt. v. 4.12.2018, Rn. 98 ff.

247 S. nur EuGH – Sindicatul Familia Constanţa, Rs. C-147/17, ECLI:EU:C:2018:926, Urt. v. 20.11.2018 (Große Kammer), Rn. 83.

248 Gegen die Anwendbarkeit von Art. 52 Abs. 1 auf Grundsätze ausdrücklich etwa *Schmidt,* Grundsätze, S. 160 ff.

249 So aber *Pietsch,* Schrankenregime, S. 35; s.a. *Bühler,* Einschränkung, S. 387; *Borowsky* (4. Aufl.), Art. 52 Rn. 17.

250 *Sagmeister,* Grundsatznormen, S. 329 f.

Ranges kollidieren; zwischen beiden Seiten ist dann im Sinne *praktischer Konkordanz* ein Ausgleich herzustellen.[251]

7. Absatz 6 – Einzelstaatliche Rechtsvorschriften und Gepflogenheiten

88 **a) Einordnung.** Gemäß Art. 52 Abs. 6 ist den einzelstaatlichen Rechtsvorschriften und Gepflogenheiten, wie es in der Charta bestimmt ist, in vollem Umfang Rechnung zu tragen. Bereits der Verweis auf die anderen Chartabestimmungen (zu den materiellen Gewährleistungen) verdeutlicht, dass Art. 52 Abs. 6 *keinen eigenständigen Regelungsgehalt* aufweist.[252] Er dient vielmehr dazu, die *Sichtbarkeit* der über die Charta verstreuten Bezugnahmeklauseln durch die zentrale Stellung in der Querschnittsklausel des Art. 52 zu erhöhen.[253] Die Bezugnahme auf die einzelstaatlichen Rechtsvorschriften und Gepflogenheiten in den einzelnen Chartabestimmungen ist vor dem Hintergrund teilweise *fehlender Unionskompetenzen*[254] sowie des *Subsidiaritätsprinzips,*[255] auf das auch die Erläuterungen zu Art. 52 verweisen, zu sehen.

89 Die Bezugnahmeklauseln und mit ihnen Art. 52 Abs. 6 öffnen den Grundrechtsschutz der Charta für **Einflüsse aus den einzelnen Mitgliedstaaten.** Dies verdeutlicht auch die Systematik der Norm: Im Gegensatz zu Art. 52 Abs. 4 stellt Abs. 6 gerade nicht auf Gemeinsamkeiten zwischen den Mitgliedstaaten ab, sondern lässt Raum für die Berücksichtigung *nationaler „Eigenheiten“*.[256] Art. 52 Abs. 6 beziehungsweise die ihm unterfallenden Bezugnahmeklauseln durchbrechen damit die grundsätzliche Einheitlichkeit des unionsrechtlichen Grundrechtsstandards.[257]

90 **b) Wirkung.** Unter **Rechtsvorschriften** sind Gesetze (im materiellen Sinne) zu verstehen, unter **Gepflogenheiten** quasigesetzliche Normen, wie beispielsweise die privaten Normen des Arbeitsrechts[258]. Ausgangspunkt für die einzelstaatlichen Rechtsvorschriften und Gepflogenheiten muss die *nationale Rechtspraxis* sein, also insbesondere die Auslegung durch die Gerichte des betreffenden Mitgliedstaates.[259] Dem EuGH fehlt dagegen die Kompetenz für eine entsprechende Beurteilung, so dass insofern allein eine *Missbrauchskontrolle* als legitim erscheint. Tatsächlich hat sich der Gerichtshof mit der Vorschrift des Art. 52 Abs. 6 bislang noch nicht näher beschäftigt.

91 In erster Linie handelt es sich bei dem Verweis auf die einzelstaatlichen Rechtsvorschriften und Gepflogenheiten um eine spezielle *Schrankenregelung*, die neben Art. 52 Abs. 1 tritt.[260] Denkbar ist auch, dass bereits bei der Bestimmung des *Schutzumfangs* auf sie zurückgegrif-

---

251 Vgl. *Schmidt,* Grundsätze, S. 179 ff. unter Verweis auf EuGH – van den Bergh, Rs. 265/85, ECLI: EU:C:1987:121, Urt. v. 11.3.1987, Rn. 20; *Sagmeister,* Grundsatznormen, S. 331 f., 336.

252 *Röder,* Gesetzesvorbehalt, S. 101; *Bleckmann,* Nationale Grundrechte im Anwendungsbereich des Rechts der EU, S. 274; vgl. a. *Eisner,* Schrankenregelung, S. 155; *Borowsky* (4. Aufl.), Art. 52 Rn. 46.

253 *Bleckmann,* Nationale Grundrechte im Anwendungsbereich des Rechts der EU, S. 274.

254 *Bleckmann,* Nationale Grundrechte im Anwendungsbereich des Rechts der EU, S. 274 f.

255 Vgl. *Röder,* Gesetzesvorbehalt, S. 103.

256 Vgl. *Bleckmann,* Nationale Grundrechte im Anwendungsbereich des Rechts der EU, S. 275.

257 *Bleckmann,* Nationale Grundrechte im Anwendungsbereich des Rechts der EU, S. 300.

258 *Jarass,* GRC, Art. 52 Rn. 79.

259 *Brecht,* ZEuS 2005, 355 (370).

260 Vgl. *Brecht,* ZEuS 2005, 355 (369 f.); *Fassbender,* NVwZ 2010, 1049 (1052); *Dorf,* JZ 2005, 126 (130); *Sagmeister,* Grundsatznormen, S. 310 f.; *Grabenwarter/Cornils,* EnzEuR Grundrechteschutz, § 5 Rn. 52; *Borowsky* (4. Aufl.), Art. 52 Rn. 46 c; a.A. *Röder,* Gesetzesvorbehalt, S. 102 f.; zu den Bezugnahmeklauseln noch *Eisner,* Schrankenregelung, S. 134 f. *Pietsch,* Schrankenregime, S. 75 ff., geht auf einer vorgelagerten rechtstheoretischen Ebene von einer schrankenlosen Gewährleistung der „echten Maßgaberechte“ (im Gegensatz zu Art. 16 und Art. 14 Abs. 3) aus.

fen wird.[261] Zu beachten ist, dass Art. 52 Abs. 6 keine Aussage zu dem **Verhältnis** der jeweiligen Chartagewährleistung **zu anderen Unionsrechtsnormen** trifft und primärrechtliche Pflichten etwa aus den Grundfreiheiten nicht durch eine exzessive nationale Ausgestaltung im Grundrechtsbereich ausgehöhlt werden können.[262] Da der nationale Grundrechtsstandard anstelle eines einheitlichen unionsrechtlichen Schutzstandards zur Anwendung kommt, muss er im Wege *praktischer Konkordanz* mit kollidierenden Rechtsgütern gleichen Ranges in Einklang gebracht werden.[263]

Außerdem ist zwar nach dem Wortlaut des Art. 52 Abs. 6 den einzelstaatlichen Rechtsvorschriften und Gepflogenheiten *in vollem Umfang* Rechnung zu tragen – allerdings (lediglich) „wie es in dieser Charta bestimmt ist“. Die einschlägigen Chartabestimmungen zu den einzelnen Gewährleistungen verweisen teilweise neben den einzelstaatlichen Rechtsvorschriften und Gepflogenheiten auf das **Unionsrecht**, so Art. 16 (unternehmerische Freiheit), Art. 27 (Recht auf Unterrichtung und Anhörung der Arbeitnehmerinnen und Arbeitnehmer im Unternehmen), Art. 28 (Recht auf Kollektivverhandlungen und Kollektivmaßnahmen), Art. 30 (Schutz bei ungerechtfertigter Entlassung) und Art. 34 (soziale Sicherheit und soziale Unterstützung).[264] Hier ist daher sowohl der mitgliedstaatlichen als auch der unionalen Praxis Rechnung zu tragen.[265] 92

8. Absatz 7 – Erläuterungen

a) Einordnung. Gemäß Art. 52 Abs. 7 sind die Erläuterungen von den Gerichten der Union und der Mitgliedstaaten gebührend zu berücksichtigen. Die Erläuterungen dienen bereits nach ihrem eigenen Vorspann als **Interpretationshilfe.**[266] Nach Art. 52 Abs. 7 wurden sie als Anleitung für die Auslegung der Charta verfasst. Die Engführung der Norm auf die *Gerichte* verdeutlicht lediglich, dass diese die Chartabestimmungen letztverbindlich auslegen. Retrospektiv betrachtet folgt daraus wiederum, dass (vorgeschaltet) für die anderen Gewalten und Akteure auf Unions- und mitgliedstaatlicher Ebene eine entsprechende Auslegung angezeigt ist. 93

Nach dem Vorspann der Erläuterungen haben diese „als solche“ – und damit für sich betrachtet – zwar „keinen rechtlichen Status“. Hieraus kann jedoch unter dem Vertrag von Lissabon nicht auf ihre vollständige rechtliche Unverbindlichkeit geschlossen werden.[267] Trotz der (durchaus berechtigten) Kritik an ihrem Zustandekommen[268] haben sich die EU-Mitgliedstaaten die Erläuterungen mit der *Ratifikation des Vertrags von Lissabon* in Gestalt einer **primärrechtlichen Berücksichtigungspflicht** zu eigen gemacht[269]. Außerdem zeigt die *Entstehungsgeschichte*, dass den Erläuterungen durch ihre Aufnahme in die Präambel (Abs. 5) und Art. 52 Abs. 7 der Charta sowie Art. 6 Abs. 1 UAbs. 3 EUV unter dem Vertrag 94

261 Beispiele bei *Bleckmann,* Nationale Grundrechte im Anwendungsbereich des Rechts der EU, S. 276 f.; s.a. *Brecht,* ZEuS 2005, 355 (370); *Dorf,* JZ 2005, 126 (130); *Sagmeister,* Grundsatznormen, S. 310; kritisch *Ehlers/ders.,* GR, § 14 Rn. 91; zurückhaltend auch *Jarass,* GRC, Art. 52 Rn. 80.

262 Vgl. *Bleckmann,* Nationale Grundrechte im Anwendungsbereich des Rechts der EU, S. 277 f., 301.

263 S. *Bleckmann,* Nationale Grundrechte im Anwendungsbereich des Rechts der EU, S. 301 f.

264 Vgl. a. Art. 36 (Zugang zu Dienstleistungen von allgemeinem wirtschaftlichem Interesse).

265 *Brecht,* ZEuS 2005, 355 (370).

266 S.a. *Dorf,* JZ 2005, 126 (130); *Ziegenhorn,* Der Einfluss der EMRK, S. 66; *Borowsky* (4. Aufl.), Art. 52 Rn. 47 b.

267 S.a. *Ziegenhorn,* Der Einfluss der EMRK, S. 65, 67; a.A. *Ehlers/ders.,* GR, § 14 Rn. 53.

268 *Dorf,* JZ 2005, 126 (130): „nicht gerade ein Musterbeispiel transparenter Rechtssetzung“; zur Genese der Erläuterungen s.a. *Borowsky* (4. Aufl.), Art. 52 Rn. 47 a.

269 S.a. *Ziegenhorn,* Der Einfluss der EMRK, S. 95.

von Lissabon eine größere Bedeutung beigemessen werden sollte, als dies noch im Grundrechtekonvent beabsichtigt worden war.[270]

95 b) **Wirkung.** Die geforderte „gebührende“ Berücksichtigung geht dabei über eine bloße Berücksichtigung hinaus, drückt also ein gesteigertes Maß im Sinne einer *angemessenen Berücksichtigung* aus.[271] Damit erlangen die Erläuterungen bei der Auslegung der Charta eine besondere Bedeutung[272] im Sinne einer **quasi-obligatorischen Wirkung.**[273] Unter Berücksichtigung der Autorität, welche die vorgenannten primärrechtlichen Normen den Erläuterungen verleihen, erscheint ein *Abweichen* von den in ihnen zum Ausdruck kommenden Verständnissen und Wertungen als *begründungsbedürftig*[274] in dem Sinne, dass es zwingender Gründe bedarf.[275] Allerdings ist darauf hinzuweisen, dass auch die Erläuterungen selbst nicht immer zweifelsfreie Vorgaben enthalten, sondern selbst Interpretationsspielräume eröffnen.[276]

9. Gedankenabfolge bei der Grundrechtsprüfung

96 Für **Rechte** der Charta lässt sich die Prüfungsabfolge grundsätzlich wie folgt skizzieren – wobei auf jeder Stufe die Erläuterungen zur Charta gebührend zu berücksichtigen sind (Art. 52 Abs. 7):[277]

1. Anwendbarkeit der Charta gemäß Art. 51 Abs. 1 S. 1 (Grundrechtsverpflichtete)
2. Gewährleistungsgehalt / Schutzbereich
   a) in den Verträgen geregelte Rechte i.S.d. Art. 52 Abs. 2?
      – dann Vorrang und Prüfung der vertraglichen Regelung
   b) ansonsten Auslegung der Chartabestimmung
      – Rechte, die den durch die EMRK garantierten Rechten entsprechen, i.S.d. Art. 52 Abs. 3 S. 1? Auslegung im Lichte der EMRK und der Rechtsprechung des EGMR; ein weiter gehendes Verständnis ist möglich (Art. 52 Abs. 3 S. 2)
      – Grundrechte, wie sie sich aus den gemeinsamen Verfassungsüberlieferungen der Mitgliedstaaten ergeben, i.S.d. Art. 52 Abs. 4? Auslegung im Einklang mit diesen
      – Auslegung im Einklang mit den einzelstaatlichen Rechtsvorschriften und Gepflogenheiten i.S.d. Art. 52 Abs. 6
   c) Grundrechtsberechtigte / personeller Schutzbereich
3. Einschränkung / Beeinträchtigung
   – Eingriff (Abwehrfunktion)
   – Ungleichbehandlung (Gleichbehandlungsfunktion)
   – Beeinträchtigung positiver Pflichten durch Unterlassen/Versagung (Leistungsfunktion)
   – Voraussetzung ist eine bestehende Zuständigkeit

---

270 Vgl. *Weiß*, EUConst 7 (2011), 64 (70); *Borowsky* (4. Aufl.), Art. 52 Rn. 47.
271 *Ziegenhorn*, Der Einfluss der EMRK, S. 73 f.
272 *Ziegenhorn*, Der Einfluss der EMRK, S. 75; a.A. *Grabenwarter/Cornils*, EnzEuR Grundrechteschutz, § 5 Rn. 15.
273 *Streinz*, ZöR 68 (2013), 663 (671).
274 *Sagmeister*, Grundsatznormen, S. 33: „gewisse Begründungslast“; *Borowsky* (4. Aufl.), Art. 52 Rn. 47 b.
275 *Weiß*, EUConst 7 (2011), 64 (71).
276 *Borowsky* (4. Aufl.), Art. 52 Rn. 47 b.
277 Zu einer alternativen zweistufigen Prüfung bei Gleichheitsverbürgungen und Leistungsrechten z.B. *Ehlers/ders.*, GR, § 14 Rn. 85, 98.

4. Rechtfertigung / Schranken
   a) in den Verträgen geregelte Rechte i.S.d. Art. 52 Abs. 2?
      – dann Vorrang und Prüfung der vertraglichen Regelung, ggf. Ausgleich im Sinne praktischer Konkordanz mit kollidierenden Grundrechten
   b) keine Einschränkbarkeit bei absoluten Rechten
   c) besondere Schrankenregelung bei Art. 8 Abs. 2 S. 1, Art. 17 Abs. 1 S. 2
   d) (daneben) Art. 52 Abs. 1
      – ggf. Auslegung im Lichte der EMRK gemäß Art. 52 Abs. 3
      – ggf. Auslegung im Einklang mit den gemeinsamen Verfassungsüberlieferungen der Mitgliedstaaten
   e) (daneben) Schranken aus einzelstaatlichen Rechtsvorschriften und Gepflogenheiten i.S.d. Art. 52 Abs. 6
   f) ggf. Erweiterung der Rechtfertigungsmöglichkeiten über Art. 54

Daneben sind ggf. weitere Charta-externe unionale, internationale und nationale Menschenrechte zu prüfen (vgl. Art. 53). Grundrechtskollisionen sind im Sinne praktischer Konkordanz aufzulösen.

Aufgrund der Umsetzungsbedürftigkeit von **Grundsätzen** kann eine vergleichbare allgemeine Gedankenabfolge für diese nicht angeboten werden. Insbesondere die *Leistungsdimension* der Grundsätze entzieht sich aufgrund der mit der Umsetzungsbedürftigkeit verbundenen weiten Spielräume weitestgehend einer Prüfung. Soweit Grundsätze ausreichend *umgesetzt und konkretisiert* wurden und ihre *Abwehrdimension* in Rede steht, kann sich eine Prüfung am vorgezeichneten Gedankengang orientieren – unter Berücksichtigung der Besonderheiten von Grundsätzen. 97

IV. Literaturübersicht

Alber, Siegbert/Widmaier, Ulrich, Mögliche Konfliktbereiche und Divergenzen im europäischen Grundrechtsschutz. Die Ausübungs- und Einschränkungsregeln für die Grundrechte der Europäischen Union (Art. II-112 EV), EuGRZ 2006, 113; *Bleckmann, Moritz,* Nationale Grundrechte im Anwendungsbereich des Rechts der Europäischen Union. Die Kooperation des Grundrechtsschutzes in der Europäischen Union unter Berücksichtigung der besonderen Ausprägungen des nationalen Grundrechtsschutzes, 2011; *Brecht, Holger,* Änderungen an der EU-Grundrechtecharta. Korrekturen durch Verfassungskonvent und Regierungskonferenz sowie Konsequenzen für die Auslegung der Charta, ZEuS 2005, 355; *Bühler, Margit,* Einschränkung von Grundrechten nach der Europäischen Grundrechtecharta, 2005; *Callewaerts, Johan,* Die EMRK und die EU-Grundrechtecharta. Bestandsaufnahme einer Harmonisierung auf halbem Weg, EuGRZ 2003, 198; *Cremer, Wolfram,* Grundrechtsverpflichtete und Grundrechtsdimensionen nach der Charta der Grundrechte der Europäischen Union, EuGRZ 2011, 545; *von Danwitz, Thomas/Paraschas, Katherina,* A Fresh Start for the Charter: Fundamental Questions on the Application of the European Charter of Fundamental Rights, Fordham International Law Journal 35 (2012), 1396; *Dorf, Yvonne,* Zur Interpretation der Grundrechtecharta, JZ 2005, 126; *Eisner, Carolin,* Schrankenregelung der Europäischen Union. Gefahr oder Fortschritt für den Grundrechtsschutz in Europa?, 2005; *Fassbender, Bardo,* Der einheitliche Gesetzesvorbehalt der EU-Grundrechtecharta und seine Bedeutung für die deutsche Rechtsordnung, NVwZ 2010, 1049; *Goldsmith, Peter,* A Charter of Rights, Freedoms and Principles, CMLRev. 38 (2001), 1201; *Guðmundsdóttir, Dóra,* A renewed emphasis on the Charter's distinction between rights and principles: Is a doctrine of judicial restraint more appropriate?, CMLRev. 52 (2015), 685; *Ibing, Stefan,* Die Einschränkung der europäischen Grundrechte durch Gemeinschaftsrecht. Anwendbarkeit der Einschränkungsvoraussetzungen der EMRK und der Europäischen Grundrechte-Charta auf Gemeinschaftsrechtsakte, 2006; *Jarass, Hans D.,* Zum Verhältnis von Grundrechtecharta und sonstigem Recht, EuR 2013, 29; *Kenntner, Markus,* Die Schrankenbestimmungen der EU-Grundrechtecharta – Grundrechte ohne Schutzwirkung?, ZRP 2000, 423; *Lenaerts, Koen,* Die EU-Grundrechtecharta: Anwendbarkeit und Auslegung, EuR 2012, 3; *ders.,* In Vielfalt geeint / Grundrechte als Basis des europäischen Integrationsprozesses, EuGRZ 2015, 353; *Ludwig, Thomas Claus,* Zum Verhältnis zwischen Grundrechtecharta und allgemeinen Grundsätzen – die Binnenstruktur des Art. 6 EUV n.F.,

EuR 2011, 715; *Michl, Fabian,* Unionsgrundrechte aus der Hand des Gesetzgebers, 2018; *Michl, Walther,* Die Überprüfung des Unionsrechts am Maßstab der EMRK. Individualgrundrechtsschutz im Anwendungsbereich des Unionsrechts unter den Vorzeichen des Beitritts der EU zur EMRK, 2014; *Naumann, Kolja,* Art. 52 Abs. 3 GrCh zwischen Kohärenz des europäischen Grundrechtsschutzes und Autonomie des Unionsrechts, EuR 2008, 424; *Pietsch, Jörg,* Das Schrankenregime der EU-Grundrechtecharta. Dogmatik und Bewertung auf der Grundlage einer Prinzipientheorie der Rechte, 2005; *Prechal, Sacha,* Rights v. Principles, or how to Remove Fundamental Rights from the Jurisdiction of the Courts, in: Jaap W. de Zwaan/Jan H. Jans/u.a. (Hrsg.), The European Union. An Ongoing Process of Integration, Liber Amicorum Alfred E. Kellermann, 2004, S. 177; *Röder, Sonja,* Der Gesetzesvorbehalt der Charta der Grundrechte der Union im Lichte einer europäischen Wesentlichkeitstheorie, 2007; *Sagmeister, Holger M.,* Die Grundsatznormen in der Europäischen Grundrechtecharta. Zugleich ein Beitrag zum subjektiv-öffentlichen Recht im Gemeinschaftsrecht, 2010; *Schildknecht, Urs,* Grundrechtsschranken in der Europäischen Gemeinschaft. Eine Untersuchung der Rechtsprechung des Europäischen Gerichtshofes, 2000; *Schmidt, Johannes,* Die Grundsätze im Sinne der EU-Grundrechtecharta, 2010; *Schmittmann, Georg J.,* Rechte und Grundsätze in der Grundrechtecharta, 2007; *Schneiders, Benedikt,* Die Grundrechte der EU und die EMRK. Das Verhältnis zwischen ungeschriebenen Grundrechten, Grundrechtecharta und Europäischer Menschenrechtskonvention, 2009; *Streinz, Rudolf,* Die verschiedenen unionalen Grundrechtsquellen in ihrem Zusammenspiel, ZöR 68 (2013), 663; *Trstenjak, Verica/Beysen, Erwin,* Das Prinzip der Verhältnismäßigkeit in der Unionsrechtsordnung, EuR 2012, 265; *Weiß, Wolfgang,* Grundrechtsschutz durch den EuGH: Tendenzen seit Lissabon, EuZW 2013, 287; *ders.,* Human Rights in the EU: Rethinking the Role of the European Convention on Human Rights After Lisbon, European Constitutional Law Review 7 (2011), 64; *Ziegenhorn, Gero,* Der Einfluss der EMRK im Recht der EU-Grundrechtecharta. Genuin chartarechtlicher Grundrechtsschutz gemäß Art. 52 Abs. 3 GRCh, 2009.

Artikel 53 Schutzniveau

Keine Bestimmung dieser Charta ist als eine Einschränkung oder Verletzung der Menschenrechte und Grundfreiheiten auszulegen, die in dem jeweiligen Anwendungsbereich durch das Recht der Union und das Völkerrecht sowie durch die internationalen Übereinkünfte, bei denen die Union oder alle Mitgliedstaaten Vertragsparteien sind, darunter insbesondere die Europäische Konvention zum Schutz der Menschenrechte und Grundfreiheiten, sowie durch die Verfassungen der Mitgliedstaaten anerkannt werden.

I. Vorgaben

1. Internationales Recht

1 Art. 53 hat keine **Vorgabe** im internationalen Recht. Es existieren zwar eine Reihe ähnlich klingender Bestimmungen in internationalen Abkommen. Diese stehen aber in einem ganz anderen Kontext als Art. 53, der in einem einheitlichen Raum des Unionsrechts wirkt.[1] Zu Recht nehmen die Erläuterungen zu Art. 53 daher auch keinen Bezug auf den ähnlich lautenden Art. 53 **EMRK** „Wahrung anerkannter Menschenrechte":[2] „Diese Konvention ist nicht so auszulegen, als beschränke oder beeinträchtige sie Menschenrechte und Grund-

1 So schon *Borowsky*, Vorauflage, Rn. 1.

2 *Bezemek*, ZfRV 2015, 52 (54): „Auch wenn die Bilder gleichen, die Naturen der beiden Bestimmungen sind weit getrennt. Denn, ungeachtet einer von manchen Beobachtern konstatierten Familienähnlichkeit, [...] ein umfassendes Günstigkeitsprinzip [...] verbürgt Art. 53 der Charta nicht."

freiheiten, die in den Gesetzen einer Hohen Vertragspartei oder in einer anderen Übereinkunft, deren Vertragspartei sie ist, anerkannt werden."

Vergleichbare Bestimmungen finden sich in Art. 5 Abs. 2 **IPbpR**[3] und **IPwskR**[4] der Vereinten Nationen vom 16.12.1966, in Art. 41 der **KRK**, in Art. 29 lit. b der **AMRK** vom 22.11.1969,[5] nicht aber in der **AEMR**[6] vom 10.12.1948 und der **AfrMRCh** vom 27.6.1981.[7] Die nach Inkrafttreten der Charta verabschiedete **ArabMRCh** vom 22.5.2004 wiederum enthält in Art. 3 lit. a eine Verpflichtung zum Erhalt des nationalen Schutzniveaus.[8] 2

Art. 27 der **Erkl. EP** vom 12.4.1989 formulierte bereits inhaltlich wesentlich gleich: „Keine Bestimmung dieser Erklärung darf als Beschränkung des durch das Gemeinschaftsrecht, das Recht der Mitgliedstaaten, das Völkerrecht und die internationalen Verträge und Abkommen über die Grundrechte und Grundfreiheiten gebotenen Schutzes oder als Hindernis für seine Weiterentwicklung ausgelegt werden." 3

2. Verfassungen der Mitgliedstaaten

Die Verfassungen der Mitgliedstaaten enthalten zum Teil auch Kollisionsnormen, die das Verhältnis der internationalen Menschenrechte zu **nationalem Recht** ausdrücklich regeln, so z. B. Rumänien, Art. 20 Abs. 2: „Wenn zwischen den Pakten und den Verträgen hinsichtlich der fundamentalen Rechte des Menschen, an denen Rumänien beteiligt ist, und den internen Gesetzen Unstimmigkeiten bestehen, so haben die internationalen Reglementierungen Vorrang"; Tschechische Republik, Art. 10: „Verkündete völkerrechtliche Verträge, zu deren Ratifikation das Parlament seine Zustimmung erteilt hat und an die die Tschechische Republik gebunden ist, sind Bestandteil der Rechtsordnung; wenn ein völkerrechtlicher Vertrag etwas anderes vorsieht, als ein Gesetz, gilt der Vertrag." Zu nennen ist auch Art. 142 GG, der landesverfassungsrechtlichen Grundrechten Bestand gewährt, insoweit diese mit den Grundrechten des GG in Einklang sind. Eine Vergleichbarkeit mit Art. 53 ist bei all diesen Bestimmungen aber nur noch insoweit gegeben, als es um die Hierarchie von Rechtsordnungen geht. 4

II. Diskussion im Grundrechtekonvent

Im Mittelpunkt des Interesses der Konventsmitglieder stand ursprünglich das Verhältnis der Charta zur EMRK.[9] Die weiteren Überlegungen konzentrierten sich jedoch bald auf Art. 52 Abs. 3. Bei Art. 53 wiederum stand die Sorge im Vordergrund, dass die Charta das teilweise hohe Schutzniveau der **nationalen Grundrechtsordnungen** beschädigen könnte. Das Europäische Parlament brachte diese Sorge in seiner Entschließung vom 16.3.2000 „zur Erarbeitung einer Charta der Grundrechte der Europäischen Union"[10] zum Ausdruck, wie auch der Bundesrat in seiner Entschließung vom 17.3.2000.[11] 5

3 999 UNTS 171.
4 993 UNTS 3.
5 1144 UNTS 123.
6 A/RES/217, UN-Doc. 217/A-(III).
7 OAU Doc. CAB/LEG/67/3 rev. 5, 21 I.L.M. 58 (1982).
8 Inoffizielle englische Übersetzung in: 12 Int'l Hum. Rts. Rep. 2005, 893.
9 Der Autor dankt dem Autor der Vorauflage, *Martin Borowsky*, für die Überlassung seines Manuskriptes zu diesem Unterpunkt. Zur Diskussion im Konvent im Einzelnen s. *Bernsdorff/Borowsky*, Protokolle, S. 236 ff., 303, ferner *Barriga*, Entstehung, S. 167 ff.
10 Dokument CHARTE 4199/00 CONTRIB 80 vom 5.4.2000, S. 6.
11 BR-Drs. 47/00, Entschließung des Bundesrates zur Charta der Grundrechte der Europäischen Union.

6 Das Präsidium griff dieses in mehreren Mitgliedstaaten vorgebrachte Anliegen auf. Im Dokument CHARTE 4235/00 CONVENT 27 vom 18.4.2000 formulierte es – in enger Anlehnung an Art. 53 EMRK – einen Art. H.4 „Schutzniveau“: „Diese Charta darf nicht als Einschränkung der Tragweite der durch das Recht der Union, das **Recht der Mitgliedstaaten**, das Völkerrecht und die von den Mitgliedstaaten ratifizierten internationalen Übereinkommen, darunter die Europäische Menschenrechtskonvention in ihrer Auslegung durch die Rechtsprechung des Europäischen Gerichtshofs für Menschenrechte gewährleisteten Rechte ausgelegt werden.“

7 Als besonders streitig erwies sich in den folgenden Konventssitzungen der Hinweis auf die Rechtsprechung des **EGMR**. Einige Diskutanten befürchteten, damit würde dem EGMR eine „carte blanche“ gegeben, so der französische Regierungsvertreter *Braibant*. Andere schlugen zur Entschärfung eine bloß „statische“ Verweisung auf die Rechtsprechung vor, etwa der deutsche Abgeordnete *Altmaier*. Demgegenüber setzten sich insbesondere die Regierungsvertreter *Goldsmith* (GB), *Nikula* (FN), *Tarschys* (S), *Olsen* (DK) und *O'Kennedy* (IR) vehement für einen ausdrücklichen Bezug auf die Straßburger Rechtsprechung ein. Der griechische Regierungsvertreter *Papadimitriou* unterbreitete ferner den Vorschlag, statt auf das „Recht der Mitgliedstaaten“ auf das „Verfassungsrecht der Mitgliedstaaten“ Bezug zu nehmen.

8 Das Präsidium änderte seinen Vorschlag dahingehend ab, dass er auf die „Verfassungen der Mitgliedstaaten“ Bezug nahm[12] und der Verweis auf die Rechtsprechung des EGMR entfiel. Art. 49 „Schutzniveau“ in Dokument CHARTE 4316/00 CONVENT 34 vom 16.5.2000 lautete daher: „Diese Charta ist nicht als eine Einschränkung oder Verletzung der Menschenrechte und Grundfreiheiten auszulegen, die in ihrem jeweiligen Anwendungsbereich durch die Verfassungen der Mitgliedstaaten, das Völkerrecht und die internationalen Übereinkommen anerkannt werden, zu deren Vertragsparteien die Union, die Gemeinschaft oder alle Mitgliedstaaten gehören, darunter insbesondere die Europäische Konvention zum Schutze der Menschenrechte und Grundfreiheiten.“ Für die Ergänzung um den Passus **„in ihrem jeweiligen Anwendungsbereich“** fehlt jede Erläuterung. Dem Vernehmen nach gehen diese zurück auf ausgiebige Konsultationen zwischen dem Juristischen Dienst der Kommission und dem Sekretariat des Konvents, d.h. dem Juristischen Dienst des Rates. Mit dem Einschub verfolgten beide Dienste das Ziel, jeden Zweifel zum **Vorrang** des **Gemeinschaftsrechts** gegenüber dem nationalen Verfassungsrecht auszuschließen.[13]

9 Zu Art. 49 erreichten das Präsidium knapp 20 Änderungsvorschläge, die es in dem Dokument CHARTE 4372/00 CONVENT 39 vom 16.6.2000[14] bündelte. In seiner Synthese in Dokument CHARTE 4383/00 CONVENT 41 vom 3.7.2000 griff das Präsidium aus allen Vorschlägen lediglich den Änderungsvorschlag des finnischen Parlamentariers *Jansson* auf, an das Ende des Textes zu setzen: „sowie die Verfassungen der Mitgliedstaaten“. Der erste Gesamtentwurf der Charta in Dokument CHARTE 4422/00 CONVENT 45 vom 28.7.2000 präsentiert den entsprechend geänderten Art. 51 „Schutzniveau“: „Keine Bestimmung dieser Charta ist als eine Einschränkung oder Verletzung der Menschenrechte und Grundfreiheiten auszulegen, die in ihrem jeweiligen Anwendungsbereich durch das Völkerrecht und die internationalen Übereinkommen, bei denen die Union, die Gemein-

12 Für diese Aufnahme der Verfassungen der Mitgliedstaaten in den Katalog des Art. 53 beansprucht der stellvertretende Konventsvorsitzende *Braibant* die Vaterschaft; s. *Braibant*, Charte, S. 268. Als vehementer Verfechter einer Autonomie des Unionsrechts dürfte er auch für die Streichung des Verweises auf die Rechtsprechung des EGMR verantwortlich gewesen sein.

13 *Liisberg*, CMLRev. 2001, 1171 (1176).

14 S. auch *Bernsdorff/Borowsky*, Arbeitsdokumente, S. 915 ff.

schaft oder alle Mitgliedstaaten Vertragsparteien sind, darunter insbesondere die Europäische Konvention zum Schutz der Menschenrechte und Grundfreiheiten, sowie die Verfassungen der Mitgliedstaaten anerkannt werden." Dieser Wortlaut sollte nahezu unverändert bleiben. Allerdings einigte sich das Präsidium gegen Ende der Konventsberatungen darauf, die Bestimmung wieder um eine Bezugnahme auf das **Recht der Union** zu ergänzen. Daher teilte es in Dokument CHARTE 4470/1/00 REV 1 ADD 1 CONVENT 47 vom 25.9.2000[15] mit, dass der erste Satz um den Passus „Recht der Union" ergänzt werde.

Soweit ersichtlich, thematisierte der Verfassungskonvent diese Bestimmung sodann nicht mehr. Es kam lediglich zu zwei **geringfügigen Änderungen**. Zum einen wurde der Wortlaut dem Verfassungsvertrag angepasst, indem der Passus „die Gemeinschaft" entfiel. Zum anderen lautet es nunmehr internationale „Übereinkünfte" anstatt „Übereinkommen". Mit diesen Änderungen ging die Klausel in die rechtsverbindliche Charta ein. 10

Auffällig ist, dass die Diskussion im Konvent die **entscheidenden Fragen** kaum offen thematisierte: das Verhältnis zwischen europäischen und nationalen Grundrechten, die Frage der gerichtlichen Letztentscheidungskompetenz und den Vorrang des Unionsrechts. Es spricht viel dafür, dass man keine „schlafenden Hunde wecken" wollte und bevorzugte, hinter den Kulissen Grundrechtepolitik zu betreiben. Dies zeigt sich auch an den „Erläuterungen" zu Art. 53. Sie sind aussageärmer als die Vorschrift selbst: „Der Zweck dieser Bestimmung ist die Aufrechterhaltung des durch das Recht der Union, das Recht der Mitgliedstaaten und das Völkerrecht in seinem jeweiligen Anwendungsbereich gegenwärtig gewährleisteten Schutzniveaus. Aufgrund ihrer Bedeutung findet die EMRK Erwähnung." Alles in allem verlief der Entstehungsprozess von Art. 53 nicht eben geradlinig und war geprägt von Missverständnissen.[16] Zu Recht spricht *Liisberg* von einer „linkischen Herangehensweise" („fumbling approach").[17] 11

III. Kommentierung

1. Funktion und praktische Bedeutung

Der Schutzbereich der Charta-Grundrechte kann von dem Schutzbereich einer der folgenden drei Grundrechtskategorien abweichen: 1. EU-Grundrechte außerhalb der Charta; 2. Grundrechte bzw. Menschenrechte des Völkerrechts (EMRK und andere); 3. Nationale Grundrechte. Es stellt sich jeweils die Frage, wie Kollisionen zu lösen sind. Die Antwort auf diese Frage ist Ziel des Art. 53: Das „gegenwärtig gewährleistete Schutzniveau" aller drei Kategorien soll erhalten bleiben.[18] 12

Allerdings ergibt sich die gleiche Antwort in fast allen Fällen auch ohne Art. 53. Für EU-Grundrechte folgt dies schon aus Art. 6 Abs. 1 Hs. 2 EUV: „[D]ie Charta der Grundrechte und die Verträge sind rechtlich gleichrangig." Für die EMRK gilt die „Bestandsklausel" des Art. 52 Abs. 3 S. 1.[19] Kollisionen zwischen der Charta und anderen völkerrechtlichen 13

15 S. auch *Bernsdorff/Borowsky*, Arbeitsdokumente, S. 2059 ff.

16 Eine eingehende Darstellung des Entstehungsprozesses mit wertvollen Hintergrundinformationen findet sich bei *Liisberg*, CMLRev. 2001, 1171 (1172 ff.), aufgegriffen und ergänzt von *Bühler*, Einschränkung, 2005, S. 397 ff. S. weiter *Barriga*, Entstehung, S. 167 ff., der die Irrungen und Wirrungen des Grundrechtekonvents und vor allem seines Präsidiums herausstellt.

17 *Liisberg*, CMLRev. 2001, 1171 (1181).

18 *Frenz*, Hdb EuR 4, Rn. 80 („Sicherung des menschenrechtlichen Status quo"); *Streinz/Michel*, EUV/AEUV, Art. 53 GRC Rn. 2 („Schutzniveausicherungsklausel").

19 Der EuGH zitiert gleichwohl bisweilen neben Art. 52 Abs. 3 S. 1 auch noch Art. 53 (Minister for Justice and Equality/Lanigan, Rs. C-237/15, ECLI:EU:C:2015:474, Urt. v. 16.7.2015, Rn. 56); anders Achbita/G4S, Rs. C-157/15, ECLI:EU:C:2017:203, Urt. v. 14.3.2017, Rn. 27.

Grundrechten sind praktisch nicht vorstellbar.[20] Für nationale Grundrechte hingegen hat der EuGH bereits 1970 entschieden, dass zwingendes Unionsrecht nationalem Recht grundsätzlich vorgeht, einschließlich Verfassungsrecht.[21] Selbstverständlich gilt das nur in den – zahlreichen[22] – Bereichen, in denen Unionsrecht greift. In den wenigen unionsrechtlich unberührten Restbereichen gelten die nationalen Grundrechte selbstverständlich uneingeschränkt.[23] Damit ist Art. 53 im Wesentlichen eine **Mogelpackung:**[24] Im Bereich des zwingenden Unionsrechts schützt er das bestehende Niveau der nationalen Grundrechte gerade nicht; außerhalb des Bereichs des zwingenden Unionsrechts braucht es diesen Schutz denklogisch überhaupt nicht.

14 Alles in allem enthält Art. 53 daher eine Klausel **ohne** besonderen **rechtstechnischen Mehrwert.**[25] Ihr Hauptzweck, politische Befürchtungen der Konventsteilnehmer zu beschwichtigen,[26] hat sich mit Inkrafttreten der Charta erledigt. Da die Vorschrift gleichwohl weiterbesteht, ist sie – wie auch Art. 54[27] – Quelle dogmatischer Missverständnisse. Der hohe Abstraktionsgrad der Vorschrift verschlimmert dies nur. Entscheidungen, die Art. 53 **grundlos zitieren**, zeugen von diesen Missverständnissen.[28]

---

20 *Streinz/Michel*, EUV/AEUV, Art. 53 Rn. 10: Ein Konflikt zwischen Völkerrecht und Charta „dürfte, wenn überhaupt, äußerst selten der Fall sein".

21 EuGH – Internationale Handelsgesellschaft, Rs. 11/70, ECLI:EU:C:1970:114, Urt. v. 17.12.1970, Rn. 3. *Streinz*, FS Jarass, S. 137: „Der Anerkennung eines mitgliedstaatlichen Grundrechtsvorbehalts steht der Vorrang des Unionsrechts entgegen, der durch Art. 53 GRCh nicht ausgehebelt werden sollte"; *Masing*, AnwBl 2014, 786; *de Boer*, CMLRev. 2013, 1083 (1084): Die Entscheidung des EuGH in *Melloni* (Fn. 30) ist daher „unsurprising"; *Streinz/Michel*, EUV/AEUV, Art. 53 Rn. 4.

22 *Hölscheidt/Hoppe* ZParl 2010, 543.

23 *Streinz/Michel*, EUV/AEUV, Art. 53 Rn. 5: Es gibt „schon im Ansatz keine Kollision, der mit einer Kollisionsregel begegnet werden müsste"; *Villalon*, ZEuS 2015, 265 (275): Art. 53 ist eine „überflüssige Vorschrift" außerhalb des Anwendungsbereichs des Unionsrechts.

24 Vgl. auch *Besselink*, ELRev. 2014, 531 (552): Wenn es Zweck von Art. 53 ist, nationales Verfassungsrecht zu schützen, so hat er in der Praxis die gegenteilige Wirkung („existing regimes [...] interpreted ‚downwards'").

25 *de Boer*, CMLRev. 2013, 1083 (1103): Art. 53 „has little independent legal meaning and mostly a symbolic function"; *Liisberg*, CMLRev. 2001, 1171 (1176): „extremely limited legal significance"; *Calliess/Ruffert/Kingreen*, EUV/AEUV, Art. 53 GRC Rn. 7: „Die Vorschrift enthält damit eine weitaus bescheidenere Aussage und damit zugleich auch wesentlich weniger Konfliktpotential als von der überwiegenden Meinung angenommen"; *Borowsky*, Vorauflage, Rn. 13: „rein deklaratorischer Charakter der Vorschrift"; *Heselhaus/Nowak/Szczekalla*, Hdb Eur. GR, § 7 Rn. 107: „eine (hoffentlich) weitgehend folgenlose, eher kosmetische Vorschrift"; *Lenz/Borchardt/Wolffgang*, GRC, Art. 53 Rn. 6: „Anwendungsbereich der Vorschrift recht gering"; *Stern/Sachs/Krämer*, GRC, Art. 53 Rn. 2: „Der konkrete Regelungsgehalt der Norm ist äußerst begrenzt".

26 Siehe oben II.; siehe auch *de Boer*, CMLRev. 2013, 1083 (1103); *Streinz/Michel*, EUV/AEUV, Art. 53 Rn. 7: Art. 53 kommt „auch der rechtspolitische Zweck zu, die Wahrung der mitgliedstaatlichen Grundrechtsstandards in einer Einzelvorschrift für alle Rechtsanwender plakativ zu bekunden"; *Heselhaus/Nowak/Szczekalla*, Hdb Eur. GR, § 7 Rn. 107: Signal, „dass alles beim Alten" bleibt.

27 *Hoppe*, Art. 54 Rn. 46: Art. 54 stiftet „keinen Nutzen [...], sondern Verwirrung".

28 Siehe nur das offensichtlich unzulässige Vorabentscheidungsersuchen des *Giudice di pace di Taranto* u. a. zu Art. 53, EuGH – Italien/Semeraro, Rs. C-484/16, ECLI:EU:C:2016:952, Beschl. v. 13.12.2016; VG Schwerin, Urt. v. 2.10.2015, 15 A 1113/12, Rn. 25: Zur Geltung der EMRK zitiert das Gericht Art. 53, nicht aber Art. 52 Abs. 3 S. 1; EGMR – Avotiņš/Latvia, Appl. 17502/07, Urt. v. 23.5.2016 (Große Kammer): unter „Relevant European Union [...] Law Materials" stellt das Gericht in Rn. 40, 47, und 49 die *Melloni*-Rechtsprechung und Art. 53 ausführlich dar, schweigt sich aber in den Gründen zu Art. 53 völlig aus.

2. Tatbestand: drohende Abwertung

Bei Art. 53 geht es im Kern um eine **Kollision**[29] von Werten – Werte der Charta kollidieren mit Werten aus anderen Rechtsquellen. Allerdings kann die Charta selbst mit den in Art. 53 genannten Werten nicht kollidieren, sondern nur Grundrechte-einschränkendes, Charta-externes Unionsrecht: Beispiele sind eine Handlungsanweisung des AEUV an die Mitgliedstaaten oder eine Richtlinie, deren Umsetzung nationale Grundrechte einschränkt. Charta-externes **Unionsrecht** ist damit das **Scharnier** für die Kollision zwischen den Werten der Charta und Charta-externen Werten wie nationalen Grundrechten. Ohne dieses Scharnier würden nur abstrakte Werte in einer Gedankenwelt kollidieren. Strenggenommen geht es damit nur um das Verhältnis von (Charta-externem) Unionsrecht mit den anderen in Art. 53 genannten Grundrechten. Solche Kollisionen gab es schon vor der Charta. Seit Inkrafttreten der Charta hat sich an dieser Kollision nichts fundamental geändert. 15

Art. 53 zielt auf folgende Fallkonstellation: Grundrechte der Charta sind auf den gleichen Sachverhalt anwendbar wie Charta-externe Grundrechte. Dabei würde der Schutzstandard des Charta-Grundrechts – ohne weitere Anpassung nach Art. 53 – niedriger ausfallen als der Schutzstandard des entsprechenden Charta-externen Grundrechts: Die Charta würde zu einer „**Abwertung**" des nationalen Standards führen. 16

Schon dem Wortlaut nach nicht erfasst ist die „**Aufwertung**": Der Schutzstandard der Charta fällt höher aus als der Schutzstandard des entsprechenden Menschenrechtes. Die Gefahr einer „Einschränkung oder Verletzung" des Charta-externen Schutzstandards besteht nicht. In diesem Fall gilt auch ohne Art. 53: Der Grundrechtsberechtigte kann sich auf das für ihn günstigere Grundrecht berufen („Meistbegünstigungsprinzip").[30] 17

Für Mitgliedstaaten wie Deutschland, die – in Abweichung zum EuGH[31] – dem **Trennungsprinzip** folgen, gilt dies im Bereich der Grundrechte nicht: Das BVerfG wendet nationale Grundrechte an, wenn es um „autonome" nationale Hoheitsakte geht. Geht es um die Umsetzung bindenden Unionsrechts, kommt allein der europäische Grundrechtsschutz zum Tragen.[32] Zu einer Meistbegünstigung kommt es hier nur im Ausnahmefall, wenn die die „Verfassungsidentität" Deutschlands betroffen ist (unten → Rn. 35). 18

Folgende **drei Fallgruppen** lassen sich unterscheiden, bei denen es ohne Art. 53 theoretisch zu einer Abwertung kommen könnte: 19

a) Charta-externe EU-Grundrechte. Nach Art. 6 Abs. 3 EUV sind dies die „Grundrechte, [...] wie sie sich aus den gemeinsamen Verfassungsüberlieferungen der Mitgliedstaaten ergeben".[33] Eine Kollision mit Charta-Grundrechten lässt sich praktisch ausschließen. Die EU-Verträge erwähnen außerhalb der Charta Grundrechte, die auch in der Charta enthalten sind. Allerdings finden sich nur allgemeine Formulierungen wie „Menschenwürde" (Art. 2 EUV), „Nichtdiskriminierung" (Art. 18 AEUV), „Schutz der Rechte des Kindes", „kulturelle und sprachliche Vielfalt" (beides Art. 3 Abs. 3 EUV) oder „Grundsatz der 20

---

29 *Schwarze/Becker*, EU, Art. 53 GRC, Rn. 1.

30 EuGH – Melloni, Rs. C-399/11, ECLI:EU:C:2013:107, Urt. v. 26.2.2013, Rn. 60; dazu *Thym*, NVwZ 2013, 892; *Weiß*, EuZW 2013, 287 (290).

31 EuGH – Melloni (Fn. 30) Rn. 60; hierzu *Thym*, NVwZ 2013, 889.

32 Siehe nur BVerfG, Beschl. v. 22.10.1986, 2 BvR 197/83 (Solange II), BVerfGE 73, 339 (387); Urt. v. 24.4.2013, 1 BvR 1215/07 (Antiterrordatei), BVerfGE 133, 277 (313); hierzu *Classen*, EuR 2017, 347 (357); *Thym*, NVwZ 2013, 889 (892): „Trennungsthese".

33 *Calliess/Ruffert/Kingreen*, EUV/AEUV, Art. 6 Rn. 5: Grundrechte werden als „allgemeine Grundsätze" über Art. 6 Abs. 3 EUV „in den Bestand der Verträge aufgenommen"; zu einer Übersicht der Charta-externen EU-Grundrechte *Jarass*, GRC, Einleitung Rn. 28-39.

Gleichheit" (Art. 9 EUV). Diese erinnern eher an Überschriften von Grundrechten, als dass sie in ihrer Detaillosigkeit die Gefahr einer Wertekollision mit Charta-Grundrechten in sich bergen. Neben der ausdrücklichen Erwähnung im EUV sind noch die durch den EuGH als „allgemeine Rechtsgrundsätze" anerkannten Grundrechte zu nennen.[34] Diese leiten sich aus den „gemeinsamen Verfassungsüberlieferungen der Mitgliedstaaten" ab (Art. 6 Abs. 3 EUV),[35] auf denen auch wesentliche Teile der Charta beruhen (Art. 52 Abs. 4). Beide Grundrechtsquellen legt der EuGH letztverbindlich aus, und dies selbstverständlich kollisionsfrei.

21 Im Übrigen steht es den Mitgliedstaaten frei, über eine Änderung der Verträge das grundrechtliche Schutzniveau abzusenken (Art. 48 EUV). Art. 53 (und auch Art. 54) verbürgen **keine Ewigkeitsgarantie** für die Charta oder Charta-externe EU-Grundrechte.[36]

22 b) **Charta-externes Völkerrecht.** Hierzu gehören Völkergewohnheitsrecht und allgemeine Rechtsgrundsätze.[37] Ferner erfasst Art. 53 völkerrechtliche Übereinkommen, die die Union oder alle Mitgliedstaaten binden.[38] Denkbar ist es, über den Wortlaut hinaus auch Übereinkommen zu erfassen, die nur ein Teil der Mitgliedstaaten ratifiziert haben.[39] Problematisch hieran ist aber, dass damit internationale Übereinkommen die Charta auch für Mitgliedstaaten einschränken würden, für die diese Übereinkommen nicht gelten. Der Streit ist aber praktisch bedeutungslos (siehe sogleich → Rn. 24).

23 Eine **Kollision** lässt sich theoretisch wie folgt konstruieren: Für Abkommen wie IPbpR, IPwskR oder die KRK, an denen die **Mitgliedstaaten** der EU, nicht aber die EU, beteiligt sind, gilt zunächst einmal der Anwendungsvorrang des Unionsrechts. Im Kollisionsfall ginge damit die Charta dem nationalen Umsetzungsakt dieser Abkommen vor. Z. B. ginge eine Richtlinie, die im Einklang mit einem relativ niedrigen Standard der Charta steht, zunächst einmal nationalem Recht vor, das in Umsetzung eines völkerrechtlichen Abkommens einen höheren Schutzstandard vorsieht. Erst über Art. 53 würde man zu einem abweichenden Ergebnis gelangen: Der Anwendungsvorrang des Unionsrechts wäre in dem Maße zu begrenzen, als der höhere, auf anderen völkerrechtlichen Standards beruhende Schutz beeinträchtigt wäre.

24 Allerdings kommen solche Kollisionen zwischen der Charta und völkerrechtlichen Grundrechten nur in der Gedankenwelt, nicht aber in der Realität vor. Das beruht vor allem auf **drei Gründen:**

25 1. Gemäß Abs. V ihrer Präambel „bekräftigt" die Charta „die Rechte", die sich aus verschiedenen internationalen Abkommen ergeben. Dabei geht es vor allem um die EMRK – andere Abkommen haben daneben keine maßgebende Bedeutung erlangt.[40] Davon abgesehen wäre es überraschend, wenn die Charta – als Abbild dieser **internationalen Standards** – jemals in einen konkreten Wertungswiderspruch zu einem der Abkommen träte. Die

34 Erstmals in EuGH – Nold/Kommission, Rs. 4/73, ECLI:EU:C:1975:114, Beschl. v. 24.9.1975, Rn. 13; *Calliess/Ruffert/Kingreen*, EUV/AEUV, Art. 6 Rn. 6.

35 So auch schon der EuGH, vorige Fn.

36 *Vedder/Heintschel von Heinegg/ Folz*, Unionsrecht, Art. 53 Rn. 3.

37 *Lienbacher/Holoubek/Vranes*, GRC, Art. 53 Rn. 9.

38 *Jarass*, GRC, Art. 53 Rn. 20; *Peers/de Witte*, EU Charter, Art. 53 Rn. 53.10: alles andere wäre eine „absurd consequence in light of the Charter's aim to improve the protection of fundamental rights in Europe". Eine Übersicht zu einer Anzahl internationaler Abkommen, die alle Mitgliedstaaten ratifiziert haben, findet sich bei *Heuschmid, Johannes/Lörcher, Klaus*, in: Boecken/Düwell/Diller/Hanau, Gesamtes Arbeitsrecht, 1. Aufl. 2016, Art. 53 GRCh Rn. 4.

39 *Jarass*, GRC, Art. 53 Rn. 20.

40 Vgl. *Schadendorf*, EuR 2015, 28 (38).

Ausführungen der Literatur zu diesem Thema bleiben abstrakt.[41] Konkrete Beispiele lassen sich kaum konstruieren. Z. B. sieht Art. 31 GRC im Unterschied zu Art. 7 lit. d IPwskR die „Vergütung gesetzlicher Feiertage" zwar nicht ausdrücklich vor. Zu einem Konflikt käme es aber erst, wenn (künftiges) EU-Recht die Lohnfortzahlung an gesetzlichen Feiertagen ausschließen würde. Dies ist an sich schon nicht vorstellbar. Der EuGH müsste einem solchen Ausschluss zudem attestieren, mit Art. 31 GRC vereinbar zu sein. Auch dies ist kaum vorstellbar. Erst dann könnte sich ein Mitgliedstaat darauf berufen, dass diese Auslegung von Art. 31 GRC Art. 7 lit. d IPwskR im Sinne des Art. 53 GRC „einschränkt oder verletzt".

2. Grundrechte in anderen Abkommen sind regelmäßig **allgemein formuliert**, stehen zumeist unter Eingriffsvorbehalt, und sind in den Kontext konkurrierender oder widerstreitender Rechte eingebettet. Wie soll z. B. – trotz unterschiedlicher Formulierungen – die in Art. 6 der Sozialcharta[42] oder Art. 8 Abs. 1 lit. d UN-Sozialpakt[43] verbürgte Tarifautonomie jemals zu Art. 38 GRC[44] konkret in Widerspruch treten,[45] oder der Schutz geistigen Eigentums nach Art. 15 Abs. 1 lit. d IPwskR[46] zu Art. 17 Abs. 2 GRC?[47] 26

3. Entscheidend ist aber vor allem der prozessuale Aspekt: Außerhalb der EMRK besteht kaum verbindliche **Judikatur** zur Auslegung von Menschenrechtsübereinkommen. Vor dem IGH sind nur Staaten „berechtigt, als Parteien vor dem Gerichtshof aufzutreten" (Art. 34 IGH-Statut), nicht aber Individuen. Über die Auslegung von Abkommen entscheidet der IGH nur ausnahmsweise (Art. 36 Abs. 1 IGH-Statut). Bei den Menschenrechtsabkommen wie der Sozialcharta, der KRK oder den Pakten ist dies nicht vorgesehen. Zum VN-Menschenrechtsausschuss hat der EuGH bereits – zu Recht – angemerkt, dass dieser „keine gerichtliche Instanz ist und [...] [seine] Feststellungen keinen rechtsverbindlichen Charakter haben".[48] Entscheidungen des Afrikanischen Gerichtshofs und des Interamerikanischen Gerichtshofs für Menschenrechte betreffen vor allem die Auslegung von außereuropäischen Menschenrechtsabkommen (AU, OAS). Damit entscheidet am Ende der EuGH sowohl über die Auslegung der Charta als auch von Abkommen wie Sozialcharta, KRK oder den Pakten. Der EuGH ging dabei bislang „weder konsistent noch methodisch überzeu- 27

41 Vgl. die Kritik von *Klocke*, S. 922: „Solange wie es am Fall nicht zu unterschiedlichen Ergebnissen kommt, wird man Spannungslagen nicht auflösen müssen. Das Europarecht wird am Fall entschieden."; *Schlachter* (S. 986) untersucht eingehend Kollisionen zwischen den Schutzstandards von Charta und ESC, ohne ein konkretes Beispiel anzuführen.

42 „Um die wirksame Ausübung des Rechts auf Kollektivverhandlungen zu gewährleisten, [...] [anerkennen die Vertragsparteien] das Recht der Arbeitnehmer und der Arbeitgeber auf kollektive Maßnahmen einschließlich des Streikrechts im Fall von Interessenkonflikten, vorbehaltlich etwaiger Verpflichtungen aus geltenden Gesamtarbeitsverträgen."

43 „Die Vertragsstaaten verpflichten sich, folgende Rechte zu gewährleisten: [...] das Streikrecht, soweit es in Übereinstimmung mit der innerstaatlichen Rechtsordnung ausgeübt wird."

44 „Die Arbeitnehmerinnen und Arbeitnehmer sowie die Arbeitgeberinnen und Arbeitgeber oder ihre jeweiligen Organisationen haben nach dem Unionsrecht und den einzelstaatlichen Rechtsvorschriften und Gepflogenheiten das Recht, Tarifverträge auf den geeigneten Ebenen auszuhandeln und zu schließen sowie bei Interessenkonflikten kollektive Maßnahmen zur Verteidigung ihrer Interessen, einschließlich Streiks, zu ergreifen."

45 Nach *Schlachter*, EuR 2016, 478 (482) ist gem. Art. 6 ESC eine gesetzliche Beschränkung von Tarifinhalten nicht möglich, wie in der Entsenderichtlinie vorgesehen. Aus dem Wortlaut des Art. 6 ESC ergibt sich dies jedoch nicht.

46 „Die Vertragsstaaten erkennen das Recht eines jeden an, [...] den Schutz der geistigen und materiellen Interessen zu genießen, die ihm als Urheber von Werken der Wissenschaft, Literatur oder Kunst erwachsen."

47 „Geistiges Eigentum wird geschützt."

48 EuGH – Grant/South-West Trains, Rs. C-249/96, ECLI:EU:C:1998:63, Urt. v. 17.2.1998, Rn. 46.

gend“ vor und nahm eher eine „‘Gesamtschau‘ der völkerrechtlichen Standards“ vor.[49] Man kann daher insgesamt ausschließen, dass der EuGH Völkerrecht im Widerspruch zu EU-Recht auslegen und so zu einem Fall der echten Kollision kommen würde.

28 Vorgenannte Überlegungen gelten im Prinzip auch für eine Wertekollision zwischen Charta und völkerrechtlichen **Abkommen der EU.** In der Normenhierarchie stehen völkerrechtliche Abkommen der EU unterhalb der Charta (Art. 216 Abs. 2 AEUV).[50] Daher wäre eine Richtlinie, die im Einklang mit einem relativ niedrigen Standard der Charta steht, EU-rechtskonform, auch wenn ein völkerrechtliches Abkommen der EU einen höheren Schutzstandard vorsieht. Erst über Art. 53 würde man zu einem abweichenden Ergebnis gelangen: Der Anwendungsvorrang des Unionsrechts wäre in dem Maße zu begrenzen, als der höhere, auf dem völkerrechtlichen Abkommen beruhende Schutz beeinträchtigt wäre. Allerdings: Die EU ist bislang nur einer Menschenrechtskonvention beigetreten, der BRK.[51]

29 **c) Nationale Grundrechte.** Zwei Fallgruppen sind zu unterscheiden. Bei **Fallgruppe 1** geht es eher am Rande um die Durchführung von Unionsrecht.[52] Ein Beispiel bietet – leicht abgewandelt – die Rechtssache *Åkerberg Fransson* (2013):[53] Ein EU-Bürger zahlt wegen Steuerhinterziehung einen Strafzuschlag auf seine Steuerschuld und ist parallel hierzu Angeklagter eines Strafverfahrens. Es stellt sich die Frage, ob eine Doppelbestrafung vorliegt. Der steuerliche Strafzuschlag als auch das Strafverfahren stützen sich ausschließlich auf nationales Recht. Der Anwendungsbereich der Charta ist – jedenfalls nach Auffassung des EuGH – gleichwohl eröffnet, weil für die ursprüngliche Steuerschuld auch eine EU-Richtlinie eine Rolle spielt.[54] Insofern Art. 50 Charta einen niedrigeren Schutzstandard vorsieht als nationales Verfassungsrecht, liegt lediglich eine **Grundrechtskonkurrenz** vor. Nationales Verfassungsrecht berührt die Wirksamkeit des EU-Rechts nicht. Art. 53 GRC ist seinem Wortlaut nach jedenfalls nicht einschlägig. Der EU-Bürger kann sich auf das für ihn günstigere Recht berufen. In **Deutschland** kommt es aufgrund der Rechtsprechung noch nicht einmal zu einer solchen Konkurrenz: Das BVerfG postuliert anders als der EuGH[55] das **Trennungsprinzip** (→ Rn. 18). Insoweit das Unionsrecht bindende Vorgaben enthält, sind auch die nationalen Umsetzungsakte allein an europäischen Grundrechten zu messen. Eine parallele Anwendung nationaler und europäischer Grundrechte scheidet aus.[56] Allerdings könnten in vorgenanntem Fall aus Sicht des BVerfG auch nationale Grundrechte einschlägig sein, da EU-Recht nur für die Vorfrage der Steuerschuld maßgeblich ist.[57]

30 Bei **Fallgruppe 2** ist EU-Recht nicht nur am Rande betroffen, sondern der eigentliche grundrechtliche Zündstoff. Hierzu gehören die Rechtssachen *Melloni* (2013),[58] *Taricco I*

---

49 *Schadendorf*, EuR 2015, 28 (39).
50 Hierzu *Streinz/Mögele*, EUV/AEUV, Art. 216 AEUV Rn. 59 ff.
51 Rats-Beschl. v. 20.3.2007 (7404/07); *Schadendorf*, EuR 2015, 28 (31); siehe ferner bei EUR-Lex das „Verzeichnis der internationalen Abkommen der EU“: rund 3.000 mit Stand Juli 2018.
52 *Thym*, NVwZ 2013, 889 (892): „[...] Konstellationen, die nach der großzügigen Lesart des Åkerberg Fransson-Urteils der Charta unterfallen, inhaltlich aber nur begrenzt durch Sekundär- oder Primärrecht determiniert werden.“
53 EuGH – Åklagaren/Åkerberg Fransson, Rs. C-617/10, ECLI:EU:C:2013:280, Beschl. v. 7.5.2013.
54 EuGH – Åklagaren/Åkerberg Fransson (vorige Fn.) Rn. 24 ff.
55 EuGH – Melloni (Fn. 30) Rn. 60; dazu *Thym* (Fn. 45), NVwZ 2013, 892; *Weiß*, EuZW 2013, 287 (290).
56 *Classen*, EuR 2017, 347 (357).
57 S. z. B. BVerfG, Urt. v. 24.4.2013 (Fn. 32), Rn. 88; hierzu *Thym*, NVwZ 2013, 889 (890).
58 EuGH – Melloni (Fn. 30); hierzu *Besselink*, ELRev. 2014, 531.

(2015)[59] und *Taricco II* (2017).[60] In *Melloni* sah spanisches Verfassungsrecht einen höheren Schutzstandard gegen Verurteilungen in Abwesenheit vor als die Rahmenbeschlüsse zum Europäischen Haftbefehl bzw. Art. 47 und 48 GRC. In *Taricco I* und *II* war die nachträgliche Verlängerung strafrechtlicher Verjährungsfristen nach italienischem Verfassungsrecht nicht möglich, während dies nach Art. 49 GRC und Art. 7 EMRK zulässig und nach Art. 325 AEUV geboten war. In allen drei Rechtssachen kam es tatsächlich zu einer **Kollision** zwischen europarechtlichen und nationalen Grundrechten. Es gilt der „Grundsatz des Vorrangs des Unionsrechts".[61] Nationale Grundrechte haben zurückzutreten, insoweit andernfalls „der Vorrang, die Einheit oder die Wirksamkeit des Unionsrechts beeinträchtigt werden".[62] In *Taricco II* versuchte der EuGH Italien aufgrund dessen „Drohung" mit dem *controlimiti*-Vorbehalt[63] entgegenzukommen und hat sich daher in einer „diffusen Relativierung"[64] verloren. Der Vorrang des Unionsrechts gilt ungeachtet *Taricco II* auch weiterhin gegenüber nationalen Grundrechten. Zugespitzt formuliert heißt dies tatsächlich: „Auch das Verhältnis der EU-Grundrechte zu den nationalen Grundrechten wird nicht durch Art. 53 GRCh geregelt."[65]

Wie so oft begibt sich der EuGH auch bei dieser Frage nicht in die Niederungen dogmatischer Begründungen, sondern belässt es bei der lapidaren Feststellung: „Diese Auslegung von Art. 53 GRC [Durchsetzung nationaler Grundrechte] würde nämlich gegen den Grundsatz des Vorrangs des Unionsrechts verstoßen."[66] Gleichwohl stellt sich die bislang kaum beachtete Frage, wie sich diese Feststellung begründen lässt. Der Wortlaut des Art. 53 enthält nämlich die ausdrücklich gegenteilige Feststellung. Denkbar wäre, den „Anwendungsbereich" nationaler Grundrechte auszuschließen, wo es um die Durchsetzung zwingenden Unionsrechts geht. Dies ergibt aber aus zwei Gründen keinen Sinn: 1. Der Anwendungsbereich nationaler Grundrechte bestimmt sich nach nationalem Verfassungsrecht; 2. Der Anwendungs*vorrang* des Unionsrechts begrenzt nicht den Anwendungs*bereich* nationaler Grundrechte. Auch Art. 6 Abs. 1 Hs. 2 EUV („die Charta der Grundrechte und die Verträge sind rechtlich gleichrangig") bietet keine klare Lösung: Der Vorrang des Unionsrechts – als ungeschriebener Grundsatz der Verträge[67] – ist damit gleichwertig mit Art. 53, aber nicht höherwertig. Die wohl einzig schlüssige dogmatische Konstruktion ist es, in Art. 53 eine ungeschriebene Ausnahme hineinzulesen. Ein **ungeschriebener Satz 2** würde etwa lauten: „S. 1 findet keine Anwendung in Fällen des Vorrangs des Unionsrechts." Diesen Satz hat der Verfassungskonvent aber bewusst nicht aufgenommen, weil andernfalls die Verabschiedung der Charta gefährdet gewesen wäre (→ Rn. 11). Zugleich wird man darauf vertraut haben, dass der EuGH die „Schmutzarbeit" später schon übernehmen und Satz 2 als ungeschriebene Voraussetzung hineinlesen würde. Schaut man sich die Rechtsprechung des EuGH an, ist es heute ausschließlich der ungeschriebene Satz 2, der eine Rolle spielt, nicht aber der geschriebene Satz 1. Wie ein- 31

59 EuGH – Taricco I, Rs. C-105/14, ECLI:EU:C:2015:555, Urt. v. 8.9.2015.
60 EuGH – Taricco II, Rs. C-42/17, ECLI:EU:C:2017:936, Urt. v. 5.12.2017; hierzu *Klein*, DÖV 2018, 605.
61 EuGH – Taricco I (Fn. 59) Rn. 52.
62 EuGH – Taricco II (Fn. 60) Rn. 47; EuGH – Melloni (Fn. 30) Rn. 60.
63 In etwa vergleichbar mit dem Vorbehalt der Verfassungsidentität, siehe z. B. Urteil 238/2014 der Corte Costituzionale v. 23.9.2014; *Bleckmann*, S. 200.
64 *Burchardt*, EuR 2018, 248 (255).
65 *Streinz*, FS Jarass, S. 137.
66 EuGH – Melloni (Fn. 29) Rn. 99.
67 Siehe die Erklärung Nr. 17 zur Schlussakte der Regierungskonferenz zum Vertrag von Lissabon, ABl. 2012 C 326/346; *Streinz*, EUV/AEUV, Art. 4 EUV Rn. 35 ff.

gangs festgestellt (→ Rn. 13), ist Art. 53 eine Mogelpackung: Das spanische Verfassungsgericht ist sicher nicht der einzige mitgliedstaatliche Akteur, der sich vor Verabschiedung der Charta vom Wortlaut des geplanten Art. 53 hat verleiten lassen und auf ein allgemeines Meistbegünstigungsprinzip geschlossen hat.[68]

32 d) **Dreiecksfälle** sind eine weitere Untergruppe einer möglichen Kollision von Charta und nationalen Grundrechten. Die Literatur spricht auch von „horizontalen",[69] „mehrpoligen"[70] oder „multipolaren"[71] Grundrechtskollisionen.[72] Es stehen sich zwei oder mehr Grundrechtsträger gegenüber: z. B. ein Gewerbebetrieb in seiner unternehmerischen Freiheit (Art. 16) und ein durch eine Datenverarbeitung des Gewerbebetriebs betroffener Bürger (Art. 8). Eine Kollision zwischen Charta und nationalen Grundrechten ist allerdings auch in dieser Konstellation kaum vorstellbar. Das eine Grundrecht müsste prozessual in die Letztentscheidungskompetenz des EuGH fallen, das andere Grundrecht nicht und damit in die Letztentscheidungskompetenz des nationalen Gerichts. Eine solche Trennung gelingt abstrakt, nicht aber konkret: Unterstellt, der EuGH hätte per Vorabentscheidung z. B. in einem Rechtsstreit zwischen Bürger und Unternehmen über die Auslegung der DSGVO zu entscheiden. Anlass des Streits zwischen Bürger und Unternehmen ist Unionsrecht, die DSGVO. Es ist schwer vorstellbar, dass der EuGH in seiner Entscheidung nur auf eines der beiden Chartarechte einginge, z. B. Art. 8, nicht aber auf Art. 16. Selbst wenn dies der Fall wäre, könnte das nationale Gericht anschließend die Vorgaben des EuGH zur Durchsetzung des Unionsrechts nicht aushebeln mit dem Argument, dass der (höhere) nationale Schutz der unternehmerischen Freiheit dies so gebiete: Es gilt der **Vorrang** des **Unionsrechts**. Geht es nicht um die Durchsetzung zwingenden Unionsrechts, gilt nichts anderes als in „einpoligen" Grundrechtsfällen (→ Rn. 29): Die Mitgliedstaaten sind darin frei, einen höheren Grundrechtsstandard anzusetzen.

33 Es gibt **keine konkreten Fälle**, bei denen partiell der Vorrang des Unionsrechts gilt – und damit die Charta, und partiell der Vorrang des Unionsrechts nicht gilt – und damit nationale Grundrechte. Trotz ausgiebiger Diskussion der Dreiecksfälle, bietet die Literatur keine tauglichen Beispielsfälle an.[73] Dies müssten Fälle sein, die alle **drei** folgenden **Merkmale** erfüllen: 1. Die Auslegung des Unionsrechts, z. B. der DSGVO, ist nur Vorfrage, und dabei ist nur das Grundrecht eines „Pols" betroffen ist, z. B. des Bürgers (Art. 8); 2. Gedanklich nachgelagert hierzu, in einem nationalen Teil außerhalb des Vorrangs des Unionsrechts, z. B. einer reinen Formfrage der Abmahnung von Datenschutzverstößen, ist die unternehmerische Freiheit des anderen „Pols" betroffen (Maßstab: nationale Grundrechte); 3. Trotz der Trennung beider Rechtsfragen kollidieren die Grundrechte beider Pole, also z. B. der Datenschutz des Bürgers nach Art. 8 mit der unternehmerischen Freiheit nach nationalem Recht. Mit anderen Worten: Entweder die Grundrechtsfragen sind getrennt und können damit in unterschiedliche Regelungs- oder Rechtsprechungskompetenzen fallen (EU/Mitgliedstaat); dann aber kollidieren Charta und nationale Grundrechte nicht. Oder die Grundrechtsfragen sind verknüpft, dann aber müssen auch für beide Fragen sowohl Charta als auch der Vorrang des Unionsrechts gelten. Ein anschauliches Beispiel ist das **Kopf-**

68 DTC 1/2004 v. 13.12.2004, hierzu *Herzmann*, EuGRZ 2015, 445.

69 *Franzius*, EuGRZ 2015, 139 (142).

70 *Franzius*, ZaöRV 2015, 383 (396); *Jung*, S. 188 ff.; *Frenz*, Hdb EuR 4, Rn. 82; *Grabenwarter/Pabel*, EMRK, § 4 Rn. 10; *GSH/Terhechte*, EU, Art. 53 GRC Rn. 11.

71 *Stern/Sachs/Krämer*, GRC, Art. 53 Rn. 9; *Schmahl*, JZ 2016, 921 (925); *Wendel*, NJW 2015, 921 (924).

72 Siehe auch *Jarras*, GRC, Art. 53 Rn. 31: „Dreieckssituationen".

73 Siehe Fn. 69 bis 72; auch *Jung* (S. 188 ff.) bietet auf den 252 Seiten ihrer Dissertation kein konkretes Beispiel.

tuchverbot in privaten Unternehmen: Die Religionsfreiheit der Angestellten kollidiert mit der unternehmerischen Freiheit. Die Abwägungsentscheidung des EuGH[74] setzt im Hinblick auf beide Grundrechte zwingendes Unionsrecht um (die Gleichbehandlungs-RL 78/2000). Das in der Literatur als „Klassiker"[75] bezeichnete konkrete Beispiel für Dreiecksfälle aus der Rechtsprechung des EGMR[76] *von Hannover/Deutschland* ist für das Verhältnis EMRK zu nationalem Verfassungsrecht interessant, nicht aber für das Europarecht und Art. 53: Es fehlt in diesem rein innerdeutschen, medienrechtlichen Fall an der Durchführung von Unionsrecht. Die zu Art. 53 diskutierten Dreiecksfälle sind letztlich Gegenstand einer **Phantomdiskussion**: Aus ihnen ergeben sich keine Wertekollisionen, die gegenüber „einpoligen"[77] Fällen irgendwelche Besonderheiten aufweisen.

Es ist im Übrigen kein Zufall, dass alle Grundsatzentscheidungen des EuGH zu Art. 53 **Justizgrundrechte** betrafen (→ Rn. 29 f.). Justizgrundrechte wirken nur im klassischen Verhältnis Bürger-Staat, nicht aber im Verhältnis Bürger-Bürger. Ebenso ging es um Justizgrundrechte, wenn das BVerfG auf der Einhaltung des nationalen Grundrechtsstandards beharrt hat („Verfassungsidentität").[78] Das eher „weiche" Austarieren zweier Grundrechtspositionen zwischen Bürgern wie Datenschutz und unternehmerische Freiheit lässt sich offenbar besser in Einklang mit der Charta bringen. Akzeptiert die Charta hingegen Strafverfahren in Abwesenheit der Angeklagten oder die nachträgliche Verlängerung von Verjährungsfristen, erzeugt dies „harte" Gegensätze zu den Eigenheiten im Grundrechtsschutz einzelner Mitgliedstaaten. 34

3. Rechtsfolge

Ist die **Durchsetzung** des Unionsrechts **erforderlich**, geht Unionsrecht den nationalen Grundrechten grundsätzlich vor. Von diesem Grundsatz ausgenommen sind Sachverhalte, bei denen die **Verfassungsidentität** eines Mitgliedsstaats berührt ist. Nach Art. 4 Abs. 2 S. 1 EUV achtet die Union die „jeweilige nationale Identität [der Mitgliedstaaten], die in ihren grundlegenden politischen und verfassungsmäßigen Strukturen […] zum Ausdruck kommt." Mehrere Gerichte der Mitgliedstaaten leiten hieraus und/oder aus ihren Verfassungen ab, dass der Vorrang des Unionsrechts in der nationalen Verfassungsidentität seine Grenze findet.[79] 35

74 Achbita/G4S, Rs. C-157/15, ECLI:EU:C:2017:203, Urt. v. 14.3.2017.

75 So *Bezemek*, ZfRV 2015, 52 (54).

76 EGMR – von Hannover/Deutschland, Appl. 59320/00, Urt. v. 24.6.2004; hierzu *Hoppe*, ZEuP 2005, 656.

77 Zu Recht kritisch gegen die Terminologie „mehrpolig": *Calliess/Ruffert/Kingreen*, EUV/AEUV, Art. 53 GRC Rn. 6.

78 BVerfG, Beschl. v. 15.12.2015, 2 BvR 2735/14 (Europäischer Haftbefehl II), BVerfGE 140, 317.

79 BVerfG (vorige Fn.): „Im Rahmen der Identitätskontrolle ist zu prüfen, ob die durch Art. 79 Abs. 3 GG für unantastbar erklärten Grundsätze durch eine Maßnahme der Europäischen Union berührt werden"; BVerfG, Beschl. v. 14.12.2017, 2 BvR 2655/17; OLG Stuttgart, Beschl. v. 25.4.2018, 1 Ws 23/18, NZV 2018, 320; hierzu: *Franzius*, EuGRZ 139, 142 f.; *Grabitz/Hilf/Nettesheim/Mayer*, Art. 19 EUV Rn. 88 ff.; *Rademacher*, EuR 2018, 140; *Satzger*, NStZ 2016, 514 (516); *Sauer*, EuR 2017, 186; Generalanwalt – Melloni, Rs. C-399/11, ECLI:EU:C:2012:600, Schlussanträge v. 2.10.2012, Rn. 139: „Wäre ein Mitgliedstaat der Auffassung, dass eine Vorschrift des abgeleiteten Rechts seine nationale Identität verletzt, könnte er sie somit unter Berufung auf Art. 4 Abs. 2 EUV anfechten"; siehe auch *Lienbacher/Holoubek/Vranes*, GRC, Art. 53 Rn. 44, der den völkerrechtlichen Notstand für anwendbar hält, da die Vertragseinhaltung mit fundamentalen legitimen Interessen des Mitgliedstaates unvereinbar wäre; Beispiele aus der Rechtsprechung ausländischer Verfassungsgerichte bei *Bogdandy/Mayer*, Eur. Verfassungsrecht, S. 580; instruktiv zum Verhältnis von Grundrechts-, ultra-vires- und Identitätskontrolle: *Schwerdtfeger*, EuR 2015, 290.

36 Ist die **Durchsetzung** des Unionsrechts **nicht erforderlich**, haben die Mitgliedstaaten einen eigenen verfassungsrechtlichen Gestaltungsspielraum:[80] „Sofern eine nationale Maßnahme zur Durchführung des Rechts der Union deren wesentliche Interessen nicht beeinträchtigt, überlässt es der EuGH also den Mitgliedstaaten, den Grundrechtsschutz auf dem Niveau festzulegen, dass sie mit ihrer einzelstaatlichen Verfassung als vereinbar ansehen."[81] Wenden die nationalen Gerichte beide Grundrechtsordnungen nebeneinander an, kann sich der Grundrechtsberechtigte auf das für ihn günstigere Recht berufen.

37 Wertekollisionen zwischen Charta und Charta-externen **EU-Grundrechten, Völkerrecht** oder **EU-Grundfreiheiten** sind theoretisch denkbar, aber praktisch wohl irrelevant. Kommt es gleichwohl zur Kollision, sind – mangels besserer Alternative[82] – beide Werte in einen Ausgleich zu bringen.[83] In der Sprache des BVerfG zu nationalem Verfassungsrecht sind „kollidierende Grundrechtspositionen [...] in ihrer Wechselwirkung zu erfassen und [...] so in Ausgleich zu bringen, dass sie für alle Beteiligten möglichst weitgehend wirksam werden."[84]

4. Konkurrenzen

38 Art. 4 Abs. 2 S. 1 EUV hat ein ähnliches Regelungsziel wie Art. 53: Es geht darum, nationale Grundrechte zu schützen. Allerdings findet Art. 4 Abs. 2 S. 1 EUV nur Anwendung, wenn zwingendes Unionsrecht die **Verfassungsidentität** eines Mitgliedstaats bedroht.[85] Geht es aber um die Durchführung von zwingendem Unionsrecht, ist Art. 53 gerade nicht anwendbar. Beide Vorschriften stehen daher in einem Entweder-Oder-Verhältnis.

39 Art. 52 Abs. 2 bezieht sich auf **Charta-externe Unionsgrundrechte.** Denkbar wäre, Charta-externe Unionsgrundrechte dem Anwendungsbereich von Art. 53 zu entziehen,[86] da Art. 52 Abs. 2 die Charta-externen Unionsgrundrechte den Bedingungen der Verträge unterwirft (→ Art. 52 Rn. 46 ff.). Allerdings war es Ansinnen des Art. 53, für einen umfassenden Schutz des grundrechtlichen Status quo zu sorgen. Art. 53 erfasst daher auch Charta-externe Unionsgrundrechte. Beide Vorschriften sind nebeneinander anwendbar. Letztlich ist diese Frage aber praktisch wohl folgenlos.

40 Ebenfalls rein theoretischer Natur ist das Verhältnis zu Art. 52 Abs. 3 (Schutzklausel **EMRK**). Denkbar aber folgenlos ist es, Art. 52 Abs. 3 als die spezifischere Regelung zu Art. 53 anzusehen.[87]

41 Für den künftigen **Beitritt** der EU zur EMRK sieht der EuGH im Verhältnis von **Art. 53 EMRK** und Art. 53 GRC ein wesentliches Problem.[88] Art. 53 EMRK soll nach Auffassung des EuGH die Mitgliedstaaten ermächtigen, ihre nationalen Verfassungsstandards dem

---

80 *Thym*, NVwZ 2013, 889 (892).
81 *Lenaerts*, EuR 2012, 3 (15); *Streinz*, FS Jarass, S. 139.
82 *Schwarze/Becker*, EU, Art. 53 GRC, Rn. 1: „Nicht geklärt ist allerdings, wie im Einzelfall miteinander konfligierende Rechte zu einem Ausgleich zu bringen sind".
83 Vgl. nur *Jarass*, GRC, Art. 53 Rn. 12, 17, 21, 33; für einen Vorrang der EMRK gegenüber Charta: *Grabenwarter/Pabel*, EMRK, § 4 Rn. 10.
84 St. Rspr. seit BVerfGE 28, 243 (261).
85 Siehe die Nachweise in Fn. 79.
86 So *Heselhaus/Nowak/Szczekalla*, Hdb Eur. GR, § 7 Rn. 105.
87 *Stern/Sachs/Krämer*, GRC, Art. 53 Rn. 5.
88 Gutachten 2/13 v. 18.12.2014, ECLI:EU:C:2014:2454.

Vorrang des Unionsrechts entgegenzuhalten. Für diese Befürchtung hat der EuGH zu Recht scharfe Kritik erfahren.[89]

Art. 351 AEUV regelt das Verhältnis von mitgliedstaatlichen (völkerrechtlichen) Altverträgen zu EUV und AEUV.[90] In gewissem Umfang sichert er damit den völkerrechtlichen Status quo der Mitgliedstaaten vor Gründung oder Beitritt zur EU. Art. 351 AEUV ist die zu Art. 53 GRC allgemeinere Norm: Er betrifft jegliche Unvereinbarkeit, während Art. 53 nur Grundrechtsfälle betrifft. Gleichwohl lassen sich beide Normen nebeneinander anwenden. 42

5. Nicht erfasste Konstellationen

Art. 53 deckt **Charta-interne** Kollisionen (oder Konkurrenzen)[91] zwischen verschiedenen Grundrechten nicht ab. Dies gilt auch für Kollisionen zwischen Charta-Grundrechten und **sonstigem Unionsrecht.** 43

Hinsichtlich der „Grundfreiheiten" ist der **Wortlaut** des Art. 53 **zweideutig:** „Grundfreiheiten" kann die Verkehrsfreiheiten des AEUV bedeuten oder die Freiheitsrechte der EMRK („Konvention zum Schutze der Menschenrechte und Grundfreiheiten"). Für die Auslegung des Begriffs als Verkehrsfreiheit spricht nur die Terminologie des EuGH, der mitunter auch von „Grundfreiheiten" spricht.[92] Der EUV und der AEUV nutzen den Begriff nur in Bezug auf die **EMRK.** Daher hat der Verfassungskonvent den Begriff wohl einfach von Art. 53 EMRK in Art. 53 Charta kopiert, ohne über dessen unionsrechtliche Vorbelastung nachzudenken.[93] Ganz überwiegend geht die Literatur daher zu Recht davon aus, dass „Grundfreiheiten" sich nicht auf die Verkehrsfreiheiten des AEUV bezieht, sondern nur auf menschenrechtliche Freiheiten.[94] 44

Im Übrigen passt Art. 53 nicht auf Verkehrsfreiheiten. Der EuGH hat anerkannt, dass Grundrechte Grundfreiheiten einschränken können.[95] So hatte der EuGH z. B. darüber zu entscheiden, ob ein Mitgliedstaat gegen die Warenverkehrsfreiheit verstößt, wenn er einen in Ausübung der Versammlungsfreiheit blockierten Grenzübergang nicht räumt.[96] Die **„Einschränkung"** von Verkehrsfreiheiten durch Grundrechte ist also nicht verboten, son- 45

89 *Bezemek*, ZfRV 2015, 52 (55 ff.): „Scheinproblem", „Autismus" (des EuGH); *Breuer*, EuR 2015, 330 (334); *Franzius*, EuGRZ 2015, 139 (145); *GSH/Terhechte*, EU, Art. 53 GRC Rn. 8: „recht artifizielle Argumentation"; siehe auch *Spielmann*, ECtHR, Annual Report 2014 (2015), S. 6: „[T]he CJEU's unfavourable opinion is a great disappointment".

90 Vgl. *Calliess/Ruffert/Schmalenbach*, EUV/AEUV, Art. 53 GRC Rn. 1 ff.

91 *Jarass*, GRC, Art. 53 Rn. 14 ff.; hierzu *Schwerdtfeger*, Art. 52 Rn. 36.

92 So z. B. EuGH – GS/Bundeszentralamt für Steuern, Rs. C-440/17, ECLI:EU:C:2018:437, Beschl. v. 14.6.2018, Rn. 44.

93 So *Peers/de Witte*, EU Charter, Art. 53, Rn. 53.09.

94 So *Jarass*, GRC Art. 53 Rn. 12 („Art. 53 ist [für Grundfreiheiten] nicht unmittelbar einschlägig"); *Peers/de Witte*, EU Charter, Art. 53, Rn. 53.09; zweifelnd *Borowsky*, Vorauflage, Rn. 14 a; die anderen Kommentatoren werfen die Frage erst gar nicht auf, oder verneinen sie implizit, indem sie Art. 53 nur im Hinblick auf grundrechtliche Konstellationen analysieren. Anders nur *GSH/Terhechte*, EU, Art. 53 GRC Rn. 7 („'Grundfreiheiten' bezieht sich hierbei auf die Verkehrsfreiheiten des AEUV"), der für diese These aber nur die gegenteilige Position von *de Witte* zitiert.

95 Etwa EuGH – Schmidberger, Rs. C-112/00, ECLI:EU:C:2003:333, Urt. v. 12.6.2003, Rn. 74; Omega, Rs. C-36/02, ECLI:EU:C:2004:614, Urt. v. 14.10.2004, Rn. 35; Weintor, Rs. C-544/10, ECLI:EU:C:2012:526, Urt. v. 6.9.2012, Rn. 45, 49; *Jarass*, GRC, Art. 53 Rn. 13; *Streinz*, HGR VI/1, § 151 Rn. 24 f.

96 Siehe die Rechtsprechung in Fn. 95; siehe auch F.A.Z. v. 18.7.2018, Easyjet boomt nach Air-Berlin-Übernahme: Streiks von Fluglotsen beeinträchtigen nach Auffassung von Ryanair den freien Personen- und Warenverkehr.

dern **notwendig.** Art. 53 würde aber genau das Gegenteil hiervon statuieren, würde man „Grundfreiheiten" mit „Verkehrsfreiheiten" gleichsetzen.

IV. Literaturübersicht

Besselink, Leonard F.M., The Parameters of Constitutional Conflict After Melloni, ELRev. 2014, 531; *Bezemek, Christoph*, 19 Jahre, und nichts für die Unsterblichkeit getan, Anmerkungen zum Verhältnis von Art 53 EMRK und Art 53 GRC anlässlich des Gutachtens 2/13 des EuGH, ZfRV 2015, 52; *Bleckmann, Moritz*, Nationale Grundrechte im Anwendungsbereich des Rechts der Europäischen Union, Tübingen 2011; *Breuer, Marten*, „Wasch mir den Pelz, aber mach mich nicht nass!" Das zweite Gutachten des EuGH zum EMRK-Beitritt der Europäischen Union, EuR 2015, 330; *Bühler, Margit*, Einschränkung von Grundrechten nach der Europäischen Grundrechtecharta, Berlin 2005; *Burchardt, Dana*, Kehrtwende in der Grundrechts- und Vorrangrechtsprechung des EuGH? – Anmerkung zum Urteil des EuGH vom 5.12.2017 in der Rechtssache M.A.S. und M.B. (C-42/17, „Taricco II"), EuR 2018, 248; *Classen, Claus Dieter*, Schwierigkeiten eines harmonischen Miteinanders von nationalem und europäischem Grundrechtsschutz, EuR 2017, 347; *Franzius, Claudio*, Strategien der Grundrechtsoptimierung in Europa, EuGRZ 2015, 139, 142; *derselbe*, Grundrechtsschutz in Europa – Zwischen Selbstbehauptungen und Selbstbeschränkungen der Rechtsordnungen und ihrer Gerichte, ZaöRV 2015, 383; *Herzmann, Karsten*, Das spanische Verfassungsgericht und der Fall Melloni, EuGRZ 2015, 445; *Jung, Aeryung*, Grundrechtsschutz auf europäischer Ebene, 2016; *Klein, Marvin*, Friedensgrüße aus Luxemburg: Neue Entwicklungen im europäischen Grundrechteverbund, DÖV 2018, 605; *Klocke, Daniel Matthias*, Der europäische Menschenrechtsdialog im Arbeits-, Unternehmens- und Sozialrecht, in: *Faber, Ulrich/Feldhoff, Kerstin/Nebe, Katja/Schmidt, Kristina/Waßer, Ursula* (Hrsg.), Gesellschaftliche Bewegungen – Recht unter Beobachtung und in Aktion, Gesellschaftliche Bewegungen – Recht und Beobachtung und in Aktion, Festschrift für Wolfhard Kohte, 2016; *Lenaerts, Koen*, Die EU-Grundrechtecharta: Anwendbarkeit und Auslegung, EuR 2012, 3; *Liisberg, Jonas Bering*, Does the EU Charter of Fundamental Rights threaten the Supremacy of Community Law?, CMLRev. 2001, 1171; *Masing, Johannes*, Einheit und Vielfalt des Europäischen Grundrechtsschutzes, AnwBl 2014, 786; *Rademacher, Tilman*, Die „Verfassungsidentität" als Grenze der Kompetenzübertragung auf die Europäische Union?, EuR 2018, 140; *Satzger, Helmut*, Grund- und menschenrechtliche Grenzen für die Vollstreckung eines Europäischen Haftbefehls? – „Verfassungsgerichtliche Identitätskontrolle" durch das BVerfG vs. Vollstreckungsaufschub bei „außergewöhnlichen Umständen" nach dem EuGH, NStZ 2016, 514; *Sauer, Heiko*, Der novellierte Kontrollzugriff des Bundesverfassungsgerichts auf das Unionsrecht, EuR 2017, 186; *Schadendorf, Sarah*, Die UN-Menschenrechtsverträge im Grundrechtsgefüge der Europäischen Union, EuR 2015, 28; *Schlachter, Monika*, Eingriffe in die Vereinigungsfreiheit zur Bekämpfung der Wirtschaftskrise und ihre Grenzen nach der europäischen Sozialcharta, in: *Faber, Ulrich/Feldhoff, Kerstin/Nebe, Katja/Schmidt/Kristina Waßer, Ursula* (Hrsg.), Gesellschaftliche Bewegungen – Recht unter Beobachtung und in Aktion, Gesellschaftliche Bewegungen – Recht und Beobachtung und in Aktion, Festschrift für Wolfhard Kohte, 2016, S. 977–992; *dieselbe*, Stärkung sozialer Rechte durch Grundrechtsschutz im europäischen Mehr-Ebenen-System?, EuR 2016, 478; *Schmahl, Stefanie*, Der Beitritt der EU zur Europäischen Menschenrechtskonvention: Wo liegt das Problem?, JZ 2016, 921; *Streinz, Rudolf*, Grundrechtsschutz im europäischen Mehrebenensystem, in: Kment, Martin (Hrsg.), Das Zusammenwirken von deutschem und europäischem Öffentlichen Recht, Festschrift für Hans D. Jarass, 2015, S. 133; *Thym, Daniel*, Die Reichweite der EU-Grundrechte-Charta – Zu viel Grundrechtsschutz?, NVwZ 2013, 889; *Villalón, Pedro Cruz*, Die allgemeinen Bestimmungen über die Auslegung und Anwendung der Charta, ZEuS 2015, 265; *Weiß, Wolfgang*, Grundrechtsschutz durch den EuGH: Tendenzen seit Lissabon, EuZW 2013, 287; *Wendel, Mattias*, Der EMRK-Beitritt als Unionsrechtsverstoß, NJW 2015, 921.

Artikel 54 Verbot des Missbrauchs der Rechte

Keine Bestimmung dieser Charta ist so auszulegen, als begründe sie das Recht, eine Tätigkeit auszuüben oder eine Handlung vorzunehmen, die darauf abzielt, die in der Charta anerkannten Rechte und Freiheiten abzuschaffen oder sie stärker einzuschränken, als dies in der Charta vorgesehen ist.

I. Vorgaben

1. Internationales Recht

In den Erläuterungen zu Art. 54 heißt es: „Dieser Artikel entspricht Artikel 17 EMRK". Gleichwohl hat **Art. 17 EMRK** einen leicht abweichenden Wortlaut: „Diese Konvention ist nicht so auszulegen, als begründe sie *für einen Staat, eine Gruppe oder eine Person* das Recht, eine Tätigkeit auszuüben oder eine Handlung vorzunehmen, die darauf abzielt, die in der Konvention festgelegten Rechte und Freiheiten abzuschaffen oder sie stärker einzuschränken, als es in der Konvention vorgesehen ist" (inhaltliche Abweichungen zu Art. 54 kursiv). 1

Art. 17 EMRK vergleichbare Bestimmungen finden sich in dem **IPbpR**[1] sowie dem **IPwskR**[2] der Vereinten Nationen vom 16.12.1966, jeweils Art. 5 Abs. 1. Die Pakte leiten sich ab[3] aus dem etwas enger gefassten Art. 30 der **AEMR**[4] vom 10.12.1948; dort fehlt aber die Alternative „stärker einzuschränken, als [...] vorgesehen." 2

Die **AMRK** vom 22.11.1969 enthält eine den Internationalen Pakten vergleichbare Bestimmung in Art. 29 lit. a.[5] In der **AfrMRCh** vom 27.6.1981 fehlt eine solche Klausel.[6] Auch die nach Inkrafttreten der Charta verabschiedete **ArabMRCh** vom 22.5.2004 hat keine Missbrauchsklausel.[7] 3

Die **Erkl. EP** vom 12.4.1989 enthält in Art. 28 ein Verbot des „Rechtsmissbrauchs": „Keine Bestimmung dieser Erklärung darf so ausgelegt werden, dass sich daraus irgendein Recht ergibt, eine Tätigkeit auszuüben oder eine Handlung vorzunehmen, welche auf die Einschränkung oder Abschaffung der in dieser Erklärung angeführten Rechte und Freiheiten abzielt." Die Formulierung ist nicht geglückt, da sie jede „Einschränkung" verbietet, und nicht nur solche, die Rechte und Freiheiten „stärker einschränken, als es in der Charta vorgesehen ist" (Art. 54). 4

Der **EuGH** hat „den allgemeinen Grundsatz des Gemeinschaftsrechts" anerkannt, „wonach Rechtsmissbrauch verboten" ist.[8] Auch hier zeigt sich aber wie bei den Verfassungen der Mitgliedstaaten, dass unter der Flagge „Rechtsmissbrauch" ganz unterschiedliche Tatbestände segeln. Der EuGH zielt mit dem Grundsatz des Rechtsmissbrauchs auf Sachverhalte der Grundfreiheiten, bei denen zum Beispiel ein Importeur und ein Exporteur „kollusiv zusammenwirken".[9] Auf Grundrechte passt diese Logik nicht. Die Rechtsprechung des 5

1 999 UNTS 171.
2 993 UNTS 3.
3 *Saul/Kinley/Mowbray*, The International Covenant on Economic, Social and Cultural Rights, Commentary, Cases, and Materials, 2014, S. 263.
4 A/RES/217, UN-Doc. 217/A-(III).
5 1144 UNTS 123.
6 OAU Doc. CAB/LEG/67/3 rev. 5, 21 I.L.M. 58 (1982).
7 Inoffizielle englische Übersetzung in: 12 Int'l Hum. Rts. Rep. 2005, 893.
8 EuGH – Kofoed, Rs. C-321/05, ECLI:EU:C:2007:408, Urt. v. 5.7.2007, Rn. 38; zuletzt EuGH – Cussens and others, Rs. C-251/16, ECLI:EU:C:2007:408, Urt. v. 22.11.2017, Rn. 31.
9 EuGH – Emsland-Stärke, Rs. C-110/99, ECLI:EU:C:2000:695, Urt. v. 14.12.2000, Rn. 52-53; grundl. hierzu: *Schön*, in: FS für Reiß, 2008, S. 575.

EuGH hat es daher gerade nicht nahe gelegt, das Missbrauchsverbot in der Charta zu verankern.[10]

6 Das Missbrauchsverbot findet sich ferner in internationalen Konventionen außerhalb des Bereichs der Menschenrechte, so z.B. in Art. 300 des **Seerechtsübereinkommens** der Vereinten Nationen:[11] „Die Vertragsstaaten erfüllen die auf Grund dieses Übereinkommens übernommenen Verpflichtungen nach Treu und Glauben und üben die in dem Übereinkommen anerkannten Rechte, Hoheitsbefugnisse und Freiheiten in einer Weise aus, die keinen Rechtsmissbrauch darstellt." Die Rechtsprechung des **StIGH**[12] und der **WTO**[13] stützt sich mitunter ebenfalls auf ein allgemeines Missbrauchsverbot. Auch hier geht es aber nicht um Grundrechte, sondern um Treue zwischen Vertragspartnern.

2. Verfassungen der Mitgliedstaaten

7 Nur fünf der 28 **Mitgliedstaaten** sehen in ihrer Verfassung ein allgemeines Missbrauchsverbot ausdrücklich vor. Die Missbrauchsverbote von vier dieser Verfassungen gehen dem Anwendungsbereich oder der Rechtsfolge nach in eine andere Richtung als Art. 54: **Bulgarien,** Art. 57 Abs. 2: „Unzulässig ist ein Missbrauch der Rechte wie auch ihrer Ausübung, wenn dadurch die Rechte oder gesetzlich geschützte Interessen anderer verletzt werden"; **Griechenland,** Art. 25 Abs. 3: „Rechtsmissbrauch ist nicht gestattet"; **Spanien,** Art. 55 Abs. 2: „Die ungerechtfertigte oder missbräuchliche Ausübung der kraft dieses Organgesetzes zugestandenen Befugnisse führt als Verletzung der von den Gesetzen anerkannten Rechte und Freiheiten zu strafrechtlicher Haftung"; **Rumänien**: Art. 54: „Die rumänischen Bürger, Ausländer und Staatenlose müssen ihre verfassungsmäßigen Rechte und Freiheiten mit Gutgläubigkeit ausüben, ohne die Rechte und Freiheiten anderer zu verletzen." Das Missbrauchsverbot in Art. 34 der Verfassung **Zyperns** ist zwar als einziges mit dem Wortlaut von Art. 54 der Charta in etwa vergleichbar. Allerdings geht Art. 34 der Verfassung Zyperns auf die Allgemeine Erklärung der Menschenrechte zurück und nicht auf die EMRK, da die Vereinten Nationen bei der Unabhängigkeit Zyperns im Jahr 1960 vermittelten.[14] Im Übrigen trat Zypern erst im Mai 2004 der EU bei (Beitrittskandidat seit Dezember 1999); von einer „Vorgabe" für die am 1.12.2000 verabschiedete Charta lässt sich daher **nicht** sprechen. Im Übrigen stimmt eher nachdenklich, dass die Verfassungen der **DDR**[15] und **Jugoslawiens**[16] ebenfalls Missbrauchsverbote enthielten. Ferner haben bis auf Zypern nur Staaten die „scharfe Waffe der Missbrauchsregelung" in ihre Verfassung aufgenom-

10 Anders in der 4. Auflage: *Borowsky*, Rn. 3.
11 1833 UNTS 3.
12 StIGH – Germany/Poland, Urt. Nr. 7 v. 25.5.1926, Series A, Rn. 88 („a misuse of this right").
13 WTO, United States – Import Prohibition of Certain Shrimp and Shrimp Products, AB-1998-4, WT/DS58/AB/R, Bericht des Berufungsgremiums v. 12.10.1998, Rn. 156: „to abuse or misuse its right to invoke an exception".
14 *Meier,* Reunification of Cyprus, 34 Cornell Int'l L.J. 2001, 455 (458).
15 Verfassung der Deutschen Demokratischen Republik v. 7.10.1949, GBl. S. 4, 5: Art. 24 (Missbrauch des Eigentums); Art. 26 (Missbrauch von Boden); Art. 34 (Missbrauch der Kunst-, Wissenschafts- und Lehrfreiheit); Art. 41 (Missbrauch der Religionsfreiheit); die spätere Verfassung von 1968 einschließlich der geänderten Fassung von 1974 enthielt nur noch in Art. 17 Abs. 3 bzw. Abs. 4 das Verbot des „Missbrauchs der Wissenschaft".
16 Verfassung der Sozialistisch Föderativen Republik Jugoslawien v. 21.2.1974: Art. 174 (Missbrauch der Religionsfreiheit); hierzu: *Reichel,* Die neue jugoslawische Bundesverfassung, Osteuropa Recht 1974, 165 ff.

men, „die gerade eine Diktatur hinter sich gebracht haben".[17] Auch das **Grundgesetz** nutzt zwar in Art. 18 den Begriff des Missbrauchs. „Missbrauch" ist dort aber nicht Teil eines allgemeinen Verbots oder einer Schrankenregelung; der Missbrauch ist Voraussetzung dafür, dass eine Person einzelne Grundrechte (nur) mit Wirkung für die Zukunft verwirkt.[18] Für die Beurteilung des der Verwirkung zugrundeliegenden Grundrechtsmissbrauchs trifft Art. 18 GG keine unmittelbare Aussage.[19] Im Übrigen hat sich die Vorschrift als „unpraktikabel erwiesen, weshalb sie manchmal so behandelt wird, als gehöre sie zur Verfassung schon gar nicht mehr richtig dazu."[20]

Aus der gemeinsamen **Verfassungstradition** ergibt sich das Missbrauchsverbot somit **nicht.** 8
Keiner der bis zur Verabschiedung der Charta im Jahr 2000 beigetretenen Mitgliedstaaten hat in seiner Verfassung ein Art. 54 vergleichbares allgemeines Missbrauchsverbot. Einzige Ausnahme ist die griechische Verfassung („Rechtsmissbrauch ist nicht gestattet"); die Rechtsprechung legt diesen Passus aber in Anlehnung an das griechische Zivilrecht aus („Treu und Glauben").[21] Insoweit erstaunt, dass der Konvent ein verfassungsrechtliches Missbrauchsverbot überhaupt zum Gegenstand seiner Überlegungen gemacht hat.

II. Diskussion im Grundrechtekonvent

Interessanterweise geht die Initiative zu Art. 54 nicht auf einen Vertreter der Mitgliedstaa- 9
ten oder der EU im Grundrechtekonvent zurück, sondern nur auf einen Beobachter (*Fischbach,* Richter am **EGMR**). Eine Liste vom 27. Januar 2000 führt zwar für das erste Arbeitstreffen alle zu bedenkenden Themen der Charta auf, darunter auch unter der Rubrik „Horizontale Fragen" den Punkt „5. Rechtsmissbrauch (Art. 17 EMRK, Art. 28 Erkl. EP 1989)".[22] Erst aber am 17. April 2000 regte *Fischbach* bei der Beratung des Präsidiums an, einen dem Art. 17 EMRK entsprechenden Artikel in die Charta einzufügen.[23] Zur Begründung führte *er* kurz an, dass die allgemeinen Bestimmungen von EMRK und Charta möglichst gleichlaufen sollten; dies könne Divergenzen in der Rechtsprechung der beiden Europäischen Gerichtshöfe vermeiden.[24]

Bereits am Folgetag, dem 18. April 2000, und ohne weitere erkennbare Aussprache, fand 10
sich das Missbrauchsverbot in einem Präsidiumsdokument mit den Art. 17 **EMRK** entlehnten Worten: „Diese Charta ist nicht so auszulegen, als begründe sie das Recht, eine Tätigkeit auszuüben oder eine Handlung vorzunehmen, die darauf abzielt, die in der Charta

---

17 *Zuleeg,* Mißbrauch von Grundrechten vor dem Hintergrund demokratischer Strukturen in Europa, in: Iliopoulos-Strangas (Hrsg.), Der Mißbrauch von Grundrechten in der Demokratie, 1989, S. 41 (51).

18 Feststellung nur durch das BVerfG und nur mit Wirkung *ex nunc*: *Jarass/Pieroth/Jarass,* GG, Art. 18 Rn. 3, 7.

19 *Maunz/Schmidt-Bleibtreu/Klein/Bethge/von Coelln,* BVerfGG, 2018, § 39 Rn. 6: „Missbrauch" ist kein eigenständiges Tatbestandsmerkmal; der Tatbestand erschöpft sich im „Kampf gegen die freiheitliche demokratische Grundordnung".

20 *Volkmann,* NJW 2010, 417 (418); siehe auch *Jarass/Pieroth/Jarass,* GG, Art. 18 Rn. 1: Das BVerfG hat bislang in keinem Fall eine Verwirkung ausgesprochen.

21 *Spyropoulos/Fortsakis,* Constitutional Law in Greece, 2009, S. 217, Rn. 583; Art. 281 ZGB lautet: „Die Ausübung eines Rechtes ist verboten, wenn dadurch offensichtlich die Grenzen, die Treu und Glauben oder die guten Sitten oder der soziale oder wirtschaftliche Zweck des Rechts vorgeben, überschritten werden"; *Dagtoglou,* Der Mißbrauch von Grundrechten in der griechischen Theorie und Praxis, in: Iliopoulos-Strangas (Hrsg.), Der Mißbrauch von Grundrechten in der Demokratie, 1989, S. 103 (107).

22 Dok. CHARTE 4112/2/00 REV 2 BODY 4 v. 27.1.2000, S. 9.

23 Dok. CHARTE 4305/00 CONVENT 31 v. 12.5.2000, S. 1.

24 Ibid.

festgelegten Rechte und Freiheiten abzuschaffen."[25] Allerdings fehlte in dieser Formulierung die Alternative „stärkere Einschränkung der Rechte als vorgesehen". Mehrere Konventsmitglieder drängten darauf, die Charta auch in diesem Punkt möglichst weit an Art. 17 EMRK anzugleichen.[26] Der nächste Präsidiumsvorschlag vom 16. Mai 2000 ergänzte sodann die Vorschrift um den Passus: „oder sie stärker einzuschränken, als es in der Charta vorgesehen ist."[27] Mit einigen stilistischen Verbesserungen ergab sich damit im ersten Gesamtentwurf der Charta vom 28. Juli 2000 die endgültige Formulierung des Art. 54.[28]

11 Insgesamt lässt sich festhalten, dass die Übernahme des Art. 17 EMRK in Art. 54 **nicht** das Ergebnis einer **sorgfältigen Analyse** ist. Diese hätte vor allem drei Fragen beantworten müssen: 1. Entspricht ein Missbrauchsverbot den Verfassungstraditionen der Mitgliedstaaten? 2. Passt das Missbrauchsverbot der EMRK noch für die viel weiter gefasste Charta? 3. Lässt die Judikatur des EGMR einen praktischen Mehrwert des Missbrauchsverbots erkennen? Alle drei Fragen sind zu verneinen (→ Rn. 5, 26-27, 39).

III. Kommentierung

1. Funktion und praktische Bedeutung

12 Art. 54 ist eine **Auslegungsregel:**[29] Dem Wortlaut nach statuiert sie ein Verbot, die Charta in einem missbräuchlichen Sinne „auszulegen". Damit drückt Art. 54 aus, was in der juristischen Methodik selbstverständlich ist (→ Rn. 43). Das Gleiche gilt für den Art. 54 entsprechenden Art. 17 EMRK: Der **EGMR** erwähnt Art. 17 EMRK zwar in einigen wenigen Fällen pauschal, bestimmt die Grundrechtsschranken dann aber anhand seines gewohnten Prüfungsablaufs und ohne weiteren Bezug auf Art. 17 EMRK (→ Rn. 42). Insoweit ist verständlich, dass auch der **EuGH** Art. 54 bislang für seine Entscheidungen nicht herangezogen hat (→ Rn. 35).[30] Art. 54 hat **keinen** praktischen **Mehrwert.** Selbst extreme Fälle lassen sich „problemlos auch ohne Art. 54 lösen".[31] Es handelt sich bestenfalls um ein „Symbol",[32] schlimmstenfalls um eine „Angstklausel", deren Anwendung „in der Regel [...] nicht erforderlich [ist]", weil die jeweiligen Schranken der einzelnen Grundrechte ausreichen [...]".[33] Der Charta-Gesetzgeber wäre daher gut beraten gewesen, auf den dogmatischen Wasserkopf des Art. 54 zu verzichten; es reicht als Auslegungshilfe vollkommen aus, dass sich die Präambel der Charta in Abs. II auf „Menschenwürde" sowie „Demokratie und Rechtsstaatlichkeit" beruft.

2. Missbrauch

13 Für den **Tatbestand** des Art. 54 muss ein Grundrechtsberechtigter (→ Rn. 19) ein Grundrecht (→ Rn. 14) für eine Tätigkeit oder Handlung (→ Rn. 28) in Anspruch nehmen, mit der er darauf abzielt (→ Rn. 30), ein Schutzgut (→ Rn. 31) der Charta abzuschaffen (→ Rn. 23) oder übermäßig einzuschränken (→ Rn. 26).

---

25 Dok. CHARTE 4235/00 CONVENT 27 v. 18.4.2000, S. 4 (als Art. H.5).
26 Zu dieser kurzen Diskussion: *Bernsdorff/Borowsky*, Protokolle, S. 239 f.
27 Dok. CHARTE 4316/00 CONVENT 34 v. 16.5.2000, S. 12.
28 CHARTE 4422/00 CONVENT 45 v. 28.7.2000, S. 17.
29 *Jarass*, GRC, Art. 54 Rn. 1.
30 Auf diesen Befund weist auch *Hatje* hin (S. 597): „bis heute keinen Anwendungsfall".
31 *Calliess/Ruffert/Kingreen*, EUV/AEUV, Art. 54 Charta Rn. 3; siehe auch *Hatje* (S. 593): „sehr beschränkter Anwendungsbereich".
32 *Hatje* (S. 601): „Symbol einer reifen Grundrechtsordnung".
33 *Heselhaus/Nowak/Szczekalla*, Grundrechte, § 7 Rn. 109.

a) **„Recht begründende Bestimmung"**. Die Auslegungsregel des Art. 54 bezieht sich nur auf die **Grundrechte** der Charta (Rechte und Freiheiten). „Bestimmung" ist zwar jede Vorschrift der Charta, einschließlich der „allgemeinen Bestimmungen" im Titel VII. Allerdings bezieht sich Art. 54 nur auf Bestimmungen, die ein „Recht begründen" können. Dies ist bei den Art. 51-54 nicht der Fall. Grundsätze (Art. 52 Abs. 5) sind damit ebenfalls ausgenommen. 14

Es sind die *politischen* Grundrechte, mit denen ein Grundrechtsberechtigter auf eine Abschaffung oder weitere Einschränkung von anderen Grundrechten (→ Rn. 31 f.) hinwirken kann. Praktisch gesehen kommen daher nur drei Grundrechte in Betracht: Art. 11 (Freiheit der **Meinungsäußerung**), Art. 12 (Versammlungs- und **Vereinigungsfreiheit**), Art. 39 und 40 (**passives Wahlrecht**). Nur zu diesen drei auch in der EMRK verankerten Rechten[34] hat der EGMR Art. 17 EMRK überhaupt je zur Begründung einer Entscheidung herangezogen (→ Rn. 33). Denkbar wäre bei der Charta allenfalls noch das **Petitionsrecht** (Art. 44), z.B. wenn eine Petition darauf abzielt, die Gleichheit von Mann und Frau (Art. 23) abzuschaffen. Das EP könnte diese Petition verkürzt bescheiden und damit argumentieren, dass die Petition missbräuchlich gewesen sei. Zur Problematik einer solchen Begründung → folgende Rn. 15

Keine Anwendung findet Art. 54 bei den **Justizgrundrechten.**[35] Staaten könnten sonst argumentieren, dass ein erfolgreiches Rechtsmittel einem Extremisten letztlich nur helfe, seine demokratiefeindlichen Zwecke zu verfolgen; wegen Rechtsmissbrauchs stehe ihnen der Rechtsweg daher nicht offen. Die Justizgrundrechte ermöglichen es aber gerade, abschließend zu entscheiden, ob ein Extremist Grundrechte missbräuchlich ausgeübt hat oder nicht (→ Rn. 29). Etwas anderes ist es, wenn ein Grundrechtsberechtigter seine Verfahrensrechte missbraucht, z.B. mit einer Überzahl an Anträgen. In diesem Fall finden die allgemeinen Grundsätze über Rechtsmissbrauch in Verfahren Anwendung. Mit Art. 54 haben diese Grundsätze wenig gemeinsam, da sie nicht verfassungsfeindliche Bestrebungen abwehren, sondern lediglich auf effiziente Verfahren abzielen (→ Rn. 44).[36] 16

Ebenso wenig findet Art. 54 auf Grundrechte Anwendung, die **schrankenlos** gelten. Dies sind Art. 1 (Menschenwürde), Art. 2 Abs. 2 (Verbot der Todesstrafe), Art. 4 (Verbot der Folter und unmenschlicher oder erniedrigender Strafe oder Behandlung), Art. 5 Abs. 1 (Verbot der Sklaverei und der Zwangsarbeit), Art. 19 Abs. 2 (Schutz bei Abschiebung, Ausweisung und Auslieferung), Art. 49 Abs. 1 (Grundsatz der Gesetzmäßigkeit im Zusammenhang mit Straftaten).[37] Ein Staat darf daher politische Extremisten auch dann nicht foltern, wenn er meint, dass diese das Folterverbot für verfassungsfeindliche Zwecke „missbrauchen".[38] 17

Darüber hinaus ist schon bei einer Reihe von Grundrechten ein Missbrauch denklogisch nicht möglich, da lediglich **innere Sachverhalte** betroffen sind.[39] So kann es z.B. niemals Missbrauch sein, eine Meinung oder einen religiösen Glauben zu haben – im Unterschied zu deren Äußerung. 18

---

34 Art. 10 und 11 EMRK sowie Art. 3 Erstes Zusatzprot. EMRK.

35 *Borowsky*, 4. Auflage, Rn. 10; *Jarass*, GRC, Art. 54 Rn. 2; a. A. *Hatje* (S. 594): „die verfahrensrechtlich orientierten Gewährleistungen sind missbrauchsanfällig"; siehe hierzu auch Fn. 41.

36 Diesen Unterschied zwischen Grundrechtsmissbrauch und allgemeinem Rechtsmissbrauch macht *Hatje* nicht (S. 594).

37 Art. 50 gilt nicht schrankenlos: *Eser/Kubiciel*, Art. 50 Rn. 9 (EuGH hat Doppelbestrafungsverbot „relativiert").

38 Vgl. EGMR – Lawless/Ireland, Appl. 332/57, Urt. v. 1.7.1961, S. 18; siehe auch unten Rn. 29.

39 *Peers/Woods*, EU Charter, Art. 54 Rn. 54.35.

19 **b) Grundrechtsberechtigte.** Aus dem Grundrechtsbezug (Rn. 14) ergibt sich zugleich, dass Art. 54 nur für das Handeln von Grundrechtsberechtigten gilt, **nicht** aber für grundrechtsverpflichtete **Hoheitsträger:**[40] Für sie begründet die Charta grundsätzlich keine Rechte (→ Art. 52 Rn. 61).[41] Die gegenteilige Auffassung stützt sich auf folgendes Argument: Art. 17 EMRK erwähne auch „einen Staat" und sei daher für die Auslegung von Art. 54 maßgeblich. Allerdings gilt die Auslegungsregel des Art. 52 Abs. 3 dem Wortlaut nach nur für die in die Charta transferierten Menschenrechte, nicht aber für allgemeine Bestimmungen der EMRK wie Art. 17 (→ Art. 52 Rn. 55). Ferner hat sich der Konvent bewusst für eine von Art. 17 EMRK abweichende Formulierung des Art. 54 entschieden (siehe oben Rn. 1, 10).[42] Deshalb verbietet es sich, den in Art. 54 fehlenden Originalwortlaut des Art. 17 EMRK („für einen Staat, eine Gruppe oder eine Person") nun über die Hintertür des Art. 52 Abs. 3 in Art. 54 wieder hinzuzufügen. Allein die lapidare Erläuterung zu Art. 54 („Dieser Artikel entspricht Artikel 17 EMRK")[43] kann über diese Abweichung im Wortlaut nicht hinweghelfen.[44] Abgesehen davon ist die EU zwar Hoheitsträger, aber gerade kein „Staat".

20 Ferner besteht keinerlei Not, Hoheitsträger Art. 54 zu unterwerfen: Es ist Aufgabe von Art. 52 Abs. 1 **Schranken-Schranken** für Hoheitsträger zu setzen.[45] Art. 54 könnte diese Schranken-Schranken allenfalls duplizieren.[46] Die Straßburger Rechtsprechung hat Art. 17 EMRK nur als Schranke gegenüber Grundrechtsberechtigten angeführt, aber in keinem Fall als Schranken-Schranke für Hoheitsträger. Auch dies spricht dagegen, dass Art. 54 nun – sozusagen aus dem Nichts heraus – eine solche neue Funktion übernehmen sollte. Zu Recht hat die bis 1998 bestehende Europäische Kommission für Menschenrechte „häufig darauf hingewiesen, dass eine Vereinbarkeit von Einschränkungen mit den Gesetzesvorbehalten der Konventionsrechte auch eine Verletzung von Art. 17 ausschließe".[47] Aus diesem Grund prüft der Gerichtshof Art. 17 EMRK nicht mehr eigenständig neben der Frage, ob ein Konventionsrecht verletzt ist:[48] „This complaint [of violation of Article 17] does not support examination since the Court has already concluded that the said limitation was

---

40 So *Calliess/Ruffert/Kingreen*, EUV/AEUV, Art. 54 Charta Rn. 2; *Schwarze/Hatje*, EU, Art. 54 GRC Rn. 3; offengelassen: *Peers/Woods*, EU Charter, Art. 54 Rn. 54.24; a.A.: *Borowsky*, 4. Auflage, Rn. 13; *Streinz/Michl*, EUV/AEUV, Art. 54 GRC Rn. 3; *Jarass*, GRC, Art. 54 Rn. 4; *Vedder/Heintschel von Heinegg/Folz*, EU, GRC Art. 54 Rn. 2; *von der Groeben/Schwarze/Hatje/Terhechte*, EU, Art. 54 GRC Rn. 4; *Ehlers*, Grundrechte, § 14 VIII 2 Rn. 95; *Holoubek/Lienbacher/Bezemek/Thallinger*, GRC, Art. 54 Rn. 3; *Frenz*, Hdb EuR 4, Rn. 486; *Lenz/Borchardt/Wolffgang*, GRC, Art. 54 Rn. 3; *Heselhaus/Nowak/Szczekalla*, Grundrechte, § 7 Rn. 111; *Pechstein/Nowak/Häde/Pache*, GRC, Art. 54 Rn. 7; *Stern/Sachs/Ladenburger*, GRC, Art. 54 Rn. 8.

41 Einzige Ausnahme sind wohl die Justizgrundrechte: *Schwerdtfeger*, a.a.O.; *Jarass*, GRC, Art. 47 Rn. 12 (unter Verweis auf die allerdings wenig aussagekräftige Rechtsprechung). Auf Justizgrundrechte findet Art. 54 allerdings ohnehin keine Anwendung, siehe oben Rn. 16.

42 A.A. *Pechstein/Nowak/Häde/Pache*, GRC, Art. 54 Rn. 5: „derartig gewichtige Abweichung" von Art. 17 EMRK sei nicht gewollt gewesen.

43 ABl. 2007/C 303/35.

44 So aber *Heselhaus/Nowak/Szczekalla*, Grundrechte, § 7 Rn. 111 unter Verweis auf den ähnlichen Wortlaut von Art. 17 EMRK.

45 Vgl. auch *Hatje* (S. 600): bei einer Anwendung von Art. 54 auf Grundrechtsverpflichtete fiele „die Abgrenzung zur Wesensgehaltsgarantie des Art. 52 Abs. 1 Satz 1 GRC schwer."

46 Ähnlich *Stern/Sachs/Ladenburger*, GRC, Art. 54 Rn. 8: Art. 54 für Hoheitsträger „nichts weiter als eine Bekräftigung der [...] in Art. 52 Abs. 1 vorgesehenen Schranken-Schranken".

47 *Frowein/Peukert/Frowein*, EMRK, Art. 17 Rn. 5 m.w.N.

48 *Meyer-Ladewig/Neidhart*, EMRK, Art. 17 Rn. 7; Art. 18 Rn. 1.

justified under paragraph 2 of Article 10".[49] Gänzlich überflüssig ist ein Missbrauchsverbot für Hoheitsträger bei Grundrechten, die ohnehin schon nicht einschränkbar sind, wie z.B. die Menschenwürde.[50]

Nicht nur bei Schranken, sondern auch bei der **Abschaffung** von nationalen Grundrechten verpflichtet Art. 54 nur Grundrechtsberechtigte. Die faktische Abschaffung einzelner Charta-Grundrechte durch einen Mitgliedstaat (→ Rn. 24) wäre eine Verletzung von Primärrecht und würde ein Vertragsverletzungsverfahren rechtfertigen. Es erschiene mindestens unbeholfen, würde die Kommission die Vertragsverletzung zusätzlich noch mit einem Verstoß gegen Art. 54 begründen. 21

Im Übrigen spricht Art. 54 nur von „Tätigkeiten" oder „Handlungen". Das passt nur auf Grundrechtsberechtigte. Sie können ein Grundrecht nicht durch **Unterlassen** missbrauchen, dies kann nur ein Staat. Keine extremistischen Meinungen zu äußern oder keine Vereinigungen zu gründen – also Unterlassen – schont die Grundrechte anderer gerade. Hoheitsträger hingegen können Grundrechte durch Unterlassen einschränken, z.B. indem sie keine unentgeltliche Arbeitsvermittlung bereitstellen (Art. 29), Informationsgesuche nicht beantworten (Art. 42), keine Schulen betreiben (Art. 14) oder Petitionen nicht bescheiden (Art. 44). 22

c) **„Abschaffen"**. Für den nur in der Überschrift verwandten Begriff des „Missbrauchs" nennt Art. 54 **zwei Möglichkeiten**: auf die Abschaffung von Grundrechten *oder* deren weitere Einschränkung abzuzielen. Was damit jeweils gemeint ist, erläutert Art. 54 allerdings nicht. In den Kommentierungen zu Art. 17 EMRK und Art. 54 Charta findet sich ebenfalls keine Definition der beiden Begriffe. 23

„Abschaffen" heißt außer Kraft setzen. Dies kann rechtlich oder faktisch geschehen. **Rechtlich** können nur die Mitgliedstaaten Grundrechte der Charta außer Kraft setzen. Erforderlich ist hierfür ein Primärrechtsakt (Art. 48 EUV). Alle Mitgliedstaaten müssen zustimmen und den Primärrechtsakt ratifizieren. Diese Variante ist zwar praktisch gesehen unrealistisch. Gleichwohl können Grundrechtsberechtigte, wie z.B. politische oder religiöse Extremisten, auf eine Abschaffung einzelner Grundrechte abzielen. 24

Faktisch außer Kraft setzen heißt, es unmöglich zu machen, dass Grundrechtsberechtigte ihr Grundrecht ausüben. Es genügt nicht, wenn nur ein Grundrechtsberechtigter oder eine Gruppe von Grundrechtsberechtigten ihr Grundrecht faktisch nicht ausüben können: Die Wirkung muss dem rechtlichen Außerkraftsetzen vergleichbar sein. Daher muss die Unmöglichkeit im ganzen Gebiet der Union oder im ganzen Gebiet eines Mitgliedstaates wirken. Auch auf eine solche faktische Aufhebung von Grundrechten können z.B. politische oder religiöse Extremisten abzielen. 25

d) **„Stärker einzuschränken"**. Die Charta kennt – wenn überhaupt – nur eine grundrechtspezifische Schranke: Sie macht die „Freiheit zur Gründung von Lehranstalten" von der „Achtung der demokratischen Grundsätze" bei der Lehre abhängig (Art. 14 Abs. 3). Ob es sich hier um eine Ausnahme vom Schutzbereich oder eine Schranke handelt, ist strittig 26

---

49 EGMR – Engel and others/Niederlande, Appl. 5100/71, Urt. v. 8.6.1976, Rn. 104; ähnlich: EGMR – Lehideux and Isorni/France, Appl. 55/1997/839/1045, Urt. v. 23.9.1998, Rn. 58: „There has therefore been a breach of Article 10. Having reached that conclusion, the Court considers that it is not appropriate to apply Article 17."; zuletzt EGMR – Perinçek/Switzerland, Appl. 27510/08, Urt. v. 15.10.2015 (Große Kammer), Rn. 281-282: „Folglich ist Art. 10 EMRK verletzt. Daraus folgt zugleich, dass es keinen Grund gibt, Art. 17 EMRK anzuwenden".

50 So aber noch die 4. Auflage, *Borowsky*, Rn. 13: „das ‚hoheitsgerichtete' Missbrauchsverbot" erlange „Bedeutung […] bei nicht einschränkbaren Rechten wie der Menschenwürde".

(→ Art. 14 Rn. 18). Bei den anderen Grundrechten, wie der Meinungs- und Vereinigungsfreiheit (Art. 11 und 12), formuliert die Charta keine Schranke. Allerdings hilft das Missbrauchsverbot hier auch nicht weiter. Vielmehr verkompliziert Art. 54 den Denkprozess: Hiernach ist die Charta nicht „stärker einzuschränken, als dies in der Charta vorgesehen ist". Mangels ausdrücklicher Schranken muss der Anwender also zunächst eine konkrete Schranke in die Grundrechte hineinlesen (Art. 52 Abs. 1). Nach Art. 54 darf der Anwender diese Schranke dann nicht weiter setzen, als er dies bereits getan hat – ein klassischer hermeneutischer **Zirkelschluss** und zugleich eine unnötige gedankliche **Doppelung** bei der Schrankenbestimmung. Somit kommt der Anwender praktisch gesehen zu keinem anderen Ergebnis, gleich ob er die Schranken zu jedem Grundrecht der Charta mit oder ohne Art. 54 bestimmt.

27 Dieser Zirkelschluss hat folgenden Hintergrund: Der Konvent hat Art. 17 EMRK nahezu wörtlich in Art. 54 übernommen (→ Rn. 1). Art. 17 EMRK dreht sich im Kern um Schranken („einzuschränken"), die die EMRK auch ausdrücklich formuliert (siehe nur die Schranken der Art. 10 und 11 EMRK). Allerdings hat sich der Konvent dagegen entschieden, diese **Schranken** der **EMRK** in die Grundrechte der Charta zu übernehmen. Inwieweit Art. 52 Abs. 3 die Schranken der EMRK transferiert, ist jedenfalls umstritten (→ Art. 52 Rn. 64). Somit taucht der auf ausdrückliche Schranken ausgelegte Art. 17 EMRK über Art. 54 der Charta in einem ganz anderen Umfeld wieder auf: Während Art. 17 EMRK sich auf konkrete Schranken beziehen kann, geht dieser Bezug bei Art. 54 ins Leere. Auch aus diesem Grund ist die Transplantation des Art. 17 EMRK in die Charta fragwürdig. Die Übernahme von Art. 17 EMRK sollte gerade dazu dienen, dass die allgemeinen Bestimmungen von EMRK und Charta möglichst gleichlaufen (→ Rn. 9). Wenn die Charta aber einer anderen Schrankensystematik folgt als die EMRK, fehlt schon die Basis für einen Gleichlauf des Missbrauchsverbots.

28 **e) „Tätigkeiten" und „Handlungen".** Art. 54 unterscheidet wie Art. 17 EMRK **„Tätigkeiten"** und **„Handlungen"**. Schon in der Kommentierung zu Art. 17 EMRK findet sich keine Definition der beiden Begriffe, wohl, weil der Unterschied praktisch belanglos ist. Eine Handlung ist eine einzelne bewusst ausgeübte Tat, z.B. eine Meinungsäußerung.[51] Im Unterschied dazu ist eine Tätigkeit eine Gesamtheit von Handlungen, z.B. die Ausübung eines Berufs oder der Zusammenschluss in einer Vereinigung.[52] Meinungsäußerungen, Versammlungen und Vereinigungen sind die einzigen Tätigkeiten oder Handlungen, die der EGMR je als missbräuchliche Grundrechtsausübung anerkannt hat.[53] Beim passiven **Wahlrecht** hat der EGMR die Möglichkeit des Grundrechtsmissbrauchs grundsätzlich anerkannt – z.B. bei der Kandidatur extremistischer Politiker – im konkreten Fall aber verneint.[54] Ferner ist noch denkbar, die Ausübung des Petitionsrechts als missbräuchlich anzusehen (→ Rn. 15).

29 Die Begriffe „Tätigkeit" und „Handlungen" führen in der bisherigen Kommentierung ein Schattendasein. Gleichwohl sind sie **entscheidende Ansatzpunkte,** um Art. 54 einzugren-

51 Duden (Netzseite): 1. das Handeln, [bewusst ausgeführte] Tat.
52 In Anlehnung an Duden (Netzseite), Stichwort „Tätigkeit": das Tätigsein; das Sichbeschäftigen mit etwas Gesamtheit derjenigen Verrichtungen, mit denen jemand in Ausübung seines Berufs zu tun hat; Arbeit; das In-Betrieb-Sein, In-Funktion-Sein.
53 Rn. 15 oben; Rn. 33 unten.
54 EGMR – Ždanoka/Latvia, 58278/00, Urt. v. 16.3.2006 (Große Kammer), Rn. 99 ff., Rn. 136-139.

zen.[55] Das erste Urteil des EGMR aus dem Jahr 1961 illustriert dies. Die irische Regierung hatte einen mutmaßlichen Terroristen der IRA namens „*Lawless*" fünf Monate in Haft genommen, ohne ihn einem Richter vorzuführen. Die irische Regierung argumentierte damit, dass *Lawless* mit seiner Beschwerde vor dem EGMR die Konventionsrechte im Sinne des Art. 17 EMRK missbrauche. Der Gerichtshof unterstrich, dass *Lawless* sich auf seine Konventionsrechte berufe und dies gerade keine Tätigkeit sei, die im Sinne des Art. 17 EMRK dazu diene, Konventionsrechte einzuschränken oder abzuschaffen.[56]

f) „Abzielen". Nicht erforderlich ist, dass die Tätigkeiten oder Handlungen tatsächlich Grundrechte abschaffen oder einschränken. Es genügt die Intention (**„abzielen"**). Die Intention muss im Zeitpunkt der Grundrechtsausübung gegeben sein; es reicht nicht aus, wenn der Grundrechtsberechtigte Jahre zuvor demokratiefeindliche Positionen vertreten hat.[57] Es reicht aus, wenn objektive Anhaltspunkte vorliegen, von denen sich auf einen subjektiven Tatbestand schließen lässt.[58] 30

g) Schutzgut: „anerkannte Rechte und Freiheiten". Dem Wortlaut nach schützt Art. 54 *alle* Grundrechte. Dies führt zu absurden Ergebnissen: Eine Arbeitgebervereinigung, die vor allem bezahlten Jahresurlaub abschaffen will (Art. 31 Abs. 1), würde nicht mehr den Schutz der Vereinigungsfreiheit genießen, ebenso eine Partei, die sich gegen die Informationsfreiheit wendet (Art. 42); die Forderung nach entgeltpflichtiger Arbeitsvermittlung (Art. 29) wäre nicht von der Meinungsfreiheit umfasst, ebenso wenig Kritik am Petitionsrecht (Art. 44) oder am diplomatischen Schutz (Art. 46). Es stellt sich daher die Frage, wie sich das Schutzgut des Art. 54 sinnvoll eingrenzen lässt. Einigkeit besteht insoweit, dass nur **Extremfälle** Art. 54 zur Anwendung bringen sollen,[59] in den Worten des EGMR: Art. 17 EMRK „is applicable only on an exceptional basis and in extreme cases"[60] (zur Rechtsfolge → Rn. 43). 31

Nach der Rechtsprechung des EGMR und der Europäischen Kommission für Menschenrechte gehören zu diesen Extremfällen im Bereich der **Staatsorganisation** Bestrebungen mit den folgenden Zielen: Regimewechsel durch **Gewalt**, Errichten religiös legitimierter Staatsgewalt (**Theokratie**)[61] oder eines **totalitären Staats**,[62] Beschädigen der internationalen Völ- 32

55 Vgl. *Frowein/Peukert/Frowein*, EMRK, Art. 17 Rn. 3: „Es bedarf einer genauen Prüfung der Voraussetzungen, wenn Art. 17 angewendet wird, soll nicht seine Anwendung ihrerseits [sic] eine Gefahr [...] werden".

56 EGMR – Lawless/Ireland, 332/57, Urt. v. 1.7.1961, S. 18: Der Beschwerdeführer beruft sich „nicht auf die Konvention [...], um Handlungen zu rechtfertigen oder zu begehen, die in der Konvention anerkannten Rechte und Freiheiten verletzen, sondern rügt, ihm selbst seien die in Art. 5 und 6 der Konvention garantierten Rechte vorenthalten worden [...]" (inoffizielle Übersetzung).

57 EGMR – Ždanoka/Latvia, Appl. 58278/00, Urt. v. 17.6.2004 (Kammer), Rn. 109: „However, in the present case, the applicant's disqualification from standing for election is based on her previous political involvement rather than on her current conduct, and the Court has just found that her current public activities do not reveal a failure to comply with the fundamental values of the Convention".

58 *Hatje* (S. 594) unter Verweis auf EuGH – Kratzer/R+V, Urt. v. 28.7.2016, Rs. C-423/156, ECLI:EU:C:2016:604, Rn. 40.

59 *Calliess/Ruffert/Kingreen*, EUV/AEUV, Art. 54 Charta Rn. 3.

60 EGMR – Paksas/Lithuania, Appl. 34932/04, Urt. v. 6.1.2011 (Große Kammer), Rn. 87.

61 EGMR – Refah Partisi/Turkey, Appl. 41340/98, Urt. v. 13.2.2003, Rn. 12: „Several members of Refah, including some in high office, had made speeches calling for the secular political system to be replaced by a theocratic system."

62 EKMR – KPD/Germany, Entsch. v. 20.7.1957, Appl. 250/57; EGMR – Hizb Ut-Tahrir and others/Germany, Appl. 31098/08, Entsch. v. 12.6.2012, Rn. 72: „to prevent individuals or groups with totalitarian aims from exploiting in their own interests the principles enunciated in the Convention";

kerverständigung,[63] Abschaffen grundsätzlicher **demokratischer** Prinzipien.[64] Hierzu gehört auch die Leugnung des **Holocausts,** da sie „in den [bislang] betroffenen Staaten ausnahmslos eine antidemokratische und antisemitische Ideologie erkennen lässt".[65]

33 Im Bereich der durch das Missbrauchsverbot geschützten **Grundrechte** hat der Gerichtshof bislang nur in drei Fällen Art. 17 EMRK erwähnt: die Würde des Menschen, das Recht auf Leben, die Nichtdiskriminierung. Die **Menschenwürde** spielt bei der Leugnung des Holocausts eine Rolle, denn die Leugnung setzt die Würde der Verstorbenen herab.[66] Der Gerichtshof hat das **Recht auf Leben** erwähnt in einem Fall, in dem eine Organisation zum bewaffneten Kampf gegen Israel, Juden und die Regierungen der islamischen Staaten aufgerufen hat.[67] **Nichtdiskriminierung** – mitunter auch etikettiert als **Toleranz**[68] – war bislang bezüglich zweier Gleichheitsmerkmale relevant: Rasse und Religion.[69] Die Fälle betrafen konkret: Pamphlete gegen „Zionismus" und für „Rassenstolz";[70] die Forderung, „alle Surinamer, Türken und andere sogenannte Gastarbeiter" aus den Niederlanden fortzuschaffen;[71] ein Poster mit einem Foto des World Trade Centers in Flammen und den Worten „Islam out of Britain – Protect the British People";[72] Vereinsstatuten, die „danach streben die Privilegien ethnischer Juden abzuschaffen und die Verfolgung ethnischer Polen zu beenden";[73] ein Buch, das den „Mythos" des Holocausts beschreibt;[74] die Äußerung bei

ebenso schon EGMR – Lawless/Ireland, Appl. 332/57, Urt. v. 1.7.1961, S. 17; EGMR – Schimanek/Austria, Appl. 32307/96, Entsch. v. 1.2.2000, S. 7: „National Socialism is a totalitarian doctrine incompatible with democracy and human rights".

63 EGMR – Hizb Ut-Tahrir and others/Germany, Appl. 31098/08, Entsch. v. 12.6.2012, Rn. 74: „notably the committment to the peaceful settlement of international conflicts and to the sanctity of human life."

64 EGMR – Lehideux and Isorni/France, Appl. 55/1997/839/1045, Urt. v. 23.9.1998, Rn. 35: „essential values of democracy", in EGMR – Ždanoka/Latvia, Appl. 58278/00, Urt. v. 17.6.2004 (Kammer), Rn. 99, etikettiert als „ideals and values of a democratic society": „[T]he Court considers that no one should be authorised to rely on the Convention's provisions in order to weaken or destroy the ideals and values of a democratic society […]"; EKMR – Kühnen/Germany, Appl. 12194/86, Entsch. v. 12.5.1988, S. 5, unter Verweis auf den fünften Absatz der Konventions-Präambel: „[T]he fundamental freedoms enshrined in the Convention ‚are best maintained […] by an effective political democracy'".

65 EGMR – Perinçek/Switzerland, Appl. 27510/08, Urt. v. 15.10.2015 (Große Kammer), Rn. 243.

66 EGMR – Lehideux and Isorni/France, Appl. 55/1997/839/1045, Urt. v. 23.9.1998, Rn. 47; EGMR – Witzsch/Germany, Appl. 7485/03, Entsch. v. 13.12.2005: „The Court notes the findings of the German courts that the applicant's statements denying the existence of gas chambers and mass killing therein and his reference to ‚historical lies' amounted to disparaging the dignity of the deceased who had a particularly cruel fate. […] The Court has previously held that the negation or revision of clearly established historical facts – such as the Holocaust – would be removed from the protection of Article 10 by Article 17 […]."

67 EGMR – Hizb Ut-Tahrir and others/Germany, Appl. 31098/08, Entsch. v. 12.6.2012, Rn. 6.

68 EGMR – Norwood/United Kingdom, Appl. 23131/03, Entsch. v. 16.11.2004, S. 4: An attack „incompatible with the values proclaimed and guaranteed by the Convention, notably tolerance, social peace and non-discrimination. The applicant's display of the poster in his window constituted an act within the meaning of Article 17, which did not, therefore, enjoy the protection of Articles 10 or 14 […]".

69 EKMR – Glimmerveen und Hagenbeek/Netherlands, Appl. 8348/78, Entsch. v. 11.10.1979 (Plenum), S. 4; EKMR – Kühnen/Germany, Appl. 12194/86, Entsch. v. 12.5.1988, S. 5: „racial and religious discrimination".

70 EKMR – Kühnen/Germany, Appl. 12194/86, Entsch. v. 12.5.1988, S. 2.

71 EKMR – Glimmerveen und Hagenbeek/Netherlands, Appl. 8348/78, Entsch. v. 11.10.1979 (Plenum), D.R. 18, S. 187 (188).

72 EGMR – Norwood/United Kingdom, Appl. 23131/03, Entsch. v. 16.11.2004, S. 4.

73 EGMR – W.P. and others/Poland, Appl. 42264/98, Entsch. v. 2.9.2004, S. 4.

74 EGMR – Garaudy/France, Appl. 65831/01, Entsch. v. 24.6.2003, S. 3.

einer Pressekonferenz „die Existenz von Gaskammern – darüber müssen Historiker diskutieren"[75] und die Mitgliedschaft in nationalsozialistischen Kameradschaften.[76] Kein Rechtsmissbrauch hingegen ist dem Gerichtshof zufolge die Bezeichnung des Völkermords an den Armeniern „als internationale Lüge", da den Umständen nach „keine Anstiftung zu Hass oder Intoleranz" vorgelegen habe.[77]

Der EGMR hat im Zusammenhang von Art. 17 EMRK mitunter noch weitere Werte als fundamental angeführt: „**Gerechtigkeit** und Frieden"[78] und „**sozialen Frieden**".[79] Diesen Begriffen kommt aber neben den vorgenannten Staatsprinzipien und Grundrechten keine eigenständige Bedeutung zu; hierfür sind sie schlicht zu unbestimmt. 34

Ob der **EuGH** die Rechtsprechung des EGMR aufgreifen wird, erscheint eher fraglich. Bislang liegt **keine Entscheidung** vor, in der sich der EuGH auf Art. 54 bezieht. Dies ist bemerkenswert, da hierzu durchaus Gelegenheit bestanden hätte. In den Verfahren *Mesopotamia Broadcast* und *Roj TV* hatte der Generalanwalt sich auf Art. 54 berufen und moniert, dass die Fernsehsender ihre Meinungsfreiheit missbraucht hätten.[80] Daher sei das Tätigkeitsverbot gerechtfertigt. Der EuGH folgte im Ergebnis dem Antrag des Generalanwalts, sah aber offenbar keine Notwendigkeit, die Urteilsgründe auf die Krücke des Art. 54 zu stützen.[81] 35

Kein Schutzgut ist die „**nationale Einheit**".[82] In einem Fall hatte das Programm einer Partei vom kurdischen „Volk", der kurdischen „Nation" und den kurdischen „Bürgern" gesprochen.[83] Der Gerichtshof hat dies akzeptiert, da die Partei versuchte, „im Einklang mit demokratischen Regeln eine akzeptable Lösung für alle zu finden". Ob dies auch für den Fall der Gebietsabtrennung gilt, hat der Gerichtshof offengelassen (das Parteiprogramm hatte sich ausdrücklich auf eine Lösung „innerhalb" der türkischen Grenzen bezogen). Die **Neuorganisation** eines Staates als Bundesstaat ist in jedem Fall ein legitimes Ziel, insoweit es die Grundrechtsberechtigten mit **demokratischen Mitteln** verfolgen: „It is of the essence of democracy to allow diverse political programmes to be proposed and debated, even those that call into question the way a State is currently organised, provided that they do not harm democracy itself."[84] Bestrebungen in diese Richtung sind also kein Missbrauch von Grundrechten im Sinne des Art. 17 EMRK. 36

---

75 EGMR – Gollnisch/France, Appl. 48135/08, Entsch. v. 7.6.2011, S. 2.

76 EGMR – Schimanek/Austria, Appl. 32307/96, Entsch. v. 1.2.2000, S. 2.

77 Zuletzt EGMR – Perinçek/Switzerland, Appl. 27510/08, Urt. v. 15.10.2015 (Große Kammer), Rn. 233; Abgrenzung zur Leugnung des Holocausts, Rn. 234.

78 EGMR – Garaudy/France, Appl. 65831/01, Entsch. v. 24.6.2003, S. 29: „the fundamental values of the Convention, as expressed in its Preamble, namely justice and peace".

79 EGMR – Norwood/United Kingdom, Appl. 23131/03, Entsch. v. 16.11.2004, S. 4: „notably tolerance, social peace and non-discrimination".

80 Schlussanträge des Generalanwalts v. 5.5.2011, verb. Rs. C-244/10 und C-245/10, Mesopotamia Broadcast/Roj TV, Rn. 68: „Mit anderen Worten ist die in Art. 11 der Charta garantierte Freiheit der Meinungsäußerung, wie sich aus Art. 54 der Charta ergibt, dann nicht mehr anwendbar, wenn die Botschaft andere von der Charta anerkannte Grundsätze und Grundrechte beeinträchtigt, wie den Schutz der Menschenwürde und das Diskriminierungsverbot." Die nationalen Gerichte hatten festgestellt, dass die Fernsehsender über die „verbreiteten Sendungen tatsächlich den bewaffneten Kampf, den die PKK gegen die türkische Republik führe, verherrlichten und somit unter das Verbot der Völkerverständigungswidrigkeit im Sinne des Vereinsgesetzes fielen" (Rn. 28).

81 EuGH – Mesopotamia Broadcast/Roj TV, verb. Rs. C-244/10 und C-245/10, ECLI:EU:C:2011:607, Urt. v. 22.9.2011, Rn. 46 (die Urteilsgründe stützen sich auf eine einfache Auslegung der Richtlinie).

82 *Peers/Woods*, EU Charter, Art. 54 Rn. 54.25.

83 EGMR – United Communist Party and others/Turkey, Appl. 133/1996/752/951, Urt. v. 30.1.1998, Rn. 56.

84 EGMR – Socialist Party and others/Turkey, Appl. 21237/93, Urt. v. 25.5.1998 (Große Kammer), Rn. 47.

37 Aus dem Phänomen der **Hassrede** („Hate speech") ergibt sich ebenfalls kein eigenständiges Schutzgut des Art. 54.[85] Hassrede ist ein unbestimmter Begriff, der eine Vielzahl von Meinungsäußerungen unterschiedlicher Intensität erfasst.[86] Gehört eine Hassrede zu einem der oben genannten Extremfälle, ist das Schutzgut des Art. 54 beeinträchtigt; andernfalls nicht. Ein zusätzlicher Erkenntniswert ergibt sich aus der Etikette „Hassrede" nicht.

38 Es ist nicht notwendig, die Grundrechte der Charta insgesamt abschaffen zu wollen. Es genügt, darauf abzuzielen, ein **einzelnes Grundrecht** abzuschaffen: „To achieve that purpose [of totalitarian groups], it is not necessary to take away every one of the rights and freedoms guaranteed from persons found to be engaged in activities aimed at the destruction of any of those rights and freedoms. Article 17 covers essentially those rights which, if invoked, will facilitate the attempt to derive therefrom a right to engage personally in activities aimed at the destruction of any of the rights and freedoms set forth in the Convention […]".[87]

39 Insgesamt ist keine Entscheidung des EGMR ersichtlich, in der das Ergebnis ohne Art. 17 EMRK nicht begründbar gewesen wäre. Das Missbrauchsverbot ist auch in der EMRK letztlich **entbehrlich.** In vielen einschlägigen Fällen erwähnt der EGMR Art. 17 EMRK nicht einmal, auch wenn der Sachverhalt dies im Vergleich zu anderen Fällen nahelegt (z.B. die Berufung auf die Pressefreiheit für die Verbreitung zutiefst rassistischer Behauptungen).[88]

40 Die Schutzgüter des Art. 54 decken sich im Wesentlichen mit dem Begriff der **„freiheitlichen demokratischen Grundordnung"**. Der deutsche Gesetzgeber hat diesen Begriff in § 4 BVerfSchG definiert unter ausdrücklicher Übernahme der Rechtsprechung des BVerfG.[89] Dieser Demokratiebezug von EMRK und Charta ist bemerkenswert, da beide keine Bestimmungen zur **Staatsorganisation** enthalten (wohl aber der EUV, z.B. in Art. 10). Allerdings stellt die Präambel der EMRK fest, dass diese „Grundfreiheiten […] am besten durch eine wahrhaft demokratische politische Ordnung […] gesichert werden";[90] die Charta wiederum bekräftigt in ihrer Präambel (Abs. II) die „Grundsätze der Demokratie und der Rechtsstaatlichkeit" (ausführlich hierzu → Präambel Rn. 35).

---

85 So aber *Peers/Woods*, EU Charter, Art. 54 Rn. 54.30; *Borowsky*, 4. Auflage, Rn. 12.

86 *Peers/Woods*, EU Charter, Art. 54 Rn. 54.30: „vague and ill-defined term, capable of a number of meanings".

87 EGMR – W.P. and others/Poland, Appl. 42264/98, Entsch. v. 2.9.2004, S. 10; ebenso VG München, Urt. v. 29.8.2002, M 24 K 02.2483, juris, Rn. 43, zu § 4 Abs. 2 lit. g BVerfSchG: „Nicht erforderlich ist, dass die Bestrebungen auf die Abschaffung oder Außerkraftsetzung sämtlicher im Grundgesetz verbürgter Menschenrechte abzielen. Denn es wäre nicht mit dem Gesetzeszweck Schutz der Menschenrechte zu vereinbaren, käme er erst dann zum Zuge, wenn eine Person oder Gruppierung ihre umfassende Beseitigung anstrebte. Es genügt also, dass sich die Aktivitäten der... gegen einzelne dieser Menschenrechte richten. Dies ist zumindest in Bezug auf die Religionsfreiheit (Art. 4 Abs. 1 GG) und die Gleichberechtigung von Männern und Frauen (Art. 3 Abs. 2 GG) der Fall."

88 EGMR – Jersild/Denmark, Appl. 15890/89, Urt. v. 23.9.1994 (Große Kammer), Rn. 25 (Im Sachverhalt ging es unter anderem um Sätze wie: „Ein Neger ist kein Mensch, er ist ein Tier"). *Spielmann* führt dieses Urteil für seine Kritik an, dass das Gericht „zurückhaltend" darin sei, Art. 17 EMRK anzuwenden (Art. 54, Introduction). Allerdings ist *Spielmann* Co-Autor eines Sondervotums zu diesem Urteil (S. 25 f.), erwähnt dort Art. 17 EMRK aber ebenfalls nicht.

89 *Schenke/Graulich/Ruthig/Roth*, Sicherheitsrecht des Bundes, 2. Aufl. 2019, §§ 3, 4 BVerfSchG Rn. 49.

90 So auch im Kontext von Art. 17 die EKMR – Kühnen/Germany, Entsch. v. 12.5.1988, Appl. 12194/86, S. 5, unter Verweis auf den fünften Absatz der Konventions-Präambel: „[T]he fundamental freedoms enshrined in the Convention ‚are best maintained […] by an effective political democracy'".

Insgesamt drückt Art. 54 damit – wie schon Art. 17 EMRK[91] und Art. 5 IPBPR[92] – das Anliegen der **„streitbaren Demokratie"** aus, allerdings nur als allgemeine Auslegungsregel. Die Verfassungen der meisten Mitgliedstaaten gehen weit darüber hinaus und verteidigen die Demokratie anhand konkreter Rechtsfolgen.[93] In Deutschland sind dies das Verbot von Vereinigungen, deren Zwecke oder Tätigkeiten sich gegen die Strafgesetze, die verfassungsmäßige Ordnung oder gegen den Gedanken der Völkerverständigung richten (Art. 9 Abs. 2 GG), die Verwirkung von Grundrechten (Art. 18 GG), das Widerstandsrecht (Art. 20 Abs. 4 GG), das Verbot von Parteien, die die verfassungsmäßige Ordnung beseitigen wollen (Art. 21 Abs. 2 GG) und die Ewigkeitsgarantie zentraler Verfassungsgrundsätze (Art. 79 Abs. 3 GG). Andere Mitgliedstaaten haben eine „geringere Streitbarkeit"[94] und sehen zum Beispiel nur die Auflösung von Vereinen, die ihre Ziele durch Gewaltanwendung oder ähnliche strafbare Beeinflussung Andersdenkender zu erreichen suchen (Dänemark, § 78 Abs. 2). Die Einteilung in streitbare und nicht streitbare Demokratien ist jedoch praktisch kaum relevant. Die Niederlande gelten als „nicht streitbare Demokratie",[95] aber auch dort lassen sich politische Parteien verbieten.[96] Eine Verfassung ist daher praktisch gesehen nicht allein deswegen „streitbarer", weil sie ein allgemeines Missbrauchsverbot ausdrücklich formuliert. Umgekehrt sind Verfassungen durchaus „streitbar", auch wenn sie kein allgemeines Missbrauchsverbot enthalten (so z.B. die Verfassung Litauens oder Portugals).[97] 41

3. Prüfreihenfolge

Längere Zeit war unklar, ob der Missbrauch des Grundrechts die Tätigkeit oder Handlung vom **Schutzbereich** des Grundrechts ausnimmt oder lediglich auf der Ebene der Rechtfertigung wirkt. Zweideutige Formulierungen in älteren Urteilen des EGMR haben unterschiedliche Deutungen zugelassen.[98] Mittlerweile ist klar, dass Art. 17 EMRK – und damit auch Art. 54 – nur auf Ebene der **Rechtfertigung** Berücksichtigung finden.[99] Die Große Kammer des EGMR hat dies 1998 und 2001 wie folgt klargestellt: „[A]ny intervention by the authorities must be in accordance with paragraph 2 of Article 11 – a matter which the Court considers below. Only when that review is complete will the Court be in a position 42

91 Im Zusammenhang mit Art. 17 hat der EGMR festgestellt: „The freedoms guaranteed by Article 11, and by Articles 9 and 10 of the Convention, cannot deprive the authorities of a State in which an association, through its activities, jeopardises that State's institutions, of the right to protect those institutions" (Refah Partisi and others/Turkey, Appl. 41340/98, Urt. v. 13.2.2003, Rn. 96).

92 *Saul/Kinley/Mowbray*, The International Covenant on Economic, Social and Cultural Rights, Commentary, Cases, and Materials, 2014, S. 263: „Article 5 has thus been used as an instrument of ‚militant democracy'", unter Berufung auf Nowak, Manfred, U.N. Covenant on Civil and Political Rights: CCPR Commentary, 2. Aufl. 2005, S. 115.

93 *Klamt*, S. 36 ff., S. 188.

94 Siehe die Unterteilung in vier Stufen bei *Klamt*, S. 188.

95 *Klamt*, S. 188.

96 Siehe z.B. das Verbot der Centrumpartij '86 durch die Rechtbank [Bezirksgericht] Amsterdam, Urt. v. 18.11.1998, Nederlands Jurisprudentie 1999, 377 (wegen Aufstachelung zum Hass gegen Immigranten). Zuvor hatte der Hoge Raad [Oberste Gerichtshof] die Partei bereits aus den gleichen Gründen schuldig befunden, eine kriminelle Organisation zu sein, Urt. v. 30.7.1997, Nederlands Jurisprudentie 1998, 118.

97 *Klamt*, S. 188.

98 *Schabas*, ECHR, Art. 17, S. 614 f.; *Frowein/Peukert/Frowein*, EMKR, Art. 17 Rn. 3; allerdings finden sich unlängst wieder unglückliche Formulierungen, die sich wie eine Ausnahme vom Schutzbereich lesen: EGMR – Gollnisch/France, Appl. 48135/08, Entsch. v. 7.6.2011, S. 13: „Es besteht kein Zweifel daran, dass jeder Äußerung, die sich gegen die der Konvention zu Grunde liegenden Werte richtet, durch Art. 17 EMRK der Schutz von Art. 10 EMRK entzogen wird" (inoffizielle Übersetzung). Gleichwohl hat der Gerichtshof die Rechtfertigung des Eingriffs geprüft.

99 *Pechstein/Nowak/Häde/Pache*, GRC, Art. 54 Rn. 17.

to decide, in the light of all the circumstances of the case, whether Article 17 of the Convention should be applied".[100] Zuletzt hat die Große Kammer des EGMR diese Prüfreihenfolge im Jahr 2015 noch einmal bestätigt: „Deswegen muss die Prüfung, ob Art. 17 EMRK anzuwenden ist, mit der Prüfung verbunden werden, ob die Beschwerde nach Art. 10 EMRK begründet ist […]."[101] Im Anschluss an diese Feststellung hat der Gerichtshof geprüft, ob ein Eingriff in Art. 10 EMRK vorliegt und ob dieser gerechtfertigt ist, ohne auf Art. 17 EMRK überhaupt noch einzugehen.

4. Rechtsfolge

43 Unstrittig ist, dass ein Missbrauch von Grundrechten **nicht** zur **Verwirkung** von Grundrechten führt, sondern nur für die konkrete Handlung oder Tätigkeit den Grundrechtsschutz **einschränkt.**[102] Strenggenommen hat Art. 54 selbst keine Rechtsfolge, sondern ist nur eine optionale, letztlich entbehrliche Auslegungshilfe für Art. 52 Abs. 1, der die Rechtsfolge vorgibt (Grundrechtsschranke). Dieses Schicksal teilt Art. 54 mit Art. 17 EMRK.[103]

5. Verhältnis zu anderen Missbrauchsverboten

44 Aufgrund seiner verfassungsschützenden Zielrichtung ist Art. 54 nicht mit dem **allgemeinen Verbot** des Rechtsmissbrauchs zu verwechseln. Ein solches Verbot besteht in nahezu jedem Gebiet, sei es materielles Recht oder Verfahrensrecht, sei es Privatrecht oder öffentliches Recht.[104] Im Bereich des Verfahrensrechts ermöglicht es z.B. die EMRK dem Gerichtshof in Art. 35 Abs. 3, eine „Individualbeschwerde für unzulässig" zu erklären, „wenn er sie […] für missbräuchlich hält". Das BVerfG-Gesetz sieht in § 34 Abs. 2 gar eine Missbrauchsgebühr vor. Für den Bereich des materiellen Europarechts hat der EuGH den Tatbestand des Rechtsmissbrauchs wie folgt formuliert: „Eine Gesamtwürdigung der objektiven Umstände ergibt, dass trotz formaler Einhaltung der unionsrechtlichen Bedingungen das Ziel der Regelung nicht erreicht wurde", und als „subjektives Element […] die Absicht, sich einen unionsrechtlich vorgesehenen Vorteil dadurch zu verschaffen, dass die entsprechenden Voraussetzungen willkürlich geschaffen werden".[105] Gleich welches Rechtsgebiet – das Verbot des Rechtsmissbrauchs soll verhindern, dass Rechte entgegen ihrem Zweck in Anspruch genommen werden, nur weil sie formal anwendbar sind.[106] Hingegen greift Art. 54 nur in dem speziellen Fall ein, in dem der Grundrechtsberechtigte einen **verfassungsfeindlichen Zweck** verfolgt.

45 Im Anwendungsbereich ein und desselben Grundrechts ist es daher möglich, dass ein Grundrechtsberechtigter sowohl gegen das allgemeine, sozusagen einfachgesetzliche Verbot

---

100 EGMR – Refah Partisi and others/Turkey, Appl. 41340/98, Urt. v. 13.2.2003, Rn. 96; ähnlich schon EGMR – United Communist Party and others/Turkey, Appl. 133/1996/752/951, Urt. v. 30.1.1998, Rn. 32.

101 EGMR – Perinçek/Switzerland, Appl. 27510/08, Urt. v. 15.10.2015, Rn. 115.

102 EGMR – Lawless/Ireland, Appl. 332/57, Urt. v. 1.7.1961, S. 19; EGMR – Ould Dah/France, Appl. 131130/03, Urt. v. 19.3.2009, S. 14; *Stern/Sachs/Ladenburger*, GRC, Art. 54 Rn. 7.

103 *Frowein/Peukert/Frowein*, EMRK, Art. 17 Rn. 5: „Der EGMR formuliert meistens, dass eine selbständige Prüfung von Art. 17 unnötig sei […] oder dass die Beschwerde nach Art. 17 unsubstantiiert sei."

104 *Baudenbacher*, S. 26 ff.; *Knödler*, S. 1 ff.

105 EuGH – Ungarn/Slowakei, Rs. C-364, ECLI:EU:C:2012:630, Urt. v. 16.10.2012 (Große Kammer), Rn. 58, unter Berufung auf EuGH – Emsland Stärke (siehe oben Fn. 9); bestätigt in: EuGH – McCarthy, Rs. C-202/13, ECLI:EU:C:2014:2450, Urt. v. 18.12.2014 (Große Kammer), Rn. 54.

106 *Baudenbacher*, S. 142 ff.; *Knödler*, S. 256.

des Rechtsmissbrauchs verstößt, als auch in **Idealkonkurrenz** gegen Art. 54. Es ist z.B. denkbar, dass ein Grundrechtsberechtigter eine Demonstration anmeldet, auf der er verfassungsfeindliche Ziele propagieren will. Um eine konzentrierte Präsenz von Sicherheitskräften zu verhindern, meldet er die Demonstration mehrfach und für verschiedene Veranstaltungsorte an. Die mehrfache Anmeldung fällt – wenn überhaupt – nur unter den Tatbestand des allgemeinen Rechtsmissbrauchs.[107] Das verfassungsfeindliche Ziel der Demonstration hingegen kann Art. 54 zur Anwendung bringen.

In Fällen, in denen der Anwendungsbereich des Art. 54 nicht eröffnet ist, kommt hingegen 46
nur das allgemeine Verbot des Rechtsmissbrauchs in Betracht. Auf einem falschen Verständnis beruht daher die folgende **nationale Rechtsprechung**, die sich auf Art. 54 beruft: Eine prozessuale Regelung ermöglicht es einem Beschwerdeführer einseitig, die Sache an das erstinstanzliche Gericht zurückverweisen zu lassen;[108] eine Privatperson begehrt von einem Staatsforstunternehmen die Herausgabe von Informationen zu Baumbeständen;[109] die Entscheidung eines Gerichts über die Nichterhebung der Anklage ist nicht berufungsfähig.[110] Keiner der Fälle dient auch nur im Entferntesten der Abwehr verfassungsfeindlicher Bestrebungen. Dass in beiden Fällen Obergerichte das Verfahren ausgesetzt und den **EuGH** zur Vorabentscheidung angerufen haben, zeigt, dass Art. 54 keinen Nutzen stiftet, sondern Verwirrung:[111] „Insgesamt gefährdet die Vorschrift daher die Freiheit tendenziell mehr als sie sie schützt."[112]

IV. Literaturübersicht

Baudenbacher, Laura Melusine, Vom gemeineuropäischen zum europäischen Rechtsmissbrauchsverbot, 2016; *Hatje, Armin*, Der Grundrechtsmissbrauch im Unionsrecht – Zum Anwendungsbereich und der praktischen Bedeutung von Art 54 der Grundrechte-Charta der Europäischen Union, ZöR 2018, 583; *Iliopoulos-Strangas, Julia* (Hrsg.), Der Mißbrauch von Grundrechten in der Demokratie, 1989; *Klamt, Martin*, Die Europäische Union als Streitbare Demokratie: Rechtsvergleichende und europarechtliche Dimensionen einer Idee, 2012; *Knödler, Christoph*, Mißbrauch von Rechten, selbstwidersprüchliches Ver-

107 *Ebert*, LKV 2001, 60, unter Verweis auf Rechtsprechung, die allerdings nicht den Begriff „Rechtsmissbrauch" verwendet.

108 Vorabentscheidungsersuchen des Consiglio di Stato (Italien) v. 28.9.2015, Rs. C-520/15 – Aiudapds; als offensichtlich unzulässig zurückgewiesen durch Beschl. des EuGH v. 25.2.2016, ECLI: EU:C:2016:124.

109 Vorabentscheidungsersuchen VGH München, Beschl. v. 8.2.2017, 22 B 14.2304, NuR 2017, 346 (Rn. 66): „Es könnte auch im Hinblick auf Art. 54 der Charta der Grundrechte der Europäischen Union zulässig sein, eine Berufung auf einen Auskunftsanspruch als missbräuchlich anzusehen, wenn die Anspruchserfüllung zu einer Gefährdung solcher Rechte beitragen würde."

110 Verfassungsgericht Rumänien, 890D/2011 und weitere Verfahren, Entscheidung vom 10. Mai 2012, englische Übersetzung auf der Netzseite der Agentur der Europäischen Union für Grundrechte: „Also, the court found that Article 54 of the Charter is not applicable in this case, since its normative assumption does not apply in reference with art. 2781, par. (10) of the Code of Criminal Procedure." Die Beschwerdeführer hatten eine Vielzahl von Menschenrechtskonventionen zitiert sowie Art. 54 der Charta. Der Bezug des Sachverhalts zum EU-Recht bleibt im Dunkeln.

111 Siehe zu dem gleichen Problem mit dem Institut des Rechtsmissbrauchs im deutschen Recht, *Knödler*, S. 256: „Die Rechtsprechung zum Rechtsmißbrauch ist uneinheitlich und unbeständig [...]. Vergleichbare und selbst gleiche Verhaltensweisen werden teils als mißbräuchlich, teils nicht als mißbräuchlich beurteilt und teils überhaupt nicht unter Aspekten des Rechtsmißbrauchs erörtert"; siehe auch den Vorschlag der Klägerin, „Art. 54 der Charta der Grundrechte der Europäischen Union entsprechend anzuwenden", weil „die Kommission [...] ihr Ermessen [bei Zollabgaben] missbraucht" habe (Schlussanträge des Generalanwalts v. 20.7.2017, Rs. C-256/16, Deichmann, Rn. 41).

112 *Calliess/Ruffert/Kingreen*, EUV/AEUV, Art. 54 Charta Rn. 4; vgl. auch *Hatje*, S. 585: „potentielle Gefahr für den Grundrechtsschutz".

halten und Verwirkung im öffentlichen Recht, 2000; *Schön*, *Wolfgang*, Rechtsmissbrauch und europäisches Steuerrecht, in: Festschrift für Wolfram Reiß, 2008, S. 571; *Spielmann*, *Dean*, Article 54, in: EU Network of Independent Experts on Fundamental Rights, Commentary of the Charter of Fundamental Rights of the European Union, Juni 2006 (Online-Kommentar).

Stichwortverzeichnis

Die fetten Zahlen bezeichnen die Artikel der Grundrechtecharta, die mageren Ziffern die Randnummern.